A
BÍBLIA SAGRADA

ANTIGO E NOVO TESTAMENTO

TRADUZIDA EM PORTUGUÊS
POR JOÃO FERREIRA DE ALMEIDA

REVISTA E ATUALIZADA NO BRASIL

2ª Edição

SOCIEDADE BÍBLICA DO BRASIL
SÃO PAULO

Primeira Edição 1956
Segunda Edição 1993

B477b A Bíblia Sagrada / Traduzida em português
por João Ferreira de Almeida. Revista e
Atualizada no Brasil. 2ª ed. São Paulo:
Sociedade Bíblica do Brasil, 1993.

Inclui cronologia, atlas, índice dos nomes geográficos, tabela de pesos, dinheiro
e medidas, plano anual de leitura da Bíblia
e palavras de orientação e consolo.

1. Bíblia-Português. I. Almeida, João
Ferreira de - trad. II. Título

CDD - 220.569

Certificado de registro ISBN 85-311-0002-X

Copyright © desta tradução, 1956, 1993
Sociedade Bíblica do Brasil
Praça dos Cravos, 22
Centro Comercial de Alphaville
06453-000 Barueri, SP

Copyright © dos mapas, 1988
Sociedades Bíblicas Unidas

Impresso no Brasil
Série RA063M - 85.000 - SBB - 1998

ÍNDICE GERAL

ANTIGO TESTAMENTO

NOVO TESTAMENTO

AUXÍLIOS PARA O LEITOR

ÍNDICE ALFABÉTICO
DOS LIVROS DA BÍBLIA

iv

APRESENTAÇÃO
da
Edição Revista e Atualizada no Brasil

Por volta da quarta década deste século, os cristãos brasileiros, os obreiros nacionais e mesmo missionários vindos de além-mar começaram a sentir seriamente a necessidade inadiável de uma nova tradução das Santas Escrituras, mais acurada consoante às línguas originais e redigida em português mais condizente com o linguajar destes dias.

Ademais, não se podia ignorar que o rápido avanço da cultura nos campos da geografia, arqueologia, história e lingüística estava derramando novas luzes sobre cada parte da Bíblia. Impunha-se uma nova tradução ou mesmo revisão que fosse, em que os frutos dos melhores estudos sobre filologia sacra e das pesquisas escriturísticas, destes recentes anos, contribuíssem para que a Santa Bíblia falasse mais e mais às mentes e aos corações. Pois, na verdade, as grandes mensagens do Antigo e do Novo Testamento são imprescindíveis nestes dias confusos e conturbados.

No ano de 1943, as Sociedades Bíblicas Unidas (organização que nesse tempo operava no Brasil, pouco depois substituída pela Sociedade Bíblica do Brasil, fundada em 1948), atendendo a esse sentimento generalizado e às solicitações que partiam de muitos setores da Obra do Senhor, resolveram criar uma Comissão Revisora constituída dos mais capazes, cultos e idôneos elementos provenientes das várias confissões evangélicas que laboram neste país. Essa Comissão, composta de cerca de trinta escolhidos especialistas em hebraico, no grego neotestamentário e no vernáculo, iniciou a santa aventura em 1946 e, durante cerca de treze anos, trabalhou árdua, piedosa e fielmente, com erudição e com gosto. E então foi oferecida ao povo brasileiro uma Edição Revista e Atualizada, calcada sobre a tradicional e quase tricentenária versão de João Ferreira de Almeida. Essa versão, já de sabor clássico, tão estimada nos meios evangélicos, foi então inteiramente repassada à luz dos textos originais. Onde se fazia mister, o passo era posto em linguagem de acordo com o mais escolhido uso corrente, mas que tanto se evitasse o demasiado vulgar como o demasiado acadêmico e literário. Timbrou-se em se manter assim uma faixa lingüística viva, acessível, clara e nobre como convém à Palavra de Deus. É provável que, aqui e ali, se poderia ter atualizado mais o texto vertido, se não se tratasse na base, de uma revisão do Almeida antigo e que a Comissão Revisora deveria seguir tanto quanto possível.

É certo que toda tradução ou revisão da Bíblia Sagrada, ainda que levada a termo por íntegros peritos bíblicos, é sempre trabalho humano e, como tal, sujeito a falhas; por outro lado, no entanto, suscetível de melhoria.

Assim sendo, a Sociedade Bíblica do Brasil, auscultando sugestões dos revisores e de outros interessados, houve por bem criar uma comissão que, de algum modo, velasse pela obra executada e, esporadicamente, a aperfeiçoasse, posto que era empenho de todos que a Edição Revista e Atualizada fosse dinâmica e não estática.

E, em boa hora, foi constituída a Comissão Permanente de Revisão e Consulta (CPRC), com dez doutos membros, que tem realizado, com paciência, boa vontade e bom senso, valioso trabalho útil e construtivo. A CPRC, mediante esta apresentação, roga a todos os amantes do Livro do Senhor que cooperem com ela intercedendo junto a Deus em seu favor e, quando achar conveniente, enviando, por intermédio da Sociedade Bíblica do Brasil, suas observações atinentes à Edição em apreço, quanto à tradução, quanto ao vernáculo e quanto à parte gráfica.

A Sociedade Bíblica do Brasil declara-se sinceramente grata pelo devotado labor dos revisores que puseram seu talento e seu tempo nesta grandiosa empreitada.

Cordiais ações de graças rendemos ao Altíssimo, que nos susteve e sustém nesta tarefa. Entregamos ao povo sequioso da verdade a Verdade Revelada, com a ardente esperança de que esta Edição seja poderoso instrumento para que se cumpram os santos propósitos do Senhor!

Rio de Janeiro, maio de 1975

PREFÁCIO À SEGUNDA EDIÇÃO

Lançada em 1959, a Edição Revista e Atualizada da Bíblia Sagrada traduzida por João Ferreira de Almeida tem tido ampla aceitação, tanto no Brasil como em outros países de fala portuguesa. E tem sido revisada através desses trinta e quatro anos, com vistas ao seu aperfeiçoamento. Publica-se agora o texto que se convencionou chamar de 2ª edição, visto que sofreu revisão mais profunda e vem acrescido de várias ajudas ao leitor, a saber, uma cronologia bíblica, um pequeno atlas bíblico acompanhado de índice dos nomes geográficos, uma tabela de pesos, dinheiro e medidas, um plano anual de leitura da Bíblia e palavras de orientação e consolo.

Fez-se uma acurada revisão da pontuação. Foram corrigidas algumas falhas de revisão e consertados uns poucos erros de concordância. Não foram poucas as incorreções encontradas nas referências bíblicas de subtítulos.

Substituímos a palavra "oxalá" por "prouvera Deus" ou por "tomara que", conforme o caso. E "Cão" (nome próprio) foi substituído por "Cam".

Algumas referências a pesos e medidas foram acertadas. É o caso de "gômer", equivalente a 1,76 litros (Êx 16.16-36), que é diferente de "ômer", equivalente a 176,2 litros (Is 5.10). Em Ed 2.69; 8.27 e Ne 7.70-72 temos agora "daricos" (como em 1Cr 29.7), em vez de "dracmas". Em Ez 40.5,43 e 43.13 "palmo" dá lugar a "quatro dedos", como está em Êx 25.25; 37.12; 1Rs 7.26 e 2Cr 4.5.

E, em pouquíssimos casos, foi feita nova tradução. O leitor pode verificar esse fato comparando a segunda edição com a primeira, por exemplo, nas seguintes passagens: 1Sm 13.21; Ez 22.28-29; 45.12; Os 13.2; Ag 2.3; Ml 2.15.

Solicita-se aos leitores que, caso desejem fazer observações ou sugestões quanto a essa edição, enviem-nas à Comissão de Tradução, Revisão e Consulta (CTRC), que, na atual estrutura da Sociedade Bíblica do Brasil, recebeu as atribuições da antiga Comissão Permanente de Revisão e Consulta (CPRC).

A Sociedade Bíblica do Brasil almeja que esta 2ª edição da Bíblia Sagrada, traduzida por João Ferreira de Almeida, continue a ser um poderoso instrumento de edificação do povo de Deus de fala portuguesa.

São Paulo, novembro de 1993

EXPLICAÇÃO DE FORMAS GRÁFICAS ESPECIAIS, TÍTULOS, REFERÊNCIAS E NOTAS

Cada versículo nesta Bíblia é apresentado graficamente como se fosse um parágrafo. Os parágrafos propriamente ditos começam com uma palavra cuja primeira letra está em negrito (Gn 1.3).

Sempre que o texto é poético, aparece em forma de poesia, como, por exemplo, no livro dos Salmos.

Os títulos que subdividem o texto bíblico, resumindo em temas o conteúdo de um ou mais parágrafos ou de capítulos inteiros ou até mais, não fazem parte do texto original. Eles foram acrescentados posteriormente (Gn 1.1; 2.4).

Desde tempos antigos, o livro dos Salmos tem sido dividido em cinco livros. A presente edição segue essa tradição, colocando no início de cada um dos cinco grupos de salmos os seguintes títulos: LIVRO I (Sl 1-41); LIVRO II (Sl 42-72); LIVRO III (Sl 73-89); LIVRO IV (Sl 90-106); LIVRO V (Sl 107-150).

A palavra "Senhor" sempre é escrita "SENHOR", com letras maiúsculas, quando no texto original hebraico aparece o nome de Deus "Javé" (Gn 2.4).

Um dos fatos marcantes na Bíblia é o interrelacionamento do conteúdo dos livros bíblicos. Isso é evidente, em primeiro lugar, pelas citações de passagens de um livro em outro ou até em mais de um. Além disso, há outras passagens bíblicas relacionadas entre si, seja pela terminologia ou pelo conteúdo semelhantes. Nesta edição selecionou-se um grande número de tais referências, que estão colocadas no pé das páginas.

Quando trechos mais longos são semelhantes ou quase idênticos a outros, as referências foram colocadas sob os títulos desses trechos. Tais passagens paralelas encontram-se sobretudo nos livros de Samuel, Reis, Crônicas e nos quatro Evangelhos (1Sm 31; Mt 2.19).

Citações diretas de passagens do Antigo Testamento no Novo Testamento são destacadas graficamente, aparecendo em forma endentada (Mt 1.23).

Em poucos casos, oferece-se uma outra opção de tradução, ou até mais, para uma expressão ou termo original. Nesses casos, a chamada da nota aparece em forma de letra minúscula elevada, posicionada logo após o termo ou a expressão que é objeto da nota textual, e a nota correspondente aparece no pé da página (Mt 6.27).

Finalmente, algumas passagens do Novo Testamento aparecem entre colchetes. Essas passagens não se encontram no texto grego adotado pela Comissão Revisora, mas haviam sido incluídas por Almeida com base no texto grego disponível na época (Mt 6.13).

O ANTIGO TESTAMENTO

Holiday Restriction Dates.

Advance Purchase Tickets Are Not Valid For Travel Friday, December 17 Through Monday, December 27 and Thursday, December 30 Through Monday, January 3, 2000

This Includes Any 3-Day Advance "Free" Companion, 7-Day, 14-Day and 21-Day Advance Purchase Round-Trip Tickets.

Greyhound
Where can we take you? ℠

www.greyhound.com
©1999 Greyhound Lines, Inc.

O PRIMEIRO LIVRO DE MOISÉS

CHAMADO

GÊNESIS

A criação dos céus e da terra e de tudo o que neles há

1 No princípio, criou Deus os céus e a terra.

² A terra, porém, estava sem forma e vazia; havia trevas sobre a face do abismo, e o Espírito de Deus pairava por sobre as águas.

³ Disse Deus: Haja luz; e houve luz.

⁴ E viu Deus que a luz era boa; e fez separação entre a luz e as trevas.

⁵ Chamou Deus à luz Dia e às trevas, Noite. Houve tarde e manhã, o primeiro dia.

⁶ E disse Deus: Haja firmamento no meio das águas e separação entre águas e águas.

⁷ Fez, pois, Deus o firmamento e separação entre as águas debaixo do firmamento e as águas sobre o firmamento. E assim se fez.

⁸ E chamou Deus ao firmamento Céus. Houve tarde e manhã, o segundo dia.

⁹ Disse também Deus: Ajuntem-se as águas debaixo dos céus num só lugar, e apareça a porção seca. E assim se fez.

¹⁰ À porção seca chamou Deus Terra e ao ajuntamento das águas, Mares. E viu Deus que isso era bom.

¹¹ E disse: Produza a terra relva, ervas que dêem semente e árvores frutíferas que dêem fruto segundo a sua espécie, cuja semente esteja nele, sobre a terra. E assim se fez.

¹² A terra, pois, produziu relva, ervas que davam semente segundo a sua espécie e árvores que davam fruto, cuja semente estava nele, conforme a sua espécie. E viu Deus que isso era bom.

¹³ Houve tarde e manhã, o terceiro dia.

¹⁴ Disse também Deus: Haja luzeiros no firmamento dos céus, para fazerem separação entre o dia e a noite; e sejam eles para sinais, para estações, para dias e anos.

¹⁵ E sejam para luzeiros no firmamento dos céus, para alumiar a terra. E assim se fez.

¹⁶ Fez Deus os dois grandes luzeiros: o maior para governar o dia, e o menor para governar a noite; e fez também as estrelas.

¹⁷ E os colocou no firmamento dos céus para alumiarem a terra,

¹⁸ para governarem o dia e a noite e fazerem separação entre a luz e as trevas. E viu Deus que isso era bom.

¹⁹ Houve tarde e manhã, o quarto dia.

²⁰ Disse também Deus: Povoem-se as águas de enxames de seres viventes; e voem as aves sobre a terra, sob o firmamento dos céus.

²¹ Criou, pois, Deus os grandes animais marinhos e todos os seres viventes que rastejam, os quais povoavam as águas, segundo as suas espécies; e todas as aves, segundo as suas espécies. E viu Deus que isso era bom.

²² E Deus os abençoou, dizendo: Sede fecundos, multiplicai-vos e enchei as águas dos mares; e, na terra, se multipliquem as aves.

²³ Houve tarde e manhã, o quinto dia.

²⁴ Disse também Deus: Produza a terra seres viventes, conforme a sua espécie: animais domésticos, répteis e animais selváticos, segundo a sua espécie. E assim se fez.

²⁵ E fez Deus os animais selváticos, segundo a sua espécie, e os animais domésticos, conforme a sua espécie, e todos os répteis da terra, conforme a sua espécie. E viu Deus que isso era bom.

²⁶ Também disse Deus: Façamos o homem à nossa imagem, conforme a nossa semelhança; tenha ele domínio sobre os peixes do mar, sobre as aves dos céus, sobre os animais domésticos, sobre toda a terra e sobre todos os répteis que rastejam pela terra.

²⁷ Criou Deus, pois, o homem à sua imagem, à imagem de Deus o criou; homem e mulher os criou.

²⁸ E Deus os abençoou e lhes disse: Sede fecundos, multiplicai-vos, enchei a terra e sujeitai-a; dominai sobre os peixes do mar, sobre as aves dos céus e sobre todo animal que rasteja pela terra.

²⁹ E disse Deus ainda: Eis que vos te-

1.3 2Co 4.6.   **1.6-8** 2Pe 3.5.   **1.26** 1Co 11.7.   **1.27** Gn 5.1,2; Mt 19.4; Mc 10.6.

nho dado todas as ervas que dão semente e se acham na superfície de toda a terra e todas as árvores em que há fruto que dê semente; isso vos será para mantimento.

³⁰ E a todos os animais da terra, e a todas as aves dos céus, e a todos os répteis da terra, em que há fôlego de vida, toda erva verde lhes será para mantimento. E assim se fez.

³¹ Viu Deus tudo quanto fizera, e eis que era muito bom. Houve tarde e manhã, o sexto dia.

2 Assim, pois, foram acabados os céus e a terra e todo o seu exército.

² E, havendo Deus terminado no dia sétimo a sua obra, que fizera, descansou nesse dia de toda a sua obra que tinha feito.

³ E abençoou Deus o dia sétimo e o santificou; porque nele descansou de toda a obra que, como Criador, fizera.

A formação do homem

⁴ Esta é a gênese dos céus e da terra quando foram criados, quando o SENHOR Deus os criou.

⁵ Não havia ainda nenhuma planta do campo na terra, pois ainda nenhuma erva do campo havia brotado; porque o SENHOR Deus não fizera chover sobre a terra, e também não havia homem para lavrar o solo.

⁶ Mas uma neblina subia da terra e regava toda a superfície do solo.

⁷ Então, formou o SENHOR Deus ao homem do pó da terra e lhe soprou nas narinas o fôlego de vida, e o homem passou a ser alma vivente.

⁸ E plantou o SENHOR Deus um jardim no Éden, da banda do Oriente, e pôs nele o homem que havia formado.

⁹ Do solo fez o SENHOR Deus brotar toda sorte de árvores agradáveis à vista e boas para alimento; e também a árvore da vida no meio do jardim e a árvore do conhecimento do bem e do mal.

¹⁰ E saía um rio do Éden para regar o jardim e dali se dividia, repartindo-se em quatro braços.

¹¹ O primeiro chama-se Pisom; é o que rodeia a terra de Havilá, onde há ouro.

¹² O ouro dessa terra é bom; também se encontram lá o bdélio e a pedra de ônix.

¹³ O segundo rio chama-se Giom; é o que circunda a terra de Cuxe.

¹⁴ O nome do terceiro rio é Tigre; é o que corre pelo oriente da Assíria. E o quarto é o Eufrates.

¹⁵ Tomou, pois, o SENHOR Deus ao homem e o colocou no jardim do Éden para o cultivar e o guardar.

¹⁶ E o SENHOR Deus lhe deu esta ordem: De toda árvore do jardim comerás livremente,

¹⁷ mas da árvore do conhecimento do bem e do mal não comerás; porque, no dia em que dela comeres, certamente morrerás.

A formação da mulher

¹⁸ Disse mais o SENHOR Deus: Não é bom que o homem esteja só: far-lhe-ei uma auxiliadora que lhe seja idônea.

¹⁹ Havendo, pois, o SENHOR Deus formado da terra todos os animais do campo e todas as aves dos céus, trouxe-os ao homem, para ver como este lhes chamaria; e o nome que o homem desse a todos os seres viventes, esse seria o nome deles.

²⁰ Deu nome o homem a todos os animais domésticos, às aves dos céus e a todos os animais selváticos; para o homem, todavia, não se achava uma auxiliadora que lhe fosse idônea.

²¹ Então, o SENHOR Deus fez cair pesado sono sobre o homem, e este adormeceu; tomou uma das suas costelas e fechou o lugar com carne.

²² E a costela que o SENHOR Deus tomara ao homem, transformou-a numa mulher e lha trouxe.

²³ E disse o homem:
Esta, afinal, é osso dos meus ossos
e carne da minha carne;
chamar-se-á varoa,
porquanto do varão foi tomada.

²⁴ Por isso, deixa o homem pai e mãe e se une à sua mulher, tornando-se os dois uma só carne.

²⁵ Ora, um e outro, o homem e sua mulher, estavam nus e não se envergonhavam.

A queda do homem

3 Mas a serpente, mais sagaz que todos os animais selváticos que o SENHOR Deus tinha feito, disse à mulher: É assim que Deus disse: Não comereis de toda árvore do jardim?

² Respondeu-lhe a mulher: Do fruto das árvores do jardim podemos comer,

³ mas do fruto da árvore que está no meio do jardim, disse Deus: Dele não co-

2.2 Êx 20.11; Hb 4.4,10.   **2.7** 1Co 15.45.   **2.9** Ap 2.7; 22.2,14.   **2.24** Mt 19.5; Mc 10.7,8; 1Co 6.16; Ef 5.31.   **3.1** Ap 12.9; 20.2.

mereis, nem tocareis nele, para que não morrais.

⁴ Então, a serpente disse à mulher: É certo que não morrereis.

⁵ Porque Deus sabe que no dia em que dele comerdes se vos abrirão os olhos e, como Deus, sereis conhecedores do bem e do mal.

⁶ Vendo a mulher que a árvore era boa para se comer, agradável aos olhos e árvore desejável para dar entendimento, tomou-lhe do fruto e comeu e deu também ao marido, e ele comeu.

⁷ Abriram-se, então, os olhos de ambos; e, percebendo que estavam nus, coseram folhas de figueira e fizeram cintas para si.

⁸ Quando ouviram a voz do SENHOR Deus, que andava no jardim pela viração do dia, esconderam-se da presença do SENHOR Deus, o homem e sua mulher, por entre as árvores do jardim.

⁹ E chamou o SENHOR Deus ao homem e lhe perguntou: Onde estás?

¹⁰ Ele respondeu: Ouvi a tua voz no jardim, e, porque estava nu, tive medo, e me escondi.

¹¹ Perguntou-lhe Deus: Quem te fez saber que estavas nu? Comeste da árvore de que te ordenei que não comesses?

¹² Então, disse o homem: A mulher que me deste por esposa, ela me deu da árvore, e eu comi.

¹³ Disse o SENHOR Deus à mulher: Que é isso que fizeste? Respondeu a mulher: A serpente me enganou, e eu comi.

¹⁴ Então, o SENHOR Deus disse à serpente: Visto que isso fizeste, maldita és entre todos os animais domésticos e o és entre todos os animais selváticos; rastejarás sobre o teu ventre e comerás pó todos os dias da tua vida.

¹⁵ Porei inimizade entre ti e a mulher, entre a tua descendência e o seu descendente. Este te ferirá a cabeça, e tu lhe ferirás o calcanhar.

¹⁶ E à mulher disse: Multiplicarei sobremodo os sofrimentos da tua gravidez; em meio de dores darás à luz filhos; o teu desejo será para o teu marido, e ele te governará.

¹⁷ E a Adão disse: Visto que atendeste a voz de tua mulher e comeste da árvore que eu te ordenara não comesses, maldita é a terra por tua causa; em fadigas obterás dela o sustento durante os dias de tua vida.

¹⁸ Ela produzirá também cardos e abrolhos, e tu comerás a erva do campo.

¹⁹ No suor do rosto comerás o teu pão, até que tornes à terra, pois dela foste formado; porque tu és pó e ao pó tornarás.

²⁰ E deu o homem o nome de Eva a sua mulher, por ser a mãe de todos os seres humanos.

²¹ Fez o SENHOR Deus vestimenta de peles para Adão e sua mulher e os vestiu.

²² Então, disse o SENHOR Deus: Eis que o homem se tornou como um de nós, conhecedor do bem e do mal; assim, que não estenda a mão, e tome também da árvore da vida, e coma, e viva eternamente.

²³ O SENHOR Deus, por isso, o lançou fora do jardim do Éden, a fim de lavrar a terra de que fora tomado.

²⁴ E, expulso o homem, colocou querubins ao oriente do jardim do Éden e o refulgir de uma espada que se revolvia, para guardar o caminho da árvore da vida.

Abel e Caim

4 Coabitou o homem com Eva, sua mulher. Esta concebeu e deu à luz a Caim; então, disse: Adquiri um varão com o auxílio do SENHOR.

² Depois deu à luz a Abel, seu irmão. Abel foi pastor de ovelhas, e Caim, lavrador.

³ Aconteceu que no fim de uns tempos trouxe Caim do fruto da terra uma oferta ao SENHOR.

⁴ Abel, por sua vez, trouxe das primícias do seu rebanho e da gordura deste. Agradou-se o SENHOR de Abel e de sua oferta;

⁵ ao passo que de Caim e de sua oferta não se agradou. Irou-se, pois, sobremaneira Caim, e descaiu-lhe o semblante.

⁶ Então, lhe disse o SENHOR: Por que andas irado, e por que descaiu o teu semblante?

⁷ Se procederes bem, não é certo que serás aceito? Se, todavia, procederes mal, eis que o pecado jaz à porta; o seu desejo será contra ti, mas a ti cumpre dominá-lo.

O primeiro homicídio

⁸ Disse Caim a Abel, seu irmão: Vamos ao campo. Estando eles no campo, sucedeu que se levantou Caim contra Abel, seu irmão, e o matou.

⁹ Disse o SENHOR a Caim: Onde está

3.4 2Co 11.3. 3.13 2Co 11.3. 3.17 Hb 6.8. 3.22 Ap 22.14. 4.4 Hb 11.4. 4.8 Mt 23.35; Lc 11.51; 1Jo 3.12.

Abel, teu irmão? Ele respondeu: Não sei; acaso sou eu tutor de meu irmão?

^{10} E disse Deus: Que fizeste? A voz do sangue de teu irmão clama da terra a mim.

^{11} És agora, pois, maldito por sobre a terra, cuja boca se abriu para receber de tuas mãos o sangue de teu irmão.

^{12} Quando lavrares o solo, não te dará ele a sua força; serás fugitivo e errante pela terra.

^{13} Então, disse Caim ao SENHOR: É tamanho o meu castigo, que já não posso suportá-lo.

^{14} Eis que hoje me lanças da face da terra, e da tua presença hei de esconder-me; serei fugitivo e errante pela terra; quem comigo se encontrar me matará.

^{15} O SENHOR, porém, lhe disse: Assim, qualquer que matar a Caim será vingado sete vezes. E pôs o SENHOR um sinal em Caim para que o não ferisse de morte quem quer que o encontrasse.

^{16} Retirou-se Caim da presença do SENHOR e habitou na terra de Node, ao oriente do Éden.

Descendentes de Caim

^{17} E coabitou Caim com sua mulher; ela concebeu e deu à luz a Enoque. Caim edificou uma cidade e lhe chamou Enoque, o nome de seu filho.

^{18} A Enoque nasceu-lhe Irade; Irade gerou a Meujael, Meujael, a Metusael, e Metusael, a Lameque.

^{19} Lameque tomou para si duas esposas: o nome de uma era Ada, a outra se chamava Zilá.

^{20} Ada deu à luz a Jabal; este foi o pai dos que habitam em tendas e possuem gado.

^{21} O nome de seu irmão era Jubal; este foi o pai de todos os que tocam harpa e flauta.

^{22} Zilá, por sua vez, deu à luz a Tubalcaim, artífice de todo instrumento cortante, de bronze e de ferro; a irmã de Tubalcaim foi Naamá.

^{23} E disse Lameque às suas esposas:
Ada e Zilá, ouvi-me;
vós, mulheres de Lameque,
escutai o que passo a dizer-vos:
Matei um homem porque ele me feriu;
e um rapaz porque me pisou.

^{24} Sete vezes se tomará vingança
de Caim,
de Lameque, porém,
setenta vezes sete.

^{25} Tornou Adão a coabitar com sua mulher; e ela deu à luz um filho, a quem pôs o nome de Sete; porque, disse ela, Deus me concedeu outro descendente em lugar de Abel, que Caim matou.

^{26} A Sete nasceu-lhe também um filho, ao qual pôs o nome de Enos; daí se começou a invocar o nome do SENHOR.

Descendentes de Adão
1Cr 1.1-4

5 Este é o livro da genealogia de Adão. No dia em que Deus criou o homem, à semelhança de Deus o fez;

^{2} homem e mulher os criou, e os abençoou, e lhes chamou pelo nome de Adão, no dia em que foram criados.

^{3} Viveu Adão cento e trinta anos, e gerou um filho à sua semelhança, conforme a sua imagem, e lhe chamou Sete.

^{4} Depois que gerou a Sete, viveu Adão oitocentos anos; e teve filhos e filhas.

^{5} Os dias todos da vida de Adão foram novecentos e trinta anos; e morreu.

^{6} Sete viveu cento e cinco anos e gerou a Enos.

^{7} Depois que gerou a Enos, viveu Sete oitocentos e sete anos; e teve filhos e filhas.

^{8} Todos os dias de Sete foram novecentos e doze anos; e morreu.

^{9} Enos viveu noventa anos e gerou a Cainã.

^{10} Depois que gerou a Cainã, viveu Enos oitocentos e quinze anos; e teve filhos e filhas.

^{11} Todos os dias de Enos foram novecentos e cinco anos; e morreu.

^{12} Cainã viveu setenta anos e gerou a Maalaleel.

^{13} Depois que gerou a Maalaleel, viveu Cainã oitocentos e quarenta anos; e teve filhos e filhas.

^{14} Todos os dias de Cainã foram novecentos e dez anos; e morreu.

^{15} Maalaleel viveu sessenta e cinco anos e gerou a Jerede.

^{16} Depois que gerou a Jerede, viveu Maalaleel oitocentos e trinta anos; e teve filhos e filhas.

^{17} Todos os dias de Maalaleel foram oitocentos e noventa e cinco anos; e morreu.

^{18} Jerede viveu cento e sessenta e dois anos e gerou a Enoque.

5.1,2 Gn 1.27.   **5.2** Mt 19.4; Mc 10.6.

¹⁹ Depois que gerou a Enoque, viveu Jerede oitocentos anos; e teve filhos e filhas.
²⁰ Todos os dias de Jerede foram novecentos e sessenta e dois anos; e morreu.
²¹ Enoque viveu sessenta e cinco anos e gerou a Metusalém.
²² Andou Enoque com Deus; e, depois que gerou a Metusalém, viveu trezentos anos; e teve filhos e filhas.
²³ Todos os dias de Enoque foram trezentos e sessenta e cinco anos.
²⁴ Andou Enoque com Deus e já não era, porque Deus o tomou para si.
²⁵ Metusalém viveu cento e oitenta e sete anos e gerou a Lameque.
²⁶ Depois que gerou a Lameque, viveu Metusalém setecentos e oitenta e dois anos; e teve filhos e filhas.
²⁷ Todos os dias de Metusalém foram novecentos e sessenta e nove anos; e morreu.
²⁸ Lameque viveu cento e oitenta e dois anos e gerou um filho;
²⁹ pôs-lhe o nome de Noé, dizendo: Este nos consolará dos nossos trabalhos e das fadigas de nossas mãos, nesta terra que o SENHOR amaldiçoou.
³⁰ Depois que gerou a Noé, viveu Lameque quinhentos e noventa e cinco anos; e teve filhos e filhas.
³¹ Todos os dias de Lameque foram setecentos e setenta e sete anos; e morreu.
³² Era Noé da idade de quinhentos anos e gerou a Sem, Cam e Jafé.

A corrupção do gênero humano

6 Como se foram multiplicando os homens na terra, e lhes nasceram filhas,
² vendo os filhos de Deus que as filhas dos homens eram formosas, tomaram para si mulheres, as que, entre todas, mais lhes agradaram.
³ Então, disse o SENHOR: O meu Espírito não agirá para sempre no homem, pois este é carnal; e os seus dias serão cento e vinte anos.
⁴ Ora, naquele tempo havia gigantes na terra; e também depois, quando os filhos de Deus possuíram as filhas dos homens, as quais lhes deram filhos; estes foram valentes, varões de renome, na antiguidade.
⁵ Viu o SENHOR que a maldade do homem se havia multiplicado na terra e que era continuamente mau todo desígnio do seu coração;

⁶ então, se arrependeu o SENHOR de ter feito o homem na terra, e isso lhe pesou no coração.
⁷ Disse o SENHOR: Farei desaparecer da face da terra o homem que criei, o homem e o animal, os répteis e as aves dos céus; porque me arrependo de os haver feito.
⁸ Porém Noé achou graça diante do SENHOR.
⁹ Eis a história de Noé: Noé era homem justo e íntegro entre os seus contemporâneos; Noé andava com Deus.
¹⁰ Gerou três filhos: Sem, Cam e Jafé.

Deus anuncia o dilúvio

¹¹ A terra estava corrompida à vista de Deus e cheia de violência.
¹² Viu Deus a terra, e eis que estava corrompida; porque todo ser vivente havia corrompido o seu caminho na terra.
¹³ Então, disse Deus a Noé: Resolvi dar cabo de toda carne, porque a terra está cheia da violência dos homens; eis que os farei perecer juntamente com a terra.
¹⁴ Faze uma arca de tábuas de cipreste; nela farás compartimentos e a calafetarás com betume por dentro e por fora.
¹⁵ Deste modo a farás: de trezentos côvados será o comprimento, de cinqüenta, a largura, e a altura, de trinta.
¹⁶ Farás ao seu redor uma abertura de um côvado de alto; a porta da arca colocarás lateralmente; farás pavimentos na arca: um em baixo, um segundo e um terceiro.
¹⁷ Porque estou para derramar águas em dilúvio sobre a terra para consumir toda carne em que há fôlego de vida debaixo dos céus: tudo o que há na terra perecerá.
¹⁸ Contigo, porém, estabelecerei a minha aliança, entrarás na arca, tu e teus filhos, e tua mulher, e as mulheres de teus filhos.
¹⁹ De tudo o que vive, de toda carne, dois de cada espécie, macho e fêmea, farás entrar na arca, para os conservares vivos contigo.
²⁰ Das aves segundo as suas espécies, do gado segundo as suas espécies, de todo réptil da terra segundo as suas espécies, dois de cada espécie virão a ti, para os conservares em vida.
²¹ Leva contigo de tudo o que se come, ajunta-o contigo; ser-te-á para alimento, a ti e a eles.
²² Assim fez Noé, consoante a tudo o que Deus lhe ordenara.

5.24 Hb 11.5; Jd 14.   6.4 Nm 13.33.   6.5 Mt 24.37; Lc 17.26.   6.9 2Pe 2.5.   6.22 Hb 11.7.

Noé e sua família entram na arca

7 Disse o SENHOR a Noé: Entra na arca, tu e toda a tua casa, porque reconheço que tens sido justo diante de mim no meio desta geração.

2 De todo animal limpo levarás contigo sete pares: o macho e sua fêmea; mas dos animais imundos, um par: o macho e sua fêmea.

3 Também das aves dos céus, sete pares: macho e fêmea; para se conservar a semente sobre a face da terra.

4 Porque, daqui a sete dias, farei chover sobre a terra durante quarenta dias e quarenta noites; e da superfície da terra exterminarei todos os seres que fiz.

5 E tudo fez Noé, segundo o SENHOR lhe ordenara.

6 Tinha Noé seiscentos anos de idade, quando as águas do dilúvio inundaram a terra.

7 Por causa das águas do dilúvio, entrou Noé na arca, ele com seus filhos, sua mulher e as mulheres de seus filhos.

8 Dos animais limpos, e dos animais imundos, e das aves, e de todo réptil sobre a terra,

9 entraram para Noé, na arca, de dois em dois, macho e fêmea, como Deus lhe ordenara.

10 E aconteceu que, depois de sete dias, vieram sobre a terra as águas do dilúvio.

11 No ano seiscentos da vida de Noé, aos dezessete dias do segundo mês, nesse dia romperam-se todas as fontes do grande abismo, e as comportas dos céus se abriram,

12 e houve copiosa chuva sobre a terra durante quarenta dias e quarenta noites.

13 Nesse mesmo dia entraram na arca Noé, seus filhos Sem, Cam e Jafé, sua mulher e as mulheres de seus filhos;

14 eles, e todos os animais segundo as suas espécies, todo gado segundo as suas espécies, todos os répteis que rastejam sobre a terra segundo as suas espécies, todas as aves segundo as suas espécies, todos os pássaros e tudo o que tem asa.

15 De toda carne, em que havia fôlego de vida, entraram de dois em dois para Noé na arca;

16 eram macho e fêmea os que entraram de toda carne, como Deus lhe havia ordenado; e o SENHOR fechou a porta após ele.

O dilúvio

17 Durou o dilúvio quarenta dias sobre a terra; cresceram as águas e levantaram a arca de sobre a terra.

18 Predominaram as águas e cresceram sobremodo na terra; a arca, porém, vogava sobre as águas.

19 Prevaleceram as águas excessivamente sobre a terra e cobriram todos os altos montes que havia debaixo do céu.

20 Quinze côvados acima deles prevaleceram as águas; e os montes foram cobertos.

21 Pereceu toda carne que se movia sobre a terra, tanto de ave como de animais domésticos e animais selváticos, e de todos os enxames de criaturas que povoam a terra, e todo homem.

22 Tudo o que tinha fôlego de vida em suas narinas, tudo o que havia em terra seca, morreu.

23 Assim, foram exterminados todos os seres que havia sobre a face da terra; o homem e o animal, os répteis e as aves dos céus foram extintos da terra; ficou somente Noé e os que com ele estavam na arca.

24 E as águas durante cento e cinqüenta dias predominaram sobre a terra.

Diminuem as águas do dilúvio

8 Lembrou-se Deus de Noé e de todos os animais selváticos e de todos os animais domésticos que com ele estavam na arca; Deus fez soprar um vento sobre a terra, e baixaram as águas.

2 Fecharam-se as fontes do abismo e também as comportas dos céus, e a copiosa chuva dos céus se deteve.

3 As águas iam-se escoando continuamente de sobre a terra e minguaram ao cabo de cento e cinqüenta dias.

4 No dia dezessete do sétimo mês, a arca repousou sobre as montanhas de Ararate.

5 E as águas foram minguando até ao décimo mês, em cujo primeiro dia apareceram os cumes dos montes.

Nóe solta um corvo e depois uma pomba

6 Ao cabo de quarenta dias, abriu Noé a janela que fizera na arca

7 e soltou um corvo, o qual, tendo saído, ia e voltava, até que se secaram as águas de sobre a terra.

7.7 Mt 24.38,39; Lc 17.27.   7.11 2Pe 3.6.

8 Depois, soltou uma pomba para ver se as águas teriam já minguado da superfície da terra;

9 mas a pomba, não achando onde pousar o pé, tornou a ele para a arca; porque as águas cobriam ainda a terra. Noé, estendendo a mão, tomou-a e a recolheu consigo na arca.

10 Esperou ainda outros sete dias e de novo soltou a pomba fora da arca.

11 À tarde, ela voltou a ele; trazia no bico uma folha nova de oliveira; assim entendeu Noé que as águas tinham minguado de sobre a terra.

12 Então, esperou ainda mais sete dias e soltou a pomba; ela, porém, já não tornou a ele.

Noé e sua família saem da arca

13 Sucedeu que, no primeiro dia do primeiro mês, do ano seiscentos e um, as águas se secaram de sobre a terra. Então, Noé removeu a cobertura da arca e olhou, e eis que o solo estava enxuto.

14 E, aos vinte e sete dias do segundo mês, a terra estava seca.

15 Então, disse Deus a Noé:

16 Sai da arca, e, contigo, tua mulher, e teus filhos, e as mulheres de teus filhos.

17 Os animais que estão contigo, de toda carne, assim aves, como gado, e todo réptil que rasteja sobre a terra, faze sair a todos, para que povoem a terra, sejam fecundos e nela se multipliquem.

18 Saiu, pois, Noé, com seus filhos, sua mulher e as mulheres de seus filhos.

19 E também saíram da arca todos os animais, todos os répteis, todas as aves e tudo o que se move sobre a terra, segundo as suas famílias.

Noé levanta um altar

20 Levantou Noé um altar ao SENHOR e, tomando de animais limpos e de aves limpas, ofereceu holocaustos sobre o altar.

21 E o SENHOR aspirou o suave cheiro e disse consigo mesmo: Não tornarei a amaldiçoar a terra por causa do homem, porque é mau o desígnio íntimo do homem desde a sua mocidade; nem tornarei a ferir todo vivente, como fiz.

22 Enquanto durar a terra, não deixará de haver sementeira e ceifa, frio e calor, verão e inverno, dia e noite.

A aliança de Deus com Noé

9 Abençoou Deus a Noé e a seus filhos e lhes disse: Sede fecundos, multiplicai-vos e enchei a terra.

2 Pavor e medo de vós virão sobre todos os animais da terra e sobre todas as aves dos céus; tudo o que se move sobre a terra e todos os peixes do mar nas vossas mãos serão entregues.

3 Tudo o que se move e vive ser-vos-á para alimento; como vos dei a erva verde, tudo vos dou agora.

4 Carne, porém, com sua vida, isto é, com seu sangue, não comereis.

5 Certamente, requererei o vosso sangue, o sangue da vossa vida; de todo animal o requererei, como também da mão do homem, sim, da mão do próximo de cada um requererei a vida do homem.

6 Se alguém derramar o sangue do homem, pelo homem se derramará o seu; porque Deus fez o homem segundo a sua imagem.

7 Mas sede fecundos e multiplicai-vos; povoai a terra e multiplicai-vos nela.

8 Disse também Deus a Noé e a seus filhos:

9 Eis que estabeleço a minha aliança convosco, e com a vossa descendência,

10 e com todos os seres viventes que estão convosco: assim as aves, os animais domésticos e os animais selváticos que saíram da arca, como todos os animais da terra.

11 Estabeleço a minha aliança convosco: não será mais destruída toda carne por águas de dilúvio, nem mais haverá dilúvio para destruir a terra.

12 Disse Deus: Este é o sinal da minha aliança que faço entre mim o vós e entre todos os seres viventes que estão convosco, para perpétuas gerações.

13 Porei nas nuvens o meu arco; será por sinal da aliança entre mim e a terra.

14 Sucederá que, quando eu trouxer nuvens sobre a terra, e nelas aparecer o arco,

15 então, me lembrarei da minha aliança, firmada entre mim e vós e todos os seres viventes de toda carne; e as águas não mais se tornarão em dilúvio para destruir toda carne.

16 O arco estará nas nuvens; vê-lo-ei e me lembrarei da aliança eterna entre Deus e todos os seres viventes de toda carne que há sobre a terra.

17 Disse Deus a Noé: Este é o sinal da

9.1 Gn 1.28.   **9.4** Lv 7.26,27; 17.10-14; 19.26; Dt 12.16,23; 15.23.   **9.6** Êx 20.13; Gn 1.26.   **9.7** Gn 1.28.

aliança estabelecida entre mim e toda carne sobre a terra.

¹⁸ Os filhos de Noé, que saíram da arca, foram Sem, Cam e Jafé; Cam é o pai de Canaã.

¹⁹ São eles os três filhos de Noé; e deles se povoou toda a terra.

Noé pronuncia bênção e maldição

²⁰ Sendo Noé lavrador, passou a plantar uma vinha.

²¹ Bebendo do vinho, embriagou-se e se pôs nu dentro de sua tenda.

²² Cam, pai de Canaã, vendo a nudez do pai, fê-lo saber, fora, a seus dois irmãos.

²³ Então, Sem e Jafé tomaram uma capa, puseram-na sobre os próprios ombros de ambos e, andando de costas, rostos desviados, cobriram a nudez do pai, sem que a vissem.

²⁴ Despertando Noé do seu vinho, soube o que lhe fizera o filho mais moço

²⁵ e disse:

Maldito seja Canaã;
seja servo dos servos a seus irmãos.

²⁶ E ajuntou:

Bendito seja o SENHOR,
Deus de Sem;
e Canaã lhe seja servo.

²⁷ Engrandeça Deus a Jafé,
e habite ele nas tendas de Sem;
e Canaã lhe seja servo.

²⁸ Noé, passado o dilúvio, viveu ainda trezentos e cinqüenta anos.

²⁹ Todos os dias de Noé foram novecentos e cinqüenta anos; e morreu.

Descendentes dos filhos de Noé
1Cr 1.5-23

10 São estas as gerações dos filhos de Noé: Sem, Cam e Jafé; e nasceram-lhes filhos depois do dilúvio.

² Os filhos de Jafé são: Gômer, Magogue, Madai, Javã, Tubal, Meseque e Tiras.

³ Os filhos de Gômer são: Asquenaz, Rifá e Togarma.

⁴ Os de Javã são: Elisá, Társis, Quitim e Dodanim.

⁵ Estes repartiram entre si as ilhas das nações nas suas terras, cada qual segundo a sua língua, segundo as suas famílias, em suas nações.

⁶ Os filhos de Cam: Cuxe, Mizraim, Pute e Canaã.

⁷ Os filhos de Cuxe: Sebá, Havilá, Sabtá, Raamá e Sabtecá; e os filhos de Raamá: Sabá e Dedã.

⁸ Cuxe gerou a Ninrode, o qual começou a ser poderoso na terra.

⁹ Foi valente caçador diante do SENHOR; daí dizer-se: Como Ninrode, poderoso caçador diante do SENHOR.

¹⁰ O princípio do seu reino foi Babel, Ereque, Acade e Calné, na terra de Sinear.

¹¹ Daquela terra saiu ele para a Assíria e edificou Nínive, Reobote-Ir e Calá.

¹² E, entre Nínive e Calá, a grande cidade de Resém.

¹³ Mizraim gerou a Ludim, a Anamim, a Leabim, a Naftuim,

¹⁴ a Patrusim, a Casluim (donde saíram os filisteus) e a Caftorim.

¹⁵ Canaã gerou a Sidom, seu primogênito, e a Hete,

¹⁶ e aos jebuseus, aos amorreus, aos girgaseus,

¹⁷ aos heveus, aos arqueus, aos sineus,

¹⁸ aos arvadeus, aos zemareus e aos hamateus; e depois se espalharam as famílias dos cananeus.

¹⁹ E o limite dos cananeus foi desde Sidom, indo para Gerar, até Gaza, indo para Sodoma, Gomorra, Admá e Zeboim, até Lasa.

²⁰ São estes os filhos de Cam, segundo as suas famílias, segundo as suas línguas, em suas terras, em suas nações.

²¹ A Sem, que foi pai de todos os filhos de Héber e irmão mais velho de Jafé, também lhe nasceram filhos.

²² Os filhos de Sem são: Elão, Assur, Arfaxade, Lude e Arã.

²³ Os filhos de Arã: Uz, Hul, Géter e Más.

²⁴ Arfaxade gerou a Salá; Salá gerou a Héber.

²⁵ A Héber nasceram dois filhos: um teve por nome Pelegue, porquanto em seus dias se repartiu a terra; e o nome de seu irmão foi Joctã.

²⁶ Joctã gerou a Almodá, a Salefe, a Hazarmavé, a Jerá,

²⁷ a Hadorão, a Uzal, a Dicla,

²⁸ a Obal, a Abimael, a Sabá,

²⁹ a Ofir, a Havilá e a Jobabe; todos estes foram filhos de Joctã.

³⁰ E habitaram desde Messa, indo para Sefar, montanha do Oriente.

³¹ São estes os filhos de Sem, segundo as suas famílias, segundo as suas línguas, em suas terras, em suas nações.

³² São estas as famílias dos filhos de Noé, segundo as suas gerações, nas suas nações; e destes foram disseminadas as nações na terra, depois do dilúvio.

A torre de Babel

11 Ora, em toda a terra havia apenas uma linguagem e uma só maneira de falar.

² Sucedeu que, partindo eles do Oriente, deram com uma planície na terra de Sinear; e habitaram ali.

³ E disseram uns aos outros: Vinde, façamos tijolos e queimemo-los bem. Os tijolos serviram-lhes de pedra, e o betume, de argamassa.

⁴ Disseram: Vinde, edifiquemos para nós uma cidade e uma torre cujo tope chegue até aos céus e tornemos célebre o nosso nome, para que não sejamos espalhados por toda a terra.

⁵ Então, desceu o SENHOR para ver a cidade e a torre, que os filhos dos homens edificavam;

⁶ e o SENHOR disse: Eis que o povo é um, e todos têm a mesma linguagem. Isto é apenas o começo; agora não haverá restrição para tudo que intentam fazer.

⁷ Vinde, desçamos e confundamos ali a sua linguagem, para que um não entenda a linguagem de outro.

⁸ Destarte, o SENHOR os dispersou dali pela superfície da terra; e cessaram de edificar a cidade.

⁹ Chamou-se-lhe, por isso, o nome de Babel, porque ali confundiu o SENHOR a linguagem de toda a terra e dali o SENHOR os dispersou por toda a superfície dela.

Descendentes de Sem

1Cr 1.24-27

¹⁰ São estas as gerações de Sem: ora, ele era da idade de cem anos quando gerou a Arfaxade, dois anos depois do dilúvio;

¹¹ e, depois que gerou a Arfaxade, viveu Sem quinhentos anos; e gerou filhos e filhas.

¹² Viveu Arfaxade trinta e cinco anos e gerou a Salá;

¹³ e, depois que gerou a Salá, viveu Arfaxade quatrocentos e três anos; e gerou filhos e filhas.

¹⁴ Viveu Salá trinta anos e gerou a Héber;

¹⁵ e, depois que gerou a Héber, viveu Salá quatrocentos e três anos; e gerou filhos e filhas.

¹⁶ Viveu Héber trinta e quatro anos e gerou a Pelegue;

¹⁷ e, depois que gerou a Pelegue, viveu Héber quatrocentos e trinta anos; e gerou filhos e filhas.

¹⁸ Viveu Pelegue trinta anos e gerou a Reú;

¹⁹ e, depois que gerou a Reú, viveu Pelegue duzentos e nove anos; e gerou filhos e filhas.

²⁰ Viveu Reú trinta e dois anos e gerou a Serugue;

²¹ e, depois que gerou a Serugue, viveu Reú duzentos e sete anos; e gerou filhos e filhas.

²² Viveu Serugue trinta anos e gerou a Naor;

²³ e, depois que gerou a Naor, viveu Serugue duzentos anos; e gerou filhos e filhas.

²⁴ Viveu Naor vinte e nove anos e gerou a Terá;

²⁵ e, depois que gerou a Terá, viveu Naor cento e dezenove anos; e gerou filhos e filhas.

²⁶ Viveu Terá setenta anos e gerou a Abrão, a Naor e a Harã.

²⁷ São estas as gerações de Terá: Terá gerou a Abrão, a Naor e a Harã; e Harã gerou a Ló.

²⁸ Morreu Harã na terra de seu nascimento, em Ur dos caldeus, estando Terá, seu pai, ainda vivo.

²⁹ Abrão e Naor tomaram para si mulheres; a de Abrão chamava-se Sarai, a de Naor, Milca, filha de Harã, que foi pai de Milca e de Iscá.

³⁰ Sarai era estéril, não tinha filhos.

³¹ Tomou Terá a Abrão, seu filho, e a Ló, filho de Harã, filho de seu filho, e a Sarai, sua nora, mulher de seu filho Abrão, e saiu com eles de Ur dos caldeus, para ir à terra de Canaã; foram até Harã, onde ficaram.

³² E, havendo Terá vivido duzentos e cinco anos ao todo, morreu em Harã.

Deus chama Abrão e lhe faz promessas

12 Ora, disse o SENHOR a Abrão: Sai da tua terra, da tua parentela e da casa de teu pai e vai para a terra que te mostrarei;

² de ti farei uma grande nação, e te abençoarei, e te engrandecerei o nome. Sê tu uma bênção!

³ Abençoarei os que te abençoarem e amaldiçoarei os que te amaldiçoarem; em ti serão benditas todas as famílias da terra.

⁴ Partiu, pois, Abrão, como lho ordena-

12.1 At 7.2,3; Hb 11.8.   12.3 Gl 3.8.

ra o SENHOR, e Ló foi com ele. Tinha Abrão setenta e cinco anos quando saiu de Harã.

⁵ Levou Abrão consigo a Sarai, sua mulher, e a Ló, filho de seu irmão, e todos os bens que haviam adquirido, e as pessoas que lhes acresceram em Harã. Partiram para a terra de Canaã; e lá chegaram.

⁶ Atravessou Abrão a terra até Siquém, até ao carvalho de Moré. Nesse tempo os cananeus habitavam essa terra.

⁷ Apareceu o SENHOR a Abrão e lhe disse: Darei à tua descendência esta terra. Ali edificou Abrão um altar ao SENHOR, que lhe aparecera.

⁸ Passando dali para o monte ao oriente de Betel, armou a sua tenda, ficando Betel ao ocidente e Ai ao oriente; ali edificou um altar ao SENHOR e invocou o nome do SENHOR.

⁹ Depois, seguiu Abrão dali, indo sempre para o Neguebe.

Abrão no Egito

¹⁰ Havia fome naquela terra; desceu, pois, Abrão ao Egito, para aí ficar, porquanto era grande a fome na terra.

¹¹ Quando se aproximava do Egito, quase ao entrar, disse a Sarai, sua mulher: Ora, bem sei que és mulher de formosa aparência;

¹² os egípcios, quando te virem, vão dizer: É a mulher dele e me matarão, deixando-te com vida.

¹³ Dize, pois, que és minha irmã, para que me considerem por amor de ti e, por tua causa, me conservem a vida.

¹⁴ Tendo Abrão entrado no Egito, viram os egípcios que a mulher era sobremaneira formosa.

¹⁵ Viram-na os príncipes de Faraó e gabaram-na junto dele; e a mulher foi levada para a casa de Faraó.

¹⁶ Este, por causa dela, tratou bem a Abrão, o qual veio a ter ovelhas, bois, jumentos, escravos e escravas, jumentas e camelos.

¹⁷ Porém o SENHOR puniu Faraó e a sua casa com grandes pragas, por causa de Sarai, mulher de Abrão.

¹⁸ Chamou, pois, Faraó a Abrão e lhe disse: Que é isso que me fizeste? Por que não me disseste que era ela tua mulher?

¹⁹ E me disseste ser tua irmã? Por isso, a tomei para ser minha mulher. Agora, pois, eis a tua mulher, toma-a e vai-te.

²⁰ E Faraó deu ordens aos seus homens a respeito dele; e acompanharam-no, a ele, a sua mulher e a tudo que possuía.

Abrão e Ló separam-se

13 Saiu, pois, Abrão do Egito para o Neguebe, ele e sua mulher e tudo o que tinha, e Ló com ele.

² Era Abrão muito rico; possuía gado, prata e ouro.

³ Fez as suas jornadas do Neguebe até Betel, até ao lugar onde primeiro estivera a sua tenda, entre Betel e Ai;

⁴ até ao lugar do altar, que outrora tinha feito; e aí Abrão invocou o nome do SENHOR.

⁵ Ló, que ia com Abrão, também tinha rebanhos, gado e tendas.

⁶ E a terra não podia sustentá-los, para que habitassem juntos, porque eram muitos os seus bens; de sorte que não podiam habitar um na companhia do outro.

⁷ Houve contenda entre os pastores do gado de Abrão e os pastores do gado de Ló. Nesse tempo os cananeus e os ferezeus habitavam essa terra.

⁸ Disse Abrão a Ló: Não haja contenda entre mim e ti e entre os meus pastores e os teus pastores, porque somos parentes chegados.

⁹ Acaso não está diante de ti toda a terra? Peço-te que te apartes de mim; se fores para a esquerda, irei para a direita; se fores para a direita, irei para a esquerda.

¹⁰ Levantou Ló os olhos e viu toda a campina do Jordão, que era toda bem regada (antes de haver o SENHOR destruído Sodoma e Gomorra), como o jardim do SENHOR, como a terra do Egito, como quem vai para Zoar.

¹¹ Então, Ló escolheu para si toda a campina do Jordão e partiu para o Oriente; separaram-se um do outro.

¹² Habitou Abrão na terra de Canaã; e Ló, nas cidades da campina e ia armando as suas tendas até Sodoma.

¹³ Ora, os homens de Sodoma eram maus e grandes pecadores contra o SENHOR.

O SENHOR promete a Abrão a terra de Canaã

¹⁴ Disse o SENHOR a Abrão, depois que Ló se separou dele: Ergue os olhos e olha

12.7 At 7.5; Gl 3.16.   **12.13** Gn 20.2; 26.7.   **13.10** Gn 2.10.

desde onde estás para o norte, para o sul, para o oriente e para o ocidente;

¹⁵ porque toda essa terra que vês, eu ta darei, a ti e à tua descendência, para sempre.

¹⁶ Farei a tua descendência como o pó da terra; de maneira que, se alguém puder contar o pó da terra, então se contará também a tua descendência.

¹⁷ Levanta-te, percorre essa terra no seu comprimento e na sua largura; porque eu ta darei.

¹⁸ E Abrão, mudando as suas tendas, foi habitar nos carvalhais de Manre, que estão juntos a Hebrom; e levantou ali um altar ao SENHOR.

Guerra de quatro reis contra cinco

14 Sucedeu naquele tempo que Anrafel, rei de Sinear, Arioque, rei de Elasar, Quedorlaomer, rei de Elão, e Tidal, rei de Goim,

² fizeram guerra contra Bera, rei de Sodoma, contra Birsa, rei de Gomorra, contra Sinabe, rei de Admá, contra Semebcr, rei de Zeboim, e contra o rei de Belá (esta é Zoar).

³ Todos estes se ajuntaram no vale de Sidim (que é o mar Salgado).

⁴ Doze anos serviram a Quedorlaomer, porém no décimo terceiro se rebelaram.

⁵ Ao décimo quarto ano, veio Quedorlaomer e os reis que estavam com ele e feriram aos refains em Asterote-Carnaim, e aos zuzins em Hã, e aos emins em Savé-Quiriataim,

⁶ e aos horeus no seu monte Seir, até El-Parã, que está junto ao deserto.

⁷ De volta passaram em En-Mispate (que é Cades) e feriram toda a terra dos amalequitas e dos amorreus, que habitavam em Hazazom-Tamar.

⁸ Então, saíram os reis de Sodoma, de Gomorra, de Admá, de Zeboim e de Belá (esta é Zoar) e se ordenaram e levantaram batalha contra eles no vale de Sidim,

⁹ contra Quedorlaomer, rei de Elão, contra Tidal, rei de Goim, contra Anrafel, rei de Sinear, contra Arioque, rei de Elasar: quatro reis contra cinco.

¹⁰ Ora, o vale de Sidim estava cheio de poços de betume; os reis de Sodoma e de Gomorra fugiram; alguns caíram neles, e os restantes fugiram para um monte.

¹¹ Tomaram, pois, todos os bens de Sodoma e de Gomorra e todo o seu mantimento e se foram.

Ló é levado cativo

¹² Apossaram-se também de Ló, filho do irmão de Abrão, que morava em Sodoma, e dos seus bens e partiram.

¹³ Porém veio um, que escapara, e o contou a Abrão, o hebreu; este habitava junto dos carvalhais de Manre, o amorreu, irmão de Escol e de Aner, os quais eram aliados de Abrão.

¹⁴ Ouvindo Abrão que seu sobrinho estava preso, fez sair trezentos e dezoito homens dos mais capazes, nascidos em sua casa, e os perseguiu até Dã.

¹⁵ E, repartidos contra eles de noite, ele e os seus homens, feriu-os e os perseguiu até Hobá, que fica à esquerda de Damasco.

¹⁶ Trouxe de novo todos os bens, e também a Ló, seu sobrinho, os bens dele, e ainda as mulheres, e o povo.

¹⁷ Após voltar Abrão de ferir a Quedorlaomer e aos reis que estavam com ele, saiu-lhe ao encontro o rei de Sodoma no vale de Savé, que é o vale do Rei.

Melquisedeque abençoa a Abrão

¹⁸ Melquisedeque, rei de Salém, trouxe pão e vinho; era sacerdote do Deus Altíssimo;

¹⁹ abençoou ele a Abrão e disse:
Bendito seja Abrão
pelo Deus Altíssimo,
que possui os céus e a terra;
²⁰ e bendito seja o Deus Altíssimo,
que entregou os teus adversários
nas tuas mãos.
E de tudo lhe deu Abrão o dízimo.

²¹ Então, disse o rei de Sodoma a Abrão: Dá-me as pessoas, e os bens ficarão contigo.

²² Mas Abrão lhe respondeu: Levanto a mão ao SENHOR, o Deus Altíssimo, o que possui os céus e a terra,

²³ e juro que nada tomarei de tudo o que te pertence, nem um fio, nem uma correia de sandália, para que não digas: Eu enriqueci a Abrão;

²⁴ nada quero para mim, senão o que os rapazes comeram e a parte que toca aos homens Aner, Escol e Manre, que foram comigo; estes que tomem o seu quinhão.

13.15 At 7.5.   14.18 Hb 7.1-10.

Deus anima a Abrão
e lhe promete um filho

15 Depois destes acontecimentos, veio a palavra do SENHOR a Abrão, numa visão, e disse: Não temas, Abrão, eu sou o teu escudo, e teu galardão será sobremodo grande.

² Respondeu Abrão: SENHOR Deus, que me haverás de dar, se continuo sem filhos e o herdeiro da minha casa é o damasceno Eliezer?

³ Disse mais Abrão: A mim não me concedeste descendência, e um servo nascido na minha casa será o meu herdeiro.

⁴ A isto respondeu logo o SENHOR, dizendo: Não será esse o teu herdeiro; mas aquele que será gerado de ti será o teu herdeiro.

⁵ Então, conduziu-o até fora e disse: Olha para os céus e conta as estrelas, se é que o podes. E lhe disse: Será assim a tua posteridade.

⁶ Ele creu no SENHOR, e isso lhe foi imputado para justiça.

⁷ Disse-lhe mais: Eu sou o SENHOR que te tirei de Ur dos caldeus, para dar-te por herança esta terra.

⁸ Perguntou-lhe Abrão: SENHOR Deus, como saberei que hei de possuí-la?

⁹ Respondeu-lhe: Toma-me uma novilha, uma cabra e um cordeiro, cada qual de três anos, uma rola e um pombinho.

¹⁰ Ele, tomando todos estes animais, partiu-os pelo meio e lhes pôs em ordem as metades, umas defronte das outras; e não partiu as aves.

¹¹ Aves de rapina desciam sobre os cadáveres, porém Abrão as enxotava.

O SENHOR entra em aliança com Abrão

¹² Ao pôr-do-sol, caiu profundo sono sobre Abrão, e grande pavor e cerradas trevas o acometeram;

¹³ então, lhe foi dito: Sabe, com certeza, que a tua posteridade será peregrina em terra alheia, e será reduzida à escravidão, e será afligida por quatrocentos anos.

¹⁴ Mas também eu julgarei a gente a que têm de sujeitar-se; e depois sairão com grandes riquezas.

¹⁵ E tu irás para os teus pais em paz; serás sepultado em ditosa velhice.

¹⁶ Na quarta geração, tornarão para aqui; porque não se encheu ainda a medida da iniquidade dos amorreus.

¹⁷ E sucedeu que, posto o sol, houve densas trevas; e eis um fogareiro fumegante e uma tocha de fogo que passou entre aqueles pedaços.

¹⁸ Naquele mesmo dia, fez o SENHOR aliança com Abrão, dizendo: À tua descendência dei esta terra, desde o rio do Egito até ao grande rio Eufrates:

¹⁹ o quenéu, o quenezeu, o cadmoneu,

²⁰ o heteu, o ferezeu, os refains,

²¹ o amorreu, o cananeu, o girgaseu e o jebuseu.

Sarai e Hagar

16 Ora, Sarai, mulher de Abrão, não lhe dava filhos; tendo, porém, uma serva egípcia, por nome Hagar,

² disse Sarai a Abrão: Eis que o SENHOR me tem impedido de dar à luz filhos; toma, pois, a minha serva, e assim me edificarei com filhos por meio dela. E Abrão anuiu ao conselho de Sarai.

³ Então, Sarai, mulher de Abrão, tomou a Hagar, egípcia, sua serva, e deu-a por mulher a Abrão, seu marido, depois de ter ele habitado por dez anos na terra de Canaã.

⁴ Ele a possuiu, e ela concebeu. Vendo ela que havia concebido, foi sua senhora por ela desprezada.

⁵ Disse Sarai a Abrão: Seja sobre ti a afronta que se me faz a mim. Eu te dei a minha serva para a possuíres; ela, porém, vendo que concebeu, desprezou-me. Julgue o SENHOR entre mim e ti.

⁶ Respondeu Abrão a Sarai: A tua serva está nas tuas mãos, procede segundo melhor te parecer. Sarai humilhou-a, e ela fugiu de sua presença.

⁷ Tendo-a achado o Anjo do SENHOR junto a uma fonte de água no deserto, junto à fonte no caminho de Sur,

⁸ disse-lhe: Hagar, serva de Sarai, donde vens e para onde vais? Ela respondeu: Fujo da presença de Sarai, minha senhora.

⁹ Então, lhe disse o Anjo do SENHOR: Volta para a tua senhora e humilha-te sob suas mãos.

¹⁰ Disse-lhe mais o Anjo do SENHOR: Multiplicarei sobremodo a tua descendência, de maneira que, por numerosa, não será contada.

¹¹ Disse-lhe ainda o Anjo do SENHOR: Concebeste e darás à luz um filho, a quem chamarás Ismael, porque o SENHOR te acudiu na tua aflição.

15.5 Rm 4.18; Hb 11.12.   15.6 Rm 4.3; Gl 3.6; Tg 2.23.   15.13,14 Êx 1.1-14; 12.40,41; At 7.6,7.   15.18 At 7.5.

¹² Ele será, entre os homens, como um jumento selvagem; a sua mão será contra todos, e a mão de todos, contra ele; e habitará fronteiro a todos os seus irmãos.

¹³ Então, ela invocou o nome do SENHOR, que lhe falava: Tu és Deus que vê; pois disse ela: Não olhei eu neste lugar para aquele que me vê?

¹⁴ Por isso, aquele poço se chama Beer-Laai-Roi; está entre Cades e Berede.

Nascimento de Ismael

¹⁵ Hagar deu à luz um filho a Abrão; e Abrão, a seu filho que lhe dera Hagar, chamou-lhe Ismael.

¹⁶ Era Abrão de oitenta e seis anos, quando Hagar lhe deu à luz Ismael.

Deus muda o nome de Abrão

17 Quando atingiu Abrão a idade de noventa e nove anos, apareceu-lhe o SENHOR e disse-lhe: Eu sou o Deus Todo-poderoso; anda na minha presença e sê perfeito.

² Farei uma aliança entre mim e ti e te multiplicarei extraordinariamente.

³ Prostrou-se Abrão, rosto em terra, e Deus lhe falou:

⁴ Quanto a mim, será contigo a minha aliança; serás pai de numerosas nações.

⁵ Abrão já não será o teu nome e sim Abraão; porque por pai de numerosas nações te constituí.

⁶ Far-te-ei fecundo extraordinariamente, de ti farei nações, e reis procederão de ti.

⁷ Estabelecerei a minha aliança entre mim e ti e a tua descendência no decurso das suas gerações, aliança perpétua, para ser o teu Deus e da tua descendência.

⁸ Dar-te-ei a ti e à tua descendência a terra das tuas peregrinações, toda a terra de Canaã, em possessão perpétua, e serei o seu Deus.

Institui-se a circuncisão

⁹ Disse mais Deus a Abraão: Guardarás a minha aliança, tu e a tua descendência no decurso das suas gerações.

¹⁰ Esta é a minha aliança, que guardareis entre mim e vós e a tua descendência: todo macho entre vós será circuncidado.

¹¹ Circuncidareis a carne do vosso prepúcio; será isso por sinal de aliança entre mim e vós.

¹² O que tem oito dias será circuncidado entre vós, todo macho nas vossas gerações, tanto o escravo nascido em casa como o comprado a qualquer estrangeiro, que não for da tua estirpe.

¹³ Com efeito, será circuncidado o nascido em tua casa e o comprado por teu dinheiro; a minha aliança estará na vossa carne e será aliança perpétua.

¹⁴ O incircunciso, que não for circuncidado na carne do prepúcio, essa vida será eliminada do seu povo; quebrou a minha aliança.

Deus muda o nome de Sarai

¹⁵ Disse também Deus a Abraão: A Sarai, tua mulher, já não lhe chamarás Sarai, porém Sara.

¹⁶ Abençoá-la-ei e dela te darei um filho; sim, eu a abençoarei, e ela se tornará nações; reis de povos procederão dela.

¹⁷ Então, se prostrou Abraão, rosto em terra, e se riu, e disse consigo: A um homem de cem anos há de nascer um filho? Dará à luz Sara com seus noventa anos?

¹⁸ Disse Abraão a Deus: Tomara que viva Ismael diante de ti.

¹⁹ Deus lhe respondeu: De fato, Sara, tua mulher, te dará um filho, e lhe chamarás Isaque; estabelecerei com ele a minha aliança, aliança perpétua para a sua descendência.

²⁰ Quanto a Ismael, eu te ouvi: abençoá-lo-ei, fá-lo-ei fecundo e o multiplicarei extraordinariamente; gerará doze príncipes, e dele farei uma grande nação.

²¹ A minha aliança, porém, estabelecê-la-ei com Isaque, o qual Sara te dará à luz, neste mesmo tempo, daqui a um ano.

²² E, finda esta fala com Abraão, Deus se retirou dele, elevando-se.

Pratica-se a circuncisão

²³ Tomou, pois, Abraão a seu filho Ismael, e a todos os escravos nascidos em sua casa, e a todos comprados por seu dinheiro, todo macho dentre os de sua casa, e lhes circuncidou a carne do prepúcio de cada um, naquele mesmo dia, como Deus lhe ordenara.

²⁴ Tinha Abraão noventa e nove anos de idade, quando foi circuncidado na carne do seu prepúcio.

²⁵ Ismael, seu filho, era de treze anos,

17.5 Rm 4.17. 17.7 Lc 1.55. 17.8 At 7.5. 17.10 At 7.8.

quando foi circuncidado na carne do seu prepúcio.

²⁶ Abraão e seu filho, Ismael, foram circuncidados no mesmo dia.

²⁷ E também foram circuncidados todos os homens de sua casa, assim os escravos nascidos nela, como os comprados por dinheiro ao estrangeiro.

O Senhor e dois anjos aparecem a Abraão

18 Apareceu o Senhor a Abraão nos carvalhais de Manre, quando ele estava assentado à entrada da tenda, no maior calor do dia.

² Levantou ele os olhos, olhou, e eis três homens de pé em frente dele. Vendo-os, correu da porta da tenda ao seu encontro, prostrou-se em terra

³ e disse: Senhor meu, se acho mercê em tua presença, rogo-te que não passes do teu servo;

⁴ traga-se um pouco de água, lavai os pés e repousai debaixo desta árvore;

⁵ trarei um bocado de pão; refazei as vossas forças, visto que chegastes até vosso servo; depois, seguireis avante. Responderam: Faze como disseste.

⁶ Apressou-se, pois, Abraão para a tenda de Sara e lhe disse: Amassa depressa três medidas de flor de farinha e faze pão assado ao borralho.

⁷ Abraão, por sua vez, correu ao gado, tomou um novilho, tenro e bom, e deu-o ao criado, que se apressou em prepará-lo.

⁸ Tomou também coalhada e leite e o novilho que mandara preparar e pôs tudo diante deles; e permaneceu de pé junto a eles debaixo da árvore; e eles comeram.

⁹ Então, lhe perguntaram: Sara, tua mulher, onde está? Ele respondeu: Está aí na tenda.

¹⁰ Disse um deles: Certamente voltarei a ti, daqui a um ano; e Sara, tua mulher, dará à luz um filho. Sara o estava escutando, à porta da tenda, atrás dele.

¹¹ Abraão e Sara eram já velhos, avançados em idade; e a Sara já lhe havia cessado o costume das mulheres.

¹² Riu-se, pois, Sara no seu íntimo, dizendo consigo mesma: Depois de velha, e velho também o meu senhor, terei ainda prazer?

¹³ Disse o Senhor a Abraão: Por que se riu Sara, dizendo: Será verdade que darei ainda à luz, sendo velha?

¹⁴ Acaso para o Senhor há cousa demasiadamente difícil? Daqui a um ano, neste mesmo tempo, voltarei a ti, e Sara terá um filho.

¹⁵ Então, Sara, receosa, o negou, dizendo: Não me ri. Ele, porém, disse: Não é assim, é certo que riste.

Deus anuncia a destruição de Sodoma e Gomorra

¹⁶ Tendo-se levantado dali aqueles homens, olharam para Sodoma; e Abraão ia com eles, para os encaminhar.

¹⁷ Disse o Senhor: Ocultarei a Abraão o que estou para fazer,

¹⁸ visto que Abraão certamente virá a ser uma grande e poderosa nação, e nele serão benditas todas as nações da terra?

¹⁹ Porque eu o escolhi para que ordene a seus filhos e a sua casa depois dele, a fim de que guardem o caminho do Senhor e pratiquem a justiça e o juízo; para que o Senhor faça vir sobre Abraão o que tem falado a seu respeito.

²⁰ Disse mais o Senhor: Com efeito, o clamor de Sodoma e Gomorra tem-se multiplicado, e o seu pecado se tem agravado muito.

²¹ Descerei e verei se, de fato, o que têm praticado corresponde a esse clamor que é vindo até mim; e, se assim não é, sabê-lo-ei.

Abraão intercede junto a Deus pelos homens

²² Então, partiram dali aqueles homens e foram para Sodoma; porém Abraão permaneceu ainda na presença do Senhor.

²³ E, aproximando-se a ele, disse: Destruirás o justo com o ímpio?

²⁴ Se houver, porventura, cinqüenta justos na cidade, destruirás ainda assim e não pouparás o lugar por amor dos cinqüenta justos que nela se encontram?

²⁵ Longe de ti o fazeres tal cousa, matares o justo com o ímpio, como se o justo fosse igual ao ímpio; longe de ti. Não fará justiça o Juiz de toda a terra?

²⁶ Então, disse o Senhor: Se eu achar em Sodoma cinqüenta justos dentro da cidade, pouparei a cidade toda por amor deles.

²⁷ Disse mais Abraão: Eis que me atrevo a falar ao Senhor, eu que sou pó e cinza.

²⁸ Na hipótese de faltarem cinco para cinqüenta justos, destruirás por isso toda

18.10 Rm 9.9.   18.12 1Pe 3.6.   18.14 Lc 1.37.

a cidade? Ele respondeu: Não a destruirei se eu achar ali quarenta e cinco.

²⁹ Disse-lhe ainda mais Abraão: E se, porventura, houver ali quarenta? Respondeu: Não o farei por amor dos quarenta.

³⁰ Insistiu: Não se ire o Senhor, falarei ainda: Se houver, porventura, ali trinta? Respondeu o SENHOR: Não o farei se eu encontrar ali trinta.

³¹ Continuou Abraão: Eis que me atrevi a falar ao Senhor: Se, porventura, houver ali vinte? Respondeu o SENHOR: Não a destruirei por amor dos vinte.

³² Disse ainda Abraão: Não se ire o Senhor, se lhe falo somente mais esta vez: Se, porventura, houver ali dez? Respondeu o SENHOR: Não a destruirei por amor dos dez.

³³ Tendo cessado de falar a Abraão, retirou-se o SENHOR; e Abraão voltou para o seu lugar.

Ló recebe em sua casa os dois anjos

19 Ao anoitecer, vieram os dois anjos a Sodoma, a cuja entrada estava Ló assentado; este, quando os viu, levantou-se e, indo ao seu encontro, prostrou-se, rosto em terra.

² E disse-lhes: Eis agora, meus senhores, vinde para a casa do vosso servo, pernoitai nela e lavai os pés; levantar-vos-eis de madrugada e seguireis o vosso caminho. Responderam eles: Não; passaremos a noite na praça.

³ Instou-lhes muito, e foram e entraram em casa dele; deu-lhes um banquete, fez assar uns pães asmos, e eles comeram.

⁴ Mas, antes que se deitassem, os homens daquela cidade cercaram a casa, os homens de Sodoma, assim os moços como os velhos, sim, todo o povo de todos os lados;

⁵ e chamaram por Ló e lhe disseram: Onde estão os homens que, à noitinha, entraram em tua casa? Traze-os fora a nós para que abusemos deles.

⁶ Saiu-lhes, então, Ló à porta, fechou-a após si

⁷ e lhes disse: Rogo-vos, meus irmãos, que não façais mal;

⁸ tenho duas filhas, virgens, eu vo-las trarei; tratai-as como vos parecer, porém nada façais a estes homens, porquanto se acham sob a proteção de meu teto.

⁹ Eles, porém, disseram: Retira-te daí. E acrescentaram: Só ele é estrangeiro, veio morar entre nós e pretende ser juiz em tudo? A ti, pois, faremos pior do que a eles. E arremessaram-se contra o homem, contra Ló, e se chegaram para arrombar a porta.

¹⁰ Porém os homens, estendendo a mão, fizeram entrar Ló e fecharam a porta;

¹¹ e feriram de cegueira aos que estavam fora, desde o menor até ao maior, de modo que se cansaram à procura da porta.

¹² Então, disseram os homens a Ló: Tens aqui alguém mais dos teus? Genro, e teus filhos, e tuas filhas, todos quantos tens na cidade, faze-os sair deste lugar;

¹³ pois vamos destruir este lugar, porque o seu clamor se tem aumentado, chegando até à presença do SENHOR; e o SENHOR nos enviou a destruí-lo.

¹⁴ Então, saiu Ló e falou a seus genros, aos que estavam para casar com suas filhas e disse: Levantai-vos, saí deste lugar, porque o SENHOR há de destruir a cidade. Acharam, porém, que ele gracejava com eles.

¹⁵ Ao amanhecer, apertaram os anjos com Ló, dizendo: Levanta-te, toma tua mulher e tuas duas filhas, que aqui se encontram, para que não pereças no castigo da cidade.

¹⁶ Como, porém, se demorasse, pegaram-no os homens pela mão, a ele, a sua mulher e as duas filhas, sendo-lhe o SENHOR misericordioso, e o tiraram, e o puseram fora da cidade.

¹⁷ Havendo-os levado fora, disse um deles: Livra-te, salva a tua vida; não olhes para trás, nem pares em toda a campina; foge para o monte, para que não pereças.

¹⁸ Respondeu-lhes Ló: Assim não, SENHOR meu!

¹⁹ Eis que o teu servo achou mercê diante de ti, e engrandeceste a tua misericórdia que me mostraste, salvando-me a vida; não posso escapar no monte, pois receio que o mal me apanhe, e eu morra.

²⁰ Eis aí uma cidade perto para a qual eu posso fugir, e é pequena. Permite que eu fuja para lá (porventura, não é pequena?), e nela viverá a minha alma.

²¹ Disse-lhe: Quanto a isso, estou de acordo, para não subverter a cidade de que acabas de falar.

²² Apressa-te, refugia-te nela; pois nada posso fazer, enquanto não tiveres chegado lá. Por isso, se chamou Zoar o nome da cidade.

A destruição de Sodoma e Gomorra

²³ Saía o sol sobre a terra, quando Ló entrou em Zoar.

²⁴ Então, fez o SENHOR chover enxofre e fogo, da parte do SENHOR, sobre Sodoma e Gomorra.

²⁵ E subverteu aquelas cidades, e toda a campina, e todos os moradores das cidades, e o que nascia na terra.

²⁶ E a mulher de Ló olhou para trás e converteu-se numa estátua de sal.

²⁷ Tendo-se levantado Abraão de madrugada, foi para o lugar onde estivera na presença do SENHOR;

²⁸ e olhou para Sodoma e Gomorra e para toda a terra da campina e viu que da terra subia fumaça, como a fumarada de uma fornalha.

²⁹ Ao tempo que destruía as cidades da campina, lembrou-se Deus de Abraão e tirou a Ló do meio das ruínas, quando subverteu as cidades em que Ló habitara.

A origem dos moabitas e dos amonitas

³⁰ Subiu Ló de Zoar e habitou no monte, ele e suas duas filhas, porque receavam permanecer em Zoar; e habitou numa caverna, e com ele as duas filhas.

³¹ Então, a primogênita disse à mais moça: Nosso pai está velho, e não há homem na terra que venha unir-se conosco, segundo o costume de toda terra.

³² Vem, façamo-lo beber vinho, deitemo-nos com ele e conservemos a descendência de nosso pai.

³³ Naquela noite, pois, deram a beber vinho a seu pai, e, entrando a primogênita, se deitou com ele, sem que ele o notasse, nem quando ela se deitou, nem quando se levantou.

³⁴ No dia seguinte, disse a primogênita à mais nova: Deitei-me, ontem, à noite, com o meu pai. Demos-lhe a beber vinho também esta noite; entra e deita-te com ele, para que preservemos a descendência de nosso pai.

³⁵ De novo, pois, deram aquela noite, a beber vinho a seu pai, e, entrando a mais nova, se deitou com ele, sem que ele o notasse, nem quando ela se deitou, nem quando se levantou.

³⁶ E assim as duas filhas de Ló conceberam do próprio pai.

³⁷ A primogênita deu à luz um filho e lhe chamou Moabe: é o pai dos moabitas, até ao dia de hoje.

³⁸ A mais nova também deu à luz um filho e lhe chamou Ben-Ami: é o pai dos filhos de Amom, até ao dia de hoje.

Abraão e Sara peregrinam em Gerar

20 Partindo Abraão dali para a terra do Neguebe, habitou entre Cades e Sur e morou em Gerar.

² Disse Abraão de Sara, sua mulher: Ela é minha irmã; assim, pois, Abimeleque, rei de Gerar, mandou buscá-la.

³ Deus, porém, veio a Abimeleque em sonhos de noite e lhe disse: Vais ser punido de morte por causa da mulher que tomaste, porque ela tem marido.

⁴ Ora, Abimeleque ainda não a havia possuído; por isso, disse: Senhor, matarás até uma nação inocente?

⁵ Não foi ele mesmo que me disse: É minha irmã? E ela também me disse: Ele é meu irmão. Com sinceridade de coração e na minha inocência, foi que eu fiz isso.

⁶ Respondeu-lhe Deus em sonho: Bem sei que com sinceridade de coração fizeste isso; daí o ter impedido eu de pecares contra mim e não te permiti que a tocasses.

⁷ Agora, pois, restitui a mulher a seu marido, pois ele é profeta e intercederá por ti, e viverás; se, porém, não lha restituíres, sabe que certamente morrerás, tu e tudo o que é teu.

⁸ Levantou-se Abimeleque de madrugada, e chamou todos os seus servos, e lhes contou todas essas cousas; e os homens ficaram muito atemorizados.

⁹ Então, chamou Abimeleque a Abraão e lhe disse: Que é isso que nos fizeste? Em que pequei eu contra ti, para trazeres tamanho pecado sobre mim e sobre o meu reino? Tu me fizeste o que não se deve fazer.

¹⁰ Disse mais Abimeleque a Abraão: Que estavas pensando para fazeres tal cousa?

¹¹ Respondeu Abraão: Eu dizia comigo mesmo: Certamente não há temor de Deus neste lugar, e eles me matarão por causa de minha mulher.

¹² Por outro lado, ela, de fato, é também minha irmã, filha de meu pai e não de minha mãe; e veio a ser minha mulher.

¹³ Quando Deus me fez andar errante da casa de meu pai, eu lhe disse a ela: Este favor me farás: em todo lugar em que en-

trarmos, dirás a meu respeito: Ele é meu irmão.

¹⁴ Então, Abimeleque tomou ovelhas e bois, e servos e servas e os deu a Abraão; e lhe restituiu a Sara, sua mulher.

¹⁵ Disse Abimeleque: A minha terra está diante de ti; habita onde melhor te parecer.

¹⁶ E a Sara disse: Dei mil siclos de prata a teu irmão; será isto compensação por tudo quanto se deu contigo; e perante todos estás justificada.

¹⁷ E, orando Abraão, sarou Deus Abimeleque, sua mulher e suas servas, de sorte que elas pudessem ter filhos;

¹⁸ porque o SENHOR havia tornado estéreis todas as mulheres da casa de Abimeleque, por causa de Sara, mulher de Abraão.

O nascimento de Isaque

21 Visitou o SENHOR a Sara, como lhe dissera, e o SENHOR cumpriu o que lhe havia prometido.

² Sara concebeu e deu à luz um filho a Abraão na sua velhice, no tempo determinado, de que Deus lhe falara.

³ Ao filho que lhe nasceu, que Sara lhe dera à luz, pôs Abraão o nome de Isaque.

⁴ Abraão circuncidou a seu filho Isaque, quando este era de oito dias, segundo Deus lhe havia ordenado.

⁵ Tinha Abraão cem anos, quando lhe nasceu Isaque, seu filho.

⁶ E disse Sara: Deus me deu motivo de riso; e todo aquele que ouvir isso vai rir-se juntamente comigo.

⁷ E acrescentou: Quem teria dito a Abraão que Sara amamentaria um filho? Pois na sua velhice lhe dei um filho.

Hagar no deserto

⁸ Isaque cresceu e foi desmamado. Nesse dia em que o menino foi desmamado, deu Abraão um grande banquete.

⁹ Vendo Sara que o filho de Hagar, a egípcia, o qual ela dera à luz a Abraão, caçoava de Isaque,

¹⁰ disse a Abraão: Rejeita essa escrava e seu filho; porque o filho dessa escrava não será herdeiro com Isaque, meu filho.

¹¹ Pareceu isso mui penoso aos olhos de Abraão, por causa de seu filho.

¹² Disse, porém, Deus a Abraão: Não te pareça isso mal por causa do moço e por causa da tua serva; atende a Sara em tudo

o que ela te disser; porque por Isaque será chamada a tua descendência.

¹³ Mas também do filho da serva farei uma grande nação, por ser ele teu descendente.

¹⁴ Levantou-se, pois, Abraão de madrugada, tomou pão e um odre de água, pô-los às costas de Hagar, deu-lhe o menino e a despediu. Ela saiu, andando errante pelo deserto de Berseba.

¹⁵ Tendo-se acabado a água do odre, colocou ela o menino debaixo de um dos arbustos

¹⁶ e, afastando-se, foi sentar-se defronte, à distância de um tiro de arco; porque dizia: Assim, não verei morrer o menino; e, sentando-se em frente dele, levantou a voz e chorou.

¹⁷ Deus, porém, ouviu a voz do menino; e o Anjo de Deus chamou do céu a Hagar e lhe disse: Que tens, Hagar? Não temas, porque Deus ouviu a voz do menino, daí onde está.

¹⁸ Ergue-te, levanta o rapaz, segura-o pela mão, porque eu farei dele um grande povo.

¹⁹ Abrindo-lhe Deus os olhos, viu ela um poço de água, e, indo a ele, encheu de água o odre, e deu de beber ao rapaz.

²⁰ Deus estava com o rapaz, que cresceu, habitou no deserto e se tornou flecheiro;

²¹ habitou no deserto de Parã, e sua mãe o casou com uma mulher da terra do Egito.

Abraão faz aliança com Abimeleque

²² Por esse tempo, Abimeleque e Ficol, comandante do seu exército, disseram a Abraão: Deus é contigo em tudo o que fazes;

²³ agora, pois, jura-me aqui por Deus que me não mentirás, nem a meu filho, nem a meu neto; e sim que usarás comigo e com a terra em que tens habitado daquela mesma bondade com que eu te tratei.

²⁴ Respondeu Abraão: Juro.

²⁵ Nada obstante, Abraão repreendeu a Abimeleque por causa de um poço de água que os servos deste lhe haviam tomado à força.

²⁶ Respondeu-lhe Abimeleque: Não sei quem terá feito isso; também nada me fizeste saber, nem tampouco ouvi falar disso, senão hoje.

²⁷ Tomou Abraão ovelhas e bois e deu-

21.2 Hb 11.11.   **21.4** Gn 17.12; At 7.8.   **21.10** Gl 4.29,30.   **21.12** Rm 9.7; Hb 11.18.   **21.22** Gn 26.26.

os a Abimeleque; e fizeram ambos uma aliança.

²⁸ Pôs Abraão à parte sete cordeiras do rebanho.

²⁹ Perguntou Abimeleque a Abraão: Que significam as sete cordeiras que puseste à parte?

³⁰ Respondeu Abraão: Receberás de minhas mãos as sete cordeiras, para que me sirvam de testemunho de que eu cavei este poço.

³¹ Por isso, se chamou aquele lugar Berseba, porque ali juraram eles ambos.

³² Assim, fizeram aliança em Berseba; levantaram-se Abimeleque e Ficol, comandante do seu exército, e voltaram para as terras dos filisteus.

³³ Plantou Abraão tamargueiras em Berseba e invocou ali o nome do SENHOR, Deus Eterno.

³⁴ E foi Abraão, por muito tempo, morador na terra dos filisteus.

Deus prova Abraão

22 Depois dessas cousas, pôs Deus Abraão à prova e lhe disse: Abraão! Este lhe respondeu: Eis-me aqui!

² Acrescentou Deus: Toma teu filho, teu único filho, Isaque, a quem amas, e vai-te à terra de Moriá; oferece-o ali em holocausto, sobre um dos montes, que eu te mostrarei.

³ Levantou-se, pois, Abraão de madrugada e, tendo preparado o seu jumento, tomou consigo dois dos seus servos e a Isaque, seu filho; rachou lenha para o holocausto e foi para o lugar que Deus lhe havia indicado.

⁴ Ao terceiro dia, erguendo Abraão os olhos, viu o lugar de longe.

⁵ Então, disse a seus servos: Esperai aqui, com o jumento; eu e o rapaz iremos até lá e, havendo adorado, voltaremos para junto de vós.

⁶ Tomou Abraão a lenha do holocausto e a colocou sobre Isaque, seu filho; ele, porém, levava nas mãos o fogo e o cutelo. Assim, caminhavam ambos juntos.

⁷ Quando Isaque disse a Abraão, seu pai: Meu pai! Respondeu Abraão: Eis-me aqui, meu filho! Perguntou-lhe Isaque: Eis o fogo e a lenha, mas onde está o cordeiro para o holocausto?

⁸ Respondeu Abraão: Deus proverá para si, meu filho, o cordeiro para o holocausto; e seguiam ambos juntos.

⁹ Chegaram ao lugar que Deus lhe havia designado; ali edificou Abraão um altar, sobre ele dispôs a lenha, amarrou Isaque, seu filho, e o deitou no altar, em cima da lenha;

¹⁰ e, estendendo a mão, tomou o cutelo para imolar o filho.

¹¹ Mas do céu lhe bradou o Anjo do SENHOR: Abraão! Abraão! Ele respondeu: Eis-me aqui!

¹² Então, lhe disse: Não estendas a mão sobre o rapaz e nada lhe faças; pois agora sei que temes a Deus, porquanto não me negaste o filho, o teu único filho.

¹³ Tendo Abraão erguido os olhos, viu atrás de si um carneiro preso pelos chifres entre os arbustos; tomou Abraão o carneiro e o ofereceu em holocausto, em lugar de seu filho.

¹⁴ E pôs Abraão por nome àquele lugar — O SENHOR Proverá. Daí dizer-se até ao dia de hoje: No monte do SENHOR se proverá.

¹⁵ Então, do céu bradou pela segunda vez o Anjo do SENHOR a Abraão

¹⁶ e disse: Jurei, por mim mesmo, diz o SENHOR, porquanto fizeste isso e não me negaste o teu único filho,

¹⁷ que deveras te abençoarei e certamente te multiplicarei a tua descendência como as estrelas dos céus e como a areia na praia do mar; a tua descendência possuirá a cidade dos seus inimigos,

¹⁸ nela serão benditas todas as nações da terra, porquanto obedeceste à minha voz.

¹⁹ Então, voltou Abraão aos seus servos, e, juntos, foram para Berseba, onde fixou residência.

Descendência de Naor

²⁰ Passadas essas cousas, foi dada notícia a Abraão, nestes termos: Milca também tem dado à luz filhos a Naor, teu irmão:

²¹ Uz, o primogênito, Buz, seu irmão, Quemuel, pai de Arã,

²² Quésede, Hazo, Pildas, Jidlafe e Betuel.

²³ Betuel gerou a Rebeca; estes oito deu à luz Milca a Naor, irmão de Abraão.

²⁴ Sua concubina, cujo nome era Reumá, lhe deu também à luz filhos: Tebá, Gaã, Taás e Maaca.

22.1 Hb 11.17-19.   **22.9** Tg 2.21.   **22.16** Hb 6.13,14.   **22.17** Hb 11.12.   **22.18** At 3.25.

A morte de Sara

23 Tendo Sara vivido cento e vinte e sete anos,

² morreu em Quiriate-Arba, que é Hebrom, na terra de Canaã; veio Abraão lamentar Sara e chorar por ela.

³ Levantou-se, depois, Abraão da presença de sua morta e falou aos filhos de Hete:

⁴ Sou estrangeiro e morador entre vós; dai-me a posse de sepultura convosco, para que eu sepulte a minha morta.

⁵ Responderam os filhos de Hete a Abraão, dizendo:

⁶ Ouve-nos, senhor: tu és príncipe de Deus entre nós; sepulta numa das nossas melhores sepulturas a tua morta; nenhum de nós te vedará a sua sepultura, para sepultares a tua morta.

⁷ Então, se levantou Abraão e se inclinou diante do povo da terra, diante dos filhos de Hete.

⁸ E lhes falou, dizendo: Se é do vosso agrado que eu sepulte a minha morta, ouvi-me e intercedei por mim junto a Efrom, filho de Zoar,

⁹ para que ele me dê a caverna de Macpela, que tem no extremo do seu campo; que ma dê pelo devido preço em posse de sepultura entre vós.

¹⁰ Ora, Efrom, o heteu, sentando-se no meio dos filhos de Hete, respondeu a Abraão, ouvindo-o os filhos de Hete, a saber, todos os que entravam pela porta da sua cidade:

¹¹ De modo nenhum, meu senhor; ouve-me: dou-te o campo e também a caverna que nele está; na presença dos filhos do meu povo te dou; sepulta a tua morta.

¹² Então, se inclinou Abraão diante do povo da terra;

¹³ e falou a Efrom, na presença do povo da terra, dizendo: Mas, se concordas, ouve-me, peço-te: darei o preço do campo, toma-o de mim, e sepultarei ali a minha morta.

¹⁴ Respondeu-lhe Efrom:

¹⁵ Meu senhor, ouve-me: um terreno que vale quatrocentos siclos de prata, que é isso entre mim e ti? Sepulta ali a tua morta.

¹⁶ Tendo Abraão ouvido isso a Efrom, pesou-lhe a prata, de que este lhe falara diante dos filhos de Hete, quatrocentos siclos de prata, moeda corrente entre os mercadores.

¹⁷ Assim, o campo de Efrom, que estava em Macpela, fronteiro a Manre, o campo, a caverna e todo o arvoredo que nele havia, e todo o limite ao redor

¹⁸ se confirmaram por posse a Abraão, na presença dos filhos de Hete, de todos os que entravam pela porta da sua cidade.

¹⁹ Depois, sepultou Abraão a Sara, sua mulher, na caverna do campo de Macpela, fronteiro a Manre, que é Hebrom, na terra de Canaã.

²⁰ E assim, pelos filhos de Hete, se confirmou a Abraão o direito do campo e da caverna que nele estava, em posse de sepultura.

Abraão manda seu servo buscar uma mulher para Isaque

24 Era Abraão já idoso, bem avançado em anos; e o Senhor em tudo o havia abençoado.

² Disse Abraão ao seu mais antigo servo da casa, que governava tudo o que possuía: Põe a mão por baixo da minha coxa,

³ para que eu te faça jurar pelo Senhor, Deus do céu e da terra, que não tomarás esposa para meu filho das filhas dos cananeus, entre as quais habito;

⁴ mas irás à minha parentela e daí tomarás esposa para Isaque, meu filho.

⁵ Disse-lhe o servo: Talvez não queira a mulher seguir-me para esta terra; nesse caso, levarei teu filho à terra donde saíste?

⁶ Respondeu-lhe Abraão: Cautela! Não faças voltar para lá meu filho.

⁷ O Senhor, Deus do céu, que me tirou da casa de meu pai e de minha terra natal, e que me falou, e jurou, dizendo: À tua descendência darei esta terra, ele enviará o seu anjo, que te há de preceder, e tomarás de lá esposa para meu filho.

⁸ Caso a mulher não queira seguir-te, ficarás desobrigado do teu juramento; entretanto, não levarás para lá meu filho.

⁹ Com isso, pôs o servo a mão por baixo da coxa de Abraão, seu senhor, e jurou fazer segundo o resolvido.

¹⁰ Tomou o servo dez dos camelos do seu senhor e, levando consigo de todos os bens dele, levantou-se e partiu, rumo da Mesopotâmia, para a cidade de Naor.

¹¹ Fora da cidade, fez ajoelhar os camelos junto a um poço de água, à tarde, hora em que as moças saem a tirar água.

¹² E disse consigo: Ó Senhor, Deus de

23.4 Hb 11.13; At 7.16.

meu senhor Abraão, rogo-te que me acudas hoje e uses de bondade para com o meu senhor Abraão!

¹³ Eis que estou ao pé da fonte de água, e as filhas dos homens desta cidade saem para tirar água;

¹⁴ dá-me, pois, que a moça a quem eu disser: inclina o cântaro para que eu beba; e ela me responder: Bebe, e darei ainda de beber aos teus camelos, seja a que designaste para o teu servo Isaque; e nisso verei que usaste de bondade para com o meu senhor.

O encontro de Rebeca

¹⁵ Considerava ele ainda, quando saiu Rebeca, filha de Betuel, filho de Milca, mulher de Naor, irmão de Abraão, trazendo um cântaro ao ombro.

¹⁶ A moça era mui formosa de aparência, virgem, a quem nenhum homem havia possuído; ela desceu à fonte, encheu o seu cântaro e subiu.

¹⁷ Então, o servo saiu-lhe ao encontro e disse: Dá-me de beber um pouco da água do teu cântaro.

¹⁸ Ela respondeu: Bebe, meu senhor. E, prontamente, baixando o cântaro para a mão, lhe deu de beber.

¹⁹ Acabando ela de dar a beber, disse: Tirarei água também para os teus camelos, até que todos bebam.

²⁰ E, apressando-se em despejar o cântaro no bebedouro, correu outra vez ao poço para tirar mais água; tirou-a e deu-a a todos os camelos.

²¹ O homem a observava, em silêncio, atentamente, para saber se teria o SENHOR levado a bom termo a sua jornada ou não.

²² Tendo os camelos acabado de beber, tomou o homem um pendente de ouro de meio siclo de peso e duas pulseiras para as mãos dela, do peso de dez siclos de ouro;

²³ e lhe perguntou: De quem és filha? Peço-te que me digas. Haverá em casa de teu pai lugar em que eu fique, e a comitiva?

²⁴ Ela respondeu: Sou filha de Betuel, filho de Milca, o qual ela deu à luz a Naor.

²⁵ E acrescentou: Temos palha, e muito pasto, e lugar para passar a noite.

²⁶ Então, se inclinou o homem e adorou ao SENHOR.

²⁷ E disse: Bendito seja o SENHOR, Deus de meu senhor Abraão, que não retirou a sua benignidade e a sua verdade de meu senhor; quanto a mim, estando no caminho, o SENHOR me guiou à casa dos parentes de meu senhor.

²⁸ E a moça correu e contou aos da casa de sua mãe todas essas cousas.

²⁹ Ora, Rebeca tinha um irmão, chamado Labão; este correu ao encontro do homem junto à fonte.

³⁰ Pois, quando viu o pendente e as pulseiras nas mãos de sua irmã, tendo ouvido as palavras de Rebeca, sua irmã, que dizia: Assim me falou o homem, foi Labão ter com ele, o qual estava em pé junto aos camelos, junto à fonte.

³¹ E lhe disse: Entra, bendito do SENHOR, por que estás aí fora? Pois já preparei a casa e o lugar para os camelos.

³² Então, fez entrar o homem; descarregaram-lhe os camelos e lhes deram forragem e pasto; deu-se-lhe água para lavar os pés e também aos homens que estavam com ele.

³³ Diante dele puseram comida; porém ele disse: Não comerei enquanto não expuser o propósito a que venho. Labão respondeu-lhe: Dize.

³⁴ Então, disse: Sou servo de Abraão.

³⁵ O SENHOR tem abençoado muito ao meu senhor, e ele se tornou grande; deu-lhe ovelhas e bois, e prata e ouro, e servos e servas, e camelos e jumentos.

³⁶ Sara, mulher do meu senhor, era já idosa quando lhe deu à luz um filho; a este deu ele tudo quanto tem.

³⁷ E meu senhor me fez jurar, dizendo: Não tomarás esposa para meu filho das mulheres dos cananeus, em cuja terra habito;

³⁸ porém irás à casa de meu pai e à minha família e tomarás esposa para meu filho.

³⁹ Respondi ao meu senhor: Talvez não queira a mulher seguir-me.

⁴⁰ Ele me disse: O SENHOR, em cuja presença eu ando, enviará contigo o seu Anjo e levará a bom termo a tua jornada, para que, da minha família e da casa de meu pai, tomes esposa para meu filho.

⁴¹ Então, serás desobrigado do meu juramento, quando fores à minha família; se não ta derem, desobrigado estarás do meu juramento.

⁴² Hoje, pois, cheguei à fonte e disse comigo: ó SENHOR, Deus de meu senhor Abraão, se me levas a bom termo a jornada em que sigo,

⁴³ eis-me agora junto à fonte de água: a moça que sair para tirar água, a quem eu disser: dá-me um pouco de água do teu cântaro,

⁴⁴ e ela me responder: Bebe, e também

tirarei água para os teus camelos, seja essa a mulher que o Senhor designou para o filho de meu senhor.

45 Considerava ainda eu assim, no meu íntimo, quando saiu Rebeca trazendo o seu cântaro ao ombro, desceu à fonte e tirou água. E eu lhe disse: peço-te que me dês de beber.

46 Ela se apressou e, baixando o cântaro do ombro, disse: Bebe, e também darei de beber aos teus camelos. Bebi, e ela deu de beber aos camelos.

47 Daí lhe perguntei: de quem és filha? Ela respondeu: Filha de Betuel, filho de Naor e Milca. Então, lhe pus o pendente no nariz e as pulseiras nas mãos.

48 E, prostrando-me, adorei ao Senhor e bendisse ao Senhor, Deus do meu senhor Abraão, que me havia conduzido por um caminho direito, a fim de tomar para o filho do meu senhor uma filha do seu parente.

49 Agora, pois, se haveis de usar de benevolência e de verdade para com o meu senhor, fazei-mo saber; se não, declarai-mo, para que eu vá, ou para a direita ou para a esquerda.

50 Então, responderam Labão e Betuel: Isto procede do Senhor, nada temos a dizer fora da sua verdade.

51 Eis Rebeca na tua presença; toma-a e vai-te; seja ela a mulher do filho do teu senhor, segundo a palavra do Senhor.

O casamento de Isaque e Rebeca

52 Tendo ouvido o servo de Abraão tais palavras, prostrou-se em terra diante do Senhor;

33 e tirou jóias de ouro e de prata e vestidos e os deu a Rebeca; também deu ricos presentes a seu irmão e a sua mãe.

54 Depois, comeram, e beberam, ele e os homens que estavam com ele, e passaram a noite. De madrugada, quando se levantaram, disse o servo: Permiti que eu volte ao meu senhor.

55 Mas o irmão e a mãe da moça disseram: Fique ela ainda conosco alguns dias, pelo menos dez; e depois irá.

56 Ele, porém, lhes disse: Não me detenhais, pois o Senhor me tem levado a bom termo na jornada; permiti que eu volte ao meu senhor.

57 Disseram: Chamemos a moça e ouçamo-la pessoalmente.

58 Chamaram, pois, a Rebeca e lhe perguntaram: Queres ir com este homem? Ela respondeu: Irei.

59 Então, despediram a Rebeca, sua irmã, e a sua ama, e ao servo de Abraão, e a seus homens.

60 Abençoaram a Rebeca e lhe disseram: És nossa irmã; sê tu a mãe de milhares de milhares, e que a tua descendência possua a porta dos seus inimigos.

61 Então, se levantou Rebeca com suas moças e, montando os camelos, seguiram o homem. O servo tomou a Rebeca e partiu.

62 Ora, Isaque vinha de caminho de Beer-Laai-Roi, porque habitava na terra do Neguebe.

63 Saíra Isaque a meditar no campo, ao cair da tarde; erguendo os olhos, viu, e eis que vinham camelos.

64 Também Rebeca levantou os olhos, e, vendo a Isaque, apeou do camelo,

65 e perguntou ao servo: Quem é aquele homem que vem pelo campo ao nosso encontro? É o meu senhor, respondeu. Então, tomou ela o véu e se cobriu.

66 O servo contou a Isaque todas as cousas que havia feito.

67 Isaque conduziu-a até à tenda de Sara, mãe dele, e tomou a Rebeca, e esta lhe foi por mulher. Ele a amou; assim, foi Isaque consolado depois da morte de sua mãe.

Descendentes de Abraão e Quetura
1Cr 1.32,33

25 Desposou Abraão outra mulher; chamava-se Quetura.

2 Ela lhe deu à luz a Zinrã, Jocsã, Medã, Midiã, Jisbaque e Sua.

3 Jocsã gerou a Sabá e a Dedã; os filhos de Dedã foram: Assurim, Letusim e Leumim.

4 Os filhos de Midiã foram: Efá, Efer, Enoque, Abida e Elda. Todos estes foram filhos de Quetura.

5 Abraão deu tudo o que possuía a Isaque.

6 Porém, aos filhos das concubinas que tinha, deu ele presentes e, ainda em vida, os separou de seu filho Isaque, enviando-os para a terra oriental.

A morte de Abraão

7 Foram os dias da vida de Abraão cento e setenta e cinco anos.

8 Expirou Abraão; morreu em ditosa velhice, avançado em anos; e foi reunido ao seu povo.

9 Sepultaram-no Isaque e Ismael, seus filhos, na caverna de Macpela, no campo

de Efrom, filho de Zoar, o heteu, fronteiro a Manre,

¹⁰ o campo que Abraão comprara aos
filhos de Hete. Ali foi sepultado Abraão e
Sara, sua mulher.

¹¹ Depois da morte de Abraão, Deus
abençoou a Isaque, seu filho; Isaque habitava junto a Beer-Laai-Roi.

Descendentes de Ismael
1Cr 1.28-31

¹² São estas as gerações de Ismael, filho
de Abraão, que Hagar, egípcia, serva de Sara, lhe deu à luz.

¹³ E estes, os filhos de Ismael, pelos seus
nomes, segundo o seu nascimento: o primogênito de Ismael foi Nebaiote; depois,
Quedar, Abdeel, Mibsão,

¹⁴ Misma, Dumá, Massá,

¹⁵ Hadade, Tema, Jetur, Nafis e Quedemá.

¹⁶ São estes os filhos de Ismael, e estes,
os seus nomes pelas suas vilas e pelos seus
acampamentos: doze príncipes de seus
povos.

¹⁷ E os anos da vida de Ismael foram
cento e trinta e sete; e morreu e foi reunido
ao seu povo.

¹⁸ Habitaram desde Havilá até Sur, que
olha para o Egito, como quem vai para a
Assíria. Ele se estabeleceu fronteiro a todos
os seus irmãos.

Descendentes de Isaque

¹⁹ São estas as gerações de Isaque, filho
de Abraão: Abraão gerou a Isaque;

²⁰ era Isaque de quarenta anos, quando
tomou por esposa a Rebeca, filha de Betuel,
o arameu de Padã-Arã, e irmã de Labão, o
arameu.

²¹ Isaque orou ao SENHOR por sua mulher, porque ela era estéril; e o SENHOR lhe
ouviu as orações, e Rebeca, sua mulher,
concebeu.

²² Os filhos lutavam no ventre dela; então, disse: Se é assim, por que vivo eu? E
consultou ao SENHOR.

²³ Respondeu-lhe o SENHOR:
Duas nações há no teu ventre,
dois povos, nascidos de ti,
    se dividirão:
um povo será mais forte que o outro,
e o mais velho servirá ao mais moço.

²⁴ Cumpridos os dias para que desse à
luz, eis que se achavam gêmeos no seu
ventre.

²⁵ Saiu o primeiro, ruivo, todo revestido
de pêlo; por isso, lhe chamaram Esaú.

²⁶ Depois, nasceu o irmão; segurava
com a mão o calcanhar de Esaú; por isso,
lhe chamaram Jacó. Era Isaque de sessenta anos, quando Rebeca lhos deu à luz.

Esaú vende o seu direito
de primogenitura

²⁷ Cresceram os meninos. Esaú saiu perito caçador, homem do campo; Jacó, porém, homem pacato, habitava em tendas.

²⁸ Isaque amava a Esaú, porque se sa-
boreava de sua caça; Rebeca, porém, amava
a Jacó.

²⁹ Tinha Jacó feito um cozinhado,
quando, esmorecido, veio do campo Esaú

³⁰ e lhe disse: Peço-te que me deixes comer um pouco desse cozinhado vermelho,
pois estou esmorecido. Daí chamar-se
Edom.

³¹ Disse Jacó: Vende-me primeiro o teu
direito de primogenitura.

³² Ele respondeu: Estou a ponto de
morrer; de que me aproveitará o direito de
primogenitura?

³³ Então, disse Jacó: Jura-me primeiro.
Ele jurou e vendeu o seu direito de primogenitura a Jacó.

³⁴ Deu, pois, Jacó a Esaú pão e o cozinhado de lentilhas; ele comeu e bebeu,
levantou-se e saiu. Assim, desprezou Esaú
o seu direito de primogenitura.

Isaque na terra dos filisteus

26 Sobrevindo fome à terra, além da
primeira havida nos dias de Abraão,
foi Isaque a Gerar, avistar-se com Abimeleque, rei dos filisteus.

² Apareceu-lhe o SENHOR e disse: Não
desças ao Egito. Fica na terra que eu te
disser;

³ habita nela, e serei contigo e te abençoarei; porque a ti e a tua descendência darei todas estas terras e confirmarei o juramento que fiz a Abraão, teu pai.

⁴ Multiplicarei a tua descendência como
as estrelas dos céus e lhe darei todas estas
terras. Na tua descendência serão abençoadas todas as nações da terra;

⁵ porque Abraão obedeceu à minha palavra e guardou os meus mandados, os
meus preceitos, os meus estatutos e as minhas leis.

25.10 Gn 23.3-16. **25.23** Rm 9.12. **25.33** Hb 12.16. **26.3,4** Gn 22.16-18.

⁶ Isaque, pois, ficou em Gerar.

⁷ Perguntando-lhe os homens daquele lugar a respeito de sua mulher, disse: É minha irmã; pois temia dizer: É minha mulher; para que, dizia ele consigo, os homens do lugar não me matem por amor de Rebeca, porque era formosa de aparência.

⁸ Ora, tendo Isaque permanecido ali por muito tempo, Abimeleque, rei dos filisteus, olhando da janela, viu que Isaque acariciava a Rebeca, sua mulher.

⁹ Então, Abimeleque chamou a Isaque e lhe disse: É evidente que ela é tua esposa; como, pois, disseste: É minha irmã? Respondeu-lhe Isaque: Porque eu dizia: para que eu não morra por causa dela.

¹⁰ Disse Abimeleque: Que é isso que nos fizeste? Facilmente algum do povo teria abusado de tua mulher, e tu, atraído sobre nós grave delito.

¹¹ E deu esta ordem a todo o povo: Qualquer que tocar a este homem ou à sua mulher certamente morrerá.

¹² Semcou Isaque naquela terra e, no mesmo ano, recolheu cento por um, porque o SENHOR o abençoava.

¹³ Enriqueceu-se o homem, prosperou, ficou riquíssimo;

¹⁴ possuía ovelhas e bois e grande número de servos, de maneira que os filisteus lhe tinham inveja.

¹⁵ E, por isso, lhe entulharam todos os poços que os servos de seu pai haviam cavado, nos dias de Abraão, enchendo-os de terra.

¹⁶ Disse Abimeleque a Isaque: Aparta-te de nós, porque já és muito mais poderoso do que nós.

¹⁷ Então, Isaque saiu dali e se acampou no vale de Gerar, onde habitou.

¹⁸ E tornou Isaque a abrir os poços que se cavaram nos dias de Abraão, seu pai (porque os filisteus os haviam entulhado depois da morte de Abraão), e lhes deu os mesmos nomes que já seu pai lhes havia posto.

¹⁹ Cavaram os servos de Isaque no vale e acharam um poço de água nascente.

²⁰ Mas os pastores de Gerar contenderam com os pastores de Isaque, dizendo: Esta água é nossa. Por isso, chamou o poço de Eseque, porque contenderam com ele.

²¹ Então, cavaram outro poço e também por causa desse contenderam. Por isso, recebeu o nome de Sitna.

²² Partindo dali, cavou ainda outro po-ço; e, como por esse não contenderam, chamou-lhe Reobote e disse: Porque agora nos deu lugar o SENHOR, e prosperaremos na terra.

²³ Dali subiu para Berseba.

²⁴ Na mesma noite, lhe apareceu o SENHOR e disse: Eu sou o Deus de Abraão, teu pai. Não temas, porque eu sou contigo; abençoar-te-ei e multiplicarei a tua descendência por amor de Abraão, meu servo.

²⁵ Então, levantou ali um altar e, tendo invocado o nome do SENHOR, armou a sua tenda; e os servos de Isaque abriram ali um poço.

Isaque faz aliança com Abimeleque

²⁶ De Gerar foram ter com ele Abimeleque e seu amigo Ausate e Ficol, comandante do seu exército.

²⁷ Disse-lhes Isaque: Por que viestes a mim, pois me odiais e me expulsastes do vosso meio?

²⁸ Eles responderam: Vimos claramente que o SENHOR é contigo; então, dissemos: Haja agora juramento entre nós e ti, e façamos aliança contigo.

²⁹ Jura que nos não farás mal, como também não te havemos tocado, e como te fizemos somente o bem, e te deixamos ir em paz. Tu és agora o abençoado do SENHOR.

³⁰ Então, Isaque lhes deu um banquete, e comeram e beberam.

³¹ Levantando-se de madrugada, juraram de parte a parte; Isaque os despediu, e eles se foram em paz.

³² Nesse mesmo dia, vieram os servos de Isaque e, dando-lhe notícia do poço que tinham cavado, lhe disseram: Achamos água.

³³ Ao poço, chamou-lhe Seba; por isso, Berseba é o nome daquela cidade até ao dia de hoje.

³⁴ Tendo Esaú quarenta anos de idade, tomou por esposa a Judite, filha de Beeri, heteu, e a Basemate, filha de Elom, heteu.

³⁵ Ambas se tornaram amargura de espírito para Isaque e para Rebeca.

Isaque abençoa a Jacó e a Esaú

27 Tendo-se envelhecido Isaque e já não podendo ver, porque os olhos se lhe enfraqueciam, chamou a Esaú, seu filho mais velho, e lhe disse: Meu filho! Respondeu ele: Aqui estou!

² Disse-lhe o pai: Estou velho e não sei o dia da minha morte.

³ Agora, pois, toma as tuas armas, a tua aljava e o teu arco, sai ao campo, e apanha para mim alguma caça;

⁴ e faze-me uma comida saborosa, como eu aprecio, e traze-ma, para que eu coma e te abençoe antes que eu morra.

⁵ Rebeca esteve escutando enquanto Isaque falava com Esaú, seu filho. E foi-se Esaú ao campo para apanhar a caça e trazê-la.

⁶ Então, disse Rebeca a Jacó, seu filho: Ouvi teu pai falar com Esaú, teu irmão, assim:

⁷ Traze caça e faze-me uma comida saborosa, para que eu coma e te abençoe diante do SENHOR, antes que eu morra.

⁸ Agora, pois, meu filho, atende às minhas palavras com que te ordeno.

⁹ Vai ao rebanho e traze-me dois bons cabritos; deles farei uma saborosa comida para teu pai, como ele aprecia;

¹⁰ levá-la-ás a teu pai, para que a coma e te abençoe, antes que morra.

¹¹ Disse Jacó a Rebeca, sua mãe: Esaú, meu irmão, é homem cabeludo, e eu, homem liso.

¹² Dar-se-á o caso de meu pai me apalpar, e passarei a seus olhos por zombador; assim, trarei sobre mim maldição e não bênção.

¹³ Respondeu-lhe a mãe: Caia sobre mim essa maldição, meu filho; atende somente o que eu te digo, vai e traze-mos.

¹⁴ Ele foi, tomou-os e os trouxe a sua mãe, que fez uma saborosa comida, como o pai dele apreciava.

¹⁵ Depois, tomou Rebeca a melhor roupa de Esaú, seu filho mais velho, roupa que tinha consigo em casa, e vestiu a Jacó, seu filho mais novo.

¹⁶ Com a pele dos cabritos cobriu-lhe as mãos e a lisura do pescoço.

¹⁷ Então, entregou a Jacó, seu filho, a comida saborosa e o pão que havia preparado.

¹⁸ Jacó foi a seu pai e disse: Meu pai! Ele respondeu: Fala! Quem és tu, meu filho?

¹⁹ Respondeu Jacó a seu pai: Sou Esaú, teu primogênito; fiz o que me ordenaste. Levanta-te, pois, assenta-te e come da minha caça, para que me abençoes.

²⁰ Disse Isaque a seu filho: Como é isso que a pudeste achar tão depressa, meu filho? Ele respondeu: Porque o SENHOR, teu Deus, a mandou ao meu encontro.

²¹ Então, disse Isaque a Jacó: Chega-te aqui, para que eu te apalpe, meu filho, e veja se és meu filho Esaú ou não.

²² Jacó chegou-se a Isaque, seu pai, que o apalpou e disse: A voz é de Jacó, porém as mãos são de Esaú.

²³ E não o reconheceu, porque as mãos, com efeito, estavam peludas como as de seu irmão Esaú. E o abençoou.

²⁴ E lhe disse: És meu filho Esaú mesmo? Ele respondeu: Eu sou.

²⁵ Então, disse: Chega isso para perto de mim, para que eu coma da caça de meu filho; para que eu te abençoe. Chegou-lho, e ele comeu; trouxe-lhe também vinho, e ele bebeu.

²⁶ Então, lhe disse Isaque, seu pai: Chega-te e dá-me um beijo, meu filho.

²⁷ Ele se chegou e o beijou. Então, o pai aspirou o cheiro da roupa dele, e o abençoou, e disse:

Eis que o cheiro do meu filho
é como o cheiro do campo,
que o SENHOR abençoou;

²⁸ Deus te dê do orvalho do céu,
e da exuberância da terra,
e fartura de trigo e de mosto.

²⁹ Sirvam-te povos,
e nações te reverenciem;
sê senhor de teus irmãos,
e os filhos de tua mãe se encurvem a ti;
maldito seja o que te amaldiçoar,
e abençoado o que te abençoar.

³⁰ Mal acabara Isaque de abençoar a Jacó, tendo este saído da presença de Isaque, seu pai, chega Esaú, seu irmão, da sua caçada.

³¹ E fez também ele uma comida saborosa, a trouxe a seu pai e lhe disse: Levante-te, meu pai, e come da caça de teu filho, para que me abençoes.

³² Perguntou-lhe Isaque, seu pai: Quem és tu? Sou Esaú, teu filho, o teu primogênito, respondeu.

³³ Então, estremeceu Isaque de violenta comoção e disse: Quem é, pois, aquele que apanhou a caça e ma trouxe? Eu comi de tudo, antes que viesses, e o abençoei, e ele será abençoado.

³⁴ Como ouvisse Esaú tais palavras de seu pai, bradou com profundo amargor e lhe disse: Abençoa-me também a mim, meu pai!

³⁵ Respondeu-lhe o pai: Veio teu irmão astuciosamente e tomou a tua bênção.

³⁶ Disse Esaú: Não é com razão que se

chama ele Jacó? Pois já duas vezes me enganou: tirou-me o direito de primogenitura e agora usurpa a bênção que era minha. Disse ainda: Não reservaste, pois, bênção nenhuma para mim?

37 Então, respondeu Isaque a Esaú: Eis que o constituí em teu senhor, e todos os seus irmãos lhe dei por servos; de trigo e de mosto o apercebi; que me será dado fazer-te agora, meu filho?

38 Disse Esaú a seu pai: Acaso tens uma única bênção, meu pai? Abençoa-me, também a mim, meu pai. E, levantando Esaú a voz, chorou.

39 Então, lhe respondeu Isaque, seu pai:
Longe dos lugares férteis da terra
    será a tua habitação,
e sem orvalho que cai do alto.
40 Viverás da tua espada
e servirás a teu irmão;
quando, porém, te libertares,
sacudirás o seu jugo da tua cerviz.

41 Passou Esaú a odiar a Jacó por causa da bênção, com que seu pai o tinha abençoado; e disse consigo: Vêm próximos os dias de luto por meu pai; então, matarei a Jacó, meu irmão.

42 Chegaram aos ouvidos de Rebeca estas palavras de Esaú, seu filho mais velho; ela, pois, mandou chamar a Jacó, seu filho mais moço, e lhe disse: Eis que Esaú, teu irmão, se consola a teu respeito, resolvendo matar-te.

43 Agora, pois, meu filho, ouve o que te digo: retira-te para a casa de Labão, meu irmão, em Harã;

44 fica com ele alguns dias, até que passe o furor de teu irmão,

45 e cesse o seu rancor contra ti, e se esqueça do que lhe fizeste. Então, providenciarei e te farei regressar de lá. Por que hei de eu perder os meus dois filhos num só dia?

46 Disse Rebeca a Isaque: Aborrecida estou da minha vida, por causa das filhas de Hete; se Jacó tomar esposa dentre as filhas de Hete, tais como estas, as filhas desta terra, de que me servirá a vida?

A fuga de Jacó

28 Isaque chamou a Jacó e, dando-lhe a sua bênção, lhe ordenou, dizendo: Não tomarás esposa dentre as filhas de Canaã.

2 Levanta-te, vai a Padã-Arã, à casa de Betuel, pai de tua mãe, e toma lá por esposa uma das filhas de Labão, irmão de tua mãe.

3 Deus Todo-poderoso te abençoe, e te faça fecundo, e te multiplique para que venhas a ser uma multidão de povos;

4 e te dê a bênção de Abraão, a ti e à tua descendência contigo, para que possuas a terra de tuas peregrinações, concedida por Deus a Abraão.

5 Assim, despediu Isaque a Jacó, que se foi a Padã-Arã, à casa de Labão, filho de Betuel, o arameu, irmão de Rebeca, mãe de Jacó e de Esaú.

6 Vendo, pois, Esaú que Isaque abençoara a Jacó e o enviara a Padã-Arã, para tomar de lá esposa para si; e vendo que, ao abençoá-lo, lhe ordenara, dizendo: Não tomarás mulher dentre as filhas de Canaã;

7 e vendo, ainda, que Jacó, obedecendo a seu pai e a sua mãe, fora a Padã-Arã;

8 sabedor também de que Isaque, seu pai, não via com bons olhos as filhas de Canaã,

9 foi Esaú à casa de Ismael e, além das mulheres que já possuía, tomou por mulher a Maalate, filha de Ismael, filho de Abraão, e irmã de Nebaiote.

A visão da escada

10 Partiu Jacó de Berseba e seguiu para Harã.

11 Tendo chegado a certo lugar, ali passou a noite, pois já era sol-posto; tomou uma das pedras do lugar, fê-la seu travesseiro e se deitou ali mesmo para dormir.

12 E sonhou: eis posta na terra uma escada cujo topo atingia o céu; e os anjos de Deus subiam e desciam por ela.

13 Perto dele estava o SENHOR e lhe disse: Eu sou o SENHOR, Deus de Abraão, teu pai, e Deus de Isaque. A terra em que agora estás deitado, eu ta darei, a ti e à tua descendência.

14 A tua descendência será como o pó da terra; estender-te-ás para o Ocidente e para o Oriente, para o Norte e para o Sul. Em ti e na tua descendência serão abençoadas todas as famílias da terra.

15 Eis que eu estou contigo, e te guardarei por onde quer que fores, e te farei voltar a esta terra, porque te não desampararei, até cumprir eu aquilo que te hei referido.

16 Despertado Jacó do seu sono, disse:

27.38 Hb 12.17.   27.39 Hb 11.20.   27.40 2Rs 8.20; 2Cr 21.8.   28.4 Gn 17.4-8.   28.12 Jo 1.51.
28.13 Gn 13.14.   28.14 Gn 12.3; 22.18.

Na verdade, o SENHOR está neste lugar, e eu não o sabia.

¹⁷ E, temendo, disse: Quão temível é este lugar! É a Casa de Deus, a porta dos céus.

A coluna de Betel

¹⁸ Tendo-se levantado Jacó, cedo, de madrugada, tomou a pedra que havia posto por travesseiro e a erigiu em coluna, sobre cujo topo entornou azeite.

¹⁹ E ao lugar, cidade que outrora se chamava Luz, deu o nome de Betel.

²⁰ Fez também Jacó um voto, dizendo: Se Deus for comigo, e me guardar nesta jornada que empreendo, e me der pão para comer e roupa que me vista,

²¹ de maneira que eu volte em paz para a casa de meu pai, então, o SENHOR será o meu Deus;

²² e a pedra, que erigi por coluna, será a Casa de Deus; e, de tudo quanto me concederes, certamente eu te darei o dízimo.

Jacó encontra-se com Raquel

29 Pôs-se Jacó a caminho e se foi à terra do povo do Oriente.

² Olhou, e eis um poço no campo e três rebanhos de ovelhas deitados junto dele; porque daquele poço davam de beber aos rebanhos; e havia grande pedra que tapava a boca do poço.

³ Ajuntavam-se ali todos os rebanhos, os pastores removiam a pedra da boca do poço, davam de beber às ovelhas e tornavam a colocá-la no seu devido lugar.

⁴ Perguntou-lhes Jacó: Meus irmãos, donde sois? Responderam: Somos de Harã.

⁵ Perguntou-lhes: Conheceis a Labão, filho de Naor? Responderam: Conhecemos.

⁶ Ele está bom? perguntou ainda Jacó. Responderam: Está bom. Raquel, sua filha, vem vindo aí com as ovelhas.

⁷ Então, lhes disse: É ainda pleno dia, não é tempo de se recolherem os rebanhos; dai de beber às ovelhas e ide apascentá-las.

⁸ Não o podemos, responderam eles, enquanto não se ajuntarem todos os rebanhos, e seja removida a pedra da boca do poço, e lhes demos de beber.

⁹ Falava-lhes ainda, quando chegou Raquel com as ovelhas de seu pai; porque era pastora.

¹⁰ Tendo visto Jacó a Raquel, filha de Labão, irmão de sua mãe, e as ovelhas de Labão, chegou-se, removeu a pedra da boca do poço e deu de beber ao rebanho de Labão, irmão de sua mãe.

¹¹ Feito isso, Jacó beijou a Raquel e, erguendo a voz, chorou.

¹² Então, contou Jacó a Raquel que ele era parente de seu pai, pois era filho de Rebeca; ela correu e o comunicou a seu pai.

¹³ Tendo Labão ouvido as novas de Jacó, filho de sua irmã, correu-lhe ao encontro, abraçou-o, beijou-o e o levou para casa. E contou Jacó a Labão os acontecimentos de sua viagem.

¹⁴ Disse-lhe Labão: De fato, és meu osso e minha carne. E Jacó, pelo espaço de um mês, permaneceu com ele.

¹⁵ Depois, disse Labão a Jacó: Acaso, por seres meu parente, irás servir-me de graça? Dize-me, qual será o teu salário?

¹⁶ Ora, Labão tinha duas filhas: Lia, a mais velha, e Raquel, a mais moça.

¹⁷ Lia tinha os olhos baços, porém Raquel era formosa de porte e de semblante.

¹⁸ Jacó amava a Raquel e disse: Sete anos te servirei por tua filha mais moça, Raquel.

¹⁹ Respondeu Labão: Melhor é que eu ta dê, em vez de dá-la a outro homem; fica, pois, comigo.

²⁰ Assim, por amor a Raquel, serviu Jacó sete anos; e estes lhe pareceram como poucos dias, pelo muito que a amava.

Lia e Raquel

²¹ Disse Jacó a Labão: Dá-me minha mulher, pois já venceu o prazo, para que me case com ela.

²² Reuniu, pois, Labão todos os homens do lugar e deu um banquete.

²³ À noite, conduziu a Lia, sua filha, e a entregou a Jacó. E coabitaram.

²⁴ (Para serva de Lia, sua filha, deu Labão Zilpa, sua serva.)

²⁵ Ao amanhecer, viu que era Lia. Por isso, disse Jacó a Labão: Que é isso que me fizeste? Não te servi eu por amor a Raquel? Por que, pois, me enganaste?

²⁶ Respondeu Labão: Não se faz assim em nossa terra, dar-se a mais nova antes da primogênita.

²⁷ Decorrida a semana desta, dar-te-emos também a outra, pelo trabalho de mais sete anos que ainda me servirás.

²⁸ Concordou Jacó, e se passou a semana desta; então, Labão lhe deu por mulher Raquel, sua filha.

²⁹ (Para serva de Raquel, sua filha, deu Labão a sua serva Bila.)

³⁰ E coabitaram. Mas Jacó amava mais a Raquel do que a Lia; e continuou servindo a Labão por outros sete anos.

Os filhos de Jacó

³¹ Vendo o SENHOR que Lia era desprezada, fê-la fecunda; ao passo que Raquel era estéril.

³² Concebeu, pois, Lia e deu à luz um filho, a quem chamou Rúben, pois disse: O SENHOR atendeu à minha aflição. Por isso, agora me amará meu marido.

³³ Concebeu outra vez, e deu à luz um filho, e disse: Soube o SENHOR que era preterida e me deu mais este; chamou-lhe, pois, Simeão.

³⁴ Outra vez concebeu Lia, e deu à luz um filho, e disse: Agora, desta vez, se unirá mais a mim meu marido, porque lhe dei à luz três filhos; por isso, lhe chamou Levi.

³⁵ De novo concebeu e deu à luz um filho; então, disse: Esta vez louvarei o SENHOR. E por isso lhe chamou Judá; e cessou de dar à luz.

30 Vendo Raquel que não dava filhos a Jacó, teve ciúmes de sua irmã e disse a Jacó: Dá-me filhos, senão morrerei.

² Então, Jacó se irou contra Raquel e disse: Acaso estou eu em lugar de Deus que ao teu ventre impediu frutificar?

³ Respondeu ela: Eis aqui Bila, minha serva; coabita com ela, para que dê à luz, e eu traga filhos ao meu colo, por meio dela.

⁴ Assim, lhe deu a Bila, sua serva, por mulher; e Jacó a possuiu.

⁵ Bila concebeu e deu à luz um filho a Jacó.

⁶ Então, disse Raquel: Deus me julgou, e também me ouviu a voz, e me deu um filho; portanto, lhe chamou Dã.

⁷ Concebeu outra vez Bila, serva de Raquel, e deu à luz o segundo filho a Jacó.

⁸ Disse Raquel: Com grandes lutas tenho competido com minha irmã e logrei prevalecer; chamou-lhe, pois, Naftali.

⁹ Vendo Lia que ela mesma cessara de conceber, tomou também a Zilpa, sua serva, e deu-a a Jacó, por mulher.

¹⁰ Zilpa, serva de Lia, deu a Jacó um filho.

¹¹ Disse Lia: Afortunada! E lhe chamou Gade.

¹² Depois, Zilpa, serva de Lia, deu o segundo filho a Jacó.

¹³ Então, disse Lia: É a minha felicidade! Porque as filhas me terão por venturosa; e lhe chamou Aser.

¹⁴ Foi Rúben nos dias da ceifa do trigo, e achou mandrágoras no campo, e trouxe-as a Lia, sua mãe. Então, disse Raquel a Lia: Dá-me das mandrágoras de teu filho.

¹⁵ Respondeu ela: Achas pouco o me teres levado o marido? Tomarás também as mandrágoras de meu filho? Disse Raquel: Ele te possuirá esta noite, a troco das mandrágoras de teu filho.

¹⁶ À tarde, vindo Jacó do campo, saiu-lhe ao encontro Lia e lhe disse: Esta noite me possuirás, pois eu te aluguei pelas mandrágoras de meu filho. E Jacó, naquela noite, coabitou com ela.

¹⁷ Ouviu Deus a Lia; ela concebeu e deu à luz o quinto filho.

¹⁸ Então, disse Lia: Deus me recompensou, porque dei a minha serva a meu marido; e chamou-lhe Issacar.

¹⁹ E Lia, tendo concebido outra vez, deu a Jacó o sexto filho.

²⁰ E disse: Deus me concedeu excelente dote; desta vez permanecerá comigo meu marido, porque lhe dei seis filhos; e lhe chamou Zebulom.

²¹ Depois disto, deu à luz uma filha e lhe chamou Diná.

²² Lembrou-se Deus de Raquel, ouviu-a e a fez fecunda.

²³ Ela concebeu, deu à luz um filho e disse: Deus me tirou o meu vexame.

²⁴ E lhe chamou José, dizendo: Dê-me o SENHOR ainda outro filho.

²⁵ Tendo Raquel dado à luz a José, disse Jacó a Labão: Permite-me que eu volte ao meu lugar e à minha terra.

²⁶ Dá-me meus filhos e as mulheres, pelas quais eu te servi, e partirei; pois tu sabes quanto e de que maneira te servi.

Labão faz novo pacto com Jacó

²⁷ Labão lhe respondeu: Ache eu mercê diante de ti; fica comigo. Tenho experimentado que o SENHOR me abençoou por amor de ti.

²⁸ E disse ainda: Fixa o teu salário, que te pagarei.

²⁹ Disse-lhe Jacó: Tu sabes como te venho servindo e como cuidei do teu gado.

³⁰ Porque o pouco que tinhas antes da minha vinda foi aumentado grandemente; e o SENHOR te abençoou por meu trabalho. Agora, pois, quando hei de eu trabalhar também por minha casa?

³¹ Então, Labão lhe perguntou: Que te

darei? Respondeu Jacó: Nada me darás; tornarei a apascentar e a guardar o teu rebanho, se me fizeres isto:

³² Passarei hoje por todo o teu rebanho, separando dele os salpicados e malhados, e todos os negros entre os cordeiros, e o que é malhado e salpicado entre as cabras; será isto o meu salário.

³³ Assim, responderá por mim a minha justiça, no dia de amanhã, quando vieres ver o meu salário diante de ti; o que não for salpicado e malhado entre as cabras e negro entre as ovelhas, esse, se for achado comigo, será tido por furtado.

³⁴ Disse Labão: Pois sim! Seja conforme a tua palavra.

³⁵ Mas, naquele mesmo dia, separou Labão os bodes listados e malhados e todas as cabras salpicadas e malhadas, todos os que tinham alguma brancura e todos os negros entre os cordeiros; e os passou às mãos de seus filhos.

³⁶ E pôs a distância de três dias de jornada entre si e Jacó; e Jacó apascentava o restante dos rebanhos de Labão.

Jacó se enriquece

³⁷ Tomou, então, Jacó varas verdes de álamo, de aveleira e de plátano e lhes removeu a casca, em riscas abertas, deixando aparecer a brancura das varas,

³⁸ as quais, assim escorchadas, pôs ele em frente do rebanho, nos canais de água e nos bebedouros, aonde os rebanhos vinham para dessedentar-se, e conceberam quando vinham a beber.

³⁹ E concebia o rebanho diante das varas, e as ovelhas davam crias listadas, salpicadas e malhadas.

⁴⁰ Então, separou Jacó os cordeiros e virou o rebanho para o lado dos listados e dos pretos nos rebanhos de Labão; e pôs o seu rebanho à parte e não o juntou com o rebanho de Labão.

⁴¹ E, todas as vezes que concebiam as ovelhas fortes, punha Jacó as varas à vista do rebanho nos canais de água, para que concebessem diante das varas.

⁴² Porém, quando o rebanho era fraco, não as punha; assim, as fracas eram de Labão, e as fortes, de Jacó.

⁴³ E o homem se tornou mais e mais rico; teve muitos rebanhos, e servas, e servos, e camelos, e jumentos.

Jacó retorna à terra de seus pais

31 Então, ouvia Jacó os comentários dos filhos de Labão, que diziam: Jacó se apossou de tudo o que era de nosso pai; e do que era de nosso pai juntou ele toda esta riqueza.

² Jacó, por sua vez, reparou que o rosto de Labão não lhe era favorável, como anteriormente.

³ E disse o Senhor a Jacó: Torna à terra de teus pais e à tua parentela; e eu serei contigo.

⁴ Então, Jacó mandou vir Raquel e Lia ao campo, para junto do seu rebanho,

⁵ e lhes disse: Vejo que o rosto de vosso pai não me é favorável como anteriormente; porém o Deus de meu pai tem estado comigo.

⁶ Vós mesmas sabeis que com todo empenho tenho servido a vosso pai;

⁷ mas vosso pai me tem enganado e por dez vezes me mudou o salário; porém Deus não lhe permitiu que me fizesse mal nenhum.

⁸ Se ele dizia: Os salpicados serão o teu salário, então, todos os rebanhos davam salpicados; e se dizia: Os listados serão o teu salário, então, os rebanhos todos davam listados.

⁹ Assim, Deus tomou o gado de vosso pai e mo deu a mim.

¹⁰ Pois, chegado o tempo em que o rebanho concebia, levantei os olhos e vi em sonhos que os machos que cobriam as ovelhas eram listados, salpicados e malhados.

¹¹ E o Anjo de Deus me disse em sonho: Jacó! Eu respondi: Eis-me aqui!

¹² Ele continuou: Levanta agora os olhos e vê que todos os machos que cobrem o rebanho são listados, salpicados e malhados, porque vejo tudo o que Labão te está fazendo.

¹³ Eu sou o Deus de Betel, onde ungiste uma coluna, onde me fizeste um voto; levanta-te agora, sai desta terra e volta para a terra de tua parentela.

¹⁴ Então, responderam Raquel e Lia e lhe disseram: Há ainda para nós parte ou herança na casa de nosso pai?

¹⁵ Não nos considera ele como estrangeiras? Pois nos vendeu e consumiu tudo o que nos era devido.

¹⁶ Porque toda a riqueza que Deus tirou de nosso pai é nossa e de nossos filhos; agora, pois, faze tudo o que Deus te disse.

31.13 Gn 28.18.

¹⁷ Então, se levantou Jacó e, fazendo montar seus filhos e suas mulheres em camelos,

¹⁸ levou todo o seu gado e todos os seus bens que chegou a possuir; o gado de sua propriedade que acumulara em Padã-Arã, para ir a Isaque, seu pai, à terra de Canaã.

¹⁹ Tendo ido Labão fazer a tosquia das ovelhas, Raquel furtou os ídolos do lar que pertenciam a seu pai.

²⁰ E Jacó logrou a Labão, o arameu, não lhe dando a saber que fugia.

²¹ E fugiu com tudo o que lhe pertencia; levantou-se, passou o Eufrates e tomou o rumo da montanha de Gileade.

Labão segue no encalço de Jacó

²² No terceiro dia, Labão foi avisado de que Jacó ia fugindo.

²³ Tomando, pois, consigo a seus irmãos, saiu-lhe no encalço, por sete dias de jornada, e o alcançou na montanha de Gileade.

²⁴ De noite, porém, veio Deus a Labão, o arameu, em sonhos, e lhe disse: Guarda-te, não fales a Jacó nem bem nem mal.

²⁵ Alcançou, pois, Labão a Jacó. Este havia armado a sua tenda naquela montanha; também Labão armou a sua com seus irmãos, na montanha de Gileade.

²⁶ E disse Labão a Jacó: Que fizeste, que me lograste e levaste minhas filhas como cativas pela espada?

²⁷ Por que fugiste ocultamente, e me lograste, e nada me fizeste saber, para que eu te despedisse com alegria, e com cânticos, e com tamboril, e com harpa?

²⁸ E por que não me permitiste beijar meus filhos e minhas filhas? Nisso procedeste insensatamente.

²⁹ Há poder em minhas mãos para vos fazer mal, mas o Deus de vosso pai me falou, ontem à noite, e disse: Guarda-te, não fales a Jacó nem bem nem mal.

³⁰ E agora que partiste de vez, porque tens saudade da casa de teu pai, por que me furtaste os meus deuses?

³¹ Respondeu-lhe Jacó: Porque tive medo; pois calculei: não suceda que me tome à força as suas filhas.

³² Não viva aquele com quem achares os teus deuses; verifica diante de nossos irmãos o que te pertence e que está comigo e leva-o contigo. Pois Jacó não sabia que Raquel os havia furtado.

³³ Labão, pois, entrou na tenda de Jacó, na de Lia e na das duas servas, porém não os achou. Tendo saído da tenda de Lia, entrou na de Raquel.

³⁴ Ora, Raquel havia tomado os ídolos do lar, e os pusera na sela de um camelo, e estava assentada sobre eles; apalpou Labão toda a tenda e não os achou.

³⁵ Então, disse ela a seu pai: Não te agastes, meu senhor, por não poder eu levantar-me na tua presença; pois me acho com as regras das mulheres. Ele procurou, contudo não achou os ídolos do lar.

³⁶ Então, se irou Jacó e altercou com Labão; e lhe disse: Qual é a minha transgressão? Qual o meu pecado, que tão furiosamente me tens perseguido?

³⁷ Havendo apalpado todos os meus utensílios, que achaste de todos os utensílios de tua casa? Põe-nos aqui diante de meus irmãos e de teus irmãos, para que julguem entre mim e ti.

³⁸ Vinte anos eu estive contigo, as tuas ovelhas e as tuas cabras nunca perderam as crias, e não comi os carneiros de teu rebanho.

³⁹ Nem te apresentei o que era despedaçado pelas feras; sofri o dano; da minha mão o requerias, assim o furtado de dia, como de noite.

⁴⁰ De maneira que eu andava, de dia consumido pelo calor, de noite, pela geada; e o meu sono me fugia dos olhos.

⁴¹ Vinte anos permaneci em tua casa; catorze anos te servi por tuas duas filhas e seis anos por teu rebanho; dez vezes me mudaste o salário.

⁴² Se não fora o Deus de meu pai, o Deus de Abraão e o Temor de Isaque, por certo me despedirias agora de mãos vazias. Deus me atendeu ao sofrimento e ao trabalho das minhas mãos e te repreendeu ontem à noite.

A aliança entre Labão e Jacó

⁴³ Então, respondeu Labão a Jacó: As filhas são minhas filhas, os filhos são meus filhos, os rebanhos são meus rebanhos, e tudo o que vês é meu; que posso fazer hoje a estas minhas filhas ou aos filhos que elas deram à luz?

⁴⁴ Vem, pois; e façamos aliança, eu e tu, que sirva de testemunho entre mim e ti.

⁴⁵ Então, Jacó tomou uma pedra e a erigiu por coluna.

⁴⁶ E disse a seus irmãos: Ajuntai pedras. E tomaram pedras e fizeram um montão, ao lado do qual comeram.

47 Chamou-lhe Labão Jegar-Saaduta; Jacó, porém, lhe chamou Galeede.

48 E disse Labão: Seja hoje este montão por testemunha entre mim e ti; por isso, se lhe chamou Galeede

49 e Mispa, pois disse: Vigie o SENHOR entre mim e ti e nos julgue quando estivermos separados um do outro.

50 Se maltratares as minhas filhas e tomares outras mulheres além delas, não estando ninguém conosco, atenta que Deus é testemunha entre mim e ti.

51 Disse mais Labão a Jacó: Eis aqui este montão e esta coluna que levantei entre mim e ti.

52 Seja o montão testemunha, e seja a coluna testemunha de que para mal não passarei o montão para lá, e tu não passarás o montão e a coluna para cá.

53 O Deus de Abraão e o Deus de Naor, o Deus do pai deles, julgue entre nós. E jurou Jacó pelo Temor de Isaque, seu pai.

54 E ofereceu Jacó um sacrifício na montanha e convidou seus irmãos para comerem pão; comeram pão e passaram a noite na montanha.

55 Tendo-se levantado Labão pela madrugada, beijou seus filhos e suas filhas e os abençoou; e, partindo, voltou para sua casa.

32 Também Jacó seguiu o seu caminho, e anjos de Deus lhe saíram a encontrá-lo.

2 Quando os viu, disse: Este é o acampamento de Deus. E chamou àquele lugar Maanaim.

Jacó reconcilia-se com Esaú

3 Então, Jacó enviou mensageiros adiante de si a Esaú, seu irmão, à terra de Seir, território de Edom,

4 e lhes ordenou: Assim falareis a meu senhor Esaú: Teu servo Jacó manda dizer isto: Como peregrino morei com Labão, em cuja companhia fiquei até agora.

5 Tenho bois, jumentos, rebanhos, servos e servas; mando comunicá-lo a meu senhor, para lograr mercê à sua presença.

6 Voltaram os mensageiros a Jacó, dizendo: Fomos a teu irmão Esaú; também ele vem de caminho para se encontrar contigo, e quatrocentos homens com ele.

7 Então, Jacó teve medo e se perturbou; dividiu em dois bandos o povo que com ele estava, e os rebanhos, e os bois, e os camelos.

8 Pois disse: Se vier Esaú a um bando e o ferir, o outro bando escapará.

9 E orou Jacó: Deus de meu pai Abraão e Deus de meu pai Isaque, ó SENHOR, que me disseste: Torna à tua terra e à tua parentela, e te farei bem;

10 sou indigno de todas as misericórdias e de toda a fidelidade que tens usado para com teu servo; pois com apenas o meu cajado atravessei este Jordão; já agora sou dois bandos.

11 Livra-me das mãos de meu irmão Esaú, porque eu o temo, para que não venha ele matar-me e as mães com os filhos.

12 E disseste: Certamente eu te farei bem e dar-te-ei a descendência como a areia do mar, que, pela multidão, não se pode contar.

13 E, tendo passado ali aquela noite, separou do que tinha um presente para seu irmão Esaú:

14 duzentas cabras e vinte bodes; duzentas ovelhas e vinte carneiros;

15 trinta camelas de leite com suas crias, quarenta vacas e dez touros; vinte jumentas e dez jumentinhos.

16 Entregou-os às mãos dos seus servos, cada rebanho à parte, e disse aos servos: Passai adiante de mim e deixai espaço entre rebanho e rebanho.

17 Ordenou ao primeiro, dizendo: Quando Esaú, meu irmão, te encontrar e te perguntar: De quem és, para onde vais, de quem são estes diante de ti?

18 Responderás: São de teu servo Jacó; é presente que ele envia a meu senhor Esaú; e eis que ele mesmo vem vindo atrás de nós.

19 Ordenou também ao segundo, ao terceiro e a todos os que vinham conduzindo os rebanhos: Falareis desta maneira a Esaú, quando vos encontrardes com ele.

20 Direis assim: Eis que o teu servo Jacó vem vindo atrás de nós. Porque dizia consigo mesmo: Eu o aplacarei com o presente que me antecede, depois o verei; porventura me aceitará a presença.

21 Assim, passou o presente para diante dele; ele, porém, ficou aquela noite no acampamento.

Jacó luta com Deus e transpõe o vau de Jaboque

22 Levantou-se naquela mesma noite, tomou suas duas mulheres, suas duas servas e seus onze filhos e transpôs o vau de Jaboque.

²³ Tomou-os e fê-los passar o ribeiro; fez passar tudo o que lhe pertencia,
²⁴ ficando ele só; e lutava com ele um homem, até ao romper do dia.
²⁵ Vendo este que não podia com ele, tocou-lhe na articulação da coxa; deslocou-se a junta da coxa de Jacó, na luta com o homem.
²⁶ Disse este: Deixa-me ir, pois já rompeu o dia. Respondeu Jacó: Não te deixarei ir se me não abençoares.
²⁷ Perguntou-lhe, pois: Como te chamas? Ele respondeu: Jacó.
²⁸ Então, disse: Já não te chamarás Jacó e sim Israel, pois como príncipe lutaste com Deus e com os homens e prevaleceste.
²⁹ Tornou Jacó: Dize, rogo-te, como te chamas? Respondeu ele: Por que perguntas pelo meu nome? E o abençoou ali.
³⁰ Àquele lugar chamou Jacó Peniel, pois disse: Vi a Deus face a face, e a minha vida foi salva.
³¹ Nasceu-lhe o sol, quando ele atravessava Penicl; e manquejava de uma coxa.
³² Por isso, os filhos de Israel não comem, até hoje, o nervo do quadril, na articulação da coxa, porque o homem tocou a articulação da coxa de Jacó no nervo do quadril.

O encontro de Esaú e Jacó

33 Levantando Jacó os olhos, viu que Esaú se aproximava, e com ele quatrocentos homens. Então, passou os filhos a Lia, a Raquel e às duas servas.
² Pôs as servas e seus filhos à frente, Lia e seus filhos atrás deles e Raquel e José por últimos.
³ E ele mesmo, adiantando-se, prostrou-se à terra sete vezes, até aproximar-se de seu irmão.
⁴ Então, Esaú correu-lhe ao encontro e o abraçou; arrojou-se-lhe ao pescoço e o beijou; e choraram.
⁵ Daí, levantando os olhos, viu as mulheres e os meninos e disse: Quem são estes contigo? Respondeu-lhe Jacó: Os filhos com que Deus agraciou a teu servo.
⁶ Então, se aproximaram as servas, elas e seus filhos, e se prostraram.
⁷ Chegaram também Lia e seus filhos e se prostraram; por último chegaram José e Raquel e se prostraram.
⁸ Perguntou Esaú: Qual é o teu propósito com todos esses bandos que encontrei?

Respondeu Jacó: Para lograr mercê na presença de meu senhor.
⁹ Então, disse Esaú: Eu tenho muitos bens, meu irmão; guarda o que tens.
¹⁰ Mas Jacó insistiu: Não recuses; se logrei mercê diante de ti, peço-te que aceites o meu presente, porquanto vi o teu rosto como se tivesse contemplado o semblante de Deus; e te agradaste de mim.
¹¹ Peço-te, pois, recebe o meu presente, que eu te trouxe; porque Deus tem sido generoso para comigo, e tenho fartura. E instou com ele, até que o aceitou.
¹² Disse Esaú: Partamos e caminhemos; eu seguirei junto de ti.
¹³ Porém Jacó lhe disse: Meu senhor sabe que estes meninos são tenros, e tenho comigo ovelhas e vacas de leite; se forçadas a caminhar demais um só dia, morrerão todos os rebanhos.
¹⁴ Passe meu senhor adiante de seu servo; eu seguirei guiando-as pouco a pouco, no passo do gado que me vai à frente e no passo dos meninos, até chegar a meu senhor, em Seir.
¹⁵ Respondeu Esaú: Então, permite que eu deixe contigo da gente que está comigo. Disse Jacó: Para quê? Basta que eu alcance mercê aos olhos de meu senhor.
¹⁶ Assim, voltou Esaú aquele dia a Seir, pelo caminho por onde viera.
¹⁷ E Jacó partiu para Sucote, e edificou para si uma casa, e fez palhoças para o seu gado; por isso, o lugar se chamou Sucote.

Jacó chega a Siquém

¹⁸ Voltando de Padã-Arã, chegou Jacó são e salvo à cidade de Siquém, que está na terra de Canaã; e armou a sua tenda junto da cidade.
¹⁹ A parte do campo, onde armara a sua tenda, ele a comprou dos filhos de Hamor, pai de Siquém, por cem peças de dinheiro.
²⁰ E levantou ali um altar e lhe chamou Deus, o Deus de Israel.

Diná e os siquemitas

34 Ora, Diná, filha que Lia dera à luz a Jacó, saiu para ver as filhas da terra.
² Viu-a Siquém, filho do heveu Hamor, que era príncipe daquela terra, e tomando-a, a possuiu e assim a humilhou.
³ Sua alma se apegou a Diná, filha de

32.28 Gn 35.10. **33.19** Js 24.32; Jo 4.5.

Jacó, e amou a jovem, e falou-lhe ao coração.

⁴ Então, disse Siquém a Hamor, seu pai: Consegue-me esta jovem para esposa.

⁵ Quando soube Jacó que Diná, sua filha, fora violada por Siquém, estavam os seus filhos no campo com o gado; calou-se, pois, até que voltassem.

⁶ E saiu Hamor, pai de Siquém, para falar com Jacó.

⁷ Vindo os filhos de Jacó do campo e ouvindo o que acontecera, indignaram-se e muito se iraram, pois Siquém praticara um desatino em Israel, violentando a filha de Jacó, o que se não devia fazer.

⁸ Disse-lhes Hamor: A alma de meu filho Siquém está enamorada fortemente de vossa filha; peço-vos que lha deis por esposa.

⁹ Aparentai-vos conosco, dai-nos as vossas filhas e tomai as nossas;

¹⁰ habitareis conosco, a terra estará ao vosso dispor; habitai e negociai nela e nela tende possessões.

¹¹ E o próprio Siquém disse ao pai e aos irmãos de Diná: Ache eu mercê diante de vós e vos darei o que determinardes.

¹² Majorai de muito o dote de casamento e as dádivas, e darei o que me pedirdes; dai-me, porém, a jovem por esposa.

¹³ Então, os filhos de Jacó, por causa de lhes haver Siquém violado a irmã, Diná, responderam com dolo a Siquém e a seu pai Hamor e lhes disseram:

¹⁴ Não podemos fazer isso, dar nossa irmã a um homem incircunciso; porque isso nos seria ignomínia.

¹⁵ Sob uma única condição permitiremos: que vos torneis como nós, circuncidando-se todo macho entre vós;

¹⁶ então, vos daremos nossas filhas, tomaremos para nós as vossas, habitaremos convosco e seremos um só povo.

¹⁷ Se, porém, não nos ouvirdes e não vos circuncidardes, tomaremos a nossa filha e nos retiraremos embora.

¹⁸ Tais palavras agradaram a Hamor e a Siquém, seu filho.

¹⁹ Não tardou o jovem em fazer isso, porque amava a filha de Jacó e era o mais honrado de toda a casa de seu pai.

²⁰ Vieram, pois, Hamor e Siquém, seu filho, à porta da sua cidade e falaram aos homens da cidade:

²¹ Estes homens são pacíficos para conosco; portanto, habitem na terra e negociem nela. A terra é bastante espaçosa para contê-los; recebamos por mulheres a suas filhas e demos-lhes também as nossas.

²² Somente, porém, consentirão os homens em habitar conosco, tornando-nos um só povo, se todo macho entre nós se circuncidar, como eles são circuncidados.

²³ O seu gado, as suas possessões e todos os seus animais não serão nossos? Consintamos, pois, com eles, e habitarão conosco.

²⁴ E deram ouvidos a Hamor e a Siquém, seu filho, todos os que saíam da porta da cidade; e todo homem foi circuncidado, dos que saíam pela porta da sua cidade.

A traição de Simeão e Levi

²⁵ Ao terceiro dia, quando os homens sentiam mais forte a dor, dois filhos de Jacó, Simeão e Levi, irmãos de Diná, tomaram cada um a sua espada, entraram inesperadamente na cidade e mataram os homens todos.

²⁶ Passaram também ao fio da espada a Hamor e a seu filho Siquém; tomaram a Diná da casa de Siquém e saíram.

²⁷ Sobrevieram os filhos de Jacó aos mortos e saquearam a cidade, porque sua irmã fora violada.

²⁸ Levaram deles os rebanhos, os bois, os jumentos e o que havia na cidade e no campo;

²⁹ todos os seus bens, e todos os seus meninos, e as suas mulheres levaram cativos e pilharam tudo o que havia nas casas.

³⁰ Então, disse Jacó a Simeão e a Levi: Vós me afligistes e me fizestes odioso entre os moradores desta terra, entre os cananeus e os ferezeus; sendo nós pouca gente, reunir-se-ão contra mim, e serei destruído, eu e minha casa.

³¹ Responderam: Abusaria ele de nossa irmã, como se fosse prostituta?

Jacó erige um altar em Betel

35 Disse Deus a Jacó: Levanta-te, sobe a Betel e habita ali; faze ali um altar ao Deus que te apareceu quando fugias da presença de Esaú, teu irmão.

² Então, disse Jacó à sua família e a todos os que com ele estavam: Lançai fora os deuses estranhos que há no vosso meio, purificai-vos e mudai as vossas vestes;

³ levantemo-nos e subamos a Betel. Farei ali um altar ao Deus que me respondeu

35.1 Gn 28.11-17.

no dia da minha angústia e me acompanhou no caminho por onde andei.

⁴ Então, deram a Jacó todos os deuses estrangeiros que tinham em mãos e as argolas que lhes pendiam das orelhas; e Jacó os escondeu debaixo do carvalho que está junto a Siquém.

⁵ E, tendo eles partido, o terror de Deus invadiu as cidades que lhes eram circunvizinhas, e não perseguiram aos filhos de Jacó.

⁶ Assim, chegou Jacó a Luz, chamada Betel, que está na terra de Canaã, ele e todo o povo que com ele estava.

⁷ E edificou ali um altar e ao lugar chamou El-Betel; porque ali Deus se lhe revelou quando fugia da presença de seu irmão.

⁸ Morreu Débora, a ama de Rebeca, e foi sepultada ao pé de Betel, debaixo do carvalho que se chama Alom-Bacute.

⁹ Vindo Jacó de Padã-Arã, outra vez lhe apareceu Deus e o abençoou.

¹⁰ Disse-lhe Deus: O teu nome é Jacó. Já não te chamarás Jacó, porém Israel será o teu nome. E lhe chamou Israel.

¹¹ Disse-lhe mais: Eu sou o Deus Todo-poderoso; sê fecundo e multiplica-te; uma nação e multidão de nações sairão de ti, e reis procederão de ti.

¹² A terra que dei a Abraão e a Isaque dar-te-ei a ti e, depois de ti, à tua descendência.

¹³ E Deus se retirou dele, elevando-se do lugar onde lhe falara.

¹⁴ Então, Jacó erigiu uma coluna de pedra no lugar onde Deus falara com ele; e derramou sobre ela uma libação e lhe deitou óleo.

¹⁵ Ao lugar onde Deus lhe falara, Jacó lhe chamou Betel.

O nascimento de Benjamim e a morte de Raquel

¹⁶ Partiram de Betel, e, havendo ainda pequena distância para chegar a Efrata, deu à luz Raquel um filho, cujo nascimento lhe foi a ela penoso.

¹⁷ Em meio às dores do parto, disse-lhe a parteira: Não temas, pois ainda terás este filho.

¹⁸ Ao sair-lhe a alma (porque morreu), deu-lhe o nome de Benoni; mas seu pai lhe chamou Benjamim.

¹⁹ Assim, morreu Raquel e foi sepultada no caminho de Efrata, que é Belém.

²⁰ Sobre a sepultura de Raquel levantou Jacó uma coluna que existe até ao dia de hoje.

²¹ Então, partiu Israel e armou a sua tenda além da torre de Eder.

²² E aconteceu que, habitando Israel naquela terra, foi Rúben e se deitou com Bila, concubina de seu pai; e Israel o soube. Eram doze os filhos de Israel.

Descendentes de Jacó
1Cr 2.1,2

²³ Rúben, o primogênito de Jacó, Simeão, Levi, Judá, Issacar e Zebulom, filhos de Lia;

²⁴ José e Benjamim, filhos de Raquel;

²⁵ Dã e Naftali, filhos de Bila, serva de Raquel;

²⁶ e Gade e Aser, filhos de Zilpa, serva de Lia. São estes os filhos de Jacó, que lhe nasceram em Padã-Arã.

²⁷ Veio Jacó a Isaque, seu pai, a Manre, a Quiriate-Arba (que é Hebrom), onde peregrinaram Abraão e Isaque.

²⁸ Foram os dias de Isaque cento e oitenta anos.

²⁹ Velho e farto de dias, expirou Isaque e morreu, sendo recolhido ao seu povo; e Esaú e Jacó, seus filhos, o sepultaram.

Os descendentes de Esaú
1Cr 1.35-37

36 São estes os descendentes de Esaú, que é Edom.

² Esaú tomou por mulheres dentre as filhas de Canaã: Ada, filha de Elom, heteu; Oolibama, filha de Aná, filho de Zibeão, heveu;

³ e Basemate, filha de Ismael, irmã de Nebaiote.

⁴ A Ada de Esaú lhe nasceu Elifaz, a Basemate lhe nasceu Reuel;

⁵ e a Oolibama nasceu Jeús, Jalão e Coré; são estes os filhos de Esaú, que lhe nasceram na terra de Canaã.

⁶ Levou Esaú suas mulheres, e seus filhos, e suas filhas, e todas as pessoas de sua casa, e seu rebanho, e todo o seu gado, e toda propriedade, tudo quanto havia adquirido na terra de Canaã; e se foi para outra terra, apartando-se de Jacó, seu irmão.

⁷ Porque os bens deles eram muitos para habitarem juntos; e a terra de suas peregrinações não os podia sustentar por causa do seu gado.

35.10 Gn 32.28.   35.11,12 Gn 17.4-8.   35.14,15 Gn 28.18,19.   35.16-19 Jr 31.15.   35.27 Gn 13.18.
36.2 Gn 26.34.   36.3 Gn 28.9.

⁸ Então, Esaú, que é Edom, habitou no monte de Seir.

⁹ Esta é a descendência de Esaú, pai dos idumeus, no monte de Seir.

¹⁰ São estes os nomes dos filhos de Esaú: Elifaz, filho de Ada, mulher de Esaú; Reuel, filho de Basemate, mulher de Esaú.

¹¹ Os filhos de Elifaz são: Temã, Omar, Zefô, Gaetã e Quenaz.

¹² Timna era concubina de Elifaz, filho de Esaú, e teve de Elifaz a Amaleque; são estes os filhos de Ada, mulher de Esaú.

¹³ E os filhos de Reuel são estes: Naate, Zerá, Samá e Mizá; estes foram os filhos de Basemate, mulher de Esaú.

¹⁴ E são estes os filhos de Oolibama, filha de Aná, filho de Zibeão, mulher de Esaú; e deu a Esaú: Jeús, Jalão e Coré.

¹⁵ São estes os príncipes dos filhos de Esaú; os filhos de Elifaz, o primogênito de Esaú: o príncipe Temã, o príncipe Omar, o príncipe Zefô, o príncipe Quenaz,

¹⁶ o príncipe Coré, o príncipe Gaetã, o príncipe Amaleque; são estes os príncipes que nasceram a Elifaz na terra de Edom; são os filhos de Ada.

¹⁷ São estes os filhos de Reuel, filho de Esaú: o príncipe Naate, o príncipe Zerá, o príncipe Samá, o príncipe Mizá; são estes os príncipes que nasceram a Reuel na terra de Edom; são os filhos de Basemate, mulher de Esaú.

¹⁸ São estes os filhos de Oolibama, mulher de Esaú: o príncipe Jeús, o príncipe Jalão, o príncipe Coré; são estes os príncipes que procederam de Oolibama, filha de Aná, mulher de Esaú.

¹⁹ São estes os filhos de Esaú, e esses seus príncipes; ele é Edom.

Descendentes de Seir
1Cr 1.38-42

²⁰ São estes os filhos de Seir, o horeu, moradores da terra: Lotã, Sobal, Zibeão e Aná,

²¹ Disom, Eser e Disã; são estes os príncipes dos horeus, filhos de Seir na terra de Edom.

²² Os filhos de Lotã são Hori e Homã; a irmã de Lotã é Timna.

²³ São estes os filhos de Sobal: Alvã, Manaate, Ebal, Sefô e Onã.

²⁴ São estes os filhos de Zibeão: Aiá e Aná; este é o Aná que achou as fontes termais no deserto, quando apascentava os jumentos de Zibeão, seu pai.

²⁵ São estes os filhos de Aná: Disom e Oolibama, a filha de Aná.

²⁶ São estes os filhos de Disã: Hendã, Esbã, Itrã e Querã.

²⁷ São estes os filhos de Eser: Bilã, Zaavã e Acã.

²⁸ São estes os filhos de Disã: Uz e Arã.

²⁹ São estes os príncipes dos horeus: o príncipe Lotã, o príncipe Sobal, o príncipe Zibeão, o príncipe Aná,

³⁰ o príncipe Disom, o príncipe Eser, o príncipe Disã; são estes os príncipes dos horeus, segundo os seus principados na terra de Seir.

Reis e príncipes de Edom
1Cr 1.43-54

³¹ São estes os reis que reinaram na terra de Edom, antes que houvesse rei sobre os filhos de Israel.

³² Em Edom reinou Bela, filho de Beor, e o nome da sua cidade era Dinabá.

³³ Morreu Bela, e, em seu lugar, reinou Jobabe, filho de Zerá, de Bozra.

³⁴ Morreu Jobabe, e, em seu lugar, reinou Husão, da terra dos temanitas.

³⁵ Morreu Husão, e, em seu lugar, reinou Hadade, filho de Bedade, o que feriu a Midiã no campo de Moabe; o nome da sua cidade era Avite.

³⁶ Morreu Hadade, e, em seu lugar, reinou Samlá, de Masreca.

³⁷ Morreu Samlá, e, em seu lugar, reinou Saul, de Reobote, junto ao Eufrates.

³⁸ Morreu Saul, e, em seu lugar, reinou Baal-Hanã, filho de Acbor.

³⁹ Morreu Baal-Hanã, filho de Acbor, e, em seu lugar, reinou Hadar; o nome de sua cidade era Pau; e o de sua mulher era Meetabel, filha de Matrede, filha de Me-Zaabe.

⁴⁰ São estes os nomes dos príncipes de Esaú, segundo as suas famílias, os seus lugares e os seus nomes: o príncipe Timna, o príncipe Alva, o príncipe Jetete,

⁴¹ o príncipe Oolibama, o príncipe Elá, o príncipe Pinom,

⁴² o príncipe Quenaz, o príncipe Temã, o príncipe Mibzar,

⁴³ o príncipe Magdiel e o príncipe Irã; são estes os príncipes de Edom, segundo as suas habitações na terra da sua possessão. Este é Esaú, pai de Edom.

José vendido pelos irmãos

37 Habitou Jacó na terra das peregrinações de seu pai, na terra de Canaã.

² Esta é a história de Jacó: Tendo José dezessete anos, apascentava os rebanhos com seus irmãos; sendo ainda jovem, acompanhava os filhos de Bila e os filhos de Zilpa, mulheres de seu pai; e trazia más notícias deles a seu pai.

³ Ora, Israel amava mais a José que a todos os seus filhos, porque era filho da sua velhice; e fez-lhe uma túnica talar de mangas compridas.

⁴ Vendo, pois, seus irmãos que o pai o amava mais que a todos os outros filhos, odiaram-no e já não lhe podiam falar pacificamente.

⁵ Teve José um sonho e o relatou a seus irmãos; por isso, o odiaram ainda mais.

⁶ Pois lhes disse: Rogo-vos, ouvi este sonho que tive:

⁷ Atávamos feixes no campo, e eis que o meu feixe se levantou e ficou em pé; e os vossos feixes o rodeavam e se inclinavam perante o meu.

⁸ Então, lhe disseram seus irmãos: Reinarás, com efeito, sobre nós? E sobre nós dominarás realmente? E com isso tanto mais o odiavam, por causa dos seus sonhos e de suas palavras.

⁹ Teve ainda outro sonho e o referiu a seus irmãos, dizendo: Sonhei também que o sol, a lua e onze estrelas se inclinavam perante mim.

¹⁰ Contando-o a seu pai e a seus irmãos, repreendeu-o o pai e lhe disse: Que sonho é esse que tiveste? Acaso viremos, eu e tua mãe e teus irmãos, a inclinar-nos perante ti em terra?

¹¹ Seus irmãos lhe tinham ciúmes; o pai, no entanto, considerava o caso consigo mesmo.

¹² E, como foram os irmãos apascentar o rebanho do pai, em Siquém,

¹³ perguntou Israel a José: Não apascentam teus irmãos o rebanho em Siquém? Vem, enviar-te-ei a eles. Respondeu-lhe José: Eis-me aqui.

¹⁴ Disse-lhe Israel: Vai, agora, e vê se vão bem teus irmãos e o rebanho; e traze-me notícias. Assim, o enviou do vale de Hebrom, e ele foi a Siquém.

¹⁵ E um homem encontrou a José, que andava errante pelo campo, e lhe perguntou: Que procuras?

¹⁶ Respondeu: Procuro meus irmãos; dize-me: Onde apascentam eles o rebanho?

¹⁷ Disse-lhe o homem: Foram-se daqui, pois ouvi-os dizer: Vamos a Dotã. Então,

seguiu José atrás dos irmãos e os achou em Dotã.

¹⁸ De longe o viram e, antes que chegasse, conspiraram contra ele para o matar.

¹⁹ E dizia um ao outro: Vem lá o tal sonhador!

²⁰ Vinde, pois, agora, matemo-lo e lancemo-lo numa destas cisternas; e diremos: Um animal selvagem o comeu; e vejamos em que lhe darão os sonhos.

²¹ Mas Rúben, ouvindo isso, livrou-o das mãos deles e disse: Não lhe tiremos a vida.

²² Também lhes disse Rúben: Não derrameis sangue; lançai-o nesta cisterna que está no deserto, e não ponhais mão sobre ele; isto disse para o livrar deles, a fim de o restituir ao pai.

²³ Mas, logo que chegou José a seus irmãos, despiram-no da túnica, a túnica talar de mangas compridas que trazia.

²⁴ E, tomando-o, o lançaram na cisterna, vazia, sem água.

²⁵ Ora, sentando-se para comer pão, olharam e viram que uma caravana de ismaelitas vinha de Gileade; seus camelos traziam arômatas, bálsamo e mirra, que levavam para o Egito.

²⁶ Então, disse Judá a seus irmãos: De que nos aproveita matar o nosso irmão e esconder-lhe o sangue?

²⁷ Vinde, vendamo-lo aos ismaelitas; não ponhamos sobre ele a nossa mão, pois é nosso irmão e nossa carne. Seus irmãos concordaram.

²⁸ E, passando os mercadores midianitas, os irmãos de José o alçaram, e o tiraram da cisterna, e o venderam por vinte siclos de prata aos ismaelitas; estes levaram José ao Egito.

²⁹ Tendo Rúben voltado à cisterna, eis que José não estava nela; então, rasgou as suas vestes.

³⁰ E, voltando a seus irmãos, disse: Não está lá o menino; e, eu, para onde irei?

³¹ Então, tomaram a túnica de José, mataram um bode e a molharam no sangue.

³² E enviaram a túnica talar de mangas compridas, fizeram-na levar a seu pai e lhe disseram: Achamos isto; vê se é ou não a túnica de teu filho.

³³ Ele a reconheceu e disse: É a túnica de meu filho; um animal selvagem o terá comido, certamente José foi despedaçado.

³⁴ Então, Jacó rasgou as suas vestes, e se

cingiu de pano-saco, e lamentou o filho por muitos dias.

³⁵ Levantaram-se todos os seus filhos e todas as suas filhas, para o consolarem; ele, porém, recusou ser consolado e disse: Chorando, descerei a meu filho até à sepultura. E de fato o chorou seu pai.

³⁶ Entrementes, os midianitas venderam José no Egito a Potifar, oficial de Faraó, comandante da guarda.

Judá e Tamar

38 Aconteceu, por esse tempo, que Judá se apartou de seus irmãos e se hospedou na casa de um adulamita, chamado Hira.

² Ali viu Judá a filha de um cananeu, chamado Sua; ele a tomou por mulher e a possuiu.

³ E ela concebeu e deu à luz um filho, e o pai lhe chamou Er.

⁴ Tornou a conceber e deu à luz um filho; a este deu a mãe o nome de Onã.

⁵ Continuou ainda e deu à luz outro filho, cujo nome foi Selá; ela estava em Quezibe quando o teve.

⁶ Judá, pois, tomou esposa para Er, o seu primogênito; o nome dela era Tamar.

⁷ Er, porém, o primogênito de Judá, era perverso perante o SENHOR, pelo que o SENHOR o fez morrer.

⁸ Então, disse Judá a Onã: Possui a mulher de teu irmão, cumpre o levirato e suscita descendência a teu irmão.

⁹ Sabia, porém, Onã que o filho não seria tido por seu; e todas as vezes que possuía a mulher de seu irmão deixava o sêmen cair na terra, para não dar descendência a seu irmão.

¹⁰ Isso, porém, que fazia, era mau perante o SENHOR, pelo que também a este fez morrer.

¹¹ Então, disse Judá a Tamar, sua nora: Permanece viúva em casa de teu pai, até que Selá, meu filho, venha a ser homem. Pois disse: Para que não morra também este, como seus irmãos. Assim, Tamar se foi, passando a residir em casa de seu pai.

¹² No correr do tempo morreu a filha de Sua, mulher de Judá; e, consolado Judá, subiu aos tosquiadores de suas ovelhas, em Timna, ele e seu amigo Hira, o adulamita.

¹³ E o comunicaram a Tamar: Eis que o teu sogro sobe a Timna, para tosquiar as ovelhas.

¹⁴ Então, ela despiu as vestes de sua viuvez, e, cobrindo-se com um véu, se disfarçou, e se assentou à entrada de Enaim, no caminho de Timna; pois via que Selá já era homem, e ela não lhe fora dada por mulher.

¹⁵ Vendo-a Judá, teve-a por meretriz; pois ela havia coberto o rosto.

¹⁶ Então, se dirigiu a ela no caminho e lhe disse: Vem, deixa-me possuir-te; porque não sabia que era a sua nora. Ela respondeu: Que me darás para coabitares comigo?

¹⁷ Ele respondeu: Enviar-te-ei um cabrito do rebanho. Perguntou ela: Dar-me-ás penhor até que o mandes?

¹⁸ Respondeu ele: Que penhor te darei? Ela disse: O teu selo, o teu cordão e o cajado que seguras. Ele, pois, lhos deu e a possuiu; e ela concebeu dele.

¹⁹ Levantou-se ela e se foi; tirou de sobre si o véu e tornou às vestes da sua viuvez.

²⁰ Enviou Judá o cabrito, por mão do adulamita, seu amigo, para reaver o penhor da mão da mulher; porém não a encontrou.

²¹ Então, perguntou aos homens daquele lugar: Onde está a prostituta cultual que se achava junto ao caminho de Enaim? Responderam: Aqui não esteve meretriz nenhuma.

²² Tendo voltado a Judá, disse: Não a encontrei; e também os homens do lugar me disseram: Aqui não esteve prostituta cultual nenhuma.

²³ Respondeu Judá: Que ela o guarde para si, para que não nos tornemos em opróbrio; mandei-lhe, com efeito, o cabrito, todavia, não a achaste.

²⁴ Passados quase três meses, foi dito a Judá: Tamar, tua nora, adulterou, pois está grávida. Então, disse Judá: Tirai-a fora para que seja queimada.

²⁵ Em tirando-a, mandou ela dizer a seu sogro: Do homem de quem são estas cousas eu concebi. E disse mais: Reconhece de quem é este selo, e este cordão, e este cajado.

²⁶ Reconheceu-os Judá e disse: Mais justa é ela do que eu, porquanto não a dei a Selá, meu filho. E nunca mais a possuiu.

²⁷ E aconteceu que, estando ela para dar à luz, havia gêmeos no seu ventre.

²⁸ Ao nascerem, um pôs a mão fora, e a parteira, tomando-a, lhe atou um fio encarnado e disse: Este saiu primeiro.

²⁹ Mas, recolhendo ele a mão, saiu o outro; e ela disse: Como rompeste saída? E lhe chamaram Perez.

³⁰ Depois, lhe saiu o irmão, em cuja mão estava o fio encarnado; e lhe chamaram Zera.

José na casa de Potifar

39 José foi levado ao Egito, e Potifar, oficial de Faraó, comandante da guarda, egípcio, comprou-o dos ismaelitas que o tinham levado para lá.

2 O SENHOR era com José, que veio a ser homem próspero; e estava na casa de seu senhor egípcio.

3 Vendo Potifar que o SENHOR era com ele e que tudo o que ele fazia o SENHOR prosperava em suas mãos,

4 logrou José mercê perante ele, a quem servia; e ele o pôs por mordomo de sua casa e lhe passou às mãos tudo o que tinha.

5 E, desde que o fizera mordomo de sua casa e sobre tudo o que tinha, o SENHOR abençoou a casa do egípcio por amor de José; a bênção do SENHOR estava sobre tudo o que tinha, assim em casa como no campo.

6 Potifar tudo o que tinha confiou às mãos de José, de maneira que, tendo-o por mordomo, de nada sabia, além do pão com que se alimentava. José era formoso de porte e de aparência.

7 Aconteceu, depois destas cousas, que a mulher de seu senhor pôs os olhos em José e lhe disse: Deita-te comigo.

8 Ele, porém, recusou e disse à mulher do seu senhor: Tem-me por mordomo o meu senhor e não sabe do que há em casa, pois tudo o que tem me passou ele às minhas mãos.

9 Ele não é maior do que eu nesta casa e nenhuma cousa me vedou, senão a ti, porque és sua mulher; como, pois, cometeria eu tamanha maldade e pecaria contra Deus?

10 Falando ela a José todos os dias, e não lhe dando ele ouvidos, para se deitar com ela e estar com ela,

11 sucedeu que, certo dia, veio ele a casa, para atender aos negócios; e ninguém dos de casa se achava presente.

12 Então, ela o pegou pelas vestes e lhe disse: Deita-te comigo; ele, porém, deixando as vestes nas mãos dela, saiu, fugindo para fora.

13 Vendo ela que ele fugira para fora, mas havia deixado as vestes nas mãos dela,

14 chamou pelos homens de sua casa e lhes disse: Vede, trouxe-nos meu marido este hebreu para insultar-nos; veio até mim para se deitar comigo; mas eu gritei em alta voz.

15 Ouvindo ele que eu levantava a voz e gritava, deixou as vestes ao meu lado e saiu, fugindo para fora.

16 Conservou ela junto de si as vestes dele, até que seu senhor tornou a casa.

17 Então, lhe falou, segundo as mesmas palavras, e disse: O servo hebreu, que nos trouxeste, veio ter comigo para insultar-me;

18 quando, porém, levantei a voz e gritei, ele, deixando as vestes ao meu lado, fugiu para fora.

19 Tendo o senhor ouvido as palavras de sua mulher, como lhe tinha dito: Desta maneira me fez o teu servo; então, se lhe acendeu a ira.

20 E o senhor de José o tomou e o lançou no cárcere, no lugar onde os presos do rei estavam encarcerados; ali ficou ele na prisão.

21 O SENHOR, porém, era com José, e lhe foi benigno, e lhe deu mercê perante o carcereiro;

22 o qual confiou às mãos de José todos os presos que estavam no cárcere; e ele fazia tudo quanto se devia fazer ali.

23 E nenhum cuidado tinha o carcereiro de todas as cousas que estavam nas mãos de José, porquanto o SENHOR era com ele, e tudo o que ele fazia o SENHOR prosperava.

José na prisão interpreta dois sonhos

40 Passadas estas cousas, aconteceu que o mordomo do rei do Egito e o padeiro ofenderam o seu senhor, o rei do Egito.

2 Indignou-se Faraó contra os seus dois oficiais, o copeiro-chefe e o padeiro-chefe.

3 E mandou detê-los na casa do comandante da guarda, no cárcere onde José estava preso.

4 O comandante da guarda pô-los a cargo de José, para que os servisse; e por algum tempo estiveram na prisão.

5 E ambos sonharam, cada um o seu sonho, na mesma noite; cada sonho com a sua própria significação, o copeiro e o padeiro do rei do Egito, que se achavam encarcerados.

6 Vindo José, pela manhã, viu-os, e eis que estavam turbados.

7 Então, perguntou aos oficiais de Faraó, que com ele estavam no cárcere da casa do seu senhor: Por que tendes, hoje, triste o semblante?

8 Eles responderam: Tivemos um sonho, e não há quem o possa interpretar. Disse-lhes José: Porventura, não pertencem

39.2 At 7.9.   39.21 At 7.9.

a Deus as interpretações? Contai-me o sonho.

O sonho do copeiro-chefe

⁹ Então, o copeiro-chefe contou o seu sonho a José e lhe disse: Em meu sonho havia uma videira perante mim.

¹⁰ E, na videira, três ramos; ao brotar a vide, havia flores, e seus cachos produziam uvas maduras.

¹¹ O copo de Faraó estava na minha mão; tomei as uvas, e as espremi no copo de Faraó, e o dei na própria mão de Faraó.

¹² Então, lhe disse José: Esta é a sua interpretação: os três ramos são três dias;

¹³ dentro ainda de três dias, Faraó te reabilitará e te reintegrará no teu cargo, e tu lhe darás o copo na própria mão dele, segundo o costume antigo, quando lhe eras copeiro.

¹⁴ Porém lembra-te de mim, quando tudo te correr bem; e rogo-te que sejas bondoso para comigo, e faças menção de mim a Faraó, e me faças sair desta casa;

¹⁵ porque, de fato, fui roubado da terra dos hebreus; e, aqui, nada fiz, para que me pusessem nesta masmorra.

O sonho do padeiro-chefe

¹⁶ Vendo o padeiro-chefe que a interpretação era boa, disse a José: Eu também sonhei, e eis que três cestos de pão alvo me estavam sobre a cabeça;

¹⁷ e no cesto mais alto havia de todos os manjares de Faraó, arte de padeiro; e as aves os comiam do cesto na minha cabeça.

¹⁸ Então, lhe disse José: A interpretação é esta: os três cestos são três dias;

¹⁹ dentro ainda de três dias, Faraó tirará fora a tua cabeça e te pendurará num madeiro, e as aves te comerão as carnes.

²⁰ No terceiro dia, que era aniversário de nascimento de Faraó, deu este um banquete a todos os seus servos; e, no meio destes, reabilitou o copeiro-chefe e condenou o padeiro-chefe.

²¹ Ao copeiro-chefe reintegrou no seu cargo, no qual dava o copo na mão de Faraó;

²² mas ao padeiro-chefe enforcou, como José havia interpretado.

²³ O copeiro-chefe, todavia, não se lembrou de José, porém dele se esqueceu.

José interpreta os sonhos de Faraó

41 Passados dois anos completos, Faraó teve um sonho. Parecia-lhe achar-se ele de pé junto ao Nilo.

² Do rio subiam sete vacas formosas à vista e gordas e pastavam no carriçal.

³ Após elas subiam do rio outras sete vacas, feias à vista e magras; e pararam junto às primeiras, na margem do rio.

⁴ As vacas feias à vista e magras comiam as sete formosas à vista e gordas. Então, acordou Faraó.

⁵ Tornando a dormir, sonhou outra vez. De uma só haste saíam sete espigas cheias e boas.

⁶ E após elas nasciam sete espigas mirradas, crestadas do vento oriental.

⁷ As espigas mirradas devoravam as sete espigas grandes e cheias. Então, acordou Faraó. Fora isto um sonho.

⁸ De manhã, achando-se ele de espírito perturbado, mandou chamar todos os magos do Egito e todos os seus sábios e lhes contou os sonhos; mas ninguém havia que lhos interpretasse.

⁹ Então, disse a Faraó o copeiro-chefe: Lembro-me hoje das minhas ofensas.

¹⁰ Estando Faraó mui indignado contra os seus servos e pondo-me sob prisão na casa do comandante da guarda, a mim e ao padeiro-chefe,

¹¹ tivemos um sonho na mesma noite, eu e ele; sonhamos, e cada sonho com a sua própria significação.

¹² Achava-se conosco um jovem hebreu, servo do comandante da guarda; contamos-lhe os nossos sonhos, e ele no-los interpretou, a cada um segundo o seu sonho.

¹³ E como nos interpretou, assim mesmo se deu: eu fui restituído ao meu cargo, o outro foi enforcado.

¹⁴ Então, Faraó mandou chamar a José, e o fizeram sair à pressa da masmorra; ele se barbeou, mudou de roupa e foi apresentar-se a Faraó.

¹⁵ Este lhe disse: Tive um sonho, e não há quem o interprete. Ouvi dizer, porém, a teu respeito que, quando ouves um sonho, podes interpretá-lo.

¹⁶ Respondeu-lhe José: Não está isso em mim; mas Deus dará resposta favorável a Faraó.

¹⁷ Então, contou Faraó a José: No meu sonho, estava eu de pé na margem do Nilo,

¹⁸ e eis que subiam dele sete vacas gordas e formosas à vista e pastavam no carriçal.

¹⁹ Após estas subiam outras vacas, fracas, mui feias à vista e magras; nunca vi outras assim disformes, em toda a terra do Egito.

²⁰ E as vacas magras e ruins comiam as primeiras sete gordas;

²¹ e, depois de as terem engolido, não davam aparência de as terem devorado, pois o seu aspecto continuava ruim como no princípio. Então, acordei.

²² Depois, vi, em meu sonho, que sete espigas saíam da mesma haste, cheias e boas;

²³ após elas nasceram sete espigas secas, mirradas e crestadas do vento oriental.

²⁴ As sete espigas mirradas devoravam as sete espigas boas. Contei-o aos magos, mas ninguém houve que mo interpretasse.

²⁵ Então, lhe respondeu José: O sonho de Faraó é apenas um; Deus manifestou a Faraó o que há de fazer.

²⁶ As sete vacas boas serão sete anos; as sete espigas boas, também sete anos; o sonho é um só.

²⁷ As sete vacas magras e feias, que subiam após as primeiras, serão sete anos, bem como as sete espigas mirradas e crestadas do vento oriental serão sete anos de fome.

²⁸ Esta é a palavra, como acabo de dizer a Faraó, que Deus manifestou a Faraó que ele há de fazer.

²⁹ Eis aí vêm sete anos de grande abundância por toda a terra do Egito.

³⁰ Seguir-se-ão sete anos de fome, e toda aquela abundância será esquecida na terra do Egito, e a fome consumirá a terra;

³¹ e não será lembrada a abundância na terra, em vista da fome que seguirá, porque será gravíssima.

³² O sonho de Faraó foi dúplice, porque a cousa é estabelecida por Deus, e Deus se apressa a fazê-la.

³³ Agora, pois, escolha Faraó um homem ajuizado e sábio e o ponha sobre a terra do Egito.

³⁴ Faça isso Faraó, e ponha administradores sobre a terra, e tome a quinta parte dos frutos da terra do Egito nos sete anos de fartura.

³⁵ Ajuntem os administradores toda a colheita dos bons anos que virão, recolham cereal debaixo do poder de Faraó, para mantimento nas cidades, e o guardem.

³⁶ Assim, o mantimento será para abastecer a terra nos sete anos da fome que haverá no Egito; para que a terra não pereça de fome.

José como governador do Egito

³⁷ O conselho foi agradável a Faraó e a todos os seus oficiais.

³⁸ Disse Faraó aos seus oficiais: Acharíamos, porventura, homem como este, em quem há o Espírito de Deus?

³⁹ Depois, disse Faraó a José: Visto que Deus te fez saber tudo isto, ninguém há tão ajuizado e sábio como tu.

⁴⁰ Administrarás a minha casa, e à tua palavra obedecerá todo o meu povo; somente no trono eu serei maior do que tu.

⁴¹ Disse mais Faraó a José: Vês que te faço autoridade sobre toda a terra do Egito.

⁴² Então, tirou Faraó o seu anel de sinete da mão e o pôs na mão de José, fê-lo vestir roupas de linho fino e lhe pôs ao pescoço um colar de ouro.

⁴³ E fê-lo subir ao seu segundo carro, e clamavam diante dele: Inclinai-vos! Desse modo, o constituiu sobre toda a terra do Egito.

⁴⁴ Disse ainda Faraó a José: Eu sou Faraó, contudo sem a tua ordem ninguém levantará mão ou pé em toda a terra do Egito.

⁴⁵ E a José chamou Faraó de Zafenate-Panéia e lhe deu por mulher a Azenate, filha de Potífera, sacerdote de Om; e percorreu José toda a terra do Egito.

⁴⁶ Era José da idade de trinta anos quando se apresentou a Faraó, rei do Egito, e andou por toda a terra do Egito.

⁴⁷ Nos sete anos de fartura a terra produziu abundantemente.

⁴⁸ E ajuntou José todo o mantimento que houve na terra do Egito durante os sete anos e o guardou nas cidades; o mantimento do campo ao redor de cada cidade foi guardado na mesma cidade.

⁴⁹ Assim, ajuntou José muitíssimo cereal, como a areia do mar, até perder a conta, porque ia além das medidas.

⁵⁰ Antes de chegar a fome, nasceram dois filhos a José, os quais lhe deu Azenate, filha de Potífera, sacerdote de Om.

⁵¹ José ao primogênito chamou de Manassés, pois disse: Deus me fez esquecer de todos os meus trabalhos e de toda a casa de meu pai.

⁵² Ao segundo, chamou-lhe Efraim, pois disse: Deus me fez próspero na terra da minha aflição.

41.40 At 7.10.

⁵³ Passados os sete anos de abundância, que houve na terra do Egito,

⁵⁴ começaram a vir os sete anos de fome, como José havia predito; e havia fome em todas as terras, mas em toda a terra do Egito havia pão.

⁵⁵ Sentindo toda a terra do Egito a fome, clamou o povo a Faraó por pão; e Faraó dizia a todos os egípcios: Ide a José; o que ele vos disser fazei.

⁵⁶ Havendo, pois, fome sobre toda a terra, abriu José todos os celeiros e vendia aos egípcios; porque a fome prevaleceu na terra do Egito.

⁵⁷ E todas as terras vinham ao Egito, para comprar de José, porque a fome prevaleceu em todo o mundo.

Os irmãos de José descem ao Egito

42 Sabedor Jacó de que havia mantimento no Egito, disse a seus filhos: Por que estais aí a olhar uns para os outros?

² E ajuntou: Tenho ouvido que há cereais no Egito; descei até lá e comprai-nos deles, para que vivamos e não morramos.

³ Então, desceram dez dos irmãos de José, para comprar cereal do Egito.

⁴ A Benjamim, porém, irmão de José, não enviou Jacó na companhia dos irmãos, porque dizia: Para que não lhe suceda, acaso, algum desastre.

⁵ Entre os que iam, pois, para lá, foram também os filhos de Israel; porque havia fome na terra de Canaã.

⁶ José era governador daquela terra; era ele quem vendia a todos os povos da terra; e os irmãos de José vieram e se prostraram rosto em terra, perante ele.

⁷ Vendo José a seus irmãos, reconheceu-os, porém não se deu a conhecer, e lhes falou asperamente, e lhes perguntou: Donde vindes? Responderam: Da terra de Canaã, para comprar mantimento.

⁸ José reconheceu os irmãos; porém eles não o reconheceram.

⁹ Então, se lembrou José dos sonhos que tivera a respeito deles e lhes disse: Vós sois espiões e viestes para ver os pontos fracos da terra.

¹⁰ Responderam-lhe: Não, senhor meu; mas vieram os teus servos para comprar mantimento.

¹¹ Somos todos filhos de um mesmo homem; somos homens honestos; os teus servos não são espiões.

¹² Ele, porém, lhes respondeu: Nada

disso; pelo contrário, viestes para ver os pontos fracos da terra.

¹³ Eles disseram: Nós, teus servos, somos doze irmãos, filhos de um homem na terra de Canaã; o mais novo está hoje com nosso pai, outro já não existe.

¹⁴ Então, lhes falou José: É como já vos disse: sois espiões.

¹⁵ Nisto sereis provados: pela vida de Faraó, daqui não saireis, sem que primeiro venha o vosso irmão mais novo.

¹⁶ Enviai um dentre vós, que traga vosso irmão; vós ficareis detidos para que sejam provadas as vossas palavras, se há verdade no que dizeis; ou se não, pela vida de Faraó, sois espiões.

¹⁷ E os meteu juntos em prisão três dias.

¹⁸ Ao terceiro dia, disse-lhes José: Fazei o seguinte e vivereis, pois temo a Deus.

¹⁹ Se sois homens honestos, fique detido um de vós na casa da vossa prisão; vós outros ide, levai cereal para suprir a fome das vossas casas.

²⁰ E trazei-me vosso irmão mais novo, com o que serão verificadas as vossas palavras, e não morrereis. E eles se dispuseram a fazê-lo.

²¹ Então, disseram uns aos outros: Na verdade, somos culpados, no tocante a nosso irmão, pois lhe vimos a angústia da alma, quando nos rogava, e não lhe acudimos; por isso, nos vem esta ansiedade.

²² Respondeu-lhes Rúben: Não vos disse eu: Não pequeis contra o jovem? E não me quisestes ouvir. Pois vedes aí que se requer de nós o seu sangue.

²³ Eles, porém, não sabiam que José os entendia, porque lhes falava por intérprete.

²⁴ E, retirando-se deles, chorou; depois, tornando, lhes falou; tomou a Simeão dentre eles e o algemou na presença deles.

Os irmãos de José regressam do Egito

²⁵ Ordenou José que lhes enchessem os sacos de cereal, e lhes restituíssem o dinheiro, a cada um no seu saco, e os suprissem de comida para o caminho; e assim lhes foi feito.

²⁶ E carregaram o cereal sobre os seus jumentos e partiram dali.

²⁷ Abrindo um deles o seu saco, para dar de comer ao seu jumento na estalagem, deu com o dinheiro na boca do saco.

²⁸ Então, disse aos irmãos: Devolveram o meu dinheiro; aqui está na boca do meu saco. Desfaleceu-lhes o coração, e, atemo-

41.54 At 7.11. **41.55** Jo 2.5. **42.2** At 7.12. **42.9** Gn 37.5-10. **42.22** Gn 37.21,22.

rizados, entreolhavam-se, dizendo: Que é isto que Deus nos fez?

²⁹ E vieram para Jacó, seu pai, na terra de Canaã, e lhe contaram tudo o que lhes acontecera, dizendo:

³⁰ O homem, o senhor da terra, falou conosco asperamente e nos tratou como espiões da terra.

³¹ Dissemos-lhe: Somos homens honestos; não somos espiões;

³² somos doze irmãos, filhos de um mesmo pai; um já não existe, e o mais novo está hoje com nosso pai na terra de Canaã.

³³ Respondeu-nos o homem, o senhor da terra: Nisto conhecerei que sois homens honestos: deixai comigo um de vossos irmãos, tomai o cereal para remediar a fome de vossas casas e parti;

³⁴ trazei-me vosso irmão mais novo; assim saberei que não sois espiões, mas homens honestos. Então, vos entregarei vosso irmão, e negociareis na terra.

³⁵ Aconteceu que, despejando eles os seus sacos, eis cada um tinha a sua trouxinha de dinheiro no saco; e viram as trouxinhas com o dinheiro, eles e seu pai, e temeram.

³⁶ Então, lhes disse Jacó, seu pai: Tendes-me privado de filhos: José já não existe, Simeão não está aqui, e ides levar a Benjamim! Todas estas cousas me sobrevêm.

³⁷ Mas Rúben disse a seu pai: Mata os meus dois filhos, se to não tornar a trazer; entrega-mo, e eu to restituirei.

³⁸ Ele, porém, disse: Meu filho não descerá convosco; seu irmão é morto, e ele ficou só; se lhe sucede algum desastre no caminho por onde fordes, fareis descer minhas cãs com tristeza à sepultura.

Os irmãos de José descem outra vez ao Egito

43 A fome persistia gravíssima na terra.

² Tendo eles acabado de consumir o cereal que trouxeram do Egito, disse-lhes seu pai: Voltai, comprai-nos um pouco de mantimento.

³ Mas Judá lhe respondeu: Fortemente nos protestou o homem, dizendo: Não me vereis o rosto, se o vosso irmão não vier convosco.

⁴ Se resolveres enviar conosco o nosso irmão, desceremos e te compraremos mantimento;

⁵ se, porém, não o enviares, não desce-

remos; pois o homem nos disse: Não me vereis o rosto, se o vosso irmão não vier convosco.

⁶ Disse-lhes Israel: Por que me fizestes esse mal, dando a saber àquele homem que tínheis outro irmão?

⁷ Responderam eles: O homem nos perguntou particularmente por nós e pela nossa parentela, dizendo: Vive ainda vosso pai? Tendes outro irmão? Respondemos-lhe segundo as suas palavras. Acaso poderíamos adivinhar que haveria de dizer: Trazei vosso irmão?

⁸ Com isto disse Judá a Israel, seu pai: Envia o jovem comigo, e nos levantaremos e iremos; para que vivamos e não morramos, nem nós, nem tu, nem os nossos filhinhos.

⁹ Eu serei responsável por ele, da minha mão o requererás; se eu to não trouxer e não to puser à presença, serei culpado para contigo para sempre.

¹⁰ Se não nos tivéssemos demorado já estaríamos, com certeza, de volta segunda vez.

¹¹ Respondeu-lhes Israel, seu pai: Se é tal, fazei, pois, isso; tomai do mais precioso desta terra em vossos sacos e levai de presente a esse homem: um pouco de bálsamo e um pouco de mel, arômatas e mirra, nozes de pistácia e amêndoas;

¹² levai também dinheiro em dobro; e o dinheiro restituído na boca dos sacos, tornai a levá-lo convosco; pode bem ser que fosse engano.

¹³ Levai também vosso irmão, levantai-vos e voltai àquele homem.

¹⁴ Deus Todo-poderoso vos dê misericórdia perante o homem, para que vos restitua o vosso outro irmão e deixe vir Benjamim. Quanto a mim, se eu perder os filhos, sem filhos ficarei.

José hospeda seus irmãos

¹⁵ Tomaram, pois, os homens os presentes, o dinheiro em dobro e a Benjamim; levantaram-se, desceram ao Egito e se apresentaram perante José.

¹⁶ Vendo José a Benjamim com eles, disse ao despenseiro de sua casa: Leva estes homens para casa, mata reses e prepara tudo; pois estes homens comerão comigo ao meio-dia.

¹⁷ Fez ele como José lhe ordenara e levou os homens para a casa de José.

¹⁸ Os homens tiveram medo, porque foram levados à casa de José; e diziam: É por

causa do dinheiro que da outra vez voltou em nossos sacos, para nos acusar e arremeter contra nós, escravizar-nos e tomar nossos jumentos.

¹⁹ E se chegaram ao mordomo da casa de José, e lhe falaram à porta,

²⁰ e disseram: Ai! Senhor meu, já uma vez descemos a comprar mantimento;

²¹ quando chegamos à estalagem, abrindo os nossos sacos, eis que o dinheiro de cada um estava na boca do saco, nosso dinheiro intacto; tornamos a trazê-lo conosco.

²² Trouxemos também outro dinheiro conosco, para comprar mantimento; não sabemos quem tenha posto o nosso dinheiro nos nossos sacos.

²³ Ele disse: Paz seja convosco, não temais; o vosso Deus, e o Deus de vosso pai, vos deu tesouro nos vossos sacos; o vosso dinheiro me chegou a mim. E lhes trouxe fora a Simeão.

²⁴ Depois, levou o mordomo aqueles homens à casa de José e lhes deu água, e eles lavaram os pés; também deu ração aos seus jumentos.

²⁵ Então, prepararam o presente, para quando José viesse ao meio-dia; pois ouviram que ali haviam de comer.

²⁶ Chegando José a casa, trouxeram-lhe para dentro o presente que tinham em mãos; e prostraram-se perante ele até à terra.

²⁷ Ele lhes perguntou pelo seu bem-estar e disse: Vosso pai, o ancião de quem me falastes, vai bem? Ainda vive?

²⁸ Responderam: Vai bem o teu servo, nosso pai vive ainda; e abaixaram a cabeça e prostraram-se.

²⁹ Levantando José os olhos, viu a Benjamim, seu irmão, filho de sua mãe, e disse: É este o vosso irmão mais novo, de quem me falastes? E acrescentou: Deus te conceda graça, meu filho.

³⁰ José se apressou e procurou onde chorar, porque se movera no seu íntimo, para com seu irmão; entrou na câmara e chorou ali.

³¹ Depois, lavou o rosto e saiu; conteve-se e disse: Servi a refeição.

³² Serviram-lhe a ele à parte, e a eles também à parte, e à parte aos egípcios que comiam com ele; porque aos egípcios não lhes era lícito comer pão com os hebreus, porquanto é isso abominação para os egípcios.

³³ E assentaram-se diante dele, o primogênito segundo a sua primogenitura e o mais novo segundo a sua menoridade; disto os homens se maravilhavam entre si.

³⁴ Então, lhes apresentou as porções que estavam diante dele; a porção de Benjamim era cinco vezes mais do que a de qualquer deles. E eles beberam e se regalaram com ele.

Estratagema de José para deter seus irmãos

44 Deu José esta ordem ao mordomo de sua casa: Enche de mantimento os sacos destes homens, quanto puderem levar, e põe o dinheiro de cada um na boca do saco.

² O meu copo de prata pô-lo-ás na boca do saco do mais novo, com o dinheiro do seu cereal. E assim se fez segundo José dissera.

³ De manhã, quando já claro, despediram-se estes homens, eles com os seus jumentos.

⁴ Tendo saído eles da cidade, não se havendo ainda distanciado, disse José ao mordomo de sua casa: Levanta-te e segue após esses homens; e, alcançando-os, lhes dirás: Por que pagastes mal por bem?

⁵ Não é este o copo em que bebe meu senhor? E por meio do qual faz as suas adivinhações? Procedestes mal no que fizestes.

⁶ E alcançou-os e lhes falou essas palavras.

⁷ Então, lhe responderam: Por que diz meu senhor tais palavras? Longe estejam teus servos de praticar semelhante cousa.

⁸ O dinheiro que achamos na boca de nossos sacos, tornamos a trazer-te desde a terra de Canaã; como, pois, furtaríamos da casa do teu senhor prata ou ouro?

⁹ Aquele dos teus servos, com quem for achado, morra; e nós ainda seremos escravos do meu senhor.

¹⁰ Então, lhes respondeu: Seja conforme as vossas palavras; aquele com quem se achar será meu escravo, porém vós sereis inculpados.

¹¹ E se apressaram, e, tendo cada um posto o seu saco em terra, o abriu.

¹² O mordomo os examinou, começando do mais velho e acabando no mais novo; e achou-se o copo no saco de Benjamim.

¹³ Então, rasgaram as suas vestes e, carregados de novo os jumentos, tornaram à cidade.

A defesa de Judá

¹⁴ E chegou Judá com seus irmãos à ca-

sa de José; este ainda estava ali; e prostraram-se em terra diante dele.

¹⁵ Disse-lhes José: Que é isso que fizestes? Não sabíeis vós que tal homem como eu é capaz de adivinhar?

¹⁶ Então, disse Judá: Que responderemos a meu senhor? Que falaremos? E como nos justificaremos? Achou Deus a iniqüidade de teus servos; eis que somos escravos de meu senhor, tanto nós como aquele em cuja mão se achou o copo.

¹⁷ Mas ele disse: Longe de mim que eu tal faça; o homem em cuja mão foi achado o copo, esse será meu servo; vós, no entanto, subi em paz para vosso pai.

¹⁸ Então, Judá se aproximou dele e disse: Ah! Senhor meu, rogo-te, permite que teu servo diga uma palavra aos ouvidos do meu senhor, e não se acenda a tua ira contra o teu servo; porque tu és como o próprio Faraó.

¹⁹ Meu senhor perguntou a seus servos: Tendes pai ou irmão?

²⁰ E respondemos a meu senhor: Temos pai já velho e um filho da sua velhice, o mais novo, cujo irmão é morto; e só ele ficou de sua mãe, e seu pai o ama.

²¹ Então, disseste a teus servos: Trazei-mo, para que ponha os olhos sobre ele.

²² Respondemos ao meu senhor: O moço não pode deixar o pai; se deixar o pai, este morrerá.

²³ Então, disseste a teus servos: Se vosso irmão mais novo não descer convosco, nunca mais me vereis o rosto.

²⁴ Tendo nós subido a teu servo, meu pai, e a ele repetido as palavras de meu senhor,

²⁵ disse nosso pai: Voltai, comprai-nos um pouco de mantimento.

²⁶ Nós respondemos: Não podemos descer; mas, se nosso irmão mais moço for conosco, desceremos; pois não podemos ver a face do homem, se este nosso irmão mais moço não estiver conosco.

²⁷ Então, nos disse o teu servo, nosso pai: Sabeis que minha mulher me deu dois filhos;

²⁸ um se ausentou de mim, e eu disse: Certamente foi despedaçado, e até agora não mais o vi;

²⁹ se agora também tirardes este da minha presença, e lhe acontecer algum desastre, fareis descer as minhas cãs com pesar à sepultura.

³⁰ Agora, pois, indo eu a teu servo, meu pai, e não indo o moço conosco, visto a sua alma estar ligada com a alma dele,

³¹ vendo ele que o moço não está conosco, morrerá; e teus servos farão descer as cãs de teu servo, nosso pai, com tristeza à sepultura.

³² Porque teu servo se deu por fiador por este moço para com o meu pai, dizendo: Se eu o não tornar a trazer-te, serei culpado para com o meu pai todos os dias.

³³ Agora, pois, fique teu servo em lugar do moço por servo de meu senhor, e o moço que suba com seus irmãos.

³⁴ Porque como subirei eu a meu pai, se o moço não for comigo? Para que não veja eu o mal que a meu pai sobrevirá.

José dá-se a conhecer a seus irmãos

45 Então, José, não se podendo conter diante de todos os que estavam com ele, bradou: Fazei sair a todos da minha presença! E ninguém ficou com ele, quando José se deu a conhecer a seus irmãos.

² E levantou a voz em choro, de maneira que os egípcios o ouviam e também a casa de Faraó.

³ E disse a seus irmãos: Eu sou José; vive ainda meu pai? E seus irmãos não lhe puderam responder, porque ficaram atemorizados perante ele.

⁴ Disse José a seus irmãos: Agora, chegai-vos a mim. E chegaram-se. Então, disse: Eu sou José, vosso irmão, a quem vendestes para o Egito.

⁵ Agora, pois, não vos entristeçais, nem vos irriteis contra vós mesmos por me haverdes vendido para aqui; porque, para conservação da vida, Deus me enviou adiante de vós.

⁶ Porque já houve dois anos de fome na terra, e ainda restam cinco anos em que não haverá lavoura nem colheita.

⁷ Deus me enviou adiante de vós, para conservar vossa sucessão na terra e para vos preservar a vida por um grande livramento.

⁸ Assim, não fostes vós que me enviastes para cá, e sim Deus, que me pôs por pai de Faraó, e senhor de toda a sua casa, e como governador em toda a terra do Egito.

⁹ Apressai-vos, subi a meu pai e dizei-lhe: Assim manda dizer teu filho José: Deus me pôs por senhor em toda terra do Egito; desce a mim, não te demores.

¹⁰ Habitarás na terra de Gósen e estarás

45.1 At 7.13.   **45.9** At 7.14.

perto de mim, tu, teus filhos, os filhos de teus filhos, os teus rebanhos, o teu gado e tudo quanto tens.

11 Aí te sustentarei, porque ainda haverá cinco anos de fome; para que não te empobreças, tu e tua casa e tudo o que tens.

12 Eis que vedes por vós mesmos, e meu irmão Benjamim vê também, que sou eu mesmo quem vos fala.

13 Anunciai a meu pai toda a minha glória no Egito e tudo o que tendes visto; apressai-vos e fazei descer meu pai para aqui.

14 E, lançando-se ao pescoço de Benjamim, seu irmão, chorou; e, abraçado com ele, chorou também Benjamim.

15 José beijou a todos os seus irmãos e chorou sobre eles; depois, seus irmãos falaram com ele.

Faraó ouve falar dos irmãos de José

16 Fez-se ouvir na casa de Faraó esta notícia: São vindos os irmãos de José; e isto foi agradável a Faraó e a seus oficiais.

17 Disse Faraó a José: Dize a teus irmãos: Fazei isto: carregai os vossos animais e parti; tornai à terra de Canaã,

18 tomai a vosso pai e a vossas famílias e vinde para mim; dar-vos-ei o melhor da terra do Egito, e comereis a fartura da terra.

19 Ordena-lhes também: Fazei isto: levai da terra do Egito carros para vossos filhinhos e para vossas mulheres, trazei vosso pai e vinde.

20 Não vos preocupeis com cousa alguma dos vossos haveres, porque o melhor de toda a terra do Egito será vosso.

21 E os filhos de Israel fizeram assim. José lhes deu carros, conforme o mandado de Faraó; também lhes deu provisão para o caminho.

22 A cada um de todos eles deu vestes festivais, mas a Benjamim deu trezentas moedas de prata e cinco vestes festivais.

23 Também enviou a seu pai dez jumentos carregados do melhor do Egito, e dez jumentos carregados de cereais e pão, e provisão para o seu pai, para o caminho.

24 E despediu os seus irmãos. Ao partirem, disse-lhes: Não contendais pelo caminho.

25 Então, subiram do Egito, e vieram à terra de Canaã, a Jacó, seu pai,

26 e lhe disseram: José ainda vive e é governador de toda a terra do Egito. Com isto, o coração lhe ficou como sem palpitar, porque não lhes deu crédito.

27 Porém, havendo-lhe eles contado todas as palavras que José lhes falara, e vendo Jacó, seu pai, os carros que José enviara para levá-lo, reviveu-se-lhe o espírito.

28 E disse Israel: Basta; ainda vive meu filho José; irei e o verei antes que eu morra.

Jacó e toda a sua família descem para o Egito

46 Partiu, pois, Israel com tudo o que possuía, e veio a Berseba, e ofereceu sacrifícios ao Deus de Isaque, seu pai.

2 Falou Deus a Israel em visões, de noite, e disse: Jacó! Jacó! Ele respondeu: Eis-me aqui!

3 Então, disse: Eu sou Deus, o Deus de teu pai; não temas descer para o Egito, porque lá eu farei de ti uma grande nação.

4 Eu descerei contigo para o Egito e te farei tornar a subir, certamente. A mão de José fechará os teus olhos.

5 Então, se levantou Jacó de Berseba; e os filhos de Israel levaram Jacó, seu pai, e seus filhinhos, e as suas mulheres nos carros que Faraó enviara para o levar.

6 Tomaram o seu gado e os bens que haviam adquirido na terra de Canaã e vieram para o Egito, Jacó e toda a sua descendência.

7 Seus filhos e os filhos de seus filhos, suas filhas e as filhas de seus filhos e toda a sua descendência, levou-os consigo para o Egito.

8 São estes os nomes dos filhos de Israel, Jacó, e seus filhos, que vieram para o Egito: Rúben, o primogênito de Jacó.

9 Os filhos de Rúben: Enoque, Palu, Hezrom e Carmi.

10 Os filhos de Simeão: Jemuel, Jamim, Oade, Jaquim, Zoar e Saul, filho de uma mulher cananéia.

11 Os filhos de Levi: Gérson, Coate e Merari.

12 Os filhos de Judá: Er, Onã, Selá, Perez e Zera; Er e Onã, porém, morreram na terra de Canaã. Os filhos de Perez foram: Hezrom e Hamul.

13 Os filhos de Issacar: Tola, Puva, Jó e Sinrom.

14 Os filhos de Zebulom: Serede, Elom e Jaleel.

15 São estes os filhos de Lia, que ela deu à luz a Jacó em Padã-Arã, além de Diná,

sua filha; todas as pessoas, de seus filhos e de suas filhas, trinta e três.

¹⁶ Os filhos de Gade: Zifiom, Hagi, Suni, Esbom, Eri, Arodi e Areli.

¹⁷ Os filhos de Aser: Imna, Isvá, Isvi, Berias e Sera, irmã deles; e os filhos de Berias: Héber e Malquiel.

¹⁸ São estes os filhos de Zilpa, a qual Labão deu a sua filha Lia; e estes deu ela à luz a Jacó, a saber, dezesseis pessoas.

¹⁹ Os filhos de Raquel, mulher de Jacó: José e Benjamim.

²⁰ Nasceram a José na terra do Egito Manassés e Efraim, que lhe deu à luz Azenate, filha de Potífera, sacerdote de Om.

²¹ Os filhos de Benjamim: Bela, Bequer, Asbel, Gera, Naamã, Eí, Rôs, Mupim, Hupim e Arde.

²² São estes os filhos de Raquel, que nasceram a Jacó, ao todo catorze pessoas.

²³ O filho de Dã: Husim.

²⁴ Os filhos de Naftali: Jazeel, Guni, Jezer e Silém.

²⁵ São estes os filhos de Bila, a qual Labão deu a sua filha Raquel; e estes deu ela à luz a Jacó, ao todo sete pessoas.

²⁶ Todos os que vieram com Jacó para o Egito, que eram os seus descendentes, fora as mulheres dos filhos de Jacó, todos eram sessenta e seis pessoas;

²⁷ e os filhos de José, que lhe nasceram no Egito, eram dois. Todas as pessoas da casa de Jacó, que vieram para o Egito, foram setenta.

O encontro de José com seu pai

²⁸ Jacó enviou Judá adiante de si a José para que soubesse encaminhá-lo a Gósen; e chegaram à terra de Gósen.

²⁹ Então, José aprontou o seu carro e subiu ao encontro de Israel, seu pai, a Gósen. Apresentou-se, lançou-se-lhe ao pescoço e chorou assim longo tempo.

³⁰ Disse Israel a José: Já posso morrer, pois já vi o teu rosto, e ainda vives.

³¹ E José disse a seus irmãos e à casa de seu pai: Subirei, e farei saber a Faraó, e lhe direi: Meus irmãos e a casa de meu pai, que estavam na terra de Canaã, vieram para mim.

³² Os homens são pastores, são homens de gado, e trouxeram consigo o seu rebanho, e o seu gado, e tudo o que têm.

³³ Quando, pois, Faraó vos chamar e disser: Qual é o vosso trabalho?

³⁴ Respondereis: Teus servos foram homens de gado desde a mocidade até agora, tanto nós como nossos pais; para que habiteis na terra de Gósen, porque todo pastor de rebanho é abominação para os egípcios.

Israel é apresentado a Faraó

47 Então, veio José e disse a Faraó: Meu pai e meus irmãos, com os seus rebanhos e o seu gado, com tudo o que têm, chegaram da terra de Canaã; e eis que estão na terra de Gósen.

² E tomou cinco dos seus irmãos e os apresentou a Faraó.

³ Então, perguntou Faraó aos irmãos de José: Qual é o vosso trabalho? Eles responderam: Os teus servos somos pastores de rebanho, assim nós como nossos pais.

⁴ Disseram mais a Faraó: Viemos para habitar nesta terra; porque não há pasto para o rebanho de teus servos, pois a fome é severa na terra de Canaã; agora, pois, te rogamos permitas habitem os teus servos na terra de Gósen.

⁵ Então, disse Faraó a José: Teu pai e teus irmãos vieram a ti.

⁶ A terra do Egito está perante ti; no melhor da terra faze habitar teu pai e teus irmãos; habitem na terra de Gósen. Se sabes haver entre eles homens capazes, põe-nos por chefes do gado que me pertence.

⁷ Trouxe José a Jacó, seu pai, e o apresentou a Faraó; e Jacó abençoou a Faraó.

⁸ Perguntou Faraó a Jacó: Quantos são os dias dos anos da tua vida?

⁹ Jacó lhe respondeu: Os dias dos anos das minhas peregrinações são cento e trinta anos; poucos e maus foram os dias dos anos da minha vida e não chegaram aos dias dos anos da vida de meus pais, nos dias das suas peregrinações.

¹⁰ E, tendo Jacó abençoado a Faraó, saiu de sua presença.

¹¹ Então, José estabeleceu a seu pai e a seus irmãos e lhes deu possessão na terra do Egito, no melhor da terra, na terra de Ramessés, como Faraó ordenara.

¹² E José sustentou de pão a seu pai, a seus irmãos e a toda a casa de seu pai, segundo o número de seus filhos.

José compra toda a terra do Egito para Faraó

¹³ Não havia pão em toda a terra, porque a fome era mui severa; de maneira que

46.20 Gn 41.50-52. **46.27** At 7.14.

desfalecia o povo do Egito e o povo de Canaã por causa da fome.

¹⁴ Então, José arrecadou todo o dinheiro que se achou na terra do Egito e na terra de Canaã, pelo cereal que compravam, e o recolheu à casa de Faraó.

¹⁵ Tendo-se acabado, pois, o dinheiro, na terra do Egito e na terra de Canaã, foram todos os egípcios a José e disseram: Dá-nos pão; por que haveremos de morrer em tua presença? Porquanto o dinheiro nos falta.

¹⁶ Respondeu José: Se vos falta o dinheiro, trazei o vosso gado; em troca do vosso gado eu vos suprirei.

¹⁷ Então, trouxeram o seu gado a José; e José lhes deu pão em troca de cavalos, de rebanhos, de gado e de jumentos; e os sustentou de pão aquele ano em troca do seu gado.

¹⁸ Findo aquele ano, foram a José no ano próximo e lhe disseram: Não ocultaremos a meu senhor que se acabou totalmente o dinheiro; e meu senhor já possui os animais; nada mais nos resta diante de meu senhor, senão o nosso corpo e a nossa terra.

¹⁹ Por que haveremos de perecer diante dos teus olhos, tanto nós como a nossa terra? Compra-nos a nós e a nossa terra a troco de pão, e nós e a nossa terra seremos escravos de Faraó; dá-nos semente para que vivamos e não morramos, e a terra não fique deserta.

²⁰ Assim, comprou José toda a terra do Egito para Faraó, porque os egípcios venderam cada um o seu campo, porquanto a fome era extrema sobre eles; e a terra passou a ser de Faraó.

²¹ Quanto ao povo, ele o escravizou de uma a outra extremidade da terra do Egito.

²² Somente a terra dos sacerdotes não a comprou ele; pois os sacerdotes tinham porção de Faraó e eles comiam a sua porção que Faraó lhes tinha dado; por isso, não venderam a sua terra.

²³ Então, disse José ao povo: Eis que hoje vos comprei a vós outros e a vossa terra para Faraó; aí tendes sementes, semeai a terra.

²⁴ Das colheitas dareis o quinto a Faraó, e as quatro partes serão vossas, para semente do campo, e para o vosso mantimento e dos que estão em vossas casas, e para que comam as vossas crianças.

²⁵ Responderam eles: A vida nos tens dado! Achemos mercê perante meu senhor e seremos escravos de Faraó.

²⁶ E José estabeleceu por lei até ao dia de hoje que, na terra do Egito, tirasse Faraó o quinto; só a terra dos sacerdotes não ficou sendo de Faraó.

²⁷ Assim, habitou Israel na terra do Egito, na terra de Gósen; nela tomaram possessão, e foram fecundos, e muito se multiplicaram.

²⁸ Jacó viveu na terra do Egito dezessete anos; de sorte que os dias de Jacó, os anos da sua vida, foram cento e quarenta e sete.

²⁹ Aproximando-se, pois, o tempo da morte de Israel, chamou a José, seu filho, e lhe disse: Se agora achei mercê à tua presença, rogo-te que ponhas a mão debaixo da minha coxa e uses comigo de beneficência e de verdade; rogo-te que me não enterres no Egito,

³⁰ porém que eu jaza com meus pais; por isso, me levarás do Egito e me enterrarás no lugar da sepultura deles. Respondeu José: Farei segundo a tua palavra.

³¹ Então, lhe disse Jacó: Jura-me. E ele jurou-lhe; e Israel se inclinou sobre a cabeceira da cama.

Jacó adoece

48 Passadas estas cousas, disseram a José: Teu pai está enfermo. Então, José tomou consigo a seus dois filhos, Manassés e Efraim.

² E avisaram a Jacó: Eis que José, teu filho, vem ter contigo. Esforçou-se Israel e se assentou no leito.

³ Disse Jacó a José: O Deus Todo-poderoso me apareceu em Luz, na terra de Canaã, e me abençoou,

⁴ e me disse: Eis que te farei fecundo, e te multiplicarei, e te tornarei multidão de povos, e à tua descendência darei esta terra em possessão perpétua.

⁵ Agora, pois, os teus dois filhos, que te nasceram na terra do Egito, antes que eu viesse a ti no Egito, são meus; Efraim e Manassés serão meus, como Rúben e Simeão.

⁶ Mas a tua descendência, que gerarás depois deles, será tua; segundo o nome de um de seus irmãos serão chamados na sua herança.

⁷ Vindo, pois, eu de Padã, me morreu, com pesar meu, Raquel na terra de Canaã, no caminho, havendo ainda pequena distância para chegar a Efrata; sepultei-a ali no caminho de Efrata, que é Belém.

48.3,4 Gn 28.13,14.   **48.7** Gn 35.16-19.

⁸ Tendo Israel visto os filhos de José, disse: Quem são estes? ⁹ Respondeu José a seu pai: São meus filhos, que Deus me deu aqui. Faze-os chegar a mim, disse ele, para que eu os abençoe. ¹⁰ Os olhos de Israel já se tinham escurecido por causa da velhice, de modo que não podia ver bem. José, pois, fê-los chegar a ele; e ele os beijou e os abraçou.

Jacó abençoa José e os filhos deste

¹¹ Então, disse Israel a José: Eu não cuidara ver o teu rosto; e eis que Deus me fez ver os teus filhos também. ¹² E José, tirando-os dentre os joelhos de seu pai, inclinou-se à terra diante da sua face. ¹³ Depois, tomou José a ambos, a Efraim na sua mão direita, à esquerda de Israel, e a Manassés na sua esquerda, à direita de Israel, e fê-los chegar a ele. ¹⁴ Mas Israel estendeu a mão direita e a pôs sobre a cabeça de Efraim, que era o mais novo, e a sua esquerda sobre a cabeça de Manassés, cruzando assim as mãos, não obstante ser Manassés o primogênito. ¹⁵ E abençoou a José, dizendo: O Deus em cuja presença andaram meus pais Abraão e Isaque, o Deus que me sustentou durante a minha vida até este dia, ¹⁶ o Anjo que me tem livrado de todo mal, abençoe estes rapazes; seja neles chamado o meu nome e o nome de meus pais Abraão e Isaque; e cresçam em multidão no meio da terra. ¹⁷ Vendo José que seu pai pusera a mão direita sobre a cabeça de Efraim, foi-lhe isto desagradável, e tomou a mão de seu pai para mudar da cabeça de Efraim para a cabeça de Manassés. ¹⁸ E disse José a seu pai: Não assim, meu pai, pois o primogênito é este; põe a tua mão direita sobre a cabeça dele. ¹⁹ Mas seu pai o recusou e disse: Eu sei, meu filho, eu o sei; ele também será um povo, também ele será grande; contudo, o seu irmão menor será maior do que ele, e a sua descendência será uma multidão de nações. ²⁰ Assim, os abençoou naquele dia, declarando: Por vós Israel abençoará, dizendo: Deus te faça como a Efraim e como a Manassés. E pôs o nome de Efraim adiante do de Manassés. ²¹ Depois, disse Israel a José: Eis que eu

morro, mas Deus será convosco e vos fará voltar à terra de vossos pais. ²² Dou-te, de mais que a teus irmãos, um declive montanhoso, o qual tomei da mão dos amorreus com a minha espada e com o meu arco.

Bênçãos proféticas de Jacó

49 Depois, chamou Jacó a seus filhos e disse: Ajuntai-vos, e eu vos farei saber o que vos há de acontecer nos dias vindouros;

² ajuntai-vos e ouvi, filhos de Jacó;
ouvi a Israel, vosso pai:
³ Rúben, tu és meu primogênito,
minha força
e as primícias do meu vigor,
o mais excelente em altivez
e o mais excelente em poder.
⁴ Impetuoso como a água,
não serás o mais excelente,
porque subiste ao leito de teu pai
e o profanaste; subiste à minha cama.
⁵ Simeão e Levi são irmãos;
as suas espadas
são instrumentos de violência.
⁶ No seu conselho,
não entre minha alma;
com o seu agrupamento,
minha glória não se ajunte;
porque no seu furor mataram homens,
e na sua vontade perversa
jarretaram touros.
⁷ Maldito seja o seu furor, pois era forte,
e a sua ira, pois era dura;
dividi-los-ei em Jacó
e os espalharei em Israel.
⁸ Judá, teus irmãos te louvarão;
a tua mão estará sobre a cerviz
de teus inimigos;
os filhos de teu pai se inclinarão a ti.
⁹ Judá é leãozinho;
da presa subiste, filho meu.
Encurva-se e deita-se como leão
e como leoa; quem o despertará?
¹⁰ O cetro não se arredará de Judá,
nem o bastão de entre seus pés,
até que venha Siló;
e a ele obedecerão os povos.
¹¹ Ele amarrará o seu jumentinho à vide
e o filho da sua jumenta,
à videira mais excelente;
lavará as suas vestes no vinho
e a sua capa, em sangue de uvas.

48.20 Hb 11.21.   49.9 Nm 24.9; Ap 5.5.

¹² Os seus olhos serão cintilantes
de vinho,
e os dentes, brancos de leite.
¹³ Zebulom habitará na praia dos mares
e servirá de porto de navios,
e o seu termo se estenderá até Sidom.
¹⁴ Issacar é jumento de fortes ossos,
de repouso entre os rebanhos
de ovelhas.
¹⁵ Viu que o repouso era bom
e que a terra era deliciosa;
baixou os ombros à carga
e sujeitou-se ao trabalho servil.
¹⁶ Dã julgará o seu povo,
como uma das tribos de Israel.
¹⁷ Dã será serpente junto ao caminho,
uma víbora junto à vereda,
que morde os talões do cavalo
e faz cair o seu cavaleiro por detrás.
¹⁸ A tua salvação espero, ó SENHOR!
¹⁹ Gade, uma guerrilha o acometerá;
mas ele a acometerá
por sua retaguarda.
²⁰ Aser, o seu pão será abundante
e ele motivará delícias reais.
²¹ Naftali é uma gazela solta;
ele profere palavras formosas.
²² José é um ramo frutífero,
ramo frutífero junto à fonte;
seus galhos se estendem
sobre o muro.
²³ Os frecheiros lhe dão amargura,
atiram contra ele e o aborrecem.
²⁴ O seu arco, porém, permanece firme,
e os seus braços são feitos ativos
pelas mãos do Poderoso de Jacó,
sim, pelo Pastor e pela Pedra de Israel,
²⁵ pelo Deus de teu pai,
o qual te ajudará,
e pelo Todo-poderoso,
o qual te abençoará
com bênçãos dos altos céus,
com bênçãos das profundezas,
com bênçãos dos seios e da madre.
²⁶ As bênçãos de teu pai
excederão as bênçãos de meus pais
até ao cimo dos montes eternos;
estejam elas sobre a cabeça de José
e sobre o alto da cabeça do que foi
distinguido entre seus irmãos.
²⁷ Benjamim é lobo que despedaça;
pela manhã devora a presa
e à tarde reparte o despojo.
²⁸ São estas as doze tribos de Israel; e isto é o que lhes falou seu pai quando os
abençoou; a cada um deles abençoou segundo a bênção que lhe cabia.

²⁹ Depois, lhes ordenou, dizendo: Eu
me reúno ao meu povo; sepultai-me, com
meus pais, na caverna que está no campo
de Efrom, o heteu,
³⁰ na caverna que está no campo de
Macpela, fronteiro a Manre, na terra de Canaã, a qual Abraão comprou de Efrom com
aquele campo, em posse de sepultura.
³¹ Ali sepultaram Abraão e Sara, sua
mulher; ali sepultaram Isaque e Rebeca, sua
mulher; e ali sepultei Lia;
³² o campo e a caverna que nele está,
comprados aos filhos de Hete.
³³ Tendo Jacó acabado de dar determinações a seus filhos, recolheu os pés na cama, e expirou, e foi reunido ao seu povo.

A lamentação por Jacó e o seu enterro

50 Então, José se lançou sobre o rosto de seu pai, e chorou sobre ele, e
o beijou.
² Ordenou José a seus servos, aos que
eram médicos, que embalsamassem a seu
pai; e os médicos embalsamaram a Israel,
³ gastando nisso quarenta dias, pois assim se cumprem os dias do embalsamamen-
to; e os egípcios o choraram setenta dias.
⁴ Passados os dias de o chorarem, falou
José à casa de Faraó: Se agora achei mercê
perante vós, rogo-vos que faleis aos ouvidos de Faraó, dizendo:
⁵ Meu pai me fez jurar, declarando: Eis
que eu morro; no meu sepulcro que abri para mim na terra de Canaã, ali me sepulta-
rás. Agora, pois, desejo subir e sepultar
meu pai, depois voltarei.
⁶ Respondeu Faraó: Sobe e sepulta o teu
pai como ele te fez jurar.
⁷ José subiu para sepultar o seu pai; e
subiram com ele todos os oficiais de Faraó,
os principais da sua casa e todos os principais da terra do Egito,
⁸ como também toda a casa de José, e
seus irmãos, e a casa de seu pai; somente
deixaram na terra de Gósen as crianças, e
os rebanhos, e o gado.
⁹ E subiram também com ele tanto carros como cavaleiros; e o cortejo foi grandíssimo.
¹⁰ Chegando eles, pois, à eira de Atade,
que está além do Jordão, fizeram ali grande e intensa lamentação; e José pranteou
seu pai durante sete dias.
¹¹ Tendo visto os moradores da terra, os
cananeus, o luto na eira de Atade, disseram:
Grande pranto é este dos egípcios. E por is-

so se chamou aquele lugar de Abelmizraim, que está além do Jordão.

¹² Fizeram-lhe seus filhos como lhes havia ordenado:

¹³ levaram-no para a terra de Canaã e o sepultaram na caverna do campo de Macpela, que Abraão comprara com o campo, por posse de sepultura, a Efrom, o heteu, fronteiro a Manre.

¹⁴ Depois disso, voltou José para o Egito, ele, seus irmãos e todos os que com ele subiram a sepultar o seu pai.

A magnanimidade de José para com seus irmãos

¹⁵ Vendo os irmãos de José que seu pai já era morto, disseram: É o caso de José nos perseguir e nos retribuir certamente o mal todo que lhe fizemos.

¹⁶ Portanto, mandaram dizer a José: Teu pai ordenou, antes da sua morte, dizendo:

¹⁷ Assim direis a José: Perdoa, pois, a transgressão de teus irmãos e o seu pecado, porque te fizeram mal; agora, pois, te rogamos que perdoes a transgressão dos servos do Deus de teu pai. José chorou enquanto lhe falavam.

¹⁸ Depois, vieram também seus irmãos, prostraram-se diante dele e disseram: Eis-nos aqui por teus servos.

¹⁹ Respondeu-lhes José: Não temais; acaso estou eu em lugar de Deus?

²⁰ Vós, na verdade, intentastes o mal contra mim; porém Deus o tornou em bem, para fazer, como vedes agora, que se conserve muita gente em vida.

²¹ Não temais, pois; eu vos sustentarei a vós outros e a vossos filhos. Assim, os consolou e lhes falou ao coração.

A morte de José

²² José habitou no Egito, ele e a casa de seu pai; e viveu cento e dez anos.

²³ Viu José os filhos de Efraim até à terceira geração; também os filhos de Maquir, filho de Manassés, os quais José tomou sobre seus joelhos.

²⁴ Disse José a seus irmãos: Eu morro; porém Deus certamente vos visitará e vos fará subir desta terra para a terra que jurou dar a Abraão, a Isaque e a Jacó.

²⁵ José fez jurar os filhos de Israel, dizendo: Certamente Deus vos visitará, e fareis transportar os meus ossos daqui.

²⁶ Morreu José da idade de cento e dez anos; embalsamaram-no e o puseram num caixão no Egito.

O SEGUNDO LIVRO DE MOISÉS

CHAMADO

ÊXODO

Os descendentes de Jacó no Egito

1 São estes os nomes dos filhos de Israel que entraram com Jacó no Egito; cada um entrou com sua família:

² Rúben, Simeão, Levi e Judá,

³ Issacar, Zebulom e Benjamim,

⁴ Dã, Naftali, Gade e Aser.

⁵ Todas as pessoas, pois, que descenderam de Jacó foram setenta; José, porém, estava no Egito.

⁶ Faleceu José, e todos os seus irmãos, e toda aquela geração.

⁷ Mas os filhos de Israel foram fecundos, e aumentaram muito, e se multiplicaram, e grandemente se fortaleceram, de maneira que a terra se encheu deles.

⁸ Entrementes, se levantou novo rei sobre o Egito, que não conhecera a José.

⁹ Ele disse ao seu povo: Eis que o povo dos filhos de Israel é mais numeroso e mais forte do que nós.

¹⁰ Eia, usemos de astúcia para com ele, para que não se multiplique, e seja o caso que, vindo guerra, ele se ajunte com os nossos inimigos, peleje contra nós e saia da terra.

¹¹ E os egípcios puseram sobre eles feitores de obras, para os afligirem com suas cargas. E os israelitas edificaram a Faraó as cidades-celeiros, Pitom e Ramessés.

50.13 At 7.16. 50.25 Êx 13.19; Is 24.32; Hb 11.22. 1.7 At 7.17. 1.8 At 7.18. 1.10 At 7.19.

¹² Mas, quanto mais os afligiam, tanto mais se multiplicavam e tanto mais se espalhavam; de maneira que se inquietavam por causa dos filhos de Israel;

¹³ então, os egípcios, com tirania, faziam servir os filhos de Israel

¹⁴ e lhes fizeram amargar a vida com dura servidão, em barro, e em tijolos, e com todo o trabalho no campo; com todo o serviço em que na tirania os serviam.

As parteiras desobedecem a Faraó

¹⁵ O rei do Egito ordenou às parteiras hebréias, das quais uma se chamava Sifrá, e outra, Puá,

¹⁶ dizendo: Quando servirdes de parteira às hebréias, examinai: se for filho, matai-o; mas, se for filha, que viva.

¹⁷ As parteiras, porém, temeram a Deus e não fizeram como lhes ordenara o rei do Egito; antes, deixaram viver os meninos.

¹⁸ Então, o rei do Egito chamou as parteiras e lhes disse: Por que fizestes isso e deixastes viver os meninos?

¹⁹ Responderam as parteiras a Faraó: É que as mulheres hebréias não são como as egípcias; são vigorosas e, antes que lhes chegue a parteira, já deram à luz os seus filhos.

²⁰ E Deus fez bem às parteiras; e o povo aumentou e se tornou muito forte.

²¹ E, porque as parteiras temeram a Deus, ele lhes constituiu família.

²² Então, ordenou Faraó a todo o seu povo, dizendo: A todos os filhos que nascerem aos hebreus lançareis no Nilo, mas a todas as filhas deixareis viver.

Nascimento e educação de Moisés

2 Foi-se um homem da casa de Levi e casou com uma descendente de Levi.

² E a mulher concebeu e deu à luz um filho; e, vendo que era formoso, escondeu-o por três meses.

³ Não podendo, porém, escondê-lo por mais tempo, tomou um cesto de junco, calafetou-o com betume e piche e, pondo nele o menino, largou-o no carriçal à beira do rio.

⁴ A irmã do menino ficou de longe, para observar o que lhe haveria de suceder.

⁵ Desceu a filha de Faraó para se banhar no rio, e as suas donzelas passeavam pela beira do rio; vendo ela o cesto no carriçal, enviou a sua criada e o tomou.

⁶ Abrindo-o, viu a criança; e eis que o menino chorava. Teve compaixão dele e disse: Este é menino dos hebreus.

⁷ Então, disse sua irmã à filha de Faraó: Queres que eu vá chamar uma das hebréias que sirva de ama e te crie a criança?

⁸ Respondeu-lhe a filha de Faraó: Vai. Saiu, pois, a moça e chamou a mãe do menino.

⁹ Então, lhe disse a filha de Faraó: Leva este menino e cria-mo; pagar-te-ei o teu salário. A mulher tomou o menino e o criou.

¹⁰ Sendo o menino já grande, ela o trouxe à filha de Faraó, da qual passou ele a ser filho. Esta lhe chamou Moisés e disse: Porque das águas o tirei.

Moisés mata um egípcio e foge para Midiã

¹¹ Naqueles dias, sendo Moisés já homem, saiu a seus irmãos e viu os seus labores penosos; e viu que certo egípcio espancava um hebreu, um do seu povo.

¹² Olhou de uma e de outra banda, e, vendo que não havia ali ninguém, matou o egípcio, e o escondeu na areia.

¹³ Saiu no dia seguinte, e eis que dois hebreus estavam brigando; e disse ao culpado: Por que espancas o teu próximo?

¹⁴ O qual respondeu: Quem te pôs por príncipe e juiz sobre nós? Pensas matar-me, como mataste o egípcio? Temeu, pois, Moisés e disse: Com certeza o descobriram.

¹⁵ Informado desse caso, procurou Faraó matar a Moisés; porém Moisés fugiu da presença de Faraó e se deteve na terra de Midiã; e assentou-se junto a um poço.

¹⁶ O sacerdote de Midiã tinha sete filhas, as quais vieram a tirar água e encheram os bebedouros para dar de beber ao rebanho de seu pai.

¹⁷ Então, vieram os pastores e as enxotaram dali; Moisés, porém, se levantou, e as defendeu, e deu de beber ao rebanho.

¹⁸ Tendo elas voltado a Reuel, seu pai, este lhes perguntou: Por que viestes, hoje, mais cedo?

¹⁹ Responderam elas: Um egípcio nos livrou das mãos dos pastores, e ainda nos tirou água, e deu de beber ao rebanho.

²⁰ E onde está ele?, disse às filhas; por que deixastes lá o homem? Chamai-o para que coma pão.

²¹ Moisés consentiu em morar com aquele homem; e ele deu a Moisés sua filha Zípora,

---

1.22 At 7.19.   **2.2** At 7.20; Hb 11.23.   **2.10** At 7.21.   **2.11** At 7.23-29; Hb 11.24.   **2.15** At 7.29; Hb 11.27.

²² a qual deu à luz um filho, a quem ele chamou Gérson, porque disse: Sou peregrino em terra estranha.

A morte do rei do Egito

²³ Decorridos muitos dias, morreu o rei do Egito; os filhos de Israel gemiam sob a servidão e por causa dela clamaram, e o seu clamor subiu a Deus.
²⁴ Ouvindo Deus o seu gemido, lembrou-se da sua aliança com Abraão, com Isaque e com Jacó.
²⁵ E viu Deus os filhos de Israel e atentou para a sua condição.

Deus fala com Moisés do meio da sarça ardente

3 Apascentava Moisés o rebanho de Jetro, seu sogro, sacerdote de Midiã; e, levando o rebanho para o lado ocidental do deserto, chegou ao monte de Deus, a Horebe.
² Apareceu-lhe o Anjo do SENHOR numa chama de fogo, no meio duma sarça; Moisés olhou, e eis que a sarça ardia no fogo e a sarça não se consumia.
³ Então, disse consigo mesmo: Irei para lá e verei essa grande maravilha; por que a sarça não se queima?
⁴ Vendo o SENHOR que ele se voltava para ver, Deus, do meio da sarça, o chamou e disse: Moisés! Moisés! Ele respondeu: Eis-me aqui!
⁵ Deus continuou: Não te chegues para cá; tira as sandálias dos pés, porque o lugar em que estás é terra santa.
⁶ Disse mais: Eu sou o Deus de teu pai, o Deus de Abraão, o Deus de Isaque e o Deus de Jacó. Moisés escondeu o rosto, porque temeu olhar para Deus.
⁷ Disse ainda o SENHOR: Certamente, vi a aflição do meu povo, que está no Egito, e ouvi o seu clamor por causa dos seus exatores. Conheço-lhe o sofrimento;
⁸ por isso, desci a fim de livrá-lo da mão dos egípcios e para fazê-lo subir daquela terra a uma terra boa e ampla, terra que mana leite e mel; o lugar do cananeu, do heteu, do amorreu, do ferezeu, do heveu e do jebuseu.
⁹ Pois o clamor dos filhos de Israel chegou até mim, e também vejo a opressão com que os egípcios os estão oprimindo.
¹⁰ Vem, agora, e eu te enviarei a Faraó,

para que tires o meu povo, os filhos de Israel, do Egito.
¹¹ Então, disse Moisés a Deus: Quem sou eu para ir a Faraó e tirar do Egito os filhos de Israel?
¹² Deus lhe respondeu: Eu serei contigo; e este será o sinal de que eu te enviei: depois de haveres tirado o povo do Egito, servireis a Deus neste monte.
¹³ Disse Moisés a Deus: Eis que, quando eu vier aos filhos de Israel e lhes disser: O Deus de vossos pais me enviou a vós outros; e eles me perguntarem: Qual é o seu nome? Que lhes direi?
¹⁴ Disse Deus a Moisés: EU SOU O QUE SOU. Disse mais: Assim dirás aos filhos de Israel: EU SOU me enviou a vós outros.
¹⁵ Disse Deus ainda mais a Moisés: Assim dirás aos filhos de Israel: O SENHOR, o Deus de vossos pais, o Deus de Abraão, o Deus de Isaque e o Deus de Jacó, me enviou a vós outros; este é o meu nome eternamente, e assim serei lembrado de geração em geração.
¹⁶ Vai, ajunta os anciãos de Israel e dize-lhes: O SENHOR, o Deus de vossos pais, o Deus de Abraão, o Deus de Isaque e o Deus de Jacó, me apareceu, dizendo: Em verdade vos tenho visitado e visto o que vos tem sido feito no Egito.
¹⁷ Portanto, disse eu: Far-vos-ei subir da aflição do Egito para a terra do cananeu, do heteu, do amorreu, do ferezeu, do heveu e do jebuseu, para uma terra que mana leite e mel.
¹⁸ E ouvirão a tua voz; e irás, com os anciãos de Israel, ao rei do Egito e lhe dirás: O SENHOR, o Deus dos hebreus, nos encontrou. Agora, pois, deixa-nos ir caminho de três dias para o deserto, a fim de que sacrifiquemos ao SENHOR, nosso Deus.
¹⁹ Eu sei, porém, que o rei do Egito não vos deixará ir se não for obrigado por mão forte.
²⁰ Portanto, estenderei a mão e ferirei o Egito com todos os meus prodígios que farei no meio dele; depois, vos deixará ir.
²¹ Eu darei mercê a este povo aos olhos dos egípcios; e, quando sairdes, não será de mãos vazias.
²² Cada mulher pedirá à sua vizinha e à sua hóspeda jóias de prata, e jóias de ouro, e vestimentas; as quais poreis sobre vossos filhos e sobre vossas filhas; e despojareis os egípcios.

2.22 At 7.29.   2.24 Gn 15.13,14.   3.2 At 7.30-34.   3.13 Êx 6.2,3.   3.14 Ap 1.4,8.   3.21,22 Êx 12.35,36.

Deus concede poderes a Moisés

4 Respondeu Moisés: Mas eis que não crerão, nem acudirão à minha voz, pois dirão: O SENHOR não te apareceu.

² Perguntou-lhe o SENHOR: Que é isso que tens na mão? Respondeu-lhe: Uma vara.

³ Então, lhe disse: Lança-a na terra. Ele a lançou na terra, e ela virou uma serpente. E Moisés fugia dela.

⁴ Disse o SENHOR a Moisés: Estende a mão e pega-lhe pela cauda (estendeu ele a mão, pegou-lhe pela cauda, e ela se tornou em vara);

⁵ para que creiam que te apareceu o SENHOR, Deus de seus pais, o Deus de Abraão, o Deus de Isaque e o Deus de Jacó.

⁶ Disse-lhe mais o SENHOR: Mete, agora, a mão no peito. Ele o fez; e, tirando-a, eis que a mão estava leprosa, branca como a neve.

⁷ Disse ainda o SENHOR: Torna a meter a mão no peito. Ele a meteu no peito, novamente; e, quando a tirou, eis que se havia tornado como o restante de sua carne.

⁸ Se eles te não crerem, nem atenderem à evidência do primeiro sinal, talvez crerão na evidência do segundo.

⁹ Se nem ainda crerem mediante estes dois sinais, nem te ouvirem a voz, tomarás das águas do rio e as derramarás na terra seca; e as águas que do rio tomares tornar-se-ão em sangue sobre a terra.

¹⁰ Então, disse Moisés ao SENHOR: Ah! Senhor! Eu nunca fui eloqüente, nem outrora, nem depois que falaste a teu servo; pois sou pesado de boca e pesado de língua.

¹¹ Respondeu-lhe o SENHOR: Quem fez a boca do homem? Ou quem faz o mudo, ou o surdo, ou o que vê, ou o cego? Não sou eu, o SENHOR?

¹² Vai, pois, agora, e eu serei com a tua boca e te ensinarei o que hás de falar.

¹³ Ele, porém, respondeu: Ah! Senhor! Envia aquele que hás de enviar, menos a mim.

¹⁴ Então, se acendeu a ira do SENHOR contra Moisés, e disse: Não é Arão, o levita, teu irmão? Eu sei que ele fala fluentemente; e eis que ele sai ao teu encontro e, vendo-te, se alegrará em seu coração.

¹⁵ Tu, pois, lhe falarás e lhe porás na boca as palavras; eu serei com a tua boca e com a dele e vos ensinarei o que deveis fazer.

¹⁶ Ele falará por ti ao povo; ele te será por boca, e tu lhe serás por Deus.

¹⁷ Toma, pois, esta vara na mão, com a qual hás de fazer os sinais.

Moisés regressa ao Egito

¹⁸ Saindo Moisés, voltou para Jetro, seu sogro, e lhe disse: Deixa-me ir, voltar a meus irmãos que estão no Egito para ver se ainda vivem. Disse-lhe Jetro: Vai-te em paz.

¹⁹ Disse também o SENHOR a Moisés, em Midiã: Vai, torna para o Egito, porque são mortos todos os que procuravam tirar-te a vida.

²⁰ Tomou, pois, Moisés a sua mulher e os seus filhos; fê-los montar num jumento e voltou para a terra do Egito. Moisés levava na mão a vara de Deus.

²¹ Disse o SENHOR a Moisés: Quando voltares ao Egito, vê que faças diante de Faraó todos os milagres que te hei posto na mão; mas eu lhe endurecerei o coração, para que não deixe ir o povo.

²² Dirás a Faraó: Assim diz o SENHOR: Israel é meu filho, meu primogênito.

²³ Digo-te, pois: deixa ir meu filho, para que me sirva; mas, se recusares deixá-lo ir, eis que eu matarei teu filho, teu primogênito.

²⁴ Estando Moisés no caminho, numa estalagem, encontrou-o o SENHOR e o quis matar.

²⁵ Então, Zípora tomou uma pedra aguda, cortou o prepúcio de seu filho, lançou-o aos pés de Moisés e lhe disse: Sem dúvida, tu és para mim esposo sanguinário.

²⁶ Assim, o SENHOR o deixou. Ela disse: Esposo sanguinário, por causa da circuncisão.

²⁷ Disse também o SENHOR a Arão: Vai ao deserto para te encontrares com Moisés. Ele foi e, encontrando-o no monte de Deus, o beijou.

²⁸ Relatou Moisés a Arão todas as palavras do SENHOR, com as quais o enviara, e todos os sinais que lhe mandara.

²⁹ Então, se foram Moisés e Arão e ajuntaram todos os anciãos dos filhos de Israel.

³⁰ Arão falou todas as palavras que o SENHOR tinha dito a Moisés, e este fez os sinais à vista do povo.

³¹ E o povo creu; e, tendo ouvido que o SENHOR havia visitado os filhos de Israel e lhes vira a aflição, inclinaram-se e o adoraram.

4.23 Êx 12.29.

Moisés e Arão falam a Faraó

5 Depois, foram Moisés e Arão e disseram a Faraó: Assim diz o SENHOR, Deus de Israel: Deixa ir o meu povo, para que me celebre uma festa no deserto.

² Respondeu Faraó: Quem é o SENHOR para que lhe ouça eu a voz e deixe ir a Israel? Não conheço o SENHOR, nem tampouco deixarei ir a Israel.

³ Eles prosseguiram: O Deus dos hebreus nos encontrou; deixa-nos ir, pois, caminho de três dias ao deserto, para que ofereçamos sacrifícios ao SENHOR, nosso Deus, e não venha ele sobre nós com pestilência ou com espada.

⁴ Então, lhes disse o rei do Egito: Por que, Moisés e Arão, por que interrompeis o povo no seu trabalho? Ide às vossas tarefas.

⁵ Disse também Faraó: O povo da terra já é muito, e vós o distraís das suas tarefas.

Faraó aflige os israelitas

⁶ Naquele mesmo dia, pois, deu ordem Faraó aos superintendentes do povo e aos seus capatazes, dizendo:

⁷ Daqui em diante não torneis a dar palha ao povo, para fazer tijolos, como antes; eles mesmos que vão e ajuntem para si a palha.

⁸ E exigireis deles a mesma conta de tijolos que antes faziam; nada diminuireis dela; estão ociosos e, por isso, clamam: Vamos e sacrifiquemos ao nosso Deus.

⁹ Agrave-se o serviço sobre esses homens, para que nele se apliquem e não dêem ouvidos a palavras mentirosas.

¹⁰ Então, saíram os superintendentes do povo e seus capatazes e falaram ao povo: Assim diz Faraó: Não vos darei palha.

¹¹ Ide vós mesmos e ajuntai palha onde a puderdes achar; porque nada se diminuirá do vosso trabalho.

¹² Então, o povo se espalhou por toda a terra do Egito a ajuntar restolho em lugar de palha.

¹³ Os superintendentes os apertavam, dizendo: Acabai vossa obra, a tarefa do dia, como quando havia palha.

¹⁴ E foram açoitados os capatazes dos filhos de Israel, que os superintendentes de Faraó tinham posto sobre eles; e os superintendentes lhes diziam: Por que não acabastes nem ontem, nem hoje a vossa tarefa, fazendo tijolos como antes?

Os israelitas queixam-se de Moisés e Arão

¹⁵ Então, foram os capatazes dos filhos de Israel e clamaram a Faraó, dizendo: Por que tratas assim a teus servos?

¹⁶ Palha não se dá a teus servos, e nos dizem: Fazei tijolos. Eis que teus servos são açoitados; porém o teu próprio povo é que tem a culpa.

¹⁷ Mas ele respondeu: Estais ociosos, estais ociosos; por isso, dizeis: Vamos, sacrifiquemos ao SENHOR.

¹⁸ Ide, pois, agora, e trabalhai; palha, porém, não se vos dará; contudo, dareis a mesma quantidade de tijolos.

¹⁹ Então, os capatazes dos filhos de Israel se viram em aperto, porquanto se lhes dizia: Nada diminuireis dos vossos tijolos, da vossa tarefa diária.

²⁰ Quando saíram da presença de Faraó, encontraram Moisés e Arão, que estavam à espera deles;

²¹ e lhes disseram: Olhe o SENHOR para vós outros e vos julgue, porquanto nos fizestes odiosos aos olhos de Faraó e diante dos seus servos, dando-lhes a espada na mão para nos matar.

²² Então, Moisés, tornando-se ao SENHOR, disse: Ó Senhor, por que afligiste este povo? Por que me enviaste?

²³ Pois, desde que me apresentei a Faraó, para falar-lhe em teu nome, ele tem maltratado este povo; e tu, de nenhuma sorte, livraste o teu povo.

6 Disse o SENHOR a Moisés: Agora, verás o que hei de fazer a Faraó; pois, por mão poderosa, os deixará ir e, por mão poderosa, os lançará fora da sua terra.

Deus promete livrar os israelitas

² Falou mais Deus a Moisés e lhe disse: Eu sou o SENHOR.

³ Apareci a Abraão, a Isaque e a Jacó como Deus Todo-poderoso; mas pelo meu nome, O SENHOR, não lhes fui conhecido.

⁴ Também estabeleci a minha aliança com eles, para dar-lhes a terra de Canaã, a terra em que habitaram como peregrinos.

⁵ Ainda ouvi os gemidos dos filhos de Israel, os quais os egípcios escravizam, e me lembrei da minha aliança.

⁶ Portanto, dize aos filhos de Israel: eu sou o SENHOR, e vos tirarei de debaixo das cargas do Egito, e vos livrarei da sua servi-

5.2,3 Êx 3.13-15.

dão, e vos resgatarei com braço estendido e com grandes manifestações de julgamento.

⁷ Tomar-vos-ei por meu povo e serei vosso Deus; e sabereis que eu sou o SENHOR, vosso Deus, que vos tiro de debaixo das cargas do Egito.

⁸ E vos levarei à terra a qual jurei dar a Abraão, a Isaque e a Jacó; e vo-la darei como possessão. Eu sou o SENHOR.

⁹ Desse modo falou Moisés aos filhos de Israel, mas eles não atenderam a Moisés, por causa na ânsia de espírito e da dura escravidão.

¹⁰ Falou mais o SENHOR a Moisés, dizendo:

¹¹ Vai ter com Faraó, rei do Egito, e fale-lhe que deixe sair de sua terra os filhos de Israel.

¹² Moisés, porém, respondeu ao SENHOR, dizendo: Eis que os filhos de Israel não me têm ouvido; como, pois, me ouvirá Faraó? E não sei falar bem.

¹³ Não obstante, falou o SENHOR a Moisés e a Arão e lhes deu mandamento para os filhos de Israel e para Faraó, rei do Egito, a fim de que tirassem os filhos de Israel da terra do Egito.

Genealogias de Moisés e Arão

¹⁴ São estes os chefes das famílias: os filhos de Rúben, o primogênito de Israel: Enoque, Palu, Hezrom e Carmi; são estas as famílias de Rúben.

¹⁵ Os filhos de Simeão: Jemuel, Jamim, Oade, Jaquim, Zoar e Saul, filho de uma cananéia; são estas as famílias de Simeão.

¹⁶ São estes os nomes dos filhos de Levi, segundo as suas gerações: Gérson, Coate e Merari; e os anos da vida de Levi foram cento e trinta e sete.

¹⁷ Os filhos de Gérson: Libni e Simei, segundo as suas famílias.

¹⁸ Os filhos de Coate: Anrão, Jizar, Hebrom e Uziel; e os anos da vida de Coate foram cento e trinta e três.

¹⁹ Os filhos de Merari: Mali e Musi; são estas as famílias de Levi, segundo as suas gerações.

²⁰ Anrão tomou por mulher a Joquebede, sua tia; e ela lhe deu à luz a Arão e Moisés; e os anos da vida de Anrão foram cento e trinta e sete.

²¹ Os filhos de Jizar: Corá, Nefegue e Zicri.

²² Os filhos de Uziel: Misael, Elzafã e Sitri.

²³ Arão tomou por mulher a Eliseba, filha de Aminadabe, irmã de Naasom; e ela lhe deu à luz Nadabe, Abiú, Eleazar e Itamar.

²⁴ Os filhos de Corá: Assir, Elcana e Abiasafe; são estas as famílias dos coraítas.

²⁵ Eleazar, filho de Arão, tomou por mulher, para si, uma das filhas de Putiel; e ela lhe deu à luz Finéias; são estes os chefes de suas casas, segundo as suas famílias.

²⁶ São estes Arão e Moisés, aos quais o SENHOR disse: Tirai os filhos de Israel da terra do Egito, segundo as suas hostes.

²⁷ São estes que falaram a Faraó, rei do Egito, a fim de tirarem do Egito os filhos de Israel; são estes Moisés e Arão.

Moisés fala novamente a Faraó

²⁸ No dia em que o SENHOR falou a Moisés na terra do Egito,

²⁹ disse o SENHOR a Moisés: Eu sou o SENHOR; dize a Faraó, rei do Egito, tudo o que eu te digo.

³⁰ Respondeu Moisés na presença do SENHOR: Eu não sei falar bem; como, pois, me ouvirá Faraó?

7 Então, disse o SENHOR a Moisés: Vê que te constituí como Deus sobre Faraó, e Arão, teu irmão, será teu profeta.

² Tu falarás tudo o que eu te ordenar; e Arão, teu irmão, falará a Faraó, para que deixe ir da sua terra os filhos de Israel.

³ Eu, porém, endurecerei o coração de Faraó e multiplicarei na terra do Egito os meus sinais e as minhas maravilhas.

⁴ Faraó não vos ouvirá; e eu porei a mão sobre o Egito e farei sair as minhas hostes, o meu povo, os filhos de Israel, da terra do Egito, com grandes manifestações de julgamento.

⁵ Saberão os egípcios que eu sou o SENHOR, quando estender eu a mão sobre o Egito e tirar do meio deles os filhos de Israel.

⁶ Assim fez Moisés e Arão; como o SENHOR lhes ordenara, assim fizeram.

⁷ Era Moisés de oitenta anos, e Arão, de oitenta e três, quando falaram a Faraó.

⁸ Falou o SENHOR a Moisés e a Arão:

⁹ Quando Faraó vos disser: Fazei milagres que vos acreditem, dirás a Arão: Toma a tua vara e lança-a diante de Faraó; e ela se tornará em serpente.

6.16-19 1Cr 6.16-19. **7.3** At 7.36.

¹⁰ Então, Moisés e Arão se chegaram a Faraó e fizeram como o SENHOR lhes ordenara; lançou Arão a sua vara diante de Faraó e diante dos seus oficiais, e ela se tornou em serpente.

¹¹ Faraó, porém, mandou vir os sábios e encantadores; e eles, os sábios do Egito, fizeram também o mesmo com as suas ciências ocultas.

¹² Pois lançaram eles cada um a sua vara, e elas se tornaram em serpentes; mas a vara de Arão devorou as varas deles.

¹³ Todavia, o coração de Faraó se endureceu, e não os ouviu, como o SENHOR tinha dito.

Primeira praga: as águas tornam-se em sangue

¹⁴ Disse o SENHOR a Moisés: O coração de Faraó está obstinado; recusa deixar ir o povo.

¹⁵ Vai ter com Faraó pela manhã; ele sairá às águas; estarás à espera dele na beira do rio, tomarás na mão a vara que se tornou em serpente

¹⁶ e lhe dirás: O SENHOR, o Deus dos hebreus, me enviou a ti para te dizer: Deixa ir o meu povo, para que me sirva no deserto; e, até agora, não tens ouvido.

¹⁷ Assim diz o SENHOR: Nisto saberás que eu sou o SENHOR: com esta vara que tenho na mão ferirei as águas do rio, e se tornarão em sangue.

¹⁸ Os peixes que estão no rio morrerão, o rio cheirará mal, e os egípcios terão nojo de beber água do rio.

¹⁹ Disse mais o SENHOR a Moisés: Dize a Arão: toma a tua vara e estende a mão sobre as águas do Egito, sobre os seus rios, sobre os seus canais, sobre as suas lagoas e sobre todos os seus reservatórios, para que se tornem em sangue; haja sangue em toda a terra do Egito, tanto nos vasos de madeira como nos de pedra.

²⁰ Fizeram Moisés e Arão como o SENHOR lhes havia ordenado: Arão, levantando a vara, feriu as águas que estavam no rio, à vista de Faraó e seus oficiais; e toda a água do rio se tornou em sangue.

²¹ De sorte que os peixes que estavam no rio morreram, o rio cheirou mal, e os egípcios não podiam beber água do rio; e houve sangue por toda a terra do Egito.

²² Porém os magos do Egito fizeram também o mesmo com as suas ciências ocultas; de maneira que o coração de Faraó se endureceu, e não os ouviu, como o SENHOR tinha dito.

²³ Virou-se Faraó e foi para casa; nem ainda isso considerou o seu coração.

²⁴ Todos os egípcios cavaram junto ao rio para encontrar água que beber, pois das águas do rio não podiam beber.

²⁵ Assim se passaram sete dias, depois que o SENHOR feriu o rio.

Segunda praga: rãs

8 Depois, disse o SENHOR a Moisés: Chega-te a Faraó e dize-lhe: Assim diz o SENHOR: Deixa ir o meu povo, para que me sirva.

² Se recusares deixá-lo ir, eis que castigarei com rãs todos os teus territórios.

³ O rio produzirá rãs em abundância, que subirão e entrarão em tua casa, e no teu quarto de dormir, e sobre o teu leito, e nas casas dos teus oficiais, e sobre o teu povo, e nos teus fornos, e nas tuas amassadeiras.

⁴ As rãs virão sobre ti, sobre o teu povo e sobre todos os teus oficiais.

⁵ Disse mais o SENHOR a Moisés: Dize a Arão: Estende a mão com a tua vara sobre os rios, sobre os canais e sobre as lagoas e faze subir rãs sobre a terra do Egito.

⁶ Arão estendeu a mão sobre as águas do Egito, e subiram rãs e cobriram a terra do Egito.

⁷ Então, os magos fizeram o mesmo com suas ciências ocultas e fizeram aparecer rãs sobre a terra do Egito.

⁸ Chamou Faraó a Moisés e a Arão e lhes disse: Rogai ao SENHOR que tire as rãs de mim e do meu povo; então, deixarei ir o povo, para que ofereça sacrifícios ao SENHOR.

⁹ Falou Moisés a Faraó: Digna-te dizer-me quando é que hei de rogar por ti, pelos teus oficiais e pelo teu povo, para que as rãs sejam retiradas de ti e das tuas casas e fiquem somente no rio.

¹⁰ Ele respondeu: Amanhã. Moisés disse: Seja conforme a tua palavra, para que saibas que ninguém há como o SENHOR, nosso Deus.

¹¹ Retirar-se-ão as rãs de ti, e das tuas casas, e dos teus oficiais, e do teu povo; ficarão somente no rio.

¹² Então, saíram Moisés e Arão da presença de Faraó; e Moisés clamou ao SENHOR por causa das rãs, conforme combinara com Faraó.

¹³ E o SENHOR fez conforme a palavra de Moisés; morreram as rãs nas casas, nos pátios e nos campos.

¹⁴ Ajuntaram-nas em montões e montões, e a terra cheirou mal.

¹⁵ Vendo, porém, Faraó que havia alívio, continuou de coração endurecido e não os ouviu, como o SENHOR tinha dito.

Terceira praga: piolhos

¹⁶ Disse o SENHOR a Moisés: Dize a Arão: Estende a tua vara e fere o pó da terra, para que se torne em piolhos por toda a terra do Egito.

¹⁷ Fizeram assim; Arão estendeu a mão com sua vara e feriu o pó da terra, e houve muitos piolhos nos homens e no gado; todo o pó da terra se tornou em piolhos por toda a terra do Egito.

¹⁸ E fizeram os magos o mesmo com suas ciências ocultas para produzirem piolhos, porém não o puderam; e havia piolhos nos homens e no gado.

¹⁹ Então, disseram os magos a Faraó: Isto é o dedo de Deus. Porém o coração de Faraó se endureceu, e não os ouviu, como o SENHOR tinha dito.

Quarta praga: moscas

²⁰ Disse o SENHOR a Moisés: Levanta-te pela manhã cedo e apresenta-te a Faraó; eis que ele sairá às águas; e dize-lhe: Assim diz o SENHOR: Deixa ir o meu povo, para que me sirva.

²¹ Do contrário, se tu não deixares ir o meu povo, eis que eu enviarei enxames de moscas sobre ti, e sobre os teus oficiais, e sobre o teu povo, e nas tuas casas; e as casas dos egípcios se encherão destes enxames, e também a terra em que eles estiverem.

²² Naquele dia, separarei a terra de Gósen, em que habita o meu povo, para que nela não haja enxames de moscas, e saibas que eu sou o SENHOR no meio desta terra.

²³ Farei distinção entre o meu povo e o teu povo; amanhã se dará este sinal.

²⁴ Assim fez o SENHOR; e vieram grandes enxames de moscas à casa de Faraó, e às casas dos seus oficiais, e sobre toda a terra do Egito; e a terra ficou arruinada com estes enxames.

²⁵ Chamou Faraó a Moisés e a Arão e disse: Ide, oferecei sacrifícios ao vosso Deus nesta terra.

²⁶ Respondeu Moisés: Não convém que façamos assim porque ofereceríamos ao SENHOR, nosso Deus, sacrifícios abomináveis aos egípcios; eis que, se oferecermos tais sacrifícios perante os seus olhos, não nos apedrejarão eles?

²⁷ Temos de ir caminho de três dias ao deserto e ofereceremos sacrifícios ao SENHOR, nosso Deus, como ele nos disser.

²⁸ Então, disse Faraó: Deixar-vos-ei ir, para que ofereçais sacrifícios ao SENHOR, vosso Deus, no deserto; somente que, saindo, não vades muito longe; orai também por mim.

²⁹ Respondeu-lhe Moisés: Eis que saio da tua presença e orarei ao SENHOR; amanhã, estes enxames de moscas se retirarão de Faraó, dos seus oficiais e do seu povo; somente que Faraó não mais me engane, não deixando ir o povo para que ofereça sacrifícios ao SENHOR.

³⁰ Então, saiu Moisés da presença de Faraó e orou ao SENHOR.

³¹ E fez o SENHOR conforme a palavra de Moisés, e os enxames de moscas se retiraram de Faraó, dos seus oficiais e do seu povo; não ficou uma só mosca.

³² Mas ainda esta vez endureceu Faraó o coração e não deixou ir o povo.

Quinta praga: peste nos animais

9 Disse o SENHOR a Moisés: Apresenta-te a Faraó e dize-lhe: Assim diz o SENHOR, o Deus dos hebreus: Deixa ir o meu povo, para que me sirva.

² Porque, se recusares deixá-los ir e ainda por força os detiveres,

³ eis que a mão do SENHOR será sobre o teu rebanho, que está no campo, sobre os cavalos, sobre os jumentos, sobre os camelos, sobre o gado e sobre as ovelhas, com pestilência gravíssima.

⁴ E o SENHOR fará distinção entre os rebanhos de Israel e o rebanho do Egito, para que nada morra de tudo o que pertence aos filhos de Israel.

⁵ O SENHOR designou certo tempo, dizendo: Amanhã, fará o SENHOR isto na terra.

⁶ E o SENHOR o fez no dia seguinte, e todo o rebanho dos egípcios morreu; porém, do rebanho dos israelitas, não morreu nem um.

⁷ Faraó mandou ver, e eis que do rebanho de Israel não morrera nem um sequer; porém o coração de Faraó se endureceu, e não deixou ir o povo.

Sexta praga: úlceras

⁸ Então, disse o SENHOR a Moisés e a

Arão: Apanhai mãos cheias de cinza de forno, e Moisés atire-a para o céu diante de Faraó.

⁹ Ela se tornará em pó miúdo sobre toda a terra do Egito e se tornará em tumores que se arrebentem em úlceras nos homens e nos animais, por toda a terra do Egito.

¹⁰ Eles tomaram cinza de forno e se apresentaram a Faraó; Moisés atirou-a para o céu, e ela se tornou em tumores que se arrebentavam em úlceras nos homens e nos animais,

¹¹ de maneira que os magos não podiam permanecer diante de Moisés, por causa dos tumores; porque havia tumores nos magos e em todos os egípcios.

¹² Porém o SENHOR endureceu o coração de Faraó, e este não os ouviu, como o SENHOR tinha dito a Moisés.

Sétima praga: chuva de pedras

¹³ Disse o SENHOR a Moisés: Levanta-te pela manhã cedo, apresenta-te a Faraó e dize-lhe: Assim diz o SENHOR, o Deus dos hebreus: Deixa ir o meu povo, para que me sirva.

¹⁴ Pois esta vez enviarei todas as minhas pragas sobre o teu coração, e sobre os teus oficiais, e sobre o teu povo, para que saibas que não há quem me seja semelhante em toda a terra.

¹⁵ Pois já eu poderia ter estendido a mão para te ferir a ti e o teu povo com pestilência, e terias sido cortado da terra;

¹⁶ mas, deveras, para isso te hei mantido, a fim de mostrar-te o meu poder, e para que seja o meu nome anunciado em toda a terra.

¹⁷ Ainda te levantas contra o meu povo, para não deixá-lo ir?

¹⁸ Eis que amanhã, por este tempo, farei cair mui grave chuva de pedras, como nunca houve no Egito, desde o dia em que foi fundado até hoje.

¹⁹ Agora, pois, manda recolher o teu gado e tudo o que tens no campo; todo homem e animal que se acharem no campo e não se recolherem a casa, em caindo sobre eles a chuva de pedras, morrerão.

²⁰ Quem dos oficiais de Faraó temia a palavra do SENHOR fez fugir os seus servos e o seu gado para as casas;

²¹ aquele, porém, que não se importava com a palavra do SENHOR deixou ficar no campo os seus servos e o seu gado.

²² Então, disse o SENHOR a Moisés: Estende a mão para o céu, e cairá chuva de pedras em toda a terra do Egito, sobre homens, sobre animais e sobre toda planta do campo na terra do Egito.

²³ E Moisés estendeu a sua vara para o céu; o SENHOR deu trovões e chuva de pedras, e fogo desceu sobre a terra; e fez o SENHOR cair chuva de pedras sobre a terra do Egito.

²⁴ De maneira que havia chuva de pedras e fogo misturado com a chuva de pedras tão grave, qual nunca houve em toda a terra do Egito, desde que veio a ser uma nação.

²⁵ Por toda a terra do Egito a chuva de pedras feriu tudo quanto havia no campo, tanto homens como animais; feriu também a chuva de pedras toda planta do campo e quebrou todas as árvores do campo.

²⁶ Somente na terra de Gósen, onde estavam os filhos de Israel, não havia chuva de pedras.

²⁷ Então, Faraó mandou chamar a Moisés e a Arão e lhes disse: Esta vez pequei; o SENHOR é justo, porém eu e o meu povo somos ímpios.

²⁸ Orai ao SENHOR; pois já bastam estes grandes trovões e a chuva de pedras. Eu vos deixarei ir, e não ficareis mais aqui.

²⁹ Respondeu-lhe Moisés: Em saindo eu da cidade, estenderei as mãos ao SENHOR; os trovões cessarão, e já não haverá chuva de pedras; para que saibas que a terra é do SENHOR.

³⁰ Quanto a ti, porém, e aos teus oficiais, eu sei que ainda não temeis ao SENHOR Deus.

³¹ (O linho e a cevada foram feridos, pois a cevada já estava na espiga, e o linho, em flor.

³² Porém o trigo e o centeio não sofreram dano, porque ainda não haviam nascido.).

³³ Saiu, pois, Moisés da presença de Faraó e da cidade e estendeu as mãos ao SENHOR; cessaram os trovões e a chuva de pedras, e não caiu mais chuva sobre a terra.

³⁴ Tendo visto Faraó que cessaram as chuvas, as pedras e os trovões, tornou a pecar e endureceu o coração, ele e os seus oficiais.

³⁵ E assim Faraó, de coração endurecido, não deixou ir os filhos de Israel, como o SENHOR tinha dito a Moisés.

9.10 Ap 16.2.   9.16 Rm 9.17.   9.24 Ap 8.7; 16.21.

Oitava praga: gafanhotos

10 Disse o SENHOR a Moisés: Vai ter com Faraó, porque lhe endureci o coração e o coração de seus oficiais, para que eu faça estes meus sinais no meio deles,

2 e para que contes a teus filhos e aos filhos de teus filhos como zombei dos egípcios e quantos prodígios fiz no meio deles, e para que saibais que eu sou o SENHOR.

3 Apresentaram-se, pois, Moisés e Arão perante Faraó e lhe disseram: Assim diz o SENHOR, o Deus dos hebreus: Até quando recusarás humilhar-te perante mim? Deixa ir o meu povo, para que me sirva.

4 Do contrário, se recusares deixar ir o meu povo, eis que amanhã trarei gafanhotos ao teu território;

5 eles cobrirão de tal maneira a face da terra, que dela nada aparecerá; eles comerão o restante que escapou, o que vos resta da chuva de pedras, e comerão toda árvore que vos cresce no campo;

6 e encherão as tuas casas, e as casas de todos os teus oficiais, e as casas de todos os egípcios, como nunca viram teus pais, nem os teus antepassados desde o dia em que se acharam na terra até ao dia de hoje. Virou-se e saiu da presença de Faraó.

7 Então, os oficiais de Faraó lhe disseram: Até quando nos será por cilada este homem? Deixa ir os homens, para que sirvam ao SENHOR, seu Deus. Acaso não sabes ainda que o Egito está arruinado?

8 Então, Moisés e Arão foram conduzidos à presença de Faraó; e este lhes disse: Ide, servi ao SENHOR, vosso Deus; porém quais são os que hão de ir?

9 Respondeu-lhe Moisés: Havemos de ir com os nossos jovens, e com os nossos velhos, e com os filhos, e com as filhas, e com os nossos rebanhos, e com os nossos gados; havemos de ir, porque temos de celebrar festa ao SENHOR.

10 Replicou-lhes Faraó: Seja o SENHOR convosco, caso eu vos deixe ir e as crianças. Vede, pois tendes conosco más intenções.

11 Não há de ser assim; ide somente vós, os homens, e servi ao SENHOR; pois isso é o que pedistes. E os expulsaram da presença de Faraó.

12 Então, disse o SENHOR a Moisés: Estende a mão sobre a terra do Egito, para que venham os gafanhotos sobre a terra do Egito e comam toda a erva da terra, tudo o que deixou a chuva de pedras.

13 Estendeu, pois, Moisés a sua vara sobre a terra do Egito, e o SENHOR trouxe sobre a terra um vento oriental todo aquele dia e toda aquela noite; quando amanheceu, o vento oriental tinha trazido os gafanhotos.

14 E subiram os gafanhotos por toda a terra do Egito e pousaram sobre todo o seu território; eram mui numerosos; antes destes, nunca houve tais gafanhotos, nem depois deles virão outros assim.

15 Porque cobriram a superfície de toda a terra, de modo que a terra se escureceu; devoraram toda a erva da terra e todo fruto das árvores que deixara a chuva de pedras; e não restou nada verde nas árvores, nem na erva do campo, em toda a terra do Egito.

16 Então, se apressou Faraó em chamar a Moisés e a Arão e lhes disse: Pequei contra o SENHOR, vosso Deus, e contra vós outros.

17 Agora, pois, peço-vos que me perdoeis o pecado esta vez ainda e que oreis ao SENHOR, vosso Deus, que tire de mim esta morte.

18 E Moisés, tendo saído da presença de Faraó, orou ao SENHOR.

19 Então, o SENHOR fez soprar fortíssimo vento ocidental, o qual levantou os gafanhotos e os lançou no mar Vermelho; nem ainda um só gafanhoto restou em todo o território do Egito.

20 O SENHOR, porém, endureceu o coração de Faraó, e este não deixou ir os filhos de Israel.

Nona praga: trevas

21 Então, disse o SENHOR a Moisés: Estende a mão para o céu, e virão trevas sobre a terra do Egito, trevas que se possam apalpar.

22 Estendeu, pois, Moisés a mão para o céu, e houve trevas espessas sobre toda a terra do Egito por três dias;

23 não viram uns aos outros, e ninguém se levantou do seu lugar por três dias; porém todos os filhos de Israel tinham luz nas suas habitações.

24 Então, Faraó chamou a Moisés e lhe disse: Ide, servi ao SENHOR. Fiquem somente os vossos rebanhos e o vosso gado; as vossas crianças irão também convosco.

25 Respondeu Moisés: Também tu nos tens de dar em nossas mãos sacrifícios e ho-

10.12-15 Ap 9.2,3.   10.21 Ap 16.10.

locaustos, que ofereçamos ao Senhor, nosso Deus.

²⁶ E também os nossos rebanhos irão conosco, nem uma unha ficará; porque deles havemos de tomar, para servir ao Senhor, nosso Deus, e não sabemos com que havemos de servir ao Senhor, até que cheguemos lá.

²⁷ O Senhor, porém, endureceu o coração de Faraó, e este não quis deixá-los ir.

²⁸ Disse, pois, Faraó a Moisés: Retira-te de mim e guarda-te que não mais vejas o meu rosto; porque, no dia em que vires o meu rosto, morrerás.

²⁹ Respondeu-lhe Moisés: Bem disseste; nunca mais tornarei eu a ver o teu rosto.

Deus anuncia a décima praga

11 Disse o Senhor a Moisés: Ainda mais uma praga trarei sobre Faraó e sobre o Egito. Então, vos deixará ir daqui; quando vos deixar, é certo que vos expulsará totalmente.

² Fala, agora, aos ouvidos do povo que todo homem peça ao seu vizinho, e toda mulher, à sua vizinha objetos de prata e de ouro.

³ E o Senhor fez que o seu povo encontrasse favor da parte dos egípcios; também o homem Moisés era mui famoso na terra do Egito, aos olhos dos oficiais de Faraó e aos olhos do povo.

⁴ Moisés disse: Assim diz o Senhor: Cerca da meia-noite passarei pelo meio do Egito.

⁵ E todo primogênito na terra do Egito morrerá, desde o primogênito de Faraó, que se assenta no seu trono, até ao primogênito da serva que está junto à mó, e todo primogênito dos animais.

⁶ Haverá grande clamor em toda a terra do Egito, qual nunca houve, nem haverá jamais;

⁷ porém contra nenhum dos filhos de Israel, desde os homens até aos animais, nem ainda um cão rosnará, para que saibais que o Senhor fez distinção entre os egípcios e os israelitas.

⁸ Então, todos estes teus oficiais descerão a mim e se inclinarão perante mim, dizendo: Sai tu e todo o povo que te segue. E, depois disto, sairei. E, ardendo em ira, se retirou da presença de Faraó.

⁹ Então, disse o Senhor a Moisés: Faraó não vos ouvirá, para que as minhas maravilhas se multipliquem na terra do Egito.

¹⁰ Moisés e Arão fizeram todas essas maravilhas perante Faraó; mas o Senhor endureceu o coração de Faraó, que não permitiu saíssem da sua terra os filhos de Israel.

A instituição da Páscoa

12 Disse o Senhor a Moisés e a Arão na terra do Egito:

² Este mês vos será o principal dos meses; será o primeiro mês do ano.

³ Falai a toda a congregação de Israel, dizendo: Aos dez deste mês, cada um tomará para si um cordeiro, segundo a casa dos pais, um cordeiro para cada família.

⁴ Mas, se a família for pequena para um cordeiro, então, convidará ele o seu vizinho mais próximo, conforme o número das almas; conforme o que cada um puder comer, por aí calculareis quantos bastem para o cordeiro.

⁵ O cordeiro será sem defeito, macho de um ano; podereis tomar um cordeiro ou um cabrito;

⁶ e o guardareis até ao décimo-quarto dia deste mês, e todo o ajuntamento da congregação de Israel o imolará no crepúsculo da tarde.

⁷ Tomarão do sangue e o porão em ambas as ombreiras e na verga da porta, nas casas em que o comerem;

⁸ naquela noite, comerão a carne assada no fogo; com pães asmos e ervas amargas a comerão.

⁹ Não comereis do animal nada cru, nem cozido em água, porém assado ao fogo: a cabeça, as pernas e a fressura.

¹⁰ Nada deixareis dele até pela manhã; o que, porém, ficar até pela manhã, queimá-lo-eis.

¹¹ Desta maneira o comereis: lombos cingidos, sandálias nos pés e cajado na mão; comê-lo-eis à pressa; é a Páscoa do Senhor.

¹² Porque, naquela noite, passarei pela terra do Egito e ferirei na terra do Egito todos os primogênitos, desde os homens até aos animais; executarei juízo sobre todos os deuses do Egito. Eu sou o Senhor.

¹³ O sangue vos será por sinal nas casas em que estiverdes; quando eu vir o sangue, passarei por vós, e não haverá entre vós praga destruidora, quando eu ferir a terra do Egito.

¹⁴ Este dia vos será por memorial, e o

12.1-13 Nm 9.1-5; 28.16; Lv 23.5; Dt 16.1,2.   12.14-20 Êx 23.15; 34.18; Lv 23.6-8; Nm 28.17-25; Dt 16.3-8.

celebrareis como solenidade ao SENHOR; nas vossas gerações o celebrareis por estatuto perpétuo.

15 Sete dias comereis pães asmos. Logo ao primeiro dia, tirareis o fermento das vossas casas, pois qualquer que comer cousa levedada, desde o primeiro dia até ao sétimo dia, essa pessoa será eliminada de Israel.

16 Ao primeiro dia, haverá para vós outros santa assembléia; também, ao sétimo dia, tereis santa assembléia; nenhuma obra se fará nele, exceto o que diz respeito ao comer; somente isso podereis fazer.

17 Guardai, pois, a festa dos pães asmos, porque, nesse mesmo dia, tirei vossas hostes da terra do Egito; portanto, guardareis este dia nas vossas gerações por estatuto perpétuo.

18 Desde o dia catorze do primeiro mês, à tarde, comereis pães asmos até à tarde do dia vinte e um do mesmo mês.

19 Por sete dias, não se ache nenhum fermento nas vossas casas; porque qualquer que comer pão levedado será eliminado da congregação de Israel, tanto o peregrino como o natural da terra.

20 Nenhuma cousa levedada comereis; em todas as vossas habitações, comereis pães asmos.

21 Chamou, pois, Moisés todos os anciãos de Israel e lhes disse: Escolhei, e tomai cordeiros segundo as vossas famílias, e imolai a Páscoa.

22 Tomai um molho de hissopo, molhai-o no sangue que estiver na bacia e marcai a verga da porta e suas ombreiras com o sangue que estiver na bacia; nenhum de vós saia da porta da sua casa até pela manhã.

23 Porque o SENHOR passará para ferir os egípcios; quando vir, porém, o sangue na verga da porta e em ambas as ombreiras, passará o SENHOR aquela porta e não permitirá ao Destruidor que entre em vossas casas, para vos ferir.

24 Guardai, pois, isto por estatuto para vós outros e para vossos filhos, para sempre.

25 E, uma vez dentro na terra que o SENHOR vos dará, como tem dito, observai este rito.

26 Quando vossos filhos vos perguntarem: Que rito é este?

27 Respondereis: É o sacrifício da Páscoa ao SENHOR, que passou por cima das casas dos filhos de Israel no Egito, quando feriu os egípcios e livrou as nossas casas. Então, o povo se inclinou e adorou.

28 E foram os filhos de Israel e fizeram isso; como o SENHOR ordenara a Moisés e a Arão, assim fizeram.

Décima praga: morte dos primogênitos

29 Aconteceu que, à meia-noite, feriu o SENHOR todos os primogênitos na terra do Egito, desde o primogênito de Faraó, que se assentava no seu trono, até ao primogênito do cativo que estava na enxovia, e todos os primogênitos dos animais.

30 Levantou-se Faraó de noite, ele, todos os seus oficiais e todos os egípcios; e fez-se grande clamor no Egito, pois não havia casa em que não houvesse morto.

31 Então, naquela mesma noite, Faraó chamou a Moisés e a Arão e lhes disse: Levantai-vos, saí do meio do meu povo, tanto vós como os filhos de Israel; ide, servi ao SENHOR, como tendes dito.

32 Levai também convosco vossas ovelhas e vosso gado, como tendes dito; ide-vos embora e abençoai-me também a mim.

33 Os egípcios apertavam com o povo, apressando-se em lançá-los fora da terra, pois diziam: Todos morreremos.

34 O povo tomou a sua massa, antes que levedasse, e as suas amassadeiras atadas em trouxas com seus vestidos, sobre os ombros.

35 Fizeram, pois, os filhos de Israel conforme a palavra de Moisés e pediram aos egípcios objetos de prata, e objetos de ouro, e roupas.

36 E o SENHOR fez que seu povo encontrasse favor da parte dos egípcios, de maneira que estes lhes davam o que pediam. E despojaram os egípcios.

A saída dos israelitas do Egito

37 Assim, partiram os filhos de Israel de Ramessés para Sucote, cerca de seiscentos mil a pé, somente de homens, sem contar mulheres e crianças.

38 Subiu também com eles um misto de gente, ovelhas, gado, muitíssimos animais.

39 E cozeram bolos asmos da massa que levaram do Egito; pois não se tinha levedado, porque foram lançados fora do Egito; não puderam deter-se e não haviam preparado para si provisões.

40 Ora, o tempo que os filhos de Israel habitaram no Egito foi de quatrocentos e trinta anos.

12.27 Hb 11.28.   **12.29** Êx 4.22,23.   **12.35,36** Êx 3.21,22.   **12.40** Gn 15.13; Gl 3.17.

⁴¹ Aconteceu que, ao cabo dos quatrocentos e trinta anos, nesse mesmo dia, todas as hostes do Senhor saíram da terra do Egito.

⁴² Esta noite se observará ao Senhor, porque, nela, os tirou da terra do Egito; esta é a noite do Senhor, que devem todos os filhos de Israel comemorar nas suas gerações.

⁴³ Disse mais o Senhor a Moisés e a Arão: Esta é a ordenança da Páscoa: nenhum estrangeiro comerá dela.

⁴⁴ Porém todo escravo comprado por dinheiro, depois de o teres circuncidado, comerá dela.

⁴⁵ O estrangeiro e o assalariado não comerão dela.

⁴⁶ O cordeiro há de ser comido numa só casa; da sua carne não levareis fora da casa, nem lhe quebrareis osso nenhum.

⁴⁷ Toda a congregação de Israel o fará.

⁴⁸ Porém, se algum estrangeiro se hospedar contigo e quiser celebrar a Páscoa do Senhor, seja-lhe circuncidado todo macho; e, então, se chegará, e a observará, e será como o natural da terra; mas nenhum incircunciso comerá dela.

⁴⁹ A mesma lei haja para o natural e para o forasteiro que peregrinar entre vós.

⁵⁰ Assim fizeram todos os filhos de Israel; como o Senhor ordenara a Moisés e a Arão, assim fizeram.

⁵¹ Naquele mesmo dia, tirou o Senhor os filhos de Israel do Egito, segundo as suas turmas.

Consagração dos primogênitos

13 Disse o Senhor a Moisés:

² Consagra-me todo primogênito; todo que abre a madre de sua mãe entre os filhos de Israel, tanto de homens como de animais, é meu.

³ Disse Moisés ao povo: Lembrai-vos deste mesmo dia, em que saístes do Egito, da casa da servidão; pois com mão forte o Senhor vos tirou de lá; portanto, não comereis pão levedado.

⁴ Hoje, mês de abibe, estais saindo.

⁵ Quando o Senhor te houver introduzido na terra dos cananeus, e dos heteus, e dos amorreus, e dos heveus, e dos jebuseus, a qual jurou a teus pais te dar, terra que mana leite e mel, guardarás este rito neste mês.

⁶ Sete dias comerás pães asmos; e, ao sétimo dia, haverá solenidade ao Senhor.

⁷ Sete dias se comerão pães asmos, e o levedado não se encontrará contigo, nem ainda fermento será encontrado em todo o teu território.

⁸ Naquele mesmo dia, contarás a teu filho, dizendo: É isto pelo que o Senhor me fez, quando saí do Egito.

⁹ E será como sinal na tua mão e por memorial entre teus olhos; para que a lei do Senhor esteja na tua boca; pois com mão forte o Senhor te tirou do Egito.

¹⁰ Portanto, guardarás esta ordenança no determinado tempo, de ano em ano.

¹¹ Quando o Senhor te houver introduzido na terra dos cananeus, como te jurou a ti e a teus pais, quando ta houver dado,

¹² apartarás para o Senhor todo que abrir a madre e todo primogênito dos animais que tiveres; os machos serão do Senhor.

¹³ Porém todo primogênito da jumenta resgatarás com cordeiro; se o não resgatares, será desnucado; mas todo primogênito do homem entre teus filhos resgatarás.

¹⁴ Quando teu filho amanhã te perguntar: Que é isso? Responder-lhe-ás: O Senhor com mão forte nos tirou da casa da servidão.

¹⁵ Pois sucedeu que, endurecendo-se Faraó para não nos deixar sair, o Senhor matou todos os primogênitos na terra do Egito, desde o primogênito do homem até ao primogênito dos animais; por isso, eu sacrifico ao Senhor todos os machos que abrem a madre; porém a todo primogênito de meus filhos eu resgato.

¹⁶ E isto será como sinal na tua mão e por frontais entre os teus olhos; porque o Senhor com mão forte nos tirou do Egito.

Deus guia o povo pelo caminho

¹⁷ Tendo Faraó deixado ir o povo, Deus não o levou pelo caminho da terra dos filisteus, posto que mais perto, pois disse: Para que, porventura, o povo não se arrependa, vendo a guerra, e torne ao Egito.

¹⁸ Porém Deus fez o povo rodear pelo caminho do deserto perto do mar Vermelho; e, arregimentados, subiram os filhos de Israel do Egito.

¹⁹ Também levou Moisés consigo os ossos de José, pois havia este feito os filhos de Israel jurarem solenemente, dizendo: Certamente, Deus vos visitará; daqui, pois, levai convosco os meus ossos.

²⁰ Tendo, pois, partido de Sucote, acamparam-se em Etã, à entrada do deserto.

12.46 Nm 9.12; Sl 34-20; Jo 19.36.   **13.2** Lc 2.23.   **13.12** Lc 2.23.   **13.19** Gn 50.25; Js 24.32.

²¹ O Senhor ia adiante deles, durante o dia, numa coluna de nuvem, para os guiar pelo caminho; durante a noite, numa coluna de fogo, para os alumiar, a fim de que caminhassem de dia e de noite.

²² Nunca se apartou do povo a coluna de nuvem durante o dia, nem a coluna de fogo durante a noite.

Perseguição de Israel

14 Disse o Senhor a Moisés:
² Fala aos filhos de Israel que retrocedam e se acampem defronte de Pi-Hairote, entre Migdol e o mar, diante de Baal-Zefom; em frente dele vos acampareis junto ao mar.

³ Então, Faraó dirá dos filhos de Israel: Estão desorientados na terra, o deserto os encerrou.

⁴ Endurecerei o coração de Faraó, para que os persiga, e serei glorificado em Faraó e em todo o seu exército; e saberão os egípcios que eu sou o Senhor. Eles assim o fizeram.

⁵ Sendo, pois, anunciado ao rei do Egito que o povo fugia, mudou-se o coração de Faraó e dos seus oficiais contra o povo, e disseram: Que é isto que fizemos, permitindo que Israel nos deixasse de servir?

⁶ E aprontou Faraó o seu carro e tomou consigo o seu povo;

⁷ e tomou também seiscentos carros escolhidos e todos os carros do Egito com capitães sobre todos eles.

⁸ Porque o Senhor endureceu o coração de Faraó, rei do Egito, para que perseguisse os filhos de Israel; porém os filhos de Israel saíram afoitamente.

⁹ Perseguiram-nos os egípcios, todos os cavalos e carros de Faraó, e os seus cavalarianos, e o seu exército e os alcançaram acampados junto ao mar, perto de Pi-Hairote, defronte de Baal-Zefom.

¹⁰ E, chegando Faraó, os filhos de Israel levantaram os olhos, e eis que os egípcios vinham atrás deles, e temeram muito; então, os filhos de Israel clamaram ao Senhor.

¹¹ Disseram a Moisés: Será, por não haver sepulcros no Egito, que nos tiraste de lá, para que morramos neste deserto? Por que nos trataste assim, fazendo-nos sair do Egito?

¹² Não é isso o que te dissemos no Egito: deixa-nos, para que sirvamos os egíp-

cios? Pois melhor nos fora servir aos egípcios do que morrermos no deserto.

¹³ Moisés, porém, respondeu ao povo: Não temais; aquietai-vos e vede o livramento do Senhor que, hoje, vos fará; porque os egípcios, que hoje vedes, nunca mais os tornareis a ver.

¹⁴ O Senhor pelejará por vós, e vós vos calareis.

A passagem pelo meio do mar

¹⁵ Disse o Senhor a Moisés: Por que clamas a mim? Dize aos filhos de Israel que marchem.

¹⁶ E tu, levanta a tua vara, estende a mão sobre o mar e divide-o, para que os filhos de Israel passem pelo meio do mar em seco.

¹⁷ Eis que endurecerei o coração dos egípcios, para que vos sigam e entrem nele; serei glorificado em Faraó e em todo o seu exército, nos seus carros e nos seus cavalarianos;

¹⁸ e os egípcios saberão que eu sou o Senhor, quando for glorificado em Faraó, nos seus carros e nos seus cavalarianos.

¹⁹ Então, o Anjo de Deus, que ia adiante do exército de Israel, se retirou e passou para trás deles; também a coluna de nuvem se retirou de diante deles, e se pôs atrás deles,

²⁰ e ia entre o campo dos egípcios e o campo de Israel; a nuvem era escuridade para aqueles e para este esclarecia a noite; de maneira que, em toda a noite, este e aqueles não puderam aproximar-se.

²¹ Então, Moisés estendeu a mão sobre o mar, e o Senhor, por um forte vento oriental que soprou toda aquela noite, fez retirar-se o mar, que se tornou terra seca, e as águas foram divididas.

²² Os filhos de Israel entraram pelo meio do mar em seco; e as águas lhes foram qual muro à sua direita e à sua esquerda.

²³ Os egípcios que os perseguiam entraram atrás deles, todos os cavalos de Faraó, os seus carros e os seus cavalarianos, até o meio do mar.

²⁴ Na vigília da manhã, o Senhor, na coluna de fogo e de nuvem, viu o acampamento dos egípcios e alvorotou o acampamento dos egípcios;

²⁵ emperrou-lhes as rodas dos carros e fê-los andar dificultosamente. Então, disseram os egípcios: Fujamos da presença de

14.22 Hb 11.29.

Israel, porque o SENHOR peleja por eles contra os egípcios.

Os egípcios perecem no mar

²⁶ Disse o SENHOR a Moisés: Estende a mão sobre o mar, para que as águas se voltem sobre os egípcios, sobre os seus carros e sobre os seus cavalarianos.

²⁷ Então, Moisés estendeu a mão sobre o mar, e o mar, ao romper da manhã, retomou a sua força; os egípcios, ao fugirem, foram de encontro a ele, e o SENHOR derribou os egípcios no meio do mar.

²⁸ E, voltando as águas, cobriram os carros e os cavalarianos de todo o exército de Faraó, que os haviam seguido no mar; nem ainda um deles ficou.

²⁹ Mas os filhos de Israel caminhavam a pé enxuto pelo meio do mar; e as águas lhes eram quais muros, à sua direita e à sua esquerda.

³⁰ Assim, o SENHOR livrou Israel, naquele dia, da mão dos egípcios; e Israel viu os egípcios mortos na praia do mar.

³¹ E viu Israel o grande poder que o SENHOR exercitara contra os egípcios; e o povo temeu ao SENHOR e confiou no SENHOR e em Moisés, seu servo.

O cântico de Moisés

15 Então, entoou Moisés e os filhos de Israel este cântico ao SENHOR, e disseram:
Cantarei ao SENHOR,
    porque triunfou gloriosamente;
lançou no mar
    o cavalo e o seu cavaleiro.
² O SENHOR é a minha força
    e o meu cântico;
ele me foi por salvação;
este é o meu Deus;
    portanto, eu o louvarei;
ele é o Deus de meu pai;
    por isso, o exaltarei.
³ O SENHOR é homem de guerra;
    SENHOR é o seu nome.
⁴ Lançou no mar os carros de Faraó
    e o seu exército;
e os seus capitães afogaram-se
    no mar Vermelho.
⁵ Os vagalhões os cobriram;
    desceram às profundezas como pedra.
⁶ A tua destra, ó SENHOR,
    é gloriosa em poder;
a tua destra, ó SENHOR,

despedaça o inimigo.
⁷ Na grandeza da tua excelência, derribas
    os que se levantam contra ti;
envias o teu furor,
    que os consome como restolho.
⁸ Com o resfolgar das tuas narinas,
    amontoaram-se as águas,
as correntes pararam em montão;
os vagalhões coalharam-se
    no coração do mar.
⁹ O inimigo dizia: Perseguirei,
    alcançarei,
repartirei os despojos;
    a minha alma se fartará deles,
arrancarei a minha espada,
    e a minha mão os destruirá.
¹⁰ Sopraste com o teu vento,
    e o mar os cobriu;
afundaram-se como chumbo
    em águas impetuosas.
¹¹ Ó SENHOR, quem é como tu
    entre os deuses?
Quem é como tu,
    glorificado em santidade,
terrível em feitos gloriosos,
    que operas maravilhas?
¹² Estendeste a tua destra;
    e a terra os tragou.
¹³ Com a tua beneficência guiaste
    o povo que salvaste;
com a tua força o levaste
    à habitação da tua santidade.
¹⁴ Os povos o ouviram,
    eles estremeceram;
agonias apoderaram-se
    dos habitantes da Filístia.
¹⁵ Ora, os príncipes de Edom
    se perturbam,
dos poderosos de Moabe
    se apodera temor,
esmorecem todos os habitantes
    de Canaã.
¹⁶ Sobre eles cai espanto e pavor;
    pela grandeza do teu braço,
    emudecem como pedra;
até que passe o teu povo, ó SENHOR,
    até que passe o povo que adquiriste.
¹⁷ Tu o introduzirás e o plantarás
    no monte da tua herança,
no lugar que aparelhaste, ó SENHOR,
    para a tua habitação,
no santuário, ó Senhor,
    que as tuas mãos estabeleceram.
¹⁸ O SENHOR reinará por todo o sempre.
¹⁹ Porque os cavalos de Faraó, com os seus carros e com os seus cavalarianos, en-

traram no mar, e o Senhor fez tornar sobre eles as águas do mar; mas os filhos de Israel passaram a pé enxuto pelo meio do mar.

Antífona de Miriã e das mulheres

20 A profetisa Miriã, irmã de Arão, tomou um tamborim, e todas as mulheres saíram atrás dela com tamborins e com danças.
21 E Miriã lhes respondia:
Cantai ao Senhor,
    porque gloriosamente triunfou
e precipitou no mar
    o cavalo e o seu cavaleiro.

As águas amargas tornam-se doces

22 Fez Moisés partir a Israel do mar Vermelho, e saíram para o deserto de Sur; caminharam três dias no deserto e não acharam água.
23 Afinal, chegaram a Mara; todavia, não puderam beber as águas de Mara, porque eram amargas; por isso, chamou-se-lhe Mara.
24 E o povo murmurou contra Moisés, dizendo: Que havemos de beber?
25 Então, Moisés clamou ao Senhor, e o Senhor lhe mostrou uma árvore; lançou-a Moisés nas águas, e as águas se tornaram doces. Deu-lhes ali estatutos e uma ordenação, e ali os provou,
26 e disse: Se ouvires atento a voz do Senhor, teu Deus, e fizeres o que é reto diante dos seus olhos, e deres ouvido aos seus mandamentos, e guardares todos os seus estatutos, nenhuma enfermidade virá sobre ti, das que enviei sobre os egípcios; pois eu sou o Senhor, que te sara.
27 Então, chegaram a Elim, onde havia doze fontes de água e setenta palmeiras; e se acamparam junto das águas.

Deus manda o maná

16 Partiram de Elim, e toda a congregação dos filhos de Israel veio para o deserto de Sim, que está entre Elim e Sinai, aos quinze dias do segundo mês, depois que saíram da terra do Egito.
2 Toda a congregação dos filhos de Israel murmurou contra Moisés e Arão no deserto;
3 disseram-lhes os filhos de Israel: Quem nos dera tivéssemos morrido pela mão do Senhor, na terra do Egito, quando estávamos sentados junto às panelas de carne e comíamos pão a fartar! Pois nos trouxestes a este deserto, para matardes de fome toda esta multidão.
4 Então, disse o Senhor a Moisés: Eis que vos farei chover do céu pão, e o povo sairá e colherá diariamente a porção para cada dia, para que eu ponha à prova se anda na minha lei ou não.
5 Dar-se-á que, ao sexto dia, prepararão o que colherem; e será o dobro do que colhem cada dia.
6 Então, disse Moisés e Arão a todos os filhos de Israel: À tarde, sabereis que foi o Senhor quem vos tirou da terra do Egito,
7 e, pela manhã, vereis a glória do Senhor, porquanto ouviu as vossas murmurações; pois quem somos nós, para que murmureis contra nós?
8 Prosseguiu Moisés: Será isso quando o Senhor, à tarde, vos der carne para comer e, pela manhã, pão que vos farte, porquanto o Senhor ouviu as vossas murmurações, com que vos queixais contra ele; pois quem somos nós? As vossas murmurações não são contra nós e sim contra o Senhor.
9 Disse Moisés a Arão: Dize a toda a congregação dos filhos de Israel: Chegai-vos à presença do Senhor, pois ouviu as vossas murmurações.
10 Quando Arão falava a toda a congregação dos filhos de Israel, olharam para o deserto, e eis que a glória do Senhor apareceu na nuvem.

Deus manda codornizes

11 E o Senhor disse a Moisés:
12 Tenho ouvido as murmurações dos filhos de Israel; dize-lhes: Ao crepúsculo da tarde, comereis carne, e, pela manhã, vos fartareis de pão, e sabereis que eu sou o Senhor, vosso Deus.
13 À tarde, subiram codornizes e cobriram o arraial; pela manhã, jazia o orvalho ao redor do arraial.
14 E, quando se evaporou o orvalho que caíra, na superfície do deserto restava uma cousa fina e semelhante a escamas, fina como a geada sobre a terra.
15 Vendo-a os filhos de Israel, disseram uns aos outros: Que é isto? Pois não sabiam o que era. Disse-lhes Moisés: Isto é o pão que o Senhor vos dá para vosso alimento.

16.4 Jo 6.31.

¹⁶ Eis o que o SENHOR vos ordenou: Colhei disso cada um segundo o que pode comer, um gômer por cabeça, segundo o número de vossas pessoas; cada um tomará para os que se acharem na sua tenda.

¹⁷ Assim o fizeram os filhos de Israel; e colheram, uns, mais, outros, menos.

¹⁸ Porém, medindo-o com o gômer, não sobejava ao que colhera muito, nem faltava ao que colhera pouco, pois colheram cada um quanto podia comer.

¹⁹ Disse-lhes Moisés: Ninguém deixe dele para a manhã seguinte.

²⁰ Eles, porém, não deram ouvidos a Moisés, e alguns deixaram do maná para a manhã seguinte; porém deu bichos e cheirava mal. E Moisés se indignou contra eles.

²¹ Colhiam-no, pois, manhã após manhã, cada um quanto podia comer; porque, em vindo o calor, se derretia.

O povo de Israel recolhe o maná

²² Ao sexto dia, colheram pão em dobro, dois gômeres para cada um; e os principais da congregação vieram e contaram-no a Moisés.

²³ Respondeu-lhes ele: Isto é o que disse o SENHOR: Amanhã é repouso, o santo sábado do SENHOR; o que quiserdes cozer no forno, cozei-o, e o que quiserdes cozer em água, cozei-o em água; e tudo o que sobrar separai, guardando para a manhã seguinte.

²⁴ E guardaram-no até pela manhã seguinte, como Moisés ordenara; e não cheirou mal, nem deu bichos.

²⁵ Então, disse Moisés: Comei-o hoje, porquanto o sábado é do SENHOR; hoje, não o achareis no campo.

²⁶ Seis dias o colhereis, mas o sétimo dia é o sábado; nele, não haverá.

²⁷ Ao sétimo dia, saíram alguns do povo para o colher, porém não o acharam.

²⁸ Então, disse o SENHOR a Moisés: Até quando recusareis guardar os meus mandamentos e as minhas leis?

²⁹ Considerai que o SENHOR vos deu o sábado; por isso, ele, no sexto dia, vos dá pão para dois dias; cada um fique onde está, ninguém saia do seu lugar no sétimo dia.

³⁰ Assim, descansou o povo no sétimo dia.

³¹ Deu-lhe a casa de Israel o nome de maná; era como semente de coentro, branco e de sabor como bolos de mel.

³² Disse Moisés: Esta é a palavra que o SENHOR ordenou: Dele encherás um gômer e o guardarás para as vossas gerações, para que vejam o pão com que vos sustentei no deserto, quando vos tirei do Egito.

³³ Disse também Moisés a Arão: Toma um vaso, mete nele um gômer cheio de maná e coloca-o diante do SENHOR, para guardar-se às vossas gerações.

³⁴ Como o SENHOR ordenara a Moisés, assim Arão o colocou diante do Testemunho para o guardar.

³⁵ E comeram os filhos de Israel maná quarenta anos, até que entraram em terra habitada; comeram maná até que chegaram aos termos da terra de Canaã.

³⁶ Gômer é a décima parte do efa.

A água da rocha em Refidim

17 Tendo partido toda a congregação dos filhos de Israel do deserto de Sim, fazendo suas paradas, segundo o mandamento do SENHOR, acamparam-se em Refidim; e não havia ali água para o povo beber.

² Contendeu, pois, o povo com Moisés e disse: Dá-nos água para beber. Respondeu-lhes Moisés: Por que contendeis comigo? Por que tentais ao SENHOR?

³ Tendo aí o povo sede de água, murmurou contra Moisés e disse: Por que nos fizeste subir do Egito, para nos matares de sede, a nós, a nossos filhos e aos nossos rebanhos?

⁴ Então, clamou Moisés ao SENHOR: Que farei a este povo? Só lhe resta apedrejar-me.

⁵ Respondeu o SENHOR a Moisés: Passa adiante do povo e toma contigo alguns dos anciãos de Israel, leva contigo em mão a vara com que feriste o rio e vai.

⁶ Eis que estarei ali diante de ti sobre a rocha em Horebe; ferirás a rocha, e dela sairá água, e o povo beberá. Moisés assim o fez na presença dos anciãos de Israel.

⁷ E chamou o nome daquele lugar Massá e Meribá, por causa da contenda dos filhos de Israel e porque tentaram ao SENHOR, dizendo: Está o SENHOR no meio de nós ou não?

Amaleque peleja contra os israelitas

⁸ Então, veio Amaleque e pelejou contra Israel em Refidim.

⁹ Com isso, ordenou Moisés a Josué: Escolhe-nos homens, e sai, e peleja contra

---

16.18 2Co 8.15.   **16.23** Êx 20.8-11.   **16.33** Hb 9.4.   **16.35** Js 5.12.   **17.1-7** Nm 20.2-13.

Amaleque; amanhã, estarei eu no cume do outeiro, e a vara de Deus estará na minha mão.

¹⁰ Fez Josué como Moisés lhe dissera e pelejou contra Amaleque; Moisés, porém, Arão e Hur subiram ao cume do outeiro.

¹¹ Quando Moisés levantava a mão, Israel prevalecia; quando, porém, ele abaixava a mão, prevalecia Amaleque.

¹² Ora, as mãos de Moisés eram pesadas; por isso, tomaram uma pedra e a puseram por baixo dele, e ele nela se assentou; Arão e Hur sustentavam-lhe as mãos, um, de um lado, e o outro, do outro; assim lhe ficaram as mãos firmes até ao pôr-do-sol.

¹³ E Josué desbaratou a Amaleque e a seu povo a fio de espada.

¹⁴ Então, disse o SENHOR a Moisés: Escreve isto para memória num livro e repete-o a Josué; porque eu hei de riscar totalmente a memória de Amaleque de debaixo do céu.

¹⁵ E Moisés edificou um altar e lhe chamou: O SENHOR É Minha Bandeira.

¹⁶ E disse: Porquanto o SENHOR jurou, haverá guerra do SENHOR contra Amaleque de geração em geração.

O sogro de Moisés traz-lhe sua mulher e seus filhos

18 Ora, Jetro, sacerdote de Midiã, sogro de Moisés, ouviu todas as cousas que Deus tinha feito a Moisés e a Israel, seu povo; como o SENHOR trouxera a Israel do Egito.

² Jetro, sogro de Moisés, tomou a Zípora, mulher de Moisés, depois que este lha enviara,

³ com os dois filhos dela, dos quais um se chamava Gérson, pois disse Moisés: Fui peregrino em terra estrangeira;

⁴ e o outro, Eliezer, pois disse: O Deus de meu pai foi a minha ajuda e me livrou da espada de Faraó.

⁵ Veio Jetro, sogro de Moisés, com os filhos e a mulher deste, a Moisés no deserto onde se achava acampado, junto ao monte de Deus,

⁶ e mandou dizer a Moisés: Eu, teu sogro Jetro, venho a ti, com a tua mulher e seus dois filhos.

⁷ Então, saiu Moisés ao encontro do seu sogro, inclinou-se e o beijou; e, indagando pelo bem-estar um do outro, entraram na tenda.

⁸ Contou Moisés a seu sogro tudo o que

o SENHOR havia feito a Faraó e aos egípcios por amor de Israel, e todo o trabalho que passaram no Egito, e como o SENHOR os livrara.

⁹ Alegrou-se Jetro de todo o bem que o SENHOR fizera a Israel, livrando-o da mão dos egípcios,

¹⁰ e disse: Bendito seja o SENHOR, que vos livrou da mão dos egípcios e da mão de Faraó;

¹¹ agora, sei que o SENHOR é maior que todos os deuses, porque livrou este povo de debaixo da mão dos egípcios, quando agiram arrogantemente contra o povo.

¹² Então, Jetro, sogro de Moisés, tomou holocausto e sacrifícios para Deus; e veio Arão e todos os anciãos de Israel para comerem pão com o sogro de Moisés, diante de Deus.

A nomeação de auxiliares
Dt 1.9-18

¹³ No dia seguinte, assentou-se Moisés para julgar o povo; e o povo estava em pé diante de Moisés desde a manhã até ao pôr-do-sol.

¹⁴ Vendo, pois, o sogro de Moisés tudo o que ele fazia ao povo, disse: Que é isto que fazes ao povo? Por que te assentas só, e todo o povo está em pé diante de ti, desde a manhã até ao pôr-do-sol?

¹⁵ Respondeu Moisés a seu sogro: É porque o povo me vem a mim para consultar a Deus;

¹⁶ quando tem alguma questão, vem a mim, para que eu julgue entre um e outro e lhes declare os estatutos de Deus e as suas leis.

¹⁷ O sogro de Moisés, porém, lhe disse: Não é bom o que fazes.

¹⁸ Sem dúvida, desfalecerás, tanto tu como este povo que está contigo; pois isto é pesado demais para ti; tu só não o podes fazer.

¹⁹ Ouve, pois, as minhas palavras; eu te aconselharei, e Deus seja contigo; representa o povo perante Deus, leva as suas causas a Deus,

²⁰ ensina-lhes os estatutos e as leis e faze-lhes saber o caminho em que devem andar e a obra que devem fazer.

²¹ Procura dentre o povo homens capazes, tementes a Deus, homens de verdade, que aborreçam a avareza; põe-nos sobre eles por chefes de mil, chefes de cem, chefes de cinqüenta e chefes de dez;

²² para que julguem este povo em todo tempo. Toda causa grave trarão a ti, mas toda causa pequena eles mesmos julgarão; será assim mais fácil para ti, e eles levarão a carga contigo.

²³ Se isto fizeres, e assim Deus to mandar, poderás, então, suportar; e assim também todo este povo tornará em paz ao seu lugar.

²⁴ Moisés atendeu às palavras de seu sogro e fez tudo quanto este lhe dissera.

²⁵ Escolheu Moisés homens capazes, de todo o Israel, e os constituiu por cabeças sobre o povo: chefes de mil, chefes de cem, chefes de cinqüenta e chefes de dez.

²⁶ Estes julgaram o povo em todo tempo; a causa grave trouxeram a Moisés e toda causa simples julgaram eles.

²⁷ Então, se despediu Moisés de seu sogro, e este se foi para a sua terra.

Deus fala com Moisés no monte Sinai

19 No terceiro mês da saída dos filhos de Israel da terra do Egito, no primeiro dia desse mês, vieram ao deserto do Sinai.

² Tendo partido de Refidim, vieram ao deserto do Sinai, no qual se acamparam; ali, pois, se acampou Israel em frente do monte.

³ Subiu Moisés a Deus, e do monte o SENHOR o chamou e lhe disse: Assim falarás à casa de Jacó e anunciarás aos filhos de Israel:

⁴ Tendes visto o que fiz aos egípcios, como vos levei sobre asas de águia e vos cheguei a mim.

⁵ Agora, pois, se diligentemente ouvirdes a minha voz e guardardes a minha aliança, então, sereis a minha propriedade peculiar dentre todos os povos; porque toda a terra é minha;

⁶ vós me screis reino de sacerdotes e nação santa. São estas as palavras que falarás aos filhos de Israel.

⁷ Veio Moisés, chamou os anciãos do povo e expôs diante deles todas estas palavras que o SENHOR lhe havia ordenado.

⁸ Então, o povo respondeu à uma: Tudo o que o SENHOR falou faremos. E Moisés relatou ao SENHOR as palavras do povo.

⁹ Disse o SENHOR a Moisés: Eis que virei a ti numa nuvem escura, para que o povo ouça quando eu falar contigo e para que também creiam sempre em ti. Porque Moisés tinha anunciado as palavras do seu povo ao SENHOR.

¹⁰ Disse também o SENHOR a Moisés: Vai ao povo e purifica-o hoje e amanhã. Lavem eles as suas vestes

¹¹ e estejam prontos para o terceiro dia; porque no terceiro dia o SENHOR, à vista de todo o povo, descerá sobre o monte Sinai.

¹² Marcarás em redor limites ao povo, dizendo: Guardai-vos de subir ao monte, nem toqueis o seu termo; todo aquele que tocar o monte será morto.

¹³ Mão nenhuma tocará neste, mas será apedrejado ou frechado; quer seja animal, quer seja homem, não viverá. Quando soar longamente a buzina, então, subirão ao monte.

¹⁴ Moisés, tendo descido do monte ao povo, consagrou o povo; e lavaram as suas vestes.

¹⁵ E disse ao povo: Estai prontos ao terceiro dia; e não vos chegueis a mulher.

¹⁶ Ao amanhecer do terceiro dia, houve trovões, e relâmpagos, e uma espessa nuvem sobre o monte, e mui forte clangor de trombeta, de maneira que todo o povo que estava no arraial se estremeceu.

¹⁷ E Moisés levou o povo fora do arraial ao encontro de Deus; e puseram-se ao pé do monte.

¹⁸ Todo o monte Sinai fumegava, porque o SENHOR descera sobre ele em fogo; a sua fumaça subiu como fumaça de uma fornalha, e todo o monte tremia grandemente.

¹⁹ E o clangor da trombeta ia aumentando cada vez mais; Moisés falava, e Deus lhe respondia no trovão.

²⁰ Descendo o SENHOR para o cume do monte Sinai, chamou o SENHOR a Moisés para o cimo do monte. Moisés subiu,

²¹ e o SENHOR disse a Moisés: Desce, adverte ao povo que não traspasse o termo até ao SENHOR para vê-lo, a fim de muitos deles não perecerem.

²² Também os sacerdotes, que se chegam ao SENHOR, se hão de consagrar, para que o SENHOR não os fira.

²³ Então, disse Moisés ao SENHOR: O povo não poderá subir ao monte Sinai, porque tu nos advertiste, dizendo: Marca limites ao redor do monte e consagra-o.

²⁴ Replicou-lhe o SENHOR: Vai, desce; depois, subirás tu, e Arão contigo; os sacerdotes, porém, e o povo não traspassem o

19.5,6 Dt 7.6; 14.2; Tt 2.14; 1Pe 2.9.   **19.6** Ap 1.6; 5.10.   **19.12-22** Hb 12.18-20.   **19.16** Ap 4.5.

termo para subir ao SENHOR, para que não os fira.

²⁵ Desceu, pois, Moisés ao povo e lhe disse tudo isso.

Os dez mandamentos
Dt 5.1-21

20 Então, falou Deus todas estas palavras:

² Eu sou o SENHOR, teu Deus, que te tirei da terra do Egito, da casa da servidão.

³ Não terás outros deuses diante de mim.

⁴ Não farás para ti imagem de escultura, nem semelhança alguma do que há em cima nos céus, nem embaixo na terra, nem nas águas debaixo da terra.

⁵ Não as adorarás, nem lhes darás culto; porque eu sou o SENHOR, teu Deus, Deus zeloso, que visito a iniqüidade dos pais nos filhos até à terceira e quarta geração daqueles que me aborrecem

⁶ e faço misericórdia até mil gerações daqueles que me amam e guardam os meus mandamentos.

⁷ Não tomarás o nome do SENHOR, teu Deus, em vão, porque o SENHOR não terá por inocente o que tomar o seu nome em vão.

⁸ Lembra-te do dia de sábado, para o santificar.

⁹ Seis dias trabalharás e farás toda a tua obra.

¹⁰ Mas o sétimo dia é o sábado do SENHOR, teu Deus; não farás nenhum trabalho, nem tu, nem o teu filho, nem a tua filha, nem o teu servo, nem a tua serva, nem o teu animal, nem o forasteiro das tuas portas para dentro;

¹¹ porque, em seis dias, fez o SENHOR os céus e a terra, o mar e tudo o que neles há e, ao sétimo dia, descansou; por isso, o SENHOR abençoou o dia de sábado e o santificou.

¹² Honra teu pai e tua mãe, para que se prolonguem os teus dias na terra que o SENHOR, teu Deus, te dá.

¹³ Não matarás.

¹⁴ Não adulterarás.

¹⁵ Não furtarás.

¹⁶ Não dirás falso testemunho contra o teu próximo.

¹⁷ Não cobiçarás a casa do teu próximo. Não cobiçarás a mulher do teu próximo, nem o seu servo, nem a sua serva, nem o seu boi, nem o seu jumento, nem cousa alguma que pertença ao teu próximo.

Moisés, mediador entre Deus e o povo
Dt 5.22-33

¹⁸ Todo o povo presenciou os trovões, e os relâmpagos, e o clangor da trombeta, e o monte fumegante; e o povo, observando, se estremeceu e ficou de longe.

¹⁹ Disseram a Moisés: Fala-nos tu, e te ouviremos; porém não fale Deus conosco, para que não morramos.

²⁰ Respondeu Moisés ao povo: Não temais; Deus veio para vos provar e para que o seu temor esteja diante de vós, a fim de que não pequeis.

²¹ O povo estava de longe, em pé; Moisés, porém, se chegou à nuvem escura onde Deus estava.

Leis acerca dos altares

²² Então, disse o SENHOR a Moisés: Assim dirás aos filhos de Israel: Vistes que dos céus eu vos falei.

²³ Não fareis deuses de prata ao lado de mim, nem deuses de ouro fareis para vós outros.

²⁴ Um altar de terra me farás e sobre ele sacrificarás os teus holocaustos, as tuas ofertas pacíficas, as tuas ovelhas e os teus bois; em todo lugar onde eu fizer celebrar a memória do meu nome, virei a ti e te abençoarei.

²⁵ Se me levantares um altar de pedras, não o farás de pedras lavradas; pois, se sobre ele manejares a tua ferramenta, profaná-lo-ás.

²⁶ Nem subirás por degrau ao meu altar, para que a tua nudez não seja ali exposta.

Leis acerca dos servos
Dt 15.12-18

21 São estes os estatutos que lhes proporás:

² Se comprares um escravo hebreu, seis anos servirá; mas, ao sétimo, sairá forro, de graça.

20.4 Êx 34.17; Lv 19.4; 26.1; Dt 4.15-18; 27.15.   **20.5,6** Êx 34.7; Nm 14.18; Dt 7.9.   **20.7** Lv 19.12. **20.8-11** Êx 16.23-30; 23.12; 31.12-17; 34.21; 35.2-3; Lv 23.3.   **20.11** Gn 2.1-3.   **20.12** Dt 27.16; Mt 15.4; 19.19; Mc 7.10; 10.19; Lc 18.20; Ef 6.2,3.   **20.13** Gn 9.6; Lv 24.17; Mt 5.21; 19.18; Mc 10.19; Lc 18.20; Rm 13.9; Tg 2.11.   **20.14** Lv 20.10; Mt 5.27; 19.18; Mc 10.19; Lc 18.20; Rm 13.9; Tg 2.11.   **20.15** Lv 19.11; Mt 19.18; Mc 10.19; Lc 18.20; Rm 13.9.   **20.16** Êx 23.1; Mt 19.18; Mc 10.19; Lc 18.20; Rm 13.9.   **20.17** Rm 7.7; 13.9. **20.18-21** Hb 12.18,19.   **20.25** Dt 27.5-7; Js 8.31.   **21.1-11** Lv 25.39-46.

³ Se entrou solteiro, sozinho sairá; se era homem casado, com ele sairá sua mulher.

⁴ Se o seu senhor lhe der mulher, e ela der à luz filhos e filhas, a mulher e seus filhos serão do seu senhor, e ele sairá sozinho.

⁵ Porém, se o escravo expressamente disser: Eu amo meu senhor, minha mulher e meus filhos, não quero sair forro.

⁶ Então, o seu senhor o levará aos juízes, e o fará chegar à porta ou à ombreira, e o seu senhor lhe furará a orelha com uma sovela; e ele o servirá para sempre.

⁷ Se um homem vender sua filha para ser escrava, esta não lhe sairá como saem os escravos.

⁸ Se ela não agradar ao seu senhor, que se comprometeu a desposá-la, ele terá de permitir-lhe o resgate; não poderá vendê-la a um povo estranho, pois será isso deslealdade para com ela.

⁹ Mas, se a casar com seu filho, tratá-la-á como se tratam as filhas.

¹⁰ Se ele der ao filho outra mulher, não diminuirá o mantimento da primeira, nem os seus vestidos, nem os seus direitos conjugais.

¹¹ Se não lhe fizer estas três cousas, ela sairá sem retribuição, nem pagamento em dinheiro.

Leis acerca da violência

¹² Quem ferir a outro, de modo que este morra, também será morto.

¹³ Porém, se não lhe armou ciladas, mas Deus lhe permitiu caísse em suas mãos, então, te designarei um lugar para onde ele fugirá.

¹⁴ Se alguém vier maliciosamente contra o próximo, matando-o à traição, tirá-lo-ás até mesmo do meu altar, para que morra.

¹⁵ Quem ferir seu pai ou sua mãe será morto.

¹⁶ O que raptar alguém e o vender, ou for achado na sua mão, será morto.

¹⁷ Quem amaldiçoar seu pai ou sua mãe será morto.

¹⁸ Se dois brigarem, ferindo um ao outro com pedra ou com o punho, e o ferido não morrer, mas cair de cama;

¹⁹ se ele tornar a levantar-se e andar fora, apoiado ao seu bordão, então, será absolvido aquele que o feriu; somente lhe pagará o tempo que perdeu e o fará curar-se totalmente.

²⁰ Se alguém ferir com vara o seu escravo ou a sua escrava, e o ferido morrer debaixo da sua mão, será punido;

²¹ porém, se ele sobreviver por um ou dois dias, não será punido, porque é dinheiro seu.

²² Se homens brigarem, e ferirem mulher grávida, e forem causa de que aborte, porém sem maior dano, aquele que feriu será obrigado a indenizar segundo o que lhe exigir o marido da mulher; e pagará como os juízes lhe determinarem.

²³ Mas, se houver dano grave, então, darás vida por vida,

²⁴ olho por olho, dente por dente, mão por mão, pé por pé,

²⁵ queimadura por queimadura, ferimento por ferimento, golpe por golpe.

²⁶ Se alguém ferir o olho do seu escravo ou o olho da sua escrava e o inutilizar, deixá-lo-á ir forro pelo seu olho.

²⁷ E, se com violência fizer cair um dente do seu escravo ou da sua escrava, deixá-lo-á ir forro pelo seu dente.

²⁸ Se algum boi chifrar homem ou mulher, que morra, o boi será apedrejado, e não lhe comerão a carne; mas o dono do boi será absolvido.

²⁹ Mas, se o boi, dantes, era dado a chifrar, e o seu dono era disso conhecedor e não o prendeu, e o boi matar homem ou mulher, o boi será apedrejado, e também será morto o seu dono.

³⁰ Se lhe for exigido resgate, dará, então, como resgate da sua vida tudo o que lhe for exigido.

³¹ Quer tenha chifrado um filho, quer tenha chifrado uma filha, este julgamento lhe será aplicado.

³² Se o boi chifrar um escravo ou uma escrava, dar-se-ão trinta ciclos de prata ao senhor destes, e o boi será apedrejado.

³³ Se alguém deixar aberta uma cova ou se alguém cavar uma cova e não a tapar, e nela cair boi ou jumento,

³⁴ o dono da cova o pagará, pagará dinheiro ao seu dono, mas o animal morto será seu.

³⁵ Se um boi de um homem ferir o boi de outro, e o boi ferido morrer, venderão o boi vivo e repartirão o valor; e dividirão entre si o boi morto.

³⁶ Mas, se for notório que o boi era já, dantes, chifrador, e o seu dono não o prendeu, certamente, pagará boi por boi; porém o morto será seu.

21.12 Lv 24.17.   **21.13** Nm 35.10-34; Dt 19.1-13; Js 20.1-9.   **21.16** Dt 24.7.   **21.17** Lv 20.9; Mt 15.4; Mc 7.10.
21.24 Lv 24.19,20; Dt 19.21; Mt 5.38.

Leis acerca da propriedade

22 Se alguém furtar boi ou ovelha e o abater ou vender, por um boi pagará cinco bois, e quatro ovelhas por uma ovelha.

² Se um ladrão for achado arrombando uma casa e, sendo ferido, morrer, quem o feriu não será culpado do sangue.

³ Se, porém, já havia sol quando tal se deu, quem o feriu será culpado do sangue; neste caso, o ladrão fará restituição total. Se não tiver com que pagar, será vendido por seu furto.

⁴ Se aquilo que roubou for achado vivo em seu poder, seja boi, jumento ou ovelha, pagará o dobro.

⁵ Se alguém fizer pastar o seu animal num campo ou numa vinha e o largar para comer em campo de outrem, pagará com o melhor do seu próprio campo e o melhor da sua própria vinha.

⁶ Se irromper fogo, e pegar nos espinheiros, e destruir as medas de cereais, ou a messe, ou o campo, aquele que acendeu o fogo pagará totalmente o queimado.

⁷ Se alguém der ao seu próximo dinheiro ou objetos a guardar, e isso for furtado àquele que o recebeu, se for achado o ladrão, este pagará o dobro.

⁸ Se o ladrão não for achado, então, o dono da casa será levado perante os juízes, a ver se não meteu a mão nos bens do próximo.

⁹ Em todo negócio frauduloso, seja a respeito de boi, ou de jumento, ou de ovelhas, ou de roupas, ou de qualquer cousa perdida, de que uma das partes diz: Esta é a cousa, a causa de ambas as partes se levará perante os juízes; aquele a quem os juízes condenarem pagará o dobro ao seu próximo.

¹⁰ Se alguém der ao seu próximo a guardar jumento, ou boi, ou ovelha, ou outro animal qualquer, e este morrer, ou ficar aleijado, ou for afugentado, sem que ninguém o veja,

¹¹ então, haverá juramento do Senhor entre ambos, de que não meteu a mão nos bens do seu próximo; o dono aceitará o juramento, e o outro não fará restituição.

¹² Porém, se, de fato, lhe for furtado, pagá-lo-á ao seu dono.

¹³ Se for dilacerado, trá-lo-á em testemunho disso e não pagará o dilacerado.

¹⁴ Se alguém pedir emprestado a seu próximo um animal, e este ficar aleijado ou morrer, não estando presente o dono, pagá-lo-á.

¹⁵ Se o dono esteve presente, não o pagará; se foi alugado, o preço do aluguel será o pagamento.

Leis civis e religiosas

¹⁶ Se alguém seduzir qualquer virgem que não estava desposada e se deitar com ela, pagará seu dote e a tomará por mulher.

¹⁷ Se o pai dela definitivamente recusar dar-lha, pagará ele em dinheiro conforme o dote das virgens.

¹⁸ A feiticeira não deixarás viver.

¹⁹ Quem tiver coito com animal será morto.

²⁰ Quem sacrificar aos deuses e não somente ao Senhor será destruído.

²¹ Não afligirás o forasteiro, nem o oprimirás; pois forasteiros fostes na terra do Egito.

²² A nenhuma viúva nem órfão afligireis.

²³ Se de algum modo os afligirdes, e eles clamarem a mim, eu lhes ouvirei o clamor;

²⁴ a minha ira se acenderá, e vos matarei à espada; vossas mulheres ficarão viúvas, e vossos filhos, órfãos.

²⁵ Se emprestares dinheiro ao meu povo, ao pobre que está contigo, não te haverás com ele como credor que impõe juros.

²⁶ Se do teu próximo tomares em penhor a sua veste, lha restituirás antes do pôr-do-sol;

²⁷ porque é com ela que se cobre, é a veste do seu corpo; em que se deitaria? Será, pois, que, quando clamar a mim, eu o ouvirei, porque sou misericordioso.

²⁸ Contra Deus não blasfemarás, nem amaldiçoarás o príncipe do teu povo.

²⁹ Não tardarás em trazer ofertas do melhor das tuas ceifas e das tuas vinhas; o primogênito de teus filhos me darás.

³⁰ Da mesma sorte, farás com os teus bois e com as tuas ovelhas; sete dias ficará a cria com a mãe, e, ao oitavo dia, ma darás.

³¹ Ser-me-eis homens consagrados; portanto, não comereis carne dilacerada no campo; deitá-la-eis aos cães.

22.16,17 Dt 22.28,29.   **22.19** Lv 18.23; 20.15,16; Dt 27.21.   **22.20** Dt 17.2-7.   **22.21** Êx 23.9; Lv 19.33,34; Dt 24.17,18; 27.19.   **22.25** Lv 25.35-38; Dt 15.7-11; 23.19,20.   **22.26** Dt 24.10-13.   **22.28** At 23.5. **22.31** Lv 17.15.

O testemunho falso e a injúria

23 Não espalharás notícias falsas, nem darás mão ao ímpio, para seres testemunha maldosa.

² Não seguirás a multidão para fazeres mal; nem deporás, numa demanda, inclinando-te para a maioria, para torcer o direito.

³ Nem com o pobre serás parcial na sua demanda.

⁴ Se encontrares desgarrado o boi do teu inimigo ou o seu jumento, lho reconduzirás.

⁵ Se vires prostrado debaixo da sua carga o jumento daquele que te aborrece, não o abandonarás, mas ajudá-lo-ás a erguê-lo.

Deveres dos juízes
Dt 16.18-20

⁶ Não perverterás o julgamento do teu pobre na sua causa.

⁷ Da falsa acusação te afastarás; não matarás o inocente e o justo, porque não justificarei o ímpio.

⁸ Também suborno não aceitarás, porque o suborno cega até o perspicaz e perverte as palavras dos justos.

⁹ Também não oprimirás o forasteiro; pois vós conheceis o coração do forasteiro, visto que fostes forasteiros na terra do Egito.

O ano de descanso
Lv 25.1-7

¹⁰ Seis anos semearás a tua terra e recolherás os seus frutos;

¹¹ porém, no sétimo ano, a deixarás descansar e não a cultivarás, para que os pobres do teu povo achem o que comer, e do sobejo comam os animais do campo. Assim farás com a tua vinha e com o teu olival.

O sábado
Lv 23.3

¹² Seis dias farás a tua obra, mas, ao sétimo dia, descansarás; para que descanse o teu boi e o teu jumento; e para que tome alento o filho da tua serva e o forasteiro.

¹³ Em tudo o que vos tenho dito, andai apercebidos; do nome de outros deuses nem vos lembreis, nem se ouça de vossa boca.

As três festas
Êx 34.18-26; Lv 23.4-21,33-44; Dt 16.1-17

¹⁴ Três vezes no ano me celebrareis festa.

¹⁵ Guardarás a Festa dos Pães Asmos; sete dias comerás pães asmos, como te ordenei, ao tempo apontado no mês de abibe, porque nele saíste do Egito; ninguém apareça de mãos vazias perante mim.

¹⁶ Guardarás a Festa da Sega, dos primeiros frutos do teu trabalho, que houveres semeado no campo, e a Festa da Colheita, à saída do ano, quando recolheres do campo o fruto do teu trabalho.

¹⁷ Três vezes no ano, todo homem aparecerá diante do SENHOR Deus.

¹⁸ Não oferecerás o sangue do meu sacrifício com pão levedado, nem ficará gordura da minha festa durante a noite até pela manhã.

¹⁹ As primícias dos frutos da tua terra trarás à Casa do SENHOR, teu Deus. Não cozerás o cabrito no leite da sua própria mãe.

Deus promete a posse da terra

²⁰ Eis que eu envio um Anjo adiante de ti, para que te guarde pelo caminho e te leve ao lugar que tenho preparado.

²¹ Guarda-te diante dele, e ouve a sua voz, e não te rebeles contra ele, porque não perdoará a vossa transgressão; pois nele está o meu nome.

²² Mas, se diligentemente lhe ouvires a voz e fizeres tudo o que eu disser, então, serei inimigo dos teus inimigos e adversário dos teus adversários.

²³ Porque o meu Anjo irá adiante de ti e te levará aos amorreus, aos heteus, aos ferezeus, aos cananeus e aos heveus e aos jebuseus; e eu os destruirei.

²⁴ Não adorarás os seus deuses, nem lhes darás culto, nem farás conforme as suas obras; antes, os destruirás totalmente e despedaçarás de todo as suas colunas.

²⁵ Servireis ao SENHOR, vosso Deus, e ele abençoará o vosso pão e a vossa água; e tirará do vosso meio as enfermidades.

²⁶ Na tua terra, não haverá mulher que aborte, nem estéril; completarei o número dos teus dias.

²⁷ Enviarei o meu terror diante de ti, confundindo a todo o povo onde entrares;

23.1 Êx 20.16; Lv 19.11,12; Dt 5.20.   23.3 Lv 19.15.   23.4,5 Dt 22.1-4.   23.6-8 Lv 19.15,16; Dt 16.18-20. 23.9 Êx 22.21-24; Lv 19.33,34; Dt 24.17,18; 27.19.   23.10,11 Lv 25.1-7; Dt 15.1-6.   23.12 Êx 20.8-11; 31.15; 35.2; Dt 5.12-15.   23.15 Êx 12.14-20; Nm 28.16-25.   23.16 Nm 28.26-31; 29.12-38.   23.19 Dt 26.2; 14.21.

farei que todos os teus inimigos te voltem as costas.

²⁸ Também enviarei vespas diante de ti, que lancem os heveus, os cananeus e os heteus de diante de ti.

²⁹ Não os lançarei de diante de ti num só ano, para que a terra se não torne em desolação, e as feras do campo se não multipliquem contra ti.

³⁰ Pouco a pouco, os lançarei de diante de ti, até que te multipliques e possuas a terra por herança.

³¹ Porei os teus termos desde o mar Vermelho até ao mar dos filisteus e desde o deserto até ao Eufrates; porque darei nas tuas mãos os moradores da terra, para que os lances de diante de ti.

³² Não farás aliança nenhuma com eles, nem com os seus deuses.

³³ Eles não habitarão na tua terra, para que te não façam pecar contra mim; se servires aos seus deuses, isso te será cilada.

A aliança de Deus com Israel

24 Disse também Deus a Moisés: Sobe ao SENHOR, tu, e Arão, e Nadabe, e Abiú, e setenta dos anciãos de Israel; e adorai de longe.

² Só Moisés se chegará ao SENHOR; os outros não se chegarão, nem o povo subirá com ele.

³ Veio, pois, Moisés e referiu ao povo todas as palavras do SENHOR e todos os estatutos; então, todo o povo respondeu a uma voz e disse: Tudo o que falou o SENHOR faremos.

⁴ Moisés escreveu todas as palavras do SENHOR e, tendo-se levantado pela manhã de madrugada, erigiu um altar ao pé do monte e doze colunas, segundo as doze tribos de Israel.

⁵ E enviou alguns jovens dos filhos de Israel, os quais ofereceram ao SENHOR holocaustos e sacrifícios pacíficos de novilhos.

⁶ Moisés tomou metade do sangue e o pôs em bacias; e a outra metade aspergiu sobre o altar.

⁷ E tomou o livro da aliança e o leu ao povo; e eles disseram: Tudo o que falou o SENHOR faremos e obedeceremos.

⁸ Então, tomou Moisés aquele sangue, e o aspergiu sobre o povo, e disse: Eis aqui o sangue da aliança que o SENHOR fez convosco a respeito de todas estas palavras.

⁹ E subiram Moisés, e Arão, e Nadabe, e Abiú, e setenta dos anciãos de Israel.

¹⁰ E viram o Deus de Israel, sob cujos pés havia uma como pavimentação de pedra de safira, que se parecia com o céu na sua claridade.

¹¹ Ele não estendeu a mão sobre os escolhidos dos filhos de Israel; porém eles viram a Deus, e comeram, e beberam.

Moisés e os anciãos sobem novamente ao monte

¹² Então, disse o SENHOR a Moisés: Sobe a mim, ao monte, e fica lá; dar-te-ei táboas de pedra, e a lei, e os mandamentos que escrevi, para os ensinares.

¹³ Levantou-se Moisés com Josué, seu servidor; e, subindo Moisés ao monte de Deus,

¹⁴ disse aos anciãos: Esperai-nos aqui até que voltemos a vós outros. Eis que Arão e Hur ficam convosco; quem tiver alguma questão se chegará a eles.

¹⁵ Tendo Moisés subido, uma nuvem cobriu o monte.

¹⁶ E a glória do SENHOR pousou sobre o monte Sinai, e a nuvem o cobriu por seis dias; ao sétimo dia, do meio da nuvem chamou o SENHOR a Moisés.

¹⁷ O aspecto da glória do SENHOR era como um fogo consumidor no cimo do monte, aos olhos dos filhos de Israel.

¹⁸ E Moisés, entrando pelo meio da nuvem, subiu ao monte; e lá permaneceu quarenta dias e quarenta noites.

Deus manda trazer ofertas para o tabernáculo
Êx 35.4-9

25 Disse o SENHOR a Moisés:
² Fala aos filhos de Israel que me tragam oferta; de todo homem cujo coração o mover para isso, dele recebereis a minha oferta.

³ Esta é a oferta que dele recebereis: ouro, e prata, e bronze,

⁴ e estofo azul, e púrpura, e carmesim, e linho fino, e pêlos de cabra,

⁵ e peles de carneiro tintas de vermelho, e peles finas, e madeira de acácia,

⁶ azeite para a luz, especiarias para o óleo de unção e para o incenso aromático,

⁷ pedras de ônix e pedras de engaste, para a estola sacerdotal e para o peitoral.

24.6-8 Hb 9.19,20. **24.8** Mt 26.28; Mc 14.24; Lc 22.20; 1Co 11.25; Hb 10.29. **24.18** Dt 9.9.

⁸ E me farão um santuário, para que eu possa habitar no meio deles.

⁹ Segundo tudo o que eu te mostrar para modelo do tabernáculo e para modelo de todos os seus móveis, assim mesmo o fareis.

A arca
Êx 37.1-5

¹⁰ Também farão uma arca de madeira de acácia; de dois côvados e meio será o seu comprimento, de um côvado e meio, a largura, e de um côvado e meio, a altura.

¹¹ De ouro puro a cobrirás; por dentro e por fora a cobrirás e farás sobre ela uma bordadura de ouro ao redor.

¹² Fundirás para ela quatro argolas de ouro e as porás nos quatro cantos da arca: duas argolas num lado dela e duas argolas noutro lado.

¹³ Farás também varais de madeira de acácia e os cobrirás de ouro;

¹⁴ meterás os varais nas argolas aos lados da arca, para se levar por meio deles a arca.

¹⁵ Os varais ficarão nas argolas da arca e não se tirarão dela.

¹⁶ E porás na arca o Testemunho, que eu te darei.

O propiciatório
Êx 37.6-9

¹⁷ Farás também um propiciatório de ouro puro; de dois côvados e meio será o seu comprimento, e a largura, de um côvado e meio.

¹⁸ Farás dois querubins de ouro; de ouro batido os farás, nas duas extremidades do propiciatório;

¹⁹ um querubim, na extremidade de uma parte, e o outro, na extremidade da outra parte; de uma só peça com o propiciatório fareis os querubins nas duas extremidades dele.

²⁰ Os querubins estenderão as asas por cima, cobrindo com elas o propiciatório; estarão eles de faces voltadas uma para a outra, olhando para o propiciatório.

²¹ Porás o propiciatório em cima da arca; e dentro dela porás o Testemunho, que eu te darei.

²² Ali, virei a ti e, de cima do propiciatório, do meio dos dois querubins que estão sobre a arca do Testemunho, falarei contigo acerca de tudo o que eu te ordenar para os filhos de Israel.

A mesa
Êx 37.10-16

²³ Também farás a mesa de madeira de acácia; terá o comprimento de dois côvados, a largura, de um côvado, e a altura, de um côvado e meio;

²⁴ de ouro puro a cobrirás e lhe farás uma bordadura de ouro ao redor.

²⁵ Também lhe farás moldura ao redor, da largura de quatro dedos, e lhe farás uma bordadura de ouro ao redor da moldura.

²⁶ Também lhe farás quatro argolas de ouro; e porás as argolas nos quatro cantos, que estão nos seus quatro pés.

²⁷ Perto da moldura estarão as argolas, como lugares para os varais, para se levar a mesa.

²⁸ Farás, pois, estes varais de madeira de acácia e os cobrirás de ouro; por meio deles, se levará a mesa.

²⁹ Também farás os seus pratos, e os seus recipientes para incenso, e as suas galhetas, e as suas taças em que se hão de oferecer libações; de ouro puro os farás.

³⁰ Porás sobre a mesa os pães da proposição diante de mim perpetuamente.

O candelabro
Êx 37.17-24

³¹ Farás também um candelabro de ouro puro; de ouro batido se fará este candelabro; o seu pedestal, a sua hástea, os seus cálices, as suas maçanetas e as suas flores formarão com ele uma só peça.

³² Seis hásteas sairão dos seus lados: três de um lado e três do outro.

³³ Numa hástea, haverá três cálices com formato de amêndoas, uma maçaneta e uma flor; e três cálices, com formato de amêndoas na outra hástea, uma maçaneta e uma flor; assim serão as seis hásteas que saem do candelabro.

³⁴ Mas no candelabro mesmo haverá quatro cálices com formato de amêndoas, com suas maçanetas e com suas flores.

³⁵ Haverá uma maçaneta sob duas hásteas que saem dele; e ainda uma maçaneta sob duas outras hásteas que saem dele; e ainda mais uma maçaneta sob duas outras hásteas que saem dele; assim se fará com as seis hásteas que saem do candelabro.

³⁶ As suas maçanetas e as suas hásteas serão do mesmo; tudo será duma só peça, obra batida de ouro puro.

25.30 Lv 24.5-8.

37 Também lhe farás sete lâmpadas, as quais se acenderão para alumiar defronte dele.

38 As suas espevitadeiras e os seus apagadores serão de ouro puro.

39 De um talento de ouro puro se fará o candelabro com todos estes utensílios.

40 Vê, pois, que tudo faças segundo o modelo que te foi mostrado no monte.

As cortinas do tabernáculo
Êx 36.8-18

26 Farás o tabernáculo, que terá dez cortinas, de linho retorcido, estofo azul, púrpura e carmesim; com querubins, as farás de obra de artista.

2 O comprimento de cada cortina será de vinte e oito côvados, e a largura, de quatro côvados; todas as cortinas serão de igual medida.

3 Cinco cortinas serão ligadas umas às outras; e as outras cinco também ligadas umas às outras.

4 Farás laçadas de estofo azul na orla da cortina extrema do primeiro agrupamento; e de igual modo farás na orla da cortina extrema do segundo agrupamento.

5 Cinqüenta laçadas farás numa cortina, e cinqüenta, na outra cortina no extremo do segundo agrupamento; as laçadas serão contrapostas uma à outra.

6 Farás cinqüenta colchetes de ouro, com os quais prenderás as cortinas uma à outra; e o tabernáculo passará a ser um todo.

7 Farás também de pêlos de cabra cortinas para servirem de tenda sobre o tabernáculo; onze cortinas farás.

8 O comprimento de cada cortina será de trinta côvados, e a largura, de quatro côvados; as onze cortinas serão de igual medida.

9 Ajuntarás à parte cinco cortinas entre si, e de igual modo as seis restantes, a sexta das quais dobrarás na parte dianteira da tenda.

10 Farás cinqüenta laçadas na orla da cortina extrema do primeiro agrupamento e cinqüenta laçadas na orla da cortina extrema do segundo agrupamento.

11 Farás também cinqüenta colchetes de bronze, e meterás os colchetes nas laçadas, e ajuntarás a tenda, para que venha a ser um todo.

12 A parte que restar das cortinas da tenda, a saber, a meia cortina que sobrar, penderá às costas do tabernáculo.

13 O côvado de um lado e o côvado de outro lado, do que sobejar no comprimento das cortinas da tenda, penderão dum e doutro lado do tabernáculo para o cobrir.

A coberta de peles e as tábuas

14 Também farás de peles de carneiro tintas de vermelho uma coberta para a tenda e outra coberta de peles finas.

15 Farás também de madeira de acácia as tábuas para o tabernáculo, as quais serão colocadas verticalmente.

16 Cada uma das tábuas terá dez côvados de comprimento e côvado e meio de largura.

17 Cada tábua terá dois encaixes, travados um com o outro; assim farás com todas as tábuas do tabernáculo.

18 No preparar as tábuas para o tabernáculo, farás vinte delas para a banda do sul.

19 Farás também quarenta bases de prata debaixo das vinte tábuas: duas bases debaixo duma tábua para os seus dois encaixes e duas bases debaixo doutra tábua para os seus dois encaixes.

20 Também haverá vinte tábuas ao outro lado do tabernáculo, para a banda do norte,

21 com as suas quarenta bases de prata: duas bases debaixo de uma tábua e duas bases debaixo de outra tábua;

22 ao lado posterior do tabernáculo para o ocidente, farás seis tábuas.

23 Farás também duas tábuas para os cantos do tabernáculo, na parte posterior;

24 as quais, por baixo, estarão separadas, mas, em cima, se ajustarão à primeira argola; assim se fará com as duas tábuas; serão duas para cada um dos dois cantos.

25 Assim serão as oito tábuas com as suas bases de prata, dezesseis bases: duas bases debaixo duma tábua e duas debaixo doutra tábua.

26 Farás travessas de madeira de acácia; cinco para as tábuas dum lado do tabernáculo,

27 cinco para as tábuas do outro lado do tabernáculo e cinco para as tábuas do tabernáculo ao lado posterior que olha para o ocidente.

28 A travessa do meio passará ao meio das tábuas de uma extremidade à outra.

29 Cobrirás de ouro as tábuas e de ouro

25.40 At 7.44; Hb 8.5.

farás as suas argolas, pelas quais hão de passar as travessas; e cobrirás também de ouro as travessas.

³⁰ Levantarás o tabernáculo segundo o modelo que te foi mostrado no monte.

O véu e as colunas
Êx 36.35-38

³¹ Farás também um véu de estofo azul, e púrpura, e carmesim, e linho fino retorcido; com querubins, o farás de obra de artista.

³² Suspendê-lo-ás sobre quatro colunas de madeira de acácia, cobertas de ouro; os seus colchetes serão de ouro, sobre quatro bases de prata.

³³ Pendurarás o véu debaixo dos colchetes e trarás para lá a arca do Testemunho, para dentro do véu; o véu vos fará separação entre o Santo Lugar e o Santo dos Santos.

³⁴ Porás a coberta do propiciatório sobre a arca do Testemunho no Santo dos Santos.

³⁵ A mesa porás fora do véu e o candelabro, defronte da mesa, ao lado do tabernáculo, para o sul; e a mesa porás à banda do norte.

³⁶ Farás também para a porta da tenda um reposteiro de estofo azul, e púrpura, e carmesim, e linho fino retorcido, obra de bordador.

³⁷ Para este reposteiro farás cinco colunas de madeira de acácia e as cobrirás de ouro; os seus colchetes serão de ouro, e para elas fundirás cinco bases de bronze.

O altar do holocausto
Êx 38.1-7

27 Farás também o altar de madeira de acácia; de cinco côvados será o seu comprimento, e de cinco, a largura (será quadrado o altar), e de três côvados, a altura.

² Dos quatro cantos farás levantar-se quatro chifres, os quais formarão uma só peça com o altar; e o cobrirás de bronze.

³ Far-lhe-ás também recipientes para recolher a sua cinza, e pás, e bacias, e garfos, e braseiros; todos esses utensílios farás de bronze.

⁴ Far-lhe-ás também uma grelha de bronze em forma de rede, à qual farás quatro argolas de metal nos seus quatro cantos,

⁵ e as porás dentro do rebordo do altar para baixo, de maneira que a rede chegue até ao meio do altar.

⁶ Farás também varais para o altar, varais de madeira de acácia, e os cobrirás de bronze.

⁷ Os varais se meterão nas argolas, de um e de outro lado do altar, quando for levado.

⁸ Oco e de tábuas o farás; como se te mostrou no monte, assim o farão.

O átrio do tabernáculo
Êx 38.9-20

⁹ Farás também o átrio do tabernáculo; ao lado meridional (que dá para o sul), o átrio terá cortinas de linho fino retorcido; o comprimento de cada lado será de cem côvados.

¹⁰ Também as suas vinte colunas e as suas vinte bases serão de bronze; os ganchos das colunas e as suas vergas serão de prata.

¹¹ De igual modo, para o lado do norte ao comprido, haverá cortinas de cem côvados de comprimento; e as suas vinte colunas e as suas vinte bases serão de bronze; os ganchos das colunas e as suas vergas serão de prata.

¹² Na largura do átrio para o lado do ocidente, haverá cortinas de cinqüenta côvados; as colunas serão dez, e as suas bases, dez.

¹³ A largura do átrio do lado oriental (para o levante) será de cinqüenta côvados.

¹⁴ As cortinas para um lado da entrada serão de quinze côvados; as suas colunas serão três, e as suas bases, três.

¹⁵ Para o outro lado da entrada, haverá cortinas de quinze côvados; as suas colunas serão três, e as suas bases, três.

¹⁶ À porta do átrio, haverá um reposteiro de vinte côvados, de estofo azul, e púrpura, e carmesim, e linho fino retorcido, obra de bordador; as suas colunas serão quatro, e as suas bases, quatro.

¹⁷ Todas as colunas ao redor do átrio serão cingidas de vergas de prata; os seus ganchos serão de prata, mas as suas bases, de bronze.

¹⁸ O átrio terá cem côvados de comprimento, e cinqüenta de largura por toda banda, e cinco de alto; as suas cortinas serão de linho fino retorcido, e as suas bases, de bronze.

¹⁹ Todos os utensílios do tabernáculo em todo o seu serviço, e todas as suas estacas, e todas as estacas do átrio serão de bronze.

O azeite para o candelabro
Lv 24.1-4

20 Ordenarás aos filhos de Israel que te tragam azeite puro de oliveira, batido, para o candelabro, para que haja lâmpada acesa continuamente.

21 Na tenda da congregação fora do véu, que está diante do Testemunho, Arão e seus filhos a conservarão em ordem, desde a tarde até pela manhã, perante o Senhor; estatuto perpétuo será este a favor dos filhos de Israel pelas suas gerações.

Deus escolhe Arão e seus filhos para sacerdotes
Êx 39.1-31

28 Faze também vir para junto de ti Arão, teu irmão, e seus filhos com ele, dentre os filhos de Israel, para me oficiarem como sacerdotes, a saber, Arão e seus filhos Nadabe, Abiú, Eleazar e Itamar.

2 Farás vestes sagradas para Arão, teu irmão, para glória e ornamento.

As vestes sacerdotais

3 Falarás também a todos os homens hábeis a quem enchi do espírito de sabedoria, que façam vestes para Arão para consagrá-lo, para que me ministre o ofício sacerdotal.

4 As vestes, pois, que farão são estas: um peitoral, uma estola sacerdotal, uma sobrepeliz, uma túnica bordada, mitra e cinto. Farão vestes sagradas para Arão, teu irmão, e para seus filhos, para me oficiarem como sacerdotes.

5 Tomarão ouro, estofo azul, púrpura, carmesim e linho fino

6 e farão a estola sacerdotal de ouro, e estofo azul, e púrpura, e carmesim, e linho fino retorcido, obra esmerada.

7 Terá duas ombreiras que se unam às suas duas extremidades, e assim se unirá.

8 E o cinto de obra esmerada, que estará sobre a estola sacerdotal, será de obra igual, da mesma obra de ouro, e estofo azul, e púrpura, e carmesim, e linho fino retorcido.

9 Tomarás duas pedras de ônix e gravarás nelas os nomes dos filhos de Israel:

10 seis de seus nomes numa pedra e os outros seis na outra pedra, segundo a ordem do seu nascimento.

11 Conforme a obra de lapidador, como lavores de sinete, gravarás as duas pedras com os nomes dos filhos de Israel; engastadas ao redor de ouro, as farás.

12 E porás as duas pedras nas ombreiras da estola sacerdotal, por pedras de memória aos filhos de Israel; e Arão levará os seus nomes sobre ambos os seus ombros, para memória diante do Senhor.

13 Farás também engastes de ouro

14 e duas correntes de ouro puro; obra de fieira as farás; e as correntes de fieira prenderás nos engastes.

15 Farás também o peitoral do juízo de obra esmerada, conforme a obra da estola sacerdotal o farás: de ouro, e estofo azul, e púrpura, e carmesim, e linho fino retorcido o farás.

16 Quadrado e duplo, será de um palmo o seu comprimento, e de um palmo, a sua largura.

17 Colocarás nele engaste de pedras, com quatro ordens de pedras: a ordem de sárdio, topázio e carbúnculo será a primeira ordem;

18 a segunda ordem será de esmeralda, safira e diamante;

19 a terceira ordem será de jacinto, ágata e ametista;

20 a quarta ordem será de berilo, ônix e jaspe; elas serão guarnecidas de ouro nos seus engastes.

21 As pedras serão conforme os nomes dos filhos de Israel, doze, segundo os seus nomes; serão esculpidas como sinetes, cada uma com o seu nome, para as doze tribos.

22 Para o peitoral farás correntes como cordas, de obra trançada de ouro puro.

23 Também farás para o peitoral duas argolas de ouro e porás as duas argolas nas extremidades do peitoral.

24 Então, meterás as duas correntes de ouro nas duas argolas, nas extremidades do peitoral.

25 As duas pontas das correntes prenderás nos dois engastes e as porás nas ombreiras da estola sacerdotal na frente dele.

26 Farás também duas argolas de ouro e as porás nas duas extremidades do peitoral, na sua orla interior junto à estola sacerdotal.

27 Farás também duas argolas de ouro e as porás nas duas ombreiras da estola sacerdotal, abaixo, na frente dele, perto da sua juntura, sobre o cinto de obra esmerada da estola sacerdotal.

28 E ligarão o peitoral com as suas argolas às argolas da estola sacerdotal por cima com uma fita azul, para que esteja sobre o

cinto da estola sacerdotal; e nunca o peitoral se separará da estola sacerdotal.

²⁹ Assim, Arão levará os nomes dos filhos de Israel no peitoral do juízo sobre o seu coração, quando entrar no santuário, para memória diante do SENHOR continuamente.

³⁰ Também porás no peitoral do juízo o Urim e o Tumim, para que estejam sobre o coração de Arão, quando entrar perante o SENHOR; assim, Arão levará o juízo dos filhos de Israel sobre o seu coração diante do SENHOR continuamente.

³¹ Farás também a sobrepeliz da estola sacerdotal toda de estofo azul.

³² No meio dela, haverá uma abertura para a cabeça; será debruada essa abertura, como a abertura de uma saia de malha, para que não se rompa.

³³ Em toda a orla da sobrepeliz, farás romãs de estofo azul, e púrpura, e carmesim; e campainhas de ouro no meio delas.

³⁴ Haverá em toda a orla da sobrepeliz uma campainha de ouro e uma romã, outra campainha de ouro e outra romã.

³⁵ Esta sobrepeliz estará sobre Arão quando ministrar, para que se ouça o seu sonido, quando entrar no santuário diante do SENHOR e quando sair; e isso para que não morra.

³⁶ Farás também uma lâmina de ouro puro e nela gravarás à maneira de gravuras de sinetes: Santidade ao SENHOR.

³⁷ Atá-la-ás com um cordão de estofo azul, de maneira que esteja na mitra; bem na frente da mitra estará.

³⁸ E estará sobre a testa de Arão, para que Arão leve a iniqüidade concernente às cousas santas que os filhos de Israel consagrarem em todas as ofertas de suas cousas santas; sempre estará sobre a testa de Arão, para que eles sejam aceitos perante o SENHOR.

³⁹ Tecerás, quadriculada, a túnica de linho fino e farás uma mitra de linho fino e um cinto de obra de bordador.

⁴⁰ Para os filhos de Arão farás túnicas, e cintos, e tiaras; fá-los-ás para glória e ornamento.

⁴¹ E, com isso, vestirás Arão, teu irmão, bem como seus filhos; e os ungirás, e consagrarás, e santificarás, para que me oficiem como sacerdotes.

⁴² Faze-lhes também calções de linho, para cobrirem a pele nua; irão da cintura às coxas.

⁴³ E estarão sobre Arão e sobre seus filhos, quando entrarem na tenda da congre-gação ou quando se chegarem ao altar para ministrar no santuário, para que não levem iniqüidade e morram; isto será estatuto perpétuo para ele e para sua posteridade depois dele.

O sacrifício e as cerimônias da consagração

Lv 8.1-36

29 Isto é o que lhes farás, para os consagrar, a fim de que me oficiem como sacerdotes: toma um novilho, e dois carneiros sem defeito,

² e pães asmos, e bolos asmos, amassados com azeite, e obreias asmas untadas com azeite; de flor de farinha de trigo os farás,

³ e os porás num cesto, e no cesto os trarás; trarás também o novilho e os dois carneiros.

⁴ Então, farás que Arão e seus filhos se cheguem à porta da tenda da congregação e os lavarás com água;

⁵ depois, tomarás as vestes, e vestirás Arão da túnica, da sobrepeliz, da estola sacerdotal e do peitoral, e o cingirás com o cinto de obra esmerada da estola sacerdotal;

⁶ por-lhe-ás a mitra na cabeça e sobre a mitra, a coroa sagrada.

⁷ Então, tomarás o óleo da unção e lho derramarás sobre a cabeça; assim o ungirás.

⁸ Farás, depois, que se cheguem os filhos de Arão, e os vestirás de túnicas,

⁹ e os cingirás com o cinto, Arão e seus filhos, e lhes atarás as tiaras, para que tenham o sacerdócio por estatuto perpétuo, e consagrarás Arão e seus filhos.

¹⁰ Farás chegar o novilho diante da tenda da congregação, e Arão e seus filhos porão as mãos sobre a cabeça dele.

¹¹ Imolarás o novilho perante o SENHOR, à porta da tenda da congregação.

¹² Depois, tomarás do sangue do novilho e o porás com o teu dedo sobre os chifres do altar; o restante do sangue derramá-lo-ás à base do altar.

¹³ Também tomarás toda a gordura que cobre as entranhas, o redenho do fígado, os dois rins e a gordura que está neles e queimá-los-ás sobre o altar;

¹⁴ mas a carne do novilho, a pele e os excrementos, queimá-los-ás fora do arraial; é sacrifício pelo pecado.

¹⁵ Depois, tomarás um carneiro, e Arão e seus filhos porão as mãos sobre a cabeça dele.

16 Imolarás o carneiro, e tomarás o seu sangue, e o jogarás sobre o altar ao redor;

17 partirás o carneiro em seus pedaços e, lavadas as entranhas e as pernas, pô-las-ás sobre os pedaços e sobre a cabeça.

18 Assim, queimarás todo o carneiro sobre o altar; é holocausto para o SENHOR, de aroma agradável; oferta queimada ao SENHOR.

19 Depois, tomarás o outro carneiro, e Arão e seus filhos porão as mãos sobre a cabeça dele.

20 Imolarás o carneiro, e tomarás do seu sangue, e o porás sobre a ponta da orelha direita de Arão e sobre a ponta da orelha direita de seus filhos, como também sobre o polegar da sua mão direita e sobre o polegar do seu pé direito; o restante do sangue jogarás sobre o altar ao redor.

21 Tomarás, então, do sangue sobre o altar e do óleo da unção e o aspergirás sobre Arão e suas vestes e sobre seus filhos e as vestes de seus filhos com ele; para que ele seja santificado, e as suas vestes, e também seus filhos e as vestes de seus filhos com ele.

22 Depois, tomarás do carneiro a gordura, a cauda gorda, a gordura que cobre as entranhas, o redenho do fígado, os dois rins, a gordura que está neles e a coxa direita, porque é carneiro da consagração;

23 e também um pão, um bolo de pão azeitado e uma obreia do cesto dos pães asmos que estão diante do SENHOR.

24 Todas estas cousas porás nas mãos de Arão e nas de seus filhos e, movendo-as de um lado para outro, as oferecerás como ofertas movidas perante o SENHOR.

25 Depois, as tomarás das suas mãos e as queimarás sobre o altar; é holocausto para o SENHOR, de agradável aroma, oferta queimada ao SENHOR.

26 Tomarás o peito do carneiro da consagração, que é de Arão, e, movendo-o de um lado para outro, o oferecerás como oferta movida perante o SENHOR; e isto será a tua porção.

27 Consagrarás o peito da oferta movida e a coxa da porção que foi movida, a qual se tirou do carneiro da consagração, que é de Arão e de seus filhos.

28 Isto será a obrigação perpétua dos filhos de Israel, devida a Arão e seus filhos, por ser a porção do sacerdote, oferecida, da parte dos filhos de Israel, dos sacrifícios pacíficos; é a sua oferta ao SENHOR.

29 As vestes santas de Arão passarão a seus filhos depois dele, para serem ungidos nelas e consagrados nelas.

30 Sete dias as vestirá o filho que for sacerdote em seu lugar, quando entrar na tenda da congregação para ministrar no santuário.

31 Tomarás o carneiro da consagração e cozerás a sua carne no lugar santo;

32 e Arão e seus filhos comerão a carne deste carneiro e o pão que está no cesto à porta da tenda da congregação

33 e comerão das cousas com que for feita a expiação, para consagrá-los e para santificá-los; o estranho não comerá delas, porque são santas.

34 Se sobrar alguma cousa da carne das consagrações ou do pão, até pela manhã, queimarás o que restar; não se comerá, porque é santo.

35 Assim, pois, farás a Arão e a seus filhos, conforme tudo o que te hei ordenado; por sete dias, os consagrarás.

36 Também cada dia prepararás um novilho como oferta pelo pecado para as expiações; e purificarás o altar, fazendo expiação por ele mediante oferta pelo pecado; e o ungirás para consagrá-lo.

37 Sete dias farás expiação pelo altar e o consagrarás; e o altar será santíssimo; tudo o que o tocar será santo.

Ofertas contínuas
Nm 28.1-8

38 Isto é o que oferecerás sobre o altar: dois cordeiros de um ano, cada dia, continuamente.

39 Um cordeiro oferecerás pela manhã e o outro, ao pôr-do-sol.

40 Com um cordeiro, a décima parte de um efa de flor de farinha, amassada com a quarta parte de um him de azeite batido; e, para libação, a quarta parte de um him de vinho;

41 o outro cordeiro oferecerás ao pôr-do-sol, como oferta de manjares, e a libação como de manhã, de aroma agradável, oferta queimada ao SENHOR.

42 Este será o holocausto contínuo por vossas gerações, à porta da tenda da congregação, perante o SENHOR, onde vos encontrarei, para falar contigo ali.

43 Ali, virei aos filhos de Israel, para que, por minha glória, sejam santificados,

44 e consagrarei a tenda da congregação e o altar; também santificarei Arão e seus

29.18 Ef 5.2; Fp 4.18.

filhos, para que me oficiem como sacerdotes.

⁴⁵ E habitarei no meio dos filhos de Israel e serei o seu Deus.

⁴⁶ E saberão que eu sou o SENHOR, seu Deus, que os tirou da terra do Egito, para habitar no meio deles; eu sou o SENHOR, seu Deus.

O altar do incenso
Êx 37.25-28

30 Farás também um altar para queimares nele o incenso; de madeira de acácia o farás.

² Terá um côvado de comprimento, e um de largura (será quadrado), e dois de alto; os chifres formarão uma só peça com ele.

³ De ouro puro o cobrirás, a parte superior, as paredes ao redor e os chifres; e lhe farás uma bordadura de ouro ao redor.

⁴ Também lhe farás duas argolas de ouro debaixo da bordadura; de ambos os lados as farás; nelas, se meterão os varais para se levar o altar.

⁵ De madeira de acácia farás os varais e os cobrirás de ouro.

⁶ Porás o altar defronte do véu que está diante da arca do Testemunho, diante do propiciatório que está sobre o Testemunho, onde me avistarei contigo.

⁷ Arão queimará sobre ele o incenso aromático; cada manhã, quando preparar as lâmpadas, o queimará.

⁸ Quando, ao crepúsculo da tarde, acender as lâmpadas, o queimará; será incenso contínuo perante o SENHOR, pelas vossas gerações.

⁹ Não oferecereis sobre ele incenso estranho, nem holocausto, nem ofertas de manjares; nem tampouco derramareis libações sobre ele.

¹⁰ Uma vez no ano, Arão fará expiação sobre os chifres do altar com o sangue da oferta pelo pecado; uma vez no ano, fará expiação sobre ele, pelas vossas gerações; santíssimo é ao SENHOR.

O pagamento do resgate

¹¹ Disse mais o SENHOR a Moisés:

¹² Quando fizeres recenseamento dos filhos de Israel, cada um deles dará ao SENHOR o resgate de si próprio, quando os contares; para que não haja entre eles praga nenhuma, quando os arrolares.

¹³ Todo aquele que passar ao arrolamento dará isto: metade de um siclo, segundo o siclo do santuário (este siclo é de vinte geras); a metade de um siclo é a oferta ao SENHOR.

¹⁴ Qualquer que entrar no arrolamento, de vinte anos para cima, dará a oferta ao SENHOR.

¹⁵ O rico não dará mais de meio siclo, nem o pobre, menos, quando derem a oferta ao SENHOR, para fazerdes expiação pelas vossas almas.

¹⁶ Tomarás o dinheiro das expiações dos filhos de Israel e o darás ao serviço da tenda da congregação; e será para memória aos filhos de Israel diante do SENHOR, para fazerdes expiação pelas vossas almas.

A bacia de bronze
Êx 38.8

¹⁷ Disse mais o SENHOR a Moisés:

¹⁸ Farás também uma bacia de bronze com o seu suporte de bronze, para lavar. Pô-la-ás entre a tenda da congregação e o altar e deitarás água nela.

¹⁹ Nela, Arão e seus filhos lavarão as mãos e os pés.

²⁰ Quando entrarem na tenda da congregação, lavar-se-ão com água, para que não morram; ou quando se chegarem ao altar para ministrar, para acender a oferta queimada ao SENHOR.

²¹ Lavarão, pois, as mãos e os pés, para que não morram; e isto lhes será por estatuto perpétuo, a ele e à sua posteridade, através de suas gerações.

O óleo da santa unção
Êx 37.29

²² Disse mais o SENHOR a Moisés:

²³ Tu, pois, toma das mais excelentes especiarias: de mirra fluida quinhentos siclos, de cinamomo odoroso a metade, a saber, duzentos e cinqüenta siclos, e de cálamo aromático duzentos e cinqüenta siclos,

²⁴ e de cássia quinhentos siclos, segundo o siclo do santuário, e de azeite de oliveira um him.

²⁵ Disto farás o óleo sagrado para a unção, o perfume composto segundo a arte do perfumista; este será o óleo sagrado da unção.

²⁶ Com ele ungirás a tenda da congregação, e a arca do Testemunho,

²⁷ e a mesa com todos os seus utensílios,

30.13 Êx 38.35,36; Mt 17.24.

e o candelabro com os seus utensílios, e o altar do incenso,

²⁸ e o altar do holocausto com todos os utensílios, e a bacia com o seu suporte.

²⁹ Assim consagrarás estas cousas, para que sejam santíssimas; tudo o que tocar nelas será santo.

³⁰ Também ungirás Arão e seus filhos e os consagrarás para que me oficiem como sacerdotes.

³¹ Dirás aos filhos de Israel: Este me será o óleo sagrado da unção nas vossas gerações.

³² Não se ungirá com ele o corpo do homem que não seja sacerdote, nem fareis outro semelhante, da mesma composição; é santo e será santo para vós outros.

³³ Qualquer que compuser óleo igual a este ou dele puser sobre um estranho será eliminado do seu povo.

O incenso sagrado

³⁴ Disse mais o SENHOR a Moisés: Toma substâncias odoríferas, estoraque, ônica e gálbano; estes arômatas com incenso puro, cada um de igual peso;

³⁵ e disto farás incenso, perfume segundo a arte do perfumista, temperado com sal, puro e santo.

³⁶ Uma parte dele reduzirás a pó e o porás diante do Testemunho na tenda da congregação, onde me avistarei contigo; será para vós outros santíssimo.

³⁷ Porém o incenso que fareis, segundo a composição deste, não o fareis para vós mesmos; santo será para o SENHOR.

³⁸ Quem fizer tal como este para o cheirar será eliminado do seu povo.

Os artífices da obra do tabernáculo
Êx 35.30-36.1

31 Disse mais o SENHOR a Moisés: ² Eis que chamei pelo nome a Bezalel, filho de Uri, filho de Hur, da tribo de Judá,

³ e o enchi do Espírito de Deus, de habilidade, de inteligência e de conhecimento, em todo artifício,

⁴ para elaborar desenhos e trabalhar em ouro, em prata, em bronze,

⁵ para lapidação de pedras de engaste, para entalho de madeira, para toda sorte de lavores.

⁶ Eis que lhe dei por companheiro Aoliabe, filho de Aisamaque, da tribo de Dã;

e dei habilidade a todos os homens hábeis, para que me façam tudo o que tenho ordenado:

⁷ a tenda da congregação, e a arca do Testemunho, e o propiciatório que está por cima dela, e todos os pertences da tenda;

⁸ e a mesa com os seus utensílios, e o candelabro de ouro puro com todos os seus utensílios, e o altar do incenso;

⁹ e o altar do holocausto com todos os seus utensílios e a bacia com seu suporte;

¹⁰ e as vestes finamente tecidas, e as vestes sagradas do sacerdote Arão, e as vestes de seus filhos, para oficiarem como sacerdotes;

¹¹ e o óleo da unção e o incenso aromático para o santuário; eles farão tudo segundo tenho ordenado.

O sábado santo e as duas tábuas do Testemunho

¹² Disse mais o SENHOR a Moisés:

¹³ Tu, pois, falarás aos filhos de Israel e lhes dirás: Certamente, guardareis os meus sábados; pois é sinal entre mim e vós nas vossas gerações; para que saibais que eu sou o SENHOR, que vos santifica.

¹⁴ Portanto, guardareis o sábado, porque é santo para vós outros; aquele que o profanar morrerá; pois qualquer que nele fizer alguma obra será eliminado do meio do seu povo.

¹⁵ Seis dias se trabalhará, porém o sétimo dia é o sábado do repouso solene, santo ao SENHOR; qualquer que no dia do sábado fizer alguma obra morrerá.

¹⁶ Pelo que os filhos de Israel guardarão o sábado, celebrando-o por aliança perpétua nas suas gerações.

¹⁷ Entre mim e os filhos de Israel é sinal para sempre; porque, em seis dias, fez o SENHOR os céus e a terra, e, ao sétimo dia, descansou, e tomou alento.

¹⁸ E, tendo acabado de falar com ele no monte Sinai, deu a Moisés as duas tábuas do Testemunho, tábuas de pedra, escritas pelo dedo de Deus.

O bezerro de ouro
Dt 9.6-21

32 Mas, vendo o povo que Moisés tardava em descer do monte, acercou-se de Arão e lhe disse: Levanta-te, faze-nos deuses que vão adiante de nós; pois, quanto a este Moisés, o homem que nos tirou do Egito, não sabemos o que lhe terá sucedido.

31.15 Êx 20.8-11; Dt 5.12-15.   **32.1-6** At 7.39-41.

² Disse-lhes Arão: Tirai as argolas de ouro das orelhas de vossas mulheres, vossos filhos e vossas filhas e trazei-mas.

³ Então, todo o povo tirou das orelhas as argolas e as trouxe a Arão.

⁴ Este, recebendo-as das suas mãos, trabalhou o ouro com buril e fez dele um bezerro fundido. Então, disseram: São estes, ó Israel, os teus deuses, que te tiraram da terra do Egito.

⁵ Arão, vendo isso, edificou um altar diante dele e, apregoando, disse: Amanhã, será festa ao SENHOR.

⁶ No dia seguinte, madrugaram, e ofereceram holocaustos, e trouxeram ofertas pacíficas; e o povo assentou-se para comer e beber e levantou-se para divertir-se.

⁷ Então, disse o SENHOR a Moisés: Vai, desce; porque o teu povo, que fizeste sair do Egito, se corrompeu

⁸ e depressa se desviou do caminho que lhe havia eu ordenado; fez para si um bezerro fundido, e o adorou, e lhe sacrificou, e diz: São estes, ó Israel, os teus deuses, que te tiraram da terra do Egito.

⁹ Disse mais o SENHOR a Moisés: Tenho visto este povo, e eis que é povo de dura cerviz.

¹⁰ Agora, pois, deixa-me, para que se acenda contra eles o meu furor, e eu os consuma; e de ti farei uma grande nação.

Moisés intercede pelo povo
Êx 32.30-35; Dt 9.25-29

¹¹ Porém Moisés suplicou ao SENHOR, seu Deus, e disse: Por que se acende, SENHOR, a tua ira contra o teu povo, que tiraste da terra do Egito com grande fortaleza e poderosa mão?

¹² Por que hão de dizer os egípcios: Com maus intentos os tirou, para matá-los nos montes e para consumi-los da face da terra? Torna-te do furor da tua ira e arrepende-te deste mal contra o teu povo.

¹³ Lembra-te de Abraão, de Isaque e de Israel, teus servos, aos quais por ti mesmo tens jurado e lhes disseste: Multiplicarei a vossa descendência, como as estrelas do céu, e toda esta terra de que tenho falado, dá-la-ei à vossa descendência, para que a possuam por herança eternamente.

¹⁴ Então, se arrependeu o SENHOR do mal que dissera havia de fazer ao povo.

¹⁵ E, voltando-se, desceu Moisés do monte com as duas tábuas do Testemunho nas mãos, tábuas escritas de ambas as bandas; de uma e de outra banda estavam escritas.

¹⁶ As tábuas eram obra de Deus; também a escritura era a mesma escritura de Deus, esculpida nas tábuas.

¹⁷ Ouvindo Josué a voz do povo que gritava, disse a Moisés: Há alarido de guerra no arraial.

¹⁸ Respondeu-lhe Moisés: Não é alarido dos vencedores nem alarido dos vencidos, mas alarido dos que cantam é o que ouço.

¹⁹ Logo que se aproximou do arraial, viu ele o bezerro e as danças; então, acendendo-se-lhe a ira, arrojou das mãos as tábuas e quebrou-as ao pé do monte;

²⁰ e, pegando no bezerro que tinham feito, queimou-o, e o reduziu a pó, que espalhou sobre a água, e deu de beber aos filhos de Israel.

²¹ Depois, perguntou Moisés a Arão: Que te fez este povo, que trouxeste sobre ele tamanho pecado?

²² Respondeu-lhe Arão: Não se acenda a ira do meu senhor; tu sabes que o povo é propenso para o mal.

²³ Pois me disseram: Faze-nos deuses que vão adiante de nós; pois, quanto a este Moisés, o homem que nos tirou da terra do Egito, não sabemos o que lhe terá acontecido.

²⁴ Então, eu lhes disse: quem tem ouro, tire-o. Deram-mo; e eu o lancei no fogo, e saiu este bezerro.

Moisés manda matar os idólatras

²⁵ Vendo Moisés que o povo estava desenfreado, pois Arão o deixara à solta para vergonha no meio dos seus inimigos,

²⁶ pôs-se em pé à entrada do arraial e disse: Quem é do SENHOR venha até mim. Então, se ajuntaram a ele todos os filhos de Levi,

²⁷ aos quais disse: Assim diz o SENHOR, o Deus de Israel: Cada um cinja a espada sobre o lado, passai e tornai a passar pelo arraial de porta em porta, e mate cada um a seu irmão, cada um, a seu amigo, e cada um, a seu vizinho.

²⁸ E fizeram os filhos de Levi segundo a palavra de Moisés; e caíram do povo, naquele dia, uns três mil homens.

²⁹ Pois Moisés dissera: Consagrai-vos, hoje, ao SENHOR; cada um contra o seu filho e contra o seu irmão, para que ele vos conceda, hoje, bênção.

32.6 1Co 10.7.   32.13 Gn 22.16,17; 17.8.

Moisés intercede pelo povo
Êx 32.11-14; Dt 9.25-29

30 No dia seguinte, disse Moisés ao povo: Vós cometestes grande pecado; agora, porém, subirei ao SENHOR e, porventura, farei propiciação pelo vosso pecado.
31 Tornou Moisés ao SENHOR e disse: Ora, o povo cometeu grande pecado, fazendo para si um deus de ouro.
32 Agora, pois, perdoa-lhe o pecado; ou, se não, risca-me, peço-te, do livro que escreveste.
33 Então, disse o SENHOR a Moisés: Riscarei do meu livro todo aquele que pecar contra mim.
34 Vai, pois, agora, e conduze o povo para onde te disse; eis que o meu Anjo irá adiante de ti; porém, no dia da minha visitação, vingarei, neles, o seu pecado.
35 Feriu, pois, o SENHOR ao povo, porque fizeram o bezerro que Arão fabricara.

O Anjo de Deus irá adiante do povo

33 Disse o SENHOR a Moisés: Vai, sobe daqui, tu e o povo que tiraste da terra do Egito, para a terra a respeito da qual jurei a Abraão, a Isaque e a Jacó, dizendo: à tua descendência a darei.
2 Enviarei o Anjo adiante de ti; lançarei fora os cananeus, os amorreus, os heteus, os ferezeus, os heveus e os jebuseus.
3 Sobe para uma terra que mana leite e mel; eu não subirei no meio de ti, porque és povo de dura cerviz, para que te não consuma eu no caminho.
4 Ouvindo o povo estas más notícias, pôs-se a prantear, e nenhum deles vestiu seus atavios.
5 Porquanto o SENHOR tinha dito a Moisés: Dize aos filhos de Israel: És povo de dura cerviz; se por um momento eu subir no meio de ti, te consumirei; tira, pois, de ti os atavios, para que eu saiba o que te hei de fazer.
6 Então, os filhos de Israel tiraram de si os seus atavios desde o monte Horebe em diante.
7 Ora, Moisés costumava tomar a tenda e armá-la para si, fora, bem longe do arraial; e lhe chamava a tenda da congregação. Todo aquele que buscava ao SENHOR saía à tenda da congregação, que estava fora do arraial.
8 Quando Moisés saía para a tenda, fora, todo o povo se erguia, cada um em pé

à porta da sua tenda, e olhavam pelas costas, até entrar ele na tenda.
9 Uma vez dentro Moisés da tenda, descia a coluna de nuvem e punha-se à porta da tenda; e o SENHOR falava com Moisés.
10 Todo o povo via a coluna de nuvem que se detinha à porta da tenda; todo o povo se levantava, e cada um, à porta da sua tenda, adorava ao SENHOR.
11 Falava o SENHOR a Moisés face a face, como qualquer fala a seu amigo; então, voltava Moisés para o arraial, porém o moço Josué, seu servidor, filho de Num, não se apartava da tenda.

Moisés roga a Deus a sua presença

12 Disse Moisés ao SENHOR: Tu me dizes: Faze subir este povo, porém não me deste saber a quem hás de enviar comigo; contudo, disseste: Conheço-te pelo teu nome; também achaste graça aos meus olhos.
13 Agora, pois, se achei graça aos teus olhos, rogo-te que me faças saber neste momento o teu caminho, para que eu te conheça e ache graça aos teus olhos; e considera que esta nação é teu povo.
14 Respondeu-lhe: A minha presença irá contigo, e eu te darei descanso.
15 Então, lhe disse Moisés: Se a tua presença não vai comigo, não nos faças subir deste lugar.
16 Pois como se há de saber que achamos graça aos teus olhos, eu e o teu povo? Não é, porventura, em andares conosco, de maneira que somos separados, eu e o teu povo, de todos os povos da terra?

Moisés roga a Deus que lhe mostre a sua glória

17 Disse o SENHOR a Moisés: Farei também isto que disseste; porque achaste graça aos meus olhos, e eu te conheço pelo teu nome.
18 Então, ele disse: Rogo-te que me mostres a tua glória.
19 Respondeu-lhe: Farei passar toda a minha bondade diante de ti e te proclamarei o nome do SENHOR; terei misericórdia de quem eu tiver misericórdia e me compadecerei de quem eu me compadecer.
20 E acrescentou: Não me poderás ver a face, porquanto homem nenhum verá a minha face e viverá.
21 Disse mais o SENHOR: Eis aqui um lugar junto a mim; e tu estarás sobre a penha.

²² Quando passar a minha glória, eu te porei numa fenda da penha e com a mão te cobrirei, até que eu tenha passado.

²³ Depois, em tirando eu a mão, tu me verás pelas costas; mas a minha face não se verá.

As segundas tábuas da lei
Dt 10.1-5

34 Então, disse o SENHOR a Moisés: Lavra duas tábuas de pedra, como as primeiras; e eu escreverei nelas as mesmas palavras que estavam nas primeiras tábuas, que quebraste.

² E prepara-te para amanhã, para que subas, pela manhã, ao monte Sinai e ali te apresentes a mim no cume do monte.

³ Ninguém suba contigo, ninguém apareça em todo o monte; nem ainda ovelhas nem gado se apascentem defronte dele.

⁴ Lavrou, pois, Moisés duas tábuas de pedra, como as primeiras; e, levantando-se pela manhã de madrugada, subiu ao monte Sinai, como o SENHOR lhe ordenara, levando nas mãos as duas tábuas de pedra.

⁵ Tendo o SENHOR descido na nuvem, ali esteve junto dele e proclamou o nome do SENHOR.

⁶ E, passando o SENHOR por diante dele, clamou: SENHOR, SENHOR Deus compassivo, clemente e longânimo e grande em misericórdia e fidelidade;

⁷ que guarda a misericórdia em mil gerações, que perdoa a iniqüidade, a transgressão e o pecado, ainda que não inocenta o culpado, e visita a iniqüidade dos pais nos filhos e nos filhos dos filhos, até à terceira e quarta geração.

⁸ E, imediatamente, curvando-se Moisés para a terra, o adorou;

⁹ e disse: Senhor, se, agora, achei graça aos teus olhos, segue em nosso meio conosco; porque este povo é de dura cerviz. Perdoa a nossa iniqüidade e o nosso pecado e toma-nos por tua herança.

Deus faz uma aliança e admoesta contra a infidelidade
Dt 7.1-5

¹⁰ Então, disse: Eis que faço uma aliança; diante de todo o teu povo farei maravilhas que nunca se fizeram em toda a terra, nem entre nação alguma, de maneira que todo este povo, em cujo meio tu estás, veja a obra do SENHOR; porque cousa terrível é o que faço contigo.

¹¹ Guarda o que eu te ordeno hoje: eis que lançarei fora da tua presença os amorreus, os cananeus, os heteus, os ferezeus, os heveus e os jebuseus.

¹² Abstém-te de fazer aliança com os moradores da terra para onde vais, para que te não sejam por cilada.

¹³ Mas derribareis os seus altares, quebrareis as suas colunas e cortareis os seus postes-ídolos

¹⁴ (porque não adorarás outro deus; pois o nome do SENHOR é Zeloso; sim, Deus zeloso é ele);

¹⁵ para que não faças aliança com os moradores da terra; não suceda que, em se prostituindo eles com os deuses e lhes sacrificando, alguém te convide, e comas dos seus sacrifícios

¹⁶ e tomes mulheres das suas filhas para os teus filhos, e suas filhas, prostituindo-se com seus deuses, façam que também os teus filhos se prostituam com seus deuses.

¹⁷ Não farás para ti deuses fundidos.

As três festas
Êx 23.14-19; Lv 23.4-21,33-44; Dt 16.1-17

¹⁸ Guardarás a Festa dos Pães Asmos; sete dias comerás pães asmos, como te ordenei, no tempo indicado no mês de abibe; porque no mês de abibe saíste do Egito.

¹⁹ Todo o que abre a madre é meu; também de todo o teu gado, sendo macho, o que abre a madre de vacas e de ovelhas.

²⁰ O jumento, porém, que abrir a madre, resgatá-lo-ás com cordeiro; mas, se o não resgatares, será desnucado. Remirás todos os primogênitos de teus filhos. Ninguém aparecerá diante de mim de mãos vazias.

²¹ Seis dias trabalharás, mas, ao sétimo dia, descansarás, quer na aradura, quer na sega.

²² Também guardarás a Festa das Semanas, que é a das primícias da sega do trigo, e a Festa da Colheita no fim do ano.

²³ Três vezes no ano, todo homem entre ti aparecerá perante o SENHOR Deus, Deus de Israel.

²⁴ Porque lançarei fora as nações de diante de ti e alargarei o teu território; ninguém cobiçará a tua terra quando subires para comparecer na presença do SENHOR, teu Deus, três vezes no ano.

34.6 Nm 14.18.   **34.7** Êx 20.5,6; Dt 5.9,10; 7.9.   **34.17** Êx 20.4; Lv 19.4; Dt 5.8; 27.15.   **34.18** Êx 12.14-20; Nm 28.16-25.   **34.19,20** Êx 13.2,11-15.   **34.21** Êx 20.8-11; 31.15; 35.2; Dt 5.12-15.

²⁵ Não oferecerás o sangue do meu sacrifício com pão levedado; nem ficará o sacrifício da Festa da Páscoa da noite para a manhã.

²⁶ As primícias dos primeiros frutos da tua terra trarás à Casa do Senhor, teu Deus. Não cozerás o cabrito no leite da sua própria mãe.

²⁷ Disse mais o Senhor a Moisés: Escreve estas palavras, porque, segundo o teor destas palavras, fiz aliança contigo e com Israel.

²⁸ E, ali, esteve com o Senhor quarenta dias e quarenta noites; não comeu pão, nem bebeu água; e escreveu nas tábuas as palavras da aliança, as dez palavras.

O rosto de Moisés resplandece

²⁹ Quando desceu Moisés do monte Sinai, tendo nas mãos as duas tábuas do Testemunho, sim, quando desceu do monte, não sabia Moisés que a pele do seu rosto resplandecia, depois de haver Deus falado com ele.

³⁰ Olhando Arão e todos os filhos de Israel para Moisés, eis que resplandecia a pele do seu rosto; e temeram chegar-se a ele.

³¹ Então, Moisés os chamou; Arão e todos os príncipes da congregação tornaram a ele, e Moisés lhes falou.

³² Depois, vieram também todos os filhos de Israel, aos quais ordenou ele tudo o que o Senhor lhe falara no monte Sinai.

³³ Tendo Moisés acabado de falar com eles, pôs um véu sobre o rosto.

³⁴ Porém, vindo Moisés perante o Senhor para falar-lhe, removia o véu até sair; e, saindo, dizia aos filhos de Israel tudo o que lhe tinha sido ordenado.

³⁵ Assim, pois, viam os filhos de Israel o rosto de Moisés, viam que a pele do seu rosto resplandecia; porém Moisés cobria de novo o rosto com o véu até entrar a falar com ele.

O sábado

35 Tendo Moisés convocado toda a congregação dos filhos de Israel, disse-lhes: São estas as palavras que o Senhor ordenou que se cumprissem:

² Trabalhareis seis dias, mas o sétimo dia vos será santo, o sábado do repouso solene ao Senhor; quem nele trabalhar morrerá.

³ Não acendereis fogo em nenhuma das vossas moradas no dia do sábado.

Deus manda trazer ofertas para o tabernáculo
Êx 25.1-9

⁴ Disse mais Moisés a toda a congregação dos filhos de Israel: Esta é a palavra que o Senhor ordenou, dizendo:

⁵ Tomai, do que tendes, uma oferta para o Senhor; cada um, de coração disposto, voluntariamente a trará por oferta ao Senhor: ouro, prata, bronze,

⁶ estofo azul, púrpura, carmesim, linho fino, pêlos de cabra,

⁷ peles de carneiro tintas de vermelho, peles finas, madeira de acácia,

⁸ azeite para a iluminação, especiarias para o óleo da unção e para o incenso aromático,

⁹ pedras de ônix e pedras de engaste para a estola sacerdotal e para o peitoral.

Os utensílios do tabernáculo
Êx 39.32-43

¹⁰ Venham todos os homens hábeis entre vós e façam tudo o que o Senhor ordenou:

¹¹ o tabernáculo com sua tenda e a sua coberta, os seus ganchos, as suas tábuas, as suas vergas, as suas colunas e as suas bases;

¹² a arca e os seus varais, o propiciatório e o véu do reposteiro;

¹³ a mesa e os seus varais, e todos os seus utensílios, e os pães da proposição;

¹⁴ o candelabro da iluminação, e os seus utensílios, e as suas lâmpadas, e o azeite para a iluminação;

¹⁵ o altar do incenso e os seus varais, e o óleo da unção, e o incenso aromático, e o reposteiro da porta à entrada do tabernáculo;

¹⁶ o altar do holocausto e a sua grelha de bronze, os seus varais e todos os seus utensílios, a bacia e o seu suporte;

¹⁷ as cortinas do átrio, e as suas colunas, e as suas bases, e o reposteiro da porta do átrio;

¹⁸ as estacas do tabernáculo, e as estacas do átrio, e as suas cordas;

¹⁹ as vestes do ministério para ministrar no santuário, as vestes santas do sacerdote Arão e as vestes de seus filhos, para oficiarem como sacerdotes.

34.25 Êx 12.10. **34.26** Dt 26.2; 14.21. **34.29-35** 2Co 3.7-16. **35.2,3** Êx 20.8-11; 23.12; 31.15; 34.21; Lv 23.3; Dt 5.12-15.

A prontidão do povo em trazer ofertas

²⁰ Então, toda a congregação dos filhos de Israel saiu da presença de Moisés,
²¹ e veio todo homem cujo coração o moveu e cujo espírito o impeliu e trouxe a oferta ao Senhor para a obra da tenda da congregação, e para todo o seu serviço, e para as vestes sagradas.

²² Vieram homens e mulheres, todos dispostos de coração; trouxeram fivelas, pendentes, anéis, braceletes, todos os objetos de ouro; todo homem fazia oferta de ouro ao Senhor;

²³ e todo homem possuidor de estofo azul, púrpura, carmesim, linho fino, pêlos de cabra, peles de carneiro tintas de vermelho e peles de animais marinhos os trazia.

²⁴ Todo aquele que fazia oferta de prata ou de bronze por oferta ao Senhor a trazia; e todo possuidor de madeira de acácia para toda obra do serviço a trazia.

²⁵ Todas as mulheres hábeis traziam o que, por suas próprias mãos, tinham fiado: estofo azul, púrpura, carmesim e linho fino.

²⁶ E todas as mulheres cujo coração as moveu em habilidade fiavam os pêlos de cabra.

²⁷ Os príncipes traziam pedras de ônix, e pedras de engaste para a estola sacerdotal e para o peitoral,

²⁸ e os arômatas, e o azeite para a iluminação, e para o óleo da unção, e para o incenso aromático.

²⁹ Os filhos de Israel trouxeram oferta voluntária ao Senhor, a saber, todo homem e mulher cujo coração os dispôs para trazerem uma oferta para toda a obra que o Senhor tinha ordenado se fizesse por intermédio de Moisés.

Deus chama a Bezalel e a Aoliabe
Êx 31.1-11

³⁰ Disse Moisés aos filhos de Israel: Eis que o Senhor chamou pelo nome a Bezalel, filho de Uri, filho de Hur, da tribo de Judá,

³¹ e o Espírito de Deus o encheu de habilidade, inteligência e conhecimento em todo artifício,

³² e para elaborar desenhos e trabalhar em ouro, em prata, em bronze,

³³ e para lapidação de pedras de engaste, e para entalho de madeira, e para toda sorte de lavores.

³⁴ Também lhe dispôs o coração para ensinar a outrem, a ele e a Aoliabe, filho de Aisamaque, da tribo de Dã.

³⁵ Encheu-os de habilidade para fazer toda obra de mestre, até a mais engenhosa, e a do bordador em estofo azul, em púrpura, em carmesim e em linho fino, e a do tecelão, sim, toda sorte de obra e a elaborar desenhos.

36 Assim, trabalharam Bezalel, e Aoliabe, e todo homem hábil a quem o Senhor dera habilidade e inteligência para saberem fazer toda obra para o serviço do santuário, segundo tudo o que o Senhor havia ordenado.

Moisés entrega aos obreiros as ofertas do povo

² Moisés chamou a Bezalel, e a Aoliabe, e a todo homem hábil em cujo coração o Senhor tinha posto sabedoria, isto é, a todo homem cujo coração o impeliu a se chegar à obra para fazê-la.

³ Estes receberam de Moisés todas as ofertas que os filhos de Israel haviam trazido para a obra do serviço do santuário, para fazê-la; e, ainda, cada manhã o povo trazia a Moisés ofertas voluntárias.

⁴ Então, deixando cada um a obra que fazia, vieram todos os homens sábios que se ocupavam em toda a obra do santuário

⁵ e disseram a Moisés: O povo traz muito mais do que é necessário para o serviço da obra que o Senhor ordenou se fizesse.

⁶ Então, ordenou Moisés — e a ordem foi proclamada no arraial, dizendo: Nenhum homem ou mulher faça mais obra alguma para a oferta do santuário. Assim, o povo foi proibido de trazer mais.

⁷ Porque o material que tinham era suficiente para toda a obra que se devia fazer e ainda sobejava.

As cortinas do tabernáculo
Êx 26.1-13

⁸ Assim, todos os homens hábeis, entre os que faziam a obra, fizeram o tabernáculo com dez cortinas de linho fino retorcido, estofo azul, púrpura e carmesim com querubins; de obra de artista as fizeram.

⁹ O comprimento de cada cortina era de vinte e oito côvados, e a largura, de quatro côvados; todas as cortinas eram de igual medida.

¹⁰ Cinco cortinas eram ligadas uma à outra; e as outras cinco também ligadas uma à outra.

¹¹ Fizeram laçadas de estofo azul na orla da cortina, que estava na extremidade do primeiro agrupamento; e de igual modo fizeram na orla da cortina, que estava na extremidade do segundo agrupamento.

¹² Cinqüenta laçadas fizeram numa cortina, e cinqüenta, na outra cortina na extremidade do segundo agrupamento; as laçadas eram contrapostas uma à outra.

¹³ Fizeram cinqüenta colchetes de ouro, com os quais prenderam as cortinas uma à outra; e o tabernáculo passou a ser um todo.

¹⁴ Fizeram também de pêlos de cabra cortinas para servirem de tenda sobre o tabernáculo; fizeram onze cortinas.

¹⁵ O comprimento de cada cortina era de trinta côvados, e a largura, de quatro côvados; as onze cortinas eram de igual medida.

¹⁶ Ajuntaram à parte cinco cortinas entre si e, de igual modo, as seis restantes.

¹⁷ E fizeram cinqüenta laçadas na orla da cortina, que estava na extremidade do primeiro agrupamento.

¹⁸ Fizeram também cinqüenta colchetes de bronze para ajuntar a tenda, para que viesse a ser um todo.

¹⁹ Fizeram também de peles de carneiro tintas de vermelho uma coberta para a tenda e outra coberta de peles finas.

A coberta de peles e as tábuas
Êx 26.14-30

²⁰ Fizeram também de madeira de acácia as tábuas para o tabernáculo, as quais eram colocadas verticalmente.

²¹ Cada uma das tábuas tinha dez côvados de comprimento e côvado e meio de largura.

²² Cada tábua tinha dois encaixes, travados um com o outro; assim fizeram com todas as tábuas do tabernáculo.

²³ No preparar as tábuas para o tabernáculo, fizeram vinte delas para a banda do sul.

²⁴ Fizeram também quarenta bases de prata debaixo das vinte tábuas: duas bases debaixo duma tábua para os seus dois encaixes e duas bases debaixo de outra tábua para os seus dois encaixes.

²⁵ Também fizeram vinte tábuas ao outro lado do tabernáculo, para a banda do norte,

²⁶ com as suas quarenta bases de prata: duas bases debaixo de uma tábua e duas bases debaixo de outra tábua;

²⁷ ao lado do tabernáculo para o ocidente, fizeram seis tábuas.

²⁸ Fizeram também duas tábuas para os cantos do tabernáculo de ambos os lados,

²⁹ as quais, por baixo, estavam separadas, mas, em cima, se ajustavam à primeira argola; assim se fez com as duas tábuas nos dois cantos.

³⁰ Assim eram as oito tábuas com as suas bases de prata, dezesseis bases: duas bases debaixo duma tábua e duas debaixo de outra tábua.

³¹ Fizeram também travessas de madeira de acácia; cinco para as tábuas dum lado do tabernáculo,

³² cinco para as tábuas do outro lado do tabernáculo e cinco para as tábuas do tabernáculo, ao lado posterior, que olha para o ocidente.

³³ A travessa do meio passava ao meio das tábuas, de uma extremidade à outra.

³⁴ Cobriram de ouro as tábuas e de ouro fizeram as suas argolas, pelas quais passavam as travessas; e cobriram também de ouro as travessas.

O véu e as colunas
Êx 26.31-37

³⁵ Fizeram também o véu de estofo azul, púrpura, carmesim e linho fino retorcido; com querubins o fizeram de obra de artista.

³⁶ E fizeram-lhe quatro colunas de madeira de acácia, cobertas de ouro; os seus colchetes eram de ouro, sobre quatro bases de prata.

³⁷ Fizeram também para a porta da tenda um reposteiro de estofo azul, púrpura, carmesim e linho fino retorcido, obra de bordador,

³⁸ e as suas cinco colunas, e os seus colchetes; as suas cabeças e as suas molduras cobriram de ouro, mas as suas cinco bases eram de bronze.

A arca
Êx 25.10-15

37 Fez também Bezalel a arca de madeira de acácia; de dois côvados e meio era o seu comprimento, de um côvado e meio, a largura, e, de um côvado e meio, a altura.

² De ouro puro a cobriu; por dentro e por fora a cobriu e fez uma bordadura de ouro ao redor.

³ Fundiu para ela quatro argolas de ouro e as pôs nos quatro cantos da arca: duas

argolas num lado dela e duas argolas noutro lado.

⁴ Fez também varais de madeira de acácia e os cobriu de ouro;

⁵ meteu os varais nas argolas aos lados da arca, para se levar por meio deles a arca.

O propiciatório
Êx 25.17-22

⁶ Fez também o propiciatório de ouro puro; de dois côvados e meio era o seu comprimento, e a largura, de um côvado e meio.

⁷ Fez também dois querubins de ouro; de ouro batido os fez, nas duas extremidades do propiciatório.

⁸ Um querubim, na extremidade de uma parte, e o outro, na extremidade da outra parte; de uma só peça com o propiciatório fez os querubins nas duas extremidades dele.

⁹ Os querubins estendiam as asas por cima, cobrindo com elas o propiciatório; estavam eles de faces voltadas uma para a outra, olhando para o propiciatório.

A mesa
Êx 25.23-30

¹⁰ Fez também a mesa de madeira de acácia; tinha o comprimento de dois côvados, a largura de um côvado, e a altura de um côvado e meio.

¹¹ De ouro puro a cobriu e lhe fez uma bordadura de ouro ao redor.

¹² Também lhe fez moldura ao redor, na largura de quatro dedos, e lhe fez uma bordadura de ouro ao redor da moldura.

¹³ Também lhe fundiu quatro argolas de ouro e pôs as argolas nos quatro cantos que estavam nos seus quatro pés.

¹⁴ Perto da moldura estavam as argolas, como lugares para os varais, para se levar a mesa.

¹⁵ Fez os varais de madeira de acácia e os cobriu de ouro, para se levar a mesa.

¹⁶ Também fez de ouro puro os utensílios que haviam de estar sobre a mesa: os seus pratos, e os seus recipientes para incenso, e as suas galhetas, e as suas taças em que se haviam de oferecer libações.

O candelabro
Êx 25.31-39

¹⁷ Fez também o candelabro de ouro puro; de ouro batido o fez; o seu pedestal, a sua hástea, os seus cálices, as suas maçane-

tas e as suas flores formavam com ele uma só peça.

¹⁸ Seis hásteas saíam dos seus lados; três de um lado e três do outro.

¹⁹ Numa hástea havia três cálices com formato de amêndoas, uma maçaneta e uma flor; e três cálices com formato de amêndoas na outra hástea, uma maçaneta e uma flor; assim eram as seis hásteas que saíam do candelabro.

²⁰ Mas no candelabro mesmo havia quatro cálices com formato de amêndoas, com suas maçanetas e com suas flores.

²¹ Havia uma maçaneta sob duas hásteas que saíam dele; e ainda uma maçaneta sob duas outras hásteas que saíam dele; e ainda mais uma maçaneta sob duas outras hásteas que saíam dele; assim se fez com as seis hásteas que saíam do candelabro.

²² As suas maçanetas e as suas hásteas eram do mesmo; tudo era duma só peça, obra batida de ouro puro.

²³ Também lhe fez sete lâmpadas; as suas espevitadeiras e os seus apagadores eram de ouro puro.

²⁴ De um talento de ouro puro se fez o candelabro com todos os seus utensílios.

O altar do incenso
Êx 30.1-10

²⁵ Fez de madeira de acácia o altar do incenso; tinha um côvado de comprimento, e um de largura (era quadrado), e dois de altura; os chifres formavam uma só peça com ele.

²⁶ De ouro puro o cobriu, a parte superior, as paredes ao redor e os chifres; e lhe fez uma bordadura de ouro ao redor.

²⁷ Também lhe fez duas argolas de ouro debaixo da bordadura, de ambos os lados as fez; nelas, se meteram os varais para se levar o altar;

²⁸ de madeira de acácia fez os varais e os cobriu de ouro.

O óleo sagrado e o incenso santo
Êx 30.22-38

²⁹ Fez também o óleo santo da unção e o incenso aromático, puro, de obra de perfumista.

O altar do holocausto
Êx 27.1-8

38 Fez também o altar do holocausto de madeira de acácia; de cinco côvados era o comprimento, e de cinco, a largura (era quadrado o altar), e de três côvados, a altura.

2 Dos quatro cantos fez levantar-se quatro chifres, os quais formavam uma só peça com o altar; e o cobriu de bronze.

3 Fez também todos os utensílios do altar: recipientes para recolher as suas cinzas, e pás, e bacias, e garfos, e braseiros; todos esses utensílios de bronze os fez.

4 Fez também para o altar uma grelha de bronze em forma de rede, do rebordo do altar para baixo, a qual chegava até ao meio do altar.

5 Fundiu quatro argolas para os quatro cantos da grelha de bronze, para nelas se meterem os varais.

6 Fez os varais de madeira de acácia e os cobriu de bronze.

7 Meteu os varais nas argolas, de um e outro lado do altar, para ser levado; oco e de tábuas o fez.

A bacia de bronze
Êx 30.17-21

8 Fez também a bacia de bronze, com o seu suporte de bronze, dos espelhos das mulheres que se reuniam para ministrar à porta da tenda da congregação.

O átrio
Êx 27.9-19

9 Fez também o átrio ao lado meridional (que dá para o sul); as cortinas do átrio eram de linho fino retorcido, de cem côvados de comprimento.

10 As suas vinte colunas e as suas bases eram de bronze; os ganchos das colunas e as suas vergas eram de prata.

11 De igual modo para o lado do norte havia cortinas de cem côvados de comprimento; as suas vinte colunas e as suas vinte bases eram de bronze; os ganchos das colunas e as suas vergas eram de prata.

12 Para o lado do ocidente havia cortinas de cinqüenta côvados; as suas colunas eram dez, e as suas bases, dez; os ganchos das colunas e as suas vergas eram de prata.

13 Do lado oriental (para o levante), eram as cortinas de cinqüenta côvados.

14 As cortinas para um lado da entrada eram de quinze côvados; e as suas colunas eram três, e as suas bases, três.

15 Para o outro lado da entrada do átrio, de um e de outro lado da entrada, eram as

cortinas de quinze côvados; as suas colunas eram três, e as suas bases, três.

16 Todas as cortinas ao redor do átrio eram de linho fino retorcido.

17 As bases das colunas eram de bronze; os ganchos das colunas e as suas vergas eram de prata.

18 O reposteiro da porta do átrio era de obra de bordador, de estofo azul, púrpura, carmesim e linho fino retorcido; o comprimento era de vinte côvados, e a altura, na largura, era de cinco côvados, segundo a medida das cortinas do átrio.

19 As suas quatro colunas e as suas quatro bases eram de bronze, os seus ganchos eram de prata, e o revestimento das suas cabeças e as suas vergas, de prata.

20 Todos os pregos do tabernáculo e do átrio ao redor eram de bronze.

A enumeração das cousas do tabernáculo

21 Esta é a enumeração das cousas para o tabernáculo, a saber, o tabernáculo do Testemunho, segundo, por ordem de Moisés, foram contadas para o serviço dos levitas, por intermédio de Itamar, filho do sacerdote Arão.

22 Fez Bezalel, filho de Uri, filho de Hur, da tribo de Judá, tudo quanto o SENHOR ordenara a Moisés.

23 E, com ele, Aoliabe, filho de Aisamaque, da tribo de Dã, mestre de obra, desenhista e bordador em estofo azul, púrpura, carmesim e linho fino.

24 Todo o ouro empregado na obra, em toda a obra do santuário, a saber, o ouro da oferta, foram vinte e nove talentos e setecentos e trinta siclos, segundo o siclo do santuário.

25 A prata dos arrolados da congregação foram cem talentos e mil e setecentos e setenta e cinco siclos, segundo o siclo do santuário;

26 um beca por cabeça, isto é, meio siclo, segundo o siclo do santuário, de qualquer dos arrolados, de vinte anos para cima, que foram seiscentos e três mil quinhentos e cinqüenta.

27 Empregaram-se cem talentos de prata para fundir as bases do santuário e as bases do véu; para as cem bases, cem talentos: um talento para cada base.

28 Dos mil setecentos e setenta e cinco siclos, fez os colchetes das colunas, e cobriu as suas cabeças, e lhes fez as vergas.

38.25,26 Êx 30.11-16.   **38.26** Mt 17.24.

²⁹ O bronze da oferta foram setenta talentos e dois mil e quatrocentos siclos.

³⁰ Dele fez as bases da porta da tenda da congregação, e o altar de bronze, e a sua grelha de bronze, e todos os utensílios do altar,

³¹ e as bases do átrio ao redor, e as bases da porta do átrio, e todas as estacas do tabernáculo, e todas as estacas do átrio ao redor.

As vestes dos sacerdotes
Êx 28.1-43

39 Fizeram também de estofo azul, púrpura e carmesim as vestes, finamente tecidas, para ministrar no santuário, e também fizeram as vestes sagradas para Arão, como o Senhor ordenara a Moisés.

² Fizeram a estola sacerdotal de ouro, estofo azul, púrpura, carmesim e linho fino retorcido.

³ De ouro batido fizeram lâminas delgadas e as cortaram em fios, para permearem entre o estofo azul, a púrpura, o carmesim e o linho fino da obra de desenhista.

⁴ Tinha duas ombreiras que se ajuntavam às suas duas extremidades, e assim se uniam.

⁵ O cinto de obra esmerada, que estava sobre a estola sacerdotal, era de obra igual, da mesma obra de ouro, estofo azul, púrpura, carmesim e linho fino retorcido, segundo o Senhor ordenara a Moisés.

⁶ Também se prepararam as pedras de ônix, engastadas em ouro, trabalhadas como lavores de sinete, com os nomes dos filhos de Israel,

⁷ e as puseram nas ombreiras da estola sacerdotal, por pedras de memória aos filhos de Israel, segundo o Senhor ordenara a Moisés.

⁸ Fizeram também o peitoral de obra esmerada, conforme a obra da estola sacerdotal: de ouro, estofo azul, púrpura, carmesim e linho fino retorcido.

⁹ Era quadrado; duplo fizeram o peitoral: de um palmo era o seu comprimento, e de um palmo dobrado, a sua largura.

¹⁰ Colocaram, nele, engastes de pedras, com quatro ordens de pedras: a ordem de sárdio, topázio e carbúnculo era a primeira;

¹¹ a segunda ordem era de esmeralda, safira e diamante;

¹² a terceira ordem era de jacinto, ágata e ametista;

¹³ e a quarta ordem era de berilo, ônix e jaspe; eram elas guarnecidas de ouro nos seus engastes.

¹⁴ As pedras eram conforme os nomes dos filhos de Israel, doze segundo os seus nomes; eram esculpidas como sinete, cada uma com o seu nome para as doze tribos.

¹⁵ E fizeram para o peitoral correntes como cordas, de obra trançada de ouro puro.

¹⁶ Também fizeram para o peitoral dois engastes de ouro e duas argolas de ouro; e puseram as duas argolas nas extremidades do peitoral.

¹⁷ E meteram as duas correntes trançadas de ouro nas duas argolas, nas extremidades do peitoral.

¹⁸ As outras duas pontas das duas correntes trançadas meteram nos dois engastes e as puseram nas ombreiras da estola sacerdotal, na frente dele.

¹⁹ Fizeram também duas argolas de ouro e as puseram nas duas extremidades do peitoral, na sua orla interior oposta à estola sacerdotal.

²⁰ Fizeram também mais duas argolas de ouro e as puseram nas duas ombreiras da estola sacerdotal, abaixo, na frente dele, perto da sua juntura, sobre o cinto de obra esmerada da estola sacerdotal.

²¹ E ligaram o peitoral com as suas argolas às argolas da estola sacerdotal, por cima com uma fita azul, para que estivesse sobre o cinto de obra esmerada da estola sacerdotal, e nunca o peitoral se separasse da estola sacerdotal, segundo o Senhor ordenara a Moisés.

²² Fizeram também a sobrepeliz da estola sacerdotal, de obra tecida, toda de estofo azul.

²³ No meio dela havia uma abertura; era debruada como abertura de uma saia de malha, para que se não rompesse.

²⁴ Em toda a orla da sobrepeliz, fizeram romãs de estofo azul, carmesim e linho retorcido.

²⁵ Fizeram campainhas de ouro puro e as colocaram no meio das romãs em toda a orla da sobrepeliz;

²⁶ uma campainha e uma romã, outra campainha e outra romã, em toda a orla da sobrepeliz, para se usar ao ministrar, segundo o Senhor ordenara a Moisés.

²⁷ Fizeram também as túnicas de linho fino, de obra tecida, para Arão e para seus filhos,

²⁸ e a mitra de linho fino, e as tiaras de linho fino, e os calções de linho fino retorcido,

²⁹ e o cinto de linho fino retorcido, e de estofo azul, e de púrpura, e de carmesim, obra de bordador, segundo o SENHOR ordenara a Moisés.

³⁰ Também fizeram de ouro puro a lâmina da coroa sagrada e, nela, gravaram à maneira de gravuras de sinete: Santidade ao SENHOR.

³¹ E ataram-na com um cordão de estofo azul, para prender a lâmina à parte superior da mitra, segundo o SENHOR ordenara a Moisés.

Os utensílios do tabernáculo completados
Êx 35.10-19

³² Assim se concluiu toda a obra do tabernáculo da tenda da congregação; e os filhos de Israel fizeram tudo segundo o SENHOR tinha ordenado a Moisés; assim o fizeram.

³³ Depois, trouxeram a Moisés o tabernáculo, a tenda e todos os seus pertences, os seus colchetes, as suas tábuas, as suas vergas, as suas colunas e as suas bases;

³⁴ a coberta de peles de carneiro tintas de vermelho, e a coberta de peles finas, e o véu do repositeiro;

³⁵ a arca do Testemunho, e os seus varais, e o propiciatório;

³⁶ a mesa com todos os seus utensílios e os pães da proposição;

³⁷ o candelabro de ouro puro com suas lâmpadas; as lâmpadas colocadas em ordem, e todos os seus utensílios, e o azeite para a iluminação;

³⁸ também o altar de ouro, e o óleo da unção, e o incenso aromático, e o repositeiro da porta da tenda;

³⁹ o altar de bronze, e a sua grelha de bronze, e os seus varais, e todos os seus utensílios, e a bacia, e o seu suporte;

⁴⁰ as cortinas do átrio, e as suas colunas, e as suas bases, e o repositeiro para a porta do átrio, e as suas cordas, e os seus pregos, e todos os utensílios do serviço do tabernáculo, para a tenda da congregação;

⁴¹ as vestes finamente tecidas para ministrar no santuário, e as vestes sagradas do sacerdote Arão, e as vestes de seus filhos, para oficiarem como sacerdotes.

⁴² Tudo segundo o SENHOR ordenara a Moisés, assim fizeram os filhos de Israel toda a obra.

⁴³ Viu, pois, Moisés toda a obra, e eis que a tinham feito segundo o SENHOR havia ordenado; assim a fizeram, e Moisés os abençoou.

Deus manda Moisés levantar o tabernáculo

40 Depois, disse o SENHOR a Moisés: ² No primeiro dia do primeiro mês, levantarás o tabernáculo da tenda da congregação.

³ Porás, nele, a arca do Testemunho e a cobrirás com o véu.

⁴ Meterás, nele, a mesa e porás por ordem as cousas que estão sobre ela; também meterás, nele, o candelabro e acenderás as suas lâmpadas.

⁵ Porás o altar de ouro para o incenso diante da arca do Testemunho e pendurarás o repositeiro da porta do tabernáculo.

⁶ Porás o altar do holocausto diante da porta do tabernáculo da tenda da congregação.

⁷ Porás a bacia entre a tenda da congregação e o altar e a encherás de água.

⁸ Depois, porás o átrio ao redor e pendurarás o repositeiro à porta do átrio.

⁹ E tomarás o óleo da unção, e ungirás o tabernáculo e tudo o que nele está, e o consagrarás com todos os seus pertences; e será santo.

¹⁰ Ungirás também o altar do holocausto e todos os seus utensílios e consagrarás o altar; e o altar se tornará santíssimo.

¹¹ Então, ungirás a bacia e o seu suporte e a consagrarás.

¹² Farás também chegar Arão e seus filhos à porta da tenda da congregação e os lavarás com água.

¹³ Vestirás Arão das vestes sagradas, e o ungirás, e o consagrarás para que me oficie como sacerdote.

¹⁴ Também farás chegar seus filhos, e lhes vestirás as túnicas,

¹⁵ e os ungirás como ungiste seu pai, para que me oficiem como sacerdotes; sua unção lhes será por sacerdócio perpétuo durante as suas gerações.

O tabernáculo é levantado

¹⁶ E tudo fez Moisés segundo o SENHOR lhe havia ordenado; assim o fez.

¹⁷ No primeiro mês do segundo ano, no primeiro dia do mês, se levantou o tabernáculo.

¹⁸ Moisés levantou o tabernáculo, e pôs as suas bases, e armou as suas tábuas, e meteu, nele, as suas vergas, e levantou as suas colunas;

¹⁹ estendeu a tenda sobre o tabernáculo e pôs a coberta da tenda por cima, segundo o SENHOR ordenara a Moisés.

²⁰ Tomou o Testemunho, e o pôs na arca, e meteu os varais na arca, e pôs o propiciatório em cima da arca.

²¹ Introduziu a arca no tabernáculo, e pendurou o véu do reposteiro, e com ele cobriu a arca do Testemunho, segundo o SENHOR ordenara a Moisés.

²² Pôs também a mesa na tenda da congregação, ao lado do tabernáculo, para o norte, fora do véu,

²³ e sobre ela pôs em ordem os pães da proposição perante o SENHOR, segundo o SENHOR ordenara a Moisés.

²⁴ Pôs também, na tenda da congregação, o candelabro defronte da mesa, ao lado do tabernáculo, para o sul,

²⁵ e preparou as lâmpadas perante o SENHOR, segundo o SENHOR ordenara a Moisés.

²⁶ Pôs o altar de ouro na tenda da congregação, diante do véu,

²⁷ e acendeu sobre ele o incenso aromático, segundo o SENHOR ordenara a Moisés.

²⁸ Pendurou também o reposteiro da porta do tabernáculo,

²⁹ pôs o altar do holocausto à porta do tabernáculo da tenda da congregação e ofereceu sobre ele holocausto e oferta de cereais, segundo o SENHOR ordenara a Moisés.

³⁰ Pôs a bacia entre a tenda da congregação e o altar e a encheu de água, para se lavar.

³¹ Nela, Moisés, Arão e seus filhos lavavam as mãos e os pés,

³² quando entravam na tenda da congregação e quando se chegavam ao altar, segundo o SENHOR ordenara a Moisés.

³³ Levantou também o átrio ao redor do tabernáculo e do altar e pendurou o reposteiro da porta do átrio. Assim Moisés acabou a obra.

A nuvem cobre o tabernáculo
Nm 9.15-23

³⁴ Então, a nuvem cobriu a tenda da congregação, e a glória do SENHOR encheu o tabernáculo.

³⁵ Moisés não podia entrar na tenda da congregação, porque a nuvem permanecia sobre ela, e a glória do SENHOR enchia o tabernáculo.

³⁶ Quando a nuvem se levantava de sobre o tabernáculo, os filhos de Israel caminhavam avante, em todas as suas jornadas;

³⁷ se a nuvem, porém, não se levantava, não caminhavam, até ao dia em que ela se levantava.

³⁸ De dia, a nuvem do SENHOR repousava sobre o tabernáculo, e, de noite, havia fogo nela, à vista de toda a casa de Israel, em todas as suas jornadas.

O TERCEIRO LIVRO DE MOISÉS
CHAMADO
LEVÍTICO

Os holocaustos

1 Chamou o SENHOR a Moisés e, da tenda da congregação, lhe disse:

² Fala aos filhos de Israel e dize-lhes: Quando algum de vós trouxer oferta ao SENHOR, trareis a vossa oferta de gado, de rebanho ou do gado miúdo.

³ Se a sua oferta for holocausto de gado, trará macho sem defeito; à porta da tenda da congregação o trará, para que o homem seja aceito perante o SENHOR.

⁴ E porá a mão sobre a cabeça do holocausto, para que seja aceito a favor dele, para a sua expiação.

⁵ Depois, imolará o novilho perante o SENHOR; e os filhos de Arão, os sacerdotes, apresentarão o sangue e o aspergirão ao redor sobre o altar que está diante da porta da tenda da congregação.

⁶ Então, ele esfolará o holocausto e o cortará em seus pedaços.

⁷ E os filhos de Arão, o sacerdote, porão fogo sobre o altar e porão em ordem lenha sobre o fogo.

⁸ Também os filhos de Arão, os sacerdotes, colocarão em ordem os pedaços, a saber, a cabeça e o redenho, sobre a lenha que está no fogo sobre o altar.

⁹ Porém as entranhas e as pernas, o sacerdote as lavará com água; e queimará tudo isso sobre o altar; é holocausto, oferta queimada, de aroma agradável ao SENHOR.

¹⁰ Se a sua oferta for de gado miúdo, de carneiros ou de cabritos, para holocausto, trará macho sem defeito.

¹¹ E o imolará ao lado do altar, para a banda do norte, perante o SENHOR; e os filhos de Arão, os sacerdotes, aspergirão o seu sangue em redor sobre o altar.

¹² Depois, ele o cortará em seus pedaços, como também a sua cabeça e o seu redenho; e o sacerdote os porá em ordem sobre a lenha que está no fogo sobre o altar;

¹³ porém as entranhas e as pernas serão lavadas com água; e o sacerdote oferecerá tudo isso e o queimará sobre o altar; é holocausto, oferta queimada, de aroma agradável ao SENHOR.

¹⁴ Se a sua oferta ao SENHOR for holocausto de aves, trará a sua oferta de rolas ou de pombinhos.

¹⁵ O sacerdote a trará ao altar, e, com a unha, lhe destroncará a cabeça, sem a separar do pescoço, e a queimará sobre o altar; o seu sangue, ele o fará correr na parede do altar;

¹⁶ tirará o papo com suas penas e o lançará junto ao altar, para a banda do oriente, no lugar da cinza;

¹⁷ rasgá-la-á pelas asas, porém não a partirá; o sacerdote a queimará sobre o altar, em cima da lenha que está no fogo; é holocausto, oferta queimada, de aroma agradável ao SENHOR.

As ofertas de manjares

2 Quando alguma pessoa fizer oferta de manjares ao SENHOR, a sua oferta será de flor de farinha; nela, deitará azeite e, sobre ela, porá incenso.

² Levá-la-á aos filhos de Arão, os sacerdotes, um dos quais tomará dela um punhado da flor de farinha e do seu azeite com todo o seu incenso e os queimará como porção memorial sobre o altar; é oferta queimada, de aroma agradável ao SENHOR.

³ O que ficar da oferta de manjares será de Arão e de seus filhos; é cousa santíssima das ofertas queimadas ao SENHOR.

⁴ Quando trouxeres oferta de manjares, cozida no forno, será de bolos asmos de flor de farinha amassados com azeite e obreias asmas untadas com azeite.

⁵ Se a tua oferta for de manjares cozida na assadeira, será de flor de farinha sem fermento amassada com azeite.

⁶ Em pedaços a partirás e, sobre ela, deitarás azeite; é oferta de manjares.

⁷ Se a tua oferta for de manjares de frigideira, far-se-á de flor de farinha com azeite.

⁸ E a oferta de manjares, que daquilo se fará, trarás ao SENHOR; será apresentada ao sacerdote, o qual a levará ao altar.

⁹ Da oferta de manjares tomará o sacerdote a porção memorial e a queimará sobre o altar; é oferta queimada, de aroma agradável ao SENHOR.

¹⁰ O que ficar da oferta de manjares será de Arão e de seus filhos; é cousa santíssima das ofertas queimadas ao SENHOR.

¹¹ Nenhuma oferta de manjares, que fizerdes ao SENHOR, se fará com fermento; porque de nenhum fermento e de mel nenhum queimareis por oferta ao SENHOR.

¹² Deles, trareis ao SENHOR por oferta das primícias; todavia, não se porão sobre o altar como aroma agradável.

¹³ Toda oferta dos teus manjares temperarás com sal; à tua oferta de manjares não deixarás faltar o sal da aliança do teu Deus; em todas as tuas ofertas aplicarás sal.

¹⁴ Se trouxeres ao SENHOR oferta de manjares das primícias, farás a oferta de manjares das tuas primícias de espigas verdes, tostadas ao fogo, isto é, os grãos esmagados de espigas verdes.

¹⁵ Deitarás azeite sobre ela e, por cima, lhe porás incenso; é oferta de manjares.

¹⁶ Assim, o sacerdote queimará a porção memorial dos grãos de espigas esmagados e do azeite, com todo o incenso; é oferta queimada ao SENHOR.

Os sacrifícios pacíficos

3 Se a oferta de alguém for sacrifício pacífico, se a fizer de gado, seja macho ou fêmea, oferecê-la-á sem defeito diante do SENHOR.

² E porá a mão sobre a cabeça da sua oferta e a imolará diante da porta da tenda da congregação; e os filhos de Arão, os sacerdotes, aspergirão o sangue sobre o altar, ao redor.

³ Do sacrifício pacífico fará oferta queimada ao SENHOR: a gordura que cobre as entranhas e toda a gordura que está sobre as entranhas,

⁴ como também os dois rins, a gordura que está sobre eles e junto aos lombos; e o

redenho sobre o fígado com os rins, tirá-los-á.

⁵ E os filhos de Arão queimarão tudo isso sobre o altar, em cima do holocausto, que estará sobre a lenha no fogo; é oferta queimada, de aroma agradável ao SENHOR.

⁶ Se a sua oferta por sacrifício pacífico ao SENHOR for de gado miúdo, seja macho ou fêmea, sem defeito a oferecerá.

⁷ Se trouxer um cordeiro por sua oferta, oferecê-lo-á perante o SENHOR.

⁸ E porá a mão sobre a cabeça da sua oferta e a imolará diante da tenda da congregação; e os filhos de Arão aspergirão o sangue sobre o altar, em redor.

⁹ Então, do sacrifício pacífico trará ao SENHOR por oferta queimada a sua gordura: a cauda toda, a qual tirará rente ao espinhaço, e a gordura que cobre as entranhas, e toda a gordura que está sobre as entranhas,

¹⁰ como também os dois rins, a gordura que está sobre eles e junto aos lombos; e o redenho sobre o fígado com os rins, tirá-los-á.

¹¹ E o sacerdote queimará tudo isso sobre o altar; é manjar da oferta queimada ao SENHOR.

¹² Mas, se a sua oferta for uma cabra, perante o SENHOR a trará.

¹³ E porá a mão sobre a sua cabeça e a imolará diante da tenda da congregação; e os filhos de Arão aspergirão o sangue sobre o altar, em redor.

¹⁴ Depois, trará dela a sua oferta, por oferta queimada ao SENHOR: a gordura que cobre as entranhas e toda a gordura que está sobre as entranhas,

¹⁵ como também os dois rins, a gordura que está sobre eles e junto aos lombos; e o redenho sobre o fígado com os rins, tirá-los-á.

¹⁶ E o sacerdote queimará tudo isso sobre o altar; é manjar da oferta queimada, de aroma agradável. Toda a gordura será do SENHOR.

¹⁷ Estatuto perpétuo será durante as vossas gerações, em todas as vossas moradas; gordura nenhuma nem sangue jamais comereis.

O sacrifício pelos pecados por ignorância dos sacerdotes

4 Disse mais o SENHOR a Moisés:
² Fala aos filhos de Israel, dizendo: Quando alguém pecar por ignorância contra qualquer dos mandamentos do SENHOR, por fazer contra algum deles o que não se deve fazer,

³ se o sacerdote ungido pecar para escândalo do povo, oferecerá pelo seu pecado um novilho sem defeito ao SENHOR, como oferta pelo pecado.

⁴ Trará o novilho à porta da tenda da congregação, perante o SENHOR; porá a mão sobre a cabeça do novilho e o imolará perante o SENHOR.

⁵ Então, o sacerdote ungido tomará do sangue do novilho e o trará à tenda da congregação;

⁶ e, molhando o dedo no sangue, aspergirá dele sete vezes perante o SENHOR, diante do véu do santuário.

⁷ Também daquele sangue porá o sacerdote sobre os chifres do altar do incenso aromático, perante o SENHOR, altar que está na tenda da congregação; e todo o restante do sangue do novilho derramará à base do altar do holocausto, que está à porta da tenda da congregação.

⁸ Toda a gordura do novilho da expiação tirará dele: a gordura que cobre as entranhas e toda a gordura que está sobre as entranhas,

⁹ como também os dois rins, a gordura que está sobre eles e junto aos lombos; e o redenho sobre o fígado com os rins, tirá-los-á

¹⁰ como se tiram os do novilho do sacrifício pacífico; e o sacerdote os queimará sobre o altar do holocausto.

¹¹ Mas o couro do novilho, toda a sua carne, a cabeça, as pernas, as entranhas e o excremento,

¹² a saber, o novilho todo, levá-lo-á fora do arraial, a um lugar limpo, onde se lança a cinza, e o queimará sobre a lenha; será queimado onde se lança a cinza.

Os sacrifícios pelos pecados por ignorância de toda a congregação
Nm 15.22-26

¹³ Mas, se toda a congregação de Israel pecar por ignorância, e isso for oculto aos olhos da coletividade, e se fizerem, contra algum dos mandamentos do SENHOR, aquilo que se não deve fazer, e forem culpados,

¹⁴ e o pecado que cometeram for notório, então, a coletividade trará um novilho como oferta pelo pecado e o apresentará diante da tenda da congregação.

¹⁵ Os anciãos da congregação porão as

mãos sobre a cabeça do novilho perante o
SENHOR; e será imolado o novilho perante o SENHOR.

¹⁶ Então, o sacerdote ungido trará do
sangue do novilho à tenda da congregação;
¹⁷ molhará o dedo no sangue e o aspergirá sete vezes perante o SENHOR, diante
do véu.

¹⁸ E daquele sangue porá sobre os chifres do altar que está perante o SENHOR, na
tenda da congregação; e todo o restante do
sangue derramará à base do altar do holocausto, que está à porta da tenda da congregação.

¹⁹ Tirará do novilho toda a gordura e a
queimará sobre o altar;

²⁰ e fará a este novilho como fez ao novilho da oferta pelo pecado; assim lhe fará, e o sacerdote por eles fará expiação, e
eles serão perdoados.

²¹ Depois, levará o novilho fora do arraial e o queimará como queimou o primeiro novilho; é oferta pelo pecado da coletividade.

**Os sacrifícios pelos pecados por ignorância
de um príncipe**

²² Quando um príncipe pecar, e por ignorância fizer alguma de todas as cousas
que o SENHOR, seu Deus, ordenou se não
fizessem, e se tornar culpado;

²³ ou se o pecado em que ele caiu lhe for
notificado, trará por sua oferta um bode
sem defeito.

²⁴ E porá a mão sobre a cabeça do bode
e o imolará no lugar onde se imola o holocausto, perante o SENHOR; é oferta pelo
pecado.

²⁵ Então, o sacerdote, com o dedo, tomará do sangue da oferta pelo pecado e o
porá sobre os chifres do altar do holocausto; e todo o restante do sangue derramará
à base do altar do holocausto.

²⁶ Toda a gordura da oferta, queimá-la-
á sobre o altar, como a gordura do sacrifício pacífico; assim, o sacerdote fará expiação por ele, no tocante ao seu pecado, e este lhe será perdoado.

**Os sacrifícios pelos pecados por ignorância
de qualquer pessoa**

²⁷ Se qualquer pessoa do povo da terra
pecar por ignorância, por fazer alguma das
cousas que o SENHOR ordenou se não fizessem, e se tornar culpada;

²⁸ ou se o pecado em que ela caiu lhe for
notificado, trará por sua oferta uma cabra
sem defeito, pelo pecado que cometeu.

²⁹ E porá a mão sobre a cabeça da oferta pelo pecado e a imolará no lugar do holocausto.

³⁰ Então, o sacerdote, com o dedo, tomará do sangue da oferta e o porá sobre os
chifres do altar do holocausto; e todo o restante do sangue derramará à base do altar.

³¹ Tirará toda a gordura, como se tira a
gordura do sacrifício pacífico; o sacerdote
a queimará sobre o altar como aroma agradável ao SENHOR; e o sacerdote fará expiação pela pessoa, e lhe será perdoado.

³² Mas, se pela sua oferta trouxer uma
cordeira como oferta pelo pecado, fêmea
sem defeito a trará.

³³ E porá a mão sobre a cabeça da oferta pelo pecado e a imolará por oferta pelo
pecado, no lugar onde se imola o holocausto.

³⁴ Então, o sacerdote, com o dedo, tomará do sangue da oferta pelo pecado e o
porá sobre os chifres do altar do holocausto; e todo o restante do sangue derramará
à base do altar.

³⁵ Tirará toda a gordura, como se tira a
gordura do cordeiro do sacrifício pacífico;
o sacerdote a queimará sobre o altar, em cima das ofertas queimadas do SENHOR; assim, o sacerdote, por essa pessoa, fará expiação do seu pecado que cometeu, e lhe será perdoado.

O sacrifício pelos pecados ocultos

5 Quando alguém pecar nisto: tendo ouvido a voz da imprecação, sendo testemunha de um fato, por ter visto ou sabido
e, contudo, não o revelar, levará a sua iniqüidade;

² ou quando alguém tocar em alguma
cousa imunda, seja corpo morto de besta-
fera imunda, seja corpo morto de animal
imundo, seja corpo morto de réptil imundo, ainda que lhe fosse oculto, e tornar-se
imundo, então, será culpado;

³ ou quando tocar a imundícia dum homem, seja qual for a imundícia com que se
faça imundo, e lhe for oculto, e o souber depois, será culpado;

⁴ ou quando alguém jurar temerariamente com seus lábios fazer mal ou fazer
bem, seja o que for que o homem pronun-
cie temerariamente com juramento, e lhe

4.27-31 Nm 15.27,28.

for oculto, e o souber depois, culpado será numa destas cousas.

⁵ Será, pois, que, sendo culpado numa destas cousas, confessará aquilo em que pecou.

⁶ Como sua oferta pela culpa, pelo pecado que cometeu, trará ele ao SENHOR, do gado miúdo, uma cordeira ou uma cabrita como oferta pelo pecado; assim, o sacerdote, por ele, fará expiação do seu pecado.

⁷ Se as suas posses não lhe permitirem trazer uma cordeira, trará ao SENHOR, como oferta pela culpa, pelo pecado que cometeu, duas rolas ou dois pombinhos: um como oferta pelo pecado, e o outro como holocausto.

⁸ Entregá-los-á ao sacerdote, o qual primeiro oferecerá aquele que é como oferta pelo pecado e lhe destroncará, com a unha, a cabeça, sem a separar do pescoço.

⁹ Do sangue da oferta pelo pecado aspergirá sobre a parede do altar e o restante do sangue, fá-lo-á correr à base do altar; é oferta pelo pecado.

¹⁰ E do outro fará holocausto, conforme o estabelecido; assim, o sacerdote, por ele, fará oferta pelo pecado que cometeu, e lhe será perdoado.

¹¹ Porém, se as suas posses não lhe permitirem trazer duas rolas ou dois pombinhos, então, aquele que pecou trará, por sua oferta, a décima parte de um efa de flor de farinha como oferta pelo pecado; não lhe deitará azeite, nem lhe porá em cima incenso, pois é oferta pelo pecado.

¹² Entregá-la-á ao sacerdote, e o sacerdote dela tomará um punhado como porção memorial e a queimará sobre o altar, em cima das ofertas queimadas ao SENHOR; é oferta pelo pecado.

¹³ Assim, o sacerdote, por ele, fará oferta pelo pecado que cometeu em alguma destas cousas, e lhe será perdoado; o restante será do sacerdote, como a oferta de manjares.

O sacrifício pelo sacrilégio

¹⁴ Disse mais o SENHOR a Moisés:

¹⁵ Quando alguém cometer ofensa e pecar por ignorância nas cousas sagradas do SENHOR, então, trará ao SENHOR, por oferta, do rebanho, um carneiro sem defeito, conforme a tua avaliação em siclos de prata, segundo o siclo do santuário, como oferta pela culpa.

¹⁶ Assim, restituirá o que ele tirou das cousas sagradas, e ainda acrescentará o seu quinto, e o dará ao sacerdote; assim, o sacerdote, com o carneiro da oferta pela culpa, fará expiação por ele, e lhe será perdoado.

O sacrifício pelos pecados de ignorância

¹⁷ E, se alguma pessoa pecar e fizer contra algum de todos os mandamentos do SENHOR aquilo que se não deve fazer, ainda que o não soubesse, contudo, será culpada e levará a sua iniqüidade.

¹⁸ E do rebanho trará ao sacerdote um carneiro sem defeito, conforme a tua avaliação, para oferta pela culpa, e o sacerdote, por ela, fará expiação no tocante ao erro que, por ignorância, cometeu, e lhe será perdoado.

¹⁹ Oferta pela culpa é; certamente, se tornou culpada ao SENHOR.

O sacrifício pelos pecados voluntários

6 Falou mais o SENHOR a Moisés, dizendo:

² Quando alguma pessoa pecar, e cometer ofensa contra o SENHOR, e negar ao seu próximo o que este lhe deu em depósito, ou penhor, ou roubar, ou tiver usado de extorsão para com o seu próximo;

³ ou que, tendo achado o perdido, o negar com falso juramento, ou fizer alguma outra cousa de todas em que o homem costuma pecar,

⁴ será, pois, que, tendo pecado e ficado culpada, restituirá aquilo que roubou, ou que extorquiu, ou o depósito que lhe foi dado, ou o perdido que achou,

⁵ ou tudo aquilo sobre que jurou falsamente; e o restituirá por inteiro e ainda a isso acrescentará a quinta parte; àquele a quem pertence, lho dará no dia da sua oferta pela culpa.

⁶ E, por sua oferta pela culpa, trará, do rebanho, ao SENHOR um carneiro sem defeito, conforme a tua avaliação, para a oferta pela culpa; trá-lo-á ao sacerdote.

⁷ E o sacerdote fará expiação por ela diante do SENHOR, e será perdoada de qualquer de todas as cousas que fez, tornando-se, por isso, culpada.

A lei do holocausto

⁸ Disse mais o SENHOR a Moisés:

6.1-7 Nm 5.5-8.

⁹ Dá ordem a Arão e a seus filhos, dizendo: Esta é a lei do holocausto: o holocausto ficará na lareira do altar toda a noite até pela manhã, e nela se manterá aceso o fogo do altar.

¹⁰ O sacerdote vestirá a sua túnica de linho e os calções de linho sobre a pele nua, e levantará a cinza, quando o fogo houver consumido o holocausto sobre o altar, e a porá junto a este.

¹¹ Depois, despirá as suas vestes e porá outras; e levará a cinza para fora do arraial a um lugar limpo.

¹² O fogo, pois, sempre arderá sobre o altar; não se apagará; mas o sacerdote acenderá lenha nele cada manhã, e sobre ele porá em ordem o holocausto, e sobre ele queimará a gordura das ofertas pacíficas.

¹³ O fogo arderá continuamente sobre o altar; não se apagará.

A lei da oferta de manjares

¹⁴ Esta é a lei da oferta de manjares: os filhos de Arão a oferecerão perante o SENHOR, diante do altar.

¹⁵ Um deles tomará dela um punhado de flor de farinha da oferta de manjares com seu azeite e todo o incenso que está sobre a oferta de manjares; então, o queimará sobre o altar, como porção memorial de aroma agradável ao SENHOR.

¹⁶ O restante dela comerão Arão e seus filhos; asmo se comerá no lugar santo; no pátio da tenda da congregação, o comerão.

¹⁷ Levedado não se cozerá; sua porção dei-lhes das minhas ofertas queimadas; cousa santíssima é, como a oferta pelo pecado e a oferta pela culpa.

¹⁸ Todo varão entre os filhos de Arão comerá da oferta de manjares; estatuto perpétuo será para as vossas gerações dentre as ofertas queimadas do SENHOR; tudo o que tocar nelas será santo.

A oferta na consagração dos sacerdotes

¹⁹ Disse mais o SENHOR a Moisés:

²⁰ Esta é a oferta de Arão e de seus filhos, que oferecerão ao SENHOR no dia em que aquele for ungido: a décima parte dum efa de flor de farinha pela oferta de manjares contínua; metade dela será oferecida pela manhã, e a outra metade, à tarde.

²¹ Numa assadeira, se fará com azeite; bem amassada a trarás; em pedaços cozidos trarás a oferta de manjares de aroma agradável ao SENHOR.

²² Também o sacerdote, que dentre os filhos de Arão for ungido em seu lugar, fará o mesmo; por estatuto perpétuo será de todo queimada ao SENHOR.

²³ Assim, toda a oferta de manjares do sacerdote será totalmente queimada; não se comerá.

A lei da oferta pelo pecado

²⁴ Disse mais o SENHOR a Moisés:

²⁵ Fala a Arão e a seus filhos, dizendo: Esta é a lei da oferta pelo pecado: no lugar onde se imola o holocausto, se imolará a oferta pelo pecado, perante o SENHOR; cousa santíssima é.

²⁶ O sacerdote que a oferecer pelo pecado a comerá; no lugar santo, se comerá, no pátio da tenda da congregação.

²⁷ Tudo o que tocar a carne da oferta será santo; se aspergir alguém do seu sangue sobre a sua veste, lavarás aquilo sobre que caiu, no lugar santo.

²⁸ E o vaso de barro em que for cozida será quebrado; porém, se for cozida num vaso de bronze, esfregar-se-á e lavar-se-á na água.

²⁹ Todo varão entre os sacerdotes a comerá; cousa santíssima é.

³⁰ Porém não se comerá nenhuma oferta pelo pecado, cujo sangue se traz à tenda da congregação, para fazer expiação no santuário; no fogo será queimada.

A lei da oferta pela culpa

7 Esta é a lei da oferta pela culpa; cousa santíssima é.

² No lugar onde imolam o holocausto, imolarão a oferta pela culpa, e o seu sangue se aspergirá sobre o altar, em redor.

³ Dela se oferecerá toda a gordura, a cauda e a gordura que cobre as entranhas;

⁴ também ambos os rins e a gordura que neles há, junto aos lombos; e o redenho sobre o fígado com os rins se tirará.

⁵ O sacerdote o queimará sobre o altar em oferta queimada ao SENHOR; é oferta pela culpa.

⁶ Todo varão entre os sacerdotes a comerá; no lugar santo, se comerá; cousa santíssima é.

⁷ Como a oferta pelo pecado, assim será a oferta pela culpa; uma única lei haverá para elas: será do sacerdote que, com ela, fizer expiação.

⁸ O sacerdote que oferecer o holocausto de alguém terá o couro do holocausto que oferece,

⁹ como também toda oferta de manjares

que se cozer no forno, com tudo que se preparar na frigideira e na assadeira, será do sacerdote que a oferece.

¹⁰ Toda oferta de manjares amassada com azeite ou seca será de todos os filhos de Arão, tanto de um como do outro.

A lei das ofertas pacíficas

¹¹ Esta é a lei das ofertas pacíficas que alguém pode oferecer ao SENHOR.

¹² Se fizer por ação de graças, com a oferta de ação de graças trará bolos asmos amassados com azeite, obreias asmas untadas com azeite e bolos de flor de farinha bem amassados com azeite.

¹³ Com os bolos trará, por sua oferta, pão levedado, com o sacrifício de sua oferta pacífica por ação de graças.

¹⁴ E, de toda oferta, trará um bolo por oferta ao SENHOR, que será do sacerdote que aspergir o sangue da oferta pacífica.

¹⁵ Mas a carne do sacrifício de ação de graças da sua oferta pacífica se comerá no dia do seu oferecimento; nada se deixará dela até à manhã.

¹⁶ E, se o sacrifício da sua oferta for voto ou oferta voluntária, no dia em que oferecer o seu sacrifício, se comerá; e o que dele ficar também se comerá no dia seguinte.

¹⁷ Porém o que ainda restar da carne do sacrifício, ao terceiro dia, será queimado.

¹⁸ Se da carne do seu sacrifício pacífico se comer ao terceiro dia, aquele que a ofereceu não será aceito, nem lhe será atribuído o sacrifício; cousa abominável será, e a pessoa que dela comer levará a sua iniquidade.

¹⁹ A carne que tocar alguma cousa imunda não se comerá; será queimada. Qualquer que estiver limpo comerá a carne do sacrifício.

²⁰ Porém, se alguma pessoa, tendo sobre si imundícia, comer a carne do sacrifício pacífico, que é do SENHOR, será eliminada do seu povo.

²¹ Se uma pessoa tocar alguma cousa imunda, como imundícia de homem, ou de gado imundo, ou de qualquer réptil imundo e da carne do sacrifício pacífico, que é do SENHOR, ela comer, será eliminada do seu povo.

Deus proíbe comer gordura e sangue

²² Disse mais o SENHOR a Moisés:
²³ Fala aos filhos de Israel, dizendo:

Não comereis gordura de boi, nem de carneiro, nem de cabra.

²⁴ A gordura do animal que morre por si mesmo e a do dilacerado por feras podem servir para qualquer outro uso, mas de maneira nenhuma as comereis;

²⁵ porque qualquer que comer a gordura do animal, do qual se trouxer ao SENHOR oferta queimada, será eliminado do seu povo.

²⁶ Não comereis sangue em qualquer das vossas habitações, quer de aves, quer de gado.

²⁷ Toda pessoa que comer algum sangue será eliminada do seu povo.

A porção dos sacerdotes

²⁸ Disse mais o SENHOR a Moisés:
²⁹ Fala aos filhos de Israel, dizendo: Quem oferecer ao SENHOR o seu sacrifício pacífico trará a sua oferta ao SENHOR; do seu sacrifício pacífico

³⁰ trará com suas próprias mãos as ofertas queimadas do SENHOR; a gordura do peito com o peito trará para movê-lo por oferta movida perante o SENHOR.

³¹ O sacerdote queimará a gordura sobre o altar, porém o peito será de Arão e de seus filhos.

³² Também a coxa direita dareis ao sacerdote por oferta dos vossos sacrifícios pacíficos.

³³ Aquele dos filhos de Arão que oferecer o sangue do sacrifício pacífico e a gordura, esse terá a coxa direita por sua porção;

³⁴ porque o peito movido e a coxa da oferta tomei dos filhos de Israel, dos seus sacrifícios pacíficos, e os dei a Arão, o sacerdote, e a seus filhos, por direito perpétuo dos filhos de Israel.

³⁵ Esta é a porção de Arão e a porção de seus filhos, das ofertas queimadas do SENHOR, no dia em que os apresentou para oficiarem como sacerdotes ao SENHOR;

³⁶ a qual o SENHOR ordenou que se lhes desse dentre os filhos de Israel no dia em que os ungiu; estatuto perpétuo é pelas suas gerações.

³⁷ Esta é a lei do holocausto, da oferta de manjares, da oferta pelo pecado, da oferta pela culpa, da consagração e do sacrifício pacífico,

³⁸ que o SENHOR ordenou a Moisés no monte Sinai, no dia em que ordenou aos filhos de Israel que oferecessem as suas ofertas ao SENHOR, no deserto do Sinai.

7.26,27 Gn 9.4; Lv 17.10-14; 19.26; Dt 12.16,23; 15.23.

A consagração de Arão e de seus filhos
Êx 29.1-37

8 Disse mais o SENHOR a Moisés: ² Toma Arão, e seus filhos, e as vestes, e o óleo da unção, como também o novilho da oferta pelo pecado, e os dois carneiros, e o cesto dos pães asmos ³ e ajunta toda a congregação à porta da tenda da congregação.

⁴ Fez, pois, Moisés como o SENHOR lhe ordenara, e a congregação se ajuntou à porta da tenda da congregação.

⁵ Então, disse Moisés à congregação: Isto é o que o SENHOR ordenou que se fizesse.

⁶ E fez chegar a Arão e a seus filhos e os lavou com água.

⁷ Vestiu a Arão da túnica, cingiu-o com o cinto e pôs sobre ele a sobrepeliz; também pôs sobre ele a estola sacerdotal, e o cingiu com o cinto de obra esmerada da estola sacerdotal, e o ajustou com ele.

⁸ Depois, lhe colocou o peitoral, pondo no peitoral o Urim e o Tumim;

⁹ e lhe pôs a mitra na cabeça e na mitra, na sua parte dianteira, pôs a lâmina de ouro, a coroa sagrada, como o SENHOR ordenara a Moisés.

¹⁰ Então, Moisés tomou o óleo da unção, e ungiu o tabernáculo e tudo o que havia nele, e o consagrou;

¹¹ e dele aspergiu sete vezes sobre o altar e ungiu o altar e todos os seus utensílios, como também a bacia e o seu suporte, para os consagrar.

¹² Depois, derramou do óleo da unção sobre a cabeça de Arão e ungiu-o, para consagrá-lo.

¹³ Também Moisés fez chegar os filhos de Arão, e vestiu-lhes as túnicas, e cingiu-os com o cinto, e atou-lhes as tiaras, como o SENHOR lhe ordenara.

¹⁴ Então, fez chegar o novilho da oferta pelo pecado; e Arão e seus filhos puseram as mãos sobre a cabeça do novilho da oferta pelo pecado;

¹⁵ e Moisés o imolou, e tomou o sangue, e dele pôs, com o dedo, sobre os chifres do altar em redor, e purificou o altar; depois, derramou o resto do sangue à base do altar e o consagrou, para fazer expiação por ele.

¹⁶ Depois, tomou toda a gordura que está sobre as entranhas, e o redenho do fígado, e os dois rins, e sua gordura; e Moisés os queimou sobre o altar.

¹⁷ Mas o novilho com o seu couro, e a sua carne, e o seu excremento queimou fora do arraial, como o SENHOR ordenara a Moisés.

¹⁸ Depois, fez chegar o carneiro do holocausto; e Arão e seus filhos puseram as mãos sobre a cabeça do carneiro.

¹⁹ E Moisés o imolou e aspergiu o sangue sobre o altar, em redor.

²⁰ Partiu também o carneiro nos seus pedaços; Moisés queimou a cabeça, os pedaços e a gordura.

²¹ Porém as entranhas e as pernas lavou com água; e Moisés queimou todo o carneiro sobre o altar; holocausto de aroma agradável, oferta queimada era ao SENHOR, como o SENHOR ordenara a Moisés.

²² Então, fez chegar o outro carneiro, o carneiro da consagração; e Arão e seus filhos puseram as mãos sobre a cabeça do carneiro.

²³ E Moisés o imolou, e tomou do seu sangue, e o pôs sobre a ponta da orelha direita de Arão, e sobre o polegar da sua mão direita, e sobre o polegar do seu pé direito.

²⁴ Também fez chegar os filhos de Arão; pôs daquele sangue sobre a ponta da orelha direita deles, e sobre o polegar da mão direita, e sobre o polegar do pé direito; e aspergiu Moisés o resto do sangue sobre o altar, em redor.

²⁵ Tomou a gordura, e a cauda, e toda a gordura que está nas entranhas, e o redenho do fígado, e ambos os rins, e a sua gordura, e a coxa direita.

²⁶ Também do cesto dos pães asmos, que estava diante do SENHOR, tomou um bolo asmo, um bolo de pão azeitado e uma obreia e os pôs sobre a gordura e sobre a coxa direita.

²⁷ E tudo isso pôs nas mãos de Arão e de seus filhos e o moveu por oferta movida perante o SENHOR.

²⁸ Depois, Moisés o tomou das suas mãos e o queimou no altar sobre o holocausto; era uma oferta da consagração, por aroma agradável, oferta queimada ao SENHOR.

²⁹ Tomou Moisés o peito e moveu-o por oferta movida perante o SENHOR; era a porção que tocava a Moisés, do carneiro da consagração, como o SENHOR lhe ordenara.

³⁰ Tomou Moisés também do óleo da unção e do sangue que estava sobre o altar e o aspergiu sobre Arão e as suas vestes, bem como sobre os filhos de Arão e as suas vestes; e consagrou a Arão, e as suas vestes, e a seus filhos, e as vestes de seus filhos.

³¹ Disse Moisés a Arão e a seus filhos:

Cozei a carne diante da porta da tenda da congregação e ali a comereis com o pão que está no cesto da consagração, como tenho ordenado, dizendo: Arão e seus filhos a comerão.
³² Mas o que restar da carne e do pão queimareis.
³³ Também da porta da tenda da congregação não saireis por sete dias, até ao dia em que se cumprirem os dias da vossa consagração; porquanto por sete dias o SENHOR vos consagrará.
³⁴ Como se fez neste dia, assim o SENHOR ordenou se fizesse, em expiação por vós.
³⁵ Ficareis, pois, à porta da tenda da congregação dia e noite, por sete dias, e observareis as prescrições do SENHOR, para que não morrais; porque assim me foi ordenado.
³⁶ E Arão e seus filhos fizeram todas as cousas que o SENHOR ordenara por intermédio de Moisés.

Arão oferece sacrifícios por si e pelo povo

9 Ao oitavo dia, chamou Moisés a Arão, e a seus filhos, e aos anciãos de Israel
² e disse a Arão: Toma um bezerro, para oferta pelo pecado, e um carneiro, para holocausto, ambos sem defeito, e traze-os perante o SENHOR.
³ Depois, dirás aos filhos de Israel: Tomai um bode, para oferta pelo pecado, um bezerro e um cordeiro, ambos de um ano e sem defeito, como holocausto;
⁴ e um boi e um carneiro, por oferta pacífica, para sacrificar perante o SENHOR, e oferta de manjares amassada com azeite; porquanto, hoje, o SENHOR vos aparecerá.
⁵ Então, trouxeram o que ordenara Moisés, diante da tenda da congregação, e chegou-se toda a congregação e se pôs perante o SENHOR.
⁶ Disse Moisés: Esta cousa que o SENHOR ordenou fareis; e a glória do SENHOR vos aparecerá.
⁷ Depois, disse Moisés a Arão: Chega-te ao altar, faze a tua oferta pelo pecado e o teu holocausto; e faze expiação por ti e pelo povo; depois, faze a oferta do povo e a expiação por ele, como ordenou o SENHOR.
⁸ Chegou-se, pois, Arão ao altar e imolou o bezerro da oferta pelo pecado que era por si mesmo.
⁹ Os filhos de Arão trouxeram-lhe o sangue; ele molhou o dedo no sangue e o

pôs sobre os chifres do altar; e o resto do sangue derramou à base do altar.
¹⁰ Mas a gordura, e os rins, e o redenho do fígado da oferta pelo pecado queimou sobre o altar, como o SENHOR ordenara a Moisés.
¹¹ Porém a carne e o couro queimou fora do arraial.
¹² Depois, imolou o holocausto, e os filhos de Arão lhe entregaram o sangue, e ele o aspergiu sobre o altar, em redor.
¹³ Também lhe entregaram o holocausto nos seus pedaços, com a cabeça; e queimou-o sobre o altar.
¹⁴ E lavou as entranhas e as pernas e as queimou sobre o holocausto, no altar.
¹⁵ Depois, fez chegar a oferta do povo, e, tomando o bode da oferta pelo pecado, que era pelo povo, o imolou, e o preparou por oferta pelo pecado, como fizera com o primeiro.
¹⁶ Também fez chegar o holocausto e o ofereceu segundo o rito.
¹⁷ Fez chegar a oferta de manjares, e dela tomou um punhado, e queimou sobre o altar, além do holocausto da manhã.
¹⁸ Depois, imolou o boi e o carneiro em sacrifício pacífico, que era pelo povo; e os filhos de Arão entregaram-lhe o sangue, que aspergiu sobre o altar, em redor,
¹⁹ como também a gordura do boi e do carneiro, e a cauda, e o que cobre as entranhas, e os rins, e o redenho do fígado.
²⁰ E puseram a gordura sobre o peito, e ele a queimou sobre o altar;
²¹ mas o peito e a coxa direita Arão moveu por oferta movida perante o SENHOR, como Moisés tinha ordenado.
²² Depois, Arão levantou as mãos para o povo e o abençoou; e desceu, havendo feito a oferta pelo pecado, e o holocausto, e a oferta pacífica.
²³ Então, entraram Moisés e Arão na tenda da congregação; e, saindo, abençoaram o povo; e a glória do SENHOR apareceu a todo o povo.
²⁴ E eis que, saindo fogo de diante do SENHOR, consumiu o holocausto e a gordura sobre o altar; o que vendo o povo, jubilou e prostrou-se sobre o rosto.

Nadabe e Abiú morrem diante do SENHOR

10 Nadabe e Abiú, filhos de Arão, tomaram cada um o seu incensário, e

9.18 Lv 3.1-11.   **9.22** Nm 6.22-26.

puseram neles fogo, e sobre este, incenso, e trouxeram fogo estranho perante a face do SENHOR, o que lhes não ordenara.

² Então, saiu fogo de diante do SENHOR e os consumiu; e morreram perante o SENHOR.

³ E falou Moisés a Arão: Isto é o que o SENHOR disse: Mostrarei a minha santidade naqueles que se cheguem a mim e serei glorificado diante de todo o povo. Porém Arão se calou.

⁴ Então, Moisés chamou a Misael e a Elzafã, filhos de Uziel, tio de Arão, e disse-lhes: Chegai, tirai vossos irmãos de diante do santuário, para fora do arraial.

⁵ Chegaram-se, pois, e os levaram nas suas túnicas para fora do arraial, como Moisés tinha dito.

⁶ Moisés disse a Arão e a seus filhos Eleazar e Itamar: Não desgrenheis os cabelos, nem rasgueis as vossas vestes, para que não morrais, nem venha grande ira sobre toda a congregação; mas vossos irmãos, toda a casa de Israel, lamentem o incêndio que o SENHOR suscitou.

⁷ Não saireis da porta da tenda da congregação, para que não morrais; porque está sobre vós o óleo da unção do SENHOR. E fizeram conforme a palavra de Moisés.

Deveres e porções dos sacerdotes

⁸ Falou também o SENHOR a Arão, dizendo:

⁹ Vinho ou bebida forte tu e teus filhos não bebereis quando entrardes na tenda da congregação, para que não morrais; estatuto perpétuo será isso entre as vossas gerações,

¹⁰ para fazerdes diferença entre o santo e o profano e entre o imundo e o limpo

¹¹ e para ensinardes aos filhos de Israel todos os estatutos que o SENHOR lhes tem falado por intermédio de Moisés.

¹² Disse Moisés a Arão e aos filhos deste, Eleazar e Itamar, que lhe ficaram: Tomai a oferta de manjares, restante das ofertas queimadas ao SENHOR, e comei-a, sem fermento, junto ao altar, porquanto cousa santíssima é.

¹³ Comê-la-eis em lugar santo, porque isto é a tua porção e a porção de teus filhos, das ofertas queimadas do SENHOR; porque assim me foi ordenado.

¹⁴ Também o peito da oferta movida e a coxa da oferta comereis em lugar limpo, tu, e teus filhos, e tuas filhas, porque foram dados por tua porção e por porção de teus filhos, dos sacrifícios pacíficos dos filhos de Israel.

¹⁵ A coxa da oferta e o peito da oferta movida trarão com as ofertas queimadas de gordura, para mover por oferta movida perante o SENHOR, o que será por estatuto perpétuo, para ti e para teus filhos, como o SENHOR tem ordenado.

¹⁶ Moisés diligentemente buscou o bode da oferta pelo pecado, e eis que já era queimado; portanto, indignando-se grandemente contra Eleazar e contra Itamar, os filhos que de Arão ficaram, disse:

¹⁷ Por que não comestes a oferta pelo pecado no lugar santo? Pois cousa santíssima é; e o SENHOR a deu a vós outros, para levardes a iniqüidade da congregação, para fazerdes expiação por eles diante do SENHOR.

¹⁸ Eis que desta oferta não foi trazido o seu sangue para dentro do santuário; certamente, devíeis tê-la comido no santuário, como eu tinha ordenado.

¹⁹ Respondeu Arão a Moisés: Eis que, hoje, meus filhos ofereceram a sua oferta pelo pecado e o seu holocausto perante o SENHOR; tais cousas me sucederam; se eu, hoje, tivesse comido a oferta pelo pecado, seria isso, porventura, aceito aos olhos do SENHOR?

²⁰ O que ouvindo Moisés, deu-se por satisfeito.

Leis sobre os animais limpos e os imundos
Dt 14.3-20

11 Falou o SENHOR a Moisés e a Arão, dizendo-lhes:

² Dizei aos filhos de Israel: São estes os animais que comereis de todos os quadrúpedes que há sobre a terra:

³ todo o que tem unhas fendidas, e o casco se divide em dois, e rumina, entre os animais, esse comereis.

⁴ Destes, porém, não comereis: dos que ruminam ou dos que têm unhas fendidas: o camelo, que rumina, mas não tem unhas fendidas; este vos será imundo;

⁵ o arganaz, porque rumina, mas não tem as unhas fendidas; este vos será imundo;

⁶ a lebre, porque rumina, mas não tem as unhas fendidas; esta vos será imunda.

⁷ Também o porco, porque tem unhas

fendidas e o casco dividido, mas não rumina; este vos será imundo; 8 da sua carne não comereis, nem tocareis no seu cadáver. Estes vos serão imundos.

9 De todos os animais que há nas águas comereis os seguintes: todo o que tem barbatanas e escamas, nos mares e nos rios; esses comereis.

10 Porém todo o que não tem barbatanas nem escamas, nos mares e nos rios, todos os que enxameiam as águas e todo ser vivente que há nas águas, estes serão para vós outros abominação.

11 Ser-vos-ão, pois, por abominação; da sua carne não comereis e abominareis o seu cadáver.

12 Todo o que nas águas não tem barbatanas ou escamas será para vós outros abominação.

13 Das aves, estas abominareis; não se comerão, serão abominação: a águia, o quebrantosso e a águia marinha;

14 o milhano e o falcão, segundo a sua espécie,

15 todo corvo, segundo a sua espécie,

16 o avestruz, a coruja, a gaivota, o gavião, segundo a sua espécie,

17 o mocho, o corvo marinho, a íbis,

18 a gralha, o pelicano, o abutre,

19 a cegonha, a garça, segundo a sua espécie, a poupa e o morcego.

20 Todo inseto que voa, que anda sobre quatro pés será para vós outros abominação.

21 Mas de todo inseto que voa, que anda sobre quatro pés, cujas pernas traseiras são mais compridas, para saltar com elas sobre a terra, estes comereis.

22 Deles, comereis estes: a locusta, segundo a sua espécie, o gafanhoto devorador, segundo a sua espécie, o grilo, segundo a sua espécie, e o gafanhoto, segundo a sua espécie.

23 Mas todos os outros insetos que voam, que têm quatro pés serão para vós outros abominação.

24 E por estes vos tornareis imundos; qualquer que tocar o seu cadáver imundo será até à tarde.

25 Qualquer que levar o seu cadáver lavará as suas vestes e será imundo até à tarde.

26 Todo animal que tem unhas fendidas, mas o casco não dividido em dois e não rumina vos será por imundo; qualquer que tocar neles será imundo.

27 Todo animal quadrúpede que anda na planta dos pés vos será por imundo;

qualquer que tocar o seu cadáver será imundo até à tarde.

28 E o que levar o seu cadáver lavará as suas vestes e será imundo até à tarde; eles vos serão por imundos.

29 Estes vos serão imundos entre o enxame de criaturas que povoam a terra: a doninha, o rato, o lagarto, segundo a sua espécie,

30 o geco, o crocodilo da terra, a lagartixa, o lagarto da areia e o camaleão;

31 estes vos serão por imundos entre todo o enxame de criaturas; qualquer que os tocar, estando eles mortos, será imundo até à tarde.

32 E tudo aquilo sobre que cair qualquer deles, estando eles mortos, será imundo, seja vaso de madeira, ou veste, ou pele, ou saco, ou qualquer instrumento com que se faz alguma obra, será metido em água e será imundo até à tarde; então, será limpo.

33 E todo vaso de barro, dentro do qual cair alguma cousa deles, tudo o que houver nele será imundo; o vaso quebrareis.

34 Todo alimento que se come, preparado com água, será imundo; e todo líquido que se bebe, em todo vaso, será imundo.

35 E aquilo sobre o que cair alguma cousa do seu corpo morto será imundo; se for um forno ou um fogareiro de barro, serão quebrados; imundos são; portanto, vos serão por imundos.

36 Porém a fonte ou cisterna, em que se recolhem águas, será limpa; mas quem tocar no cadáver desses animais será imundo.

37 Se do seu cadáver cair alguma cousa sobre alguma semente de semear, esta será limpa;

38 mas, se alguém deitar água sobre a semente, e, se do cadáver cair alguma cousa sobre ela, vos será imunda.

39 Se morrer algum dos animais de que vos é lícito comer, quem tocar no seu cadáver será imundo até à tarde;

40 quem do seu cadáver comer lavará as suas vestes e será imundo até à tarde; e quem levar o seu corpo morto lavará as suas vestes e será imundo até à tarde.

41 Também todo enxame de criaturas que povoam a terra será abominação; não se comerá.

42 Tudo o que anda sobre o ventre, e tudo o que anda sobre quatro pés ou que tem muitos pés, entre todo enxame de criaturas que povoam a terra, não comereis, porquanto são abominação.

43 Não vos façais abomináveis por nenhum enxame de criaturas, nem por elas

vos contaminareis, para não serdes imundos.

⁴⁴ Eu sou o Senhor, vosso Deus; portanto, vós vos consagrareis e sereis santos, porque eu sou santo; e não vos contaminareis por nenhum enxame de criaturas que se arrastam sobre a terra.

⁴⁵ Eu sou o Senhor, que vos faço subir da terra do Egito, para que eu seja vosso Deus; portanto, vós sereis santos, porque eu sou santo.

⁴⁶ Esta é a lei dos animais, e das aves, e de toda alma vivente que se move nas águas, e de toda criatura que povoa a terra,

⁴⁷ para fazer diferença entre o imundo e o limpo e entre os animais que se podem comer e os animais que se não podem comer.

A purificação da mulher depois do parto

12 Disse mais o Senhor a Moisés: ² Fala aos filhos de Israel: Se uma mulher conceber e tiver um menino, será imunda sete dias; como nos dias da sua menstruação, será imunda.

³ E, no oitavo dia, se circuncidará ao menino a carne do seu prepúcio.

⁴ Depois, ficará ela trinta e três dias a purificar-se do seu sangue; nenhuma cousa santa tocará, nem entrará no santuário até que se cumpram os dias da sua purificação.

⁵ Mas, se tiver uma menina, será imunda duas semanas, como na sua menstruação; depois, ficará sessenta e seis dias a purificar-se do seu sangue.

⁶ E, cumpridos os dias da sua purificação por filho ou filha, trará ao sacerdote um cordeiro de um ano, por holocausto, e um pombinho ou uma rola, por oferta pelo pecado, à porta da tenda da congregação;

⁷ o sacerdote o oferecerá perante o Senhor e, pela mulher, fará expiação; e ela será purificada do fluxo do seu sangue; esta é a lei da que der à luz menino ou menina.

⁸ Mas, se as suas posses não lhe permitirem trazer um cordeiro, tomará, então, duas rolas ou dois pombinhos, um para o holocausto e o outro para a oferta pelo pecado; assim, o sacerdote fará expiação pela mulher, e será limpa.

As leis acerca da lepra

13 Disse o Senhor a Moisés e a Arão: ² O homem que tiver na sua pele inchação, ou pústula, ou mancha lustrosa, e isto nela se tornar como praga de lepra, será levado a Arão, o sacerdote, ou a um de seus filhos, sacerdotes.

³ O sacerdote lhe examinará a praga na pele; se o pêlo na praga se tornou branco, e a praga parecer mais profunda do que a pele da sua carne, é praga de lepra; o sacerdote o examinará e o declarará imundo.

⁴ Se a mancha lustrosa na pele for branca e não parecer mais profunda do que a pele, e o pêlo não se tornou branco, então, o sacerdote encerrará por sete dias o que tem a praga.

⁵ Ao sétimo dia, o sacerdote o examinará; se, na sua opinião, a praga tiver parado e não se estendeu na sua pele, então, o sacerdote o encerrará por outros sete dias.

⁶ O sacerdote, ao sétimo dia, o examinará outra vez; se a lepra se tornou baça e na pele se não estendeu, então, o sacerdote o declarará limpo; é pústula; o homem lavará as suas vestes e será limpo.

⁷ Mas, se a pústula se estende muito na pele, depois de se ter mostrado ao sacerdote para a sua purificação, outra vez se mostrará ao sacerdote.

⁸ Este o examinará, e se a pústula se tiver estendido na pele, o sacerdote o declarará imundo; é lepra.

⁹ Quando no homem houver praga de lepra, será levado ao sacerdote.

¹⁰ E o sacerdote o examinará; se há inchação branca na pele, a qual tornou o pêlo branco, e houver carne viva na inchação,

¹¹ é lepra inveterada na pele; portanto, o sacerdote o declarará imundo; não o encerrará, porque é imundo.

¹² Se a lepra se espalhar de todo na pele e cobrir a pele do que tem a lepra, desde a cabeça até aos pés, quanto podem ver os olhos do sacerdote,

¹³ então, este o examinará. Se a lepra cobriu toda a sua carne, declarará limpo o que tem a mancha; a lepra tornou-se branca; o homem está limpo.

¹⁴ Mas, no dia em que aparecer nela carne viva, será imundo.

¹⁵ Vendo, pois, o sacerdote a carne viva, declará-lo-á imundo; a carne viva é imunda; é lepra.

¹⁶ Se a carne viva mudar e ficar de novo branca, então, virá ao sacerdote,

¹⁷ e este o examinará. Se a lepra se tornou branca, então, o sacerdote declarará limpo o que tem a praga; está limpo.

18 Quando sarar a carne em cuja pele houver uma úlcera,

19 e no lugar da úlcera aparecer uma inchação branca ou mancha lustrosa, branca que tira a vermelho, mostrar-se-á ao sacerdote.

20 O sacerdote a examinará; se ela parece mais funda do que a pele, e o seu pêlo se tornou branco, o sacerdote o declarará imundo; praga de lepra é, que brotou da úlcera.

21 Porém, se o sacerdote a examinar, e nela não houver pêlo branco, e não estiver ela mais funda do que a pele, porém baça, então, o sacerdote o encerrará por sete dias.

22 Se ela se estender na pele, o sacerdote declarará imundo o homem; é lepra.

23 Mas, se a mancha lustrosa parar no seu lugar, não se estendendo, é cicatriz da úlcera; o sacerdote, pois, o declarará limpo.

24 Quando, na pele, houver queimadura de fogo, e a carne viva da queimadura se tornar em mancha lustrosa, branca que tira a vermelho ou branco,

25 o sacerdote a examinará. Se o pêlo da mancha lustrosa se tornou branco, e ela parece mais funda do que a pele, é lepra que brotou na queimadura. O sacerdote declarará imundo o homem; é a praga de lepra.

26 Porém, se o sacerdote a examinar, e não houver pêlo branco na mancha lustrosa, e ela não estiver mais funda que a pele, mas for de cor baça, o sacerdote encerrará por sete dias o homem.

27 Depois, o sacerdote o examinará ao sétimo dia; se ela se tiver estendido na pele, o sacerdote o declarará imundo; é praga de lepra.

28 Mas, se a mancha lustrosa parar no seu lugar e na pele não se estender, mas se tornou baça, é inchação da queimadura; portanto, o sacerdote o declarará limpo, porque é cicatriz da queimadura.

29 Quando o homem (ou a mulher) tiver praga na cabeça ou na barba,

30 o sacerdote examinará a praga; se ela parece mais funda do que a pele, e pêlo amarelo fino nela houver, o sacerdote o declarará imundo; é tinha, é lepra da cabeça ou da barba.

31 Mas, se o sacerdote, havendo examinado a praga da tinha, achar que ela não parece mais funda do que a pele, e, se nela não houver pêlo preto, então, o sacerdote encerrará o que tem a praga da tinha por sete dias.

32 Ao sétimo dia, o sacerdote examinará a praga; se a tinha não se tiver espalha-

do, e nela não houver pêlo amarelo, e a tinha não parecer mais funda do que a pele,

33 então, o homem será rapado; mas não se rapará a tinha. O sacerdote, por mais sete dias, encerrará o que tem a tinha.

34 Ao sétimo dia, o sacerdote examinará a tinha; se ela não se houver estendido na pele e não parecer mais funda do que a pele, o sacerdote declarará limpo o homem; este lavará as suas vestes e será limpo.

35 Mas, se a tinha, depois da sua purificação, se tiver espalhado muito na pele,

36 então, o sacerdote o examinará; se a tinha se tiver espalhado na pele, o sacerdote não procurará pêlo amarelo; está imundo.

37 Mas, se a tinha, a seu ver, parou, e pêlo preto cresceu nela, a tinha está sarada; ele está limpo, e o sacerdote o declarará limpo.

38 E, quando o homem (ou a mulher) tiver manchas lustrosas na pele,

39 então, o sacerdote o examinará; se na pele aparecerem manchas baças, brancas, é impigem branca que brotou na pele; está limpo.

40 Quando os cabelos do homem lhe caírem da cabeça, é calva; contudo, está limpo.

41 Se lhe caírem na frente da cabeça, é antecalva; contudo, está limpo.

42 Porém, se, na calva ou na antecalva, houver praga branca, que tira a vermelho, é lepra, brotando na calva ou na antecalva.

43 Havendo, pois, o sacerdote examinado, se a inchação da praga, na sua calva ou antecalva, está branca, que tira a vermelho, como parece a lepra na pele,

44 é leproso aquele homem, está imundo; o sacerdote o declarará imundo; a sua praga está na cabeça.

45 As vestes do leproso, em quem está a praga, serão rasgadas, e os seus cabelos serão desgrenhados; cobrirá o bigode e clamará: Imundo! Imundo!

46 Será imundo durante os dias em que a praga estiver nele; é imundo, habitará só; a sua habitação será fora do arraial.

47 Quando também em alguma veste houver praga de lepra, veste de lã ou de linho,

48 seja na urdidura, seja na trama, de linho ou de lã, em pele ou em qualquer obra de peles,

49 se a praga for esverdinhada ou avermelhada na veste, ou na pele, ou na urdidura, ou na trama, em qualquer cousa feita de pele, é a praga de lepra, e mostrar-se-á ao sacerdote.

50 O sacerdote examinará a praga e en-

cerrará, por sete dias, aquilo que tem a praga.

⁵¹ Então, examinará a praga ao sétimo dia; se ela se houver estendido na veste, na urdidura ou na trama, seja na pele, seja qual for a obra em que se empregue, é lepra maligna; isso é imundo.

⁵² Pelo que se queimará aquela veste, seja a urdidura, seja a trama, de lã, ou de linho, ou qualquer cousa feita de pele, em que se acha a praga, pois é lepra maligna; tudo se queimará.

⁵³ Mas, examinando o sacerdote, se a praga não se tiver espalhado na veste, nem na urdidura, nem na trama, nem em qualquer cousa feita de pele,

⁵⁴ então, o sacerdote ordenará que se lave aquilo em que havia a praga e o encerrará por mais sete dias;

⁵⁵ o sacerdote, examinando a cousa em que havia praga, depois de lavada aquela, se a praga não mudou a sua cor, nem se espalhou, está imunda; com fogo a queimarás; é lepra roedora, seja no avesso ou no direito.

⁵⁶ Mas, se o sacerdote examinar a mancha, e esta se tornou baça depois de lavada, então, a rasgará da veste, ou da pele, ou da urdidura, ou da trama.

⁵⁷ Se a praga ainda aparecer na veste, quer na urdidura, quer na trama, ou em qualquer cousa feita de pele, é lepra que se espalha; com fogo queimarás aquilo em que está a praga.

⁵⁸ Mas a veste, quer na urdidura, quer na trama, ou qualquer cousa de peles, que lavares e de que a praga se retirar, se lavará segunda vez e será limpa.

⁵⁹ Esta é a lei da praga da lepra da veste de lã ou de linho, quer na urdidura, quer na trama; ou de qualquer cousa de peles, para se poder declará-las limpas ou imundas.

A lei acerca do leproso depois de sarado

14 Disse o SENHOR a Moisés: ² Esta será a lei do leproso no dia da sua purificação: será levado ao sacerdote;

³ este sairá fora do arraial e o examinará. Se a praga da lepra do leproso está curada,

⁴ então, o sacerdote ordenará que se tomem, para aquele que se houver de purificar, duas aves vivas e limpas, e pau de cedro, e estofo carmesim, e hissopo.

⁵ Mandará também o sacerdote que se imole uma ave num vaso de barro, sobre águas correntes.

⁶ Tomará a ave viva, e o pau de cedro, e o estofo carmesim, e o hissopo e os molhará no sangue da ave que foi imolada sobre as águas correntes.

⁷ E, sobre aquele que há de purificar-se da lepra, aspergirá sete vezes; então, o declarará limpo e soltará a ave viva para o campo aberto.

⁸ Aquele que tem de se purificar lavará as vestes, rapará todo o seu pêlo, banhar-se-á com água e será limpo; depois, entrará no arraial, porém ficará fora da sua tenda por sete dias.

⁹ Ao sétimo dia, rapará todo o seu cabelo, a cabeça, a barba e as sobrancelhas; rapará todo pêlo, lavará as suas vestes, banhará o corpo com água e será limpo.

¹⁰ No oitavo dia, tomará dois cordeiros sem defeito, uma cordeira sem defeito, de um ano, e três dízimas de um efa de flor de farinha, para oferta de manjares, amassada com azeite, e separadamente um sextário de azeite;

¹¹ e o sacerdote que faz a purificação apresentará o homem que houver de purificar-se e essas cousas diante do SENHOR, à porta da tenda da congregação;

¹² tomará um dos cordeiros e o oferecerá por oferta pela culpa e o sextário de azeite; e os moverá por oferta movida perante o SENHOR.

¹³ Então, imolará o cordeiro no lugar em que se imola a oferta pelo pecado e o holocausto, no lugar santo; porque quer a oferta pela culpa como a oferta pelo pecado são para o sacerdote; são cousas santíssimas.

¹⁴ O sacerdote tomará do sangue da oferta pela culpa e o porá sobre a ponta da orelha direita daquele que tem de purificar-se, e sobre o polegar da sua mão direita, e sobre o polegar do seu pé direito.

¹⁵ Também tomará do sextário de azeite e o derramará na palma da própria mão esquerda.

¹⁶ Molhará o dedo direito no azeite que está na mão esquerda e daquele azeite aspergirá, com o dedo, sete vezes perante o SENHOR;

¹⁷ do restante do azeite que está na mão, o sacerdote porá sobre a ponta da orelha direita daquele que tem de purificar-se, e sobre o polegar da sua mão direita, e sobre o polegar do seu pé direito, em cima do sangue da oferta pela culpa;

¹⁸ o restante do azeite que está na mão

do sacerdote, pô-lo-á sobre a cabeça daquele que tem de purificar-se; assim, o sacerdote fará expiação por ele perante o Senhor.

¹⁹ Então, o sacerdote fará a oferta pelo pecado e fará expiação por aquele que tem de purificar-se da sua imundícia. Depois, imolará o holocausto

²⁰ e o oferecerá com a oferta de manjares sobre o altar; assim, o sacerdote fará expiação pelo homem, e este será limpo.

²¹ Se for pobre, e as suas posses não lhe permitirem trazer tanto, tomará um cordeiro para oferta pela culpa como oferta movida, para fazer expiação por ele, e a dízima de um efa de flor de farinha, amassada com azeite, para oferta de manjares, e um sextário de azeite,

²² duas rolas ou dois pombinhos, segundo as suas posses, dos quais um será para oferta pelo pecado, e o outro, para holocausto.

²³ Ao oitavo dia da sua purificação, os trará ao sacerdote, à porta da tenda da congregação, perante o Senhor.

²⁴ O sacerdote tomará o cordeiro da oferta pela culpa e o sextário de azeite e os moverá por oferta movida perante o Senhor.

²⁵ Então, o sacerdote imolará o cordeiro da oferta pela culpa, e tomará do sangue da oferta pela culpa, e o porá sobre a ponta da orelha direita daquele que tem de purificar-se, e sobre o polegar da sua mão direita, e sobre o polegar do seu pé direito.

²⁶ Derramará do azeite na palma da própria mão esquerda;

²⁷ e, com o dedo direito, aspergirá do azeite que está na sua mão esquerda, sete vezes perante o Senhor;

²⁸ porá do azeite que está na sua mão na ponta da orelha direita daquele que tem de purificar-se, e no polegar da sua mão direita, e no polegar do seu pé direito, por cima do sangue da oferta pela culpa;

²⁹ o restante do azeite que está na mão do sacerdote porá sobre a cabeça do que tem de purificar-se, para fazer expiação por ele perante o Senhor.

³⁰ Oferecerá uma das rolas ou um dos pombinhos, segundo as suas posses;

³¹ será um para oferta pelo pecado, e o outro, para holocausto, além da oferta de manjares; e, assim, o sacerdote fará expiação por aquele que tem de purificar-se perante o Senhor.

³² Esta é a lei daquele em quem está a praga da lepra, cujas posses não lhe permitem o devido para a sua purificação.

A lei acerca da lepra numa casa

³³ Disse mais o Senhor a Moisés e a Arão:

³⁴ Quando entrardes na terra de Canaã, que vos darei por possessão, e eu enviar a praga da lepra a alguma casa da terra da vossa possessão,

³⁵ o dono da casa fará saber ao sacerdote, dizendo: Parece-me que há como que praga em minha casa.

³⁶ O sacerdote ordenará que despejem a casa, antes que venha para examinar a praga, para que não seja contaminado tudo o que está na casa; depois, virá o sacerdote, para examinar a casa,

³⁷ e examinará a praga. Se, nas paredes da casa, há manchas esverdinhadas ou avermelhadas e parecem mais fundas que a parede,

³⁸ então, o sacerdote sairá da casa e a cerrará por sete dias.

³⁹ Ao sétimo dia, voltará o sacerdote e examinará; se vir que a praga se estendeu nas paredes da casa,

⁴⁰ ele ordenará que arranquem as pedras em que estiver a praga e que as lancem fora da cidade num lugar imundo;

⁴¹ e fará raspar a casa por dentro, ao redor, e o pó que houverem raspado lançarão, fora da cidade, num lugar imundo.

⁴² Depois, tomarão outras pedras e as porão no lugar das primeiras; tomar-se-á outra argamassa e se rebocará a casa.

⁴³ Se a praga tornar a brotar na casa, depois de arrancadas as pedras, raspada a casa e de novo rebocada,

⁴⁴ então, o sacerdote entrará e examinará. Se a praga se tiver estendido na casa, há nela lepra maligna; está imunda.

⁴⁵ Derribar-se-á, portanto, a casa, as pedras e a sua madeira, como também todo o reboco da casa; e se levará tudo para fora da cidade, a um lugar imundo.

⁴⁶ Aquele que entrar na casa, enquanto está fechada, será imundo até à tarde.

⁴⁷ Também o que se deitar na casa lavará as suas vestes; e quem nela comer lavará as suas vestes.

⁴⁸ Porém, tornando o sacerdote a entrar, e, examinando, se a praga na casa não se tiver estendido depois que a casa foi rebocada, o sacerdote a declarará limpa, porque a praga está curada.

⁴⁹ Para purificar a casa, tomará duas

aves, e pau de cedro, e estofo carmesim, e hissopo,

⁵⁰ imolará uma ave num vaso de barro sobre águas correntes,

⁵¹ tomará o pau de cedro, e o hissopo, e o estofo carmesim, e a ave viva, e os molhará no sangue da ave imolada e nas águas correntes, e aspergirá a casa sete vezes.

⁵² Assim, purificará aquela casa com o sangue da ave, e com as águas correntes, e com a ave viva, e com o pau de cedro, e com o hissopo, e com o estofo carmesim.

⁵³ Então, soltará a ave viva para fora da cidade, para o campo aberto; assim, fará expiação pela casa, e será limpa.

⁵⁴ Esta é a lei de toda sorte de praga de lepra, e de tinha,

⁵⁵ e da lepra das vestes, e das casas,

⁵⁶ e da inchação, e da pústula, e das manchas lustrosas,

⁵⁷ para ensinar quando qualquer cousa é limpa ou imunda. Esta é a lei da lepra.

Imundícias do homem e da mulher

15 ¹ Disse mais o Senhor a Moisés e a Arão:

² Falai aos filhos de Israel e dizei-lhes: Qualquer homem que tiver fluxo seminal do seu corpo será imundo por causa do fluxo.

³ Esta, pois, será a sua imundícia por causa do seu fluxo: se o seu corpo vaza o fluxo ou se o seu corpo o estanca, esta é a sua imundícia.

⁴ Toda cama em que se deitar o que tiver fluxo será imunda; e tudo sobre que se assentar será imundo.

⁵ Qualquer que lhe tocar a cama lavará as suas vestes, banhar-se-á em água e será imundo até à tarde.

⁶ Aquele que se assentar sobre aquilo em que se assentara o que tem o fluxo lavará as suas vestes, banhar-se-á em água e será imundo até à tarde.

⁷ Quem tocar o corpo do que tem o fluxo lavará as suas vestes, banhar-se-á em água e será imundo até à tarde.

⁸ Se o homem que tem o fluxo cuspir sobre uma pessoa limpa, então, esta lavará as suas vestes, banhar-se-á em água e será imunda até à tarde.

⁹ Também toda sela em que cavalgar o que tem o fluxo será imunda.

¹⁰ Qualquer que tocar alguma cousa que esteve debaixo dele será imundo até à tarde; e aquele que a levar lavará as suas vestes, banhar-se-á em água e será imundo até à tarde.

¹¹ Também todo aquele em quem tocar o que tiver o fluxo, sem haver lavado as suas mãos com água, lavará as suas vestes, banhar-se-á em água e será imundo até à tarde.

¹² O vaso de barro em que tocar o que tem o fluxo será quebrado; porém todo vaso de madeira será lavado em água.

¹³ Quando, pois, o que tem o fluxo dele estiver limpo, contar-se-ão sete dias para a sua purificação; lavará as suas vestes, banhará o corpo em águas correntes e será limpo.

¹⁴ Ao oitavo dia, tomará duas rolas ou dois pombinhos, e virá perante o Senhor, à porta da tenda da congregação, e os dará ao sacerdote;

¹⁵ este os oferecerá, um, para oferta pelo pecado, e o outro, para holocausto; e, assim, o sacerdote fará, por ele, expiação do seu fluxo perante o Senhor.

¹⁶ Também o homem, quando se der com ele emissão do sêmen, banhará todo o seu corpo em água e será imundo até à tarde.

¹⁷ Toda veste e toda pele em que houver sêmen se lavarão em água e serão imundas até à tarde.

¹⁸ Se um homem coabitar com mulher e tiver emissão do sêmen, ambos se banharão em água e serão imundos até à tarde.

¹⁹ A mulher, quando tiver o fluxo de sangue, se este for o fluxo costumado do seu corpo, estará sete dias na sua menstruação, e qualquer que a tocar será imundo até à tarde.

²⁰ Tudo sobre que ela se deitar durante a menstruação será imundo; e tudo sobre que se assentar será imundo.

²¹ Quem tocar no leito dela lavará as suas vestes, banhar-se-á em água e será imundo até à tarde.

²² Quem tocar alguma cousa sobre que ela se tiver assentado lavará as suas vestes, banhar-se-á em água e será imundo até à tarde.

²³ Também quem tocar alguma cousa que estiver sobre a cama ou sobre aquilo em que ela se assentou, esse será imundo até à tarde.

²⁴ Se um homem coabitar com ela, e a sua menstruação estiver sobre ele, será imundo por sete dias; e toda cama sobre que ele se deitar será imunda.

²⁵ Também a mulher, quando manar fluxo do seu sangue, por muitos dias fora

do tempo da sua menstruação ou quando tiver fluxo do sangue por mais tempo do que o costumado, todos os dias do fluxo será imunda, como nos dias da sua menstruação.

²⁶ Toda cama sobre que se deitar durante os dias do seu fluxo ser-lhe-á como a cama da sua menstruação; e toda cousa sobre que se assentar será imunda, conforme a impureza da sua menstruação.

²⁷ Quem tocar estas será imundo; portanto, lavará as suas vestes, banhar-se-á em água e será imundo até à tarde.

²⁸ Porém, quando lhe cessar o fluxo, então, se contarão sete dias, e depois será limpa.

²⁹ Ao oitavo dia, tomará duas rolas ou dois pombinhos e os trará ao sacerdote à porta da tenda da congregação.

³⁰ Então, o sacerdote oferecerá um, para oferta pelo pecado, e o outro, para holocausto; o sacerdote fará, por ela, expiação do fluxo da sua impureza perante o SENHOR.

³¹ Assim, separareis os filhos de Israel das suas impurezas, para que não morram nelas, ao contaminarem o meu tabernáculo, que está no meio deles.

³² Esta é a lei daquele que tem o fluxo, e daquele com quem se dá emissão do sêmen e que fica por ela imundo,

³³ e também da mulher passível da sua menstruação, e daquele que tem o fluxo, seja homem ou mulher, e do homem que se deita com mulher imunda.

O Dia da Expiação

16 Falou o SENHOR a Moisés, depois que morreram os dois filhos de Arão, tendo chegado aqueles diante do SENHOR.

² Então, disse o SENHOR a Moisés: Dize a Arão, teu irmão, que não entre no santuário em todo tempo, para dentro do véu, diante do propiciatório que está sobre a arca, para que não morra; porque aparecerei na nuvem sobre o propiciatório.

³ Entrará Arão no santuário com isto: um novilho, para oferta pelo pecado, e um carneiro, para holocausto.

⁴ Vestirá ele a túnica de linho, sagrada, terá as calças de linho sobre a pele, cingir-se-á com o cinto de linho e se cobrirá com a mitra de linho; são estas as vestes sagradas. Banhará o seu corpo em água e, então, as vestirá.

⁵ Da congregação dos filhos de Israel tomará dois bodes, para a oferta pelo pecado, e um carneiro, para holocausto.

⁶ Arão trará o novilho da sua oferta pelo pecado e fará expiação por si e pela sua casa.

⁷ Também tomará ambos os bodes e os porá perante o SENHOR, à porta da tenda da congregação.

⁸ Lançará sortes sobre os dois bodes: uma, para o SENHOR, e a outra, para o bode emissário.

⁹ Arão fará chegar o bode sobre o qual cair a sorte para o SENHOR e o oferecerá por oferta pelo pecado.

¹⁰ Mas o bode sobre que cair a sorte para bode emissário será apresentado vivo perante o SENHOR, para fazer expiação por meio dele e enviá-lo ao deserto como bode emissário.

O sacrifício pelo próprio sumo sacerdote

¹¹ Arão fará chegar o novilho da sua oferta pelo pecado e fará expiação por si e pela sua casa; imolará o novilho da sua oferta pelo pecado.

¹² Tomará também, de sobre o altar, o incensário cheio de brasas de fogo, diante do SENHOR, e dois punhados de incenso aromático bem moído e o trará para dentro do véu.

¹³ Porá o incenso sobre o fogo, perante o SENHOR, para que a nuvem do incenso cubra o propiciatório, que está sobre o Testemunho, para que não morra.

¹⁴ Tomará do sangue do novilho e, com o dedo, o aspergirá sobre a frente do propiciatório; e, diante do propiciatório, aspergirá sete vezes do sangue, com o dedo.

O sacrifício pelo povo

¹⁵ Depois, imolará o bode da oferta pelo pecado, que será para o povo, e trará o seu sangue para dentro do véu; e fará com o seu sangue como fez com o sangue do novilho; aspergi-lo-á no propiciatório e também diante dele.

¹⁶ Assim, fará expiação pelo santuário por causa das impurezas dos filhos de Israel, e das suas transgressões, e de todos os seus pecados. Da mesma sorte, fará pela tenda da congregação, que está com eles no meio das suas impurezas.

16.2 Hb 6.19.   16.3 Hb 9.7.   16.15,16 Hb 9.13.

¹⁷ Nenhum homem estará na tenda da congregação quando ele entrar para fazer propiciação no santuário, até que ele saia depois de feita a expiação por si mesmo, e pela sua casa, e por toda a congregação de Israel.

¹⁸ Então, sairá ao altar, que está perante o SENHOR, e fará expiação por ele. Tomará do sangue do novilho e do sangue do bode e o porá sobre os chifres do altar, ao redor.

¹⁹ Do sangue aspergirá, com o dedo, sete vezes sobre o altar, e o purificará, e o santificará das impurezas dos filhos de Israel.

²⁰ Havendo, pois, acabado de fazer expiação pelo santuário, pela tenda da congregação e pelo altar, então, fará chegar o bode vivo.

²¹ Arão porá ambas as mãos sobre a cabeça do bode vivo e sobre ele confessará todas as iniqüidades dos filhos de Israel, todas as suas transgressões e todos os seus pecados; e os porá sobre a cabeça do bode e enviá-lo-á ao deserto, pela mão dum homem à disposição para isso.

²² Assim, aquele bode levará sobre si todas as iniqüidades deles para terra solitária; e o homem soltará o bode no deserto.

²³ Depois, Arão virá à tenda da congregação, e despirá as vestes de linho, que havia usado quando entrara no santuário, e ali as deixará.

²⁴ Banhará o seu corpo em água no lugar santo e porá as suas vestes; então, sairá, e oferecerá o seu holocausto e o holocausto do povo, e fará expiação por si e pelo povo.

²⁵ Também queimará a gordura da oferta pelo pecado sobre o altar.

²⁶ E aquele que tiver levado o bode emissário lavará as suas vestes, banhará seu corpo em água e, depois, entrará no arraial.

²⁷ Mas o novilho e o bode da oferta pelo pecado, cujo sangue foi trazido para fazer expiação no santuário, serão levados fora do arraial; porém as suas peles, a sua carne e o seu excremento se queimarão.

²⁸ Aquele que o queimar lavará as suas vestes, banhará o seu corpo em água e, depois, entrará no arraial.

A festa anual das expiações

²⁹ Isso vos será por estatuto perpétuo: no sétimo mês, aos dez dias do mês, afligireis a vossa alma e nenhuma obra fareis, nem o natural nem o estrangeiro que peregrina entre vós.

³⁰ Porque, naquele dia, se fará expiação por vós, para purificar-vos; e sereis purificados de todos os vossos pecados, perante o SENHOR.

³¹ É sábado de descanso solene para vós outros, e afligireis a vossa alma; é estatuto perpétuo.

³² Quem for ungido e consagrado para oficiar como sacerdote no lugar de seu pai fará a expiação, havendo posto as vestes de linho, as vestes santas;

³³ fará expiação pelo santuário, pela tenda da congregação e pelo altar; também a fará pelos sacerdotes e por todo o povo da congregação.

³⁴ Isto vos será por estatuto perpétuo, para fazer expiação uma vez por ano pelos filhos de Israel, por causa dos seus pecados. E fez Arão como o SENHOR ordenara a Moisés.

Leis referentes à matança dos animais

17 Disse o SENHOR a Moisés:
² Fala a Arão, e a seus filhos, e a todos os filhos de Israel e dize-lhes: Isto é o que o SENHOR ordenou, dizendo:

³ Qualquer homem da casa de Israel que imolar boi, ou cordeiro, ou cabra, no arraial ou fora dele,

⁴ e os não trouxer à porta da tenda da congregação, como oferta ao SENHOR diante do seu tabernáculo, a tal homem será imputada a culpa do sangue; derramou sangue, pelo que esse homem será eliminado do seu povo;

⁵ para que os filhos de Israel, trazendo os seus sacrifícios, que imolam em campo aberto, os apresentem ao SENHOR, à porta da tenda da congregação, ao sacerdote, e os ofereçam por sacrifícios pacíficos ao SENHOR.

⁶ O sacerdote aspergirá o sangue sobre o altar do SENHOR, à porta da tenda da congregação, e queimará a gordura de aroma agradável ao SENHOR.

⁷ Nunca mais oferecerão os seus sacrifícios aos demônios, com os quais eles se prostituem; isso lhes será por estatuto perpétuo nas suas gerações.

⁸ Dize-lhes, pois: Qualquer homem da casa de Israel ou dos estrangeiros que peregrinam entre vós que oferecer holocausto ou sacrifício

⁹ e não o trouxer à porta da tenda da

congregação, para oferecê-lo ao SENHOR, esse homem será eliminado do seu povo.

A proibição de comer sangue

¹⁰ Qualquer homem da casa de Israel ou dos estrangeiros que peregrinam entre vós que comer algum sangue, contra ele me voltarei e o eliminarei do seu povo. ¹¹ Porque a vida da carne está no sangue. Eu vo-lo tenho dado sobre o altar, para fazer expiação pela vossa alma, porquanto é o sangue que fará expiação em virtude da vida. ¹² Portanto, tenho dito aos filhos de Israel: nenhuma alma de entre vós comerá sangue, nem o estrangeiro que peregrina entre vós o comerá. ¹³ Qualquer homem dos filhos de Israel ou dos estrangeiros que peregrinam entre vós que caçar animal ou ave que se come derramará o seu sangue e o cobrirá com pó. ¹⁴ Portanto, a vida de toda carne é o seu sangue; por isso, tenho dito aos filhos de Israel: não comereis o sangue de nenhuma carne, porque a vida de toda carne é o seu sangue; qualquer que o comer será eliminado. ¹⁵ Todo homem, quer natural, quer estrangeiro, que comer o que morre por si ou dilacerado lavará as suas vestes, banhar-se-á em água e será imundo até à tarde; depois, será limpo. ¹⁶ Mas, se não as lavar, nem banhar o corpo, levará sobre si a sua iniqüidade.

Casamentos ilícitos

18 Disse mais o SENHOR a Moisés: ² Fala aos filhos de Israel e dize-lhes: Eu sou o SENHOR, vosso Deus. ³ Não fareis segundo as obras da terra do Egito, em que habitastes, nem fareis segundo as obras da terra de Canaã, para a qual eu vos levo, nem andareis nos seus estatutos. ⁴ Fareis segundo os meus juízos e os meus estatutos guardareis, para andardes neles. Eu sou o SENHOR, vosso Deus. ⁵ Portanto, os meus estatutos e os meus juízos guardareis; cumprindo-os, o homem viverá por eles. Eu sou o SENHOR. ⁶ Nenhum homem se chegará a qualquer parenta da sua carne, para lhe descobrir a nudez. Eu sou o SENHOR.

⁷ Não descobrirás a nudez de teu pai e de tua mãe; ela é tua mãe; não lhe descobrirás a nudez. ⁸ Não descobrirás a nudez da mulher de teu pai; é nudez de teu pai. ⁹ A nudez da tua irmã, filha de teu pai ou filha de tua mãe, nascida em casa ou fora de casa, a sua nudez não descobrirás. ¹⁰ A nudez da filha do teu filho ou da filha de tua filha, a sua nudez não descobrirás, porque é tua nudez. ¹¹ Não descobrirás a nudez da filha da mulher de teu pai, gerada de teu pai; ela é tua irmã. ¹² A nudez da irmã do teu pai não descobrirás; ela é parenta de teu pai. ¹³ A nudez da irmã de tua mãe não descobrirás; pois ela é parenta de tua mãe. ¹⁴ A nudez do irmão de teu pai não descobrirás; não te chegarás à sua mulher; ela é tua tia. ¹⁵ A nudez de tua nora não descobrirás; ela é mulher de teu filho; não lhe descobrirás a nudez. ¹⁶ A nudez da mulher de teu irmão não descobrirás; é a nudez de teu irmão. ¹⁷ A nudez duma mulher e de sua filha não descobrirás; não tomarás a filha de seu filho, nem a filha de sua filha, para lhe descobrir a nudez; parentes são; maldade é. ¹⁸ E não tomarás com tua mulher outra, de sorte que lhe seja rival, descobrindo a sua nudez com ela durante sua vida.

Uniões abomináveis

¹⁹ Não te chegarás à mulher, para lhe descobrir a nudez, durante a sua menstruação. ²⁰ Nem te deitarás com a mulher de teu próximo, para te contaminares com ela. ²¹ E da tua descendência não darás nenhum para dedicar-se a Moloque, nem profanarás o nome de teu Deus. Eu sou o SENHOR. ²² Com homem não te deitarás, como se fosse mulher; é abominação. ²³ Nem te deitarás com animal, para te contaminares com ele, nem a mulher se porá perante um animal, para ajuntar-se com ele; é confusão. ²⁴ Com nenhuma destas cousas vos contaminareis, porque com todas estas cousas se contaminaram as nações que eu lanço de diante de vós.

17.10-14 Gn 9.4; Lv 7.26,27; 19.26; Dt 12.16,23; 15.23. Rm 10.5; Gl 3.12.　18.6-23 Lv 20.10-21; Dt 27.20-23.　17.11 Hb 9.22.　18.5 Ne 9.29; Ez 20.13; Lc 10.28; 18.21 Lv 20.1-5.　18.23 Êx 22.19.

²⁵ E a terra se contaminou; e eu visitei nela a sua iniqüidade, e ela vomitou os seus moradores.

²⁶ Porém vós guardareis os meus estatutos e os meus juízos, e nenhuma destas abominações fareis, nem o natural, nem o estrangeiro que peregrina entre vós;

²⁷ porque todas estas abominações fizeram os homens desta terra que nela estavam antes de vós; e a terra se contaminou.

²⁸ Não suceda que a terra vos vomite, havendo-a vós contaminado, como vomitou o povo que nela estava antes de vós.

²⁹ Todo que fizer alguma destas abominações, sim, aqueles que as cometerem serão eliminados do seu povo.

³⁰ Portanto, guardareis a obrigação que tendes para comigo, não praticando nenhum dos costumes abomináveis que se praticaram antes de vós, e não vos contaminareis com eles. Eu sou o SENHOR, vosso Deus.

A repetição de diversas leis

19 Disse o SENHOR a Moisés:
² Fala a toda a congregação dos filhos de Israel e dize-lhes: Santos sereis, porque eu, o SENHOR, vosso Deus, sou santo.

³ Cada um respeitará a sua mãe e o seu pai e guardará os meus sábados. Eu sou o SENHOR, vosso Deus.

⁴ Não vos virareis para os ídolos, nem vos fareis deuses de fundição. Eu sou o SENHOR, vosso Deus.

⁵ Quando oferecerdes sacrifício pacífico ao SENHOR, oferecê-lo-eis para que sejais aceitos.

⁶ No dia em que o oferecerdes e no dia seguinte, se comerá; mas o que sobejar, ao terceiro dia, será queimado.

⁷ Se alguma cousa dele for comida ao terceiro dia, é abominação; não será aceita.

⁸ Qualquer que o comer levará a sua iniqüidade, porquanto profanou cousa santa do SENHOR; por isso, será eliminado do seu povo.

⁹ Quando também segares a messe da tua terra, o canto do teu campo não segarás totalmente, nem as espigas caídas colherás da tua messe.

¹⁰ Não rebuscarás a tua vinha, nem colherás os bagos caídos da tua vinha; deixá-

los-ás ao pobre e ao estrangeiro. Eu sou o SENHOR, vosso Deus.

¹¹ Não furtareis, nem mentireis, nem usareis de falsidade cada um com o seu próximo;

¹² nem jurareis falso pelo meu nome, pois profanaríeis o nome do vosso Deus. Eu sou o SENHOR.

¹³ Não oprimirás o teu próximo, nem o roubarás; a paga do jornaleiro não ficará contigo até pela manhã.

¹⁴ Não amaldiçoarás o surdo, nem porás tropeço diante do cego; mas temerás o teu Deus. Eu sou o SENHOR.

¹⁵ Não farás injustiça no juízo, nem favorecendo o pobre, nem comprazendo ao grande; com justiça julgarás o teu próximo.

¹⁶ Não andarás como mexeriqueiro entre o teu povo; não atentarás contra a vida do teu próximo. Eu sou o SENHOR.

¹⁷ Não aborrecerás teu irmão no teu íntimo; mas repreenderás o teu próximo e, por causa dele, não levarás sobre ti pecado.

¹⁸ Não te vingarás, nem guardarás ira contra os filhos do teu povo; mas amarás o teu próximo como a ti mesmo. Eu sou o SENHOR.

¹⁹ Guardarás os meus estatutos; não permitirás que os teus animais se ajuntem com os de espécie diversa; no teu campo, não semearás semente de duas espécies; nem usarás roupa de dois estofos misturados.

²⁰ Se alguém se deitar com uma mulher, se for escrava desposada com outro homem e não for resgatada, nem se lhe houver dado liberdade, então, serão açoitados; não serão mortos, pois não foi libertada.

²¹ O homem, como oferta pela sua culpa, trará um carneiro ao SENHOR, à porta da tenda da congregação.

²² Com o carneiro da oferta pela culpa, o sacerdote fará expiação, por ele, perante o SENHOR, pelo pecado que cometeu, e ser-lhe-á perdoado o pecado que cometeu.

²³ Quando entrardes na terra e plantardes toda sorte de árvore de comer, ser-vos-á vedado o seu fruto; três anos vos será vedado; dele não se comerá.

²⁴ Porém, no quarto ano, todo o seu fruto será santo, será oferta de louvores ao SENHOR.

²⁵ No quinto ano, comereis fruto dela

19.2 Lv 11.44,45; 1Pe 1.16.   19.3 Êx 20.8,12; Dt 5.12,16.   19.4 Êx 20.4; 34.17; Lv 26.1; Dt 5.8; 27.15.
19.9 Lv 23.22; Dt 24.19,22.   19.11 Êx 20.15,16; Dt 5.19,20.   19.12 Êx 20.7; Dt 5.11; Mt 5.33.
19.13 Dt 24.14,15.   19.15 Êx 23.6-8; Dt 16.18-20.   19.18 Mt 5.43; 19.19; 22.39; Mc 12.31; Lc 10.27;
Rm 13.9; Gl 5.14; Tg 2.8.   19.19 Dt 22.9-11.

para que vos faça aumentar a sua produção. Eu sou o SENHOR, vosso Deus. ²⁶ Não comereis cousa alguma com sangue; não agourareis, nem adivinhareis. ²⁷ Não cortareis o cabelo em redondo, nem danificareis as extremidades da barba. ²⁸ Pelos mortos não ferireis a vossa carne; nem fareis marca nenhuma sobre vós. Eu sou o SENHOR.

²⁹ Não contaminarás a tua filha, fazendo-a prostituir-se; para que a terra não se prostitua, nem se encha de maldade. ³⁰ Guardareis os meus sábados e reverenciareis o meu santuário. Eu sou o SENHOR.

³¹ Não vos voltareis para os necromantes, nem para os adivinhos; não os procureis para serdes contaminados por eles. Eu sou o SENHOR, vosso Deus.

³² Diante das cãs te levantarás, e honrarás a presença do ancião, e temerás o teu Deus. Eu sou o SENHOR.

³³ Se o estrangeiro peregrinar na vossa terra, não o oprimireis.

³⁴ Como o natural, será entre vós o estrangeiro que peregrina convosco; amá-lo-eis como a vós mesmos, pois estrangeiros fostes na terra do Egito. Eu sou o SENHOR, vosso Deus.

Pesos e medidas justos
Dt 25.13-16

³⁵ Não cometereis injustiça no juízo, nem na vara, nem no peso, nem na medida. ³⁶ Balanças justas, pesos justos, efa justo e justo him tereis. Eu sou o SENHOR, vosso Deus, que vos tirei da terra do Egito. ³⁷ Guardareis todos os meus estatutos e todos os meus juízos e os cumprireis. Eu sou o SENHOR.

As penas de diversos crimes

20 Disse mais o SENHOR a Moisés: ² Também dirás aos filhos de Israel: Qualquer dos filhos de Israel ou dos estrangeiros que peregrinam em Israel que der de seus filhos a Moloque será morto; o povo da terra o apedrejará.

³ Voltar-me-ei contra esse homem, e o eliminarei do meio do seu povo, porquanto deu de seus filhos a Moloque, contaminando, assim, o meu santuário e profanando o meu santo nome.

⁴ Se o povo da terra fechar os olhos para não ver esse homem, quando der de seus filhos a Moloque, e o não matar, ⁵ então, eu me voltarei contra esse homem e contra a sua família e o eliminarei do meio do seu povo, com todos os que após ele se prostituem com Moloque.

⁶ Quando alguém se virar para os necromantes e feiticeiros, para se prostituir com eles, eu me voltarei contra ele e o eliminarei do meio do seu povo.

⁷ Portanto, santificai-vos e sede santos, pois eu sou o SENHOR, vosso Deus. ⁸ Guardai os meus estatutos e cumpri-los. Eu sou o SENHOR, que vos santifico.

⁹ Se um homem amaldiçoar a seu pai ou a sua mãe, será morto; amaldiçoou a seu pai ou a sua mãe; o seu sangue cairá sobre ele.

¹⁰ Se um homem adulterar com a mulher do seu próximo, será morto o adúltero e a adúltera.

¹¹ O homem que se deitar com a mulher de seu pai terá descoberto a nudez de seu pai; ambos serão mortos; o seu sangue cairá sobre eles.

¹² Se um homem se deitar com a nora, ambos serão mortos; fizeram confusão; o seu sangue cairá sobre eles.

¹³ Se também um homem se deitar com outro homem, como se fosse mulher, ambos praticaram cousa abominável; serão mortos; o seu sangue cairá sobre eles.

¹⁴ Se um homem tomar uma mulher e sua mãe, maldade é; a ele e a elas queimarão, para que não haja maldade no meio de vós.

¹⁵ Se também um homem se ajuntar com um animal, será morto; e matarás o animal.

¹⁶ Se uma mulher se achegar a algum animal e se ajuntar com ele, matarás tanto a mulher como o animal; o seu sangue cairá sobre eles.

¹⁷ Se um homem tomar a sua irmã, filha de seu pai ou filha de sua mãe, e vir a nudez dela, e ela vir a dele, torpeza é; portanto, serão eliminados na presença dos filhos do seu povo; descobriu a nudez de sua irmã; levará sobre si a sua iniquidade.

¹⁸ Se um homem se deitar com mulher no tempo da enfermidade dela e lhe descobrir a nudez, descobrindo a sua fonte, e ela

19.26 Gn 9.4; Lv 7.26,27; 17.10-14; Dt 12.16,23; 15.23. **19.27,28** Lv 21.5; Dt 14.1. **19.29** Dt 23.17,18. **19.30** Lv 26.2. **19.33,34** Êx 22.21; Dt 24.17,18; 27.19. **19.35,36** Dt 25.13-16. **20.9** Êx 21.27; Mt 15.4; Mc 7.10. **20.10** Êx 20.14; Dt 5.18. **20.10-21** Lv 18.6-23; Dt 27.20-23. **20.15,16** Êx 22.19.

descobrir a fonte do seu sangue, ambos serão eliminados do meio do seu povo.

¹⁹ Também a nudez da irmã de tua mãe ou da irmã de teu pai não descobrirás; porquanto descobriu a nudez da sua parenta, sobre si levarão a sua iniqüidade.

²⁰ Também se um homem se deitar com a sua tia, descobriu a nudez de seu tio; seu pecado sobre si levarão; morrerão sem filhos.

²¹ Se um homem tomar a mulher de seu irmão, imundícia é; descobriu a nudez de seu irmão; ficarão sem filhos.

²² Guardai, pois, todos os meus estatutos e todos os meus juízos e cumpri-os, para que vos não vomite a terra para a qual vos levo para habitardes nela.

²³ Não andeis nos costumes da gente que eu lanço de diante de vós, porque fizeram todas estas cousas; por isso, me aborreci deles.

²⁴ Mas a vós outros vos tenho dito: em herança possuireis a sua terra, e eu vo-la darei para a possuirdes, terra que mana leite e mel. Eu sou o SENHOR, vosso Deus, que vos separei dos povos.

²⁵ Fareis, pois, distinção entre os animais limpos e os imundos e entre as aves imundas e as limpas; não vos façais abomináveis por causa dos animais, ou das aves, ou de tudo o que se arrasta sobre a terra, as quais cousas apartei de vós, para tê-las por imundas.

²⁶ Ser-me-eis santos, porque eu, o SENHOR, sou santo e separei-vos dos povos, para serdes meus.

²⁷ O homem ou mulher que sejam necromantes ou sejam feiticeiros serão mortos; serão apedrejados; o seu sangue cairá sobre eles.

Leis para os sacerdotes

21 Disse o SENHOR a Moisés: Fala aos sacerdotes, filhos de Arão, e dize-lhes: O sacerdote não se contaminará por causa dum morto entre o seu povo,

² salvo por seu parente mais chegado: por sua mãe, e por seu pai, e por seu filho, e por sua filha, e por seu irmão;

³ e também por sua irmã virgem, chegada a ele, que ainda não teve marido, pode contaminar-se.

⁴ Ele, sendo homem principal entre o seu povo, não se contaminará, pois que se profanaria.

⁵ Não farão calva na sua cabeça e não cortarão as extremidades da barba, nem ferirão a sua carne.

⁶ Santos serão a seu Deus e não profanarão o nome do seu Deus, porque oferecem as ofertas queimadas do SENHOR, o pão de seu Deus; portanto, serão santos.

⁷ Não tomarão mulher prostituta ou desonrada, nem tomarão mulher repudiada de seu marido, pois o sacerdote é santo a seu Deus.

⁸ Portanto, o consagrarás, porque oferece o pão do teu Deus. Ele vos será santo, pois eu, o SENHOR que vos santifico, sou santo.

⁹ Se a filha dum sacerdote se desonra, prostituindo-se, profana a seu pai; será queimada.

¹⁰ O sumo sacerdote entre seus irmãos, sobre cuja cabeça foi derramado o óleo da unção, e que for consagrado para vestir as vestes sagradas, não desgrenhará os cabelos, nem rasgará as suas vestes.

¹¹ Não se chegará a cadáver algum, nem se contaminará por causa de seu pai ou de sua mãe.

¹² Não sairá do santuário, nem profanará o santuário do seu Deus, pois a consagração do óleo da unção do seu Deus está sobre ele. Eu sou o SENHOR.

¹³ Ele tomará por mulher uma virgem.

¹⁴ Viúva, ou repudiada, ou desonrada, ou prostituta, estas não tomará, mas virgem do seu povo tomará por mulher.

¹⁵ E não profanará a sua descendência entre o seu povo, porque eu sou o SENHOR, que o santifico.

¹⁶ Disse mais o SENHOR a Moisés:

¹⁷ Fala a Arão, dizendo: Ninguém dos teus descendentes, nas suas gerações, em quem houver algum defeito se chegará para oferecer o pão do seu Deus.

¹⁸ Pois nenhum homem em quem houver defeito se chegará: como homem cego, ou coxo, ou de rosto mutilado, ou desproporcionado,

¹⁹ ou homem que tiver o pé quebrado ou mão quebrada,

²⁰ ou corcovado, ou anão, ou que tiver belida no olho, ou sarna, ou impigens, ou que tiver testículo quebrado.

²¹ Nenhum homem da descendência de Arão, o sacerdote, em quem houver algum defeito se chegará para oferecer as ofertas queimadas do SENHOR; ele tem defeito; não se chegará para oferecer o pão do seu Deus.

21.5 Lv 19.27,28; Dt 14.1.

²² Comerá o pão do seu Deus, tanto do santíssimo como do santo.

²³ Porém até ao véu não entrará, nem se chegará ao altar, porque tem defeito, para que não profane os meus santuários, porque eu sou o SENHOR, que os santifico.

²⁴ Assim falou Moisés a Arão, aos filhos deste e a todos os filhos de Israel.

A lei acerca de comer cousas santas

22 Disse o SENHOR a Moisés: ² Dize a Arão e aos seus filhos que se abstenham das cousas sagradas, dedicadas a mim pelos filhos de Israel, para que não profanem o meu santo nome. Eu sou o SENHOR.

³ Dize-lhes: Todo homem, que entre as vossas gerações, de toda a vossa descendência, se chegar às cousas sagradas que os filhos de Israel dedicam ao SENHOR, tendo sobre si a sua imundícia, aquela alma será eliminada de diante de mim. Eu sou o SENHOR.

⁴ Ninguém da descendência de Arão que for leproso ou tiver fluxo comerá das cousas sagradas, até que seja limpo; como também o que tocar alguma cousa imunda por causa de um morto ou aquele com quem se der a emissão do sêmen;

⁵ ou qualquer que tocar algum réptil, com o que se faz imundo, ou a algum homem, com o que se faz imundo, seja qual for a sua imundícia.

⁶ O homem que o tocar será imundo até à tarde e não comerá das cousas sagradas sem primeiro banhar o seu corpo em água.

⁷ Posto o sol, então, será limpo e, depois, comerá das cousas sagradas, porque isto é o seu pão.

⁸ Do animal que morre por si mesmo ou é dilacerado não comerá, para, com isso, não contaminar-se. Eu sou o SENHOR.

⁹ Guardarão, pois, a obrigação que têm para comigo, para que, por isso, não levem sobre si pecado e morram, havendo-o profanado. Eu sou o SENHOR, que os santifico.

¹⁰ Nenhum estrangeiro comerá das cousas sagradas; o hóspede do sacerdote nem o seu jornaleiro comerão das cousas sagradas.

¹¹ Mas, se o sacerdote comprar algum escravo com o seu dinheiro, este comerá delas; os que nascerem na sua casa, estes comerão do seu pão.

¹² Quando a filha do sacerdote se casar com estrangeiro, ela não comerá da oferta das cousas sagradas.

¹³ Mas, se a filha do sacerdote for viúva ou repudiada, e não tiver filhos, e se houver tornado à casa de seu pai, como na sua mocidade, do pão de seu pai comerá; mas nenhum estrangeiro comerá dele.

¹⁴ Se alguém, por ignorância, comer a cousa sagrada, ajuntar-se-lhe-á a sua quinta parte e a dará ao sacerdote com a cousa sagrada.

¹⁵ Não profanarão as cousas sagradas que os filhos de Israel oferecem ao SENHOR,

¹⁶ pois assim os fariam levar sobre si a culpa da iniquidade, comendo as cousas sagradas; porque eu sou o SENHOR, que os santifico.

Os animais sacrificados devem ser sem defeito

¹⁷ Disse mais o SENHOR a Moisés:

¹⁸ Fala a Arão, e a seus filhos, e a todos os filhos de Israel e dize-lhes: Qualquer que, da casa de Israel ou dos estrangeiros em Israel, apresentar a sua oferta, quer em cumprimento de seus votos ou como ofertas voluntárias, que apresentar ao SENHOR em holocausto,

¹⁹ para que seja aceitável, oferecerá macho sem defeito, ou do gado, ou do rebanho de ovelhas, ou de cabras.

²⁰ Porém todo o que tiver defeito, esse não oferecereis; porque não seria aceito a vosso favor.

²¹ Quando alguém oferecer sacrifício pacífico ao SENHOR, quer em cumprimento de voto ou como oferta voluntária, do gado ou do rebanho, o animal deve ser sem defeito para ser aceitável; nele, não haverá defeito nenhum.

²² O cego, ou aleijado, ou mutilado, ou ulceroso, ou sarnoso, ou cheio de impigens, não os oferecereis ao SENHOR e deles não poreis oferta queimada ao SENHOR sobre o altar.

²³ Porém novilho ou cordeiro desproporcionados poderás oferecer por oferta voluntária, mas, por voto, não será aceito.

²⁴ Não oferecereis ao SENHOR animal que tiver os testículos machucados, ou moídos, ou arrancados, ou cortados; nem fareis isso na vossa terra.

²⁵ Também da mão do estrangeiro nenhum desses animais oferecereis como pão do vosso Deus, porque são corrompidos pe-

lo defeito que há neles; não serão aceitos a vosso favor.

²⁶ Disse mais o SENHOR a Moisés:

²⁷ Quando nascer o boi, ou cordeiro, ou cabra, sete dias estará com a mãe; do oitavo dia em diante, será aceito por oferta queimada ao SENHOR.

²⁸ Ou seja vaca, ou seja ovelha, não imolarás a ela e seu filho, ambos no mesmo dia.

²⁹ Quando oferecerdes sacrifício de louvores ao SENHOR, fá-lo-eis para que sejais aceitos.

³⁰ No mesmo dia, será comido; e, dele, nada deixareis ficar até pela manhã. Eu sou o SENHOR.

³¹ Pelo que guardareis os meus mandamentos e os cumprireis. Eu sou o SENHOR.

³² Não profanareis o meu santo nome, mas serei santificado no meio dos filhos de Israel. Eu sou o SENHOR, que vos santifico,

³³ que vos tirei da terra do Egito, para ser o vosso Deus. Eu sou o SENHOR.

As festas solenes do SENHOR

23 Disse o SENHOR a Moisés: ² Fala aos filhos de Israel e dize-lhes: As festas fixas do SENHOR, que proclamareis, serão santas convocações; são estas as minhas festas.

O sábado
Êx 23.12

³ Seis dias trabalhareis, mas o sétimo será o sábado do descanso solene, santa convocação; nenhuma obra fareis; é sábado do SENHOR em todas as vossas moradas.

A Páscoa
Êx 23.14,15; 34.18; Dt 16.1-8

⁴ São estas as festas fixas do SENHOR, as santas convocações, que proclamareis no seu tempo determinado:

⁵ no mês primeiro, aos catorze do mês, no crepúsculo da tarde, é a Páscoa do SENHOR.

⁶ E aos quinze dias deste mês é a Festa dos Pães Asmos do SENHOR; sete dias comereis pães asmos.

⁷ No primeiro dia, tereis santa convocação; nenhuma obra servil fareis;

⁸ mas sete dias oferecereis oferta queimada ao SENHOR; ao sétimo dia, haverá

santa convocação; nenhuma obra servil fareis.

As primícias
Êx 23.16; 34.22,26

⁹ Disse mais o SENHOR a Moisés:

¹⁰ Fala aos filhos de Israel e dize-lhes: Quando entrardes na terra, que vos dou, e segardes a sua messe, então, trareis um molho das primícias da vossa messe ao sacerdote;

¹¹ este moverá o molho perante o SENHOR, para que sejais aceitos;

¹² no dia imediato ao sábado, o sacerdote o moverá. No dia em que moverdes o molho, oferecereis um cordeiro sem defeito, de um ano, em holocausto ao SENHOR.

¹³ A sua oferta de manjares serão duas dízimas de um efa de flor de farinha, amassada com azeite, para oferta queimada de aroma agradável ao SENHOR, e a sua libação será de vinho, a quarta parte de um him.

¹⁴ Não comereis pão, nem trigo torrado, nem espigas verdes, até ao dia em que trouxerdes a oferta ao vosso Deus; é estatuto perpétuo por vossas gerações, em todas as vossas moradas.

O Pentecostes
Dt 16.9-12

¹⁵ Contareis para vós outros desde o dia imediato ao sábado, desde o dia em que trouxerdes o molho da oferta movida; sete semanas inteiras serão.

¹⁶ Até ao dia imediato ao sétimo sábado, contareis cinqüenta dias; então, trareis nova oferta de manjares ao SENHOR.

¹⁷ Das vossas moradas trareis dois pães para serem movidos; de duas dízimas de um efa de farinha serão; levedados se cozerão; são primícias ao SENHOR.

¹⁸ Com o pão oferecereis sete cordeiros sem defeito de um ano, e um novilho, e dois carneiros; holocausto serão ao SENHOR, com a sua oferta de manjares e as suas libações, por oferta queimada de aroma agradável ao SENHOR.

¹⁹ Também oferecereis um bode, para oferta pelo pecado, e dois cordeiros de um ano, por oferta pacífica.

²⁰ Então, o sacerdote os moverá, com o pão das primícias, por oferta movida perante o SENHOR, com os dois cordeiros;

23.3 Êx 20.8-11; 31.15; 35.2; 23.12; 34.21; Dt 5.12-15. 23.4 Êx 23.14-17; 34.18-23. 23.5-8 Êx 12.14-20; Nm 28.16-25. 23.15-21 Nm 28.26-31.

santos serão ao Senhor, para o uso do sacerdote.

²¹ No mesmo dia, se proclamará que tereis santa convocação; nenhuma obra servil fareis; é estatuto perpétuo em todas as vossas moradas, pelas vossas gerações.

²² Quando segardes a messe da vossa terra, não rebuscareis os cantos do vosso campo, nem colhereis as espigas caídas da vossa sega; para o pobre e para o estrangeiro as deixareis. Eu sou o Senhor, vosso Deus.

²³ Disse mais o Senhor a Moisés:
²⁴ Fala aos filhos de Israel, dizendo: No mês sétimo, ao primeiro do mês, tereis descanso solene, memorial, com sonidos de trombetas, santa convocação.

²⁵ Nenhuma obra servil fareis, mas trareis oferta queimada ao Senhor.

O Dia da Expiação

²⁶ Disse mais o Senhor a Moisés:
²⁷ Mas, aos dez deste mês sétimo, será o Dia da Expiação; tereis santa convocação e afligireis a vossa alma; trareis oferta queimada ao Senhor.

²⁸ Nesse mesmo dia, nenhuma obra fareis, porque é o Dia da Expiação, para fazer expiação por vós perante o Senhor, vosso Deus.

²⁹ Porque toda alma que, nesse dia, se não afligir será eliminada do seu povo.

³⁰ Quem, nesse dia, fizer alguma obra, a esse eu destruirei do meio do seu povo.

³¹ Nenhuma obra fareis; é estatuto perpétuo pelas vossas gerações, em todas as vossas moradas.

³² Sábado de descanso solene vos será; então, afligireis a vossa alma; aos nove do mês, duma tarde a outra tarde, celebrareis o vosso sábado.

A Festa dos Tabernáculos

³³ Disse mais o Senhor a Moisés:
³⁴ Fala aos filhos de Israel, dizendo: Aos quinze dias deste mês sétimo, será a Festa dos Tabernáculos ao Senhor, por sete dias.

³⁵ Ao primeiro dia, haverá santa convocação; nenhuma obra servil fareis.

³⁶ Sete dias oferecereis ofertas queimadas ao Senhor; ao dia oitavo, tereis santa convocação e oferecereis ofertas queimadas ao Senhor; é reunião solene, nenhuma obra servil fareis.

³⁷ São estas as festas fixas do Senhor, que proclamareis para santas convocações,

para oferecer ao Senhor oferta queimada, holocausto e oferta de manjares, sacrifício e libações, cada qual em seu dia próprio,

³⁸ além dos sábados do Senhor, e das vossas dádivas, e de todos os vossos votos, e de todas as vossas ofertas voluntárias que dareis ao Senhor.

³⁹ Porém, aos quinze dias do mês sétimo, quando tiverdes recolhido os produtos da terra, celebrareis a festa do Senhor, por sete dias; ao primeiro dia e também ao oitavo, haverá descanso solene.

⁴⁰ No primeiro dia, tomareis para vós outros frutos de árvores formosas, ramos de palmeiras, ramos de árvores frondosas e salgueiros de ribeiras; e, por sete dias, vos alegrareis perante o Senhor, vosso Deus.

⁴¹ Celebrareis esta como festa ao Senhor, por sete dias cada ano; é estatuto perpétuo pelas vossas gerações; no mês sétimo, a celebrareis.

⁴² Sete dias habitareis em tendas de ramos; todos os naturais de Israel habitarão em tendas,

⁴³ para que saibam as vossas gerações que eu fiz habitar os filhos de Israel em tendas, quando os tirei da terra do Egito. Eu sou o Senhor, vosso Deus.

⁴⁴ Assim, declarou Moisés as festas fixas do Senhor aos filhos de Israel.

O azeite para o candelabro
Êx 27.20,21

24 Disse o Senhor a Moisés:
² Ordena aos filhos de Israel que te tragam azeite puro de oliveira, batido, para o candelabro, para que haja lâmpada acesa continuamente.

³ Na tenda da congregação fora do véu, que está diante do Testemunho, Arão conservará em ordem, desde a tarde até pela manhã, de contínuo, perante o Senhor; estatuto perpétuo será este pelas suas gerações.

⁴ Sobre o candeeiro de ouro puro conservará em ordem as lâmpadas perante o Senhor, continuamente.

O pão para a mesa do Senhor

⁵ Também tomarás da flor de farinha e dela cozerás doze pães, cada um dos quais será de duas dízimas de um efa.

⁶ E os porás em duas fileiras, seis em cada fileira, sobre a mesa de ouro puro, perante o Senhor.

⁷ Sobre cada fileira porás incenso puro,

23.22 Lv 19.9,10; Dt 24.19-22.   **23.23-25** Nm 29.1-6.   **23.26-32** Lv 16.29-34; Nm 29.7-11.   **24.5** Êx 25.30.

que será, para o pão, como porção memorial; é oferta queimada ao SENHOR.

⁸ Em cada sábado, Arão os porá em ordem perante o SENHOR, continuamente, da parte dos filhos de Israel, por aliança perpétua.

⁹ E serão de Arão e de seus filhos, os quais os comerão no lugar santo, porque são cousa santíssima para eles, das ofertas queimadas ao SENHOR, como estatuto perpétuo.

A pena do pecado de blasfêmia

¹⁰ Apareceu entre os filhos de Israel o filho de uma israelita, o qual era filho dum egípcio; o filho da israelita e certo homem israelita contenderam no arraial.

¹¹ Então, o filho da mulher israelita blasfemou o nome do SENHOR e o amaldiçoou, pelo que o trouxeram a Moisés. O nome de sua mãe era Selomite, filha de Dibri, da tribo de Dã.

¹² E o levaram à prisão, até que se lhes fizesse declaração pela boca do SENHOR.

¹³ Disse o SENHOR a Moisés:

¹⁴ Tira o que blasfemou para fora do arraial; e todos os que o ouviram porão as mãos sobre a cabeça dele, e toda a congregação o apedrejará.

¹⁵ Dirás aos filhos de Israel: Qualquer que amaldiçoar o seu Deus levará sobre si o seu pecado.

¹⁶ Aquele que blasfemar o nome do SENHOR será morto; toda a congregação o apedrejará; tanto o estrangeiro como o natural, blasfemando o nome do SENHOR, será morto.

¹⁷ Quem matar alguém será morto.

¹⁸ Mas quem matar um animal o restituirá: igual por igual.

¹⁹ Se alguém causar defeito em seu próximo, como ele fez, assim lhe será feito:

²⁰ fratura por fratura, olho por olho, dente por dente; como ele tiver desfigurado a algum homem, assim se lhe fará.

²¹ Quem matar um animal restituirá outro; quem matar um homem será morto.

²² Uma e a mesma lei havereis, tanto para o estrangeiro como para o natural; pois eu sou o SENHOR, vosso Deus.

²³ Então, falou Moisés aos filhos de Israel que levassem o que tinha blasfemado para fora do arraial e o apedrejassem; e os filhos de Israel fizeram como o SENHOR ordenara a Moisés.

O Ano de Descanso
Êx 23.10,11

25 Disse o SENHOR a Moisés, no monte Sinai:

² Fala aos filhos de Israel e dize-lhes: Quando entrardes na terra, que vos dou, então, a terra guardará um sábado ao SENHOR.

³ Seis anos semearás o teu campo, e seis anos podarás a tua vinha, e colherás os seus frutos.

⁴ Porém, no sétimo ano, haverá sábado de descanso solene para a terra, um sábado ao SENHOR; não semearás o teu campo, nem podarás a tua vinha.

⁵ O que nascer de si mesmo na tua seara não segarás e as uvas da tua vinha não podada não colherás; ano de descanso solene será para a terra.

⁶ Mas dos frutos da terra em descanso vos serão por alimento, a ti, e ao teu servo, e à tua serva, e ao teu jornaleiro, e ao estrangeiro que peregrina contigo;

⁷ e ao teu gado, e aos animais que estão na tua terra, todo o seu produto será por mantimento.

O Ano do Jubileu

⁸ Contarás sete semanas de anos, sete vezes sete anos, de maneira que os dias das sete semanas de anos te serão quarenta e nove anos.

⁹ Então, no mês sétimo, aos dez do mês, farás passar a trombeta vibrante; no Dia da Expiação, fareis passar a trombeta por toda a vossa terra.

¹⁰ Santificareis o ano qüinquagésimo e proclamareis liberdade na terra a todos os seus moradores; ano de jubileu vos será, e tornareis, cada um à sua possessão, e cada um à sua família.

¹¹ O ano qüinquagésimo vos será jubileu; não semeareis, nem segareis o que nele nascer de si mesmo, nem nele colhereis as uvas das vinhas não podadas.

¹² Porque é jubileu, santo será para vós outros; o produto do campo comereis.

¹³ Neste Ano do Jubileu, tornareis cada um à sua possessão.

¹⁴ Quando venderes alguma cousa ao teu próximo ou a comprares da mão do teu próximo, não oprimas teu irmão.

¹⁵ Segundo o número dos anos desde o Jubileu, comprarás de teu próximo; e, se-

24.9 Mt 12.4; Mc 2.26; Lc 6.4.   **24.17** Êx 21.12.   **24.20** Êx 21.22-25; Dt 19.21; Mt 5.38.   **24.22** Nm 15.16. **25.2** Êx 23.10,11.

gundo o número dos anos das messes, ele venderá a ti.

¹⁶ Sendo muitos os anos, aumentarás o preço e, sendo poucos, abaixarás o preço; porque ele te vende o número das messes.

¹⁷ Não oprimais ao vosso próximo; cada um, porém, tema a seu Deus; porque eu sou o SENHOR, vosso Deus.

¹⁸ Observai os meus estatutos, guardai os meus juízos e cumpri-os; assim, habitareis seguros na terra.

¹⁹ A terra dará o seu fruto, e comereis a fartar e nela habitareis seguros.

²⁰ Se disserdes: Que comeremos no ano sétimo, visto que não havemos de semear, nem colher a nossa messe?

²¹ Então, eu vos darei a minha bênção no sexto ano, para que dê fruto por três anos.

²² No oitavo ano, semeareis e comereis da colheita anterior até ao ano nono; até que venha a sua messe, comereis da antiga.

²³ Também a terra não se venderá em perpetuidade, porque a terra é minha; pois vós sois para mim estrangeiros e peregrinos.

²⁴ Portanto, em toda a terra da vossa possessão dareis resgate à terra.

²⁵ Se teu irmão empobrecer e vender alguma parte das suas possessões, então, virá o seu resgatador, seu parente, e resgatará o que seu irmão vendeu.

²⁶ Se alguém não tiver resgatador, porém vier a tornar-se próspero e achar o bastante com que a remir,

²⁷ então, contará os anos desde a sua venda, e o que ficar restituirá ao homem a quem vendeu, e tornará à sua possessão.

²⁸ Mas, se as suas posses não lhe permitirem reavê-la, então, a que for vendida ficará na mão do comprador até ao Ano do Jubileu; porém, no Ano do Jubileu, sairá do poder deste, e aquele tornará à sua possessão.

²⁹ Quando alguém vender uma casa de moradia em cidade murada, poderá resgatá-la dentro de um ano a contar de sua venda; durante um ano, será lícito o seu resgate.

³⁰ Se, passando-se-lhe um ano, não for esgatada, então, a casa que estiver na cidade que tem muro ficará em perpetuidade ao que a comprou, pelas suas gerações; ão sairá do poder dele no Jubileu.

³¹ Mas as casas das aldeias que não têm muro em roda serão estimadas como os ampos da terra; para elas haverá resgate, e sairão do poder do comprador no ubileu.

³² Mas, com respeito às cidades dos le-

vitas, às casas das cidades da sua possessão, terão direito perpétuo de resgate os levitas.

³³ Se o levita não resgatar a casa que vendeu, então, a casa comprada na cidade da sua possessão sairá do poder do comprador, no Jubileu; porque as casas das cidades dos levitas são a sua possessão no meio dos filhos de Israel.

³⁴ Mas o campo no arrabalde das suas cidades não se venderá, porque lhes é possessão perpétua.

Leis a favor dos pobres
Dt 15.7-11

³⁵ Se teu irmão empobrecer, e as suas forças decaírem, então, sustentá-lo-ás. Como estrangeiro e peregrino ele viverá contigo.

³⁶ Não receberás dele juros nem ganho; teme, porém, ao teu Deus, para que teu irmão viva contigo.

³⁷ Não lhe darás teu dinheiro com juros, nem lhe darás o teu mantimento por causa de lucro.

³⁸ Eu sou o SENHOR, vosso Deus, que vos tirei da terra do Egito, para vos dar a terra de Canaã e para ser o vosso Deus.

Leis a favor dos escravos

³⁹ Também se teu irmão empobrecer, estando ele contigo, e vender-se a ti, não o farás servir como escravo.

⁴⁰ Como jornaleiro e peregrino estará contigo; até ao Ano do Jubileu te servirá;

⁴¹ então, sairá de tua casa, ele e seus filhos com ele, e tornará à sua família e à possessão de seus pais.

⁴² Porque são meus servos, que tirei da terra do Egito; não serão vendidos como escravos.

⁴³ Não te assenhorearás dele com tirania; teme, porém, ao teu Deus.

⁴⁴ Quanto aos escravos ou escravas que tiverdes, virão das nações ao vosso derredor; delas comprareis escravos e escravas.

⁴⁵ Também os comprareis dos filhos dos forasteiros que peregrinam entre vós, deles e das suas famílias que estiverem convosco, que nasceram na vossa terra; e vos serão por possessão.

⁴⁶ Deixá-los-eis por herança para vossos filhos depois de vós, para os haverem como possessão; perpetuamente os fareis servir, mas sobre vossos irmãos, os filhos de Israel, não vos assenhoreareis com tirania, um sobre os outros.

5.37 Êx 22.25; Dt 23.19,20.   25.39-46 Êx 21.1-11; Dt 15.12-18.

⁴⁷ Quando o estrangeiro ou peregrino que está contigo se tornar rico, e teu irmão junto dele empobrecer e vender-se ao estrangeiro, ou peregrino que está contigo, ou a alguém da família do estrangeiro,

⁴⁸ depois de haver-se vendido, haverá ainda resgate para ele; um de seus irmãos poderá resgatá-lo:

⁴⁹ seu tio ou primo o resgatará; ou um dos seus, parente da sua família, o resgatará; ou, se lograr meios, se resgatará a si mesmo.

⁵⁰ Com aquele que o comprou acertará contas desde o ano em que se vendeu a ele até ao Ano do Jubileu; o preço da sua venda será segundo o número dos anos, conforme se paga a um jornaleiro.

⁵¹ Se ainda faltarem muitos anos, devolverá proporcionalmente a eles, do dinheiro pelo qual foi comprado, o preço do seu resgate.

⁵² Se restarem poucos anos até ao ano do jubileu, então, fará contas com ele e pagará, em proporção aos anos restantes, o preço do seu resgate.

⁵³ Como jornaleiro, de ano em ano, estará com ele; não se assenhoreará dele com tirania à tua vista.

⁵⁴ Se desta sorte se não resgatar, sairá no Ano do Jubileu, ele e seus filhos com ele.

⁵⁵ Porque os filhos de Israel me são servos; meus servos são eles, os quais tirei da terra do Egito. Eu sou o SENHOR, vosso Deus.

Admoestação contra a idolatria

26 Não fareis para vós outros ídolos, nem vos levantareis imagem de escultura nem coluna, nem poreis pedra com figuras na vossa terra, para vos inclinardes a ela; porque eu sou o SENHOR, vosso Deus.

² Guardareis os meus sábados e reverenciareis o meu santuário. Eu sou o SENHOR.

Bênçãos decorrentes da obediência
Dt 7.12-24; 28.1-14

³ Se andardes nos meus estatutos, guardardes os meus mandamentos e os cumprirdes,

⁴ então, eu vos darei as vossas chuvas a seu tempo; e a terra dará a sua messe, e a árvore do campo, o seu fruto.

⁵ A debulha se estenderá até à vindima, e a vindima, até à sementeira; comereis o vosso pão a fartar e habitareis seguros na vossa terra.

⁶ Estabelecerei paz na terra; deitar-vos-eis, e não haverá quem vos espante; farei cessar os animais nocivos da terra, e pela vossa terra não passará espada.

⁷ Perseguireis os vossos inimigos, e cairão à espada diante de vós.

⁸ Cinco de vós perseguirão a cem, e cem dentre vós perseguirão a dez mil; e os vossos inimigos cairão à espada diante de vós.

⁹ Para vós outros olharei, e vos farei fecundos, e vos multiplicarei, e confirmarei a minha aliança convosco.

¹⁰ Comereis o velho da colheita anterior e, para dar lugar ao novo, tirareis fora o velho.

¹¹ Porei o meu tabernáculo no meio de vós, e a minha alma não vos aborrecerá.

¹² Andarei entre vós e serei o vosso Deus, e vós sereis o meu povo.

¹³ Eu sou o SENHOR, vosso Deus, que vos tirei da terra do Egito, para que não fôsseis seus escravos; quebrei os timões do vosso jugo e vos fiz andar eretos.

Os castigos da desobediência
Dt 28.15-68

¹⁴ Mas, se me não ouvirdes e não cumprirdes todos estes mandamentos;

¹⁵ se rejeitardes os meus estatutos, e a vossa alma se aborrecer dos meus juízos, a ponto de não cumprir todos os meus mandamentos, e violardes a minha aliança,

¹⁶ então, eu vos farei isto: porei sobre vós terror, a tísica e a febre ardente, que fazem desaparecer o lustre dos olhos e definhar a vida; e semeareis debalde a vossa semente, porque os vossos inimigos a comerão.

¹⁷ Voltar-me-ei contra vós outros, e sereis feridos diante de vossos inimigos; os que vos aborrecerem assenhorear-se-ão de vós e fugireis, sem ninguém vos perseguir.

¹⁸ Se ainda assim com isto não me ouvirdes, tornarei a castigar-vos sete vezes mais por causa dos vossos pecados.

¹⁹ Quebrantarei a soberba da vossa força e vos farei que os céus sejam como ferro e a vossa terra, como bronze.

²⁰ Debalde se gastará a vossa força; vossa terra não dará a sua messe, e as árvores da terra não darão o seu fruto.

²¹ E, se andardes contrariamente para comigo e não me quiserdes ouvir, trarei sobre vós pragas sete vezes mais, segundo os vossos pecados.

²² Porque enviarei para o meio de vós a

26.1 Êx 20.4; Lv 19.4; Dt 5.8; 16.21,22; 27.15.   26.12 2Co 6.16.

feras do campo, as quais vos desfilharão, e acabarão com o vosso gado, e vos reduzirão a poucos; e os vossos caminhos se tornarão desertos.

²³ Se ainda com isto não vos corrigirdes para volverdes a mim, porém andardes contrariamente comigo,

²⁴ eu também serei contrário a vós outros e eu mesmo vos ferirei sete vezes mais por causa dos vossos pecados.

²⁵ Trarei sobre vós a espada vingadora da minha aliança; e, então, quando vos ajuntardes nas vossas cidades, enviarei a peste para o meio de vós, e sereis entregues na mão do inimigo.

²⁶ Quando eu vos tirar o sustento do pão, dez mulheres cozerão o vosso pão num só forno e vo-lo entregarão por peso; comereis, porém não vos fartareis.

²⁷ Se ainda com isto me não ouvirdes e andardes contrariamente comigo,

²⁸ eu também, com furor, serei contrário a vós outros e vos castigarei sete vezes mais por causa dos vossos pecados.

²⁹ Comereis a carne de vossos filhos e de vossas filhas.

³⁰ Destruirei os vossos altos, e desfarei as vossas imagens do sol, e lançarei o vosso cadáver sobre o cadáver dos vossos deuses; a minha alma se aborrecerá de vós.

³¹ Reduzirei as vossas cidades a deserto, e assolarei os vossos santuários, e não aspirarei o vosso aroma agradável.

³² Assolarei a terra, e se espantarão disso os vossos inimigos que nela morarem.

³³ Espalhar-vos-ei por entre as nações e desembainharei a espada atrás de vós; a vossa terra será assolada, e as vossas cidades serão desertas.

³⁴ Então, a terra folgará nos seus sábados, todos os dias da sua assolação, e vós estareis na terra dos vossos inimigos; nesse tempo, a terra descansará e folgará nos seus sábados.

³⁵ Todos os dias da assolação descansará, porque não descansou nos vossos sábados, quando habitáveis nela.

³⁶ Quanto aos que de vós ficarem, eu lhes meterei no coração tal ansiedade, nas terras dos seus inimigos, que o ruído duma folha movida os perseguirá; fugirão como quem foge da espada; e cairão sem ninguém os perseguir.

³⁷ Cairão uns sobre os outros como diante da espada, sem ninguém os perseguir; não podereis levantar-vos diante dos vossos inimigos.

³⁸ Perecereis entre as nações, e a terra dos vossos inimigos vos consumirá.

³⁹ Aqueles que dentre vós ficarem serão consumidos pela sua iniqüidade nas terras dos vossos inimigos e pela iniqüidade de seus pais com eles serão consumidos.

⁴⁰ Mas, se confessarem a sua iniqüidade e a iniqüidade de seus pais, na infidelidade que cometeram contra mim, como também confessarem que andaram contrariamente para comigo,

⁴¹ pelo que também fui contrário a eles e os fiz entrar na terra dos seus inimigos; se o seu coração incircunciso se humilhar, e tomarem eles por bem o castigo da sua iniqüidade,

⁴² então, me lembrarei da minha aliança com Jacó, e também da minha aliança com Isaque, e também da minha aliança com Abraão, e da terra me lembrarei.

⁴³ Mas a terra na sua assolação, deixada por eles, folgará nos seus sábados; e tomarão eles por bem o castigo da sua iniqüidade, visto que rejeitaram os meus juízos e a sua alma se aborreceu dos meus estatutos.

⁴⁴ Mesmo assim, estando eles na terra dos seus inimigos, não os rejeitarei, nem me aborrecerei deles, para consumi-los e invalidar a minha aliança com eles, porque eu sou o SENHOR, seu Deus.

⁴⁵ Antes, por amor deles, me lembrarei da aliança com os seus antepassados, que tirei da terra do Egito à vista das nações, para lhes ser por Deus. Eu sou o SENHOR.

⁴⁶ São estes os estatutos, juízos e leis que deu o SENHOR entre si e os filhos de Israel, no monte Sinai, pela mão de Moisés.

Votos particulares e a avaliação deles

27 Disse mais o SENHOR a Moisés: ² Fala aos filhos de Israel e dize-lhes: Quando alguém fizer voto com respeito a pessoas, estas serão do SENHOR, segundo a tua avaliação.

³ Se o objeto da tua avaliação for homem, da idade de vinte anos até à de sessenta, será a tua avaliação de cinqüenta siclos de prata, segundo o siclo do santuário.

⁴ Porém, se for mulher, a tua avaliação será de trinta siclos.

⁵ Se a idade for de cinco anos até vinte, a tua avaliação do homem será de vinte siclos, e a da mulher, de dez siclos.

⁶ Se a idade for de um mês até cinco anos, a tua avaliação do homem será de cinco siclos de prata, e a tua avaliação pela mulher será de três siclos de prata.

26.42 Gn 17.7,8; 26.3,4; 28.13,14.

⁷ De sessenta anos para cima, se for homem, a tua avaliação será de quinze siclos; se mulher, dez siclos.

⁸ Mas, se for mais pobre do que a tua avaliação, então, apresentar-se-á diante do sacerdote, para que este o avalie; segundo o que permitem as posses do que fez o voto, o avaliará o sacerdote.

⁹ Se for animal dos que se oferecem ao Senhor, tudo quanto dele se der ao Senhor será santo.

¹⁰ Não o mudará, nem o trocará bom por mau ou mau por bom; porém, se dalgum modo se trocar animal por animal, um e outro serão santos.

¹¹ Se for animal imundo dos que se não oferecem ao Senhor, então, apresentará o animal diante do sacerdote.

¹² O sacerdote o avaliará, seja bom ou mau; segundo a avaliação do sacerdote, assim será.

¹³ Porém, se dalgum modo o resgatar, então, acrescentará a quinta parte à tua avaliação.

¹⁴ Quando alguém dedicar a sua casa para ser santa ao Senhor, o sacerdote a avaliará, seja boa ou seja má; como o sacerdote a avaliar, assim será.

¹⁵ Mas, se aquele que a dedicou quiser resgatar a casa, então, acrescentará a quinta parte do dinheiro à tua avaliação, e será sua.

Voto dum campo e o resgate dele

¹⁶ Se alguém dedicar ao Senhor parte do campo da sua herança, então, a tua avaliação será segundo a semente necessária para o semear: um gômer pleno de cevada será avaliado por cinqüenta siclos de prata.

¹⁷ Se dedicar o seu campo desde o Ano do Jubileu, segundo a tua plena avaliação, ficará.

¹⁸ Mas, se dedicar o seu campo depois do Ano do Jubileu, então, o sacerdote lhe contará o dinheiro segundo os anos restantes até ao Ano do Jubileu, e isto se abaterá da tua avaliação.

¹⁹ Se aquele que dedicou o campo dalgum modo o quiser resgatar, então, acrescentará a quinta parte do dinheiro à tua avaliação, e ficará seu.

²⁰ Se não quiser resgatar o campo ou se o vender a outro homem, nunca mais se resgatará.

²¹ Porém, havendo o campo saído livre no Ano do Jubileu, será santo ao Senhor,

como campo consagrado; a posse dele será do sacerdote.

²² Se alguém dedicar ao Senhor o campo que comprou, e não for parte da sua herança,

²³ então, o sacerdote lhe contará o preço da avaliação até ao Ano do Jubileu; e, no mesmo dia, dará o importe da avaliação como cousa santa ao Senhor.

²⁴ No Ano do Jubileu, o campo tornará àquele que o vendeu, àquele de quem era a posse do campo por herança.

²⁵ Toda a tua avaliação se fará segundo o siclo do santuário; o siclo será de vinte geras.

²⁶ Mas o primogênito dum animal, por já pertencer ao Senhor, ninguém o dedicará; seja boi ou gado miúdo, é do Senhor.

²⁷ Mas, se for dum animal imundo, resgatar-se-á, segundo a tua avaliação, e sobre ele acrescentará a quinta parte; se não for resgatado, vender-se-á, segundo a tua avaliação.

Não há resgate para certas cousas consagradas

²⁸ No entanto, nada do que alguém dedicar irremissivelmente ao Senhor, de tudo o que tem, seja homem, ou animal, ou campo da sua herança, se poderá vender, nem resgatar; toda cousa assim consagrada será santíssima ao Senhor.

²⁹ Ninguém que dentre os homens for dedicado irremissivelmente ao Senhor se poderá resgatar; será morto.

Sobre as dízimas

³⁰ Também todas as dízimas da terra, tanto dos cereais do campo como dos frutos das árvores, são do Senhor; santas são ao Senhor.

³¹ Se alguém, das suas dízimas, quiser resgatar alguma cousa, acrescentará a sua quinta parte sobre ela.

³² No tocante às dízimas do gado e do rebanho, de tudo o que passar debaixo da vara do pastor, o dízimo será santo ao Senhor.

³³ Não se investigará se é bom ou mau, nem o trocará; mas, se dalgum modo o trocar, um e outro serão santos; não serão resgatados.

³⁴ São estes os mandamentos que o Senhor ordenou a Moisés, para os filhos de Israel, no monte Sinai.

27.28 Nm 18.14.   **27.30-33** Nm 18.21; Dt 14.22-29.

O QUARTO LIVRO DE MOISÉS

CHAMADO

NÚMEROS

Deus manda Moisés levantar o censo de Israel

1 No segundo ano após a saída dos filhos de Israel do Egito, no primeiro dia do segundo mês, falou o SENHOR a Moisés, no deserto do Sinai, na tenda da congregação, dizendo:

2 Levantai o censo de toda a congregação dos filhos de Israel, segundo as suas famílias, segundo a casa de seus pais, contando todos os homens, nominalmente, cabeça por cabeça.

3 Da idade de vinte anos para cima, todos os capazes de sair à guerra em Israel, a esses contareis segundo os seus exércitos, tu e Arão.

4 De cada tribo vos assistirá um homem que seja cabeça da casa de seus pais.

5 Estes, pois, são os nomes dos homens que vos assistirão: de Rúben, Elizur, filho de Sedeur;

6 de Simeão, Selumiel, filho de Zurisadai;

7 de Judá, Naassom, filho de Aminadabe;

8 de Issacar, Natanael, filho de Zuar;

9 de Zebulom, Eliabe, filho de Helom;

10 dos filhos de José: de Efraim, Elisama, filho de Amiúde; de Manassés, Gamaliel, filho de Pedazur;

11 de Benjamim, Abidã, filho de Gideoni;

12 de Dã, Aieser, filho de Amisadai;

13 de Aser, Pagiel, filho de Ocrã;

14 de Gade, Eliasafe, filho de Deuel;

15 de Naftali, Aira, filho de Enã.

16 Estes foram os chamados da congregação, os príncipes das tribos de seus pais, os cabeças dos milhares de Israel.

17 Então, Moisés e Arão tomaram estes homens, que foram designados pelos seus nomes.

18 E, tendo ajuntado toda a congregação no primeiro dia do mês segundo, declararam a descendência deles, segundo as suas famílias, segundo a casa de seus pais, contados nominalmente, de vinte anos para cima, cabeça por cabeça.

19 Como o SENHOR ordenara a Moisés, assim os contou no deserto do Sinai.

20 Dos filhos de Rúben, o primogênito de Israel, as suas gerações, pelas suas famílias, segundo a casa de seus pais, contados nominalmente, cabeça por cabeça, todos os homens de vinte anos para cima, todos os capazes de sair à guerra,

21 foram contados deles, da tribo de Rúben, quarenta e seis mil e quinhentos.

22 Dos filhos de Simeão, as suas gerações, pelas suas famílias, segundo a casa de seus pais, contados nominalmente, cabeça por cabeça, todos os homens de vinte anos para cima, todos os capazes de sair à guerra,

23 foram contados deles, da tribo de Simeão, cinqüenta e nove mil e trezentos.

24 Dos filhos de Gade, as suas gerações, pelas suas famílias, segundo a casa de seus pais, contados nominalmente, de vinte anos para cima, todos os capazes de sair à guerra,

25 foram contados deles, da tribo de Gade, quarenta e cinco mil seiscentos e cinqüenta.

26 Dos filhos de Judá, as suas gerações, pelas suas famílias, segundo a casa de seus pais, contados nominalmente, de vinte anos para cima, todos os capazes de sair à guerra,

27 foram contados deles, da tribo de Judá, setenta e quatro mil e seiscentos.

28 Dos filhos de Issacar, as suas gerações, pelas suas famílias, segundo a casa de seus pais, contados nominalmente, de vinte anos para cima, todos os capazes de sair à guerra,

29 foram contados deles, da tribo de Issacar, cinqüenta e quatro mil e quatrocentos.

30 Dos filhos de Zebulom, as suas gerações, pelas suas famílias, segundo a casa de seus pais, contados nominalmente, de vinte anos para cima, todos os capazes de sair à guerra,

31 foram contados deles, da tribo de Zebulom, cinqüenta e sete mil e quatrocentos.

32 Dos filhos de José, dos filhos de Efraim, as suas gerações, pelas suas famílias, segundo a casa de seus pais, contados nominalmente, de vinte anos para cima, todos os capazes de sair à guerra,

33 foram contados deles, da tribo de Efraim, quarenta mil e quinhentos.

34 Dos filhos de Manassés, as suas gerações, pelas suas famílias, segundo a casa de seus pais, contados nominalmente, de vinte anos para cima, todos os capazes de sair à guerra,

35 foram contados deles, da tribo de Manassés, trinta e dois mil e duzentos.

36 Dos filhos de Benjamim, as suas gerações, pelas suas famílias, segundo a casa de seus pais, contados nominalmente, de vinte anos para cima, todos os capazes de sair à guerra,

37 foram contados deles, da tribo de Benjamim, trinta e cinco mil e quatrocentos.

38 Dos filhos de Dã, as suas gerações, pelas suas famílias, segundo a casa de seus pais, contados nominalmente, de vinte anos para cima, todos os capazes de sair à guerra,

39 foram contados deles, da tribo de Dã, sessenta e dois mil e setecentos.

40 Dos filhos de Aser, as suas gerações, pelas suas famílias, segundo a casa de seus pais, contados nominalmente, de vinte anos para cima, todos os capazes de sair à guerra,

41 foram contados deles, da tribo de Aser, quarenta e um mil e quinhentos.

42 Dos filhos de Naftali, as suas gerações, pelas suas famílias, segundo a casa de seus pais, contados nominalmente, de vinte anos para cima, todos os capazes de sair à guerra,

43 foram contados deles, da tribo de Naftali, cinqüenta e três mil e quatrocentos.

44 Foram estes os contados, contados por Moisés e Arão; e os príncipes de Israel eram doze homens; cada um era pela casa de seus pais.

45 Assim, pois, todos os contados dos filhos de Israel, segundo a casa de seus pais, de vinte anos para cima, todos os capazes de sair à guerra,

46 todos os contados foram seiscentos e três mil quinhentos e cinqüenta.

Os levitas não são contados

47 Mas os levitas, segundo a tribo de seus pais, não foram contados entre eles,

48 porquanto o SENHOR falara a Moisés, dizendo:

49 Somente não contarás a tribo de Levi, nem levantarás o censo deles entre os filhos de Israel;

50 mas incumbe tu os levitas de cuidarem do tabernáculo do Testemunho, e de todos os seus utensílios, e de tudo o que lhe pertence; eles levarão o tabernáculo e todos os seus utensílios; eles ministrarão no tabernáculo e acampar-se-ão ao redor dele.

51 Quando o tabernáculo partir, os levitas o desarmarão; e, quando assentar no arraial, os levitas o armarão; o estranho que se aproximar morrerá.

52 Os filhos de Israel se acamparão, cada um no seu arraial e cada um junto ao seu estandarte, segundo as suas turmas.

53 Mas os levitas se acamparão ao redor do tabernáculo do Testemunho, para que não haja ira sobre a congregação dos filhos de Israel; pelo que os levitas tomarão a si o cuidar do tabernáculo do Testemunho.

54 Assim fizeram os filhos de Israel; segundo tudo o que o SENHOR ordenara a Moisés, assim o fizeram.

A ordem das tribos no acampamento

2 Disse o SENHOR a Moisés e a Arão:
2 Os filhos de Israel se acamparão junto ao seu estandarte, segundo as insígnias da casa de seus pais; ao redor, de frente para a tenda da congregação, se acamparão.

3 Os que se acamparem da banda do oriente (para o nascente) serão os do estandarte do arraial de Judá, segundo as suas turmas; e Naassom, filho de Aminadabe, será príncipe dos filhos de Judá.

4 E o seu exército, segundo o censo, foram setenta e quatro mil e seiscentos.

5 E junto a ele se acampará a tribo de Issacar; e Natanael, filho de Zuar, será príncipe dos filhos de Issacar.

6 E o seu exército, segundo o censo, foram cinqüenta e quatro mil e quatrocentos.

7 Depois, a tribo de Zebulom; e Eliabe filho de Helom, será príncipe dos filhos de Zebulom.

8 E o seu exército, segundo o censo, foram cinqüenta e sete mil e quatrocentos.

9 Todos os que foram contados do arraial de Judá foram cento e oitenta e seis mil e quatrocentos, segundo as suas turmas; estes marcharão primeiro.

10 O estandarte do arraial de Rúben, segundo as suas turmas, estará para a band

do sul; e Elizur, filho de Sedeur, será príncipe dos filhos de Rúben.

¹¹ E o seu exército, segundo o censo, foram quarenta e seis mil e quinhentos.

¹² E junto a ele se acampará a tribo de Simeão; e Selumiel, filho de Zurisadai, será príncipe dos filhos de Simeão.

¹³ E o seu exército, segundo o censo, foram cinqüenta e nove mil e trezentos.

¹⁴ Depois, a tribo de Gade; e Eliasafe, filho de Deuel, será príncipe dos filhos de Gade.

¹⁵ E o seu exército, segundo o censo, foram quarenta e cinco mil seiscentos e cinqüenta.

¹⁶ Todos os que foram contados no arraial de Rúben foram cento e cinqüenta e um mil quatrocentos e cinqüenta, segundo as suas turmas; e estes marcharão em segundo lugar.

¹⁷ Então, partirá a tenda da congregação com o arraial dos levitas no meio dos arraiais; como se acampam, assim marcharão, cada um no seu lugar, segundo os seus estandartes.

¹⁸ O estandarte do arraial de Efraim, segundo as suas turmas, estará para a banda do ocidente; e Elisama, filho de Amiúde, será príncipe dos filhos de Efraim.

¹⁹ E o seu exército, segundo o censo, foram quarenta mil e quinhentos.

²⁰ E junto a ele, a tribo de Manassés; e Gamaliel, filho de Pedazur, será príncipe dos filhos de Manassés.

²¹ E o seu exército, segundo o censo, foram trinta e dois mil e duzentos.

²² Depois, a tribo de Benjamim; e Abidã, filho de Gideoni, será príncipe dos filhos de Benjamim.

²³ O seu exército, segundo o censo, foram trinta e cinco mil e quatrocentos.

²⁴ Todos os que foram contados no arraial de Efraim foram cento e oito mil e cem, segundo as suas turmas; e estes marcharão em terceiro lugar.

²⁵ O estandarte do arraial de Dã estará para o norte, segundo as suas turmas; e Aieser, filho de Amisadai, será príncipe dos filhos de Dã.

²⁶ E o seu exército, segundo o censo, foram sessenta e dois mil e setecentos.

²⁷ E junto a ele se acampará a tribo de Aser; e Pagiel, filho de Ocrã, será príncipe dos filhos de Aser.

²⁸ E o seu exército, segundo o censo, foram quarenta e um mil e quinhentos.

²⁹ Depois, a tribo de Naftali; e Aira, filho de Enã, será príncipe dos filhos de Naftali.

³⁰ E o seu exército, segundo o censo, foram cinqüenta e três mil e quatrocentos.

³¹ Todos os que foram contados no arraial de Dã foram cento e cinqüenta e sete mil e seiscentos; e estes marcharão no último lugar, segundo os seus estandartes.

³² São estes os que foram contados dos filhos de Israel, segundo a casa de seus pais; todos os que foram contados dos arraiais pelas suas turmas foram seiscentos e três mil quinhentos e cinqüenta.

³³ Mas os levitas não foram contados entre os filhos de Israel, como o Senhor ordenara a Moisés.

³⁴ Assim fizeram os filhos de Israel; conforme tudo o que o Senhor ordenara a Moisés, se acamparam segundo os seus estandartes e assim marcharam, cada qual segundo as suas famílias, segundo a casa de seus pais.

Número e ofício dos levitas

3 São estas, pois, as gerações de Arão e de Moisés, no dia em que o Senhor falou com Moisés no monte Sinai.

² E são estes os nomes dos filhos de Arão: o primogênito, Nadabe; depois, Abiú, Eleazar e Itamar.

³ Estes são os nomes dos filhos de Arão, dos sacerdotes ungidos, consagrados para oficiar como sacerdotes.

⁴ Mas Nadabe e Abiú morreram perante o Senhor, quando ofereciam fogo estranho perante o Senhor, no deserto do Sinai, e não tiveram filhos; porém Eleazar e Itamar oficiaram como sacerdotes diante de Arão, seu pai.

⁵ Disse o Senhor a Moisés:

⁶ Faze chegar a tribo de Levi e põe-na diante de Arão, o sacerdote, para que o sirvam

⁷ e cumpram seus deveres para com ele e para com todo o povo, diante da tenda da congregação, para ministrarem no tabernáculo.

⁸ Terão cuidado de todos os utensílios da tenda da congregação e cumprirão o seu dever para com os filhos de Israel, no ministrar no tabernáculo.

⁹ Darás, pois, os levitas a Arão e a seus filhos; dentre os filhos de Israel lhe são dados.

2-4 Nm 26.60,61.   3.4 Lv 10.1,2.

¹⁰ Mas a Arão e a seus filhos ordenarás que se dediquem só ao seu sacerdócio, e o estranho que se aproximar morrerá.

¹¹ Disse o SENHOR a Moisés:

¹² Eis que tenho eu tomado os levitas do meio dos filhos de Israel, em lugar de todo primogênito que abre a madre, entre os filhos de Israel; e os levitas serão meus.

¹³ Porque todo primogênito é meu; desde o dia em que feri a todo primogênito na terra do Egito, consagrei para mim todo primogênito em Israel, desde o homem até ao animal; serão meus. Eu sou o SENHOR.

¹⁴ Falou o SENHOR a Moisés no deserto do Sinai, dizendo:

¹⁵ Conta os filhos de Levi, segundo a casa de seus pais, pelas suas famílias; contarás todo homem da idade de um mês para cima.

¹⁶ E Moisés os contou segundo o mandado do SENHOR, como lhe fora ordenado.

¹⁷ São estes os filhos de Levi pelos seus nomes: Gérson, Coate e Merari.

¹⁸ E estes são os nomes dos filhos de Gérson pelas suas famílias: Libni e Simei.

¹⁹ E os filhos de Coate pelas suas famílias: Anrão, Izar, Hebrom e Uziel.

²⁰ E os filhos de Merari pelas suas famílias: Mali e Musi; são estas as famílias dos levitas, segundo a casa de seus pais.

²¹ De Gérson é a família dos libnitas e a dos simeítas; são estas as famílias dos gersonitas.

²² Todos os homens que deles foram contados, cada um nominalmente, de um mês para cima, foram sete mil e quinhentos.

²³ As famílias dos gersonitas se acamparão atrás do tabernáculo, ao ocidente.

²⁴ O príncipe da casa paterna dos gersonitas será Eliasafe, filho de Lael.

²⁵ Os filhos de Gérson terão a seu cargo, na tenda da congregação, o tabernáculo, a tenda e sua coberta, o reposteiro para a porta da tenda da congregação,

²⁶ as cortinas do pátio, o reposteiro da porta do pátio, que rodeia o tabernáculo e o altar, as suas cordas e todo o serviço a eles devido.

²⁷ De Coate é a família dos anramitas, e a dos izaritas, e a dos hebronitas, e a dos uzielitas; são estas as famílias dos coatitas.

²⁸ Contados todos os homens, da idade de um mês para cima, foram oito mil e seiscentos, que tinham a seu cargo o santuário.

²⁹ As famílias dos filhos de Coate se

acamparão ao lado do tabernáculo, da banda do sul.

³⁰ O príncipe da casa paterna das famílias dos coatitas será Elisafã, filho de Uziel.

³¹ Terão eles a seu cargo a arca, a mesa, o candelabro, os altares, os utensílios do santuário com que ministram, o reposteiro e todo o serviço a eles devido.

³² O príncipe dos príncipes de Levi será Eleazar, filho de Arão, o sacerdote; terá a superintendência dos que têm a seu cargo o santuário.

³³ De Merari é a família dos malitas e a dos musitas; são estas as famílias de Merari.

³⁴ Todos os homens que deles foram contados, de um mês para cima, foram seis mil e duzentos.

³⁵ O príncipe da casa paterna das famílias de Merari será Zuriel, filho de Abiail; acampar-se-ão ao lado do tabernáculo, da banda do norte.

³⁶ Os filhos de Merari, por designação, terão a seu cargo as tábuas do tabernáculo, as suas travessas, as suas colunas, as suas bases, todos os seus utensílios e todo o serviço a eles devido;

³⁷ também as colunas do pátio em redor, as suas bases, as suas estacas e as suas cordas.

³⁸ Os que se acamparão diante do tabernáculo, ao oriente, diante da tenda da congregação, para a banda do nascente, serão Moisés e Arão, com seus filhos, tendo a seu cargo os ritos do santuário, para cumprirem seus deveres prescritos, em prol dos filhos de Israel; o estranho que se aproximar morrerá.

³⁹ Todos os que foram contados dos levitas, contados por Moisés e Arão, por mandado do SENHOR, segundo as suas famílias, todo homem de um mês para cima, foram vinte e dois mil.

O resgate dos primogênitos

⁴⁰ Disse o SENHOR a Moisés: Conta todo primogênito varão dos filhos de Israel, cada um nominalmente, de um mês para cima,

⁴¹ e para mim tomarás os levitas (eu sou o SENHOR) em lugar de todo primogênito dos filhos de Israel e os animais dos levitas em lugar de todo primogênito entre os animais dos filhos de Israel.

⁴² Contou Moisés, como o SENHOR lhe ordenara, todo primogênito entre os filhos de Israel.

3.12 Êx 32.26-29.   3.13 Êx 13.2.

⁴³ Todos os primogênitos varões, contados nominalmente, de um mês para cima, segundo o censo, foram vinte e dois mil duzentos e setenta e três.

⁴⁴ Disse o SENHOR a Moisés:

⁴⁵ Toma os levitas em lugar de todo primogênito entre os filhos de Israel e os animais dos levitas em lugar dos animais dos filhos de Israel, porquanto os levitas serão meus. Eu sou o SENHOR.

⁴⁶ Pelo resgate dos duzentos e setenta e três dos primogênitos dos filhos de Israel, que excedem o número dos levitas,

⁴⁷ tomarás por cabeça cinco siclos; segundo o siclo do santuário, os tomarás, a vinte geras o siclo.

⁴⁸ E darás a Arão e a seus filhos o dinheiro com o qual são resgatados os que são demais entre eles.

⁴⁹ Então, Moisés tomou o dinheiro do resgate dos que excederam os que foram resgatados pelos levitas.

⁵⁰ Dos primogênitos dos filhos de Israel tomou o dinheiro, mil trezentos e sessenta e cinco siclos, segundo o siclo do santuário.

⁵¹ E deu Moisés o dinheiro dos resgatados a Arão e a seus filhos, segundo o mandado do SENHOR, como o SENHOR ordenara a Moisés.

Deveres dos coatitas

4 Disse o SENHOR a Moisés e a Arão: ² Levanta o censo dos filhos de Coate, do meio dos filhos de Levi, pelas suas famílias, segundo a casa de seus pais;

³ da idade de trinta anos para cima até aos cinqüenta será todo aquele que entrar neste serviço, para exercer algum encargo na tenda da congregação.

⁴ É este o serviço dos filhos de Coate na tenda da congregação, nas cousas santíssimas.

⁵ Quando partir o arraial, Arão e seus filhos virão, e tirarão o véu de cobrir, e, com ele, cobrirão a arca do Testemunho;

⁶ e, por cima, lhe porão uma coberta de peles finas, e sobre ela estenderão um pano, todo azul, e lhe meterão os varais.

⁷ Também sobre a mesa da proposição estenderão um pano azul; e, sobre ela, porão os pratos, os recipientes do incenso, as taças e as galhetas; também o pão contínuo estará sobre ela.

⁸ Depois, estenderão, em cima deles, um pano de carmesim, e, com a coberta de peles finas, o cobrirão, e lhe porão os varais.

⁹ Tomarão um pano azul e cobrirão o candelabro da luminária, as suas lâmpadas, os seus espevitadores, os seus apagadores e todos os seus vasos de azeite com que o servem.

¹⁰ E envolverão a ele e todos os seus utensílios na coberta de peles finas e o porão sobre os varais.

¹¹ Sobre o altar de ouro estenderão um pano azul, e, com a coberta de peles finas, o cobrirão, e lhe porão os varais;

¹² tomarão todos os utensílios do serviço com os quais servem no santuário; e os envolverão num pano azul, e os cobrirão com uma coberta de peles finas, e os porão sobre os varais.

¹³ Do altar tirarão as cinzas e, por cima dele, estenderão um pano de púrpura.

¹⁴ Sobre ele porão todos os seus utensílios com que o servem: os braseiros, os garfos, as pás e as bacias, todos os utensílios do altar; e, por cima dele, estenderão uma coberta de peles finas e lhe porão os varais.

¹⁵ Havendo, pois, Arão e seus filhos, ao partir o arraial, acabado de cobrir o santuário e todos os móveis dele, então, os filhos de Coate virão para levá-lo; mas, nas cousas santas, não tocarão, para que não morram; são estas as cousas da tenda da congregação que os filhos de Coate devem levar.

¹⁶ Eleazar, filho de Arão, o sacerdote, terá a seu cargo o azeite da luminária, o incenso aromático, a contínua oferta dos manjares e o óleo da unção, sim, terá a seu cargo todo o tabernáculo e tudo o que nele há, o santuário e os móveis.

¹⁷ Disse o SENHOR a Moisés e a Arão:

¹⁸ Não deixareis que a tribo das famílias dos coatitas seja eliminada do meio dos levitas.

¹⁹ Isto, porém, lhe fareis, para que vivam e não morram, quando se aproximarem das cousas santíssimas: Arão e seus filhos entrarão e lhes designarão a cada um o seu serviço e a sua carga.

²⁰ Porém os coatitas não entrarão, nem por um instante, para ver as cousas santas, para que não morram.

Deveres dos gersonitas

²¹ Disse mais o SENHOR a Moisés:

²² Levanta o censo dos filhos de Gérson, segundo a casa de seus pais, segundo as suas famílias.

²³ Da idade de trinta anos para cima até aos cinqüenta será todo aquele que entrar neste serviço, para algum encargo na tenda da congregação.

²⁴ É este o serviço das famílias dos gersonitas para servir e levar cargas:

²⁵ levarão as cortinas do tabernáculo, a tenda da congregação, sua coberta, a coberta de peles finas, que está sobre ele, o reposteiro da porta da tenda da congregação,

²⁶ as cortinas do pátio, o reposteiro da porta do pátio, que rodeia o tabernáculo e o altar, as suas cordas e todos os objetos do seu serviço e servirão em tudo quanto diz respeito a estas cousas.

²⁷ Todo o serviço dos filhos dos gersonitas, toda a sua carga e tudo o que devem fazer será segundo o mandado de Arão e de seus filhos; e lhes determinareis tudo o que devem carregar.

²⁸ Este é o serviço das famílias dos filhos dos gersonitas na tenda da congregação; o seu cargo estará sob a direção de Itamar, filho de Arão, o sacerdote.

Deveres dos filhos de Merari

²⁹ Quanto aos filhos de Merari, segundo as suas famílias e segundo a casa de seus pais os contarás.

³⁰ Da idade de trinta anos para cima até aos cinqüenta contarás todo aquele que entrar neste serviço, para exercer algum encargo na tenda da congregação.

³¹ Isto será o que é de sua obrigação levar, segundo todo o seu serviço, na tenda da congregação: as tábuas do tabernáculo, os seus varais, as suas colunas e as suas bases;

³² as colunas do pátio em redor, as suas bases, as suas estacas e as suas cordas, com todos os seus utensílios e com tudo o que pertence ao seu serviço; e designareis, nome por nome, os objetos que devem levar.

³³ É este o encargo das famílias dos filhos de Merari, segundo todo o seu serviço, na tenda da congregação, sob a direção de Itamar, filho de Arão, o sacerdote.

Número dos coatitas

³⁴ Moisés, pois, e Arão, e os príncipes do povo contaram os filhos dos coatitas, segundo as suas famílias e segundo a casa de seus pais,

³⁵ da idade de trinta anos para cima até aos cinqüenta, todo aquele que entrou neste serviço, para exercer algum encargo na tenda da congregação.

³⁶ Os que deles foram contados, pois, segundo as suas famílias, foram dois mil setecentos e cinqüenta.

³⁷ São estes os que foram contados das famílias dos coatitas, todos os que serviam na tenda da congregação, os quais Moisés e Arão contaram, segundo o mandado do SENHOR, por Moisés.

Número dos filhos de Gérson

³⁸ Os que foram contados dos filhos de Gérson, segundo as suas famílias e segundo a casa de seus pais,

³⁹ da idade de trinta anos para cima até aos cinqüenta, todo aquele que entrou neste serviço, para exercer algum encargo na tenda da congregação,

⁴⁰ os que deles foram contados, segundo as suas famílias, segundo a casa de seus pais, foram dois mil seiscentos e trinta.

⁴¹ São estes os contados das famílias dos filhos de Gérson, todos os que serviam na tenda da congregação, os quais Moisés e Arão contaram, segundo o mandado do SENHOR.

Número dos filhos de Merari

⁴² Os que foram contados das famílias dos filhos de Merari, segundo as suas famílias e segundo a casa de seus pais,

⁴³ da idade de trinta anos para cima até aos cinqüenta, todo aquele que entrou neste serviço, para exercer algum encargo na tenda da congregação,

⁴⁴ os que deles foram contados, segundo as suas famílias, foram três mil e duzentos.

⁴⁵ São estes os contados das famílias dos filhos de Merari, os quais Moisés e Arão contaram, segundo o mandado do SENHOR, por Moisés.

Número de todos os levitas

⁴⁶ Todos os que foram contados dos levitas, contados por Moisés, e Arão, e os príncipes de Israel, segundo as suas famílias e segundo a casa de seus pais,

⁴⁷ da idade de trinta anos para cima até aos cinqüenta, todos os que entraram para cumprir a tarefa do serviço e a de levarem cargas na tenda da congregação,

⁴⁸ os que deles foram contados foram oito mil quinhentos e oitenta.

⁴⁹ Segundo o mandado do SENHOR, por Moisés, foram designados, cada um para o seu serviço e a sua carga; e deles foram contados, como o SENHOR ordenara a Moisés.

O leproso e o imundo são lançados fora do arraial

5 Disse o Senhor a Moisés: ² Ordena aos filhos de Israel que lancem para fora do arraial todo leproso, todo o que padece fluxo e todo imundo por ter tocado em algum morto;

³ tanto homem como mulher os lançareis; para fora do arraial os lançareis, para que não contaminem o arraial, no meio do qual eu habito.

⁴ Os filhos de Israel fizeram assim e os lançaram para fora do arraial; como o Senhor falara a Moisés, assim fizeram os filhos de Israel.

A lei da restituição

⁵ Disse mais o Senhor a Moisés: ⁶ Dize aos filhos de Israel: Quando homem ou mulher cometer algum dos pecados em que caem os homens, ofendendo ao Senhor, tal pessoa é culpada.

⁷ Confessará o pecado que cometer; e, pela culpa, fará plena restituição, e lhe acrescentará a sua quinta parte, e dará tudo àquele contra quem se fez culpado.

⁸ Mas, se esse homem não tiver parente chegado, a quem possa fazer restituição pela culpa, então, o que se restitui ao Senhor pela culpa será do sacerdote, além do carneiro expiatório com que se fizer expiação pelo culpado.

⁹ Toda oferta de todas as cousas santas dos filhos de Israel, que trouxerem ao sacerdote, será deste

¹⁰ e também as cousas sagradas de cada um; o que alguém der ao sacerdote será deste.

A prova da mulher suspeita de adultério

¹¹ Disse mais o Senhor a Moisés: ¹² Fala aos filhos de Israel e dize-lhes: Se a mulher de alguém se desviar e lhe for infiel,

¹³ de maneira que algum homem se tenha deitado com ela, e for oculto aos olhos de seu marido, e ela o tiver ocultado, havendo-se ela contaminado, e contra ela não houver testemunha, e não for surpreendida em flagrante,

¹⁴ e o espírito de ciúmes vier sobre ele, e de sua mulher tiver ciúmes, por ela se haver contaminado, ou o tiver, não se havendo ela contaminado,

¹⁵ então, esse homem trará a sua mulher perante o sacerdote e juntamente trará a sua oferta por ela: uma décima de efa de farinha de cevada, sobre a qual não deitará azeite, nem sobre ela porá incenso, porquanto é oferta de manjares de ciúmes, oferta memorativa, que traz a iniqüidade à memória.

¹⁶ O sacerdote a fará chegar e a colocará perante o Senhor.

¹⁷ O sacerdote tomará água santa num vaso de barro; também tomará do pó que houver no chão do tabernáculo e o deitará na água.

¹⁸ Apresentará a mulher perante o Senhor e soltará a cabeleira dela; e lhe porá nas mãos a oferta memorativa de manjares, que é a oferta de manjares dos ciúmes. A água amarga, que traz consigo a maldição, estará na mão do sacerdote.

¹⁹ O sacerdote a conjurará e lhe dirá: Se ninguém contigo se deitou, e se não te desviaste para a imundícia, estando sob o domínio de teu marido, destas águas amargas, amaldiçoantes, serás livre.

²⁰ Mas, se te desviaste, quando sob o domínio de teu marido, e te contaminaste, e algum homem, que não é o teu marido, se deitou contigo

²¹ (então, o sacerdote fará que a mulher tome o juramento de maldição e lhe dirá), o Senhor te ponha por maldição e por praga no meio do teu povo, fazendo-te o Senhor descair a coxa e inchar o ventre;

²² e esta água amaldiçoante penetre nas tuas entranhas, para te fazer inchar o ventre e te fazer descair a coxa. Então, a mulher dirá: Amém! Amém!

²³ O sacerdote escreverá estas maldições num livro e, com a água amarga, as apagará.

²⁴ E fará que a mulher beba a água amarga, que traz consigo a maldição; e, sendo bebida, lhe causará amargura.

²⁵ Da mão da mulher tomará o sacerdote a oferta de manjares de ciúmes e a moverá perante o Senhor; e a trará ao altar.

²⁶ Tomará um punhado da oferta de manjares, da oferta memorativa, e sobre o altar o queimará; e, depois, dará a beber água à mulher.

²⁷ E, havendo-lhe dado a beber a água, será que, se ela se tiver contaminado, e a seu marido tenha sido infiel, a água amaldiçoante entrará nela para amargura, e o seu ventre se inchará, e a sua coxa descairá; a

mulher será por maldição no meio do seu povo.

²⁸ Se a mulher se não tiver contaminado, mas estiver limpa, então, será livre e conceberá.

²⁹ Esta é a lei para o caso de ciúmes, quando a mulher, sob o domínio de seu marido, se desviar e for contaminada;

³⁰ ou quando sobre o homem vier o espírito de ciúmes, e tiver ciúmes de sua mulher, apresente a mulher perante o SENHOR, e o sacerdote nela execute toda esta lei.

³¹ O homem será livre da iniqüidade, porém a mulher levará a sua iniqüidade.

A lei do nazireado

6 Disse o SENHOR a Moisés: ² Fala aos filhos de Israel e dize-lhes: Quando alguém, seja homem seja mulher, fizer voto especial, o voto de nazireu, a fim de consagrar-se para o SENHOR,

³ abster-se-á de vinho e de bebida forte; não beberá vinagre de vinho, nem vinagre de bebida forte, nem tomará beberagens de uvas, nem comerá uvas frescas nem secas.

⁴ Todos os dias do seu nazireado não comerá de cousa alguma que se faz da vinha, desde as sementes até às cascas.

⁵ Todos os dias do seu voto de nazireado não passará navalha pela cabeça; até que se cumpram os dias para os quais se consagrou ao SENHOR, santo será, deixando crescer livremente a cabeleira.

⁶ Todos os dias da sua consagração para o SENHOR, não se aproximará dum cadáver.

⁷ Por seu pai, ou por sua mãe, ou por seu irmão, ou por sua irmã, por eles se não contaminará, quando morrerem; porquanto o nazireado do seu Deus está sobre a sua cabeça.

⁸ Por todos os dias do seu nazireado, santo será ao SENHOR.

⁹ Se alguém vier a morrer junto a ele subitamente, e contaminar a cabeça do seu nazireado, rapará a cabeça no dia da sua purificação; ao sétimo dia, a rapará.

¹⁰ Ao oitavo dia, trará duas rolas ou dois pombinhos ao sacerdote, à porta da tenda da congregação;

¹¹ o sacerdote oferecerá um como oferta pelo pecado e o outro, para holocausto; e fará expiação por ele, visto que pecou relativamente ao morto; assim, naquele mesmo dia, consagrará a sua cabeça.

¹² Então, consagrará os dias do seu nazireado ao SENHOR e, para oferta pela culpa, trará um cordeiro de um ano; os dias antecedentes serão perdidos, porquanto o seu nazireado foi contaminado.

¹³ Esta é a lei do nazireu: no dia em que se cumprirem os dias do seu nazireado, será trazido à porta da tenda da congregação.

¹⁴ Ele apresentará a sua oferta ao SENHOR, um cordeiro de um ano, sem defeito, em holocausto, e uma cordeira de um ano, sem defeito, para oferta pelo pecado, e um carneiro, sem defeito, por oferta pacífica,

¹⁵ e um cesto de pães asmos, bolos de flor de farinha com azeite, amassados, e obreias asmas untadas com azeite, como também a sua oferta de manjares e as suas libações.

¹⁶ O sacerdote os trará perante o SENHOR e apresentará a sua oferta pelo pecado e o seu holocausto;

¹⁷ oferecerá o carneiro em sacrifício pacífico ao SENHOR, com o cesto dos pães asmos; o sacerdote apresentará também a devida oferta de manjares e a libação.

¹⁸ O nazireu, à porta da tenda da congregação, rapará a cabeleira do seu nazireado, e tomá-la-á, e a porá sobre o fogo que está debaixo do sacrifício pacífico.

¹⁹ Depois, o sacerdote tomará a espádua cozida do carneiro, e um bolo asmo do cesto, e uma obreia asma e os porá nas mãos do nazireu, depois de haver este rapado a cabeleira do seu nazireado.

²⁰ O sacerdote os moverá em oferta movida perante o SENHOR; isto é santo para o sacerdote, juntamente com o peito da oferta movida e com a coxa da oferta; depois disto, o nazireu pode beber vinho.

²¹ Esta é a lei do nazireu que fizer voto; a sua oferta ao SENHOR será segundo o seu nazireado, afora o que as suas posses lhe permitirem; segundo o voto que fizer, assim fará conforme a lei do seu nazireado.

A bênção sacerdotal

²² Disse o SENHOR a Moisés:

²³ Fala a Arão e a seus filhos, dizendo: Assim abençoareis os filhos de Israel e dir-lhes-eis:

²⁴ O SENHOR te abençoe e te guarde;

²⁵ o SENHOR faça resplandecer
      o rosto sobre ti
      e tenha misericórdia de ti;

6.13-20 At 21.24.

²⁶ o Senhor sobre ti levante o rosto e te dê a paz.

²⁷ Assim, porão o meu nome sobre os filhos de Israel, e eu os abençoarei.

As ofertas dos príncipes na dedicação do altar

7 No dia em que Moisés acabou de levantar o tabernáculo, e o ungiu, e o consagrou e todos os seus utensílios, bem como o altar e todos os seus pertences,

² os príncipes de Israel, as cabeças da casa de seus pais, os que foram príncipes das tribos, que haviam presidido o censo, ofereceram

³ e trouxeram a sua oferta perante o Senhor: seis carros cobertos e doze bois; cada dois príncipes ofereceram um carro, e cada um deles, um boi; e os apresentaram diante do tabernáculo.

⁴ Disse o Senhor a Moisés:

⁵ Recebe-os deles, e serão destinados ao serviço da tenda da congregação; e os darás aos levitas, a cada um segundo o seu serviço.

⁶ Moisés recebeu os carros e os bois e os deu aos levitas.

⁷ Dois carros e quatro bois deu aos filhos de Gérson, segundo o seu serviço;

⁸ quatro carros e oito bois deu aos filhos de Merari, segundo o seu serviço, sob a direção de Itamar, filho de Arão, o sacerdote.

⁹ Mas aos filhos de Coate nada deu, porquanto a seu cargo estava o santuário, que deviam levar aos ombros.

¹⁰ Ofereceram os príncipes para a consagração do altar, no dia em que foi ungido; sim, apresentaram a sua oferta perante o altar.

¹¹ Disse o Senhor a Moisés: Cada príncipe apresentará, no seu dia, a sua oferta para a consagração do altar.

¹² O que, pois, no primeiro dia, apresentou a sua oferta foi Naassom, filho de Aminadabe, pela tribo de Judá.

¹³ A sua oferta foi um prato de prata, do peso de cento e trinta siclos, uma bacia de prata, de setenta siclos, segundo o siclo do santuário; ambos cheios de flor de farinha, amassada com azeite, para oferta de manjares;

¹⁴ um recipiente de dez siclos de ouro, cheio de incenso;

¹⁵ um novilho, um carneiro, um cordeiro de um ano, para holocausto;

¹⁶ um bode, para oferta pelo pecado;

¹⁷ e, para sacrifício pacífico, dois bois, cinco carneiros, cinco bodes, cinco cordeiros de um ano; foi esta a oferta de Naassom, filho de Aminadabe.

¹⁸ No segundo dia, fez a sua oferta Natanael, filho de Zuar, príncipe de Issacar.

¹⁹ Como sua oferta apresentou um prato de prata, do peso de cento e trinta siclos, uma bacia de prata, de setenta siclos, segundo o siclo do santuário; ambos cheios de flor de farinha, amassada com azeite, para oferta de manjares;

²⁰ um recipiente de dez siclos de ouro, cheio de incenso;

²¹ um novilho, um carneiro, um cordeiro de um ano, para holocausto;

²² um bode, para oferta pelo pecado;

²³ e, para sacrifício pacífico, dois bois, cinco carneiros, cinco bodes, cinco cordeiros de um ano; foi esta a oferta de Natanael, filho de Zuar.

²⁴ No terceiro dia, chegou o príncipe dos filhos de Zebulom, Eliabe, filho de Helom.

²⁵ A sua oferta foi um prato de prata, do peso de cento e trinta siclos, uma bacia de prata, de setenta siclos, segundo o siclo do santuário; ambos cheios de flor de farinha, amassada com azeite, para oferta de manjares;

²⁶ um recipiente de dez siclos de ouro, cheio de incenso;

²⁷ um novilho, um carneiro, um cordeiro de um ano, para holocausto;

²⁸ um bode, para oferta pelo pecado;

²⁹ e, para sacrifício pacífico, dois bois, cinco carneiros, cinco bodes, cinco cordeiros de um ano; foi esta a oferta de Eliabe, filho de Helom.

³⁰ No quarto dia, chegou o príncipe dos filhos de Rúben, Elizur, filho de Sedeur.

³¹ A sua oferta foi um prato de prata, do peso de cento e trinta siclos, uma bacia de prata, de setenta siclos, segundo o siclo do santuário; ambos cheios de flor de farinha, amassada com azeite, para oferta de manjares;

³² um recipiente de dez siclos de ouro, cheio de incenso;

³³ um novilho, um carneiro, um cordeiro de um ano, para holocausto;

³⁴ um bode, para oferta pelo pecado;

³⁵ e, para sacrifício pacífico, dois bois, cinco carneiros, cinco bodes, cinco cordeiros de um ano; foi esta a oferta de Elizur, filho de Sedeur.

³⁶ No quinto dia, chegou o príncipe dos filhos de Simeão, Selumiel, filho de Zurisadai.

37 A sua oferta foi um prato de prata, do peso de cento e trinta siclos, uma bacia de prata, de setenta siclos, segundo o siclo do santuário; ambos cheios de flor de farinha, amassada com azeite, para oferta de manjares;

38 um recipiente de dez siclos de ouro, cheio de incenso;

39 um novilho, um carneiro, um cordeiro de um ano, para holocausto;

40 um bode, para oferta pelo pecado;

41 e, para sacrifício pacífico, dois bois, cinco carneiros, cinco bodes, cinco cordeiros de um ano; foi esta a oferta de Selumiel, filho de Zurisadai.

42 No sexto dia, chegou o príncipe dos filhos de Gade, Eliasafe, filho de Deuel.

43 A sua oferta foi um prato de prata, do peso de cento e trinta siclos, uma bacia de prata, de setenta siclos, segundo o siclo do santuário; ambos cheios de flor de farinha, amassada com azeite, para oferta de manjares;

44 um recipiente de dez siclos de ouro, cheio de incenso;

45 um novilho, um carneiro, um cordeiro de um ano, para holocausto;

46 um bode, para oferta pelo pecado;

47 e, para sacrifício pacífico, dois bois, cinco carneiros, cinco bodes, cinco cordeiros de um ano; foi esta a oferta de Eliasafe, filho de Deuel.

48 No sétimo dia, chegou o príncipe dos filhos de Efraim, Elisama, filho de Amiúde.

49 A sua oferta foi um prato de prata, do peso de cento e trinta siclos, uma bacia de prata, de setenta siclos, segundo o siclo do santuário; ambos cheios de flor de farinha, amassada com azeite, para oferta de manjares;

50 um recipiente de dez siclos de ouro, cheio de incenso;

51 um novilho, um carneiro, um cordeiro de um ano, para holocausto;

52 um bode, para oferta pelo pecado;

53 e, para sacrifício pacífico, dois bois, cinco carneiros, cinco bodes, cinco cordeiros de um ano; foi esta a oferta de Elisama, filho de Amiúde.

54 No oitavo dia, chegou o príncipe dos filhos de Manassés, Gamaliel, filho de Pedazur.

55 A sua oferta foi um prato de prata, do peso de cento e trinta siclos, uma bacia de prata, de setenta siclos, segundo o siclo do santuário; ambos cheios de flor de farinha,

amassada com azeite, para oferta de manjares;

56 um recipiente de dez siclos de ouro, cheio de incenso;

57 um novilho, um carneiro, um cordeiro de um ano, para holocausto;

58 um bode, para oferta pelo pecado;

59 e, para sacrifício pacífico, dois bois, cinco carneiros, cinco bodes, cinco cordeiros de um ano; foi esta a oferta de Gamaliel, filho de Pedazur.

60 No dia nono, chegou o príncipe dos filhos de Benjamim, Abidã, filho de Gideoni.

61 A sua oferta foi um prato de prata, do peso de cento e trinta siclos, uma bacia de prata, de setenta siclos, segundo o siclo do santuário; ambos cheios de flor de farinha, amassada com azeite, para oferta de manjares;

62 um recipiente de dez siclos de ouro, cheio de incenso;

63 um novilho, um carneiro, um cordeiro de um ano, para holocausto;

64 um bode, para oferta pelo pecado;

65 e, para sacrifício pacífico, dois bois, cinco carneiros, cinco bodes, cinco cordeiros de um ano; foi esta a oferta de Abidã, filho de Gideoni.

66 No décimo dia, chegou o príncipe dos filhos de Dã, Aieser, filho de Amisadai.

67 A sua oferta foi um prato de prata, do peso de cento e trinta siclos, uma bacia de prata, de setenta siclos, segundo o siclo do santuário; ambos cheios de flor de farinha, amassada com azeite, para oferta de manjares;

68 um recipiente de dez siclos de ouro, cheio de incenso;

69 um novilho, um carneiro, um cordeiro de um ano, para holocausto;

70 um bode, para oferta pelo pecado;

71 e, para sacrifício pacífico, dois bois, cinco carneiros, cinco bodes, cinco cordeiros de um ano; foi esta a oferta de Aieser, filho de Amisadai.

72 No dia undécimo, chegou o príncipe dos filhos de Aser, Pagiel, filho de Ocrã.

73 A sua oferta foi um prato de prata, do peso de cento e trinta siclos, uma bacia de prata, de setenta siclos, segundo o siclo do santuário; ambos cheios de flor de farinha, amassada com azeite, para oferta de manjares;

74 um recipiente de dez siclos de ouro, cheio de incenso;

75 um novilho, um carneiro, um cordeiro de um ano, para holocausto;

76 um bode, para oferta pelo pecado;

77 e, para sacrifício pacífico, dois bois, cinco carneiros, cinco bodes, cinco cordeiros de um ano; foi esta a oferta de Pagiel, filho de Ocrã.

78 No duodécimo dia, chegou o príncipe dos filhos de Naftali, Aira, filho de Enã.

79 A sua oferta foi um prato de prata, do peso de cento e trinta siclos, uma bacia de prata, de setenta siclos, segundo o siclo do santuário; ambos cheios de flor de farinha, amassada com azeite, para oferta de manjares;

80 um recipiente de dez siclos de ouro, cheio de incenso;

81 um novilho, um carneiro, um cordeiro de um ano, para holocausto;

82 um bode, para oferta pelo pecado;

83 e, para sacrifício pacífico, dois bois, cinco carneiros, cinco bodes, cinco cordeiros de um ano; foi esta a oferta de Aira, filho de Enã.

84 Esta é a dádiva feita pelos príncipes de Israel para a consagração do altar, no dia em que foi ungido: doze pratos de prata, doze bacias de prata, doze recipientes de ouro;

85 cada prato de prata, de cento e trinta siclos, e cada bacia, de setenta; toda a prata dos utensílios foi de dois mil e quatrocentos siclos, segundo o siclo do santuário;

86 doze recipientes de ouro cheios de incenso, cada um de dez siclos, segundo o siclo do santuário; todo o ouro dos recipientes foi de cento e vinte siclos;

87 todos os animais para o holocausto foram doze novilhos; carneiros, doze; doze cordeiros de um ano, com a sua oferta de manjares; e doze bodes para oferta pelo pecado.

88 E todos os animais para o sacrifício pacífico foram vinte e quatro novilhos; os carneiros, sessenta; os bodes, sessenta; os cordeiros de um ano, sessenta; esta é a dádiva para a consagração do altar, depois que foi ungido.

89 Quando entrava Moisés na tenda da congregação para falar com o SENHOR, então, ouvia a voz que lhe falava de cima do propiciatório, que está sobre a arca do Testemunho entre os dois querubins; assim lhe falava.

As sete lâmpadas do santuário

8 Disse o SENHOR a Moisés:
2 Fala a Arão e dize-lhe: Quando colocares as lâmpadas, seja de tal maneira que venham as sete a alumiar defronte do candelabro.

3 E Arão fez assim; colocou as lâmpadas para que alumiassem defronte do candelabro, como o SENHOR ordenara a Moisés.

4 O candelabro era feito de ouro batido desde o seu pedestal até às suas flores; segundo o modelo que o SENHOR mostrara a Moisés, assim ele fez o candelabro.

A consagração dos levitas

5 Disse mais o SENHOR a Moisés:
6 Toma os levitas do meio dos filhos de Israel e purifica-os;

7 assim lhes farás, para os purificar: asperge sobre eles a água da expiação; e sobre todo o seu corpo farão passar a navalha, lavarão as suas vestes e se purificarão;

8 e tomarão um novilho, com a sua oferta de manjares de flor de farinha, amassada com azeite; tu, porém, tomarás outro novilho para oferta pelo pecado.

9 Farás chegar os levitas perante a tenda da congregação; e ajuntarás toda a congregação dos filhos de Israel.

10 Quando, pois, fizerem chegar os levitas perante o SENHOR, os filhos de Israel porão as mãos sobre eles.

11 Arão apresentará os levitas como oferta movida perante o SENHOR, da parte dos filhos de Israel; e serão para o serviço do SENHOR.

12 Os levitas porão as mãos sobre a cabeça dos novilhos; e tu sacrificarás um para oferta pelo pecado e o outro para holocausto ao SENHOR, para fazer expiação pelos levitas.

13 Porás os levitas perante Arão e perante os seus filhos e os apresentarás por oferta movida ao SENHOR.

14 E separarás os levitas do meio dos filhos de Israel; os levitas serão meus.

15 Depois disso, entrarão os levitas para fazerem o serviço da tenda da congregação; e tu os purificarás e, por oferta movida, os apresentarás,

16 porquanto eles dentre os filhos de Israel me são dados; em lugar de todo aquele que abre a madre, do primogênito de cada um dos filhos de Israel, para mim os tomei.

17 Porque meu é todo primogênito entre os filhos de Israel, tanto de homens como de animais; no dia em que, na terra do Egito, feri todo primogênito, os consagrei para mim.

¹⁸ Tomei os levitas em lugar de todo primogênito entre os filhos de Israel.

¹⁹ E os levitas, dados a Arão e a seus filhos, dentre os filhos de Israel, entreguei-os para fazerem o serviço dos filhos de Israel na tenda da congregação e para fazerem expiação por eles, para que não haja praga entre o povo de Israel, chegando-se os filhos de Israel ao santuário.

²⁰ E assim fez Moisés, e Arão, e toda a congregação dos filhos de Israel com os levitas; segundo tudo o que o SENHOR ordenara a Moisés acerca dos levitas, assim lhes fizeram os filhos de Israel.

²¹ Os levitas se purificaram e lavaram as suas vestes, e Arão os apresentou por oferta movida perante o SENHOR e fez expiação por eles, para purificá-los.

²² Depois disso, chegaram os levitas, para fazerem o seu serviço na tenda da congregação, perante Arão e seus filhos; como o SENHOR ordenara a Moisés acerca dos levitas, assim lhes fizeram.

²³ Disse mais o SENHOR a Moisés:

²⁴ Isto é o que toca aos levitas: da idade de vinte e cinco anos para cima entrarão, para fazerem o seu serviço na tenda da congregação;

²⁵ mas desde a idade de cinqüenta anos desobrigar-se-ão do serviço e nunca mais servirão;

²⁶ porém ajudarão aos seus irmãos na tenda da congregação, no tocante ao cargo deles; não terão mais serviço. Assim farás com os levitas quanto aos seus deveres.

A celebração da Páscoa

9 Falou o SENHOR a Moisés no deserto do Sinai, no ano segundo da sua saída da terra do Egito, no mês primeiro, dizendo:

² Celebrem os filhos de Israel a Páscoa a seu tempo.

³ No dia catorze deste mês, ao crepúsculo da tarde, a seu tempo a celebrareis; segundo todos os seus estatutos e segundo todos os seus ritos, a celebrareis.

⁴ Disse, pois, Moisés aos filhos de Israel que celebrassem a Páscoa.

⁵ Então, celebraram a Páscoa no dia catorze do mês primeiro, ao crepúsculo da tarde, no deserto do Sinai; segundo tudo o que o SENHOR ordenara a Moisés, assim fizeram os filhos de Israel.

⁶ Houve alguns que se acharam imundos por terem tocado o cadáver de um homem, de maneira que não puderam celebrar a Páscoa naquele dia; por isso, chegando-se perante Moisés e Arão,

⁷ disseram-lhes: Estamos imundos por termos tocado o cadáver de um homem; por que havemos de ser privados de apresentar a oferta do SENHOR, a seu tempo, no meio dos filhos de Israel?

⁸ Respondeu-lhes Moisés: Esperai, e ouvirei o que o SENHOR vos ordenará.

⁹ Então, disse o SENHOR a Moisés:

¹⁰ Fala aos filhos de Israel, dizendo: Quando alguém entre vós ou entre as vossas gerações achar-se imundo por causa de um morto ou se achar em jornada longe de vós, contudo, ainda celebrará a Páscoa ao SENHOR.

¹¹ No mês segundo, no dia catorze, no crepúsculo da tarde, a celebrarão; com pães asmos e ervas amargas a comerão.

¹² Dela nada deixarão até à manhã e dela não quebrarão osso algum; segundo todo o estatuto da Páscoa, a celebrarão.

¹³ Porém, se um homem achar-se limpo, e não estiver de caminho, e deixar de celebrar a Páscoa, essa alma será eliminada do seu povo, porquanto não apresentou a oferta do SENHOR, a seu tempo; tal homem levará sobre si o seu pecado.

¹⁴ Se um estrangeiro habitar entre vós e também celebrar a Páscoa ao SENHOR, segundo o estatuto da Páscoa e segundo o seu rito, assim a celebrará; um só estatuto haverá para vós outros, tanto para o estrangeiro como para o natural da terra.

A nuvem sobre o tabernáculo
Êx 40.34-38

¹⁵ No dia em que foi erigido o tabernáculo, a nuvem o cobriu, a saber, a tenda do Testemunho; e, à tarde, estava sobre o tabernáculo uma aparência de fogo até à manhã.

¹⁶ Assim era de contínuo: a nuvem o cobria, e, de noite, havia aparência de fogo.

¹⁷ Quando a nuvem se erguia de sobre a tenda, os filhos de Israel se punham em marcha; e, no lugar onde a nuvem parava, aí os filhos de Israel se acampavam.

¹⁸ Segundo o mandado do SENHOR, os filhos de Israel partiam e, segundo o mandado do SENHOR, se acampavam; por todo o tempo em que a nuvem pairava sobre o tabernáculo, permaneciam acampados.

9.1-5 Êx 12.1-13.   **9.12** Êx 12.46; Sl 34.20; Jo 19.36.

¹⁹ Quando a nuvem se detinha muitos dias sobre o tabernáculo, então, os filhos de Israel cumpriam a ordem do SENHOR e não partiam.

²⁰ Às vezes, a nuvem ficava poucos dias sobre o tabernáculo; então, segundo o mandado do SENHOR, permaneciam e, segundo a ordem do SENHOR, partiam.

²¹ Às vezes, a nuvem ficava desde a tarde até à manhã; quando, pela manhã, a nuvem se erguia, punham-se em marcha; quer de dia, quer de noite, erguendo-se a nuvem, partiam.

²² Se a nuvem se detinha sobre o tabernáculo por dois dias, ou um mês, ou por mais tempo, enquanto pairava sobre ele, os filhos de Israel permaneciam acampados e não se punham em marcha; mas, erguendo-se ela, partiam.

²³ Segundo o mandado do SENHOR, se acampavam e, segundo o mandado do SENHOR, se punham em marcha; cumpriam o seu dever para com o SENHOR, segundo a ordem do SENHOR por intermédio de Moisés.

As duas trombetas de prata

10 Disse mais o SENHOR a Moisés: ² Faze duas trombetas de prata; de obra batida as farás; servir-te-ão para convocares a congregação e para a partida dos arraiais.

³ Quando tocarem, toda a congregação se ajuntará a ti à porta da tenda da congregação.

⁴ Mas, quando tocar uma só, a ti se ajuntarão os príncipes, os cabeças dos milhares de Israel.

⁵ Quando as tocardes a rebate, partirão os arraiais que se acham acampados da banda do oriente.

⁶ Mas, quando a segunda vez as tocardes a rebate, então, partirão os arraiais que se acham acampados da banda do sul; a rebate, as tocarão para as suas partidas.

⁷ Mas, se se houver de ajuntar a congregação, tocá-las-eis, porém não a rebate.

⁸ Os filhos de Arão, sacerdotes, tocarão as trombetas; e a vós outros será isto por estatuto perpétuo nas vossas gerações.

⁹ Quando, na vossa terra, sairdes a pelejar contra os opressores que vos apertam, também tocareis as trombetas a rebate, e perante o SENHOR, vosso Deus, haverá lembrança de vós, e sereis salvos de vossos inimigos.

¹⁰ Da mesma sorte, no dia da vossa alegria, e nas vossas solenidades, e nos princípios dos vossos meses, também tocareis as vossas trombetas sobre os vossos holocaustos e sobre os vossos sacrifícios pacíficos, e vos serão por lembrança perante vosso Deus. Eu sou o SENHOR, vosso Deus.

Os israelitas partem do Sinai

¹¹ Aconteceu, no ano segundo, no segundo mês, aos vinte do mês, que a nuvem se ergueu de sobre o tabernáculo da congregação.

¹² Os filhos de Israel puseram-se em marcha do deserto do Sinai, jornada após jornada; e a nuvem repousou no deserto de Parã.

¹³ Assim, pela primeira vez, se puseram em marcha, segundo o mandado do SENHOR, por Moisés.

¹⁴ Primeiramente, partiu o estandarte do arraial dos filhos de Judá, segundo as suas turmas; e, sobre o seu exército, estava Naassom, filho de Aminadabe;

¹⁵ sobre o exército da tribo dos filhos de Issacar, Natanael, filho de Zuar;

¹⁶ e, sobre o exército da tribo dos filhos de Zebulom, Eliabe, filho de Helom.

¹⁷ Então, desarmaram o tabernáculo, e os filhos de Gérson e os filhos de Merari partiram, levando o tabernáculo.

¹⁸ Depois, partiu o estandarte do arraial de Rúben, segundo as suas turmas; e, sobre o seu exército, estava Elizur, filho de Sedeur;

¹⁹ sobre o exército da tribo dos filhos de Simeão, Selumiel, filho de Zurisadai;

²⁰ e, sobre o exército da tribo dos filhos de Gade, Eliasafe, filho de Deuel.

²¹ Então, partiram os coatitas, levando as cousas santas; e erigia-se o tabernáculo até que estes chegassem.

²² Depois, partiu o estandarte do arraial dos filhos de Efraim, segundo as suas turmas; e, sobre o seu exército, estava Elisama, filho de Amiúde;

²³ sobre o exército da tribo dos filhos de Manassés, Gamaliel, filho de Pedazur;

²⁴ e, sobre o exército da tribo dos filhos de Benjamim, Abidã, filho de Gideoni.

²⁵ Então, partiu o estandarte do arraial dos filhos de Dã, formando a retaguarda de todos os arraiais, segundo as suas turmas; e, sobre o seu exército, estava Aieser, filho de Amisadai;

²⁶ sobre o exército da tribo dos filhos de Aser, Pagiel, filho de Ocrã;

²⁷ e, sobre o exército da tribo dos filhos de Naftali, Aira, filho de Enã.

²⁸ Nesta ordem, puseram-se em marcha os filhos de Israel, segundo os seus exércitos.

Moisés roga a Hobabe que vá com eles

²⁹ Disse Moisés a Hobabe, filho de Reuel, o midianita, sogro de Moisés: Estamos de viagem para o lugar de que o SENHOR disse: Dar-vo-lo-ei; vem conosco, e te faremos bem, porque o SENHOR prometeu boas cousas a Israel.

³⁰ Porém ele respondeu: Não irei; antes, irei à minha terra e à minha parentela.

³¹ Tornou-lhe Moisés: Ora, não nos deixes, porque tu sabes que devemos acamparnos no deserto; e nos servirás de guia.

³² Se vieres conosco, far-te-emos o mesmo bem que o SENHOR a nós nos fizer.

³³ Partiram, pois, do monte do SENHOR caminho de três dias; a arca da Aliança do SENHOR ia adiante deles caminho de três dias, para lhes deparar lugar de descanso.

³⁴ A nuvem do SENHOR pairava sobre eles de dia, quando partiam do arraial.

³⁵ Partindo a arca, Moisés dizia: Levanta-te, SENHOR, e dissipados sejam os teus inimigos, e fujam diante de ti os que te odeiam.

³⁶ E, quando pousava, dizia: Volta, ó SENHOR, para os milhares de milhares de Israel.

As murmurações dos israelitas

11 Queixou-se o povo de sua sorte aos ouvidos do SENHOR; ouvindo-o o SENHOR, acendeu-se-lhe a ira, e fogo do SENHOR ardeu entre eles e consumiu extremidades do arraial.

² Então, o povo clamou a Moisés, e, orando este ao SENHOR, o fogo se apagou.

³ Pelo que chamou aquele lugar Taberá, porque o fogo do SENHOR se acendera entre eles.

⁴ E o populacho que estava no meio deles veio a ter grande desejo das comidas dos egípcios; pelo que os filhos de Israel tornaram a chorar e também disseram: Quem nos dará carne a comer?

⁵ Lembramo-nos dos peixes que, no Egito, comíamos de graça; dos pepinos, dos melões, dos alhos silvestres, das cebolas e dos alhos.

⁶ Agora, porém, seca-se a nossa alma, e nenhuma cousa vemos senão este maná.

⁷ Era o maná como semente de coentro, e a sua aparência, semelhante à de bdélio.

⁸ Espalhava-se o povo, e o colhia, e em moinhos o moía ou num gral o pisava, e em panelas o cozia, e dele fazia bolos; o seu sabor era como o de bolos amassados com azeite.

⁹ Quando, de noite, descia o orvalho sobre o arraial, sobre este também caía o maná.

Moisés acha pesado o seu cargo

¹⁰ Então, Moisés ouviu chorar o povo por famílias, cada um à porta de sua tenda; e a ira do SENHOR grandemente se acendeu, e pareceu mal aos olhos de Moisés.

¹¹ Disse Moisés ao SENHOR: Por que fizeste mal a teu servo, e por que não achei favor aos teus olhos, visto que puseste sobre mim a carga de todo este povo?

¹² Concebi eu, porventura, todo este povo? Dei-o eu à luz, para que me digas: Leva-o ao teu colo, como a ama leva a criança que mama, à terra que, sob juramento, prometi a seus pais?

¹³ Donde teria eu carne para dar a todo este povo? Pois chora diante de mim, dizendo: Dá-nos carne que possamos comer.

¹⁴ Eu sozinho não posso levar todo este povo, pois me é pesado demais.

¹⁵ Se assim me tratas, mata-me de uma vez, eu te peço, se tenho achado favor aos teus olhos; e não me deixes ver a minha miséria.

Deus designa setenta anciãos para ajudarem Moisés

¹⁶ Disse o SENHOR a Moisés: Ajunta-me setenta homens dos anciãos de Israel, que sabes serem anciãos e superintendentes do povo; e os trarás perante a tenda da congregação, para que assistam ali contigo.

¹⁷ Então, descerei e ali falarei contigo; tirarei do Espírito que está sobre ti e o porei sobre eles; e contigo levarão a carga do povo, para que não a leves tu somente.

¹⁸ Dize ao povo: Santificai-vos para amanhã e comereis carne; porquanto chorastes aos ouvidos do SENHOR, dizendo: Quem nos dará carne a comer? Íamos bem no Egito. Pelo que o SENHOR vos dará carne, e comereis.

10.30 Êx 18.27.   **10.35** Sl 68.1.   **11.7-9** Êx 16.13-15.

¹⁹ Não comereis um dia, nem dois dias, nem cinco, nem dez, nem ainda vinte; ²⁰ mas um mês inteiro, até vos sair pelos narizes, até que vos enfastieis dela, porquanto rejeitastes o SENHOR, que está no meio de vós, e chorastes diante dele, dizendo: Por que saímos do Egito?

²¹ Respondeu Moisés: Seiscentos mil homens de pé é este povo no meio do qual estou; e tu disseste: Dar-lhes-ei carne, e a comerão um mês inteiro.

²² Matar-se-ão para eles rebanhos de ovelhas e de gado que lhes bastem? Ou se ajuntarão para eles todos os peixes do mar que lhes bastem?

²³ Porém o SENHOR respondeu a Moisés: Ter-se-ia encurtado a mão do SENHOR? Agora mesmo, verás se se cumprirá ou não a minha palavra!

²⁴ Saiu, pois, Moisés, e referiu ao povo as palavras do SENHOR, e ajuntou setenta homens dos anciãos do povo, e os pôs ao redor da tenda.

²⁵ Então, o SENHOR desceu na nuvem e lhe falou; e, tirando do Espírito que estava sobre ele, o pôs sobre aqueles setenta anciãos; quando o Espírito repousou sobre eles, profetizaram; mas, depois, nunca mais.

²⁶ Porém, no arraial, ficaram dois homens; um se chamava Eldade, e o outro, Medade. Repousou sobre eles o Espírito, porquanto estavam entre os inscritos, ainda que não saíram à tenda; e profetizavam no arraial.

²⁷ Então, correu um moço, e o anunciou a Moisés, e disse: Eldade e Medade profetizam no arraial.

²⁸ Josué, filho de Num, servidor de Moisés, um dos seus escolhidos, respondeu e disse: Moisés, meu senhor, proíbe-lho.

²⁹ Porém Moisés lhe disse: Tens tu ciúmes por mim? Tomara todo o povo do SENHOR fosse profeta, que o SENHOR lhes desse o seu Espírito!

³⁰ Depois, Moisés se recolheu ao arraial, ele e os anciãos de Israel.

Deus manda codornizes

³¹ Então, soprou um vento do SENHOR, e trouxe codornizes do mar, e as espalhou pelo arraial quase caminho de um dia, ao seu redor, cerca de dois côvados sobre a terra.

³² Levantou-se o povo todo aquele dia, e a noite, e o outro dia e recolheu as codor-

nizes; o que menos colheu teve dez ômeres; e as estenderam para si ao redor do arraial.

³³ Estava ainda a carne entre os seus dentes, antes que fosse mastigada, quando se acendeu a ira do SENHOR contra o povo, e o feriu com praga mui grande.

³⁴ Pelo que o nome daquele lugar se chamou Quibrote-Taavá, porquanto ali enterraram o povo que teve o desejo das comidas dos egípcios.

³⁵ De Quibrote-Taavá partiu o povo para Hazerote e ali ficou.

A sedição de Miriã e Arão

12 Falaram Miriã e Arão contra Moisés, por causa da mulher cusita que tomara; pois tinha tomado a mulher cusita.

² E disseram: Porventura, tem falado o SENHOR somente por Moisés? Não tem falado também por nós? O SENHOR o ouviu.

³ Era o varão Moisés mui manso, mais do que todos os homens que havia sobre a terra.

⁴ Logo o SENHOR disse a Moisés, e a Arão, e a Miriã: Vós três, saí à tenda da congregação. E saíram eles três.

⁵ Então, o SENHOR desceu na coluna de nuvem e se pôs à porta da tenda; depois, chamou a Arão e a Miriã, e eles se apresentaram.

⁶ Então, disse: Ouvi, agora, as minhas palavras; se entre vós há profeta, eu, o SENHOR, em visão a ele, me faço conhecer ou falo com ele em sonhos.

⁷ Não é assim com o meu servo Moisés, que é fiel em toda a minha casa.

⁸ Boca a boca falo com ele, claramente e não por cnigmas; pois ele vê a forma do SENHOR; como, pois, não temestes falar contra o meu servo, contra Moisés?

⁹ E a ira do SENHOR contra eles se acendeu; e retirou-se.

¹⁰ A nuvem afastou-se de sobre a tenda; e eis que Miriã achou-se leprosa, branca como neve; e olhou Arão para Miriã, e eis que estava leprosa.

¹¹ Então, disse Arão a Moisés: Ai! Senhor meu, não ponhas, te rogo, sobre nós este pecado, pois loucamente procedemos e pecamos.

¹² Ora, não seja ela como um aborto, que, saindo do ventre de sua mãe, tenha metade de sua carne já consumida.

¹³ Moisés clamou ao SENHOR, dizendo: Ó Deus, rogo-te que a cures.

¹⁴ Respondeu o SENHOR a Moisés: Se

12.7 Hb 3.2.　12.14 Nm 5.2,3.

seu pai lhe cuspira no rosto, não seria envergonhada por sete dias? Seja detida sete dias fora do arraial e, depois, recolhida.

¹⁵ Assim, Miriã foi detida fora do arraial por sete dias; e o povo não partiu enquanto Miriã não foi recolhida.

¹⁶ Porém, depois, o povo partiu de Hazerote e acampou-se no deserto de Parã.

Doze homens são enviados para espiar a terra de Canaã
Dt 1.19-25

13 Disse o SENHOR a Moisés: ² Envia homens que espiem a terra de Canaã, que eu hei de dar aos filhos de Israel; de cada tribo de seus pais enviareis um homem, sendo cada qual príncipe entre eles.

³ Enviou-os Moisés do deserto de Parã, segundo o mandado do SENHOR; todos aqueles homens eram cabeças dos filhos de Israel.

⁴ São estes os seus nomes: da tribo de Rúben, Samua, filho de Zacur;

⁵ da tribo de Simeão, Safate, filho de Hori;

⁶ da tribo de Judá, Calebe, filho de Jefoné;

⁷ da tribo de Issacar, Jigeal, filho de José;

⁸ da tribo de Efraim, Oséias, filho de Num;

⁹ da tribo de Benjamim, Palti, filho de Rafu;

¹⁰ da tribo de Zebulom, Gadiel, filho de Sodi;

¹¹ da tribo de José, pela tribo de Manassés, Gadi, filho de Susi;

¹² da tribo de Dã, Amiel, filho de Gemali;

¹³ da tribo de Aser, Setur, filho de Micael;

¹⁴ da tribo de Naftali, Nabi, filho de Vofsi;

¹⁵ da tribo de Gade, Güel, filho de Maqui.

¹⁶ São estes os nomes dos homens que Moisés enviou a espiar aquela terra; e a Oséias, filho de Num, Moisés chamou Josué.

¹⁷ Enviou-os, pois, Moisés a espiar a terra de Canaã; e disse-lhes: Subi ao Neguebe e penetrai nas montanhas.

¹⁸ Vede a terra, que tal é, e o povo que nela habita, se é forte ou fraco, se poucos ou muitos;

¹⁹ E qual é a terra em que habita, se boa ou má; e que tais são as cidades em que habita, se em arraiais, se em fortalezas.

²⁰ Também qual é a terra, se fértil ou estéril, se nela há matas ou não. Tende ânimo e trazei do fruto da terra. Eram aqueles dias os dias das primícias das uvas.

²¹ Assim, subiram e espiaram a terra desde o deserto de Zim até Reobe, à entrada de Hamate.

²² E subiram pelo Neguebe e vieram até Hebrom; estavam ali Aimã, Sesai e Talmai, filhos de Enaque (Hebrom foi edificada sete anos antes de Zoã, no Egito).

²³ Depois, vieram até ao vale de Escol e dali cortaram um ramo de vide com um cacho de uvas, o qual trouxeram dois homens numa vara, como também romãs e figos.

²⁴ Esse lugar se chamou o vale de Escol, por causa do cacho que ali cortaram os filhos de Israel.

O relatório dos espias recebido com incredulidade
Dt 1.26-33

²⁵ Ao cabo de quarenta dias, voltaram de espiar a terra,

²⁶ caminharam e vieram a Moisés, e a Arão, e a toda a congregação dos filhos de Israel no deserto de Parã, a Cades; deram-lhes conta, a eles e a toda a congregação, e mostraram-lhes o fruto da terra.

²⁷ Relataram a Moisés e disseram: Fomos à terra a que nos enviaste; e, verdadeiramente, mana leite e mel; este é o fruto dela.

²⁸ O povo, porém, que habita nessa terra é poderoso, e as cidades, mui grandes e fortificadas; também vimos ali os filhos de Enaque.

²⁹ Os amalequitas habitam na terra do Neguebe; os heteus, os jebuseus e os amorreus habitam na montanha; os cananeus habitam ao pé do mar e pela ribeira do Jordão.

³⁰ Então, Calebe fez calar o povo perante Moisés e disse: Eia! Subamos e possuamos a terra, porque, certamente, prevaleceremos contra ela.

³¹ Porém os homens que com ele tinham subido disseram: Não poderemos subir contra aquele povo, porque é mais forte do que nós.

³² E, diante dos filhos de Israel, infamaram a terra que haviam espiado, dizendo: A terra pelo meio da qual passamos a espiar é terra que devora os seus moradores; e to-

do o povo que vimos nela são homens de grande estatura.

33 Também vimos ali gigantes (os filhos de Enaque são descendentes de gigantes), e éramos, aos nossos próprios olhos, como gafanhotos e assim também o éramos aos seus olhos.

Sedição do povo

14 Levantou-se, pois, toda a congregação e gritou em voz alta; e o povo chorou aquela noite.

2 Todos os filhos de Israel murmuraram contra Moisés e contra Arão; e toda a congregação lhes disse: Tomara tivéssemos morrido na terra do Egito ou mesmo neste deserto!

3 E por que nos traz o SENHOR a esta terra, para cairmos à espada e para que nossas mulheres e nossas crianças sejam por presa? Não nos seria melhor voltarmos para o Egito?

4 E diziam uns aos outros: Levantemos um capitão e voltemos para o Egito.

5 Então, Moisés e Arão caíram sobre o seu rosto perante a congregação dos filhos de Israel.

6 E Josué, filho de Num, e Calebe, filho de Jefoné, dentre os que espiaram a terra, rasgaram as suas vestes

7 e falaram a toda a congregação dos filhos de Israel, dizendo: A terra pelo meio da qual passamos a espiar é terra muitíssimo boa.

8 Se o SENHOR se agradar de nós, então, nos fará entrar nessa terra e no-la dará, terra que mana leite e mel.

9 Tão-somente não sejais rebeldes contra o SENHOR e não temais o povo dessa terra, porquanto, como pão, os podemos devorar; retirou-se deles o seu amparo; o SENHOR é conosco; não os temais.

10 Apesar disso, toda a congregação disse que os apedrejassem; porém a glória do SENHOR apareceu na tenda da congregação a todos os filhos de Israel.

11 Disse o SENHOR a Moisés: Até quando me provocará este povo e até quando não crerá em mim, a despeito de todos os sinais que fiz no meio dele?

12 Com pestilência o ferirei e o deserdarei; e farei de ti povo maior e mais forte do que este.

Moisés intercede pelo povo

13 Respondeu Moisés ao SENHOR: Os egípcios não somente ouviram que, com a tua força, fizeste subir este povo do meio deles,

14 mas também o disseram aos moradores desta terra; ouviram que tu, ó SENHOR, estás no meio deste povo, que face a face, ó SENHOR, lhes apareces, tua nuvem está sobre eles, e vais adiante deles numa coluna de nuvem, de dia, e, numa coluna de fogo, de noite.

15 Se matares este povo como a um só homem, as gentes, pois, que, antes, ouviram a tua fama, dirão:

16 Não podendo o SENHOR fazer entrar este povo na terra que lhe prometeu com juramento, os matou no deserto.

17 Agora, pois, rogo-te que a força do meu Senhor se engrandeça, como tens falado, dizendo:

18 O SENHOR é longânimo e grande em misericórdia, que perdoa a iniqüidade e a transgressão, ainda que não inocenta o culpado, e visita a iniqüidade dos pais nos filhos até à terceira e quarta gerações.

19 Perdoa, pois, a iniqüidade deste povo, segundo a grandeza da tua misericórdia e como também tens perdoado a este povo desde a terra do Egito até aqui.

O castigo dado por Deus
Dt 1.34-40

20 Tornou-lhe o SENHOR: Segundo a tua palavra, eu lhe perdoei.

21 Porém, tão certo como eu vivo, e como toda a terra se encherá da glória do SENHOR,

22 nenhum dos homens que, tendo visto a minha glória e os prodígios que fiz no Egito e no deserto, todavia, me puseram à prova já dez vezes e não obedeceram à minha voz,

23 nenhum deles verá a terra que, com juramento, prometi a seus pais, sim, nenhum daqueles que me desprezaram a verá.

24 Porém o meu servo Calebe, visto que nele houve outro espírito, e perseverou em seguir-me, eu o farei entrar a terra que espiou, e a sua descendência a possuirá.

25 Ora, os amalequitas e os cananeus habitam no vale; mudai, amanhã, de rumo e caminhai para o deserto, pelo caminho do mar Vermelho.

26 Depois, disse o SENHOR a Moisés e a Arão:

27 Até quando sofrerei esta má congre-

13.33 Gn 6.4.   **14.1-35** Hb 3.16-19.   **14.18** Êx 20.5,6; 34.6,7; Dt 5.9,10; 7.9.   **14.24** Js 14.9-12.

gação que murmura contra mim? Tenho ouvido as murmurações que os filhos de Israel proferem contra mim.

²⁸ Dize-lhes: Por minha vida, diz o Senhor, que, como falastes aos meus ouvidos, assim farei a vós outros.

²⁹ Neste deserto, cairá o vosso cadáver, como também todos os que de vós foram contados segundo o censo, de vinte anos para cima, os que dentre vós contra mim murmurastes;

³⁰ não entrareis na terra a respeito da qual jurei que vos faria habitar nela, salvo Calebe, filho de Jefoné, e Josué, filho de Num.

³¹ Mas os vossos filhos, de que dizeis: Por presa serão, farei entrar nela; e eles conhecerão a terra que vós desprezastes.

³² Porém, quanto a vós outros, o vosso cadáver cairá neste deserto.

³³ Vossos filhos serão pastores neste deserto quarenta anos e levarão sobre si as vossas infidelidades, até que o vosso cadáver se consuma neste deserto.

³⁴ Segundo o número dos dias em que espiastes a terra, quarenta dias, cada dia representando um ano, levareis sobre vós as vossas iniqüidades quarenta anos e tereis experiência do meu desagrado.

³⁵ Eu, o Senhor, falei; assim farei a toda esta má congregação, que se levantou contra mim; neste deserto, se consumirão e aí falecerão.

³⁶ Os homens que Moisés mandara a espiar a terra e que, voltando, fizeram murmurar toda a congregação contra ele, infamando a terra,

³⁷ esses mesmos homens que infamaram a terra morreram de praga perante o Senhor.

³⁸ Mas Josué, filho de Num, e Calebe, filho de Jefoné, que eram dos homens que foram espiar a terra, sobreviveram.

O povo derrotado em Hormá
Dt 1.41-46

³⁹ Falou Moisés estas palavras a todos os filhos de Israel, e o povo se contristou muito.

⁴⁰ Levantaram-se pela manhã de madrugada e subiram ao cume do monte, dizendo: Eis-nos aqui e subiremos ao lugar que o Senhor tem prometido, porquanto havemos pecado.

⁴¹ Porém Moisés respondeu: Por que transgredis o mandado do Senhor? Pois isso não prosperará.

⁴² Não subais, pois o Senhor não estará no meio de vós, para que não sejais feridos diante dos vossos inimigos.

⁴³ Porque os amalequitas e os cananeus ali estão diante de vós, e caireis à espada; pois, uma vez que vos desviastes do Senhor, o Senhor não será convosco.

⁴⁴ Contudo, temerariamente, tentaram subir ao cume do monte, mas a arca da Aliança do Senhor e Moisés não se apartaram do meio do arraial.

⁴⁵ Então, desceram os amalequitas e os cananeus que habitavam na montanha e os feriram, derrotando-os até Hormá.

Leis a respeito de ofertas

15 Disse o Senhor a Moisés: ² Fala aos filhos de Israel e dize-lhes: Quando entrardes na terra das vossas habitações, que eu vos hei de dar,

³ e ao Senhor fizerdes oferta queimada, holocausto ou sacrifício, em cumprimento de um voto ou em oferta voluntária, ou, nas vossas festas fixas, apresentardes ao Senhor aroma agradável com o sacrifício de gado e ovelhas,

⁴ então, aquele que apresentar a sua oferta ao Senhor, por oferta de manjares, trará a décima parte de um efa de flor de farinha, misturada com a quarta parte de um him de azeite;

⁵ E de vinho para libação prepararás a quarta parte de um him para cada cordeiro, além do holocausto ou do sacrifício.

⁶ Para cada carneiro prepararás uma oferta de manjares de duas décimas de um efa de flor de farinha, misturada com a terça parte de um him de azeite;

⁷ e de vinho para a libação oferecerás a terça parte de um him ao Senhor, em aroma agradável.

⁸ Quando preparares novilho para holocausto ou sacrifício, em cumprimento de um voto ou um sacrifício pacífico ao Senhor,

⁹ com o novilho, trarás uma oferta de manjares de três décimas de um efa de flor de farinha, misturada com a metade de um him de azeite,

¹⁰ e de vinho para a libação trarás a metade de um him, oferta queimada de aroma agradável ao Senhor.

14.33 At 7.36.

¹¹ Assim se fará com todos os novilhos, carneiros, cordeiros e bodes.
¹² Segundo o número que oferecerdes, assim o fareis para cada um.
¹³ Todos os naturais assim farão estas cousas, trazendo oferta queimada de aroma agradável ao Senhor.
¹⁴ Se também morar convosco algum estrangeiro ou quem quer que estiver entre vós durante as vossas gerações, e trouxer uma oferta queimada de aroma agradável ao Senhor, como vós fizerdes, assim fará ele.
¹⁵ Quanto à congregação, haja apenas um estatuto, tanto para vós outros como para o estrangeiro que morar entre vós, por estatuto perpétuo nas vossas gerações; como vós sois, assim será o estrangeiro perante o Senhor.
¹⁶ A mesma lei e o mesmo rito haverá para vós outros e para o estrangeiro que mora convosco.
¹⁷ Disse mais o Senhor a Moisés:
¹⁸ Fala aos filhos de Israel e dize-lhes: Quando chegardes à terra em que vos farei entrar,
¹⁹ ao comerdes do pão da terra, apresentareis oferta ao Senhor.
²⁰ Das primícias da vossa farinha grossa apresentareis um bolo como oferta; como oferta da eira, assim o apresentareis.
²¹ Das primícias da vossa farinha grossa apresentareis ao Senhor oferta nas vossas gerações.

Os sacrifícios pelos pecados por ignorância
Lv 4.13-21

²² Quando errardes e não cumprirdes todos estes mandamentos que o Senhor falou a Moisés,
²³ sim, tudo quanto o Senhor vos tem mandado por Moisés, desde o dia em que o Senhor ordenou e daí em diante, nas vossas gerações,
²⁴ será que, quando se fizer alguma cousa por ignorância e for encoberta aos olhos da congregação, toda a congregação oferecerá um novilho, para holocausto de aroma agradável ao Senhor, com a sua oferta de manjares e libação, segundo o rito, e um bode, para oferta pelo pecado.
²⁵ O sacerdote fará expiação por toda a congregação dos filhos de Israel, e lhes será perdoado, porquanto foi erro, e trouxeram a sua oferta, oferta queimada ao

Senhor, e a sua oferta pelo pecado perante o Senhor, por causa do seu erro.
²⁶ Será, pois, perdoado a toda a congregação dos filhos de Israel e mais ao estrangeiro que habita no meio deles, pois no erro foi envolvido todo o povo.
²⁷ Se alguma pessoa pecar por ignorância, apresentará uma cabra de um ano como oferta pelo pecado.
²⁸ O sacerdote fará expiação pela pessoa que errou, quando pecar por ignorância perante o Senhor, fazendo expiação por ela, e lhe será perdoado.
²⁹ Para o natural dos filhos de Israel e para o estrangeiro que no meio deles habita, tereis a mesma lei para aquele que isso fizer por ignorância.
³⁰ Mas a pessoa que fizer alguma cousa atrevidamente, quer seja dos naturais quer dos estrangeiros, injuria ao Senhor; tal pessoa será eliminada do meio do seu povo,
³¹ pois desprezou a palavra do Senhor e violou o seu mandamento; será eliminada essa pessoa, e a sua iniqüidade será sobre ela.

Castigo pela violação do sábado

³² Estando, pois, os filhos de Israel no deserto, acharam um homem apanhando lenha no dia de sábado.
³³ Os que o acharam apanhando lenha o trouxeram a Moisés, e a Arão, e a toda a congregação.
³⁴ Meteram-no em guarda, porquanto ainda não estava declarado o que se lhe devia fazer.
³⁵ Então, disse o Senhor a Moisés: Tal homem será morto; toda a congregação o apedrejará fora do arraial.
³⁶ Levou-o, pois, toda a congregação para fora do arraial, e o apedrejaram; e ele morreu, como o Senhor ordenara a Moisés.

A lei acerca das borlas das vestes
Dt 22.12

³⁷ Disse o Senhor a Moisés:
³⁸ Fala aos filhos de Israel e dize-lhes que nos cantos das suas vestes façam borlas pelas suas gerações; e as borlas em cada canto, presas por um cordão azul.
³⁹ E as borlas estarão ali para que, vendo-as, vos lembreis de todos os mandamentos do Senhor e os cumprais; não seguireis os desejos do vosso coração, nem dos

vossos olhos, após os quais andais adulterando,

40 para que vos lembreis de todos os meus mandamentos, e os cumprais, e santos sereis a vosso Deus.

41 Eu sou o SENHOR, vosso Deus, que vos tirei da terra do Egito, para vos ser por Deus. Eu sou o SENHOR, vosso Deus.

A rebelião de Coré, Datã e Abirão

16 Coré, filho de Isar, filho de Coate, filho de Levi, tomou consigo a Datã e a Abirão, filhos de Eliabe, e a Om, filho de Pelete, filhos de Rúben.

2 Levantaram-se perante Moisés com duzentos e cinqüenta homens dos filhos de Israel, príncipes da congregação, eleitos por ela, varões de renome,

3 e se ajuntaram contra Moisés e contra Arão e lhes disseram: Basta! Pois que toda a congregação é santa, cada um deles é santo, e o SENHOR está no meio deles; por que, pois, vos exaltais sobre a congregação do SENHOR?

4 Tendo ouvido isto, Moisés caiu sobre o seu rosto.

5 E falou a Coré e a todo o seu grupo, dizendo: Amanhã pela manhã, o SENHOR fará saber quem é dele e quem é o santo que ele fará chegar a si; aquele a quem escolher fará chegar a si.

6 Fazei isto: tomai vós incensários, Coré e todo o seu grupo;

7 e, pondo fogo neles amanhã, sobre eles deitai incenso perante o SENHOR; e será que o homem a quem o SENHOR escolher, este será o santo; basta-vos, filhos de Levi.

8 Disse mais Moisés a Coré: Ouvi agora, filhos de Levi:

9 acaso é para vós outros cousa de somenos que o Deus de Israel vos separou da congregação de Israel, para vos fazer chegar a si, a fim de cumprirdes o serviço do tabernáculo do SENHOR e estardes perante a congregação para ministrar-lhe;

10 e te fez chegar, Coré, e todos os teus irmãos, os filhos de Levi, contigo? Ainda também procurais o sacerdócio?

11 Pelo que tu e todo o teu grupo juntos estais contra o SENHOR; e Arão, que é ele para que murmureis contra ele?

12 Mandou Moisés chamar a Datã e a Abirão, filhos de Eliabe; porém eles disseram: Não subiremos;

13 porventura, é cousa de somenos que nos fizeste subir de uma terra que mana leite e mel, para fazer-nos morrer neste deserto, senão que também queres fazer-te príncipe sobre nós?

14 Nem tampouco nos trouxeste a uma terra que mana leite e mel, nem nos deste campos e vinhas em herança; pensas que lançarás pó aos olhos destes homens? Pois não subiremos.

15 Então, Moisés irou-se muito e disse ao SENHOR: Não atentes para a sua oferta; nem um só jumento levei deles e a nenhum deles fiz mal.

16 Disse mais Moisés a Coré: Tu e todo o teu grupo, ponde-vos perante o SENHOR, tu, e eles, e Arão, amanhã.

17 Tomai cada um o seu incensário e neles ponde incenso; trazei-o, cada um o seu, perante o SENHOR, duzentos e cinqüenta incensários; também tu e Arão, cada qual o seu.

18 Tomaram, pois, cada qual o seu incensário, neles puseram fogo, sobre eles deitaram incenso e se puseram perante a porta da tenda da congregação com Moisés e Arão.

19 Coré fez ajuntar contra eles todo o povo à porta da tenda da congregação; então, a glória do SENHOR apareceu a toda a congregação.

Os rebeldes castigados

20 Disse o SENHOR a Moisés e a Arão:

21 Apartai-vos do meio desta congregação, e os consumirei num momento.

22 Mas eles se prostraram sobre o seu rosto e disseram: Ó Deus, Autor e Conservador de toda a vida, acaso, por pecar um só homem, indignar-te-ás contra toda esta congregação?

23 Respondeu o SENHOR a Moisés:

24 Fala a toda esta congregação, dizendo: Levantai-vos do redor da habitação de Coré, Datã e Abirão.

25 Então, se levantou Moisés e foi a Datã e a Abirão; e após ele foram os anciãos de Israel.

26 E disse à congregação: Desviai-vos, peço-vos, das tendas destes homens perversos e não toqueis nada do que é seu, para que não sejais arrebatados em todos os seus pecados.

27 Levantaram-se, pois, do redor da habitação de Coré, Datã e Abirão; e Datã e Abirão saíram e se puseram à porta da sua tenda, juntamente com suas mulheres, seus filhos e suas crianças.

28 Então, disse Moisés: Nisto conhecereis que o SENHOR me enviou a realizar todas estas obras, que não procedem de mim mesmo:

²⁹ se morrerem estes como todos os homens morrem e se forem visitados por qualquer castigo como se dá com todos os homens, então, não sou enviado do SENHOR.

³⁰ Mas, se o SENHOR criar alguma cousa inaudita, e a terra abrir a sua boca e os tragar com tudo o que é seu, e vivos descerem ao abismo, então, conhecereis que estes homens desprezaram o SENHOR.

³¹ E aconteceu que, acabando ele de falar todas estas palavras, a terra debaixo deles se fendeu,

³² abriu a sua boca e os tragou com as suas casas, como também todos os homens que pertenciam a Coré e todos os seus bens.

³³ Eles e todos os que lhes pertenciam desceram vivos ao abismo; a terra os cobriu, e pereceram do meio da congregação.

³⁴ Todo o Israel que estava ao redor deles fugiu do seu grito, porque diziam: Não suceda que a terra nos trague a nós também.

³⁵ Procedente do SENHOR saiu fogo e consumiu os duzentos e cinqüenta homens que ofereciam o incenso.

³⁶ Disse o SENHOR a Moisés:

³⁷ Dize a Eleazar, filho de Arão, o sacerdote, que tome os incensários do meio do incêndio e espalhe o fogo longe, porque santos são;

³⁸ quanto aos incensários daqueles que pecaram contra a sua própria vida, deles se façam lâminas para cobertura do altar; porquanto os trouxeram perante o SENHOR; pelo que santos são e serão por sinal aos filhos de Israel.

³⁹ Eleazar, o sacerdote, tomou os incensários de metal, que tinham trazido aqueles que foram queimados, e os converteram em lâminas para cobertura do altar,

⁴⁰ por memorial para os filhos de Israel, para que nenhum estranho, que não for da descendência de Arão, se chegue para acender incenso perante o SENHOR; para que não seja como Coré e o seu grupo, como o SENHOR lhe tinha dito por Moisés.

Novo tumulto e seu castigo

⁴¹ Mas, no dia seguinte, toda a congregação dos filhos de Israel murmurou contra Moisés e contra Arão, dizendo: Vós matastes o povo do SENHOR.

⁴² Ajuntando-se o povo contra Moisés e Arão e virando-se para a tenda da congregação, eis que a nuvem a cobriu, e a glória do SENHOR apareceu.

⁴³ Vieram, pois, Moisés e Arão perante a tenda da congregação.

⁴⁴ Então, falou o SENHOR a Moisés, dizendo:

⁴⁵ Levantai-vos do meio desta congregação, e a consumirei num momento; então, se prostraram sobre o seu rosto.

⁴⁶ Disse Moisés a Arão: Toma o teu incensário, põe nele fogo do altar, deita incenso sobre ele, vai depressa à congregação e faze expiação por eles; porque grande indignação saiu de diante do SENHOR; já começou a praga.

⁴⁷ Tomou-o Arão, como Moisés lhe falara, correu ao meio da congregação (eis que já a praga havia começado entre o povo), deitou incenso nele e fez expiação pelo povo.

⁴⁸ Pôs-se em pé entre os mortos e os vivos; e cessou a praga.

⁴⁹ Ora, os que morreram daquela praga foram catorze mil e setecentos, fora os que morreram por causa de Coré.

⁵⁰ Voltou Arão a Moisés, à porta da tenda da congregação; e cessou a praga.

A vara de Arão floresce

17 Disse o SENHOR a Moisés:
² Fala aos filhos de Israel e recebe deles varas, uma pela casa de cada pai de todos os seus príncipes, segundo as casas de seus pais, isto é, doze varas; escreve o nome de cada um sobre a sua vara.

³ Porém o nome de Arão escreverás sobre a vara de Levi; porque cada cabeça da casa de seus pais terá uma vara.

⁴ E as porás na tenda da congregação, perante o Testemunho, onde eu vos encontrarei.

⁵ A vara do homem que eu escolher florescerá; assim, farei cessar de sobre mim as murmurações que os filhos de Israel proferem contra vós.

⁶ Falou, pois, Moisés aos filhos de Israel, e todos os seus príncipes lhe deram varas; cada um lhe deu uma, segundo as casas de seus pais: doze varas; e, entre elas, a vara de Arão.

⁷ Moisés pôs estas varas perante o SENHOR, na tenda do Testemunho.

⁸ No dia seguinte, Moisés entrou na tenda do Testemunho, e eis que a vara de Arão, pela casa de Levi, brotara, e, tendo inchado os gomos, produzira flores, e dava amêndoas.

⁹ Então, Moisés trouxe todas as varas de

17.8-10 Hb 9.4.

diante do Senhor a todos os filhos de Israel; e eles o viram, e tomou cada um a sua vara.

10 Disse o Senhor a Moisés: Torna a pôr a vara de Arão perante o Testemunho, para que se guarde por sinal para filhos rebeldes; assim farás acabar as suas murmurações contra mim, para que não morram.

11 E Moisés fez assim; como lhe ordenara o Senhor, assim fez.

12 Então, falaram os filhos de Israel a Moisés, dizendo: Eis que expiramos, perecemos, perecemos todos.

13 Todo aquele que se aproximar do tabernáculo do Senhor morrerá; acaso expiraremos todos?

Deveres e direitos dos sacerdotes

18 Disse o Senhor a Arão: Tu, e teus filhos, e a casa de teu pai contigo levareis sobre vós a iniqüidade relativamente ao santuário; tu e teus filhos contigo levareis sobre vós a iniqüidade relativamente ao vosso sacerdócio.

2 Também farás chegar contigo a teus irmãos, a tribo de Levi, a tribo de teu pai, para que se ajuntem a ti e te sirvam, quando tu e teus filhos contigo estiverdes perante a tenda do Testemunho.

3 Farão o serviço que lhes é devido para contigo e para com a tenda; porém não se aproximarão dos utensílios do santuário, nem do altar, para que não morram, nem eles, nem vós.

4 Ajuntar-se-ão a ti e farão todo o serviço da tenda da congregação; o estranho, porém, não se chegará a vós outros.

5 Vós, pois, fareis o serviço do santuário e o do altar, para que não haja outra vez ira contra os filhos de Israel.

6 Eu, eis que tomei vossos irmãos, os levitas, do meio dos filhos de Israel; são dados a vós outros para o Senhor, para servir na tenda da congregação.

7 Mas tu e teus filhos contigo atendereis ao vosso sacerdócio em tudo concernente ao altar, e ao que estiver para dentro do véu, isto é vosso serviço; eu vos tenho entregue o vosso sacerdócio por ofício como dádiva; porém o estranho que se aproximar morrerá.

8 Disse mais o Senhor a Arão: Eis que eu te dei o que foi separado das minhas ofertas, com todas as cousas consagradas dos filhos de Israel; dei-as por direito perpétuo como porção a ti e a teus filhos.

9 Isto terás das cousas santíssimas, não dadas ao fogo: todas as suas ofertas, com todas as suas ofertas de manjares, e com todas as suas ofertas pelo pecado, e com todas as suas ofertas pela culpa, que me apresentarem, serão cousas santíssimas para ti e para teus filhos.

10 No lugar santíssimo, o comerás; todo homem o comerá; ser-te-á santo.

11 Também isto será teu: a oferta das suas dádivas com todas as ofertas movidas dos filhos de Israel; a ti, a teus filhos e a tuas filhas contigo, dei-as por direito perpétuo; todo o que estiver limpo na tua casa as comerá.

12 Todo o melhor do azeite, do mosto e dos cereais, as suas primícias que derem ao Senhor, dei-as a ti.

13 Os primeiros frutos de tudo que houver na terra, que trouxerem ao Senhor, serão teus; todo o que estiver limpo na tua casa os comerá.

14 Toda cousa consagrada irremissivelmente em Israel será tua.

15 Todo o que abrir a madre, de todo ser vivente, que trouxerem ao Senhor, tanto de homens como de animais, será teu; porém os primogênitos dos homens resgatarás; também os primogênitos dos animais imundos resgatarás.

16 O resgate, pois (desde a idade de um mês os resgatarás), será segundo a tua avaliação, por cinco siclos de dinheiro, segundo o siclo do santuário, que é de vinte geras.

17 Mas o primogênito do gado, ou primogênito de ovelhas, ou primogênito de cabra não resgatarás; são santos; o seu sangue aspergirás sobre o altar e a sua gordura queimarás em oferta queimada de aroma agradável ao Senhor.

18 A carne deles será tua, assim como será teu o peito movido e a coxa direita.

19 Todas as ofertas sagradas, que os filhos de Israel oferecerem ao Senhor, dei-as a ti, e a teus filhos, e a tuas filhas contigo, por direito perpétuo; aliança perpétua de sal perante o Senhor é esta, para ti e para tua descendência contigo.

20 Disse também o Senhor a Arão: Na sua terra, herança nenhuma terás e, no meio deles, nenhuma porção terás. Eu sou a tua porção e a tua herança no meio dos filhos de Israel.

Os dízimos e os levitas

21 Aos filhos de Levi dei todos os dízi-

18.14 Lv 27.28.   18.21 Lv 27.30-33; Dt 14.22-29.

mos em Israel por herança, pelo serviço que prestam, serviço da tenda da congregação.

²² E nunca mais os filhos de Israel se chegarão à tenda da congregação, para que não levem sobre si o pecado e morram.

²³ Mas os levitas farão o serviço da tenda da congregação e responderão por suas faltas; estatuto perpétuo é este para todas as vossas gerações. E não terão eles nenhuma herança no meio dos filhos de Israel.

²⁴ Porque os dízimos dos filhos de Israel, que apresentam ao SENHOR em oferta, dei-os por herança aos levitas; porquanto eu lhes disse: No meio dos filhos de Israel, nenhuma herança tereis.

²⁵ Disse o SENHOR a Moisés:

²⁶ Também falarás aos levitas e lhes dirás: Quando receberdes os dízimos da parte dos filhos de Israel, que vos dei por vossa herança, deles apresentareis uma oferta ao SENHOR: o dízimo dos dízimos.

²⁷ Atribuir-se-vos-á a vossa oferta como se fosse cereal da eira e plenitude do lagar.

²⁸ Assim, também apresentareis ao SENHOR uma oferta de todos os vossos dízimos que receberdes dos filhos de Israel e deles dareis a oferta do SENHOR a Arão, o sacerdote.

²⁹ De todas as vossas dádivas apresentareis toda oferta do SENHOR: do melhor delas, a parte que lhe é sagrada.

³⁰ Portanto, lhes dirás: Quando oferecerdes o melhor que há nos dízimos, o restante destes, como se fosse produto da eira e produto do lagar, se contará aos levitas.

³¹ Comê-lo-eis em todo lugar, vós e a vossa casa, porque é vossa recompensa pelo vosso serviço na tenda da congregação.

³² Pelo que não levareis sobre vós o pecado, quando deles oferecerdes o melhor; e não profanareis as cousas sagradas dos filhos de Israel, para que não morrais.

A água purificadora

19 Disse mais o SENHOR a Moisés e a Arão:

² Esta é uma prescrição da lei que o SENHOR ordenou, dizendo: Dize aos filhos de Israel que vos tragam uma novilha vermelha, perfeita, sem defeito, que não tenha ainda levado jugo.

³ Entregá-la-eis a Eleazar, o sacerdote; este a tirará para fora do arraial, e será imolada diante dele.

⁴ Eleazar, o sacerdote, tomará do sangue com o dedo e dele aspergirá para a frente da tenda da congregação sete vezes.

⁵ À vista dele, será queimada a novilha; o couro, a carne, o sangue e o excremento, tudo se queimará.

⁶ E o sacerdote, tomando pau de cedro, hissopo e estofo carmesim, os lançará no meio do fogo que queima a novilha.

⁷ Então, o sacerdote lavará as vestes, e banhará o seu corpo em água, e, depois, entrará no arraial, e será imundo até à tarde.

⁸ Também o que a queimou lavará as suas vestes com água, e em água banhará o seu corpo, e imundo será até à tarde.

⁹ Um homem limpo ajuntará a cinza da novilha e a depositará fora do arraial, num lugar limpo, e será ela guardada para a congregação dos filhos de Israel, para a água purificadora; é oferta pelo pecado.

¹⁰ O que apanhou a cinza da novilha lavará as vestes e será imundo até à tarde; isto será por estatuto perpétuo aos filhos de Israel e ao estrangeiro que habita no meio deles.

¹¹ Aquele que tocar em algum morto, cadáver de algum homem, imundo será sete dias.

¹² Ao terceiro dia e ao sétimo dia, se purificará com esta água e será limpo; mas, se ao terceiro dia e ao sétimo não se purificar, não será limpo.

¹³ Todo aquele que tocar em algum morto, cadáver de algum homem, e não se purificar, contamina o tabernáculo do SENHOR; essa pessoa será eliminada de Israel; porque a água purificadora não foi aspergida sobre ele, imundo será; está nele ainda a sua imundícia.

¹⁴ Esta é a lei quando morrer algum homem em alguma tenda: todo aquele que entrar nessa tenda e todo aquele que nela estiver serão imundos sete dias.

¹⁵ Também todo vaso aberto, sobre que não houver tampa amarrada, será imundo.

¹⁶ Todo aquele que, no campo aberto, tocar em alguém que for morto pela espada, ou em outro morto, ou nos ossos de algum homem, ou numa sepultura será imundo sete dias.

¹⁷ Para o imundo, pois, tomarão da cinza da queima da oferta pelo pecado e sobre esta cinza porão água corrente, num vaso.

¹⁸ Um homem limpo tomará hissopo, e o molhará naquela água, e a aspergirá sobre aquela tenda, e sobre todo utensílio, e sobre as pessoas que ali estiverem; como

19.9 Hb 9.16.

também sobre aquele que tocar nos ossos, ou em alguém que foi morto, ou que faleceu, ou numa sepultura.

¹⁹ O limpo aspergirá sobre o imundo ao terceiro e sétimo dias; purificá-lo-á ao sétimo dia; e aquele que era imundo lavará as suas vestes, e se banhará na água, e à tarde será limpo.

²⁰ No entanto, quem estiver imundo e não se purificar, esse será eliminado do meio da congregação, porquanto contaminou o santuário do SENHOR; água purificadora sobre ele não foi aspergida; é imundo.

²¹ Isto lhes será por estatuto perpétuo; e o que aspergir a água purificadora lavará as suas vestes, e o que tocar a água purificadora será imundo até à tarde.

²² Tudo o que o imundo tocar também será imundo; e quem o tocar será imundo até à tarde.

A morte de Miriã

20 Chegando os filhos de Israel, toda a congregação, ao deserto de Zim, no mês primeiro, o povo ficou em Cades. Ali, morreu Miriã e, ali, foi sepultada.

Moisés fere a rocha em Meribá

² Não havia água para o povo; então, se ajuntaram contra Moisés e contra Arão.

³ E o povo contendeu com Moisés, e disseram: Antes tivéssemos perecido quando expiraram nossos irmãos perante o SENHOR!

⁴ Por que trouxestes a congregação do SENHOR a este deserto, para morrermos aí, nós e os nossos animais?

⁵ E por que nos fizestes subir do Egito, para nos trazer a este mau lugar, que não é de cereais, nem de figos, nem de vides, nem de romãs, nem de água para beber?

⁶ Então, Moisés e Arão se foram de diante do povo para a porta da tenda da congregação e se lançaram sobre o seu rosto; e a glória do SENHOR lhes apareceu.

⁷ Disse o SENHOR a Moisés:

⁸ Toma a vara, ajunta o povo, tu e Arão, teu irmão, e, diante dele, falai à rocha, e dará a sua água; assim lhe tirareis água da rocha e dareis a beber à congregação e aos seus animais.

⁹ Então, Moisés tomou a vara de diante do SENHOR, como lhe tinha ordenado.

¹⁰ Moisés e Arão reuniram o povo dian-

te da rocha, e Moisés lhe disse: Ouvi, agora, rebeldes: porventura, faremos sair água desta rocha para vós outros?

¹¹ Moisés levantou a mão e feriu a rocha duas vezes com a sua vara, e saíram muitas águas; e bebeu a congregação e os seus animais.

¹² Mas o SENHOR disse a Moisés e a Arão: Visto que não crestes em mim, para me santificardes diante dos filhos de Israel, por isso, não fareis entrar este povo na terra que lhe dei.

¹³ São estas as águas de Meribá, porque os filhos de Israel contenderam com o SENHOR; e o SENHOR se santificou neles.

Moisés solicita passagem por Edom

¹⁴ Enviou Moisés, de Cades, mensageiros ao rei de Edom, a dizer-lhe: Assim diz teu irmão Israel: Bem sabes todo o trabalho que nos tem sobrevindo;

¹⁵ como nossos pais desceram ao Egito, e nós no Egito habitamos muito tempo, e como os egípcios nos maltrataram, a nós e a nossos pais;

¹⁶ e clamamos ao SENHOR, e ele ouviu a nossa voz, e mandou o Anjo, e nos tirou do Egito. E eis que estamos em Cades, cidade nos confins do teu país.

¹⁷ Deixa-nos passar pela tua terra; não o faremos pelo campo, nem pelas vinhas, nem beberemos a água dos poços; iremos pela estrada real; não nos desviaremos para a direita nem para a esquerda, até que passemos pelo teu país.

¹⁸ Porém Edom lhe disse: Não passarás por mim, para que não saia eu de espada ao teu encontro.

¹⁹ Então, os filhos de Israel lhe disseram: Subiremos pelo caminho trilhado, e, se eu e o meu gado bebermos das tuas águas, pagarei o preço delas; outra cousa não desejo senão passar a pé.

²⁰ Porém ele disse: Não passarás. E saiu-lhe Edom ao encontro, com muita gente e com mão forte.

²¹ Assim recusou Edom deixar passar a Israel pelo seu país; pelo que Israel se desviou dele.

A morte de Arão
Nm 33.38,39

²² Então, partiram de Cades; e os filhos de Israel, toda a congregação, foram ao monte Hor.

20.2-13 Êx 17.1-7.

²³ Disse o SENHOR a Moisés e a Arão no monte Hor, nos confins da terra de Edom: ²⁴ Arão será recolhido a seu povo, porque não entrará na terra que dei aos filhos de Israel, pois fostes rebeldes à minha palavra, nas águas de Meribá.

²⁵ Toma Arão e Eleazar, seu filho, e faze-os subir ao monte Hor; ²⁶ depois, despe Arão das suas vestes e veste com elas a Eleazar, seu filho; porque Arão será recolhido a seu povo e aí morrerá.

²⁷ Fez Moisés como o SENHOR lhe ordenara; subiram ao monte Hor, perante os olhos de toda a congregação.

²⁸ Moisés, pois, despiu a Arão de suas vestes e vestiu com elas a Eleazar, seu filho; morreu Arão ali sobre o cume do monte; e dali desceram Moisés e Eleazar.

²⁹ Vendo, pois, toda a congregação que Arão era morto, choraram por Arão trinta dias, isto é, toda a casa de Israel.

Derrota do rei de Arade

21 Ouvindo o cananeu, rei de Arade, que habitava no Neguebe, que Israel vinha pelo caminho de Atarim, pelejou contra Israel e levou alguns deles cativos.

² Então, Israel fez voto ao SENHOR, dizendo: Se, de fato, entregares este povo nas minhas mãos, destruirei totalmente as suas cidades.

³ Ouviu, pois, o SENHOR a voz de Israel e lhe entregou os cananeus. Os israelitas os destruíram totalmente, a eles e a suas cidades; e aquele lugar se chamou Hormá.

A serpente de bronze

⁴ Então, partiram do monte Hor, pelo caminho do mar Vermelho, a rodear a terra de Edom, porém o povo se tornou impaciente no caminho.

⁵ E o povo falou contra Deus e contra Moisés: Por que nos fizestes subir do Egito, para que morramos neste deserto, onde não há pão nem água? E a nossa alma tem fastio deste pão vil.

⁶ Então, o SENHOR mandou entre o povo serpentes abrasadoras, que mordiam o povo; e morreram muitos do povo de Israel.

⁷ Veio o povo a Moisés e disse: Havemos pecado, porque temos falado contra o SENHOR e contra ti; ora ao SENHOR que tire de nós as serpentes. Então, Moisés orou pelo povo.

⁸ Disse o SENHOR a Moisés: Faze uma serpente abrasadora, põe-na sobre uma haste, e será que todo mordido que a mirar viverá.

⁹ Fez Moisés uma serpente de bronze e a pôs sobre uma haste; sendo alguém mordido por alguma serpente, se olhava para a de bronze, sarava.

Jornadas dos israelitas

¹⁰ Então, partiram os filhos de Israel e se acamparam em Obote.

¹¹ Depois, partiram de Obote e se acamparam em Ijé-Abarim, no deserto que está defronte de Moabe, para o nascente.

¹² Dali, partiram e se acamparam no vale de Zerede.

¹³ E, dali, partiram e se acamparam na outra margem do Arnom, que está no deserto que se estende do território dos amorreus; porque o Arnom é o termo de Moabe, entre Moabe e os amorreus.

¹⁴ Pelo que se diz no livro das Guerras do SENHOR:
Vaebe em Sufá,
  e os vales do Arnom,
¹⁵ e o declive dos vales
  que se inclina para a sede de Ar
  e se encosta aos termos de Moabe.

¹⁶ Dali partiram para Beer; este é o poço do qual disse o SENHOR a Moisés: Ajunta o povo, e lhe darei água.

¹⁷ Então, cantou Israel este cântico:
Brota, ó poço! Entoai-lhe cânticos!
¹⁸ Poço que os príncipes cavaram,
  que os nobres do povo abriram,
  com o cetro, com os seus bordões.
Do deserto, partiram para Mataná.

¹⁹ E, de Mataná, para Naaliel e, de Naaliel, para Bamote.

²⁰ De Bamote, ao vale que está no campo de Moabe, no cume de Pisga, que olha para o deserto.

Vitória sobre Seom, rei de Hesbom
Dt 2.26-37

²¹ Então, Israel mandou mensageiros a Seom, rei dos amorreus, dizendo:
²² Deixa-me passar pela tua terra; não nos desviaremos pelos campos nem pelas vinhas; as águas dos poços não beberemos; iremos pela estrada real até que passemos o teu país.

²³ Porém Seom não deixou passar a Israel pelo seu país; antes, reuniu todo o seu

povo, e saiu ao encontro de Israel ao deserto, e veio a Jasa, e pelejou contra Israel.

²⁴ Mas Israel o feriu a fio de espada e tomou posse de sua terra, desde o Arnom até ao Jaboque, até aos filhos de Amom, cuja fronteira era fortificada.

²⁵ Assim, Israel tomou todas estas cidades dos amorreus e habitou em todas elas, em Hesbom e em todas as suas aldeias.

²⁶ Porque Hesbom era cidade de Seom, rei dos amorreus, que tinha pelejado contra o precedente rei dos moabitas, de cuja mão tomara toda a sua terra até ao Arnom.

²⁷ Pelo que dizem os poetas:
Vinde a Hesbom! Edifique-se,
estabeleça-se a cidade de Seom!
²⁸ Porque fogo saiu de Hesbom,
e chama, da cidade de Seom,
e consumiu a Ar, de Moabe,
e os senhores dos altos do Arnom.
²⁹ Ai de ti, Moabe!
Perdido estás, povo de Camos;
entregou seus filhos como fugitivos
e suas filhas, como cativas
a Seom, rei dos amorreus.
³⁰ Nós os asseteamos;
estão destruídos
desde Hesbom até Dibom;
e os assolamos até Nofa
e com fogo, até Medeba.

Vitória sobre Ogue, rei de Basã
Dt 3.1-11

³¹ Assim, Israel habitou na terra dos amorreus.

³² Depois, mandou Moisés espiar a Jazer, tomaram as suas aldeias e desapossaram os amorreus que se achavam ali.

³³ Então, voltaram e subiram o caminho de Basã; e Ogue, rei de Basã, saiu contra eles, ele e todo o seu povo, à peleja em Edrei.

³⁴ Disse o SENHOR a Moisés: Não o temas, porque eu o dei na tua mão, a ele, e a todo o seu povo, e a sua terra; e far-lhe-ás como fizeste a Seom, rei dos amorreus, que habitava em Hesbom.

³⁵ De tal maneira o feriram, a ele, e a seus filhos, e a todo o seu povo, que nenhum deles escapou; e lhe tomaram posse da terra.

Balaque envia mensageiros a Balaão

22 Tendo partido os filhos de Israel, acamparam-se nas campinas de Moabe, além do Jordão, na altura de Jericó.

² Viu, pois, Balaque, filho de Zipor, tudo o que Israel fizera aos amorreus;

³ Moabe teve grande medo deste povo, porque era muito; e andava angustiado por causa dos filhos de Israel;

⁴ pelo que Moabe disse aos anciãos dos midianitas: Agora, lamberá esta multidão tudo quanto houver ao redor de nós, como o boi lambe a erva do campo. Balaque, filho de Zipor, naquele tempo, era rei dos moabitas.

⁵ Enviou ele mensageiros a Balaão, filho de Beor, a Petor, que está junto ao rio Eufrates, na terra dos filhos do seu povo, a chamá-lo, dizendo: Eis que um povo saiu do Egito, cobre a face da terra e está morando defronte de mim.

⁶ Vem, pois, agora, rogo-te, amaldiçoame este povo, pois é mais poderoso do que eu; para ver se o poderei ferir e lançar fora da terra, porque sei que a quem tu abençoares será abençoado, e a quem tu amaldiçoares será amaldiçoado.

⁷ Então, foram-se os anciãos dos moabitas e os anciãos dos midianitas, levando consigo o preço dos encantamentos; e chegaram a Balaão e lhe referiram as palavras de Balaque.

⁸ Balaão lhes disse: Ficai aqui esta noite, e vos trarei a resposta, como o SENHOR me falar; então, os príncipes dos moabitas ficaram com Balaão.

⁹ Veio Deus a Balaão e disse: Quem são estes homens contigo?

¹⁰ Respondeu Balaão a Deus: Balaque, rei dos moabitas, filho de Zipor, os enviou para que me dissessem:

¹¹ Eis que o povo que saiu do Egito cobre a face da terra; vem, agora, amaldiçoamo; talvez eu possa combatê-lo e lançá-lo fora.

¹² Então, disse Deus a Balaão: Não irás com eles, nem amaldiçoarás o povo; porque é povo abençoado.

¹³ Levantou-se Balaão pela manhã e disse aos príncipes de Balaque: Tornai à vossa terra, porque o SENHOR recusa deixarme ir convosco.

¹⁴ Tendo-se levantado os príncipes dos moabitas, foram a Balaque e disseram: Balaão recusou vir conosco.

¹⁵ De novo, enviou Balaque príncipes, em maior número e mais honrados do que os primeiros,

¹⁶ os quais chegaram a Balaão e lhe disseram: Assim diz Balaque, filho de Zipor: Peço-te não te demores em vir a mim,

¹⁷ porque grandemente te honrarei e fa-

rei tudo o que me disseres; vem, pois, rogo-
te, amaldiçoa-me este povo.

¹⁸ Respondeu Balaão aos oficiais de Balaque: Ainda que Balaque me desse a sua
casa cheia de prata e de ouro, eu não poderia traspassar o mandado do SENHOR, meu
Deus, para fazer cousa pequena ou grande;
¹⁹ agora, pois, rogo-vos que também
aqui fiqueis esta noite, para que eu saiba o
que mais o SENHOR me dirá.

²⁰ Veio, pois, o SENHOR a Balaão, de
noite, e disse-lhe: Se aqueles homens vieram
chamar-te, levanta-te, vai com eles; todavia,
farás somente o que eu te disser.

O Anjo do SENHOR
e a jumenta de Balaão

²¹ Então, Balaão levantou-se pela manhã, albardou a sua jumenta e partiu com
os príncipes de Moabe.

²² Acendeu-se a ira de Deus, porque ele
se foi; e o Anjo do SENHOR pôs-se-lhe no
caminho por adversário. Ora, Balaão ia caminhando, montado na sua jumenta, e dois
de seus servos, com ele.

²³ Viu, pois, a jumenta o Anjo do
SENHOR parado no caminho, com a sua espada desembainhada na mão; pelo que se
desviou a jumenta do caminho, indo pelo
campo; então, Balaão espancou a jumenta para fazê-la tornar ao caminho.

²⁴ Mas o Anjo do SENHOR pôs-se numa
vereda entre as vinhas, havendo muro de
um e outro lado.

²⁵ Vendo, pois, a jumenta o Anjo do
SENHOR, coseu-se contra o muro e compri-
miu contra este o pé de Balaão; por isso,
tornou a espancá-la.

²⁶ Então, o Anjo do SENHOR passou
mais adiante e pôs-se num lugar estreito,
onde não havia caminho para se desviar
nem para a direita, nem para a esquerda.

²⁷ Vendo a jumenta o Anjo do SENHOR,
deixou-se cair debaixo de Balaão; acendeu-
se a ira de Balaão, e espancou a jumenta
com a vara.

²⁸ Então, o SENHOR fez falar a jumenta,
a qual disse a Balaão: Que te fiz eu, que me
espancaste já três vezes?

²⁹ Respondeu Balaão à jumenta: Porque zombaste de mim; tivera eu uma espada na mão e, agora, te mataria.

³⁰ Replicou a jumenta a Balaão: Porventura, não sou a tua jumenta, em que toda a tua vida cavalgaste até hoje? Acaso,
tem sido o meu costume fazer assim contigo? Ele respondeu: Não.

³¹ Então, o SENHOR abriu os olhos a Balaão, ele viu o Anjo do SENHOR, que estava no caminho, com a sua espada desembainhada na mão; pelo que inclinou a cabeça e prostrou-se com o rosto em terra.

³² Então, o Anjo do SENHOR lhe disse:
Por que já três vezes espancaste a jumenta? Eis que eu saí como teu adversário, porque o teu caminho é perverso diante de
mim;

³³ a jumenta me viu e já três vezes se
desviou de diante de mim; na verdade, eu,
agora, te haveria matado e a ela deixaria
com vida.

³⁴ Então, Balaão disse ao Anjo do
SENHOR: Pequei, porque não soube que estavas neste caminho para te opores a mim;
agora, se parece mal aos teus olhos,
voltarei.

³⁵ Tornou o Anjo do SENHOR a Balaão:
Vai-te com estes homens; mas somente
aquilo que eu te disser, isso falarás. Assim,
Balaão se foi com os príncipes de Balaque.

³⁶ Tendo Balaque ouvido que Balaão
havia chegado, saiu-lhe ao encontro até à
cidade de Moabe, que está nos confins do
Arnom e na fronteira extrema.

³⁷ Perguntou Balaque a Balaão: Porventura, não enviei mensageiros a chamar-te?
Por que não vieste a mim? Não posso eu,
na verdade, honrar-te?

³⁸ Respondeu Balaão a Balaque: Eis-me
perante ti; acaso, poderei eu, agora, falar alguma cousa? A palavra que Deus puser na
minha boca, essa falarei.

³⁹ Balaão foi com Balaque, e chegaram
a Quiriate-Huzote.

⁴⁰ Então, Balaque sacrificou bois e ovelhas; e deles enviou a Balaão e aos príncipes que estavam com ele.

⁴¹ Sucedeu que, pela manhã, Balaque
tomou a Balaão e o fez subir a Bamote-
Baal; e Balaão viu dali a parte mais próxima do povo.

Balaão abençoa a Israel
pela primeira vez

23 Então, Balaão disse a Balaque: Edifica-me, aqui, sete altares e prepara-
me sete novilhos e sete carneiros.

² Fez, pois, Balaque como Balaão dissera; e Balaque e Balaão ofereceram um novilho e um carneiro sobre cada altar.

³ Disse mais Balaão a Balaque: Fica-te
junto do teu holocausto, e eu irei; porventura, o SENHOR me sairá ao encontro, e o

que me mostrar to notificarei. Então, subiu a um morro desnudo.

⁴ Encontrando-se Deus com Balaão, este lhe disse: Preparei sete altares e sobre cada um ofereci um novilho e um carneiro.

⁵ Então, o Senhor pôs a palavra na boca de Balaão e disse: Torna para Balaque e falarás assim.

⁶ E, tornando para ele, eis que estava junto do seu holocausto, ele e todos os príncipes dos moabitas.

⁷ Então, proferiu a sua palavra e disse:
Balaque me fez vir de Arã,
o rei de Moabe, dos montes do oriente;
vem, amaldiçoa-me a Jacó,
e vem, denuncia a Israel.
⁸ Como posso amaldiçoar
a quem Deus não amaldiçoou?
Como posso denunciar
a quem o Senhor não denunciou?
⁹ Pois do cume das penhas vejo Israel
e dos outeiros o contemplo:
eis que é povo que habita só
e não será reputado entre as nações.
¹⁰Quem contou o pó de Jacó
ou enumerou a quarta parte de Israel?
Que eu morra a morte dos justos,
e o meu fim seja como o dele.

¹¹ Então, disse Balaque a Balaão: Que me fizeste? Chamei-te para amaldiçoar os meus inimigos, mas eis que somente os abençoaste.

¹² Mas ele respondeu: Porventura, não terei cuidado de falar o que o Senhor pôs na minha boca?

Balaão abençoa a Israel
pela segunda vez

¹³ Então, Balaque lhe disse: Rogo-te que venhas comigo a outro lugar, donde verás o povo; verás somente a parte mais próxima dele e não o verás todo; e amaldiçoa-mo dali.

¹⁴ Levou-o consigo ao campo de Zofim, ao cume de Pisga; e edificou sete altares e sobre cada um ofereceu um novilho e um carneiro.

¹⁵ Então, disse Balaão a Balaque: Fica, aqui, junto do teu holocausto, e eu irei ali ao encontro do Senhor.

¹⁶ Encontrando-se o Senhor com Balaão, pôs-lhe na boca a palavra e disse: Torna para Balaque e assim falarás.

¹⁷ Vindo a ele, eis que estava junto do holocausto, e os príncipes dos moabitas, com ele. Perguntou-lhe, pois, Balaque: Que falou o Senhor?

¹⁸ Então, proferiu a sua palavra e disse:
Levanta-te, Balaque, e ouve;
escuta-me, filho de Zipor:
¹⁹ Deus não é homem, para que minta;
nem filho de homem,
para que se arrependa.
Porventura, tendo ele prometido,
não o fará?
Ou, tendo falado, não o cumprirá?
²⁰ Eis que para abençoar recebi ordem;
ele abençoou, não o posso revogar.
²¹ Não viu iniqüidade em Jacó,
nem contemplou desventura
em Israel;
o Senhor, seu Deus, está com ele,
no meio dele se ouvem
aclamações ao seu Rei.
²² Deus os tirou do Egito;
as forças deles
são como as do boi selvagem.
²³ Pois contra Jacó
não vale encantamento,
nem adivinhação contra Israel;
agora, se poderá dizer
de Jacó e de Israel:
Que cousas tem feito Deus!
²⁴ Eis que o povo se levanta como leoa
e se ergue como leão;
não se deita até que devore a presa
e beba o sangue
dos que forem mortos.

²⁵ Então, disse Balaque a Balaão: Nem o amaldiçoarás, nem o abençoarás.

²⁶ Porém Balaão respondeu e disse a Balaque: Não te disse eu: tudo o que o Senhor falar, isso farei?

²⁷ Disse mais Balaque a Balaão: Ora, vem, e te levarei a outro lugar; porventura, parecerá bem aos olhos de Deus que dali mo amaldiçoes.

²⁸ Então, Balaque levou Balaão consigo ao cume de Peor, que olha para a banda do deserto.

²⁹ Balaão disse a Balaque: Edifica-me, aqui, sete altares e prepara-me sete novilhos e sete carneiros.

³⁰ Balaque, pois, fez como dissera Balaão e ofereceu sobre cada altar um novilho e um carneiro.

Balaão abençoa a Israel
pela terceira vez

24 Vendo Balaão que bem parecia aos olhos do Senhor que abençoasse a Israel, não foi esta vez, como antes, ao encontro de agouros, mas voltou o rosto para o deserto.

² Levantando Balaão os olhos e vendo Israel acampado segundo as suas tribos, veio sobre ele o Espírito de Deus.

³ Proferiu a sua palavra e disse:
Palavra de Balaão, filho de Beor,
palavra do homem de olhos abertos;
⁴ palavra daquele que ouve
os ditos de Deus,
o que tem a visão do Todo-poderoso
e prostra-se, porém de olhos abertos:
⁵ Que boas são as tuas tendas, ó Jacó!
Que boas são as tuas moradas, ó Israel!
⁶ Como vales que se estendem,
como jardins à beira dos rios,
como árvores de sândalo
que o SENHOR plantou,
como cedros junto às águas.
⁷ Águas manarão de seus baldes,
e as suas sementeiras
terão águas abundantes;
o seu rei se levantará
mais do que Agague,
e o seu reino será exaltado.
⁸ Deus tirou do Egito a Israel,
cujas forças são
como as do boi selvagem;
consumirá as nações, seus inimigos,
e quebrará seus ossos,
e, com as suas setas, os atravessará.
⁹ Este abaixou-se, deitou-se como leão
e como leoa; quem o despertará?
Benditos os que te abençoarem,
e malditos os que te amaldiçoarem.

¹⁰ Então, a ira de Balaque se acendeu contra Balaão, e bateu ele as suas palmas. Disse Balaque a Balaão: Chamei-te para amaldiçoares os meus inimigos; porém, agora, já três vezes, somente os abençoaste.
¹¹ Agora, pois, vai-te embora para tua casa; eu dissera que te cumularia de honras; mas eis que o SENHOR te privou delas.
¹² Então, Balaão disse a Balaque: Não falei eu também aos teus mensageiros, que me enviaste, dizendo:
¹³ ainda que Balaque me desse a sua casa cheia de prata e ouro, não poderia traspassar o mandado do SENHOR, fazendo de mim mesmo bem ou mal; o que o SENHOR falar, isso falarei?
¹⁴ Agora, eis que vou ao meu povo; vem, avisar-te-ei do que fará este povo ao teu, nos últimos dias.

A profecia de Balaão. A estrela de Jacó

¹⁵ Então, proferiu a sua palavra e disse:

Palavra de Balaão, filho de Beor,
palavra do homem de olhos abertos,
¹⁶ palavra daquele que ouve
os ditos de Deus
e sabe a ciência do Altíssimo;
daquele que tem
a visão do Todo-poderoso
e prostra-se, porém de olhos abertos:
¹⁷ Vê-lo-ei, mas não agora;
contemplá-lo-ei, mas não de perto;
uma estrela procederá de Jacó,
de Israel subirá um cetro
que ferirá as têmporas de Moabe
e destruirá todos os filhos de Sete.
¹⁸ Edom será uma possessão;
Seir, seus inimigos,
também será uma possessão;
mas Israel fará proezas.
¹⁹ De Jacó sairá o dominador
e exterminará
os que restam das cidades.
²⁰ Viu Balaão a Amaleque, proferiu a sua palavra e disse:
Amaleque é o primeiro das nações;
porém o seu fim será destruição.
²¹ Viu os queneus, proferiu a sua palavra e disse:
Segura está a tua habitação,
e puseste o teu ninho na penha.
²² Todavia, o quenou será consumido.
Até quando? Assur te levará cativo.
²³ Proferiu ainda a sua palavra e disse:
Ai! Quem viverá,
quando Deus fizer isto?
²⁴ Homens virão das costas de Quitim
em suas naus;
afligirão a Assur e a Héber;
e também eles mesmos perecerão.
²⁵ Então, Balaão se levantou, e se foi, e voltou para a sua terra; e também Balaque se foi pelo seu caminho.

**A adoração a Baal-Peor
e o zelo de Finéias**

25 Habitando Israel em Sitim, começou o povo a prostituir-se com as filhas dos moabitas.
² Estas convidaram o povo aos sacrifícios dos seus deuses; e o povo comeu e inclinou-se aos deuses delas.
³ Juntando-se Israel a Baal-Peor, a ira do SENHOR se acendeu contra Israel.
⁴ Disse o SENHOR a Moisés: Toma todos os cabeças do povo e enforca-os ao SENHOR

24.9 Gn 12.3; Gn 49.9.

ao ar livre, e a ardente ira do SENHOR se retirará de Israel.

⁵ Então, Moisés disse aos juízes de Israel: Cada um mate os homens da sua tribo que se juntaram a Baal-Peor.

⁶ Eis que um homem dos filhos de Israel veio e trouxe a seus irmãos uma midianita perante os olhos de Moisés e de toda a congregação dos filhos de Israel, enquanto eles choravam diante da tenda da congregação.

⁷ Vendo isso Finéias, filho de Eleazar, o filho de Arão, o sacerdote, levantou-se do meio da congregação, e, pegando uma lança,

⁸ foi após o homem israelita até ao interior da tenda, e os atravessou, ao homem israelita e à mulher, a ambos pelo ventre; então, a praga cessou de sobre os filhos de Israel.

⁹ Os que morreram da praga foram vinte e quatro mil.

¹⁰ Então, disse o SENHOR a Moisés:

¹¹ Finéias, filho de Eleazar, filho de Arão, o sacerdote, desviou a minha ira de sobre os filhos de Israel, pois estava animado com o meu zelo entre eles; de sorte que, no meu zelo, não consumi os filhos de Israel.

¹² Portanto, dize: Eis que lhe dou a minha aliança de paz.

¹³ E ele e a sua descendência depois dele terão a aliança do sacerdócio perpétuo; porquanto teve zelo pelo seu Deus e fez expiação pelos filhos de Israel.

¹⁴ O nome do israelita que foi morto (morto com a midianita) era Zimri, filho de Salu, príncipe da casa paterna dos simeonitas.

¹⁵ O nome da mulher midianita que foi morta era Cosbi, filha de Zur, cabeça do povo da casa paterna entre os midianitas.

¹⁶ Disse mais o SENHOR a Moisés:

¹⁷ Afligireis os midianitas e os ferireis,

¹⁸ porque eles vos afligiram a vós outros quando vos enganaram no caso de Peor e no caso de Cosbi, filha do príncipe dos midianitas, irmã deles, que foi morta no dia da praga no caso de Peor.

O censo de todos os israelitas

26 Passada a praga, falou o SENHOR a Moisés e a Eleazar, filho de Arão, o sacerdote, dizendo:

² Levantai o censo de toda a congregação dos filhos de Israel, da idade de vinte anos para cima, segundo as casas de seus pais, todo que, em Israel, for capaz de sair à guerra.

³ Moisés e Eleazar, o sacerdote, pois, nas campinas de Moabe, ao pé do Jordão, na altura de Jericó, falaram aos cabeças de Israel, dizendo:

⁴ Contai o povo da idade de vinte anos para cima, como o SENHOR ordenara a Moisés e aos filhos de Israel que saíram do Egito:

⁵ Rúben, o primogênito de Israel; os filhos de Rúben: de Enoque, a família dos enoquitas; de Palu, a família dos paluítas;

⁶ de Hezrom, a família dos hezronitas; de Carmi, a família dos carmitas.

⁷ São estas as famílias dos rubenitas; os que foram deles contados foram quarenta e três mil e setecentos e trinta.

⁸ O filho de Palu: Eliabe.

⁹ Os filhos de Eliabe: Nemuel, Datã e Abirão; estes, Datã e Abirão, são os que foram eleitos pela congregação, os quais moveram a contenda contra Moisés e contra Arão, no grupo de Coré, quando moveram a contenda contra o SENHOR;

¹⁰ quando a terra abriu a boca e os tragou com Coré, morrendo aquele grupo; quando o fogo consumiu duzentos e cinqüenta homens, e isso serviu de advertência.

¹¹ Mas os filhos de Coré não morreram.

¹² Os filhos de Simeão, segundo as suas famílias: de Nemuel, a família dos nemuelitas; de Jamim, a família dos jaminitas; de Jaquim, a família dos jaquinitas;

¹³ de Zerá, a família dos zeraítas; de Saul, a família dos saulitas.

¹⁴ São estas as famílias dos simeonitas, num total de vinte e dois mil e duzentos.

¹⁵ Os filhos de Gade, segundo as suas famílias: de Zefom, a família dos zefonitas; de Hagi, a família dos hagitas; de Suni, a família dos sunitas;

¹⁶ de Ozni, a família dos oznitas; de Eri, a família dos eritas;

¹⁷ de Arodi, a família dos aroditas; de Areli, a família dos arelitas.

¹⁸ São estas as famílias dos filhos de Gade, segundo os que foram deles contados, num total de quarenta mil e quinhentos.

¹⁹ Os filhos de Judá: Er e Onã; mas Er e Onã morreram na terra de Canaã.

²⁰ Assim, os filhos de Judá foram, segundo as suas famílias: de Selá, a família dos selaítas; de Perez, a família dos perezitas; de Zera, a família dos zeraítas.

26.1-51 Nm 1.1-46.

²¹ Os filhos de Perez foram: de Hezrom, a família dos hezronitas; de Hamul, a família dos hamulitas.

²² São estas as famílias de Judá, segundo os que foram deles contados, num total de setenta e seis mil e quinhentos.

²³ Os filhos de Issacar, segundo as suas famílias, foram: de Tola, a família dos tolaítas; de Puva, a família dos puvitas;

²⁴ de Jasube, a família dos jasubitas; de Sinrom, a família dos sinronitas.

²⁵ São estas as famílias de Issacar, segundo os que foram deles contados, num total de sessenta e quatro mil e trezentos.

²⁶ Os filhos de Zebulom, segundo as suas famílias, foram: de Serede, a família dos sereditas; de Elom, a família dos elonitas, de Jaleel, a família dos jaleelitas.

²⁷ São estas as famílias dos zebulonitas, segundo os que foram deles contados, num total de sessenta mil e quinhentos.

²⁸ Os filhos de José, segundo as suas famílias, foram Manassés e Efraim.

²⁹ Os filhos de Manassés foram: de Maquir, a família dos maquiritas; e Maquir gerou a Gileade; de Gileade, a família dos gileaditas.

³⁰ São estes os filhos de Gileade: de Jezer, a família dos jezeritas; de Heleque, a família dos helequitas;

³¹ de Asriel, a família dos asrielitas; de Siquém, a família dos siquemitas.

³² De Semida, a família dos semidaítas; de Hefer, a família dos heferitas.

³³ Porém Zelofeade, filho de Hefer, não tinha filhos, senão filhas; os nomes das filhas de Zelofeade foram: Maalá, Noa, Hogla, Milca e Tirza.

³⁴ São estas as famílias de Manassés; os que foram deles contados foram cinqüenta e dois mil e setecentos.

³⁵ São estes os filhos de Efraim, segundo as suas famílias: de Sutela, a família dos sutelaítas; de Bequer, a família dos bequeritas; de Taã, a família dos taanitas.

³⁶ De Erã, filho de Sutela: de Erã, a família dos eranitas.

³⁷ São estas as famílias dos filhos de Efraim, segundo os que foram deles contados, num total de trinta e dois mil e quinhentos. São estes os filhos de José, segundo as suas famílias.

³⁸ Os filhos de Benjamim, segundo as suas famílias: de Bela, a família dos belaítas; de Asbel, a família dos asbelitas; de Airão, a família dos airamitas;

³⁹ de Sufã, a família dos sufamitas; de Hufã, a família dos hufamitas.

⁴⁰ Os filhos de Bela foram: Arde e Naamã; de Arde, a família dos arditas; de Naamã, a família dos naamanitas.

⁴¹ São estes os filhos de Benjamim, segundo as suas famílias; os que foram deles contados foram quarenta e cinco mil e seiscentos.

⁴² São estes os filhos de Dã, segundo as suas famílias: de Suã, a família dos suamitas. São estas as famílias de Dã, segundo as suas famílias.

⁴³ Todas as famílias dos suamitas, segundo os que foram deles contados, tinham sessenta e quatro mil e quatrocentos.

⁴⁴ Os filhos de Aser, segundo as suas famílias: de Imna, a família dos imnaítas; de Isvi, a família dos isvitas; de Berias, a família dos beriaítas.

⁴⁵ Os filhos de Berias foram: de Héber, a família dos heberitas; de Malquiel, a família dos malquielitas.

⁴⁶ O nome da filha de Aser foi Sera.

⁴⁷ São estas as famílias dos filhos de Aser, segundo os que foram deles contados, num total de cinqüenta e três mil e quatrocentos.

⁴⁸ Os filhos de Naftali, segundo as suas famílias: de Jazeel, a família dos jazeelitas; de Guni, a família dos gunitas;

⁴⁹ de Jezer, a família dos jezeritas; de Silém, a família dos silemitas.

⁵⁰ São estas as famílias de Naftali, segundo as suas famílias; os que foram deles contados, foram quarenta e cinco mil e quatrocentos.

⁵¹ São estes os contados dos filhos de Israel: seiscentos e um mil setecentos e trinta.

A lei acerca da divisão da terra

⁵² Disse o SENHOR a Moisés:

⁵³ A estes se repartirá a terra em herança, segundo o censo.

⁵⁴ À tribo mais numerosa darás herança maior, à pequena, herança menor; a cada uma, em proporção ao seu número, se dará a herança.

⁵⁵ Todavia, a terra se repartirá por sortes; segundo os nomes das tribos de seus pais, a herdarão.

⁵⁶ Segundo a sorte, repartir-se-á a herança deles entre as tribos maiores e menores.

O censo dos levitas

⁵⁷ São estes os que foram contados dos

26.52-56 Nm 34.13-15; Js 14.1-5.

levitas, segundo as suas famílias: de Gérson, a família dos gersonitas; de Coate, a família dos coatitas; de Merari, a família dos meraritas.

⁵⁸ São estas as famílias de Levi: a família dos libnitas, a família dos hebronitas, a família dos malitas, a família dos musitas, a família dos coreítas. Coate gerou a Anrão.

⁵⁹ A mulher de Anrão chamava-se Joquebede, filha de Levi, a qual lhe nasceu no Egito; teve ela, de Anrão, a Arão, e a Moisés, e a Miriã, irmã deles.

⁶⁰ A Arão nasceram Nadabe, Abiú, Eleazar e Itamar.

⁶¹ Nadabe e Abiú morreram quando levaram fogo estranho perante o SENHOR.

⁶² Os que foram deles contados foram vinte e três mil, todo homem da idade de um mês para cima; porque estes não foram contados entre os filhos de Israel, porquanto lhes não foi dada herança com os outros.

⁶³ São estes os que foram contados por Moisés e o sacerdote Eleazar, que contaram os filhos de Israel nas campinas de Moabe, ao pé do Jordão, na altura de Jericó.

⁶⁴ Entre estes, porém, nenhum houve dos que foram contados por Moisés e pelo sacerdote Arão, quando levantaram o censo dos filhos de Israel no deserto do Sinai.

⁶⁵ Porque o SENHOR dissera deles que morreriam no deserto; e nenhum deles ficou, senão Calebe, filho de Jefoné, e Josué, filho de Num.

A lei acerca dos direitos de filhas herdeiras. As filhas de Zelofeade

27 Então, vieram as filhas de Zelofeade, filho de Hefer, filho de Gileade, filho de Maquir, filho de Manassés, entre as famílias de Manassés, filho de José. São estes os nomes das suas filhas: Maalá, Noa, Hogla, Milca e Tirza.

² Apresentaram-se diante de Moisés, e diante de Eleazar, o sacerdote, e diante dos príncipes, e diante de todo o povo, à porta da tenda da congregação, dizendo:

³ Nosso pai morreu no deserto e não estava entre os que se ajuntaram contra o SENHOR no grupo de Coré; mas morreu no seu próprio pecado e não teve filhos.

⁴ Por que se tiraria o nome de nosso pai do meio da sua família, porquanto não teve filhos? Dá-nos possessão entre os irmãos de nosso pai.

⁵ Moisés levou a causa delas perante o SENHOR.

⁶ Disse o SENHOR a Moisés:

⁷ As filhas de Zelofeade falam o que é justo; certamente, lhes darás possessão de herança entre os irmãos de seu pai e farás passar a elas a herança de seu pai.

⁸ Falarás aos filhos de Israel, dizendo: Quando alguém morrer e não tiver filho, então, fareis passar a sua herança a sua filha.

⁹ E, se não tiver filha, então, a sua herança dareis aos irmãos dele.

¹⁰ Porém, se não tiver irmãos, dareis a sua herança aos irmãos de seu pai.

¹¹ Se também seu pai não tiver irmãos, dareis a sua herança ao parente mais chegado de sua família, para que a possua; isto aos filhos de Israel será prescrição de direito, como o SENHOR ordenou a Moisés.

Deus prediz a morte de Moisés
Dt 3.23-29

¹² Depois, disse o SENHOR a Moisés: Sobe a este monte Abarim e vê a terra que dei aos filhos de Israel.

¹³ E, tendo-a visto, serás recolhido também ao teu povo, assim como o foi teu irmão Arão;

¹⁴ porquanto, no deserto de Zim, na contenda da congregação, fostes rebeldes ao meu mandado de me santificar nas águas diante dos seus olhos. São estas as águas de Meribá de Cades, no deserto de Zim.

¹⁵ Então, disse Moisés ao SENHOR:

¹⁶ O SENHOR, autor e conservador de toda vida, ponha um homem sobre esta congregação

¹⁷ que saia adiante deles, e que entre adiante deles, e que os faça sair, e que os faça entrar, para que a congregação do SENHOR não seja como ovelhas que não têm pastor.

Josué designado sucessor de Moisés

¹⁸ Disse o SENHOR a Moisés: Toma Josué, filho de Num, homem em quem há o Espírito, e impõe-lhe as mãos;

¹⁹ apresenta-o perante Eleazar, o sacerdote, e perante toda a congregação; e dá-lhe, à vista deles, as tuas ordens.

²⁰ Põe sobre ele da tua autoridade, para que lhe obedeça toda a congregação dos filhos de Israel.

²¹ Apresentar-se-á perante Eleazar, o sacerdote, o qual por ele consultará, segun-

26.60,61 Nm 3.2-4. 26.61 Lv 10.1,2. 26.65 Nm 14.26-35. 27.7 Nm 36.2. 27.12-14 Dt 32.48-52. 27.18 Êx 24.13.

do o juízo do Urim, perante o SENHOR; segundo a sua palavra, sairão e, segundo a sua palavra, entrarão, ele, e todos os filhos de Israel com ele, e toda a congregação.

²² Fez Moisés como lhe ordenara o SENHOR, porque tomou a Josué e apresentou-o perante Eleazar, o sacerdote, e perante toda a congregação;

²³ e lhe impôs as mãos e lhe deu as suas ordens, como o SENHOR falara por intermédio de Moisés.

Ofertas contínuas
Êx 29.38-42

28 Disse mais o SENHOR a Moisés: ² Dá ordem aos filhos de Israel e dize-lhes: Da minha oferta, do meu manjar para as minhas ofertas queimadas, do aroma agradável, tereis cuidado, para mas trazer a seu tempo determinado.

³ Dir-lhes-ás: Esta é a oferta queimada que oferecereis ao SENHOR, dia após dia: dois cordeiros de um ano, sem defeito, em contínuo holocausto;

⁴ um cordeiro oferecerás pela manhã, e o outro, ao crepúsculo da tarde;

⁵ e a décima parte de um efa de flor de farinha, em oferta de manjares, amassada com a quarta parte de um him de azeite batido.

⁶ É holocausto contínuo, instituído no monte Sinai, de aroma agradável, oferta queimada ao SENHOR.

⁷ A sua libação será a quarta parte de um him para o cordeiro; no santuário, oferecerás a libação de bebida forte ao SENHOR.

⁸ E o outro cordeiro oferecerás no crepúsculo da tarde; como a oferta de manjares da manhã e como a sua libação, o trarás em oferta queimada de aroma agradável ao SENHOR.

⁹ No dia de sábado, oferecerás dois cordeiros de um ano, sem defeito, e duas décimas de um efa de flor de farinha, amassada com azeite, em oferta de manjares, e a sua libação;

¹⁰ é holocausto de cada sábado, além do holocausto contínuo e a sua libação.

¹¹ Nos princípios dos vossos meses, oferecereis, em holocausto ao SENHOR, dois novilhos e um carneiro, sete cordeiros de um ano, sem defeito,

¹² e três décimas de um efa de flor de farinha, amassada com azeite, em oferta de manjares, para um novilho; duas décimas de flor de farinha, amassada com azeite, em oferta de manjares, para um carneiro;

¹³ e uma décima de um efa de flor de farinha, amassada com azeite, em oferta de manjares, para um cordeiro; é holocausto de aroma agradável, oferta queimada ao SENHOR.

¹⁴ As suas libações serão a metade de um him de vinho para um novilho, e a terça parte de um him para um carneiro, e a quarta parte de um him para um cordeiro; este é o holocausto da lua nova de cada mês, por todos os meses do ano.

¹⁵ Também se trará um bode como oferta pelo pecado, ao SENHOR, além do holocausto contínuo, com a sua libação.

¹⁶ No primeiro mês, aos catorze dias do mês, é a Páscoa do SENHOR.

¹⁷ Aos quinze dias do mesmo mês, haverá festa; sete dias se comerão pães asmos.

¹⁸ No primeiro dia, haverá santa convocação; nenhuma obra servil fareis;

¹⁹ mas apresentareis oferta queimada em holocausto ao SENHOR, dois novilhos, um carneiro e sete cordeiros de um ano; servos-ão eles sem defeito.

²⁰ A sua oferta de manjares será flor de farinha, amassada com azeite; oferecereis três décimas para um novilho e duas décimas para um carneiro.

²¹ Para cada um dos sete cordeiros oferecereis uma décima;

²² e um bode, para oferta pelo pecado, para fazer expiação por vós.

²³ Estas cousas oferecereis, além do holocausto da manhã, que é o holocausto contínuo.

²⁴ Assim, oferecereis cada dia, por sete dias, o manjar da oferta queimada em aroma agradável ao SENHOR; além do holocausto contínuo, se oferecerá isto com a sua libação.

²⁵ No sétimo dia, tereis santa convocação; nenhuma obra servil fareis.

²⁶ Também tereis santa convocação no dia das primícias, quando trouxerdes oferta nova de manjares ao SENHOR, segundo a vossa Festa das Semanas; nenhuma obra servil fareis.

²⁷ Então, oferecereis ao SENHOR por holocausto, em aroma agradável: dois novilhos, um carneiro e sete cordeiros de um ano;

²⁸ a sua oferta de manjares de flor de fa-

rinha, amassada com azeite: três décimas de um efa para um novilho, duas décimas para um carneiro,

²⁹ uma décima para cada um dos sete cordeiros;

³⁰ e um bode, para fazer expiação por vós.

³¹ Oferecê-los-eis, além do holocausto contínuo, e da sua oferta de manjares, e das suas libações. Ser-vos-ão eles sem defeito.

Ofertas nas outras festas solenes

29 No primeiro dia do sétimo mês, tereis santa convocação; nenhuma obra servil fareis; ser-vos-á dia do sonido de trombetas.

² Então, por holocausto, de aroma agradável ao SENHOR, oferecereis um novilho, um carneiro e sete cordeiros de um ano, sem defeito;

³ e, pela sua oferta de manjares de flor de farinha, amassada com azeite, três décimas de um efa para o novilho, duas décimas para o carneiro

⁴ e uma décima para cada um dos sete cordeiros;

⁵ e um bode, para oferta pelo pecado, para fazer expiação por vós,

⁶ além do holocausto do mês e a sua oferta de manjares, do holocausto contínuo e a sua oferta de manjares, com as suas libações, segundo o seu estatuto, em aroma agradável, oferta queimada ao SENHOR.

⁷ No dia dez deste sétimo mês, tereis santa convocação e afligireis a vossa alma; nenhuma obra fareis.

⁸ Mas, por holocausto, em aroma agradável ao SENHOR, oferecereis um novilho, um carneiro e sete cordeiros de um ano; ser-vos-ão eles sem defeito.

⁹ Pela sua oferta de manjares de flor de farinha, amassada com azeite, oferecereis três décimas de um efa para o novilho, duas décimas para o carneiro

¹⁰ e uma décima para cada um dos sete cordeiros;

¹¹ um bode, para oferta pelo pecado, além da oferta pelo pecado, para fazer expiação, e do holocausto contínuo, e da sua oferta de manjares com as suas libações.

¹² Aos quinze dias do sétimo mês, tereis santa convocação; nenhuma obra servil fareis; mas sete dias celebrareis festa ao SENHOR.

¹³ Por holocausto em oferta queimada, de aroma agradável ao SENHOR, oferece-reis treze novilhos, dois carneiros e catorze cordeiros de um ano; serão eles sem defeito.

¹⁴ Pela oferta de manjares de flor de farinha, amassada com azeite, três décimas de um efa para cada um dos treze novilhos, duas décimas para cada um dos dois carneiros

¹⁵ e uma décima para cada um dos catorze cordeiros;

¹⁶ e um bode, para oferta pelo pecado, além do holocausto contínuo, a sua oferta de manjares e a sua libação.

¹⁷ No segundo dia, oferecereis doze novilhos, dois carneiros, catorze cordeiros de um ano, sem defeito,

¹⁸ com a oferta de manjares e as libações para os novilhos, para os carneiros e para os cordeiros, conforme o seu número, segundo o estatuto,

¹⁹ e um bode, para oferta pelo pecado, além do holocausto contínuo, a sua oferta de manjares e a sua libação.

²⁰ No terceiro dia, oferecereis onze novilhos, dois carneiros, catorze cordeiros de um ano, sem defeito,

²¹ com a oferta de manjares e as libações para os novilhos, para os carneiros e para os cordeiros, conforme o seu número, segundo o estatuto,

²² e um bode, para oferta pelo pecado, além do holocausto contínuo, a sua oferta de manjares e a sua libação.

²³ No quarto dia, dez novilhos, dois carneiros, catorze cordeiros de um ano, sem defeito,

²⁴ com a oferta de manjares e as libações para os novilhos, para os carneiros e para os cordeiros, conforme o seu número, segundo o estatuto,

²⁵ e um bode, para oferta pelo pecado, além do holocausto contínuo, a sua oferta de manjares e a sua libação.

²⁶ No quinto dia, nove novilhos, dois carneiros, catorze cordeiros de um ano, sem defeito,

²⁷ com a oferta de manjares e as libações para os novilhos, para os carneiros e para os cordeiros, conforme o seu número, segundo o estatuto,

²⁸ e um bode, para oferta pelo pecado, além do holocausto contínuo, a sua oferta de manjares e a sua libação.

²⁹ No sexto dia, oito novilhos, dois carneiros, catorze cordeiros de um ano, sem defeito,

³⁰ com a oferta de manjares e as libações para os novilhos, para os carneiros e para os cordeiros, conforme o seu número, segundo o estatuto,

³¹ e um bode, para oferta pelo pecado, além do holocausto contínuo, a sua oferta de manjares e a sua libação.

³² No sétimo dia, sete novilhos, dois carneiros, catorze cordeiros de um ano, sem defeito,

³³ com a oferta de manjares e as libações para os novilhos, para os carneiros e para os cordeiros, conforme o seu número, segundo o estatuto,

³⁴ e um bode, para oferta pelo pecado, além do holocausto contínuo, a sua oferta de manjares e a sua libação.

³⁵ No oitavo dia, tereis reunião solene; nenhuma obra servil fareis;

³⁶ e, por holocausto, em oferta queimada de aroma agradável ao SENHOR, oferecereis um novilho, um carneiro, sete cordeiros de um ano, sem defeito,

³⁷ com a oferta de manjares e as libações para o novilho, para o carneiro e para os cordeiros, conforme o seu número, segundo o estatuto,

³⁸ e um bode, para oferta pelo pecado, além do holocausto contínuo, a sua oferta de manjares e a sua libação.

³⁹ Estas cousas oferecereis ao SENHOR nas vossas festas fixas, além dos vossos votos e das vossas ofertas voluntárias, para os vossos holocaustos, as vossas ofertas de manjares, as vossas libações e as vossas ofertas pacíficas.

⁴⁰ E falou Moisés aos filhos de Israel, conforme tudo o que o SENHOR lhe ordenara.

Acerca de votos
Dt 23.21-23

30 Falou Moisés aos cabeças das tribos dos filhos de Israel, dizendo: Esta é a palavra que o SENHOR ordenou:

² Quando um homem fizer voto ao SENHOR ou juramento para obrigar-se a alguma abstinência, não violará a sua palavra; segundo tudo o que prometeu, fará.

³ Quando, porém, uma mulher fizer voto ao SENHOR ou se obrigar a alguma abstinência, estando em casa de seu pai, na sua mocidade,

⁴ e seu pai, sabendo do voto e da abstinência a que ela se obrigou, calar-se para

com ela, todos os seus votos serão válidos; terá de observar toda a abstinência a que se obrigou.

⁵ Mas, se o pai, no dia cm que tal souber, o desaprovar, não será válido nenhum dos votos dela, nem lhe será preciso observar a abstinência a que se obrigou; o SENHOR lhe perdoará, porque o pai dela a isso se opôs.

⁶ Porém, se ela se casar, ainda sob seus votos ou dito irrefletido dos seus lábios, com que a si mesma se obrigou,

⁷ e seu marido, ouvindo-o, calar-se para com ela no dia em que o ouvir, serão válidos os votos dela, e lhe será preciso observar a abstinência a que se obrigou.

⁸ Mas, se seu marido o desaprovar no dia em que o ouvir e anular o voto que estava sobre ela, como também o dito irrefletido dos seus lábios, com que a si mesma se obrigou, o SENHOR lho perdoará.

⁹ No tocante ao voto da viúva ou da divorciada, tudo com que se obrigar lhe será válido.

¹⁰ Porém, se fez voto na casa de seu marido ou com juramento se obrigou a alguma abstinência,

¹¹ e seu marido o soube, e se calou para com ela, e lho não desaprovou, todos os votos dela serão válidos; e lhe será preciso observar toda a abstinência a que a si mesma se obrigou.

¹² Porém, se seu marido lhos anulou no dia em que o soube, tudo quanto saiu dos lábios dela, quer dos seus votos, quer da abstinência a que a si mesma se obrigou, não será válido; seu marido lhos anulou, e o SENHOR perdoará a ela.

¹³ Todo voto e todo juramento com que ela se obrigou, para afligir a sua alma, seu marido pode confirmar ou anular.

¹⁴ Porém, se seu marido, dia após dia, se calar para com ela, então, confirma todos os votos dela e tudo aquilo a que ela se obrigou, porquanto se calou para com ela no dia em que o soube.

¹⁵ Porém, se lhos anular depois de os ter ouvido, responderá pela obrigação dela.

¹⁶ São estes os estatutos que o SENHOR ordenou a Moisés, entre o marido e sua mulher, entre o pai e sua filha moça se ela estiver em casa de seu pai.

A vitória sobre os midianitas

31 Disse o SENHOR a Moisés: ² Vinga os filhos de Israel dos midianitas; depois, serás recolhido ao teu povo.

³ Falou, pois, Moisés ao povo, dizendo: Armai alguns de vós para a guerra, e que saiam contra os midianitas, para fazerem a vingança do Senhor contra eles.

⁴ Mil homens de cada tribo entre todas as tribos de Israel enviareis à guerra.

⁵ Assim, dos milhares de Israel foram dados mil de cada tribo: doze mil ao todo, armados para a guerra.

⁶ Mandou-os Moisés à guerra, de cada tribo mil, a estes e a Finéias, filho do sacerdote Eleazar, o qual levava consigo os utensílios sagrados, a saber, as trombetas para o toque de rebate.

⁷ Pelejaram contra os midianitas, como o Senhor ordenara a Moisés,

⁸ e mataram todo homem feito. Mataram, além dos que já haviam sido mortos, os reis dos midianitas, Evi, Requém, Zur, Hur e Reba, cinco reis dos midianitas; também Balaão, filho de Beor, mataram à espada.

⁹ Porém os filhos de Israel levaram presas as mulheres dos midianitas e as suas crianças; também levaram todos os seus animais, e todo o seu gado, e todos os seus bens.

¹⁰ Queimaram-lhes todas as cidades em que habitavam e todos os seus acampamentos.

¹¹ Tomaram todo o despojo e toda a presa, tanto de homens como de animais.

¹² Trouxeram a Moisés, e ao sacerdote Eleazar, e à congregação dos filhos de Israel os cativos, e a presa, e o despojo, para o arraial, nas campinas de Moabe, junto do Jordão, na altura de Jericó.

O tratamento dos cativos

¹³ Moisés, e Eleazar, o sacerdote, e todos os príncipes da congregação saíram a recebê-los fora do arraial.

¹⁴ Indignou-se Moisés contra os oficiais do exército, capitães dos milhares e capitães das centenas, que vinham do serviço da guerra.

¹⁵ Disse-lhes Moisés: Deixastes viver todas as mulheres?

¹⁶ Eis que estas, por conselho de Balaão, fizeram prevaricar os filhos de Israel contra o Senhor, no caso de Peor, pelo que houve a praga entre a congregação do Senhor.

¹⁷ Agora, pois, matai, dentre as crianças, todas as do sexo masculino; e mataí toda mulher que coabitou com algum homem, deitando-se com ele.

¹⁸ Porém todas as meninas, e as jovens que não coabitaram com algum homem, deitando-se com ele, deixai-as viver para vós outros.

A purificação dos soldados e da presa

¹⁹ Acampai-vos sete dias fora do arraial; qualquer de vós que tiver matado alguma pessoa e qualquer que tiver tocado em algum morto, ao terceiro dia e ao sétimo dia, vos purificareis, tanto vós como os vossos cativos.

²⁰ Também purificareis toda veste, e toda obra de peles, e toda obra de pêlos de cabra, e todo artigo de madeira.

²¹ Então, disse o sacerdote Eleazar aos homens do exército que partiram à guerra: Este é o estatuto da lei que o Senhor ordenou a Moisés.

²² Contudo, o ouro, a prata, o bronze, o ferro, o estanho e o chumbo,

²³ tudo o que pode suportar o fogo fareis passar pelo fogo, para que fique limpo; todavia, se purificará com a água purificadora; mas tudo o que não pode suportar o fogo fareis passar pela água.

²⁴ Também lavareis as vossas vestes ao sétimo dia, para que fiqueis limpos; e, depois, entrareis no arraial.

A divisão da presa

²⁵ Disse mais o Senhor a Moisés:

²⁶ Faze a contagem da presa que foi tomada, tanto de homens como de animais, tu, e Eleazar, o sacerdote, e os cabeças das casas dos pais da congregação;

²⁷ divide a presa em duas partes iguais, uma para os que, hábeis na peleja, saíram à guerra, e a outra para toda a congregação.

²⁸ Então, para o Senhor tomarás tributo dos homens do exército que saíram a esta guerra, de cada quinhentas cabeças, uma, tanto dos homens como dos bois, dos jumentos e das ovelhas.

²⁹ Da metade que lhes toca o tomareis e o dareis ao sacerdote Eleazar, para a oferta do Senhor.

³⁰ Mas, da metade que toca aos filhos de Israel, tomarás, de cada cinqüenta, um, tanto dos homens como dos bois, dos jumentos e das ovelhas, de todos os animais;

31.16 Nm 25.1-3.

e os darás aos levitas que têm a seu cargo o serviço do tabernáculo do SENHOR.

³¹ Moisés e o sacerdote Eleazar fizeram como o SENHOR ordenara a Moisés.

³² Foi a presa, restante do despojo que tomaram os homens de guerra, seiscentas e setenta e cinco mil ovelhas,

³³ setenta e dois mil bois,

³⁴ sessenta e um mil jumentos

³⁵ e trinta e duas mil pessoas, as mulheres que não coabitaram com homem algum, deitando-se com ele.

³⁶ E a metade, parte que toca aos que saíram à guerra, foi em número de trezentas e trinta e sete mil e quinhentas ovelhas.

³⁷ O tributo em ovelhas para o SENHOR foram seiscentas e setenta e cinco.

³⁸ E foram os bois trinta e seis mil; e o seu tributo para o SENHOR, setenta e dois.

³⁹ E foram os jumentos trinta mil e quinhentos; e o seu tributo para o SENHOR, sessenta e um.

⁴⁰ As pessoas foram dezesseis mil; e o seu tributo para o SENHOR, trinta e duas.

⁴¹ Então, Moisés deu a Eleazar, o sacerdote, o tributo da oferta do SENHOR, como este ordenara a Moisés.

⁴² E, da metade que toca aos filhos de Israel, que Moisés separara da dos homens que pelejaram

⁴³ (a metade para a congregação foram, em ovelhas, trezentas e trinta e sete mil e quinhentas;

⁴⁴ em bois, trinta e seis mil;

⁴⁵ em jumentos, trinta mil e quinhentos;

⁴⁶ e, em pessoas, dezesseis mil),

⁴⁷ desta metade que toca aos filhos de Israel, Moisés tomou um de cada cinqüenta, tanto de homens como de animais, e os deu aos levitas que tinham o seu cargo o serviço do tabernáculo do SENHOR, como o SENHOR ordenara a Moisés.

A oferta voluntária dos capitães

⁴⁸ Então, se chegaram a Moisés os oficiais sobre os milhares do exército, capitães sobre mil e capitães sobre cem,

⁴⁹ e lhe disseram: Teus servos fizeram a conta dos homens de guerra que estiveram sob as nossas ordens, e nenhum falta dentre eles e nós.

⁵⁰ Pelo que trouxemos uma oferta ao SENHOR, cada um o que achou: objetos de ouro, ornamentos para o braço, pulseiras, sinetes, arrecadas e colares, para fazer expiação por nós mesmos perante o SENHOR.

⁵¹ Assim, Moisés e o sacerdote Eleazar receberam deles o ouro, sendo todos os objetos bem trabalhados.

⁵² Foi todo o ouro da oferta que os capitães de mil e os capitães de cem trouxeram ao SENHOR dezesseis mil setecentos e cinqüenta siclos.

⁵³ Pois cada um dos homens de guerra havia tomado despojo para si.

⁵⁴ Moisés e o sacerdote Eleazar receberam o ouro dos capitães de mil e dos capitães de cem e o trouxeram à tenda da congregação, como memorial para os filhos de Israel perante o SENHOR.

Duas tribos e meia desejam habitar na Transjordânia

32 Os filhos de Rúben e os filhos de Gade tinham gado em muitíssima quantidade; e viram a terra de Jazer e a terra de Gileade, e eis que o lugar era lugar de gado.

² Vieram, pois, os filhos de Gade e os filhos de Rúben e falaram a Moisés, e ao sacerdote Eleazar, e aos príncipes da congregação, dizendo:

³ Atarote, Dibom, Jazer, Ninra, Hesbom, Eleale, Sebã, Nebo e Beon,

⁴ a terra que o SENHOR feriu diante da congregação de Israel é terra de gado; e os teus servos têm gado.

⁵ Disseram mais: Se achamos mercê aos teus olhos, dê-se esta terra em possessão aos teus servos; e não nos faças passar o Jordão.

⁶ Porém Moisés disse aos filhos de Gade e aos filhos de Rúben: Irão vossos irmãos à guerra, e ficareis vós aqui?

⁷ Por que, pois, desanimais o coração dos filhos de Israel, para que não passem à terra que o SENHOR lhes deu?

⁸ Assim fizeram vossos pais, quando os enviei de Cades-Barnéia a ver esta terra.

⁹ Chegando eles até ao vale de Escol e vendo a terra, descorajaram o coração dos filhos de Israel, para que não viessem à terra que o SENHOR lhes tinha dado.

¹⁰ Então, a ira do SENHOR se acendeu naquele mesmo dia, e jurou, dizendo:

¹¹ Certamente, os varões que subiram do Egito, de vinte anos para cima, não verão a terra que prometi com juramento a Abraão, a Isaque e a Jacó, porquanto não perseveraram em seguir-me,

¹² exceto Calebe, filho de Jefoné, o quenezeu, e Josué, filho de Num, porque perseveraram em seguir ao SENHOR.

32.8 Nm 13.17-29. **32.11** Nm 14.26-35.

NÚMEROS 32, 33 160

¹³ Pelo que se acendeu a ira do Senhor contra Israel, e fê-los andar errantes pelo deserto quarenta anos, até que se consumiu toda a geração que procedera mal perante o Senhor.

¹⁴ Eis que vós, raça de homens pecadores, vos levantastes em lugar de vossos pais, para aumentardes ainda o furor da ira do Senhor contra Israel.

¹⁵ Se não quiserdes segui-lo, também ele deixará todo o povo, novamente, no deserto, e sereis a sua ruína.

¹⁶ Então, se chegaram a ele e disseram: Edificaremos currais aqui para o nosso gado e cidades para as nossas crianças;

¹⁷ porém nós nos armaremos, apressando-nos adiante dos filhos de Israel, até que os levemos ao seu lugar; e ficarão as nossas crianças nas cidades fortes, por causa dos moradores da terra.

¹⁸ Não voltaremos para nossa casa até que os filhos de Israel estejam de posse, cada um, da sua herança.

¹⁹ Porque não herdaremos com eles do outro lado do Jordão, nem mais adiante, porquanto já temos a nossa herança deste lado do Jordão, ao oriente.

²⁰ Então, Moisés lhes disse: Se isto fizerdes assim, se vos armardes para a guerra perante o Senhor,

²¹ e cada um de vós, armado, passar o Jordão perante o Senhor, até que haja lançado fora os seus inimigos de diante dele,

²² e a terra estiver subjugada perante o Senhor, então, voltareis e sereis desobrigados perante o Senhor e perante Israel; e a terra vos será por possessão perante o Senhor.

²³ Porém, se não fizerdes assim, eis que pecastes contra o Senhor; e sabei que o vosso pecado vos há de achar.

²⁴ Edificai vós cidades para as vossas crianças e currais para as vossas ovelhas; e cumpri o que haveis prometido.

²⁵ Então, os filhos de Gade e os filhos de Rúben falaram a Moisés, dizendo: Como ordena meu senhor, assim farão teus servos.

²⁶ Nossas crianças, nossas mulheres, nossos rebanhos e todos os nossos animais estarão aí nas cidades de Gileade,

²⁷ mas os teus servos passarão, cada um armado para a guerra, perante o Senhor, como diz meu senhor.

²⁸ Então, Moisés deu ordem a respeito deles a Eleazar, o sacerdote, e a Josué, filho de Num, e aos cabeças das casas dos pais das tribos dos filhos de Israel;

²⁹ e disse-lhes: Se os filhos de Gade e os filhos de Rúben passarem convosco o Jordão, armado cada um para a guerra, perante o Senhor, e a terra estiver subjugada diante de vós, então, lhes dareis em possessão a terra de Gileade;

³⁰ porém, se não passarem, armados, convosco, terão possessões entre vós na terra de Canaã.

³¹ Responderam os filhos de Gade e os filhos de Rúben, dizendo: O que o Senhor disse a teus servos, isso faremos.

³² Passaremos, armados, perante o Senhor à terra de Canaã e teremos a possessão de nossa herança deste lado do Jordão.

Distribuição da Transjordânia
Dt 3.12-17

³³ Deu Moisés aos filhos de Gade, e aos filhos de Rúben, e à meia tribo de Manassés, filho de José, o reino de Seom, rei dos amorreus, e o reino de Ogue, rei de Basã: a terra com as cidades e seus distritos, as cidades em toda a extensão do país.

³⁴ Os filhos de Gade edificaram Dibom, Atarote e Aroer;

³⁵ Atarote-Sofã, Jazer e Jogbeá;

³⁶ Bete-Nimra e Bete-Harã, cidades fortificadas, e currais de ovelhas.

³⁷ Os filhos de Rúben edificaram Hesbom, Eleale e Quiriataim;

³⁸ Nebo e Baal-Meom, mudando-lhes o nome, e Sibma; e deram outros nomes às cidades que edificaram.

³⁹ Os filhos de Maquir, filho de Manassés, foram-se para Gileade, e a tomaram, e desapossaram os amorreus que estavam nela.

⁴⁰ Deu, pois, Moisés Gileade a Maquir, filho de Manassés, o qual habitou nela.

⁴¹ Foi Jair, filho de Manassés, e tomou as suas aldeias; e chamou-lhes Havote-Jair.

⁴² Foi Noba e tomou a Quenate com as suas aldeias; e chamou-lhe Noba, segundo o seu nome.

Os acampamentos desde o Egito

33 São estas as caminhadas dos filhos de Israel que saíram da terra do Egito, segundo os seus exércitos, sob as ordens de Moisés e Arão.

32.28-32 Dt 3.18-20; Js 1.12-15.

² Escreveu Moisés as suas saídas, caminhada após caminhada, conforme o mandado do SENHOR; e são estas as suas caminhadas, segundo as suas saídas:

³ partiram, pois, de Ramessés no décimo-quinto dia do primeiro mês; no dia seguinte ao da Páscoa, saíram os filhos de Israel, corajosamente, aos olhos de todos os egípcios,

⁴ enquanto estes sepultavam todos os seus primogênitos, a quem o SENHOR havia ferido entre eles; também contra os deuses executou o SENHOR juízos.

⁵ Partidos, pois, os filhos de Israel de Ramessés, acamparam-se em Sucote.

⁶ E partiram de Sucote e acamparam-se em Etã, que está no fim do deserto.

⁷ E partiram de Etã, e voltaram a Pi-Hairote, que está defronte de Baal-Zefom, e acamparam-se diante de Migdol.

⁸ E partiram de Pi-Hairote, passaram pelo meio do mar ao deserto e, depois de terem andado caminho de três dias no deserto de Etã, acamparam-se em Mara.

⁹ E partiram de Mara e vieram a Elim. Em Elim, havia doze fontes de águas e setenta palmeiras; e acamparam-se ali.

¹⁰ E partiram de Elim e acamparam-se junto ao mar Vermelho;

¹¹ partiram do mar Vermelho e acamparam-se no deserto de Sim;

¹² partiram do deserto de Sim e acamparam-se em Dofca;

¹³ partiram de Dofca e acamparam-se em Alus;

¹⁴ partiram de Alus e acamparam-se em Refidim, porém não havia ali água, para que o povo bebesse;

¹⁵ partiram de Refidim e acamparam-se no deserto do Sinai;

¹⁶ partiram do deserto do Sinai e acamparam-se em Quibrote-Taavá;

¹⁷ partiram de Quibrote-Taavá e acamparam-se em Hazerote;

¹⁸ partiram de Hazerote e acamparam-se em Ritmá;

¹⁹ partiram de Ritmá e acamparam-se em Rimom-Perez;

²⁰ partiram de Rimom-Perez e acamparam-se em Libna;

²¹ partiram de Libna e acamparam-se em Rissa;

²² partiram de Rissa e acamparam-se em Queelata;

²³ partiram de Queelata e acamparam-se no monte Sefer;

²⁴ partiram do monte Sefer e acamparam-se em Harada;

²⁵ partiram de Harada e acamparam-se em Maquelote;

²⁶ partiram de Maquelote e acamparam-se em Taate;

²⁷ partiram de Taate e acamparam-se em Tara;

²⁸ partiram de Tara e acamparam-se em Mitca;

²⁹ partiram de Mitca e acamparam-se em Hasmona;

³⁰ partiram de Hasmona e acamparam-se em Moserote;

³¹ partiram de Moserote e acamparam-se em Bene-Jaacã;

³² partiram de Bene-Jaacã e acamparam-se em Hor-Gidgade;

³³ partiram de Hor-Gidgade e acamparam-se em Jotbata;

³⁴ partiram de Jotbata e acamparam-se em Abrona;

³⁵ partiram de Abrona e acamparam-se em Eziom-Geber;

³⁶ partiram de Eziom-Geber e acamparam-se no deserto de Zim, que é Cades;

³⁷ partiram de Cades e acamparam-se no monte Hor, na fronteira da terra de Edom.

A morte de Arão
Nm 20.22-29

³⁸ Então, Arão, o sacerdote, subiu ao monte Hor, segundo o mandado do SENHOR; e morreu ali, no quinto mês do ano quadragésimo da saída dos filhos de Israel da terra do Egito, no primeiro dia do mês.

³⁹ Era Arão da idade de cento e vinte e três anos, quando morreu no monte Hor.

⁴⁰ Então, ouviu o cananeu, rei de Arade, que habitava o Sul da terra de Canaã, que chegavam os filhos de Israel.

⁴¹ E partiram do monte Hor e acamparam-se em Zalmona;

⁴² partiram de Zalmona e acamparam-se em Punom;

⁴³ partiram de Punom e acamparam-se em Obote;

⁴⁴ partiram de Obote e acamparam-se em Ijé-Abarim, no termo de Moabe;

⁴⁵ partiram de Ijé-Abarim e acamparam-se em Dibom-Gade;

⁴⁶ partiram de Dibom-Gade e acamparam-se em Almom-Diblataim;

33.38 Nm 20.22-29; Dt 10.6.   **33.40** Nm 21.1.

47 partiram de Almom-Diblataim e acamparam-se nos montes de Abarim, de-fronte de Nebo;

48 partiram dos montes de Abarim e acamparam-se nas campinas de Moabe, junto ao Jordão, na altura de Jericó.

49 E acamparam-se junto ao Jordão, desde Bete-Jesimote até Abel-Sitim, nas campinas de Moabe.

Deus manda lançar fora os moradores de Canaã

50 Disse o SENHOR a Moisés, nas campinas de Moabe, junto ao Jordão, na altura de Jericó:

51 Fala aos filhos de Israel e dize-lhes: Quando houverdes passado o Jordão para a terra de Canaã,

52 desapossareis de diante de vós todos os moradores da terra, destruireis todas as pedras com figura e também todas as suas imagens fundidas e deitareis abaixo todos os seus ídolos;

53 tomareis a terra em possessão e nela habitareis, porque esta terra, eu vo-la dei para a possuirdes;

54 herdareis a terra por sortes, segundo as vossas famílias; à tribo mais numerosa dareis herança maior; à pequena, herança menor. Onde lhe cair a sorte, esse lugar lhe pertencerá; herdareis segundo as tribos de vossos pais.

55 Porém, se não desapossardes de diante de vós os moradores da terra, então, os que deixardes ficar ser-vos-ão como espinhos nos vossos olhos e como aguilhões nas vossas ilhargas e vos perturbarão na terra em que habitardes.

56 E será que farei a vós outros como pensei fazer-lhes a eles.

Os confins da terra

34 Disse mais o SENHOR a Moisés: **2** Dá ordem aos filhos de Israel e dize-lhes: Quando entrardes na terra de Canaã, será esta a que vos cairá em herança: a terra de Canaã, segundo os seus limites.

3 A região sul vos será desde o deserto de Zim até aos termos de Edom; e o limite do sul vos será desde a extremidade do mar Salgado para a banda do oriente.

4 Este limite vos irá rodeando do sul para a subida de Acrabim e passará até Zim; e as suas saídas serão do sul a Cades-Barnéia; e sairá a Hazar-Adar e passará a Azmom.

5 Rodeará mais este limite de Azmom até ao ribeiro do Egito; e as suas saídas serão para a banda do mar.

6 Por vosso limite ocidental tereis o mar Grande; este vos será a fronteira do ocidente.

7 Este vos será o limite do norte: desde o mar Grande marcareis ao monte Hor.

8 Desde o monte Hor marcareis até à entrada de Hamate; e as saídas deste limite serão até Zedade;

9 dali, seguirá até Zifrom, e as suas saídas serão em Hazar-Enã; este vos será o limite do norte.

10 E, por limite da banda do oriente, marcareis de Hazar-Enã até Sefã.

11 O limite descerá desde Sefã até Ribla, para a banda do oriente de Aim; depois, descerá este e irá ao longo da borda do mar de Quinerete para a banda do oriente;

12 descerá ainda ao longo do Jordão, e as suas saídas serão no mar Salgado; esta vos será a terra, segundo os termos de seu contorno.

13 Moisés deu ordem aos filhos de Israel, dizendo: Esta é a terra que herdareis por sortes, a qual o SENHOR mandou dar às nove tribos e à meia tribo.

14 Porque a tribo dos filhos dos rubenitas, segundo a casa de seus pais, e a tribo dos filhos dos gaditas, segundo a casa de seus pais, já receberam; também a meia tribo de Manassés já recebeu a sua herança.

15 Estas duas tribos e meia receberam a sua herança deste lado do Jordão, na altura de Jericó, da banda do oriente.

Os homens que devem repartir a terra

16 Disse mais o SENHOR a Moisés:

17 São estes os nomes dos homens que vos repartirão a terra por herança: Eleazar, o sacerdote, e Josué, filho de Num.

18 Tomareis mais de cada tribo um príncipe, para repartir a terra em herança.

19 São estes os nomes dos homens: da tribo de Judá, Calebe, filho de Jefoné;

20 da tribo dos filhos de Simeão, Samuel, filho de Amiúde;

21 da tribo de Benjamim, Elidade, filho de Quislom;

22 da tribo dos filhos de Dã, o príncipe Buqui, filho de Jogli;

23 dos filhos de José, da tribo dos filhos

de Manassés, o príncipe Haniel, filho de Éfode;

²⁴ da tribo dos filhos de Efraim, o príncipe Quemuel, filho de Siftã;

²⁵ da tribo dos filhos de Zebulom, o príncipe Elizafã, filho de Parnaque;

²⁶ da tribo dos filhos de Issacar, o príncipe Paltiel, filho de Azã;

²⁷ da tribo dos filhos de Aser, o príncipe Aiúde, filho de Selomi;

²⁸ da tribo dos filhos de Naftali, o príncipe Pedael, filho de Amiúde.

²⁹ A estes o SENHOR ordenou que repartissem a herança pelos filhos de Israel, na terra de Canaã.

As cidades dos levitas

35 Disse mais o SENHOR a Moisés, nas campinas de Moabe, junto ao Jordão, na altura de Jericó:

² Dá ordem aos filhos de Israel que, da herança da sua possessão, dêem cidades aos levitas, em que habitem; e também, em torno delas, dareis aos levitas arredores para o seu gado.

³ Terão eles estas cidades para habitá-las; porém os seus arredores serão para o gado, para os rebanhos e para todos os seus animais.

⁴ Os arredores das cidades que dareis aos levitas, desde o muro da cidade para fora, serão de mil côvados em redor.

⁵ Fora da cidade, da banda do oriente, medireis dois mil côvados; da banda do sul, dois mil côvados; da banda do ocidente, dois mil côvados e da banda do norte, dois mil côvados, ficando a cidade no meio; estes lhes serão os arredores das cidades.

⁶ Das cidades, pois, que dareis aos levitas, seis haverá de refúgio, as quais dareis para que, nelas, se acolha o homicida; além destas, lhes dareis quarenta e duas cidades.

⁷ Todas as cidades que dareis aos levitas serão quarenta e oito cidades, juntamente com os seus arredores.

⁸ Quanto às cidades que derdes da herança dos filhos de Israel, se for numerosa a tribo, tomareis muitas; se for pequena, tomareis poucas; cada um dará das suas cidades aos levitas, na proporção da herança que lhe tocar.

Seis cidades de refúgio
Dt 4.41-43; 19.1-3

⁹ Disse mais o SENHOR a Moisés:

¹⁰ Fala aos filhos de Israel e dize-lhes: Quando passardes o Jordão para a terra de Canaã,

¹¹ escolhei para vós outros cidades que vos sirvam de refúgio, para que, nelas, se acolha o homicida que matar alguém involuntariamente.

¹² Estas cidades vos serão para refúgio do vingador do sangue, para que o homicida não morra antes de ser apresentado perante a congregação para julgamento.

¹³ As cidades que derdes serão seis cidades de refúgio para vós outros.

¹⁴ Três destas cidades dareis deste lado do Jordão e três darcis na terra de Canaã; cidades de refúgio serão.

¹⁵ Serão de refúgio estas seis cidades para os filhos de Israel, e para o estrangeiro, e para o que se hospedar no meio deles, para que, nelas, se acolha aquele que matar alguém involuntariamente.

Execução do homicida
Dt 19.11-13

¹⁶ Todavia, se alguém ferir a outrem com instrumento de ferro, e este morrer, é homicida; o homicida será morto.

¹⁷ Ou se alguém ferir a outrem, com pedra na mão, que possa causar a morte, e este morrer, é homicida; o homicida será morto.

¹⁸ Ou se alguém ferir a outrem com instrumento de pau que tiver na mão, que possa causar a morte, e este morrer, é homicida; o homicida será morto.

¹⁹ O vingador do sangue, ao encontrar o homicida, matá-lo-á.

²⁰ Se alguém empurrar a outrem com ódio ou com mau intento lançar contra ele alguma cousa, e ele morrer,

²¹ ou, por inimizade, o ferir com a mão, e este morrer, será morto aquele que o feriu; é homicida; o vingador do sangue, ao encontrar o homicida, matá-lo-á.

Privilégios oferecidos pelas cidades de refúgio
Dt 19.4-10

²² Porém, se o empurrar subitamente, sem inimizade, ou contra ele lançar algum instrumento, sem mau intento,

²³ ou, não o vendo, deixar cair sobre ele alguma pedra que possa causar-lhe a morte, e ele morrer, não sendo ele seu inimigo, nem o tendo procurado para o mal,

²⁴ então, a congregação julgará entre o

35.2 Js 21.1-42.   35.11 Js 20.1-9.

matador e o vingador do sangue, segundo estas leis,

²⁵ e livrará o homicida da mão do vingador do sangue, e o fará voltar à sua cidade de refúgio, onde se tinha acolhido; ali, ficará até à morte do sumo sacerdote, que foi ungido com o santo óleo.

²⁶ Porém, se, de alguma sorte, o homicida sair dos limites da sua cidade de refúgio, onde se tinha acolhido,

²⁷ e o vingador do sangue o achar fora dos limites dela, se o vingador do sangue matar o homicida, não será culpado do sangue.

²⁸ Pois deve ficar na sua cidade de refúgio até à morte do sumo sacerdote; porém, depois da morte deste, o homicida voltará à terra da sua possessão.

²⁹ Estas cousas vos serão por estatuto de direito a vossas gerações, em todas as vossas moradas.

³⁰ Todo aquele que matar a outrem será morto conforme o depoimento das testemunhas; mas uma só testemunha não deporá contra alguém para que morra.

³¹ Não aceitareis resgate pela vida do homicida que é culpado de morte; antes, será ele morto.

³² Também não aceitareis resgate por aquele que se acolher à sua cidade de refúgio, para tornar a habitar na sua terra, antes da morte do sumo sacerdote.

³³ Assim, não profanareis a terra em que estais; porque o sangue profana a terra; nenhuma expiação se fará pela terra por causa do sangue que nela for derramado, senão com o sangue daquele que o derramou.

³⁴ Não contaminareis, pois, a terra na qual vós habitais, no meio da qual eu habito; pois eu, o SENHOR, habito no meio dos filhos de Israel.

Casamento de herdeiras

36 Chegaram os cabeças das casas paternas da família dos filhos de Gileade, filho de Maquir, filho de Manassés, das famílias dos filhos de José, e falaram diante de Moisés e diante dos príncipes, cabeças das casas paternas dos filhos de Israel,

² e disseram: O SENHOR ordenou a meu senhor que dê esta terra por sorte em herança aos filhos de Israel; e a meu senhor foi ordenado pelo SENHOR que a herança do nosso irmão Zelofeade se desse a suas filhas.

³ Porém, casando-se elas com algum dos filhos das outras tribos dos filhos de Israel, então, a sua herança seria diminuída da herança de nossos pais e acrescentada à herança da tribo a que vierem pertencer; assim, se tiraria da nossa herança que nos tocou em sorte.

⁴ Vindo também o Ano do Jubileu dos filhos de Israel, a herança delas se acrescentaria à herança da tribo daqueles a que vierem pertencer; assim, a sua herança será tirada da tribo de nossos pais.

⁵ Então, Moisés deu ordem aos filhos de Israel, segundo o mandado do SENHOR, dizendo: A tribo dos filhos de José fala o que é justo.

⁶ Esta é a palavra que o SENHOR mandou acerca das filhas de Zelofeade, dizendo: Sejam por mulheres a quem bem parecer aos seus olhos, contanto que se casem na família da tribo de seu pai.

⁷ Assim, a herança dos filhos de Israel não passará de tribo em tribo; pois os filhos de Israel se hão de vincular cada um à herança da tribo de seus pais.

⁸ Qualquer filha que possuir alguma herança das tribos dos filhos de Israel se casará com alguém da família da tribo de seu pai, para que os filhos de Israel possuam cada um a herança de seus pais.

⁹ Assim, a herança não passará duma tribo a outra; pois as tribos dos filhos de Israel se hão de vincular cada uma à sua herança.

¹⁰ Como o SENHOR ordenara a Moisés, assim fizeram as filhas de Zelofeade,

¹¹ pois Maalá, Tirza, Hogla, Milca e Noa, filhas de Zelofeade, se casaram com os filhos de seus tios paternos.

¹² Casaram-se nas famílias dos filhos de Manassés, filho de José, e a herança delas permaneceu na tribo da família de seu pai.

¹³ São estes os mandamentos e os juízos que ordenou o SENHOR, por intermédio de Moisés, aos filhos de Israel nas campinas de Moabe, junto ao Jordão, na altura de Jericó.

35.30 Dt 17.6. **36.2** Nm 27.7.

O QUINTO LIVRO DE MOISÉS

CHAMADO

DEUTERONÔMIO

O PRIMEIRO DISCURSO DE MOISÉS NA PLANÍCIE DO JORDÃO

Moisés conta a história de Israel

1 São estas as palavras que Moisés falou a todo o Israel, dalém do Jordão, no deserto, no Arabá, defronte do mar de Sufe, entre Parã, Tôfel, Labã, Hazerote e Di-Zaabe.

2 Jornada de onze dias há desde Horebe, pelo caminho da montanha de Seir, até Cades-Barnéia.

3 Sucedeu que, no ano quadragésimo, no primeiro dia do undécimo mês, falou Moisés aos filhos de Israel, segundo tudo o que o SENHOR lhe mandara a respeito delcs,

4 depois que feriu a Seom, rei dos amorreus, que habitava em Hesbom, e a Ogue, rei de Basã, que habitava em Astarote, em Edrei.

5 Além do Jordão, na terra de Moabe, encarregou-se Moisés de explicar esta lei, dizendo:

6 O SENHOR, nosso Deus, nos falou em Horebe, dizendo: Tempo bastante haveis estado neste monte.

7 Voltai-vos e parti; ide à região montanhosa dos amorrcus, e a todos os seus vizinhos, no Arabá, e à região montanhosa, e à baixada, e ao Neguebe, e à costa marítima, terra dos cananeus, e ao Líbano, até ao grande rio Eufrates.

8 Eis aqui a terra que eu pus diante de vós; entrai e possuí a terra que o SENHOR, com juramento, deu a vossos pais, Abraão, Isaque e Jacó, a eles e à sua descendência depois deles.

A nomeação de auxiliares
Êx 18.13-27

9 Nesse mesmo tempo, eu vos disse: eu sozinho não poderei levar-vos.

10 O SENHOR, vosso Deus, vos tem multiplicado; e eis que, já hoje, sois multidão como as estrelas dos céus.

11 O SENHOR, Deus de vossos pais, vos faça mil vezes mais numerosos do que sois e vos abençoe, como vos prometeu.

12 Como suportaria eu sozinho o vosso peso, a vossa carga e a vossa contenda?

13 Tomai-vos homens sábios, inteligentes e experimentados, segundo as vossas tribos, para que os ponha por vossos cabeças.

14 Então, me respondestes e dissestes: É bom cumprir a palavra que tens falado.

15 Tomei, pois, os cabeças de vossas tribos, homens sábios e experimentados, e os fiz cabeças sobre vós, chefes de milhares, chefes de cem, chefes de cinqüenta, chefes de dez e oficiais, segundo as vossas tribos.

16 Nesse mesmo tempo, ordenei a vossos juízes, dizendo: ouvi a causa entre vossos irmãos e julgai justamente entre o homem e seu irmão ou o estrangeiro que está com ele.

17 Não sereis parciais no juízo, ouvireis tanto o pequeno como o grande; não temereis a face de ninguém, porque o juízo é de Deus; porém a causa que vos for demasiadamente difícil fareis vir a mim, e eu a ouvirei.

18 Assim, naquele tempo, vos ordenei todas as cousas que havíeis de fazer.

Doze homens foram enviados para espiar a terra de Canaã
Nm 13.1-24

19 Então, partimos de Horebe e caminhamos por todo aquele grande e terrível deserto que vistes, pelo caminho da região montanhosa dos amorreus, como o SENHOR, nosso Deus, nos ordenara; e chegamos a Cades-Barnéia.

20 Então, eu vos disse: tendes chegado à região montanhosa dos amorreus, que o SENHOR, nosso Deus, nos dá.

21 Eis que o SENHOR, teu Deus, te colocou esta terra diante de ti. Sobe, possui-a, como te falou o SENHOR, Deus de teus pais: Não temas e não te assustes.

22 Então, todos vós vos chegastes a mim e dissestes: Mandemos homens adiante de nós, para que nos espiem a terra e nos di-

gam por que caminho devemos subir e a que cidades devemos ir.

²³ Isto me pareceu bem; de maneira que tomei, dentre vós, doze homens, de cada tribo um homem.

²⁴ E foram-se, e subiram à região montanhosa, e, espiando a terra, vieram até o vale de Escol,

²⁵ e tomaram do fruto da terra nas mãos, e no-lo trouxeram, e nos informaram, dizendo: É terra boa que nos dá o SENHOR, nosso Deus.

O povo recebeu com incredulidade o relatório dos espias
Nm 13.25-33

²⁶ Porém vós não quisestes subir, mas fostes rebeldes à ordem do SENHOR, vosso Deus.

²⁷ Murmurastes nas vossas tendas e dissestes: Tem o SENHOR contra nós ódio; por isso, nos tirou da terra do Egito para nos entregar nas mãos dos amorreus e destruir-nos.

²⁸ Para onde subiremos? Nossos irmãos fizeram com que se derretesse o nosso coração, dizendo: Maior e mais alto do que nós é este povo; as cidades são grandes e fortificadas até aos céus. Também vimos ali os filhos dos enaquins.

²⁹ Então, eu vos disse: não vos espanteis, nem os temais.

³⁰ O SENHOR, vosso Deus, que vai adiante de vós, ele pelejará por vós, segundo tudo o que fez conosco, diante de vossos olhos, no Egito,

³¹ como também no deserto, onde vistes que o SENHOR, vosso Deus, nele vos levou, como um homem leva a seu filho, por todo o caminho pelo qual andastes, até chegardes a este lugar.

³² Mas nem por isso crestes no SENHOR, vosso Deus,

³³ que foi adiante de vós por todo o caminho, para vos procurar o lugar onde deveríeis acampar; de noite, no fogo, para vos mostrar o caminho por onde havíeis de andar, e, de dia, na nuvem.

O castigo de Deus
Nm 14.20-38

³⁴ Tendo, pois, ouvido o SENHOR as vossas palavras, indignou-se e jurou, dizendo:

³⁵ Certamente, nenhum dos homens desta maligna geração verá a boa terra que jurei dar a vossos pais,

³⁶ salvo Calebe, filho de Jefoné; ele a verá, e a terra que pisou darei a ele e a seus filhos, porquanto perseverou em seguir ao SENHOR.

³⁷ Também contra mim se indignou o SENHOR por causa de vós, dizendo: Também tu lá não entrarás.

³⁸ Josué, filho de Num, que está diante de ti, ele ali entrará; anima-o, porque ele fará que Israel a receba por herança.

³⁹ E vossos meninos, de quem dissestes: Por presa serão; e vossos filhos, que, hoje, nem sabem distinguir entre bem e mal, esses ali entrarão, e a eles darei a terra, e eles a possuirão.

⁴⁰ Porém vós virai-vos e parti para o deserto, pelo caminho do mar Vermelho.

O povo derrotado em Hormá
Nm 14.39-45

⁴¹ Então, respondestes e me dissestes: Pecamos contra o SENHOR; nós subiremos e pelejaremos, segundo tudo o que nos ordenou o SENHOR, nosso Deus. Vós vos armastes, cada um dos seus instrumentos de guerra, e vos mostrastes temerários em subindo à região montanhosa.

⁴² Disse-me o SENHOR: Dize-lhes: Não subais, nem pelejeis, pois não estou no meio de vós, para que não sejais derrotados diante dos vossos inimigos.

⁴³ Assim vos falei, e não escutastes; antes, fostes rebeldes às ordens do SENHOR e, presunçosos, subistes às montanhas.

⁴⁴ Os amorreus que habitavam naquela região montanhosa vos saíram ao encontro; e vos perseguiram como fazem as abelhas e vos derrotaram desde Seir até Hormá.

⁴⁵ Tornastes-vos, pois, e chorastes perante o SENHOR, porém o SENHOR não vos ouviu, não inclinou os ouvidos a vós outros.

⁴⁶ Assim, permanecestes muitos dias em Cades.

A jornada de Cades até Zerede

2 Depois, viramo-nos, e seguimos para o deserto, caminho do mar Vermelho como o SENHOR me dissera, e muitos dias rodeamos a montanha de Seir.

² Então, o SENHOR me falou, dizendo:

³ Tendes já rodeado bastante esta montanha; virai-vos para o norte.

⁴ Ordena ao povo, dizendo: Passareis pelos termos de vossos irmãos, os filhos de

1.31 At 13.18.   **2.1** Nm 21.4.   **2.4** Gn 36.8.

Esaú, que habitam em Seir; e eles terão medo de vós; portanto, guardai-vos bem.

5 Não vos entremetais com eles, porque vos não darei da sua terra nem ainda a pisada da planta de um pé; pois a Esaú dei por possessão a montanha de Seir.

6 Comprareis deles, por dinheiro, comida que comais; também água que bebais comprareis por dinheiro.

7 Pois o SENHOR, teu Deus, te abençoou em toda a obra das tuas mãos; ele sabe que andas por este grande deserto; estes quarenta anos o SENHOR, teu Deus, esteve contigo; cousa nenhuma te faltou.

8 Passamos, pois, flanqueando assim nossos irmãos, os filhos de Esaú, que habitavam em Seir, como o caminho do Arabá, de Elate e de Eziom-Geber, viramo-nos e seguimos o caminho do deserto de Moabe.

9 Então, o SENHOR me disse: Não molestes Moabe e não contendas com eles em peleja, porque te não darei possessão da sua terra; pois dei Ar em possessão aos filhos de Ló.

10 (Os emins, dantes, habitavam nela, povo grande, numeroso e alto como os enaquins;

11 também eles foram considerados refains, como os enaquins; e os moabitas lhes chamavam emins.

12 Os horeus também habitavam, outrora, em Seir; porém os filhos de Esaú os desapossaram, e os destruíram de diante de si, e habitaram no lugar deles, assim como Israel fez à terra da sua possessão, que o SENHOR lhes tinha dado.)

13 Levantai-vos, agora, e passai o ribeiro de Zerede; assim, passamos o ribeiro de Zerede.

14 O tempo que caminhamos, desde Cades-Barnéia até passarmos o ribeiro de Zerede, foram trinta e oito anos, até que toda aquela geração dos homens de guerra se consumiu do meio do arraial, como o SENHOR lhes jurara.

15 Também foi contra eles a mão do SENHOR, para os destruir do meio do arraial, até os haver consumido.

A travessia de Ar e Arnom

16 Sucedeu que, consumidos já todos os homens de guerra pela morte, do meio do povo,

17 o SENHOR me falou, dizendo:

18 Hoje, passarás por Ar, pelos termos de Moabe,

19 e chegarás até defronte dos filhos de Amom; não os molestes e com eles não contendas, porque da terra dos filhos de Amom te não darei possessão, porquanto aos filhos de Ló a tenho dado por possessão.

20 (Também esta é considerada terra dos refains; dantes, habitavam nela refains, e os amonitas lhes chamavam zanzumins,

21 povo grande, numeroso e alto como os enaquins; o SENHOR os destruiu diante dos amonitas; e estes, tendo-os desapossado, habitaram no lugar deles;

22 assim como fez com os filhos de Esaú que habitavam em Seir, de diante dos quais destruiu os horeus. Os filhos de Esaú, tendo-os desapossado, habitaram no lugar deles até este dia;

23 também os caftorins que saíram de Caftor destruíram os aveus, que habitavam em vilas até Gaza, e habitaram no lugar deles.)

24 Levantai-vos, parti e passai o ribeiro de Arnom; eis aqui na tua mão tenho dado a Seom, amorreu, rei de Hesbom, e a sua terra; passa a possuí-la e contende com eles em peleja.

25 Hoje, começarei a meter o terror e o medo de ti aos povos que estão debaixo de todo o céu; os que ouvirem a tua fama tremerão diante de ti e se angustiarão.

Vitória sobre Seom, rei de Hesbom
Nm 21.21-30

26 Então, mandei mensageiros desde o deserto de Quedemote a Seom, rei de Hesbom, com palavras de paz, dizendo:

27 deixa-me passar pela tua terra; somente pela estrada irei; não me desviarei para a direita nem para a esquerda.

28 A comida que eu coma vender-me-ás por dinheiro e dar-me-ás também por dinheiro a água que beba; tão-somente deixa-me passar a pé,

29 como fizeram comigo os filhos de Esaú, que habitam em Seir, e os moabitas, que habitam em Ar; até que eu passe o Jordão, à terra que o SENHOR, nosso Deus, nos dá.

30 Mas Seom, rei de Hesbom, não nos quis deixar passar por sua terra, porquanto o SENHOR, teu Deus, endurecera o seu espírito e fizera obstinado o seu coração, para to dar nas mãos, como hoje se vê.

2.9 Gn 19.37.   2.14 Nm 14.28-35.   2.19 Gn 19.38.

³¹ Disse-me, pois, o Senhor: Eis aqui, tenho começado a dar-te Seom e a sua terra; passa a desapossá-lo, para lhe ocupares o país.

³² Então, Seom saiu-nos ao encontro, ele e todo o seu povo, à peleja em Jaza.

³³ E o Senhor, nosso Deus, no-lo entregou, e o derrotamos, a ele, e a seus filhos, e a todo o seu povo.

³⁴ Naquele tempo, tomamos todas as suas cidades e a cada uma destruímos com os seus homens, mulheres e crianças; não deixamos sobrevivente algum.

³⁵ Somente tomamos, por presa, o gado para nós e o despojo das cidades que tínhamos tomado.

³⁶ Desde Aroer, que está à borda do vale de Arnom, e a cidade que nele está, até Gileade, nenhuma cidade houve alta demais para nós; tudo isto o Senhor, nosso Deus, nos entregou.

³⁷ Somente à terra dos filhos de Amom não chegaste; nem a toda a borda do ribeiro de Jaboque, nem às cidades da região montanhosa, nem a lugar algum que nos proibira o Senhor, nosso Deus.

Vitória sobre Ogue, rei de Basã
Nm 21.31-35

3 Depois, nos viramos e subimos o caminho de Basã; e Ogue, rei de Basã, nos saiu ao encontro, ele e todo o seu povo, à peleja em Edrei.

² Então, o Senhor me disse: Não temas, porque a ele, e todo o seu povo, e sua terra dei na tua mão; e far-lhe-ás como fizeste a Seom, rei dos amorreus, que habitava em Hesbom.

³ Deu-nos o Senhor, nosso Deus, em nossas mãos também a Ogue, rei de Basã, e a todo o seu povo; e ferimo-lo, até que lhe não ficou nenhum sobrevivente.

⁴ Nesse tempo, tomamos todas as suas cidades; nenhuma cidade houve que lhe não tomássemos: sessenta cidades, toda a região de Argobe, o reino de Ogue, em Basã.

⁵ Todas estas cidades eram fortificadas com altos muros, portas e ferrolhos; tomamos também outras muitas cidades, que eram sem muros.

⁶ Destruímo-las totalmente, como fizemos a Seom, rei de Hesbom, fazendo perecer, por completo, cada uma das cidades com os seus homens, suas mulheres e crianças.

⁷ Porém todo o gado e o despojo das cidades tomamos para nós, por presa.

⁸ Assim, nesse tempo, tomamos a terra da mão daqueles dois reis dos amorreus que estavam dalém do Jordão: desde o rio de Arnom até ao monte Hermom

⁹ (Os sidônios a Hermom chamam Siriom; porém os amorreus lhe chamam Senir.),

¹⁰ tomamos todas as cidades do planalto, e todo o Gileade, e todo o Basã, até Salcá e Edrei, cidades do reino de Ogue, em Basã

¹¹ (Porque só Ogue, rei de Basã, restou dos refains; eis que o seu leito, leito de ferro, não está, porventura, em Rabá dos filhos de Amom, sendo de nove côvados o seu comprimento, e de quatro, a sua largura, pelo côvado comum?).

Distribuição da Transjordânia
Nm 32.33-42

¹² Tomamos, pois, esta terra em possessão nesse tempo; desde Aroer, que está junto ao vale de Arnom, e a metade da região montanhosa de Gileade, com as suas cidades, dei aos rubenitas e gaditas.

¹³ O resto de Gileade, como também todo o Basã, o reino de Ogue, dei à meia tribo de Manassés; toda aquela região de Argobe, todo o Basã, se chamava a terra dos refains.

¹⁴ Jair, filho de Manassés, tomou toda a região de Argobe até ao limite dos gesuritas e maacatitas, isto é, Basã, e às aldeias chamou pelo seu nome: Havote-Jair, até o dia de hoje.

¹⁵ A Maquir dei Gileade.

¹⁶ Mas aos rubenitas e gaditas dei desde Gileade até ao vale de Arnom, cujo meio serve de limite; e até ao ribeiro de Jaboque, o limite dos filhos de Amom,

¹⁷ como também o Arabá e o Jordão por limite, desde Quinerete até ao mar do Arabá, o mar Salgado, pelas faldas de Pisga, para o oriente.

¹⁸ Nesse mesmo tempo, vos ordenei, dizendo: o Senhor, vosso Deus, vos deu esta terra, para a possuirdes; passai, pois, armados, todos os homens valentes, adiante de vossos irmãos, os filhos de Israel.

¹⁹ Tão-somente vossas mulheres, e vossas crianças, e vosso gado (porque sei que tendes muito gado) ficarão nas vossas cidades que já vos tenho dado,

²⁰ até que o Senhor dê descanso a vos-

3.18-20 Nm 32.28-32; Js 1.12-15.

sos irmãos como a vós outros, para que eles também ocupem a terra que o SENHOR, vosso Deus, lhes dá dalém do Jordão; então, voltareis cada qual à sua possessão que vos dei.

²¹ Também, nesse tempo, dei ordem a Josué, dizendo: os teus olhos vêem tudo o que o SENHOR, vosso Deus, tem feito a estes dois reis; assim fará o SENHOR a todos os reinos a que tu passarás.

²² Não os temais, porque o SENHOR, vosso Deus, é o que peleja por vós.

A oração de Moisés
para entrar em Canaã
Nm 27.12-23

²³ Também eu, nesse tempo, implorei graça ao SENHOR, dizendo: ²⁴ Ó SENHOR Deus! Passaste a mostrar ao teu servo a tua grandeza e a tua poderosa mão; porque que deus há, nos céus ou na terra, que possa fazer segundo as tuas obras, segundo os teus poderosos feitos?

²⁵ Rogo-te que me deixes passar, para que eu veja esta boa terra que está dalém do Jordão, esta boa região montanhosa e o Líbano.

²⁶ Porém o SENHOR indignou-se muito contra mim, por vossa causa, e não me ouviu; antes, me disse: Basta! Não me fales mais nisto.

²⁷ Sobe ao cume de Pisga, levanta os olhos para o ocidente, e para o norte, e para o sul, e para o oriente e contempla com os próprios olhos, porque não passarás este Jordão.

²⁸ Dá ordens a Josué, e anima-o, e fortalece-o; porque ele passará adiante deste povo e o fará possuir a terra que tu apenas verás.

²⁹ Assim, ficamos no vale defronte de Bete-Peor.

Moisés exorta o povo à obediência

4 Agora, pois, ó Israel, ouve os estatutos e os juízos que eu vos ensino, para os cumprirdes, para que vivais, e entreis, e possuais a terra que o SENHOR, Deus de vossos pais, vos dá.

² Nada acrescentareis à palavra que vos mando, nem diminuireis dela, para que guardeis os mandamentos do SENHOR, vosso Deus, que eu vos mando.

³ Os vossos olhos viram o que o SENHOR fez por causa de Baal-Peor; pois a todo homem que seguiu a Baal-Peor o SENHOR, vosso Deus, consumiu do vosso meio.

⁴ Porém vós que permanecestes fiéis ao SENHOR, vosso Deus, todos, hoje, estais vivos.

⁵ Eis que vos tenho ensinado estatutos e juízos, como me mandou o SENHOR, meu Deus, para que assim façais no meio da terra que passais a possuir.

⁶ Guardai-os, pois, e cumpri-os, porque isto será a vossa sabedoria e o vosso entendimento perante os olhos dos povos que, ouvindo todos estes estatutos, dirão: Certamente, este grande povo é gente sábia e inteligente.

⁷ Pois que grande nação há que tenha deuses tão chegados a si como o SENHOR, nosso Deus, todas as vezes que o invocamos?

⁸ E que grande nação há que tenha estatutos e juízos tão justos como toda esta lei que eu hoje vos proponho?

⁹ Tão-somente guarda-te a ti mesmo e guarda bem a tua alma, que te não esqueças daquelas cousas que os teus olhos têm visto, e se não apartem do teu coração todos os dias da tua vida, e as farás saber a teus filhos e aos filhos de teus filhos.

¹⁰ Não te esqueças do dia em que estiveste perante o SENHOR, teu Deus, em Horebe, quando o SENHOR me disse: Reúne este povo, e os farei ouvir as minhas palavras, a fim de que aprenda a temer-me todos os dias que na terra viver e as ensinará a seus filhos.

¹¹ Então, chegastes e vos pusestes ao pé do monte; e o monte ardia em fogo até ao meio dos céus, e havia trevas, e nuvens, e escuridão.

¹² Então, o SENHOR vos falou do meio do fogo; a voz das palavras ouvistes; porém, além da voz, não vistes aparência nenhuma.

¹³ Então, vos anunciou ele a sua aliança, que vos prescreveu, os dez mandamentos, e os escreveu em duas tábuas de pedra.

¹⁴ Também o SENHOR me ordenou, ao mesmo tempo, que vos ensinasse estatutos e juízos, para que os cumprísseis na terra a qual passais a possuir.

¹⁵ Guardai, pois, cuidadosamente, a vossa alma, pois aparência nenhuma vistes

3.23-27 Dt 32.48-52. 4.2 Ap 22.18,19. 4.3 Nm 25.1-9. 4.10-12 Êx 19.16-18; Hb 12.18,19. 4.13 Êx 31.18.
4.14 Êx 21.1.

no dia em que o Senhor, vosso Deus, vos falou em Horebe, no meio do fogo;

¹⁶ para que não vos corrompais e vos façais alguma imagem esculpida na forma de ídolo, semelhança de homem ou de mulher,

¹⁷ semelhança de algum animal que há na terra, semelhança de algum volátil que voa pelos céus,

¹⁸ semelhança de algum animal que rasteja sobre a terra, semelhança de algum peixe que há nas águas debaixo da terra.

¹⁹ Guarda-te não levantes os olhos para os céus e, vendo o sol, a lua e as estrelas, a saber, todo o exército dos céus, sejas seduzido a inclinar-te perante eles e dês culto àqueles, cousas que o Senhor, teu Deus, repartiu a todos os povos debaixo de todos os céus.

²⁰ Mas o Senhor vos tomou e vos tirou da fornalha de ferro do Egito, para que lhe sejais povo de herança, como hoje se vê.

²¹ Também o Senhor se indignou contra mim, por vossa causa, e jurou que eu não passaria o Jordão e não entraria na boa terra que o Senhor, teu Deus, te dá por herança.

²² Porque eu morrerei neste lugar, não passarei o Jordão; porém vós o passareis e possuireis aquela boa terra.

²³ Guardai-vos não vos esqueçais da aliança do Senhor, vosso Deus, feita convosco, e vos façais alguma imagem esculpida, semelhança de alguma cousa que o Senhor, vosso Deus, vos proibiu.

²⁴ Porque o Senhor, teu Deus, é fogo que consome, é Deus zeloso.

²⁵ Quando, pois, gerardes filhos e filhos de filhos, e vos envelhecerdes na terra, e vos corromperdes, e fizerdes alguma imagem esculpida, semelhança de alguma cousa, e fizerdes mal aos olhos do Senhor, teu Deus, para o provocar à ira,

²⁶ hoje, tomo por testemunhas contra vós outros o céu e a terra, que, com efeito, perecereis, imediatamente, da terra a qual, passado o Jordão, ides possuir; não prolongareis os vossos dias nela; antes, sereis de todo destruídos.

²⁷ O Senhor vos espalhará entre os povos, e restareis poucos em número entre as gentes aonde o Senhor vos conduzirá.

²⁸ Lá, servireis a deuses que são obra de mãos de homens, madeira e pedra, que não vêem, nem ouvem, nem comem, nem cheiram.

²⁹ De lá, buscarás ao Senhor, teu Deus, e o acharás, quando o buscares de todo o teu coração e de toda a tua alma.

³⁰ Quando estiveres em angústia, e todas estas cousas te sobrevierem nos últimos dias, e te voltares para o Senhor, teu Deus, e lhe atenderes a voz,

³¹ então, o Senhor, teu Deus, não te desamparará, porquanto é Deus misericordioso, nem te destruirá, nem se esquecerá da aliança que jurou a teus pais.

³² Agora, pois, pergunta aos tempos passados, que te precederam, desde o dia em que Deus criou o homem sobre a terra, desde uma extremidade do céu até à outra, se sucedeu jamais cousa tamanha como esta ou se se ouviu cousa como esta;

³³ ou se algum povo ouviu falar a voz de algum deus do meio do fogo, como tu a ouviste, ficando vivo;

³⁴ ou se um deus intentou ir tomar para si um povo do meio de outro povo, com provas, e com sinais, e com milagres, e com peleja, e com mão poderosa, e com braço estendido, e com grandes espantos, segundo tudo quanto o Senhor, vosso Deus, vos fez no Egito, aos vossos olhos.

³⁵ A ti te foi mostrado para que soubesses que o Senhor é Deus; nenhum outro há, senão ele.

³⁶ Dos céus te fez ouvir a sua voz, para te ensinar, e sobre a terra te mostrou o seu grande fogo, e do meio do fogo ouviste as suas palavras.

³⁷ Porquanto amou teus pais, e escolheu a sua descendência depois deles, e te tirou do Egito, ele mesmo presente e com a sua grande força,

³⁸ para lançar de diante de ti nações maiores e mais poderosas do que tu, para te introduzir na sua terra e ta dar por herança, como hoje se vê.

³⁹ Por isso, hoje, saberás e refletirás no teu coração que só o Senhor é Deus em cima no céu e embaixo na terra; nenhum outro há.

⁴⁰ Guarda, pois, os seus estatutos e os seus mandamentos que te ordeno hoje, para que te vá bem a ti e a teus filhos depois de ti e para que prolongues os dias na terra que o Senhor, teu Deus, te dá para todo o sempre.

4.16 Êx 20.4; Lv 26.1; Dt 5.8; 27.15.   4.20 Êx 19.4-6.   4.21 Nm 20.12.   4.24 Hb 12.29.   4.27,28 Dt 28.36.   4.29 Jr 29.13.   4.35 Mc 12.32.

Três cidades de refúgio
Nm 35.9-15; Dt 19.1-3

41 Então, Moisés separou três cidades dalém do Jordão, da banda do nascimento do sol,
42 para que se acolhesse ali o homicida que matasse, involuntariamente, o seu próximo, a quem, dantes, não tivesse ódio algum, e se acolhesse a uma destas cidades e vivesse:
43 Bezer, no deserto, no planalto, para os rubenitas; Ramote, em Gileade, para os gaditas; e Golã, em Basã, para os manassitas.

O SEGUNDO DISCURSO DE MOISÉS

Moisés conta a história da legislação

44 Esta é a lei que Moisés propôs aos filhos de Israel.
45 São estes os testemunhos, e os estatutos, e os juízos que Moisés falou aos filhos de Israel, quando saíram do Egito,
46 além do Jordão, no vale defronte de Bete-Peor, na terra de Seom, rei dos amorreus, que habitava em Hesbom, a quem Moisés e os filhos de Israel feriram ao saírem do Egito,
47 e tomaram a sua terra em possessão, como também a terra de Ogue, rei de Basã, dois reis dos amorreus, que estavam além do Jordão, da banda do nascimento do sol;
48 desde Aroer, que está à borda do vale de Arnom, até ao monte Siom, que é Hermom,
49 e todo o Arabá, além do Jordão, da banda do oriente, até ao mar do Arabá, pelas faldas de Pisga.

A repetição dos dez mandamentos
Êx 20.1-17

5 Chamou Moisés a todo o Israel e disselhe: Ouvi, ó Israel, os estatutos e juízos que hoje vos falo aos ouvidos, para que os aprendais e cuideis em os cumprirdes.
2 O SENHOR, nosso Deus, fez aliança conosco em Horebe.
3 Não foi com nossos pais que fez o SENHOR esta aliança e sim conosco, todos os que, hoje, aqui estamos vivos.
4 Face a face falou o SENHOR conosco, no monte, do meio do fogo

5 (Nesse tempo, eu estava em pé entre o SENHOR e vós, para vos notificar a palavra do SENHOR, porque temestes o fogo e não subistes ao monte.), dizendo:
6 Eu sou o SENHOR, teu Deus, que te tirei do Egito, da casa da servidão.
7 Não terás outros deuses diante de mim.
8 Não farás para ti imagem de escultura, nem semelhança alguma do que há em cima no céu, nem embaixo na terra, nem nas águas debaixo da terra;
9 não as adorarás, nem lhes darás culto; porque eu, o SENHOR, teu Deus, sou Deus zeloso, que visito a iniquidade dos pais nos filhos até a terceira e quarta geração daqueles que me aborrecem,
10 e faço misericórdia até mil gerações daqueles que me amam e guardam os meus mandamentos.
11 Não tomarás o nome do SENHOR, teu Deus, em vão, porque o SENHOR não terá por inocente o que tomar o seu nome em vão.
12 Guarda o dia de sábado, para o santificar, como te ordenou o SENHOR, teu Deus.
13 Seis dias trabalharás e farás toda a tua obra.
14 Mas o sétimo dia é o sábado do SENHOR, teu Deus; não farás nenhum trabalho, nem tu, nem o teu filho, nem a tua filha, nem o teu servo, nem a tua serva, nem o teu boi, nem o teu jumento, nem animal algum teu, nem o estrangeiro das tuas portas para dentro, para que o teu servo e a tua serva descansem como tu;
15 porque te lembrarás que foste servo na terra do Egito e que o SENHOR, teu Deus, te tirou dali com mão poderosa e braço estendido; pelo que o SENHOR, teu Deus, te ordenou que guardasses o dia de sábado.
16 Honra a teu pai e a tua mãe, como o SENHOR, teu Deus, te ordenou, para que se prolonguem os teus dias e para que te vá bem na terra que o SENHOR, teu Deus, te dá.
17 Não matarás.
18 Não adulterarás.
19 Não furtarás.
20 Não dirás falso testemunho contra o teu próximo.

4.41-43 Dt 19.1-3; Js 20.7-9. **5.8** Êx 34.17; Lv 19.4; 26.1; Dt 4.15-19; 27.15. **5.9-10** Êx 34.7; Nm 14.18; Dt 7.9. **5.11** Lv 19.12. **5.12-15** Êx 16.23-30; 23.12; 31.12-17; 34.21; 35.2,3; Lv 23.3. **5.16** Dt 27.16; Mt 15.4; 19.19; Mc 7.10; 10.19; Lc 18.20; Ef 6.2,3. **5.17** Gn 9.6; Lv 24.17; Mt 5.21; 19.18; Mc 10.19; Lc 18.20; Rm 13.9; Tg 2.11. **5.18** Lv 20.10; Mt 5.27; 10.18; Mc 10.19; Lc 18.20; Rm 13.9; Tg 2.11. **5.19** Lv 19.11; Mt 19.18; Mc 10.19; Lc 18.20; Rm 13.9. **5.20** Êx 23.1; Mt 19.18; Mc 10.19; Lc 18.20; Rm 13.9.

21 Não cobiçarás a mulher do teu próximo. Não desejarás a casa do teu próximo, nem o seu campo, nem o seu servo, nem a sua serva, nem o seu boi, nem o seu jumento, nem cousa alguma do teu próximo.

Moisés, mediador entre Deus e o povo
Êx 20.18-21

22 Estas palavras falou o SENHOR a toda a vossa congregação no monte, do meio do fogo, da nuvem e da escuridade, com grande voz, e nada acrescentou. Tendo-as escrito em duas tábuas de pedra, deu-mas a mim.

23 Sucedeu que, ouvindo a voz do meio das trevas, enquanto ardia o monte em fogo, vos achegastes a mim, todos os cabeças das vossas tribos e vossos anciãos,

24 e dissestes: Eis aqui o SENHOR, nosso Deus, nos fez ver a sua glória e a sua grandeza, e ouvimos a sua voz do meio do fogo; hoje, vimos que Deus fala com o homem, e este permanece vivo.

25 Agora, pois, por que morreríamos? Pois este grande fogo nos consumiria; se ainda mais ouvíssemos a voz do SENHOR, nosso Deus, morreríamos.

26 Porque quem há, de toda carne, que tenha ouvido a voz do Deus vivo falar do meio do fogo, como nós ouvimos, e permanecido vivo?

27 Chega-te, e ouve tudo o que disser o SENHOR, nosso Deus; e tu nos dirás tudo o que te disser o SENHOR, nosso Deus, e o ouviremos, e o cumpriremos.

28 Ouvindo, pois, o SENHOR as vossas palavras, quando me faláveis a mim, o SENHOR me disse: Eu ouvi as palavras deste povo, as quais te disseram; em tudo falaram eles bem.

29 Quem dera que eles tivessem tal coração, que me temessem e guardassem em todo o tempo todos os meus mandamentos, para que bem lhes fosse a eles e a seus filhos, para sempre!

30 Vai, dize-lhes: Tornai-vos às vossas tendas.

31 Tu, porém, fica-te aqui comigo, e eu te direi todos os mandamentos, e estatutos, e juízos que tu lhes hás de ensinar que cumpram na terra que eu lhes darei para possuí-la.

32 Cuidareis em fazerdes como vos mandou o SENHOR, vosso Deus; não vos desviareis, nem para a direita, nem para a esquerda.

33 Andareis em todo o caminho que vos manda o SENHOR, vosso Deus, para que vivais, bem vos suceda, e prolongueis os dias na terra que haveis de possuir.

O fim da lei é a obediência

6 Estes, pois, são os mandamentos, os estatutos e os juízos que mandou o SENHOR, teu Deus, se te ensinassem, para que os cumprisses na terra a que passas para a possuir;

2 para que temas ao SENHOR, teu Deus, e guardes todos os seus estatutos e mandamentos que eu te ordeno, tu, e teu filho, e o filho de teu filho, todos os dias da tua vida; e que teus dias sejam prolongados.

3 Ouve, pois, ó Israel, e atenta em os cumprires, para que bem te suceda, e muito te multipliques na terra que mana leite e mel, como te disse o SENHOR, Deus de teus pais.

4 Ouve, Israel, o SENHOR, nosso Deus, é o único SENHOR.

5 Amarás, pois, o SENHOR, teu Deus, de todo o teu coração, de toda a tua alma e de toda a tua força.

6 Estas palavras que, hoje, te ordeno estarão no teu coração;

7 tu as inculcarás a teus filhos, e delas falarás assentado em tua casa, e andando pelo caminho, e ao deitar-te, e ao levantar-te.

8 Também as atarás como sinal na tua mão, e te serão por frontal entre os olhos.

9 E as escreverás nos umbrais de tua casa e nas tuas portas.

10 Havendo-te, pois, o SENHOR, teu Deus, introduzido na terra que, sob juramento, prometeu a teus pais, Abraão, Isaque e Jacó, te daria, grandes e boas cidades, que tu não edificaste;

11 e casas cheias de tudo o que é bom, casas que não encheste; e poços abertos, que não abriste; vinhais e olivais, que não plantaste; e, quando comeres e te fartares,

12 guarda-te, para que não esqueças o SENHOR, que te tirou da terra do Egito, da casa da servidão.

13 O SENHOR, teu Deus, temerás, a ele servirás, e, pelo seu nome, jurarás.

14 Não seguirás outros deuses, nenhum dos deuses dos povos que houver à roda de ti,

5.21 Rm 7.7; 13.9.   **5.22-27** Hb 12.18,19.   **6.4** Mc 12.29.   **6.5** Mt 22.37; Mc 12.30; Lc 10.27.
6.6-9 Dt 11.18-20.   **6.10** Gn 12.7; 26.3; 28.13.   **6.13** Mt 4.10; Lc 4.8.

¹⁵ porque o Senhor, teu Deus, é Deus zeloso no meio de ti, para que a ira do Senhor, teu Deus, se não acenda contra ti e te destrua de sobre a face da terra.

¹⁶ Não tentarás o Senhor, teu Deus, como o tentaste em Massá.

¹⁷ Diligentemente, guardarás os mandamentos do Senhor, teu Deus, e os seus testemunhos, e os seus estatutos que te ordenou.

¹⁸ Farás o que é reto e bom aos olhos do Senhor, para que bem te suceda, e entres, e possuas a boa terra a qual o Senhor, sob juramento, prometeu dar a teus pais,

¹⁹ lançando todos os teus inimigos de diante de ti, como o Senhor tem dito.

²⁰ Quando teu filho, no futuro, te perguntar, dizendo: Que significam os testemunhos, e estatutos, e juízos que o Senhor, nosso Deus, vos ordenou?

²¹ Então, dirás a teu filho: Éramos servos de Faraó, no Egito; porém o Senhor de lá nos tirou com poderosa mão.

²² Aos nossos olhos fez o Senhor sinais e maravilhas, grandes e terríveis, contra o Egito e contra Faraó e toda a sua casa;

²³ e dali nos tirou, para nos levar e nos dar a terra que sob juramemto prometeu a nossos pais.

²⁴ O Senhor nos ordenou cumpríssemos todos estes estatutos e temêssemos o Senhor, nosso Deus, para o nosso perpétuo bem, para nos guardar em vida, como tem feito até hoje.

²⁵ Será por nós justiça, quando tivermos cuidado de cumprir todos estes mandamentos perante o Senhor, nosso Deus, como nos tem ordenado.

Admoestações contra a infidelidade
Êx 34.10-17

7 Quando o Senhor, teu Deus, te introduzir na terra a qual passas a possuir, e tiver lançado muitas nações de diante de ti, os heteus, e os girgaseus, e os amorreus, e os cananeus, e os ferezeus, e os heveus, e os jebuseus, sete nações mais numerosas e mais poderosas do que tu;

² e o Senhor, teu Deus, as tiver dado diante de ti, para as ferir, totalmente as destruirás; não farás com elas aliança, nem terás piedade delas;

³ nem contrairás matrimônio com os filhos dessas nações; não darás tuas filhas a seus filhos, nem tomarás suas filhas para teus filhos;

⁴ pois elas fariam desviar teus filhos de mim, para que servissem a outros deuses; e a ira do Senhor se acenderia contra vós outros e depressa vos destruiria.

⁵ Porém assim lhes fareis: derribareis os seus altares, quebrareis as suas colunas, cortareis os seus postes-ídolos e queimareis as suas imagens de escultura.

⁶ Porque tu és povo santo ao Senhor, teu Deus; o Senhor, teu Deus, te escolheu, para que lhe fosses o seu povo próprio, de todos os povos que há sobre a terra.

⁷ Não vos teve o Senhor afeição, nem vos escolheu porque fôsseis mais numerosos do que qualquer povo, pois éreis o menor de todos os povos,

⁸ mas porque o Senhor vos amava e, para guardar o juramento que fizera a vossos pais, o Senhor vos tirou com mão poderosa e vos resgatou da casa da servidão, do poder de Faraó, rei do Egito.

⁹ Saberás, pois, que o Senhor, teu Deus, é Deus, o Deus fiel, que guarda a aliança e a misericórdia até mil gerações aos que o amam e cumprem os seus mandamentos;

¹⁰ e dá o pago diretamente aos que o odeiam, fazendo-os perecer; não será demorado para com o que o odeia; prontamente, lho retribuirá.

¹¹ Guarda, pois, os mandamentos, e os estatutos, e os juízos que hoje te mando cumprir.

Bênçãos decorrentes da obediência
Lv 26.3-13; Dt 28.1-14

¹² Será, pois, que, se, ouvindo estes juízos, os guardares e cumprires, o Senhor, teu Deus, te guardará a aliança e a misericórdia prometida sob juramento a teus pais;

¹³ ele te amará, e te abençoará, e te fará multiplicar; também abençoará os teus filhos, e o fruto da tua terra, e o teu cereal, e o teu vinho, e o teu azeite, e as crias das tuas vacas e das tuas ovelhas, na terra que, sob juramento a teus pais, prometeu dar-te.

¹⁴ Bendito serás mais do que todos os povos; não haverá entre ti nem homem, nem mulher estéril, nem entre os teus animais.

¹⁵ O Senhor afastará de ti toda enfermidade; sobre ti não porá nenhuma das doenças malignas dos egípcios, que bem sabes; antes, as porá sobre todos os que te odeiam.

6.16 Mt 4.7; Lc 4.12; Êx 17.7. 7.1 At 13.19. 7.5 Dt 12.3. 7.6 Êx 19.5; Dt 14.2; Tt 2.14; 1Pe 2.9. 7.9 Êx 20.5,6; Dt 5.9,10.

¹⁶ Consumirás todos os povos que te der o SENHOR, teu Deus; os teus olhos não terão piedade deles, nem servirás a seus deuses, pois isso te seria por ciladas.

¹⁷ Se disseres no teu coração: Estas nações são mais numerosas do que eu; como poderei desapossá-las?

¹⁸ Delas não tenhas temor; lembrar-te-ás do que o SENHOR, teu Deus, fez a Faraó e a todo o Egito;

¹⁹ das grandes provas que viram os teus olhos, e dos sinais, e maravilhas, e mão poderosa, e braço estendido, com que o SENHOR, teu Deus, te tirou; assim fará o SENHOR, teu Deus, com todos os povos, aos quais temes.

²⁰ Além disso, o SENHOR, teu Deus, mandará entre eles vespões, até que pereçam os que ficarem e se esconderem de diante de ti.

²¹ Não te espantes diante deles, porque o SENHOR, teu Deus, está no meio de ti, Deus grande e temível.

²² O SENHOR, teu Deus, lançará fora estas nações, pouco a pouco, de diante de ti; não poderás destruí-las todas de pronto, para que as feras do campo se não multipliquem contra ti.

²³ Mas o SENHOR, teu Deus, tas entregará e lhes infligirá grande confusão, até que sejam destruídas.

²⁴ Entregar-te-á também nas mãos os seus reis, para que apagues o nome deles de debaixo dos céus; nenhum homem poderá resistir-te, até que os destruas.

²⁵ As imagens de escultura de seus deuses queimarás; a prata e o ouro que estão sobre elas não cobiçarás, nem os tomarás para ti, para que te não enlaces neles; pois são abominação ao SENHOR, teu Deus.

²⁶ Não meterás, pois, cousa abominável em tua casa, para que não sejas amaldiçoado, semelhante a ela; de todo, a detestarás e, de todo, a abominarás, pois é amaldiçoada.

Exortação a ter em memória os benefícios do SENHOR

8 Cuidareis de cumprir todos os mandamentos que hoje vos ordeno, para que vivais, e vos multipliqueis, e entreis, e possuais a terra que o SENHOR prometeu sob juramento a vossos pais.

² Recordar-te-ás de todo o caminho pelo qual o SENHOR, teu Deus, te guiou no deserto estes quarenta anos, para te humi-

lhar, para te provar, para saber o que estava no teu coração, se guardarias ou não os seus mandamentos.

³ Ele te humilhou, e te deixou ter fome, e te sustentou com o maná, que tu não conhecias, nem teus pais o conheciam, para te dar a entender que não só de pão viverá o homem, mas de tudo o que procede da boca do SENHOR viverá o homem.

⁴ Nunca envelheceu a tua veste sobre ti, nem se inchou o teu pé nestes quarenta anos.

⁵ Sabe, pois, no teu coração, que, como um homem disciplina a seu filho, assim te disciplina o SENHOR, teu Deus.

⁶ Guarda os mandamentos do SENHOR, teu Deus, para andares nos seus caminhos e o temeres;

⁷ porque o SENHOR, teu Deus, te faz entrar numa boa terra, terra de ribeiros de águas, de fontes, de mananciais profundos, que saem dos vales e das montanhas;

⁸ terra de trigo e cevada, de vides, figueiras e romeiras; terra de oliveiras, de azeite e mel;

⁹ terra em que comerás o pão sem escassez, e nada te faltará nela; terra cujas pedras são ferro e de cujos montes cavarás o cobre.

¹⁰ Comerás, e te fartarás, e louvarás o SENHOR, teu Deus, pela boa terra que te deu.

¹¹ Guarda-te não te esqueças do SENHOR, teu Deus, não cumprindo os seus mandamentos, os seus juízos e os seus estatutos, que hoje te ordeno;

¹² para não suceder que, depois de teres comido e estiveres farto, depois de haveres edificado boas casas e morado nelas;

¹³ depois de se multiplicarem os teus gados e os teus rebanhos, e se aumentar a tua prata e o teu ouro, e ser abundante tudo quanto tens,

¹⁴ se eleve o teu coração, e te esqueças do SENHOR, teu Deus, que te tirou da terra do Egito, da casa da servidão,

¹⁵ que te conduziu por aquele grande e terrível deserto de serpentes abrasadoras, de escorpiões e de secura, em que não havia água; e te fez sair água da pederneira;

¹⁶ que no deserto te sustentou com maná, que teus pais não conheciam; para te humilhar, e para te provar, e, afinal, te fazer bem.

¹⁷ Não digas, pois, no teu coração: A minha força e o poder do meu braço me adquiriram estas riquezas.

8.3 Mt 4.4; Lc 4.4.   **8.14** Os 13.5,6.

¹⁸ Antes, te lembrarás do Senhor, teu Deus, porque é ele o que te dá força para adquirires riquezas; para confirmar a sua aliança, que, sob juramento, prometeu a teus pais, como hoje se vê.

¹⁹ Se te esqueceres do Senhor, teu Deus, e andares após outros deuses, e os servires, e os adorares, protesto, hoje, contra vós outros que perecereis.

²⁰ Como as nações que o Senhor destruiu de diante de vós, assim perecereis; porquanto não quisestes obedecer à voz do Senhor, vosso Deus.

Moisés lembra aos israelitas o socorro divino

9 Ouve, ó Israel, tu passas, hoje, o Jordão para entrares a possuir nações maiores e mais fortes do que tu; cidades grandes e amuralhadas até aos céus;

² povo grande e alto, filhos dos enaquins, que tu conheces e de que já ouvistes: Quem poderá resistir aos filhos de Enaque?

³ Sabe, pois, hoje, que o Senhor, teu Deus, é que passa adiante de ti; é fogo que consome, e os destruirá, e os subjugará diante de ti; assim, os desapossarás e, depressa, os farás perecer, como te prometeu o Senhor.

⁴ Quando, pois, o Senhor, teu Deus, os tiver lançado de diante de ti, não digas no teu coração: Por causa da minha justiça é que o Senhor me trouxe a esta terra para a possuir, porque, pela maldade destas gerações, é que o Senhor as lança de diante de ti.

⁵ Não é por causa da tua justiça, nem pela retitude do teu coração que entras a possuir a sua terra, mas pela maldade destas nações o Senhor, teu Deus, as lança de diante de ti; e para confirmar a palavra que o Senhor, teu Deus, jurou a teus pais, Abraão, Isaque e Jacó.

As infidelidades de Israel
Êx 32.1-20

⁶ Sabe, pois, que não é por causa da tua justiça que o Senhor, teu Deus, te dá esta boa terra para possuí-la, pois tu és povo de dura cerviz.

⁷ Lembrai-vos e não vos esqueçais de que muito provocastes à ira o Senhor, vosso Deus, no deserto; desde o dia em que saístes do Egito até que chegastes a esse lugar, rebeldes fostes contra o Senhor;

⁸ pois, em Horebe, tanto provocastes à ira o Senhor, que a ira do Senhor se acendeu contra vós para vos destruir.

⁹ Subindo eu ao monte a receber as tábuas de pedra, as tábuas da aliança que o Senhor fizera convosco, fiquei no monte quarenta dias e quarenta noites; não comi pão, nem bebi água.

¹⁰ Deu-me o Senhor as duas tábuas de pedra, escritas com o dedo de Deus; e, nelas, estavam todas as palavras segundo o Senhor havia falado convosco no monte, do meio do fogo, estando reunido todo o povo.

¹¹ Ao fim dos quarenta dias e quarenta noites, o Senhor me deu as duas tábuas de pedra, as tábuas da aliança.

¹² E o Senhor me disse: Levanta-te, desce depressa daqui, porque o teu povo, que tiraste do Egito, já se corrompeu; cedo se desviou do caminho que lhe ordenei; imagem fundida para si fez.

¹³ Falou-me ainda o Senhor, dizendo: Atentei para este povo, e eis que ele é povo de dura cerviz.

¹⁴ Deixa-me que o destrua e apague o seu nome de debaixo dos céus; e te faça a ti nação mais forte e mais numerosa do que esta.

¹⁵ Então, me virei e desci do monte; e o monte ardia em fogo; as duas tábuas da aliança estavam em ambas as minhas mãos.

¹⁶ Olhei, e eis que havíeis pecado contra o Senhor, vosso Deus; tínheis feito para vós outros um bezerro fundido; cedo vos desviastes do caminho que o Senhor vos ordenara.

¹⁷ Então, peguei as duas tábuas, e as arrojei das minhas mãos, e as quebrei ante os vossos olhos.

¹⁸ Prostrado estive perante o Senhor, como dantes, quarenta dias e quarenta noites; não comi pão e não bebi água, por causa de todo o vosso pecado que havíeis cometido, fazendo mal aos olhos do Senhor, para o provocar à ira.

¹⁹ Pois temia por causa da ira e do furor com que o Senhor tanto estava irado contra vós outros para vos destruir; porém ainda esta vez o Senhor me ouviu.

²⁰ O Senhor se irou muito contra Arão para o destruir; mas também orei por Arão ao mesmo tempo.

²¹ Porém tomei o vosso pecado, o bezerro que tínheis feito, e o queimei, e o esmaguei, moendo-o bem, até que se desfez em

9.9 Êx 24.18.   9.19 Hb 12.21.

pó; e o seu pó lancei no ribeiro que descia do monte.

²² Também em Taberá, em Massá e em Quibrote-Taavá provocastes muito a ira do SENHOR.

²³ Quando também o SENHOR vos enviou de Cades-Barnéia, dizendo: Subi e possuí a terra que vos dei, rebeldes fostes ao mandado do SENHOR, vosso Deus, e não o crestes, e não obedecestes à sua voz.

²⁴ Rebeldes fostes contra o SENHOR, desde o dia em que vos conheci.

Moisés intercede pelo povo
Êx 32.11-14,30-35

²⁵ Prostrei-me, pois, perante o SENHOR e, quarenta dias e quarenta noites, estive prostrado; porquanto o SENHOR dissera que vos queria destruir.

²⁶ Orei ao SENHOR, dizendo: Ó SENHOR Deus! Não destruas o teu povo e a tua herança, que resgataste com a tua grandeza, que tiraste do Egito com poderosa mão.

²⁷ Lembra-te dos teus servos Abraão, Isaque e Jacó; não atentes para a dureza deste povo, nem para a sua maldade, nem para o seu pecado,

²⁸ para que o povo da terra donde nos tiraste não diga: Não tendo podido o SENHOR introduzi-los na terra de que lhes tinha falado e porque os aborrecia, os tirou para matá-los no deserto.

²⁹ Todavia, são eles o teu povo e a tua herança, que tiraste com a tua grande força e com o braço estendido.

As segundas tábuas da lei

10 Naquele tempo, me disse o SENHOR: Lavra duas tábuas de pedra, como as primeiras, e sobe a mim ao monte, e faze uma arca de madeira.

² Escreverei nas duas tábuas as palavras que estavam nas primeiras que quebraste, e as porás na arca.

³ Assim, fiz uma arca de madeira de acácia, lavrei duas tábuas de pedra, como as primeiras, e subi ao monte com as duas tábuas na mão.

⁴ Então, escreveu o SENHOR nas tábuas, segundo a primeira escritura, os dez mandamentos que ele vos falara no dia da congregação, no monte, no meio do fogo; e o SENHOR mas deu a mim.

⁵ Virei-me, e desci do monte, e pus as tábuas na arca que eu fizera; e ali estão, como o SENHOR me ordenou.

Da vocação da tribo de Levi

⁶ Partiram os filhos de Israel de Beerote-Bene-Jaacã para Mosera. Ali faleceu Arão e ali foi sepultado. Eleazar, seu filho, oficiou como sacerdote em seu lugar.

⁷ Dali partiram para Gudgodá e de Gudgodá para Jotbatá, terra de ribeiros de águas.

⁸ Por esse mesmo tempo, o SENHOR separou a tribo de Levi para levar a arca da Aliança do SENHOR, para estar diante do SENHOR, para o servir e para abençoar em seu nome até ao dia de hoje.

⁹ Pelo que Levi não tem parte nem herança com seus irmãos; o SENHOR é a sua herança, como o SENHOR, teu Deus, lhe tem prometido.

¹⁰ Permaneci no monte, como da primeira vez, quarenta dias e quarenta noites; o SENHOR me ouviu ainda por esta vez; não quis o SENHOR destruir-te.

¹¹ Porém o SENHOR me disse: Levanta-te, põe-te a caminho diante do povo, para que entre e possua a terra que, sob juramento, prometi dar a seus pais.

Exortação à obediência

¹² Agora, pois, ó Israel, que é que o SENHOR requer de ti? Não é que temas o SENHOR, teu Deus, e andes em todos os seus caminhos, e o ames, e sirvas ao SENHOR, teu Deus, de todo o teu coração e de toda a tua alma,

¹³ para guardares os mandamentos do SENHOR e os seus estatutos que hoje te ordeno, para o teu bem?

¹⁴ Eis que os céus e os céus dos céus são do SENHOR, teu Deus, a terra e tudo o que nela há.

¹⁵ Tão-somente o SENHOR se afeiçoou a teus pais para os amar; a vós outros, descendentes deles, escolheu de todos os povos, como hoje se vê.

¹⁶ Circuncidai, pois, o vosso coração e não mais endureçais a vossa cerviz.

¹⁷ Pois o SENHOR, vosso Deus, é o Deus dos deuses e o Senhor dos senhores, o Deus grande, poderoso e temível, que não faz acepção de pessoas, nem aceita suborno;

¹⁸ que faz justiça ao órfão e à viúva e ama o estrangeiro, dando-lhe pão e vestes.

9.22 Nm 11.3; Êx 17.7; Nm 11.34.   **9.23** Nm 13.17; Dt 1.21; Nm 13.30; Dt 1.26.   **10.6** Nm 20.28. **10.8** Nm 3.5-8.   **10.10** Êx 34.28.   **10.17** At 10.34; Rm 2.11; Gl 2.6; Ef 6.9.

¹⁹ Amai, pois, o estrangeiro, porque fostes estrangeiros na terra do Egito.

²⁰ Ao SENHOR, teu Deus, temerás; a ele servirás, a ele te chegarás e, pelo seu nome, jurarás.

²¹ Ele é o teu louvor e o teu Deus, que te fez estas grandes e temíveis cousas que os teus olhos têm visto.

²² Com setenta almas, teus pais desceram ao Egito; e, agora, o SENHOR, teu Deus, te pôs como as estrelas dos céus em multidão.

11 Amarás, pois, o SENHOR, teu Deus, e todos os dias guardarás os seus preceitos, os seus estatutos, os seus juízos e os seus mandamentos.

² Considerai hoje (não falo com os vossos filhos que não conheceram, nem viram a disciplina do SENHOR, vosso Deus), considerai a grandeza do SENHOR, a sua poderosa mão e o seu braço estendido;

³ e também os seus sinais, as suas obras, que fez no meio do Egito a Faraó, rei do Egito, e a toda a sua terra;

⁴ e o que fez ao exército do Egito, aos seus cavalos e aos seus carros, fazendo passar sobre eles as águas do mar Vermelho, quando vos perseguiam, e como o SENHOR os destruiu até ao dia de hoje;

⁵ e o que fez no deserto, até que chegastes a este lugar;

⁶ e ainda o que fez a Datã e a Abirão, filhos de Eliabe, filho de Rúben; como a terra abriu a boca e os tragou e bem assim a sua família, suas tendas e tudo o que os seguia, no meio de todo o Israel;

⁷ porquanto os vossos olhos são os que viram todas as grandes obras que fez o SENHOR.

Os benefícios da obediência

⁸ Guardai, pois, todos os mandamentos que hoje vos ordeno, para que sejais fortes, e entreis, e possuais a terra para onde vos dirigis;

⁹ para que prolongueis os dias na terra que o SENHOR, sob juramento, prometeu dar a vossos pais e à sua descendência, terra que mana leite e mel.

¹⁰ Porque a terra que passais a possuir não é como a terra do Egito, donde saístes, em que semeáveis a vossa semente e, com o pé, a regáveis como a uma horta;

¹¹ mas a terra que passais a possuir é terra de montes e de vales; da chuva dos céus beberá as águas;

¹² terra de que cuida o SENHOR, vosso Deus; os olhos do SENHOR, vosso Deus, estão sobre ela continuamente, desde o princípio até ao fim do ano.

¹³ Se diligentemente obedecerdes a meus mandamentos que hoje vos ordeno, de amar o SENHOR, vosso Deus, e de o servir de todo o vosso coração e de toda a vossa alma,

¹⁴ darei as chuvas da vossa terra a seu tempo, as primeiras e as últimas, para que recolhais o vosso cereal, e o vosso vinho, e o vosso azeite.

¹⁵ Darei erva no vosso campo aos vossos gados, e comereis e vos fartareis.

¹⁶ Guardai-vos não suceda que o vosso coração se engane, e vos desvieis, e sirvais a outros deuses, e vos prostreis perante eles;

¹⁷ que a ira do SENHOR se acenda contra vós outros, e feche ele os céus, e não haja chuva, e a terra não dê a sua messe, e cedo sejais eliminados da boa terra que o SENHOR vos dá.

¹⁸ Ponde, pois, estas minhas palavras no vosso coração e na vossa alma; atai-as por sinal na vossa mão, para que estejam por frontal entre os olhos.

¹⁹ Ensinai-as a vossos filhos, falando delas assentados em vossa casa, e andando pelo caminho, e deitando-vos, e levantando-vos.

²⁰ Escrevei-as nos umbrais de vossa casa e nas vossas portas,

²¹ para que se multipliquem os vossos dias e os dias de vossos filhos na terra que o SENHOR, sob juramento, prometeu dar a vossos pais, e sejam tão numerosos como os dias do céu acima da terra.

²² Porque, se diligentemente guardardes todos estes mandamentos que vos ordeno para os guardardes, amando o SENHOR, vosso Deus, andando em todos os seus caminhos, e a ele vos achegardes,

²³ o SENHOR desapossará todas estas nações, e possuireis nações maiores e mais poderosas do que vós.

²⁴ Todo lugar que pisar a planta do vosso pé, desde o deserto, desde o Líbano, desde o rio, o rio Eufrates, até ao mar ocidental, será vosso.

²⁵ Ninguém vos poderá resistir; o SENHOR, vosso Deus, porá sobre toda terra que pisardes o vosso terror e o vosso temor, como já vos tem dito.

A bênção e a maldição

26 Eis que, hoje, eu ponho diante de vós a bênção e a maldição:

27 a bênção, quando cumprirdes os mandamentos do Senhor, vosso Deus, que hoje vos ordeno;

28 a maldição, se não cumprirdes os mandamentos do Senhor, vosso Deus, mas vos desviardes do caminho que hoje vos ordeno, para seguirdes outros deuses que não conhecestes.

29 Quando, porém, o Senhor, teu Deus, te introduzir na terra a que vais para possuí-la, então, pronunciarás a bênção sobre o monte Gerizim e a maldição sobre o monte Ebal.

30 Porventura, não estão eles além do Jordão, na direção do pôr-do-sol, na terra dos cananeus, que habitam no Arabá, defronte de Gilgal, junto aos carvalhais de Moré?

31 Pois ides passar o Jordão para entrardes e possuirdes a terra que vos dá o Senhor, vosso Deus; possuí-la-eis e nela habitareis.

32 Tende, pois, cuidado em cumprir todos os estatutos e os juízos que eu, hoje, vos prescrevo.

O lugar do culto verdadeiro

12 São estes os estatutos e os juízos que cuidareis de cumprir na terra que vos deu o Senhor, Deus de vossos pais, para a possuirdes todos os dias que viverdes sobre a terra.

2 Destruireis por completo todos os lugares onde as nações que ides desapossar serviram aos seus deuses, sobre as altas montanhas, sobre os outeiros e debaixo de toda árvore frondosa;

3 deitareis abaixo os seus altares, e despedaçareis as suas colunas, e os seus postes-ídolos queimareis, e despedaçareis as imagens esculpidas dos seus deuses, e apagareis o seu nome daquele lugar.

4 Não fareis assim para com o Senhor, vosso Deus,

5 mas buscareis o lugar que o Senhor, vosso Deus, escolher de todas as vossas tribos, para ali pôr o seu nome e sua habitação; e para lá ireis.

6 A esse lugar fareis chegar os vossos holocaustos, e os vossos sacrifícios, e os vossos dízimos, e a oferta das vossas mãos, e as ofertas votivas, e as ofertas voluntárias,

e os primogênitos das vossas vacas e das vossas ovelhas.

7 Lá, comereis perante o Senhor, vosso Deus, e vos alegrareis em tudo o que fizerdes, vós e as vossas casas, no que vos tiver abençoado o Senhor, vosso Deus.

8 Não procedereis em nada segundo estamos fazendo aqui, cada qual tudo o que bem parece aos seus olhos,

9 porque, até agora, não entrastes no descanso e na herança que vos dá o Senhor, vosso Deus.

10 Mas passareis o Jordão e habitareis na terra que vos fará herdar o Senhor, vosso Deus; e vos dará descanso de todos os vossos inimigos em redor, e morareis seguros.

11 Então, haverá um lugar que escolherá o Senhor, vosso Deus, para ali fazer habitar o seu nome; a esse lugar fareis chegar tudo o que vos ordeno: os vossos holocaustos, e os vossos sacrifícios, e os vossos dízimos, e a oferta das vossas mãos, e toda escolha dos vossos votos feitos ao Senhor,

12 e vos alegrareis perante o Senhor, vosso Deus, vós, os vossos filhos, as vossas filhas, os vossos servos, as vossas servas e o levita que mora dentro das vossas cidades e que não tem porção nem herança convosco.

13 Guarda-te não ofereças os teus holocaustos em todo lugar que vires;

14 mas, no lugar que o Senhor escolher numa das tuas tribos, ali oferecerás os teus holocaustos e ali farás tudo o que te ordeno.

De como comer a carne e as ofertas

15 Porém, consoante todo desejo da tua alma, poderás matar e comer carne nas tuas cidades, segundo a bênção do Senhor, teu Deus; o imundo e o limpo dela comerás, assim como se come o corço e o veado.

16 Tão-somente o sangue não comerás; sobre a terra o derramarás como água.

17 Nas tuas cidades, não poderás comer o dízimo do teu cereal, nem do teu vinho, nem do teu azeite, nem os primogênitos das tuas vacas, nem das tuas ovelhas, nem nenhuma das tuas ofertas votivas, que houveres prometido, nem as tuas ofertas voluntárias, nem as ofertas das tuas mãos;

18 mas o comerás perante o Senhor, teu Deus, no lugar que o Senhor, teu Deus, escolher, tu, e teu filho, e tua filha, e teu servo, e tua serva, e o levita que mora

11.29 Dt 27.11-14; Js 8.33-35.   12.3 Dt 7.5.   12.16 Gn 9.4; Lv 7.26,27; 17.10-14; 19.26; Dt 15.23.

na tua cidade; e perante o SENHOR, teu Deus, te alegrarás em tudo o que fizeres.

¹⁹ Guarda-te não desampares o levita todos os teus dias na terra.

²⁰ Quando o SENHOR, teu Deus, alargar o teu território, como te prometeu, e, por desejares comer carne, disseres: Comerei carne, então, segundo o teu desejo, comerás carne.

²¹ Se estiver longe de ti o lugar que o SENHOR, teu Deus, escolher para nele pôr o seu nome, então, matarás das tuas vacas e tuas ovelhas, que o SENHOR te houver dado, como te ordenei; e comerás dentro da tua cidade, segundo todo o teu desejo.

²² Porém, como se come o corço e o veado, assim comerás destas carnes; destas comerá tanto o homem imundo como o limpo.

²³ Somente empenha-te em não comeres o sangue, pois o sangue é a vida; pelo que não comerás a vida com a carne.

²⁴ Não o comerás; na terra o derramarás como água.

²⁵ Não o comerás, para que bem te suceda a ti e a teus filhos, depois de ti, quando fizeres o que é reto aos olhos do SENHOR.

²⁶ Porém tomarás o que houveres consagrado daquilo que te pertence e as tuas ofertas votivas e virás ao lugar que o SENHOR escolher.

²⁷ E oferecerás os teus holocaustos, a carne e o sangue sobre o altar do SENHOR, teu Deus; e o sangue dos teus sacrifícios se derramará sobre o altar do SENHOR, teu Deus; porém a carne comerás.

²⁸ Guarda e cumpre todas estas palavras que te ordeno, para que bem te suceda a ti e a teus filhos, depois de ti, para sempre, quando fizeres o que é bom e reto aos olhos do SENHOR, teu Deus.

²⁹ Quando o SENHOR, teu Deus, eliminar de diante de ti as nações, para as quais vais para possuí-las, e as desapossares e habitares na sua terra,

³⁰ guarda-te não te enlaces com imitá-las, após terem sido destruídas diante de ti; e que não indagues acerca dos seus deuses, dizendo: Assim como serviram estas nações aos seus deuses, do mesmo modo também farei eu.

³¹ Não farás assim ao SENHOR, teu Deus, porque tudo o que é abominável ao SENHOR e que ele odeia fizeram eles a seus deuses, pois até seus filhos e suas filhas queimaram aos seus deuses.

³² Tudo o que eu te ordeno observarás; nada lhe acrescentarás, nem diminuirás.

Contra os falsos profetas e os idólatras

13 Quando profeta ou sonhador se levantar no meio de ti e te anunciar um sinal ou prodígio,

² e suceder o tal sinal ou prodígio de que te houver falado, e disser: Vamos após outros deuses, que não conheceste, e sirvamo-los,

³ não ouvirás as palavras desse profeta ou sonhador; porquanto o SENHOR, vosso Deus, vos prova, para saber se amais o SENHOR, vosso Deus, de todo o vosso coração e de toda a vossa alma.

⁴ Andareis após o SENHOR, vosso Deus, e a ele temereis; guardareis os seus mandamentos, ouvireis a sua voz, a ele servireis e a ele vos achegareis.

⁵ Esse profeta ou sonhador será morto, pois pregou rebeldia contra o SENHOR, vosso Deus, que vos tirou da terra do Egito e vos resgatou da casa da servidão, para vos apartar do caminho que vos ordenou o SENHOR, vosso Deus, para andardes nele. Assim, eliminarás o mal do meio de ti.

⁶ Se teu irmão, filho de tua mãe, ou teu filho, ou tua filha, ou a mulher do teu amor, ou teu amigo que amas como a tua alma te incitar em segredo, dizendo: Vamos e sirvamos a outros deuses, — que não conheceste, nem tu, nem teus pais,

⁷ dentre os deuses dos povos que estão em redor de ti, perto ou longe de ti, desde uma até à outra extremidade da terra,

⁸ não concordarás com ele, nem o ouvirás; não olharás com piedade, não o pouparás, nem o esconderás,

⁹ mas, certamente, o matarás. A tua mão será a primeira contra ele, para o matar, e depois a mão de todo o povo.

¹⁰ Apedrejá-lo-ás até que morra, pois te procurou apartar do SENHOR, teu Deus, que te tirou da terra do Egito, da casa da servidão.

¹¹ E todo o Israel ouvirá e temerá, e não se tornará a praticar maldade como esta no meio de ti.

¹² Quando em alguma das tuas cidades que o SENHOR, teu Deus, te dá, para ali habitares, ouvires dizer

¹³ que homens malignos saíram do meio de ti e incitaram os moradores da sua cidade, dizendo: Vamos e sirvamos a outros deuses — que não conheceste,

12.23 Lv 17.10-14.   12.32 Dt 4.2; Ap 22.18,19.

¹⁴ então, inquirirás, investigarás e, com diligência, perguntarás; e eis que, se for verdade e certo que tal abominação se cometeu no meio de ti,

¹⁵ então, certamente, ferirás a fio de espada os moradores daquela cidade, destruindo-a completamente e tudo o que nela houver, até os animais.

¹⁶ Ajuntarás todo o seu despojo no meio da sua praça e a cidade e todo o seu despojo queimarás por oferta total ao SENHOR, teu Deus, e será montão perpétuo de ruínas; nunca mais se edificará.

¹⁷ Também nada do que for condenado deverá ficar em tua mão, para que o SENHOR se aparte do ardor da sua ira, e te faça misericórdia, e tenha piedade de ti, e te multiplique, como jurou a teus pais,

¹⁸ se ouvires a voz do SENHOR, teu Deus, e guardares todos os seus mandamentos que hoje te ordeno, para fazeres o que é reto aos olhos do SENHOR, teu Deus.

Mutilação do corpo proibida

14 Filhos sois do SENHOR, vosso Deus; não vos dareis golpes, nem sobre a testa fareis calva por causa de algum morto.

² Porque sois povo santo ao SENHOR, vosso Deus, e o SENHOR vos escolheu de todos os povos que há sobre a face da terra, para lhe serdes seu povo próprio.

Leis sobre os animais limpos e os imundos
Lv 11.1-47

³ Não comereis cousa alguma abominável.

⁴ São estes os animais que comereis: o boi, a ovelha, a cabra,

⁵ o veado, a gazela, a corça, a cabra montês, o antílope, a ovelha montês e o gamo.

⁶ Todo animal que tem unhas fendidas, e o casco se divide em dois, e rumina, entre os animais, isso comereis.

⁷ Porém estes não comereis, dos que somente ruminam ou que têm a unha fendida: o camelo, a lebre e o arganaz, porque ruminam, mas não têm a unha fendida; imundos vos serão.

⁸ Nem o porco, porque tem uma fendida, mas não rumina; imundo vos será. Destes não comereis a carne e não tocareis no seu cadáver.

⁹ Isto comereis de tudo o que há nas águas: tudo o que tem barbatanas e escamas.

¹⁰ Mas tudo o que não tiver barbatanas nem escamas não o comereis; imundo vos será.

¹¹ Toda ave limpa comereis.

¹² Estas, porém, são as que não comereis: a águia, o quebrantosso, a águia marinha,

¹³ o açor, o falcão e o milhano, segundo a sua espécie;

¹⁴ e todo corvo, segundo a sua espécie;

¹⁵ o avestruz, a coruja, a gaivota e o gavião, segundo a sua espécie;

¹⁶ o mocho, a íbis, a gralha,

¹⁷ o pelicano, o abutre, o corvo marinho,

¹⁸ a cegonha, e a garça, segundo a sua espécie, e a poupa, e o morcego.

¹⁹ Também todo inseto que voa vos será imundo; não se comerá.

²⁰ Toda ave limpa comereis.

²¹ Não comereis nenhum animal que morreu por si. Podereis dá-lo ao estrangeiro que está dentro da tua cidade, para que o coma, ou vendê-lo ao estranho, porquanto sois povo santo ao SENHOR, vosso Deus. Não cozerás o cabrito no leite da sua própria mãe.

Os dízimos para o serviço do SENHOR

²² Certamente, darás os dízimos de todo o fruto das tuas sementes, que ano após ano se recolher do campo.

²³ E, perante o SENHOR, teu Deus, no lugar que escolher para ali fazer habitar o seu nome, comerás os dízimos do teu cereal, do teu vinho, do teu azeite e os primogênitos das tuas vacas e das tuas ovelhas; para que aprendas a temer o SENHOR, teu Deus, todos os dias.

²⁴ Quando o caminho te for comprido demais, que os não possas levar, por estar longe de ti o lugar que o SENHOR, teu Deus, escolher para ali pôr o seu nome, quando o SENHOR, teu Deus, te tiver abençoado,

²⁵ então, vende-os, e leva o dinheiro na tua mão, e vai ao lugar que o SENHOR, teu Deus, escolher.

²⁶ Esse dinheiro, dá-lo-ás por tudo o que deseja a tua alma, por vacas, ou ovelhas, ou vinho, ou bebida forte, ou qualquer cousa que te pedir a tua alma; come-o ali

14.1 Lv 19.28; 21.5.   **14.2** Êx 19.5,6; Dt 7.6; Tt 2.14; 1Pe 2.9.   **14.21** Êx 23.19; 34.26.   **14.22-29** Lv 27.30-33; Nm 18.21.

perante o SENHOR, teu Deus, e te alegrarás, tu e a tua casa;

27 porém não desampararás o levita que está dentro da tua cidade, pois não tem parte nem herança contigo.

28 Ao fim de cada três anos, tirarás todos os dízimos do fruto do terceiro ano e os recolherás na tua cidade.

29 Então, virão o levita (pois não tem parte nem herança contigo), o estrangeiro, o órfão e a viúva que estão dentro da tua cidade, e comerão, e se fartarão, para que o SENHOR, teu Deus, te abençoe em todas as obras que as tuas mãos fizerem.

O ano da remissão

15 Ao fim de cada sete anos, farás remissão.

2 Este, pois, é o modo da remissão: todo credor que emprestou ao seu próximo alguma cousa remitirá o que havia emprestado; não o exigirá do seu próximo ou do seu irmão, pois a remissão do SENHOR é proclamada.

3 Do estranho podes exigi-lo, mas o que tiveres em poder de teu irmão, quitá-lo-ás;

4 para que entre ti não haja pobre; pois o SENHOR, teu Deus, te abençoará abundantemente na terra que te dá por herança, para a possuíres,

5 se apenas ouvires, atentamente, a voz do SENHOR, teu Deus, para cuidares em cumprir todos estes mandamentos que hoje te ordeno.

6 Pois o SENHOR, teu Deus, te abençoará, como te tem dito; assim, emprestarás a muitas nações, mas não tomarás empréstimos; e dominarás muitas nações, porém elas não te dominarão.

Leis a favor dos pobres
Lv 25.35-38

7 Quando entre ti houver algum pobre de teus irmãos, em alguma das tuas cidades, na tua terra que o SENHOR, teu Deus, te dá, não endurecerás o teu coração, nem fecharás as tuas mãos a teu irmão pobre;

8 antes, lhe abrirás de todo a tua mão e lhe emprestarás o que lhe falta, quanto baste para a sua necessidade.

9 Guarda-te não haja pensamento vil no teu coração, nem digas: Está próximo o sétimo ano, o ano da remissão, de sorte que os teus olhos sejam malignos para com teu irmão pobre, e não lhe dês nada, e ele clame contra ti ao SENHOR, e haja em ti pecado.

10 Livremente, lhe darás, e não seja maligno o teu coração, quando lho deres; pois, por isso, te abençoará o SENHOR, teu Deus, em toda a tua obra e em tudo o que empreenderes.

11 Pois nunca deixará de haver pobres na terra; por isso, eu te ordeno: livremente, abrirás a tua mão para o teu irmão, para o necessitado, para o pobre na tua terra.

Leis acerca dos servos
Êx 21.1-11

12 Quando um de teus irmãos, hebreu ou hebréia, te for vendido, seis anos servir-te-á, mas, no sétimo, o despedirás forro.

13 E, quando de ti o despedires forro, não o deixarás ir vazio.

14 Liberalmente, lhe fornecerás do teu rebanho, da tua eira e do teu lagar; daquilo com que o SENHOR, teu Deus, te houver abençoado, lhe darás.

15 Lembrar-te-ás de que foste servo na terra do Egito e de que o SENHOR, teu Deus, te remiu; pelo que, hoje, isso te ordeno.

16 Se, porém, ele te disser: Não sairei de ti; porquanto te ama, a ti e a tua casa, por estar bem contigo,

17 então, tomarás uma sovela e lhe furarás a orelha, na porta, e será para sempre teu servo; e também assim farás à tua serva.

18 Não pareça aos teus olhos duro o despedi-lo forro; pois seis anos te serviu por metade do salário do jornaleiro; assim, o SENHOR, teu Deus, te abençoará em tudo o que fizeres.

Leis acerca dos primogênitos do gado

19 Todo primogênito que nascer do teu gado ou de tuas ovelhas, o macho consagrarás ao SENHOR, teu Deus; com o primogênito do teu gado não trabalharás, nem tosquiarás o primogênito das tuas ovelhas.

20 Comê-lo-ás perante o SENHOR, tu e a tua casa, de ano em ano, no lugar que o SENHOR escolher.

21 Porém, havendo nele algum defeito, se for coxo, ou cego, ou tiver outro defeito grave, não o sacrificarás ao SENHOR, teu Deus.

15.1 Êx 23.10,11.   15.7 Êx 22.25; Dt 23.19,20.   15.11 Mt 26.11; Mc 14.7; Jo 12.8.   15.12-18 Lv 25.39-46.
15.19 Êx 13.12.

²² Na tua cidade, o comerás; o imundo e o limpo o comerão juntamente, como do corço ou do veado.

²³ Somente o seu sangue não comerás; sobre a terra o derramarás como água.

As três festas dos judeus
A PÁSCOA
Êx 23.14,15; 34.18; Lv 23,4-8

16 Guarda o mês de abibe e celebra a Páscoa do SENHOR, teu Deus; porque, no mês de abibe, o SENHOR, teu Deus, te tirou do Egito, de noite.

² Então, sacrificarás como oferta de Páscoa ao SENHOR, teu Deus, do rebanho e do gado, no lugar que o SENHOR escolher para ali fazer habitar o seu nome.

³ Nela, não comerás levedado; sete dias, nela, comerás pães asmos, pão de aflição (porquanto, apressadamente, saíste da terra do Egito), para que te lembres, todos os dias da tua vida, do dia em que saíste da terra do Egito.

⁴ Fermento não se achará contigo por sete dias, em todo o teu território; também da carne que sacrificares à tarde, no primeiro dia, nada ficará até pela manhã.

⁵ Não poderás sacrificar a Páscoa em nenhuma das tuas cidades que te dá o SENHOR, teu Deus,

⁶ senão no lugar que o SENHOR, teu Deus, escolher para fazer habitar o seu nome, ali sacrificarás a Páscoa à tarde, ao pôr-do-sol, ao tempo em que saíste do Egito.

⁷ Então, a cozerás e comerás no lugar que o SENHOR, teu Deus, escolher; sairás pela manhã e voltarás às tuas tendas.

⁸ Seis dias comerás pães asmos, e, no sétimo dia, é solenidade ao SENHOR, teu Deus; nenhuma obra farás.

O PENTECOSTES
Êx 23.16; 34.22; Lv 23.15-21

⁹ Sete semanas contarás; quando a foice começar na seara, entrarás a contar as sete semanas.

¹⁰ E celebrarás a Festa das Semanas ao SENHOR, teu Deus, com ofertas voluntárias da tua mão, segundo o SENHOR, teu Deus, te houver abençoado.

¹¹ Alegrar-te-ás perante o SENHOR, teu Deus, tu, e o teu filho, e a tua filha, e o teu servo, e a tua serva, e o levita que está dentro da tua cidade, e o estrangeiro, e o órfão,

e a viúva que estão no meio de ti, no lugar que o SENHOR, teu Deus, escolher para ali fazer habitar o seu nome.

¹² Lembrar-te-ás de que foste servo no Egito, e guardarás estes estatutos, e os cumprirás.

OS TABERNÁCULOS
Lv 23.33-43

¹³ A Festa dos Tabernáculos, celebrá-la-ás por sete dias, quando houveres recolhido da tua eira e do teu lagar.

¹⁴ Alegrar-te-ás, na tua festa, tu, e o teu filho, e a tua filha, e o teu servo, e a tua serva, e o levita, e o estrangeiro, e o órfão, e a viúva que estão dentro das tuas cidades.

¹⁵ Sete dias celebrarás a festa ao SENHOR, teu Deus, no lugar que o SENHOR escolher, porque o SENHOR, teu Deus, há de abençoar-te em toda a tua colheita e em toda obra das tuas mãos, pelo que de todo te alegrarás.

¹⁶ Três vezes no ano, todo varão entre ti aparecerá perante o SENHOR, teu Deus, no lugar que escolher, na Festa dos Pães Asmos, e na Festa das Semanas, e na Festa dos Tabernáculos; porém não aparecerá de mãos vazias perante o SENHOR;

¹⁷ cada um oferecerá na proporção em que possa dar, segundo a bênção que o SENHOR, seu Deus, lhe houver concedido.

Deveres dos juízes
Êx 23.6-9

¹⁸ Juízes e oficiais constituirás em todas as tuas cidades que o SENHOR, teu Deus, te der entre as tuas tribos, para que julguem o povo com reto juízo.

¹⁹ Não torcerás a justiça, não farás acepção de pessoas, nem tomarás suborno; porquanto o suborno cega os olhos dos sábios e subverte a causa dos justos.

²⁰ A justiça seguirás, somente a justiça, para que vivas e possuas em herança a terra que te dá o SENHOR, teu Deus.

²¹ Não estabelecerás poste-ídolo, plantando qualquer árvore junto ao altar do SENHOR, teu Deus, que fizeres para ti.

²² Nem levantarás coluna, a qual o SENHOR, teu Deus, odeia.

O castigo da idolatria

17 Não sacrificarás ao SENHOR, teu Deus, novilho ou ovelha em que ha-

---

ja imperfeição ou algum defeito grave; pois é abominação ao Senhor, teu Deus.

² Quando no meio de ti, em alguma das tuas cidades que te dá o Senhor, teu Deus, se achar algum homem ou mulher que proceda mal aos olhos do Senhor, teu Deus, transgredindo a sua aliança,

³ que vá, e sirva a outros deuses, e os adore, ou ao sol, ou à lua, ou a todo o exército do céu, o que eu não ordenei;

⁴ e te seja denunciado, e o ouvires; então, indagarás bem; e eis que, sendo verdade e certo que se fez tal abominação em Israel,

⁵ então, levarás o homem ou a mulher que fez este malefício às tuas portas e os apedrejarás, até que morram.

⁶ Por depoimento de duas ou três testemunhas, será morto o que houver de morrer; por depoimento de uma só testemunha, não morrerá.

⁷ A mão das testemunhas será a primeira contra ele, para matá-lo; e, depois, a mão de todo o povo; assim, eliminarás o mal do meio de ti.

Julgamento de questões difíceis

⁸ Quando alguma cousa te for difícil demais em juízo, entre caso e caso de homicídio, e de demanda a demanda, e de violência e violência, e outras questões de litígio, então, te levantarás e subirás ao lugar que o Senhor, teu Deus, escolher.

⁹ Virás aos levitas sacerdotes e ao juiz que houver naqueles dias; inquirirás, e te anunciarão a sentença do juízo.

¹⁰ E farás segundo o mandado da palavra que te anunciarem do lugar que o Senhor escolher; e terás cuidado de fazer consoante tudo o que te ensinarem.

¹¹ Segundo o mandado da lei que te ensinarem e de acordo com o juízo que te disserem, farás; da sentença que te anunciarem não te desviarás, nem para a direita nem para a esquerda.

¹² O homem, pois, que se houver soberamente, não dando ouvidos ao sacerdote, que está ali para servir ao Senhor, teu Deus, nem ao juiz, esse morrerá; e eliminarás o mal de Israel,

¹³ para que todo o povo o ouça, tema e jamais se ensoberbeça.

A eleição e os deveres dum rei

¹⁴ Quando entrares na terra que te dá o Senhor, teu Deus, e a possuíres, e nela habitares, e disseres: Estabelecerei sobre mim um rei, como todas as nações que se acham em redor de mim,

¹⁵ estabelecerás, com efeito, sobre ti como rei aquele que o Senhor, teu Deus, escolher; homem estranho, que não seja dentre os teus irmãos, não estabelecerás sobre ti e sim um dentre eles.

¹⁶ Porém este não multiplicará para si cavalos, nem fará voltar o povo ao Egito, para multiplicar cavalos; pois o Senhor vos disse: Nunca mais voltareis por este caminho.

¹⁷ Tampouco para si multiplicará mulheres, para que o seu coração se não desvie; nem multiplicará muito para si prata ou ouro.

¹⁸ Também, quando se assentar no trono do seu reino, escreverá para si um traslado desta lei num livro, do que está diante dos levitas sacerdotes.

¹⁹ E o terá consigo e nele lerá todos os dias da sua vida, para que aprenda a temer o Senhor, seu Deus, a fim de guardar todas as palavras desta lei e estes estatutos, para os cumprir.

²⁰ Isto fará para que o seu coração não se eleve sobre os seus irmãos e não se aparte do mandamento, nem para a direita nem para a esquerda; de sorte que prolongue os dias no seu reino, ele e seus filhos no meio de Israel.

A herança e os direitos dos sacerdotes e dos levitas

18 Os sacerdotes levitas e toda a tribo de Levi não terão parte nem herança em Israel; das ofertas queimadas ao Senhor e daquilo que lhes é devido comerão.

² Pelo que não terão herança no meio de seus irmãos; o Senhor é a sua herança, como lhes tem dito.

³ Será este, pois, o direito devido aos sacerdotes, da parte do povo, dos que oferecerem sacrifício, seja gado ou rebanho: que darão ao sacerdote a espádua, e as queixadas, e o bucho.

⁴ Dar-lhe-ás as primícias do teu cereal, do teu vinho e do teu azeite e as primícias da tosquia das tuas ovelhas.

⁵ Porque o Senhor, teu Deus, o escolheu de entre todas as tuas tribos para mi-

7.6 Nm 35.30; Dt 19.15; Mt 18.16; 2Co 13.1; 1Tm 5.19; Hb 10.28.   17.14 1Sm 8.5.   17.16 1Rs 10.28.   7.17 1Rs 11.1-8.   18.2 Nm 18.20.

nistrar em o nome do SENHOR, ele e seus filhos, todos os dias.

⁶ Quando vier um levita de alguma das tuas cidades de todo o Israel, onde ele habita, e vier com todo o desejo da sua alma ao lugar que o SENHOR escolheu,

⁷ e ministrar em o nome do SENHOR, seu Deus, como também todos os seus irmãos, os levitas, que assistem ali perante o SENHOR,

⁸ porção igual à deles terá para comer, além das vendas do seu patrimônio.

Contra os adivinhos e os feiticeiros

⁹ Quando entrares na terra que o SENHOR, teu Deus, te der, não aprenderás a fazer conforme as abominações daqueles povos.

¹⁰ Não se achará entre ti quem faça passar pelo fogo o seu filho ou a sua filha, nem adivinhador, nem prognosticador, nem agoureiro, nem feiticeiro;

¹¹ nem encantador, nem necromante, nem mágico, nem quem consulte os mortos;

¹² pois todo aquele que faz tal cousa é abominação ao SENHOR; e por estas abominações o SENHOR, teu Deus, os lança de diante de ti.

¹³ Perfeito serás para com o SENHOR, teu Deus.

¹⁴ Porque estas nações que hás de possuir ouvem aos prognosticadores e os adivinhadores; porém a ti o SENHOR, teu Deus, não permitiu tal cousa.

A promessa do grande profeta

¹⁵ O SENHOR, teu Deus, te suscitará um profeta do meio de ti, de teus irmãos, semelhante a mim; a ele ouvirás,

¹⁶ segundo tudo o que pediste ao SENHOR, teu Deus, em Horebe, quando reunido o povo: Não ouvirei mais a voz do SENHOR, meu Deus, nem mais verei este grande fogo, para que não morra.

¹⁷ Então, o SENHOR me disse: Falaram bem aquilo que disseram.

¹⁸ Suscitar-lhes-ei um profeta do meio de seus irmãos, semelhante a ti, em cuja boca porei as minhas palavras, e ele lhes falará tudo o que eu lhe ordenar.

¹⁹ De todo aquele que não ouvir as minhas palavras, que ele falar em meu nome, disso lhe pedirei contas.

²⁰ Porém o profeta que presumir de falar alguma palavra em meu nome, que eu lhe não mandei falar, ou o que falar em nome de outros deuses, esse profeta será morto.

²¹ Se disseres no teu coração: Como conhecerei a palavra que o SENHOR não falou?

²² Sabe que, quando esse profeta falar em nome do SENHOR, e a palavra dele se não cumprir, nem suceder, como profetizou, esta é palavra que o SENHOR não disse; com soberba, a falou o tal profeta; não tenhas temor dele.

Seis cidades de refúgio
Nm 35.9-15; Dt 4.41-43

19 Quando o SENHOR, teu Deus, eliminar as nações cuja terra te dará o SENHOR, teu Deus, e as desapossares e morares nas suas cidades e nas suas casas,

² três cidades separarás no meio da tua terra que te dará o SENHOR, teu Deus, para a possuíres.

³ Preparar-te-ás o caminho e os limites da tua terra que te fará possuir o SENHOR, teu Deus, dividirás em três; e isto será para que nelas se acolha todo homicida.

Privilégios oferecidos pelas cidades de refúgio
Nm 35.22-28

⁴ Este é o caso tocante ao homicida que nelas se acolher, para que viva: aquele que sem o querer, ferir o seu próximo, a quem não aborrecia dantes.

⁵ Assim, aquele que entrar com o seu próximo no bosque, para cortar lenha, e manejando com impulso o machado para cortar a árvore, o ferro saltar do cabo e atingir o seu próximo, e este morrer, o tal se acolherá em uma destas cidades e viverá

⁶ para que o vingador do sangue não persiga o homicida, quando se lhe enfurecer o coração, e o alcance, por ser comprido o caminho, e lhe tire a vida, porque não é culpado de morte, pois não o aborrecia dantes.

⁷ Portanto, te ordeno: três cidades separarás.

⁸ Se o SENHOR, teu Deus, dilatar os teus limites, como jurou a teus pais, e te der toda a terra que lhes prometeu,

⁹ desde que guardes todos estes mandamentos que hoje te ordeno, para cumprilos, amando o SENHOR, teu Deus, e andar

18.13 Mt 5.48.   **18.15** At 3.22,23; 7.37.   **19.2** Dt 4.41-43; Js 20.1-7.

do nos seus caminhos todos os dias, então, acrescentarás outras três cidades além destas três,

¹⁰ para que o sangue inocente se não derrame no meio da tua terra que o SENHOR, teu Deus, te dá por herança, pois haveria sangue sobre ti.

Execução do homicida
Nm 35.16-21

¹¹ Mas, havendo alguém que aborrece a seu próximo, e lhe arma ciladas, e se levanta contra ele, e o fere de golpe mortal, e se acolhe em uma dessas cidades,

¹² os anciãos da sua cidade enviarão a tirá-lo dali e a entregá-lo na mão do vingador do sangue, para que morra.

¹³ Não o olharás com piedade; antes, exterminarás de Israel a culpa do sangue inocente, para que te vá bem.

Acerca dos limites e das testemunhas

¹⁴ Não mudes os marcos do teu próximo, que os antigos fixaram na tua herança, na terra que o SENHOR, teu Deus, te dá para a possuíres.

¹⁵ Uma só testemunha não se levantará contra alguém por qualquer iniqüidade ou por qualquer pecado, seja qual for que cometer; pelo depoimento de duas ou três testemunhas, se estabelecerá o fato.

¹⁶ Quando se levantar testemunha falsa contra alguém, para o acusar de algum transvio,

¹⁷ então, os dois homens que tiverem a demanda se apresentarão perante o SENHOR, diante dos sacerdotes e dos juízes que houver naqueles dias.

¹⁸ Os juízes indagarão bem; se a testemunha for falsa e tiver testemunhado falsamente contra seu irmão,

¹⁹ far-lhe-eis como cuidou fazer a seu irmão; e, assim, exterminarás o mal do meio de ti;

²⁰ para que os que ficarem o ouçam, e temam, e nunca mais tornem a fazer semelhante mal no meio de ti.

²¹ Não o olharás com piedade: vida por vida, olho por olho, dente por dente, mão por mão, pé por pé.

Acerca da guerra

20 Quando saíres à peleja contra os teus inimigos e vires cavalos, e carros, e povo maior em número do que tu, não os temerás; pois o SENHOR, teu Deus, que te fez sair da terra do Egito, está contigo.

² Quando vos achegardes à peleja, o sacerdote se adiantará, e falará ao povo,

³ e dir-lhe-á: Ouvi, ó Israel, hoje, vos achegais à peleja contra os vossos inimigos; que não desfaleça o vosso coração; não tenhais medo, não tremais, nem vos aterrorizeis diante deles,

⁴ pois o SENHOR, vosso Deus, é quem vai convosco a pelejar por vós contra os vossos inimigos, para vos salvar.

⁵ Os oficiais falarão ao povo, dizendo: Qual o homem que edificou casa nova e ainda não a consagrou? Vá, torne-se para casa, para que não morra na peleja, e outrem a consagre.

⁶ Qual o homem que plantou uma vinha e ainda não a desfrutou? Vá, torne-se para casa, para que não morra na peleja, e outrem a desfrute.

⁷ Qual o homem que está desposado com alguma mulher e ainda não a recebeu? Vá, torne-se para casa, para que não morra na peleja, e outro homem a receba.

⁸ E continuarão os oficiais a falar ao povo, dizendo: Qual o homem medroso e de coração tímido? Vá, torne-se para casa, para que o coração de seus irmãos se não derreta como o seu coração.

⁹ Quando os oficiais tiverem falado ao povo, designarão os capitães dos exércitos para a dianteira do povo.

¹⁰ Quando te aproximares de alguma cidade para pelejar contra ela, oferecer-lhe-ás a paz.

¹¹ Se a sua resposta é de paz, e te abrir as portas, todo o povo que nela se achar será sujeito a trabalhos forçados e te servirá.

¹² Porém, se ela não fizer paz contigo, mas te fizer guerra, então, a sitiarás.

¹³ E o SENHOR, teu Deus, a dará na tua mão; e todos os do sexo masculino que houver nela passarás a fio de espada;

¹⁴ mas as mulheres, e as crianças, e os animais, e tudo o que houver na cidade, todo o seu despojo, tomarás para ti; e desfrutarás o despojo dos inimigos que o SENHOR, teu Deus, te deu.

¹⁵ Assim farás a todas as cidades que estiverem mui longe de ti, que não forem das cidades destes povos.

¹⁶ Porém, das cidades destas nações que

o SENHOR, teu Deus, te dá em herança, não deixarás com vida tudo o que tem fôlego.

¹⁷ Antes, como te ordenou o SENHOR, teu Deus, destruí-las-ás totalmente: os heteus, os amorreus, os cananeus, os ferezeus, os heveus e os jebuseus,

¹⁸ para que não vos ensinem a fazer segundo todas as suas abominações, que fizeram a seus deuses, pois pecaríeis contra o SENHOR, vosso Deus.

¹⁹ Quando sitiares uma cidade por muito tempo, pelejando contra ela para a tomar, não destruirás o seu arvoredo, metendo nele o machado, porque dele comerás; pelo que não o cortarás, pois será a árvore do campo algum homem, para que fosse sitiada por ti?

²⁰ Mas as árvores cujos frutos souberes não se comem, destruí-las-ás, cortando-as; e, contra a cidade que guerrear contra ti, edificarás baluartes, até que seja derribada.

Expiação por morte cujo autor é desconhecido

21 Quando na terra que te der o SENHOR, teu Deus, para possuí-la se achar alguém morto, caído no campo, sem que se saiba quem o matou,

² sairão os teus anciãos e os teus juízes e medirão a distância até às cidades que estiverem em redor do morto.

³ Os anciãos da cidade mais próxima do morto tomarão uma novilha da manada, que não tenha trabalhado, nem puxado com o jugo,

⁴ e a trarão a um vale de águas correntes, que não foi lavrado, nem semeado; e ali, naquele vale, desnucarão a novilha.

⁵ Chegar-se-ão os sacerdotes, filhos de Levi, porque o SENHOR, teu Deus, os escolheu para o servirem, para abençoarem em nome do SENHOR e, por sua palavra, decidirem toda demanda e todo caso de violência.

⁶ Todos os anciãos desta cidade, mais próximos do morto, lavarão as mãos sobre a novilha desnucada no vale

⁷ e dirão: As nossas mãos não derramaram este sangue, e os nossos olhos o não viram derramar-se.

⁸ Sê propício ao teu povo de Israel, que tu, ó SENHOR, resgataste, e não ponhas a culpa do sangue inocente no meio do teu povo de Israel. E a culpa daquele sangue lhe será perdoada.

⁹ Assim, eliminarás a culpa do sangue inocente do meio de ti, pois farás o que é reto aos olhos do SENHOR.

Acerca da mulher prisioneira

¹⁰ Quando saíres à peleja contra os teus inimigos, e o SENHOR, teu Deus, os entregar nas tuas mãos, e tu deles levares cativos,

¹¹ e vires entre eles uma mulher formosa, e te afeiçoares a ela, e a quiseres tomar por mulher,

¹² então, a levarás para casa, e ela rapará a cabeça, e cortará as unhas,

¹³ e despirá o vestido do seu cativeiro, e ficará na tua casa, e chorará a seu pai e a sua mãe durante um mês. Depois disto, a tomarás; tu serás seu marido, e ela, tua mulher.

¹⁴ E, se não te agradares dela, deixá-la-ás ir à sua própria vontade; porém, de nenhuma sorte, a venderás por dinheiro, nem a tratarás mal, pois a tens humilhado.

O direito do primogênito

¹⁵ Se um homem tiver duas mulheres, uma a quem ama e outra a quem aborrece, e uma e outra lhe derem filhos, e o primogênito for da aborrecida,

¹⁶ no dia em que fizer herdar a seus filhos aquilo que possuir, não poderá dar a primogenitura ao filho da amada, preferindo-o ao filho da aborrecida, que é o primogênito.

¹⁷ Mas ao filho da aborrecida reconhecerá por primogênito, dando-lhe dobrada porção de tudo quanto possuir, porquanto aquele é o primogênito do seu vigor; o direito da primogenitura é dele.

Acerca dos filhos desobedientes

¹⁸ Se alguém tiver um filho contumaz e rebelde, que não obedece à voz de seu pai e à de sua mãe e, ainda castigado, não lhes dá ouvidos,

¹⁹ seu pai e sua mãe o pegarão, e o levarão aos anciãos da cidade, à sua porta,

²⁰ e lhes dirão: Este nosso filho é rebelde e contumaz, não dá ouvidos à nossa voz, é dissoluto e beberrão.

²¹ Então, todos os homens da sua cidade o apedrejarão até que morra; assim, eliminarás o mal do meio de ti; todo o Israel ouvirá e temerá.

Os cadáveres serão tirados do patíbulo

²² Se alguém houver pecado, passível da

pena de morte, e tiver sido morto, e o pendurares num madeiro,

²³ o seu cadáver não permanecerá no madeiro durante a noite, mas, certamente, o enterrarás no mesmo dia; porquanto o que for pendurado no madeiro é maldito de Deus; assim, não contaminarás a terra que o SENHOR, teu Deus, te dá em herança.

Acerca do que se perdeu

22 Vendo extraviado o boi ou a ovelha de teu irmão, não te furtarás a eles; restituí-los-ás, sem falta, a teu irmão.

² Se teu irmão não for teu vizinho ou tu o não conheceres, recolhê-los-ás na tua casa, para que fiquem contigo até que teu irmão os busque, e tu lhos restituas.

³ Assim também farás com o seu jumento e assim farás com as suas vestes; o mesmo farás com toda cousa que se perder de teu irmão, e tu achares; não te poderás furtar a ela.

⁴ O jumento que é de teu irmão ou o seu boi não verás caído no caminho e a eles te furtarás; sem falta o ajudarás a levantá-lo.

Diversas leis

⁵ A mulher não usará roupa de homem, nem o homem, veste peculiar à mulher; porque qualquer que faz tais cousas é abominável ao SENHOR, teu Deus.

⁶ Se de caminho encontrares algum ninho de ave, nalguma árvore ou no chão, com passarinhos, ou ovos, e a mãe sobre os passarinhos ou sobre os ovos, não tomarás a mãe com os filhotes;

⁷ deixarás ir, livremente, a mãe e os filhotes tomarás para ti, para que te vá bem, e prolongues os teus dias.

⁸ Quando edificares uma casa nova, far-lhe-ás, no terraço, um parapeito, para que nela não ponhas culpa de sangue, se alguém de algum modo cair dela.

⁹ Não semearás a tua vinha com duas espécies de semente, para que não degenere o fruto da semente que semeaste e a messe da vinha.

¹⁰ Não lavrarás com junta de boi e jumento.

¹¹ Não te vestirás de estofos de lã e linho juntamente.

A lei acerca das borlas

¹² Farás borlas nos quatro cantos do manto com que te cobrires.

Leis da castidade e do casamento

¹³ Se um homem casar com uma mulher, e, depois de coabitar com ela, a aborrecer,

¹⁴ e lhe atribuir atos vergonhosos, e contra ela divulgar má fama, dizendo: Casei com esta mulher e me cheguei a ela, porém não a achei virgem,

¹⁵ então, o pai da moça e sua mãe tomarão as provas da virgindade da moça e as levarão aos anciãos da cidade, à porta.

¹⁶ O pai da moça dirá aos anciãos: Dei minha filha por mulher a este homem; porém ele a aborreceu;

¹⁷ e eis que lhe atribuiu atos vergonhosos, dizendo: Não achei virgem a tua filha; todavia, eis aqui as provas da virgindade de minha filha. E estenderão a roupa dela diante dos anciãos da cidade,

¹⁸ os quais tomarão o homem, e o açoitarão,

¹⁹ e o condenarão a cem ciclos de prata, e o darão ao pai da moça, porquanto divulgou má fama sobre uma virgem de Israel. Ela ficará sendo sua mulher, e ele não poderá mandá-la embora durante a sua vida.

²⁰ Porém, se isto for verdade, que se não achou na moça a virgindade,

²¹ então, a levarão à porta da casa de seu pai, e os homens de sua cidade a apedrejarão até que morra, pois fez loucura em Israel, prostituindo-se na casa de seu pai; assim, eliminarás o mal do meio de ti.

²² Se um homem for achado deitado com uma mulher que tem marido, então, ambos morrerão, o homem que se deitou com a mulher e a mulher; assim, eliminarás o mal de Israel.

²³ Se houver moça virgem, desposada, e um homem a achar na cidade e se deitar com ela,

²⁴ então, trareis ambos à porta daquela cidade e os apedrejareis até que morram; a moça, porque não gritou na cidade, e o homem, porque humilhou a mulher do seu próximo; assim, eliminarás o mal do meio de ti.

²⁵ Porém, se algum homem no campo achar moça desposada, e a forçar, e se deitar com ela, então, morrerá só o homem que se deitou com ela;

²⁶ à moça não farás nada; ela não tem culpa de morte, porque, como o homem que se levanta contra o seu próximo e lhe tira a vida, assim também é este caso.

²⁷ Pois a achou no campo; a moça desposada gritou, e não houve quem a livrasse.

²⁸ Se um homem achar moça virgem, que não está desposada, e a pegar, e se deitar com ela, e forem apanhados,

²⁹ então, o homem que se deitou com ela dará ao pai da moça cinqüenta ciclos de prata; e, uma vez que a humilhou, lhe será por mulher; não poderá mandá-la embora durante a sua vida.

³⁰ Nenhum homem tomará sua madrasta e não profanará o leito de seu pai.

Pessoas excluídas das assembléias santas

23 Aquele a quem forem trilhados os testículos ou cortado o membro viril não entrará na assembléia do Senhor.

² Nenhum bastardo entrará na assembléia do Senhor; nem ainda a sua décima geração entrará nela.

³ Nenhum amonita ou moabita entrará na assembléia do Senhor; nem ainda a sua décima geração entrará na assembléia do Senhor, eternamente.

⁴ Porquanto não foram ao vosso encontro com pão e água, no caminho, quando saíeis do Egito; e porque alugaram contra ti Balaão, filho de Beor, de Petor, da Mesopotâmia, para te amaldiçoar.

⁵ Porém o Senhor, teu Deus, não quis ouvir a Balaão; antes, trocou em bênção a maldição, porquanto o Senhor, teu Deus, te amava.

⁶ Não lhes procurarás nem paz nem bem em todos os teus dias, para sempre.

⁷ Não aborrecerás o edomita, pois é teu irmão; nem aborrecerás o egípcio, pois estrangeiro foste na sua terra.

⁸ Os filhos que lhes nascerem na terceira geração, cada um deles entrará na assembléia do Senhor.

Limpeza do acampamento

⁹ Quando sair o exército contra os teus inimigos, então, te guardarás de toda cousa má.

¹⁰ Se houver entre vós alguém que, por motivo de polução noturna, não esteja limpo, sairá do acampamento; não permanecerá nele.

¹¹ Porém, em declinando a tarde, lavar-se-á em água; e, posto o sol, entrará para o meio do acampamento.

¹² Também haverá um lugar fora do acampamento, para onde irás.

¹³ Dentre as tuas armas terás um porrete; e, quando te abaixares fora, cavarás com ele e, volvendo-te, cobrirás o que defecaste.

¹⁴ Porquanto o Senhor, teu Deus, anda no meio do teu acampamento para te livrar e para entregar-te os teus inimigos; portanto, o teu acampamento será santo, para que ele não veja em ti cousa indecente e se aparte de ti.

Acerca de fugitivos, prostitutas e usura

¹⁵ Não entregarás ao seu senhor o escravo que, tendo fugido dele, se acolher a ti.

¹⁶ Contigo ficará, no meio de ti, no lugar que escolher, em alguma de tuas cidades onde lhe agradar; não o oprimirás.

¹⁷ Das filhas de Israel não haverá quem se prostitua no serviço do templo, nem dos filhos de Israel haverá quem o faça.

¹⁸ Não trarás salário de prostituição nem preço de sodomita à Casa do Senhor, teu Deus, por qualquer voto; porque uma e outra cousa são igualmente abomináveis ao Senhor, teu Deus.

¹⁹ A teu irmão não emprestarás com juros, seja dinheiro, seja comida ou qualquer cousa que é costume se emprestar com juros.

²⁰ Ao estrangeiro emprestarás com juros, porém a teu irmão não emprestarás com juros, para que o Senhor, teu Deus, te abençoe em todos os teus empreendimentos na terra a qual passas a possuir.

Acerca de votos

²¹ Quando fizeres algum voto ao Senhor, teu Deus, não tardarás em cumpri-lo; porque o Senhor, teu Deus, certamente, o requererá de ti, e em ti haverá pecado.

²² Porém, abstendo-te de fazer o voto, não haverá pecado em ti.

²³ O que proferiram os teus lábios, isso guardarás e o farás, porque votaste livremente ao Senhor, teu Deus, o que falaste com a tua boca.

²⁴ Quando entrares na vinha do teu próximo, comerás uvas segundo o teu desejo, até te fartares, porém não as levarás no cesto.

²⁵ Quando entrares na seara do teu pró-

ximo, com as mãos arrancarás as espigas; porém na seara não meterás a foice.

Acerca do divórcio

24 Se um homem tomar uma mulher e se casar com ela, e se ela não for agradável aos seus olhos, por ter ele achado cousa indecente nela, e se ele lhe lavrar um termo de divórcio, e lho der na mão, e a despedir de casa; ²e se ela, saindo da sua casa, for e se casar com outro homem; ³ e se este a aborrecer, e lhe lavrar termo de divórcio, e lho der na mão, e a despedir da sua casa ou se este último homem, que a tomou para si por mulher, vier a morrer, ⁴ então, seu primeiro marido, que a despediu, não poderá tornar a desposá-la para que seja sua mulher, depois que foi contaminada, pois é abominação perante o SENHOR; assim, não farás pecar a terra que o SENHOR, teu Deus, te dá por herança.

Leis de caráter humanitário

⁵ Homem recém-casado não sairá à guerra, nem se lhe imporá qualquer encargo; por um ano ficará livre em casa e promoverá felicidade à mulher que tomou. ⁶ Não se tomarão em penhor as duas mós, nem apenas a de cima, pois se penhoraria, assim, a vida. ⁷ Se se achar alguém que, tendo roubado um dentre os seus irmãos, dos filhos de Israel, o trata como escravo ou o vende, esse ladrão morrerá. Assim, eliminarás o mal do meio de ti. ⁸ Guarda-te da praga da lepra e tem diligente cuidado de fazer segundo tudo o que te ensinarem os sacerdotes levitas; como lhes tenho ordenado, terás cuidado de o fazer. ⁹ Lembra-te do que o SENHOR, teu Deus, fez a Miriã no caminho, quando saíste do Egito. ¹⁰ Se emprestares alguma cousa ao teu próximo, não entrarás em sua casa para lhe tirar o penhor. ¹¹ Ficarás do lado de fora, e o homem, a quem emprestaste, aí te trará o penhor. ¹² Porém, se for homem pobre, não usarás de noite o seu penhor; ¹³ em se pondo o sol, restituir-lhe-ás, sem falta, o penhor para que durma no seu

manto e te abençoe; isto te será justiça diante do SENHOR, teu Deus. ¹⁴ Não oprimirás o jornaleiro pobre e necessitado, seja ele teu irmão ou estrangeiro que está na tua terra e na tua cidade. ¹⁵ No seu dia, lhe darás o seu salário, antes do pôr-do-sol, porquanto é pobre, e disso depende a sua vida; para que não clame contra ti ao SENHOR, e haja em ti pecado. ¹⁶ Os pais não serão mortos em lugar dos filhos, nem os filhos, em lugar dos pais; cada qual será morto pelo seu pecado. ¹⁷ Não perverterás o direito do estrangeiro e do órfão; nem tomarás em penhor a roupa da viúva. ¹⁸ Lembrar-te-ás de que foste escravo no Egito e de que o SENHOR te livrou dali; pelo que te ordeno que faças isso. ¹⁹ Quando, no teu campo, segares a messe e, nele, esqueceres um feixe de espigas, não voltarás a tomá-lo; para o estrangeiro, para o órfão e para a viúva será; para que o SENHOR, teu Deus, te abençoe em toda obra das tuas mãos. ²⁰ Quando sacudires a tua oliveira, não voltarás a colher o fruto dos ramos; para o estrangeiro, para o órfão e para a viúva será. ²¹ Quando vindimares a tua vinha, não tornarás a rebuscá-la; para o estrangeiro, para o órfão e para a viúva será o restante. ²² Lembrar-te-ás de que foste escravo na terra do Egito; pelo que te ordeno que faças isso.

A pena de açoites

25 Em havendo contenda entre alguns, e vierem a juízo, os juízes os julgarão, justificando ao justo e condenando ao culpado. ² Se o culpado merecer açoites, o juiz o fará deitar-se e o fará açoitar, na sua presença, com o número de açoites segundo a sua culpa. ³ Quarenta açoites lhe fará dar, não mais; para que, porventura, se lhe fizer dar mais do que estes, teu irmão não fique aviltado aos teus olhos. ⁴ Não atarás a boca ao boi quando debulha.

O levirato

⁵ Se irmãos morarem juntos, e um deles

24.1 Mt 5.31; 19.7; Mc 10.4.   24.7 Êx 21.16.   24.8 Lv 13.1-14.54.   24.9 Nm 12.10.   24.10-13. Êx 22.26,27.
24.14,15 Lv 19.13.   24.16 2Rs 14.6; 2Cr 25.4; Ez 18.20.   24.17,18 Êx 23.9; Lv 19.33,34; Dt 27.19.
24.19-22 Lv 19.9,10; 23.22.   25.4 1Co 9.9; 1Tm 5.18.   25.5,6 Mt 22.24; Mc 12.19; Lc 20.28.

morrer sem filhos, então, a mulher do que morreu não se casará com outro estranho, fora da família; seu cunhado a tomará, e a receberá por mulher, e exercerá para com ela a obrigação de cunhado.

⁶ O primogênito que ela lhe der será sucessor do nome do seu irmão falecido, para que o nome deste não se apague em Israel.

⁷ Porém, se o homem não quiser tomar sua cunhada, subirá esta à porta, aos anciãos, e dirá: Meu cunhado recusa suscitar a seu irmão nome em Israel; não quer exercer para comigo a obrigação de cunhado.

⁸ Então, os anciãos da sua cidade devem chamá-lo e falar-lhe; e, se ele persistir e disser: Não quero tomá-la,

⁹ então, sua cunhada se chegará a ele na presença dos anciãos, e lhe descalçará a sandália do pé, e lhe cuspirá no rosto, e protestará, e dirá: Assim se fará ao homem que não quer edificar a casa de seu irmão;

¹⁰ e o nome de sua casa se chamará em Israel: A casa do descalçado.

¹¹ Quando brigarem dois homens, um contra o outro, e a mulher de um chegar para livrar o marido da mão do que o fere, e ela estender a mão, e o pegar pelas suas vergonhas,

¹² cortar-lhe-ás a mão; não a olharás com piedade.

Pesos e medidas justos
Lv 19.35,36

¹³ Na tua bolsa, não terás pesos diversos, um grande e um pequeno.

¹⁴ Na tua casa, não terás duas sortes de efa, um grande e um pequeno.

¹⁵ Terás peso integral e justo, efa integral e justo; para que se prolonguem os teus dias na terra que te dá o Senhor, teu Deus.

¹⁶ Porque é abominação ao Senhor, teu Deus, todo aquele que pratica tal injustiça.

Amaleque será destruído

¹⁷ Lembra-te do que te fez Amaleque no caminho, quando saías do Egito;

¹⁸ como te veio ao encontro no caminho e te atacou na retaguarda todos os desfalecidos que iam após ti, quando estavas abatido e afadigado; e não temeu a Deus.

¹⁹ Quando, pois, o Senhor, teu Deus, te houver dado sossego de todos os teus inimigos em redor, na terra que o Senhor, teu Deus, te dá por herança, para a possuíres, apagarás a memória de Amaleque de debaixo do céu; não te esqueças.

As primícias da terra

26 Ao entrares na terra que o Senhor, teu Deus, te dá por herança, ao possuí-la e nela habitares,

² tomarás das primícias de todos os frutos do solo que recolheres da terra que te dá o Senhor, teu Deus, e as porás num cesto, e irás ao lugar que o Senhor, teu Deus, escolher para ali fazer habitar o seu nome.

³ Virás ao que, naqueles dias, for sacerdote e lhe dirás: Hoje, declaro ao Senhor, teu Deus, que entrei na terra que o Senhor, sob juramento, prometeu dar a nossos pais.

⁴ O sacerdote tomará o cesto da tua mão e o porá diante do altar do Senhor, teu Deus.

⁵ Então, testificarás perante o Senhor, teu Deus, e dirás: Arameu prestes a perecer foi meu pai, e desceu para o Egito, e ali viveu como estrangeiro com pouca gente; e ali veio a ser nação grande, forte e numerosa.

⁶ Mas os egípcios nos maltrataram, e afligiram, e nos impuseram dura servidão.

⁷ Clamamos ao Senhor, Deus de nossos pais; e o Senhor ouviu a nossa voz e atentou para a nossa angústia, para o nosso trabalho e para a nossa opressão;

⁸ e o Senhor nos tirou do Egito com poderosa mão, e com braço estendido, e com grande espanto, e com sinais, e com milagres;

⁹ e nos trouxe a este lugar e nos deu esta terra, terra que mana leite e mel.

¹⁰ Eis que, agora, trago as primícias dos frutos da terra que tu, ó Senhor, me deste. Então, as porás perante o Senhor, teu Deus, e te prostrarás perante ele.

¹¹ Alegrar-te-ás por todo o bem que o Senhor, teu Deus, te tem dado a ti e a tua casa, tu, e o levita, e o estrangeiro que está no meio de ti.

Os dízimos

¹² Quando acabares de separar todos os dízimos da tua messe no ano terceiro, que é o dos dízimos, então, os darás ao levita, ao estrangeiro, ao órfão e à viúva, para que comam dentro das tuas cidades e se fartem.

25.9 Rt 4.7,8. 25.13-16 Lv 19.35,36. 25.17 1Sm 15.2-9. 25.19 Êx 17.8-14. 26.2 Êx 23.19. 26.12 Dt 14.28,29.

¹³ Dirás perante o Senhor, teu Deus: Tirei de minha casa o que é consagrado e dei também ao levita, e ao estrangeiro, e ao órfão, e à viúva, segundo todos os teus mandamentos que me tens ordenado; nada transgredi dos teus mandamentos, nem deles me esqueci.

¹⁴ Dos dízimos não comi no meu luto e deles nada tirei estando imundo, nem deles dei para a casa de algum morto; obedeci a voz do Senhor, meu Deus; segundo tudo o que me ordenaste, tenho feito.

¹⁵ Olha desde a tua santa habitação, desde o céu, e abençoa o teu povo, a Israel, e a terra que nos deste, como juraste a nossos pais, terra que mana leite e mel.

Exortação à obediência

¹⁶ Hoje, o Senhor, teu Deus, te manda cumprir estes estatutos e juízos; guarda-os, pois, e cumpre-os de todo o teu coração e de toda a tua alma.

¹⁷ Hoje, fizeste o Senhor declarar que te será por Deus, e que andarás nos seus caminhos, e guardarás os seus estatutos, e os seus mandamentos, e os seus juízos, e darás ouvidos à sua voz.

¹⁸ E o Senhor, hoje, te fez dizer que lhe serás por povo seu próprio, como te disse, e que guardarás todos os seus mandamentos.

¹⁹ Para, assim, te exaltar em louvor, renome e glória sobre todas as nações que fez e para que sejas povo santo ao Senhor, teu Deus, como tem dito.

O TERCEIRO DISCURSO DE MOISÉS

Solene promulgação da lei

27 Moisés e os anciãos de Israel deram ordem ao povo, dizendo: Guarda todos estes mandamentos que, hoje, te ordeno.

² No dia em que passares o Jordão à terra que te der o Senhor, teu Deus, levantar-te-ás pedras grandes e as caiarás.

³ Havendo-o passado, escreverás, nelas, todas as palavras desta lei, para entrares na terra que te dá o Senhor, teu Deus, terra que mana leite e mel, como te prometeu o Senhor, Deus de teus pais.

⁴ Quando houveres passado o Jordão, levantarás estas pedras, que hoje te ordeno, no monte Ebal, e as caiarás.

⁵ Ali, edificarás um altar ao Senhor, teu Deus, altar de pedras, sobre as quais não manejarás instrumento de ferro.

⁶ De pedras toscas edificarás o altar do Senhor, teu Deus; e sobre ele lhe oferecerás holocaustos.

⁷ Também sacrificarás ofertas pacíficas; ali, comerás e te alegrarás perante o Senhor, teu Deus.

⁸ Nestas pedras, escreverás, mui distintamente, as palavras todas desta lei.

⁹ Falou mais Moisés, juntamente com os sacerdotes levitas, a todo o Israel, dizendo: Guarda silêncio e ouve, ó Israel! Hoje, vieste a ser povo do Senhor, teu Deus.

¹⁰ Portanto, obedecerás à voz do Senhor, teu Deus, e lhe cumprirás os mandamentos e os estatutos que hoje te ordeno.

Maldições do monte Ebal

¹¹ Moisés deu ordem, naquele dia, ao povo, dizendo:

¹² Quando houveres passado o Jordão, estarão sobre o monte Gerizim, para abençoarem o povo, estes: Simeão, Levi, Judá, Issacar, José e Benjamim.

¹³ E estes, para amaldiçoar, estarão sobre o monte Ebal: Rúben, Gade, Aser, Zebulom, Dã e Naftali.

¹⁴ Os levitas testificarão a todo o povo de Israel em alta voz e dirão:

¹⁵ Maldito o homem que fizer imagem de escultura ou de fundição, abominável ao Senhor, obra de artífice, e a puser em lugar oculto. E todo o povo responderá: Amém.

¹⁶ Maldito aquele que desprezar a seu pai ou a sua mãe. E todo o povo dirá: Amém.

¹⁷ Maldito aquele que mudar os marcos do seu próximo. E todo o povo dirá: Amém.

¹⁸ Maldito aquele que fizer o cego errar o caminho. E todo o povo dirá: Amém.

¹⁹ Maldito aquele que perverter o direito do estrangeiro, do órfão e da viúva. E todo o povo dirá: Amém.

²⁰ Maldito aquele que se deitar com a madrasta, porquanto profanaria o leito de seu pai. E todo o povo dirá: Amém.

²¹ Maldito aquele que se ajuntar com animal. E todo o povo dirá: Amém.

26.18 Êx 19.5. **27.2-8** Js 8.30-32. **27.5** Êx 20.25. **27.12** Dt 11.29; Js 8.33-35. **27.15** Êx 20.4; 34.17; Lv 19.4; 26.1; Dt 4.15-18; 5.8. **27.16** Êx 20.12; Dt 5.16. **27.17** Dt 19.14. **27.18** Lv 19.14. **27.19** Êx 22.21; 23.9; Lv 19.33,34; Dt 24.17,18. **27.20** Lv 18.8; 20.11; Dt 22.30. **27.21** Êx 22.19; Lv 18.23; 20.15.

²² Maldito aquele que se deitar com sua irmã, filha de seu pai ou filha de sua mãe. E todo o povo dirá: Amém.

²³ Maldito aquele que se deitar com sua sogra. E todo o povo dirá: Amém.

²⁴ Maldito aquele que ferir o seu próximo em oculto. E todo o povo dirá: Amém.

²⁵ Maldito aquele que aceitar suborno para matar pessoa inocente. E todo o povo dirá: Amém.

²⁶ Maldito aquele que não confirmar as palavras desta lei, não as cumprindo. E todo o povo dirá: Amém.

As bênçãos decorrentes da obediência
Lv 26.3-13; Dt 7.12-26

28 Se atentamente ouvires a voz do SENHOR, teu Deus, tendo cuidado de guardar todos os seus mandamentos que hoje te ordeno, o SENHOR, teu Deus, te exaltará sobre todas as nações da terra.

² Se ouvires a voz do SENHOR, teu Deus, virão sobre ti e te alcançarão todas estas bênçãos:

³ Bendito serás tu na cidade e bendito serás no campo.

⁴ Bendito o fruto do teu ventre, e o fruto da tua terra, e o fruto dos teus animais, e as crias das tuas vacas e das tuas ovelhas.

⁵ Bendito o teu cesto e a tua amassadeira.

⁶ Bendito serás ao entrares e bendito, ao saíres.

⁷ O SENHOR fará que sejam derrotados na tua presença os inimigos que se levantarem contra ti; por um caminho, sairão contra ti, mas, por sete caminhos, fugirão da tua presença.

⁸ O SENHOR determinará que a bênção esteja nos teus celeiros e em tudo o que colocares a mão; e te abençoará na terra que te dá o SENHOR, teu Deus.

⁹ O SENHOR te constituirá para si em povo santo, como te tem jurado, quando guardares os mandamentos do SENHOR, teu Deus, e andares nos seus caminhos.

¹⁰ E todos os povos da terra verão que és chamado pelo nome do SENHOR e terão medo de ti.

¹¹ O SENHOR te dará abundância de bens no fruto do teu ventre, no fruto dos teus animais e no fruto do teu solo, na terra que o SENHOR, sob juramento a teus pais, prometeu dar-te.

¹² O SENHOR te abrirá o seu bom tesouro, o céu, para dar chuva à tua terra no seu tempo e para abençoar toda obra das tuas mãos; emprestarás a muitas gentes, porém tu não tomarás emprestado.

¹³ O SENHOR te porá por cabeça e não por cauda; e só estarás em cima e não debaixo, se obedeceres aos mandamentos do SENHOR, teu Deus, que hoje te ordeno, para os guardar e cumprir.

¹⁴ Não te desviarás de todas as palavras que hoje te ordeno, nem para a direita nem para a esquerda, seguindo outros deuses, para os servires.

Os castigos da desobediência
Lv 26.14-45

¹⁵ Será, porém, que, se não deres ouvidos à voz do SENHOR, teu Deus, não cuidando em cumprir todos os seus mandamentos e os seus estatutos que, hoje, te ordeno, então, virão todas estas maldições sobre ti e te alcançarão:

¹⁶ Maldito serás tu na cidade e maldito serás no campo.

¹⁷ Maldito o teu cesto e a tua amassadeira.

¹⁸ Maldito o fruto do teu ventre, e o fruto da tua terra, e as crias das tuas vacas e das tuas ovelhas.

¹⁹ Maldito serás ao entrares e maldito, ao saíres.

²⁰ O SENHOR mandará sobre ti a maldição, a confusão e a ameaça em tudo quanto empreenderes, até que sejas destruído e repentinamente pereças, por causa da maldade das tuas obras, com que me abandonaste.

²¹ O SENHOR fará que a pestilência te pegue a ti, até que te consuma a terra a que passas para possuí-la.

²² O SENHOR te ferirá com a tísica, e a febre, e a inflamação, e com o calor ardente, e a secura, e com o crestamento, e a ferrugem; e isto te perseguirá até que pereças.

²³ Os teus céus sobre a tua cabeça serão de bronze; e a terra debaixo de ti será de ferro.

²⁴ Por chuva da tua terra, o SENHOR te dará pó e cinza; dos céus, descerá sobre ti, até que sejas destruído.

²⁵ O SENHOR te fará cair diante dos teus inimigos; por um caminho, sairás contra eles, e, por sete caminhos, fugirás diante deles, e serás motivo de horror para todos os reinos da terra.

²⁶ O teu cadáver servirá de pasto a todas

as aves dos céus e aos animais da terra; e ninguém haverá que os espante.

²⁷ O SENHOR te ferirá com as úlceras do Egito, com tumores, com sarna e com prurido de que não possas curar-te.

²⁸ O SENHOR te ferirá com loucura, com cegueira e com perturbação do espírito.

²⁹ Apalparás ao meio-dia, como o cego apalpa nas trevas, e não prosperarás nos teus caminhos; porém somente serás oprimido e roubado todos os teus dias; e ninguém haverá que te salve.

³⁰ Desposar-te-ás com uma mulher, porém outro homem dormirá com ela; edificarás casa, porém não morarás nela; plantarás vinha, porém não a desfrutarás.

³¹ O teu boi será morto aos teus olhos, porém dele não comerás; o teu jumento será roubado diante de ti e não voltará a ti; as tuas ovelhas serão dadas aos teus inimigos; e ninguém haverá que te salve.

³² Teus filhos e tuas filhas serão dados a outro povo; os teus olhos o verão e desfalecerão de saudades todo o dia; porém a tua mão nada poderá fazer.

³³ O fruto da tua terra e todo o teu trabalho, comê-los-á um povo que nunca conheceste; e tu serás oprimido e quebrantado todos os dias;

³⁴ e te enlouquecerás pelo que vires com os teus olhos.

³⁵ O SENHOR te ferirá com úlceras malignas nos joelhos e nas pernas, das quais não te possas curar, desde a planta do pé até ao alto da cabeça.

³⁶ O SENHOR te levará e o teu rei que tiveres constituído sobre ti a uma gente que não conheceste, nem tu, nem teus pais; e ali servirás a outros deuses, feitos de madeira e de pedra.

³⁷ Virás a ser pasmo, provérbio e motejo entre todos os povos a que o SENHOR te levará.

³⁸ Lançarás muita semente ao campo; porém colherás pouco, porque o gafanhoto a consumirá.

³⁹ Plantarás e cultivarás muitas vinhas, porém do seu vinho não beberás, nem colherás as uvas, porque o verme as devorará.

⁴⁰ Em todos os teus limites terás oliveiras; porém não te ungirás com azeite, porque as tuas azeitonas cairão.

⁴¹ Gerarás filhos e filhas, porém não ficarão contigo, porque serão levados ao cativeiro.

⁴² Todo o teu arvoredo e o fruto da tua terra o gafanhoto os consumirá.

⁴³ O estrangeiro que está no meio de ti se elevará mais e mais, e tu mais e mais descerás.

⁴⁴ Ele te emprestará a ti, porém tu não lhe emprestarás a ele; ele será por cabeça, e tu serás por cauda.

⁴⁵ Todas estas maldições virão sobre ti, e te perseguirão, e te alcançarão, até que sejas destruído, porquanto não ouviste a voz do SENHOR, teu Deus, para guardares os mandamentos e os estatutos que te ordenou.

⁴⁶ Serão, no teu meio, por sinal e por maravilha, como também entre a tua descendência, para sempre.

⁴⁷ Porquanto não serviste ao SENHOR, teu Deus, com alegria e bondade de coração, não obstante a abundância de tudo.

⁴⁸ Assim, com fome, com sede, com nudez e com falta de tudo, servirás aos inimigos que o SENHOR enviará contra ti; sobre o teu pescoço porá um jugo de ferro, até que te haja destruído.

⁴⁹ O SENHOR levantará contra ti uma nação de longe, da extremidade da terra virá, como o vôo impetuoso da águia, nação cuja língua não entenderás;

⁵⁰ nação feroz de rosto, que não respeitará ao velho, nem se apiedará do moço.

⁵¹ Ela comerá o fruto dos teus animais e o fruto da tua terra, até que sejas destruído; e não te deixará cereal, mosto, nem azeite, nem as crias das tuas vacas e das tuas ovelhas, até que te haja consumido.

⁵² Sitiar-te-á em todas as tuas cidades, até que venham a cair, em toda a tua terra, os altos e fortes muros em que confiavas; e te sitiará em todas as tuas cidades, em toda a terra que o SENHOR, teu Deus, te deu.

⁵³ Comerás o fruto do teu ventre, a carne de teus filhos e de tuas filhas, que te der o SENHOR, teu Deus, na angústia e no aperto com que os teus inimigos te apertarão.

⁵⁴ O mais mimoso dos homens e o mais delicado do teu meio será mesquinho para com seu irmão, e para com a mulher do seu amor, e para com os demais de seus filhos que ainda lhe restarem;

⁵⁵ de sorte que não dará a nenhum deles da carne de seus filhos, que ele comer; porquanto nada lhe ficou de resto na angústia e no aperto com que o teu inimigo te apertará em todas as tuas cidades.

⁵⁶ A mais mimosa das mulheres e a mais delicada do teu meio, que de mimo e delicadeza não tentaria pôr a planta do pé sobre a terra, será mesquinha para com o ma-

rido de seu amor, e para com seu filho, e para com sua filha;

⁵⁷ mesquinha da placenta que lhe saiu dentre os pés e dos filhos que tiver, porque os comerá às escondidas pela falta de tudo, na angústia e no aperto com que o teu inimigo te apertará nas tuas cidades.

⁵⁸ Se não tiveres cuidado de guardar todas as palavras desta lei, escritas neste livro, para temeres este nome glorioso e terrível, o Senhor, teu Deus,

⁵⁹ então, o Senhor fará terríveis as tuas pragas e as pragas de tua descendência, grandes e duradouras pragas, e enfermidades graves e duradouras;

⁶⁰ fará voltar contra ti todas as moléstias do Egito, que temeste; e se apegarão a ti.

⁶¹ Também o Senhor fará vir sobre ti toda enfermidade e toda praga que não estão escritas no livro desta lei, até que sejas destruído.

⁶² Ficareis poucos em número, vós que éreis como as estrelas dos céus em multidão, porque não destes ouvidos à voz do Senhor, vosso Deus.

⁶³ Assim como o Senhor se alegrava em vós outros, em fazer-vos bem e multiplicar-vos, da mesma sorte o Senhor se alegrará em vos fazer perecer e vos destruir; sereis desarraigados da terra à qual passais para possuí-la.

⁶⁴ O Senhor vos espalhará entre todos os povos, de uma até à outra extremidade da terra. Servirás ali a outros deuses que não conheceste, nem tu, nem teus pais; servirás à madeira e à pedra.

⁶⁵ Nem ainda entre estas nações descansarás, nem a planta de teu pé terá repouso, porquanto o Senhor ali te dará coração tremente, olhos mortiços e desmaio de alma.

⁶⁶ A tua vida estará suspensa como por um fio diante de ti; terás pavor de noite e de dia e não crerás na tua vida.

⁶⁷ Pela manhã dirás: Ah! Quem me dera ver a noite! E, à noitinha, dirás: Ah! Quem me dera ver a manhã! Isso pelo pavor que sentirás no coração e pelo espetáculo que terás diante dos olhos.

⁶⁸ O Senhor te fará voltar ao Egito em navios, pelo caminho de que te disse: Nunca jamais o verás; sereis ali oferecidos para venda como escravos e escravas aos vossos inimigos, mas não haverá quem vos compre.

29.7 Nm 21.21-30,31-35.   29.8 Nm 32.33.

O QUARTO DISCURSO DE MOISÉS

Deus faz nova aliança com o povo

29 São estas as palavras da aliança que o Senhor ordenou a Moisés fizesse com os filhos de Israel na terra de Moabe, além da aliança que fizera com eles em Horebe.

² Chamou Moisés a todo o Israel e disse-lhe: Tendes visto tudo quanto o Senhor fez na terra do Egito, perante vós, a Faraó, e a todos os seus servos, e a toda a sua terra;

³ as grandes provas que os vossos olhos viram, os sinais e grandes maravilhas;

⁴ porém o Senhor não vos deu coração para entender, nem olhos para ver, nem ouvidos para ouvir, até ao dia de hoje.

⁵ Quarenta anos vos conduzi pelo deserto; não envelheceram sobre vós as vossas vestes, nem se gastou no vosso pé a sandália.

⁶ Pão não comestes e não bebestes vinho nem bebida forte, para que soubésseis que eu sou o Senhor, vosso Deus.

⁷ Quando viestes a este lugar, Seom, rei de Hesbom, e Ogue, rei de Basã, nos saíram ao encontro, à peleja, e nós os ferimos;

⁸ tomamos-lhes a terra e a demos por herança aos rubenitas, e aos gaditas, e à meia tribo dos manassitas.

⁹ Guardai, pois, as palavras desta aliança e cumpri-as, para que prospereis em tudo quanto fizerdes.

¹⁰ Vós estais, hoje, todos perante o Senhor, vosso Deus: os cabeças de vossas tribos, vossos anciãos e os vossos oficiais, todos os homens de Israel,

¹¹ os vossos meninos, as vossas mulheres e o estrangeiro que está no meio do vosso arraial, desde o vosso rachador de lenha até ao vosso tirador de água,

¹² para que entres na aliança do Senhor, teu Deus, e no juramento que, hoje, o Senhor, teu Deus, faz contigo;

¹³ para que, hoje, te estabeleça por seu povo, e ele te seja por Deus, como te tem prometido, como jurou a teus pais, Abraão, Isaque e Jacó.

¹⁴ Não é somente convosco que faço esta aliança e este juramento,

¹⁵ porém com aquele que, hoje, aqui, está conosco perante o Senhor, nosso Deus, e também com aquele que não está aqui, hoje, conosco.

¹⁶ Porque vós sabeis como habitamos

na terra do Egito e como passamos pelo meio das nações pelas quais viestes a passar;

¹⁷ vistes as suas abominações e os seus ídolos, feitos de madeira e de pedra, bem como vistes a prata e o ouro que havia entre elas;

¹⁸ para que, entre vós, não haja homem, nem mulher, nem família, nem tribo cujo coração, hoje, se desvie do SENHOR, nosso Deus, e vá servir aos deuses destas nações; para que não haja entre vós raiz que produza erva venenosa e amarga,

¹⁹ ninguém que, ouvindo as palavras desta maldição, se abençoe no seu íntimo, dizendo: Terei paz, ainda que ande na perversidade do meu coração, para acrescentar à sede a bebedice.

²⁰ O SENHOR não lhe quererá perdoar; antes, fumegará a ira do SENHOR e o seu zelo sobre tal homem, e toda maldição escrita neste livro jazerá sobre ele; e o SENHOR lhe apagará o nome de debaixo do céu.

²¹ O SENHOR o separará de todas as tribos de Israel para calamidade, segundo todas as maldições da aliança escrita neste livro da lei.

²² Então, dirá a geração vindoura, os vossos filhos, que se levantarem depois de vós, e o estrangeiro que virá de terras longínquas, vendo as pragas desta terra e as suas doenças, com que o SENHOR a terá afligido,

²³ e toda a sua terra abrasada com enxofre e sal, de sorte que não será semeada, e nada produzirá, nem crescerá nela erva alguma, assim como foi a destruição de Sodoma e de Gomorra, de Admá e de Zeboim, que o SENHOR destruiu na sua ira e no seu furor,

²⁴ isto é, todas as nações dirão: Por que fez o SENHOR assim com esta terra? Qual foi a causa do furor de tamanha ira?

²⁵ Então, se dirá: Porque desprezaram a aliança que o SENHOR, Deus de seus pais, fez com eles, quando os tirou do Egito;

²⁶ e se foram, e serviram a outros deuses, e os adoraram; deuses que não conheceram e que ele não lhes havia designado.

²⁷ Pelo que a ira do SENHOR se acendeu contra esta terra, trazendo sobre ela toda maldição que está escrita neste livro.

²⁸ O SENHOR os arrancou, com ira, de sua terra, mas também com indignação e grande furor, e os lançou para outra terra, como hoje se vê.

²⁹ As cousas encobertas pertencem ao SENHOR, nosso Deus, porém as reveladas nos pertencem, a nós e a nossos filhos, para sempre, para que cumpramos todas as palavras desta lei.

Promessas de misericórdia

30 Quando, pois, todas estas cousas vierem sobre ti, a bênção e a maldição que pus diante de ti, se te recordares delas entre todas as nações para onde te lançar o SENHOR, teu Deus;

² e tornares ao SENHOR, teu Deus, tu e teus filhos, de todo o teu coração e de toda a tua alma, e deres ouvidos à sua voz, segundo tudo o que hoje te ordeno,

³ então, o SENHOR, teu Deus, mudará a tua sorte, e se compadecerá de ti, e te ajuntará, de novo, de todos os povos entre os quais te havia espalhado o SENHOR, teu Deus.

⁴ Ainda que os teus desterrados estejam para a extremidade dos céus, desde aí te ajuntará o SENHOR, teu Deus, e te tomará de lá.

⁵ O SENHOR, teu Deus, te introduzirá na terra que teus pais possuíram, e a possuirás; e te fará bem e te multiplicará mais do que a teus pais.

⁶ O SENHOR, teu Deus, circuncidará o teu coração e o coração de tua descendência, para amares o SENHOR, teu Deus, de todo o coração e de toda a tua alma, para que vivas.

⁷ O SENHOR, teu Deus, porá todas estas maldições sobre os teus inimigos e sobre os teus aborrecedores, que te perseguiram.

⁸ De novo, pois, darás ouvidos à voz do SENHOR; cumprirás todos os seus mandamentos que hoje te ordeno.

⁹ O SENHOR, teu Deus, te dará abundância em toda obra das tuas mãos, no fruto do teu ventre, no fruto dos teus animais e no fruto da tua terra e te beneficiará; porquanto o SENHOR tornará a exultar em ti, para te fazer bem, como exultou em teus pais;

¹⁰ se deres ouvidos à voz do SENHOR, teu Deus, guardando os seus mandamentos e os seus estatutos, escritos neste livro da lei, se te converteres ao SENHOR, teu Deus, de todo o teu coração e de toda a tua alma.

¹¹ Porque este mandamento que, hoje,

te ordeno não é demasiado difícil, nem está longe de ti.

12 Não está nos céus, para dizeres: Quem subirá por nós aos céus, que no-lo traga e no-lo faça ouvir, para que o cumpramos?

13 Nem está além do mar, para dizeres: Quem passará por nós além do mar que no-lo traga e no-lo faça ouvir, para que o cumpramos?

14 Pois esta palavra está mui perto de ti, na tua boca e no teu coração, para a cumprires.

A vida ou a morte

15 Vê que proponho, hoje, a vida e o bem, a morte e o mal;

16 se guardares o mandamento que hoje te ordeno, que ames o SENHOR, teu Deus, andes nos seus caminhos, e guardes os seus mandamentos, e os seus estatutos, e os seus juízos, então, viverás e te multiplicarás, e o SENHOR, teu Deus, te abençoará na terra à qual passas para possuí-la.

17 Porém, se o teu coração se desviar, e não quiseres dar ouvidos, e fores seduzido, e te inclinares a outros deuses, e os servires,

18 então, hoje, te declaro que, certamente, perecerás; não permanecerás longo tempo na terra à qual vais, passando o Jordão, para a possuíres.

19 Os céus e a terra tomo, hoje, por testemunhas contra ti, que te propus a vida e a morte, a bênção e a maldição; escolhe, pois, a vida, para que vivas, tu e a tua descendência,

20 amando o SENHOR, teu Deus, dando ouvidos à sua voz e apegando-te a ele; pois disto depende a tua vida e a tua longevidade; para que habites na terra que o SENHOR, sob juramento, prometeu dar a teus pais, Abraão, Isaque e Jacó.

AS ÚLTIMAS DISPOSIÇÕES

Josué, sucessor de Moisés

31 Passou Moisés a falar estas palavras a todo o Israel

2 e disse-lhes: Sou, hoje, da idade de cento e vinte anos. Já não posso sair e entrar, e o SENHOR me disse: Não passarás o Jordão.

3 O SENHOR, teu Deus, passará adiante de ti; ele destruirá estas nações de diante de ti, e tu as possuirás; Josué passará adiante de ti, como o SENHOR tem dito.

4 O SENHOR lhes fará como fez a Seom e a Ogue, reis dos amorreus, os quais destruiu, bem como a sua terra.

5 Quando, pois, o SENHOR vos entregar estes povos diante de vós, então, com eles fareis segundo todo o mandamento que vos tenho ordenado.

6 Sede fortes e corajosos, não temais, nem vos atemorizeis diante deles, porque o SENHOR, vosso Deus, é quem vai convosco; não vos deixará, nem vos desamparará.

7 Chamou Moisés a Josué e lhe disse na presença de todo o Israel: Sê forte e corajoso; porque, com este povo, entrarás na terra que o SENHOR, sob juramento, prometeu dar a teus pais; e tu os farás herdá-la.

8 O SENHOR é quem vai adiante de ti; ele será contigo, não te deixará, nem te desamparará; não temas, nem te atemorizes.

A lei deve ser lida ao povo de sete em sete anos

9 Esta lei, escreveu-a Moisés e a deu aos sacerdotes, filhos de Levi, que levavam a arca da Aliança do SENHOR, e a todos os anciãos de Israel.

10 Ordenou-lhes Moisés, dizendo: Ao fim de cada sete anos, precisamente no ano da remissão, na Festa dos Tabernáculos,

11 quando todo o Israel vier a comparecer perante o SENHOR, teu Deus, no lugar que este escolher, lerás esta lei diante de todo o Israel.

12 Ajuntai o povo, os homens, as mulheres, os meninos e o estrangeiro que está dentro da vossa cidade, para que ouçam, e aprendam, e temam o SENHOR, vosso Deus, e cuidem de cumprir todas as palavras desta lei;

13 para que seus filhos que não a souberem ouçam e aprendam a temer o SENHOR, vosso Deus, todos os dias que viverdes sobre a terra à qual ides, passando o Jordão, para a possuir.

A futura rebeldia de Israel

14 Disse o SENHOR a Moisés: Eis que os teus dias são chegados, para que morras; chama Josué, e apresentai-vos na tenda da congregação, para que eu lhe dê ordens. As-

30.12-14 Rm 10.6-8. **30.20** Gn 12.7; 26.3; 28.13. Hb 13.5. **31.10** Dt 15.12; 16.13-15. **31.2** Nm 20.12. **31.4** Nm 21.21-35. **31.6-8** Js 1.5;

sim, foram Moisés e Josué e se apresentaram na tenda da congregação.

15 Então, o SENHOR apareceu, ali, na coluna de nuvem; a qual se deteve sobre a porta da tenda.

16 Disse o SENHOR a Moisés: Eis que estás para dormir com teus pais; e este povo se levantará, e se prostituirá, indo após deuses estranhos na terra para cujo meio vai, e me deixará, e anulará a aliança que fiz com ele.

17 Nesse dia, a minha ira se acenderá contra ele; desampará-lo-ei e dele esconderei o rosto, para que seja devorado; e tantos males e angústias o alcançarão, que dirá naquele dia: Não nos alcançaram estes males por não estar o nosso Deus no meio de nós?

18 Esconderei, pois, certamente, o rosto naquele dia, por todo o mal que tiverem feito, por se haverem tornado a outros deuses.

19 Escrevei para vós outros este cântico e ensinai-o aos filhos de Israel; ponde-o na sua boca, para que este cântico me seja por testemunha contra os filhos de Israel.

20 Quando eu tiver introduzido o meu povo na terra que mana leite e mel, a qual, sob juramento, prometi a seus pais, e, tendo ele comido, e se fartado, e engordado, e houver tornado a outros deuses, e os houver servido, e me irritado, e anulado a minha aliança;

21 e, quando o tiverem alcançado muitos males e angústias, então, este cântico responderá contra ele por testemunha, pois a sua descendência, sempre, o trará na boca; porquanto conheço os desígnios que, hoje, estão formulando, antes que o introduza na terra que, sob juramento, prometi.

22 Assim, Moisés, naquele mesmo dia, escreveu este cântico e o ensinou aos filhos de Israel.

23 Ordenou o SENHOR a Josué, filho de Num, e disse: Sê forte e corajoso, porque tu introduzirás os filhos de Israel na terra que, sob juramento, lhes prometi; e eu serei contigo.

O livro da lei posto ao lado da arca

24 Tendo Moisés acabado de escrever, integralmente, as palavras desta lei num livro,

25 deu ordem aos levitas que levavam a arca da Aliança do SENHOR, dizendo:

26 Tomai este livro da lei e ponde-o ao lado da arca da Aliança do SENHOR, vosso Deus, para que ali esteja por testemunha contra ti.

27 Porque conheço a tua rebeldia e a tua dura cerviz. Pois, se, vivendo eu, ainda hoje, convosco, sois rebeldes contra o SENHOR, quanto mais depois da minha morte?

28 Ajuntai perante mim todos os anciãos das vossas tribos e vossos oficiais, para que eu fale aos seus ouvidos estas palavras e contra eles, por testemunhas, tomarei os céus e a terra.

29 Porque sei que, depois da minha morte, por certo, procedereis corruptamente e vos desviareis do caminho que vos tenho ordenado; então, este mal vos alcançará nos últimos dias, porque fareis mal perante o SENHOR, provocando-o à ira com as obras das vossas mãos.

O cântico de Moisés

30 Então, Moisés pronunciou, integralmente, as palavras deste cântico aos ouvidos de toda a congregação de Israel:

32 Inclinai os ouvidos, ó céus, e falarei;
e ouça a terra
as palavras da minha boca.

2 Goteje a minha doutrina
como a chuva,
destile a minha palavra
como o orvalho,
como chuvisco sobre a relva
e como gotas de água sobre a erva.

3 Porque proclamarei
o nome do SENHOR.
Engrandecei o nosso Deus.

4 Eis a Rocha! Suas obras são perfeitas,
porque todos os seus caminhos
são juízo;
Deus é fidelidade,
e não há nele injustiça;
é justo e reto.

5 Procederam corruptamente contra ele,
já não são seus filhos,
e sim suas manchas;
é geração perversa e deformada.

6 É assim que recompensas ao SENHOR,
povo louco e ignorante?
Não é ele teu pai, que te adquiriu,
te fez e te estabeleceu?

7 Lembra-te dos dias da antiguidade,
atenta para os anos
de gerações e gerações;
pergunta a teu pai, e ele te informará,
aos teus anciãos, e eles to dirão.

8 Quando o Altíssimo distribuía

31.23 Js 1.6.

as heranças às nações,
quando separava os filhos dos
    homens uns dos outros,
fixou os limites dos povos,
segundo o número dos filhos de Israel.
⁹ Porque a porção do SENHOR
    é o seu povo;
Jacó é a parte da sua herança.
¹⁰ Achou-o numa terra deserta
e num ermo solitário
    povoado de uivos;
rodeou-o e cuidou dele,
guardou-o como a menina dos olhos.
¹¹ Como a águia desperta a sua ninhada
e voeja sobre os seus filhotes,
estende as asas e, tomando-os,
os leva sobre elas,
¹² assim, só o SENHOR o guiou,
e não havia com ele deus estranho.
¹³ Ele o fez cavalgar
    sobre os altos da terra,
comer as messes do campo,
chupar mel da rocha
    e azeite da dura pederneira,
¹⁴ coalhada de vacas e leite de ovelhas,
com a gordura dos cordeiros,
dos carneiros que pastam em Basã
    e dos bodes,
com o mais escolhido trigo;
e bebeste o sangue das uvas, o mosto.
¹⁵ Mas, engordando-se o meu amado,
    deu coices;
engordou-se, engrossou-se, ficou nédio
e abandonou a Deus, que o fez,
desprezou a Rocha da sua salvação.
¹⁶ Com deuses estranhos
    o provocaram a zelos,
com abominações o irritaram.
¹⁷ Sacrifícios ofereceram aos demônios,
    não a Deus;
a deuses que não conheceram,
novos deuses que vieram há pouco,
dos quais não se estremeceram
    seus pais.
¹⁸ Olvidaste a Rocha que te gerou;
e te esqueceste do Deus
    que te deu o ser.
¹⁹ Viu isto o SENHOR e os desprezou,
por causa da provocação
    de seus filhos e suas filhas;
²⁰ e disse: Esconderei deles o rosto,
verei qual será o seu fim;
porque são raça de perversidade,
filhos em quem não há lealdade.
²¹ A zelos me provocaram
    com aquilo que não é Deus;

com seus ídolos me provocaram à ira;
portanto, eu os provocarei a zelos
    com aquele que não é povo;
com louca nação
    os despertarei à ira.
²² Porque um fogo se acendeu
    no meu furor
e arderá até ao mais profundo
    do inferno,
consumirá a terra e suas messes
e abrasará os fundamentos
    dos montes.
²³ Amontoarei males sobre eles;
    as minhas setas esgotarei contra eles.
²⁴ Consumidos serão pela fome,
devorados pela febre e peste violenta;
e contra eles enviarei dentes de feras
e ardente peçonha de serpentes do pó.
²⁵ Fora devastará a espada,
em casa, o pavor,
tanto ao jovem como à virgem,
tanto à criança de peito
    como ao homem encanecido.
²⁶ Eu teria dito: Por todos os cantos
    os espalharei
e farei cessar a sua memória
    dentre os homens,
²⁷ se eu não tivesse receado
    a provocação do inimigo,
para que os seus adversários
    não se iludam,
para que não digam:
    A nossa mão tem prevalecido,
e não foi o SENHOR
    quem fez tudo isto.
²⁸ Porque o meu povo
    é gente falta de conselhos,
e neles não há entendimento.
²⁹ Tomara fossem eles sábios!
    Então, entenderiam isto
e atentariam para o seu fim.
³⁰ Como poderia um só perseguir mil,
e dois fazerem fugir dez mil,
se a sua Rocha lhos não vendera,
e o SENHOR lhos não entregara?
³¹ Porque a rocha deles
    não é como a nossa Rocha;
e os próprios inimigos o atestam.
³² Porque a sua vinha
    é da vinha de Sodoma
e dos campos de Gomorra;
as suas uvas são uvas de veneno,
seus cachos, amargos;
³³ o seu vinho
    é ardente veneno de répteis
e peçonha terrível de víboras.

32.17 1Co 10.20.   **32.21** 1Co 10.22; Rm 10.19.

³⁴ Não está isto guardado comigo,
    selado nos meus tesouros?
³⁵ A mim me pertence a vingança,
    a retribuição,
    a seu tempo,
    quando resvalar o seu pé;
    porque o dia da sua calamidade
    está próximo,
    e o seu destino se apressa em chegar.
³⁶ Porque o SENHOR fará justiça
    ao seu povo
    e se compadecerá dos seus servos,
    quando vir que o seu poder se foi,
    e já não há nem escravo nem livre.
³⁷ Então, dirá:
    Onde estão os seus deuses?
    E a rocha em quem confiavam?
³⁸ Deuses que comiam a gordura
    de seus sacrifícios
    e bebiam o vinho de suas libações?
    Levantem-se eles e vos ajudem,
    para que haja esconderijo
    para vós outros!
³⁹ Vede, agora, que Eu Sou,
    Eu somente,
    e mais nenhum Deus além de mim;
    eu mato e eu faço viver;
    eu firo e eu saro;
    e não há quem possa livrar alguém
    da minha mão.
⁴⁰ Levanto a mão aos céus
    e afirmo por minha vida eterna:
⁴¹ se eu afiar a minha espada reluzente,
    e a minha mão exercitar o juízo,
    tomarei vingança
    contra os meus adversários
    e retribuirei aos que me odeiam.
⁴² Embriagarei as minhas setas
    de sangue
    (a minha espada comerá carne),
    do sangue dos mortos
    e dos prisioneiros,
    das cabeças cabeludas do inimigo.
⁴³ Louvai, ó nações, o seu povo,
    porque o SENHOR vingará
    o sangue dos seus servos,
    tomará vingança
    dos seus adversários
    e fará expiação
    pela terra do seu povo.
⁴⁴ Veio Moisés e falou todas as palavras deste cântico aos ouvidos do povo, ele e Josué, filho de Num.
⁴⁵ Tendo Moisés falado todas estas palavras a todo o Israel,
⁴⁶ disse-lhes: Aplicai o coração a todas as palavras que, hoje, testifico entre vós, para que ordeneis a vossos filhos que cuidem de cumprir todas as palavras desta lei.
⁴⁷ Porque esta palavra não é para vós outros cousa vã; antes, é a vossa vida; e, por esta mesma palavra, prolongareis os dias na terra à qual, passando o Jordão, ides para a possuir.

O ÚLTIMO DIA DA VIDA DE MOISÉS

Moisés vê do monte Nebo a terra de Canaã

⁴⁸ Naquele mesmo dia, falou o SENHOR a Moisés, dizendo:
⁴⁹ Sobe a este monte de Abarim, ao monte Nebo, que está na terra de Moabe, defronte de Jericó, e vê a terra de Canaã, que aos filhos de Israel dou em possessão.
⁵⁰ E morrerás no monte, ao qual terás subido, e te recolherás ao teu povo, como Arão, teu irmão, morreu no monte Hor e se recolheu ao seu povo,
⁵¹ porquanto prevaricastes contra mim no meio dos filhos de Israel, nas águas de Meribá de Cades, no deserto de Zim, pois me não santificastes no meio dos filhos de Israel.
⁵² Pelo que verás a terra defronte de ti, porém não entrarás nela, na terra que dou aos filhos de Israel.

A bênção de Moisés

33 Esta é a bênção que Moisés, homem de Deus, deu aos filhos de Israel, antes da sua morte.
² Disse, pois:
    O SENHOR veio do Sinai
    e lhes alvoreceu de Seir,
    resplandeceu desde o monte Parã;
    e veio das miríades de santos;
    à sua direita, havia para eles
    o fogo da lei.
³ Na verdade, amas os povos;
    todos os teus santos estão na tua mão;
    eles se colocam a teus pés
    e aprendem das tuas palavras.
⁴ Moisés nos prescreveu a lei
    por herança da congregação de Jacó.
⁵ E o SENHOR se tornou rei
    ao seu povo amado,
    quando se congregaram
    os cabeças do povo
    com as tribos de Israel.

32.35 Rm 12.19; Hb 10.30.   32.43 Rm 15.10; Ap 19.2.   32.48-52 Nm 27.12-14.

⁶ Viva Rúben e não morra;
e não sejam poucos os seus homens!
⁷ Isto é o que disse de Judá:
Ouve, ó SENHOR, a voz de Judá
e introduze-o no seu povo;
com as tuas mãos, peleja por ele
e sê tu ajuda contra os seus inimigos.
⁸ De Levi disse:
Dá, ó Deus, o teu Tumim e o teu Urim
para o homem, teu fidedigno,
que tu provaste em Massá,
com quem contendeste
nas águas de Meribá;
⁹ aquele que disse a seu pai e a sua mãe:
Nunca os vi;
e não conheceu a seus irmãos
e não estimou a seus filhos,
pois guardou a tua palavra
e observou a tua aliança.
¹⁰ Ensinou os teus juízos a Jacó
e a tua lei, a Israel;
ofereceu incenso às tuas narinas
e holocausto, sobre o teu altar.
¹¹ Abençoa o seu poder, ó SENHOR,
e aceita a obra das suas mãos,
fere os lombos dos que se levantam
contra ele e o aborrecem,
para que nunca mais se levantem.
¹² De Benjamim disse:
O amado do SENHOR
habitará seguro com ele;
todo o dia o SENHOR o protegerá,
e ele descansará nos seus braços.
¹³ De José disse:
Bendita do SENHOR seja a sua terra,
com o que é mais excelente dos céus,
do orvalho e das profundezas,
¹⁴ com o que é mais excelente
daquilo que o sol amadurece
e daquilo que os meses produzem,
¹⁵ com o que é mais excelente
dos montes antigos
e mais excelente dos outeiros eternos,
¹⁶ com o que é mais excelente
da terra e da sua plenitude
e da benevolência
daquele que apareceu na sarça;
que tudo isto venha
sobre a cabeça de José,
sobre a cabeça
do príncipe entre seus irmãos.
¹⁷ Ele tem a imponência
do primogênito do seu touro,
e as suas pontas são
como as de um boi selvagem;
com elas rechaçará todos os povos

até às extremidades da terra.
Tais, pois, as miríades de Efraim,
e tais, os milhares de Manassés.
¹⁸ De Zebulom disse:
Alegra-te, Zebulom,
nas tuas saídas marítimas,
e tu, Issacar, nas tuas tendas.
¹⁹ Os dois chamarão os povos ao monte;
ali apresentarão ofertas legítimas,
porque chuparão
a abundância dos mares
e os tesouros escondidos da areia.
²⁰ De Gade disse:
Bendito aquele que faz dilatar Gade,
o qual habita como a leoa
e despedaça o braço e o alto da cabeça.
²¹ E se proveu da melhor parte,
porquanto ali estava escondida
a porção do chefe;
ele marchou adiante do povo,
executou a justiça do SENHOR
e os seus juízos para com Israel.
²² De Dã disse:
Dã é leãozinho;
saltará de Basã.
²³ De Naftali disse:
Naftali goza de favores
e, cheio da bênção do SENHOR,
possuirá o lago e o Sul.
²⁴ De Aser disse:
Bendito seja Aser
entre os filhos de Jacó,
agrade a seus irmãos
e banhe em azeite o pé.
²⁵ Sejam de ferro e de bronze
os teus ferrolhos,
e, como os teus dias, durará a tua paz.
²⁶ Não há outro, ó amado,
semelhante a Deus,
que cavalga sobre os céus
para a tua ajuda
e com a sua alteza sobre as nuvens.
²⁷ O Deus eterno é a tua habitação
e, por baixo de ti,
estende os braços eternos;
ele expulsou o inimigo de diante de ti
e disse: Destrói-o.
²⁸ Israel, pois, habitará seguro,
a fonte de Jacó habitará a sós
numa terra de cereal e de vinho;
e os seus céus destilarão orvalho.
²⁹ Feliz és tu, ó Israel!
Quem é como tu?
Povo salvo pelo SENHOR,
escudo que te socorre,
espada que te dá alteza.

33.8 Êx 28.30; Êx 17.7; Nm 20.13.

Assim, os teus inimigos
te serão sujeitos,
e tu pisarás os seus altos.

A morte de Moisés

34 Então, subiu Moisés das campinas
de Moabe ao monte Nebo, ao cume
de Pisga, que está defronte de Jericó; e o
SENHOR lhe mostrou toda a terra de Gileade até Dã;

² e todo o Naftali, e a terra de Efraim, e
Manassés; e toda a terra de Judá até ao mar
ocidental;

³ e o Neguebe e a campina do vale de Jericó, a cidade das Palmeiras, até Zoar.

⁴ Disse-lhe o SENHOR: Esta é a terra que,
sob juramento, prometi a Abraão, a Isaque
e a Jacó, dizendo: à tua descendência a darei; eu te faço vê-la com os próprios olhos;
porém não irás para lá.

⁵ Assim, morreu ali Moisés, servo do
SENHOR, na terra de Moabe, segundo a palavra do SENHOR.

⁶ Este o sepultou num vale, na terra de
Moabe, defronte de Bete-Peor; e ninguém
sabe, até hoje, o lugar da sua sepultura.

⁷ Tinha Moisés a idade de cento e vinte
anos quando morreu; não se lhe escureceram os olhos, nem se lhe abateu o vigor.

⁸ Os filhos de Israel prantearam Moisés
por trinta dias, nas campinas de Moabe; então, se cumpriram os dias do pranto no luto por Moisés.

⁹ Josué, filho de Num, estava cheio do
espírito de sabedoria, porquanto Moisés
impôs sobre ele as mãos; assim, os filhos de
Israel lhe deram ouvidos e fizeram como o
SENHOR ordenara a Moisés.

¹⁰ Nunca mais se levantou em Israel
profeta algum como Moisés, com quem o
SENHOR houvesse tratado face a face,

¹¹ no tocante a todos os sinais e maravilhas que, por mando do SENHOR, fez na
terra do Egito, a Faraó, a todos os seus oficiais e a toda a sua terra;

¹² e no tocante a todas as obras de sua
poderosa mão e aos grandes e terríveis feitos que operou Moisés à vista de todo o
Israel.

O LIVRO DE

JOSUÉ

Deus fala a Josué e anima-o

1 Sucedeu, depois da morte de Moisés,
servo do SENHOR, que este falou a Josué, filho de Num, servidor de Moisés,
dizendo:

² Moisés, meu servo, é morto; dispõe-te,
agora, passa este Jordão, tu e todo este povo, à terra que eu dou aos filhos de Israel.

³ Todo lugar que pisar a planta do vosso pé, vo-lo tenho dado, como eu prometi
a Moisés.

⁴ Desde o deserto e o Líbano até ao
grande rio, o rio Eufrates, toda a terra dos
heteus e até ao mar Grande para o poente
do sol será o vosso termo.

⁵ Ninguém te poderá resistir todos os
dias da tua vida; como fui com Moisés, assim serei contigo; não te deixarei, nem te desampararei.

⁶ Sê forte e corajoso, porque tu farás este povo herdar a terra que, sob juramento,
prometi dar a seus pais.

⁷ Tão-somente sê forte e mui corajoso
para teres o cuidado de fazer segundo toda a lei que meu servo Moisés te ordenou;
dela não te desvies, nem para a direita nem
para a esquerda, para que sejas bem-sucedido por onde quer que andares.

⁸ Não cesses de falar deste livro da lei;
antes, medita nele dia e noite, para que tenhas cuidado de fazer segundo tudo quanto
nele está escrito; então, farás prosperar o
teu caminho e serás bem-sucedido.

⁹ Não to mandei eu? Sê forte e corajoso;
não temas, nem te espantes, porque o
SENHOR, teu Deus, é contigo por onde
quer que andares.

Preparação para atravessar Canaã

¹⁰ Então, deu ordem Josué aos príncipes do povo, dizendo:

34.4 Gn 12.7; 26.3; 28.13.　**34.10** Êx 33.11.　**1.3-5** Dt 11.24,25.　**1.5** Dt 31.6,8; Hb 13.5.　**1.6** Dt 31.6,7,23.

¹¹ Passai pelo meio do arraial e ordenai ao povo, dizendo: Provede-vos de comida, porque, dentro de três dias, passareis este Jordão, para que entreis na terra que vos dá o SENHOR, vosso Deus, para a possuirdes.

¹² Falou Josué aos rubenitas, e aos gaditas, e à meia tribo de Manassés, dizendo: ¹³ Lembrai-vos do que vos ordenou Moisés, servo do SENHOR, dizendo: O SENHOR, vosso Deus, vos concede descanso e vos dá esta terra.

¹⁴ Vossas mulheres, vossos meninos e vosso gado fiquem na terra que Moisés vos deu desta banda do Jordão; porém vós, todos os valentes, passareis armados na frente de vossos irmãos e os ajudareis, ¹⁵ até que o SENHOR conceda descanso a vossos irmãos, como a vós outros, e eles também tomem posse da terra que o SENHOR, vosso Deus, lhes dá; então, tornareis à terra da vossa herança e possuireis a que vos deu Moisés, servo do SENHOR, desta banda do Jordão, para o nascente do sol.

¹⁶ Então, responderam a Josué, dizendo: Tudo quanto nos ordenaste faremos e aonde quer que nos enviares iremos.

¹⁷ Como em tudo obedecemos a Moisés, assim obedeceremos a ti; tão-somente seja o SENHOR, teu Deus, contigo, como foi com Moisés.

¹⁸ Todo homem que se rebelar contra as tuas ordens e não obedecer às tuas palavras em tudo quanto lhe ordenares será morto; tão-somente sê forte e corajoso.

Espias mandados a Jericó. Raabe

2 De Sitim enviou Josué, filho de Num, dois homens, secretamente, como espias, dizendo: Andai e observai a terra e Jericó. Foram, pois, e entraram na casa duma mulher prostituta, cujo nome era Raabe, e pousaram ali.

² Então, se deu notícia ao rei de Jericó, dizendo: Eis que, esta noite, vieram aqui uns homens dos filhos de Israel para espiar a terra.

³ Mandou, pois, o rei de Jericó dizer a Raabe: Faze sair os homens que vieram a ti e entraram na tua casa, porque vieram espiar toda a terra.

⁴ A mulher, porém, havia tomado e escondido os dois homens; e disse: É verdade que os dois homens vieram a mim, porém eu não sabia donde eram.

⁵ Havendo-se de fechar a porta, sendo já escuro, eles saíram; não sei para onde foram; ide após eles depressa, porque os alcançareis.

⁶ Ela, porém, os fizera subir ao eirado e os escondera entre as canas do linho que havia disposto em ordem no eirado.

⁷ Foram-se aqueles homens após os espias pelo caminho que dá aos vaus do Jordão; e, havendo saído os que iam após eles, fechou-se a porta.

⁸ Antes que os espias se deitassem, foi ela ter com eles ao eirado ⁹ e lhes disse: Bem sei que o SENHOR vos deu esta terra, e que o pavor que infundis caiu sobre nós, e que todos os moradores da terra estão desmaiados.

¹⁰ Porque temos ouvido que o SENHOR secou as águas do mar Vermelho diante de vós, quando saíeis do Egito; e também o que fizestes aos dois reis dos amorreus, Seom e Ogue, que estavam além do Jordão, os quais destruístes.

¹¹ Ouvindo isto, desmaiou-nos o coração, e em ninguém mais há ânimo algum, por causa da vossa presença; porque o SENHOR, vosso Deus, é Deus em cima nos céus e embaixo na terra.

¹² Agora, pois, jurai-me, vos peço, pelo SENHOR que, assim como usei de misericórdia para convosco, também dela usareis para com a casa de meu pai; e que me dareis um sinal certo ¹³ de que conservareis a vida a meu pai e a minha mãe, como também a meus irmãos e a minhas irmãs, com tudo o que têm, e de que livrareis a nossa vida da morte.

¹⁴ Então, lhe disseram os homens: A nossa vida responderá pela vossa se não denunciardes esta nossa missão; e será, pois, que, dando-nos o SENHOR esta terra, usaremos contigo de misericórdia e de fidelidade.

¹⁵ Ela, então, os fez descer por uma corda pela janela, porque a casa em que residia estava sobre o muro da cidade.

¹⁶ E disse-lhes: Ide-vos ao monte, para que, porventura, vos não encontrem os perseguidores; escondei-vos lá três dias, até que eles voltem; e, depois, tomareis o vosso caminho.

¹⁷ Disseram-lhe os homens: Desobrigados seremos deste teu juramento que nos fizeste jurar, ¹⁸ se, vindo nós à terra, não atares este cordão de fio de escarlata à janela por on-

1.12-15 Nm 32.28-32; Dt 3.18-20; Js 22.1-6.   **2.1** Hb 11.31; Tg 2.25.   **2.10** Êx 14.21; Nm 21.21-35.

de nos fizeste descer; e se não recolheres em casa contigo teu pai, e tua mãe, e teus irmãos, e a toda a família de teu pai.

¹⁹ Qualquer que sair para fora da porta da tua casa, o seu sangue lhe cairá sobre a cabeça, e nós seremos inocentes; mas o sangue de qualquer que estiver contigo em casa caia sobre a nossa cabeça, se alguém nele puser mão.

²⁰ Também, se tu denunciares esta nossa missão, seremos desobrigados do juramento que nos fizeste jurar.

²¹ E ela disse: Segundo as vossas palavras, assim seja. Então, os despediu; e eles se foram; e ela atou o cordão de escarlata à janela.

²² Foram-se, pois, e chegaram ao monte, e ali ficaram três dias, até que voltaram os perseguidores; porque os perseguidores os procuraram por todo o caminho, porém não os acharam.

²³ Assim, os dois homens voltaram, e desceram do monte, e passaram, e vieram a Josué, filho de Num, e lhe contaram tudo quanto lhes acontecera;

²⁴ e disseram a Josué: Certamente, o SENHOR nos deu toda esta terra nas nossas mãos, e todos os seus moradores estão desmaiados diante de nós.

A passagem do Jordão

3 Levantou-se, pois, Josué de madrugada, e, tendo ele e todos os filhos de Israel partido de Sitim, vieram até ao Jordão e pousaram ali antes que passassem.

² Sucedeu, ao fim de três dias, que os oficiais passaram pelo meio do arraial

³ e ordenaram ao povo, dizendo: Quando virdes a arca da Aliança do SENHOR, vosso Deus, e que os levitas sacerdotes a levam, partireis vós também do vosso lugar e a seguireis.

⁴ Contudo, haja a distância de cerca de dois mil côvados entre vós e ela. Não vos chegueis a ela, para que conheçais o caminho pelo qual haveis de ir, visto que, por tal caminho, nunca passastes antes.

⁵ Disse Josué ao povo: Santificai-vos, porque amanhã o SENHOR fará maravilhas no meio de vós.

⁶ E também falou aos sacerdotes, dizendo: Levantai a arca da Aliança e passai adiante do povo. Levantaram, pois, a arca da Aliança e foram andando adiante do povo.

⁷ Então, disse o SENHOR a Josué: Hoje, começarei a engrandecer-te perante os olhos de todo o Israel, para que saibam que, como fui com Moisés, assim serei contigo.

⁸ Tu, pois, ordenarás aos sacerdotes que levam a arca da Aliança, dizendo: Ao chegardes à borda das águas do Jordão, parareis aí.

⁹ Então, disse Josué aos filhos de Israel: Chegai-vos para cá e ouvi as palavras do SENHOR, vosso Deus.

¹⁰ Disse mais Josué: Nisto conhecereis que o Deus vivo está no meio de vós e que de todo lançará de diante de vós os cananeus, os heteus, os heveus, os ferezeus, os girgaseus, os amorreus e os jebuseus.

¹¹ Eis que a arca da Aliança do Senhor de toda a terra passa o Jordão diante de vós.

¹² Tomai, pois, agora, doze homens das tribos de Israel, um de cada tribo;

¹³ porque há de acontecer que, assim que as plantas dos pés dos sacerdotes que levam a arca do SENHOR, o SENHOR de toda a terra, pousem nas águas do Jordão, serão elas cortadas, a saber, as que vêm de cima, e se amontoarão.

¹⁴ Tendo partido o povo das suas tendas, para passar o Jordão, levando os sacerdotes a arca da Aliança diante do povo;

¹⁵ e, quando os que levavam a arca chegaram até ao Jordão, e os seus pés se molharam na borda das águas (porque o Jordão transbordava sobre todas as suas ribanceiras, todos os dias da sega),

¹⁶ pararam-se as águas que vinham de cima; levantaram-se num montão, mui longe da cidade de Adão, que fica ao lado de Zaretã; e as que desciam ao mar da Arabá, que é o mar Salgado, foram de todo cortadas; então, passou o povo defronte de Jericó.

¹⁷ Porém os sacerdotes que levavam a arca da Aliança do SENHOR pararam fir mes no meio do Jordão, e todo o Israel passou a pé enxuto, atravessando o Jordão.

As doze pedras tiradas do meio do Jordão

4 Tendo, pois, todo o povo passado o Jordão, falou o SENHOR a Josué, dizendo:

² Tomai do povo doze homens, um de cada tribo,

³ e ordenai-lhes, dizendo: Daqui do meio do Jordão, do lugar onde, parados, pousaram os sacerdotes os pés, tomai doze pedras; e levai-as convosco e depositai-as no alojamento em que haveis de passar esta noite.

⁴ Chamou, pois, Josué os doze homens que escolhera dos filhos de Israel,

⁵ um de cada tribo, e disse-lhes: Passai adiante da arca do SENHOR, vosso Deus, ao meio do Jordão; e cada um levante sobre o ombro uma pedra, segundo o número das tribos dos filhos de Israel,

⁶ para que isto seja por sinal entre vós; e, quando vossos filhos, no futuro, perguntarem, dizendo: Que vos significam estas pedras?,

⁷ então, lhes direis que as águas do Jordão foram cortadas diante da arca da Aliança do SENHOR; em passando ela, foram as águas do Jordão cortadas. Estas pedras serão, para sempre, por memorial aos filhos de Israel.

⁸ Fizeram, pois, os filhos de Israel como Josué ordenara, e levantaram doze pedras do meio do Jordão, como o SENHOR tinha dito a Josué, segundo o número das tribos dos filhos de Israel, e levaram-nas consigo ao alojamento, e as depositaram ali.

⁹ Levantou Josué também doze pedras no meio do Jordão, no lugar em que, parados, pousaram os pés os sacerdotes que levavam a arca da Aliança; e ali estão até ao dia de hoje.

¹⁰ Porque os sacerdotes que levavam a arca haviam parado no meio do Jordão, em pé, até que se cumpriu tudo quanto o SENHOR, por intermédio de Moisés, ordenara a Josué falasse ao povo; e o povo se apressou e passou.

¹¹ Tendo passado todo o povo, então, passou a arca do SENHOR, e os sacerdotes, à vista de todo o povo.

¹² Passaram os filhos de Rúben, e os filhos de Gade, e a meia tribo de Manassés, armados, na frente dos filhos de Israel, como Moisés lhes tinha dito;   ·

¹³ uns quarenta mil homens de guerra armados passaram diante do SENHOR para a batalha, às campinas de Jericó.

¹⁴ Naquele dia, o SENHOR engrandeceu a Josué na presença de todo o Israel; e respeitaram-no todos os dias da sua vida, como haviam respeitado a Moisés.

¹⁵ Disse, pois, o SENHOR a Josué:

¹⁶ Dá ordem aos sacerdotes que levam a arca do Testemunho que subam do Jordão.

¹⁷ Então, ordenou Josué aos sacerdotes, dizendo: Subi do Jordão.

¹⁸ Ao subirem do meio do Jordão os sacerdotes que levavam a arca da Aliança do SENHOR, e assim que as plantas dos seus pés se puseram na terra seca, as águas do Jordão se tornaram ao seu lugar e corriam, como dantes, sobre todas as suas ribanceiras.

¹⁹ Subiu, pois, do Jordão o povo no dia dez do primeiro mês; e acamparam-se em Gilgal, da banda oriental de Jericó.

²⁰ As doze pedras que tiraram do Jordão, levantou-as Josué em coluna em Gilgal.

²¹ E disse aos filhos de Israel: Quando, no futuro, vossos filhos perguntarem a seus pais, dizendo: Que significam estas pedras?,

²² fareis saber a vossos filhos, dizendo: Israel passou em seco este Jordão.

²³ Porque o SENHOR, vosso Deus, fez secar as águas do Jordão diante de vós, até que passásseis, como o SENHOR, vosso Deus, fez ao mar Vermelho, ao qual secou perante nós, até que passamos.

²⁴ Para que todos os povos da terra conheçam que a mão do SENHOR é forte, a fim de que temais ao SENHOR, vosso Deus, todos os dias.

A circuncisão dos filhos de Israel

5 Sucedeu que, ouvindo todos os reis dos amorreus que habitavam desta banda do Jordão, ao ocidente, e todos os reis dos cananeus que estavam ao pé do mar que o SENHOR tinha secado as águas do Jordão, de diante dos filhos de Israel, até que passamos, desmaiou-se-lhes o coração, e não houve mais alento neles, por causa dos filhos de Israel.

² Naquele tempo, disse o SENHOR a Josué: Faze facas de pederneira e passa, de novo, a circuncidar os filhos de Israel.

³ Então, Josué fez para si facas de pederneira e circuncidou os filhos de Israel em Gibeate-Aralote.

⁴ Foi esta a razão por que Josué os circuncidou: todo o povo que tinha saído do Egito, os homens, todos os homens de guerra, eram já mortos no deserto, pelo caminho.

⁵ Porque todo o povo que saíra estava circuncidado, mas a nem um deles que nascera no deserto, pelo caminho, depois de terem saído do Egito, haviam circuncidado.

⁶ Porque quarenta anos andaram os filhos de Israel pelo deserto, até se acabar toda a gente dos homens de guerra que saíram do Egito, que não obedeceram à voz do

5.6 Nm 14.28-35.

SENHOR, aos quais o SENHOR tinha jurado que lhes não havia de deixar ver a terra que o SENHOR, sob juramento, prometeu dar a seus pais, terra que mana leite e mel.

⁷ Porém em seu lugar pôs a seus filhos; a estes Josué circuncidou, porquanto estavam incircuncisos, porque os não circuncidaram no caminho.

⁸ Tendo sido circuncidada toda a nação, ficaram no seu lugar no arraial, até que sararam.

⁹ Disse mais o SENHOR a Josué: Hoje, removi de vós o opróbrio do Egito; pelo que o nome daquele lugar se chamou Gilgal até o dia de hoje.

Celebra-se a Páscoa

¹⁰ Estando, pois, os filhos de Israel acampados em Gilgal, celebraram a Páscoa no dia catorze do mês, à tarde, nas campinas de Jericó.

¹¹ Comeram do fruto da terra, no dia seguinte à Páscoa; pães asmos e cereais tostados comeram nesse mesmo dia.

¹² No dia imediato, depois que comeram do produto da terra, cessou o maná, e não o tiveram mais os filhos de Israel; mas, naquele ano, comeram das novidades da terra de Canaã.

Deus aparece a Josué

¹³ Estando Josué ao pé de Jericó, levantou os olhos e olhou; eis que se achava em pé diante dele um homem que trazia na mão uma espada nua; chegou-se Josué a ele e disse-lhe: És tu dos nossos ou dos nossos adversários?

¹⁴ Respondeu ele: Não; sou príncipe do exército do SENHOR e acabo de chegar. Então, Josué se prostrou com o rosto em terra, e o adorou, e disse-lhe: Que diz meu senhor ao seu servo?

¹⁵ Respondeu o príncipe do exército do SENHOR a Josué: Descalça as sandálias dos pés, porque o lugar em que estás é santo. E fez Josué assim.

A destruição de Jericó

6 Ora, Jericó estava rigorosamente fechada por causa dos filhos de Israel; ninguém saía, nem entrava.

² Então, disse o SENHOR a Josué: Olha, entreguei na tua mão Jericó, o seu rei e os seus valentes.

³ Vós, pois, todos os homens de guerra, rodeareis a cidade, cercando-a uma vez; assim fareis por seis dias.

⁴ Sete sacerdotes levarão sete trombetas de chifre de carneiro adiante da arca; no sétimo dia, rodeareis a cidade sete vezes, e os sacerdotes tocarão as trombetas.

⁵ E será que, tocando-se longamente a trombeta de chifre de carneiro, ouvindo vós o sonido dela, todo o povo gritará com grande grita; o muro da cidade cairá abaixo, e o povo subirá nele, cada qual em frente de si.

⁶ Então, Josué, filho de Num, chamou os sacerdotes e disse-lhes: Levai a arca da Aliança; e sete sacerdotes levem sete trombetas de chifre de carneiro adiante da arca do SENHOR.

⁷ E disse ao povo: Passai e rodeai a cidade; e quem estiver armado passe adiante da arca do SENHOR.

⁸ Assim foi que, como Josué dissera ao povo, os sete sacerdotes, com as sete trombetas de chifre de carneiro diante do SENHOR, passaram e tocaram as trombetas; e a arca da Aliança do SENHOR os seguia.

⁹ Os homens armados iam adiante dos sacerdotes que tocavam as trombetas; a retaguarda seguia após a arca, e as trombetas soavam continuamente.

¹⁰ Porém ao povo ordenara Josué, dizendo: Não gritareis, nem fareis ouvir a vossa voz, nem sairá palavra alguma da vossa boca, até ao dia em que eu vos diga: gritai! Então, gritareis.

¹¹ Assim, a arca do SENHOR rodeou a cidade, contornando-a uma vez. Entraram no arraial e ali pernoitaram.

¹² Levantando-se Josué de madrugada, os sacerdotes levaram, de novo, a arca do SENHOR.

¹³ Os sete sacerdotes que levavam as sete trombetas de chifre de carneiro diante da arca do SENHOR iam tocando continuamente; os homens armados iam adiante deles, e a retaguarda seguia após a arca do SENHOR, enquanto as trombetas soavam continuamente.

¹⁴ No segundo dia, rodearam, outra vez, a cidade e tornaram para o arraial; e assim fizeram por seis dias.

¹⁵ No sétimo dia, madrugaram ao subir da alva e, da mesma sorte, rodearam a cidade sete vezes; somente naquele dia rodearam a cidade sete vezes.

5.10 Êx 12.1-13.   5.12 Êx 16.35.

¹⁶ E sucedeu que, na sétima vez, quando os sacerdotes tocavam as trombetas, disse Josué ao povo: Gritai, porque o SENHOR vos entregou a cidade!

¹⁷ Porém a cidade será condenada, ela e tudo quanto nela houver; somente viverá Raabe, a prostituta, e todos os que estiverem com ela em casa, porquanto escondeu os mensageiros que enviamos.

¹⁸ Tão-somente guardai-vos das cousas condenadas, para que, tendo-as vós condenado, não as tomeis; e assim torneis maldito o arraial de Israel e o confundais.

¹⁹ Porém toda prata, e ouro, e utensílios de bronze e de ferro são consagrados ao SENHOR; irão para o seu tesouro.

²⁰ Gritou, pois, o povo, e os sacerdotes tocaram as trombetas. Tendo ouvido o povo o sonido da trombeta e levantado grande grito, ruíram as muralhas, e o povo subiu à cidade, cada qual em frente de si, e a tomaram.

²¹ Tudo quanto na cidade havia destruíram totalmente a fio de espada, tanto homens como mulheres, tanto meninos como velhos, também bois, ovelhas e jumentos.

Raabe é salva

²² Então, disse Josué aos dois homens que espiaram a terra: Entrai na casa da mulher prostituta e tirai-a de lá com tudo quanto tiver, como lhe jurastes.

²³ Então, entraram os jovens, os espias, e tiraram Raabe, e seu pai, e sua mãe, e seus irmãos, e tudo quanto tinha; tiraram também toda a sua parentela e os acamparam fora do arraial de Israel.

²⁴ Porém a cidade e tudo quanto havia nela, queimaram-no; tão-somente a prata, o ouro e os utensílios de bronze e de ferro deram para o tesouro da Casa do SENHOR.

²⁵ Mas Josué conservou com vida a prostituta Raabe, e a casa de seu pai, e tudo quanto tinha; e habitou no meio de Israel até ao dia de hoje, porquanto escondera os mensageiros que Josué enviara a espiar Jericó.

²⁶ Naquele tempo, Josué fez o povo jurar e dizer: Maldito diante do SENHOR seja o homem que se levantar e reedificar esta cidade de Jericó; com a perda do seu primogênito lhe porá os fundamentos e, à custa do mais novo, as portas.

²⁷ Assim, era o SENHOR com Josué; e corria a sua fama por toda a terra.

Os israelitas derrotados em Ai. Acã

7 Prevaricaram os filhos de Israel nas cousas condenadas; porque Acã, filho de Carmi, filho de Zabdi, filho de Zera, da tribo de Judá, tomou das cousas condenadas. A ira do SENHOR se acendeu contra os filhos de Israel.

² Enviando, pois, Josué, de Jericó, alguns homens a Ai, que está junto a Bete-Áven, ao oriente de Betel, falou-lhes, dizendo: Subi e espiai a terra. Subiram, pois, aqueles homens e espiaram Ai.

³ E voltaram a Josué e lhe disseram: Não suba todo o povo; subam uns dois ou três mil homens, a ferir Ai; não fatigueis ali todo o povo, porque são poucos os inimigos.

⁴ Assim, subiram lá do povo uns três mil homens, os quais fugiram diante dos homens de Ai.

⁵ Os homens de Ai feriram deles uns trinta e seis, e aos outros perseguiram desde a porta até às pedreiras, e os derrotaram na descida; e o coração do povo se derreteu e se tornou como água.

⁶ Então, Josué rasgou as suas vestes e se prostrou em terra sobre o rosto perante a arca do SENHOR até à tarde, ele e os anciãos de Israel; e deitaram pó sobre a cabeça.

⁷ Disse Josué: Ah! SENHOR Deus, por que fizeste este povo passar o Jordão, para nos entregares nas mãos dos amorreus, para nos fazerem perecer? Tomara nos contentáramos com ficarmos dalém do Jordão.

⁸ Ah! Senhor, que direi? Pois Israel virou as costas diante dos seus inimigos!

⁹ Ouvindo isto os cananeus e todos os moradores da terra, nos cercarão e desarraigarão o nosso nome da terra; e, então, que farás ao teu grande nome?

¹⁰ Então, disse o SENHOR a Josué: Levanta-te! Por que estás prostrado assim sobre o rosto?

¹¹ Israel pecou, e violaram a minha aliança, aquilo que eu lhes ordenara, pois tomaram das cousas condenadas, e furtaram, e dissimularam, e até debaixo da bagagem o puseram.

¹² Pelo que os filhos de Israel não puderam resistir aos seus inimigos; viraram as costas diante deles, porquanto Israel se fizera condenado; já não serei convosco, se não eliminardes do vosso meio a cousa roubada.

¹³ Dispõe-te, santifica o povo e dize:

6.20 Hb 11.30.   6.25 Hb 11.31.   6.26 1Rs 16.34.

Santificai-vos para amanhã, porque assim diz o SENHOR, Deus de Israel: Há cousas condenadas no vosso meio, ó Israel; aos vossos inimigos não podereis resistir, enquanto não eliminardes do vosso meio as cousas condenadas.

¹⁴ Pela manhã, pois, vos chegareis, segundo as vossas tribos; e será que a tribo que o SENHOR designar por sorte se chegará, segundo as famílias; e a família que o SENHOR designar se chegará por casas; e a casa que o SENHOR designar se chegará homem por homem.

¹⁵ Aquele que for achado com a cousa condenada será queimado, ele e tudo quanto tiver, porquanto violou a aliança do SENHOR e fez loucura em Israel.

¹⁶ Então, Josué se levantou de madrugada e fez chegar a Israel, segundo as suas tribos; e caiu a sorte sobre a tribo de Judá.

¹⁷ Fazendo chegar a tribo de Judá, caiu sobre a família dos zeraítas; fazendo chegar a família dos zeraítas, homem por homem, caiu sobre Zabdi;

¹⁸ e, fazendo chegar a sua casa, homem por homem, caiu sobre Acã, filho de Carmi, filho de Zabdi, filho de Zera, da tribo de Judá.

¹⁹ Então, disse Josué a Acã: Filho meu, dá glória ao SENHOR, Deus de Israel, e a ele rende louvores; e declara-me, agora, o que fizeste; não mo ocultes.

²⁰ Respondeu Acã a Josué e disse: Verdadeiramente, pequei contra o SENHOR, Deus de Israel, e fiz assim e assim.

²¹ Quando vi entre os despojos uma boa capa babilônica, e duzentos siclos de prata, e uma barra de ouro do peso de cinqüenta siclos, cobicei-os e tomei-os; e eis que estão escondidos na terra, no meio da minha tenda, e a prata, por baixo.

²² Então, Josué enviou mensageiros que foram correndo à tenda; e eis que tudo estava escondido nela, e a prata, por baixo.

²³ Tomaram, pois, aquelas cousas do meio da tenda, e as trouxeram a Josué e a todos os filhos de Israel, e as colocaram perante o SENHOR.

²⁴ Então, Josué e todo o Israel com ele tomaram Acã, filho de Zera, e a prata, e a capa, e a barra de ouro, e seus filhos, e suas filhas, e seus bois, e seus jumentos, e suas ovelhas, e sua tenda, e tudo quanto tinha e levaram-nos ao vale de Acor.

²⁵ Disse Josué: Por que nos conturbaste? O SENHOR, hoje, te conturbará. E todo o Israel o apedrejou; e, depois de apedrejá-los, queimou-os.

²⁶ E levantaram sobre ele um montão de pedras, que permanece até ao dia de hoje; assim, o SENHOR apagou o furor da sua ira; pelo que aquele lugar se chama o vale de Acor até ao dia de hoje.

Ai é destruída

8 Disse o SENHOR a Josué: Não temas, não te atemorizes; toma contigo toda a gente de guerra, e dispõe-te, e sobe a Ai; olha que entreguei nas tuas mãos o rei de Ai, e o seu povo, e a sua cidade, e a sua terra.

² Farás a Ai e a seu rei como fizeste a Jericó e a seu rei; somente que para vós outros saqueareis os seus despojos e o seu gado; põe emboscadas à cidade, por detrás dela.

³ Então, Josué se levantou, e toda a gente de guerra, para subir contra Ai; escolheu Josué trinta mil homens valentes e os enviou de noite.

⁴ Deu-lhes ordem, dizendo: Eis que vos poreis de emboscada contra a cidade, por detrás dela; não vos distancieis muito da cidade; e todos estareis alertas.

⁵ Porém eu e todo o povo que está comigo nos aproximaremos da cidade; e será que, quando saírem, como dantes, contra nós, fugiremos diante deles.

⁶ Deixemo-los, pois, sair atrás de nós, até que os tiremos da cidade; porque dirão: Fogem diante de nós como dantes. Assim, fugiremos diante deles.

⁷ Então, saireis vós da emboscada e tomareis a cidade; porque o SENHOR, vosso Deus, vo-la entregará nas vossas mãos.

⁸ Havendo vós tomado a cidade, por-lhe-eis fogo; segundo a palavra do SENHOR, fareis; eis que vo-lo ordenei.

⁹ Assim, Josué os enviou, e eles se foram à emboscada; e ficaram entre Betel e Ai, ao ocidente de Ai; porém Josué passou aquela noite no meio do povo.

¹⁰ Levantou-se Josué de madrugada, passou revista ao povo, e subiram ele e os anciãos de Israel, diante do povo, contra Ai.

¹¹ Subiram também todos os homens de guerra que estavam com ele, e chegaram-se, e vieram defronte da cidade; e alojaram-se da banda do norte de Ai. Havia um vale entre eles e Ai.

¹² Tomou também uns cinco mil homens e os pôs entre Betel e Ai, em emboscada, ao ocidente da cidade.

¹³ Assim foi posto o povo: todo o acam-

pamento ao norte da cidade e a emboscada ao ocidente dela; e foi Josué aquela noite até ao meio do vale.

14 E sucedeu que, vendo-o o rei de Ai, ele e os homens da cidade apressaram-se e, levantando-se de madrugada, saíram de encontro a Israel, à batalha, defronte das campinas, porque ele não sabia achar-se contra ele uma emboscada atrás da cidade.

15 Josué, pois, e todo o Israel se houveram como feridos diante deles e fugiram pelo caminho do deserto.

16 Pelo que todo o povo que estava na cidade foi convocado para os perseguir; e perseguiram Josué e foram afastados da cidade.

17 Nem um só homem ficou em Ai, nem em Betel que não saísse após os israelitas; e deixaram a cidade aberta e perseguiram Israel.

18 Então, disse o SENHOR a Josué: Estende para Ai a lança que tens na mão; porque a esta darei na tua mão; e Josué estendeu para a cidade a lança que tinha na mão.

19 Então, a emboscada se levantou apressadamente do seu lugar, e, ao estender ele a mão, vieram à cidade e a tomaram; e apressaram-se e nela puseram fogo.

20 Virando-se os homens de Ai para trás, olharam, e eis que a fumaça da cidade subia ao céu, e não puderam fugir nem para um lado nem para outro; porque o povo que fugia para o deserto se tornou contra os que os perseguiam.

21 Vendo Josué e todo o Israel que a emboscada tomara a cidade e que a fumaça da cidade subia, voltaram e feriram os homens de Ai.

22 Da cidade saíram os outros ao encontro do inimigo, que, assim, ficou no meio de Israel, uns de uma parte, outros de outra; e feriram-nos de tal sorte, que nenhum deles sobreviveu, nem escapou.

23 Porém ao rei de Ai tomaram vivo e o trouxeram a Josué.

24 Tendo os israelitas acabado de matar todos os moradores de Ai no campo e no deserto onde os tinham perseguido, e havendo todos caído a fio de espada, e sendo já todos consumidos, todo o Israel voltou a Ai, e a passaram a fio de espada.

25 Os que caíram aquele dia, tanto homens como mulheres, foram doze mil, todos os moradores de Ai.

26 Porque Josué não retirou a mão que estendera com a lança até haver destruído totalmente os moradores de Ai.

27 Os israelitas saquearam, entretanto, para si o gado e os despojos daquela cidade, segundo a palavra do SENHOR, que ordenara a Josué.

28 Então, Josué pôs fogo a Ai e a reduziu, para sempre, a um montão, a ruínas até ao dia de hoje.

29 Ao rei de Ai, enforcou-o e o deixou no madeiro até à tarde; ao pôr-do-sol, por ordem de Josué, tiraram do madeiro o cadáver, e o lançaram à porta da cidade, e sobre ele levantaram um montão de pedras, que até hoje permanece.

Renovação da aliança

30 Então, Josué edificou um altar ao SENHOR, Deus de Israel, no monte Ebal, 31 como Moisés, servo do SENHOR, ordenara aos filhos de Israel, segundo o que está escrito no livro da lei de Moisés, a saber, um altar de pedras toscas, sobre o qual se não manejara instrumento de ferro; sobre ele ofereceram holocaustos ao SENHOR e apresentaram ofertas pacíficas.

32 Escreveu, ali, em pedras, uma cópia da lei de Moisés, que já este havia escrito diante dos filhos de Israel.

33 Todo o Israel, com os seus anciãos, e os seus príncipes, e os seus juízes estavam duma e outra banda da arca, perante os levitas sacerdotes que levavam a arca da Aliança do SENHOR, tanto estrangeiros como naturais; metade deles, em frente do monte Gerizim, e a outra metade, em frente do monte Ebal; como Moisés, servo do SENHOR, outrora, ordenara que fosse abençoado o povo de Israel.

34 Depois, leu todas as palavras da lei, a bênção e a maldição, segundo tudo o que está escrito no livro da lei.

35 Palavra nenhuma houve, de tudo o que Moisés ordenara, que Josué não lesse para toda a congregação de Israel, e para as mulheres, e os meninos, e os estrangeiros que andavam no meio deles.

O estratagema dos gibeonitas

9 Sucedeu que, ouvindo isto todos os reis que estavam daquém do Jordão, nas montanhas, e nas campinas, em toda a costa do mar Grande, defronte do Líbano, os heteus, os amorreus, os cananeus, os ferezeus, os heveus e os jebuseus,

---

8.30-32 Dt 27.2-8.   **8.31** Êx 20.25.   **8.33-35** Dt 11.29; 27.11-14.

² se ajuntaram eles de comum acordo, para pelejar contra Josué e contra Israel.

³ Os moradores de Gibeom, porém, ouvindo o que Josué fizera com Jericó e com Ai,

⁴ usaram de estratagema, e foram, e se fingiram embaixadores,e levaram sacos velhos sobre os seus jumentos e odres de vinho, velhos, rotos e consertados;

⁵ e, nos pés, sandálias velhas e remendadas e roupas velhas sobre si; e todo o pão que traziam para o caminho era seco e bolorento.

⁶ Foram ter com Josué, ao arraial, a Gilgal, e lhe disseram, a ele e aos homens de Israel: Chegamos duma terra distante; fazei, pois, agora, aliança conosco.

⁷ E os homens de Israel responderam aos heveus: Porventura, habitais no meio de nós; como, pois, faremos aliança convosco?

⁸ Então, disseram a Josué: Somos teus servos. Então, lhes perguntou Josué: Quem sois vós? Donde vindes?

⁹ Responderam-lhe: Teus servos vieram duma terra mui distante, por causa do nome do SENHOR, teu Deus; porquanto ouvimos a sua fama e tudo quanto fez no Egito;

¹⁰ e tudo quanto fez aos dois reis dos amorreus que estavam dalém do Jordão, Seom, rei de Hesbom, e Ogue, rei de Basã, que estava em Astarote.

¹¹ Pelo que nossos anciãos e todos os moradores da nossa terra nos disseram: Tomai convosco provisão alimentar para o caminho, e ide ao encontro deles, e dizei-lhes: Somos vossos servos; fazei, pois, agora, aliança conosco.

¹² Este nosso pão tomamos quente das nossas casas, no dia em que saímos para vir ter convosco; e ei-lo aqui, agora, já seco e bolorento;

¹³ e estes odres eram novos quando os enchemos de vinho; e ei-los aqui já rotos; e estas nossas vestes e estas nossas sandálias já envelheceram, por causa do mui longo caminho.

¹⁴ Então, os israelitas tomaram da provisão e não pediram conselho ao SENHOR.

¹⁵ Josué concedeu-lhes paz e fez com eles a aliança de lhes conservar a vida; e os príncipes da congregação lhes prestaram juramento.

¹⁶ Ao cabo de três dias, depois de terem feito a aliança com eles, ouviram que eram seus vizinhos e que moravam no meio deles.

¹⁷ Pois, partindo os filhos de Israel, chegaram às cidades deles ao terceiro dia; suas cidades eram Gibeom, Quefira, Beerote e Quiriate-Jearim.

¹⁸ Os filhos de Israel não os feriram, porquanto os príncipes da congregação lhes juraram pelo SENHOR, Deus de Israel; pelo que toda a congregação murmurou contra os príncipes.

¹⁹ Então, todos os príncipes disseram a toda a congregação: Nós lhes juramos pelo SENHOR, Deus de Israel; por isso, não podemos tocar-lhes.

²⁰ Isto, porém, lhes faremos: Conservar-lhes-emos a vida, para que não haja grande ira sobre nós, por causa do juramento que já lhes fizemos.

²¹ Disseram-lhes, pois, os príncipes: Vivam. E se tornaram rachadores de lenha e tiradores de água para toda a congregação, como os príncipes lhes haviam dito.

²² Chamou-os Josué e disse-lhes: Por que nos enganastes, dizendo: Habitamos mui longe de vós, sendo que viveis em nosso meio?

²³ Agora, pois, sois malditos; e dentre vós nunca deixará de haver escravos, rachadores de lenha e tiradores de água para a casa do meu Deus.

²⁴ Então, responderam a Josué: É que se anunciou aos teus servos, como certo, que o SENHOR, teu Deus, ordenara a seu servo Moisés que vos desse toda esta terra e destruísse todos os moradores dela diante de vós. Por isso, tememos muito por nossa vida por causa de vós e fizemos assim.

²⁵ Eis que estamos na tua mão; tratanos segundo te parecer bom e reto.

²⁶ Assim lhes fez e livrou-os das mãos dos filhos de Israel; e não os mataram

²⁷ Naquele dia, Josué os fez rachadores de lenha e tiradores de água para a congregação e para o altar do SENHOR, até ao dia de hoje, no lugar que Deus escolhesse.

Gibeom sitiada por cinco reis

10 Tendo Adoni-Zedeque, rei de Jerusalém, ouvido que Josué tomara a Ai e a havia destruído totalmente e feito a Ai e ao seu rei como fizera a Jericó e ao seu rei e que os moradores de Gibeom fizeram paz com os israelitas e estavam no meio deles,

² temeu muito; porque Gibeom era cidade grande como uma das cidades reais e

ainda maior do que Ai, e todos os seus homens eram valentes.

³ Pelo que Adoni-Zedeque, rei de Jerusalém, enviou mensageiros a Horão, rei de Hebrom, e a Pirão, rei de Jarmute, e a Jafia, rei de Laquis, e a Debir, rei de Eglom, dizendo:

⁴ Subi a mim e ajudai-me; firamos Gibeom, porquanto fez paz com Josué e com os filhos de Israel.

⁵ Então, se ajuntaram e subiram cinco reis dos amorreus, o rei de Jerusalém, o rei de Hebrom, o rei de Jarmute, o rei de Laquis e o rei de Eglom, eles e todas as suas tropas; e se acamparam junto a Gibeom e pelejaram contra ela.

Josué socorre a Gibeom

⁶ Os homens de Gibeom mandaram dizer a Josué, no arraial de Gilgal: Não retires as tuas mãos de teus servos; sobe apressadamente a nós, e livra-nos, e ajuda-nos, pois todos os reis dos amorreus que habitam nas montanhas se ajuntaram contra nós.

⁷ Então, subiu Josué de Gilgal, ele e toda a gente de guerra com ele e todos os valentes.

⁸ Disse o SENHOR a Josué: Não os temas, porque tuas mãos os entreguei; nenhum deles te poderá resistir.

⁹ Josué lhes sobreveio de repente, porque toda a noite veio subindo desde Gilgal.

¹⁰ O SENHOR os conturbou diante de Israel, e os feriu com grande matança em Gibeom, e os foi perseguindo pelo caminho que sobe a Bete-Horom, e os derrotou até Azeca e Maquedá.

¹¹ Sucedeu que, fugindo eles de diante de Israel, à descida de Bete-Horom, fez o SENHOR cair do céu sobre eles grandes pedras, até Azeca, e morreram. Mais foram os que morreram pela chuva de pedra do que os mortos à espada pelos filhos de Israel.

O sol e a lua são detidos

¹² Então, Josué falou ao SENHOR, no dia em que o SENHOR entregou os amorreus nas mãos dos filhos de Israel; e disse na presença dos israelitas:

Sol, detém-te em Gibeom,
e tu, lua, no vale de Aijalom.

¹³ E o sol se deteve, e a lua parou até que o povo se vingou de seus inimigos. Não es-

tá isto escrito no Livro dos Justos? O sol, pois, se deteve no meio do céu e não se apressou a pôr-se, quase um dia inteiro.

¹⁴ Não houve dia semelhante a este, nem antes nem depois dele, tendo o SENHOR, assim, atendido à voz dum homem; porque o SENHOR pelejava por Israel.

¹⁵ Voltou Josué, e todo o Israel com ele, ao arraial, a Gilgal.

Josué prende os cinco reis e mata-os

¹⁶ Aqueles cinco reis, porém, fugiram e se esconderam numa cova em Maquedá.

¹⁷ E anunciaram a Josué: Foram achados os cinco reis escondidos numa cova em Maquedá.

¹⁸ Disse, pois, Josué: Rolai grandes pedras à boca da cova e ponde junto a ela homens que os guardem; porém vós não vos detenhais;

¹⁹ persegui os vossos inimigos e matai os que vão ficando atrás; não os deixeis entrar nas suas cidades, porque o SENHOR, vosso Deus, já vo-los entregou nas vossas mãos.

²⁰ Tendo Josué e os filhos de Israel acabado de os ferir com mui grande matança, até consumi-los, e tendo os restantes que deles ficaram entrado nas cidades fortificadas,

²¹ voltou todo o povo em paz ao acampamento a Josué, em Maquedá; não havendo ninguém que movesse a língua contra os filhos de Israel.

²² Depois, disse Josué: Abri a boca da cova e dali trazei-me aqueles cinco reis.

²³ Fizeram, pois, assim e da cova lhe trouxeram os cinco reis: o rei de Jerusalém, o de Hebrom, o de Jarmute, o de Laquis e o de Eglom.

²⁴ Trazidos os reis a Josué, chamou este todos os homens de Israel e disse aos capitães do exército que tinham ido com ele: Chegai, ponde o pé sobre o pescoço destes reis. E chegaram e puseram os pés sobre os pescoços deles.

²⁵ Então, Josué lhes disse: Não temais, nem vos atemorizeis; sede fortes e corajosos, porque assim fará o SENHOR a todos os vossos inimigos, contra os quais pelejardes.

²⁶ Depois disto, Josué, ferindo-os, os matou e os pendurou em cinco madeiros; e ficaram eles pendentes dos madeiros até à tarde.

²⁷ Ao pôr-do-sol, deu Josué ordem que os tirassem dos madeiros; e lançaram-nos

na cova onde se tinham escondido e, na boca da cova, puseram grandes pedras que ainda lá se encontram até ao dia de hoje.

Josué vence mais sete reis

28 No mesmo dia, tomou Josué a Maquedá e a feriu à espada, bem como ao seu rei; destruiu-os totalmente e a todos os que nela estavam, sem deixar nem sequer um. Fez ao rei de Maquedá como fizera ao rei de Jericó.

29 Então, Josué, e todo o Israel com ele, passou de Maquedá a Libna e pelejou contra ela.

30 E o SENHOR a deu nas mãos de Israel, a ela e ao seu rei, e a feriu à espada, a ela e todos os que nela estavam, sem deixar nem sequer um. Fez ao seu rei como fizera ao rei de Jericó.

31 Então, Josué, e todo o Israel com ele, passou de Libna a Laquis, sitiou-a e pelejou contra ela;

32 e o SENHOR deu Laquis nas mãos de Israel, que, no dia seguinte, a tomou e a feriu à espada, a ela e todos os que nela estavam, conforme tudo o que fizera a Libna.

33 Então, Horão, rei de Gezer, subiu para ajudar Laquis; porém Josué o feriu, a ele e o seu povo, sem deixar nem sequer um.

34 E Josué, e todo o Israel com ele, passou de Laquis a Eglom, e a sitiaram e pelejaram contra ela;

35 e, no mesmo dia, a tomaram e a feriram à espada; e totalmente destruíram os que nela estavam, conforme tudo o que fizeram a Laquis.

36 Depois, Josué, e todo o Israel com ele, subiu de Eglom a Hebrom, e pelejaram contra ela;

37 e a tomaram e a feriram à espada, tanto o seu rei como todas as suas cidades e todos os que nelas estavam, sem deixar nem sequer um, conforme tudo o que fizeram a Eglom; e Josué executou a condenação contra ela e contra todos os que nela estavam.

38 Então, Josué, e todo o Israel com ele, voltou a Debir e pelejou contra ela;

39 e tomou-a com o seu rei e todas as suas cidades e as feriu à espada; todos os que nelas estavam, destruiu-os totalmente sem deixar nem sequer um; como fizera a Hebrom, a Libna e a seu rei, também fez a Debir e a seu rei.

40 Assim, feriu Josué toda aquela terra, a região montanhosa, o Neguebe, as campinas, as descidas das águas e todos os seus

reis; destruiu tudo o que tinha fôlego, sem deixar nem sequer um, como ordenara o SENHOR, Deus de Israel.

41 Feriu-os Josué desde Cades-Barnéia até Gaza, como também toda a terra de Gósen até Gibeom.

42 E, duma vez, tomou Josué todos estes reis e as suas terras, porquanto o SENHOR, Deus de Israel, pelejava por Israel.

43 Então, Josué, e todo o Israel com ele, voltou ao arraial em Gilgal.

Outras vitórias de Josué

11 Tendo Jabim, rei de Hazor, ouvido isto, enviou mensageiros a Jobabe, rei de Madom, e ao rei Sinrom, e ao rei Acsafe,

2 e aos reis que estavam ao norte, na região montanhosa, na Arabá, ao sul de Quinerete, nas planícies e nos planaltos de Dor, da banda do mar,

3 aos cananeus do oriente e do ocidente: aos amorreus, aos heteus, aos ferezeus, aos jebuseus nas montanhas e aos heveus ao pé de Hermom, na terra de Mispa.

4 Saíram, pois, estes e todas as suas tropas com eles, muito povo, em multidão como a areia que está na praia do mar, e muitíssimos cavalos e carros.

5 Todos estes reis se ajuntaram, e vieram, e se acamparam junto às águas de Merom, para pelejarem contra Israel.

6 Disse o SENHOR a Josué: Não temas diante deles, porque amanhã, a esta mesma hora, já os terás traspassado diante dos filhos de Israel; os seus cavalos jarretarás e queimarás os seus carros.

7 Josué, e todos os homens de guerra com ele, veio apressadamente contra eles às águas de Merom, e os atacaram.

8 O SENHOR os entregou nas mãos de Israel; e os feriram e os perseguiram até à grande Sidom, e até Misrefote-Maim, e até ao vale de Mispa, ao oriente; feriram-nos sem deixar nem sequer um.

9 Fez-lhes Josué como o SENHOR lhe dissera; os seus cavalos jarretou e os seus carros queimou.

10 Nesse mesmo tempo, voltou Josué, tomou a Hazor e feriu à espada o seu rei, porquanto Hazor, dantes, era a capital de todos estes reinos.

11 A todos os que nela estavam feriram à espada e totalmente os destruíram, e ninguém sobreviveu; e a Hazor queimou.

12 Josué tomou todas as cidades desses

reis e também a eles e os feriu à espada, destruindo-os totalmente, como ordenara Moisés, servo do SENHOR.

¹³ Tão-somente não queimaram os israelitas as cidades que estavam sobre os outeiros, exceto Hazor, a qual Josué queimou.

¹⁴ E a todos os despojos destas cidades e ao gado os filhos de Israel saquearam para si; porém a todos os homens feriram à espada, até que os destruíram; e ninguém sobreviveu.

¹⁵ Como ordenara o SENHOR a Moisés, seu servo, assim Moisés ordenou a Josué; e assim Josué o fez; nem uma só palavra deixou de cumprir de tudo o que o SENHOR ordenara a Moisés.

¹⁶ Tomou, pois, Josué toda aquela terra, a saber, a região montanhosa, todo o Neguebe, toda a terra de Gósen, as planícies, a Arabá e a região montanhosa de Israel com suas planícies;

¹⁷ desde o monte Halaque, que sobe a Seir, até Baal-Gade, no vale do Líbano, ao pé do monte Hermom; também tomou todos os seus reis, e os feriu, e os matou.

¹⁸ Por muito tempo, Josué fez guerra contra todos estes reis.

¹⁹ Não houve cidade que fizesse paz com os filhos de Israel, senão os heveus, moradores de Gibeom; por meio de guerra, as tomaram todas.

²⁰ Porquanto do SENHOR vinha o endurecimento do seu coração para saírem à guerra contra Israel, a fim de que fossem totalmente destruídos e não lograssem piedade alguma; antes, fossem de todo destruídos, como o SENHOR tinha ordenado a Moisés.

²¹ Naquele tempo, veio Josué e eliminou os enaquins da região montanhosa, de Hebrom, de Debir, de Anabe, e de todas as montanhas de Judá, e de todas as montanhas de Israel; Josué os destruiu totalmente com as suas cidades.

²² Nem um dos enaquins sobreviveu na terra dos filhos de Israel; somente em Gaza, em Gate e em Asdode alguns subsistiram.

²³ Assim, tomou Josué toda esta terra, segundo tudo o que o SENHOR tinha dito a Moisés; e Josué a deu em herança aos filhos de Israel, conforme as suas divisões e tribos; e a terra repousou da guerra.

Os reis vencidos por Moisés

12 São estes os reis da terra, aos quais os filhos de Israel feriram, de cujas terras se apossaram dalém do Jordão para o nascente, desde o ribeiro de Arnom até ao monte Hermom e toda a planície do oriente:

² Seom, rei dos amorreus, que habitava em Hesbom e dominava desde Aroer, que está à beira do vale de Arnom, e desde o meio do vale e a metade de Gileade até ao ribeiro de Jaboque, termo dos filhos de Amom;

³ desde a campina até ao mar de Quinerete, para o oriente, e até ao mar da Campina, o mar Salgado, para o oriente, pelo caminho de Bete-Jesimote; e desde o sul abaixo de Ardote-Pisga.

⁴ Como também o termo de Ogue, rei de Basã, que havia ficado dos refains e que habitava em Astarote e em Edrei;

⁵ e dominava no monte Hermom, e em Salcá, e em toda a Basã, até ao termo dos gesuritas e dos maacatitas, e metade de Gileade, termo de Seom, rei de Hesbom.

⁶ Moisés, servo do SENHOR, e os filhos de Israel feriram a estes; e Moisés, servo do SENHOR, deu esta terra em possessão aos rubenitas, aos gaditas e à meia tribo de Manassés.

Os reis vencidos por Josué

⁷ São estes os reis da terra aos quais Josué e os filhos de Israel feriram daquém do Jordão, para o ocidente, desde Baal-Gade, no vale do Líbano, até ao monte Halaque, que sobe a Seir, e cuja terra Josué deu em possessão às tribos de Israel, segundo as suas divisões,

⁸ a saber, o que havia na região montanhosa, nas planícies, na Arabá, nas descidas das águas, no deserto e no Neguebe, onde estava o heteu, o amorreu, o cananeu, o ferezeu, o heveu e o jebuseu:

⁹ o rei de Jericó, um; o de Ai, que está ao lado de Betel, outro;

¹⁰ o rei de Jerusalém, outro; o rei de Hebrom, outro;

¹¹ o rei de Jarmute, outro; o de Laquis, outro;

¹² o rei de Eglom, outro; o de Gezer, outro;

¹³ o rei de Debir, outro; o de Geder, outro;

11.20 Dt 7.16.   **12.1** Nm 21.21-35; Dt 2.26-3.11.   **12.6** Nm 32.33; Dt 3.12.

¹⁴ o rei de Hormá, outro; o de Arade, outro;

¹⁵ o rei de Libna, outro; o de Adulão, outro;

¹⁶ o rei de Maquedá, outro; o de Betel, outro;

¹⁷ o rei de Tapua, outro; o de Hefer, outro;

¹⁸ o rei de Afeque, outro; o de Lasarom, outro;

¹⁹ o rei de Madom, outro; o de Hazor, outro;

²⁰ o rei de Sinrom-Merom, outro; o de Acsafe, outro;

²¹ o rei de Taanaque, outro; o de Megido, outro;

²² o rei de Quedes, outro; o de Jocneão do Carmelo, outro;

²³ o rei de Dor, em Nafate-Dor, outro; o de Goim, em Gilgal, outro;

²⁴ o rei de Tirza, outro; ao todo trinta e um reis.

As terras ainda não conquistadas

13 Era Josué, porém, já idoso, entrado em dias; e disse-lhe o SENHOR: Já estás velho, entrado em dias, e ainda muitíssima terra ficou para se possuir.

² Esta é a terra ainda não conquistada: todas as regiões dos filisteus e toda a Gesur;

³ desde Sior, que está defronte do Egito, até ao termo de Ecrom, para o norte, que se considera como dos cananeus; cinco príncipes dos filisteus: o de Gaza, o de Asdode, o de Ascalom, o de Gate e o de Ecrom;

⁴ ao sul, os aveus, também toda a terra dos cananeus e Meara, que é dos sidônios, até Afeque, ao termo dos amorreus;

⁵ e ainda a terra dos gibleus e todo o Líbano, para o nascente do sol, desde Baal-Gade, ao pé do monte Hermom, até à entrada de Hamá;

⁶ todos os que habitam nas montanhas desde o Líbano até Misrefote-Maim, todos os sidônios; eu os lançarei de diante dos filhos de Israel; reparte, pois, a terra por herança a Israel,como te ordenei.

⁷ Distribui, pois, agora, a terra por herança às nove tribos e à meia tribo de Manassés.

⁸ Com a outra meia tribo, os rubenitas e os gaditas já receberam a sua herança dalém do Jordão, para o oriente, como já lhes tinha dado Moisés, servo do SENHOR.

⁹ Começando com Aroer, que está à borda do vale de Arnom, mais a cidade que está no meio do vale, todo o planalto de Medeba até Dibom;

¹⁰ e todas as cidades de Seom, rei dos amorreus, que reinou em Hesbom, até ao termo dos filhos de Amom.

¹¹ E Gileade, e o termo dos gesuritas, e o dos maacatitas, e todo o monte Hermom, e toda a Basã até Salcá;

¹² todo o reino de Ogue, em Basã, que reinou em Astarote e em Edrei, que ficou do resto dos gigantes, o qual Moisés feriu e expulsou.

¹³ Porém os filhos de Israel não desapossaram os gesuritas, nem os maacatitas; antes, Gesur e Maacate permaneceram no meio de Israel até ao dia de hoje.

As heranças distribuídas por Moisés

¹⁴ Tão-somente à tribo de Levi não deu herança; as ofertas queimadas do SENHOR, Deus de Israel, são a sua herança, como já lhe tinha dito.

¹⁵ Deu, pois, Moisés à tribo dos filhos de Rúben, segundo as suas famílias,

¹⁶ começando o seu território com Aroer, que está à borda do vale de Arnom, mais a cidade que está no meio do vale e todo o planalto até Medeba;

¹⁷ Hesbom e todas as suas cidades, que estão no planalto: Dibom, Bamote-Baal e Bete-Baal-Meom,

¹⁸ Jaza, Quedemote, Mefaate;

¹⁹ Quiriataim, Sibma, Zerete-Saar, no monte do vale;

²⁰ Bete-Peor, as faldas de Pisga e Bete-Jesimote;

²¹ e todas as cidades do planalto e todo o reino de Seom, rei dos amorreus, que reinou em Hesbom, a quem Moisés feriu, como também os príncipes de Midiã, Evi, Requém, Zur, Hur e Reba, príncipes de Seom, moradores da terra.

²² Também os filhos de Israel mataram à espada Balaão, filho de Beor, o adivinho, com outros mais que mataram.

²³ A fronteira dos filhos de Rúben é o Jordão e suas imediações; esta é a herança dos filhos de Rúben, segundo as suas famílias: as cidades com suas aldeias.

²⁴ Deu Moisés a herança à tribo de Gade, a saber, a seus filhos, segundo as suas famílias.

²⁵ Foi o seu território: Jazer, todas as cidades de Gileade e metade da terra dos fi-

13.6 Nm 33.54.   13.8 Nm 32.33; Dt 3.12.   13.14 Dt 18.1.

lhos de Amom, até Aroer, que está defronte de Rabá;

²⁶ desde Hesbom até Ramate-Mispa e Betonim; e desde Maanaim até ao termo de Debir;

²⁷ e, no vale: Bete-Arã, Bete-Nimra, Sucote e Zafom, o resto do reino de Seom, rei de Hesbom, mais o Jordão e suas imediações, até à extremidade do mar de Quinerete, dalém do Jordão, para o oriente.

²⁸ Esta é a herança dos filhos de Gade, segundo as suas famílias: as cidades com suas aldeias.

²⁹ Deu também Moisés herança à meia tribo de Manassés, segundo as suas famílias.

³⁰ Foi o seu território: começando com Maanaim, mais todo o Basã, todo o reino de Ogue, rei de Basã, e todas as aldeias de Jair, que estão em Basã, sessenta cidades;

³¹ e metade de Gileade, Astarote e Edrei, cidades do reino de Ogue, em Basã; estas foram dadas aos filhos de Maquir, filho de Manassés, a saber, à metade dos filhos de Maquir, segundo as suas famílias.

³² São estas as heranças que Moisés repartiu nas campinas de Moabe, dalém do Jordão, na altura de Jericó, para o oriente.

³³ Porém à tribo de Levi Moisés não deu herança; o SENHOR, Deus de Israel, é a sua herança, como já lhes tinha dito.

A terra de Canaã distribuída por sorte

14 São estas as heranças que os filhos de Israel tiveram na terra de Canaã, o que Eleazar, o sacerdote, e Josué, filho de Num, e os cabeças dos pais das tribos dos filhos de Israel lhes fizeram repartir

² por sorte da sua herança, como o SENHOR ordenara por intermédio de Moisés, acerca das nove tribos e meia.

³ Porquanto às duas tribos e meia já dera Moisés herança além do Jordão; mas aos levitas não tinha dado herança entre seus irmãos.

⁴ Os filhos de José foram duas tribos, Manassés e Efraim; aos levitas não deram herança na terra, senão cidades em que habitassem e os seus arredores para seu gado e para sua possessão.

⁵ Como o SENHOR ordenara a Moisés, assim fizeram os filhos de Israel e repartiram a terra.

Josué dá Hebrom a Calebe

⁶ Chegaram os filhos de Judá a Josué em Gilgal; e Calebe, filho de Jefoné, o quenezeu, lhe disse: Tu sabes o que o SENHOR falou a Moisés, homem de Deus, em Cades-Barnéia, a respeito de mim e de ti.

⁷ Tinha eu quarenta anos quando Moisés, servo do SENHOR, me enviou de Cades-Barnéia para espiar a terra; e eu lhe relatei como sentia no coração.

⁸ Mas meus irmãos que subiram comigo desesperaram o povo; eu, porém, perseverei em seguir o SENHOR, meu Deus.

⁹ Então, Moisés, naquele dia, jurou, dizendo: Certamente, a terra em que puseste o pé será tua e de teus filhos, em herança perpetuamente, pois perseveraste em seguir o SENHOR, meu Deus.

¹⁰ Eis, agora, o SENHOR me conservou em vida, como prometeu; quarenta e cinco anos há desde que o SENHOR falou esta palavra a Moisés, andando Israel ainda no deserto; e, já agora, sou de oitenta e cinco anos.

¹¹ Estou forte ainda hoje como no dia em que Moisés me enviou; qual era a minha força naquele dia, tal ainda agora para o combate, tanto para sair a ele como para voltar.

¹² Agora, pois, dá-me este monte de que o SENHOR falou naquele dia, pois, naquele dia, ouviste que lá estavam os enaquins e grandes e fortes cidades; o SENHOR, porventura, será comigo, para os desapossar, como prometeu.

¹³ Josué o abençoou e deu a Calebe, filho de Jefoné, Hebrom em herança.

¹⁴ Portanto, Hebrom passou a ser de Calebe, filho de Jefoné, o quenezeu, em herança até ao dia de hoje, visto que perseverara em seguir o SENHOR, Deus de Israel.

¹⁵ Dantes o nome de Hebrom era Quiriate-Arba; este Arba foi o maior homem entre os enaquins. E a terra repousou da guerra.

AS HERANÇAS DAS NOVE TRIBOS E MEIA

A herança de Judá

15 A sorte da tribo dos filhos de Judá, segundo as suas famílias, caiu para o sul, até ao limite de Edom, até ao deserto de Zim, até à extremidade da banda do sul.

² Foi o seu limite ao sul, desde a extremidade do mar Salgado, desde a baía que olha para o sul;

13.33 Nm 18.20; Dt 18.2.   14.2 Nm 26.52-56; 34.13-15.   14.6 Nm 14.24.

³ e sai para o sul, até à subida de Acrabim, passa a Zim, sobe do sul a Cades-Barnéia,

⁴ passa por Hezrom, sobe a Adar e rodeia Carca; passa por Azmom e sai ao ribeiro do Egito; as saídas deste limite vão até ao mar; este será o vosso limite da banda do sul.

⁵ O limite, porém, para o oriente será o mar Salgado, até à foz do Jordão; e o limite para o norte será da baía do mar, começando com a embocadura do Jordão;

⁶ limite que sobe até Bete-Hogla e passa do norte a Bete-Arabá, subindo até à pedra de Boã, filho de Rúben,

⁷ subindo ainda este limite a Debir desde o vale de Acor, olhando para o norte, rumo a Gilgal, a qual está à subida de Adumim, que está para o sul do ribeiro; daí, o limite passa até às águas de En-Semes; e as suas saídas estarão da banda de En-Rogel.

⁸ Deste ponto sobe pelo vale do Filho de Hinom, da banda dos jebuseus do sul, isto é, Jerusalém; e sobe este limite até ao cume do monte que está diante do vale de Hinom, para o ocidente, que está no fim do vale dos Refains, da banda do norte.

⁹ Então, vai o limite desde o cume do monte até à fonte das águas de Neftoa; e sai até às cidades do monte Efrom; vai mais este limite até Baalá, isto é, Quiriate-Jearim.

¹⁰ Então, dá volta o limite desde Baalá, para o ocidente, até ao monte Seir, passa ao lado do monte de Jearim da banda do norte, isto é, Quesalom, e, descendo a Bete-Semes, passa por Timna.

¹¹ Segue mais ainda o limite ao lado de Ecrom, para o norte, e,indo a Sicrom, passa o monte de Baalá, saindo em Jabneel, para terminar no mar.

¹² O limite, porém, da banda do ocidente é o mar Grande e as suas imediações. São estes os limites dos filhos de Judá ao redor, segundo as suas famílias.

Calebe conquista Hebrom
Jz 1.11-15

¹³ A Calebe, filho de Jefoné, porém, deu Josué uma parte no meio dos filhos de Judá, segundo lhe ordenara o SENHOR, a saber, Quiriate-Arba, isto é, Hebrom; este Arba era o pai de Enaque.

¹⁴ Dali expulsou Calebe os três filhos de Enaque: Sesai, Aimã e Talmai, gerados de Enaque.

15.13,14 Jz 1.10,20.

¹⁵ Subiu aos habitantes de Debir, cujo nome, dantes, era Quiriate-Sefer.

¹⁶ Disse Calebe: A quem derrotar Quiriate-Sefer e a tomar, darei minha filha Acsa por mulher.

¹⁷ Tomou-a, pois, Otniel, filho de Quenaz, irmão de Calebe; este lhe deu a filha Acsa por mulher.

¹⁸ Esta, quando se foi a Otniel, insistiu com ele para que pedisse um campo ao pai dela; e ela apeou do jumento; então, Calebe lhe perguntou: Que desejas?

¹⁹ Respondeu ela: Dá-me um presente; deste-me terra seca, dá-me também fontes de água. Então, lhe deu as fontes superiores e as fontes inferiores.

As cidades de Judá

²⁰ Esta é a herança da tribo dos filhos de Judá, segundo as suas famílias.

²¹ São, pois, as cidades no extremo sul da tribo dos filhos de Judá, rumo do território de Edom: Cabzeel, Eder, Jagur,

²² Quiná, Dimona, Adada,

²³ Quedes, Hazor, Itnã,

²⁴ Zife, Telém, Bealote,

²⁵ Hazor-Hadata, Queriote-Hezrom (que é Hazor),

²⁶ Amã, Sema, Moladá,

²⁷ Hazar-Gada, Hesmom, Bete-Pelete,

²⁸ Hazar-Sual, Berseba, Biziotiá,

²⁹ Baalá, Iim, Azém,

³⁰ Eltolade, Quesil, Hormá,

³¹ Ziclague, Madmana, Sansana,

³² Lebaote, Silim, Aim e Rimom; ao todo, vinte e nove cidades com suas aldeias.

³³ Nas planícies: Estaol, Zorá, Asná,

³⁴ Zanoa, En-Ganim, Tapua, Enã,

³⁵ Jarmute, Adulão, Socó, Azeca,

³⁶ Saaraim, Aditaim, Gederá e Gederotaim; ao todo, catorze cidades com suas aldeias.

³⁷ Zenã, Hadasa, Migdal-Gade,

³⁸ Dileã, Mispa, Jocteel,

³⁹ Laquis, Bozcate, Eglom,

⁴⁰ Cabom, Laamás, Quitlis,

⁴¹ Gederote, Bete-Dagom, Naamá e Maquedá; ao todo, dezesseis cidades com suas aldeias.

⁴² Libna, Eter, Asã,

⁴³ Iftá, Asná, Nezibe,

⁴⁴ Queila, Aczibe e Maressa; ao todo, nove cidades com suas aldeias.

⁴⁵ Ecrom com suas vilas e aldeias;

⁴⁶ desde Ecrom até ao mar, todas as que estão da banda de Asdode, com suas aldeias.

⁴⁷ Asdode, suas vilas e aldeias; Gaza, suas vilas e aldeias, até ao rio do Egito e o mar Grande com as suas imediações.

⁴⁸ Na região montanhosa: Samir, Jatir, Socó,

⁴⁹ Daná, Quiriate-Sana, que é Debir,

⁵⁰ Anabe, Estemo, Anim,

⁵¹ Gósen, Holom e Giló; ao todo, onze cidades com suas aldeias.

⁵² Arabe, Dumá, Esã,

⁵³ Janim, Bete-Tapua, Afeca,

⁵⁴ Hunta, Quiriate-Arba (que é Hebrom) e Zior; ao todo, nove cidades com suas aldeias.

⁵⁵ Maom, Carmelo, Zife, Jutá,

⁵⁶ Jezreel, Jocdeão, Zanoa,

⁵⁷ Caim, Gibeá e Timna; ao todo, dez cidades com suas aldeias.

⁵⁸ Halul, Bete-Zur, Gedor,

⁵⁹ Maarate, Bete-Anote e Eltecom; ao todo, seis cidades com suas aldeias.

⁶⁰ Quiriate-Baal (que é Quiriate-Jearim) e Rabá; ao todo, duas cidades com suas aldeias.

⁶¹ No deserto: Bete-Arabá, Midim, Secacá,

⁶² Nibsã, Cidade do Sal e En-Gedi; ao todo, seis cidades com suas aldeias.

⁶³ Não puderam, porém, os filhos de Judá expulsar os jebuseus que habitavam em Jerusalém; assim, habitam os jebuseus com os filhos de Judá em Jerusalém até ao dia de hoje.

A herança de Efraim

16 O território que, em sorte, caiu aos filhos de José, começando no Jordão, na altura de Jericó e na banda oriental das águas de Jericó, vai ao deserto que sobe de Jericó pela região montanhosa até Betel.

² De Betel sai para Luz, passa ao limite dos arquitas até Atarote

³ e desce, rumo ao ocidente, ao limite de Jafleti, até ao limite de Bete-Horom de baixo e até Gezer, terminando no mar.

⁴ Assim, alcançaram a sua herança os filhos de José, Manassés e Efraim.

⁵ Foi o limite da herança dos filhos de Efraim, segundo as suas famílias, no oriente, Atarote-Adar até Bete-Horom de cima;

⁶ e vai o limite para o mar com Micmetá, ao norte, de onde torna para o oriente

até Taanate-Siló, e passa por ela ao oriente de Janoa;

⁷ desce desde Janoa a Atarote e a Naarate, toca em Jericó, terminando no Jordão.

⁸ De Tapua vai o limite, para o ocidente, ao ribeiro de Caná, terminando no mar; esta é a herança da tribo dos filhos de Efraim, segundo as suas famílias,

⁹ mais as cidades que se separaram para os filhos de Efraim, que estavam no meio da herança dos filhos de Manassés; todas aquelas cidades com suas aldeias.

¹⁰ Não expulsaram aos cananeus que habitavam em Gezer; assim, habitam eles no meio dos efraimitas até ao dia de hoje; porém sujeitos a trabalhos forçados.

A herança da meia tribo de Manassés

17 Também caiu a sorte à tribo de Manassés, o qual era o primogênito de José. Maquir, o primogênito de Manassés, pai de Gileade, porquanto era homem de guerra, teve Gileade e Basã.

² Os mais filhos de Manassés também tiveram a sua parte, segundo as suas famílias, a saber, os filhos de Abiezer, e os filhos de Heleque, e os filhos de Asriel, e os filhos de Siquém, e os filhos de Hefer, e os filhos de Semida; são estes os filhos de Manassés, filho de José, segundo as suas famílias.

³ Zelofeade, porém, filho de Hefer, filho de Gileade, filho de Maquir, filho de Manassés, não teve filhos, mas só filhas, cujos nomes são estes: Maalá, Noa, Hogla, Milca e Tirza.

⁴ Estas chegaram diante de Eleazar, o sacerdote, e diante de Josué, filho de Num, e diante dos príncipes, dizendo: O SENHOR ordenou a Moisés que se nos desse herança no meio de nossos irmãos. Pelo que, segundo o dito do SENHOR, Josué lhes deu herança no meio dos irmãos de seu pai.

⁵ Couberam a Manassés dez quinhões, afora a terra de Gileade e Basã, que está dalém do Jordão;

⁶ porque as filhas de Manassés, no meio de seus filhos, possuíram herança; os outros filhos de Manassés tiveram a terra de Gileade.

⁷ O limite de Manassés foi desde Aser até Micmetá, que está a leste de Siquém; e vai este limite, rumo sul, até aos moradores de En-Tapua.

⁸ Tinha Manassés a terra de Tapua; porém Tapua, ainda que situada no limite de Manassés, era dos filhos de Efraim.

15.63 Jz 1.21; 2Sm 5.6; 1Cr 11.4.   **16.10** Jz 1.29.   **17.4** Nm 27.1-7.

⁹ Então, desce o limite ao ribeiro de Caná. As cidades, entre as de Manassés, ao sul do ribeiro, pertenciam a Efraim; então, o limite de Manassés vai ao norte do ribeiro, terminando no mar.

¹⁰ Efraim, ao sul, Manassés, ao norte, e o mar é seu limite; pelo norte, tocam em Aser e, pelo oriente, em Issacar.

¹¹ Porque, em Issacar e em Aser, tinha Manassés a Bete-Seã e suas vilas, Ibleão e suas vilas, os habitantes de Dor e suas vilas, os habitantes de En-Dor e suas vilas, os habitantes de Taanaque e suas vilas e os habitantes de Megido e suas vilas, a região dos três outeiros.

¹² E os filhos de Manassés não puderam expulsar os habitantes daquelas cidades, porquanto os cananeus persistiam em habitar nessa terra.

¹³ Sucedeu que, tornando-se fortes os filhos de Israel, sujeitaram aos cananeus a trabalhos forçados, porém não os expulsaram de todo.

¹⁴ Então, o povo dos filhos de José disse a Josué: Por que me deste por herança uma sorte apenas e um quinhão, sendo eu tão grande povo, visto que o SENHOR até aqui me tem abençoado?

¹⁵ Disse-lhe Josué: Se és grande povo, sobe ao bosque e abre ali clareira na terra dos ferezeus e dos refains, visto que a região montanhosa de Efraim te é estreita demais.

¹⁶ Então, disseram os filhos de José: A região montanhosa não nos basta; e todos os cananeus que habitam na terra do vale têm carros de ferro, tanto os que estão em Bete-Seã e suas vilas como os que estão no vale de Jezreel.

¹⁷ Falou Josué à casa de José, a Efraim e a Manassés, dizendo: Tu és povo numeroso e forte; não terás uma sorte apenas;

¹⁸ porém a região montanhosa será tua. Ainda que é bosque, cortá-lo-ás, e até às suas extremidades será todo teu; porque expulsarás os cananeus, ainda que possuem carros de ferro e são fortes.

O resto da terra dividido em sete partes

18 Reuniu-se toda a congregação dos filhos de Israel em Silo, e ali armaram a tenda da congregação; e a terra estava sujeita diante deles.

² Dentre os filhos de Israel ficaram sete tribos que ainda não tinham repartido a sua herança.

³ Disse Josué aos filhos de Israel: Até quando sereis remissos em passardes para possuir a terra que o SENHOR, Deus de vossos pais, vos deu?

⁴ De cada tribo escolhei três homens, para que eu os envie, eles se disponham, e corram a terra, e façam dela um gráfico relativamente à herança das tribos, e se tornem a mim.

⁵ Dividirão a terra em sete partes: Judá ficará no seu território, ao sul, e a casa de José, no seu, ao norte.

⁶ Em sete partes fareis o gráfico da terra e mo trareis a mim, para que eu aqui vos lance as sortes perante o SENHOR, nosso Deus.

⁷ Porquanto os levitas não têm parte entre vós, pois o sacerdócio do SENHOR é a sua parte. Gade, e Rúben, e a meia tribo de Manassés já haviam recebido a sua herança dalém do Jordão, para o oriente, a qual lhes deu Moisés, servo do SENHOR.

⁸ Dispuseram-se, pois, aqueles homens e se foram, e Josué deu ordem aos que iam levantar o gráfico da terra, dizendo: Ide, correi a terra, levantai-lhe o gráfico e tornai a mim; aqui vos lançarei as sortes perante o SENHOR, em Silo.

⁹ Foram, pois, os homens, passaram pela terra, levantaram dela o gráfico, cidade por cidade, em sete partes, num livro, e voltaram a Josué, ao arraial em Silo.

¹⁰ Então, Josué lhes lançou as sortes em Silo, perante o SENHOR; e ali repartiu Josué a terra, segundo as suas divisões, aos filhos de Israel.

A herança de Benjamim

¹¹ Saiu a sorte da tribo dos filhos de Benjamim, segundo as suas famílias; e o território da sua sorte caiu entre os filhos de Judá e os filhos de José.

¹² O seu limite foi para a banda do norte desde o Jordão; subia ao lado de Jericó, para o norte, e subia pela montanha, para o ocidente, para terminar no deserto de Bete-Áven.

¹³ E dali passava o limite a Luz, ao lado de Luz (que é Betel), para o sul; descia a Atarote-Adar, ao pé do monte que está da banda do sul de Bete-Horom de baixo.

¹⁴ Seguia o limite, e tornava à banda do ocidente, para o sul do monte que está defronte de Bete-Horom, para o sul, e terminava em Quiriate-Baal (que é Quiriate-Jearim), cidade dos filhos de Judá; este era o lado ocidental.

¹⁵ O lado do sul começava na extremidade oriental de Quiriate-Jearim e seguia até à fonte das águas de Neftoa;

¹⁶ descia o limite até à extremidade do monte que está defronte do vale do Filho de Hinom, ao norte do vale dos Refains, e descia pelo vale de Hinom da banda dos jebuseus, para o sul; e baixava a En-Rogel;

¹⁷ volvia-se para o norte, chegava a En-Semes, de onde passava para Gelilote, que está defronte da subida de Adumim, e descia à pedra de Boã, filho de Rúben;

¹⁸ passava pela vertente norte, defronte da planície, e descia à planície.

¹⁹ Depois, passava o limite até ao lado de Bete-Hogla, para o norte, para terminar na baía do mar Salgado, na desembocadura do Jordão, ao sul; este era o limite do sul.

²⁰ Do lado oriental, o Jordão era o seu limite; esta era a herança dos filhos de Benjamim nos seus limites em redor, segundo as suas famílias.

As cidades de Benjamim

²¹ As cidades da tribo dos filhos de Benjamim, segundo as suas famílias, eram: Jericó, Bete-Hogla, Emeque-Queziz,

²² Bete-Arabá, Zemaraim, Betel,

²³ Avim, Pará, Ofra,

²⁴ Quefar-Amonai, Ofni e Geba; ao todo, doze cidades com suas aldeias.

²⁵ Gibeom, Ramá, Beerote,

²⁶ Mispa, Quefira, Moza,

²⁷ Requém, Irpeel, Tarala,

²⁸ Zela, Elefe, Jebus (esta é Jerusalém), Gibeá e Quiriate; ao todo, catorze cidades com suas aldeias; esta era a herança dos filhos de Benjamim, segundo as suas famílias.

A herança de Simeão

19 Saiu a segunda sorte a Simeão, à tribo dos filhos de Simeão, segundo as suas famílias, e foi a sua herança no meio da tribo dos filhos de Judá.

² Na herança, tiveram: Berseba, Seba, Moladá,

³ Hazar-Sual, Balá, Azém,

⁴ Eltolade, Betul, Hormá,

⁵ Ziclague, Bete-Marcabote, Hazar-Susa,

⁶ Bete-Lebaote e Saruém; ao todo, treze cidades com suas aldeias.

⁷ Aim, Rimom, Eter e Asã; ao todo, quatro cidades com suas aldeias.

⁸ E todas as aldeias que havia em redor destas cidades, até Baalate-Beer, que é Ramá do Neguebe; esta era a herança da tribo dos filhos de Simeão, segundo as suas famílias.

⁹ A herança dos filhos de Simeão se tirou de entre a porção dos filhos de Judá, pois a herança destes era demasiadamente grande para eles, pelo que os filhos de Simeão tiveram a sua herança no meio deles.

A herança de Zebulom

¹⁰ Saiu a terceira sorte aos filhos de Zebulom, segundo as suas famílias. O limite da sua herança ia até Saride.

¹¹ Subia o seu limite, pelo ocidente, a Maralá, tocava em Dabesete, e chegava até ao ribeiro que está defronte de Jocneão.

¹² De Saride, dava volta para o oriente, para o nascente do sol, até ao termo de Quislote-Tabor, saía a Daberate, e ia subindo a Jafia;

¹³ dali, passava, para o nascente, a Gate-Hefer, a Ete-Cazim, ia a Rimom, que se estendia até Neá,

¹⁴ e, rodeando-a, o limite passava, para o norte, a Hanatom e terminava no vale de Iftá-El;

¹⁵ Ainda Catate, Naalal, Sinrom, Idala e Belém, completando doze cidades com suas aldeias.

¹⁶ Esta era a herança dos filhos de Zebulom, segundo as suas famílias; estas cidades com suas aldeias.

A herança de Issacar

¹⁷ A quarta sorte saiu a Issacar, aos filhos de Issacar, segundo as suas famílias.

¹⁸ O seu território incluía Jezreel, Quesulote, Suném,

¹⁹ Hafaraim, Siom, Anaarate,

²⁰ Rabite, Quisiom, Ebes,

²¹ Remete, En-Ganim, En-Hadá e Bete-Pazes.

²² O limite tocava o Tabor, Saazima e Bete-Semes e terminava no Jordão; ao todo, dezesseis cidades com suas aldeias.

²³ Esta era a herança da tribo dos filhos de Issacar, segundo as suas famílias; estas cidades com suas aldeias.

A herança de Aser

²⁴ Saiu a quinta sorte à tribo dos filhos de Aser, segundo as suas famílias.

²⁵ O seu território incluía Helcate, Hali, Béten, Acsafe,

19.2 1Cr 4.28-33.

²⁶ Alameleque, Amade e Misal; e tocava o Carmelo, para o ocidente, e Sior-Libnate;

²⁷ volvendo-se para o nascente do sol, Bete-Dagom, tocava Zebulom e o vale de Iftá-El, ao norte de Bete-Emeque e de Neiel, e vinha sair a Cabul, pela esquerda, ²⁸ Ebrom, Reobe, Hamom e Caná, até à grande Sidom.

²⁹ Voltava o limite a Ramá e até à forte cidade de Tiro; então, tornava a Hosa, para terminar no mar, na região de Aczibe; ³⁰ também Umá, Afeque e Reobe, completando vinte e duas cidades com suas aldeias.

³¹ Esta era a herança da tribo dos filhos de Aser, segundo as suas famílias; estas cidades com suas aldeias.

A herança de Naftali

³² Saiu a sexta sorte aos filhos de Naftali, segundo as suas famílias.

³³ Era o seu limite desde Helefe, do carvalho em Zaanim, Adami-Neguebe, Jabneel, até Lacum e terminava no Jordão.

³⁴ Voltava o limite, pelo ocidente, a Aznote-Tabor, de onde passava a Hucoque; tocava Zebulom, ao sul, e Aser, ao ocidente, e Judá, pelo Jordão, ao nascente do sol.

³⁵ As cidades fortificadas eram: Zidim, Zer, Hamate, Racate, Quinerete,

³⁶ Adamá, Ramá, Hazor,

³⁷ Quedes, Edrei, En-Hazor,

³⁸ Irom, Migdal-El, Horém, Bete-Anate e Bete-Semes; ao todo, dezenove cidades com suas aldeias.

³⁹ Esta era a herança da tribo dos filhos de Naftali, segundo as suas famílias; estas cidades com suas aldeias.

A herança de Dã

⁴⁰ A sétima sorte saiu à tribo dos filhos de Dã, segundo as suas famílias.

⁴¹ O território da sua herança incluía Zorá, Estaol, Ir-Semes,

⁴² Saalabim, Aijalom, Itla,

⁴³ Elom, Timna, Ecrom,

⁴⁴ Elteque, Gibetom, Baalate,

⁴⁵ Jeúde, Bene-Beraque, Gate-Rimom,

⁴⁶ Me-Jarcom e Racom, com o território defronte de Jope.

⁴⁷ Saiu, porém, pequeno o limite aos filhos de Dã, pelo que subiram os filhos de Dã, e pelejaram contra Lesém, e a tomaram, e a feriram a fio de espada; e, tendo-a

possuído, habitaram nela e lhe chamaram Dã, segundo o nome de Dã, seu pai.

⁴⁸ Esta era a herança da tribo dos filhos de Dã, segundo as suas famílias; estas cidades com suas aldeias.

A herança de Josué

⁴⁹ Acabando, pois, de repartir a terra em herança, segundo os seus territórios, deram os filhos de Israel a Josué, filho de Num, herança no meio deles.

⁵⁰ Deram-lhe, segundo o mandado do SENHOR, a cidade que pediu, Timnate-Sera, na região montanhosa de Efraim; reedificou ele a cidade e habitou nela.

⁵¹ Eram estas as heranças que Eleazar, o sacerdote, e Josué, filho de Num, e os cabeças dos pais das famílias repartiram por sorte, em herança, pelas tribos dos filhos de Israel, em Silo, perante o SENHOR, à porta da tenda da congregação. E assim acabaram de repartir a terra.

Estabelecem-se as cidades de refúgio

20 Disse mais o SENHOR a Josué: ² Fala aos filhos de Israel: Apartai para vós outros as cidades de refúgio de que vos falei por intermédio de Moisés;

³ para que fuja para ali o homicida que, por engano, matar alguma pessoa sem o querer; para que vos sirvam de refúgio contra o vingador do sangue.

⁴ E, fugindo para alguma dessas cidades, por-se-á à porta dela e exporá o seu caso perante os ouvidos dos anciãos da tal cidade; então, o tomarão consigo na cidade e lhe darão lugar, para que habite com eles.

⁵ Se o vingador do sangue o perseguir, não lhe entregarão nas mãos o homicida, porquanto feriu a seu próximo sem querer e não o aborrecia dantes.

⁶ Habitará, pois, na mesma cidade até que compareça em juízo perante a congregação, até que morra o sumo sacerdote que for naqueles dias; então, tornará o homicida e voltará à sua cidade e à sua casa, à cidade de onde fugiu.

⁷ Designaram, pois, solenemente, Quedes, na Galiléia, na região montanhosa de Naftali, e Siquém, na região montanhosa de Efraim, e Quiriate-Arba, ou seja, Hebrom, na região montanhosa de Judá.

⁸ Dalém do Jordão, na altura de Jericó, para o oriente, designaram Bezer, no deserto, no planalto da tribo de Rúben; e Ramo-

19.47 Jz 18.27-29. 20.2 Nm 35.9-28; Dt 4.41-43; 19.1-13.

te, em Gileade, da tribo de Gade; e Golã, em Basã, da tribo de Manassés.

⁹ São estas as cidades que foram designadas para todos os filhos de Israel e para o estrangeiro que habitava entre eles; para que se refugiasse nelas todo aquele que, por engano, matasse alguma pessoa, para que não morresse às mãos do vingador do sangue, até comparecer perante a congregação.

As cidades dos levitas
1Cr 6.54-81

21 Então, se chegaram os cabeças dos pais dos levitas a Eleazar, o sacerdote, e a Josué, filho de Num, e aos cabeças dos pais das tribos dos filhos de Israel;

² e falaram-lhes em Silo, na terra de Canaã, dizendo: O SENHOR ordenou, por intermédio de Moisés, que se nos dessem cidades para habitar e os seus arredores para os nossos animais.

³ E os filhos de Israel deram aos levitas, da sua herança, segundo o mandado do SENHOR, estas cidades e os seus arredores.

⁴ Caiu a sorte pelas famílias dos coatitas. Assim, os filhos de Arão, o sacerdote, que eram dos levitas, tiveram, por sorte, da tribo de Judá, da tribo de Simeão e da tribo de Benjamim treze cidades.

⁵ Os outros filhos de Coate tiveram, por sorte, das famílias da tribo de Efraim, da tribo de Dã e da meia tribo de Manassés dez cidades.

⁶ Os filhos de Gérson tiveram, por sorte, das famílias da tribo de Issacar, da tribo de Aser, da tribo de Naftali e da meia tribo de Manassés, em Basã, treze cidades.

⁷ Os filhos de Merari tiveram, por sorte, segundo as suas famílias, da tribo de Rúben, da tribo de Gade e da tribo de Zebulom doze cidades.

⁸ Deram os filhos de Israel aos levitas estas cidades e os seus arredores, por sorte, como o SENHOR ordenara por intermédio de Moisés.

⁹ Deram mais, da tribo dos filhos de Judá e da tribo dos filhos de Simeão, estas cidades que, nominalmente, foram designadas,

¹⁰ para que fossem dos filhos de Arão, das famílias dos coatitas, dos filhos de Levi, porquanto a primeira sorte foi deles.

¹¹ Assim, lhes deram Quiriate-Arba (Arba era pai de Enaque), que é Hebrom, na região montanhosa de Judá, e, em torno dela, os seus arredores.

¹² Porém o campo da cidade, com suas aldeias, deram a Calebe, filho de Jefoné, por sua possessão.

¹³ Assim, aos filhos de Arão, o sacerdote, deram Hebrom, cidade de refúgio do homicida, com seus arredores, Libna com seus arredores,

¹⁴ Jatir com seus arredores, Estemoa com seus arredores,

¹⁵ Holom com seus arredores, Debir com seus arredores,

¹⁶ Aim com seus arredores, Jutá com seus arredores e Bete-Semes com seus arredores; ao todo, nove cidades dessas duas tribos.

¹⁷ Da tribo de Benjamim, deram Gibeom com seus arredores, Geba com seus arredores,

¹⁸ Anatote com seus arredores e Almom com seus arredores; ao todo, quatro cidades.

¹⁹ Total das cidades dos sacerdotes, filhos de Arão: treze cidades com seus arredores.

²⁰ As mais famílias dos levitas de Coate tiveram as cidades da sua sorte da tribo de Efraim.

²¹ Deram-lhes Siquém, cidade de refúgio do homicida, com seus arredores, na região montanhosa de Efraim, Gezer com seus arredores,

²² Quibzaim com seus arredores e Bete-Horom com seus arredores; ao todo, quatro cidades.

²³ Da tribo de Dã, deram Elteque com seus arredores, Gibetom com seus arredores,

²⁴ Aijalom com seus arredores e Gate-Rimom com seus arredores; ao todo, quatro cidades.

²⁵ Da meia tribo de Manassés, deram Taanaque com seus arredores e Gate-Rimom com seus arredores; ao todo, duas cidades.

²⁶ Total: dez cidades com seus arredores, para as famílias dos demais filhos de Coate.

²⁷ Aos filhos de Gérson, das famílias dos levitas, deram, em Basã, da tribo de Manassés, Golã, a cidade de refúgio para o homicida, com seus arredores, e Beesterá com seus arredores; ao todo, duas cidades.

²⁸ Da tribo de Issacar, deram Quisiom com seus arredores, Daberate com seus arredores,

²⁹ Jarmute com seus arredores e En-Ganim com seus arredores; ao todo, quatro cidades.

³⁰ Da tribo de Aser, deram Misal com seus arredores, Abdom com seus arredores,

³¹ Helcate com seus arredores e Reobe com seus arredores; ao todo, quatro cidades.

³² Da tribo de Naftali, deram, na Galiléia, Quedes, cidade de refúgio para o homicida, com seus arredores, Hamote-Dor com seus arredores e Cartã com seus arredores; ao todo, três cidades.

³³ Total das cidades dos gersonitas, segundo as suas famílias: treze cidades com seus arredores.

³⁴ Às famílias dos demais levitas dos filhos de Merari deram, da tribo de Zebulom, Jocneão com seus arredores, Cartá com seus arredores,

³⁵ Dimna com seus arredores e Naalal com seus arredores; ao todo, quatro cidades.

³⁶ Da tribo de Rúben, deram Bezer com seus arredores, Jaza com seus arredores,

³⁷ Quedemote com seus arredores e Mefaate com seus arredores; ao todo, quatro cidades.

³⁸ Da tribo de Gade, deram, em Gileade, Ramote, cidade de refúgio para o homicida, com seus arredores, Maanaim com seus arredores,

³⁹ Hesbom com seus arredores e Jazer com seus arredores; ao todo, quatro cidades.

⁴⁰ Todas estas cidades tocaram por sorte aos filhos de Merari, segundo as suas famílias, que ainda restavam das famílias dos levitas: doze cidades.

⁴¹ As cidades, pois, dos levitas, no meio da herança dos filhos de Israel, foram, ao todo, quarenta e oito cidades com seus arredores;

⁴² cada uma das quais com seus arredores em torno de si; assim foi com todas estas cidades.

⁴³ Desta maneira, deu o Senhor a Israel toda a terra que jurara dar a seus pais; e a possuíram e habitaram nela.

⁴⁴ O Senhor lhes deu repouso em redor, segundo tudo quanto jurara a seus pais; nenhum de todos os seus inimigos resistiu diante deles; a todos eles o Senhor lhes entregou nas mãos.

⁴⁵ Nenhuma promessa falhou de todas as boas palavras que o Senhor falara à casa de Israel; tudo se cumpriu.

22.2 Nm 32.20-32; Js 1.12-15.

Josué abençoa e manda para casa as duas tribos e meia

22 Então, Josué chamou os rubenitas, os gaditas e a meia tribo de Manassés

² e lhes disse: Tendes guardado tudo quanto vos ordenou Moisés, servo do Senhor, e também a mim me tendes obedecido em tudo quanto vos ordenei.

³ A vossos irmãos, durante longo tempo, até ao dia de hoje, não desamparastes; antes, tivestes o cuidado de guardar o mandamento do Senhor, vosso Deus.

⁴ Tendo o Senhor, vosso Deus, dado repouso a vossos irmãos, como lhes havia prometido, voltai-vos, pois, agora, e ide-vos para as vossas tendas, à terra da vossa possessão, que Moisés, servo do Senhor, vos deu dalém do Jordão.

⁵ Tende cuidado, porém, de guardar com diligência o mandamento e a lei que Moisés, servo do Senhor, vos ordenou: que ameis o Senhor, vosso Deus, andeis em todos os seus caminhos, guardeis os seus mandamentos, e vos achegueis a ele, e o sirvais de todo o vosso coração e de toda a vossa alma.

⁶ Assim, Josué os abençoou e os despediu; e eles se foram para as suas tendas.

⁷ Ora, Moisés dera herança em Basã à meia tribo de Manassés; porém à outra metade deu Josué entre seus irmãos, daquém do Jordão, para o ocidente. E Josué, ao despedi-los para as suas tendas, os abençoou

⁸ e lhes disse: Voltais às vossas tendas com grandes riquezas, com muitíssimo gado, prata, ouro, bronze, ferro e muitíssima roupa; reparti com vossos irmãos o despojo dos vossos inimigos.

⁹ Assim, os filhos de Rúben, os filhos de Gade e a meia tribo de Manassés voltaram e se retiraram dos filhos de Israel em Silo, que está na terra de Canaã, para se irem à terra de Gileade, à terra da sua possessão, de que foram feitos possuidores, segundo o mandado do Senhor, por intermédio de Moisés.

O altar junto ao Jordão

¹⁰ Vindo eles para os limites pegados ao Jordão, na terra de Canaã, ali os filhos de Rúben, os filhos de Gade e a meia tribo de Manassés edificaram um altar junto ao Jordão, altar grande e vistoso.

¹¹ Os filhos de Israel ouviram dizer: Eis que os filhos de Rúben, os filhos de Gade e a meia tribo de Manassés edificaram um altar defronte da terra de Canaã, nos limites pegados ao Jordão, da banda dos filhos de Israel.

¹² Ouvindo isto os filhos de Israel, ajuntou-se toda a congregação dos filhos de Israel em Silo, para saírem à peleja contra eles.

¹³ E aos filhos de Rúben, aos filhos de Gade e à meia tribo de Manassés enviaram os filhos de Israel, para a terra de Gileade, Finéias, filho de Eleazar, o sacerdote,

¹⁴ e dez príncipes com ele, de cada casa paterna um príncipe de todas as tribos de Israel; e cada um era cabeça da casa de seus pais entre os grupos de milhares de Israel.

¹⁵ Indo eles aos filhos de Rúben, aos filhos de Gade e à meia tribo de Manassés, à terra de Gileade, falaram-lhes, dizendo:

¹⁶ Assim diz toda a congregação do SENHOR: Que infidelidade é esta, que cometestes contra o Deus de Israel, deixando, hoje, de seguir o SENHOR, edificando-vos um altar, para vos rebelardes contra o SENHOR?

¹⁷ Acaso não nos bastou a iniquidade de Peor, de que até hoje não estamos ainda purificados, posto que houve praga na congregação do SENHOR,

¹⁸ para que, hoje, abandoneis o SENHOR? Se, hoje, vos rebelais contra o SENHOR, amanhã, se irará contra toda a congregação de Israel.

¹⁹ Se a terra da vossa herança é imunda, passai-vos para a terra da possessão do SENHOR, onde habita o tabernáculo do SENHOR, e tomai possessão entre nós; não vos rebeleis, porém, contra o SENHOR, nem vos rebeleis contra nós, edificando-vos altar, afora o altar do SENHOR, nosso Deus.

²⁰ Não cometeu Acã, filho de Zera, infidelidade no tocante às cousas condenadas? E não veio ira sobre toda a congregação de Israel? Pois aquele homem não morreu sozinho na sua iniquidade.

²¹ Então, responderam os filhos de Rúben, os filhos de Gade e a meia tribo de Manassés e disseram aos cabeças dos grupos de milhares de Israel:

²² O Poderoso, o Deus, o SENHOR, o Poderoso, o Deus, o SENHOR, ele o sabe, e Israel mesmo o saberá. Se foi em rebeldia ou por infidelidade contra o SENHOR, hoje, não nos preserveis.

²³ Se edificamos altar para nos apartarmos do SENHOR, ou para, sobre ele, oferecermos holocausto e oferta de manjares, ou, sobre ele, fazermos oferta pacífica, o SENHOR mesmo de nós o demande.

²⁴ Pelo contrário, fizemos por causa da seguinte preocupação: amanhã vossos filhos talvez dirão a nossos filhos: Que tendes vós com o SENHOR, Deus de Israel?

²⁵ Pois o SENHOR pôs o Jordão por limite entre nós e vós, ó filhos de Rúben e filhos de Gade; não tendes parte no SENHOR; e, assim, bem poderiam os vossos filhos apartar os nossos do temor do SENHOR.

²⁶ Pelo que dissemos: preparemo-nos, edifiquemos um altar, não para holocausto, nem para sacrifício,

²⁷ mas, para que entre nós e vós e entre as nossas gerações depois de nós, nos seja testemunho, e possamos servir ao SENHOR diante dele com os nossos holocaustos, e os nossos sacrifícios, e as nossas ofertas pacíficas; e para que vossos filhos não digam amanhã a nossos filhos: Não tendes parte no SENHOR.

²⁸ Pelo que dissemos: quando suceder que, amanhã, assim nos digam a nós e às nossas gerações, então, responderemos: vede o modelo do altar do SENHOR que fizeram nossos pais, não para holocausto, nem para sacrifício, mas para testemunho entre nós e vós.

²⁹ Longe de nós o rebelarmo-nos contra o SENHOR e deixarmos, hoje, de seguir o SENHOR, edificando altar para holocausto, oferta de manjares ou sacrifício, afora o altar do SENHOR, nosso Deus, que está perante o seu tabernáculo.

³⁰ Ouvindo, pois, Finéias, o sacerdote, e os príncipes da congregação, e os cabeças dos grupos de milhares de Israel que com ele estavam as palavras que disseram os filhos de Rúben, os filhos de Gade e os filhos de Manassés, deram-se por satisfeitos.

³¹ E disse Finéias, filho de Eleazar, o sacerdote, aos filhos de Rúben, aos filhos de Gade e aos filhos de Manassés: Hoje, sabemos que o SENHOR está no meio de nós, porquanto não cometestes infidelidade contra o SENHOR; agora, livrastes os filhos de Israel da mão do SENHOR.

³² Finéias, filho do sacerdote Eleazar, e os príncipes, deixando os filhos de Rúben e os filhos de Gade, voltaram da terra de Gi-

22.16 Dt 12.6.   **22.17** Nm 25.1-9.   **22.20** Js 7.1-26.

leade para a terra de Canaã, aos filhos de Israel, e deram-lhes conta de tudo.

33 Com esta resposta deram-se por satisfeitos os filhos de Israel, os quais bendisseram a Deus; e não falaram mais de subir a pelejar contra eles, para destruírem a terra em que habitavam os filhos de Rúben e os filhos de Gade.

34 Os filhos de Rúben e os filhos de Gade chamaram o altar de Testemunho, porque disseram: É um testemunho entre nós de que o SENHOR é Deus.

Josué exorta o povo a observar a lei do SENHOR

23 Passado muito tempo depois que o SENHOR dera repouso a Israel de todos os seus inimigos em redor, e sendo Josué já velho e entrado em dias,

2 chamou Josué a todo o Israel, os seus anciãos, os seus cabeças, os seus juízes e os seus oficiais e disse-lhes: Já sou velho e entrado em dias,

3 e vós já tendes visto tudo quanto fez o SENHOR, vosso Deus, a todas estas gerações por causa de vós, porque o SENHOR, vosso Deus, é o que pelejou por vós.

4 Vede aqui que vos fiz cair em sorte às vossas tribos estas nações que restam, juntamente com todas as nações que tenho eliminado, umas e outras, desde o Jordão até ao mar Grande, para o pôr-do-sol.

5 O SENHOR, vosso Deus, as afastará de vós e as expulsará de vossa presença; e vós possuireis a sua terra, como o SENHOR, vosso Deus, vos prometeu.

6 Esforçai-vos, pois, muito para guardardes e cumprirdes tudo quanto está escrito no livro da lei de Moisés, para que dela não vos aparteis, nem para a direita nem para a esquerda;

7 para que não vos mistureis com estas nações que restaram entre vós. Não façais menção dos nomes de seus deuses, nem por eles façais jurar, nem os sirvais, nem os adoreis.

8 Mas ao SENHOR, vosso Deus, vos apegareis, como fizestes até ao dia de hoje;

9 pois o SENHOR expulsou de diante de vós grandes e fortes nações; e, quanto a vós outros, ninguém vos resistiu até ao dia de hoje.

10 Um só homem dentre vós perseguirá mil, pois o SENHOR, vosso Deus, é quem peleja por vós, como já vos prometeu.

11 Portanto, empenhai-vos em guardar a vossa alma, para amardes o SENHOR, vosso Deus.

12 Porque, se dele vos desviardes e vos apegardes ao restante destas nações ainda em vosso meio, e com elas vos aparentardes, e com elas vos misturardes, e elas convosco,

13 sabei, certamente, que o SENHOR, vosso Deus, não expulsará mais estas nações de vossa presença, mas vos serão por laço e rede, e açoite às vossas ilhargas, e espinhos aos vossos olhos, até que pereçais nesta boa terra que vos deu o SENHOR, vosso Deus.

14 Eis que, já hoje, sigo pelo caminho de todos os da terra; e vós bem sabeis de todo o vosso coração e de toda a vossa alma que nem uma só promessa caiu de todas as boas palavras que falou de vós o SENHOR, vosso Deus; todas vos sobrevieram, nem uma delas falhou.

15 E sucederá que, assim como vieram sobre vós todas estas boas cousas que o SENHOR, vosso Deus, vos prometeu, assim cumprirá o SENHOR contra vós outros todas as ameaças até vos destruir de sobre a boa terra que vos deu o SENHOR, vosso Deus.

16 Quando violardes a aliança que o SENHOR, vosso Deus, vos ordenou, e fordes, e servirdes a outros deuses, e os adorardes, então, a ira do SENHOR se acenderá sobre vós, e logo perecereis na boa terra que vos deu.

Josué despede-se do povo

24 Depois, reuniu Josué todas as tribos de Israel em Siquém e chamou os anciãos de Israel, os seus cabeças, os seus juízes e os seus oficiais; e eles se apresentaram diante de Deus.

2 Então, Josué disse a todo o povo: Assim diz o SENHOR, Deus de Israel: Antigamente, vossos pais, Terá, pai de Abraão e de Naor, habitaram dalém do Eufrates e serviram a outros deuses.

3 Eu, porém, tomei Abraão, vosso pai, dalém do rio e o fiz percorrer toda a terra de Canaã; também lhe multipliquei a descendência e lhe dei Isaque.

4 A Isaque dei Jacó e Esaú e a Esaú dei em possessão as montanhas de Seir; porém Jacó e seus filhos desceram para o Egito.

5 Então, enviei Moisés e Arão e feri o Egito com o que fiz no meio dele; e, depois, vos tirei de lá.

23.10 Dt 32.30; 3.22. 24.2 Gn 11.27. 24.3 Gn 12.1-9; 21.1-3. 24.4 Gn 25.24-26; 36.8; 46.1-7. 24.5 Êx 3.1-12.42.

⁶ Tirando eu vossos pais do Egito, viestes ao mar; os egípcios perseguiram vossos pais, com carros e com cavaleiros, até ao mar Vermelho.

⁷ E, clamando vossos pais, o SENHOR pôs escuridão entre vós e os egípcios, e trouxe o mar sobre estes, e o mar os cobriu; e os vossos olhos viram o que eu fiz no Egito. Então, habitastes no deserto por muito tempo.

⁸ Daí eu vos trouxe à terra dos amorreus, que habitavam dalém do Jordão, os quais pelejaram contra vós outros; porém os entreguei nas vossas mãos, e possuístes a sua terra; e os destruí diante de vós.

⁹ Levantou-se, também, o rei de Moabe, Balaque, filho de Zipor, e pelejou contra Israel; mandou chamar Balaão, filho de Beor, para que vos amaldiçoasse.

¹⁰ Porém eu não quis ouvir Balaão; e ele teve de vos abençoar; e, assim, vos livrei da sua mão.

¹¹ Passando vós o Jordão e vindo a Jericó, os habitantes de Jericó pelejaram contra vós outros e também os amorreus, os ferezeus, os cananeus, os heteus, os girgaseus, os heveus e os jebuseus; porém os entreguei nas vossas mãos.

¹² Enviei vespões adiante de vós, que os expulsaram da vossa presença, bem como os dois reis dos amorreus, e isso não com a tua espada, nem com o teu arco.

¹³ Dei-vos a terra em que não trabalhastes e cidades que não edificastes, e habitais nelas; comeis das vinhas e dos olivais que não plantastes.

Renovação da aliança

¹⁴ Agora, pois, temei ao SENHOR e servi-o com integridade e com fidelidade; deitai fora os deuses aos quais serviram vossos pais dalém do Eufrates e no Egito e servi ao SENHOR.

¹⁵ Porém, se vos parece mal servir ao SENHOR, escolhei, hoje, a quem sirvais: se aos deuses a quem serviram vossos pais que estavam dalém do Eufrates ou aos deuses dos amorreus em cuja terra habitais. Eu e a minha casa serviremos ao SENHOR.

¹⁶ Então, respondeu o povo e disse: Longe de nós o abandonarmos o SENHOR para servirmos a outros deuses;

¹⁷ porque o SENHOR é o nosso Deus; ele é quem nos fez subir, a nós e a nossos pais, da terra do Egito, da casa da servidão, quem fez estes grandes sinais aos nossos olhos e nos guardou por todo o caminho em que andamos e entre todos os povos pelo meio dos quais passamos.

¹⁸ O SENHOR expulsou de diante de nós todas estas gentes, até o amorreu, morador da terra; portanto, nós também serviremos ao SENHOR, pois ele é o nosso Deus.

¹⁹ Então, Josué disse ao povo: Não podereis servir ao SENHOR, porquanto é Deus santo, Deus zeloso, que não perdoará a vossa transgressão nem os vossos pecados.

²⁰ Se deixardes o SENHOR e servirdes a deuses estranhos, então, se voltará, e vos fará mal, e vos consumirá, depois de vos ter feito bem.

²¹ Então, disse o povo a Josué: Não; antes, serviremos ao SENHOR.

²² Josué disse ao povo: Sois testemunhas contra vós mesmos de que escolhestes o SENHOR para o servir. E disseram: Nós o somos.

²³ Agora, pois, deitai fora os deuses estranhos que há no meio de vós e inclinai o coração ao SENHOR, Deus de Israel.

²⁴ Disse o povo a Josué: Ao SENHOR, nosso Deus, serviremos e obedeceremos à sua voz.

²⁵ Assim, naquele dia, fez Josué aliança com o povo e lha pôs por estatuto e direito em Siquém.

A pedra-testemunha

²⁶ Josué escreveu estas palavras no livro da lei de Deus; tomou uma grande pedra e a erigiu ali debaixo do carvalho que estava em lugar santo do SENHOR.

²⁷ Disse Josué a todo o povo: Eis que esta pedra nos será testemunha, pois ouviu todas as palavras que o SENHOR nos tem dito; portanto, será testemunha contra vós outros para que não mintais a vosso Deus.

²⁸ Então, Josué despediu o povo, cada um para a sua herança.

A morte de Josué e de Eleazar
Jz 2.6-9

²⁹ Depois destas cousas, sucedeu que Josué, filho de Num, servo do SENHOR, faleceu com a idade de cento e dez anos.

³⁰ Sepultaram-no na sua própria herança, em Timnate-Sera, que está na região

24.6 Êx 14.1-31. 24.8 Nm 21.21-35. 24.9 Nm 22.1-24.25. 24.11 Js 6.1-21. 24.12 Êx 23.28; Dt 7.20. 24.13 Dt 6.10,11. 24.30 Js 19.49,50.

montanhosa de Efraim, para o norte do monte Gaás.

31 Serviu, pois, Israel ao Senhor todos os dias de Josué e todos os dias dos anciãos que ainda sobreviveram por muito tempo depois de Josué e que sabiam todas as obras feitas pelo Senhor a Israel.

32 Os ossos de José, que os filhos de Is-rael trouxeram do Egito, enterraram-nos em Siquém, naquela parte do campo que Jacó comprara aos filhos de Hamor, pai de Siquém, por cem peças de prata, e que veio a ser a herança dos filhos de José.

33 Faleceu também Eleazar, filho de Arão, e o sepultaram em Gibeá, pertencen-te a Finéias, seu filho, a qual lhe fora dada na região montanhosa de Efraim.

O LIVRO DOS

JUÍZES

Novas conquistas pelas tribos

1 Depois da morte de Josué, os filhos de Israel consultaram o Senhor, dizen-do: Quem dentre nós, primeiro, subirá aos cananeus para pelejar contra eles?

2 Respondeu o Senhor: Judá subirá; eis que nas suas mãos entreguei a terra.

3 Disse, pois, Judá a Simeão, seu irmão: Sobe comigo à herança que me caiu por sorte, e pelejemos contra os cananeus, e também eu subirei contigo à tua, que te caiu por sorte. E Simeão partiu com ele.

4 Subiu Judá, e o Senhor lhe entregou nas mãos os cananeus e os ferezeus; e feri-ram deles, em Bezeque, dez mil homens.

5 Em Bezeque, encontraram Adoni-Be-zeque e pelejaram contra ele; e feriram aos cananeus e aos ferezeus.

6 Adoni-Bezeque, porém, fugiu; mas o perseguiram, e prendendo-o, lhe cortaram os polegares das mãos e dos pés.

7 Então, disse Adoni-Bezeque: Setenta reis, a quem haviam sido cortados os pole-gares das mãos e dos pés, apanhavam mi-galhas debaixo da minha mesa; assim co-mo eu fiz, assim Deus me pagou. E o leva-ram a Jerusalém, e morreu ali.

8 Os filhos de Judá pelejaram contra Je-rusalém e, tomando-a, passaram-na a fio de espada, pondo fogo à cidade.

9 Depois, os filhos de Judá desceram a pelejar contra os cananeus que habitavam nas montanhas, no Neguebe e nas planícies.

10 Partiu Judá contra os cananeus que habitavam em Hebrom, cujo nome, outro-ra, era Quiriate-Arba, e Judá feriu a Sesai, a Aimã e a Talmai.

Otniel conquista Debir
Js 15.14-19

11 Dali partiu contra os moradores de Debir; e era, dantes, o nome de Debir Qui-riate-Sefer.

12 Disse Calebe: A quem derrotar Qui-riate-Sefer e a tomar, darei minha filha Ac-sa por mulher.

13 Tomou-a, pois, Otniel, filho de Que-naz, o irmão de Calebe, mais novo do que ele; e Calebe lhe deu sua filha Acsa por mulher.

14 Esta, quando se foi a ele, insistiu com ele para que pedisse um campo ao pai de-la; e ela apeou do jumento; então, Calebe lhe perguntou: Que desejas?

15 Respondeu ela: Dá-me um presente; deste-me terra seca, dá-me também fontes de água. Então, Calebe lhe deu as fontes su-periores e as fontes inferiores.

Outras conquistas

16 Os filhos do queneu, sogro de Moi-sés, subiram, com os filhos de Judá, da ci-dade das Palmeiras ao deserto de Judá, que está ao sul de Arade; foram e habitaram com este povo.

17 Foi-se, pois, Judá com Simeão, seu ir-mão, e feriram aos cananeus que habitavam em Zefate e totalmente a destruíram; por is-so, lhe chamaram Hormá.

18 Tomou ainda Judá a Gaza, a Ascalom e a Ecrom com os seus respectivos ter-ritórios.

19 Esteve o Senhor com Judá, e este despovoou as montanhas; porém não expulsou os moradores do vale, porquanto tinham carros de ferro.

²⁰ E, como Moisés o dissera, deram Hebrom a Calebe, e este expulsou dali os três filhos de Enaque.

²¹ Porém os filhos de Benjamim não expulsaram os jebuseus que habitavam em Jerusalém; antes, os jebuseus habitam com os filhos de Benjamim em Jerusalém, até ao dia de hoje.

²² Subiu também a casa de José contra Betel, e o SENHOR era com eles.

²³ A casa de José enviou homens a espiar Betel, cujo nome, dantes, era Luz.

²⁴ Vendo os espias um homem que saía da cidade, lhe disseram: Mostra-nos a entrada da cidade, e usaremos de misericórdia para contigo.

²⁵ Mostrando-lhes ele a entrada da cidade, feriram a cidade a fio de espada; porém, àquele homem e a toda a sua família, deixaram ir.

²⁶ Então, se foi ele à terra dos heteus, e edificou uma cidade, e lhe chamou Luz; este é o seu nome até ao dia de hoje.

Terras não conquistadas pelos israelitas

²⁷ Manassés não expulsou os habitantes de Bete-Seã, nem os de Taanaque, nem os de Dor, nem os de Ibleão, nem os de Megido, todas com suas respectivas aldeias; pelo que os cananeus lograram permanecer na mesma terra.

²⁸ Quando, porém, Israel se tornou mais forte, sujeitou os cananeus a trabalhos forçados e não os expulsou de todo.

²⁹ Efraim não expulsou os cananeus, habitantes de Gezer; antes, continuaram com ele em Gezer.

³⁰ Zebulom não expulsou os habitantes de Quitrom, nem os de Naalol; porém os cananeus continuaram com ele, sujeitos a trabalhos forçados.

³¹ Aser não expulsou os habitantes de Aco, nem os de Sidom, os de Alabe, os de Aczibe, os de Helba, os de Afeque e os de Reobe;

³² porém os aseritas continuaram no meio dos cananeus que habitavam na terra, porquanto os não expulsaram.

³³ Naftali não expulsou os habitantes de Bete-Semes, nem os de Bete-Anate; mas continuou no meio dos cananeus que habitavam na terra; porém os de Bete-Semes e Bete-Anate lhe foram sujeitos a trabalhos forçados.

³⁴ Os amorreus arredaram os filhos de Dã até às montanhas e não os deixavam descer ao vale.

³⁵ Porém os amorreus lograram habitar nas montanhas de Heres, em Aijalom e em Saalbim; contudo, a mão da casa de José prevaleceu, e foram sujeitos a trabalhos forçados.

³⁶ O limite dos amorreus foi desde a subida de Acrabim e desde Sela para cima.

Deus repreende os israelitas

2 Subiu o Anjo do SENHOR de Gilgal a Boquim e disse: Do Egito vos fiz subir e vos trouxe à terra que, sob juramento, havia prometido a vossos pais. Eu disse: nunca invalidarei a minha aliança convosco.

² Vós, porém, não fareis aliança com os moradores desta terra; antes, derribareis os seus altares; contudo, não obedecestes à minha voz. Que é isso que fizestes?

³ Pelo que também eu disse: não os expulsarei de diante de vós; antes, vos serão por adversários, e os seus deuses vos serão laços.

⁴ Sucedeu que, falando o Anjo do SENHOR estas palavras a todos os filhos de Israel, levantou o povo a sua voz e chorou.

⁵ Daí, chamarem a esse lugar Boquim; e sacrificaram ali ao SENHOR.

A morte de Josué
Js 24.29-31

⁶ Havendo Josué despedido o povo, foram-se os filhos de Israel, cada um à sua herança, para possuírem a terra.

⁷ Serviu o povo ao SENHOR todos os dias de Josué e todos os dias dos anciãos que ainda sobreviveram por muito tempo depois de Josué e que viram todas as grandes obras feitas pelo SENHOR a Israel.

⁸ Faleceu Josué, filho de Num, servo do SENHOR, com a idade de cento e dez anos;

⁹ sepultaram-no no limite da sua herança, em Timnate-Heres, na região montanhosa de Efraim, ao norte do monte Gaás.

¹⁰ Foi também congregada a seus pais toda aquela geração; e outra geração após eles se levantou, que não conhecia o SENHOR, nem tampouco as obras que fizera a Israel.

¹¹ Então, fizeram os filhos de Israel o que era mau perante o SENHOR; pois serviram aos baalins.

1.20 Js 15.13,14. 1.21 Js 15.63; 2Sm 5.6; 1Cr 11.4. 1.27 Js 17.11-13. 1.29 Js 16.10. 2.2 Êx 34.12,13; Dt 7.2-5. 2.9 Js 19.49,50.

¹² Deixaram o SENHOR, Deus de seus pais, que os tirara da terra do Egito, e foram-se após outros deuses, dentre os deuses das gentes que havia ao redor deles, e os adoraram, e provocaram o SENHOR à ira.

¹³ Porquanto deixaram o SENHOR e serviram a Baal e a Astarote.

¹⁴ Pelo que a ira do SENHOR se acendeu contra Israel e os deu na mão dos espoliadores, que os pilharam; e os entregou na mão dos seus inimigos ao redor; e não mais puderam resistir a eles.

¹⁵ Por onde quer que saíam, a mão do SENHOR era contra eles para seu mal, como o SENHOR lhes dissera e jurara; e estavam em grande aperto.

¹⁶ Suscitou o SENHOR juízes, que os livraram da mão dos que os pilharam.

¹⁷ Contudo, não obedeceram aos seus juízes; antes, se prostituíram após outros deuses e os adoraram. Depressa se desviaram do caminho por onde andaram seus pais na obediência dos mandamentos do SENHOR; e não fizeram como eles.

¹⁸ Quando o SENHOR lhes suscitava juízes, o SENHOR era com o juiz e os livrava da mão dos seus inimigos, todos os dias daquele juiz; porquanto o SENHOR se compadecia deles ante os seus gemidos, por causa dos que os apertavam e oprimiam.

¹⁹ Sucedia, porém, que, falecendo o juiz, reincidiam e se tornavam piores do que seus pais, seguindo após outros deuses, servindo-os e adorando-os eles; nada deixavam das suas obras, nem da obstinação dos seus caminhos.

²⁰ Pelo que a ira do SENHOR se acendeu contra Israel; e disse: Porquanto este povo transgrediu a minha aliança que eu ordenara a seus pais e não deu ouvidos à minha voz,

²¹ também eu não expulsarei mais de diante dele nenhuma das nações que Josué deixou quando morreu;

²² para, por elas, pôr Israel à prova, se guardará ou não o caminho do SENHOR, como seus pais o guardaram.

²³ Assim, o SENHOR deixou ficar aquelas nações e não as expulsou logo, nem as entregou na mão de Josué.

Povos pagãos no meio de Israel

3 São estas as nações que o SENHOR deixou para, por elas, provar a Israel, isto é, provar quantos em Israel não sabiam de todas as guerras de Canaã.

² Isso tão-somente para que as gerações dos filhos de Israel delas soubessem (para lhes ensinar a guerra), pelo menos as gerações que, dantes, não sabiam disso:

³ cinco príncipes dos filisteus, e todos os cananeus, e sidônios, e heveus que habitavam as montanhas do Líbano, desde o monte de Baal-Hermom até à entrada de Hamate.

⁴ Estes ficaram para, por eles, o SENHOR pôr Israel à prova, para saber se dariam ouvidos aos mandamentos que havia ordenado a seus pais por intermédio de Moisés.

⁵ Habitando, pois, os filhos de Israel no meio dos cananeus, dos heteus, e amorreus, e ferezeus, e heveus, e jebuseus,

⁶ tomaram de suas filhas para si por mulheres e deram as suas próprias aos filhos deles; e rendiam culto a seus deuses.

Otniel livra os israelitas do poder de Cusã-Risataim

⁷ Os filhos de Israel fizeram o que era mau perante o SENHOR e se esqueceram do SENHOR, seu Deus; e renderam culto aos baalins e ao poste-ídolo.

⁸ Então, a ira do SENHOR se acendeu contra Israel, e ele os entregou nas mãos de Cusã-Risataim, rei da Mesopotâmia; e os filhos de Israel serviram a Cusã-Risataim oito anos.

⁹ Clamaram ao SENHOR os filhos de Israel, e o SENHOR lhes suscitou libertador, que os libertou: Otniel, filho de Quenaz, que era irmão de Calebe e mais novo do que ele.

¹⁰ Veio sobre ele o Espírito do SENHOR, e ele julgou a Israel; saiu à peleja, e o SENHOR lhe entregou nas mãos a Cusã-Risataim, rei da Mesopotâmia, contra o qual ele prevaleceu.

¹¹ Então, a terra ficou em paz durante quarenta anos. Otniel, filho de Quenaz, faleceu.

Servidão sob Eglom

¹² Tornaram, então, os filhos de Israel a fazer o que era mau perante o SENHOR; mas o SENHOR deu poder a Eglom, rei dos moabitas, contra Israel, porquanto fizeram o que era mau perante o SENHOR.

¹³ E ajuntou consigo os filhos de Amom e os amalequitas, e foi, e feriu a Israel; e apoderaram-se da cidade das Palmeiras.

¹⁴ E os filhos de Israel serviram a Eglom, rei dos moabitas, dezoito anos.

Eúde livra-os

15 Então, os filhos de Israel clamaram ao SENHOR, e o SENHOR lhes suscitou libertador: Eúde, homem canhoto, filho de Gera, benjamita. Por intermédio dele, enviaram os filhos de Israel tributo a Eglom, rei dos moabitas.

16 Eúde fez para si um punhal de dois gumes, do comprimento de um côvado; e cingiu-o debaixo das suas vestes, do lado direito.

17 Levou o tributo a Eglom, rei dos moabitas; era Eglom homem gordo.

18 Tendo entregado o tributo, despediu a gente que o trouxera e saiu com ela.

19 Porém voltou do ponto em que estavam as imagens de escultura ao pé de Gilgal e disse ao rei: Tenho uma palavra secreta a dizer-te, ó rei. O rei disse: Cala-te. Então, todos os que lhe assistiam saíram de sua presença.

20 Eúde entrou numa sala de verão, que o rei tinha só para si, onde estava assentado, e disse: Tenho a dizer-te uma palavra de Deus. E Eglom se levantou da cadeira.

21 Então, Eúde, estendendo a mão esquerda, puxou o seu punhal do lado direito e lho cravou no ventre,

22 de tal maneira que entrou também o cabo com a lâmina, e, porque não o retirou do ventre, a gordura se fechou sobre ele; e Eúde, saindo por um postigo,

23 passou para o vestíbulo, depois de cerrar sobre ele as portas, trancando-as.

24 Tendo saído, vieram os servos do rei e viram, e eis que as portas da sala de verão estavam trancadas; e disseram: Sem dúvida está ele aliviando o ventre na privada da sala de verão.

25 Aborreceram-se de esperar; e, como não abria a porta da sala, tomaram da chave e a abriram; e eis seu senhor estendido morto em terra.

26 Eúde escapou enquanto eles se demoravam e, tendo passado pelas imagens de escultura, foi para Seirá.

27 Tendo ele chegado, tocou a trombeta nas montanhas de Efraim; e os filhos de Israel desceram com ele das montanhas, indo ele à frente.

28 E lhes disse: Segui-me, porque o SENHOR entregou nas vossas mãos os vossos inimigos, os moabitas; e desceram após ele, e tomaram os vaus do Jordão contra os moabitas, e a nenhum deles deixaram passar.

29 Naquele tempo, feriram dos moabitas uns dez mil homens, todos robustos e valentes; e não escapou nem sequer um.

30 Assim, foi Moabe subjugado, naquele dia, sob o poder de Israel; e a terra ficou em paz oitenta anos.

31 Depois dele, foi Sangar, filho de Anate, que feriu seiscentos homens dos filisteus com uma aguilhada de bois; e também ele libertou a Israel.

Servidão sob Jabim, rei de Canaã

4 Os filhos de Israel tornaram a fazer o que era mau perante o SENHOR, depois de falecer Eúde.

2 Entregou-os o SENHOR nas mãos de Jabim, rei de Canaã, que reinava em Hazor. Sísera era o comandante do seu exército, o qual, então, habitava em Harosete-Hagoim.

3 Clamaram os filhos de Israel ao SENHOR, porquanto Jabim tinha novecentos carros de ferro e, por vinte anos, oprimia duramente os filhos de Israel.

Débora e Baraque livram-nos

4 Débora, profetisa, mulher de Lapidote, julgava a Israel naquele tempo.

5 Ela atendia debaixo da palmeira de Débora, entre Ramá e Betel, na região montanhosa de Efraim; e os filhos de Israel subiam a ela a juízo.

6 Mandou ela chamar a Baraque, filho de Abinoão, de Quedes de Naftali, e disse-lhe: Porventura, o SENHOR, Deus de Israel, não deu ordem, dizendo: Vai, e leva gente ao monte Tabor, e toma contigo dez mil homens dos filhos de Naftali e dos filhos de Zebulom?

7 E farei ir a ti para o ribeiro Quisom a Sísera, comandante do exército de Jabim, com os seus carros e as suas tropas; e o darei nas tuas mãos.

8 Então, lhe disse Baraque: Se fores comigo, irei; porém, se não fores comigo, não irei.

9 Ela respondeu: Certamente, irei contigo, porém não será tua a honra da investida que empreendes; pois às mãos de uma mulher o SENHOR entregará a Sísera. E saiu Débora e se foi com Baraque para Quedes.

10 Então, Baraque convocou a Zebulom e a Naftali em Quedes, e com ele subiram dez mil homens; e Débora também subiu com ele.

11 Ora, Héber, queneu, se tinha apartado dos queneus, dos filhos de Hobabe, sogro de Moisés, e havia armado as suas tendas até ao carvalho de Zaanim, que está junto a Quedes.

¹² Anunciaram a Sísera que Baraque, filho de Abinoão, tinha subido ao monte Tabor.

¹³ Sísera convocou todos os seus carros, novecentos carros de ferro, e todo o povo que estava com ele, de Harosete-Hagoim para o ribeiro Quisom.

¹⁴ Então, disse Débora a Baraque: Dispõe-te, porque este é o dia em que o SENHOR entregou a Sísera nas tuas mãos; porventura, o SENHOR não saiu adiante de ti? Baraque, pois, desceu do monte Tabor, e dez mil homens, após ele.

¹⁵ E o SENHOR derrotou a Sísera, e todos os seus carros, e a todo o seu exército a fio de espada, diante de Baraque; e Sísera saltou do carro e fugiu a pé.

¹⁶ Mas Baraque perseguiu os carros e os exércitos até Harosete-Hagoim; e todo o exército de Sísera caiu a fio de espada, sem escapar nem sequer um.

Jael mata a Sísera

¹⁷ Porém Sísera fugiu a pé para a tenda de Jael, mulher de Héber, queneu; porquanto havia paz entre Jabim, rei de Hazor, e a casa de Héber, queneu.

¹⁸ Saindo Jael ao encontro de Sísera, disse-lhe: Entra, senhor meu, entra na minha tenda, não temas. Retirou-se para a sua tenda, e ela pôs sobre ele uma coberta.

¹⁹ Então, ele lhe disse: Dá-me, peço-te, de beber um pouco de água, porque tenho sede. Ela abriu um odre de leite, e deu-lhe de beber, e o cobriu.

²⁰ E ele lhe disse mais: Põe-te à porta da tenda; e há de ser que, se vier alguém e te perguntar: Há aqui alguém?, responde: Não.

²¹ Então, Jael, mulher de Héber, tomou uma estaca da tenda, e lançou mão dum martelo, e foi-se mansamente a ele, e lhe cravou a estaca na fonte, de sorte que penetrou na terra, estando ele em profundo sono e mui exausto; e, assim, morreu.

²² E eis que, perseguindo Baraque a Sísera, Jael lhe saiu ao encontro e lhe disse: Vem, e mostrar-te-ei o homem que procuras. Ele a seguiu; e eis que Sísera jazia morto, e a estaca na fonte.

²³ Assim, Deus, naquele dia, humilhou a Jabim, rei de Canaã, diante dos filhos de Israel.

5.5 Êx 19.18.

²⁴ E cada vez mais a mão dos filhos de Israel prevalecia contra Jabim, rei de Canaã, até que o exterminaram.

O cântico de Débora

5 Naquele dia, cantaram Débora e Baraque, filho de Abinoão, dizendo:

² Desde que os chefes se puseram
   à frente de Israel,
e o povo se ofereceu voluntariamente,
   bendizei ao SENHOR.

³ Ouvi, reis, dai ouvidos, príncipes:
   eu, eu mesma cantarei ao SENHOR;
   salmodiarei ao SENHOR,
      Deus de Israel.

⁴ Saindo tu, ó SENHOR, de Seir,
   marchando desde o campo de Edom,
   a terra estremeceu;
   os céus gotejaram,
   sim, até as nuvens gotejaram águas.

⁵ Os montes vacilaram
      diante do SENHOR,
   e até o Sinai, diante do SENHOR,
      Deus de Israel.

⁶ Nos dias de Sangar, filho de Anate,
   nos dias de Jael,
      cessaram as caravanas;
   e os viajantes tomavam
      desvios tortuosos.

⁷ Ficaram desertas as aldeias em Israel,
   repousaram,
   até que eu, Débora, me levantei,
   levantei-me por mãe em Israel.

⁸ Escolheram-se deuses novos;
   então, a guerra estava às portas;
   não se via escudo nem lança
   entre quarenta mil em Israel.

⁹ Meu coração se inclina
      para os comandantes de Israel,
   que, voluntariamente,
      se ofereceram entre o povo;
   bendizei ao SENHOR.

¹⁰ Vós, os que cavalgais
      jumentas brancas,
   que vos assentais em juízo
   e que andais pelo caminho, falai disto.

¹¹ À música dos distribuidores de água,
   lá entre os canais dos rebanhos,
   falai dos atos de justiça do SENHOR,
   das justiças a prol de suas aldeias
      em Israel.
   Então, o povo do SENHOR
   pôde descer ao seu lar.

¹² Desperta, Débora, desperta,
   desperta, acorda, entoa um cântico;
   levanta-te, Baraque, e leva presos

os que te prenderam,
tu, filho de Abinoão.
13 Então, desceu o restante dos nobres,
o povo do SENHOR em meu auxílio
contra os poderosos.
14 De Efraim, cujas raízes estão
na antiga região de Amaleque,
desceram guerreiros;
depois de ti, ó Débora,
seguiu Benjamim com seus povos;
de Maquir desceram comandantes,
e, de Zebulom, os que levam
a vara de comando.
15 Também os príncipes de Issacar
foram com Débora;
Issacar seguiu a Baraque,
em cujas pegadas
foi enviado para o vale.
Entre as facções de Rúben
houve grande discussão.
16 Por que ficaste entre os currais
para ouvires a flauta?
Entre as facções de Rúben
houve grande discussão.
17 Gileade ficou dalém do Jordão,
e Dã, por que se deteve
junto a seus navios?
Aser se assentou nas costas do mar
e repousou nas suas baías.
18 Zebulom é povo que expôs
a sua vida à morte,
como também Naftali,
nas alturas do campo.
19 Vieram reis e pelejaram;
pelejaram os reis de Canaã
em Taanaque,
junto às águas de Megido;
porém não levaram
nenhum despojo de prata.
20 Desde os céus pelejaram
as estrelas contra Sísera,
desde a sua órbita o fizeram.
21 O ribeiro Quisom os arrastou,
Quisom, o ribeiro das batalhas.
Avante, ó minha alma, firme!
22 Então, as unhas dos cavalos
socavam pelo galopar,
o galopar dos seus guerreiros.
23 Amaldiçoai a Meroz,
diz o Anjo do SENHOR,
amaldiçoai duramente
os seus moradores,
porque não vieram
em socorro do SENHOR,
em socorro do SENHOR e seus heróis.
24 Bendita seja sobre as mulheres Jael,
mulher de Héber, o queneu;

bendita seja sobre as mulheres
que vivem em tendas.
25 Água pediu ele, leite lhe deu ela;
em taça de príncipes lhe ofereceu nata.
26 À estaca estendeu a mão
e, ao maço dos trabalhadores,
a direita;
e deu o golpe em Sísera,
rachou-lhe a cabeça,
furou e traspassou-lhe as fontes.
27 Aos pés dela se encurvou,
caiu e ficou estirado;
a seus pés se encurvou e caiu;
onde se encurvou, ali caiu morto.
28 A mãe de Sísera olhava pela janela
e exclamava pela grade:
Por que tarda em vir o seu carro?
Por que se demoram
os passos dos seus cavalos?
29 As mais sábias das suas damas
respondem,
e até ela a si mesma respondia:
30 Porventura, não achariam
e repartiriam despojos?
Uma ou duas moças, a cada homem?
Para Sísera, estofos de várias cores,
estofos de várias cores de bordados;
um ou dois estofos bordados,
para o pescoço da esposa?
31 Assim, ó SENHOR, pereçam
todos os teus inimigos!
Porém os que te amam
brilham como o sol
quando se levanta no seu esplendor.
32 E a terra ficou em paz quarenta anos.

A opressão dos midianitas

6 Fizeram os filhos de Israel o que era
mau perante o SENHOR; por isso, o
SENHOR os entregou nas mãos dos midianitas por sete anos.
2 Prevalecendo o domínio dos midianitas sobre Israel, fizeram estes para si, por
causa dos midianitas, as covas que estão
nos montes, e as cavernas, e as fortificações.
3 Porque, cada vez que Israel semeava,
os midianitas e os amalequitas, como também os povos do Oriente, subiam contra
ele.
4 E contra ele se acampavam, destruindo os produtos da terra até à vizinhança de
Gaza, e não deixavam em Israel sustento algum, nem ovelhas, nem bois, nem jumentos.
5 Pois subiam com os seus gados e tendas e vinham como gafanhotos, em tanta

multidão, que não se podiam contar, nem a eles nem aos seus camelos; e entravam na terra para a destruir.

⁶ Assim, Israel ficou muito debilitado com a presença dos midianitas; então, os filhos de Israel clamavam ao SENHOR.

⁷ Tendo os filhos de Israel clamado ao SENHOR, por causa dos midianitas,

⁸ o SENHOR lhes enviou um profeta, que lhes disse: Assim diz o SENHOR, Deus de Israel: Eu é que vos fiz subir do Egito e vos tirei da casa da servidão;

⁹ e vos livrei da mão dos egípcios e da mão de todos quantos vos oprimiam; e os expulsei de diante de vós e vos dei a sua terra;

¹⁰ e disse: Eu sou o SENHOR, vosso Deus; não temais os deuses dos amorreus, em cuja terra habitais; contudo, não destes ouvidos à minha voz.

O chamamento de Gideão

¹¹ Então, veio o Anjo do SENHOR, e assentou-se debaixo do carvalho que está em Ofra, que pertencia a Joás, abiezrita; e Gideão, seu filho, estava malhando o trigo no lagar, para o pôr a salvo dos midianitas.

¹² Então, o Anjo do SENHOR lhe apareceu e lhe disse: O SENHOR é contigo, homem valente.

¹³ Respondeu-lhe Gideão: Ai, senhor meu! Se o SENHOR é conosco, por que nos sobreveio tudo isto? E que é feito de todas as suas maravilhas que nossos pais nos contaram, dizendo: Não nos fez o SENHOR subir do Egito? Porém, agora, o SENHOR nos desamparou e nos entregou nas mãos dos midianitas.

¹⁴ Então, se virou o SENHOR para ele e disse: Vai nessa tua força e livra Israel da mão dos midianitas; porventura, não te enviei eu?

¹⁵ E ele lhe disse: Ai, Senhor meu! Com que livrarei Israel? Eis que a minha família é a mais pobre em Manassés, e eu, o menor na casa de meu pai.

¹⁶ Tornou-lhe o SENHOR: Já que eu estou contigo, ferirás os midianitas como se fossem um só homem.

¹⁷ Ele respondeu: Se, agora, achei mercê diante dos teus olhos, dá-me um sinal de que és tu, SENHOR, que me falas.

¹⁸ Rogo-te que daqui não te apartes até que eu volte, e traga a minha oferta, e a deponha perante ti. Respondeu ele: Esperarei até que voltes.

¹⁹ Entrou Gideão e preparou um cabri-

to e bolos asmos dum efa de farinha; a carne pôs num cesto, e o caldo, numa panela; e trouxe-lho até debaixo do carvalho e lho apresentou.

²⁰ Porém o Anjo de Deus lhe disse: Toma a carne e os bolos asmos, põe-nos sobre esta penha e derrama-lhes por cima o caldo. E assim o fez.

²¹ Estendeu o Anjo do SENHOR a ponta do cajado que trazia na mão e tocou a carne e os bolos asmos; então, subiu fogo da penha e consumiu a carne e os bolos; e o Anjo do SENHOR desapareceu de sua presença.

²² Viu Gideão que era o Anjo do SENHOR e disse: Ai de mim, SENHOR Deus! Pois vi o Anjo do SENHOR face a face.

²³ Porém o SENHOR lhe disse: Paz seja contigo! Não temas! Não morrerás!

²⁴ Então, Gideão edificou ali um altar ao SENHOR e lhe chamou de O SENHOR É Paz. Ainda até ao dia de hoje está o altar em Ofra, que pertence aos abiezritas.

Gideão destrói o altar de Baal

²⁵ Naquela mesma noite, lhe disse o SENHOR: Toma um boi que pertence a teu pai, a saber, o segundo boi de sete anos, e derriba o altar de Baal que é de teu pai, e corta o poste-ídolo que está junto ao altar.

²⁶ Edifica ao SENHOR, teu Deus, um altar no cume deste baluarte, em camadas de pedra, e toma o segundo boi, e o oferecerás em holocausto com a lenha do poste-ídolo que vieres a cortar.

²⁷ Então, Gideão tomou dez homens dentre os seus servos e fez como o SENHOR lhe dissera; temendo ele, porem, a casa de seu pai e os homens daquela cidade, não o fez de dia, mas de noite.

²⁸ Levantando-se, pois, de madrugada, os homens daquela cidade, eis que estava o altar de Baal derribado, e o poste-ídolo que estava junto dele, cortado; e o referido segundo boi fora oferecido no altar edificado.

²⁹ E uns aos outros diziam: Quem fez isto? E, perguntando e inquirindo, disseram: Gideão, o filho de Joás, fez esta cousa.

³⁰ Então, os homens daquela cidade disseram a Joás: Leva para fora o teu filho, para que morra; pois derribou o altar de Baal e cortou o poste-ídolo que estava junto dele.

³¹ Porém Joás disse a todos os que se puseram contra ele: Contendereis vós por Baal? Livrá-lo-eis vós? Qualquer que por ele contender, ainda esta manhã, será mor-

to. Se é deus, que por si mesmo contenda; pois derribaram o seu altar.

³² Naquele dia, Gideão passou a ser chamado Jerubaal, porque foi dito: Baal contenda contra ele, pois ele derribou o seu altar.

³³ E todos os midianitas, e amalequitas, e povos do Oriente se ajuntaram, e passaram, e se acamparam no vale de Jezreel.

³⁴ Então, o Espírito do SENHOR revestiu a Gideão, o qual tocou a rebate, e os abiezritas se ajuntaram após dele.

³⁵ Enviou mensageiros por toda a tribo de Manassés, que também foi convocada para o seguir; enviou ainda mensageiros a Aser, e a Zebulom, e a Naftali, e saíram para encontrar-se com ele.

³⁶ Disse Gideão a Deus: Se hás de livrar a Israel por meu intermédio, como disseste,

³⁷ eis que eu porei uma porção de lã na eira; se o orvalho estiver somente nela, e seca a terra ao redor, então, conhecerei que hás de livrar Israel por meu intermédio, como disseste.

³⁸ E assim sucedeu, porque, ao outro dia, se levantou de madrugada e, apertando a lã, do orvalho dela espremeu uma taça cheia de água.

³⁹ Disse mais Gideão: Não se acenda contra mim a tua ira, se ainda falar só esta vez; rogo-te que mais esta vez faça eu a prova com a lã; que só a lã esteja seca, e na terra ao redor haja orvalho.

⁴⁰ E Deus assim o fez naquela noite, pois só a lã estava seca, e sobre a terra ao redor havia orvalho.

Gideão, com trezentos homens, vence os midianitas

7 Então, Jerubaal, que é Gideão, se levantou de madrugada, e todo o povo que com ele estava, e se acamparam junto à fonte de Harode, de maneira que o arraial dos midianitas lhe ficava para o norte, no vale, defronte do outeiro de Moré.

² Disse o SENHOR a Gideão: É demais o povo que está contigo, para eu entregar os midianitas nas suas mãos; Israel poderia se gloriar contra mim, dizendo: A minha própria mão me livrou.

³ Apregoa, pois, aos ouvidos do povo, dizendo: Quem for tímido e medroso, volte e retire-se da região montanhosa de Gileade. Então, voltaram do povo vinte e dois mil, e dez mil ficaram.

⁴ Disse mais o SENHOR a Gideão: Ainda há povo demais; faze-os descer às águas, e ali tos provarei; aquele de quem eu te disser: este irá contigo, esse contigo irá; porém todo aquele de quem eu te disser: este não irá contigo, esse não irá.

⁵ Fez Gideão descer os homens às águas. Então, o SENHOR lhe disse: Todo que lamber a água com a língua, como faz o cão, esse porás à parte, como também a todo aquele que se abaixar de joelhos a beber.

⁶ Foi o número dos que lamberam, levando a mão à boca, trezentos homens; e todo o restante do povo se abaixou de joelhos a beber a água.

⁷ Então, disse o SENHOR a Gideão: Com estes trezentos homens que lamberam a água eu vos livrarei, e entregarei os midianitas nas tuas mãos; pelo que a outra gente toda que se retire, cada um para o seu lugar.

⁸ Tomou o povo provisões nas mãos e as trombetas. Gideão enviou todos os homens de Israel cada um à sua tenda, porém os trezentos homens reteve consigo. Estava o arraial dos midianitas abaixo dele, no vale.

⁹ Sucedeu que, naquela mesma noite, o SENHOR lhe disse: Levanta-te e desce contra o arraial, porque o entreguei nas tuas mãos.

¹⁰ Se ainda temes atacar, desce tu com teu moço Pura ao arraial;

¹¹ e ouvirás o que dizem; depois, fortalecidas as tuas mãos, descerás contra o arraial. Então, desceu ele com seu moço Pura até à vanguarda do arraial.

¹² Os midianitas, os amalequitas e todos os povos do Oriente cobriam o vale como gafanhotos em multidão; e eram os seus camelos em multidão inumerável como a areia que há na praia do mar.

¹³ Chegando, pois, Gideão, eis que certo homem estava contando um sonho ao seu companheiro e disse: Tive um sonho. Eis que um pão de cevada rodava contra o arraial dos midianitas e deu de encontro à tenda do comandante, de maneira que esta caiu, e se virou de cima para baixo, e ficou assim estendida.

¹⁴ Respondeu-lhe o companheiro e disse: Não é isto outra cousa, senão a espada de Gideão, filho de Joás, homem israelita. Nas mãos dele entregou Deus os midianitas e todo este arraial.

¹⁵ Tendo ouvido Gideão contar este sonho e o seu significado, adorou; e tornou

7.3 Dt 20.8.

ao arraial de Israel e disse: Levantai-vos, porque o SENHOR entregou o arraial dos midianitas nas vossas mãos.

¹⁶ Então, repartiu os trezentos homens em três companhias e deu-lhes, a cada um nas suas mãos, trombetas e cântaros vazios, com tochas neles.

¹⁷ E disse-lhes: Olhai para mim e fazei como eu fizer. Chegando eu às imediações do arraial, como fizer eu, assim fareis.

¹⁸ Quando eu tocar a trombeta, e todos os que comigo estiverem, então, vós também tocareis a vossa ao redor de todo o arraial e direis: Pelo SENHOR e por Gideão!

¹⁹ Chegou, pois, Gideão e os cem homens que com ele iam às imediações do arraial, ao princípio da vigília média, havendo-se pouco tempo antes trocado as guardas; e tocaram as trombetas e quebraram os cântaros que traziam nas mãos.

²⁰ Assim, tocaram as três companhias as trombetas e despedaçaram os cântaros; e seguravam na mão esquerda as tochas e na mão direita, as trombetas que tocavam; e exclamaram: Espada pelo SENHOR e por Gideão!

²¹ E permaneceu cada um no seu lugar ao redor do arraial, que todo deitou a correr, e a gritar, e a fugir.

²² Ao soar das trezentas trombetas, o SENHOR tornou a espada de um contra o outro, e isto em todo o arraial, que fugiu rumo de Zererá, até Bete-Sita, até ao termo de Abel-Meolá, acima de Tabate.

²³ Então, os homens de Israel, de Naftali e de Aser e de todo o Manassés foram convocados e perseguiram os midianitas.

²⁴ Gideão enviou mensageiros a todas as montanhas de Efraim, dizendo: Descei de encontro aos midianitas e impedi-lhes a passagem pelas águas do Jordão até Bete-Bara. Convocados, pois, todos os homens de Efraim, cortaram-lhes a passagem pelo Jordão, até Bete-Bara.

²⁵ E prenderam a dois príncipes dos midianitas, Orebe e Zeebe; mataram Orebe na penha de Orebe e Zeebe mataram no lagar de Zeebe. Perseguiram aos midianitas e trouxeram as cabeças de Orebe e de Zeebe a Gideão, dalém do Jordão.

Gideão aplaca os efraimitas e mata os reis dos midianitas

8 Então, os homens de Efraim disseram a Gideão: Que é isto que nos fizeste, que não nos chamaste quando foste pele-

jar contra os midianitas? E contenderam fortemente com ele.

² Porém ele lhes disse: Que mais fiz eu, agora, do que vós? Não são, porventura, os rabiscos de Efraim melhores do que a vindima de Abiezer?

³ Deus entregou nas vossas mãos os príncipes dos midianitas, Orebe e Zeebe; que pude eu fazer comparável com o que fizestes? Então, com falar-lhes esta palavra, abrandou-se-lhes a ira para com ele.

⁴ Vindo Gideão ao Jordão, passou com os trezentos homens que com ele estavam, cansados mas ainda perseguindo.

⁵ E disse aos homens de Sucote: Dai, peço-vos, alguns pães para estes que me seguem, pois estão cansados, e eu vou ao encalço de Zeba e Zalmuna, reis dos midianitas.

⁶ Porém os príncipes de Sucote disseram: Porventura, tens já sob teu poder o punho de Zeba e de Zalmuna, para que demos pão ao teu exército?

⁷ Então, disse Gideão: Por isso, quando o SENHOR entregar nas minhas mãos Zeba e Zalmuna, trilharei a vossa carne com os espinhos do deserto e com os abrolhos.

⁸ Dali subiu a Penuel e de igual modo falou a seus homens; estes de Penuel lhe responderam como os homens de Sucote lhe haviam respondido.

⁹ Pelo que também falou aos homens de Penuel, dizendo: Quando eu voltar em paz, derribarei esta torre.

¹⁰ Estavam, pois, Zeba e Zalmuna em Carcor, e os seus exércitos, com eles, uns quinze mil homens, todos os que restaram do exército de povos do Oriente; e os que caíram foram cento e vinte mil homens que puxavam da espada.

¹¹ Subiu Gideão pelo caminho dos nômades, ao oriente de Noba e Jogbeá, e feriu aquele exército, que se achava descuidado.

¹² Fugiram Zeba e Zalmuna; porém ele os perseguiu, e prendeu os dois reis dos midianitas, Zeba e Zalmuna, e desbaratou todo o exército.

¹³ Voltando, pois, Gideão, filho de Joás, da peleja, pela subida de Heres,

¹⁴ deteve a um moço de Sucote e lhe fez perguntas; o moço deu por escrito o nome dos príncipes e anciãos de Sucote, setenta e sete homens.

¹⁵ Então, veio Gideão aos homens de Sucote e disse: Vedes aqui Zeba e Zalmuna, a respeito dos quais motejastes de mim, dizendo: Porventura, tens tu já sob teu poder

o punho de Zeba e Zalmuna para que demos pão aos teus homens cansados?

¹⁶ E tomou os anciãos da cidade, e espinhos do deserto, e abrolhos e, com eles, deu severa lição aos homens de Sucote.

¹⁷ Derribou a torre de Penuel e matou os homens da cidade.

¹⁸ Depois disse a Zeba e a Zalmuna: Que homens eram os que matastes em Tabor? Responderam: Como tu és, assim eram eles; cada um se assemelhava a filho de rei.

¹⁹ Então, disse ele: Eram meus irmãos, filhos de minha mãe. Tão certo como vive o SENHOR, se os tivésseis deixado com vida, eu não vos mataria a vós outros.

²⁰ E disse a Jéter, seu primogênito: Dispõe-te e mata-os. Porém o moço não arrancou da sua espada, porque temia, porquanto ainda era jovem.

²¹ Então, disseram Zeba e Zalmuna: Levanta-te e arremete contra nós, porque qual o homem, tal a sua valentia. Dispôs-se, pois, Gideão, e matou a Zeba e a Zalmuna, e tomou os ornamentos em forma de meialua que estavam no pescoço dos seus camelos.

Gideão recusa governar, faz uma estola sacerdotal e morre

²² Então, os homens de Israel disseram a Gideão: Domina sobre nós, tanto tu como teu filho e o filho de teu filho, porque nos livraste do poder dos midianitas.

²³ Porém Gideão lhes disse: Não dominarei sobre vós, nem tampouco meu filho dominará sobre vós; o SENHOR vos dominará.

²⁴ Disse-lhes mais Gideão: Um pedido vos farei: dai-me vós, cada um as argolas do seu despojo (porque tinham argolas de ouro, pois eram ismaelitas).

²⁵ Disseram eles: De bom grado as daremos. E estenderam uma capa, e cada um deles deitou ali uma argola do seu despojo.

²⁶ O peso das argolas de ouro que pediu foram mil e setecentos siclos de ouro (afora os ornamentos em forma de meia-lua, as arrecadas e as vestes de púrpura que traziam os reis dos midianitas, e afora os ornamentos que os camelos traziam ao pescoço).

²⁷ Desse peso fez Gideão uma estola sacerdotal e a pôs na sua cidade, em Ofra; e todo o Israel se prostituiu ali após ela; a estola veio a ser um laço a Gideão e à sua casa.

²⁸ Assim, foram abatidos os midianitas diante dos filhos de Israel e nunca mais levantaram a cabeça; e ficou a terra em paz durante quarenta anos nos dias de Gideão.

²⁹ Retirou-se Jerubaal, filho de Joás, e habitou em sua casa.

³⁰ Teve Gideão setenta filhos, todos provindos dele, porque tinha muitas mulheres.

³¹ A sua concubina, que estava em Siquém, lhe deu também à luz um filho; e ele lhe pôs por nome Abimeleque.

³² Faleceu Gideão, filho de Joás, em boa velhice; e foi sepultado no sepulcro de Joás, seu pai, em Ofra dos abiezritas.

³³ Morto Gideão, tornaram a prostituir-se os filhos de Israel após os baalins e puseram Baal-Berite por deus.

³⁴ Os filhos de Israel não se lembraram do SENHOR, seu Deus, que os livrara do poder de todos os seus inimigos ao redor;

³⁵ nem usaram de benevolência com a casa de Jerubaal, a saber, Gideão, segundo todo o bem que ele fizera a Israel.

Abimeleque mata os seus irmãos e se declara rei

9 Abimeleque, filho de Jerubaal, foi-se a Siquém, aos irmãos de sua mãe, e falou-lhes e a toda a geração da casa do pai de sua mãe, dizendo:

² Falai, peço-vos, aos ouvidos de todos os cidadãos de Siquém: Que vos parece melhor: que setenta homens, todos os filhos de Jerubaal, dominem sobre vós ou que apenas um domine sobre vós? Lembrai-vos também de que sou osso vosso e carne vossa.

³ Então, os irmãos de sua mãe falaram a todos os cidadãos de Siquém todas aquelas palavras; e o coração deles se inclinou a seguir Abimeleque, porque disseram: É nosso irmão.

⁴ E deram-lhe setenta peças de prata, da casa de Baal-Berite, com as quais alugou Abimeleque uns homens levianos e atrevidos, que o seguiram.

⁵ Foi à casa de seu pai, a Ofra, e matou seus irmãos, os filhos de Jerubaal, setenta homens, sobre uma pedra. Porém Jotão, filho menor de Jerubaal, ficou, porque se escondera.

⁶ Então, se ajuntaram todos os cidadãos de Siquém e toda Bete-Milo; e foram e proclamaram Abimeleque rei, junto ao carvalho memorial que está perto de Siquém.

O apólogo de Jotão

⁷ Avisado disto, Jotão foi, e se pôs no

cume do monte Gerizim, e em alta voz clamou, e disse-lhes: Ouvi-me, cidadãos de Siquém, e Deus vos ouvirá a vós outros.

⁸ Foram, certa vez, as árvores ungir para si um rei e disseram à oliveira: Reina sobre nós.

⁹ Porém a oliveira lhes respondeu: Deixaria eu o meu óleo, que Deus e os homens em mim prezam, e iria pairar sobre as árvores?

¹⁰ Então, disseram as árvores à figueira: Vem tu e reina sobre nós.

¹¹ Porém a figueira lhes respondeu: Deixaria eu a minha doçura, o meu bom fruto e iria pairar sobre as árvores?

¹² Então, disseram as árvores à videira: Vem tu e reina sobre nós.

¹³ Porém a videira lhes respondeu: Deixaria eu o meu vinho, que agrada a Deus e aos homens, e iria pairar sobre as árvores?

¹⁴ Então, todas as árvores disseram ao espinheiro: Vem tu e reina sobre nós.

¹⁵ Respondeu o espinheiro às árvores: Se, deveras, me ungis rei sobre vós, vinde e refugiai-vos debaixo de minha sombra; mas, se não, saia do espinheiro fogo que consuma os cedros do Líbano.

¹⁶ Agora, pois, se, deveras e sinceramente, procedestes, proclamando rei Abimeleque, e se bem vos portastes para com Jerubaal e para com a sua casa, e se com ele agistes segundo o merecimento dos seus feitos

¹⁷ (porque meu pai pelejou por vós e, arriscando a vida, vos livrou das mãos dos midianitas;

¹⁸ porém vós, hoje, vos levantastes contra a casa de meu pai e matastes seus filhos, setenta homens, sobre uma pedra; e a Abimeleque, filho de sua serva, fizestes reinar sobre os cidadãos de Siquém, porque é vosso irmão),

¹⁹ se, deveras e sinceramente, procedestes, hoje, com Jerubaal e com a sua casa, alegrai-vos com Abimeleque, e também ele se alegre convosco.

²⁰ Mas, se não, saia fogo de Abimeleque e consuma os cidadãos de Siquém e Bete-Milo; e saia fogo dos cidadãos de Siquém e de Bete-Milo, que consuma a Abimeleque.

²¹ Fugiu logo Jotão, e foi-se para Beer, e ali habitou por temer seu irmão Abimeleque.

A conspiração de Gaal

²² Havendo, pois, Abimeleque dominado três anos sobre Israel,

²³ suscitou Deus um espírito de aversão entre Abimeleque e os cidadãos de Siquém; e estes se houveram aleivosamente contra Abimeleque,

²⁴ para que a vingança da violência praticada contra os setenta filhos de Jerubaal viesse, e o seu sangue caísse sobre Abimeleque, seu irmão, que os matara, e sobre os cidadãos de Siquém, que contribuíram para que ele matasse seus próprios irmãos.

²⁵ Os cidadãos de Siquém puseram contra ele homens de emboscada sobre os cumes dos montes; e todo aquele que passava pelo caminho junto a eles, eles o assaltavam; e isto se contou a Abimeleque.

²⁶ Veio também Gaal, filho de Ebede, com seus irmãos, e se estabeleceram em Siquém; e os cidadãos de Siquém confiaram nele,

²⁷ e saíram ao campo, e vindimaram as suas vinhas, e pisaram as uvas, e fizeram festas, e foram à casa de seu deus, e comeram, e beberam, e amaldiçoaram Abimeleque.

²⁸ Disse Gaal, filho de Ebede: Quem é Abimeleque, e quem somos nós de Siquém, para que o sirvamos? Não é, porventura, filho de Jerubaal? E não é Zebul o seu oficial? Servi, antes, aos homens de Hamor, pai de Siquém. Mas nós, por que serviremos a ele?

²⁹ Quem dera estivesse este povo sob a minha mão, e eu expulsaria Abimeleque e lhe diria: Multiplica o teu exército e sai.

³⁰ Ouvindo Zebul, governador da cidade, as palavras de Gaal, filho de Ebede, se acendeu em ira;

³¹ e enviou, astutamente, mensageiros a Abimeleque, dizendo: Eis que Gaal, filho de Ebede, e seus irmãos vieram a Siquém e alvoroçaram a cidade contra ti.

³² Levanta-te, pois, de noite, tu e o povo que tiveres contigo, e ponde-vos de emboscada no campo.

³³ Levanta-te pela manhã, ao sair o sol, e dá de golpe sobre a cidade; saindo contra ti Gaal com a sua gente, procede com ele como puderes.

Abimeleque vence a Gaal e os siquemitas

³⁴ Levantou-se, pois, de noite, Abimeleque e todo o povo que com ele estava, e se puseram de emboscada contra Siquém, em quatro grupos.

³⁵ Gaal, filho de Ebede, saiu e pôs-se à entrada da porta da cidade; com isto Abi-

meleque e todo o povo que com ele estava se levantaram das emboscadas.

³⁶ Vendo Gaal aquele povo, disse a Zebul: Eis que desce gente dos cumes dos montes. Zebul, ao contrário, lhe disse: As sombras dos montes vês por homens.

³⁷ Porém Gaal tornou ainda a falar e disse: Eis ali desce gente defronte de nós, e uma tropa vem do caminho do carvalho dos Adivinhadores.

³⁸ Então, lhe disse Zebul: Onde está, agora, a tua boca, com a qual dizias: Quem é Abimeleque, para que o sirvamos? Não é este, porventura, o povo que desprezaste? Sai, pois, e peleja contra ele.

³⁹ Saiu Gaal adiante dos cidadãos de Siquém e pelejou contra Abimeleque.

⁴⁰ Abimeleque o perseguiu; Gaal fugiu de diante dele, e muitos feridos caíram até a entrada da porta da cidade.

⁴¹ Abimeleque ficou em Arumá. E Zebul expulsou a Gaal e seus irmãos, para que não habitassem em Siquém.

⁴² No dia seguinte, saiu o povo ao campo; disto foi avisado Abimeleque,

⁴³ que tomou os seus homens, e os repartiu em três grupos, e os pôs de emboscada no campo. Olhando, viu que o povo saía da cidade; então, se levantou contra eles e os feriu.

⁴⁴ Abimeleque e o grupo que com ele estava romperam de improviso e tomaram posição à porta da cidade, enquanto os dois outros grupos deram de golpe sobre todos quantos estavam no campo e os destroçaram.

⁴⁵ Todo aquele dia pelejou Abimeleque contra a cidade e a tomou. Matou o povo que nela havia, assolou-a e a semeou de sal.

⁴⁶ Tendo ouvido isto todos os cidadãos da Torre de Siquém, entraram na fortaleza subterrânea, no templo de El-Berite.

⁴⁷ Contou-se a Abimeleque que todos os cidadãos da Torre de Siquém se haviam congregado.

⁴⁸ Então, subiu ele ao monte Zalmom, ele e todo o seu povo; Abimeleque tomou de um machado, e cortou uma ramada de árvore, e a levantou, e pô-la ao ombro, e disse ao povo que com ele estava: O que me vistes fazer, fazei-o também vós, depressa.

⁴⁹ Assim, cada um de todo o povo cortou a sua ramada, e seguiram Abimeleque, e as puseram em cima da fortaleza subterrânea, e queimaram sobre todos os da Torre de Siquém, de maneira que morreram todos, uns mil homens e mulheres.

A morte de Abimeleque

⁵⁰ Então, se foi Abimeleque a Tebes, e a sitiou, e a tomou.

⁵¹ Havia, porém, no meio da cidade, uma torre forte; e todos os homens e mulheres, todos os moradores da cidade, se acolheram a ela, e fecharam após si as portas da torre, e subiram ao seu eirado.

⁵² Abimeleque veio até à torre, pelejou contra ela e se chegou até à sua porta para a incendiar.

⁵³ Porém certa mulher lançou uma pedra superior de moinho sobre a cabeça de Abimeleque e lhe quebrou o crânio.

⁵⁴ Então, chamou logo ao moço, seu escudeiro, e lhe disse: Desembainha a tua espada e mata-me, para que não se diga de mim: Mulher o matou. O moço o atravessou, e ele morreu.

⁵⁵ Vendo, pois, os homens de Israel que Abimeleque já estava morto, foram-se, cada um para sua casa.

⁵⁶ Assim, Deus fez tornar sobre Abimeleque o mal que fizera a seu pai, por ter aquele matado os seus setenta irmãos.

⁵⁷ De igual modo, todo o mal dos homens de Siquém Deus fez cair sobre a cabeça deles. Assim, veio sobre eles a maldição de Jotão, filho de Jerubaal.

Tola e Jair, juízes dos israelitas

10 Depois de Abimeleque, se levantou, para livrar Israel, Tola, filho de Puá, filho de Dodô, homem de Issacar; e habitava em Samir, na região montanhosa de Efraim.

² Julgou a Israel vinte e três anos, e morreu, e foi sepultado em Samir.

³ Depois dele, se levantou Jair, gileadita, e julgou a Israel vinte e dois anos.

⁴ Tinha este trinta filhos, que cavalgavam trinta jumentos; e tinham trinta cidades, a que chamavam Havote-Jair, até ao dia de hoje, as quais estão na terra de Gileade.

⁵ Morreu Jair e foi sepultado em Camom.

Servidão sob os filisteus e os amonitas

⁶ Tornaram os filhos de Israel a fazer o que era mau perante o Senhor e serviram aos baalins, e a Astarote, e aos deuses da Síria, e aos de Sidom, de Moabe, dos filhos de Amom e dos filisteus; deixaram o Senhor e não o serviram.

⁷ Acendeu-se a ira do Senhor contra Is-

rael, e entregou-os nas mãos dos filisteus e nas mãos dos filhos de Amom,

⁸ os quais, nesse mesmo ano, vexaram e oprimiram os filhos de Israel. Por dezoito anos, oprimiram a todos os filhos de Israel que estavam dalém do Jordão, na terra dos amorreus, que está em Gileade.

⁹ Os filhos de Amom passaram o Jordão para pelejar também contra Judá, e contra Benjamim, e contra a casa de Efraim, de maneira que Israel se viu muito angustiado.

¹⁰ Então, os filhos de Israel clamaram ao Senhor, dizendo: Contra ti havemos pecado, porque deixamos o nosso Deus e servimos aos baalins.

¹¹ Porém o Senhor disse aos filhos de Israel: Quando os egípcios, e os amorreus, e os filhos de Amom, e os filisteus,

¹² e os sidônios, e os amalequitas, e os maonitas vos oprimiam, e vós clamáveis a mim, não vos livrei eu das suas mãos?

¹³ Contudo, vós me deixastes a mim e servistes a outros deuses, pelo que não vos livrarei mais.

¹⁴ Ide e clamai aos deuses que escolhestes; eles que vos livrem no tempo do vosso aperto.

¹⁵ Mas os filhos de Israel disseram ao Senhor: Temos pecado; faze-nos tudo quanto te parecer bem; porém livra-nos ainda esta vez, te rogamos.

¹⁶ E tiraram os deuses alheios do meio de si e serviram ao Senhor; então, já não pôde ele reter a sua compaixão por causa da desgraça de Israel.

¹⁷ Tendo sido convocados os filhos de Amom, acamparam-se em Gileade; mas os filhos de Israel se congregaram e se acamparam em Mispa.

¹⁸ Então, o povo, aliás, os príncipes de Gileade, disseram uns aos outros: Quem será o homem que começará a pelejar contra os filhos de Amom? Será esse o cabeça de todos os moradores de Gileade.

Jefté livra os israelitas

11 Era, então, Jefté, o gileadita, homem valente, porém filho duma prostituta; Gileade gerara a Jefté.

² Também a mulher de Gileade lhe deu filhos, os quais, quando já grandes, expulsaram Jefté e lhe disseram: Não herdarás em casa de nosso pai, porque és filho doutra mulher.

³ Então, Jefté fugiu da presença de seus irmãos e habitou na terra de Tobe; e homens levianos se ajuntaram com ele e com ele saíam.

⁴ Passado algum tempo, pelejaram os filhos de Amom contra Israel.

⁵ Quando pelejavam, foram os anciãos de Gileade buscar Jefté da terra de Tobe.

⁶ E disseram a Jefté: Vem e sê nosso chefe, para que combatamos contra os filhos de Amom.

⁷ Porém Jefté disse aos anciãos de Gileade: Porventura, não me aborrecestes a mim e não me expulsastes da casa de meu pai? Por que, pois, vindes a mim, agora, quando estais em aperto?

⁸ Responderam os anciãos de Gileade a Jefté: Por isso mesmo, tornamos a ti. Vem, pois, conosco, e combate contra os filhos de Amom, e sê o nosso chefe sobre todos os moradores de Gileade.

⁹ Então, Jefté perguntou aos anciãos de Gileade: Se me tornardes a levar para combater contra os filhos de Amom, e o Senhor mos der a mim, então, eu vos serei por cabeça?

¹⁰ Responderam os anciãos de Gileade a Jefté: O Senhor será testemunha entre nós e nos castigará se não fizermos segundo a tua palavra.

¹¹ Então, Jefté foi com os anciãos de Gileade, e o povo o pôs por cabeça e chefe sobre si; e Jefté proferiu todas as suas palavras perante o Senhor, em Mispa.

¹² Enviou Jefté mensageiros ao rei dos filhos de Amom, dizendo: Que há entre mim e ti que vieste a mim a pelejar contra a minha terra?

¹³ Respondeu o rei dos filhos de Amom aos mensageiros de Jefté: É porque, subindo Israel do Egito, me tomou a terra desde Arnom até ao Jaboque e ainda até ao Jordão; restitui-ma, agora, pacificamente.

¹⁴ Porém Jefté tornou a enviar mensageiros ao rei dos filhos de Amom,

¹⁵ dizendo-lhe: Assim diz Jefté: Israel não tomou nem a terra dos moabitas nem a terra dos filhos de Amom;

¹⁶ porque, subindo Israel do Egito, andou pelo deserto até ao mar Vermelho e chegou a Cades.

¹⁷ Então, Israel enviou mensageiros ao rei dos edomitas, dizendo: Rogo-te que me deixes passar pela tua terra. Porém o rei dos edomitas não lhe deu ouvidos; a mesma cousa mandou Israel pedir ao rei dos moa-

11.17 Nm 20.14-21.

bitas, o qual também não lhe quis atender; e, assim, Israel ficou em Cades.

18 Depois, andou pelo deserto, e rodeou a terra dos edomitas e a terra dos moabitas, e chegou ao oriente da terra destes, e se acampou além do Arnom; por isso, não entrou no território dos moabitas, porque Arnom é o limite deles.

19 Mas Israel enviou mensageiros a Seom, rei dos amorreus, rei de Hesbom; e disse-lhe: Deixa-nos, peço-te, passar pela tua terra até ao meu lugar.

20 Porém Seom, não confiando em Israel, recusou deixá-lo passar pelo seu território; pelo contrário, ajuntou todo o seu povo, e se acampou em Jaza, e pelejou contra Israel.

21 O SENHOR, Deus de Israel, entregou Seom e todo o seu povo nas mãos de Israel, que os feriu; e Israel desapossou os amorreus das terras que habitavam.

22 Tomou posse de todo o território dos amorreus, desde o Arnom até ao Jaboque e desde o deserto até ao Jordão.

23 Assim, o SENHOR, Deus de Israel, desapossou os amorreus ante o seu povo de Israel. E pretendes tu ser dono desta terra?

24 Não é certo que aquilo que Camos, teu deus, te dá consideras como tua possessão? Assim, possuiremos nós o território de todos quantos o SENHOR, nosso Deus, expulsou de diante de nós.

25 És tu melhor do que o filho de Zipor, Balaque, rei dos moabitas? Porventura, contendeu este, em algum tempo, com Israel ou pelejou alguma vez contra ele?

26 Enquanto Israel habitou trezentos anos em Hesbom e nas suas vilas, e em Aroer e nas suas vilas, e em todas as cidades que estão ao longe do Arnom, por que vós, amonitas, não as recuperastes durante esse tempo?

27 Não sou eu, portanto, quem pecou contra ti! Porém tu fazes mal em pelejar contra mim; o SENHOR, que é juiz, julgue hoje entre os filhos de Israel e os filhos de Amom.

28 Porém o rei dos filhos de Amom não deu ouvidos à mensagem que Jefté lhe enviara.

O voto de Jefté

29 Então, o Espírito do SENHOR veio sobre Jefté; e, atravessando este por Gileade e Manassés, passou até Mispa de Gileade

e de Mispa de Gileade passou contra os filhos de Amom.

30 Fez Jefté um voto ao SENHOR e disse: Se, com efeito, me entregares os filhos de Amom nas minhas mãos,

31 quem primeiro da porta da minha casa me sair ao encontro, voltando eu vitorioso dos filhos de Amom, esse será do SENHOR, e eu o oferecerei em holocausto.

32 Assim, Jefté foi de encontro aos filhos de Amom, a combater contra eles; e o SENHOR os entregou nas mãos de Jefté.

33 Este os derrotou desde Aroer até às proximidades de Minite (vinte cidades ao todo) e até Abel-Queramim; e foi mui grande a derrota. Assim, foram subjugados os filhos de Amom diante dos filhos de Israel.

34 Vindo, pois, Jefté a Mispa, a sua casa, saiu-lhe a filha ao seu encontro, com adufes e com danças; e era ela filha única; não tinha ele outro filho nem filha.

35 Quando a viu, rasgou as suas vestes e disse: Ah! Filha minha, tu me prostras por completo; tu passaste a ser a causa da minha calamidade, porquanto fiz voto ao SENHOR e não tornarei atrás.

36 E ela lhe disse: Pai meu, fizeste voto ao SENHOR; faze, pois, de mim segundo o teu voto; pois o SENHOR te vingou dos teus inimigos, os filhos de Amom.

37 Disse mais a seu pai: Concede-me isto: deixa-me por dois meses, para que eu vá, e desça pelos montes, e chore a minha virgindade, eu e as minhas companheiras.

38 Consentiu ele: Vai. E deixou-a ir por dois meses; então, se foi ela com as suas companheiras e chorou a sua virgindade pelos montes.

39 Ao fim dos dois meses, tornou ela para seu pai, o qual lhe fez segundo o voto por ele proferido; assim, ela jamais foi possuída por varão. Daqui veio o costume em Israel

40 de as filhas de Israel saírem por quatro dias, de ano em ano, a cantar em memória da filha de Jefté, o gileadita.

Jefté peleja contra os efraimitas

12 Então, foram convocados os homens de Efraim, e passaram para Zafom, e disseram a Jefté: Por que foste combater contra os filhos de Amom e não nos chamaste para ir contigo? Queimaremos a tua casa, estando tu dentro dela.

2 E Jefté lhes disse: Eu e o meu povo ti-

13.58 Nm 6.21-5?.   **11.19** Nm 21.21-24.   **11.25** Nm 22.1-6.   **11.35** Nm 30.2.

vemos grande contenda com os filhos de Amom; chamei-vos, e não me livrastes das suas mãos.

³ Vendo eu que não me livráveis, arrisquei a minha vida e passei contra os filhos de Amom, e o SENHOR os entregou nas minhas mãos; por que, pois, subistes, hoje, contra mim, para me combaterdes?

⁴ Ajuntou Jefté todos os homens de Gileade e pelejou contra Efraim; e os homens de Gileade feriram Efraim, porque este dissera: Fugitivos sois de Efraim, vós, gileaditas, que morais no meio de Efraim e Manassés.

⁵ Porém os gileaditas tomaram os vaus do Jordão que conduzem a Efraim; de sorte que, quando qualquer fugitivo de Efraim dizia: Quero passar; então, os homens de Gileade lhe perguntavam: És tu efraimita? Se respondia: Não;

⁶ então, lhe tornavam: Dize, pois, chibolete; quando dizia sibolete, não podendo exprimir bem a palavra, então, pegavam dele e o matavam nos vaus do Jordão. E caíram de Efraim, naquele tempo, quarenta e dois mil.

⁷ Jefté, o gileadita, julgou a Israel seis anos; e morreu e foi sepultado numa das cidades de Gileade.

Os juízes Ibsã, Elom e Abdom

⁸ Depois dele, julgou a Israel Ibsã, de Belém.

⁹ Tinha este trinta filhos e trinta filhas, que casou fora; e, de fora, trouxe trinta mulheres para seus filhos. Julgou a Israel sete anos.

¹⁰ Então, faleceu Ibsã e foi sepultado em Belém.

¹¹ Depois dele, veio Elom, o zebulonita, que julgou a Israel dez anos.

¹² Faleceu Elom, o zebulonita, e foi sepultado em Aijalom, na terra de Zebulom.

¹³ Depois dele, julgou a Israel Abdom, filho de Hilel, o piratonita.

¹⁴ Tinha este quarenta filhos e trinta netos, que cavalgavam setenta jumentos. Julgou a Israel oito anos.

¹⁵ Então, faleceu Abdom, filho de Hilel, o piratonita; e foi sepultado em Piratom, na terra de Efraim, na região montanhosa dos amalequitas.

O nascimento de Sansão

13 Tendo os filhos de Israel tornado a fazer o que era mau perante o SENHOR, este os entregou nas mãos dos filisteus por quarenta anos.

² Havia um homem de Zorá, da linhagem de Dã, chamado Manoá, cuja mulher era estéril e não tinha filhos.

³ Apareceu o Anjo do SENHOR a esta mulher e lhe disse: Eis que és estéril e nunca tiveste filho; porém conceberás e darás à luz um filho.

⁴ Agora, pois, guarda-te, não bebas vinho ou bebida forte, nem comas cousa imunda;

⁵ porque eis que tu conceberás e darás à luz um filho sobre cuja cabeça não passará navalha; porquanto o menino será nazireu consagrado a Deus desde o ventre de sua mãe; e ele começará a livrar a Israel do poder dos filisteus.

⁶ Então, a mulher foi a seu marido e lhe disse: Um homem de Deus veio a mim; sua aparência era semelhante à dum anjo de Deus, tremenda; não lhe perguntei donde era, nem ele me disse o seu nome.

⁷ Porém me disse: Eis que tu conceberás e darás à luz um filho; agora, pois, não bebas vinho, nem bebida forte, nem comas cousa imunda; porque o menino será nazireu consagrado a Deus, desde o ventre materno até ao dia de sua morte.

⁸ Então, Manoá orou ao SENHOR e disse: Ah! Senhor meu, rogo-te que o homem de Deus que enviaste venha outra vez e nos ensine o que devemos fazer ao menino que há de nascer.

⁹ Deus ouviu a voz de Manoá, e o Anjo de Deus veio outra vez à mulher, quando esta se achava assentada no campo; porém não estava com ela seu marido Manoá.

¹⁰ Apressou se, pois, a mulher, e, correndo, noticiou-o a seu marido, e lhe disse: Eis que me apareceu aquele homem que viera a mim no outro dia.

¹¹ Então, se levantou Manoá, e seguiu a sua mulher, e, tendo chegado ao homem, lhe disse: És tu o que falaste a esta mulher? Ele respondeu: Eu sou.

¹² Então, disse Manoá: Quando se cumprirem as tuas palavras, qual será o modo de viver do menino e o seu serviço?

¹³ Respondeu-lhe o Anjo do SENHOR: Guarde-se a mulher de tudo quanto eu lhe disse.

¹⁴ De tudo quanto procede da videira não comerá, nem vinho nem bebida forte beberá, nem cousa imunda comerá; tudo quanto lhe tenho ordenado guardará.

¹⁵ Então, Manoá disse ao Anjo do SENHOR: Permite-nos deter-te, e te prepararemos um cabrito.

¹⁶ Porém o Anjo do SENHOR disse a Manoá: Ainda que me detenhas, não comerei de teu pão; e, se preparares holocausto, ao SENHOR o oferecerás. Porque não sabia Manoá que era o Anjo do SENHOR.

¹⁷ Perguntou Manoá ao Anjo do SENHOR: Qual é o teu nome, para que, quando se cumprir a tua palavra, te honremos?

¹⁸ Respondeu-lhe o Anjo do SENHOR e lhe disse: Por que perguntas assim pelo meu nome, que é maravilhoso?

¹⁹ Tomou, pois, Manoá um cabrito e uma oferta de manjares e os apresentou sobre uma rocha ao SENHOR; e o Anjo do SENHOR se houve maravilhosamente. Manoá e sua mulher estavam observando.

²⁰ Sucedeu que, subindo para o céu a chama que saiu do altar, o Anjo do SENHOR subiu nela; o que vendo Manoá e sua mulher, caíram com o rosto em terra.

²¹ Nunca mais apareceu o Anjo do SENHOR a Manoá, nem a sua mulher; então, Manoá ficou sabendo que era o Anjo do SENHOR.

²² Disse Manoá a sua mulher: Certamente, morreremos, porque vimos a Deus.

²³ Porém sua mulher lhe disse: Se o SENHOR nos quisera matar, não aceitaria de nossas mãos o holocausto e a oferta de manjares, nem nos teria mostrado tudo isto, nem nos teria revelado tais cousas.

²⁴ Depois, deu a mulher à luz um filho e lhe chamou Sansão; o menino cresceu, e o SENHOR o abençoou.

²⁵ E o Espírito do SENHOR passou a incitá-lo em Maané-Dã, entre Zorá e Estaol.

O casamento de Sansão

14 Desceu Sansão a Timna; vendo em Timna uma das filhas dos filisteus, ² subiu, e declarou-o a seu pai e a sua mãe, e disse: Vi uma mulher em Timna, das filhas dos filisteus; tomai-ma, pois, por esposa.

³ Porém seu pai e sua mãe lhe disseram: Não há, porventura, mulher entre as filhas de teus irmãos ou entre todo o meu povo, para que vás tomar esposa dos filisteus, daqueles incircuncisos? Disse Sansão a seu pai: Toma-me esta, porque só desta me agrado.

⁴ Mas seu pai e sua mãe não sabiam que isto vinha do SENHOR, pois este procurava ocasião contra os filisteus; porquanto, naquele tempo, os filisteus dominavam sobre Israel.

⁵ Desceu, pois, com seu pai e sua mãe a Timna; e, chegando às vinhas de Timna, eis que um leão novo, bramando, lhe saiu ao encontro.

⁶ Então, o Espírito do SENHOR de tal maneira se apossou dele, que ele o rasgou como quem rasga um cabrito, sem nada ter na mão; todavia, nem a seu pai nem a sua mãe deu a saber o que fizera.

⁷ Desceu, e falou àquela mulher, e dela se agradou.

⁸ Depois de alguns dias, voltou ele para a tomar; e, apartando-se do caminho para ver o corpo do leão morto, eis que, neste, havia um enxame de abelhas com mel.

⁹ Tomou o favo nas mãos e se foi andando e comendo dele; e chegando a seu pai e a sua mãe, deu-lhes do mel, e comeram; porém não lhes deu a saber que do corpo do leão é que o tomara.

O enigma de Sansão

¹⁰ Descendo, pois, seu pai à casa daquela mulher, fez Sansão ali um banquete; porque assim o costumavam fazer os moços.

¹¹ Sucedeu que, como o vissem, convidaram trinta companheiros para estarem com ele.

¹² Disse-lhes, pois, Sansão: Dar-vos-ei um enigma a decifrar; se, nos sete dias das bodas, mo declarardes e descobrirdes, dar-vos-ei trinta camisas e trinta vestes festivais;

¹³ se mo não puderdes declarar, vós me dareis a mim as trinta camisas e as trinta vestes festivais. E eles lhe disseram: Dá-nos o teu enigma a decifrar, para que o ouçamos.

¹⁴ Então, lhes disse:
Do comedor saiu comida,
e do forte saiu doçura.
E, em três dias, não puderam decifrar o enigma.

¹⁵ Ao sétimo dia, disseram à mulher de Sansão: Persuade a teu marido que nos declare o enigma, para que não queimemos a ti e a casa de teu pai. Convidastes-nos para vos apossardes do que é nosso, não é assim?

¹⁶ A mulher de Sansão chorou diante dele e disse: Tão-somente me aborreces e não me amas; pois deste aos meus patrícios um enigma a decifrar e ainda não mo declaraste a mim. E ele lhe disse: Nem a meu pai nem a minha mãe o declarei e to declararia a ti?

¹⁷ Ela chorava diante dele os sete dias em que celebravam as bodas; ao sétimo dia, lhe declarou, porquanto o importunava; então, ela declarou o enigma aos seus patrícios.

¹⁸ Disseram, pois, a Sansão os homens daquela cidade, ao sétimo dia, antes de se pôr o sol:
Que cousa há mais doce do que o mel e mais forte do que o leão?
E ele lhes citou o provérbio:
Se vós não lavrásseis
com a minha novilha,
nunca teríeis descoberto
o meu enigma.

¹⁹ Então, o Espírito do Senhor de tal maneira se apossou dele, que desceu aos ascalonitas, matou deles trinta homens, despojou-os e as suas vestes festivais deu aos que declararam o enigma; porém acendeu-se a sua ira, e ele subiu à casa de seu pai.
²⁰ Ao companheiro de honra de Sansão foi dada por mulher a esposa deste.

Sansão põe fogo às searas dos filisteus

15 Passado algum tempo, nos dias da ceifa do trigo, Sansão, levando um cabrito, foi visitar a sua mulher, pois dizia: Entrarei na câmara de minha mulher. Porém o pai dela não o deixou entrar
² e lhe disse: Por certo, pensava eu que de todo a aborrecias, de sorte que a dei ao teu companheiro; porém não é mais formosa do que ela a irmã que é mais nova? Toma-a, pois, em seu lugar.
³ Então, Sansão lhe respondeu: Desta feita sou inocente para com os filisteus, quando lhes fizer algum mal.
⁴ E saiu e tomou trezentas raposas; e, tomando fachos, as virou cauda com cauda e lhes atou um facho no meio delas.
⁵ Tendo ele chegado fogo aos tições, largou-as na seara dos filisteus e, assim, incendiou tanto os molhos como o cereal por ceifar, e as vinhas, e os olivais.
⁶ Perguntaram os filisteus: Quem fez isto? Responderam: Sansão, o genro do timnita, porque lhe tomou a mulher e a deu a seu companheiro. Então, subiram os filisteus e queimaram a ela e o seu pai.
⁷ Disse-lhes Sansão: Se assim procedeis, não desistirei enquanto não me vingar.
⁸ E feriu-os com grande carnificina; e desceu e habitou na fenda da rocha de Etã.

Os homens de Judá amarram Sansão

⁹ Então, os filisteus subiram, e acamparam-se contra Judá, e estenderam-se por Leí.

¹⁰ Perguntaram-lhes os homens de Judá: Por que subistes contra nós? Responderam: Subimos para amarrar Sansão, para lhe fazer a ele como ele nos fez a nós.
¹¹ Então, três mil homens de Judá desceram até à fenda da rocha de Etã e disseram a Sansão: Não sabias tu que os filisteus dominam sobre nós? Por que, pois, nos fizeste isto? Ele lhes respondeu: Assim como me fizeram a mim, eu lhes fiz a eles.
¹² Descemos, replicaram eles, para te amarrar, para te entregar nas mãos dos filisteus. Sansão lhes disse: Jurai-me que vós mesmos não me acometereis.
¹³ Eles lhe disseram: Não, mas somente te amarraremos e te entregaremos nas suas mãos; porém de maneira nenhuma te mataremos. E amarraram-no com duas cordas novas e fizeram-no subir da rocha.

Sansão fere mil homens com uma queixada de jumento

¹⁴ Chegando ele a Leí, os filisteus lhe saíram ao encontro, jubilando; porém o Espírito do Senhor de tal maneira se apossou dele, que as cordas que tinha nos braços se tornaram como fios de linho queimados, e as suas amarraduras se desfizeram das suas mãos.
¹⁵ Achou uma queixada de jumento, ainda fresca, à mão, e tomou-a, e feriu com ela mil homens.
¹⁶ E disse:
Com uma queixada de jumento
um montão, outro montão;
com uma queixada de jumento
feri mil homens.
¹⁷ Tendo ele acabado de falar, lançou da sua mão a queixada. Chamou-se aquele lugar Ramate-Leí.
¹⁸ Sentindo grande sede, clamou ao Senhor e disse: Por intermédio do teu servo deste esta grande salvação; morrerei eu, agora, de sede e cairei nas mãos destes incircuncisos?
¹⁹ Então, o Senhor fendeu a cavidade que estava em Leí, e dela saiu água; tendo Sansão bebido, recobrou alento e reviveu; daí chamar-se aquele lugar En-Hacoré até ao dia de hoje.
²⁰ Sansão julgou a Israel, nos dias dos filisteus, vinte anos.

Sansão em Gaza

16 Sansão foi a Gaza, e viu ali uma prostituta, e coabitou com ela.
² Foi dito aos gazitas: Sansão chegou

aqui. Cercaram-no, pois, e toda a noite o es-
peraram, às escondidas, na porta da cidade; e, toda a noite, estiveram em silêncio,
pois diziam: Esperaremos até ao raiar do
dia; então, daremos cabo dele.

³ Porém Sansão esteve deitado até à
meia-noite; então, se levantou, e pegou ambas as folhas da porta da cidade com suas
ombreiras, e, juntamente com a tranca, as
tomou, pondo-as sobre os ombros; e le-
vou-as para cima, até ao cume do monte
que olha para Hebrom.

Sansão é traído por Dalila

⁴ Depois disto, aconteceu que se afeiçoou a uma mulher do vale de Soreque, a
qual se chamava Dalila.

⁵ Então, os príncipes dos filisteus subiram a ela e lhe disseram: Persuade-o e vê em
que consiste a sua grande força e com que
poderíamos dominá-lo e amarrá-lo, para
assim o subjugarmos; e te daremos cada um
mil e cem siclos de prata.

⁶ Disse, pois, Dalila a Sansão: Declara-me, peço-te, em que consiste a tua grande
força e com que poderias ser amarrado para
te poderem subjugar.

⁷ Respondeu-lhe Sansão: Se me amarrarem com sete tendões frescos, ainda não secos, então, me enfraquecerei, e serei como
qualquer outro homem.

⁸ Os príncipes dos filisteus trouxeram a
Dalila sete tendões frescos, que ainda não
estavam secos; e com os tendões ela o
amarrou.

⁹ Tinha ela no seu quarto interior homens escondidos. Então, ela lhe disse: Os
filisteus vêm sobre ti, Sansão! Quebrou ele
os tendões como se quebra o fio da estopa
chamuscada; assim, não se soube em que
lhe consistia a força.

¹⁰ Disse Dalila a Sansão: Eis que zombaste de mim e me disseste mentiras; ora,
declara-me, agora, com que poderias ser
amarrado.

¹¹ Ele lhe disse: Se me amarrarem bem
com cordas novas, com que se não tenha
feito obra nenhuma, então, me enfraquecerei e serei como qualquer outro homem.

¹² Dalila tomou cordas novas, e o amarrou, e disse-lhe: Os filisteus vêm sobre ti,
Sansão! Tinha ela no seu quarto interior
homens escondidos. Ele as rebentou de seus
braços como um fio.

¹³ Disse Dalila a Sansão: Até agora, tens
zombado de mim e me tens dito mentiras;
declara-me, pois, agora: com que poderias

ser amarrado? Ele lhe respondeu: Se tece-
res as sete tranças da minha cabeça com a
urdidura da teia e se as firmares com pino
de tear, então, me enfraquecerei e serei como qualquer outro homem. Enquanto ele
dormia, tomou ela as sete tranças e as teceu
com a urdidura da teia.

¹⁴ E as fixou com um pino de tear e disse-lhe: Os filisteus vêm sobre ti, Sansão!
Então, despertou do seu sono e arrancou o
pino e a urdidura da teia.

¹⁵ Então, ela lhe disse: Como dizes que
me amas, se não está comigo o teu coração?
Já três vezes zombaste de mim e ainda não
me declaraste em que consiste a tua grande força.

¹⁶ Importunando-o ela todos os dias
com as suas palavras e molestando-o, apoderou-se da alma dele uma impaciência de
matar.

¹⁷ Descobriu-lhe todo o coração e lhe
disse: Nunca subiu navalha à minha cabeça, porque sou nazireu de Deus, desde o
ventre de minha mãe; se vier a ser rapado,
ir-se-á de mim a minha força, e me enfraquecerei e serei como qualquer outro
homem.

¹⁸ Vendo, pois, Dalila que já ele lhe des-
cobrira todo o coração, mandou chamar os
príncipes dos filisteus, dizendo: Subi mais
esta vez, porque, agora, me descobriu ele
todo o coração. Então, os príncipes dos filisteus subiram a ter com ela e trouxeram
com eles o dinheiro.

¹⁹ Então, Dalila fez dormir Sansão nos
joelhos dela e, tendo chamado um homem,
mandou rapar-lhe as sete tranças da cabeça; passou ela a subjugá-lo; e retirou-se dele
a sua força.

²⁰ E disse ela: Os filisteus vêm sobre ti,
Sansão! Tendo ele despertado do seu sono,
disse consigo mesmo: Sairei ainda esta vez
como dantes e me livrarei; porque ele não
sabia ainda que já o SENHOR se tinha retirado dele.

²¹ Então, os filisteus pegaram nele, e lhe
vazaram os olhos, e o fizeram descer a Gaza; amarraram-no com duas cadeias de
bronze, e virava um moinho no cárcere.

²² E o cabelo da sua cabeça, logo após
ser rapado, começou a crescer de novo.

A morte de Sansão

²³ Então, os príncipes dos filisteus se
ajuntaram para oferecer grande sacrifício
a seu deus Dagom e para se alegrarem; e di-

ziam: Nosso deus nos entregou nas mãos a Sansão, nosso inimigo.

24 Vendo-o o povo, louvavam ao seu deus, porque diziam: Nosso deus nos entregou nas mãos o nosso inimigo, e o que destruía a nossa terra, e o que multiplicava os nossos mortos.

25 Alegrando-se-lhes o coração, disseram: Mandai vir Sansão, para que nos divirta. Trouxeram Sansão do cárcere, o qual os divertia. Quando o fizeram estar em pé entre as colunas,

26 disse Sansão ao moço que o tinha pela mão: Deixa-me, para que apalpe as colunas em que se sustém a casa, para que me encoste a elas.

27 Ora, a casa estava cheia de homens e mulheres, e também ali estavam todos os príncipes dos filisteus; e sobre o teto havia uns três mil homens e mulheres, que olhavam enquanto Sansão os divertia.

28 Sansão clamou ao SENHOR e disse: SENHOR Deus, peço-te que te lembres de mim, e dá-me força só esta vez, ó Deus, para que me vingue dos filisteus, ao menos por um dos meus olhos.

29 Abraçou-se, pois, Sansão com as duas colunas do meio, em que se sustinha a casa, e fez força sobre elas, com a mão direita em uma e com a esquerda na outra.

30 E disse: Morra eu com os filisteus. E inclinou-se com força, e a casa caiu sobre os príncipes e sobre todo o povo que nela estava; e foram mais os que matou na sua morte do que os que matara na sua vida.

31 Então, seus irmãos desceram, e toda a casa de seu pai, tomaram-no, subiram com ele e o sepultaram entre Zorá e Estaol, no sepulcro de Manoá, seu pai. Julgou ele a Israel vinte anos.

Mica e o ídolo da sua casa

17 Havia um homem da região montanhosa de Efraim cujo nome era Mica,

2 o qual disse a sua mãe: Os mil e cem siclos de prata que te foram tirados, por cuja causa deitavas maldições e de que também me falaste, eis que esse dinheiro está comigo; eu o tomei. Então, lhe disse a mãe: Bendito do SENHOR seja meu filho!

3 Assim, restituiu os mil e cem siclos de prata a sua mãe, que disse: De minha mão dedico este dinheiro ao SENHOR para meu filho, para fazer uma imagem de escultura

17.6 Jz 21.25.

e uma de fundição, de sorte que, agora, eu to devolvo.

4 Porém ele restituiu o dinheiro a sua mãe, que tomou duzentos siclos de prata e os deu ao ourives, o qual fez deles uma imagem de escultura e uma de fundição; e a imagem esteve em casa de Mica.

5 E, assim, este homem, Mica, veio a ter uma casa de deuses; fez uma estola sacerdotal e ídolos do lar e consagrou a um de seus filhos, para que lhe fosse por sacerdote.

6 Naqueles dias, não havia rei em Israel; cada qual fazia o que achava mais reto.

O levita em casa de Mica

7 Havia um moço de Belém de Judá, da tribo de Judá, que era levita e se demorava ali.

8 Esse homem partiu da cidade de Belém de Judá para ficar onde melhor lhe parecesse. Seguindo, pois, o seu caminho, chegou à região montanhosa de Efraim, até à casa de Mica.

9 Perguntou-lhe Mica: Donde vens? Ele lhe respondeu: Sou levita de Belém de Judá e vou ficar onde melhor me parecer.

10 Então, lhe disse Mica: Fica comigo e sê-me por pai e sacerdote; e cada ano te darei dez siclos de prata, o vestuário e o sustento. O levita entrou

11 e consentiu em ficar com aquele homem; e o moço lhe foi como um de seus filhos.

12 Consagrou Mica ao moço levita, que lhe passou a ser sacerdote; e ficou em casa de Mica.

13 Então, disse Mica: Sei, agora, que o SENHOR me fará bem, porquanto tenho um levita por sacerdote.

Os danitas buscam herança maior

18 Naqueles dias, não havia rei em Israel, e a tribo dos danitas buscava para si herança em que habitar; porquanto, até àquele dia, entre as tribos de Israel, não lhe havia caído por sorte a herança.

2 Enviaram os filhos de Dã cinco homens dentre todos os da sua tribo, homens valentes, de Zorá e de Estaol, a espiar e explorar a terra; e lhes disseram: Ide, explorai a terra. Chegaram à região montanhosa de Efraim, até à casa de Mica, e ali pernoitaram.

3 Estando eles junto da casa de Mica,

reconheceram a voz do moço, do levita; chegaram-se para lá e lhe disseram: Quem te trouxe para aqui? Que fazes aqui? E que é que tens aqui?

⁴ Ele respondeu: Assim e assim me fez Mica; pois me assalariou, e eu lhe sirvo de sacerdote.

⁵ Então, lhe disseram: Consulta a Deus, para que saibamos se prosperará o caminho que levamos.

⁶ Disse-lhes o sacerdote: Ide em paz; o caminho que levais está sob as vistas do SENHOR.

⁷ Partiram os cinco homens, e chegaram a Laís, e viram que o povo que havia nela estava seguro, segundo o costume dos sidônios, em paz e confiado. Nenhuma autoridade havia que, por qualquer cousa, o oprimisse; também estava longe dos sidônios e não tinha trato com nenhuma outra gente.

⁸ Então, voltaram a seus irmãos, a Zorá e a Estaol; e estes lhes perguntaram: Que nos dizeis?

⁹ Eles disseram: Disponde-vos e subamos contra eles; porque examinamos a terra, e eis que é muito boa. Estais aí parados? Não vos demoreis em sair para ocupardes a terra.

¹⁰ Quando lá chegardes, achareis um povo confiado, e a terra é ampla; porque Deus vo-la entregou nas mãos; é um lugar em que não há falta de cousa alguma que há na terra.

¹¹ Então, partiram dali, da tribo dos danitas, de Zorá e de Estaol, seiscentos homens armados de suas armas de guerra.

¹² Subiram e acamparam-se em Quiriate-Jearim, em Judá; pelo que chamaram a este lugar Maané-Dã, até ao dia de hoje; está por detrás de Quiriate-Jearim.

¹³ Dali, passaram à região montanhosa de Efraim e chegaram até à casa de Mica.

Roubada a imagem de Mica e conquistada a cidade de Laís

¹⁴ Os cinco homens que foram espiar a terra de Laís disseram a seus irmãos: Sabeis vós que, naquelas casas, há uma estola sacerdotal, e ídolos do lar, e uma imagem de escultura, e uma de fundição? Vede, pois, o que haveis de fazer.

¹⁵ Então, foram para lá, e chegaram à casa do moço, o levita, em casa de Mica, e o saudaram.

¹⁶ Os seiscentos homens que eram dos filhos de Dã, armados de suas armas de guerra, ficaram à entrada da porta.

¹⁷ Porém, subindo os cinco homens que foram espiar a terra, entraram e apanharam a imagem de escultura, a estola sacerdotal, os ídolos do lar e a imagem de fundição, ficando o sacerdote em pé à entrada da porta, com os seiscentos homens que estavam armados com as armas de guerra.

¹⁸ Entrando eles, pois, na casa de Mica e tomando a imagem de escultura, a estola sacerdotal, os ídolos do lar e a imagem de fundição, disse-lhes o sacerdote: Que estais fazendo?

¹⁹ Eles lhe disseram: Cala-te, e põe a mão na boca, e vem conosco, e sê-nos por pai e sacerdote. Ser-te-á melhor seres sacerdote da casa dum só homem do que seres sacerdote duma tribo e duma família em Israel?

²⁰ Então, se alegrou o coração do sacerdote, tomou a estola sacerdotal, os ídolos do lar e a imagem de escultura e entrou no meio do povo.

²¹ Assim, viraram e, tendo posto diante de si os meninos, o gado e seus bens, partiram.

²² Estando já longe da casa de Mica, reuniram-se os homens que estavam nas casas junto à dele e alcançaram os filhos de Dã.

²³ E clamaram após eles, os quais, voltando-se, disseram a Mica: Que tens, que convocaste esse povo?

²⁴ Respondeu-lhes: Os deuses que eu fiz me tomastes e também o sacerdote e vos fostes; que mais me resta? Como, pois, me perguntais: Que é o que tens?

²⁵ Porém os filhos de Dã lhe disseram: Não nos faças ouvir a tua voz, para que, porventura, homens de ânimo amargoso não se lancem sobre ti, e tu percas a tua vida e a vida dos da tua casa.

²⁶ Assim, prosseguiram o seu caminho os filhos de Dã; e Mica, vendo que eram mais fortes do que ele, voltou-se e tornou para sua casa.

²⁷ Levaram eles o que Mica havia feito e o sacerdote que tivera, e chegaram a Laís, a um povo em paz e confiado, e os feriram a fio de espada, e queimaram a cidade.

²⁸ Ninguém houve que os livrasse, porquanto estavam longe de Sidom e não tinham trato com ninguém; a cidade estava no vale junto a Bete-Reobe. Reedificaram a cidade, habitaram nela

²⁹ e lhe chamaram Dã, segundo o nome de Dã, seu pai, que nascera a Israel; porém, outrora, o nome desta cidade era Laís.

³⁰ Os filhos de Dã levantaram para si aquela imagem de escultura; e Jônatas, fi-

lho de Gérson, o filho de Manassés, ele e seus filhos foram sacerdotes da tribo dos danitas até ao dia do cativeiro do povo.

31 Assim, pois, a imagem de escultura feita por Mica estabeleceram para si todos os dias que a Casa de Deus esteve em Silo.

O levita e sua concubina

19 Naqueles dias, em que não havia rei em Israel, houve um homem levita, que, peregrinando nos longes da região montanhosa de Efraim, tomou para si uma concubina de Belém de Judá.

2 Porém ela, aborrecendo-se dele, o deixou, tornou para a casa de seu pai, em Belém de Judá, e lá esteve os dias de uns quatro meses.

3 Seu marido, tendo consigo o seu servo e dois jumentos, levantou-se e foi após ela para falar-lhe ao coração, a fim de tornar a trazê-la. Ela o fez entrar na casa de seu pai. Este, quando o viu, saiu alegre a recebê-lo.

4 Seu sogro, o pai da moça, o deteve por três dias em sua companhia; comeram, beberam, e o casal se alojou ali.

5 Ao quarto dia, madrugaram e se levantaram para partir; então, o pai da moça disse a seu genro: Fortalece-te com um bocado de pão, e, depois, partireis.

6 Assentaram-se, pois, e comeram ambos juntos, e beberam; então, disse o pai da moça ao homem: Peço-te que ainda esta noite queiras passá-la aqui, e se alegre o teu coração.

7 Contudo, o homem levantou-se para partir; porém o seu sogro, instando com ele, fê-lo pernoitar ali.

8 Madrugando ele ao quinto dia para partir, disse o pai da moça: Fortalece-te, e detende-vos até ao declinar do dia; e ambos comeram juntos.

9 Então, o homem se levantou para partir, ele, e a sua concubina, e o seu moço; e disse-lhe seu sogro, o pai da moça: Eis que já declina o dia, a tarde vem chegando; peço-te que passes aqui a noite; vai-se o dia acabando, passa aqui a noite, e que o teu coração se alegre; amanhã de madrugada, levantai-vos a caminhar e ide para a vossa casa.

10 Porém o homem não quis passar ali a noite; mas levantou-se, e partiu, e veio até à altura de Jebus (que é Jerusalém), e com ele os dois jumentos albardados, como também a sua concubina.

11 Estando, pois, já perto de Jebus e ten-do-se adiantado o declinar-se do dia, disse o moço a seu senhor: Caminhai, agora, e retiremo-nos a esta cidade dos jebuseus e passemos ali a noite.

12 Porém o seu senhor lhe disse: Não nos retiraremos a nenhuma cidade estranha, que não seja dos filhos de Israel, mas passemos até Gibeá.

13 Disse mais a seu moço: Caminha, e cheguemos a um daqueles lugares e pernoitemos em Gibeá ou em Ramá.

14 Passaram, pois, adiante e caminharam, e o sol se lhes pôs junto a Gibeá, que pertence a Benjamim.

15 Retiraram-se para Gibeá, a fim de, nela, passarem a noite; entrando ele, assentou-se na praça da cidade, porque não houve quem os recolhesse em casa para ali pernoitarem.

16 Eis que, ao anoitecer, vinha do seu trabalho no campo um homem velho; era este da região montanhosa de Efraim, mas morava em Gibeá; porém os habitantes do lugar eram benjamitas.

17 Erguendo o velho os olhos, viu na praça da cidade este viajante e lhe perguntou: Para onde vais e donde vens?

18 Ele lhe respondeu: Estamos viajando de Belém de Judá para os longes da região montanhosa de Efraim, donde sou; fui a Belém de Judá e, agora, estou de viagem para a Casa do Senhor; e ninguém há que me recolha em casa,

19 ainda que há palha e pasto para os nossos jumentos, e também pão e vinho para mim, e para a tua serva, e para o moço que vem com os teus servos; de cousa nenhuma há falta.

20 Então, disse o velho: Paz seja contigo; tudo quanto te vier a faltar fique a meu cargo; tão-somente não passes a noite na praça.

21 Levou-o para casa e deu pasto aos jumentos; e, tendo eles lavado os pés, comeram e beberam.

22 Enquanto eles se alegravam, eis que os homens daquela cidade, filhos de Belial, cercaram a casa, batendo à porta; e falaram ao velho, senhor da casa, dizendo: Traze para fora o homem que entrou em tua casa, para que abusemos dele.

23 O senhor da casa saiu a ter com eles e lhes disse: Não, irmãos meus, não façais semelhante mal; já que o homem está em minha casa, não façais tal loucura.

24 Minha filha virgem e a concubina dele trarei para fora; humilhai-as e fazei de-

las o que melhor vos agrade; porém a este homem não façais semelhante loucura.

²⁵ Porém aqueles homens não o quiseram ouvir; então, ele pegou da concubina do levita e entregou a eles fora, e eles a forçaram e abusaram dela toda a noite até pela manhã; e, subindo a alva, a deixaram.

²⁶ Ao romper da manhã, vindo a mulher, caiu à porta da casa do homem, onde estava o seu senhor, e ali ficou até que se fez dia claro.

²⁷ Levantando-se pela manhã o seu senhor, abriu as portas da casa e, saindo a seguir o seu caminho, eis que a mulher, sua concubina, jazia à porta da casa, com as mãos sobre o limiar.

²⁸ Ele lhe disse: Levanta-te, e vamos; porém ela não respondeu; então, o homem a pôs sobre o jumento, dispôs-se e foi para sua casa.

²⁹ Chegando a casa, tomou de um cutelo e, pegando a concubina, a despedaçou por seus ossos em doze partes; e as enviou por todos os termos de Israel.

³⁰ Cada um que a isso presenciava aos outros dizia: Nunca tal se fez, nem se viu desde o dia em que os filhos de Israel subiram da terra do Egito até ao dia de hoje; ponderai nisso, considerai e falai.

Os israelitas vingam o ultraje feito ao levita

20 Saíram todos os filhos de Israel, e a congregação se ajuntou perante o SENHOR em Mispa, como se fora um só homem, desde Dã até Berseba, como também a terra de Gileade.

² Os príncipes de todo o povo e todas as tribos de Israel se apresentaram na congregação do povo de Deus. Havia quatrocentos mil homens de pé, que puxavam da espada.

³ Ouviram os filhos de Benjamim que os filhos de Israel haviam subido a Mispa. Disseram os filhos de Israel: Contai-nos como sucedeu esta maldade.

⁴ Então, respondeu o homem levita, marido da mulher que fora morta, e disse: Cheguei com a minha concubina a Gibeá, cidade de Benjamim, para passar a noite;

⁵ os cidadãos de Gibeá se levantaram contra mim e, à noite, cercaram a casa em que eu estava; intentaram matar-me e violaram a minha concubina, de maneira que morreu.

⁶ Então, peguei a minha concubina, e a fiz em pedaços, e os enviei por toda a terra da herança de Israel, porquanto fizeram vergonha e loucura em Israel.

⁷ Eis que todos sois filhos de Israel; eia! Dai a vossa palavra e conselho neste caso.

⁸ Então, todo o povo se levantou como um só homem, dizendo: Nenhum de nós voltará para sua tenda, nenhum de nós se retirará para casa.

⁹ Porém isto é o que faremos a Gibeá: subiremos contra ela por sorte.

¹⁰ Tomaremos dez homens de cem de todas as tribos de Israel, e cem de mil, e mil de dez mil, para providenciarem mantimento para o povo, a fim de que este, vindo a Gibeá de Benjamim, faça a ela conforme toda a loucura que tem feito em Israel.

¹¹ Assim, se ajuntaram contra esta cidade todos os homens de Israel, unidos como um só homem.

¹² As tribos de Israel enviaram homens por toda a tribo de Benjamim, para lhe dizerem: Que maldade é essa que se fez entre vós?

¹³ Dai-nos, agora, os homens, filhos de Belial, que estão em Gibeá, para que os matemos e tiremos de Israel o mal; porém Benjamim não quis ouvir a voz de seus irmãos, os filhos de Israel.

¹⁴ Antes, os filhos de Benjamim se ajuntaram, vindos das cidades em Gibeá, para saírem a pelejar contra os filhos de Israel.

¹⁵ E contaram-se, naquele dia, os filhos de Benjamim vindos das cidades; eram vinte e seis mil homens que puxavam da espada, afora os moradores de Gibeá, de que se contavam setecentos homens escolhidos.

¹⁶ Entre todo este povo havia setecentos homens escolhidos, canhotos, os quais atiravam com a funda uma pedra num cabelo e não erravam.

¹⁷ Contaram-se dos homens de Israel, afora os de Benjamim, quatrocentos mil homens que puxavam da espada, e todos eles, homens de guerra.

¹⁸ Levantaram-se os israelitas, subiram a Betel e consultaram a Deus, dizendo: Quem dentre nós subirá, primeiro, a pelejar contra Benjamim? Respondeu o SENHOR: Judá subirá primeiro.

¹⁹ Levantaram-se, pois, os filhos de Israel pela manhã e acamparam-se contra Gibeá.

²⁰ Saíram os homens de Israel à peleja contra Benjamim; e, junto a Gibeá, se ordenaram contra ele.

²¹ Então, os filhos de Benjamim saíram de Gibeá e derribaram por terra, naquele dia, vinte e dois mil homens de Israel.

²² Porém se animou o povo dos homens de Israel e tornaram a ordenar-se para a peleja, no lugar onde, no primeiro dia, o tinham feito.

²³ Antes, subiram os filhos de Israel, e choraram perante o SENHOR até à tarde, e consultaram o SENHOR, dizendo: Tornaremos a pelejar contra os filhos de Benjamim, nosso irmão? Respondeu o SENHOR: Subi contra ele.

²⁴ Chegaram-se, pois, os filhos de Israel contra os filhos de Benjamim, no dia seguinte.

²⁵ Também os de Benjamim, no dia seguinte, saíram de Gibeá de encontro a eles e derribaram ainda por terra mais dezoito mil homens, todos dos que puxavam da espada.

²⁶ Então, todos os filhos de Israel, todo o povo, subiram, e vieram a Betel, e choraram, e estiveram ali perante o SENHOR, e jejuaram aquele dia até à tarde; e, perante o SENHOR, ofereceram holocaustos e ofertas pacíficas.

²⁷ E os filhos de Israel perguntaram ao SENHOR (porquanto a arca da Aliança de Deus estava ali naqueles dias;

²⁸ e Finéias, filho de Eleazar, filho de Arão, ministrava perante ela naqueles dias), dizendo: Tornaremos a sair ainda a pelejar contra os filhos de Benjamim, nosso irmão, ou desistiremos? Respondeu o SENHOR: Subi, que amanhã eu os entregarei nas vossas mãos.

²⁹ Então, Israel pôs emboscadas em redor de Gibeá.

³⁰ Ao terceiro dia, subiram os filhos de Israel contra os filhos de Benjamim e se ordenaram à peleja contra Gibeá, como das outras vezes.

³¹ Então, os filhos de Benjamim saíram de encontro ao povo, e, deixando-se atrair para longe da cidade, começaram a ferir alguns do povo, e mataram, como das outras vezes, uns trinta dos homens de Israel, pelas estradas, das quais uma sobe para Betel, a outra, para Gibeá do Campo.

³² Então, os filhos de Benjamim disseram: Vão derrotados diante de nós como dantes. Porém os filhos de Israel disseram: Fujamos e atraiamo-los da cidade para as estradas.

³³ Todos os homens de Israel se levantaram do seu lugar e se ordenaram para a peleja em Baal-Tamar; e a emboscada de Israel saiu do seu lugar, das vizinhanças de Geba.

³⁴ Dez mil homens escolhidos de todo o Israel vieram contra Gibeá, e a peleja se tornou renhida; porém eles não imaginavam que a calamidade lhes tocaria.

³⁵ Então, feriu o SENHOR a Benjamim diante de Israel; e mataram os filhos de Israel, naquele dia, vinte e cinco mil e cem homens de Benjamim, todos dos que puxavam da espada;

³⁶ assim, viram os filhos de Benjamim que estavam feridos. Os homens de Israel retiraram-se perante os benjamitas, porquanto estavam confiados na emboscada que haviam posto contra Gibeá.

³⁷ A emboscada se apressou, e acometeu a Gibeá, e de golpe feriu-a toda a fio de espada.

³⁸ Os homens de Israel tinham um sinal determinado com a emboscada, que era fazerem levantar da cidade uma grande nuvem de fumaça.

³⁹ Então, os homens de Israel deviam voltar à peleja. Começara Benjamim a ferir e havia já matado uns trinta entre os homens de Israel, porque diziam: Com efeito, já estão derrotados diante de nós, como na peleja anterior.

⁴⁰ Então, a nuvem de fumaça começou a levantar-se da cidade, como se fora uma coluna; virando-se Benjamim a olhar para trás de si, eis que toda a cidade subia em chamas para o céu.

⁴¹ Viraram os homens de Israel, e os de Benjamim pasmaram, porque viram que a calamidade lhes tocaria.

⁴² E viraram diante dos homens de Israel, para o caminho do deserto; porém a peleja os apertou; e os que vinham das cidades os destruíram no meio deles.

⁴³ Cercaram a Benjamim, seguiram-no e, onde repousava, ali o alcançavam, até diante de Gibeá, para o nascente do sol.

⁴⁴ Caíram de Benjamim dezoito mil homens, todos estes homens valentes.

⁴⁵ Então, viraram e fugiram para o deserto, à penha Rimom; e, na respiga, mataram ainda pelos caminhos uns cinco mil homens, e de perto os seguiram até Gidom, e feriram deles dois mil homens.

⁴⁶ Todos os que de Benjamim caíram, naquele dia, foram vinte e cinco mil homens que puxavam da espada, todos eles homens valentes.

⁴⁷ Porém seiscentos homens viraram e fugiram para o deserto, à penha Rimom, onde ficaram quatro meses.

⁴⁸ Os homens de Israel voltaram para os filhos de Benjamim e passaram a fio de espada tudo o que restou da cidade, tanto ho-

mens como animais, em suma, tudo o que encontraram; e também a todas as cidades que acharam puseram fogo.

Esposas para os benjamitas

21 Ora, haviam jurado os homens de Israel em Mispa, dizendo: Nenhum de nós dará sua filha por mulher aos benjamitas.

² Veio o povo a Betel, e ali ficaram até à tarde diante de Deus, e levantaram a voz, e prantearam com grande pranto.

³ Disseram: Ah! SENHOR, Deus de Israel, por que sucedeu isto em Israel, que, hoje, lhe falte uma tribo?

⁴ Ao dia seguinte, o povo, pela manhã, se levantou e edificou ali um altar; e apresentaram holocaustos e ofertas pacíficas.

⁵ Disseram os filhos de Israel: Quem de todas as tribos de Israel não subiu à assembléia do SENHOR? Porque se tinha feito um grande juramento acerca do que não viesse ao SENHOR a Mispa, que dizia: Será morto.

⁶ Os filhos de Israel tiveram compaixão de seu irmão Benjamim e disseram: Foi, hoje, eliminada uma tribo de Israel.

⁷ Como obteremos mulheres para os restantes deles, pois juramos, pelo SENHOR, que das nossas filhas não lhes daríamos por mulheres?

⁸ E disseram: Há alguma das tribos de Israel que não tenha subido ao SENHOR a Mispa? E eis que ninguém de Jabes-Gileade viera ao acampamento, à assembléia.

⁹ Quando se contou o povo, eis que nenhum dos moradores de Jabes-Gileade se achou ali.

¹⁰ Por isso, a congregação enviou lá doze mil homens dos mais valentes e lhes ordenou, dizendo: Ide e, a fio de espada, feri os moradores de Jabes-Gileade, e as mulheres, e as crianças.

¹¹ Isto é o que haveis de fazer: a todo homem e a toda mulher que se houver deitado com homem destruireis.

¹² Acharam entre os moradores de Jabes-Gileade quatrocentas moças virgens, que não se deitaram com homem; e as trouxeram ao acampamento, a Silo, que está na terra de Canaã.

¹³ Toda a congregação, pois, enviou

21.25 Jz 17.6.

mensageiros aos filhos de Benjamim que estavam na penha Rimom, e lhes proclamaram a paz.

¹⁴ Nesse mesmo tempo, voltaram os benjamitas; e se lhes deram por mulheres as que foram conservadas com vida, das de Jabes-Gileade; porém estas ainda não lhes bastaram.

¹⁵ Então, o povo teve compaixão de Benjamim, porquanto o SENHOR tinha feito brecha nas tribos de Israel.

¹⁶ Disseram os anciãos da congregação: Como obteremos mulheres para os restantes ainda, pois foram exterminadas as mulheres dos benjamitas?

¹⁷ Disseram mais: A herança dos que ficaram de resto não a deve perder Benjamim, visto que nenhuma tribo de Israel deve ser destruída.

¹⁸ Porém nós não lhes poderemos dar mulheres de nossas filhas, porque os filhos de Israel juraram, dizendo: Maldito o que der mulher aos benjamitas.

¹⁹ Então, disseram: Eis que, de ano em ano, há solenidade do SENHOR em Silo, que se celebra para o norte de Betel, da banda do nascente do sol, pelo caminho alto que sobe de Betel a Siquém e para o sul de Lebona.

²⁰ Ordenaram aos filhos de Benjamim, dizendo: Ide, e emboscai-vos nas vinhas,

²¹ e olhai; e eis aí, saindo as filhas de Silo a dançar em rodas, saí vós das vinhas, e arrebatai, dentre elas, cada um sua mulher, e ide-vos à terra de Benjamim.

²² Quando seus pais ou seus irmãos vierem queixar-se a nós, nós lhes diremos: por amor de nós, tende compaixão deles, pois, na guerra contra Jabes-Gileade, não obtivemos mulheres para cada um deles; e também não lhes destes, pois neste caso ficaríeis culpados.

²³ Assim fizeram os filhos de Benjamim e levaram mulheres conforme o número deles, das que arrebataram das rodas que dançavam; e foram-se, voltaram à sua herança, reedificaram as cidades e habitaram nelas.

²⁴ Então, os filhos de Israel também partiram dali, cada um para a sua tribo, para a sua família e para a sua herança.

²⁵ Naqueles dias, não havia rei em Israel; cada um fazia o que achava mais reto.

O LIVRO DE

RUTE

Noemi e Rute

1 Nos dias em que julgavam os juízes, houve fome na terra; e um homem de Belém de Judá saiu a habitar na terra de Moabe, com sua mulher e seus dois filhos.

2 Este homem se chamava Elimeleque, e sua mulher, Noemi; os filhos se chamavam Malom e Quiliom, efrateus, de Belém de Judá; vieram à terra de Moabe e ficaram ali.

3 Morreu Elimeleque, marido de Noemi; e ficou ela com seus dois filhos,

4 os quais casaram com mulheres moabitas; era o nome duma Orfa, e o nome da outra, Rute; e ficaram ali quase dez anos.

5 Morreram também ambos, Malom e Quiliom, ficando, assim, a mulher desamparada de seus dois filhos e de seu marido.

6 Então, se dispôs ela com as suas noras e voltou da terra de Moabe, porquanto, nesta, ouviu que o Senhor se lembrara do seu povo, dando-lhe pão.

7 Saiu, pois, ela com suas duas noras do lugar onde estivera; e, indo elas caminhando, de volta para a terra de Judá,

8 disse-lhes Noemi: Ide, voltai cada uma à casa de sua mãe; e o Senhor use convosco de benevolência, como vós usastes com os que morreram e comigo.

9 O Senhor vos dê que sejais felizes, cada uma em casa de seu marido. E beijou-as. Elas, porém, choraram em alta voz

10 e lhe disseram: Não! Iremos contigo ao teu povo.

11 Porém Noemi disse: Voltai, minhas filhas! Por que iríeis comigo? Tenho eu ainda no ventre filhos, para que vos sejam por maridos?

12 Tornai, filhas minhas! Ide-vos embora, porque sou velha demais para ter marido. Ainda quando eu dissesse: tenho esperança ou ainda que esta noite tivesse marido e houvesse filhos,

13 esperá-los-íeis até que viessem a ser grandes? Abster-vos-íeis de tomardes marido? Não, filhas minhas! Porque, por vossa causa, a mim me amarga o ter o Senhor descarregado contra mim a sua mão.

14 Então, de novo, choraram em voz alta; Orfa, com um beijo, se despediu de sua sogra, porém Rute se apegou a ela.

15 Disse Noemi: Eis que tua cunhada voltou ao seu povo e aos seus deuses; também tu, volta após a tua cunhada.

16 Disse, porém, Rute: Não me instes para que te deixe e me obrigue a não seguir-te; porque, aonde quer que fores, irei eu e, onde quer que pousares, ali pousarei eu; o teu povo é o meu povo, o teu Deus é o meu Deus.

17 Onde quer que morreres, morrerei eu e aí serei sepultada; faça-me o Senhor o que bem lhe aprouver, se outra cousa que não seja a morte me separar de ti.

18 Vendo, pois, Noemi que de todo estava resolvida a ir com ela, deixou de insistir com ela.

19 Então, ambas se foram, até que chegaram a Belém; sucedeu que, ao chegarem ali, toda a cidade se comoveu por causa delas, e as mulheres diziam: Não é esta Noemi?

20 Porém ela lhes dizia: Não me chameis Noemi; chamai-me Mara, porque grande amargura me tem dado o Todo-poderoso.

21 Ditosa eu parti, porém o Senhor me fez voltar pobre; por que, pois, me chamareis Noemi, visto que o Senhor se manifestou contra mim e o Todo-poderoso me tem afligido?

22 Assim, voltou Noemi da terra de Moabe, com Rute, sua nora, a moabita; e chegaram a Belém no princípio da sega da cevada.

Rute vai rebuscar espigas

2 Tinha Noemi um parente de seu marido, senhor de muitos bens, da família de Elimeleque, o qual se chamava Boaz.

2 Rute, a moabita, disse a Noemi: Deixa-me ir ao campo, e apanharei espigas atrás daquele que mo favorecer. Ela lhe disse: Vai, minha filha!

3 Ela se foi, chegou ao campo e apanhava após os segadores; por casualidade entrou na parte que pertencia a Boaz, o qual era da família de Elimeleque.

4 Eis que Boaz veio de Belém e disse aos segadores: O Senhor seja convosco! Responderam-lhe eles: O Senhor te abençoe!

.2 Lv 19.9,10; Dt 24.19.

⁵ Depois, perguntou Boaz ao servo encarregado dos segadores: De quem é esta moça?

⁶ Respondeu-lhe o servo: Esta é a moça moabita que veio com Noemi da terra de Moabe.

⁷ Disse-me ela: Deixa-me rebuscar espigas e ajuntá-las entre as gavelas após os segadores. Assim, ela veio; desde pela manhã até agora está aqui, menos um pouco que esteve na choça.

Boaz fala a Rute benignamente

⁸ Então, disse Boaz a Rute: Ouve, filha minha, não vás colher em outro campo, nem tampouco passes daqui; porém aqui ficarás com as minhas servas.

⁹ Estarás atenta ao campo que segarem e irás após elas. Não dei ordem aos servos, que te não toquem? Quando tiveres sede, vai às vasilhas e bebe do que os servos tiraram.

¹⁰ Então, ela, inclinando-se, rosto em terra, lhe disse: Como é que me favoreces e fazes caso de mim, sendo eu estrangeira?

¹¹ Respondeu Boaz e lhe disse: Bem me contaram tudo quanto fizeste a tua sogra, depois da morte de teu marido, e como deixaste a teu pai, e a tua mãe, e a terra onde nasceste e vieste para um povo que dantes não conhecias.

¹² O Senhor retribua o teu feito, e seja cumprida a tua recompensa do Senhor, Deus de Israel, sob cujas asas vieste buscar refúgio.

¹³ Disse ela: Tu me favoreces muito, senhor meu, pois me consolaste e falaste ao coração de tua serva, não sendo eu nem ainda como uma das tuas servas.

¹⁴ À hora de comer, Boaz lhe disse: Achega-te para aqui, e come do pão, e molha no vinho o teu bocado. Ela se assentou ao lado dos segadores, e ele lhe deu grãos tostados de cereais; ela comeu e se fartou, e ainda lhe sobejou.

¹⁵ Levantando-se ela para rebuscar, Boaz deu ordem aos seus servos, dizendo: Até entre as gavelas deixai-a colher e não a censureis.

¹⁶ Tirai também dos molhos algumas espigas, e deixai-as, para que as apanhe, e não a repreendais.

¹⁷ Esteve ela apanhando naquele campo até à tarde; debulhou o que apanhara, e foi quase um efa de cevada.

¹⁸ Tomou-o e veio à cidade; e viu sua sogra o que havia apanhado; também o que lhe sobejara depois de fartar-se tirou e deu a sua sogra.

¹⁹ Então, lhe disse a sogra: Onde colheste hoje? Onde trabalhaste? Bendito seja aquele que te acolheu favoravelmente! E Rute contou a sua sogra onde havia trabalhado e disse: O nome do senhor, em cujo campo trabalhei, é Boaz.

²⁰ Então, Noemi disse a sua nora: Bendito seja ele do Senhor, que ainda não tem deixado a sua benevolência nem para com os vivos nem para com os mortos. Disse-lhe mais Noemi: Esse homem é nosso parente chegado e um dentre os nossos resgatadores.

²¹ Continuou Rute, a moabita: Também ainda me disse: Com os meus servos ficarás, até que acabem toda a sega que tenho.

²² Disse Noemi a sua nora, Rute: Bom será, filha minha, que saias com as servas dele, para que, noutro campo, não te molestem.

²³ Assim, passou ela à companhia das servas de Boaz, para colher, até que a sega da cevada e do trigo se acabou; e ficou com a sua sogra.

Rute e Boaz na eira

3 Disse-lhe Noemi, sua sogra: Minha filha, não hei de eu buscar-te um lar, para que sejas feliz?

² Ora, pois, não é Boaz, na companhia de cujas servas estiveste, um dos nossos parentes? Eis que esta noite alimpará a cevada na eira.

³ Banha-te, e unge-te, e põe os teus melhores vestidos, e desce à eira; porém não te dês a conhecer ao homem, até que tenha acabado de comer e beber.

⁴ Quando ele repousar, notarás o lugar em que se deita; então, chegarás, e lhe descobrirás os pés, e te deitarás; ele te dirá o que deves fazer.

⁵ Respondeu-lhe Rute: Tudo quanto me disseres farei.

Boaz promete a Rute casar com ela

⁶ Então, foi para a eira e fez conforme tudo quanto sua sogra lhe havia ordenado.

⁷ Havendo, pois, Boaz comido e bebido e estando já de coração um tanto alegre, veio deitar-se ao pé de um monte de cereais; então, chegou ela de mansinho, e lhe descobriu os pés, e se deitou.

⁸ Sucedeu que, pela meia-noite, assustando-se o homem, sentou-se; e eis que uma mulher estava deitada a seus pés.

⁹ Disse ele: Quem és tu? Ela respondeu: Sou Rute, tua serva; estende a tua capa sobre a tua serva, porque tu és resgatador.

¹⁰ Disse ele: Bendita sejas tu do SENHOR, minha filha; melhor fizeste a tua última benevolência que a primeira, pois não foste após jovens, quer pobres, quer ricos.

¹¹ Agora, pois, minha filha, não tenhas receio; tudo quanto disseste eu te farei, pois toda a cidade do meu povo sabe que és mulher virtuosa.

¹² Ora, é muito verdade que eu sou resgatador; mas ainda outro resgatador há mais chegado do que eu.

¹³ Fica-te aqui esta noite, e será que, pela manhã, se ele te quiser resgatar, bem está, que te resgate; porém, se não lhe apraz resgatar-te, eu o farei, tão certo como vive o SENHOR; deita-te aqui até à manhã.

¹⁴ Ficou-se, pois, deitada a seus pés até pela manhã e levantou-se antes que pudessem conhecer um ao outro; porque ele disse: Não se saiba que veio mulher à eira.

¹⁵ Disse mais: Dá-me o manto que tens sobre ti e segura-o. Ela o segurou, ele o encheu com seis medidas de cevada e lho pôs às costas; então, entrou ela na cidade.

¹⁶ Em chegando à casa de sua sogra, esta lhe disse: Como se te passaram as cousas, filha minha? Ela lhe contou tudo quanto aquele homem lhe fizera.

¹⁷ E disse ainda: Estas seis medidas de cevada, ele mas deu e me disse: Não voltes para a tua sogra sem nada.

¹⁸ Então, lhe disse Noemi: Espera, minha filha, até que saibas em que darão as cousas, porque aquele homem não descansará, enquanto não se resolver este caso ainda hoje.

Boaz casa com Rute

4 Boaz subiu à porta da cidade e assentou-se ali. Eis que o resgatador de que Boaz havia falado ia passando; então, lhe disse: Ó fulano, chega-te para aqui e assenta-te; ele se virou e se assentou.

² Então, Boaz tomou dez homens dos anciãos da cidade e disse: Assentai-vos aqui. E assentaram-se.

³ Disse ao resgatador: Aquela parte da terra que foi de Elimeleque, nosso irmão, Noemi, que tornou da terra dos moabitas, tem para venda.

⁴ Resolvi, pois, informar-te disso e di-
zer-te: compra-a na presença destes que estão sentados aqui e na de meu povo; se queres resgatá-la, resgata-a; se não, declara-mo para que eu o saiba, pois outro não há senão tu que a resgate, e eu, depois de ti. Respondeu ele: Eu a resgatarei.

⁵ Disse, porém, Boaz: No dia em que tomares a terra da mão de Noemi, também a tomarás da mão de Rute, a moabita, já viúva, para suscitar o nome do esposo falecido, sobre a herança dele.

⁶ Então, disse o resgatador: Para mim não a poderei resgatar, para que não prejudique a minha; redime tu o que me cumpria resgatar, porque eu não poderei fazê-lo.

⁷ Este era, outrora, o costume em Israel, quanto a resgates e permutas: o que queria confirmar qualquer negócio tirava o calçado e o dava ao seu parceiro; assim se confirmava negócio em Israel.

⁸ Disse, pois, o resgatador a Boaz: Compra-a tu. E tirou o calçado.

⁹ Então, Boaz disse aos anciãos e a todo o povo: Sois, hoje, testemunhas de que comprei da mão de Noemi tudo o que pertencia a Elimeleque, a Quiliom e a Malom;

¹⁰ e também tomo por mulher Rute, a moabita, que foi esposa de Malom, para suscitar o nome deste sobre a sua herança, para que este nome não seja exterminado dentre seus irmãos e da porta da sua cidade; disto sois, hoje, testemunhas.

¹¹ Todo o povo que estava na porta e os anciãos disseram: Somos testemunhas; o SENHOR faça a esta mulher, que entra na tua casa, como a Raquel e como a Lia, que ambas edificaram a casa de Israel; e tu, Boaz, há-te valorosamente em Efrata e faze-te nome afamado em Belém.

¹² Seja a tua casa como a casa de Perez, que Tamar teve de Judá, pela prole que o SENHOR te der desta jovem.

Rute dá à luz Obede

¹³ Assim, tomou Boaz a Rute, e ela passou a ser sua mulher; coabitou com ela, e o SENHOR lhe concedeu que concebesse, e teve um filho.

¹⁴ Então, as mulheres disseram a Noemi: Seja o SENHOR bendito, que não deixou, hoje, de te dar um neto que será teu resgatador, e seja afamado em Israel o nome deste.

¹⁵ Ele será restaurador da tua vida e consolador da tua velhice, pois tua nora,

que te ama, o deu à luz, e ela te é melhor do que sete filhos.

¹⁶ Noemi tomou o menino, e o pôs no regaço, e entrou a cuidar dele.

¹⁷ As vizinhas lhe deram nome, dizendo: A Noemi nasceu um filho. E lhe chamaram Obede. Este é o pai de Jessé, pai de Davi.

¹⁸ São estas, pois, as gerações de Perez: Perez gerou a Hezrom,

¹⁹ Hezrom gerou a Rão, Rão gerou a Aminadabe,

²⁰ Aminadabe gerou a Naassom, Naassom gerou a Salmom,

²¹ Salmom gerou a Boaz, Boaz gerou a Obede,

²² Obede gerou a Jessé, e Jessé gerou a Davi.

O PRIMEIRO LIVRO DE

SAMUEL

Elcana e suas mulheres

1 Houve um homem de Ramataim-Zofim, da região montanhosa de Efraim, cujo nome era Elcana, filho de Jeroão, filho de Eliú, filho de Toú, filho de Zufe, efraimita.

² Tinha ele duas mulheres: uma se chamava Ana, e a outra, Penina; Penina tinha filhos; Ana, porém, não os tinha.

³ Este homem subia da sua cidade de ano em ano a adorar e a sacrificar ao SENHOR dos Exércitos, em Silo. Estavam ali os dois filhos de Eli, Hofni e Finéias, como sacerdotes do SENHOR.

⁴ No dia em que Elcana oferecia o seu sacrifício, dava ele porções deste a Penina, sua mulher, e a todos os seus filhos e filhas.

⁵ A Ana, porém, dava porção dupla, porque ele a amava, ainda mesmo que o SENHOR a houvesse deixado estéril.

⁶ (A sua rival a provocava excessivamente para a irritar, porquanto o SENHOR lhe havia cerrado a madre.)

⁷ E assim o fazia ele de ano em ano; e, todas as vezes que Ana subia à Casa do SENHOR, a outra a irritava; pelo que chorava e não comia.

⁸ Então, Elcana, seu marido, lhe disse: Ana, por que choras? E por que não comes? E por que estás de coração triste? Não te sou eu melhor do que dez filhos?

A oração e o voto de Ana

⁹ Após terem comido e bebido em Silo, estando Eli, o sacerdote, assentado numa cadeira, junto a um pilar do templo do SENHOR,

¹⁰ levantou-se Ana, e, com amargura de alma, orou ao SENHOR, e chorou abundantemente.

¹¹ E fez um voto, dizendo: SENHOR dos Exércitos, se benignamente atentares para a aflição da tua serva, e de mim te lembrares, e da tua serva te não esqueceres, e lhe deres um filho varão, ao SENHOR o darei por todos os dias da sua vida, e sobre a sua cabeça não passará navalha.

¹² Demorando-se ela no orar perante o SENHOR, passou Eli a observar-lhe o movimento dos lábios,

¹³ porquanto Ana só no coração falava; seus lábios se moviam, porém não se lhe ouvia voz nenhuma; por isso, Eli a teve por embriagada

¹⁴ e lhe disse: Até quando estarás tu embriagada? Aparta de ti esse vinho!

¹⁵ Porém Ana respondeu: Não, senhor meu! Eu sou mulher atribulada de espírito; não bebi nem vinho nem bebida forte; porém venho derramando a minha alma perante o SENHOR.

¹⁶ Não tenhas, pois, a tua serva por filha de Belial; porque pelo excesso da minha ansiedade e da minha aflição é que tenho falado até agora.

¹⁷ Então, lhe respondeu Eli: Vai-te em paz, e o Deus de Israel te conceda a petição que lhe fizeste.

¹⁸ E disse ela: Ache a tua serva mercê diante de ti. Assim, a mulher se foi seu caminho e comeu, e o seu semblante já não era triste.

Nasce Samuel e é consagrado a Deus

¹⁹ Levantaram-se de madrugada, e ado

1.11 Nm 6.5.

raram perante o Senhor, e voltaram, e chegaram a sua casa, a Ramá. Elcana coabitou com Ana, sua mulher, e, lembrandose dela o Senhor,

²⁰ ela concebeu e, passado o devido tempo, teve um filho, a que chamou Samuel, pois dizia: Do Senhor o pedi.

²¹ Subiu Elcana, seu marido, com toda a sua casa, a oferecer ao Senhor o sacrifício anual e a cumprir o seu voto.

²² Ana, porém, não subiu e disse a seu marido: Quando for o menino desmamado, levá-lo-ei para ser apresentado perante o Senhor e para lá ficar para sempre.

²³ Respondeu-lhe Elcana, seu marido: Faze o que melhor te agrade; fica até que o desmames; tão-somente confirme o Senhor a sua palavra. Assim, ficou a mulher e criou o filho ao peito, até que o desmamou.

²⁴ Havendo-o desmamado, levou-o consigo, com um novilho de três anos, um efa de farinha e um odre de vinho, e o apresentou à Casa do Senhor, a Silo. Era o menino ainda muito criança.

²⁵ Imolaram o novilho e trouxeram o menino a Eli.

²⁶ E disse ela: Ah! Meu senhor, tão certo como vives, eu sou aquela mulher que aqui esteve contigo, orando ao Senhor.

²⁷ Por este menino orava eu; e o Senhor me concedeu a petição que eu lhe fizera.

²⁸ Pelo que também o trago como devolvido ao Senhor, por todos os dias que viver; pois do Senhor o pedi. E eles adoraram ali o Senhor.

O cântico de Ana

2 Então, orou Ana e disse:
O meu coração se regozija no Senhor,
a minha força está exaltada
no Senhor;
a minha boca se ri dos meus inimigos,
porquanto me alegro na tua salvação.
² Não há santo como o Senhor;
porque não há outro além de ti;
e Rocha não há, nenhuma,
como o nosso Deus.
³ Não multipliqueis palavras de orgulho,
nem saiam cousas arrogantes
da vossa boca;
porque o Senhor
é o Deus da sabedoria
e pesa todos os feitos na balança.
⁴ O arco dos fortes é quebrado,
porém os débeis, cingidos de força.

⁵ Os que antes eram fartos
hoje se alugam por pão,
mas os que andavam famintos
não sofrem mais fome;
até a estéril tem sete filhos,
e a que tinha muitos filhos
perde o vigor.
⁶ O Senhor é o que tira a vida e a dá;
faz descer à sepultura e faz subir.
⁷ O Senhor empobrece e enriquece;
abaixa e também exalta.
⁸ Levanta o pobre do pó
e, desde o monturo,
exalta o necessitado,
para o fazer assentar entre os príncipes,
para lhe dar herdar o trono de glória;
porque do Senhor
são as colunas da terra,
e assentou sobre elas o mundo.
⁹ Ele guarda os pés dos seus santos,
porém os perversos emudecem
nas trevas da morte;
porque o homem não prevalece
pela força.
¹⁰ Os que contendem com o Senhor
são quebrantados;
dos céus troveja contra eles.
O Senhor julga
as extremidades da terra,
dá força ao seu rei
e exalta o poder do seu ungido.

¹¹ Então, Elcana foi-se a Ramá, a sua casa; porém o menino ficou servindo ao Senhor, perante o sacerdote Eli.

Os crimes dos filhos de Eli

¹² Eram, porém, os filhos de Eli filhos de Belial e não se importavam com o Senhor;

¹³ pois o costume daqueles sacerdotes com o povo era que, oferecendo alguém sa crifício, vinha o moço do sacerdote, estando-se cozendo a carne, com um garfo de três dentes na mão;

¹⁴ e metia-o na caldeira, ou na panela, ou no tacho, ou na marmita, e tudo quanto o garfo tirava o sacerdote tomava para si; assim se fazia a todo o Israel que ia ali, a Silo.

¹⁵ Também, antes de se queimar a gordura, vinha o moço do sacerdote e dizia ao homem que sacrificava: Dá essa carne para assar ao sacerdote; porque não aceitará de ti carne cozida, senão crua.

¹⁶ Se o ofertante lhe respondia: Queime-se primeiro a gordura, e, depois, tomarás

quanto quiseres, então, ele lhe dizia: Não, porem hás de ma dar agora; se não, tomá-la-ei à força.

17 Era, pois, mui grande o pecado destes moços perante o SENHOR, porquanto eles desprezavam a oferta do SENHOR.

A mocidade de Samuel

18 Samuel ministrava perante o SENHOR, sendo ainda menino, vestido de uma estola sacerdotal de linho.

19 Sua mãe lhe fazia uma túnica pequena e, de ano em ano, lha trazia quando, com seu marido, subia a oferecer o sacrifício anual.

20 Eli abençoava a Elcana e a sua mulher e dizia: O SENHOR te dê filhos desta mulher, em lugar do filho que devolveu ao SENHOR. E voltavam para a sua casa.

21 Abençoou, pois, o SENHOR a Ana, e ela concebeu e teve três filhos e duas filhas; e o jovem Samuel crescia diante do SENHOR.

Eli repreende os seus filhos

22 Era, porém, Eli já muito velho e ouvia tudo quanto seus filhos faziam a todo o Israel e de como se deitavam com as mulheres que serviam à porta da tenda da congregação.

23 E disse-lhes: Por que fazeis tais cousas? Pois de todo este povo ouço constantemente falar do vosso mau procedimento.

24 Não, filhos meus, porque não é boa fama esta que ouço; estais fazendo transgredir o povo do SENHOR.

25 Pecando o homem contra o próximo, Deus lhe será o árbitro; pecando, porém, contra o SENHOR, quem intercederá por ele? Entretanto, não ouviram a voz de seu pai, porque o SENHOR os queria matar.

26 Mas o jovem Samuel crescia em estatura e no favor do SENHOR e dos homens.

Profecia contra a casa de Eli

27 Veio um homem de Deus a Eli e lhe disse: Assim diz o SENHOR: Não me manifestei, na verdade, à casa de teu pai, estando os israelitas ainda no Egito, na casa de Faraó?

28 Eu o escolhi dentre todas as tribos de Israel para ser o meu sacerdote, para subir ao meu altar, para queimar o incenso e para trazer a estola sacerdotal perante mim;

e dei à casa de teu pai todas as ofertas queimadas dos filhos de Israel.

29 Por que pisais aos pés os meus sacrifícios e as minhas ofertas de manjares, que ordenei se me fizessem na minha morada? E, tu, por que honras a teus filhos mais do que a mim, para tu e eles vos engordardes das melhores de todas as ofertas do meu povo de Israel?

30 Portanto, diz o SENHOR, Deus de Israel: Na verdade, dissera eu que a tua casa e a casa de teu pai andariam diante de mim perpetuamente; porém, agora, diz o SENHOR: Longe de mim tal cousa, porque aos que me honram, honrarei, porém os que me desprezam serão desmerecidos.

31 Eis que vêm dias em que cortarei o teu braço e o braço da casa de teu pai, para que não haja mais velho nenhum em tua casa.

32 E verás o aperto da morada de Deus, a um tempo com o bem que fará a Israel; e jamais haverá velho em tua casa.

33 O homem, porém, da tua linhagem a quem eu não afastar do meu altar será para te consumir os olhos e para te entristecer a alma; e todos os descendentes da tua casa morrerão na flor da idade.

34 Ser-te-á por sinal o que sobrevirá a teus dois filhos, a Hofni e Finéias: ambos morrerão no mesmo dia.

35 Então, suscitarei para mim um sacerdote fiel, que procederá segundo o que tenho no coração e na mente; edificar-lhe-ei uma casa estável, e andará ele diante do meu ungido para sempre.

36 Será que todo aquele que restar da tua casa virá a inclinar-se diante dele, para obter uma moeda de prata e um bocado de pão, e dirá: Rogo-te que me admitas a algum dos cargos sacerdotais, para ter um pedaço de pão, que coma.

Deus fala com Samuel em sonhos

3 O jovem Samuel servia ao SENHOR, perante Eli. Naqueles dias, a palavra do SENHOR era mui rara; as visões não eram freqüentes.

2 Certo dia, estando deitado no lugar costumado o sacerdote Eli, cujos olhos já começavam a escurecer-se, a ponto de não poder ver,

3 e tendo-se deitado também Samuel, no templo do SENHOR, em que estava a arca, antes que a lâmpada de Deus se apagasse,

2.28 Êx 28.1-4; Lv 7.35,36.

⁴ o SENHOR chamou o menino: Samuel, Samuel! Este respondeu: Eis-me aqui!

⁵ Correu a Eli e disse: Eis-me aqui, pois tu me chamaste. Mas ele disse: Não te chamei; torna a deitar-te. Ele se foi e se deitou.

⁶ Tornou o SENHOR a chamar: Samuel! Este se levantou, foi a Eli e disse: Eis-me aqui, pois tu me chamaste. Mas ele disse: Não te chamei, meu filho, torna a deitar-te.

⁷ Porém Samuel ainda não conhecia o SENHOR, e ainda não lhe tinha sido manifestada a palavra do SENHOR.

⁸ O SENHOR, pois, tornou a chamar a Samuel, terceira vez, e ele se levantou, e foi a Eli, e disse: Eis-me aqui, pois tu me chamaste. Então, entendeu Eli que era o SENHOR quem chamava o jovem.

⁹ Por isso, Eli disse a Samuel: Vai deitar-te; se alguém te chamar, dirás: Fala, SENHOR, porque o teu servo ouve. E foi Samuel para o seu lugar e se deitou.

¹⁰ Então, veio o SENHOR, e ali esteve, e chamou como das outras vezes: Samuel, Samuel! Este respondeu: Fala, porque o teu servo ouve.

¹¹ Disse o SENHOR a Samuel: Eis que vou fazer uma cousa em Israel, a qual todo o que a ouvir lhe tinirão ambos os ouvidos.

¹² Naquele dia, suscitarei contra Eli tudo quanto tenho falado com respeito à sua casa; começarei e o cumprirei.

¹³ Porque já lhe disse que julgarei a sua casa para sempre, pela iniqüidade que ele bem conhecia, porque seus filhos se fizeram execráveis, e ele os não repreendeu.

¹⁴ Portanto, jurei à casa de Eli que nunca lhe será expiada a iniqüidade, nem com sacrifício, nem com oferta de manjares.

Samuel conta a visão a Eli

¹⁵ Ficou Samuel deitado até pela manhã e, então, abriu as portas da Casa do SENHOR; porém temia relatar a visão a Eli.

¹⁶ Chamou Eli a Samuel e disse: Samuel, meu filho! Ele respondeu: Eis-me aqui!

¹⁷ Então, ele disse: Que é que o SENHOR te falou? Peço-te que mo não encubras; assim Deus te faça o que bem lhe aprouver se me encobrires alguma cousa de tudo o que te falou.

¹⁸ Então, Samuel lhe referiu tudo e nada lhe encobriu. E disse Eli: É o SENHOR; faça o que bem lhe aprouver.

¹⁹ Crescia Samuel, e o SENHOR era com

ele, e nenhuma de todas as suas palavras deixou cair em terra.

²⁰ Todo o Israel, desde Dã até Berseba, conheceu que Samuel estava confirmado como profeta do SENHOR.

²¹ Continuou o SENHOR a aparecer em Silo, enquanto por sua palavra o SENHOR se manifestava ali a Samuel.

Os filisteus vencem os israelitas

4 Veio a palavra de Samuel a todo o Israel. Israel saiu à peleja contra os filisteus e se acampou junto a Ebenézer; e os filisteus se acamparam junto a Afeque.

² Dispuseram-se os filisteus em ordem de batalha, para sair de encontro a Israel; e, travada a peleja, Israel foi derrotado pelos filisteus; e estes mataram, no campo aberto, cerca de quatro mil homens.

³ Voltando o povo ao arraial, disseram os anciãos de Israel: Por que nos feriu o SENHOR, hoje, diante dos filisteus? Tragamos de Silo a arca da Aliança do SENHOR, para que venha no meio de nós e nos livre das mãos de nossos inimigos.

⁴ Mandou, pois, o povo trazer de Silo a arca do SENHOR dos Exércitos, entronizado entre os querubins; os dois filhos de Eli, Hofni e Finéias, estavam ali com a arca da Aliança de Deus.

A arca é tomada. Hofni e Finéias são mortos

⁵ Sucedeu que, vindo a arca da Aliança do SENHOR ao arraial, rompeu todo o Israel em grandes brados, e ressoou a terra.

⁶ Ouvindo os filisteus a voz do júbilo, disseram: Que voz de grande júbilo é esta no arraial dos hebreus? Então, souberam que a arca do SENHOR era vinda ao arraial.

⁷ E se atemorizaram os filisteus e disseram: Os deuses vieram ao arraial. E diziam mais: Ai de nós! Que tal jamais sucedeu antes.

⁸ Ai de nós! Quem nos livrará das mãos destes grandiosos deuses? São os deuses que feriram aos egípcios com toda sorte de pragas no deserto.

⁹ Sede fortes, ó filisteus! Portai-vos varonilmente, para que não venhais a ser escravos dos hebreus, como eles serviram a vós outros! Portai-vos varonilmente e pelejai!

¹⁰ Então, pelejaram os filisteus; Israel foi derrotado, e cada um fugiu para a sua

4.4 Êx 25.22.

tenda; foi grande a derrota, pois foram mortos de Israel trinta mil homens de pé.

¹¹ Foi tomada a arca de Deus, e mortos os dois filhos de Eli, Hofni e Finéias.

A morte de Eli

¹² Então, correu um homem de Benjamim, saído das fileiras, e, no mesmo dia, chegou a Silo; trazia rasgadas as vestes e terra sobre a cabeça.

¹³ Quando chegou, Eli estava assentado numa cadeira, ao pé do caminho, olhando como quem espera, porque o seu coração estava tremendo pela arca de Deus. Depois de entrar o homem na cidade e dar as novas, toda a cidade prorrompeu em gritos.

¹⁴ Eli, ouvindo os gritos, perguntou: Que alvoroço é esse? Então, se apressou o homem e, vindo, deu as notícias a Eli.

¹⁵ Era Eli da idade de noventa e oito anos; os seus olhos tinham cegado, e já não podia ver.

¹⁶ Disse o homem a Eli: Eu sou o que saí das fileiras e delas fugi hoje mesmo. Perguntou-lhe Eli: Que sucedeu, meu filho?

¹⁷ Então, respondeu o que trazia as novas e disse: Israel fugiu de diante dos filisteus, houve grande morticínio entre o povo, e também os teus dois filhos, Hofni e Finéias, foram mortos, e a arca de Deus foi tomada.

¹⁸ Ao fazer ele menção da arca de Deus, caiu Eli da cadeira para trás, junto ao portão, e quebrou-se-lhe o pescoço, e morreu, porque era já homem velho e pesado; e havia ele julgado a Israel quarenta anos.

¹⁹ Estando sua nora, a mulher de Finéias, grávida, e próximo o parto, ouvindo estas novas, de que a arca de Deus fora tomada e de que seu sogro e seu marido morreram, encurvou-se e deu à luz; porquanto as dores lhe sobrevieram.

²⁰ Ao expirar, disseram as mulheres que a assistiam: Não temas, pois tiveste um filho. Ela, porém, não respondeu, nem fez caso disso.

²¹ Mas chamou ao menino Icabode, dizendo: Foi-se a glória de Israel. Isto ela disse, porque a arca de Deus fora tomada e por causa de seu sogro e de seu marido.

²² E falou mais: Foi-se a glória de Israel, pois foi tomada a arca de Deus.

A arca na casa de Dagom

5 Os filisteus tomaram a arca de Deus e a levaram de Ebenézer a Asdode.

² Tomaram os filisteus a arca de Deus e a meteram na casa de Dagom, junto a este.

³ Levantando-se, porém, de madrugada os de Asdode, no dia seguinte, eis que estava caído Dagom com o rosto em terra, diante da arca do SENHOR; tomaram-no e tornaram a pô-lo no seu lugar.

⁴ Levantando-se de madrugada no dia seguinte, pela manhã, eis que Dagom jazia caído de bruços diante da arca do SENHOR; a cabeça de Dagom e as duas mãos estavam cortadas sobre o limiar; dele ficara apenas o tronco.

⁵ Por isso, os sacerdotes de Dagom e todos os que entram no seu templo não lhe pisam o limiar em Asdode, até ao dia de hoje.

⁶ Porém a mão do SENHOR castigou duramente os de Asdode, e os assolou, e os feriu de tumores, tanto em Asdode como no seu território.

⁷ Vendo os homens de Asdode que assim era, disseram: Não fique conosco a arca do Deus de Israel; pois a sua mão é dura sobre nós e sobre Dagom, nosso deus.

⁸ Pelo que enviaram mensageiros, e congregaram a si todos os príncipes dos filisteus, e disseram: Que faremos da arca do Deus de Israel? Responderam: Seja levada a arca do Deus de Israel até Gate e, depois, de cidade em cidade. E a levaram até Gate.

⁹ Depois de a terem levado, a mão do SENHOR foi contra aquela cidade, com mui grande terror; pois feriu os homens daquela cidade, desde o pequeno até ao grande; e lhes nasceram tumores.

¹⁰ Então, enviaram a arca de Deus a Ecrom. Sucedeu, porém, que, em lá chegando, os ecronitas exclamaram, dizendo: Transportaram até nós a arca do Deus de Israel, para nos matarem, a nós e ao nosso povo.

¹¹ Então, enviaram mensageiros, e congregaram a todos os príncipes dos filisteus, e disseram: Devolvei a arca do Deus de Israel, e torne para o seu lugar, para que não mate nem a nós nem ao nosso povo. Porque havia terror de morte em toda a cidade, e a mão de Deus castigara duramente ali.

¹² Os homens que não morriam eram atingidos com os tumores; e o clamor da cidade subiu até ao céu.

Os filisteus enviam a arca para fora da sua terra

6 Sete meses esteve a arca do SENHOR na terra dos filisteus.

² Estes chamaram os sacerdotes e os adivinhadores e lhes disseram: Que faremos da arca do Senhor? Fazei-nos saber como a devolveremos para o seu lugar.

³ Responderam eles: Quando enviardes a arca do Deus de Israel, não a envieis vazia, porém enviá-la-eis a seu Deus com uma oferta pela culpa; então, sereis curados e sabereis por que a sua mão se não tira de vós.

⁴ Então, disseram: Qual será a oferta pela culpa que lhe havemos de apresentar? Responderam: Segundo o número dos príncipes dos filisteus, cinco tumores de ouro e cinco ratos de ouro, porquanto a praga é uma e a mesma sobre todos vós e sobre todos os vossos príncipes.

⁵ Fazei umas imitações dos vossos tumores e dos vossos ratos, que andam destruindo a terra, e dai glória ao Deus de Israel; porventura, aliviará a sua mão de cima de vós, e do vosso deus, e da vossa terra.

⁶ Por que, pois, endureceríeis o coração, como os egípcios e Faraó endureceram o coração? Porventura, depois de os haverem tratado tão mal, não os deixaram ir, e eles não se foram?

⁷ Agora, pois, fazei um carro novo, tomai duas vacas com crias, sobre as quais não se pôs ainda jugo, e atai-as ao carro; seus bezerros, levá-los-eis para casa.

⁸ Então, tomai a arca do Senhor, e ponde-a sobre o carro, e metei num cofre, ao seu lado, as figuras de ouro que lhe haveis de entregar como oferta pela culpa; e deixai-a ir.

⁹ Reparai: se subir pelo caminho rumo do seu território a Bete-Semes, foi ele que nos fez este grande mal; e, se não, saberemos que não foi a sua mão que nos feriu; foi casual o que nos sucedeu.

A arca chega a Bete-Semes

¹⁰ Assim fizeram aqueles homens, e tomaram duas vacas com crias, e as ataram ao carro, e os seus bezerros encerraram em casa.

¹¹ Puseram a arca do Senhor sobre o carro, como também o cofre com os ratos de ouro e com as imitações dos tumores.

¹² As vacas se encaminharam diretamente para Bete-Semes e, andando e berrando, seguiam sempre por esse mesmo caminho, sem se desviarem nem para a direita nem para a esquerda; os príncipes dos filisteus foram atrás delas, até ao território de Bete-Semes.

¹³ Andavam os de Bete-Semes fazendo a sega do trigo no vale e, levantando os olhos, viram a arca; e, vendo-a, se alegraram.

¹⁴ O carro veio ao campo de Josué, o bete-semita, e parou ali, onde havia uma grande pedra; fenderam a madeira do carro e ofereceram as vacas ao Senhor, em holocausto.

¹⁵ Os levitas desceram a arca do Senhor, como também o cofre que estava junto a ela, em que estavam as obras de ouro, e os puseram sobre a grande pedra. No mesmo dia, os homens de Bete-Semes ofereceram holocaustos e imolaram sacrifícios ao Senhor.

¹⁶ Viram aquilo os cinco príncipes dos filisteus e voltaram para Ecrom no mesmo dia.

¹⁷ São estes, pois, os tumores de ouro que enviaram os filisteus ao Senhor como oferta pela culpa: por Asdode, um; por Gaza, outro; por Ascalom, outro; por Gate, outro; por Ecrom, outro;

¹⁸ como também os ratos de ouro, segundo o número de todas as cidades dos filisteus, pertencentes aos cinco príncipes, desde as cidades fortes até às aldeias campestres. A grande pedra, sobre a qual puseram a arca do Senhor, está até ao dia de hoje no campo de Josué, o bete-semita.

A arca chega a Quiriate-Jearim

¹⁹ Feriu o Senhor os homens de Bete-Semes, porque olharam para dentro da arca do Senhor, sim, feriu deles setenta homens; então, o povo chorou, porquanto o Senhor fizera tão grande morticínio entre eles.

²⁰ Então, disseram os homens de Bete-Semes: Quem poderia estar perante o Senhor, este Deus santo? E para quem subirá desde nós?

²¹ Enviaram, pois, mensageiros aos habitantes de Quiriate-Jearim, dizendo: Os filisteus devolveram a arca do Senhor; descei, pois, e fazei-a subir para vós outros.

7 Então, vieram os homens de Quiriate-Jearim e levaram a arca do Senhor à casa de Abinadabe, no outeiro; e consagraram Eleazar, seu filho, para que guardasse a arca do Senhor.

Exortação de Samuel ao arrependimento

² Sucedeu que, desde aquele dia, a arca

ficou em Quiriate-Jearim, e tantos dias se passaram, que chegaram a vinte anos; e toda a casa de Israel dirigia lamentações ao Senhor.

³ Falou Samuel a toda a casa de Israel, dizendo: Se é de todo o vosso coração que voltais ao Senhor, tirai dentre vós os deuses estranhos e os astarotes, e preparai o vosso coração ao Senhor, e servi a ele só, e ele vos livrará das mãos dos filisteus.

⁴ Então, os filhos de Israel tiraram dentre si os baalins e os astarotes e serviram só ao Senhor.

Os filisteus são vencidos

⁵ Disse mais Samuel: Congregai todo o Israel em Mispa, e orarei por vós ao Senhor.

⁶ Congregaram-se em Mispa, tiraram água e a derramaram perante o Senhor; jejuaram aquele dia e ali disseram: Pecamos contra o Senhor. E Samuel julgou os filhos de Israel em Mispa.

⁷ Quando, pois, os filisteus ouviram que os filhos de Israel estavam congregados em Mispa, subiram os príncipes dos filisteus contra Israel; o que ouvindo os filhos de Israel, tiveram medo dos filisteus.

⁸ Então, disseram os filhos de Israel a Samuel: Não cesses de clamar ao Senhor, nosso Deus, por nós, para que nos livre da mão dos filisteus.

⁹ Tomou, pois, Samuel um cordeiro que ainda mamava e o sacrificou em holocausto ao Senhor; clamou Samuel ao Senhor por Israel, e o Senhor lhe respondeu.

¹⁰ Enquanto Samuel oferecia o holocausto, os filisteus chegaram à peleja contra Israel; mas trovejou o Senhor aquele dia com grande estampido sobre os filisteus e os aterrou de tal modo, que foram derrotados diante dos filhos de Israel.

¹¹ Saindo de Mispa os homens de Israel, perseguiram os filisteus e os derrotaram até abaixo de Bete-Car.

¹² Tomou, então, Samuel uma pedra, e a pôs entre Mispa e Sem, e lhe chamou Ebenézer, e disse: Até aqui nos ajudou o Senhor.

¹³ Assim, os filisteus foram abatidos e nunca mais vieram ao território de Israel, porquanto foi a mão do Senhor contra eles todos os dias de Samuel.

¹⁴ As cidades que os filisteus haviam tomado a Israel foram-lhe restituídas, desde Ecrom até Gate; e até os territórios delas arrebatou Israel das mãos dos filisteus. E houve paz entre Israel e os amorreus.

¹⁵ E julgou Samuel todos os dias de sua vida a Israel.

¹⁶ De ano em ano, fazia uma volta, passando por Betel, Gilgal e Mispa; e julgava a Israel em todos esses lugares.

¹⁷ Porém voltava a Ramá, porque sua casa estava ali, onde julgava a Israel e onde edificou um altar ao Senhor.

Os israelitas pedem um rei

8 Tendo Samuel envelhecido, constituiu seus filhos por juízes sobre Israel.

² O primogênito chamava-se Joel, e o segundo, Abias; e foram juízes em Berseba.

³ Porém seus filhos não andaram pelos caminhos dele; antes, se inclinaram à avareza, e aceitaram subornos, e perverteram o direito.

⁴ Então, os anciãos todos de Israel se congregaram, e vieram a Samuel, a Ramá,

⁵ e lhe disseram: Vê, já estás velho, e teus filhos não andam pelos teus caminhos; constitui-nos, pois, agora, um rei sobre nós, para que nos governe, como o têm todas as nações.

⁶ Porém esta palavra não agradou a Samuel, quando disseram: Dá-nos um rei, para que nos governe. Então, Samuel orou ao Senhor.

⁷ Disse o Senhor a Samuel: Atende à voz do povo em tudo quanto te diz, pois não te rejeitou a ti, mas a mim, para eu não reinar sobre ele.

⁸ Segundo todas as obras que fez desde o dia em que o tirei do Egito até hoje, pois a mim me deixou, e a outros deuses serviu, assim também o faz a ti.

⁹ Agora, pois, atende à sua voz, porém adverte-o solenemente e explica-lhe qual será o direito do rei que houver de reinar sobre ele.

¹⁰ Referiu Samuel todas as palavras do Senhor ao povo, que lhe pedia um rei,

¹¹ e disse: Este será o direito do rei que houver de reinar sobre vós: ele tomará os vossos filhos e os empregará no serviço dos seus carros e como seus cavaleiros, para que corram adiante deles;

¹² e os porá uns por capitães de mil e capitães de cinqüenta; outros para lavrarem os seus campos e ceifarem as suas messes; e outros para fabricarem suas armas de guerra e o aparelhamento de seus carros.

8.5 Dt 17.14.

¹³ Tomará as vossas filhas para perfumistas, cozinheiras e padeiras.

¹⁴ Tomará o melhor das vossas lavouras, e das vossas vinhas, e dos vossos olivais e o dará aos seus servidores.

¹⁵ As vossas sementeiras e as vossas vinhas dizimará, para dar aos seus oficiais e aos seus servidores.

¹⁶ Também tomará os vossos servos, e as vossas servas, e os vossos melhores jovens, e os vossos jumentos e os empregará no seu trabalho.

¹⁷ Dizimará o vosso rebanho, e vós lhe sereis por servos.

¹⁸ Então, naquele dia, clamareis por causa do vosso rei que houverdes escolhido; mas o SENHOR não vos ouvirá naquele dia.

¹⁹ Porém o povo não atendeu a voz de Samuel e disse: Não! Mas teremos um rei sobre nós.

²⁰ Para que sejamos também como todas as nações; o nosso rei poderá governar-nos, sair adiante de nós e fazer as nossas guerras.

²¹ Ouvindo, pois, Samuel todas as palavras do povo, as repetiu perante o SENHOR.

²² Então, o SENHOR disse a Samuel: Atende à sua voz e estabelece-lhe um rei. Samuel disse aos filhos de Israel: Volte cada um para sua cidade.

Saul busca as jumentas extraviadas e vai ter com Samuel

9 Havia um homem de Benjamim, cujo nome era Quis, filho de Abiel, filho de Zeror, filho de Becorate, filho de Afia, benjamita, homem de bens.

² Tinha ele um filho cujo nome era Saul, moço e tão belo, que entre os filhos de Israel não havia outro mais belo do que ele; desde os ombros para cima, sobressaía a todo o povo.

³ Extraviaram-se as jumentas de Quis, pai de Saul. Disse Quis a Saul, seu filho: Toma agora contigo um dos moços, dispõe-te e vai procurar as jumentas.

⁴ Então, atravessando a região montanhosa de Efraim e a terra de Salisa, não as acharam; depois, passaram à terra de Saalim; porém elas não estavam ali; passaram ainda à terra de Benjamim; todavia, não as acharam.

⁵ Vindo eles, então, à terra de Zufe, Saul disse para o seu moço, com quem ele ia: Vem, e voltemos; não suceda que meu pai deixe de preocupar-se com as jumentas e se aflija por causa de nós.

⁶ Porém ele lhe disse: Nesta cidade há um homem de Deus, e é muito estimado; tudo quanto ele diz sucede; vamo-nos, agora, lá; mostrar-nos-á, porventura, o caminho que devemos seguir.

⁷ Então, Saul disse ao seu moço: Eis, porém, se lá formos, que levaremos, então, àquele homem? Porque o pão de nossos alforjes se acabou, e presente não temos que levar ao homem de Deus. Que temos?

⁸ O moço tornou a responder a Saul e disse: Eis que tenho ainda em mãos um quarto de siclo de prata, o qual darei ao homem de Deus, para que nos mostre o caminho.

⁹ (Antigamente, em Israel, indo alguém consultar a Deus, dizia: Vinde, vamos ter com o vidente; porque ao profeta de hoje, antigamente, se chamava vidente.)

¹⁰ Então, disse Saul ao moço: Dizes bem; anda, pois, vamos. E foram-se à cidade onde estava o homem de Deus.

¹¹ Subindo eles pela encosta da cidade, encontraram umas moças que saíam a tirar água e lhes perguntaram: Está aqui o vidente?

¹² Elas responderam: Está. Eis aí o tens diante de ti; apressa-te, pois, porque, hoje, veio à cidade; porquanto o povo oferece, hoje, sacrifício no alto.

¹³ Entrando vós na cidade, logo o achareis, antes que suba ao alto para comer; porque o povo não comerá enquanto ele não chegar, porque ele tem de abençoar o sacrifício, e só depois comem os convidados; subi, pois, agora, que, hoje, o achareis.

¹⁴ Subiram, pois, à cidade; ao entrarem, eis que Samuel lhes saiu ao encontro, para subir ao alto.

¹⁵ Ora, o SENHOR, um dia antes de Saul chegar, o revelara a Samuel, dizendo:

¹⁶ Amanhã a estas horas, te enviarei um homem da terra de Benjamim, o qual ungirás por príncipe do meu povo de Israel, e ele livrará o meu povo das mãos dos filisteus; porque atentei para o meu povo, pois o seu clamor chegou a mim.

¹⁷ Quando Samuel viu a Saul, o SENHOR lhe disse: Eis o homem de quem eu já te falara. Este dominará sobre o meu povo.

¹⁸ Saul se chegou a Samuel no meio da porta e disse: Mostra-me, peço-te, onde é aqui a casa do vidente.

¹⁹ Samuel respondeu a Saul e disse: Eu sou o vidente; sobe adiante de mim ao al-

to; hoje, comereis comigo. Pela manhã, te despedirei e tudo quanto está no teu coração to declararei.

²⁰ Quanto às jumentas que há três dias se te perderam, não se preocupe o teu coração com elas, porque já se encontraram. E para quem está reservado tudo o que é precioso em Israel? Não é para ti e para toda a casa de teu pai?

²¹ Então, respondeu Saul e disse: Porventura, não sou benjamita, da menor das tribos de Israel? E a minha família, a menor de todas as famílias da tribo de Benjamim? Por que, pois, me falas com tais palavras?

²² Samuel, tomando a Saul e ao seu moço, levou-os à sala de jantar e lhes deu o lugar de honra entre os convidados, que eram cerca de trinta pessoas.

²³ Então, disse Samuel ao cozinheiro: Traze a porção que te dei, de que te disse: Põe-na à parte contigo.

²⁴ Tomou, pois, o cozinheiro a coxa com o que havia nela e a pôs diante de Saul. Disse Samuel: Eis que isto é o que foi reservado; toma-o e come, pois se guardou para ti para esta ocasião, ao dizer eu: Convidei o povo. Assim, comeu Saul com Samuel naquele dia.

²⁵ Tendo descido do alto para a cidade, falou Samuel com Saul sobre o eirado.

²⁶ Levantaram-se de madrugada; e, quase ao subir da alva, chamou Samuel a Saul ao eirado, dizendo: Levanta-te; eu irei contigo para te encaminhar. Levantou-se Saul, e saíram ambos, ele e Samuel.

²⁷ Desciam eles para a extremidade da cidade, quando Samuel disse a Saul: Dize ao moço que passe adiante de nós, e tu, tendo ele passado, espera, que te farei saber a palavra de Deus.

Samuel unge a Saul rei de Israel

10 Tomou Samuel um vaso de azeite, e lho derramou sobre a cabeça, e o beijou, e disse: Não te ungiu, porventura, o SENHOR por príncipe sobre a sua herança, o povo de Israel?

² Quando te apartares, hoje, de mim, acharás dois homens junto ao sepulcro de Raquel, no território de Benjamim, em Zelza, os quais te dirão: Acharam-se as jumentas que foste procurar, e eis que teu pai já não pensa no caso delas e se aflige por causa de vós, dizendo: Que farei eu por meu filho?

10.11,12 1Sm 19.23,24.

³ Quando dali passares adiante e chegares ao carvalho de Tabor, ali te encontrarão três homens, que vão subindo a Deus a Betel: um levando três cabritos; outro, três bolos de pão, e o outro, um odre de vinho.

⁴ Eles te saudarão e te darão dois pães, que receberás da sua mão.

⁵ Então, seguirás a Gibeá-Eloim, onde está a guarnição dos filisteus; e há de ser que, entrando na cidade, encontrarás um grupo de profetas que descem do alto, precedidos de saltérios, e tambores, e flautas, e harpas, e eles estarão profetizando.

⁶ O Espírito do SENHOR se apossará de ti, e profetizarás com eles e tu serás mudado em outro homem.

⁷ Quando estes sinais te sucederem, faze o que a ocasião te pedir, porque Deus é contigo.

⁸ Tu, porém, descerás adiante de mim a Gilgal, e eis que eu descerei a ti, para sacrificar holocausto e para apresentar ofertas pacíficas; sete dias esperarás, até que eu venha ter contigo e te declare o que hás de fazer.

Saul entre os profetas

⁹ Sucedeu, pois, que, virando-se ele para despedir-se de Samuel, Deus lhe mudou o coração; e todos esses sinais se deram naquele mesmo dia.

¹⁰ Chegando eles a Gibeá, eis que um grupo de profetas lhes saiu ao encontro; o Espírito de Deus se apossou de Saul, e ele profetizou no meio deles.

¹¹ Todos os que, dantes, o conheciam, vendo que ele profetizava com os profetas, diziam uns aos outros: Que é isso que sucedeu ao filho de Quis? Está também Saul entre os profetas?

¹² Então, um homem respondeu: Pois quem é o pai deles? Pelo que se tornou em provérbio: Está também Saul entre os profetas?

¹³ E, tendo profetizado, seguiu para o alto.

¹⁴ Perguntou o tio de Saul, a ele e ao seu moço: Aonde fostes? Respondeu ele: A buscar as jumentas e, vendo que não apareciam, fomos a Samuel.

¹⁵ Então, disse o tio de Saul: Conta-me, peço-te, que é o que vos disse Samuel?

¹⁶ Respondeu Saul a seu tio: Informou-nos de que as jumentas foram encontradas.

Porém, com respeito ao reino, de que Samuel falara, não lho declarou.

Saul escolhido rei

17 Convocou Samuel o povo ao SENHOR, em Mispa,

18 e disse aos filhos de Israel: Assim diz o SENHOR, Deus de Israel: Fiz subir a Israel do Egito e livrei-vos das mãos dos egípcios e das mãos de todos os reinos que vos oprimiam.

19 Mas vós rejeitastes, hoje, a vosso Deus, que vos livrou de todos os vossos males e trabalhos, e lhe dissestes: Não! Mas constitui um rei sobre nós. Agora, pois, ponde-vos perante o SENHOR, pelas vossas tribos e pelos vossos grupos de milhares.

20 Tendo Samuel feito chegar todas as tribos, foi indicada por sorte a de Benjamim.

21 Tendo feito chegar a tribo de Benjamim pelas suas famílias, foi indicada a família de Matri; e dela foi indicado Saul, filho de Quis. Mas, quando o procuraram, não podia ser encontrado.

22 Então, tornaram a perguntar ao SENHOR se aquele homem viera ali. Respondeu o SENHOR: Está aí escondido entre a bagagem.

23 Correram e o tomaram dali. Estando ele no meio do povo, era o mais alto e sobressaía de todo o povo do ombro para cima.

24 Então, disse Samuel a todo o povo: Vedes a quem o SENHOR escolheu? Pois em todo o povo não há nenhum semelhante a ele. Então, todo o povo rompeu em gritos, exclamando: Viva o rei!

25 Declarou Samuel ao povo o direito do reino, escreveu-o num livro e o pôs perante o SENHOR. Então, despediu Samuel todo o povo, cada um para sua casa.

26 Também Saul se foi para sua casa, a Gibeá; e foi com ele uma tropa de homens cujo coração Deus tocara.

27 Mas os filhos de Belial disseram: Como poderá este homem salvar-nos? E o desprezaram e não lhe trouxeram presentes. Porém Saul se fez de surdo.

Saul vence os amonitas

11 Então, subiu Naás, amonita, e sitiou a Jabes-Gileade; e disseram todos os homens de Jabes a Naás: Faze aliança conosco, e te serviremos.

2 Porém Naás, amonita, lhes respondeu: Farei aliança convosco sob a condição de vos serem vazados os olhos direitos, trazendo assim eu vergonha sobre todo o Israel.

3 Então, os anciãos de Jabes lhe disseram: Concede-nos sete dias, para que enviemos mensageiros por todos os termos de Israel e, não havendo ninguém que nos livre, então, nos entregaremos a ti.

4 Chegando os mensageiros a Gibeá de Saul, relataram este caso ao povo. Então, todo o povo chorou em voz alta.

5 Eis que Saul voltava do campo, atrás dos bois, e perguntou: Que tem o povo, que chora? Então, lhe referiram as palavras dos homens de Jabes.

6 E o Espírito de Deus se apossou de Saul, quando ouviu estas palavras, e acendeu-se sobremodo a sua ira.

7 Tomou uma junta de bois, cortou-a em pedaços e os enviou a todos os territórios de Israel por intermédio de mensageiros que dissessem: Assim se fará aos bois de todo aquele que não seguir a Saul e a Samuel. Então, caiu o temor do SENHOR sobre o povo, e saíram como um só homem.

8 Contou-os em Bezeque; dos filhos de Israel, havia trezentos mil; dos homens de Judá, trinta mil.

9 Então, disseram aos mensageiros que tinham vindo: Assim direis aos homens de Jabes-Gileade: Amanhã, quando aquentar o sol, sereis socorridos. Vindo, pois, os mensageiros, e, anunciando-o aos homens de Jabes, estes se alegraram

10 e disseram aos amonitas: Amanhã, nos entregaremos a vós outros; então, nos fareis segundo o que melhor vos parecer.

11 Sucedeu que, ao outro dia, Saul dividiu o povo em três companhias, que, pela vigília da manhã, vieram para o meio do arraial e feriram a Amom, até que se fez sentir o calor do dia. Os sobreviventes se espalharam, e não ficaram dois deles juntos.

Saul proclamado rei

12 Então, disse o povo a Samuel: Quem são aqueles que diziam: Reinará Saul sobre nós? Trazei-os para aqui, para que os matemos.

13 Porém Saul disse: Hoje, ninguém será morto, porque, no dia de hoje, o SENHOR salvou a Israel.

14 Disse Samuel ao povo: Vinde, vamos a Gilgal e renovemos ali o reino.

15 E todo o povo partiu para Gilgal, onde proclamaram Saul seu rei, perante o SENHOR, a cuja presença trouxeram ofertas pacíficas; e Saul muito se alegrou ali com todos os homens de Israel.

Samuel resigna o seu cargo

12 Então, disse Samuel a todo o Israel: Eis que ouvi a vossa voz em tudo quanto me dissestes e constituí sobre vós um rei.

² Agora, pois, eis que tendes o rei à vossa frente. Já envelheci e estou cheio de cãs, e meus filhos estão convosco; o meu procedimento esteve diante de vós desde a minha mocidade até ao dia de hoje.

³ Eis-me aqui, testemunhai contra mim perante o SENHOR e perante o seu ungido: de quem tomei o boi? De quem tomei o jumento? A quem defraudei? A quem oprimi? E das mãos de quem aceitei suborno para encobrir com ele os meus olhos? E vo-lo restituirei.

⁴ Então, responderam: Em nada nos defraudaste, nem nos oprimiste, nem tomaste cousa alguma das mãos de ninguém.

⁵ E ele lhes disse: O SENHOR é testemunha contra vós outros, e o seu ungido é, hoje, testemunha de que nada tendes achado nas minhas mãos. E o povo confirmou: Deus é testemunha.

⁶ Então, disse Samuel ao povo: Testemunha é o SENHOR, que escolheu a Moisés e a Arão e tirou vossos pais da terra do Egito.

⁷ Agora, pois, ponde-vos aqui, e pleitearei convosco perante o SENHOR, relativamente a todos os seus atos de justiça que fez a vós outros e a vossos pais.

⁸ Havendo entrado Jacó no Egito, clamaram vossos pais ao SENHOR, e o SENHOR enviou a Moisés e a Arão, que os tiraram do Egito e os fizeram habitar neste lugar.

⁹ Porém esqueceram-se do SENHOR, seu Deus; então, os entregou nas mãos de Sísera, comandante do exército de Hazor, e nas mãos dos filisteus, e nas mãos do rei de Moabe, que pelejaram contra eles.

¹⁰ E clamaram ao SENHOR e disseram: Pecamos, pois deixamos o SENHOR e servimos aos baalins e astarotes; agora, pois, livra-nos das mãos de nossos inimigos, e te serviremos.

¹¹ O SENHOR enviou a Jerubaal, e a Baraque, e a Jefté, e a Samuel; e vos livrou das mãos de vossos inimigos em redor, e habitastes em segurança.

¹² Vendo vós que Naás, rei dos filhos de Amom, vinha contra vós outros, me dissestes: Não! Mas reinará sobre nós um rei; ao passo que o SENHOR, vosso Deus, era o vosso rei.

¹³ Agora, pois, eis aí o rei que elegestes e que pedistes; e eis que o SENHOR vos deu um rei.

¹⁴ Se temerdes ao SENHOR, e o servirdes, e lhe atenderdes à voz, e não lhe fordes rebeldes ao mandado, e seguirdes o SENHOR, vosso Deus, tanto vós como o vosso rei que governa sobre vós, bem será.

¹⁵ Se, porém, não derdes ouvidos à voz do SENHOR, mas, antes, fordes rebeldes ao seu mandado, a mão do SENHOR será contra vós outros, como o foi contra vossos pais.

¹⁶ Ponde-vos também, agora, aqui e vede esta grande cousa que o SENHOR fará diante dos vossos olhos.

¹⁷ Não é, agora, o tempo da sega do trigo? Clamarei, pois, ao SENHOR, e dará trovões e chuva; e sabereis e vereis que é grande a vossa maldade, que tendes praticado perante o SENHOR, pedindo para vós outros um rei.

¹⁸ Então, invocou Samuel ao SENHOR, e o SENHOR deu trovões e chuva naquele dia; pelo que todo o povo temeu em grande maneira ao SENHOR e a Samuel.

¹⁹ Todo o povo disse a Samuel: Roga pelos teus servos ao SENHOR, teu Deus, para que não venhamos a morrer; porque a todos os nossos pecados acrescentamos o mal de pedir para nós um rei.

²⁰ Então, disse Samuel ao povo: Não temais; tendes cometido todo este mal; no entanto, não vos desvieis de seguir o SENHOR, mas servi ao SENHOR de todo o vosso coração.

²¹ Não vos desvieis; pois seguiríeis cousas vãs, que nada aproveitam e tampouco vos podem livrar, porque vaidade são.

²² Pois o SENHOR, por causa do seu grande nome, não desamparará o seu povo, porque aprouve ao SENHOR fazer-vos o seu povo.

²³ Quanto a mim, longe de mim que eu peque contra o SENHOR, deixando de orar por vós; antes, vos ensinarei o caminho bom e direito.

²⁴ Tão-somente, pois, temei ao SENHOR e servi-o fielmente de todo o vosso coração; pois vede quão grandiosas cousas vos fez.

12.6 Êx 6.26.   **12.8** Êx 2.23.   **12.9** Jz 4.2; 13.1; 3.12.   **12.10** Jz 10.10.   **12.11** Jz 7.1; 4.6; 11.29; 1Sm 3.20.
12.12 1Sm 8.19.

²⁵ Se, porém, perseverardes em fazer o mal, perecereis, tanto vós como o vosso rei.

Guerra entre os israelitas e os filisteus

13 Um ano reinara Saul em Israel. No segundo ano de seu reinado sobre o povo,

² escolheu para si três mil homens de Israel; estavam com Saul dois mil em Micmás e na região montanhosa de Betel, e mil estavam com Jônatas em Gibeá de Benjamim; e despediu o resto do povo, cada um para sua casa.

³ Jônatas derrotou a guarnição dos filisteus que estava em Gibeá, o que os filisteus ouviram; pelo que Saul fez tocar a trombeta por toda a terra, dizendo: Ouçam isso os hebreus.

⁴ Todo o Israel ouviu dizer: Saul derrotou a guarnição dos filisteus, e também Israel se fez odioso aos filisteus. Então, o povo foi convocado para junto de Saul, em Gilgal.

⁵ Reuniram-se os filisteus para pelejar contra Israel: trinta mil carros, e seis mil cavaleiros, e povo em multidão como a areia que está à beira-mar; e subiram e se acamparam em Micmás, ao oriente de Bete-Áven.

⁶ Vendo, pois, os homens de Israel que estavam em apuros (porque o povo estava apertado), esconderam-se pelas cavernas, e pelos buracos, e pelos penhascos, e pelos túmulos, e pelas cisternas.

⁷ Também alguns dos hebreus passaram o Jordão para a terra de Gade e Gileade; e o povo que permaneceu com Saul, estando este ainda em Gilgal, se encheu de temor.

Saul oferece sacrifícios e é reprovado por Samuel

⁸ Esperou Saul sete dias, segundo o prazo determinado por Samuel; não vindo, porém, Samuel a Gilgal, o povo se foi espalhando dali.

⁹ Então, disse Saul: Trazei-me aqui o holocausto e ofertas pacíficas. E ofereceu o holocausto.

¹⁰ Mal acabara ele de oferecer o holocausto, eis que chega Samuel; Saul lhe saiu ao encontro, para o saudar.

¹¹ Samuel perguntou: Que fizeste? Respondeu Saul: Vendo que o povo se ia espalhando daqui, e que tu não vinhas nos dias aprazados, e que os filisteus já se tinham ajuntado em Micmás,

¹² eu disse comigo: Agora, descerão os filisteus contra mim a Gilgal, e ainda não obtive a benevolência do SENHOR; e, forçado pelas circunstâncias, ofereci holocaustos.

¹³ Então, disse Samuel a Saul: Procedeste nesciamente em não guardar o mandamento que o SENHOR, teu Deus, te ordenou; pois teria, agora, o SENHOR confirmado o teu reino sobre Israel para sempre.

¹⁴ Já agora não subsistirá o teu reino. O SENHOR buscou para si um homem que lhe agrada e já lhe ordenou que seja príncipe sobre o seu povo, porquanto não guardaste o que o SENHOR te ordenou.

¹⁵ Então, se levantou Samuel e subiu de Gilgal a Gibeá de Benjamim. Logo, Saul contou o povo que se achava com ele, cerca de seiscentos homens.

¹⁶ Saul, e Jônatas, seu filho, e o povo que se achava com eles ficaram em Geba de Benjamim; porém os filisteus se acamparam em Micmás.

¹⁷ Os saqueadores saíram do campo dos filisteus em três tropas; uma delas tomou o caminho de Ofra à terra de Sual;

¹⁸ outra tomou o caminho de Bete-Horom; e a terceira, o caminho a cavaleiro do vale de Zeboim, na direção do deserto.

¹⁹ Ora, em toda a terra de Israel nem um ferreiro se achava, porque os filisteus tinham dito: Para que os hebreus não façam espada, nem lança.

²⁰ Pelo que todo o Israel tinha de descer aos filisteus para amolar a relha do seu arado, e a sua enxada, e o seu machado, e a sua foice.

²¹ Os filisteus cobravam dos israelitas dois terços de um siclo para amolar os fios das relhas e das enxadas e um terço de um siclo para amolar machados e aguilhadas.

²² Sucedeu que, no dia da peleja, não se achou nem espada, nem lança na mão de nenhum do povo que estava com Saul e com Jônatas; porém se acharam com Saul e com Jônatas, seu filho.

²³ Saiu a guarnição dos filisteus ao desfiladeiro de Micmás.

A vitória de Jônatas sobre os filisteus

14 Sucedeu que, um dia, disse Jônatas, filho de Saul, ao seu jovem escudeiro: Vem, passemos à guarnição dos filis-

13.8 1Sm 10.8.   **13.14** At 13.22.

teus, que está do outro lado. Porém não o fez saber a seu pai.

² Saul se encontrava na extremidade de Gibeá, debaixo da romeira em Migrom; e o povo que estava com ele eram cerca de seiscentos homens.

³ Aías, filho de Aitube, irmão de Icabode, filho de Finéias, filho de Eli, sacerdote do SENHOR em Silo, trazia a estola sacerdotal. O povo não sabia que Jônatas tinha ido.

⁴ Entre os desfiladeiros pelos quais Jônatas procurava passar à guarnição dos filisteus, deste lado havia uma penha íngreme, e do outro, outra; uma se chamava Bozez; a outra, Sené.

⁵ Uma delas se erguia ao norte, defronte de Micmás; a outra, ao sul, defronte de Geba.

⁶ Disse, pois, Jônatas ao seu escudeiro: Vem, passemos à guarnição destes incircuncisos; porventura, o SENHOR nos ajudará nisto, porque para o SENHOR nenhum impedimento há de livrar com muitos ou com poucos.

⁷ Então, o seu escudeiro lhe disse: Faze tudo segundo inclinar o teu coração; eis-me aqui contigo, a tua disposição será a minha.

⁸ Disse, pois, Jônatas: Eis que passaremos àqueles homens e nos daremos a conhecer a eles.

⁹ Se nos disserem assim: Parai até que cheguemos a vós outros; então, ficaremos onde estamos e não subiremos a eles.

¹⁰ Porém se disserem: Subi a nós; então, subiremos, pois o SENHOR no-los entregou nas mãos. Isto nos servirá de sinal.

¹¹ Dando-se, pois, ambos a conhecer à guarnição dos filisteus, disseram estes: Eis que já os hebreus estão saindo dos buracos em que se tinham escondido.

¹² Os homens da guarnição responderam a Jônatas e ao seu escudeiro e disseram: Subi a nós, e nós vos daremos uma lição. Disse Jônatas ao escudeiro: Sobe atrás de mim, porque o SENHOR os entregou nas mãos de Israel.

¹³ Então, trepou Jônatas de gatinhas, e o seu escudeiro, atrás; e os filisteus caíram diante de Jônatas, e o seu escudeiro os matava atrás dele.

¹⁴ Sucedeu esta primeira derrota, em que Jônatas e o seu escudeiro mataram perto de vinte homens, em cerca de meia jeira de terra.

¹⁵ Houve grande espanto no arraial, no campo e em todo o povo; também a mesma guarnição e os saqueadores tremeram,

e até a terra se estremeceu; e tudo passou a ser um terror de Deus.

¹⁶ Olharam as sentinelas de Saul, em Gibeá de Benjamim, e eis que a multidão se dissolvia, correndo uns para cá, outros para lá.

¹⁷ Então, disse Saul ao povo que estava com ele: Ora, contai e vede quem é que saiu dentre nós. Contaram, e eis que nem Jônatas nem o seu escudeiro estavam ali.

¹⁸ Saul disse a Aías: Traze aqui a arca de Deus (porque, naquele dia, ela estava com os filhos de Israel).

¹⁹ Enquanto Saul falava ao sacerdote, o alvoroço que havia no arraial dos filisteus crescia mais e mais, pelo que disse Saul ao sacerdote: Desiste de trazer a arca.

²⁰ Então, Saul e todo o povo que estava com ele se ajuntaram e vieram à peleja; e a espada de um era contra o outro, e houve mui grande tumulto.

²¹ Também com os filisteus dantes havia hebreus, que subiram com eles ao arraial; e também estes se ajuntaram com os israelitas que estavam com Saul e Jônatas.

²² Ouvindo, pois, todos os homens de Israel que se esconderam pela região montanhosa de Efraim que os filisteus fugiram, eles também os perseguiram de perto na peleja.

²³ Assim, livrou o SENHOR a Israel naquele dia; e a batalha passou além de Bete-Áven.

O voto de Saul

²⁴ Estavam os homens de Israel angustiados naquele dia, porquanto Saul conjurara o povo, dizendo: Maldito o homem que comer pão antes de anoitecer, para que me vingue de meus inimigos. Pelo que todo o povo se absteve de provar pão.

²⁵ Todo o povo chegou a um bosque onde havia mel no chão.

²⁶ Chegando o povo ao bosque, eis que corria mel; porém ninguém chegou a mão à boca, porque o povo temia a conjuração.

²⁷ Jônatas, porém, não tinha ouvido quando seu pai conjurara o povo, e estendeu a ponta da vara que tinha na mão, e a molhou no favo de mel; e, levando a mão à boca, tornaram a brilhar os seus olhos.

²⁸ Então, respondeu um do povo: Teu pai conjurou solenemente o povo e disse: Maldito o homem que, hoje, comer pão; estava exausto o povo.

²⁹ Então, disse Jônatas: Meu pai turbou a terra; ora, vede como brilham os meus

olhos por ter eu provado um pouco deste mel.

³⁰ Quanto mais se o povo, hoje, tivesse comido livremente do que encontrou do despojo de seus inimigos; porém desta vez não foi tão grande a derrota dos filisteus.

³¹ Feriram, porém, aquele dia aos filisteus, desde Micmás até Aijalom. O povo se achava exausto em extremo;

³² e, lançando-se ao despojo, tomaram ovelhas, bois e bezerros, e os mataram no chão, e os comeram com sangue.

³³ Disto informaram a Saul, dizendo: Eis que o povo peca contra o SENHOR, comendo com sangue. Disse ele: Procedestes aleivosamente; rolai para aqui, hoje, uma grande pedra.

³⁴ Disse mais Saul: Espalhai-vos entre o povo e dizei-lhe: Cada um me traga o seu boi, a sua ovelha, e matai-os aqui, e comei, e não pequeis contra o SENHOR, comendo com sangue. Então, todo o povo trouxe de noite, cada um o seu boi de que já lançara mão, e os mataram ali.

³⁵ Edificou Saul um altar ao SENHOR; este foi o primeiro altar que lhe edificou.

Jônatas salvo pelo povo

³⁶ Disse mais Saul: Desçamos esta noite no encalço dos filisteus, e despojemo-los, até o raiar do dia, e não deixemos de resto um homem sequer deles. E disseram: Faze tudo o que bem te parecer.

³⁷ Disse, porém, o sacerdote: Cheguemo-nos aqui a Deus. Então, consultou Saul a Deus, dizendo: Descerei no encalço dos filisteus? Entregá-los-ás nas mãos de Israel? Porém aquele dia Deus não lhe respondeu.

³⁸ Então, disse Saul: Chegai-vos para aqui, e todos os chefes do povo, e informai-vos, e vede qual o pecado que, hoje, se cometeu.

³⁹ Porque tão certo como vive o SENHOR, que salva a Israel, ainda que com meu filho Jônatas esteja a culpa, seja morto. Porém nenhum de todo o povo lhe respondeu.

⁴⁰ Disse mais a todo o Israel: Vós estareis dum lado, e eu e meu filho Jônatas, do outro. Então, disse o povo a Saul: Faze o que bem te parecer.

⁴¹ Falou, pois, Saul ao SENHOR, Deus de Israel: Mostra a verdade. Então, Jônatas e Saul foram indicados por sorte, e o povo saiu livre.

⁴² Disse Saul: Lançai a sorte entre mim e Jônatas, meu filho. E foi indicado Jônatas.

⁴³ Disse, então, Saul a Jônatas: Declara-me o que fizeste. E Jônatas lhe disse: Tão-somente provei um pouco de mel com a ponta da vara que tinha na mão. Eis-me aqui; estou pronto para morrer.

⁴⁴ Então, disse Saul: Deus me faça o que bem lhe aprouver; é certo que morrerás, Jônatas.

⁴⁵ Porém o povo disse a Saul: Morrerá Jônatas, que efetuou tamanha salvação em Israel? Tal não suceda. Tão certo como vive o SENHOR, não lhe há de cair no chão um só cabelo da cabeça! Pois foi com Deus que fez isso, hoje. Assim, o povo salvou a Jônatas, para que não morresse.

⁴⁶ E Saul deixou de perseguir os filisteus; e estes se foram para a sua terra.

⁴⁷ Tendo Saul assumido o reinado de Israel, pelejou contra todos os seus inimigos em redor: contra Moabe, os filhos de Amom e Edom; contra os reis de Zobá e os filisteus; e, para onde quer que se voltava, era vitorioso.

⁴⁸ Houve-se varonilmente, e feriu os amalequitas, e libertou a Israel das mãos dos que o saqueavam.

⁴⁹ Os filhos de Saul eram Jônatas, Isvi e Malquisua; os nomes de suas duas filhas eram: o da mais velha, Merabe; o da mais nova, Mical.

⁵⁰ A mulher de Saul chamava-se Ainoã, filha de Aimaás. O nome do general do seu exército, Abner, filho de Ner, tio de Saul.

⁵¹ Quis era pai de Saul; e Ner, pai de Abner, era filho de Abiel.

⁵² Por todos os dias de Saul, houve forte guerra contra os filisteus; pelo que Saul, a todos os homens fortes e valentes que via, os agregava a si.

A desobediência de Saul e a sua rejeição

15 Disse Samuel a Saul: Enviou-me o SENHOR a ungir-te rei sobre o seu povo, sobre Israel; atenta, pois, agora, às palavras do SENHOR.

² Assim diz o SENHOR dos Exércitos: Castigarei Amaleque pelo que fez a Israel: ter-se oposto a Israel no caminho, quando este subia do Egito.

³ Vai, pois, agora, e fere a Amaleque, e destrói totalmente a tudo o que tiver, e nada lhe poupes; porém matarás homem e

mulher, meninos e crianças de peito, bois e ovelhas, camelos e jumentos.

⁴ Saul convocou o povo e os contou em Telaim: duzentos mil homens de pé e dez mil homens de Judá.

⁵ Chegando, pois, Saul à cidade de Amaleque, pôs emboscadas no vale.

⁶ E disse aos queneus: Ide-vos, retirai-vos e saí do meio dos amalequitas, para que eu vos não destrua juntamente com eles, porque usastes de misericórdia para com todos os filhos de Israel, quando subiram do Egito. Assim, os queneus se retiraram do meio dos amalequitas.

⁷ Então, feriu Saul os amalequitas, desde Havilá até chegar a Sur, que está defronte do Egito.

⁸ Tomou vivo a Agague, rei dos amalequitas; porém a todo o povo destruiu a fio de espada.

⁹ E Saul e o povo pouparam Agague, e o melhor das ovelhas e dos bois, e os animais gordos, e os cordeiros, e o melhor que havia e não os quiseram destruir totalmente; porém toda cousa vil e desprezível destruíram.

¹⁰ Então, veio a palavra do Senhor a Samuel, dizendo:

¹¹ Arrependo-me de haver constituído Saul rei, porquanto deixou de me seguir e não executou as minhas palavras. Então, Samuel se contristou e toda a noite clamou ao Senhor.

¹² Madrugou Samuel para encontrar a Saul pela manhã; e anunciou-se àquele: Já chegou Saul ao Carmelo, e eis que levantou para si um monumento; e, dando volta, passou e desceu a Gilgal.

¹³ Veio, pois, Samuel a Saul, e este lhe disse: Bendito sejas tu do Senhor; executei as palavras do Senhor.

¹⁴ Então, disse Samuel: Que balido, pois, de ovelhas é este nos meus ouvidos e o mugido de bois que ouço?

¹⁵ Respondeu Saul: De Amaleque os trouxeram; porque o povo poupou o melhor das ovelhas e dos bois, para os sacrificar ao Senhor, teu Deus; o resto, porém, destruímos totalmente.

¹⁶ Então, disse Samuel a Saul: Espera, e te declararei o que o Senhor me disse esta noite. Respondeu-lhe Saul: Fala.

¹⁷ Prosseguiu Samuel: Porventura, sendo tu pequeno aos teus olhos, não foste por cabeça das tribos de Israel, e não te ungiu o Senhor rei sobre ele?

¹⁸ Enviou-te o Senhor a este caminho e disse: Vai, e destrói totalmente estes peca-

dores, os amalequitas, e peleja contra eles, até exterminá-los.

¹⁹ Por que, pois, não atentaste à voz do Senhor, mas te lançaste ao despojo e fizeste o que era mal aos olhos do Senhor?

²⁰ Então, disse Saul a Samuel: Pelo contrário, dei ouvidos à voz do Senhor e segui o caminho pelo qual o Senhor me enviou; e trouxe a Agague, rei de Amaleque, e os amalequitas, os destruí totalmente;

²¹ mas o povo tomou do despojo ovelhas e bois, o melhor do designado à destruição para oferecer ao Senhor, teu Deus, em Gilgal.

²² Porém Samuel disse: Tem, porventura, o Senhor tanto prazer em holocaustos e sacrifícios quanto em que se obedeça à sua palavra? Eis que o obedecer é melhor do que o sacrificar, e o atender, melhor do que a gordura de carneiros.

²³ Porque a rebelião é como o pecado de feitiçaria, e a obstinação é como a idolatria e culto a ídolos do lar. Visto que rejeitaste a palavra do Senhor, ele também te rejeitou a ti, para que não sejas rei.

²⁴ Então, disse Saul a Samuel: Pequei, pois transgredi o mandamento do Senhor e as tuas palavras; porque temi o povo e dei ouvidos à sua voz.

²⁵ Agora, pois, te rogo, perdoa-me o meu pecado e volta comigo, para que adore o Senhor.

²⁶ Porém Samuel disse a Saul: Não tornarei contigo; visto que rejeitaste a palavra do Senhor, já ele te rejeitou a ti, para que não sejas rei sobre Israel.

²⁷ Virando-se Samuel para se ir, Saul o segurou pela orla do manto, e este se rasgou.

²⁸ Então, Samuel lhe disse: O Senhor rasgou, hoje, de ti o reino de Israel e o deu ao teu próximo, que é melhor do que tu.

²⁹ Também a Glória de Israel não mente, nem se arrepende, porquanto não é homem, para que se arrependa.

³⁰ Então, disse Saul: Pequei; honra-me, porém, agora, diante dos anciãos do meu povo e diante de Israel; e volta comigo, para que adore o Senhor, teu Deus.

³¹ Então, Samuel seguiu a Saul, e este adorou o Senhor.

Samuel mata a Agague

³² Disse Samuel: Traze-me aqui Agague, rei dos amalequitas. Agague veio a ele, confiante; e disse: Certamente, já se foi a amargura da morte.

33 Disse, porém, Samuel: Assim como a tua espada desfilhou mulheres, assim desfilhada ficará tua mãe entre as mulheres. E Samuel despedaçou a Agague perante o SENHOR, em Gilgal. 34 Então, Samuel se foi a Ramá; e Saul subiu à sua casa, a Gibeá de Saul. 35 Nunca mais viu Samuel a Saul até ao dia da sua morte; porém tinha pena de Saul. O SENHOR se arrependeu de haver constituído Saul rei sobre Israel.

Samuel enviado a Jessé

16 Disse o SENHOR a Samuel: Até quando terás pena de Saul, havendo-o eu rejeitado, para que não reine sobre Israel? Enche um chifre de azeite e vem; enviar-te-ei a Jessé, o belemita; porque, dentre os seus filhos, me provi de um rei. 2 Disse Samuel: Como irei eu? Pois Saul o saberá e me matará. Então, disse o SENHOR: Toma contigo um novilho e dize: Vim para sacrificar ao SENHOR. 3 Convidarás Jessé para o sacrifício; eu te mostrarei o que hás de fazer, e ungir-me-ás a quem eu te designar. 4 Fez, pois, Samuel o que dissera o SENHOR e veio a Belém. Saíram-lhe ao encontro os anciãos da cidade, tremendo, e perguntaram: É de paz a tua vinda? 5 Respondeu ele: É de paz; vim sacrificar ao SENHOR. Santificai-vos e vinde comigo ao sacrifício. Santificou ele a Jessé e os seus filhos e os convidou para o sacrifício. 6 Sucedeu que, entrando eles, viu a Eliabe e disse consigo: Certamente, está perante o SENHOR o seu ungido. 7 Porém o SENHOR disse a Samuel: Não atentes para a sua aparência, nem para a sua altura, porque o rejeitei; porque o SENHOR não vê como vê o homem. O homem vê o exterior, porém o SENHOR, o coração. 8 Então, chamou Jessé a Abinadabe e o fez passar diante de Samuel, o qual disse: Nem a este escolheu o SENHOR. 9 Então, Jessé fez passar a Samá, porém Samuel disse: Tampouco a este escolheu o SENHOR. 10 Assim, fez passar Jessé os seus sete filhos diante de Samuel; porém Samuel disse a Jessé: O SENHOR não escolheu estes. 11 Perguntou Samuel a Jessé: Acabaram-se os teus filhos? Ele respondeu: Ainda falta o mais moço, que está apascentando as ovelhas. Disse, pois, Samuel a Jessé:

Manda chamá-lo, pois não nos assentaremos à mesa sem que ele venha. 12 Então, mandou chamá-lo e fê-lo entrar. Era ele ruivo, de belos olhos e boa aparência. Disse o SENHOR: Levanta-te e unge-o, pois este é ele. 13 Tomou Samuel o chifre do azeite e o ungiu no meio de seus irmãos; e, daquele dia em diante, o Espírito do SENHOR se apossou de Davi. Então, Samuel se levantou e foi para Ramá.

Davi tange sua harpa perante Saul

14 Tendo-se retirado de Saul o Espírito do SENHOR, da parte deste um espírito maligno o atormentava. 15 Então, os servos de Saul lhe disseram: Eis que, agora, um espírito maligno, enviado de Deus, te atormenta. 16 Manda, pois, senhor nosso, que teus servos, que estão em tua presença, busquem um homem que saiba tocar harpa; e será que, quando o espírito maligno, da parte do SENHOR, vier sobre ti, então, ele a dedilhará, e te acharás melhor. 17 Disse Saul aos seus servos: Buscai-me, pois, um homem que saiba tocar bem e trazei-mo. 18 Então, respondeu um dos moços e disse: Conheço um filho de Jessé, o belemita, que sabe tocar e é forte e valente, homem de guerra, sisudo em palavras e de boa aparência; e o SENHOR é com ele. 19 Saul enviou mensageiros a Jessé, dizendo: Envia-me Davi, teu filho, o que está com as ovelhas. 20 Tomou, pois, Jessé um jumento, e o carregou de pão, um odre de vinho e um cabrito, e enviou-os a Saul por intermédio de Davi, seu filho. 21 Assim, Davi foi a Saul e estevе perante ele; este o amou muito e o fez seu escudeiro. 22 Saul mandou dizer a Jessé: Deixa estar Davi perante mim, pois me caiu em graça. 23 E sucedia que, quando o espírito maligno, da parte de Deus, vinha sobre Saul, Davi tomava a harpa e a dedilhava; então, Saul sentia alívio e se achava melhor, e o espírito maligno se retirava dele.

O desafio de Golias

17 Ajuntaram os filisteus as suas tropas para a guerra, e congregaram-se em Socó, que está em Judá, e acamparam-se entre Socó e Azeca, em Efes-Damim.

² Porém Saul e os homens de Israel se ajuntaram, e acamparam no vale de Elá, e ali ordenaram a batalha contra os filisteus.

³ Estavam estes num monte da banda dalém, e os israelitas, no outro monte da banda daquém; e, entre eles, o vale.

⁴ Então, saiu do arraial dos filisteus um homem guerreiro, cujo nome era Golias, de Gate, da altura de seis côvados e um palmo.

⁵ Trazia na cabeça um capacete de bronze e vestia uma couraça de escamas cujo peso era de cinco mil siclos de bronze.

⁶ Trazia caneleiras de bronze nas pernas e um dardo de bronze entre os ombros.

⁷ A haste da sua lança era como o eixo do tecelão, e a ponta da sua lança, de seiscentos siclos de ferro; e diante dele ia o escudeiro.

⁸ Parou, clamou às tropas de Israel e disse-lhes: Para que saís, formando-vos em linha de batalha? Não sou eu filisteu, e vós, servos de Saul? Escolhei dentre vós um homem que desça contra mim.

⁹ Se ele puder pelejar comigo e me ferir, seremos vossos servos; porém, se eu o vencer e o ferir, então, sereis nossos servos e nos servireis.

¹⁰ Disse mais o filisteu: Hoje, afronto as tropas de Israel. Dai-me um homem, para que ambos pelejemos.

¹¹ Ouvindo Saul e todo o Israel estas palavras do filisteu, espantaram-se e temeram muito.

Davi enviado a seus irmãos

¹² Davi era filho daquele efrateu de Belém de Judá cujo nome era Jessé, que tinha oito filhos; nos dias de Saul, era já velho e adiantado em anos entre os homens.

¹³ Apresentaram-se os três filhos mais velhos de Jessé a Saul e o seguiram à guerra; chamavam-se: Eliabe, o primogênito, o segundo, Abinadabe, e o terceiro, Samá.

¹⁴ Davi o mais moço; só os três maiores seguiram Saul.

¹⁵ Davi, porém, ia a Saul e voltava, para apascentar as ovelhas de seu pai, em Belém.

¹⁶ Chegava-se, pois, o filisteu pela manhã e à tarde; e apresentou-se por quarenta dias.

¹⁷ Disse Jessé a Davi, seu filho: Leva, peço-te, para teus irmãos um efa deste trigo tostado e estes dez pães e corre a levá-los ao acampamento, a teus irmãos.

¹⁸ Porém estes dez queijos, leva-os ao comandante de mil; e visitarás teus irmãos, a ver se vão bem; e trarás uma prova de como passam.

¹⁹ Saul, e eles, e todos os homens de Israel estão no vale de Elá, pelejando com os filisteus.

²⁰ Davi, pois, no dia seguinte, se levantou de madrugada, deixou as ovelhas com um guarda, carregou-se e partiu, como Jessé lhe ordenara; e chegou ao acampamento quando já as tropas saíam para formar-se em ordem de batalha e, a gritos, chamavam à peleja.

²¹ Os israelitas e filisteus se puseram em ordem, fileira contra fileira.

²² Davi, deixando o que trouxera aos cuidados do guarda da bagagem, correu à batalha; e, chegando, perguntou a seus irmãos se estavam bem.

²³ Estando Davi ainda a falar com eles, eis que vinha subindo do exército dos filisteus o duelista, cujo nome era Golias, o filisteu de Gate; e falou as mesmas cousas que antes falara, e Davi o ouviu.

O gigante Golias insulta os israelitas

²⁴ Todos os israelitas, vendo aquele homem, fugiam de diante dele, e temiam grandemente,

²⁵ e diziam uns aos outros: Vistes aquele homem que subiu? Pois subiu para afrontar a Israel. A quem o matar, o rei o cumulará de grandes riquezas, e lhe dará por mulher a filha, e à casa de seu pai isentará de impostos em Israel.

²⁶ Então, falou Davi aos homens que estavam consigo, dizendo: Que farão àquele homem que ferir a este filisteu e tirar a afronta de sobre Israel? Quem é, pois, esse incircunciso filisteu, para afrontar os exércitos do Deus vivo?

²⁷ E o povo lhe repetiu as mesmas palavras, dizendo: Assim farão ao homem que o ferir.

²⁸ Ouvindo-o Eliabe, seu irmão mais velho, falar àqueles homens, acendeu-se-lhe a ira contra Davi, e disse: Por que desceste aqui? E a quem deixaste aquelas poucas ovelhas no deserto? Bem conheço a tua presunção e a tua maldade; desceste apenas para ver a peleja.

²⁹ Respondeu Davi: Que fiz eu agora? Fiz somente uma pergunta.

³⁰ Desviou-se dele para outro e falou a mesma cousa; e o povo lhe tornou a responder como dantes.

Davi dispõe-se a pelejar contra o gigante

³¹ Ouvidas as palavras que Davi falara,

anunciaram-nas a Saul, que mandou chamá-lo.

³² Davi disse a Saul: Não desfaleça o coração de ninguém por causa dele; teu servo irá e pelejará contra o filisteu.

³³ Porém Saul disse a Davi: Contra o filisteu não poderás ir para pelejar com ele; pois tu és ainda moço, e ele, guerreiro desde a sua mocidade.

³⁴ Respondeu Davi a Saul: Teu servo apascentava as ovelhas de seu pai; quando veio um leão ou um urso e tomou um cordeiro do rebanho,

³⁵ eu saí após ele, e o feri, e livrei o cordeiro da sua boca; levantando-se ele contra mim, agarrei-o pela barba, e o feri, e o matei.

³⁶ O teu servo matou tanto o leão como o urso; este incircunciso filisteu será como um deles, porquanto afrontou os exércitos do Deus vivo.

³⁷ Disse mais Davi: O SENHOR me livrou das garras do leão e das do urso; ele me livrará das mãos deste filisteu. Então, disse Saul a Davi: Vai-te, e o SENHOR seja contigo.

³⁸ Saul vestiu a Davi da sua armadura, e lhe pôs sobre a cabeça um capacete de bronze, e o vestiu de uma couraça.

³⁹ Davi cingiu a espada sobre a armadura e experimentou andar, pois jamais a havia usado; então, disse Davi a Saul: Não posso andar com isto, pois nunca o usei. E Davi tirou aquilo de sobre si.

⁴⁰ Tomou o seu cajado na mão, e escolheu para si cinco pedras lisas do ribeiro, e as pôs no alforje de pastor, que trazia, a saber, no surrão; e, lançando mão da sua funda, foi-se chegando ao filisteu.

Davi encontra-se com o gigante e mata-o

⁴¹ O filisteu também se vinha chegando a Davi; e o seu escudeiro ia adiante dele.

⁴² Olhando o filisteu e vendo a Davi, o desprezou, porquanto era moço ruivo e de boa aparência.

⁴³ Disse o filisteu a Davi: Sou eu algum cão, para vires a mim com paus? E, pelos seus deuses, amaldiçoou o filisteu a Davi.

⁴⁴ Disse mais o filisteu a Davi: Vem a mim, e darei a tua carne às aves do céu e às bestas-feras do campo.

⁴⁵ Davi, porém, disse ao filisteu: Tu vens contra mim com espada, e com lança, e com escudo; eu, porém, vou contra ti em nome do SENHOR dos Exércitos, o Deus dos exércitos de Israel, a quem tens afrontado.

⁴⁶ Hoje mesmo, o SENHOR te entregará nas minhas mãos; ferir-te-ei, tirar-te-ei a cabeça e os cadáveres do arraial dos filisteus darei, hoje mesmo, às aves dos céus e às bestas-feras da terra; e toda a terra saberá que há Deus em Israel.

⁴⁷ Saberá toda esta multidão que o SENHOR salva, não com espada, nem com lança; porque do SENHOR é a guerra, e ele vos entregará nas nossas mãos.

⁴⁸ Sucedeu que, dispondo-se o filisteu a encontrar-se com Davi, este se apressou e, deixando as suas fileiras, correu de encontro ao filisteu.

⁴⁹ Davi meteu a mão no alforje, e tomou dali uma pedra, e com a funda lha atirou, e feriu o filisteu na testa; a pedra encravou-se-lhe na testa, e ele caiu com o rosto em terra.

⁵⁰ Assim, prevaleceu Davi contra o filisteu, com uma funda e com uma pedra, e o feriu, e o matou; porém não havia espada na mão de Davi.

⁵¹ Pelo que correu Davi, e, lançando-se sobre o filisteu, tomou-lhe a espada, e desembainhou-a, e o matou, cortando-lhe com ela a cabeça. Vendo os filisteus que era morto o seu herói, fugiram.

⁵² Então, os homens de Israel e Judá se levantaram, e jubilaram, e perseguiram os filisteus, até Gate e até às portas de Ecrom. E caíram filisteus feridos pelo caminho, de Saaraim até Gate e até Ecrom.

⁵³ Então, voltaram os filhos de Israel de perseguirem os filisteus e lhes despojaram os acampamentos.

⁵⁴ Tomou Davi a cabeça do filisteu e a trouxe a Jerusalém; porém as armas dele pô-las Davi na sua tenda.

⁵⁵ Quando Saul viu sair Davi a encontrar-se com o filisteu, disse a Abner, o comandante do exército: De quem é filho este jovem, Abner? Respondeu Abner: Tão certo como tu vives, ó rei, não o sei.

⁵⁶ Disse o rei: Pergunta, pois, de quem é filho este jovem.

⁵⁷ Voltando Davi de haver ferido o filisteu, Abner o tomou e o levou à presença de Saul, trazendo ele na mão a cabeça do filisteu.

⁵⁸ Então, Saul lhe perguntou: De quem és filho, jovem? Respondeu Davi: Filho de teu servo Jessé, belemita.

A amizade de Jônatas para com Davi

18 Sucedeu que, acabando Davi de falar com Saul, a alma de Jônatas se ligou com a de Davi; e Jônatas o amou como à sua própria alma.

2 Saul, naquele dia, o tomou e não lhe permitiu que tornasse para casa de seu pai.

3 Jônatas e Davi fizeram aliança; porque Jônatas o amava como à sua própria alma.

4 Despojou-se Jônatas da capa que vestia e a deu a Davi, como também a armadura, inclusive a espada, o arco e o cinto.

5 Saía Davi aonde quer que Saul o enviava e se conduzia com prudência; de modo que Saul o pôs sobre tropas do seu exército, e era ele benquisto de todo o povo e até dos próprios servos de Saul.

O cântico das mulheres indigna a Saul

6 Sucedeu, porém, que, vindo Saul e seu exército, e voltando também Davi de ferir os filisteus, as mulheres de todas as cidades de Israel saíram ao encontro do rei Saul, cantando e dançando, com tambores, com júbilo e com instrumentos de música.

7 As mulheres se alegravam e, cantando alternadamente, diziam:
Saul feriu os seus milhares,
    porém Davi, os seus dez milhares.

8 Então, Saul se indignou muito, pois estas palavras lhe desagradaram em extremo; e disse: Dez milhares deram elas a Davi, e a mim somente milhares; na verdade, que lhe falta, senão o reino?

9 Daquele dia em diante, Saul não via a Davi com bons olhos.

10 No dia seguinte, um espírito maligno, da parte de Deus, se apossou de Saul, que teve uma crise de raiva em casa; e Davi, como nos outros dias, dedilhava a harpa; Saul, porém, trazia na mão uma lança,

11 que arrojou, dizendo: Encravarei a Davi na parede. Porém Davi se desviou dele por duas vezes.

12 Saul temia a Davi, porque o Senhor era com este e se tinha retirado de Saul.

13 Pelo que Saul o afastou de si e o pôs por chefe de mil; ele fazia saídas e entradas militares diante do povo.

14 Davi lograva bom êxito em todos os seus empreendimentos, pois o Senhor era com ele.

15 Então, vendo Saul que Davi lograva bom êxito, tinha medo dele.

16 Porém todo o Israel e Judá amavam Davi, porquanto fazia saídas e entradas militares diante deles.

Saul intenta matar a Davi pela astúcia

17 Disse Saul a Davi: Eis aqui Merabe, minha filha mais velha, que te darei por mulher; sê-me somente filho valente e guerreia as guerras do Senhor; porque Saul dizia consigo: Não seja contra ele a minha mão, e sim a dos filisteus.

18 Respondeu Davi a Saul: Quem sou eu, e qual é a minha vida e a família de meu pai em Israel, para vir a ser eu genro do rei?

19 Sucedeu, porém, que, ao tempo em que Merabe, filha de Saul, devia ser dada a Davi, foi dada por mulher a Adriel, meolatita.

Mical ama a Davi e casa com ele

20 Mas Mical, a outra filha de Saul, amava a Davi. Contaram-no a Saul, e isso lhe agradou.

21 Disse Saul: Eu lha darei, para que ela lhe sirva de laço e para que a mão dos filisteus venha a ser contra ele. Pelo que Saul disse a Davi: Com esta segunda serás, hoje, meu genro.

22 Ordenou Saul aos seus servos: Falai confidencialmente a Davi, dizendo: Eis que o rei tem afeição por ti, e todos os seus servos te amam; consente, pois, em ser genro do rei.

23 Os servos de Saul falaram estas palavras a Davi, o qual respondeu: Parece-vos cousa de somenos ser genro do rei, sendo eu homem pobre e de humilde condição?

24 Os servos de Saul lhe referiram isto, dizendo: Tais foram as palavras que falou Davi.

25 Então, disse Saul: Assim direis a Davi: O rei não deseja dote algum, mas cem prepúcios de filisteus, para tomar vingança dos inimigos do rei. Porquanto Saul tentava fazer cair a Davi pelas mãos dos filisteus.

26 Tendo os servos de Saul referido estas palavras a Davi, agradou-se este de que viesse a ser genro do rei. Antes de vencido o prazo,

27 dispôs-se Davi e partiu com os seus homens, e feriram dentre os filisteus duzentos homens; trouxe os seus prepúcios e os entregou todos ao rei, para que lhe fosse genro. Então, Saul lhe deu por mulher a sua filha Mical.

28 Viu Saul e reconheceu que o Senhor era com Davi; e Mical, filha de Saul, o amava.

18.7 1Sm 21.11; 29.5.

29 Então, Saul temeu ainda mais a Davi e continuamente foi seu inimigo.

30 Cada vez que os príncipes dos filisteus saíam à batalha, Davi lograva mais êxito do que todos os servos de Saul; portanto, o seu nome se tornou muito estimado.

Jônatas intercede por Davi

19 Falou Saul a Jônatas, seu filho, e a todos os servos sobre matar Davi. Jônatas, filho de Saul, mui afeiçoado a Davi,

2 o fez saber a este, dizendo: Meu pai, Saul, procura matar-te; acautela-te, pois, pela manhã, fica num lugar oculto e esconde-te.

3 Eu sairei e estarei ao lado de meu pai no campo onde estás; falarei a teu respeito a meu pai, e verei o que houver, e te farei saber.

4 Então, Jônatas falou bem de Davi a Saul, seu pai, e lhe disse: Não peque o rei contra seu servo Davi, porque ele não pecou contra ti, e os seus feitos para contigo têm sido mui importantes.

5 Arriscando ele a vida, feriu os filisteus e efetuou o Senhor grande livramento a todo o Israel; tu mesmo o viste e te alegraste; por que, pois, pecarias contra sangue inocente, matando Davi sem causa?

6 Saul atendeu à voz de Jônatas e jurou: Tão certo como vive o Senhor, ele não morrerá.

7 Jônatas chamou a Davi, contou-lhe todas estas palavras e o levou a Saul; e esteve Davi perante este como dantes.

Saul procura, de novo, matar a Davi

8 Tornou a haver guerra, e, quando Davi pelejou contra os filisteus e os feriu com grande derrota, e fugiram diante dele,

9 o espírito maligno, da parte do Senhor, tornou sobre Saul; estava este assentado em sua casa e tinha na mão a sua lança, enquanto Davi dedilhava o seu instrumento músico.

10 Procurou Saul encravar a Davi na parede, porém ele se desviou do seu golpe, indo a lança ferir a parede; então, fugiu Davi e escapou.

11 Porém Saul, naquela mesma noite, mandou mensageiros à casa de Davi, que o vigiassem, para ele o matar pela manhã; disto soube Davi por Mical, sua mulher,

que lhe disse: Se não salvares a tua vida esta noite, amanhã serás morto.

Mical engana a seu pai e salva a Davi

12 Então, Mical desceu Davi por uma janela; e ele se foi, fugiu e escapou.

13 Mical tomou um ídolo do lar, e o deitou na cama, e pôs-lhe à cabeça um tecido de pêlos de cabra, e o cobriu com um manto.

14 Tendo Saul enviado mensageiros que trouxessem Davi, ela disse: Está doente.

15 Então, Saul mandou mensageiros que vissem Davi, ordenando-lhes: Trazei-mo mesmo na cama, para que o mate.

16 Vindo, pois, os mensageiros, eis que estava na cama o ídolo do lar, e o tecido de pêlos de cabra, ao redor de sua cabeça.

17 Então, disse Saul a Mical: Por que assim me enganaste e deixaste ir e escapar o meu inimigo? Respondeu-lhe Mical: Porque ele me disse: Deixa-me ir; se não, eu te mato.

Saul e seus mensageiros profetizam

18 Assim, Davi fugiu, e escapou, e veio a Samuel, a Ramá, e lhe contou tudo quanto Saul lhe fizera; e se retiraram, ele e Samuel, e ficaram na casa dos profetas.

19 Foi dito a Saul: Eis que Davi está na casa dos profetas, em Ramá.

20 Então, enviou Saul mensageiros para trazerem Davi, os quais viram um grupo de profetas profetizando, onde estava Samuel, que lhes presidia; e o Espírito de Deus veio sobre os mensageiros de Saul, e também eles profetizaram.

21 Avisado disto, Saul enviou outros mensageiros, e também estes profetizaram; então, enviou Saul ainda uns terceiros, os quais também profetizaram.

22 Então, foi também ele mesmo a Ramá e, chegando ao poço grande que estava em Seco, perguntou: Onde estão Samuel e Davi? Responderam-lhe: Eis que estão na casa dos profetas, em Ramá.

23 Então, foi para a casa dos profetas, em Ramá; e o mesmo Espírito de Deus veio sobre ele, que, caminhando, profetizava até chegar à casa dos profetas, em Ramá.

24 Também ele despiu a sua túnica, e profetizou diante de Samuel, e, sem ela, esteve deitado em terra todo aquele dia e toda aquela noite; pelo que se diz: Está também Saul entre os profetas?

19.11 Sl 59, título.   **19.24** 1Sm 10.11,12.

A amizade entre Davi e Jônatas

20 Então, fugiu Davi da casa dos profetas, em Ramá, e veio, e disse a Jônatas: Que fiz eu? Qual é a minha culpa? E qual é o meu pecado diante de teu pai, que procura tirar-me a vida? ² Ele lhe respondeu: Tal não suceda; não serás morto. Meu pai não faz cousa nenhuma, nem grande nem pequena, sem primeiro me dizer; por que, pois, meu pai me ocultaria isso? Não há nada disso.

³ Então, Davi respondeu enfaticamente: Mui bem sabe teu pai que da tua parte achei mercê; pelo que disse consigo: Não saiba isto Jônatas, para que não se entristeça. Tão certo como vive o SENHOR, e tu vives, Jônatas, apenas há um passo entre mim e a morte.

⁴ Disse Jônatas a Davi: O que tu desejares eu te farei.

⁵ Disse Davi a Jônatas: Amanhã é a Festa da Lua Nova, em que sem falta deveria assentar-me com o rei para comer; mas deixa-me ir, e esconder-me-ei no campo, até à terceira tarde.

⁶ Se teu pai notar a minha ausência, dirás: Davi me pediu muito que o deixasse ir a toda pressa a Belém, sua cidade; porquanto se faz lá o sacrifício anual para toda a família.

⁷ Se disser assim: Está bem! Então, teu servo terá paz. Porém, se muito se indignar, sabe que já o mal está de fato determinado por ele.

⁸ Usa, pois, de misericórdia para com o teu servo, porque lhe fizeste entrar contigo em aliança no SENHOR; se, porém, há em mim culpa, mata-me tu mesmo; por que me levarias a teu pai?

⁹ Então, disse Jônatas: Longe de ti tal cousa; porém, se de alguma sorte soubesse que já este mal estava de fato determinado por meu pai, para que viesse sobre ti, não to declararia eu?

¹⁰ Perguntou Davi a Jônatas: Quem tal me fará saber, se, por acaso, teu pai te responder asperamente?

¹¹ Então, disse Jônatas a Davi: Vem, e saiamos ao campo. E saíram.

Jônatas faz aliança com Davi

¹² E disse Jônatas a Davi: O SENHOR, Deus de Israel, seja testemunha. Amanhã ou depois de amanhã, a estas horas sondarei meu pai; se algo houver favorável a Davi, eu to mandarei dizer.

¹³ Mas, se meu pai quiser fazer-te mal, faça com Jônatas o SENHOR o que a este aprouver, se não to fizer saber eu e não te deixar ir embora, para que sigas em paz. E seja o SENHOR contigo, como tem sido com meu pai.

¹⁴ Se eu, então, ainda viver, porventura, não usarás para comigo da bondade do SENHOR, para que não morra?

¹⁵ Nem tampouco cortarás jamais da minha casa a tua bondade; nem ainda quando o SENHOR desarraigar da terra todos os inimigos de Davi.

¹⁶ Assim, fez Jônatas aliança com a casa de Davi, dizendo: Vingue o SENHOR os inimigos de Davi.

¹⁷ Jônatas fez jurar a Davi de novo, pelo amor que este lhe tinha, porque Jônatas o amava com todo o amor da sua alma.

¹⁸ Disse-lhe Jônatas: Amanhã é a Festa da Lua Nova; perguntar-se-á por ti, porque o teu lugar estará vazio.

¹⁹ Ao terceiro dia, descerás apressadamente e irás para o lugar em que te esconderes no dia do ajuste; e fica junto à pedra de Ezel.

²⁰ Atirarei três flechas para aquela banda, como quem atira ao alvo.

²¹ Eis que mandarei o moço e lhe direi: Vai, procura as flechas; se eu disser ao moço: Olha que as flechas estão para cá de ti, traze-as; então, vem, Davi, porque, tão certo como vive o SENHOR, terás paz, e nada há que temer.

²² Porém, se disser ao moço: Olha que as flechas estão para lá de ti. Vai-te embora, porque o SENHOR te manda ir.

²³ Quanto àquilo de que eu e tu falamos, eis que o SENHOR está entre mim e ti, para sempre.

²⁴ Escondeu-se, pois, Davi no campo; e, sendo a Festa da Lua Nova, pôs-se o rei à mesa para comer.

²⁵ Assentou-se o rei na sua cadeira, segundo o costume, no lugar junto à parede; Jônatas, defronte dele, e Abner, ao lado de Saul; mas o lugar de Davi estava desocupado.

²⁶ Porém, naquele dia, não disse Saul nada, pois pensava: Aconteceu-lhe alguma cousa, pela qual não está limpo; talvez esteja contaminado.

²⁷ Sucedeu também ao outro dia, o segundo da Festa da Lua Nova, que o lugar

de Davi continuava desocupado; disse, pois, Saul a Jônatas, seu filho: Por que não veio a comer o filho de Jessé, nem ontem nem hoje?

²⁸ Respondeu Jônatas a Saul: Davi me pediu, encarecidamente, que o deixasse ir a Belém.

²⁹ Ele me disse: Peço-te que me deixes ir, porque a nossa família tem um sacrifício na cidade, e um de meus irmãos insiste comigo para que eu vá. Se, pois, agora, achei mercê aos teus olhos, peço-te que me deixes partir, para que veja meus irmãos. Por isso, não veio à mesa do rei.

Saul irado contra Jônatas

³⁰ Então, se acendeu a ira de Saul contra Jônatas, e disse-lhe: Filho de mulher perversa e rebelde; não sei eu que elegeste o filho de Jessé, para vergonha tua e para vergonha do recato de tua mãe?

³¹ Pois, enquanto o filho de Jessé viver sobre a terra, nem tu estarás seguro, nem seguro o teu reino; pelo que manda buscá-lo, agora, porque deve morrer.

³² Então, respondeu Jônatas a Saul, seu pai, e lhe disse: Por que há de ele morrer? Que fez ele?

³³ Então, Saul atirou-lhe com a lança para o ferir; com isso entendeu Jônatas que, de fato, seu pai já determinara matar a Davi.

³⁴ Pelo que Jônatas, todo encolerizado, se levantou da mesa e, neste segundo dia da Festa da Lua Nova, não comeu pão, pois ficara muito sentido por causa de Davi, a quem seu pai havia ultrajado.

Jônatas despede-se de Davi

³⁵ Na manhã seguinte, saiu Jônatas ao campo, no tempo ajustado com Davi, e levou consigo um rapaz.

³⁶ Então, disse ao seu rapaz: Corre a buscar as flechas que eu atirar. Este correu, e ele atirou uma flecha, que fez passar além do rapaz.

³⁷ Chegando o rapaz ao lugar da flecha que Jônatas havia atirado, gritou Jônatas atrás dele e disse: Não está a flecha mais para lá de ti?

³⁸ Tornou Jônatas a gritar: Apressa-te, não te demores. O rapaz de Jônatas apanhou as flechas e voltou ao seu senhor.

³⁹ O rapaz não entendeu cousa alguma; só Jônatas e Davi sabiam deste ajuste.

⁴⁰ Então, Jônatas deu as suas armas ao rapaz que o acompanhava e disse-lhe: Anda, leva-as à cidade.

⁴¹ Indo-se o rapaz, levantou-se Davi do lado do sul e prostrou-se rosto em terra três vezes; e beijaram-se um ao outro e choraram juntos; Davi, porém, muito mais.

⁴² Disse Jônatas a Davi: Vai-te em paz, porquanto juramos ambos em nome do Senhor, dizendo: O Senhor seja para sempre entre mim e ti e entre a minha descendência e a tua.

⁴³ Então, se levantou Davi e se foi; e Jônatas entrou na cidade.

Davi vai ter com o sacerdote Aimeleque

21 Então, veio Davi a Nobe, ao sacerdote Aimeleque; Aimeleque, tremendo, saiu ao encontro de Davi e disse-lhe: Por que vens só, e ninguém, contigo?

² Respondeu Davi ao sacerdote Aimeleque: O rei deu-me uma ordem e me disse: Ninguém saiba por que te envio e de que te incumbo; quanto aos meus homens, combinei que me encontrassem em tal e tal lugar.

³ Agora, que tens à mão? Dá-me cinco pães ou o que se achar.

⁴ Respondendo o sacerdote a Davi, disse-lhe: Não tenho pão comum à mão; há, porém, pão sagrado, se ao menos os teus homens se abstiveram das mulheres.

⁵ Respondeu Davi ao sacerdote e lhe disse: Sim, como sempre, quando saio à campanha, foram-nos vedadas as mulheres, e os corpos dos homens não estão imundos. Se tal se dá em viagem comum, quanto mais serão puros hoje!

⁶ Deu-lhe, pois, o sacerdote o pão sagrado, porquanto não havia ali outro, senão os pães da proposição, que se tiraram de diante do Senhor, quando trocados, no devido dia, por pão quente.

⁷ Achava-se ali, naquele dia, um dos servos de Saul, detido perante o Senhor, cujo nome era Doegue, edomita, o maioral dos pastores de Saul.

⁸ Disse Davi a Aimeleque: Não tens aqui à mão lança ou espada alguma? Porque não trouxe comigo nem a minha espada nem as minhas armas, porque a ordem do rei era urgente.

⁹ Respondeu o sacerdote: A espada de Golias, o filisteu, a quem mataste no vale de Elá, está aqui, envolta num pano detrás da estola sacerdotal; se a queres levar, leva-a,

21.1 Mt 11.3,4; Mc 2.25,26; Lc 6.3.　21.6 Lv 24.5-9.　21.9 1Sm 17.51.

porque não há outra aqui, senão essa. Disse Davi: Não há outra semelhante; dá-ma.

Davi foge para Aquis, rei de Gate

¹⁰ Levantou-se Davi, naquele dia, e fugiu de diante de Saul, e foi a Aquis, rei de Gate.
¹¹ Porém os servos de Aquis lhe disseram: Este não é Davi, o rei da sua terra? Não é a este que se cantava nas danças, dizendo:
Saul feriu os seus milhares,
porém Davi, os seus dez milhares?
¹² Davi guardou estas palavras, considerando-as consigo mesmo, e teve muito medo de Aquis, rei de Gate.
¹³ Pelo que se contrafez diante deles, em cujas mãos se fingia doido, esgravatava nos postigos das portas e deixava correr saliva pela barba.
¹⁴ Então, disse Aquis aos seus servos: Bem vedes que este homem está louco; por que mo trouxestes a mim?
¹⁵ Faltam-me a mim doidos, para que trouxésseis este para fazer doidices diante de mim? Há de entrar este na minha casa?

Davi esconde-se em Adulão e em Moabe

22 Davi retirou-se dali e se refugiou na caverna de Adulão; quando ouviram isso seus irmãos e toda a casa de seu pai, desceram ali para ter com ele.
² Ajuntaram-se a ele todos os homens que se achavam em aperto, e todo homem endividado, e todos os amargurados de espírito, e ele se fez chefe deles; e eram com ele uns quatrocentos homens.
³ Dali passou Davi a Mispa de Moabe e disse ao seu rei: Deixa estar meu pai e minha mãe convosco, até que eu saiba o que Deus há de fazer de mim.
⁴ Trouxe-os perante o rei de Moabe, e com este moraram por todo o tempo que Davi esteve neste lugar seguro.
⁵ Porém o profeta Gade disse a Davi: Não fiques neste lugar seguro; vai e entra na terra de Judá. Então, Davi saiu e foi para o bosque de Herete.

Saul mata todos os sacerdotes de Nobe

⁶ Ouviu Saul que Davi e os homens que o acompanhavam foram descobertos. Achando-se Saul em Gibeá, debaixo dum arvoredo, numa colina, tendo na mão a sua lança, e todos os seus servos com ele,
⁷ disse a todos estes: Ouvi, peço-vos, filhos de Benjamim, dar-vos-á também o filho de Jessé, a todos vós, terras e vinhas e vos fará a todos chefes de milhares e chefes de centenas,
⁸ para que todos tenhais conspirado contra mim? E ninguém houve que me desse aviso de que meu filho fez aliança com o filho de Jessé; e nenhum dentre vós há que se doa por mim e me participe que meu filho contra mim instigou a meu servo, para me armar ciladas, como se vê neste dia.
⁹ Então, respondeu Doegue, o edomita, que também estava com os servos de Saul, e disse: Vi o filho de Jessé chegar a Nobe, a Aimeleque, filho de Aitube,
¹⁰ e como Aimeleque, a pedido dele, consultou o SENHOR, e lhe fez provisões, e lhe deu a espada de Golias, o filisteu.
¹¹ Então, o rei mandou chamar Aimeleque, sacerdote, filho de Aitube, e toda a casa de seu pai, a saber, os sacerdotes que estavam em Nobe; todos eles vieram ao rei.
¹² Disse Saul: Ouve, peço-te, filho de Aitube! Este respondeu: Eis-me aqui, meu senhor!
¹³ Então, lhe disse Saul: Por que conspirastes contra mim, tu e o filho de Jessé? Pois lhe deste pão e espada e consultaste a favor dele a Deus, para que se levantasse contra mim e me armasse ciladas, como hoje se vê.
¹⁴ Respondeu Aimeleque ao rei e disse: E quem, entre todos os teus servos, há tão fiel como Davi, o genro do rei, chefe da tua guarda pessoal e honrado na tua casa?
¹⁵ Acaso, é de hoje que consulto a Deus em seu favor? Não! Jamais impute o rei cousa nenhuma a seu servo, nem a toda a casa de meu pai, pois o teu servo de nada soube de tudo isso, nem muito nem pouco.
¹⁶ Respondeu o rei: Aimeleque, morrerás, tu e toda a casa de teu pai.
¹⁷ Disse o rei aos da guarda, que estavam com ele: Volvei e matai os sacerdotes do SENHOR, porque também estão de mãos dadas com Davi e porque souberam que fugiu e não mo fizeram saber. Porém os servos do rei não quiseram estender as mãos contra os sacerdotes do SENHOR.
¹⁸ Então, disse o rei a Doegue: Volve-te e arremete contra os sacerdotes. Então, se virou Doegue, o edomita, e arremeteu contra os sacerdotes, e matou, naquele dia, oi-

21.11 1Sm 18.7; 29.5.   **21.12** Sl 56, título.   **21.13** Sl 34, título.   **22.9** Sl 52, título.

tenta e cinco homens que vestiam estola sacerdotal de linho.

¹⁹ Também a Nobe, cidade destes sacerdotes, passou a fio de espada: homens, e mulheres, e meninos, e crianças de peito, e bois, e jumentos, e ovelhas.

Abiatar refugia-se com Davi

²⁰ Porém dos filhos de Aimeleque, filho de Aitube, um só, cujo nome era Abiatar, salvou-se e fugiu para Davi;
²¹ e lhe anunciou que Saul tinha matado os sacerdotes do SENHOR.
²² Então, Davi disse a Abiatar: Bem sabia eu, naquele dia, que, estando ali Doegue, o edomita, não deixaria de o dizer a Saul. Fui a causa da morte de todas as pessoas da casa de teu pai.
²³ Fica comigo, não temas, porque quem procura a minha morte procura também a tua; estarás a salvo comigo.

Davi livra a Queila

23 Foi dito a Davi: Eis que os filisteus pelejam contra Queila e saqueiam as eiras.
² Consultou Davi ao SENHOR, dizendo: Irei eu e ferirei estes filisteus? Respondeu o SENHOR a Davi: Vai, e ferirás os filisteus, e livrarás Queila.
³ Porém os homens de Davi lhe disseram: Temos medo aqui em Judá, quanto mais indo a Queila contra as tropas dos filisteus.
⁴ Então, Davi tornou a consultar o SENHOR, e o SENHOR lhe respondeu e disse: Dispõe-te, desce a Queila, porque te dou os filisteus nas tuas mãos.
⁵ Partiu Davi com seus homens a Queila, e pelejou contra os filisteus, e levou todo o gado, e fez grande morticínio entre eles; assim, Davi salvou os moradores de Queila.
⁶ Sucedeu que, quando Abiatar, filho de Aimeleque, fugiu para Davi, a Queila, desceu com a estola sacerdotal na mão.
⁷ Foi anunciado a Saul que Davi tinha ido a Queila. Disse Saul: Deus o entregou nas minhas mãos; está encerrado, pois entrou numa cidade de portas e ferrolhos.
⁸ Então, Saul mandou chamar todo o povo à peleja, para que descessem a Queila e cercassem Davi e os seus homens.
⁹ Sabedor, porém, Davi de que Saul ma-

quinava o mal contra ele, disse a Abiatar, sacerdote: Traze aqui a estola sacerdotal.
¹⁰ Orou Davi: Ó SENHOR, Deus de Israel, teu servo ouviu que Saul, de fato, procura vir a Queila, para destruir a cidade por causa de mim.
¹¹ Entregar-me-ão os homens de Queila nas mãos dele? Descerá Saul, como o teu servo ouviu? Ah! SENHOR, Deus de Israel, faze-o saber ao teu servo. E disse o SENHOR: Descerá.
¹² Perguntou-lhe Davi: Entregar-me-ão os homens de Queila, a mim e aos meus servos, nas mãos de Saul? Respondeu o SENHOR: Entregarão.
¹³ Então, se dispôs Davi com os seus homens, uns seiscentos, saíram de Queila e se foram sem rumo certo. Sendo anunciado a Saul que Davi fugira de Queila, cessou de persegui-lo.
¹⁴ Permaneceu Davi no deserto, nos lugares seguros, e ficou na região montanhosa no deserto de Zife. Saul buscava-o todos os dias, porém Deus não o entregou nas suas mãos.

Davi e Jônatas renovam a aliança

¹⁵ Vendo, pois, Davi que Saul saíra a tirar-lhe a vida, deteve-se no deserto de Zife, em Horesa.
¹⁶ Então, se levantou Jônatas, filho de Saul, e foi para Davi, a Horesa, e lhe fortaleceu a confiança em Deus,
¹⁷ e lhe disse: Não temas, porque a mão de Saul, meu pai, não te achará; porém tu reinarás sobre Israel, e eu serei contigo o segundo, o que também Saul, meu pai, bem sabe.
¹⁸ E ambos fizeram aliança perante o SENHOR. Davi ficou em Horesa, e Jônatas voltou para sua casa.

A traição dos zifeus

¹⁹ Então, subiram os zifeus a Saul, a Gibeá, dizendo: Não se escondeu Davi entre nós, nos lugares seguros de Horesa, no outeiro de Haquilá, que está ao sul de Jesimom?
²⁰ Agora, pois, ó rei, desce conforme te impõe o coração; toca-nos a nós entregar-mo-lo nas mãos do rei.
²¹ Disse Saul: Benditos sejais vós do SENHOR, porque vos compadecestes de mim.
²² Ide, pois, informai-vos ainda melhor,

sabei e notai o lugar que freqüenta e quem o tenha visto ali; porque me foi dito que é astutíssimo.

²³ Pelo que atentai bem e informai-vos acerca de todos os esconderijos em que ele se oculta; então, voltai a ter comigo com seguras informações, e irei convosco; se ele estiver na terra, buscá-lo-ei entre todos os milhares de Judá.

²⁴ Então, se levantaram eles e se foram a Zife, adiante de Saul; Davi, porém, e os seus homens estavam no deserto de Maom, na planície, ao sul de Jesimom.

²⁵ Saul e os seus homens se foram ao encalço dele, e isto foi dito a Davi; pelo que desceu para a penha que está no deserto de Maom. Ouvindo-o Saul, perseguiu a Davi no deserto de Maom.

²⁶ Saul ia duma banda do monte, e Davi e os seus homens, da outra; apressou-se Davi em fugir para escapar de Saul; porém este e os seus homens cercaram Davi e os seus homens para os prender.

²⁷ Então, veio um mensageiro a Saul, dizendo: Apressa-te e vem, porque os filisteus invadiram a terra.

²⁸ Pelo que Saul desistiu de perseguir a Davi e se foi contra os filisteus. Por esta razão, aquele lugar se chamou Pedra de Escape.

²⁹ Subiu Davi daquele lugar e ficou nos lugares seguros de En-Gedi.

Davi poupa a vida de Saul

24 Tendo Saul voltado de perseguir os filisteus, foi-lhe dito: Eis que Davi está no deserto de En-Gedi.

² Tomou, então, Saul três mil homens, escolhidos dentre todo o Israel, e foi ao encalço de Davi e dos seus homens, nas faldas das penhas das cabras monteses.

³ Chegou a uns currais de ovelhas no caminho, onde havia uma caverna; entrou nela Saul, a aliviar o ventre. Ora, Davi e os seus homens estavam assentados no mais interior da mesma.

⁴ Então, os homens de Davi lhe disseram: Hoje é o dia do qual o SENHOR te disse: Eis que te entrego nas mãos o teu inimigo, e far-lhe-ás o que bem te parecer. Levantou-se Davi e, furtivamente, cortou a orla do manto de Saul.

⁵ Sucedeu, porém, que, depois, sentiu Davi bater-lhe o coração, por ter cortado a orla do manto de Saul;

⁶ e disse aos seus homens: O SENHOR me guarde de que eu faça tal cousa ao meu senhor, isto é, que eu estenda a mão contra ele, pois é o ungido do SENHOR.

⁷ Com estas palavras, Davi conteve os seus homens e não lhes permitiu que se levantassem contra Saul; retirando-se Saul da caverna, prosseguiu o seu caminho.

⁸ Depois, também Davi se levantou e, saindo da caverna, gritou a Saul, dizendo: Ó rei, meu senhor! Olhando Saul para trás, inclinou-se Davi e fez-lhe reverência, com o rosto em terra.

⁹ Disse Davi a Saul: Por que dás tu ouvidos às palavras dos homens que dizem: Davi procura fazer-te mal?

¹⁰ Os teus próprios olhos viram, hoje, que o SENHOR te pôs em minhas mãos nesta caverna, e alguns disseram que eu te matasse; porém a minha mão te poupou; porque disse: Não estenderei a mão contra o meu senhor, pois é o ungido de Deus.

¹¹ Olha, pois, meu pai, vê aqui a orla do teu manto na minha mão. No fato de haver eu cortado a orla do teu manto sem te matar, reconhece e vê que não há em mim nem mal nem rebeldia, e não pequei contra ti, ainda que andas à caça da minha vida para ma tirares.

¹² Julgue o SENHOR entre mim e ti e vingue-me o SENHOR a teu respeito; porém a minha mão não será contra ti.

¹³ Dos perversos procede a perversidade, diz o provérbio dos antigos; porém a minha mão não está contra ti.

¹⁴ Após quem saiu o rei de Israel? A quem persegue? A um cão morto? A uma pulga?

¹⁵ Seja o SENHOR o meu juiz, e julgue entre mim e ti, e veja, e pleiteie a minha causa, e me faça justiça, e me livre da tua mão.

¹⁶ Tendo Davi acabado de falar a Saul todas estas palavras, disse Saul: É isto a tua voz, meu filho Davi? E chorou Saul em voz alta.

¹⁷ Disse a Davi: Mais justo és do que eu; pois tu me recompensaste com bem, e eu te paguei com mal.

¹⁸ Mostraste, hoje, que me fizeste bem; pois o SENHOR me havia posto em tuas mãos, e tu me não mataste.

¹⁹ Porque quem há que, encontrando o inimigo, o deixa ir por bom caminho? O SENHOR, pois, te pague com bem, pelo que, hoje, me fizeste.

²⁰ Agora, pois, tenho certeza de que se-

24.3 Sl 57, título; Sl 142, título.

rás rei e de que o reino de Israel há de ser firme na tua mão.

²¹ Portanto, jura-me pelo SENHOR que não eliminarás a minha descendência, nem desfarás o meu nome da casa de meu pai.

²² Então, jurou Davi a Saul, e este se foi para sua casa; porém Davi e os seus homens subiram ao lugar seguro.

A morte de Samuel

25 Faleceu Samuel; todos os filhos de Israel se ajuntaram, e o prantearam, e o sepultaram na sua casa, em Ramá. Davi se levantou e desceu ao deserto de Parã.

Davi e Nabal

² Havia um homem, em Maom, que tinha as suas possessões no Carmelo; homem abastado, tinha três mil ovelhas e mil cabras e estava tosquiando as suas ovelhas no Carmelo.

³ Nabal era o nome deste homem, e Abigail, o de sua mulher; esta era sensata e formosa, porém o homem era duro e maligno em todo o seu trato. Era ele da casa de Calebe.

⁴ Ouvindo Davi, no deserto, que Nabal tosquiava as suas ovelhas,

⁵ enviou dez moços e lhes disse: Subi ao Carmelo, ide a Nabal, perguntai-lhe, em meu nome, como está.

⁶ Direis àquele próspero: Paz seja contigo, e tenha paz a tua casa, e tudo o que possuis tenha paz!

⁷ Tenho ouvido que tens tosquiadores. Os teus pastores estiveram conosco; nenhum agravo lhes fizemos, e de nenhuma cousa sentiram falta todos os dias que estiveram no Carmelo.

⁸ Pergunta aos teus moços, e eles to dirão; achem mercê, pois, os meus moços na tua presença, porque viemos em boa hora; dá, pois, a teus servos e a Davi, teu filho, qualquer cousa que tiveres à mão.

⁹ Chegando, pois, os moços de Davi e tendo falado a Nabal todas essas palavras em nome de Davi, aguardaram.

¹⁰ Respondeu Nabal aos moços de Davi e disse: Quem é Davi, e quem é o filho de Jessé? Muitos são, hoje em dia, os servos que fogem ao seu senhor.

¹¹ Tomaria eu, pois, o meu pão, e a minha água, e a carne das minhas reses que degolei para os meus tosquiadores e o daria a homens que eu não sei donde vêm?

¹² Então, os moços de Davi puseram-se a caminho, voltaram e, tendo chegado, lhe

contaram tudo, segundo todas estas palavras.

¹³ Pelo que disse Davi aos seus homens: Cada um cinja a sua espada. E cada um cingiu a sua espada, e também Davi, a sua; subiram após Davi uns quatrocentos homens, e duzentos ficaram com a bagagem.

¹⁴ Nesse meio tempo, um dentre os moços de Nabal o anunciou a Abigail, mulher deste, dizendo: Davi enviou do deserto mensageiros a saudar a nosso senhor; porém este disparatou com eles.

¹⁵ Aqueles homens, porém, nos têm sido muito bons, e nunca fomos agravados por eles e de nenhuma cousa sentimos falta em todos os dias de nosso trato com eles, quando estávamos no campo.

¹⁶ De muro em redor nos serviram, tanto de dia como de noite, todos os dias que estivemos com eles apascentando as ovelhas.

¹⁷ Agora, pois, considera e vê o que hás de fazer, porque já o mal está, de fato, determinado contra o nosso senhor e contra toda a sua casa; e ele é filho de Belial, e não há quem lhe possa falar.

Abigail apazigua a Davi

¹⁸ Então, Abigail tomou, a toda pressa, duzentos pães, dois odres de vinho, cinco ovelhas preparadas, cinco medidas de trigo tostado, cem cachos de passas e duzentas pastas de figos, e os pôs sobre jumentos,

¹⁹ e disse aos seus moços: Ide adiante de mim, pois vos seguirei de perto. Porém nada disse ela a seu marido Nabal.

²⁰ Enquanto ela, cavalgando um jumento, descia, encoberta pelo monte, Davi e seus homens também desciam, e ela se encontrou com eles.

²¹ Ora, Davi dissera: Com efeito, de nada me serviu ter guardado tudo quanto este possui no deserto, e de nada sentiu falta de tudo quanto lhe pertence; ele me pagou mal por bem.

²² Faça Deus o que lhe aprouver aos inimigos de Davi, se eu deixar, ao amanhecer, um só do sexo masculino dentre os seus.

²³ Vendo, pois, Abigail a Davi, apressou-se, desceu do jumento e prostrou-se sobre o rosto diante de Davi, inclinando-se até à terra.

²⁴ Lançou-se-lhe aos pés e disse: Ah! Senhor meu, caia a culpa sobre mim; permite falar a tua serva contigo e ouve as palavras da tua serva.

²⁵ Não se importe o meu senhor com es-

te homem de Belial, a saber, com Nabal; porque o que significa o seu nome ele é. Nabal é o seu nome, e a loucura está com ele; eu, porém, tua serva, não vi os moços de meu senhor, que enviaste.

26 Agora, pois, meu senhor, tão certo como vive o SENHOR e a tua alma, foste pelo SENHOR impedido de derramar sangue e de vingar-te por tuas próprias mãos. Como Nabal, sejam os teus inimigos e os que procuram fazer mal ao meu senhor.

27 Este é o presente que trouxe a tua serva a meu senhor; seja ele dado aos moços que seguem ao meu senhor.

28 Perdoa a transgressão da tua serva; pois, de fato, o SENHOR te fará casa firme, porque pelejas as batalhas do SENHOR, e não se ache mal em ti por todos os teus dias.

29 Se algum homem se levantar para te perseguir e buscar a tua vida, então, a tua vida será atada no feixe dos que vivem com o SENHOR, teu Deus; porém a vida de teus inimigos, este a arrojará como se a atirasse da cavidade de uma funda.

30 E há de ser que, usando o SENHOR contigo segundo todo o bem que tem dito a teu respeito e te houver estabelecido príncipe sobre Israel,

31 então, meu senhor, não te será por tropeço, nem por pesar ao coração o sangue que, sem causa, vieres a derramar e o te haveres vingado com as tuas próprias mãos; quando o SENHOR te houver feito o bem, lembrar-te-ás da tua serva.

32 Então, Davi disse a Abigail: Bendito o SENHOR, Deus de Israel, que, hoje, te enviou ao meu encontro.

33 Bendita seja a tua prudência, e bendita sejas tu mesma, que hoje me tolheste de derramar sangue e de que por minha própria mão me vingasse.

34 Porque, tão certo como vive o SENHOR, Deus de Israel, que me impediu de que te fizesse mal, se tu não te apressaras e me não vieras ao encontro, não teria ficado a Nabal, até ao amanhecer, nem um sequer do sexo masculino.

35 Então, Davi recebeu da mão de Abigail o que esta lhe havia trazido e lhe disse: Sobe em paz à tua casa; bem vês que ouvi a tua petição e a ela atendi.

A morte de Nabal

36 Voltou Abigail a Nabal. Eis que ele fazia em casa um banquete, como banquete de rei; o seu coração estava alegre, e ele, já mui embriagado, pelo que não lhe referiu ela cousa alguma, nem pouco nem muito, até ao amanhecer.

37 Pela manhã, estando Nabal já livre do vinho, sua mulher lhe deu a entender aquelas cousas; e se amorteceu nele o coração, e ficou ele como pedra.

38 Passados uns dez dias, feriu o SENHOR a Nabal, e este morreu.

Davi casa com Abigail

39 Ouvindo Davi que Nabal morrera, disse: Bendito seja o SENHOR, que pleiteou a causa da afronta que recebi de Nabal e me deteve de fazer o mal, fazendo o SENHOR cair o mal de Nabal sobre a sua cabeça. Mandou Davi falar a Abigail que desejava tomá-la por mulher.

40 Tendo ido os servos de Davi a Abigail, no Carmelo, lhe disseram: Davi nos mandou a ti, para te levar por sua mulher.

41 Então, ela se levantou, e se inclinou com o rosto em terra, e disse: Eis que a tua serva é criada para lavar os pés aos criados de meu senhor.

42 Abigail se apressou e, dispondo-se, cavalgou um jumento com as cinco moças que a assistiam; e ela seguiu os mensageiros de Davi, que a recebeu por mulher.

43 Também tomou Davi a Ainoã de Jezreel, e ambas foram suas mulheres,

44 porque Saul tinha dado sua filha Mical, mulher de Davi, a Palti, filho de Laís, o qual era de Galim.

Davi, outra vez, poupa a vida de Saul

26 Vieram os zifeus a Saul, a Gibeá, e disseram: Não se acha Davi escondido no outeiro de Haquilá, defronte de Jesimom?

2 Então, Saul se levantou e desceu ao deserto de Zife, e com ele, três mil homens escolhidos de Israel, a buscar a Davi.

3 Acampou-se Saul no outeiro de Haquilá, defronte de Jesimom, junto ao caminho; porém Davi ficou no deserto, e, sabendo que Saul vinha para ali à sua procura,

4 enviou espias, e soube que Saul tinha vindo.

5 Davi se levantou, e veio ao lugar onde Saul acampara, e viu o lugar onde se deitaram Saul e Abner, filho de Ner, comandante do seu exército. Saul estava deitado no acampamento, e o povo, ao redor dele.

6 Disse Davi a Aimeleque, o heteu, e a

26.1 Sl 54, título.

Abisai, filho de Zeruia, irmão de Joabe: Quem descerá comigo a Saul, ao arraial? Respondeu Abisai: Eu descerei contigo.

⁷ Vieram, pois, Davi e Abisai, de noite, ao povo, e eis que Saul estava deitado, dormindo no acampamento, e a sua lança, fincada na terra à sua cabeceira; Abner e o povo estavam deitados ao redor dele.

⁸ Então, disse Abisai a Davi: Deus te entregou, hoje, nas mãos o teu inimigo; deixame, pois, agora, encravá-lo com a lança, ao chão, de um só golpe; não será preciso segundo.

⁹ Davi, porém, respondeu a Abisai: Não o mates, pois quem haverá que estenda a mão contra o ungido do Senhor e fique inocente?

¹⁰ Acrescentou Davi: Tão certo como vive o Senhor, este o ferirá, ou o seu dia chegará em que morra, ou em que, descendo à batalha, seja morto.

¹¹ O Senhor me guarde de que eu estenda a mão contra o seu ungido; agora, porém, toma a lança que está à sua cabeceira e a bilha da água, e vamo-nos.

¹² Tomou, pois, Davi a lança e a bilha da água da cabeceira de Saul, e foram-se; ninguém o viu, nem o soube, nem se despertou, pois todos dormiam, porquanto, da parte do Senhor, lhes havia caído profundo sono.

¹³ Tendo Davi passado à outra banda, pôs-se no cume do monte ao longe, de maneira que entre eles havia grande distância.

¹⁴ Bradou ao povo e a Abner, filho de Ner, dizendo: Não respondes, Abner? Então, Abner acudiu e disse: Quem és tu, que bradas ao rei?

¹⁵ Então, disse Davi a Abner: Porventura, não és homem? E quem há em Israel como tu? Por que, pois, não guardaste o rei, teu senhor? Porque veio um do povo para destruir o rei, teu senhor.

¹⁶ Não é bom isso que fizeste; tão certo como vive o Senhor, deveis morrer, vós que não guardastes a vosso senhor, o ungido do Senhor; vede, agora, onde está a lança do rei e a bilha da água, que tinha à sua cabeceira.

Saul, outra vez, se reconcilia com Davi

¹⁷ Então, reconheceu Saul a voz de Davi e disse: Não é a tua voz, meu filho Davi? Respondeu Davi: Sim, a minha, ó rei, meu senhor.

¹⁸ Disse mais: Por que persegue o meu senhor assim seu servo? Pois que fiz eu? E que maldade se acha nas minhas mãos?

¹⁹ Ouve, pois, agora, te rogo, ó rei, meu senhor, as palavras de teu servo: se é o Senhor que te incita contra mim, aceite ele a oferta de manjares; porém, se são os filhos dos homens, malditos sejam perante o Senhor; pois eles me expulsaram hoje, para que eu não tenha parte na herança do Senhor, como que dizendo: Vai, serve a outros deuses.

²⁰ Agora, pois, não se derrame o meu sangue longe desta terra do Senhor; pois saiu o rei de Israel em busca duma pulga, como quem persegue uma perdiz nos montes.

²¹ Então, disse Saul: Pequei; volta, meu filho Davi, pois não tornarei a fazer-te mal; porque foi, hoje, preciosa a minha vida aos teus olhos. Eis que tenho procedido como louco e errado excessivamente.

²² Davi, então, respondeu e disse: Eis aqui a lança, ó rei; venha aqui um dos moços e leve-a.

²³ Pague, porém, o Senhor a cada um a sua justiça e a sua lealdade; pois o Senhor te havia entregado, hoje, nas minhas mãos, porém eu não quis estendê-las contra o ungido do Senhor.

²⁴ Assim como foi a tua vida, hoje, de muita estima aos meus olhos, assim também seja a minha aos olhos do Senhor, e ele me livre de toda tribulação.

²⁵ Então, Saul disse a Davi: Bendito sejas tu, meu filho Davi; pois grandes coisas farás e, de fato, prevalecerás. Então, Davi continuou o seu caminho, e Saul voltou para o seu lugar.

Davi, outra vez, com Aquis, rei de Gate

27 Disse, porém, Davi consigo mesmo: Pode ser que algum dia venha eu a perecer nas mãos de Saul; nada há, pois, melhor para mim do que fugir para a terra dos filisteus; para que Saul perca de todo as esperanças e deixe de perseguir-me por todos os termos de Israel; assim, me livrarei da sua mão.

² Dispôs-se Davi e, com os seiscentos homens que com ele estavam, passou a Aquis, filho de Maoque, rei de Gate.

³ Habitou Davi com Aquis em Gate, ele e os seus homens, cada um com a sua família; Davi, com ambas as suas mulheres, Ainoã, a jezreelita, e Abigail, a viúva de Nabal, o carmelita.

⁴ Avisado Saul de que Davi tinha fugido para Gate, desistiu de o perseguir.

⁵ Disse Davi a Aquis: Se achei mercê na tua presença, dá-me lugar numa das cidades da terra, para que ali habite; por que há de habitar o teu servo contigo na cidade real?

⁶ Então, lhe deu Aquis, naquele dia, a cidade de Ziclague. Pelo que Ziclague pertence aos reis de Judá, até ao dia de hoje.

⁷ E todo o tempo que Davi permaneceu na terra dos filisteus foi um ano e quatro meses.

⁸ Subia Davi com os seus homens, e davam contra os gesuritas, os gersitas e os amalequitas; porque eram estes os moradores da terra desde Telã, na direção de Sur, até à terra do Egito.

⁹ Davi feria aquela terra, e não deixava com vida nem homem nem mulher, e tomava as ovelhas, e os bois, e os jumentos, e os camelos, e as vestes; voltava e vinha a Aquis.

¹⁰ E perguntando Aquis: Contra quem deste hoje? Davi respondia: Contra o Sul de Judá, e o Sul dos jerameelitas, e o Sul dos queneus.

¹¹ Davi não deixava com vida nem homem nem mulher, para os trazer a Gate, pois dizia: Para que não nos denunciem, dizendo: Assim Davi o fazia. Este era o seu proceder por todos os dias que habitou na terra dos filisteus.

¹² Aquis confiava em Davi, dizendo: Fez-se ele, por certo, aborrecível para com o seu povo em Israel; pelo que me será por servo para sempre.

Saul consulta a médium de En-Dor

28 Sucedeu, naqueles dias, que, juntando os filisteus os seus exércitos para a peleja, para fazer guerra contra Israel, disse Aquis a Davi: Fica sabendo que comigo sairás à peleja, tu e os teus homens.

² Então, disse Davi a Aquis: Assim saberás quanto pode o teu servo fazer. Disse Aquis a Davi: Por isso, te farei minha guarda pessoal para sempre.

³ Já Samuel era morto, e todo o Israel o tinha chorado e o tinha sepultado em Ramá, que era a sua cidade; Saul havia desterrado os médiuns e os adivinhos.

⁴ Ajuntaram-se os filisteus e vieram acampar-se em Suném; ajuntou Saul a todo o Israel, e se acamparam em Gilboa.

⁵ Vendo Saul o acampamento dos filis-

teus, foi tomado de medo, e muito se estremeceu o seu coração.

⁶ Consultou Saul ao SENHOR, porém o SENHOR não lhe respondeu, nem por sonhos, nem por Urim, nem por profetas.

⁷ Então, disse Saul aos seus servos: Apontai-me uma mulher que seja médium, para que me encontre com ela e a consulte. Disseram-lhe os seus servos: Há uma mulher em En-Dor que é médium.

⁸ Saul disfarçou-se, vestiu outras roupas e se foi, e com ele, dois homens, e, de noite, chegaram à mulher; e lhe disse: Peço-te que me adivinhes pela necromancia e me faças subir aquele que eu te disser.

⁹ Respondeu-lhe a mulher: Bem sabes o que fez Saul, como eliminou da terra os médiuns e adivinhos; por que, pois, me armas cilada à minha vida, para me matares?

¹⁰ Então, Saul lhe jurou pelo SENHOR, dizendo: Tão certo como vive o SENHOR, nenhum castigo te sobrevirá por isso.

¹¹ Então, lhe disse a mulher: Quem farei subir? Respondeu ele: Faze-me subir Samuel.

¹² Vendo a mulher a Samuel, gritou em alta voz; e a mulher disse a Saul: Por que me enganaste? Pois tu mesmo és Saul.

¹³ Respondeu-lhe o rei: Não temas; que vês? Então, a mulher respondeu a Saul: Vejo um deus que sobe da terra.

¹⁴ Perguntou ele: Como é a sua figura? Respondeu ela: Vem subindo um ancião e está envolto numa capa. Entendendo Saul que era Samuel, inclinou-se com o rosto em terra e se prostrou.

¹⁵ Samuel disse a Saul: Por que me inquietaste, fazendo-me subir? Então, disse Saul: Mui angustiado estou, porque os filisteus guerreiam contra mim, e Deus se desviou de mim e já não me responde, nem pelo ministério dos profetas, nem por sonhos; por isso, te chamei para que me reveles o que devo fazer.

¹⁶ Então, disse Samuel: Por que, pois, a mim me perguntas, visto que o SENHOR te desamparou e se fez teu inimigo?

¹⁷ Porque o SENHOR fez para contigo como, por meu intermédio, ele te dissera; tirou o reino da tua mão e o deu ao teu companheiro Davi.

¹⁸ Como tu não deste ouvidos à voz do SENHOR e não executaste o que ele, no furor da sua ira, ordenou contra Amaleque, por isso, o SENHOR te fez, hoje, isto.

¹⁹ O SENHOR entregará também a Israel

28.3 1Sm 25.1; Lv 20.27; Dt 18.10,11. 28.6 Nm 27.21. 28.17 1Sm 15.28. 28.18 1Sm 15.3-9.

contigo nas mãos dos filisteus, e, amanhã, tu e teus filhos estareis comigo; e o acampamento de Israel o SENHOR entregará nas mãos dos filisteus.

²⁰ De súbito, caiu Saul estendido por terra e foi tomado de grande medo por causa das palavras de Samuel; e faltavam-lhe as forças, porque não comera pão todo aquele dia e toda aquela noite.

²¹ Aproximou-se de Saul a mulher e, vendo-o assaz perturbado, disse-lhe: Eis que a tua serva deu ouvidos à tua voz, e, arriscando a minha vida, atendi às palavras que me falaste.

²² Agora, pois, ouve também tu as palavras da tua serva e permite que eu ponha um bocado de pão diante de ti; come, para que tenhas forças e te ponhas a caminho.

²³ Porém ele o recusou e disse: Não comerei. Mas os seus servos e a mulher o constrangeram; e atendeu. Levantou-se do chão e se assentou no leito.

²⁴ Tinha a mulher em casa um bezerro cevado; apressou-se e matou-o, e, tomando farinha, a amassou, e a cozeu em bolos asmos.

²⁵ E os trouxe diante de Saul e de seus servos, e comeram. Depois, se levantaram e se foram naquela mesma noite.

Os filisteus desconfiam de Davi

29 Ajuntaram os filisteus todos os seus exércitos em Afeque, e acamparam-se os israelitas junto à fonte que está em Jezreel.

² Os príncipes dos filisteus se foram para lá com centenas e com milhares; e Davi e seus homens iam com Aquis, na retaguarda.

³ Disseram, então, os príncipes dos filisteus: Estes hebreus, que fazem aqui? Respondeu Aquis aos príncipes dos filisteus: Não é este Davi, o servo de Saul, rei de Israel, que esteve comigo há muitos dias ou anos? E cousa nenhuma achei contra ele desde o dia em que, tendo desertado, passou para mim, até ao dia de hoje.

⁴ Porém os príncipes dos filisteus muito se indignaram contra ele; e lhe disseram: Faze voltar este homem, para que torne ao lugar que lhe designaste e não desça conosco à batalha, para que não se faça nosso adversário no combate; pois de que outro modo se reconciliaria com o seu senhor? Não seria, porventura, com as cabeças destes homens?

⁵ Não é este aquele Davi, de quem uns aos outros respondiam nas danças, dizendo:

Saul feriu os seus milhares, porém Davi, os seus dez milhares?

⁶ Então, Aquis chamou a Davi e lhe disse: Tão certo como vive o SENHOR, tu és reto, e me parece bem que tomes parte comigo nesta campanha; porque nenhum mal tenho achado em ti, desde o dia em que passaste para mim até ao dia de hoje; porém aos príncipes não agradas.

⁷ Volta, pois, agora, e volta em paz, para que não desagrades aos príncipes dos filisteus.

⁸ Então, Davi disse a Aquis: Porém que fiz eu? Ou que achaste no teu servo, desde o dia em que entrei para o teu serviço até hoje, para que não vá pelejar contra os inimigos do rei, meu senhor?

⁹ Respondeu, porém, Aquis e disse a Davi: Bem o sei; e que, na verdade, aos meus olhos és bom como um anjo de Deus; porém os príncipes dos filisteus disseram: Não suba este conosco à batalha.

¹⁰ Levanta-te, pois, amanhã de madrugada com os teus servos, que vieram contigo; e, levantando-vos, logo que haja luz, parti.

¹¹ Então, Davi de madrugada se levantou, ele e os seus homens, para partirem e voltarem à terra dos filisteus. Os filisteus, porém, subiram a Jezreel.

Ziclague é saqueada pelos amalequitas

30 Sucedeu, pois, que, chegando Davi e os seus homens, ao terceiro dia, a Ziclague, já os amalequitas tinham dado com ímpeto contra o Sul e Ziclague e a esta, ferido e queimado;

² tinham levado cativas as mulheres que lá se achavam, porém a ninguém mataram, nem pequenos nem grandes; tão-somente os levaram consigo e foram seu caminho.

³ Davi e os seus homens vieram à cidade, e ei-la queimada, e suas mulheres, seus filhos e suas filhas eram levados cativos.

⁴ Então, Davi e o povo que se achava com ele ergueram a voz e choraram, até não terem mais forças para chorar.

⁵ Também as duas mulheres de Davi foram levadas cativas: Ainoã, a jezreelita, e Abigail, a viúva de Nabal, o carmelita.

⁶ Davi muito se angustiou, pois o povo falava de apedrejá-lo, porque todos estavam em amargura, cada um por causa de

seus filhos e de suas filhas; porém Davi se reanimou no SENHOR, seu Deus.

Davi livra os cativos

7 Disse Davi a Abiatar, o sacerdote, filho de Aimeleque: Traze-me aqui a estola sacerdotal. E Abiatar a trouxe a Davi.

8 Então, consultou Davi ao SENHOR, dizendo: Perseguirei eu o bando? Alcançá-lo-ei? Respondeu-lhe o SENHOR: Persegue-o, porque, de fato, o alcançarás e tudo libertarás.

9 Partiu, pois, Davi, ele e os seiscentos homens que com ele se achavam, e chegaram ao ribeiro de Besor, onde os retardatários ficaram.

10 Davi, porém, e quatrocentos homens continuaram a perseguição, pois que duzentos ficaram atrás, por não poderem, de cansados que estavam, passar o ribeiro de Besor.

11 Acharam no campo um homem egípcio e o trouxeram a Davi; deram-lhe pão, e comeu, e deram-lhe a beber água.

12 Deram-lhe também um pedaço de pasta de figos secos e dois cachos de passas, e comeu; recobrou, então, o alento, pois havia três dias e três noites que não comia pão, nem bebia água.

13 Então, lhe perguntou Davi: De quem és tu e de onde vens? Respondeu o moço egípcio: Sou servo dum amalequita, e meu senhor me deixou aqui, porque adoeci há três dias.

14 Nós demos com ímpeto contra a banda do sul dos queretitas, contra o território de Judá e contra a banda do sul de Calebe e pusemos fogo em Ziclague.

15 Disse-lhe Davi: Poderias, descendo, guiar-me a esse bando? Respondeu-lhe: Jura-me, por Deus, que me não matarás, nem me entregarás nas mãos de meu senhor, e descerei e te guiarei a esse bando.

16 E, descendo, o guiou. Eis que estavam espalhados sobre toda a região, comendo, bebendo e fazendo festa por todo aquele grande despojo que tomaram da terra dos filisteus e da terra de Judá.

17 Feriu-os Davi, desde o crepúsculo vespertino até à tarde do dia seguinte, e nenhum deles escapou, senão só quatrocentos moços que, montados em camelos, fugiram.

18 Assim, Davi salvou tudo quanto haviam tomado os amalequitas; também salvou as suas duas mulheres.

19 Não lhes faltou cousa alguma, nem pequena nem grande, nem os filhos, nem as filhas, nem o despojo, nada do que lhes haviam tomado: tudo Davi tornou a trazer.

20 Também tomou Davi todas as ovelhas e o gado, e o levaram diante de Davi e diziam: Este é o despojo de Davi.

Davi estabelece a lei da divisão da presa

21 Chegando Davi aos duzentos homens que, de cansados que estavam, não o puderam seguir e ficaram no ribeiro de Besor, estes saíram ao encontro de Davi e do povo que com ele vinha; Davi, aproximando-se destes, os saudou cordialmente.

22 Então, todos os maus e filhos de Belial, dentre os homens que tinham ido com Davi, responderam e disseram: Visto que não foram conosco, não lhes daremos do despojo que salvamos; cada um, porém, leve sua mulher e seus filhos e se vá embora.

23 Porém Davi disse: Não fareis assim, irmãos meus, com o que nos deu o SENHOR, que nos guardou e entregou às nossas mãos o bando que contra nós vinha.

24 Quem vos daria ouvidos nisso? Porque qual é a parte dos que desceram à peleja, tal será a parte dos que ficaram com a bagagem; receberão partes iguais.

25 E assim, desde aquele dia em diante, foi isso estabelecido por estatuto e direito em Israel, até ao dia de hoje.

26 Chegando Davi a Ziclague, enviou do despojo aos anciãos de Judá, seus amigos, dizendo: Eis para vós outros um presente do despojo dos inimigos do SENHOR:

27 aos de Betel, aos de Ramote do Neguebe, aos de Jatir,

28 aos de Aroer, aos de Sifmote, aos de Estemoa,

29 aos de Racal, aos que estavam nas cidades dos jerameelitas e nas cidades dos queneus,

30 aos de Hormá, aos de Corasã, aos de Atace,

31 aos de Hebrom e a todos os lugares em que andara Davi, ele e os seus homens.

A derrota de Israel e a morte de Saul
1Cr 10.1-7

31 Entretanto, os filisteus pelejaram contra Israel, e, tendo os homens de Israel fugido de diante dos filisteus, caíram feridos no monte Gilboa.

2 Os filisteus apertaram com Saul e seus

30.7 1Sm 22.20-23.

filhos e mataram Jônatas, Abinadabe e Malquisua, filhos de Saul.

³ Agravou-se a peleja contra Saul; os flecheiros o avistaram, e ele muito os temeu.

⁴ Então, disse Saul ao seu escudeiro: Arranca a tua espada e atravessa-me com ela, para que, porventura, não venham estes incircuncisos, e me traspassem, e escarneçam de mim. Porém o seu escudeiro não o quis, porque temia muito; então, Saul tomou da espada e se lançou sobre ela.

⁵ Vendo, pois, o seu escudeiro que Saul já era morto, também ele se lançou sobre a sua espada e morreu com ele.

⁶ Morreu, pois, Saul, e seus três filhos, e o seu escudeiro, e também todos os seus homens foram mortos naquele dia com ele.

⁷ Vendo os homens de Israel que estavam desta banda do vale e daquém do Jordão que os homens de Israel fugiram e que Saul e seus filhos estavam mortos, desampararam as cidades e fugiram; e vieram os filisteus e habitaram nelas.

A sepultura de Saul
1Cr 10.8-12

⁸ Sucedeu, pois, que, vindo os filisteus ao outro dia a despojar os mortos, acharam Saul e seus três filhos caídos no monte Gilboa.

⁹ Cortaram a cabeça a Saul e o despojaram das suas armas; enviaram mensageiros pela terra dos filisteus, em redor, a levar as boas-novas à casa dos seus ídolos e entre o povo.

¹⁰ Puseram as armas de Saul no templo de Astarote e o seu corpo afixaram no muro de Bete-Seã.

¹¹ Então, ouvindo isto os moradores de Jabes-Gileade, o que os filisteus fizeram a Saul,

¹² todos os homens valentes se levantaram, e caminharam toda a noite, e tiraram o corpo de Saul e os corpos de seus filhos do muro de Bete-Seã, e, vindo a Jabes, os queimaram.

¹³ Tomaram-lhes os ossos, e os sepultaram debaixo dum arvoredo, em Jabes, e jejuaram sete dias.

O SEGUNDO LIVRO DE

SAMUEL

Davi recebe a notícia da derrota e da morte de Saul

1 Depois da morte de Saul, voltando Davi da derrota dos amalequitas e estando já dois dias em Ziclague,

² sucedeu, ao terceiro dia, aparecer do arraial de Saul um homem com as vestes rotas e terra sobre a cabeça; em chegando ele a Davi, inclinou-se, lançando-se em terra.

³ Perguntou-lhe Davi: Donde vens? Ele respondeu: Fugi do arraial de Israel.

⁴ Disse-lhe Davi: Como foi lá isso? Conta-mo. Ele lhe respondeu: O povo fugiu da batalha, e muitos caíram e morreram, bem como Saul e Jônatas, seu filho.

⁵ Disse Davi ao moço que lhe dava as novas: Como sabes tu que Saul e Jônatas, seu filho, são mortos?

⁶ Então, disse o moço portador das notícias: Cheguei, por acaso, à montanha de Gilboa, e eis que Saul estava apoiado sobre a sua lança, e os carros e a cavalaria apertavam com ele.

⁷ Olhando ele para trás, viu-me e chamou-me. Eu disse: Eis-me aqui.

⁸ Ele me perguntou: Quem és tu? Eu respondi: Sou amalequita.

⁹ Então, me disse: Arremete sobre mim e mata-me, pois me sinto vencido de cãibra, mas o tino se acha ainda todo em mim.

¹⁰ Arremessei-me, pois, sobre ele e o matei, porque bem sabia eu que ele não viveria depois de ter caído. Tomei-lhe a coroa que trazia na cabeça e o bracelete e os trouxe aqui ao meu senhor.

Davi manda matar o amalequita

¹¹ Então, apanhou Davi as suas próprias vestes e as rasgou, e assim fizeram todos os homens que estavam com ele.

1.6-10 1Sm 31.1-6; 1Cr 10.1-6.

¹² Pranteraram, choraram e jejuaram até à tarde por Saul, e por Jônatas, seu filho, e pelo povo do SENHOR, e pela casa de Israel, porque tinham caído à espada.

¹³ Então, perguntou Davi ao moço portador das notícias: Donde és tu? Ele respondeu: Sou filho de um homem estrangeiro, amalequita.

¹⁴ Davi lhe disse: Como não temeste estender a mão para matares o ungido do SENHOR?

¹⁵ Então, chamou Davi a um dos moços e lhe disse: Vem, lança-te sobre esse homem. Ele o feriu, de sorte que morreu.

¹⁶ Disse-lhe Davi: O teu sangue seja sobre a tua cabeça, porque a tua própria boca testificou contra ti, dizendo: Matei o ungido do SENHOR.

O lamento de Davi por Saul e Jônatas

¹⁷ Pranteou Davi a Saul e a Jônatas, seu filho, com esta lamentação,

¹⁸ determinando que fosse ensinado aos filhos de Judá o Hino ao Arco, o qual está escrito no Livro dos Justos.

¹⁹ A tua glória, ó Israel,
    foi morta sobre os teus altos!
Como caíram os valentes!

²⁰ Não o noticieis em Gate,
    nem o publiqueis
        nas ruas de Ascalom,
    para que não se alegrem
        as filhas dos filisteus,
    nem saltem de contentamento
        as filhas dos incircuncisos.

²¹ Montes de Gilboa,
    não caia sobre vós nem orvalho,
        nem chuva,
    nem haja aí campos
        que produzam ofertas,
    pois neles foi profanado
        o escudo dos valentes,
    o escudo de Saul, que jamais
        será ungido com óleo.

²² Sem sangue dos feridos,
        sem gordura dos valentes,
    nunca se recolheu o arco de Jônatas,
    nem voltou vazia a espada de Saul.

²³ Saul e Jônatas, queridos e amáveis,
    tanto na vida como na morte
        não se separaram!
    Eram mais ligeiros do que as águias,
    mais fortes do que os leões.

²⁴ Vós, filhas de Israel, chorai por Saul,
    que vos vestia de rica escarlata,

que vos punha sobre os vestidos
    adornos de ouro.

²⁵ Como caíram os valentes
    no meio da peleja!
Jônatas sobre os montes foi morto!

²⁶ Angustiado estou por ti,
    meu irmão Jônatas;
tu eras amabilíssimo para comigo!
Excepcional era o teu amor,
ultrapassando o amor de mulheres.

²⁷ Como caíram os valentes,
    e pereceram as armas de guerra!

Davi é aclamado rei de Judá

2 Depois disto, consultou Davi ao SENHOR, dizendo: Subirei a alguma das cidades de Judá? Respondeu-lhe o SENHOR: Sobe. Perguntou Davi: Para onde subirei? Respondeu o SENHOR: Para Hebrom.

² Subiu Davi para lá, e também as suas duas mulheres, Ainoã, a jezreelita, e Abigail, a viúva de Nabal, o carmelita.

³ Fez Davi subir os homens que estavam com ele, cada um com sua família; e habitaram nas aldeias de Hebrom.

⁴ Então, vieram os homens de Judá e ungiram ali Davi rei sobre a casa de Judá. E informaram Davi de que os homens de Jabes-Gileade foram os que sepultaram Saul.

⁵ Então, enviou Davi mensageiros aos homens de Jabes-Gileade para dizer-lhes: Benditos do SENHOR sejais vós, por esta humanidade para com vosso senhor, para com Saul, pois o sepultastes!

⁶ Agora, pois, o SENHOR use convosco de misericórdia e fidelidade; eu vos recompensarei este bem que fizestes.

⁷ Agora, pois, sejam fortes as vossas mãos, e sede valentes, pois Saul, vosso senhor, é morto, e os da casa de Judá me ungiram rei sobre si.

Abner faz Is-Bosete rei de Israel

⁸ Abner, filho de Ner, capitão do exército de Saul, tomou a Is-Bosete, filho de Saul, e o fez passar a Maanaim,

⁹ e o constituiu rei sobre Gileade, sobre os assuritas, sobre Jezreel, Efraim, Benjamim e sobre todo o Israel.

¹⁰ Da idade de quarenta anos era Is-Bosete, filho de Saul, quando começou a reinar sobre Israel, e reinou dois anos; somente a casa de Judá seguia a Davi.

1.18 Js 10.13.   2.2 1Sm 25.42,43.   2.4 1Sm 31.11-13.

11 O tempo que Davi reinou em Hebrom sobre a casa de Judá foram sete anos e seis meses.

Vitória de Davi sobre Is-Bosete

12 Saiu Abner, filho de Ner, com os homens de Is-Bosete, filho de Saul, de Maanaim a Gibeom.

13 Saíram também Joabe, filho de Zeruia, e os homens de Davi e se encontraram uns com os outros perto do açude de Gibeom; pararam estes da banda de cá do açude, e aqueles, da banda de lá.

14 Disse Abner a Joabe: Levantem-se os moços e batam-se diante de nós. Respondeu Joabe: Levantem-se.

15 Então, se levantaram e avançaram em igual número: doze de Benjamim, da parte de Is-Bosete, filho de Saul, e doze dos homens de Davi.

16 Cada um lançou mão da cabeça do outro, meteu-lhe a espada no lado, e caíram juntamente; donde se chamou àquele lugar Campo das Espadas, que está junto a Gibeom.

17 Seguiu-se crua peleja naquele dia; porém Abner e os homens de Israel foram derrotados diante dos homens de Davi.

Abner mata a Asael

18 Estavam ali os três filhos de Zeruia: Joabe, Abisai e Asael; Asael era ligeiro de pés, como gazela selvagem.

19 Asael perseguiu a Abner e, na sua perseguição, não se desviou nem para a direita, nem para a esquerda.

20 Então, olhou Abner para trás e perguntou: És tu Asael? Ele respondeu: Eu mesmo.

21 Então, lhe disse Abner: Desvia-te para a direita ou para a esquerda, lança mão dum dos moços e toma-lhe a armadura. Porém Asael não quis apartar-se dele.

22 Então, Abner tornou a dizer-lhe: Desvia-te de detrás de mim; por que hei de eu ferir-te e dar contigo em terra? E como me avistaria rosto a rosto com Joabe, teu irmão?

23 Porém, recusando ele desviar-se, Abner o feriu no abdômen com a extremidade inferior da lança, que lhe saiu por detrás. Asael caiu e morreu no mesmo lugar; todos quantos chegavam no lugar em que Asael caíra e morrera paravam.

Joabe persegue os homens de Abner

24 Porém Joabe e Abisai perseguiram Abner; e pôs-se o sol, quando chegaram eles ao outeiro de Amá, que está diante de Gia, junto ao caminho do deserto de Gibeom.

25 Os filhos de Benjamim se ajuntaram atrás de Abner e, cerrados numa tropa, puseram-se no cume de um outeiro.

26 Então, Abner gritou a Joabe e disse: Consumirá a espada para sempre? Não sabes que serão amargas as suas conseqüências? Até quando te demorarás em ordenar ao povo que deixe de perseguir a seus irmãos?

27 Respondeu Joabe: Tão certo como vive Deus, se não tivesses falado, só amanhã cedo o povo cessaria de perseguir cada um a seu irmão.

28 Então, Joabe tocou a trombeta, e todo o povo parou, e eles não perseguiram mais a Israel e já não pelejaram.

29 Abner e seus homens marcharam toda aquela noite pela planície; passaram o Jordão e, caminhando toda a manhã, chegaram a Maanaim.

30 Joabe deixou de perseguir a Abner; e, tendo ele ajuntado todo o povo, faltavam dezenove dos homens de Davi, além de Asael.

31 Porém os servos de Davi tinham ferido, dentre os de Benjamim e dentre os homens de Abner, a trezentos e sessenta homens, que ali ficaram mortos.

32 Levaram Asael e o enterraram na sepultura de seu pai, a qual estava em Belém. Joabe e seus homens caminharam toda aquela noite, e amanheceu-lhes o dia em Hebrom.

3 Durou muito tempo a guerra entre a casa de Saul e a casa de Davi; Davi se ia fortalecendo, porém os da casa de Saul se iam enfraquecendo.

A família de Davi em Hebrom
1Cr 3.1-4

2 Em Hebrom, nasceram filhos a Davi; o primogênito foi Amnom, de Ainoã, a jezreelita;

3 o segundo, Quileabe, de Abigail, viúva de Nabal, o carmelita; o terceiro, Absalão, filho de Maaca, filha de Talmai, rei de Gesur;

4 o quarto, Adonias, filho de Hagite; o quinto, Sefatias, filho de Abital;

5 o sexto, Itreão, de Eglá, mulher de Davi; estes nasceram a Davi em Hebrom.

Abner faz aliança com Davi

6 Havendo guerra entre a casa de Saul e

a casa de Davi, Abner se fez poderoso na casa de Saul.

⁷ Teve Saul uma concubina, cujo nome era Rispa, filha de Aiá. Perguntou Is-Bosete a Abner: Por que coabitaste com a concubina de meu pai?

⁸ Então, se irou muito Abner por causa das palavras de Is-Bosete e disse: Sou eu cabeça de cão para Judá? Ainda hoje faço beneficência à casa de Saul, teu pai, a seus irmãos e a seus amigos e te não entreguei nas mãos de Davi? Contudo, me queres, hoje, culpar por causa desta mulher.

⁹ Assim faça Deus segundo lhe parecer a Abner, se, como jurou o SENHOR a Davi, não fizer eu,

¹⁰ transferindo o reino da casa de Saul e estabelecendo o trono de Davi sobre Israel e sobre Judá, desde Dã até Berseba.

¹¹ E nenhuma palavra pôde Is-Bosete responder a Abner, porque o temia.

¹² Então, de sua parte ordenou Abner mensageiros a Davi, dizendo: De quem é a terra? Faze comigo aliança, e eu te ajudarei em fazer passar-te a ti todo o Israel.

¹³ Respondeu Davi: Bem, eu farei aliança contigo, porém uma cousa exijo: quando vieres a mim, não verás a minha face, se primeiro me não trouxeres a Mical, filha de Saul.

¹⁴ Também enviou Davi mensageiros a Is-Bosete filho de Saul, dizendo: Dá-me de volta minha mulher Mical, que eu desposei por cem prepúcios de filisteus.

¹⁵ Então, Is-Bosete mandou tirá-la a seu marido, a Paltiel, filho de Laís.

¹⁶ Seu marido a acompanhou, caminhando e chorando após ela, até Baurim. Disse Abner: Vai-te, volta. E ele voltou.

¹⁷ Falou Abner com os anciãos de Israel, dizendo: Outrora, procuráveis que Davi reinasse sobre vós.

¹⁸ Fazei-o, pois, agora, porque o SENHOR falou a Davi, dizendo: Por intermédio de Davi, meu servo, livrarei o meu povo das mãos dos filisteus e das mãos de todos os seus inimigos.

¹⁹ Da mesma sorte falou também Abner aos ouvidos de Benjamim; e foi ainda dizer a Davi, em Hebrom, tudo o que agradava a Israel e a toda a casa de Benjamim.

²⁰ Veio Abner ter com Davi, em Hebrom, e vinte homens, com ele; Davi ofereceu um banquete a Abner e aos homens que com ele vieram.

²¹ Então, disse Abner a Davi: Levantar-me-ei e irei para ajuntar todo o Israel ao rei, meu senhor, para fazerem aliança contigo; tu reinarás sobre tudo que desejar a tua alma. Assim, despediu Davi a Abner, e ele se foi em paz.

Joabe mata a Abner à traição

²² Eis que os servos de Davi e Joabe vieram duma investida e traziam consigo grande despojo; Abner, porém, já não estava com Davi, em Hebrom, porque este o havia despedido, e ele se fora em paz.

²³ Chegando, pois, Joabe e toda a tropa que vinha com ele, disseram-lhe: Abner, filho de Ner, veio ter com o rei, o qual o despediu, e ele se foi em paz.

²⁴ Então, Joabe foi ao rei e disse: Que fizeste? Eis que Abner veio ter contigo; como, pois, o despediste, indo-se ele livremente?

²⁵ Bem conheces Abner, filho de Ner. Veio para enganar-te, tomar conhecimento de tuas empresas e sondar todos os teus planos.

²⁶ Retirando-se Joabe de Davi, enviou mensageiros após Abner, e o fizeram voltar desde o poço de Sirá, sem que Davi o soubesse.

²⁷ Tornando, pois, Abner a Hebrom, Joabe o tomou à parte, no interior da porta, para lhe falar em segredo, e ali o feriu no abdômen, e ele morreu, agindo assim Joabe em vingança do sangue de seu irmão Asael.

²⁸ Sabendo-o depois Davi, disse: Inocentes somos eu e o meu reino, para com o SENHOR, para sempre, do sangue de Abner, filho de Ner.

²⁹ Caia este sangue sobre a cabeça de Joabe e sobre toda a casa de seu pai! Jamais falte à casa de Joabe quem tenha fluxo, quem seja leproso, quem se apóie em muleta, quem caia à espada, quem necessite de pão.

³⁰ Joabe, pois, e seu irmão Abisai mataram Abner, por ter morto seu irmão Asael na peleja, em Gibeom.

Davi lamenta a morte de Abner

³¹ Disse, pois, Davi a Joabe e a todo o povo que com ele estava: Rasgai as vossas vestes, cingi-vos de sacos e ide pranteando diante de Abner. E o rei Davi ia seguindo o féretro.

³² Sepultaram Abner em Hebrom; o rei

levantou a voz e chorou junto da sepultura de Abner; chorou também todo o povo.

³³ E o rei, pranteando a Abner, disse:
Teria de morrer Abner
como se fora um perverso?

³⁴ As tuas mãos não estavam atadas,
nem os teus pés
carregados de grilhões;
caíste como os que caem
diante dos filhos da maldade!
E todo o povo chorou muito mais por ele.

³⁵ Então, veio todo o povo fazer que Davi comesse pão, sendo ainda dia; porém Davi jurou, dizendo: Assim me faça Deus o que lhe aprouver, se eu provar pão ou alguma cousa antes do sol posto.

³⁶ Todo o povo notou isso e lhe pareceu bem, assim como lhe pareceu bem tudo quanto o rei fez.

³⁷ Todo o povo e todo o Israel, naquele mesmo dia, ficaram sabendo que não procedera do rei que matassem a Abner, filho de Ner.

³⁸ Então, disse o rei aos seus homens: Não sabeis que, hoje, caiu em Israel um príncipe e um grande homem?

³⁹ No presente, sou fraco, embora ungido rei; estes homens, filhos de Zeruia, são mais fortes do que eu. Retribua o SENHOR ao que fez mal segundo a sua maldade.

A morte de Is-Bosete

4 Ouvindo, pois, o filho de Saul que Abner morrera em Hebrom, as mãos se lhe afrouxaram, e todo o Israel pasmou.

² Tinha o filho de Saul a seu serviço dois homens, capitães de tropas; um se chamava Baaná, o outro, Recabe, filhos de Rimom, o beerotita, dos filhos de Benjamim, porque também Beerote era tida como pertencente a Benjamim.

³ Tinham fugido os beerotitas para Gitaim e ali têm morado até ao dia de hoje.

⁴ Jônatas, filho de Saul, tinha um filho aleijado dos pés. Era da idade de cinco anos quando de Jezreel chegaram as notícias da morte de Saul e de Jônatas; então, sua ama o tomou e fugiu; sucedeu que, apressando-se ela a fugir, ele caiu e ficou manco. Seu nome era Mefibosete.

⁵ Indo Recabe e Baaná, filhos de Rimom, beerotita, chegaram à casa de Is-Bosete, no maior calor do dia, estando este a dormir, ao meio-dia.

⁶ Ali, entraram para o interior da casa, como que vindo buscar trigo, e o feriram no abdômen; Recabe e Baaná, seu irmão, escaparam.

⁷ Tendo eles entrado na casa, estando ele no seu leito, no quarto de dormir, feriram-no e o mataram. Cortaram-lhe depois a cabeça e a levaram, andando toda a noite pelo caminho da planície.

⁸ Trouxeram a cabeça de Is-Bosete ao rei Davi, a Hebrom, e lhe disseram: Eis aqui a cabeça de Is-Bosete, filho de Saul, teu inimigo, que procurava tirar-te a vida; assim, o SENHOR vingou, hoje, ao rei, meu senhor, de Saul e da sua descendência.

⁹ Porém Davi, respondendo a Recabe e a Baaná, seu irmão, filhos de Rimom, o beerotita, disse-lhes: Tão certo como vive o SENHOR, que remiu a minha alma de toda a angústia,

¹⁰ se eu logo lancei mão daquele que me trouxe notícia, dizendo: Eis que Saul é morto, parecendo-lhe porém aos seus olhos que era como quem trazia boas-novas, e como recompensa o matei em Ziclague,

¹¹ muito mais a perversos, que mataram a um homem justo em sua casa, no seu leito; agora, pois, não requereria eu o seu sangue de vossas mãos e não vos exterminaria da terra?

¹² Deu Davi ordem aos seus moços; eles, pois, os mataram e, tendo-lhes cortado as mãos e os pés, os penduraram junto ao açude em Hebrom; tomaram, porém, a cabeça de Is-Bosete, e a enterraram na sepultura de Abner, em Hebrom.

Davi é ungido rei de todo o Israel
1Cr 11.1-3

5 Então, todas as tribos de Israel vieram a Davi, a Hebrom, e falaram, dizendo: Somos do mesmo povo de que tu és.

² Outrora, sendo Saul ainda rei sobre nós, eras tu que fazias entradas e saídas militares com Israel; também o SENHOR te disse: Tu apascentarás o meu povo de Israel e serás chefe sobre Israel.

³ Assim, pois, todos os anciãos de Israel vieram ter com o rei, em Hebrom; e o rei Davi fez com eles aliança em Hebrom, perante o SENHOR. Ungiram Davi rei sobre Israel.

⁴ Da idade de trinta anos era Davi quando começou a reinar; e reinou quarenta anos.

⁵ Em Hebrom, reinou sobre Judá sete anos e seis meses; em Jerusalém, reinou trinta e três anos sobre todo o Israel e Judá.

4.4 2Sm 9.3.   4.10 2Sm 1.1-16.   5.4 1Rs 2.11; 1Cr 29.27.   5.5 1Cr 3.4; 29.27.

Davi conquista Sião
1Cr 11.4-9

6 Partiu o rei com os seus homens para Jerusalém, contra os jebuseus que habitavam naquela terra e que disseram a Davi: Não entrarás aqui, porque os cegos e os coxos te repelirão, como quem diz: Davi não entrará neste lugar.

7 Porém Davi tomou a fortaleza de Sião; esta é a Cidade de Davi.

8 Davi, naquele dia, mandou dizer: Todo o que está disposto a ferir os jebuseus suba pelo canal subterrâneo e fira os cegos e os coxos, a quem a alma de Davi aborrece. (Por isso, se diz: Nem cego nem coxo entrará na casa.)

9 Assim, habitou Davi na fortaleza e lhe chamou a Cidade de Davi; foi edificando em redor, desde Milo e para dentro.

10 Ia Davi crescendo em poder cada vez mais, porque o SENHOR, Deus dos Exércitos, era com ele.

O reinado de Davi reconhecido por Hirão
1Cr 14.1,2

11 Hirão, rei de Tiro, enviou mensageiros a Davi, e madeira de cedro, e carpinteiros, e pedreiros, que edificaram uma casa a Davi.

12 Reconheceu Davi que o SENHOR o confirmara rei sobre Israel e que exaltara o seu reino por amor do seu povo.

Os filhos de Davi que nasceram em Jerusalém
1Cr 3.5-9; 14.3-7

13 Tomou Davi mais concubinas e mulheres de Jerusalém, depois que viera de Hebrom, e nasceram-lhe mais filhos e filhas.

14 São estes os nomes dos que lhe nasceram em Jerusalém: Samua, Sobabe, Natã, Salomão,

15 Ibar, Elisua, Nefegue, Jafia,

16 Elisama, Eliada e Elifelete.

Davi derrota os filisteus
1Cr 14.8-17

17 Ouvindo, pois, os filisteus que Davi fora ungido rei sobre Israel, subiram todos para prender a Davi; ouvindo-o, desceu Davi à fortaleza.

18 Mas vieram os filisteus e se estenderam pelo vale dos Refains.

19 Davi consultou ao SENHOR, dizendo: Subirei contra os filisteus? Entregar-mos-ás nas mãos? Respondeu-lhe o SENHOR: Sobe, porque, certamente, entregarei os filisteus nas tuas mãos.

20 Então, veio Davi a Baal-Perazim e os derrotou ali; e disse: Rompeu o SENHOR as fileiras inimigas diante de mim, como quem rompe águas. Por isso, chamou o nome daquele lugar Baal-Perazim.

21 Os filisteus deixaram lá os seus ídolos; e Davi e os seus homens os levaram.

22 Os filisteus tornaram a subir e se estenderam pelo vale dos Refains.

23 Davi consultou ao SENHOR, e este lhe respondeu: Não subirás; rodeia por detrás deles e ataca-os por defronte das amoreiras.

24 E há de ser que, ouvindo tu um estrondo de marcha pelas copas das amoreiras, então, te apressarás: é o SENHOR que saiu diante de ti, a ferir o arraial dos filisteus.

25 Fez Davi como o SENHOR lhe ordenara; e feriu os filisteus desde Geba até chegar a Gezer.

Davi traz para Jerusalém a arca
1Cr 13.5-14

6 Tornou Davi a ajuntar todos os escolhidos de Israel, em número de trinta mil.

2 Dispôs-se e, com todo o povo que tinha consigo, partiu para Baalim de Judá, para levarem de lá para cima a arca de Deus, sobre a qual se invoca o Nome, o nome do SENHOR dos Exércitos, que se assenta acima dos querubins.

3 Puseram a arca de Deus num carro novo e a levaram da casa de Abinadabe, que estava no outeiro; e Uzá e Aiô, filhos de Abinadabe, guiavam o carro novo.

4 Levaram-no com a arca de Deus, da casa de Abinadabe, que estava no outeiro; e Aiô ia adiante da arca.

5 Davi e toda a casa de Israel alegravam-se perante o SENHOR, com toda sorte de instrumentos de pau de faia, com harpas, com saltérios, com tamboris, com pandeiros e com címbalos.

6 Quando chegaram à eira de Nacom, estendeu Uzá a mão à arca de Deus e a segurou, porque os bois tropeçaram.

7 Então, a ira do SENHOR se acendeu

contra Uzá, e Deus o feriu ali por esta irreverência; e morreu ali junto à arca de Deus.

⁸ Desgostou-se Davi, porque o SENHOR irrompera contra Uzá; e chamou aquele lugar Perez-Uzá, até ao dia de hoje.

⁹ Temeu Davi ao SENHOR, naquele dia, e disse: Como virá a mim a arca do SENHOR?

¹⁰ Não quis Davi retirar para junto de si a arca do SENHOR, para a Cidade de Davi; mas a fez levar à casa de Obede-Edom, o geteu.

¹¹ Ficou a arca do SENHOR em casa de Obede-Edom, o geteu, três meses; e o SENHOR o abençoou e a toda a sua casa.

A arca é levada para Jerusalém
1Cr 15.25-16.3

¹² Então, avisaram a Davi, dizendo: O SENHOR abençoou a casa de Obede-Edom e tudo quanto tem, por amor da arca de Deus; foi, pois, Davi e, com alegria, fez subir a arca de Deus da casa de Obede-Edom, à Cidade de Davi.

¹³ Sucedeu que, quando os que levavam a arca do SENHOR tinham dado seis passos, sacrificava ele bois e carneiros cevados.

¹⁴ Davi dançava com todas as suas forças diante do SENHOR; e estava cingido duma estola sacerdotal de linho.

¹⁵ Assim, Davi, com todo o Israel, fez subir a arca do SENHOR, com júbilo e ao som de trombetas.

¹⁶ Ao entrar a arca do SENHOR na Cidade de Davi, Mical, filha de Saul, estava olhando pela janela e, vendo ao rei Davi, que ia saltando e dançando diante do SENHOR, o desprezou no seu coração.

¹⁷ Introduziram a arca do SENHOR e puseram-na no seu lugar, na tenda que lhe armara Davi; e este trouxe holocaustos e ofertas pacíficas perante o SENHOR.

¹⁸ Tendo Davi trazido holocaustos e ofertas pacíficas, abençoou o povo em nome do SENHOR dos Exércitos.

¹⁹ E repartiu a todo o povo e a toda a multidão de Israel, tanto homens como mulheres, a cada um, um bolo de pão, um bom pedaço de carne e passas. Então, se retirou todo o povo, cada um para sua casa.

Mical repreendida por Davi

²⁰ Voltando Davi para abençoar a sua casa, Mical, filha de Saul, saiu a encontrar-se com ele e lhe disse: Que bela figura fez o rei de Israel, descobrindo-se, hoje, aos olhos das servas de seus servos, como, sem pejo, se descobre um vadio qualquer!

²¹ Disse, porém, Davi a Mical: Perante o SENHOR, que me escolheu a mim antes do que a teu pai e a toda a sua casa, mandando-me que fosse chefe sobre o povo do SENHOR, sobre Israel, perante o SENHOR me tenho alegrado.

²² Ainda mais desprezível me farei e me humilharei aos meus olhos; quanto às servas, de quem falaste, delas serei honrado.

²³ Mical, filha de Saul, não teve filhos, até ao dia da sua morte.

A aliança do SENHOR com Davi
1Cr 17.1-15

7 Sucedeu que, habitando o rei Davi em sua própria casa, tendo-lhe o SENHOR dado descanso de todos os seus inimigos em redor,

² disse o rei ao profeta Natã: Olha, eu moro em casa de cedros, e a arca de Deus se acha numa tenda.

³ Disse Natã ao rei: Vai, faze tudo quanto está no teu coração, porque o SENHOR é contigo.

⁴ Porém, naquela mesma noite, veio a palavra do SENHOR a Natã, dizendo:

⁵ Vai e dize a meu servo Davi: Assim diz o SENHOR: Edificar-me-ás tu casa para minha habitação?

⁶ Porque em casa nenhuma habitei desde o dia em que fiz subir os filhos de Israel do Egito até ao dia de hoje; mas tenho andado em tenda, em tabernáculo.

⁷ Em todo lugar em que andei com todos os filhos de Israel, falei, acaso, alguma palavra com qualquer das suas tribos, a quem mandei apascentar o meu povo de Israel, dizendo: Por que não me edificais uma casa de cedro?

⁸ Agora, pois, assim dirás ao meu servo Davi: Assim diz o SENHOR dos Exércitos: Tomei-te da malhada, de detrás das ovelhas, para que fosses príncipe sobre o meu povo, sobre Israel.

⁹ E fui contigo, por onde quer que andaste, eliminei os teus inimigos diante de ti e fiz grande o teu nome, como só os grandes têm na terra.

¹⁰ Prepararei lugar para o meu povo, para Israel, e o plantarei, para que habite no seu lugar e não mais seja perturbado, e jamais os filhos da perversidade o aflijam, como dantes,

¹¹ desde o dia em que mandei houvesse

juízes sobre o meu povo de Israel. Dar-te-ei, porém, descanso de todos os teus inimigos; também o SENHOR te faz saber que ele, o SENHOR, te fará casa.

¹² Quando teus dias se cumprirem e descansares com teus pais, então, farei levantar depois de ti o teu descendente, que procederá de ti, e estabelecerei o seu reino.

¹³ Este edificará uma casa ao meu nome, e eu estabelecerei para sempre o trono do seu reino.

¹⁴ Eu lhe serei por pai, e ele me será por filho; se vier a transgredir, castigá-lo-ei com varas de homens e com açoites de filhos de homens.

¹⁵ Mas a minha misericórdia se não apartará dele, como a retirei de Saul, a quem tirei de diante de ti.

¹⁶ Porém a tua casa e o teu reino serão firmados para sempre diante de ti; teu trono será estabelecido para sempre.

¹⁷ Segundo todas estas palavras e conforme toda esta visão, assim falou Natã a Davi.

Ações de graças de Davi
1Cr 17.16-27

¹⁸ Então, entrou o rei Davi na Casa do SENHOR, ficou perante ele e disse: Quem sou eu, SENHOR Deus, e qual é a minha casa, para que me tenhas trazido até aqui?

¹⁹ Foi isso ainda pouco aos teus olhos, SENHOR Deus, de maneira que também falaste a respeito da casa de teu servo para tempos distantes; e isto é instrução para todos os homens, ó SENHOR Deus.

²⁰ Que mais ainda te poderá dizer Davi? Pois tu conheces bem a teu servo, ó SENHOR Deus.

²¹ Por causa da tua palavra e segundo o teu coração, fizeste toda esta grandeza, dando-a a conhecer a teu servo.

²² Portanto, grandíssimo és, ó SENHOR Deus, porque não há semelhante a ti, e não há outro Deus além de ti, segundo tudo o que nós mesmos temos ouvido.

²³ Quem há como o teu povo, como Israel, gente única na terra, a quem tu, ó Deus, foste resgatar para ser teu povo? E para fazer a ti mesmo um nome e fazer a teu povo estas grandes e tremendas cousas, para a tua terra, diante do teu povo, que tu resgataste do Egito, desterrando as nações e seus deuses?

²⁴ Estabeleceste teu povo Israel por teu povo para sempre e tu, ó SENHOR, te fizeste o seu Deus.

²⁵ Agora, pois, ó SENHOR Deus, quanto a esta palavra que disseste acerca de teu servo e acerca da sua casa, confirma-a para sempre e faze como falaste.

²⁶ Seja para sempre engrandecido o teu nome, e diga-se: O SENHOR dos Exércitos é Deus sobre Israel; e a casa de Davi, teu servo, será estabelecida diante de ti.

²⁷ Pois tu, ó SENHOR dos Exércitos, Deus de Israel, fizeste ao teu servo esta revelação, dizendo: Edificar-te-ei casa. Por isso, o teu servo se animou para fazer-te esta oração.

²⁸ Agora, pois, ó SENHOR Deus, tu mesmo és Deus, e as tuas palavras são verdade, e tens prometido a teu servo este bem.

²⁹ Sê, pois, agora, servido de abençoar a casa do teu servo, a fim de permanecer para sempre diante de ti, pois tu, ó SENHOR Deus, o disseste; e, com a tua bênção, será para sempre, bendita a casa do teu servo.

Diversas vitórias de Davi
1Cr 18.1-13

8 Depois disto, feriu Davi os filisteus e os sujeitou; e tomou de suas mãos as rédeas da metrópole.

² Também derrotou os moabitas; fê-los deitar em terra e os mediu: duas vezes um cordel, para os matar; uma vez um cordel, para os deixar com vida. Assim, ficaram os moabitas por servos de Davi e lhe pagavam tributo.

³ Também Hadadezer, filho de Reobe, rei de Zobá, foi derrotado por Davi, quando aquele foi restabelecer o seu domínio sobre o rio Eufrates.

⁴ Tomou-lhe Davi mil e setecentos cavaleiros e vinte mil homens de pé; Davi jarretou todos os cavalos dos carros, menos para cem deles.

⁵ Vieram os siros de Damasco a socorrer Hadadezer, rei de Zobá; porém Davi matou dos siros vinte e dois mil homens.

⁶ Davi pôs guarnições na Síria de Damasco, e os siros ficaram por servos de Davi e lhe pagavam tributo; e o SENHOR dava vitórias a Davi, por onde quer que ia.

⁷ Tomou Davi os escudos de ouro que havia com os oficiais de Hadadezer e os trouxe a Jerusalém.

⁸ Tomou mais o rei Davi mui grande quantidade de bronze de Betá e de Berotai, cidades de Hadadezer.

7.14 2Co 6.18; Hb 1.5; Ap 21.7.

⁹ Então, ouvindo Toí, rei de Hamate, que Davi derrotara a todo o exército de Hadadezer,

¹⁰ mandou seu filho Jorão ao rei Davi, para o saudar e congratular-se com ele por haver pelejado contra Hadadezer e por havê-lo ferido (porque Hadadezer de contínuo fazia guerra a Toí). Jorão trouxe consigo objetos de prata, de ouro e de bronze,

¹¹ os quais também o rei Davi consagrou ao SENHOR, juntamente com a prata e o ouro que já havia consagrado de todas as nações que sujeitara:

¹² da Síria, de Moabe, dos filhos de Amom, dos filisteus, de Amaleque e dos despojos de Hadadezer, filho de Reobe, rei de Zobá.

¹³ Ganhou Davi renome, quando, ao voltar de ferir os siros, matou dezoito mil homens no vale do Sal.

¹⁴ Pôs guarnições em Edom, em todo o Edom pôs guarnições, e todos os edomitas ficaram por servos de Davi; e o SENHOR dava vitórias a Davi, por onde quer que ia.

Oficiais de Davi
2Sm 20.23-26; 1Cr 18.14-17

¹⁵ Reinou, pois, Davi sobre todo o Israel; julgava e fazia justiça a todo o seu povo.

¹⁶ Joabe, filho de Zeruia, era comandante do exército; Josafá, filho de Ailude, era cronista.

¹⁷ Zadoque, filho de Aitube, e Aimeleque, filho de Abiatar, eram sacerdotes, e Seraías, escrivão.

¹⁸ E Benaia, filho de Joiada, era o comandante da guarda real. Os filhos de Davi, porém, eram seus ministros.

A bondade de Davi para com o filho de Jônatas

9 Disse Davi: Resta ainda, porventura, alguém da casa de Saul, para que use eu de bondade para com ele, por amor de Jônatas?

² Havia um servo na casa de Saul cujo nome era Ziba; chamaram-no que viesse a Davi. Perguntou-lhe o rei: És tu Ziba? Respondeu: Eu mesmo, teu servo.

³ Disse-lhe o rei: Não há ainda alguém da casa de Saul para que use eu da bondade de Deus para com ele? Então, Ziba respondeu ao rei: Ainda há um filho de Jônatas, aleijado de ambos os pés.

⁴ E onde está? Perguntou-lhe o rei. Ziba lhe respondeu: Está na casa de Maquir, filho de Amiel, em Lo-Debar.

⁵ Então, mandou o rei Davi trazê-lo de Lo-Debar, da casa de Maquir, filho de Amiel.

⁶ Vindo Mefibosete, filho de Jônatas, filho de Saul, a Davi, inclinou-se, prostrando-se com o rosto em terra. Disse-lhe Davi: Mefibosete! Ele disse: Eis aqui teu servo!

⁷ Então, lhe disse Davi: Não temas, porque usarei de bondade para contigo, por amor de Jônatas, teu pai, e te restituirei todas as terras de Saul, teu pai, e tu comerás pão sempre à minha mesa.

⁸ Então, se inclinou e disse: Quem é teu servo, para teres olhado para um cão morto tal como eu?

⁹ Chamou Davi a Ziba, servo de Saul, e lhe disse: Tudo o que pertencia a Saul e toda a sua casa dei ao filho de teu senhor.

¹⁰ Trabalhar-lhe-ás, pois, a terra, tu, e teus filhos, e teus servos, e recolherás os frutos, para que a casa de teu senhor tenha pão que coma; porém Mefibosete, filho de teu senhor, comerá pão sempre à minha mesa. Tinha Ziba quinze filhos e vinte servos.

¹¹ Disse Ziba ao rei: Segundo tudo quanto meu senhor, o rei, manda a seu servo, assim o fará. Comeu, pois, Mefibosete à mesa de Davi, como um dos filhos do rei.

¹² Tinha Mefibosete um filho pequeno, cujo nome era Mica. Todos quantos moravam em casa de Ziba eram servos de Mefibosete.

¹³ Morava Mefibosete em Jerusalém, porquanto comia sempre à mesa do rei. Ele era coxo de ambos os pés.

Davi derrota os amonitas e os siros
1Cr 19.1-19

10 Depois disto, morreu o rei dos filhos de Amom, e seu filho Hanum reinou em seu lugar.

² Então, disse Davi: Usarei de bondade para com Hanum, filho de Naás, como seu pai usou de bondade para comigo. E enviou Davi servos seus para o consolar acerca de seu pai; e vieram os servos de Davi à terra dos filhos de Amom.

³ Mas os príncipes dos filhos de Amom disseram a seu senhor, Hanum: Pensas que, por Davi te haver mandado consoladores, está honrando a teu pai? Porventura, não te enviou ele os seus servos para reconhecerem a cidade, espiá-la e destruí-la?

8.13 Sl 60, título.   **9.1** 1Sm 20.15-17.   **9.3** 2Sm 4.4.

⁴ Tomou, então, Hanum os servos de Davi, e lhes rapou metade da barba, e lhes cortou metade das vestes até às nádegas, e os despediu.

⁵ Sabedor disso, enviou Davi mensageiros a encontrá-los, porque estavam sobremaneira envergonhados. Mandou o rei dizer-lhes: Deixai-vos estar em Jericó, até que vos torne a crescer a barba; e, então, vinde.

⁶ Vendo, pois, os filhos de Amom que se haviam tornado odiosos a Davi, mandaram mensageiros tomar a soldo vinte mil homens de pé dos siros de Bete-Reobe e dos siros de Zobá, mil homens do rei de Maaca e doze mil de Tobe.

⁷ O que ouvindo Davi, enviou contra eles a Joabe com todo o exército dos valentes.

⁸ Saíram os filhos de Amom e ordenaram a batalha à entrada da porta, e os siros de Zobá e Reobe e os homens de Tobe e Maaca estavam à parte no campo.

⁹ Vendo, pois, Joabe que estava preparada contra ele a batalha, tanto pela frente como pela retaguarda, escolheu dentre todos o que havia de melhor em Israel e os formou em linha contra os siros;

¹⁰ e o resto do povo, entregou-o a Abisai, seu irmão, o qual o formou em linha contra os filhos de Amom.

¹¹ Disse Joabe: Se os siros forem mais fortes do que eu, tu me virás em socorro; e, se os filhos de Amom forem mais fortes do que tu, eu irei ao teu socorro.

¹² Sê forte, pois; pelejemos varonilmente pelo nosso povo e pelas cidades de nosso Deus; e faça o Senhor o que bem lhe parecer.

¹³ Então, avançou Joabe com o povo que estava com ele, e travaram peleja contra os siros; e estes fugiram de diante deles.

¹⁴ Vendo os filhos de Amom que os siros fugiam, também eles fugiram de diante de Abisai e entraram na cidade; voltou Joabe dos filhos de Amom e tornou a Jerusalém.

¹⁵ Vendo, pois, os siros que tinham sido desbaratados diante de Israel, tornaram a refazer-se.

¹⁶ E Hadadezer fez sair os siros que estavam da outra banda do rio, e vieram a Helã; Soboque, chefe do exército de Hadadezer, marchava adiante deles.

¹⁷ Informado Davi, ajuntou a todo o Israel, passou o Jordão e foi a Helã; os siros se puseram em ordem de batalha contra Davi e pelejaram contra ele.

¹⁸ Porém os siros fugiram de diante de Israel, e Davi matou dentre os siros os homens de setecentos carros e quarenta mil homens de cavalo; também feriu a Soboque, chefe do exército, de tal sorte que morreu ali.

¹⁹ Vendo, pois, todos os reis, servos de Hadadezer, que foram vencidos, fizeram paz com Israel e o serviram; e temeram os siros de ainda socorrer aos filhos de Amom.

Davi comete adultério com Bate-Seba

11 Decorrido um ano, no tempo em que os reis costumam sair para a guerra, enviou Davi a Joabe, e seus servos, com ele, e a todo o Israel, que destruíram os filhos de Amom e sitiaram Rabá; porém Davi ficou em Jerusalém.

² Uma tarde, levantou-se Davi do seu leito e andava passeando no terraço da casa real; daí viu uma mulher que estava tomando banho; era ela mui formosa.

³ Davi mandou perguntar quem era. Disseram-lhe: É Bate-Seba, filha de Eliã e mulher de Urias, o heteu.

⁴ Então, enviou Davi mensageiros que a trouxessem; ela veio, e ele se deitou com ela. Tendo-se ela purificado da sua imundícia, voltou para sua casa.

⁵ A mulher concebeu e mandou dizer a Davi: Estou grávida.

Davi e Urias

⁶ Então, enviou Davi mensageiros a Joabe, dizendo: Manda-me Urias, o heteu. Joabe enviou Urias a Davi.

⁷ Vindo, pois, Urias a Davi, perguntou este como passava Joabe, como se achava o povo e como ia a guerra.

⁸ Depois, disse Davi a Urias: Desce a tua casa e lava os pés. Saindo Urias da casa real, logo se lhe seguiu um presente do rei.

⁹ Porém Urias se deitou à porta da casa real, com todos os servos do seu senhor, e não desceu para sua casa.

¹⁰ Fizeram-no saber a Davi, dizendo: Urias não desceu a sua casa. Então, disse Davi a Urias: Não vens tu duma jornada? Por que não desceste a tua casa?

¹¹ Respondeu Urias a Davi: A arca, Israel e Judá ficam em tendas; Joabe, meu senhor, e os servos de meu senhor estão acam-

11.1 1Cr 20.1.

pados ao ar livre; e hei de eu entrar na minha casa, para comer e beber e para me deitar com minha mulher? Tão certo como tu vives e como vive a tua alma, não farei tal cousa.

¹² Então, disse Davi a Urias: Demora-te aqui ainda hoje, e amanhã te despedirei. Urias, pois, ficou em Jerusalém aquele dia e o seguinte.

¹³ Davi o convidou, e comeu e bebeu diante dele, e o embebedou; à tarde, saiu Urias a deitar-se na sua cama, com os servos de seu senhor; porém não desceu a sua casa.

A morte de Urias

¹⁴ Pela manhã, Davi escreveu uma carta a Joabe e lha mandou por mão de Urias.

¹⁵ Escreveu na carta, dizendo: Ponde Urias na frente da maior força da peleja; e deixai-o sozinho, para que seja ferido e morra.

¹⁶ Tendo, pois, Joabe sitiado a cidade, pôs a Urias no lugar onde sabia que estavam homens valentes.

¹⁷ Saindo os homens da cidade e pelejando com Joabe, caíram alguns do povo, dos servos de Davi; e morreu também Urias, o heteu.

¹⁸ Então, Joabe enviou notícias e fez saber a Davi tudo o que se dera na batalha.

¹⁹ Deu ordem ao mensageiro, dizendo: Se, ao terminares de contar ao rei os acontecimentos desta peleja,

²⁰ suceder que ele se encolerize e te diga: Por que vos chegastes assim perto da cidade a pelejar? Não sabíeis vós que haviam de atirar do muro?

²¹ Quem feriu a Abimeleque, filho de Jerubesete? Não lançou uma mulher sobre ele, do muro, um pedaço de mó corredora, de que morreu em Tebes? Por que vos chegastes ao muro? Então, dirás: Também morreu teu servo Urias, o heteu.

²² Partiu o mensageiro e, chegando, fez saber a Davi tudo o que Joabe lhe havia mandado dizer.

²³ Disse o mensageiro a Davi: Na verdade, aqueles homens foram mais poderosos do que nós e saíram contra nós ao campo; porém nós fomos contra eles, até à entrada da porta.

²⁴ Então, os flecheiros, do alto do muro, atiraram contra os teus servos, e morreram alguns dos servos do rei; e também morreu o teu servo Urias, o heteu.

²⁵ Disse Davi ao mensageiro: Assim dirás a Joabe: Não pareça isto mal aos teus olhos, pois a espada devora tanto este como aquele; intensifica a tua peleja contra a cidade e derrota-a; e, tu, anima a Joabe.

Davi casa com Bate-Seba

²⁶ Ouvindo, pois, a mulher de Urias que seu marido era morto, ela o pranteou.

²⁷ Passado o luto, Davi mandou buscá-la e a trouxe para o palácio; tornou-se ela sua mulher e lhe deu à luz um filho. Porém isto que Davi fizera foi mal aos olhos do SENHOR.

Natã repreende a Davi

12 O SENHOR enviou Natã a Davi. Chegando Natã a Davi, disse-lhe: Havia numa cidade dois homens, um rico e outro pobre.

² Tinha o rico ovelhas e gado em grande número;

³ mas o pobre não tinha cousa nenhuma, senão uma cordeirinha que comprara e criara, e que em sua casa crescera, junto com seus filhos; comia do seu bocado e do seu copo bebia; dormia nos seus braços, e a tinha como filha.

⁴ Vindo um viajante ao homem rico, não quis este tomar das suas ovelhas e do gado para dar de comer ao viajante que viera a ele; mas tomou a cordeirinha do homem pobre e a preparou para o homem que lhe havia chegado.

⁵ Então, o furor de Davi se acendeu sobremaneira contra aquele homem, e disse a Natã: Tão certo como vive o SENHOR, o homem que fez isso deve ser morto.

⁶ E pela cordeirinha restituirá quatro vezes, porque fez tal cousa e porque não se compadeceu.

⁷ Então, disse Natã a Davi: Tu és o homem. Assim diz o SENHOR, Deus de Israel: Eu te ungi rei sobre Israel e eu te livrei das mãos de Saul;

⁸ dei-te a casa de teu senhor e as mulheres de teu senhor em teus braços e também te dei a casa de Israel e de Judá; e, se isto fora pouco, eu teria acrescentado tais e tais cousas.

⁹ Por que, pois, desprezaste a palavra do SENHOR, fazendo o que era mal perante ele? A Urias, o heteu, feriste à espada; e a sua mulher tomaste por mulher, depois de o matar com a espada dos filhos de Amom.

[10] Agora, pois, não se apartará a espada jamais da tua casa, porquanto me desprezaste e tomaste a mulher de Urias, o heteu, para ser tua mulher.

[11] Assim diz o SENHOR: Eis que da tua própria casa suscitarei o mal sobre ti, e tomarei tuas mulheres à tua própria vista, e as darei a teu próximo, o qual se deitará com elas, em plena luz deste sol.

[12] Porque tu o fizeste em oculto, mas eu farei isto perante todo o Israel e perante o sol.

[13] Então, disse Davi a Natã: Pequei contra o SENHOR. Disse Natã a Davi: Também o SENHOR te perdoou o teu pecado; não morrerás.

[14] Mas, posto que com isto deste motivo a que blasfemassem os inimigos do SENHOR, também o filho que te nasceu morrerá.

[15] Então, Natã foi para sua casa.

A morte do filho de Bate-Seba

E o SENHOR feriu a criança que a mulher de Urias dera à luz a Davi; e a criança adoeceu gravemente.

[16] Buscou Davi a Deus pela criança; jejuou Davi e, vindo, passou a noite prostrado em terra.

[17] Então, os anciãos da sua casa se achegaram a ele, para o levantar da terra; porém ele não quis e não comeu com eles.

[18] Ao sétimo dia, morreu a criança; e temiam os servos de Davi informá-lo de que a criança era morta, porque diziam: Eis que, estando a criança ainda viva, lhe falávamos, porém não dava ouvidos à nossa voz; como, pois, lhe diremos que a criança é morta? Porque mais se afligirá.

[19] Viu, porém, Davi que seus servos cochichavam uns com os outros e entendeu que a criança era morta, pelo que disse aos seus servos: É morta a criança? Eles responderam: Morreu.

[20] Então, Davi se levantou da terra; lavou-se, ungiu-se, mudou de vestes, entrou na Casa do SENHOR e adorou; depois, veio para sua casa e pediu pão; puseram-no diante dele, e ele comeu.

[21] Disseram-lhe seus servos: Que é isto que fizeste? Pela criança viva jejuaste e choraste; porém, depois que ela morreu, te levantaste e comeste pão.

[22] Respondeu ele: Vivendo ainda a criança, jejuei e chorei, porque dizia: Quem sabe se o SENHOR se compadecerá de mim, e continuará viva a criança?

[23] Porém, agora que é morta, por que jejuaria eu? Poderei eu fazê-la voltar? Eu irei a ela, porém ela não voltará para mim.

[24] Então, Davi veio a Bate-Seba, consolou-a e se deitou com ela; teve ela um filho a quem Davi deu o nome de Salomão; e o SENHOR o amou.

[25] Davi o entregou nas mãos do profeta Natã, e este lhe chamou Jedidias, por amor do SENHOR.

Davi conquista Rabá
1Cr 20.1-3

[26] Entretanto, pelejou Joabe contra Rabá, dos filhos de Amom, e tomou a cidade real.

[27] Então, mandou Joabe mensageiros a Davi e disse: Pelejei contra Rabá e tomei a cidade das águas.

[28] Ajunta, pois, agora o resto do povo, e cerca a cidade, e toma-a, para não suceder que, tomando-a eu, se aclame sobre ela o meu nome.

[29] Reuniu, pois, Davi a todo o povo, e marchou para Rabá, e pelejou contra ela, e a tomou.

[30] Tirou a coroa da cabeça do seu rei; o peso da coroa era dum talento de ouro, e havia nela pedras preciosas, e foi posta na cabeça de Davi; e da cidade levou mui grande despojo.

[31] Trazendo o povo que havia nela, fê-lo passar a serras, e a picaretas, e a machados de ferro, e em fornos de tijolos; e assim fez a todas as cidades dos filhos de Amom. Voltou Davi com todo o povo para Jerusalém.

O incesto de Amnom

13 Tinha Absalão, filho de Davi, uma formosa irmã, cujo nome era Tamar. Amnom, filho de Davi, se enamorou dela.

[2] Angustiou-se Amnom por Tamar, sua irmã, a ponto de adoecer, pois, sendo ela virgem, parecia-lhe impossível fazer-lhe cousa alguma.

[3] Tinha, porém, Amnom um amigo cujo nome era Jonadabe, filho de Siméia, irmão de Davi; Jonadabe era homem mui sagaz.

[4] E ele lhe disse: Por que tanto emagreces de dia para dia, ó filho do rei? Não mo

dirás? Então, lhe disse Amnom: Amo Tamar, irmã de Absalão, meu irmão.

⁵ Disse-lhe Jonadabe: Deita-te na tua cama e finge-te doente; quando teu pai vier visitar-te, dize-lhe: Peço-te que minha irmã Tamar venha e me dê de comer pão, pois, vendo-a eu preparar-me a comida, comerei de sua mão.

⁶ Deitou-se, pois, Amnom e fingiu-se doente; vindo o rei visitá-lo, Amnom lhe disse: Peço-te que minha irmã Tamar venha e prepare dois bolos à minha presença, para que eu coma de sua mão.

⁷ Então, Davi mandou dizer a Tamar em sua casa: Vai à casa de Amnom, teu irmão, e faze-lhe comida.

⁸ Foi Tamar à casa de Amnom, seu irmão, e ele estava deitado. Tomou ela a massa e a amassou, fez bolos diante dele e os cozeu.

⁹ Tomou a assadeira e virou os bolos diante dele; porém ele recusou comer. Disse Amnom: Fazei retirar a todos da minha presença. E todos se retiraram.

¹⁰ Então, disse Amnom a Tamar: Traze a comida à câmara, e comerei da tua mão. Tomou Tamar os bolos que fizera e os levou a Amnom, seu irmão, à câmara.

¹¹ Quando lhos oferecia para que comesse, pegou-a e disse-lhe: Vem, deita-te comigo, minha irmã.

¹² Porém ela lhe disse: Não, meu irmão, não me forces, porque não se faz assim em Israel; não faças tal loucura.

¹³ Porque, aonde iria eu com a minha vergonha? E tu serias como um dos loucos de Israel. Agora, pois, peço-te que fales ao rei, porque não me negará a ti.

¹⁴ Porém ele não quis dar ouvidos ao que ela lhe dizia; antes, sendo mais forte do que ela, forçou-a e se deitou com ela.

¹⁵ Depois, Amnom sentiu por ela grande aversão, e maior era a aversão que sentiu por ela que o amor que ele lhe votara. Disse-lhe Amnom: Levanta-te, vai-te embora.

¹⁶ Então, ela lhe disse: Não, meu irmão; porque maior é esta injúria, lançando-me fora, do que a outra que me fizeste. Porém ele não a quis ouvir.

¹⁷ Chamou a seu moço, que o servia, e disse: Deita fora esta e fecha a porta após ela.

¹⁸ Trazia ela uma túnica talar de mangas compridas, porque assim se vestiam as donzelas filhas do rei. Mesmo assim o servo a deitou fora e fechou a porta após ela.

¹⁹ Então, Tamar tomou cinza sobre a cabeça, rasgou a túnica talar de mangas compridas que trazia, pôs as mãos sobre a cabeça e se foi andando e clamando.

²⁰ Absalão, seu irmão, lhe disse: Esteve Amnom, teu irmão, contigo? Ora, pois, minha irmã, cala-te; é teu irmão. Não se angustie o teu coração por isso. Assim ficou Tamar e esteve desolada em casa de Absalão, seu irmão.

²¹ Ouvindo o rei Davi todas estas cousas, muito se lhe acendeu a ira.

²² Porém Absalão não falou com Amnom nem mal nem bem; porque odiava a Amnom, por ter este forçado a Tamar, sua irmã.

Absalão mata a Amnom

²³ Passados dois anos, Absalão tosquiava em Baal-Hazor, que está junto a Efraim, e convidou Absalão todos os filhos do rei.

²⁴ Foi ter Absalão com o rei e disse: Eis que teu servo faz a tosquia; peço que com o teu servo venham o rei e os seus servidores.

²⁵ O rei, porém, disse a Absalão: Não, filho meu, não vamos todos juntos, para não te sermos pesados. Instou com ele Absalão, porém ele não quis ir; contudo, o abençoou.

²⁶ Então, disse Absalão: Se não queres ir, pelo menos deixa ir conosco Amnom, meu irmão. Porém o rei lhe disse: Para que iria ele contigo?

²⁷ Insistindo Absalão com ele, deixou ir com ele Amnom e todos os filhos do rei.

²⁸ Absalão deu ordem aos seus moços, dizendo: Tomai sentido; quando o coração de Amnom estiver alegre de vinho, e eu vos disser: Feri a Amnom, então, o matareis. Não temais, pois não sou eu quem vo-lo ordena? Sede fortes e valentes.

²⁹ E os moços de Absalão fizeram a Amnom como Absalão lhes havia ordenado. Então, todos os filhos do rei se levantaram, cada um montou seu mulo, e fugiram.

³⁰ Iam eles ainda de caminho, quando chegou a notícia a Davi: Absalão feriu todos os filhos do rei, e nenhum deles ficou.

³¹ Então, o rei se levantou, rasgou as suas vestes e se lançou por terra; e todos os seus servos que estavam presentes rasgaram também as suas vestes.

³² Mas Jonadabe, filho de Siméia, irmão de Davi, respondeu e disse: Não pense o meu senhor que mataram a todos os jovens, filhos do rei, porque só morreu Am-

nom; pois assim já o revelavam as feições de Absalão, desde o dia em que sua irmã Tamar foi forçada por Amnom.

³³ Não meta, pois, agora, na cabeça o rei, meu senhor, tal cousa, supondo que morreram todos os filhos do rei; porque só morreu Amnom.

³⁴ Absalão fugiu. O moço que estava de guarda, levantando os olhos, viu que vinha muito povo pelo caminho por detrás dele, pela banda do monte.

³⁵ Então, disse Jonadabe ao rei: Eis aí vêm os filhos do rei; segundo a palavra de teu servo, assim sucedeu.

³⁶ Mal acabara de falar, chegavam os filhos do rei e, levantando a voz, choraram; também o rei e todos os seus servos choraram amargamente.

Absalão foge para Talmai

³⁷ Absalão, porém, fugiu e se foi a Talmai, filho de Amiur, rei de Gesur. E Davi pranteava a seu filho todos os dias.

³⁸ Assim, Absalão fugiu, indo para Gesur, onde esteve três anos.

³⁹ Então, o rei Davi cessou de perseguir a Absalão, porque já se tinha consolado acerca de Amnom, que era morto.

Absalão volta para Jerusalém

14 Percebendo, pois, Joabe, filho de Zeruia, que o coração do rei começava a inclinar-se para Absalão,

² mandou trazer de Tecoa uma mulher sábia e lhe disse: Finge que estás profundamente triste, põe vestidos de luto, não te unjas com óleo e sê como mulher que há já muitos dias está de luto por algum morto.

³ Apresenta-te ao rei e fala-lhe tais e tais palavras. E Joabe lhe pôs as palavras na boca.

⁴ A mulher tecoíta apresentou-se ao rei, e, inclinando-se, prostrou-se com o rosto em terra, e disse: Salva-me, ó rei!

⁵ Perguntou-lhe o rei: Que tens? Ela respondeu: Ah! Sou mulher viúva; morreu meu marido.

⁶ Tinha a tua serva dois filhos, os quais brigaram entre si no campo, e não houve quem os apartasse; um feriu ao outro e o matou.

⁷ Eis que toda a parentela se levantou contra a tua serva, e disseram: Dá-nos aquele que feriu a seu irmão, para que o matemos, em vingança da vida de quem ele

matou e para que destruamos também o herdeiro. Assim, apagarão a última brasa que me ficou, de sorte que não deixam a meu marido nome, nem sobrevivente na terra.

⁸ Disse o rei à mulher: Vai para tua casa, e eu darei ordens a teu respeito.

⁹ Disse a mulher tecoíta ao rei: A culpa, ó rei, meu senhor, caia sobre mim e sobre a casa de meu pai; o rei, porém, e o seu trono sejam inocentes.

¹⁰ Disse o rei: Quem falar contra ti, traze-mo a mim; e nunca mais te tocará.

¹¹ Disse ela: Ora, lembra-te, ó rei, do SENHOR, teu Deus, para que os vingadores do sangue não se multipliquem a matar e exterminem meu filho. Respondeu ele: Tão certo como vive o SENHOR, não há de cair no chão nem um só dos cabelos de teu filho.

¹² Então, disse a mulher: Permite que a tua serva fale uma palavra contigo, ó rei, meu senhor. Disse ele: Fala.

¹³ Prosseguiu a mulher: Por que pensas tu doutro modo contra o povo de Deus? Pois, em pronunciando o rei esse juízo, condena-se a si mesmo, visto que não quer fazer voltar o seu desterrado.

¹⁴ Porque temos de morrer e somos como águas derramadas na terra que já não se podem juntar; pois Deus não tira a vida, mas cogita meios para que o banido não permaneça arrojado de sua presença.

¹⁵ Se vim, agora, falar esta palavra ao rei, meu senhor, é porque o povo me atemorizou; pois dizia a tua serva: Falarei ao rei; porventura, ele fará segundo a palavra da sua serva.

¹⁶ Porque o rei atenderá, para livrar a sua serva da mão do homem que intenta destruir tanto a mim como a meu filho da herança de Deus.

¹⁷ Dizia mais a tua serva: Seja, agora, a palavra do rei, meu senhor, para a minha tranqüilidade; porque, como um anjo de Deus, assim é o rei, meu senhor, para discernir entre o bem e o mal. O SENHOR, teu Deus, será contigo.

¹⁸ Então, respondeu o rei e disse à mulher: Peço-te que não me encubras o que eu te perguntar. Respondeu a mulher: Pois fale o rei, meu senhor.

¹⁹ Disse o rei: Não é certo que a mão de Joabe anda contigo em tudo isto? Respondeu ela: Tão certo como vive a tua alma, ó rei, meu senhor, ninguém se poderá desviar, nem para a direita nem para a esquerda, de

13.37 2Sm 3.3.

tudo quanto o rei, meu senhor, tem dito; porque Joabe, teu servo, é quem me deu ordem e foi ele quem ditou à tua serva todas estas palavras.

²⁰ Para mudar o aspecto deste caso foi que o teu servo Joabe fez isto. Porém sábio é meu senhor, segundo a sabedoria dum anjo de Deus, para entender tudo o que se passa na terra.

²¹ Então, o rei disse a Joabe: Atendi ao teu pedido; vai, pois, e traze o jovem Absalão.

²² Inclinando-se Joabe, prostrou-se em terra, abençoou o rei e disse: Hoje, reconheço que achei mercê diante de ti, ó rei, meu senhor; porque o rei fez segundo a palavra do seu servo.

²³ Levantou-se Joabe, foi a Gesur e trouxe Absalão a Jerusalém.

²⁴ Disse o rei: Torne para a sua casa e não veja a minha face. Tornou, pois, Absalão para sua casa e não viu a face do rei.

A beleza de Absalão

²⁵ Não havia, porém, cm todo o Israel homem tão celebrado por sua beleza como Absalão; da planta do pé ao alto da cabeça, não havia nele defeito algum.

²⁶ Quando cortava o cabelo (e isto se fazia no fim de cada ano, porquanto muito lhe pesava), seu peso era de duzentos siclos, segundo o peso real.

²⁷ Também nasceram a Absalão três filhos e uma filha, cujo nome era Tamar; esta era mulher formosa à vista.

Absalão admitido à presença de Davi

²⁸ Tendo ficado Absalão dois anos em Jerusalém e sem ver a face do rei,

²⁹ mandou ele chamar a Joabe, para o enviar ao rei; porém ele não quis vir. Mandou chamá-lo segunda vez, mas ainda não quis ele vir.

³⁰ Então, disse aos seus servos: Vede ali o pedaço de campo de Joabe pegado ao meu, e tem cevada nele; ide e metei-lhe fogo. E os servos de Absalão meteram fogo nesse pedaço de campo.

³¹ Então, Joabe se levantou, e foi à casa de Absalão, e lhe disse: Por que meteram fogo os teus servos no pedaço de campo que é meu?

³² Respondeu Absalão a Joabe: Mandei chamar-te, dizendo: Vem cá, para que te envie ao rei, a dizer-lhe: Para que vim de Gesur? Melhor me fora estar ainda lá. Agora,

pois, quero ver a face do rei; se há em mim alguma culpa, que me mate.

³³ Então, Joabe foi ao rei e lho disse. Chamou o rei a Absalão, e este se lhe apresentou e inclinou-se sobre o rosto em terra, diante do rei. O rei beijou a Absalão.

A revolta de Absalão e a fuga de Davi

15 Depois disto, Absalão fez aparelhar para si um carro e cavalos e cinquenta homens que corressem adiante dele.

² Levantando-se Absalão pela manhã, parava à entrada da porta; e a todo homem que tinha alguma demanda para vir ao rei a juízo, o chamava Absalão a si e lhe dizia: De que cidade és tu? Ele respondia: De tal tribo de Israel é teu servo.

³ Então, Absalão lhe dizia: Olha, a tua causa é boa e reta, porém não tens quem te ouça da parte do rei.

⁴ Dizia mais Absalão: Ah! Quem me dera ser juiz na terra, para que viesse a mim todo homem que tivesse demanda ou questão, para que lhe fizesse justiça!

⁵ Também, quando alguém se chegava para inclinar-se diante dele, ele estendia a mão, pegava-o e o beijava.

⁶ Desta maneira fazia Absalão a todo o Israel que vinha ao rei para juízo e, assim, ele furtava o coração dos homens de Israel.

⁷ Ao cabo de quatro anos, disse Absalão ao rei: Deixa-me ir a Hebrom cumprir o voto que fiz ao SENHOR.

⁸ Porque, morando em Gesur, na Síria, fez o teu servo um voto, dizendo: Se o SENHOR me fizer tornar a Jerusalém, prestarei culto ao SENHOR.

⁹ Então, lhe disse o rei: Vai-te em paz. Levantou-se, pois, e foi para Hebrom.

¹⁰ Enviou Absalão emissários secretos por todas as tribos de Israel, dizendo: Quando ouvirdes o som das trombetas, direis: Absalão é rei em Hebrom.

¹¹ De Jerusalém foram com Absalão duzentos homens convidados, porém iam na sua simplicidade, porque nada sabiam daquele negócio.

¹² Também Absalão mandou vir Aitofel, o gilonita, do conselho de Davi, da sua cidade de Giló; enquanto ele oferecia os seus sacrifícios, tornou-se poderosa a conspirata, e crescia em número o povo que tomava o partido de Absalão.

¹³ Então, veio um mensageiro a Davi, dizendo: Todo o povo de Israel segue decididamente a Absalão.

¹⁴ Disse, pois, Davi a todos os seus ho-

mens que estavam com ele em Jerusalém: Levantai-vos, e fujamos, porque não poderemos salvar-nos de Absalão. Dai-vos pressa a sair, para que não nos alcance de súbito, lance sobre nós algum mal e fira a cidade a fio de espada.

¹⁵ Então, os homens do rei lhe disseram: Eis aqui os teus servos, para tudo quanto determinar o rei, nosso senhor.

¹⁶ Saiu o rei, e todos os de sua casa o seguiram; deixou, porém, o rei dez concubinas, para cuidarem da casa.

¹⁷ Tendo, pois, saído o rei com todo o povo após ele, pararam na última casa.

¹⁸ Todos os seus homens passaram ao pé dele; também toda a guarda real e todos os geteus, seiscentos homens que o seguiram de Gate, passaram adiante do rei.

A lealdade de Itai

¹⁹ Disse, pois, o rei a Itai, o geteu: Por que irias também tu conosco? Volta e fica-te com quem vier a ser o rei, porque és estrangeiro e desterrado de tua pátria.

²⁰ Chegaste ontem, e já te levaria eu, hoje, conosco a vaguear, quando eu mesmo não sei para onde vou? Volta, pois, e faze voltar a teus irmãos contigo. E contigo sejam misericórdia e fidelidade.

²¹ Respondeu, porém, Itai ao rei: Tão certo como vive o Senhor, e como vive o rei, meu senhor, no lugar em que estiver o rei, meu senhor, seja para morte seja para vida, lá estará também o teu servo.

²² Então, disse Davi a Itai: Vai e passa adiante. Assim, passou Itai, o geteu, e todos os seus homens, e todas as crianças que estavam com ele.

²³ Toda a terra chorava em alta voz; e todo o povo e também o rei passaram o ribeiro de Cedrom, seguindo o caminho do deserto.

Zadoque, Abiatar e Husai voltam para Jerusalém

²⁴ Eis que Abiatar subiu, e também Zadoque, e com este todos os levitas que levavam a arca da Aliança de Deus; puseram ali a arca de Deus, até que todo o povo acabou de sair da cidade.

²⁵ Então, disse o rei a Zadoque: Torna a levar a arca de Deus à cidade. Se achar eu graça aos olhos do Senhor, ele me fará voltar para lá e me deixará ver assim a arca como a sua habitação.

²⁶ Se ele, porém, disser: Não tenho prazer em ti, eis-me aqui; faça de mim como melhor lhe parecer.

²⁷ Disse mais o rei a Zadoque, o sacerdote: Ó vidente, tu e Abiatar, voltai em paz para a cidade, e convosco também vossos dois filhos, Aimaás, teu filho, e Jônatas, filho de Abiatar.

²⁸ Olhai que me demorarei nos vaus do deserto até que me venham informações vossas.

²⁹ Zadoque, pois, e Abiatar levaram a arca de Deus para Jerusalém e lá ficaram.

³⁰ Seguiu Davi pela encosta das Oliveiras, subindo e chorando; tinha a cabeça coberta e caminhava descalço; todo o povo que ia com ele, de cabeça coberta, subiu chorando.

³¹ Então, fizeram saber a Davi, dizendo: Aitofel está entre os que conspiram com Absalão. Pelo que disse Davi: Ó Senhor, peço-te que transtornes em loucura o conselho de Aitofel.

³² Ao chegar Davi ao cume, onde se costuma adorar a Deus, eis que Husai, o arquita, veio encontrar-se com ele, de manto rasgado e terra sobre a cabeça.

³³ Disse-lhe Davi: Se fores comigo, ser-me-ás pesado.

³⁴ Porém, se voltares para a cidade e disseres a Absalão: Eu serei, ó rei, teu servo, como fui, dantes, servo de teu pai, assim, agora, serei teu servo, dissipar-me-ás, então, o conselho de Aitofel.

³⁵ Tens lá contigo Zadoque e Abiatar, sacerdotes. Todas as cousas, pois, que ouvires da casa do rei farás saber a esses sacerdotes.

³⁶ Lá estão com eles seus dois filhos, Aimaás, filho de Zadoque, e Jônatas, filho de Abiatar; por meio deles, me mandareis notícias de todas as cousas que ouvirdes.

³⁷ Husai, pois, amigo de Davi, veio para a cidade, e Absalão entrou em Jerusalém.

Davi e Ziba

16 Tendo Davi passado um pouco além, dobrando o cume, eis que lhe saiu ao encontro Ziba, servo de Mefibosete, com dois jumentos albardados e sobre eles duzentos pães, cem cachos de passas, cem frutas de verão e um odre de vinho.

² Perguntou o rei a Ziba: Que pretendes com isto? Respondeu Ziba: Os jumentos são para a casa do rei, para serem montados; o pão e as frutas de verão, para os mo-

15.28 Sl 63, título.   16.1 2Sm 9.9,10.

ços comerem; o vinho, para beberem os cansados no deserto.

³ Então, disse o rei: Onde está, pois, o filho de teu senhor? Respondeu Ziba ao rei: Eis que ficou em Jerusalém, pois disse: Hoje, a casa de Israel me restituirá o reino de meu pai.

⁴ Então, disse o rei a Ziba: Teu é tudo que pertence a Mefibosete. Disse Ziba: Eu me inclino e ache eu mercê diante de ti, ó rei, meu senhor.

Davi amaldiçoado por Simei

⁵ Tendo chegado o rei Davi a Baurim, eis que dali saiu um homem da família da casa de Saul, cujo nome era Simei, filho de Gera; saiu e ia amaldiçoando.

⁶ Atirava pedras contra Davi e contra todos os seus servos, ainda que todo o povo e todos os valentes estavam à direita e à esquerda do rei.

⁷ Amaldiçoando-o, dizia Simei: Fora daqui, fora, homem de sangue, homem de Belial;

⁸ o SENHOR te deu, agora, a paga de todo o sangue da casa de Saul, cujo reino usurpaste; o SENHOR já o entregou nas mãos de teu filho Absalão; eis-te, agora, na tua desgraça, porque és homem de sangue.

⁹ Então, Abisai, filho de Zeruia, disse ao rei: Por que amaldiçoaria este cão morto ao rei, meu senhor? Deixa-me passar e lhe tirarei a cabeça.

¹⁰ Respondeu o rei: Que tenho eu convosco, filhos de Zeruia? Ora, deixai-o amaldiçoar; pois, se o SENHOR lhe disse: Amaldiçoa a Davi, quem diria: Por que assim fizeste?

¹¹ Disse mais Davi a Abisai e a todos os seus servos: Eis que meu próprio filho procura tirar-me a vida, quanto mais ainda este benjamita? Deixai-o; que amaldiçoe, pois o SENHOR lhe ordenou.

¹² Talvez o SENHOR olhará para a minha aflição e o SENHOR me pagará com bem a sua maldição deste dia.

¹³ Prosseguiam, pois, o seu caminho, Davi e os seus homens; também Simei ia ao longo do monte, ao lado dele, caminhando e amaldiçoando, e atirava pedras e terra contra ele.

¹⁴ O rei e todo o povo que ia com ele chegaram exaustos ao Jordão e ali descansaram.

Husai professa lealdade a Absalão

¹⁵ Absalão, pois, e todo o povo, homens de Israel, vieram a Jerusalém; e, com ele, Aitofel.

¹⁶ Tendo-se apresentado Husai, o arquita, amigo de Davi, a Absalão, disse-lhe: Viva o rei, viva o rei!

¹⁷ Porém Absalão disse a Husai: É assim a tua fidelidade para com o teu amigo Davi? Por que não foste com o teu amigo?

¹⁸ Respondeu Husai a Absalão: Não, mas àquele a quem o SENHOR elegeu, e todo este povo, e todos os homens de Israel, a ele pertencerei e com ele ficarei.

¹⁹ Ainda mais, a quem serviria eu? Porventura, não seria diante de seu filho? Como servi diante de teu pai, assim serei diante de ti.

Absalão e as concubinas de Davi

²⁰ Então, disse Absalão a Aitofel: Dai o vosso conselho sobre o que devemos fazer.

²¹ Disse Aitofel a Absalão: Coabita com as concubinas de teu pai, que deixou para cuidar da casa; e, em ouvindo todo o Israel que te fizeste odioso para com teu pai, animar-se-ão todos os que estão contigo.

²² Armaram, pois, para Absalão uma tenda no eirado, e ali, à vista de todo o Israel, ele coabitou com as concubinas de seu pai.

²³ O conselho que Aitofel dava, naqueles dias, era como resposta de Deus a uma consulta; tal era o conselho de Aitofel, tanto para Davi como para Absalão.

O conselho de Aitofel e de Husai

17 Disse ainda Aitofel a Absalão: Deixa-me escolher doze mil homens, e me disporei, e perseguirei Davi esta noite.

² Assaltá-lo-ei, enquanto está cansado e frouxo de mãos; espantá-lo-ei; fugirá todo o povo que está com ele; então, matarei apenas o rei.

³ Farei voltar a ti todo o povo; pois a volta de todos depende daquele a quem procuras matar; assim, todo o povo estará em paz.

⁴ O parecer agradou a Absalão e a todos os anciãos de Israel.

⁵ Disse, porém, Absalão: Chamai, agora, a Husai, o arquita, e ouçamos também o que ele dirá.

⁶ Tendo Husai chegado a Absalão, este

16.22 2Sm 12.11,12.

lhe falou, dizendo: Desta maneira falou Aitofel; faremos segundo a sua palavra? Se não, fala tu.

⁷ Então, disse Husai a Absalão: O conselho que deu Aitofel desta vez não é bom.

⁸ Continuou Husai: Bem conheces teu pai e seus homens e sabes que são valentes e estão enfurecidos como a ursa no campo, roubada dos seus cachorros; também teu pai é homem de guerra e não passará a noite com o povo.

⁹ Eis que, agora, estará de espreita nalguma cova ou em qualquer outro lugar; e será que, caindo no primeiro ataque alguns dos teus, cada um que o ouvir dirá: Houve derrota no povo que segue a Absalão.

¹⁰ Então, até o homem valente, cujo coração é como o de leões, sem dúvida desmaiará; porque todo o Israel sabe que teu pai é herói e que homens valentes são os que estão com ele.

¹¹ Eu, porém, aconselho que a toda pressa se reúna a ti todo o Israel, desde Dã até Berseba, em multidão como a areia do mar; e que tu em pessoa vás no meio deles.

¹² Então, iremos a ele em qualquer lugar em que se achar e facilmente cairemos sobre ele, como o orvalho cai sobre a terra; ele não ficará, e nenhum dos homens que com ele estão, nem um só.

¹³ Se ele se retirar para alguma cidade, todo o Israel levará cordas àquela cidade; e arrastá-la-emos até ao ribeiro, até que lá não se ache nem uma só pedrinha.

¹⁴ Então, disseram Absalão e todos os homens de Israel: Melhor é o conselho de Husai, o arquita, do que o de Aitofel. Pois ordenara o Senhor que fosse dissipado o bom conselho de Aitofel, para que o mal sobreviesse contra Absalão.

¹⁵ Disse Husai a Zadoque e a Abiatar, sacerdotes: Assim e assim aconselhou Aitofel a Absalão e aos anciãos de Israel; porém assim e assim aconselhei eu.

¹⁶ Agora, pois, mandai avisar depressa a Davi, dizendo: Não passes esta noite nos vaus do deserto, mas passa, sem demora, à outra banda, para que não seja destruído o rei e todo o povo que com ele está.

¹⁷ Estavam Jônatas e Aimaás junto a En-Rogel; e uma criada lhes dava aviso, e eles iam e diziam ao rei Davi, porque não podiam ser vistos entrar na cidade.

¹⁸ Viu-os, porém, um moço e avisou a Absalão; porém ambos partiram logo, apressadamente, e entraram em casa de um homem, em Baurim, que tinha um poço no seu pátio, ao qual desceram.

¹⁹ A mulher desse homem tomou uma coberta, e a estendeu sobre a boca do poço, e espalhou grãos pilados de cereais sobre ela; assim, nada se soube.

²⁰ Chegando, pois, os servos de Absalão à mulher, àquela casa, disseram: Onde estão Aimaás e Jônatas? Respondeu-lhes a mulher: Já passaram o vau das águas. Havendo-os procurado, sem os achar, voltaram para Jerusalém.

²¹ Mal se retiraram, saíram logo os dois do poço, e foram dar aviso a Davi, e lhe disseram: Levantai-vos e passai depressa as águas, porque assim e assim aconselhou Aitofel contra vós outros.

²² Então, Davi e todo o povo que com ele estava se levantaram e passaram o Jordão; quando amanheceu, já nem um só havia que não tivesse passado o Jordão.

²³ Vendo, pois, Aitofel que não fora seguido o seu conselho, albardou o jumento, dispôs-se e foi para casa e para a sua cidade; pôs em ordem os seus negócios e se enforcou; morreu e foi sepultado na sepultura do seu pai.

²⁴ Davi chegou a Maanaim. Absalão, tendo passado o Jordão com todos os homens de Israel,

²⁵ constituiu a Amasa em lugar de Joabe sobre o exército. Era Amasa filho de certo homem chamado Itra, o ismaelita, o qual se deitara com Abigail, filha de Naás, e irmã de Zeruia, mãe de Joabe.

²⁶ Israel, pois, e Absalão acamparam-se na terra de Gileade.

A vitória do exército de Davi sobre o de Absalão

²⁷ Tendo Davi chegado a Maanaim, Sobi, filho de Naás, de Rabá, dos filhos de Amom, e Maquir, filho de Amiel, de Lo-Debar, e Barzilai, o gileadita, de Rogelim,

²⁸ tomaram camas, bacias e vasilhas de barro, trigo, cevada, farinha, grãos torrados, favas e lentilhas;

²⁹ também mel, coalhada, ovelhas e queijos de gado e os trouxeram a Davi e ao povo que com ele estava, para comerem, porque disseram: Este povo no deserto está faminto, cansado e sedento.

18 Contou Davi o povo que tinha consigo e pôs sobre eles capitães de mil e capitães de cem.

² Davi enviou o povo: um terço sob o comando de Joabe, outro terço sob o de Abisai, filho de Zeruia e irmão de Joabe, e o

outro terço sob o de Itai, o geteu. Disse o rei ao povo: Eu também sairei convosco.

³ Respondeu, porém, o povo: Não sairás, porque, se formos obrigados a fugir, não se importarão conosco, nem ainda que metade de nós morra, pois tu vales por dez mil de nós. Melhor será que da cidade nos prestes socorro.

⁴ Tornou-lhes Davi: O que vos agradar, isso farei. Pôs-se o rei ao lado da porta, e todo o povo saiu a centenas e a milhares.

⁵ Deu ordem o rei a Joabe, a Abisai e a Itai, dizendo: Tratai com brandura o jovem Absalão, por amor de mim. Todo o povo ouviu quando o rei dava a ordem a todos os capitães acerca de Absalão.

⁶ Saiu, pois, o povo ao campo, a encontrar-se com Israel, e deu-se a batalha no bosque de Efraim.

⁷ Ali, foi o povo de Israel batido diante dos servos de Davi; e, naquele mesmo dia, houve ali grande derrota, com a perda de vinte mil homens.

⁸ Porque aí se estendeu a batalha por toda aquela região; e o bosque, naquele dia, consumiu mais gente do que a espada.

A morte de Absalão

⁹ Indo Absalão montado no seu mulo, encontrou-se com os homens de Davi; entrando o mulo debaixo dos ramos espessos de um carvalho, Absalão, preso nele pela cabeça, ficou pendurado entre o céu e a terra; e o mulo, que ele montava, passou adiante.

¹⁰ Vendo isto um homem, fez saber a Joabe e disse: Vi Absalão pendurado num carvalho.

¹¹ Então, disse Joabe ao homem que lho fizera saber: Viste-o! Por que logo não o feriste ali, derrubando-o por terra? E forçoso me seria dar-te dez moedas de prata e um cinto.

¹² Disse, porém, o homem a Joabe: Ainda que me pesassem nas mãos mil moedas de prata, não estenderia a mão contra o filho do rei, pois bem ouvimos que o rei te deu ordem a ti, a Abisai e a Itai, dizendo: Guardai-me o jovem Absalão.

¹³ Se eu tivesse procedido traiçoeiramente contra a vida dele, nada disso se esconderia ao rei, e tu mesmo te oporias.

¹⁴ Então, disse Joabe: Não devo perder tempo, assim, contigo. Tomou três dardos e traspassou com eles o coração de Absalão, estando ele ainda vivo no meio do carvalho.

¹⁵ Cercaram-no dez jovens, que levavam as armas de Joabe, e feriram a Absalão, e o mataram.

¹⁶ Então, tocou Joabe a trombeta, e o povo voltou de perseguir a Israel, porque Joabe deteve o povo.

¹⁷ Levaram Absalão, e o lançaram no bosque, numa grande cova, e levantaram sobre ele mui grande montão de pedras; todo o Israel fugiu, cada um para a sua casa.

¹⁸ Ora, Absalão, quando ainda vivia, levantara para si uma coluna, que está no vale do Rei, porque dizia: Filho nenhum tenho para conservar a memória do meu nome; e deu o seu próprio nome à coluna; pelo que até hoje se chama o Monumento de Absalão.

Davi chora amargamente a morte de Absalão

¹⁹ Então, disse Aimaás, filho de Zadoque: Deixa-me correr e dar notícia ao rei de que já o SENHOR o vingou do poder de seus inimigos.

²⁰ Mas Joabe lhe disse: Tu não serás, hoje, o portador de novas, porém outro dia o serás; hoje, não darás a nova, porque é morto o filho do rei.

²¹ Disse Joabe ao etíope: Vai tu e dize ao rei o que viste. Inclinou-se a Joabe e correu.

²² Prosseguiu Aimaás, filho de Zadoque, e disse a Joabe: Seja o que for, deixa-me também correr após o etíope. Disse Joabe: Para que, agora, correrias tu, meu filho, pois não terás recompensa das novas?

²³ Seja o que for, tornou Aimaás, correrei. Então, Joabe lhe disse: Corre. Aimaás correu pelo caminho da planície e passou o etíope.

²⁴ Davi estava assentado entre as duas portas da entrada; subiu a sentinela ao terraço da porta sobre o muro e, levantando os olhos, viu que um homem chegava correndo só.

²⁵ Gritou, pois, a sentinela e o disse ao rei. O rei respondeu: Se vem só, traz boas notícias. E vinha andando e chegando.

²⁶ Viu a sentinela outro homem que corria; então, gritou para a porta e disse: Eis que vem outro homem correndo só. Então, disse o rei: Também este traz boas-novas.

²⁷ Disse mais a sentinela: Vejo o correr do primeiro; parece ser o correr de Aimaás, filho de Zadoque. Então, disse o rei: Este homem é de bem e trará boas-novas.

²⁸ Gritou Aimaás e disse ao rei: Paz! Inclinou-se ao rei, com o rosto em terra, e dis-

se: Bendito seja o SENHOR, teu Deus, que nos entregou os homens que levantaram a mão contra o rei, meu senhor.

²⁹ Então, perguntou o rei: Vai bem o jovem Absalão? Respondeu Aimaás: Vi um grande alvoroço, quando Joabe mandou o teu servo, ó rei, porém não sei o que era.

³⁰ Disse o rei: Põe-te ao lado e espera aqui. Ele se pôs e esperou.

³¹ Chegou o etíope e disse: Boas-novas ao rei, meu senhor. Hoje, o SENHOR te vingou do poder de todos os que se levantaram contra ti.

³² Então, disse o rei ao etíope: Vai bem o jovem Absalão? Respondeu o etíope: Sejam como aquele os inimigos do rei, meu senhor, e todos os que se levantam contra ti para o mal.

³³ Então, o rei, profundamente comovido, subiu à sala que estava por cima da porta e chorou; e, andando, dizia: Meu filho Absalão, meu filho, meu filho Absalão! Quem me dera que eu morrera por ti, Absalão, meu filho, meu filho!

Joabe reprova a Davi

19 Disseram a Joabe: Eis que o rei anda chorando e lastima-se por Absalão.

² Então, a vitória se tornou, naquele mesmo dia, em luto para todo o povo; porque, naquele dia, o povo ouvira dizer: O rei está de luto por causa de seu filho.

³ Naquele mesmo dia, entrou o povo às furtadelas na cidade, como o faz quando foge envergonhado da batalha.

⁴ Tendo o rei coberto o rosto, exclamava em alta voz: Meu filho Absalão, Absalão, meu filho, meu filho!

⁵ Então, Joabe entrou na casa do rei e lhe disse: Hoje, envergonhaste a face de todos os teus servos, que livraram, hoje, a tua vida, e a vida de teus filhos, e de tuas filhas, e a vida de tuas mulheres, e de tuas concubinas,

⁶ amando tu os que te aborrecem e aborrecendo aos que te amam; porque, hoje, dás a entender que nada valem para contigo príncipes e servos; porque entendo, agora, que, se Absalão vivesse e todos nós, hoje, fôssemos mortos, então, estarias contente.

⁷ Levanta-te, agora, sai e fala segundo o coração de teus servos. Juro pelo SENHOR que, se não saíres, nem um só homem ficará contigo esta noite; e maior mal te será isto

do que todo o mal que tem vindo sobre ti desde a tua mocidade até agora.

⁸ Então, o rei se levantou e se assentou à porta, e o fizeram saber a todo o povo, dizendo: Eis que o rei está assentado à porta. Veio, pois, todo o povo apresentar-se diante do rei. Ora, Israel havia fugido, cada um para a sua tenda.

⁹ Todo o povo, em todas as tribos de Israel, andava altercando entre si, dizendo: O rei nos tirou das mãos de nossos inimigos, livrou-nos das mãos dos filisteus e, agora, fugiu da terra por causa de Absalão.

¹⁰ Absalão, a quem ungimos sobre nós, já morreu na peleja; agora, pois, por que vos calais e não fazeis voltar o rei?

Davi volta para Jerusalém

¹¹ Então, o rei Davi mandou dizer a Zadoque e a Abiatar, sacerdotes: Falai aos anciãos de Judá: Por que seríeis vós os últimos em tornar a trazer o rei para a sua casa, visto que aquilo que todo o Israel dizia já chegou ao rei, até à sua casa?

¹² Vós sois meus irmãos, sois meu osso e minha carne; por que, pois, seríeis os últimos em tornar a trazer o rei?

¹³ Dizei a Amasa: Não és tu meu osso e minha carne? Deus me faça o que lhe aprouver, se não vieres a ser para sempre comandante do meu exército, em lugar de Joabe.

¹⁴ Com isto moveu o rei o coração de todos os homens de Judá, como se fora um só homem, e mandaram dizer-lhe: Volta, ó rei, tu e todos os teus servos.

¹⁵ Então, o rei voltou e chegou ao Jordão; Judá foi a Gilgal, para encontrar-se com o rei, a fim de fazê-lo passar o Jordão.

Simei encontra-se com Davi

¹⁶ Apressou-se Simei, filho de Gera, benjamita, que era de Baurim, e desceu com os homens de Judá a encontrar-se com o rei Davi.

¹⁷ E, com ele, mil homens de Benjamim, como também Ziba, servo da casa de Saul, acompanhado de seus quinze filhos e seus vinte servos, e meteram-se pelo Jordão à vista do rei

¹⁸ e o atravessaram, para fazerem passar a casa real e para fazerem o que lhe era agradável. Então, Simei, filho de Gera, prostrou-se diante do rei, quando este ia passar o Jordão,

19.16 2Sm 16.5-13.

¹⁹ e lhe disse: Não me imputes, senhor, a minha culpa e não te lembres do que tão perversamente fez teu servo, no dia em que o rei, meu senhor, saiu de Jerusalém; não o conserves, ó rei, em teu coração.

²⁰ Porque eu, teu servo, deveras confesso que pequei; por isso, sou o primeiro que, de toda a casa de José, desci a encontrar-me com o rei, meu senhor.

²¹ Então, respondeu Abisai, filho de Zeruia, e disse: Não morreria, pois, Simei por isto, havendo amaldiçoado ao ungido do SENHOR?

²² Porém Davi disse: Que tenho eu convosco, filhos de Zeruia, para que, hoje, me sejais adversários? Morreria alguém, hoje, em Israel? Pois não sei eu que, hoje, novamente sou rei sobre Israel?

²³ Então, disse o rei a Simei: Não morrerás. E lho jurou.

Mefibosete encontra-se com Davi

²⁴ Também Mefibosete, filho de Saul, desceu a encontrar-se com o rei; não tinha tratado dos pés, nem espontado a barba, nem lavado as vestes, desde o dia em que o rei saíra até ao dia em que voltou em paz.

²⁵ Tendo ele chegado a Jerusalém a encontrar-se com o rei, este lhe disse: Por que não foste comigo, Mefibosete?

²⁶ Ele respondeu: Ó rei, meu senhor, o meu servo me enganou; porque eu, teu servo, dizia: albardarei um jumento e montarei para ir com o rei; pois o teu servo é coxo.

²⁷ Demais disto, ele falsamente me acusou a mim, teu servo, diante do rei, meu senhor; porém o rei, meu senhor, é como um anjo de Deus; faze, pois, o que melhor te parecer.

²⁸ Porque toda a casa de meu pai não era senão de homens dignos de morte diante do rei, meu senhor; contudo, puseste teu servo entre os que comem à tua mesa; que direito, pois, tenho eu de clamar ao rei?

²⁹ Respondeu-lhe o rei: Por que ainda falas dos teus negócios? Resolvo que repartas com Ziba as terras.

³⁰ Disse Mefibosete ao rei: Fique ele, muito embora, com tudo, pois já voltou o rei, meu senhor, em paz à sua casa.

Barzilai encontra-se com Davi

³¹ Também Barzilai, o gileadita, desceu de Rogelim e passou com o rei o Jordão, para o acompanhar até à outra banda.

³² Era Barzilai mui velho, da idade de oitenta anos; ele sustentara o rei quando este estava em Maanaim, porque era homem mui rico.

³³ Disse o rei a Barzilai: Vem tu comigo, e te sustentarei em Jerusalém.

³⁴ Respondeu Barzilai ao rei: Quantos serão ainda os dias dos anos da minha vida? Não vale a pena subir com o rei a Jerusalém.

³⁵ Oitenta anos tenho hoje; poderia eu discernir entre o bom e o mau? Poderia o teu servo ter gosto no que come e no que bebe? Poderia eu mais ouvir a voz dos cantores e cantoras? E por que há de ser o teu servo ainda pesado ao rei, meu senhor?

³⁶ Com o rei irá o teu servo ainda um pouco além do Jordão; por que há de me retribuir o rei com tal recompensa?

³⁷ Deixa voltar o teu servo, e morrerei na minha cidade e serei sepultado junto de meu pai e de minha mãe; mas eis aí o teu servo Quimã; passe ele com o rei, meu senhor, e faze-lhe o que bem te parecer.

³⁸ Respondeu o rei: Quimã passará comigo, e eu lhe farei como for do teu agrado e tudo quanto desejares de mim eu te farei.

³⁹ Havendo, pois, todo o povo passado o Jordão e passado também o rei, este beijou a Barzilai e o abençoou; e ele voltou para sua casa.

⁴⁰ Dali, passou o rei a Gilgal, e Quimã passou com ele; todo o povo de Judá e metade do povo de Israel acompanharam o rei.

⁴¹ Eis que todos os homens de Israel vieram ter com o rei e lhe disseram: Por que te furtaram nossos irmãos, os homens de Judá, e conduziram o rei, e a sua casa através do Jordão, e todos os homens de Davi com eles?

⁴² Então, responderam todos os homens de Judá aos homens de Israel: Porque o rei é nosso parente; por que, pois, vos irais por isso? Porventura, comemos à custa do rei ou nos deu algum presente?

⁴³ Responderam os homens de Israel aos homens de Judá e disseram: Dez tantos temos no rei, e mais a nós nos toca Davi do que a vós outros; por que, pois, fizestes pouco caso de nós? Não foi a nossa palavra a primeira para fazer voltar o nosso rei? Porém a palavra dos homens de Judá foi mais dura do que a palavra dos homens de Israel.

19.24 2Sm 9.1-13; 16.1-4. 19.31 2Sm 17.27-29.

A sedição de Seba e a sua morte

20 Então, se achou ali, por acaso, um homem de Belial, cujo nome era Seba, filho de Bicri, homem de Benjamim, o qual tocou a trombeta e disse: Não fazemos parte de Davi, nem temos herança no filho de Jessé; cada um para as suas tendas, ó Israel.

² Então, todos os homens de Israel se separaram de Davi e seguiram Seba, filho de Bicri; porém os homens de Judá se apegaram ao seu rei, conduzindo-o desde o Jordão até Jerusalém.

³ Vindo, pois, Davi para sua casa, a Jerusalém, tomou o rei as suas dez concubinas, que deixara para cuidar da casa, e as pôs em custódia, e as sustentou, porém não coabitou com elas; e estiveram encerradas até ao dia em que morreram, vivendo como viúvas.

⁴ Disse o rei a Amasa: Convoca-me, para dentro de três dias, os homens de Judá e apresenta-te aqui.

⁵ Partiu Amasa para convocar os homens de Judá; porém demorou-se além do tempo que lhe fora aprazado.

⁶ Então, disse Davi a Abisai: Mais mal, agora, nos fará Seba, o filho de Bicri, do que Absalão; pelo que toma tu os servos de teu senhor e persegue-o, para que não ache para si cidades fortificadas e nos escape.

⁷ Então, o perseguiram os homens de Joabe, a guarda real e todos os valentes; estes saíram de Jerusalém para perseguirem Seba, filho de Bicri.

⁸ Chegando eles, pois, à pedra grande que está junto a Gibeom, Amasa veio perante eles; trazia Joabe vestes militares e sobre elas um cinto, no qual, presa aos seus lombos, estava uma espada dentro da bainha; adiantando-se ele, fez cair a espada.

⁹ Disse Joabe a Amasa: Vais bem, meu irmão? E, com a mão direita, lhe pegou a barba, para o beijar.

¹⁰ Amasa não se importou com a espada que estava na mão de Joabe, de sorte que este o feriu com ela no abdômen e lhe derramou por terra as entranhas; não o feriu segunda vez, e morreu. Então, Joabe e Abisai, seu irmão, perseguiram a Seba, filho de Bicri.

¹¹ Mas um, dentre os moços de Joabe, parou junto de Amasa e disse: Quem está do lado de Joabe e é por Davi, siga a Joabe.

¹² Amasa se revolvia no seu sangue no meio do caminho; vendo o moço que todo o povo parava, desviou a Amasa do caminho para o campo e lançou sobre ele um manto; porque via que todo aquele que chegava a ele parava.

¹³ Uma vez afastado do caminho, todos os homens seguiram Joabe, para perseguirem Seba, filho de Bicri.

¹⁴ Seba passou por todas as tribos de Israel até Abel-Bete-Maaca; e apenas os beritas se ajuntaram todos e o seguiram.

¹⁵ Vieram Joabe e os homens, e o cercaram em Abel-Bete-Maaca, e levantaram contra a cidade um montão da altura do muro; e todo o povo que estava com Joabe trabalhava no muro para o derribar.

¹⁶ Então, uma mulher sábia gritou de dentro da cidade: Ouvi, ouvi; dizei a Joabe: Chega-te cá, para que eu fale contigo.

¹⁷ Chegando-se ele, perguntou-lhe a mulher: És tu Joabe? Respondeu: Eu sou. Ela lhe disse: Ouve as palavras de tua serva. Disse ele: Ouço.

¹⁸ Então, disse ela: Antigamente, se costumava dizer: Peça-se conselho em Abel; e assim davam cabo das questões.

¹⁹ Eu sou uma das pacíficas e das fiéis em Israel; e tu procuras destruir uma cidade e uma mãe em Israel; por que, pois, devorarias a herança do SENHOR?

²⁰ Respondeu Joabe e disse: Longe, longe de mim que eu devore e destrua!

²¹ A cousa não é assim; porém um homem da região montanhosa de Efraim, cujo nome é Seba, filho de Bicri, levantou a mão contra o rei, contra Davi; entregai-me só este, e retirar-me-ei da cidade. Então, disse a mulher a Joabe: Eis que te será lançada a sua cabeça pelo muro.

²² E a mulher, na sua sabedoria, foi ter com todo o povo, e cortaram a cabeça de Seba, filho de Bicri, e a lançaram a Joabe. Então, tocou este a trombeta, e se retiraram da cidade, cada um para sua casa. E Joabe voltou a Jerusalém, a ter com o rei.

Oficiais de Davi
2Sm 8.15-18; 1Cr 18.14-17

²³ Joabe era comandante de todo o exército de Israel; e Benaia, filho de Joiada, da guarda real;

²⁴ Adorão, dos que estavam sujeitos a trabalhos forçados; Josafá, filho de Ailude, era o cronista.

²⁵ Seva, o escrivão; Zadoque e Abiatar, os sacerdotes;

²⁶ e também Ira, o jairita, era ministro de Davi.

Vingados os gibeonitas

21 Houve, em dias de Davi, uma fome de três anos consecutivos. Davi consultou ao SENHOR, e o SENHOR lhe disse: Há culpa de sangue sobre Saul e sobre a sua casa, porque ele matou os gibeonitas. ² Então, chamou o rei os gibeonitas e lhes falou. Os gibeonitas não eram dos filhos de Israel, mas do resto dos amorreus; e os filhos de Israel lhes tinham jurado poupá-los, porém Saul procurou destruí-los no seu zelo pelos filhos de Israel e de Judá. ³ Perguntou Davi aos gibeonitas: Que quereis que eu vos faça? E que resgate vos darei, para que abençoeis a herança do SENHOR? ⁴ Então, os gibeonitas lhe disseram: Não é por prata nem ouro que temos questão com Saul e com sua casa; nem tampouco pretendemos matar pessoa alguma em Israel. Disse Davi: Que é, pois, que quereis que vos faça? ⁵ Responderam ao rei: Quanto ao homem que nos destruiu e procurou que fôssemos assolados, sem que pudéssemos subsistir em termo algum de Israel, ⁶ de seus filhos se nos dêem sete homens, para que os enforquemos ao SENHOR, em Gibeá de Saul, o eleito do SENHOR. Disse o rei: Eu os darei.

⁷ Porém o rei poupou a Mefibosete, filho de Jônatas, filho de Saul, por causa do juramento ao SENHOR, que entre eles houvera, entre Davi e Jônatas, filho de Saul. ⁸ Porém tomou o rei os dois filhos de Rispa, filha de Aiá, que tinha tido de Saul, a saber, a Armoni e a Mefibosete, como também os cinco filhos de Merabe, filha de Saul, que tivera de Adriel, filho de Barzilai, meolatita; ⁹ e os entregou nas mãos dos gibeonitas, os quais os enforcaram no monte, perante o SENHOR; caíram os sete juntamente. Foram mortos nos dias da ceifa, nos primeiros dias, no princípio da ceifa da cevada. ¹⁰ Então, Rispa, filha de Aiá, tomou um pano de saco e o estendeu para si sobre uma penha, desde o princípio da ceifa até que sobre eles caiu água do céu; e não deixou que as aves do céu se aproximassem deles de dia, nem os animais do campo, de noite. ¹¹ Foi dito a Davi o que fizera Rispa, filha de Aiá e concubina de Saul.

¹² Então, foi Davi e tomou os ossos de Saul e os ossos de Jônatas, seu filho, dos moradores de Jabes-Gileade, os quais os furtaram da praça de Bete-Seã, onde os filisteus os tinham pendurado, no dia em que feriram Saul em Gilboa. ¹³ Dali, transportou os ossos de Saul e os ossos de Jônatas, seu filho; e ajuntaram também os ossos dos enforcados. ¹⁴ Enterraram os ossos de Saul e de Jônatas, seu filho, na terra de Benjamim, em Zela, na sepultura de Quis, seu pai. Fizeram tudo o que o rei ordenara. Depois disto, Deus se tornou favorável para com a terra.

Gigantes mortos pelos homens de Davi
1Cr 20.4-8

¹⁵ De novo, fizeram os filisteus guerra contra Israel. Desceu Davi com os seus homens, e pelejaram contra os filisteus, ficando Davi mui fatigado. ¹⁶ Isbi-Benobe descendia dos gigantes; o peso do bronze de sua lança era de trezentos siclos, e estava cingido de uma armadura nova; este intentou matar a Davi. ¹⁷ Porém Abisai, filho de Zeruia, socorreu-o, feriu o filisteu e o matou; então, os homens de Davi lhe juraram, dizendo: Nunca mais sairás conosco à peleja, para que não apagues a lâmpada de Israel. ¹⁸ Depois disto, houve ainda, em Gobe, outra peleja contra os filisteus; então, Sibecai, o husatita, feriu a Safe, que era descendente dos gigantes. ¹⁹ Houve ainda, em Gobe, outra peleja contra os filisteus; e Elanã, filho de Jaaré-Oregim, o belemita, feriu a Golias, o geteu, cuja lança tinha a haste como eixo do tecelão. ²⁰ Houve ainda outra peleja; esta foi em Gate, onde estava um homem de grande estatura, que tinha em cada mão e em cada pé seis dedos, vinte e quatro ao todo; também este descendia dos gigantes. ²¹ Quando ele injuriava a Israel, Jônatas, filho de Siméia, irmão de Davi, o feriu. ²² Estes quatro nasceram dos gigantes em Gate; e caíram pela mão de Davi e pela mão de seus homens.

Cântico de Davi em ações de graças
Sl 18.1-50

22 Falou Davi ao SENHOR as palavras deste cântico, no dia em que o

---

21.2 Js 9.3-15.   **21.7** 1Sm 20.15-17; 2Sm 9.1-7.   **21.8** 1Sm 18.19.   **21.12** 1Sm 31.11-13.

SENHOR o livrou das mãos de todos os seus inimigos e das mãos de Saul.

2 E disse:
O SENHOR é a minha rocha,
a minha cidadela, o meu Libertador;
3 o meu Deus, o meu rochedo
em que me refugio;
o meu escudo,
a força da minha salvação,
o meu baluarte e o meu refúgio.
Ó Deus, da violência tu me salvas.
4 Invoco o SENHOR,
digno de ser louvado,
e serei salvo dos meus inimigos.
5 Porque ondas de morte me cercaram,
torrentes de impiedade
me impuseram terror;
6 cadeias infernais me cingiram,
e tramas de morte me surpreenderam.
7 Na minha angústia,
invoquei o SENHOR,
clamei a meu Deus;
ele, do seu templo, ouviu a minha voz,
e o meu clamor
chegou aos seus ouvidos.
8 Então, a terra se abalou e tremeu,
vacilaram também
os fundamentos dos céus
e se estremeceram,
porque ele se indignou.
9 Das suas narinas, subiu fumaça,
e fogo devorador, da sua boca;
dele saíram carvões, em chama.
10 Baixou ele os céus, e desceu,
e teve sob os pés densa escuridão.
11 Cavalgava um querubim e voou;
e foi visto sobre as asas do vento.
12 Por pavilhão pôs, ao redor de si,
trevas, ajuntamento de águas,
nuvens dos céus.
13 Do resplendor que diante dele havia,
brasas de fogo se acenderam.
14 Trovejou o SENHOR desde os céus;
o Altíssimo levantou a sua voz.
15 Despediu setas,
e espalhou os meus inimigos,
e raios, e os desbaratou.
16 Então, se viu o leito das águas,
e se descobriram
os fundamentos do mundo,
pela repreensão do SENHOR,
pelo iroso resfolgar das suas narinas. ·
17 Do alto, me estendeu ele a mão
e me tomou;
tirou-me das muitas águas.
18 Livrou-me do forte inimigo,
dos que me aborreciam,
porque eram mais poderosos
do que eu.
19 Assaltaram-me
no dia da minha calamidade,
mas o SENHOR me serviu de amparo.
20 Trouxe-me para um lugar espaçoso;
livrou-me, porque ele
se agradou de mim.
21 Retribuiu-me o SENHOR
segundo a minha justiça,
recompensou-me conforme a pureza
das minhas mãos.
22 Pois tenho guardado
os caminhos do SENHOR
e não me apartei perversamente
do meu Deus.
23 Porque todos os seus juízos
me estão presentes,
e dos seus estatutos não me desviei.
24 Também fui inculpável para com ele
e me guardei da iniquidade.
25 Daí, retribuir-me o SENHOR
segundo a minha justiça,
segundo a minha pureza
diante dos seus olhos.
26 Para com o benigno,
benigno te mostras;
com o íntegro, também íntegro.
27 Com o puro, puro te mostras;
com o perverso, inflexível.
28 Tu salvas o povo humilde,
mas, com um lance de vista,
abates os altivos.
29 Tu, SENHOR, és a minha lâmpada;
o SENHOR derrama luz
nas minhas trevas.
30 Pois contigo desbarato exércitos,
com o meu Deus, salto muralhas.
31 O caminho de Deus é perfeito;
a palavra do SENHOR é provada;
ele é escudo para todos
os que nele se refugiam.
32 Pois quem é Deus, senão o SENHOR?
E quem é rochedo,
senão o nosso Deus?
33 Deus é a minha fortaleza
e a minha força
e ele perfeitamente desembaraça
o meu caminho.
34 Ele deu a meus pés
a ligeireza das corças
e me firmou nas minhas alturas.
35 Ele adestrou as minhas mãos
para o combate,
de sorte que os meus braços
vergaram um arco de bronze.

22.34 Hc 3.19.

36 Também me deste o escudo
  do teu salvamento,
e a tua clemência me engrandeceu.
37 Alongaste sob meus passos
  o caminho,
e os meus pés não vacilaram.
38 Persegui os meus inimigos,
  e os derrotei,
e só voltei
  depois de haver dado cabo deles.
39 Acabei com eles,
  esmagando-os a tal ponto,
  que não puderam levantar-se;
caíram sob meus pés.
40 Pois de força me cingiste
  para o combate
e me submeteste
  os que se levantaram contra mim.
41 Também puseste em fuga
  os meus inimigos,
e os que me odiaram, eu os exterminei.
42 Olharam, mas ninguém lhes acudiu,
  sim, para o Senhor,
  mas ele não respondeu.
43 Então, os moí como o pó da terra;
  esmaguei-os e, como a lama das ruas,
  os amassei.
44 Das contendas do meu povo
  me livraste
e me fizeste cabeça das nações;
povo que não conheci me serviu.
45 Os estrangeiros se me sujeitaram;
  ouvindo a minha voz,
  me obedeceram.
46 Sumiram-se os estrangeiros
  e das suas fortificações
  saíram espavoridos.
47 Vive o Senhor,
  e bendita seja a minha Rocha!
Exaltado seja o meu Deus,
  a Rocha da minha salvação!
48 O Deus que por mim tomou vingança
e me submeteu povos;
49 o Deus que me tirou
  dentre os meus inimigos;
sim, tu que me exaltaste
  acima dos meus adversários
e me livraste do homem violento.
50 Celebrar-te-ei, pois, entre as nações,
  ó Senhor,
e cantarei louvores ao teu nome.
51 É ele quem dá grandes vitórias
  ao seu rei
e usa de benignidade
  para com o seu ungido,

com Davi e sua posteridade,
  para sempre.

As últimas palavras de Davi

23 São estas as últimas palavras de Davi:
Palavra de Davi, filho de Jessé,
palavra do homem que foi exaltado,
do ungido do Deus de Jacó,
do mavioso salmista de Israel.
2 O Espírito do Senhor
  fala por meu intermédio,
e a sua palavra está na minha língua.
3 Disse o Deus de Israel,
  a Rocha de Israel a mim me falou:
Aquele que domina com justiça
  sobre os homens,
que domina no temor de Deus,
4 é como a luz da manhã,
  quando sai o sol,
como manhã sem nuvens,
cujo esplendor, depois da chuva,
  faz brotar da terra a erva.
5 Não está assim com Deus
  a minha casa?
Pois estabeleceu comigo
  uma aliança eterna,
em tudo bem definida e segura.
Não me fará ele prosperar
  toda a minha salvação
e toda a minha esperança?
6 Porém os filhos de Belial serão todos
  lançados fora como os espinhos,
pois não podem ser tocados
  com as mãos,
7 mas qualquer, para os tocar,
  se armará de ferro
  e da haste de uma lança;
e a fogo serão totalmente queimados
  no seu lugar.

Os valentes de Davi
1Cr 11.10-47

8 São estes os nomes dos valentes de Davi: Josebe-Bassebete, filho de Taquemoni, o principal de três; este brandiu a sua lança contra oitocentos e os feriu de uma vez. **9** Depois dele, Eleazar, filho de Dodô, filho de Aoí, entre os três valentes que estavam com Davi, quando desafiaram os filisteus ali reunidos para a peleja. Quando já se haviam retirado os filhos de Israel, **10** ele se levantou e feriu os filisteus, até lhe cansar a mão e ficar pegada à espada; naquele dia, o Senhor efetuou grande livramento; e o povo voltou para onde Eleazar estava somente para tomar os despojos.

¹¹ Depois dele, Samá, filho de Agé, o hararita, quando os filisteus se ajuntaram em Leí, onde havia um pedaço de terra cheio de lentilhas; e o povo fugia de diante dos filisteus.

¹² Pôs-se Samá no meio daquele terreno, e o defendeu, e feriu os filisteus; e o SENHOR efetuou grande livramento.

¹³ Também três dos trinta cabeças desceram e, no tempo da sega, foram ter com Davi, à caverna de Adulão; e uma tropa de filisteus se acampara no vale dos Refains.

¹⁴ Davi estava na fortaleza, e a guarnição dos filisteus, em Belém.

¹⁵ Suspirou Davi e disse: Quem me dera beber água do poço que está junto à porta de Belém!

¹⁶ Então, aqueles três valentes romperam pelo acampamento dos filisteus, e tiraram água do poço junto à porta de Belém, e tomaram-na, e a levaram a Davi; ele não a quis beber, porém a derramou como libação ao SENHOR.

¹⁷ E disse: Longe de mim, ó SENHOR, fazer tal cousa; beberia eu o sangue dos homens que lá foram com perigo de sua vida? De maneira que não a quis beber. São estas as cousas que fizeram os três valentes.

¹⁸ Também Abisai, irmão de Joabe, filho de Zeruia, era cabeça de trinta; e alçou a sua lança contra trezentos e os feriu. E tinha nome entre os primeiros três.

¹⁹ Era ele mais nobre do que os trinta e era o primeiro deles; contudo, aos primeiros três não chegou.

²⁰ Também Benaia, filho de Joiada, era homem valente de Cabzeel e grande em obras; feriu ele dois heróis de Moabe. Desceu numa cova e nela matou um leão no tempo da neve.

²¹ Matou também um egípcio, homem de grande estatura; o egípcio trazia uma lança, mas Benaia o atacou com um cajado, arrancou-lhe da mão a lança e com ela o matou.

²² Estas cousas fez Benaia, filho de Joiada, pelo que teve nome entre os primeiros três valentes.

²³ Era mais nobre do que os trinta, porém aos três primeiros não chegou, e Davi o pôs sobre a sua guarda.

²⁴ Entre os trinta figuravam: Asael, irmão de Joabe; Elanã, filho de Dodô, de Belém;

²⁵ Samá, harodita; Elica, harodita;

²⁶ Helez, paltita; Ira, filho de Iques, tecoíta;

²⁷ Abiezer, anatotita; Mebunai, husatita;

²⁸ Zalmom, aoíta; Maarai, netofatita;

²⁹ Helebe, filho de Baaná, netofatita; Itai, filho de Ribai, de Gibeá, dos filhos de Benjamim;

³⁰ Benaia, piratonita; Hidai, do ribeiro de Gaás;

³¹ Abi-Albom, arbatita; Azmavete, barumita;

³² Eliaba, saalbonita; Bené-Jásen; Jônatas;

³³ Sama, hararita; Aião, filho de Sarar, ararita;

³⁴ Elifelete, filho de Aasbai, filho dum maacatita; Eliã, filho de Aitofel, gilonita;

³⁵ Hezrai, carmelita; Paarai, arbita;

³⁶ Jigeal, filho de Natã, de Zobá; Bani, gadita;

³⁷ Zeleque, amonita; Naarai, beerotita, o que trazia as armas de Joabe, filho de Zeruia;

³⁸ Ira, itrita; Garebe, itrita;

³⁹ Urias, heteu; ao todo trinta e sete.

O levantamento do censo
1Cr 21.1-6

24 Tornou a ira do SENHOR a acender-se contra os israelitas, e ele incitou a Davi contra eles, dizendo: Vai, levanta o censo de Israel e de Judá.

² Disse, pois, o rei a Joabe, comandante do seu exército: Percorre todas as tribos de Israel, de Dã até Berseba, e levanta o censo do povo, para que eu saiba o seu número.

³ Então, disse Joabe ao rei: Ora, multiplique o SENHOR, teu Deus, a este povo cem vezes mais, e o rei, meu senhor, o veja; mas por que tem prazer nisto o rei, meu senhor?

⁴ Porém a palavra do rei prevaleceu contra Joabe e contra os chefes do exército; saiu, pois, Joabe com os chefes do exército da presença do rei, a levantar o censo do povo de Israel.

⁵ Tendo eles passado o Jordão, acamparam-se em Aroer, à direita da cidade que está no meio do vale de Gade, e foram a Jazer.

⁶ Daqui foram a Gileade e chegaram até Cades, na terra dos heteus; seguiram a Dã-Jaã e viraram-se para Sidom;

⁷ chegaram à fortaleza de Tiro e a todas as cidades dos heveus e dos cananeus, donde saíram para o Neguebe de Judá, a Berseba.

⁸ Assim, percorreram toda a terra e, ao cabo de nove meses e vinte dias, chegaram a Jerusalém.

⁹ Deu Joabe ao rei o recenseamento do povo: havia em Israel oitocentos mil homens de guerra, que puxavam da espada; e em Judá eram quinhentos mil.

Davi escolhe o castigo
1Cr 21.7-17

¹⁰ Sentiu Davi bater-lhe o coração, depois de haver recenseado o povo, e disse ao SENHOR: Muito pequei no que fiz; porém, agora, ó SENHOR, peço-te que perdoes a iniqüidade do teu servo; porque procedi mui loucamente.

¹¹ Ao levantar-se Davi pela manhã, veio a palavra do SENHOR ao profeta Gade, vidente de Davi, dizendo:

¹² Vai e dize a Davi: Assim diz o SENHOR: Três cousas te ofereço; escolhe uma delas, para que ta faça.

¹³ Veio, pois, Gade a Davi e lho fez saber, dizendo: Queres que sete anos de fome te venham à tua terra? Ou que, por três meses, fujas diante de teus inimigos, e eles te persigam? Ou que, por três dias, haja peste na tua terra? Delibera, agora, e vê que resposta hei de dar ao que me enviou.

¹⁴ Então, disse Davi a Gade: Estou em grande angústia; porém caiamos nas mãos do SENHOR, porque muitas são as suas misericórdias; mas, nas mãos dos homens, não caia eu.

¹⁵ Então, enviou o SENHOR a peste a Israel, desde a manhã até ao tempo que determinou; e, de Dã até Berseba, morreram setenta mil homens do povo.

¹⁶ Estendendo, pois, o Anjo do SENHOR a mão sobre Jerusalém, para a destruir, arrependeu-se o SENHOR do mal e disse ao Anjo que fazia a destruição entre o povo:

Basta, retira a mão. O Anjo estava junto à eira de Araúna, o jebuseu.

¹⁷ Vendo Davi ao Anjo que feria o povo, falou ao SENHOR e disse: Eu é que pequei, eu é que procedi perversamente; porém estas ovelhas que fizeram? Seja, pois, a tua mão contra mim e contra a casa de meu pai.

Davi erige um altar na eira de Araúna
1Cr 21.18-27

¹⁸ Naquele mesmo dia, veio Gade ter com Davi e lhe disse: Sobe, levanta ao SENHOR um altar na eira de Araúna, o jebuseu.

¹⁹ Davi subiu segundo a palavra de Gade, como o SENHOR lhe havia ordenado.

²⁰ Olhou Araúna do alto e, vendo que vinham para ele o rei e os seus homens, saiu e se inclinou diante do rei, com o rosto em terra.

²¹ E perguntou: Por que vem o rei, meu senhor, ao seu servo? Respondeu Davi: Para comprar de ti esta eira, a fim de edificar nela um altar ao SENHOR, para que cesse a praga de sobre o povo.

²² Então, disse Araúna a Davi: Tome e ofereça o rei, meu senhor, o que bem lhe parecer; eis aí os bois para o holocausto, e os trilhos, e a apeiragem dos bois para a lenha.

²³ Tudo isto, ó rei, Araúna oferece ao rei; e ajuntou: Que o SENHOR, teu Deus, te seja propício.

²⁴ Porém o rei disse a Araúna: Não, mas eu te comprarei pelo devido preço, porque não oferecerei ao SENHOR, meu Deus, holocaustos que não me custem nada. Assim, Davi comprou a eira e pelos bois pagou cinqüenta siclos de prata.

²⁵ Edificou ali Davi ao SENHOR um altar e apresentou holocaustos e ofertas pacíficas. Assim, o SENHOR se tornou favorável para com a terra, e a praga cessou de sobre Israel.

O PRIMEIRO LIVRO DOS
REIS

A velhice de Davi

1 Sendo o rei Davi já velho e entrado em dias, envolviam-no com roupas, porém não se aquecia.

² Então, lhe disseram os seus servos: Procure-se para o rei, nosso senhor, uma jo-

vem donzela, que esteja perante o rei, e tenha cuidado dele, e durma nos seus braços, para que o rei, nosso senhor, se aqueça.

³ Procuraram, pois, por todos os termos de Israel uma jovem formosa; acharam Abisague, sunamita, e a trouxeram ao rei.

⁴ A jovem era sobremaneira formosa;

cuidava do rei e o servia, porém o rei não a possuiu.

Adonias usurpa o trono

5 Então, Adonias, filho de Hagite, se exaltou e disse: Eu reinarei. Providenciou carros, e cavaleiros, e cinqüenta homens que corressem adiante dele.

6 Jamais seu pai o contrariou, dizendo: Por que procedes assim? Além disso, era ele de aparência mui formosa e nascera depois de Absalão.

7 Entendia-se ele com Joabe, filho de Zeruia, e com Abiatar, o sacerdote, que, seguindo-o, o ajudavam.

8 Porém Zadoque, o sacerdote, e Benaia, filho de Joiada, e Natã, o profeta, e Simei, e Reí, e os valentes que Davi tinha não apoiavam Adonias.

9 Imolou Adonias ovelhas, e bois, e animais cevados, junto à pedra de Zoelete, que está perto da fonte de Rogel, e convidou todos os seus irmãos, os filhos do rei, e todos os homens de Judá, servos do rei,

10 porém a Natã, profeta, e a Benaia, e os valentes, e a Salomão, seu irmão, não convidou.

Natã e Bate-Seba advogam a causa de Salomão

11 Então, disse Natã a Bate-Seba, mãe de Salomão: Não ouviste que Adonias, filho de Hagite, reina e que nosso senhor, Davi, não o sabe?

12 Vem, pois, e permite que eu te dê um conselho, para que salves a tua vida e a de Salomão, teu filho.

13 Vai, apresenta-te ao rei Davi e dize-lhe: Não juraste, ó rei, senhor meu, à tua serva, dizendo: Teu filho Salomão reinará depois de mim e se assentará no meu trono? Por que, pois, reina Adonias?

14 Eis que, estando tu ainda a falar com o rei, eu também entrarei depois de ti e confirmarei as tuas palavras.

15 Apresentou-se, pois, Bate-Seba ao rei na recâmara; era já o rei mui velho, e Abisague, a sunamita, o servia.

16 Bate-Seba inclinou a cabeça e prostrou-se perante o rei, que perguntou: Que desejas?

17 Respondeu-lhe ela: Senhor meu, juraste à tua serva pelo SENHOR, teu Deus, dizendo: Salomão, teu filho, reinará depois de mim e ele se assentará no meu trono.

18 Agora, eis que Adonias reina, e tu, ó rei, meu senhor, não o sabes.

19 Imolou bois, e animais cevados, e ovelhas em abundância. Convidou todos os filhos do rei, a Abiatar, o sacerdote, e a Joabe, comandante do exército, mas a teu servo Salomão não convidou.

20 Porém, ó rei, meu senhor, todo o Israel tem os olhos em ti, para que lhe declares quem será o teu sucessor que se assentará no teu trono.

21 Do contrário, sucederá que, quando o rei, meu senhor, jazer com seus pais, eu e Salomão, meu filho, seremos tidos por culpados.

22 Estando ela ainda a falar com o rei, eis que entra o profeta Natã.

23 E o fizeram saber ao rei, dizendo: Aí está o profeta Natã. Apresentou-se ele ao rei, prostrou-se com o rosto em terra perante ele

24 e disse: Ó rei, meu senhor, acaso disseste: Adonias reinará depois de mim e ele é quem se assentará no meu trono?

25 Porque, hoje, desceu, imolou bois, e animais cevados, e ovelhas em abundância e convidou todos os filhos do rei, e os chefes do exército, e a Abiatar, o sacerdote, e eis que estão comendo e bebendo perante ele; e dizem: Viva o rei Adonias!

26 Porém a mim, sendo eu teu servo, e a Zadoque, o sacerdote, e a Benaia, filho de Joiada, e a Salomão, teu servo, não convidou.

27 Foi isto feito da parte do rei, meu senhor? E não fizeste saber a teu servo quem se assentaria no teu trono, depois de ti?

28 Respondeu o rei Davi e disse: Chamai-me a Bate-Seba. Ela se apresentou ao rei e se pôs diante dele.

29 Então, jurou o rei e disse: Tão certo como vive o SENHOR, que remiu a minha alma de toda a angústia,

30 farei no dia de hoje, como te jurei pelo SENHOR, Deus de Israel, dizendo: Teu filho Salomão reinará depois de mim e se assentará no meu trono, em meu lugar.

31 Então, Bate-Seba se inclinou, e se prostrou com o rosto em terra diante do rei, e disse: Viva o rei Davi, meu senhor, para sempre!

Salomão é constituído rei

32 Disse o rei Davi: Chamai-me Zadoque, o sacerdote, e Natã, o profeta, e Be-

1.5 2Sm 3.4.   1.11 2Sm 12.24,25.

naia, filho de Joiada. E eles se apresentaram ao rei.

³³ Disse-lhes o rei: Tomai convosco os
servos de vosso senhor, e fazei montar meu
filho Salomão na minha mula, e levai-o a
Giom.

³⁴ Zadoque, o sacerdote, com Natã, o
profeta, ali o ungirão rei sobre Israel; então,
tocareis a trombeta e direis: Viva o rei
Salomão!

³⁵ Subireis após ele, e virá e se assentará no meu trono, pois é ele quem reinará em
meu lugar; porque ordenei seja ele príncipe sobre Israel e sobre Judá.

³⁶ Então, Benaia, filho de Joiada, respondeu ao rei e disse: Amém; assim o diga
o SENHOR, Deus do rei, meu senhor.

³⁷ Como o SENHOR foi com o rei, meu
senhor, assim seja com Salomão e faça que
o trono deste seja maior do que o trono do
rei Davi, meu senhor.

³⁸ Então, desceu Zadoque, o sacerdote,
e Natã, o profeta, e Benaia, filho de Joiada, e a guarda real, fizeram montar Salomão a mula que era do rei Davi e o levaram
a Giom.

³⁹ Zadoque, o sacerdote, tomou do tabernáculo o chifre do azeite e ungiu a Salomão; tocaram a trombeta, e todo o povo
exclamou: Viva o rei Salomão!

⁴⁰ Após ele, subiu todo o povo, tocando
gaitas e alegrando-se com grande alegria,
de maneira que, com o seu clamor, parecia
fender-se a terra.

Adonias e seus adeptos alarmam-se

⁴¹ Adonias e todos os convidados que
com ele estavam o ouviram, quando acaba-
vam de comer; também Joabe ouviu o sonido das trombetas e disse: Que significa esse ruído de cidade alvoroçada?

⁴² Estando ele ainda a falar, eis que vem
Jônatas, filho de Abiatar, o sacerdote; disse Adonias: Entra, porque és homem valente e trazes boas-novas.

⁴³ Respondeu Jônatas e disse a Adonias:
Pelo contrário, nosso senhor, o rei Davi,
constituiu rei a Salomão.

⁴⁴ E Davi enviou com ele a Zadoque, o
sacerdote, e a Natã, o profeta, e a Benaia,
filho de Joiada, e aos da guarda real; e o fizeram montar a mula que era do rei Davi.

⁴⁵ Zadoque, o sacerdote, e Natã, o profeta, o ungiram rei em Giom e dali subiram
alegres, e a cidade se alvoroçou; esse é o clamor que ouviste.

⁴⁶ Também Salomão já está assentado
no trono do reino.

⁴⁷ Ademais, os oficiais do rei Davi vieram congratular-se com ele e disseram: Faça teu Deus que o nome de Salomão seja
mais célebre do que o teu nome; e faça que
o seu trono seja maior do que o teu trono.
E o rei se inclinou sobre o leito.

⁴⁸ Também disse o rei assim: Bendito o
SENHOR, Deus de Israel, que deu, hoje,
quem se assente no meu trono, vendo-o os
meus próprios olhos.

⁴⁹ Então, estremeceram e se levantaram
todos os convidados que estavam com Adonias, e todos se foram, tomando cada um
seu caminho.

Adonias pede indulto

⁵⁰ Porém Adonias, temendo a Salomão,
levantou-se, foi e pegou nas pontas do altar.

⁵¹ Foi dito a Salomão: Eis que Adonias
tem medo de ti, porque pega nas pontas do
altar, dizendo: Jure-me, hoje, o rei Salomão
que não matará a seu servo à espada.

⁵² Respondeu Salomão: Se for homem
de bem, nem um de seus cabelos cairá em
terra; porém, se se achar nele maldade,
morrerá.

⁵³ Enviou o rei Salomão mensageiros, e
o fizeram descer do altar; então, veio ele e
se prostrou perante o rei Salomão, e este lhe
disse: Vai para tua casa.

Davi dá instruções a Salomão e morre

2 Aproximando-se os dias da morte de
Davi, deu ele ordens a Salomão, seu filho, dizendo:

² Eu vou pelo caminho de todos os mortais. Coragem, pois, e sê homem!

³ Guarda os preceitos do SENHOR, teu
Deus, para andares nos seus caminhos, para guardares os seus estatutos, e os seus
mandamentos, e os seus juízos, e os seus
testemunhos, como está escrito na lei de
Moisés, para que prosperes em tudo quanto
fizeres e por onde quer que fores;

⁴ para que o SENHOR confirme a palavra
que falou de mim, dizendo: Se teus filhos
guardarem o seu caminho, para andarem
perante a minha face fielmente, de todo o
seu coração e de toda a sua alma, nunca te
faltará sucessor ao trono de Israel.

⁵ Também tu sabes o que me fez Joabe,
filho de Zeruia, e o que fez aos dois comandantes do exército de Israel, a Abner, filho

de Ner, e a Amasa, filho de Jéter, os quais matou, e, em tempo de paz, vingou o sangue derramado em guerra, manchando com ele o cinto que trazia nos lombos e as sandálias nos pés.

⁶ Faze, pois, segundo a tua sabedoria e não permitas que suas cãs desçam à sepultura em paz.

⁷ Porém, com os filhos de Barzilai, o gileadita, usarás de benevolência, e estarão entre os que comem à tua mesa, porque assim se houveram comigo, quando eu fugia por causa de teu irmão Absalão.

⁸ Eis que também contigo está Simei, filho de Gera, filho de Benjamim, de Baurim, que me maldisse com dura maldição, no dia em que ia a Maanaim; porém ele saiu a encontrar-se comigo junto ao Jordão, e eu, pelo SENHOR, lhe jurei, dizendo que o não mataria à espada.

⁹ Mas, agora, não o tenhas por inculpável, pois és homem prudente e bem saberás o que lhe hás de fazer para que as suas cãs desçam à sepultura com sangue.

¹⁰ Davi descansou com seus pais e foi sepultado na Cidade de Davi.

¹¹ Foi o tempo que Davi reinou sobre Israel quarenta anos: sete anos em Hebrom e em Jerusalém trinta e três.

¹² Salomão assentou-se no trono de Davi, seu pai, e o seu reino se fortificou sobremaneira.

Morte de Adonias

¹³ Então, veio Adonias, filho de Hagite, a Bate-Seba, mãe de Salomão; disse ela: É de paz a tua vinda? Respondeu ele: É de paz.

¹⁴ E acrescentou: Uma palavra tenho que dizer-te. Ela disse: Fala.

¹⁵ Disse, pois, ele: Bem sabes que o reino era meu, e todo o Israel esperava que eu reinasse, ainda que o reino se transferiu e veio a ser de meu irmão, porque do SENHOR ele o recebeu.

¹⁶ Agora, um só pedido te faço; não mo rejeites. Ela lhe disse: Fala.

¹⁷ Ele disse: Peço-te que fales ao rei Salomão (pois não to recusará) que me dê por mulher a Abisague, sunamita.

¹⁸ Respondeu Bate-Seba: Bem, eu falarei por ti ao rei.

¹⁹ Foi, pois, Bate-Seba ter com o rei Salomão, para falar-lhe por Adonias. O rei se levantou a encontrar-se com ela e se inclinou diante dela; então, se assentou no seu trono e mandou pôr uma cadeira para sua mãe, e ela se assentou à sua mão direita.

²⁰ Então, disse ela: Só um pequeno pedido te faço; não mo rejeites. E o rei lhe disse: Pede, minha mãe, porque to não recusarei.

²¹ Disse ela: Dê-se Abisague, a sunamita, a Adonias, teu irmão, por mulher.

²² Então, respondeu o rei Salomão e disse a sua mãe: Por que pedes Abisague, a sunamita, para Adonias? Pede também para ele o reino (porque é meu irmão maior), para ele, digo, e também para Abiatar, o sacerdote, e para Joabe, filho de Zeruia.

²³ E jurou o rei Salomão pelo SENHOR, dizendo: Deus me faça o que lhe aprouver, se não falou Adonias esta palavra contra a sua vida.

²⁴ Agora, pois, tão certo como vive o SENHOR, que me estabeleceu e me fez assentar no trono de Davi, meu pai, e me edificou casa, como tinha dito, hoje, morrerá Adonias.

²⁵ Enviou o rei Salomão a Benaia, filho de Joiada, o qual arremeteu contra ele, de sorte que morreu.

Expulso o sacerdote Abiatar

²⁶ E a Abiatar, o sacerdote, disse o rei: Vai para Anatote, para teus campos, porque és homem digno de morte; porém não te matarei hoje, porquanto levaste a arca do SENHOR Deus diante de Davi, meu pai, e porque te afligiste com todas as aflições de meu pai.

²⁷ Expulsou, pois, Salomão a Abiatar, para que não mais fosse sacerdote do SENHOR, cumprindo, assim, a palavra que o SENHOR dissera sobre a casa de Eli, em Silo.

Morte de Joabe

²⁸ Chegando esta notícia a Joabe (porque Joabe se tinha desviado seguindo a Adonias, ainda que se não desviara seguindo a Absalão), fugiu ele para o tabernáculo do SENHOR e pegou nas pontas do altar.

²⁹ Foi dito ao rei Salomão que Joabe havia fugido para o tabernáculo do SENHOR e eis que está junto ao altar. Enviou, pois, Salomão a Benaia, filho de Joiada, dizendo: Vai, arremete contra ele.

³⁰ Foi Benaia ao tabernáculo do

2.7 2Sm 17.27-29.   2.8 2Sm 16.5-13; 19.16-23.   2.11 2Sm 5.4,5; 1Cr 3.4.   2.12 1Cr 29.23.   2.26 2Sm 15.24
2.27 1Sm 2.27-36.

SENHOR, e disse a Joabe: Assim diz o rei: Sai daí. Ele respondeu: Não, morrerei aqui. Benaia tornou com a resposta ao rei, dizendo: Assim falou Joabe e assim me respondeu.

31 Disse-lhe o rei: Faze como ele te disse; arremete contra ele e sepulta-o, para que tires de mim e da casa de meu pai a culpa do sangue que Joabe sem causa derramou.

32 Assim, o SENHOR fará recair a culpa de sangue de Joabe sobre a sua cabeça, porque arremeteu contra dois homens mais justos e melhores do que ele e os matou à espada, sem que Davi, meu pai, o soubesse; isto é: a Abner, filho de Ner, comandante do exército de Israel, e a Amasa, filho de Jéter, comandante do exército de Judá.

33 Assim, recairá o sangue destes sobre a cabeça de Joabe e sobre a cabeça da sua descendência para sempre; mas a Davi, e à sua descendência, e à sua casa, e ao seu trono, dará o SENHOR paz para todo o sempre.

34 Subiu Benaia, filho de Joiada, arremeteu contra ele e o matou; e foi sepultado em sua casa, no deserto.

35 Em lugar de Joabe constituiu o rei por comandante do exército a Benaia, filho de Joiada, e, em lugar de Abiatar, a Zadoque por sacerdote.

Morte de Simei

36 Depois, mandou o rei chamar a Simei e lhe disse: Edifica-te uma casa em Jerusalém, e habita aí, e daí não saias, nem para uma parte nem para outra.

37 Porque há de ser que, no dia em que saíres e passares o ribeiro de Cedrom, fica sabendo que serás morto; o teu sangue cairá, então, sobre a tua cabeça.

38 Simei disse ao rei: Boa é essa palavra; como disse o rei, meu senhor, assim fará o teu servo. E Simei habitou em Jerusalém muitos dias.

39 Ao cabo de três anos, porém, dois escravos de Simei fugiram para Aquis, filho de Maaca, rei de Gate; e deram parte a Simei, dizendo: Eis que teus servos estão em Gate.

40 Então, Simei se dispôs, albardou o seu jumento e foi a Gate ter com Aquis em busca dos seus escravos; e trouxe de Gate os seus escravos.

41 Foi Salomão avisado de que Simei de Jerusalém fora a Gate e já havia voltado.

42 Então, mandou o rei chamar a Simei e lhe disse: Não te fiz eu jurar pelo SENHOR

e não te protestei, dizendo: No dia em que saíres para uma ou outra parte, fica sabendo que serás morto? E tu me disseste: Boa é essa palavra que ouvi.

43 Por que, pois, não guardaste o juramento do SENHOR, nem a ordem que te dei?

44 Disse mais o rei a Simei: Bem sabes toda a maldade que o teu coração reconhece que fizeste a Davi, meu pai; pelo que o SENHOR te fez recair sobre a cabeça a tua maldade.

45 Mas o rei Salomão será abençoado, e o trono de Davi, mantido perante o SENHOR, para sempre.

46 O rei deu ordem a Benaia, filho de Joiada, o qual saiu e arremeteu contra ele, de sorte que morreu; assim se firmou o reino sob o domínio de Salomão.

Salomão casa com a filha de Faraó

3 Salomão aparentou-se com Faraó, rei do Egito, pois tomou por mulher a filha de Faraó e a trouxe à Cidade de Davi, até que acabasse de edificar a sua casa, e a Casa do SENHOR, e a muralha à roda de Jerusalém.

2 Entretanto, o povo oferecia sacrifícios sobre os altos, porque até àqueles dias ainda não se tinha edificado casa ao nome do SENHOR.

Salomão pede a Deus sabedoria
2Cr 1.2-13

3 Salomão amava ao SENHOR, andando nos preceitos de Davi, seu pai; porém sacrificava ainda nos altos e queimava incenso.

4 Foi o rei a Gibeom para lá sacrificar, porque era o alto maior; ofereceu mil holocaustos Salomão naquele altar.

5 Em Gibeom, apareceu o SENHOR a Salomão, de noite, em sonhos. Disse-lhe Deus: Pede-me o que queres que eu te dê.

6 Respondeu Salomão: De grande benevolência usaste para com teu servo Davi, meu pai, porque ele andou contigo em fidelidade, e em justiça, e em retidão de coração, perante a tua face; mantiveste-lhe esta grande benevolência e lhe deste um filho que se assentasse no seu trono, como hoje se vê.

7 Agora, pois, ó SENHOR, meu Deus, tu fizeste reinar teu servo em lugar de Davi, meu pai; não passo de uma criança, não sei como conduzir-me.

8 Teu servo está no meio do teu povo

que elegeste, povo grande, tão numeroso, que se não pode contar.

⁹ Dá, pois, ao teu servo coração compreensivo para julgar a teu povo, para que prudentemente discirna entre o bem e o mal; pois quem poderia julgar a este grande povo?

¹⁰ Estas palavras agradaram ao Senhor, por haver Salomão pedido tal cousa.

¹¹ Disse-lhe Deus: Já que pediste esta cousa e não pediste longevidade, nem riquezas, nem a morte de teus inimigos; mas pediste entendimento, para discernires o que é justo;

¹² eis que faço segundo as tuas palavras: dou-te coração sábio e inteligente, de maneira que antes de ti não houve teu igual, nem depois de ti o haverá.

¹³ Também até o que me não pediste eu te dou, tanto riquezas como glória; que não haja teu igual entre os reis, por todos os teus dias.

¹⁴ Se andares nos meus caminhos e guardares os meus estatutos e os meus mandamentos, como andou Davi, teu pai, prolongarei os teus dias.

¹⁵ Despertou Salomão; e eis que era sonho. Veio a Jerusalém, pôs-se perante a arca da Aliança do SENHOR, ofereceu holocaustos, apresentou ofertas pacíficas e deu um banquete a todos os seus oficiais.

Salomão julga a causa de duas mulheres

¹⁶ Então, vieram duas prostitutas ao rei e se puseram perante ele.

¹⁷ Disse-lhe uma das mulheres: Ah! Senhor meu, eu e esta mulher moramos na mesma casa, onde dei à luz um filho.

¹⁸ No terceiro dia, depois do meu parto, também esta mulher teve um filho. Estávamos juntas; nenhuma outra pessoa se achava conosco na casa; somente nós ambas estávamos ali.

¹⁹ De noite, morreu o filho desta mulher, porquanto se deitara sobre ele.

²⁰ Levantou-se à meia-noite, e, enquanto dormia a tua serva, tirou-me a meu filho do meu lado, e o deitou nos seus braços; e a seu filho morto deitou-o nos meus.

²¹ Levantando-me de madrugada para dar de mamar a meu filho, eis que estava morto; mas, reparando nele pela manhã, eis que não era o filho que eu dera à luz.

²² Então, disse a outra mulher: Não, mas o vivo é meu filho; o teu é o morto. Porém esta disse: Não, o morto é teu filho; o meu é o vivo. Assim falaram perante o rei.

²³ Então, disse o rei: Esta diz: Este que vive é meu filho, e teu filho é o morto; e esta outra diz: Não, o morto é teu filho, e o meu filho é o vivo.

²⁴ Disse mais o rei: Trazei-me uma espada. Trouxeram uma espada diante do rei.

²⁵ Disse o rei: Dividi em duas partes o menino vivo e dai metade a uma e metade a outra.

²⁶ Então, a mulher cujo filho era o vivo falou ao rei (porque o amor materno se aguçou por seu filho) e disse: Ah! Senhor meu, dai-lhe o menino vivo e por modo nenhum o mateis. Porém a outra dizia: Nem meu nem teu; seja dividido.

²⁷ Então, respondeu o rei: Dai à primeira o menino vivo; não o mateis, porque esta é sua mãe.

²⁸ Todo o Israel ouviu a sentença que o rei havia proferido; e todos tiveram profundo respeito ao rei, porque viram que havia nele a sabedoria de Deus, para fazer justiça.

Os oficiais de Salomão

4 O rei Salomão reinou sobre todo o Israel.

² Eram estes os seus homens principais: Azarias, filho de Zadoque, o principal.

³ Eliorefe e Aías, filhos de Sisa, eram secretários; Josafá, filho de Ailude, era o cronista;

⁴ Benaia, filho de Joiada, era comandante do exército; Zadoque e Abiatar eram sacerdotes;

⁵ Azarias, filho de Natã, era intendente-chefe; Zabude, filho de Natã, ministro, amigo do rei;

⁶ Aisar, mordomo; Adonirão, filho de Abda, superintendente dos que trabalhavam forçados.

⁷ Tinha Salomão doze intendentes sobre todo o Israel, que forneciam mantimento ao rei e à sua casa; cada um tinha de fornecer durante um mês do ano.

⁸ São estes os seus nomes: Ben-Hur, nas montanhas de Efraim;

⁹ Ben-Dequer, em Macaz, Saalbim, Bete-Semes, Elom e Bete-Hanã;

¹⁰ Ben-Hesede, em Arubote; a este pertencia também Socó e toda a terra de Hefer;

¹¹ Ben-Abinadabe tinha toda a cordilheira de Dor; Tafate, filha de Salomão, era sua mulher;

¹² Baaná, filho de Ailude, tinha a Taanaque, e a Megido, e a toda a Bete-Seã, que está junto a Zaretã, abaixo de Jezreel, des-

de Bete-Seã até Abel-Meolá, até além de Jocmeão. ¹³ Ben-Geder, em Ramote-Gileade; tinha este as aldeias de Jair, filho de Manassés, as quais estão em Gileade; também tinha a região de Argobe, a qual está em Basã, sessenta grandes cidades com muros e ferrolhos de bronze. ¹⁴ Ainadabe, filho de Ido, em Maanaim; ¹⁵ Aimaás, em Naftali; também este tomou filha de Salomão por mulher, a saber, Basemate. ¹⁶ Baaná, filho de Husai, em Aser e Bealote; ¹⁷ Josafá, filho de Parua, em Issacar; ¹⁸ Simei, filho de Elá, em Benjamim; ¹⁹ Geber, filho de Uri, na terra de Gileade, a terra de Seom, rei dos amorreus, e de Ogue, rei de Basã; e havia só um intendente nesta terra.

A prosperidade do reino de Salomão

²⁰ Eram, pois, os de Judá e Israel muitos, numerosos como a areia que está ao pé do mar; comiam, bebiam e se alegravam. ²¹ Dominava Salomão sobre todos os reinos desde o Eufrates até à terra dos filisteus e até à fronteira do Egito; os quais pagavam tributo e serviram a Salomão todos os dias da sua vida. ²² Era, pois, o provimento diário de Salomão trinta coros de flor de farinha e sessenta coros de farinha; ²³ dez bois cevados, vinte bois de pasto e cem carneiros, afora os veados, as gazelas, os corços e aves cevadas. ²⁴ Porque dominava sobre toda a região e sobre todos os reis aquém do Eufrates, desde Tifsa até Gaza, e tinha paz por todo o derredor. ²⁵ Judá e Israel habitavam confiados, cada um debaixo da sua videira e debaixo da sua figueira, desde Dã até Berseba, todos os dias de Salomão. ²⁶ Tinha também Salomão quarenta mil cavalos em estrebarias, para os seus carros, e doze mil cavaleiros. ²⁷ Forneciam, pois, os intendentes provisões, cada um no seu mês, ao rei Salomão e a todos quantos lhe chegavam à mesa; cousa nenhuma deixavam faltar. ²⁸ Também levavam a cevada e a palha para os cavalos e os ginetes, para o lugar onde estivesse o rei, segundo lhes fora prescrito.

A sabedoria de Salomão

²⁹ Deu também Deus a Salomão sabedoria, grandíssimo entendimento e larga inteligência como a areia que está na praia do mar. ³⁰ Era a sabedoria de Salomão maior do que a de todos os do Oriente e do que toda a sabedoria dos egípcios. ³¹ Era mais sábio do que todos os homens, mais sábio do que Etã, ezraíta, e do que Hemã, Calcol e Darda, filhos de Maol; e correu a sua fama por todas as nações em redor. ³² Compôs três mil provérbios, e foram os seus cânticos mil e cinco. ³³ Discorreu sobre todas as plantas, desde o cedro que está no Líbano até ao hissopo que brota do muro; também falou dos animais e das aves, dos répteis e dos peixes. ³⁴ De todos os povos vinha gente a ouvir a sabedoria de Salomão, e também enviados de todos os reis da terra que tinham ouvido da sua sabedoria.

Salomão faz aliança com Hirão
2Cr 2.1-16

5 Enviou também Hirão, rei de Tiro, os seus servos a Salomão (porque ouvira que ungiram a Salomão rei em lugar de seu pai), pois Hirão sempre fora amigo de Davi. ² Então, Salomão enviou mensageiros a Hirão, dizendo: ³ Bem sabes que Davi, meu pai, não pôde edificar uma casa ao nome do SENHOR, seu Deus, por causa das guerras com que o envolveram os seus inimigos, até que o SENHOR lhos pôs debaixo dos pés. ⁴ Porém a mim o SENHOR, meu Deus, me tem dado descanso de todos os lados; não há nem inimigo, nem adversidade alguma. ⁵ Pelo que intento edificar uma casa ao nome do SENHOR, meu Deus, como falou o SENHOR a Davi, meu pai, dizendo: Teu filho, que porei em teu lugar no teu trono, esse edificará uma casa ao meu nome. ⁶ Dá ordem, pois, que do Líbano me cortem cedros; os meus servos estarão com os teus servos, e eu te pagarei o salário destes segundo determinares; porque bem sabes que entre o meu povo não há quem saiba cortar a madeira como os sidônios. ⁷ Ouvindo Hirão as palavras de Salo-

---

4.21 Gn 15.18; 2Cr 9.26.   4.26 1Rs 10.26; 2Cr 1.14; 9.25.   4.31 Sl 89, título.   5.5 2Sm 7.12,13; 1Cr 17.11,12.

mão, muito se alegrou e disse: Bendito seja, hoje, o Senhor, que deu a Davi um filho sábio sobre este grande povo.

⁸ Enviou Hirão mensageiros a Salomão, dizendo: Ouvi o que mandaste dizer. Farei toda a tua vontade acerca das madeiras de cedro e de cipreste.

⁹ Os meus servos as levarão desde o Líbano até ao mar, e eu as farei conduzir em jangadas pelo mar até ao lugar que me designares e ali as desamarrarei; e tu as receberás. Tu também farás a minha vontade, dando provisões à minha casa.

¹⁰ Assim, deu Hirão a Salomão madeira de cedro e madeira de cipreste, segundo este queria.

¹¹ Salomão deu a Hirão vinte mil coros de trigo, para sustento da sua casa, e vinte coros de azeite batido; e o fazia de ano em ano.

¹² Deu o Senhor sabedoria a Salomão, como lhe havia prometido. Havia paz entre Hirão e Salomão; e fizeram ambos entre si aliança.

Os preparativos para edificar o templo
2Cr 2.17,18

¹³ Formou o rei Salomão uma leva de trabalhadores dentre todo o Israel, e se compunha de trinta mil homens.

¹⁴ E os enviava ao Líbano alternadamente, dez mil por mês; um mês estavam no Líbano, e dois meses, cada um em sua casa; e Adonirão dirigia a leva.

¹⁵ Tinha também Salomão setenta mil que levavam as cargas e oitenta mil que talhavam pedra nas montanhas,

¹⁶ afora os chefes-oficiais de Salomão, em número de três mil e trezentos, que dirigiam a obra e davam ordens ao povo que a executava.

¹⁷ Mandou o rei que trouxessem pedras grandes, e pedras preciosas, e pedras lavradas para fundarem a casa.

¹⁸ Lavravam-nas os edificadores de Salomão, e os de Hirão, e os giblitas; e preparavam a madeira e as pedras para se edificar a casa.

Salomão edifica o templo
2Cr 3.1-9

6 No ano quatrocentos e oitenta, depois de saírem os filhos de Israel do Egito, Salomão, no ano quarto do seu reinado sobre Israel, no mês de zive (este é o mês segundo), começou a edificar a Casa do Senhor.

² A casa que o rei Salomão edificou ao Senhor era de sessenta côvados de comprimento, vinte de largura e trinta de alto.

³ O pórtico diante do templo da casa media vinte côvados no sentido da largura do Lugar Santo, contra dez de fundo.

⁴ Para a casa, fez janelas de fasquias fixas superpostas.

⁵ Contra a parede da casa, tanto do santuário como do Santo dos Santos, edificou andares ao redor e fez câmaras laterais ao redor.

⁶ O andar de baixo tinha cinco côvados de largura, o do meio, seis, e o terceiro, sete; porque, pela parte de fora da casa em redor, fizera reentrâncias para que as vigas não fossem introduzidas nas paredes.

⁷ Edificava-se a casa com pedras já preparadas nas pedreiras, de maneira que nem martelo, nem machado, nem instrumento algum de ferro se ouviu na casa quando a edificavam.

⁸ A porta da câmara do meio do andar térreo estava à banda sul da casa, e por caracóis se subia ao segundo e deste ao terceiro.

⁹ Assim, edificou a casa e a rematou, cobrindo-a com um tabuado de cedro.

¹⁰ Os andares que edificou contra a casa toda eram de cinco côvados de altura, e os ligou com a casa com madeira de cedro.

¹¹ Então, veio a palavra do Senhor a Salomão, dizendo:

¹² Quanto a esta casa que tu edificas, se andares nos meus estatutos, e executares os meus juízos, e guardares todos os meus mandamentos, andando neles, cumprirei para contigo a minha palavra, a qual falei a Davi, teu pai.

¹³ E habitarei no meio dos filhos de Israel e não desampararei o meu povo.

O Santo dos Santos

¹⁴ Assim, edificou Salomão a casa e a rematou.

¹⁵ Também revestiu as paredes da casa por dentro com tábuas de cedro; desde o soalho da casa até ao teto, cobriu com madeira por dentro; e cobriu o piso da casa com tábuas de cipreste.

¹⁶ Da mesma sorte, revestiu também os vinte côvados dos fundos da casa com tábuas de cedro, desde o soalho até ao teto;

6.16 Êx 26.33,34.

e esse interior ele constituiu em santuário, a saber, o Santo dos Santos.

¹⁷ Era, pois, o Santo Lugar do templo de quarenta côvados.

¹⁸ O cedro da casa por dentro era lavrado de colocíntidas e flores abertas; tudo era cedro, pedra nenhuma se via.

¹⁹ No mais interior da casa, preparou o Santo dos Santos para nele colocar a arca da Aliança do SENHOR.

²⁰ Era o Santo dos Santos de vinte côvados de comprimento, vinte de largura e vinte de altura; cobriu-o de ouro puro. Cobriu também de ouro o altar de cedro.

²¹ Por dentro, Salomão revestiu a casa de ouro puro; e fez passar cadeias de ouro por dentro do Santo dos Santos, que também cobrira de ouro.

²² Assim, cobriu de ouro toda a casa, inteiramente, e também todo o altar que estava diante do Santo dos Santos.

Os dois querubins
2Cr 3.10-14

²³ No Santo dos Santos, fez dois querubins de madeira de oliveira, cada um da altura de dez côvados.

²⁴ Cada asa dum querubim era de cinco côvados; dez côvados havia, pois, de uma a outra extremidade de suas asas.

²⁵ Assim, também era de dez côvados o outro querubim; ambos mediam o mesmo e eram da mesma forma.

²⁶ A altura dum querubim era de dez côvados; e assim a do outro.

²⁷ Pôs os querubins no mais interior da casa; os querubins estavam de asas estendidas, de maneira que a asa de um tocava numa parede, e a asa do outro tocava na outra parede; e as suas asas no meio da casa tocavam uma na outra.

²⁸ E cobriu de ouro os querubins.

Ornamentação das paredes e das portas

²⁹ Nas paredes todas, tanto no mais interior da casa como no seu exterior, lavrou, ao redor, entalhes de querubins, palmeiras e flores abertas.

³⁰ Também cobriu de ouro o soalho, tanto no mais interior da casa como no seu exterior.

³¹ Para entrada do Santo dos Santos, fez folhas de madeira de oliveira; a verga com as ombreiras formavam uma porta pentagonal.

³² Assim, fabricou de madeira de oliveira duas folhas e lavrou nelas entalhes de querubins, de palmeiras e de flores abertas; a estas, como as palmeiras e os querubins, cobriu de ouro.

³³ Fez, para entrada do Santo Lugar, ombreiras de madeira de oliveira; entrada quadrilateral,

³⁴ cujas duas folhas eram de madeira de cipreste; e as duas tábuas de cada folha eram dobradiças.

³⁵ E as lavrou de querubins, de palmeiras e de flores abertas e as cobriu de ouro acomodado ao lavor.

³⁶ Também edificou o átrio interior de três ordens de pedras cortadas e de uma ordem de vigas de cedro.

³⁷ No ano quarto, se pôs o fundamento da Casa do SENHOR, no mês de zive.

³⁸ E, no ano undécimo, no mês de bul, que é o oitavo, se acabou esta casa com todas as suas dependências, tal como devia ser. Levou Salomão sete anos para edificá-la.

Salomão edifica palácios reais

7 Edificou Salomão os seus palácios, levando treze anos para os concluir.

² Edificou a Casa do Bosque do Líbano, de cem côvados de comprimento, cinqüenta de largura e trinta de altura, sobre quatro ordens de colunas de cedro e vigas de cedro sobre as colunas.

³ A cobertura era de cedro, abrangendo as câmaras laterais em número de quarenta e cinco, quinze em cada andar, as quais repousavam sobre colunas.

⁴ Havia janelas em três ordens e janela oposta a janela em três fileiras.

⁵ Todas as portas e janelas eram quadradas; e janela oposta a janela em três fileiras.

⁶ Depois, fez o Salão das Colunas, de cinqüenta côvados de comprimento e trinta de largura; e havia um pórtico de colunas defronte dele, um baldaquino.

⁷ Também fez a Sala do Trono, onde julgava, a saber, a Sala do Julgamento, coberta de cedro desde o soalho até ao teto.

⁸ A sua casa, em que moraria, fê-la noutro pátio atrás da Sala do Trono, de obra semelhante a esta; também para a filha de Faraó, que tomara por mulher, fez Salomão uma casa semelhante à Sala do Trono.

⁹ Todas estas construções eram de pedras de valor, cortadas à medida, serradas

6.22 Êx 30.1-3.   6.23 Êx 25.18-20.   7.8 1Rs 3.1.

para o lado de dentro e para o de fora; e isto desde o fundamento até às beiras do teto, e por fora até ao átrio maior.

¹⁰ O fundamento era de pedras de valor, pedras grandes; pedras de dez côvados e pedras de oito côvados;

¹¹ por cima delas, pedras de valor, cortadas segundo as medidas, e cedros.

¹² Ao redor do grande átrio, havia três ordens de pedras cortadas e uma ordem de vigas de cedro; assim era também o átrio interior da Casa do Senhor e o pórtico daquela casa.

¹³ Enviou o rei Salomão mensageiros que de Tiro trouxessem Hirão.

¹⁴ Era este filho duma mulher viúva, da tribo de Naftali, e fora seu pai um homem de Tiro que trabalhava em bronze; Hirão era cheio de sabedoria, e de entendimento, e de ciência para fazer toda obra de bronze. Veio ter com o rei Salomão e fez toda a sua obra.

As duas colunas do templo
2Cr 3.15-17

¹⁵ Formou duas colunas de bronze; a altura de cada uma era de dezoito côvados, e um fio de doze côvados era a medida de sua circunferência.

¹⁶ Também fez dois capitéis de fundição de bronze para pôr sobre o alto das colunas; de cinco côvados era a altura de cada um deles.

¹⁷ Havia obra de rede e ornamentos torcidos em forma de cadeia, para os capitéis que estavam sobre o alto das colunas; sete para um capitel e sete para o outro.

¹⁸ Fez também romãs em duas fileiras por cima de uma das obras de rede, para cobrir o capitel no alto da coluna; o mesmo fez com o outro capitel.

¹⁹ Os capitéis que estavam no alto das colunas eram de obra de lírios, como na Sala do Trono, e de quatro côvados.

²⁰ Perto do bojo, próximo à obra de rede, os capitéis que estavam no alto das duas colunas tinham duzentas romãs, dispostas em fileiras em redor, sobre um e outro capitel.

²¹ Depois, levantou as colunas no pórtico do templo; tendo levantado a coluna direita, chamou-lhe Jaquim; e, tendo levantado a coluna esquerda, chamou-lhe Boaz.

²² No alto das colunas, estava a obra de lírios. E, assim, se acabou a obra das colunas.

O mar de fundição

²³ Fez também o mar de fundição, redondo, de dez côvados duma borda até à outra borda, e de cinco de alto; e um fio de trinta côvados era a medida de sua circunferência.

²⁴ Por baixo da sua borda em redor, havia colocíntidas, dez em cada côvado; estavam em duas fileiras, fundidas quando se fundiu o mar.

²⁵ Assentava-se o mar sobre doze bois; três olhavam para o norte, três, para o ocidente, três, para o sul, e três, para o oriente; o mar apoiava-se sobre eles, cujas partes posteriores convergiam para dentro.

²⁶ A grossura dele era de quatro dedos, e a sua borda, como borda de copo, como flor de lírios; comportava dois mil batos.

Outros utensílios para o templo
2Cr 4.6-22

²⁷ Fez também de bronze dez suportes; cada um media quatro côvados de comprimento, quatro de largura e três de altura;

²⁸ e eram do seguinte modo: tinham painéis, que estavam entre molduras,

²⁹ nos quais havia leões, bois e querubins; nas molduras de cima e de baixo dos leões e dos bois, havia festões pendentes.

³⁰ Tinha cada suporte quatro rodas de bronze e eixos de bronze; os seus quatro pés tinham apoios debaixo da pia, apoios fundidos, e ao lado de cada um havia festões.

³¹ A boca dos suportes estava dentro de uma guarnição que media um côvado de altura; a boca era redonda como a obra de um pedestal e tinha o diâmetro de um côvado e meio. Também nela havia entalhes, e os seus painéis eram quadrados, não redondos.

³² As quatro rodas estavam debaixo dos painéis, e os eixos das rodas formavam uma peça com o suporte; cada roda era de um côvado e meio de altura.

³³ As rodas eram como as de um carro: seus eixos, suas cambas, seus raios e seus cubos, todos eram fundidos.

³⁴ Havia quatro apoios aos quatro cantos de cada suporte, que com este formavam uma peça.

³⁵ No alto de cada suporte, havia um cilindro de meio côvado de altura; também, no alto de cada suporte, os apoios e painéis formavam uma peça só com ele.

³⁶ Na superfície dos seus apoios e dos seus painéis, gravou querubins, leões e pal-

meiras, segundo o espaço de cada um, com festões ao redor.

³⁷ Deste modo, fez os dez suportes; todos tinham a mesma fundição, o mesmo tamanho e o mesmo entalhe.

³⁸ Também fez dez pias de bronze; em cada uma cabiam quarenta batos, e cada uma era de quatro côvados; sobre cada um dos dez suportes estava uma pia.

³⁹ Pôs cinco suportes à direita da casa e cinco, à esquerda; porém o mar pôs ao lado direito da casa, para a banda sudeste.

⁴⁰ Depois, fez Hirão os caldeirões, e as pás, e as bacias. Assim, terminou ele de fazer toda a obra para o rei Salomão, para a Casa do SENHOR:

⁴¹ as duas colunas, os dois globos dos capitéis que estavam no alto das duas colunas; as duas redes, para cobrir os dois globos dos capitéis que estavam ao alto das colunas;

⁴² as quatrocentas romãs para as duas redes, isto é, duas fileiras de romãs para cada rede, para cobrirem os dois globos dos capitéis que estavam no alto das colunas;

⁴³ os dez suportes e as dez pias sobre eles;

⁴⁴ o mar com os doze bois por baixo;

⁴⁵ os caldeirões, as pás, as bacias e todos estes utensílios que fez Hirão para o rei Salomão, para a Casa do SENHOR, todos eram de bronze polido.

⁴⁶ Na planície do Jordão, o rei os fez fundir em terra barrenta, entre Sucote e Zaretã.

⁴⁷ Deixou Salomão de pesar todos os utensílios pelo seu excessivo número, não se verificando, pois, o peso do seu bronze.

⁴⁸ Também fez Salomão todos os utensílios do Santo Lugar do SENHOR: o altar de ouro e a mesa de ouro, sobre a qual estavam os pães da proposição;

⁴⁹ os castiçais de ouro finíssimo, cinco à direita e cinco à esquerda, diante do Santo dos Santos; as flores, as lâmpadas e as espevitadeiras, também de ouro;

⁵⁰ também as taças, as espevitadeiras, as bacias, os recipientes para incenso e os braseiros, de ouro finíssimo; as dobradiças para as portas da casa interior para o Santo dos Santos e as das portas do Santo Lugar do templo, também de ouro.

As dádivas de Davi colocadas no templo
2Cr 5.1

⁵¹ Assim, se acabou toda a obra que fez o rei Salomão para a Casa do SENHOR; então, trouxe Salomão as cousas que Davi, seu pai, havia dedicado; a prata, o ouro e os utensílios, ele os pôs entre os tesouros da Casa do SENHOR.

Salomão traz para o templo a arca
2Cr 5.2-14

8 Congregou Salomão os anciãos de Israel, todos os cabeças das tribos, os príncipes das famílias dos israelitas, diante de si em Jerusalém, para fazerem subir a arca da Aliança do SENHOR da Cidade de Davi, que é Sião, para o templo.

² Todos os homens de Israel se congregaram junto ao rei Salomão na ocasião da festa, no mês de etanim, que é o sétimo.

³ Vieram todos os anciãos de Israel, e os sacerdotes tomaram a arca do SENHOR

⁴ e a levaram para cima, com a tenda da congregação, e também os utensílios sagrados que nela havia; os sacerdotes e levitas é que os fizeram subir.

⁵ O rei Salomão e toda a congregação de Israel, que se reunira a ele, estavam todos diante da arca, sacrificando ovelhas e bois, que, de tão numerosos, não se podiam contar.

⁶ Puseram os sacerdotes a arca da Aliança do SENHOR no seu lugar, no santuário mais interior do templo, no Santo dos Santos, debaixo das asas dos querubins.

⁷ Pois os querubins estendiam as asas sobre o lugar da arca e, do alto, cobriam a arca e os varais.

⁸ Os varais sobressaíam tanto, que suas pontas eram vistas do Santo Lugar, defronte do Santo dos Santos, porém de fora não se viam. Ali, estão até ao dia de hoje.

⁹ Nada havia na arca senão as duas tábuas de pedra, que Moisés ali pusera junto a Horebe, quando o SENHOR fez aliança com os filhos de Israel, ao saírem da terra do Egito.

¹⁰ Tendo os sacerdotes saído do santuário, uma nuvem encheu a Casa do SENHOR,

¹¹ de tal sorte que os sacerdotes não puderam permanecer ali, para ministrar, por causa da nuvem, porque da glória do SENHOR enchera a Casa do SENHOR.

Salomão fala ao povo
2Cr 6.1-11

¹² Então, disse Salomão: O SENHOR declarou que habitaria em trevas espessas.

7.38 Êx 30.17-21.   7.48 Êx 30.1-3; 25.23-30.   7.49 Êx 25.31-40.   7.51 2Sm 8.11; 1Cr 18.11.   8.1 2Sm 6.12-15; 1Cr 15.25-28.   8.9 Dt 10.5.   8.10,11 Êx 40.34,35.

13 Na verdade, edifiquei uma casa para tua morada, lugar para a tua eterna habitação.

14 Voltou, então, o rei o rosto e abençoou a toda a congregação de Israel, enquanto se mantinha toda em pé;

15 e disse: Bendito seja o SENHOR, o Deus de Israel, que falou pessoalmente a Davi, meu pai, e pelo seu poder o cumpriu, dizendo:

16 Desde o dia em que tirei Israel, o meu povo, do Egito, não escolhi cidade alguma de todas as tribos de Israel, para edificar uma casa a fim de ali estabelecer o meu nome; porém escolhi a Davi para chefe do meu povo de Israel.

17 Também Davi, meu pai, propusera em seu coração o edificar uma casa ao nome do SENHOR, o Deus de Israel.

18 Porém o SENHOR disse a Davi, meu pai: Já que desejaste edificar uma casa ao meu nome, bem fizeste em o resolver em teu coração.

19 Todavia, tu não edificarás a casa, porém teu filho, que descenderá de ti, ele a edificará ao meu nome.

20 Assim, cumpriu o SENHOR a sua palavra que tinha dito, pois me levantei em lugar de Davi, meu pai, e me assentei no trono de Israel, como prometera o SENHOR; e edifiquei a casa ao nome do SENHOR, o Deus de Israel.

21 E nela constituí um lugar para a arca, em que estão as tábuas da aliança que o SENHOR fez com nossos pais, quando os tirou da terra do Egito.

Salomão ora a Deus
2Cr 6.12-42

22 Pôs-se Salomão diante do altar do SENHOR, na presença de toda a congregação de Israel; e estendeu as mãos para os céus

23 e disse: Ó SENHOR, Deus de Israel, não há Deus como tu, em cima nos céus nem embaixo na terra, como tu que guardas a aliança e a misericórdia a teus servos que de todo o coração andam diante de ti;

24 que cumpriste para com teu servo Davi, meu pai, o que lhe prometeste; pessoalmente o disseste e pelo teu poder o cumpriste, como hoje se vê.

25 Agora, pois, ó SENHOR, Deus de Israel, faze a teu servo Davi, meu pai, o que lhe declaraste, dizendo: Não te faltará sucessor diante de mim, que se assente no trono de Israel; contanto que teus filhos guardem o seu caminho, para andarem diante de mim como tu andaste.

26 Agora também, ó Deus de Israel, cumpra-se a tua palavra que disseste a teu servo Davi, meu pai.

27 Mas, de fato, habitaria Deus na terra? Eis que os céus e até o céu dos céus não te podem conter, quanto menos esta casa que eu edifiquei.

28 Atenta, pois, para a oração de teu servo e para a sua súplica, ó SENHOR, meu Deus, para ouvires o clamor e a oração que faz, hoje, o teu servo diante de ti.

29 Para que os teus olhos estejam abertos noite e dia sobre esta casa, sobre este lugar, do qual disseste: O meu nome estará ali; para ouvires a oração que o teu servo fizer neste lugar.

30 Ouve, pois, a súplica do teu servo e do teu povo de Israel, quando orarem neste lugar; ouve no céu, lugar da tua habitação; ouve e perdoa.

31 Se alguém pecar contra o seu próximo, e lhe for exigido que jure, e ele vier a jurar diante do teu altar, nesta casa,

32 ouve tu nos céus, e age, e julga teus servos, condenando o perverso, fazendo recair o seu proceder sobre a sua cabeça e justificando ao justo, para lhe retribuíres segundo a sua justiça.

33 Quando o teu povo de Israel, por ter pecado contra ti, for ferido diante do inimigo, e se converter a ti, e confessar o teu nome, e orar, e suplicar a ti, nesta casa,

34 ouve tu nos céus, e perdoa o pecado do teu povo de Israel, e faze-o voltar à terra que deste a seus pais.

35 Quando os céus se cerrarem, e não houver chuva, por ter o povo pecado contra ti, e orar neste lugar, e confessar o teu nome, e se converter dos seus pecados, havendo-o tu afligido,

36 ouve tu nos céus, perdoa o pecado de teus servos e do teu povo de Israel, ensinando-lhes o bom caminho em que andem, e dá chuva na tua terra, que deste em herança ao teu povo.

37 Quando houver fome na terra ou peste, quando houver crestamento ou ferrugem, gafanhotos e larvas, quando o seu inimigo o cercar em qualquer das suas cidades ou houver alguma praga ou doença,

38 toda oração e súplica que qualquer

8.16 2Sm 7.4-11; 1Cr 17.3-10.   **8.17,18** 2Sm 7.1-3; 1Cr 17.1,2.   **8.19** 2Sm 7.12,13; 1Cr 17.11,12.
8.25 1Rs 2.4.   **8.29** Dt 12.11.

homem ou todo o teu povo de Israel fizer, conhecendo cada um a chaga do seu coração e estendendo as mãos para o rumo desta casa,

39 ouve tu nos céus, lugar da tua habitação, perdoa, age e dá a cada um segundo todos os seus caminhos, já que lhe conheces o coração, porque tu, só tu, és conhecedor do coração de todos os filhos dos homens;

40 para que te temam todos os dias que viverem na terra que deste a nossos pais.

41 Também ao estrangeiro, que não for do teu povo de Israel, porém vier de terras remotas, por amor do teu nome

42 (porque ouvirão do teu grande nome, e da tua mão poderosa, e do teu braço estendido), e orar, voltado para esta casa,

43 ouve tu nos céus, lugar da tua habitação, e faze tudo o que o estrangeiro te pedir, a fim de que todos os povos da terra conheçam o teu nome, para te temerem como o teu povo de Israel e para saberem que esta casa, que eu edifiquei, é chamada pelo teu nome.

44 Quando o teu povo sair à guerra contra o seu inimigo, pelo caminho por que o enviares, e orar ao SENHOR, voltado para esta cidade, que tu escolheste, e para a casa, que edifiquei ao teu nome,

45 ouve tu nos céus a sua oração e a sua súplica e faze-lhe justiça.

46 Quando pecarem contra ti (pois não há homem que não peque), e tu te indignares contra eles, e os entregares às mãos do inimigo, a fim de que os leve cativos à terra inimiga, longe ou perto esteja;

47 e, na terra aonde forem levados cativos, caírem em si, e se converterem, e, na terra do seu cativeiro, te suplicarem, dizendo: Pecamos, e perversamente procedemos, e cometemos iniqüidade;

48 e se converterem a ti de todo o seu coração e de toda a sua alma, na terra de seus inimigos que os levaram cativos, e orarem a ti, voltados para a sua terra, que deste a seus pais, para esta cidade que escolheste e para a casa que edifiquei ao teu nome;

49 ouve tu nos céus, lugar da tua habitação, a sua prece e a sua súplica e faze-lhes justiça,

50 perdoa o teu povo, que houver pecado contra ti, todas as suas transgressões que houverem cometido contra ti; e move tu à compaixão os que os levaram cativos para que se compadeçam deles.

51 Porque é o teu povo e a tua herança,

que tiraste da terra do Egito, do meio do forno de ferro;

52 para que teus olhos estejam abertos à súplica do teu servo e à súplica do teu povo de Israel, a fim de os ouvires em tudo quanto clamarem a ti.

53 Pois tu, ó SENHOR Deus, os separaste dentre todos os povos da terra para tua herança, como falaste por intermédio do teu servo Moisés, quando tiraste do Egito a nossos pais.

Salomão abençoa ao povo

54 Tendo Salomão acabado de fazer ao SENHOR toda esta oração e súplica, estando de joelhos e com as mãos estendidas para os céus, se levantou de diante do altar do SENHOR,

55 pôs-se em pé e abençoou a toda a congregação de Israel em alta voz, dizendo:

56 Bendito seja o SENHOR, que deu repouso ao seu povo de Israel, segundo tudo o que prometera; nem uma só palavra falhou de todas as suas boas promessas, feitas por intermédio de Moisés, seu servo.

57 O SENHOR, nosso Deus, seja conosco, assim como foi com nossos pais; não nos desampare e não nos deixe;

58 a fim de que a si incline o nosso coração, para andarmos em todos os seus caminhos e guardarmos os seus mandamentos, e os seus estatutos, e os seus juízos, que ordenou a nossos pais.

59 Que estas minhas palavras, com que supliquei perante o SENHOR, estejam presentes, diante do SENHOR, nosso Deus, de dia e de noite, para que faça ele justiça ao seu servo e ao seu povo de Israel, segundo cada dia o exigir,

60 para que todos os povos da terra saibam que o SENHOR é Deus e que não há outro.

61 Seja perfeito o vosso coração para com o SENHOR, nosso Deus, para andardes nos seus estatutos e guardardes os seus mandamentos, como hoje o fazeis.

A conclusão da solenidade
2Cr 7.4-10

62 E o rei e todo o Israel com ele ofereceram sacrifícios diante do SENHOR.

63 Ofereceu Salomão em sacrifício pacífico o que apresentou ao SENHOR, vinte e dois mil bois e cento e vinte mil ovelhas.

8.56 Dt 12.10; Js 21.44,45.

Assim, o rei e todos os filhos de Israel consagraram a Casa do SENHOR.

⁶⁴ No mesmo dia, consagrou o rei o meio do átrio que estava diante da Casa do SENHOR; porquanto ali preparara os holocaustos e as ofertas com a gordura dos sacrifícios pacíficos; porque o altar de bronze que estava diante do SENHOR era muito pequeno para nele caberem os holocaustos, as ofertas de manjares e a gordura dos sacrifícios pacíficos.

⁶⁵ No mesmo tempo, celebrou Salomão também a Festa dos Tabernáculos e todo o Israel com ele, uma grande congregação, desde a entrada de Hamate até ao rio do Egito, perante o SENHOR, nosso Deus; por sete dias além dos primeiros sete, a saber, catorze dias.

⁶⁶ No oitavo dia desta Festa, despediu o povo, e eles abençoaram o rei; então, se foram às suas tendas, alegres e de coração contente por causa de todo o bem que o SENHOR fizera a Davi, seu servo, e a Israel, seu povo.

A aliança do SENHOR com Salomão
2Cr 7.11-22

9 Sucedeu, pois, que, tendo acabado Salomão de edificar a Casa do SENHOR, e a casa do rei, e tudo o que tinha desejado e designara fazer,

² o SENHOR tornou a aparecer-lhe, como lhe tinha aparecido em Gibeom,

³ e o SENHOR lhe disse: Ouvi a tua oração e a tua súplica que fizeste perante mim; santifiquei a casa que edificaste, a fim de pôr ali o meu nome para sempre; os meus olhos e o meu coração estarão ali todos os dias.

⁴ Se andares perante mim como andou Davi, teu pai, com integridade de coração e com sinceridade, para fazeres segundo tudo o que te mandei e guardares os meus estatutos e os meus juízos,

⁵ então, confirmarei o trono de teu reino sobre Israel para sempre, como falei acerca de Davi, teu pai, dizendo: Não te faltará sucessor sobre o trono de Israel.

⁶ Porém, se vós e vossos filhos, de qualquer maneira, vos apartardes de mim e não guardardes os meus mandamentos e os meus estatutos, que vos prescrevi, mas fordes, e servirdes a outros deuses, e os adorardes,

⁷ então, eliminarei Israel da terra que lhe dei, e a esta casa, que santifiquei a meu nome, lançarei longe da minha presença; e Israel virá a ser provérbio e motejo entre todos os povos.

⁸ E desta casa, agora tão exaltada, todo aquele que por ela passar pasmará, e assobiará, e dirá: Por que procedeu o SENHOR assim para com esta terra e esta casa?

⁹ Responder-se-lhe-á: Porque deixaram o SENHOR, seu Deus, que tirou da terra do Egito os seus pais, e se apegaram a outros deuses, e os adoraram, e os serviram. Por isso, trouxe o SENHOR sobre eles todo este mal.

As demais atividades de Salomão
2Cr 8.1-18

¹⁰ Ao fim de vinte anos, terminara Salomão as duas casas, a Casa do SENHOR e a casa do rei.

¹¹ Ora, como Hirão, rei de Tiro, trouxera a Salomão madeira de cedro e de cipreste e ouro, segundo todo o seu desejo, deu lhe deu vinte cidades na terra da Galiléia.

¹² Saiu Hirão de Tiro a ver as cidades que Salomão lhe dera, porém não lhe agradaram.

¹³ Pelo que disse: Que cidades são estas que me deste, irmão meu? E lhes chamaram Terra de Cabul, até hoje.

¹⁴ Hirão tinha enviado ao rei cento e vinte talentos de ouro.

¹⁵ A razão por que Salomão impôs o trabalho forçado é esta: edificar a Casa do SENHOR, e a sua própria casa, e Milo, e o muro de Jerusalém, como também Hazor, e Megido, e Gezer;

¹⁶ porque Faraó, rei do Egito, subira, e tomara a Gezer, e a queimara, e matara os cananeus que moravam nela, e com ela dotara a sua filha, mulher de Salomão.

¹⁷ Assim, edificou Salomão Gezer, Bete-Horom, a baixa,

¹⁸ Baalate, Tadmor, no deserto daquela terra,

¹⁹ todas as cidades-armazéns que Salomão tinha, as cidades para os carros, as cidades para os cavaleiros e o que desejou enfim edificar em Jerusalém, no Líbano e em toda a terra do seu domínio.

²⁰ Quanto a todo o povo que restou dos amorreus, heteus, ferezeus, heveus e jebuseus, e que não eram dos filhos de Israel,

²¹ a seus filhos, que restaram depois deles na terra, os quais os filhos de Israel não

puderam destruir totalmente, a esses fez Salomão trabalhadores forçados, até hoje.

²² Porém dos filhos de Israel não fez Salomão escravo algum; eram homens de guerra, e seus oficiais, e seus príncipes, e seus capitães, e chefes dos seus carros e dos seus cavalarianos.

²³ Os principais oficiais que estavam sobre a obra de Salomão eram quinhentos e cinqüenta; tinham estes a seu cargo o povo que trabalhava na obra.

²⁴ Subiu, porém, a filha de Faraó da Cidade de Davi à sua casa, que Salomão lhe edificara; então, edificou a Milo.

²⁵ Oferecia Salomão, três vezes por ano, holocaustos e sacrifícios pacíficos sobre o altar que edificara ao SENHOR e queimava incenso sobre o altar perante o SENHOR. Assim, acabou ele a casa.

²⁶ Fez o rei Salomão também naus em Eziom-Geber, que está junto a Elate, na praia do mar Vermelho, na terra de Edom.

²⁷ Mandou Hirão, com aquelas naus, os seus servos, marinheiros, conhecedores do mar, com os servos de Salomão.

²⁸ Chegaram a Ofir e tomaram de lá quatrocentos e vinte talentos de ouro, que trouxeram ao rei Salomão.

A rainha de Sabá visita a Salomão
2Cr 9.1-12

10 Tendo a rainha de Sabá ouvido a fama de Salomão, com respeito ao nome do SENHOR, veio prová-lo com perguntas difíceis.

² Chegou a Jerusalém com mui grande comitiva; com camelos carregados de especiarias, e muitíssimo ouro, e pedras preciosas; compareceu perante Salomão e lhe expôs tudo quanto trazia em sua mente.

³ Salomão lhe deu resposta a todas as perguntas, e nada lhe houve profundo demais que não pudesse explicar.

⁴ Vendo, pois, a rainha de Sabá toda a sabedoria de Salomão, e a casa que edificara,

⁵ e a comida da sua mesa, e o lugar dos seus oficiais, e o serviço dos seus criados, e os trajes deles, e seus copeiros, e o holocausto que oferecia na Casa do SENHOR, ficou como fora de si

⁶ e disse ao rei: Foi verdade a palavra que a teu respeito ouvi na minha terra e a respeito da tua sabedoria.

⁷ Eu, contudo, não cria naquelas palavras, até que vim e vi com os meus próprios olhos. Eis que não me contaram a metade: sobrepujas em sabedoria e prosperidade a fama que ouvi.

⁸ Felizes os teus homens, felizes estes teus servos, que estão sempre diante de ti e que ouvem a tua sabedoria!

⁹ Bendito seja o SENHOR, teu Deus, que se agradou de ti para te colocar no trono de Israel; é porque o SENHOR ama a Israel para sempre, que te constituiu rei, para executares juízo e justiça.

¹⁰ Deu ela ao rei cento e vinte talentos de ouro, e muitíssimas especiarias, e pedras preciosas; nunca mais veio especiaria em tanta abundância, como a que a rainha de Sabá ofereceu ao rei Salomão.

¹¹ Também as naus de Hirão, que de Ofir transportavam ouro, traziam de lá grande quantidade de madeira de sândalo e pedras preciosas.

¹² Desta madeira de sândalo, fez o rei balaústres para a Casa do SENHOR e para a casa real, como também harpas e alaúdes para os cantores; tal madeira nunca se havia trazido para ali, nem se viu mais semelhante madeira até ao dia de hoje.

¹³ O rei Salomão deu à rainha de Sabá tudo quanto ela desejou e pediu, afora tudo o que lhe deu por sua generosidade real. Assim, voltou e se foi para a sua terra, com os seus servos.

As riquezas de Salomão
2Cr 1.14-17; 9.13-28

¹⁴ O peso do ouro que se trazia a Salomão cada ano era de seiscentos e sessenta e seis talentos de ouro,

¹⁵ além do que entrava dos vendedores, e do tráfico dos negociantes, e de todos os reis da Arábia, e dos governadores da terra.

¹⁶ Fez o rei Salomão duzentos paveses de ouro batido; seiscentos siclos de ouro mandou pesar para cada pavês;

¹⁷ fez também trezentos escudos de ouro batido; três arráteis de ouro mandou pesar para cada escudo. E o rei os pôs na Casa do Bosque do Líbano.

¹⁸ Fez mais o rei um grande trono de marfim e o cobriu de ouro puríssimo.

¹⁹ O trono tinha seis degraus; o espaldar do trono, ao alto, era redondo; de ambos os lados tinha braços junto ao assento e dois leões junto aos braços.

²⁰ Também doze leões estavam ali sobre os seis degraus, um em cada extremo des-

9.25 Êx 23.17; 34.23; Dt 16.16.   10.1 Mt 12.42; Lc 11.31.

tes. Nunca se fizera obra semelhante em nenhum dos reinos.

²¹ Todas as taças de que se servia o rei Salomão para beber eram de ouro, e também de ouro puro todas as da Casa do Bosque do Líbano; não havia nelas prata, porque nos dias de Salomão não se dava a ela estimação nenhuma.

²² Porque o rei tinha no mar uma frota de Társis, com as naus de Hirão; de três em três anos, voltava a frota de Társis, trazendo ouro, prata, marfim, bugios e pavões.

²³ Assim, o rei Salomão excedeu a todos os reis do mundo, tanto em riqueza como em sabedoria.

²⁴ Todo o mundo procurava ir ter com ele para ouvir a sabedoria que Deus lhe pusera no coração.

²⁵ Cada um trazia o seu presente: objetos de prata e de ouro, roupas, armaduras, especiarias, cavalos e mulas; assim, ano após ano.

²⁶ Também ajuntou Salomão carros e cavaleiros, tinha mil e quatrocentos carros e doze mil cavalarianos, que distribuiu às cidades para os carros e junto ao rei, em Jerusalém.

²⁷ Fez o rei que, em Jerusalém, houvesse prata como pedras e cedros em abundância como os sicômoros que estão nas planícies.

²⁸ Os cavalos de Salomão vinham do Egito e da Cilícia; e comerciantes do rei os recebiam da Cilícia por certo preço.

²⁹ Importava-se, do Egito, um carro por seiscentos siclos de prata e um cavalo por cento e cinqüenta; nas mesmas condições, as caravanas os traziam e os exportavam para todos os reis dos heteus e para os reis da Síria.

A idolatria de Salomão

11 Ora, além da filha de Faraó, amou Salomão muitas mulheres estrangeiras: moabitas, amonitas, edomitas, sidônias e hetéias,

² mulheres das nações de que havia o Senhor dito aos filhos de Israel: Não caseis com elas, nem casem elas convosco, pois vos perverteriam o coração, para seguirdes os seus deuses. A estas se apegou Salomão pelo amor.

³ Tinha setecentas mulheres, princesas e trezentas concubinas; e suas mulheres lhe perverteram o coração.

⁴ Sendo já velho, suas mulheres lhe per-

verteram o coração para seguir outros deuses; e o seu coração não era de todo fiel para com o Senhor, seu Deus, como fora o de Davi, seu pai.

⁵ Salomão seguiu a Astarote, deusa dos sidônios, e a Milcom, abominação dos amonitas.

⁶ Assim, fez Salomão o que era mau perante o Senhor e não perseverou em seguir ao Senhor, como Davi, seu pai.

⁷ Nesse tempo, edificou Salomão um santuário a Camos, abominação de Moabe, sobre o monte fronteiro a Jerusalém, e a Moloque, abominação dos filhos de Amom.

⁸ Assim fez para com todas as suas mulheres estrangeiras, as quais queimavam incenso e sacrificavam a seus deuses.

A ira de Deus contra Salomão

⁹ Pelo que o Senhor se indignou contra Salomão, pois desviara o seu coração do Senhor, Deus de Israel, que duas vezes lhe aparecera.

¹⁰ E acerca disso lhe tinha ordenado que não seguisse a outros deuses. Ele, porém, não guardou o que o Senhor lhe ordenara.

¹¹ Por isso, disse o Senhor a Salomão: Visto que assim procedeste e não guardaste a minha aliança, nem os meus estatutos que te mandei, tirarei de ti este reino e o darei a teu servo.

¹² Contudo, não o farei nos teus dias, por amor de Davi, teu pai; da mão de teu filho o tirarei.

¹³ Todavia, não tirarei o reino todo; darei uma tribo a teu filho, por amor de Davi, meu servo, e por amor de Jerusalém, que escolhi.

Deus suscita adversários contra Salomão

¹⁴ Levantou o Senhor contra Salomão um adversário, Hadade, o edomita; este era da linhagem real de Edom.

¹⁵ Porque, estando Davi em Edom e tendo subido Joabe, comandante do exército, a sepultar os mortos, feriu todos os varões em Edom.

¹⁶ (Porque Joabe ficou ali seis meses com todo o Israel, até que eliminou todos os varões em Edom.)

¹⁷ Hadade, porém, fugiu, e, com ele, alguns homens edomitas, dos servos de seu

pai, para ir ao Egito; era Hadade ainda muito jovem.

¹⁸ Partiram de Midiã e seguiram a Parã, de onde tomaram consigo homens e chegaram ao Egito, a Faraó, rei do Egito, o qual deu a Hadade uma casa, e lhe prometeu sustento, e lhe deu terras.

¹⁹ Achou Hadade grande mercê por parte de Faraó, tanta que este lhe deu por mulher a irmã de sua própria mulher,

²⁰ a irmã de Tafnes, a rainha. A irmã de Tafnes deu-lhe à luz seu filho Genubate, o qual Tafnes criou na casa de Faraó, onde Genubate ficou entre os filhos de Faraó.

²¹ Tendo, pois, Hadade ouvido no Egito que Davi descansara com seus pais e que Joabe, comandante do exército, era morto, disse a Faraó: Deixa-me voltar para a minha terra.

²² Então, Faraó lhe disse: Pois que te falta comigo, que procuras partir para a tua terra? Respondeu ele: Nada; porém deixa-me ir.

²³ Também Deus levantou a Salomão outro adversário, Rezom, filho de Eliada, que havia fugido de seu senhor Hadadezer, rei de Zobá.

²⁴ Ele ajuntou homens e se fez capitão de um bando; depois do morticínio feito por Davi, eles se foram para Damasco, onde habitaram e onde constituíram rei a Rezom.

²⁵ Este foi adversário de Israel por todos os dias de Salomão, fez-lhe mal como Hadade, detestava a Israel e reinava sobre a Síria.

Aías prediz a Jeroboão que este reinará sobre Israel

²⁶ Jeroboão, filho de Nebate, efraimita de Zeredá, servo de Salomão, e cuja mãe era mulher viúva, por nome Zerua, levantou a mão contra o rei.

²⁷ Esta foi a causa por que levantou a mão contra o rei: Salomão estava edificando a Milo e terraplenando depressões da Cidade de Davi, seu pai.

²⁸ Ora, vendo Salomão que Jeroboão era homem valente e capaz, moço laborioso, ele o pôs sobre todo o trabalho forçado da casa de José.

²⁹ Sucedeu, nesse tempo, que, saindo Jeroboão de Jerusalém, o encontrou o profeta Aías, o silonita, no caminho; este se tinha vestido de uma capa nova, e estavam sós os dois no campo.

³⁰ Aías pegou na capa nova que tinha sobre si, rasgou-a em doze pedaços

³¹ e disse a Jeroboão: Toma dez pedaços, porque assim diz o SENHOR, Deus de Israel: Eis que rasgarei o reino da mão de Salomão, e a ti darei dez tribos.

³² Porém ele terá uma tribo, por amor de Davi, meu servo, e por amor de Jerusalém, a cidade que escolhi de todas as tribos de Israel.

³³ Porque Salomão me deixou e se encurvou a Astarote, deusa dos sidônios, a Camos, deus de Moabe, e a Milcom, deus dos filhos de Amom; e não andou nos meus caminhos para fazer o que é reto perante mim, a saber, os meus estatutos e os meus juízos, como fez Davi, seu pai.

³⁴ Porém não tomarei da sua mão o reino todo; pelo contrário, fá-lo-ei príncipe todos os dias da sua vida, por amor de Davi, meu servo, a quem elegi, porque guardou os meus mandamentos e os meus estatutos.

³⁵ Mas da mão de seu filho tomarei o reino, a saber, as dez tribos, e tas darei a ti.

³⁶ E a seu filho darei uma tribo; para que Davi, meu servo, tenha sempre uma lâmpada diante de mim em Jerusalém, a cidade que escolhi para pôr ali o meu nome.

³⁷ Tomar-te-ei, e reinarás sobre tudo o que desejar a tua alma; e serás rei sobre Israel.

³⁸ Se ouvires tudo o que eu te ordenar, e andares nos meus caminhos, e fizeres o que é reto perante mim, guardando os meus estatutos e os meus mandamentos, como fez Davi, meu servo, eu serei contigo, e te edificarei uma casa estável, como edifiquei a Davi, e te darei Israel.

³⁹ Por isso, afligirei a descendência de Davi; todavia, não para sempre.

⁴⁰ Pelo que Salomão procurou matar a Jeroboão; este, porém, se dispôs e fugiu para o Egito, a ter com Sisaque, rei do Egito; e ali permaneceu até à morte de Salomão.

A morte de Salomão
2Cr 9.29-31

⁴¹ Quanto aos mais atos de Salomão, a tudo quanto fez, e à sua sabedoria, porventura, não estão escritos no livro da História de Salomão?

⁴² Foi de quarenta anos o tempo que reinou Salomão em Jerusalém sobre todo o Israel.

⁴³ Descansou com seus pais e foi sepultado na Cidade de Davi, seu pai; e Roboão, seu filho, reinou em seu lugar.

Roboão causa separação entre as tribos
2Cr 10.1-15

12 Foi Roboão a Siquém, porque todo o Israel se reuniu lá, para o fazer rei.

² Tendo Jeroboão, filho de Nebate, ouvido isso (pois estava ainda no Egito, para onde fugira da presença do rei Salomão, onde habitava

³ e donde o mandaram chamar), veio com toda a congregação de Israel a Roboão, e lhe falaram:

⁴ Teu pai fez pesado o nosso jugo; agora, pois, alivia tu a dura servidão de teu pai e o seu pesado jugo que nos impôs, e nós te serviremos.

⁵ Ele lhes respondeu: Ide-vos e, após três dias, voltai a mim. E o povo se foi.

⁶ Tomou o rei Roboão conselho com os homens idosos que estiveram na presença de Salomão, seu pai, quando este ainda vivia, dizendo: Como aconselhais que se responda a este povo?

⁷ Eles lhe disseram: Se, hoje, te tornares servo deste povo, e o servires, e, atendendo, falares boas palavras, eles se farão teus servos para sempre.

⁸ Porém ele desprezou o conselho que os anciãos lhe tinham dado e tomou conselho com os jovens que haviam crescido com ele e o serviam.

⁹ E disse-lhes: Que aconselhais vós que respondamos a este povo que me falou, dizendo: Alivia o jugo que teu pai nos impôs?

¹⁰ E os jovens que haviam crescido com ele lhe disseram: Assim falarás a este povo que disse: Teu pai fez pesado o nosso jugo, mas tu alivia-o de sobre nós; assim lhe falarás: Meu dedo mínimo é mais grosso que os lombos de meu pai.

¹¹ Assim que, se meu pai vos impôs jugo pesado, eu ainda vo-lo aumentarei; meu pai vos castigou com açoites, porém eu vos castigarei com escorpiões.

¹² Veio, pois, Jeroboão e todo o povo, ao terceiro dia, a Roboão, como o rei lhes ordenara, dizendo: Voltai a mim ao terceiro dia.

¹³ Dura resposta deu o rei ao povo, porque desprezara o conselho que os anciãos lhe haviam dado;

¹⁴ e lhe falou segundo o conselho dos jovens, dizendo: Meu pai fez pesado o vosso jugo, porém eu ainda o agravarei; meu pai vos castigou com açoites; eu, porém, vos castigarei com escorpiões.

¹⁵ O rei, pois, não deu ouvidos ao povo; porque este acontecimento vinha do SENHOR, para confirmar a palavra que o SENHOR tinha dito por intermédio de Aías, o silonita, a Jeroboão, filho de Nebate.

Dez tribos seguem Jeroboão
2Cr 10.16-19

¹⁶ Vendo, pois, todo o Israel que o rei não lhe dava ouvidos, reagiu, dizendo: Que parte temos nós com Davi? Não há para nós herança no filho de Jessé! Às vossas tendas, ó Israel! Cuida, agora, da tua casa, ó Davi! Então, Israel se foi às suas tendas.

¹⁷ Quanto aos filhos de Israel, porém, que habitavam nas cidades de Judá, sobre eles reinou Roboão.

¹⁸ Então, o rei Roboão enviou a Adorão, superintendente dos que trabalhavam forçados; porém todo o Israel o apedrejou, e morreu. Mas o rei Roboão subiu apressuradamente ao seu carro e fugir para Jerusalém.

¹⁹ Assim, Israel se mantém rebelado contra a casa de Davi, até ao dia de hoje.

²⁰ Tendo ouvido todo o Israel que Jeroboão tinha voltado, mandaram chamá-lo para a congregação e o fizeram rei sobre todo o Israel; ninguém seguiu a casa de Davi, senão somente a tribo de Judá.

Deus proíbe que Roboão peleje contra as dez tribos
2Cr 11.1-4

²¹ Vindo, pois, Roboão a Jerusalém, reuniu toda a casa de Judá e a tribo de Benjamim, cento e oitenta mil escolhidos, destros para a guerra, para pelejar contra a casa de Israel, a fim de restituir o reino a Roboão, filho de Salomão.

²² Porém veio a palavra de Deus a Semaías, homem de Deus, dizendo:

²³ Fala a Roboão, filho de Salomão, rei de Judá, e a toda a casa de Judá, e a Benjamim, e ao resto do povo, dizendo:

²⁴ Assim diz o SENHOR: Não subireis, nem pelejareis contra vossos irmãos, os filhos de Israel; cada um volte para a sua casa, porque eu é que fiz isto. E, obedecendo eles à palavra do SENHOR, voltaram como este lhes ordenara.

A idolatria de Jeroboão

²⁵ Jeroboão edificou Siquém, na região

12.16 2Sm 20.1.

montanhosa de Efraim, e passou a residir ali; dali edificou Penuel.

²⁶ Disse Jeroboão consigo: Agora, tornará o reino para a casa de Davi.

²⁷ Se este povo subir para fazer sacrifícios na Casa do SENHOR, em Jerusalém, o coração dele se tornará a seu senhor, a Roboão, rei de Judá; e me matarão e tornarão a ele, ao rei de Judá.

²⁸ Pelo que o rei, tendo tomado conselhos, fez dois bezerros de ouro; e disse ao povo: Basta de subirdes a Jerusalém; vês aqui teus deuses, ó Israel, que te fizeram subir da terra do Egito!

²⁹ Pôs um em Betel e o outro, em Dã.

³⁰ E isso se tornou em pecado, pois que o povo ia até Dã, cada um para adorar o bezerro.

³¹ Jeroboão fez também santuários nos altos e, dentre o povo, constituiu sacerdotes que não eram dos filhos de Levi.

³² Fez uma festa no oitavo mês, no dia décimo-quinto do mês, igual à festa que se fazia em Judá, e sacrificou no altar; semelhantemente fez em Betel e ofereceu sacrifícios aos bezerros que fizera; também em Betel estabeleceu sacerdotes dos altos que levantara.

³³ No décimo-quinto dia do oitavo mês, escolhido a seu bel-prazer, subiu ele ao altar que fizera em Betel e ordenou uma festa para os filhos de Israel; subiu para queimar incenso.

Um profeta prediz contra o altar

13 Eis que, por ordem do SENHOR, veio de Judá a Betel um homem de Deus; e Jeroboão estava junto ao altar, para queimar incenso.

² Clamou o profeta contra o altar, por ordem do SENHOR, e disse: Altar, altar! Assim diz o SENHOR: Eis que um filho nascerá à casa de Davi, cujo nome será Josias, o qual sacrificará sobre ti os sacerdotes dos altos que queimam sobre ti incenso, e ossos humanos se queimarão sobre ti.

³ Deu, naquele mesmo dia, um sinal, dizendo: Este é o sinal de que o SENHOR falou: Eis que o altar se fenderá, e se derramará a cinza que há sobre ele.

⁴ Tendo o rei ouvido as palavras do homem de Deus, que clamara contra o altar de Betel, Jeroboão estendeu a mão de sobre o altar, dizendo: Prendei-o. Mas a mão que estendera contra o homem de Deus secou, e não a podia recolher.

⁵ O altar se fendeu, e a cinza se derramou do altar, segundo o sinal que o homem de Deus apontara por ordem do SENHOR.

⁶ Então, disse o rei ao homem de Deus: Implora o favor do SENHOR, teu Deus, e ora por mim, para que eu possa recolher a mão. Então, o homem de Deus implorou o favor do SENHOR, e a mão do rei se lhe recolheu e ficou como dantes.

⁷ Disse o rei ao homem de Deus: Vem comigo a casa e fortalece-te; e eu te recompensarei.

⁸ Porém o homem de Deus disse ao rei: Ainda que me desses metade da tua casa, não iria contigo, nem comeria pão, nem beberia água neste lugar.

⁹ Porque assim me ordenou o SENHOR pela sua palavra, dizendo: Não comerás pão, nem beberás água; e não voltarás pelo caminho por onde foste.

¹⁰ E se foi por outro caminho; e não voltou pelo caminho por onde viera a Betel.

A desobediência e o castigo do profeta

¹¹ Morava em Betel um profeta velho; vieram seus filhos e lhe contaram tudo o que o homem de Deus fizera aquele dia em Betel; as palavras que dissera ao rei, contaram-nas a seu pai.

¹² Perguntou-lhes o pai: Por que caminho se foi? Mostraram seus filhos o caminho por onde fora o homem de Deus que viera de Judá.

¹³ Então, disse a seus filhos: Albardai-me um jumento. Albardaram-lhe o jumento, e ele montou.

¹⁴ E foi após o homem de Deus e, achando-o sentado debaixo dum carvalho, lhe disse: És tu o homem de Deus que vieste de Judá? Ele respondeu: Eu mesmo.

¹⁵ Então, lhe disse: Vem comigo a casa e come pão.

¹⁶ Porém ele disse: Não posso voltar contigo, nem entrarei contigo; não comerei pão, nem beberei água contigo neste lugar.

¹⁷ Porque me foi dito pela palavra do SENHOR: Ali, não comerás pão, nem beberás água, nem voltarás pelo caminho por que foste.

¹⁸ Tornou-lhe ele: Também eu sou profeta como tu, e um anjo me falou por ordem do SENHOR, dizendo: Faze-o voltar contigo a tua casa, para que coma pão e beba água. (Porém mentiu-lhe.)

12.28 Êx 32.4. 12.33 Lv 23.33,34. 13.2 2Rs 23.15,16.

19 Então, voltou ele, e comeu pão em sua casa, e bebeu água.

20 Estando eles à mesa, veio a palavra do SENHOR ao profeta que o tinha feito voltar;

21 e clamou ao homem de Deus, que viera de Judá, dizendo: Assim diz o SENHOR: Porquanto foste rebelde à palavra do SENHOR e não guardaste o mandamento que o SENHOR, teu Deus, te mandara,

22 antes, voltaste, e comeste pão, e bebeste água no lugar de que te dissera: Não comerás pão, nem beberás água, o teu cadáver não entrará no sepulcro de teus pais.

23 Depois de o profeta a quem fizera voltar haver comido pão e bebido água, albardou para ele o jumento.

24 Foi-se, pois, e um leão o encontrou no caminho e o matou; o seu cadáver estava atirado no caminho, e o jumento e o leão, parados junto ao cadáver.

25 Eis que os homens passaram e viram o corpo lançado no caminho, como também o leão parado junto ao corpo; e vieram e o disseram na cidade onde o profeta velho habitava.

26 Ouvindo-o o profeta que o fizera voltar do caminho, disse: É o homem de Deus, que foi rebelde à palavra do SENHOR; por isso, o SENHOR o entregou ao leão, que o despedaçou e matou, segundo a palavra que o SENHOR lhe tinha dito.

27 Então, disse a seus filhos: Albardai-me o jumento. Eles o albardaram.

28 Ele se foi e achou o cadáver atirado no caminho e o jumento e o leão, parados junto ao cadáver; o leão não tinha devorado o corpo, nem despedaçado o jumento.

29 Então, o profeta levantou o cadáver do homem de Deus, e o pôs sobre o jumento, e o tornou a levar; assim, veio o profeta velho à cidade, para o chorar e enterrar.

30 Depositou o cadáver no seu próprio sepulcro; e o prantearam, dizendo: Ah! Irmão meu!

31 Depois de o haver sepultado, disse a seus filhos: Quando eu morrer, enterrai-me no sepulcro em que o homem de Deus está sepultado; ponde os meus ossos junto aos ossos dele.

32 Porque certamente se cumprirá o que por ordem do SENHOR clamou contra o altar que está em Betel e contra todas as casas dos altos que estão nas cidades de Samaria.

A persistência de Jeroboão no pecado

33 Depois destas cousas, Jeroboão ainda não deixou o seu mau caminho; antes, de entre o povo tornou a constituir sacerdotes para lugares altos; a quem queria, consagrava para sacerdote dos lugares altos.

34 Isso se tornou em pecado à casa de Jeroboão, para destruí-la e extingui-la da terra.

A profecia de Aías contra Jeroboão

14 Naquele tempo, adoeceu Abias, filho de Jeroboão.

2 Disse este a sua mulher: Dispõe-te, agora, e disfarça-te, para que não conheçam que és mulher de Jeroboão; e vai a Silo. Eis que lá está o profeta Aías, o qual a meu respeito disse que eu seria rei sobre este povo.

3 Leva contigo dez pães, bolos e uma botija de mel e vai ter com ele; ele te dirá o que há de suceder a este menino.

4 A mulher de Jeroboão assim o fez; levantou-se, foi a Silo e entrou na casa de Aías; Aías já não podia ver, porque os seus olhos já se tinham escurecido, por causa da sua velhice.

5 Porém o SENHOR disse a Aías: Eis que a mulher de Jeroboão vem consultar-te sobre seu filho, que está doente. Assim e assim lhe falarás, porque, ao entrar, fingirá ser outra.

6 Ouvindo Aías o ruído de seus pés, quando ela entrava pela porta, disse: Entra, mulher de Jeroboão; por que finges assim? Pois estou encarregado de te dizer duras novas.

7 Vai e dize a Jeroboão: Assim diz o SENHOR, Deus de Israel: Porquanto te levantei do meio do povo, e te fiz príncipe sobre o meu povo de Israel,

8 e tirei o reino da casa de Davi, e to entreguei, e tu não foste como Davi, meu servo, que guardou os meus mandamentos e andou após mim de todo o seu coração, para fazer somente o que parecia reto aos meus olhos;

9 antes, fizeste o mal, pior do que todos os que foram antes de ti, e fizeste outros deuses e imagens de fundição, para provocar-me à ira, e me viraste as costas;

10 portanto, eis que trarei o mal sobre a casa de Jeroboão, e eliminarei de Jeroboão todo e qualquer do sexo masculino, tanto o escravo como o livre, e lançarei fora os descendentes da casa de Jeroboão, como se lança fora o esterco, até que, de todo, ela se acabe.

¹¹ Quem morrer a Jeroboão na cidade, os cães o comerão, e o que morrer no campo aberto, as aves do céu o comerão, porque o Senhor o disse.

¹² Tu, pois, dispõe-te e vai para tua casa; quando puseres os pés na cidade, o menino morrerá.

¹³ Todo o Israel o pranteará e o sepultará; porque de Jeroboão só este dará entrada em sepultura, porquanto se achou nele cousa boa para com o Senhor, Deus de Israel, em casa de Jeroboão.

¹⁴ O Senhor, porém, suscitará para si um rei sobre Israel, que eliminará, no seu dia, a casa de Jeroboão. Que digo eu? Há de ser já.

¹⁵ Também o Senhor ferirá a Israel para que se agite como a cana se agita nas águas; arrancará a Israel desta boa terra que dera a seus pais e o espalhará para além do Eufrates, porquanto fez os seus postes-ídolos, provocando o Senhor à ira.

¹⁶ Abandonará a Israel por causa dos pecados que Jeroboão cometeu e pelos que fez Israel cometer.

¹⁷ Então, a mulher de Jeroboão se levantou, foi e chegou a Tirza; chegando ela ao limiar da casa, morreu o menino.

¹⁸ Sepultaram-no, e todo o Israel o pranteou, segundo a palavra do Senhor, por intermédio do profeta Aías, seu servo.

¹⁹ Quanto aos mais atos de Jeroboão, como guerreou e como reinou, eis que estão escritos no livro da História dos Reis de Israel.

²⁰ Foi de vinte e dois anos o tempo que reinou Jeroboão; e descansou com seus pais; e Nadabe, seu filho, reinou em seu lugar.

O reinado de Roboão, de Judá
2Cr 12.13-16; 12.1-12

²¹ Roboão, filho de Salomão, reinou em Judá; de quarenta e um anos de idade era Roboão quando começou a reinar e reinou dezessete anos em Jerusalém, na cidade que o Senhor escolhera de todas as tribos de Israel, para estabelecer ali o seu nome. Naamá era o nome de sua mãe, amonita.

²² Fez Judá o que era mau perante o Senhor; e, com os pecados que cometeu,

o provocou a zelo, mais do que fizeram os seus pais.

²³ Porque também os de Judá edificaram altos, estátuas, colunas e postes-ídolos no alto de todos os elevados outeiros e debaixo de todas as árvores verdes.

²⁴ Havia também na terra prostitutos-cultuais; fizeram segundo todas as cousas abomináveis das nações que o Senhor expulsara de diante dos filhos de Israel.

²⁵ No quinto ano do rei Roboão, Sisaque, rei do Egito, subiu contra Jerusalém

²⁶ e tomou os tesouros da Casa do Senhor e os tesouros da casa do rei; tomou tudo. Também levou todos os escudos de ouro que Salomão tinha feito.

²⁷ Em lugar destes, fez o rei Roboão escudos de bronze e os entregou nas mãos dos capitães da guarda, que guardavam a porta da casa do rei.

²⁸ Toda vez que o rei entrava na Casa do Senhor, os da guarda usavam os escudos e tornavam a trazê-los para a câmara da guarda.

²⁹ Quanto aos mais dos atos de Roboão e a tudo quanto fez, porventura, não estão escritos no livro da História dos Reis de Judá?

³⁰ Houve guerra entre Roboão e Jeroboão todos os seus dias.

³¹ Roboão descansou com seus pais e com eles foi sepultado na Cidade de Davi. Naamá era o nome de sua mãe, amonita; e Abias, filho de Roboão, reinou em seu lugar.

O reinado de Abias, de Judá
2Cr 13.1-22

15 No décimo-oitavo ano do rei Jeroboão, filho de Nebate, Abias começou a reinar sobre Judá.

² Três anos reinou em Jerusalém. Era o nome de sua mãe Maaca, filha de Absalão.

³ Andou em todos os pecados que seu pai havia cometido antes dele; e seu coração não foi perfeito para com o Senhor, seu Deus, como o coração de Davi, seu pai.

⁴ Mas, por amor de Davi, o Senhor, seu Deus, lhe deu uma lâmpada em Jerusalém, levantando a seu filho depois dele e dando estabilidade a Jerusalém.

⁵ Porquanto Davi fez o que era reto perante o Senhor e não se desviou de tudo quanto lhe ordenara, em todos os dias da sua vida, senão no caso de Urias, o heteu.

14.23 2Rs 17.9,10.   14.26 1Rs 10.16,17; 2Cr 9.15,16.   15.4 1Rs 11.36.   15.5 2Sm 11.1-27.

⁶ Houve guerra entre Roboão e Jeroboão todos os dias da sua vida.

⁷ Quanto aos mais atos de Abias e a tudo quanto fez, porventura, não estão escritos no livro da História dos Reis de Judá? Também houve guerra entre Abias e Jeroboão.

⁸ Abias descansou com seus pais, e o sepultaram na Cidade de Davi; e Asa, seu filho, reinou em seu lugar.

O reinado de Asa, de Judá
2Cr 14.1-8; 15.16-16.14

⁹ No vigésimo ano de Jeroboão, rei de Israel, começou Asa a reinar sobre Judá.
¹⁰ Quarenta e um anos reinou em Jerusalém. Era o nome de sua mãe Maaca, filha de Absalão.
¹¹ Asa fez o que era reto perante o SENHOR, como Davi, seu pai.
¹² Porque tirou da terra os prostitutos-cultuais e removeu todos os ídolos que seus pais fizeram;
¹³ e até a Maaca, sua mãe, depôs da dignidade de rainha-mãe, porquanto ela havia feito ao poste-ídolo uma abominável imagem; pois Asa destruiu essa imagem e a queimou no vale de Cedrom;
¹⁴ os altos, porém, não foram tirados; todavia, o coração de Asa foi, todos os seus dias, totalmente do SENHOR.
¹⁵ Trouxe à Casa do SENHOR as cousas consagradas por seu pai e as cousas que ele mesmo consagrara: prata, ouro e objetos de utilidade.
¹⁶ Houve guerra entre Asa e Baasa, rei de Israel, todos os seus dias.
¹⁷ Porque Baasa, rei de Israel, subiu contra Judá e edificou a Ramá, para que a ninguém fosse permitido sair de junto de Asa, rei de Judá, nem chegar a ele.
¹⁸ Então, Asa tomou toda a prata e ouro restantes nos tesouros da Casa do SENHOR e os tesouros da casa do rei e os entregou nas mãos de seus servos; e o rei Asa os enviou a Ben-Hadade, filho de Tabrimom, filho de Heziom, rei da Síria, e que habitava em Damasco, dizendo:
¹⁹ Haja aliança entre mim e ti, como houve entre meu pai e teu pai. Eis que te mando um presente, prata e ouro; vai e anula a tua aliança com Baasa, rei de Israel, para que se retire de mim.
²⁰ Ben-Hadade deu ouvidos ao rei Asa e enviou os capitães dos seus exércitos contra as cidades de Israel; e feriu a Ijom, a Dã, a Abel-Bete-Maaca e todo o distrito de Quinerete, com toda a terra de Naftali.
²¹ Ouvindo isso, Baasa deixou de edificar a Ramá e ficou em Tirza.
²² Então, o rei Asa fez apregoar por toda a Judéia que todos, sem exceção, trouxessem as pedras de Ramá e a sua madeira, com que Baasa a edificara; com elas edificou o rei Asa a Geba de Benjamim e a Mispa.
²³ Quanto aos mais atos de Asa, e a todo o seu poder, e a tudo quanto fez, e às cidades que edificou, porventura, não estão escritos no livro da História dos Reis de Judá? Porém, no tempo da sua velhice, padeceu dos pés.
²⁴ Descansou Asa com seus pais e com eles foi sepultado na Cidade de Davi, seu pai; e Josafá, seu filho, reinou em seu lugar.

O mau reinado de Nadabe, de Israel

²⁵ Nadabe, filho de Jeroboão, começou a reinar sobre Israel no ano segundo de Asa, rei de Judá; e reinou sobre Israel dois anos.
²⁶ Fez o que era mau perante o SENHOR e andou nos caminhos de seu pai e no pecado com que seu pai fizera pecar a Israel.
²⁷ Conspirou contra ele Baasa, filho de Aías, da casa de Issacar, e o feriu em Gibetom, que era dos filisteus, quando Nadabe e todo o Israel cercavam Gibetom.
²⁸ Baasa, no ano terceiro de Asa, rei de Judá, matou a Nadabe e passou a reinar em seu lugar.
²⁹ Logo que começou a reinar, matou toda a descendência de Jeroboão; não lhe deixou ninguém com vida, a todos exterminou, segundo a palavra do SENHOR, por intermédio do seu servo Aías, o silonita,
³⁰ por causa dos pecados que Jeroboão cometera e pelos que fizera Israel cometer, por causa da provocação com que irritara ao SENHOR, Deus de Israel.
³¹ Quanto aos mais atos de Nadabe e a tudo quanto fez, porventura, não estão escritos no livro da História dos Reis de Israel?
³² Houve guerra entre Asa e Baasa, rei de Israel, todos os seus dias.

O reinado de Baasa, de Israel

³³ No ano terceiro de Asa, rei de Judá, Baasa, filho de Aías, começou a reinar so-

bre todo o Israel, em Tirza, e reinou vinte e quatro anos.

³⁴ Fez o que era mau perante o SENHOR e andou no caminho de Jeroboão e no seu pecado, o qual fizera Israel cometer.

A profecia de Jeú contra Baasa

16 Então, veio a palavra do SENHOR a Jeú, filho de Hanani, contra Baasa, dizendo:

² Porquanto te levantei do pó e te constituí príncipe sobre o meu povo de Israel, e tens andado no caminho de Jeroboão e tens feito pecar a meu povo dc Israel, irritando-me com os seus pecados,

³ eis que te exterminarei a ti, Baasa, e os teus descendentes e farei à tua casa como à casa de Jeroboão, filho de Nebate.

⁴ Quem morrer a Baasa na cidade, os cães o comerão, e o que dele morrer no campo aberto, as aves do céu o comerão.

⁵ Quanto aos mais atos de Baasa, e ao que fez, e ao seu poder, porventura, não estão escritos no livro da História dos Reis de Israel?

⁶ Baasa descansou com seus pais e foi sepultado em Tirza; e Elá, seu filho, reinou em seu lugar.

⁷ Assim, veio a palavra do SENHOR, por intermédio do profeta Jeú, filho de Hanani, contra Baasa e contra a sua descendência; e isso por todo o mal que fizera perante o SENHOR, irritando-o com as suas obras, para ser como a casa de Jeroboão, e também porque matara a casa de Jeroboão.

O reinado de Elá, de Israel, e a conspiração de Zinri

⁸ No vigésimo-sexto ano de Asa, rei de Judá, Elá, filho de Baasa, começou a reinar em Tirza sobre Israel; e reinou dois anos.

⁹ Zinri, seu servo, comandante da metade dos carros, conspirou contra ele. Achava-se Elá em Tirza, bebendo e embriagando-se em casa de Arsa, seu mordomo em Tirza.

¹⁰ Entrou Zinri, e o feriu, e o matou, no ano vigésimo-sétimo de Asa, rei de Judá; e reinou em seu lugar.

¹¹ Logo que começou a reinar e se assentou no trono, feriu todos os descendentes de Baasa; não lhe deixou nenhum do sexo masculino, nem dos parentes, nem dos seus amigos.

¹² Assim, exterminou Zinri todos os descendentes de Baasa, segundo a palavra do SENHOR, por intermédio do profeta Jeú, contra Baasa,

¹³ por todos os pecados de Baasa, e os pecados de Elá, seu filho, que cometeram, e pelos que fizeram Israel cometer, irritando ao SENHOR, Deus de Israel, com os seus ídolos.

¹⁴ Quanto aos mais atos de Elá e a tudo quanto fez, porventura, não estão escritos no livro da História dos Reis de Israel?

O reinado de Zinri, de Israel

¹⁵ No ano vigésimo-sétimo de Asa, rei de Judá, reinou Zinri sete dias em Tirza; e o povo estava acampado contra Gibetom, que era dos filisteus.

¹⁶ O povo que estava acampado ouviu dizer: Zinri conspirou contra o rei e o matou. Pelo que todo o Israel, no mesmo dia, no arraial, constituiu rei sobre Israel a Onri, comandante do exército.

¹⁷ Subiu Onri de Gibetom, e todo o Israel, com ele, e sitiaram Tirza.

¹⁸ Vendo Zinri que a cidade era tomada, foi-se ao castelo da casa do rei, e o queimou sobre si, e morreu,

¹⁹ por causa dos pecados que cometera, fazendo o que era mau perante o SENHOR, andando no caminho de Jeroboão e no pecado que cometera, fazendo pecar a Israel.

²⁰ Quanto aos mais atos de Zinri e à conspiração que fez, porventura, não estão escritos no livro da História dos Reis de Israel?

O reinado de Onri, de Israel

²¹ Então, o povo de Israel se dividiu em dois partidos: metade do povo seguia a Tibni, filho de Ginate, para o fazer rei, e a outra metade seguia a Onri.

²² Mas o povo que seguia a Onri prevaleceu contra o que seguia a Tibni, filho de Ginate. Tibni morreu, e passou a reinar Onri.

²³ No trigésimo-primeiro ano de Asa, rei de Judá, Onri começou a reinar sobre Israel e reinou doze anos. Em Tirza, reinou seis anos.

²⁴ De Semer comprou ele o monte de Samaria por dois talentos de prata e o fortificou; à cidade que edificou sobre o monte, chamou-lhe Samaria, nome oriundo de Semer, dono do monte.

²⁵ Fez Onri o que era mau perante o SENHOR; fez pior do que todos quantos foram antes dele.

²⁶ Andou em todos os caminhos de Je-

roboão, filho de Nebate, como também nos pecados com que este fizera pecar a Israel, irritando ao SENHOR, Deus de Israel, com os seus ídolos.

²⁷ Quanto aos mais atos de Onri, ao que fez e ao poder que manifestou, porventura, não estão escritos no livro da História dos Reis de Israel?

²⁸ Onri descansou com seus pais e foi sepultado em Samaria; e Acabe, seu filho, reinou em seu lugar.

O reinado de Acabe, de Israel.
Seu casamento com Jezabel

²⁹ Acabe, filho de Onri, começou a reinar sobre Israel no ano trigésimo-oitavo de Asa, rei de Judá; e reinou Acabe, filho de Onri, sobre Israel, em Samaria, vinte e dois anos.

³⁰ Fez Acabe, filho de Onri, o que era mau perante o SENHOR, mais do que todos os que foram antes dele.

³¹ Como se fora cousa de somenos andar ele nos pecados de Jeroboão, filho de Nebate, tomou por mulher a Jezabel, filha de Etbaal, rei dos sidônios; e foi, e serviu a Baal, e o adorou.

³² Levantou um altar a Baal, na casa de Baal que edificara em Samaria.

³³ Também Acabe fez um poste-ídolo, de maneira que cometeu mais abominações para irritar ao SENHOR, Deus de Israel, do que todos os reis de Israel que foram antes dele.

³⁴ Em seus dias, Hiel, o betelita, edificou a Jericó; quando lhe lançou os fundamentos, morreu-lhe Abirão, seu primogênito; quando lhe pôs as portas, morreu Segube, seu último, segundo a palavra do SENHOR, que falara por intermédio de Josué, filho de Num.

Elias prediz grande seca.
Corvos o sustentam

17 Então, Elias, o tesbita, dos moradores de Gileade, disse a Acabe: Tão certo como vive o SENHOR, Deus de Israel, perante cuja face estou, nem orvalho nem chuva haverá nestes anos, segundo a minha palavra.

² Veio-lhe a palavra do SENHOR, dizendo:

³ Retira-te daqui, vai para a banda do oriente e esconde-te junto à torrente de Querite, fronteira ao Jordão.

⁴ Beberás da torrente; e ordenei aos corvos que ali mesmo te sustentem.

⁵ Foi, pois, e fez segundo a palavra do SENHOR; retirou-se e habitou junto à torrente de Querite, fronteira ao Jordão.

⁶ Os corvos lhe traziam pela manhã pão e carne, como também pão e carne ao anoitecer; e bebia da torrente.

⁷ Mas, passados dias, a torrente secou, porque não chovia sobre a terra.

Elias e a viúva de Sarepta

⁸ Então, lhe veio a palavra do SENHOR, dizendo:

⁹ Dispõe-te, e vai a Sarepta, que pertence a Sidom, e demora-te ali, onde ordenei a uma mulher viúva que te dê comida.

¹⁰ Então, ele se levantou e se foi a Sarepta; chegando à porta da cidade, estava ali uma mulher viúva apanhando lenha; ele a chamou e lhe disse: Traze-me, peço-te, uma vasilha de água para eu beber.

¹¹ Indo ela a buscá-la, ele a chamou e lhe disse: Traze-me também um bocado de pão na tua mão.

¹² Porém ela respondeu: Tão certo como vive o SENHOR, teu Deus, nada tenho cozido; há somente um punhado de farinha numa panela e um pouco de azeite numa botija; e, vês aqui, apanhei dois cavacos e vou preparar esse resto de comida para mim e para o meu filho; comê-lo-emos e morreremos.

¹³ Elias lhe disse: Não temas; vai e faze o que disseste; mas primeiro faze dele para mim um bolo pequeno e traze-mo aqui fora; depois, farás para ti mesma e para teu filho.

¹⁴ Porque assim diz o SENHOR, Deus de Israel: A farinha da tua panela não se acabará, e o azeite da tua botija não faltará, até ao dia em que o SENHOR fizer chover sobre a terra.

¹⁵ Foi ela e fez segundo a palavra de Elias; assim, comeram ele, ela e a sua casa muitos dias.

¹⁶ Da panela a farinha não se acabou, e da botija o azeite não faltou, segundo a palavra do SENHOR, por intermédio de Elias.

¹⁷ Depois disto, adoeceu o filho da mulher, da dona da casa, e a sua doença se agravou tanto, que ele morreu.

¹⁸ Então, disse ela a Elias: Que fiz eu, ó homem de Deus? Vieste a mim para trazeres à memória a minha iniqüidade e matares o meu filho?

16.34 Js 6.26.   17.1 Tg 5.17.   17.9 Lc 4.25,26.

¹⁹ Ele lhe disse: Dá-me o teu filho; tomou-o dos braços dela, e o levou para cima, ao quarto, onde ele mesmo se hospedava, e o deitou em sua cama;

²⁰ então, clamou ao SENHOR e disse: Ó SENHOR, meu Deus, também até a esta viúva, com quem me hospedo, afligiste, matando-lhe o filho?

²¹ E, estendendo-se três vezes sobre o menino, clamou ao SENHOR e disse: Ó SENHOR, meu Deus, rogo-te que faças a alma deste menino tornar a entrar nele.

²² O SENHOR atendeu à voz de Elias; e a alma do menino tornou a entrar nele, e reviveu.

²³ Elias tomou o menino, e o trouxe do quarto à casa, e o deu a sua mãe, e lhe disse: Vê, teu filho vive.

²⁴ Então, a mulher disse a Elias: Nisto conheço agora que tu és homem de Deus e que a palavra do SENHOR na tua boca é verdade.

Elias apresenta-se diante de Acabe

18 Muito tempo depois, veio a palavra do SENHOR a Elias, no terceiro ano, dizendo: Vai, apresenta-te a Acabe, porque darei chuva sobre a terra.

² Partiu, pois, Elias a apresentar-se a Acabe; e a fome era extrema em Samaria.

³ Acabe chamou a Obadias, o mordomo. (Obadias temia muito ao SENHOR,

⁴ porque, quando Jezabel exterminava os profetas do SENHOR, Obadias tomou cem profetas, e de cinqüenta em cinqüenta os escondeu numa cova, e os sustentou com pão e água.)

⁵ Disse Acabe a Obadias: Vai pela terra a todas as fontes de água e a todos os vales; pode ser que achemos erva, para que salvemos a vida aos cavalos e mulos e não percamos todos os animais.

⁶ Repartiram entre si a terra, para a percorrerem; Acabe foi à parte por um caminho, e Obadias foi sozinho por outro.

⁷ Estando Obadias já de caminho, eis que Elias se encontrou com ele. Obadias, reconhecendo-o, prostrou-se com o rosto em terra e disse: És tu meu senhor Elias?

⁸ Respondeu-lhe ele: Sou eu; vai e dize a teu senhor: Eis que aí está Elias.

⁹ Porém ele disse: Em que pequei, para que entregues teu servo na mão de Acabe, e ele me mate?

¹⁰ Tão certo como vive o SENHOR, teu Deus, não houve nação nem reino aonde o meu senhor não mandasse homens à tua procura; e, dizendo eles: Aqui não está; fazia jurar aquele reino e aquela nação que te não haviam achado.

¹¹ Agora, tu dizes: Vai, dize a teu senhor: Eis que aí está Elias.

¹² Poderá ser que, apartando-me eu de ti, o Espírito do SENHOR te leve não sei para onde, e, vindo eu a dar as novas a Acabe, e não te achando ele, me matará; eu, contudo, teu servo, temo ao SENHOR desde a minha mocidade.

¹³ Acaso, não disseram a meu senhor o que fiz, quando Jezabel matava os profetas do SENHOR, como escondi cem homens dos profetas do SENHOR, de cinqüenta em cinqüenta, numas covas, e os sustentei com pão e água?

¹⁴ E, agora, tu dizes: Vai, dize a teu senhor: Eis que aí está Elias. Ele me matará.

¹⁵ Disse Elias: Tão certo como vive o SENHOR dos Exércitos, perante cuja face estou, deveras, hoje, me apresentarei a ele.

¹⁶ Então, foi Obadias encontrar-se com Acabe e lho anunciou; e foi Acabe ter com Elias.

¹⁷ Vendo-o, disse-lhe: És tu, ó perturbador de Israel?

¹⁸ Respondeu Elias: Eu não tenho perturbado a Israel, mas tu e a casa de teu pai, porque deixastes os mandamentos do SENHOR e seguistes os baalins.

¹⁹ Agora, pois, manda ajuntar a mim todo o Israel no monte Carmelo, como também os quatrocentos e cinqüenta profetas de Baal e os quatrocentos profetas do poste-ídolo que comem da mesa de Jezabel.

Elias e os profetas de Baal no monte Carmelo

²⁰ Então, enviou Acabe mensageiros a todos os filhos de Israel e ajuntou os profetas no monte Carmelo.

²¹ Então, Elias se chegou a todo o povo e disse: Até quando coxeareis entre dois pensamentos? Se o SENHOR é Deus, segui-o; se é Baal, segui-o. Porém o povo nada lhe respondeu.

²² Então, disse Elias ao povo: Só eu fiquei dos profetas do SENHOR, e os profetas de Baal são quatrocentos e cinqüenta homens.

²³ Dêem-se-nos, pois, dois novilhos; escolham eles para si um dos novilhos e, dividindo-o em pedaços, o ponham sobre a lenha, porém não lhe metam fogo; eu prepararei o outro novilho, e o porei sobre a lenha, e não lhe meterei fogo.

²⁴ Então, invocai o nome de vosso deus, e eu invocarei o nome do SENHOR; e há de ser que o deus que responder por fogo esse é que é Deus. E todo o povo respondeu e disse: É boa esta palavra.

²⁵ Disse Elias aos profetas de Baal: Escolhei para vós outros um dos novilhos, e preparai-o primeiro, porque sois muitos, e invocai o nome de vosso deus; e não lhe metais fogo.

²⁶ Tomaram o novilho que lhes fora dado, prepararam-no e invocaram o nome de Baal, desde a manhã até ao meio-dia, dizendo: Ah! Baal, responde-nos! Porém não havia uma voz que respondesse; e, manquejando, se movimentavam ao redor do altar que tinham feito.

²⁷ Ao meio-dia, Elias zombava deles, dizendo: Clamai em altas vozes, porque ele é deus; pode ser que esteja meditando, ou atendendo a necessidades, ou de viagem, ou a dormir e despertará.

²⁸ E eles clamavam em altas vozes e se retalhavam com facas e com lancetas, segundo o seu costume, até derramarem sangue.

²⁹ Passado o meio-dia, profetizaram eles, até que a oferta de manjares se oferecesse; porém não houve voz, nem resposta, nem atenção alguma.

³⁰ Então, Elias disse a todo o povo: Chegai-vos a mim. E todo o povo se chegou a ele; Elias restaurou o altar do SENHOR, que estava em ruínas.

³¹ Tomou doze pedras, segundo o número das tribos dos filhos de Jacó, ao qual viera a palavra do SENHOR, dizendo: Israel será o teu nome.

³² Com aquelas pedras edificou o altar em nome do SENHOR; depois, fez um rego em redor do altar tão grande como para semear duas medidas de sementes.

³³ Então, armou a lenha, dividiu o novilho em pedaços, pô-lo sobre a lenha

³⁴ e disse: Enchei de água quatro cântaros e derramai-a sobre o holocausto e sobre a lenha. Disse ainda: Fazei-o segunda vez; e o fizeram. Disse mais: Fazei-o terceira vez; e o fizeram terceira vez.

³⁵ De maneira que a água corria ao redor do altar; ele encheu também de água o rego.

³⁶ No devido tempo, para se apresentar a oferta de manjares, aproximou-se o profeta Elias e disse: Ó SENHOR, Deus de Abraão, de Isaque e de Israel, fique, hoje,

sabido que tu és Deus em Israel, e que eu sou teu servo e que, segundo a tua palavra, fiz todas estas cousas.

³⁷ Responde-me, SENHOR, responde-me, para que este povo saiba que tu, SENHOR, és Deus e que a ti fizeste retroceder o coração deles.

³⁸ Então, caiu fogo do SENHOR, e consumiu o holocausto, e a lenha, e as pedras, e a terra, e ainda lambeu a água que estava no rego.

³⁹ O que vendo todo o povo, caiu de rosto em terra e disse: O SENHOR é Deus! O SENHOR é Deus!

⁴⁰ Disse-lhes Elias: Lançai mão dos profetas de Baal, que nem um deles escape. Lançaram mão deles; e Elias os fez descer ao ribeiro de Quisom e ali os matou.

Elias ora para que chova

⁴¹ Então, disse Elias a Acabe: Sobe, come e bebe, porque já se ouve ruído de abundante chuva.

⁴² Subiu Acabe a comer e a beber; Elias, porém, subiu ao cume do Carmelo, e, encurvado para a terra, meteu o rosto entre os joelhos,

⁴³ e disse ao seu moço: Sobe e olha para a banda do mar. Ele subiu, olhou e disse: Não há nada. Então, lhe disse Elias: Volta. E assim por sete vezes.

⁴⁴ À sétima vez disse: Eis que se levanta do mar uma nuvem pequena como a palma da mão do homem. Então, disse ele: Sobe e dize a Acabe: Aparelha o teu carro e desce, para que a chuva não te detenha.

⁴⁵ Dentro em pouco, os céus se enegreceram, com nuvens e vento, e caiu grande chuva. Acabe subiu ao carro e foi para Jezreel.

⁴⁶ A mão do SENHOR veio sobre Elias, o qual cingiu os lombos e correu adiante de Acabe, até à entrada de Jezreel.

Elias no monte Horebe

19 Acabe fez saber a Jezabel tudo quanto Elias havia feito e como matara todos os profetas à espada.

² Então, Jezabel mandou um mensageiro a Elias a dizer-lhe: Façam-me os deuses como lhes aprouver se amanhã a estas horas não fizer eu à tua vida como fizeste a cada um deles.

³ Temendo, pois, Elias, levantou-se, e, para salvar sua vida, se foi, e chegou a Ber-

18.31 Gn 32.28; 35.10.   **18.42** Tg 5.18.

seba, que pertence a Judá; e ali deixou o seu moço.

⁴ Ele mesmo, porém, se foi ao deserto, caminho de um dia, e veio, e se assentou debaixo de um zimbro; e pediu para si a morte e disse: Basta; toma agora, ó SENHOR, a minha alma, pois não sou melhor do que meus pais.

⁵ Deitou-se e dormiu debaixo do zimbro; eis que um anjo o tocou e lhe disse: Levanta-te e come.

⁶ Olhou ele e viu, junto à cabeceira, um pão cozido sobre pedras em brasa e uma botija de água. Comeu, bebeu e tornou a dormir.

⁷ Voltou segunda vez o anjo do SENHOR, tocou-o e lhe disse: Levanta-te e come, porque o caminho te será sobremodo longo.

⁸ Levantou-se, pois, comeu e bebeu; e, com a força daquela comida, caminhou quarenta dias e quarenta noites até Horebe, o monte de Deus.

⁹ Ali, entrou numa caverna, onde passou a noite; e eis que lhe veio a palavra do SENHOR e lhe disse: Que fazes aqui, Elias?

¹⁰ Ele respondeu: Tenho sido zeloso pelo SENHOR, Deus dos Exércitos, porque os filhos de Israel deixaram a tua aliança, derribaram os teus altares e mataram os teus profetas à espada; e eu fiquei só, e procuram tirar-me a vida.

¹¹ Disse-lhe Deus: Sai e põe-te neste monte perante o SENHOR. Eis que passava o SENHOR; e um grande e forte vento fendia os montes e despedaçava as penhas diante do SENHOR, porém o SENHOR não estava no vento; depois do vento, um terremoto, mas o SENHOR não estava no terremoto;

¹² depois do terremoto, um fogo, mas o SENHOR não estava no fogo; e, depois do fogo, um cicio tranquilo e suave.

¹³ Ouvindo-o Elias, envolveu o rosto no seu manto e, saindo, pôs-se à entrada da caverna. Eis que lhe veio uma voz e lhe disse: Que fazes aqui, Elias?

¹⁴ Ele respondeu: Tenho sido em extremo zeloso pelo SENHOR, Deus dos Exércitos, porque os filhos de Israel deixaram a tua aliança, derribaram os teus altares e mataram os teus profetas à espada; e eu fiquei só, e procuram tirar-me a vida.

¹⁵ Disse-lhe o SENHOR: Vai, volta ao teu caminho para o deserto de Damasco e, em chegando lá, unge a Hazael rei sobre a Síria.

¹⁶ A Jeú, filho de Ninsi, ungirás rei sobre Israel e também Eliseu, filho de Safate, de Abel-Meolá, ungirás profeta em teu lugar.

¹⁷ Quem escapar à espada de Hazael, Jeú o matará; quem escapar à espada de Jeú, Eliseu o matará.

¹⁸ Também conservei em Israel sete mil, todos os joelhos que não se dobraram a Baal, e toda boca que o não beijou.

A vocação de Eliseu

¹⁹ Partiu, pois, Elias dali e achou a Eliseu, filho de Safate, que andava lavrando com doze juntas de bois adiante dele; ele estava com a duodécima. Elias passou por ele e lançou o seu manto sobre ele.

²⁰ Então, deixou este os bois, correu após Elias e disse: Deixa-me beijar a meu pai e a minha mãe e, então, te seguirei. Elias respondeu-lhe: Vai e volta; pois já sabes o que fiz contigo.

²¹ Voltou Eliseu de seguir a Elias, tomou a junta de bois, e os imolou, e, com os aparelhos dos bois, cozeu as carnes, e as deu ao povo, e comeram. Então, se dispôs, e seguiu a Elias, e o servia.

Acabe derrota os siros

20 Ben-Hadade, rei da Síria, ajuntou todo o seu exército; havia com ele trinta e dois reis, e cavalos, e carros. Subiu, cercou a Samaria e pelejou contra ela.

² Enviou mensageiros à cidade, a Acabe, rei de Israel,

³ que lhe disseram: Assim diz Ben-Hadade: A tua prata e o teu ouro são meus; tuas mulheres e os melhores de teus filhos são meus.

⁴ Respondeu o rei de Israel e disse: Seja conforme a tua palavra, ó rei, meu senhor; eu sou teu, e tudo o que tenho.

⁵ Tornaram a vir os mensageiros e disseram: Assim diz Ben-Hadade: Enviei-te, na verdade, mensageiros que dissessem: Tens de entregar-me a tua prata, o teu ouro, as tuas mulheres e os teus filhos.

⁶ Todavia, amanhã a estas horas enviar-te-ei os meus servos, que esquadrinharão a tua casa e as casas dos teus oficiais, meterão as mãos em tudo o que for aprazível aos teus olhos e o levarão.

⁷ Então, o rei de Israel chamou todos os

anciãos da sua terra e lhes disse: Notai e vede como este homem procura o mal; pois me mandou exigir minhas mulheres, meus filhos, minha prata e meu ouro, e não lho neguei.

⁸ Todos os anciãos e todo o povo lhe disseram: Não lhe dês ouvidos, nem o consintas.

⁹ Pelo que disse aos mensageiros de Ben-Hadade: Dizei ao rei, meu senhor: Tudo o que primeiro demandaste do teu servo farei, porém isto, agora, não posso consentir. E se foram os mensageiros e deram esta resposta.

¹⁰ Ben-Hadade tornou a enviar mensageiros, dizendo: Façam-me os deuses como lhes aprouver, se o pó de Samaria bastar para encher as mãos de todo o povo que me segue.

¹¹ Porém o rei de Israel respondeu e disse: Dizei-lhe: Não se gabe quem se cinge como aquele que vitorioso se descinge.

¹² Tendo Ben-Hadade ouvido esta resposta, quando bebiam ele e os reis nas tendas, disse aos seus servos: Ponde-vos de prontidão. E eles se puseram de prontidão contra a cidade.

¹³ Eis que um profeta se chegou a Acabe, rei de Israel, e lhe disse: Assim diz o Senhor: Viste toda esta grande multidão? Pois, hoje, a entregarei nas tuas mãos, e saberás que eu sou o Senhor.

¹⁴ Perguntou Acabe: Por quem? Ele respondeu: Assim diz o Senhor: Pelos moços dos chefes das províncias. E disse: Quem começará a peleja? Tu! — respondeu ele.

¹⁵ Então, contou os moços dos chefes das províncias, e eram duzentos e trinta e dois; depois, contou todo o povo, todos os filhos de Israel, sete mil.

¹⁶ Saíram ao meio-dia. Ben-Hadade, porém, estava bebendo e embriagando-se nas tendas, ele e os reis, os trinta e dois reis que o ajudavam.

¹⁷ Saíram primeiro os moços dos chefes das províncias; Ben-Hadade mandou observadores que lhe deram avisos, dizendo: Saíram de Samaria uns homens.

¹⁸ Ele disse: Quer venham tratar de paz, tomai-os vivos; quer venham pelejar, tomai-os vivos.

¹⁹ Saíram, pois, da cidade os moços dos chefes das províncias e o exército que os seguia.

²⁰ Eles feriram, cada um ao homem que se lhe opunha; os siros fugiram, e Israel os perseguiu; porém Ben-Hadade, rei da Síria, escapou a cavalo, com alguns cavaleiros.

²¹ Saiu o rei de Israel e destroçou os cavalos e os carros; e feriu os siros com grande estrago.

²² Então, o profeta se chegou ao rei de Israel e lhe disse: Vai, sê forte, considera e vê o que hás de fazer; porque daqui a um ano subirá o rei da Síria contra ti.

²³ Os servos do rei da Síria lhe disseram: Seus deuses são deuses dos montes; por isso, foram mais fortes do que nós; mas pelejemos contra eles em planície, e, por certo, seremos mais fortes do que eles.

²⁴ Faze, pois, isto: tira os reis, cada um do seu lugar, e substitui-os por capitães,

²⁵ e forma outro exército igual em número ao que perdeste, com outros tantos cavalos e outros tantos carros, e pelejemos contra eles em planície e, por certo, seremos mais fortes do que eles. Ele deu ouvidos ao que disseram e assim o fez.

²⁶ Decorrido um ano, Ben-Hadade passou revista aos siros e subiu a Afeque para pelejar contra Israel.

²⁷ Também aos filhos de Israel se passou revista, foram providos de víveres e marcharam contra eles. Os filhos de Israel acamparam-se defronte deles, como dois pequenos rebanhos de cabras; mas os siros enchiam a terra.

²⁸ Chegou um homem de Deus, e falou ao rei de Israel, e disse: Assim diz o Senhor: Porquanto os siros disseram: O Senhor é deus dos montes e não dos vales, toda esta grande multidão entregarei nas tuas mãos, e assim sabereis que eu sou o Senhor.

²⁹ Sete dias estiveram acampados uns defronte dos outros. Ao sétimo dia, travou-se a batalha, e os filhos de Israel, num só dia, feriram dos siros cem mil homens de pé.

³⁰ Os restantes fugiram para Afeque e entraram na cidade; e caiu o muro sobre os vinte e sete mil homens que restaram. Ben-Hadade fugiu, veio à cidade e se escondia de câmara em câmara.

³¹ Então, lhe disseram os seus servos: Eis que temos ouvido que os reis da casa de Israel são reis clementes; ponhamos, pois, panos de saco sobre os lombos e cordas à roda da cabeça e saiamos ao rei de Israel; pode ser que ele te poupe a vida.

³² Então, se cingiram com pano de saco pelos lombos, puseram cordas à roda da cabeça, vieram ao rei de Israel e disseram: Diz

o teu servo Ben-Hadade: Poupa-me a vida. Disse Acabe: Pois ainda vive? É meu irmão. ³³ Aqueles homens tomaram isto por presságio, valeram-se logo dessa palavra; e disseram: Teu irmão Ben-Hadade! Ele disse: Vinde, trazei-mo. Então, Ben-Hadade saiu a ter com ele, e ele o fez subir ao carro.

³⁴ Ben-Hadade disse-lhe: As cidades que meu pai tomou a teu pai, eu tas restituirei; monta os teus bazares em Damasco, como meu pai o fez em Samaria. E eu, disse Acabe, com esta aliança, te deixarei livre. Fez com ele aliança e o despediu.

³⁵ Então, um dos discípulos dos profetas disse ao seu companheiro por ordem do SENHOR: Esmurra-me; mas o homem recusou fazê-lo.

³⁶ Ele lhe disse: Visto que não obedeceste à voz do SENHOR, eis que, em te apartando de mim, um leão te matará. Tendo ele se apartado, um leão o encontrou e o matou.

³⁷ Encontrando o profeta outro homem, lhe disse: Esmurra-me. Ele o esmurrou e o feriu.

³⁸ Então, se foi o profeta e se pôs no caminho do rei, disfarçado com uma venda sobre os olhos.

³⁹ Ao passar o rei, gritou e disse: Teu servo estava no meio da peleja, quando, voltando-se-me um companheiro, me trouxe um homem e me disse: Vigia este homem; se vier a faltar, a tua vida responderá pela vida dele ou pagarás um talento de prata.

⁴⁰ Estando o teu servo ocupado daqui e dali, ele se foi. Respondeu-lhe o rei de Israel: Esta é a tua sentença; tu mesmo a pronunciaste.

⁴¹ Então, ele se apressou e tirou a venda de sobre os seus olhos; e o rei de Israel reconheceu que era um dos profetas.

⁴² E disse-lhe: Assim diz o SENHOR: Porquanto soltaste da mão o homem que eu havia condenado, a tua vida será em lugar da sua vida, e o teu povo, em lugar do seu povo.

⁴³ Foi-se o rei de Israel para sua casa, desgostoso e indignado, e chegou a Samaria.

Nabote recusa vender a sua vinha a Acabe

21 Sucedeu, depois disto, o seguinte: Nabote, o jezreelita, possuía uma vinha ao lado do palácio que Acabe, rei de Samaria, tinha em Jezreel.

² Disse Acabe a Nabote: Dá-me a tua vinha, para que me sirva de horta, pois está perto, ao lado da minha casa. Dar-te-ei por ela outra, melhor; ou, se for do teu agrado, dar-te-ei em dinheiro o que ela vale.

³ Porém Nabote disse a Acabe: Guarde-me o SENHOR de que eu dê a herança de meus pais.

⁴ Então, Acabe veio desgostoso e indignado para sua casa, por causa da palavra que Nabote, o jezreelita, lhe falara, quando disse: Não te darei a herança de meus pais. E deitou-se na sua cama, voltou o rosto e não comeu pão.

⁵ Porém, vindo Jezabel, sua mulher, ter com ele, lhe disse: Que é isso que tens assim desgostoso o teu espírito e não comes pão?

⁶ Ele lhe respondeu: Porque falei a Nabote, o jezreelita, e lhe disse: Dá-me a tua vinha por dinheiro; ou, se te apraz, dar-te-ei outra em seu lugar. Porém ele disse: Não te darei a minha vinha.

⁷ Então, Jezabel, sua mulher, lhe disse: Governas tu, com efeito, sobre Israel? Levanta-te, come, e alegre-se o teu coração; eu te darei a vinha de Nabote, o jezreelita.

Jezabel ordena a morte de Nabote

⁸ Então, escreveu cartas em nome de Acabe, selou-as com o sinete dele e as enviou aos anciãos e aos nobres que havia na sua cidade e habitavam com Nabote.

⁹ E escreveu nas cartas, dizendo: Apregoai um jejum e trazei Nabote para a frente do povo.

¹⁰ Fazei sentar defronte dele dois homens malignos, que testemunhem contra ele, dizendo: Blasfemaste contra Deus e contra o rei. Depois, levai-o para fora e apedrejai-o, para que morra.

¹¹ Os homens da sua cidade, os anciãos e os nobres que nela habitavam fizeram como Jezabel lhes ordenara, segundo estava escrito nas cartas que lhes havia mandado.

¹² Apregoaram um jejum e trouxeram Nabote para a frente do povo.

¹³ Então, vieram dois homens malignos, sentaram-se defronte dele e testemunharam contra ele, contra Nabote, perante o povo, dizendo: Nabote blasfemou contra Deus e contra o rei. E o levaram para fora da cidade e o apedrejaram, e morreu.

¹⁴ Então, mandaram dizer a Jezabel: Nabote foi apedrejado e morreu.

¹⁵ Tendo Jezabel ouvido que Nabote fora apedrejado e morrera, disse a Acabe: Levanta-te e toma posse da vinha que Nabo-

te, o jezreelita, recusou dar-te por dinhei-ro; pois Nabote já não vive, mas é morto.

¹⁶ Tendo Acabe ouvido que Nabote era morto, levantou-se para descer para a vinha de Nabote, o jezreelita, para tomar posse dela.

Elias ameaça a Acabe e Jezabel

¹⁷ Então, veio a palavra do SENHOR a Elias, o tesbita, dizendo:

¹⁸ Dispõe-te, desce para encontrar-te com Acabe, rei de Israel, que habita em Samaria; eis que está na vinha de Nabote, aonde desceu para tomar posse dela.

¹⁹ Falar-lhe-ás, dizendo: Assim diz o SENHOR: Mataste e, ainda por cima, to-maste a herança? Dir-lhe-ás mais: Assim diz o SENHOR: No lugar em que os cães lamberam o sangue de Nabote, cães lambe-rão o teu sangue, o teu mesmo.

²⁰ Perguntou Acabe a Elias: Já me achaste, inimigo meu? Respondeu ele: Achei-te, porquanto já te vendeste para fa-zeres o que é mau perante o SENHOR.

²¹ Eis que trarei o mal sobre ti, arran-carei a tua posteridade e exterminarei de Acabe a todo do sexo masculino, quer es-cravo quer livre, em Israel.

²² Farei a tua casa como a casa de Jero-boão, filho de Nebate, e como a casa de Baasa, filho de Aías, por causa da provo-cação com que me irritaste e fizeste pecar a Israel.

²³ Também de Jezabel falou o SENHOR: Os cães devorarão Jezabel dentro dos mu-ros de Jezreel.

²⁴ Quem morrer de Acabe na cidade, os cães o comerão, e quem morrer no campo, as aves do céu o comerão.

²⁵ Ninguém houve, pois, como Acabe, que se vendeu para fazer o que era mau pe-rante o SENHOR, porque Jezabel, sua mu-lher, o instigava;

²⁶ que fez grandes abominações, seguin-do os ídolos, segundo tudo o que fizeram os amorreus, os quais o SENHOR lançou de diante dos filhos de Israel.

²⁷ Tendo Acabe ouvido estas palavras, rasgou as suas vestes, cobriu de pano de sa-co o seu corpo e jejuou; dormia em sacos e andava cabisbaixo.

²⁸ Então, veio a palavra do SENHOR a Elias, o tesbita, dizendo:

²⁹ Não viste que Acabe se humilha pe-rante mim? Portanto, visto que se humilha perante mim, não trarei este mal nos seus

dias, mas nos dias de seu filho o trarei so-bre a sua casa.

Aliança entre Josafá, de Judá, e Acabe
2Cr 18.1-3

22 Três anos se passaram sem haver guerra entre a Síria e Israel.

² Porém, no terceiro ano, desceu Josafá, rei de Judá, para avistar-se com o rei de Israel.

³ Disse o rei de Israel aos seus servos: Não sabeis vós que Ramote-Gileade é nos-sa, e nós hesitamos em tomá-la das mãos do rei da Síria?

⁴ Então, perguntou a Josafá: Irás tu co-migo à peleja, a Ramote-Gileade? Respon-deu Josafá ao rei de Israel: Serei como tu és, o meu povo, como o teu povo, os meus cavalos, como os teus cavalos.

As profecias dos falsos profetas
2Cr 18.4-11

⁵ Disse mais Josafá ao rei de Israel: Consulta primeiro a palavra do SENHOR.

⁶ Então, o rei de Israel ajuntou os profe-tas, cerca de quatrocentos homens, e lhes disse: Irei à peleja contra Ramote-Gileade ou deixarei de ir? Eles disseram: Sobe, por-que o Senhor a entregará nas mãos do rei.

⁷ Disse, porém, Josafá: Não há aqui ainda algum profeta do SENHOR para o consultarmos?

⁸ Respondeu o rei de Israel a Josafá: Há um ainda, pelo qual se pode consultar o SENHOR, porém eu o aborreço, porque nunca profetiza de mim o que é bom, mas somente o que é mau. Este é Micaías, filho de Inlá. Disse Josafá: Não fale o rei assim.

⁹ Então, o rei de Israel chamou um ofi-cial e disse: Traze-me depressa Micaías, fi-lho de Inlá.

¹⁰ O rei de Israel e Josafá, rei de Judá, estavam assentados, cada um no seu trono, vestidos de trajes reais, numa eira à entra-da da porta de Samaria; e todos os profe-tas profetizavam diante deles.

¹¹ Zedequias, filho de Quenaaná, fez para si uns chifres de ferro e disse: Assim diz o SENHOR: Com este escornearás os siros até de todo os consumir.

¹² Todos os profetas profetizaram as-sim, dizendo: Sobe a Ramote-Gileade e triunfarás, porque o SENHOR a entregará nas mãos do rei.

21.23 2Rs 9.36.

A profecia de Micaías
2Cr 18.12-27

¹³ O mensageiro que fora chamar a Micaías falou-lhe, dizendo: Eis que as palavras dos profetas a uma voz predizem cousas boas para o rei; seja, pois, a tua palavra como a palavra de um deles e fala o que é bom.
¹⁴ Respondeu Micaías: Tão certo como vive o SENHOR, o que o SENHOR me disser, isso falarei.
¹⁵ E, vindo ele ao rei, este lhe perguntou: Micaías, iremos a Ramote-Gileade à peleja ou deixaremos de ir? Ele lhe respondeu: Sobe e triunfarás, porque o SENHOR a entregará nas mãos do rei.
¹⁶ O rei lhe disse: Quantas vezes te conjurarei, que não me fales senão a verdade em nome do SENHOR?
¹⁷ Então, disse ele: Vi todo o Israel disperso pelos montes, como ovelhas que não têm pastor; e disse o SENHOR: Estes não têm dono; torne cada um em paz para a sua casa.
¹⁸ Então, o rei de Israel disse a Josafá: Não te disse eu que ele não profetiza a meu respeito o que é bom, mas somente o que é mau?
¹⁹ Micaías prosseguiu: Ouve, pois, a palavra do SENHOR: Vi o SENHOR assentado no seu trono, e todo o exército do céu estava junto a ele, à sua direita e à sua esquerda.
²⁰ Perguntou o SENHOR: Quem enganará a Acabe, para que suba e caia em Ramote-Gileade? Um dizia desta maneira, e outro, de outra.
²¹ Então, saiu um espírito, e se apresentou diante do SENHOR, e disse: Eu o enganarei. Perguntou-lhe o SENHOR: Com quê?
²² Respondeu ele: Sairei e serei espírito mentiroso na boca de todos os seus profetas. Disse o SENHOR: Tu o enganarás e ainda prevalecerás; sai e faze-o assim.
²³ Eis que o SENHOR pôs o espírito mentiroso na boca de todos estes teus profetas e o SENHOR falou o que é mau contra ti.
²⁴ Então, Zedequias, filho de Quenaaná, chegou, deu uma bofetada em Micaías e disse: Por onde saiu de mim o Espírito do SENHOR para falar a ti?
²⁵ Disse Micaías: Eis que o verás naquele mesmo dia, quando entrares de câmara em câmara, para te esconderes.
²⁶ Então, disse o rei de Israel: Tomai Mi-

caías e devolvei-o a Amom, governador da cidade, e a Joás, filho do rei;
²⁷ e direis: Assim diz o rei: Metei este homem na casa do cárcere e angustiai-o, com escassez de pão e de água, até que eu volte em paz.
²⁸ Disse Micaías: Se voltares em paz, não falou o SENHOR, na verdade, por mim. Disse mais: Ouvi isto, vós, todos os povos!

A morte de Acabe
2Cr 18.28-34

²⁹ Subiram o rei de Israel e Josafá, rei de Judá, a Ramote-Gileade.
³⁰ Disse o rei de Israel a Josafá: Eu me disfarçarei e entrarei na peleja; tu, porém, traja as tuas vestes. Disfarçou-se, pois, o rei de Israel e entrou na peleja.
³¹ Ora, o rei da Síria dera ordem aos trinta e dois capitães dos seus carros, dizendo: Não pelejareis nem contra pequeno nem contra grande, mas somente contra o rei de Israel.
³² Vendo os capitães dos carros Josafá, disseram: Certamente, este é o rei de Israel. E a ele se dirigiram para o atacar. Porém Josafá gritou.
³³ Vendo os capitães dos carros que não era o rei de Israel, deixaram de o perseguir.
³⁴ Então, um homem entesou o arco e, atirando ao acaso, feriu o rei de Israel por entre as juntas da sua armadura; então, disse este ao seu cocheiro: Vira e leva-me para fora do combate, porque estou gravemente ferido.
³⁵ A peleja tornou-se renhida naquele dia; quanto ao rei, seguraram-no de pé no carro defronte dos siros, mas à tarde morreu. O sangue corria da ferida para o fundo do carro.
³⁶ Ao pôr-do-sol, fez-se ouvir um pregão pelo exército, que dizia: Cada um para a sua cidade, e cada um para a sua terra!
³⁷ Morto o rei, levaram-no a Samaria, onde o sepultaram.
³⁸ Quando lavaram o carro junto ao açude de Samaria, os cães lamberam o sangue do rei, segundo a palavra que o SENHOR tinha dito; as prostitutas banharam-se nestas águas.
³⁹ Quanto aos mais atos de Acabe, e a tudo quanto fez, e à casa de marfim que construiu, e a todas as cidades que edificou, porventura, não estão escritos no livro da História dos Reis de Israel?
⁴⁰ Assim, descansou Acabe com seus

22.17 Mt 9.36; Mc 6.34.

pais; e Acazias, seu filho, reinou em seu lugar.

O reinado e a morte de Josafá
2Cr 20.31-37

41 E Josafá, filho de Asa, começou a reinar sobre Judá no quarto ano de Acabe, rei de Israel.

42 Era Josafá da idade de trinta e cinco anos quando começou a reinar; e vinte e cinco anos reinou em Jerusalém. Sua mãe se chamava Azuba, filha de Sili.

43 Ele andou em todos os caminhos de Asa, seu pai; não se desviou deles e fez o que era reto perante o SENHOR.

44 Todavia, os altos não se tiraram; neles, o povo ainda sacrificava e queimava incenso.

45 Josafá viveu em paz com o rei de Israel.

46 Quanto aos mais atos de Josafá, e ao poder que mostrou, e como guerreou, porventura, não estão escritos no livro da História dos Reis de Judá?

47 Também exterminou da terra os restantes dos prostitutos-cultuais que ficaram nos dias de Asa, seu pai.

48 Então, não havia rei em Edom, porém reinava um governador.

49 Fez Josafá navios de Társis, para irem a Ofir em busca de ouro; porém não foram, porque os navios se quebraram em Eziom-Geber.

50 Então, Acazias, filho de Acabe, disse a Josafá: Vão os meus servos embarcados com os teus. Porém Josafá não quis.

51 Josafá descansou com seus pais e foi sepultado na Cidade de Davi, seu pai; e Jeorão, seu filho, reinou em seu lugar.

O reinado de Acazias, de Israel

52 Acazias, filho de Acabe, começou a reinar sobre Israel em Samaria, no décimo-sétimo ano de Josafá, rei de Judá; e reinou dois anos sobre Israel.

53 Fez o que era mau perante o SENHOR; porque andou nos caminhos de seu pai, como também nos caminhos de sua mãe e nos caminhos de Jeroboão, filho de Nebate, que fez pecar a Israel.

54 Ele serviu a Baal, e o adorou, e provocou à ira ao SENHOR, Deus de Israel, segundo tudo quanto fizera seu pai.

O SEGUNDO LIVRO DOS

REIS

Acazias e o profeta Elias

1 Depois da morte de Acabe, revoltou-se Moabe contra Israel.

2 E caiu Acazias pelas grades dum quarto alto, em Samaria, e adoeceu; enviou mensageiros e disse-lhes: Ide e consultai a Baal-Zebube, deus de Ecrom, se sararei desta doença.

3 Mas o Anjo do SENHOR disse a Elias, o tesbita: Dispõe-te, e sobe para te encontrares com os mensageiros do rei de Samaria, e dize-lhes: Porventura, não há Deus em Israel, para irdes consultar Baal-Zebube, deus de Ecrom?

4 Por isso, assim diz o SENHOR: Da cama a que subiste, não descerás, mas, sem falta, morrerás. Então, Elias partiu.

5 E os mensageiros voltaram para o rei, e este lhes perguntou: Que há, por que voltastes?

6 Eles responderam: Um homem nos subiu ao encontro e nos disse: Ide, voltai para o rei que vos mandou e dizei-lhe: Assim diz o SENHOR: Porventura, não há Deus em Israel, para que mandes consultar Baal-Zebube, deus de Ecrom? Portanto, da cama a que subiste, não descerás, mas, sem falta, morrerás.

7 Ele lhes perguntou: Qual era a aparência do homem que vos veio ao encontro e vos falou tais palavras?

8 Eles lhe responderam: Era homem vestido de pêlos, com os lombos cingidos dum cinto de couro. Então, disse ele: É Elias, o tesbita.

Elias e os três capitães

9 Então, lhe enviou o rei um capitão de

cinqüenta, com seus cinqüenta soldados, que subiram ao profeta, pois este estava assentado no cume do monte; disse-lhe o capitão: Homem de Deus, o rei diz: Desce.

¹⁰ Elias, porém, respondeu ao capitão de cinqüenta: Se eu sou homem de Deus, desça fogo do céu e te consuma a ti e aos teus cinqüenta. Então, fogo desceu do céu e o consumiu a ele e aos seus cinqüenta.

¹¹ Tornou o rei a enviar-lhe outro capitão de cinqüenta, com os seus cinqüenta; este lhe falou e disse: Homem de Deus, assim diz o rei: Desce depressa.

¹² Respondeu Elias e disse-lhe: Se eu sou homem de Deus, desça fogo do céu e te consuma a ti e aos teus cinqüenta. Então, fogo de Deus desceu do céu e o consumiu a ele e aos seus cinqüenta.

¹³ Tornou o rei a enviar terceira vez um capitão de cinqüenta, com os seus cinqüenta; então, subiu o capitão de cinqüenta. Indo ele, pôs-se de joelhos diante de Elias, e suplicou-lhe, e disse-lhe: Homem de Deus, seja, peço-te, preciosa aos teus olhos a minha vida e a vida destes cinqüenta, teus servos;

¹⁴ pois fogo desceu do céu e consumiu aqueles dois primeiros capitães de cinqüenta, com os seus cinqüenta; porém, agora, seja preciosa aos teus olhos a minha vida.

¹⁵ Então, o Anjo do SENHOR disse a Elias: Desce com este, não temas. Levantou-se e desceu com ele ao rei.

¹⁶ E disse a este: Assim diz o SENHOR: Por que enviaste mensageiros a consultar Baal-Zebube, deus de Ecrom? Será, acaso, por não haver Deus em Israel, cuja palavra se consultasse? Portanto, desta cama a que subiste, não descerás, mas, sem falta, morrerás.

A morte de Acazias

¹⁷ Assim, pois, morreu, segundo a palavra do SENHOR, que Elias falara; e Jorão, seu irmão, começou a reinar no seu lugar, no ano segundo de Jeorão, filho de Josafá, rei de Judá, porquanto Acazias não tinha filhos.

¹⁸ Quanto aos mais atos de Acazias e ao que fez, porventura, não estão escritos no livro da História dos Reis de Israel?

Eliseu é sucessor de Elias

2 Quando estava o SENHOR para tomar Elias ao céu por um redemoinho, Elias partiu de Gilgal em companhia de Eliseu.

² Disse Elias a Eliseu: Fica-te aqui, porque o SENHOR me enviou a Betel. Respondeu Eliseu: Tão certo como vive o SENHOR e vive a tua alma, não te deixarei. E, assim, desceram a Betel.

³ Então, os discípulos dos profetas que estavam em Betel saíram ao encontro de Eliseu e lhe disseram: Sabes que o SENHOR, hoje, tomará o teu senhor, elevando-o por sobre a tua cabeça? Respondeu ele: Também eu o sei; calai-vos.

⁴ Disse Elias a Eliseu: Fica-te aqui, porque o SENHOR me enviou a Jericó. Porém ele disse: Tão certo como vive o SENHOR e vive a tua alma, não te deixarei. E, assim, foram a Jericó.

⁵ Então, os discípulos dos profetas que estavam em Jericó se chegaram a Eliseu e lhe disseram: Sabes que o SENHOR, hoje, tomará o teu senhor, elevando-o por sobre a tua cabeça? Respondeu ele: Também eu o sei; calai-vos.

⁶ Disse-lhe, pois, Elias: Fica-te aqui, porque o SENHOR me enviou ao Jordão. Mas ele disse: Tão certo como vive o SENHOR e vive a tua alma, não te deixarei. E, assim, ambos foram juntos.

⁷ Foram cinqüenta homens dos discípulos dos profetas e pararam a certa distância deles; eles ambos pararam junto ao Jordão.

⁸ Então, Elias tomou o seu manto, enrolou-o e feriu as águas, as quais se dividiram para as duas bandas; e passaram ambos em seco.

Elias é elevado ao céu

⁹ Havendo eles passado, Elias disse a Eliseu: Pede-me o que queres que eu te faça, antes que seja tomado de ti. Disse Eliseu: Peço-te que me toque por herança porção dobrada do teu espírito.

¹⁰ Tornou-lhe Elias: Dura cousa pediste. Todavia, se me vires quando for tomado de ti, assim se te fará; porém, se não me vires, não se fará.

¹¹ Indo eles andando e falando, eis que um carro de fogo, com cavalos de fogo, os separou um do outro; e Elias subiu ao céu num redemoinho.

¹² O que vendo Eliseu, clamou: Meu pai, meu pai, carros de Israel e seus cavaleiros! E nunca mais o viu; e, tomando as suas vestes, rasgou-as em duas partes.

¹³ Então, levantou o manto que Elias

1.10 Lc 9.54.   **1.12** Lc 9.54.   **2.9** Dt 21.17.   **2.12** 2Rs 13.14.

lhe deixara cair e, voltando-se, pôs-se à borda do Jordão.

¹⁴ Tomou o manto que Elias lhe deixara cair, feriu as águas e disse: Onde está o SENHOR, Deus de Elias? Quando feriu ele as águas, elas se dividiram para uma e outra banda, e Eliseu passou.

Os discípulos dos profetas procuram Elias

¹⁵ Vendo-o, pois, os discípulos dos profetas que estavam defronte, em Jericó, disseram: O espírito de Elias repousa sobre Eliseu. Vieram-lhe ao encontro e se prostraram diante dele em terra.

¹⁶ E lhe disseram: Eis que entre os teus servos há cinqüenta homens valentes; ora, deixa-os ir em procura do teu senhor; pode ser que o Espírito do SENHOR o tenha levado e lançado nalgum dos montes ou nalgum dos vales. Porém ele respondeu: Não os envieis.

¹⁷ Mas eles apertaram com ele, até que, constrangido, lhes disse: Enviai. E enviaram cinqüenta homens, que o procuraram três dias, porém não o acharam.

¹⁸ Então, voltaram para ele, pois permanecera em Jericó; e ele lhes disse: Não vos disse que não fôsseis?

Eliseu torna saudáveis as águas de Jericó

¹⁹ Os homens da cidade disseram a Eliseu: Eis que é bem situada esta cidade, como vê o meu senhor, porém as águas são más, e a terra é estéril.

²⁰ Ele disse: Trazei-me um prato novo e ponde nele sal. E lho trouxeram.

²¹ Então, saiu ele ao manancial das águas e deitou sal nele; e disse: Assim diz o SENHOR: Tornei saudáveis estas águas; já não procederá daí morte nem esterilidade.

²² Ficaram, pois, saudáveis aquelas águas, até ao dia de hoje, segundo a palavra que Eliseu tinha dito.

Rapazinhos zombam de Eliseu

²³ Então, subiu dali a Betel; e, indo ele pelo caminho, uns rapazinhos saíram da cidade, e zombavam dele, e diziam-lhe: Sobe, calvo! Sobe, calvo!

²⁴ Virando-se ele para trás, viu-os e os amaldiçoou em nome do SENHOR; então, duas ursas saíram do bosque e despedaçaram quarenta e dois deles.

²⁵ Dali, foi ele para o monte Carmelo, de onde voltou para Samaria.

O reinado de Jorão sobre Israel

3 Jorão, filho de Acabe, começou a reinar sobre Israel, em Samaria, no décimo-oitavo ano de Josafá, rei de Judá; e reinou doze anos.

² Fez o que era mau perante o SENHOR; porém não como seu pai, nem como sua mãe; porque tirou a coluna de Baal, que seu pai fizera.

³ Contudo, aderiu aos pecados de Jeroboão, filho de Nebate, que fizera pecar a Israel; não se apartou deles.

Eliseu prediz a vitória sobre Moabe

⁴ Então, Mesa, rei dos moabitas, era criador de gado e pagava o seu tributo ao rei de Israel com cem mil cordeiros e a lã de cem mil carneiros.

⁵ Tendo, porém, morrido Acabe, revoltou-se o rei de Moabe contra o rei de Israel.

⁶ Por isso, Jorão, ao mesmo tempo, saiu de Samaria e fez revista de todo o Israel.

⁷ Mandou dizer a Josafá, rei de Judá: O rei de Moabe se revoltou contra mim; irás tu comigo à guerra contra Moabe? Respondeu ele: Subirei; serei como tu és, o meu povo, como o teu povo, os meus cavalos, como os teus cavalos.

⁸ Então, perguntou Jorão: Por que caminho subiremos? Respondeu ele: Pelo caminho do deserto de Edom.

⁹ Partiram o rei de Israel, o rei de Judá e o rei de Edom; após sete dias de marcha, não havia água para o exército e para o gado que os seguiam.

¹⁰ Então, disse o rei de Israel: Ai! O SENHOR chamou a estes três reis para os entregar nas mãos de Moabe.

¹¹ Perguntou, porém, Josafá: Não há, aqui, algum profeta do SENHOR, para que consultemos o SENHOR por ele? Respondeu um dos servos do rei de Israel: Aqui está Eliseu, filho de Safate, que deitava água sobre as mãos de Elias.

¹² Disse Josafá: Está com ele a palavra do SENHOR. Então, o rei de Israel, Josafá e o rei de Edom desceram a ter com ele.

¹³ Mas Eliseu disse ao rei de Israel: Que tenho eu contigo? Vai aos profetas de teu pai e aos profetas de tua mãe. Porém o rei de Israel lhe disse: Não, porque o SENHOR é quem chamou estes três reis para os entregar nas mãos de Moabe.

¹⁴ Disse Eliseu: Tão certo como vive o

SENHOR dos Exércitos, em cuja presença estou, se eu não respeitasse a presença de Josafá, rei de Judá, não te daria atenção, nem te contemplaria.

15 Ora, pois, trazei-me um tangedor. Quando o tangedor tocava, veio o poder de Deus sobre Eliseu.

16 Este disse: Assim diz o SENHOR: Fazei, neste vale, covas e covas.

17 Porque assim diz o SENHOR: Não sentireis vento, nem vereis chuva; todavia, este vale se encherá de tanta água, que bebereis vós, e o vosso gado, e os vossos animais.

18 Isto é ainda pouco aos olhos do SENHOR; de maneira que também entregará Moabe nas vossas mãos.

19 Ferireis todas as cidades fortificadas e todas as cidades principais, e todas as boas árvores cortareis, e tapareis todas as fontes de água, e danificareis com pedras todos os bons campos.

20 Pela manhã, ao apresentar-se a oferta de manjares, eis que vinham as águas pelo caminho de Edom; e a terra se encheu de água.

A derrota de Moabe

21 Ouvindo, pois, todos os moabitas que os reis tinham subido para pelejar contra eles, todos os que cingiam cinto, desde o mais novo até ao mais velho, foram convocados e postos nas fronteiras.

22 Levantando-se de madrugada, em saindo o sol sobre as águas, viram os moabitas defronte deles as águas vermelhas como sangue.

23 E disseram: Isto é sangue; certamente, os reis se destruíram e se mataram um ao outro! Agora, pois, à presa, ó Moabe!

24 Porém, chegando eles ao arraial de Israel, os israelitas se levantaram e feriram aos moabitas, os quais fugiram diante deles; entraram os israelitas na terra e também aí feriram aos moabitas.

25 Arrasaram as cidades, e cada um lançou a sua pedra em todos os bons campos, e os entulharam, e taparam todas as fontes de águas, e cortaram todas as boas árvores, até que só Quir-Haresete ficou com seus muros; mas os que atiravam com fundas a cercaram e a feriram.

26 Vendo o rei de Moabe que a peleja prevalecia contra ele, tomou consigo setecentos homens que arrancavam espada, para romperem contra o rei de Edom, porém não puderam.

27 Então, tomou a seu filho primogêni-
to, que havia de reinar em seu lugar, e o ofereceu em holocausto sobre o muro; pelo que houve grande ira contra Israel; por isso, se retiraram dali e voltaram para a sua própria terra.

Eliseu aumenta o azeite da viúva

4 Certa mulher, das mulheres dos discípulos dos profetas, clamou a Eliseu, dizendo: Meu marido, teu servo, morreu; e tu sabes que ele temia ao SENHOR. É chegado o credor para levar os meus dois filhos para lhe serem escravos.

2 Eliseu lhe perguntou: Que te hei de fazer? Dize-me que é o que tens em casa. Ela respondeu: Tua serva não tem nada em casa, senão uma botija de azeite.

3 Então, disse ele: Vai, pede emprestadas vasilhas a todos os teus vizinhos; vasilhas vazias, não poucas.

4 Então, entra, e fecha a porta sobre ti e sobre teus filhos, e deita o teu azeite em todas aquelas vasilhas; põe à parte a que estiver cheia.

5 Partiu, pois, dele e fechou a porta sobre si e sobre seus filhos; estes lhe chegavam as vasilhas, e ela as enchia.

6 Cheias as vasilhas, disse ela a um dos filhos: Chega-me, aqui, mais uma vasilha. Mas ele respondeu: Não há mais vasilha nenhuma. E o azeite parou.

7 Então, foi ela e fez saber ao homem de Deus; ele disse: Vai, vende o azeite e paga a tua dívida; e, tu e teus filhos, vivei do resto.

Eliseu e a sunamita

8 Certo dia, passou Eliseu por Suném, onde se achava uma mulher rica, a qual o constrangeu a comer pão. Daí, todas as vezes que passava por lá, entrava para comer.

9 Ela disse a seu marido: Vejo que este que passa sempre por nós é santo homem de Deus.

10 Façamos-lhe, pois, em cima, um pequeno quarto, obra de pedreiro, e ponhamos-lhe nele uma cama, uma mesa, uma cadeira e um candeeiro; quando ele vier à nossa casa, retirar-se-á para ali.

11 Um dia, vindo ele para ali, retirou-se para o quarto e se deitou.

12 Então, disse ao seu moço Geazi: Chama esta sunamita. Chamando-a ele, ela se pôs diante do profeta.

13 E dissera ao seu moço: Dize-lhe: Eis que tu nos tens tratado com muita abnegação; que se há de fazer por ti? Haverá

alguma cousa de que se fale a teu favor ao rei ou ao comandante do exército? Ela respondeu: Habito no meio do meu povo.

¹⁴ Então, disse o profeta: Que se há de fazer por ela? Geazi respondeu: Ora, ela não tem filho, e seu marido é velho.

¹⁵ Disse Eliseu: Chama-a. Chamando-a ele, ela se pôs à porta.

¹⁶ Disse-lhe o profeta: Por este tempo, daqui a um ano, abraçarás um filho. Ela disse: Não, meu senhor, homem de Deus, não mintas à tua serva.

¹⁷ Concebeu a mulher e deu à luz um filho, no tempo determinado, quando fez um ano, segundo Eliseu lhe dissera.

¹⁸ Tendo crescido o menino, saiu, certo dia, a ter com seu pai, que estava com os segadores.

¹⁹ Disse a seu pai: Ai! A minha cabeça! Então, o pai disse ao seu moço: Leva-o a sua mãe.

²⁰ Ele o tomou e o levou a sua mãe, sobre cujos joelhos ficou sentado até ao meio-dia, e morreu.

²¹ Subiu ela e o deitou sobre a cama do homem de Deus; fechou a porta e saiu.

²² Chamou a seu marido e lhe disse: Manda-me um dos moços e uma das jumentas, para que eu corra ao homem de Deus e volte.

²³ Perguntou ele: Por que vais a ele hoje? Não é dia de Festa da Lua Nova nem sábado. Ela disse: Não faz mal.

²⁴ Então, fez ela albardar a jumenta e disse ao moço: Guia e anda, não te detenhas no caminhar, senão quando eu to disser.

²⁵ Partiu ela, pois, e foi ter com o homem de Deus, ao monte Carmelo. Vendo-a de longe o homem de Deus, disse a Geazi, seu moço: Eis aí a sunamita;

²⁶ corre ao seu encontro e dize-lhe: Vai tudo bem contigo, com teu marido, com o menino? Ela respondeu: Tudo bem.

²⁷ Chegando ela, pois, ao homem de Deus, ao monte, abraçou-lhe os pés. Então, se chegou Geazi para arrancá-la; mas o homem de Deus lhe disse: Deixa-a, porque a sua alma está em amargura, e o SENHOR mo encobriu e não mo manifestou.

²⁸ Disse ela: Pedi eu a meu senhor algum filho? Não disse eu: Não me enganes?

²⁹ Disse o profeta a Geazi: Cinge os teus lombos, toma o meu bordão contigo e vai. Se encontrares alguém, não o saúdes, e, se alguém te saudar, não lhe respondas; põe o meu bordão sobre o rosto do menino.

³⁰ Porém disse a mãe do menino: Tão certo como vive o SENHOR e vive a tua alma, não te deixarei. Então, ele se levantou e a seguiu.

³¹ Geazi passou adiante deles e pôs o bordão sobre o rosto do menino; porém não houve nele voz nem sinal de vida; então, voltou a encontrar-se com Eliseu, e lhe deu aviso, e disse: O menino não despertou.

³² Tendo o profeta chegado à casa, eis que o menino estava morto sobre a cama.

³³ Então, entrou, fechou a porta sobre eles ambos e orou ao SENHOR.

³⁴ Subiu à cama, deitou-se sobre o menino e, pondo a sua boca sobre a boca dele, os seus olhos sobre os olhos dele e as suas mãos sobre as mãos dele, se estendeu sobre ele; e a carne do menino aqueceu.

³⁵ Então, se levantou, e andou no quarto uma vez de lá para cá, e tornou a subir, e se estendeu sobre o menino; este espirrou sete vezes e abriu os olhos.

³⁶ Então, chamou a Geazi e disse: Chama a sunamita. Ele a chamou, e, apresentando-se ela ao profeta, este lhe disse: Toma o teu filho.

³⁷ Ela entrou, lançou-se aos pés dele e prostrou-se em terra; tomou o seu filho e saiu.

A morte que havia na panela é tirada

³⁸ Voltou Eliseu para Gilgal. Havia fome naquela terra, e, estando os discípulos dos profetas assentados diante dele, disse ao seu moço: Põe a panela grande ao lume e faze um cozinhado para os discípulos dos profetas.

³⁹ Então, saiu um ao campo a apanhar ervas e achou uma trepadeira silvestre; e, colhendo dela, encheu a sua capa de colocíntidas; voltou e cortou-as em pedaços, pondo-os na panela, visto que não as conheciam.

⁴⁰ Depois, deram de comer aos homens. Enquanto comiam do cozinhado, exclamaram: Morte na panela, ó homem de Deus! E não puderam comer.

⁴¹ Porém ele disse: Trazei farinha. Ele a deitou na panela e disse: Tira de comer para o povo. E já não havia mal nenhum na panela.

Vinte pães satisfazem a cem homens

⁴² Veio um homem de Baal-Salisa e trouxe ao homem de Deus pães das primícias, vinte pães de cevada, e espigas verdes no seu alforje. Disse Eliseu: Dá ao povo para que coma.

⁴³ Porém seu servo lhe disse: Como hei de eu pôr isto diante de cem homens? Ele tornou a dizer: Dá-o ao povo, para que coma; porque assim diz o Senhor: Comerão, e sobejará.

⁴⁴ Então, lhos pôs diante; comeram, e ainda sobrou, conforme a palavra do Senhor.

Naamã é curado de lepra

5 Naamã, comandante do exército do rei da Síria, era grande homem diante do seu senhor e de muito conceito, porque por ele o Senhor dera vitória à Síria; era ele herói da guerra, porém leproso.

² Saíram tropas da Síria, e da terra de Israel levaram cativa uma menina, que ficou ao serviço da mulher de Naamã.

³ Disse ela à sua senhora: Tomara o meu senhor estivesse diante do profeta que está em Samaria; ele o restauraria da sua lepra.

⁴ Então, foi Naamã e disse ao seu senhor: Assim e assim falou a jovem que é da terra de Israel.

⁵ Respondeu o rei da Síria: Vai, anda, e enviarei uma carta ao rei de Israel. Ele partiu e levou consigo dez talentos de prata, seis mil siclos de ouro e dez vestes festivais.

⁶ Levou também ao rei de Israel a carta, que dizia: Logo, em chegando a ti esta carta, saberás que eu te enviei Naamã, meu servo, para que o cures da sua lepra.

⁷ Tendo lido o rei de Israel a carta, rasgou as suas vestes e disse: Acaso, sou Deus com poder de tirar a vida ou dá-la, para que este envie a mim um homem para eu curá-lo de sua lepra? Notai, pois, e vede que procura um pretexto para romper comigo.

⁸ Ouvindo, porém, Eliseu, homem de Deus, que o rei de Israel rasgara as suas vestes, mandou dizer ao rei: Por que rasgaste as tuas vestes? Deixa-o vir a mim, e saberá que há profeta em Israel.

⁹ Veio, pois, Naamã com os seus cavalos e os seus carros e parou à porta da casa de Eliseu.

¹⁰ Então, Eliseu lhe mandou um mensageiro, dizendo: Vai, lava-te sete vezes no Jordão, e a tua carne será restaurada, e ficarás limpo.

¹¹ Naamã, porém, muito se indignou e se foi, dizendo: Pensava eu que ele sairia a ter comigo, por-se-ia de pé, invocaria o nome do Senhor, seu Deus, moveria a mão sobre o lugar da lepra e restauraria o leproso.

¹² Não são, porventura, Abana e Farfar, rios de Damasco, melhores do que todas as águas de Israel? Não poderia eu lavar-me neles e ficar limpo? E voltou-se e se foi com indignação.

¹³ Então, se chegaram a ele os seus oficiais e lhe disseram: Meu pai, se te houvesse dito o profeta alguma cousa difícil, acaso não a farias? Quanto mais, já que apenas te disse: Lava-te e ficarás limpo.

¹⁴ Então, desceu e mergulhou no Jordão sete vezes, consoante a palavra do homem de Deus; e a sua carne se tornou como a carne duma criança, e ficou limpo.

¹⁵ Voltou ao homem de Deus, ele e toda a sua comitiva; veio, pôs-se diante dele e disse: Eis que, agora, reconheço que em toda a terra não há Deus, senão em Israel; agora, pois, te peço aceites um presente do teu servo.

¹⁶ Porém ele disse: Tão certo como vive o Senhor, em cuja presença estou, não o aceitarei. Instou com ele para que o aceitasse, mas ele recusou.

¹⁷ Disse Naamã: Se não queres, peço-te que ao teu servo seja dado levar uma carga de terra de dois mulos; porque nunca mais oferecerá este teu servo holocausto nem sacrifício a outros deuses, senão ao Senhor.

¹⁸ Nisto perdoe o Senhor a teu servo; quando o meu senhor entra na casa de Rimom para ali adorar, e ele se encosta na minha mão, e eu também me tenha de encurvar na casa de Rimom, quando assim me prostrar na casa de Rimom, nisto perdoe o Senhor a teu servo.

¹⁹ Eliseu lhe disse: Vai em paz.

Geazi é atacado de lepra

Quando Naamã se tinha afastado certa distância,

²⁰ Geazi, o moço de Eliseu, homem de Deus, disse consigo: Eis que meu senhor impediu a este siro Naamã que da sua mão se lhe desse alguma cousa do que trazia; porém, tão certo como vive o Senhor, hei de correr atrás dele e receberei dele alguma cousa.

²¹ Então, foi Geazi em alcance de Naamã; Naamã, vendo que corria atrás dele, saltou do carro a encontrá-lo e perguntou: Vai tudo bem?

²² Ele respondeu: Tudo vai bem; meu senhor me mandou dizer: Eis que, agora mesmo, vieram a mim dois jovens, dentre os

5.1 Lc 4.27.

discípulos dos profetas da região montanhosa de Efraim; dá-lhes, pois, um talento de prata e duas vestes festivais.

²³ Disse Naamã: Sê servido tomar dois talentos. Instou com ele e amarrou dois talentos de prata em dois sacos e duas vestes festivais; pô-los sobre dois dos seus moços, os quais os levaram adiante dele.

²⁴ Tendo ele chegado ao outeiro, tomou-os das suas mãos e os depositou na casa; e despediu aqueles homens, que se foram.

²⁵ Ele, porém, entrou e se pôs diante de seu senhor. Perguntou-lhe Eliseu: Donde vens, Geazi? Respondeu ele: Teu servo não foi a parte alguma.

²⁶ Porém ele lhe disse: Porventura, não fui contigo em espírito quando aquele homem voltou do seu carro, a encontrar-te? Era isto ocasião para tomares prata e para tomares vestes, olivais e vinhas, ovelhas e bois, servos e servas?

²⁷ Portanto, a lepra de Naamã se pegará a ti e à tua descendência para sempre. Então, saiu de diante dele leproso, branco como a neve.

Eliseu faz flutuar um machado

6 Disseram os discípulos dos profetas a Eliseu: Eis que o lugar em que habitamos contigo é estreito demais para nós.

² Vamos, pois, até ao Jordão, tomemos de lá, cada um de nós uma viga, e construamos um lugar em que habitemos. Respondeu ele: Ide.

³ Disse um: Serve-te de ires com os teus servos. Ele tornou: Eu irei.

⁴ E foi com eles. Chegados ao Jordão, cortaram madeira.

⁵ Sucedeu que, enquanto um deles derrubava um tronco, o machado caiu na água; ele gritou e disse: Ai! Meu senhor! Porque era emprestado.

⁶ Perguntou o homem de Deus: Onde caiu? Mostrou-lhe ele o lugar. Então, Eliseu cortou um pau, e lançou-o ali, e fez flutuar o ferro,

⁷ e disse: Levanta-o. Estendeu ele a mão e o tomou.

A ação de Eliseu na guerra contra os siros

⁸ O rei da Síria fez guerra a Israel e, em conselho com os seus oficiais, disse: Em tal e tal lugar, estará o meu acampamento.

⁹ Mas o homem de Deus mandou dizer ao rei de Israel: Guarda-te de passares por tal lugar, porque os siros estão descendo para ali.

¹⁰ O rei de Israel enviou tropas ao lugar de que o homem de Deus lhe falara e de que o tinha avisado, e, assim, se salvou, não uma nem duas vezes.

¹¹ Então, tendo-se turbado com este incidente o coração do rei da Síria, chamou ele os seus servos e lhes disse: Não me fareis saber quem dos nossos é pelo rei de Israel?

¹² Respondeu um dos seus servos: Ninguém, ó rei, meu senhor; mas o profeta Eliseu, que está em Israel, faz saber ao rei de Israel as palavras que falas na tua câmara de dormir.

¹³ Ele disse: Ide e vede onde ele está, para que eu mande prendê-lo. Foi-lhe dito: Eis que está em Dotã.

¹⁴ Então, enviou para lá cavalos, carros e fortes tropas; chegaram de noite e cercaram a cidade.

¹⁵ Tendo-se levantado muito cedo o moço do homem de Deus e saído, eis que tropas, cavalos e carros haviam cercado a cidade; então, o seu moço lhe disse: Ai! Meu senhor! Que faremos?

¹⁶ Ele respondeu: Não temas, porque mais são os que estão conosco do que os que estão com eles.

¹⁷ Orou Eliseu e disse: SENHOR, peço-te que lhe abras os olhos para que veja. O SENHOR abriu os olhos do moço, e ele viu que o monte estava cheio de cavalos e carros de fogo, em redor de Eliseu.

¹⁸ E, como desceram contra ele, orou Eliseu ao SENHOR e disse: Fere, peço-te, esta gente de cegueira. Feriu-a de cegueira, conforme a palavra de Eliseu.

¹⁹ Então, Eliseu lhes disse: Não é este o caminho, nem esta a cidade; segui-me, e guiar-vos-ei ao homem que buscais. E os guiou a Samaria.

²⁰ Tendo eles chegado a Samaria, disse Eliseu: Ó SENHOR, abre os olhos destes homens para que vejam. Abriu-lhes o SENHOR os olhos, e viram; e eis que estavam no meio de Samaria.

²¹ Quando o rei de Israel os viu, perguntou a Eliseu: Feri-los-ei, feri-los-ei, meu pai?

²² Respondeu ele: Não os ferirás; fere aqueles que fizeres prisioneiros com a tua espada e o teu arco. Porém a estes, manda pôr-lhes diante pão e água, para que comam, e bebam, e tornem a seu senhor.

²³ Ofereceu-lhes o rei grande banquete, e comeram e beberam; despediu-os, e foram

para seu senhor; e da parte da Síria não houve mais investidas na terra de Israel.

Reina fome em Samaria

²⁴ Depois disto, ajuntou Ben-Hadade, rei da Síria, todo o seu exército, subiu e sitiou a Samaria.

²⁵ Houve grande fome em Samaria; eis que a sitiaram, a ponto de se vender a cabeça dum jumento por oitenta siclos de prata e um pouco de esterco de pombas por cinco siclos de prata.

²⁶ Passando o rei de Israel pelo muro, gritou-lhe uma mulher: Acode-me, ó rei, meu senhor!

²⁷ Ele lhe disse: Se o SENHOR te não acode, donde te acudirei eu? Da eira ou do lagar?

²⁸ Perguntou-lhe o rei: Que tens? Respondeu ela: Esta mulher me disse: Dá teu filho, para que, hoje, o comamos e, amanhã, comeremos o meu.

²⁹ Cozemos, pois, o meu filho e o comemos; mas, dizendo-lhe eu ao outro dia: Dá o teu filho, para que o comamos, ela o escondeu.

³⁰ Tendo o rei ouvido as palavras da mulher, rasgou as suas vestes, quando passava pelo muro; o povo olhou e viu que trazia pano de saco por dentro, sobre a pele.

Eliseu prediz a abundância de víveres

³¹ Disse o rei: Assim me faça Deus o que bem lhe aprouver se a cabeça de Eliseu, filho de Safate, lhe ficar, hoje, sobre os ombros.

³² Estava, porém, Eliseu sentado em sua casa, juntamente com os anciãos. Enviou o rei um homem de diante de si; mas, antes que o mensageiro chegasse a Eliseu, disse este aos anciãos: Vedes como o filho do homicida mandou tirar-me a cabeça? Olhai, quando vier o mensageiro, fechai-lhe a porta e empurrai-o com ela; porventura, não vem após ele o ruído dos pés de seu senhor?

³³ Falava ele ainda com eles, quando lhe chegou o mensageiro; disse o rei: Eis que este mal vem do SENHOR; que mais, pois, esperaria eu do SENHOR?

7 Então, disse Eliseu: Ouvi a palavra do SENHOR; assim diz o SENHOR: Amanhã, a estas horas mais ou menos, dar-se-á um alqueire de flor de farinha por um siclo, e dois de cevada, por um siclo, à porta de Samaria.

² Porém o capitão a cujo braço o rei se apoiava respondeu ao homem de Deus: Ainda que o SENHOR fizesse janelas no céu, poderia suceder isso? Disse o profeta: Eis que tu o verás com os teus olhos, porém disso não comerás.

Quatro leprosos revelam a fuga dos siros

³ Quatro homens leprosos estavam à entrada da porta, os quais disseram uns aos outros: Para que estaremos nós aqui sentados até morrermos?

⁴ Se dissermos: entremos na cidade, há fome na cidade, e morreremos lá; se ficarmos sentados aqui, também morreremos. Vamos, pois, agora, e demos conosco no arraial dos siros; se nos deixarem viver, viveremos; se nos matarem, tão-somente morreremos.

⁵ Levantaram-se ao anoitecer para se dirigirem ao arraial dos siros; e, tendo chegado à entrada do arraial, eis que não havia lá ninguém.

⁶ Porque o Senhor fizera ouvir no arraial dos siros ruído de carros e de cavalos e o ruído dum grande exército; de maneira que disseram uns aos outros: Eis que o rei de Israel alugou contra nós os reis dos heteus e os reis dos egípcios, para virem contra nós.

⁷ Pelo que se levantaram, e, fugindo ao anoitecer, deixaram as suas tendas, os seus cavalos, e os seus jumentos, e o arraial como estava; e fugiram para salvar a sua vida.

⁸ Chegando, pois, aqueles leprosos à entrada do arraial, entraram numa tenda, e comeram, e beberam, e tomaram dali prata, e ouro, e vestes, e se foram, e os esconderam; voltaram, e entraram em outra tenda, e dali também tomaram alguma cousa, e a esconderam.

⁹ Então, disseram uns para os outros: Não fazemos bem; este dia é dia de boas-novas, e nós nos calamos; se esperarmos até à luz da manhã, seremos tidos por culpados; agora, pois, vamos e o anunciemos à casa do rei.

¹⁰ Vieram, pois, e bradaram aos porteiros da cidade, e lhes anunciaram, dizendo: Fomos ao arraial dos siros, e eis que lá não havia ninguém, voz de ninguém, mas somente cavalos e jumentos atados, e as tendas como estavam.

¹¹ Então, os porteiros gritaram e fizeram anunciar a nova no interior da casa do rei.

¹² Levantou-se o rei de noite e disse a seus servos: Agora, eu vos direi o que é que

os siros nos fizeram. Bem sabem eles que estamos esfaimados; por isso, saíram do arraial, a esconder-se pelo campo, dizendo: Quando saírem da cidade, então, os tomaremos vivos e entraremos nela.

13 Então, um dos seus servos respondeu e disse: Tomem-se, pois, cinco dos cavalos que ainda restam na cidade, pois toda a multidão de Israel que ficou aqui de resto terá a mesma sorte da multidão dos israelitas que já pereceram; enviemos homens e vejamos.

14 Tomaram, pois, dois carros com cavalos; e o rei enviou os homens após o exército dos siros, dizendo: Ide e vede.

15 Foram após eles até ao Jordão; e eis que todo o caminho estava cheio de vestes e de armas que os siros, na sua pressa, tinham lançado fora. Voltaram os mensageiros e o anunciaram ao rei.

Cumpriu-se a profecia de Eliseu

16 Então, saiu o povo e saqueou o arraial dos siros; e, assim, se vendia um alqueire de flor de farinha por um siclo, e dois de cevada, por um siclo, segundo a palavra do SENHOR.

17 Dera o rei a guarda da porta ao capitão em cujo braço se apoiara, mas o povo o atropelou na porta, e ele morreu, como falara o homem de Deus, o que falou quando o rei descera a ele.

18 Assim se cumpriu o que falara o homem de Deus ao rei: Amanhã, a estas horas mais ou menos, vender-se-ão dois alqueires de cevada por um siclo, e um de flor de farinha, por um siclo, à porta de Samaria.

19 Aquele capitão respondera ao homem de Deus: Ainda que o SENHOR fizesse janelas no céu, poderia suceder isso, segundo essa palavra? Dissera o profeta: Eis que tu o verás com os teus olhos, porém disso não comerás.

20 Assim lhe sucedeu, porque o povo o atropelou na porta, e ele morreu.

Restaurados os bens da sunamita

8 Falou Eliseu àquela mulher cujo filho ele restaurara à vida, dizendo: Levante-te, vai com os de tua casa e mora onde puderes; porque o SENHOR chamou a fome, a qual virá sobre a terra por sete anos.

2 Levantou-se a mulher e fez segundo a palavra do homem de Deus: saiu com os de

sua casa e habitou por sete anos na terra dos filisteus.

3 Ao cabo dos sete anos, a mulher voltou da terra dos filisteus e saiu a clamar ao rei pela sua casa e pelas suas terras.

4 Ora, o rei falava a Geazi, moço do homem de Deus, dizendo: Conta-me, peço-te, todas as grandes obras que Eliseu tem feito.

5 Contava ele ao rei como Eliseu restaurara à vida a um morto, quando a mulher cujo filho ele havia restaurado à vida clamou ao rei pela sua casa e pelas suas terras; então, disse Geazi: Ó rei, meu senhor, esta é a mulher, e este, o seu filho, a quem Eliseu restaurou à vida.

6 Interrogou o rei a mulher, e ela lhe contou tudo. Então, o rei lhe deu um oficial, dizendo: Faze restituir-se-lhe tudo quanto era seu e todas as rendas do campo desde o dia em que deixou a terra até agora.

Eliseu e Hazael de Damasco

7 Veio Eliseu a Damasco. Estava doente Ben-Hadade, rei da Síria; e lhe anunciaram, dizendo: O homem de Deus é chegado aqui.

8 Então, o rei disse a Hazael: Toma presentes contigo, e vai encontrar-te com o homem de Deus, e, por seu intermédio, pergunta ao SENHOR, dizendo: Sararei eu desta doença?

9 Foi, pois, Hazael encontrar-se com ele, levando consigo um presente, a saber, quarenta camelos carregados de tudo que era bom de Damasco; chegou, apresentou-se diante dele e disse: Teu filho Ben-Hadade, rei da Síria, me enviou a perguntar-te: Sararei eu desta doença?

10 Eliseu lhe respondeu: Vai e dize-lhe: Certamente, sararás. Porém o SENHOR me mostrou que ele morrerá.

11 Olhou Eliseu para Hazael e tanto lhe fitou os olhos, que este ficou embaraçado; e chorou o homem de Deus.

12 Então, disse Hazael: Por que chora o meu senhor? Ele respondeu: Porque sei o mal que hás de fazer aos filhos de Israel; deitarás fogo às suas fortalezas, matarás à espada os seus jovens, esmagarás os seus pequeninos e rasgarás o ventre de suas mulheres grávidas.

13 Tornou Hazael: Pois que é teu servo, este cão, para fazer tão grandes cousas? Respondeu Eliseu: O SENHOR me mostrou que tu hás de ser rei da Síria.

14 Então, deixou a Eliseu e veio a seu se-

8.1 2Rs 4.8-37.   8.13 1Rs 19.15.

nhor, o qual lhe perguntou: Que te disse Eliseu? Respondeu ele: Disse-me que certamente sararás.

¹⁵ No dia seguinte, Hazael tomou um cobertor, molhou-o n'água e o estendeu sobre o rosto do rei até que morreu; e Hazael reinou em seu lugar.

O reinado de Jeorão
2Cr 21.1-20

¹⁶ No ano quinto do reinado de Jorão, filho de Acabe, rei de Israel, reinando ainda Josafá em Judá, começou a reinar Jeorão, filho de Josafá, rei de Judá.

¹⁷ Era ele da idade de trinta e dois anos quando começou a reinar e reinou oito anos em Jerusalém.

¹⁸ Andou nos caminhos dos reis de Israel, como também fizeram os da casa de Acabe, porque a filha deste era sua mulher; e fez o que era mau perante o SENHOR.

¹⁹ Porém o SENHOR não quis destruir a Judá por amor de Davi, seu servo, segundo a promessa que lhe havia feito de lhe dar sempre uma lâmpada e a seus filhos.

²⁰ Nos dias de Jeorão, se revoltaram os edomitas contra o poder de Judá e constituíram o seu próprio rei.

²¹ Pelo que Jeorão passou a Zair, e todos os carros, com ele; ele se levantou de noite e feriu os edomitas que o cercavam e os capitães dos carros; o povo de Jeorão, porém, fugiu para as suas tendas.

²² Assim se rebelou Edom para livrar-se do poder de Judá até ao dia de hoje; ao mesmo tempo, se rebelou também Libna.

²³ Quanto aos mais atos de Jeorão e a tudo quanto fez, porventura, não estão escritos no livro da História dos Reis de Judá?

²⁴ Descansou Jeorão com seus pais e com eles foi sepultado na Cidade de Davi; e Acazias, seu filho, reinou em seu lugar.

O reinado de Acazias
2Cr 22.1-6

²⁵ No décimo-segundo ano de Jorão, filho de Acabe, rei de Israel, começou a reinar Acazias, filho de Jeorão, rei de Judá.

²⁶ Era Acazias de vinte e dois anos de idade quando começou a reinar e reinou um ano em Jerusalém. Sua mãe, filha de Onri, rei de Israel, chamava-se Atalia.

²⁷ Ele andou no caminho da casa de Acabe e fez o que era mau perante o SENHOR, como a casa de Acabe, porque era genro da casa de Acabe.

²⁸ Foi com Jorão, filho de Acabe, a Ramote-Gileade, à peleja contra Hazael, rei da Síria; e os siros feriram Jorão.

²⁹ Então, voltou o rei Jorão para Jezreel, para curar-se das feridas que os siros lhe fizeram em Ramá, quando pelejou contra Hazael, rei da Síria; e desceu Acazias, filho de Jeorão, rei de Judá, para ver a Jorão, filho de Acabe, em Jezreel, porquanto estava doente.

Jeú é ungido rei de Israel

9 Então, o profeta Eliseu chamou um dos discípulos dos profetas e lhe disse: Cinge os teus lombos, leva contigo este vaso de azeite e vai-te a Ramote-Gileade;

² em lá chegando, vê onde está Jeú, filho de Josafá, filho de Ninsi; entra, e faze-o levantar-se do meio de seus irmãos, e leva-o à câmara interior.

³ Toma o vaso de azeite, derrama-lho sobre a cabeça e dize: Assim diz o SENHOR: Ungi-te rei sobre Israel. Então, abre a porta, foge e não te detenhas.

⁴ Foi, pois, o moço, o jovem profeta, a Ramote-Gileade.

⁵ Entrando ele, eis que os capitães do exército estavam assentados; ele disse: Capitão, tenho mensagem que te dizer. Perguntou-lhe Jeú: A qual de todos nós? Respondeu-lhe ele: A ti, capitão!

⁶ Então, se levantou Jeú e entrou na casa; o jovem derramou-lhe o azeite sobre a cabeça e lhe disse: Assim diz o SENHOR, Deus de Israel: Ungi-te rei sobre o povo do SENHOR, sobre Israel.

⁷ Ferirás a casa de Acabe, teu senhor, para que eu vingue da mão de Jezabel o sangue de meus servos, os profetas, e o sangue de todos os servos do SENHOR.

⁸ Toda casa de Acabe perecerá; exterminarei de Acabe todos do sexo masculino, quer escravo, quer livre, em Israel.

⁹ Porque farei à casa de Acabe como à casa de Jeroboão, filho de Nebate, e como à casa de Baasa, filho de Aías.

¹⁰ Os cães devorarão Jezabel no campo de Jezreel; não haverá quem a enterre. Dito isto, abriu a porta e fugiu.

¹¹ Saindo Jeú aos servos de seu senhor, disseram-lhe: Vai tudo bem? Por que veio a ti esse louco? Ele lhes respondeu: Bem conheceis esse homem e o seu falar.

¹² Mas eles disseram: É mentira; agora,

8.19 1Rs 11.36.   8.20 Gn 27.40.   9.1-28 2Cr 22.7-9.   9.3 1Rs 19.16.   9.10 1Rs 21.23.

faze-nos sabê-lo, te pedimos. Então, disse Jeú: Assim e assim me falou, a saber: Assim diz o SENHOR: Ungi-te rei sobre Israel.

¹³ Então, se apressaram, e, tomando cada um o seu manto, os puseram debaixo dele, sobre os degraus, e tocaram a trombeta, e disseram: Jeú é rei!

Jeú mata a Jorão e a Acazias

¹⁴ Assim, Jeú, filho de Josafá, filho de Ninsi, conspirou contra Jorão. Tinha, porém, Jorão cercado a Ramote-Gileade, ele e todo o Israel, por causa de Hazael, rei da Síria.

¹⁵ Porém o rei Jorão voltou para se curar em Jezreel das feridas que os siros lhe fizeram, quando pelejou contra Hazael, rei da Síria. Disse Jeú: Se é da vossa vontade, ninguém saia furtivamente da cidade, para ir anunciar isto em Jezreel.

¹⁶ Então, Jeú subiu a um carro e foi-se a Jezreel, porque Jorão estava de cama ali. Também Acazias, rei de Judá, descera para ver a Jorão.

¹⁷ Ora, o atalaia estava na torre de Jezreel, e viu a tropa de Jeú, que vinha, e disse: Vejo uma tropa. Então, disse Jorão: Toma um cavaleiro e envia-o ao seu encontro, para que lhe pergunte: Há paz?

¹⁸ Foi-lhe o cavaleiro ao encontro e disse: Assim diz o rei: Há paz? Respondeu Jeú: Que tens tu com a paz? Passa para trás de mim. O atalaia deu aviso, dizendo: Chegou a eles o mensageiro, porém não volta.

¹⁹ Então, enviou Jorão outro cavaleiro; chegando este a eles, disse: Assim diz o rei: Há paz? Respondeu Jeú: Que tens tu com a paz? Passa para trás de mim.

²⁰ O atalaia deu aviso, dizendo: Também este chegou a eles, porém não volta; e o guiar do carro parece como o de Jeú, filho de Ninsi, porque guia furiosamente.

²¹ Disse Jorão: Aparelha o carro. E lhe aparelharam o carro. Saiu Jorão, rei de Israel, e Acazias, rei de Judá, cada um em seu carro, e foram ao encontro de Jeú, e o acharam no campo de Nabote, o jezreelita.

²² Sucedeu que, vendo Jorão a Jeú, perguntou: Há paz, Jeú? Ele respondeu: Que paz, enquanto perduram as prostituições de tua mãe Jezabel e as suas muitas feitiçarias?

²³ Então, Jorão voltou as rédeas, fugiu e disse a Acazias: Há traição, Acazias!

²⁴ Mas Jeú entesou o seu arco com toda a força e feriu a Jorão entre as espáduas; a

flecha saiu-lhe pelo coração, e ele caiu no seu carro.

²⁵ Então, Jeú disse a Bidcar, seu capitão: Toma-o, lança-o no campo da herdade de Nabote, o jezreelita; pois, lembra-te de que, indo eu e tu, juntos, montados, após Acabe, seu pai, o SENHOR pronunciou contra ele esta sentença:

²⁶ Tão certo como vi ontem à tarde o sangue de Nabote e o sangue de seus filhos, diz o SENHOR, assim to retribuirei neste campo, diz o SENHOR. Agora, pois, toma-o e lança-o neste campo, segundo a palavra do SENHOR.

²⁷ À vista disto, Acazias, rei de Judá, fugiu pelo caminho de Bete-Hagã; porém Jeú o perseguiu e disse: Feri também a este; e o feriram no carro, à subida de Gur, que está junto a Ibleão. E fugiu para Megido, onde morreu.

²⁸ Levaram-no os seus servos, num carro, a Jerusalém e o enterraram na sua sepultura junto a seus pais, na Cidade de Davi.

²⁹ No ano undécimo de Jorão, filho de Acabe, começara Acazias a reinar sobre Judá.

A morte de Jezabel

³⁰ Tendo Jeú chegado a Jezreel, Jezabel o soube; então, se pintou em volta dos olhos, enfeitou a cabeça e olhou pela janela.

³¹ Ao entrar Jeú pelo portão do palácio, disse ela: Teve paz Zinri, que matou a seu senhor?

³² Levantou ele o rosto para a janela e disse: Quem é comigo? Quem? E dois ou três eunucos olharam para ele.

³³ Então, disse ele: Lançai-a daí abaixo. Lançaram-na abaixo; e foram salpicados com o seu sangue a parede e os cavalos; e Jeú a atropelou.

³⁴ Entrando ele e havendo comido e bebido, disse: Olhai por aquela maldita e sepultai-a, porque é filha de rei.

³⁵ Foram para a sepultar; porém não acharam dela senão a caveira, os pés e as palmas das mãos.

³⁶ Então, voltaram e lho fizeram saber. Ele disse: Esta é a palavra do SENHOR, que falou por intermédio de Elias, o tesbita, seu servo, dizendo: No campo de Jezreel, os cães comerão a carne de Jezabel.

³⁷ O cadáver de Jezabel será como esterco sobre o campo da herdade de Jezreel, de maneira que já não dirão: Esta é Jezabel.

9.26 1Rs 21.19.   **9.36** 1Rs 21.23.

Jeú extermina a casa de Acabe

10 Achando-se em Samaria setenta filhos de Acabe, Jeú escreveu cartas e as enviou a Samaria, aos chefes da cidade, aos anciãos e aos tutores dos filhos de Acabe, dizendo:

² Logo, em chegando a vós outros esta carta (pois estão convosco os filhos de vosso senhor, como também os carros, os cavalos, a cidade fortalecida e as armas),

³ escolhei o melhor e mais capaz dos filhos de vosso senhor, ponde-o sobre o trono de seu pai e pelejai pela casa de vosso senhor.

⁴ Porém eles temeram muitíssimo e disseram: Dois reis não puderam resistir a ele; como, pois, poderemos nós fazê-lo?

⁵ Então, o responsável pelo palácio, e o responsável pela cidade, e os anciãos, e os tutores mandaram dizer a Jeú: Teus servos somos e tudo quanto nos ordenares faremos; a ninguém constituiremos rei; faze o que bem te parecer.

⁶ Então, lhes escreveu outra carta, dizendo: Se estiverdes do meu lado e quiserdes obedecer-me, tomai as cabeças dos homens, filhos de vosso senhor, e amanhã a estas horas vinde a mim a Jezreel. Ora, os filhos do rei, que eram setenta, estavam com os grandes da cidade, que os criavam.

⁷ Chegada a eles a carta, tomaram os filhos do rei, e os mataram, setenta pessoas, e puseram as suas cabeças nuns cestos, e lhas mandaram a Jezreel.

⁸ Veio um mensageiro e lhe disse: Trouxeram as cabeças dos filhos do rei. Ele disse: Ponde-as em dois montões à entrada da porta, até pela manhã.

⁹ Saindo ele pela manhã, parou e disse a todo o povo: Vós estais sem culpa; eis que eu conspirei contra o meu senhor e o matei; mas quem feriu todos estes?

¹⁰ Sabei, pois, agora, que, da palavra do SENHOR, pronunciada contra a casa de Acabe, nada cairá em terra, porque o SENHOR fez o que falou por intermédio do seu servo Elias.

¹¹ Jeú feriu também todos os restantes da casa de Acabe em Jezreel, como também todos os seus grandes, os seus conhecidos e os seus sacerdotes, até que nem um sequer lhe deixou ficar de resto.

¹² Então, se dispôs, partiu e foi a Samaria. E, estando no caminho, em Bete-Equede dos Pastores,

¹³ encontrou Jeú parentes de Acazias, rei de Judá, e perguntou: Quem sois vós? Eles responderam: Parentes de Acazias; voltamos de saudar os filhos do rei e os da rainha-mãe.

¹⁴ Então, disse Jeú: Apanhai-os vivos. Eles os apanharam vivos e os mataram junto ao poço de Bete-Equede, quarenta e dois homens; e a nenhum deles deixou de resto.

Jeú encontra a Jonadabe

¹⁵ Tendo partido dali, encontrou a Jonadabe, filho de Recabe, que lhe vinha ao encontro; Jeú saudou-o e lhe perguntou: Tens tu sincero o coração para comigo, como o meu o é para contigo? Respondeu Jonadabe: Tenho. Então, se tens, dá-me a mão. Jonadabe deu-lhe a mão; e Jeú fê-lo subir consigo ao carro

¹⁶ e lhe disse: Vem comigo e verás o meu zelo para com o SENHOR. E, assim, Jeú o levou no seu carro.

¹⁷ Tendo Jeú chegado a Samaria, feriu todos os que ali ficaram de Acabe, até destruí-los, segundo a palavra que o SENHOR dissera a Elias.

Jeú mata os adoradores de Baal

¹⁸ Ajuntou Jeú a todo o povo e lhe disse: Acabe serviu pouco a Baal; Jeú, porém, muito o servirá.

¹⁹ Pelo que chamai-me, agora, todos os profetas de Baal, todos os seus servidores e todos os seus sacerdotes; não falte nenhum, porque tenho grande sacrifício a oferecer a Baal; todo aquele que faltar não viverá. Porém Jeú fazia isto com astúcia, para destruir os servidores de Baal.

²⁰ Disse mais Jeú: Consagrai uma assembléia solene a Baal; e a proclamaram.

²¹ Também Jeú enviou mensageiros por todo o Israel; vieram todos os adoradores de Baal, e nenhum homem deles ficou que não viesse. Entraram na casa de Baal, que se encheu de uma extremidade à outra.

²² Então, disse Jeú ao vestiário: Tira as vestimentas para todos os adoradores de Baal. E o fez.

²³ Entrou Jeú com Jonadabe, filho de Recabe, na casa de Baal e disse aos adoradores de Baal: Examinai e vede bem não esteja aqui entre vós algum dos servos do SENHOR, mas somente os adoradores de Baal.

²⁴ E, entrando eles a oferecerem sacrifí-

cios e holocaustos, Jeú preparou da parte de fora oitenta homens e disse-lhes: Se escapar algum dos homens que eu entregar em vossas mãos, a vida daquele que o deixar escapar responderá pela vida dele.

²⁵ Sucedeu que, acabado o oferecimento do holocausto, ordenou Jeú aos da sua guarda e aos capitães: Entrai, feri-os, que nenhum escape. Feriram-nos a fio de espada; e os da guarda e os capitães os lançaram fora, e penetraram no mais interior da casa de Baal,

²⁶ e tiraram as colunas que estavam na casa de Baal, e as queimaram.

²⁷ Também quebraram a própria coluna de Baal, e derrubaram a casa de Baal, e a transformaram em latrinas até ao dia de hoje.

²⁸ Assim, Jeú exterminou de Israel a Baal.

²⁹ Porém não se apartou Jeú de seguir os pecados de Jeroboão, filho de Nebate, que fez pecar a Israel, a saber, dos bezerros de ouro que estavam em Betel e em Dã.

³⁰ Pelo que disse o SENHOR a Jeú: Porquanto bem executaste o que é reto perante mim e fizeste à casa de Acabe segundo tudo quanto era do meu propósito, teus filhos até à quarta geração se assentarão no trono de Israel.

³¹ Mas Jeú não teve cuidado de andar de todo o seu coração na lei do SENHOR, Deus de Israel, nem se apartou dos pecados que Jeroboão fez pecar a Israel.

A morte de Jeú

³² Naqueles dias, começou o SENHOR a diminuir os termos de Israel, que foi ferido por Hazael em todas as suas fronteiras,

³³ desde o Jordão para o nascente do sol, toda a terra de Gileade, os gaditas, os rubenitas e os manassitas, desde Aroer, que está junto ao vale de Arnom, a saber, Gileade e Basã.

³⁴ Ora, os mais atos de Jeú, e tudo quanto fez, e todo o seu poder, porventura, não estão escritos no livro da História dos Reis de Israel?

³⁵ Descansou Jeú com seus pais, e o sepultaram em Samaria; e Jeoacaz, seu filho, reinou em seu lugar.

³⁶ Os dias que Jeú reinou sobre Israel em Samaria foram vinte e oito anos.

10.29 1Rs 12.28-30.

Atalia usurpa o trono de Judá
2Cr 22.10-12

11 Vendo Atalia, mãe de Acazias, que seu filho era morto, levantou-se e destruiu toda a descendência real.

² Mas Jeoseba, filha do rei Jorão e irmã de Acazias, tomou a Joás, filho de Acazias, e o furtou dentre os filhos do rei, aos quais matavam, e pôs a ele e a sua ama numa câmara interior; e, assim, o esconderam de Atalia, e não foi morto.

³ Jeoseba o teve escondido na Casa do SENHOR seis anos; neste tempo, Atalia reinava sobre a terra.

Joás ungido rei de Judá
2Cr 23.1-11

⁴ No sétimo ano, mandou Joiada chamar os capitães dos cários e da guarda e os fez entrar à sua presença na Casa do SENHOR; fez com eles aliança, e ajuramentou-os na Casa do SENHOR, e lhes mostrou o filho do rei.

⁵ Então, lhes deu ordem, dizendo: Esta é a obra que haveis de fazer: uma terça parte de vós, que entrais no sábado, fará a guarda da casa do rei;

⁶ e outra terça parte estará ao portão Sur; e a outra terça parte, ao portão detrás da guarda; assim, fareis a guarda e defesa desta casa.

⁷ Os dois grupos que saem no sábado, estes todos farão a guarda da Casa do SENHOR, junto ao rei.

⁸ Rodeareis o rei, cada um de armas na mão, e qualquer que pretenda penetrar nas fileiras, seja morto; estareis com o rei quando sair e quando entrar.

⁹ Fizeram, pois, os capitães de cem segundo tudo quanto lhes ordenara o sacerdote Joiada; tomaram cada um os seus homens, tanto os que entravam como os que saíam no sábado, e vieram ao sacerdote Joiada.

¹⁰ O sacerdote entregou aos capitães de cem as lanças e os escudos que haviam sido do rei Davi e estavam na Casa do SENHOR.

¹¹ Os da guarda se puseram, cada um de armas na mão, desde o lado direito da casa real até ao lado esquerdo, e até ao altar, e até ao templo, para rodear o rei.

¹² Então, Joiada fez sair o filho do rei, pôs-lhe a coroa e lhe deu o livro do Testemunho; eles o constituíram rei, e o ungi-

ram, e bateram palmas, e gritaram: Viva o rei!

A morte de Atalia
2Cr 23.12-15

¹³ Ouvindo Atalia o clamor dos da guarda e do povo, veio para onde este se achava na Casa do SENHOR.
¹⁴ Olhou, e eis que o rei estava junto à coluna, segundo o costume, e os capitães e os tocadores de trombetas, junto ao rei, e todo o povo da terra se alegrava, e se tocavam trombetas. Então, Atalia rasgou os seus vestidos e clamou: Traição! Traição!
¹⁵ Porém o sacerdote Joiada deu ordem aos capitães que comandavam as tropas e disse-lhes: Fazei-a sair por entre as fileiras; se alguém a seguir, matai-o à espada. Porque o sacerdote tinha dito: Não a matem na Casa do SENHOR.
¹⁶ Lançaram mão dela; e ela, pelo caminho da entrada dos cavalos, foi à casa do rei, onde a mataram.

A aliança de Joiada
2Cr 23.16-21

¹⁷ Joiada fez aliança entre o SENHOR, e o rei, e o povo, para serem eles o povo do SENHOR; como também entre o rei e o povo.
¹⁸ Então, todo o povo da terra entrou na casa de Baal, e a derribaram; despedaçaram os seus altares e as suas imagens e a Matã, sacerdote de Baal, mataram perante os altares; então, o sacerdote pôs guardas sobre a Casa do SENHOR.
¹⁹ Tomou os capitães dos cários, os da guarda e todo o povo da terra, e todos estes conduziram da Casa do SENHOR o rei è, pelo caminho da porta dos da guarda, vieram à casa real; e Joás sentou-se no trono dos reis.
²⁰ Alegrou-se todo o povo da terra, e a cidade ficou tranqüila, depois que mataram Atalia à espada, junto à casa do rei.
²¹ Era Joás da idade de sete anos quando o fizeram rei.

O reinado de Joás
2Cr 24.1-14

12 No ano sétimo de Jeú, começou Joás a reinar e quarenta anos reinou em Jerusalém. Era o nome de sua mãe Zibia, de Berseba.
² Fez Joás o que era reto perante o

12.4 Êx 30.11-16.

SENHOR, todos os dias em que o sacerdote Joiada o dirigia.
³ Tão-somente os altos não se tiraram; e o povo ainda sacrificava e queimava incenso nos altos.
⁴ Disse Joás aos sacerdotes: Todo o dinheiro das cousas santas que se trouxer à Casa do SENHOR, a saber, a taxa pessoal, o resgate de pessoas segundo a sua avaliação e todo o dinheiro que cada um trouxer voluntariamente para a Casa do SENHOR,
⁵ recebam-no os sacerdotes, cada um dos seus conhecidos; e eles reparem os estragos da casa onde quer que se encontrem.
⁶ Sucedeu, porém, que, no ano vinte e três do rei Joás, os sacerdotes ainda não tinham reparado os estragos da casa.
⁷ Então, o rei Joás chamou o sacerdote Joiada e os mais sacerdotes e lhes disse: Por que não reparais os estragos da casa? Agora, pois, não recebais mais dinheiro de vossos conhecidos, mas entregai-o para a reparação dos estragos da casa.
⁸ Consentiram os sacerdotes, assim, em não receberem mais dinheiro do povo, como em não repararem os estragos da casa.
⁹ Porém o sacerdote Joiada tomou uma caixa, e lhe fez na tampa um buraco, e a pôs ao pé do altar, à mão direita dos que entravam na Casa do SENHOR; os sacerdotes que guardavam a entrada da porta depositavam ali todo o dinheiro que se trazia à Casa do SENHOR.
¹⁰ Quando viam que já havia muito dinheiro na caixa, o escrivão do rei subia com um sumo sacerdote, e contavam e ensacavam o dinheiro que se achava na Casa do SENHOR.
¹¹ O dinheiro, depois de pesado, davam nas mãos dos que dirigiam a obra e tinham a seu cargo a Casa do SENHOR; estes pagavam aos carpinteiros e aos edificadores que reparavam a Casa do SENHOR,
¹² como também aos pedreiros e aos cabouqueiros, e compravam madeira e pedras lavradas para repararem os estragos da Casa do SENHOR, e custeavam todo o necessário para a conservação da Casa do SENHOR.
¹³ Mas, do dinheiro que se trazia à Casa do SENHOR, não se faziam nem taças de prata, nem espevitadeiras, nem bacias, nem trombetas, nem vaso algum de ouro ou de prata para a Casa do SENHOR.
¹⁴ Porque o davam aos que dirigiam a obra e reparavam com ele a Casa do SENHOR.

¹⁵ Também não pediam contas aos homens em cujas mãos entregavam aquele dinheiro, para o dar aos que faziam a obra, porque procediam com fidelidade.

¹⁶ Mas o dinheiro de oferta pela culpa e o dinheiro de oferta pelos pecados não se traziam à Casa do SENHOR; eram para os sacerdotes.

¹⁷ Então, subiu Hazael, rei da Síria, e pelejou contra Gate, e a tomou; depois, Hazael resolveu marchar contra Jerusalém.

¹⁸ Porém Joás, rei de Judá, tomou todas as cousas santas que Josafá, Jeorão e Acazias, seus pais, reis de Judá, haviam dedicado, como também todo o ouro que se achava nos tesouros da Casa do SENHOR e na casa do rei e os mandou a Hazael, rei da Síria; e este se retirou de Jerusalém.

¹⁹ Quanto aos mais atos de Joás e a tudo o que fez, porventura, não estão escritos no livro da História dos Reis de Judá?

A conspiração contra o rei Joás
2Cr 24.25-27

²⁰ Levantaram-se os seus servos, conspiraram e feriram Joás na casa de Milo, que está na descida para Sila.

²¹ Porque Jozacar, filho de Simeate, e Jozabade, filho de Somer, seus servos, o feriram, e morreu; e o sepultaram com seus pais na Cidade de Davi. E Amazias, seu filho, reinou em seu lugar.

O reinado de Jeoacaz

13 No vigésimo-terceiro ano de Joás, filho de Acazias, rei de Judá, começou a reinar Jeoacaz, filho de Jeú, sobre Israel, em Samaria, e reinou dezessete anos.

² E fez o que era mau perante o SENHOR; porque andou nos pecados de Jeroboão, filho de Nebate, que fez pecar a Israel; não se apartou deles.

³ Pelo que se acendeu contra Israel a ira do SENHOR, o qual os entregou nas mãos de Hazael, rei da Síria, e nas mãos de Ben-Hadade, filho de Hazael, todos aqueles dias.

⁴ Porém Jeoacaz fez súplicas diante do SENHOR, e o SENHOR o ouviu; pois viu a opressão com que o rei da Síria atormentava a Israel.

⁵ O SENHOR deu um salvador a Israel, de modo que os filhos de Israel saíram de sob o poder dos siros e habitaram, de novo, em seus lares, como dantes.

⁶ Contudo, não se apartaram dos pecados da casa de Jeroboão, que fez pecar a Israel, porém andaram neles; e também o poste-ídolo permaneceu em Samaria.

⁷ E foi o caso que não se deixaram a Jeoacaz, do exército, senão cinqüenta cavaleiros, dez carros e dez mil homens de pé; porquanto o rei da Síria os havia destruído e feito como o pó, trilhando-os.

⁸ Ora, os mais atos de Jeoacaz, e tudo o que fez, e o seu poder, porventura, não estão escritos no livro da História dos Reis de Israel?

⁹ Jeoacaz descansou com seus pais, e o sepultaram em Samaria; e Jeoás, seu filho, reinou em seu lugar.

O reinado de Jeoás

¹⁰ No trigésimo-sétimo ano de Joás, rei de Judá, começou Jeoás, filho de Jeoacaz, a reinar sobre Israel, em Samaria; e reinou dezesseis anos.

¹¹ Fez o que era mau perante o SENHOR; não se apartou de nenhum dos pecados de Jeroboão, filho de Nebate, que fez pecar a Israel; porém andou neles.

¹² Quanto aos mais atos de Jeoás, e a tudo o que fez, e ao seu poder, com que pelejou contra Amazias, rei de Judá, porventura, não estão escritos no livro da História dos Reis de Israel?

¹³ Descansou Jeoás com seus pais, e no seu trono se assentou Jeroboão. Jeoás foi sepultado em Samaria, junto aos reis de Israel.

A profecia final e morte de Eliseu

¹⁴ Estando Eliseu padecendo da enfermidade de que havia de morrer, Jeoás, rei de Israel, desceu a visitá-lo, chorou sobre ele e disse: Meu pai, meu pai! Carros de Israel e seus cavaleiros!

¹⁵ Então, lhe disse Eliseu: Toma um arco e flechas; ele tomou um arco e flechas.

¹⁶ Disse ao rei de Israel: Retesa o arco; e ele o fez. Então, Eliseu pôs as mãos sobre as mãos do rei.

¹⁷ E disse: Abre a janela para o oriente; ele a abriu. Disse mais Eliseu: Atira; e ele atirou. Prosseguiu: Flecha da vitória do SENHOR! Flecha da vitória contra os siros! Porque ferirás os siros em Afeque, até os consumir.

¹⁸ Disse ainda: Toma as flechas. Ele as

tomou. Então, disse ao rei de Israel: Atira contra a terra; ele a feriu três vezes e cessou.

¹⁹ Então, o homem de Deus se indignou muito contra ele e disse: Cinco ou seis vezes a deverias ter ferido; então, feririas os siros até os consumir; porém, agora, só três vezes ferirás os siros.

²⁰ Morreu Eliseu, e o sepultaram. Ora, bandos dos moabitas costumavam invadir a terra, à entrada do ano.

²¹ Sucedeu que, enquanto alguns enterravam um homem, eis que viram um bando; então, lançaram o homem na sepultura de Eliseu; e, logo que o cadáver tocou os ossos de Eliseu, reviveu o homem e se levantou sobre os pés.

²² Hazael, rei da Síria, oprimiu a Israel todos os dias de Jeoacaz.

²³ Porém o SENHOR teve misericórdia de Israel, e se compadeceu dele, e se tornou para ele, por amor da aliança com Abraão, Isaque e Jacó; e não o quis destruir e não o lançou ainda da sua presença.

²⁴ Morreu Hazael, rei da Síria; e Ben-Hadade, seu filho, reinou em seu lugar.

²⁵ Jeoás, filho de Jeoacaz, retomou as cidades das mãos de Ben-Hadade, que este havia tomado das mãos de Jeoacaz, seu pai, na guerra; três vezes Jeoás o feriu e recuperou as cidades de Israel.

O reinado de Amazias, de Judá
2Cr 25.1-4

14 No segundo ano de Jeoás, filho de Jeoacaz, rei de Israel, começou a reinar Amazias, filho de Joás, rei de Judá.

² Tinha vinte e cinco anos quando começou a reinar e vinte e nove reinou em Jerusalém. Era o nome de sua mãe Jeoadã, de Jerusalém.

³ Fez ele o que era reto perante o SENHOR, ainda que não como Davi, seu pai; fez, porém, segundo tudo o que fizera Joás, seu pai.

⁴ Tão-somente os altos não se tiraram; o povo ainda sacrificava e queimava incenso nos altos.

⁵ Uma vez confirmado o reino em sua mão, matou os seus servos que tinham assassinado o rei, seu pai.

⁶ Porém os filhos dos assassinos não matou, segundo está escrito no livro da lei de Moisés, no qual o SENHOR deu ordem, dizendo: Os pais não serão mortos por causa dos filhos, nem os filhos por causa dos pais; cada qual será morto pelo seu próprio pecado.

Amazias vence os edomitas
2Cr 25.5-13

⁷ Ele feriu dez mil edomitas no vale do Sal e tomou a Sela na guerra; e chamou o seu nome Jocteel, até ao dia de hoje.

Amazias derrotado por Jeoás
2Cr 25.17-24

⁸ Então, Amazias enviou mensageiros a Jeoás, filho de Jeoacaz, filho de Jeú, rei de Israel, dizendo: Vem, meçamos armas.

⁹ Porém Jeoás, rei de Israel, respondeu a Amazias, rei de Judá: O cardo que está no Líbano mandou dizer ao cedro que lá está: Dá tua filha por mulher a meu filho; mas os animais do campo, que estavam no Líbano, passaram e pisaram o cardo.

¹⁰ Na verdade, feriste os edomitas, e o teu coração se ensoberbeceu; gloria-te disso e fica em casa; por que provocarias o mal para caíres tu, e Judá, contigo?

¹¹ Mas Amazias não quis atendê-lo. Subiu, então, Jeoás, rei de Israel, e Amazias, rei de Judá, e mediram armas em Bete-Semes, que está em Judá.

¹² Judá foi derrotado diante de Israel, e fugiu cada um para sua casa.

¹³ Jeoás, rei de Israel, prendeu Amazias, rei de Judá, filho de Joás, filho de Acazias, em Bete-Semes; e veio a Jerusalém, cujo muro ele rompeu desde a Porta de Efraim até à Porta da Esquina, quatrocentos côvados.

¹⁴ Tomou todo o ouro, e a prata, e todos os utensílios que se acharam na Casa do SENHOR e nos tesouros da casa do rei, como também reféns; e voltou para Samaria.

A morte de Jeoás, rei de Israel

¹⁵ Ora, os mais atos de Jeoás, o que fez, o seu poder e como pelejou contra Amazias, rei de Judá, porventura, não estão escritos no livro da História dos Reis de Israel?

¹⁶ Descansou Jeoás com seus pais e foi sepultado em Samaria, junto aos reis de Israel; e Jeroboão, seu filho, reinou em seu lugar.

A morte de Amazias, rei de Judá
2Cr 25.25-28

¹⁷ Amazias, filho de Joás, rei de Judá,

14.6 Dt 24.16.

viveu quinze anos depois da morte de Jeoás, filho de Jeoacaz, rei de Israel.

¹⁸ Ora, os mais atos de Amazias, porventura, não estão escritos no livro da História dos Reis de Judá?

¹⁹ Conspiraram contra ele em Jerusalém, e ele fugiu para Laquis; porém enviaram após ele homens até Laquis; e o mataram ali.

²⁰ Trouxeram-no sobre cavalos e o sepultaram em Jerusalém, junto a seus pais, na Cidade de Davi.

²¹ Todo o povo de Judá tomou a Uzias, que era de dezesseis anos, e o constituiu rei em lugar de Amazias, seu pai.

²² Ele edificou a Elate e a restituiu a Judá, depois que o rei descansou com seus pais.

O reinado de Jeroboão II, de Israel

²³ No décimo-quinto ano de Amazias, filho de Joás, rei de Judá, começou a reinar em Samaria Jeroboão, filho de Jeoás, rei de Israel; e reinou quarenta e um anos.

²⁴ Fez o que era mau perante o SENHOR; jamais se apartou de nenhum dos pecados de Jeroboão, filho de Nebate, que fez pecar a Israel.

²⁵ Restabeleceu ele os limites de Israel, desde a entrada de Hamate até ao mar da Planície, segundo a palavra do SENHOR, Deus de Israel, a qual falara por intermédio de seu servo Jonas, filho de Amitai, o profeta, o qual era de Gate-Hefer.

²⁶ Porque viu o SENHOR que a aflição de Israel era mui amarga, porque não havia nem escravo, nem livre, nem quem socorresse a Israel.

²⁷ Ainda não falara o SENHOR em apagar o nome de Israel de debaixo do céu; porém os livrou por intermédio de Jeroboão, filho de Jeoás.

²⁸ Quanto aos mais atos de Jeroboão, tudo quanto fez, o seu poder, como pelejou e como reconquistou Damasco e Hamate, pertencentes a Judá, para Israel, porventura, não estão escritos no livro da História dos Reis de Israel?

²⁹ Descansou Jeroboão com seus pais, com os reis de Israel; e Zacarias, seu filho, reinou em seu lugar.

O reinado de Azarias, de Judá
2Cr 26.1-15

15 No vigésimo-sétimo ano de Jeroboão, rei de Israel, começou a reinar Azarias, filho de Amazias, rei de Judá.

² Tinha dezesseis anos quando começou a reinar e cinqüenta e dois anos reinou em Jerusalém. Era o nome de sua mãe Jecolias, de Jerusalém.

³ Ele fez o que era reto perante o SENHOR, segundo tudo o que fizera Amazias, seu pai.

⁴ Tão-somente os altos não se tiraram; o povo ainda sacrificava e queimava incenso nos altos.

Azarias é atacado de lepra
2Cr 26.16-23

⁵ O SENHOR feriu ao rei, e este ficou leproso até ao dia da sua morte e habitava numa casa separada. Jotão, filho do rei, tinha o cargo da casa e governava o povo da terra.

⁶ Ora, os mais atos de Azarias e tudo o que fez, porventura, não estão escritos no livro da História dos Reis de Judá?

⁷ Descansou Azarias com seus pais, e o sepultaram junto a seus pais, na Cidade de Davi; e Jotão, seu filho, reinou em seu lugar.

O reinado de Zacarias, de Israel

⁸ No trigésimo-oitavo ano de Azarias, rei de Judá, reinou Zacarias, filho de Jeroboão, sobre Israel, em Samaria, seis meses.

⁹ Fez o que era mau perante o SENHOR, como tinham feito seus pais; não se apartou dos pecados de Jeroboão, filho de Nebate, que fez pecar a Israel.

¹⁰ Salum, filho de Jabes, conspirou contra ele, feriu-o diante do povo, matou-o e reinou em seu lugar.

¹¹ Quanto aos mais atos de Zacarias, eis que estão escritos no livro da História dos Reis de Israel.

¹² Esta foi a palavra que o SENHOR falou a Jeú: Teus filhos, até à quarta geração, se assentarão no trono de Israel. E assim sucedeu.

O reinado de Salum, de Israel

¹³ Salum, filho de Jabes, começou a reinar no trigésimo-nono ano de Uzias, rei de Judá; e reinou durante um mês em Samaria.

¹⁴ Subindo de Tirza, Menaém, filho de Gadi, veio a Samaria, feriu ali a Salum, filho de Jabes, matou-o e reinou em seu lugar.

¹⁵ Quanto aos mais atos de Salum e a conspiração que fez, eis que estão escritos no livro da História dos Reis de Israel.
¹⁶ Então, Menaém feriu a Tifsa e todos os que nela havia, como também seus termos desde Tirza. Porque não lha abriram, a devastou e todas as mulheres grávidas fez rasgar pelo ventre.

O reinado de Menaém, de Israel

¹⁷ Desde o trigésimo-nono ano de Azarias, rei de Judá, Menaém, filho de Gadi, começou a reinar sobre Israel e reinou dez anos em Samaria.
¹⁸ Fez o que era mau perante o SENHOR; todos os seus dias, não se apartou dos pecados de Jeroboão, filho de Nebate, que fez pecar a Israel.
¹⁹ Então, veio Pul, rei da Assíria, contra a terra; Menaém deu a Pul mil talentos de prata, para que este o ajudasse a consolidar o seu reino.
²⁰ Menaém arrecadou este dinheiro de Israel para pagar ao rei da Assíria, de todos os poderosos e ricos, cinqüenta siclos de prata por cabeça; assim, voltou o rei da Assíria e não se demorou ali na terra.
²¹ Quanto aos mais atos de Menaém e a tudo quanto fez, porventura, não estão escritos no livro da História dos Reis de Israel?
²² Descansou Menaém com seus pais; e Pecaías, seu filho, reinou em seu lugar.

O reinado de Pecaías, de Israel

²³ No qüinquagésimo ano de Azarias, rei de Judá, começou a reinar Pecaías, filho de Menaém; e reinou sobre Israel, em Samaria, dois anos.
²⁴ Fez o que era mau perante o SENHOR; não se apartou dos pecados de Jeroboão, filho de Nebate, que fez pecar a Israel.
²⁵ Peca, seu capitão, filho de Remalias, conspirou contra ele e o feriu em Samaria, na fortaleza da casa do rei, juntamente com Argobe e com Arié; com Peca estavam cinqüenta homens dos gileaditas; Peca o matou e reinou em seu lugar.
²⁶ Quanto aos mais atos de Pecaías e a tudo quanto fez, eis que estão escritos no livro da História dos Reis de Israel.

O reinado de Peca, de Israel

²⁷ No qüinquagésimo-segundo ano de Azarias, rei de Judá, começou a reinar Peca, filho de Remalias, e reinou sobre Israel, em Samaria, vinte anos.
²⁸ Fez o que era mau perante o SENHOR; não se apartou dos pecados de Jeroboão, filho de Nebate, que fez pecar a Israel.
²⁹ Nos dias de Peca, rei de Israel, veio Tiglate-Pileser, rei da Assíria, e tomou a Ijom, a Abel-Bete-Maaca, a Janoa, a Quedes, a Hazor, a Gileade e à Galiléia, a toda a terra de Naftali, e levou os seus habitantes para a Assíria.
³⁰ Oséias, filho de Elá, conspirou contra Peca, filho de Remalias, e o feriu, e o matou, e reinou em seu lugar, no vigésimo ano de Jotão, filho de Uzias.
³¹ Quanto aos mais atos de Peca e a tudo quanto fez, eis que estão escritos no livro da História dos Reis de Israel.

O reinado de Jotão, de Judá
2Cr 27.1-9

³² No ano segundo de Peca, filho de Remalias, rei de Israel, começou a reinar Jotão, filho de Uzias, rei de Judá.
³³ Tinha vinte e cinco anos de idade quando começou a reinar e reinou dezesseis anos em Jerusalém. Era o nome de sua mãe Jerusa, filha de Zadoque.
³⁴ Fez o que era reto perante o SENHOR; e em tudo procedeu segundo fizera Uzias, seu pai.
³⁵ Tão-somente os altos não se tiraram; o povo ainda sacrificava e queimava incenso nos altos. Ele edificou a Porta de Cima da Casa do SENHOR.
³⁶ Quanto aos mais atos de Jotão e a tudo quanto fez, porventura, não estão escritos no livro da História dos Reis de Judá?
³⁷ Naqueles dias, começou o SENHOR a enviar contra Judá a Rezim, rei da Síria, e a Peca, filho de Remalias.
³⁸ Descansou Jotão com seus pais e foi sepultado junto a seus pais, na Cidade de Davi, seu pai. Em seu lugar reinou Acaz, seu filho.

O reinado de Acaz, de Judá
2Cr 28.1-4

16 No décimo-sétimo ano de Peca, filho de Remalias, começou a reinar Acaz, filho de Jotão, rei de Judá.
² Tinha Acaz vinte anos de idade quando começou a reinar e reinou dezesseis anos em Jerusalém. Não fez o que era reto perante o SENHOR, seu Deus, como Davi, seu pai.

³ Porque andou no caminho dos reis de Israel e até queimou a seu filho como sacrifício, segundo as abominações dos gentios, que o SENHOR lançara de diante dos filhos de Israel.

⁴ Também sacrificou e queimou incenso nos altos e nos outeiros, como também debaixo de toda árvore frondosa.

Acaz pede socorro aos assírios
2Cr 28.16-21

⁵ Então, subiu Rezim, rei da Síria, com Peca, filho de Remalias, rei de Israel, a Jerusalém para pelejarem contra ela; cercaram Acaz, porém não puderam prevalecer contra ele.

⁶ Naquele tempo, Rezim, rei da Síria, restituiu Elate à Síria e lançou fora dela os judeus; os siros vieram a Elate e ficaram habitando ali até ao dia de hoje.

⁷ Acaz enviou mensageiros a Tiglate-Pileser, rei da Assíria, dizendo: Eu sou teu servo e teu filho; sobe e livra-me do poder do rei da Síria e do poder do rei de Israel, que se levantam contra mim.

⁸ Tomou Acaz a prata e o ouro que se acharam na Casa do SENHOR e nos tesouros da casa do rei e mandou de presente ao rei da Assíria.

⁹ O rei da Assíria lhe deu ouvidos, subiu contra Damasco, tomou-a, levou o povo para Quir e matou a Rezim.

A idolatria de Acaz
2Cr 28.22-25

¹⁰ Então, o rei Acaz foi a Damasco, a encontrar-se com Tiglate-Pileser, rei da Assíria; e, vendo ali um altar, enviou dele ao sacerdote Urias a planta e o modelo, segundo toda a sua obra.

¹¹ Urias, o sacerdote, edificou um altar segundo tudo o que o rei Acaz tinha ordenado de Damasco; assim o fez o sacerdote Urias, antes que o rei Acaz viesse de Damasco.

¹² Vindo, pois, de Damasco o rei, viu o altar, chegou-se a ele e nele sacrificou.

¹³ Queimou o seu holocausto e a sua oferta de manjares, derramou a sua libação e aspergiu o sangue das suas ofertas pacíficas naquele altar.

¹⁴ Porém o altar de bronze, que estava perante o SENHOR, tirou ele de diante da casa, d'entre o seu altar e a Casa do SENHOR e o pôs ao lado do seu altar, da banda do norte.

¹⁵ Ordenou também o rei Acaz ao sacerdote Urias, dizendo: Queima, no grande altar, o holocausto da manhã, como também a oferta de manjares da tarde, e o holocausto do rei, e a sua oferta de manjares, e o holocausto de todo o povo da terra, e a sua oferta de manjares, e as suas libações; todo sangue dos holocaustos e todo sangue dos sacrifícios aspergirás nele; porém o altar de bronze ficará para a minha deliberação posterior.

¹⁶ Fez Urias, o sacerdote, segundo tudo quanto o rei Acaz lhe ordenara.

¹⁷ O rei Acaz cortou os painéis dos suportes, e de cima deles tomou a pia, e o mar tirou-o de sobre os bois de bronze, que estavam debaixo dele, e o pôs sobre um pavimento de pedra.

¹⁸ Também o passadiço coberto para uso no sábado, que edificaram na casa, e a entrada real pelo lado de fora retirou da Casa do SENHOR, por causa do rei da Assíria.

A morte de Acaz
2Cr 28.26,27

¹⁹ Quanto aos mais atos de Acaz e ao que fez, porventura, não estão escritos no livro da História dos Reis de Judá?

²⁰ Descansou Acaz com seus pais e foi sepultado junto a seus pais, na Cidade de Davi; e Ezequias, seu filho, reinou em seu lugar.

O reinado de Oséias, de Israel

17 No ano duodécimo de Acaz, rei de Judá, começou a reinar Oséias, filho de Elá; e reinou sobre Israel, em Samaria, nove anos.

² Fez o que era mau perante o SENHOR; contudo, não como os reis de Israel que foram antes dele.

A queda de Samaria
e o cativeiro de Israel

³ Contra ele subiu Salmaneser, rei da Assíria; Oséias ficou sendo servo dele e lhe pagava tributo.

⁴ Porém o rei da Assíria achou Oséias em conspiração, porque enviara mensageiros a Sô, rei do Egito, e não pagava tributo ao rei da Assíria, como dantes fazia de ano

em ano; por isso, o rei da Assíria o encerrou em grilhões, num cárcere.

5 Porque o rei da Assíria passou por toda a terra, subiu a Samaria e a sitiou por três anos.

6 No ano nono de Oséias, o rei da Assíria tomou a Samaria e transportou a Israel para a Assíria; e os fez habitar em Hala, junto a Habor e ao rio Gozã, e nas cidades dos medos.

A causa do cativeiro

7 Tal sucedeu porque os filhos de Israel pecaram contra o SENHOR, seu Deus, que os fizera subir da terra do Egito, de debaixo da mão de Faraó, rei do Egito; e temeram a outros deuses.

8 Andaram nos estatutos das nações que o SENHOR lançara de diante dos filhos de Israel e nos costumes estabelecidos pelos reis de Israel.

9 Os filhos de Israel fizeram contra o SENHOR, seu Deus, o que não era reto; edificaram para si altos em todas as suas cidades, desde as atalaias dos vigias até à cidade fortificada.

10 Levantaram para si colunas e postes-ídolos, em todos os altos outeiros e debaixo de todas as árvores frondosas.

11 Queimaram ali o incenso em todos os altos, como as nações que o SENHOR expulsara de diante deles; cometeram ações perversas para provocarem o SENHOR à ira.

12 e serviram os ídolos, dos quais o SENHOR lhes tinha dito: Não fareis estas cousas.

13 O SENHOR advertiu a Israel e a Judá por intermédio de todos os profetas e de todos os videntes, dizendo: Voltai-vos dos vossos maus caminhos e guardai os meus mandamentos e os meus estatutos, segundo toda a lei que prescrevi a vossos pais e que vos enviei por intermédio dos meus servos, os profetas.

14 Porém não deram ouvidos; antes, se tornaram obstinados, de dura cerviz como seus pais, que não creram no SENHOR, seu Deus.

15 Rejeitaram os estatutos e a aliança que fizera com seus pais, como também as suas advertências com que protestara contra eles; seguiram os ídolos, e se tornaram vãos, e seguiram as nações que estavam em derredor deles, das quais o SENHOR lhes havia ordenado que não as imitassem.

16 Desprezaram todos os mandamentos do SENHOR, seu Deus, e fizeram para si imagens de fundição, dois bezerros; fizeram um poste-ídolo, e adoraram todo o exército do céu, e serviram a Baal.

17 Também queimaram a seus filhos e a suas filhas como sacrifício, deram-se à prática de adivinhações e criam em agouros; e venderam-se para fazer o que era mau perante o SENHOR, para o provocarem à ira.

18 Pelo que o SENHOR muito se indignou contra Israel e o afastou da sua presença; e nada mais ficou, senão a tribo de Judá.

19 Também Judá não guardou os mandamentos do SENHOR, seu Deus; antes, andaram nos costumes que Israel introduziu.

20 Pelo que o SENHOR rejeitou a toda a descendência de Israel, e os afligiu, e os entregou nas mãos dos despojadores, até que os expulsou da sua presença.

21 Pois, quando ele rasgou a Israel da casa de Davi, e eles fizeram rei a Jeroboão, filho de Nebate, Jeroboão apartou a Israel de seguir o SENHOR e o fez cometer grande pecado.

22 Assim, andaram os filhos de Israel em todos os pecados que Jeroboão tinha cometido; nunca se apartaram deles,

23 até que o SENHOR afastou a Israel da sua presença, como falara pelo ministério de todos os seus servos, os profetas; assim, foi Israel transportado da sua terra para a Assíria, onde permanece até ao dia de hoje.

O rei da Assíria renova a população de Samaria

24 O rei da Assíria trouxe gente de Babilônia, de Cuta, de Ava, de Hamate e de Sefarvaim e a fez habitar nas cidades de Samaria, em lugar dos filhos de Israel; tomaram posse de Samaria e habitaram nas suas cidades.

25 A princípio, quando passaram a habitar ali, não temeram o SENHOR; então, mandou o SENHOR para o meio deles leões, os quais mataram a alguns do povo.

26 Pelo que se disse ao rei da Assíria: As gentes que transportaste e fizeste habitar nas cidades de Samaria não sabem a maneira de servir o deus da terra; por isso, enviou ele leões para o meio delas, os quais as matam, porque não sabem como servir o deus da terra.

27 Então, o rei da Assíria mandou dizer: Levai para lá um dos sacerdotes que de lá trouxestes; que ele vá, e lá habite, e lhes ensine a maneira de servir o deus da terra.

17.10 1Rs 14.23.   **17.16** 1Rs 12.28.

28 Veio, pois, um dos sacerdotes que haviam trazido de Samaria, e habitou em Betel, e lhes ensinava como deviam temer o SENHOR.

O culto misto dos samaritanos

29 Porém cada nação fez ainda os seus próprios deuses nas cidades em que habitava, e os puseram nos santuários dos altos que os samaritanos tinham feito.

30 Os de Babilônia fizeram Sucote-Benote; os de Cuta fizeram Nergal; os de Hamate fizeram Asima;

31 os aveus fizeram Nibaz e Tartaque; e os sefarvitas queimavam seus filhos a Adrameleque e a Anameleque, deuses de Sefarvaim.

32 Mas temiam também ao SENHOR; dentre os do povo constituíram sacerdotes dos lugares altos, os quais oficiavam a favor deles nos santuários dos altos.

33 De maneira que temiam o SENHOR e, ao mesmo tempo, serviam aos seus próprios deuses, segundo o costume das nações dentre as quais tinham sido transportados.

34 Até ao dia de hoje fazem segundo os antigos costumes; não temem o SENHOR, não fazem segundo os seus estatutos e juízos, nem segundo a lei e o mandamento que o SENHOR prescreveu aos filhos de Jacó, a quem deu o nome de Israel.

35 Ora, o SENHOR tinha feito aliança com eles e lhes ordenara, dizendo: Não temereis outros deuses, nem vos prostrareis diante deles, nem os servireis, nem lhes oferecereis sacrifícios;

36 mas ao SENHOR, que vos fez subir da terra do Egito com grande poder e com braço estendido, a ele temereis, e a ele vos prostrareis, e a ele oferecereis sacrifícios.

37 Os estatutos e os juízos, a lei e o mandamento que ele vos escreveu, tereis cuidado de os observar todos os dias; não temereis outros deuses.

38 Da aliança que fiz convosco não vos esquecereis; nem temereis outros deuses.

39 Mas ao SENHOR, vosso Deus, temereis, e ele vos livrará das mãos de todos os vossos inimigos.

40 Porém eles não deram ouvidos a isso; antes, procederam segundo o seu antigo costume.

41 Assim, estas nações temiam o SENHOR e serviam as suas próprias imagens de escultura; como fizeram seus pais, assim fazem também seus filhos e os filhos de seus filhos, até ao dia de hoje.

O reinado de Ezequias, de Judá
2Cr 29.1,2

18 No terceiro ano de Oséias, filho de Elá, rei de Israel, começou a reinar Ezequias, filho de Acaz, rei de Judá.

2 Tinha vinte e cinco anos de idade quando começou a reinar e reinou vinte e nove anos em Jerusalém; sua mãe se chamava Abi e era filha de Zacarias.

3 Fez ele o que era reto perante o SENHOR, segundo tudo o que fizera Davi, seu pai.

4 Removeu os altos, quebrou as colunas e deitou abaixo o poste-ídolo; e fez em pedaços a serpente de bronze que Moisés fizera, porque até àquele dia os filhos de Israel lhe queimavam incenso e lhe chamavam Neustã.

5 Confiou no SENHOR, Deus de Israel, de maneira que depois dele não houve seu semelhante entre todos os reis de Judá, nem entre os que foram antes dele.

6 Porque se apegou ao SENHOR, não deixou de segui-lo e guardou os mandamentos que o SENHOR ordenara a Moisés.

7 Assim, foi o SENHOR com ele; para onde quer que saía, lograva bom êxito; rebelou-se contra o rei da Assíria e não o serviu.

8 Feriu ele os filisteus até Gaza e seus limites, desde as atalaias dos vigias até à cidade fortificada.

9 No quarto ano do rei Ezequias, que era o sétimo de Oséias, filho de Elá, rei de Israel, subiu Salmaneser, rei da Assíria, contra Samaria e a cercou.

10 Ao cabo de três anos, foi tomada; sim, no ano sexto de Ezequias, que era o nono de Oséias, rei de Israel, Samaria foi tomada.

11 O rei da Assíria transportou a Israel para a Assíria e o fez habitar em Hala, junto a Habor e ao rio Gozã, e nas cidades dos medos;

12 porquanto não obedeceram à voz do SENHOR, seu Deus; antes, violaram a sua aliança e tudo quanto Moisés, servo do SENHOR, tinha ordenado; não o ouviram, nem o fizeram.

Senaqueribe invade Judá
2Cr 32.1-8; Is 36.1-3

13 No ano décimo-quarto do rei Ezequias, subiu Senaqueribe, rei da Assíria, contra todas as cidades fortificadas de Judá e as tomou.

¹⁴ Então, Ezequias, rei de Judá, enviou mensageiros ao rei da Assíria, a Laquis, dizendo: Errei; retira-te de mim; tudo o que me impuseres suportarei. Então, o rei da Assíria impôs a Ezequias, rei de Judá, trezentos talentos de prata e trinta talentos de ouro.

¹⁵ Deu-lhe Ezequias toda a prata que se achou na Casa do SENHOR e nos tesouros da casa do rei.

¹⁶ Foi quando Ezequias arrancou das portas do templo do SENHOR e das ombreiras o ouro de que ele, rei de Judá, as cobrira, e o deu ao rei da Assíria.

¹⁷ Contudo, o rei da Assíria enviou, de Laquis, a Tartã, a Rabe-Saris e a Rabsaqué, com um grande exército, ao rei Ezequias, a Jerusalém; subiram e vieram a Jerusalém. Tendo eles subido e chegado, pararam na extremidade do aqueduto do açude superior, junto ao caminho do campo do Lavandeiro.

¹⁸ Tendo eles chamado o rei, saíram-lhes ao encontro Eliaquim, filho de Hilquias, o mordomo, Sebna, o escrivão, e Joá, filho de Asafe, o cronista.

Rabsaqué afronta a Ezequias e ao SENHOR
2Cr 32.9-20; Is 36.4-22

¹⁹ Rabsaqué lhes disse: Dizei a Ezequias: Assim diz o sumo rei, o rei da Assíria: Que confiança é essa em que te estribas?

²⁰ Bem posso dizer-te que teu conselho e poder para guerra não passam de vãs palavras; em quem, pois, agora, confias, para que te rebeles contra mim?

²¹ Confias no Egito, esse bordão de cana esmagada, o qual, se alguém nele apoiar-se, lhe entrará pela mão e a traspassará; assim é Faraó, rei do Egito, para com todos os que nele confiam.

²² Mas, se me dizeis: Confiamos no SENHOR, nosso Deus, não é esse aquele cujos altos e altares Ezequias removeu, dizendo a Judá e a Jerusalém: Perante este altar adorareis em Jerusalém?

²³ Ora, pois, empenha-te com meu senhor, rei da Assíria, e dar-te-ei dois mil cavalos, se de tua parte achares cavaleiros para os montar.

²⁴ Como, pois, se não podes afugentar um só capitão dos menores dos servos do meu senhor, confias no Egito, por causa dos carros e cavaleiros?

²⁵ Acaso, subi eu, agora, sem o SENHOR contra este lugar, para o destruir? Pois o SENHOR mesmo me disse: Sobe contra a terra e destrói-a.

²⁶ Então, disseram Eliaquim, filho de Hilquias, Sebna e Joá a Rabsaqué: Rogamos-te que fales em aramaico aos teus servos, porque o entendemos, e não nos fales em judaico, aos ouvidos do povo que está sobre as muralhas.

²⁷ Mas Rabsaqué lhes respondeu: Mandou-me, acaso, o meu senhor para dizer-te estas palavras a ti somente e a teu senhor? E não, antes, aos homens que estão sentados sobre as muralhas, para que comam convosco o seu próprio excremento e bebam a sua própria urina?

²⁸ Então, Rabsaqué se pôs em pé, e clamou em alta voz em judaico, e disse: Ouvi as palavras do sumo rei, do rei da Assíria.

²⁹ Assim diz o rei: Não vos engane Ezequias; porque não vos poderá livrar da sua mão;

³⁰ nem tampouco vos faça Ezequias confiar no SENHOR, dizendo: O SENHOR, certamente, nos livrará, e esta cidade não será entregue nas mãos do rei da Assíria.

³¹ Não deis ouvidos a Ezequias; porque assim diz o rei da Assíria: Fazei as pazes comigo e vinde para mim; e comei, cada um da sua própria vide e da sua própria figueira, e bebei, cada um da água da sua própria cisterna.

³² Até que eu venha e vos leve para uma terra como a vossa, terra de cereal e de vinho, terra de pão e de vinhas, terra de oliveiras e de mel, para que vivais e não morrais. Não deis ouvidos a Ezequias, porque vos engana, dizendo: O SENHOR nos livrará.

³³ Acaso, os deuses das nações puderam livrar, cada um a sua terra, das mãos do rei da Assíria?

³⁴ Onde estão os deuses de Hamate e de Arpade? Onde estão os deuses de Sefarvaim, Hena e Iva? Acaso, livraram eles a Samaria das minhas mãos?

³⁵ Quais são, dentre todos os deuses destes países, os que livraram a sua terra das minhas mãos, para que o SENHOR possa livrar a Jerusalém das minhas mãos?

³⁶ Calou-se, porém, o povo e não lhe respondeu palavra; porque assim lhe havia ordenado o rei: Não lhe respondereis.

³⁷ Então, Eliaquim, filho de Hilquias, o mordomo, e Sebna, o escrivão, e Joá, filho

de Asafe, o cronista, vieram ter com Ezequias, com suas vestes rasgadas, e lhe referiram as palavras de Rabsaqué.

Ezequias consulta a Isaías
Is 37.1-7

19 Tendo o rei Ezequias ouvido isto, rasgou as suas vestes, cobriu-se de pano de saco e entrou na Casa do SENHOR.

² Então, enviou a Eliaquim, o mordomo, a Sebna, o escrivão, e os anciãos dos sacerdotes cobertos de pano de saco, ao profeta Isaías, filho de Amoz;

³ os quais lhe disseram: Assim diz Ezequias: Este dia é dia de angústia, de disciplina e de opróbrio; porque filhos são chegados à hora de nascer, e não há força para dá-los à luz.

⁴ Porventura, o SENHOR, teu Deus, terá ouvido todas as palavras de Rabsaqué, a quem o rei da Assíria, seu senhor, enviou para afrontar o Deus vivo, e repreenderá as palavras que ouviu; ergue, pois, orações pelos que ainda subsistem.

⁵ Foram, pois, os servos do rei Ezequias a ter com Isaías;

⁶ Isaías lhes disse: Dizei isto a vosso senhor: Assim diz o SENHOR: Não temas por causa das palavras que ouviste, com as quais os servos do rei da Assíria blasfemaram de mim.

⁷ Eis que meterei nele um espírito, e ele, ao ouvir certo rumor, voltará para a sua terra; e nela eu o farei cair morto à espada.

A carta do rei da Assíria
Is 37.8-13

⁸ Voltou, pois, Rabsaqué e encontrou o rei da Assíria pelejando contra Libna; porque ouvira que o rei já se havia retirado de Laquis.

⁹ O rei ouviu que a respeito de Tiraca, rei da Etiópia, se dizia: Eis saiu para guerrear contra ti. Assim, tornou a enviar mensageiros a Ezequias, dizendo:

¹⁰ Assim falareis a Ezequias, rei de Judá: Não te engane o teu Deus, em quem confias, dizendo: Jerusalém não será entregue nas mãos do rei da Assíria.

¹¹ Já tens ouvido o que fizeram os reis da Assíria a todas as terras, como as destruíram totalmente; e crês tu que te livrarias?

¹² Porventura, os deuses das nações livraram os povos que meus pais destruíram,

Gozã, Harã e Rezefe e os filhos de Éden, que estavam em Telassar?

¹³ Onde está o rei de Hamate, e o rei de Arpade, e o rei da cidade de Sefarvaim, de Hena e de Iva?

A oração de Ezequias
Is 37.14-20

¹⁴ Tendo Ezequias recebido a carta das mãos dos mensageiros, leu-a; então, subiu à Casa do SENHOR, estendeu-a perante o SENHOR

¹⁵ e orou perante o SENHOR, dizendo: Ó SENHOR, Deus de Israel, que estás entronizado acima dos querubins, tu somente és o Deus de todos os reinos da terra; tu fizeste os céus e a terra.

¹⁶ Inclina, ó SENHOR, o teu ouvido e ouve; abre, SENHOR, os teus olhos e vê; ouve todas as palavras de Senaqueribe, as quais ele enviou para afrontar o Deus vivo.

¹⁷ Verdade é, SENHOR, que os reis da Assíria assolaram todas as nações e suas terras

¹⁸ e lançaram no fogo os deuses deles, porque deuses não eram, senão obra de mãos de homens, madeira e pedra; por isso, os destruíram.

¹⁹ Agora, pois, ó SENHOR, nosso Deus, livra-nos das suas mãos, para que todos os reinos da terra saibam que só tu és o SENHOR Deus.

O profeta conforta a Ezequias
Is 37.21-35

²⁰ Então, Isaías, filho de Amoz, mandou dizer a Ezequias: Assim diz o SENHOR, o Deus de Israel: Quanto ao que me pediste acerca de Senaqueribe, rei da Assíria, eu te ouvi,

²¹ e esta é a palavra que o SENHOR falou a respeito dele: A virgem, filha de Sião, te despreza e zomba de ti; a filha de Jerusalém meneia a cabeça por detrás de ti.

²² A quem afrontaste e de quem blasfemaste? E contra quem alçaste a voz e arrogantemente ergueste os olhos? Contra o Santo de Israel.

²³ Por meio dos teus mensageiros, afrontaste o SENHOR e disseste: Com a multidão dos meus carros subi ao cume dos montes, ao mais interior do Líbano; deitarei abaixo os seus altos cedros e seus ciprestes escolhidos, chegarei a suas pousadas extremas, ao seu denso e fértil pomar.

19.15 Êx 25.22.

²⁴ Eu mesmo cavei, e bebi as águas de estrangeiros, e com as plantas de meus pés sequei todos os rios do Egito.

²⁵ Acaso, não ouviste que já há muito dispus eu estas cousas, já desde os dias remotos o tinha planejado? Agora, porém, as faço executar e eu quis que tu reduzisses a montões de ruínas as cidades fortificadas.

²⁶ Por isso, os seus moradores, debilitados, andaram cheios de temor e envergonhados; tornaram-se como a erva do campo, e a erva verde, e o capim dos telhados, e o cereal queimado antes de amadurecer.

²⁷ Mas eu conheço o teu assentar, e o teu sair, e o teu entrar, e o teu furor contra mim.

²⁸ Por causa do teu furor contra mim e porque a tua arrogância subiu até aos meus ouvidos, eis que porei o meu anzol no teu nariz e o meu freio na tua boca e te farei voltar pelo caminho por onde vieste.

²⁹ Isto te será por sinal: este ano, se comerá o que espontaneamente nascer e, no segundo ano, o que daí proceder; no terceiro ano, porém, semeai, e colhei, e plantai vinhas, e comei os seus frutos.

³⁰ O que escapou da casa de Judá e ficou de resto tornará a lançar raízes para baixo e dará fruto por cima;

³¹ porque de Jerusalém sairá o restante, e do monte Sião, o que escapou. O zelo do SENHOR fará isto.

³² Pelo que assim diz o SENHOR acerca do rei da Assíria: Não entrará nesta cidade, nem lançará nela flecha alguma, não virá perante ela com escudo, nem há de levantar tranqueiras contra ela.

³³ Pelo caminho por onde vier, por esse voltará; mas, nesta cidade, não entrará, diz o SENHOR.

³⁴ Porque eu defenderei esta cidade, para a livrar, por amor de mim e por amor de meu servo Davi.

A destruição do exército dos assírios
2Cr 32.21-22; Is 37.36-38

³⁵ Então, naquela mesma noite, saiu o Anjo do SENHOR e feriu, no arraial dos assírios, cento e oitenta e cinco mil; e, quando se levantaram os restantes pela manhã, eis que todos estes eram cadáveres.

³⁶ Retirou-se, pois, Senaqueribe, rei da Assíria, e se foi; voltou e ficou em Nínive.

³⁷ Sucedeu que, estando ele a adorar na casa de Nisroque, seu deus, Adrameleque e Sarezer, seus filhos, o feriram à espada;

19.35-37 2Cr 32.21.

e fugiram para a terra de Ararate; e Esar-Hadom, seu filho, reinou em seu lugar.

A doença de Ezequias e a sua cura maravilhosa
2Cr 32.24; Is 38.1-8

20 Naqueles dias, Ezequias adoeceu duma enfermidade mortal; veio ter com ele o profeta Isaías, filho de Amoz, e lhe disse: Assim diz o SENHOR: Põe em ordem a tua casa, porque morrerás e não viverás.

² Então, virou Ezequias o rosto para a parede e orou ao SENHOR, dizendo:

³ Lembra-te, SENHOR, peço-te, de que andei diante de ti com fidelidade, com inteireza de coração, e fiz o que era reto aos teus olhos; e chorou muitíssimo.

⁴ Antes que Isaías tivesse saído da parte central da cidade, veio a ele a palavra do SENHOR, dizendo:

⁵ Volta e dize a Ezequias, príncipe do meu povo: Assim diz o SENHOR, o Deus de Davi, teu pai: Ouvi a tua oração e vi as tuas lágrimas; eis que eu te curarei; ao terceiro dia, subirás à Casa do SENHOR.

⁶ Acrescentarei aos teus dias quinze anos e das mãos do rei da Assíria te livrarei, a ti e a esta cidade; e defenderei esta cidade por amor de mim e por amor de Davi, meu servo.

⁷ Disse mais Isaías: Tomai uma pasta de figos; tomaram-na e a puseram sobre a úlcera; e ele recuperou a saúde.

⁸ Ezequias disse a Isaías: Qual será o sinal de que o SENHOR me curará e de que, ao terceiro dia, subirei à Casa do SENHOR?

⁹ Respondeu Isaías: Ser-te-á isto da parte do SENHOR como sinal de que ele cumprirá a palavra que disse: Adiantar-se-á a sombra dez graus ou os retrocederá?

¹⁰ Então, disse Ezequias: É fácil que a sombra adiante dez graus; tal, porém, não aconteça; antes, retroceda dez graus.

¹¹ Então, o profeta Isaías clamou ao SENHOR; e fez retroceder dez graus a sombra lançada pelo sol declinante no relógio de Acaz.

A embaixada da Babilônia
Is 39.1-8

¹² Nesse tempo, Merodaque-Baladã, filho de Baladã, rei da Babilônia, enviou cartas e um presente a Ezequias, porque soube que estivera doente.

¹³ Ezequias se agradou dos mensageiros e lhes mostrou toda a casa do seu tesouro, a prata, o ouro, as especiarias, os óleos finos, o seu arsenal e tudo quanto se achava nos seus tesouros; nenhuma cousa houve, nem em sua casa, nem em todo o seu domínio que Ezequias não lhes mostrasse.

¹⁴ Então, Isaías, o profeta, veio ao rei Ezequias e lhe disse: Que foi que aqueles homens disseram e donde vieram a ti? Respondeu Ezequias: Duma terra longínqua vieram, da Babilônia.

¹⁵ Perguntou ele: Que viram em tua casa? Respondeu Ezequias: Viram tudo quanto há em minha casa; cousa nenhuma há nos meus tesouros que eu não lhes mostrasse.

¹⁶ Então, disse Isaías a Ezequias: Ouve a palavra do SENHOR:

¹⁷ Eis que virão dias em que tudo quanto houver em tua casa, com o que entesouraram teus pais até ao dia de hoje, será levado para a Babilônia; não ficará cousa alguma, disse o SENHOR.

¹⁸ Dos teus próprios filhos, que tu gerares, tomarão, para que sejam eunucos no palácio do rei da Babilônia.

¹⁹ Então, disse Ezequias a Isaías: Boa é a palavra do SENHOR que disseste. Pois pensava: Haverá paz e segurança em meus dias.

A morte de Ezequias
2Cr 32.32,33

²⁰ Quanto aos mais atos de Ezequias, e todo o seu poder, e como fez o açude e o aqueduto, e trouxe água para dentro da cidade, porventura, não estão escritos no livro da História dos Reis de Judá?

²¹ Descansou Ezequias com seus pais; e Manassés, seu filho, reinou em seu lugar.

O reinado de Manassés, de Judá
2Cr 33.1-9

21 Tinha Manassés doze anos de idade quando começou a reinar e reinou cinqüenta e cinco anos em Jerusalém. Sua mãe chamava-se Hefzibá.

² Fez ele o que era mau perante o SENHOR, segundo as abominações dos gentios que o SENHOR expulsara de suas possessões, de diante dos filhos de Israel.

³ Pois tornou a edificar os altos que Ezequias, seu pai, havia destruído, e levantou altares a Baal, e fez um poste-ídolo como o que fizera Acabe, rei de Israel, e se prostrou diante de todo o exército dos céus, e o serviu.

⁴ Edificou altares na Casa do SENHOR, da qual o SENHOR tinha dito: Em Jerusalém porei o meu nome.

⁵ Também edificou altares a todo o exército dos céus nos dois átrios da Casa do SENHOR.

⁶ E queimou a seu filho como sacrifício, adivinhava pelas nuvens, era agoureiro e tratava com médiuns e feiticeiros; prosseguiu em fazer o que era mau perante o SENHOR, para o provocar à ira.

⁷ Também pôs a imagem de escultura do poste-ídolo que tinha feito na casa de que o SENHOR dissera a Davi e a Salomão, seu filho: Nesta casa e em Jerusalém, que escolhi de todas as tribos de Israel, porei o meu nome para sempre;

⁸ e não farei que os pés de Israel andem errantes da terra que dei a seus pais, contanto que tenham cuidado de fazer segundo tudo o que lhes tenho mandado e conforme toda a lei que Moisés, meu servo, lhes ordenou.

⁹ Eles, porém, não ouviram; e Manassés de tal modo os fez errar, que fizeram pior do que as nações que o SENHOR tinha destruído de diante dos filhos de Israel.

O juízo a respeito de Judá

¹⁰ Então, o SENHOR falou por intermédio dos profetas, seus servos, dizendo:

¹¹ Visto que Manassés, rei de Judá, cometeu estas abominações, fazendo pior que tudo que fizeram os amorreus antes dele, e também a Judá fez pecar com os ídolos dele,

¹² assim diz o SENHOR, Deus de Israel: Eis que hei de trazer tais males sobre Jerusalém e Judá, que todo o que os ouvir, lhe tinirão ambos os ouvidos.

¹³ Estenderei sobre Jerusalém o cordel de Samaria e o prumo da casa de Acabe; eliminarei Jerusalém, como quem elimina a sujeira de um prato, elimina-a e o emborca.

¹⁴ Abandonarei o resto da minha herança, entregá-lo-ei nas mãos de seus inimigos; servirá de presa e despojo para todos os seus inimigos.

¹⁵ Porquanto fizeram o que era mau perante mim e me provocaram à ira, desde o dia em que seus pais saíram do Egito até ao dia de hoje.

¹⁶ Além disso, Manassés derramou

muitíssimo sangue inocente, até encher Jerusalém de um ao outro extremo, afora o seu pecado, com que fez pecar a Judá, praticando o que era mau perante o SENHOR.

A morte de Manassés
2Cr 33.18-20

¹⁷ Quanto aos mais atos de Manassés, e a tudo quanto fez, e ao seu pecado, que cometeu, porventura, não estão escritos no livro da História dos Reis de Judá? ¹⁸ Manassés descansou com seus pais e foi sepultado no jardim da sua própria casa, no jardim de Uzá; e Amom, seu filho, reinou em seu lugar.

O reinado de Amom, de Judá
2Cr 33.21-25

¹⁹ Tinha Amom vinte e dois anos de idade quando começou a reinar e reinou dois anos em Jerusalém. Sua mãe se chamava Mesulemete e era filha de Haruz, de Jotbá. ²⁰ Fez o que era mau perante o SENHOR, como fizera Manassés, seu pai. ²¹ Andou em todo o caminho em que andara seu pai, serviu os ídolos a que ele servira e os adorou. ²² Assim, abandonou ele o SENHOR, Deus de seus pais, e não andou no caminho do SENHOR. ²³ Os servos do rei Amom conspiraram contra ele e o mataram em sua própria casa. ²⁴ Porém o povo da terra feriu todos os que conspiraram contra o rei Amom e constituiu a Josias, seu filho, rei em seu lugar. ²⁵ Quanto aos mais atos de Amom e a tudo que fez, porventura, não estão escritos no livro da História dos Reis de Judá? ²⁶ Foi ele enterrado na sua sepultura, no jardim de Uzá; e Josias, seu filho, reinou em seu lugar.

O reinado de Josias
2Cr 34.1-2

22 Tinha Josias oito anos de idade quando começou a reinar e reinou trinta e um anos em Jerusalém. Sua mãe se chamava Jedida e era filha de Adaías, de Bozcate. ² Fez ele o que era reto perante o SENHOR, andou em todo o caminho de Davi, seu pai, e não se desviou nem para a direita nem para a esquerda.

O rei repara o templo
2Cr 34.8-13

³ No décimo-oitavo ano do seu reinado, o rei Josias mandou o escrivão Safã, filho de Azalias, filho de Mesulão, à Casa do SENHOR, ⁴ dizendo: Sobe a Hilquias, o sumo sacerdote, para que conte o dinheiro que se trouxe à Casa do SENHOR, o qual os guardas da porta ajuntaram do povo; ⁵ que o dêem nas mãos dos que dirigem a obra e têm a seu cargo a Casa do SENHOR, para que paguem àqueles que fazem a obra que há na Casa do SENHOR, para repararem os estragos da casa: ⁶ aos carpinteiros, aos edificadores e aos pedreiros; e comprem madeira e pedras lavradas, para repararem os estragos da casa. ⁷ Porém não se pediu conta do dinheiro que se lhes entregara nas mãos, porquanto procediam com fidelidade.

Hilquias acha o Livro da Lei
2Cr 34.14-18

⁸ Então, disse o sumo sacerdote Hilquias ao escrivão Safã: Achei o Livro da Lei na Casa do SENHOR. Hilquias entregou o livro a Safã, e este o leu. ⁹ Então, o escrivão Safã veio ter com o rei e lhe deu relatório, dizendo: Teus servos contaram o dinheiro que se achou na casa e o entregaram nas mãos dos que dirigem a obra e têm a seu cargo a Casa do SENHOR. ¹⁰ Relatou mais o escrivão Safã ao rei, dizendo: O sacerdote Hilquias me entregou um livro. E Safã o leu diante do rei.

Josias manda consultar a profetisa Hulda
2Cr 34.19-28

¹¹ Tendo o rei ouvido as palavras do Livro da Lei, rasgou as suas vestes. ¹² Ordenou o rei a Hilquias, o sacerdote, a Aicão, filho de Safã, a Acbor, filho de Micaías, a Safã, o escrivão, e a Asaías, servo do rei, dizendo: ¹³ Ide e consultai o SENHOR por mim, pelo povo e por todo o Judá, acerca das palavras deste livro que se achou; porque grande é o furor do SENHOR que se acendeu contra nós, porquanto nossos pais não deram ouvidos às palavras deste livro, pa-

ra fazerem segundo tudo quanto de nós está escrito.

¹⁴ Então, o sacerdote Hilquias, Aicão, Acbor, Safã e Asaías foram ter com a profetisa Hulda, mulher de Salum, o guarda-roupa, filho de Ticvá, filho de Harás, e lhe falaram. Ela habitava na cidade baixa de Jerusalém.

¹⁵ Ela lhes disse: Assim diz o SENHOR, o Deus de Israel: Dizei ao homem que vos enviou a mim:

¹⁶ Assim diz o SENHOR: Eis que trarei males sobre este lugar e sobre os seus moradores, a saber, todas as palavras do livro que leu o rei de Judá.

¹⁷ Visto que me deixaram e queimaram incenso a outros deuses, para me provocarem à ira com todas as obras das suas mãos, o meu furor se acendeu contra este lugar e não se apagará.

¹⁸ Porém ao rei de Judá, que vos enviou a consultar o SENHOR, assim lhe direis: Assim diz o SENHOR, o Deus de Israel, acerca das palavras que ouviste:

¹⁹ Porquanto o teu coração se enterneceu, e te humilhaste perante o SENHOR, quando ouviste o que falei contra este lugar e contra os seus moradores, que seriam para assolação e para maldição, e rasgaste as tuas vestes, e choraste perante mim, também eu te ouvi, diz o SENHOR.

²⁰ Pelo que, eis que eu te reunirei a teus pais, e tu serás recolhido em paz à tua sepultura, e os teus olhos não verão todo o mal que hei de trazer sobre este lugar. Então, levaram eles ao rei esta resposta.

Josias renova a aliança ante o SENHOR
2Cr 34.29-33

23 Então, deu ordem o rei, e todos os anciãos de Judá e de Jerusalém se ajuntaram a ele.

² O rei subiu à Casa do SENHOR, e com ele todos os homens de Judá, todos os moradores de Jerusalém, os sacerdotes, os profetas e todo o povo, desde o menor até ao maior; e leu diante deles todas as palavras do livro da aliança que fora encontrado na Casa do SENHOR.

³ O rei se pôs em pé junto à coluna e fez aliança ante o SENHOR, para o seguirem, guardarem os seus mandamentos, os seus testemunhos e os seus estatutos, de todo o coração e de toda a alma, cumprindo as palavras desta aliança, que estavam escritas

naquele livro; e todo o povo anuiu a esta aliança.

A purificação do templo e do culto
2Cr 34.3-7

⁴ Então, o rei ordenou ao sumo sacerdote Hilquias, e aos sacerdotes da segunda ordem, e aos guardas da porta que tirassem do templo do SENHOR todos os utensílios que se tinham feito para Baal, e para o poste-ídolo, e para todo o exército dos céus, e os queimou fora de Jerusalém, nos campos de Cedrom, e levou as cinzas deles para Betel.

⁵ Também destituiu os sacerdotes que os reis de Judá estabeleceram para incensarem sobre os altos nas cidades de Judá e ao redor de Jerusalém, como também os que incensavam a Baal, ao sol, e à lua, e aos mais planetas, e a todo o exército dos céus.

⁶ Também tirou da Casa do SENHOR o poste-ídolo, que levou para fora de Jerusalém até ao vale de Cedrom, no qual o queimou e o reduziu a pó, que lançou sobre as sepulturas do povo.

⁷ Também derribou as casas da prostituição-cultual que estavam na Casa do SENHOR, onde as mulheres teciam tendas para o poste-ídolo.

⁸ A todos os sacerdotes trouxe das cidades de Judá e profanou os altos em que os sacerdotes incensavam, desde Geba até Berseba; e derribou os altares das portas, que estavam à entrada da porta de Josué, governador da cidade, à mão esquerda daquele que entrava por ela.

⁹ (Mas os sacerdotes dos altos não sacrificavam sobre o altar do SENHOR, em Jerusalém; porém comiam pães asmos no meio de seus irmãos.)

¹⁰ Também profanou a Tofete, que está no vale dos filhos de Hinom, para que ninguém queimasse a seu filho ou a sua filha como sacrifício a Moloque.

¹¹ Também tirou os cavalos que os reis de Judá tinham dedicado ao sol, à entrada da Casa do SENHOR, perto da câmara de Natã-Meleque, o camareiro, a qual ficava no átrio; e os carros do sol queimou.

¹² Também o rei derribou os altares que estavam sobre a sala de Acaz, sobre o terraço, altares que foram feitos pelos reis de Judá, como também os altares que fizera Manassés nos dois átrios da Casa do SENHOR; e, esmigalhados, os tirou dali e lançou o pó deles no ribeiro de Cedrom.

23.4-6 2Rs 21.3; 2Cr 33.3.   23.10 Lv 18.21; Jr 7.30,31; 19.1-6; 32.34,35.   23.12 2Rs 21.5; 2Cr 33.5.

13 O rei profanou também os altos que estavam defronte de Jerusalém, à mão direita do monte da Destruição, os quais edificara Salomão, rei de Israel, para Astarote, abominação dos sidônios, e para Camos, abominação dos moabitas, e para Milcom, abominação dos filhos de Amom.

14 Semelhantemente, fez em pedaços as colunas e cortou os postes-ídolos; e o lugar onde estavam encheu ele de ossos humanos.

Profanado e derribado o altar de Betel

15 Também o altar que estava em Betel e o alto que fez Jeroboão, filho de Nebate, que tinha feito pecar a Israel, esse altar junto com o alto o rei derribou; destruiu o alto, reduziu a pó o seu altar e queimou o poste-ídolo.

16 Olhando Josias ao seu redor, viu as sepulturas que estavam ali no monte; mandou tirar delas os ossos, e os queimou sobre o altar, e assim o profanou, segundo a palavra do SENHOR, que apregoara o homem de Deus que havia anunciado estas cousas.

17 Então, perguntou: Que monumento é este que vejo? Responderam-lhe os homens da cidade: É a sepultura do homem de Deus que veio de Judá e apregoou estas cousas que fizeste contra o altar de Betel.

18 Josias disse: Deixai-o estar; ninguém mexa nos seus ossos. Assim, deixaram estar os seus ossos com os ossos do profeta que viera de Samaria.

19 Também tirou Josias todos os santuários dos altos que havia nas cidades de Samaria e que os reis de Israel tinham feito para provocarem o SENHOR à ira; e lhes fez segundo todos os atos que tinha praticado em Betel.

20 E matou todos os sacerdotes dos altos que havia ali, sobre os altares, e queimou ossos humanos sobre eles; depois, voltou para Jerusalém.

A celebração da Páscoa
2Cr 35.1-19

21 Deu ordem o rei a todo o povo, dizendo: Celebrai a Páscoa ao SENHOR, vosso Deus, como está escrito neste livro da aliança.

22 Porque nunca se celebrou tal Páscoa como esta desde os dias dos juízes que jul-garam Israel, nem durante os dias dos reis de Israel, nem nos dias dos reis de Judá.

23 Corria o ano décimo-oitavo do rei Josias, quando esta Páscoa se celebrou ao SENHOR, em Jerusalém.

A piedade de Josias

24 Aboliu também Josias os médiuns, os feiticeiros, os ídolos do lar, os ídolos e todas as abominações que se viam na terra de Judá e em Jerusalém, para cumprir as palavras da lei, que estavam escritas no livro que o sacerdote Hilquias achara na Casa do SENHOR.

25 Antes dele, não houve rei que lhe fosse semelhante, que se convertesse ao SENHOR de todo o seu coração, e de toda a sua alma, e de todas as suas forças, segundo toda a lei de Moisés; e, depois dele, nunca se levantou outro igual.

26 Nada obstante, o SENHOR não desistiu do furor da sua grande ira, ira com que ardia contra Judá, por todas as provocações com que Manassés o tinha irritado.

27 Disse o SENHOR: Também a Judá removerei de diante de mim, como removi Israel, e rejeitarei esta cidade de Jerusalém, que escolhi, e a casa da qual eu dissera: Estará ali o meu nome.

A morte de Josias
2Cr 35.20-27

28 Quanto aos mais atos de Josias e a tudo quanto fez, porventura, não estão escritos no livro da História dos Reis de Judá?

29 Nos dias de Josias, subiu Faraó-Neco, rei do Egito, contra o rei da Assíria, ao rio Eufrates; e, tendo saído contra ele o rei Josias, Neco o matou, em Megido, no primeiro encontro.

30 De Megido, os seus servos o levaram morto e, num carro, o transportaram para Jerusalém, onde o sepultaram no seu jazigo. O povo da terra tomou a Jeoacaz, filho de Josias, e o ungiu, e o fez rei em lugar de seu pai.

O reinado e deposição de Jeoacaz
2Cr 36.1-4

31 Tinha Jeoacaz vinte e três anos de idade quando começou a reinar e reinou três meses em Jerusalém. Sua mãe chamava-se Hamutal e era filha de Jeremias, de Libna.

23.13 1Rs 11.7.   23.15 1Rs 12.33.   23.16 1Rs 13.2.   23.17 1Rs 13.30-32.

³² Fez ele o que era mau perante o SENHOR, segundo tudo que fizeram seus pais.

³³ Porém Faraó-Neco o mandou prender em Ribla, em terra de Hamate, para que não reinasse em Jerusalém; e impôs à terra a pena de cem talentos de prata e um de ouro.

³⁴ Faraó-Neco também constituiu rei a Eliaquim, filho de Josias, em lugar de Josias, seu pai, e lhe mudou o nome para Jeoaquim; porém levou consigo para o Egito a Jeoacaz, que ali morreu.

³⁵ Jeoaquim deu aquela prata e aquele ouro a Faraó; porém estabeleceu imposto sobre a terra, para dar esse dinheiro segundo o mandado de Faraó; do povo da terra exigiu prata e ouro, de cada um segundo a sua avaliação, para o dar a Faraó-Neco.

O reinado de Jeoaquim
2Cr 36.5-8

³⁶ Tinha Jeoaquim a idade de vinte e cinco anos quando começou a reinar e reinou onze anos em Jerusalém. Sua mãe se chamava Zebida e era filha de Pedaías, de Ruma.

³⁷ Fez ele o que era mau perante o SENHOR, segundo tudo quanto fizeram seus pais.

24 Nos dias de Jeoaquim, subiu Nabucodonosor, rei da Babilônia, contra ele, e ele, por três anos, ficou seu servo; então, se rebelou contra ele.

² Enviou o SENHOR contra Jeoaquim bandos de caldeus, e bandos de siros, e de moabitas, e dos filhos de Amom; enviou-os contra Judá para o destruir, segundo a palavra que o SENHOR falara pelos profetas, seus servos.

³ Com efeito, isto sucedeu a Judá por mandado do SENHOR, que o removeu da sua presença, por causa de todos os pecados cometidos por Manassés,

⁴ como também por causa do sangue inocente que ele derramou, com o qual encheu a cidade de Jerusalém; por isso, o SENHOR não o quis perdoar.

⁵ Quanto aos mais atos de Jeoaquim e a tudo quanto fez, porventura, não estão escritos no livro da História dos Reis de Judá?

⁶ Descansou Jeoaquim com seus pais; e Joaquim, seu filho, reinou em seu lugar.

⁷ O rei do Egito nunca mais saiu da sua terra; porque o rei da Babilônia tomou tudo quanto era dele, desde o ribeiro do Egito até ao rio Eufrates.

O reinado de Joaquim
2Cr 36.9

⁸ Tinha Joaquim dezoito anos de idade quando começou a reinar e reinou três meses em Jerusalém. Sua mãe se chamava Neústa e era filha de Elnatã, de Jerusalém.

⁹ Fez ele o que era mau perante o SENHOR, conforme tudo quanto fizera seu pai.

Nabucodonosor leva cativa a nobreza de Jerusalém

¹⁰ Naquele tempo, subiram os servos de Nabucodonosor, rei da Babilônia, a Jerusalém, e a cidade foi cercada.

¹¹ Nabucodonosor, rei da Babilônia, veio à cidade, quando os seus servos a sitiavam.

¹² Então, subiu Joaquim, rei de Judá, a encontrar-se com o rei da Babilônia, ele, sua mãe, seus servos, seus príncipes e seus oficiais; e o rei da Babilônia, no oitavo ano do seu reinado, o levou cativo.

¹³ Levou dali todos os tesouros da Casa do SENHOR e os tesouros da casa do rei; e, segundo tinha dito o SENHOR, cortou em pedaços todos os utensílios de ouro que fizera Salomão, rei de Israel, para o templo do SENHOR.

¹⁴ Transportou a toda a Jerusalém, todos os príncipes, todos os homens valentes, todos os artífices e ferreiros, ao todo dez mil; ninguém ficou, senão o povo pobre da terra.

¹⁵ Transferiu também a Joaquim para a Babilônia; a mãe do rei, as mulheres deste, seus oficiais e os homens principais da terra, ele os levou cativos de Jerusalém à Babilônia.

¹⁶ Todos os homens valentes, até sete mil, e os artífices, e ferreiros, até mil, todos eles destros na guerra, levou-os o rei da Babilônia cativos para a Babilônia.

¹⁷ O rei da Babilônia estabeleceu rei, em lugar de Joaquim, ao tio paterno deste, Matanias, de quem mudou o nome para Zedequias.

O reinado de Zedequias
2Cr 36.10-16; Jr 52.1-3

¹⁸ Tinha Zedequias a idade de vinte e

23.34 Jr 22.11,12.   **23.36** Jr 22.18,19; 26.1-6; 35.1-19.   **24.1** Jr 25.1-38; Dn 1.1,2.   **24.12** Jr 22.24-30; 24.1-10; 29.1,2.   **24.15** Ez 17.12.   **24.17** Jr 37.1; Ez 17.13.   **24.18** Jr 27.1-22; 28.1-17.

um anos quando começou a reinar e reinou onze anos em Jerusalém. Sua mãe se chamava Hamutal e era filha de Jeremias, de Libna.

¹⁹ Fez ele o que era mau perante o SENHOR, conforme tudo quanto fizera Joaquim.

A queda de Jerusalém
Jr 39.1-7; 52.3-11

²⁰ Assim sucedeu por causa da ira do SENHOR contra Jerusalém e contra Judá, a ponto de os rejeitar de sua presença. Zedequias rebelou-se contra o rei da Babilônia.

25 Sucedeu que, no nono ano do reinado de Zedequias, aos dez dias do décimo mês, Nabucodonosor, rei da Babilônia, veio contra Jerusalém, ele e todo o seu exército, e se acamparam contra ela, e levantaram contra ela tranqueiras em redor.

² A cidade ficou sitiada até ao undécimo ano do rei Zedequias.

³ Aos nove dias do quarto mês, quando a cidade se via apertada da fome, e não havia pão para o povo da terra,

⁴ então, a cidade foi arrombada, e todos os homens de guerra fugiram de noite pelo caminho da porta que está entre os dois muros perto do jardim do rei, a despeito de os caldeus se acharem contra a cidade em redor; o rei fugiu pelo caminho da Campina,

⁵ porém o exército dos caldeus perseguiu o rei Zedequias e o alcançou nas campinas de Jericó; e todo o exército deste se dispersou e o abandonou.

⁶ Então, o tomaram preso e o fizeram subir ao rei da Babilônia, a Ribla, o qual lhe pronunciou a sentença.

⁷ Aos filhos de Zedequias mataram à sua própria vista e a ele vazaram os olhos; ataram-no com duas cadeias de bronze e o levaram para a Babilônia.

O cativeiro de Judá
2Cr 36.17-21; Jr 39.8-10; 52.12-27

⁸ No sétimo dia do quinto mês, do ano décimo-nono de Nabucodonosor, rei da Babilônia, Nebuzaradã, chefe da guarda e servidor do rei da Babilônia, veio a Jerusalém.

⁹ E queimou a Casa do SENHOR e a casa do rei, como também todas as casas de Jerusalém; também entregou às chamas todos os edifícios importantes.

¹⁰ Todo o exército dos caldeus que estava com o chefe da guarda derribou os muros em redor de Jerusalém.

¹¹ O mais do povo que havia ficado na cidade, e os desertores que se entregaram ao rei da Babilônia, e o mais da multidão, Nebuzaradã, o chefe da guarda, levou cativos.

¹² Porém dos mais pobres da terra deixou o chefe da guarda ficar alguns para vinheiros e para lavradores.

¹³ Cortaram em pedaços os caldeus as colunas de bronze que estavam na Casa do SENHOR, como também os suportes e o mar de bronze que estavam na Casa do SENHOR; e levaram o bronze para a Babilônia.

¹⁴ Levaram também as panelas, as pás, as espevitadeiras, os recipientes de incenso e todos os utensílios de bronze, com que se ministrava.

¹⁵ Tomou também o chefe da guarda os braseiros, as bacias e tudo quanto fosse de ouro ou de prata.

¹⁶ Quanto às duas colunas, ao mar e aos suportes que Salomão fizera para a Casa do SENHOR, o peso do bronze de todos estes utensílios era incalculável.

¹⁷ A altura duma coluna era de dezoito côvados, e sobre ela havia um capitel de bronze de três côvados de altura; a obra de rede e as romãs sobre o capitel ao redor, tudo era de bronze; semelhante a esta era a outra coluna com a rede.

¹⁸ Levou também o chefe da guarda a Seraías, sumo sacerdote, e a Sofonias, segundo sacerdote, e os três guardas da porta.

¹⁹ Da cidade tomou a um oficial, que era comandante das tropas de guerra, e cinco homens dos que eram conselheiros do rei e se achavam na cidade, como também ao escrivão-mor do exército, que alistava o povo da terra, e sessenta homens do povo do lugar, que se achavam na cidade.

²⁰ Tomando-os, Nebuzaradã, o chefe da guarda, levou-os ao rei da Babilônia, a Ribla.

²¹ O rei da Babilônia os feriu e os matou em Ribla, na terra de Hamate. Assim, Judá foi levado cativo para fora da sua terra.

²² Quanto ao povo que ficara na terra de Judá, Nabucodonosor, rei da Babilônia, que o deixara ficar, nomeou governador so-

---

24.20 Ez 17.15.   25.1 Jr 21.1-10; 34.1-5; Ez 24.2.   25.4 Ez 33.21.   25.7 Ez 12.13.   25.9 1Rs 9.8. 25.13 1Rs 7.15-22; 2Cr 3.15-17; 1Rs 7.23-26; 2Cr 4.2-5.   25.14 1Rs 7.45; 2Cr 4.16.   25.22-24 Jr 40.7-9.

bre ele a Gedalias, filho de Aicão, filho de Safã.

Ismael mata a Gedalias

23 Ouvindo, pois, os capitães dos exércitos, eles e os seus homens, que o rei da Babilônia nomeara governador a Gedalias, vieram ter com este em Mispa, a saber, Ismael, filho de Netanias, Joanã, filho de Careá, Seraías, filho de Tanumete, o netofatita, e Jazanias, filho do maacatita, eles e os seus homens.

24 Gedalias jurou a eles e aos seus homens e lhes disse: Nada temais da parte dos caldeus; ficai na terra, servi ao rei da Babilônia, e bem vos irá.

25 Sucedeu, porém, que, no sétimo mês, veio Ismael, filho de Netanias, filho de Elisama, de família real, e dez homens, com ele, e feriram Gedalias, e ele morreu, como também aos judeus e aos caldeus que estavam com ele em Mispa.

26 Então, se levantou todo o povo, tanto os pequenos como os grandes, como também os capitães das tropas, e foram para o Egito, porque temiam aos caldeus.

Libertado e honrado o rei Joaquim
Jr 52.31-34

27 No trigésimo-sétimo ano do cativeiro de Joaquim, rei de Judá, no dia vinte e sete do duodécimo mês, Evil-Merodaque, rei da Babilônia, no ano em que começou a reinar, libertou do cárcere a Joaquim, rei de Judá.

28 Falou com ele benignamente e lhe deu lugar de mais honra do que a dos reis que estavam com ele na Babilônia.

29 Mudou-lhe as vestes do cárcere, e Joaquim passou a comer pão na sua presença todos os dias da sua vida.

30 E da parte do rei lhe foi dada subsistência vitalícia, uma pensão diária, durante os dias da sua vida.

O PRIMEIRO LIVRO DAS

CRÔNICAS

Descendentes de Adão
Gn 5.1-32

1 Adão, Sete, Enos,
2 Cainã, Maalaleel, Jarede,
3 Enoque, Metusalém, Lameque,
4 Noé, Sem, Cam e Jafé.

Descendentes dos filhos de Noé
Gn 10.1-32

5 Os filhos de Jafé foram: Gômer, Magogue, Madai, Javã, Tubal, Meseque e Tiras.

6 Os filhos de Gômer: Asquenaz, Rifate e Togarma.

7 Os filhos de Javã: Elisá, Társis, Quitim e Rodanim.

8 Os filhos de Cam: Cuxe, Mizraim, Pute e Canaã.

9 Os filhos de Cuxe: Sebá, Havilá, Sabtá, Raamá e Sabtecá; os filhos de Raamá: Sabá e Dedã.

10 Cuxe gerou a Ninrode, que começou a ser poderoso na terra.

11 Mizraim gerou a Ludim, a Anamim, a Leabim, a Naftuim,

12 a Patrusim, a Casluim (de quem descendem os filisteus) e a Caftorim.

13 Canaã gerou a Sidom, seu primogênito, a Hete,

14 aos jebuseus, aos amorreus, aos girgaseus,

15 aos heveus, aos arqueus, aos sineus,

16 aos arvadeus, aos zemareus e aos hamateus.

17 Os filhos de Sem: Elão, Assur, Arfaxade, Lude, Arã, Uz, Hul, Géter e Meseque.

18 Arfaxade gerou a Selá, e Selá gerou a Héber.

19 A Héber nasceram dois filhos: o nome dum foi Pelegue, porquanto, nos seus dias, se repartiu a terra; e o nome de seu irmão era Joctã.

20 Joctã gerou a Almodá, a Salefe, a Hazar-Mavé, a Jerá,

21 a Hadorão, a Uzal, a Dicla,

22 a Ebal, a Abimael, a Sabá,

23 a Ofir, a Havilá e a Jobabe; todos estes eram filhos de Joctã.

25.25 Jr 41.1-3.   25.26 Jr 43.5-7.

Descendentes de Sem
Gn 11.10-32

²⁴ Sem, Arfaxade, Selá,
²⁵ Héber, Pelegue, Reú,
²⁶ Serugue, Naor, Terá
²⁷ e Abrão, que é Abraão.

Descendentes de Ismael
Gn 25.12-18

²⁸ Os filhos de Abraão: Isaque e Ismael.
²⁹ São estas as suas gerações: o primogênito de Ismael foi Nebaiote, depois Quedar, Adbeel, Mibsão,
³⁰ Misma, Dumá, Massá, Hadade, Temá,
³¹ Jetur, Nafis e Quedemá; estes foram os filhos de Ismael.

Descendentes de Abraão e Quetura
Gn 25.1-6

³² Quanto aos filhos de Quetura, concubina de Abraão, esta deu à luz a Zinrã, a Jocsã, a Medã, a Midiã, a Jisbaque e a Sua. Os filhos de Jocsã: Sabá e Dedã.
³³ Os filhos de Midiã: Efá, Efer, Enoque, Abida e Elda; todos estes foram filhos de Quetura.
³⁴ Abraão, pois, gerou a Isaque. Os filhos de Isaque: Esaú e Israel.

Descendentes de Esaú
Gn 36.1-19

³⁵ Os filhos de Esaú: Elifaz, Reuel, Jeús, Jalão e Coré.
³⁶ Os filhos de Elifaz: Temã, Omar, Zefi, Gaeta, Quenaz, Timna e Amaleque.
³⁷ Os filhos de Reuel: Naate, Zerá, Samá e Mizá.

Descendentes de Seir
Gn 36.20-30

³⁸ Os filhos de Seir: Lotã, Sobal, Zibeão, Aná, Diso, Eser e Disã.
³⁹ Os filhos de Lotã: Hori e Homã; e a irmã de Lotã foi Timna.
⁴⁰ Os filhos de Sobal eram Aliã, Manaate, Ebal, Sefi e Onã. Os filhos de Zibeão: Aiá e Aná.
⁴¹ O filho de Aná: Disom. Os filhos de Disom: Hanrão, Esbã, Itrã e Querã.
⁴² Os filhos de Eser: Bilã, Zaavã e Jaacã. Os filhos de Disã: Uz e Arã.

Reis e príncipes de Edom
Gn 36.31-43

⁴³ São estes os reis que reinaram na terra de Edom, antes que houvesse rei sobre os filhos de Israel: Bela, filho de Beor, e o nome da sua cidade era Dinabá.
⁴⁴ Morreu Bela, e em seu lugar reinou Jobabe, filho de Zera, de Bozra.
⁴⁵ Morreu Jobabe, e em seu lugar reinou Husão, da terra dos temanitas.
⁴⁶ Morreu Husão, e em seu lugar reinou Hadade, filho de Bedade; este feriu a Midiã no campo de Moabe; o nome da sua cidade era Avite.
⁴⁷ Morreu Hadade, e em seu lugar reinou Samlá, de Masreca.
⁴⁸ Morreu Samlá, e em seu lugar reinou Saul, de Reobote, junto ao Eufrates.
⁴⁹ Morreu Saul, e em seu lugar reinou Baal-Hanã, filho de Acbor.
⁵⁰ Morreu Baal-Hanã, e em seu lugar reinou Hadade; o nome da sua cidade era Paí, e o de sua mulher era Meetabel, filha de Matrede, filha de Me-Zaabe.
⁵¹ Morreu Hadade. São estes os nomes dos príncipes de Edom: o príncipe Timna, o príncipe Aliá, o príncipe Jetete,
⁵² o príncipe Oolibama, o príncipe Elá, o príncipe Pinom,
⁵³ o príncipe Quenaz, o príncipe Temã, o príncipe Mibzar,
⁵⁴ o príncipe Magdiel, o príncipe Irã; são estes os príncipes de Edom.

Descendentes de Jacó
Gn 35.22-26

2 São estes os filhos de Israel: Rúben, Simeão, Levi, Judá, Issacar, Zebulom,
² Dã, José, Benjamim, Naftali, Gade e Aser.

Descendentes de Judá

³ Os filhos de Judá: Er, Onã e Selá; estes três lhe nasceram de Bate-Sua, a cananéia. Er, o primogênito de Judá, foi mau aos olhos do SENHOR, pelo que o matou.
⁴ Porém Tamar, nora de Judá, lhe deu à luz a Perez e a Zera. Todos os filhos de Judá foram cinco.
⁵ Os filhos de Perez: Hezrom e Hamul.
⁶ Os filhos de Zera: Zinri, Etã, Hemã, Calcol e Dara, cinco ao todo.
⁷ Os filhos de Carmi: Acar, o perturbador de Israel, que pecou na cousa condenada.

2.7 Js 7.1.

⁸ O filho de Etã: Azarias.

⁹ Os filhos de Hezrom, que lhe nasceram: Jerameel, Rão e Quelubai.

¹⁰ Rão gerou a Aminadabe; Aminadabe gerou a Naassom, príncipe dos filhos de Judá;

¹¹ Naassom gerou a Salma, e Salma gerou a Boaz;

¹² Boaz gerou a Obede, e Obede gerou a Jessé;

¹³ Jessé gerou a Eliabe, seu primogênito, a Abinadabe, o segundo, a Siméia, o terceiro,

¹⁴ a Natanael, o quarto, a Radai, o quinto,

¹⁵ a Ozém, o sexto, e a Davi, o sétimo.

¹⁶ As irmãs destes foram Zeruia e Abigail. Os filhos de Zeruia foram três: Abisai, Joabe e Asael.

¹⁷ Abigail deu à luz a Amasa; e o pai de Amasa foi Jéter, o ismaelita.

¹⁸ Calebe, filho de Hezrom, gerou filhos de Azuba, sua mulher, e de Jeriote; foram estes os filhos desta: Jeser, Sobabe e Ardom.

¹⁹ Morreu Azuba; e Calebe tomou para si a Efrata, da qual lhe nasceu Hur.

²⁰ Hur gerou a Uri, e Uri gerou a Bezalel.

²¹ Então, Hezrom coabitou com a filha de Maquir, pai de Gileade; tinha ele sessenta anos quando a tomou, e ela deu à luz a Segube.

²² Segube gerou a Jair, que teve vinte e três cidades na terra de Gileade.

²³ Gesur e Arã tomaram as aldeias de Jair, juntamente com Quenate e suas aldeias, a saber, sessenta lugares; todos estes foram filhos de Maquir, pai de Gileade.

²⁴ Depois da morte de Hezrom, em Calebe-Efrata, Abia, mulher de Hezrom, lhe deu a Azur, pai de Tecoa.

²⁵ Os filhos de Jerameel, primogênito de Hezrom, foram: Rão, o primogênito, Buna, Orém, Ozém e Aías.

²⁶ Teve Jerameel outra mulher, cujo nome era Atara; esta foi a mãe de Onã.

²⁷ Os filhos de Rão, primogênito de Jerameel, foram: Maaz, Jamim e Equer.

²⁸ Foram os filhos de Onã: Samai e Jada; e os filhos de Samai: Nadabe e Abisur.

²⁹ A mulher de Abisur chamava-se Abiail e lhe deu a Abã e a Molide.

³⁰ Os filhos de Nadabe: Selede e Apaim; e Selede morreu sem filhos.

³¹ O filho de Apaim: Isi; o filho de Isi: Sesã. E o filho de Sesã: Alai.

³² Os filhos de Jada, irmão de Samai, foram: Jéter e Jônatas; e Jéter morreu sem filhos.

³³ Os filhos de Jônatas: Pelete e Zaza; estes foram os filhos de Jerameel.

³⁴ Sesã não teve filhos, mas filhas; e tinha Sesã um servo egípcio, cujo nome era Jara.

³⁵ Deu, pois, Sesã sua filha por mulher a Jara, a quem ela deu à luz Atai.

³⁶ Atai gerou a Natã, e Natã gerou a Zabade.

³⁷ Zabade gerou a Eflal, e Eflal, a Obede.

³⁸ Obede gerou a Jeú, e Jeú, a Azarias.

³⁹ Azarias gerou a Heles, e Heles, a Eleasá.

⁴⁰ Eleasá gerou a Sismai, e Sismai, a Salum.

⁴¹ Salum gerou a Jecamias, e Jecamias, a Elisama.

⁴² O primogênito de Calebe, irmão de Jerameel, foi Maressa, que foi o pai de Zife; o filho de Maressa foi Abi-Hebrom.

⁴³ Os filhos de Hebrom: Coré, Tapua, Requém e Sema.

⁴⁴ Sema gerou a Raão, pai de Jorqueão; e Requém gerou a Samai.

⁴⁵ O filho de Samai foi Maom; e Maom foi o pai de Bete-Zur.

⁴⁶ Efá, a concubina de Calebe, deu à luz a Harã, a Moza e a Gazez; e Harã gerou a Gazez.

⁴⁷ Os filhos de Jadai: Regém, Jotão, Gesã, Pelete, Efá e Saafe.

⁴⁸ De Maaca, concubina, gerou Calebe a Seber e a Tiraná;

⁴⁹ Maaca deu à luz também a Saafe, pai de Madmana, e a Seva, pai de Macbena e de Gibeá; e Acsa foi filha de Calebe.

⁵⁰ Estes foram os filhos de Calebe. Os filhos de Hur, primogênito de Efrata, foram: Sobal, pai de Quiriate-Jearim,

⁵¹ Salma, pai dos belemitas, e Harefe, pai de Bete-Gader.

⁵² Os filhos de Sobal, pai de Quiriate-Jearim, foram: Haroé e Hazi-Hamenuate.

⁵³ As famílias de Quiriate-Jearim foram: os itritas, os puteus, os sumateus e os misraeus; destes procederam os zoratitas e os estaoleus.

⁵⁴ Os filhos de Salma: Belém e os netofatitas, Atrote-Bete-Joabe e Hazi-Hamanati, zoreu.

⁵⁵ As famílias dos escribas que habitavam em Jabez foram os tiratitas, os simeatitas e os sucatitas; são estes os queneus, que vieram de Hamate, pai da casa de Recabe.

Filhos de Davi
2Sm 3.2-5

3 Estes foram os filhos de Davi, que lhe nasceram em Hebrom: o primogênito, Amnom, de Ainoã, a jezreelita; o segundo, Daniel, de Abigail, a carmelita;
² o terceiro, Absalão, filho de Maaca, filha de Talmai, rei de Gesur; o quarto, Adonias, filho de Hagite;
³ o quinto, Sefatias, de Abital; o sexto, Itreão, de Eglá, sua mulher.
⁴ Seis filhos lhe nasceram em Hebrom, porque ali reinou sete anos e seis meses; e trinta e três anos reinou em Jerusalém.
⁵ Estes lhe nasceram em Jerusalém: Siméia, Sobabe, Natã e Salomão; estes quatro lhe nasceram de Bate-Seba, filha de Amiel.
⁶ Nasceram-lhe mais Ibar, Elisama, Elifelete,
⁷ Nogá, Nefegue, Jafia,
⁸ Elisama, Eliada e Elifelete; nove ao todo.
⁹ Todos estes foram filhos de Davi, afora os filhos das concubinas; e Tamar, irmã deles.

Descendentes de Salomão

¹⁰ O filho de Salomão foi Roboão, de quem foi filho Abias, de quem foi filho Asa, de quem foi filho Josafá;
¹¹ de quem foi filho Jorão, de quem foi filho Acazias, de quem foi filho Joás;
¹² de quem foi filho Amazias, de quem foi filho Azarias, de quem foi filho Jotão;
¹³ de quem foi filho Acaz, de quem foi filho Ezequias, de quem foi filho Manassés;
¹⁴ de quem foi filho Amom, de quem foi filho Josias.
¹⁵ Os filhos de Josias foram: o primogênito, Joanã; o segundo, Jeoaquim; o terceiro, Zedequias; o quarto, Salum.
¹⁶ Os filhos de Jeoaquim: Jeconias e Zedequias.
¹⁷ Os filhos de Jeconias, o cativo: Sealtiel,
¹⁸ Malquirão, Pedaías, Senazar, Jecamias, Hosama e Nedabias.
¹⁹ Os filhos de Pedaías: Zorobabel e Simei; os filhos de Zorobabel: Mesulão e Hananias; e Selomite, irmã deles;
²⁰ e Hasubá, Oel, Berequias, Hasadias e Jusabe-Hesede; cinco ao todo.
²¹ Os filhos de Hananias: Pelatias e Jesaías; os filhos de Refaías, os filhos de Ar-
nã, os filhos de Obadias, os filhos de Secanias.
²² O filho de Secanias foi Semaías; os filhos de Semaías: Hatus, Jigeal, Bariá, Nearias e Safate; seis ao todo.
²³ Os filhos de Nearias: Elioenai, Ezequias e Azricão; três ao todo.
²⁴ Os filhos de Elioenai: Hodavias, Eliasibe, Pelaías, Acube, Joanã, Delaías e Anani; sete ao todo.

Descendentes de Judá

4 Os filhos de Judá foram: Perez, Hezrom, Carmi, Hur e Sobal.
² Reaías, filho de Sobal, gerou a Jaate; Jaate gerou a Aumai e a Laade; são estas as famílias dos zoratitas.
³ Estes foram os filhos do pai de Etã: Jezreel, Isma e Idbas; e era o nome da irmã deles Hazelelponi;
⁴ e mais Penuel, pai de Gedor, e Ezer, pai de Husá; estes foram os filhos de Hur, o primogênito de Efrata e pai de Belém.
⁵ Asur, pai de Tecoa, teve duas mulheres: Hela e Naara.
⁶ Naara deu à luz a Auzão, a Héfer, a Temeni e a Haastari; estes foram os filhos de Naara.
⁷ Os filhos de Hela: Zerete, Izar e Etnã.
⁸ Coz gerou a Anube e a Zobeba e foi pai das famílias de Aarel, filho de Harum.
⁹ Foi Jabez mais ilustre do que seus irmãos; sua mãe chamou-lhe Jabez, dizendo: Porque com dores o dei à luz.
¹⁰ Jabez invocou o Deus de Israel, dizendo: Oh! Tomara que me abençoes e me alargues as fronteiras, que seja comigo a tua mão e me preserves do mal, de modo que não me sobrevenha aflição! E Deus lhe concedeu o que lhe tinha pedido.
¹¹ Quelube, irmão de Suá, gerou a Meir; este é o pai de Estom.
¹² Estom gerou a Bete-Rafa, a Paséia e a Teína, pai de Ir-Naás; estes foram os homens de Reca.
¹³ Os filhos de Quenaz foram: Otniel e Seraías; o filho de Otniel: Hatate.
¹⁴ Meonotai gerou a Ofra, e Seraías gerou a Joabe, fundador do vale dos Artífices, porque eles dali eram artífices.
¹⁵ Os filhos de Calebe, filho de Jefoné: Iru, Elá e Naã; e o filho de Elá: Quenaz.
¹⁶ Os filhos de Jealelel: Zife, Zifa, Tiria e Asareel.
¹⁷ Os filhos de Ezra: Jéter, Merede, Efer e Jalom; foram os filhos de Bitia, filha de

Faraó, que Merede tomou por mulher: Miriã, Samai e Isbá, pai de Estemoa.

¹⁸ E sua mulher, judia, deu à luz a Jerede, pai de Gedor, a Héber, pai de Socó, e a Jecutiel, pai de Zanoa.

¹⁹ Os filhos da mulher de Hodias, irmã de Naã: Abiqueila, o garmita, e Estemoa, o maacatita.

²⁰ Os filhos de Simão: Amnom, Rina, Bene-Hanã e Tilom; e os filhos de Isi: Zoete e Bene-Zoete;

²¹ os filhos de Selá, filho de Judá: Er, pai de Leca, e Lada, pai de Maressa; Selá foi também pai das famílias da casa dos obreiros em linho, em casa de Asbéia,

²² como ainda Joquim, e os homens de Cozeba, de Joás, de Sarafe, os quais dominavam sobre Moabe, e de Jasubi-Leém. Estes registros são antigos.

²³ Estes eram oleiros e habitantes de Netaim e de Gederá; moravam ali com o rei para o servirem.

Descendentes de Simeão

²⁴ Os filhos de Simeão foram: Nemuel, Jamim, Jaribe, Zerá e Saul,

²⁵ de quem foi filho Salum, de quem foi filho Mibsão, de quem foi filho Misma.

²⁶ O filho de Misma foi Hamuel, de quem foi filho Zacur, de quem foi filho Simei.

²⁷ Simei teve dezesseis filhos e seis filhas; mas seus irmãos não tiveram muitos filhos, nem se multiplicaram todas as suas famílias como os filhos de Judá.

²⁸ Habitavam em Berseba, em Moladá, em Hazar-Sual,

²⁹ em Bila, em Azém, em Tolade,

³⁰ em Betuel, em Hormá, em Ziclague,

³¹ em Bete-Marcabote, em Hazar-Susim, em Bete-Biri e em Saaraim. Estas foram as suas cidades, até ao reinado de Davi.

³² As suas aldeias foram: Etã, Aim, Rimom, Toquém e Asã; cinco cidades,

³³ com todas as suas aldeias que estavam ao redor destas cidades, até Baal. Estas foram as suas habitações e tinham seu registro genealógico.

³⁴ Estes, registrados por seus nomes, foram príncipes nas suas famílias: Mesobabe, Janleque, Josa, filho de Amazias,

³⁵ Joel, Jeú, filho de Josibias, filho de Seraías, filho de Asiel,

³⁶ Elioenai, Jaacobá, Jesoaías, Asaías, Adiel, Jesimiel, Benaia,

³⁷ Ziza, filho de Sifi, filho de Alom, filho de Jedaías, filho de Sinri, filho de Semaías;

³⁸ e as famílias de seus pais se multiplicaram abundantemente.

³⁹ Chegaram até à entrada de Gedor, ao oriente do vale, à procura de pasto para os seus rebanhos.

⁴⁰ Acharam pasto farto e bom e a terra espaçosa, tranqüila e pacífica, onde habitaram, dantes, os descendentes de Cam.

⁴¹ Estes, que estão registrados por seus nomes, vieram nos dias de Ezequias, rei de Judá, e derribaram as tendas, e feriram os meunitas que se encontraram ali, e os destruíram totalmente até ao dia de hoje, e habitaram em lugar deles, porque ali havia pasto para os seus rebanhos.

⁴² Também deles, dos filhos de Simeão, quinhentos homens foram ao monte Seir, tendo por capitães a Pelatias, a Nearias, a Refaías e a Uziel, filhos de Isi.

⁴³ Feriram o restante dos que escaparam dos amalequitas e habitam ali até ao dia de hoje.

Descendentes de Rúben

5 Quanto aos filhos de Rúben, o primogênito de Israel (pois era o primogênito, mas, por ter profanado o leito de seu pai, deu-se a sua primogenitura aos filhos de José, filho de Israel; de modo que, na genealogia, não foi contado como primogênito.

² Judá, na verdade, foi poderoso entre seus irmãos, e dele veio o príncipe; porém o direito da primogenitura foi de José.),

³ foram estes: Enoque, Palu, Hezrom e Carmi.

⁴ O filho de Joel: Semaías, de quem foi filho Gogue, de quem foi filho Simei,

⁵ de quem foi filho Mica, de quem foi filho Reaías, de quem foi filho Baal,

⁶ de quem foi filho Beera, o qual Tiglate-Pileser, rei da Assíria, levou cativo; ele foi príncipe dos rubenitas.

⁷ Quanto a seus irmãos, pelas suas famílias, quando foram inscritos nas genealogias segundo as suas descendências, tinham por cabeças Jeiel, Zacarias,

⁸ Bela, filho de Azaz, filho de Sema, filho de Joel, que habitaram em Aroer, até Nebo e Baal-Meom;

⁹ também habitaram da banda do oriente, até à entrada do deserto, o qual se estende até ao rio Eufrates, porque o seu gado se tinha multiplicado na terra de Gileade.

4.28 Js 19.2-8.   **5.1** Gn 35.22; 49.3,4.   **5.2** Gn 49.8-10.   **5.6** 2Rs 15.29.

¹⁰ Nos dias de Saul, fizeram guerra aos hagarenos, que caíram pelo poder de sua mão, e habitaram nas tendas deles, em toda a terra fronteira de Gileade, da banda do oriente.

Descendentes de Gade

¹¹ Os filhos de Gade habitaram defronte deles, na terra de Basã, até Salcá.

¹² Joel foi o cabeça, e Safã, o segundo; também Janai e Safate estavam em Basã.

¹³ Seus irmãos, segundo as suas casas paternas, foram: Micael, Mesulão, Seba, Jorai, Jacã, Zia e Héber; ao todo, sete;

¹⁴ estes foram os filhos de Abiail, filho de Huri, filho de Jaroa, filho de Gileade, filho de Micael, filho de Jesisai, filho de Jado, filho de Buz.

¹⁵ Aí, filho de Abdiel, filho de Guni, foi o cabeça da sua família.

¹⁶ Habitaram em Gileade, em Basã e suas aldeias, bem como até aos limites de todos os arredores de Sarom.

¹⁷ Todos estes foram inscritos na genealogia, nos dias de Jotão, rei de Judá, e nos dias de Jeroboão, rei de Israel.

A história das tribos transjordânicas

¹⁸ Dos filhos de Rúben, dos gaditas e da meia tribo de Manassés, homens valentes, que traziam escudo e espada, entesavam o arco e eram destros na guerra, houve quarenta e quatro mil setecentos e sessenta, capazes de sair a combate.

¹⁹ Fizeram guerra aos hagarenos, como a Jetur, a Nafis e a Nodabe.

²⁰ Foram ajudados contra eles, e os hagarenos e todos quantos estavam com eles foram entregues nas suas mãos; porque, na peleja, clamaram a Deus, que lhes deu ouvidos, porquanto confiaram nele.

²¹ Levaram o gado deles: cinquenta mil camelos, duzentas e cinquenta mil ovelhas, dois mil jumentos; e cem mil pessoas.

²² Porque muitos caíram feridos à espada, pois de Deus era a peleja; e habitaram no lugar deles até ao exílio.

²³ Os filhos da meia tribo de Manassés habitaram naquela terra de Basã até Baal-Hermom, e Senir, e o monte Hermom; e eram numerosos.

²⁴ Estes foram cabeças de suas famílias, a saber: Efer, Isi, Eliel, Azriel, Jeremias, Hodavias e Jadiel, guerreiros valentes, homens famosos, cabeças de suas famílias.

²⁵ Porém cometeram transgressões contra o Deus de seus pais e se prostituíram, seguindo os deuses dos povos da terra, os quais Deus destruíra de diante deles.

²⁶ Pelo que o Deus de Israel suscitou o espírito de Pul, rei da Assíria, e o espírito de Tiglate-Pileser, rei da Assíria, que os levou cativos, a saber: os rubenitas, os gaditas e a meia tribo de Manassés, e os trouxe para Hala, Habor e Hara e para o rio Gozã, onde permanecem até ao dia de hoje.

Descendentes de Levi

6 Os filhos de Levi foram: Gérson, Coate e Merari.

² Os filhos de Coate: Anrão, Jizar, Hebrom e Uziel.

³ Os filhos de Anrão: Arão, Moisés e Miriã. Os filhos de Arão: Nadabe, Abiú, Eleazar e Itamar.

⁴ Eleazar gerou a Finéias, e Finéias, a Abisua;

⁵ Abisua gerou a Buqui, e Buqui, a Uzi;

⁶ Uzi gerou a Zeraías, e Zeraías, a Meraiote;

⁷ Mcraiote gerou a Amarias, e Amarias, a Aitube;

⁸ Aitube gerou a Zadoque, e Zadoque, a Aimaás;

⁹ Aimaás gerou a Azarias, e Azarias, a Joanã;

¹⁰ Joanã gerou a Azarias; este é o que serviu de sacerdote na casa que Salomão tinha edificado em Jerusalém.

¹¹ Azarias gerou a Amarias, e Amarias, a Aitube;

¹² Aitube gerou a Zadoque, e Zadoque, a Salum;

¹³ Salum gerou a Hilquias, e Hilquias, a Azarias;

¹⁴ Azarias gerou a Seraías, e Seraías, a Jeozadaque;

¹⁵ Jeozadaque foi levado cativo, quando o Senhor levou para o exílio a Judá e a Jerusalém pela mão de Nabucodonosor.

¹⁶ Os filhos de Levi: Gérson, Coate e Merari.

¹⁷ São estes os nomes dos filhos de Gérson: Libni e Simei.

¹⁸ Os filhos de Coate: Anrão, Jizar, Hebrom e Uziel.

¹⁹ Os filhos de Merari: Mali e Musi; são estas as famílias dos levitas, segundo as casas de seus pais.

²⁰ O filho de Gérson foi Libni, de quem foi filho Jaate, de quem foi filho Zima,

²¹ de quem foi filho Joá, de quem foi filho Ido, de quem foi filho Zerá, de quem foi filho Jeaterai.

²² O filho de Coate foi Aminadabe, de quem foi filho Coré, de quem foi filho Assir,

²³ de quem foi filho Elcana, de quem foi filho Ebiasafe, de quem foi filho Assir,

²⁴ de quem foi filho Taate, de quem foi filho Uriel, de quem foi filho Uzias, de quem foi filho Saul.

²⁵ Os filhos de Elcana: Amasai e Aimote.

²⁶ Quanto a Elcana, foi seu filho Zofai, de quem foi filho Naate,

²⁷ de quem foi filho Eliabe, de quem foi filho Jeroão, de quem foi filho Elcana.

²⁸ Os filhos de Samuel: o primogênito, Joel, e depois Abias.

²⁹ O filho de Merari foi Mali, de quem foi filho Libni, de quem foi filho Simei, de quem foi filho Uzá,

³⁰ de quem foi filho Siméia, de quem foi filho Hagias, de quem foi filho Asaías.

Cantores levitas

³¹ São estes os que Davi constituiu para dirigir o canto na Casa do SENHOR, depois que a arca teve repouso.

³² Ministravam diante do tabernáculo da tenda da congregação com cânticos, até que Salomão edificou a Casa do SENHOR em Jerusalém; e exercitavam o seu ministério segundo a ordem prescrita.

³³ São estes os que serviam com seus filhos. Dos filhos dos coatitas: Hemã, o cantor, filho de Joel, filho de Samuel,

³⁴ filho de Elcana, filho de Jeroão, filho de Eliel, filho de Toá,

³⁵ filho de Zufe, filho de Elcana, filho de Maate, filho de Amasai,

³⁶ filho de Elcana, filho de Joel, filho de Azarias, filho de Sofonias,

³⁷ filho de Taate, filho de Assir, filho de Ebiasafe, filho de Coré,

³⁸ filho de Jizar, filho de Coate, filho de Levi, filho de Israel.

³⁹ Seu irmão Asafe estava à sua direita; era Asafe filho de Berequias, filho de Siméia,

⁴⁰ filho de Micael, filho de Baaséias, filho de Malquias,

⁴¹ filho de Etni, filho de Zera, filho de Adaías,

⁴² filho de Etã, filho de Zima, filho de Simei,

⁴³ filho de Jaate, filho de Gérson, filho de Levi.

⁴⁴ Seus irmãos, os filhos de Merari, estavam à esquerda, a saber: Etã, filho de Quisi, filho de Abdi, filho de Maluque,

⁴⁵ filho de Hasabias, filho de Amazias, filho de Hilquias,

⁴⁶ filho de Anzi, filho de Bani, filho de Semer,

⁴⁷ filho de Mali, filho de Musi, filho de Merari, filho de Levi.

⁴⁸ Seus irmãos, os levitas, foram postos para todo o serviço do tabernáculo da Casa de Deus.

Descendentes de Arão

⁴⁹ Arão e seus filhos faziam ofertas sobre o altar do holocausto e sobre o altar do incenso, todo serviço do lugar santíssimo e expiação por Israel, segundo tudo quanto Moisés, servo de Deus, tinha ordenado.

⁵⁰ Foi filho de Arão Eleazar, de quem foi filho Finéias, de quem foi filho Abisua,

⁵¹ de quem foi filho Buqui, de quem foi filho Uzi, de quem foi filho Zeraías,

⁵² de quem foi filho Meraiote, de quem foi filho Amarias, de quem foi filho Aitube,

⁵³ de quem foi filho Zadoque, de quem foi filho Aimaás.

As cidades dos levitas
Js 21.1-42

⁵⁴ São estes os lugares que eles habitavam, segundo os seus acampamentos, dentro dos seus limites, a saber: aos filhos de Arão, das famílias dos coatitas, pois lhes caiu a sorte,

⁵⁵ deram-lhes Hebrom, na terra de Judá, e os seus arredores.

⁵⁶ Porém o campo da cidade com suas aldeias deram a Calebe, filho de Jefoné.

⁵⁷ Aos filhos de Arão deram as cidades de refúgio: Hebrom e Libna com seus arredores, Jatir e Estemoa com seus arredores,

⁵⁸ Hilém com seus arredores, Debir com seus arredores,

⁵⁹ Asã com seus arredores e Bete-Semes com seus arredores;

⁶⁰ da tribo de Benjamim, Geba com seus arredores, Alemete com seus arredores e Anatote com seus arredores; ao todo, treze cidades, segundo as suas famílias.

⁶¹ Aos filhos de Coate, que restaram da família da tribo, caíram por sorte dez cidades da meia tribo, metade de Manassés.

⁶² Aos filhos de Gérson, segundo as suas famílias, da tribo de Issacar, da tribo

de Aser, da tribo de Naftali e da tribo de Manassés, em Basã, caíram treze cidades.

⁶³ Aos filhos de Merari, segundo as suas famílias, da tribo de Rúben, da tribo de Gade e da tribo de Zebulom, caíram por sorte doze cidades.

⁶⁴ Assim, deram os filhos de Israel aos levitas estas cidades com seus arredores.

⁶⁵ Deram-lhes por sorte, da tribo dos filhos de Judá, da tribo dos filhos de Simeão e da tribo dos filhos de Benjamim, estas cidades, que são mencionadas nominalmente.

⁶⁶ A algumas das famílias dos filhos de Coate foram dadas cidades dos seus territórios da parte da tribo de Efraim.

⁶⁷ Pois lhes deram as cidades de refúgio, Siquém com seus arredores, na região montanhosa de Efraim, como também Gezer com seus arredores,

⁶⁸ Jocmeão com seus arredores, Bete-Horom com seus arredores,

⁶⁹ Aijalom com seus arredores e Gate-Rimom com seus arredores;

⁷⁰ e, da meia tribo de Manassés, Aner com seus arredores e Bileã com seus arredores foram dadas às demais famílias dos filhos de Coate.

⁷¹ Aos filhos de Gérson, da família da meia tribo de Manassés, deram, em Basã, Golã com seus arredores e Astarote com seus arredores;

⁷² e da tribo de Issacar: Quedes com seus arredores, Daberate com seus arredores,

⁷³ Ramote com seus arredores e Aném com seus arredores;

⁷⁴ e da tribo de Aser: Masal com seus arredores, Abdom com seus arredores,

⁷⁵ Hucoque com seus arredores e Reobe com seus arredores;

⁷⁶ e da tribo de Naftali na Galiléia: Quedes com seus arredores, Hamom com seus arredores e Quiriataim com seus arredores.

⁷⁷ Os demais filhos de Merari receberam, da tribo de Zebulom, Rimono com seus arredores e Tabor com seus arredores;

⁷⁸ e dalém do Jordão, na altura de Jericó, ao oriente do Jordão, deram-se-lhes, da tribo de Rúben, Bezer com seus arredores no deserto, Jaza com seus arredores,

⁷⁹ Quedemote com seus arredores e Mefaate com seus arredores;

⁸⁰ e da tribo de Gade em Gileade: Ramote com seus arredores, Maanaim com seus arredores,

⁸¹ Hesbom com seus arredores e Jazer com seus arredores.

Descendentes de Issacar

7 Os filhos de Issacar foram: Tola, Puá, Jasube e Sinrom; quatro ao todo.

² Os filhos de Tola: Uzi, Refaías, Jeriel, Jamai, Ibsão e Samuel, chefes das suas famílias, descendentes de Tola; homens valentes nas suas gerações, cujo número, nos dias de Davi, foi de vinte e dois mil e setecentos.

³ O filho de Uzi: Izraías; e os filhos de Izraías: Micael, Obadias, Joel e Issias; cinco ao todo; todos eles chefes.

⁴ Tinham, nas suas gerações, segundo as suas famílias, em tropas de guerra, trinta e seis mil homens; pois tinham muitas mulheres e filhos.

⁵ Seus irmãos, em todas as famílias de Issacar, homens valentes, foram oitenta e sete mil, todos registados pelas suas genealogias.

Descendentes de Benjamim

⁶ Os filhos de Benjamim: Bela, Bequer e Jediael; três ao todo.

⁷ Os filhos de Bela: Esbom, Uzi, Uziel, Jerimote e Iri; cinco ao todo; chefes das suas famílias, homens valentes, foram vinte e dois mil e trinta e quatro, registados pelas suas genealogias.

⁸ Os filhos de Bequer: Zemira, Joás, Eliezer, Elioenai, Onri, Jerimote, Abias, Anatote e Alemete; todos filhos de Bequer.

⁹ O número deles, registados pelas suas genealogias, segundo as suas gerações, chefes das suas famílias, homens valentes, vinte mil e duzentos.

¹⁰ O filho de Jediael: Bilã; os filhos de Bilã: Jeús, Benjamim, Eúde, Quenaaná, Zetã, Társis e Aisaar.

¹¹ Todos estes, filhos de Jediael, foram chefes das suas famílias, homens valentes, dezessete mil e duzentos, capazes de sair à guerra.

¹² Supim e Hupim eram filhos de Ir; e Husim, filho de Aer.

¹³ Os filhos de Naftali: Jaziel, Guni, Jezer e Salum, filhos de Bila.

Descendentes de Manassés

¹⁴ O filho de Manassés: Asriel, de sua concubina síria, que também deu à luz a Maquir, pai de Gileade.

¹⁵ Maquir tomou a irmã de Hupim e Supim por mulher. O nome dela era Maaca; o nome do irmão de Maquir era Zelofeade, o qual teve só filhas.

¹⁶ Maaca, mulher de Maquir, teve um filho, a quem chamou Perez; irmão deste foi Seres. Os filhos de Perez foram Ulão e Requém.

¹⁷ O filho de Ulão: Bedã. Tais foram os filhos de Gileade, filho de Maquir, filho de Manassés.

¹⁸ Sua irmã Hamolequete deu à luz a Is-Hode, a Abiezer e a Maalá.

¹⁹ Foram os filhos de Semida: Aiã, Siquém, Liqui e Anião.

Descendentes de Efraim

²⁰ Era filho de Efraim Sutela, de quem foi filho Berede, de quem foi filho Taate, de quem foi filho Eleada, de quem foi filho Taate,

²¹ de quem foi filho Zabade, de quem foi filho Sutela; e ainda Ezer e Eleade, mortos pelos homens de Gate, naturais da terra, pois eles desceram para roubar o gado destes.

²² Pelo que por muitos dias os chorou Efraim, seu pai, cujos irmãos vieram para o consolar.

²³ Depois, coabitou com sua mulher, e ela concebeu e teve um filho, a quem ele chamou Berias, porque as cousas iam mal na sua casa.

²⁴ Sua filha foi Seerá, que edificou a Bete-Horom, a de baixo e a de cima, como também a Uzém-Seerá.

²⁵ O filho de Berias foi Refa, de quem foi filho Resefe, de quem foi filho Tela, de quem foi filho Taã,

²⁶ de quem foi filho Ladã, de quem foi filho Amiúde, de quem foi filho Elisama,

²⁷ de quem foi filho Num, de quem foi filho Josué.

²⁸ A possessão e habitação deles foram: Betel e as suas aldeias; ao oriente, Naarã; e, ao ocidente, Gezer e suas aldeias, Siquém e suas aldeias, até Aia e suas aldeias;

²⁹ da banda dos filhos de Manassés, Bete-Seã e suas aldeias, Taanaque e suas aldeias, Megido e suas aldeias, Dor e suas aldeias; nestas, habitaram os filhos de José, filho de Israel.

Descendentes de Aser

³⁰ Os filhos de Aser: Imna, Isvá, Isvi e Berias e Sera, irmã deles.

³¹ Os filhos de Berias: Héber e Malquiel; este foi o pai de Birzavite.

³² Héber gerou a Jaflete, a Somer, a Hotão e a Suá, irmã deles.

³³ Os filhos de Jaflete: Pasaque, Bimal e Asvate; estes foram os filhos de Jaflete.

³⁴ Os filhos de Semer: Aí, Roga, Jeubá e Arã.

³⁵ Os filhos de seu irmão Helém: Zofa, Imna, Seles e Amal.

³⁶ Os filhos de Zofa: Sua, Harnefer, Sual, Beri, Inra,

³⁷ Bezer, Hode, Sama, Silsa, Itrã e Beera.

³⁸ Os filhos de Jéter: Jefoné, Pispa e Ara.

³⁹ Os filhos de Ula: Ara, Haniel e Rizia.

⁴⁰ Todos estes foram filhos de Aser, chefes das famílias, escolhidos, homens valentes, chefes de príncipes, registados nas suas genealogias para o serviço na guerra; seu número foi de vinte e seis mil homens.

Descendentes de Benjamim

8 Benjamim gerou a Bela, seu primogênito, a Asbel, o segundo, a Aará, o terceiro,

² a Noá, o quarto, e a Rafa, o quinto.

³ Bela teve estes filhos: Adar, Gera, Abiúde,

⁴ Abisua, Naamã, Aoá,

⁵ Gera, Sefufá e Hurão.

⁶ Estes foram os filhos de Eúde, que foram chefes das famílias dos moradores de Geba e transportados para o exílio a Manaate:

⁷ Naamã, Aías e Gera; este os transportou e gerou a Uzá e a Aiúde.

⁸ Saaraim, depois de ter repudiado suas mulheres Husim e Baara, gerou nos campos de Moabe,

⁹ de Hodes, sua mulher, a Jobabe, a Zibia, a Messa, a Malcã,

¹⁰ a Jeuz, a Saquias e a Mirma; foram estes os seus filhos, chefes das famílias.

¹¹ Husim gerou a Abitube e a Elpaal.

¹² Os filhos de Elpaal foram: Héber, Misã e Semede; este edificou a Ono e a Lode e suas aldeias.

¹³ Berias e Sema foram cabeças das famílias dos moradores de Aijalom, que afugentaram os moradores de Gate.

¹⁴ Aiô, Sasaque, Jeremote,

¹⁵ Zebadias, Arade, Eder,

¹⁶ Micael, Ispa e Joá foram filhos de Berias.

¹⁷ Zebadias, Mesulão, Hizqui, Héber,

¹⁸ Ismerai, Izlias e Jobabe, filhos de Elpaal.

¹⁹ Jaquim, Zicri, Zabdi,

²⁰ Elienai, Ziletai, Eliel,

²¹ Adaías, Beraías e Sinrate, filhos de Simei.

²² Ispã, Héber, Eliel,

²³ Abdom, Zicri, Hanã,

²⁴ Hananias, Elão, Antotias,

²⁵ Ifdéias e Penuel, filhos de Sasaque.

²⁶ Sanserai, Searias, Atalias,

²⁷ Jaaresias, Elias e Zicri, filhos de Jeroão.

²⁸ Estes foram chefes das famílias, segundo as suas gerações, e habitaram em Jerusalém.

²⁹ Em Gibeom habitou o pai de Gibeom, cuja mulher se chamava Maaca,

³⁰ e também seu filho primogênito Abdom e ainda Zur, Quis, Ba'al, Nadabe,

³¹ Gedor, Aiô e Zequer.

³² Miclote gerou a Siméia, os quais habitaram em Jerusalém, com seus irmãos, bem defronte deles.

³³ Ner gerou a Quis; e Quis gerou a Saul; Saul gerou a Jônatas, a Malquisua, a Abinadabe e a Esbaal.

³⁴ Filho de Jônatas foi Meribe-Baal, e Meribe-Baal gerou a Mica.

³⁵ Os filhos de Mica foram: Pitom, Meleque, Taréia e Acaz.

³⁶ Acaz gerou a Jeoada; Jeoada gerou a Alemete, a Azmavete e a Zinri; e Zinri gerou a Moza.

³⁷ Moza gerou a Bineá, de quem foi filho Rafa, de quem foi filho Eleasá, de quem foi filho Azel.

³⁸ Teve Azel seis filhos, cujos nomes foram: Azricão, Bocru, Ismael, Scarias, Obadias e Hanã; todos estes foram filhos de Azel.

³⁹ Os filhos de Ezeque, seu irmão, foram Ulão, seu primogênito, Jeús, o segundo, e Elifelete, o terceiro.

⁴⁰ Os filhos de Ulão foram homens valentes, flecheiros; e tiveram muitos filhos e netos: cento e cinqüenta. Todos estes foram dos filhos de Benjamim.

Habitantes de Jerusalém depois do cativeiro

9 Todo o Israel foi registado por genealogias e inscrito no Livro dos Reis de Israel, e Judá foi levado para o exílio à Babilônia, por causa da sua transgressão.

² Os primeiros habitadores, que de novo vieram morar nas suas próprias possessões e nas suas cidades, foram os israelitas, os sacerdotes, os levitas e os servos do templo.

³ Porém alguns dos filhos de Judá, dos filhos de Benjamim e dos filhos de Efraim e Manassés habitaram em Jerusalém:

⁴ Utai, filho de Amiúde, filho de Onri, filho de Inri, filho de Bani, dos filhos de Perez, filho de Judá;

⁵ dos silonitas: Asaías, o primogênito, e seus filhos;

⁶ dos filhos de Zerá: Jeuel e seus irmãos; seiscentos e noventa ao todo;

⁷ dos filhos de Benjamim: Salu, filho de Mesulão, filho de Hodavias, filho de Hassenua;

⁸ Ibnéias, filho de Jeroão, e Elá, filho de Uzi, filho de Micri, e Mesulão, filho de Sefatias, filho de Reuel, filho de Ibnijas;

⁹ e seus irmãos, segundo as suas gerações; novecentos e cinqüenta e seis ao todo; todos estes homens foram cabeças de famílias nas casas de suas famílias.

¹⁰ Dos sacerdotes: Jedaías, Jeoiaribe, Jaquim,

¹¹ Azarias, filho de Hilquias, filho de Mesulão, filho de Zadoque, filho de Meraiote, filho de Aitube, príncipe da Casa de Deus;

¹² Adaías, filho de Jeroão, filho de Pasur, filho de Malquias, e Masai, filho de Adiel, filho de Jazera, filho de Mesulão, filho de Mesilemite, filho de Imer,

¹³ como também seus irmãos, cabeças das suas famílias; mil setecentos e sessenta ao todo, homens capazes para a obra do ministério da Casa de Deus.

¹⁴ Dos levitas: Semaías, filho de Hassube, filho de Azricão, filho de Hasabias, dos filhos de Merari;

¹⁵ Baquebacar, Heres, Galal e Matanias, filho de Mica, filho de Zicri, filho de Asafe;

¹⁶ Obadias, filho de Semaías, filho de Galal, filho de Jedutum; Berequias, filho de Asa, filho de Elcana, morador das aldeias dos netofatitas.

¹⁷ Os porteiros: Salum, Acube, Talmom e Aimã e os irmãos deles; Salum era o chefe.

¹⁸ Estavam até agora de guarda à porta do rei, do lado do oriente; tais foram os porteiros dos arraiais dos filhos de Levi.

¹⁹ Salum, filho de Coré, filho de Ebiasafe, filho de Corá, e seus irmãos da casa de seu pai, os coreítas, estavam encarregados da obra do ministério e eram guardas das portas do tabernáculo; e seus pais ti-

nham sido encarregados do arraial do SENHOR e eram guardas da entrada.

²⁰ Finéias, filho de Eleazar, os regia nesse tempo, e o SENHOR era com ele.

²¹ Zacarias, filho de Meselemias, era o porteiro da entrada da tenda da congregação.

²² Todos estes, escolhidos para guardas das portas, foram duzentos e doze. Estes foram registados pelas suas genealogias nas suas respectivas aldeias; e Davi e Samuel, o vidente, os constituíram cada um no seu cargo.

²³ Guardavam, pois, eles e seus filhos as portas da Casa do SENHOR, na casa da tenda.

²⁴ Os porteiros estavam aos quatro ventos: ao oriente, ao ocidente, ao norte e ao sul.

²⁵ Seus irmãos, que habitavam nas suas aldeias, tinham de vir, de tempo em tempo, para servir com eles durante sete dias;

²⁶ porque havia sempre, naquele ofício, quatro porteiros principais, que eram levitas, e tinham a seu cargo as câmaras e os tesouros da Casa de Deus.

²⁷ Estavam alojados à roda da Casa de Deus, porque a vigilância lhes estava encarregada, e tinham o dever de a abrir, todas as manhãs.

²⁸ Alguns deles estavam encarregados dos utensílios do ministério, porque estes eram contados quando eram trazidos e quando eram tirados.

²⁹ Outros havia que estavam encarregados dos móveis e de todos os objetos do santuário, como também da flor de farinha, do vinho, do azeite, do incenso e da especiaria.

³⁰ Alguns dos filhos dos sacerdotes confeccionavam as especiarias.

³¹ Matitias, dentre os levitas, o primogênito de Salum, o coreíta, tinha o cargo do que se fazia em assadeiras.

³² Outros dos seus irmãos, dos filhos dos coatitas, tinham o encargo de preparar os pães da proposição para todos os sábados.

³³ Quanto aos cantores, cabeças das famílias entre os levitas, estavam alojados nas câmaras do templo e eram isentos de outros serviços; porque, de dia e de noite, estavam ocupados no seu mister.

³⁴ Estes foram cabeças das famílias entre os levitas, chefes em suas gerações, e habitavam em Jerusalém.

³⁵ Em Gibeom habitou Jeiel, pai de Gibeom, cuja mulher se chamava Maaca;

³⁶ e também seu filho primogênito Abdom e ainda Zur, Quis, Baal, Ner, Nadabe,

³⁷ Gedor, Aiô, Zacarias e Miclote.

³⁸ Miclote gerou a Siméia, os quais habitaram em Jerusalém, com seus irmãos, bem defronte deles.

³⁹ Ner gerou a Quis; e Quis gerou a Saul, Saul gerou a Jônatas, a Malquisua, a Abinadabe e a Esbaal.

⁴⁰ Filho de Jônatas foi Meribe-Baal, e Meribe-Baal gerou a Mica.

⁴¹ Os filhos de Mica foram: Pitom, Meleque e Taréia.

⁴² Acaz gerou a Jaerá, e Jaerá gerou a Alemete, a Azmavete e a Zinri; e Zinri gerou a Moza.

⁴³ Moza gerou a Bineá, de quem foi filho Refaías, de quem foi filho Eleasá, de quem foi filho Azel.

⁴⁴ Teve Azel seis filhos, cujos nomes foram Azricão, Bocru, Ismael, Searias, Obadias e Hanã; todos estes foram filhos de Azel.

A derrota de Israel e a morte de Saul
1Sm 31.1-7

10 Os filisteus pelejaram contra Israel; e, tendo os homens de Israel fugido de diante dos filisteus, caíram mortos no monte Gilboa.

² Os filisteus perseguiram Saul e seus filhos e mataram Jônatas, Abinadabe e Malquisua, filhos de Saul.

³ Agravou-se muito a peleja contra Saul, os flecheiros o avistaram, e ele muito os temeu.

⁴ Então, disse Saul ao seu escudeiro: Arranca a tua espada e atravessa-me com ela, para que, porventura, não venham estes incircuncisos e escarneçam de mim. Porém seu escudeiro não o quis, porque temia muito; então, Saul tomou a espada e se lançou sobre ela.

⁵ Vendo, pois, o seu escudeiro que Saul já era morto, também ele se lançou sobre a espada e morreu com ele.

⁶ Assim, morreram Saul e seus três filhos; e toda a sua casa pereceu juntamente com ele.

⁷ Vendo os homens de Israel que estavam no vale que os homens de Israel fugiram e que Saul e seus filhos estavam mortos, desampararam as cidades e fugiram; e vieram os filisteus e habitaram nelas.

A sepultura de Saul
1Sm 31.8-13

⁸ Sucedeu, pois, que, vindo os filisteus

ao outro dia a despojar os mortos, acharam Saul e os seus filhos caídos no monte Gilboa.

⁹ E os despojaram, tomaram a sua cabeça e as suas armas e enviaram mensageiros pela terra dos filisteus, em redor, a levar as boas-novas a seus ídolos e entre o povo.

¹⁰ Puseram as armas de Saul no templo de seu deus, e a sua cabeça afixaram na casa de Dagom.

¹¹ Ouvindo, pois, toda a Jabes de Gileade tudo quanto os filisteus fizeram a Saul,

¹² então, todos os homens valentes se levantaram, e tomaram o corpo de Saul e os corpos dos filhos, e os trouxeram a Jabes; e sepultaram os seus ossos debaixo dum arvoredo, em Jabes, e jejuaram sete dias.

¹³ Assim, morreu Saul por causa da sua transgressão cometida contra o SENHOR, por causa da palavra do SENHOR, que ele não guardara; e também porque interrogara e consultara uma necromante

¹⁴ e não ao SENHOR, que, por isso, o matou e transferiu o reino a Davi, filho de Jessé.

Davi é ungido rei
2Sm 5.1-5

11 Então, todo o Israel se ajuntou a Davi, em Hebrom, dizendo: Somos do mesmo povo de que tu és.

² Outrora, sendo Saul ainda rei, eras tu que fazias saídas e entradas militares com Israel; também o SENHOR, teu Deus, te disse: Tu apascentarás o meu povo de Israel, serás chefe sobre o meu povo de Israel.

³ Assim, pois, todos os anciãos de Israel vieram ter com o rei em Hebrom; e Davi fez com eles aliança em Hebrom, perante o SENHOR. Ungiram Davi rei sobre Israel, segundo a palavra do SENHOR por intermédio de Samuel.

Davi conquista a Sião
2Sm 5.6-10

⁴ Partiu Davi e todo o Israel para Jerusalém, que é Jebus, porque ali estavam os jebuseus que habitavam naquela terra.

⁵ Disseram os moradores de Jebus a Davi: Tu não entrarás aqui. Porém Davi tomou a fortaleza de Sião; esta é a Cidade de Davi.

⁶ Porque disse Davi: Qualquer que primeiro ferir os jebuseus será chefe e coman-

dante. Então, Joabe, filho de Zeruia, subiu primeiro e foi feito chefe.

⁷ Assim, habitou Davi na fortaleza, pelo que se chamou a Cidade de Davi.

⁸ E foi edificando a cidade em redor, desde Milo, completando o circuito; e Joabe renovou o resto da cidade.

⁹ Ia Davi crescendo em poder cada vez mais, porque o SENHOR dos Exércitos era com ele.

Os valentes de Davi
2Sm 23.8-39

¹⁰ São estes os principais valentes de Davi, que o apoiaram valorosamente no seu reino, com todo o Israel, para o fazerem rei, segundo a palavra do SENHOR, no tocante a esse povo.

¹¹ Eis a lista dos valentes de Davi: Jasobeão, hacmonita, o principal dos trinta, o qual, brandindo a sua lança contra trezentos, duma vez os feriu.

¹² Depois dele, Eleazar, filho de Dodô, o aoíta; ele estava entre os três valentes.

¹³ Este se achou com Davi em Pas-Damim, quando se ajuntaram ali os filisteus à peleja, onde havia um pedaço de terra cheio de cevada; e o povo fugiu de diante dos filisteus.

¹⁴ Puseram-se no meio daquele terreno, e o defenderam, e feriram os filisteus; e o SENHOR efetuou grande livramento.

¹⁵ Três dos trinta cabeças desceram à penha, indo ter com Davi à caverna de Adulão; e o exército dos filisteus se acampara no vale dos Refains.

¹⁶ Davi estava na fortaleza, e a guarnição dos filisteus, em Belém.

¹⁷ Suspirou Davi e disse: Quem me dera beber água do poço que está junto à porta de Belém!

¹⁸ Então, aqueles três romperam pelo acampamento dos filisteus, e tiraram água do poço junto à porta de Belém, e tomaram-na, e a levaram a Davi; ele não a quis beber, mas a derramou como libação ao SENHOR.

¹⁹ E disse: Longe de mim, ó meu Deus, fazer tal cousa; beberia eu o sangue dos homens que lá foram com perigo de sua vida? Pois, com perigo de sua vida, a trouxeram. De maneira que não a quis beber. São essas as cousas que fizeram os três valentes.

²⁰ Também Abisai, irmão de Joabe, era cabeça dos trinta, o qual, brandindo a sua

10.13 1Sm 13.8-14; 15.1-24; Lv 19.31; 20.6; 1Sm 28.7,8.   11.4 Js 15.63; Jz 1.21.

lança contra trezentos, os feriu; e tinha nome entre os primeiros três.

²¹ Era ele mais nobre do que os trinta e era o cabeça deles; contudo, aos primeiros três não chegou.

²² Também Benaia, filho de Joiada, era homem valente de Cabzeel e grande em obras; feriu ele dois heróis de Moabe. Desceu numa cova e nela matou um leão no tempo da neve.

²³ Matou também um egípcio, homem da estatura de cinco côvados; o egípcio trazia na mão uma lança como o eixo do tecelão, mas Benaia o atacou com um cajado, arrancou-lhe da mão a lança e com ela o matou.

²⁴ Estas cousas fez Benaia, filho de Joiada, pelo que teve nome entre os primeiros três valentes.

²⁵ Era mais nobre do que os trinta, porém aos três primeiros não chegou, e Davi o pôs sobre a sua guarda.

²⁶ Foram os heróis dos exércitos: Asael, irmão de Joabe, Elanã, filho de Dodô, de Belém;

²⁷ Samote, harorita; Heles, pelonita;

²⁸ Ira, filho de Iques, tecoíta; Abiezer, anatotita;

²⁹ Sibecai, husatita; Ilai, aoíta;

³⁰ Maarai, netofatita; Helede, filho de Baaná, netofatita;

³¹ Itai, filho de Ribai, de Gibeá, dos filhos de Benjamim; Benaia, piratonita;

³² Hurai, do ribeiro de Gaás; Abiel, arbatita;

³³ Azmavete, baarumita; Eliaba, saalbonita;

³⁴ Bené-Hasém, gizonita; Jônatas, filho de Sage, hararita;

³⁵ Aião, filho de Sacar, hararita; Elifal, filho de Ur;

³⁶ Héfer, mequeratita; Aías, pelonita;

³⁷ Hezro, carmelita; Naarai, filho de Ezbai;

³⁸ Joel, irmão de Natã; Mibar, filho de Hagri;

³⁹ Zeleque, amonita; Naarai, beerotita, o que trazia as armas de Joabe, filho de Zeruia;

⁴⁰ Ira, o itrita; Garebe, itrita;

⁴¹ Urias, heteu; Zabade, filho de Alai;

⁴² Adina, filho de Siza, rubenita, chefe dos rubenitas, e com ele trinta;

⁴³ Hanã, filho de Maaca; Josafá, mitenita;

⁴⁴ Uzias, asteratita, Sama e Jeiel, filhos de Hotão, aroerita;

⁴⁵ Jediael, filho de Sinri, e Joá, seu irmão, tizita;

⁴⁶ Eliel, maavita, Jeribai e Josavias, filhos de Elnaão; Itma, moabita;

⁴⁷ Eliel, Obede e Jaasiel, de Zobá.

O exército de Davi

12 São estes os que vieram a Davi, a Ziclague, quando fugitivo de Saul, filho de Quis; e eram dos valentes que o ajudavam na guerra.

² Tinham por arma o arco e usavam tanto da mão direita como da esquerda em arremessar pedras com fundas e em atirar flechas com o arco. Eram dos irmãos de Saul, da tribo de Benjamim:

³ Aiezer, o chefe, e Joás, filhos de Semaá, o gibeatita; Jeziel e Pelete, filhos de Azmavete; Beraca e Jeú, o anatotita;

⁴ Ismaías, o gibeonita, valente entre os trinta e cabeça deles; Jeremias, Jaaziel, Joaná e Jozabade, o gederatita;

⁵ Eluzai, Jerimote, Bealias, Semarias e Sefatias, o harufita;

⁶ Elcana, Issias, Azareel, Joezer e Jasobeão, os coreítas;

⁷ Joela, Zebadias, filhos de Jeroão, de Gedor.

⁸ Dos gaditas passaram-se para Davi à fortaleza no deserto, homens valentes, homens de guerra para pelejar, armados de escudo e lança; seu rosto era como de leões, e eram eles ligeiros como gazelas sobre os montes;

⁹ Ezer, o cabeça, Obadias, o segundo, Eliabe, o terceiro,

¹⁰ Mismana, o quarto, Jeremias, o quinto,

¹¹ Atai, o sexto, Eliel, o sétimo,

¹² Joaná, o oitavo, Elzabade, o nono,

¹³ Jeremias, o décimo, Macbanai, o undécimo;

¹⁴ estes, dos filhos de Gade, foram capitães do exército; o menor valia por cem homens, e o maior, por mil.

¹⁵ São estes os que passaram o Jordão no primeiro mês, quando ele transbordava por todas as suas ribanceiras, e puseram em fuga a todos os que habitavam nos vales, tanto no oriente como no ocidente.

¹⁶ Também vieram alguns dos filhos de Benjamim e de Judá a Davi, à fortaleza.

¹⁷ Davi lhes saiu ao encontro e lhes falou, dizendo: Se vós vindes a mim pacificamente e para me ajudar, o meu coração se unirá convosco; porém, se é para me entregardes aos meus adversários, não haven-

do maldade em mim, o Deus de nossos pais o veja e o repreenda.

¹⁸ Então, entrou o Espírito em Amasai, cabeça de trinta, e disse: Nós somos teus, ó Davi, e contigo estamos, ó filho de Jessé! Paz, paz seja contigo! E paz com os que te ajudam! Porque o teu Deus te ajuda. Davi os recebeu e os fez capitães de tropas.

¹⁹ Também de Manassés alguns se passaram para Davi, quando veio com os filisteus para a batalha contra Saul, mas não ajudou os filisteus, porque os príncipes destes, depois de se aconselharem, o despediram; pois diziam: À custa de nossa cabeça, passará a Saul, seu senhor.

²⁰ Voltando ele, pois, a Ziclague, passaram-se para ele, de Manassés, Adna, Jozabade, Jediael, Micael, Jozabade, Eliú e Ziletai, chefes de milhares dos de Manassés.

²¹ Estes ajudaram Davi contra aquela tropa, porque todos eles eram homens valentes e capitães no exército.

²² Porque, naquele tempo, dia após dia, vinham a Davi para o ajudar, até que se fez um grande exército, como exército de Deus.

O exército que proclamou a Davi rei em Hebrom

²³ Ora, este é o número dos homens armados para a peleja, que vieram a Davi, em Hebrom, para lhe transferirem o reino de Saul, segundo a palavra do SENHOR:

²⁴ dos filhos de Judá, que traziam escudo e lança, seis mil e oitocentos, armados para a peleja;

²⁵ dos filhos de Simeão, homens valentes para a peleja, sete mil e cem;

²⁶ dos filhos de Levi, quatro mil e seiscentos;

²⁷ Joiada era o chefe da casa de Arão, e com ele vieram três mil e setecentos;

²⁸ Zadoque, sendo ainda jovem, homem valente, trouxe vinte e dois príncipes de sua casa paterna;

²⁹ dos filhos de Benjamim, irmãos de Saul, vieram três mil; porque até então havia ainda muitos deles que eram pela casa de Saul;

³⁰ dos filhos de Efraim, vinte mil e oitocentos homens valentes e de renome em casa de seus pais;

³¹ da meia tribo de Manassés, dezoito mil, que foram apontados nominalmente para a fazer rei a Davi;

³² dos filhos de Issacar, conhecedores da época, para saberem o que Israel devia

fazer, duzentos chefes e todos os seus irmãos sob suas ordens;

³³ de Zebulom, dos capazes para sair à guerra, providos com todas as armas de guerra, cinqüenta mil, destros para ordenar uma batalha com ânimo resoluto;

³⁴ de Naftali, mil capitães, e, com eles, trinta e sete mil com escudo e lança;

³⁵ dos danitas, providos para a peleja, vinte e oito mil e seiscentos;

³⁶ de Aser, dos capazes para sair à guerra e prontos para a batalha, quarenta mil;

³⁷ da banda dalém do Jordão, dos rubenitas e gaditas e da meia tribo de Manassés, providos de toda sorte de instrumentos de guerra, cento e vinte mil.

³⁸ Todos estes homens de guerra, postos em ordem de batalha, vieram a Hebrom, resolvidos a fazer Davi rei sobre todo o Israel; também todo o resto de Israel era unânime no propósito de fazer a Davi rei.

³⁹ Estiveram ali com Davi três dias, comendo e bebendo; porque seus irmãos lhes tinham feito provisões.

⁴⁰ E também seus vizinhos de mais perto, até Issacar, Zebulom e Naftali, trouxeram pão sobre jumentos, sobre camelos, sobre mulos e sobre bois, provisões de farinha, e pastas de figos, e cachos de passas, e vinho, e azeite, e bois, e gado miúdo em abundância; porque havia regozijo em Israel.

Davi dispõe-se a trazer a arca a Jerusalém

13 Consultou Davi os capitães de mil, e os de cem, e todos os príncipes;

² e disse a toda a congregação de Israel: Se bem vos parece, e se vem isso do SENHOR, nosso Deus, enviemos depressa mensageiros a todos os nossos outros irmãos em todas as terras de Israel, e aos sacerdotes, e aos levitas com eles nas cidades e nos seus arredores, para que se reúnam conosco;

³ tornemos a trazer para nós a arca do nosso Deus; porque nos dias de Saul não nos valemos dela.

⁴ Então, toda a congregação concordou em que assim se fizesse; porque isso pareceu justo aos olhos de todo o povo.

Davi procura trazer a arca
2Sm 6.1-11

⁵ **Reuniu**, pois, Davi a todo o Israel, des-

13.5 1Sm 7.1,2.

de Sior do Egito até à entrada de Hamate, para trazer a arca de Deus de Quiriate-Jearim.

⁶ Então, Davi, com todo o Israel, subiu a Baalá, isto é, a Quiriate-Jearim, que está em Judá, para fazer subir dali a arca de Deus, diante da qual é invocado o nome do SENHOR, que se assenta acima dos querubins.

⁷ Puseram a arca de Deus num carro novo e a levaram da casa de Abinadabe; e Uzá e Aiô guiavam o carro.

⁸ Davi e todo o Israel alegravam-se perante Deus, com todo o seu empenho; em cânticos, com harpas, com alaúdes, com tamboris, com címbalos e com trombetas.

⁹ Quando chegaram à eira de Quidom, estendeu Uzá a mão à arca para a segurar, porque os bois tropeçaram.

¹⁰ Então, a ira do SENHOR se acendeu contra Uzá e o feriu, por ter estendido a mão à arca; e morreu ali perante Deus.

¹¹ Desgostou-se Davi, porque o SENHOR irrompera contra Uzá; pelo que chamou àquele lugar Perez-Uzá, até ao dia de hoje.

¹² Temeu Davi a Deus, naquele dia, e disse: Como trarei a mim a arca de Deus?

¹³ Pelo que Davi não trouxe a arca para si, para a Cidade de Davi; mas a fez levar à casa de Obede-Edom, o geteu.

¹⁴ Assim, ficou a arca de Deus com a família de Obede-Edom, três meses em sua casa; e o SENHOR abençoou a casa de Obede-Edom e tudo o que ele tinha.

O reinado de Davi
reconhecido por Hirão
2Sm 5.11,12

14 Então, Hirão, rei de Tiro, mandou mensageiros a Davi, e madeira de cedro, e pedreiros, e carpinteiros, para lhe edificarem uma casa.

² Reconheceu Davi que o SENHOR o confirmara rei sobre Israel; porque, por amor do seu povo de Israel, o seu reino se tinha exaltado muito.

Os filhos de Davi que nasceram
em Jerusalém
2Sm 5.13-16; 1Cr 3.5-8

³ Davi tomou ainda mais mulheres em Jerusalém; e gerou ainda mais filhos e filhas.

⁴ São estes os nomes dos filhos que teve em Jerusalém: Samua, Sobabe, Natã, Salomão,

⁵ Ibar, Elisua, Elpelete,

⁶ Nogá, Nefegue, Jafia,

⁷ Elisama, Beeliada e Elifelete.

Davi derrota os filisteus
2Sm 5.17-25

⁸ Ouvindo, pois, os filisteus que Davi fora ungido rei sobre todo o Israel, subiram todos para prender Davi; ouvindo-o Davi, saiu contra eles.

⁹ Mas viram os filisteus e investiram contra ele no vale dos Refains.

¹⁰ Então, Davi consultou a Deus, dizendo: Subirei contra os filisteus? Entregar-mos-ás nas mãos? Respondeu-lhe o SENHOR: Sobe, porque os entregarei nas tuas mãos.

¹¹ Subindo Davi a Baal-Perazim, ali os derrotou; e disse: Deus, por meu intermédio, rompeu as fileiras inimigas diante de mim, como quem rompe águas. Por isso, chamaram o nome daquele lugar Baal-Perazim.

¹² Ali, deixaram os seus deuses; e ordenou Davi que se queimassem.

¹³ Porém os filisteus tornaram e fizeram uma investida no vale.

¹⁴ De novo, Davi consultou a Deus, e este lhe respondeu: Não subirás após eles; mas rodeia por detrás deles e ataca-os por defronte das amoreiras;

¹⁵ e há de ser que, ouvindo tu um estrondo de marcha pelas copas das amoreiras, então, sai à peleja; porque Deus saiu adiante de ti a ferir o exército dos filisteus.

¹⁶ Fez Davi como Deus lhe ordenara, e feriu o exército dos filisteus desde Gibeom até Gezer.

¹⁷ Assim se espalhou o renome de Davi por todas aquelas terras; pois o SENHOR o fez temível a todas aquelas gentes.

Os levitas designados
para levarem a arca

15 Fez também Davi casas para si mesmo, na Cidade de Davi; e preparou um lugar para a arca de Deus e lhe armou uma tenda.

² Então, disse Davi: Ninguém pode levar a arca de Deus, senão os levitas; porque o SENHOR os elegeu, para levarem a arca de Deus e o servirem para sempre.

³ Davi reuniu a todo o Israel em Jerusa-

13.6 Êx 25.22.   **13.14** 1Cr 26.5.   **15.2** Dt 10.8.

lém, para fazerem subir a arca do SENHOR ao seu lugar, que lhe tinha preparado.

⁴ Reuniu Davi os filhos de Arão e os levitas:

⁵ dos filhos de Coate: Uriel, o chefe, e seus irmãos, cento e vinte;

⁶ dos filhos de Merari: Asaías, o chefe, e seus irmãos, duzentos e vinte;

⁷ dos filhos de Gérson: Joel, o chefe, e seus irmãos, cento e trinta;

⁸ dos filhos de Elisafã: Semaías, o chefe, e seus irmãos, duzentos;

⁹ dos filhos de Hebrom: Eliel, o chefe, e seus irmãos, oitenta;

¹⁰ dos filhos de Uziel: Aminadabe, o chefe, e seus irmãos, cento e doze.

¹¹ Chamou Davi os sacerdotes Zadoque e Abiatar e os levitas Uriel, Asaías, Joel, Semaías, Eliel e Aminadabe

¹² e lhes disse: Vós sois os cabeças das famílias dos levitas; santificai-vos, vós e vossos irmãos, para que façais subir a arca do SENHOR, Deus de Israel, ao lugar que lhe preparei.

¹³ Pois, visto que não a levastes na primeira vez, o SENHOR, nosso Deus, irrompeu contra nós, porque, então, não o buscamos, segundo nos fora ordenado.

¹⁴ Santificaram-se, pois, os sacerdotes e levitas, para fazerem subir a arca do SENHOR, Deus de Israel.

¹⁵ Os filhos dos levitas trouxeram a arca de Deus aos ombros pelas varas que nela estavam, como Moisés tinha ordenado, segundo a palavra do SENHOR.

Designados os músicos para o templo

¹⁶ Disse Davi aos chefes dos levitas que constituíssem a seus irmãos, os cantores, para que, com instrumentos músicos, com alaúdes, harpas e címbalos se fizessem ouvir e levantassem a voz com alegria.

¹⁷ Designaram, pois, os levitas Hemã, filho de Joel; e dos irmãos dele Asafe, filho de Berequias; e dos filhos de Merari, irmãos deles, Etã, filho de Cusaías.

¹⁸ E com eles a seus irmãos da segunda ordem: Zacarias, Bene, Jaaziel, Semiramote, Jeiel, Uni, Eliabe, Benaia, Maaséias, Matitias, Elifeleu e Micnéias e os porteiros Obede-Edom e Jeiel.

¹⁹ Assim, os cantores Hemã, Asafe e Etã se faziam ouvir com címbalos de bronze;

²⁰ Zacarias, Aziel, Semiramote, Jeiel,

Uni, Eliabe, Maaséias e Benaia, com alaúdes, em voz de soprano;

²¹ Matitias, Elifeleu, Micnéias, Obede-Edom, Jeiel e Azazias, com harpas, em tom de oitava, para conduzir o canto.

²² Quenanias, chefe dos levitas músicos, tinha o encargo de dirigir o canto, porque era perito nisso.

²³ Berequias e Elcana eram porteiros da arca.

²⁴ Sebanias, Josafá, Natanael, Amasai, Zacarias, Benaia e Eliezer, os sacerdotes, tocavam as trombetas perante a arca de Deus; Obede-Edom e Jeías eram porteiros da arca.

A arca é levada para Jerusalém

²⁵ Foram Davi, e os anciãos de Israel, e os capitães de milhares, para fazerem subir, com alegria, a arca da Aliança do SENHOR, da casa de Obede-Edom.

²⁶ Tendo Deus ajudado os levitas que levavam a arca da Aliança do SENHOR, ofereceram em sacrifício sete novilhos e sete carneiros.

²⁷ Davi ia vestido de um manto de linho fino, como também todos os levitas que levavam a arca, e os cantores, e Quenanias, chefe dos que levavam a arca e dos cantores; Davi vestia também uma estola sacerdotal de linho.

²⁸ Assim, todo o Israel fez subir com júbilo a arca da Aliança do SENHOR, ao som de clarins, de trombetas e de címbalos, fazendo ressoar alaúdes e harpas.

Mical despreza a Davi
2Sm 6.16,20-22

²⁹ Ao entrar a arca da Aliança do SENHOR na Cidade de Davi, Mical, filha de Saul, estava olhando pela janela e, vendo ao rei Davi dançando e folgando, o desprezou no seu coração.

Oferta de sacrifícios

16 Introduziram, pois, a arca de Deus e a puseram no meio da tenda que lhe armara Davi; e trouxeram holocaustos e ofertas pacíficas perante Deus.

² Tendo Davi acabado de trazer os holocaustos e ofertas pacíficas, abençoou o povo em nome do SENHOR.

³ E repartiu a todos em Israel, tanto os homens como as mulheres, a cada um, um

15.15 Êx 25.14.

bolo de pão, um bom pedaço de carne e passas.

⁴ Designou dentre os levitas os que haviam de ministrar diante da arca do SENHOR, e celebrar, e louvar, e exaltar o SENHOR, Deus de Israel, a saber,

⁵ Asafe, o chefe, Zacarias, o segundo, e depois Jeiel, Semiramote, Jeiel, Matitias, Eliabe, Benaia, Obede-Edom e Jeiel, com alaúdes e harpas; e Asafe fazia ressoar os címbalos.

⁶ Os sacerdotes Benaia e Jaaziel estavam continuamente com trombetas, perante a arca da Aliança de Deus.

Salmo de Davi em ações de graças
Sl 96, Sl 105, Sl 106

⁷ Naquele dia, foi que Davi encarregou, pela primeira vez, a Asafe e a seus irmãos de celebrarem com hinos o SENHOR.
⁸ Rendei graças ao SENHOR,
    invocai o seu nome,
   fazei conhecidos, entre os povos,
   os seus feitos.
⁹ Cantai-lhe, cantai-lhe salmos;
   narrai todas as suas maravilhas.
¹⁰ Gloriai-vos no seu santo nome;
   alegre-se o coração
    dos que buscam o SENHOR.
¹¹ Buscai o SENHOR e o seu poder,
   buscai perpetuamente a sua presença.
¹² Lembrai-vos das maravilhas que fez,
   dos seus prodígios
    e dos juízos dos seus lábios,
¹³ vós, descendentes de Israel, seu servo,
   vós, filhos de Jacó, seus escolhidos.
¹⁴ Ele é o SENHOR, nosso Deus;
   os seus juízos permeiam toda a terra.
¹⁵ Lembra-se perpetuamente
    da sua aliança,
   da palavra que empenhou
    para mil gerações;
¹⁶ da aliança que fez com Abraão
   e do juramento que fez a Isaque;
¹⁷ o qual confirmou a Jacó por decreto
   e a Israel, por aliança perpétua,
¹⁸ dizendo: Dar-vos-ei a terra de Canaã
   como quinhão da vossa herança.
¹⁹ Então, eram eles em pequeno número,
   pouquíssimos e forasteiros nela;
²⁰ andavam de nação em nação,
   dum reino para um povo.
²¹ A ninguém permitiu que os oprimisse;
   antes, por amor deles,
    repreendeu a reis,
²² dizendo: Não toqueis

nos meus ungidos,
   nem maltrateis os meus profetas.
²³ Cantai ao SENHOR, todas as terras;
   proclamai a sua salvação,
    dia após dia.
²⁴ Anunciai entre as nações a sua glória,
   entre todos os povos,
    as suas maravilhas,
²⁵ porque grande é o SENHOR
   e mui digno de ser louvado,
   temível mais do que todos os deuses.
²⁶ Porque todos os deuses dos povos
   são ídolos;
   o SENHOR, porém, fez os céus.
²⁷ Glória e majestade estão diante dele,
   força e formosura, no seu santuário.
²⁸ Tributai ao SENHOR,
   ó famílias dos povos,
   tributai ao SENHOR glória e força.
²⁹ Tributai ao SENHOR
   a glória devida ao seu nome;
   trazei oferendas
    e entrai nos seus átrios;
   adorai o SENHOR
    na beleza da sua santidade.
³⁰ Tremei diante dele, todas as terras,
   pois ele firmou o mundo
    para que não se abale.
³¹ Alegrem-se os céus, e a terra exulte;
   diga-se entre as nações:
    Reina o SENHOR.
³² Ruja o mar e a sua plenitude;
   folgue o campo e tudo o que nele há.
³³ Regozijem-se as árvores do bosque
   na presença do SENHOR,
   porque vem a julgar a terra.
³⁴ Rendei graças ao SENHOR,
    porque ele é bom;
   porque a sua misericórdia
    dura para sempre.
³⁵ E dizei: Salva-nos,
   ó Deus da nossa salvação,
   ajunta-nos e livra-nos das nações,
   para que rendamos graças
    ao teu santo nome
   e nos gloriemos no teu louvor.
³⁶ Bendito seja o SENHOR,
   Deus de Israel,
   desde a eternidade até a eternidade.
E todo o povo disse: Amém! E louvou ao SENHOR.

Outros dispositivos para o culto

³⁷ Então, Davi deixou ali diante da arca da Aliança do SENHOR a Asafe e a seus ir-

16.16 Gn 12.7; 26.3. **16.17** Gn 28.13. **16.22** Gn 20.3-7.

mãos, para ministrarem continuamente perante ela, segundo se ordenara para cada dia;

³⁸ também deixou a Obede-Edom com seus irmãos, em número de sessenta e oito; a Obede-Edom, filho de Jedutum, e a Hosa, para serem porteiros;

³⁹ e deixou a Zadoque, o sacerdote, e aos sacerdotes, seus irmãos, diante do tabernáculo do SENHOR, num lugar alto de Gibeom,

⁴⁰ para oferecerem continuamente ao SENHOR os holocaustos sobre o altar dos holocaustos, pela manhã e à tarde; e isto segundo tudo o que está escrito na lei que o SENHOR ordenara a Israel.

⁴¹ E com eles deixou a Hemã, a Jedutum e os mais escolhidos, que foram nominalmente designados para louvarem o SENHOR, porque a sua misericórdia dura para sempre.

⁴² Com eles, pois, estavam Hemã e Jedutum, que faziam ressoar trombetas, e címbalos, e instrumentos de música de Deus; os filhos de Jedutum eram porteiros.

⁴³ Então, se retirou todo o povo, cada um para sua casa; e tornou Davi, para abençoar a sua casa.

A aliança do SENHOR com Davi
2Sm 7.1-17

17 Sucedeu que, habitando Davi em sua própria casa, disse ao profeta Natã: Eis que moro em casa de cedros, mas a arca da Aliança do SENHOR se acha numa tenda.

² Então, Natã disse a Davi: Faze tudo quanto está no teu coração, porque Deus é contigo.

³ Porém, naquela mesma noite, veio a palavra do SENHOR a Natã, dizendo:

⁴ Vai e dize a meu servo Davi: Assim diz o SENHOR: Tu não edificarás casa para minha habitação;

⁵ porque em casa nenhuma habitei, desde o dia que fiz subir a Israel até ao dia de hoje; mas tenho andado de tenda em tenda, de tabernáculo em tabernáculo.

⁶ Em todo lugar em que andei com todo o Israel, falei, acaso, alguma palavra com algum dos seus juízes, a quem mandei apascentar o meu povo, dizendo: Por que não me edificais uma casa de cedro?

⁷ Agora, pois, assim dirás ao meu servo Davi: Assim diz o SENHOR dos Exércitos: Tomei-te da malhada e de detrás das ove-

lhas, para que fosses príncipe sobre o meu povo de Israel.

⁸ E fui contigo, por onde quer que andaste, eliminei os teus inimigos diante de ti e fiz grande o teu nome, como só os grandes têm na terra.

⁹ Prepararei lugar para o meu povo de Israel e o plantarei para que habite no seu lugar e não mais seja perturbado; e jamais os filhos da perversidade o oprimam, como dantes,

¹⁰ desde o dia em que mandei houvesse juízes sobre o meu povo de Israel; porém abati todos os teus inimigos e também te fiz saber que o SENHOR te edificaria uma casa.

¹¹ Há de ser que, quando teus dias se cumprirem, e tiveres de ir para junto de teus pais, então, farei levantar depois de ti o teu descendente, que será dos teus filhos, e estabelecerei o seu reino.

¹² Esse me edificará casa; e eu estabelecerei o seu trono para sempre.

¹³ Eu lhe serei por pai, e ele me será por filho; a minha misericórdia não apartarei dele, como a retirei daquele que foi antes de ti.

¹⁴ Mas o confirmarei na minha casa e no meu reino para sempre, e o seu trono será estabelecido para sempre.

¹⁵ Segundo todas estas palavras e conforme toda esta visão, assim falou Natã a Davi.

Ações de graças de Davi
2Sm 7.18-29

¹⁶ Então, entrou o rei Davi na Casa do SENHOR, ficou perante ele e disse: Quem sou eu, SENHOR Deus, e qual é a minha casa, para que me tenhas trazido até aqui?

¹⁷ Foi isso ainda pouco aos teus olhos, ó Deus, de maneira que também falaste a respeito da casa de teu servo para tempos distantes; e me trataste como se eu fosse homem ilustre, ó SENHOR Deus.

¹⁸ Que mais ainda te poderá dizer Davi acerca das honras feitas a teu servo? Pois tu conheces bem teu servo.

¹⁹ Ó SENHOR, por amor de teu servo e segundo o teu coração, fizeste toda esta grandeza, para tornar notórias todas estas grandes cousas!

²⁰ SENHOR, ninguém há semelhante a ti, e não há outro Deus além de ti, segundo tudo o que nós mesmos temos ouvido.

16.43 2Sm 6.19,20.   17.13 2Co 6.18; Hb 1.5; Ap 21.7.

²¹ Quem há como o teu povo de Israel, gente única na terra, a quem tu, ó Deus, foste resgatar para ser teu povo e fazer a ti mesmo um nome, com estas grandes e tremendas cousas, desterrando as nações de diante do teu povo, que remiste do Egito?

²² Estabeleceste a teu povo de Israel por teu povo, para sempre, e tu, ó SENHOR, te fizeste o seu Deus.

²³ Agora, pois, ó SENHOR, a palavra que disseste acerca de teu servo e acerca da sua casa, seja estabelecida para sempre; e faze como falaste.

²⁴ Estabeleça-se, e seja para sempre engrandecido o teu nome, e diga-se: O SENHOR dos Exércitos é o Deus de Israel, é Deus para Israel; e a casa de Davi, teu servo, será estabelecida diante de ti.

²⁵ Pois tu, Deus meu, fizeste ao teu servo a revelação de que lhe edificarias casa. Por isso, o teu servo se animou para fazerte esta oração.

²⁶ Agora, pois, ó SENHOR, tu mesmo és Deus e prometeste a teu servo este bem.

²⁷ Sê, pois, agora, servido de abençoar a casa de teu servo, a fim de permanecer para sempre diante de ti, pois tu, ó SENHOR, a abençoaste, e abençoada será para sempre.

Diversas vitórias de Davi
2Sm 8.1-14

18 Depois disto, feriu Davi os filisteus e os humilhou; tomou a Gate e suas aldeias das mãos dos filisteus.

² Também derrotou os moabitas, e assim ficaram por servos de Davi e lhe pagavam tributo.

³ Também Hadadezer, rei de Zobá, foi derrotado por Davi, até Hamate, quando aquele foi restabelecer o seu domínio sobre o rio Eufrates.

⁴ Tomou-lhe Davi mil carros, sete mil cavaleiros e vinte mil homens de pé; Davi jarretou a todos os cavalos dos carros, menos para cem deles.

⁵ Vieram os siros de Damasco a socorrer a Hadadezer, rei de Zobá; porém Davi matou dos siros vinte e dois mil homens.

⁶ Davi pôs guarnições na Síria de Damasco, e os siros ficaram por servos de Davi e lhe pagavam tributo; e o SENHOR dava vitórias a Davi, por onde quer que ia.

⁷ Tomou Davi os escudos de ouro que havia com os oficiais de Hadadezer e os trouxe a Jerusalém.

⁸ Também de Tibate e de Cum, cidades de Hadadezer, tomou Davi mui grande quantidade de bronze, de que Salomão fez o mar de bronze, as colunas e os utensílios de bronze.

⁹ Ouvindo Toú, rei de Hamate, que Davi derrotara a todo o exército de Hadadezer, rei de Zobá,

¹⁰ mandou seu filho Hadorão ao rei Davi, para o saudar e congratular-se com ele por haver pelejado contra Hadadezer e por havê-lo ferido (porque Hadadezer fazia guerra a Toú). Hadorão trouxe consigo objetos de ouro, de prata e de bronze,

¹¹ os quais também o rei Davi consagrou ao SENHOR, juntamente com a prata e ouro que trouxera de todas as mais nações: de Edom, de Moabe, dos filhos de Amom, dos filisteus e de Amaleque.

¹² Também Abisai, filho de Zeruia, feriu a dezoito mil edomitas no vale do Sal.

¹³ E pôs guarnições em Edom, e todos os edomitas ficaram por servos de Davi; e o SENHOR dava vitórias a Davi, por onde quer que ia.

Oficiais de Davi
2Sm 8.15-18; 20.23-26

¹⁴ Reinou, pois, Davi sobre todo o Israel; julgava e fazia justiça a todo o seu povo.

¹⁵ Joabe, filho de Zeruia, era comandante do exército; Josafá, filho de Ailude, era cronista.

¹⁶ Zadoque, filho de Aitube, e Abimeleque, filho de Abiatar, eram sacerdotes; e Sausa, escrivão.

¹⁷ Benaia, filho de Joiada, era o comandante da guarda real. Os filhos de Davi, porém, eram os primeiros ao lado do rei.

Davi derrota os amonitas e os siros
2Sm 10.1-19

19 Depois disto, morreu Naás, rei dos filhos de Amom; e seu filho reinou em seu lugar.

² Então, disse Davi: Usarei de bondade para com Hanum, filho de Naás, porque seu pai usou de bondade para comigo. Pelo que Davi enviou mensageiros para o consolar acerca de seu pai; e vieram os servos de Davi à terra dos filhos de Amom, a Hanum, para o consolarem.

³ Disseram os príncipes dos filhos de Amom a Hanum: Pensas que, por te haver

18.8 1Rs 7.40-47; 2Cr 4.11-18.   18.12 Sl 60, título.

Davi mandado consoladores, está honrando a teu pai? Não vieram seus servos a ti para reconhecerem, destruírem e espiarem a terra?

4 Tomou, então, Hanum os servos de Davi, e rapou-os, e lhes cortou metade das vestes até às nádegas, e os despediu.

5 Foram-se alguns e avisaram a Davi acerca destes homens; então, enviou mensageiros a encontrá-los, porque estavam sobremaneira envergonhados. Mandou o rei dizer-lhes: Deixai-vos estar em Jericó, até que vos torne a crescer a barba; e, então, vinde.

6 Vendo, pois, os filhos de Amom que se haviam tornado odiosos a Davi, então, Hanum e os filhos de Amom tomaram mil talentos de prata, para alugarem para si carros e cavaleiros da Mesopotâmia, e dos siros de Maaca, e de Zobá.

7 Alugaram para si trinta e dois mil carros, o rei de Maaca e a sua gente, e eles vieram e se acamparam diante de Medeba; também os filhos de Amom se ajuntaram das suas cidades e vieram para a guerra.

8 O que ouvindo Davi, enviou contra eles a Joabe com todo o exército dos valentes.

9 Saíram os filhos de Amom e ordenaram a batalha à entrada da porta da cidade; porém os reis que vieram estavam à parte, no campo.

10 Vendo, pois, Joabe que estava preparada contra ele a batalha, tanto pela frente como pela retaguarda, escolheu dentre todos o que havia de melhor em Israel e os formou em linha contra os siros;

11 e o resto do povo entregou a Abisai, seu irmão, e puseram-se em linha contra os filhos de Amom.

12 Disse Joabe: Se os siros forem mais fortes do que eu, tu me virás em socorro; e, se os filhos de Amom forem mais fortes do que tu, eu irei ao teu socorro.

13 Sê forte, pois; pelejemos varonilmente pelo nosso povo e pelas cidades de nosso Deus; e faça o SENHOR o que bem lhe parecer.

14 Então, avançou Joabe com o povo que estava com ele, e travaram peleja contra os siros; e estes fugiram de diante dele.

15 Vendo os filhos de Amom que os siros fugiam, também eles fugiram de diante de Abisai, irmão de Joabe, e entraram na cidade; voltou Joabe dos filhos de Amom e tornou a Jerusalém.

16 Vendo, pois, os siros que tinham sido desbaratados diante de Israel, enviaram mensageiros e fizeram sair os siros que habitavam da banda dalém do rio; Sofaque, capitão do exército de Hadadezer, marchava adiante deles.

17 Informado Davi, ajuntou a todo o Israel, passou o Jordão, veio ter com eles e ordenou contra eles a batalha; e, tendo Davi ordenado a batalha contra os siros, pelejaram estes contra ele.

18 Porém os siros fugiram de diante de Israel, e Davi matou dentre os siros os homens de sete mil carros e quarenta mil homens de pé; a Sofaque, chefe do exército, matou.

19 Vendo, pois, os servos de Hadadezer que foram feridos diante de Israel, fizeram paz com Davi e o serviram; e os siros nunca mais quiseram socorrer aos filhos de Amom.

Davi conquista a Rabá
2Sm 12.26-31

20 Decorrido um ano, no tempo em que os reis costumam sair para a guerra, Joabe levou o exército, destruiu a terra dos filhos de Amom, veio e sitiou a Rabá; porém Davi ficou em Jerusalém; e Joabe feriu a Rabá e a destruiu.

2 Tirou Davi a coroa da cabeça do seu rei e verificou que tinha o peso dum talento de ouro e que havia nela pedras preciosas; e foi posta na cabeça de Davi; e da cidade levou mui grande despojo.

3 Também levou o povo que estava nela e o fez passar à serra, e a picaretas de ferro, e a machados; assim fez Davi a todas as cidades dos filhos de Amom. Voltou Davi, com todo o povo, para Jerusalém.

Gigantes mortos pelos homens de Davi
2Sm 21.15-22

4 Depois disto, houve guerra em Gezer contra os filisteus; então, Sibecai, o husatita, feriu a Sipai, que era descendente dos gigantes; e os filisteus foram subjugados.

5 Houve ainda outra guerra contra os filisteus; e Elanã, filho de Jair, feriu a Lami, irmão de Golias, o geteu, cuja lança tinha a haste como eixo de tecelão.

6 Houve ainda outra guerra em Gate; havia ali um homem de grande estatura, tinha vinte e quatro dedos, seis em cada mão

20.1 2Sm 11.1. 20.5 1Sm 17.4-7.

e seis em cada pé; também este descendia dos gigantes.

⁷ Quando ele injuriava a Israel, Jônatas, filho de Siméia, irmão de Davi, o feriu.

⁸ Estes nasceram dos gigantes em Gate; e caíram pela mão de Davi e pela mão de seus homens.

O levantamento do censo
2Sm 24.1-9

21 Então, Satanás se levantou contra Israel e incitou a Davi a levantar o censo de Israel.

² Disse Davi a Joabe e aos chefes do povo: Ide, levantai o censo de Israel, desde Berseba até Dã; e trazei-me a apuração para que eu saiba o seu número.

³ Então, disse Joabe: Multiplique o SENHOR, teu Deus, a este povo cem vezes mais; porventura, ó rei, meu senhor, não são todos servos de meu senhor? Por que requer isso o meu senhor? Por que trazer, assim, culpa sobre Israel?

⁴ Porém a palavra do rei prevaleceu contra Joabe; pelo que saiu Joabe e percorreu todo o Israel; então, voltou para Jerusalém.

⁵ Deu Joabe a Davi o recenseamento do povo; havia em Israel um milhão e cem mil homens que puxavam da espada; e em Judá eram quatrocentos e setenta mil homens que puxavam da espada.

⁶ Porém os de Levi e Benjamim não foram contados entre eles, porque a ordem do rei foi abominável a Joabe.

Davi escolhe o castigo
2Sm 24.10-17

⁷ Tudo isto desagradou a Deus, pelo que feriu a Israel.

⁸ Então, disse Davi a Deus: Muito pequei em fazer tal cousa; porém, agora, peço-te que perdoes a iniqüidade de teu servo, porque procedi mui loucamente.

⁹ Falou, pois, o SENHOR a Gade, o vidente de Davi, dizendo:

¹⁰ Vai e dize a Davi: Assim diz o SENHOR: Três cousas te ofereço; escolhe uma delas, para que ta faça.

¹¹ Veio, pois, Gade a Davi e lhe disse: Assim diz o SENHOR: Escolhe o que queres:

¹² ou três anos de fome, ou que por três meses sejas consumido diante dos teus adversários, e a espada de teus inimigos te alcance, ou que por três dias a espada do SENHOR, isto é, a peste na terra, e o Anjo do SENHOR causem destruição em todos os territórios de Israel; vê, pois, agora, que resposta hei de dar ao que me enviou.

¹³ Então, disse Davi a Gade: Estou em grande angústia; caia eu, pois, nas mãos do SENHOR, porque são muitíssimas as suas misericórdias, mas nas mãos dos homens não caia eu.

¹⁴ Então, enviou o SENHOR a peste a Israel; e caíram de Israel setenta mil homens.

¹⁵ Enviou Deus um anjo a Jerusalém, para a destruir; ao destruí-la, olhou o SENHOR, e se arrependeu do mal, e disse ao anjo destruidor: Basta, retira, agora, a mão. O Anjo do SENHOR estava junto à eira de Orná, o jebuseu.

¹⁶ Levantando Davi os olhos, viu o Anjo do SENHOR, que estava entre a terra e o céu, com a espada desembainhada na mão estendida contra Jerusalém; então, Davi e os anciãos, cobertos de panos de saco, se prostraram com o rosto em terra.

¹⁷ Disse Davi a Deus: Não sou eu o que disse que contasse o povo? Eu é que pequei, eu é que fiz muito mal; porém estas ovelhas que fizeram? Ah! SENHOR, meu Deus, seja, pois, a tua mão contra mim e contra a casa de meu pai e não para castigo do teu povo.

Davi erige um altar na eira de Orná
2Sm 24.18-25

¹⁸ Então, o Anjo do SENHOR disse a Gade que mandasse Davi subir para levantar um altar ao SENHOR, na eira de Orná, o jebuseu.

¹⁹ Subiu, pois, Davi, segundo a palavra de Gade, que falara em nome do SENHOR.

²⁰ Virando-se Orná, viu o Anjo; e esconderam-se seus quatro filhos que estavam com ele. Ora, Orná estava debulhando trigo.

²¹ Quando Davi vinha chegando a Orná, este olhou, e o viu e, saindo da eira, se inclinou diante de Davi, com o rosto em terra.

²² Disse Davi a Orná: Dá-me este lugar da eira a fim de edificar nele um altar ao SENHOR, para que cesse a praga de sobre o povo; dá-mo pelo seu devido valor.

²³ Então, disse Orná a Davi: Tome-a o rei, meu senhor, para si e faça dela o que bem lhe parecer; eis que dou os bois para o holocausto, e os trilhos, para a lenha, e o trigo, para oferta de manjares; dou tudo.

²⁴ Tornou o rei Davi a Ornã: Não; antes, pelo seu inteiro valor a quero comprar; porque não tomarei o que é teu para o SENHOR, nem oferecerei holocausto que não me custe nada.

²⁵ Davi deu a Ornã por aquele lugar a soma de seiscentos siclos de ouro.

²⁶ Edificou ali um altar ao SENHOR, ofereceu nele holocaustos e sacrifícios pacíficos e invocou o SENHOR, o qual lhe respondeu com fogo do céu sobre o altar do holocausto.

²⁷ O SENHOR deu ordem ao Anjo, e ele meteu a sua espada na bainha.

O lugar do templo

²⁸ Vendo Davi, naquele mesmo tempo, que o SENHOR lhe respondera na eira de Ornã, o jebuseu, sacrificou ali.

²⁹ Porque o tabernáculo do SENHOR, que Moisés fizera no deserto, e o altar do holocausto estavam, naquele tempo, no alto de Gibeom.

³⁰ Davi não podia ir até lá para consultar a Deus, porque estava atemorizado por causa da espada do Anjo do SENHOR.

Davi faz preparativos para edificar o templo

22 Disse Davi: Aqui, se levantará a Casa do SENHOR Deus e o altar do holocausto para Israel.

² Deu ordem Davi para que fossem ajuntados os estrangeiros que estavam na terra de Israel; e encarregou pedreiros que preparassem pedras de cantaria para se edificar a Casa de Deus.

³ Aparelhou Davi ferro em abundância, para os pregos das folhas das portas e para as junturas, como também bronze em abundância, que nem foi pesado.

⁴ Madeira de cedro sem conta, porque os sidônios e tírios a traziam a Davi, em grande quantidade.

⁵ Pois dizia Davi: Salomão, meu filho, ainda é moço e tenro, e a casa que se há de edificar para o SENHOR deve ser sobremodo magnificente, para nome e glória em todas as terras; providenciarei, pois, para ela o necessário; assim, o preparou Davi em abundância, antes de sua morte.

Ordens de Davi a Salomão

⁶ Então, chamou a Salomão, seu filho, e lhe ordenou que edificasse casa ao SENHOR, Deus de Israel.

⁷ Disse Davi a Salomão: Filho meu, tive intenção de edificar uma casa ao nome do SENHOR, meu Deus.

⁸ Porém a mim me veio a palavra do SENHOR, dizendo: Tu derramaste sangue em abundância e fizeste grandes guerras; não edificarás casa ao meu nome, porquanto muito sangue tens derramado na terra, na minha presença.

⁹ Eis que te nascerá um filho, que será homem sereno, porque lhe darei descanso de todos os seus inimigos em redor; portanto, Salomão será o seu nome; paz e tranqüilidade darei a Israel nos seus dias.

¹⁰ Este edificará casa ao meu nome; ele me será por filho, e eu lhe serei por pai; estabelecerei para sempre o trono do seu reino sobre Israel.

¹¹ Agora, pois, meu filho, o SENHOR seja contigo, a fim de que prosperes e edifiques a Casa do SENHOR, teu Deus, como ele disse a teu respeito.

¹² Que o SENHOR te conceda prudência e entendimento, para que, quando regeres sobre Israel, guardes a lei do SENHOR, teu Deus.

¹³ Então, prosperarás, se cuidares em cumprir os estatutos e os juízos que o SENHOR ordenou a Moisés acerca de Israel; sê forte e corajoso, não temas, não te desalentes.

¹⁴ Eis que, com penoso trabalho, preparei para a Casa do SENHOR cem mil talentos de ouro e um milhão de talentos de prata, e bronze e ferro em tal abundância, que nem foram pesados; também madeira e pedras preparei, cuja quantidade podes aumentar.

¹⁵ Além disso, tens contigo trabalhadores em grande número, e canteiros, e pedreiros, e carpinteiros, e peritos em toda sorte de obra

¹⁶ de ouro, e de prata, e também de bronze, e de ferro, que se não pode contar. Dispõe-te, pois, e faze a obra, e o SENHOR seja contigo!

¹⁷ Davi deu ordem a todos os príncipes de Israel que ajudassem Salomão, seu filho, dizendo:

¹⁸ Porventura, não está convosco o SENHOR, vosso Deus, e não vos deu paz por todos os lados? Pois entregou nas minhas mãos os moradores desta terra, a qual está sujeita perante o SENHOR e perante o seu povo.

¹⁹ Dispõe, pois, agora o vosso coração e a vossa alma para buscardes ao SENHOR, vosso Deus; dispõe-vos e edi-

22.7-10 2Sm 7.1-16; 1Cr 17.1-14.　22.13 Js 1.6-9.

ficai o santuário do Senhor Deus, para que a arca da Aliança do Senhor e os utensílios sagrados de Deus sejam trazidos a esta casa, que se há de edificar ao nome do Senhor.

Os turnos e funções dos levitas

23 Sendo, pois, Davi já velho e farto de dias, constituiu a seu filho Salomão rei sobre Israel.

2 Ajuntou todos os príncipes de Israel, como também os sacerdotes e levitas.

3 Foram contados os levitas de trinta anos para cima; seu número, contados um por um, foi de trinta e oito mil homens.

4 Destes, havia vinte e quatro mil para superintenderem a obra da Casa do Senhor, seis mil oficiais e juízes,

5 quatro mil porteiros e quatro mil para louvarem o Senhor com os instrumentos que Davi fez para esse mister.

6 Davi os repartiu por turnos, segundo os filhos de Levi: Gérson, Coate e Merari.

7 Filhos de Gérson: Ladã e Simei.

8 Filhos de Ladã: Jeiel, o chefe, Zetã e Joel, três.

9 Filhos de Simei: Selomite, Haziel e Harã, três; estes foram os chefes das famílias de Ladã.

10 Filhos de Simei: Jaate, Ziza, Jeús e Berias; estes foram os filhos de Simei, quatro.

11 Jaate era o chefe, Ziza, o segundo; mas Jeús e Berias não tiveram muitos filhos; pelo que estes dois foram contados por uma só família.

12 Filhos de Coate: Anrão, Jizar, Hebrom e Uziel, quatro.

13 Filhos de Anrão: Arão e Moisés; Arão foi separado para servir no Santo dos Santos, ele e seus filhos, perpetuamente, e para queimar incenso diante do Senhor, para o servir e para dar a bênção em seu nome, eternamente.

14 Quanto a Moisés, homem de Deus, seus filhos foram contados entre a tribo de Levi.

15 Os filhos de Moisés: Gérson e Eliezer.

16 Filho de Gérson: Sebuel, o chefe.

17 Filho de Eliezer: Reabias, o chefe; e não teve outros; porém os filhos de Reabias se multiplicaram grandemente.

18 Filhos de Jizar: Selomite, o chefe.

19 Filhos de Hebrom: Jerias, o chefe, Amarias, o segundo, Jaaziel, o terceiro, e Jecameão, o quarto.

20 Filhos de Uziel: Mica, o chefe, e Issias, o segundo.

21 Filhos de Merari: Mali e Musi; filhos de Mali: Eleazar e Quis.

22 Morreu Eleazar e não teve filhos, porém filhas; e os filhos de Quis, seus irmãos, as desposaram.

23 Os filhos de Musi: Mali, Eder e Jerimote, três.

24 São estes os filhos de Levi, segundo as suas famílias e chefes delas, segundo foram contados nominalmente, um por um, encarregados do ministério da Casa do Senhor, de vinte anos para cima.

25 Porque disse Davi: O Senhor, Deus de Israel, deu paz ao seu povo e habitará em Jerusalém para sempre.

26 Assim, os levitas já não precisarão levar o tabernáculo e nenhum dos utensílios para o seu ministério.

27 Porque, segundo as últimas palavras de Davi, foram contados os filhos de Levi de vinte anos para cima.

28 O cargo deles era assistir os filhos de Arão no ministério da Casa do Senhor, nos átrios e nas câmaras, na purificação de todas as cousas sagradas e na obra do ministério da Casa de Deus,

29 a saber, os pães da proposição, a flor de farinha para a oferta de manjares, os coscorões asmos, as assadeiras, o tostado e toda sorte de peso e medida.

30 Deviam estar presentes todas as manhãs para renderem graças ao Senhor e o louvarem; e da mesma sorte, à tarde;

31 e para cada oferecimento dos holocaustos do Senhor, nos sábados, nas Festas da Lua Nova e nas festas fixas, perante o Senhor, segundo o número determinado;

32 e para que tivessem a seu cargo a tenda da congregação e o santuário e atendessem aos filhos de Arão, seus irmãos, no ministério da Casa do Senhor.

Os turnos dos sacerdotes

24 Quanto aos filhos de Arão, foram eles divididos por seus turnos. Filhos de Arão: Nadabe, Abiú, Eleazar e Itamar.

2 Nadabe e Abiú morreram antes de seu pai e não tiveram filhos; Eleazar e Itamar oficiavam como sacerdotes.

3 Davi, com Zadoque, dos filhos de Eleazar, e com Aimeleque, dos filhos de

Itamar, os dividiu segundo os seus deveres no seu ministério.

⁴ E achou-se que eram mais os filhos de Eleazar entre os chefes de famílias do que os filhos de Itamar, quando os dividiram; dos filhos de Eleazar, dezesseis chefes de famílias; dos filhos de Itamar, oito.

⁵ Repartiram-nos por sortes, uns como os outros; porque havia príncipes do santuário e príncipes de Deus, tanto dos filhos de Eleazar como dos filhos de Itamar.

⁶ Semaías, escrivão, filho de Natanael, levita, registou-os na presença do rei, dos príncipes, do sacerdote Zadoque, de Aimeleque, filho de Abiatar, e dos cabeças das famílias dos sacerdotes e dos levitas; sendo escolhidas as famílias, por sorte, alternadamente, para Eleazar e para Itamar.

⁷ Saiu a primeira sorte a Jeoiaribe; a segunda, a Jedaías;

⁸ a terceira, a Harim; a quarta, a Seorim;

⁹ a quinta, a Malquias; a sexta, a Miamim;

¹⁰ a sétima, a Hacoz; a oitava, a Abias;

¹¹ a nona, a Jesua; a décima, a Secanias;

¹² a undécima, a Eliasibe; a duodécima, a Jaquim;

¹³ a décima-terceira, a Hupá; a décima-quarta, a Jesebeabe;

¹⁴ a décima-quinta, a Bilga; a décima-sexta, a Imer;

¹⁵ a décima-sétima, a Hezir; a décima-oitava, a Hapizez;

¹⁶ a décima-nona, a Petaías; a vigésima, a Jeezquel;

¹⁷ a vigésima-primeira, a Jaquim; a vigésima-segunda, a Gamul;

¹⁸ a vigésima-terceira, a Delaías; a vigésima-quarta, a Maazias.

¹⁹ O ofício destes no seu ministério era entrar na Casa do SENHOR, segundo a maneira estabelecida por Arão, seu pai, como o SENHOR, Deus de Israel, lhe ordenara.

²⁰ Eis os chefes do restante dos filhos de Levi: dos filhos de Anrão, Subael; dos filhos de Subael, Jedias;

²¹ dos filhos de Reabias, Issias, o chefe;

²² dos isaritas, Selomite; dos filhos de Selomite, Jaate;

²³ dos filhos de Hebrom, Jerias, o primeiro, Amarias, o segundo, Jaaziel, o terceiro, Jecameão, o quarto;

²⁴ dos filhos de Uziel, Mica; dos filhos de Mica, Samir;

²⁵ o irmão de Mica, Issias; dos filhos de Issias, Zacarias;

²⁶ dos filhos de Merari, Mali e Musi; dos filhos de Jaazias, Beno;

²⁷ dos filhos de Merari, da parte de Jaazias: Beno, Soão, Zacur e Ibri;

²⁸ de Mali, Eleazar, que não teve filhos;

²⁹ dos filhos de Quis, Jerameel;

³⁰ dos filhos de Musi, Mali, Eder e Jerimote. Foram estes os filhos dos levitas, segundo as suas famílias.

³¹ Também estes, tanto os chefes das famílias como os seus irmãos menores, como fizeram os outros seus irmãos, filhos de Arão, lançaram sortes na presença do rei Davi, de Zadoque, de Aimeleque e dos cabeças das famílias dos sacerdotes e dos levitas.

Função dos cantores

25 Davi, juntamente com os chefes do serviço, separou para o ministério os filhos de Asafe, de Hemã e de Jedutum, para profetizarem com harpas, alaúdes e címbalos. O rol dos encarregados neste ministério foi:

² dos filhos de Asafe: Zacur, José, Netanias e Asarela, filhos de Asafe, sob a direção deste, que exercia o seu ministério debaixo das ordens do rei.

³ Quanto à família de Jedutum, os filhos: Gedalias, Zeri, Jesaías, Hasabias e Matitias, seis, sob a direção de Jedutum, seu pai, que profetizava com harpas, em ações de graças e louvores ao SENHOR.

⁴ Quanto à família de Hemã, os filhos: Buquias, Matanias, Uziel, Sebuel, Jerimote, Hananias, Hanani, Eliata, Gidalti, Romanti-Ézer, Josbecasa, Maloti, Hotir e Maaziote.

⁵ Todos estes foram filhos de Hemã, o vidente do rei e cujo poder Deus exaltou segundo as suas promessas, dando-lhe catorze filhos e três filhas.

⁶ Todos estes estavam sob a direção respectivamente de seus pais, para o canto da Casa do SENHOR, com címbalos, alaúdes e harpas, para o ministério da Casa de Deus, estando Asafe, Jedutum e Hemã debaixo das ordens do rei.

⁷ O número deles, juntamente com seus irmãos instruídos no canto do SENHOR, todos eles mestres, era de duzentos e oitenta e oito.

⁸ Deitaram sortes para designar os deveres, tanto do pequeno como do grande, tanto do mestre como do discípulo.

⁹ A primeira sorte tocou à família de Asafe e saiu a José; a segunda, a Gedalias,

que, com seus irmãos e seus filhos, eram doze ao todo.

¹⁰ A terceira, a Zacur, seus filhos e seus irmãos, doze.

¹¹ A quarta, a Izri, seus filhos e seus irmãos, doze.

¹² A quinta, a Netanias, seus filhos e seus irmãos, doze.

¹³ A sexta, a Buquias, seus filhos e seus irmãos, doze.

¹⁴ A sétima, a Jesarela, seus filhos e seus irmãos, doze.

¹⁵ A oitava, a Jesaías, seus filhos e seus irmãos, doze.

¹⁶ A nona, a Matanias, seus filhos e seus irmãos, doze.

¹⁷ A décima, a Simei, seus filhos e seus irmãos, doze.

¹⁸ A undécima, a Azarel, seus filhos e seus irmãos, doze.

¹⁹ A duodécima, a Hasabias, seus filhos e seus irmãos, doze.

²⁰ A décima-terceira, a Subael, seus filhos e seus irmãos, doze.

²¹ A décima-quarta, a Matitias, seus filhos e seus irmãos, doze.

²² A décima-quinta, a Jerimote, seus filhos e seus irmãos, doze.

²³ A décima-sexta, a Hananias, seus filhos e seus irmãos, doze.

²⁴ A décima-sétima, a Josbecasa, seus filhos e seus irmãos, doze.

²⁵ A décima-oitava, a Hanani, seus filhos e seus irmãos, doze.

²⁶ A décima-nona, a Maloti, seus filhos e seus irmãos, doze.

²⁷ A vigésima, a Eliata, seus filhos e seus irmãos, doze.

²⁸ A vigésima-primeira, a Hotir, seus filhos e seus irmãos, doze.

²⁹ A vigésima-segunda, a Gidalti, seus filhos e seus irmãos, doze.

³⁰ A vigésima-terceira, a Maaziote, seus filhos e seus irmãos, doze.

³¹ A vigésima-quarta, a Romanti-Ézer, seus filhos e seus irmãos, doze.

Os porteiros

26 Quanto aos turnos dos porteiros, dos coreítas: Meselemias, filho de Coré, dos filhos de Asafe.

² Os filhos de Meselemias: Zacarias, o primogênito, Jediael, o segundo, Zebadias, o terceiro, Jatniel, o quarto,

³ Elão, o quinto, Joanã, o sexto, Elioenai, o sétimo.

⁴ Os filhos de Obede-Edom: Semaías, o primogênito, Jeozabade, o segundo, Joá, o terceiro, Sacar, o quarto, Natanael, o quinto.

⁵ Amiel, o sexto, Issacar, o sétimo, Peuletai, o oitavo; porque Deus o tinha abençoado.

⁶ Também a seu filho Semaías nasceram filhos, que dominaram sobre a casa de seu pai; porque foram homens valentes.

⁷ Os filhos de Semaías: Otni, Rafael, Obede e Elzabade, cujos irmãos Eliú e Semaquias eram homens valentes.

⁸ Todos estes foram dos filhos de Obede-Edom; eles, seus filhos e seus irmãos, homens capazes e robustos para o serviço, ao todo, sessenta e dois.

⁹ Os filhos e os irmãos de Meselemias, homens valentes, foram dezoito.

¹⁰ De Hosa, dos filhos de Merari, foram filhos: Sinri, a quem o pai constituiu chefe, ainda que não era o primogênito.

¹¹ Hilquias, o segundo, Tebalias, o terceiro, Zacarias, o quarto; todos os filhos e irmãos de Hosa foram treze.

¹² A estes turnos dos porteiros, isto é, a seus chefes, foi entregue a guarda, para servirem, como seus irmãos, na Casa do SENHOR.

¹³ Para cada porta deitaram sortes para designar os deveres tanto dos pequenos como dos grandes, segundo as suas famílias.

¹⁴ A guarda do lado do oriente caiu por sorte a Selemias; depois, lançaram sorte sobre seu filho Zacarias, conselheiro prudente, e lhe saiu a guarda do lado do norte;

¹⁵ a Obede-Edom, a do lado do sul; e a seus filhos, a da casa de depósitos;

¹⁶ a Supim e Hosa, a do ocidente, junto à porta de Salequete, na estrada que sobe; guarda correspondendo uns aos outros:

¹⁷ ao oriente, estavam de guarda seis levitas; ao norte, quatro por dia; ao sul, quatro por dia, e, para a casa de depósitos, dois num lugar e dois noutro.

¹⁸ No átrio ao ocidente, quatro junto ao caminho, dois junto ao átrio.

¹⁹ São estes os turnos dos porteiros dos filhos dos coreítas e dos filhos de Merari.

Os guardas dos tesouros

²⁰ Dos levitas, seus irmãos, que tinham o encargo dos tesouros da Casa de Deus e dos tesouros das cousas consagradas:

²¹ os filhos de Ladã, descendentes dos

26.5 2Sm 6.11; 1Cr 13.14.

gersonitas pertencentes a Ladã e chefes das famílias deste, da família de Gérson: Jeieli;

²² os filhos de Jeieli: Zetã e Joel, seu irmão; estavam estes a cargo dos tesouros da Casa do SENHOR.

²³ Dos anramitas, dos isaritas, dos hebronitas, dos uzielitas,

²⁴ Sebuel, filho de Gérson, filho de Moisés, era oficial encarregado dos tesouros.

²⁵ Seus irmãos: de Eliezer, foi filho Reabias, de quem foi filho Jesaías, de quem foi filho Jorão, de quem foi filho Zicri, de quem foi filho Selomite.

²⁶ Este Selomite e seus irmãos tinham a seu cargo todos os tesouros das cousas consagradas que o rei Davi e os chefes das famílias, capitães de milhares e de centenas e capitães do exército tinham dedicado;

²⁷ dos despojos das guerras as dedicaram para a conservação da Casa do SENHOR,

²⁸ como também tudo quanto havia dedicado Samuel, o vidente, e Saul, filho de Quis, e Abner, filho de Ner, e Joabe, filho de Zeruia; tudo quanto qualquer pessoa havia dedicado estava sob os cuidados de Selomite e seus irmãos.

Os oficiais e os juízes

²⁹ Dos isaritas, Quenanias e seus filhos foram postos sobre Israel, para oficiais e juízes dos negócios externos;

³⁰ dos hebronitas, foram Hasabias e seus irmãos, homens valentes, mil e setecentos, que superintendiam Israel, além do Jordão para o ocidente, em todo serviço do SENHOR e interesses do rei;

³¹ dos hebronitas, Jerias era o chefe. Quanto aos hebronitas, suas genealogias e famílias, se fizeram investigações no quadragésimo ano do reinado de Davi e se acharam entre eles homens valentes em Jazer de Gileade.

³² Seus irmãos, homens valentes, dois mil e setecentos, chefes das famílias; e o rei Davi os constituiu sobre os rubenitas, os gaditas e a meia tribo dos manassitas, para todos os negócios de Deus e para todos os negócios do rei.

Os turnos de serviço para cada mês

27 São estes os filhos de Israel segundo o seu número, os chefes das famílias e os capitães de milhares e de centenas com os seus oficiais, que serviam ao rei em todos os negócios dos turnos que entravam e saíam de mês em mês durante o ano, cada turno de vinte e quatro mil.

² Sobre o primeiro turno do primeiro mês estava Jasobeão, filho de Zabdiel; em seu turno havia vinte e quatro mil.

³ Era este dos filhos de Perez, chefe de todos os capitães dos exércitos para o primeiro mês.

⁴ Sobre o turno do segundo mês estava Dodai, o aoíta, a cujo lado estava Miclote; também em seu turno havia vinte e quatro mil.

⁵ O terceiro capitão do exército e o designado para o terceiro mês era Benaia, chefe, filho do sacerdote Joiada; também em seu turno havia vinte e quatro mil.

⁶ Era este Benaia homem poderoso entre os trinta e cabeça deles; o seu turno estava ao encargo do seu filho Amizabade.

⁷ O quarto, para o quarto mês, Asael, irmão de Joabe, e depois dele Zebadias, seu filho; também em seu turno havia vinte e quatro mil.

⁸ O quinto capitão, para o quinto mês, Samute, o izraíta; também em seu turno havia vinte e quatro mil.

⁹ O sexto, para o sexto mês, Ira, filho de Iques, o tecoíta; também em seu turno havia vinte e quatro mil.

¹⁰ O sétimo, para o sétimo mês, Heles, o pelonita, dos filhos de Efraim; também em seu turno havia vinte e quatro mil.

¹¹ O oitavo, para o oitavo mês, Sibecai, o husatita, dos zeraítas; também em seu turno havia vinte e quatro mil.

¹² O nono, para o nono mês, Abiezer, o anatotita, dos benjamitas; também em seu turno havia vinte e quatro mil.

¹³ O décimo, para o décimo mês, Maarai, o netofatita, dos zeraítas; também em seu turno havia vinte e quatro mil.

¹⁴ O undécimo, para o undécimo mês, Benaia, o piratonita, dos filhos de Efraim; também em seu turno havia vinte e quatro mil.

¹⁵ O duodécimo, para o duodécimo mês, Heldai, o netofatita, de Otniel; também em seu turno havia vinte e quatro mil.

Os chefes das tribos

¹⁶ Sobre as tribos de Israel eram estes: sobre os rubenitas era chefe Eliezer, filho de Zicri; sobre os simeonitas, Sefatias, filho de Maaca;

¹⁷ sobre os levitas, Hasabias, filho de Quemuel; sobre os aronitas, Zadoque;

18 sobre Judá, Eliú, dos irmãos de Davi; sobre Issacar, Onri, filho de Micael; **19** sobre Zebulom, Ismaías, filho de Obadias; sobre Naftali, Jerimote, filho de Azriel; **20** sobre os filhos de Efraim, Oséias, filho de Azazias; sobre a meia tribo de Manassés, Joel, filho de Pedaías; **21** sobre a outra meia tribo de Manassés em Gileade, Ido, filho de Zacarias; sobre Benjamim, Jaasiel, filho de Abner; **22** sobre Dã, Azarel, filho de Jeroão; estes eram os chefes das tribos de Israel.

23 Davi não contou os que eram de vinte anos para baixo, porque o SENHOR tinha dito que multiplicaria a Israel como as estrelas do céu.

24 Joabe, filho de Zeruia, tinha começado a contar o povo, porém não acabou, porquanto viera por isso grande ira sobre Israel; pelo que o número não se registou na história do rei Davi.

Os administradores das possessões de Davi

25 Azmavete, filho de Adiel, estava sobre os tesouros do rei; sobre o que este possuía nos campos, nas cidades, nas aldeias e nos castelos, Jônatas, filho de Uzias. **26** Sobre os lavradores do campo, que cultivavam a terra, Ezri, filho de Quelube. **27** Sobre as vinhas, Simei, o ramatita; porém sobre o que das vides entrava para as adegas, Zabdi, o sifmita. **28** Sobre os olivais e sicômoros que havia nas campinas, Baal-Hanã, o gederita; porém Joás, sobre os depósitos do azeite. **29** Sobre os gados que pasciam em Sarom, Sitrai, o saronita; porém sobre os gados dos vales, Safate, filho de Adlai. **30** Sobre os camelos, Obil, o ismaelita; sobre as jumentas, Jedias, o meronotita. **31** Sobre o gado miúdo, Jaziz, o hagareno; todos estes eram administradores da fazenda do rei Davi.

Os conselheiros do rei

32 Jônatas, tio de Davi, era do conselho, homem sábio e escriba; Jeiel, filho de Hacmoni, atendia os filhos do rei. **33** Aitofel era do conselho do rei; Husai, o arquita, amigo do rei. **34** A Aitofel sucederam Joiada, filho de Benaia, e Abiatar; Joabe era comandante do exército do rei.

Davi apresenta a Salomão como seu sucessor

28 Então, Davi convocou para Jerusalém todos os príncipes de Israel, os príncipes das tribos, os capitães dos turnos que serviam o rei, os capitães de mil e os de cem, os administradores de toda a fazenda e possessões do rei e de seus filhos, como também os oficiais, os poderosos e todo homem valente.

2 Pôs-se o rei Davi em pé e disse: Ouvime, irmãos meus e povo meu: Era meu propósito de coração edificar uma casa de repouso para a arca da Aliança do SENHOR e para o estrado dos pés do nosso Deus, e eu tinha feito o preparo para a edificar. **3** Porém Deus me disse: Não edificarás casa ao meu nome, porque és homem de guerra e derramaste muito sangue. **4** O SENHOR, Deus de Israel, me escolheu de toda a casa de meu pai, para que eternamente fosse eu rei sobre Israel; porque a Judá escolheu por príncipe e a casa de meu pai, na casa de Judá; e entre os filhos de meu pai se agradou de mim, para me fazer rei sobre todo o Israel. **5** E, de todos os meus filhos, porque muitos filhos me deu o SENHOR, escolheu ele a Salomão para se assentar no trono do reino do SENHOR, sobre Israel. **6** E me disse: Teu filho Salomão é quem edificará a minha casa e os meus átrios, porque o escolhi para filho e eu lhe serei por pai. **7** Estabelecerei o seu reino para sempre, se perseverar ele em cumprir os meus mandamentos e os meus juízos, como até ao dia de hoje. **8** Agora, pois, perante todo o Israel, a congregação do SENHOR, e perante o nosso Deus, que me ouve, eu vos digo: guardai todos os mandamentos do SENHOR, vosso Deus, e empenhai-vos por eles, para que possuais esta boa terra e a deixeis como herança a vossos filhos, para sempre. **9** Tu, meu filho Salomão, conhece o Deus de teu pai e serve-o de coração íntegro e alma voluntária; porque o SENHOR esquadrinha todos os corações e penetra todos os desígnios do pensamento. Se o buscares, ele deixará achar-se por ti; se o deixares, ele te rejeitará para sempre. **10** Agora, pois, atende a tudo, porque o SENHOR te escolheu para edificares casa para o santuário; sê forte e faze a obra.

27.23 Gn 15.5; 22.17; 26.4.   27.24 2Sm 24.1-15; 1Cr 21.1-14.   28.2-7 2Sm 7.1-16; 1Cr 17.1-14.

Davi dá a Salomão a planta do templo

¹¹ Deu Davi a Salomão, seu filho, a planta do pórtico com as suas casas, as suas tesourarias, os seus cenáculos e as suas câmaras interiores, como também da casa do propiciatório.

¹² Também a planta de tudo quanto tinha em mente, com referência aos átrios da Casa do SENHOR, e a todas as câmaras em redor, para os tesouros da Casa de Deus e para os tesouros das cousas consagradas;

¹³ e para os turnos dos sacerdotes e dos levitas, e para toda obra do ministério da Casa do SENHOR, e para todos os utensílios para o serviço da Casa do SENHOR,

¹⁴ especificando o peso do ouro para todos os utensílios de ouro de cada serviço; também o peso da prata para todos os utensílios de prata de cada serviço;

¹⁵ o peso para os candeeiros de ouro e suas lâmpadas de ouro, para cada candeeiro e suas lâmpadas, segundo o uso de cada um;

¹⁶ também o peso do ouro para as mesas da proposição, para cada uma de per si; como também a prata para as mesas de prata;

¹⁷ ouro puro para os garfos, para as bacias e para os copos; para as taças de ouro o devido peso a cada uma, como também para as taças de prata, a cada uma o seu peso;

¹⁸ o peso do ouro refinado para o altar do incenso, como também, segundo a planta, o ouro para o carro dos querubins, que haviam de estender as asas e cobrir a arca da Aliança do SENHOR.

¹⁹ Tudo isto, disse Davi, me foi dado por escrito por mandado do SENHOR, a saber, todas as obras desta planta.

²⁰ Disse Davi a Salomão, seu filho: Sê forte e corajoso e faze a obra; não temas, nem te desanimes, porque o SENHOR Deus, meu Deus, há de ser contigo; não te deixará, nem te desamparará, até que acabes todas as obras para o serviço da Casa do SENHOR.

²¹ Eis aí os turnos dos sacerdotes e dos levitas para todo serviço da Casa de Deus; também se acham contigo, para toda obra, voluntários com sabedoria de toda espécie para cada serviço; como também os príncipes e todo o povo estarão inteiramente às tuas ordens.

As ofertas de Davi e dos príncipes

29 Disse mais o rei Davi a toda a congregação: Salomão, meu filho, o único a quem Deus escolheu, é ainda moço e inexperiente, e esta obra é grande; porque o palácio não é para homens, mas para o SENHOR Deus.

² Eu, pois, com todas as minhas forças já preparei para a casa de meu Deus ouro para as obras de ouro, prata para as de prata, bronze para as de bronze, ferro para as de ferro e madeira para as de madeira; pedras de ônix, pedras de engaste, pedras de várias cores, de mosaicos e toda sorte de pedras preciosas, e mármore, e tudo em abundância.

³ E ainda, porque amo a casa de meu Deus, o ouro e a prata particulares que tenho dou para a casa de meu Deus, afora tudo quanto preparei para o santuário:

⁴ três mil talentos de ouro, do ouro de Ofir, e sete mil talentos de prata purificada, para cobrir as paredes das casas;

⁵ ouro para os objetos de ouro e prata para os de prata, e para toda obra de mão dos artífices. Quem, pois, está disposto, hoje, a trazer ofertas liberalmente ao SENHOR?

⁶ Então, os chefes das famílias, os príncipes das tribos de Israel, os capitães de mil e os de cem e até os intendentes sobre as empresas do rei voluntariamente contribuíram

⁷ e deram para o serviço da Casa de Deus cinco mil talentos de ouro, dez mil daricos, dez mil talentos de prata, dezoito mil talentos de bronze e cem mil talentos de ferro.

⁸ Os que possuíam pedras preciosas as trouxeram para o tesouro da Casa do SENHOR, a cargo de Jeiel, o gersonita.

⁹ O povo se alegrou com tudo o que se fez voluntariamente; porque de coração íntegro deram eles liberalmente ao SENHOR; também o rei Davi se alegrou com grande júbilo.

Oração de Davi

¹⁰ Pelo que Davi louvou ao SENHOR perante a congregação toda e disse: Bendito és tu, SENHOR, Deus de Israel, nosso pai, de eternidade em eternidade.

¹¹ Teu, SENHOR, é o poder, a grandeza, a honra, a vitória e a majestade; porque teu é tudo quanto há nos céus e na terra; teu, SENHOR, é o reino, e tu te exaltaste por chefe sobre todos.

29.1 1Cr 22.5. 29.11 Mt 6.13.

¹² Riquezas e glória vêm de ti, tu dominas sobre tudo, na tua mão há força e poder; contigo está o engrandecer e a tudo dar força.

¹³ Agora, pois, ó nosso Deus, graças te damos e louvamos o teu glorioso nome.

¹⁴ Porque quem sou eu, e quem é o meu povo para que pudéssemos dar voluntariamente estas cousas? Porque tudo vem de ti, e das tuas mãos to damos.

¹⁵ Porque somos estranhos diante de ti e peregrinos como todos os nossos pais; como a sombra são os nossos dias sobre a terra, e não temos permanência.

¹⁶ SENHOR, nosso Deus, toda esta abundância que preparamos para te edificar uma casa ao teu santo nome vem da tua mão e é toda tua.

¹⁷ Bem sei, meu Deus, que tu provas os corações e que da sinceridade te agradas; eu também, na sinceridade de meu coração, dei voluntariamente todas estas cousas; acabo de ver com alegria que o teu povo, que se acha aqui, te faz ofertas voluntariamente.

¹⁸ SENHOR, Deus de nossos pais Abraão, Isaque e Israel, conserva para sempre no coração do teu povo estas disposições e pensamentos, inclina-lhe o coração para contigo;

¹⁹ e a Salomão, meu filho, dá coração íntegro para guardar os teus mandamentos, os teus testemunhos e os teus estatutos, fazendo tudo para edificar este palácio para o qual providenciei.

²⁰ Então, disse Davi a toda a congregação: Agora, louvai o SENHOR, vosso Deus. Então, toda a congregação louvou ao SENHOR, Deus de seus pais; todos inclinaram a cabeça, adoraram o SENHOR e se prostraram perante o rei.

²¹ Ao outro dia, trouxeram sacrifícios ao SENHOR e lhe ofereceram holocaustos de mil bezerros, mil carneiros, mil cordeiros, com as suas libações; sacrifícios em abundância por todo o Israel.

²² Comeram e beberam, naquele dia, perante o SENHOR, com grande regozijo.

Salomão proclamado rei

Pela segunda vez, fizeram rei a Salomão, filho de Davi, e o ungiram ao SENHOR por príncipe e a Zadoque, por sacerdote.

²³ Salomão assentou-se no trono do SENHOR, rei, em lugar de Davi, seu pai, e prosperou; e todo o Israel lhe obedecia.

²⁴ Todos os príncipes, os grandes e até todos os filhos do rei Davi prestaram homenagens ao rei Salomão.

²⁵ O SENHOR engrandeceu sobremaneira a Salomão perante todo o Israel; deu-lhe majestade real, qual antes dele não teve nenhum rei em Israel.

A morte de Davi

²⁶ Ora, Davi, filho de Jessé, reinou sobre todo o Israel.

²⁷ O tempo que reinou sobre Israel foi de quarenta anos: em Hebrom, sete; em Jerusalém, trinta e três.

²⁸ Morreu em ditosa velhice, cheio de dias, riquezas e glória; e Salomão, seu filho, reinou em seu lugar.

²⁹ Os atos, pois, do rei Davi, tanto os primeiros como os últimos, eis que estão escritos nas crônicas, registados por Samuel, o vidente, nas crônicas do profeta Natã e nas crônicas de Gade, o vidente,

³⁰ juntamente com o que se passou no seu reinado e a respeito do seu poder e todos os acontecimentos que se deram com ele, com Israel e com todos os reinos daquelas terras.

29.23 1Rs 2.12.   29.27 2Sm 5.4,5; 1Cr 3.4.

O SEGUNDO LIVRO DAS

CRÔNICAS

Salomão oferece sacrifícios em Gibeom
1Rs 3.3,4

1 Salomão, filho de Davi, fortaleceu-se no seu reino, e o SENHOR, seu Deus, era com ele e o engrandeceu sobremaneira.

2 Falou Salomão a todo o Israel, aos capitães de mil e aos de cem, aos juízes e a todos os príncipes em todo o Israel, cabeças de famílias;

3 e foi com toda a congregação ao alto que estava em Gibeom, porque ali estava a tenda da congregação de Deus, que Moisés, servo do SENHOR, tinha feito no deserto.

4 Mas Davi fizera subir a arca de Deus de Quiriate-Jearim ao lugar que lhe havia preparado, porque lhe armara uma tenda em Jerusalém.

5 Também o altar de bronze que fizera Bezalel, filho de Uri, filho de Hur, estava ali diante do tabernáculo do SENHOR; e Salomão e a congregação consultaram o SENHOR.

6 Salomão ofereceu ali sacrifícios perante o SENHOR, sobre o altar de bronze que estava na tenda da congregação; e ofereceu sobre ele mil holocaustos.

Salomão pede a Deus sabedoria
1Rs 3.5-15

7 Naquela mesma noite, apareceu Deus a Salomão e lhe disse: Pede-me o que queres que eu te dê.

8 Respondeu-lhe Salomão: De grande benevolência usaste para com Davi, meu pai, e a mim me fizeste reinar em seu lugar.

9 Agora, pois, ó SENHOR Deus, cumpra-se a tua promessa feita a Davi, meu pai; porque tu me constituíste rei sobre um povo numeroso como o pó da terra.

10 Dá-me, pois, agora, sabedoria e conhecimento, para que eu saiba conduzir-me à testa deste povo; pois quem poderia julgar a este grande povo?

11 Disse Deus a Salomão: Porquanto foi este o desejo do teu coração, e não pediste riquezas, bens ou honras, nem a morte dos que te aborrecem, nem tampouco pediste longevidade, mas sabedoria e conhecimen-

to, para poderes julgar a meu povo, sobre o qual te constituí rei,

12 sabedoria e conhecimento são dados a ti, e te darei riquezas, bens e honras, quais não teve nenhum rei antes de ti, e depois de ti não haverá teu igual.

13 Voltou Salomão para Jerusalém, da sua ida ao alto que está em Gibeom, de diante da tenda da congregação; e reinou sobre Israel.

As riquezas de Salomão
1Rs 10.26-29

14 Salomão ajuntou carros e cavaleiros; tinha mil e quatrocentos carros e doze mil cavaleiros, que colocou nas cidades para os carros e junto ao rei, em Jerusalém.

15 Fez o rei que, em Jerusalém, houvesse prata e ouro como pedras, e cedros em abundância como os sicômoros que estão nas planícies.

16 Os cavalos de Salomão vinham do Egito e da Cilícia; e comerciantes do rei os recebiam da Cilícia por certo preço.

17 Importava-se do Egito um carro por seiscentos siclos de prata e um cavalo, por cento e cinquenta; nas mesmas condições, as caravanas os traziam e os exportavam para todos os reis dos heteus e para os reis da Síria.

Salomão faz aliança com Hirão
1Rs 5.1-12

2 Resolveu Salomão edificar a casa ao nome do SENHOR, como também casa para o seu reino.

2 Designou Salomão setenta mil homens para levarem as cargas, oitenta mil, para talharem pedras nas montanhas e três mil e seiscentos, para dirigirem a obra.

3 Salomão mandou dizer a Hirão, rei de Tiro: Como procedeste para com Davi, meu pai, e lhe mandaste cedros, para edificar a casa em que morasse, assim também procede comigo.

4 Eis que estou para edificar a casa ao nome do SENHOR, meu Deus, e lha consagrar, para queimar perante ele incenso aromático, e lhe apresentar o pão contínuo da

1.4 2Sm 6.1-17; 1Cr 13.5-14; 15.25-16.1. **1.5** Êx 28.1-7. **1.9** Gn 13.16; 28.14. **1.14** 1Rs 4.26. **1.16** Dt 17.16.

proposição e os holocaustos da manhã e da tarde, nos sábados, nas Festas da Lua Nova e nas festividades do Senhor, nosso Deus; o que é obrigação perpétua para Israel.

⁵ A casa que edificarei há de ser grande, porque o nosso Deus é maior do que todos os deuses.

⁶ No entanto, quem seria capaz de lhe edificar a casa, visto que os céus e até os céus dos céus o não podem conter? E quem sou eu para lhe edificar a casa, senão para queimar incenso perante ele?

⁷ Manda-me, pois, agora, um homem que saiba trabalhar em ouro, em prata, em bronze, em ferro, em obras de púrpura, de carmesim e de pano azul; que saiba fazer obras de entalhe juntamente com os peritos que estão comigo em Judá e em Jerusalém, os quais Davi, meu pai, empregou.

⁸ Manda-me também madeira de cedros, ciprestes e sândalo do Líbano; porque bem sei que os teus servos sabem cortar madeira no Líbano. Eis que os meus servos estarão com os teus,

⁹ para me prepararem muita madeira; porque a casa que edificarei há de ser grande e maravilhosa.

¹⁰ Aos teus servos, cortadores da madeira, darei vinte mil coros de trigo batido, vinte mil coros de cevada, vinte mil batos de vinho e vinte mil batos de azeite.

¹¹ Hirão, rei de Tiro, respondeu por uma carta que enviou a Salomão, dizendo: Porquanto o Senhor ama ao seu povo, te constituiu rei sobre ele.

¹² Disse mais Hirão: Bendito seja o Senhor, Deus de Israel, que fez os céus e a terra; que deu ao rei Davi um filho sábio, dotado de discrição e entendimento, que edifique casa ao Senhor e para o seu próprio reino.

¹³ Agora, pois, envio um homem sábio de grande entendimento, a saber, Hirão-Abi,

¹⁴ filho duma mulher das filhas de Dã e cujo pai foi homem de Tiro; ele sabe lavrar em ouro, em prata, em bronze, em ferro, em pedras e em madeira, em obras de púrpura, de pano azul, e de linho fino e em obras de carmesim; e é hábil para toda obra de entalhe e para elaborar qualquer plano que se lhe proponha, juntamente com os teus peritos e os peritos de Davi, meu senhor, teu pai.

¹⁵ Agora, pois, mande o meu senhor para os seus servos o trigo, a cevada, o azeite e o vinho de que falou.

¹⁶ E nós cortaremos tanta madeira no Líbano quanta houveres mister e ta faremos chegar em jangadas, pelo mar, a Jope, e tu a farás subir a Jerusalém.

Os preparativos para edificar o templo
1Rs 5.13-18

¹⁷ Salomão levantou o censo de todos os homens estrangeiros que havia na terra de Israel, segundo o censo que fizera Davi, seu pai; e acharam-se cento e cinqüenta e três mil e seiscentos.

¹⁸ Designou deles setenta mil para levarem as cargas, oitenta mil para talharem pedras nas montanhas, como também três mil e seiscentos para dirigirem o trabalho do povo.

Salomão edifica o templo
1Rs 6.1-10

3 Começou Salomão a edificar a Casa do Senhor em Jerusalém, no monte Moriá, onde o Senhor aparecera a Davi, seu pai, lugar que Davi tinha designado na eira de Orná, o jebuseu.

² Começou a edificar no segundo mês, no dia segundo, no ano quarto do seu reinado.

³ Foram estas as medidas dos alicerces que Salomão lançou para edificar a Casa de Deus: o comprimento em côvados, segundo o primitivo padrão, sessenta côvados, e a largura, vinte.

⁴ O pórtico diante da casa media vinte côvados no sentido da largura do Lugar Santo, e a altura, cento e vinte, o que, dentro, cobriu de ouro puro.

⁵ Também fez forrar de madeira de cipreste a sala grande, e a cobriu de ouro puro, e gravou nela palmas e cadeias.

⁶ Também adornou a sala de pedras preciosas; e o ouro era de Parvaim.

⁷ Cobriu também de ouro a sala, as traves, os umbrais, as paredes e as portas; e lavrou querubins nas paredes.

⁸ Fez mais o Santo dos Santos, cujo comprimento, segundo a largura da sala grande, era de vinte côvados, e também a largura, de vinte; cobriu-a de ouro puro do peso de seiscentos talentos.

⁹ O peso dos pregos era de cinqüenta siclos de ouro. Cobriu de ouro os cenáculos.

2.13,14 1Rs 7.13,14.   3.8 Êx 26.33,34.

Os dois querubins
1Rs 6.23-28

¹⁰ No Santo dos Santos, fez dois querubins de madeira e os cobriu de ouro.

¹¹ As asas estendidas, juntas, dos querubins mediam o comprimento de vinte côvados; a asa de um deles, de cinco côvados, tocava na parede da casa; e a outra asa, de cinco côvados, tocava na asa do outro querubim.

¹² Também a asa do outro querubim era de cinco côvados e tocava na outra parede; era também a outra asa igualmente de cinco côvados e estava unida à asa do outro querubim. As asas destes querubins se estendiam por vinte côvados;

¹³ eles estavam postos em pé, e o seu rosto, virado para o Santo Lugar.

¹⁴ Também fez o véu de estofo azul, púrpura, carmesim e linho fino; e fez bordar nele querubins.

As duas colunas
1Rs 7.15-22

¹⁵ Fez também diante da sala duas colunas de trinta e cinco côvados de altura; e o capitel, sobre cada uma, de cinco côvados.

¹⁶ Também fez cadeias, como no Santo dos Santos, e as pôs sobre as cabeças das colunas; fez também cem romãs, as quais pôs nas cadeias.

¹⁷ Levantou as colunas diante do templo, uma à direita, e outra à esquerda; a da direita, chamou-lhe Jaquim, a da esquerda, Boaz.

O mar de fundição
1Rs 7.23-26

4 Também fez um altar de bronze de vinte côvados de comprimento, vinte de largura e dez de altura.

² Fez também o mar de fundição, redondo, de dez côvados duma borda até a outra borda, e de cinco de alto; e um fio de trinta côvados era a medida de sua circunferência.

³ Por baixo da sua borda, em redor, havia figuras de colocíntidas, dez em cada côvado; estavam em duas fileiras, fundidas quando se fundiu o mar.

⁴ Assentava-se o mar sobre doze bois; três olhavam para o norte, três, para o ocidente, três, para o sul, e três, para o oriente; o mar apoiava-se sobre eles, cujas partes posteriores convergiam para dentro.

⁵ A grossura dele era de quatro dedos, a sua borda, como borda de copo, como flor de lírios; comportava três mil batos.

Outros utensílios para o templo
1Rs 7.27-50

⁶ Também fez dez pias e pôs cinco à direita e cinco à esquerda, para lavarem nelas o que pertencia ao holocausto; o mar, porém, era para que os sacerdotes se lavassem nele.

⁷ Fez também dez candeeiros de ouro, segundo fora ordenado, e os pôs no templo, cinco à direita e cinco à esquerda.

⁸ Também fez dez mesas e as pôs no templo, cinco à direita e cinco à esquerda; também fez cem bacias de ouro.

⁹ Fez mais o pátio dos sacerdotes e o pátio grande, como também as portas deles, as quais cobriu de bronze.

¹⁰ E o mar pôs ao lado direito, para a banda sudeste.

¹¹ Depois, fez Hirão as panelas, e as pás, e as bacias. Assim, terminou ele de fazer a obra para o rei Salomão, para a Casa de Deus:

¹² as duas colunas, os dois globos e os dois capitéis que estavam no alto das duas colunas; as duas redes, para cobrirem os dois globos dos capitéis que estavam no alto das colunas;

¹³ as quatrocentas romãs para as duas redes, isto é, duas fileiras de romãs para cada rede, para cobrirem os dois globos dos capitéis que estavam no alto das colunas.

¹⁴ Fez também os suportes e as pias sobre eles,

¹⁵ o mar com os doze bois por baixo.

¹⁶ Também as panelas, as pás, os garfos e todos os utensílios fez Hirão-Abi para o rei Salomão, para a Casa do SENHOR, de bronze purificado.

¹⁷ Na planície do Jordão, o rei os fez fundir em terra barrenta, entre Sucote e Zereda.

¹⁸ Fez Salomão todos estes objetos em grande abundância, não se verificando o peso do seu bronze.

¹⁹ Também fez Salomão todos os utensílios do Santo Lugar de Deus: o altar de ouro e as mesas, sobre as quais estavam os pães da proposição;

²⁰ e os candeeiros com as suas lâmpadas de ouro puro, para as acenderem segundo o costume, perante o Santo dos Santos.

3.10-13 Êx 25.18-20. **3.14** Êx 26.31. **4.1** Êx 27.1,2. **4.6** Êx 30.17-21. **4.7** Êx 25.31-40. **4.8** Êx 25.23-30.

²¹ As flores, as lâmpadas e as tenazes eram do mais fino ouro,

²² como também as espevitadeiras, as bacias, as taças e os incensários, de ouro finíssimo; quanto à entrada da casa, as suas portas de dentro do Santo dos Santos e as portas do Santo Lugar do templo eram de ouro.

As dádivas de Davi colocadas no templo
1Rs 7.51

5 Assim, se acabou toda a obra que fez o rei Salomão para a Casa do SENHOR; então, trouxe Salomão as cousas que Davi, seu pai, havia dedicado; a prata, o ouro e os utensílios, ele os pôs entre os tesouros da Casa de Deus.

Salomão traz para o templo a arca
1Rs 8.1-11

² Congregou Salomão os anciãos de Israel e todos os cabeças das tribos, os príncipes das famílias dos israelitas, em Jerusalém, para fazerem subir a arca da Aliança do SENHOR, da Cidade de Davi, que é Sião, para o templo.

³ Todos os homens de Israel se congregaram junto ao rei, na ocasião da festa, que foi no sétimo mês.

⁴ Vieram todos os anciãos de Israel, e os levitas tomaram a arca

⁵ e a levaram para cima, com a tenda da congregação, e também os utensílios sagrados que nela havia; os levitas-sacerdotes é que os fizeram subir.

⁶ O rei Salomão e toda a congregação de Israel, que se reunira a ele, estavam diante da arca, sacrificando ovelhas e bois, que, de tão numerosos, não se podiam contar.

⁷ Puseram os sacerdotes a arca da Aliança do SENHOR no seu lugar, no santuário mais interior do templo, no Santo dos Santos, debaixo das asas dos querubins.

⁸ (Pois os querubins estendiam as asas sobre o lugar da arca e, do alto, cobriam a arca e os seus varais.

⁹ Os varais sobressaíam tanto, que suas pontas eram vistas do Santo Lugar, defronte do Santo dos Santos, porém de fora não se viam.

¹⁰ Aí estão os varais até ao dia de hoje.) Nada havia na arca senão as duas tábuas que Moisés ali pusera junto a Horebe,

quando o SENHOR fez aliança com os filhos de Israel, ao saírem do Egito.

¹¹ Quando saíram os sacerdotes do santuário (porque todos os sacerdotes, que estavam presentes, se santificaram, sem respeitarem os seus turnos);

¹² e quando todos os levitas que eram cantores, isto é, Asafe, Hemã, Jedutum e os filhos e irmãos deles, vestidos de linho fino, estavam de pé, para o oriente do altar, com címbalos, alaúdes e harpas, e com eles até cento e vinte sacerdotes, que tocavam as trombetas;

¹³ e quando em uníssono, a um tempo, tocaram as trombetas e cantaram para se fazerem ouvir, para louvarem o SENHOR e render-lhe graças; e quando levantaram eles a voz com trombetas, címbalos e outros instrumentos músicos para louvarem o SENHOR, porque ele é bom, porque a sua misericórdia dura para sempre, então, sucedeu que a casa, a saber, a Casa do SENHOR, se encheu de uma nuvem;

¹⁴ de maneira que os sacerdotes não podiam estar ali para ministrar, por causa da nuvem, porque a glória do SENHOR encheu a Casa de Deus.

Salomão fala ao povo
1Rs 8.12-21

6 Então, disse Salomão: O SENHOR declarou que habitaria em nuvem espessa!

² Edifiquei uma casa para tua morada, lugar para a tua eterna habitação.

³ Voltou, então, o rei o rosto, e abençoou a toda a congregação de Israel, enquanto ela se mantinha em pé,

⁴ e disse: Bendito seja o SENHOR, o Deus de Israel, que falou pessoalmente a Davi, meu pai, e pelo seu poder o cumpriu, dizendo:

⁵ Desde o dia em que eu tirei o meu povo da terra do Egito, não escolhi cidade alguma de todas as tribos de Israel, para edificar uma casa a fim de ali estabelecer o meu nome; nem escolhi homem algum para chefe do meu povo de Israel.

⁶ Mas escolhi Jerusalém para que ali seja estabelecido o meu nome e escolhi a Davi para chefe do meu povo de Israel.

⁷ Também Davi, meu pai, propusera em seu coração o edificar uma casa ao nome do SENHOR, o Deus de Israel.

⁸ Porém o SENHOR disse a Davi, meu pai: Já que desejaste edificar uma casa ao

meu nome, bem fizeste em o resolver em teu coração.

⁹ Todavia, tu não edificarás a casa; porém teu filho, que descenderá de ti, ele a edificará ao meu nome.

¹⁰ Assim, cumpriu o SENHOR a sua palavra que tinha dito, pois me levantei em lugar de Davi, meu pai, e me assentei no trono de Israel, como prometera o SENHOR; e edifiquei a casa ao nome do SENHOR, o Deus de Israel.

¹¹ Nela pus a arca em que estão as tábuas da aliança que o SENHOR fez com os filhos de Israel.

Salomão ora a Deus
1Rs 8.22-53

¹² Pôs-se Salomão diante do altar do SENHOR, na presença de toda a congregação de Israel, e estendeu as mãos.

¹³ Porque Salomão tinha feito uma tribuna de bronze, de cinco côvados de comprimento, cinco de largura e três de altura, e a pusera no meio do pátio; pôs-se em pé sobre ela, ajoelhou-se em presença de toda a congregação de Israel, estendeu as mãos para o céu

¹⁴ e disse: Ó SENHOR, Deus de Israel, não há Deus como tu, nos céus e na terra, como tu que guardas a aliança e a misericórdia a teus servos que de todo o coração andam diante de ti;

¹⁵ que cumpriste para com teu servo Davi, meu pai, o que lhe prometeste; pessoalmente, o disseste e, pelo teu poder, o cumpriste, como hoje se vê.

¹⁶ Agora, pois, ó SENHOR, Deus de Israel, faze a teu servo Davi, meu pai, o que lhe declaraste, dizendo: Não te faltará sucessor diante de mim, que se assente no trono de Israel; contanto que teus filhos guardem o seu caminho, para andarem na lei diante de mim, como tu andaste.

¹⁷ Agora, também, ó SENHOR, Deus de Israel, cumpra-se a tua palavra que disseste a teu servo Davi.

¹⁸ Mas, de fato, habitaria Deus com os homens na terra? Eis que os céus e até o céu dos céus não te podem conter, quanto menos esta casa que eu edifiquei.

¹⁹ Atenta, pois, para a oração de teu servo e para a sua súplica, ó SENHOR, meu Deus, para ouvires o clamor e a oração que faz o teu servo diante de ti.

²⁰ Para que os teus olhos estejam abertos dia e noite sobre esta casa, sobre este lugar, do qual disseste que o teu nome estaria ali; para ouvires a oração que o teu servo fizer neste lugar.

²¹ Ouve, pois, a súplica do teu servo e do teu povo de Israel, quando orarem neste lugar; ouve do lugar da tua habitação, dos céus; ouve e perdoa.

²² Quando alguém pecar contra o seu próximo, e lhe for exigido que jure, e ele vier a jurar diante do teu altar nesta casa,

²³ ouve tu dos céus, age e julga a teus servos, dando a paga ao perverso, fazendo recair o seu proceder sobre a sua cabeça e justificando ao justo, para lhe retribuíres segundo a sua justiça.

²⁴ Quando o teu povo de Israel, por ter pecado contra ti, for ferido diante do inimigo, e se converter, e confessar o teu nome, e orar, e suplicar diante de ti nesta casa,

²⁵ ouve tu dos céus, e perdoa o pecado do teu povo de Israel, e faze-o voltar à terra que lhe deste e a seus pais.

²⁶ Quando os céus se cerrarem, e não houver chuva, por ter o povo pecado contra ti, e ele orar neste lugar, e confessar o teu nome, e se converter dos seus pecados, havendo-o tu afligido,

²⁷ ouve tu nos céus, perdoa o pecado de teus servos e do teu povo de Israel, ensinando-lhes o bom caminho em que andem, e dá chuva na tua terra que deste em herança ao teu povo.

²⁸ Quando houver fome na terra ou peste, quando houver crestamento ou ferrugem, gafanhotos e larvas, quando o seu inimigo o cercar em qualquer das suas cidades ou houver alguma praga ou doença,

²⁹ toda oração e súplica, que qualquer homem ou todo o teu povo de Israel fizer, conhecendo cada um a sua própria chaga e a sua dor, e estendendo as mãos para o rumo desta casa,

³⁰ ouve tu dos céus, lugar da tua habitação, perdoa e dá a cada um segundo todos os seus caminhos, já que lhe conheces o coração, porque tu, só tu, és conhecedor do coração dos filhos dos homens;

³¹ para que te temam, para andarem nos teus caminhos, todos os dias que viverem na terra que deste a nossos pais.

³² Também ao estrangeiro que não for do teu povo de Israel, porém vier de terras remotas, por amor do teu grande nome e por causa da tua mão poderosa e do teu braço estendido, e orar, voltado para esta casa,

³³ ouve tu dos céus, do lugar da tua habitação, e faze tudo o que o estrangeiro te pedir, a fim de que todos os povos da terra conheçam o teu nome, para te temerem como o teu povo de Israel e para saberem que esta casa, que eu edifiquei, é chamada pelo teu nome.

³⁴ Quando o teu povo sair à guerra contra o seu inimigo, pelo caminho por que os enviares, e orarem a ti, voltados para esta cidade, que tu escolheste, e para a casa que edifiquei ao teu nome,

³⁵ ouve tu dos céus a sua oração e a sua súplica e faze-lhes justiça.

³⁶ Quando pecarem contra ti (pois não há homem que não peque), e tu te indignares contra eles e os entregares às mãos do inimigo, a fim de que os leve cativos a uma terra, longe ou perto esteja;

³⁷ e na terra aonde forem levados caírem em si, e se converterem, e na terra do seu cativeiro te suplicarem, dizendo: Pecamos, e perversamente procedemos, e cometemos iniqüidade; e se converterem a ti de todo o seu coração e de toda a sua alma,

³⁸ na terra do seu cativeiro, para onde foram levados cativos, e orarem, voltados para a sua terra que deste a seus pais, para esta cidade que escolheste e para a casa que edifiquei ao teu nome,

³⁹ ouve tu dos céus, do lugar da tua habitação, a sua prece e a sua súplica e faze-lhes justiça; perdoa ao teu povo que houver pecado contra ti.

⁴⁰ Agora, pois, ó meu Deus, estejam os teus olhos abertos, e os teus ouvidos atentos à oração que se fizer deste lugar.

⁴¹ Levanta-te, pois, Senhor Deus, e entra para o teu repouso, tu e a arca do teu poder; os teus sacerdotes, ó Senhor Deus, se revistam de salvação, e os teus santos se alegrem do bem.

⁴² Ah! Senhor Deus, não repulses o teu ungido; lembra-te das misericórdias que usaste para com Davi, teu servo.

A glória de Deus enche o templo

7 Tendo Salomão acabado de orar, desceu fogo do céu e consumiu o holocausto e os sacrifícios; e a glória do Senhor encheu a casa.

² Os sacerdotes não podiam entrar na Casa do Senhor, porque a glória do Senhor tinha enchido a Casa do Senhor.

³ Todos os filhos de Israel, vendo descer o fogo e a glória do Senhor sobre a casa, se encurvaram com o rosto em terra sobre o pavimento, e adoraram, e louvaram o Senhor, porque é bom, porque a sua misericórdia dura para sempre.

A conclusão da solenidade
1Rs 8.62-66

⁴ Então, o rei e todo o povo ofereceram sacrifícios diante do Senhor.

⁵ Ofereceu o rei Salomão em sacrifício vinte e dois mil bois e cento e vinte mil ovelhas.

⁶ Assim, o rei e todo o povo consagraram a Casa de Deus. Os sacerdotes estavam nos seus devidos lugares, como também os levitas com os instrumentos músicos do Senhor, que o rei Davi tinha feito para deles se utilizar nas ações de graças ao Senhor, porque a sua misericórdia dura para sempre. Os sacerdotes que tocavam as trombetas estavam defronte deles, e todo o Israel se mantinha em pé.

⁷ Salomão consagrou também o meio do átrio que estava diante da Casa do Senhor, porquanto ali prepararam os holocaustos e a gordura dos sacrifícios pacíficos; porque, no altar de bronze, que Salomão fizera, não podiam caber os holocaustos, as ofertas de manjares e a gordura dos sacrifícios pacíficos.

⁸ Assim, celebrou Salomão a festa por sete dias, e todo o Israel, com ele, uma grande congregação, desde a entrada de Hamate até ao rio do Egito.

⁹ Ao oitavo dia, começaram a celebrar a Festa dos Tabernáculos, porque, por sete dias, já haviam celebrado a consagração do altar; a Festa durava sete dias.

¹⁰ No vigésimo-terceiro dia do sétimo mês, o rei despediu o povo para as suas tendas; e todos se foram alegres e de coração contente por causa do bem que o Senhor fizera a Davi, a Salomão e a Israel, seu povo.

A aliança do Senhor com Salomão
1Rs 9.1-9

¹¹ Assim, Salomão acabou a Casa do Senhor e a casa do rei; tudo quanto Salomão intentou fazer na Casa do Senhor e na sua casa, prosperamente o efetuou.

¹² De noite, apareceu o Senhor a Salomão e lhe disse: Ouvi a tua oração e escolhi para mim este lugar para casa do sacrifício.

6.41,42 Sl 132.8-10.   7.1 Lv 9.23,24.

¹³ Se eu cerrar os céus de modo que não haja chuva, ou se ordenar aos gafanhotos que consumam a terra, ou se enviar a peste entre o meu povo;

¹⁴ se o meu povo, que se chama pelo meu nome, se humilhar, e orar, e me buscar, e se converter dos seus maus caminhos, então, eu ouvirei dos céus, perdoarei os seus pecados e sararei a sua terra.

¹⁵ Estarão abertos os meus olhos e atentos os meus ouvidos à oração que se fizer neste lugar.

¹⁶ Porque escolhi e santifiquei esta casa, para que nela esteja o meu nome perpetuamente; nela, estarão fixos os meus olhos e o meu coração todos os dias.

¹⁷ Quanto a ti, se andares diante de mim, como andou Davi, teu pai, e fizeres segundo tudo o que te ordenei, e guardares os meus estatutos e os meus juízos,

¹⁸ também confirmarei o trono do teu reino, segundo a aliança que fiz com Davi, teu pai, dizendo: Não te faltará sucessor que domine em Israel.

¹⁹ Porém, se vós vos desviardes, e deixardes os meus estatutos e os meus mandamentos, que vos prescrevi, e fordes, e servirdes a outros deuses, e os adorardes,

²⁰ então, vos arrancarei da minha terra que vos dei, e esta casa, que santifiquei ao meu nome, lançarei longe da minha presença, e a tornarei em provérbio e motejo entre todos os povos.

²¹ Desta casa, agora tão exaltada, todo aquele que por ela passar pasmará e dirá: Por que procedeu o SENHOR assim para com esta terra e esta casa?

²² Responder-se-lhe-á: Porque deixaram o SENHOR, o Deus de seus pais, que os tirou da terra do Egito, e se apegaram a outros deuses, e os adoraram, e os serviram. Por isso, trouxe sobre eles todo este mal.

As demais atividades de Salomão
1Rs 9.10-28

8 Ao fim de vinte anos, tendo Salomão terminado a Casa do SENHOR e a sua própria casa,

² edificou as cidades que Hirão lhe tinha dado; e fez habitar nelas os filhos de Israel.

³ Depois, foi Salomão a Hamate-Zoba e a tomou.

⁴ Também edificou a Tadmor no deserto e a todas as cidades-armazéns em Hamate.

⁵ Edificou também a Bete-Horom, a de cima e a de baixo, cidades fortificadas com muros, portas e ferrolhos;

⁶ como também a Baalate, e todas as cidades-armazéns que Salomão tinha, e todas as cidades para os carros, e as cidades para os cavaleiros, e tudo o que desejou, enfim, edificar em Jerusalém, no Líbano e em toda a terra do seu domínio.

⁷ Quanto a todo o povo que restou dos heteus, amorreus, ferezeus, heveus e jebuseus e que não eram de Israel,

⁸ a seus filhos, que restaram depois deles na terra, os quais os filhos de Israel não puderam destruir totalmente, a esses fez Salomão trabalhadores forçados, até hoje.

⁹ Porém dos filhos de Israel não fez Salomão escravo algum; eram homens de guerra, seus comandantes, chefes dos seus carros e dos seus cavaleiros;

¹⁰ estes eram os principais oficiais que tinha o rei Salomão, duzentos e cinqüenta, que presidiam sobre o povo.

¹¹ Salomão fez subir a filha de Faraó da Cidade de Davi para a casa que a ela lhe edificara; porque disse: Minha esposa não morará na casa de Davi, rei de Israel, porque santos são os lugares nos quais entrou a arca do SENHOR.

¹² Então, Salomão ofereceu holocaustos ao SENHOR, sobre o altar que tinha edificado ao SENHOR diante do pórtico;

¹³ e isto segundo o dever de cada dia, conforme o preceito de Moisés, nos sábados, nas Festas da Lua Nova, e nas festas fixas, três vezes no ano: na Festa dos Pães Asmos, na Festa das Semanas e na Festa dos Tabernáculos.

¹⁴ Também, segundo a ordem de Davi, seu pai, dispôs os turnos dos sacerdotes nos seus ministérios, como também os dos levitas para os seus cargos, para louvarem a Deus e servirem diante dos sacerdotes, segundo o dever de cada dia, e os porteiros pelos seus turnos a cada porta; porque tal era a ordem de Davi, o homem de Deus.

¹⁵ Não se desviaram do que ordenara o rei aos sacerdotes e levitas, em cousa nenhuma, nem acerca dos tesouros.

¹⁶ Assim se executou toda a obra de Salomão, desde o dia da fundação da Casa do SENHOR até se acabar; e assim se concluiu a Casa do SENHOR.

¹⁷ Então, foi Salomão a Eziom-Geber e a Elate, à praia do mar, na terra de Edom.

¹⁸ Enviou-lhe Hirão, por intermédio de

7.18 1Rs 2.4.   8.13 Nm 28.9-15; Êx 23.14-17; 34.22,23; Nm 28.16-29.39; Dt 16.16.

seus servos, navios e marinheiros práticos; foram com os servos de Salomão a Ofir e tomaram de lá quatrocentos e cinqüenta talentos de ouro, que trouxeram ao rei Salomão.

A rainha de Sabá visita a Salomão
1Rs 10.1-13

9 Tendo a rainha de Sabá ouvido a fama de Salomão, veio a Jerusalém prová-lo com perguntas difíceis, com mui grande comitiva; com camelos carregados de especiarias, de ouro em abundância e pedras preciosas; compareceu perante Salomão e lhe expôs tudo quanto trazia em sua mente.
² Salomão lhe deu resposta a todas as perguntas, e nada lhe houve profundo demais que não pudesse explicar.
³ Vendo, pois, a rainha de Sabá a sabedoria de Salomão, e a casa que edificara,
⁴ e a comida da sua mesa, o lugar dos seus oficiais, o serviço dos seus criados, e os trajes deles, seus copeiros, e os seus trajes, e o holocausto que oferecia na Casa do SENHOR, ficou como fora de si
⁵ e disse ao rei: Foi verdade a palavra que a teu respeito ouvi na minha terra e a respeito da tua sabedoria.
⁶ Eu, contudo, não cria no que se falava, até que vim e vi com os próprios olhos. Eis que não me contaram a metade da grandeza da tua sabedoria; sobrepujas a fama que ouvi.
⁷ Felizes os teus homens, felizes estes teus servos que estão sempre diante de ti e ouvem a tua sabedoria!
⁸ Bendito seja o SENHOR, teu Deus, que se agradou de ti para te colocar no seu trono como rei para o SENHOR, teu Deus; porque o teu Deus ama a Israel para o estabelecer para sempre; por isso, te constituiu rei sobre ele, para executares juízo e justiça.
⁹ Deu ela ao rei cento e vinte talentos de ouro, especiarias em grande abundância e pedras preciosas, e nunca houve especiarias tais como as que a rainha de Sabá deu ao rei Salomão.
¹⁰ Os servos de Hirão e os servos de Salomão, que de Ofir tinham trazido ouro, trouxeram também madeira de sândalo e pedras preciosas.
¹¹ Desta madeira de sândalo fez o rei balaústres para a Casa do SENHOR e para a casa real, como também harpas e alaúdes

para os cantores, quais nunca dantes se viram na terra de Judá.
¹² O rei Salomão deu à rainha de Sabá, além do equivalente ao que ela lhe trouxera, mais tudo o que ela desejou e pediu. Assim, voltou e foi para a sua terra, ela e os seus servos.

As riquezas de Salomão
1Rs 10.14-29

¹³ O peso do ouro que se trazia a Salomão cada ano era de seiscentos e sessenta e seis talentos,
¹⁴ afora o que entrava dos vendedores e dos negociantes; também todos os reis da Arábia e os governadores dessa mesma terra traziam a Salomão ouro e prata.
¹⁵ Fez o rei Salomão duzentos paveses de ouro batido; seiscentos siclos de ouro batido mandou pesar para cada pavês.
¹⁶ Fez também trezentos escudos de ouro batido; trezentos siclos de ouro mandou pesar para cada escudo. E o rei os pôs na Casa do Bosque do Líbano.
¹⁷ Fez mais o rei um grande trono de marfim e o cobriu de ouro puro.
¹⁸ O trono tinha seis degraus e um estrado de ouro a ele pegado; de ambos os lados, tinha braços junto ao assento e dois leões junto aos braços.
¹⁹ Também doze leões estavam ali sobre os seis degraus, um em cada extremo destes. Nunca se fizera obra semelhante em nenhum dos reinos.
²⁰ Todas as taças de que se servia o rei Salomão para beber eram de ouro, e também de ouro puro, todas as da Casa do Bosque do Líbano; à prata, nos dias de Salomão, não se dava estimação nenhuma.
²¹ Porque o rei tinha navios que iam a Társis, com os servos de Hirão; de três em três anos, voltavam os navios de Társis, trazendo ouro e prata, marfim, bugios e pavões.
²² Assim, o rei Salomão excedeu a todos os reis do mundo, tanto em riqueza como em sabedoria.
²³ Todos os reis do mundo procuravam ir ter com ele para ouvir a sabedoria que Deus lhe pusera no coração.
²⁴ Cada um trazia o seu presente, objetos de prata e de ouro, roupas, armaduras, especiarias, cavalos e mulas; assim ano após ano.
²⁵ Tinha Salomão quatro mil cavalos

9.1 Mt 12.42; Lc 11.31.   9.25 1Rs 4.26.

em estrebarias para os seus carros e doze mil cavaleiros, que distribuiu às cidades para os carros e junto ao rei, em Jerusalém.

²⁶ Dominava Salomão sobre todos os reis desde o Eufrates até à terra dos filisteus e até ao limite do Egito.

²⁷ Fez o rei que, em Jerusalém, houvesse prata como pedras e cedros em abundância como os sicômoros que estão nas planícies.

²⁸ Importavam-se cavalos para Salomão, do Egito e de todas as terras.

A morte de Salomão
1Rs 11.41-43

²⁹ Quanto aos mais atos de Salomão, tanto os primeiros como os últimos, porventura, não estão escritos no livro da História de Natã, o profeta, e na Profecia de Aías, o silonita, e nas Visões de Ido, o vidente, acerca de Jeroboão, filho de Nebate?

³⁰ Quarenta anos reinou Salomão em Jerusalém sobre todo o Israel.

³¹ Descansou com seus pais e foi sepultado na Cidade de Davi, seu pai, e Roboão, seu filho, reinou em seu lugar.

Roboão causa separação entre as tribos
1Rs 12.1-15

10 Foi Roboão a Siquém, porque todo o Israel se reuniu lá, para o fazer rei.

² Tendo Jeroboão, filho de Nebate, ouvido isso (pois estava ainda no Egito, para onde fugira da presença do rei Salomão), voltou do Egito.

³ Mandaram chamá-lo; veio ele com todo o Israel a Roboão, e lhe falaram:

⁴ Teu pai fez pesado o nosso jugo; agora, pois, alivia tu a dura servidão de teu pai e o seu pesado jugo que nos impôs, e nós te serviremos.

⁵ Ele lhes respondeu: Após três dias, voltai a mim. E o povo se foi.

⁶ Tomou o rei Roboão conselho com os homens idosos que estiveram na presença de Salomão, seu pai, quando este ainda vivia, dizendo: Como aconselhais que se responda a este povo?

⁷ Eles lhe disseram: Se te fizeres benigno para com este povo, e lhes agradares, e lhes falares boas palavras, eles se farão teus servos para sempre.

⁸ Porém ele desprezou o conselho que os anciãos lhe tinham dado e tomou conselho com os jovens que haviam crescido com ele e o serviam.

⁹ E disse-lhes: Que aconselhais vós que respondamos a este povo, que me falou, dizendo: Alivia o jugo que teu pai nos impôs?

¹⁰ E os jovens que haviam crescido com ele lhe disseram: Assim falarás ao povo que disse: Teu pai fez pesado o nosso jugo, mas alivia-o de sobre nós; assim lhe falarás: Meu dedo mínimo é mais grosso do que os lombos de meu pai.

¹¹ Assim que, se meu pai vos impôs jugo pesado, eu ainda vo-lo aumentarei; meu pai vos castigou com açoites, porém eu vos castigarei com escorpiões.

¹² Veio, pois, Jeroboão e todo o povo, ao terceiro dia, a Roboão, como o rei lhes ordenara, dizendo: Voltai a mim, ao terceiro dia.

¹³ Dura resposta lhes deu o rei, porque o rei Roboão desprezara o conselho dos anciãos;

¹⁴ e lhes falou segundo o conselho dos jovens, dizendo: Meu pai fez pesado o vosso jugo, porém eu ainda o agravarei; meu pai vos castigou com açoites, eu, porém, vos castigarei com escorpiões.

¹⁵ O rei, pois, não deu ouvidos ao povo, porque isto vinha de Deus, para que o SENHOR confirmasse a palavra que tinha dito por intermédio de Aías, o silonita, a Jeroboão, filho de Nebate.

Dez tribos seguem Jeroboão
1Rs 12.16-20

¹⁶ Vendo, pois, todo o Israel que o rei não lhe dava ouvidos, reagiu, dizendo: Que parte temos nós com Davi? Não há para nós herança no filho de Jessé! Cada homem à sua tenda, ó Israel! Cuida, agora, da tua casa, ó Davi! Então, Israel se foi às suas tendas.

¹⁷ Quanto aos filhos de Israel, porém, que habitavam nas cidades de Judá, sobre eles reinou Roboão.

¹⁸ Então, o rei Roboão enviou a Adorão, superintendente dos que trabalhavam forçados, porém os filhos de Israel o apedrejaram, e morreu. Mas o rei Roboão conseguiu tomar o seu carro e fugir para Jerusalém.

¹⁹ Assim, Israel se mantém rebelado contra a casa de Davi até ao dia de hoje.

9.26 Gn 15.18; 1Rs 4.21.　10.16 2Sm 20.1.

Deus proíbe que Roboão peleje contra as dez tribos
1Rs 12.21-24

11 Vindo, pois, Roboão a Jerusalém, reuniu a casa de Judá e de Benjamim, cento e oitenta mil escolhidos, destros para a guerra, para pelejar contra Israel, a fim de restituir o reino a Roboão.

² Porém veio a palavra do SENHOR a Semaías, homem de Deus, dizendo:

³ Fala a Roboão, filho de Salomão, rei de Judá, e a todo o Israel em Judá e Benjamim, dizendo:

⁴ Assim diz o SENHOR: Não subireis, nem pelejareis contra vossos irmãos; cada um volte para sua casa, porque eu é que fiz isto. E, obedecendo eles à palavra do SENHOR, desistiram de subir contra Jeroboão.

As cidades fortificadas de Roboão

⁵ Roboão habitou em Jerusalém e, para defesa, fortificou cidades em Judá;

⁶ fortificou, pois, a Belém, a Etã, a Tecoa,

⁷ a Bete-Zur, a Socó, a Adulão,

⁸ a Gate, a Maressa, a Zife,

⁹ a Adoraim, a Laquis, a Azeca,

¹⁰ a Zora, a Aijalom e a Hebrom, todas em Judá e Benjamim, cidades fortificadas.

¹¹ Assim, as tornou em fortalezas e pôs nelas comandantes e depósitos de víveres, de azeite e de vinho.

¹² E pôs em cada cidade arsenal de paveses e lanças; fortificou-as sobremaneira. Judá e Benjamim ficaram-lhe sujeitas.

Sacerdotes e levitas vêm a Jerusalém

¹³ Também os sacerdotes e os levitas que havia em todo o Israel recorreram a Roboão de todos os seus limites,

¹⁴ porque os levitas deixaram os arredores das suas cidades e as suas possessões e vieram para Judá e para Jerusalém, porque Jeroboão e seus filhos os lançaram fora, para que não ministrassem ao SENHOR.

¹⁵ Jeroboão constituiu os seus próprios sacerdotes, para os altos, para os sátiros e para os bezerros que fizera.

¹⁶ Além destes, também de todas as tribos de Israel os que de coração resolveram buscar o SENHOR, Deus de Israel, foram a Jerusalém, para oferecerem sacrifícios ao SENHOR, Deus de seus pais.

¹⁷ Assim, fortaleceram o reino de Judá e corroboraram com Roboão, filho de Salomão, por três anos; porque três anos andaram no caminho de Davi e Salomão.

A família de Roboão

¹⁸ Roboão tomou por esposa a Maalate, filha de Jerimote, filho de Davi, e filha de Abiail, filha de Eliabe, filho de Jessé,

¹⁹ a qual lhe deu filhos: Jeús, Semarias e Zaã.

²⁰ Depois dela, tomou a Maaca, filha de Absalão; esta lhe deu a Abias, a Atai, a Ziza e a Selomite.

²¹ Amava Roboão mais a Maaca, filha de Absalão, do que a todas as suas outras mulheres e concubinas; porque ele havia tomado dezoito mulheres e sessenta concubinas; e gerou vinte e oito filhos e sessenta filhas.

²² Roboão designou a Abias, filho de Maaca, para ser chefe, príncipe entre seus irmãos, porque o queria fazer rei.

²³ Procedeu prudentemente e distribuiu todos os seus filhos por todas as terras de Judá e Benjamim, por todas as cidades fortificadas; deu-lhes víveres em abundância e lhes procurou muitas mulheres.

A invasão de Sisaque
1Rs 14.25-28

12 Tendo Roboão confirmado o reino e havendo-se fortalecido, deixou a lei do SENHOR, e, com ele, todo o Israel.

² No ano quinto do rei Roboão, Sisaque, rei do Egito, subiu contra Jerusalém (porque tinham transgredido contra o SENHOR),

³ com mil e duzentos carros e sessenta mil cavaleiros; era inumerável a gente que vinha com ele do Egito, de líbios, suquitas e etíopes.

⁴ Tomou as cidades fortificadas que pertenciam a Judá e veio a Jerusalém.

⁵ Então, veio Semaías, o profeta, a Roboão e aos príncipes de Judá, que, por causa de Sisaque, se ajuntaram em Jerusalém, e disse-lhes: Assim diz o SENHOR: Vós me deixastes a mim, pelo que eu também vos deixei em poder de Sisaque.

⁶ Então, se humilharam os príncipes de Israel e o rei e disseram: O SENHOR é justo.

⁷ Vendo, pois, o SENHOR que se humilharam, veio a palavra do SENHOR a Semaías, dizendo: Humilharam-se, não os

11.15 1Rs 12.31.

destruirei; antes, em breve lhes darei socorro, para que o meu furor não se derrame sobre Jerusalém, por intermédio de Sisaque.

⁸ Porém serão seus servos, para que conheçam a diferença entre a minha servidão e a servidão dos reinos da terra.

⁹ Subiu, pois, Sisaque, rei do Egito, contra Jerusalém e tomou os tesouros da Casa do SENHOR e os tesouros da casa do rei; tomou tudo. Também levou todos os escudos de ouro que Salomão tinha feito.

¹⁰ Em lugar destes fez o rei Roboão escudos de bronze e os entregou nas mãos dos capitães da guarda, que guardavam a porta da casa do rei.

¹¹ Toda vez que o rei entrava na Casa do SENHOR, os da guarda vinham, e usavam os escudos, e tornavam a trazê-los para a câmara da guarda.

¹² Tendo-se ele humilhado, apartou-se dele a ira do SENHOR para que não o destruísse de todo; porque em Judá ainda havia boas cousas.

O reinado de Roboão
1Rs 14.21-31

¹³ Fortificou-se, pois, o rei Roboão em Jerusalém e continuou reinando. Tinha Roboão quarenta e um anos de idade quando começou a reinar e reinou dezessete anos em Jerusalém, cidade que o SENHOR escolheu dentre todas as tribos de Israel, para ali estabelecer o seu nome. Sua mãe se chamava Naamá, amonita.

¹⁴ Fez ele o que era mal, porquanto não dispôs o coração para buscar ao SENHOR.

¹⁵ Quanto aos mais atos de Roboão, tanto os primeiros como os últimos, porventura, não estão escritos no livro da História de Semaías, o profeta, e no de Ido, o vidente, no registo das genealogias? Houve guerras entre Roboão e Jeroboão todos os seus dias.

¹⁶ Descansou Roboão com seus pais e foi sepultado na Cidade de Davi; e Abias, seu filho, reinou em seu lugar.

O reinado de Abias
1Rs 15.1-8

13 No décimo-oitavo ano do rei Jeroboão, Abias começou a reinar sobre Judá. Três anos reinou em Jerusalém.

² Era o nome de sua mãe Micaía, filha de Uriel, de Gibeá. Também houve guerra entre Abias e Jeroboão.

³ Abias ordenou a peleja com um exército de valentes guerreiros, de quatrocentos mil homens escolhidos; e Jeroboão dispôs contra ele a batalha com oitocentos mil homens escolhidos, todos guerreiros valentes.

⁴ Pôs-se Abias em pé no alto do monte Zemaraim, que está na região montanhosa de Efraim, e disse: Ouvi-me, Jeroboão e todo o Israel:

⁵ Não vos convém saber que o SENHOR, Deus de Israel, deu para sempre a Davi a soberania de Israel, a ele e a seus filhos, por uma aliança de sal?

⁶ Contudo, se levantou Jeroboão, filho de Nebate, servo de Salomão, filho de Davi, e se rebelou contra seu senhor.

⁷ Ajuntou-se a ele gente vadia, homens malignos; fortificaram-se contra Roboão, filho de Salomão; sendo Roboão ainda jovem e indeciso, não lhes pôde resistir.

⁸ Agora, pensais que podeis resistir ao reino do SENHOR, que está nas mãos dos filhos de Davi; bem sois vós uma grande multidão e tendes convosco os bezerros de ouro que Jeroboão vos fez para deuses.

⁹ Não lançastes fora os sacerdotes do SENHOR, os filhos de Arão e os levitas, e não fizestes para vós outros sacerdotes, como as gentes das outras terras? Qualquer que vem a consagrar-se com um novilho e sete carneiros logo se faz sacerdote daqueles que não são deuses.

¹⁰ Porém, quanto a nós, o SENHOR é nosso Deus, e nunca o deixamos; temos sacerdotes, que ministram ao SENHOR, a saber, os filhos de Arão e os levitas na sua obra.

¹¹ Cada dia, de manhã e à tarde, oferecem holocaustos e queimam incenso aromático, dispondo os pães da proposição sobre a mesa puríssima e o candeeiro de ouro e as suas lâmpadas para se acenderem cada tarde, porque nós guardamos o preceito do SENHOR, nosso Deus; porém vós o deixastes.

¹² Eis que Deus está conosco, à nossa frente, como também os seus sacerdotes, tocando com as trombetas, para rebate contra vós outros, ó filhos de Israel; não pelejeis contra o SENHOR, Deus de vossos pais, porque não sereis bem sucedidos.

¹³ Mas Jeroboão ordenou aos que estavam de emboscada que fizessem uma volta e dessem contra eles por detrás; de maneira que estavam em frente dos homens de Judá, e a emboscada, por detrás deles.

12.9 1Rs 10.16,17; 2Cr 9.15,16.

¹⁴ Olhou Judá e viu que a peleja estava por diante e por detrás; então, clamaram ao SENHOR, e os sacerdotes tocaram as trombetas.

¹⁵ Os homens de Judá gritaram; quando gritavam, feriu Deus a Jeroboão e a todo o Israel diante de Abias e de Judá.

¹⁶ Os filhos de Israel fugiram de diante de Judá, pois Deus os entregara nas suas mãos.

¹⁷ De maneira que Abias e o seu povo fizeram grande matança entre eles; porque caíram feridos de Israel quinhentos mil homens escolhidos.

¹⁸ Assim, foram humilhados os filhos de Israel naquele tempo; prevaleceram os filhos de Judá, porque confiaram no SENHOR, Deus de seus pais.

¹⁹ Abias perseguiu a Jeroboão e lhe tomou cidades: Betel, Jesana e Efrom, com suas respectivas vilas.

²⁰ Jeroboão não restaurou mais o seu poder no tempo de Abias; feriu o SENHOR a Jeroboão, que morreu.

²¹ Abias, porém, se fortificou, e tomou para si catorze mulheres, e gerou vinte e dois filhos e dezesseis filhas.

²² Quanto aos mais atos de Abias, tanto o que fez como o que disse, estão escritos no livro da História do profeta Ido.

O reinado de Asa
1Rs 15.9-12

14 Abias descansou com seus pais, e o sepultaram na Cidade de Davi. Em seu lugar reinou seu filho Asa, em cujos dias a terra esteve em paz dez anos.

² Asa fez o que era bom e reto perante o SENHOR, seu Deus.

³ Porque aboliu os altares dos deuses estranhos e o culto nos altos, quebrou as colunas e cortou os postes-ídolos.

⁴ Ordenou a Judá que buscasse ao SENHOR, Deus de seus pais, e que observasse a lei e o mandamento.

⁵ Também aboliu de todas as cidades de Judá o culto nos altos e os altares do incenso; e houve paz no seu reinado.

⁶ Edificou cidades fortificadas em Judá, pois havia paz na terra, e não houve guerra contra ele naqueles anos, porquanto o SENHOR lhe dera repouso.

⁷ Disse, pois, a Judá: Edifiquemos estas cidades, cerquemo-las de muros e torres, portas e ferrolhos, enquanto a terra ainda está em paz diante de nós, pois temos buscado ao SENHOR, nosso Deus; temo-lo

buscado, e ele nos deu repouso de todos os lados.

⁸ Edificaram e prosperaram. Tinha Asa, no seu exército, trezentos mil de Judá, que traziam pavês e lança, e duzentos e oitenta mil de Benjamim, que traziam escudo e atiravam com arco; todos eram homens valentes.

Asa vence a Zerá, o etíope

⁹ Zerá, o etíope, saiu contra eles, com um exército de um milhão de homens e trezentos carros, e chegou até Maressa.

¹⁰ Então, Asa saiu contra ele; e ordenaram a batalha no vale de Zefatá, perto de Maressa.

¹¹ Clamou Asa ao SENHOR, seu Deus, e disse: SENHOR, além de ti não há quem possa socorrer numa batalha entre o poderoso e o fraco; ajuda-nos, pois, SENHOR, nosso Deus, porque em ti confiamos e no teu nome viemos contra esta multidão. SENHOR, tu és o nosso Deus, não prevaleça contra ti o homem.

¹² O SENHOR feriu os etíopes diante de Asa e diante de Judá; e eles fugiram.

¹³ Asa e o povo que estava com ele os perseguiram até Gerar; e caíram os etíopes sem restar nem um sequer; porque foram destroçados diante do SENHOR e diante do seu exército, e levaram dali mui grande despojo.

¹⁴ Feriram todas as cidades ao redor de Gerar, porque o terror do SENHOR as havia invadido; e saquearam todas as cidades, porque havia nelas muita presa.

¹⁵ Também feriram as tendas dos donos do gado, levaram ovelhas em abundância e camelos e voltaram para Jerusalém.

As reformas religiosas de Asa

15 Veio o Espírito de Deus sobre Azarias, filho de Odede.

² Este saiu ao encontro de Asa e lhe disse: Ouvi-me, Asa, e todo o Judá, e Benjamim. O SENHOR está convosco, enquanto vós estais com ele; se o buscardes, ele se deixará achar; porém, se o deixardes, vos deixará.

³ Israel esteve por muito tempo sem o verdadeiro Deus, sem sacerdote que o ensinasse e sem lei.

⁴ Mas, quando, na sua angústia, eles voltaram ao SENHOR, Deus de Israel, e o buscaram, foi por eles achado.

⁵ Naqueles tempos, não havia paz nem para os que saíam nem para os que entra-

vam, mas muitas perturbações sobre todos os habitantes daquelas terras.

⁶ Porque nação contra nação e cidade contra cidade se despedaçavam, pois Deus os conturbou com toda sorte de angústia.

⁷ Mas sede fortes, e não desfaleçam as vossas mãos, porque a vossa obra terá recompensa.

⁸ Ouvindo, pois, Asa estas palavras e a profecia do profeta, filho de Odede, cobrou ânimo e lançou as abominações fora de toda a terra de Judá e de Benjamim, como também das cidades que tomara na região montanhosa de Efraim; e renovou o altar do SENHOR, que estava diante do pórtico do SENHOR.

⁹ Congregou todo o Judá e Benjamim e também os de Efraim, Manassés e Simeão que moravam no seu meio, porque muitos de Israel desertaram para ele, vendo que o SENHOR, seu Deus, era com ele.

¹⁰ Reuniram-se, em Jerusalém, no terceiro mês, no décimo-quinto ano do reinado de Asa.

¹¹ Naquele dia, ofereceram em sacrifício ao SENHOR, do despojo que trouxeram, setecentos bois e sete mil ovelhas.

¹² Entraram em aliança de buscarem ao SENHOR, Deus de seus pais, de todo o coração e de toda a alma;

¹³ e de que todo aquele que não buscasse ao SENHOR, Deus de Israel, morresse, tanto o menor como o maior, tanto homem como mulher.

¹⁴ Juraram ao SENHOR, em alta voz, com júbilo, e com clarins, e com trombetas.

¹⁵ Todo o Judá se alegrou por motivo deste juramento, porque, de todo o coração, eles juraram e, de toda a boa vontade, buscaram ao SENHOR, e por eles foi achado. O SENHOR lhes deu paz por toda parte.

¹⁶ O rei Asa depôs também a Maaca, sua mãe, da dignidade de rainha-mãe, porquanto ela havia feito a Aserá, uma abominável imagem; Asa destruiu-lhe a imagem, que, feita em pó, queimou no vale de Cedrom.

¹⁷ Os altos, porém, não foram tirados de Israel; todavia, o coração de Asa foi perfeito todos os seus dias.

¹⁸ Trouxe à Casa de Deus as cousas consagradas por seu pai e as cousas que ele mesmo consagrara: prata, ouro e objetos de utilidade.

¹⁹ Não houve guerra até ao trigésimo-quinto ano do reinado de Asa.

Asa faz aliança com o rei da Síria
1Rs 15.16-22

16 No trigésimo-sexto ano do reinado de Asa, subiu Baasa, rei de Israel, contra Judá e edificou a Ramá, para que a ninguém fosse permitido sair de junto de Asa, rei de Judá, nem chegar a ele.

² Então, Asa tomou prata e ouro dos tesouros da Casa do SENHOR e dos tesouros da casa do rei e enviou servos a Ben-Hadade, rei da Síria, que habitava em Damasco, dizendo:

³ Haja aliança entre mim e ti, como houve entre meu pai e teu pai. Eis que te mando prata e ouro; vai e anula a tua aliança com Baasa, rei de Israel, para que se retire de mim.

⁴ Ben-Hadade deu ouvidos ao rei Asa e enviou os capitães dos seus exércitos contra as cidades de Israel; e feriu a Ijom, a Dã, a Abel-Maim e todas as cidades-armazéns de Naftali.

⁵ Ouvindo isso Baasa, deixou de edificar a Ramá e não continuou a sua obra.

⁶ Então, o rei Asa tomou todo o Judá, e trouxeram as pedras de Ramá e a sua madeira com que Baasa a edificara; com elas edificou Asa a Geba e a Mispa.

Asa repreendido por Hanani

⁷ Naquele tempo, veio Hanani a Asa, rei de Judá, e lhe disse: Porquanto confiaste no rei da Síria e não confiaste no SENHOR, teu Deus, o exército do rei da Síria escapou das tuas mãos.

⁸ Acaso, não foram os etíopes e os líbios grande exército, com muitíssimos carros e cavaleiros? Porém, tendo tu confiado no SENHOR, ele os entregou nas tuas mãos.

⁹ Porque, quanto ao SENHOR, seus olhos passam por toda a terra, para mostrar-se forte para com aqueles cujo coração é totalmente dele; nisto procedeste loucamente; por isso, desde agora, haverá guerras contra ti.

¹⁰ Porém Asa se indignou contra o vidente e o lançou no cárcere, no tronco, porque se enfurecera contra ele por causa disso; na mesma ocasião, oprimiu Asa alguns do povo.

A morte de Asa
1Rs 15.23,24

¹¹ Eis que os mais atos de Asa, tanto os primeiros como os últimos, estão escritos

no livro da História dos Reis de Judá e
Israel.

¹² No trigésimo-nono ano do seu reinado, caiu Asa doente dos pés; a sua doença
era em extremo grave; contudo, na sua enfermidade não recorreu ao SENHOR, mas
confiou nos médicos.

¹³ Descansou Asa com seus pais; morreu no quadragésimo-primeiro ano do seu
reinado.

¹⁴ Sepultaram-no no sepulcro que mandara abrir para si na Cidade de Davi; puseram-no sobre um leito, que se enchera de
perfumes e de várias especiarias, preparados segundo a arte dos perfumistas. Foi mui
grande a queima que lhe fizeram destas
cousas.

Estabelecido o reinado de Josafá

17 Em lugar de Asa, reinou seu filho
Josafá, que se fortificou contra
Israel;

² ele pôs tropas em todas as cidades fortificadas de Judá e estabeleceu guarnições
na terra de Judá, como também nas cidades de Efraim, que Asa, seu pai, tinha
tomado.

³ O SENHOR foi com Josafá, porque andou nos primeiros caminhos de Davi, seu
pai, e não procurou a baalins.

⁴ Antes, procurou ao Deus de seu pai e
andou nos seus mandamentos e não segundo as obras de Israel.

⁵ O SENHOR confirmou o reino nas suas
mãos, e todo o Judá deu presentes a Josafá, o qual teve riquezas e glória em abundância.

⁶ Tornou-se-lhe ousado o coração em
seguir os caminhos do SENHOR, e ainda tirou os altos e os postes-ídolos de Judá.

⁷ No terceiro ano do seu reinado, enviou
ele os seus príncipes Ben-Hail, Obadias,
Zacarias, Natanael e Micaías, para ensinarem nas cidades de Judá;

⁸ e, com eles, os levitas Semaías, Netanias, Zebadias, Asael, Semiramote, Jônatas, Adonias, Tobias e Tobe-Adonias; e,
com estes levitas, os sacerdotes Elisama e
Jeorão.

⁹ Ensinaram em Judá, tendo consigo o
livro da lei do SENHOR; percorriam todas
as cidades de Judá e ensinavam ao povo.

¹⁰ Veio o terror do SENHOR sobre todos
os reinos das terras que estavam ao redor de
Judá, de maneira que não fizeram guerra
contra Josafá.

¹¹ Alguns dos filisteus traziam presentes

a Josafá e prata como tributo; também os
arábios lhe trouxeram gado miúdo, sete mil
e setecentos carneiros e sete mil e setecentos bodes.

¹² Josafá se engrandeceu em extremo,
continuamente; e edificou fortalezas e cidades-armazéns em Judá.

¹³ Empreendeu muitas obras nas cidades de Judá; e tinha, em Jerusalém, gente
de guerra e homens valentes.

¹⁴ Este é o número deles segundo as suas
famílias: em Judá, eram capitães de mil: o
chefe Adna e, com ele, trezentos mil homens valentes;

¹⁵ depois dele, o capitão Joanã e, com
ele, duzentos e oitenta mil;

¹⁶ e, depois, Amasias, filho de Zicri,
que, voluntariamente, se ofereceu ao serviço do SENHOR, e, às suas ordens, duzentos
mil homens valentes.

¹⁷ De Benjamim, Eliada, homem valente, e, com ele, duzentos mil, armados de arco e de escudo;

¹⁸ depois dele, Jozabade, com cento e
oitenta mil armados para a guerra.

¹⁹ Estavam estes no serviço do rei, afora os que o rei tinha posto nas cidades fortificadas por todo o Judá.

Aliança entre Josafá e Acabe
1Rs 22.1-4

18 Tinha Josafá riquezas e glória em
abundância; e aparentou-se com
Acabe.

² Ao cabo de alguns anos, foi ter com
Acabe, em Samaria. Acabe matou ovelhas
e bois em abundância, para ele e para o povo que viera com ele; e o persuadiu a subir,
com ele, a Ramote-Gileade.

³ Acabe, rei de Israel, perguntou a Josafá, rei de Judá: Irás tu, comigo, a Ramote-
Gileade? Respondeu-lhe Josafá: Serei como tu és, o meu povo, como o teu povo; iremos, contigo, à peleja.

As promessas dos falsos profetas
1Rs 22.5-12

⁴ Disse mais Josafá ao rei de Israel:
Consulta, primeiro, a palavra do SENHOR.

⁵ Então, o rei de Israel ajuntou os profetas, quatrocentos homens, e lhes disse: Iremos à peleja contra Ramote-Gileade ou
deixarei de ir? Eles disseram:

⁶ Sobe, porque Deus a entregará nas
mãos do rei. Disse, porém, Josafá: Não há,
aqui, ainda algum profeta do SENHOR, para o consultarmos?

⁷ Respondeu o rei de Israel a Josafá: Há um ainda, por quem podemos consultar o SENHOR; porém eu o aborreço, porque nunca profetiza de mim o que é bom, mas somente o que é mau. ⁸ Este é Micaías, filho de Inlá. Disse Josafá: Não fale o rei assim. Então, o rei de Israel chamou um oficial e disse: Traze-me depressa a Micaías, filho de Inlá.

⁹ O rei de Israel e Josafá, rei de Judá, estavam assentados, cada um no seu trono, vestidos de trajes reais, numa eira à entrada da porta de Samaria; e todos os profetas profetizavam diante deles.

¹⁰ Zedequias, filho de Quenaaná, fez para si uns chifres de ferro e disse: Assim diz o SENHOR: Com este, escornearás os siros, até de todo os consumir.

¹¹ Todos os profetas profetizaram assim, dizendo: Sobe a Ramote-Gileade e triunfarás, porque o SENHOR a entregará nas mãos do rei.

A profecia de Micaías
1Rs 22.13-28

¹² O mensageiro que fora chamar a Micaías falou-lhe, dizendo: Eis que as palavras dos profetas, a uma voz, predizem cousas boas para o rei; seja, pois, a tua palavra como a palavra de um deles, e fala o que é bom.

¹³ Respondeu Micaías: Tão certo como vive o SENHOR, o que meu Deus me disser, isso falarei.

¹⁴ E, vindo ele ao rei, este lhe perguntou: Micaías, iremos a Ramote-Gileade, à peleja, ou deixarei de ir? Ele respondeu: Sobe e triunfarás, porque eles serão entregues nas vossas mãos.

¹⁵ O rei lhe disse: Quantas vezes te conjurarei que não me fales senão a verdade em nome do SENHOR?

¹⁶ Então, disse ele: Vi todo o Israel disperso pelos montes, como ovelhas que não têm pastor; e disse o SENHOR: Estes não têm dono; torne cada um em paz para sua casa.

¹⁷ Então, o rei de Israel disse a Josafá: Não te disse eu que ele não profetiza a meu respeito o que é bom, mas somente o que é mau?

¹⁸ Micaías prosseguiu: Ouvi, pois, a palavra do SENHOR: Vi o SENHOR assentado no seu trono, e todo o exército do céu estava à sua direita e à sua esquerda.

¹⁹ Perguntou o SENHOR: Quem engana-rá Acabe, o rei de Israel, para que suba e caia em Ramote-Gileade? Um dizia desta maneira, e outro, de outra.

²⁰ Então, saiu um espírito, e se apresentou diante do SENHOR, e disse: Eu o enganarei. Perguntou-lhe o SENHOR: Com quê?

²¹ Respondeu ele: Sairei e serei espírito mentiroso na boca de todos os seus profetas. Disse o SENHOR: Tu o enganarás e ainda prevalecerás; sai e faze-o assim.

²² Eis que o SENHOR pôs o espírito mentiroso na boca de todos estes teus profetas e o SENHOR falou o que é mau contra ti.

²³ Então, Zedequias, filho de Quenaaná, deu uma bofetada em Micaías e disse:

²⁴ Por onde saiu o Espírito do SENHOR para falar a ti? Disse Micaías: Eis que o verás naquele mesmo dia, quando entrares de câmara em câmara, para te esconderes.

²⁵ Então, disse o rei de Israel: Tomai a Micaías e devolvei-o a Amom, governador da cidade, e a Joás, filho do rei;

²⁶ e direis: Assim diz o rei: Metei este homem na casa do cárcere e angustiai-o com escassez de pão e de água, até que eu volte em paz.

²⁷ Disse Micaías: Se voltares em paz, não falou o SENHOR, na verdade, por mim. Disse mais: Ouvi isto, vós, todos os povos!

A morte de Acabe
1Rs 22.29-40

²⁸ Subiram o rei de Israel e Josafá, rei de Judá, a Ramote-Gileade.

²⁹ Disse o rei de Israel a Josafá: Eu me disfarçarei e entrarei na peleja; tu, porém, traja as tuas vestes. Disfarçou-se, pois, o rei de Israel, e entraram na peleja.

³⁰ Ora, o rei da Síria dera ordem aos capitães dos seus carros, dizendo: Não pelejareis nem contra pequeno nem contra grande, mas somente contra o rei de Israel.

³¹ Vendo os capitães dos carros a Josafá, disseram: Este é o rei de Israel. Portanto, a ele se dirigiram para o atacar. Josafá, porém, gritou, e o SENHOR o socorreu; Deus os desviou dele.

³² Vendo os capitães dos carros que não era o rei de Israel, deixaram de o perseguir.

³³ Então, um homem entesou o arco e, atirando ao acaso, feriu o rei de Israel por entre as juntas da sua armadura; então, disse ele ao seu cocheiro: Vira e leva-me para fora do combate, porque estou gravemente ferido.

³⁴ A peleja tornou-se renhida naquele

18.16 Mt 9.36; Mc 6.34.

dia; quanto ao rei, segurou-se a si mesmo de pé no carro defronte dos siros, até à tarde, mas, ao pôr-do-sol, morreu.

O profeta Jeú repreende a Josafá

19 Josafá, rei de Judá, voltou para sua casa em paz, para Jerusalém.

² O vidente Jeú, filho de Hanani, saiu ao encontro do rei Josafá e lhe disse: Devias tu ajudar ao perverso e amar aqueles que aborrecem o SENHOR? Por isso, caiu sobre ti a ira da parte do SENHOR.

³ Boas cousas, contudo, se acharam em ti; porque tiraste os postes-ídolos da terra e dispuseste o coração para buscares a Deus.

Nomeação de juízes

⁴ Habitou, pois, Josafá em Jerusalém; tornou a passar pelo povo desde Berseba até à região montanhosa de Efraim e fez que ele tornasse ao SENHOR, Deus de seus pais.

⁵ Estabeleceu juízes no país, em todas as cidades fortificadas, de cidade em cidade.

⁶ Disse aos juízes: Vede o que fazeis, porque não julgais da parte do homem e sim da parte do SENHOR, e, no julgardes, ele está convosco.

⁷ Agora, pois, seja o temor do SENHOR convosco; tomai cuidado e fazei-o, porque não há no SENHOR, nosso Deus, injustiça, nem parcialidade, nem aceita ele suborno.

⁸ Também, depois de terem voltado para Jerusalém, estabeleceu aí Josafá alguns dos levitas, e dos sacerdotes, e dos cabeças das famílias de Israel para julgarem da parte do SENHOR e decidirem as sentenças contestadas.

⁹ Deu-lhes ordem, dizendo: Assim, andai no temor do SENHOR, com fidelidade e inteireza de coração.

¹⁰ Toda vez que vier a vós outros sentença contestada de vossos irmãos que habitam nas suas cidades: entre sangue e sangue, lei e mandamento, estatutos e juízos, admoestai-os, que não se façam culpados para com o SENHOR, para que não venha grande ira sobre vós e sobre vossos irmãos; fazei assim e não vos tornareis culpados.

¹¹ Eis que Amarias, o sumo sacerdote, presidirá nas cousas que dizem respeito ao SENHOR; e Zebadias, filho de Ismael, príncipe da casa de Judá, nas que dizem respeito ao rei. Também os levitas serão oficiais

à vossa disposição. Sede fortes no cumprimento disso, e o SENHOR será com os bons.

A vitória de Josafá sobre Moabe e Amom

20 Depois disto, os filhos de Moabe e os filhos de Amom, com alguns dos meunitas, vieram à peleja contra Josafá.

² Então, vieram alguns que avisaram a Josafá, dizendo: Grande multidão vem contra ti dalém do mar e da Síria; eis que já estão em Hazazom-Tamar, que é En-Gedi.

³ Então, Josafá teve medo e se pôs a buscar ao SENHOR; e apregoou jejum em todo o Judá.

⁴ Judá se congregou para pedir socorro ao SENHOR; também de todas as cidades de Judá veio gente para buscar ao SENHOR.

⁵ Pôs-se Josafá em pé, na congregação de Judá e de Jerusalém, na Casa do SENHOR, diante do pátio novo,

⁶ e disse: Ah! SENHOR, Deus de nossos pais, porventura, não és tu Deus nos céus? Não és tu que dominas sobre todos os reinos dos povos? Na tua mão, está a força e o poder, e não há quem te possa resistir?

⁷ Porventura, ó nosso Deus, não lançaste fora os moradores desta terra de diante do teu povo de Israel e não a deste para sempre à posteridade de Abraão, teu amigo?

⁸ Habitaram nela e nela edificaram um santuário ao teu nome, dizendo:

⁹ Se algum mal nos sobrevier, espada por castigo, peste ou fome, nós nos apresentaremos diante desta casa e diante de ti, pois o teu nome está nesta casa; e clamaremos a ti na nossa angústia, e tu nos ouvirás e livrarás.

¹⁰ Agora, pois, eis que os filhos de Amom e de Moabe e os do monte Seir, cujas terras não permitiste a Israel invadir, quando vinham da terra do Egito, mas deles se desviaram e não os destruíram,

¹¹ eis que nos dão o pago, vindo para lançar-nos fora da tua possessão, que nos deste em herança.

¹² Ah! Nosso Deus, acaso, não executarás tu o teu julgamento contra eles? Porque em nós não há força para resistirmos a essa grande multidão que vem contra nós, e não sabemos nós o que fazer; porém os nossos olhos estão postos em ti.

¹³ Todo o Judá estava em pé diante do

20.7 Is 41.8; Tg 2.23.   **20.10** Dt 2.4-19.

SENHOR, como também as suas crianças, as suas mulheres e os seus filhos.

¹⁴ Então, veio o Espírito do SENHOR no meio da congregação, sobre Jaaziel, filho de Zacarias, filho de Benaia, filho de Jeiel, filho de Matanias, levita, dos filhos de Asafe,

¹⁵ e disse: Dai ouvidos, todo o Judá e vós, moradores de Jerusalém, e tu, ó rei Josafá, ao que vos diz o SENHOR. Não temais, nem vos assusteis por causa desta grande multidão, pois a peleja não é vossa, mas de Deus.

¹⁶ Amanhã, descereis contra eles; eis que sobem pela ladeira de Ziz; encontrá-los-eis no fim do vale, defronte do deserto de Jeruel.

¹⁷ Neste encontro, não tereis de pelejar; tomai posição, ficai parados e vede o salvamento que o SENHOR vos dará, ó Judá e Jerusalém. Não temais, nem vos assusteis; amanhã, saí-lhes ao encontro, porque o SENHOR é convosco.

¹⁸ Então, Josafá se prostrou com o rosto em terra; e todo o Judá e os moradores de Jerusalém também se prostraram perante o SENHOR e o adoraram.

¹⁹ Dispuseram-se os levitas, dos filhos dos coatitas e dos coreítas, para louvarem o SENHOR, Deus de Israel, em voz alta, sobremaneira.

²⁰ Pela manhã cedo, se levantaram e saíram ao deserto de Tecoa; ao saírem eles, pôs-se Josafá em pé e disse: Ouvi-me, ó Judá e vós, moradores de Jerusalém! Crede no SENHOR, vosso Deus, e estareis seguros; crede nos seus profetas e prosperareis.

²¹ Aconselhou-se com o povo e ordenou cantores para o SENHOR, que, vestidos de ornamentos sagrados e marchando à frente do exército, louvassem a Deus, dizendo: Rendei graças ao SENHOR, porque a sua misericórdia dura para sempre.

²² Tendo eles começado a cantar e a dar louvores, pôs o SENHOR emboscadas contra os filhos de Amom e de Moabe e os do monte Seir que vieram contra Judá, e foram desbaratados.

²³ Porque os filhos de Amom e de Moabe se levantaram contra os moradores do monte Seir, para os destruir e exterminar; e, tendo eles dado cabo dos moradores de Seir, ajudaram uns aos outros a destruir-se.

²⁴ Tendo Judá chegado ao alto que olha para o deserto, procurou ver a multidão, e eis que eram corpos mortos, que jaziam em terra, sem nenhum sobrevivente.

²⁵ Vieram Josafá e o seu povo para saquear os despojos e acharam entre os cadáveres riquezas em abundância e objetos preciosos; tomaram para si mais do que podiam levar e três dias saquearam o despojo, porque era muito.

²⁶ Ao quarto dia, se ajuntaram no vale de Bênção, onde louvaram o SENHOR; por isso, chamaram àquele lugar vale de Bênção, até ao dia de hoje.

²⁷ Então, voltaram todos os homens de Judá e de Jerusalém, e Josafá, à frente deles, e tornaram para Jerusalém com alegria, porque o SENHOR os alegrara com a vitória sobre seus inimigos.

²⁸ Vieram para Jerusalém com alaúdes, harpas e trombetas, para a Casa do SENHOR.

²⁹ Veio da parte de Deus o terror sobre todos os reinos daquelas terras, quando ouviram que o SENHOR havia pelejado contra os inimigos de Israel.

³⁰ Assim, o reino de Josafá teve paz, porque Deus lhe dera repouso por todos os lados.

O reinado e a morte de Josafá
1Rs 22.41-50

³¹ Josafá reinou sobre Judá; tinha trinta e cinco anos quando começou a reinar e reinou vinte e cinco anos em Jerusalém. Sua mãe se chamava Azuba, filha de Sili.

³² Ele andou no caminho de Asa, seu pai, e não se desviou dele, fazendo o que era reto perante o SENHOR.

³³ Contudo, os altos não se tiraram, porque o povo não tinha ainda disposto o coração para com o Deus de seus pais.

³⁴ Quanto aos mais atos de Josafá, tanto os primeiros como os últimos, eis que estão escritos nas Crônicas registadas por Jeú, filho de Hanani, que as inseriu na História dos Reis de Israel.

³⁵ Depois disto, Josafá, rei de Judá, se aliou com Acazias, rei de Israel, que procedeu iniquamente.

³⁶ Aliou-se com ele, para fazerem navios que fossem a Társis; e fizeram os navios em Eziom-Geber.

³⁷ Porém Eliezer, filho de Dodava, de Maressa, profetizou contra Josafá, dizendo: Porquanto te aliaste com Acazias, o SENHOR destruiu as tuas obras. E os navios se quebraram e não puderam ir a Társis.

O reinado de Jeorão
2Rs 8.16-24

21 Descansou Josafá com seus pais e foi sepultado com eles na Cidade de Davi; e Jeorão, seu filho, reinou em seu lugar.

² Teve este irmãos, filhos de Josafá: Azarias, Jeiel, Zacarias, Azarias, Micael e Sefatias; todos estes foram filhos de Josafá, rei de Israel.

³ Seu pai lhes fez muitas dádivas de prata, ouro e cousas preciosas e ainda de cidades fortificadas em Judá; porém o reino deu a Jeorão, por ser o primogênito.

⁴ Tendo Jeorão assumido o reino de seu pai e havendo-se fortificado, matou todos os seus irmãos à espada, como também alguns dos príncipes de Israel.

⁵ Era Jeorão da idade de trinta e dois anos quando começou a reinar e reinou oito anos em Jerusalém.

⁶ Andou nos caminhos dos reis de Israel, como também fizeram os da casa de Acabe, porque a filha deste era sua mulher; e fez o que era mau perante o SENHOR.

⁷ Porém o SENHOR não quis destruir a casa de Davi por causa da aliança que com ele fizera, segundo a promessa que lhe havia feito de dar a ele, sempre, uma lâmpada e a seus filhos.

⁸ Nos dias de Jeorão, se revoltaram os edomitas contra o poder de Judá e constituíram o seu próprio rei.

⁹ Pelo que Jeorão passou adiante com todos os seus chefes, e todos os carros, com ele; de noite, se levantou e feriu os edomitas que o cercavam e os capitães dos carros.

¹⁰ Assim, se rebelou Edom para livrar-se do poder de Judá, até ao dia de hoje; ao mesmo tempo, se rebelou também Libna contra Jeorão, porque este deixara ao SENHOR, Deus de seus pais.

¹¹ Também fez altos nos montes de Judá, e seduziu os habitantes de Jerusalém à idolatria, e fez desgarrar a Judá.

¹² Então, lhe chegou às mãos uma carta do profeta Elias, em que estava escrito: Assim diz o SENHOR, Deus de Davi, teu pai: Porquanto não andaste nos caminhos de Josafá, teu pai, e nos caminhos de Asa, rei de Judá,

¹³ mas andaste nos caminhos dos reis de Israel, e induziste à idolatria a Judá e os moradores de Jerusalém, segundo a idolatria da casa de Acabe, e também mataste a

teus irmãos, da casa de teu pai, melhores do que tu,

¹⁴ eis que o SENHOR castigará com grande flagelo ao teu povo, aos teus filhos, às tuas mulheres e todas as tuas possessões.

¹⁵ Tu terás grande enfermidade nas tuas entranhas, enfermidade que aumentará dia após dia, até que saiam as tuas entranhas.

¹⁶ Despertou, pois, o SENHOR contra Jeorão o ânimo dos filisteus e dos arábios que estão da banda dos etíopes.

¹⁷ Estes subiram a Judá, deram contra ele e levaram todos os bens que se acharam na casa do rei, como também a seus filhos e as suas mulheres; de modo que não lhe deixaram filho algum, senão Jeoacaz, o mais moço deles.

¹⁸ Depois de tudo isto, o SENHOR o feriu nas suas entranhas com enfermidade incurável.

¹⁹ E, aumentando esta dia após dia, ao cabo de dois anos, saíram-lhe as entranhas por causa da enfermidade, e morreu com terríveis agonias. O seu povo não lhe queimou aromas, como se fez a seus pais.

²⁰ Era ele da idade de trinta e dois anos quando começou a reinar e reinou oito anos em Jerusalém. E se foi sem deixar de si saudades; sepultaram-no na Cidade de Davi, porém não nos sepulcros dos reis.

O reinado de Acazias
2Rs 8.25-29

22 Os moradores de Jerusalém, em lugar de Jeorão, fizeram rei a Acazias, seu filho mais moço; porque a tropa, que viera com os arábios ao arraial, tinha matado todos os mais velhos. Assim, reinou Acazias, filho de Jeorão, rei de Judá.

² Era Acazias de vinte e dois anos de idade quando começou a reinar e reinou um ano em Jerusalém. Sua mãe, filha de Onri, chamava-se Atalia. Ele também andou nos caminhos da casa de Acabe; porque sua mãe era quem o aconselhava a proceder iniquamente.

⁴ Fez o que era mau perante o SENHOR, como os da casa de Acabe; porque eles eram seus conselheiros depois da morte de seu pai, para a sua perdição.

⁵ Também andou nos conselhos deles e foi com Jorão, filho de Acabe, rei de Israel, a Ramote-Gileade, à peleja contra Hazael, rei da Síria; e os siros feriram Jorão.

⁶ Então, voltou para Jezreel, para curar-se das feridas que lhe fizeram em Ramá,

21.7 1Rs 11.36.   21.8 Gn 27.40.

quando pelejou contra Hazael, rei da Síria; e desceu Acazias, filho de Jeorão, rei de Judá, para ver a Jorão, filho de Acabe, em Jezreel, porquanto estava doente.

Jeú mata a Acazias

⁷ Foi da vontade de Deus que Acazias, para a sua ruína, fosse visitar a Jorão; porque, vindo ele, saiu com Jorão para encontrar-se com Jeú, filho de Ninsi, a quem o SENHOR tinha ungido para desarraigar a casa de Acabe.

⁸ Ao executar Jeú juízo contra a casa de Acabe, achou os príncipes de Judá e os filhos dos irmãos de Acazias, que o serviam, e os matou.

⁹ Depois, mandou procurar a Acazias, e, achando-o em Samaria, onde se havia escondido, o trouxeram a Jeú e o mataram; seus próprios servos o sepultaram, porque diziam: É filho de Josafá, que buscou ao SENHOR de todo o coração. E ninguém houve na casa de Acazias que pudesse reinar.

Atalia usurpa o trono
2Rs 11.1-3

¹⁰ Vendo Atalia, mãe de Acazias, que seu filho era morto, levantou-se e destruiu toda a descendência real da casa de Judá.

¹¹ Mas Jeosabeate, filha do rei, tomou a Joás, filho de Acazias, e o furtou dentre os filhos do rei, aos quais matavam, e o pôs e à sua ama numa câmara interior; assim, Jeosabeate, a filha do rei Jeorão, mulher do sacerdote Joiada e irmã de Acazias, o escondeu de Atalia, e não foi morto.

¹² Joás esteve com eles seis anos na Casa de Deus, e Atalia reinou no país.

Joás ungido rei de Judá
2Rs 11.4-12

23 No sétimo ano, Joiada se animou e entrou em aliança com os capitães de cem: Azarias, filho de Jeroão, Ismael, filho de Joanã, Azarias, filho de Obede, Maaséias, filho de Adaías, e Elisafate, filho de Zicri.

² Estes percorreram Judá, e congregaram os levitas de todas as cidades de Judá e os cabeças das famílias de Israel, e vieram para Jerusalém.

³ Toda essa congregação fez aliança com o rei na Casa de Deus; e Joiada lhes disse: Eis que reinará o filho do rei, como

falou o SENHOR a respeito dos filhos de Davi.

⁴ Esta é a obra que haveis de fazer: uma terça parte de vós, sacerdotes e levitas, que entrais no sábado, servirá de guardas da porta;

⁵ outra terça parte estará na casa do rei; e a outra terça parte, à Porta do Fundamento; e todo o povo estará nos pátios da Casa do SENHOR.

⁶ Porém ninguém entre na Casa do SENHOR, senão os sacerdotes e os levitas que ministram; estes entrarão, porque são santos; mas todo o povo guardará o preceito do SENHOR.

⁷ Os levitas rodearão o rei, cada um de armas na mão, e qualquer que entrar na casa, seja morto; estareis com o rei quando entrar e quando sair.

⁸ Fizeram, pois, os levitas e todo o Judá segundo tudo quanto lhes ordenara o sacerdote Joiada; tomou cada um os seus homens, tanto os que entravam como os que saíam no sábado; porquanto o sacerdote Joiada não despediu os turnos.

⁹ O sacerdote Joiada entregou aos capitães de cem as lanças, os pavesos e os escudos que haviam sido do rei Davi e estavam na Casa de Deus.

¹⁰ Dispôs todo o povo, cada um de armas na mão, desde o lado direito da casa real até ao seu lado esquerdo, e até ao altar, e até ao templo, para rodear o rei.

¹¹ Então, trouxeram para fora o filho do rei, puseram-lhe a coroa, entregaram-lhe o livro do Testemunho e o constituíram rei; Joiada e seus filhos o ungiram e gritaram: Viva o rei!

A morte de Atalia
2Rs 11.13-16

¹² Ouvindo Atalia o clamor do povo que corria e louvava o rei, veio para onde este se achava na Casa do SENHOR;

¹³ olhou, e eis que o rei estava junto à coluna, à entrada, e os capitães e os que tocavam trombetas, junto ao rei; e todo o povo da terra se alegrava, e se tocavam trombetas. Também os cantores com os instrumentos músicos dirigiam o canto de louvores. Então, Atalia rasgou os seus vestidos e clamou: Traição! Traição!

¹⁴ Porém o sacerdote Joiada trouxe para fora os capitães que comandavam as tropas e disse-lhes: Fazei-a sair por entre as fileiras; se alguém a seguir, matai-o à espa-

22.7-9 2Rs 9.1-28.   23.3 2Sm 7.12.

da. Porque o sacerdote tinha dito: Não a matem na Casa do SENHOR.

¹⁵ Lançaram mão dela; e ela, pelo caminho da entrada dos cavalos, foi à casa do rei, onde a mataram.

A aliança de Joiada
2Rs 11.17-21

¹⁶ Joiada fez aliança entre si mesmo, o povo e o rei, para serem eles o povo do SENHOR.

¹⁷ Então, todo o povo se dirigiu para a casa de Baal e a derribaram; despedaçaram os seus altares e as suas imagens e a Matã, sacerdote de Baal, mataram perante os altares.

¹⁸ Entregou Joiada a superintendência da Casa do SENHOR nas mãos dos sacerdotes levitas, a quem Davi designara para o encargo da Casa do SENHOR, para oferecerem os holocaustos do SENHOR, como está escrito na lei de Moisés, com alegria e com canto, segundo a instituição de Davi.

¹⁹ Colocou porteiros às portas da Casa do SENHOR, para que nela não entrasse ninguém que de qualquer forma fosse imundo.

²⁰ Tomou os capitães de cem, os nobres, os governadores do povo e todo o povo da terra, e todos estes conduziram, da Casa do SENHOR, o rei; passaram, pela porta superior, para a casa do rei e assentaram o rei no trono do reino.

²¹ Alegrou-se todo o povo da terra, e a cidade ficou tranqüila, pois haviam matado Atalia à espada.

O reinado de Joás
2Rs 12.1-16

24 Tinha Joás sete anos de idade quando começou a reinar e quarenta anos reinou em Jerusalém.

² Era o nome de sua mãe Zíbia, de Berseba. Fez Joás o que era reto perante o SENHOR todos os dias do sacerdote Joiada.

³ Tomou-lhe Joiada duas mulheres; e gerou filhos e filhas.

⁴ Depois disto, resolveu Joás restaurar a Casa do SENHOR.

⁵ Reuniu os sacerdotes e os levitas e lhes disse: Saí pelas cidades de Judá e levantai dinheiro de todo o Israel para reparardes a casa do vosso Deus, de ano em ano; e, vós, apressai-vos nisto. Porém os levitas não se apressaram.

⁶ Mandou o rei chamar a Joiada, o chefe, e lhe perguntou: Por que não requereste dos levitas que trouxessem de Judá e de Jerusalém o imposto que Moisés, servo do SENHOR, pôs sobre a congregação de Israel, para a tenda do Testemunho?

⁷ Porque a perversa Atalia e seus filhos arruinaram a Casa de Deus; e usaram todas as cousas sagradas da Casa do SENHOR no serviço dos baalins.

⁸ Deu o rei ordem e fizeram um cofre e o puseram do lado de fora, à porta da Casa do SENHOR.

⁹ Publicou-se, em Judá e em Jerusalém, que trouxessem ao SENHOR o imposto que Moisés, servo de Deus, havia posto sobre Israel, no deserto.

¹⁰ Então, todos os príncipes e todo o povo se alegraram, e trouxeram o imposto, e o lançaram no cofre, até acabar a obra.

¹¹ Quando o cofre era levado por intermédio dos levitas a uma comissão real, vendo-se que havia muito dinheiro, vinha o escrivão do rei e o comissário do sumo sacerdote, esvaziavam-no, tomavam-no e o levavam de novo ao seu lugar; assim faziam dia após dia e ajuntaram dinheiro em abundância,

¹² o qual o rei e Joiada davam aos que dirigiam a obra e tinham a seu cargo a Casa do SENHOR; contrataram pedreiros e carpinteiros, para restaurarem a Casa do SENHOR, como também os que trabalhavam em ferro e em bronze, para repararem a Casa do SENHOR.

¹³ Os que tinham o encargo da obra trabalhavam, e a reparação tinha bom êxito com eles; restauraram a Casa de Deus no seu próprio estado e a consolidaram.

¹⁴ Tendo eles acabado a obra, trouxeram ao rei e a Joiada o resto do dinheiro, de que se fizeram utensílios para a Casa do SENHOR, objetos para o ministério e para os holocaustos, taças e outros objetos de ouro e de prata. E continuamente ofereceram holocaustos na Casa do SENHOR, todos os dias de Joiada.

¹⁵ Envelheceu Joiada e morreu farto de dias; era da idade de cento e trinta anos quando morreu.

¹⁶ Sepultaram-no na Cidade de Davi com os reis; porque tinha feito bem em Israel e para com Deus e a sua casa.

Zacarias morto pelo rei

¹⁷ Depois da morte de Joiada, vieram os

24.6 Êx 30.11-16.

príncipes de Judá e se prostraram perante o rei, e o rei os ouviu.

¹⁸ Deixaram a Casa do Senhor, Deus de seus pais, e serviram aos postes-ídolos e aos ídolos; e, por esta sua culpa, veio grande ira sobre Judá e Jerusalém.

¹⁹ Porém o Senhor lhes enviou profetas para os reconduzir a si; estes profetas testemunharam contra eles, mas eles não deram ouvidos.

²⁰ O Espírito de Deus se apoderou de Zacarias, filho do sacerdote Joiada, o qual se pôs em pé diante do povo e lhes disse: Assim diz Deus: Por que transgredis os mandamentos do Senhor, de modo que não prosperais? Porque deixastes o Senhor, também ele vos deixará.

²¹ Conspiraram contra ele e o apedrejaram, por mandado do rei, no pátio da Casa do Senhor.

²² Assim, o rei Joás não se lembrou da beneficência que Joiada, pai de Zacarias, lhe fizera, porém matou-lhe o filho; este, ao expirar, disse: O Senhor o verá e o retribuirá.

O juízo de Deus sobre Joás

²³ Antes de se findar o ano, subiu contra Joás o exército dos siros; e, vindo a Judá e a Jerusalém, destruíram, dentre o povo, a todos os seus príncipes, cujo despojo remeteram ao rei de Damasco.

²⁴ Ainda que o exército dos siros viera com poucos homens, contudo, o Senhor lhes permitiu vencer um exército mui numeroso dos judeus, porque estes deixaram o Senhor, Deus de seus pais. Assim, executaram os siros os juízos de Deus contra Joás.

A conspiração contra o rei Joás
2Rs 12.20,21

²⁵ Quando os siros se retiraram dele, deixando-o gravemente enfermo, conspiraram contra ele os seus servos, por causa do sangue dos filhos do sacerdote Joiada, e o feriram no seu leito, e morreu.

²⁶ Sepultaram-no na Cidade de Davi, porém não nos sepulcros dos reis. Foram estes os que conspiraram contra ele: Zabade, filho de Simeate, a amonita, e Jeozabade, filho de Sinrite, a moabita.

²⁷ Quanto a seus filhos, e às numerosas sentenças proferidas contra ele, e à restauração da Casa de Deus, eis que estão escri-

tos no livro da História dos Reis. Em seu lugar, reinou Amazias, seu filho.

O reinado de Amazias
2Rs 14.1-6

25 Era Amazias da idade de vinte e cinco anos quando começou a reinar e reinou vinte e nove anos em Jerusalém; sua mãe se chamava Jeoadã, de Jerusalém.

² Fez ele o que era reto perante o Senhor; não, porém, com inteireza de coração.

³ Uma vez confirmado o reino nas suas mãos, matou os seus servos que tinham assassinado o rei, seu pai.

⁴ Porém os filhos deles não matou, mas fez segundo está escrito na lei, no livro de Moisés, no qual o Senhor deu ordem, dizendo: Os pais não serão mortos por causa dos filhos, nem os filhos, por causa dos pais; cada qual será morto pelo seu próprio pecado.

Amazias vence os edomitas
2Rs 14.7

⁵ Amazias congregou a Judá e o pôs, segundo as suas famílias, sob chefes de mil e chefes de cem, por todo o Judá e Benjamim; contou-os de vinte anos para cima e achou trezentos mil escolhidos capazes de sair à guerra e manejar lança e escudo.

⁶ Também tomou de Israel a soldo cem mil homens valentes por cem talentos de prata.

⁷ Porém certo homem de Deus veio a ele, dizendo: Ó rei, não deixes ir contigo o exército de Israel; porque o Senhor não é com Israel, isto é, com os filhos de Efraim.

⁸ Porém vai só, age e sê forte; do contrário, Deus te faria cair diante do inimigo, porque Deus tem força para ajudar e para fazer cair.

⁹ Disse Amazias ao homem de Deus: Que se fará, pois, dos cem talentos de prata que dei às tropas de Israel? Respondeu-lhe o homem de Deus: Muito mais do que isso pode dar-te o Senhor.

¹⁰ Então, separou Amazias as tropas que lhe tinham vindo de Efraim para que voltassem para casa; pelo que muito se acendeu a ira deles contra Judá, e voltaram para casa ardendo em ira.

¹¹ Animou-se Amazias e, conduzindo o seu povo, foi-se ao vale do Sal, onde feriu dez mil dos filhos de Seir.

24.21 Mt 23.35; Lc 11.51. 24.23,24 2Rs 12.17,18. 25.4 Dt 24.16. 25.11 2Rs 14.7.

¹² Também os filhos de Judá prenderam vivos dez mil e os trouxeram ao cume de um penhasco, de onde os precipitaram, de modo que todos foram esmigalhados.

¹³ Porém os homens das tropas que Amazias despedira, para que não fossem com ele à peleja, deram sobre as cidades de Judá, desde Samaria até Bete-Horom; feriram deles três mil e fizeram grande despojo.

Deus repreende Amazias por ser este idólatra

¹⁴ Vindo Amazias da matança dos edomitas, trouxe consigo os deuses dos filhos de Seir, tomou-os por seus deuses, adorou-os e lhes queimou incenso.

¹⁵ Então, a ira do SENHOR se acendeu contra Amazias, e mandou-lhe um profeta que lhe disse: Por que buscaste deuses que a seu povo não livraram das tuas mãos?

¹⁶ Enquanto lhe falava o profeta, disse-lhe o rei: Acaso, te pusemos por conselheiro do rei? Pára com isso. Por que teríamos de ferir-te? Então, parou o profeta, mas disse: Sei que Deus resolveu destruir-te, porque fizeste isso e não deste ouvidos ao meu conselho.

Amazias derrotado por Jeoás
2Rs 14.8-14

¹⁷ Então, Amazias, rei de Judá, tomou conselho e enviou mensageiros a Jeoás, filho de Jeoacaz, filho de Jeú, rei de Israel, dizendo: Vem, meçamos armas.

¹⁸ Porém Jeoás, rei de Israel, respondeu a Amazias, rei de Judá: O cardo que está no Líbano mandou dizer ao cedro que lá está: Dá tua filha por mulher a meu filho; mas os animais do campo, que estavam no Líbano, passaram e pisaram o cardo.

¹⁹ Tu dizes: Eis que feri os edomitas; e o teu coração se ensoberbeceu para te gloriares; agora, fica em casa; por que provocarias o mal para caíres tu, e Judá, contigo?

²⁰ Mas Amazias não quis atendê-lo; porque isto vinha de Deus, para entregá-los nas mãos dos seus inimigos, porquanto buscaram os deuses dos edomitas.

²¹ Subiu, então, Jeoás, rei de Israel, e Amazias, rei de Judá, e mediram armas em Bete-Semes, que pertence a Judá.

²² Judá foi derrotado por Israel, e fugiu cada um para sua casa.

²³ E Jeoás, rei de Israel, prendeu a Amazias, rei de Judá, filho de Joás, filho de Jeoacaz, em Bete-Semes; levou-o a Jerusa-

lém, cujo muro ele rompeu desde a Porta de Efraim até à Porta da Esquina, quatrocentos côvados.

²⁴ Tomou todo o ouro e a prata, e todos os utensílios que se acharam na Casa de Deus, com Obede-Edom, e os tesouros da casa do rei, como também reféns; e voltou para Samaria.

A morte de Amazias, de Judá
2Rs 14.17-20

²⁵ Amazias, filho de Joás, rei de Judá, viveu quinze anos depois da morte de Jeoás, filho de Jeoacaz, rei de Israel.

²⁶ Ora, os mais atos de Amazias, tanto os primeiros como os últimos, porventura, não estão escritos no livro da História dos Reis de Judá e de Israel?

²⁷ Depois que Amazias deixou de seguir ao SENHOR, conspiraram contra ele em Jerusalém, e ele fugiu para Laquis; porém enviaram após ele homens até Laquis e o mataram ali.

²⁸ Trouxeram-no sobre cavalos e o sepultaram junto a seus pais na Cidade de Davi.

O reinado de Uzias
2Rs 14.21,22; 15.1-7

26 Todo o povo de Judá tomou a Uzias, que era de dezesseis anos, e o constituiu rei em lugar de Amazias, seu pai.

² Ele edificou a Elate e a restituiu a Judá, depois que o rei descansou com seus pais.

³ Uzias tinha dezesseis anos quando começou a reinar e cinquenta e dois anos reinou em Jerusalém. Era o nome de sua mãe Jecolias, de Jerusalém.

⁴ Ele fez o que era reto perante o SENHOR, segundo tudo o que fizera Amazias, seu pai.

⁵ Propôs-se buscar a Deus nos dias de Zacarias, que era sábio nas visões de Deus; nos dias em que buscou ao SENHOR, Deus o fez prosperar.

⁶ Saiu e guerreou contra os filisteus e quebrou o muro de Gate, o de Jabne e o de Asdode; e edificou cidades no território de Asdode e entre os filisteus.

⁷ Deus o ajudou contra os filisteus, e contra os arábios que habitavam em Gur-Baal, e contra os meunitas.

⁸ Os amonitas deram presentes a Uzias, cujo renome se espalhara até à entrada do

Egito, porque se tinha tornado em extremo forte.

⁹ Também edificou Uzias torres em Jerusalém, à Porta da Esquina, à Porta do Vale e à Porta do Ângulo e as fortificou.

¹⁰ Também edificou torres no deserto e cavou muitas cisternas, porque tinha muito gado, tanto nos vales como nas campinas; tinha lavradores e vinhateiros, nos montes e nos campos férteis, porque era amigo da agricultura.

¹¹ Tinha também Uzias um exército de homens destros nas armas, que saíam à guerra em tropas, segundo o rol feito pelo escrivão Jeiel e Maaséias, oficial, sob a direção de Hananias, um dos príncipes do rei.

¹² O número total dos cabeças das famílias, homens valentes, era de dois mil e seiscentos.

¹³ Debaixo das suas ordens, havia um exército guerreiro de trezentos e sete mil e quinhentos homens, que faziam a guerra com grande poder, para ajudar o rei contra os inimigos.

¹⁴ Preparou-lhes Uzias, para todo o exército, escudos, lanças, capacetes, couraças e arcos e até fundas para atirar pedras.

¹⁵ Fabricou em Jerusalém máquinas, de invenção de homens peritos, destinadas para as torres e cantos das muralhas, para atirarem flechas e grandes pedras; divulgou-se a sua fama até muito longe, porque foi maravilhosamente ajudado, até que se tornou forte.

Uzias é atacado de lepra
2Rs 15.5-7

¹⁶ Mas, havendo-se já fortificado, exaltou-se o seu coração para a sua própria ruína, e cometeu transgressões contra o Senhor, seu Deus, porque entrou no templo do Senhor para queimar incenso no altar do incenso.

¹⁷ Porém o sacerdote Azarias entrou após ele, com oitenta sacerdotes do Senhor, homens da maior firmeza;

¹⁸ e resistiram ao rei Uzias e lhe disseram: A ti, Uzias, não compete queimar incenso perante o Senhor, mas aos sacerdotes, filhos de Arão, que são consagrados para este mister; sai do santuário, porque transgrediste; nem será isso para honra tua da parte do Senhor Deus.

¹⁹ Então, Uzias se indignou; tinha o incensário na mão para queimar incenso; indignando-se ele, pois, contra os sacerdo-

tes, a lepra lhe saiu na testa perante os sacerdotes, na Casa do Senhor, junto ao altar do incenso.

²⁰ Então, o sumo sacerdote Azarias e todos os sacerdotes voltaram-se para ele, e eis que estava leproso na testa, e apressadamente o lançaram fora; até ele mesmo se deu pressa em sair, visto que o Senhor o ferira.

²¹ Assim, ficou leproso o rei Uzias até ao dia da sua morte; e morou, por ser leproso, numa casa separada, porque foi excluído da Casa do Senhor; e Jotão, seu filho, tinha a seu cargo a casa do rei, julgando o povo da terra.

²² Quanto aos mais atos de Uzias, tanto os primeiros como os últimos, o profeta Isaías, filho de Amoz, os escreveu.

²³ Descansou Uzias com seus pais, e, com seus pais, o sepultaram no campo do sepulcro que era dos reis; porque disseram: Ele é leproso. E Jotão, seu filho, reinou em seu lugar.

O reinado de Jotão
2Rs 15.32-38

27 Tinha Jotão vinte e cinco anos de idade quando começou a reinar e dezesseis anos reinou em Jerusalém. Era o nome de sua mãe Jerusa, filha de Zadoque.

² Fez o que era reto perante o Senhor, segundo tudo o que fizera Uzias, seu pai, exceto que não entrou no templo do Senhor. E o povo continuava na prática do mal.

³ Ele edificou a porta de cima da Casa do Senhor e também edificou muitas obras sobre o Muro de Ofel.

⁴ Também edificou cidades na região montanhosa de Judá e nos bosques, castelos e torres.

⁵ Ele também guerreou contra o rei dos filhos de Amom e prevaleceu sobre eles, de modo que os filhos de Amom, naquele ano, lhe deram cem talentos de prata, dez mil coros de trigo e dez mil de cevada; isto lhe trouxeram os filhos de Amom também no segundo e no terceiro ano.

⁶ Assim, Jotão se foi tornando mais poderoso, porque dirigia os seus caminhos segundo a vontade do Senhor, seu Deus.

⁷ Quanto aos mais atos de Jotão, todas as suas guerras e empreendimentos, eis que tudo está escrito no livro da História dos Reis de Israel e de Judá.

⁸ Tinha vinte e cinco anos de idade

quando começou a reinar e reinou dezesseis anos em Jerusalém.

⁹ Descansou Jotão com seus pais, e o sepultaram na Cidade de Davi; e Acaz, seu filho, reinou em seu lugar.

O reinado de Acaz
2Rs 16.1-4

28 Tinha Acaz vinte anos de idade quando começou a reinar e reinou dezesseis anos em Jerusalém; e não fez o que era reto perante o SENHOR, como Davi, seu pai.

² Andou nos caminhos dos reis de Israel e até fez imagens fundidas a baalins.

³ Também queimou incenso no vale do filho de Hinom e queimou a seus próprios filhos, segundo as abominações dos gentios que o SENHOR lançara de diante dos filhos de Israel.

⁴ Também sacrificou e queimou incenso nos altos e nos outeiros, como também debaixo de toda árvore frondosa.

⁵ Pelo que o SENHOR, seu Deus, o entregou nas mãos do rei dos siros, os quais o derrotaram e levaram dele em cativeiro uma grande multidão de presos, que trouxeram a Damasco; também foi entregue nas mãos do rei de Israel, o qual lhe infligiu grande derrota.

⁶ Porque Peca, filho de Remalias, matou em Judá, num só dia, cento e vinte mil, todos homens poderosos, por terem abandonado o SENHOR, Deus de seus pais.

⁷ Zicri, homem valente de Efraim, matou a Maaséias, filho do rei, a Azricão, alto oficial do palácio, e a Elcana, o segundo depois do rei.

⁸ Os filhos de Israel levaram presos de Judá, seu povo irmão, duzentos mil: mulheres, filhos e filhas; e saquearam deles grande despojo e o trouxeram para Samaria.

⁹ Mas estava ali um profeta do SENHOR, cujo nome era Odede, o qual saiu ao encontro do exército que vinha para Samaria e lhe disse: Eis que, irando-se o SENHOR, Deus de vossos pais, contra Judá, os entregou nas vossas mãos, e vós os matastes com tamanha raiva, que chegou até aos céus.

¹⁰ Agora, cuidais em sujeitar os filhos de Judá e Jerusalém, para vos serem escravos e escravas; acaso, não sois vós mesmos culpados contra o SENHOR, vosso Deus?

¹¹ Agora, pois, atendei-me e fazei voltar os presos que trouxestes cativos de vossos irmãos, porque o brasume da ira do SENHOR está sobre vós.

¹² Então, se levantaram alguns homens dentre os cabeças dos filhos de Efraim, a saber, Azarias, filho de Joanã, Berequias, filho de Mesilemote, Jeizquias, filho de Salum, e Amasa, filho de Hadlai, contra os que voltavam da batalha

¹³ e lhes disseram: Não fareis entrar aqui esses cativos, porque intentais acrescentar aos nossos pecados e à nossa culpa diante do SENHOR ainda outros; a nossa culpa já é grande, e o brasume da ira do SENHOR está sobre nós.

¹⁴ Então, os homens armados deixaram os presos e o despojo diante dos príncipes e de toda a congregação.

¹⁵ Homens foram designados nominalmente, os quais se levantaram, e tomaram os cativos, e do despojo vestiram a todos os que estavam nus; vestiram-nos, e calçaram-nos, e lhes deram de comer e de beber, e os ungiram; a todos os que, por fracos, não podiam andar, levaram sobre jumentos a Jericó, cidade das Palmeiras, a seus irmãos. Então, voltaram para Samaria.

Acaz pede socorro aos assírios

¹⁶ Naquele tempo, mandou o rei Acaz pedir aos reis da Assíria que o ajudassem.

¹⁷ Pois vieram, de novo, os edomitas, e derrotaram Judá, e levaram presos em cativeiro.

¹⁸ Também os filisteus deram contra as cidades da campina e do sul de Judá, e tomaram Bete-Semes, Aijalom, Gederote, Socó e suas aldeias, Timna e suas aldeias e Ginzo e suas aldeias; e habitavam ali.

¹⁹ Porque o SENHOR humilhou a Judá por causa de Acaz, rei de Israel; porque este permitira que Judá caísse em dissolução, e ele, de todo, se entregou à transgressão contra o SENHOR.

²⁰ Veio a ele Tiglate-Pileser, rei da Assíria; porém o pôs em aperto, em vez de fortalecê-lo.

²¹ Porque Acaz tomou despojos da Casa do SENHOR, da casa do rei e da dos príncipes e os deu ao rei da Assíria; porém isso não o ajudou.

A idolatria de Acaz

²² No tempo da sua angústia, cometeu ainda maiores transgressões contra o SENHOR; ele mesmo, o rei Acaz.

28.5 2Rs 16.5; Is 7.1.

²³ Pois ofereceu sacrifícios aos deuses de Damasco, que o feriram, e disse: Visto que os deuses dos reis da Síria os ajudam, eu lhes oferecerei sacrifícios para que me ajudem a mim. Porém eles foram a sua ruína e a de todo o Israel.

²⁴ Ajuntou Acaz os utensílios da Casa de Deus, fê-los em pedaços e fechou as portas da Casa do SENHOR; e fez para si altares em todos os cantos de Jerusalém.

²⁵ Também, em cada cidade de Judá, fez altos para queimar incenso a outros deuses; assim, provocou à ira o SENHOR, Deus de seus pais.

A morte de Acaz
2Rs 16.19,20

²⁶ Quanto aos mais atos dele e a todos os seus caminhos, tanto os primeiros como os últimos, eis que estão escritos no livro da História dos Reis de Judá e de Israel.

²⁷ Descansou Acaz com seus pais, e o sepultaram na cidade, em Jerusalém, porém não o puseram nos sepulcros dos reis de Israel; e Ezequias, seu filho, reinou em seu lugar.

Ezequias manda abrir o templo

29 Tinha Ezequias vinte e cinco anos de idade quando começou a reinar e reinou vinte e nove anos em Jerusalém. Sua mãe se chamava Abia e era filha de Zacarias.

² Fez ele o que era reto perante o SENHOR, segundo tudo quanto fizera Davi, seu pai.

³ No primeiro ano do seu reinado, no primeiro mês, abriu as portas da Casa do SENHOR e as reparou.

⁴ Trouxe os sacerdotes e os levitas, ajuntou-os na praça oriental

⁵ e lhes disse: Ouvi-me, ó levitas! Santificai-vos, agora, e santificai a Casa do SENHOR, Deus de vossos pais; tirai do santuário a imundícia.

⁶ Porque nossos pais prevaricaram e fizeram o que era mal perante o SENHOR, nosso Deus, e o deixaram; desviaram o seu rosto do tabernáculo do SENHOR e lhe voltaram as costas.

⁷ Também fecharam as portas do pórtico, apagaram as lâmpadas, não queimaram incenso, nem ofereceram holocaustos nos santuários ao Deus de Israel.

⁸ Pelo que veio grande ira do SENHOR

sobre Judá e Jerusalém, e os entregou ao terror, ao espanto e aos assobios, como vós o estais vendo com os próprios olhos.

⁹ Porque eis que nossos pais caíram à espada, e, por isso, nossos filhos, nossas filhas e nossas mulheres estiveram em cativeiro.

¹⁰ Agora, estou resolvido a fazer aliança com o SENHOR, Deus de Israel, para que se desvie de nós o ardor da sua ira.

¹¹ Filhos meus, não sejais negligentes, pois o SENHOR vos escolheu para estardes diante dele para o servirdes, para serdes seus ministros e queimardes incenso.

Os levitas purificam o templo

¹² Então, se levantaram os levitas: Maate, filho de Amasai, e Joel, filho de Azarias, dos filhos dos coatitas; dos filhos de Merari, Quis, filho de Abdi, e Azarias, filho de Jealelel; dos gersonitas, Joá, filho de Zima, e Éden, filho de Joá;

¹³ dos filhos de Elisafã, Sinri e Jeuel; dos filhos de Asafe, Zacarias e Matanias;

¹⁴ dos filhos de Hemã, Jeuel e Simei; dos filhos de Jedutum, Semaías e Uziel.

¹⁵ Congregaram a seus irmãos, santificaram-se e vieram segundo a ordem do rei pelas palavras do SENHOR, para purificarem a Casa do SENHOR.

¹⁶ Os sacerdotes entraram na Casa do SENHOR, para a purificar, e tiraram para fora, ao pátio da Casa do SENHOR, toda imundícia que acharam no templo do SENHOR; e os levitas a tomaram, para a levarem fora, ao ribeiro de Cedrom.

¹⁷ Começaram, pois, a santificar no primeiro dia do primeiro mês; ao oitavo dia do mês, vieram ao pórtico do SENHOR e santificaram a Casa do SENHOR em oito dias; no décimo-sexto dia do mês, acabaram.

¹⁸ Então, foram ter com o rei Ezequias no palácio e disseram: Já purificamos toda a Casa do SENHOR, como também o altar do holocausto com todos os seus utensílios e a mesa da proposição com todos os seus objetos.

¹⁹ Também todos os objetos que o rei Acaz, no seu reinado, lançou fora, na sua transgressão, já preparamos e santificamos; e eis que estão diante do altar do SENHOR.

Ezequias restabelece o culto de Deus

²⁰ Então, o rei Ezequias se levantou de

madrugada, reuniu os príncipes da cidade e subiu à Casa do SENHOR.

²¹ Mandou trazer sete novilhos, sete carneiros, sete cordeiros e sete bodes, como oferta pelo pecado a favor do reino, do santuário e de Judá; e aos filhos de Arão, os sacerdotes, que os oferecessem sobre o altar do SENHOR.

²² Mortos os novilhos, os sacerdotes tomaram o sangue e o aspergiram sobre o altar; mataram os carneiros e aspergiram o sangue sobre o altar; também mataram os cordeiros e aspergiram o sangue sobre o altar.

²³ Para oferta pelo pecado, trouxeram os bodes perante o rei e a congregação e puseram as mãos sobre eles.

²⁴ Os sacerdotes os mataram e, com o sangue, fizeram uma oferta pelo pecado, ao pé do altar, para expiação de todo o Israel, porque o rei tinha ordenado que se fizesse aquele holocausto e oferta pelo pecado, por todo o Israel.

²⁵ Também estabeleceu os levitas na Casa do SENHOR com címbalos, alaúdes e harpas, segundo mandado de Davi e de Gade, o vidente do rei, e do profeta Natã; porque este mandado veio do SENHOR, por intermédio de seus profetas.

²⁶ Estavam, pois, os levitas em pé com os instrumentos de Davi, e os sacerdotes, com as trombetas.

²⁷ Deu ordem Ezequias que oferecessem o holocausto sobre o altar. Em começando o holocausto, começou também o cântico ao SENHOR com as trombetas, ao som dos instrumentos de Davi, rei de Israel.

²⁸ Toda a congregação se prostrou, quando se entoava o cântico, e as trombetas soavam; tudo isto até findar-se o holocausto.

²⁹ Tendo eles acabado de oferecer o sacrifício, o rei e todos os que se achavam com ele prostraram-se e adoraram.

³⁰ Então, o rei Ezequias e os príncipes ordenaram aos levitas que louvassem o SENHOR com as palavras de Davi e de Asafe, o vidente. Eles o fizeram com alegria, e se inclinaram, e adoraram.

³¹ Disse ainda Ezequias: Agora, vos consagrastes a vós mesmos ao SENHOR; chegai-vos e trazei sacrifícios e ofertas de ações de graças à Casa do SENHOR. A congregação trouxe sacrifícios e ofertas de ações de graças, e todos os que estavam de coração disposto trouxeram holocaustos.

³² O número dos holocaustos, que a congregação trouxe, foi de setenta bois, cem carneiros e duzentos cordeiros; tudo isto em holocausto para o SENHOR.

³³ Também foram consagrados seiscentos bois e três mil ovelhas.

³⁴ Os sacerdotes, porém, eram mui poucos e não podiam esfolar a todos os holocaustos; pelo que seus irmãos, os levitas, os ajudaram, até findar-se a obra e até que os outros sacerdotes se santificaram; porque os levitas foram mais retos de coração, para se santificarem, do que os sacerdotes.

³⁵ Além dos holocaustos em abundância, houve também a gordura das ofertas pacíficas e as libações para os holocaustos. Assim, se estabeleceu o ministério da Casa do SENHOR.

³⁶ Ezequias e todo o povo se alegraram por causa daquilo que Deus fizera para o povo, porque, subitamente, se fez esta obra.

A celebração da Páscoa

30 Depois disto, Ezequias enviou mensageiros por todo o Israel e Judá; escreveu também cartas a Efraim e a Manassés para que viessem à Casa do SENHOR, em Jerusalém, para celebrarem a Páscoa ao SENHOR, Deus de Israel.

² Porque o rei tivera conselho com os seus príncipes e com toda a congregação em Jerusalém, para celebrarem a Páscoa no segundo mês

³ (Porquanto não a puderam celebrar no devido tempo, porque não se tinham santificado sacerdotes em número suficiente, e o povo não se ajuntara ainda em Jerusalém.).

⁴ Foi isto aprovado pelo rei e toda a congregação;

⁵ e resolveram que se fizesse pregão por todo o Israel, desde Berseba até Dã, para que viessem a celebrar a Páscoa ao SENHOR, Deus de Israel, em Jerusalém; porque não a celebravam já com grande número de assistentes, como prescrito.

⁶ Partiram os correios com as cartas do rei e dos seus príncipes, por todo o Israel e Judá, segundo o mandado do rei, dizendo: Filhos de Israel, voltai-vos ao SENHOR, Deus de Abraão, de Isaque e de Israel, para que ele se volte para o restante que escapou do poder dos reis da Assíria.

⁷ Não sejais como vossos pais e como vossos irmãos, que prevaricaram contra o

30.2,3 Nm 9.9-11.

SENHOR, Deus de seus pais, pelo que os entregou à desolação, como estais vendo.

8 Não endureçais, agora, a vossa cerviz, como vossos pais; confiai-vos ao SENHOR, e vinde ao seu santuário que ele santificou para sempre, e servi ao SENHOR, vosso Deus, para que o ardor da sua ira se desvie de vós.

9 Porque, se vós vos converterdes ao SENHOR, vossos irmãos e vossos filhos acharão misericórdia perante os que os levaram cativos e tornarão a esta terra; porque o SENHOR, vosso Deus, é misericordioso e compassivo e não desviará de vós o rosto, se vos converterdes a ele.

10 Os correios foram passando de cidade em cidade, pela terra de Efraim e Manassés até Zebulom; porém riram-se e zombaram deles.

11 Todavia, alguns de Aser, de Manassés e de Zebulom se humilharam e foram a Jerusalém.

12 Também em Judá se fez sentir a mão de Deus, dando-lhes um só coração, para cumprirem o mandado do rei e dos príncipes, segundo a palavra do SENHOR.

13 Ajuntou-se em Jerusalém muito povo, para celebrar a Festa dos Pães Asmos, no segundo mês, mui grande congregação.

14 Dispuseram-se e tiraram os altares que havia em Jerusalém; também tiraram todos os altares do incenso e os lançaram no vale de Cedrom.

15 Então, imolaram o cordeiro da Páscoa no décimo-quarto dia do segundo mês; os sacerdotes e os levitas se envergonharam, e se santificaram, e trouxeram holocaustos à Casa do SENHOR.

16 Tomaram os seus devidos lugares, segundo a lei de Moisés, o homem de Deus; e os sacerdotes aspergiam o sangue, tomando-o das mãos dos levitas.

17 Porque havia muitos na congregação que não se tinham santificado; pelo que os levitas estavam encarregados de imolar os cordeiros da Páscoa por todo aquele que não estava limpo, para o santificarem ao SENHOR.

18 Porque uma multidão do povo, muitos de Efraim, de Manassés, de Issacar e de Zebulom não se tinham purificado e, contudo, comeram a Páscoa, não como está escrito; porém Ezequias orou por eles, dizendo: O SENHOR, que é bom, perdoe a todo aquele

19 que dispôs o coração para buscar o SENHOR Deus, o Deus de seus pais, ainda

que não segundo a purificação exigida pelo santuário.

20 Ouviu o SENHOR a Ezequias e sarou a alma do povo.

21 Os filhos de Israel que se acharam em Jerusalém celebraram a Festa dos Pães Asmos por sete dias, com grande júbilo; e os levitas e os sacerdotes louvaram ao SENHOR de dia em dia, com instrumentos que tocaram fortemente em honra ao SENHOR.

22 Ezequias falou ao coração de todos os levitas que revelavam bom entendimento no serviço do SENHOR; e comeram, por sete dias, as ofertas da Festa, trouxeram ofertas pacíficas c renderam graças ao SENHOR, Deus de seus pais.

23 Concordou toda a congregação em celebrar outros sete dias, e, de fato, o fizeram com júbilo;

24 pois Ezequias, rei de Judá, apresentou à congregação mil novilhos e sete mil ovelhas para sacrifício; e os príncipes apresentaram à congregação mil novilhos e dez mil ovelhas; e os sacerdotes se santificaram em grande número.

25 Alegraram-se toda a congregação de Judá, os sacerdotes, os levitas e toda a congregação de todos os que vieram de Israel, como também os estrangeiros que vieram da terra de Israel e os que habitavam em Judá.

26 Houve grande alegria em Jerusalém; porque desde os dias de Salomão, filho de Davi, rei de Israel, não houve cousa semelhante em Jerusalém.

27 Então, os sacerdotes e os levitas se levantaram para abençoar o povo; a sua voz foi ouvida, e a sua oração chegou até à santa habitação de Deus, até aos céus.

31 Acabando tudo isto, todos os israelitas que se achavam ali saíram às cidades de Judá, quebraram as estátuas, cortaram os postes-ídolos e derribaram os altos e altares por todo o Judá e Benjamim, como também em Efraim e Manassés, até que tudo destruíram; então, tornaram todos os filhos de Israel, cada um para sua possessão, para as cidades deles.

Ezequias regula as contribuições para os sacerdotes e os levitas

2 Estabeleceu Ezequias os turnos dos sacerdotes e dos levitas, turno após turno, segundo o seu mister: os sacerdotes e levitas, para o holocausto e para as ofertas pa-

cíficas, para ministrarem e cantarem, portas a dentro, nos arraiais do SENHOR.

³ A contribuição que fazia o rei da sua
própria fazenda era destinada para os holocaustos, para os da manhã e os da tarde
e para os holocaustos dos sábados, das Festas da Lua Nova e das festas fixas, como está escrito na lei do SENHOR.

⁴ Além disso, ordenou ao povo, moradores de Jerusalém, que contribuísse com
sua parte devida aos sacerdotes e aos levitas, para que pudessem dedicar-se à lei do
SENHOR.

⁵ Logo que se divulgou esta ordem, os
filhos de Israel trouxeram em abundância
as primícias do cereal, do vinho, do azeite,
do mel e de todo produto do campo; também os dízimos de tudo trouxeram em
abundância.

⁶ Os filhos de Israel e de Judá que habitavam nas cidades de Judá também trouxeram dízimos das vacas e das ovelhas e dízimos das cousas que foram consagradas ao
SENHOR, seu Deus; e fizeram montões e
montões.

⁷ No terceiro mês, começaram a fazer os
primeiros montões; e, no sétimo mês,
acabaram.

⁸ Vindo, pois, Ezequias e os príncipes e
vendo aqueles montões, bendisseram ao
SENHOR e ao seu povo de Israel.

⁹ Perguntou Ezequias aos sacerdotes e
aos levitas acerca daqueles montões.

¹⁰ Então, o sumo sacerdote Azarias, da
casa de Zadoque, lhe respondeu: Desde que
se começou a trazer à Casa do SENHOR estas ofertas, temos comido e nos temos fartado delas, e ainda há sobra em abundância; porque o SENHOR abençoou ao seu povo, e esta grande quantidade é o que sobra.

¹¹ Então, ordenou Ezequias que se preparassem depósitos na Casa do SENHOR.

¹² Uma vez preparados, recolheram neles fielmente as ofertas, os dízimos e as cousas consagradas; disto era intendente Conanias, o levita, e Simei, seu irmão, era o
segundo.

¹³ Jeiel, Azarias, Naate, Asael, Jerimote, Jozabade, Eliel, Ismaquias, Maate e Benaia eram superintendentes sob a direção
de Conanias e Simei, seu irmão, nomeados
pelo rei Ezequias e por Azarias, chefe da
Casa de Deus.

¹⁴ O levita Coré, filho de Imna e guarda
da porta oriental, estava encarregado das
ofertas voluntárias que se faziam a Deus,
para distribuir as ofertas do SENHOR e as
cousas santíssimas.

¹⁵ Debaixo das suas ordens estavam
Éden, Miniamim, Jesua, Semaías, Amarias
e Secanias, nas cidades dos sacerdotes, para
com fidelidade distribuírem as porções a
seus irmãos, segundo os seus turnos, tanto aos pequenos como aos grandes;

¹⁶ exceto aos que estavam registados nas
genealogias dos homens, de três anos para
cima, e que entravam na Casa do SENHOR,
para a obra de cada dia pelo seu ministério
nos seus cargos, segundo os seus turnos.

¹⁷ Quanto ao registo dos sacerdotes, foi
ele feito segundo as suas famílias, e o dos
levitas de vinte anos para cima foi feito segundo os seus cargos nos seus turnos.

¹⁸ Deles, foram registados as crianças,
as mulheres, os filhos e as filhas, uma grande multidão, porque com fidelidade se houveram santamente com as cousas sagradas.

¹⁹ Dentre os sacerdotes, filhos de Arão,
que moravam nos campos dos arredores
das suas cidades, havia, em cada cidade,
homens que foram designados nominalmente para distribuírem as porções a todo
homem entre os sacerdotes e a todos os levitas que foram registados.

²⁰ Assim fez Ezequias em todo o Judá;
fez o que era bom, reto e verdadeiro perante
o SENHOR, seu Deus.

²¹ Em toda a obra que começou no serviço da Casa de Deus, na lei e nos mandamentos, para buscar a seu Deus, de todo o
coração o fez e prosperou.

Ezequias prepara-se
para resistir a Senaqueribe
2Rs 18.13-18; Is 36.1-3

32 Depois destas cousas e desta fidelidade, veio Senaqueribe, rei da Assíria, entrou em Judá, acampou-se contra
as cidades fortificadas e intentou apoderar-
se delas.

² Vendo, pois, Ezequias que Senaqueribe vinha e que estava resolvido a pelejar
contra Jerusalém,

³ resolveu, de acordo com os seus príncipes e os seus homens valentes, tapar as
fontes das águas que havia fora da cidade;
e eles o ajudaram.

⁴ Assim, muito povo se ajuntou, e taparam todas as fontes, como também o ribeiro que corria pelo meio da terra, pois diziam: Por que viriam os reis da Assíria e
achariam tantas águas?

31.3 Nm 28.1-29.39. **31.4,5** Nm 18.21. **32.1-20** 2Rs 18.13-19.19; Is 36.1-37.20.

⁵ Ele cobrou ânimo, restaurou todo o muro quebrado e sobre ele ergueu torres; levantou também o outro muro por fora, fortificou a Milo na Cidade de Davi e fez armas e escudos em abundância.

⁶ Pôs oficiais de guerra sobre o povo, reuniu-os na praça da porta da cidade e lhes falou ao coração, dizendo:

⁷ Sede fortes e corajosos, não temais, nem vos assusteis por causa do rei da Assíria, nem por causa de toda a multidão que está com ele; porque um há conosco maior do que o que está com ele.

⁸ Com ele está o braço de carne, mas conosco, o SENHOR, nosso Deus, para nos ajudar e para guerrear nossas guerras. O povo cobrou ânimo com as palavras de Ezequias, rei de Judá.

Senaqueribe afronta a Ezequias e ao SENHOR
2Rs 18.19-37; Is 36.4-22

⁹ Depois disto, enquanto Senaqueribe, rei da Assíria, com todo o seu exército sitiava Laquis, enviou os seus servos a Ezequias, rei de Judá, que estava em Jerusalém, dizendo:

¹⁰ Assim diz Senaqueribe, rei da Assíria: Em que confiais vós, para vos deixardes sitiar em Jerusalém?

¹¹ Acaso, não vos incita Ezequias, para morrerdes à fome e à sede, dizendo: O SENHOR, nosso Deus, nos livrará das mãos do rei da Assíria?

¹² Não é Ezequias o mesmo que tirou os seus altos e os seus altares e falou a Judá e a Jerusalém, dizendo: Diante de apenas um altar vos prostrareis e sobre ele queimareis incenso?

¹³ Não sabeis vós o que eu e meus pais fizemos a todos os povos das terras? Acaso, puderam, de qualquer maneira, os deuses das nações daquelas terras livrar o seu país das minhas mãos?

¹⁴ Qual é, de todos os deuses daquelas nações que meus pais destruíram, que pôde livrar o seu povo das minhas mãos, para que vosso Deus vos possa livrar das minhas mãos?

¹⁵ Agora, pois, não vos engane Ezequias, nem vos incite assim, nem lhe deis crédito; porque nenhum deus de nação alguma, nem de reino algum pôde livrar o seu povo das minhas mãos, nem das mãos de meus pais; quanto menos vos poderá livrar o vosso Deus das minhas mãos?

¹⁶ Os seus servos falaram ainda mais contra o SENHOR Deus e contra Ezequias, seu servo.

¹⁷ Senaqueribe escreveu também cartas, para blasfemar do SENHOR, Deus de Israel, e para falar contra ele, dizendo: Assim como os deuses das nações de outras terras não livraram o seu povo das minhas mãos, assim também o Deus de Ezequias não livrará o seu povo das minhas mãos.

¹⁸ Clamaram os servos em alta voz em judaico contra o povo de Jerusalém, que estava sobre o muro, para os atemorizar e os perturbar, para tomarem a cidade.

¹⁹ Falaram do Deus de Jerusalém, como dos deuses dos povos da terra, obras das mãos dos homens.

²⁰ Porém o rei Ezequias e Isaías, o profeta, filho de Amoz, oraram por causa disso e clamaram ao céu.

A destruição do exército dos assírios

²¹ Então, o SENHOR enviou um anjo que destruiu todos os homens valentes, os chefes e os príncipes no arraial do rei da Assíria; e este, com o rosto coberto de vergonha, voltou para a sua terra. Tendo ele entrado na casa de seu deus, os seus próprios filhos ali o mataram à espada.

²² Assim, livrou o SENHOR a Ezequias e os moradores de Jerusalém das mãos de Senaqueribe, rei da Assíria, e das mãos de todos os inimigos; e lhes deu paz por todos os lados.

²³ Muitos traziam presentes a Jerusalém ao SENHOR e cousas preciosíssimas a Ezequias, rei de Judá, de modo que, depois disto, foi enaltecido à vista de todas as nações.

Doença de Ezequias
2Rs 20.1-11; Is 38.1-8

²⁴ Naqueles dias, adoeceu Ezequias mortalmente; então, orou ao SENHOR, que lhe falou e lhe deu um sinal.

²⁵ Mas não correspondeu Ezequias aos benefícios que lhe foram feitos; pois o seu coração se exaltou. Pelo que houve ira contra ele e contra Judá e Jerusalém.

²⁶ Ezequias, porém, se humilhou por se ter exaltado o seu coração, ele e os habitantes de Jerusalém; e a ira do SENHOR não veio contra eles nos dias de Ezequias.

²⁷ Teve Ezequias riquezas e glória em grande abundância; proveu-se de tesourarias para prata, ouro, pedras preciosas, es-

peciarias, escudos e toda sorte de objetos desejáveis;

²⁸ também proveu-se de armazéns para a colheita do cereal, do vinho e do azeite; e de estrebarias para toda espécie de animais e de redis para os rebanhos.

²⁹ Edificou também cidades e possuiu ovelhas e vacas em abundância; porque Deus lhe tinha dado mui numerosas possessões.

³⁰ Também o mesmo Ezequias tapou o manancial superior das águas de Giom e as canalizou para o ocidente da Cidade de Davi. Ezequias prosperou em toda a sua obra.

³¹ Contudo, quando os embaixadores dos príncipes da Babilônia lhe foram enviados para se informarem do prodígio que se dera naquela terra, Deus o desamparou, para prová-lo e fazê-lo conhecer tudo o que lhe estava no coração.

A morte de Ezequias
2Rs 20.20,21

³² Quanto aos mais atos de Ezequias e às suas obras de misericórdia, eis que estão escritos na Visão do Profeta Isaías, filho de Amoz, e no livro da História dos Reis de Judá e de Israel.

³³ Descansou Ezequias com seus pais, e o sepultaram na subida para os sepulcros dos filhos de Davi; e todo o Judá e os habitantes de Jerusalém lhe prestaram honras na sua morte; e Manassés, seu filho, reinou em seu lugar.

O reinado de Manassés
2Rs 21.1-9

33 Tinha Manassés doze anos de idade quando começou a reinar e cinqüenta e cinco anos reinou em Jerusalém.

² Fez o que era mau perante o SENHOR, segundo as abominações dos gentios que o SENHOR expulsara de suas possessões de diante dos filhos de Israel.

³ Pois tornou a edificar os altos que Ezequias, seu pai, havia derribado, levantou altares aos baalins, e fez postes-ídolos, e se prostrou diante de todo o exército dos céus, e o serviu.

⁴ Edificou altares na Casa do SENHOR, da qual o SENHOR tinha dito: Em Jerusalém, porei o meu nome para sempre.

⁵ Também edificou altares a todo o exército dos céus nos dois átrios da Casa do SENHOR,

⁶ queimou seus filhos como oferta no vale do filho de Hinom, adivinhava pelas nuvens, era agoureiro, praticava feitiçarias, tratava com necromantes e feiticeiros e prosseguiu em fazer o que era mau perante o SENHOR, para o provocar à ira.

⁷ Também pôs a imagem de escultura do ídolo que tinha feito na Casa de Deus, de que Deus dissera a Davi e a Salomão, seu filho: Nesta casa e em Jerusalém, que escolhi de todas as tribos de Israel, porei o meu nome para sempre

⁸ e não removerei mais o pé de Israel da terra que destinei a seus pais, contanto que tenham cuidado de fazer tudo o que lhes tenho mandado, toda a lei, os estatutos e os juízos dados por intermédio de Moisés.

⁹ Manassés fez errar a Judá e os moradores de Jerusalém, de maneira que fizeram pior do que as nações que o SENHOR tinha destruído de diante dos filhos de Israel.

O cativeiro de Manassés e sua oração

¹⁰ Falou o SENHOR a Manassés e ao seu povo, porém não lhe deram ouvidos.

¹¹ Pelo que o SENHOR trouxe sobre eles os príncipes do exército do rei da Assíria, os quais prenderam Manassés com ganchos, amarraram-no com cadeias e o levaram à Babilônia.

¹² Ele, angustiado, suplicou deveras ao SENHOR, seu Deus, e muito se humilhou perante o Deus de seus pais;

¹³ fez-lhe oração, e Deus se tornou favorável para com ele, atendeu-lhe a súplica e o fez voltar para Jerusalém, ao seu reino; então, reconheceu Manassés que o SENHOR era Deus.

¹⁴ Depois disto, edificou o muro de fora da Cidade de Davi, ao ocidente de Giom, no vale, e à entrada da Porta do Peixe, abrangendo Ofel, e o levantou mui alto; também pôs chefes militares em todas as cidades fortificadas de Judá.

¹⁵ Tirou da Casa do SENHOR os deuses estranhos e o ídolo, como também todos os altares que edificara no monte da Casa do SENHOR e em Jerusalém, e os lançou fora da cidade.

¹⁶ Restaurou o altar do SENHOR, sacrificou sobre ele ofertas pacíficas e de ações de graças e ordenou a Judá que servisse ao SENHOR, Deus de Israel.

¹⁷ Contudo, o povo ainda sacrificava nos altos, mas somente ao SENHOR, seu Deus.

33.2 Jr 15.4.   33.4 2Sm 7.13.   33.7,8 1Rs 9.3-5; 2Cr 7.12-18.

A morte de Manassés
2Rs 21.17,18

18 Quanto aos mais atos de Manassés, e à sua oração ao seu Deus, e às palavras dos videntes que lhe falaram no nome do SENHOR, Deus de Israel, eis que estão escritos na História dos Reis de Israel.

19 A sua oração e como Deus se tornou favorável para com ele, todo o seu pecado, a sua transgressão e os lugares onde edificou altos e colocou postes-ídolos e imagens de escultura, antes que se humilhasse, eis que tudo está na História de Hozai.

20 Assim, Manassés descansou com seus pais e foi sepultado na sua própria casa; e Amom, seu filho, reinou em seu lugar.

O reinado de Amom
2Rs 21.19-26

21 Tinha Amom vinte e dois anos de idade quando começou a reinar e reinou dois anos em Jerusalém.

22 Fez o que era mau perante o SENHOR, como fizera Manassés, seu pai; porque Amom fez sacrifício a todas as imagens de escultura que Manassés, seu pai, tinha feito e as serviu.

23 Mas não se humilhou perante o SENHOR, como Manassés, seu pai, se humilhara; antes, Amom se tornou mais e mais culpável.

24 Conspiraram contra ele os seus servos e o mataram em sua casa.

25 Porém o povo da terra feriu todos os que conspiraram contra o rei Amom e constituiu a Josias, seu filho, rei em seu lugar.

O reinado de Josias
2Rs 22.1,2

34 Tinha Josias oito anos de idade quando começou a reinar e reinou trinta e um anos em Jerusalém.

2 Fez o que era reto perante o SENHOR, andou em todo o caminho de Davi, seu pai, e não se desviou nem para a direita nem para a esquerda.

A purificação do templo e do culto
2Rs 23.4-20

3 Porque, no oitavo ano de seu reinado, sendo ainda moço, começou a buscar o Deus de Davi, seu pai; e, no duodécimo ano, começou a purificar a Judá e a Jeru-salém dos altos, dos postes-ídolos e das imagens de escultura e de fundição.

4 Na presença dele, derribaram os altares dos baalins; ele despedaçou os altares do incenso que estavam acima deles; os postes-ídolos e as imagens de escultura e de fundição, quebrou-os, reduziu-os a pó e o aspergiu sobre as sepulturas dos que lhes tinham sacrificado.

5 Os ossos dos sacerdotes queimou sobre os seus altares e purificou a Judá e a Jerusalém.

6 O mesmo fez nas cidades de Manassés, de Efraim e de Simeão, até Naftali, por todos os lados no meio das suas ruínas.

7 Tendo derribado os altares, os postes-ídolos e as imagens de escultura, até reduzi-los a pó, e tendo despedaçado todos os altares do incenso em toda a terra de Israel, então, voltou para Jerusalém.

O rei repara o templo
2Rs 22.3-7

8 No décimo-oitavo ano do seu reinado, havendo já purificado a terra e a casa, enviou a Safã, filho de Azalias, a Maaséias, governador da cidade, e a Joá, filho de Joa-caz, cronista, para repararem a Casa do SENHOR, seu Deus.

9 Foram a Hilquias, sumo sacerdote, e entregaram o dinheiro que se tinha trazido à Casa de Deus e que os levitas, guardas da porta, tinham ajuntado, dinheiro provindo das mãos de Manassés, de Efraim e de todo o resto de Israel, como também de todo o Judá e Benjamim e dos habitantes de Jerusalém.

10 Eles o entregaram aos que dirigiam a obra e tinham a seu cargo a Casa do SENHOR, para que pagassem àqueles que faziam a obra, trabalhadores na Casa do SENHOR, para repararem e restaurarem a casa.

11 Deram-no aos carpinteiros e aos edificadores, para comprarem pedras lavradas e madeiras para as junturas e para servirem de vigas para as casas que os reis de Judá deixaram cair em ruína.

12 Os homens procederam fielmente na obra; e os superintendentes deles eram Jaate e Obadias, levitas, dos filhos de Merari, como também Zacarias e Mesulão, dos filhos dos coatitas, para superintenderem a obra.

13 Todos os levitas peritos em instrumentos músicos eram superintendentes dos

34.1 Jr 3.6. **34.3-7** 2Rs 23.4-20. **34.4** 2Rs 21.3; 2Cr 33.3. **34.5** 1Rs 13.2.

carregadores e dirigiam a todos os que faziam a obra, em qualquer sorte de trabalho. Outros levitas eram escrivães, oficiais e porteiros.

Hilquias acha o Livro da Lei
2Rs 22.8-10

¹⁴ Quando se tirava o dinheiro que se havia trazido à Casa do SENHOR, Hilquias, o sacerdote, achou o Livro da Lei do SENHOR, dada por intermédio de Moisés.

¹⁵ Então, disse Hilquias ao escrivão Safã: Achei o Livro da Lei na Casa do SENHOR.

¹⁶ Hilquias entregou o livro a Safã. Então, Safã levou o livro ao rei e lhe deu relatório, dizendo: Tudo quanto se encomendou a teus servos, eles o fazem.

¹⁷ Contaram o dinheiro que se achou na Casa do SENHOR e o entregaram nas mãos dos que dirigem a obra e dos que a executam.

¹⁸ Relatou mais o escrivão ao rei, dizendo: O sacerdote Hilquias me entregou um livro. Safã leu nele diante do rei.

Josias manda consultar a profetisa Hulda
2Rs 22.11-20

¹⁹ Tendo o rei ouvido as palavras da lei, rasgou as suas vestes.

²⁰ Ordenou o rei a Hilquias, a Aicão, filho de Safã, a Abdom, filho de Mica, a Safã, o escrivão, e a Asaías, servo do rei, dizendo:

²¹ Ide e consultai o SENHOR por mim e pelos restantes em Israel e Judá, acerca das palavras deste livro que se achou; porque grande é o furor do SENHOR, que se derramou sobre nós, porquanto nossos pais não guardaram as palavras do SENHOR, para fazerem tudo quanto está escrito neste livro.

²² Então, Hilquias e os enviados pelo rei foram ter com a profetisa Hulda, mulher de Salum, o guarda-roupa, filho de Tocate, filho de Harás, e lhe falaram a esse respeito. Ela habitava na Cidade Baixa, em Jerusalém.

²³ Ela lhes disse: Assim diz o SENHOR, o Deus de Israel: Dizei ao homem que vos enviou a mim:

²⁴ Assim diz o SENHOR: Eis que trarei males sobre este lugar e sobre os seus moradores, a saber, todas as maldições escritas no livro que leram diante do rei de Judá.

²⁵ Visto que me deixaram e queimaram incenso a outros deuses, para me provocarem à ira com todas as obras das suas mãos, o meu furor está derramado sobre este lugar e não se apagará.

²⁶ Porém ao rei de Judá, que vos enviou a consultar o SENHOR, assim lhe direis: Assim diz o SENHOR, o Deus de Israel, acerca das palavras que ouviste:

²⁷ Porquanto o teu coração se enterneceu, e te humilhaste perante Deus, quando ouviste as suas ameaças contra este lugar e contra os seus moradores, e te humilhaste perante mim, e rasgaste as tuas vestes, e choraste perante mim, também eu te ouvi, diz o SENHOR.

²⁸ Pelo que eu te reunirei a teus pais, e tu serás recolhido em paz à tua sepultura, e os teus olhos não verão todo o mal que hei de trazer sobre este lugar e sobre os seus moradores. Então, levaram eles ao rei esta resposta.

Josias renova a aliança ante o SENHOR
2Rs 23.1-3

²⁹ Então, deu ordem o rei, e todos os anciãos de Judá e de Jerusalém se ajuntaram.

³⁰ O rei subiu à Casa do SENHOR, e todos os homens de Judá, todos os moradores de Jerusalém, os sacerdotes, os levitas e todo o povo, desde o menor até ao maior; e leu diante deles todas as palavras do livro da aliança que fora encontrado na Casa do SENHOR.

³¹ O rei se pôs no seu lugar e fez aliança ante o SENHOR, para o seguirem, guardarem os seus mandamentos, os seus testemunhos e os seus estatutos, de todo o coração e de toda a alma, cumprindo as palavras desta aliança, que estavam escritas naquele livro.

³² Todos os que se acharam em Jerusalém e em Benjamim anuíram a esta aliança; e os habitantes de Jerusalém fizeram segundo a aliança de Deus, o Deus de seus pais.

³³ Josias tirou todas as abominações de todas as terras que eram dos filhos de Israel; e a todos quantos se acharam em Israel os obrigou a que servissem ao SENHOR, seu Deus. Enquanto ele viveu, não se desviaram de seguir o SENHOR, Deus de seus pais.

A celebração da Páscoa
2Rs 23.21-23

35 Josias celebrou a Páscoa ao SENHOR, em Jerusalém; e mataram o cordeiro da Páscoa no décimo-quarto dia do primeiro mês.

² Estabeleceu os sacerdotes nos seus cargos e os animou a servirem na Casa do SENHOR.

³ Disse aos levitas que ensinavam a todo o Israel e estavam consagrados ao SENHOR: Ponde a arca sagrada na casa que edificou Salomão, filho de Davi, rei de Israel; já não tereis esta carga aos ombros; servi, pois, ao SENHOR, vosso Deus, e ao seu povo de Israel.

⁴ Preparai-vos segundo as vossas famílias, segundo os vossos turnos, segundo a prescrição de Davi, rei de Israel, e a de Salomão, seu filho.

⁵ Ministrai no santuário segundo os grupos das famílias de vossos irmãos, os filhos do povo; e haja, para cada grupo, uma parte das famílias dos levitas.

⁶ Imolai o cordeiro da Páscoa; e santificai-vos e preparai-o para vossos irmãos, fazendo segundo a palavra do SENHOR, dada por intermédio de Moisés.

⁷ Ofereceu Josias a todo o povo cordeiros e cabritos do rebanho, todos para os sacrifícios da Páscoa, em número de trinta mil, por todos que se achavam ali; e, de bois, três mil; tudo isto era da fazenda do rei.

⁸ Também fizeram os seus príncipes ofertas voluntárias ao povo, aos sacerdotes e aos levitas; Hilquias, Zacarias e Jeiel, chefes da Casa de Deus, deram aos sacerdotes, para os sacrifícios da Páscoa, dois mil e seiscentos cordeiros e cabritos e trezentos bois.

⁹ Conanias, Semaías e Natanael, seus irmãos, como também Hasabias, Jeiel e Jozabade, chefes dos levitas, apresentaram aos levitas, para os sacrifícios da Páscoa, cinco mil cordeiros e cabritos e quinhentos bois.

¹⁰ Assim, se preparou o serviço, e puseram-se os sacerdotes nos seus lugares e também os levitas, pelos seus turnos, segundo o mandado do rei.

¹¹ Então, imolaram o cordeiro da Páscoa; e os sacerdotes aspergiam o sangue recebido das mãos dos levitas que esfolavam as reses.

¹² Puseram de parte o que era para os holocaustos e o deram ao povo, segundo os grupos das famílias, para que estes o oferecessem ao SENHOR, como está escrito no livro de Moisés; e assim fizeram com os bois.

¹³ Assaram o cordeiro da Páscoa no fogo, segundo o rito; as ofertas sagradas cozeram em panelas, em caldeirões e em assadeiras; e os levitas as repartiram entre todo o povo.

¹⁴ Depois, as prepararam para si e para os sacerdotes; porque os sacerdotes, filhos de Arão, se ocuparam, até à noite, com o sacrifício dos holocaustos e da gordura; por isso é que os levitas prepararam para si e para os sacerdotes, filhos de Arão.

¹⁵ Os cantores, filhos de Asafe, estavam nos seus lugares, segundo o mandado de Davi, e de Asafe, e de Hemã, e de Jedutum, vidente do rei, como também os porteiros, a cada porta; não necessitaram de se desviarem do seu ministério; porquanto seus irmãos, os levitas, preparavam o necessário para eles.

¹⁶ Assim, se estabeleceu todo o serviço do SENHOR, naquele dia, para celebrar a Páscoa e oferecer holocaustos sobre o altar do SENHOR, segundo o mandado do rei Josias.

¹⁷ Os filhos de Israel que se acharam presentes celebraram a Páscoa naquele tempo e a Festa dos Pães Asmos, por sete dias.

¹⁸ Nunca, pois, se celebrou tal Páscoa em Israel, desde os dias do profeta Samuel; e nenhum dos reis de Israel celebrou tal Páscoa, como a que celebrou Josias com os sacerdotes e levitas, e todo o Judá e Israel, que se acharam ali, e os habitantes de Jerusalém.

¹⁹ No décimo-oitavo ano do reinado de Josias, se celebrou esta Páscoa.

A morte de Josias no vale de Megido
2Rs 23.28-30

²⁰ Depois de tudo isto, havendo Josias já restaurado o templo, subiu Neco, rei do Egito, para guerrear contra Carquemis, junto ao Eufrates. Josias saiu de encontro a ele.

²¹ Então, Neco lhe mandou mensageiros, dizendo: Que tenho eu contigo, rei de Judá? Não vou contra ti hoje, mas contra a casa que me faz guerra; e disse Deus que me apressasse; cuida de não te opores a Deus, que é comigo, para que ele não te destrua.

²² Porém Josias não tornou atrás; antes, se disfarçou para pelejar contra ele e, não

35.4 2Cr 8.14.   **35.13** Êx 12.8,9.   **35.15** 1Cr 25.1.   **35.17** Êx 12.14-20.

dando ouvidos às palavras que Neco lhe falara da parte de Deus, saiu a pelejar no vale de Megido.

²³ Os flecheiros atiraram contra o rei Josias; então, o rei disse a seus servos: Tiraime daqui, porque estou gravemente ferido.

²⁴ Seus servos o tiraram do carro, levaram-no para o segundo carro que tinha e o transportaram a Jerusalém; ele morreu, e o sepultaram nos sepulcros de seus pais. Todo o Judá e Jerusalém prantearam Josias.

²⁵ Jeremias compôs uma lamentação sobre Josias; e todos os cantores e cantoras, nas suas lamentações, se têm referido a Josias, até ao dia de hoje; porque as deram por prática em Israel, e estão escritas no livro de Lamentações.

²⁶ Quanto aos atos de Josias e às suas beneficências, segundo está escrito na lei do SENHOR,

²⁷ e aos mais atos, tanto os primeiros como os últimos, eis que estão escritos no livro da História dos Reis de Israel e de Judá.

O reinado e deposição de Jeoacaz
2Rs 23.31-34

36 O povo da terra tomou a Jeoacaz, filho de Josias, e o fez rei em lugar de seu pai, em Jerusalém.

² Tinha Jeoacaz vinte e três anos de idade quando começou a reinar e reinou três meses em Jerusalém;

³ porque o rei do Egito o depôs em Jerusalém e impôs à terra a pena de cem talentos de prata e um de ouro.

⁴ O rei do Egito constituiu a Eliaquim, irmão de Jeoacaz, rei sobre Judá e Jerusalém e lhe mudou o nome para Jeoaquim; mas ao irmão Jeoacaz tomou Neco e o levou para o Egito.

O reinado de Jeoaquim
2Rs 23.36-24.6

⁵ Tinha Jeoaquim a idade de vinte e cinco anos quando começou a reinar e reinou onze anos em Jerusalém. Fez ele o que era mau perante o SENHOR, seu Deus.

⁶ Subiu, pois, contra ele Nabucodonosor, rei da Babilônia, e o amarrou com duas cadeias de bronze, para o levar à Babilônia.

⁷ Também alguns dos utensílios da Casa do SENHOR levou Nabucodonosor para a Babilônia, onde os pôs no seu templo.

⁸ Quanto aos mais atos de Jeoaquim, e às abominações que cometeu, e ao mais que se achou nele, eis que estão escritos no livro da História dos Reis de Israel e de Judá; e Joaquim, seu filho, reinou em seu lugar.

O reinado de Joaquim
2Rs 24.8,9

⁹ Tinha Joaquim dezoito anos quando começou a reinar e reinou três meses e dez dias em Jerusalém. Fez ele o que era mau perante o SENHOR.

O reinado de Zedequias
2Rs 24.18,19

¹⁰ Na primavera do ano, mandou o rei Nabucodonosor levá-lo à Babilônia, com os mais preciosos utensílios da Casa do SENHOR; e estabeleceu a Zedequias, seu irmão, rei sobre Judá e Jerusalém.

¹¹ Tinha Zedequias a idade de vinte e um anos quando começou a reinar e reinou onze anos em Jerusalém.

¹² Fez o que era mau perante o SENHOR, seu Deus, e não se humilhou perante o profeta Jeremias, que falava da parte do SENHOR.

¹³ Rebelou-se também contra o rei Nabucodonosor, que o tinha ajuramentado por Deus; mas endureceu a sua cerviz e tanto se obstinou no seu coração, que não voltou ao SENHOR, Deus de Israel.

¹⁴ Também todos os chefes dos sacerdotes e o povo aumentavam mais e mais as transgressões, segundo todas as abominações dos gentios; e contaminaram a casa que o SENHOR tinha santificado em Jerusalém.

¹⁵ O SENHOR, Deus de seus pais, começando de madrugada, falou-lhes por intermédio dos seus mensageiros, porque se compadecera do seu povo e da sua própria Morada.

¹⁶ Eles, porém, zombavam dos mensageiros, desprezavam as palavras de Deus e mofavam dos seus profetas, até que subiu a ira do SENHOR contra o seu povo, e não houve remédio algum.

O cativeiro de Judá
2Rs 25.8-12; Jr 39.8-10; 52.12-16

¹⁷ Por isso, o SENHOR fez subir contra

36.4 Jr 22.11,12. 36.5 Jr 22.18,19; 26.1-6; 35.1-19. 36.6 Jr 25.1-38; 36.1-32; 45.1-5; Dn 1.1,2.
36.10 Jr 22.24-30; 24.1-10; 29.1,2; Ez 17.12; Jr 37.1; Ez 17.13. 36.11 Jr 27.1-22; 28.1-17. 36.13 Ez 17.15.
36.17 Jr 21.1-10; 34.1-5.

ele o rei dos caldeus, o qual matou os seus jovens à espada, na casa do seu santuário; e não teve piedade nem dos jovens nem das donzelas, nem dos velhos nem dos mais avançados em idade; a todos os deu nas suas mãos.

¹⁸ Todos os utensílios da Casa de Deus, grandes e pequenos, os tesouros da Casa do SENHOR e os tesouros do rei e dos seus príncipes, tudo levou ele para a Babilônia.

¹⁹ Queimaram a Casa de Deus e derribaram os muros de Jerusalém; todos os seus palácios queimaram, destruindo também todos os seus preciosos objetos.

²⁰ Os que escaparam da espada, a esses levou ele para a Babilônia, onde se tornaram seus servos e de seus filhos, até ao tempo do reino da Pérsia;

²¹ para que se cumprisse a palavra do SENHOR, por boca de Jeremias, até que a terra se agradasse dos seus sábados; todos os dias da desolação repousou, até que os setenta anos se cumpriram.

O decreto de Ciro

²² Porém, no primeiro ano de Ciro, rei da Pérsia, para que se cumprisse a palavra do SENHOR, por boca de Jeremias, despertou o SENHOR o espírito de Ciro, rei da Pérsia, o qual fez passar pregão por todo o seu reino, como também por escrito, dizendo:

²³ Assim diz Ciro, rei da Pérsia: O SENHOR, Deus dos céus, me deu todos os reinos da terra e me encarregou de lhe edificar uma casa em Jerusalém, que está em Judá; quem entre vós é de todo o seu povo, que suba, e o SENHOR, seu Deus, seja com ele.

O LIVRO DE

ESDRAS

O decreto de Ciro

1 No primeiro ano de Ciro, rei da Pérsia, para que se cumprisse a palavra do SENHOR, por boca de Jeremias, despertou o SENHOR o espírito de Ciro, rei da Pérsia, o qual fez passar pregão por todo o seu reino, como também por escrito, dizendo:

² Assim diz Ciro, rei da Pérsia: O SENHOR, Deus dos céus, me deu todos os reinos da terra e me encarregou de lhe edificar uma casa em Jerusalém de Judá.

³ Quem dentre vós é, de todo o seu povo, seja seu Deus com ele, e suba a Jerusalém de Judá e edifique a Casa do SENHOR, Deus de Israel; ele é o Deus que habita cm Jerusalém.

⁴ Todo aquele que restar em alguns lugares em que habita, os homens desse lugar o ajudarão com prata, ouro, bens e gado, afora as dádivas voluntárias para a Casa de Deus, a qual está em Jerusalém.

⁵ Então, se levantaram os cabeças de famílias de Judá e de Benjamim, e os sacerdotes, e os levitas, com todos aqueles cujo espírito Deus despertou, para subirem a edificar a Casa do SENHOR, a qual está em Jerusalém.

⁶ Todos os que habitavam nos arredores os ajudaram com objetos de prata, com ouro, bens, gado e cousas preciosas, afora tudo o que, voluntariamente, se deu.

⁷ Também o rei Ciro tirou os utensílios da Casa do SENHOR, os quais Nabucodonosor tinha trazido de Jerusalém e que tinha posto na casa de seus deuses.

⁸ Tirou-os Ciro, rei da Pérsia, sob a direção do tesoureiro Mitredate, que os entregou contados a Sesbazar, príncipe de Judá.

⁹ Eis o número deles: trinta bacias de ouro, mil bacias de prata, vinte e nove facas,

¹⁰ trinta taças de ouro, quatrocentas e dez taças de prata de outra espécie e mil outros objetos.

¹¹ Todos os utensílios de ouro e de prata foram cinco mil e quatrocentos; todos estes levou Sesbazar, quando os do exílio subiram da Babilônia para Jerusalém.

A lista dos que voltaram da Babilônia

2 São estes os filhos da província que subiram do cativeiro, dentre os exilados que Nabucodonosor, rei da Babilônia, tinha levado para lá, e voltaram para Jerusalém e para Judá, cada um para a sua cidade,

36.19 1Rs 9.8.   36.21 Jr 25.11; 29.10.   36.23 Is 44.28.   1.1 Jr 25.11; 29.10.   1.2 Is 44.28.

² os quais vieram com Zorobabel, Jesua, Neemias, Seraías, Reelaías, Mordecai, Bilsã, Mispar, Bigvai, Reum e Baaná. Eis o número dos homens do povo de Israel: ³ os filhos de Parós, dois mil cento e setenta e dois.

⁴ Os filhos de Sefatias, trezentos e setenta e dois.

⁵ Os filhos de Ara, setecentos e setenta e cinco.

⁶ Os filhos de Paate-Moabe, dos filhos de Jesua-Joabe, dois mil oitocentos e doze.

⁷ Os filhos de Elão, mil duzentos e cinqüenta e quatro.

⁸ Os filhos de Zatu, novecentos e quarenta e cinco.

⁹ Os filhos de Zacai, setecentos e sessenta.

¹⁰ Os filhos de Bani, seiscentos e quarenta e dois.

¹¹ Os filhos de Bebai, seiscentos e vinte e três.

¹² Os filhos de Azgade, mil duzentos e vinte e dois.

¹³ Os filhos de Adonicão, seiscentos e sessenta e seis.

¹⁴ Os filhos de Bigvai, dois mil e cinqüenta e seis.

¹⁵ Os filhos de Adim, quatrocentos e cinqüenta e quatro.

¹⁶ Os filhos de Ater, da família de Ezequias, noventa e oito.

¹⁷ Os filhos de Bezai, trezentos e vinte e três.

¹⁸ Os filhos de Jora, cento e doze.

¹⁹ Os filhos de Hasum, duzentos e vinte e três.

²⁰ Os filhos de Gibar, noventa e cinco.

²¹ Os filhos de Belém, cento e vinte e três.

²² Os homens de Netofa, cinqüenta e seis.

²³ Os homens de Anatote, cento e vinte oito.

²⁴ Os filhos de Azmavete, quarenta e dois.

²⁵ Os filhos de Quiriate-Arim, Quefira e Beerote, setecentos e quarenta e três.

²⁶ Os filhos de Ramá e de Geba, seiscentos e vinte e um.

²⁷ Os homens de Micmás, cento e vinte e dois.

²⁸ Os homens de Betel e Ai, duzentos e vinte e três.

²⁹ Os filhos de Nebo, cinqüenta e dois.

³⁰ Os filhos de Magbis, cento e cinqüenta e seis.

³¹ Os filhos do outro Elão, mil duzentos e cinqüenta e quatro.

³² Os filhos de Harim, trezentos e vinte.

³³ Os filhos de Lode, Hadide e Ono, setecentos e vinte e cinco.

³⁴ Os filhos de Jericó, trezentos e quarenta e cinco.

³⁵ Os filhos de Senaá, três mil seiscentos e trinta.

³⁶ Os sacerdotes: os filhos de Jedaías, da casa de Jesua, novecentos e setenta e três.

³⁷ Os filhos de Imer, mil e cinqüenta e dois.

³⁸ Os filhos de Pasur, mil duzentos e quarenta e sete.

³⁹ Os filhos de Harim, mil e dezessete.

⁴⁰ Os levitas: os filhos de Jesua e Cadmiel, dos filhos de Hodavias, setenta e quatro.

⁴¹ Os cantores: os filhos de Asafe, cento e vinte e oito.

⁴² Os filhos dos porteiros: os filhos de Salum, os filhos de Ater, os filhos de Talmom, os filhos de Acube, os filhos de Hatita, os filhos de Sobai; ao todo, cento e trinta e nove.

⁴³ Os servidores do templo: os filhos de Zia, os filhos de Hasufa, os filhos de Tabaote,

⁴⁴ os filhos de Queros, os filhos de Sia, os filhos de Padom,

⁴⁵ os filhos de Lebaná, os filhos de Hagaba, os filhos de Acube, os filhos de Hagabe,

⁴⁶ os filhos de Sanlai, os filhos de Hanã,

⁴⁷ os filhos de Gidel, os filhos de Gaar, os filhos de Reaías,

⁴⁸ os filhos de Rezim, os filhos de Necoda, os filhos de Gazão,

⁴⁹ os filhos de Uzá, os filhos de Paseá, os filhos de Besai,

⁵⁰ os filhos de Asna, os filhos dos meunitas, os filhos dos nefuseus,

⁵¹ os filhos de Bacbuque, os filhos de Hacufa, os filhos de Harur,

⁵² os filhos de Bazlute, os filhos de Meída, os filhos de Harsa,

⁵³ os filhos de Barcos, os filhos de Sísera, os filhos de Tama,

⁵⁴ os filhos de Neziá, os filhos de Hatifa.

⁵⁵ Os filhos dos servos de Salomão: os filhos de Sotai, os filhos de Soferete, os filhos de Peruda,

⁵⁶ os filhos de Jaalá, os filhos de Darcom, os filhos de Gidel,

⁵⁷ os filhos de Sefatias, os filhos de Hatil, os filhos de Poquerete-Hazebaim e os filhos de Ami.

⁵⁸ Todos os servidores do templo e os filhos dos servos de Salomão, trezentos e noventa e dois.

⁵⁹ Também estes subiram de Tel-Melá, Tel-Harsa, Querube, Adã e Imer, porém não puderam provar que as suas famílias e a sua linhagem eram de Israel:

⁶⁰ os filhos de Delaías, os filhos de Tobias, os filhos de Necoda, seiscentos e cinqüenta e dois.

⁶¹ Também dos filhos dos sacerdotes: os filhos de Habaías, os filhos de Coz, os filhos de Barzilai, que se casara com uma das filhas de Barzilai, o gileadita, e que foi chamado do nome dele.

⁶² Estes procuraram o seu registo nos livros genealógicos, porém o não acharam; pelo que foram tidos por imundos para o sacerdócio.

⁶³ O governador lhes disse que não comessem das cousas sagradas, até que se levantasse um sacerdote com Urim e Tumim.

⁶⁴ Toda esta congregação junta foi de quarenta e dois mil trezentos e sessenta,

⁶⁵ afora os seus servos e as suas servas, que foram sete mil trezentos e trinta e sete; e tinham duzentos cantores e cantoras.

⁶⁶ Os seus cavalos, setecentos e trinta e seis; os seus mulos, duzentos e quarenta e cinco;

⁶⁷ os seus camelos, quatrocentos e trinta e cinco; os jumentos, seis mil setecentos e vinte.

⁶⁸ Alguns dos cabeças de famílias, vindo à Casa do Senhor, a qual está em Jerusalém, deram voluntárias ofertas para a Casa de Deus, para a restaurarem no seu lugar.

⁶⁹ Segundo os seus recursos, deram para o tesouro da obra, em ouro, sessenta e um mil daricos, e, em prata, cinco mil arráteis, e cem vestes sacerdotais.

⁷⁰ Os sacerdotes, os levitas e alguns do povo, tanto os cantores como os porteiros e os servidores do templo habitaram nas suas cidades, como também todo o Israel.

É levantado o altar

3 Em chegando o sétimo mês, e estando os filhos de Israel já nas cidades, ajuntou-se o povo, como um só homem, em Jerusalém.

² Levantou-se Jesua, filho de Jozadaque, e seus irmãos, sacerdotes, e Zorobabel, filho de Sealtiel, e seus irmãos e edificaram o altar do Deus de Israel, para sobre ele oferecerem holocaustos, como está escrito na lei de Moisés, homem de Deus.

³ Firmaram o altar sobre as suas bases; e, ainda que estavam sob o terror dos povos de outras terras, ofereceram sobre ele holocaustos ao Senhor, de manhã e à tarde.

⁴ Celebraram a Festa dos Tabernáculos, como está escrito, e ofereceram holocaustos diários, segundo o número ordenado para cada dia;

⁵ e, depois disto, o holocausto contínuo e os sacrifícios das Festas da Lua Nova e de todas as festas fixas do Senhor, como também os dos que traziam ofertas voluntárias ao Senhor.

⁶ Desde o primeiro dia do sétimo mês, começaram a oferecer holocaustos ao Senhor; porém ainda não estavam postos os fundamentos do templo do Senhor.

⁷ Deram, pois, o dinheiro aos pedreiros e aos carpinteiros, como também comida, bebida e azeite aos sidônios e tírios, para trazerem do Líbano madeira de cedro ao mar, para Jope, segundo a permissão que lhes tinha dado Ciro, rei da Pérsia.

Lançados os alicerces do templo

⁸ No segundo ano da sua vinda à Casa de Deus, em Jerusalém, no segundo mês, Zorobabel, filho de Sealtiel, e Jesua, filho de Jozadaque, e os outros seus irmãos, sacerdotes e levitas, e todos os que vieram do cativeiro a Jerusalém começaram a obra da Casa do Senhor e constituíram levitas da idade de vinte anos para cima, para a superintenderem.

⁹ Então, se apresentaram Jesua com seus filhos e seus irmãos, Cadmiel e seus filhos, os filhos de Judá, para juntamente vigiarem os que faziam a obra na Casa de Deus, bem como os filhos de Henadade, seus filhos e seus irmãos, os levitas.

¹⁰ Quando os edificadores lançaram os alicerces do templo do Senhor, apresentaram-se os sacerdotes, paramentados e com trombetas, e os levitas, filhos de Asafe, com címbalos, para louvarem o Senhor, segundo as determinações de Davi, rei de Israel.

¹¹ Cantavam alternadamente, louvando e rendendo graças ao Senhor, com estas

2.63 Êx 28.30.   **2.70** 1Cr 9.2; Ne 11.3.   **3.2** Êx 27.1.   **3.4** Nm 29.12-38.   **3.5** Nm 28.1-29.11.   **3.10** 1Cr 25.1.

palavras: Ele é bom, porque a sua miseri-córdia dura para sempre sobre Israel. E to-do o povo jubilou com altas vozes, louvan-do ao SENHOR por se terem lançado os ali-cerces da sua casa.

¹² Porém muitos dos sacerdotes, e levi-tas, e cabeças de famílias, já idosos, que vi-ram a primeira casa, choraram em alta voz quando à sua vista foram lançados os ali-cerces desta casa; muitos, no entanto, levan-taram as vozes com gritos de alegria.

¹³ De maneira que não se podiam dis-cernir as vozes de alegria das vozes do choro do povo; pois o povo jubilava com tão gran-des gritos, que as vozes se ouviam de mui longe.

Os inimigos fazem parar a construção do templo

4 Ouvindo os adversários de Judá e Ben-jamim que os que voltaram do cativei-ro edificavam o templo ao SENHOR, Deus de Israel,

² chegaram-se a Zorobabel e aos cabe-ças de famílias e lhes disseram: Deixai-nos edificar convosco, porque, como vós, bus-caremos a vosso Deus; como também já lhe sacrificamos desde os dias de Esar-Hadom, rei da Assíria, que nos fez subir para aqui.

³ Porém Zorobabel, Jesua e os outros cabeças de famílias lhes responderam: Na-da tendes conosco na edificação da casa a nosso Deus; nós mesmos, sozinhos, a edi-ficaremos ao SENHOR, Deus de Israel, co-mo nos ordenou Ciro, rei da Pérsia.

⁴ Então, as gentes da terra desanimaram o povo de Judá, inquietando-o no edificar;

⁵ alugaram contra eles conselheiros pa-ra frustrarem o seu plano, todos os dias de Ciro, rei da Pérsia, até ao reinado de Dario, rei da Pérsia.

⁶ No princípio do reinado de Assuero, escreveram uma acusação contra os habi-tantes de Judá e de Jerusalém.

⁷ E, nos dias de Artaxerxes, rei da Pér-sia, Bislão, Mitredate, Tabeel e os outros seus companheiros lhe escreveram; a carta estava escrita em caracteres aramaicos e na língua siríaca.

⁸ Reum, o comandante, e Sinsai, o escri-vão, escreveram contra Jerusalém uma car-ta ao rei Artaxerxes.

⁹ Escreveu Reum, o comandante, e Sin-sai, o escrivão, os outros seus companhei-ros: dinaítas, afarsaquitas, tarpelitas, afar-sitas, arquevitas, babilônios, susanquitas, deavitas, elamitas

¹⁰ e outros povos, que o grande e afama-do Asnapar transportou e que fez habitar na cidade de Samaria, e os outros aquém do Eufrates.

¹¹ Eis o teor da carta endereçada ao rei Artaxerxes:

¹² Teus servos, os homens daquém do Eufrates e em tal tempo. Seja do conheci-mento do rei que os judeus que subiram de ti vieram a nós a Jerusalém. Eles estão ree-dificando aquela rebelde e malvada cidade e vão restaurando os seus muros e reparan-do os seus fundamentos.

¹³ Saiba ainda o rei que, se aquela cida-de se reedificar, e os muros se restaurarem, eles não pagarão os direitos, os impostos e os pedágios e assim causarão prejuízos ao rei.

¹⁴ Agora, pois, como somos assalaria-dos do rei e não nos convém ver a desonra dele, por isso, mandamos dar-lhe aviso,

¹⁵ a fim de que se busque no livro das crônicas de seus pais, e nele achará o rei e saberá que aquela cidade foi rebelde e da-nosa aos reis e às províncias e que nela tem havido rebeliões, desde tempos antigos; pe-lo que foi a cidade destruída.

¹⁶ Nós, pois, fazemos notório ao rei que, se aquela cidade se reedificar, e os seus muros se restaurarem, sucederá que não te-rá a posse das terras desta banda do Eu-frates.

¹⁷ Então, respondeu o rei: A Reum, o comandante, a Sinsai, o escrivão, e a seus companheiros que habitam em Samaria, como aos restantes que estão além do Eu-frates: Paz!

¹⁸ A carta que nos enviastes foi distinta-mente lida na minha presença.

¹⁹ Ordenando-o eu, buscaram e acha-ram que, de tempos antigos, aquela cidade se levantou contra os reis, e nela se têm fei-to rebeliões e motins.

²⁰ Também houve reis poderosos sobre Jerusalém, que dalém do Eufrates domina-ram em todo lugar, e se lhes pagaram direi-tos, impostos e pedágios.

²¹ Agora, pois, dai ordem a fim de que aqueles homens parem o trabalho e não se edifique aquela cidade, a não ser com au-torização minha.

²² Guardai-vos, não sejais remissos nes-tas cousas. Por que há de crescer o dano em prejuízo dos reis?

4.2 2Rs 17.24-41. **4.6** Et 1.1.

23 Depois de lida a cópia da carta do rei Artaxerxes perante Reum, Sinsai, o escrivão, e seus companheiros, foram eles apressadamente a Jerusalém, aos judeus, e, de mão armada, os forçaram a parar com a obra.

24 Cessou, pois, a obra da Casa de Deus, a qual estava em Jerusalém; e isso até ao segundo ano do reinado de Dario, rei da Pérsia.

As exortações de Ageu e Zacarias

5 Ora, os profetas Ageu e Zacarias, filho de Ido, profetizaram aos judeus que estavam em Judá e em Jerusalém, em nome do Deus de Israel, cujo Espírito estava com eles.

2 Então, se dispuseram Zorobabel, filho de Sealtiel, e Jesua, filho de Jozadaque, e começaram a edificar a Casa de Deus, a qual está em Jerusalém; e, com eles, os referidos profetas de Deus, que os ajudavam.

3 Nesse tempo, veio a eles Tatenai, governador daquém do Eufrates, e Setar-Bozenai, e seus companheiros e assim lhes perguntaram: Quem vos deu ordem para reedificardes esta casa e restaurardes este muro?

4 Perguntaram-lhes mais: E quais são os nomes dos homens que constroem este edifício?

5 Porém os olhos de Deus estavam sobre os anciãos dos judeus, de maneira que não foram obrigados a parar, até que o assunto chegasse a Dario, e viesse resposta por carta sobre isso.

Os adversários consultam Dario

6 Eis a cópia da carta que Tatenai, o governador daquém do Eufrates, com Setar-Bozenai e os seus companheiros, os afarsaquitas, que estavam deste lado do rio, enviaram ao rei Dario,

7 na qual lhe deram uma relação escrita do modo seguinte: Ao rei Dario, toda a paz!

8 Seja notório ao rei que nós fomos à província de Judá, à casa do grande Deus, a qual se edifica com grandes pedras; a madeira se está pondo nas paredes, e a obra se vai fazendo com diligência e se adianta nas suas mãos.

9 Perguntamos aos anciãos e assim lhes dissemos: Quem vos deu ordem para reedificardes esta casa e restaurardes este muro?

10 Demais disto, lhes perguntamos também pelo seu nome, para tos declararmos, para que te pudéssemos escrever os nomes dos homens que são entre eles os chefes.

11 Esta foi a resposta que nos deram: Nós somos servos do Deus dos céus e da terra e reedificamos a casa que há muitos anos fora construída, a qual um grande rei de Israel edificou e a terminou.

12 Mas, depois que nossos pais provocaram à ira o Deus dos céus, ele os entregou nas mãos de Nabucodonosor, rei da Babilônia, o caldeu, o qual destruiu esta casa e transportou o povo para a Babilônia.

13 Porém Ciro, rei da Babilônia, no seu primeiro ano, deu ordem para que esta Casa de Deus se edificasse.

14 Também os utensílios de ouro e de prata, da Casa de Deus, que Nabucodonosor levara do templo que estava em Jerusalém e os meteu no templo de Babilônia, o rei Ciro os tirou de lá, e foram dados a um homem cujo nome era Sesbazar, a quem nomeara governador

15 e lhe disse: Toma estes utensílios, e vai, e leva-os ao templo de Jerusalém, e faze reedificar a Casa de Deus, no seu lugar.

16 Então, veio o dito Sesbazar e lançou os fundamentos da Casa de Deus, a qual está em Jerusalém; e, daí para cá, se está edificando e ainda não está acabada.

17 Agora, pois, se parece bem ao rei, que se busque nos arquivos reais, na Babilônia, se é verdade haver uma ordem do rei Ciro para edificar esta Casa de Deus, em Jerusalém; e sobre isto nos faça o rei saber a sua vontade.

O decreto de Dario

6 Então, o rei Dario deu ordem, e uma busca se fez nos arquivos reais da Babilônia, onde se guardavam os documentos.

2 Em Acmeta, na fortaleza que está na província da Média, se achou um rolo, e nele estava escrito um memorial que dizia assim:

3 O rei Ciro, no seu primeiro ano, baixou o seguinte decreto: Com respeito à Casa de Deus, em Jerusalém, deve ela edificar-se para ser um lugar em que se ofereçam sacrifícios; seus fundamentos serão firmes, a sua altura, de sessenta côvados, e a sua largura, de sessenta côvados, com três carreiras de grandes pedras e uma de madeira nova.

4 A despesa se fará da casa do rei.

5 Demais disto, os utensílios de ouro e de prata, da Casa de Deus, que Nabucodonosor tirara do templo que estava em Jerusalém, levando-os para a Babilônia, serão devolvidos para o templo que está em Jerusalém, cada utensílio para o seu lugar; serão recolocados na Casa de Deus.

6 Agora, pois, Tatenai, governador dalém do Eufrates, Setar-Bozenai e seus companheiros, os afarsaquitas, que estais para além do rio, retirai-vos para longe dali.

7 Não interrompais a obra desta Casa de Deus, para que o governador dos judeus e os seus anciãos reedifiquem a Casa de Deus no seu lugar.

8 Também por mim se decreta o que haveis de fazer a estes anciãos dos judeus, para que reedifiquem esta Casa de Deus, a saber, que da tesouraria real, isto é, dos tributos dalém do rio, se pague, pontualmente, a despesa a estes homens, para que não se interrompa a obra.

9 Também se lhes dê, dia após dia, sem falta, aquilo de que houverem mister: novilhos, carneiros e cordeiros, para holocausto ao Deus dos céus; trigo, sal, vinho e azeite, segundo a determinação dos sacerdotes que estão em Jerusalém;

10 para que ofereçam sacrifícios de aroma agradável ao Deus dos céus e orem pela vida do rei e de seus filhos.

11 Também por mim se decreta que todo homem que alterar este decreto, uma viga se arrancará da sua casa, e que seja ele levantado e pendurado nela; e que da sua casa se faça um monturo.

12 O Deus, pois, que fez habitar ali o seu nome derribe a todos os reis e povos que estenderem a mão para alterar o decreto e para destruir esta Casa de Deus, a qual está em Jerusalém. Eu, Dario, baixei o decreto; que se execute com toda a pontualidade.

Completado o templo

13 Então, Tatenai, o governador daquém do Eufrates, Setar-Bozenai e os seus companheiros assim o fizeram pontualmente, segundo decretara o rei Dario.

14 Os anciãos dos judeus iam edificando e prosperando em virtude do que profetizaram o profeta Ageu e Zacarias, filho de Ido. Edificaram a casa e a terminaram segundo o mandado do Deus de Israel e segundo o decreto de Ciro, de Dario e de Artaxerxes, rei da Pérsia.

15 Acabou-se esta casa no dia terceiro do mês de adar, no sexto ano do reinado do rei Dario.

A dedicação do templo

16 Os filhos de Israel, os sacerdotes, os levitas e o restante dos exilados celebraram com regozijo a dedicação desta Casa de Deus.

17 Para a dedicação desta Casa de Deus ofereceram cem novilhos, duzentos carneiros, quatrocentos cordeiros e doze cabritos, para oferta pelo pecado de todo o Israel, segundo o número das tribos de Israel.

18 Estabeleceram os sacerdotes nos seus turnos e os levitas nas suas divisões, para o serviço de Deus em Jerusalém, segundo está escrito no livro de Moisés.

A celebração da Páscoa

19 Os que vieram do cativeiro celebraram a Páscoa no dia catorze do primeiro mês;

20 porque os sacerdotes e os levitas se tinham purificado como se fossem um só homem, e todos estavam limpos; mataram o cordeiro da Páscoa para todos os que vieram do cativeiro, para os sacerdotes, seus irmãos, e para si mesmos.

21 Assim, comeram a Páscoa os filhos de Israel que tinham voltado do exílio e todos os que, unindo-se a eles, se haviam separado da imundícia dos gentios da terra, para buscarem o Senhor, Deus de Israel.

22 Celebraram a Festa dos Pães Asmos por sete dias, com regozijo, porque o Senhor os tinha alegrado, mudando o coração do rei da Assíria a favor deles, para lhes fortalecer as mãos na obra da Casa de Deus, o Deus de Israel.

Artaxerxes envia Esdras a Jerusalém

7 Passadas estas cousas, no reinado de Artaxerxes, rei da Pérsia, Esdras, filho de Seraías, filho de Azarias, filho de Hilquias,

2 filho de Salum, filho de Zadoque, filho de Aitube,

3 filho de Amarias, filho de Azarias, filho de Meraiote,

4 filho de Zeraías, filho de Uzi, filho de Buqui,

5 filho de Abisua, filho de Finéias, filho de Eleazar, filho de Arão, o sumo sacerdote, este Esdras subiu da Babilônia.

6.14 Ag 1.1; Zc 1.1.   **6.19** Êx 12.1-20.

⁶ Ele era escriba versado na lei de Moisés, dada pelo SENHOR, Deus de Israel; e, segundo a boa mão do SENHOR, seu Deus, que estava sobre ele, o rei lhe concedeu tudo quanto lhe pedira.

⁷ Também subiram a Jerusalém alguns dos filhos de Israel, dos sacerdotes, dos levitas, dos cantores, dos porteiros e dos servidores do templo, no sétimo ano do rei Artaxerxes.

⁸ Esdras chegou a Jerusalém no quinto mês, no sétimo ano deste rei;

⁹ pois, no primeiro dia do primeiro mês, partiu da Babilônia e, no primeiro dia do quinto mês, chegou a Jerusalém, segundo a boa mão do seu Deus sobre ele.

¹⁰ Porque Esdras tinha disposto o coração para buscar a lei do SENHOR, e para a cumprir, e para ensinar em Israel os seus estatutos e os seus juízos.

¹¹ Esta é a cópia da carta que o rei Artaxerxes deu ao sacerdote Esdras, o escriba das palavras, dos mandamentos e dos estatutos do SENHOR sobre Israel:

¹² Artaxerxes, rei dos reis, ao sacerdote Esdras, escriba da lei do Deus do céu: Paz perfeita!

¹³ Por mim se decreta que, no meu reino, todo aquele do povo de Israel e dos seus sacerdotes e levitas que quiser ir contigo a Jerusalém, vá.

¹⁴ Porquanto és mandado da parte do rei e dos seus sete conselheiros para fazeres inquirição a respeito de Judá e de Jerusalém, segundo a lei do teu Deus, a qual está na tua mão;

¹⁵ e para levares a prata e o ouro que o rei e os seus conselheiros, espontaneamente, ofereceram ao Deus de Israel, cuja Habitação está em Jerusalém,

¹⁶ bem assim a prata e o ouro que achares em toda a província da Babilônia, com as ofertas voluntárias do povo e dos sacerdotes, oferecidas, espontaneamente, para a casa de seu Deus, a qual está em Jerusalém.

¹⁷ Portanto, diligentemente comprarás com este dinheiro novilhos, e carneiros, e cordeiros, e as suas ofertas de manjares, e as suas libações e as oferecerás sobre o altar da casa de teu Deus, a qual está em Jerusalém.

¹⁸ Também o que a ti e a teus irmãos bem parecer fazerdes do resto da prata e do ouro, fazei-o, segundo a vontade do vosso Deus.

¹⁹ E os utensílios que te foram dados para o serviço da casa de teu Deus, restitui-os perante o Deus de Jerusalém.

²⁰ E tudo mais que for necessário para a casa de teu Deus, que te convenha dar, dá-lo-ás da casa dos tesouros do rei.

²¹ Eu mesmo, o rei Artaxerxes, decreto a todos os tesoureiros que estão dalém do Eufrates: tudo quanto vos pedir o sacerdote Esdras, escriba da lei do Deus do céu, pontualmente se lhe faça;

²² até cem talentos de prata, até cem coros de trigo, até cem batos de vinho, até cem batos de azeite e sal à vontade.

²³ Tudo quanto se ordenar, segundo o mandado do Deus do céu, exatamente se faça para a casa do Deus do céu; pois para que haveria grande ira sobre o reino do rei e de seus filhos?

²⁴ Também vos fazemos saber, acerca de todos os sacerdotes e levitas, cantores, porteiros, de todos os que servem nesta Casa de Deus, que não será lícito impor-lhes nem direitos, nem impostos, nem pedágios.

²⁵ Tu, Esdras, segundo a sabedoria do teu Deus, que possuis, nomeia magistrados e juízes que julguem a todo o povo que está dalém do Eufrates, a todos os que sabem as leis de teu Deus, e ao que não as sabe, que lhas façam saber.

²⁶ Todo aquele que não observar a lei do teu Deus e a lei do rei, seja condenado ou à morte, ou ao desterro, ou à confiscação de bens, ou à prisão.

²⁷ Bendito seja o SENHOR, Deus de nossos pais, que deste modo moveu o coração do rei para ornar a Casa do SENHOR, a qual está em Jerusalém;

²⁸ e que estendeu para mim a sua misericórdia perante o rei, os seus conselheiros e todos os seus príncipes poderosos. Assim, me animei, segundo a boa mão do SENHOR, meu Deus, sobre mim, e ajuntei de Israel alguns chefes para subirem comigo.

A lista dos que voltaram com Esdras

8 São estes os cabeças de famílias, com as suas genealogias, os que subiram comigo da Babilônia, no reinado do rei Artaxerxes:

² dos filhos de Finéias, Gérson; dos filhos de Itamar, Daniel; dos filhos de Davi, Hatus;

³ dos filhos de Secanias, dos filhos de Parós, Zacarias, e, com ele, foram registados cento e cinqüenta homens.

⁴ Dos filhos de Paate-Moabe, Elioenai, filho de Zeraías, e, com ele, duzentos homens.

⁵ Dos filhos de Secanias, o filho de Jaaziel, e, com ele, trezentos homens.

⁶ Dos filhos de Adim, Ebede, filho de Jônatas, e, com ele, cinqüenta homens.

⁷ Dos filhos de Elão, Jesaías, filho de Atalias, e, com ele, setenta homens.

⁸ Dos filhos de Sefatias, Zebadias, filho de Micael, e, com ele, oitenta homens.

⁹ Dos filhos de Joabe, Obadias, filho de Jeiel, e, com ele, duzentos e dezoito homens.

¹⁰ Dos filhos de Bani, Selomite, filho de Josifias, e, com ele, cento e sessenta homens.

¹¹ Dos filhos de Bebai, Zacarias, o filho de Bebai, e, com ele, vinte e oito homens.

¹² Dos filhos de Azgade, Joanã, o filho de Catã, e, com ele, cento e dez homens.

¹³ Dos filhos de Adonicão, últimos a chegar, seus nomes eram estes: Elifelete, Jeiel e Semaías, e, com eles, sessenta homens.

¹⁴ Dos filhos de Bigvai, Utai e Zabude, e, com eles, setenta homens.

Esdras manda buscar levitas

¹⁵ Ajuntei-os perto do rio que corre para Aava, onde ficamos acampados três dias. Passando revista ao povo e aos sacerdotes e não tendo achado nenhum dos filhos de Levi,

¹⁶ enviei Eliezer, Ariel, Semaías, Elnatã, Jaribe, Elnatã, Natã, Zacarias e Mesulão, os chefes, como também a Joiaribe e a Elnatã, que eram sábios.

¹⁷ Enviei-os a Ido, chefe em Casifia, e lhes dei expressamente as palavras que deveriam dizer a Ido e aos servidores do templo, seus irmãos, em Casifia, para nos trazerem ministros para a casa do nosso Deus.

¹⁸ Trouxeram-nos, segundo a boa mão de Deus sobre nós, um homem sábio, dos filhos de Mali, filho de Levi, filho de Israel, a saber, Serebias, com os seus filhos e irmãos, dezoito;

¹⁹ e a Hasabias e, com ele, Jesaías, dos filhos de Merari, com seus irmãos e os filhos deles, vinte;

²⁰ e dos servidores do templo, que Davi e os príncipes deram para o ministério dos levitas, duzentos e vinte, todos eles mencionados nominalmente.

O jejum

²¹ Então, apregoei ali um jejum junto ao rio Aava, para nos humilharmos perante o nosso Deus, para lhe pedirmos jornada feliz para nós, para nossos filhos e para tudo o que era nosso.

²² Porque tive vergonha de pedir ao rei exército e cavaleiros para nos defenderem do inimigo no caminho, porquanto já lhe havíamos dito: A boa mão do nosso Deus é sobre todos os que o buscam, para o bem deles; mas a sua força e a sua ira, contra todos os que o abandonam.

²³ Nós, pois, jejuamos e pedimos isto ao nosso Deus, e ele nos atendeu.

A entrega das contribuições aos sacerdotes

²⁴ Então, separei doze dos principais, isto é, Serebias, Hasabias e dez dos seus irmãos.

²⁵ Pesei-lhes a prata, e o ouro, e os utensílios que eram a contribuição para a casa de nosso Deus, a qual ofereceram o rei, os seus conselheiros, os seus príncipes e todo o Israel que se achou ali.

²⁶ Entreguei-lhes nas mãos seiscentos e cinqüenta talentos de prata e, em objetos de prata, cem talentos, além de cem talentos de ouro;

²⁷ e vinte taças de ouro de mil daricos e dois objetos de lustroso e fino bronze, tão precioso como ouro.

²⁸ Disse-lhes: Vós sois santos ao Senhor, e santos são estes objetos, como também esta prata e este ouro, oferta voluntária ao Senhor, Deus de vossos pais.

²⁹ Vigiai-os e guardai-os até que os peseis na presença dos principais sacerdotes, e dos levitas, e dos cabeças de famílias de Israel, em Jerusalém, nas câmaras da Casa do Senhor.

³⁰ Então, receberam os sacerdotes e os levitas o peso da prata, do ouro e dos objetos, para trazerem a Jerusalém, à casa de nosso Deus.

A chegada a Jerusalém

³¹ Partimos do rio Aava, no dia doze do primeiro mês, a fim de irmos para Jerusalém; e a boa mão do nosso Deus estava sobre nós e livrou-nos das mãos dos inimigos e dos que nos armavam ciladas pelo caminho.

³² Chegamos a Jerusalém e repousamos ali três dias.

³³ No quarto dia, pesamos, na casa do nosso Deus, a prata, o ouro, os objetos e os entregamos a Meremote, filho do sacerdote Urias; com ele estava Eleazar, filho de Fi-

néias, e, com eles, Jozabade, filho de Jesua, e Noadias, filho de Binui, levitas;

³⁴ tudo foi contado e pesado, e o peso total, imediatamente registado.

³⁵ Os exilados que vieram do cativeiro ofereceram holocaustos ao Deus de Israel, doze novilhos por todo o Israel, noventa e seis carneiros, setenta e sete cordeiros e, como oferta pelo pecado, doze bodes; tudo em holocausto ao SENHOR.

³⁶ Então, deram as ordens do rei aos seus sátrapas e aos governadores deste lado do Eufrates; e estes ajudaram o povo na reconstrução da Casa de Deus.

A oração e confissão de Esdras

9 Acabadas, pois, estas cousas, vieram ter comigo os príncipes, dizendo: O povo de Israel, e os sacerdotes, e os levitas não se separaram dos povos de outras terras com as suas abominações, isto é, dos cananeus, dos heteus, dos ferezeus, dos jebuseus, dos amonitas, dos moabitas, dos egípcios e dos amorreus,

² pois tomaram das suas filhas para si e para seus filhos, e, assim, se misturou a linhagem santa com os povos dessas terras, e até os príncipes e magistrados foram os primeiros nesta transgressão.

³ Ouvindo eu tal cousa, rasguei as minhas vestes e o meu manto, e arranquei os cabelos da cabeça e da barba, e me assentei atônito.

⁴ Então, se ajuntaram a mim todos os que tremiam das palavras do Deus de Israel, por causa da transgressão dos do cativeiro; porém eu permaneci assentado atônito até ao sacrifício da tarde.

⁵ Na hora do sacrifício da tarde, levantei-me da minha humilhação, com as vestes e o manto já rasgados, me pus de joelhos, estendi as mãos para o SENHOR, meu Deus,

⁶ e disse: Meu Deus! Estou confuso e envergonhado, para levantar a ti a face, meu Deus, porque as nossas iniqüidades se multiplicaram sobre a nossa cabeça, e a nossa culpa cresceu até aos céus.

⁷ Desde os dias de nossos pais até hoje, estamos em grande culpa e, por causa das nossas iniqüidades, fomos entregues, nós, os nossos reis e os nossos sacerdotes, nas mãos dos reis de outras terras e sujeitos à espada, ao cativeiro, ao roubo e à ignomínia, como hoje se vê.

⁸ Agora, por breve momento, se nos

manifestou a graça da parte do SENHOR, nosso Deus, para nos deixar alguns que escapem e para dar-nos estabilidade no seu santo lugar; para nos alumiar os olhos, ó Deus nosso, e para nos dar um pouco de vida na nossa servidão;

⁹ porque somos servos, porém, na nossa servidão, não nos desamparou o nosso Deus; antes, estendeu sobre nós a sua misericórdia, e achamos favor perante os reis da Pérsia, para nos reviver, para levantar a casa do nosso Deus, para restaurar as suas ruínas e para que nos desse um muro de segurança em Judá e em Jerusalém.

¹⁰ Agora, ó nosso Deus, que diremos depois disto? Pois deixamos os teus mandamentos,

¹¹ que ordenaste por intermédio dos teus servos, os profetas, dizendo: A terra em que entrais para a possuir é terra imunda pela imundícia dos seus povos, pelas abominações com que, na sua corrupção, a encheram duma extremidade à outra.

¹² Por isso, não dareis as vossas filhas a seus filhos, e suas filhas não tomareis para os vossos filhos, e jamais procurareis a paz e o bem desses povos; para que sejais fortes, e comais o melhor da terra, e a deixeis por herança a vossos filhos, para sempre.

¹³ Depois de tudo o que nos tem sucedido por causa das nossas más obras e da nossa grande culpa, e vendo ainda que tu, ó nosso Deus, nos tens castigado menos do que merecem as nossas iniqüidades e ainda nos deste este restante que escapou,

¹⁴ tornaremos a violar os teus mandamentos e a aparentar-nos com os povos destas abominações? Não te indignarias tu, assim, contra nós, até de todo nos consumires, até não haver restante nem alguém que escapasse?

¹⁵ Ah! SENHOR, Deus de Israel, justo és, pois somos os restantes que escaparam, como hoje se vê. Eis que estamos diante de ti na nossa culpa, porque ninguém há que possa estar na tua presença por causa disto.

Os israelitas despedem suas mulheres hetéias

10 Enquanto Esdras orava e fazia confissão, chorando prostrado diante da Casa de Deus, ajuntou-se a ele de Israel mui grande congregação de homens, de mulheres e de crianças; pois o povo chorava com grande choro.

² Então, Secanias, filho de Jeiel, um dos

9.12 Êx 34.11-16; Dt 7.1-5.

filhos de Elão, tomou a palavra e disse a Esdras: Nós temos transgredido contra o nosso Deus, casando com mulheres estrangeiras, dos povos de outras terras, mas, no tocante a isto, ainda há esperança para Israel.

³ Agora, pois, façamos aliança com o nosso Deus, de que despediremos todas as mulheres e os seus filhos, segundo o conselho do Senhor e o dos que tremem ao mandado do nosso Deus; e faça-se segundo a lei.

⁴ Levanta-te, pois esta cousa é de tua incumbência, e nós seremos contigo; sê forte e age.

⁵ Então, Esdras se levantou e ajuramentou os principais sacerdotes, os levitas e todo o Israel, de que fariam segundo esta palavra. E eles juraram.

⁶ Esdras se retirou de diante da Casa de Deus, e entrou na câmara de Joanã, filho de Eliasibe, e lá não comeu pão, nem bebeu água, porque pranteava por causa da transgressão dos que tinham voltado do exílio.

⁷ Fez-se passar pregão por Judá e Jerusalém a todos os que vieram do exílio, que deviam ajuntar-se em Jerusalém;

⁸ e que, se alguém, em três dias, não viesse, segundo o conselho dos príncipes e dos anciãos, todos os seus bens seriam totalmente destruídos, e ele mesmo separado da congregação dos que voltaram do exílio.

⁹ Então, todos os homens de Judá e Benjamim, em três dias, se ajuntaram em Jerusalém; no dia vinte do mês nono, todo o povo se assentou na praça da Casa de Deus, tremendo por causa desta cousa e por causa das grandes chuvas.

¹⁰ Então, se levantou Esdras, o sacerdote, e lhes disse: Vós transgredistes casando-vos com mulheres estrangeiras, aumentando a culpa de Israel.

¹¹ Agora, pois, fazei confissão ao Senhor, Deus de vossos pais, e fazei o que é do seu agrado; separai-vos dos povos de outras terras e das mulheres estrangeiras.

¹² Respondeu toda a congregação e disse em altas vozes: Assim seja; segundo as tuas palavras, assim nos convém fazer.

¹³ Porém o povo é muito, e, sendo tempo de grandes chuvas, não podemos estar aqui de fora; e não é isto obra de um dia ou dois, pois somos muitos os que transgredimos nesta cousa.

¹⁴ Ora, que os nossos príncipes decidam por toda a congregação, e que venham a eles em tempos determinados todos os que em nossas cidades casaram com mulheres estrangeiras, e com estes os anciãos de cada cidade, e os seus juízes, até que desviemos de nós o brasume da ira do nosso Deus, por esta cousa.

¹⁵ No entanto, Jônatas, filho de Asael, e Jazeías, filho de Ticvá, se opuseram a esta cousa; e Mesulão e Sabetai, levita, os apoiaram.

¹⁶ Assim o fizeram os que voltaram do exílio; então, Esdras, o sacerdote, elegeu nominalmente os homens cabeças de famílias, segundo a casa de seus pais, que se assentaram no dia primeiro do décimo mês, para inquirir nesta cousa;

¹⁷ e o concluíram no dia primeiro do primeiro mês, a respeito de todos os homens que casaram com mulheres estrangeiras.

¹⁸ Acharam-se dentre os filhos dos sacerdotes estes, que casaram com mulheres estrangeiras: dos filhos de Jesua, filho de Jozadaque, e de seus irmãos: Maaséias, Eliezer, Jaribe e Gedalias.

¹⁹ Com um aperto de mão, prometeram despedir suas mulheres e, por serem culpados, ofereceram um carneiro do rebanho pela sua culpa.

²⁰ Dos filhos de Imer: Hanani e Zebadias.

²¹ Dos filhos de Harim: Maaséias, Elias, Semaías, Jeiel e Uzias.

²² Dos filhos de Pasur: Elioenai, Maaséias, Ismael, Natanael, Jozabade e Eleasá.

²³ Dos levitas: Jozabade e Simei, Quelaías (este é Quelita), Petaías, Judá e Eliézer.

²⁴ Dos cantores: Eliasibe; dos porteiros: Salum, Telém e Uri.

²⁵ E de Israel: dos filhos de Parós: Ramias, Jezias, Malquias, Miamim, Eleazar, Malquias e Benaia.

²⁶ Dos filhos de Elão: Matanias, Zacarias, Jeiel, Abdi, Jerimote e Elias.

²⁷ Dos filhos de Zatu: Elioenai, Eliasibe, Matanias, Jerimote, Zabade e Aziza.

²⁸ Dos filhos de Bebai: Joanã, Hananias, Zabai e Atlai.

²⁹ Dos filhos de Bani: Mesulão, Maluque, Adaías, Jasube, Seal e Jerimote.

³⁰ Dos filhos de Paate-Moabe: Adna, Quelal, Benaia, Maaséias, Matanias, Bezalel, Binui e Manassés.

³¹ Dos filhos de Harim: Eliezer, Issias, Malquias, Semaías, Simeão,

³² Benjamim, Maluque e Semarias.

³³ Dos filhos de Hasum: Matenai, Matatá, Zabade, Elifelete, Jeremai, Manassés e Simei.

³⁴ Dos filhos de Bani: Maadai, Anrão, Uel,
³⁵ Benaia, Bedias, Queluí,
³⁶ Vanias, Meremote, Eliasibe,
³⁷ Matanias, Matenai, Jaasai,
³⁸ Bani, Binui, Simei,
³⁹ Selemias, Natã, Adaías,
⁴⁰ Macnadbai, Sasai, Sarai,

⁴¹ Azareel, Selemias, Semarias,
⁴² Salum, Amarias e José.
⁴³ Dos filhos de Nebo: Jeiel, Matitias, Zabade, Zebina, Jadai, Joel e Benaia.
⁴⁴ Todos estes haviam tomado mulheres estrangeiras, alguns dos quais tinham filhos destas mulheres.

O LIVRO DE

NEEMIAS

Neemias ora por Jerusalém

1 As palavras de Neemias, filho de Hacalias. No mês de quisleu, no ano vigésimo, estando eu na cidadela de Susã,
² veio Hanani, um de meus irmãos, com alguns de Judá; então, lhes perguntei pelos judeus que escaparam e que não foram levados para o exílio e acerca de Jerusalém.
³ Disseram-me: Os restantes, que não foram levados para o exílio e se acham lá na província, estão em grande miséria e desprezo; os muros de Jerusalém estão derribados, e as suas portas, queimadas.
⁴ Tendo eu ouvido estas palavras, assentei-me, e chorei, e lamentei por alguns dias; e estive jejuando e orando perante o Deus dos céus.
⁵ E disse: ah! SENHOR, Deus dos céus, Deus grande e temível, que guardas a aliança e a misericórdia para com aqueles que te amam e guardam os teus mandamentos!
⁶ Estejam, pois, atentos os teus ouvidos, e os teus olhos, abertos, para acudires à oração do teu servo, que hoje faço à tua presença, dia e noite, pelos filhos de Israel, teus servos; e faço confissão pelos pecados dos filhos de Israel, os quais temos cometido contra ti; pois eu e a casa de meu pai temos pecado.
⁷ Temos procedido de todo corruptamente contra ti, não temos guardado os mandamentos, nem os estatutos, nem os juízos que ordenaste a Moisés, teu servo.
⁸ Lembra-te da palavra que ordenaste a Moisés, teu servo, dizendo: Se transgredirdes, eu vos espalharei por entre os povos;
⁹ mas, se vos converterdes a mim, e guardardes os meus mandamentos, e os cumprirdes, então, ainda que os vossos rejeitados estejam pelas extremidades do céu, de lá os ajuntarei e os trarei para o lugar que tenho escolhido para ali fazer habitar o meu nome.
¹⁰ Estes ainda são teus servos e o teu povo que resgataste com teu grande poder e com tua mão poderosa.
¹¹ Ah! Senhor, estejam, pois, atentos os teus ouvidos à oração do teu servo e à dos teus servos que se agradam de temer o teu nome; concede que seja bem sucedido hoje o teu servo e dá-lhe mercê perante este homem. Nesse tempo eu era copeiro do rei.

Neemias mandado a Jerusalém

2 No mês de nisã, no ano vigésimo do rei Artaxerxes, uma vez posto o vinho diante dele, eu o tomei para oferecer e lho dei; ora, eu nunca antes estivera triste diante dele.
² O rei me disse: Por que está triste o teu rosto, se não estás doente? Tem de ser tristeza do coração. Então, temi sobremaneira
³ e lhe respondi: viva o rei para sempre! Como não me estaria triste o rosto se a cidade, onde estão os sepulcros de meus pais, está assolada e tem as portas consumidas pelo fogo?
⁴ Disse-me o rei: Que me pedes agora? Então, orei ao Deus dos céus
⁵ e disse ao rei: se é do agrado do rei, e se o teu servo acha mercê em tua presença, peço-te que me envies a Judá, à cidade dos sepulcros de meus pais, para que eu a reedifique.
⁶ Então, o rei, estando a rainha assentada junto dele, me disse: Quanto durará a

1.8 Lv 26.33.   **1.9** Dt 30.1-5.   **2.3** 2Rs 25.8-10; 2Cr 36.19; Jr 52.12-14.

tua ausência? Quando voltarás? Aprouve ao rei enviar-me, e marquei certo prazo.

⁷ E ainda disse ao rei: Se ao rei parece bem, dêem-se-me cartas para os governadores dalém do Eufrates, para que me permitam passar e entrar em Judá,

⁸ como também carta para Asafe, guarda das matas do rei, para que me dê madeira para as vigas das portas da cidadela do templo, para os muros da cidade e para a casa em que deverei alojar-me. E o rei mas deu, porque a boa mão do meu Deus era comigo.

⁹ Então, fui aos governadores dalém do Eufrates e lhes entreguei as cartas do rei; ora, o rei tinha enviado comigo oficiais do exército e cavaleiros.

¹⁰ Disto ficaram sabendo Sambalá, o horonita, e Tobias, o servo amonita; e muito lhes desagradou que alguém viesse a procurar o bem dos filhos de Israel.

Neemias anima o povo a reedificar os muros

¹¹ Cheguei a Jerusalém, onde estive três dias.

¹² Então, à noite me levantei, e uns poucos homens, comigo; não declarei a ninguém o que o meu Deus me pusera no coração para eu fazer em Jerusalém. Não havia comigo animal algum, senão o que eu montava.

¹³ De noite, saí pela Porta do Vale, para a banda da Fonte do Dragão e para a Porta do Monturo e contemplei os muros de Jerusalém, que estavam assolados, cujas portas tinham sido consumidas pelo fogo.

¹⁴ Passei à Porta da Fonte e ao açude do rei; mas não havia lugar por onde passasse o animal que eu montava.

¹⁵ Subi à noite pelo ribeiro e contemplei ainda os muros; voltei, entrei pela Porta do Vale e tornei para casa.

¹⁶ Não sabiam os magistrados aonde eu fora nem o que fazia, pois até aqui não havia eu declarado cousa alguma, nem aos judeus, nem aos sacerdotes, nem aos nobres, nem aos magistrados, nem aos mais que faziam a obra.

¹⁷ Então, lhes disse: Estais vendo a miséria em que estamos, Jerusalém assolada, e as suas portas, queimadas; vinde, pois, reedifiquemos os muros de Jerusalém e deixemos de ser opróbrio.

¹⁸ E lhes declarei como a boa mão do meu Deus estivera comigo e também as palavras que o rei me falara. Então, disseram:

Disponhamo-nos e edifiquemos. E fortaleceram as mãos para a boa obra.

¹⁹ Porém Sambalá, o horonita, e Tobias, o servo amonita, e Gesém, o arábio, quando o souberam, zombaram de nós, e nos desprezaram, e disseram: Que é isso que fazeis? Quereis rebelar-vos contra o rei?

²⁰ Então, lhes respondi: o Deus dos céus é quem nos dará bom êxito; nós, seus servos, nos disporemos e reedificaremos; vós, todavia, não tendes parte, nem direito, nem memorial em Jerusalém.

Os que trabalharam na reedificação dos muros

3 Então, se dispôs Eliasibe, o sumo sacerdote, com os sacerdotes, seus irmãos, e reedificaram a Porta das Ovelhas; consagraram-na, assentaram-lhe as portas e continuaram a reconstrução até à Torre dos Cem e à Torre de Hananeel.

² Junto a ele edificaram os homens de Jericó; também, ao seu lado, edificou Zacur, filho de Inri.

³ Os filhos de Hassenaá edificaram a Porta do Peixe; colocaram-lhe as vigas e lhe assentaram as portas com seus ferrolhos e trancas.

⁴ Ao seu lado, reparou Meremote, filho de Urias, filho de Coz; junto deste reparou Mesulão, filho de Berequias, filho de Mesezabel, a cujo lado reparou Zadoque, filho de Baaná.

⁵ Ao lado destes, repararam os tecoítas; os seus nobres, porém, não se sujeitaram ao serviço do seu senhor.

⁶ Joiada, filho de Paséia, e Mesulão, filho de Besodias, repararam a Porta Velha; colocaram-lhe as vigas e lhe assentaram as portas com seus ferrolhos e trancas.

⁷ Junto deles, trabalharam Melatias, gibeonita, e Jadom, meronotita, homens de Gibeom e de Mispa, que pertenciam ao domínio do governador de além do Eufrates.

⁸ Ao seu lado, reparou Uziel, filho de Haraías, um dos ourives; junto dele, Hananias, um dos perfumistas; e restauraram Jerusalém até ao Muro Largo.

⁹ Junto a estes, trabalhou Refaías, filho de Hur, maioral da metade de Jerusalém.

¹⁰ Ao seu lado, reparou Jedaías, filho de Harumafe, defronte de sua casa; e, ao seu lado, reparou Hatus, filho de Hasabnéias.

¹¹ A outra parte reparou Malquias, filho de Harim, e Hassube, filho de Paate-Moabe, como também a Torre dos Fornos.

¹² Ao lado dele, reparou Salum, filho de

Halões, maioral da outra meia parte de Jerusalém, ele e suas filhas.

¹³ A Porta do Vale, reparou-a Hanum e os moradores de Zanoa; edificaram-na e lhe assentaram as portas com seus ferrolhos e trancas e ainda mil côvados da muralha, até à Porta do Monturo.

¹⁴ A Porta do Monturo, reparou-a Malquias, filho de Recabe, maioral do distrito de Bete-Haquerém; ele a edificou e lhe assentou as portas com seus ferrolhos e trancas.

¹⁵ A Porta da Fonte, reparou-a Salum, filho de Col-Hozé, maioral do distrito de Mispa; ele a edificou, e a cobriu, e lhe assentou as portas com seus ferrolhos e trancas, e ainda o muro do açude de Hasselá, junto ao jardim do rei, até aos degraus que descem da Cidade de Davi.

¹⁶ Depois dele, reparou Neemias, filho de Azbuque, maioral da metade do distrito de Bete-Zur, até defronte dos sepulcros de Davi, até ao açude artificial e até à casa dos heróis.

¹⁷ Depois dele, repararam os levitas, Reum, filho de Bani, e, ao seu lado, Hasabias, maioral da metade do distrito de Queila.

¹⁸ Depois dele, repararam seus irmãos: Bavai, filho de Henadade, maioral da metade do distrito de Queila;

¹⁹ ao seu lado, reparou Ezer, filho de Jesua, maioral de Mispa, outra parte defronte da subida para a casa das armas, no ângulo do muro.

²⁰ Depois dele, reparou com grande ardor Baruque, filho de Zabai, outra porção, desde o ângulo do muro até à porta da casa de Eliasibe, o sumo sacerdote.

²¹ Depois dele, reparou Meremote, filho de Urias, filho de Coz, outra porção, desde a porta da casa de Eliasibe até à extremidade da casa de Eliasibe.

²² Depois dele, repararam os sacerdotes que habitavam na campina.

²³ Depois, repararam Benjamim e Hassube, defronte da sua casa; depois deles, reparou Azarias, filho de Maaséias, filho de Ananias, junto à sua casa.

²⁴ Depois dele, reparou Binui, filho de Henadade, outra porção, desde a casa de Azarias até ao ângulo e até à esquina.

²⁵ Palal, filho de Uzai, reparou defronte do ângulo e da torre que sai da casa real superior, que está junto ao pátio do cárcere; depois dele, reparou Pedaías, filho de Parós,

²⁶ e os servos do templo que habitavam em Ofel, até defronte da Porta das Águas, para o oriente, e até à torre alta.

²⁷ Depois, repararam os tecoítas outra porção, defronte da torre grande e alta, e até ao Muro de Ofel.

²⁸ Para cima da Porta dos Cavalos, repararam os sacerdotes, cada um defronte da sua casa.

²⁹ Depois deles, reparou Zadoque, filho de Imer, defronte de sua casa; e, depois dele, Semaías, filho de Secanias, guarda da Porta Oriental.

³⁰ Depois dele, reparou Hananias, filho de Selemias, e Hanum, o sexto filho de Zalafe, outra porção; depois deles, reparou Mesulão, filho de Berequias, defronte da sua morada.

³¹ Depois dele, reparou Malquias, filho dum ourives, até à casa dos servos do templo e dos mercadores, defronte da Porta da Guarda, até ao eirado da esquina.

³² Entre o eirado da esquina e a Porta das Ovelhas, repararam os ourives e os mercadores.

A defesa contra os adversários

4 Tendo Sambalá ouvido que edificávamos o muro, ardeu em ira, e se indignou muito, e escarneceu dos judeus.

² Então, falou na presença de seus irmãos e do exército de Samaria e disse: Que fazem estes fracos judeus? Permitir-se-lhes-á isso? Sacrificarão? Darão cabo da obra num só dia? Renascerão, acaso, dos montões de pó as pedras que foram queimadas?

³ Estava com ele Tobias, o amonita, e disse: Ainda que edifiquem, vindo uma raposa, derribará o seu muro de pedra.

⁴ Ouve, ó nosso Deus, pois estamos sendo desprezados; caia o seu opróbrio sobre a cabeça deles, e faze que sejam despojo numa terra de cativeiro.

⁵ Não lhes encubras a iniqüidade, e não se risque diante de ti o seu pecado, pois te provocaram à ira, na presença dos que edificavam.

⁶ Assim, edificamos o muro, e todo o muro se fechou até a metade de sua altura; porque o povo tinha ânimo para trabalhar.

⁷ Mas, ouvindo Sambalá e Tobias, os arábios, os amonitas e os asdoditas que a reparação dos muros de Jerusalém ia avante e que já se começavam a fechar-lhe as brechas, ficaram sobremodo irados.

⁸ Ajuntaram-se todos de comum acordo para virem atacar Jerusalém e suscitar confusão ali.

⁹ Porém nós oramos ao nosso Deus e, como proteção, pusemos guarda contra eles, de dia e de noite.

¹⁰ Então, disse Judá: Já desfaleceram as forças dos carregadores, e os escombros são muitos; de maneira que não podemos edificar o muro.

¹¹ Disseram, porém, os nossos inimigos: Nada saberão disto, nem verão, até que entremos no meio deles e os matemos; assim, faremos cessar a obra.

¹² Quando os judeus que habitavam na vizinhança deles, dez vezes, nos disseram: De todos os lugares onde moram, subirão contra nós,

¹³ então, pus o povo, por famílias, nos lugares baixos e abertos, por detrás do muro, com as suas espadas, e as suas lanças, e os seus arcos;

¹⁴ inspecionei, dispus-me e disse aos nobres, aos magistrados e ao resto do povo: não os temais; lembrai-vos do Senhor, grande e temível, e pelejai pelos vossos irmãos, vossos filhos, vossas filhas, vossa mulher e vossa casa.

¹⁵ E sucedeu que, ouvindo os nossos inimigos que já o sabíamos e que Deus tinha frustrado o desígnio deles, voltamos todos nós ao muro, cada um à sua obra.

¹⁶ Daquele dia em diante, metade dos meus moços trabalhava na obra, e a outra metade empunhava lanças, escudos, arcos e couraças; e os chefes estavam por detrás de toda a casa de Judá;

¹⁷ os carregadores, que por si mesmos tomavam as cargas, cada um com uma das mãos fazia a obra e com a outra segurava a arma.

¹⁸ Os edificadores, cada um trazia a sua espada à cinta, e assim edificavam; o que tocava a trombeta estava junto de mim.

¹⁹ Disse eu aos nobres, aos magistrados e ao resto do povo: Grande e extensa é a obra, e nós estamos no muro mui separados, longe uns dos outros.

²⁰ No lugar em que ouvirdes o som da trombeta, para ali acorrei a ter conosco; o nosso Deus pelejará por nós.

²¹ Assim trabalhávamos na obra; e metade empunhava as lanças desde o raiar do dia até ao sair das estrelas.

²² Também nesse mesmo tempo disse eu ao povo: Cada um com o seu moço fique em Jerusalém, para que de noite nos sirvam de guarda e de dia trabalhem.

²³ Nem eu, nem meus irmãos, nem meus moços, nem os homens da guarda que me seguiam largávamos as nossas vestes; cada um se deitava com as armas à sua direita.

Medidas contra a usura

5 Foi grande, porém, o clamor do povo e de suas mulheres contra os judeus, seus irmãos.

² Porque havia os que diziam: Somos muitos, nós, nossos filhos e nossas filhas; que se nos dê trigo, para que comamos e vivamos.

³ Também houve os que diziam: As nossas terras, as nossas vinhas e as nossas casas hipotecamos para tomarmos trigo nesta fome.

⁴ Houve ainda os que diziam: Tomamos dinheiro emprestado até para o tributo do rei, sobre as nossas terras e as nossas vinhas.

⁵ No entanto, nós somos da mesma carne como eles, e nossos filhos são tão bons como os deles; e eis que sujeitamos nossos filhos e nossas filhas para serem escravos, algumas de nossas filhas já estão reduzidas à escravidão. Não está em nosso poder evitá-lo; pois os nossos campos e as nossas vinhas já são de outros.

⁶ Ouvindo eu, pois, o seu clamor e estas palavras, muito me aborreci.

⁷ Depois de ter considerado comigo mesmo, repreendi os nobres e magistrados e lhes disse: Sois usurários, cada um para com seu irmão; e convoquei contra eles um grande ajuntamento.

⁸ Disse-lhes: nós resgatamos os judeus, nossos irmãos, que foram vendidos às gentes, segundo nossas posses; e vós outra vez negociaríeis vossos irmãos, para que sejam vendidos a nós?

⁹ Então, se calaram e não acharam o que responder. Disse mais: não é bom o que fazeis; porventura não devíeis andar no temor do nosso Deus, por causa do opróbrio dos gentios, os nossos inimigos?

¹⁰ Também eu, meus irmãos e meus moços lhes demos dinheiro emprestado e trigo. Demos de mão a esse empréstimo.

¹¹ Restituí-lhes hoje, vos peço, as suas terras, as suas vinhas, os seus olivais e as suas casas, como também o centésimo do dinheiro, do trigo, do vinho e do azeite, que exigistes deles.

¹² Então, responderam: Restituir-lhes-emos e nada lhes pediremos; faremos assim como dizes. Então, chamei os sacerdotes e

os fiz jurar que fariam segundo prometeram.

O bom exemplo de Neemias

13 Também sacudi o meu regaço e disse: Assim o faça Deus, sacuda de sua casa e de seu trabalho a todo homem que não cumprir esta promessa; seja sacudido e despojado. E toda a congregação respondeu: Amém! E louvaram o SENHOR; e o povo fez segundo a sua promessa.

14 Também desde o dia em que fui nomeado seu governador na terra de Judá, desde o vigésimo ano até ao trigésimosegundo ano do rei Artaxerxes, doze anos, nem eu nem meus irmãos comemos o pão devido ao governador.

15 Mas os primeiros governadores, que foram antes de mim, oprimiram o povo e lhe tomaram pão e vinho, além de quarenta siclos de prata; até os seus moços dominavam sobre o povo, porém eu assim não fiz, por causa do temor de Deus.

16 Antes, também na obra deste muro fiz reparação, e terra nenhuma compramos; e todos os meus moços se ajuntaram ali para a obra.

17 Também cento e cinqüenta homens dos judeus e dos magistrados e os que vinham a nós, dentre as gentes que estavam ao nosso redor, eram meus hóspedes.

18 O que se preparava para cada dia era um boi e seis ovelhas escolhidas; também à minha custa eram preparadas aves e, de dez em dez dias, muito vinho de todas as espécies; nem por isso exigi o pão devido ao governador, porquanto a servidão deste povo era grande.

19 Lembra-te de mim para meu bem, ó meu Deus, e de tudo quanto fiz a este povo.

Os inimigos conspiram para intimidar Neemias

6 Tendo ouvido Sambalá, Tobias, Gesém, o arábio, e o resto dos nossos inimigos que eu tinha edificado o muro e que nele já não havia brecha nenhuma, ainda que até este tempo não tinha posto as portas nos portais,

2 Sambalá e Gesém mandaram dizerme: Vem, encontremo-nos, nas aldeias, no vale de Ono. Porém intentavam fazer-me mal.

3 Enviei-lhes mensageiros a dizer: Estou fazendo grande obra, de modo que não poderei descer; por que cessaria a obra, enquanto eu a deixasse e fosse ter convosco?

4 Quatro vezes me enviaram o mesmo pedido; eu, porém, lhes dei sempre a mesma resposta.

5 Então, Sambalá me enviou pela quinta vez o seu moço, o qual trazia na mão uma carta aberta,

6 do teor seguinte: Entre as gentes se ouviu, e Gesém diz que tu e os judeus intentais revoltar-vos; por isso, reedificas o muro, e, segundo se diz, queres ser o rei deles,

7 e puseste profetas para falarem a teu respeito em Jerusalém, dizendo: Este é rei em Judá. Ora, o rei ouvirá isso, segundo essas palavras. Vem, pois, agora, e consultemos juntamente.

8 Mandei dizer-lhe: De tudo o que dizes cousa nenhuma sucedeu; tu, do teu coração, é que o inventas.

9 Porque todos eles procuravam atemorizar-nos, dizendo: As suas mãos largarão a obra, e não se efetuará. Agora, pois, ó Deus, fortalece as minhas mãos.

10 Tendo eu ido à casa de Semaías, filho de Delaías, filho de Meetabel (que estava encerrado), disse ele: Vamos juntamente à Casa de Deus, ao meio do templo, e fechemos as portas do templo; porque virão matar-te; aliás, de noite virão matar-te.

11 Porém eu disse: homem como eu fugiria? E quem há, como eu, que entre no templo para que viva? De maneira nenhuma entrarei.

12 Então, percebi que não era Deus quem o enviara; tal profecia falou ele contra mim, porque Tobias e Sambalá o subornaram.

13 Para isto o subornaram, para me atemorizar, e para que eu, assim, viesse a proceder e a pecar, para que tivessem motivo de me infamar e me vituperassem.

14 Lembra-te, meu Deus, de Tobias e de Sambalá, no tocante a estas suas obras, e também da profetisa Noadia e dos mais profetas que procuraram atemorizar-me.

Terminada a reconstrução do muro

15 Acabou-se, pois, o muro aos vinte e cinco dias do mês de elul, em cinqüenta e dois dias.

16 Sucedeu que, ouvindo-o todos os nossos inimigos, temeram todos os gentios nossos circunvizinhos e decaíram muito no seu próprio conceito; porque reconheceram que por intervenção de nosso Deus é que fizemos esta obra.

17 Também naqueles dias alguns nobres de Judá escreveram muitas cartas, que iam

para Tobias, e cartas de Tobias vinham para eles.

¹⁸ Pois muitos em Judá lhe eram ajuramentados porque era genro de Secanias, filho de Ara; e seu filho Joanã se casara com a filha de Mesulão, filho de Berequias.

¹⁹ Também das suas boas ações falavam na minha presença, e as minhas palavras lhe levavam a ele; Tobias escrevia cartas para me atemorizar.

Neemias estabelece guardas em Jerusalém

7 Ora, uma vez reedificado o muro e assentadas as portas, estabelecidos os porteiros, os cantores e os levitas,

² eu nomeei Hanani, meu irmão, e Hananias, maioral do castelo, sobre Jerusalém. Hananias era homem fiel e temente a Deus, mais do que muitos outros.

³ E lhes disse: não se abram as portas de Jerusalém até que o sol aqueça e, enquanto os guardas ainda estão ali, que se fechem as portas e se tranquem; ponham-se guardas dos moradores de Jerusalém, cada um no seu posto diante de sua casa.

⁴ A cidade era espaçosa e grande, mas havia pouca gente nela, e as casas não estavam edificadas ainda.

A relação dos que voltaram a Jerusalém
Ed 2.1-70

⁵ Então, o meu Deus me pôs no coração que ajuntasse os nobres, os magistrados e o povo, para registar as genealogias. Achei o livro da genealogia dos que subiram primeiro, e nele estava escrito:

⁶ São estes os filhos da província que subiram do cativeiro, dentre os exilados, que Nabucodonosor, rei da Babilônia, levara para o exílio e que voltaram para Jerusalém e para Judá, cada um para a sua cidade,

⁷ os quais vieram com Zorobabel, Jesua, Neemias, Azarias, Raamias, Naamani, Mordecai, Bilsã, Misperete, Bigvai, Neum e Baaná. Este é o número dos homens do povo de Israel:

⁸ foram os filhos de Parós, dois mil cento e setenta e dois.

⁹ Os filhos de Sefatias, trezentos e setenta e dois.

¹⁰ Os filhos de Ara, seiscentos e cinqüenta e dois.

¹¹ Os filhos de Paate-Moabe, dos filhos de Jesua e de Joabe, dois mil oitocentos e dezoito.

¹² Os filhos de Elão, mil duzentos e cinqüenta e quatro.

¹³ Os filhos de Zatu, oitocentos e quarenta e cinco.

¹⁴ Os filhos de Zacai, setecentos e sessenta.

¹⁵ Os filhos de Binui, seiscentos e quarenta e oito.

¹⁶ Os filhos de Bebai, seiscentos e vinte e oito.

¹⁷ Os filhos de Azgade, dois mil trezentos e vinte e dois.

¹⁸ Os filhos de Adonicão, seiscentos e sessenta e sete.

¹⁹ Os filhos de Bigvai, dois mil e sessenta e sete.

²⁰ Os filhos de Adim, seiscentos e cinqüenta e cinco.

²¹ Os filhos de Ater, da família de Ezequias, noventa e oito.

²² Os filhos de Hasum, trezentos e vinte e oito.

²³ Os filhos de Bezai, trezentos e vinte e quatro.

²⁴ Os filhos de Harife, cento e doze.

²⁵ Os filhos de Gibeom, noventa e cinco.

²⁶ Os homens de Belém e de Netofa, cento e oitenta e oito.

²⁷ Os homens de Anatote, cento e vinte e oito.

²⁸ Os homens de Bete-Azmavete, quarenta e dois.

²⁹ Os homens de Quiriate-Jearim, Quefira e Beerote, setecentos e quarenta e três.

³⁰ Os homens de Ramá e Geba, seiscentos e vinte e um.

³¹ Os homens de Micmás, cento e vinte e dois.

³² Os homens de Betel e Ai, cento e vinte e três.

³³ Os homens do outro Nebo, cinqüenta e dois.

³⁴ Os filhos do outro Elão, mil duzentos e cinqüenta e quatro.

³⁵ Os filhos de Harim, trezentos e vinte.

³⁶ Os filhos de Jericó, trezentos e quarenta e cinco.

³⁷ Os filhos de Lode, Hadide e Ono, setecentos e vinte e um.

³⁸ Os filhos de Senaá, três mil novecentos e trinta.

³⁹ Os sacerdotes: os filhos de Jedaías, da casa de Jesua, novecentos e setenta e três.

⁴⁰ Os filhos de Imer, mil e cinqüenta e dois.

⁴¹ Os filhos de Pasur, mil duzentos e quarenta e sete.

⁴² Os filhos de Harim, mil e dezessete.

⁴³ Os levitas: os filhos de Jesua, de Cadmiel, dos filhos de Hodeva, setenta e quatro.

⁴⁴ Os cantores: os filhos de Asafe, cento e quarenta e oito.

⁴⁵ Os porteiros: os filhos de Salum, os filhos de Ater, os filhos de Talmom, os filhos de Acube, os filhos de Hatita, os filhos de Sobai, cento e trinta e oito.

⁴⁶ Os servidores do templo: os filhos de Zia, os filhos de Hasufa, os filhos de Tabaote,

⁴⁷ os filhos de Queros, os filhos de Sia, os filhos de Padom,

⁴⁸ os filhos de Lebaná, os filhos de Hagaba, os filhos de Salmai,

⁴⁹ os filhos de Hanã, os filhos de Gidel, os filhos de Gaar,

⁵⁰ os filhos de Reaías, os filhos de Rezim, os filhos de Necoda,

⁵¹ os filhos de Gazão, os filhos de Uzá, os filhos de Paséia,

⁵² os filhos de Besai, os filhos de Meunim, os filhos de Nefussim,

⁵³ os filhos de Bacbuque, os filhos de Hacufa, os filhos de Harur,

⁵⁴ os filhos de Bazlite, os filhos de Meída, os filhos de Harsa,

⁵⁵ os filhos de Barcos, os filhos de Sísera, os filhos de Tamá,

⁵⁶ os filhos de Neziá e os filhos de Hatifa.

⁵⁷ Os filhos dos servos de Salomão: os filhos de Sotai, os filhos de Soferete, os filhos de Perida,

⁵⁸ os filhos de Jaalá, os filhos de Darcom, os filhos de Gidel,

⁵⁹ os filhos de Sefatias, os filhos de Hatil, os filhos de Poquerete-Hazebaim e os filhos de Amom.

⁶⁰ Todos os servidores do templo e os filhos dos servos de Salomão, trezentos e noventa e dois.

⁶¹ Os seguintes subiram de Tel-Melá, Tel-Harsa, Querube, Adom e Imer, porém não puderam provar que as suas famílias e a sua linhagem eram de Israel:

⁶² os filhos de Delaías, os filhos de Tobias, os filhos de Necoda, seiscentos e quarenta e dois.

⁶³ Dos sacerdotes: os filhos de Habaías, os filhos de Coz, os filhos de Barzilai, o qual se casou com uma das filhas de Barzilai, o gileadita, e que foi chamado pelo nome dele.

⁶⁴ Estes procuraram o seu registo nos livros genealógicos, porém o não acharam; pelo que foram tidos por imundos para o sacerdócio.

⁶⁵ O governador lhes disse que não comessem das cousas sagradas, até que se levantasse um sacerdote com Urim e Tumim.

⁶⁶ Toda esta congregação junta foi de quarenta e dois mil trezentos e sessenta,

⁶⁷ afora os seus servos e as suas servas, que foram sete mil trezentos e trinta e sete; e tinham duzentos e quarenta e cinco cantores e cantoras.

⁶⁸ Os seus cavalos, setecentos e trinta e seis; os seus mulos, duzentos e quarenta e cinco.

⁶⁹ Camelos, quatrocentos e trinta e cinco; jumentos, seis mil setecentos e vinte.

Contribuições para o templo

⁷⁰ Alguns dos cabeças das famílias contribuíram para a obra. O governador deu para o tesouro, em ouro, mil daricos, cinqüenta bacias e quinhentas e trinta vestes sacerdotais.

⁷¹ E alguns mais dos cabeças das famílias deram para o tesouro da obra, em ouro, vinte mil daricos e, em prata, dois mil e duzentos arráteis.

⁷² O que deu o restante do povo foi, em ouro, vinte mil daricos, e dois mil arráteis em prata, e sessenta e sete vestes sacerdotais.

⁷³ Os sacerdotes, os levitas, os porteiros, os cantores, alguns do povo, os servidores do templo e todo o Israel habitavam nas suas cidades.

Esdras lê a lei diante do povo

8 Em chegando o sétimo mês, e estando os filhos de Israel nas suas cidades, todo o povo se ajuntou como um só homem, na praça, diante da Porta das Águas; e disseram a Esdras, o escriba, que trouxesse o livro da lei de Moisés, que o SENHOR tinha prescrito a Israel.

² Esdras, o sacerdote, trouxe a lei perante a congregação, tanto de homens como de mulheres e de todos os que eram capazes de entender o que ouviam. Era o primeiro dia do sétimo mês.

³ E leu no livro, diante da praça, que está fronteira à Porta das Águas, desde a alva até ao meio-dia, perante homens e mu-

7.65 Êx 28.30. 7.73 1Cr 9.2; Ne 11.3.

lheres e os que podiam entender; e todo o povo tinha os ouvidos atentos ao livro da lei.

⁴ Esdras, o escriba, estava num púlpito de madeira, que fizeram para aquele fim; estavam em pé junto a ele, à sua direita, Matitias, Sema, Anaías, Urias, Hilquias e Maaséias; e à sua esquerda, Pedaías, Misael, Malquias, Hasum, Hasbadana, Zacarias e Mesulão.

⁵ Esdras abriu o livro à vista de todo o povo, porque estava acima dele; abrindo-o ele, todo o povo se pôs em pé.

⁶ Esdras bendisse ao SENHOR, o grande Deus; e todo o povo respondeu: Amém! Amém! —, levantando as mãos; inclinaram-se e adoraram o SENHOR, com o rosto em terra.

⁷ E Jesua, Bani, Serebias, Jamim, Acube, Sabetai, Hodias, Maaséias, Quelita, Azarias, Jozabade, Hanã, Pelaías e os levitas ensinavam o povo na lei; e o povo estava no seu lugar.

⁸ Leram no livro, na lei de Deus, claramente, dando explicações, de maneira que entendessem o que se lia.

⁹ Neemias, que era o governador, e Esdras, sacerdote e escriba, e os levitas que ensinavam todo o povo lhe disseram: Este dia é consagrado ao SENHOR, vosso Deus, pelo que não pranteeis, nem choreis. Porque todo o povo chorava, ouvindo as palavras da lei.

¹⁰ Disse-lhes mais: ide, comei carnes gordas, tomai bebidas doces e enviai porções aos que não têm nada preparado para si; porque este dia é consagrado ao nosso Senhor; portanto, não vos entristeçais, porque a alegria do SENHOR é a vossa força.

¹¹ Os levitas fizeram calar todo o povo, dizendo: Calai-vos, porque este dia é santo; e não estejais contristados.

¹² Então, todo o povo se foi a comer, a beber, a enviar porções e a regozijar-se grandemente, porque tinham entendido as palavras que lhes foram explicadas.

A Festa dos Tabernáculos

¹³ No dia seguinte, ajuntaram-se a Esdras, o escriba, os cabeças das famílias de todo o povo, os sacerdotes e os levitas, e isto para atentarem nas palavras da lei.

¹⁴ Acharam escrito na lei que o SENHOR ordenara por intermédio de Moisés que os filhos de Israel habitassem em cabanas, durante a festa do sétimo mês;

¹⁵ que publicassem e fizessem passar pregão por todas as suas cidades e em Jerusalém, dizendo: Saí ao monte e trazei ramos de oliveiras, ramos de zambujeiros, ramos de murtas, ramos de palmeiras e ramos de árvores frondosas, para fazer cabanas, como está escrito.

¹⁶ Saiu, pois, o povo, trouxeram os ramos e fizeram para si cabanas, cada um no seu terraço, e nos seus pátios, e nos átrios da Casa de Deus, e na praça da Porta das Águas, e na praça da Porta de Efraim.

¹⁷ Toda a congregação dos que tinham voltado do cativeiro fez cabanas e nelas habitou; porque nunca fizeram assim os filhos de Israel, desde os dias de Josué, filho de Num, até àquele dia; e houve mui grande alegria.

¹⁸ Dia após dia, leu Esdras no livro da lei de Deus, desde o primeiro dia até ao último; e celebraram a festa por sete dias; no oitavo dia, houve uma assembléia solene, segundo o prescrito.

Arrependimento e confissão de pecados

9 No dia vinte e quatro deste mês, se ajuntaram os filhos de Israel com jejum e pano de saco e traziam terra sobre si.

² Os da linhagem de Israel se apartaram de todos os estranhos, puseram-se em pé e fizeram confissão dos seus pecados e das iniqüidades de seus pais.

³ Levantando-se no seu lugar, leram no livro da lei do SENHOR, seu Deus, uma quarta parte do dia; em outra quarta parte dele fizeram confissão e adoraram o SENHOR, seu Deus.

⁴ Jesua, Bani, Cadmiel, Sebanias, Buni, Serebias, Bani e Quenani se puseram em pé no estrado dos levitas e clamaram em alta voz ao SENHOR, seu Deus.

⁵ Os levitas Jesua, Cadmiel, Bani, Hasabnéias, Serebias, Hodias, Sebanias e Petaías disseram: Levantai-vos, bendizei ao SENHOR, vosso Deus, de eternidade em eternidade. Então, se disse: Bendito seja o nome da tua glória, que ultrapassa todo bendizer e louvor.

⁶ Só tu és SENHOR, tu fizeste o céu, o céu dos céus e todo o seu exército, a terra e tudo quanto nela há, os mares e tudo quanto há neles; e tu os preservas a todos com vida, e o exército dos céus te adora.

8.14,15 Lv 23.33-36,39-43; Dt 16.13-15.

⁷ Tu és o SENHOR, o Deus que elegeste Abrão, e o tiraste de Ur dos caldeus, e lhe puseste por nome Abraão.

⁸ Achaste o seu coração fiel perante ti e com ele fizeste aliança, para dares à sua descendência a terra dos cananeus, dos heteus, dos amorreus, dos ferezeus, dos jebuseus e dos girgaseus; e cumpriste as tuas promessas, porquanto és justo.

⁹ Viste a aflição de nossos pais no Egito, e lhes ouviste o clamor junto ao mar Vermelho.

¹⁰ Fizeste sinais e milagres contra Faraó e seus servos e contra todo o povo da sua terra, porque soubeste que os trataram com soberba; e, assim, adquiriste renome, como hoje se vê.

¹¹ Dividiste o mar perante eles, de maneira que o atravessaram em seco; lançaste os seus perseguidores nas profundezas, como uma pedra nas águas impetuosas.

¹² Guiaste-os, de dia, por uma coluna de nuvem e, de noite, por uma coluna de fogo, para lhes alumiar o caminho por onde haviam de ir.

¹³ Desceste sobre o monte Sinai, do céu falaste com eles e lhes deste juízos retos, leis verdadeiras, estatutos e mandamentos bons.

¹⁴ O teu santo sábado lhes fizeste conhecer; preceitos, estatutos e lei, por intermédio de Moisés, teu servo, lhes mandaste.

¹⁵ Pão dos céus lhes deste na sua fome e água da rocha lhes fizeste brotar na sua sede; e lhes disseste que entrassem para possuírem a terra que, com mão levantada, lhes juraste dar.

¹⁶ Porém eles, nossos pais, se houveram soberbamente, e endureceram a sua cerviz, e não deram ouvidos aos teus mandamentos.

¹⁷ Recusaram ouvir-te e não se lembraram das tuas maravilhas, que lhes fizeste; endureceram a sua cerviz e na sua rebelião levantaram um chefe, com o propósito de voltarem para a sua servidão no Egito. Porém tu, ó Deus perdoador, clemente e misericordioso, tardio em irar-te e grande em bondade, tu não os desamparaste,

¹⁸ ainda mesmo quando fizeram para si um bezerro de fundição e disseram: Este é o teu Deus, que te tirou do Egito; e cometeram grandes blasfêmias.

¹⁹ Todavia, tu, pela multidão das tuas misericórdias, não os deixaste no deserto. A coluna de nuvem nunca se apartou deles de dia, para os guiar pelo caminho, nem a coluna de fogo de noite, para lhes alumiar o caminho por onde haviam de ir.

²⁰ E lhes concedeste o teu bom Espírito, para os ensinar; não lhes negaste para a boca o teu maná; e água lhes deste na sua sede.

²¹ Desse modo os sustentaste quarenta anos no deserto, e nada lhes faltou; as suas vestes não envelheceram, e os seus pés não se incharam.

²² Também lhes deste reinos e povos, que lhes repartiste em porções; assim, possuíram a terra de Seom, a saber, a terra do rei de Hesbom e a terra de Ogue, rei de Basã.

²³ Multiplicaste os seus filhos como as estrelas do céu e trouxeste-os à terra de que tinhas dito a seus pais que nela entrariam para a possuírem.

²⁴ Entraram os filhos e tomaram posse da terra; abateste perante eles os moradores da terra, os cananeus, e lhos entregaste nas mãos, como também os reis e os povos da terra, para fazerem deles segundo a sua vontade.

²⁵ Tomaram cidades fortificadas e terra fértil e possuíram casas cheias de toda sorte de cousas boas, cisternas cavadas, vinhas e olivais e árvores frutíferas em abundância; comeram, e se fartaram, e engordaram, e viveram em delícias, pela tua grande bondade.

²⁶ Ainda assim foram desobedientes e se revoltaram contra ti; viraram as costas à tua lei e mataram os teus profetas, que protestavam contra eles, para os fazerem voltar a ti; e cometeram grandes blasfêmias.

²⁷ Pelo que os entregaste nas mãos dos seus opressores, que os angustiaram; mas no tempo de sua angústia, clamando eles a ti, dos céus tu os ouviste; e, segundo a tua grande misericórdia, lhes deste libertadores que os salvaram das mãos dos que os oprimiam.

²⁸ Porém, quando se viam em descanso, tornavam a fazer o mal diante de ti; e tu os desamparavas nas mãos dos seus inimigos, para que dominassem sobre eles; mas, convertendo-se eles e clamando a ti, tu os ouviste dos céus e, segundo a tua misericórdia, os livraste muitas vezes.

9.7 Gn 12.1; 17.5.   9.8 Gn 15.18-21.   9.9 Êx 3.7; 14.10-12.   9.10 Êx 7.8-12.32.   9.11 Êx 14.21-29; 15.4,5.   9.12 Êx 13.21,22.   9.13,14 Êx 19.18-23.33.   9.15 Êx 16.4-15; 17.1-7; Dt 1.21.   9.16-17 Nm 14.1-4; Dt 1.26-33.   9.17 Êx 34.6; Nm 14.18.   9.18 Êx 32.1-6.   9.19 Dt 8.2-4.   9.22 Nm 21.21-35.   9.23 Gn 15.5; 22.17; Js 3.14-17.   9.24 Js 11.23.   9.25 Dt 6.10,11.   9.26-28 Jz 2.11-16.

29 Testemunhaste contra eles, para que voltassem à tua lei; porém eles se houveram soberbamente e não deram ouvidos aos teus mandamentos, mas pecaram contra os teus juízos, pelo cumprimento dos quais o homem viverá; obstinadamente deram de ombros, endureceram a cerviz e não quiseram ouvir.

30 No entanto, os aturaste por muitos anos e testemunhaste contra eles pelo teu Espírito, por intermédio dos teus profetas; porém eles não deram ouvidos; pelo que os entregaste nas mãos dos povos de outras terras.

31 Mas, pela tua grande misericórdia, não acabaste com eles nem os desamparaste; porque tu és Deus clemente e misericordioso.

32 Agora, pois, ó Deus nosso, ó Deus grande, poderoso e temível, que guardas a aliança e a misericórdia, não menosprezes toda a aflição que nos sobreveio, a nós, aos nossos reis, aos nossos príncipes, aos nossos sacerdotes, aos nossos profetas, aos nossos pais e a todo o teu povo, desde os dias dos reis da Assíria até ao dia de hoje.

33 Porque tu és justo em tudo quanto tem vindo sobre nós; pois tu fielmente procedeste, e nós, perversamente.

34 Os nossos reis, os nossos príncipes, os nossos sacerdotes e os nossos pais não guardaram a tua lei, nem deram ouvidos aos teus mandamentos e aos teus testemunhos, que testificaste contra eles.

35 Pois eles no seu reino, na muita abundância de bens que lhes deste, na terra espaçosa e fértil que puseste diante deles não te serviram, nem se converteram de suas más obras.

36 Eis que hoje somos servos; e até na terra que deste a nossos pais, para comerem o seu fruto e o seu bem, eis que somos servos nela.

37 Seus abundantes produtos são para os reis que puseste sobre nós por causa dos nossos pecados; e, segundo a sua vontade, dominam sobre o nosso corpo e sobre o nosso gado; estamos em grande angústia.

A aliança do povo sobre guardar a lei

38 Por causa de tudo isso, estabelecemos aliança fiel e o escrevemos; e selaram-na os nossos príncipes, os nossos levitas e os nossos sacerdotes.

10 Os que selaram foram: Neemias, o governador, filho de Hacalias, e Zedequias,

2 Seraías, Azarias, Jeremias,
3 Pasur, Amarias, Malquias,
4 Hatus, Sebanias, Maluque,
5 Harim, Meremote, Obadias,
6 Daniel, Ginetom, Baruque,
7 Mesulão, Abias, Miamim,
8 Maazias, Bilgai, Semaías; estes eram os sacerdotes.

9 E os levitas: Jesua, filho de Azanias, Binui, dos filhos de Henadade, Cadmiel
10 e os irmãos deles: Sebanias, Hodias, Quelita, Pelaías, Hanã,
11 Mica, Reobe, Hasabias,
12 Zacur, Serebias, Sebanias,
13 Hodias, Bani e Beninu.
14 Os chefes do povo: Parós, Paate-Moabe, Elão, Zatu, Bani,
15 Buni, Azgade, Bebai,
16 Adonias, Bigvai, Adim,
17 Ater, Ezequias, Azur,
18 Hodias, Hasum, Bezai,
19 Harife, Anatote, Nebai,
20 Magpias, Mesulão, Hezir,
21 Mesezabeel, Zadoque, Jadua,
22 Pelatias, Hanã, Anaías,
23 Oséias, Hananias, Hassube,
24 Haloés, Pilha, Sobeque,
25 Reum, Hasabná, Maaséias,
26 Aías, Hanã, Anã,
27 Maluque, Harim e Baaná.
28 O resto do povo, os sacerdotes, os levitas, os porteiros, os cantores, os servidores do templo e todos os que se tinham separado dos povos de outras terras para a lei de Deus, suas mulheres, seus filhos e suas filhas, todos os que tinham saber e entendimento,
29 firmemente aderiram a seus irmãos; seus nobres convieram, numa imprecação e num juramento, de que andariam na lei de Deus, e que foi dada por intermédio de Moisés, servo de Deus, de que guardariam e cumpririam todos os mandamentos do SENHOR, nosso Deus, e os seus juízos e os seus estatutos;
30 de que não dariam as suas filhas aos povos da terra, nem tomariam as filhas deles para os seus filhos;
31 de que, trazendo os povos da terra no dia de sábado qualquer mercadoria e qualquer cereal para venderem, nada compraríamos deles no sábado, nem no dia santificado; e de que, no ano sétimo, abriríamos mão da colheita e de toda e qualquer cobrança.

9.29 Lv 18.5.   **9.30** 2Rs 17.13-18; 2Cr 36.15,16.   **9.32** 2Rs 15.19,29; 17.3-6; Ed 4.2,10.   **10.30** Êx 34.16; Dt 7.3.   **10.31** Êx 23.10,11; Dt 15.1,2.

³² Também sobre nós pusemos preceitos, impondo-nos cada ano a terça parte dum siclo para o serviço da casa do nosso Deus,

³³ e para os pães da proposição, e para a contínua oferta de manjares, e para o contínuo holocausto dos sábados e das Festas da Lua Nova, e para as festas fixas, e para as cousas sagradas, e para as ofertas pelo pecado, e para fazer expiação por Israel, e para toda a obra da casa do nosso Deus.

³⁴ Nós, os sacerdotes, os levitas e o povo deitamos sortes acerca da oferta da lenha que se havia de trazer à casa do nosso Deus, segundo as nossas famílias, a tempos determinados, de ano em ano, para se queimar sobre o altar do SENHOR, nosso Deus, como está escrito na lei.

³⁵ E que também traríamos as primícias da nossa terra e todas as primícias de todas as árvores frutíferas, de ano em ano, à Casa do SENHOR;

³⁶ os primogênitos dos nossos filhos e os do nosso gado, como está escrito na lei; e que os primogênitos das nossas manadas e das nossas ovelhas traríamos à casa do nosso Deus, aos sacerdotes que ministram nela.

³⁷ As primícias da nossa massa, as nossas ofertas, o fruto de toda árvore, o vinho e o azeite traríamos aos sacerdotes, às câmaras da casa do nosso Deus; os dízimos da nossa terra, aos levitas, pois a eles cumpre receber os dízimos em todas as cidades onde há lavoura.

³⁸ O sacerdote, filho de Arão, estaria com os levitas quando estes recebessem os dízimos, e os levitas trariam os dízimos dos dízimos à casa do nosso Deus, às câmaras da casa do tesouro.

³⁹ Porque àquelas câmaras os filhos de Israel e os filhos de Levi devem trazer ofertas do cereal, do vinho e do azeite; porquanto se acham ali os vasos do santuário, como também os sacerdotes que ministram, e os porteiros, e os cantores; e, assim, não desampararíamos a casa do nosso Deus.

Relação dos que habitaram em Jerusalém

11 Os príncipes do povo habitaram em Jerusalém, mas o seu restante deitou sortes para trazer um de dez para que habitasse na santa cidade de Jerusalém; e as nove partes permaneceriam em outras cidades.

² O povo bendisse todos os homens que voluntariamente se ofereciam ainda para habitar em Jerusalém.

³ São estes os chefes da província que habitaram em Jerusalém; porém nas cidades de Judá habitou cada um na sua possessão, nas suas cidades, a saber, Israel, os sacerdotes, os levitas, os servidores do templo e os filhos dos servos de Salomão.

⁴ Habitaram, pois, em Jerusalém alguns dos filhos de Judá e dos filhos de Benjamim. Dos filhos de Judá: Ataías, filho de Uzias, filho de Zacarias, filho de Amarias, filho de Sefatias, filho de Maalaleel, dos filhos de Perez;

⁵ e Maaséias, filho de Baruque, filho de Col-Hozé, filho de Hazaías, filho de Adaías, filho de Joiaribe, filho de Zacarias, filho do silonita.

⁶ Todos os filhos de Perez que habitaram em Jerusalém foram quatrocentos e sessenta e oito homens valentes.

⁷ São estes os filhos de Benjamim: Salu, filho de Mesulão, filho de Joede, filho de Pedaías, filho de Colaías, filho de Maaséias, filho de Itiel, filho de Jesaías.

⁸ Depois dele, Gabai e Salai; ao todo, novecentos e vinte e oito.

⁹ Joel, filho de Zicri, superintendente deles; e Judá, filho de Senua, o segundo sobre a cidade.

¹⁰ Dos sacerdotes: Jedaías, filho de Joiaribe, Jaquim,

¹¹ Seraías, filho de Hilquias, filho de Mesulão, filho de Zadoque, filho de Meraiote,

¹² filho de Aitube, príncipe da Casa de Deus, e os irmãos deles, que faziam o serviço do templo, oitocentos e vinte e dois; e Adaías, filho de Jeroão, filho de Pelalias, filho de Anzi, filho de Zacarias, filho de Pasur, filho de Malquias,

¹³ e seus irmãos, cabeças de famílias, duzentos e quarenta e dois; e Amassai, filho de Azareel, filho de Azai, filho de Mesilemote, filho de Imer,

¹⁴ e os irmãos deles, homens valentes, cento e vinte e oito; e, superintendente deles, Zabdiel, filho de Gedolim.

¹⁵ Dos levitas: Semaías, filho de Hassube, filho de Azricão, filho de Hasabias, filho de Buni;

¹⁶ Sabetai e Jozabade, dos cabeças dos

10.32 Êx 30.11-16.   **10.35** Êx 23.19; 34.26; Dt 26.2.   **10.36** Êx 13.2.   **10.37** Nm 18.21.   **10.38** Nm 18.26.
11.3,4 1Cr 9.2,3; Ne 7.73.   **11.7** 1Cr 9.7.

levitas, que presidiam o serviço de fora da Casa de Deus;

17 Matanias, filho de Mica, filho de Zabdi, filho de Asafe, o chefe, que dirigia os louvores nas orações, e Bacbuquias, o segundo de seus irmãos; depois, Abda, filho de Samua, filho de Galal, filho de Jedutum.

18 Todos os levitas na santa cidade foram duzentos e oitenta e quatro.

19 Dos porteiros: Acube, Talmom e os irmãos deles, os guardas das portas, cento e setenta e dois.

Os que habitaram nas cidades de Judá

20 O restante de Israel, dos sacerdotes e levitas se estabeleceu em todas as cidades de Judá, cada um na sua herança.

21 Os servidores do templo habitaram em Ofel e estavam a cargo de Zia e Gispa.

22 O superintendente dos levitas em Jerusalém era Uzi, filho de Bani, filho de Hasabias, filho de Matanias, filho de Mica, dos filhos de Asafe, que eram cantores ao serviço da Casa de Deus.

23 Porque havia um mandado do rei a respeito deles e certo acordo com os cantores, concernente às obrigações de cada dia.

24 Petaías, filho de Mesezabeel, dos filhos de Zera, filho de Judá, estava à disposição do rei, em todos os negócios do povo.

Os residentes nas aldeias

25 Quanto às aldeias, com os seus campos, alguns dos filhos de Judá habitaram em Quiriate-Arba e suas aldeias, em Dibom e suas aldeias, em Jecabzeel e suas aldeias,

26 e em Jesua, em Moladá, em Bete-Pelete,

27 em Hazar-Sual, em Berseba e suas aldeias;

28 em Ziclague, em Meconá e suas aldeias;

29 em En-Rimom, em Zorá, em Jarmute;

30 em Zanoa, em Adulão e nas aldeias delas; em Laquis e em seus campos, em Azeca e suas aldeias. Acamparam-se desde Berseba até ao vale de Hinom.

31 Os filhos de Benjamim também se estabeleceram em Geba e daí em diante, em Micmás, Aia, Betel e suas aldeias;

32 em Anatote, em Nobe, em Ananias,

33 em Hazor, em Ramá, em Gitaim,

34 em Hadide, em Zeboim, em Nebalate,

35 em Lode e em Ono, no vale dos Artífices.

36 Dos levitas havia grupos tanto em Judá como em Benjamim.

Os sacerdotes que vieram para Jerusalém

12 São estes os sacerdotes e levitas que subiram com Zorobabel, filho de Sealtiel, e com Jesua: Seraías, Jeremias, Esdras,

2 Amarias, Maluque, Hatus,

3 Secanias, Reum, Meremote,

4 Ido, Ginetoi, Abias,

5 Miamim, Maadias, Bilga,

6 Semaías, Joiaribe, Jedaías,

7 Salu, Amoque, Hilquias e Jedaías; estes foram os chefes dos sacerdotes e de seus irmãos, nos dias de Jesua.

8 Também os levitas Jesua, Binui, Cadmiel, Serebias, Judá e Matanias; este e seus irmãos dirigiam os louvores.

9 Bacbuquias e Uni, seus irmãos, estavam defronte deles, cada qual no seu mister.

10 Jesua gerou a Joiaquim, Joiaquim gerou a Eliasibe, Eliasibe gerou a Joiada,

11 Joiada gerou a Jônatas, e Jônatas gerou a Jadua.

12 Nos dias de Joiaquim, foram sacerdotes, cabeças de famílias: de Seraías, Meraías; de Jeremias, Hananias;

13 de Esdras, Mesulão; de Amarias, Joanã;

14 de Maluqui, Jônatas; de Sebanias, José;

15 de Harim, Adna; de Meraiote, Helcai;

16 de Ido, Zacarias; de Ginetom, Mesulão;

17 de Abias, Zicri; de Miniamim e de Moadias, Piltai;

18 de Bilga, Samua; de Semaías, Jônatas;

19 de Joiaribe, Matenai; de Jedaías, Uzi;

20 de Salai, Calai; de Amoque, Héber;

21 de Hilquias, Hasabias; de Jedaías, Natanael.

22 Dos levitas, nos dias de Eliasibe, foram inscritos como cabeças de famílias Joiada, Joanã e Jadua, como também os sacerdotes, até ao reinado de Dario, o persa.

23 Os filhos de Levi foram inscritos como cabeças de famílias no Livro das Crônicas, até aos dias de Joanã, filho de Eliasibe.

24 Foram, pois, chefes dos levitas: Hasabias, Serebias e Jesua, filho de Cadmiel; os irmãos deles lhes estavam fronteiros para

louvarem e darem graças, segundo o mandado de Davi, homem de Deus, coro contra coro.

²⁵ Matanias, Bacbuquias, Obadias, Mesulão, Talmom e Acube eram porteiros e faziam a guarda aos depósitos das portas.

²⁶ Estes viveram nos dias de Joiaquim, filho de Jesua, filho de Jozadaque, e nos dias de Neemias, o governador, e de Esdras, o sacerdote e escriba.

A dedicação dos muros

²⁷ Na dedicação dos muros de Jerusalém, procuraram aos levitas de todos os seus lugares, para fazê-los vir a fim de que fizessem a dedicação com alegria, louvores, canto, címbalos, alaúdes e harpas.

²⁸ Ajuntaram-se os filhos dos cantores, tanto da campina dos arredores de Jerusalém como das aldeias dos netofatitas,

²⁹ como também de Bete-Gilgal e dos campos de Geba e de Azmavete; porque os cantores tinham edificado para si aldeias nos arredores de Jerusalém.

³⁰ Purificaram-se os sacerdotes e os levitas, que também purificaram o povo e as portas e o muro.

³¹ Então, fiz subir os príncipes de Judá sobre o muro e formei dois grandes coros em procissão, sendo um à mão direita sobre a muralha para a banda da Porta do Monturo.

³² Após eles, ia Hosaías e a metade dos príncipes de Judá,

³³ Azarias, Esdras, Mesulão,

³⁴ Judá, Benjamim, Semaías e Jeremias;

³⁵ e dos filhos dos sacerdotes, com trombetas: Zacarias, filho de Jônatas, filho de Semaías, filho de Matanias, filho de Micaías, filho de Zacur, filho de Asafe,

³⁶ e seus irmãos, Semaías, Azareel, Milalai, Gilalai, Maai, Natanael, Judá e Hanani, com os instrumentos músicos de Davi, homem de Deus; Esdras, o escriba, ia adiante deles.

³⁷ À entrada da Porta da Fonte, subiram diretamente as escadas da Cidade de Davi, onde se eleva o muro por sobre a casa de Davi, até à Porta das Águas, da banda do oriente.

³⁸ O segundo coro ia em frente, e eu, após ele; metade do povo ia por cima do muro, desde a Torre dos Fornos até ao Muro Largo;

³⁹ e desde a Porta de Efraim, passaram por cima da Porta Velha e da Porta do Peixe, e pela Torre de Hananeel, e pela Torre dos Cem, até à Porta do Gado; e pararam à Porta da Guarda.

⁴⁰ Então, ambos os coros pararam na Casa de Deus, como também eu e a metade dos magistrados comigo.

⁴¹ Os sacerdotes Eliaquim, Maaséias, Miniamim, Micaías, Elioenai, Zacarias e Hananias iam com trombetas,

⁴² como também Maaséias, Semaías, Eleazar, Uzi, Joanã, Malquias, Elão e Ezer; e faziam-se ouvir os cantores sob a direção de Jezraías.

⁴³ No mesmo dia, ofereceram grandes sacrifícios e se alegraram; pois Deus os alegrara com grande alegria; também as mulheres e os meninos se alegraram, de modo que o júbilo de Jerusalém se ouviu até de longe.

A manutenção dos sacerdotes e levitas

⁴⁴ Ainda no mesmo dia, se nomearam homens para as câmaras dos tesouros, das ofertas, das primícias e dos dízimos, para ajuntarem nelas, das cidades, as porções designadas pela lei para os sacerdotes e para os levitas; pois Judá estava alegre, porque os sacerdotes e os levitas ministravam ali;

⁴⁵ e executavam o serviço do seu Deus e o da purificação; como também os cantores e porteiros, segundo o mandado de Davi e de seu filho Salomão.

⁴⁶ Pois já outrora, nos dias de Davi e de Asafe, havia chefes dos cantores, cânticos de louvor e ações de graças a Deus.

⁴⁷ Todo o Israel, nos dias de Zorobabel e nos dias de Neemias, dava aos cantores e aos porteiros as porções de cada dia; e consagrava as cousas destinadas aos levitas, e os levitas, as destinadas aos filhos de Arão.

Os estrangeiros separados de Israel

13 Naquele dia, se leu para o povo no livro de Moisés; achou-se escrito que os amonitas e os moabitas não entrassem jamais na congregação de Deus,

² porquanto não tinham saído ao encontro dos filhos de Israel com pão e água; antes, assalariaram contra eles Balaão para os amaldiçoar; mas o nosso Deus converteu a maldição em bênção.

³ Ouvindo eles, o povo, esta lei, apartaram de Israel todo elemento misto.

Tobias expulso do templo

4 Ora, antes disto, Eliasibe, sacerdote, encarregado da câmara da casa do nosso Deus, se tinha aparentado com Tobias;

5 e fizera para este uma câmara grande, onde dantes se depositavam as ofertas de manjares, o incenso, os utensílios e os dízimos dos cereais, do vinho e do azeite, que se ordenaram para os levitas, cantores e porteiros, como também contribuições para os sacerdotes.

6 Mas, quando isso aconteceu, não estive em Jerusalém, porque no trigésimo-segundo ano de Artaxerxes, rei da Babilônia, eu fora ter com ele; mas ao cabo de certo tempo pedi licença ao rei e voltei para Jerusalém.

7 Então, soube do mal que Eliasibe fizera para beneficiar a Tobias, fazendo-lhe uma câmara nos pátios da Casa de Deus.

8 Isso muito me indignou a tal ponto, que atirei todos os móveis da casa de Tobias fora da câmara.

9 Então, ordenei que se purificassem as câmaras e tornei a trazer para ali os utensílios da Casa de Deus, com as ofertas de manjares e o incenso.

Restaurada a manutenção dos levitas

10 Também soube que os quinhões dos levitas não se lhes davam, de maneira que os levitas e os cantores, que faziam o serviço, tinham fugido cada um para o seu campo.

11 Então, contendi com os magistrados e disse: Por que se desamparou a Casa de Deus? Ajuntei os levitas e os cantores e os restituí a seus postos.

12 Então, todo o Judá trouxe os dízimos dos cereais, do vinho e do azeite aos depósitos.

13 Por tesoureiros dos depósitos pus Selemias, o sacerdote, Zadoque, o escrivão, e, dentre os levitas, Pedaías; como assistente deles, Hanã, filho de Zacur, filho de Matanias; porque foram achados fiéis, e se lhes encarregou que repartissem as porções para seus irmãos.

14 Por isto, Deus meu, lembra-te de mim e não apagues as beneficências que eu fiz à casa de meu Deus e para o seu serviço.

Restabelecimento da observância do sábado

15 Naqueles dias, vi em Judá os que pi-savam lagares ao sábado e traziam trigo que carregavam sobre jumentos; como também vinho, uvas e figos e toda sorte de cargas, que traziam a Jerusalém no dia de sábado; e protestei contra eles por venderem mantimentos neste dia.

16 Também habitavam em Jerusalém tírios que traziam peixes e toda sorte de mercadorias, que no sábado vendiam aos filhos de Judá e em Jerusalém.

17 Contendi com os nobres de Judá e lhes disse: Que mal é este que fazeis, profanando o dia de sábado?

18 Acaso não fizeram vossos pais assim, e não trouxe o nosso Deus todo este mal sobre nós e sobre esta cidade? E vós ainda trazeis ira maior sobre Israel, profanando o sábado.

19 Dando já sombra as portas de Jerusalém antes do sábado, ordenei que se fechassem; e determinei que não se abrissem, senão após o sábado; às portas coloquei alguns dos meus moços, para que nenhuma carga entrasse no dia de sábado.

20 Então, os negociantes e os vendedores de toda sorte de mercadorias pernoitaram fora de Jerusalém, uma ou duas vezes.

21 Protestei, pois, contra eles e lhes disse: Por que passais a noite defronte do muro? Se outra vez o fizerdes, lançarei mão sobre vós. Daí em diante não tornaram a vir no sábado.

22 Também mandei aos levitas que se purificassem e viessem guardar as portas, para santificar o dia de sábado. Também nisto, Deus meu, lembra-te de mim; e perdoa-me segundo a abundância da tua misericórdia.

Condenação do casamento misto

23 Vi também, naqueles dias, que judeus haviam casado com mulheres asdoditas, amonitas e moabitas.

24 Seus filhos falavam meio asdodita e não sabiam falar judaico, mas a língua de seu respectivo povo.

25 Contendi com eles, e os amaldiçoei, e espanquei alguns deles, e lhes arranquei os cabelos, e os conjurei por Deus, dizendo: Não dareis mais vossas filhas a seus filhos e não tomareis mais suas filhas, nem para vossos filhos nem para vós mesmos.

26 Não pecou nisto Salomão, rei de Israel? Todavia, entre muitas nações não havia rei semelhante a ele, e ele era amado do

13.10 Dt 12.19.   **13.10-12** Ml 3.8-10.   **13.15** Êx 20.8-10; Dt 5.12-14; Jr 17.21,22.   **13.23-25** Êx 34.11-16; Dt 7.1-5.   **13.26** 2Sm 12.24,25; 1Rs 11.1-8.

seu Deus, e Deus o constituiu rei sobre to-do o Israel. Não obstante isso, as mulheres estrangeiras o fizeram cair no pecado.

²⁷ Dar-vos-íamos nós ouvidos, para fa-zermos todo este grande mal, prevaricando contra o nosso Deus, casando com mulhe-res estrangeiras?

²⁸ Um dos filhos de Joiada, filho do su-mo sacerdote Eliasibe, era genro de Samba-lá, o horonita, pelo que o afugentei de mim.

²⁹ Lembra-te deles, Deus meu, pois con-taminaram o sacerdócio, como também a aliança sacerdotal e levítica.

As reformas de Neemias

³⁰ Limpei-os, pois, de toda estrangeiri-ce e designei o serviço dos sacerdotes e dos levitas, cada um no seu mister,

³¹ como também o fornecimento de le-nha em tempos determinados, bem como as primícias. Lembra-te de mim, Deus meu, para o meu bem.

O LIVRO DE

ESTER

O banquete de Assuero

1 Nos dias de Assuero, o Assuero que rei-nou, desde a Índia até à Etiópia, sobre cento e vinte e sete províncias,

² naqueles dias, assentando-se o rei As-suero no trono do seu reino, que está na ci-dadela de Susã,

³ no terceiro ano de seu reinado, deu um banquete a todos os seus príncipes e seus servos, no qual se representou o escol da Pérsia e Média, e os nobres e príncipes das províncias estavam perante ele.

⁴ Então, mostrou as riquezas da glória do seu reino e o esplendor da sua excelente grandeza, por muitos dias, por cento e oi-tenta dias.

⁵ Passados esses dias, deu o rei um ban-quete a todo o povo que se achava na cida-dela de Susã, tanto para os maiores como para os menores, por sete dias, no pátio do jardim do palácio real.

⁶ Havia tecido branco, linho fino e esto-fas de púrpura atados com cordões de linho e de púrpura a argolas de prata e a colunas de alabastro. A armação dos leitos era de ouro e de prata, sobre um pavimento de pórfiro, de mármore, de alabastro e de pe-dras preciosas.

⁷ Dava-se-lhes de beber em vasos de ou-ro, vasos de várias espécies, e havia muito vinho real, graças à generosidade do rei.

⁸ Bebiam sem constrangimento, como estava prescrito, pois o rei havia ordenado a todos os oficiais da sua casa que fizessem segundo a vontade de cada um.

⁹ Também a rainha Vasti deu um ban-quete às mulheres na casa real do rei Assuero.

Vasti, a rainha, recusa assistir ao banquete

¹⁰ Ao sétimo dia, estando já o coração do rei alegre do vinho, mandou a Meumã, Bizta, Harbona, Bigtá, Abagta, Zetar e Carcas, os sete eunucos que serviam na pre-sença do rei Assuero,

¹¹ que introduzissem à presença do rei a rainha Vasti, com a coroa real, para mos-trar aos povos e aos príncipes a formosura dela, pois era em extremo formosa.

¹² Porém a rainha Vasti recusou vir por intermédio dos eunucos, segundo a palavra do rei; pelo que o rei muito se enfureceu e se inflamou de ira.

¹³ Então, o rei consultou os sábios que entendiam dos tempos (porque assim se tra-tavam os interesses do rei na presença de to-dos os que sabiam a lei e o direito;

¹⁴ e os mais chegados a ele eram: Carse-na, Setar, Admata, Társis, Meres, Marsena e Memucã, os sete príncipes dos persas e dos medos, que se avistavam pessoalmen-te com o rei e se assentavam como princi-pais no reino)

¹⁵ sobre o que se devia fazer, segundo a lei, à rainha Vasti, por não haver ela cum-prido o mandado do rei Assuero, por inter-médio dos eunucos.

¹⁶ Então, disse Memucã na presença do

rei e dos príncipes: A rainha Vasti não somente ofendeu ao rei, mas também a todos os príncipes e a todos os povos que há em todas as províncias do rei Assuero.

¹⁷ Porque a notícia do que fez a rainha chegará a todas as mulheres, de modo que desprezarão a seu marido, quando ouvirem dizer: Mandou o rei Assuero que introduzissem à sua presença a rainha Vasti, porém ela não foi.

¹⁸ Hoje mesmo, as princesas da Pérsia e da Média, ao ouvirem o que fez a rainha, dirão o mesmo a todos os príncipes do rei; e haverá daí muito desprezo e indignação.

¹⁹ Se bem parecer ao rei, promulgue de sua parte um edito real, e que se inscreva, nas leis dos persas e dos medos, e não se revogue que Vasti não entre jamais na presença do rei Assuero; e o rei dê o reino dela a outra que seja melhor do que ela.

²⁰ Quando for ouvido o mandado, que o rei decretar em todo o seu reino, vasto que é, todas as mulheres darão honra a seu marido, tanto ao mais importante como ao menos importante.

²¹ O conselho pareceu bem tanto ao rei como aos príncipes; e fez o rei segundo a palavra de Memucã.

²² Então, enviou cartas a todas as províncias do rei, a cada província segundo o seu modo de escrever e a cada povo segundo a sua língua: que cada homem fosse senhor em sua casa, e que se falasse a língua do seu povo.

Ester feita rainha

2 Passadas estas cousas, e apaziguado já o furor do rei Assuero, lembrou-se de Vasti, e do que ela fizera, e do que se tinha decretado contra ela.

² Então, disseram os jovens do rei, que lhe serviam: Tragam-se moças para o rei, virgens de boa aparência e formosura.

³ Ponha o rei comissários em todas as províncias do seu reino, que reúnam todas as moças virgens, de boa aparência e formosura, na cidadela de Susã, na casa das mulheres, sob as vistas de Hegai, eunuco do rei, guarda das mulheres, e dêem-se-lhes os seus ungüentos.

⁴ A moça que cair no agrado do rei, essa reine em lugar de Vasti. Com isto concordou o rei, e assim se fez.

⁵ Ora, na cidadela de Susã havia certo homem judeu, benjamita, chamado Mordecai, filho de Jair, filho de Simei, filho de Quis,

⁶ que fora transportado de Jerusalém com os exilados que foram deportados com Jeconias, rei de Judá, a quem Nabucodonosor, rei da Babilônia, havia transportado.

⁷ Ele criara a Hadassa, que é Ester, filha de seu tio, a qual não tinha pai nem mãe; e era jovem bela, de boa aparência e formosura. Tendo-lhe morrido o pai e a mãe, Mordecai a tomara por filha.

⁸ Em se divulgando, pois, o mandado do rei e a sua lei, ao serem ajuntadas muitas moças na cidadela de Susã, sob as vistas de Hegai, levaram também Ester à casa do rei, sob os cuidados de Hegai, guarda das mulheres.

⁹ A moça lhe pareceu formosa e alcançou favor perante ele; pelo que se apressou em dar-lhe os ungüentos e os devidos alimentos, como também sete jovens escolhidas da casa do rei; e a fez passar com as suas jovens para os melhores aposentos da casa das mulheres.

¹⁰ Ester não havia declarado o seu povo nem a sua linhagem, pois Mordecai lhe ordenara que o não declarasse.

¹¹ Passeava Mordecai todos os dias diante do átrio da casa das mulheres, para se informar de como passava Ester e do que lhe sucederia.

¹² Em chegando o prazo de cada moça vir ao rei Assuero, depois de tratada segundo as prescrições para as mulheres, por doze meses (porque assim se cumpriam os dias de seu embelezamento, seis meses com óleo de mirra e seis meses com especiarias e com os perfumes e ungüentos em uso entre as mulheres),

¹³ então, é que vinha a jovem ao rei; a ela se dava o que desejasse para levar consigo da casa das mulheres para a casa do rei.

¹⁴ À tarde, entrava e, pela manhã, tornava à segunda casa das mulheres, sob as vistas de Saasgaz, eunuco do rei, guarda das concubinas; não tornava mais ao rei, salvo se o rei a desejasse, e ela fosse chamada pelo nome.

¹⁵ Ester, filha de Abiail, tio de Mordecai, que a tomara por filha, quando lhe chegou a vez de ir ao rei, nada pediu além do que disse Hegai, eunuco do rei, guarda das mulheres. E Ester alcançou favor de todos quantos a viam.

¹⁶ Assim, foi levada Ester ao rei Assue-

2.6 2Rs 24.10-16; 2Cr 36.10.

ro, à casa real, no décimo mês, que é o mês de tebete, no sétimo ano do seu reinado.

¹⁷ O rei amou a Ester mais do que a todas as mulheres, e ela alcançou perante ele favor e benevolência mais do que todas as virgens; o rei pôs-lhe na cabeça a coroa real e a fez rainha em lugar de Vasti.

¹⁸ Então, o rei deu um grande banquete a todos os seus príncipes e aos seus servos; era o banquete de Ester; concedeu alívio às províncias e fez presentes segundo a generosidade real.

¹⁹ Quando, pela segunda vez, se reuniram as virgens, Mordecai estava assentado à porta do rei.

²⁰ Ester não havia declarado ainda a sua linhagem e o seu povo, como Mordecai lhe ordenara; porque Ester cumpria o mandado de Mordecai como quando a criava.

Mordecai descobre uma conspiração

²¹ Naqueles dias, estando Mordecai sentado à porta do rei, dois eunucos do rei, dos guardas da porta, Bigtã e Teres, sobremodo se indignaram e tramaram atentar contra o rei Assuero.

²² Veio isso ao conhecimento de Mordecai, que o revelou à rainha Ester, e Ester o disse ao rei, em nome de Mordecai.

²³ Investigou-se o caso, e era fato; e ambos foram pendurados numa forca. Isso foi escrito no livro das crônicas, perante o rei.

Mordecai odiado por Hamã

3 Depois destas cousas, o rei Assuero engrandeceu a Hamã, filho de Hamedata, agagita, e o exaltou, e lhe pôs o trono acima de todos os príncipes que estavam com ele.

² Todos os servos do rei, que estavam à porta do rei, se inclinavam e se prostravam perante Hamã; porque assim tinha ordenado o rei a respeito dele. Mordecai, porém, não se inclinava, nem se prostrava.

³ Então, os servos do rei, que estavam à porta do rei, disseram a Mordecai: Por que transgrides as ordens do rei?

⁴ Sucedeu, pois, que, dizendo-lhe eles isto, dia após dia, e não lhes dando ele ouvidos, o fizeram saber a Hamã, para ver se as palavras de Mordecai se manteriam de pé, porque ele lhes tinha declarado que era judeu.

⁵ Vendo, pois, Hamã que Mordecai não se inclinava, nem se prostrava diante dele, encheu-se de furor.

⁶ Porém teve como pouco, nos seus pro-

pósitos, o atentar apenas contra Mordecai, porque lhe haviam declarado de que povo era Mordecai; por isso, procurou Hamã destruir todos os judeus, povo de Mordecai, que havia em todo o reino de Assuero.

Hamã pretende matar todos os judeus

⁷ No primeiro mês, que é o mês de nisã, no ano duodécimo do rei Assuero, se lançou o Pur, isto é, sortes, perante Hamã, dia a dia, mês a mês, até ao duodécimo, que é o mês de adar.

⁸ Então, disse Hamã ao rei Assuero: Existe espalhado, disperso entre os povos em todas as províncias do teu reino, um povo cujas leis são diferentes das leis de todos os povos e que não cumpre as do rei; pelo que não convém ao rei tolerá-lo.

⁹ Se bem parecer ao rei, decrete-se que sejam mortos, e, nas próprias mãos dos que executarem a obra, eu pesarei dez mil talentos de prata para que entrem nos tesouros do rei.

¹⁰ Então, o rei tirou da mão o seu anel, deu-o a Hamã, filho de Hamedata, agagita, adversário dos judeus,

¹¹ e lhe disse: Essa prata seja tua, como também esse povo, para fazeres dele o que melhor for de teu agrado.

O rei decreta a morte dos judeus

¹² Chamaram, pois, os secretários do rei, no dia treze do primeiro mês, e, segundo ordenou Hamã, tudo se escreveu aos sátrapas do rei, aos governadores de todas as províncias e aos príncipes de cada povo; a cada província no seu próprio modo de escrever e a cada povo na sua própria língua. Em nome do rei Assuero se escreveu, e com o anel do rei se selou.

¹³ Enviaram-se as cartas, por intermédio dos correios, a todas as províncias do rei, para que se destruíssem, matassem e aniquilassem de vez a todos os judeus, moços e velhos, crianças e mulheres, em um só dia, no dia treze do duodécimo mês, que é o mês de adar, e que lhes saqueassem os bens.

¹⁴ Tais cartas encerravam o traslado do decreto para que se proclamasse a lei em cada província; esse traslado foi enviado a todos os povos para que se preparassem para aquele dia.

¹⁵ Os correios, pois, impelidos pela ordem do rei, partiram incontinenti, e a lei se proclamou na cidadela de Susã; o rei e Hamã se assentaram a beber, mas a cidade de Susã estava perplexa.

Ester promete interceder pelo seu povo

4 Quando soube Mordecai tudo quanto se havia passado, rasgou as suas vestes, e se cobriu de pano de saco e de cinza, e, saindo pela cidade, clamou com grande e amargo clamor;

2 e chegou até à porta do rei; porque ninguém vestido de pano de saco podia entrar pelas portas do rei.

3 Em todas as províncias aonde chegava a palavra do rei e a sua lei, havia entre os judeus grande luto, com jejum, e choro, e lamentação; e muitos se deitavam em pano de saco e em cinza.

4 Então, vieram as servas de Ester e os eunucos e fizeram-na saber, com o que a rainha muito se doeu; e mandou roupas para vestir a Mordecai e tirar-lhe o pano de saco; porém ele não as aceitou.

5 Então, Ester chamou a Hatá, um dos eunucos do rei, que este lhe dera para a servir, e lhe ordenou que fosse a Mordecai para saber que era aquilo e o seu motivo.

6 Saiu, pois, Hatá à praça da cidade para encontrar-se com Mordecai à porta do rei.

7 Mordecai lhe fez saber tudo quanto lhe tinha sucedido; como também a quantia certa da prata que Hamã prometera pagar aos tesouros do rei pelo aniquilamento dos judeus.

8 Também lhe deu o traslado do decreto escrito que se publicara em Susã para os destruir, para que o mostrasse a Ester e a fizesse saber, a fim de que fosse ter com o rei, e lhe pedisse misericórdia, e, na sua presença, lhe suplicasse pelo povo dela.

9 Tornou, pois, Hatá e fez saber a Ester as palavras de Mordecai.

10 Então, respondeu Ester a Hatá e mandou-lhe dizer a Mordecai:

11 Todos os servos do rei e o povo das províncias do rei sabem que, para qualquer homem ou mulher que, sem ser chamado, entrar no pátio interior para avistar-se com o rei, não há senão uma sentença, a de morte, salvo se o rei estender para ele o cetro de ouro, para que viva; e eu, nestes trinta dias, não fui chamada para entrar ao rei.

12 Fizeram saber a Mordecai as palavras de Ester.

13 Então, lhes disse Mordecai que respondessem a Ester: Não imagines que, por estares na casa do rei, só tu escaparás entre todos os judeus.

14 Porque, se de todo te calares agora, de outra parte se levantará para os judeus socorro e livramento, mas tu e a casa de teu pai perecereis; e quem sabe se para conjuntura como esta é que foste elevada a rainha?

15 Então, disse Ester que respondessem a Mordecai:

16 Vai, ajunta a todos os judeus que se acharem em Susã, e jejuai por mim, e não comais, nem bebais por três dias, nem de noite nem de dia; eu e as minhas servas também jejuaremos. Depois, irei ter com o rei, ainda que é contra a lei; se perecer, pereci.

17 Então, se foi Mordecai e tudo fez segundo Ester lhe havia ordenado.

Ester convida ao rei e Hamã para um banquete

5 Ao terceiro dia, Ester se aprontou com seus trajes reais e se pôs no pátio interior da casa do rei, defronte da residência do rei; o rei estava assentado no seu trono real fronteiro à porta da residência.

2 Quando o rei viu a rainha Ester parada no pátio, alcançou ela favor perante ele; estendeu o rei para Ester o cetro de ouro que tinha na mão; Ester se chegou e tocou a ponta do cetro.

3 Então, lhe disse o rei: Que é o que tens, rainha Ester, ou qual é a tua petição? Até metade do reino se te dará.

4 Respondeu Ester: Se bem te parecer, venha o rei e Hamã, hoje, ao banquete que eu preparei ao rei.

5 Então, disse o rei: Fazei apressar a Hamã, para que atendamos ao que Ester deseja. Vindo, pois, o rei e Hamã ao banquete que Ester havia preparado,

6 disse o rei a Ester, no banquete do vinho: Qual é a tua petição? E se te dará. Que desejas? Cumprir-se-á, ainda que seja metade do reino.

7 Então, respondeu Ester e disse: Minha petição e desejo são o seguinte:

8 se achei favor perante o rei, e se bem parecer ao rei conceder-me a petição e cumprir o meu desejo, venha o rei com Hamã ao banquete que lhes hei de preparar amanhã, e, então, farei segundo o rei me concede.

9 Então, saiu Hamã, naquele dia, alegre e de bom ânimo; quando viu, porém, Mordecai à porta do rei e que não se levantara, nem se movera diante dele, então, se encheu de furor contra Mordecai.

10 Hamã, porém, se conteve e foi para casa; e mandou vir os seus amigos e a Zeres, sua mulher.

11 Contou-lhes Hamã a glória das suas

riquezas e a multidão de seus filhos, e tudo em que o rei o tinha engrandecido, e como o tinha exaltado sobre os príncipes e servos do rei.

¹² Disse mais Hamã: A própria rainha Ester a ninguém fez vir com o rei ao banquete que tinha preparado, senão a mim; e também para amanhã estou convidado por ela, juntamente com o rei.

¹³ Porém tudo isto não me satisfaz, enquanto vir o judeu Mordecai assentado à porta do rei.

¹⁴ Então, lhe disse Zeres, sua mulher, e todos os seus amigos: Faça-se uma forca de cinqüenta côvados de altura, e, pela manhã, dize ao rei que nela enforquem Mordecai; então, entra alegre com o rei ao banquete. A sugestão foi bem aceita por Hamã, que mandou levantar a forca.

Hamã forçado a honrar a Mordecai

6 Naquela noite, o rei não pôde dormir; então, mandou trazer o livro dos feitos memoráveis, e nele se leu diante dor ei.

² Achou-se escrito que Mordecai é quem havia denunciado a Bigtã e a Teres, os dois eunucos do rei, guardas da porta, que tinham procurado matar o rei Assuero.

³ Então, disse o rei: Que honras e distinções se deram a Mordecai por isso? Nada lhe foi conferido, responderam os servos do rei que o serviam.

⁴ Perguntou o rei: Quem está no pátio? Ora, Hamã tinha entrado no pátio exterior da casa do rei, para dizer ao rei que se enforcasse a Mordecai na forca que ele, Hamã, lhe tinha preparado.

⁵ Os servos do rei lhe disseram: Hamã está no pátio. Disse o rei que entrasse.

⁶ Entrou Hamã. O rei lhe disse: Que se fará ao homem a quem o rei deseja honrar? Então, Hamã disse consigo mesmo: De quem se agradaria o rei mais do que de mim para honrá-lo?

⁷ E respondeu ao rei: Quanto ao homem a quem agrada o rei honrá-lo,

⁸ tragam-se as vestes reais, que o rei costuma usar, e o cavalo em que o rei costuma andar montado, e tenha na cabeça a coroa real;

⁹ entreguem-se as vestes e o cavalo às mãos dos mais nobres príncipes do rei, e vistam delas aquele a quem o rei deseja honrar; levem-no a cavalo pela praça da ci-

dade e diante dele apregoem: Assim se faz ao homem a quem o rei deseja honrar.

¹⁰ Então, disse o rei a Hamã: Apressa-te, toma as vestes e o cavalo, como disseste, e faze assim para com o judeu Mordecai, que está assentado à porta do rei; e não omitas cousa nenhuma de tudo quanto disseste.

¹¹ Hamã tomou as vestes e o cavalo, vestiu a Mordecai, e o levou a cavalo pela praça da cidade, e apregoou diante dele: Assim se faz ao homem a quem o rei deseja honrar.

¹² Depois disto, Mordecai voltou para a porta do rei; porém Hamã se retirou correndo para casa, angustiado e de cabeça coberta.

¹³ Contou Hamã a Zeres, sua mulher, e a todos os seus amigos tudo quanto lhe tinha sucedido. Então, os seus sábios e Zeres, sua mulher, lhe disseram: Se Mordecai, perante o qual já começaste a cair, é da descendência dos judeus, não prevalecerás contra ele; antes, certamente, cairás diante dele.

¹⁴ Falavam estes ainda com ele quando chegaram os eunucos do rei e apressadamente levaram Hamã ao banquete que Ester preparara.

Ester denuncia a Hamã, que é enforcado

7 Veio, pois, o rei com Hamã, para beber com a rainha Ester.

² No segundo dia, durante o banquete do vinho, disse o rei a Ester: Qual é a tua petição, rainha Ester? E se te dará. Que desejas? Cumprir-se-á ainda que seja metade do reino.

³ Então, respondeu a rainha Ester e disse: Se perante ti, ó rei, achei favor, e se bem parecer ao rei, dê-se-me por minha petição a minha vida, e, pelo meu desejo, a vida do meu povo.

⁴ Porque fomos vendidos, eu e o meu povo, para nos destruírem, matarem e aniquilarem de vez; se ainda como servos e como servas nos tivessem vendido, calar-me-ia, porque o inimigo não merece que eu moleste o rei.

⁵ Então, falou o rei Assuero e disse à rainha Ester: Quem é esse e onde está esse cujo coração o instigou a fazer assim?

⁶ Respondeu Ester: O adversário e inimigo é este mau Hamã. Então, Hamã se perturbou perante o rei e a rainha.

6.2 Et 2.21,22.

⁷ O rei, no seu furor, se levantou do banquete do vinho e passou para o jardim do palácio; Hamã, porém, ficou para rogar por sua vida à rainha Ester, pois viu que o mal contra ele já estava determinado pelo rei.

⁸ Tornando o rei do jardim do palácio à casa do banquete do vinho, Hamã tinha caído sobre o divã em que se achava Ester. Então, disse o rei: Acaso, teria ele querido forçar a rainha perante mim, na minha casa? Tendo o rei dito estas palavras, cobriram o rosto de Hamã.

⁹ Então, disse Harbona, um dos eunucos que serviam o rei: Eis que existe junto à casa de Hamã a forca de cinqüenta côvados de altura que ele preparou para Mordecai, que falara em defesa do rei. Então, disse o rei: Enforcai-o nela.

¹⁰ Enforcaram, pois, Hamã na forca que ele tinha preparado para Mordecai. Então, o furor do rei se aplacou.

Os judeus são autorizados a resistir

8 Naquele mesmo dia, deu o rei Assuero à rainha Ester a casa de Hamã, inimigo dos judeus; e Mordecai veio perante o rei, porque Ester lhe fez saber que era seu parente.

² Tirou o rei o seu anel, que tinha tomado a Hamã, e o deu a Mordecai. E Ester pôs a Mordecai por superintendente da casa de Hamã.

³ Falou mais Ester perante o rei e se lhe lançou aos pés; e, com lágrimas, lhe implorou que revogasse a maldade de Hamã, o agagita, e a trama que havia empreendido contra os judeus.

⁴ Estendeu o rei para Ester o cetro de ouro. Então, ela se levantou, pôs-se de pé diante do rei

⁵ e lhe disse: Se bem parecer ao rei, se eu achei favor perante ele, se esta cousa é reta diante do rei, e se nisto lhe agrado, escreva-se que se revoguem os decretos concebidos por Hamã, filho de Hamedata, o agagita, os quais ele escreveu para aniquilar os judeus que há em todas as províncias do rei.

⁶ Pois como poderei ver o mal que sobrevirá ao meu povo? E como poderei ver a destruição da minha parentela?

⁷ Então, disse o rei Assuero à rainha Ester e ao judeu Mordecai: Eis que dei a Ester a casa de Hamã, e a ele penduraram numa forca, porquanto intentara matar os judeus.

⁸ Escrevei, pois, aos judeus, como bem vos parecer, em nome do rei, e selai-o com o anel do rei; porque os decretos feitos em nome do rei e que com o seu anel se selam não se podem revogar.

⁹ Então, foram chamados, sem detença, os secretários do rei, aos vinte e três dias do mês de sivã, que é o terceiro mês. E, segundo tudo quanto ordenou Mordecai, se escreveu um edito para os judeus, para os sátrapas, para os governadores e para os príncipes das províncias que se estendem da Índia à Etiópia, cento e vinte e sete províncias, a cada uma no seu próprio modo de escrever, e a cada povo na sua própria língua; e também aos judeus segundo o seu próprio modo de escrever e a sua própria língua.

¹⁰ Escreveu-se em nome do rei Assuero, e se selou com o anel do rei; as cartas foram enviadas por intermédio de correios montados em ginetes criados na coudelaria do rei.

¹¹ Nelas, o rei concedia aos judeus de cada cidade que se reunissem e se dispusessem para defender a sua vida, para destruir, matar e aniquilar de vez toda e qualquer força armada do povo da província que viessem contra eles, crianças e mulheres, e que se saqueassem os seus bens,

¹² num mesmo dia, em todas as províncias do rei Assuero, no dia treze do duodécimo mês, que é o mês de adar.

¹³ A carta, que determinava a proclamação do edito em todas as províncias, foi enviada a todos os povos, para que os judeus se preparassem para aquele dia, para se vingarem dos seus inimigos.

¹⁴ Os correios, montados em ginetes que se usavam no serviço do rei, saíram incontinenti, impelidos pela ordem do rei; e o edito foi publicado na cidadela de Susã.

¹⁵ Então, Mordecai saiu da presença do rei com veste real azul-celeste e branco, como também com grande coroa de ouro e manto de linho fino e púrpura; e a cidade de Susã exultou e se alegrou.

¹⁶ Para os judeus houve felicidade, alegria, regozijo e honra.

¹⁷ Também em toda província e em toda cidade aonde chegava a palavra do rei e a sua ordem, havia entre os judeus alegria e regozijo, banquetes e festas; e muitos, dos povos da terra, se fizeram judeus, porque o temor dos judeus tinha caído sobre eles.

Os judeus matam aos seus inimigos

9 No dia treze do duodécimo mês, que é o mês de adar, quando chegou a pala-

vra do rei e a sua ordem para se executar, no dia em que os inimigos dos judeus contavam assenhorear-se deles, sucedeu o contrário, pois os judeus é que se assenhorearam dos que os odiavam;

² porque os judeus, nas suas cidades, em todas as províncias do rei Assuero, se ajuntaram para dar cabo daqueles que lhes procuravam o mal; e ninguém podia resistir-lhes, porque o terror que inspiravam caiu sobre todos aqueles povos.

³ Todos os príncipes das províncias, e os sátrapas, e os governadores, e os oficiais do rei auxiliavam os judeus, porque tinha caído sobre eles o temor de Mordecai.

⁴ Porque Mordecai era grande na casa do rei, e a sua fama crescia por todas as províncias; pois ele se ia tornando mais e mais poderoso.

⁵ Feriram, pois, os judeus a todos os seus inimigos, a golpes de espada, com matança e destruição; e fizeram dos seus inimigos o que bem quiseram.

⁶ Na cidadela de Susã, os judeus mataram e destruíram a quinhentos homens,

⁷ como também a Parsandata, a Dalfom, a Aspata,

⁸ a Porata, a Adalia, a Aridata,

⁹ a Farmasta, a Arisai, a Aridai e a Vaisata,

¹⁰ que eram os dez filhos de Hamã, filho de Hamedata, o inimigo dos judeus; porém no despojo não tocaram.

¹¹ No mesmo dia, foi comunicado ao rei o número dos mortos na cidadela de Susã.

¹² Disse o rei à rainha Ester: Na cidadela de Susã, mataram e destruíram os judeus a quinhentos homens e os dez filhos de Hamã; nas mais províncias do rei, que terão eles feito? Qual é, pois, a tua petição? E se te dará. Ou que é que desejas ainda? E se cumprirá.

¹³ Então, disse Ester: Se bem parecer ao rei, conceda-se aos judeus que se acham em Susã que também façam, amanhã, segundo o edito de hoje e dependurem em forca os cadáveres dos dez filhos de Hamã.

¹⁴ Então, disse o rei que assim se fizesse; publicou-se o edito em Susã, e dependuraram os cadáveres dos dez filhos de Hamã.

¹⁵ Reuniram-se os judeus que se achavam em Susã também no dia catorze do mês de adar, e mataram, em Susã, a trezentos homens; porém no despojo não tocaram.

A Festa de Purim

¹⁶ Também os demais judeus que se achavam nas províncias do rei se reuniram, e se dispuseram para defender a vida, e tiveram sossego dos seus inimigos; e mataram a setenta e cinco mil dos que os odiavam; porém no despojo não tocaram.

¹⁷ Sucedeu isto no dia treze do mês de adar; no dia catorze, descansaram e o fizeram dia de banquetes e de alegria.

¹⁸ Os judeus, porém, que se achavam em Susã se ajuntaram nos dias treze e catorze do mesmo; e descansaram no dia quinze e o fizeram dia de banquetes e de alegria.

¹⁹ Também os judeus das vilas que habitavam nas aldeias abertas fizeram do dia catorze do mês de adar dia de alegria e de banquetes e dia de festa e de mandarem porções dos banquetes uns aos outros.

²⁰ Mordecai escreveu estas cousas e enviou cartas a todos os judeus que se achavam em todas as províncias do rei Assuero, aos de perto e aos de longe,

²¹ ordenando-lhes que comemorassem o dia catorze do mês de adar e o dia quinze do mesmo, todos os anos,

²² como os dias em que os judeus tiveram sossego dos seus inimigos, o mês que se lhes mudou de tristeza em alegria, e de luto em dia de festa; para que os fizessem dias de banquetes e de alegria, e de mandarem porções dos banquetes uns aos outros, e dádivas aos pobres.

²³ Assim, os judeus aceitaram como costume o que, naquele tempo, haviam feito pela primeira vez, segundo Mordecai lhes prescrevera;

²⁴ porque Hamã, filho de Hamedata, o agagita, inimigo de todos os judeus, tinha intentado destruir os judeus; e tinha lançado o Pur, isto é, sortes, para os assolar e destruir.

²⁵ Mas, tendo Ester ido perante o rei, ordenou ele por cartas que o seu mau intento, que assentara contra os judeus, recaísse contra a própria cabeça dele, pelo que enforcaram a ele e a seus filhos.

²⁶ Por isso, àqueles dias chamam Purim, do nome Pur. Daí, por causa de todas as palavras daquela carta, e do que testemunharam, e do que lhes havia sucedido,

²⁷ determinaram os judeus e tomaram sobre si, sobre a sua descendência e sobre todos os que se chegassem a eles que não se

9.24 Et 3.7.

deixaria de comemorar estes dois dias segundo o que se escrevera deles e segundo o seu tempo marcado, todos os anos;

²⁸ e que estes dias seriam lembrados e comemorados geração após geração, por todas as famílias, em todas as províncias e em todas as cidades, e que estes dias de Purim jamais caducariam entre os judeus, e que a memória deles jamais se extinguiria entre os seus descendentes.

²⁹ Então, a rainha Ester, filha de Abiail, e o judeu Mordecai escreveram, com toda a autoridade, segunda vez, para confirmar a carta de Purim.

³⁰ Expediram cartas a todos os judeus, às cento e vinte e sete províncias do reino de Assuero, com palavras amigáveis e sinceras,

³¹ para confirmar estes dias de Purim nos seus tempos determinados, como o judeu Mordecai e a rainha Ester lhes tinham estabelecido, e como eles mesmos já o tinham estabelecido sobre si e sobre a sua descendência, acerca do jejum e do seu lamento.

³² E o mandado de Ester estabeleceu estas particularidades de Purim; e se escreveu no livro.

O renome de Mordecai

10 Depois disto, o rei Assuero impôs tributo sobre a terra e sobre as terras do mar.

² Quanto aos mais atos do seu poder e do seu valor e ao relatório completo da grandeza de Mordecai, a quem o rei exaltou, porventura, não estão escritos no livro da História dos Reis da Média e da Pérsia?

³ Pois o judeu Mordecai foi o segundo depois do rei Assuero, e grande para com os judeus, e estimado pela multidão de seus irmãos, tendo procurado o bem-estar do seu povo e trabalhado pela prosperidade de todo o povo da sua raça.

O LIVRO DE

JÓ

A virtude e riqueza de Jó

1 Havia um homem na terra de Uz, cujo nome era Jó; homem íntegro e reto, temente a Deus e que se desviava do mal.

² Nasceram-lhe sete filhos e três filhas.

³ Possuía sete mil ovelhas, três mil camelos, quinhentas juntas de bois e quinhentas jumentas; era também mui numeroso o pessoal ao seu serviço, de maneira que este homem era o maior de todos os do Oriente.

⁴ Seus filhos iam às casas uns dos outros e faziam banquetes, cada um por sua vez, e mandavam convidar as suas três irmãs a comerem e beberem com eles.

⁵ Decorrido o turno de dias de seus banquetes, chamava Jó a seus filhos e os santificava; levantava-se de madrugada e oferecia holocaustos segundo o número de todos eles, pois dizia: Talvez tenham pecado os meus filhos e blasfemado contra Deus em seu coração. Assim o fazia Jó continuamente.

⁶ Num dia em que os filhos de Deus vieram apresentar-se perante o Senhor, veio também Satanás entre eles.

⁷ Então, perguntou o Senhor a Satanás: Donde vens? Satanás respondeu ao Senhor e disse: De rodear a terra e passear por ela.

⁸ Perguntou ainda o Senhor a Satanás: Observaste o meu servo Jó? Porque ninguém há na terra semelhante a ele, homem íntegro e reto, temente a Deus e que se desvia do mal.

⁹ Então, respondeu Satanás ao Senhor: Porventura Jó debalde teme a Deus?

¹⁰ Acaso não o cercaste com sebe, a ele, a sua casa e a tudo quanto tem? A obra de suas mãos abençoaste, e os seus bens se multiplicaram na terra.

¹¹ Estende, porém, a tua mão, e toca-lhe em tudo quanto tem, e verás se não blasfema contra ti na tua face.

¹² Disse o Senhor a Satanás: Eis que tudo quanto ele tem está em teu poder; somente contra ele não estendas a tua mão. E Satanás saiu da presença do Senhor.

1.9 Ap 12.10.

As aflições e paciência de Jó

13 Sucedeu um dia, em que seus filhos e suas filhas comiam e bebiam vinho na casa do irmão primogênito,

14 que veio um mensageiro a Jó e lhe disse: Os bois lavravam, e as jumentas pasciam junto a eles;

15 de repente, deram sobre eles os sabeus, e os levaram, e mataram aos servos a fio de espada; só eu escapei, para trazer-te a nova.

16 Falava este ainda quando veio outro e disse: Fogo de Deus caiu do céu, e queimou as ovelhas e os servos, e os consumiu; só eu escapei, para trazer-te a nova.

17 Falava este ainda quando veio outro e disse: Dividiram-se os caldeus em três bandos, deram sobre os camelos, os levaram e mataram aos servos a fio de espada; só eu escapei, para trazer-te a nova.

18 Também este falava ainda quando veio outro e disse: Estando teus filhos e tuas filhas comendo e bebendo vinho, em casa do irmão primogênito,

19 eis que se levantou grande vento da banda do deserto e deu nos quatro cantos da casa, a qual caiu sobre eles, e morreram; só eu escapei, para trazer-te a nova.

20 Então, Jó se levantou, rasgou o seu manto, rapou a cabeça e lançou-se em terra e adorou;

21 e disse: Nu saí do ventre de minha mãe e nu voltarei; o SENHOR o deu e o SENHOR o tomou; bendito seja o nome do SENHOR!

22 Em tudo isto Jó não pecou, nem atribuiu a Deus falta alguma.

2 Num dia em que os filhos de Deus vieram apresentar-se perante o SENHOR, veio também Satanás entre eles apresentar-se perante o SENHOR.

2 Então, o SENHOR disse a Satanás: Donde vens? Respondeu Satanás ao SENHOR e disse: De rodear a terra e passear por ela.

3 Perguntou o SENHOR a Satanás: Observaste o meu servo Jó? Porque ninguém há na terra semelhante a ele, homem íntegro e reto, temente a Deus e que se desvia do mal. Ele conserva a sua integridade, embora me incitasses contra ele, para o consumir sem causa.

4 Então, Satanás respondeu ao SENHOR: Pele por pele, e tudo quanto o homem tem dará pela sua vida.

5 Estende, porém, a tua mão, toca-lhe nos ossos e na carne e verás se não blasfema contra ti na tua face.

6 Disse o SENHOR a Satanás: Eis que ele está em teu poder; mas poupa-lhe a vida.

7 Então, saiu Satanás da presença do SENHOR e feriu a Jó de tumores malignos, desde a planta do pé até ao alto da cabeça.

8 Jó, sentado em cinza, tomou um caco para com ele raspar-se.

9 Então, sua mulher lhe disse: Ainda conservas a tua integridade? Amaldiçoa a Deus e morre.

10 Mas ele lhe respondeu: Falas como qualquer doida; temos recebido o bem de Deus e não receberíamos também o mal? Em tudo isto não pecou Jó com os seus lábios.

11 Ouvindo, pois, três amigos de Jó todo este mal que lhe sobreviera, chegaram, cada um do seu lugar: Elifaz, o temanita, Bildade, o suíta, e Zofar, o naamatita; e combinaram ir juntamente condoer-se dele e consolá-lo.

12 Levantando eles de longe os olhos e não o reconhecendo, ergueram a voz e choraram; e cada um, rasgando o seu manto, lançava pó ao ar sobre a cabeça.

13 Sentaram-se com ele na terra, sete dias e sete noites; e nenhum lhe dizia palavra alguma, pois viam que a dor era muito grande.

Jó amaldiçoa o seu nascimento

3 Depois disto, passou Jó a falar e amaldiçoou o seu dia natalício.

2 Disse Jó:

3 Pereça o dia em que nasci
e a noite em que se disse:
Foi concebido um homem!

4 Converta-se aquele dia em trevas;
e Deus, lá de cima,
    não tenha cuidado dele,
nem resplandeça sobre ele a luz.

5 Reclamem-no as trevas
    e a sombra de morte;
habitem sobre ele nuvens;
espante-o tudo o que pode
    enegrecer o dia.

6 Aquela noite, que dela se apoderem
    densas trevas;
não se regozije ela
    entre os dias do ano,
não entre na conta dos meses.

7 Seja estéril aquela noite,
e dela sejam banidos os sons de júbilo.

8 Amaldiçoem-na aqueles
    que sabem amaldiçoar o dia
    e sabem excitar o monstro marinho.
9 Escureçam-se as estrelas
    do crepúsculo matutino dessa noite,
    que ela espere a luz, e a luz não venha;
    que não veja as pálpebras
    dos olhos da alva,
10 pois não fechou as portas
    do ventre de minha mãe,
    nem escondeu dos meus olhos
    o sofrimento.
11 Por que não morri eu na madre?
    Por que não expirei ao sair dela?
12 Por que houve regaço
    que me acolhesse?
    E por que peitos,
    para que eu mamasse?
13 Porque já agora repousaria tranqüilo;
    dormiria, e, então, haveria para mim
    descanso,
14 com os reis e conselheiros da terra
    que para si edificaram mausoléus;
15 ou com os príncipes que tinham ouro
    e encheram de prata as suas casas;
16 ou, como aborto oculto,
    eu não existiria,
    como crianças que nunca viram a luz.
17 Ali os maus cessam de perturbar,
    e ali repousam os cansados.
18 Ali os presos juntamente repousam
    e não ouvem a voz do feitor.
19 Ali está tanto o pequeno
    como o grande
    e o servo livre de seu senhor.
20 Por que se concede luz ao miserável
    e vida aos amargurados de ânimo,
21 que esperam a morte, e ela não vem?
    Eles cavam em procura dela
    mais do que tesouros ocultos.
22 Eles se regozijariam por um túmulo
    e exultariam se achassem a sepultura.
23 Por que se concede luz ao homem,
    cujo caminho é oculto,
    e a quem Deus cercou
    de todos os lados?
24 Por que em vez do meu pão
    me vêm gemidos,
    e os meus lamentos
    se derramam como água?
25 Aquilo que temo me sobrevém,
    e o que receio me acontece.
26 Não tenho descanso, nem sossego,
    nem repouso,
    e já me vem grande perturbação.

3.21 Ap 9.6.

Elifaz repreende a Jó

4 Então, respondeu Elifaz, o temanita, e
    disse:
2 Se intentar alguém falar-te,
    enfadar-te-ás?
    Quem, todavia, poderá conter
    as palavras?
3 Eis que tens ensinado a muitos
    e tens fortalecido mãos fracas.
4 As tuas palavras têm sustentado
    aos que tropeçavam,
    e os joelhos vacilantes
    tens fortificado.
5 Mas agora, em chegando a tua vez,
    tu te enfadas;
    sendo tu atingido, te perturbas.
6 Porventura, não é o teu temor de Deus
    aquilo em que confias,
    e a tua esperança,
    a retidão dos teus caminhos?
7 Lembra-te: acaso já pereceu
    algum inocente?
    E onde foram os retos destruídos?
8 Segundo eu tenho visto,
    os que lavram a iniqüidade
    e semeiam o mal,
    isso mesmo eles segam.
9 Com o hálito de Deus perecem;
    e com o assopro da sua ira
    se consomem.
10 Cessa o bramido do leão
    e a voz do leão feroz,
    e os dentes dos leõezinhos se quebram.
11 Perece o leão, porque não há presa,
    e os filhos da leoa andam dispersos.
12 Uma palavra se me disse em segredo;
    e os meus ouvidos perceberam
    um sussurro dela.
13 Entre pensamentos
    de visões noturnas,
    quando profundo sono
    cai sobre os homens,
14 sobrevieram-me o espanto e o tremor,
    e todos os meus ossos estremeceram.
15 Então, um espírito passou
    por diante de mim;
    fez-me arrepiar os cabelos
    do meu corpo;
16 parou ele, mas não lhe discerni
    a aparência;
    um vulto estava
    diante dos meus olhos;
    houve silêncio, e ouvi uma voz:
17 Seria, porventura, o mortal justo
    diante de Deus?

Seria, acaso, o homem puro
  diante do seu Criador?
¹⁸ Eis que Deus não confia
  nos seus servos
  e aos seus anjos atribui imperfeições;
¹⁹ quanto mais àqueles que habitam
  em casas de barro,
  cujo fundamento está no pó,
  e são esmagados como a traça!
²⁰ Nascem de manhã
  e à tarde são destruídos;
  perecem para sempre,
  sem que disso se faça caso.
²¹ Se se lhes corta o fio da vida,
  morrem e não atingem a sabedoria.

Elifaz exorta a Jó a que busque a Deus

5 Chama agora! Haverá alguém
  que te atenda?
  E para qual dos santos anjos
  te virarás?
² Porque a ira do louco o destrói,
  e o zelo do tolo o mata.
³ Bem vi eu o louco lançar raízes;
  mas logo declarei maldita
  a sua habitação.
⁴ Seus filhos estão longe do socorro,
  são espezinhados às portas,
  e não há quem os livre.
⁵ A sua messe, o faminto a devora
  e até do meio dos espinhos a arrebata;
  e o intrigante abocanha os seus bens.
⁶ Porque a aflição não vem do pó,
  e não é da terra que brota o enfado.
⁷ Mas o homem nasce para o enfado,
  como as faíscas das brasas
  voam para cima.
⁸ Quanto a mim, eu buscaria a Deus
  e a ele entregaria a minha causa;
⁹ ele faz cousas grandes e inescrutáveis
  e maravilhas que não se podem contar;
¹⁰ faz chover sobre a terra
  e envia águas sobre os campos,
¹¹ para pôr os abatidos num lugar alto
  e para que os enlutados
  se alegrem da maior ventura.
¹² Ele frustra as maquinações
  dos astutos,
  para que as suas mãos não possam
  realizar seus projetos.
¹³ Ele apanha os sábios
  na sua própria astúcia;
  e o conselho dos que tramam
  se precipita.
¹⁴ Eles de dia encontram as trevas;

ao meio-dia andam como de noite,
  às apalpadelas.
¹⁵ Porém Deus salva da espada
  que lhes sai da boca,
  salva o necessitado
  da mão do poderoso.
¹⁶ Assim, há esperança para o pobre,
  e a iniqüidade
  tapa a sua própria boca.
¹⁷ Bem-aventurado é o homem
  a quem Deus disciplina;
  não desprezes, pois, a disciplina
  do Todo-poderoso.
¹⁸ Porque ele faz a ferida
  e ele mesmo a ata;
  ele fere, e as suas mãos curam.
¹⁹ De seis angústias te livrará,
  e na sétima o mal te não tocará.
²⁰ Na fome te livrará da morte;
  na guerra, do poder da espada.
²¹ Do açoite da língua estarás abrigado
  e, quando vier a assolação,
  não a temerás.
²² Da assolação e da fome te rirás
  e das feras da terra não terás medo.
²³ Porque até com as pedras do campo
  terás a tua aliança,
  e os animais da terra
  viverão em paz contigo.
²⁴ Saberás que a paz é a tua tenda,
  percorrerás as tuas possessões,
  e nada te faltará.
²⁵ Saberás também que se multiplicará
  a tua descendência,
  e a tua posteridade,
  como a erva da terra.
²⁶ Em robusta velhice
  entrarás para a sepultura,
  como se recolhe o feixe de trigo
  a seu tempo.
²⁷ Eis que isto já o havemos inquirido,
  e assim é;
  ouve-o e medita nisso para teu bem.

Jó justifica as suas queixas

6 Então, Jó respondeu:
² Oh! Se a minha queixa
  de fato se pesasse,
  e contra ela, numa balança,
  se pusesse a minha miséria,
³ esta, na verdade, pesaria mais
  que a areia dos mares;
  por isso é que as minhas palavras
  foram precipitadas.
⁴ Porque as flechas do Todo-poderoso
  estão em mim cravadas,

5.13 1Co 3.19.   5.17 Pv 3.11,12; Hb 12.5,6.

e o meu espírito sorve o veneno delas;
os terrores de Deus
se arregimentam contra mim.

5 Zurrará o jumento montês
junto à relva?
Ou mugirá o boi
junto à sua forragem?

6 Comer-se-á sem sal o que é insípido?
Ou haverá sabor na clara do ovo?

7 Aquilo que a minha alma
recusava tocar,
isso é agora
a minha comida repugnante.

8 Quem dera que se cumprisse
o meu pedido,
e que Deus me concedesse o que anelo!

9 Que fosse do agrado de Deus
esmagar-me,
que soltasse a sua mão
e acabasse comigo!

10 Isto ainda seria a minha consolação,
e saltaria de contente na minha dor,
que ele não poupa;
porque não tenho negado
as palavras do Santo.

11 Por que esperar,
se já não tenho forças?
Por que prolongar a vida,
se o meu fim é certo?

12 Acaso, a minha força
é a força da pedra?
Ou é de bronze a minha carne?

13 Não! Jamais haverá socorro para
mim;
foram afastados de mim
os meus recursos.

14 Ao aflito deve o amigo
mostrar compaixão,
a menos que tenha abandonado
o temor do Todo-poderoso.

15 Meus irmãos
aleivosamente me trataram;
são como um ribeiro,
como a torrente
que transborda no vale,

16 turvada com o gelo
e com a neve que nela se esconde,

17 torrente que no tempo do calor seca,
emudece e desaparece do seu lugar.

18 Desviam-se as caravanas
dos seus caminhos,
sobem para lugares desolados
e perecem.

19 As caravanas de Tema
procuram essa torrente,
os viajantes de Sabá por ela suspiram.

20 Ficam envergonhados
por terem confiado;
em chegando ali, confundem-se.

21 Assim também vós outros
sois nada para mim;
vedes os meus males e vos espantais.

22 Acaso, disse eu: dai-me um presente?
Ou: oferecei-me um suborno
da vossa fazenda?

23 Ou: livrai-me do poder do opressor?
Ou: redimi-me das mãos dos tiranos?

24 Ensinai-me, e eu me calarei;
dai-me a entender
em que tenho errado.

25 Oh! Como são persuasivas
as palavras retas!
Mas que é o que repreende
a vossa repreensão?

26 Acaso, pensais em reprovar
as minhas palavras,
ditas por um desesperado ao vento?

27 Até sobre o órfão lançaríeis sorte
e especularíeis com o vosso amigo?

28 Agora, pois, se sois servidos,
olhai para mim
e vede que não minto na vossa cara.

29 Tornai a julgar, vos peço,
e não haja iniqüidade;
tornai a julgar, e a justiça
da minha causa triunfará.

30 Há iniqüidade na minha língua?
Não pode o meu paladar
discernir cousas perniciosas?

Jó contende com Deus

7 Não é penosa a vida do homem
sobre a terra?
Não são os seus dias
como os de um jornaleiro?

2 Como o escravo
que suspira pela sombra
e como o jornaleiro
que espera pela sua paga,

3 assim me deram por herança
meses de desengano
e noites de aflição
me proporcionaram.

4 Ao deitar-me, digo:
quando me levantarei?
Mas comprida é a noite,
e farto-me de me revolver na cama,
até à alva.

5 A minha carne está vestida de vermes
e de crostas terrosas;
a minha pele se encrosta
e de novo supura.

6 Os meus dias são mais velozes
do que a lançadeira do tecelão
e se findam sem esperança.

7 Lembra-te de que a minha vida

é um sopro;
os meus olhos
não tornarão a ver o bem.
⁸ Os olhos dos que agora me vêem
não me verão mais;
os teus olhos me procurarão,
mas já não serei.
⁹ Tal como a nuvem se desfaz e passa,
aquele que desce à sepultura
jamais tornará a subir.
¹⁰ Nunca mais tornará à sua casa,
nem o lugar onde habita
o conhecerá jamais.
¹¹ Por isso, não reprimirei a boca,
falarei na angústia do meu espírito,
queixar-me-ei na amargura
da minha alma.
¹² Acaso, sou eu o mar
ou algum monstro marinho,
para que me ponhas guarda?
¹³ Dizendo eu: consolar-me-á
o meu leito,
a minha cama aliviará a minha queixa,
¹⁴ então, me espantas com sonhos
e com visões me assombras;
¹⁵ pelo que a minha alma escolheria,
antes, ser estrangulada;
antes, a morte do que esta tortura.
¹⁶ Estou farto da minha vida;
não quero viver para sempre.
Deixa-me, pois, porque os meus dias
são um sopro.
¹⁷ Que é o homem,
para que tanto o estimes,
e ponhas nele o teu cuidado,
¹⁸ e cada manhã o visites,
e cada momento o ponhas à prova?
¹⁹ Até quando não apartarás de mim
a tua vista?
Até quando não me darás tempo
de engolir a minha saliva?
²⁰ Se pequei, que mal te fiz a ti,
ó Espreitador dos homens?
Por que fizeste de mim
um alvo para ti,
para que a mim mesmo
me seja pesado?
²¹ Por que não perdoas
a minha transgressão
e não tiras a minha iniqüidade?
Pois agora me deitarei no pó;
e, se me buscas, já não serei.

Bildade afirma a justiça de Deus

8 Então, respondeu Bildade, o suíta:
² Até quando falarás tais cousas?

E até quando as palavras da tua boca
serão qual vento impetuoso?
³ Perverteria Deus o direito
ou perverteria o Todo-poderoso
a justiça?
⁴ Se teus filhos pecaram contra ele,
também ele os lançou
no poder da sua transgressão.
⁵ Mas, se tu buscares a Deus
e ao Todo-poderoso
pedires misericórdia,
⁶ se fores puro e reto,
ele, sem demora, despertará
em teu favor
e restaurará a justiça da tua morada.
⁷ O teu primeiro estado, na verdade,
terá sido pequeno,
mas o teu último
crescerá sobremaneira.
⁸ Pois, eu te peço, pergunta agora
a gerações passadas
e atenta para a experiência
de seus pais;
⁹ porque nós somos de ontem
e nada sabemos;
porquanto nossos dias sobre a terra
são como a sombra.
¹⁰ Porventura, não te ensinarão os pais,
não haverão de falar-te
e do próprio entendimento
não proferirão estas palavras:
¹¹ Pode o papiro crescer sem lodo?
Ou viça o junco sem água?
¹² Estando ainda na sua verdura
e ainda não colhidos,
todavia, antes de qualquer outra erva
se secam.
¹³ São assim as veredas de todos
quantos se esquecem de Deus;
e a esperança do ímpio perecerá.
¹⁴ A sua firmeza será frustrada,
e a sua confiança é teia de aranha.
¹⁵ Encostar-se-á à sua casa,
e ela não se manterá,
agarrar-se-á a ela,
e ela não ficará em pé.
¹⁶ Ele é viçoso perante o sol,
e os seus renovos irrompem
no seu jardim;
¹⁷ as suas raízes se entrelaçam
num montão de pedras
e penetram até às muralhas.
¹⁸ Mas, se Deus o arranca do seu lugar,
então, este o negará, dizendo:
Nunca te vi.
¹⁹ Eis em que deu a sua vida!
E do pó brotarão outros.

7.17 Sl 8.4; 144.3.

²⁰ Eis que Deus não rejeita ao íntegro,
nem toma pela mão os malfeitores.
²¹ Ele te encherá a boca de riso
e os teus lábios, de júbilo.
²² Teus aborrecedores
se vestirão de ignomínia,
e a tenda dos perversos não subsistirá.

Jó é incapaz de responder a Deus

9 Então, Jó respondeu e disse:
² Na verdade, sei que assim é;
porque, como pode o homem
ser justo para com Deus?
³ Se quiser contender com ele,
nem a uma de mil cousas
lhe poderá responder.
⁴ Ele é sábio de coração
e grande em poder;
quem porfiou com ele e teve paz?
⁵ Ele é quem remove os montes,
sem que saibam
que ele na sua ira os transtorna;
⁶ quem move a terra
para fora do seu lugar,
cujas colunas estremecem;
⁷ quem fala ao sol, e este não sai,
e sela as estrelas;
⁸ quem sozinho estende os céus
e anda sobre os altos do mar;
⁹ quem fez a Ursa, o Órion,
o Sete-estrelo e as recâmaras do Sul;
¹⁰ quem faz grandes cousas,
que se não podem esquadrinhar,
e maravilhas tais,
que se não podem contar.
¹¹ Eis que ele passa por mim,
e não o vejo;
segue perante mim, e não o percebo.
¹² Eis que arrebata a presa!
Quem o pode impedir?
Quem lhe dirá: Que fazes?
¹³ Deus não revogará a sua própria ira;
debaixo dele se encurvam
os auxiliadores do Egito.
¹⁴ Como, então, lhe poderei eu
responder
ou escolher as minhas palavras,
para argumentar com ele?
¹⁵ A ele, ainda que eu fosse justo,
não lhe responderia;
antes, ao meu Juiz
pediria misericórdia.
¹⁶ Ainda que o chamasse,
e ele me respondesse,
nem por isso creria eu
que desse ouvidos à minha voz.

¹⁷ Porque me esmaga
com uma tempestade
e multiplica as minhas chagas
sem causa.
¹⁸ Não me permite respirar;
antes, me farta de amarguras.
¹⁹ Se se trata da força do poderoso,
ele dirá: Eis-me aqui;
se, de justiça: Quem me citará?
²⁰ Ainda que eu seja justo,
a minha boca me condenará;
embora seja eu íntegro,
ele me terá por culpado.
²¹ Eu sou íntegro,
não levo em conta a minha alma,
não faço caso da minha vida.
²² Para mim tudo é o mesmo;
por isso, digo:
tanto destrói ele o íntegro
como o perverso.
²³ Se qualquer flagelo mata subitamente,
então, se rirá
do desespero do inocente.
²⁴ A terra está entregue
nas mãos dos perversos;
e Deus ainda cobre
o rosto dos juízes dela;
se não é ele o causador disso,
quem é, logo?
²⁵ Os meus dias foram mais velozes
do que um corredor;
fugiram e não viram a felicidade.
²⁶ Passaram como barcos de junco;
como a águia
que se lança sobre a presa.
²⁷ Se eu disser: eu me esquecerei
da minha queixa,
deixarei o meu ar triste
e ficarei contente;
²⁸ ainda assim todas as minhas dores
me apavoram,
porque bem sei
que me não terás por inocente.
²⁹ Serei condenado;
por que, pois, trabalho eu em vão?
³⁰ Ainda que me lave com água de neve
e purifique as mãos com cáustico,
³¹ mesmo assim me submergirás no lodo,
e as minhas próprias vestes
me abominarão.
³² Porque ele não é homem, como eu,
a quem eu responda,
vindo juntamente a juízo.
³³ Não há entre nós árbitro
que ponha a mão sobre nós ambos.

9.9 Jó 38.31; Am 5.8.

34 Tire ele a sua vara de cima de mim,
e não me amedronte o seu terror;
35 então, falarei sem o temer;
do contrário, não estaria em mim.

Jó protesta contra a severidade de Deus

10 A minha alma tem tédio
à minha vida;
darei livre curso à minha queixa,
falarei com amargura da minha alma.
2 Direi a Deus: Não me condenes;
faze-me saber
por que contendes comigo.
3 Parece-te bem que me oprimas,
que rejeites a obra das tuas mãos
e favoreças o conselho dos perversos?
4 Tens tu olhos de carne?
Acaso, vês tu como vê o homem?
5 São os teus dias
como os dias do mortal?
Ou são os teus anos
como os anos de um homem,
6 para te informares
da minha iniquidade
e averiguares o meu pecado?
7 Bem sabes tu que eu não sou culpado;
todavia, ninguém há
que me livre da tua mão.
8 As tuas mãos me plasmaram
e me aperfeiçoaram,
porém, agora, queres devorar-me.
9 Lembra-te de que me formaste
como em barro;
e queres, agora, reduzir-me a pó?
10 Porventura, não me derramaste
como leite
e não me coalhaste como queijo?
11 De pele e carne me vestiste
e de ossos e tendões me entreteceste.
12 Vida me concedeste
na tua benevolência,
e o teu cuidado a mim me guardou.
13 Estas cousas, as ocultaste
no teu coração;
mas bem sei o que resolveste
contigo mesmo.
14 Se eu pecar, tu me observas;
e da minha iniquidade
não me perdoarás.
15 Se for perverso, ai de mim!
E, se for justo,
não ouso levantar a cabeça,
pois estou cheio de ignomínia
e olho para a minha miséria.
16 Porque, se a levanto, tu me caças
como a um leão feroz

e de novo revelas poder maravilhoso
contra mim.
17 Tu renovas contra mim
as tuas testemunhas
e multiplicas contra mim a tua ira;
males e lutas se sucedem contra mim.
18 Por que, pois, me tiraste da madre?
Ah! Se eu morresse antes
que olhos nenhuns me vissem!
19 Teria eu sido como se nunca existira
e já do ventre teria sido levado
à sepultura.
20 Não são poucos os meus dias?
Cessa, pois, e deixa-me,
para que por um pouco
eu tome alento,
21 antes que eu vá
para o lugar de que não voltarei,
para a terra das trevas
e da sombra da morte;
22 terra de negridão,
de profunda escuridade,
terra da sombra da morte e do caos,
onde a própria luz é tenebrosa.

Zofar acusa a Jó de iniquidade

11 Então, respondeu Zofar, o naamatita:
2 Porventura, não se dará resposta
a esse palavrório?
Acaso, tem razão o tagarela?
3 Será o caso de as tuas parolas
fazerem calar os homens?
E zombarás tu
sem que ninguém te envergonhe?
4 Pois dizes: A minha doutrina é pura,
e sou limpo aos teus olhos.
5 Oh! Falasse Deus,
e abrisse os seus lábios contra ti,
6 e te revelasse os segredos da sabedoria,
da verdadeira sabedoria,
que é multiforme!
Sabe, portanto, que Deus permite
seja esquecida
parte da tua iniquidade.
7 Porventura, desvendarás
os arcanos de Deus
ou penetrarás até à perfeição
do Todo-poderoso?
8 Como as alturas dos céus
é a sua sabedoria;
que poderás fazer?
Mais profunda é ela do que o abismo;
que poderás saber?
9 A sua medida é mais longa
do que a terra
e mais larga do que o mar.

10 Se ele passa, prende a alguém
   e chama a juízo,
quem o poderá impedir?
11 Porque ele conhece os homens vãos
e, sem esforço, vê a iniqüidade.
12 Mas o homem estúpido
   se tornará sábio,
quando a cria de um asno montês
   nascer homem.
13 Se dispuseres o coração
e estenderes as mãos para Deus;
14 se lançares para longe
   a iniqüidade da tua mão
e não permitires habitar na tua tenda
   a injustiça,
15 então, levantarás o rosto sem mácula,
estarás seguro e não temerás.
16 Pois te esquecerás dos teus sofrimentos
e deles só terás lembrança
   como de águas que passaram.
17 A tua vida será mais clara
   que o meio-dia;
ainda que lhe haja trevas,
   serão como a manhã.
18 Sentir-te-ás seguro,
   porque haverá esperança;
olharás em derredor
   e dormirás tranqüilo.
19 Deitar-te-ás, e ninguém te espantará;
e muitos procurarão obter o teu favor.
20 Mas os olhos dos perversos
   desfalecerão,
o seu refúgio perecerá;
sua esperança será
   o render do espírito.

Jó se defende das acusações de seus amigos

12 Então, Jó respondeu:
2 Na verdade, vós sois o povo,
e convosco morrerá a sabedoria.
3 Também eu tenho entendimento
   como vós;
eu não vos sou inferior;
quem não sabe cousas como essas?
4 Eu sou irrisão para os meus amigos;
eu, que invocava a Deus,
   e ele me respondia;
o justo e o reto servem de irrisão.
5 No pensamento de quem está seguro,
   há desprezo para o infortúnio,
um empurrão para aquele
   cujos pés já vacilam.
6 As tendas dos tiranos gozam paz,
e os que provocam a Deus
   estão seguros;
têm o punho por seu deus.

7 Mas pergunta agora às alimárias,
e cada uma delas to ensinará;
e às aves dos céus, e elas to farão saber.
8 Ou fala com a terra, e ela te instruirá;
até os peixes do mar to contarão.
9 Qual entre todos estes não sabe
que a mão do SENHOR fez isto?
10 Na sua mão está a alma
   de todo ser vivente
e o espírito de todo o gênero humano.
11 Porventura, o ouvido
   não submete à prova as palavras,
como o paladar prova as comidas?
12 Está a sabedoria com os idosos,
e, na longevidade, o entendimento?
13 Não! Com Deus está a sabedoria
   e a força;
ele tem conselho e entendimento.
14 O que ele deitar abaixo
   não se reedificará;
lança na prisão,
   e ninguém a pode abrir.
15 Se retém as águas, elas secam;
se as larga, devastam a terra.
16 Com ele está a força e a sabedoria;
seu é o que erra e o que faz errar.
17 Aos conselheiros, leva-os
   despojados do seu cargo
e aos juízes faz desvairar.
18 Dissolve a autoridade dos reis,
e uma corda lhes cinge os lombos.
19 Aos sacerdotes, leva-os
   despojados do seu cargo
e aos poderosos transtorna.
20 Aos eloqüentes ele tira a palavra
e tira o entendimento aos anciãos.
21 Lança desprezo sobre os príncipes
e afrouxa o cinto dos fortes.
22 Das trevas manifesta cousas profundas
e traz à luz a densa escuridade.
23 Multiplica as nações e as faz perecer;
dispersa-as e de novo as congrega.
24 Tira o entendimento
   aos príncipes do povo da terra
e os faz vaguear pelos desertos
   sem caminho.
25 Nas trevas andam às apalpadelas,
   sem terem luz,
e os faz cambalear como ébrios.

Jó defende a sua integridade

13 Eis que tudo isso viram
   os meus olhos,
e os meus ouvidos o ouviram
   e entenderam.
2 Como vós o sabeis, também eu o sei;
não vos sou inferior.

3 Mas falarei ao Todo-poderoso
e quero defender-me perante Deus.
4 Vós, porém, besuntais a verdade
com mentiras
e vós todos sois médicos
que não valem nada.
5 Tomara vos calásseis de todo,
que isso seria a vossa sabedoria!
6 Ouvi agora a minha defesa
e atentai para os argumentos
dos meus lábios.
7 Porventura, falareis perversidade
em favor de Deus
e a seu favor falareis mentiras?
8 Sereis parciais por ele?
Contendereis a favor de Deus?
9 Ser-vos-ia bom,
se ele vos esquadrinhasse?
Ou zombareis dele, como se zomba
de um homem qualquer?
10 Acerbamente vos repreenderá,
se em oculto fordes parciais.
11 Porventura, não vos amedrontará
a sua dignidade,
e não cairá sobre vós o seu terror?
12 As vossas máximas
são como provérbios de cinza,
os vossos baluartes,
baluartes de barro.
13 Calai-vos perante mim, e falarei eu,
e venha sobre mim o que vier.
14 Tomarei a minha carne
nos meus dentes
e porei a vida na minha mão.
15 Eis que me matará,
já não tenho esperança;
contudo, defenderei
o meu procedimento.
16 Também isto será a minha salvação,
o fato de o ímpio não vir perante ele.
17 Atentai para as minhas razões
e dai ouvidos à minha exposição.
18 Tenho já bem encaminhada
minha causa
e estou certo de que serei justificado.
19 Quem há que possa contender
comigo?
Neste caso, eu me calaria
e renderia o espírito.
20 Concede-me somente duas cousas;
então, me não esconderei do teu rosto:
21 alivia a tua mão de sobre mim,
e não me espante o teu terror.
22 Interpela-me, e te responderei
ou deixa-me falar e tu me responderás.
23 Quantas culpas e pecados tenho eu?
Notifica-me a minha transgressão
e o meu pecado.

24 Por que escondes o rosto
e me tens por teu inimigo?
25 Queres aterrorizar uma folha
arrebatada pelo vento?
E perseguirás a palha seca?
26 Pois decretas contra mim
cousas amargas
e me atribuis as culpas
da minha mocidade.
27 Também pões os meus pés no tronco,
observas todos os meus caminhos
e traças limites à planta dos meus pés,
28 apesar de eu ser como
uma cousa podre que se consome
e como a roupa que é comida da traça.

Jó medita sobre a brevidade da vida

14 O homem, nascido de mulher,
vive breve tempo,
cheio de inquietação.
2 Nasce como a flor e murcha;
foge como a sombra e não permanece;
3 e sobre tal homem abres os olhos
e o fazes entrar em juízo contigo?
4 Quem da imundícia poderá tirar
cousa pura?
Ninguém.
5 Visto que os seus dias estão contados,
contigo está o número dos seus meses;
tu ao homem puseste limites
além dos quais não passará.
6 Desvia dele os teus olhares,
para que tenha repouso,
até que, como o jornaleiro,
tenha prazer no seu dia.
7 Porque há esperança para a árvore,
pois, mesmo cortada,
ainda se renovará,
e não cessarão os seus rebentos.
8 Se envelhecer na terra a sua raiz,
e no chão morrer o seu tronco,
9 ao cheiro das águas brotará
e dará ramos como a planta nova.
10 O homem, porém, morre
e fica prostrado;
expira o homem e onde está?
11 Como as águas do lago se evaporam,
e o rio se esgota e seca,
12 assim o homem se deita
e não se levanta;
enquanto existirem os céus,
não acordará,
nem será despertado do seu sono.
13 Que me encobrisses na sepultura
e me ocultasses
até que a tua ira se fosse,

e me pusesses um prazo
e depois te lembrasses de mim!
14 Morrendo o homem,
porventura tornará a viver?
Todos os dias da minha luta
esperaria,
até que eu fosse substituído.
15 Chamar-me-ias, e eu te responderia;
terias saudades da obra de tuas mãos;
16 e até contarias os meus passos
e não levarias em conta
os meus pecados.
17 A minha transgressão
estaria selada num saco,
e terias encoberto
as minhas iniqüidades.
18 Como o monte que se esboroa
e se desfaz,
e a rocha que se remove do seu lugar,
19 como as águas gastam as pedras,
e as cheias arrebatam o pó da terra,
assim destróis a esperança do homem.
20 Tu prevaleces para sempre contra ele,
e ele passa,
mudas-lhe o semblante
e o despedes para o além.
21 Os seus filhos recebem honras,
e ele o não sabe;
são humilhados, e ele o não percebe.
22 Ele sente as dores
apenas de seu próprio corpo,
e só a seu respeito sofre a sua alma.

Elifaz acusa a Jó de impiedade

15 Então, respondeu Elifaz, o temanita:
2 Porventura, dará o sábio
em resposta ciência de vento?
E encher-se-á a si mesmo
de vento oriental,
3 argüindo com palavras
que de nada servem
e com razões de que nada aproveita?
4 Tornas vão o temor de Deus
e diminuis a devoção a ele devida.
5 Pois a tua iniqüidade
ensina à tua boca,
e tu escolheste a língua dos astutos.
6 A tua própria boca te condena,
e não eu;
os teus lábios testificam contra ti.
7 És tu, porventura, o primeiro homem
que nasceu?
Ou foste formado antes dos outeiros?
8 Ou ouviste o secreto conselho de Deus
e a ti só limitaste a sabedoria?
9 Que sabes tu, que nós não saibamos?

Que entendes, que não haja em nós?
10 Também há entre nós
encanecidos e idosos,
muito mais idosos do que teu pai.
11 Porventura, fazes pouco caso
das consolações de Deus
e das suaves palavras
que te dirigimos nós?
12 Por que te arrebata o teu coração?
Por que flamejam os teus olhos,
13 para voltares contra Deus o teu furor
e deixares sair tais palavras
da tua boca?
14 Que é o homem, para que seja puro?
E o que nasce de mulher,
para ser justo?
15 Eis que Deus não confia
nem nos seus santos;
nem os céus são puros aos seus olhos,
16 quanto menos o homem,
que é abominável e corrupto,
que bebe a iniqüidade como a água!

Elifaz mostra o justo castigo
dos perversos

17 Escuta-me, mostrar-to-ei;
e o que tenho visto te contarei,
18 o que os sábios anunciaram,
que o ouviram de seus pais
e não o ocultaram
19 (Aos quais somente se dera a terra,
e nenhum estranho
passou por entre eles):
20 Todos os dias o perverso
é atormentado,
no curto número de anos
que se reservam para o opressor.
21 O sonido dos horrores
está nos seus ouvidos;
na prosperidade lhe sobrevém
o assolador.
22 Não crê que tornará das trevas,
e sim que o espera a espada.
23 Por pão anda vagueando,
dizendo: Onde está?
Bem sabe que o dia das trevas
lhe está preparado, à mão.
24 Assombram-no
a angústia e a tribulação;
prevalecem contra ele, como o rei
preparado para a peleja,
25 porque estendeu a mão contra Deus
e desafiou o Todo-poderoso;
26 arremete contra ele obstinadamente,
atrás da grossura dos seus escudos,
27 porquanto cobriu o rosto
com a sua gordura

e criou enxúndia nas ilhargas;
28 habitou em cidades assoladas,
em casas em que ninguém devia morar,
que estavam destinadas
a se fazerem montões de ruínas.
29 Por isso, não se enriquecerá,
nem subsistirá a sua fazenda,
nem se estenderão seus bens pela terra.
30 Não escapará das trevas;
a chama do fogo
secará os seus renovos,
e ao assopro da boca de Deus
será arrebatado.
31 Não confie, pois, na vaidade,
enganando-se a si mesmo,
porque a vaidade
será a sua recompensa.
32 Esta se lhe consumará
antes dos seus dias,
e o seu ramo não reverdecerá.
33 Sacudirá as suas uvas verdes,
como a vide,
e deixará cair a sua flor,
como a oliveira;
34 pois a companhia dos ímpios
será estéril,
e o fogo consumirá
as tendas de suborno.
35 Concebem a malícia
e dão à luz a iniquidade,
pois o seu coração só prepara enganos.

Jó se queixa do trato de Deus

16 Então, respondeu Jó:
2 Tenho ouvido muitas cousas
como estas;
todos vós sois consoladores molestos.
3 Porventura, não terão fim
essas palavras de vento?
Ou que é que te instiga
para responderes assim?
4 Eu também poderia falar
como vós falais;
se a vossa alma
estivesse em lugar da minha,
eu poderia dirigir-vos
um montão de palavras
e menear contra vós outros
a minha cabeça;
5 poderia fortalecer-vos
com as minhas palavras,
e a compaixão dos meus lábios
abrandaria a vossa dor.
6 Se eu falar, a minha dor não cessa;
se me calar, qual é o meu alívio?
7 Na verdade, as minhas forças
estão exaustas;

tu, ó Deus, destruíste
a minha família toda.
8 Testemunha disto é
que já me tornaste encarquilhado,
a minha magreza
já se levanta contra mim
e me acusa cara a cara.
9 Na sua ira me despedaçou
e tem animosidade contra mim;
contra mim rangeu os dentes
e, como meu adversário,
aguça os olhos.
10 Homens abrem contra mim a boca,
com desprezo me esbofeteiam,
e contra mim todos se ajuntam.
11 Deus me entrega ao ímpio
e nas mãos dos perversos me faz cair.
12 Em paz eu vivia,
porém ele me quebrantou;
pegou-me pelo pescoço
e me despedaçou;
pôs-me por seu alvo.
13 Cercam-me as suas flechas,
atravessa-me os rins, e não me poupa,
e o meu fel derrama na terra.
14 Fere-me com ferimento
sobre ferimento,
arremete contra mim
como um guerreiro.
15 Cosi sobre a minha pele o cilício
e revolvi o meu orgulho no pó.
16 O meu rosto está todo afogueado
de chorar,
e sobre as minhas pálpebras
está a sombra da morte,
17 embora não haja violência
nas minhas mãos,
e seja pura a minha oração.
18 Ó terra, não cubras o meu sangue,
e não haja lugar em que se oculte
o meu clamor!
19 Já agora sabei que
a minha testemunha está no céu,
e, nas alturas,
quem advoga a minha causa.
20 Os meus amigos zombam de mim,
mas os meus olhos se desfazem
em lágrimas diante de Deus,
21 para que ele mantenha
o direito do homem
contra o próprio Deus
e o do filho do homem
contra o seu próximo.
22 Porque dentro em poucos anos
eu seguirei o caminho
de onde não tornarei.

Jó nada mais espera desta vida

17 O meu espírito se vai consumindo,
os meus dias se vão apagando,

e só tenho perante mim a sepultura.

2 Estou de fato cercado de zombadores,
e os meus olhos são obrigados
a lhes contemplar a provocação.

3 Dá-me, pois, um penhor; sê
o meu fiador para contigo mesmo;
quem mais haverá que se possa
comprometer comigo?

4 Porque ao seu coração encobriste
o entendimento,
pelo que não os exaltarás.

5 Se alguém oferece os seus amigos
como presa,
os olhos de seus filhos desfalecerão.

6 Mas a mim me pôs
por provérbio dos povos;
tornei-me como aquele
em cujo rosto se cospe.

7 Pelo que já se escureceram de mágoa
os meus olhos,
e já todos os meus membros
são como a sombra;

8 os retos pasmam disto,
e o inocente se levanta contra o ímpio.

9 Contudo, o justo segue o seu caminho,
e o puro de mãos cresce mais e mais
em força.

10 Mas tornai-vos, todos vós, e vinde cá;
porque sábio nenhum
acharei entre vós.

11 Os meus dias passaram,
e se malograram
os meus propósitos,
as aspirações do meu coração.

12 Convertem-me a noite em dia,
e a luz, dizem, está perto das trevas.

13 Mas, se eu aguardo já a sepultura
por minha casa;
se nas trevas estendo a minha cama;

14 se ao sepulcro eu clamo: tu és meu pai;
e aos vermes: vós sois minha mãe
e minha irmã,

15 onde está, pois, a minha esperança?
Sim, a minha esperança,
quem a poderá ver?

16 Ela descerá até às portas da morte,
quando juntamente no pó
teremos descanso.

Bildade descreve a sorte do perverso

18 Então, respondeu Bildade, o suíta:
2 Até quando andarás à caça
de palavras?
Considera bem, e, então, falaremos.

3 Por que somos reputados por animais,
e aos teus olhos passamos
por curtos de inteligência?

4 Oh! Tu, que te despedaças na tua ira,
será a terra abandonada
por tua causa?
Remover-se-ão as rochas do seu lugar?

5 Na verdade, a luz do perverso
se apagará,
e para seu fogo
não resplandecerá a faísca;

6 a luz se escurecerá nas suas tendas,
e a sua lâmpada sobre ele se apagará;

7 os seus passos fortes se estreitarão,
e a sua própria trama o derribará.

8 Porque por seus próprios pés
é lançado na rede
e andará na boca de forje.

9 A armadilha o apanhará
pelo calcanhar,
e o laço o prenderá.

10 A corda está-lhe escondida na terra,
e a armadilha, na vereda.

11 Os assombros o espantarão
de todos os lados
e o perseguirão a cada passo.

12 A calamidade virá faminta sobre ele,
e a miséria estará alerta ao seu lado,

13 a qual lhe devorará
os membros do corpo;
serão devorados
pelo primogênito da morte.

14 O perverso será arrancado
da sua tenda, onde está confiado,
e será levado ao rei dos terrores.

15 Nenhum dos seus morará
na sua tenda,
espalhar-se-á enxofre
sobre a sua habitação.

16 Por baixo secarão as suas raízes,
e murcharão por cima os seus ramos.

17 A sua memória desaparecerá da terra,
e pelas praças não terá nome.

18 Da luz o lançarão nas trevas
e o afugentarão do mundo.

19 Não terá filho nem posteridade
entre o seu povo,
nem sobrevivente algum
ficará nas suas moradas.

20 Do seu dia se espantarão
os do Ocidente,
e os do Oriente
serão tomados de horror.

21 Tais são, na verdade,
as moradas do perverso,
e este é o paradeiro
do que não conhece a Deus.

Jó, embora sofrendo, sabe que seu Redentor vive

19 Então, respondeu Jó:
2 Até quando afligireis

a minha alma
e me quebrantareis com palavras?
3 Já dez vezes me vituperastes
e não vos envergonhais de injuriar-me.
4 Embora haja eu, na verdade, errado,
comigo ficará o meu erro.
5 Se quereis engrandecer-vos
contra mim
e me argüís pelo meu opróbrio,
6 sabei agora que Deus
é que me oprimiu
e com a sua rede me cercou.
7 Eis que clamo: violência!
Mas não sou ouvido;
grito: socorro! Porém não há justiça.
8 O meu caminho ele fechou,
e não posso passar;
e nas minhas veredas pôs trevas.
9 Da minha honra me despojou
e tirou-me da cabeça a coroa.
10 Arruinou-me de todos os lados,
e eu me vou;
e arrancou-me a esperança,
como a uma árvore.
11 Inflamou contra mim a sua ira
e me tem na conta de seu adversário.
12 Juntas vieram as suas tropas,
prepararam contra mim o seu caminho
e se acamparam
ao redor da minha tenda.
13 Pôs longe de mim a meus irmãos,
e os que me conhecem,
como estranhos, se apartaram de mim.
14 Os meus parentes me desampararam,
e os meus conhecidos
se esqueceram de mim.
15 Os que se abrigam na minha casa
e as minhas servas
me têm por estranho,
e vim a ser estrangeiro aos seus olhos.
16 Chamo o meu criado,
e ele não me responde;
tenho de suplicar-lhe, eu mesmo.
17 O meu hálito é intolerável
à minha mulher,
e pelo mau cheiro sou repugnante
aos filhos de minha mãe.
18 Até as crianças me desprezam,
e, querendo eu levantar-me,
zombam de mim.
19 Todos os meus amigos íntimos
me abominam,
e até os que eu amava
se tornaram contra mim.
20 Os meus ossos se apegam
à minha pele e à minha carne,
e salvei-me
só com a pele dos meus dentes.

21 Compadecei-vos de mim,
amigos meus,
compadecei-vos de mim,
porque a mão de Deus me atingiu.
22 Por que me perseguis
como Deus me persegue
e não cessais de devorar
a minha carne?
23 Quem me dera fossem agora escritas
as minhas palavras!
Quem me dera fossem gravadas
em livro!
24 Que, com pena de ferro
e com chumbo,
para sempre fossem esculpidas
na rocha!
25 Porque eu sei que o meu Redentor vive
e por fim se levantará sobre a terra.
26 Depois, revestido este meu corpo
da minha pele,
em minha carne verei a Deus.
27 Vê-lo-ei por mim mesmo,
os meus olhos o verão, e não outros;
de saudade me desfalece o coração
dentro em mim.
28 Se disserdes: Como o perseguiremos?
E: A causa deste mal se acha nele,
29 temei, pois, a espada,
porque tais acusações
merecem o seu furor,
para saberdes que há um juízo.

Zofar descreve as calamidades dos perversos

20 Então, respondeu Zofar, o naamatita:
2 Visto que os meus pensamentos
me impõem resposta,
eu me apresso.
3 Eu ouvi a repreensão,
que me envergonha,
mas o meu espírito me obriga
a responder
segundo o meu entendimento.
4 Porventura, não sabes tu
que desde todos os tempos,
desde que o homem foi posto
sobre a terra,
5 o júbilo dos perversos é breve,
e a alegria dos ímpios, momentânea?
6 Ainda que a sua presunção
remonte aos céus,
e a sua cabeça atinja as nuvens,
7 como o seu próprio esterco,
apodrecerá para sempre;
e os que o conheceram dirão:
Onde está?

8 Voará como um sonho
e não será achado,
será afugentado
como uma visão da noite.
9 Os olhos que o viram jamais o verão,
e o seu lugar não o verá outra vez.
10 Os seus filhos
procurarão aplacar aos pobres,
e as suas mãos
lhes restaurarão os seus bens.
11 Ainda que os seus ossos estejam
cheios do vigor da sua juventude,
esse vigor se deitará com ele no pó.
12 Ainda que o mal
lhe seja doce na boca,
e ele o esconda debaixo da língua,
13 e o saboreie, e o não deixe;
antes, o retenha no seu paladar,
14 contudo, a sua comida
se transformará nas suas entranhas;
fel de áspides será no seu interior.
15 Engoliu riquezas, mas vomitá-las-á;
do seu ventre Deus as lançará.
16 Veneno de áspides sorveu;
língua de víbora o matará.
17 Não se deliciará
com a vista dos ribeiros
e dos rios transbordantes de mel
e de leite.
18 Devolverá o fruto do seu trabalho
e não o engolirá;
do lucro de sua barganha
não tirará prazer nenhum.
19 Oprimiu e desamparou os pobres,
roubou casas que não edificou.
20 Por não haver limites à sua cobiça,
não chegará a salvar
as cousas por ele desejadas.
21 Nada escapou à sua cobiça insaciável,
pelo que a sua prosperidade
não durará.
22 Na plenitude da sua abastança,
ver-se-á angustiado;
toda a força da miséria virá sobre ele.
23 Para encher a sua barriga,
Deus mandará sobre ele
o furor da sua ira,
que, por alimento,
mandará chover sobre ele.
24 Se fugir das armas de ferro,
o arco de bronze o traspassará.
25 Ele arranca das suas costas a flecha,
e esta vem resplandecente do seu fel;
e haverá assombro sobre ele.
26 Todas as calamidades serão reservadas
contra os seus tesouros;
fogo não assoprado o consumirá,
fogo que se apascentará

do que ficar na sua tenda.
27 Os céus lhe manifestarão
a sua iniqüidade;
e a terra se levantará contra ele.
28 As riquezas de sua casa
serão transportadas;
como água serão derramadas
no dia da ira de Deus.
29 Tal é, da parte de Deus,
a sorte do homem perverso,
tal a herança decretada por Deus.

Jó descreve a prosperidade dos perversos

21 Respondeu, porém, Jó:
2 Ouvi atentamente
as minhas razões,
e já isso me será a vossa consolação.
3 Tolerai-me, e eu falarei;
e, havendo eu falado, podereis zombar.
4 Acaso, é do homem que eu me queixo?
Não tenho motivo de me impacientar?
5 Olhai para mim e pasmai;
e ponde a mão sobre a boca;
6 porque só de pensar nisso
me perturbo,
e um calafrio se apodera
de toda a minha carne.
7 Como é, pois, que vivem os perversos,
envelhecem e ainda se tornam
mais poderosos?
8 Seus filhos se estabelecem
na sua presença;
e os seus descendentes,
ante seus olhos.
9 As suas casas têm paz, sem temor,
e a vara de Deus não os fustiga.
10 O seu touro gera e não falha,
suas novilhas têm a cria
e não abortam.
11 Deixam correr suas crianças,
como a um rebanho,
e seus filhos saltam de alegria;
12 cantam com tamboril e harpa
e alegram-se ao som da flauta.
13 Passam eles os seus dias
em prosperidade
e em paz descem à sepultura.
14 E são estes os que disseram a Deus:
Retira-te de nós!
Não desejamos conhecer
os teus caminhos.
15 Que é o Todo-poderoso,
para que nós o sirvamos?
E que nos aproveitará
que lhe façamos orações?
16 Vede, porém, que não provém deles

a sua prosperidade;
longe de mim
o conselho dos perversos!
17 Quantas vezes sucede que se apaga
a lâmpada dos perversos?
Quantas vezes lhes sobrevém
a destruição?
Quantas vezes Deus na sua ira
lhes reparte dores?
18 Quantas vezes são como a palha
diante do vento
e como a pragana arrebatada
pelo remoinho?
19 Deus, dizeis vós, guarda a iniqüidade
do perverso para seus filhos.
Mas é a ele que deveria Deus
dar o pago, para que o sinta.
20 Seus próprios olhos devem ver
a sua ruína,
e ele, beber do furor
do Todo-poderoso.
21 Porque depois de morto, cortado já
o número dos seus meses,
que interessa a ele a sua casa?
22 Acaso, alguém ensinará ciência
a Deus,
a ele que julga os que estão nos céus?
23 Um morre em pleno vigor,
despreocupado e tranqüilo,
24 com seus baldes cheios de leite
e fresca a medula dos seus ossos.
25 Outro, ao contrário, morre
na amargura do seu coração,
não havendo provado do bem.
26 Juntamente jazem no pó,
onde os vermes os cobrem.
27 Vede que conheço
os vossos pensamentos
e os injustos desígnios
com que me tratais.
28 Porque direis:
Onde está a casa do príncipe,
e onde, a tenda
em que morava o perverso?
29 Porventura, não tendes interrogado
os que viajam?
E não considerastes
as suas declarações,
30 que o mau é poupado
no dia da calamidade,
é socorrido no dia do furor?
31 Quem lhe lançará em rosto
o seu proceder?
Quem lhe dará o pago do que faz?
32 Finalmente, é levado à sepultura,
e sobre o seu túmulo se faz vigilância.

33 Os torrões do vale lhe são leves,
todos os homens o seguem,
assim como não têm número
os que foram adiante dele.
34 Como, pois, me consolais em vão?
Das vossas respostas
só resta falsidade.

Elifaz acusa a Jó de grandes pecados

22 Então, respondeu Elifaz, o temanita:
2 Porventura, será o homem
de algum proveito a Deus?
Antes, o sábio é só útil a si mesmo.
3 Ou tem o Todo-poderoso interesse
em que sejas justo
ou algum lucro em que faças perfeitos
os teus caminhos?
4 Ou te repreende
pelo teu temor de Deus
ou entra contra ti em juízo?
5 Porventura, não é grande
a tua malícia,
e sem termo, as tuas iniqüidades?
6 Porque sem causa tomaste penhores
a teu irmão
e aos seminus despojaste
das suas roupas.
7 Não deste água a beber ao cansado
e ao faminto retiveste o pão.
8 Ao braço forte pertencia a terra,
e só os homens favorecidos
habitavam nela.
9 As viúvas despediste de mãos vazias,
e os braços dos órfãos
foram quebrados.
10 Por isso, estás cercado de laços,
e repentino pavor te conturba
11 ou trevas, em que nada vês;
e águas transbordantes te cobrem.
12 Porventura, não está Deus
nas alturas do céu?
Olha para as estrelas mais altas.
Que altura!
13 E dizes: Que sabe Deus?
Acaso, poderá ele julgar
através de densa escuridão?
14 Grossas nuvens o encobrem,
de modo que não pode ver;
ele passeia pela abóbada do céu.
15 Queres seguir a rota antiga,
que os homens iníquos pisaram?
16 Estes foram arrebatados
antes do tempo;
o seu fundamento,
uma torrente o arrasta.

22.2,3 Jó 35.6-8.

¹⁷ Diziam a Deus: Retira-te de nós.
    E: Que pode fazer-nos
      o Todo-poderoso?
¹⁸ Contudo, ele enchera de bens
      as suas casas.
    Longe de mim
      o conselho dos perversos!
¹⁹ Os justos o vêem e se alegram,
      e o inocente escarnece deles,
²⁰ dizendo:
    Na verdade, os nossos adversários
      foram destruídos,
    e o fogo consumiu o resto deles.
²¹ Reconcilia-te, pois, com ele e tem paz,
    e assim te sobrevirá o bem.
²² Aceita, peço-te, a instrução
      que profere
    e põe as suas palavras no teu coração.
²³ Se te converteres ao Todo-poderoso,
      serás restabelecido;
    se afastares a injustiça da tua tenda
²⁴ e deitares ao pó o teu ouro
    e o ouro de Ofir
      entre pedras dos ribeiros,
²⁵ então, o Todo-poderoso
      será o teu ouro
    e a tua prata escolhida.
²⁶ Deleitar-te-ás, pois, no Todo-poderoso
    e levantarás o teu rosto para Deus.
²⁷ Orarás a ele, e ele te ouvirá;
    e pagarás os teus votos.
²⁸ Se projetas alguma cousa,
      ela te sairá bem,
    e a luz brilhará em teus caminhos.
²⁹ Se estes descem, então, dirás:
      Para cima!
    E Deus salvará o humilde
³⁰ e livrará até ao que não é inocente;
    sim, será libertado,
      graças à pureza de tuas mãos.

Jó deseja apresentar-se perante Deus

23 Respondeu, porém, Jó:
    ² Ainda hoje a minha queixa
      é de um revoltado,
    apesar de a minha mão reprimir
      o meu gemido.
³ Ah! Se eu soubesse
      onde o poderia achar!
    Então, me chegaria ao seu tribunal.
⁴ Exporia ante ele a minha causa,
    encheria a minha boca de argumentos.
⁵ Saberia as palavras
      que ele me respondesse
    e entenderia o que me dissesse.
⁶ Acaso, segundo a grandeza
      de seu poder, contenderia comigo?

Não; antes, me atenderia.
⁷ Ali o homem reto pleitearia com ele,
    e eu me livraria para sempre
      do meu juiz.
⁸ Eis que, se me adianto, ali não está;
    se torno para trás, não o percebo.
⁹ Se opera à esquerda, não o vejo;
    esconde-se à direita, e não o diviso.
¹⁰ Mas ele sabe o meu caminho;
    se ele me provasse,
      sairia eu como o ouro.
¹¹ Os meus pés seguiram as suas pisadas;
    guardei o seu caminho
      e não me desviei dele.
¹² Do mandamento de seus lábios
      nunca me apartei,
    escondi no meu íntimo
      as palavras da sua boca.
¹³ Mas, se ele resolveu alguma cousa,
    quem o pode dissuadir?
    O que ele deseja, isso fará.
¹⁴ Pois ele cumprirá o que está
      ordenado a meu respeito
    e muitas cousas como estas
      ainda tem consigo.
¹⁵ Por isso, me perturbo perante ele;
    e, quando o considero, temo-o.
¹⁶ Deus é quem me fez desmaiar
      o coração,
    e o Todo-poderoso,
      quem me perturbou,
¹⁷ porque não estou desfalecido
      por causa das trevas,
    nem porque a escuridão
      cobre o meu rosto.

Jó contesta que os perversos muitas vezes não são castigados

24 Por que o Todo-poderoso
    não designa tempos de julgamento?
    E por que os que o conhecem
      não vêem tais dias?
² Há os que removem os limites,
    roubam os rebanhos e os apascentam.
³ Levam do órfão o jumento,
    da viúva, tomam-lhe o boi.
⁴ Desviam do caminho aos necessitados,
    e os pobres da terra
      todos têm de esconder-se.
⁵ Como asnos monteses no deserto,
    saem estes para o seu mister,
    à procura de presa no campo aberto,
    como pão para eles e seus filhos.
⁶ No campo segam o pasto do perverso
    e lhe rabiscam a vinha.
⁷ Passam a noite nus por falta de roupa
    e não têm cobertas contra o frio.

8 Pelas chuvas das montanhas
   são molhados
e, não tendo refúgio,
   abraçam-se com as rochas.
9 Orfãozinhos são arrancados ao peito,
   e dos pobres se toma penhor;
10 de modo que estes andam nus,
   sem roupa,
e, famintos, arrastam os molhos.
11 Entre os muros desses perversos
   espremem o azeite,
pisam-lhes o lagar;
   contudo, padecem sede.
12 Desde as cidades gemem os homens,
   e a alma dos feridos clama;
e, contudo, Deus não tem isso
   por anormal.
13 Os perversos são inimigos da luz,
   não conhecem os seus caminhos,
nem permanecem nas suas veredas.
14 De madrugada se levanta o homicida,
   mata ao pobre e ao necessitado,
e de noite se torna ladrão.
15 Aguardam o crepúsculo
   os olhos do adúltero;
este diz consigo:
   Ninguém me reconhecerá;
e cobre o rosto.
16 Nas trevas minam as casas,
   de dia se conservam encerrados,
nada querem com a luz.
17 Pois a manhã para todos eles
   é como sombra de morte;
mas os terrores da noite
   lhes são familiares.
18 Vós dizeis: Os perversos
   são levados rapidamente
   na superfície das águas;
maldita é a porção dos tais na terra;
já não andam
   pelo caminho das vinhas.
19 A secura e o calor desfazem
   as águas da neve;
assim faz a sepultura aos que pecaram.
20 A mãe se esquecerá deles,
   os vermes os comerão gostosamente;
nunca mais haverá lembrança deles;
   como árvore será quebrado o injusto,
21 aquele que devora a estéril
   que não tem filhos
e não faz o bem à viúva.
22 Não! Pelo contrário, Deus
   por sua força
   prolonga os dias dos valentes;
vêem-se eles de pé
   quando desesperavam da vida.
23 Ele lhes dá descanso,
   e nisso se estribam;

os olhos de Deus
   estão nos caminhos deles.
24 São exaltados por breve tempo;
   depois, passam, colhidos
   como todos os mais;
são cortados
   como as pontas das espigas.
25 Se não é assim, quem me desmentirá
   e anulará as minhas razões?

Bildade nega que o homem possa justificar-se diante de Deus

25 Então, respondeu Bildade, o suíta:
   2 A Deus pertence o domínio
   e o poder;
ele faz reinar a paz nas alturas celestes.
3 Acaso, têm número os seus exércitos?
   E sobre quem não se levanta a sua luz?
4 Como, pois, seria justo
   o homem perante Deus,
   e como seria puro
   aquele que nasce de mulher?
5 Eis que até a lua não tem brilho,
   e as estrelas não são puras
   aos olhos dele.
6 Quanto menos o homem,
   que é gusano,
e o filho do homem, que é verme!

Jó afirma a soberania de Deus

26 Jó, porém, respondeu:
   2 Como sabes ajudar
   ao que não tem força
   e prestar socorro
   ao braço que não tem vigor!
3 Como sabes aconselhar
   ao que não tem sabedoria
   e revelar plenitude
   de verdadeiro conhecimento!
4 Com a ajuda de quem
   proferes tais palavras?
   E de quem é o espírito que fala em ti?
5 As almas dos mortos tremem
   debaixo das águas
   com seus habitantes.
6 O além está desnudo perante ele,
   e não há coberta para o abismo.
7 Ele estende o norte sobre o vazio
   e faz pairar a terra sobre o nada.
8 Prende as águas em densas nuvens,
   e as nuvens não se rasgam
   debaixo delas.
9 Encobre a face do seu trono
   e sobre ele estende a sua nuvem.
10 Traçou um círculo
   à superfície das águas,
até aos confins da luz e das trevas.

11 As colunas do céu tremem
e se espantam da sua ameaça.
12 Com a sua força fende o mar
e com o seu entendimento
abate o adversário.
13 Pelo seu sopro aclara os céus,
a sua mão fere o dragão veloz.
14 Eis que isto são apenas as orlas
dos seus caminhos!
Que leve sussurro temos ouvido dele!
Mas o trovão do seu poder,
quem o entenderá?

Jó descreve a sorte dos perversos

27 Prosseguindo Jó em seu discurso,
disse:
2 Tão certo como vive Deus,
que me tirou o direito,
e o Todo-poderoso,
que amargurou a minha alma,
3 enquanto em mim estiver
a minha vida,
e o sopro de Deus nos meus narizes,
4 nunca os meus lábios falarão injustiça,
nem a minha língua
pronunciará engano.
5 Longe de mim que eu vos dê razão!
Até que eu expire, nunca afastarei
de mim a minha integridade.
6 À minha justiça me apegarei
e não a largarei;
não me reprova a minha consciência
por qualquer dia da minha vida.
7 Seja como o perverso o meu inimigo,
e o que se levantar contra mim,
como o injusto.
8 Porque qual será
a esperança do ímpio,
quando lhe for cortada a vida,
quando Deus lhe arrancar a alma?
9 Acaso, ouvirá Deus o seu clamor,
em lhe sobrevindo a tribulação?
10 Deleitar-se-á o perverso
no Todo-poderoso
e invocará a Deus em todo o tempo?
11 Ensinar-vos-ei o que encerra
a mão de Deus
e não vos ocultarei
o que está com o Todo-poderoso.
12 Eis que todos vós já vistes isso;
por que, pois, alimentais vãs noções?
13 Eis qual será da parte de Deus
a porção do perverso
e a herança que os opressores
receberão do Todo-poderoso:
14 Se os seus filhos se multiplicarem,
será para a espada,

e a sua prole não se fartará de pão.
15 Os que ficarem dela,
a peste os enterrará,
e as suas viúvas não chorarão.
16 Se o perverso amontoar prata
como pó
e acumular vestes como barro,
17 ele os acumulará,
mas o justo é que os vestirá,
e o inocente repartirá a prata.
18 Ele edifica a sua casa como a da traça
e como a choça que o vigia constrói.
19 Rico se deita com a sua riqueza,
abre os seus olhos e já não a vê.
20 Pavores se apoderam dele
como inundação,
de noite a tempestade o arrebata.
21 O vento oriental o leva, e ele se vai;
varre-o com ímpeto do seu lugar.
22 Deus lança isto sobre ele
e não o poupa,
a ele que procura fugir
precipitadamente da sua mão;
23 à sua queda lhe batem palmas,
à saída o apupam com assobios.

O homem apropria-se
das riquezas da terra

28 Na verdade, a prata tem suas minas,
e o ouro, que se refina, o seu lugar.
2 O ferro tira-se da terra,
e da pedra se funde o cobre.
3 Os homens põem termo à escuridão
e até aos últimos confins
procuram as pedras
ocultas nas trevas
e na densa escuridade.
4 Abrem entrada para minas
longe da habitação dos homens,
esquecidos dos transeuntes;
e, assim, longe deles, dependurados,
oscilam de um lado para outro.
5 Da terra procede o pão,
mas embaixo é revolvida
como por fogo.
6 Nas suas pedras se encontra safira,
e há pó que contém ouro.
7 Essa vereda, a ave de rapina a ignora,
e jamais a viram os olhos do falcão.
8 Nunca a pisaram feras majestosas,
nem o leãozinho passou por ela.
9 Estende o homem a mão
contra o rochedo
e revolve os montes
desde as suas raízes.
10 Abre canais nas pedras,
e os seus olhos vêem

tudo o que há de mais precioso.
11 Tapa os veios de água,
    e nem uma gota sai deles,
    e traz à luz o que estava escondido.

A verdadeira sabedoria é dom de Deus

12 Mas onde se achará a sabedoria?
    E onde está o lugar do entendimento?
13 O homem não conhece o valor dela,
    nem se acha ela na terra dos viventes.
14 O abismo diz: Ela não está em mim;
    e o mar diz: Não está comigo.
15 Não se dá por ela ouro fino,
    nem se pesa prata em câmbio dela.
16 O seu valor não se pode avaliar
    pelo ouro de Ofir,
    nem pelo precioso ônix,
    nem pela safira.
17 O ouro não se iguala a ela,
    nem o cristal;
    ela não se trocará
    por jóia de ouro fino;
18 ela faz esquecer o coral e o cristal;
    a aquisição da sabedoria
    é melhor que a das pérolas.
19 Não se lhe igualará
    o topázio da Etiópia,
    nem se pode avaliar por ouro puro.
20 Donde, pois, vem a sabedoria,
    e onde está o lugar do entendimento?
21 Está encoberta aos olhos
    de todo vivente
    e oculta às aves do céu.
22 O abismo e a morte dizem:
    Ouvimos com os nossos ouvidos
    a sua fama.
23 Deus lhe entende o caminho,
    e ele é quem sabe o seu lugar.
24 Porque ele perscruta
    até as extremidades da terra,
    vê tudo o que há debaixo dos céus.
25 Quando regulou o peso do vento
    e fixou a medida das águas;
26 quando determinou leis para a chuva
    e caminho para o relâmpago
    dos trovões,
27 então, viu ele a sabedoria
    e a manifestou;
    estabeleceu-a
    e também a esquadrinhou.
28 E disse ao homem:
    Eis que o temor do Senhor
    é a sabedoria,
    e o apartar-se do mal
    é o entendimento.

28.28 Sl 111.10; Pv 9.10.

Jó lembra-se do seu primeiro estado feliz

29 Prosseguiu Jó no seu discurso e disse:
2 Ah! Quem me dera ser
    como fui nos meses passados,
    como nos dias em que Deus
    me guardava!
3 Quando fazia resplandecer
    a sua lâmpada
    sobre a minha cabeça,
    quando eu, guiado por sua luz,
    caminhava pelas trevas;
4 como fui nos dias do meu vigor,
    quando a amizade de Deus
    estava sobre a minha tenda;
5 quando o Todo-poderoso
    ainda estava comigo,
    e os meus filhos, em redor de mim;
6 quando eu lavava os pés em leite,
    e da rocha me corriam
    ribeiros de azeite.
7 Quando eu saía
    para a porta da cidade,
    e na praça me era dado sentar-me,
8 os moços me viam e se retiravam;
    os idosos se levantavam
    e se punham em pé;
9 os príncipes reprimiam
    as suas palavras
    e punham a mão sobre a boca;
10 a voz dos nobres emudecia,
    e a sua língua se apegava ao paladar.
11 Ouvindo-me algum ouvido,
    esse me chamava feliz;
    vendo-me algum olho,
    dava testemunho de mim;
12 porque eu livrava os pobres
    que clamavam
    e também o órfão
    que não tinha quem o socorresse.
13 A bênção do que estava a perecer
    vinha sobre mim,
    e eu fazia rejubilar-se
    o coração da viúva.
14 Eu me cobria de justiça,
    e esta me servia de veste;
    como manto e turbante
    era a minha eqüidade.
15 Eu me fazia de olhos para o cego
    e de pés para o coxo.
16 Dos necessitados era pai
    e até as causas dos desconhecidos
    eu examinava.
17 Eu quebrava os queixos do iníquo

e dos seus dentes
lhe fazia eu cair a vítima.
¹⁸ Eu dizia: no meu ninho expirarei,
multiplicarei os meus dias
como a areia.
¹⁹ A minha raiz se estenderá até às águas,
e o orvalho ficará durante a noite
sobre os meus ramos;
²⁰ a minha honra se renovará em mim,
e o meu arco se reforçará
na minha mão.
²¹ Os que me ouviam esperavam
o meu conselho
e guardavam silêncio para ouvi-lo.
²² Havendo eu falado, não replicavam;
as minhas palavras caíam sobre eles
como orvalho.
²³ Esperavam-me como à chuva,
abriam a boca
como à chuva de primavera.
²⁴ Sorria-me para eles
quando não tinham confiança;
e a luz do meu rosto não desprezavam.
²⁵ Eu lhes escolhia o caminho,
assentava-me como chefe
e habitava como rei
entre as suas tropas,
como quem consola os que pranteiam.

Jó lamenta a miséria em que caiu

30 Mas agora se riem de mim
os de menos idade do que eu,
e cujos pais eu teria desdenhado
de pôr ao lado dos cães
do meu rebanho.
² De que também me serviria
a força das suas mãos,
homens cujo vigor já pereceu?
³ De míngua e fome se debilitaram;
roem os lugares secos, desde muito
em ruínas e desolados.
⁴ Apanham malvas
e folhas dos arbustos
e se sustentam de raízes de zimbro.
⁵ Do meio dos homens são expulsos;
grita-se contra eles, como se grita
atrás de um ladrão;
⁶ habitam nos desfiladeiros sombrios,
nas cavernas da terra e das rochas.
⁷ Bramam entre os arbustos
e se ajuntam debaixo dos espinheiros.
⁸ São filhos de doidos, raça infame,
e da terra são escorraçados.
⁹ Mas agora sou a sua canção de motejo
e lhes sirvo de provérbio.
¹⁰ Abominam-me, fogem
para longe de mim

e não se abstêm de me cuspir no rosto.
¹¹ Porque Deus afrouxou a corda
do meu arco e me oprimiu;
pelo que sacudiram de si o freio
perante o meu rosto.
¹² À direita se levanta uma súcia,
e me empurra,
e contra mim prepara
o seu caminho de destruição.
¹³ Arruínam a minha vereda,
promovem a minha calamidade;
gente para quem já não há socorro.
¹⁴ Vêm contra mim
como por uma grande brecha
e se revolvem avante entre as ruínas.
¹⁵ Sobrevieram-me pavores,
como pelo vento
é varrida a minha honra;
como nuvem
passou a minha felicidade.
¹⁶ Agora, dentro em mim
se me derrama a alma;
os dias da aflição
se apoderaram de mim.
¹⁷ A noite me verruma os ossos
e os desloca,
e não descansa o mal que me rói.
¹⁸ Pela grande violência do meu mal
está desfigurada a minha veste,
mal que me cinge
como a gola da minha túnica.
¹⁹ Deus, tu me lançaste na lama,
e me tornei semelhante ao pó e à cinza.
²⁰ Clamo a ti, e não me respondes;
estou em pé,
mas apenas olhas para mim.
²¹ Tu foste cruel comigo;
com a força da tua mão
tu me combates.
²² Levantas-me sobre o vento
e me fazes cavalgá-lo;
dissolves-me
no estrondo da tempestade.
²³ Pois eu sei que me levarás à morte
e à casa destinada a todo vivente.
²⁴ De um montão de ruínas
não estenderá o homem a mão
e na sua desventura
não levantará um grito por socorro?
²⁵ Acaso, não chorei sobre aquele
que atravessava dias difíceis
ou não se angustiou a minha alma
pelo necessitado?
²⁶ Aguardava eu o bem,
e eis que me veio o mal;
esperava a luz, veio-me a escuridão.
²⁷ O meu íntimo se agita sem cessar;
e dias de aflição me sobrevêm.

²⁸ Ando de luto, sem a luz do sol;
   levanto-me na congregação
      e clamo por socorro.
²⁹ Sou irmão dos chacais
   e companheiro de avestruzes.
³⁰ Enegrecida se me cai a pele,
   e os meus ossos queimam em febre.
³¹ Por isso, a minha harpa se me tornou
      em prantos de luto,
   e a minha flauta,
      em voz dos que choram.

Jó declara sua integridade

31 Fiz aliança com meus olhos;
      como, pois, os fixaria eu
         numa donzela?
² Que porção, pois, teria eu
      do Deus lá de cima
   e que herança
      do Todo-poderoso, desde as alturas?
³ Acaso, não é a perdição para o iníquo,
   e o infortúnio,
      para os que praticam a maldade?
⁴ Ou não vê Deus os meus caminhos
   e não conta todos os meus passos?
⁵ Se andei com falsidade,
   e se o meu pé se apressou
      para o engano
⁶ (pese-me Deus em balanças fiéis
   e conhecerá a minha integridade);
⁷ se os meus passos
      se desviaram do caminho,
   e se o meu coração
      segue os meus olhos,
   e se às minhas mãos
      se apegou qualquer mancha,
⁸ então, semeie eu, e outro coma,
   e sejam arrancados
      os renovos do meu campo.
⁹ Se o meu coração se deixou seduzir
      por causa de mulher,
   se andei à espreita
      à porta do meu próximo,
¹⁰ então, moa minha mulher para outro,
   e outros se encurvem sobre ela.
¹¹ Pois seria isso um crime hediondo,
   delito à punição de juízes;
¹² pois seria fogo que consome
      até à destruição
   e desarraigaria toda a minha renda.
¹³ Se desprezei o direito do meu servo
   ou da minha serva,
      quando eles contendiam comigo,
¹⁴ então, que faria eu
      quando Deus se levantasse?
   E, inquirindo ele a causa,
      que lhe responderia eu?

¹⁵ Aquele que me formou
      no ventre materno
   não os fez também a eles?
   Ou não é o mesmo que nos formou
      na madre?
¹⁶ Se retive o que os pobres desejavam
   ou fiz desfalecer os olhos da viúva;
¹⁷ ou, se sozinho comi o meu bocado,
   e o órfão dele não participou
¹⁸ (Porque desde a minha mocidade
      cresceu comigo
      como se eu lhe fora o pai,
   e desde o ventre da minha mãe
      fui o guia da viúva).
¹⁹ se a alguém vi perecer
      por falta de roupa
   e ao necessitado, por não ter coberta;
²⁰ se os seus lombos não me abençoaram,
   se ele não se aquentava
      com a lã dos meus cordeiros;
²¹ se eu levantei a mão contra o órfão,
   por me ver apoiado
      pelos juízes da porta,
²² então, caia a omoplata do meu ombro,
   e seja arrancado o meu braço
      da articulação.
²³ Porque o castigo de Deus
      seria para mim um assombro,
   e eu não poderia enfrentar
      a sua majestade.
²⁴ Se no ouro pus a minha esperança
   ou disse ao ouro fino: em ti confio;
²⁵ se me alegrei
      por serem grandes os meus bens
   e por ter a minha mão
      alcançado muito;
²⁶ se olhei para o sol,
      quando resplandecia,
   ou para a lua,
      que caminhava esplendente,
²⁷ e o meu coração
      se deixou enganar em oculto,
   e beijos lhes atirei com a mão,
²⁸ também isto seria delito
      à punição de juízes;
   pois assim negaria eu
      ao Deus lá de cima.
²⁹ Se me alegrei da desgraça
      do que me tem ódio
   e se exultei quando o mal o atingiu
³⁰ (Também não deixei pecar
      a minha boca,
   pedindo com imprecações
      a sua morte.);
³¹ se a gente da minha tenda não disse:
   ah! Quem haverá aí que não se saciou
      de carne provida por ele

³² (O estrangeiro não pernoitava na rua;
as minhas portas abria ao viandante.)!
³³ Se, como Adão, encobri
as minhas transgressões,
ocultando o meu delito no meu seio;
³⁴ porque eu temia a grande multidão,
e o desprezo das famílias
me apavorava,
de sorte que me calei
e não saí da porta.
³⁵ Tomara eu tivesse quem me ouvisse!
Eis aqui a minha defesa assinada!
Que o Todo-poderoso me responda!
Que o meu adversário
escreva a sua acusação!
³⁶ Por certo que a levaria
sobre o meu ombro,
atá-la-ia sobre mim como coroa;
³⁷ mostrar-lhe-ia
o número dos meus passos;
como príncipe me chegaria a ele.
³⁸ Se a minha terra clamar contra mim,
e se os seus sulcos
juntamente chorarem;
³⁹ se comi os seus frutos
sem tê-la pago devidamente
e causei a morte aos seus donos,
⁴⁰ por trigo me produza cardos,
e por cevada, joio.
Fim das palavras de Jó.

Eliú irado contra Jó
e seus três amigos

32 Cessaram aqueles três homens de
responder a Jó no tocante ao se ter
ele por justo aos seus próprios olhos.
² Então, se acendeu a ira de Eliú, filho
de Baraquel, o buzita, da família de Rão;
acendeu-se a sua ira contra Jó, porque este pretendia ser mais justo do que Deus.
³ Também a sua ira se acendeu contra os
três amigos, porque, mesmo não achando
eles o que responder, condenavam a Jó.
⁴ Eliú, porém, esperara para falar a Jó,
pois eram de mais idade do que ele.
⁵ Vendo Eliú que já não havia resposta
na boca daqueles três homens, a sua ira se
acendeu.

Eliú vinga o seu direito
de responder a Jó

⁶ Disse Eliú, filho de Baraquel, o buzita:
Eu sou de menos idade,
e vós sois idosos;
arreceei-me e temi
de vos declarar a minha opinião.
⁷ Dizia eu: Falem os dias,

e a multidão dos anos
ensine a sabedoria.
⁸ Na verdade, há um espírito no homem,
e o sopro do Todo-poderoso
o faz sábio.
⁹ Os de mais idade
não é que são os sábios,
nem os velhos,
os que entendem o que é reto.
¹⁰ Pelo que digo: dai-me ouvidos,
e também eu declararei
a minha opinião.
¹¹ Eis que aguardei as vossas palavras
e dei ouvidos às vossas considerações,
enquanto, quem sabe,
buscáveis o que dizer.
¹² Atentando, pois, para vós outros,
eis que nenhum de vós houve
que refutasse a Jó,
nem que respondesse às suas razões.
¹³ Não vos desculpeis, pois, dizendo:
Achamos sabedoria nele;
Deus pode vencê-lo, e não o homem.
¹⁴ Ora, ele não me dirigiu
palavra alguma,
nem eu lhe retorquirei
com as vossas palavras.
¹⁵ Jó, os três estão pasmados,
já não respondem,
faltam-lhes as palavras.
¹⁶ Acaso, devo esperar, pois não falam,
estão parados e nada mais respondem?
¹⁷ Também eu concorrerei
com a minha resposta;
declararei a minha opinião.
¹⁸ Porque tenho muito que falar,
e o meu espírito me constrange.
¹⁹ Eis que dentro em mim sou
como o vinho, sem respiradouro,
como odres novos,
prestes a arrebentar-se.
²⁰ Permiti, pois, que eu fale
para desafogar-me;
abrirei os lábios e responderei.
²¹ Não farei acepção de pessoas,
nem usarei de lisonjas com o homem.
²² Porque não sei lisonjear;
em caso contrário, em breve
me levaria o meu Criador.

Eliú repreende a Jó

33 Ouve, pois, Jó, as minhas razões
e dá ouvidos
a todas as minhas palavras.
² Passo agora a falar,
em minha boca fala a língua.
³ As minhas razões provam

a sinceridade do meu coração,
e os meus lábios proferem
o puro saber.

4 O Espírito de Deus me fez,
e o sopro do Todo-poderoso
me dá vida.

5 Se podes, contesta-me,
dispõe bem as tuas razões
perante mim e apresenta-te.

6 Eis que diante de Deus sou como tu és;
também eu sou formado do barro.

7 Por isso, não te inspiro terror,
nem será pesada sobre ti a minha mão.

8 Na verdade, falaste perante mim,
e eu ouvi o som das tuas palavras:

9 Estou limpo, sem transgressão;
puro sou e não tenho iniquidade.

10 Eis que Deus procura pretextos
contra mim
e me considera como seu inimigo.

11 Põe no tronco os meus pés
e observa todas as minhas veredas.

12 Nisto não tens razão, eu te respondo;
porque Deus é maior
do que o homem.

13 Por que contendes com ele,
afirmando que não te dá contas
de nenhum dos seus atos?

14 Pelo contrário, Deus fala
de um modo, sim, de dois modos,
mas o homem não atenta para isso.

15 Em sonho ou em visão de noite,
quando cai sono profundo
sobre os homens,
quando adormecem na cama,

16 então, lhes abre os ouvidos
e lhes sela a sua instrução,

17 para apartar o homem do seu desígnio
e livrá-lo da soberba;

18 para guardar a sua alma da cova
e a sua vida de passar pela espada.

19 Também no seu leito é castigado
com dores,
com incessante contenda
nos seus ossos;

20 de modo que a sua vida
abomina o pão,
e a sua alma, a comida apetecível.

21 A sua carne, que se via,
agora desaparece,
e os seus ossos, que não se viam,
agora se descobrem.

22 A sua alma se vai chegando à cova,
e a sua vida, aos portadores da morte.

23 Se com ele houver
um anjo intercessor,
um dos milhares,
para declarar ao homem
o que lhe convém,

24 então, Deus terá misericórdia dele
e dirá ao anjo:
Redime-o, para que não desça à cova;
achei resgate.

25 Sua carne se robustecerá
com o vigor da sua infância,
e ele tornará
aos dias da sua juventude.

26 Deveras orará a Deus,
que lhe será propício;
ele, com júbilo, verá a face de Deus,
e este lhe restituirá a sua justiça.

27 Cantará diante dos homens e dirá:
Pequei, perverti o direito
e não fui punido segundo merecia.

28 Deus redimiu a minha alma
de ir para a cova;
e a minha vida verá a luz.

29 Eis que tudo isto é obra de Deus,
duas e três vezes para com o homem,

30 para reconduzir da cova a sua alma
e o alumiar com a luz dos viventes.

31 Escuta, pois, ó Jó, ouve-me;
cala-te, e eu falarei.

32 Se tens alguma cousa que dizer,
responde-me;
fala, porque desejo justificar-te.

33 Se não, escuta-me;
cala-te, e ensinar-te-ei a sabedoria.

Eliú justifica a Deus

34 Disse mais Eliú:
2 Ouvi, ó sábios, as minhas razões;
vós, instruídos, inclinai os ouvidos
para mim.

3 Porque o ouvido prova as palavras,
como o paladar, a comida.

4 O que é direito
escolhamos para nós;
conheçamos entre nós o que é bom.

5 Porque Jó disse: Sou justo,
e Deus tirou o meu direito.

6 Apesar do meu direito,
sou tido por mentiroso;
a minha ferida é incurável,
sem que haja pecado em mim.

7 Que homem há como Jó,
que bebe a zombaria como água?

8 E anda em companhia
dos que obram a iniquidade
e caminha com homens perversos?

9 Pois disse: De nada aproveita
ao homem
o comprazer-se em Deus.

10 Pelo que vós, homens sensatos,
escutai-me:
longe de Deus o praticar ele

a perversidade,
e do Todo-poderoso
o cometer injustiça.

11 Pois retribui ao homem
segundo as suas obras
e faz que a cada um toque
segundo o seu caminho.

12 Na verdade, Deus não procede
maliciosamente;
nem o Todo-poderoso perverte o juízo.

13 Quem lhe entregou o governo da terra?
Quem lhe confiou o universo?

14 Se Deus pensasse apenas em si mesmo
e para si recolhesse o seu espírito
e o seu sopro,

15 toda a carne juntamente expiraria,
e o homem voltaria para o pó.

16 Se, pois, há em ti entendimento,
ouve isto;
inclina os ouvidos
ao som das minhas palavras.

17 Acaso, governaria
o que aborrecesse o direito?
E quererás tu condenar
aquele que é justo e poderoso?

18 Dir-se-á a um rei: Oh! Vil?
Ou aos príncipes: Oh! Perversos?

19 Quanto menos àquele que não faz
acepção das pessoas de príncipes,
nem estima ao rico
mais do que ao pobre;
porque todos são obra de suas mãos.

20 De repente, morrem;
à meia-noite, os povos são perturbados
e passam,
e os poderosos são tomados
por força invisível.

21 Os olhos de Deus estão
sobre os caminhos do homem
e vêem todos os seus passos.

22 Não há trevas nem sombra
assaz profunda,
onde se escondam
os que obram a iniqüidade.

23 Pois Deus não precisa observar
por muito tempo o homem
antes de o fazer ir a juízo perante ele.

24 Quebranta os fortes, sem os inquirir,
e põe outros em seu lugar.

25 Ele conhece, pois, as suas obras;
de noite, os transtorna,
e ficam moídos.

26 Ele os fere como a perversos,
à vista de todos;

27 porque dele se desviaram,
e não quiseram compreender

nenhum de seus caminhos,

28 e, assim, fizeram que o clamor
do pobre subisse até Deus,
e este ouviu o lamento dos aflitos.

29 Se ele aquietar-se, quem o condenará?
Se encobrir o rosto,
quem o poderá contemplar,
seja um povo, seja um homem?

30 Para que o ímpio não reine,
e não haja quem iluda o povo.

31 Se alguém diz a Deus:
Sofri, não pecarei mais;

32 o que não vejo, ensina-mo tu;
se cometi injustiça,
jamais a tornarei a praticar,

33 acaso, deve ele recompensar-te
segundo tu queres ou não queres?
Acaso, deve ele dizer-te: Escolhe tu,
e não eu;
declara o que sabes, fala?

34 Os homens sensatos dir-me-ão,
dir-me-á o sábio que me ouve:

35 Jó falou sem conhecimento,
e nas suas palavras não há sabedoria.

36 Tomara fosse Jó provado até ao fim,
porque ele respondeu
como homem de iniqüidade.

37 Pois ao seu pecado acrescenta rebelião,
entre nós, com desprezo,
bate ele palmas
e multiplica as suas palavras
contra Deus.

Deus não ouve os aflitos, porque estes não têm fé

35 Disse mais Eliú:
2 Achas que é justo dizeres:
Maior é a minha justiça
do que a de Deus?

3 Porque dizes: De que me serviria ela?
Que proveito tiraria dela
mais do que do meu pecado?

4 Dar-te-ei resposta,
a ti e aos teus amigos contigo.

5 Atenta para os céus e vê;
contempla as altas nuvens acima de ti.

6 Se pecas, que mal lhe causas tu?
Se as tuas transgressões
se multiplicam, que lhe fazes?

7 Se és justo, que lhe dás
ou que recebe ele da tua mão?

8 A tua impiedade só pode fazer o mal
ao homem como tu mesmo;
e a tua justiça, dar proveito
ao filho do homem.

⁹ Por causa das muitas opressões,
   os homens clamam,
clamam por socorro
contra o braço dos poderosos.
¹⁰ Mas ninguém diz: Onde está Deus,
    que me fez,
que inspira canções de louvor
   durante a noite,
¹¹ que nos ensina mais
    do que aos animais da terra
e nos faz mais sábios
   do que as aves dos céus?
¹² Clamam, porém ele não responde,
    por causa da arrogância dos maus.
¹³ Só gritos vazios Deus não ouvirá,
    nem atentará para eles
o Todo-poderoso.
¹⁴ Jó, ainda que dizes que não o vês,
    a tua causa está diante dele;
por isso, espera nele.
¹⁵ Mas agora, porque Deus na sua ira
    não está punindo,
nem fazendo muito caso
   das transgressões,
¹⁶ abres a tua boca, com palavras vãs,
    amontoando frases de ignorante.

No sofrer do homem, Deus lhe visa o bem

36 Prosseguiu Eliú e disse:
    ² Mais um pouco de paciência,
    e te mostrarei
que ainda tenho argumentos
   a favor de Deus.
³ De longe trarei o meu conhecimento
   e ao meu Criador atribuirei a justiça.
⁴ Porque, na verdade,
   as minhas palavras não são falsas;
contigo está
   quem é senhor do assunto.
⁵ Eis que Deus é mui grande;
   contudo, a ninguém despreza;
é grande na força da sua compreensão.
⁶ Não poupa a vida ao perverso,
   mas faz justiça aos aflitos.
⁷ Dos justos não tira os olhos;
   antes, com os reis, no trono
os assenta para sempre,
   e são exaltados.
⁸ Se estão presos em grilhões
   e amarrados com cordas de aflição,
⁹ ele lhes faz ver as suas obras,
   as suas transgressões,
   e que se houveram com soberba.
¹⁰ Abre-lhes também os ouvidos
    para a instrução

e manda-lhes que se convertam
   da iniqüidade.
¹¹ Se o ouvirem e o servirem,
    acabarão seus dias em felicidade
e os seus anos em delícias.
¹² Porém, se não o ouvirem,
    serão traspassados pela lança
e morrerão na sua cegueira.
¹³ Os ímpios de coração
    amontoam para si a ira;
e, agrilhoados por Deus,
   não clamam por socorro.
¹⁴ Perdem a vida na sua mocidade
    e morrem entre os prostitutos cultuais.
¹⁵ Ao aflito livra por meio da sua aflição
    e pela opressão lhe abre os ouvidos.
¹⁶ Assim também procura tirar-te
    das fauces da angústia
para um lugar espaçoso,
   em que não há aperto,
e as iguarias da tua mesa
   seriam cheias de gordura;
¹⁷ mas tu te enches do juízo do perverso,
    e, por isso, o juízo e a justiça
te alcançarão.
¹⁸ Guarda-te, pois, de que a ira
    não te induza a escarnecer,
nem te desvie
   a grande quantia do resgate.
¹⁹ Estimaria ele as tuas lamúrias
    e todos os teus grandes esforços,
para que te vejas livre da tua angústia?
²⁰ Não suspires pela noite,
    em que povos serão tomados
do seu lugar.
²¹ Guarda-te, não te inclines
    para a iniqüidade;
pois isso preferes à tua miséria.
²² Eis que Deus se mostra grande
    em seu poder!
Quem é mestre como ele?
²³ Quem lhe prescreveu o seu caminho
    ou quem lhe pode dizer:
    Praticaste a injustiça?

Eliú exalta a majestade de Deus

²⁴ Lembra-te de lhe magnificares as obras
    que os homens celebram.
²⁵ Todos os homens as contemplam;
    de longe as admira o homem.
²⁶ Eis que Deus é grande,
    e não o podemos compreender;
o número dos seus anos
   não se pode calcular.
²⁷ Porque atrai para si as gotas de água
    que de seu vapor destilam em chuva,
²⁸ a qual as nuvens derramam

e gotejam sobre o homem
abundantemente.

²⁹ Acaso, pode alguém entender
o estender-se das nuvens
e os trovões do seu pavilhão?

³⁰ Eis que estende sobre elas
o seu relâmpago
e encobre as profundezas do mar.

³¹ Pois por estas cousas julga os povos
e lhes dá mantimento em abundância.

³² Enche as mãos de relâmpagos
e os dardeja contra o adversário.

³³ O fragor da tempestade
dá notícias a respeito dele,
dele que é zeloso na sua ira
contra a injustiça.

37 Sobre isto treme também
o meu coração
e salta do seu lugar.

² Dai ouvidos ao trovão de Deus,
estrondo que sai da sua boca;

³ ele o solta por debaixo
de todos os céus,
e o seu relâmpago,
até aos confins da terra.

⁴ Depois deste, ruge a sua voz,
troveja com o estrondo
da sua majestade,
e já ele não retém o relâmpago
quando lhe ouvem a voz.

⁵ Com a sua voz troveja Deus
maravilhosamente;
faz grandes cousas,
que nós não compreendemos.

⁶ Porque ele diz à neve:
Cai sobre a terra;
e à chuva e ao aguaceiro: Sede fortes.

⁷ Assim, torna ele inativas
as mãos de todos os homens,
para que reconheçam as obras dele.

⁸ E as alimárias
entram nos seus esconderijos
e ficam nas suas cavernas.

⁹ De suas recâmaras sai o pé-de-vento,
e, dos ventos do norte, o frio.

¹⁰ Pelo sopro de Deus se dá a geada,
e as largas águas se congelam.

¹¹ Também de umidade carrega
as densas nuvens,
nuvens que espargem os relâmpagos.

¹² Então, elas, segundo o rumo
que ele dá,
se espalham para uma e outra direção,
para fazerem tudo o que lhes ordena
sobre a redondeza da terra.

¹³ E tudo isso faz ele vir para disciplina,
se convém à terra, ou para exercer
a sua misericórdia.

¹⁴ Inclina, Jó, os ouvidos a isto,
pára e considera
as maravilhas de Deus.

¹⁵ Porventura, sabes tu
como Deus as opera
e como faz resplandecer
o relâmpago da sua nuvem?

¹⁶ Tens tu notícia
do equilíbrio das nuvens
e das maravilhas daquele que é
perfeito em conhecimento?

¹⁷ Que faz aquecer as tuas vestes,
quando há calma sobre a terra
por causa do vento sul?

¹⁸ Ou estendeste com ele o firmamento,
que é sólido como espelho fundido?

¹⁹ Ensina-nos o que lhe diremos;
porque nós, envoltos em trevas,
nada lhe podemos expor.

²⁰ Contar-lhe-ia alguém
o que tenho dito?
Seria isso desejar o homem
ser devorado.

²¹ Eis que o homem
não pode olhar para o sol,
que brilha no céu,
uma vez passado o vento
que o deixa limpo.

²² Do norte vem o áureo esplendor,
pois Deus está cercado
de tremenda majestade.

²³ Ao Todo-poderoso,
não o podemos alcançar;
ele é grande em poder,
porém não perverte o juízo
e a plenitude da justiça.

²⁴ Por isso, os homens o temem;
ele não olha
para os que se julgam sábios.

O Senhor convence a Jó de ignorância

38 Depois disto, o Senhor, do meio
de um redemoinho, respondeu a Jó:

² Quem é este que escurece
os meus desígnios
com palavras sem conhecimento?

³ Cinge, pois, os lombos como homem,
pois eu te perguntarei,
e tu me farás saber.

⁴ Onde estavas tu, quando eu lançava
os fundamentos da terra?
Dize-mo, se tens entendimento.

⁵ Quem lhe pôs as medidas,
se é que o sabes?
Ou quem estendeu sobre ela o cordel?

⁶ Sobre que estão fundadas
as suas bases

ou quem lhe assentou a pedra angular,
7 quando as estrelas da alva, juntas,
    alegremente cantavam,
  e rejubilavam todos os filhos de Deus?
8 Ou quem encerrou o mar com portas,
  quando irrompeu da madre;
9 quando eu lhe pus as nuvens
    por vestidura
  e a escuridão por fraldas?
10 Quando eu lhe tracei limites,
  e lhe pus ferrolhos e portas,
11 e disse: até aqui virás
    e não mais adiante,
  e aqui se quebrará
    o orgulho das tuas ondas?
12 Acaso, desde que começaram
    os teus dias,
    deste ordem à madrugada
  ou fizeste a alva saber o seu lugar,
13 para que se apegasse às orlas da terra,
  e desta fossem os perversos sacudidos?
14 A terra se modela como o barro
    debaixo do selo,
  e tudo se apresenta como vestidos;
15 dos perversos se desvia a sua luz,
  e o braço levantado para ferir
    se quebranta.
16 Acaso, entraste
    nos mananciais do mar
  ou percorreste
    o mais profundo do abismo?
17 Porventura, te foram reveladas
    as portas da morte
  ou viste essas portas
    da região tenebrosa?
18 Tens idéia nítida da largura da terra?
  Dize-mo, se o sabes.
19 Onde está o caminho
    para a morada da luz?
  E, quanto às trevas, onde é o seu lugar,
20 para que as conduzas aos seus limites
  e discirnas as veredas para a sua casa?
21 Tu o sabes, porque nesse tempo
    eras nascido
  e porque é grande
    o número dos teus dias!
22 Acaso, entraste nos depósitos da neve
  e viste os tesouros da saraiva,
23 que eu retenho
    até ao tempo da angústia,
    até ao dia da peleja e da guerra?
24 Onde está o caminho
    para onde se difunde a luz
  e se espalha o vento oriental
    sobre a terra?
25 Quem abriu regos para o aguaceiro

ou caminho
    para os relâmpagos dos trovões;
26 para que se faça chover sobre a terra,
    onde não há ninguém,
  e no ermo, em que não há gente;
27 para dessedentar a terra deserta
    e assolada
  e para fazer crescer
    os renovos da erva?
28 Acaso, a chuva tem pai?
  Ou quem gera as gotas do orvalho?
29 De que ventre procede o gelo?
  E quem dá à luz a geada do céu?
30 As águas ficam duras como a pedra,
  e a superfície das profundezas
    se torna compacta.
31 Ou poderás tu atar
    as cadeias do Sete-estrelo
  ou soltar os laços do Órion?
32 Ou fazer aparecer
    os signos do Zodíaco
  ou guiar a Ursa com seus filhos?
33 Sabes tu as ordenanças dos céus,
  podes estabelecer a sua influência
    sobre a terra?
34 Podes levantar a tua voz até às nuvens,
    para que a abundância das águas
    te cubra?
35 Ou ordenarás aos relâmpagos
    que saiam
  e te digam: Eis-nos aqui?
36 Quem pôs sabedoria
    nas camadas de nuvens?
  Ou quem deu entendimento
    ao meteoro?
37 Quem pode numerar com sabedoria
    as nuvens?
  Ou os odres dos céus,
    quem os pode despejar,
38 para que o pó se transforme
    em massa sólida,
  e os torrões se apeguem
    uns aos outros?
39 Caçarás, porventura, a presa
    para a leoa?
  Ou saciarás a fome dos leõezinhos,
40 quando se agacham nos covis
  e estão à espreita nas covas?
41 Quem prepara aos corvos
    o seu alimento,
  quando os seus pintainhos
    gritam a Deus
  e andam vagueando,
    por não terem que comer?

39 Sabes tu o tempo em que
    as cabras monteses têm os filhos

38.8-11 Jr 5.23.   38.31 Jó 9.9; Am 5.8.

ou cuidaste das corças
    quando dão suas crias?
2 Podes contar os meses que cumprem?
    Ou sabes o tempo do seu parto?
3 Elas encurvam-se,
    para terem seus filhos,
    e lançam de si as suas dores.
4 Seus filhos se tornam robustos,
    crescem no campo aberto,
    saem e nunca mais tornam para elas.
5 Quem despediu livre
    o jumento selvagem,
    e quem soltou as prisões
    ao asno veloz,
6 ao qual dei o ermo por casa
    e a terra salgada por moradas?
7 Ri-se do tumulto da cidade,
    não ouve os muitos gritos do arrieiro.
8 Os montes são o lugar do seu pasto,
    e anda à procura de tudo
    o que está verde.
9 Acaso, quer o boi selvagem servir-te?
    Ou passará ele a noite
    junto da tua manjedoura?
10 Porventura, podes prendê-lo ao sulco
    com cordas?
    Ou gradará ele os vales após ti?
11 Confiarás nele,
    por ser grande a sua força,
    ou deixarás a seu cuidado
    o teu trabalho?
12 Fiarás dele que te traga para a casa
    o que semeaste
    e o recolha na tua eira?
13 O avestruz bate alegre as asas;
    acaso, porém, tem asas e penas
    de bondade?
14 Ele deixa os seus ovos na terra,
    e os aquenta no pó,
15 e se esquece de que algum pé
    os pode esmagar
    ou de que podem pisá-los
    os animais do campo.
16 Trata com dureza os seus filhos,
    como se não fossem seus;
    embora seja em vão o seu trabalho,
    ele está tranqüilo,
17 porque Deus lhe negou sabedoria
    e não lhe deu entendimento;
18 mas, quando de um salto se levanta
    para correr,
    ri-se do cavalo e do cavaleiro.
19 Ou dás tu força ao cavalo
    ou revestirás o seu pescoço de crinas?
20 Acaso, o fazes pular
    como ao gafanhoto?
    Terrível é o fogoso respirar
    das suas ventas.

21 Escarva no vale, folga na sua força
    e sai ao encontro dos armados.
22 Ri-se do temor e não se espanta;
    e não torna atrás por causa da espada.
23 Sobre ele chocalha a aljava,
    flameja a lança e o dardo.
24 De fúria e ira devora o caminho
    e não se contém ao som da trombeta.
25 Em cada sonido da trombeta, ele diz:
    Avante!
    Cheira de longe a batalha,
    o trovão dos príncipes e o alarido.
26 Ou é pela tua inteligência
    que voa o falcão,
    estendendo as asas para o Sul?
27 Ou é pelo teu mandado
    que se remonta a águia
    e faz alto o seu ninho?
28 Habita no penhasco
    onde faz a sua morada,
    sobre o cume do penhasco,
    em lugar seguro.
29 Dali descobre a presa;
    seus olhos a avistam de longe.
30 Seus filhos chupam sangue;
    onde há mortos, ela aí está.

40 Disse mais o SENHOR a Jó:
2 Acaso, quem usa de censuras
    contenderá com o Todo-poderoso?
    Quem assim argúi a Deus
    que responda.

A resposta humilde de Jó

3 Então, Jó respondeu ao SENHOR e
disse:
4 Sou indigno; que te responderia eu?
    Ponho a mão na minha boca.
5 Uma vez falei e não replicarei,
    aliás, duas vezes,
    porém não prosseguirei.

As manifestações do poder de Deus

6 Então, o SENHOR, do meio de um redemoinho, respondeu a Jó:
7 Cinge agora os lombos como homem;
    eu te perguntarei, e tu me responderás.
8 Acaso, anularás tu, de fato,
    o meu juízo?
    Ou me condenarás,
    para te justificares?
9 Ou tens braço como Deus
    ou podes trovejar com a voz
    como ele o faz?
10 Orna-te, pois, de excelência
    e grandeza,
    veste-te de majestade e de glória.

¹¹ Derrama as torrentes da tua ira
e atenta para todo soberbo e abate-o.
¹² Olha para todo soberbo e humilha-o,
calca aos pés os perversos no seu lugar.
¹³ Cobre-os juntamente no pó,
encerra-lhes o rosto no sepulcro.
¹⁴ Então, também eu confessarei
a teu respeito
que a tua mão direita te dá vitória.
¹⁵ Contempla agora o hipopótamo,
que eu criei contigo,
que come a erva como o boi.
¹⁶ Sua força está nos seus lombos,
e o seu poder,
nos músculos do seu ventre.
¹⁷ Endurece a sua cauda como cedro;
os tendões das suas coxas
estão entretecidos.
¹⁸ Os seus ossos
são como tubos de bronze,
o seu arcabouço,
como barras de ferro.
¹⁹ Ele é obra-prima dos feitos de Deus;
quem o fez o proveu de espada.
²⁰ Em verdade, os montes
lhe produzem pasto,
onde todos os animais do campo
folgam.
²¹ Deita-se debaixo dos lotos,
no esconderijo dos canaviais
e da lama.
²² Os lotos o cobrem com sua sombra;
os salgueiros do ribeiro o cercam.
²³ Se um rio transborda,
ele não se apressa;
fica tranqüilo ainda que o Jordão
se levante até à sua boca.
²⁴ Acaso, pode alguém apanhá-lo
quando ele está olhando?
Ou lhe meter um laço pelo nariz?

41 Podes tu, com anzol,
apanhar o crocodilo
ou lhe travar a língua
com uma corda?
² Podes meter-lhe no nariz
uma vara de junco?
Ou furar-lhe as bochechas
com um gancho?
³ Acaso, te fará muitas súplicas?
Ou te falará palavras brandas?
⁴ Fará ele acordo contigo?
Ou tomá-lo-ás por servo para sempre?
⁵ Brincarás com ele,
como se fora um passarinho?
Ou tê-lo-ás preso à correia
para as tuas meninas?

⁶ Acaso, os teus sócios
negociam com ele?
Ou o repartirão entre os mercadores?
⁷ Encher-lhe-ás a pele de arpões?
Ou a cabeça, de farpas?
⁸ Põe a mão sobre ele,
lembra-te da peleja
e nunca mais o intentarás.
⁹ Eis que a gente se engana
em sua esperança;
acaso, não será o homem derribado
só em vê-lo?
¹⁰ Ninguém há tão ousado,
que se atreva a despertá-lo.
Quem é, pois, aquele que pode
erguer-se diante de mim?
¹¹ Quem primeiro me deu a mim,
para que eu haja de retribuir-lhe?
Pois o que está debaixo
de todos os céus é meu.
¹² Não me calarei
a respeito dos seus membros,
nem da sua grande força,
nem da graça da sua compostura.
¹³ Quem lhe abrirá as vestes
do seu dorso?
Ou lhe penetrará a couraça dobrada?
¹⁴ Quem abriria as portas do seu rosto?
Pois em roda dos seus dentes
está o terror.
¹⁵ As fileiras de suas escamas
são o seu orgulho,
cada uma bem encostada
como por um selo que as ajusta.
¹⁶ A tal ponto uma chega à outra,
que entre elas não entra nem o ar.
¹⁷ Umas às outras se ligam,
aderem entre si
e não se podem separar.
¹⁸ Cada um dos seus espirros
faz resplandecer luz,
e os seus olhos
são como as pestanas da alva.
¹⁹ Da sua boca saem tochas;
faíscas de fogo saltam dela.
²⁰ Das suas narinas procede fumo,
como duma panela fervente
ou de juncos que ardem.
²¹ O seu hálito faz incender os carvões;
e da sua boca sai chama.
²² No seu pescoço reside a força;
e diante dele salta o desespero.
²³ Suas partes carnudas
são bem pegadas entre si;
todas fundidas nele e imóveis.
²⁴ O seu coração é firme

41.1 Sl 74.14; 104.26; Is 27.1.   41.11 Rm 11.35.

como uma pedra,
firme como a mó de baixo.

²⁵ Levantando-se ele, tremem os valentes;
quando irrompe, ficam
como que fora de si.

²⁶ Se o golpe de espada o alcança,
de nada vale,
nem de lança, de dardo ou de flecha.

²⁷ Para ele, o ferro é palha,
e o cobre, pau podre.

²⁸ A seta o não faz fugir;
as pedras das fundas
se lhe tornam em restolho.

²⁹ Os porretes atirados são para ele
como palha,
e ri-se do brandir da lança.

³⁰ Debaixo do ventre,
há escamas pontiagudas;
arrasta-se sobre a lama,
como um instrumento de debulhar.

³¹ As profundezas faz ferver,
como uma panela;
torna o mar
como caldeira de ungüento.

³² Após si, deixa um sulco luminoso;
o abismo parece ter-se encanecido.

³³ Na terra, não tem ele igual,
pois foi feito para nunca ter medo.

³⁴ Ele olha com desprezo
tudo o que é alto;
é rei sobre todos os animais
orgulhosos.

A confissão de Jó

42 Então, respondeu Jó ao SENHOR:
² Bem sei que tudo podes,
e nenhum dos teus planos
pode ser frustrado.

³ Quem é aquele, como disseste,
que sem conhecimento
encobre o conselho?
Na verdade, falei do que não entendia;
cousas maravilhosas demais para mim,
cousas que eu não conhecia.

⁴ Escuta-me, pois, havias dito,
e eu falarei;
eu te perguntarei, e tu me ensinarás.

⁵ Eu te conhecia só de ouvir,
mas agora os meus olhos te vêem.

⁶ Por isso, me abomino
e me arrependo no pó e na cinza.

42.10 Jó 1.1-3.

Deus repreende os três amigos de Jó

⁷ Tendo o SENHOR falado estas palavras
a Jó, o SENHOR disse também a Elifaz, o
temanita: A minha ira se acendeu contra ti
e contra os teus dois amigos; porque não
dissestes de mim o que era reto, como o meu
servo Jó.

⁸ Tomai, pois, sete novilhos e sete carneiros, e ide ao meu servo Jó, e oferecei holocaustos por vós. O meu servo Jó orará
por vós; porque dele aceitarei a intercessão,
para que eu não vos trate segundo a vossa
loucura; porque vós não dissestes de mim
o que era reto, como o meu servo Jó.

⁹ Então, foram Elifaz, o temanita, e Bildade, o suíta, e Zofar, o naamatita, e fizeram como o SENHOR lhes ordenara; e o
SENHOR aceitou a oração de Jó.

Deus restaura a prosperidade de Jó

¹⁰ Mudou o SENHOR a sorte de Jó,
quando este orava pelos seus amigos; e o
SENHOR deu-lhe o dobro de tudo o que antes possuíra.

¹¹ Então, vieram a ele todos os seus irmãos, e todas as suas irmãs, e todos quantos dantes o conheceram, e comeram com
ele em sua casa, e se condoeram dele, e o
consolaram de todo o mal que o SENHOR
lhe havia enviado; cada um lhe deu dinheiro
e um anel de ouro.

¹² Assim, abençoou o SENHOR o último estado de Jó mais do que o primeiro;
porque veio a ter catorze mil ovelhas, seis
mil camelos, mil juntas de bois e mil jumentas.

¹³ Também teve outros sete filhos e três
filhas.

¹⁴ Chamou o nome da primeira Jemi-
ma, o da outra, Quezia, e o da terceira,
Quéren-Hapuque.

¹⁵ Em toda aquela terra não se acharam
mulheres tão formosas como as filhas de
Jó; e seu pai lhes deu herança entre seus
irmãos.

¹⁶ Depois disto, viveu Jó cento e quarenta anos; e viu a seus filhos e aos filhos de
seus filhos, até à quarta geração.

¹⁷ Então, morreu Jó, velho e farto de
dias.

SALMOS

LIVRO I
Salmos 1-41

Os justos e os ímpios

1 Bem-aventurado o homem
que não anda no conselho dos ímpios,
não se detém no caminho dos pecadores,
nem se assenta
na roda dos escarnecedores.
2 Antes, o seu prazer
está na lei do Senhor,
e na sua lei medita de dia e de noite.
3 Ele é como árvore
plantada junto a corrente de águas,
que, no devido tempo, dá o seu fruto,
e cuja folhagem não murcha;
e tudo quanto ele faz será bem sucedido.
4 Os ímpios não são assim;
são, porém, como a palha
que o vento dispersa.
5 Por isso, os perversos
não prevalecerão no juízo,
nem os pecadores,
na congregação dos justos.
6 Pois o Senhor conhece
o caminho dos justos,
mas o caminho dos ímpios perecerá.

O reinado do Ungido de Deus

2 Por que se enfurecem os gentios
e os povos imaginam cousas vãs?
2 Os reis da terra se levantam,
e os príncipes conspiram
contra o Senhor e contra o seu Ungido,
dizendo:
3 Rompamos os seus laços
e sacudamos de nós as suas algemas.
4 Ri-se aquele que habita nos céus;
o Senhor zomba deles.
5 Na sua ira, a seu tempo, lhes há de falar
e no seu furor os confundirá.
6 Eu, porém, constituí o meu Rei
sobre o meu santo monte Sião.
7 Proclamarei o decreto do Senhor:
Ele me disse: Tu és meu Filho,
eu, hoje, te gerei.
8 Pede-me, e eu te darei as nações
por herança

e as extremidades da terra
por tua possessão.
9 Com vara de ferro as regerás
e as despedaçarás
como um vaso de oleiro.
10 Agora, pois, ó reis, sede prudentes;
deixai-vos advertir, juízes da terra.
11 Servi ao Senhor com temor
e alegrai-vos nele com tremor.
12 Beijai o Filho para que se não irrite,
e não perçais no caminho;
porque dentro em pouco
se lhe inflamará a ira.
Bem-aventurados todos
os que nele se refugiam.

Confiança em Deus, na adversidade
*Salmo de Davi quando fugia
de Absalão, seu filho*

3 Senhor, como tem crescido
o número dos meus adversários!
São numerosos os que se levantam
contra mim.
2 São muitos os que dizem de mim:
Não há em Deus salvação para ele.
3 Porém tu, Senhor, és o meu escudo,
és a minha glória e o que exaltas
a minha cabeça.
4 Com a minha voz clamo ao Senhor,
e ele do seu santo monte me responde.
5 Deito-me e pego no sono;
acordo, porque o Senhor
me sustenta.
6 Não tenho medo de milhares do povo
que tomam posição contra mim
de todos os lados.
7 Levanta-te, Senhor!
Salva-me, Deus meu,
pois feres nos queixos
a todos os meus inimigos
e aos ímpios quebras os dentes.
8 Do Senhor é a salvação,
e sobre o teu povo, a tua bênção.

Confiança em Deus, na angústia
*Salmo de Davi ao mestre de canto,
com instrumentos de cordas*

4 Responde-me quando clamo,
ó Deus da minha justiça;

1.3 Jr 17.8. **2.1,2** At 4.25,26. **2.7** At 13.33; Hb 1.5; 5.5. **2.9** Ap 2.26,27; 12.5; 19.15. **3, título** 2Sm 15.13-17,22.

na angústia, me tens aliviado;
tem misericórdia de mim
e ouve a minha oração.
2 Ó homens, até quando
tornareis a minha glória em vexame,
e amareis a vaidade,
e buscareis a mentira?
3 Sabei, porém, que o SENHOR
distingue para si o piedoso;
o SENHOR me ouve
quando eu clamo por ele.
4 Irai-vos e não pequeis;
consultai no travesseiro o coração
e sossegai.
5 Oferecei sacrifícios de justiça
e confiai no SENHOR.
6 Há muitos que dizem:
Quem nos dará a conhecer o bem?
SENHOR, levanta sobre nós
a luz do teu rosto.
7 Mais alegria me puseste no coração
do que a alegria deles,
quando lhes há fartura
de cereal e de vinho.
8 Em paz me deito e logo pego no sono,
porque, SENHOR,
só tu me fazes repousar seguro.

Proteção contra os ímpios
Ao mestre de canto, para flautas.
Salmo de Davi

5 Dá ouvidos, SENHOR,
às minhas palavras
e acode ao meu gemido.
2 Escuta, Rei meu e Deus meu,
a minha voz que clama,
pois a ti é que imploro.
3 De manhã, SENHOR, ouves a minha voz;
de manhã te apresento a minha oração
e fico esperando.
4 Pois tu não és Deus que se agrade
com a iniqüidade,
e contigo não subsiste o mal.
5 Os arrogantes não permanecerão
à tua vista;
aborreces a todos os que praticam
a iniqüidade.
6 Tu destróis os que proferem mentira;
o SENHOR abomina
ao sanguinário e ao fraudulento;
7 porém eu, pela riqueza
da tua misericórdia,
entrarei na tua casa
e me prostrarei
diante do teu santo templo,
no teu temor.

8 SENHOR, guia-me na tua justiça,
por causa dos meus adversários;
endireita diante de mim o teu caminho;
9 pois não têm eles sinceridade
nos seus lábios;
o seu íntimo é todo crimes;
a sua garganta é sepulcro aberto,
e com a língua lisonjeiam.
10 Declara-os culpados, ó Deus;
caiam por seus próprios planos.
Rejeita-os por causa
de suas muitas transgressões,
pois se rebelaram contra ti.
11 Mas regozijem-se todos
os que confiam em ti;
folguem de júbilo para sempre,
porque tu os defendes;
e em ti se gloriem
os que amam o teu nome.
12 Pois tu, SENHOR, abençoas o justo
e, como escudo, o cercas
da tua benevolência.

Davi recorre à misericórdia de Deus
Ao mestre de canto, com instrumentos de cordas.
Em tom de oitava. Salmo de Davi

6 SENHOR, não me repreendas
na tua ira,
nem me castigues no teu furor.
2 Tem compaixão de mim, SENHOR,
porque eu me sinto debilitado;
sara-me, SENHOR,
porque os meus ossos estão abalados.
3 Também a minha alma
está profundamente perturbada;
mas tu, SENHOR, até quando?
4 Volta-te, SENHOR, e livra a minha alma;
salva-me por tua graça.
5 Pois, na morte, não há recordação de ti;
no sepulcro, quem te dará louvor?
6 Estou cansado de tanto gemer;
todas as noites faço nadar o meu leito,
de minhas lágrimas o alago.
7 Meus olhos de mágoa
se acham amortecidos,
envelhecem por causa
de todos os meus adversários.
8 Apartai-vos de mim,
todos os que praticais a iniqüidade,
porque o SENHOR ouviu
a voz do meu lamento;
9 o SENHOR ouviu a minha súplica;
o SENHOR acolhe a minha oração.
10 Envergonhem-se
e sejam sobremodo perturbados
todos os meus inimigos;

4.4 Ef 4.26.   5.9 Rm 3.13.   6.1 Sl 38.1.   6.8 Mt 7.23; Lc 13.27.

retirem-se, de súbito,
cobertos de vexame.

Deus defende o justo contra o ímpio
*Canto de Davi. Entoado ao SENHOR, com
respeito às palavras de Cuxe, benjamita*

7 SENHOR, Deus meu, em ti me refugio;
salva-me de todos os que me perseguem
e livra-me;
2 para que ninguém, como leão,
me arrebate,
despedaçando-me,
não havendo quem me livre.
3 SENHOR, meu Deus,
se eu fiz o de que me culpam,
se nas minhas mãos há iniqüidade,
4 se paguei com o mal
a quem estava em paz comigo,
eu, que poupei
aquele que sem razão me oprimia,
5 persiga o inimigo a minha alma
e alcance-a,
espezinhe no chão a minha vida
e arraste no pó a minha glória.
6 Levanta-te, SENHOR, na tua indignação,
mostra a tua grandeza
contra a fúria dos meus adversários
e desperta-te em meu favor,
segundo o juízo que designaste.
7 Reúnam-se ao redor de ti os povos,
e por sobre eles remonta-te às alturas.
8 O SENHOR julga os povos;
julga-me, SENHOR,
segundo a minha retidão
e segundo a integridade que há em mim.
9 Cesse a malícia dos ímpios,
mas estabelece tu o justo;
pois sondas a mente e o coração,
ó justo Deus.
10 Deus é o meu escudo;
ele salva os retos de coração.
11 Deus é justo juiz,
Deus que sente indignação todos os dias.
12 Se o homem não se converter,
afiará Deus a sua espada;
já armou o arco, tem-no pronto;
13 para ele preparou já
instrumentos de morte,
preparou suas setas inflamadas.
14 Eis que o ímpio
está com dores de iniqüidade;
concebeu a malícia
e dá à luz a mentira.
15 Abre, e aprofunda uma cova,
e cai nesse mesmo poço que faz.
16 A sua malícia lhe recai sobre a cabeça,

e sobre a própria mioleira
desce a sua violência.
17 Eu, porém, renderei graças ao SENHOR,
segundo a sua justiça,
e cantarei louvores
ao nome do SENHOR Altíssimo.

A glória divina e a dignidade do filho do homem
*Ao mestre de canto, segundo a melodia
"Os lagares". Salmo de Davi*

8 Ó SENHOR, Senhor nosso,
quão magnífico em toda a terra
é o teu nome!
Pois expuseste nos céus a tua majestade.
2 Da boca de pequeninos
e crianças de peito
suscitaste força,
por causa dos teus adversários,
para fazeres emudecer
o inimigo e o vingador.
3 Quando contemplo os teus céus,
obra dos teus dedos,
e a lua e as estrelas que estabeleceste,
4 que é o homem, que dele te lembres?
E o filho do homem, que o visitas?
5 Fizeste-o, no entanto, por um pouco,
menor do que Deus
e de glória e de honra o coroaste.
6 Deste-lhe domínio
sobre as obras da tua mão
e sob seus pés tudo lhe puseste:
7 ovelhas e bois, todos,
e também os animais do campo;
8 as aves do céu, e os peixes do mar,
e tudo o que percorre
as sendas dos mares.
9 Ó SENHOR, Senhor nosso,
quão magnífico em toda a terra
é o teu nome!

Ações de graças
*Ao mestre de canto, segundo a melodia
"A morte para o filho". Salmo de Davi*

9 Louvar-te-ei, SENHOR,
de todo o meu coração;
contarei todas as tuas maravilhas.
2 Alegrar-me-ei e exultarei em ti;
ao teu nome, ó Altíssimo,
eu cantarei louvores.
3 Pois, ao retrocederem os meus inimigos,
tropeçam e somem-se da tua presença;
4 porque sustentas o meu direito
e a minha causa;
no trono te assentas e julgas retamente.

7.9 Ap 2.23.   8.2 Mt 21.16.   8.4 Jó 7.17,18; Sl 144.3; Hb 2.6-8.   8.6 1Co 15.27; Ef 1.22; Hb 2.8.

⁵ Repreendes as nações, destróis o ímpio
e para todo o sempre lhes apagas o nome.
⁶ Quanto aos inimigos, estão consumados,
suas ruínas são perpétuas,
arrasaste as suas cidades;
até a sua memória pereceu.
⁷ Mas o SENHOR permanece no seu trono
eternamente,
trono que erigiu para julgar.
⁸ Ele mesmo julga o mundo com justiça;
administra os povos com retidão.
⁹ O SENHOR é também alto refúgio
para o oprimido,
refúgio nas horas de tribulação.
¹⁰ Em ti, pois, confiam
os que conhecem o teu nome,
porque tu, SENHOR, não desamparas
os que te buscam.
¹¹ Cantai louvores ao SENHOR,
que habita em Sião;
proclamai entre os povos os seus feitos.
¹² Pois aquele que requer o sangue
lembra-se deles
e não se esquece do clamor dos aflitos.
¹³ Compadece-te de mim, SENHOR;
vê a que sofrimentos me reduziram
os que me odeiam,
tu que me levantas das portas da morte;
¹⁴ para que, às portas da filha de Sião,
eu proclame todos os teus louvores
e me regozije da tua salvação.
¹⁵ Afundam-se as nações
na cova que fizeram,
no laço que esconderam,
prendeu-se-lhes o pé.
¹⁶ Faz-se conhecido o SENHOR,
pelo juízo que executa;
enlaçado está o ímpio
nas obras de suas próprias mãos.
¹⁷ Os perversos serão lançados no inferno,
e todas as nações
que se esquecem de Deus.
¹⁸ Pois o necessitado
não será para sempre esquecido,
e a esperança dos aflitos
não se há de frustrar perpetuamente.
¹⁹ Levanta-te, SENHOR;
não prevaleça o mortal.
Sejam as nações julgadas
na tua presença.
²⁰ Infunde-lhes, SENHOR, o medo;
saibam as nações
que não passam de mortais.

A derrubada dos ímpios

10 Por que, SENHOR,
te conservas longe?

10.7 Rm 3.14.

E te escondes nas horas de tribulação?
² Com arrogância,
os ímpios perseguem o pobre;
sejam presas das tramas que urdiram.
³ Pois o perverso se gloria
da cobiça de sua alma,
o avarento maldiz o seu SENHOR
e blasfema contra ele.
⁴ O perverso, na sua soberba,
não investiga;
que não há Deus
são todas as suas cogitações.
⁵ São prósperos os seus caminhos
em todo tempo;
muito acima e longe dele
estão os teus juízos;
quanto aos seus adversários,
ele a todos ridiculiza.
⁶ Pois diz lá no seu íntimo:
Jamais serei abalado;
de geração em geração,
nenhum mal me sobrevirá.
⁷ A boca, ele a tem cheia de maldição,
enganos e opressão;
debaixo da língua, insulto e iniqüidade.
⁸ Põe-se de tocaia nas vilas,
trucida os inocentes nos lugares ocultos;
seus olhos espreitam o desamparado.
⁹ Está ele de emboscada,
como o leão na sua caverna;
está de emboscada para enlaçar o pobre:
apanha-o e, na sua rede, o enleia.
¹⁰ Abaixa-se, rasteja;
em seu poder, lhe caem os necessitados.
¹¹ Diz ele, no seu íntimo: Deus se esqueceu,
virou o rosto e não verá isto nunca.
¹² Levanta-te, SENHOR!
Ó Deus, ergue a mão!
Não te esqueças dos pobres.
¹³ Por que razão despreza o ímpio a Deus,
dizendo no seu íntimo
que Deus não se importa?
¹⁴ Tu, porém, o tens visto,
porque atentas aos trabalhos e à dor,
para que os possas tomar em tuas mãos.
A ti se entrega o desamparado;
tu tens sido o defensor do órfão.
¹⁵ Quebranta o braço
do perverso e do malvado;
esquadrinha-lhes a maldade,
até nada mais achares.
¹⁶ O SENHOR é rei eterno:
da sua terra somem-se as nações.
¹⁷ Tens ouvido, SENHOR,
o desejo dos humildes;
tu lhes fortalecerás o coração
e lhes acudirás,

18 para fazeres justiça
　　ao órfão e ao oprimido,
　a fim de que o homem, que é da terra,
　　já não infunda terror.

O Senhor é forte refúgio
Ao mestre de canto. Salmo de Davi

11 No Senhor me refugio.
　　　Como dizeis, pois, à minha alma:
Foge, como pássaro, para o teu monte?
2 Porque eis aí os ímpios, armam o arco,
　dispõem a sua flecha na corda,
　para, às ocultas, dispararem
　　contra os retos de coração.
3 Ora, destruídos os fundamentos,
　que poderá fazer o justo?
4 O Senhor está no seu santo templo;
　nos céus tem o Senhor seu trono;
　os seus olhos estão atentos,
　as suas pálpebras sondam
　os filhos dos homens.
5 O Senhor põe à prova
　　ao justo e ao ímpio;
　mas, ao que ama a violência,
　　a sua alma o abomina.
6 Fará chover sobre os perversos
　brasas de fogo e enxofre,
　e vento abrasador
　　será a parte do seu cálice.
7 Porque o Senhor é justo,
　　ele ama a justiça;
　os retos lhe contemplarão a face.

Auxílio contra a falsidade
Ao mestre de canto. Em tom de oitava.
Salmo de Davi

12 Socorro, Senhor! Porque
　　　já não há homens piedosos;
desaparecem os fiéis
　entre os filhos dos homens.
2 Falam com falsidade uns aos outros,
　falam com lábios bajuladores
　e coração fingido.
3 Corte o Senhor
　　todos os lábios bajuladores,
　a língua que fala soberbamente,
4 pois dizem: Com a língua
　　prevaleceremos,
　os lábios são nossos;
　quem é senhor sobre nós?
5 Por causa da opressão dos pobres
　　e do gemido dos necessitados,
　eu me levantarei agora, diz o Senhor;
　e porei a salvo a quem por isso suspira.
6 As palavras do Senhor

são palavras puras,
prata refinada em cadinho de barro,
depurada sete vezes.
7 Sim, Senhor, tu nos guardarás;
desta geração nos livrarás para sempre.
8 Por todos os lugares andam os perversos,
quando entre os filhos dos homens
　a vileza é exaltada.

Oração de fé
Ao mestre de canto. Salmo de Davi

13 Até quando, Senhor?
　　　Esquecer-te-ás de mim para sempre?
Até quando ocultarás de mim o rosto?
2 Até quando estarei eu relutando
　dentro em minha alma,
　com tristeza no coração cada dia?
　Até quando se erguerá contra mim
　o meu inimigo?
3 Atenta para mim, responde-me,
　Senhor, Deus meu!
Ilumina-me os olhos, para que eu
　não durma o sono da morte;
4 para que não diga o meu inimigo:
　Prevaleci contra ele;
　e não se regozijem os meus adversários,
　vindo eu a vacilar.
5 No tocante a mim, confio na tua graça;
　regozije-se o meu coração
　na tua salvação.
6 Cantarei ao Senhor,
　porquanto me tem feito muito bem.

A corrupção do pecador e sua redenção
Sl 53.1-6
Ao mestre de canto. Salmo de Davi

14 Diz o insensato no seu coração:
　　　Não há Deus.
Corrompem-se e praticam abominação;
já não há quem faça o bem.
2 Do céu olha o Senhor
　para os filhos dos homens,
para ver se há quem entenda,
se há quem busque a Deus.
3 Todos se extraviaram
　e juntamente se corromperam;
não há quem faça o bem,
não há nem um sequer.
4 Acaso, não entendem
　todos os obreiros da iniqüidade,
que devoram o meu povo,
　como quem come pão,
que não invocam o Senhor?
5 Tomar-se-ão de grande pavor,

14.1-3 Rm 3.10-12.

porque Deus está
com a linhagem do justo.
6 Meteis a ridículo
o conselho dos humildes,
mas o SENHOR é o seu refúgio.
7 Tomara de Sião viesse já
a salvação de Israel!
Quando o SENHOR restaurar
a sorte do seu povo,
então, exultará Jacó, e Israel se alegrará.

O cidadão dos céus
Salmo de Davi

15 Quem, SENHOR, habitará
no teu tabernáculo?
Quem há de morar no teu santo monte?
2 O que vive com integridade,
e pratica a justiça,
e, de coração, fala a verdade;
3 o que não difama com sua língua,
não faz mal ao próximo,
nem lança injúria contra o seu vizinho;
4 o que, a seus olhos,
tem por desprezível ao réprobo,
mas honra aos que temem ao SENHOR;
o que jura com dano próprio
e não se retrata;
5 o que não empresta o seu dinheiro
com usura,
nem aceita suborno contra o inocente.
Quem deste modo procede
não será jamais abalado.

O Santo de Deus
Hino de Davi

16 Guarda-me, ó Deus,
porque em ti me refugio.
2 Digo ao SENHOR: Tu és o meu Senhor;
outro bem não possuo,
senão a ti somente.
3 Quanto aos santos que há na terra,
são eles os notáveis
nos quais tenho todo o meu prazer.
4 Muitas serão as penas dos que trocam
o SENHOR por outros deuses;
não oferecerei as suas libações de sangue,
e os meus lábios não pronunciarão
o seu nome.
5 O SENHOR é a porção da minha herança
e o meu cálice;
tu és o arrimo da minha sorte.
6 Caem-me as divisas em lugares amenos,
é mui linda a minha herança.
7 Bendigo o SENHOR, que me aconselha;

pois até durante a noite
o meu coração me ensina.
8 O SENHOR, tenho-o sempre
à minha presença;
estando ele à minha direita,
não serei abalado.
9 Alegra-se, pois, o meu coração,
e o meu espírito exulta;
até o meu corpo repousará seguro.
10 Pois não deixarás a minha alma
na morte,
nem permitirás que o teu Santo
veja corrupção.
11 Tu me farás ver os caminhos da vida;
na tua presença há plenitude de alegria,
na tua destra, delícias perpetuamente.

Súplica pela proteção divina
Oração de Davi

17 Ouve, SENHOR, a causa justa,
atende ao meu clamor,
dá ouvidos à minha oração,
que procede
de lábios não fraudulentos.
2 Baixe de tua presença
o julgamento a meu respeito;
os teus olhos vêem com eqüidade.
3 Sondas-me o coração, de noite me visitas,
provas-me no fogo
e iniqüidade nenhuma
encontras em mim;
a minha boca não transgride.
4 Quanto às ações dos homens,
pela palavra dos teus lábios,
eu me tenho guardado
dos caminhos do violento.
5 Os meus passos se afizeram
às tuas veredas,
os meus pés não resvalaram.
6 Eu te invoco, ó Deus,
pois tu me respondes;
inclina-me os ouvidos
e acode às minhas palavras.
7 Mostra as maravilhas da tua bondade,
ó Salvador dos que à tua destra
buscam refúgio
dos que se levantam contra eles.
8 Guarda-me como a menina dos olhos,
esconde-me à sombra das tuas asas,
9 dos perversos que me oprimem,
inimigos que me assediam de morte.
10 Insensíveis, cerram o coração,
falam com lábios insolentes;
11 andam agora cercando os nossos passos
e fixam em nós os olhos
para nos deitar por terra.
12 Parecem-se com o leão,
ávido por sua presa,

16.8-11 At 2.25-28.   **16.10** 1Co 15.4; At 13.35.

ou o leãozinho,
que espreita de emboscada.
¹³ Levanta-te, SENHOR,
defronta-os, arrasa-os;
livra do ímpio a minha alma
com a tua espada,
¹⁴ com a tua mão, SENHOR,
dos homens mundanos,
cujo quinhão é desta vida
e cujo ventre tu enches dos teus tesouros;
os quais se fartam de filhos
e o que lhes sobra
deixam aos seus pequeninos.
¹⁵ Eu, porém, na justiça contemplarei
a tua face;
quando acordar, eu me satisfarei
com a tua semelhança.

Vitória e domínio
2Sm 22.1-51

*Ao mestre de canto. Salmo de Davi, servo
do SENHOR, o qual dirigiu ao SENHOR
as palavras deste cântico, no dia em que
o SENHOR o livrou de todos os seus inimigos
e das mãos de Saul. Ele disse:*

18 Eu te amo, ó SENHOR, força minha.
² O SENHOR é a minha rocha,
a minha cidadela, o meu libertador;
o meu Deus, o meu rochedo
cm que me refugio;
o meu escudo, a força da minha salvação,
o meu baluarte.
³ Invoco o SENHOR, digno de ser louvado,
e serei salvo dos meus inimigos.
⁴ Laços de morte me cercaram,
torrentes de impiedade
me impuseram terror.
⁵ Cadeias infernais me cingiram,
e tramas de morte me surpreenderam.
⁶ Na minha angústia, invoquei o SENHOR,
gritei por socorro ao meu Deus.
Ele do seu templo ouviu a minha voz,
e o meu clamor lhe penetrou os ouvidos.
⁷ Então, a terra se abalou e tremeu,
vacilaram também
os fundamentos dos montes
e se estremeceram,
porque ele se indignou.
⁸ Das suas narinas subiu fumaça,
e fogo devorador, da sua boca;
dele saíram brasas ardentes.
⁹ Baixou ele os céus, e desceu,
e teve sob os pés densa escuridão.
¹⁰ Cavalgava um querubim e voou;
sim, levado velozmente
nas asas do vento.
¹¹ Das trevas fez um manto
em que se ocultou;

escuridade de águas
e espessas nuvens dos céus
eram o seu pavilhão.
¹² Do resplendor que diante dele havia,
as densas nuvens se desfizeram
em granizo e brasas chamejantes.
¹³ Trovejou, então, o SENHOR, nos céus;
o Altíssimo levantou a voz,
e houve granizo e brasas de fogo.
¹⁴ Despediu as suas setas
e espalhou os meus inimigos,
multiplicou os seus raios e os desbaratou.
¹⁵ Então, se viu o leito das águas,
e se descobriram
os fundamentos do mundo,
pela tua repreensão, SENHOR,
pelo iroso resfolgar das tuas narinas.
¹⁶ Do alto me estendeu ele a mão
e me tomou;
tirou-me das muitas águas.
¹⁷ Livrou-me de forte inimigo
e dos que me aborreciam,
pois eram mais poderosos do que eu.
¹⁸ Assaltaram-me
no dia da minha calamidade,
mas o SENHOR me serviu de amparo.
¹⁹ Trouxe-me para um lugar espaçoso;
livrou-me, porque ele se agradou de mim.
²⁰ Retribuiu-me o SENHOR,
segundo a minha justiça,
recompensou-me
conforme a pureza das minhas mãos.
²¹ Pois tenho guardado
os caminhos do SENHOR
e não me apartei perversamente
do meu Deus.
²² Porque todos os seus juízos
me estão presentes,
e não afastei de mim os seus preceitos.
²³ Também fui íntegro para com ele
e me guardei da iniqüidade.
²⁴ Daí retribuir-me o SENHOR,
segundo a minha justiça,
conforme a pureza das minhas mãos,
na sua presença.
²⁵ Para com o benigno, benigno te mostras;
com o íntegro, também íntegro.
²⁶ Com o puro, puro te mostras;
com o perverso, inflexível.
²⁷ Porque tu salvas o povo humilde,
mas os olhos altivos, tu os abates.
²⁸ Porque fazes resplandecer
a minha lâmpada;
o SENHOR, meu Deus, derrama luz
nas minhas trevas.
²⁹ Pois contigo desbarato exércitos,
com o meu Deus salto muralhas.
³⁰ O caminho de Deus é perfeito;

a palavra do SENHOR é provada;
ele é escudo para todos
os que nele se refugiam.
³¹ Pois quem é Deus, senão o SENHOR?
E quem é rochedo, senão o nosso Deus?
³² O Deus que me revestiu de força
e aperfeiçoou o meu caminho,
³³ ele deu a meus pés a ligeireza das corças
e me firmou nas minhas alturas.
³⁴ Ele adestrou as minhas mãos
para o combate,
de sorte que os meus braços
vergaram um arco de bronze.
³⁵ Também me deste o escudo
da tua salvação,
a tua direita me susteve,
e a tua clemência me engrandeceu.
³⁶ Alargaste sob meus passos o caminho,
e os meus pés não vacilaram.
³⁷ Persegui os meus inimigos, e os alcancei,
e só voltei
depois de haver dado cabo deles.
³⁸ Esmaguei-os a tal ponto,
que não puderam levantar-se;
caíram sob meus pés.
³⁹ Pois de força me cingiste para o combate
e me submeteste
os que se levantaram contra mim.
⁴⁰ Também puseste em fuga
os meus inimigos,
e os que me odiaram, eu os exterminei.
⁴¹ Gritaram por socorro,
mas ninguém lhes acudiu;
clamaram ao SENHOR,
mas ele não respondeu.
⁴² Então, os reduzi a pó ao léu do vento,
lancei-os fora como a lama das ruas.
⁴³ Das contendas do povo me livraste
e me fizeste cabeça das nações;
povo que não conheci me serviu.
⁴⁴ Bastou-lhe ouvir-me a voz,
logo me obedeceu;
os estrangeiros
se me mostram submissos.
⁴⁵ Sumiram-se os estrangeiros
e das suas fortificações saíram,
espavoridos.
⁴⁶ Vive o SENHOR,
e bendita seja a minha rocha!
Exaltado seja o Deus da minha salvação,
⁴⁷ o Deus que por mim tomou vingança
e me submeteu povos;
⁴⁸ o Deus que me livrou dos meus inimigos;
sim, tu que me exaltaste
acima dos meus adversários
e me livraste do homem violento.

⁴⁹ Glorificar-te-ei, pois,
entre os gentios, ó SENHOR,
e cantarei louvores ao teu nome.
⁵⁰ É ele quem dá grandes vitórias ao seu rei
e usa de benignidade
para com o seu ungido,
com Davi e sua posteridade, para sempre.

A excelência da criação
e da palavra de Deus
Ao mestre de canto. Salmo de Davi

19 Os céus proclamam
a glória de Deus,
e o firmamento anuncia
as obras das suas mãos.
² Um dia discursa a outro dia,
e uma noite revela conhecimento
a outra noite.
³ Não há linguagem, nem há palavras,
e deles não se ouve nenhum som;
⁴ no entanto, por toda a terra
se faz ouvir a sua voz,
e as suas palavras,
até aos confins do mundo.
Aí, pôs uma tenda para o sol,
⁵ o qual, como noivo
que sai dos seus aposentos,
se regozija como herói,
a percorrer o seu caminho.
⁶ Principia numa extremidade dos céus,
e até à outra vai o seu percurso;
e nada refoge ao seu calor.
⁷ A lei do SENHOR é perfeita
e restaura a alma;
o testemunho do SENHOR é fiel
e dá sabedoria aos símplices.
⁸ Os preceitos do SENHOR são retos
e alegram o coração;
o mandamento do SENHOR é puro
e ilumina os olhos.
⁹ O temor do SENHOR é límpido
e permanece para sempre;
os juízos do SENHOR são verdadeiros
e todos igualmente, justos.
¹⁰ São mais desejáveis do que ouro,
mais do que muito ouro depurado;
e são mais doces do que o mel
e o destilar dos favos.
¹¹ Além disso, por eles
se admoesta o teu servo;
em os guardar, há grande recompensa.
¹² Quem há que possa discernir
as próprias faltas?
Absolve-me das que me são ocultas.
¹³ Também da soberba guarda o teu servo,
que ela não me domine;

18.33 Hc 3.19.   **18.49** Rm 15.9.   **19.4** Rm 10.18.

então, serei irrepreensível
e ficarei livre de grande transgressão.
14 As palavras dos meus lábios
e o meditar do meu coração
sejam agradáveis na tua presença,
SENHOR, rocha minha e redentor meu!

Oração a favor do rei
Ao mestre de canto. Salmo de Davi

20 O SENHOR te responda
no dia da tribulação;
o nome do Deus de Jacó
te eleve em segurança.
2 Do seu santuário te envie socorro
e desde Sião te sustenha.
3 Lembre-se de todas as tuas ofertas
de manjares
e aceite os teus holocaustos.
4 Conceda-te segundo o teu coração
e realize todos os teus desígnios.
5 Celebraremos com júbilo a tua vitória
e em nome do nosso Deus
hastearemos pendões;
satisfaça o SENHOR a todos os teus votos.
6 Agora sei que o SENHOR
salva o seu ungido;
ele lhe responderá do seu santo céu
com a vitoriosa força de sua destra.
7 Uns confiam em carros,
outros, em cavalos;
nós, porém, nos gloriaremos
em o nome do SENHOR, nosso Deus.
8 Eles se encurvam e caem;
nós, porém, nos levantamos
e nos mantemos de pé.
9 Ó SENHOR, dá vitória ao rei;
responde-nos, quando clamarmos.

Ações de graças pela vitória
Ao mestre de canto. Salmo de Davi

21 Na tua força, SENHOR,
o rei se alegra!
E como exulta com a tua salvação!
2 Satisfizeste-lhe o desejo do coração
e não lhe negaste
as súplicas dos seus lábios.
3 Pois o supres das bênçãos de bondade;
pões-lhe na cabeça
uma coroa de ouro puro.
4 Ele te pediu vida, e tu lha deste;
sim, longevidade para todo o sempre.
5 Grande lhe é a glória da tua salvação;
de esplendor e majestade o sobrevestiste.
6 Pois o puseste por bênção para sempre
e o encheste de gozo com a tua presença.

7 O rei confia no SENHOR
e pela misericórdia do Altíssimo
jamais vacilará.
8 A tua mão alcançará
todos os teus inimigos,
a tua destra apanhará os que te odeiam.
9 Tu os tornarás
como um fornalha ardente,
quando te manifestares;
o SENHOR, na sua indignação,
os consumirá,
o fogo os devorará.
10 Destruirás da terra a sua posteridade
e a sua descendência,
de entre os filhos dos homens.
11 Se contra ti intentarem o mal
e urdirem intrigas,
não conseguirão efetuá-los;
12 porquanto lhes farás voltar as costas
e mirarás o rosto deles com o teu arco.
13 Exalta-te, SENHOR, na tua força!
Nós cantaremos e louvaremos
o teu poder.

Sofrimento e vitória do Messias
*Ao mestre de canto. Segundo a melodia
"Corça da manhã". Salmo de Davi*

22 Deus meu, Deus meu,
por que me desamparaste?
Por que se acham longe
de minha salvação
as palavras de meu bramido?
2 Deus meu, clamo de dia,
e não me respondes;
também de noite,
porém não tenho sossego.
3 Contudo, tu és santo,
entronizado entre os louvores de Israel.
4 Nossos pais confiaram em ti;
confiaram, e os livraste.
5 A ti clamaram e se livraram;
confiaram em ti
e não foram confundidos.
6 Mas eu sou verme e não homem;
opróbrio dos homens
e desprezado do povo.
7 Todos os que me vêem zombam de mim;
afrouxam os lábios e meneiam a cabeça:
8 Confiou no SENHOR! Livre-o ele;
salve-o, pois nele tem prazer.
9 Contudo, tu és quem me fez nascer;
e me preservaste, estando eu ainda
ao seio de minha mãe.
10 A ti me entreguei
desde o meu nascimento;

22.1 Mt 27.46; Mc 15.34. 22.7 Mt 27.39; Mc 15.29; Lc 23.35. 22.8 Mt 27.43.

desde o ventre de minha mãe,
tu és meu Deus.
¹¹ Não te distancies de mim,
porque a tribulação está próxima,
e não há quem me acuda.
¹² Muitos touros me cercam,
fortes touros de Basã me rodeiam.
¹³ Contra mim abrem a boca,
como faz o leão que despedaça e ruge.
¹⁴ Derramei-me como água,
e todos os meus ossos se desconjuntaram;
meu coração fez-se como cera,
derreteu-se dentro de mim.
¹⁵ Secou-se o meu vigor,
como um caco de barro,
e a língua se me apega ao céu da boca;
assim, me deitas no pó da morte.
¹⁶ Cães me cercam;
uma súcia de malfeitores me rodeia;
traspassaram-me as mãos e os pés.
¹⁷ Posso contar todos os meus ossos;
eles me estão olhando
e encarando em mim.
¹⁸ Repartem entre si as minhas vestes
e sobre a minha túnica deitam sortes.
¹⁹ Tu, porém, SENHOR,
não te afastes de mim;
força minha, apressa-te em socorrer-me.
²⁰ Livra a minha alma da espada,
e, das presas do cão, a minha vida.
²¹ Salva-me das fauces do leão
e dos chifres dos búfalos;
sim, tu me respondes.
²² A meus irmãos declararei o teu nome;
cantar-te-ei louvores
no meio da congregação;
²³ vós que temeis o SENHOR, louvai-o;
glorificai-o, vós todos,
descendência de Jacó;
reverenciai-o, vós todos,
posteridade de Israel.
²⁴ Pois não desprezou, nem abominou
a dor do aflito,
nem ocultou dele o rosto,
mas o ouviu,
quando lhe gritou por socorro.
²⁵ De ti vem o meu louvor
na grande congregação;
cumprirei os meus votos
na presença dos que o temem.
²⁶ Os sofredores hão de comer e fartar-se;
louvarão o SENHOR os que o buscam.
Viva para sempre o vosso coração.
²⁷ Lembrar-se-ão do SENHOR
e a ele se converterão
os confins da terra;

perante ele se prostrarão
todas as famílias das nações.
²⁸ Pois do SENHOR é o reino,
é ele quem governa as nações.
²⁹ Todos os opulentos da terra
hão de comer e adorar,
e todos os que descem ao pó
se prostrarão perante ele,
até aquele que não pode preservar
a própria vida.
³⁰ A posteridade o servirá;
falar-se-á do Senhor
à geração vindoura.
³¹ Hão de vir anunciar a justiça dele;
ao povo que há de nascer, contarão
que foi ele quem o fez.

O SENHOR é o meu pastor
Salmo de Davi

23 ¹ O SENHOR é o meu pastor;
nada me faltará.
² Ele me faz repousar
em pastos verdejantes.
Leva-me para junto
das águas de descanso;
³ refrigera-me a alma.
Guia-me pelas veredas da justiça
por amor do seu nome.
⁴ Ainda que eu ande
pelo vale da sombra da morte,
não temerei mal nenhum,
porque tu estás comigo;
o teu bordão e o teu cajado
me consolam.
⁵ Preparas-me uma mesa
na presença dos meus adversários,
unges-me a cabeça com óleo;
o meu cálice transborda.
⁶ Bondade e misericórdia
certamente me seguirão
todos os dias da minha vida;
e habitarei na Casa do SENHOR
para todo o sempre.

A vinda do Rei da Glória
Salmo de Davi

24 ¹ AO SENHOR pertence a terra
e tudo o que nela se contém,
o mundo e os que nele habitam.
² Fundou-a ele sobre os mares
e sobre as correntes a estabeleceu.
³ Quem subirá ao monte do SENHOR?
Quem há de permanecer
no seu santo lugar?
⁴ O que é limpo de mãos e puro de coração,

22.18 Mt 27.35; Mc 15.24; Lc 23.34; Jo 19.24.   22.22 Hb 2.12.   23.2. Ap 7.17.   24.1 1Co 10.26.
24.4 Mt 5.8.

que não entrega a sua alma à falsidade,
nem jura dolosamente.
5 Este obterá do SENHOR a bênção
e a justiça do Deus da sua salvação.
6 Tal é a geração dos que o buscam,
dos que buscam a face do Deus de Jacó.
7 Levantai, ó portas, as vossas cabeças;
levantai-vos, ó portais eternos,
para que entre o Rei da Glória.
8 Quem é o Rei da Glória?
O SENHOR, forte e poderoso,
o SENHOR, poderoso nas batalhas.
9 Levantai, ó portas, as vossas cabeças;
levantai-vos, ó portais eternos,
para que entre o Rei da Glória.
10 Quem é esse Rei da Glória?
O SENHOR dos Exércitos,
ele é o Rei da Glória.

Oração por auxílio divino
De Davi

25 A ti, SENHOR, elevo a minha alma.
2 Deus meu, em ti confio,
não seja eu envergonhado,
nem exultem sobre mim
os meus inimigos.
3 Com efeito, dos que em ti esperam,
ninguém será envergonhado;
envergonhados serão os que, sem causa,
procedem traiçoeiramente.
4 Faze-me, SENHOR, conhecer
os teus caminhos,
ensina-me as tuas veredas.
5 Guia-me na tua verdade e ensina-me,
pois tu és o Deus da minha salvação,
em quem eu espero todo o dia.
6 Lembra-te, SENHOR,
das tuas misericórdias
e das tuas bondades,
que são desde a eternidade.
7 Não te lembres
dos meus pecados da mocidade,
nem das minhas transgressões.
Lembra-te de mim,
segundo a tua misericórdia,
por causa da tua bondade, ó SENHOR.
8 Bom e reto é o SENHOR,
por isso, aponta o caminho
aos pecadores.
9 Guia os humildes na justiça
e ensina aos mansos o seu caminho.
10 Todas as veredas do SENHOR
são misericórdia e verdade
para os que guardam a sua aliança
e os seus testemunhos.
11 Por causa do teu nome, SENHOR,
perdoa a minha iniqüidade, que é grande.

12 Ao homem que teme ao SENHOR,
ele o instruirá no caminho
que deve escolher.
13 Na prosperidade repousará a sua alma,
e a sua descendência herdará a terra.
14 A intimidade do SENHOR
é para os que o temem,
aos quais ele dará a conhecer
a sua aliança.
15 Os meus olhos se elevam
continuamente ao SENHOR,
pois ele me tirará os pés do laço.
16 Volta-te para mim e tem compaixão,
porque estou sozinho e aflito.
17 Alivia-me as tribulações do coração;
tira-me das minhas angústias.
18 Considera as minhas aflições
e o meu sofrimento
e perdoa todos os meus pecados.
19 Considera os meus inimigos,
pois são muitos
e me abominam com ódio cruel.
20 Guarda-me a alma e livra-me;
não seja eu envergonhado,
pois em ti me refugio.
21 Preservem-me a sinceridade e a retidão,
porque em ti espero.
22 Ó Deus, redime a Israel
de todas as suas tribulações.

Apelo do justo
Salmo de Davi

26 Faze-me justiça, SENHOR,
pois tenho andado
na minha integridade
e confio no SENHOR, sem vacilar.
2 Examina-me, SENHOR, e prova-me;
sonda-me o coração e os pensamentos.
3 Pois a tua benignidade,
tenho-a perante os olhos
e tenho andado na tua verdade.
4 Não me tenho assentado
com homens falsos
e com os dissimuladores não me associo.
5 Aborreço a súcia de malfeitores
e com os ímpios não me assento.
6 Lavo as mãos na inocência
e, assim, andarei, SENHOR,
ao redor do teu altar,
7 para entoar, com voz alta, os louvores
e proclamar as tuas maravilhas todas.
8 Eu amo, Senhor, a habitação de tua casa
e o lugar onde tua glória assiste.
9 Não colhas a minha alma
com a dos pecadores,
nem a minha vida
com a dos homens sanguinários,

10 em cujas mãos há crimes
e cuja destra está cheia de subornos.
11 **Quanto** a mim, porém,
ando na minha integridade;
livra-me e tem compaixão de mim.
12 O meu pé está firme em terreno plano;
nas congregações, bendirei o SENHOR.

Anelo pela presença de Deus
Salmo de Davi

27 O SENHOR é a minha luz
e a minha salvação;
de quem terei medo?
O SENHOR é a fortaleza da minha vida;
a quem temerei?
2 Quando malfeitores me sobrevêm
para me destruir,
meus opressores e inimigos,
eles é que tropeçam e caem.
3 Ainda que um exército
se acampe contra mim,
não se atemorizará o meu coração;
e, se estourar contra mim a guerra,
ainda assim terei confiança.
4 Uma cousa peço ao SENHOR,
e a buscarei:
que eu possa morar na Casa do SENHOR
todos os dias da minha vida,
para contemplar a beleza do SENHOR
e meditar no seu templo.
5 Pois, no dia da adversidade,
ele me ocultará no seu pavilhão;
no recôndito do seu tabernáculo,
me acolherá;
elevar-me-á sobre uma rocha.
6 Agora, será exaltada a minha cabeça
acima dos inimigos que me cercam.
No seu tabernáculo, oferecerei
sacrifício de júbilo;
cantarei e salmodiarei ao SENHOR.
7 Ouve, SENHOR, a minha voz; eu clamo;
compadece-te de mim e responde-me.
8 Ao meu coração me ocorre:
Buscai a minha presença;
buscarei, pois, SENHOR, a tua presença.
9 Não me escondas, SENHOR, a tua face,
não rejeites com ira o teu servo;
tu és o meu auxílio,
não me recuses, nem me desampares,
ó Deus da minha salvação.
10 Porque, se meu pai e minha mãe
me desampararem,
o SENHOR me acolherá.
11 Ensina-me, SENHOR, o teu caminho
e guia-me por vereda plana,
por causa dos que me espreitam.

12 Não me deixes à vontade
dos meus adversários;
pois contra mim se levantam
falsas testemunhas
e os que só respiram crueldade.
13 Eu creio que verei a bondade do SENHOR
na terra dos viventes.
14 Espera pelo SENHOR,
tem bom ânimo,
e fortifique-se o teu coração;
espera, pois, pelo SENHOR.

Súplica e ações de graças
Salmo de Davi

28 A ti clamo, ó SENHOR;
rocha minha,
não sejas surdo para comigo;
para que não suceda,
se te calares acerca de mim,
seja eu semelhante
aos que descem à cova.
2 Ouve-me as vozes súplices,
quando a ti clamar por socorro,
quando erguer as mãos
para o teu santuário.
3 Não me arrastes com os ímpios,
com os que praticam a iniqüidade;
os quais falam de paz ao seu próximo,
porém no coração têm perversidade.
4 Paga-lhes segundo as suas obras,
segundo a malícia dos seus atos;
dá-lhes conforme a obra de suas mãos,
retribui-lhes o que merecem.
5 E, visto que não atentam
para os feitos do SENHOR,
nem para o que as suas mãos fazem,
ele os derribará e não os reedificará.
6 **Bendito** seja o SENHOR,
porque me ouviu as vozes súplices!
7 O SENHOR é a minha força
e o meu escudo;
nele o meu coração confia,
nele fui socorrido;
por isso, o meu coração exulta,
e com o meu cântico o louvarei.
8 O SENHOR é a força do seu povo,
o refúgio salvador do seu ungido.
9 Salva o teu povo e abençoa a tua herança;
apascenta-o, e exalta-o, para sempre.

A voz de Deus na tempestade
Salmo de Davi

29 Tributai ao SENHOR, filhos de Deus,
tributai ao SENHOR glória e força.
2 Tributai ao SENHOR

28.4 Ap 22.12.   **29.1,2** Sl 96.7-9.

a glória devida ao seu nome,
adorai o Senhor na beleza da santidade.
³ Ouve-se a voz do Senhor sobre as águas;
troveja o Deus da glória;
o Senhor está sobre as muitas águas.
⁴ A voz do Senhor é poderosa;
a voz do Senhor é cheia de majestade.
⁵ A voz do Senhor quebra os cedros;
sim, o Senhor despedaça
os cedros do Líbano.
⁶ Ele os faz saltar como um bezerro;
o Líbano e o Siriom,
como bois selvagens.
⁷ A voz do Senhor
despede chamas de fogo.
⁸ A voz do Senhor faz tremer o deserto;
o Senhor faz tremer o deserto de Cades.
⁹ A voz do Senhor faz dar cria às corças
e desnuda os bosques;
e no seu templo tudo diz: Glória!
¹⁰ O Senhor preside aos dilúvios;
como rei, o Senhor presidirá
para sempre.
¹¹ O Senhor dá força ao seu povo,
o Senhor abençoa com paz ao seu povo.

Ações de graças pela libertação da morte
Salmo de Davi. Cântico da dedicação da casa

30 Eu te exaltarei, ó Senhor,
porque tu me livraste
e não permitiste que os meus inimigos
se regozijassem contra mim.
² Senhor, meu Deus, clamei a ti
por socorro,
e tu me saraste.
³ Senhor, da cova fizeste subir
a minha alma;
preservaste-me a vida
para que não descesse à sepultura.
⁴ Salmodiai ao Senhor,
vós que sois seus santos,
e dai graças ao seu santo nome.
⁵ Porque não passa de um momento
a sua ira;
o seu favor dura a vida inteira.
Ao anoitecer, pode vir o choro,
mas a alegria vem pela manhã.
⁶ Quanto a mim, dizia eu
na minha prosperidade:
jamais serei abalado.
⁷ Tu, Senhor, por teu favor
fizeste permanecer forte
a minha montanha;
apenas voltaste o rosto,
fiquei logo conturbado.

⁸ Por ti, Senhor, clamei,
ao Senhor implorei.
⁹ Que proveito obterás no meu sangue,
quando baixo à cova?
Louvar-te-á, porventura, o pó?
Declarará ele a tua verdade?
¹⁰ Ouve, Senhor,
e tem compaixão de mim;
sê tu, Senhor, o meu auxílio.
¹¹ Converteste o meu pranto em folguedos;
tiraste o meu pano de saco
e me cingiste de alegria,
¹² para que o meu espírito
te cante louvores e não se cale.
Senhor, Deus meu,
graças te darei para sempre.

Lamentos e louvor
Ao mestre de canto. Salmo de Davi

31 Em ti, Senhor, me refugio;
não seja eu jamais envergonhado;
livra-me por tua justiça.
² Inclina-me os ouvidos,
livra-me depressa;
sê o meu castelo forte,
cidadela fortíssima que me salve.
³ Porque tu és a minha rocha
e a minha fortaleza;
por causa do teu nome, tu me conduzirás
e me guiarás.
⁴ Tirar-me-ás do laço que, às ocultas,
me armaram,
pois tu és a minha fortaleza.
⁵ Nas tuas mãos entrego o meu espírito;
tu me remiste, Senhor, Deus da verdade.
⁶ Aborreces os que adoram ídolos vãos;
eu, porém, confio no Senhor.
⁷ Eu me alegrarei e regozijarei
na tua benignidade,
pois tens visto a minha aflição,
conheceste as angústias de minha alma
⁸ e não me entregaste
nas mãos do inimigo;
firmaste os meus pés em lugar espaçoso.
⁹ Compadece-te de mim, Senhor,
porque me sinto atribulado;
de tristeza os meus olhos se consomem,
e a minha alma e o meu corpo.
¹⁰ Gasta-se a minha vida na tristeza,
e os meus anos, em gemidos;
debilita-se a minha força,
por causa da minha iniquidade,
e os meus ossos se consomem.
¹¹ Tornei-me opróbrio
para todos os meus adversários,

31.5 Lc 23.46.

espanto para os meus vizinhos
e horror para os meus conhecidos;
os que me vêem na rua fogem de mim.

¹² Estou esquecido no coração deles,
como morto;
sou como vaso quebrado.

¹³ Pois tenho ouvido
a murmuração de muitos,
terror por todos os lados;
conspirando contra mim,
tramam tirar-me a vida.

¹⁴ Quanto a mim, confio em ti, SENHOR.
Eu disse: tu és o meu Deus.

¹⁵ Nas tuas mãos, estão os meus dias;
livra-me das mãos dos meus inimigos
e dos meus perseguidores.

¹⁶ Faze resplandecer o teu rosto
sobre o teu servo;
salva-me por tua misericórdia.

¹⁷ Não seja eu envergonhado, SENHOR,
pois te invoquei;
envergonhados sejam os perversos,
emudecidos na morte.

¹⁸ Emudeçam os lábios mentirosos,
que falam insolentemente contra o justo,
com arrogância e desdém.

¹⁹ Como é grande a tua bondade,
que reservaste aos que te temem,
da qual usas,
perante os filhos dos homens,
para com os que em ti se refugiam!

²⁰ No recôndito da tua presença,
tu os esconderás
das tramas dos homens,
num esconderijo os ocultarás
da contenda de línguas.

²¹ Bendito seja o SENHOR,
que engrandeceu a sua misericórdia
para comigo, numa cidade sitiada!

²² Eu disse na minha pressa:
estou excluído da tua presença.
Não obstante, ouviste
a minha súplice voz,
quando clamei por teu socorro.

²³ Amai o SENHOR,
vós todos os seus santos.
O SENHOR preserva os fiéis,
mas retribui com larguesa ao soberbo.

²⁴ Sede fortes, e revigore-se o vosso coração,
vós todos que esperais no SENHOR.

A bem-aventurança
de quem recebe o perdão
De Davi. Salmo didático

32 Bem-aventurado aquele
cuja iniqüidade é perdoada,
cujo pecado é coberto.

32.1,2 Rm 4.7,8. **32.5** 2Sm 12.13.

² Bem-aventurado o homem a quem
o SENHOR não atribui iniqüidade
e em cujo espírito não há dolo.

³ Enquanto calei os meus pecados,
envelheceram os meus ossos
pelos meus constantes gemidos
todo o dia.

⁴ Porque a tua mão pesava
dia e noite sobre mim,
e o meu vigor se tornou
em sequidão de estio.

⁵ Confessei-te o meu pecado
e a minha iniqüidade não mais ocultei.
Disse: confessarei ao SENHOR
as minhas transgressões;
e tu perdoaste
a iniqüidade do meu pecado.

⁶ Sendo assim, todo homem piedoso
te fará súplicas
em tempo de poder encontrar-te.
Com efeito, quando transbordarem
muitas águas,
não o atingirão.

⁷ Tu és o meu esconderijo;
tu me preservas da tribulação
e me cercas
de alegres cantos de livramento.

⁸ Instruir-te-ei e te ensinarei
o caminho que deves seguir;
e, sob as minhas vistas,
te darei conselho.

⁹ Não sejais como o cavalo ou a mula,
sem entendimento,
os quais com freios e cabrestos
são dominados;
de outra sorte não te obedecem.

¹⁰ Muito sofrimento terá de curtir o ímpio,
mas o que confia no SENHOR,
a misericórdia o assistirá.

¹¹ Alegrai-vos no SENHOR
e regozijai-vos, ó justos;
exultai, vós todos
que sois retos de coração.

Louvor ao Criador e Preservador

33 Exultai, ó justos, no SENHOR!
Aos retos fica bem louvá-lo.

² Celebrai o SENHOR com harpa,
louvai-o com cânticos
no saltério de dez cordas.

³ Entoai-lhe novo cântico,
tangei com arte e com júbilo.

⁴ Porque a palavra do SENHOR é reta,
e todo o seu proceder é fiel.

⁵ Ele ama a justiça e o direito;

a terra está cheia
da bondade do Senhor.
⁶ Os céus por sua palavra se fizeram,
e, pelo sopro de sua boca,
o exército deles.
⁷ Ele ajunta em montão as águas do mar;
e em reservatório encerra
as grandes vagas.
⁸ Tema ao Senhor toda a terra,
temam-no todos os habitantes do mundo.
⁹ Pois ele falou, e tudo se fez;
ele ordenou, e tudo passou a existir.
¹⁰ O Senhor frustra
os desígnios das nações
e anula os intentos dos povos.
¹¹ O conselho do Senhor
dura para sempre;
os desígnios do seu coração,
por todas as gerações.
¹² Feliz a nação cujo Deus é o Senhor,
e o povo que ele escolheu
para sua herança.
¹³ O Senhor olha dos céus;
vê todos os filhos dos homens;
¹⁴ do lugar de sua morada, observa
todos os moradores da terra,
¹⁵ ele, que forma o coração de todos eles,
que contempla todas as suas obras.
¹⁶ Não há rei que se salve
com o poder dos seus exércitos;
nem por sua muita força
se livra o valente.
¹⁷ O cavalo não garante vitória;
a despeito de sua grande força,
a ninguém pode livrar.
¹⁸ Eis que os olhos do Senhor
estão sobre os que o temem,
sobre os que esperam
na sua misericórdia,
¹⁹ para livrar-lhes a alma da morte,
e, no tempo da fome,
conservar-lhes a vida.
²⁰ Nossa alma espera no Senhor,
nosso auxílio e escudo.
²¹ Nele, o nosso coração se alegra,
pois confiamos no seu santo nome.
²² Seja sobre nós, Senhor,
a tua misericórdia,
como de ti esperamos.

Provai que o Senhor é bom!

Salmo de Davi, quando se fingiu amalucado na presença de Abimeleque e, por este expulso, ele se foi

34 Bendirei o Senhor
em todo o tempo,

o seu louvor estará sempre
nos meus lábios.
² Gloriar-se-á no Senhor a minha alma;
os humildes o ouvirão e se alegrarão.
³ Engrandecei o Senhor comigo,
e todos, à uma, lhe exaltemos o nome.
⁴ Busquei o Senhor, e ele me acolheu;
livrou-me de todos os meus temores.
⁵ Contemplai-o e sereis iluminados,
e o vosso rosto jamais sofrerá vexame.
⁶ Clamou este aflito, e o Senhor o ouviu
e o livrou de todas as suas tribulações.
⁷ O anjo do Senhor acampa-se
ao redor dos que o temem e os livra.
⁸ Oh! Provai e vede que o Senhor é bom;
bem-aventurado o homem
que nele se refugia.
⁹ Temei o Senhor, vós os seus santos,
pois nada falta aos que o temem.
¹⁰ Os leõezinhos sofrem necessidade
e passam fome,
porém aos que buscam o Senhor
bem nenhum lhes faltará.
¹¹ Vinde, filhos, e escutai-me;
eu vos ensinarei o temor do Senhor.
¹² Quem é o homem que ama a vida
e quer longevidade para ver o bem?
¹³ Refreia a tua língua do mal
e os teus lábios de falarem dolosamente.
¹⁴ Aparta-te do mal e pratica o que é bom;
procura a paz
e empenha-te por alcançá-la.
¹⁵ Os olhos do Senhor
repousam sobre os justos,
e os seus ouvidos
estão abertos ao seu clamor.
¹⁶ O rosto do Senhor
está contra os que praticam o mal,
para lhes extirpar da terra a memória.
¹⁷ Clamam os justos, e o Senhor os escuta
e os livra de todas as suas tribulações.
¹⁸ Perto está o Senhor
dos que têm o coração quebrantado
e salva os de espírito oprimido.
¹⁹ Muitas são as aflições do justo,
mas o Senhor de todas o livra.
²⁰ Preserva-lhe todos os ossos,
nem um deles sequer será quebrado.
²¹ O infortúnio matará o ímpio,
e os que odeiam o justo
serão condenados.
²² O Senhor resgata
a alma dos seus servos,
e dos que nele confiam
nenhum será condenado.

34, título 1Sm 21.13-15.   34.8 1Pe 2.3.   34.12-16 1Pe 3.10-12.   34.20 Êx 12.46; Nm 9.12; Jo 19.36.

Castigo dos adversários
Salmo de Davi

35 Contende, SENHOR,
com os que contendem comigo;
peleja contra os que contra mim pelejam.

2 Embraça o escudo e o broquel
e ergue-te em meu auxílio.

3 Empunha a lança
e reprime o passo aos meus perseguidores;
dize à minha alma:
Eu sou a tua salvação.

4 Sejam confundidos
e cobertos de vexame
os que buscam tirar-me a vida;
retrocedam e sejam envergonhados
os que tramam contra mim.

5 Sejam como a palha ao léu do vento,
impelindo-os o anjo do SENHOR.

6 Torne-se-lhes o caminho
tenebroso e escorregadio,
e o anjo do SENHOR os persiga.

7 Pois sem causa me tramaram laços,
sem causa abriram cova
para a minha vida.

8 Venha sobre o inimigo a destruição,
quando ele menos pensar;
e prendam-no os laços
que tramou ocultamente;
caia neles para a sua própria ruína.

9 E minha alma se regozijará no SENHOR
e se deleitará na sua salvação.

10 Todos os meus ossos dirão:
SENHOR, quem contigo se assemelha?
Pois livras o aflito
daquele que é demais forte para ele,
o mísero e o necessitado,
dos seus extorquidores.

11 Levantam-se iníquas testemunhas
e me argúem de cousas que eu não sei.

12 Pagam-me o mal pelo bem,
o que é desolação para a minha alma.

13 Quanto a mim, porém,
estando eles enfermos,
as minhas vestes eram pano de saco;
eu afligia a minha alma com jejum
e em oração me reclinava sobre o peito,

14 portava-me como se eles fossem
meus amigos ou meus irmãos;
andava curvado, de luto,
como quem chora por sua mãe.

15 Quando, porém, tropecei,
eles se alegraram e se reuniram;
reuniram-se contra mim;
os abjetos, que eu não conhecia,
dilaceraram-me sem tréguas;

16 como vis bufões em festins,
rangiam contra mim os dentes.

17 Até quando, Senhor, ficarás olhando?
Livra-me a alma das violências deles;
dos leões, a minha predileta.

18 Dar-te-ei graças na grande congregação,
louvar-te-ei
no meio da multidão poderosa.

19 Não se alegrem de mim
os meus inimigos gratuitos;
não pisquem os olhos
os que sem causa me odeiam.

20 Não é de paz que eles falam;
pelo contrário, tramam enganos
contra os pacíficos da terra.

21 Escancaram contra mim a boca
e dizem: Pegamos! Pegamos!
Vimo-lo com os nossos próprios olhos.

22 Tu, SENHOR, os viste; não te cales;
Senhor, não te ausentes de mim.

23 Acorda e desperta
para me fazeres justiça,
para a minha causa,
Deus meu e Senhor meu.

24 Julga-me, SENHOR, Deus meu,
segundo a tua justiça;
não permitas
que se regozijem contra mim.

25 Não digam eles lá no seu íntimo:
Agora, sim! Cumpriu-se o nosso desejo!
Não digam: Demos cabo dele!

26 Envergonhem-se e juntamente
sejam cobertos de vexame
os que se alegram com o meu mal;
cubram-se de pejo e ignomínia
os que se engrandecem contra mim.

27 Cantem de júbilo e se alegrem
os que têm prazer na minha retidão;
e digam sempre:
Glorificado seja o SENHOR,
que se compraz
na prosperidade do seu servo!

28 E a minha língua celebrará a tua justiça
e o teu louvor todo o dia.

Malícia humana e benignidade divina
Ao mestre de canto. De Davi, servo do SENHOR

36 Há no coração do ímpio
a voz da transgressão;
não há temor de Deus
diante de seus olhos.

2 Porque a transgressão
o lisonjeia a seus olhos
e lhe diz que a sua iniqüidade
não há de ser descoberta,
nem detestada.

35.19 Sl 69.4; Jo 15.25.   36.1 Rm 3.18.

³ As palavras de sua boca
   são malícia e dolo;
abjurou o discernimento
   e a prática do bem.
⁴ No seu leito, maquina a perversidade,
detém-se em caminho que não é bom,
não se despega do mal.
⁵ A tua benignidade, SENHOR,
   chega até aos céus,
até às nuvens, a tua fidelidade.
⁶ A tua justiça
   é como as montanhas de Deus;
os teus juízos,
   como um abismo profundo.
Tu, SENHOR, preservas
   os homens e os animais.
⁷ Como é preciosa, ó Deus,
   a tua benignidade!
Por isso, os filhos dos homens
se acolhem à sombra das tuas asas.
⁸ Fartam-se da abundância da tua casa,
e na torrente das tuas delícias
   lhes dás de beber.
⁹ Pois em ti está o manancial da vida;
na tua luz, vemos a luz.
¹⁰ Continua a tua benignidade
   aos que te conhecem,
e a tua justiça, aos retos de coração.
¹¹ Não me calque o pé da insolência,
nem me repila a mão dos ímpios.
¹² Tombaram os obreiros da iniqüidade;
estão derruídos
   e já não podem levantar-se.

Temporária, a felicidade dos perversos
Salmo de Davi

37 Não te indignes
   por causa dos malfeitores,
nem tenhas inveja
dos que praticam a iniqüidade.
² Pois eles dentro em breve
   definharão como a relva
e murcharão como a erva verde.
³ Confia no SENHOR e faze o bem;
habita na terra e alimenta-te da verdade.
⁴ Agrada-te do SENHOR,
e ele satisfará os desejos do teu coração.
⁵ Entrega o teu caminho ao SENHOR,
confia nele, e o mais ele fará.
⁶ Fará sobressair a tua justiça como a luz
e o teu direito, como o sol ao meio-dia.
⁷ Descansa no SENHOR e espera nele,
não te irrites por causa do homem
   que prospera em seu caminho,
por causa do que leva a cabo
   os seus maus desígnios.

37.11 Mt 5.5.

⁸ Deixa a ira, abandona o furor;
não te impacientes;
   certamente, isso acabará mal.
⁹ Porque os malfeitores
   serão exterminados,
mas os que esperam no SENHOR
   possuirão a terra.
¹⁰ Mais um pouco de tempo,
   e já não existirá o ímpio;
procurarás o seu lugar e não o acharás.
¹¹ Mas os mansos herdarão a terra
e se deleitarão na abundância de paz.
¹² Trama o ímpio contra o justo
e contra ele ringe os dentes.
¹³ Rir-se-á dele o Senhor,
   pois vê estar-se aproximando o seu dia.
¹⁴ Os ímpios arrancam da espada
   e distendem o arco
para abater o pobre e necessitado,
para matar os que trilham
   o reto caminho.
¹⁵ A sua espada, porém,
   lhes traspassará o próprio coração,
e os seus arcos serão espedaçados.
¹⁶ Mais vale o pouco do justo
que a abundância de muitos ímpios.
¹⁷ Pois os braços dos ímpios
   serão quebrados,
mas os justos, o SENHOR os sustém.
¹⁸ O SENHOR conhece os dias dos íntegros;
a herança deles permanecerá
   para sempre.
¹⁹ Não serão envergonhados
   nos dias do mal
e nos dias da fome se fartarão.
²⁰ Os ímpios, no entanto, perecerão,
e os inimigos do SENHOR
   serão como o viço das pastagens;
serão aniquilados
   e se desfarão em fumaça.
²¹ O ímpio pede emprestado e não paga;
o justo, porém, se compadece e dá.
²² Aqueles a quem o SENHOR abençoa
   possuirão a terra;
e serão exterminados
   aqueles a quem amaldiçoa.
²³ O SENHOR firma os passos
   do homem bom
e no seu caminho se compraz;
²⁴ se cair, não ficará prostrado,
porque o SENHOR o segura pela mão.
²⁵ Fui moço e já, agora, sou velho,
porém jamais vi o justo desamparado,
nem a sua descendência
   a mendigar o pão.
²⁶ É sempre compassivo e empresta,
e a sua descendência será uma bênção.

27 Aparta-te do mal e faze o bem,
e será perpétua a tua morada.
28 Pois o SENHOR ama a justiça
e não desampara os seus santos;
serão preservados para sempre,
mas a descendência dos ímpios
será exterminada.
29 Os justos herdarão a terra
e nela habitarão para sempre.
30 A boca do justo profere a sabedoria,
e a sua língua fala o que é justo.
31 No coração, tem ele a lei do seu Deus;
os seus passos não vacilarão.
32 O perverso espreita ao justo
e procura tirar-lhe a vida.
33 Mas o SENHOR não o deixará
nas suas mãos,
nem o condenará quando for julgado.
34 Espera no SENHOR, segue o seu caminho,
e ele te exaltará para possuíres a terra;
presenciarás isso quando os ímpios
forem exterminados.
35 Vi um ímpio prepotente
a expandir-se qual cedro do Líbano.
36 Passei, e eis que desaparecera;
procurei-o, e já não foi encontrado.
37 Observa o homem íntegro
e atenta no que é reto;
porquanto o homem de paz
terá posteridade.
38 Quanto aos transgressores,
serão, à uma, destruídos;
a descendência dos ímpios
será exterminada.
39 Vem do SENHOR a salvação dos justos;
ele é a sua fortaleza no dia da tribulação.
40 O SENHOR os ajuda e os livra;
livra-os dos ímpios e os salva,
porque nele buscam refúgio.

Arrependimento do pecador
Salmo de Davi. Em memória

38 Não me repreendas, SENHOR,
na tua ira,
nem me castigues no teu furor.
2 Cravam-se em mim as tuas setas,
e a tua mão recai sobre mim.
3 Não há parte sã na minha carne,
por causa da tua indignação;
não há saúde nos meus ossos,
por causa do meu pecado.
4 Pois já se elevam
acima de minha cabeça
as minhas iniqüidades;
como fardos pesados,
excedem as minhas forças.
5 Tornam-se infectas e purulentas

as minhas chagas,
por causa da minha loucura.
6 Sinto-me encurvado
e sobremodo abatido,
ando de luto o dia todo.
7 Ardem-me os lombos,
e não há parte sã na minha carne.
8 Estou aflito e mui quebrantado;
dou gemidos por efeito
do desassossego do meu coração.
9 Na tua presença, Senhor,
estão os meus desejos todos,
e a minha ansiedade não te é oculta.
10 Bate-me excitado o coração,
faltam-me as forças,
e a luz dos meus olhos,
essa mesma já não está comigo.
11 Os meus amigos e companheiros
afastam-se da minha praga,
e os meus parentes ficam de longe.
12 Armam ciladas contra mim
os que tramam tirar-me a vida;
os que me procuram fazer o mal
dizem cousas perniciosas
e imaginam engano todo o dia.
13 Mas eu, como surdo, não ouço
e, qual mudo, não abro a boca.
14 Sou, com efeito, como quem não ouve
e em cujos lábios não há réplica.
15 Pois em ti, SENHOR, espero;
tu me atenderás, Senhor, Deus meu.
16 Porque eu dizia: Não suceda
que se alegrem de mim
e contra mim se engrandeçam
quando me resvala o pé.
17 Pois estou prestes a tropeçar;
a minha dor está sempre perante mim.
18 Confesso a minha iniqüidade;
suporto tristeza
por causa do meu pecado.
19 Mas os meus inimigos
são vigorosos e fortes,
e são muitos
os que sem causa me odeiam.
20 Da mesma sorte,
os que pagam o mal pelo bem
são meus adversários,
porque eu sigo o que é bom.
21 Não me desampares, SENHOR;
Deus meu, não te ausentes de mim.
22 Apressa-te em socorrer-me,
Senhor, salvação minha.

A vaidade da vida
Ao mestre de canto, Jedutum.
Salmo de Davi

39 Disse comigo mesmo:
guardarei os meus caminhos,
para não pecar com a língua;

porei mordaça à minha boca,
enquanto estiver na minha presença
o ímpio.
2 Emudeci em silêncio,
calei acerca do bem,
e a minha dor se agravou.
3 Esbraseou-se-me no peito o coração;
enquanto eu meditava, ateou-se o fogo;
então, disse eu com a própria língua:
4 Dá-me a conhecer, SENHOR, o meu fim
e qual a soma dos meus dias,
para que eu reconheça
a minha fragilidade.
5 Deste aos meus dias
o comprimento de alguns palmos;
à tua presença, o prazo da minha vida
é nada.
Na verdade, todo homem, por mais
firme que esteja, é pura vaidade.
6 Com efeito, passa o homem
como uma sombra;
em vão se inquieta;
amontoa tesouros
e não sabe quem os levará.
7 E eu, Senhor, que espero?
Tu és a minha esperança.
8 Livra-me de todas as minhas iniqüidades;
não me faças o opróbrio do insensato.
9 Emudeço, não abro os meus lábios
porque tu fizeste isso.
10 Tira de sobre mim o teu flagelo;
pelo golpe de tua mão, estou consumido.
11 Quando castigas o homem
com repreensões,
por causa da iniqüidade,
destróis nele, como traça,
o que tem de precioso.
Com efeito, todo homem é pura vaidade.
12 Ouve, SENHOR, a minha oração,
escuta-me quando grito por socorro;
não te emudeças
à vista de minhas lágrimas,
porque sou forasteiro à tua presença,
peregrino como todos os meus pais
o foram.
13 Desvia de mim o teu olhar,
para que eu tome alento,
antes que eu passe e deixe de existir.

Oração para livramento
Vv. 13-17: Sl 70.1-5
Ao mestre de canto. Salmo de Davi

40 Esperei confiantemente
pelo SENHOR;
ele se inclinou para mim e me ouviu
quando clamei por socorro.

2 Tirou-me de um poço de perdição,
dum tremedal de lama;
colocou-me os pés sobre uma rocha
e me firmou os passos.
3 E me pôs nos lábios um novo cântico,
um hino de louvor ao nosso Deus;
muitos verão essas cousas, temerão
e confiarão no SENHOR.
4 Bem-aventurado o homem
que põe no SENHOR a sua confiança
e não pende para os arrogantes,
nem para os afeiçoados à mentira.
5 São muitas, SENHOR, Deus meu,
as maravilhas que tens operado
e também os teus desígnios
para conosco;
ninguém há que se possa igualar contigo.
Eu quisera anunciá-los e deles falar,
mas são mais do que se pode contar.
6 Sacrifícios e ofertas não quiseste;
abriste os meus ouvidos;
holocaustos e ofertas pelo pecado
não requeres.
7 Então, eu disse: eis aqui estou,
no rolo do livro está escrito
a meu respeito;
8 agrada-me fazer a tua vontade,
ó Deus meu;
dentro do meu coração, está a tua lei.
9 Proclamei as boas-novas de justiça
na grande congregação;
jamais cerrei os lábios,
tu o sabes, SENHOR.
10 Não ocultei no coração a tua justiça;
proclamei a tua fidelidade
e a tua salvação;
não escondi da grande congregação
a tua graça e a tua verdade.
11 Não retenhas de mim, SENHOR,
as tuas misericórdias;
guardem-me sempre
a tua graça e a tua verdade.
12 Não têm conta os males que me cercam;
as minhas iniqüidades me alcançaram,
tantas, que me impedem a vista;
são mais numerosas
que os cabelos de minha cabeça,
e o coração me desfalece.
13 Praza-te, SENHOR, em livrar-me;
dá-te pressa, ó SENHOR, em socorrer-me.
14 Sejam à uma envergonhados
e cobertos de vexame
os que me demandam a vida;
tornem atrás e cubram-se de ignomínia
os que se comprazem no meu mal.
15 Sofram perturbação

40.6-8 Hb 10.5-7.

por causa da sua ignomínia
os que dizem: Bem-feito! Bem-feito!

16 Folguem e em ti se rejubilem
todos os que te buscam;
os que amam a tua salvação
digam sempre:
O SENHOR seja magnificado!

17 Eu sou pobre e necessitado,
porém o Senhor cuida de mim;
tu és o meu amparo e o meu libertador;
não te detenhas, ó Deus meu!

A calúnia dos inimigos
e o socorro de Deus
Ao mestre de canto. Salmo de Davi

41 Bem-aventurado o que acode
ao necessitado;
o SENHOR o livra no dia do mal.

2 O SENHOR o protege, preserva-lhe a vida
e o faz feliz na terra;
não o entrega à discrição
dos seus inimigos.

3 O SENHOR o assiste
no leito da enfermidade;
na doença, tu lhe afofas a cama.

4 Disse eu:
compadece-te de mim, SENHOR;
sara a minha alma,
porque pequei contra ti.

5 Os meus inimigos falam mal de mim:
Quando morrerá e lhe perecerá o nome?

6 Se algum deles me vem visitar,
diz cousas vãs,
amontoando no coração malícias;
em saindo, é disso que fala.

7 De mim rosnam à uma
todos os que me odeiam;
engendram males contra mim, dizendo:

8 Peste maligna deu nele, e: Caiu de cama,
já não há de levantar-se.

9 Até o meu amigo íntimo,
em quem eu confiava,
que comia do meu pão,
levantou contra mim o calcanhar.

10 Tu, porém, SENHOR,
compadece-te de mim
e levanta-me, para que eu lhes pague
segundo merecem.

11 Com isto conheço
que tu te agradas de mim:
em não triunfar contra mim
o meu inimigo.

12 Quanto a mim, tu me susténs
na minha integridade
e me pões à tua presença para sempre.

13 Bendito seja o SENHOR, Deus de Israel,

da eternidade para a eternidade!
Amém e amém!

LIVRO II
Salmos 42-72

A alma anela por Deus
Ao mestre de canto. Salmo didático
dos filhos de Coré

42 Como suspira a corça
pelas correntes das águas,
assim, por ti, ó Deus,
suspira a minha alma.

2 A minha alma tem sede de Deus,
do Deus vivo;
quando irei e me verei
perante a face de Deus?

3 As minhas lágrimas têm sido
o meu alimento
dia e noite,
enquanto me dizem continuamente:
O teu Deus, onde está?

4 Lembro-me destas cousas —
e dentro de mim
se me derrama a alma —,
de como passava eu
com a multidão de povo
e os guiava em procissão à Casa de Deus,
entre gritos de alegria e louvor,
multidão em festa.

5 Por que estás abatida, ó minha alma?
Por que te perturbas dentro de mim?
Espera em Deus, pois ainda o louvarei,
a ele, meu auxílio e Deus meu.

6 Sinto abatida dentro de mim
a minha alma;
lembro-me, portanto, de ti,
nas terras do Jordão,
e no monte Hermom,
e no outeiro de Mizar.

7 Um abismo chama outro abismo,
ao fragor das tuas catadupas;
todas as tuas ondas e vagas
passaram sobre mim.

8 Contudo, o SENHOR, durante o dia,
me concede a sua misericórdia,
e à noite comigo está o seu cântico,
uma oração ao Deus da minha vida.

9 Digo a Deus, minha rocha:
por que te olvidaste de mim?
Por que hei de andar eu lamentando
sob a opressão dos meus inimigos?

10 Esmigalham-se-me os ossos,
quando os meus adversários
me insultam,
dizendo e dizendo:
O teu Deus, onde está?

41.9 Mt 26.24; Mc 14.21; Lc 22.22; Jo 13.18; 17.12.   **41.13** Sl 106.48.

¹¹ Por que estás abatida, ó minha alma?
Por que te perturbas dentro de mim?
Espera em Deus, pois ainda o louvarei,
a ele, meu auxílio e Deus meu.

Desejos pelo santuário

43 Faze-me justiça, ó Deus,
    e pleiteia a minha causa
contra a nação contenciosa;
livra-me do homem fraudulento
e injusto.
² Pois tu és o Deus da minha fortaleza.
Por que me rejeitas?
Por que hei de andar eu lamentando
sob a opressão dos meus inimigos?
³ Envia a tua luz e a tua verdade,
para que me guiem
e me levem ao teu santo monte
e aos teus tabernáculos.
⁴ Então, irei ao altar de Deus,
de Deus, que é a minha grande alegria;
ao som da harpa eu te louvarei,
ó Deus, Deus meu.
⁵ Por que estás abatida, ó minha alma?
Por que te perturbas dentro de mim?
Espera em Deus, pois ainda o louvarei,
a ele, meu auxílio e Deus meu.

Apelo por auxílio divino

Ao mestre de canto. Dos filhos de Coré.
Salmo didático

44 Ouvimos, ó Deus,
    com os próprios ouvidos:
nossos pais nos têm contado
o que outrora fizeste, em seus dias.
² Como por tuas próprias mãos
    desapossaste as nações
e os estabeleceste;
oprimiste os povos
e aos pais deste largueza.
³ Pois não foi por sua espada
    que possuíram a terra,
nem foi o seu braço que lhes deu vitória,
e sim a tua destra, e o teu braço,
e o fulgor do teu rosto,
porque te agradaste deles.
⁴ Tu és o meu rei, ó Deus;
ordena a vitória de Jacó.
⁵ Com o teu auxílio,
    vencemos os nossos inimigos;
em teu nome, calcamos aos pés
    os que se levantam contra nós.
⁶ Não confio no meu arco,
e não é a minha espada que me salva.
⁷ Pois tu nos salvaste dos nossos inimigos

e cobriste de vergonha
os que nos odeiam.
⁸ Em Deus, nos temos gloriado
continuamente
e para sempre louvaremos o teu nome.
⁹ Agora, porém, tu nos lançaste fora,
e nos expuseste à vergonha,
e já não sais com os nossos exércitos.
¹⁰ Tu nos fazes bater em retirada
à vista dos nossos inimigos,
e os que nos odeiam
nos tomam por seu despojo.
¹¹ Entregaste-nos
como ovelhas para o corte
e nos espalhaste entre as nações.
¹² Vendes por um nada o teu povo
e nada lucras com o seu preço.
¹³ Tu nos fazes opróbrio
dos nossos vizinhos,
escárnio e zombaria
aos que nos rodeiam.
¹⁴ Pões-nos por ditado entre as nações,
alvo de meneios de cabeça entre os povos.
¹⁵ A minha ignomínia
está sempre diante de mim;
cobre-se de vergonha o meu rosto,
¹⁶ ante os gritos do que afronta e blasfema,
à vista do inimigo e do vingador.
¹⁷ Tudo isso nos sobreveio;
entretanto, não nos esquecemos de ti,
nem fomos infiéis à tua aliança.
¹⁸ Não tornou atrás o nosso coração,
nem se desviaram os nossos passos
dos teus caminhos,
¹⁹ para nos esmagares
onde vivem os chacais
e nos envolveres
com as sombras da morte.
²⁰ Se tivéssemos esquecido
o nome do nosso Deus
ou tivéssemos estendido as mãos
a deus estranho,
²¹ porventura, não o teria atinado Deus,
ele, que conhece os segredos
dos corações?
²² Mas, por amor de ti, somos entregues
à morte continuamente,
somos considerados como ovelhas
para o matadouro.
²³ Desperta! Por que dormes, Senhor?
Desperta, não nos rejeites para sempre.
²⁴ Por que escondes a face
e te esqueces da nossa miséria
e da nossa opressão?
²⁵ Pois a nossa alma está abatida até ao pó,

44.22 Rm 8.36.

e o nosso corpo,
como que pegado no chão.
²⁶ Levanta-te para socorrer-nos
e resgata-nos
por amor da tua benignidade.

O Ungido de Deus e a sua noiva
*Ao mestre de canto. Segundo a melodia
"Os lírios". Dos filhos de Coré. Salmo didático.
Cântico de amor*

45 De boas palavras
transborda o meu coração.
Ao Rei consagro o que compus;
a minha língua é como a pena
de habilidoso escritor.
² Tu és o mais formoso
dos filhos dos homens;
nos teus lábios se extravasou a graça;
por isso, Deus te abençoou para sempre.
³ Cinge a espada no teu flanco, herói;
cinge a tua glória e a tua majestade!
⁴ E nessa majestade
cavalga prosperamente,
pela causa da verdade e da justiça;
e a tua destra te ensinará proezas.
⁵ As tuas setas são agudas,
penetram o coração dos inimigos do Rei;
os povos caem submissos a ti.
⁶ O teu trono, ó Deus,
é para todo o sempre;
cetro de eqüidade é o cetro do teu reino.
⁷ Amas a justiça e odeias a iniqüidade;
por isso, Deus, o teu Deus, te ungiu
com o óleo de alegria, como a nenhum
dos teus companheiros.
⁸ Todas as tuas vestes recendem
a mirra, aloés e cássia;
de palácios de marfim
ressoam instrumentos de cordas
que te alegram.
⁹ Filhas de reis se encontram
entre as tuas damas de honra;
à tua direita está a rainha
adornada de ouro finíssimo de Ofir.
¹⁰ Ouve, filha; vê, dá atenção;
esquece o teu povo e a casa de teu pai.
¹¹ Então, o Rei cobiçará a tua formosura;
pois ele é o teu senhor;
inclina-te perante ele.
¹² A ti virá a filha de Tiro
trazendo donativos;
os mais ricos do povo te pedirão favores.
¹³ Toda formosura é a filha do Rei
no interior do palácio;
a sua vestidura é recamada de ouro.
¹⁴ Em roupagens bordadas

conduzem-na perante o Rei;
as virgens, suas companheiras
que a seguem,
serão trazidas à tua presença.
¹⁵ Serão dirigidas com alegria e regozijo;
entrarão no palácio do Rei.
¹⁶ Em vez de teus pais, serão teus filhos,
os quais farás príncipes por toda a terra.
¹⁷ O teu nome, eu o farei celebrado
de geração a geração,
e, assim, os povos te louvarão
para todo o sempre.

Deus é o nosso refúgio e fortaleza
*Ao mestre de canto. Dos filhos de Coré.
Em voz de soprano. Cântico*

46 Deus é o nosso refúgio e fortaleza,
socorro bem presente
nas tribulações.
² Portanto, não temeremos
ainda que a terra se transtorne
e os montes se abalem no seio dos mares;
³ ainda que as águas
tumultuem e espumejem
e na sua fúria os montes se estremeçam.
⁴ Há um rio, cujas correntes
alegram a cidade de Deus,
o santuário das moradas do Altíssimo.
⁵ Deus está no meio dela;
jamais será abalada;
Deus a ajudará desde antemanhã.
⁶ Bramam nações, reinos se abalam;
ele faz ouvir a sua voz,
e a terra se dissolve.
⁷ O SENHOR dos Exércitos está conosco;
o Deus de Jacó é o nosso refúgio.
⁸ Vinde, contemplai as obras do SENHOR,
que assolações efetuou na terra.
⁹ Ele põe termo à guerra
até aos confins do mundo,
quebra o arco e despedaça a lança;
queima os carros no fogo.
¹⁰ Aquietai-vos e sabei que eu sou Deus;
sou exaltado entre as nações,
sou exaltado na terra.
¹¹ O SENHOR dos Exércitos está conosco;
o Deus de Jacó é o nosso refúgio.

Deus, o rei da terra
Ao mestre de canto. Salmo dos filhos de Coré

47 Batei palmas, todos os povos;
celebrai a Deus com vozes de júbilo.
² Pois o SENHOR Altíssimo é tremendo,
é o grande rei de toda a terra.
³ Ele nos submeteu os povos
e pôs sob os nossos pés as nações.

45.6,7 Hb 1.8,9.

⁴ Escolheu-nos a nossa herança,
  a glória de Jacó, a quem ele ama.
⁵ Subiu Deus por entre aclamações,
  o SENHOR, ao som de trombeta.
⁶ Salmodiai a Deus, cantai louvores;
  salmodiai ao nosso rei, cantai louvores.
⁷ Deus é o rei de toda a terra;
  salmodiai com harmonioso cântico.
⁸ Deus reina sobre as nações;
  Deus se assenta no seu santo trono.
⁹ Os príncipes dos povos se reúnem,
  o povo do Deus de Abraão,
  porque a Deus pertencem
    os escudos da terra;
  ele se exaltou gloriosamente.

A cidade de Deus

Cântico. Salmo dos filhos de Coré

48 Grande é o SENHOR
      e mui digno de ser louvado,
  na cidade do nosso Deus.
² Seu santo monte, belo e sobranceiro,
  é a alegria de toda a terra;
  o monte de Sião, para os lados do Norte,
  a cidade do grande Rei.
³ Nos palácios dela,
  Deus se faz conhecer como alto refúgio.
⁴ Por isso, eis que os reis se coligaram
  e juntos sumiram-se;
⁵ bastou-lhes vê-lo, e se espantaram,
  tomaram-se de assombro
    e fugiram apressados.
⁶ O terror ali os venceu,
  e sentiram dores como de parturiente.
⁷ Com vento oriental destruíste
  as naus de Társis.
⁸ Como temos ouvido dizer, assim o vimos
  na cidade do SENHOR dos Exércitos,
  na cidade do nosso Deus.
  Deus a estabelece para sempre.
⁹ Pensamos, ó Deus, na tua misericórdia
  no meio do teu templo.
¹⁰ Como o teu nome, ó Deus,
  assim o teu louvor se estende
    até aos confins da terra;
  a tua destra está cheia de justiça.
¹¹ Alegre-se o monte Sião,
  exultem as filhas de Judá,
  por causa dos teus juízos.
¹² Percorrei a Sião, rodeai-a toda,
  contai-lhe as torres;
¹³ notai bem os seus baluartes,
  observai os seus palácios,
  para narrardes às gerações vindouras
¹⁴ que este é Deus,

o nosso Deus para todo o sempre;
ele será nosso guia até à morte.

A vaidade do homem

Ao mestre de canto. Salmo dos filhos de Coré

49 Povos todos, escutai isto;
      dai ouvidos,
      moradores todos da terra,
² tanto plebeus como os de fina estirpe,
  todos juntamente, ricos e pobres.
³ Os meus lábios falarão sabedoria,
  e o meu coração
    terá pensamentos judiciosos.
⁴ Inclinarei os ouvidos a uma parábola,
  decifrarei o meu enigma
    ao som da harpa.
⁵ Por que hei de eu temer
  nos dias da tribulação,
  quando me salteia a iniqüidade
    dos que me perseguem,
⁶ dos que confiam nos seus bens
  e na sua muita riqueza se gloriam?
⁷ Ao irmão, verdadeiramente,
    ninguém o pode remir,
  nem pagar por ele a Deus o seu resgate
⁸ (Pois a redenção da alma deles
    é caríssima,
  e cessará a tentativa para sempre.),
⁹ para que continue a viver perpetuamente
  e não veja a cova;
¹⁰ porquanto vê-se morrerem os sábios
  e perecerem tanto o estulto
    como o inepto,
  os quais deixam a outros
    as suas riquezas.
¹¹ O seu pensamento íntimo
    é que as suas casas serão perpétuas
  e, as suas moradas,
    para todas as gerações;
  chegam a dar seu próprio nome
    às suas terras.
¹² Todavia, o homem não permanece
    em sua ostentação;
  é, antes, como os animais, que perecem.
¹³ Tal proceder é estultícia deles;
  assim mesmo os seus seguidores
    aplaudem o que eles dizem.
¹⁴ Como ovelhas são postos na sepultura;
  a morte é o seu pastor;
  eles descem diretamente para a cova,
  onde a sua formosura se consome;
  a sepultura é o lugar em que habitam.
¹⁵ Mas Deus remirá a minha alma
    do poder da morte,
  pois ele me tomará para si.

48.2 Mt 5.35.

16 Não temas, quando alguém
  se enriquecer,
quando avultar a glória de sua casa;
17 pois, em morrendo, nada levará consigo,
a sua glória não o acompanhará.
18 Ainda que durante a vida
  ele se tenha lisonjeado,
e ainda que o louvem
  quando faz o bem a si mesmo,
19 irá ter com a geração de seus pais,
os quais já não verão a luz.
20 O homem, revestido de honrarias,
  mas sem entendimento,
é, antes, como os animais, que perecem.

A essência do culto a Deus
Salmo de Asafe

50 Fala o Poderoso, o Senhor Deus,
  e chama a terra
  desde o Levante até ao Poente.
2 Desde Sião, excelência de formosura,
resplandece Deus.
3 Vem o nosso Deus e não guarda silêncio;
perante ele arde um fogo devorador,
ao seu redor esbraveja grande tormenta.
4 Intima os céus lá em cima
e a terra, para julgar o seu povo.
5 Congregai os meus santos,
os que comigo fizeram aliança
  por meio de sacrifícios.
6 Os céus anunciam a sua justiça,
porque é o próprio Deus que julga.
7 Escuta, povo meu, e eu falarei;
ó Israel, e eu testemunharei contra ti.
Eu sou Deus, o teu Deus.
8 Não te repreendo pelos teus sacrifícios,
nem pelos teus holocaustos
  continuamente perante mim.
9 De tua casa não aceitarei novilhos,
nem bodes, dos teus apriscos.
10 Pois são meus todos os animais
  do bosque
e as alimárias aos milhares
  sobre as montanhas.
11 Conheço todas as aves dos montes,
e são meus todos os animais
  que pululam no campo.
12 Se eu tivesse fome, não to diria,
pois o mundo é meu
  e quanto nele se contém.
13 Acaso, como eu carne de touros?
Ou bebo sangue de cabritos?
14 Oferece a Deus
  sacrifício de ações de graças
e cumpre os teus votos
  para com o Altíssimo;

15 invoca-me no dia da angústia;
eu te livrarei, e tu me glorificarás.
16 Mas ao ímpio diz Deus:
De que te serve
  repetires os meus preceitos
e teres nos lábios a minha aliança,
17 uma vez que aborreces a disciplina
e rejeitas as minhas palavras?
18 Se vês um ladrão, tu te comprazes nele
e aos adúlteros te associas.
19 Soltas a tua boca para o mal,
e a tua língua trama enganos.
20 Sentas-te para falar contra teu irmão
e difamas o filho de tua mãe.
21 Tens feito estas cousas, e eu me calei;
pensavas que eu era teu igual;
mas eu te argüirei e porei tudo à tua vista.
22 Considerai, pois, nisto,
vós que vos esqueceis de Deus,
para que não vos despedace,
  sem haver quem vos livre.
23 O que me oferece sacrifício
  de ações de graças, esse me glorificará;
e ao que prepara o seu caminho,
dar-lhe-ei que veja a salvação de Deus.

Confissão e arrependimento
*Ao mestre de canto. Salmo de Davi,
quando o profeta Natã veio ter com ele,
depois de haver ele possuído Bate-Seba*

51 Compadece-te de mim, ó Deus,
  segundo a tua benignidade;
e, segundo a multidão
  das tuas misericórdias,
apaga as minhas transgressões.
2 Lava-me completamente
  da minha iniqüidade
e purifica-me do meu pecado.
3 Pois eu conheço as minhas transgressões,
e o meu pecado
  está sempre diante de mim.
4 Pequei contra ti, contra ti somente,
e fiz o que é mal perante os teus olhos,
de maneira que serás tido por justo
  no teu falar
e puro no teu julgar.
5 Eu nasci na iniqüidade,
e em pecado me concebeu minha mãe.
6 Eis que te comprazes na verdade
  no íntimo
e no recôndito me fazes conhecer
  a sabedoria.
7 Purifica-me com hissopo, e ficarei limpo;
lava-me, e ficarei mais alvo que a neve.
8 Faze-me ouvir júbilo e alegria,
para que exultem os ossos que esmagaste.

51, título 2Sm 12.1-15.   **51.4** Rm 3.4.

9 Esconde o rosto dos meus pecados
e apaga todas as minhas iniqüidades.
10 Cria em mim, ó Deus, um coração puro
e renova dentro em mim
um espírito inabalável.
11 Não me repulses da tua presença,
nem me retires o teu Santo Espírito.
12 Restitui-me a alegria da tua salvação
e sustenta-me
com um espírito voluntário.
13 Então, ensinarei aos transgressores
os teus caminhos,
e os pecadores se converterão a ti.
14 Livra-me dos crimes de sangue, ó Deus,
Deus da minha salvação,
e a minha língua exaltará a tua justiça.
15 Abre, Senhor, os meus lábios,
e a minha boca manifestará
os teus louvores.
16 Pois não te comprazes em sacrifícios;
do contrário, eu tos daria;
e não te agradas de holocaustos.
17 Sacrifícios agradáveis a Deus
são o espírito quebrantado;
coração compungido e contrito,
não o desprezarás, ó Deus.
18 Faze bem a Sião,
segundo a tua boa vontade;
edifica os muros de Jerusalém.
19 Então, te agradarás
dos sacrifícios de justiça,
dos holocaustos e das ofertas queimadas;
e sobre o teu altar se oferecerão novilhos.

Condenação do ímpio

Ao mestre de canto. Salmo didático de Davi,
quando Doegue, edomita, fez saber a Saul que
Davi entrara na casa de Abimeleque

52 Por que te glorias na maldade,
ó homem poderoso?
Pois a bondade de Deus
dura para sempre.
2 A tua língua urde planos de destruição;
é qual navalha afiada,
ó praticadora de enganos!
3 Amas o mal antes que o bem;
preferes mentir a falar retamente.
4 Amas todas as palavras devoradoras,
ó língua fraudulenta!
5 Também Deus te destruirá para sempre;
há de arrebatar-te
e arrancar-te da tua tenda
e te extirpará da terra dos viventes.
6 Os justos hão de ver tudo isso,
temerão e se rirão dele, dizendo:
7 Eis o homem que não fazia de Deus

a sua fortaleza;
antes, confiava na abundância
dos seus próprios bens
e na sua perversidade se fortalecia.
8 Quanto a mim, porém,
sou como a oliveira verdejante,
na Casa de Deus;
confio na misericórdia de Deus
para todo o sempre.
9 Dar-te-ei graças para sempre,
porque assim o fizeste;
na presença dos teus fiéis,
esperarei no teu nome, porque é bom.

A corrupção do pecador e sua redenção

Sl 14.1-7

Ao mestre de canto. Salmo didático
de Davi, para cítara

53 Diz o insensato no seu coração:
Não há Deus.
Corrompem-se e praticam iniqüidade;
já não há quem faça o bem.
2 Do céu, olha Deus
para os filhos dos homens,
para ver se há quem entenda,
se há quem busque a Deus.
3 Todos se extraviaram
e juntamente se corromperam;
não há quem faça o bem,
não há nem sequer um.
4 Acaso, não entendem
os obreiros da iniqüidade?
Esses, que devoram o meu povo
como quem come pão?
Eles não invocam a Deus.
5 Tomam-se de grande pavor,
onde não há a quem temer;
porque Deus dispersa os ossos
daquele que te sitia;
tu os envergonhas,
porque Deus os rejeita.
6 Quem me dera que de Sião viesse já
o livramento de Israel!
Quando Deus restaurar
a sorte do seu povo,
então, exultará Jacó, e Israel se alegrará.

Apelo para o socorro divino

Ao mestre de canto. Salmo didático.
Para instrumentos de cordas. De Davi,
quando os zifeus vieram dizer a Saul:
Não está Davi homiziado entre nós?

54 Ó Deus, salva-me, pelo teu nome,
e faze-me justiça, pelo teu poder.
2 Escuta, ó Deus, a minha oração,
dá ouvidos às palavras da minha boca.

52, título 1Sm 22.9,10. 53.1,2 Rm 3.10-12. 54, título 1Sm 23.19; 26.1.

3 Pois contra mim se levantam
   os insolentes,
e os violentos procuram tirar-me a vida;
não têm Deus diante de si.
4 Eis que Deus é o meu ajudador,
o SENHOR é quem me sustenta a vida.
5 Ele retribuirá o mal aos meus opressores;
por tua fidelidade dá cabo deles.
6 Oferecer-te-ei voluntariamente
   sacrifícios;
louvarei o teu nome, ó SENHOR,
porque é bom.
7 Pois me livrou de todas as tribulações;
e os meus olhos se enchem
   com a ruína dos meus inimigos.

Que os traidores sejam destruídos

Ao mestre de canto. Para instrumentos
de cordas. Salmo didático de Davi

55 Dá ouvidos, ó Deus,
       à minha oração;
não te escondas da minha súplica.
2 Atende-me e responde-me;
sinto-me perplexo em minha queixa
e ando perturbado,
3 por causa do clamor do inimigo
   e da opressão do ímpio;
pois sobre mim lançam calamidade
e furiosamente me hostilizam.
4 Estremece-me no peito o coração,
terrores de morte me salteiam;
5 temor e tremor me sobrevêm,
e o horror se apodera de mim.
6 Então, disse eu: quem me dera asas
   como de pomba!
Voaria e acharia pouso.
7 Eis que fugiria para longe
e ficaria no deserto.
8 Dar-me-ia pressa em abrigar-me
do vendaval e da procela.
9 Destrói, Senhor,
   e confunde os seus conselhos,
porque vejo violência e contenda
na cidade.
10 Dia e noite giram nas suas muralhas,
e, muros a dentro, campeia
a perversidade e a malícia;
11 há destruição no meio dela;
das suas praças não se apartam
a opressão e o engano.
12 Com efeito, não é inimigo
que me afronta;
se o fosse, eu o suportaria;
nem é o que me odeia
quem se exalta contra mim,
pois dele eu me esconderia;

13 mas és tu, homem meu igual,
meu companheiro e meu íntimo amigo.
14 Juntos andávamos,
juntos nos entretínhamos
e íamos com a multidão à Casa de Deus.
15 A morte as assalte,
e vivos desçam à cova!
Porque há maldade nas suas moradas
e no seu íntimo.
16 Eu, porém, invocarei a Deus,
e o SENHOR me salvará.
17 À tarde, pela manhã e ao meio-dia,
farei as minhas queixas e lamentarei;
e ele ouvirá a minha voz.
18 Livra-me a alma, em paz,
dos que me perseguem;
pois são muitos contra mim.
19 Deus ouvirá e lhes responderá,
ele, que preside desde a eternidade,
porque não há neles mudança nenhuma,
e não temem a Deus.
20 Tal homem estendeu as mãos
contra os que tinham paz com ele;
corrompeu a sua aliança.
21 A sua boca era mais macia
que a manteiga,
porém no coração havia guerra;
as suas palavras eram mais brandas
que o azeite;
contudo, eram espadas desembainhadas.
22 Confia os teus cuidados ao SENHOR,
e ele te susterá;
jamais permitirá
que o justo seja abalado.
23 Tu, porém, ó Deus, os precipitarás
à cova profunda;
homens sanguinários e fraudulentos
não chegarão à metade dos seus dias;
eu, todavia, confiarei em ti.

Conforto na perseguição

Ao mestre de canto. Segundo a melodia
"A pomba nos terebintos distantes". Hino de
Davi, quando os filisteus o prenderam em Gate

56 Tem misericórdia de mim, ó Deus,
       porque o homem procura ferir-me;
e me oprime pelejando todo o dia.
2 Os que me espreitam
continuamente querem ferir-me;
e são muitos os que
atrevidamente me combatem.
3 Em me vindo o temor,
hei de confiar em ti.
4 Em Deus, cuja palavra eu exalto,
neste Deus ponho a minha confiança

56, título 1Sm 21.13-15.

e nada temerei.
Que me pode fazer um mortal?
5 Todo o dia torcem as minhas palavras;
   os seus pensamentos
   são todos contra mim para o mal.
6 Ajuntam-se, escondem-se,
   espionam os meus passos,
   como aguardando a hora
   de me darem cabo da vida.
7 Dá-lhes a retribuição
   segundo a sua iniqüidade.
   Derriba os povos, ó Deus, na tua ira!
8 Contaste os meus passos
   quando sofri perseguições;
   recolheste as minhas lágrimas
   no teu odre;
   não estão elas inscritas no teu livro?
9 No dia em que eu te invocar,
   baterão em retirada os meus inimigos;
   bem sei isto: que Deus é por mim.
10 Em Deus, cuja palavra eu louvo,
   no SENHOR, cuja palavra eu louvo,
11 neste Deus ponho a minha confiança
   e nada temerei.
   Que me pode fazer o homem?
12 Os votos que fiz, eu os manterei, ó Deus;
   render-te-ei ações de graças.
13 Pois da morte me livraste a alma,
   sim, livraste da queda os meus pés,
   para que eu ande na presença de Deus,
   na luz da vida.

Louvor pela benignidade divina
Vv. 7-11: Sl 108.1-5
Ao mestre de canto. Segundo a melodia
"Não destruas". Hino de Davi, quando fugia
de Saul, na caverna

57 Tem misericórdia de mim, ó Deus,
       tem misericórdia,
pois em ti a minha alma se refugia;
à sombra das tuas asas me abrigo,
até que passem as calamidades.
2 Clamarei ao Deus Altíssimo,
   ao Deus que por mim tudo executa.
3 Ele dos céus me envia o seu auxílio
   e me livra;
   cobre de vergonha os que me ferem.
   Envia a sua misericórdia
   e a sua fidelidade.
4 Acha-se a minha alma entre leões,
   ávidos de devorar os filhos dos homens;
   lanças e flechas são os seus dentes,
   espada afiada, a sua língua.
5 Sê exaltado, ó Deus, acima dos céus;
   e em toda a terra esplenda a tua glória.
6 Armaram rede aos meus passos,

57, título 1Sm 24.3.

a minha alma está abatida;
abriram cova diante de mim,
mas eles mesmos caíram nela.
7 Firme está o meu coração, ó Deus,
   o meu coração está firme;
   cantarei e entoarei louvores.
8 Desperta, ó minha alma!
   Despertai, lira e harpa!
   Quero acordar a alva.
9 Render-te-ei graças entre os povos;
   cantar-te-ei louvores entre as nações.
10 Pois a tua misericórdia
   se eleva até aos céus,
   e a tua fidelidade, até às nuvens.
11 Sê exaltado, ó Deus, acima dos céus;
   e em toda a terra esplenda a tua glória.

A sorte dos ímpios
Ao mestre de canto. Segundo a melodia
"Não destruas". Hino de Davi

58 Falais verdadeiramente justiça,
       ó juízes?
Julgais com retidão
os filhos dos homens?
2 Longe disso; antes, no íntimo
   engendrais iniqüidades
   e distribuís na terra
   a violência de vossas mãos.
3 Desviam-se os ímpios
   desde a sua concepção;
   nascem e já se desencaminham,
   proferindo mentiras.
4 Têm peçonha
   semelhante à peçonha da serpente;
   são como a víbora surda,
   que tapa os ouvidos,
5 para não ouvir a voz dos encantadores,
   do mais fascinante em encantamentos.
6 Ó Deus, quebra-lhes os dentes na boca;
   arranca, SENHOR, os queixais
   aos leõezinhos.
7 Desapareçam como águas que se escoam;
   ao dispararem flechas,
   fiquem elas embotadas.
8 Sejam como a lesma,
   que passa diluindo-se;
   como o aborto de mulher,
   não vejam nunca o sol.
9 Como espinheiros, antes que
   vossas panelas sintam deles o calor,
   tanto os verdes
   como os que estão em brasa
   serão arrebatados
   como por um redemoinho.
10 Alegrar-se-á o justo

quando vir a vingança;
banhará os pés no sangue do ímpio.
11 Então, se dirá: Na verdade,
há recompensa para o justo;
há um Deus, com efeito,
que julga na terra.

Súplica em prol de libertação
*Ao mestre de canto. Segundo a melodia
"Não destruas". Hino de Davi, quando
Saul mandou que lhe sitiassem a casa,
para o matar*

59 Livra-me, Deus meu,
dos meus inimigos;
põe-me acima do alcance
dos meus adversários.
2 Livra-me dos que praticam a iniqüidade
e salva-me dos homens sanguinários,
3 pois que armam ciladas à minha alma;
contra mim se reúnem os fortes,
sem transgressão minha, ó SENHOR,
ou pecado meu.
4 Sem culpa minha, eles se apressam
e investem;
desperta, vem ao meu encontro e vê.
5 Tu, SENHOR, Deus dos Exércitos,
és o Deus de Israel;
desperta, pois,
e vem de encontro a todas as nações;
não te compadeças de nenhum
dos que traiçoeiramente
praticam a iniqüidade.
6 Ao anoitecer, uivam como cães,
à volta da cidade.
7 Alardeiam de boca;
em seus lábios há espadas.
Pois dizem eles: Quem há que nos escute?
8 Mas tu, SENHOR, te rirás deles;
zombarás de todas as nações.
9 Em ti, força minha, esperarei;
pois Deus é meu alto refúgio.
10 Meu Deus virá ao meu encontro
com a sua benignidade,
Deus me fará ver o meu desejo
sobre os meus inimigos.
11 Não os mates, para que o meu povo
não se esqueça;
dispersa-os pelo teu poder e abate-os,
ó Senhor, escudo nosso.
12 Pelo pecado de sua boca,
pelas palavras dos seus lábios,
na sua própria soberba sejam enredados
e pela abominação e mentiras
que proferem.
13 Consome-os com indignação,
consome-os,

de sorte que jamais existam
e se saiba que reina Deus em Jacó,
até aos confins da terra.
14 Ao anoitecer, uivam como cães,
à volta da cidade.
15 Vagueiam à procura de comida
e, se não se fartam, então, rosnam.
16 Eu, porém, cantarei a tua força;
pela manhã louvarei com alegria
a tua misericórdia;
pois tu me tens sido alto refúgio
e proteção no dia da minha angústia.
17 A ti, força minha, cantarei louvores,
porque Deus é meu alto refúgio,
é o Deus da minha misericórdia.

Oração em tempos de guerra
Vv. 5-12: Sl 108.6-13
*Ao mestre de canto. Segundo a melodia
"Os lírios do testemunho". Hino de Davi
para ensinar. Quando lutou contra os sírios
da Mesopotâmia e os sírios de Zobá, e
quando Joabe, regressando, derrotou de
Edom doze mil homens, no vale do Sal*

60 Ó Deus, tu nos rejeitaste
e nos dispersaste;
tens estado indignado;
oh! Restabelece-nos.
2 Abalaste a terra, fendeste-a;
repara-lhe as brechas,
pois ela ameaça ruir.
3 Fizeste o teu povo experimentar reveses
e nos deste a beber vinho que atordoa.
4 Deste um estandarte aos que te temem,
para fugirem de diante do arco.
5 Para que os teus amados sejam livres,
salva com a tua destra e responde-nos.
6 Falou Deus na sua santidade:
Exultarei; dividirei Siquém
e medirei o vale de Sucote.
7 Meu é Gileade, meu é Manassés;
Efraim é a defesa de minha cabeça;
Judá é o meu cetro.
8 Moabe, porém, é a minha bacia de lavar;
sobre Edom atirarei a minha sandália;
sobre a Filístia jubilarei.
9 Quem me conduzirá
à cidade fortificada?
Quem me guiará até Edom?
10 Não nos rejeitaste, ó Deus?
Tu não sais, ó Deus,
com os nossos exércitos!
11 Presta-nos auxílio na angústia,
pois vão é o socorro do homem.
12 Em Deus faremos proezas,
porque ele mesmo calca aos pés
os nossos adversários.

59, título 1Sm 19.11.   **60, título** 2Sm 8.13; 1Cr 18.12.

Oração pelo rei
Ao mestre de canto. Com instrumentos de cordas. De Davi

61 Ouve, ó Deus, a minha súplica;
atende à minha oração.

2 Desde os confins da terra clamo por ti,
no abatimento do meu coração.
Leva-me para a rocha
que é alta demais para mim;

3 pois tu me tens sido refúgio
e torre forte contra o inimigo.

4 Assista eu no teu tabernáculo,
para sempre;
no esconderijo das tuas asas,
cu me abrigo.

5 Pois ouviste, ó Deus, os meus votos
e me deste a herança
dos que temem o teu nome.

6 Dias sobre dias acrescentas ao rei;
duram os seus anos
gerações após gerações.

7 Permaneça para sempre
diante de Deus;
concede-lhe que a bondade
e a fidelidade o preservem.

8 Assim, salmodiarei o teu nome
para sempre,
para cumprir, dia após dia,
os meus votos.

Exortação à confiança
Ao mestre de canto. Segundo a melodia de Jedutum. De Davi

62 Somente em Deus, ó minha alma,
espera silenciosa;
dele vem a minha salvação.

2 Só ele é a minha rocha,
e a minha salvação,
e o meu alto refúgio;
não serei muito abalado.

3 Até quando acometereis vós
a um homem,
todos vós, para o derribardes,
como se fosse uma parede pendida
ou um muro prestes a cair?

4 Só pensam em derribá-lo
da sua dignidade;
na mentira se comprazem;
de boca bendizem,
porém no interior maldizem.

5 Somente em Deus, ó minha alma,
espera silenciosa,
porque dele vem a minha esperança.

6 Só ele é a minha rocha,
e a minha salvação,

e o meu alto refúgio;
não serei jamais abalado.

7 De Deus dependem
a minha salvação e a minha glória;
estão em Deus
a minha forte rocha e o meu refúgio.

8 Confiai nele, ó povo, em todo tempo;
derramai perante ele o vosso coração;
Deus é o nosso refúgio.

9 Somente vaidade são os homens plebeus;
falsidade, os de fina estirpe;
pesados em balança,
eles juntos são mais leves que a vaidade.

10 Não confieis naquilo que extorquis,
nem vos vanglorieis na rapina;
se as vossas riquezas prosperam,
não ponhais nelas o coração.

11 Uma vez falou Deus,
duas vezes ouvi isto:
Que o poder pertence a Deus,

12 e a ti, Senhor, pertence a graça,
pois a cada um retribuis
segundo as suas obras.

Buscando a Deus
Salmo de Davi, quando no deserto de Judá

63 Ó Deus, tu és o meu Deus forte;
eu te busco ansiosamente;
a minha alma tem sede de ti;
meu corpo te almeja,
como terra árida, exausta, sem água.

2 Assim, eu te contemplo no santuário,
para ver a tua força e a tua glória.

3 Porque a tua graça é melhor
do que a vida;
os meus lábios te louvam.

4 Assim, cumpre-me bendizer-te
enquanto eu viver;
em teu nome, levanto as mãos.

5 Como de banha e de gordura
farta-se a minha alma;
e, com júbilo nos lábios,
a minha boca te louva,

6 no meu leito, quando de ti me recordo
e em ti medito, durante a vigília da noite.

7 Porque tu me tens sido auxílio;
à sombra das tuas asas,
eu canto jubiloso.

8 A minha alma apega-se a ti;
a tua destra me ampara.

9 Porém os que me procuram a vida
para a destruir
abismar-se-ão nas profundezas da terra.

10 Serão entregues ao poder da espada
e virão a ser pasto dos chacais.

62.12 Jó 34.11; Jr 17.10; Mt 16.27; Rm 2.6; Ap 2.23.   63, título 2Sm 15.23,28.

11 O rei, porém, se alegra em Deus;
quem por ele jura gloriar-se-á,
pois se tapará a boca
dos que proferem mentira.

Proteção contra os inimigos
Ao mestre de canto. Salmo de Davi

64 Ouve, ó Deus, a minha voz
nas minhas perplexidades;
preserva-me a vida do terror do inimigo.
2 Esconde-me da conspiração
dos malfeitores
e do tumulto
dos que praticam a iniquidade,
3 os quais afiam a língua como espada
e apontam, quais flechas,
palavras amargas,
4 para, às ocultas, atingirem o íntegro;
contra ele disparam repentinamente
e não temem.
5 Teimam no mau propósito;
falam em secretamente armar ciladas;
dizem: Quem nos verá?
6 Projetam iniquidade, inquirem tudo
o que se pode excogitar;
é um abismo o pensamento e o coração
de cada um deles.
7 Mas Deus desfere contra eles uma seta;
de súbito, se acharão feridos.
8 Dessarte serão levados a tropeçar;
a própria língua se voltará contra eles;
todos os que os vêem meneiam a cabeça.
9 E todos os homens temerão,
e anunciarão as obras de Deus,
e entenderão o que ele faz.
10 O justo se alegra no Senhor
e nele confia;
os de reto coração, todos se gloriam.

Ações de graças pelas bênçãos das searas
Ao mestre de canto. De Davi. Cântico

65 A ti, ó Deus, confiança e louvor
em Sião!
E a ti se pagará o voto.
2 Ó tu que escutas a oração,
a ti virão todos os homens,
3 por causa de suas iniquidades.
Se prevalecem as nossas transgressões,
tu no-las perdoas.
4 Bem-aventurado aquele a quem escolhes
e aproximas de ti, para que assista
nos teus átrios;
ficaremos satisfeitos
com a bondade de tua casa —
o teu santo templo.

5 Com tremendos feitos nos respondes
em tua justiça,
ó Deus, Salvador nosso,
esperança de todos os confins da terra
e dos mares longínquos;
6 que por tua força consolidas os montes,
cingido de poder;
7 que aplacas o rugir dos mares,
o ruído das suas ondas
e o tumulto das gentes.
8 Os que habitam nos confins da terra
temem os teus sinais;
os que vêm do Oriente e do Ocidente,
tu os fazes exultar de júbilo.
9 Tu visitas a terra e a regas;
tu a enriqueces copiosamente;
os ribeiros de Deus
são abundantes de água;
preparas o cereal,
porque para isso a dispões,
10 regando-lhe os sulcos,
aplanando-lhe as leivas.
Tu a amoleces com chuviscos
e lhe abençoas a produção.
11 Coroas o ano da tua bondade;
as tuas pegadas destilam fartura,
12 destilam sobre as pastagens do deserto,
e de júbilo se revestem os outeiros.
13 Os campos cobrem-se de rebanhos,
e os vales vestem-se de espigas;
exultam de alegria e cantam.

Ofertas de gratidão
Ao mestre de canto. Cântico. Salmo

66 Aclamai a Deus, toda a terra.
2 Salmodiai a glória do seu nome,
dai glória ao seu louvor.
3 Dizei a Deus: Que tremendos
são os teus feitos!
Pela grandeza do teu poder,
a ti se mostram submissos
os teus inimigos.
4 Prostra-se toda a terra perante ti,
canta salmos a ti;
salmodia o teu nome.
5 Vinde e vede as obras de Deus:
tremendos feitos
para com os filhos dos homens!
6 Converteu o mar em terra seca;
atravessaram o rio a pé;
ali nos alegramos nele.
7 Ele, em seu poder, governa eternamente;
os seus olhos vigiam as nações;
não se exaltem os rebeldes.
8 Bendizei, ó povos, o nosso Deus;
fazei ouvir a voz do seu louvor;

66.6 Êx 14.21; Js 3.14-17.

⁹ o que preserva com vida a nossa alma
e não permite que nos resvalem os pés.
¹⁰ Pois tu, ó Deus, nos provaste;
acrisolaste-nos como se acrisola a prata.
¹¹ Tu nos deixaste cair na armadilha;
oprimiste as nossas costas;
¹² fizeste que os homens cavalgassem
sobre a nossa cabeça;
passamos pelo fogo e pela água;
porém, afinal, nos trouxeste
para um lugar espaçoso.
¹³ Entrarei na tua casa com holocaustos;
pagar-te-ei os meus votos,
¹⁴ que proferiram os meus lábios,
e que, no dia da angústia,
prometeu a minha boca.
¹⁵ Oferecer-te-ei holocaustos
de vítimas cevadas,
com aroma de carneiros;
imolarei novilhos com cabritos.
¹⁶ Vinde, ouvi, todos vós
que temeis a Deus,
e vos contarei o que tem ele feito
por minha alma.
¹⁷ A ele clamei com a boca,
com a língua o exaltei.
¹⁸ Se eu no coração contemplara a vaidade,
o Senhor não me teria ouvido.
¹⁹ Entretanto, Deus me tem ouvido
e me tem atendido a voz da oração.
²⁰ Bendito seja Deus,
que não me rejeita a oração,
nem aparta de mim a sua graça.

As nações rendem graças
*Ao mestre de canto. Para instrumentos
de cordas. Salmo. Cântico*

67 Seja Deus gracioso para conosco,
e nos abençoe,
e faça resplandecer sobre nós o rosto;
² para que se conheça na terra
o teu caminho
e, em todas as nações, a tua salvação.
³ Louvem-te os povos, ó Deus;
louvem-te os povos todos.
⁴ Alegrem-se e exultem as gentes,
pois julgas os povos com eqüidade
e guias na terra as nações.
⁵ Louvem-te os povos, ó Deus;
louvem-te os povos todos.
⁶ A terra deu o seu fruto,
e Deus, o nosso Deus, nos abençoa.
⁷ Abençoe-nos Deus,
e todos os confins da terra o temerão.

A vitória de Deus sobre os seus inimigos
Ao mestre de canto. Salmo de Davi. Cântico

68 Levanta-se Deus;
dispersam-se os seus inimigos;
de sua presença fogem
os que o aborrecem.
² Como se dissipa a fumaça,
assim tu os dispersas;
como se derrete a cera ante o fogo,
assim à presença de Deus
perecem os iníquos.
³ Os justos, porém, se regozijam,
exultam na presença de Deus
e folgam de alegria.
⁴ Cantai a Deus, salmodiai o seu nome;
exaltai o que cavalga sobre as nuvens.
SENHOR é o seu nome, exultai diante dele.
⁵ Pai dos órfãos e juiz das viúvas
é Deus em sua santa morada.
⁶ Deus faz que o solitário more em família;
tira os cativos para a prosperidade;
só os rebeldes habitam em terra estéril.
⁷ Ao saíres, ó Deus, à frente do teu povo,
ao avançares pelo deserto,
⁸ tremeu a terra;
também os céus gotejaram
à presença de Deus;
o próprio Sinai se abalou
na presença de Deus,
do Deus de Israel.
⁹ Copiosa chuva derramaste, ó Deus,
para a tua herança;
quando já ela estava exausta,
tu a restabeleceste.
¹⁰ Aí habitou a tua grei;
em tua bondade, ó Deus, fizeste
provisão para os necessitados.
¹¹ O Senhor deu a palavra,
grande é a falange das mensageiras
das boas-novas.
¹² Reis de exércitos fogem e fogem;
a dona de casa reparte os despojos.
¹³ Por que repousais
entre as cercas dos apriscos?
As asas da pomba são cobertas de prata,
cujas penas maiores
têm o brilho flavo do ouro.
¹⁴ Quando o Todo-poderoso
ali dispersa os reis,
cai neve sobre o monte Zalmom.
¹⁵ O monte de Deus é Basã,
serra de elevações é o monte de Basã.
¹⁶ Por que olhais com inveja,
ó montes elevados,
o monte que Deus escolheu

68.8 Êx 19.18.

para sua habitação?
O SENHOR habitará nele para sempre.
¹⁷ Os carros de Deus são vinte mil,
sim, milhares de milhares.
No meio deles, está o Senhor;
o Sinai tornou-se em santuário.
¹⁸ Subiste às alturas,
levaste cativo o cativeiro;
recebeste homens por dádivas,
até mesmo rebeldes,
para que o SENHOR Deus
habite no meio deles.
¹⁹ Bendito seja o Senhor que, dia a dia,
leva o nosso fardo!
Deus é a nossa salvação.
²⁰ O nosso Deus é o Deus libertador;
com Deus, o SENHOR, está
o escaparmos da morte.
²¹ Sim, Deus parte a cabeça
dos seus inimigos
e o cabeludo crânio do que anda
nos seus próprios delitos.
²² Disse o Senhor: De Basã os farei voltar,
fá-los-ei tornar das profundezas do mar,
²³ para que banhes o teu pé em sangue,
e a língua dos teus cães tenha
o seu quinhão dos inimigos.
²⁴ Viu-se, ó Deus, o teu cortejo,
o cortejo do meu Deus, do meu Rei,
no santuário.
²⁵ Os cantores iam adiante,
atrás, os tocadores
de instrumentos de cordas,
em meio às donzelas com adufes.
²⁶ Bendizei a Deus nas congregações,
bendizei ao SENHOR, vós que sois
da estirpe de Israel.
²⁷ Ali está o mais novo, Benjamim,
que os precede,
os príncipes de Judá, com o seu séquito,
os príncipes de Zebulom
e os príncipes de Naftali.
²⁸ Reúne, ó Deus, a tua força,
força divina que usaste a nosso favor,
²⁹ oriunda do teu templo em Jerusalém.
Os reis te oferecerão presentes.
³⁰ Reprime a fera dos canaviais,
a multidão dos fortes como touros
e dos povos com novilhos;
calcai aos pés
os que cobiçam barras de prata.
Dispersa os povos
que se comprazem na guerra.
³¹ Príncipes vêm do Egito;
a Etiópia corre a estender mãos cheias
para Deus.

³² Reinos da terra, cantai a Deus,
salmodiai ao Senhor,
³³ àquele que encima os céus,
os céus da antiguidade;
eis que ele faz ouvir a sua voz,
voz poderosa.
³⁴ Tributai glória a Deus;
a sua majestade está sobre Israel,
e a sua fortaleza, nos espaços siderais.
³⁵ Ó Deus, tu és tremendo
nos teus santuários;
o Deus de Israel,
ele dá força e poder ao povo.
Bendito seja Deus!

O lamento do Messias

*Ao mestre de canto. Segundo a melodia
"Os lírios". De Davi*

69 Salva-me, ó Deus,
porque as águas me sobem
até à alma.
² Estou atolado em profundo lamaçal,
que não dá pé;
estou nas profundezas das águas,
e a corrente me submerge.
³ Estou cansado de clamar,
secou-se-me a garganta;
os meus olhos desfalecem
de tanto esperar por meu Deus.
⁴ São mais que os cabelos de minha cabeça
os que, sem razão, me odeiam;
são poderosos os meus destruidores,
os que com falsos motivos
são meus inimigos;
por isso, tenho de restituir
o que não furtei.
⁵ Tu, ó Deus, bem conheces
a minha estultice,
e as minhas culpas não te são ocultas.
⁶ Não sejam envergonhados
por minha causa os que esperam em ti,
ó SENHOR, Deus dos Exércitos;
nem por minha causa sofram vexame
os que te buscam,
ó Deus de Israel.
⁷ Pois tenho suportado afrontas
por amor de ti,
e o rosto se me encobre de vexame.
⁸ Tornei-me estranho a meus irmãos
e desconhecido aos filhos de minha mãe.
⁹ Pois o zelo da tua casa me consumiu,
e as injúrias dos que te ultrajam
caem sobre mim.
¹⁰ Chorei, em jejum está a minha alma,
e isso mesmo se me tornou em afrontas.

68.18 Ef 4.8.   **69.4** Sl 35.19; Jo 15.25.   **69.9** Jo 2.17; Rm 15.3.

¹¹ Pus um pano de saco por veste
e me tornei objeto de escárnio para eles.
¹² Tagarelam sobre mim
os que à porta se assentam,
e sou motivo para cantigas de beberrões.
¹³ Quanto a mim, porém, SENHOR,
faço a ti, em tempo favorável,
a minha oração.
Responde-me, ó Deus,
pela riqueza da tua graça;
pela tua fidelidade em socorrer,
¹⁴ livra-me do tremedal,
para que não me afunde;
seja eu salvo dos que me odeiam
e das profundezas das águas.
¹⁵ Não me arraste a corrente das águas,
nem me trague a voragem,
nem se feche sobre mim a boca do poço.
¹⁶ Responde-me, SENHOR,
pois compassiva é a tua graça;
volta-te para mim segundo a riqueza
das tuas misericórdias.
¹⁷ Não escondas o rosto ao teu servo,
pois estou atribulado;
responde-me depressa.
¹⁸ Aproxima-te de minha alma e redime-a;
resgata-me por causa dos meus inimigos.
¹⁹ Tu conheces a minha afronta,
a minha vergonha e o meu vexame;
todos os meus adversários
estão à tua vista.
²⁰ O opróbrio partiu-me o coração,
e desfaleci;
esperei por piedade, mas debalde;
por consoladores e não os achei.
²¹ Por alimento me deram fel
e na minha sede
me deram a beber vinagre.
²² Sua mesa torne-se-lhes diante deles
em laço,
e a prosperidade, em armadilha.
²³ Obscureçam-se-lhes os olhos,
para que não vejam;
e faze que sempre lhes vacile o dorso.
²⁴ Derrama sobre eles a tua indignação,
e que o ardor da tua ira os alcance.
²⁵ Fique deserta a sua morada,
e não haja quem habite as suas tendas.
²⁶ Pois perseguem a quem tu feriste
e acrescentam dores
àquele a quem golpeaste.
²⁷ Soma-lhes iniqüidade à iniqüidade,
e não gozem da tua absolvição.
²⁸ Sejam riscados do livro dos vivos
e não tenham registo com os justos.
²⁹ Quanto a mim, porém,

amargurado e aflito,
ponha-me o teu socorro, ó Deus,
em alto refúgio.
³⁰ Louvarei com cânticos o nome de Deus,
exaltá-lo-ei com ações de graças.
³¹ Será isso muito mais agradável
ao SENHOR
do que um boi ou um novilho
com chifres e unhas.
³² Vejam isso os aflitos e se alegrem;
quanto a vós outros que buscais a Deus,
que o vosso coração reviva.
³³ Porque o SENHOR responde
aos necessitados
e não despreza os seus prisioneiros.
³⁴ Louvem-no os céus e a terra,
os mares e tudo quanto neles se move.
³⁵ Porque Deus salvará Sião
e edificará as cidades de Judá,
e ali habitarão e hão de possuí-la.
³⁶ Também a descendência dos seus servos
a herdará,
e os que lhe amam o nome
nela habitarão.

Petição por auxílio divino
Sl 40.13-17
Ao mestre de canto. De Davi. Em memória

70 Praza-te, ó Deus, em livrar-me;
dá-te pressa, ó SENHOR,
em socorrer-me.
² Sejam envergonhados
e cobertos de vexame
os que me demandam a vida;
tornem atrás e cubram-se de ignomínia
os que se comprazem no meu mal.
³ Retrocedam por causa da sua ignomínia
os que dizem: Bem-feito! Bem-feito!
⁴ Folguem e em ti se rejubilem
todos os que te buscam;
e os que amam a tua salvação
digam sempre: Deus seja magnificado!
⁵ Eu sou pobre e necessitado;
ó Deus, apressa-te em valer-me,
pois tu és o meu amparo
e o meu libertador.
SENHOR, não te detenhas!

Súplicas de um ancião

71 Em ti, SENHOR, me refugio;
não seja eu jamais envergonhado.
² Livra-me por tua justiça e resgata-me;
inclina-me os teus ouvidos e salva-me.
³ Sê tu para mim uma rocha habitável
em que sempre me acolha;
ordenaste que eu me salve,

69.21 Mt 27.48; Mc 15.36; Jo 19.28,29.   **69.22,23** Rm 11.9,10.   **69.25** At 1.20.   **69.28** Ap 3.5; 13.8; 17.8.

pois tu és a minha rocha
e a minha fortaleza.

4 Livra-me, Deus meu, das mãos do ímpio,
das garras do homem injusto e cruel.

5 Pois tu és a minha esperança,
SENHOR Deus,
a minha confiança
desde a minha mocidade.

6 Em ti me tenho apoiado
desde o meu nascimento;
do ventre materno tu me tiraste,
tu és motivo para os meus louvores
constantemente.

7 Para muitos sou como um portento,
mas tu és o meu forte refúgio.

8 Os meus lábios
estão cheios do teu louvor
e da tua glória continuamente.

9 Não me rejeites na minha velhice;
quando me faltarem as forças,
não me desampares.

10 Pois falam contra mim os meus inimigos;
e os que me espreitam a alma
consultam reunidos,

11 dizendo: Deus o desamparou;
persegui-o e prendei-o,
pois não há quem o livre.

12 Não te ausentes de mim, ó Deus;
Deus meu, apressa-te em socorrer-me.

13 Sejam envergonhados e consumidos
os que são adversários de minha alma;
cubram-se de opróbrio e de vexame
os que procuram o mal contra mim.

14 Quanto a mim, esperarei sempre
e te louvarei mais e mais.

15 A minha boca relatará a tua justiça
e de contínuo os feitos da tua salvação,
ainda que eu não saiba o seu número.

16 Sinto-me na força do SENHOR Deus;
e rememoro a tua justiça, a tua somente.

17 Tu me tens ensinado, ó Deus,
desde a minha mocidade;
e até agora tenho anunciado
as tuas maravilhas.

18 Não me desampares, pois, ó Deus,
até à minha velhice e às cãs;
até que eu tenha declarado
à presente geração a tua força
e às vindouras o teu poder.

19 Ora, a tua justiça, ó Deus,
se eleva até aos céus.
Grandes cousas tens feito, ó Deus;
quem é semelhante a ti?

20 Tu, que me tens feito ver
muitas angústias e males,
me restaurarás ainda a vida

e de novo me tirarás
dos abismos da terra.

21 Aumenta a minha grandeza,
conforta-me novamente.

22 Eu também te louvo com a lira,
celebro a tua verdade, ó meu Deus;
cantar-te-ei salmos na harpa,
ó Santo de Israel.

23 Os meus lábios exultarão
quando eu te salmodiar;
também exultará a minha alma,
que remiste.

24 Igualmente a minha língua celebrará
a tua justiça todo o dia;
pois estão envergonhados e confundidos
os que procuram o mal contra mim.

O rei justo e o seu reinado eterno
Salmo de Salomão

72 Concede ao rei, ó Deus,
os teus juízos
e a tua justiça, ao filho do rei.

2 Julgue ele com justiça o teu povo
e os teus aflitos, com eqüidade.

3 Os montes trarão paz ao povo,
também as colinas a trarão, com justiça.

4 Julgue ele os aflitos do povo,
salve os filhos dos necessitados
e esmague ao opressor.

5 Ele permanecerá enquanto existir o sol
e enquanto durar a lua,
através das gerações.

6 Seja ele como chuva
que desce sobre a campina ceifada,
como aguaceiros que regam a terra.

7 Floresça em seus dias o justo,
e haja abundância de paz
até que cesse de haver lua.

8 Domine ele de mar a mar
e desde o rio até aos confins da terra.

9 Curvem-se diante dele
os habitantes do deserto,
e os seus inimigos lambam o pó.

10 Paguem-lhe os tributos
os reis de Társis e das ilhas;
os reis de Sabá e de Sebá
lhe ofereçam presentes.

11 E todos os reis se prostrem perante ele;
todas as nações o sirvam.

12 Porque ele acode ao necessitado
que clama
e também ao aflito e ao desvalido.

13 Ele tem piedade do fraco
e do necessitado
e salva a alma aos indigentes.

72.8 Zc 9.10.

¹⁴ Redime a sua alma da opressão
   e da violência,
   e precioso lhe é o sangue deles.
¹⁵ Viverá, e se lhe dará do ouro de Sabá;
   e continuamente se fará por ele oração,
   e o bendirão todos os dias.
¹⁶ Haja na terra abundância de cereais,
   que ondulem até aos cumes dos montes;
   seja a sua messe como o Líbano,
   e das cidades floresçam os habitantes
   como a erva da terra.
¹⁷ Subsista para sempre o seu nome
   e prospere enquanto resplandecer o sol;
   nele sejam abençoados todos os homens,
   e as nações lhe chamem bem-aventurado.
¹⁸ Bendito seja o SENHOR Deus,
   o Deus de Israel,
   que só ele opera prodígios.
¹⁹ Bendito para sempre
   o seu glorioso nome,
   e da sua glória se encha toda a terra.
   Amém e amém!
²⁰ Findam as orações de Davi,
   filho de Jessé.

LIVRO III
Salmos 73-89

O problema da prosperidade dos maus
Salmo de Asafe

73 Com efeito, Deus é bom
       para com Israel,
   para com os de coração limpo.
² Quanto a mim, porém,
   quase me resvalaram os pés;
   pouco faltou para que se desviassem
   os meus passos.
³ Pois eu invejava os arrogantes,
   ao ver a prosperidade dos perversos.
⁴ Para eles não há preocupações,
   o seu corpo é sadio e nédio.
⁵ Não partilham das canseiras dos mortais,
   nem são afligidos
   como os outros homens.
⁶ Daí, a soberba que os cinge
   como um colar,
   e a violência que os envolve como manto.
⁷ Os olhos saltam-lhes da gordura;
   do coração brotam-lhes fantasias.
⁸ Motejam e falam maliciosamente;
   da opressão falam com altivez.
⁹ Contra os céus desandam a boca,
   e a sua língua percorre a terra.
¹⁰ Por isso, o seu povo se volta para eles
   e os tem por fonte de que bebe
   a largos sorvos.

¹¹ E diz: Como sabe Deus?
   Acaso, há conhecimento no Altíssimo?
¹² Eis que são estes os ímpios;
   e, sempre tranqüilos,
   aumentam suas riquezas.
¹³ Com efeito, inutilmente conservei puro
   o coração
   e lavei as mãos na inocência.
¹⁴ Pois de contínuo sou afligido
   e cada manhã, castigado.
¹⁵ Se eu pensara em falar tais palavras,
   já aí teria traído a geração de teus filhos.
¹⁶ Em só refletir para compreender isso,
   achei mui pesada tarefa para mim;
¹⁷ até que entrei no santuário de Deus
   e atinei com o fim deles.
¹⁸ Tu certamente os pões
   em lugares escorregadios
   e os fazes cair na destruição.
¹⁹ Como ficam de súbito assolados,
   totalmente aniquilados de terror!
²⁰ Como ao sonho, quando se acorda,
   assim, ó Senhor, ao despertares,
   desprezarás a imagem deles.
²¹ Quando o coração se me amargou
   e as entranhas se me comoveram,
²² eu estava embrutecido e ignorante;
   era como um irracional à tua presença.
²³ Todavia, estou sempre contigo,
   tu me seguras pela minha mão direita.
²⁴ Tu me guias com o teu conselho
   e depois me recebes na glória.
²⁵ Quem mais tenho eu no céu?
   Não há outro em quem eu me compraza
   na terra.
²⁶ Ainda que a minha carne
   e o meu coração desfaleçam,
   Deus é a fortaleza do meu coração
   e a minha herança para sempre.
²⁷ Os que se afastam de ti, eis que perecem;
   tu destróis todos os que são infiéis
   para contigo.
²⁸ Quanto a mim, bom é estar junto a Deus;
   no SENHOR Deus ponho o meu refúgio,
   para proclamar todos os seus feitos.

Lamento por causa da profanação
Salmo didático de Asafe

74 Por que nos rejeitas, ó Deus,
       para sempre?
   Por que se acende a tua ira
   contra as ovelhas do teu pasto?
² Lembra-te da tua congregação,
   que adquiriste desde a antiguidade,
   que remiste para ser a tribo
   da tua herança;

lembra-te do monte Sião,
no qual tens habitado.
³ Dirige os teus passos
para as perpétuas ruínas,
tudo quanto de mal tem feito o inimigo
no santuário.
⁴ Os teus adversários bramam
no lugar das assembléias
e alteiam os seus próprios símbolos.
⁵ Parecem-se com os que brandem
machado no espesso da floresta,
⁶ e agora a todos esses lavores de entalhe
quebram também,
com machados e martelos.
⁷ Deitam fogo ao teu santuário;
profanam, arrasando-o até ao chão,
a morada do teu nome.
⁸ Disseram no seu coração:
Acabemos com eles de uma vez.
Queimaram todos os lugares santos
de Deus na terra.
⁹ Já não vemos os nossos símbolos;
já não há profeta;
nem, entre nós, quem saiba até quando.
¹⁰ Até quando, ó Deus,
o adversário nos afrontará?
Acaso, blasfemará o inimigo
incessantemente o teu nome?
¹¹ Por que retrais a mão, sim, a tua destra,
e a conservas no teu seio?
¹² Ora, Deus, meu rei,
é desde a antiguidade;
ele é quem opera feitos salvadores
no meio da terra.
¹³ Tu, com o teu poder, dividiste o mar;
esmagaste sobre as águas
a cabeça dos monstros marinhos.
¹⁴ Tu espedaçaste as cabeças do crocodilo
e o deste por alimento
às alimárias do deserto.
¹⁵ Tu abriste fontes e ribeiros;
secaste rios caudalosos.
¹⁶ Teu é o dia; tua, também, a noite;
a luz e o sol, tu os formaste.
¹⁷ Fixaste os confins da terra;
verão e inverno, tu os fizeste.
¹⁸ Lembra-te disto:
o inimigo tem ultrajado ao Senhor,
e um povo insensato tem blasfemado
o teu nome.
¹⁹ Não entregues à rapina a vida de tua rola,
nem te esqueças perpetuamente
da vida dos teus aflitos.
²⁰ Considera a tua aliança,
pois os lugares tenebrosos da terra
estão cheios de moradas de violência.

²¹ Não fique envergonhado o oprimido;
louvem o teu nome
o aflito e o necessitado.
²² Levanta-te, ó Deus,
pleiteia a tua própria causa;
lembra-te de como o ímpio te afronta
todos os dias.
²³ Não te esqueças
da gritaria dos teus inimigos,
do sempre crescente tumulto
dos teus adversários.

Deus é juiz

Ao mestre de canto. Segundo a melodia
"Não destruas". Salmo de Asafe. Cântico

75 Graças te rendemos, ó Deus;
graças te rendemos,
e invocamos o teu nome,
e declaramos as tuas maravilhas.
² Pois disseste: Hei de aproveitar
o tempo determinado;
hei de julgar retamente.
³ Vacilem a terra
e todos os seus moradores,
ainda assim eu firmarei as suas colunas.
⁴ Digo aos soberbos: não sejais arrogantes;
e aos ímpios: não levanteis a vossa força.
⁵ Não levanteis altivamente a vossa força,
nem faleis com insolência
contra a Rocha.
⁶ Porque não é do Oriente,
não é do Ocidente,
nem do deserto que vem o auxílio.
⁷ Deus é o juiz;
a um abate, a outro exalta.
⁸ Porque na mão do Senhor há um cálice
cujo vinho espuma, cheio de mistura;
dele dá a beber;
sorvem-no, até às escórias,
todos os ímpios da terra.
⁹ Quanto a mim, exultarei para sempre;
salmodiarei louvores ao Deus de Jacó.
¹⁰ Abaterei as forças dos ímpios;
mas a força dos justos será exaltada.

A majestade e o poder de Deus

Ao mestre de canto, com instrumentos de cordas.
Salmo de Asafe. Cântico

76 Conhecido é Deus em Judá;
grande, o seu nome em Israel.
² Em Salém, está o seu tabernáculo,
e, em Sião, a sua morada.
³ Ali, despedaçou ele
os relâmpagos do arco,
o escudo, a espada e a batalha.

74.13 Êx 14.21.   **74.14** Jó 41.1; Sl 104.26; Is 27.1.

4 Tu és ilustre e mais glorioso
   do que os montes eternos.
5 Despojados foram os de ânimo forte;
   jazem a dormir o seu sono,
   e nenhum dos valentes
   pode valer-se das próprias mãos.
6 Ante a tua repreensão, ó Deus de Jacó,
   paralisaram carros e cavalos.
7 Tu, sim, tu és terrível;
   se te iras,
   quem pode subsistir à tua vista?
8 Desde os céus fizeste ouvir o teu juízo;
   tremeu a terra e se aquietou,
9 ao levantar-se Deus para julgar
   e salvar todos os humildes da terra.
10 Pois até a ira humana há de louvar-te;
   e do resíduo das iras te cinges.
11 Fazei votos e pagai-os ao Senhor,
   vosso Deus;
   tragam presentes todos os que o rodeiam,
   àquele que deve ser temido.
12 Ele quebranta o orgulho dos príncipes;
   é tremendo aos reis da terra.

As grandes obras
e a misericórdia de Deus
Ao mestre de canto, Jedutum. Salmo de Asafe

77 Elevo a Deus a minha voz e clamo,
   elevo a Deus a minha voz,
   para que me atenda.
2 No dia da minha angústia,
   procuro o Senhor;
   erguem-se as minhas mãos
   durante a noite e não se cansam;
   a minha alma recusa consolar-se.
3 Lembro-me de Deus e passo a gemer;
   medito, e me desfalece o espírito.
4 Não me deixas pregar os olhos;
   tão perturbado estou,
   que nem posso falar.
5 Penso nos dias de outrora,
   trago à lembrança os anos
   de passados tempos.
6 De noite indago o meu íntimo,
   e o meu espírito perscruta.
7 Rejeita o Senhor para sempre?
   Acaso, não torna a ser propício?
8 Cessou perpetuamente a sua graça?
   Caducou a sua promessa
   para todas as gerações?
9 Esqueceu-se Deus de ser benigno?
   Ou, na sua ira, terá ele reprimido
   as suas misericórdias?
10 Então, disse eu: isto é a minha aflição;
   mudou-se a destra do Altíssimo.
11 Recordo os feitos do Senhor,

   pois me lembro das tuas maravilhas
   da antiguidade.
12 Considero também nas tuas obras todas
   e cogito dos teus prodígios.
13 O teu caminho, ó Deus, é de santidade.
   Que deus é tão grande
   como o nosso Deus?
14 Tu és o Deus que operas maravilhas
   e, entre os povos, tens feito notório
   o teu poder.
15 Com o teu braço remiste o teu povo,
   os filhos de Jacó e de José.
16 Viram-te as águas, ó Deus;
   as águas te viram e temeram,
   até os abismos se abalaram.
17 Grossas nuvens se desfizeram em água;
   houve trovões nos espaços;
   também as suas setas cruzaram
   de uma parte para outra.
18 O ribombar do teu trovão
   ecoou na redondeza;
   os relâmpagos alumiaram o mundo;
   a terra se abalou e tremeu.
19 Pelo mar foi o teu caminho;
   as tuas veredas, pelas grandes águas;
   e não se descobrem os teus vestígios.
20 O teu povo, tu o conduziste,
   como rebanho,
   pelas mãos de Moisés e de Arão.

A providência divina
na história do seu povo
Salmo didático de Asafe

78 Escutai, povo meu, a minha lei;
   prestai ouvidos às palavras
   da minha boca.
2 Abrirei os lábios em parábolas
   e publicarei enigmas dos tempos antigos.
3 O que ouvimos e aprendemos,
   o que nos contaram nossos pais,
4 não o encobriremos a seus filhos;
   contaremos à vindoura geração
   os louvores do Senhor, e o seu poder,
   e as maravilhas que fez.
5 Ele estabeleceu um testemunho em Jacó,
   e instituiu uma lei em Israel,
   e ordenou a nossos pais
   que os transmitissem a seus filhos,
6 a fim de que a nova geração
   os conhecesse,
   filhos que ainda hão de nascer
   se levantassem e por sua vez os referissem
   aos seus descendentes;
7 para que pusessem em Deus
   a sua confiança

78.2 Mt 13.35.

e não se esquecessem dos feitos de Deus,
mas lhe observassem os mandamentos;
8 e que não fossem, como seus pais,
geração obstinada e rebelde,
geração de coração inconstante,
e cujo espírito não foi fiel a Deus.
9 Os filhos de Efraim,
embora armados de arco,
bateram em retirada no dia do combate.
10 Não guardaram a aliança de Deus,
não quiseram andar na sua lei;
11 esqueceram-se das suas obras
e das maravilhas que lhes mostrara.
12 Prodígios fez na presença de seus pais
na terra do Egito, no campo de Zoã.
13 Dividiu o mar e fê-los seguir;
aprumou as águas como num dique.
14 Guiou-os de dia com uma nuvem
e durante a noite com um clarão de fogo.
15 No deserto, fendeu rochas
e lhes deu a beber abundantemente
como de abismos.
16 Da pedra fez brotar torrentes,
fez manar água como rios.
17 Mas, ainda assim, prosseguiram
em pecar contra ele
e se rebelaram, no deserto,
contra o Altíssimo.
18 Tentaram a Deus no seu coração,
pedindo alimento
que lhes fosse do gosto.
19 Falaram contra Deus, dizendo:
Pode, acaso, Deus preparar-nos mesa
no deserto?
20 Com efeito, feriu ele a rocha,
e dela manaram águas,
transbordaram caudais.
Pode ele dar-nos pão também?
Ou fornecer carne para o seu povo?
21 Ouvindo isto, o Senhor ficou indignado;
acendeu-se fogo contra Jacó,
e também se levantou o seu furor
contra Israel;
22 porque não creram em Deus,
nem confiaram na sua salvação.
23 Nada obstante, ordenou às alturas
e abriu as portas dos céus;
24 fez chover maná sobre eles,
para alimentá-los,
e lhes deu cereal do céu.
25 Comeu cada qual o pão dos anjos;
enviou-lhes ele comida a fartar.
26 Fez soprar no céu o vento do Oriente
e pelo seu poder conduziu o vento do Sul.
27 Também fez chover sobre eles carne

como poeira
e voláteis como areia dos mares.
28 Fê-los cair no meio do arraial deles,
ao redor de suas tendas.
29 Então, comeram e se fartaram a valer;
pois lhes fez o que desejavam.
30 Porém não reprimiram o apetite.
Tinham ainda na boca o alimento,
31 quando se elevou contra eles
a ira de Deus,
e entre os seus mais robustos
semeou a morte,
e prostrou os jovens de Israel.
32 Sem embargo disso, continuaram a pecar
e não creram nas suas maravilhas.
33 Por isso, ele fez que os seus dias
se dissipassem num sopro
e os seus anos, em súbito terror.
34 Quando os fazia morrer,
então, o buscavam;
arrependidos, procuravam a Deus.
35 Lembravam-se de que Deus
era a sua rocha
e o Deus Altíssimo, o seu redentor.
36 Lisonjeavam-no, porém de boca,
e com a língua lhe mentiam.
37 Porque o coração deles não era firme
para com ele,
nem foram fiéis à sua aliança.
38 Ele, porém, que é misericordioso,
perdoa a iniqüidade e não destrói;
antes, muitas vezes desvia a sua ira
e não dá largas a toda a sua indignação.
39 Lembra-se de que eles são carne,
vento que passa e já não volta.
40 Quantas vezes se rebelaram contra ele
no deserto
e na solidão o provocaram!
41 Tornaram a tentar a Deus,
agravaram o Santo de Israel.
42 Não se lembraram do poder dele,
nem do dia em que os resgatou
do adversário;
43 de como no Egito operou ele
os seus sinais
e os seus prodígios, no campo de Zoã;
44 e converteu em sangue os rios deles,
para que das suas correntes
não bebessem.
45 Enviou contra eles enxames de moscas
que os devorassem
e rãs que os destruíssem.
46 Entregou às larvas as suas colheitas
e aos gafanhotos,
o fruto do seu trabalho.

78.12 Êx 7.8-12.32. 78.13 Êx 14.21,22. 78.14 Êx 13.21,22. 78.15 Êx 17.1-7; Nm 20.2-13.
78.18 Êx 16.2-15; Nm 11.4-23,31-35. 78.24 Jo 6.31. 78.37 At 8.21. 78.44 Êx 7.17-21. 78.45 Êx 8.20-24;
8.1-6. 78.46 Êx 10.12-15.

⁴⁷ Com chuvas de pedra
lhes destruiu as vinhas
e os seus sicômoros, com geada.
⁴⁸ Entregou à saraiva o gado deles
e aos raios, os seus rebanhos.
⁴⁹ Lançou contra eles o furor da sua ira:
cólera, indignação e calamidade,
legião de anjos portadores de males.
⁵⁰ Deu livre curso à sua ira;
não poupou da morte a alma deles,
mas entregou-lhes a vida à pestilência.
⁵¹ Feriu todos os primogênitos no Egito,
as primícias da virilidade
nas tendas de Cam.
⁵² Fez sair o seu povo como ovelhas
e o guiou pelo deserto,
como um rebanho.
⁵³ Dirigiu-o com segurança, e não temeram,
ao passo que o mar submergiu
os seus inimigos.
⁵⁴ Levou-os até à sua terra santa,
até ao monte que a sua destra adquiriu.
⁵⁵ Da presença deles expulsou as nações,
cuja região repartiu com eles
por herança;
e nas suas tendas fez habitar
as tribos de Israel.
⁵⁶ Ainda assim, tentaram o Deus Altíssimo,
e a ele resistiram,
e não lhe guardaram os testemunhos.
⁵⁷ Tornaram atrás e se portaram
aleivosamente como seus pais;
desviaram-se como um arco enganoso.
⁵⁸ Pois o provocaram com os seus altos
e o incitaram a zelos
com as suas imagens de escultura.
⁵⁹ Deus ouviu isso, e se indignou,
e sobremodo se aborreceu de Israel.
⁶⁰ Por isso, abandonou
o tabernáculo de Silo,
a tenda de sua morada entre os homens,
⁶¹ e passou a arca da sua força ao cativeiro,
e a sua glória, à mão do adversário.
⁶² Entregou o seu povo à espada
e se encolerizou
contra a sua própria herança.
⁶³ O fogo devorou os jovens deles,
e as suas donzelas
não tiveram canto nupcial.
⁶⁴ Os seus sacerdotes caíram à espada,
e as suas viúvas
não fizeram lamentações.
⁶⁵ Então, o Senhor despertou
como de um sono,

como um valente que grita
excitado pelo vinho;
⁶⁶ fez recuar a golpes os seus adversários
e lhes cominou perpétuo desprezo.
⁶⁷ Além disso, rejeitou a tenda de José
e não elegeu a tribo de Efraim.
⁶⁸ Escolheu, antes, a tribo de Judá,
o monte de Sião, que ele amava.
⁶⁹ E construiu o seu santuário
durável como os céus
e firme como a terra
que fundou para sempre.
⁷⁰ Também escolheu a Davi, seu servo,
e o tomou dos redis das ovelhas;
⁷¹ tirou-o do cuidado das ovelhas
e suas crias,
para ser o pastor de Jacó, seu povo,
e de Israel, sua herança.
⁷² E ele os apascentou consoante
a integridade do seu coração
e os dirigiu com mãos precavidas.

O povo pede castigo contra os inimigos
Salmo de Asafe

79 ¹ Ó Deus, as nações invadiram
a tua herança,
profanaram o teu santo templo,
reduziram Jerusalém
a um montão de ruínas.
² Deram os cadáveres dos teus servos
por cibo às aves dos céus
e a carne dos teus santos,
às feras da terra.
³ Derramaram como água o sangue deles
ao redor de Jerusalém,
e não houve quem lhes desse sepultura.
⁴ Tornamo-nos o opróbrio
dos nossos vizinhos,
o escárnio e a zombaria
dos que nos rodeiam.
⁵ Até quando, SENHOR?
Será para sempre a tua ira?
Arderá como fogo o teu zelo?
⁶ Derrama o teu furor sobre as nações
que te não conhecem
e sobre os reinos
que não invocam o teu nome.
⁷ Porque eles devoraram a Jacó
e lhe assolaram as moradas.
⁸ Não recordes contra nós
as iniqüidades de nossos pais;
apressem-se ao nosso encontro
as tuas misericórdias,
pois estamos sobremodo abatidos.
⁹ Assiste-nos, ó Deus e Salvador nosso,

78.47,48 Êx 9.22-25.   **78.51** Êx 12.29.   **78.52** Êx 13.17-22.   **78.53** Êx 14.26-28.   **78.54** Êx 15.17; Js 3.14-17.
78.55 Js 11.16-23.   **78.56** Jz 2.11-15.   **78.60** Js 18.1; Jr 7.12-14; 26.6.   **78.61** 1Sm 4.4-22.   **78.69** 1Rs 6.1;
2Cr 3.1.   **78.70** 1Sm 16.11,12; 2Sm 7.8.   **79.1** 2Rs 25.8-10; 2Cr 36.17-19; Jr 52.12-14.

pela glória do teu nome;
livra-nos e perdoa-nos os pecados,
por amor do teu nome.
10 Por que diriam as nações:
Onde está o seu Deus?
Seja, à nossa vista, manifesta
entre as nações a vingança do sangue
que dos teus servos é derramado.
11 Chegue à tua presença
o gemido do cativo;
consoante a grandeza do teu poder,
preserva os sentenciados à morte.
12 Retribui, Senhor, aos nossos vizinhos,
sete vezes tanto,
o opróbrio com que te vituperaram.
13 Quanto a nós, teu povo
e ovelhas do teu pasto,
para sempre te daremos graças;
de geração em geração
proclamaremos os teus louvores.

Pedindo restaurações

Ao mestre de canto. Segundo a melodia "Os lírios". Testemunho de Asafe. Salmo

80 Dá ouvidos, ó pastor de Israel,
tu que conduzes a José
como um rebanho;
tu que estás entronizado
acima dos querubins,
mostra o teu esplendor.
2 Perante Efraim, Benjamim e Manassés,
desperta o teu poder e vem salvar-nos.
3 Restaura-nos, ó Deus;
faze resplandecer o teu rosto,
e seremos salvos.
4 Ó SENHOR, Deus dos Exércitos,
até quando estarás indignado
contra a oração do teu povo?
5 Dás-lhe a comer pão de lágrimas
e a beber copioso pranto.
6 Constituis-nos em contendas
para os nossos vizinhos,
e os nossos inimigos zombam de nós
a valer.
7 Restaura-nos, ó Deus dos Exércitos;
faze resplandecer o teu rosto,
e seremos salvos.
8 Trouxeste uma videira do Egito,
expulsaste as nações e a plantaste.
9 Dispuseste-lhe o terreno,
ela deitou profundas raízes
e encheu a terra.
10 Com a sombra dela
os montes se cobriram,
e, com os seus sarmentos,
os cedros de Deus.

11 Estendeu ela a sua ramagem até ao mar
e os seus rebentos, até ao rio.
12 Por que lhe derribaste as cercas,
de sorte que a vindimam
todos os que passam pelo caminho?
13 O javali da selva a devasta,
e nela se repastam os animais
que pululam no campo.
14 Ó Deus dos Exércitos, volta-te,
nós te rogamos,
olha do céu, e vê, e visita esta vinha;
15 protege o que a tua mão direita plantou,
o sarmento que para ti fortaleceste.
16 Está queimada, está decepada.
Pereçam os nossos inimigos
pela repreensão do teu rosto.
17 Seja a tua mão sobre o povo
da tua destra,
sobre o filho do homem
que fortaleceste para ti.
18 E assim não nos apartaremos de ti;
vivifica-nos, e invocaremos o teu nome.
19 Restaura-nos, ó SENHOR,
Deus dos Exércitos,
faze resplandecer o teu rosto,
e seremos salvos.

Exortação a louvor e obediência

Ao mestre de canto. Segundo a melodia "Os lagares". Salmo de Asafe

81 Cantai de júbilo a Deus, força nossa;
celebrai o Deus de Jacó.
2 Salmodiai e fazei soar o tamboril,
a suave harpa com o saltério.
3 Tocai a trombeta na Festa da Lua Nova,
na lua cheia, dia da nossa festa.
4 É preceito para Israel,
é prescrição do Deus de Jacó.
5 Ele o ordenou, como lei, a José,
ao sair contra a terra do Egito.
Ouço uma linguagem
que eu não conhecera.
6 Livrei os seus ombros do peso,
e suas mãos foram livres dos cestos.
7 Clamaste na angústia, e te livrei;
do recôndito do trovão eu te respondi
e te experimentei
junto às águas de Meribá.
8 Ouve, povo meu, quero exortar-te.
Ó Israel, se me escutasses!
9 Não haja no meio de ti deus alheio,
nem te prostres ante deus estranho.
10 Eu sou o SENHOR, teu Deus,
que te tirei da terra do Egito.
Abre bem a tua boca, e ta encherei.

80.1 Êx 25.22.   **81.3** Nm 10.10.   **81.7** Êx 17.7; Nm 20.13.   **81.9** Êx 20.2,3; Dt 5.6,7.

¹¹ **M**as o meu povo não me quis escutar
     a voz,
  e Israel não me atendeu.
¹² **A**ssim, deixei-o andar
     na teimosia do seu coração;
  siga os seus próprios conselhos.
¹³ **A**h! Se o meu povo me escutasse,
  se Israel andasse nos meus caminhos!
¹⁴ **E**u, de pronto, lhe abateria o inimigo
  e deitaria mão contra os seus adversários.
¹⁵ **O**s que aborrecem ao Senhor
     se lhe submeteriam,
  e isto duraria para sempre.
¹⁶ **E**u o sustentaria com o trigo mais fino
  e o saciaria com o mel
     que escorre da rocha.

Increpadas a injustiça e a parcialidade dos juízes
Salmo de Asafe

82 **D**eus assiste na congregação divina;
     no meio dos deuses,
     estabelece o seu julgamento.
² **A**té quando julgareis injustamente
  e tomareis partido
     pela causa dos ímpios?
³ **F**azei justiça ao fraco e ao órfão,
  procedei retamente para com o aflito
     e o desamparado.
⁴ **S**ocorrei o fraco e o necessitado;
  tirai-os das mãos dos ímpios.
⁵ **E**les nada sabem, nem entendem;
  vagueiam em trevas;
  vacilam todos os fundamentos da terra.
⁶ **E**u disse: sois deuses,
  sois todos filhos do Altíssimo.
⁷ **T**odavia, como homens, morrereis
  e, como qualquer dos príncipes,
  haveis de sucumbir.
⁸ **L**evanta-te, ó Deus, julga a terra,
  pois a ti compete a herança
     de todas as nações.

Julgamento de Deus contra as nações inimigas
Cântico. Salmo de Asafe

83 **Ó** Deus, não te cales;
     não te emudeças,
  nem fiques inativo, ó Deus!
² **O**s teus inimigos se alvoroçam,
  e os que te odeiam levantam a cabeça.
³ **T**ramam astutamente contra o teu povo
  e conspiram contra os teus protegidos.
⁴ **D**izem: Vinde, risquemo-los
     de entre as nações;

  e não haja mais memória
     do nome de Israel.
⁵ **P**ois tramam concordemente
  e firmam aliança contra ti
⁶ **a**s tendas de Edom e os ismaelitas,
  Moabe e os hagarenos,
⁷ **G**ebal, Amom e Amaleque,
  a Filístia como os habitantes de Tiro;
⁸ **t**ambém a Assíria se alia com eles,
  e se constituem braço forte
     aos filhos de Ló.
⁹ **F**aze-lhes como fizeste a Midiã,
  como a Sísera, como a Jabim
     na ribeira de Quisom;
¹⁰ **o**s quais pereceram em En-Dor;
  tornaram-se adubo para a terra.
¹¹ **S**ejam os seus nobres como Orebe
     e como Zeebe,
  e os seus príncipes, como Zeba
     e como Zalmuna,
¹² **q**ue disseram: Apoderemo-nos
     das habitações de Deus.
¹³ **D**eus meu, faze-os como folhas
     impelidas por um remoinho,
  como a palha ao léu do vento.
¹⁴ **C**omo o fogo devora um bosque
  e a chama abrasa os montes,
¹⁵ **a**ssim, persegue-os com a tua tempestade
  e amedronta-os com o teu vendaval.
¹⁶ **E**nche-lhes o rosto de ignomínia,
  para que busquem o teu nome, Senhor.
¹⁷ **S**ejam envergonhados e confundidos
     perpetuamente;
  perturbem-se e pereçam.
¹⁸ **E** reconhecerão que só tu,
  cujo nome é Senhor,
  és o Altíssimo sobre toda a terra.

Saudades do templo
*Ao mestre de canto. Segundo a melodia
"Os lagares". Salmo dos filhos de Coré*

84 **Q**uão amáveis
     são os teus tabernáculos,
  Senhor dos Exércitos!
² **A** minha alma suspira e desfalece
     pelos átrios do Senhor;
  o meu coração e a minha carne exultam
     pelo Deus vivo!
³ **O** pardal encontrou casa,
  e a andorinha, ninho para si,
  onde acolha os seus filhotes;
  eu, os teus altares, Senhor dos Exércitos,
  Rei meu e Deus meu!
⁴ **B**em-aventurados os que habitam
     em tua casa;
  louvam-te perpetuamente.

82.6 Jo 10.34.   83.9 Jz 7.1-23; 4.6-22.   83.11 Jz 7.25; 8.12.

5 Bem-aventurado o homem
    cuja força está em ti,
    em cujo coração se encontram
    os caminhos aplanados,
6 o qual, passando pelo vale árido,
    faz dele um manancial;
    de bênçãos o cobre a primeira chuva.
7 Vão indo de força em força;
    cada um deles aparece
    diante de Deus em Sião.
8 SENHOR, Deus dos Exércitos,
    escuta-me a oração;
    presta ouvidos, ó Deus de Jacó!
9 Olha, ó Deus, escudo nosso,
    e contempla o rosto do teu ungido.
10 Pois um dia nos teus átrios
    vale mais que mil;
    prefiro estar à porta
    da casa do meu Deus,
    a permanecer nas tendas da perversidade.
11 Porque o SENHOR Deus é sol e escudo;
    o SENHOR dá graça e glória;
    nenhum bem sonega
    aos que andam retamente.
12 Ó SENHOR dos Exércitos,
    feliz o homem que em ti confia.

Pede-se o perdão de Deus
Ao mestre de canto. Salmo dos filhos de Coré

85 Favoreceste, SENHOR, a tua terra;
    restauraste a prosperidade de Jacó.
2 Perdoaste a iniqüidade de teu povo,
    encobriste os seus pecados todos.
3 A tua indignação, reprimiste-a toda,
    do furor da tua ira te desviaste.
4 Restabelece-nos,
    ó Deus da nossa salvação,
    e retira de sobre nós a tua ira.
5 Estarás para sempre irado contra nós?
    Prolongarás a tua ira
    por todas as gerações?
6 Porventura, não tornarás a vivificar-nos,
    para que em ti se regozije o teu povo?
7 Mostra-nos, SENHOR, a tua misericórdia
    e concede-nos a tua salvação.
8 Escutarei o que Deus, o SENHOR, disser,
    pois falará de paz ao seu povo
    e aos seus santos;
    e que jamais caiam em insensatez.
9 Próxima está a sua salvação
    dos que o temem,
    para que a glória assista em nossa terra.
10 Encontraram-se a graça e a verdade,
    a justiça e a paz se beijaram.
11 Da terra brota a verdade,
    dos céus a justiça baixa o seu olhar.

12 Também o SENHOR dará o que é bom,
    e a nossa terra produzirá o seu fruto.
13 A justiça irá adiante dele,
    cujas pegadas ela transforma
    em caminhos.

Súplica e confiança
Oração de Davi

86 Inclina, SENHOR, os ouvidos
    e responde-me,
    pois estou aflito e necessitado.
2 Preserva a minha alma,
    pois eu sou piedoso;
    tu, ó Deus meu, salva o teu servo
    que em ti confia.
3 Compadece-te de mim, ó Senhor,
    pois a ti clamo de contínuo.
4 Alegra a alma do teu servo,
    porque a ti, Senhor, elevo a minha alma.
5 Pois tu, Senhor, és bom e compassivo;
    abundante em benignidade
    para com todos os que te invocam.
6 Escuta, SENHOR, a minha oração
    e atende à voz das minhas súplicas.
7 No dia da minha angústia, clamo a ti,
    porque me respondes.
8 Não há entre os deuses
    semelhante a ti, Senhor;
    e nada existe que se compare
    às tuas obras.
9 Todas as nações que fizeste
    virão, prostrar-se-ão diante de ti, Senhor,
    e glorificarão o teu nome.
10 Pois tu és grande e operas maravilhas;
    só tu és Deus!
11 Ensina-me, SENHOR, o teu caminho,
    e andarei na tua verdade;
    dispõe-me o coração
    para só temer o teu nome.
12 Dar-te-ei graças, Senhor, Deus meu,
    de todo o coração,
    e glorificarei para sempre o teu nome.
13 Pois grande é a tua misericórdia
    para comigo,
    e me livraste a alma
    do mais profundo poder da morte.
14 Ó Deus, os soberbos
    se têm levantado contra mim,
    e um bando de violentos
    atenta contra a minha vida;
    eles não te consideram.
15 Mas tu, Senhor, és Deus compassivo
    e cheio de graça,
    paciente e grande em misericórdia
    e em verdade.
16 Volta-te para mim

86.9 Ap 15.4.

e compadece-te de mim;
concede a tua força ao teu servo
e salva o filho da tua serva.
¹⁷ Mostra-me um sinal do teu favor,
para que o vejam e se envergonhem
os que me aborrecem;
pois tu, SENHOR, me ajudas
e me consolas.

Jerusalém, amada de Deus
Salmo dos filhos de Coré. Cântico

87 Fundada por ele
  sobre os montes santos,
² o SENHOR ama as portas de Sião
mais do que as habitações todas de Jacó.
³ Gloriosas cousas se têm dito de ti,
ó cidade de Deus!
⁴ Dentre os que me conhecem,
farei menção de Raabe
e da Babilônia;
eis aí Filístia e Tiro com Etiópia;
lá nasceram.
⁵ E com respeito a Sião se dirá:
Este e aquele nasceram nela;
e o próprio Altíssimo a estabelecerá.
⁶ O SENHOR, ao registar os povos, dirá:
Este nasceu lá.
⁷ Todos os cantores,
saltando de júbilo, entoarão:
Todas as minhas fontes são em ti.

Lamentação de um atribulado
*Cântico. Salmo dos filhos de Coré. Ao mestre
de canto. Para ser cantado com cítara.
Salmo didático de Hemã, ezraíta*

88 Ó SENHOR,
  Deus da minha salvação,
dia e noite clamo diante de ti.
² Chegue à tua presença a minha oração,
inclina os ouvidos ao meu clamor.
³ Pois a minha alma está farta de males,
e a minha vida já se abeira da morte.
⁴ Sou contado com os que baixam à cova;
sou como um homem sem força,
⁵ atirado entre os mortos;
como os feridos de morte
que jazem na sepultura,
dos quais já não te lembras;
são desamparados de tuas mãos.
⁶ Puseste-me na mais profunda cova,
nos lugares tenebrosos, nos abismos.
⁷ Sobre mim pesa a tua ira;
tu me abates com todas as tuas ondas.
⁸ Apartaste de mim os meus conhecidos
e me fizeste objeto de abominação
para com eles;
estou preso e não vejo como sair.

⁹ Os meus olhos desfalecem de aflição;
dia após dia
venho clamando a ti, SENHOR,
e te levanto as minhas mãos.
¹⁰ Mostrarás tu prodígios aos mortos
ou os finados se levantarão
para te louvar?
¹¹ Será referida a tua bondade
na sepultura?
A tua fidelidade, nos abismos?
¹² Acaso, nas trevas se manifestam
as tuas maravilhas?
E a tua justiça, na terra do
esquecimento?
¹³ Mas eu, SENHOR, clamo a ti por socorro,
e antemanhã já se antecipa diante de ti
a minha oração.
¹⁴ Por que rejeitas, SENHOR, a minha alma
e ocultas de mim o teu rosto?
¹⁵ Ando aflito e prestes a expirar
desde moço;
sob o peso dos teus terrores,
estou desorientado.
¹⁶ Por sobre mim passaram as tuas iras,
os teus terrores deram cabo de mim.
¹⁷ Eles me rodeiam como água,
de contínuo;
a um tempo me circundam.
¹⁸ Para longe de mim afastaste
amigo e companheiro;
os meus conhecidos são trevas.

Promessa do reino messiânico a Davi
Salmo didático de Etã, ezraíta

89 Cantarei para sempre
  as tuas misericórdias, ó SENHOR;
os meus lábios proclamarão
a todas as gerações a tua fidelidade.
² Pois disse eu: a benignidade
está fundada para sempre;
a tua fidelidade,
tu a confirmarás nos céus, dizendo:
³ Fiz aliança com o meu escolhido
e jurei a Davi, meu servo:
⁴ Para sempre estabelecerei
a tua posteridade
e firmarei o teu trono
de geração em geração.
⁵ Celebram os céus as tuas maravilhas,
ó SENHOR,
e, na assembléia dos santos,
a tua fidelidade.
⁶ Pois quem nos céus
é comparável ao SENHOR?
Entre os seres celestiais,
quem é semelhante ao SENHOR?

89, título 1Rs 4.31. **89.3,4** 2Sm 7.12-16; 1Cr 17.11-14; Sl 132.11; At 2.30.

7 Deus é sobremodo tremendo
na assembléia dos santos
e temível sobre todos os que o rodeiam.
8 Ó SENHOR, Deus dos Exércitos,
quem é poderoso como tu és, SENHOR,
com a tua fidelidade ao redor de ti?!
9 Dominas a fúria do mar;
quando as suas ondas se levantam,
tu as amainas.
10 Calcaste a Raabe,
como um ferido de morte;
com o teu poderoso braço
dispersaste os teus inimigos.
11 Teus são os céus, tua, a terra;
o mundo e a sua plenitude,
tu os fundaste.
12 O Norte e o Sul, tu os criaste;
o Tabor e o Hermom
exultam em teu nome.
13 O teu braço é armado de poder,
forte é a tua mão, e elevada, a tua destra.
14 Justiça e direito
são o fundamento do teu trono;
graça e verdade te precedem.
15 Bem-aventurado o povo
que conhece os vivas de júbilo,
que anda, ó SENHOR,
na luz da tua presença.
16 Em teu nome, de contínuo se alegra
e na tua justiça se exalta,
17 porquanto tu és a glória de sua força;
no teu favor avulta o nosso poder.
18 Pois ao SENHOR pertence o nosso escudo,
e ao Santo de Israel, o nosso rei.
19 Outrora, falaste em visão aos teus santos
e disseste:
A um herói concedi o poder de socorrer;
do meio do povo, exaltei um escolhido.
20 Encontrei Davi, meu servo,
com o meu santo óleo o ungi.
21 A minha mão será firme com ele,
o meu braço o fortalecerá.
22 O inimigo jamais o surpreenderá,
nem o há de afligir
o filho da perversidade.
23 Esmagarei diante dele os seus adversários
e ferirei os que o odeiam.
24 A minha fidelidade e a minha bondade
o hão de acompanhar,
e em meu nome crescerá o seu poder.
25 Porei a sua mão sobre o mar
e a sua direita, sobre os rios.
26 Ele me invocará, dizendo: Tu és meu pai,
meu Deus e a rocha da minha salvação.
27 Fá-lo-ei, por isso, meu primogênito,
o mais elevado entre os reis da terra.

28 Conservar-lhe-ei para sempre
a minha graça
e, firme com ele, a minha aliança.
29 Farei durar para sempre
a sua descendência;
e, o seu trono, como os dias do céu.
30 Se os seus filhos desprezarem a minha lei
e não andarem nos meus juízos,
31 se violarem os meus preceitos
e não guardarem os meus mandamentos,
32 então, punirei com vara
as suas transgressões
e com açoites, a sua iniqüidade.
33 Mas jamais retirarei dele
a minha bondade,
nem desmentirei a minha fidelidade.
34 Não violarei a minha aliança,
nem modificarei
o que os meus lábios proferiram.
35 Uma vez jurei por minha santidade
(e serei eu falso a Davi?):
36 A sua posteridade durará para sempre,
e o seu trono, como o sol perante mim.
37 Ele será estabelecido para sempre
como a lua
e fiel como a testemunha no espaço.
38 Tu, porém, o repudiaste e o rejeitaste;
e te indignaste com o teu ungido.
39 Aborreceste a aliança com o teu servo;
profanaste-lhe a coroa,
arrojando-a para a terra.
40 Arrasaste os seus muros todos;
reduziste a ruínas as suas fortificações.
41 Despojam-no
todos os que passam pelo caminho;
e os vizinhos o escarnecem.
42 Exaltaste a destra dos seus adversários
e deste regozijo a todos os seus inimigos.
43 Também viraste o fio da sua espada
e não o sustentaste na batalha.
44 Fizeste cessar o seu esplendor
e deitaste por terra o seu trono.
45 Abreviaste os dias da sua mocidade
e o cobriste de ignomínia.
46 Até quando, SENHOR?
Esconder-te-ás para sempre?
Arderá a tua ira como fogo?
47 Lembra-te de como é breve
a minha existência!
Pois criarias em vão
todos os filhos dos homens!
48 Que homem há, que viva
e não veja a morte?
Ou que livre a sua alma
das garras do sepulcro?
49 Que é feito, Senhor,

89.20 1Sm 13.14; 16.12; At 13.22.   89.27 Ap 1.5.

das tuas benignidades de outrora,
juradas a Davi por tua fidelidade?
⁵⁰ Lembra-te, Senhor,
do opróbrio dos teus servos
e de como trago no peito
a injúria de muitos povos,
⁵¹ com que, SENHOR, os teus inimigos
têm vilipendiado,
sim, vilipendiado os passos
do teu ungido.
⁵² Bendito seja o SENHOR para sempre!
Amém e amém!

LIVRO IV
Salmos 90-106

**A eternidade de Deus
e a transitoriedade do homem**
Oração de Moisés, homem de Deus

90 Senhor, tu tens sido o nosso refúgio,
de geração em geração.
² Antes que os montes nascessem
e se formassem a terra e o mundo,
de eternidade a eternidade, tu és Deus.
³ Tu reduzes o homem ao pó
e dizes: Tornai, filhos dos homens.
⁴ Pois mil anos, aos teus olhos,
são como o dia de ontem que se foi
e como a vigília da noite.
⁵ Tu os arrastas na torrente,
são como um sono,
como a relva que floresce de madrugada;
⁶ de madrugada, viceja e floresce;
à tarde, murcha e seca.
⁷ Pois somos consumidos pela tua ira
e pelo teu furor, conturbados.
⁸ Diante de ti puseste as nossas iniqüidades
e, sob a luz do teu rosto,
os nossos pecados ocultos.
⁹ Pois todos os nossos dias se passam
na tua ira;
acabam-se os nossos anos
como um breve pensamento.
¹⁰ Os dias da nossa vida
sobem a setenta anos
ou, em havendo vigor, a oitenta;
neste caso, o melhor deles
é canseira e enfado,
porque tudo passa rapidamente,
e nós voamos.
¹¹ Quem conhece o poder da tua ira?
E a tua cólera, segundo o temor
que te é devido?
¹² Ensina-nos a contar os nossos dias,
para que alcancemos coração sábio.

¹³ Volta-te, SENHOR! Até quando?
Tem compaixão dos teus servos.
¹⁴ Sacia-nos de manhã
com a tua benignidade,
para que cantemos de júbilo
e nos alegremos todos os nossos dias.
¹⁵ Alegra-nos por tantos dias
quantos nos tens afligido,
por tantos anos
quantos suportamos a adversidade.
¹⁶ Aos teus servos apareçam as tuas obras,
e a seus filhos, a tua glória.
¹⁷ Seja sobre nós a graça do Senhor,
nosso Deus;
confirma sobre nós
as obras das nossas mãos,
sim, confirma a obra das nossas mãos.

Sob a sombra do Altíssimo

91 O que habita no esconderijo
do Altíssimo
e descansa à sombra do Onipotente
² diz ao SENHOR:
Meu refúgio e meu baluarte,
Deus meu, em quem confio.
³ Pois ele te livrará
do laço do passarinheiro
e da peste perniciosa.
⁴ Cobrir-te-á com as suas penas,
e, sob suas asas, estarás seguro;
a sua verdade é pavês e escudo.
⁵ Não te assustarás do terror noturno,
nem da seta que voa de dia,
⁶ nem da peste que se propaga nas trevas,
nem da mortandade
que assola ao meio-dia.
⁷ Caiam mil ao teu lado,
e dez mil, à tua direita;
tu não serás atingido.
⁸ Somente com os teus olhos contemplarás
e verás o castigo dos ímpios.
⁹ Pois disseste: O SENHOR é o meu refúgio.
Fizeste do Altíssimo a tua morada.
¹⁰ Nenhum mal te sucederá,
praga nenhuma chegará à tua tenda.
¹¹ Porque aos seus anjos dará ordens
a teu respeito,
para que te guardem
em todos os teus caminhos.
¹² Eles te sustentarão nas suas mãos,
para não tropeçares nalguma pedra.
¹³ Pisarás o leão e a áspide,
calcarás aos pés o leãozinho e a serpente.
¹⁴ Porque a mim se apegou com amor,
eu o livrarei;

90.4 2Pe 3.8.   **91.11,12** Mt 4.6; Lc 4.10,11.   **91.13** Lc 10.19.

pô-lo-ei a salvo,
porque conhece o meu nome.
15 Ele me invocará, e eu lhe responderei;
na sua angústia eu estarei com ele,
livrá-lo-ei e o glorificarei.
16 Saciá-lo-ei com longevidade
e lhe mostrarei a minha salvação.

Hino de gratidão a Deus
Salmo. Cântico para o dia de sábado

92 Bom é render graças ao SENHOR
e cantar louvores ao teu nome,
ó Altíssimo,
2 anunciar de manhã a tua misericórdia
e, durante as noites, a tua fidelidade,
3 com instrumentos de dez cordas,
com saltério
e com a solenidade da harpa.
4 Pois me alegraste, SENHOR,
com os teus feitos;
exultarei nas obras das tuas mãos.
5 Quão grandes, SENHOR,
são as tuas obras!
Os teus pensamentos, que profundos!
6 O inepto não compreende,
e o estulto não percebe isto:
7 ainda que os ímpios brotam como a erva,
e florescem todos os que praticam
a iniqüidade,
nada obstante, serão destruídos
para sempre;
8 tu, porém, SENHOR,
és o Altíssimo eternamente.
9 Eis que os teus inimigos, SENHOR,
eis que os teus inimigos perecerão;
serão dispersos todos os que praticam
a iniqüidade.
10 Porém tu exaltas o meu poder
como o do boi selvagem;
derramas sobre mim o óleo fresco.
11 Os meus olhos vêem com alegria
os inimigos que me espreitam,
e os meus ouvidos se satisfazem
em ouvir dos malfeitores
que contra mim se levantam.
12 O justo florescerá como a palmeira,
crescerá como o cedro no Líbano.
13 Plantados na Casa do SENHOR,
florescerão nos átrios do nosso Deus.
14 Na velhice darão ainda frutos,
serão cheios de seiva e de verdor,
15 para anunciar que o SENHOR é reto.
Ele é a minha rocha,
e nele não há injustiça.

O poder e a majestade de Deus

93 Reina o SENHOR.
Revestiu-se de majestade;
de poder se revestiu o SENHOR
e se cingiu.
Firmou o mundo, que não vacila.
2 Desde a antiguidade,
está firme o teu trono;
tu és desde a eternidade.
3 Levantam os rios, ó SENHOR,
levantam os rios o seu bramido;
levantam os rios o seu fragor.
4 Mas o SENHOR nas alturas
é mais poderoso
do que o bramido das grandes águas,
do que os poderosos vagalhões do mar.
5 Fidelíssimos são os teus testemunhos;
à tua casa convém a santidade,
SENHOR, para todo o sempre.

Apelo para a justiça de Deus

94 Ó SENHOR, Deus das vinganças,
ó Deus das vinganças, resplandece.
2 Exalta-te, ó juiz da terra;
dá o pago aos soberbos.
3 Até quando, SENHOR, os perversos,
até quando exultarão os perversos?
4 Proferem impiedades
e falam cousas duras;
vangloriam-se os que praticam
a iniqüidade.
5 Esmagam o teu povo, SENHOR,
e oprimem a tua herança.
6 Matam a viúva e o estrangeiro
e aos órfãos assassinam.
7 E dizem: O SENHOR não o vê;
nem disso faz caso o Deus de Jacó.
8 Atendei, ó estúpidos dentre o povo;
e vós, insensatos,
quando sereis prudentes?
9 O que fez o ouvido, acaso, não ouvirá?
E o que formou os olhos
será que não enxerga?
10 Porventura, quem repreende as nações
não há de punir?
Aquele que aos homens
dá conhecimento não tem sabedoria?
11 O SENHOR conhece
os pensamentos do homem,
que são pensamentos vãos.
12 Bem-aventurado o homem, SENHOR,
a quem tu repreendes,
a quem ensinas a tua lei,
13 para lhe dares descanso dos dias maus,
até que se abra a cova para o ímpio.

94.11 1Co 3.20.

14 Pois o SENHOR não há de rejeitar
   o seu povo,
nem desamparar a sua herança.
15 Mas o juízo se converterá em justiça,
   e segui-la-ão todos os de coração reto.
16 Quem se levantará a meu favor,
   contra os perversos?
Quem estará comigo
   contra os que praticam a iniqüidade?
17 Se não fora o auxílio do SENHOR,
   já a minha alma estaria
   na região do silêncio.
18 Quando eu digo: resvala-me o pé,
   a tua benignidade, SENHOR, me sustém.
19 Nos muitos cuidados que dentro em mim
   se multiplicam,
   as tuas consolações me alegram a alma.
20 Pode, acaso, associar-se contigo
   o trono da iniqüidade,
   o qual forja o mal, tendo uma lei
   por pretexto?
21 Ajuntam-se contra a vida do justo
   e condenam o sangue inocente.
22 Mas o SENHOR é o meu baluarte
   e o meu Deus,
   o rochedo em que me abrigo.
23 Sobre eles faz recair a sua iniqüidade
   e pela malícia deles próprios os destruirá;
   o SENHOR, nosso Deus, os exterminará.

Convite a louvar o SENHOR

95 Vinde, cantemos ao SENHOR,
      com júbilo,
celebremos o Rochedo da nossa salvação.
2 Saiamos ao seu encontro,
   com ações de graças,
   vitoriemo-lo com salmos.
3 Porque o SENHOR é o Deus supremo
   e o grande Rei acima de todos os deuses.
4 Nas suas mãos
   estão as profundezas da terra,
   e as alturas dos montes lhe pertencem.
5 Dele é o mar, pois ele o fez;
   obra de suas mãos, os continentes.
6 Vinde, adoremos e prostremo-nos;
   ajoelhemos diante do SENHOR,
   que nos criou.
7 Ele é o nosso Deus,
   e nós, povo do seu pasto
   e ovelhas de sua mão.
Hoje, se ouvirdes a sua voz,
8 não endureçais o coração,
   como em Meribá,
   como no dia de Massá, no deserto,

9 quando vossos pais me tentaram,
   pondo-me à prova,
não obstante terem visto
   as minhas obras.
10 Durante quarenta anos,
   estive desgostado com essa geração
   e disse: é povo de coração transviado,
   não conhece os meus caminhos.
11 Por isso, jurei na minha ira:
   não entrarão no meu descanso.

Tributo à glória e majestade de Deus
1Cr 16.23-33

96 Cantai ao SENHOR um cântico novo,
      cantai ao SENHOR, todas as terras.
2 Cantai ao SENHOR,
   bendizei o seu nome;
   proclamai a sua salvação, dia após dia.
3 Anunciai entre as nações a sua glória,
   entre todos os povos, as suas maravilhas.
4 Porque grande é o SENHOR
   e mui digno de ser louvado,
   temível mais que todos os deuses.
5 Porque todos os deuses dos povos
   não passam de ídolos;
   o SENHOR, porém, fez os céus.
6 Glória e majestade estão diante dele,
   força e formosura, no seu santuário.
7 Tributai ao SENHOR,
   ó famílias dos povos,
   tributai ao SENHOR glória e força.
8 Tributai ao SENHOR
   a glória devida ao seu nome;
   trazei oferendas e entrai nos seus átrios.
9 Adorai o SENHOR
   na beleza da sua santidade;
   tremei diante dele, todas as terras.
10 Dizei entre as nações: Reina o SENHOR.
   Ele firmou o mundo
   para que não se abale
   e julga os povos com eqüidade.
11 Alegrem-se os céus, e a terra exulte;
   ruja o mar e a sua plenitude.
12 Folgue o campo e tudo o que nele há;
   regozijem-se todas as árvores do bosque,
13 na presença do SENHOR,
   porque vem, vem julgar a terra;
   julgará o mundo com justiça
   e os povos, consoante a sua fidelidade.

A majestade e o domínio de Deus

97 Reina o SENHOR.
      Regozije-se a terra,
alegrem-se as muitas ilhas.
2 Nuvens e escuridão o rodeiam,
   justiça e juízo são a base do seu trono.

95.7-11 Hb 3.7-11,15; 4.3-7.   95.8 Êx 17.7; Nm 20.13.   95.10,11 Nm 14.26-35.   96.7-9 Sl 29.1,2.

³ Adiante dele vai um fogo
que lhe consome os inimigos em redor.
⁴ Os seus relâmpagos alumiam o mundo;
a terra os vê e estremece.
⁵ Derretem-se como cera os montes,
na presença do SENHOR,
na presença do Senhor de toda a terra.
⁶ Os céus anunciam a sua justiça,
e todos os povos vêem a sua glória.
⁷ Sejam confundidos todos os que servem
a imagens de escultura,
os que se gloriam de ídolos;
prostrem-se diante dele todos os deuses.
⁸ Sião ouve e se alegra,
as filhas de Judá se regozijam,
por causa da tua justiça, ó SENHOR.
⁹ Pois tu, SENHOR, és o Altíssimo
sobre toda a terra;
tu és sobremodo elevado
acima de todos os deuses.
¹⁰ Vós que amais o SENHOR, detestai o mal;
ele guarda a alma dos seus santos,
livra-os da mão dos ímpios.
¹¹ A luz difunde-se para o justo,
e a alegria, para os retos de coração.
¹² Alegrai-vos no SENHOR, ó justos,
e dai louvores ao seu santo nome.

A justiça do SENHOR
Salmo

98 Cantai ao SENHOR um cântico novo,
porque ele tem feito maravilhas;
a sua destra e o seu braço santo
lhe alcançaram a vitória.
² O SENHOR fez notória a sua salvação;
manifestou a sua justiça
perante os olhos das nações.
³ Lembrou-se da sua misericórdia
e da sua fidelidade
para com a casa de Israel;
todos os confins da terra viram
a salvação do nosso Deus.
⁴ Celebrai com júbilo ao SENHOR,
todos os confins da terra;
aclamai, regozijai-vos e cantai louvores.
⁵ Cantai com harpa louvores ao SENHOR,
com harpa e voz de canto;
⁶ com trombetas e ao som de buzinas,
exultai perante o SENHOR, que é rei.
⁷ Ruja o mar e a sua plenitude,
o mundo e os que nele habitam.
⁸ Os rios batam palmas,
e juntos cantem de júbilo os montes,
⁹ na presença do SENHOR,
porque ele vem julgar a terra;

julgará o mundo com justiça
e os povos, com eqüidade.

A santidade de Deus

99 Reina o SENHOR; tremem os povos.
Ele está entronizado
acima dos querubins; abale-se a terra.
² O SENHOR é grande em Sião
e sobremodo elevado
acima de todos os povos.
³ Celebrem eles o teu nome
grande e tremendo,
porque é santo.
⁴ És rei poderoso que ama a justiça;
tu firmas a eqüidade,
executas o juízo e a justiça em Jacó.
⁵ Exaltai ao SENHOR, nosso Deus,
e prostrai-vos ante o escabelo de seus pés,
porque ele é santo.
⁶ Moisés e Arão, entre os seus sacerdotes,
e, Samuel, entre os que lhe invocam
o nome,
clamavam ao SENHOR, e ele os ouvia.
⁷ Falava-lhes na coluna de nuvem;
eles guardavam os seus mandamentos
e a lei que lhes tinha dado.
⁸ Tu lhes respondeste, ó SENHOR,
nosso Deus;
foste para eles Deus perdoador,
ainda que tomando vingança
dos seus feitos.
⁹ Exaltai ao SENHOR, nosso Deus,
e prostrai-vos ante o seu santo monte,
porque santo é o SENHOR, nosso Deus.

Hino de ingresso ao templo
Salmo de ações de graças

100 Celebrai com júbilo ao
SENHOR, todas as terras.
² Servi ao SENHOR com alegria,
apresentai-vos diante dele com cântico.
³ Sabei que o SENHOR é Deus;
foi ele quem nos fez, e dele somos;
somos o seu povo
e rebanho do seu pastoreio.
⁴ Entrai por suas portas
com ações de graças
e nos seus átrios, com hinos de louvor;
rendei-lhe graças e bendizei-lhe o nome.
⁵ Porque o SENHOR é bom,
a sua misericórdia dura para sempre,
e, de geração em geração,
a sua fidelidade.

99.1 Êx 25.22.   **99.7** Êx 33.9.

Modelo de bom rei
Salmo de Davi

101 Cantarei a bondade e a justiça;
a ti, SENHOR, cantarei.
2 Atentarei sabiamente
ao caminho da perfeição.
Oh! Quando virás ter comigo?
Portas a dentro, em minha casa,
terei coração sincero.
3 Não porei cousa injusta
diante dos meus olhos;
aborreço o proceder dos que se desviam;
nada disto se me pegará.
4 Longe de mim o coração perverso;
não quero conhecer o mal.
5 Ao que às ocultas calunia o próximo,
a esse destruirei;
o que tem olhar altivo e coração soberbo,
não o suportarei.
6 Os meus olhos procurarão
os fiéis da terra,
para que habitem comigo;
o que anda em reto caminho,
esse me servirá.
7 Não há de ficar em minha casa
o que usa de fraude;
o que profere mentiras
não permanecerá
ante os meus olhos.
8 Manhã após manhã, destruirei
todos os ímpios da terra,
para limpar a cidade do SENHOR
dos que praticam a iniqüidade.

Arrependimento e esperança
*Oração do aflito que, desfalecido, derrama
o seu queixume perante o SENHOR*

102 Ouve, SENHOR, a minha súplica,
e cheguem a ti os meus clamores.
2 Não me ocultes o teu rosto
no dia da minha angústia;
inclina-me os ouvidos;
no dia em que eu clamar,
dá-te pressa em acudir-me.
3 Porque os meus dias, como fumaça,
se desvanecem,
e os meus ossos ardem
como em fornalha.
4 Ferido como a erva,
secou-se o meu coração;
até me esqueço de comer o meu pão.
5 Os meus ossos já se apegam à pele,
por causa do meu dolorido gemer.
6 Sou como o pelicano no deserto,
como a coruja das ruínas.

7 Não durmo
e sou como o passarinho solitário
nos telhados.
8 Os meus inimigos me insultam
a toda hora;
furiosos contra mim, praguejam
com o meu próprio nome.
9 Por pão tenho comido cinza
e misturado com lágrimas
a minha bebida,
10 por causa da tua indignação e da tua ira,
porque me elevaste e depois me abateste.
11 Como a sombra que declina,
assim os meus dias,
e eu me vou secando como a relva.
12 Tu, porém, SENHOR, permaneces
para sempre,
e a memória do teu nome,
de geração em geração.
13 Levantar-te-ás e terás piedade de Sião;
é tempo de te compadeceres dela,
e já é vinda a sua hora;
14 porque os teus servos amam
até as pedras de Sião
e se condoem do seu pó.
15 Todas as nações temerão
o nome do SENHOR,
e todos os reis da terra, a sua glória;
16 porque o SENHOR edificou a Sião,
apareceu na sua glória,
17 atendeu à oração do desamparado
e não lhe desdenhou as preces.
18 Ficará isto registado
para a geração futura,
e um povo, que há de ser criado,
louvará ao SENHOR;
19 que o SENHOR, do alto do seu santuário,
desde os céus, baixou vistas à terra,
20 para ouvir o gemido dos cativos
e libertar os condenados à morte,
21 a fim de que seja anunciado em Sião
o nome do SENHOR
e o seu louvor, em Jerusalém,
22 quando se reunirem os povos
e os reinos, para servirem ao SENHOR.
23 Ele me abateu a força no caminho
e me abreviou os dias.
24 Dizia eu: Deus meu, não me leves
na metade de minha vida;
tu, cujos anos se estendem
por todas as gerações.
25 Em tempos remotos,
lançaste os fundamentos da terra;
e os céus são obra das tuas mãos.
26 Eles perecerão, mas tu permaneces;
todos eles envelhecerão

102.25-27 Hb 1.10-12.

como um vestido,
como roupa os mudarás,
e serão mudados.
²⁷ Tu, porém, és sempre o mesmo,
e os teus anos jamais terão fim.
²⁸ Os filhos dos teus servos
habitarão seguros,
e diante de ti se estabelecerá
a sua descendência.

A misericórdia de Deus
Salmo de Davi

103 Bendize, ó minha alma,
ao SENHOR,
e tudo o que há em mim
bendiga ao seu santo nome.
² Bendize, ó minha alma, ao SENHOR
e não te esqueças de nem um só
de seus benefícios.
³ Ele é quem perdoa
todas as tuas iniqüidades;
quem sara todas as tuas enfermidades;
⁴ quem da cova redime a tua vida
e te coroa de graça e misericórdia;
⁵ quem farta de bens a tua velhice,
de sorte que a tua mocidade se renova
como a da águia.
⁶ O SENHOR faz justiça
e julga a todos os oprimidos.
⁷ Manifestou os seus caminhos a Moisés
e os seus feitos aos filhos de Israel.
⁸ O SENHOR é misericordioso
e compassivo;
longânimo e assaz benigno.
⁹ Não repreende perpetuamente,
nem conserva para sempre a sua ira.
¹⁰ Não nos trata
segundo os nossos pecados,
nem nos retribui
consoante as nossas iniqüidades.
¹¹ Pois quanto o céu se alteia
acima da terra,
assim é grande a sua misericórdia
para com os que o temem.
¹² Quanto dista o Oriente do Ocidente,
assim afasta de nós
as nossas transgressões.
¹³ Como um pai se compadece
de seus filhos,
assim o SENHOR se compadece
dos que o temem.
¹⁴ Pois ele conhece a nossa estrutura
e sabe que somos pó.
¹⁵ Quanto ao homem, os seus dias
são como a relva;
como a flor do campo, assim ele floresce;

¹⁶ pois, soprando nela o vento, desaparece;
e não conhecerá, daí em diante,
o seu lugar.
¹⁷ Mas a misericórdia do SENHOR
é de eternidade a eternidade,
sobre os que o temem,
e a sua justiça, sobre os filhos dos filhos;
¹⁸ para com os que guardam a sua aliança
e para com os que se lembram
dos seus preceitos e os cumprem.
¹⁹ Nos céus, estabeleceu o SENHOR
o seu trono,
e o seu reino domina sobre tudo.
²⁰ Bendizei ao SENHOR, todos os seus anjos,
valorosos em poder,
que executais as suas ordens
e lhe obedeceis à palavra.
²¹ Bendizei ao SENHOR,
todos os seus exércitos,
vós, ministros seus,
que fazeis a sua vontade.
²² Bendizei ao SENHOR, vós,
todas as suas obras,
em todos os lugares do seu domínio.
Bendize, ó minha alma, ao SENHOR.

Louvor ao Deus criador

104 Bendize, ó minha alma,
ao SENHOR!
SENHOR, Deus meu,
como tu és magnificente:
sobrevestido de glória e majestade,
² coberto de luz como de um manto.
Tu estendes o céu como uma cortina,
³ pões nas águas
o vigamento da tua morada,
tomas as nuvens por teu carro
e voas nas asas do vento.
⁴ Fazes a teus anjos ventos
e a teus ministros, labaredas de fogo.
⁵ Lançaste os fundamentos da terra,
para que ela não vacile
em tempo nenhum.
⁶ Tomaste o abismo por vestuário
e a cobriste;
as águas ficaram acima das montanhas;
⁷ à tua repreensão, fugiram,
à voz do teu trovão, bateram em retirada.
⁸ Elevaram-se os montes,
desceram os vales,
até ao lugar que lhes havias preparado.
⁹ Puseste às águas divisa
que não ultrapassarão,
para que não tornem a cobrir a terra.
¹⁰ Tu fazes rebentar fontes no vale,
cujas águas correm entre os montes;

103.8 Tg 5.11.   **104.4** Hb 1.7.

11 dão de beber a todos os animais
do campo;
os jumentos selvagens matam a sua sede.
12 Junto delas têm as aves do céu
o seu pouso
e, por entre a ramagem,
desferem o seu canto.
13 Do alto de tua morada, regas os montes;
a terra farta-se do fruto de tuas obras.
14 Fazes crescer a relva para os animais
e as plantas, para o serviço do homem,
de sorte que da terra tire o seu pão,
15 o vinho, que alegra o coração do homem,
o azeite, que lhe dá brilho ao rosto,
e o alimento, que lhe sustém as forças.
16 Avigoram-se as árvores do SENHOR
e os cedros do Líbano que ele plantou,
17 em que as aves fazem seus ninhos;
quanto à cegonha, a sua casa
é nos ciprestes.
18 Os altos montes
são das cabras montesinhas,
e as rochas, o refúgio dos arganazes.
19 Fez a lua para marcar o tempo;
o sol conhece a hora do seu ocaso.
20 Dispões as trevas, e vem a noite,
na qual vagueiam os animais da selva.
21 Os leõezinhos rugem pela presa
e buscam de Deus o sustento;
22 em vindo o sol, eles se recolhem
e se acomodam nos seus covis.
23 Sai o homem para o seu trabalho
e para o seu encargo até à tarde.
24 Que variedade, SENHOR, nas tuas obras!
Todas com sabedoria as fizeste;
cheia está a terra das tuas riquezas.
25 Eis o mar vasto, imenso,
no qual se movem seres sem conta,
animais pequenos e grandes.
26 Por ele transitam os navios
e o monstro marinho que formaste
para nele folgar.
27 Todos esperam de ti
que lhes dês de comer a seu tempo.
28 Se lhes dás, eles o recolhem;
se abres a mão, eles se fartam de bens.
29 Se ocultas o rosto, eles se perturbam;
se lhes cortas a respiração, morrem
e voltam ao seu pó.
30 Envias o teu Espírito, eles são criados,
e, assim, renovas a face da terra.
31 A glória do SENHOR seja para sempre!
Exulte o SENHOR por suas obras!
32 Com só olhar para a terra,
ela a faz tremer;
toca as montanhas, e elas fumegam.

33 Cantarei ao SENHOR enquanto eu viver;
cantarei louvores ao meu Deus
durante a minha vida.
34 Seja-lhe agradável a minha meditação;
eu me alegrarei no SENHOR.
35 Desapareçam da terra os pecadores,
e já não subsistam os perversos.
Bendize, ó minha alma, ao SENHOR!
Aleluia!

As maravilhosas obras do SENHOR
a favor de Israel
1Cr 16.8-22

105 Rendei graças ao SENHOR,
invocai o seu nome,
fazei conhecidos, entre os povos,
os seus feitos.
2 Cantai-lhe, cantai-lhe salmos;
narrai todas as suas maravilhas.
3 Gloriai-vos no seu santo nome;
alegre-se o coração
dos que buscam o SENHOR.
4 Buscai o SENHOR e o seu poder;
buscai perpetuamente a sua presença.
5 Lembrai-vos das maravilhas que fez,
dos seus prodígios e dos juízos
de seus lábios,
6 vós, descendentes de Abraão, seu servo,
vós, filhos de Jacó, seus escolhidos.
7 Ele é o SENHOR, nosso Deus;
os seus juízos permeiam toda a terra.
8 Lembra-se perpetuamente da sua aliança,
da palavra que empenhou
para mil gerações;
9 da aliança que fez com Abraão
e do juramento que fez a Isaque;
10 o qual confirmou a Jacó por decreto
e a Israel por aliança perpétua,
11 dizendo: Dar-te-ei a terra de Canaã
como quinhão da vossa herança.
12 Então, eram eles em pequeno número,
pouquíssimos e forasteiros nela;
13 andavam de nação em nação,
dum reino para outro reino.
14 A ninguém permitiu que os oprimisse;
antes, por amor deles, repreendeu a reis,
15 dizendo: Não toqueis nos meus ungidos,
nem maltrateis os meus profetas.
16 Fez vir fome sobre a terra
e cortou os meios de se obter pão.
17 Adiante deles enviou um homem,
José, vendido como escravo;
18 cujos pés apertaram com grilhões
e a quem puseram em ferros,

104.26 Jó 41.1; Sl 74.14; Is 27.1. **105.9** Gn 12.7; 26.3. **105.10** Gn 28.13. **105.14,15** Gn 20.3-7. **105.16** Gn 41.53-57. **105.17** Gn 37.28; 45.5. **105.18,19** Gn 39.20-40.23.

19 até cumprir-se a profecia a respeito dele,
e tê-lo provado a palavra do SENHOR.
20 O rei mandou soltá-lo;
o potentado dos povos
o pôs em liberdade.
21 Constituiu-o senhor de sua casa
e mordomo de tudo o que possuía,
22 para, a seu talante,
sujeitar os seus príncipes
e aos seus anciãos ensinar a sabedoria.
23 Então, Israel entrou no Egito,
e Jacó peregrinou na terra de Cam.
24 Deus fez sobremodo fecundo o seu povo
e o tornou mais forte
do que os seus opressores.
25 Mudou-lhes o coração
para que odiassem o seu povo
e usassem de astúcia
para com os seus servos.
26 E lhes enviou Moisés, seu servo,
e Arão, a quem escolhera,
27 por meio dos quais fez, entre eles,
os seus sinais e maravilhas
na terra de Cam.
28 Enviou trevas, e tudo escureceu;
e Moisés e Arão não foram rebeldes
à sua palavra.
29 Transformou-lhes as águas em sangue
e assim lhes fez morrer os peixes.
30 Sua terra produziu rãs em abundância,
até nos aposentos dos reis.
31 Ele falou, e vieram nuvens de moscas
e piolhos em todo o seu país.
32 Por chuva deu-lhes saraiva
e fogo chamejante, na sua terra.
33 Devastou-lhes os vinhedos e os figueirais
e lhes quebrou as árvores
dos seus termos.
34 Ele falou, e vieram gafanhotos
e saltões sem conta,
35 os quais devoraram toda a erva do país
e comeram o fruto dos seus campos.
36 Também feriu de morte
a todos os primogênitos da sua terra,
as primícias do seu vigor.
37 Então, fez sair o seu povo,
com prata e ouro,
e entre as suas tribos
não havia um só inválido.
38 Alegrou-se o Egito quando eles saíram,
porquanto lhe tinham infundido terror.
39 Ele estendeu uma nuvem
que lhes servisse de toldo
e um fogo para os alumiar de noite.

40 Pediram, e ele fez vir codornizes
e os saciou com pão do céu.
41 Fendeu a rocha, e dela brotaram águas,
que correram, qual torrente,
pelo deserto.
42 Porque estava lembrado
da sua santa palavra
e de Abraão, seu servo.
43 E conduziu com alegria o seu povo
e, com jubiloso canto, os seus escolhidos.
44 Deu-lhes as terras das nações,
e eles se apossaram
do trabalho dos povos,
45 para que lhe guardassem os preceitos
e lhe observassem as leis.
Aleluia!

A graça de Deus e a ingratidão de Israel
Vv. 47,48: 1Cr 16.35,36

106 Aleluia!
Rendei graças ao SENHOR,
porque ele é bom;
porque a sua misericórdia
dura para sempre.
2 Quem saberá contar os poderosos feitos
do SENHOR
ou anunciar os seus louvores?
3 Bem-aventurados
os que guardam a retidão
e o que pratica a justiça em todo tempo.
4 Lembra-te de mim, SENHOR,
segundo a tua bondade
para com o teu povo;
visita-me com a tua salvação,
5 para que eu veja a prosperidade
dos teus escolhidos,
e me alegre com a alegria do teu povo,
e me regozije com a tua herança.
6 Pecamos, como nossos pais;
cometemos iniqüidade, procedemos mal.
7 Nossos pais, no Egito, não atentaram
às tuas maravilhas;
não se lembraram
da multidão das tuas misericórdias
e foram rebeldes junto ao mar,
o mar Vermelho.
8 Mas ele os salvou por amor do seu nome,
para lhes fazer notório o seu poder.
9 Repreendeu o mar Vermelho, e ele secou;
e fê-los passar pelos abismos,
como por um deserto.
10 Salvou-os das mãos de quem os odiava
e os remiu do poder do inimigo.

105.20 Gn 41.14.   105.21 Gn 41.39-41.   105.23 Gn 46.6; 47.11.   105.24,25 Êx 1.7-14.   105.26 Êx 3.1-4.17.
105.28 Êx 10.21-23.   105.29 Êx 7.17-21.   105.30 Êx 8.1-6.   105.31 Êx 8.20-24,16,17.   105.32,33 Êx 9.22-25.
105.34,35 Êx 10.12-15.   105.36 Êx 12.29.   105.37,38 Êx 12.33-36.   105.39 Êx 13.21,22.   105.40 Êx 16.2-15.
105.41 Êx 17.1-7; Nm 20.2-13.   105.44 Js 11.16-23.   106.7 Êx 14.10-12.   106.9 Êx 14.21-31.

¹¹ As águas cobriram os seus opressores;
nem um deles escapou.
¹² Então, creram nas suas palavras
e lhe cantaram louvor.
¹³ Cedo, porém, se esqueceram
das suas obras
e não lhe aguardaram os desígnios;
¹⁴ entregaram-se à cobiça, no deserto;
e tentaram a Deus na solidão.
¹⁵ Concedeu-lhes o que pediram,
mas fez definhar-lhes a alma.
¹⁶ Tiveram inveja de Moisés,
no acampamento,
e de Arão, o santo do SENHOR.
¹⁷ Abriu-se a terra, e tragou a Datã,
e cobriu o grupo de Abirão.
¹⁸ Ateou-se um fogo contra o seu grupo;
a chama abrasou os ímpios.
¹⁹ Em Horebe, fizeram um bezerro
e adoraram o ídolo fundido.
²⁰ E, assim, trocaram a glória de Deus
pelo simulacro de um novilho
que come erva.
²¹ Esqueceram-se de Deus, seu Salvador,
que, no Egito, fizera cousas portentosas,
²² maravilhas na terra de Cam,
tremendos feitos no mar Vermelho.
²³ Tê-los-ia exterminado, como dissera,
se Moisés, seu escolhido,
não se houvesse interposto,
impedindo que sua cólera os destruísse.
²⁴ Também desprezaram a terra aprazível
e não deram crédito à sua palavra;
²⁵ antes, murmuraram em suas tendas
e não acudiram à voz do SENHOR.
²⁶ Então, lhes jurou, de mão erguida,
que os havia de arrasar no deserto;
²⁷ e também derribaria entre as nações
a sua descendência
e os dispersaria por outras terras.
²⁸ Também se juntaram a Baal-Peor
e comeram os sacrifícios
dos ídolos mortos.
²⁹ Assim, com tais ações,
o provocaram à ira;
e grassou peste entre eles.
³⁰ Então, se levantou Finéias
e executou o juízo;
e cessou a peste.
³¹ Isso lhe foi imputado por justiça,
de geração em geração, para sempre.
³² Depois, o indignaram
nas águas de Meribá,
e, por causa deles, sucedeu mal a Moisés,
³³ pois foram rebeldes ao Espírito de Deus,

e Moisés falou irrefletidamente.
³⁴ Não exterminaram os povos,
como o SENHOR lhes ordenara.
³⁵ Antes, se mesclaram com as nações
e lhes aprenderam as obras;
³⁶ deram culto a seus ídolos,
os quais se lhes converteram em laço;
³⁷ pois imolaram seus filhos
e suas filhas aos demônios
³⁸ e derramaram sangue inocente,
o sangue de seus filhos e filhas,
que sacrificaram aos ídolos de Canaã;
e a terra foi contaminada com sangue.
³⁹ Assim se contaminaram
com as suas obras
e se prostituíram nos seus feitos.
⁴⁰ Acendeu-se, por isso, a ira do SENHOR
contra o seu povo,
e ele abominou a sua própria herança
⁴¹ e os entregou ao poder das nações;
sobre eles dominaram os que os odiavam.
⁴² Também os oprimiram os seus inimigos,
sob cujo poder foram subjugados.
⁴³ Muitas vezes os libertou,
mas eles o provocaram
com os seus conselhos
e, por sua iniqüidade, foram abatidos.
⁴⁴ Olhou-os, contudo,
quando estavam angustiados
e lhes ouviu o clamor;
⁴⁵ lembrou-se, a favor deles, de sua aliança
e se compadeceu, segundo a multidão
de suas misericórdias.
⁴⁶ Fez também que lograssem compaixão
de todos os que os levaram cativos.
⁴⁷ Salva-nos, SENHOR, nosso Deus,
e congrega-nos de entre as nações,
para que demos graças ao teu santo nome
e nos gloriemos no teu louvor.
⁴⁸ Bendito seja o SENHOR, Deus de Israel,
de eternidade a eternidade;
e todo o povo diga: Amém!
Aleluia!

LIVRO V
Salmos 107-150

Deus salva de todas as tribulações

107 Rendei graças ao SENHOR,
porque ele é bom
e a sua misericórdia dura para sempre.
² Digam-no os remidos do SENHOR,
os que ele resgatou da mão do inimigo
³ e congregou de entre as terras,

106.12 Êx 15.1-21.   106.14,15 Nm 11.4-34.   106.16-18 Nm 16.1-35.   106.19 Êx 32.1-14.   106.25 Nm 14.1-35.
106.27 Lv 26.33.   106.28-31 Nm 25.1-13.   106.32,33 Nm 20.2-13.   106.34-36 Jz 2.1-3; 3.5,6.
106.37,38 2Rs 17.17.   106.38 Nm 35.33.   106.40-46 Jz 14-18.

do Oriente e do Ocidente,
do Norte e do mar.

4 Andaram errantes pelo deserto,
   por ermos caminhos,
   sem achar cidade em que habitassem.

5 Famintos e sedentos,
   desfalecia neles a alma.

6 Então, na sua angústia,
   clamaram ao SENHOR,
   e ele os livrou das suas tribulações.

7 Conduziu-os pelo caminho direito,
   para que fossem à cidade
   em que habitassem.

8 Rendam graças ao SENHOR
   por sua bondade
   e por suas maravilhas
   para com os filhos dos homens!

9 Pois dessedentou a alma sequiosa
   e fartou de bens a alma faminta.

10 Os que se assentaram nas trevas
    e nas sombras da morte,
    presos de aflição e em ferros,

11 por se terem rebelado
    contra a palavra de Deus
    e haverem desprezado
    o conselho do Altíssimo,

12 de modo que lhes abateu com trabalhos
    o coração —
    caíram, e não houve quem os socorresse.

13 Então, na sua angústia,
    clamaram ao SENHOR,
    e ele os livrou das suas tribulações.

14 Tirou-os das trevas
    e das sombras da morte
    e lhes despedaçou as cadeias.

15 Rendam graças ao SENHOR
    por sua bondade
    e por suas maravilhas
    para com os filhos dos homens!

16 Pois arrombou as portas de bronze
    e quebrou as trancas de ferro.

17 Os estultos, por causa do seu caminho
    de transgressão
    e por causa das suas iniqüidades,
    serão afligidos.

18 A sua alma aborreceu
    toda sorte de comida,
    e chegaram às portas da morte.

19 Então, na sua angústia,
    clamaram ao SENHOR,
    e ele os livrou das suas tribulações.

20 Enviou-lhes a sua palavra, e os sarou,
    e os livrou do que lhes era mortal.

21 Rendam graças ao SENHOR
    por sua bondade
    e por suas maravilhas
    para com os filhos dos homens!

22 Ofereçam sacrifícios de ações de graças
    e proclamem com júbilo as suas obras!

23 Os que, tomando navios,
    descem aos mares,
    os que fazem tráfico
    na imensidade das águas,

24 esses vêem as obras do SENHOR
    e as suas maravilhas
    nas profundezas do abismo.

25 Pois ele falou e fez levantar
    o vento tempestuoso,
    que elevou as ondas do mar.

26 Subiram até aos céus,
    desceram até aos abismos;
    no meio destas angústias,
    desfalecia-lhes a alma.

27 Andaram, e cambalearam como ébrios,
    e perderam todo tino.

28 Então, na sua angústia,
    clamaram ao SENHOR,
    e ele os livrou das suas tribulações.

29 Fez cessar a tormenta,
    e as ondas se acalmaram.

30 Então, se alegraram com a bonança;
    e, assim, os levou ao desejado porto.

31 Rendam graças ao SENHOR
    por sua bondade
    e por suas maravilhas
    para com os filhos dos homens!

32 Exaltem-no também
    na assembléia do povo
    e o glorifiquem no conselho dos anciãos.

33 Ele converteu rios em desertos
    e mananciais, em terra seca;

34 terra frutífera, em deserto salgado,
    por causa da maldade
    dos seus habitantes.

35 Converteu o deserto em lençóis de água
    e a terra seca, em mananciais.

36 Estabeleceu aí os famintos,
    os quais edificaram uma cidade
    em que habitassem.

37 Semearam campos, e plantaram vinhas,
    e tiveram fartas colheitas.

38 Ele os abençoou,
    de sorte que se multiplicaram muito;
    e o gado deles não diminuiu.

39 Mas tornaram a reduzir-se
    e foram humilhados pela opressão,
    pela adversidade e pelo sofrimento.

40 Lança ele o desprezo sobre os príncipes
    e os faz andar errantes,
    onde não há caminho.

41 Mas levanta da opressão o necessitado,
    para um alto retiro,
    e lhe prospera famílias como rebanhos.

42 Os retos vêem isso e se alegram,
    mas o ímpio por toda parte fecha a boca.

43 Quem é sábio atente para essas cousas
e considere as misericórdias do SENHOR.

Deus concede vitória ao seu povo
Sl 57.7-11; Vv. 6-13: Sl 60.5-12
Cântico. Salmo de Davi

108 Firme está o meu coração,
ó Deus!
Cantarei e entoarei louvores
de toda a minha alma.
2 Despertai, saltério e harpa!
Quero acordar a alva.
3 Render-te-ei graças entre os povos,
ó SENHOR!
Cantar-te-ei louvores entre as nações.
4 Porque acima dos céus se eleva
a tua misericórdia,
e a tua fidelidade, para além das nuvens.
5 Sê exaltado, ó Deus, acima dos céus;
e em toda a terra esplenda a tua glória,
6 para que os teus amados sejam livres;
salva com a tua destra e responde-nos.
7 Disse Deus na sua santidade:
Exultarei; dividirei Siquém
e medirei o vale de Sucote.
8 Meu é Gileade, meu é Manassés;
Efraim é a defesa de minha cabeça;
Judá é o meu cetro.
9 Moabe, porém, é a minha bacia de lavar;
sobre Edom atirarei a minha sandália;
sobre a Filístia jubilarei.
10 Quem me conduzirá à cidade fortificada?
Quem me guiará até Edom?
11 Não nos rejeitaste, ó Deus?
Tu não sais, ó Deus,
com os nossos exércitos!
12 Presta-nos auxílio na angústia,
pois vão é o socorro do homem.
13 Em Deus faremos proezas,
porque ele mesmo calca aos pés
os nossos adversários.

Imprecações contra os inimigos
Ao mestre de canto. Salmo de Davi

109 Ó Deus do meu louvor,
não te cales!
2 Pois contra mim se desataram
lábios maldosos e fraudulentos;
com mentirosa língua falam contra mim.
3 Cercam-me com palavras odiosas
e sem causa me fazem guerra.
4 Em paga do meu amor, me hostilizam;
eu, porém, oro.
5 Pagaram-me o bem com o mal;
o amor, com ódio.

6 Suscita contra ele um ímpio,
e à sua direita esteja um acusador.
7 Quando o julgarem, seja condenado;
e, tida como pecado, a sua oração.
8 Os seus dias sejam poucos,
e tome outro o seu encargo.
9 Fiquem órfãos os seus filhos,
e viúva, a sua esposa.
10 Andem errantes os seus filhos
e mendiguem;
e sejam expulsos
das ruínas de suas casas.
11 De tudo o que tem, lance mão o usurário;
do fruto do seu trabalho,
esbulhem-no os estranhos.
12 Ninguém tenha misericórdia dele,
nem haja quem se compadeça
dos seus órfãos.
13 Desapareça a sua posteridade,
e na seguinte geração
se extinga o seu nome.
14 Na lembrança do SENHOR,
viva a iniqüidade de seus pais,
e não se apague o pecado de sua mãe.
15 Permaneçam ante os olhos do SENHOR,
para que faça desaparecer da terra
a memória deles.
16 Porquanto não se lembrou de usar
de misericórdia,
mas perseguiu o aflito e o necessitado,
como também o quebrantado de coração,
para os entregar à morte.
17 Amou a maldição; ela o apanhe;
não quis a bênção; aparte-se dele.
18 Vestiu-se de maldição
como de uma túnica:
penetre, como água, no seu interior
e nos seus ossos, como azeite.
19 Seja-lhe como a roupa que o cobre
e como o cinto com que sempre se cinge.
20 Tal seja, da parte do SENHOR,
o galardão dos meus contrários
e dos que falam mal
contra a minha alma.
21 Mas tu, SENHOR Deus, age por mim,
por amor do teu nome;
livra-me, porque é grande
a tua misericórdia.
22 Porque estou aflito e necessitado
e, dentro em mim, sinto ferido o coração.
23 Vou passando,
como a sombra que declina;
sou atirado para longe,
como um gafanhoto.
24 De tanto jejuar, os joelhos me vacilam,
e de magreza vai mirrando
a minha carne.

109.8 At 1.20.

²⁵ Tornei-me para eles objeto de opróbrio;
quando me vêem, meneiam a cabeça.
²⁶ Socorre, SENHOR, Deus meu!
Salva-me segundo a tua misericórdia.
²⁷ Para que saibam vir isso das tuas mãos;
que tu, SENHOR, o fizeste.
²⁸ Amaldiçoem eles, mas tu, abençoa;
sejam confundidos
os que contra mim se levantam;
alegre-se, porém, o teu servo.
²⁹ Cubram-se de ignomínia
os meus adversários,
e a sua própria confusão os envolva
como uma túnica.
³⁰ Muitas graças darei ao SENHOR
com os meus lábios;
louvá-lo-ei no meio da multidão;
³¹ porque ele se põe à direita do pobre,
para o livrar dos que lhe julgam a alma.

O reino e o sacerdócio do Messias
Salmo de Davi

110 Disse o SENHOR ao meu senhor:
Assenta-te à minha direita,
até que eu ponha os teus inimigos
debaixo dos teus pés.
² O SENHOR enviará de Sião
o cetro do seu poder,
dizendo: Domina entre os teus inimigos.
³ Apresentar-se-á voluntariamente
o teu povo,
no dia do teu poder;
com santos ornamentos,
como o orvalho emergindo da aurora,
serão os teus jovens.
⁴ O SENHOR jurou e não se arrependerá:
Tu és sacerdote para sempre,
segundo a ordem de Melquisedeque.
⁵ O Senhor, à tua direita,
no dia da sua ira, esmagará os reis.
⁶ Ele julga entre as nações;
enche-as de cadáveres;
esmagará cabeças por toda a terra.
⁷ De caminho, bebe na torrente
e passa de cabeça erguida.

As obras magníficas de Deus

111 Aleluia!
De todo o coração
renderei graças ao SENHOR,
na companhia dos justos
e na assembléia.
² Grandes são as obras do SENHOR,

consideradas por todos os que nelas
se comprazem.
³ Em suas obras há glória e majestade,
e a sua justiça permanece para sempre.
⁴ Ele fez memoráveis as suas maravilhas;
benigno e misericordioso é o SENHOR.
⁵ Dá sustento aos que o temem;
lembrar-se-á sempre da sua aliança.
⁶ Manifesta ao seu povo
o poder das suas obras,
dando-lhe a herança das nações.
⁷ As obras de suas mãos
são verdade e justiça;
fiéis, todos os seus preceitos.
⁸ Estáveis são eles para todo o sempre,
instituídos em fidelidade e retidão.
⁹ Enviou ao seu povo a redenção;
estabeleceu para sempre a sua aliança;
santo e tremendo é o seu nome.
¹⁰ O temor do SENHOR
é o princípio da sabedoria;
revelam prudência
todos os que o praticam.
O seu louvor permanece para sempre.

Promessa da vida futura aos piedosos

112 Aleluia!
Bem-aventurado o homem
que teme ao SENHOR
e se compraz nos seus mandamentos.
² A sua descendência
será poderosa na terra;
será abençoada a geração dos justos.
³ Na sua casa há prosperidade e riqueza,
e a sua justiça permanece para sempre.
⁴ Ao justo, nasce luz nas trevas;
ele é benigno, misericordioso e justo.
⁵ Ditoso o homem que se compadece
e empresta;
ele defenderá a sua causa em juízo;
⁶ não será jamais abalado;
será tido em memória eterna.
⁷ Não se atemoriza de más notícias;
o seu coração é firme,
confiante no SENHOR.
⁸ O seu coração, bem firmado, não teme,
até ver cumprido, nos seus adversários,
o seu desejo.
⁹ Distribui, dá aos pobres;
a sua justiça permanece para sempre,
e o seu poder se exaltará em glória.
¹⁰ O perverso vê isso e se enraivece;
range os dentes e se consome;
o desejo dos perversos perecerá.

109.25 Mt 27.39; Mc 15.29.   **110.1** Mt 22.44; Mc 12.36; Lc 20.42,43; At 2.34,35; Ef 1.20; Cl 3.1; Hb 1.13; 8.1; 10.12,13; 1Co 15.25.   **110.4** Hb 5.6; 6.20; 7.17,21.   **111.10** Jó 28.29; Pv 9.10.   **112.9** 2Co 9.9.

O Senhor, o maior e mais digno objeto de louvor

113 Aleluia!
Louvai, servos do Senhor,
louvai o nome do Senhor.
2 Bendito seja o nome do Senhor,
agora e para sempre.
3 Do nascimento do sol até ao ocaso,
louvado seja o nome do Senhor.
4 Excelso é o Senhor,
acima de todas as nações,
e a sua glória, acima dos céus.
5 Quem há semelhante ao Senhor,
nosso Deus,
cujo trono está nas alturas,
6 que se inclina para ver
o que se passa no céu e sobre a terra?
7 Ele ergue do pó o desvalido
e do monturo, o necessitado,
8 para o assentar ao lado dos príncipes,
sim, com os príncipes do seu povo.
9 Faz que a mulher estéril viva em família
e seja alegre mãe de filhos.
Aleluia!

As maravilhas do êxodo

114 Quando saiu Israel do Egito,
e a casa de Jacó, do meio
de um povo de língua estranha,
2 Judá se tornou o seu santuário,
e Israel, o seu domínio.
3 O mar viu isso e fugiu;
o Jordão tornou atrás.
4 Os montes saltaram como carneiros,
e as colinas, como cordeiros do rebanho.
5 Que tens, ó mar, que assim foges?
E tu, Jordão, para tornares atrás?
6 Montes, por que saltais como carneiros?
E vós, colinas,
como cordeiros do rebanho?
7 Estremece, ó terra,
na presença do Senhor,
na presença do Deus de Jacó,
8 o qual converteu a rocha
em lençol de água
e o seixo, em manancial.

Honras somente a Deus

115 Não a nós, Senhor, não a nós,
mas ao teu nome dá glória,
por amor da tua misericórdia
e da tua fidelidade.
2 Por que diriam as nações:
Onde está o Deus deles?

3 No céu está o nosso Deus
e tudo faz como lhe agrada.
4 Prata e ouro são os ídolos deles,
obra das mãos de homens.
5 Têm boca e não falam;
têm olhos e não vêem;
6 têm ouvidos e não ouvem;
têm nariz e não cheiram.
7 Suas mãos não apalpam;
seus pés não andam;
som nenhum lhes sai da garganta.
8 Tornem-se semelhantes a eles
os que os fazem
e quantos neles confiam.
9 Israel confia no Senhor;
ele é o seu amparo e o seu escudo.
10 A casa de Arão confia no Senhor;
ele é o seu amparo e o seu escudo.
11 Confiam no Senhor
os que temem o Senhor;
ele é o seu amparo e o seu escudo.
12 De nós se tem lembrado o Senhor;
ele nos abençoará;
abençoará a casa de Israel,
abençoará a casa de Arão.
13 Ele abençoa os que temem o Senhor,
tanto pequenos como grandes.
14 O Senhor vos aumente bênçãos
mais e mais,
sobre vós e sobre vossos filhos.
15 Sede benditos do Senhor,
que fez os céus e a terra.
16 Os céus são os céus do Senhor,
mas a terra, deu-a ele
aos filhos dos homens.
17 Os mortos não louvam o Senhor,
nem os que descem à região do silêncio.
18 Nós, porém, bendiremos o Senhor,
desde agora e para sempre.
Aleluia!

Salmo de ações de graças

116 Amo o Senhor,
porque ele ouve
a minha voz e as minhas súplicas.
2 Porque inclinou para mim
os seus ouvidos,
invocá-lo-ei enquanto eu viver.
3 Laços de morte me cercaram,
e angústias do inferno
se apoderaram de mim;
caí em tribulação e tristeza.
4 Então, invoquei o nome do Senhor:
ó Senhor, livra-me a alma.

114.1 Êx 12.51. 114.3 Êx 14.21; Js 3.16. 114.8 Êx 17.1-7; Nm 20.2-13. 115.4-8 Sl 135.15-18; Ap 9.20. 115.13 Ap 11.18; 19.5.

⁵ Compassivo e justo é o SENHOR;
o nosso Deus é misericordioso.
⁶ O SENHOR vela pelos simples;
achava-me prostrado, e ele me salvou.
⁷ Volta, minha alma, ao teu sossego,
pois o SENHOR tem sido generoso
para contigo.
⁸ Pois livraste da morte a minha alma,
das lágrimas, os meus olhos,
da queda, os meus pés.
⁹ Andarei na presença do SENHOR,
na terra dos viventes.
¹⁰ Eu cria, ainda que disse:
estive sobremodo aflito.
¹¹ Eu disse na minha perturbação:
todo homem é mentiroso.
¹² Que darei ao SENHOR
por todos os seus benefícios
para comigo?
¹³ Tomarei o cálice da salvação
e invocarei o nome do SENHOR.
¹⁴ Cumprirei os meus votos ao SENHOR,
na presença de todo o seu povo.
¹⁵ Preciosa é aos olhos do SENHOR
a morte dos seus santos.
¹⁶ SENHOR, deveras sou teu servo,
teu servo, filho da tua serva;
quebraste as minhas cadeias.
¹⁷ Oferecer-te-ei sacrifícios
de ações de graças
e invocarei o nome do SENHOR.
¹⁸ Cumprirei os meus votos ao SENHOR,
na presença de todo o seu povo,
¹⁹ nos átrios da Casa do SENHOR,
no meio de ti, ó Jerusalém.
Aleluia!

Todos os povos devem louvar ao SENHOR

117 Louvai ao SENHOR,
vós todos os gentios,
louvai-o, todos os povos.
² Porque mui grande é a sua misericórdia
para conosco,
e a fidelidade do SENHOR
subsiste para sempre.
Aleluia!

A alegria dos justos pelo Salvador

118 Rendei graças ao SENHOR,
porque ele é bom,
porque a sua misericórdia
dura para sempre.
² Diga, pois, Israel:

Sim, a sua misericórdia
dura para sempre.
³ Diga, pois, a casa de Arão:
Sim, a sua misericórdia
dura para sempre.
⁴ Digam, pois, os que temem ao SENHOR:
Sim, a sua misericórdia
dura para sempre.
⁵ Em meio à tribulação,
invoquei o SENHOR,
e o SENHOR me ouviu e me deu folga.
⁶ O SENHOR está comigo; não temerei.
Que me poderá fazer o homem?
⁷ O SENHOR está comigo
entre os que me ajudam;
por isso, verei cumprido o meu desejo
nos que me odeiam.
⁸ Melhor é buscar refúgio no SENHOR
do que confiar no homem.
⁹ Melhor é buscar refúgio no SENHOR
do que confiar em príncipes.
¹⁰ Todas as nações me cercaram,
mas em nome do SENHOR as destruí.
¹¹ Cercaram-me,
cercaram-me de todos os lados;
mas em nome do SENHOR as destruí.
¹² Como abelhas me cercaram,
porém como fogo em espinhos
foram queimadas;
em nome do SENHOR as destruí.
¹³ Empurraram-me violentamente
para me fazer cair,
porém o SENHOR me amparou.
¹⁴ O SENHOR é a minha força
e o meu cântico,
porque ele me salvou.
¹⁵ Nas tendas dos justos há voz de júbilo
e de salvação;
a destra do SENHOR faz proezas.
¹⁶ A destra do SENHOR se eleva,
a destra do SENHOR faz proezas.
¹⁷ Não morrerei; antes, viverei
e contarei as obras do SENHOR.
¹⁸ O SENHOR me castigou severamente,
mas não me entregou à morte.
¹⁹ Abri-me as portas da justiça;
entrarei por elas
e renderei graças ao SENHOR.
²⁰ Esta é a porta do SENHOR;
por ela entrarão os justos.
²¹ Render-te-ei graças porque me acudiste
e foste a minha salvação.
²² A pedra que os construtores rejeitaram,
essa veio a ser a principal pedra, angular;
²³ isto procede do SENHOR
e é maravilhoso aos nossos olhos.

116.10 2Co 4.13.   117.1 Rm 15.11.   118.6 Hb 13.6.   118.14 Êx 15.2; Is 12.2.   118.22,23 Mt 21.42;
Mc 12.10,11; Lc 20.17; At 4.11; 1Pe 2.7.

²⁴ Este é o dia que o SENHOR fez;
regozijemo-nos e alegremo-nos nele.
²⁵ Oh! Salva-nos, SENHOR, nós te pedimos;
oh! SENHOR,
concede-nos prosperidade!
²⁶ Bendito o que vem em nome do SENHOR.
A vós outros da Casa do SENHOR,
nós vos abençoamos.
²⁷ O SENHOR é Deus, ele é a nossa luz;
adornai a festa com ramos
até às pontas do altar.
²⁸ Tu és o meu Deus, render-te-ei graças;
tu és o meu Deus, quero exaltar-te.
²⁹ Rendei graças ao SENHOR,
porque ele é bom,
porque a sua misericórdia
dura para sempre.

Excelência da lei divina

119
Bem-aventurados
os irrepreensíveis
no seu caminho,
que andam na lei do SENHOR.
² Bem-aventurados
os que guardam as suas prescrições
e o buscam de todo o coração;
³ não praticam iniqüidade
e andam nos seus caminhos.
⁴ Tu ordenaste os teus mandamentos,
para que os cumpramos à risca.
⁵ Tomara sejam firmes os meus passos,
para que eu observe os teus preceitos.
⁶ Então, não terei de que me envergonhar,
quando considerar
em todos os teus mandamentos.
⁷ Render-te-ei graças
com integridade de coração,
quando tiver aprendido
os teus retos juízos.
⁸ Cumprirei os teus decretos;
não me desampares jamais.
⁹ De que maneira poderá o jovem
guardar puro o seu caminho?
Observando-o segundo a tua palavra.
¹⁰ De todo o coração te busquei;
não me deixes fugir
aos teus mandamentos.
¹¹ Guardo no coração as tuas palavras,
para não pecar contra ti.
¹² Bendito és tu, SENHOR;
ensina-me os teus preceitos.
¹³ Com os lábios tenho narrado
todos os juízos da tua boca.
¹⁴ Mais me regozijo com o caminho
dos teus testemunhos
do que com todas as riquezas.

¹⁵ Meditarei nos teus preceitos
e às tuas veredas terei respeito.
¹⁶ Terei prazer nos teus decretos;
não me esquecerei da tua palavra.
¹⁷ Sê generoso para com o teu servo,
para que eu viva e observe a tua palavra.
¹⁸ Desvenda os meus olhos,
para que eu contemple
as maravilhas da tua lei.
¹⁹ Sou peregrino na terra;
não escondas de mim
os teus mandamentos.
²⁰ Consumida está a minha alma
por desejar, incessantemente,
os teus juízos.
²¹ Increpaste os soberbos, os malditos,
que se desviam dos teus mandamentos.
²² Tira de sobre mim o opróbrio
e o desprezo,
pois tenho guardado
os teus testemunhos.
²³ Assentaram-se príncipes
e falaram contra mim,
mas o teu servo considerou
nos teus decretos.
²⁴ Com efeito, os teus testemunhos
são o meu prazer,
são os meus conselheiros.
²⁵ A minha alma está apegada ao pó;
vivifica-me segundo a tua palavra.
²⁶ Eu te expus os meus caminhos,
e tu me valeste;
ensina-me os teus decretos.
²⁷ Faze-me atinar com o caminho
dos teus preceitos,
e meditarei nas tuas maravilhas.
²⁸ A minha alma, de tristeza,
verte lágrimas;
fortalece-me segundo a tua palavra.
²⁹ Afasta de mim o caminho da falsidade
e favorece-me com a tua lei.
³⁰ Escolhi o caminho da fidelidade
e decidi-me pelos teus juízos.
³¹ Aos teus testemunhos me apego;
não permitas, SENHOR,
seja eu envergonhado.
³² Percorrerei o caminho
dos teus mandamentos,
quando me alegrares o coração.
³³ Ensina-me, SENHOR, o caminho
dos teus decretos,
e os seguirei até ao fim.
³⁴ Dá-me entendimento,
e guardarei a tua lei;
de todo o coração a cumprirei.
³⁵ Guia-me pela vereda

118.25 Mt 21.9; Mc 11.9; Jo 12.13.   **118.26** Mt 21.9; 23.39; Mc 11.10; Lc 13.35; 19.38; Jo 12.13.

dos teus mandamentos,
pois nela me comprazo.
³⁶ Inclina-me o coração
aos teus testemunhos
e não à cobiça.
³⁷ Desvia os meus olhos,
para que não vejam a vaidade,
e vivifica-me no teu caminho.
³⁸ Confirma ao teu servo a tua promessa
feita aos que te temem.
³⁹ Afasta de mim o opróbrio, que temo,
porque os teus juízos são bons.
⁴⁰ Eis que tenho suspirado
pelos teus preceitos;
vivifica-me por tua justiça.
⁴¹ Venham também sobre mim
as tuas misericórdias, Senhor,
e a tua salvação, segundo a tua
promessa.
⁴² E saberei responder aos que me insultam,
pois confio na tua palavra.
⁴³ Não tires jamais de minha boca
a palavra da verdade,
pois tenho esperado nos teus juízos.
⁴⁴ Assim, observarei de contínuo a tua lei,
para todo o sempre.
⁴⁵ E andarei com largueza,
pois me empenho pelos teus preceitos.
⁴⁶ Também falarei dos teus testemunhos
na presença dos reis
e não me envergonharei.
⁴⁷ Terei prazer nos teus mandamentos,
os quais eu amo.
⁴⁸ Para os teus mandamentos, que amo,
levantarei as mãos
e meditarei nos teus decretos.
⁴⁹ Lembra-te da promessa
que fizeste ao teu servo,
na qual me tens feito esperar.
⁵⁰ O que me consola na minha angústia
é isto:
que a tua palavra me vivifica.
⁵¹ Os soberbos zombam continuamente
de mim;
todavia, não me afasto da tua lei.
⁵² Lembro-me dos teus juízos de outrora
e me conforto, ó Senhor.
⁵³ De mim se apoderou a indignação,
por causa dos pecadores
que abandonaram a tua lei.
⁵⁴ Os teus decretos
são motivo dos meus cânticos,
na casa da minha peregrinação.
⁵⁵ Lembro-me, Senhor, do teu nome,
durante a noite,
e observo a tua lei.
⁵⁶ Tem-se dado assim comigo,
porque guardo os teus preceitos.

⁵⁷ O Senhor é a minha porção;
eu disse que guardaria as tuas palavras.
⁵⁸ Imploro de todo o coração a tua graça;
compadece-te de mim,
segundo a tua palavra.
⁵⁹ Considero os meus caminhos
e volto os meus passos
para os teus testemunhos.
⁶⁰ Apresso-me, não me detenho,
em guardar os teus mandamentos.
⁶¹ Laços de perversos me enleiam;
contudo, não me esqueço da tua lei.
⁶² Levanto-me à meia-noite
para te dar graças,
por causa dos teus retos juízos.
⁶³ Companheiro sou
de todos os que te temem
e dos que guardam os teus preceitos.
⁶⁴ A terra, Senhor,
está cheia da tua bondade;
ensina-me os teus decretos.
⁶⁵ Tens feito bem ao teu servo,
Senhor, segundo a tua palavra.
⁶⁶ Ensina-me bom juízo e conhecimento,
pois creio nos teus mandamentos.
⁶⁷ Antes de ser afligido, andava errado,
mas agora guardo a tua palavra.
⁶⁸ Tu és bom e fazes o bem;
ensina-me os teus decretos.
⁶⁹ Os soberbos têm forjado mentiras
contra mim;
não obstante, eu guardo
de todo o coração os teus preceitos.
⁷⁰ Tornou-se-lhes o coração insensível,
como se fosse de sebo;
mas eu me comprazo na tua lei.
⁷¹ Foi-me bom ter eu passado pela aflição,
para que aprendesse os teus decretos.
⁷² Para mim vale mais a lei
que procede de tua boca
do que milhares de ouro ou de prata.
⁷³ As tuas mãos me fizeram
e me afeiçoaram;
ensina-me para que aprenda
os teus mandamentos.
⁷⁴ Alegraram-se os que te temem
quando me viram,
porque na tua palavra tenho esperado.
⁷⁵ Bem sei, ó Senhor, que os teus juízos
são justos
e que com fidelidade me afligiste.
⁷⁶ Venha, pois, a tua bondade consolar-me,
segundo a palavra que deste ao teu servo.
⁷⁷ Baixem sobre mim as tuas misericórdias,
para que eu viva;
pois na tua lei está o meu prazer.
⁷⁸ Envergonhados sejam os soberbos
por me haverem oprimido

injustamente;
eu, porém, meditarei nos teus preceitos.
⁷⁹ Voltem-se para mim os que te temem
e os que conhecem os teus testemunhos.
⁸⁰ Seja o meu coração irrepreensível
nos teus decretos,
para que eu não seja envergonhado.
⁸¹ Desfalece-me a alma,
aguardando a tua salvação;
porém espero na tua palavra.
⁸² Esmorecem os meus olhos
de tanto esperar por tua promessa,
enquanto digo:
quando me haverás de consolar?
⁸³ Já me assemelho a um odre na fumaça;
contudo, não me esqueço
dos teus decretos.
⁸⁴ Quantos vêm a ser os dias do teu servo?
Quando me farás justiça
contra os que me perseguem?
⁸⁵ Para mim abriram covas os soberbos,
que não andam consoante a tua lei.
⁸⁶ São verdadeiros
todos os teus mandamentos;
eles me perseguem injustamente;
ajuda-me.
⁸⁷ Quase deram cabo de mim, na terra;
mas eu não deixo os teus preceitos.
⁸⁸ Vivifica-me, segundo a tua misericórdia,
e guardarei os testemunhos
oriundos de tua boca.
⁸⁹ Para sempre, ó SENHOR,
está firmada a tua palavra no céu.
⁹⁰ A tua fidelidade estende-se
de geração em geração;
fundaste a terra, e ela permanece.
⁹¹ Conforme os teus juízos,
assim tudo se mantém até hoje;
porque ao teu dispor
estão todas as cousas.
⁹² Não fosse a tua lei ter sido o meu prazer,
há muito já teria eu perecido
na minha angústia.
⁹³ Nunca me esquecerei dos teus preceitos,
visto que por eles me tens dado vida.
⁹⁴ Sou teu; salva-me,
pois eu busco os teus preceitos.
⁹⁵ Os ímpios me espreitam para perder-me;
mas eu atento para os teus testemunhos.
⁹⁶ Tenho visto que toda perfeição
tem seu limite;
mas o teu mandamento é ilimitado.
⁹⁷ Quanto amo a tua lei!
É a minha meditação, todo o dia!
⁹⁸ Os teus mandamentos me fazem
mais sábio que os meus inimigos;
porque, aqueles,
eu os tenho sempre comigo.

⁹⁹ Compreendo mais
do que todos os meus mestres,
porque medito nos teus testemunhos.
¹⁰⁰ Sou mais prudente que os idosos,
porque guardo os teus preceitos.
¹⁰¹ De todo mau caminho desvio os pés,
para observar a tua palavra.
¹⁰² Não me aparto dos teus juízos,
pois tu me ensinas.
¹⁰³ Quão doces são as tuas palavras
ao meu paladar!
Mais que o mel à minha boca.
¹⁰⁴ Por meio dos teus preceitos,
consigo entendimento;
por isso, detesto todo caminho
de falsidade.
¹⁰⁵ Lâmpada para os meus pés
é a tua palavra
e luz, para os meus caminhos.
¹⁰⁶ Jurei e confirmei o juramento
de guardar os teus retos juízos.
¹⁰⁷ Estou aflitíssimo;
vivifica-me, SENHOR,
segundo a tua palavra.
¹⁰⁸ Aceita, SENHOR, a espontânea
oferenda dos meus lábios
e ensina-me os teus juízos.
¹⁰⁹ Estou de contínuo em perigo de vida;
todavia, não me esqueço da tua lei.
¹¹⁰ Armam ciladas contra mim os ímpios;
contudo, não me desvio
dos teus preceitos.
¹¹¹ Os teus testemunhos,
recebi-os por legado perpétuo,
porque me constituem
o prazer do coração.
¹¹² Induzo o coração a guardar
os teus decretos,
para sempre, até ao fim.
¹¹³ Aborreço a duplicidade,
porém amo a tua lei.
¹¹⁴ Tu és o meu refúgio e o meu escudo;
na tua palavra, eu espero.
¹¹⁵ Apartai-vos de mim, malfeitores;
quero guardar os mandamentos
do meu Deus.
¹¹⁶ Ampara-me, segundo a tua promessa,
para que eu viva;
não permitas que a minha esperança
me envergonhe.
¹¹⁷ Sustenta-me, e serei salvo
e sempre atentarei para os teus decretos.
¹¹⁸ Desprezas os que se desviam
dos teus decretos,
porque falsidade é a astúcia deles.
¹¹⁹ Rejeitas, como escória,
todos os ímpios da terra;
por isso, amo os teus testemunhos.

120 Arrepia-se-me a carne com temor de ti,
e temo os teus juízos.
121 Tenho praticado juízo e justiça;
não me entregues aos meus opressores.
122 Sê fiador do teu servo para o bem;
não permitas que os soberbos
me oprimam.
123 Desfalecem-me os olhos
à espera da tua salvação
e da promessa da tua justiça.
124 Trata o teu servo
segundo a tua misericórdia
e ensina-me os teus decretos.
125 Sou teu servo; dá-me entendimento,
para que eu conheça
os teus testemunhos.
126 Já é tempo, SENHOR, para intervires,
pois a tua lei está sendo violada.
127 Amo os teus mandamentos
mais do que o ouro,
mais do que o ouro refinado.
128 Por isso, tenho por, em tudo, retos
os teus preceitos todos
e aborreço todo caminho de falsidade.
129 Admiráveis são os teus testemunhos;
por isso, a minha alma os observa.
130 A revelação das tuas palavras esclarece
e dá entendimento aos simples.
131 Abro a boca e aspiro,
porque anelo os teus mandamentos.
132 Volta-te para mim
e tem piedade de mim,
segundo costumas fazer aos que amam
o teu nome.
133 Firma os meus passos na tua palavra,
e não me domine iniqüidade alguma.
134 Livra-me da opressão do homem,
e guardarei os teus preceitos.
135 Faze resplandecer o teu rosto
sobre o teu servo
e ensina-me os teus decretos.
136 Torrentes de água
nascem dos meus olhos,
porque os homens
não guardam a tua lei.
137 Justo és, SENHOR,
e retos, os teus juízos.
138 Os teus testemunhos,
tu os impuseste com retidão
e com suma fidelidade.
139 O meu zelo me consome,
porque os meus adversários
se esquecem da tua palavra.
140 Puríssima é a tua palavra;
por isso, o teu servo a estima.
141 Pequeno sou e desprezado;
contudo, não me esqueço
dos teus preceitos.

142 A tua justiça é justiça eterna,
e a tua lei é a própria verdade.
143 Sobre mim vieram tribulação e angústia;
todavia, os teus mandamentos
são o meu prazer.
144 Eterna é a justiça dos teus testemunhos;
dá-me a inteligência deles, e viverei.
145 De todo o coração eu te invoco;
ouve-me, SENHOR;
observo os teus decretos.
146 Clamo a ti; salva-me,
e guardarei os teus testemunhos.
147 Antecipo-me ao alvorecer do dia
e clamo;
na tua palavra, espero confiante.
148 Os meus olhos antecipam-se
às vigílias noturnas,
para que eu medite nas tuas palavras.
149 Ouve, SENHOR, a minha voz,
segundo a tua bondade;
vivifica-me, segundo os teus juízos.
150 Aproximam-se de mim
os que andam após a maldade;
eles se afastam da tua lei.
151 Tu estás perto, SENHOR,
e todos os teus mandamentos
são verdade.
152 Quanto às tuas prescrições,
há muito sei que as estabeleceste
para sempre.
153 Atenta para a minha aflição e livra-me,
pois não me esqueço da tua lei.
154 Defende a minha causa e liberta-me;
vivifica-me, segundo a tua promessa.
155 A salvação está longe dos ímpios,
pois não procuram os teus decretos.
156 Muitas, SENHOR,
são as tuas misericórdias;
vivifica-me, segundo os teus juízos.
157 São muitos os meus perseguidores
e os meus adversários;
não me desvio, porém,
dos teus testemunhos.
158 Vi os infiéis e senti desgosto,
porque não guardam a tua palavra.
159 Considera em como amo
os teus preceitos;
vivifica-me, ó SENHOR,
segundo a tua bondade.
160 As tuas palavras são em tudo verdade
desde o princípio,
e cada um dos teus justos juízos
dura para sempre.
161 Príncipes me perseguem sem causa,
porém o que o meu coração teme
é a tua palavra.
162 Alegro-me nas tuas promessas,
como quem acha grandes despojos.

163 Abomino e detesto a mentira;
   porém amo a tua lei.
164 Sete vezes no dia, eu te louvo
   pela justiça dos teus juízos.
165 Grande paz têm os que amam a tua lei;
   para eles não há tropeço.
166 Espero, SENHOR, na tua salvação
   e cumpro os teus mandamentos.
167 A minha alma tem observado
   os teus testemunhos;
   eu os amo ardentemente.
168 Tenho observado os teus preceitos
   e os teus testemunhos,
   pois na tua presença
   estão todos os meus caminhos.
169 Chegue a ti, SENHOR, a minha súplica;
   dá-me entendimento,
   segundo a tua palavra.
170 Chegue a minha petição à tua presença;
   livra-me segundo a tua palavra.
171 Profiram louvor os meus lábios,
   pois me ensinas os teus decretos.
172 A minha língua celebre a tua lei,
   pois todos os teus mandamentos
   são justiça.
173 Venha a tua mão socorrer-me,
   pois escolhi os teus preceitos.
174 Suspiro, SENHOR, por tua salvação;
   a tua lei é todo o meu prazer.
175 Viva a minha alma para louvar-te;
   ajudem-me os teus juízos.
176 Ando errante como ovelha desgarrada;
   procura o teu servo,
   pois não me esqueço
   dos teus mandamentos.

Contra as más línguas
Cântico de romagem

120 Na minha angústia,
   clamo ao SENHOR,
e ele me ouve.
2 SENHOR, livra-me dos lábios mentirosos,
   da língua enganadora.
3 Que te será dado
   ou que te será acrescentado,
   ó língua enganadora?
4 Setas agudas do valente
   e brasas vivas de zimbro.
5 Ai de mim, que peregrino em Meseque
   e habito nas tendas de Quedar.
6 Já há tempo demais que habito
   com os que odeiam a paz.
7 Sou pela paz; quando, porém, eu falo,
   eles teimam pela guerra.

Deus, o fiel guarda dos homens
Cântico de romagem

121 Elevo os olhos para os montes:
   de onde me virá o socorro?

2 O meu socorro vem do SENHOR,
   que fez o céu e a terra.
3 Ele não permitirá
   que os teus pés vacilem;
   não dormitará aquele que te guarda.
4 É certo que não dormita, nem dorme
   o guarda de Israel.
5 O SENHOR é quem te guarda;
   o SENHOR é a tua sombra à tua direita.
6 De dia não te molestará o sol,
   nem de noite, a lua.
7 O SENHOR te guardará de todo mal;
   guardará a tua alma.
8 O SENHOR guardará a tua saída
   e a tua entrada,
   desde agora e para sempre.

Oração pela paz de Jerusalém
Cântico de romagem. De Davi

122 Alegrei-me quando me disseram:
   Vamos à Casa do SENHOR.
2 Pararam os nossos pés
   junto às tuas portas, ó Jerusalém!
3 Jerusalém, que estás construída
   como cidade compacta,
4 para onde sobem as tribos,
   as tribos do SENHOR,
   como convém a Israel,
   para renderem graças
   ao nome do SENHOR.
5 Lá estão os tronos de justiça,
   os tronos da casa de Davi.
6 Orai pela paz de Jerusalém!
   Sejam prósperos os que te amam.
7 Reine paz dentro de teus muros
   e prosperidade nos teus palácios.
8 Por amor dos meus irmãos e amigos,
   eu peço: haja paz em ti!
9 Por amor da Casa do SENHOR,
   nosso Deus,
   buscarei o teu bem.

Solicitude por auxílio divino
Cântico de romagem

123 A ti, que habitas nos céus,
   elevo os meus olhos!
2 Como os olhos dos servos estão fitos
   nas mãos dos seus senhores,
   e os olhos da serva,
   na mão de sua senhora,
   assim os nossos olhos estão fitos
   no SENHOR, nosso Deus,
   até que se compadeça de nós.
3 Tem misericórdia de nós, SENHOR,
   tem misericórdia;
   pois estamos sobremodo fartos
   de desprezo.

4 A nossa alma está saturada
do escárnio dos que estão à sua vontade
e do desprezo dos soberbos.

Deus, nosso protetor e libertador
Cântico de romagem. De Davi

124 Não fosse o SENHOR,
que esteve ao nosso lado,
Israel que o diga;
2 não fosse o SENHOR,
que esteve ao nosso lado,
quando os homens se levantaram
contra nós,
3 e nos teriam engolido vivos,
quando a sua ira se acendeu contra nós;
4 as águas nos teriam submergido,
e sobre a nossa alma
teria passado a torrente;
5 águas impetuosas teriam passado
sobre a nossa alma.
6 Bendito o SENHOR, que não nos deu
por presa aos dentes deles.
7 Salvou-se a nossa alma,
como um pássaro
do laço dos passarinheiros;
quebrou-se o laço,
e nós nos vimos livres.
8 O nosso socorro está
em o nome do SENHOR,
criador do céu e da terra.

Fé inabalável
Cântico de romagem

125 Os que confiam no SENHOR
são como o monte Sião,
que não se abala, firme para sempre.
2 Como em redor de Jerusalém
estão os montes,
assim o SENHOR,
em derredor do seu povo,
desde agora e para sempre.
3 O cetro dos ímpios não permanecerá
sobre a sorte dos justos,
para que o justo não estenda
a mão à iniqüidade.
4 Faze o bem, SENHOR,
aos bons e aos retos de coração.
5 Quanto aos que se desviam
para sendas tortuosas,
levá-los-á o SENHOR
juntamente com os malfeitores.
Paz sobre Israel!

Consolo para os que choram
Cântico de romagem

126 Quando o SENHOR restaurou
a sorte de Sião,
ficamos como quem sonha.

2 Então, a nossa boca se encheu de riso,
e a nossa língua, de júbilo;
então, entre as nações se dizia:
Grandes cousas o SENHOR tem feito
por eles.
3 Com efeito, grandes cousas fez o SENHOR
por nós;
por isso, estamos alegres.
4 Restaura, SENHOR, a nossa sorte,
como as torrentes no Neguebe.
5 Os que com lágrimas semeiam
com júbilo ceifarão.
6 Quem sai andando e chorando,
enquanto semeia,
voltará com júbilo,
trazendo os seus feixes.

Todo bem procede de Deus
Cântico de romagem. De Salomão

127 Se o SENHOR não edificar
a casa,
em vão trabalham os que a edificam;
se o SENHOR não guardar a cidade,
em vão vigia a sentinela.
2 Inútil vos será levantar de madrugada,
repousar tarde,
comer o pão
que penosamente granjeastes;
aos seus amados ele o dá
enquanto dormem.
3 Herança do SENHOR são os filhos;
o fruto do ventre, seu galardão.
4 Como flechas na mão do guerreiro,
assim os filhos da mocidade.
5 Feliz o homem que enche deles
a sua aljava;
não será envergonhado,
quando pleitear com os inimigos à porta.

Temor de Deus e felicidade no lar
Cântico de romagem

128 Bem-aventurado
aquele que teme ao SENHOR
e anda nos seus caminhos!
2 Do trabalho de tuas mãos comerás,
feliz serás, e tudo te irá bem.
3 Tua esposa, no interior de tua casa,
será como a videira frutífera;
teus filhos, como rebentos da oliveira,
à roda da tua mesa.
4 Eis como será abençoado o homem
que teme ao SENHOR!
5 O SENHOR te abençoe desde Sião,
para que vejas
a prosperidade de Jerusalém
durante os dias de tua vida,
6 vejas os filhos de teus filhos.
Paz sobre Israel!

Recordação de libertações
Cântico de romagem

129 Muitas vezes me angustiaram
desde a minha mocidade,
Israel que o diga;
2 desde a minha mocidade,
me angustiaram,
todavia, não prevaleceram contra mim.
3 Sobre o meu dorso lavraram os aradores;
nele abriram longos sulcos.
4 Mas o SENHOR é justo;
cortou as cordas dos ímpios.
5 Sejam envergonhados e repelidos
todos os que aborrecem a Sião!
6 Sejam como a erva dos telhados,
que seca antes de florescer,
7 com a qual não enche a mão o ceifeiro,
nem os braços, o que ata os feixes!
8 E também os que passam não dizem:
A bênção do SENHOR seja convosco!
Nós vos abençoamos
em nome do SENHOR!

Das profundezas
Cântico de romagem

130 Das profundezas clamo a ti,
SENHOR.
2 Escuta, Senhor, a minha voz;
estejam alertas os teus ouvidos
às minhas súplicas.
3 Se observares, SENHOR, iniqüidades,
quem, Senhor, subsistirá?
4 Contigo, porém, está o perdão,
para que te temam.
5 Aguardo o SENHOR,
a minha alma o aguarda;
eu espero na sua palavra.
6 A minha alma anscia pelo Senhor
mais do que os guardas
pelo romper da manhã.
Mais do que os guardas
pelo romper da manhã,
7 espere Israel no SENHOR,
pois no SENHOR há misericórdia;
nele, copiosa redenção.
8 É ele quem redime a Israel
de todas as suas iniqüidades.

Calma em Deus
Cântico de romagem. De Davi

131 SENHOR, não é soberbo
o meu coração,
nem altivo o meu olhar;
não ando à procura de grandes cousas,

nem de cousas maravilhosas demais
para mim.
2 Pelo contrário, fiz calar e sossegar
a minha alma;
como a criança desmamada se aquieta
nos braços de sua mãe,
como essa criança é a minha alma
para comigo.
3 Espera, ó Israel, no SENHOR,
desde agora e para sempre.

Uma promessa antiga
Cântico de romagem

132 Lembra-te, SENHOR,
a favor de Davi,
de todas as suas provações;
2 de como jurou ao SENHOR
e fez votos ao Poderoso de Jacó:
3 Não entrarei na tenda em que moro,
nem subirei ao leito em que repouso,
4 não darei sono aos meus olhos,
nem repouso às minhas pálpebras,
5 até que eu encontre lugar
para o SENHOR,
morada para o Poderoso de Jacó.
6 Ouvimos dizer que a arca se achava
em Efrata
e a encontramos no campo de Jaar.
7 Entremos na sua morada,
adoremos ante o estrado de seus pés.
8 Levanta-te, SENHOR,
entra no lugar do teu repouso,
tu e a arca de tua fortaleza.
9 Vistam-se de justiça os teus sacerdotes,
e exultem os teus fiéis.
10 Por amor de Davi, teu servo,
não desprezes o rosto do teu ungido.
11 O SENHOR jurou a Davi
com firme juramento
e dele não se apartará:
Um rebento da tua carne
farei subir para o teu trono.
12 Se os teus filhos guardarem
a minha aliança
e o testemunho que eu lhes ensinar,
também os seus filhos se assentarão
para sempre no teu trono.
13 Pois o SENHOR escolheu a Sião,
preferiu-a por sua morada:
14 Este é para sempre
o lugar do meu repouso;
aqui habitarei, pois o preferi.
15 Abençoarei com abundância
o seu mantimento
e de pão fartarei os seus pobres.

130.8 Tt 2.14.   **132.8-10** 2Cr 6.41,42.   **132.11** 2Sm 7.12-16; 1Cr 17.11-14; Sl 89.3,4; At 2.30.

16 Vestirei de salvação os seus sacerdotes,
   e de júbilo exultarão os seus fiéis.
17 Ali farei brotar a força de Davi;
   preparei uma lâmpada
   para o meu ungido.
18 Cobrirei de vexame os seus inimigos;
   mas sobre ele florescerá a sua coroa.

A excelência da união fraternal
Cântico de romagem. De Davi

133 Oh! Como é bom e agradável
        viverem unidos os irmãos!
2 É como o óleo precioso sobre a cabeça,
  o qual desce para a barba,
  a barba de Arão,
  e desce para a gola de suas vestes.
3 É como o orvalho do Hermom,
  que desce sobre os montes de Sião.
  Ali ordena o SENHOR a sua bênção
  e a vida para sempre.

Convocando ao culto vespertino
Cântico de romagem

134 Bendizei ao SENHOR, vós to-
        dos, servos do SENHOR,
  que assistis na Casa do SENHOR,
  nas horas da noite;
2 erguei as mãos para o santuário
  e bendizei ao SENHOR.
3 De Sião te abençoe o SENHOR,
  criador do céu e da terra!

Louvores a Deus

135 Aleluia!
        Louvai o nome do SENHOR;
  louvai-o, servos do SENHOR,
2 vós que assistis na Casa do SENHOR,
  nos átrios da casa do nosso Deus.
3 Louvai ao SENHOR,
    porque o SENHOR é bom;
  cantai louvores ao seu nome,
    porque é agradável.
4 Pois o SENHOR escolheu para si a Jacó
  e a Israel para sua possessão.
5 Com efeito, eu sei que o SENHOR
    é grande
  e que o nosso Deus
    está acima de todos os deuses.
6 Tudo quanto aprouve ao SENHOR,
    ele o fez,
  nos céus e na terra,
  no mar e em todos os abismos.
7 Faz subir as nuvens dos confins da terra,
  faz os relâmpagos para a chuva,
  faz sair o vento dos seus reservatórios.

8 Foi ele quem feriu os primogênitos
    no Egito,
  tanto dos homens como das alimárias;
9 quem, no meio de ti, ó Egito,
    operou sinais e prodígios
  contra Faraó e todos os seus servos;
10 quem feriu muitas nações
  e tirou a vida a poderosos reis:
11 a Seom, rei dos amorreus,
  e a Ogue, rei de Basã,
  e a todos os reinos de Canaã;
12 cujas terras deu em herança,
  em herança a Israel, seu povo.
13 O teu nome, SENHOR,
    subsiste para sempre;
  a tua memória, SENHOR,
    passará de geração em geração.
14 Pois o SENHOR julga ao seu povo
  e se compadece dos seus servos.
15 Os ídolos das nações são prata e ouro,
  obra das mãos dos homens.
16 Têm boca e não falam;
  têm olhos e não vêem;
17 têm ouvidos e não ouvem;
  pois não há alento de vida em sua boca.
18 Como eles se tornam os que os fazem,
  e todos os que neles confiam.
19 Casa de Israel,
    bendizei ao SENHOR;
  casa de Arão, bendizei ao SENHOR;
20 casa de Levi, bendizei ao SENHOR;
  vós que temeis ao SENHOR,
    bendizei ao SENHOR.
21 Desde Sião bendito seja o SENHOR,
  que habita em Jerusalém!
  Aleluia!

A misericórdia de Deus

136 Rendei graças ao SENHOR,
        porque ele é bom,
  porque a sua misericórdia
    dura para sempre.
2 Rendei graças ao Deus dos deuses,
  porque a sua misericórdia
    dura para sempre.
3 Rendei graças ao Senhor dos senhores,
  porque a sua misericórdia
    dura para sempre;
4 ao único que opera grandes maravilhas,
  porque a sua misericórdia
    dura para sempre;
5 àquele que com entendimento
    fez os céus,
  porque a sua misericórdia
    dura para sempre;

132.17 1Rs 11.36.   135.15-18 Sl 115.4-8; Ap 9.20.   136.5 Gn 1.1.

⁶ àquele que estendeu a terra
   sobre as águas,
porque a sua misericórdia
   dura para sempre;
⁷ àquele que fez os grandes luminares,
porque a sua misericórdia
   dura para sempre;
⁸ o sol para presidir o dia,
porque a sua misericórdia
   dura para sempre;
⁹ a lua e as estrelas para presidirem a noite,
porque a sua misericórdia
   dura para sempre;
¹⁰ àquele que feriu o Egito
   nos seus primogênitos,
porque a sua misericórdia
   dura para sempre;
¹¹ e tirou a Israel do meio deles,
porque a sua misericórdia
   dura para sempre;
¹² com mão poderosa e braço estendido,
porque a sua misericórdia
   dura para sempre;
¹³ àquele que separou em duas partes
   o mar Vermelho,
porque a sua misericórdia
   dura para sempre;
¹⁴ e por entre elas fez passar a Israel,
porque a sua misericórdia
   dura para sempre;
¹⁵ mas precipitou no mar Vermelho
   a Faraó e ao seu exército,
porque a sua misericórdia
   dura para sempre;
¹⁶ àquele que conduziu o seu povo
   pelo deserto,
porque a sua misericórdia
   dura para sempre;
¹⁷ àquele que feriu grandes reis,
porque a sua misericórdia
   dura para sempre;
¹⁸ e tirou a vida a famosos reis,
porque a sua misericórdia
   dura para sempre;
¹⁹ a Seom, rei dos amorreus,
porque a sua misericórdia
   dura para sempre;
²⁰ e a Ogue, rei de Basã,
porque a sua misericórdia
   dura para sempre;
²¹ cujas terras deu em herança,
porque a sua misericórdia
   dura para sempre;
²² em herança a Israel, seu servo,

porque a sua misericórdia
   dura para sempre;
²³ a quem se lembrou de nós
   em nosso abatimento,
porque a sua misericórdia
   dura para sempre;
²⁴ e nos libertou dos nossos adversários,
porque a sua misericórdia
   dura para sempre;
²⁵ e dá alimento a toda carne,
porque a sua misericórdia
   dura para sempre.
²⁶ Oh! Tributai louvores ao Deus dos céus,
porque a sua misericórdia
   dura para sempre.

Saudades da pátria

137 Às margens dos rios
   da Babilônia,
nós nos assentávamos e chorávamos,
lembrando-nos de Sião.
² Nos salgueiros que lá havia,
pendurávamos as nossas harpas,
³ pois aqueles que nos levaram cativos
   nos pediam canções,
e os nossos opressores,
   que fôssemos alegres, dizendo:
Entoai-nos algum dos cânticos de Sião.
⁴ Como, porém, haveríamos de entoar
   o canto do Senhor
em terra estranha?
⁵ Se eu de ti me esquecer, ó Jerusalém,
que se resseque a minha mão direita.
⁶ Apegue-se-me a língua ao paladar,
se me não lembrar de ti,
se não preferir eu Jerusalém
à minha maior alegria.
⁷ Contra os filhos de Edom,
   lembra-te, Senhor,
do dia de Jerusalém,
pois diziam: Arrasai, arrasai-a,
até aos fundamentos.
⁸ Filha da Babilônia,
   que hás de ser destruída;
feliz aquele que te der o pago
do mal que nos fizeste.
⁹ Feliz aquele que pegar teus filhos
e esmagá-los contra a pedra.

Graças a Deus por sua fidelidade
Salmo de Davi

138 Render-te-ei graças, Senhor,
   de todo o meu coração;
na presença dos poderosos
   te cantarei louvores.

136.6 Gn 1.2.   136.7-9 Gn 1.16.   136.10 Êx 12.29.   136.11 Êx 12.51.   136.13-15 Êx 14.21-29.
136.19 Nm 21.21-30.   136.20 Nm 21.31-35.   137.8 Ap 18.6.

2 Prostrar-me-ei para o teu santo templo
e louvarei o teu nome,
por causa da tua misericórdia
e da tua verdade,
pois magnificaste acima de tudo
o teu nome e a tua palavra.

3 No dia em que eu clamei, tu me acudiste
e alentaste a força de minha alma.

4 Render-te-ão graças, ó SENHOR,
todos os reis da terra,
quando ouvirem as palavras da tua boca,

5 e cantarão os caminhos do SENHOR,
pois grande é a glória do SENHOR.

6 O SENHOR é excelso,
contudo, atenta para os humildes;
os soberbos, ele os conhece de longe.

7 Se ando em meio à tribulação,
tu me refazes a vida;
estendes a mão
contra a ira dos meus inimigos;
a tua destra me salva.

8 O que a mim me concerne
o SENHOR levará a bom termo;
a tua misericórdia, ó SENHOR,
dura para sempre;
não desampares as obras das tuas mãos.

Deus onisciente e onipotente
Ao mestre de canto. Salmo de Davi

139
SENHOR, tu me sondas
e me conheces.

2 Sabes quando me assento
e quando me levanto;
de longe penetras os meus pensamentos.

3 Esquadrinhas o meu andar
e o meu deitar
e conheces todos os meus caminhos.

4 Ainda a palavra me não chegou à língua,
e tu, SENHOR, já a conheces toda.

5 Tu me cercas por trás e por diante
e sobre mim pões a mão.

6 Tal conhecimento é maravilhoso demais
para mim:
é sobremodo elevado,
não o posso atingir.

7 Para onde me ausentarei do teu Espírito?
Para onde fugirei da tua face?

8 Se subo aos céus, lá estás;
se faço a minha cama
no mais profundo abismo,
lá estás também;

9 se tomo as asas da alvorada
e me detenho nos confins dos mares,

10 ainda lá me haverá de guiar a tua mão,
e a tua destra me susterá.

11 Se eu digo: as trevas, com efeito,
me encobrirão,
e a luz ao redor de mim se fará noite,

12 até as próprias trevas
não te serão escuras:
as trevas e a luz são a mesma cousa.

13 Pois tu formaste o meu interior,
tu me teceste no seio de minha mãe.

14 Graças te dou, visto que por modo
assombrosamente maravilhoso
me formaste;
as tuas obras são admiráveis,
e a minha alma o sabe muito bem;

15 os meus ossos não te foram encobertos,
quando no oculto fui formado
e entretecido como nas profundezas
da terra.

16 Os teus olhos me viram
a substância ainda informe,
e no teu livro foram escritos
todos os meus dias,
cada um deles escrito e determinado,
quando nem um deles havia ainda.

17 Que preciosos para mim, ó Deus,
são os teus pensamentos!
E como é grande a soma deles!

18 Se os contasse, excedem os grãos de areia;
contaria, contaria,
sem jamais chegar ao fim.

19 Tomara, ó Deus, desses cabo
do perverso;
apartai-vos, pois, de mim,
homens de sangue.

20 Eles se rebelam insidiosamente contra ti
e como teus inimigos falam malícia.

21 Não aborreço eu, SENHOR,
os que te aborrecem?
E não abomino
os que contra ti se levantam?

22 Aborreço-os com ódio consumado;
para mim são inimigos de fato.

23 Sonda-me, ó Deus,
e conhece o meu coração,
prova-me
e conhece os meus pensamentos;

24 vê se há em mim algum caminho mau
e guia-me pelo caminho eterno.

Contra inimigos e perfídias
Ao mestre de canto. Salmo de Davi

140
Livra-me, SENHOR,
do homem perverso,
guarda-me do homem violento,

2 cujo coração maquina iniqüidades
e vive forjando contendas.

3 Aguçam a língua como a serpente;
sob os lábios têm veneno de áspide.

140.3 Rm 3.13.

⁴ Guarda-me, SENHOR,
  da mão dos ímpios,
preserva-me do homem violento;
os quais se empenham
  por me desviar os passos.
⁵ Os soberbos ocultaram armadilhas
  e cordas contra mim,
estenderam-me uma rede
  à beira do caminho,
armaram ciladas contra mim.
⁶ Digo ao SENHOR: tu és o meu Deus;
acode, SENHOR,
  à voz das minhas súplicas.
⁷ Ó SENHOR, força da minha salvação,
tu me protegeste a cabeça
  no dia da batalha.
⁸ Não concedas, SENHOR, ao ímpio
  os seus desejos;
não permitas que vingue
  o seu mau propósito.
⁹ Se exaltam a cabeça os que me cercam,
cubra-os a maldade dos seus lábios.
¹⁰ Caiam sobre eles brasas vivas,
  sejam atirados ao fogo,
lançados em abismos
  para que não mais se levantem.
¹¹ O caluniador não se estabelecerá
  na terra;
ao homem violento, o mal o perseguirá
  com golpe sobre golpe.
¹² Sei que o SENHOR manterá
  a causa do oprimido
e o direito do necessitado.
¹³ Assim, os justos renderão graças
  ao teu nome;
os retos habitarão na tua presença.

Oração vespertina
por santificação e proteção
Salmo de Davi

141 SENHOR, a ti clamo,
  dá-te pressa em me acudir;
inclina os ouvidos à minha voz,
  quando te invoco.
² Suba à tua presença a minha oração,
  como incenso,
e seja o erguer de minhas mãos
  como oferenda vespertina.
³ Põe guarda, SENHOR, à minha boca;
vigia a porta dos meus lábios.
⁴ Não permitas que meu coração
  se incline para o mal,
para a prática da perversidade
na companhia de homens
  que são malfeitores;
e não coma eu das suas iguarias.
⁵ Fira-me o justo, será isso mercê;

repreenda-me, será como óleo
  sobre a minha cabeça,
a qual não há de rejeitá-lo.
Continuarei a orar enquanto os
  perversos praticam maldade.
⁶ Os seus juízes serão precipitados
  penha abaixo,
mas ouvirão as minhas palavras,
  que são agradáveis,
⁷ ainda que sejam espalhados
  os meus ossos à boca da sepultura,
quando se lavra e sulca a terra.
⁸ Pois em ti, SENHOR Deus, estão fitos
  os meus olhos:
em ti confio;
  não desampares a minha alma.
⁹ Guarda-me dos laços que me armaram
e das armadilhas
  dos que praticam iniqüidade.
¹⁰ Caiam os ímpios nas suas próprias redes,
enquanto eu, nesse meio tempo,
  me salvo incólume.

Oração no meio de grande perigo
*Salmo didático de Davi. Oração que
fez quando estava na caverna*

142 AO SENHOR ergo a minha voz
  e clamo,
com a minha voz suplico ao SENHOR.
² Derramo perante ele a minha queixa,
à sua presença exponho
  a minha tribulação.
³ Quando dentro de mim
  me esmorece o espírito,
conheces a minha vereda.
No caminho em que ando,
me ocultam armadilhas.
⁴ Olha à minha direita e vê,
pois não há quem me reconheça,
nenhum lugar de refúgio,
ninguém que por mim se interesse.
⁵ A ti clamo, SENHOR,
e digo: tu és o meu refúgio,
o meu quinhão na terra dos viventes.
⁶ Atende o meu clamor,
pois me vejo muito fraco.
Livra-me dos meus perseguidores,
porque são mais fortes do que eu.
⁷ Tira a minha alma do cárcere,
para que eu dê graças ao teu nome;
os justos me rodearão,
quando me fizeres esse bem.

Súplica por libertação
Salmo de Davi

143 Atende, SENHOR,
  a minha oração,

dá ouvidos às minhas súplicas.
Responde-me, segundo a tua fidelidade,
segundo a tua justiça.

2 Não entres em juízo com o teu servo,
porque à tua vista não há justo
nenhum vivente.

3 Pois o inimigo me tem perseguido
a alma;
tem arrojado por terra a minha vida;
tem-me feito habitar na escuridão,
como aqueles que morreram há muito.

4 Por isso, dentro de mim
esmorece o meu espírito,
e o coração se vê turbado.

5 Lembro-me dos dias de outrora,
penso em todos os teus feitos
e considero nas obras das tuas mãos.

6 A ti levanto as mãos;
a minha alma anseia por ti,
como terra sedenta.

7 Dá-te pressa, SENHOR, em responder-me;
o espírito me desfalece;
não me escondas a tua face,
para que eu não me torne
como os que baixam à cova.

8 Faze-me ouvir, pela manhã, da tua graça,
pois em ti confio;
mostra-me o caminho
por onde devo andar,
porque a ti elevo a minha alma.

9 Livra-me, SENHOR, dos meus inimigos;
pois em ti é que me refugio.

10 Ensina-me a fazer a tua vontade,
pois tu és o meu Deus;
guie-me o teu bom Espírito
por terreno plano.

11 Vivifica-me, SENHOR,
por amor do teu nome;
por amor da tua justiça,
tira da tribulação a minha alma.

12 E, por tua misericórdia,
dá cabo dos meus inimigos
e destrói todos os que me atribulam
a alma,
pois eu sou teu servo.

Ações de graças pela proteção de Deus
Salmo de Davi

144 Bendito seja o SENHOR,
rocha minha,
que me adestra as mãos para a batalha
e os dedos, para a guerra;

2 minha misericórdia e fortaleza minha,
meu alto refúgio e meu libertador,
meu escudo, aquele em quem confio
e quem me submete o meu povo.

3 SENHOR, que é o homem
para que dele tomes conhecimento?
E o filho do homem, para que o estimes?

4 O homem é como um sopro;
os seus dias, como a sombra que passa.

5 Abaixa, SENHOR, os teus céus e desce;
toca os montes, e fumegarão.

6 Despede relâmpagos
e dispersa os meus inimigos;
arremessa as tuas flechas e desbarata-os.

7 Estende a mão lá do alto;
livra-me e arrebata-me das muitas águas
e do poder de estranhos,

8 cuja boca profere mentiras,
e cuja direita é direita de falsidade.

9 A ti, ó Deus, entoarei novo cântico;
no saltério de dez cordas,
te cantarei louvores.

10 É ele quem dá aos reis a vitória;
quem livra da espada maligna a Davi,
seu servo.

11 Livra-me e salva-me
do poder de estranhos,
cuja boca profere mentiras,
e cuja direita é direita de falsidade.

12 Que nossos filhos
sejam, na sua mocidade,
como plantas viçosas,
e nossas filhas, como pedras angulares,
lavradas como colunas de palácio;

13 que transbordem os nossos celeiros,
atulhados de toda sorte de provisões;
que os nossos rebanhos
produzam a milhares
e a dezenas de milhares,
em nossos campos;

14 que as nossas vacas andem pejadas,
não lhes haja rotura, nem mau sucesso.
Não haja gritos de lamento
em nossas praças.

15 Bem-aventurado o povo
a quem assim sucede!
Sim, bem-aventurado é o povo
cujo Deus é o SENHOR!

A bondade, grandeza e providência de Deus
Louvores de Davi

145 Exaltar-te-ei, ó Deus meu e Rei;
bendirei o teu nome
para todo o sempre.

2 Todos os dias te bendirei
e louvarei o teu nome
para todo o sempre.

3 Grande é o SENHOR

143.2 Rm 3.20; Gl 2.16.   **144.3** Jó 7.17,18; Sl 8.4.

e mui digno de ser louvado;
a sua grandeza é insondável.

4 Uma geração louvará a outra geração
  as tuas obras
e anunciará os teus poderosos feitos.
5 Meditarei no glorioso esplendor
  da tua majestade
e nas tuas maravilhas.
6 Falar-se-á do poder
  dos teus feitos tremendos,
e contarei a tua grandeza.
7 Divulgarão a memória
  de tua muita bondade
e com júbilo celebrarão a tua justiça.
8 Benigno e misericordioso é o SENHOR,
tardio em irar-se e de grande clemência.
9 O SENHOR é bom para todos,
e as suas ternas misericórdias
  permeiam todas as suas obras.
10 Todas as tuas obras te renderão graças,
  SENHOR;
e os teus santos te bendirão.
11 Falarão da glória do teu reino
e confessarão o teu poder,
12 para que aos filhos dos homens
  se façam notórios
  os teus poderosos feitos
e a glória da majestade do teu reino.
13 O teu reino é o de todos os séculos,
e o teu domínio subsiste
  por todas as gerações.
O SENHOR é fiel
  em todas as suas palavras
e santo em todas as suas obras.
14 O SENHOR sustém os que vacilam
e apruma todos os prostrados.
15 Em ti esperam os olhos de todos,
e tu, a seu tempo, lhes dás o alimento.
16 Abres a mão
e satisfazes de benevolência
  a todo vivente.
17 Justo é o SENHOR
  em todos os seus caminhos,
benigno em todas as suas obras.
18 Perto está o SENHOR
  de todos os que o invocam,
de todos os que o invocam em verdade.
19 Ele acode à vontade dos que o temem;
atende-lhes o clamor e os salva.
20 O SENHOR guarda
  a todos os que o amam;
porém os ímpios serão exterminados.
21 Profira a minha boca
  louvores ao SENHOR,
e toda carne louve o seu santo nome,
  para todo o sempre.

A fraqueza do homem
e a fidelidade de Deus

146 Aleluia!
Louva, ó minha alma,
ao SENHOR.
2 Louvarei ao SENHOR
  durante a minha vida;
cantarei louvores ao meu Deus,
  enquanto eu viver.
3 Não confieis em príncipes,
nem nos filhos dos homens,
  em quem não há salvação.
4 Sai-lhes o espírito, e eles tornam ao pó;
nesse mesmo dia, perecem
  todos os seus desígnios.
5 Bem-aventurado aquele que tem
  o Deus de Jacó por seu auxílio,
cuja esperança está no SENHOR,
  seu Deus,
6 que fez os céus e a terra,
o mar e tudo o que neles há
e mantém para sempre a sua fidelidade.
7 Que faz justiça aos oprimidos
e dá pão aos que têm fome.
O SENHOR liberta os encarcerados.
8 O SENHOR abre os olhos aos cegos,
o SENHOR levanta os abatidos,
o SENHOR ama os justos.
9 O SENHOR guarda o peregrino,
ampara o órfão e a viúva,
porém transtorna o caminho dos ímpios.
10 O SENHOR reina para sempre;
o teu Deus, ó Sião, reina
  de geração em geração.
Aleluia!

Louvor ao Deus Todo-poderoso

147 Louvai ao SENHOR,
porque é bom e amável
cantar louvores ao nosso Deus;
fica-lhe bem o cântico de louvor.
2 O SENHOR edifica Jerusalém
e congrega os dispersos de Israel;
3 sara os de coração quebrantado
e lhes pensa as feridas.
4 Conta o número das estrelas,
chamando-as todas pelo seu nome.
5 Grande é o Senhor nosso
  e mui poderoso;
o seu entendimento não se pode medir.
6 O SENHOR ampara os humildes
e dá com os ímpios em terra.
7 Cantai ao SENHOR com ações de graças;
entoai louvores, ao som da harpa,
  ao nosso Deus,
8 que cobre de nuvens os céus,

prepara a chuva para a terra,
faz brotar nos montes a erva
9 e dá o alimento aos animais
e aos filhos dos corvos, quando clamam.
10 Não faz caso da força do cavalo,
nem se compraz
nos músculos do guerreiro.
11 Agrada-se o SENHOR dos que o temem
e dos que esperam na sua misericórdia.
12 Louva, Jerusalém, ao SENHOR;
louva, Sião, ao teu Deus.
13 Pois ele reforçou
as trancas das tuas portas
e abençoou os teus filhos, dentro de ti;
14 estabeleceu a paz nas tuas fronteiras
e te farta com o melhor do trigo.
15 Ele envia as suas ordens à terra,
e sua palavra corre velozmente;
16 dá a neve como lã
e espalha a geada como cinza.
17 Ele arroja o seu gelo em migalhas;
quem resiste ao seu frio?
18 Manda a sua palavra e o derrete;
faz soprar o vento, e as águas correm.
19 Mostra a sua palavra a Jacó,
as suas leis e os seus preceitos, a Israel.
20 Não fez assim a nenhuma outra nação;
todas ignoram os seus preceitos.
Aleluia!

Um coro de aleluias

148 Aleluia!
Louvai ao SENHOR
do alto dos céus,
louvai-o nas alturas.
2 Louvai-o, todos os seus anjos;
louvai-o, todas as suas legiões celestes.
3 Louvai-o, sol e lua;
louvai-o, todas as estrelas luzentes.
4 Louvai-o, céus dos céus
e as águas
que estão acima do firmamento.
5 Louvem o nome do SENHOR,
pois mandou ele, e foram criados.
6 E os estabeleceu para todo o sempre;
fixou-lhes uma ordem que não passará.
7 Louvai ao SENHOR da terra,
monstros marinhos e abismos todos;
8 fogo e saraiva, neve e vapor
e ventos procelosos
que lhe executam a palavra;
9 montes e todos os outeiros,
árvores frutíferas e todos os cedros;
10 feras e gados,
répteis e voláteis;

11 reis da terra e todos os povos,
príncipes e todos os juízes da terra;
12 rapazes e donzelas,
velhos e crianças.
13 Louvem o nome do SENHOR,
porque só o seu nome é excelso;
a sua majestade é acima da terra
e do céu.
14 Ele exalta o poder do seu povo,
o louvor de todos os seus santos,
dos filhos de Israel,
povo que lhe é chegado.
Aleluia!

Os fiéis louvam a Deus

149 Aleluia!
Cantai ao SENHOR
um novo cântico
e o seu louvor, na assembléia dos santos.
2 Regozije-se Israel no seu Criador,
exultem no seu Rei os filhos de Sião.
3 Louvem-lhe o nome com flauta;
cantem-lhe salmos com adufe e harpa.
4 Porque o SENHOR se agrada do seu povo
e de salvação adorna os humildes.
5 Exultem de glória os santos,
no seu leito cantem de júbilo.
6 Nos seus lábios estejam
os altos louvores de Deus,
nas suas mãos, espada de dois gumes,
7 para exercer vingança entre as nações
e castigo sobre os povos;
8 para meter os seus reis em cadeias
e os seus nobres, em grilhões de ferro;
9 para executar contra eles
a sentença escrita,
o que será honra
para todos os seus santos.
Aleluia!

Doxologia final

150 Aleluia!
Louvai a Deus no seu santuário;
louvai-o no firmamento,
obra do seu poder.
2 Louvai-o pelos seus poderosos feitos;
louvai-o consoante a sua muita grandeza.
3 Louvai-o ao som da trombeta;
louvai-o com saltério e com harpa.
4 Louvai-o com adufes e danças;
louvai-o com instrumentos de cordas
e com flautas.
5 Louvai-o com címbalos sonoros;
louvai-o com címbalos retumbantes.
6 Todo ser que respira louve ao SENHOR.
Aleluia!

PROVÉRBIOS
DE SALOMÃO

Uso dos provérbios

1 Provérbios de Salomão, filho de Davi,
o rei de Israel.
2 Para aprender a sabedoria e o ensino;
para entender as palavras
de inteligência;
3 para obter o ensino do bom proceder,
a justiça, o juízo e a eqüidade;
4 para dar aos simples prudência
e aos jovens, conhecimento
e bom siso.
5 Ouça o sábio e cresça em prudência;
e o instruído adquira habilidade
6 para entender provérbios e parábolas,
as palavras e enigmas dos sábios.
7 **O** temor do SENHOR
é o princípio do saber,
mas os loucos desprezam a sabedoria
e o ensino.

Contra as seduções dos pecadores

8 Filho meu, ouve o ensino de teu pai
e não deixes a instrução de tua mãe.
9 Porque serão diadema de graça
para a tua cabeça
e colares, para o teu pescoço.
10 Filho meu, se os pecadores
querem seduzir-te,
não o consintas.
11 Se disserem: Vem conosco,
embosquemo-nos
para derramar sangue,
espreitemos, ainda que sem motivo,
os inocentes;
12 traguemo-los vivos, como o abismo,
e inteiros, como os que descem à cova;
13 acharemos toda sorte
de bens preciosos;
encheremos de despojos a nossa casa;
14 lança a tua sorte entre nós;
teremos todos uma só bolsa.
15 Filho meu, não te ponhas a caminho
com eles;
guarda das suas veredas os pés;
16 porque os seus pés correm para o mal
e se apressam a derramar sangue.
17 Pois debalde se estende a rede
à vista de qualquer ave.
18 Estes se emboscam

contra o seu próprio sangue
e a sua própria vida espreitam.
19 Tal é a sorte de todo ganancioso;
e este espírito de ganância tira a vida
de quem o possui.

Clama a Sabedoria

20 Grita na rua a Sabedoria,
nas praças levanta a voz;
21 do alto dos muros clama,
à entrada das portas e nas cidades
profere as suas palavras:
22 Até quando, ó néscios,
amareis a necedade?
E vós, escarnecedores,
desejareis o escárnio?
E vós, loucos,
aborrecereis o conhecimento?
23 Atentai para a minha repreensão;
eis que derramarei copiosamente
para vós outros o meu espírito
e vos farei saber as minhas palavras.
24 Mas, porque clamei, e vós recusastes;
porque estendi a mão,
e não houve quem atendesse;
25 antes, rejeitastes todo o meu conselho
e não quisestes a minha repreensão;
26 também eu me rirei
na vossa desventura,
e, em vindo o vosso terror,
eu zombarei,
27 em vindo o vosso terror
como a tempestade,
em vindo a vossa perdição
como o redemoinho,
quando vos chegar o aperto
e a angústia;
28 Então, me invocarão,
mas eu não responderei;
procurar-me-ão,
porém não me hão de achar.
29 Porquanto aborreceram
o conhecimento
e não preferiram o temor do SENHOR;
30 não quiseram o meu conselho
e desprezaram
toda a minha repreensão.
31 Portanto, comerão
do fruto do seu procedimento

1.1 1Rs 4.32.   **1.7** Pv 9.10.   **1.20,21** Pv 8.1-3.

e dos seus próprios conselhos
se fartarão.
³² Os néscios são mortos por seu desvio,
e aos loucos a sua impressão
de bem-estar os leva à perdição.
³³ Mas o que me der ouvidos
habitará seguro,
tranqüilo e sem temor do mal.

A excelência da sabedoria

2 Filho meu, se aceitares
as minhas palavras
e esconderes contigo
os meus mandamentos,
² para fazeres atento à sabedoria
o teu ouvido
e para inclinares o teu coração
ao entendimento,
³ e, se clamares por inteligência,
e por entendimento alçares a voz,
⁴ se buscares a sabedoria como a prata
e como a tesouros escondidos
a procurares,
⁵ então, entenderás o temor do SENHOR
e acharás o conhecimento de Deus.
⁶ Porque o SENHOR dá a sabedoria,
e da sua boca vem a inteligência
e o entendimento.
⁷ Ele reserva a verdadeira sabedoria
para os retos;
é escudo para os que caminham
na sinceridade,
⁸ guarda as veredas do juízo
e conserva o caminho dos seus santos.
⁹ Então, entenderás justiça, juízo
e eqüidade, todas as boas veredas.
¹⁰ Porquanto a sabedoria entrará
no teu coração,
e o conhecimento será agradável
à tua alma.
¹¹ O bom siso te guardará,
e a inteligência te conservará;
¹² para te livrar do caminho do mal
e do homem que diz cousas perversas;
¹³ dos que deixam as veredas da retidão,
para andarem pelos caminhos
das trevas;
¹⁴ que se alegram de fazer o mal,
folgam com as perversidades
dos maus,
¹⁵ seguem veredas tortuosas
e se desviam nos seus caminhos;
¹⁶ para te livrar da mulher adúltera,
da estrangeira, que lisonjeia
com palavras,

¹⁷ a qual deixa o amigo da sua mocidade
e se esquece da aliança do seu Deus;
¹⁸ porque a sua casa se inclina
para a morte,
e as suas veredas, para o reino
das sombras da morte;
¹⁹ todos os que se dirigem a essa mulher
não voltarão
e não atinarão com as veredas da vida.
²⁰ Assim, andarás pelo caminho
dos homens de bem
e guardarás as veredas dos justos.
²¹ Porque os retos habitarão a terra,
e os íntegros permanecerão nela.
²² Mas os perversos serão eliminados
da terra,
e os aleivosos serão dela
desarraigados.

Exortações da Sabedoria
a obedecer ao SENHOR

3 Filho meu, não te esqueças
dos meus ensinos,
e o teu coração guarde
os meus mandamentos;
² porque eles aumentarão os teus dias
e te acrescentarão anos de vida e paz.
³ Não te desamparem a benignidade
e a fidelidade;
ata-as ao teu pescoço;
escreve-as na tábua do teu coração
⁴ e acharás graça e boa compreensão
diante de Deus e dos homens.
⁵ Confia no SENHOR
de todo o teu coração
e não te estribes
no teu próprio entendimento.
⁶ Reconhece-o
em todos os teus caminhos,
e ele endireitará as tuas veredas.
⁷ Não sejas sábio
aos teus próprios olhos;
teme ao SENHOR e aparta-te do mal;
⁸ será isto saúde para o teu corpo
e refrigério, para os teus ossos.
⁹ Honra ao SENHOR com os teus bens
e com as primícias de toda a tua renda;
¹⁰ e se encherão fartamente
os teus celeiros,
e transbordarão de vinho
os teus lagares.
¹¹ Filho meu, não rejeites
a disciplina do SENHOR,
nem te enfades da sua repreensão.
¹² Porque o SENHOR repreende

3.4 Rm 12.17; 2Co 8.21.   **3.7** Rm 12.16.   **3.11** Jó 5.17; Hb 12.5.   **3.12** Hb 12.6; Ap 3.9.

a quem ama,
assim como o pai, ao filho
a quem quer bem.
¹³ Feliz o homem que acha sabedoria,
e o homem que adquire conhecimento;
¹⁴ porque melhor é o lucro que ela dá
do que o da prata,
e melhor a sua renda
do que o ouro mais fino.
¹⁵ Mais preciosa é do que pérolas,
e tudo o que podes desejar
não é comparável a ela.
¹⁶ O alongar-se da vida
está na sua mão direita,
na sua esquerda, riquezas e honra.
¹⁷ Os seus caminhos
são caminhos deliciosos,
e todas as suas veredas, paz.
¹⁸ É árvore de vida
para os que a alcançam,
e felizes são todos os que a retêm.
¹⁹ O SENHOR com sabedoria
fundou a terra,
com inteligência estabeleceu os céus.
²⁰ Pelo seu conhecimento
os abismos se rompem,
e as nuvens destilam orvalho.
²¹ Filho meu, não se apartem
estas coisas dos teus olhos;
guarda a verdadeira sabedoria
e o bom siso;
²² porque serão vida para a tua alma
e adorno ao teu pescoço.
²³ Então, andarás seguro
no teu caminho,
e não tropeçará o teu pé.
²⁴ Quando te deitares, não temerás;
deitar-te-ás, e o teu sono será suave.
²⁵ Não temas o pavor repentino,
nem a arremetida dos perversos,
quando vier.
²⁶ Porque o SENHOR será a tua segurança
e guardará os teus pés de serem presos.
²⁷ Não te furtes a fazer o bem
a quem de direito,
estando na tua mão o poder de fazê-lo.
²⁸ Não digas ao teu próximo:
Vai e volta amanhã;
então, to darei,
se o tens agora contigo.
²⁹ Não maquines o mal
contra o teu próximo,
pois habita junto de ti confiadamente.
³⁰ Jamais pleiteies com alguém
sem razão,
se te não houver feito mal.

³¹ Não tenhas inveja do homem violento,
nem sigas nenhum de seus caminhos;
³² porque o SENHOR abomina o perverso,
mas aos retos trata com intimidade.
³³ A maldição do SENHOR
habita na casa do perverso,
porém a morada dos justos
ele abençoa.
³⁴ Certamente, ele escárnece
dos escarnecedores,
mas dá graça aos humildes.
³⁵ Os sábios herdarão honra,
mas os loucos tomam sobre si
a ignomínia.

Exortação paternal

4 Ouvi, filhos, a instrução do pai
e estai atentos para conhecerdes
o entendimento;
² porque vos dou boa doutrina;
não deixeis o meu ensino.
³ Quando eu era filho
em companhia de meu pai,
tenro e único diante de minha mãe,
⁴ então, ele me ensinava e me dizia:
Retenha o teu coração
as minhas palavras;
guarda os meus mandamentos e vive;
⁵ adquire a sabedoria,
adquire o entendimento
e não te esqueças
das palavras da minha boca,
nem delas te apartes.
⁶ Não desampares a sabedoria,
e ela te guardará;
ama-a, e ela te protegerá.
⁷ O princípio da sabedoria é:
Adquire a sabedoria;
sim, com tudo o que possuis,
adquire o entendimento.
⁸ Estima-a, e ela te exaltará;
se a abraçares, ela te honrará;
⁹ dará à tua cabeça
um diadema de graça
e uma coroa de glória te entregará.
¹⁰ Ouve, filho meu, e aceita
as minhas palavras,
e se te multiplicarão os anos de vida.
¹¹ No caminho da sabedoria, te ensinei
e pelas veredas da retidão te fiz andar.
¹² Em andando por elas,
não se embaraçarão os teus passos;
se correres, não tropeçarás.
¹³ Retém a instrução e não a largues;
guarda-a, porque ela é a tua vida.

14 Não entres na vereda dos perversos,
   nem sigas pelo caminho dos maus.
15 Evita-o; não passes por ele;
   desvia-te dele e passa de largo;
16 pois não dormem, se não fizerem mal,
   e foge deles o sono,
      se não fizerem tropeçar alguém;
17 porque comem o pão da impiedade
   e bebem o vinho das violências.
18 Mas a vereda dos justos
      é como a luz da aurora,
   que vai brilhando mais e mais
   até ser dia perfeito.
19 O caminho dos perversos
      é como a escuridão;
   nem sabem eles em que tropeçam.
20 Filho meu, atenta
      para as minhas palavras;
   aos meus ensinamentos
      inclina os ouvidos.
21 Não os deixes apartar-se
      dos teus olhos;
   guarda-os no mais íntimo
      do teu coração.
22 Porque são vida para quem os acha
   e saúde, para o seu corpo.
23 Sobre tudo o que se deve guardar,
      guarda o teu coração,
   porque dele procedem
      as fontes da vida.
24 Desvia de ti a falsidade da boca
   e afasta de ti a perversidade dos lábios.
25 Os teus olhos olhem direito,
   e as tuas pálpebras,
      diretamente diante de ti.
26 Pondera a vereda de teus pés,
   e todos os teus caminhos sejam retos.
27 Não declines nem para a direita
      nem para a esquerda;
   retira o teu pé do mal.

Advertência contra a lascívia

5 Filho meu, atende a minha sabedoria;
   à minha inteligência
      inclina os ouvidos;
2 para que conserves a discrição,
   e os teus lábios
      guardem o conhecimento;
3 porque os lábios da mulher adúltera
      destilam favos de mel,
   e as suas palavras são mais suaves
      do que o azeite;
4 mas o fim dela é amargoso
      como o absinto,
   agudo, como a espada de dois gumes.

5 Os seus pés descem à morte;
   os seus passos conduzem-na
      ao inferno.
6 Ela não pondera a vereda da vida;
   anda errante nos seus caminhos
      e não o sabe.
7 Agora, pois, filho, dá-me ouvidos
   e não te desvies
      das palavras da minha boca.
8 Afasta o teu caminho
      da mulher adúltera
   e não te aproximes
      da porta da sua casa;
9 para que não dês a outrem
      a tua honra,
   nem os teus anos, a cruéis;
10 para que dos teus bens
      não se fartem os estranhos,
   e o fruto do teu trabalho
      não entre em casa alheia;
11 e gemas no fim de tua vida,
   quando se consumirem a tua carne
      e o teu corpo,
12 e digas: Como aborreci o ensino!
   E desprezou o meu coração
      a disciplina!
13 E não escutei
      a voz dos que me ensinavam,
   nem a meus mestres
      inclinei os ouvidos!
14 Quase que me achei em todo mal
   que sucedeu no meio da assembléia
      e da congregação.
15 Bebe a água da tua própria cisterna
   e das correntes do teu poço.
16 Derramar-se-iam por fora
      as tuas fontes,
   e, pelas praças, os ribeiros de águas?
17 Sejam para ti somente
   e não para os estranhos contigo.
18 Seja bendito o teu manancial,
   e alegra-te com a mulher
      da tua mocidade,
19 corça de amores e gazela graciosa.
   Saciem-te os seus seios
      em todo o tempo;
   e embriaga-te sempre
      com as suas carícias.
20 Por que, filho meu, andarias cego
      pela estranha
   e abraçarias o peito de outra?
21 Porque os caminhos do homem estão
      perante os olhos do SENHOR,
   e ele considera todas as suas veredas.
22 Quanto ao perverso,
      as suas iniqüidades o prenderão,

4.26 Hb 12.13.

e com as cordas do seu pecado
será detido.
23 Ele morrerá pela falta de disciplina,
e, pela sua muita loucura,
perdido, cambaleia.

Advertência contra o servir de fiador

6 Filho meu, se ficaste por fiador
do teu companheiro
e se te empenhaste ao estranho,
2 estás enredado com o que dizem
os teus lábios,
estás preso com as palavras
da tua boca.
3 Agora, pois, faze isto, filho meu,
e livra-te, pois caíste nas mãos
do teu companheiro:
vai, prostra-te e importuna
o teu companheiro;
4 não dês sono aos teus olhos,
nem repouso às tuas pálpebras;
5 livra-te, como a gazela,
da mão do caçador
e, como a ave,
da mão do passarinheiro.

Advertência contra a preguiça

6 Vai ter com a formiga, ó preguiçoso,
considera os seus caminhos e sê sábio.
7 Não tendo ela chefe,
nem oficial, nem comandante,
8 no estio, prepara o seu pão,
na sega, ajunta o seu mantimento.
9 Ó preguiçoso,
até quando ficarás deitado?
Quando te levantarás do teu sono?
10 Um pouco para dormir,
um pouco para tosquenejar,
um pouco para encruzar os braços
em repouso,
11 assim sobrevirá a tua pobreza
como um ladrão,
e a tua necessidade,
como um homem armado.

Advertência contra a maldade

12 O homem de Belial, o homem vil,
é o que anda com a perversidade
na boca,
13 acena com os olhos,
arranha com os pés
e faz sinais com os dedos.
14 No seu coração há perversidade;
todo o tempo maquina o mal;
anda semeando contendas.

15 Pelo que a sua destruição
virá repentinamente;
subitamente, será quebrantado,
sem que haja cura.
16 Seis cousas o SENHOR aborrece,
e a sétima a sua alma abomina:
17 olhos altivos, língua mentirosa,
mãos que derramam sangue inocente,
18 coração que trama projetos iníquos,
pés que se apressam
a correr para o mal,
19 testemunha falsa que profere mentiras
e o que semeia contendas entre irmãos.

Advertência contra a mulher adúltera

20 Filho meu, guarda o mandamento
de teu pai
e não deixes a instrução de tua mãe;
21 ata-os perpetuamente ao teu coração,
pendura-os ao teu pescoço.
22 Quando caminhares, isso te guiará;
quando te deitares, te guardará;
quando acordares, falará contigo.
23 Porque o mandamento é lâmpada,
e a instrução, luz;
e as repreensões da disciplina
são o caminho da vida;
24 para te guardarem da vil mulher
e das lisonjas da mulher alheia.
25 Não cobices no teu coração
a sua formosura,
nem te deixes prender
com as suas olhadelas.
26 Por uma prostituta
o máximo que se paga
é um pedaço de pão,
mas a adúltera anda à caça
de vida preciosa.
27 Tomará alguém fogo no seio,
sem que as suas vestes se incendeiem?
28 Ou andará alguém sobre brasas,
sem que se queimem os seus pés?
29 Assim será com o que se chegar
à mulher do seu próximo;
não ficará sem castigo
todo aquele que a tocar.
30 Não é certo que se despreza o ladrão,
quando furta para saciar-se,
tendo fome?
31 Pois este, quando encontrado,
pagará sete vezes tanto;
entregará todos os bens de sua casa.
32 O que adultera com uma mulher
está fora de si;
só mesmo quem quer arruinar-se
é que pratica tal cousa.

6.10,11 Pv 24.33,34.

³³ Achará açoites e infâmia,
   e o seu opróbrio nunca se apagará.
³⁴ Porque o ciúme excita
   o furor do marido;
   e não terá compaixão
   no dia da vingança.
³⁵ Não se contentará com o resgate,
   nem aceitará presentes,
   ainda que sejam muitos.

Mais advertências contra a mulher adúltera

7 Filho meu, guarda as minhas palavras
   e conserva dentro de ti
      os meus mandamentos.
² Guarda os meus mandamentos e vive;
   e a minha lei,
      como a menina dos teus olhos.
³ Ata-os aos teus dedos,
   escreve-os na tábua do teu coração.
⁴ Dize à Sabedoria: Tu és minha irmã;
   e ao Entendimento chama teu parente;
⁵ para te guardarem da mulher alheia,
   da estranha que lisonjeia
      com palavras.
⁶ Porque da janela da minha casa,
   por minhas grades, olhando eu,
⁷ vi entre os simples,
      descobri entre os jovens
   um que era carecente de juízo,
⁸ que ia e vinha pela rua
      junto à esquina da mulher estranha
   e seguia o caminho da sua casa,
⁹ à tarde do dia, no crepúsculo,
   na escuridão da noite, nas trevas.
¹⁰ Eis que a mulher lhe sai ao encontro,
   com vestes de prostituta
      e astuta de coração.
¹¹ É apaixonada e inquieta,
   cujos pés não param em casa;
¹² ora está nas ruas, ora, nas praças,
   espreitando por todos os cantos.
¹³ Aproximou-se dele, e o beijou,
   e de cara impudente lhe diz:
¹⁴ Sacrifícios pacíficos
      tinha eu de oferecer;
   paguei hoje os meus votos.
¹⁵ Por isso, saí ao teu encontro,
   a buscar-te, e te achei.
¹⁶ Já cobri de colchas a minha cama,
   de linho fino do Egito, de várias cores;
¹⁷ já perfumei o meu leito com mirra,
   aloés e cinamomo.
¹⁸ Vem, embriaguemo-nos
      com as delícias do amor,

até pela manhã;
   gozemos amores.
¹⁹ Porque o meu marido
   não está em casa,
   saiu de viagem para longe.
²⁰ Levou consigo
   um saquitel de dinheiro;
   só por volta da lua cheia
      ele tornará para casa.
²¹ Seduziu-o
   com as suas muitas palavras,
   com as lisonjas dos seus lábios
      o arrastou.
²² E ele num instante a segue,
   como o boi que vai ao matadouro;
   como o cervo que corre para a rede,
²³ até que a flecha
      lhe atravesse o coração;
   como a ave que se apressa para o laço,
   sem saber que isto lhe custará a vida.
²⁴ Agora, pois, filho, dá-me ouvidos
   e sê atento às palavras da minha boca;
²⁵ não se desvie o teu coração
   para os caminhos dela,
   e não andes perdido nas suas veredas;
²⁶ porque a muitos feriu e derribou;
   e são muitos os que por ela
      foram mortos.
²⁷ A sua casa é caminho para a sepultura
   e desce para as câmaras da morte.

A excelência da Sabedoria

8 Não clama, porventura, a Sabedoria,
   e o Entendimento não faz ouvir
      a sua voz?
² No cume das alturas,
      junto ao caminho,
   nas encruzilhadas das veredas
      ela se coloca;
³ junto às portas, à entrada da cidade,
   à entrada das portas está gritando:
⁴ A vós outros, ó homens, clamo;
   e a minha voz se dirige
      aos filhos dos homens.
⁵ Entendei, ó simples, a prudência;
   e vós, néscios, entendei a sabedoria.
⁶ Ouvi, pois falarei cousas excelentes;
   os meus lábios proferirão cousas retas.
⁷ Porque a minha boca
      proclamará a verdade;
   os meus lábios
      abominam a impiedade.
⁸ São justas todas as palavras
      da minha boca;
   não há nelas nenhuma cousa torta,
      nem perversa.

9 Todas são retas para quem as entende
e justas, para os que acham
o conhecimento.
10 Aceitai o meu ensino, e não a prata,
e o conhecimento,
antes do que o ouro escolhido.
11 Porque melhor é a sabedoria
do que jóias,
e de tudo o que se deseja
nada se pode comparar com ela.
12 Eu, a Sabedoria,
habito com a prudência
e disponho de conhecimentos
e de conselhos.
13 O temor do SENHOR
consiste em aborrecer o mal;
a soberba, a arrogância,
o mau caminho
e a boca perversa, eu os aborreço.
14 Meu é o conselho
e a verdadeira sabedoria,
eu sou o Entendimento,
minha é a fortaleza.
15 Por meu intermédio, reinam os reis,
e os príncipes decretam justiça.
16 Por meu intermédio,
governam os príncipes,
os nobres e todos os juízes da terra.
17 Eu amo os que me amam;
os que me procuram me acham.
18 Riquezas e honra estão comigo,
bens duráveis e justiça.
19 Melhor é o meu fruto do que o ouro,
do que o ouro refinado;
e o meu rendimento,
melhor do que a prata escolhida.
20 Ando pelo caminho da justiça,
no meio das veredas do juízo,
21 para dotar de bens os que me amam
e lhes encher os tesouros.

A eternidade da Sabedoria

22 O SENHOR me possuía
no início de sua obra,
antes de suas obras mais antigas.
23 Desde a eternidade fui estabelecida,
desde o princípio,
antes do começo da terra.
24 Antes de haver abismos, eu nasci,
e antes ainda de haver fontes
carregadas de águas.
25 Antes que os montes fossem firmados,
antes de haver outeiros, eu nasci.
26 Ainda ele não tinha feito a terra,
nem as amplidões,

nem sequer o princípio
do pó do mundo.
27 Quando ele preparava os céus,
aí estava eu;
quando traçava o horizonte
sobre a face do abismo;
28 quando firmava as nuvens de cima;
quando estabelecia
as fontes do abismo;
29 quando fixava ao mar o seu limite,
para que as águas não traspassassem
os seus limites;
quando compunha
os fundamentos da terra;
30 então, eu estava com ele
e era seu arquiteto,
dia após dia, eu era as suas delícias,
folgando perante ele em todo o tempo;
31 regozijando-me
no seu mundo habitável
e achando as minhas delícias
com os filhos dos homens.
32 Agora, pois, filhos, ouvi-me,
porque felizes serão os que guardarem
os meus caminhos.
33 Ouvi o ensino, sede sábios
e não o rejeiteis.
34 Feliz o homem que me dá ouvidos,
velando dia a dia às minhas portas,
esperando às ombreiras
da minha entrada.
35 Porque o que me acha acha a vida
e alcança favor do SENHOR.
36 Mas o que peca contra mim
violenta a própria alma.
Todos os que me aborrecem
amam a morte.

O banquete da Sabedoria

9 A Sabedoria edificou a sua casa,
lavrou as suas scte colunas.
2 Carneou os seus animais,
misturou o seu vinho
e arrumou a sua mesa.
3 Já deu ordens às suas criadas
e, assim, convida
desde as alturas da cidade:
4 Quem é simples, volte-se para aqui.
Aos faltos de senso diz:
5 Vinde, comei do meu pão
e bebei do vinho que misturei.
6 Deixai os insensatos e vivei;
andai pelo caminho do entendimento.
7 O que repreende o escarnecedor
traz afronta sobre si;

8.22 Ap 3.14.

e o que censura o perverso
a si mesmo se injuria.
8 Não repreendas o escarnecedor,
para que te não aborreça;
repreende o sábio, e ele te amará.
9 Dá instrução ao sábio,
e ele se fará mais sábio ainda;
ensina ao justo,
e ele crescerá em prudência.
10 O temor do Senhor
é o princípio da sabedoria,
e o conhecimento do Santo
é prudência.
11 Porque por mim se multiplicam
os teus dias,
e anos de vida se te acrescentarão.
12 Se és sábio, para ti mesmo o és;
se és escarnecedor, tu só o suportarás.

O convite da mulher-loucura

13 A loucura é mulher apaixonada,
é ignorante
e não sabe cousa alguma.
14 Assenta-se à porta de sua casa,
nas alturas da cidade,
toma uma cadeira,
15 para dizer aos que passam
e seguem direito o seu caminho:
16 Quem é simples, volte-se para aqui.
E aos faltos de senso diz:
17 As águas roubadas são doces,
e o pão comido às ocultas é agradável.
18 Eles, porém, não sabem
que ali estão os mortos,
que os seus convidados
estão nas profundezas do inferno.

O justo em contraste com o perverso
Provérbios de Salomão

10 O filho sábio alegra a seu pai,
mas o filho insensato
é a tristeza de sua mãe.
2 Os tesouros da impiedade
de nada aproveitam,
mas a justiça livra da morte.
3 O Senhor não deixa ter fome o justo,
mas rechaça a avidez dos perversos.
4 O que trabalha com mão remissa
empobrece,
mas a mão dos diligentes
vem a enriquecer-se.
5 O que ajunta no verão
é filho sábio,
mas o que dorme na sega
é filho que envergonha.

6 Sobre a cabeça do justo há bênçãos,
mas na boca dos perversos
mora a violência.
7 A memória do justo é abençoada,
mas o nome dos perversos
cai em podridão.
8 O sábio de coração
aceita os mandamentos,
mas o insensato de lábios
vem a arruinar-se.
9 Quem anda em integridade
anda seguro,
mas o que perverte os seus caminhos
será conhecido.
10 O que acena com os olhos
traz desgosto,
e o insensato de lábios
vem a arruinar-se.
11 A boca do justo é manancial de vida,
mas na boca dos perversos
mora a violência.
12 O ódio excita contendas,
mas o amor
cobre todas as transgressões.
13 Nos lábios do prudente,
se acha sabedoria,
mas a vara é para as costas
do falto de senso.
14 Os sábios entesouram o conhecimento,
mas a boca do néscio
é uma ruína iminente.
15 Os bens do rico são a sua cidade forte;
a pobreza dos pobres é a sua ruína.
16 A obra do justo conduz à vida,
e o rendimento do perverso,
ao pecado.
17 O caminho para a vida
é de quem guarda o ensino,
mas o que abandona a repreensão
anda errado.
18 O que retém o ódio é de lábios falsos,
e o que difama é insensato.
19 No muito falar não falta transgressão,
mas o que modera os lábios
é prudente.
20 Prata escolhida é a língua do justo,
mas o coração dos perversos
vale mui pouco.
21 Os lábios do justo
apascentam a muitos,
mas, por falta de senso,
morrem os tolos.
22 A bênção do Senhor enriquece,
e, com ela, ele não traz desgosto.
23 Para o insensato, praticar a maldade

9.10 Jó 28.28; Sl 111.10; Pv 1.7.   10.12 Tg 5.20; 1Pe 4.8.

é divertimento;
para o homem inteligente, o ser sábio.
24 Aquilo que teme o perverso,
isso lhe sobrevém,
mas o anelo dos justos Deus o cumpre.
25 Como passa a tempestade,
assim desaparece o perverso,
mas o justo tem perpétuo fundamento.
26 Como vinagre para os dentes
e fumaça para os olhos,
assim é o preguiçoso
para aqueles que o mandam.
27 O temor do Senhor
prolonga os dias da vida,
mas os anos dos perversos
serão abreviados.
28 A esperança dos justos é alegria,
mas a expectação dos perversos
perecerá.
29 O caminho do Senhor é fortaleza
para os íntegros,
mas ruína
aos que praticam a iniqüidade.
30 O justo jamais será abalado,
mas os perversos
não habitarão a terra.
31 A boca do justo produz sabedoria,
mas a língua da perversidade
será desarraigada.
32 Os lábios do justo
sabem o que agrada,
mas a boca dos perversos,
somente o mal.

11 Balança enganosa é abominação
para o Senhor,
mas o peso justo é o seu prazer.
2 Em vindo a soberba,
sobrevém a desonra,
mas com os humildes está a sabedoria.
3 A integridade dos retos os guia;
mas, aos pérfidos,
a sua mesma falsidade os destrói.
4 As riquezas de nada aproveitam
no dia da ira,
mas a justiça livra da morte.
5 A justiça do íntegro
endireita o seu caminho,
mas pela sua impiedade cai o perverso.
6 A justiça dos retos os livrará,
mas na sua maldade
os pérfidos serão apanhados.
7 Morrendo o homem perverso,
morre a sua esperança,
e a expectação da iniqüidade
se desvanece.
8 O justo é libertado da angústia,
e o perverso a recebe em seu lugar.

9 O ímpio com a boca
destrói o próximo,
mas os justos são libertados
pelo conhecimento.
10 No bem-estar dos justos
exulta a cidade,
e, perecendo os perversos, há júbilo.
11 Pela bênção que os retos suscitam,
a cidade se exalta,
mas pela boca dos perversos
é derribada.
12 O que despreza o próximo
é falto de senso,
mas o homem prudente, este se cala.
13 O mexeriqueiro descobre o segredo,
mas o fiel de espírito o encobre.
14 Não havendo sábia direção,
cai o povo,
mas na multidão de conselheiros
há segurança.
15 Quem fica por fiador de outrem
sofrerá males,
mas o que foge de o ser estará seguro.
16 A mulher graciosa alcança honra,
como os poderosos adquirem riqueza.
17 O homem bondoso faz bem
a si mesmo,
mas o cruel a si mesmo se fere.
18 O perverso recebe um salário ilusório,
mas o que semeia justiça
terá recompensa verdadeira.
19 Tão certo como a justiça conduz
para a vida,
assim o que segue o mal,
para a sua morte o faz.
20 Abomináveis para o Senhor
são os perversos de coração,
mas os que andam em integridade
são o seu prazer.
21 O mau, é evidente, não ficará
sem castigo,
mas a geração dos justos é livre.
22 Como jóia de ouro
em focinho de porco,
assim é a mulher formosa
que não tem discrição.
23 O desejo dos justos
tende somente para o bem,
mas a expectação dos perversos
redunda em ira.
24 A quem dá liberalmente,
ainda se lhe acrescenta mais e mais;
ao que retém mais do que é justo,
ser-lhe-á em pura perda.
25 A alma generosa prosperará,
e quem dá a beber será dessedentado.
26 Ao que retém o trigo,
o povo o amaldiçoa,

mas bênção haverá
sobre a cabeça do seu vendedor.
²⁷ Quem procura o bem alcança favor,
mas ao que corre atrás do mal,
este lhe sobrevirá.
²⁸ Quem confia nas suas riquezas cairá,
mas os justos reverdecerão
como a folhagem.
²⁹ O que perturba a sua casa
herda o vento,
e o insensato é servo
do sábio de coração.
³⁰ O fruto do justo é árvore de vida,
e o que ganha almas é sábio.
³¹ Se o justo é punido na terra,
quanto mais o perverso e o pecador!

12 Quem ama a disciplina
ama o conhecimento,
mas o que aborrece a repreensão
é estúpido.
² O homem de bem
alcança o favor do Senhor,
mas ao homem
de perversos desígnios,
ele o condena.
³ O homem não se estabelece
pela perversidade,
mas a raiz dos justos
não será removida.
⁴ A mulher virtuosa
é a coroa do seu marido,
mas a que procede vergonhosamente
é como podridão nos seus ossos.
⁵ Os pensamentos do justo são retos,
mas os conselhos do perverso, engano.
⁶ As palavras dos perversos
são emboscadas
para derramar sangue,
mas a boca dos retos livra homens.
⁷ Os perversos serão derribados
e já não são,
mas a casa dos justos permanecerá.
⁸ Segundo o seu entendimento,
será louvado o homem,
mas o perverso de coração
será desprezado.
⁹ Melhor é o que se estima em pouco
e faz o seu trabalho
do que o vanglorioso
que tem falta de pão.
¹⁰ O justo atenta para a vida
dos seus animais,
mas o coração dos perversos é cruel.
¹¹ O que lavra a sua terra
será farto de pão,
mas o que corre atrás de cousas vãs
é falto de senso.

¹² O perverso quer viver
do que caçam os maus,
mas a raiz dos justos
produz o seu fruto.
¹³ Pela transgressão dos lábios
o mau se enlaça,
mas o justo sairá da angústia.
¹⁴ Cada um se farta de bem
pelo fruto da sua boca,
e o que as mãos do homem fizerem
ser-lhe-á retribuído.
¹⁵ O caminho do insensato
aos seus próprios olhos parece reto,
mas o sábio dá ouvidos aos conselhos.
¹⁶ A ira do insensato
num instante se conhece,
mas o prudente oculta a afronta.
¹⁷ O que diz a verdade
manifesta a justiça,
mas a testemunha falsa, a fraude.
¹⁸ Alguém há cuja tagarelice
é como pontas de espada,
mas a língua dos sábios é medicina.
¹⁹ O lábio veraz permanece para sempre,
mas a língua mentirosa,
apenas um momento.
²⁰ Há fraude no coração
dos que maquinam mal,
mas alegria têm
os que aconselham a paz.
²¹ Nenhum agravo sobrevirá ao justo,
mas os perversos,
o mal os apanhará em cheio.
²² Os lábios mentirosos
são abomináveis ao Senhor,
mas os que obram fielmente
são o seu prazer.
²³ O homem prudente
oculta o conhecimento,
mas o coração dos insensatos
proclama a estultícia.
²⁴ A mão diligente dominará,
mas a remissa será sujeita
a trabalhos forçados.
²⁵ A ansiedade no coração do homem
o abate,
mas a boa palavra o alegra.
²⁶ O justo serve de guia
para o seu companheiro,
mas o caminho dos perversos
os faz errar.
²⁷ O preguiçoso não assará a sua caça,
mas o bem precioso do homem
é ser ele diligente.
²⁸ Na vereda da justiça, está a vida,

e no caminho da sua carreira
    não há morte.

13 O filho sábio
    ouve a instrução do pai,
mas o escarnecedor
    não atende à repreensão.
2 Do fruto da boca
    o homem comerá o bem,
mas o desejo dos pérfidos
    é a violência.
3 O que guarda a boca
    conserva a sua alma,
mas o que muito abre os lábios
    a si mesmo se arruína.
4 O preguiçoso deseja e nada tem,
    mas a alma dos diligentes se farta.
5 O justo aborrece a palavra de mentira,
    mas o perverso faz vergonha
    e se desonra.
6 A justiça guarda ao que anda
    em integridade,
mas a malícia subverte ao pecador.
7 Uns se dizem ricos sem terem nada;
    outros se dizem pobres,
    sendo mui ricos.
8 Com as suas riquezas
    se resgata o homem,
mas ao pobre não ocorre ameaça.
9 A luz dos justos brilha intensamente,
    mas a lâmpada dos perversos
    se apagará.
10 Da soberba só resulta a contenda,
    mas com os que se aconselham
    se acha a sabedoria.
11 Os bens que facilmente se ganham,
    esses diminuem,
mas o que ajunta à força do trabalho
    terá aumento.
12 A esperança que se adia
    faz adoecer o coração,
mas o desejo cumprido
    é árvore de vida.
13 O que despreza a palavra
    a ela se apenhora,
mas o que teme o mandamento
    será galardoado.
14 O ensino do sábio é fonte de vida,
    para que se evitem os laços da morte.
15 A boa inteligência consegue favor,
    mas o caminho dos pérfidos
    é intransitável.
16 Todo prudente
    procede com conhecimento,
mas o insensato espraia a sua loucura.
17 O mau mensageiro
    se precipita no mal,
mas o embaixador fiel é medicina.
18 Pobreza e afronta sobrevêm

ao que rejeita a instrução,
mas o que guarda a repreensão
    será honrado.
19 O desejo que se cumpre agrada a alma,
    mas apartar-se do mal é abominável
    para os insensatos.
20 Quem anda com os sábios será sábio,
    mas o companheiro dos insensatos
    se tornará mau.
21 A desventura persegue os pecadores,
    mas os justos serão galardoados
    com o bem.
22 O homem de bem deixa herança
    aos filhos de seus filhos,
mas a riqueza do pecador
    é depositada para o justo.
23 A terra virgem dos pobres
    dá mantimento em abundância,
mas a falta de justiça o dissipa.
24 O que retém a vara
    aborrece a seu filho,
mas o que o ama, cedo, o disciplina.
25 O justo tem o bastante
    para satisfazer o seu apetite,
mas o estômago dos perversos
    passa fome.

14 A mulher sábia edifica a sua casa,
    mas a insensata,
    com as próprias mãos, a derriba.
2 O que anda na retidão
    teme ao Senhor,
mas o que anda
    em caminhos tortuosos,
    esse o despreza.
3 Está na boca do insensato a vara
    para a sua própria soberba,
mas os lábios do prudente
    o preservarão.
4 Não havendo bois,
    o celeiro fica limpo,
mas pela força do boi
    há abundância de colheitas.
5 A testemunha verdadeira não mente,
    mas a falsa se desboca em mentiras.
6 O escarnecedor procura a sabedoria
    e não a encontra,
mas para o prudente o conhecimento
    é fácil.
7 Foge da presença do homem insensato,
    porque nele não divisarás
    lábios de conhecimento.
8 A sabedoria do prudente
    é entender o seu próprio caminho,
mas a estultícia dos insensatos
    é enganadora.
9 Os loucos zombam do pecado,
    mas entre os retos há boa vontade.
10 O coração conhece
    a sua própria amargura,

e da sua alegria não participará
o estranho.

11 A casa dos perversos será destruída,
mas a tenda dos retos florescerá.

12 Há caminho que ao homem
parece direito,
mas ao cabo dá em caminhos
de morte.

13 Até no riso tem dor o coração,
e o fim da alegria é tristeza.

14 O infiel de coração
dos seus próprios caminhos se farta,
como do seu próprio proceder,
o homem de bem.

15 O simples dá crédito a toda palavra,
mas o prudente atenta
para os seus passos.

16 O sábio é cauteloso e desvia-se do mal,
mas o insensato encoleriza-se
e dá-se por seguro.

17 O que presto se ira faz loucuras,
e o homem de maus desígnios
é odiado.

18 Os simples herdam a estultícia,
mas os prudentes se coroam
de conhecimento.

19 Os maus inclinam-se
perante a face dos bons,
e os perversos,
junto às portas do justo.

20 O pobre é odiado até do vizinho,
mas o rico tem muitos amigos.

21 O que despreza ao seu vizinho peca,
mas o que se compadece dos pobres
é feliz.

22 Acaso, não erram
os que maquinam o mal?
Mas amor e fidelidade haverá
para os que planejam o bem.

23 Em todo trabalho há proveito;
meras palavras, porém,
levam à penúria.

24 Aos sábios a riqueza é coroa,
mas a estultícia dos insensatos
não passa de estultícia.

25 A testemunha verdadeira livra almas,
mas o que se desboca em mentiras
é enganador.

26 No temor do Senhor,
tem o homem forte amparo,
e isso é refúgio para os seus filhos.

27 O temor do Senhor é fonte de vida
para evitar os laços da morte.

28 Na multidão do povo,
está a glória do rei,

mas, na falta de povo,
a ruína do príncipe.

29 O longânimo
é grande em entendimento,
mas o de ânimo precipitado
exalta a loucura.

30 O ânimo sereno é a vida do corpo,
mas a inveja é a podridão dos ossos.

31 O que oprime ao pobre
insulta aquele que o criou,
mas a este honra
o que se compadece do necessitado.

32 Pela sua malícia
é derribado o perverso,
mas o justo, ainda morrendo,
tem esperança.

33 No coração do prudente,
repousa a sabedoria,
mas o que há no interior
dos insensatos vem a lume.

34 A justiça exalta as nações,
mas o pecado é o opróbrio dos povos.

35 O servo prudente goza do favor do rei,
mas o que procede indignamente
é objeto do seu furor.

15 A resposta branda desvia o furor,
mas a palavra dura suscita a ira.

2 A língua dos sábios
adorna o conhecimento,
mas a boca dos insensatos
derrama a estultícia.

3 Os olhos do Senhor
estão em todo lugar,
contemplando os maus e os bons.

4 A língua serena é árvore de vida,
mas a perversa quebranta o espírito.

5 O insensato despreza
a instrução de seu pai,
mas o que atende à repreensão
consegue a prudência.

6 Na casa do justo há grande tesouro,
mas na renda dos perversos
há perturbação.

7 A língua dos sábios
derrama o conhecimento,
mas o coração dos insensatos
não procede assim.

8 O sacrifício dos perversos
é abominável ao Senhor,
mas a oração dos retos
é o seu contentamento.

9 O caminho do perverso
é abominação ao Senhor,
mas este ama o que segue a justiça.

10 Disciplina rigorosa há para

14.12 Pv 16.25.

o que deixa a vereda,
e o que odeia a repreensão morrerá.
¹¹ O além e o abismo estão descobertos
perante o SENHOR;
quanto mais o coração
dos filhos dos homens!
¹² O escarnecedor não ama
àquele que o repreende,
nem se chegará para os sábios.
¹³ O coração alegre aformoseia o rosto,
mas com a tristeza do coração
o espírito se abate.
¹⁴ O coração sábio
procura o conhecimento,
mas a boca dos insensatos
se apascenta de estultícia.
¹⁵ Todos os dias do aflito são maus,
mas a alegria do coração
é banquete contínuo.
¹⁶ Melhor é o pouco,
havendo o temor do SENHOR,
do que grande tesouro
onde há inquietação.
¹⁷ Melhor é um prato de hortaliças
onde há amor
do que o boi cevado e, com ele, o ódio.
¹⁸ O homem iracundo suscita contendas,
mas o longânimo apazigua a luta.
¹⁹ O caminho do preguiçoso
é como que cercado de espinhos,
mas a vereda dos retos é plana.
²⁰ O filho sábio alegra a seu pai,
mas o homem insensato
despreza a sua mãe.
²¹ A estultícia é alegria para
o que carece de entendimento,
mas o homem sábio
anda retamente.
²² Onde não há conselho
fracassam os projetos,
mas com os muitos conselheiros
há bom êxito.
²³ O homem se alegra
em dar resposta adequada,
e a palavra, a seu tempo, quão boa é!
²⁴ Para o sábio há o caminho da vida
que o leva para cima,
a fim de evitar o inferno, embaixo.
²⁵ O SENHOR deita por terra
a casa dos soberbos;
contudo, mantém a herança da viúva.
²⁶ Abomináveis são para o SENHOR
os desígnios do mau,
mas as palavras bondosas
lhe são aprazíveis.
²⁷ O que é ávido por lucro desonesto
transtorna a sua casa,

mas o que odeia o suborno,
esse viverá.
²⁸ O coração do justo
medita o que há de responder,
mas a boca dos perversos
transborda maldades.
²⁹ O SENHOR está longe dos perversos,
mas atende à oração dos justos.
³⁰ O olhar de amigo alegra ao coração;
as boas-novas fortalecem até os ossos.
³¹ Os ouvidos que atendem
à repreensão salutar
no meio dos sábios têm a sua morada.
³² O que rejeita a disciplina
menospreza a sua alma,
porém o que atende à repreensão
adquire entendimento.
³³ O temor do SENHOR
é a instrução da sabedoria,
e a humildade precede a honra.

16

O coração do homem
pode fazer planos,
mas a resposta certa dos lábios
vem do SENHOR.
² Todos os caminhos do homem
são puros aos seus olhos,
mas o SENHOR pesa o espírito.
³ Confia ao SENHOR as tuas obras,
e os teus desígnios serão estabelecidos.
⁴ O SENHOR fez todas as cousas
para determinados fins
e até o perverso,
para o dia da calamidade.
⁵ Abominável é ao SENHOR
todo arrogante de coração;
é evidente que não ficará impune.
⁶ Pela misericórdia e pela verdade,
se expia a culpa;
e pelo temor do SENHOR
os homens evitam o mal.
⁷ Sendo o caminho dos homens
agradável ao SENHOR,
este reconcilia com eles
os seus inimigos.
⁸ Melhor é o pouco, havendo justiça,
do que grandes rendimentos
com injustiça.
⁹ O coração do homem
traça o seu caminho,
mas o SENHOR lhe dirige os passos.
¹⁰ Nos lábios do rei se acham
decisões autorizadas;
no julgar não transgrida, pois,
a sua boca.
¹¹ Peso e balança justos
pertencem ao SENHOR;
obra sua são todos os pesos da bolsa.
¹² A prática da impiedade

é abominável para os reis,
porque com justiça
se estabelece o trono.
13 Os lábios justos
são o contentamento do rei,
e ele ama o que fala cousas retas.
14 O furor do rei
são uns mensageiros de morte,
mas o homem sábio o apazigua.
15 O semblante alegre do rei
significa vida,
e a sua benevolência é como a nuvem
que traz chuva serôdia.
16 Quanto melhor é adquirir a sabedoria
do que o ouro!
E mais excelente, adquirir a prudência
do que a prata!
17 O caminho dos retos
é desviar-se do mal;
o que guarda o seu caminho
preserva a sua alma.
18 A soberba precede a ruína,
e a altivez do espírito, a queda.
19 Melhor é ser humilde de espírito
com os humildes
do que repartir o despojo
com os soberbos.
20 O que atenta para o ensino
acha o bem,
e o que confia no SENHOR, esse é feliz.
21 O sábio de coração
é chamado prudente,
e a doçura no falar aumenta o saber.
22 O entendimento,
para aqueles que o possuem,
é fonte de vida;
mas, para o insensato,
a sua estultícia lhe é castigo.
23 O coração do sábio
é mestre de sua boca
e aumenta a persuasão nos seus lábios.
24 Palavras agradáveis
são como favo de mel:
doces para a alma
e medicina para o corpo.
25 Há caminho que parece direito
ao homem,
mas afinal são caminhos de morte.
26 A fome do trabalhador o faz trabalhar,
porque a sua boca a isso o incita.
27 O homem depravado cava o mal,
e nos seus lábios
há como que fogo ardente.
28 O homem perverso espalha contendas,
e o difamador
separa os maiores amigos.

29 O homem violento
alicia o seu companheiro
e guia-o por um caminho
que não é bom.
30 Quem fecha os olhos imagina o mal,
e, quando morde os lábios, o executa.
31 Coroa de honra são as cãs,
quando se acham
no caminho da justiça.
32 Melhor é o longânimo
do que o herói da guerra,
e o que domina o seu espírito,
do que o que toma uma cidade.
33 A sorte se lança no regaço,
mas do SENHOR procede toda decisão.

17 Melhor é um bocado seco
e tranqüilidade
do que a casa farta de carnes
e contendas.
2 O escravo prudente dominará
sobre o filho que causa vergonha
e, entre os irmãos,
terá parte na herança.
3 O crisol prova a prata,
e o forno, o ouro;
mas aos corações prova o SENHOR.
4 O malfazejo atenta
para o lábio iníquo;
o mentiroso inclina os ouvidos
para a língua maligna.
5 O que escarnece do pobre
insulta ao que o criou;
o que se alegra da calamidade
não ficará impune.
6 Coroa dos velhos
são os filhos dos filhos;
e a glória dos filhos são os pais.
7 Ao insensato não convém
a palavra excelente;
quanto menos ao príncipe,
o lábio mentiroso!
8 Pedra mágica é o suborno
aos olhos de quem o dá,
e para onde quer que se volte
terá seu proveito.
9 O que encobre a transgressão
adquire amor,
mas o que traz o assunto à baila
separa os maiores amigos.
10 Mais fundo entra a repreensão
no prudente
do que cem açoites no insensato.
11 O rebelde não busca senão o mal;
por isso, mensageiro cruel
se enviará contra ele.

16.25 Pv 14.12.

¹² Melhor é encontrar-se uma ursa
   roubada dos filhos
   do que o insensato na sua estultícia.
¹³ Quanto àquele que paga o bem
   com o mal,
   não se apartará o mal da sua casa.
¹⁴ Como o abrir-se da represa,
   assim é o começo da contenda;
   desiste, pois, antes que haja rixas.
¹⁵ O que justifica o perverso
   e o que condena o justo
   abomináveis são para o SENHOR,
   tanto um como o outro.
¹⁶ De que serviria o dinheiro
   na mão do insensato
   para comprar a sabedoria,
   visto que não tem entendimento?
¹⁷ Em todo tempo ama o amigo,
   e na angústia se faz o irmão.
¹⁸ O homem falto de entendimento
   compromete-se,
   ficando por fiador do seu próximo.
¹⁹ O que ama a contenda ama o pecado;
   o que faz alta a sua porta
   facilita a própria queda.
²⁰ O perverso de coração
   jamais achará o bem;
   e o que tem a língua dobre
   vem a cair no mal.
²¹ O filho estulto é tristeza para o pai,
   e o pai do insensato não se alegra.
²² O coração alegre é bom remédio,
   mas o espírito abatido
   faz secar os ossos.
²³ O perverso aceita suborno
   secretamente,
   para perverter as veredas da justiça.
²⁴ A sabedoria é o alvo do inteligente,
   mas os olhos do insensato vagam
   pelas extremidades da terra.
²⁵ O filho insensato é tristeza para o pai
   e amargura para quem o deu à luz.
²⁶ Não é bom punir ao justo;
   é contra todo direito ferir ao príncipe.
²⁷ Quem retém as palavras
   possui o conhecimento,
   e o sereno de espírito
   é homem de inteligência.
²⁸ Até o estulto, quando se cala,
   é tido por sábio,
   e o que cerra os lábios, por sábio.

18 O solitário busca
      o seu próprio interesse
   e insurge-se
      contra a verdadeira sabedoria.
² O insensato não tem prazer
   no entendimento,
   senão em externar o seu interior.

³ Vindo a perversidade,
   vem também o desprezo;
   e, com a ignomínia, a vergonha.
⁴ Águas profundas são as palavras
   da boca do homem,
   e a fonte da sabedoria,
   ribeiros transbordantes.
⁵ Não é bom ser parcial com o perverso,
   para torcer o direito contra os justos.
⁶ Os lábios do insensato
   entram na contenda,
   e por açoites brada a sua boca.
⁷ A boca do insensato
   é a sua própria destruição,
   e os seus lábios,
   um laço para a sua alma.
⁸ As palavras do maldizente
   são doces bocados
   que descem
   para o mais interior do ventre.
⁹ Quem é negligente na sua obra
   já é irmão do desperdiçador.
¹⁰ Torre forte é o nome do SENHOR,
   à qual o justo se acolhe e está seguro.
¹¹ Os bens do rico lhe são cidade forte
   e, segundo imagina,
   uma alta muralha.
¹² Antes da ruína,
   gaba-se o coração do homem,
   e diante da honra vai a humildade.
¹³ Responder antes de ouvir
   é estultícia e vergonha.
¹⁴ O espírito firme sustém o homem
   na sua doença,
   mas o espírito abatido,
   quem o pode suportar?
¹⁵ O coração do sábio
   adquire o conhecimento,
   e o ouvido dos sábios procura o saber.
¹⁶ O presente que o homem faz
   alarga-lhe o caminho
   e leva-o perante os grandes.
¹⁷ O que começa o pleito parece justo,
   até que vem o outro e o examina.
¹⁸ Pelo lançar da sorte, cessam os pleitos,
   e se decide a causa entre os poderosos.
¹⁹ O irmão ofendido
   resiste mais que uma fortaleza;
   suas contendas
   são ferrolhos dum castelo.
²⁰ Do fruto da boca o coração se farta,
   do que produzem os lábios se satisfaz.
²¹ A morte e a vida
   estão no poder da língua;
   o que bem a utiliza come do seu fruto.
²² O que acha uma esposa acha o bem
   e alcançou a benevolência do SENHOR.
²³ O pobre fala com súplicas,
   porém o rico responde com durezas.

24 O homem que tem muitos amigos
   sai perdendo;
mas há amigo mais chegado
   do que um irmão.

19 Melhor é o pobre
   que anda na sua integridade
do que o perverso de lábios e tolo.

2 Não é bom proceder sem refletir,
   e peca quem é precipitado.

3 A estultícia do homem
   perverte o seu caminho,
mas é contra o SENHOR
   que o seu coração se ira.

4 As riquezas multiplicam os amigos;
   mas, ao pobre, o seu próprio amigo
   o deixa.

5 A falsa testemunha não fica impune,
   e o que profere mentiras não escapa.

6 Ao generoso, muitos o adulam,
   e todos são amigos
   do que dá presentes.

7 Se os irmãos do pobre o aborrecem,
   quanto mais se afastarão dele
   os seus amigos!
Corre após eles com súplicas,
   mas não os alcança.

8 O que adquire entendimento
   ama a sua alma;
o que conserva a inteligência
   acha o bem.

9 A falsa testemunha não fica impune,
   e o que profere mentiras perece.

10 Ao insensato não convém
   a vida regalada,
quanto menos ao escravo
   dominar os príncipes!

11 A discrição do homem
   o torna longânimo,
e sua glória é perdoar as injúrias.

12 Como o bramido do leão,
   assim é a indignação do rei;
mas seu favor
   é como o orvalho sobre a erva.

13 O filho insensato é a desgraça do pai,
   e um gotejar contínuo,
   as contenções da esposa.

14 A casa e os bens
   vêm como herança dos pais;
mas do SENHOR, a esposa prudente.

15 A preguiça faz cair em profundo sono,
   e o ocioso vem a padecer fome.

16 O que guarda o mandamento
   guarda a sua alma;
mas o que despreza os seus caminhos,
   esse morre.

17 Quem se compadece do pobre
   ao SENHOR empresta,
e este lhe paga o seu benefício.

18 Castiga a teu filho,
   enquanto há esperança,
mas não te excedas
   a ponto de matá-lo.

19 Homem de grande ira
   tem de sofrer o dano;
porque, se tu o livrares,
   virás ainda a fazê-lo de novo.

20 Ouve o conselho e recebe a instrução,
   para que sejas sábio
   nos teus dias por vir.

21 Muitos propósitos há
   no coração do homem,
mas o desígnio do SENHOR
   permanecerá.

22 O que torna agradável o homem
   é a sua misericórdia;
o pobre é preferível ao mentiroso.

23 O temor do SENHOR conduz à vida;
   aquele que o tem ficará satisfeito,
   e mal nenhum o visitará.

24 O preguiçoso mete a mão no prato
   e não quer ter o trabalho
   de a levar à boca.

25 Quando ferires ao escarnecedor,
   o simples aprenderá a prudência;
repreende ao sábio,
   e crescerá em conhecimento.

26 O que maltrata a seu pai
   ou manda embora a sua mãe
filho é que envergonha e desonra.

27 Filho meu, se deixas de ouvir
   a instrução,
desviar-te-ás
   das palavras do conhecimento.

28 A testemunha de Belial
   escarnece da justiça,
e a boca dos perversos
   devora a iniqüidade.

29 Preparados estão os juízos
   para os escarnecedores
e os açoites,
   para as costas dos insensatos.

20 O vinho é escarnecedor,
   e a bebida forte, alvoroçadora;
todo aquele que por eles é vencido
   não é sábio.

2 Como o bramido do leão,
   é o terror do rei;
o que lhe provoca a ira
   peca contra a sua própria vida.

3 Honroso é para o homem
   o desviar-se de contendas,
mas todo insensato se mete em rixas.

4 O preguiçoso não lavra
   por causa do inverno;
pelo que, na sega, procura
   e nada encontra.

5 Como águas profundas,
são os propósitos
do coração do homem,
mas o homem de inteligência
sabe descobri-los.
6 Muitos proclamam
a sua própria benignidade;
mas o homem fidedigno,
quem o achará?
7 O justo anda na sua integridade;
felizes lhe são os filhos depois dele.
8 Assentando-se o rei no trono do juízo,
com os seus olhos dissipa todo mal.
9 Quem pode dizer:
Purifiquei o meu coração,
limpo estou do meu pecado?
10 Dois pesos e duas medidas,
uns e outras são abomináveis
ao SENHOR.
11 Até a criança se dá a conhecer
pelas suas ações,
se o que faz é puro e reto.
12 O ouvido que ouve e o olho que vê,
o SENHOR os fez,
tanto um como o outro.
13 Não ames o sono,
para que não empobreças;
abre os olhos e te fartarás
do teu próprio pão.
14 Nada vale, nada vale,
diz o comprador,
mas, indo-se, então, se gaba.
15 Há ouro e abundância de pérolas,
mas os lábios instruídos
são jóia preciosa.
16 Tome-se a roupa àquele que fica
fiador por outrem;
e, por penhor, àquele que se obriga
por estrangeiros.
17 Suave é ao homem o pão ganho
por fraude,
mas depois a sua boca se encherá
de pedrinhas de areia.
18 Os planos mediante os conselhos
têm bom êxito;
faze a guerra com prudência.
19 O mexeriqueiro revela o segredo;
portanto, não te metas
com quem muito abre os lábios.
20 A quem amaldiçoa a seu pai
ou a sua mãe,
apagar-se-lhe-á a lâmpada
nas mais densas trevas.
21 A posse antecipada de uma herança
no fim não será abençoada.
22 Não digas: Vingar-me-ei do mal;
espera pelo SENHOR, e ele te livrará.
23 Dois pesos são cousa abominável

ao SENHOR,
e balança enganosa não é boa.
24 Os passos do homem são dirigidos
pelo SENHOR;
como, pois, poderá o homem
entender o seu caminho?
25 Laço é para o homem
o dizer precipitadamente: É santo!
E só refletir depois de fazer o voto.
26 O rei sábio joeira os perversos
e faz passar sobre eles a roda.
27 O espírito do homem
é a lâmpada do SENHOR,
a qual esquadrinha
todo o mais íntimo do corpo.
28 Amor e fidelidade preservam o rei,
e com benignidade sustém ele
o seu trono.
29 O ornato dos jovens é a sua força,
e a beleza dos velhos, as suas cãs.
30 Os vergões das feridas
purificam do mal,
e os açoites, o mais íntimo do corpo.

21 Como ribeiros de águas
assim é o coração do rei
na mão do SENHOR;
este, segundo o seu querer, o inclina.
2 Todo caminho do homem é reto
aos seus próprios olhos,
mas o SENHOR sonda os corações.
3 Exercitar justiça e juízo
é mais aceitável ao SENHOR
do que sacrifício.
4 Olhar altivo e coração orgulhoso,
a lâmpada dos perversos, são pecado.
5 Os planos do diligente
tendem à abundância,
mas a pressa excessiva, à pobreza.
6 Trabalhar por adquirir tesouro
com língua falsa
é vaidade e laço mortal.
7 A violência dos perversos os arrebata,
porque recusam praticar a justiça.
8 Tortuoso é o caminho do homem
carregado de culpa,
mas reto, o proceder do honesto.
9 Melhor é morar no canto do eirado
do que junto com a mulher rixosa
na mesma casa.
10 A alma do perverso deseja o mal;
nem o seu vizinho recebe dele
compaixão.
11 Quando o escarnecedor é castigado,
o simples se torna sábio;
e, quando o sábio é instruído,
recebe o conhecimento.
12 O Justo considera a casa dos perversos
e os arrasta para o mal.

¹³ O que tapa o ouvido
 ao clamor do pobre
também clamará e não será ouvido.
¹⁴ O presente que se dá em segredo
 abate a ira,
e a dádiva em sigilo,
 uma forte indignação.
¹⁵ Praticar a justiça
 é alegria para o justo,
mas espanto,
 para os que praticam a iniqüidade.
¹⁶ O homem que se desvia
 do caminho do entendimento
na congregação dos mortos
 repousará.
¹⁷ Quem ama os prazeres empobrecerá,
quem ama o vinho e o azeite
 jamais enriquecerá.
¹⁸ O perverso serve de resgate
 para o justo;
e, para os retos, o pérfido.
¹⁹ Melhor é morar numa terra deserta
do que com a mulher rixosa
 e iracunda.
²⁰ Tesouro desejável e azeite
 há na casa do sábio,
mas o homem insensato os desperdiça.
²¹ O que segue a justiça e a bondade
achará a vida, a justiça e a honra.
²² O sábio escala a cidade dos valentes
e derriba a fortaleza
 em que ela confia.
²³ O que guarda a boca e a língua
guarda a sua alma das angústias.
²⁴ Quanto ao soberbo e presumido,
 zombador é seu nome;
procede com indignação e arrogância.
²⁵ O preguiçoso morre desejando,
 porque as suas mãos
 recusam trabalhar.
²⁶ O cobiçoso cobiça todo o dia,
mas o justo dá e nada retém.
²⁷ O sacrifício dos perversos
 já é abominação;
quanto mais oferecendo-o
 com intenção maligna!
²⁸ A testemunha falsa perecerá,
mas a auricular falará
 sem ser contestada.
²⁹ O homem perverso
 mostra dureza no rosto,
mas o reto considera o seu caminho.
³⁰ Não há sabedoria, nem inteligência,
nem mesmo conselho
 contra o Senhor.
³¹ O cavalo prepara-se
 para o dia da batalha,
mas a vitória vem do Senhor.

22 Mais vale o bom nome
 do que as muitas riquezas;
e o ser estimado é melhor
 do que a prata e o ouro.
² O rico e o pobre se encontram;
a um e a outro faz o Senhor.
³ O prudente vê o mal e esconde-se;
mas os simples passam adiante
 e sofrem a pena.
⁴ O galardão da humildade
 e o temor do Senhor
são riquezas, e honra, e vida.
⁵ Espinhos e laços
 há no caminho do perverso;
o que guarda a sua alma
 retira-se para longe deles.
⁶ Ensina a criança
 no caminho em que deve andar,
e, ainda quando for velho,
 não se desviará dele.
⁷ O rico domina sobre o pobre,
e o que toma emprestado
 é servo do que empresta.
⁸ O que semeia a injustiça segará males;
e a vara da sua indignação falhará.
⁹ O generoso será abençoado,
porque dá do seu pão ao pobre.
¹⁰ Lança fora o escarnecedor,
 e com ele se irá a contenda;
cessarão as demandas e a ignomínia.
¹¹ O que ama a pureza do coração
 e é grácil no falar
terá por amigo o rei.
¹² Os olhos do Senhor conservam
 aquele que tem conhecimento,
mas as palavras do iníquo
 ele transtornará.
¹³ Diz o preguiçoso: Um leão está lá fora;
serei morto no meio das ruas.
¹⁴ Cova profunda
 é a boca da mulher estranha;
aquele contra quem o Senhor se irar
 cairá nela.
¹⁵ A estultícia está ligada
 ao coração da criança,
mas a vara da disciplina
 a afastará dela.
¹⁶ O que oprime ao pobre
 para enriquecer a si
ou o que dá ao rico
 certamente empobrecerá.

Preceitos e admoestações

¹⁷ Inclina o ouvido,
 e ouve as palavras dos sábios,
e aplica o coração
 ao meu conhecimento.

18 Porque é cousa agradável
os guardares no teu coração
e os aplicares todos aos teus lábios.
19 Para que a tua confiança
esteja no SENHOR,
quero dar-te hoje a instrução,
a ti mesmo.
20 Porventura, não te escrevi
excelentes cousas
acerca de conselhos e conhecimentos,
21 para mostrar-te a certeza
das palavras da verdade,
a fim de que possas responder
claramente aos que te enviarem?
22 Não roubes ao pobre, porque é pobre,
nem oprimas em juízo ao aflito,
23 porque o SENHOR defenderá
a causa deles
e tirará a vida aos que os despojam.
24 Não te associes com o iracundo,
nem andes com o homem colérico,
25 para que não aprendas as suas veredas
e, assim, enlaces a tua alma.
26 Não estejas entre os que
se compromctem
e ficam por fiadores de dívidas,
27 pois, se não tens com que pagar,
por que arriscas perder a cama
de dcbaixo de ti?
28 Não removas os marcos antigos
que puseram teus pais.
29 Vês a um homem perito na sua obra?
Perante reis será posto;
não entre a plebe.

23 Quando te assentares a comer
com um governador,
atenta bem para aquele que está
diante de ti;
2 mete uma faca à tua garganta,
se és homem glutão.
3 Não cobices
os seus delicados manjares,
porque são comidas enganadoras.
4 Não te fatigues para seres rico;
não apliques nisso a tua inteligência.
5 Porventura, fitarás os olhos
naquilo que não é nada?
Pois, ccrtamente, a riqueza
fará para si asas,
como a águia que voa pelos céus.
6 Não comas o pão do invejoso,
nem cobices
os seus delicados manjares.
7 Porque, como imagina em sua alma,
assim ele é;
ele te diz: Come e bebe;
mas o seu coração não está contigo.

8 Vomitarás o bocado que comeste
e perderás as tuas suaves palavras.
9 Não fales aos ouvidos do insensato,
porque desprezará a sabedoria
das tuas palavras.
10 Não removas os marcos antigos,
nem entres nos campos dos órfãos,
11 porque o seu Vingador é forte
e lhes pleiteará a causa contra ti.
12 Aplica o coração ao ensino
e os ouvidos
às palavras do conhecimento.
13 Não retires da criança a disciplina,
pois, se a fustigares com a vara,
não morrerá.
14 Tu a fustigarás com a vara
e livrarás a sua alma do inferno.
15 Filho meu, se o teu coração for sábio,
alegrar-se-á também o meu;
16 exultará o meu íntimo,
quando os teus lábios
falarem cousas retas.
17 Não tenha o teu coração inveja
dos pecadores;
antes, no temor do SENHOR
perseverarás todo dia.
18 Porque deveras haverá bom futuro;
não será frustrada a tua esperança.
19 Ouve, filho meu, e sê sábio;
guia retamente no caminho
o teu coração.
20 Não estejas entre os bebedores
de vinho
nem entre os comilões de carne.
21 Porque o bebcrrão e o comilão
caem em pobreza;
e a sonolência vestirá de trapos
o homem.
22 Ouve a teu pai, que te gerou,
e não desprezes a tua mãe,
quando vier a envelhecer.
23 Compra a verdade e não a vendas;
compra a sabedoria, a instrução
e o entendimento.
24 Grandemente se regozijará
o pai do justo,
e quem gerar a um sábio
nele se alegrará.
25 Alegrem-se teu pai e tua mãe,
e regozije-se a que te deu à luz.
26 Dá-me, filho meu, o teu coração,
e os teus olhos se agradem
dos meus caminhos.
27 Pois cova profunda é a prostituta,
poço estreito, a alheia.
28 Ela, como salteador, se põe a espreitar
e multiplica entre os homens os infiéis.
29 Para quem são os ais?

Para quem, os pesares?
Para quem, as rixas?
Para quem, as queixas?
Para quem, as feridas sem causa?
E para quem, os olhos vermelhos?
30 Para os que se demoram
em beber vinho,
para os que andam buscando
bebida misturada.
31 Não olhes para o vinho,
quando se mostra vermelho,
quando resplandece no copo
e se escoa suavemente.
32 Pois ao cabo morderá como a cobra
e picará como o basilisco.
33 Os teus olhos verão cousas esquisitas,
e o teu coração falará perversidades.
34 Serás como o que se deita
no meio do mar
e como o que se deita
no alto do mastro
35 e dirás: Espancaram-me,
e não me doeu;
bateram-me, e não o senti;
quando despertarei?
Então, tornarei a beber.

24 Não tenhas inveja
dos homens malignos,
nem queiras estar com eles,
2 porque o seu coração
maquina violência,
e os seus lábios falam para o mal.
3 Com a sabedoria edifica-se a casa,
e com a inteligência ela se firma;
4 pelo conhecimento
se encherão as câmaras
de toda sorte de bens,
preciosos e deleitáveis.
5 Mais poder tem o sábio do que o forte,
e o homem de conhecimento,
mais do que o robusto.
6 Com medidas de prudência
farás a guerra;
na multidão de conselheiros
está a vitória.
7 A sabedoria é alta demais
para o insensato;
no juízo, a sua boca não terá palavra.
8 Ao que cuida em fazer o mal,
mestre de intrigas lhe chamarão.
9 Os desígnios do insensato são pecado,
e o escarnecedor
é abominável aos homens.
10 Se te mostras fraco no dia da angústia,
a tua força é pequena.
11 Livra os que estão sendo levados
para a morte

e salva os que cambaleiam
indo para serem mortos.
12 Se disseres: Não o soubemos,
não o perceberá aquele que pesa
os corações?
Não o saberá aquele que atenta
para a tua alma?
E não pagará ele ao homem
segundo as suas obras?
13 Filho meu, saboreia o mel,
porque é saudável,
e o favo, porque é doce ao teu paladar.
14 Então, sabe que assim é a sabedoria
para a tua alma;
se a achares, haverá bom futuro,
e não será frustrada a tua esperança.
15 Não te ponhas de emboscada,
ó perverso,
contra a habitação do justo,
nem assoles o lugar do seu repouso,
16 porque sete vezes cairá o justo
e se levantará;
mas os perversos são derribados
pela calamidade.
17 Quando cair o teu inimigo,
não te alegres,
e não se regozije o teu coração
quando ele tropeçar;
18 para que o Senhor não veja isso,
e lhe desagrade, e desvie dele a sua ira.
19 Não te aflijas
por causa dos malfeitores,
nem tenhas inveja dos perversos,
20 porque o maligno
não terá bom futuro,
e a lâmpada dos perversos se apagará.
21 Teme ao Senhor, filho meu, e ao rei
e não te associes com os revoltosos.
22 Porque de repente se levantará
a sua perdição,
e a ruína que virá daqueles dois,
quem a conhecerá?
23 São também estes provérbios
dos sábios.
Parcialidade no julgar não é bom.
24 O que disser ao perverso: Tu és justo;
pelo povo será maldito
e detestado pelas nações.
25 Mas os que o repreenderem
se acharão bem,
e sobre eles virão grandes bênçãos.
26 Como beijo nos lábios,
é a resposta com palavras retas.
27 Cuida dos teus negócios lá fora,
apronta a lavoura no campo
e depois edifica a tua casa.
28 Não sejas testemunha sem causa

contra o teu próximo,
nem o enganes com os teus lábios.
²⁹ Não digas: Como ele me fez a mim,
assim lhe farei a ele;
pagarei a cada um segundo a sua obra.
³⁰ Passei pelo campo do preguiçoso
e junto à vinha
do homem falto de entendimento;
³¹ eis que tudo estava cheio de espinhos,
a sua superfície, coberta de urtigas,
e o seu muro de pedra, em ruínas.
³² Tendo-o visto, considerei;
vi e recebi a instrução.
³³ Um pouco para dormir,
um pouco para tosquenejar,
um pouco para encruzar os braços
em repouso,
³⁴ assim sobrevirá a tua pobreza
como um ladrão,
e a tua necessidade,
como um homem armado.

Símiles e lições morais

25 São também estes provérbios de Salomão, os quais transcreveram os homens de Ezequias, rei de Judá.
² A glória de Deus é encobrir as cousas,
mas a glória dos reis
é esquadrinhá-las.
³ Como a altura dos céus
e a profundeza da terra,
assim o coração dos reis é insondável.
⁴ Tira da prata a escória,
e sairá vaso para o ourives;
⁵ tira o perverso da presença do rei,
e o seu trono se firmará na justiça.
⁶ Não te glories na presença do rei,
nem te ponhas no meio dos grandes;
⁷ porque melhor é que te digam:
Sobe para aqui!,
do que seres humilhado
diante do príncipe.
A respeito do que os teus olhos viram,
⁸ não te apresses a litigar,
pois, ao fim, que farás,
quando o teu próximo
te puser em apuros?
⁹ Pleiteia a tua causa
diretamente com o teu próximo
e não descubras o segredo de outrem;
¹⁰ para que não te vitupere
aquele que te ouvir,
e não se te apegue a tua infâmia.
¹¹ Como maçãs de ouro
em salvas de prata,
assim é a palavra dita a seu tempo.

¹² Como pendentes e jóias de ouro puro,
assim é o sábio repreensor
para o ouvido atento.
¹³ Como o frescor de neve
no tempo da ceifa,
assim é o mensageiro fiel
para com os que o enviam,
porque refrigera a alma
dos seus senhores.
¹⁴ Como nuvens e ventos
que não trazem chuva,
assim é o homem que se gaba
de dádivas que não fez.
¹⁵ A longanimidade persuade o príncipe,
e a língua branda esmaga ossos.
¹⁶ Achaste mel?
Come apenas o que te basta,
para que não te fartes dele
e venhas a vomitá-lo.
¹⁷ Não sejas freqüente
na casa do teu próximo,
para que não se enfade de ti
e te aborreça.
¹⁸ Maça, espada e flecha aguda
é o homem
que levanta falso testemunho
contra o seu próximo.
¹⁹ Como dente quebrado
e pé sem firmeza,
assim é a confiança no desleal,
no tempo da angústia.
²⁰ Como quem se despe num dia de frio
e como vinagre sobre feridas,
assim é o que entoa canções
junto ao coração aflito.
²¹ Se o que te aborrece tiver fome,
dá-lhe pão para comer;
se tiver sede, dá-lhe água para beber,
²² porque assim amontoarás brasas vivas
sobre a sua cabeça,
e o Senhor te retribuirá.
²³ O vento norte traz chuva,
e a língua fingida, o rosto irado.
²⁴ Melhor é morar no canto do eirado
do que junto com a mulher rixosa
na mesma casa.
²⁵ Como água fria para o sedento,
tais são as boas-novas
vindas de um país remoto.
²⁶ Como fonte que foi turvada
e manancial corrupto,
assim é o justo que cede ao perverso.
²⁷ Comer muito mel não é bom;
assim, procurar a própria honra
não é honra.
²⁸ Como cidade derribada,

24.33,34 Pv 6.10,11.   25.6,7 Lc 14.8-10.   25.21,22 Rm 12.20.

que não tem muros,
assim é o homem
que não tem domínio próprio.

26 Como a neve no verão
e como a chuva na ceifa,
assim, a honra não convém
ao insensato.

2 Como o pássaro que foge,
como a andorinha no seu vôo,
assim, a maldição sem causa
não se cumpre.

3 O açoite é para o cavalo,
o freio, para o jumento,
e a vara, para as costas dos insensatos.

4 Não respondas ao insensato
segundo a sua estultícia,
para que não te faças semelhante a ele.

5 Ao insensato responde
segundo a sua estultícia,
para que não seja ele sábio
aos seus próprios olhos.

6 Os pés corta e o dano sofre
quem manda mensagens
por intermédio do insensato.

7 As pernas do coxo pendem bambas;
assim é o provérbio
na boca dos insensatos.

8 Como o que atira pedra preciosa
num montão de ruínas,
assim é o que dá honra ao insensato.

9 Como galho de espinhos
na mão do bêbado,
assim é o provérbio
na boca dos insensatos.

10 Como um flecheiro que a todos fere,
assim é o que assalaria os insensatos
e os transgressores.

11 Como o cão que torna ao seu vômito,
assim é o insensato
que reitera a sua estultícia.

12 Tens visto a um homem que é sábio
a seus próprios olhos?
Maior esperança há no insensato
do que nele.

13 Diz o preguiçoso:
Um leão está no caminho;
um leão está nas ruas.

14 Como a porta se revolve
nos seus gonzos,
assim, o preguiçoso, no seu leito.

15 O preguiçoso mete a mão no prato
e não quer ter o trabalho
de a levar à boca.

16 Mais sábio é o preguiçoso
a seus próprios olhos

do que sete homens
que sabem responder bem.

17 Quem se mete em questão alheia
é como aquele que toma pelas orelhas
um cão que passa.

18 Como o louco que lança fogo,
flechas e morte,

19 assim é o homem
que engana a seu próximo
e diz: Fiz isso por brincadeira.

20 Sem lenha, o fogo se apaga;
e, não havendo maldizente,
cessa a contenda.

21 Como o carvão é para a brasa,
e a lenha, para o fogo,
assim é o homem contencioso
para acender rixas.

22 As palavras do maldizente
são comida fina,
que desce
para o mais interior do ventre.

23 Como vaso de barro
coberto de escórias de prata,
assim são os lábios amorosos
e o coração maligno.

24 Aquele que aborrece
dissimula com os lábios,
mas no íntimo encobre o engano;

25 quando te falar suavemente,
não te fies nele,
porque sete abominações
há no seu coração.

26 Ainda que o seu ódio se encobre
com engano,
a sua malícia se descobrirá
publicamente.

27 Quem abre uma cova nela cairá;
e a pedra rolará sobre quem a revolve.

28 A língua falsa aborrece a quem feriu,
e a boca lisonjeira é causa de ruína.

27 Não te glories do dia de amanhã,
porque não sabes o que trará à luz.

2 Seja outro o que te louve,
e não a tua boca;
o estrangeiro, e não os teus lábios.

3 Pesada é a pedra,
e a areia é uma carga;
mas a ira do insensato é mais pesada
do que uma e outra.

4 Cruel é o furor, e impetuosa, a ira,
mas quem pode resistir à inveja?

5 Melhor é a repreensão franca
do que o amor encoberto.

6 Leais são as feridas feitas
pelo que ama,

26.11 2Pe 2.22.   **27.1** Tg 4.13-16.

porém os beijos de quem odeia
   são enganosos.
7 A alma farta pisa o favo de mel,
   mas à alma faminta
   todo amargo é doce.
8 Qual ave que vagueia
   longe do seu ninho,
   tal é o homem que anda vagueando
   longe do seu lar.
9 Como o óleo e o perfume
   alegram o coração,
   assim, o amigo encontra doçura
   no conselho cordial.
10 Não abandones o teu amigo,
   nem o amigo de teu pai,
   nem entres na casa de teu irmão
   no dia da tua adversidade.
   Mais vale o vizinho perto
   do que o irmão longe.
11 Sê sábio, filho meu,
   e alegra o meu coração,
   para que eu saiba responder
   àqueles que me afrontam.
12 O prudente vê o mal e esconde-se;
   mas os simples passam adiante
   e sofrem a pena.
13 Tome-se a roupa àquele que fica
   fiador por outrem;
   e, por penhor, àquele que se obriga
   por mulher estranha.
14 O que bendiz ao seu vizinho
   em alta voz, logo de manhã,
   por maldição lhe atribuem o que faz.
15 O gotejar contínuo
   no dia de grande chuva
   e a mulher rixosa são semelhantes;
16 contê-la seria conter o vento,
   seria pegar o óleo na mão.
17 Como o ferro com o ferro se afia,
   assim, o homem, ao seu amigo.
18 O que trata da figueira
   comerá do seu fruto;
   e o que cuida do seu senhor
   será honrado.
19 Como na água o rosto corresponde
   ao rosto,
   assim, o coração do homem,
   ao homem.
20 O inferno e o abismo nunca se fartam,
   e os olhos do homem
   nunca se satisfazem.
21 Como o crisol prova a prata,
   e o forno, o ouro,
   assim, o homem é provado
   pelos louvores que recebe.
22 Ainda que pises o insensato
   com mão de gral

entre grãos pilados de cevada,
   não se vai dele a sua estultícia.
23 Procura conhecer
   o estado das tuas ovelhas
   e cuida dos teus rebanhos,
24 porque as riquezas não duram
   para sempre,
   nem a coroa, de geração em geração.
25 Quando, removido o feno,
   aparecerem os renovos
   e se recolherem as ervas dos montes,
26 então, os cordeiros te darão as vestes,
   os bodes, o preço do campo,
27 e as cabras, leite em abundância
   para teu alimento,
   para alimento da tua casa
   e para sustento das tuas servas.

Provérbios antitéticos

28 Fogem os perversos,
   sem que ninguém os persiga;
   mas o justo é intrépido como o leão.
2 Por causa da transgressão da terra,
   mudam-se freqüentemente
   os príncipes,
   mas por um, sábio e prudente,
   se faz estável a sua ordem.
3 O homem pobre que oprime os pobres
   é como chuva
   que a tudo arrasta e não deixa trigo.
4 Os que desamparam a lei
   louvam o perverso,
   mas os que guardam a lei
   se indignam contra ele.
5 Os homens maus
   não entendem o que é justo,
   mas os que buscam o SENHOR
   entendem tudo.
6 Melhor é o pobre
   que anda na sua integridade
   do que o perverso, nos seus caminhos,
   ainda que seja rico.
7 O que guarda a lei é filho prudente,
   mas o companheiro de libertinos
   envergonha a seu pai.
8 O que aumenta os seus bens
   com juros e ganância
   ajunta-os para o que se compadece
   do pobre.
9 O que desvia os ouvidos
   de ouvir a lei,
   até a sua oração será abominável.
10 O que desvia os retos
   para o mau caminho,
   ele mesmo cairá na cova que fez,
   mas os íntegros herdarão o bem.
11 O homem rico é sábio

aos seus próprios olhos;
mas o pobre que é sábio
sabe sondá-lo.

¹² Quando triunfam os justos,
há grande festividade;
quando, porém, sobem os perversos,
os homens se escondem.

¹³ O que encobre as suas transgressões
jamais prosperará;
mas o que as confessa e deixa
alcançará misericórdia.

¹⁴ Feliz o homem constante
no temor de Deus;
mas o que endurece o coração
cairá no mal.

¹⁵ Como leão que ruge e urso que ataca,
assim é o perverso
que domina sobre um povo pobre.

¹⁶ O príncipe falto de inteligência
multiplica as opressões,
mas o que aborrece a avareza
viverá muitos anos.

¹⁷ O homem carregado
do sangue de outrem
fugirá até à cova;
ninguém o detenha.

¹⁸ O que anda em integridade será salvo,
mas o perverso em seus caminhos
cairá logo.

¹⁹ O que lavra a sua terra
virá a fartar-se de pão,
mas o que se ajunta a vadios
se fartará de pobreza.

²⁰ O homem fiel
será cumulado de bênçãos,
mas o que se apressa a enriquecer
não passará sem castigo.

²¹ Parcialidade não é bom,
porque até por um bocado de pão
o homem prevaricará.

²² Aquele que tem olhos invejosos
corre atrás das riquezas,
mas não sabe que há de vir sobre ele
a penúria.

²³ O que repreende ao homem
achará depois mais favor
do que aquele que lisonjeia
com a língua.

²⁴ O que rouba a seu pai ou a sua mãe
e diz: Não é pecado,
companheiro é do destruidor.

²⁵ O cobiçoso levanta contendas,
mas o que confia no Senhor
prosperará.

²⁶ O que confia no seu próprio coração
é insensato,
mas o que anda em sabedoria
será salvo.

²⁷ O que dá ao pobre não terá falta,
mas o que dele esconde os olhos
será cumulado de maldições.

²⁸ Quando sobem os perversos,
os homens se escondem,
mas, quando eles perecem,
os justos se multiplicam.

29 O homem que muitas vezes
repreendido endurece a cerviz
será quebrantado de repente
sem que haja cura.

² Quando se multiplicam os justos,
o povo se alegra,
quando, porém, domina o perverso,
o povo suspira.

³ O homem que ama a sabedoria
alegra a seu pai,
mas o companheiro de prostitutas
desperdiça os bens.

⁴ O rei justo sustém a terra,
mas o amigo de impostos a transtorna.

⁵ O homem que lisonjeia a seu próximo
arma-lhe uma rede aos passos.

⁶ Na transgressão do homem mau,
há laço,
mas o justo canta e se regozija.

⁷ Informa-se o justo
da causa dos pobres,
mas o perverso de nada disso
quer saber.

⁸ Os homens escarnecedores
alvoroçam a cidade,
mas os sábios desviam a ira.

⁹ Se o homem sábio discute
com o insensato,
quer este se encolerize, quer se ria,
não haverá fim.

¹⁰ Os sanguinários aborrecem o íntegro,
ao passo que, quanto aos retos,
procuram tirar-lhes a vida.

¹¹ O insensato expande toda a sua ira,
mas o sábio afinal lha reprime.

¹² Se o governador dá atenção
a palavras mentirosas,
virão a ser perversos
todos os seus servos.

¹³ O pobre e o seu opressor
se encontram,
mas é o Senhor quem dá luz
aos olhos de ambos.

¹⁴ O rei que julga os pobres
com eqüidade
firmará o seu trono para sempre.

¹⁵ A vara e a disciplina dão sabedoria,
mas a criança entregue a si mesma
vem a envergonhar a sua mãe.

¹⁶ Quando os perversos se multiplicam,

multiplicam-se as transgressões,
mas os justos verão a ruína deles.
¹⁷ Corrige o teu filho, e te dará descanso,
dará delícias à tua alma.
¹⁸ Não havendo profecia,
o povo se corrompe;
mas o que guarda a lei, esse é feliz.
¹⁹ O servo não se emendará
com palavras,
porque, ainda que entenda,
não obedecerá.
²⁰ Tens visto um homem precipitado
nas suas palavras?
Maior esperança há para o insensato
do que para ele.
²¹ Se alguém amimar o escravo
desde a infância,
por fim ele quererá ser filho.
²² O iracundo levanta contendas,
e o furioso multiplica as transgressões.
²³ A soberba do homem o abaterá,
mas o humilde de espírito
obterá honra.
²⁴ O que tem parte com o ladrão
aborrece a própria alma;
ouve as maldições e nada denuncia.
²⁵ Quem teme ao homem arma ciladas,
mas o que confia no SENHOR
está seguro.
²⁶ Muitos buscam o favor
daquele que governa,
mas para o homem
a justiça vem do SENHOR.
²⁷ Para o justo, o iníquo é abominação,
e o reto no seu caminho
é abominação ao perverso.

As palavras de Agur
Palavras de Agur, filho de Jaque, de Massá

30 Disse o homem:
Fatiguei-me, ó Deus;
fatiguei-me, ó Deus, e estou exausto;
² porque sou demasiadamente estúpido
para ser homem;
não tenho inteligência de homem,
³ não aprendi a sabedoria,
nem tenho o conhecimento do Santo.
⁴ Quem subiu ao céu e desceu?
Quem encerrou os ventos
nos seus punhos?
Quem amarrou as águas na sua roupa?
Quem estabeleceu
todas as extremidades da terra?
Qual é o seu nome,
e qual é o nome de seu filho,
se é que o sabes?

⁵ Toda palavra de Deus é pura;
ele é escudo para os que nele confiam.
⁶ Nada acrescentes às suas palavras,
para que não te repreenda,
e sejas achado mentiroso.
⁷ Duas cousas te peço;
não mas negues, antes que eu morra:
⁸ afasta de mim a falsidade e a mentira;
não me dês nem a pobreza
nem a riqueza;
dá-me o pão que me for necessário;
⁹ para não suceder que,
estando eu farto, te negue
e diga: Quem é o SENHOR?
Ou que, empobrecido, venha a furtar
e profane o nome de Deus.
¹⁰ Não calunies o servo
diante de seu senhor,
para que aquele te não amaldiçoe
e fiques culpado.
¹¹ Há daqueles que amaldiçoam
a seu pai
e que não bendizem a sua mãe.
¹² Há daqueles que são puros
aos próprios olhos
e que jamais foram lavados
da sua imundícia.
¹³ Há daqueles — quão altivos
são os seus olhos
e levantadas as suas pálpebras!
¹⁴ Há daqueles cujos dentes são espadas,
e cujos queixais são facas,
para consumirem na terra os aflitos
e os necessitados entre os homens.
¹⁵ A sanguessuga tem duas filhas,
a saber: Dá, Dá.
Há três cousas que nunca se fartam,
sim, quatro que não dizem: Basta!
¹⁶ Elas são a sepultura, a madre estéril,
a terra, que se não farta de água,
e o fogo, que nunca diz: Basta!
¹⁷ Os olhos de quem zomba do pai
ou de quem despreza a obediência
à sua mãe,
corvos no ribeiro os arrancarão
e pelos pintãos da águia
serão comidos.
¹⁸ Há três cousas que são
maravilhosas demais para mim,
sim, há quatro que não entendo:
¹⁹ o caminho da águia no céu,
o caminho da cobra na penha,
o caminho do navio no meio do mar
e o caminho do homem
com uma donzela.
²⁰ Tal é o caminho da mulher adúltera:
come, e limpa a boca,
e diz: Não cometi maldade.

21 **S**ob três cousas estremece a terra,
sim, sob quatro não pode subsistir:
22 sob o servo quando se torna rei;
sob o insensato
quando anda farto de pão;
23 sob a mulher desdenhada
quando se casa;
sob a serva quando se torna
herdeira da sua senhora.
24 **H**á quatro cousas mui pequenas
na terra
que, porém, são mais sábias
que os sábios:
25 as formigas, povo sem força;
todavia, no verão preparam
a sua comida;
26 os arganazes, povo não poderoso;
contudo, fazem a sua casa nas rochas;
27 os gafanhotos não têm rei;
contudo, marcham todos em bandos;
28 o geco, que se apanha com as mãos;
contudo, está nos palácios dos reis.
29 **H**á três que têm passo elegante,
sim, quatro que andam airosamente:
30 **O** leão, o mais forte entre os animais,
que por ninguém torna atrás;
31 o galo, que anda ereto, o bode
e o rei, a quem não se pode resistir.
32 **S**e procedeste insensatamente
em te exaltares
ou se maquinaste o mal,
põe a mão na boca.
33 **P**orque o bater do leite
produz manteiga,
e o torcer do nariz produz sangue,
e o açular a ira produz contendas.

Conselhos para o rei Lemuel

31 **Palavras do rei Lemuel, de Massá,**
as quais lhe ensinou sua mãe.
2 **Q**ue te direi, filho meu?
Ó filho do meu ventre?
Que te direi, ó filho dos meus votos?
3 **N**ão dês às mulheres a tua força,
nem os teus caminhos,
às que destroem os reis.
4 **N**ão é próprio dos reis, ó Lemuel,
não é próprio dos reis beber vinho,
nem dos príncipes
desejar bebida forte.
5 **P**ara que não bebam,
e se esqueçam da lei,
e pervertam o direito
de todos os aflitos.
6 **D**ai bebida forte aos que perecem
e vinho, aos amargurados de espírito;
7 para que bebam,

e se esqueçam da sua pobreza,
e de suas fadigas não se lembrem mais.
8 **A**bre a boca a favor do mudo,
pelo direito de todos os que
se acham desamparados.
9 **A**bre a boca, julga retamente
e faze justiça aos pobres
e aos necessitados.

O louvor da mulher virtuosa

10 **M**ulher virtuosa, quem a achará?
O seu valor muito excede
o de finas jóias.
11 **O** coração do seu marido confia nela,
e não haverá falta de ganho.
12 **E**la lhe faz bem e não mal,
todos os dias da sua vida.
13 **B**usca lã e linho
e de bom grado trabalha com as mãos.
14 **É** como o navio mercante:
de longe traz o seu pão.
15 **É** ainda noite, e já se levanta,
e dá mantimento à sua casa
e a tarefa às suas servas.
16 **E**xamina uma propriedade
e adquire-a;
planta uma vinha
com as rendas do seu trabalho.
17 **C**inge os lombos de força
e fortalece os braços.
18 **E**la percebe que o seu ganho é bom;
a sua lâmpada não se apaga de noite.
19 **E**stende as mãos ao fuso,
mãos que pegam na roca.
20 **A**bre a mão ao aflito;
e ainda a estende ao necessitado.
21 **N**o tocante à sua casa,
não teme a neve,
pois todos andam vestidos
de lã escarlate.
22 **F**az para si cobertas,
veste-se de linho fino e de púrpura.
23 **S**eu marido é estimado entre os juízes,
quando se assenta
com os anciãos da terra.
24 **E**la faz roupas de linho fino,
e vende-as,
e dá cintas aos mercadores.
25 **A** força e a dignidade
são os seus vestidos,
e, quanto ao dia de amanhã,
não tem preocupações.
26 **F**ala com sabedoria,
e a instrução da bondade
está na sua língua.

27 Atende ao bom andamento
da sua casa
e não come o pão da preguiça.
28 Levantam-se seus filhos
e lhe chamam ditosa;
seu marido a louva, dizendo:
29 Muitas mulheres procedem
virtuosamente,
mas tu a todas sobrepujas.
30 Enganosa é a graça, e vã, a formosura,
mas a mulher que teme ao Senhor,
essa será louvada.
31 Dai-lhe do fruto das suas mãos,
e de público a louvarão as suas obras.

LIVRO DO

ECLESIASTES

OU O PREGADOR

Tudo é vaidade

1 Palavra do Pregador, filho de Davi, rei de Jerusalém:
2 Vaidade de vaidades, diz o Pregador; vaidade de vaidades, tudo é vaidade.
3 Que proveito tem o homem de todo o seu trabalho, com que se afadiga debaixo do sol?

A eterna mesmice

4 Geração vai e geração vem; mas a terra permanece para sempre.
5 Levanta-se o sol, e põe-se o sol, e volta ao seu lugar, onde nasce de novo.
6 O vento vai para o sul e faz o seu giro para o norte; volve-se, e revolve-se, na sua carreira, e retorna aos seus circuitos.
7 Todos os rios correm para o mar, e o mar não se enche; ao lugar para onde correm os rios, para lá tornam eles a correr.
8 Todas as cousas são canseiras tais, que ninguém as pode exprimir; os olhos não se fartam de ver, nem se enchem os ouvidos de ouvir.
9 O que foi é o que há de ser; e o que se fez, isso se tornará a fazer; nada há, pois, novo debaixo do sol.
10 Há alguma cousa de que se possa dizer: Vê, isto é novo? Não! Já foi nos séculos que foram antes de nós.
11 Já não há lembrança das cousas que precederam; e das cousas posteriores também não haverá memória entre os que hão de vir depois delas.

A experiência do Pregador

12 Eu, o Pregador, venho sendo rei de Israel, em Jerusalém.
13 Apliquei o coração a esquadrinhar e a informar-me com sabedoria de tudo quanto sucede debaixo do céu; este enfadonho trabalho impôs Deus aos filhos dos homens, para nele os afligir.
14 Atentei para todas as obras que se fazem debaixo do sol, e eis que tudo era vaidade e correr atrás do vento.
15 Aquilo que é torto não se pode endireitar; e o que falta não se pode calcular.
16 Disse comigo: cis que me engrandeci e sobrepujei em sabedoria a todos os que antes de mim existiram em Jerusalém; com efeito, o meu coração tem tido larga experiência da sabedoria e do conhecimento.
17 Apliquei o coração a conhecer a sabedoria e a saber o que é loucura e o que é estultícia; e vim a saber que também isto é correr atrás do vento.
18 Porque na muita sabedoria há muito enfado; e quem aumenta ciência aumenta tristeza.

A vaidade das possessões

2 Disse comigo: vamos! Eu te provarei com a alegria; goza, pois, a felicidade; mas também isso era vaidade.
2 Do riso disse: é loucura; e da alegria: de que serve?
3 Resolvi no meu coração dar-me ao vinho, regendo-me, contudo, pela sabedoria, e entregar-me à loucura, até ver o que me

1.16 1Rs 4.29-31.

lhor seria que fizessem os filhos dos homens debaixo do céu, durante os poucos dias da sua vida.

4 Empreendi grandes obras; edifiquei para mim casas; plantei para mim vinhas.

5 Fiz jardins e pomares para mim e nestes plantei árvores frutíferas de toda espécie.

6 Fiz para mim açudes, para regar com eles o bosque em que reverdeciam as árvores.

7 Comprei servos e servas e tive servos nascidos em casa; também possuí bois e ovelhas, mais do que possuíram todos os que antes de mim viveram em Jerusalém.

8 Amontoei também para mim prata e ouro e tesouros de reis e de províncias; provi-me de cantores e cantoras e das delícias dos filhos dos homens: mulheres e mulheres.

9 Engrandeci-me e sobrepujei a todos os que viveram antes de mim em Jerusalém; perseverou também comigo a minha sabedoria.

10 Tudo quanto desejaram os meus olhos não lhes neguei, nem privei o coração de alegria alguma, pois eu me alegrava com todas as minhas fadigas, e isso era a recompensa de todas elas.

11 Considerei todas as obras que fizeram as minhas mãos, como também o trabalho que eu, com fadigas, havia feito; e eis que tudo era vaidade e correr atrás do vento, e nenhum proveito havia debaixo do sol.

A vaidade da sabedoria

12 Então, passei a considerar a sabedoria, e a loucura, e a estultícia. Que fará o homem que seguir ao rei? O mesmo que outros já fizeram.

13 Então, vi que a sabedoria é mais proveitosa do que a estultícia, quanto a luz traz mais proveito do que as trevas.

14 Os olhos do sábio estão na sua cabeça, mas o estulto anda em trevas; contudo, entendi que o mesmo lhes sucede a ambos.

15 Pelo que disse eu comigo: como acontece ao estulto, assim me sucede a mim; por que, pois, busquei eu mais a sabedoria? Então, disse a mim mesmo que também isso era vaidade.

16 Pois, tanto do sábio como do estulto, a memória não durará para sempre; pois, passados alguns dias, tudo cai no esquecimento. Ah! Morre o sábio, e da mesma sorte, o estulto!

17 Pelo que aborreci a vida, pois me foi penosa a obra que se faz debaixo do sol; sim, tudo é vaidade e correr atrás do vento.

A vaidade do trabalho

18 Também aborreci todo o meu trabalho, com que me afadiguei debaixo do sol, visto que o seu ganho eu havia de deixar a quem viesse depois de mim.

19 E quem pode dizer se será sábio ou estulto? Contudo, ele terá domínio sobre todo o ganho das minhas fadigas e sabedoria debaixo do sol; também isto é vaidade.

20 Então, me empenhei por que o coração se desesperasse de todo trabalho com que me afadigara debaixo do sol.

21 Porque há homem cujo trabalho é feito com sabedoria, ciência e destreza; contudo, deixará o seu ganho como porção a quem por ele não se esforçou; também isto é vaidade e grande mal.

22 Pois que tem o homem de todo o seu trabalho e da fadiga do seu coração, em que ele anda trabalhando debaixo do sol?

23 Porque todos os seus dias são dores, e o seu trabalho, desgosto; até de noite não descansa o seu coração; também isto é vaidade.

24 Nada há melhor para o homem do que comer, beber e fazer que a sua alma goze o bem do seu trabalho. No entanto, vi também que isto vem da mão de Deus,

25 pois, separado deste, quem pode comer ou quem pode alegrar-se?

26 Porque Deus dá sabedoria, conhecimento e prazer ao homem que lhe agrada; mas ao pecador dá trabalho, para que ele ajunte e amontoe, a fim de dar àquele que agrada a Deus. Também isto é vaidade e correr atrás do vento.

Tempo para tudo

3 Tudo tem o seu tempo determinado, e há tempo para todo propósito debaixo do céu:

2 há tempo de nascer e tempo de morrer; tempo de plantar e tempo de arrancar o que se plantou;

3 tempo de matar e tempo de curar; tempo de derribar e tempo de edificar;

4 tempo de chorar e tempo de rir; tempo de prantear e tempo de saltar de alegria;

5 tempo de espalhar pedras e tempo de ajuntar pedras; tempo de abraçar e tempo de afastar-se de abraçar;

2.4-8 1Rs 10.23-27; 2Cr 9.22-27.

⁶ tempo de buscar e tempo de perder; tempo de guardar e tempo de deitar fora; ⁷ tempo de rasgar e tempo de coser; tempo de estar calado e tempo de falar; ⁸ tempo de amar e tempo de aborrecer; tempo de guerra e tempo de paz.

O homem não conhece o seu tempo determinado

⁹ Que proveito tem o trabalhador naquilo com que se afadiga? ¹⁰ Vi o trabalho que Deus impôs aos filhos dos homens, para com ele os afligir. ¹¹ Tudo fez Deus formoso no seu devido tempo; também pôs a eternidade no coração do homem, sem que este possa descobrir as obras que Deus fez desde o princípio até ao fim. ¹² Sei que nada há melhor para o homem do que regozijar-se e levar vida regalada; ¹³ e também que é dom de Deus que possa o homem comer, beber e desfrutar o bem de todo o seu trabalho. ¹⁴ Sei que tudo quanto Deus faz durará eternamente; nada se lhe pode acrescentar e nada lhe tirar; e isto faz Deus para que os homens temam diante dele. ¹⁵ O que é já foi, e o que há de ser também já foi; Deus fará renovar-se o que se passou.

Semelhança aparente na morte entre homens e animais

¹⁶ Vi ainda debaixo do sol que no lugar do juízo reinava a maldade e no lugar da justiça, maldade ainda. ¹⁷ Então, disse comigo: Deus julgará o justo e o perverso; pois há tempo para todo propósito e para toda obra. ¹⁸ Disse ainda comigo: é por causa dos filhos dos homens, para que Deus os prove, e eles vejam que são em si mesmos como os animais. ¹⁹ Porque o que sucede aos filhos dos homens sucede aos animais; o mesmo lhes sucede: como morre um, assim morre o outro, todos têm o mesmo fôlego de vida, e nenhuma vantagem tem o homem sobre os animais; porque tudo é vaidade. ²⁰ Todos vão para o mesmo lugar; todos procedem do pó e ao pó tornarão. ²¹ Quem sabe se o fôlego de vida dos filhos dos homens se dirige para cima e o dos animais para baixo, para a terra? ²² Pelo que vi não haver cousa melhor do que alegrar-se o homem nas suas obras,

porque essa é a sua recompensa; quem o fará voltar para ver o que será depois dele?

As tribulações da vida

4 Vi ainda todas as opressões que se fazem debaixo do sol: vi as lágrimas dos que foram oprimidos, sem que ninguém os consolasse; vi a violência na mão dos opressores, sem que ninguém consolasse os oprimidos. ² Pelo que tenho por mais felizes os que já morreram, mais do que os que ainda vivem; ³ porém mais que uns e outros tenho por feliz aquele que ainda não nasceu e não viu as más obras que se fazem debaixo do sol. ⁴ Então, vi que todo trabalho e toda destreza em obras provêm da inveja do homem contra o seu próximo. Também isto é vaidade e correr atrás do vento. ⁵ O tolo cruza os braços e come a própria carne, dizendo: ⁶ Melhor é um punhado de descanso do que ambas as mãos cheias de trabalho e correr atrás do vento. ⁷ Então, considerei outra vaidade debaixo do sol, ⁸ isto é, um homem sem ninguém, não tem filho nem irmã; contudo, não cessa de trabalhar, e seus olhos não se fartam de riquezas; e não diz; Para quem trabalho eu, se nego à minha alma os bens da vida? Também isto é vaidade e enfadonho trabalho. ⁹ Melhor é serem dois do que um, porque têm melhor paga do seu trabalho. ¹⁰ Porque se caírem, um levanta o companheiro; ai, porém, do que estiver só; pois, caindo, não haverá quem o levante. ¹¹ Também, se dois dormirem juntos, eles se aquentarão; mas um só como se aquentará? ¹² Se alguém quiser prevalecer contra um, os dois lhe resistirão; o cordão de três dobras não se rebenta com facilidade. ¹³ Melhor é o jovem pobre e sábio do que o rei velho e insensato, que já não se deixa admoestar, ¹⁴ ainda que aquele saia do cárcere para reinar ou nasça pobre no reino deste. ¹⁵ Vi todos os viventes que andam debaixo do sol com o jovem sucessor, que ficará em lugar do rei. ¹⁶ Era sem conta todo o povo que ele dominava; tampouco os que virão depois se hão de regozijar nele. Na verdade, que também isto é vaidade e correr atrás do vento.

A loucura de votos precipitados

5 Guarda o teu pé, quando entrares na Casa de Deus; chegar-se para ouvir é melhor do que oferecer sacrifícios de tolos, pois não sabem que fazem mal.

² Não te precipites com a tua boca, nem o teu coração se apresse a pronunciar palavra alguma diante de Deus; porque Deus está nos céus, e tu, na terra; portanto, sejam poucas as tuas palavras.

³ Porque dos muitos trabalhos vêm os sonhos, e do muito falar, palavras néscias.

⁴ Quando a Deus fizeres algum voto, não tardes em cumpri-lo; porque não se agrada de tolos. Cumpre o voto que fazes.

⁵ Melhor é que não votes do que votes e não cumpras.

⁶ Não consintas que a tua boca te faça culpado, nem digas diante do mensageiro de Deus que foi inadvertência; por que razão se iraria Deus por causa da tua palavra, a ponto de destruir as obras das tuas mãos?

⁷ Porque, como na multidão dos sonhos há vaidade, assim também, nas muitas palavras; tu, porém, teme a Deus.

A vaidade das riquezas

⁸ Se vires em alguma província opressão de pobres e o roubo em lugar do direito e da justiça, não te maravilhes de semelhante caso; porque o que está alto tem acima de si outro mais alto que o explora, e sobre estes há ainda outros mais elevados que também exploram.

⁹ O proveito da terra é para todos; até o rei se serve do campo.

¹⁰ Quem ama o dinheiro jamais dele se farta; e quem ama a abundância nunca se farta da renda; também isto é vaidade.

¹¹ Onde os bens se multiplicam, também se multiplicam os que deles comem; que mais proveito, pois, têm os seus donos do que os verem com seus olhos?

¹² Doce é o sono do trabalhador, quer coma pouco, quer muito; mas a fartura do rico não o deixa dormir.

¹³ Grave mal vi debaixo do sol: as riquezas que seus donos guardam para o próprio dano.

¹⁴ E, se tais riquezas se perdem por qualquer má aventura, ao filho que gerou nada lhe fica na mão.

¹⁵ Como saiu do ventre de sua mãe, assim nu voltará, indo-se como veio; e do seu trabalho nada poderá levar consigo.

¹⁶ Também isto é grave mal: precisamente como veio, assim ele vai; e que proveito lhe vem de haver trabalhado para o vento?

¹⁷ Nas trevas, comeu em todos os seus dias, com muito enfado, com enfermidades e indignação.

¹⁸ Eis o que eu vi: boa e bela cousa é comer e beber e gozar cada um do bem de todo o seu trabalho, com que se afadigou debaixo do sol, durante os poucos dias da vida que Deus lhe deu; porque esta é a sua porção.

¹⁹ Quanto ao homem a quem Deus conferiu riquezas e bens e lhe deu poder para deles comer, e receber a sua porção, e gozar do seu trabalho, isto é dom de Deus.

²⁰ Porque não se lembrará muito dos dias da sua vida, porquanto Deus lhe enche o coração de alegria.

6 Há um mal que vi debaixo do sol e que pesa sobre os homens:

² o homem a quem Deus conferiu riquezas, bens e honra, e nada lhe falta de tudo quanto a sua alma deseja, mas Deus não lhe concede que disso coma; antes, o estranho o come; também isto é vaidade e grave aflição.

³ Se alguém gerar cem filhos e viver muitos anos, até avançada idade, e se a sua alma não se fartar do bem, e além disso não tiver sepultura, digo que um aborto é mais feliz do que ele;

⁴ pois debalde vem o aborto e em trevas se vai, e de trevas se cobre o seu nome;

⁵ não viu o sol, nada conhece. Todavia, tem mais descanso do que o outro;

⁶ ainda que aquele vivesse duas vezes mil anos, mas não gozasse o bem. Porventura, não vão todos para o mesmo lugar?

⁷ Todo trabalho do homem é para a sua boca; e, contudo, nunca se satisfaz o seu apetite.

⁸ Pois que vantagem tem o sábio sobre o tolo? Ou o pobre que sabe andar perante os vivos?

⁹ Melhor é a vista dos olhos do que o andar ocioso da cobiça; também isto é vaidade e correr atrás do vento.

¹⁰ A tudo quanto há de vir já se lhe deu o nome, e sabe-se o que é o homem, e que não pode contender com quem é mais forte do que ele.

¹¹ É certo que há muitas cousas que só aumentam a vaidade, mas que aproveita isto ao homem?

¹² Pois quem sabe o que é bom para o homem durante os poucos dias da sua vida de vaidade, os quais gasta como sombra?

Quem pode declarar ao homem o que será depois dele debaixo do sol?

Comparadas a sabedoria e a loucura

7 Melhor é a boa fama do que o ungüento precioso, e o dia da morte, melhor do que o dia do nascimento.

² Melhor é ir à casa onde há luto do que ir à casa onde há banquete, pois naquela se vê o fim de todos os homens; e os vivos que o tomem em consideração.

³ Melhor é a mágoa do que o riso, porque com a tristeza do rosto se faz melhor o coração.

⁴ O coração dos sábios está na casa do luto, mas o dos insensatos, na casa da alegria.

⁵ Melhor é ouvir a repreensão do sábio do que ouvir a canção do insensato.

⁶ Pois, qual o crepitar dos espinhos debaixo duma panela, tal é a risada do insensato; também isto é vaidade.

⁷ Verdadeiramente, a opressão faz endoidecer até o sábio, e o suborno corrompe o coração.

⁸ Melhor é o fim das cousas do que o seu princípio; melhor é o paciente do que o arrogante.

⁹ Não te apresses em irar-te, porque a ira se abriga no íntimo dos insensatos.

¹⁰ Jamais digas: Por que foram os dias passados melhores do que estes? Pois não é sábio perguntar assim.

¹¹ Boa é a sabedoria, havendo herança, e de proveito, para os que vêem o sol.

¹² A sabedoria protege como protege o dinheiro; mas o proveito da sabedoria é que ela dá vida ao seu possuidor.

¹³ Atenta para as obras de Deus, pois quem poderá endireitar o que ele torceu?

¹⁴ No dia da prosperidade, goza do bem; mas, no dia da adversidade, considera em que Deus fez tanto este como aquele, para que o homem nada descubra do que há de vir depois dele.

A moderação em tudo é boa

¹⁵ Tudo isto vi nos dias da minha vaidade: há justo que perece na sua justiça, e há perverso que prolonga os seus dias na sua perversidade.

¹⁶ Não sejas demasiadamente justo, nem exageradamente sábio; por que te destruirias a ti mesmo?

¹⁷ Não sejas demasiadamente perverso, nem sejas louco; por que morrerias fora do teu tempo?

¹⁸ Bom é que retenhas isto e também daquilo não retires a tua mão; pois quem teme a Deus de tudo isto sai ileso.

¹⁹ A sabedoria fortalece ao sábio, mais do que dez poderosos que haja na cidade.

²⁰ Não há homem justo sobre a terra que faça o bem e que não peque.

²¹ Não apliques o coração a todas as palavras que se dizem, para que não venhas a ouvir o teu servo a amaldiçoar-te,

²² pois tu sabes que muitas vezes tu mesmo tens amaldiçoado a outros.

Avaliação da mulher enganosa

²³ Tudo isto experimentei pela sabedoria; e disse: tornar-me-ei sábio, mas a sabedoria estava longe de mim.

²⁴ O que está longe e mui profundo, quem o achará?

²⁵ Apliquei-me a conhecer, e a investigar, e a buscar a sabedoria e meu juízo de tudo, e a conhecer que a perversidade é insensatez e a insensatez, loucura.

²⁶ Achei cousa mais amarga do que a morte: a mulher cujo coração são redes e laços e cujas mãos são grilhões; quem for bom diante de Deus fugirá dela, mas o pecador virá a ser seu prisioneiro.

²⁷ Eis o que achei, diz o Pregador, conferindo uma cousa com outra, para a respeito delas formar o meu juízo,

²⁸ juízo que ainda procuro e não o achei: entre mil homens achei um como esperava, mas entre tantas mulheres não achei nem sequer uma.

²⁹ Eis o que tão-somente achei: que Deus fez o homem reto, mas ele se meteu em muitas astúcias.

A submissão diante do rei

8 Quem é como o sábio? E quem sabe a interpretação das cousas? A sabedoria do homem faz reluzir o seu rosto, e muda-se a dureza da sua face.

² Eu te digo: observa o mandamento do rei, e isso por causa do teu juramento feito a Deus.

³ Não te apresses em deixar a presença dele, nem te obstines em cousa má, porque ele faz o que bem entende.

⁴ Porque a palavra do rei tem autoridade suprema; e quem lhe dirá: Que fazes?

⁵ Quem guarda o mandamento não experimenta nenhum mal; e o coração do sábio conhece o tempo e o modo.

⁶ Porque para todo propósito há tempo

e modo; porquanto é grande o mal que pesa sobre o homem.

⁷ Porque este não sabe o que há de suceder; e, como há de ser, ninguém há que lho declare.

⁸ Não há nenhum homem que tenha domínio sobre o vento para o reter; nem tampouco tem ele poder sobre o dia da morte; nem há tréguas nesta peleja; nem tampouco a perversidade livrará aquele que a ela se entrega.

⁹ Tudo isto vi quando me apliquei a toda obra que se faz debaixo do sol; há tempo em que um homem tem domínio sobre outro homem, para arruiná-lo.

As desigualdades na vida

¹⁰ Assim também vi os perversos receberem sepultura e entrarem no repouso, ao passo que os que freqüentavam o lugar santo foram esquecidos na cidade onde fizeram o bem; também isto é vaidade.

¹¹ Visto como se não executa logo a sentença sobre a má obra, o coração dos filhos dos homens está inteiramente disposto a praticar o mal.

¹² Ainda que o pecador faça o mal cem vezes, e os dias se lhe prolonguem, eu sei com certeza que bem sucede aos que temem a Deus.

¹³ Mas o perverso não irá bem, nem prolongará os seus dias; será como a sombra, visto que não teme diante de Deus.

¹⁴ Ainda há outra vaidade sobre a terra: justos a quem sucede segundo as obras dos perversos, e perversos a quem sucede segundo as obras dos justos. Digo que também isto é vaidade.

¹⁵ Então, exaltei eu a alegria, porquanto para o homem nenhuma cousa há melhor debaixo do sol do que comer, beber e alegrar-se; pois isso o acompanhará no seu trabalho nos dias da vida que Deus lhe dá debaixo do sol.

¹⁶ Aplicando-me a conhecer a sabedoria e a ver o trabalho que há sobre a terra — pois nem de dia nem de noite vê o homem sono nos seus olhos —,

¹⁷ então, contemplei toda a obra de Deus e vi que o homem não pode compreender a obra que se faz debaixo do sol; por mais que trabalhe o homem para a descobrir, não a entenderá; e, ainda que diga o sábio que a virá a conhecer, nem por isso a poderá achar.

A sorte parece ser a mesma para todos

9 Deveras me apliquei a todas estas cousas para claramente entender tudo isto: que os justos, e os sábios, e os seus feitos estão nas mãos de Deus; e, se é amor ou se é ódio que está à tua espera, não o sabe o homem. Tudo lhe está oculto no futuro.

² Tudo sucede igualmente a todos: o mesmo sucede ao justo e ao perverso; ao bom, ao puro e ao impuro; tanto ao que sacrifica como ao que não sacrifica; ao bom como ao pecador; ao que jura como ao que teme o juramento.

³ Este é o mal que há em tudo quanto se faz debaixo do sol: a todos sucede o mesmo; também o coração dos homens está cheio de maldade, nele há desvarios enquanto vivem; depois, rumo aos mortos.

⁴ Para aquele que está entre os vivos há esperança; porque mais vale um cão vivo do que um leão morto.

⁵ Porque os vivos sabem que hão de morrer, mas os mortos não sabem cousa nenhuma, nem tampouco terão eles recompensa, porque a sua memória jaz no esquecimento.

⁶ Amor, ódio e inveja para eles já pereceram; para sempre não têm eles parte em cousa alguma do que se faz debaixo do sol.

⁷ Vai, pois, come com alegria o teu pão e bebe gostosamente o teu vinho, pois Deus já de antemão se agrada das tuas obras.

⁸ Em todo tempo sejam alvas as tuas vestes, e jamais falte o óleo sobre a tua cabeça.

⁹ Goza a vida com a mulher que amas, todos os dias de tua vida fugaz, os quais Deus te deu debaixo do sol; porque esta é a tua porção nesta vida pelo trabalho com que te afadigaste debaixo do sol.

¹⁰ Tudo quanto te vier à mão para fazer, faze-o conforme as tuas forças, porque no além, para onde tu vais, não há obra, nem projetos, nem conhecimento, nem sabedoria alguma.

Trabalhos sem recompensa

¹¹ Vi ainda debaixo do sol que não é dos ligeiros o prêmio, nem dos valentes, a vitória, nem tampouco dos sábios, o pão, nem ainda dos prudentes, a riqueza, nem dos inteligentes, o favor; porém tudo depende do tempo e do acaso.

¹² Pois o homem não sabe a sua hora. Como os peixes que se apanham com a rede traiçoeira e como os passarinhos que se

prendem com o laço, assim se enredam também os filhos dos homens no tempo da calamidade, quando cai de repente sobre eles.

Exemplo que ilustra esta verdade

13 Também vi este exemplo de sabedoria debaixo do sol, que foi para mim grande.

14 Houve uma pequena cidade em que havia poucos homens; veio contra ela um grande rei, sitiou-a e levantou contra ela grandes baluartes.

15 Encontrou-se nela um homem pobre, porém sábio, que a livrou pela sua sabedoria; contudo, ninguém se lembrou mais daquele pobre.

16 Então, disse eu: melhor é a sabedoria do que a força, ainda que a sabedoria do pobre é desprezada, e as suas palavras não são ouvidas.

17 As palavras dos sábios, ouvidas em silêncio, valem mais do que os gritos de quem governa entre tolos.

18 Melhor é a sabedoria do que as armas de guerra, mas um só pecador destrói muitas cousas boas.

A excelência da sabedoria

10 Qual a mosca morta faz o ungüento do perfumador exalar mau cheiro, assim é para a sabedoria e a honra um pouco de estultícia.

2 O coração do sábio se inclina para o lado direito, mas o do estulto, para o da esquerda.

3 Quando o tolo vai pelo caminho, falta-lhe o entendimento; e, assim, a todos mostra que é estulto.

4 Levantando-se contra ti a indignação do governador, não deixes o teu lugar, porque o ânimo sereno acalma grandes ofensores.

5 Ainda há um mal que vi debaixo do sol, erro que procede do governador:

6 o tolo posto em grandes alturas, mas os ricos assentados em lugar baixo.

7 Vi servos a cavalo e príncipes andando a pé como servos sobre a terra.

8 Quem abre uma cova nela cairá, e quem rompe um muro, mordê-lo-á uma cobra.

9 Quem arranca pedras será maltratado por elas, e o que racha lenha expõe-se ao perigo.

10 Se o ferro está embotado, e não se lhe afia o corte, é preciso redobrar a força; mas a sabedoria resolve com bom êxito.

11 Se a cobra morder antes de estar encantada, não há vantagem no encantador.

12 Nas palavras do sábio há favor, mas ao tolo os seus lábios devoram.

13 As primeiras palavras da boca do tolo são estultícia, e as últimas, loucura perversa.

14 O estulto multiplica as palavras, ainda que o homem não sabe o que sucederá; e quem lhe manifestará o que será depois dele?

15 O trabalho do tolo o fatiga, pois nem sabe ir à cidade.

16 Ai de ti, ó terra cujo rei é criança e cujos príncipes se banqueteiam já de manhã.

17 Ditosa, tu, ó terra cujo rei é filho de nobres e cujos príncipes se sentam à mesa a seu tempo para refazerem as forças e não para bebedice.

18 Pela muita preguiça desaba o teto, e pela frouxidão das mãos goteja a casa.

19 O festim faz-se para rir, o vinho alegra a vida, e o dinheiro atende a tudo.

20 Nem no teu pensamento amaldiçoes o rei, nem tampouco no mais interior do teu quarto, o rico; porque as aves dos céus podriam levar a tua voz, e o que tem asas daria notícia das tuas palavras.

O procedimento prudente do sábio

11 Lança o teu pão sobre as águas, porque depois de muitos dias o acharás.

2 Reparte com sete e ainda com oito, porque não sabes que mal sobrevirá à terra.

3 Estando as nuvens cheias, derramam aguaceiro sobre a terra; caindo a árvore para o sul ou para o norte, no lugar em que cair, aí ficará.

4 Quem somente observa o vento nunca semeará, e o que olha para as nuvens nunca segará.

5 Assim como tu não sabes qual o caminho do vento, nem como se formam os ossos no ventre da mulher grávida, assim também não sabes as obras de Deus, que faz todas as cousas.

6 Semeia pela manhã a tua semente e à tarde não repouses a mão, porque não sabes qual prosperará; se esta, se aquela ou se ambas igualmente serão boas.

7 Doce é a luz, e agradável aos olhos, ver o sol.

8 Ainda que o homem viva muitos anos, regozije-se em todos eles; contudo, deve lembrar-se de que há dias de trevas, porque serão muitos. Tudo quanto sucede é vaidade.

A mocidade

9 Alegra-te, jovem, na tua juventude, e recreie-se o teu coração nos dias da tua mocidade; anda pelos caminhos que satisfazem ao teu coração e agradam aos teus olhos; sabe, porém, que de todas estas cousas Deus te pedirá contas.

10 Afasta, pois, do teu coração o desgosto e remove da tua carne a dor, porque a juventude e a primavera da vida são vaidade.

A velhice

12 Lembra-te do teu Criador nos dias da tua mocidade, antes que venham os maus dias, e cheguem os anos dos quais dirás: Não tenho neles prazer;

2 antes que se escureçam o sol, a lua e as estrelas do esplendor da tua vida, e tornem a vir as nuvens depois do aguaceiro;

3 no dia em que tremerem os guardas da casa, os teus braços, e se curvarem os homens outrora fortes, as tuas pernas, e cessarem os teus moedores da boca, por já serem poucos, e se escurecerem os teus olhos nas janelas;

4 e os teus lábios, quais portas da rua, se fecharem; no dia em que não puderes falar em alta voz, te levantares à voz das aves, e todas as harmonias, filhas da música, te diminuírem;

5 como também quando temeres o que é alto, e te espantares no caminho, e te embranqueceres, como floresce a amendoei-ra, e o gafanhoto te for um peso, e te perecer o apetite; porque vais à casa eterna, e os pranteadores andem rodeando pela praça;

6 antes que se rompa o fio de prata, e se despedace o copo de ouro, e se quebre o cântaro junto à fonte, e se desfaça a roda junto ao poço,

7 e o pó volte à terra, como o era, e o espírito volte a Deus, que o deu.

8 Vaidade de vaidade, diz o Pregador, tudo é vaidade.

Conclusão

9 O Pregador, além de sábio, ainda ensinou ao povo o conhecimento; e, atentando e esquadrinhando, compôs muitos provérbios.

10 Procurou o Pregador achar palavras agradáveis e escrever com retidão palavras de verdade.

11 As palavras dos sábios são como aguilhões, e como pregos bem fixados as sentenças coligidas, dadas pelo único Pastor.

12 Demais, filho meu, atenta: não há limite para fazer livros, e o muito estudar é enfado da carne.

13 De tudo o que se tem ouvido, a suma é: Teme a Deus e guarda os seus mandamentos; porque isto é o dever de todo homem.

14 Porque Deus há de trazer a juízo todas as obras, até as que estão escondidas, quer sejam boas, quer sejam más.

CÂNTICO

DOS CÂNTICOS DE SALOMÃO

1 Cântico dos cânticos de Salomão.

Esposa

2 Beija-me com os beijos de tua boca;
   porque melhor é o teu amor
      do que o vinho.
3 Suave é o aroma dos teus ungüentos,
   como ungüento derramado
      é o teu nome;
   por isso, as donzelas te amam.
4 Leva-me após ti, apressemo-nos.
   O rei me introduziu nas suas recâmaras.

Coro

Em ti nos regozijaremos
   e nos alegraremos;
do teu amor nos lembraremos,
   mais do que do vinho;
não é sem razão que te amam.

Esposa

5 Eu estou morena e formosa,
   ó filhas de Jerusalém,

1.1 1Rs 4.32.

como as tendas de Quedar,
como as cortinas de Salomão.

6 Não olheis para o eu estar morena,
porque o sol me queimou.
Os filhos de minha mãe
se indignaram contra mim
e me puseram por guarda de vinhas;
a vinha, porém, que me pertence,
não a guardei.

7 Dize-me, ó amado de minha alma:
onde apascentas o teu rebanho,
onde o fazes repousar pelo meio-dia,
para que não ande eu vagando
junto ao rebanho
dos teus companheiros?

Esposo

8 Se tu não o sabes,
ó mais formosa entre as mulheres,
sai-te pelas pisadas dos rebanhos
e apascenta os teus cabritos
junto às tendas dos pastores.

9 Às éguas dos carros de Faraó
te comparo, ó querida minha.

10 Formosas são as tuas faces
entre os teus enfeites,
o teu pescoço, com os colares.

11 Enfeites de ouro te faremos,
com incrustações de prata.

Esposa

12 Enquanto o rei está assentado
à sua mesa,
o meu nardo exala o seu perfume.

13 O meu amado é para mim
um saquitel de mirra,
posto entre os meus seios.

14 Como um racimo de flores de hena
nas vinhas de En-Gedi,
é para mim o meu amado.

Esposo

15 Eis que és formosa, ó querida minha,
eis que és formosa;
os teus olhos são como os das pombas.

Esposa

16 Como és formoso, amado meu,
como és amável!
O nosso leito é de viçosas folhas,

17 as traves da nossa casa são de cedro,
e os seus caibros, de cipreste.

2 Eu sou a rosa de Sarom,
o lírio dos vales.

Esposo

2 Qual o lírio entre os espinhos,
tal é a minha querida entre as donzelas.

Esposa

3 Qual a macieira
entre as árvores do bosque,
tal é o meu amado entre os jovens;
desejo muito a sua sombra
e debaixo dela me assento,
e o seu fruto é doce ao meu paladar.

4 Leva-me à sala do banquete,
e o seu estandarte sobre mim é o amor.

5 Sustentai-me com passas,
confortai-me com maçãs,
pois desfaleço de amor.

6 A sua mão esquerda
esteja debaixo da minha cabeça,
e a direita me abrace.

7 Conjuro-vos, ó filhas de Jerusalém,
pelas gazelas e cervas do campo,
que não acordeis,
nem desperteis o amor,
até que este o queira.

8 Ouço a voz do meu amado;
ei-lo aí galgando os montes,
pulando sobre os outeiros.

9 O meu amado é semelhante ao gamo
ou ao filho da gazela;
eis que está detrás da nossa parede,
olhando pelas janelas,
espreitando pelas grades.

10 O meu amado fala e me diz:

Esposo

Levanta-te, querida minha,
formosa minha, e vem.

11 Porque eis que passou o inverno,
cessou a chuva e se foi;

12 aparecem as flores na terra,
chegou o tempo de cantarem as aves,
e a voz da rola ouve-se em nossa terra.

13 A figueira começou a dar seus figos,
e as vides em flor exalam o seu aroma;
levanta-te, querida minha,
formosa minha, e vem.

14 Pomba minha, que andas
pelas fendas dos penhascos,
no esconderijo das rochas escarpadas,
mostra-me o teu rosto,
faze-me ouvir a tua voz,
porque a tua voz é doce,
e o teu rosto, amável.

Esposa

15 Apanhai-me as raposas,
as raposinhas,

que devastam os vinhedos,
porque as nossas vinhas estão em flor.
16 O meu amado é meu, e eu sou dele;
ele apascenta o seu rebanho
entre os lírios.
17 Antes que refresque o dia,
e fujam as sombras,
volta, amado meu;
faze-te semelhante ao gamo
ou ao filho das gazelas
sobre os montes escabrosos.

3 De noite, no meu leito,
busquei o amado de minha alma,
busquei-o e não o achei.
2 Levantar-me-ei, pois,
e rodearei a cidade,
pelas ruas e pelas praças;
buscarei o amado da minha alma.
Busquei-o e não o achei.
3 Encontraram-me os guardas,
que rondavam pela cidade.
Então, lhes perguntei:
vistes o amado da minha alma?
4 Mal os deixei, encontrei logo
o amado da minha alma;
agarrei-me a ele
e não o deixei ir embora,
até que o fiz entrar
em casa de minha mãe
e na recâmara
daquela que me concebeu.
5 Conjuro-vos, ó filhas de Jerusalém,
pelas gazelas e cervas do campo,
que não acordeis,
nem desperteis o amor,
até que este o queira.

Coro

6 Que é isso que sobe do deserto,
como colunas de fumaça,
perfumado de mirra, e de incenso,
e de toda sorte de pós aromáticos
do mercador?
7 É a liteira de Salomão;
sessenta valentes estão ao redor dela,
dos valentes de Israel.
8 Todos sabem manejar a espada
e são destros na guerra;
cada um leva a espada à cinta,
por causa dos temores noturnos.
9 O rei Salomão fez para si
um palanquim de madeira do Líbano.
10 Fez-lhe as colunas de prata,
a espalda de ouro,
o assento de púrpura,
e tudo interiormente ornado
com amor pelas filhas de Jerusalém.

11 Saí, ó filhas de Sião,
e contemplai ao rei Salomão
com a coroa
com que sua mãe o coroou
no dia do seu desposório,
no dia do júbilo do seu coração.

Esposo

4 Como és formosa, querida minha,
como és formosa!
Os teus olhos são como os das pombas
e brilham através do teu véu.
Os teus cabelos
são como o rebanho de cabras
que descem ondeantes
do monte de Gileade.
2 São os teus dentes como o rebanho
das ovelhas recém-tosquiadas,
que sobem do lavadouro,
e das quais todas produzem gêmeos,
e nenhuma delas há sem crias.
3 Os teus lábios
são como um fio de escarlata,
e tua boca é formosa;
as tuas faces, como romã partida,
brilham através do véu.
4 O teu pescoço é como a torre de Davi,
edificada para arsenal;
mil escudos pendem dela,
todos broquéis de soldados valorosos.
5 Os teus dois seios são como duas crias,
gêmeas de uma gazela,
que se apascentam entre os lírios.

Esposa

6 Antes que refresque o dia,
e fujam as sombras,
irei ao monte da mirra
e ao outeiro do incenso.

Esposo

7 Tu és toda formosa, querida minha,
e em ti não há defeito.
8 Vem comigo do Líbano, noiva minha,
vem comigo do Líbano;
olha do cume do Amana,
do cume do Senir e do Hermom,
dos covis dos leões,
dos montes dos leopardos.
9 Arrebataste-me o coração,
minha irmã, noiva minha;
arrebataste-me o coração
com um só dos teus olhares,
com uma só pérola do teu colar.
10 Que belo é o teu amor,
ó minha irmã, noiva minha!

Quanto melhor é o teu amor
   do que o vinho,
e o aroma dos teus ungüentos
   do que toda sorte de especiarias!
11 Os teus lábios, noiva minha,
   destilam mel.
Mel e leite se acham
   debaixo da tua língua,
e a fragrância dos teus vestidos
   é como a do Líbano.
12 Jardim fechado és tu,
   minha irmã, noiva minha,
manancial recluso, fonte selada.
13 Os teus renovos
   são um pomar de romãs,
com frutos excelentes:
   a hena e o nardo;
14 o nardo e o açafrão,
   o cálamo e o cinamomo,
com toda a sorte de árvores de incenso,
a mirra e o aloés,
com todas as principais especiarias.
15 És fonte dos jardins,
   poço das águas vivas,
torrentes que correm do Líbano!

Esposa

16 Levanta-te, vento norte,
e vem tu, vento sul;
assopra no meu jardim,
para que se derramem os seus aromas.
Ah! Venha o meu amado
   para o seu jardim
e coma os seus frutos excelentes!

Esposo

5 Já entrei no meu jardim,
   minha irmã, noiva minha;
colhi a minha mirra com a especiaria,
comi o meu favo com o mel,
bebi o meu vinho com o leite.
Comei e bebei, amigos;
bebei fartamente, ó amados.

Esposa

2 Eu dormia, mas o meu coração velava;
eis a voz do meu amado,
   que está batendo:

Esposo

Abre-me, minha irmã, querida minha,
pomba minha, imaculada minha,
porque a minha cabeça
   está cheia de orvalho,
os meus cabelos, das gotas da noite.

Esposa

3 Já despi a minha túnica,
hei de vesti-la outra vez?
Já lavei os pés,
tornarei a sujá-los?
4 O meu amado meteu a mão
   por uma fresta,
e o meu coração se comoveu
   por amor dele.
5 Levantei-me para abrir
   ao meu amado;
as minhas mãos destilavam mirra,
e os meus dedos, mirra preciosa
sobre a maçaneta do ferrolho.
6 Abri ao meu amado,
mas já ele se retirara
   e tinha ido embora;
a minha alma se derreteu
   quando, antes, ele me falou;
busquei-o e não o achei;
chamei-o, e não me respondeu.
7 Encontraram-me os guardas que
   rondavam pela cidade;
espancaram-me e feriram-me;
tiraram-me o manto
   os guardas dos muros.
8 Conjuro-vos, ó filhas de Jerusalém,
se encontrardes o meu amado,
que lhe direis?
Que desfaleço de amor.

Coro

9 Que é o teu amado mais
   do que outro amado,
ó tu, a mais formosa
   entre as mulheres?
Que é o teu amado mais
   do que outro amado,
que tanto nos conjuras?

Esposa

10 O meu amado é alvo e rosado,
o mais distinguido entre dez mil.
11 A sua cabeça
   é como o ouro mais apurado,
os seus cabelos, cachos de palmeira,
são pretos como o corvo.
12 Os seus olhos são como os das pombas
junto às correntes das águas,
lavados em leite,
postos em engaste.
13 As suas faces
   são como um canteiro de bálsamo,
como colinas de ervas aromáticas;
os seus lábios são lírios
que gotejam mirra preciosa;

14 as suas mãos, cilindros de ouro,
   embutidos de jacintos;
   o seu ventre, como alvo marfim,
   coberto de safiras.
15 As suas pernas, colunas de mármore,
   assentadas em bases de ouro puro;
   o seu aspecto, como o Líbano,
   esbelto como os cedros.
16 O seu falar é muitíssimo doce;
   sim, ele é totalmente desejável.
   Tal é o meu amado, tal, o meu esposo,
   ó filhas de Jerusalém.

Coro

6 Para onde foi o teu amado,
   ó mais formosa entre as mulheres?
   Que rumo tomou o teu amado?
   E o buscaremos contigo.

Esposa

2 O meu amado desceu ao seu jardim,
  aos canteiros de bálsamo,
  para pastorear nos jardins
  e para colher os lírios.
3 Eu sou do meu amado,
  e o meu amado é meu;
  ele pastoreia entre os lírios.

Esposo

4 Formosa és, querida minha,
  como Tirza,
  aprazível como Jerusalém,
  formidável como um exército
  com bandeiras.
5 Desvia de mim os olhos,
  porque eles me perturbam.
  Os teus cabelos descem ondeantes
  como o rebanho das cabras de Gileade.
6 São os teus dentes
  como o rebanho de ovelhas
  que sobem do lavadouro,
  e das quais todas produzem gêmeos,
  e nenhuma delas há sem crias.
7 As tuas faces, como romã partida,
  brilham através do véu.
8 Sessenta são as rainhas,
  oitenta, as concubinas,
  e as virgens, sem número.
9 Mas uma só é a minha pomba,
  a minha imaculada,
  de sua mãe, a única,
  a predileta daquela que a deu à luz;
  viram-na as donzelas
  e lhe chamaram ditosa;
  viram-na as rainhas e as concubinas
  e a louvaram.

Coro

10 Quem é esta que aparece
   como a alva do dia,
   formosa como a lua, pura como o sol,
   formidável como um exército
   com bandeiras?

Esposa

11 Desci ao jardim das nogueiras,
   para mirar os renovos do vale,
   para ver se brotavam as vides,
   se floresciam as romeiras.
12 Não sei como,
   imaginei-me no carro
   do meu nobre povo!

Coro

13 Volta, volta, ó sulamita,
   volta, volta, para que nós
   te contemplemos.

Esposa

Por que quereis contemplar a sulamita
na dança de Maanaim?

Esposo

7 Que formosos são os teus passos
  dados de sandálias,
  ó filha do príncipe!
  Os meneios dos teus quadris
  são como colares trabalhados
  por mãos de artista.
2 O teu umbigo é taça redonda,
  a que não falta bebida;
  o teu ventre é monte de trigo,
  cercado de lírios.
3 Os teus dois seios, como duas crias,
  gêmeas de uma gazela.
4 O teu pescoço, como torre de marfim;
  os teus olhos
  são as piscinas de Hesbom,
  junto à porta de Bate-Rabim;
  o teu nariz, como a torre do Líbano,
  que olha para Damasco.
5 A tua cabeça é como o monte Carmelo,
  a tua cabeleira, como a púrpura;
  um rei está preso nas tuas tranças.
6 Quão formosa e quão aprazível és,
  ó amor em delícias!
7 Esse teu porte é semelhante à palmeira,
  e os teus seios, a seus cachos.
8 Dizia eu: subirei à palmeira,
  pegarei em seus ramos.
  Sejam os teus seios
  como os cachos da vide,

e o aroma da tua respiração,
   como o das maçãs.
9 Os teus beijos são como o bom vinho,

Esposa

vinho que se escoa suavemente
   para o meu amado,
deslizando entre seus lábios e dentes.
10 Eu sou do meu amado,
   e ele tem saudades de mim.
11 Vem, ó meu amado,
   saiamos ao campo,
passemos as noites nas aldeias.
12 Levantemo-nos cedo de manhã
   para ir às vinhas;
vejamos se florescem as vides,
se se abre a flor,
   se já brotam as romeiras;
dar-te-ei ali o meu amor.
13 As mandrágoras
   exalam o seu perfume,
e às nossas portas
   há toda sorte de excelentes frutos,
novos e velhos;
eu tos reservei, ó meu amado.

8 Tomara fosses como meu irmão,
   que mamou os seios de minha mãe!
Quando te encontrasse na rua,
   beijar-te-ia,
e não me desprezariam!
2 Levar-te-ia e te introduziria
na casa de minha mãe,
e tu me ensinarias;
eu te daria a beber vinho aromático
e mosto das minhas romãs.
3 A sua mão esquerda
   estaria debaixo da minha cabeça,
e a sua direita me abraçaria.
4 Conjuro-vos, ó filhas de Jerusalém,
que não acordeis,
   nem desperteis o amor,
até que este o queira.

Coro

5 Quem é esta que sobe do deserto
e vem encostada ao seu amado?

Esposo

Debaixo da macieira te despertei,
ali esteve tua mãe com dores;
ali esteve com dores
   aquela que te deu à luz.
6 Põe-me como selo sobre o teu coração,
como selo sobre o teu braço,
porque o amor é forte como a morte,

e duro como a sepultura, o ciúme;
as suas brasas são brasas de fogo,
são veementes labaredas.
7 As muitas águas
   não poderiam apagar o amor,
nem os rios, afogá-lo;
ainda que alguém desse todos os bens
   da sua casa pelo amor,
seria de todo desprezado.

Coro

8 Temos uma irmãzinha
que ainda não tem seios;
que faremos a esta nossa irmã,
no dia em que for pedida?
9 Se ela for um muro,
edificaremos sobre ele
   uma torre de prata;
se for uma porta,
cercá-la-emos com tábuas de cedro.

Esposa

10 Eu sou um muro,
e os meus seios, como as suas torres;
sendo eu assim, fui tida por digna
da confiança do meu amado.

Coro

11 Teve Salomão uma vinha
   em Baal-Hamom;
entregou-a a uns guardas,
e cada um lhe trazia pelo seu fruto
   mil peças de prata.

Esposa

12 A vinha que me pertence
   está ao meu dispor;
tu, ó Salomão, terás os mil siclos,
e os que guardam o fruto dela,
   duzentos.

Esposo

13 Ó tu que habitas nos jardins,
os companheiros estão atentos
   para ouvir a tua voz;
faze-me, pois, também ouvi-la.

Esposa

14 Vem depressa, amado meu,
faze-te semelhante ao gamo
   ou ao filho da gazela,
que saltam
   sobre os montes aromáticos.

ISAÍAS

A nação pecaminosa

1 Visão de Isaías, filho de Amoz, que ele teve a respeito de Judá e Jerusalém, nos dias de Uzias, Jotão, Acaz e Ezequias, reis de Judá.

2 Ouvi, ó céus, e dá ouvidos, ó terra, porque o SENHOR é quem fala: Criei filhos e os engrandeci, mas eles estão revoltados contra mim.

3 O boi conhece o seu possuidor, e o jumento, o dono da sua manjedoura; mas Israel não tem conhecimento, o meu povo não entende.

4 Ai desta nação pecaminosa, povo carregado de iniqüidade, raça de malignos, filhos corruptores; abandonaram o SENHOR, blasfemaram do Santo de Israel, voltaram para trás.

5 Por que haveis de ainda ser feridos, visto que continuais em rebeldia? Toda a cabeça está doente, e todo o coração, enfermo.

6 Desde a planta do pé até à cabeça não há nele cousa sã, senão feridas, contusões e chagas inflamadas, umas e outras não espremidas, nem atadas, nem amolecidas com óleo.

7 A vossa terra está assolada, as vossas cidades, consumidas pelo fogo; a vossa lavoura os estranhos devoram em vossa presença; e a terra se acha devastada como numa subversão de estranhos.

8 A filha de Sião é deixada como choça na vinha, como palhoça no pepinal, como cidade sitiada.

9 Se o SENHOR dos Exércitos não nos tivesse deixado alguns sobreviventes, já nos teríamos tornado como Sodoma e semelhantes a Gomorra.

Condenado o culto hipócrita

10 Ouvi a palavra do SENHOR, vós, príncipes de Sodoma; prestai ouvidos à lei do nosso Deus, vós, povo de Gomorra.

11 De que me serve a mim a multidão de vossos sacrifícios? — diz o SENHOR. Estou farto dos holocaustos de carneiros e da gordura de animais cevados e não me agrado do sangue de novilhos, nem de cordeiros, nem de bodes.

12 Quando vindes para comparecer perante mim, quem vos requereu o só pisardes os meus átrios?

13 Não continueis a trazer ofertas vãs; o incenso é para mim abominação, e também as Festas da Lua Nova, os sábados, e a convocação das congregações; não posso suportar iniqüidade associada ao ajuntamento solene.

14 As vossas Festas da Lua Nova e as vossas solenidades, a minha alma as aborrece; já me são pesadas; estou cansado de as sofrer.

15 Pelo que, quando estendeis as mãos, escondo de vós os olhos; sim, quando multiplicais as vossas orações, não as ouço, porque as vossas mãos estão cheias de sangue.

16 Lavai-vos, purificai-vos, tirai a maldade de vossos atos de diante dos meus olhos; cessai de fazer o mal.

17 Aprendei a fazer o bem; atendei à justiça, repreendei ao opressor; defendei o direito do órfão, pleiteai a causa das viúvas.

O convite da graça

18 Vinde, pois, e arrazoemos, diz o SENHOR; ainda que os vossos pecados sejam como a escarlata, eles se tornarão brancos como a neve; ainda que sejam vermelhos como o carmesim, se tornarão como a lã.

19 Se quiserdes e me ouvirdes, comereis o melhor desta terra.

20 Mas, se recusardes e fordes rebeldes, sereis devorados à espada; porque a boca do SENHOR o disse.

O julgamento e a redenção de Jerusalém

21 Como se fez prostituta a cidade fiel! Ela, que estava cheia de justiça! Nela, habitava a retidão, mas, agora, homicidas.

22 A tua prata se tornou em escórias, o teu licor se misturou com água.

23 Os teus príncipes são rebeldes e companheiros de ladrões; cada um deles ama o suborno e corre atrás de recompensas. Não defendem o direito do órfão, e não chega perante eles a causa das viúvas.

1.1 2Rs 15.1-7; 2Cr 26.1-23; 2Rs 15.32-38; 2Cr 27.1-9; 2Rs 16.1-20; 2Cr 28.1-27; 2Rs 18.1-20.21; 2Cr 29.1-32.33. 1.9 Rm 9.29; Gn 19.24. 1.11-14 Am 5.21,22.

²⁴ Portanto, diz o Senhor, o SENHOR dos Exércitos, o Poderoso de Israel: Ah! Tomarei satisfações aos meus adversários e vingar-me-ei dos meus inimigos.

²⁵ Voltarei contra ti a minha mão, purificar-te-ei como com potassa das tuas escórias e tirarei de ti todo metal impuro.

²⁶ Restituir-te-ei os teus juízes, como eram antigamente, os teus conselheiros, como no princípio; depois, te chamarão cidade de justiça, cidade fiel.

²⁷ Sião será redimida pelo direito, e os que se arrependem, pela justiça.

²⁸ Mas os transgressores e os pecadores serão juntamente destruídos; e os que deixarem o SENHOR perecerão.

²⁹ Porque vos envergonhareis dos carvalhos que cobiçastes e sereis confundidos por causa dos jardins que escolhestes.

³⁰ Porque sereis como o carvalho, cujas folhas murcham, e como a floresta que não tem água.

³¹ O forte se tornará em estopa, e a sua obra, em faísca; ambos arderão juntamente, e não haverá quem os apague.

A glória futura do Israel espiritual
Mq 4.1-5

2 Palavra que, em visão, veio a Isaías, filho de Amoz, a respeito de Judá e Jerusalém.

² Nos últimos dias, acontecerá que o monte da Casa do SENHOR será estabelecido no cume dos montes e se elevará sobre os outeiros, e para ele afluirão todos os povos.

³ Irão muitas nações e dirão: Vinde, e subamos ao monte do SENHOR e à casa do Deus de Jacó, para que nos ensine os seus caminhos, e andemos pelas suas veredas; porque de Sião sairá a lei, e a palavra do SENHOR, de Jerusalém.

⁴ Ele julgará entre os povos e corrigirá muitas nações; estas converterão as suas espadas em relhas de arados e suas lanças, em podadeiras; uma nação não levantará a espada contra outra nação, nem aprenderão mais a guerra.

⁵ Vinde, ó casa de Jacó, e andemos na luz do SENHOR.

Abatido o orgulho dos homens

⁶ Pois, tu, SENHOR, desamparaste o teu povo, a casa de Jacó, porque os seus se encheram da corrupção do Oriente e são agoureiros como os filisteus e se associam com os filhos dos estranhos.

⁷ A sua terra está cheia de prata e de ouro, e não têm conta os seus tesouros; também está cheia de cavalos, e os seus carros não têm fim.

⁸ Também está cheia a sua terra de ídolos; adoram a obra das suas mãos, aquilo que os seus próprios dedos fizeram.

⁹ Com isso, a gente se abate, e o homem se avilta; portanto, não lhes perdoarás.

¹⁰ Vai, entra nas rochas e esconde-te no pó, ante o terror do SENHOR e a glória da sua majestade.

¹¹ Os olhos altivos dos homens serão abatidos, e a sua altivez será humilhada; só o SENHOR será exaltado naquele dia.

¹² Porque o Dia do SENHOR dos Exércitos será contra todo soberbo e altivo e contra todo aquele que se exalta, para que seja abatido;

¹³ contra todos os cedros do Líbano, altos, mui elevados; e contra todos os carvalhos de Basã;

¹⁴ contra todos os montes altos e contra todos os outeiros elevados;

¹⁵ contra toda torre alta e contra toda muralha firme;

¹⁶ contra todos os navios de Társis e contra tudo o que é belo à vista.

¹⁷ A arrogância do homem será abatida, e a sua altivez será humilhada; só o SENHOR será exaltado naquele dia.

¹⁸ Os ídolos serão de todo destruídos.

¹⁹ Então, os homens se meterão nas cavernas das rochas e nos buracos da terra, ante o terror do SENHOR e a glória da sua majestade, quando ele se levantar para espantar a terra.

²⁰ Naquele dia, os homens lançarão às toupeiras e aos morcegos os seus ídolos de prata e os seus ídolos de ouro, que fizeram para ante eles se prostrarem,

²¹ e meter-se-ão pelas fendas das rochas e pelas cavernas das penhas, ante o terror do SENHOR e a glória da sua majestade, quando ele se levantar para espantar a terra.

²² Afastai-vos, pois, do homem cujo fôlego está no seu nariz. Pois em que é ele estimado?

Julgamento de Judá e de Jerusalém

3 Porque eis que o Senhor, o SENHOR dos Exércitos, tira de Jerusalém e de Judá o sustento e o apoio, todo sustento de pão e todo sustento de água;

2.4 Jl 3.10.   2.10 Ap 6.15.

2 o valente, o guerreiro e o juiz; o profeta, o adivinho e o ancião;

3 o capitão de cinqüenta, o respeitável, o conselheiro, o hábil entre os artífices e o encantador perito.

4 Dar-lhes-ei meninos por príncipes, e crianças governarão sobre eles.

5 Entre o povo, oprimem uns aos outros, cada um, ao seu próximo; o menino se atreverá contra o ancião, e o vil, contra o nobre.

6 Quando alguém se chegar a seu irmão e lhe disser, na casa de seu pai: Tu tens roupa, sê nosso príncipe e toma sob teu governo esta ruína;

7 naquele dia, levantará este a sua voz, dizendo: Não sou médico, não há pão em minha casa, nem veste alguma; não me ponhais por príncipe do povo.

8 Porque Jerusalém está arruinada, e Judá, caída; porquanto a sua língua e as suas obras são contra o Senhor, para desafiarem a sua gloriosa presença.

9 O aspecto do seu rosto testifica contra eles; e, como Sodoma, publicam o seu pecado e não o encobrem. Ai da sua alma! Porque fazem mal a si mesmos.

10 Dizei aos justos que bem lhes irá; porque comerão do fruto das suas ações.

11 Ai do perverso! Mal lhe irá; porque a sua paga será o que as suas próprias mãos fizeram.

12 Os opressores do meu povo são crianças, e mulheres estão à testa do seu governo. Oh! Povo meu! Os que te guiam te enganam e destroem o caminho por onde deves seguir.

13 O Senhor se dispõe para pleitear e se apresenta para julgar os povos.

14 O Senhor entra em juízo contra os anciãos do seu povo e contra os seus príncipes. Vós sois os que consumistes esta vinha; o que roubastes do pobre está em vossa casa.

15 Que há convosco que esmagais o meu povo e moeis a face dos pobres? — diz o Senhor, o Senhor dos Exércitos.

Julgamento das filhas de Sião

16 Diz ainda mais o Senhor: Visto que são altivas as filhas de Sião e andam de pescoço emproado, de olhares impudentes, andam a passos curtos, fazendo tinir os ornamentos de seus pés,

17 o Senhor fará tinhosa a cabeça das filhas de Sião, o Senhor porá a descoberto as suas vergonhas.

18 Naquele dia, tirará o Senhor o enfeite dos anéis dos tornozelos, e as toucas, e os ornamentos em forma de meia-lua;

19 os pendentes, e os braceletes, e os véus esvoaçantes;

20 os turbantes, as cadeiazinhas para os passos, as cintas, as caixinhas de perfumes e os amuletos;

21 os sinetes e as jóias pendentes do nariz;

22 os vestidos de festa, os mantos, os xales e as bolsas;

23 os espelhos, as camisas finíssimas, os atavios de cabeça e os véus grandes.

24 Será que em lugar de perfume haverá podridão, e por cinta, corda; em lugar de encrespadura de cabelos, calvície; e em lugar de veste suntuosa, cilício; e marca de fogo, em lugar de formosura.

25 Os teus homens cairão à espada, e os teus valentes, na guerra.

26 As suas portas chorarão e estarão de luto; Sião, desolada, se assentará em terra.

4 Sete mulheres naquele dia lançarão mão dum homem, dizendo: Nós mesmas do nosso próprio pão nos sustentaremos e do que é nosso nos vestiremos; tão-somente queremos ser chamadas pelo teu nome; tira o nosso opróbrio.

O reinado do Renovo do Senhor

2 Naquele dia, o Renovo do Senhor será de beleza e de glória; e o fruto da terra, orgulho e adorno para os de Israel que forem salvos.

3 Será que os restantes de Sião e os que ficarem em Jerusalém serão chamados santos; todos os que estão inscritos em Jerusalém, para a vida,

4 quando o Senhor lavar a imundícia das filhas de Sião e limpar Jerusalém da culpa do sangue do meio dela, com o Espírito de justiça e com o Espírito purificador.

5 Criará o Senhor, sobre todo o monte de Sião e sobre todas as suas assembléias, uma nuvem de dia e fumaça e resplendor de fogo chamejante de noite; porque sobre toda a glória se estenderá um dossel e um pavilhão,

6 os quais serão para sombra contra o calor do dia e para refúgio e esconderijo contra a tempestade e a chuva.

A parábola da vinha má

5 Agora, cantarei ao meu amado o cântico do meu amado a respeito da sua vi-

5.1,2 Mt 21.33; Mc 12.1; Lc 20.9.

nha. O meu amado teve uma vinha num outeiro fertilíssimo.

² Sachou-a, limpou-a das pedras e a plantou de vides escolhidas; edificou no meio dela uma torre e também abriu um lagar. Ele esperava que desse uvas boas, mas deu uvas bravas.

³ Agora, pois, ó moradores de Jerusalém e homens de Judá, julgai, vos peço, entre mim e a minha vinha.

⁴ Que mais se podia fazer ainda à minha vinha, que eu lhe não tenha feito? E como, esperando eu que desse uvas boas, veio a produzir uvas bravas?

⁵ Agora, pois, vos farei saber o que pretendo fazer à minha vinha: tirarei a sua sebe, para que a vinha sirva de pasto; derribarei o seu muro, para que seja pisada;

⁶ torná-la-ei em deserto. Não será podada, nem sachada, mas crescerão nela espinheiros e abrolhos; às nuvens darei ordem que não derramem chuva sobre ela.

⁷ Porque a vinha do SENHOR dos Exércitos é a casa de Israel, e os homens de Judá são a planta dileta do SENHOR; este desejou que exercessem juízo, e eis aí quebrantamento da lei; justiça, e eis aí clamor.

Ais contra os perversos

⁸ Ai dos que ajuntam casa a casa, reúnem campo a campo, até que não haja mais lugar, e ficam como únicos moradores no meio da terra!

⁹ A meus ouvidos disse o SENHOR dos Exércitos: Em verdade, muitas casas ficarão desertas, até as grandes e belas, sem moradores.

¹⁰ E dez jeiras de vinha não darão mais do que um bato, e um ômer cheio de semente não dará mais do que um efa.

¹¹ Ai dos que se levantam pela manhã e seguem a bebedice e continuam até alta noite, até que o vinho os esquenta!

¹² Liras e harpas, tamboris e flautas e vinho há nos seus banquetes; porém não consideram os feitos do SENHOR, nem olham para as obras das suas mãos.

¹³ Portanto, o meu povo será levado cativo, por falta de entendimento; os seus nobres terão fome, e a sua multidão se secará de sede.

¹⁴ Por isso, a cova aumentou o seu apetite, abriu a sua boca desmesuradamente; para lá desce a glória de Jerusalém, e o seu tumulto, e o seu ruído, e quem nesse meio folgava.

¹⁵ Então, a gente se abate, e o homem se avilta; e os olhos dos altivos são humilhados.

¹⁶ Mas o SENHOR dos Exércitos é exaltado em juízo; e Deus, o Santo, é santificado em justiça.

¹⁷ Então, os cordeiros pastarão lá como se no seu pasto; e os nômades se nutrirão dos campos dos ricos lá abandonados.

¹⁸ Ai dos que puxam para si a iniqüidade com cordas de injustiça e o pecado, como com tirantes de carro!

¹⁹ E dizem: Apresse-se Deus, leve a cabo a sua obra, para que a vejamos; aproxime-se, manifeste-se o conselho do Santo de Israel, para que o conheçamos.

²⁰ Ai dos que ao mal chamam bem e ao bem, mal; que fazem da escuridão luz e da luz, escuridão; põem o amargo por doce e o doce, por amargo!

²¹ Ai dos que são sábios a seus próprios olhos e prudentes em seu próprio conceito!

²² Ai dos que são heróis para beber vinho e valentes para misturar bebida forte,

²³ os quais por suborno justificam o perverso e ao justo negam justiça!

²⁴ Pelo que, como a língua de fogo consome o restolho, e a erva seca se desfaz pela chama, assim será a sua raiz como podridão, e a sua flor se esvaecerá como pó; porquanto rejeitaram a lei do SENHOR dos Exércitos e desprezaram a palavra do Santo de Israel.

²⁵ Por isso, se acende a ira do SENHOR contra o seu povo, povo contra o qual estende a mão e o fere, de modo que tremem os montes e os seus cadáveres são como monturo no meio das ruas. Com tudo isto não se aplaca a sua ira, mas ainda está estendida a sua mão.

²⁶ Ele arvorará o estandarte para as nações distantes e lhes assobiará para que venham das extremidades da terra; e vêm apressadamente.

²⁷ Não há entre eles cansado, nem quem tropece; ninguém tosqueneja, nem dorme; não se lhe desata o cinto dos seus lombos, nem se lhe rompe das sandálias a correia.

²⁸ As suas flechas são agudas, e todos os seus arcos, retesados; as unhas dos seus cavalos dizem-se de pederneira, e as rodas dos seus carros, um redemoinho.

²⁹ O seu rugido é como o do leão; rugem como filhos de leão, e, rosnando, arrebatam a presa, e a levam, e não há quem a livre.

³⁰ Bramam contra eles naquele dia, como o bramido do mar; se alguém olhar para a terra, eis que só há trevas e angústia, e a luz se escurece em densas nuvens.

A visão de Isaías e o seu chamamento

6 No ano da morte do rei Uzias, eu vi o Senhor assentado sobre um alto e sublime trono, e as abas de suas vestes enchiam o templo.

² Serafins estavam por cima dele; cada um tinha seis asas; com duas cobria o rosto, com duas cobria os seus pés e com duas voava.

³ E clamavam uns para os outros, dizendo: Santo, santo, santo é o Senhor dos Exércitos; toda a terra está cheia da sua glória.

⁴ As bases do limiar se moveram à voz do que clamava, e a casa se encheu de fumaça.

⁵ Então, disse eu: ai de mim! Estou perdido! Porque sou homem de lábios impuros, habito no meio dum povo de impuros lábios, e os meus olhos viram o Rei, o Senhor dos Exércitos!

⁶ Então, um dos serafins voou para mim, trazendo na mão uma brasa viva, que tirara do altar com uma tenaz;

⁷ com a brasa tocou a minha boca e disse: Eis que ela tocou os teus lábios; a tua iniqüidade foi tirada, e perdoado, o teu pecado.

⁸ Depois disto, ouvi a voz do Senhor, que dizia: A quem enviarei, e quem há de ir por nós? Disse eu: eis-me aqui, envia-me a mim.

⁹ Então, disse ele: Vai e dize a este povo: Ouvi, ouvi e não entendais; vede, vede, mas não percebais.

¹⁰ Torna insensível o coração deste povo, endurece-lhe os ouvidos e fecha-lhe os olhos, para que não venha ele a ver com os olhos, a ouvir com os ouvidos e a entender com o coração, e se converta, e seja salvo.

¹¹ Então, disse eu: até quando, Senhor? Ele respondeu: Até que sejam desoladas as cidades e fiquem sem habitantes, as casas fiquem sem moradores, e a terra seja de todo assolada,

¹² e o Senhor afaste dela os homens, e no meio da terra seja grande o desamparo.

¹³ Mas, se ainda ficar a décima parte dela, tornará a ser destruída. Como terebinto e como carvalho, dos quais, depois de derribados, ainda fica o toco, assim a santa semente é o seu toco.

Profecia contra Israel e a Síria

7 Sucedeu nos dias de Acaz, filho de Jotão, filho de Uzias, rei de Judá, que Rezim, rei da Síria, e Peca, filho de Remalias, rei de Israel, subiram a Jerusalém, para pelejarem contra ela, porém não prevaleceram contra ela.

² Deu-se aviso à casa de Davi: A Síria está aliada com Efraim. Então, ficou agitado o coração de Acaz e o coração do seu povo, como se agitam as árvores do bosque com o vento.

³ Disse o Senhor a Isaías: Agora, sai tu com teu filho, que se chama Um-Resto-Volverá, ao encontro de Acaz, que está na outra extremidade do aqueduto do açude superior, junto ao caminho do campo do lavadeiro,

⁴ e dize-lhe: Acautela-te e aquieta-te; não temas, nem se desanime o teu coração por causa destes dois tocos de tições fumegantes; por causa do ardor da ira de Rezim, e da Síria, e do filho de Remalias.

⁵ Porquanto a Síria resolveu fazer-te mal, bem como Efraim e o filho de Remalias, dizendo:

⁶ Subamos contra Judá, e amedrontemo-lo, e o conquistemos para nós, e façamos reinar no meio dele o filho de Tabeel.

⁷ Assim diz o Senhor Deus: Isto não subsistirá, nem tampouco acontecerá.

⁸ Mas a capital da Síria será Damasco, e o cabeça de Damasco, Rezim, e dentro de sessenta e cinco anos Efraim será destruído e deixará de ser povo.

⁹ Entretanto, a capital de Efraim será Samaria, e o cabeça de Samaria, o filho de Remalias; se o não crerdes, certamente não permanecereis.

A promessa a respeito de Emanuel

¹⁰ E continuou o Senhor a falar com Acaz, dizendo:

¹¹ Pede ao Senhor, teu Deus, um sinal, quer seja embaixo, nas profundezas, ou em cima, nas alturas.

¹² Acaz, porém, disse: Não o pedirei, nem tentarei ao Senhor.

¹³ Então, disse o profeta: Ouvi, agora, ó casa de Davi: acaso, não vos basta fatigardes os homens, mas ainda fatigais também ao meu Deus?

¹⁴ Portanto, o Senhor mesmo vos dará um sinal: eis que a virgem concebberá e dará à luz um filho e lhe chamará Emanuel.

¹⁵ Ele comerá manteiga e mel quando souber desprezar o mal e escolher o bem.

6.1 2Rs 15.7; 2Cr 26.23. **6.2,3** Ap 4.8. **6.4** Ap 15.8. **6.9,10** Mt 13.14,15; Mc 4.12; Lc 8.10; Jo 12.40; At 28.26,27. **7.1** 2Rs 16.5; 2Cr 28.5,6. **7.14** Mt 1.23.

16 Na verdade, antes que este menino saiba desprezar o mal e escolher o bem, será desamparada a terra ante cujos dois reis tu tremes de medo.

Males sobre Jerusalém

17 Mas o SENHOR fará vir sobre ti, sobre o teu povo e sobre a casa de teu pai, por intermédio do rei da Assíria, dias tais, quais nunca vieram, desde o dia em que Efraim se separou de Judá.

18 Porque há de acontecer que, naquele dia, assobiará o SENHOR às moscas que há no extremo dos rios do Egito e às abelhas que andam na terra da Assíria;

19 elas virão e pousarão todas nos vales profundos, nas fendas das rochas, em todos os espinhos e em todos os pastios.

20 Naquele dia, rapar-te-á o Senhor com uma navalha alugada doutro lado do rio, a saber, por meio do rei da Assíria, a cabeça e os cabelos das vergonhas e tirará também a barba.

21 Naquele dia, sucederá que um homem manterá apenas uma vaca nova e duas ovelhas,

22 e será tal a abundância de leite que elas lhe darão, que comerá manteiga; manteiga e mel comerá todo o restante no meio da terra.

23 Também, naquele dia, todo lugar em que houver mil vides, do valor de mil siclos de prata, será para espinheiros e abrolhos.

24 Com flechas e arco se entrará aí, porque os espinheiros e abrolhos cobrirão toda a terra.

25 Quanto a todos os montes, que os homens costumam sachar, para ali não irás por temeres os espinhos e abrolhos; serão para pasto de bois e para serem pisados de ovelhas.

A invasão dos assírios

8 Disse-me também o SENHOR: Toma uma ardósia grande e escreve nela de maneira inteligível: Rápido-Despojo-Presa-Segura.

2 Tomei para isto comigo testemunhas fidedignas, a Urias, sacerdote, e a Zacarias, filho de Jeberequias.

3 Fui ter com a profetisa; ela concebeu e deu à luz um filho. Então, me disse o SENHOR: Põe-lhe o nome de Rápido-Despojo-Presa-Segura.

4 Porque antes que o menino saiba dizer meu pai ou minha mãe, serão levadas as riquezas de Damasco e os despojos de Samaria, diante do rei da Assíria.

5 Falou-me ainda o SENHOR, dizendo:

6 Em vista de este povo ter desprezado as águas de Siloé, que correm brandamente, e se estar derretendo de medo diante de Rezim e do filho de Remalias,

7 eis que o Senhor fará vir sobre eles as águas do Eufrates, fortes e impetuosas, isto é, o rei da Assíria, com toda a sua glória; águas que encherão o leito dos rios e transbordarão por todas as suas ribanceiras.

8 Penetrarão em Judá, inundando-o, e, passando por ele, chegarão até ao pescoço; as alas estendidas do seu exército cobrirão a largura da tua terra, ó Emanuel.

O SENHOR é a nossa esperança

9 Enfurecei-vos, ó povos, e sereis despedaçados; dai ouvidos, todos os que sois de países longínquos; cingi-vos e sereis despedaçados, cingi-vos e sereis despedaçados.

10 Forjai projetos, e eles serão frustrados; dai ordens, e elas não serão cumpridas, porque Deus é conosco.

11 Porque assim o SENHOR me disse, tendo forte a mão sobre mim, e me advertiu que não andasse pelo caminho deste povo, dizendo:

12 Não chameis conjuração a tudo quanto este povo chama conjuração; não temais o que ele teme, nem tomeis isso por temível.

13 Ao SENHOR dos Exércitos, a ele santificai; seja ele o vosso temor, seja ele o vosso espanto.

14 Ele vos será santuário; mas será pedra de tropeço e rocha de ofensa às duas casas de Israel, laço e armadilha aos moradores de Jerusalém.

15 Muitos dentre eles tropeçarão e cairão, serão quebrantados, enlaçados e presos.

16 Resguarda o testemunho, sela a lei no coração dos meus discípulos.

17 Esperarei no SENHOR, que esconde o seu rosto da casa de Jacó, e a ele aguardarei.

18 Eis-me aqui, e os filhos que o SENHOR me deu, para sinais e para maravilhas em Israel da parte do SENHOR dos Exércitos, que habita no monte Sião.

19 Quando vos disserem: Consultai os necromantes e os adivinhos, que chilreiam

8.12,13 1Pe 3.14,15.   **8.14,15** 1Pe 2.8.   **8.17,18** Hb 2.13.

e murmuram, acaso, não consultará o povo ao seu Deus? A favor dos vivos se consultarão os mortos? ²⁰ À lei e ao testemunho! Se eles não falarem desta maneira, jamais verão a alva. ²¹ Passarão pela terra duramente oprimidos e famintos; e será que, quando tiverem fome, enfurecendo-se, amaldiçoarão ao seu rei e ao seu Deus, olhando para cima. ²² Olharão para a terra, e eis aí angústia, escuridão e sombras de ansiedade, e serão lançados para densas trevas.

O nascimento e o reino do Príncipe da Paz

9 Mas para a terra que estava aflita não continuará a obscuridade. Deus, nos primeiros tempos, tornou desprezível a terra de Zebulom e a terra de Naftali; mas, nos últimos, tornará glorioso o caminho do mar, além do Jordão, Galiléia dos gentios. ² O povo que andava em trevas viu grande luz, e aos que viviam na região da sombra da morte, resplandeceu-lhes a luz. ³ Tens multiplicado este povo, a alegria lhe aumentaste; alegram-se eles diante de ti, como se alegram na ceifa e como exultam quando repartem os despojos. ⁴ Porque tu quebraste o jugo que pesava sobre eles; a vara que lhes feria os ombros e o cetro do seu opressor, como no dia dos midianitas; ⁵ porque toda bota com que anda o guerreiro no tumulto da batalha e toda veste revolvida em sangue serão queimadas, servirão de pasto ao fogo. ⁶ Porque um menino nos nasceu, um filho se nos deu; o governo está sobre os seus ombros; e o seu nome será: Maravilhoso Conselheiro, Deus Forte, Pai da Eternidade, Príncipe da Paz; ⁷ para que se aumente o seu governo, e venha paz sem fim sobre o trono de Davi e sobre o seu reino, para o estabelecer e o firmar mediante o juízo e a justiça, desde agora e para sempre. O zelo do Senhor dos Exércitos fará isto.

Profecia contra o reino de Israel

⁸ O Senhor enviou uma palavra contra Jacó, e ela caiu em Israel. ⁹ Todo o povo o saberá, Efraim e os moradores de Samaria, que em soberba e altivez de coração dizem: ¹⁰ Os tijolos ruíram por terra, mas tornaremos a edificar com pedras lavradas; cortaram-se os sicômoros, mas por cedros os substituiremos. ¹¹ Portanto, o Senhor suscita contra ele os adversários de Rezim e instiga os inimigos. ¹² Do Oriente vêm os siros, do Ocidente, os filisteus e devoram a Israel à boca escancarada. Com tudo isto, não se aparta a sua ira, e a mão dele continua ainda estendida. ¹³ Todavia, este povo não se voltou para quem o fere, nem busca ao Senhor dos Exércitos. ¹⁴ Pelo que o Senhor corta de Israel a cabeça e a cauda, a palma e o junco, num mesmo dia. ¹⁵ O ancião, o homem de respeito, é a cabeça; o profeta que ensina a mentira é a cauda. ¹⁶ Porque os guias deste povo são enganadores, e os que por eles são dirigidos são devorados. ¹⁷ Pelo que o Senhor não se regozija com os jovens dele e não se compadece dos seus órfãos e das suas viúvas, porque todos eles são ímpios e malfazejos, e toda boca profere doidices. Com tudo isto, não se aparta a sua ira, e a mão dele continua ainda estendida. ¹⁸ Porque a maldade lavra como um fogo, ela devora os espinheiros e os abrolhos; acende as brenhas do bosque, e estas sobem em espessas nuvens de fumaça. ¹⁹ Por causa da ira do Senhor dos Exércitos, a terra está abrasada, e o povo é pasto do fogo; ninguém poupa a seu irmão. ²⁰ Abocanha à direita e ainda tem fome, devora à esquerda e não se farta; cada um come a carne do seu próximo: ²¹ Manassés ataca a Efraim, e Efraim ataca a Manassés, e ambos, juntos, atacam a Judá. Com tudo isto, não se aparta a sua ira, e a mão dele continua ainda estendida.

10 Ai dos que decretam leis injustas, dos que escrevem leis de opressão, ² para negarem justiça aos pobres, para arrebatarem o direito aos aflitos do meu povo, a fim de despojarem as viúvas e roubarem os órfãos! ³ Mas que fareis vós outros no dia do castigo, na calamidade que vem de longe? A quem recorrereis para obter socorro e onde deixareis a vossa glória? ⁴ Nada mais vos resta a fazer, senão dobrar-vos entre os prisioneiros e cair entre os

9.1,2 Mt 4.15,16.   **9.2** Lc 1.79.   **9.7** Lc 1.32,33.

mortos. Com tudo isto, não se aparta a sua ira, e a mão dele continua ainda estendida.

Profecia contra a Assíria

⁵ Ai da Assíria, cetro da minha ira! A vara em sua mão é o instrumento do meu furor.

⁶ Envio-a contra uma nação ímpia e contra o povo da minha indignação lhe dou ordens, para que dele roube a presa, e lhe tome o despojo, e o ponha para ser pisado aos pés, como a lama das ruas.

⁷ Ela, porém, assim não pensa, o seu coração não entende assim; antes, intenta consigo mesma destruir e desarraigar não poucas nações.

⁸ Porque diz: Não são meus príncipes todos eles reis?

⁹ Não é Calno como Carquemis? Não é Hamate como Arpade? E Samaria, como Damasco?

¹⁰ O meu poder atingiu os reinos dos ídolos, ainda que as suas imagens de escultura eram melhores do que as de Jerusalém e do que as de Samaria.

¹¹ Porventura, como fiz a Samaria e aos seus ídolos, não faria igualmente a Jerusalém e aos seus ídolos?

¹² Por isso, acontecerá que, havendo o Senhor acabado toda a sua obra no monte Sião e em Jerusalém, então, castigará a arrogância do coração do rei da Assíria e a desmedida altivez dos seus olhos;

¹³ porquanto o rei disse: Com o poder da minha mão, fiz isto, e com a minha sabedoria, porque sou inteligente; removi os limites dos povos, e roubei os seus tesouros, e como valente abati os que se assentavam em tronos.

¹⁴ Meti a mão nas riquezas dos povos como a um ninho e, como se ajuntam os ovos abandonados, assim eu ajuntei toda a terra, e não houve quem movesse a asa, ou abrisse a boca, ou piasse.

¹⁵ Porventura, gloriar-se-á o machado contra o que corta com ele? Ou presumirá a serra contra o que a maneja? Seria isso como se a vara brandisse os que a levantam ou o bastão levantasse a quem não é pau!

¹⁶ Pelo que o Senhor, o SENHOR dos Exércitos, enviará a tísica contra os seus homens, todos gordos, e debaixo da sua glória acenderá uma queima, como a queima de fogo.

¹⁷ Porque a Luz de Israel virá a ser como fogo, e o seu Santo, como labareda, que abrase e consuma os espinheiros e os abrolhos da Assíria, num só dia.

¹⁸ Também consumirá a glória da sua floresta e do seu campo fértil, desde a alma até ao corpo; e será como quando um doente se definha.

¹⁹ O resto das árvores da sua floresta será tão pouco, que um menino saberá escrever o número delas.

²⁰ Acontecerá, naquele dia, que os restantes de Israel e os da casa de Jacó que se tiverem salvado nunca mais se estribarão naquele que os feriu, mas, com efeito, se estribarão no SENHOR, o Santo de Israel.

²¹ Os restantes se converterão ao Deus forte, sim, os restantes de Jacó.

²² Porque ainda que o teu povo, ó Israel, seja como a areia do mar, o restante se converterá; destruição será determinada, transbordante de justiça.

²³ Porque uma destruição, e essa já determinada, o Senhor, o SENHOR dos Exércitos, a executará no meio de toda esta terra.

²⁴ Pelo que assim diz o Senhor, o SENHOR dos Exércitos: Povo meu, que habitas em Sião, não temas a Assíria, quando te ferir com a vara e contra ti levantar o seu bastão à maneira dos egípcios;

²⁵ porque daqui a bem pouco se cumprirá a minha indignação e a minha ira, para a consumir.

²⁶ Porque o SENHOR dos Exércitos suscitará contra ela um flagelo, como a matança de Midiã junto à penha de Orebe; a sua vara estará sobre o mar, e ele a levantará como fez no Egito.

²⁷ Acontecerá, naquele dia, que o peso será tirado do teu ombro, e o seu jugo, do teu pescoço, jugo que será despedaçado por causa da gordura.

²⁸ A Assíria vem a Aiate, passa por Migrom e em Micmás larga a sua bagagem.

²⁹ Passa o desfiladeiro, aloja-se em Geba, já Ramá treme, Gibeá de Saul foge.

³⁰ Ergue com estrídulo a voz, ó filha de Galim! Ouve, ó Laís! Oh! Pobre Anatote!

³¹ Madmena se dispersa; os moradores de Gebim fogem para salvar-se.

³² Nesse mesmo dia, a Assíria parará em Nobe; agitará o punho ao monte da filha de Sião, o outeiro de Jerusalém.

³³ Mas eis que o Senhor, o SENHOR dos Exércitos, cortará os ramos com violência, as árvores de alto porte serão derribadas, e as altivas serão abatidas.

³⁴ Cortará com o ferro as brenhas da

floresta, e o Líbano cairá pela mão de um poderoso.

O reinado pacífico do rebento de Jessé

11 Do tronco de Jessé sairá um rebento, e das suas raízes, um renovo.

² Repousará sobre ele o Espírito do SENHOR, o Espírito de sabedoria e de entendimento, o Espírito de conselho e de fortaleza, o Espírito de conhecimento e de temor do SENHOR.

³ Deleitar-se-á no temor do SENHOR; não julgará segundo a vista dos seus olhos, nem repreenderá segundo o ouvir dos seus ouvidos;

⁴ mas julgará com justiça os pobres e decidirá com eqüidade a favor dos mansos da terra; ferirá a terra com a vara de sua boca e com o sopro dos seus lábios matará o perverso.

⁵ A justiça será o cinto dos seus lombos, e a fidelidade, o cinto dos seus rins.

⁶ O lobo habitará com o cordeiro, e o leopardo se deitará junto ao cabrito; o bezerro, o leão novo e o animal cevado andarão juntos, e um pequenino os guiará.

⁷ A vaca e a ursa pastarão juntas, e as suas crias juntas se deitarão; o leão comerá palha como o boi.

⁸ A criança de peito brincará sobre a toca da áspide, e o já desmamado meterá a mão na cova do basilisco.

⁹ Não se fará mal nem dano algum em todo o meu santo monte, porque a terra se encherá do conhecimento do SENHOR, como as águas cobrem o mar.

¹⁰ Naquele dia, recorrerão as nações à raiz de Jessé que está posta por estandarte dos povos; a glória lhe será a morada.

A nova glória de Israel

¹¹ Naquele dia, o Senhor tornará a estender a mão para resgatar o restante do seu povo, que for deixado, da Assíria, do Egito, de Patros, da Etiópia, de Elão, de Sinear, de Hamate e das terras do mar.

¹² Levantará um estandarte para as nações, ajuntará os desterrados de Israel e os dispersos de Judá recolherá desde os quatro confins da terra.

¹³ Afastar-se-á a inveja de Efraim, e os adversários de Judá serão eliminados; Efraim não invejará a Judá, e Judá não oprimirá a Efraim.

¹⁴ Antes, voarão para sobre os ombros dos filisteus ao Ocidente; juntos, despojarão os filhos do Oriente; contra Edom e Moabe lançarão as mãos, e os filhos de Amom lhes serão sujeitos.

¹⁵ O SENHOR destruirá totalmente o braço do mar do Egito, e com a força do seu vento moverá a mão contra o Eufrates, e, ferindo-o, dividi-lo-á em sete canais, de sorte que qualquer o atravessará de sandálias.

¹⁶ Haverá caminho plano para o restante do seu povo, que for deixado, da Assíria, como o houve para Israel no dia em que subiu da terra do Egito.

Canto de louvor pela restauração de Israel

12 Orarás naquele dia: Graças te dou, ó SENHOR, porque, ainda que te iraste contra mim, a tua ira se retirou, e tu me consolas.

² Eis que Deus é a minha salvação; confiarei e não temerei, porque o SENHOR Deus é a minha força e o meu cântico; ele se tornou a minha salvação.

³ Vós, com alegria, tirareis água das fontes da salvação.

⁴ Direis naquele dia: Dai graças ao SENHOR, invocai o seu nome, tornai manifestos os seus feitos entre os povos, relembrai que é excelso o seu nome.

⁵ Cantai louvores ao SENHOR, porque fez cousas grandiosas; saiba-se isto em toda a terra.

⁶ Exulta e jubila, ó habitante de Sião, porque grande é o Santo de Israel no meio de ti.

Profecia contra a Babilônia

13 Sentença que, numa visão, recebeu Isaías, filho de Amoz, contra a Babilônia.

² Alçai um estandarte sobre o monte escalvado; levantai a voz para eles; acenai-lhes com a mão, para que entrem pelas portas dos tiranos.

³ Eu dei ordens aos meus consagrados, sim, chamei os meus valentes para executarem a minha ira, os que com exultação se orgulham.

⁴ Já se ouve sobre os montes o rumor como o de muito povo, o clamor de reinos e de nações já congregados. O SENHOR dos Exércitos passa revista às tropas de guerra.

11.1 Mt 2.23; Ap 5.5; 22.16.   **11.4** 2Ts 2.8.   **11.5** Ef 6.14.   **11.6-9** Is 65.25.   **11.9** Hc 2.14.   **11.10** Rm 15.12.   **11.15,16** Ap 16.12.   **12.2** Êx 15.2; Sl 118.14.   **13.1-14.23** Is 47.1-15; Jr 50.1-51.64.

5 Já vêm dum país remoto, desde a extremidade do céu, o Senhor e os instrumentos da sua indignação, para destruir toda a terra.

6 Uivai, pois está perto o Dia do Senhor; vem do Todo-poderoso como assolação.

7 Pelo que todos os braços se tornarão frouxos, e o coração de todos os homens se derreterá.

8 Assombrar-se-ão, e apoderar-se-ão deles dores e ais, e terão contorsões como a mulher parturiente; olharão atônitos uns para outros; o seu rosto se tornará rosto flamejante.

9 Eis que vem o Dia do Senhor, dia cruel, com ira e ardente furor, para converter a terra em assolação e dela destruir os pecadores.

10 Porque as estrelas e constelações dos céus não darão a sua luz; o sol, logo ao nascer, se escurecerá, e a lua não fará resplandecer a sua luz.

11 Castigarei o mundo por causa da sua maldade e os perversos, por causa da sua iniqüidade; farei cessar a arrogância dos atrevidos e abaterei a soberba dos violentos.

12 Farei que os homens sejam mais escassos do que o ouro puro, mais raros do que o ouro de Ofir.

13 Portanto, farei estremecer os céus; e a terra será sacudida do seu lugar, por causa da ira do Senhor dos Exércitos e por causa do dia do seu ardente furor.

14 Cada um será como a gazela que foge e como o rebanho que ninguém recolhe; cada um voltará para o seu povo e cada um fugirá para a sua terra.

15 Quem for achado será traspassado; e aquele que for apanhado cairá à espada.

16 Suas crianças serão esmagadas perante eles; a sua casa será saqueada, e sua mulher, violada.

17 Eis que eu despertarei contra eles os medos, que não farão caso de prata, nem tampouco desejarão ouro.

18 Os seus arcos matarão os jovens; eles não se compadecerão do fruto do ventre; os seus olhos não pouparão as crianças.

19 Babilônia, a jóia dos reinos, glória e orgulho dos caldeus, será como Sodoma e Gomorra, quando Deus as transtornou.

20 Nunca jamais será habitada, ninguém morará nela de geração em geração; o arábio não armará ali a sua tenda, nem tampouco os pastores farão ali deitar os seus rebanhos.

21 Porém, nela, as feras do deserto repousarão, e as suas casas se encherão de corujas; ali habitarão os avestruzes, e os sátiros pularão ali.

22 As hienas uivarão nos seus castelos; os chacais, nos seus palácios de prazer; está prestes a chegar o seu tempo, e os seus dias não se prolongarão.

Hino triunfal sobre a queda da Babilônia

14 Porque o Senhor se compadecerá de Jacó, e ainda elegerá a Israel, e os porá na sua própria terra; e unir-se-ão a eles os estrangeiros, e estes se achegarão à casa de Jacó.

2 Os povos os tomarão e os levarão aos lugares deles, e a casa de Israel possuirá esses povos por servos e servas, na terra do Senhor; cativarão aqueles que os cativaram e dominarão os seus opressores.

3 No dia em que Deus vier a dar-te descanso do teu trabalho, das tuas angústias e da dura servidão com que te fizeram servir,

4 então, proferirás este motejo contra o rei da Babilônia e dirás: Como cessou o opressor! Como acabou a tirania!

5 Quebrou o Senhor a vara dos perversos e o cetro dos dominadores,

6 que feriam os povos com furor, com golpes incessantes, e com ira dominavam as nações, com perseguição irreprimível.

7 Já agora descansa e está sossegada toda a terra. Todos exultam de júbilo.

8 Até os ciprestes se alegram sobre ti, e os cedros do Líbano exclamam: Desde que tu caíste, ninguém já sobe contra nós para nos cortar.

9 O além, desde o profundo, se turba por ti, para te sair ao encontro na tua chegada; ele, por tua causa, desperta as sombras e todos os príncipes da terra e faz levantar dos seus tronos a todos os reis das nações.

10 Todos estes respondem e te dizem: Tu também, como nós, estás fraco? E és semelhante a nós?

11 Derribada está na cova a tua soberba, e, também, o som da tua harpa; por baixo de ti, uma cama de gusanos, e os vermes são a tua coberta.

12 Como caíste do céu, ó estrela da manhã, filho da alva! Como foste lançado por terra, tu que debilitavas as nações!

13.6 Jl 1.15. 13.10 Mt 24.29; Mc 13.24,25; Lc 21.25; Ap 6.12,13; 8.12. 13.19 Gn 19.24. 13.21 Ap 18.2. 14.12 Ap 8.10.

¹³ Tu dizias no teu coração: Eu subirei ao céu; acima das estrelas de Deus exaltarei o meu trono e no monte da congregação me assentarei, nas extremidades do Norte;

¹⁴ subirei acima das mais altas nuvens e serei semelhante ao Altíssimo.

¹⁵ Contudo, serás precipitado para o reino dos mortos, no mais profundo do abismo.

¹⁶ Os que te virem te contemplarão, hão de fitar-te e dizer-te: É este o homem que fazia estremecer a terra e tremer os reinos?

¹⁷ Que punha o mundo como um deserto e assolava as suas cidades? Que a seus cativos não deixava ir para casa?

¹⁸ Todos os reis das nações, sim, todos eles, jazem com honra, cada um, no seu túmulo.

¹⁹ Mas tu és lançado fora da tua sepultura, como um renovo bastardo, coberto de mortos traspassados à espada, cujo cadáver desce à cova e é pisado de pedras.

²⁰ Com eles não te reunirás na sepultura, porque destruíste a tua terra e mataste o teu povo; a descendência dos malignos jamais será nomeada.

²¹ Preparai a matança para os filhos, por causa da maldade de seus pais, para que não se levantem, e possuam a terra, e encham o mundo de cidades.

²² Levantar-me-ei contra eles, diz o SENHOR dos Exércitos; exterminarei da Babilônia o nome e os sobreviventes, os descendentes e a posteridade, diz o SENHOR.

²³ Reduzi-la-ei a possessão de ouriços e a lagoas de águas; varrê-la-ei com a vassoura da destruição, diz o SENHOR dos Exércitos.

Profecia contra os assírios

²⁴ Jurou o SENHOR dos Exércitos, dizendo: Como pensei, assim sucederá, e, como determinei, assim se efetuará.

²⁵ Quebrantarei a Assíria na minha terra e nas minhas montanhas a pisarei, para que o seu jugo se aparte de Israel, e a sua carga se desvie dos ombros dele.

²⁶ Este é o desígnio que se formou concernente a toda a terra; e esta é a mão que está estendida sobre todas as nações.

²⁷ Porque o SENHOR dos Exércitos o determinou; quem, pois, o invalidará? A sua mão está estendida; quem, pois, a fará voltar atrás?

Profecia contra os filisteus

²⁸ No ano em que morreu o rei Acaz, foi pronunciada esta sentença:

²⁹ Não te alegres, tu, toda a Filístia, por estar quebrada a vara que te feria; porque da estirpe da cobra sairá uma áspide, e o seu fruto será uma serpente voadora.

³⁰ Os primogênitos dos pobres serão apascentados, e os necessitados se deitarão seguros; mas farei morrer de fome a tua raiz, e serão destruídos os teus sobreviventes.

³¹ Uiva, ó porta; grita, ó cidade; tu, ó Filístia toda, treme; porque do Norte vem fumaça, e ninguém há que se afaste das fileiras.

³² Que se responderá, pois, aos mensageiros dos gentios? Que o SENHOR fundou a Sião, e nela encontram refúgio os aflitos do seu povo.

Profecia contra Moabe

15 Sentença contra Moabe. Certamente, numa noite foi assolada Ar de Moabe e ela está destruída; certamente, numa noite foi assolada Quir de Moabe e ela está destruída.

² Sobe-se ao templo e a Dibom, aos altos, para chorar; nos montes Nebo e Medeba, lamenta Moabe; todas as cabeças se tornam calvas, e toda barba é rapada.

³ Cingem-se de sacos de pano grosseiro nas suas ruas; nos seus terraços e nas suas praças, andam todos uivando e choram abundantemente.

⁴ Tanto Hesbom como Eleale andam gritando; até Jaaz se ouve a sua voz; por isso, os armados de Moabe clamam; a sua alma treme dentro dele.

⁵ O meu coração clama por causa de Moabe, cujos fugitivos vão até Zoar, novilha de três anos; vão chorando pela subida de Luíte e no caminho de Horonaim levantam grito de desespero;

⁶ porque as águas de Ninrim desaparecem; seca-se o pasto, acaba-se a erva, e já não há verdura alguma,

⁷ pelo que o que pouparam, o que ganharam e depositaram eles mesmos levam para além dos torrentes dos salgueiros;

⁸ porque o pranto rodeia os limites de Moabe; até Eglaim chega o seu clamor, e ainda até Beer-Elim, o seu lamento;

⁹ porque as águas de Dimom estão

14.15 Mt 11.23; Lc 10.15. 14.28 2Rs 16.20; 2Cr 28.27. 14.29-31 Jr 47.1-7; Ez 25.15-17; Jl 3.4-8; Am 1.6-8; Sf 2.4-7; Zc 9.5-7. 15.1-16.14 Is 25.10-12; Jr 48.1-47; Ez 25.8-11; Am 2.1-3; Sf 2.8-11.

cheias de sangue; pois ainda acrescentarei a Dimom: leões contra aqueles que escaparem de Moabe e contra os restantes da terra.

16 Enviai cordeiros ao dominador da terra, desde Sela, pelo deserto, até ao monte da filha de Sião.

² Como pássaro espantado, lançado fora do ninho, assim são as filhas de Moabe nos vaus do Arnom, que dizem:

³ Dá conselhos, executa o juízo e faze a tua sombra no pino do meio-dia como a noite; esconde os desterrados e não descubras os fugitivos.

⁴ Habitem entre ti os desterrados de Moabe, serve-lhes de esconderijo contra o destruidor. Quando o homem violento tiver fim, a destruição for desfeita e o opressor deixar a terra,

⁵ então, um trono se firmará em benignidade, e sobre ele no tabernáculo de Davi se assentará com fidelidade um que julgue, busque o juízo e não tarde em fazer justiça.

⁶ Temos ouvido da soberba de Moabe, soberbo em extremo; da sua arrogância, do seu orgulho e do seu furor; a sua jactância é vã.

⁷ Portanto, uivará Moabe, cada um por Moabe; gemereis profundamente abatidos pelas pastas de uvas de Quir-Haresete.

⁸ Porque os campos de Hesbom estão murchos; os senhores das nações talaram os melhores ramos da vinha de Sibma, que se estenderam até Jazer e se perderam no deserto, sarmentos que se estenderam e passaram além do mar.

⁹ Pelo que prantearei, com o pranto de Jazer, a vinha de Sibma; regar-te-ei com as minhas lágrimas, ó Hesbom, ó Eleale; pois, sobre os teus frutos de verão e sobre a tua vindima, caiu já dos inimigos o eia, como o de pisadores.

¹⁰ Fugiu a alegria e o regozijo do pomar; nas vinhas já não se canta, nem há júbilo algum; já não se pisarão as uvas nos lagares. Eu fiz cessar o eia dos pisadores.

¹¹ Pelo que por Moabe vibra como harpa o meu íntimo, e o meu coração, por Quir-Heres.

¹² Ver-se-á como Moabe se cansa nos altos, como entra no santuário a orar e nada alcança.

¹³ Esta é a palavra que o SENHOR há muito pronunciou contra Moabe.

¹⁴ Agora, porém, o SENHOR fala e diz: Dentro de três anos, tais como os de jornaleiros, será envilecida a glória de Moabe,

com toda a sua grande multidão; e o restante será pouco, pequeno e débil.

Profecia contra Damasco e Efraim

17 Sentença contra Damasco. Eis que Damasco deixará de ser cidade e será um montão de ruínas.

² As cidades de Aroer serão abandonadas; hão de ser para os rebanhos, que aí se deitarão sem haver quem os espante.

³ A fortaleza de Efraim desaparecerá, como também o reino de Damasco e o restante da Síria; serão como a glória dos filhos de Israel, diz o SENHOR dos Exércitos.

⁴ Naquele dia, a glória de Jacó será apoucada, e a gordura da sua carne desaparecerá.

⁵ Será, quando o segador ajunta a cana do trigo e com o braço sega as espigas, como quem colhe espigas, como quem colhe espigas no vale de Refaim.

⁶ Mas ainda ficarão alguns rabiscos, como no sacudir da oliveira; duas ou três azeitonas na ponta do ramo mais alto, e quatro ou cinco nos ramos mais exteriores de uma árvore frutífera, diz o SENHOR, Deus de Israel.

⁷ Naquele dia, olhará o homem para o seu Criador, e os seus olhos atentarão para o Santo de Israel.

⁸ E não olhará para os altares, obra das suas mãos, nem atentará para o que fizeram seus dedos, nem para os postes-ídolos, nem para os altares do incenso.

⁹ Naquele dia, serão as suas cidades fortes como os lugares abandonados no bosque ou sobre o cume das montanhas, os quais outrora foram abandonados ante os filhos de Israel, e haverá assolação;

¹⁰ porquanto te esqueceste do Deus da tua salvação e não te lembraste da Rocha da tua fortaleza. Ainda que faças plantações formosas e plantes mudas de fora,

¹¹ e, no dia em que as plantares, as fizeres crescer, e na manhã seguinte as fizeres florescer, ainda assim a colheita voará no dia da tribulação e das dores incuráveis.

¹² Ai do bramido dos grandes povos que bramam como bramam os mares, e do rugido das nações que rugem como rugem as impetuosas águas!

¹³ Rugirão as nações, como rugem as muitas águas, mas Deus as repreenderá, e fugirão para longe; serão afugentadas como a palha dos montes diante do vento e como pó levado pelo tufão.

17.1-3 Jr 49.23-27; Am 1.3-5; Zc 9.1.

¹⁴ Ao anoitecer, eis que há pavor, e, antes que amanheça o dia, já não existem. Este é o quinhão daqueles que nos despojam e a sorte daqueles que nos saqueiam.

Profecia contra a Etiópia

18 Ai da terra onde há o roçar de muitas asas de insetos, que está além dos rios da Etiópia;

² que envia embaixadores por mar em navios de papiro sobre as águas, dizendo: Ide, mensageiros velozes, a uma nação de homens altos e de pele brunida, a um povo terrível, de perto e de longe; a uma nação poderosa e esmagadora, cuja terra os rios dividem.

³ Vós, todos os habitantes do mundo, e vós, os moradores da terra, quando se arvorar a bandeira nos montes, olhai; e, quando se tocar a trombeta, escutai.

⁴ Porque assim me disse o SENHOR: Olhando da minha morada, estarei calmo como o ardor quieto do sol resplandecente, como a nuvem do orvalho no calor da sega.

⁵ Porque antes da vindima, caída já a flor, e quando as uvas amadurecem, então, podará os sarmentos com a foice e cortará os ramos que se estendem.

⁶ Serão deixados juntos às aves dos montes e aos animais da terra; sobre eles veranearão as aves de rapina, e todos os animais da terra passarão o inverno sobre eles.

⁷ Naquele tempo, será levado um presente ao SENHOR dos Exércitos por um povo de homens altos e de pele brunida, povo terrível, de perto e de longe; por uma nação poderosa e esmagadora, cuja terra os rios dividem, ao lugar do nome do SENHOR dos Exércitos, ao monte Sião.

Profecia contra o Egito

19 Sentença contra o Egito. Eis que o SENHOR, cavalgando uma nuvem ligeira, vem ao Egito; os ídolos do Egito estremecerão diante dele, e o coração dos egípcios se derreterá dentro deles.

² Porque farei com que egípcios se levantem contra egípcios, e cada um pelejará contra o seu irmão e cada um contra seu próximo; cidade contra cidade, reino contra reino.

³ O espírito dos egípcios se esvaecerá dentro deles, e anularei o seu conselho; eles consultarão os seus ídolos, e encantadores, e necromantes, e feiticeiros.

⁴ Entregarei os egípcios nas mãos de um senhor duro, e um rei feroz os dominará, diz o Senhor, o SENHOR dos Exércitos.

⁵ Secarão as águas do Nilo, e o rio se tornará seco e árido.

⁶ Os canais exalarão mau cheiro, e os braços do Nilo diminuirão e se esgotarão; as canas e os juncos se murcharão.

⁷ A relva que está junto ao Nilo, junto às suas ribanceiras, e tudo o que foi semeado junto dele se secarão, serão levados pelo vento e não subsistirão.

⁸ Os pescadores gemerão, suspirarão todos os que lançam anzol ao rio, e os que estendem rede sobre as águas desfalecerão.

⁹ Consternar-se-ão os que trabalham em linho fino e os que tecem pano de algodão.

¹⁰ Os seus grandes serão esmagados, e todos os jornaleiros andarão de alma entristecida.

¹¹ Na verdade, são néscios os príncipes de Zoã; os sábios conselheiros de Faraó dão conselhos estúpidos; como, pois, direis a Faraó: Sou filho de sábios, filho de antigos reis?

¹² Onde estão agora os teus sábios? Anunciem-te agora ou informem-te do que o SENHOR dos Exércitos determinou contra o Egito.

¹³ Loucos se tornaram os príncipes de Zoã, enganados estão os príncipes de Mênfis; fazem errar o Egito os que são a pedra de esquina das suas tribos.

¹⁴ O SENHOR derramou no coração deles um espírito estonteante; eles fizeram estontear o Egito em toda a sua obra, como o bêbado quando cambaleia no seu vômito.

¹⁵ Não aproveitará ao Egito obra alguma que possa ser feita pela cabeça ou cauda, pela palma ou junco.

¹⁶ Naquele dia, os egípcios serão como mulheres; tremerão e temerão ao levantar-se da mão do SENHOR dos Exércitos, que ele agitará contra eles.

¹⁷ A terra de Judá será espanto para o Egito; todo aquele que dela se lembrar encher-se-á de pavor por causa do propósito do SENHOR dos Exércitos, do que determinou contra eles.

¹⁸ Naquele dia, haverá cinco cidades na terra do Egito que falarão a língua de Canaã e farão juramento ao SENHOR dos Exércitos; uma delas se chamará Cidade do Sol.

18.1-7 Sf 2.12.   **19.1-25** Jr 46.2-26; Ez 29.1-32.32.

19 Naquele dia, o SENHOR terá um altar no meio da terra do Egito, e uma coluna se erigirá ao SENHOR na sua fronteira.

20 Servirá de sinal e de testemunho ao SENHOR dos Exércitos na terra do Egito; ao SENHOR clamarão por causa dos opressores, e ele lhes enviará um salvador e defensor que os há de livrar.

21 O SENHOR se dará a conhecer ao Egito, e os egípcios conhecerão o SENHOR naquele dia; sim, eles o adorarão com sacrifícios e ofertas de manjares, e farão votos ao SENHOR, e os cumprirão.

22 Ferirá o SENHOR os egípcios, ferirá, mas os curará; converter-se-ão ao SENHOR, e ele lhes atenderá as orações e os curará.

23 Naquele dia, haverá estrada do Egito até à Assíria, os assírios irão ao Egito, e os egípcios, à Assíria; e os egípcios adorarão com os assírios.

24 Naquele dia, Israel será o terceiro com os egípcios e os assírios, uma bênção no meio da terra;

25 porque o SENHOR dos Exércitos os abençoará, dizendo: Bendito seja o Egito, meu povo, e a Assíria, obra de minhas mãos, e Israel, minha herança.

Profecia do cativeiro dos egípcios e dos etíopes

20 No ano em que Tartã, enviado por Sargom, rei da Assíria, veio a Asdode, e a guerreou, e a tomou,

2 nesse mesmo tempo, falou o SENHOR por intermédio de Isaías, filho de Amoz, dizendo: Vai, solta de teus lombos o pano grosseiro de profeta e tira dos pés o calçado. Assim ele o fez, indo despido e descalço.

3 Então, disse o SENHOR: Assim como Isaías, meu servo, andou três anos despido e descalço, por sinal e prodígio contra o Egito e contra a Etiópia,

4 assim o rei da Assíria levará os presos do Egito e os exilados da Etiópia, tanto moços como velhos, despidos e descalços e com as nádegas descobertas, para vergonha do Egito.

5 Então, se assombrarão os israelitas e se envergonharão por causa dos etíopes, sua esperança, e dos egípcios, sua glória.

6 Os moradores desta região dirão naquele dia: Vede, foi isto que aconteceu àqueles em quem esperávamos e a que fugimos por socorro, para livrar-nos do rei da Assíria! Como, pois, escaparemos nós?

21.9 Ap 14.8; 18.2.

Profecia contra a Babilônia

21 Sentença contra o deserto do mar. Como os tufões vêm do Sul, ele virá do deserto, da horrível terra.

2 Dura visão me foi anunciada: o pérfido procede perfidamente, e o destruidor anda destruindo. Sobe, ó Elão, sitia, ó Média; já fiz cessar todo gemer.

3 Pelo que os meus lombos estão cheios de angústias; dores se apoderaram de mim como as de parturiente; contorço-me de dores e não posso ouvir, desfaleço-me e não posso ver.

4 O meu coração cambaleia, o horror me apavora; a noite que eu desejava se me tornou em tremores.

5 Põe-se a mesa, estendem-se tapetes, come-se e bebe-se. Levantai-vos, príncipes, untai o escudo.

6 Pois assim me disse o Senhor: Vai, põe o atalaia, e ele que diga o que vir.

7 Quando vir uma tropa de cavaleiros de dois a dois, uma tropa de jumentos e uma tropa de camelos, ele que escute diligentemente com grande atenção.

8 Então, o atalaia gritou como um leão: Senhor, sobre a torre de vigia estou em pé continuamente durante o dia e de guarda me ponho noites inteiras.

9 Eis agora vem uma tropa de homens, cavaleiros de dois a dois. Então, ergueu ele a voz e disse: Caiu, caiu Babilônia; e todas as imagens de escultura dos seus deuses jazem despedaçadas por terra.

10 Oh! Povo meu, debulhado e batido como o trigo da minha eira! O que ouvi do SENHOR dos Exércitos, Deus de Israel, isso vos anunciei.

Profecia contra Dumá

11 Sentença contra Dumá. Gritam-me de Seir: Guarda, a que hora estamos da noite? Guarda, a que horas?

12 Respondeu o guarda: Vem a manhã, e também a noite; se quereis perguntar, perguntai; voltai, vinde.

Profecia contra a Arábia

13 Sentença contra a Arábia. Nos bosques da Arábia, passareis a noite, ó caravanas de dedanitas.

14 Traga-se água ao encontro dos sedentos; ó moradores da terra de Tema, levai pão aos fugitivos.

15 Porque fogem de diante das espadas, de diante da espada nua, de diante do arco armado e de diante do furor da guerra.

16 Porque assim me disse o Senhor: Dentro dum ano, tal como o de jornaleiro, toda a glória de Quedar desaparecerá.

17 E o restante do número dos flecheiros, os valentes dos filhos de Quedar, será diminuto, porque assim o disse o SENHOR, Deus de Israel.

Profecia contra Jerusalém

22 Sentença contra o vale da Visão. Que tens agora, que todo o teu povo sobe aos telhados?

2 Tu, cidade que estavas cheia de aclamações, cidade estrepitosa, cidade alegre! Os teus mortos não foram mortos à espada, nem morreram na guerra.

3 Todos os teus príncipes fogem à uma e são presos sem que se use o arco; todos os teus que foram encontrados foram presos, sem embargo de já estarem longe na fuga.

4 Portanto, digo: desviai de mim a vista e chorarei amargamente; não insistais por causa da ruína da filha do meu povo.

5 Porque dia de alvoroço, de atropelamento e confusão é este da parte do Senhor, o SENHOR dos Exércitos, no vale da Visão: um derribar de muros e clamor que vai até aos montes.

6 Porque Elão tomou a aljava e vem com carros e cavaleiros; e Quir descobre os escudos.

7 Os teus mais formosos vales se enchem de carros, e os cavaleiros se põem em ordem às portas.

8 Tira-se a proteção de Judá. Naquele dia, olharás para as armas da Casa do Bosque.

9 Notareis as brechas da Cidade de Davi, por serem muitas, e ajuntareis as águas do açude inferior.

10 Também contareis as casas de Jerusalém e delas derribareis, para fortalecer os muros.

11 Fareis também um reservatório entre os dois muros para as águas do açude velho, mas não cogitais de olhar para cima, para aquele que suscitou essas calamidades, nem considerais naquele que há muito as formou.

12 O Senhor, o SENHOR dos Exércitos, vos convida naquele dia para chorar, prantear, rapar a cabeça e cingir o cilício.

13 Porém é só gozo e alegria que se vêem; matam-se bois, degolam-se ovelhas, come-se carne, bebe-se vinho e se diz: Comamos e bebamos, que amanhã morreremos.

14 Mas o SENHOR dos Exércitos se declara aos meus ouvidos, dizendo: Certamente, esta maldade não será perdoada, até que morrais, diz o Senhor, o SENHOR dos Exércitos.

Sebna é degradado. Eliaquim é exaltado

15 Assim diz o Senhor, o SENHOR dos Exércitos: Anda, vai ter com esse administrador, com Sebna, o mordomo, e pergunta-lhe:

16 Que é que tens aqui? Ou a quem tens tu aqui, para que abrisses aqui uma sepultura, lavrando em lugar alto a tua sepultura, cinzelando na rocha a tua própria morada?

17 Eis que como homem forte o SENHOR te arrojará violentamente; agarrar-te-á com firmeza,

18 enrolar-te-á num invólucro e te fará rolar como uma bola para terra espaçosa; ali morrerás, e ali acabarão os carros da tua glória, ó tu, vergonha da casa do teu senhor.

19 Eu te lançarei fora do teu posto, e serás derribado da tua posição.

20 Naquele dia, chamarei a meu servo Eliaquim, filho de Hilquias,

21 vesti-lo-ei da tua túnica, cingi-lo-ei com a tua faixa e lhe entregarei nas mãos o teu poder, e ele será como pai para os moradores de Jerusalém e para a casa de Judá.

22 Porei sobre o seu ombro a chave da casa de Davi; ele abrirá, e ninguém fechará, fechará, e ninguém abrirá.

23 Fincá-lo-ei como estaca em lugar firme, e ele será como um trono de honra para a casa de seu pai.

24 Nele, pendurarão toda a responsabilidade da casa de seu pai, a prole e os descendentes, todos os utensílios menores, desde as taças até as garrafas.

25 Naquele dia, diz o SENHOR dos Exércitos, a estaca que fora fincada em lugar firme será tirada, será arrancada e cairá, e a carga que nela estava se desprenderá, porque o SENHOR o disse.

Profecia contra Tiro

23 Sentença contra Tiro. Uivai, navios de Társis, porque está assolada, a

22.13 1Co 15.32.   22.22 Ap 3.7.   23.1-18 Ez 26.1-28.19; Jl 3.4-8; Am 1.9,10; Zc 9.3-4; Mt 11.21,22; Lc 10.13,14.

ponto de não haver nela casa nenhuma, nem ancoradouro. Da terra de Chipre lhes foi isto revelado.

² Calai-vos, moradores do litoral, vós a quem os mercadores de Sidom enriqueceram, navegando pelo mar.

³ Através das vastas águas, vinha o cereal dos canais do Egito e a ceifa do Nilo, como a tua renda, Tiro, que vieste a ser a feira das nações.

⁴ Envergonha-te, ó Sidom, porque o mar, a fortaleza do mar, fala, dizendo: Não tive dores de parto, não dei à luz, não criei rapazes, nem eduquei donzelas.

⁵ Quando a notícia a respeito de Tiro chegar ao Egito, com ela se angustiarão os homens.

⁶ Passai a Társis, uivai, moradores do litoral.

⁷ É esta, acaso, a vossa cidade que andava exultante, cuja origem data de remotos dias, cujos pés a levaram até longe para estabelecer-se?

⁸ Quem formou este desígnio contra Tiro, a cidade distribuidora de coroas, cujos mercadores são príncipes e cujos negociantes são os mais nobres da terra?

⁹ O Senhor dos Exércitos formou este desígnio para denegrir a soberba de toda beleza e envilecer os mais nobres da terra.

¹⁰ Percorre livremente como o Nilo a tua terra, ó filha de Társis; já não há quem te restrinja.

¹¹ O Senhor estendeu a mão sobre o mar e turbou os reinos; deu ordens contra Canaã, para que se destruíssem as suas fortalezas.

¹² E disse: Nunca mais exultarás, ó oprimida virgem filha de Sidom; levanta-te, passa a Chipre, mas ainda ali não terás descanso.

¹³ Eis a terra dos caldeus, povo que até há pouco não era povo e que a Assíria destinara para os sátiros do deserto; povo que levantou suas torres, e arrasou os palácios de Tiro, e os converteu em ruínas.

¹⁴ Uivai, navios de Társis, porque é destruída a que era a vossa fortaleza!

¹⁵ Naquele dia, Tiro será posta em esquecimento por setenta anos, segundo os dias dum rei; mas no fim dos setenta anos dar-se-á com Tiro o que consta na canção da meretriz:

¹⁶ Toma a harpa, rodeia a cidade, ó meretriz, entregue ao esquecimento; canta bem, toca, multiplica as tuas canções, para que se recordem de ti.

¹⁷ Findos os setenta anos, o Senhor atentará para Tiro, e ela tornará ao salário da sua impureza e se prostituirá com todos os reinos da terra.

¹⁸ O ganho e o salário de sua impureza serão dedicados ao Senhor; não serão entesourados, nem guardados, mas o seu ganho será para os que habitam perante o Senhor, para que tenham comida em abundância e vestes finas.

24

Eis que o Senhor vai devastar e desolar a terra, vai transtornar a sua superfície e lhe dispersar os moradores.

² O que suceder ao povo sucederá ao sacerdote; ao servo, como ao seu senhor; à serva, como à sua dona; ao comprador, como ao vendedor; ao que empresta, como ao que toma emprestado; ao credor, como ao devedor.

³ A terra será de todo devastada e totalmente saqueada, porque o Senhor é quem proferiu esta palavra.

⁴ A terra pranteia e se murcha; o mundo enfraquece e se murcha; enlanguescem os mais altos do povo da terra.

⁵ Na verdade, a terra está contaminada por causa dos seus moradores, porquanto transgridem as leis, violam os estatutos e quebram a aliança eterna.

⁶ Por isso, a maldição consome a terra, e os que habitam nela se tornam culpados; por isso, serão queimados os moradores da terra, e poucos homens restarão.

⁷ Pranteia o vinho, enlanguesce a vide, e gemem todos os que estavam de coração alegre.

⁸ Cessou o folguedo dos tamboris, acabou o ruído dos que exultam, e descansou a alegria da harpa.

⁹ Já não se bebe vinho entre canções; a bebida forte é amarga para os que a bebem.

¹⁰ Demolida está a cidade caótica, todas as casas estão fechadas, ninguém já pode entrar.

¹¹ Gritam por vinho nas ruas, fez-se noite para toda alegria, foi banido da terra o prazer.

¹² Na cidade, reina a desolação, e a porta está reduzida a ruínas.

¹³ Porque será na terra, no meio destes povos, como o varejar da oliveira e como o rebuscar, quando está acabada a vindima.

A alegria dos justos

¹⁴ Eles levantam a voz e cantam com alegria; por causa da glória do Senhor, exultam desde o mar.

¹⁵ Por isso, glorificai ao Senhor no

Oriente e, nas terras do mar, ao nome do SENHOR, Deus de Israel.

¹⁶ Dos confins da terra ouvimos cantar: Glória ao Justo!

A ruína dos transgressores

Mas eu digo: definho, definho, ai de mim! Os pérfidos tratam perfidamente; sim, os pérfidos tratam mui perfidamente.

¹⁷ Terror, cova e laço vêm sobre ti, ó morador da terra.

¹⁸ E será que aquele que fugir da voz do terror cairá na cova, e, se sair da cova, o laço o prenderá; porque as represas do alto se abrem, e tremem os fundamentos da terra.

¹⁹ A terra será de todo quebrantada, ela totalmente se romperá, a terra violentamente se moverá.

²⁰ A terra cambaleará como um bêbado e balanceará como rede de dormir; a sua transgressão pesa sobre ela, ela cairá e jamais se levantará.

²¹ Naquele dia, o SENHOR castigará, no céu, as hostes celestes, e os reis da terra, na terra.

²² Serão ajuntados como presos em masmorra, e encerrados num cárcere, e castigados depois de muitos dias.

²³ A lua se envergonhará, e o sol se confundirá quando o SENHOR dos Exércitos reinar no monte Sião e em Jerusalém; perante os seus anciãos haverá glória.

Cântico de louvor pela misericórdia divina

25 Ó SENHOR, tu és o meu Deus; exaltar-te-ei a ti e louvarei o teu nome, porque tens feito maravilhas e tens executado os teus conselhos antigos, fiéis e verdadeiros.

² Porque da cidade fizeste um montão de pedras e da cidade forte, uma ruína; a fortaleza dos estranhos já não é cidade e jamais será reedificada.

³ Pelo que povos fortes te glorificarão, e a cidade das nações opressoras te temerá.

⁴ Porque foste a fortaleza do pobre e a fortaleza do necessitado na sua angústia; refúgio contra a tempestade e sombra contra o calor; porque dos tiranos o bufo é como a tempestade contra o muro,

⁵ como o calor em lugar seco. Tu abaterás o ímpeto dos estranhos; como se abranda o calor pela sombra da espessa nuvem,

assim o hino triunfal dos tiranos será aniquilado.

⁶ O SENHOR dos Exércitos dará neste monte a todos os povos um banquete de cousas gordurosas, uma festa com vinhos velhos, pratos gordurosos com tutanos e vinhos velhos bem clarificados.

⁷ Destruirá neste monte a coberta que envolve todos os povos e o véu que está posto sobre todas as nações.

⁸ Tragará a morte para sempre, e, assim, enxugará o SENHOR Deus as lágrimas de todos os rostos, e tirará de toda a terra o opróbrio do seu povo, porque o SENHOR falou.

⁹ Naquele dia, se dirá: Eis que este é o nosso Deus, em quem esperávamos, e ele nos salvará; este é o SENHOR, a quem aguardávamos; na sua salvação exultaremos e nos alegraremos.

¹⁰ Porque a mão do SENHOR descansará neste monte; mas Moabe será trilhado no seu lugar, como se pisa a palha na água da cova da esterqueira;

¹¹ no meio disto estenderá ele as mãos, como as estende o nadador para nadar; mas o SENHOR lhe abaterá a altivez, não obstante a perícia das suas mãos;

¹² e abaixará as altas fortalezas dos seus muros; abatê-las-á e derribá-las-á por terra, até ao pó.

Cântico de confiança na proteção divina

26 Naquele dia, se entoará este cântico na terra de Judá: Temos uma cidade forte; Deus lhe põe a salvação por muros e baluartes.

² Abri vós as portas, para que entre a nação justa, que guarda a fidelidade.

³ Tu, SENHOR, conservarás em perfeita paz aquele cujo propósito é firme; porque ele confia em ti.

⁴ Confiai no SENHOR perpetuamente, porque o SENHOR Deus é uma rocha eterna;

⁵ porque ele abate os que habitam no alto, na cidade elevada; abate-a, humilha-a até à terra e até ao pó.

⁶ O pé a pisará; os pés dos aflitos, e os passos dos pobres.

⁷ A vereda do justo é plana; tu, que és justo, aplanas a vereda do justo.

⁸ Também através dos teus juízos, SENHOR, te esperamos; no teu nome e na tua memória está o desejo da nossa alma.

25.8 1Co 15.54; Ap 7.17; 21.4.   **25.10-12** Is 15.1-16.14; Jr 48.1-47; Ez 25.8-11; Am 2.1-3; Sf 2.8-11.

⁹ Com minha alma suspiro de noite por ti e, com o meu espírito dentro de mim, eu te procuro diligentemente; porque, quando os teus juízos reinam na terra, os moradores do mundo aprendem justiça.

¹⁰ Ainda que se mostre favor ao perverso, nem por isso aprende a justiça; até na terra da retidão ele comete a iniqüidade e não atenta para a majestade do SENHOR.

¹¹ SENHOR, a tua mão está levantada, mas nem por isso a vêem; porém verão o teu zelo pelo povo e se envergonharão; e o teu furor, por causa dos teus adversários, que os consuma.

¹² SENHOR, concede-nos a paz, porque todas as nossas obras tu as fazes por nós.

¹³ Ó SENHOR, Deus nosso, outros senhores têm tido domínio sobre nós; mas graças a ti somente é que louvamos o teu nome.

¹⁴ Mortos não tornarão a viver, sombras não ressuscitam; por isso, os castigaste, e destruíste, e lhes fizeste perecer toda a memória.

¹⁵ Tu, SENHOR, aumentaste o povo, aumentaste o povo e tens sido glorificado; a todos os confins da terra dilataste.

¹⁶ SENHOR, na angústia te buscaram; vindo sobre eles a tua correção, derramaram as suas orações.

¹⁷ Como a mulher grávida, quando se lhe aproxima a hora de dar à luz, se contorce e dá gritos nas suas dores, assim fomos nós na tua presença, ó SENHOR!

¹⁸ Concebemos nós e nos contorcemos em dores de parto, mas o que demos à luz foi vento; não trouxemos à terra livramento algum, e não nasceram moradores do mundo.

¹⁹ Os vossos mortos e também o meu cadáver viverão e ressuscitarão; despertai e exultai, os que habitais no pó, porque o teu orvalho, ó Deus, será como o orvalho de vida, e a terra dará à luz os seus mortos.

²⁰ Vai, pois, povo meu, entra nos teus quartos e fecha as tuas portas sobre ti; esconde-te só por um momento, até que passe a ira.

²¹ Pois eis que o SENHOR sai do seu lugar, para castigar a iniqüidade dos moradores da terra; a terra descobrirá o sangue que embebeu e já não encobrirá aqueles que foram mortos.

Deus ama ao seu povo e o salva

27 Naquele dia, o SENHOR castigará com a sua dura espada, grande e forte, o dragão, serpente veloz, e o dragão, serpente sinuosa, e matará o monstro que está no mar.

² Naquele dia, dirá o SENHOR: Cantai a vinha deliciosa!

³ Eu, o SENHOR, a vigio e a cada momento a regarei; para que ninguém lhe faça dano, de noite e de dia eu cuidarei dela.

⁴ Não há indignação em mim. Quem me dera espinheiros e abrolhos diante de mim! Em guerra, eu iria contra eles e juntamente os queimaria.

⁵ Ou que homens se apoderem da minha força e façam paz comigo; sim, que façam paz comigo.

⁶ Dias virão em que Jacó lançará raízes, florescerá e brotará Israel, e encherão de fruto o mundo.

⁷ Porventura, feriu o SENHOR a Israel como àqueles que o feriram? Ou o matou, assim como àqueles que o mataram?

⁸ Com xô!, xô! e exílio o trataste; com forte sopro o expulsaste no dia do vento oriental.

⁹ Portanto, com isto será expiada a culpa de Jacó, e este é todo o fruto do perdão do seu pecado: quando o SENHOR fizer a todas as pedras do altar como pedras de cal feitas em pedaços, não ficarão em pé os postes-ídolos e os altares do incenso.

¹⁰ Porque a cidade fortificada está solitária, habitação desamparada e abandonada como um deserto; ali pastam os bezerros, deitam-se e devoram os seus ramos.

¹¹ Quando os seus ramos se secam, são quebrados. Então, vêm as mulheres e lhes deitam fogo, porque este povo não é povo de entendimento; por isso, aquele que o fez não se compadecerá dele, e aquele que o formou não lhe perdoará.

¹² Naquele dia, em que o SENHOR debulhará o seu cereal desde o Eufrates até ao ribeiro do Egito; e vós, ó filhos de Israel, sereis colhidos um a um.

¹³ Naquele dia, se tocará uma grande trombeta, e os que andavam perdidos pela terra da Assíria e os que forem desterrados para a terra do Egito tornarão a vir e adorarão ao SENHOR no monte santo em Jerusalém.

Será castigada a impenitência de Efraim

28 Ai da soberba coroa dos bêbados de Efraim e da flor caduca da sua gloriosa formosura que está sobre a parte alta do fertilíssimo vale dos vencidos do vinho!

26.11 Hb 10.27. **27.1** Jó 41.1; Sl 74.14; 104.26.

² Eis que o Senhor tem certo homem valente e poderoso; este, como uma queda de saraiva, como uma tormenta de destruição e como uma tempestade de impetuosas águas que transbordam, com poder as derribará por terra.

³ A soberba coroa dos bêbados de Efraim será pisada aos pés.

⁴ A flor caduca da sua gloriosa formosura, que está sobre a parte alta do fertilíssimo vale, será como o figo prematuro, que amadurece antes do verão, o qual, em pondo nele alguém os olhos, mal o apanha, já o devora.

⁵ Naquele dia, o Senhor dos Exércitos será a coroa de glória e o formoso diadema para os restantes de seu povo;

⁶ será o espírito de justiça para o que se assenta a julgar e fortaleza para os que fazem recuar o assalto contra as portas.

Contra os habitantes de Jerusalém

⁷ Mas também estes cambaleiam por causa do vinho e não podem ter-se em pé por causa da bebida forte; o sacerdote e o profeta cambaleiam por causa da bebida forte, são vencidos pelo vinho, não podem ter-se em pé por causa da bebida forte; erram na visão, tropeçam no juízo.

⁸ Porque todas as mesas estão cheias de vômitos, e não há lugar sem imundícia.

⁹ A quem, pois, se ensinaria o conhecimento? E a quem se daria a entender o que se ouviu? Acaso, aos desmamados e aos que foram afastados dos seios maternos?

¹⁰ Porque é preceito sobre preceito, preceito e mais preceito; regra sobre regra, regra e mais regra; um pouco aqui, um pouco ali.

¹¹ Pelo que por lábios gaguejantes e por língua estranha falará o Senhor a este povo,

¹² ao qual ele disse: Este é o descanso, dai descanso ao cansado; e este é o refrigério; mas não quiseram ouvir.

¹³ Assim, pois, a palavra do Senhor lhes será preceito sobre preceito, preceito e mais preceito; regra sobre regra, regra e mais regra; um pouco aqui, um pouco ali; para que vão, e caiam para trás, e se quebrantem, se enlacem, e sejam presos.

¹⁴ Ouvi, pois, a palavra do Senhor, homens escarnecedores, que dominais este povo que está em Jerusalém.

¹⁵ Porquanto dizeis: Fizemos aliança com a morte e com o além fizemos acordo; quando passar o dilúvio do açoite, não chegará a nós, porque, por nosso refúgio, temos a mentira e debaixo da falsidade nos temos escondido.

¹⁶ Portanto, assim diz o Senhor Deus: Eis que eu assentei em Sião uma pedra, pedra já provada, pedra preciosa, angular, solidamente assentada; aquele que crer não foge.

¹⁷ Farei do juízo a régua e da justiça, o prumo; a saraiva varrerá o refúgio da mentira, e as águas arrastarão o esconderijo.

¹⁸ A vossa aliança com a morte será anulada, e o vosso acordo com o além não subsistirá; e, quando o dilúvio do açoite passar, sereis esmagados por ele.

¹⁹ Todas as vezes que passar, vos arrebatará, porque passará manhã após manhã, e todos os dias, e todas as noites; e será puro terror o só ouvir tal notícia.

²⁰ Porque a cama será tão curta, que ninguém se poderá estender nela; e o cobertor, tão estreito, que ninguém se poderá cobrir com ele.

²¹ Porque o Senhor se levantará, como no monte Perazim, e se irará, como no vale de Gibeom, para realizar a sua obra, a sua obra estranha, e para executar o seu ato, o seu ato inaudito.

²² Agora, pois, não mais escarneçais, para que os vossos grilhões não se façam mais fortes; porque já do Senhor, o Senhor dos Exércitos, ouvi falar duma destruição, e essa já está determinada sobre toda a terra.

Deus é grande em sabedoria

²³ Inclinai os ouvidos e ouvi a minha voz; atendei bem e ouvi o meu discurso.

²⁴ Porventura, lavra todo dia o lavrador, para semear? Ou todo dia sulca a sua terra e a esterroa?

²⁵ Porventura, quando já tem nivelado a superfície, não lhe espalha o endro, não semeia o cominho, não lança nela o trigo em leiras, ou cevada, no devido lugar, ou a espelta, na margem?

²⁶ Pois o seu Deus assim o instrui devidamente e o ensina.

²⁷ Porque o endro não se trilha com instrumento de trilhar, nem sobre o cominho se passa roda de carro; mas com vara se sacode o endro, e o cominho, com pau.

²⁸ Acaso, é esmiuçado o cereal? Não; o lavrador nem sempre o está debulhando,

nem sempre está fazendo passar por cima dele a roda do seu carro e os seus cavalos.

²⁹ Também isso procede do Senhor dos Exércitos; ele é maravilhoso em conselho e grande em sabedoria.

Jerusalém e seus inimigos

29 Ai da Lareira de Deus, cidade-lareira de Deus, em que Davi assentou o seu arraial! Acrescentai ano a ano, deixai as festas que completem o seu ciclo;

² então, porei a Lareira de Deus em aperto, e haverá pranto e lamentação; e ela será para mim verdadeira Lareira de Deus.

³ Acamparei ao derredor de ti, cercar-te-ei com baluartes e levantarei tranqueiras contra ti.

⁴ Então, lançada por terra, do chão falarás, e do pó sairá afogada a tua fala; subirá da terra a tua voz como a de um fantasma; como um cochicho, a tua fala, desde o pó.

⁵ Mas a multidão dos teus inimigos será como o pó miúdo, e a multidão dos tiranos, como a palha que voa; dar-se-á isto, de repente, num instante.

⁶ Do Senhor dos Exércitos vem o castigo com trovões, com terremotos, grande estrondo, tufão de vento, tempestade e chamas devoradoras.

⁷ Como sonho e visão noturna será a multidão de todas as nações que hão de pelejar contra a Lareira de Deus, como também todos os que pelejarem contra ela e contra os seus baluartes e a puserem em aperto.

⁸ Será também como o faminto que sonha que está a comer, mas, acordando, sente-se vazio; ou como o sequioso que sonha que está a beber, mas, acordando, sente-se desfalecido e sedento; assim será toda a multidão das nações que pelejarem contra o monte Sião.

A cegueira espiritual e a hipocrisia do povo

⁹ Estatelai-vos e ficai estatelados, cegai-vos e permanecei cegos; bêbados estão, mas não de vinho; andam cambaleando, mas não de bebida forte.

¹⁰ Porque o Senhor derramou sobre vós o espírito de profundo sono, e fechou os vossos olhos, que são os profetas, e vendou a vossa cabeça, que são os videntes.

¹¹ Toda a visão já se vos tornou como as palavras dum livro selado, que se dá ao que sabe ler, dizendo: Lê isto, peço-te; e ele responde: Não posso, porque está selado;

¹² e dá-se o livro ao que não sabe ler, dizendo: Lê isto, peço-te; e ele responde: Não sei ler.

¹³ O Senhor disse: Visto que este povo se aproxima de mim e com a sua boca e com os seus lábios me honra, mas o seu coração está longe de mim, e o seu temor para comigo consiste só em mandamentos de homens, que maquinalmente aprendeu,

¹⁴ continuarei a fazer obra maravilhosa no meio deste povo; sim, obra maravilhosa e um portento; de maneira que a sabedoria dos seus sábios perecerá, e a prudência dos seus prudentes se esconderá.

¹⁵ Ai dos que escondem profundamente o seu propósito do Senhor, e as suas próprias obras fazem às escuras, e dizem: Quem nos vê? Quem nos conhece?

¹⁶ Que perversidade a vossa! Como se o oleiro fosse igual ao barro, e a obra dissesse do seu artífice: Ele não me fez; e a cousa feita dissesse do seu oleiro: Ele nada sabe.

A redenção de Israel

¹⁷ Porventura, dentro em pouco não se converterá o Líbano em pomar, e o pomar não será tido por bosque?

¹⁸ Naquele dia, os surdos ouvirão as palavras do livro, e os cegos, livres já da escuridão e das trevas, as verão.

¹⁹ Os mansos terão regozijo sobre regozijo no Senhor, e os pobres entre os homens se alegrarão no Santo de Israel.

²⁰ Pois o tirano é reduzido a nada, o escarnecedor já não existe, e já se acham eliminados todos os que cogitam da iniquidade,

²¹ os quais por causa de uma palavra condenam um homem, os que põem armadilhas ao que repreende na porta, e os que sem motivo negam ao justo o seu direito.

²² Portanto, acerca da casa de Jacó, assim diz o Senhor, que remiu a Abraão: Jacó já não será envergonhado, nem mais se empalidecerá o seu rosto.

²³ Mas, quando ele e seus filhos virem a obra das minhas mãos no meio deles, santificarão o meu nome; sim, santificarão o Santo de Jacó e temerão o Deus de Israel.

²⁴ E os que erram de espírito virão a ter entendimento, e os murmuradores hão de aceitar instrução.

29.10 Rm 11.8.   **29.13** Mt 15.8,9; Mc 7.6,7.   **29.14** 1Co 1.19.

Contra a aliança com o Egito

30 Ai dos filhos rebeldes, diz o SENHOR, que executam planos que não procedem de mim e fazem aliança sem a minha aprovação, para acrescentarem pecado sobre pecado!

2 Que descem ao Egito sem me consultar, buscando refúgio em Faraó e abrigo, à sombra do Egito!

3 Mas o refúgio de Faraó se vos tornará em vergonha, e o abrigo na sombra do Egito, em confusão.

4 Porque os príncipes de Judá já estão em Zoã, e os seus embaixadores já chegaram a Hanes.

5 Todos se envergonharão dum povo que de nada lhes valerá, não servirá nem de ajuda nem de proveito, porém de vergonha e de opróbrio.

6 Sentença contra a Besta do Sul. Através da terra da aflição e angústia de onde vêm a leoa, o leão, a víbora e a serpente volante, levam a lombos de jumento as suas riquezas e sobre as corcovas de camelos, os seus tesouros, a um povo que de nada lhes aproveitará.

7 Pois, quanto ao Egito, vão e inútil é o seu auxílio; por isso, lhe chamei Gabarola que nada faz.

8 Vai, pois, escreve isso numa tabuinha perante eles, escreve-o num livro, para que fique registado para os dias vindouros, para sempre, perpetuamente.

9 Porque povo rebelde é este, filhos mentirosos, filhos que não querem ouvir a lei do SENHOR.

10 Eles dizem aos videntes: Não tenhais visões; e aos profetas: Não profetizeis para nós o que é reto; dizei-nos cousas aprazíveis, profetizai-nos ilusões;

11 desviai-vos do caminho, apartai-vos da vereda; não nos faleis mais do Santo de Israel.

12 Pelo que assim diz o Santo de Israel: Visto que rejeitais esta palavra, confiais na opressão e na perversidade e sobre isso vos estribais,

13 portanto, esta maldade vos será como a brecha de um muro alto, que, formando uma barriga, está prestes a cair, e cuja queda vem de repente, num momento.

14 O SENHOR o quebrará como se quebra o vaso do oleiro, despedaçando-o sem nada lhe poupar; não se achará entre os seus cacos um que sirva para tomar fogo da lareira ou tirar água da poça.

15 Porque assim diz o SENHOR Deus, o Santo de Israel: Em vos converterdes e em sossegardes, está a vossa salvação; na tranquilidade e na confiança, a vossa força, mas não o quisestes.

16 Antes, dizeis: Não, sobre cavalos fugiremos; portanto, fugireis; e: Sobre cavalos ligeiros cavalgaremos; sim, ligeiros serão os vossos perseguidores.

17 Mil homens fugirão pela ameaça de apenas um; pela ameaça de cinco, todos vós fugireis, até que sejais deixados como o mastro no cume do monte e como o estandarte no outeiro.

Promessas consoladoras para Sião

18 Por isso, o SENHOR espera, para ter misericórdia de vós, e se detém, para se compadecer de vós, porque o SENHOR é Deus de justiça; bem-aventurados todos os que nele esperam.

19 Porque o povo habitará em Sião, em Jerusalém; tu não chorarás mais; certamente, se compadecerá de ti, à voz do teu clamor, e, ouvindo-a, te responderá.

20 Embora o Senhor vos dê pão de angústia e água de aflição, contudo, não se esconderão mais os teus mestres; os teus olhos verão os teus mestres.

21 Quando te desviares para a direita e quando te desviares para a esquerda, os teus ouvidos ouvirão atrás de ti uma palavra, dizendo: Este é o caminho, andai por ele.

22 E terás por contaminados a prata que recobre as imagens esculpidas e o ouro que reveste as tuas imagens de fundição; lançá-las-ás fora como cousa imunda e a cada uma dirás: Fora daqui!

23 Então, o Senhor te dará chuva sobre a tua semente, com que semeares a terra, como também pão como produto da terra, o qual será farto e nutritivo; naquele dia, o teu gado pastará em lugares espaçosos.

24 Os bois e os jumentos que lavram a terra comerão forragem com sal, alimpada com pá e forquilha.

25 Em todo monte alto e em todo outeiro elevado haverá ribeiros e correntes d'águas, no dia da grande matança quando caírem as torres.

26 A luz da lua será como a do sol, e a do sol, sete vezes maior, como a luz de sete dias, no dia em que o SENHOR atar a ferida do seu povo e curar a chaga do golpe que ele deu.

O julgamento da Assíria

27 Eis que o nome do SENHOR vem de

longe, ardendo na sua ira, no meio de espessas nuvens; os seus lábios estão cheios de indignação, e a sua língua é como fogo devorador.

²⁸ A sua respiração é como a torrente que transborda e chega até ao pescoço, para peneirar as nações com peneira de destruição; um freio de fazer errar estará nos queixos dos povos.

²⁹ Um cântico haverá entre vós, como na noite em que se celebra festa santa; e alegria de coração, como a daquele que sai ao som da flauta para ir ao monte do SENHOR, à Rocha de Israel.

³⁰ O SENHOR fará ouvir a sua voz majestosa e fará ver o golpe do seu braço, que desce com indignação de ira, no meio de chamas devoradoras, de chuvas torrenciais, de tempestades e de pedra de saraiva.

³¹ Porque com a voz do SENHOR será apavorada a Assíria, quando ele a fere com a vara.

³² Cada pancada castigadora, com a vara, que o SENHOR lhe der, será ao som de tamboris c harpas; e combaterá vibrando golpes contra eles.

³³ Porque há muito está preparada a fogueira, preparada para o rei; a pira é profunda e larga, com fogo e lenha em abundância; o assopro do SENHOR, como torrente de enxofre, a acenderá.

O Egito é homem e não Deus

31 Ai dos que descem ao Egito em busca de socorro e se estribam em cavalos; que confiam em carros, porque são muitos, e em cavaleiros, porque são mui fortes, mas não atentam para o Santo de Israel, nem buscam ao SENHOR!

² Todavia, este é sábio, e faz vir o mal, e não retira as suas palavras; ele sc levantará contra a casa dos malfeitorcs e contra a ajuda dos que praticam a iniqüidade.

³ Pois os egípcios são homens e não deuses; os seus cavalos, carne e não espírito. Quando o SENHOR estender a mão, cairão por terra tanto o auxiliador como o ajudado, e ambos juntamente serão consumidos.

⁴ Porque assim me disse o SENHOR: Como o leão e o cachorro do leão rugem sobre a sua presa, ainda que se convoque contra eles grande número de pastores, e não se espantam das suas vozes, nem se abatem pela sua multidão, assim o SENHOR dos Exércitos descerá, para pelejar sobre o monte Sião e sobre o seu outeiro.

⁵ Como pairam as aves, assim o SENHOR dos Exércitos amparará a Jerusalém; protegê-la-á e salvá-la-á, poupá-la-á e livrá-la-á.

⁶ Convertei-vos, pois, ó filhos de Israel, àquele de quem tanto vos afastastes.

⁷ Pois, naquele dia, cada um lançará fora os seus ídolos de prata e os seus ídolos de ouro, que as vossas mãos fabricaram para pecardes.

⁸ Então, a Assíria cairá pela espada, não de homem; a espada, não de homem, a devorará; fugirá diante da espada, e os seus jovens serão sujeitos a trabalhos forçados.

⁹ De medo não atinará com a sua rocha de refúgio; os seus príncipes, espavoridos, desertarão a bandeira, diz o SENHOR, cujo fogo está em Sião e cuja fornalha, em Jerusalém.

O reinado do justo Rei

32 Eis aí está que reinará um rei com justiça, e em retidão governarão príncipes.

² Cada um servirá de esconderijo contra o vento, de refúgio contra a tempestade, de torrentes de águas em lugares secos e de sombra de grande rocha em terra sedenta.

³ Os olhos dos que vêem não se ofuscarão, e os ouvidos dos que ouvem estarão atentos.

⁴ O coração dos temerários saberá compreender, e a língua dos gagos falará pronta c distintamente.

⁵ Ao louco nunca mais se chamará nobre, e do fraudulento jamais se dirá que é magnânimo.

⁶ Porque o louco fala loucamente, e o seu coração obra o que é iníquo, para usar de impiedade e para proferir mentiras contra o SENHOR, para deixar o faminto na ânsia da sua fome e fazer que o sedento venha a ter falta de bebida.

⁷ Também as armas do fraudulento são más; ele maquina intrigas para arruinar os desvalidos, com palavras falsas, ainda quando a causa do pobre é justa.

⁸ Mas o nobre projeta cousas nobres e na sua nobreza perseverará.

Advertências contra as mulheres de Jerusalém

⁹ Levantai-vos, mulheres que viveis despreocupadamente, e ouvi a minha voz; vós, filhas, que estais confiantes, inclinai os ouvidos às minhas palavras.

¹⁰ Porque daqui a um ano e dias vireis a tremer, ó mulheres que estais confiantes, porque a vindima se acabará, e não haverá colheita.

¹¹ Tremei, mulheres que viveis despreocupadamente; turbai-vos, vós que estais confiantes. Despi-vos, e ponde-vos desnudas, e cingi com panos de saco os lombos.

¹² Batei no peito por causa dos campos aprazíveis e por causa das vinhas frutíferas.

¹³ Sobre a terra do meu povo virão espinheiros e abrolhos, como também sobre todas as casas onde há alegria, na cidade que exulta.

¹⁴ O palácio será abandonado, a cidade populosa ficará deserta; Ofel e a torre da guarda servirão de cavernas para sempre, folga para os jumentos selvagens e pastos para os rebanhos;

¹⁵ até que se derrame sobre nós o Espírito lá do alto; então, o deserto se tornará em pomar, e o pomar será tido por bosque;

¹⁶ o juízo habitará no deserto, e a justiça morará no pomar.

¹⁷ O efeito da justiça será paz, e o fruto da justiça, repouso e segurança, para sempre.

¹⁸ O meu povo habitará em moradas de paz, em moradas bem seguras e em lugares quietos e tranqüilos,

¹⁹ ainda que haja saraivada, caia o bosque e seja a cidade inteiramente abatida.

²⁰ Bem-aventurados vós, os que semeais junto a todas as águas e dais liberdade ao pé do boi e do jumento.

A aflição e o livramento de Jerusalém

33 Ai de ti, destruidor que não foste destruído, que procedes perfidamente e não foste tratado com perfídia! Acabando tu de destruir, serás destruído, acabando de tratar perfidamente, serás tratado com perfídia.

² SENHOR, tem misericórdia de nós; em ti temos esperado; sê tu o nosso braço manhã após manhã e a nossa salvação no tempo da angústia.

³ Ao ruído do tumulto, fogem os povos; quando tu te ergues, as nações são dispersas.

⁴ Então, ajuntar-se-á o vosso despojo como se ajuntam as lagartas; como os gafanhotos saltam, assim os homens saltarão sobre ele.

⁵ O SENHOR é sublime, pois habita nas alturas; encheu a Sião de direito e de justiça.

⁶ Haverá, ó Sião, estabilidade nos teus tempos, abundância de salvação, sabedoria e conhecimento; o temor do SENHOR será o teu tesouro.

⁷ Eis que os heróis pranteiam de fora, e os mensageiros de paz estão chorando amargamente.

⁸ As estradas estão desoladas, cessam os que passam por elas; rompem-se as alianças, as cidades são desprezadas, já não se faz caso do homem.

⁹ A terra geme e desfalece; o Líbano se envergonha e se murcha; Sarom se torna como um deserto, Basã e Carmelo são despidos de suas folhas.

¹⁰ Agora, me levantarei, diz o SENHOR; levantar-me-ei a mim mesmo; agora, serei exaltado.

¹¹ Concebestes palha, dareis à luz restolho; o vosso bufo enfurecido é fogo que vos há de devorar.

¹² Os povos serão queimados como se queima a cal; como espinhos cortados, arderão no fogo.

¹³ Ouvi vós, os que estais longe, o que tenho feito; e vós, os que estais perto, reconhecei o meu poder.

¹⁴ Os pecadores em Sião se assombram, o tremor se apodera dos ímpios; e eles perguntam: Quem dentre nós habitará com o fogo devorador? Quem dentre nós habitará com chamas eternas?

¹⁵ O que anda em justiça e fala o que é reto; o que despreza o ganho de opressão; o que, com um gesto de mãos, recusa aceitar suborno; o que tapa os ouvidos, para não ouvir falar de homicídios, e fecha os olhos, para não ver o mal,

¹⁶ este habitará nas alturas; as fortalezas das rochas serão o seu alto refúgio, o seu pão lhe será dado, as suas águas serão certas.

¹⁷ Os teus olhos verão o rei na sua formosura, verão a terra que se estende até longe.

¹⁸ O teu coração se recordará dos terrores, dizendo: Onde está aquele que registou, onde, o que pesou o tributo, onde, o que contou as torres?

¹⁹ Já não verás aquele povo atrevido, povo de fala obscura, que não se pode entender, e de língua bárbara, ininteligível.

²⁰ Olha para Sião, a cidade das nossas solenidades; os teus olhos verão a Jerusalém, habitação tranqüila, tenda que não será removida, cujas estacas nunca serão arrancadas, nem rebentada nenhuma de suas cordas.

²¹ Mas o SENHOR ali nos será grandioso, fará as vezes de rios e correntes largas; barco nenhum de remo passará por eles, navio grande por eles não navegará.

²² Porque o SENHOR é o nosso juiz, o SENHOR é o nosso legislador, o SENHOR é o nosso Rei; ele nos salvará.

²³ Agora, as tuas enxárcias estão frouxas; não podem ter firme o mastro, nem estender a vela. Então, se repartirá a presa de abundantes despojos; até os coxos participarão dela.

²⁴ Nenhum morador de Jerusalém dirá: Estou doente; porque ao povo que habita nela, perdoar-se-lhe-á a sua iniqüidade.

A indignação de Deus contra as nações

34 Chegai-vos, nações, para ouvir, e vós, povos, escutai; ouça a terra e a sua plenitude, o mundo e tudo quanto produz.

² Porque a indignação do SENHOR está contra todas as nações, e o seu furor, contra todo o exército delas; ele as destinou para a destruição e as entregou à matança.

³ Os seus mortos serão lançados fora, dos seus cadáveres subirá o mau cheiro, e do sangue deles os montes se inundarão.

⁴ Todo o exército dos céus se dissolverá, e os céus se enrolarão como um pergaminho; todo o seu exército cairá, como cai a folha da vide e a folha da figueira.

⁵ Porque a minha espada se embriagou nos céus; eis que, para exercer juízo, desce sobre Edom e sobre o povo que destinei para a destruição.

⁶ A espada do SENHOR está cheia de sangue, engrossada da gordura e do sangue de cordeiros e de bodes, da gordura dos rins de carneiros; porque o SENHOR tem sacrifício em Bozra e grande matança na terra de Edom.

⁷ Os bois selvagens cairão com eles, e os novilhos, com os touros; a sua terra se embriagará de sangue, e o seu pó se tornará fértil com a gordura.

⁸ Porque será o dia da vingança do SENHOR, ano de retribuições pela causa de Sião.

⁹ Os ribeiros de Edom se transformarão em piche, e o seu pó, em enxofre; a sua terra se tornará em piche ardente.

¹⁰ Nem de noite nem de dia se apagará; subirá para sempre a sua fumaça; de geração em geração será assolada, e para todo o sempre ninguém passará por ela.

¹¹ Mas o pelicano e o ouriço a possuirão; o bufo e o corvo habitarão nela. Estender-se-á sobre ela o cordel de destruição e o prumo de ruína.

¹² Já não haverá nobres para proclamarem um rei; os seus príncipes já não existem.

¹³ Nos seus palácios, crescerão espinhos, e urtigas e cardos, nas suas fortalezas; será uma habitação de chacais e morada de avestruzes.

¹⁴ As feras do deserto se encontrarão com as hienas, e os sátiros clamarão uns para os outros; fantasmas ali pousarão e acharão para si lugar de repouso.

¹⁵ Aninhar-se-á ali a coruja, e porá os seus ovos, e os chocará, e na sombra abrigará os seus filhotes; também ali os abutres se ajuntarão, um com o outro.

¹⁶ Buscai no livro do SENHOR e lede; nenhuma destas criaturas falhará, nem uma nem outra faltará; porque a boca do SENHOR o ordenou, e o seu Espírito mesmo as ajuntará.

¹⁷ Porque ele lançou as sortes a favor delas, e a sua mão lhes repartiu a terra com o cordel; para sempre a possuirão, através de gerações habitarão nela.

A felicidade na Sião futura

35 O deserto e a terra se alegrarão; o ermo exultará e florescerá como o narciso.

² Florescerá abundantemente, jubilará de alegria e exultará; deu-se-lhes a glória do Líbano, o esplendor do Carmelo e de Sarom; eles verão a glória do SENHOR, o esplendor do nosso Deus.

³ Fortalecei as mãos frouxas e firmai os joelhos vacilantes.

⁴ Dizei aos desalentados de coração: Sede fortes, não temais. Eis o vosso Deus. A vingança vem, a retribuição de Deus; ele vem e vos salvará.

⁵ Então, se abrirão os olhos dos cegos, e se desimpedirão os ouvidos dos surdos;

⁶ os coxos saltarão como cervos, e a língua dos mudos cantará; pois águas arrebentarão no deserto, e ribeiros, no ermo.

⁷ A areia esbraseada se transformará em lagos, e a terra sedenta, em mananciais de águas; onde outrora viviam os chacais, crescerá a erva com canas e juncos.

8 E ali haverá bom caminho, caminho que se chamará o Caminho Santo; o imundo não passará por ele, pois será somente para o seu povo; quem quer que por ele caminhe não errará, nem mesmo o louco.

9 Ali não haverá leão, animal feroz não passará por ele, nem se achará nele; mas os remidos andarão por ele.

10 Os resgatados do Senhor voltarão e virão a Sião com cânticos de júbilo; alegria eterna coroará a sua cabeça; gozo e alegria alcançarão, e deles fugirá a tristeza e o gemido.

Senaqueribe invade Judá
2Rs 18.13-18; 2Cr 32.1-8

36 No ano décimo-quarto do rei Ezequias, subiu Senaqueribe, rei da Assíria, contra todas as cidades fortificadas de Judá e as tomou.

2 O rei da Assíria enviou Rabsaqué, de Laquis a Jerusalém, ao rei Ezequias, com grande exército; parou ele na extremidade do aqueduto do açude superior, junto ao caminho do campo do lavadeiro.

3 Então, saíram a encontrar-se com ele Eliaquim, filho de Hilquias, o mordomo, Sebna, o escrivão, e Joá, filho de Asafe, o cronista.

Rabsaqué afronta a Ezequias e ao Senhor
2Rs 18.19-37; 2Cr 32.9-19

4 Rabsaqué lhes disse: Dizei a Ezequias: Assim diz o sumo rei, o rei da Assíria: Que confiança é essa em que te estribas?

5 Bem posso dizer-te que teu conselho e poder para a guerra não passam de vãs palavras; em quem, pois, agora confias, para que te rebeles contra mim?

6 Confias no Egito, esse bordão de cana esmagada, o qual, se alguém nele apoiar-se, lhe entrará pela mão e a traspassará; assim é Faraó, rei do Egito, para com todos os que nele confiam.

7 Mas, se me dizes: Confiamos no Senhor, nosso Deus, não é esse aquele cujos altos e altares Ezequias removeu e disse a Judá e a Jerusalém: Perante este altar adorareis?

8 Ora, pois, empenha-te com meu senhor, rei da Assíria, e dar-te-ei dois mil cavalos, se de tua parte achares cavaleiros para os montar.

9 Como, pois, se não podes afugentar um só capitão dos menores dos servos do meu senhor, confias no Egito por causa dos carros e cavaleiros?

10 Acaso, subi eu agora sem o Senhor contra esta terra, para a destruir? Pois o Senhor mesmo me disse: Sobe contra a terra e destrói-a.

11 Então, disseram Eliaquim, Sebna e Joá a Rabsaqué: Pedimos-te que fales em aramaico aos teus servos, porque o entendemos, e não nos fales em judaico, aos ouvidos do povo que está sobre os muros.

12 Mas Rabsaqué lhes respondeu: Mandou-me, acaso, o meu senhor para dizer-te estas palavras a ti somente e a teu senhor? E não, antes, aos homens que estão assentados sobre os muros, para que comam convosco o seu próprio excremento e bebam a sua própria urina?

13 Então, Rabsaqué se pôs em pé, e clamou em alta voz em judaico, e disse: Ouvi as palavras do sumo rei, do rei da Assíria.

14 Assim diz o rei: Não vos engane Ezequias; porque não vos poderá livrar.

15 Nem tampouco Ezequias vos faça confiar no Senhor, dizendo: O Senhor certamente nos livrará, e esta cidade não será entregue nas mãos do rei da Assíria.

16 Não deis ouvidos a Ezequias; porque assim diz o rei da Assíria: Fazei as pazes comigo e vinde para mim; e comei, cada um da sua própria vide e da sua própria figueira, e bebei, cada um da água da sua própria cisterna;

17 até que eu venha e vos leve para uma terra como a vossa; terra de cereal e de vinho, terra de pão e de vinhas.

18 Não vos engane Ezequias, dizendo: O Senhor nos livrará. Acaso, os deuses das nações livraram cada um a sua terra das mãos do rei da Assíria?

19 Onde estão os deuses de Hamate e de Arpade? Onde estão os deuses de Sefarvaim? Acaso, livraram eles a Samaria das minhas mãos?

20 Quais são, dentre todos os deuses destes países, os que livraram a sua terra das minhas mãos, para que o Senhor livre a Jerusalém das minhas mãos?

21 Eles, porém, se calaram e não lhe responderam palavra; porque assim lhes havia ordenado o rei, dizendo: Não lhe respondereis.

22 Então, Eliaquim, filho de Hilquias, o mordomo, e Sebna, o escrivão, e Joá, filho de Asafe, o cronista, rasgaram suas vestes, vieram ter com Ezequias e lhe referiram as palavras de Rabsaqué.

Ezequias consulta a Isaías
2Rs 19.1-7

37 Tendo o rei Ezequias ouvido isto, rasgou as suas vestes, cobriu-se de pano de saco e entrou na Casa do SENHOR.

² Então, enviou a Eliaquim, o mordomo, a Sebna, o escrivão, e aos anciãos dos sacerdotes, com vestes de saco, ao profeta Isaías, filho de Amoz,

³ os quais lhe dissessem: Assim diz Ezequias: Este dia é dia de angústia, de castigo e de opróbrio; porque filhos são chegados à hora de nascer, e não há força para dá-los à luz.

⁴ Porventura, o SENHOR, teu Deus, terá ouvido as palavras de Rabsaqué, a quem o rei da Assíria, seu senhor, enviou para afrontar o Deus vivo, e repreenderá as palavras que o SENHOR ouviu; faze, pois, tuas orações pelos que ainda subsistem.

⁵ Foram, pois, os servos do rei Ezequias ter com Isaías;

⁶ Isaías lhes disse: Dizei isto a vosso senhor: Assim diz o SENHOR: Não temas por causa das palavras que ouviste, com as quais os servos do rei da Assíria blasfemaram contra mim.

⁷ Eis que meterei nele um espírito, e ele, ao ouvir certo rumor, voltará para a sua terra; e nela eu o farei cair morto à espada.

A carta do rei da Assíria
2Rs 19.8-13

⁸ Voltou, pois, Rabsaqué e encontrou o rei da Assíria pelejando contra Libna; porque ouvira que o rei já se havia retirado de Laquis.

⁹ O rei ouviu que, a respeito de Tiraca, rei da Etiópia, se dizia: Saiu para guerrear contra ti. Assim que ouviu isto, enviou mensageiros a Ezequias, dizendo:

¹⁰ Assim falareis a Ezequias, rei de Judá: Não te engane o teu Deus, em quem confias, dizendo: Jerusalém não será entregue nas mãos do rei da Assíria.

¹¹ Já tens ouvido o que fizeram os reis da Assíria a todas as terras, como as destruíram totalmente; e crês tu que te livrarias?

¹² Porventura, os deuses das nações livraram os povos que meus pais destruíram:

Gozã, Harã, Rezefe e os filhos de Éden, que estavam em Telassar?

¹³ Onde está o rei de Hamate, e o rei de Arpade, e o rei da cidade de Sefarvaim, de Hena e de Iva?

A oração de Ezequias
2Rs 19.14-19

¹⁴ Tendo Ezequias recebido a carta das mãos dos mensageiros, leu-a; então, subiu à Casa do SENHOR, estendeu-a perante o SENHOR

¹⁵ e orou ao SENHOR, dizendo:

¹⁶ Ó SENHOR dos Exércitos, Deus de Israel, que estás entronizado acima dos querubins, tu somente és o Deus de todos os reinos da terra; tu fizeste os céus e a terra.

¹⁷ Inclina, ó SENHOR, os ouvidos e ouve; abre, SENHOR, os olhos e vê; ouve todas as palavras de Senaqueribe, as quais ele enviou para afrontar o Deus vivo.

¹⁸ Verdade é, SENHOR, que os reis da Assíria assolaram todos os países e suas terras

¹⁹ e lançaram no fogo os deuses deles, porque deuses não eram, senão obra de mãos de homens, madeira e pedra; por isso, os destruíram.

²⁰ Agora, pois, ó SENHOR, nosso Deus, livra-nos das suas mãos, para que todos os reinos da terra saibam que só tu és o SENHOR.

O profeta conforta a Ezequias
2Rs 19.20-34

²¹ Então, Isaías, filho de Amoz, mandou dizer a Ezequias: Assim diz o SENHOR, o Deus de Israel: Visto que me pediste acerca de Senaqueribe, rei da Assíria,

²² esta é a palavra que o SENHOR falou a respeito dele: A virgem, filha de Sião, te despreza e zomba de ti; a filha de Jerusalém meneia a cabeça por detrás de ti.

²³ A quem afrontaste e de quem blasfemaste? E contra quem alçaste a voz e arrogantemente ergueste os olhos? Contra o Santo de Israel.

²⁴ Por meio dos teus servos, afrontaste o Senhor e disseste: Com a multidão dos meus carros, subi ao cume dos montes, ao mais interior do Líbano; deitarei abaixo os seus altos cedros e os ciprestes escolhidos, chegarei ao seu mais alto cimo, ao seu denso e fértil pomar.

37.16 Êx 25.22.

²⁵ Cavei e bebi as águas e com as plantas de meus pés sequei todos os rios do Egito.

²⁶ Acaso, não ouviste que já há muito dispus eu estas cousas, já desde os dias remotos o tinha planejado? Agora, porém, as faço executar e eu quis que tu reduzisses a montões de ruínas as cidades fortificadas.

²⁷ Por isso, os seus moradores, debilitados, andaram cheios de temor e envergonhados; tornaram-se como a erva do campo, e a erva verde, e o capim dos telhados, e o cereal queimado antes de amadurecer.

²⁸ Mas eu conheço o teu assentar, e o teu sair, e o teu entrar, e o teu furor contra mim.

²⁹ Por causa do teu furor contra mim, e porque a tua arrogância subiu até aos meus ouvidos, eis que porei o meu anzol no teu nariz, e o meu freio, na tua boca, e te farei voltar pelo caminho por onde vieste.

³⁰ Isto te será por sinal: este ano se comerá o que espontaneamente nascer e no segundo ano o que daí proceder; no terceiro ano, porém, semeai e colhei, plantai vinhas e comei os seus frutos.

³¹ O que escapou da casa de Judá e ficou de resto tornará a lançar raízes para baixo e dará fruto por cima;

³² porque de Jerusalém sairá o restante, e do monte Sião, o que escapou. O zelo do Senhor dos Exércitos fará isto.

³³ Pelo que assim diz o Senhor acerca do rei da Assíria: Não entrará nesta cidade, nem lançará nela flecha alguma, não virá perante ela com escudo, nem há de levantar tranqueiras contra ela.

³⁴ Pelo caminho por onde vier, por esse voltará; mas nesta cidade não entrará, diz o Senhor.

³⁵ Porque eu defenderei esta cidade, para a livrar, por amor de mim e por amor do meu servo Davi.

A destruição do exército dos assírios
2Rs 19.35-37; 2Cr 32.21,22

³⁶ Então, saiu o Anjo do Senhor e feriu no arraial dos assírios a cento e oitenta e cinco mil; e, quando se levantaram os restantes pela manhã, eis que todos estes eram cadáveres.

³⁷ Retirou-se, pois, Senaqueribe, rei da Assíria, e se foi; voltou e ficou em Nínive.

³⁸ Sucedeu que, estando ele a adorar na casa de Nisroque, seu deus, Adrameleque e Sarezer, seus filhos, o feriram à espada e

fugiram para a terra de Ararate; e Esar-Hadom, seu filho, reinou em seu lugar.

A doença de Ezequias e a sua cura maravilhosa
2Rs 20.1-11; 2Cr 32.24

38 Naqueles dias, Ezequias adoeceu duma enfermidade mortal; veio ter com ele o profeta Isaías, filho de Amoz, e lhe disse: Assim diz o Senhor: Põe em ordem a tua casa, porque morrerás e não viverás.

² Então, virou Ezequias o rosto para a parede e orou ao Senhor.

³ E disse: Lembra-te, Senhor, peço-te, de que andei diante de ti com fidelidade, com inteireza de coração e fiz o que era reto aos teus olhos; e chorou muitíssimo.

⁴ Então, veio a palavra do Senhor a Isaías, dizendo:

⁵ Vai e dize a Ezequias: Assim diz o Senhor, o Deus de Davi, teu pai: Ouvi a tua oração e vi as tuas lágrimas; acrescentarei, pois, aos teus dias quinze anos.

⁶ Livrar-te-ei das mãos do rei da Assíria, a ti e a esta cidade, e defenderei esta cidade.

⁷ Ser-te-á isto da parte do Senhor como sinal de que o Senhor cumprirá esta palavra que falou:

⁸ eis que farei retroceder dez graus a sombra lançada pelo sol declinante no relógio de Acaz. Assim, retrocedeu o sol os dez graus que já havia declinado.

Cântico de Ezequias

⁹ Cântico de Ezequias, rei de Judá, depois de ter estado doente e se ter restabelecido:
¹⁰ Eu disse:
Em pleno vigor de meus dias,
hei de entrar nas portas do além;
roubado estou
do resto dos meus anos.
¹¹ Eu disse: já não verei o Senhor
na terra dos viventes;
jamais verei homem algum
entre os moradores do mundo.
¹² A minha habitação foi arrancada
e removida para longe de mim,
como a tenda dum pastor;
tu, como tecelão,
me cortarás a vida da urdidura,
do dia para a noite darás cabo de mim.
¹³ Espero com paciência
até à madrugada,

37.36-38 2Cr 32.21.   38.1-39.8 2Cr 32.24-31.

mas ele, como leão,
    me quebrou todos os ossos;
do dia para a noite darás cabo de mim.
14 Como a andorinha ou o grou,
    assim eu chilreava
e gemia como a pomba;
    os meus olhos se cansavam
    de olhar para cima.
Ó Senhor, ando oprimido,
    responde tu por mim.
15 Que direi? Como prometeu,
    assim me fez;
passarei tranqüilamente
    por todos os meus anos,
depois desta amargura da minha alma.
16 Senhor, por estas disposições tuas
    vivem os homens,
e inteiramente delas
    depende o meu espírito;
portanto, restaura-me a saúde
    e faze-me viver.
17 Eis que foi para minha paz
    que tive eu grande amargura;
tu, porém, amaste a minha alma
    e a livraste da cova da corrupção,
porque lançaste para trás de ti
    todos os meus pecados.
18 A sepultura não te pode louvar,
    nem a morte glorificar-te;
não esperam em tua fidelidade
    os que descem à cova.
19 Os vivos, somente os vivos,
    esses te louvam
como hoje eu o faço;
    o pai fará notório aos filhos
    a tua fidelidade.
20 O SENHOR veio salvar-me;
    pelo que, tangendo
    os instrumentos de cordas,
nós o louvaremos
    todos os dias de nossa vida,
    na Casa do SENHOR.
21 Ora, Isaías dissera: Tome-se uma pasta de figos e ponha-se como emplasto sobre a úlcera; e ele recuperará a saúde.
22 Também dissera Ezequias: Qual será o sinal de que hei de subir à Casa do SENHOR?

A embaixada da Babilônia
2Rs 20.12-19

39 Nesse tempo, Merodaque-Baladã, filho de Baladã, rei da Babilônia, enviou cartas e um presente a Ezequias,

porque soube que estivera doente e já tinha convalescido.
2 Ezequias se agradou disso e mostrou aos mensageiros a casa do seu tesouro, a prata, o ouro, as especiarias, os óleos finos, todo o seu arsenal e tudo quanto se achava nos seus tesouros; nenhuma cousa houve, nem em sua casa, nem em todo o seu domínio, que Ezequias não lhes mostrasse.
3 Então, Isaías, o profeta, veio ao rei Ezequias e lhe disse: Que foi que aqueles homens disseram e donde vieram a ti? Respondeu Ezequias: Duma terra longínqua vieram a mim, da Babilônia.
4 Perguntou ele: Que viram em tua casa? Respondeu Ezequias: Viram tudo quanto há em minha casa; cousa nenhuma há nos meus tesouros que eu não lhes mostrasse.
5 Então, disse Isaías a Ezequias: Ouve a palavra do SENHOR dos Exércitos:
6 Eis que virão dias em que tudo quanto houver em tua casa, com o que entesouraram teus pais até ao dia de hoje, será levado para a Babilônia; não ficará cousa alguma, disse o SENHOR.
7 Dos teus próprios filhos, que tu gerares, tomarão, para que sejam eunucos no palácio do rei da Babilônia.
8 Então, disse Ezequias a Isaías: Boa é a palavra do SENHOR que disseste. Pois pensava: Haverá paz e segurança em meus dias.

O SENHOR vem

40 Consolai, consolai o meu povo, diz o vosso Deus.
2 Falai ao coração de Jerusalém, bradai-lhe que já é findo o tempo da sua milícia, que a sua iniqüidade está perdoada e que já recebeu em dobro das mãos do SENHOR por todos os seus pecados.
3 Voz do que clama no deserto: Preparai o caminho do SENHOR; endireitai no ermo vereda a nosso Deus.
4 Todo vale será aterrado, e nivelados, todos os montes e outeiros; o que é tortuoso será retificado, e os lugares escabrosos, aplanados.
5 A glória do SENHOR se manifestará, e toda a carne a verá, pois a boca do SENHOR o disse.
6 Uma voz diz: Clama; e alguém pergunta: Que hei de clamar? Toda a carne é erva, e toda a sua glória, como a flor da erva;
7 seca-se a erva, e caem as flores, so-

39.7-8 Dn 1.1-7; 2Rs 24.10-16; 2Cr 36.10. **40.3** Mt 3.3; Mc 1.3; Lc 3.4; Jo 1.23. **40.4-5** Lc 3.5,6. **40.6-8** Tg 1.10,11; 1Pe 1.24,25.

prando nelas o hálito do SENHOR. Na verdade, o povo é erva;

⁸ seca-se a erva, e cai a sua flor, mas a palavra de nosso Deus permanece eternamente.

⁹ Tu, ó Sião, que anuncias boas-novas, sobe a um monte alto! Tu, que anuncias boas-novas a Jerusalém, ergue a tua voz fortemente; levanta-a, não temas e dize às cidades de Judá: Eis aí está o vosso Deus!

¹⁰ Eis que o SENHOR Deus virá com poder, e o seu braço dominará; eis que o seu galardão está com ele, e diante dele, a sua recompensa.

¹¹ Como pastor, apascentará o seu rebanho; entre os seus braços recolherá os cordeirinhos e os levará no seio; as que amamentam ele guiará mansamente.

A majestade do SENHOR

¹² Quem na concha de sua mão mediu as águas e tomou a medida dos céus a palmos? Quem recolheu na terça parte de um efa o pó da terra e pesou os montes em romana e os outeiros em balança de precisão?

¹³ Quem guiou o Espírito do SENHOR? Ou, como seu conselheiro, o ensinou?

¹⁴ Com quem tomou ele conselho, para que lhe desse compreensão? Quem o instruiu na vereda do juízo, e lhe ensinou sabedoria, e lhe mostrou o caminho de entendimento?

¹⁵ Eis que as nações são consideradas por ele como um pingo que cai dum balde e como um grão de pó na balança; as ilhas são como pó fino que se levanta.

¹⁶ Nem todo o Líbano basta para queimar, nem os seus animais, para um holocausto.

¹⁷ Todas as nações são perante ele como cousa que não é nada; ele as considera menos do que nada, como um vácuo.

¹⁸ Com quem comparareis a Deus? Ou que cousa semelhante confrontareis com ele?

¹⁹ O artífice funde a imagem, e o ourives a cobre de ouro e cadeias de prata forja para ela.

²⁰ O sacerdote idólatra escolhe madeira que não se corrompe e busca um artífice perito para assentar uma imagem esculpida que não oscile.

²¹ Acaso, não sabeis? Porventura, não ouvis? Não vos tem sido anunciado desde o princípio? Ou não atentastes para os fundamentos da terra?

²² Ele é o que está assentado sobre a redondeza da terra, cujos moradores são como gafanhotos; é ele quem estende os céus como cortina e os desenrola como tenda para neles habitar;

²³ é ele quem reduz a nada os príncipes e torna em nulidade os juízes da terra.

²⁴ Mal foram plantados e semeados, mal se arraigou na terra o seu tronco, já se secam, quando um sopro passa por eles, e uma tempestade os leva como palha.

²⁵ A quem, pois, me comparareis para que eu lhe seja igual? — diz o Santo.

²⁶ Levantai ao alto os olhos e vede. Quem criou estas cousas? Aquele que faz sair o seu exército de estrelas, todas bem contadas, as quais ele chama pelo nome; por ser ele grande em força e forte em poder, nem uma só vem a faltar.

²⁷ Por que, pois, dizes, ó Jacó, e falas, ó Israel: O meu caminho está encoberto ao SENHOR, e o meu direito passa despercebido ao meu Deus?

²⁸ Não sabes, não ouviste que o eterno Deus, o SENHOR, o Criador dos fins da terra, nem se cansa, nem se fatiga? Não se pode esquadrinhar o seu entendimento.

²⁹ Faz forte ao cansado e multiplica as forças ao que não tem nenhum vigor.

³⁰ Os jovens se cansam e se fatigam, e os moços de exaustos caem,

³¹ mas os que esperam no SENHOR renovam as suas forças, sobem com asas como águias, correm e não se cansam, caminham e não se fatigam.

Deus suscita o Redentor

41 Calai-vos perante mim, ó ilhas, e os povos renovem as suas forças; cheguem-se e, então, falem; cheguemo-nos e pleiteemos juntos.

² Quem suscitou do Oriente aquele a cujos passos segue a vitória? Quem faz que as nações se lhe submetam, e que ele calque aos pés os reis, e com a sua espada os transforme em pó, o seu arco, em palha que o vento arrebata?

³ Persegue-os e passa adiante em segurança, por uma vereda que seus pés jamais trilharam.

⁴ Quem fez e executou tudo isso? Aquele que desde o princípio tem chamado as gerações à existência, eu, o SENHOR, o primeiro, e com os últimos eu mesmo.

⁵ Os países do mar viram isto e teme-

40.10 Is 62.11; Ap 22.12.   **40.13** Rm 11.34; 1Co 2.16.

ram, os fins da terra tremeram, aproximaram-se e vieram.

⁶ Um ao outro ajudou e ao seu próximo
disse: Sê forte.

⁷ Assim, o artífice anima ao ourives, e o
que alisa com o martelo, ao que bate na bi-
gorna, dizendo da soldadura: Está bem feita. Então, com pregos fixa o ídolo para que
não oscile.

⁸ Mas tu, ó Israel, servo meu, tu, Jacó,
a quem elegi, descendente de Abraão, meu
amigo,

⁹ tu, a quem tomei das extremidades da
terra, e chamei dos seus cantos mais remotos, e a quem disse: Tu és o meu servo, eu
te escolhi e não te rejeitei,

¹⁰ não temas, porque eu sou contigo;
não te assombres, porque eu sou o teu
Deus; eu te fortaleço, e te ajudo, e te sustento com a minha destra fiel.

¹¹ Eis que envergonhados e confundidos serão todos os que estão indignados
contra ti; serão reduzidos a nada, e os que
contendem contigo perecerão.

¹² Aos que pelejam contra ti, buscá-los-
ás, porém não os acharás; serão reduzidos
a nada e a cousa de nenhum valor os que fazem guerra contra ti.

¹³ Porque eu, o SENHOR, teu Deus, te tomo pela tua mão direita e te digo: Não temas, que eu te ajudo.

¹⁴ Não temas, ó vermezinho de Jacó,
povozinho de Israel; eu te ajudo, diz o
SENHOR, e o teu Redentor é o Santo de
Israel.

¹⁵ Eis que farei de ti um trilho cortante
e novo, armado de lâminas duplas; os montes trilharás, e moerás, e os outeiros reduzirás a palha.

¹⁶ Tu os padejarás, e o vento os levará, e
redemoinho os espalhará; tu te alegrarás no
SENHOR e te gloriarás no Santo de Israel.

¹⁷ Os aflitos e necessitados buscam
águas, e não as há, e a sua língua se seca de
sede; mas eu, o SENHOR, os ouvirei, eu, o
Deus de Israel, não os desampararei.

¹⁸ Abrirei rios nos altos desnudos e fontes no meio dos vales; tornarei o deserto em
açudes de águas e a terra seca, em mananciais.

¹⁹ Plantarei no deserto o cedro, a acácia,
a murta e a oliveira; conjuntamente, porei
no ermo o cipreste, o olmeiro e o buxo,

²⁰ para que todos vejam e saibam, considerem e juntamente entendam que a mão
do SENHOR fez isso, e o Santo de Israel o
criou.

O SENHOR prova a sua grandeza

²¹ Apresentai a vossa demanda, diz o
SENHOR; alegai as vossas razões, diz o Rei
de Jacó.

²² Trazei e anunciai-nos as cousas que
hão de acontecer; relatai-nos as profecias
anteriores, para que atentemos para elas e
saibamos se se cumpriram; ou fazei-nos ouvir as cousas futuras.

²³ Anunciai-nos as cousas que ainda
hão de vir, para que saibamos que sois deuses; fazei bem ou fazei mal, para que nos as-
sombremos, e juntamente o veremos.

²⁴ Eis que sois menos do que nada, e
menos do que nada é o que fazeis; abominação é quem vos escolhe.

²⁵ Do Norte suscito a um, e ele vem, a
um desde o nascimento do sol, e ele invocará o meu nome; pisará magistrados como lodo e como o oleiro pisa o barro.

²⁶ Quem anunciou isto desde o princípio, a fim de que o possamos saber, antecipadamente, para que digamos: É isso
mesmo? Mas não há quem anuncie, nem
tampouco quem manifeste, nem ainda
quem ouça as vossas palavras.

²⁷ Eu sou o que primeiro disse a Sião:
Eis! Ei-los aí! E a Jerusalém dou um mensageiro de boas-novas.

²⁸ Quando eu olho, não há ninguém;
nem mesmo entre eles há conselheiro a
quem eu pergunte, e me responda.

²⁹ Eis que todos são nada; as suas obras
são cousa nenhuma; as suas imagens de
fundição, vento e vácuo.

O Servo do SENHOR

42 Eis aqui o meu servo, a quem sus-
tenho; o meu escolhido, em quem a
minha alma se compraz; pus sobre ele o
meu Espírito, e ele promulgará o direito para os gentios.

² Não clamará, nem gritará, nem fará
ouvir a sua voz na praça.

³ Não esmagará a cana quebrada, nem
apagará a torcida que fumega; em verdade,
promulgará o direito.

⁴ Não desanimará, nem se quebrará até
que ponha na terra o direito; e as terras do
mar aguardarão a sua doutrina.

⁵ Assim diz Deus, o SENHOR, que criou
os céus e os estendeu, formou a terra e a tudo quanto produz; que dá fôlego de vida ao
povo que nela está e o espírito aos que andam nela.

41.8 2Cr 20.7; Tg 2.23.　**42.1** Mt 3.17; 17.5; Mc 1.11; Lc 3.22; 9.35.　**42.1-4** Mt 12.18-21.　**42.5** At 17.24,25.

⁶ Eu, o Senhor, te chamei em justiça, tomar-te-ei pela mão, e te guardarei, e te farei mediador da aliança com o povo e luz para os gentios;

⁷ para abrires os olhos aos cegos, para tirares da prisão o cativo e do cárcere, os que jazem em trevas.

⁸ Eu sou o Senhor, este é o meu nome; a minha glória, pois, não a darei a outrem, nem a minha honra, às imagens de escultura.

⁹ Eis que as primeiras predições já se cumpriram, e novas cousas eu vos anuncio; e, antes que sucedam, eu vo-las farei ouvir.

Cântico de louvor pela salvação do povo

¹⁰ Cantai ao Senhor um cântico novo e o seu louvor até às extremidades da terra, vós, os que navegais pelo mar e tudo quanto há nele, vós, terras do mar e seus moradores.

¹¹ Alcem a voz o deserto, as suas cidades e as aldeias habitadas por Quedar; exultem os que habitam nas rochas e clamem do cume dos montes;

¹² dêem honra ao Senhor e anunciem a sua glória nas terras do mar.

¹³ O Senhor sairá como valente, despertará o seu zelo como homem de guerra; clamará, lançará forte grito de guerra e mostrará sua força contra os seus inimigos.

¹⁴ Por muito tempo me calei, estive em silêncio e me contive; mas agora darei gritos como a parturiente, e ao mesmo tempo ofegarei, e estarei esbaforido.

¹⁵ Os montes e outeiros devastarei e toda a sua erva farei secar; tornarei os rios em terra firme e secarei os lagos.

¹⁶ Guiarei os cegos por um caminho que não conhecem, fá-los-ei andar por veredas desconhecidas; tornarei as trevas em luz perante eles e os caminhos escabrosos, planos. Estas cousas lhes farei e jamais os desampararei.

¹⁷ Tornarão atrás e confundir-se-ão de vergonha os que confiam em imagens de escultura e às imagens de fundição dizem: Vós sois nossos deuses.

Lamento sobre a cegueira de Israel

¹⁸ Surdos, ouvi, e vós, cegos, olhai, para que possais ver.

¹⁹ Quem é cego, como o meu servo, ou surdo, como o meu mensageiro, a quem envio? Quem é cego, como o meu amigo, e cego, como o servo do Senhor?

²⁰ Tu vês muitas cousas, mas não as observas; ainda que tens os ouvidos abertos, nada ouves.

²¹ Foi do agrado do Senhor, por amor da sua própria justiça, engrandecer a lei e fazê-la gloriosa.

²² Não obstante, é um povo roubado e saqueado; todos estão enlaçados em cavernas e escondidos em cárceres; são postos como presa, e ninguém há que os livre; por despojo, e ninguém diz: Restitui.

²³ Quem há entre vós que ouça isto? Que atenda e ouça o que há de ser depois?

²⁴ Quem entregou Jacó por despojo e Israel, aos roubadores? Acaso, não foi o Senhor, aquele contra quem pecaram e nos caminhos do qual não queriam andar, não dando ouvidos à sua lei?

²⁵ Pelo que derramou sobre eles o furor da sua ira e a violência da guerra; isto lhes ateou fogo ao redor, contudo, não o entenderam; e os queimou, mas não fizeram caso.

Só Deus resgata Israel

43 Mas agora, assim diz o Senhor, que te criou, ó Jacó, e que te formou, ó Israel: Não temas, porque eu te remi; chamei-te pelo teu nome, tu és meu.

² Quando passares pelas águas, eu serei contigo; quando, pelos rios, eles não te submergirão; quando passares pelo fogo, não te queimarás, nem a chama arderá em ti.

³ Porque eu sou o Senhor, teu Deus, o Santo de Israel, o teu Salvador; dei o Egito por teu resgate e a Etiópia e Sebá, por ti.

⁴ Visto que foste precioso aos meus olhos, digno de honra, e eu te amei, darei homens por ti e os povos, pela tua vida.

⁵ Não temas, pois, porque sou contigo; trarei a tua descendência desde o Oriente e a ajuntarei desde o Ocidente.

⁶ Direi ao Norte: entrega; e ao Sul: não retenhas; trazei meus filhos de longe e minhas filhas, das extremidades da terra,

⁷ a todos os que são chamados pelo meu nome, e os que criei para minha glória, e que formei, e fiz.

⁸ Traze o povo que, ainda que tem olhos, é cego e surdo, ainda que tem ouvidos.

⁹ Todas as nações, congreguem-se; e, povos, reúnam-se; quem dentre eles pode anunciar isto e fazer-nos ouvir as predições

antigas? Apresentem as suas testemunhas e por elas se justifiquem, para que se ouça e se diga: Verdade é!

¹⁰ Vós sois as minhas testemunhas, diz o SENHOR, o meu servo a quem escolhi; para que o saibais, e me creiais, e entendais que sou eu mesmo, e que antes de mim deus nenhum se formou, e depois de mim nenhum haverá.

¹¹ Eu, eu sou o SENHOR, e fora de mim não há salvador.

¹² Eu anunciei salvação, realizei-a e a fiz ouvir; deus estranho não houve entre vós, pois vós sois as minhas testemunhas, diz o SENHOR; eu sou Deus.

¹³ Ainda antes que houvesse dia, eu era; e nenhum há que possa livrar alguém das minhas mãos; agindo eu, quem o impedirá?

Libertação do jugo da Babilônia

¹⁴ Assim diz o SENHOR, o que vos redime, o Santo de Israel: Por amor de vós, enviarei inimigos contra a Babilônia e a todos os de lá farei embarcar como fugitivos, isto é, os caldeus, nos navios com os quais se vangloriavam.

¹⁵ Eu sou o SENHOR, o vosso Santo, o Criador de Israel, o vosso Rei.

¹⁶ Assim diz o SENHOR, o que outrora preparou um caminho no mar e nas águas impetuosas, uma vereda;

¹⁷ o que fez sair o carro e o cavalo, o exército e a força — jazem juntamente lá e jamais se levantarão; estão extintos, apagados como uma torcida.

¹⁸ Não vos lembreis das cousas passadas, nem considereis as antigas.

¹⁹ Eis que faço cousa nova, que está saindo à luz; porventura, não o percebeis? Eis que porei um caminho no deserto e rios, no ermo.

²⁰ Os animais do campo me glorificarão, os chacais e os filhotes de avestruzes; porque porei águas no deserto e rios, no ermo, para dar de beber ao meu povo, ao meu escolhido,

²¹ ao povo que formei para mim, para celebrar o meu louvor.

A misericórdia do SENHOR

²² Contudo, não me tens invocado, ó Jacó, e de mim te cansaste, ó Israel.

²³ Não me trouxeste o gado miúdo dos teus holocaustos, nem me honraste com os teus sacrifícios; não te dei trabalho com ofertas de manjares, nem te cansei com incenso.

²⁴ Não me compraste por dinheiro cana aromática, nem com a gordura dos teus sacrifícios me satisfizeste, mas me deste trabalho com os teus pecados e me cansaste com as tuas iniqüidades.

²⁵ Eu, eu mesmo, sou o que apago as tuas transgressões por amor de mim e dos teus pecados não me lembro.

²⁶ Desperta-me a memória; entremos juntos em juízo; apresenta as tuas razões, para que possas justificar-te.

²⁷ Teu primeiro pai pecou, e os teus guias prevaricaram contra mim.

²⁸ Pelo que profanarei os príncipes do santuário; e entregarei Jacó à destruição e Israel, ao opróbrio.

O SENHOR é o único Deus

44 Agora, pois, ouve, ó Jacó, servo meu, ó Israel, a quem escolhi.

² Assim diz o SENHOR, que te criou, e te formou desde o ventre, e que te ajuda: Não temas, ó Jacó, servo meu, ó amado, a quem escolhi.

³ Porque derramarei água sobre o sedento e torrentes, sobre a terra seca; derramarei o meu Espírito, sobre a tua posteridade e a minha bênção, sobre os teus descendentes;

⁴ e brotarão como a erva, como salgueiros junto às correntes das águas.

⁵ Um dirá: Eu sou do SENHOR; outro se chamará do nome de Jacó; o outro ainda escreverá na própria mão: Eu sou do SENHOR, e por sobrenome tomará o nome de Israel.

⁶ Assim diz o SENHOR, Rei de Israel, seu Redentor, o SENHOR dos Exércitos: Eu sou o primeiro e eu sou o último, e além de mim não há Deus.

⁷ Quem há, como eu, feito predições desde que estabeleci o mais antigo povo? Que o declare e o exponha perante mim! Que esse anuncie as cousas futuras, as cousas que hão de vir!

⁸ Não vos assombreis, nem temais; acaso, desde aquele tempo não vo-lo fiz ouvir, não vo-lo anunciei? Vós sois as minhas testemunhas. Há outro Deus além de mim? Não, não há outra Rocha que eu conheça.

A loucura da idolatria

⁹ Todos os artífices de imagens de escul-

44.6 Is 48.12; Ap 1.17; 22.13.

tura são nada, e as suas cousas preferidas são de nenhum préstimo; eles mesmos são testemunhas de que elas nada vêem, nem entendem, para que eles sejam confundidos.

¹⁰ Quem formaria um deus ou fundiria uma imagem de escultura, que é de nenhum préstimo?

¹¹ Eis que todos os seus seguidores ficariam confundidos, pois os mesmos artífices não passam de homens; ajuntem-se todos e se apresentem, espantem-se e sejam, à uma, envergonhados.

¹² O ferreiro faz o machado, trabalha nas brasas, forma um ídolo a martelo e forja-o com a força do seu braço; ele tem fome, e a sua força falta, não bebe água e desfalece.

¹³ O artífice em madeira estende o cordel e, com o lápis, esboça uma imagem; alisa-a com plaina, marca com o compasso e faz à semelhança e beleza de um homem, que possa morar em uma casa.

¹⁴ Um homem corta para si cedros, toma um cipreste ou um carvalho, fazendo escolha entre as árvores do bosque; planta um pinheiro, e a chuva o faz crescer.

¹⁵ Tais árvores servem ao homem para queimar; com parte de sua madeira se aquenta e coze o pão; e também faz um deus e se prostra diante dele, esculpe uma imagem e se ajoelha diante dela.

¹⁶ Metade queima no fogo e com ela coze a carne para comer; assa-a e farta-se; também se aquenta e diz: Ah! Já me aquento, contemplo a luz.

¹⁷ Então, do resto faz um deus, uma imagem de escultura; ajoelha-se diante dela, prostra-se e lhe dirige a sua oração, dizendo: Livra-me, porque tu és o meu deus.

¹⁸ Nada sabem, nem entendem; porque se lhes grudaram os olhos, para que não vejam, e o seu coração já não pode entender.

¹⁹ Nenhum deles cai em si, já não há conhecimento nem compreensão para dizer: Metade queimei e cozi pão sobre as suas brasas, assei sobre elas carne e a comi; e faria eu do resto uma abominação? Ajoelhar-me-ia eu diante de um pedaço de árvore?

²⁰ Tal homem se apascenta de cinza; o seu coração enganado o iludiu, de maneira que não pode livrar a sua alma, nem dizer: Não é mentira aquilo em que confio?

A promessa de livramento

²¹ Lembra-te destas cousas, ó Jacó, ó Israel, porquanto és meu servo! Eu te formei, tu és meu servo, ó Israel; não me esquecerei de ti.

²² Desfaço as tuas transgressões como a névoa e os teus pecados, como a nuvem; torna-te para mim, porque eu te remi.

²³ Regozijai-vos, ó céus, porque o Senhor fez isto; exultai, vós, ó profundezas da terra; retumbai com júbilo, vós, montes, vós, bosques e todas as suas árvores, porque o Senhor remiu a Jacó e se glorificou em Israel.

²⁴ Assim diz o Senhor, que te redime, o mesmo que te formou desde o ventre materno: Eu sou o Senhor, que faço todas as cousas, que sozinho estendi os céus e sozinho espraiei a terra;

²⁵ que desfaço os sinais dos profetizadores de mentiras e enlouqueço os adivinhos; que faço tornar atrás os sábios, cujo saber converto em loucuras;

²⁶ que confirmo a palavra do meu servo e cumpro o conselho dos meus mensageiros; que digo de Jerusalém: Ela será habitada; e das cidades de Judá: Elas serão edificadas; e quanto às suas ruínas: Eu as levantarei;

²⁷ que digo à profundeza das águas: Seca-te, e eu secarei os teus rios;

²⁸ que digo de Ciro: Ele é meu pastor e cumprirá tudo o que me apraz; que digo também de Jerusalém: Será edificada; e do templo: Será fundado.

Ciro, o libertador de Israel

45 Assim diz o Senhor ao seu ungido, a Ciro, a quem tomo pela mão direita, para abater as nações ante a sua face, e para descingir os lombos dos reis, e para abrir diante dele as portas, que não se fecharão.

² Eu irei adiante de ti, endireitarei os caminhos tortuosos, quebrarei as portas de bronze e despedaçarei as trancas de ferro;

³ dar-te-ei os tesouros escondidos e as riquezas encobertas, para que saibas que eu sou o Senhor, o Deus de Israel, que te chama pelo teu nome.

⁴ Por amor do meu servo Jacó e de Israel, meu escolhido, eu te chamei pelo teu nome e te pus o sobrenome, ainda que não me conheces.

⁵ Eu sou o Senhor, e não há outro; além de mim não há Deus; eu te cingirei, ainda que não me conheces.

⁶ Para que se saiba, até ao nascente do

sol e até ao poente, que além de mim não há outro; eu sou o Senhor, e não há outro.

⁷ Eu formo a luz e crio as trevas; faço a paz e crio o mal; eu, o Senhor, faço todas estas cousas.

O Senhor é o Criador

⁸ Destilai, ó céus, dessas alturas, e as nuvens chovam justiça; abra-se a terra e produza a salvação, e juntamente com ela brote a justiça; eu, o Senhor, as criei.

⁹ Ai daquele que contende com o seu Criador! E não passa de um caco de barro entre outros cacos. Acaso, dirá o barro ao que lhe dá forma: Que fazes? Ou: A tua obra não tem alça.

¹⁰ Ai daquele que diz ao pai: Por que geras? E à mulher: Por que dás à luz?

¹¹ Assim diz o Senhor, o Santo de Israel, aquele que o formou: Quereis, acaso, saber as cousas futuras? Quereis dar ordens acerca de meus filhos e acerca das obras de minhas mãos?

¹² Eu fiz a terra e criei nela o homem; as minhas mãos estenderam os céus, e a todos os seus exércitos dei as minhas ordens.

¹³ Eu, na minha justiça, suscitei a Ciro e todos os seus caminhos endireitarei; ele edificará a minha cidade e libertará os meus exilados, não por preço nem por presentes, diz o Senhor dos Exércitos.

¹⁴ Assim diz o Senhor: A riqueza do Egito, e as mercadorias da Etiópia, e os sabeus, homens de grande estatura, passarão ao teu poder e serão teus; seguir-te-ão, irão em grilhões, diante de ti se prostrarão e te farão as suas súplicas, dizendo: Só contigo está Deus, e não há outro que seja Deus.

¹⁵ Verdadeiramente, tu és Deus misterioso, ó Deus de Israel, ó Salvador.

¹⁶ Envergonhar-se-ão e serão confundidos todos eles; cairão, à uma, em ignomínia os que fabricam ídolos.

¹⁷ Israel, porém, será salvo pelo Senhor com salvação eterna; não sereis envergonhados, nem confundidos em toda a eternidade.

¹⁸ Porque assim diz o Senhor, que criou os céus, o Deus que formou a terra, que a fez e a estabeleceu; que não a criou para ser um caos, mas para ser habitada: Eu sou o Senhor, e não há outro.

O Senhor e os ídolos

¹⁹ Não falei em segredo, nem em lugar algum de trevas da terra; não disse à descendência de Jacó: Buscai-me em vão; eu, o Senhor, falo a verdade e proclamo o que é direito.

²⁰ Congregai-vos e vinde; chegai-vos todos juntos, vós que escapastes das nações; nada sabem os que carregam o lenho das suas imagens de escultura e fazem súplicas a um deus que não pode salvar.

²¹ Declarai e apresentai as vossas razões. Que tomem conselho uns com os outros. Quem fez ouvir isto desde a antiguidade? Quem desde aquele tempo o anunciou? Porventura, não o fiz eu, o Senhor? Pois não há outro Deus, senão eu, Deus justo e Salvador não há além de mim.

²² Olhai para mim e sede salvos, vós, todos os termos da terra; porque eu sou Deus, e não há outro.

²³ Por mim mesmo tenho jurado; da minha boca saiu o que é justo, e a minha palavra não tornará atrás. Diante de mim se dobrará todo joelho, e jurará toda língua.

²⁴ De mim se dirá: Tão-somente no Senhor há justiça e força; até ele virão e serão envergonhados todos os que se irritarem contra ele.

²⁵ Mas no Senhor será justificada toda a descendência de Israel e nele se gloriará.

A queda dos ídolos da Babilônia

46 Bel se encurva, Nebo se abaixa; os ídolos são postos sobre os animais, sobre as bestas; as cargas que costumáveis levar são canseira para as bestas já cansadas.

² Esses deuses juntamente se abaixam e se encurvam, não podem salvar a carga; eles mesmos entram em cativeiro.

³ Ouvi-me, ó casa de Jacó e todo o restante da casa de Israel; vós, a quem desde o nascimento carrego e levo nos braços desde o ventre materno.

⁴ Até à vossa velhice, eu serei o mesmo e, ainda até às cãs, eu vos carregarei; já o tenho feito; levar-vos-ei, pois, carregar-vos-ei e vos salvarei.

⁵ A quem me comparareis para que eu lhe seja igual? E que cousa semelhante confrontareis comigo?

⁶ Os que gastam o ouro da bolsa e pesam a prata nas balanças assalariam o ourives para que faça um deus e diante deste se prostram e se inclinam.

⁷ Sobre os ombros o tomam, levam-no e

45.9 Rm 9.20. 45.23 Rm 14.11; Fp 2.10,11.

o põem no seu lugar, e aí ele fica; do seu lugar não se move; recorrem a ele, mas nenhuma resposta ele dá e a ninguém livra da sua tribulação.

8 Lembrai-vos disto e tende ânimo; tomai-o a sério, ó prevaricadores.

9 Lembrai-vos das cousas passadas da antiguidade: que eu sou Deus, e não há outro, eu sou Deus, e não há outro semelhante a mim;

10 que desde o princípio anuncio o que há de acontecer e desde a antiguidade, as cousas que ainda não sucederam; que digo: o meu conselho permanecerá de pé, farei toda a minha vontade;

11 que chamo a ave de rapina desde o Oriente e de uma terra longínqua, o homem do meu conselho. Eu o disse, eu também o cumprirei; tomei este propósito, também o executarei.

12 Ouvi-me vós, os que sois de obstinado coração, que estais longe da justiça,

13 Faço chegar a minha justiça, e não está longe; a minha salvação não tardará; mas estabelecerei em Sião o livramento e em Israel, a minha glória.

A queda da Babilônia

47 Desce e assenta-te no pó, ó virgem filha da Babilônia; assenta-te no chão, pois já não há trono, ó filha dos caldeus, porque nunca mais te chamarás a mimosa e delicada.

2 Toma a mó e mói a farinha; tira o teu véu, ergue a cauda da tua vestidura, desnuda as pernas e atravessa os rios.

3 As tuas vergonhas serão descobertas, e se verá o teu opróbrio; tomarei vingança e não pouparei a homem algum.

4 Quanto ao nosso Redentor, o Senhor dos Exércitos é seu nome, o Santo de Israel.

5 Assenta-te calada e entra nas trevas, ó filha dos caldeus, porque nunca mais serás chamada senhora de reinos.

6 Muito me agastei contra o meu povo, profanei a minha herança e a entreguei na tua mão, porém não usaste com ela de misericórdia e até sobre os velhos fizeste mui pesado o teu jugo.

7 E disseste: Eu serei senhora para sempre! Até agora não tomaste a sério estas cousas, nem te lembraste do seu fim.

8 Ouve isto, pois, tu que és dada a prazeres, que habitas segura, que dizes contigo mesma: Eu só, e além de mim não há outra; não ficarei viúva, nem conhecerei a perda de filhos.

9 Mas ambas estas cousas virão sobre ti num momento, no mesmo dia, perda de filhos e viuvez; virão em cheio sobre ti, apesar da multidão das tuas feitiçarias e da abundância dos teus muitos encantamentos.

10 Porque confiaste na tua maldade e disseste: Não há quem me veja. A tua sabedoria e a tua ciência, isso te fez desviar, e disseste contigo mesma: Eu só, e além de mim não há outra.

11 Pelo que sobre ti virá o mal que por encantamentos não saberás conjurar; tal calamidade cairá sobre ti, da qual por expiação não te poderás livrar; porque sobre ti, de repente, virá tamanha desolação, como não imaginavas.

12 Deixa-te estar com os teus encantamentos e com a multidão das tuas feitiçarias em que te fatigaste desde a tua mocidade; talvez possas tirar proveito, talvez, com isso, inspirar terror.

13 Já estás cansada com a multidão das tuas consultas! Levantem-se, pois, agora os que dissecam os céus e fitam os astros, os que em cada lua nova te predizem o que há de vir sobre ti.

14 Eis que serão como restolho, o fogo os queimará; não poderão livrar-se do poder das chamas; nenhuma brasa restará para se aquentarem, nem fogo, para que diante dele se assentem.

15 Assim serão para contigo aqueles com quem te fatigaste; aqueles com quem negociaste desde a tua mocidade; dispersar-se-ão, cambaleantes, cada qual pelo seu caminho; ninguém te salvará.

Repreendida a infidelidade de Israel

48 Ouvi isto, casa de Jacó, que vos chamais pelo nome de Israel e saístes da linhagem de Judá, que jurais pelo nome do Senhor e confessais o Deus de Israel, mas não em verdade nem em justiça.

2 (Da santa cidade tomam o nome e se firmam sobre o Deus de Israel, cujo nome é Senhor dos Exércitos.)

3 As primeiras cousas, desde a antiguidade, as anunciei; sim, pronunciou-as a minha boca, e eu as fiz ouvir; de repente agi, e elas se cumpriram.

4 Porque eu sabia que eras obstinado, e

a tua cerviz é um tendão de ferro, e tens a testa de bronze.

⁵ Por isso, to anunciei desde aquele tempo e to dei a conhecer antes que acontecesse, para que não dissesses: O meu ídolo fez estas cousas ou a minha imagem de escultura e a fundição as ordenaram.

⁶ Já o tens ouvido; olha para tudo isto; porventura, não o admites? Desde agora te faço ouvir cousas novas e ocultas, que não conhecias.

⁷ Apareceram agora e não há muito, e antes deste dia delas não ouviste, para que não digas: Eis que já o sabia.

⁸ Tu nem as ouviste, nem as conheceste, nem tampouco antecipadamente se te abriram os ouvidos, porque eu sabia que procederias mui perfidamente e eras chamado de transgressor desde o ventre materno.

⁹ Por amor do meu nome, retardarei a minha ira e por causa da minha honra me conterei para contigo, para que te não venha a exterminar.

¹⁰ Eis que te acrisolei, mas disso não resultou prata; provei-te na fornalha da aflição.

¹¹ Por amor de mim, por amor de mim, é que faço isto; porque como seria profanado o meu nome? A minha glória, não a dou a outrem.

¹² Dá-me ouvidos, ó Jacó, e tu, ó Israel, a quem chamei; eu sou o mesmo, sou o primeiro e também o último.

¹³ Também a minha mão fundou a terra, e a minha destra estendeu os céus; quando eu os chamar, eles se apresentarão juntos.

¹⁴ Ajuntai-vos, todos vós, e ouvi! Quem, dentre eles, tem anunciado estas cousas? O Senhor amou a Ciro e executará a sua vontade contra a Babilônia, e o seu braço será contra os caldeus.

¹⁵ Eu, eu tenho falado; também já o chamei. Eu o trouxe e farei próspero o seu caminho.

¹⁶ Chegai-vos a mim e ouvi isto: não falei em segredo desde o princípio; desde o tempo em que isso vem acontecendo, tenho estado lá. Agora, o Senhor Deus me enviou a mim e o seu Espírito.

¹⁷ Assim diz o Senhor, o teu Redentor, o Santo de Israel: Eu sou o Senhor, o teu Deus, que te ensina o que é útil e te guia pelo caminho em que deves andar.

¹⁸ Ah! Se tivesses dado ouvidos aos meus mandamentos! Então, seria a tua paz como um rio, e a tua justiça, como as ondas do mar.

¹⁹ Também a tua posteridade seria como a areia, e os teus descendentes, como os grãos da areia; o seu nome nunca seria eliminado nem destruído de diante de mim.

²⁰ Saí da Babilônia, fugi de entre os caldeus e anunciai isto com voz de júbilo; proclamai-o e levai-o até ao fim da terra; dizei: O Senhor remiu a seu servo Jacó.

²¹ Não padeceram sede, quando ele os levava pelos desertos; fez-lhes correr água da rocha; fendeu a pedra, e as águas correram.

²² Para os perversos, todavia, não há paz, diz o Senhor.

O Servo do Senhor é a luz dos gentios

49 Ouvi-me, terras do mar, e vós, povos de longe, escutai! O Senhor me chamou desde o meu nascimento, desde o ventre de minha mãe fez menção do meu nome;

² fez a minha boca como uma espada aguda, na sombra da sua mão me escondeu; fez-me como uma flecha polida, e me guardou na sua aljava,

³ e me disse: Tu és o meu servo, és Israel, por quem hei de ser glorificado.

⁴ Eu mesmo disse: debalde tenho trabalhado, inútil e vãmente gastei as minhas forças; todavia, o meu direito está perante o Senhor, a minha recompensa, perante o meu Deus.

⁵ Mas agora diz o Senhor, que me formou desde o ventre para ser seu servo, para que torne a trazer Jacó e para reunir Israel a ele, porque eu sou glorificado perante o Senhor, e o meu Deus é a minha força.

⁶ Sim, diz ele: Pouco é o seres meu servo, para restaurares as tribos de Jacó e tornares a trazer os remanescentes de Israel; também te dei como luz para os gentios, para seres a minha salvação até à extremidade da terra.

⁷ Assim diz o Senhor, o Redentor e Santo de Israel, ao que é desprezado, ao aborrecido das nações, ao servo dos tiranos: Os reis o verão, e os príncipes se levantarão; e eles te adorarão por amor do Senhor, que é fiel, e do Santo de Israel, que te escolheu.

Prometida a restauração de Israel

⁸ Diz ainda o Senhor: No tempo acei-

tável, eu te ouvi e te socorri no dia da salvação; guardar-te-ei e te farei mediador da aliança do povo, para restaurares a terra e lhe repartires as herdades assoladas;

⁹ para dizeres aos presos: Saí, e aos que estão em trevas: Aparecei. Eles pastarão nos caminhos e em todos os altos desnudos terão o seu pasto.

¹⁰ Não terão fome nem sede, a calma nem o sol os afligirá; porque o que deles se compadece os guiará e os conduzirá aos mananciais das águas.

¹¹ Transformarei todos os meus montes em caminhos, e as minhas veredas serão alteadas.

¹² Eis que estes virão de longe, e eis que aqueles, do Norte e do Ocidente, e aqueles outros, da terra de Sinim.

¹³ Cantai, ó céus, alegra-te, ó terra, e vós, montes, rompei em cânticos, porque o SENHOR consolou o seu povo e dos seus aflitos se compadece.

¹⁴ Mas Sião diz: O SENHOR me desamparou, o Senhor se esqueceu de mim.

¹⁵ Acaso, pode uma mulher esquecer-se do filho que ainda mama, de sorte que não se compadeça do filho do seu ventre? Mas ainda que esta viesse a se esquecer dele, eu, todavia, não me esquecerei de ti.

¹⁶ Eis que nas palmas das minhas mãos te gravei; os teus muros estão continuamente perante mim.

¹⁷ Os teus filhos virão apressadamente, ao passo que os teus destruidores e os teus assoladores se retiram do teu meio.

¹⁸ Levanta os olhos ao redor e olha: todos estes que se ajuntam vêm a ti. Tão certo como eu vivo, diz o SENHOR, de todos estes te vestirás como dum ornamento e deles te cingirás como noiva.

¹⁹ Pois, quanto aos teus lugares desertos e desolados e à tua terra destruída, agora tu, ó Sião, certamente, serás estreita demais para os moradores; e os que te devoravam estarão longe de ti.

²⁰ Até mesmo os teus filhos, que de ti foram tirados, dirão aos teus ouvidos: Mui estreito é para mim este lugar; dá-me espaço em que eu habite.

²¹ E dirás contigo mesma: Quem me gerou estes, pois eu estava desfilhada e estéril, em exílio e repelida? Quem, pois, me criou estes? Fui deixada sozinha; estes, onde estavam?

²² Assim diz o SENHOR Deus: Eis que levantarei a mão para as nações e ante os povos arvorarei a minha bandeira; eles trarão os teus filhos nos braços, e as tuas filhas serão levadas sobre os ombros.

²³ Reis serão os teus aios, e rainhas, as tuas amas; diante de ti se inclinarão com o rosto em terra e lamberão o pó dos teus pés; saberás que eu sou o SENHOR e que os que esperam em mim não serão envergonhados.

²⁴ Tirar-se-ia a presa ao valente? Acaso, os presos poderiam fugir ao tirano?

²⁵ Mas assim diz o SENHOR: Por certo que os presos se tirarão ao valente, e a presa do tirano fugirá, porque eu contenderei com os que contendem contigo e salvarei os teus filhos.

²⁶ Sustentarei os teus opressores com a sua própria carne, e com o seu próprio sangue se embriagarão, como com vinho novo. Todo homem saberá que eu sou o SENHOR, o teu Salvador e o teu Redentor, o Poderoso de Jacó.

O Servo do SENHOR, ultrajado mas fiel

50 Assim diz o SENHOR: Onde está a carta de divórcio de vossa mãe, pela qual eu a repudiei? Ou quem é o meu credor, a quem eu vos tenha vendido? Eis que por causa das vossas iniqüidades é que fostes vendidos, e por causa das vossas transgressões vossa mãe foi repudiada.

² Por que razão, quando eu vim, ninguém apareceu? Quando chamei, ninguém respondeu? Acaso, se encolheu tanto a minha mão, que já não pode remir ou já não há força em mim para livrar? Eis que pela minha repreensão faço secar o mar e torno os rios um deserto, até que cheirem mal os seus peixes; pois, não havendo água, morrem de sede.

³ Eu visto os céus de negridão e lhes ponho pano de saco por sua coberta.

⁴ O SENHOR Deus me deu língua de eruditos, para que eu saiba dizer boa palavra ao cansado. Ele me desperta todas as manhãs, desperta-me o ouvido para que eu ouça como os eruditos.

⁵ O SENHOR Deus me abriu os ouvidos, e eu não fui rebelde, não me retraí.

⁶ Oferecí as costas aos que me feriam e as faces, aos que me arrancavam os cabelos; não escondi o rosto aos que me afrontavam e me cuspiam.

⁷ Porque o SENHOR Deus me ajudou, pelo que não me senti envergonhado; por isso, fiz o meu rosto como um seixo e sei que não serei envergonhado.

8 Perto está o que me justifica; quem contenderá comigo? Apresentemo-nos juntamente; quem é o meu adversário? Chegue-se para mim.

9 Eis que o SENHOR Deus me ajuda; quem há que me condene? Eis que todos eles, como um vestido, serão consumidos; a traça os comerá.

10 Quem há entre vós que tema ao SENHOR e que ouça a voz do seu Servo? Aquele que andou em trevas, sem nenhuma luz, confie em o nome do SENHOR e se firme sobre o seu Deus.

11 Eia! Todos vós, que acendeis fogo e vos armais de setas incendiárias, andai entre as labaredas do vosso fogo e entre as setas que acendestes; de mim é que vos sobrevirá isto, e em tormentos vos deitareis.

Palavra de conforto para Sião

51 Ouvi-me vós, os que procurais a justiça, os que buscais o SENHOR; olhai para a rocha de que fostes cortados e para a caverna do poço de que fostes cavados.

2 Olhai para Abraão, vosso pai, e para Sara, que vos deu à luz; porque era ele único, quando eu o chamei, o abençoei e o multipliquei.

3 Porque o SENHOR tem piedade de Sião; terá piedade de todos os lugares assolados dela, e fará o seu deserto como o Éden, e a sua solidão, como o jardim do SENHOR; regozijo e alegria se acharão nela, ações de graças e som de música.

4 Atendei-me, povo meu, e escutai-me, nação minha; porque de mim sairá a lei, e estabelecerei o meu direito como luz dos povos.

5 Perto está a minha justiça, aparece a minha salvação, e os meus braços dominarão os povos; as terras do mar me aguardam e no meu braço esperam.

6 Levantai os olhos para os céus e olhai para a terra embaixo, porque os céus desaparecerão como a fumaça, e a terra envelhecerá como um vestido, e os seus moradores morrerão como mosquitos, mas a minha salvação durará para sempre, e a minha justiça não será anulada.

7 Ouvi-me, vós que conheceis a justiça, vós, povo em cujo coração está a minha lei; não temais o opróbrio dos homens, nem vos turbeis por causa das suas injúrias.

8 Porque a traça os roerá como a um vestido, e o bicho os comerá como à lã; mas a minha justiça durará para sempre, e a minha salvação, para todas as gerações.

9 Desperta, desperta, arma-te de força, braço do SENHOR; desperta como nos dias passados, como nas gerações antigas; não és tu aquele que abateu o Egito e feriu o monstro marinho?

10 Não és tu aquele que secou o mar, as águas do grande abismo? Aquele que fez o caminho no fundo do mar, para que passassem os remidos?

11 Assim voltarão os resgatados do SENHOR e virão a Sião com júbilo, e perpétua alegria lhes coroará a cabeça; o regozijo e a alegria os alcançarão, e deles fugirão a dor e o gemido.

12 Eu, eu sou aquele que vos consola; quem, pois, és tu, para que temas o homem, que é mortal, ou o filho do homem, que não passa de erva?

13 Quem és tu que te esqueces do SENHOR, que te criou, que estendeu os céus e fundou a terra, e temes continuamente todo o dia o furor do tirano, que se prepara para destruir? Onde está o furor do tirano?

14 O exilado cativo depressa será libertado, lá não morrerá, lá não descerá à sepultura; o seu pão não lhe faltará.

15 Pois eu sou o SENHOR, teu Deus, que agito o mar, de modo que bramem as suas ondas — o SENHOR dos Exércitos é o meu nome.

16 Ponho as minhas palavras na tua boca e te protejo com a sombra da minha mão, para que eu estenda novos céus, funde nova terra e diga a Sião: Tu és o meu povo.

17 Desperta, desperta, levanta-te, ó Jerusalém, que da mão do SENHOR bebeste o cálice da sua ira, o cálice de atordoamento, e o esgotaste.

18 De todos os filhos que ela teve nenhum a guiou; de todos os filhos que criou nenhum a tomou pela mão.

19 Estas duas cousas te aconteceram; quem teve compaixão de ti? A assolação e a ruína, a fome e a espada! Quem foi o teu consolador?

20 Os teus filhos já desmaiaram, jazem nas estradas de todos os caminhos, como o antílope, na rede; estão cheios da ira do SENHOR e da repreensão do teu Deus.

21 Pelo que agora ouve isto, ó tu que estás aflita e embriagada, mas não de vinho.

22 Assim diz o teu Senhor, o SENHOR, teu Deus, que pleiteará a causa do seu povo: Eis que eu tomo da tua mão o cálice de atordoamento, o cálice da minha ira; jamais dele beberás;

²³ pô-lo-ei nas mãos dos que te atormentaram, que disseram à tua alma: Abaixa-te, para que passemos sobre ti; e tu puseste as costas como chão e como rua para os transeuntes.

52 Desperta, desperta, reveste-te da tua fortaleza, ó Sião; veste-te das tuas roupagens formosas, ó Jerusalém, cidade santa; porque não mais entrará em ti nem incircunciso nem imundo.

² Sacode-te do pó, levanta-te e toma assento, ó Jerusalém; solta-te das cadeias de teu pescoço, ó cativa filha de Sião.

³ Porque assim diz o SENHOR: Por nada fostes vendidos; e sem dinheiro sereis resgatados.

⁴ Porque assim diz o SENHOR Deus: O meu povo no princípio desceu ao Egito, para nele habitar, e a Assíria sem razão o oprimiu.

⁵ Agora, que farei eu aqui, diz o SENHOR, visto ter sido o meu povo levado sem preço? Os seus tiranos sobre ele dão uivos, diz o SENHOR; e o meu nome é blasfemado incessantemente todo o dia.

⁶ Por isso, o meu povo saberá o meu nome; portanto, naquele dia, saberá que sou eu quem fala: Eis-me aqui.

⁷ Que formosos são sobre os montes os pés do que anuncia as boas-novas, que faz ouvir a paz, que anuncia cousas boas, que faz ouvir a salvação, que diz a Sião: O teu Deus reina!

⁸ Eis o grito dos teus atalaias! Eles erguem a voz, juntamente exultam; porque com seus próprios olhos distintamente vêem o retorno do SENHOR a Sião.

⁹ Rompei em júbilo, exultai à uma, ó ruínas de Jerusalém; porque o SENHOR consolou o seu povo, remiu a Jerusalém.

¹⁰ O SENHOR desnudou o seu santo braço à vista de todas as nações; e todos os confins da terra verão a salvação do nosso Deus.

¹¹ Retirai-vos, retirai-vos, saí de lá, não toqueis cousa imunda; saí do meio dela, purificai-vos, vós que levais os utensílios do SENHOR.

¹² Porquanto não saireis apressadamente, nem vos ireis fugindo; porque o SENHOR irá adiante de vós, e o Deus de Israel será a vossa retaguarda.

O sofrimento vicário do Servo do SENHOR

¹³ Eis que o meu Servo procederá com prudência; será exaltado e elevado e será mui sublime.

¹⁴ Como pasmaram muitos à vista dele (pois o seu aspecto estava mui desfigurado, mais do que o de outro qualquer, e a sua aparência, mais do que a dos outros filhos dos homens),

¹⁵ assim causará admiração às nações, e os reis fecharão a sua boca por causa dele; porque aquilo que não lhes foi anunciado verão, e aquilo que não ouviram entenderão.

53 Quem creu em nossa pregação? E a quem foi revelado o braço do SENHOR?

² Porque foi subindo como renovo perante ele e como raiz duma terra seca; não tinha aparência nem formosura; olhamo-lo, mas nenhuma beleza havia que nos agradasse.

³ Era desprezado e o mais rejeitado entre os homens; homem de dores e que sabe o que é padecer; e, como um de quem os homens escondem o rosto, era desprezado, e dele não fizemos caso.

⁴ Certamente, ele tomou sobre si as nossas enfermidades e as nossas dores levou sobre si; e nós o reputávamos por aflito, ferido de Deus e oprimido.

⁵ Mas ele foi traspassado pelas nossas transgressões e moído pelas nossas iniqüidades; o castigo que nos traz a paz estava sobre ele, e pelas suas pisaduras fomos sarados.

⁶ Todos nós andávamos desgarrados como ovelhas; cada um se desviava pelo caminho, mas o SENHOR fez cair sobre ele a iniqüidade de nós todos.

⁷ Ele foi oprimido e humilhado, mas não abriu a boca; como cordeiro foi levado ao matadouro; e, como ovelha muda perante os seus tosquiadores, ele não abriu a boca.

⁸ Por juízo opressor foi arrebatado, e de sua linhagem, quem dela cogitou? Porquanto foi cortado da terra dos viventes; por causa da transgressão do meu povo, foi ele ferido.

⁹ Designaram-lhe a sepultura com os perversos, mas com o rico esteve na sua morte, posto que nunca fez injustiça, nem dolo algum se achou em sua boca.

52.1 Ap 21.2,27.   52.5 Rm 2.24.   52.7 Na 1.15; Rm 10.15; Ef 6.15.   52.11 2Co 6.17.   52.15 Rm 15.21.
53.1 Jo 12.38; Rm 10.16.   53.4 Mt 8.17.   53.5,6 1Pe 2.24,25.   53.7,8 At 8.32,33; Ap 5.6.   53.9 1Pe 2.22.

¹⁰ Todavia, ao Senhor agradou moê-lo, fazendo-o enfermar; quando der ele a sua alma como oferta pelo pecado, verá a sua posteridade e prolongará os seus dias; e a vontade do Senhor prosperará nas suas mãos.

¹¹ Ele verá o fruto do penoso trabalho de sua alma e ficará satisfeito; o meu Servo, o Justo, com o seu conhecimento, justificará a muitos, porque as iniqüidades deles levará sobre si.

¹² Por isso, eu lhe darei muitos como a sua parte, e com os poderosos repartirá ele o despojo, porquanto derramou a sua alma na morte; foi contado com os transgressores; contudo, levou sobre si o pecado de muitos e pelos transgressores intercedeu.

O futuro glorioso de Sião

54 Canta alegremente, ó estéril, que não deste à luz; exulta com alegre canto e exclama, tu que não tiveste dores de parto; porque mais são os filhos da mulher solitária do que os filhos da casada, diz o Senhor.

² Alarga o espaço da tua tenda; estenda-se o toldo da tua habitação, e não o impeças; alonga as tuas cordas e firma bem as tuas estacas.

³ Porque transbordarás para a direita e para a esquerda; a tua posteridade possuirá as nações e fará que se povoem as cidades assoladas.

⁴ Não temas, porque não serás envergonhada; não te envergonhes, porque não sofrerás humilhação; pois te esquecerás da vergonha da tua mocidade e não mais te lembrarás do opróbrio da tua viuvez.

⁵ Porque o teu Criador é o teu marido; o Senhor dos Exércitos é o seu nome; e o Santo de Israel é o teu Redentor; ele é chamado o Deus de toda a terra.

⁶ Porque o Senhor te chamou como a mulher desamparada e de espírito abatido; como a mulher da mocidade, que fora repudiada, diz o teu Deus.

⁷ Por breve momento te deixei, mas com grandes misericórdias torno a acolher-te;

⁸ num ímpeto de indignação, escondi de ti a minha face por um momento; mas com misericórdia eterna me compadeço de ti, diz o Senhor, o teu Redentor.

⁹ Porque isto é para mim como as águas de Noé; pois jurei que as águas de Noé não mais inundariam a terra, e assim jurei que não mais me iraria contra ti, nem te repreenderia.

¹⁰ Porque os montes se retirarão, e os outeiros serão removidos; mas a minha misericórdia não se apartará de ti, e a aliança da minha paz não será removida, diz o Senhor, que se compadece de ti.

¹¹ Ó tu, aflita, arrojada com a tormenta e desconsolada! Eis que eu assentarei as tuas pedras com argamassa colorida e te fundarei sobre safiras.

¹² Farei os teus baluartes de rubis, as tuas portas, de carbúnculos e toda a tua muralha, de pedras preciosas.

¹³ Todos os teus filhos serão ensinados do Senhor; e será grande a paz de teus filhos.

¹⁴ Serás estabelecida em justiça, longe da opressão, porque já não temerás, e também do espanto, porque não chegará a ti.

¹⁵ Eis que poderão suscitar contendas, mas não procederá de mim; quem conspira contra ti cairá diante de ti.

¹⁶ Eis que eu criei o ferreiro, que assopra as brasas no fogo e que produz a arma para o seu devido fim; também criei o assolador, para destruir.

¹⁷ Toda arma forjada contra ti não prosperará; toda língua que ousar contra ti em juízo, tu a condenarás; esta é a herança dos servos do Senhor e o seu direito que de mim procede, diz o Senhor.

Graça oferecida gratuitamente a todos

55 Ah! Todos vós, os que tendes sede, vinde às águas; e vós, os que não tendes dinheiro, vinde, comprai e comei; sim, vinde e comprai, sem dinheiro e sem preço, vinho e leite.

² Por que gastais o dinheiro naquilo que não é pão, e o vosso suor, naquilo que não satisfaz? Ouvi-me atentamente, comei o que é bom e vos deleitareis com finos manjares.

³ Inclinai os ouvidos e vinde a mim; ouvi, e a vossa alma viverá; porque convosco farei uma aliança perpétua, que consiste nas fiéis misericórdias prometidas a Davi.

⁴ Eis que eu o dei por testemunho aos povos, como príncipe e governador dos povos.

⁵ Eis que chamarás a uma nação que não conheces, e uma nação que nunca te conheceu correrá para junto de ti, por amor

53.12 Mc 15.28; Lc 22.37.   **54.1** Gl 4.27.   **54.9** Gn 9.8-17.   **54.11,12** Ap 21.18-21.   **54.13** Jo 6.45.   **55.1** Ap 21.6; 22.17.   **55.3** At 13.34.

do SENHOR, teu Deus, e do Santo de Israel, porque este te glorificou.

⁶ Buscai o SENHOR enquanto se pode achar, invocai-o enquanto está perto.

⁷ Deixe o perverso o seu caminho, o iníquo, os seus pensamentos; converta-se ao SENHOR, que se compadecerá dele, e volte-se para o nosso Deus, porque é rico em perdoar.

⁸ Porque os meus pensamentos não são os vossos pensamentos, nem os vossos caminhos, os meus caminhos, diz o SENHOR,

⁹ porque, assim como os céus são mais altos do que a terra, assim são os meus caminhos mais altos do que os vossos caminhos, e os meus pensamentos, mais altos do que os vossos pensamentos.

¹⁰ Porque, assim como desce a chuva e a neve dos céus e para lá não tornam, sem que primeiro reguem a terra, e a fecundem, e a façam brotar, para dar semente ao semeador e pão ao que come,

¹¹ assim será a palavra que sair da minha boca: não voltará para mim vazia, mas fará o que me apraz e prosperará naquilo para que a designei.

¹² Saireis com alegria e em paz sereis guiados; os montes e os outeiros romperão em cânticos diante de vós, e todas as árvores do campo baterão palmas.

¹³ Em lugar do espinheiro, crescerá o cipreste, e em lugar da sarça crescerá a murta; e será isto glória para o SENHOR e memorial eterno, que jamais será extinto.

A vocação dos gentios

56 Assim diz o SENHOR: Mantende o juízo e fazei justiça, porque a minha salvação está prestes a vir, e a minha justiça, prestes a manifestar-se.

² Bem-aventurado o homem que faz isto, e o filho do homem que nisto se firma, que se guarda de profanar o sábado e guarda a sua mão de cometer algum mal.

³ Não fale o estrangeiro que se houver chegado ao SENHOR, dizendo: O SENHOR, com efeito, me separará do seu povo; nem tampouco diga o eunuco: Eis que eu sou uma árvore seca.

⁴ Porque assim diz o SENHOR: Aos eunucos que guardam os meus sábados, escolhem aquilo que me agrada e abraçam a minha aliança,

⁵ darei na minha casa e dentro dos meus muros, um memorial e um nome melhor do

que filhos e filhas; um nome eterno darei a cada um deles, que nunca se apagará.

⁶ Aos estrangeiros que se chegam ao SENHOR, para o servirem e para amarem o nome do SENHOR, sendo deste modo servos seus, sim, todos os que guardam o sábado, não o profanando, e abraçam a minha aliança,

⁷ também os levarei ao meu santo monte e os alegrarei na minha Casa de Oração; os seus holocaustos e os seus sacrifícios serão aceitos no meu altar, porque a minha casa será chamada Casa de Oração para todos os povos.

⁸ Assim diz o SENHOR Deus, que congrega os dispersos de Israel: Ainda congregarei outros aos que já se acham reunidos.

Ai dos guias cegos de Israel!

⁹ Vós, todos os animais do campo, todas as feras dos bosques, vinde comer.

¹⁰ Os seus atalaias são cegos, nada sabem; todos são cães mudos, não podem ladrar; sonhadores preguiçosos, gostam de dormir.

¹¹ Tais cães são gulosos, nunca se fartam; são pastores que nada compreendem, e todos se tornam para o seu caminho, cada um para a sua ganância, todos sem exceção.

¹² Vinde, dizem eles, trarei vinho, e nos encharcaremos de bebida forte; o dia de amanhã será como este e ainda maior e mais famoso.

Condenada a idolatria de Israel

57 Perece o justo, e não há quem se impressione com isso; e os homens piedosos são arrebatados sem que alguém considere nesse fato; pois o justo é levado antes que venha o mal

² e entra na paz; descansam no seu leito os que andam em retidão.

³ Mas chegai-vos para aqui, vós, os filhos da agoureira, descendência da adúltera e da prostituta.

⁴ De quem chasqueais? Contra quem escancarais a boca e deitais para fora a língua? Porventura, não sois filhos da transgressão, descendência da falsidade,

⁵ que vos abrasais na concupiscência junto aos terebintos, debaixo de toda árvore frondosa, e sacrificais os filhos nos vales e nas fendas dos penhascos?

⁶ Por entre as pedras lisas dos ribeiros

55.10 2Co 9.10.   **56.7** Mt 21.13; Mc 11.17; Lc 19.46.

está a tua parte; estas, estas te cairão em sorte; sobre elas também derramas a tua libação e lhes apresentas ofertas de manjares. Contentar-me-ia eu com estas cousas?

7 Sobre monte alto e elevado pões o teu leito; para lá sobes para oferecer sacrifícios.

8 Detrás das portas e das umbreiras pões os teus símbolos eróticos, puxas as cobertas, sobes ao leito e o alargas para os adúlteros; dizes-lhes as tuas exigências, amaslhes a coabitação e lhes miras a nudez.

9 Vais ao rei com óleo e multiplicas os teus perfumes; envias os teus embaixadores para longe, até à profundidade do sepulcro.

10 Na tua longa viagem te cansas, mas não dizes: É em vão; achas o que buscas; por isso, não desfaleces.

11 Mas de quem tiveste receio ou temor, para que mentisses e não te lembrasses de mim, nem de mim te importasses? Não é, acaso, porque me calo, e isso desde muito tempo, e não me temes?

12 Eu publicarei essa justiça tua; e, quanto às tuas obras, elas não te aproveitarão.

13 Quando clamares, a tua coleção de ídolos que te livre! Levá-los-á o vento; um assopro os arrebatará a todos, mas o que confia em mim herdará a terra e possuirá o meu santo monte.

Mensagem de paz para os arrependidos

14 Dir-se-á: Aterrai, aterrai, preparai o caminho, tirai os tropeços do caminho do meu povo.

15 Porque assim diz o Alto, o Sublime, que habita a eternidade, o qual tem o nome de Santo: Habito no alto e santo lugar, mas habito também com o contrito e abatido de espírito, para vivificar o espírito dos abatidos e vivificar o coração dos contritos.

16 Pois não contenderei para sempre, nem me indignarei continuamente; porque, do contrário, o espírito definharia diante de mim, e o fôlego da vida, que eu criei.

17 Por causa da indignidade da sua cobiça, eu me indignei e feri o povo; escondi a face e indignei-me, mas, rebelde, seguiu ele o caminho da sua escolha.

18 Tenho visto os seus caminhos e o sararei; também o guiarei e lhe tornarei a dar consolação, a saber, aos que dele choram.

19 Como fruto dos seus lábios criei a paz, paz para os que estão longe e para os

que estão perto, diz o SENHOR, e eu o sararei.

20 Mas os perversos são como o mar agitado, que não se pode aquietar, cujas águas lançam de si lama e lodo.

21 Para os perversos, diz o meu Deus, não há paz.

Observância devida do jejum

58 Clama a plenos pulmões, não te detenhas, ergue a voz como a trombeta e anuncia ao meu povo a sua transgressão e à casa de Jacó, os seus pecados.

2 Mesmo neste estado, ainda me procuram dia a dia, têm prazer em saber os meus caminhos; como povo que pratica a justiça e não deixa o direito do seu Deus, perguntam-me pelos direitos da justiça, têm prazer em se chegar a Deus,

3 dizendo: Por que jejuamos nós, e tu não atentas para isso? Por que afligimos a nossa alma, e tu não o levas em conta? Eis que, no dia em que jejuais, cuidais dos vossos próprios interesses e exigis que se faça todo o vosso trabalho.

4 Eis que jejuais para contendas e rixas e para ferirdes com punho iníquo; jejuando assim como hoje, não se fará ouvir a vossa voz no alto.

5 Seria este o jejum que escolhi, que o homem um dia aflija a sua alma, incline a sua cabeça como o junco e estenda debaixo de si pano de saco e cinza? Chamarias tu a isto jejum e dia aceitável ao SENHOR?

6 Porventura, não é este o jejum que escolhi: que soltes as ligaduras da impiedade, desfaças as ataduras da servidão, deixes livres os oprimidos e despedaces todo jugo?

7 Porventura, não é também que repartas o teu pão com o faminto, e recolhas em casa os pobres desabrigados, e, se vires o nu, o cubras, e não te escondas do teu semelhante?

8 Então, romperá a tua luz como a alva, a tua cura brotará sem detença, a tua justiça irá adiante de ti, e a glória do SENHOR será a tua retaguarda;

9 então, clamarás, e o SENHOR te responderá; gritarás por socorro, e ele dirá: Eis-me aqui. Se tirares do meio de ti o jugo, o dedo que ameaça, o falar injurioso;

10 se abrires a tua alma ao faminto e fartares a alma aflita, então, a tua luz nascerá nas trevas, e a tua escuridão será como o meio-dia.

11 O Senhor te guiará continuamente, fartará a tua alma até em lugares áridos e fortificará os teus ossos; serás como um jardim regado e como um manancial cujas águas jamais faltam.

12 Os teus filhos edificarão as antigas ruínas; levantarás os fundamentos de muitas gerações e serás chamado reparador de brechas e restaurador de veredas para que o país se torne habitável.

13 Se desviares o pé de profanar o sábado e de cuidar dos teus próprios interesses no meu santo dia; se chamares ao sábado deleitoso e santo dia do Senhor, digno de honra, e o honrares não seguindo os teus caminhos, não pretendendo fazer a tua própria vontade, nem falando palavras vãs,

14 então, te deleitarás no Senhor. Eu te farei cavalgar sobre os altos da terra e te sustentarei com a herança de Jacó, teu pai, porque a boca do Senhor o disse.

Confissão da maldade nacional

59 Eis que a mão do Senhor não está encolhida, para que não possa salvar; nem surdo o seu ouvido, para não poder ouvir.

2 Mas as vossas iniqüidades fazem separação entre vós e o vosso Deus; e os vossos pecados encobrem o seu rosto de vós, para que vos não ouça.

3 Porque as vossas mãos estão contaminadas de sangue, e os vossos dedos, de iniqüidade; os vossos lábios falam mentiras, e a vossa língua profere maldade.

4 Ninguém há que clame pela justiça, ninguém que compareça em juízo pela verdade; confiam no que é nulo e andam falando mentiras; concebem o mal e dão à luz a iniqüidade.

5 Chocam ovos de áspide e tecem teias de aranha; o que comer os ovos dela morrerá; se um dos ovos é pisado, sai-lhe uma víbora.

6 As suas teias não se prestam para vestes, os homens não poderão cobrir-se com o que eles fazem, as obras deles são obras de iniqüidade, obra de violência há nas suas mãos.

7 Os seus pés correm para o mal, são velozes para derramar o sangue inocente; os seus pensamentos são pensamentos de iniqüidade; nos seus caminhos há desolação e abatimento.

8 Desconhecem o caminho da paz, nem há justiça nos seus passos; fizeram para si veredas tortuosas; quem anda por elas não conhece a paz.

9 Por isso, está longe de nós o juízo, e a justiça não nos alcança; esperamos pela luz, e eis que há só trevas; pelo resplendor, mas andamos na escuridão.

10 Apalpamos as paredes como cegos, sim, como os que não têm olhos, andamos apalpando; tropeçamos ao meio-dia como nas trevas e entre os robustos somos como mortos.

11 Todos nós bramamos como ursos e gememos como pombas; esperamos o juízo, e não o há; a salvação, e ela está longe de nós.

12 Porque as nossas transgressões se multiplicam perante ti, e os nossos pecados testificam contra nós; porque as nossas transgressões estão conosco, e conhecemos as nossas iniqüidades,

13 como o prevaricar, o mentir contra o Senhor, o retirarmo-nos do nosso Deus, o pregar opressão e rebeldia, o conceber e proferir do coração palavras de falsidade.

14 Pelo que o direito se retirou, e a justiça se pôs de longe; porque a verdade anda tropeçando pelas praças, e a retidão não pode entrar.

15 Sim, a verdade sumiu, e quem se desvia do mal é tratado como presa. O Senhor viu isso e desaprovou o não haver justiça.

16 Viu que não havia ajudador algum e maravilhou-se de que não houvesse um intercessor; pelo que o seu próprio braço lhe trouxe a salvação, e a sua própria justiça o susteve.

17 Vestiu-se de justiça, como de uma couraça, e pôs o capacete da salvação na cabeça; pôs sobre si a vestidura da vingança e se cobriu de zelo, como de um manto.

18 Segundo as obras deles, assim retribuirá; furor aos seus adversários e o devido aos seus inimigos; às terras do mar, dar-lhes-á a paga.

19 Temerão, pois, o nome do Senhor desde o poente e a sua glória, desde o nascente do sol; pois virá como torrente impetuosa, impelida pelo Espírito do Senhor.

20 Virá o Redentor a Sião e aos de Jacó que se converterem, diz o Senhor.

21 Quanto a mim, esta é a minha aliança com eles, diz o Senhor: o meu Espírito, que está sobre ti, e as minhas palavras, que pus na tua boca, não se apartarão dela, nem da tua boca, nem da dos teus filhos, nem da dos filhos

59.7,8 Rm 3.15-17.   **59.17** Ef 6.14; 6.17; 1Ts 5.8.   **59.20,21** Rm 11.26,27.

de teus filhos, não se apartarão desde agora e para todo o sempre, diz o SENHOR.

A glória da nova Jerusalém

60 Dispõe-te, resplandece, porque vem a tua luz, e a glória do SENHOR nasce sobre ti.

² Porque eis que as trevas cobrem a terra, e a escuridão, os povos; mas sobre ti aparece resplendente o SENHOR, e a sua glória se vê sobre ti.

³ As nações se encaminham para a tua luz, e os reis, para o resplendor que te nasceu.

⁴ Levanta em redor os olhos e vê; todos estes se ajuntam e vêm ter contigo; teus filhos chegam de longe, e tuas filhas são trazidas nos braços.

⁵ Então, o verás e serás radiante de alegria; o teu coração estremecerá e se dilatará de júbilo, porque a abundância do mar se tornará a ti, e as riquezas das nações virão a ter contigo.

⁶ A multidão de camelos te cobrirá, os dromedários de Midiã e de Efá; todos virão de Sabá; trarão ouro e incenso e publicarão os louvores do SENHOR.

⁷ Todas as ovelhas de Quedar se reunirão junto de ti; servir-te-ão os carneiros de Nebaiote; para o meu agrado subirão ao meu altar, e eu tornarei mais gloriosa a casa da minha glória.

⁸ Quem são estes que vêm voando como nuvens e como pombas, ao seu pombal?

⁹ Certamente, as terras do mar me aguardarão; virão primeiro os navios de Társis para trazerem teus filhos de longe e, com eles, a sua prata e o seu ouro, para a santificação do nome do SENHOR, teu Deus, e do Santo de Israel, porque ele te glorificou.

¹⁰ Estrangeiros edificarão os teus muros, e os seus reis te servirão; porque no meu furor te castiguei, mas na minha graça tive misericórdia de ti.

¹¹ As tuas portas estarão abertas de contínuo; nem de dia nem de noite se fecharão, para que te sejam trazidas riquezas das nações, e, conduzidos com elas, os seus reis.

¹² Porque a nação e o reino que não te servirem perecerão; sim, essas nações serão de todo assoladas.

¹³ A glória do Líbano virá a ti; o cipreste, o olmeiro e o buxo, conjuntamente, para adornarem o lugar do meu santuário; e farei glorioso o lugar dos meus pés.

¹⁴ Também virão a ti, inclinando-se, os filhos dos que te oprimiram; prostrar-se-ão até às plantas dos teus pés todos os que te desdenharam e chamar-te-ão Cidade do SENHOR, A Sião do Santo de Israel.

¹⁵ De abandonada e odiada que eras, de modo que ninguém passava por ti, eu te constituirei glória eterna, regozijo, de geração em geração.

¹⁶ Mamarás o leite das nações e te alimentarás ao peito dos reis; saberás que eu sou o SENHOR, o teu Salvador, o teu Redentor, o Poderoso de Jacó.

¹⁷ Por bronze trarei ouro, por ferro trarei prata, por madeira, bronze e por pedras, ferro; farei da paz os teus inspetores e da justiça, os teus exatores.

¹⁸ Nunca mais se ouvirá de violência na tua terra, de desolação ou ruínas, nos teus termos; mas aos teus muros chamarás Salvação, e às tuas portas, Louvor.

¹⁹ Nunca mais te servirá o sol para luz do dia, nem com o seu resplendor a lua te alumiará; mas o SENHOR será a tua luz perpétua, e o teu Deus, a tua glória.

²⁰ Nunca mais se porá o teu sol, nem a tua lua minguará, porque o SENHOR será a tua luz perpétua, e os dias do teu luto findarão.

²¹ Todos os do teu povo serão justos, para sempre herdarão a terra; serão renovos por mim plantados, obra das minhas mãos, para que eu seja glorificado.

²² O menor virá a ser mil, e o mínimo, uma nação forte; eu, o SENHOR, a seu tempo farei isso prontamente.

As boas-novas da salvação

61 O Espírito do SENHOR Deus está sobre mim, porque o SENHOR me ungiu para pregar boas-novas aos quebrantados, enviou-me a curar os quebrantados de coração, a proclamar libertação aos cativos e a pôr em liberdade os algemados;

² a apregoar o ano aceitável do SENHOR e o dia da vingança do nosso Deus; a consolar todos os que choram

³ e a pôr sobre os que em Sião estão de luto uma coroa em vez de cinzas, óleo de alegria, em vez de pranto, veste de louvor, em vez de espírito angustiado; a fim de que se chamem carvalhos de justiça, plantados pelo SENHOR para a sua glória.

⁴ Edificarão os lugares antigamente assolados, restaurarão os de antes destruídos

e renovarão as cidades arruinadas, destruídas de geração em geração.

⁵ Estranhos se apresentarão e apascentarão os vossos rebanhos; estrangeiros serão os vossos lavradores e os vossos vinhateiros.

⁶ Mas vós sereis chamados sacerdotes do Senhor, e vos chamarão ministros de nosso Deus; comereis as riquezas das nações e na sua glória vos gloriareis.

⁷ Em lugar da vossa vergonha, tereis dupla honra; em lugar da afronta, exultareis na vossa herança; por isso, na vossa terra possuireis o dobro e tereis perpétua alegria.

⁸ Porque eu, o Senhor, amo o juízo e odeio a iniqüidade do roubo; dar-lhes-ei fielmente a sua recompensa e com eles farei aliança eterna.

⁹ A sua posteridade será conhecida entre as nações, os seus descendentes, no meio dos povos; todos quantos os virem os reconhecerão como família bendita do Senhor.

¹⁰ Regozijar-me-ei muito no Senhor, a minha alma se alegra no meu Deus; porque me cobriu de vestes de salvação e me envolveu com o manto de justiça, como noivo que se adorna de turbante, como noiva que se enfeita com as suas jóias.

¹¹ Porque, como a terra produz os seus renovos, e como o jardim faz brotar o que nele se semeia, assim o Senhor Deus fará brotar a justiça e o louvor perante todas as nações.

Jerusalém, a noiva do Senhor

62 Por amor de Sião, me não calarei e, por amor de Jerusalém, não me aquietarei, até que saia a sua justiça como um resplendor, e a sua salvação, como uma tocha acesa.

² As nações verão a tua justiça, e todos os reis, a tua glória; e serás chamada por um nome novo, que a boca do Senhor designará.

³ Serás uma coroa de glória na mão do Senhor, um diadema real na mão do teu Deus.

⁴ Nunca mais te chamarão Desamparada, nem a tua terra se denominará jamais Desolada; mas chamar-te-ão Minha-Delícia; e à tua terra, Desposada; porque o Senhor se delicia em ti; e a tua terra se desposará.

⁵ Porque, como o jovem desposa a don-

zela, assim teus filhos te desposarão a ti; como o noivo se alegra da noiva, assim de ti se alegrará o teu Deus.

⁶ Sobre os teus muros, ó Jerusalém, pus guardas, que todo o dia e toda a noite jamais se calarão; vós, os que fareis lembrado o Senhor, não descanseis,

⁷ nem deis a ele descanso até que restabeleça Jerusalém e a ponha por objeto de louvor na terra.

⁸ Jurou o Senhor pela sua mão direita e pelo seu braço poderoso: Nunca mais darei o teu cereal por sustento aos teus inimigos, nem os estrangeiros beberão o teu vinho, fruto de tuas fadigas.

⁹ Mas os que o ajuntarem o comerão e louvarão ao Senhor; e os que o recolherem beberão nos átrios do meu santuário.

¹⁰ Passai, passai pelas portas; preparai o caminho ao povo; aterrai, aterrai a estrada, limpai-a das pedras; arvorai bandeira aos povos.

¹¹ Eis que o Senhor fez ouvir até às extremidades da terra estas palavras: Dizei à filha de Sião: Eis que vem o teu Salvador; vem com ele a sua recompensa, e diante dele, o seu galardão.

¹² Chamar-vos-ão Povo Santo, Remidos-Do-Senhor; e tu, Sião, serás chamada Procurada, Cidade-Não-Deserta.

Deus vinga o seu povo

63 Quem é este que vem de Edom, de Bozra, com vestes de vivas cores, que é glorioso em sua vestidura, que marcha na plenitude da sua força? Sou eu que falo em justiça, poderoso para salvar.

² Por que está vermelho o traje, e as tuas vestes, como as daquele que pisa uvas no lagar?

³ O lagar, eu o pisei sozinho, e dos povos nenhum homem se achava comigo; pisei as uvas na minha ira; no meu furor, as esmaguei, e o seu sangue me salpicou as vestes e me manchou o traje todo.

⁴ Porque o dia da vingança me estava no coração, e o ano dos meus redimidos é chegado.

⁵ Olhei, e não havia quem me ajudasse, e admirei-me de não haver quem me sustivesse; pelo que o meu próprio braço me trouxe a salvação, e o meu furor me susteve.

⁶ Na minha ira, pisei os povos, no meu furor, embriaguei-os, derramando por terra o seu sangue.

61.10 Ap 21.2. **62.11** Is 40.10; Ap 22.12. **63.1-6** Is 34.1-17; Jr 49.7-22; Ez 25.12-14; Am 1.11,12; Ob 1-14; Ml 1.2-5. **63.3** Ap 14.20; 19.15.

A última oração do profeta

7 Celebrarei as benignidades do SENHOR e os seus atos gloriosos, segundo tudo o que o SENHOR nos concedeu e segundo a grande bondade para com a casa de Israel, bondade que usou para com eles, segundo as suas misericórdias e segundo a multidão das suas benignidades.

8 Porque ele dizia: Certamente, eles são meu povo, filhos que não mentirão; e se lhes tornou o seu Salvador.

9 Em toda a angústia deles, foi ele angustiado, e o Anjo da sua presença os salvou; pelo seu amor e pela sua compaixão, ele os remiu, os tomou e os conduziu todos os dias da antiguidade.

10 Mas eles foram rebeldes e contristaram o seu Espírito Santo, pelo que se lhes tornou em inimigo e ele mesmo pelejou contra eles.

11 Então, o povo se lembrou dos dias antigos, de Moisés, e disse: Onde está aquele que fez subir do mar o pastor do seu rebanho? Onde está o que pôs nele o seu Espírito Santo?

12 Aquele cujo braço glorioso ele fez andar à mão direita de Moisés? Que fendeu as águas diante deles, criando para si um nome eterno?

13 Aquele que os guiou pelos abismos, como o cavalo no deserto, de modo que nunca tropeçaram?

14 Como o animal que desce aos vales, o Espírito do SENHOR lhes deu descanso. Assim, guiaste o teu povo, para te criares um nome glorioso.

15 Atenta do céu e olha da tua santa e gloriosa habitação. Onde estão o teu zelo e as tuas obras poderosas? A ternura do teu coração e as tuas misericórdias se detêm para comigo!

16 Mas tu és nosso Pai, ainda que Abraão não nos conhece, e Israel não nos reconhece; tu, ó SENHOR, és nosso Pai; nosso Redentor é o teu nome desde a antiguidade.

17 Ó SENHOR, por que nos fazes desviar dos teus caminhos? Por que endureces o nosso coração, para que te não temamos? Volta, por amor dos teus servos e das tribos da tua herança.

18 Só por breve tempo foi o país possuído pelo teu santo povo; nossos adversários pisaram o teu santuário.

19 Tornamo-nos como aqueles sobre quem tu nunca dominaste e como os que nunca se chamaram pelo teu nome.

64 Oh! Se fendesses os céus e descesses! Se os montes tremessem na tua presença,

2 como quando o fogo inflama os gravetos, como quando faz ferver as águas, para fazeres notório o teu nome aos teus adversários, de sorte que as nações tremessem da tua presença!

3 Quando fizeste cousas terríveis, que não esperávamos, desceste, e os montes tremeram à tua presença.

4 Porque desde a antiguidade não se ouviu, nem com ouvidos se percebeu, nem com os olhos se viu Deus além de ti, que trabalha para aquele que nele espera.

5 Sais ao encontro daquele que com alegria pratica justiça, daqueles que se lembram de ti nos teus caminhos; eis que te iraste, porque pecamos; por muito tempo temos pecado e havemos de ser salvos?

6 Mas todos nós somos como o imundo, e todas as nossas justiças, como trapo da imundícia; todos nós murchamos como a folha, e as nossas iniquidades, como um vento, nos arrebatam.

7 Já ninguém há que invoque o teu nome, que se desperte e te detenha; porque escondes de nós o rosto e nos consomes por causa das nossas iniquidades.

8 Mas agora, ó SENHOR, tu és nosso Pai, nós somos o barro, e tu, o nosso oleiro; e todos nós, obra das tuas mãos.

9 Não te enfureças tanto, ó SENHOR, nem perpetuamente te lembres da nossa iniquidade; olha, pois, nós te pedimos: todos nós somos o teu povo.

10 As tuas santas cidades tornaram-se em deserto, Sião, em ermo; Jerusalém está assolada.

11 O nosso templo santo e glorioso, em que nossos pais te louvavam, foi queimado; todas as nossas cousas preciosas se tornaram em ruínas.

12 Conter-te-ias tu ainda, ó SENHOR, sobre estas calamidades? Ficarias calado e nos afligirias sobremaneira?

A resposta de Deus: rejeitados os rebeldes

65 Fui buscado pelos que não perguntavam por mim; fui achado por aqueles que não me buscavam; a um povo que não se chamava do meu nome, eu disse: Eis-me aqui, eis-me aqui.

63.12 Êx 14.21.   **64.4** 1Co 2.9.   **65.1,2** Rm 10.20,21.

² Estendi as mãos todo dia a um povo rebelde, que anda por caminho que não é bom, seguindo os seus próprios pensamentos;

³ povo que de contínuo me irrita abertamente, sacrificando em jardins e queimando incenso sobre altares de tijolos;

⁴ que mora entre as sepulturas e passa as noites em lugares misteriosos; come carne de porco e tem no seu prato ensopado de carne abominável;

⁵ povo que diz: Fica onde estás, não te chegues a mim, porque sou mais santo do que tu. És no meu nariz como fumaça de fogo que arde o dia todo.

⁶ Eis que está escrito diante de mim, e não me calarei; mas eu pagarei, vingar-me-ei, totalmente,

⁷ das vossas iniqüidades e, juntamente, das iniqüidades de vossos pais, diz o SENHOR, os quais queimaram incenso nos montes e me afrontaram nos outeiros; pelo que eu vos medirei totalmente a paga devida às suas obras antigas.

A resposta de Deus: salvo o restante fiel

⁸ Assim diz o SENHOR: Como quando se acha vinho num cacho de uvas, dizem: Não o desperdices, pois há bênção nele, assim farei por amor de meus servos e não os destruirei a todos.

⁹ Farei sair de Jacó descendência e de Judá, um herdeiro que possua os meus montes; e os meus eleitos herdarão a terra e os meus servos habitarão nela.

¹⁰ Sarom servirá de campo de pasto de ovelhas, e o vale de Acor, de lugar de repouso de gado, para o meu povo que me buscar.

¹¹ Mas a vós outros, os que vos apartais do SENHOR, os que vos esqueceis do meu santo monte, os que preparais mesa para a deusa Fortuna e misturais vinho para o deus Destino,

¹² também vos destinarei à espada, e todos vos encurvareis à matança; porquanto chamei, e não respondestes, falei, e não atendestes; mas fizestes o que é mau perante mim e escolhestes aquilo em que eu não tinha prazer.

¹³ Pelo que assim diz o SENHOR Deus: Eis que os meus servos comerão, mas vós padecereis fome; os meus servos beberão, mas vós tereis sede; os meus servos se alegrarão, mas vós vos envergonhareis;

¹⁴ os meus servos cantarão por terem o coração alegre, mas vós gritareis pela tristeza do vosso coração e uivareis pela angústia de espírito.

¹⁵ Deixareis o vosso nome aos meus eleitos por maldição, o SENHOR Deus vos matará e a seus servos chamará por outro nome,

¹⁶ de sorte que aquele que se abençoar na terra, pelo Deus da verdade é que se abençoará; e aquele que jurar na terra, pelo Deus da verdade é que jurará; porque já estão esquecidas as angústias passadas, e estão escondidas dos meus olhos.

Novos céus e nova terra

¹⁷ Pois eis que eu crio novos céus e nova terra; e não haverá lembrança das cousas passadas, jamais haverá memória delas.

¹⁸ Mas vós folgareis e exultareis perpetuamente no que eu crio; porque eis que crio para Jerusalém alegria e para o seu povo, regozijo.

¹⁹ E exultarei por causa de Jerusalém e me alegrarei no meu povo, e nunca mais se ouvirá nela nem voz de choro nem de clamor.

²⁰ Não haverá mais nela criança para viver poucos dias, nem velho que não cumpra os seus; porque morrer aos cem anos é morrer ainda jovem, e quem pecar só aos cem anos será amaldiçoado.

²¹ Eles edificarão casas e nelas habitarão; plantarão vinhas e comerão o seu fruto.

²² Não edificarão para que outros habitem; não plantarão para que outros comam; porque a longevidade do meu povo será como a da árvore, e os meus eleitos desfrutarão de todo as obras das suas próprias mãos.

²³ Não trabalharão debalde, nem terão filhos para a calamidade, porque são a posteridade bendita do SENHOR, e os seus filhos estarão com eles.

²⁴ E será que, antes que clamem, eu responderei; estando eles ainda falando, eu os ouvirei.

²⁵ O lobo e o cordeiro pastarão juntos, e o leão comerá palha como o boi; pó será a comida da serpente. Não se fará mal nem dano algum em todo o meu santo monte, diz o SENHOR.

Excluídos da nova Jerusalém os que praticam falsa religião

66 Assim diz o SENHOR: O céu é o meu trono, e a terra, o estrado dos meus pés; que casa me edificareis vós? E qual é o lugar do meu repouso?

² Porque a minha mão fez todas estas cousas, e todas vieram a existir, diz o SENHOR, mas o homem para quem olharei é este: o aflito e abatido de espírito e que treme da minha palavra.

³ O que imola um boi é como o que comete homicídio; o que sacrifica um cordeiro, como o que quebra o pescoço a um cão; o que oferece uma oblação, como o que oferece sangue de porco; o que queima incenso, como o que bendiz a um ídolo. Como estes escolheram os seus próprios caminhos, e a sua alma se deleita nas suas abominações,

⁴ assim eu lhes escolherei o infortúnio e farei vir sobre eles o que eles temem; porque clamei, e ninguém respondeu, falei, e não escutaram; mas fizeram o que era mau perante mim e escolheram aquilo em que eu não tinha prazer.

⁵ Ouvi a palavra do SENHOR, vós, os que a temeis: Vossos irmãos, que vos aborrecem e que para longe vos lançam por causa do vosso amor ao meu nome e que dizem: Mostre o SENHOR a sua glória, para que vejamos a vossa alegria, esses serão confundidos.

⁶ Voz de grande tumulto virá da cidade, voz do templo, voz do SENHOR, que dá o pago aos seus inimigos.

⁷ Antes que estivesse de parto, deu à luz; antes que lhe viessem as dores, nasceu-lhe um menino.

⁸ Quem jamais ouviu tal cousa? Quem viu cousa semelhante? Pode, acaso, nascer uma terra num só dia? Ou nasce uma nação de uma só vez? Pois Sião, antes que lhe viessem as dores, deu à luz seus filhos.

⁹ Acaso, farei eu abrir a madre e não farei nascer? — diz o SENHOR; acaso, eu que faço nascer fecharei a madre? — diz o teu Deus.

A felicidade eterna de Sião

¹⁰ Regozijai-vos juntamente com Jerusalém e alegrai-vos por ela, vós todos os que a amais; exultai com ela, todos os que por ela pranteastes,

¹¹ para que mameis e vos farteis dos peitos das suas consolações; para que sugueis e vos deleiteis com a abundância da sua glória.

¹² Porque assim diz o SENHOR: Eis que estenderei sobre ela a paz como um rio, e a glória das nações, como uma torrente que transborda; então, mamareis, nos braços vos trarão e sobre os joelhos vos acalentarão.

¹³ Como alguém a quem sua mãe consola, assim eu vos consolarei; e em Jerusalém vós sereis consolados.

¹⁴ Vós o vereis, e o vosso coração se regozijará, e os vossos ossos revigorarão como a erva tenra; então, o poder do SENHOR será notório aos seus servos, e ele se indignará contra os seus inimigos.

¹⁵ Porque eis que o SENHOR virá em fogo, e os seus carros, como um torvelinho, para tornar a sua ira em furor e a sua repreensão, em chamas de fogo,

¹⁶ porque com fogo e com a sua espada entrará o SENHOR em juízo com toda a carne; e serão muitos os mortos da parte do SENHOR.

¹⁷ Os que se santificam e se purificam para entrarem nos jardins após a deusa que está no meio, que comem carne de porco, cousas abomináveis e rato serão consumidos, diz o SENHOR.

¹⁸ Porque conheço as suas obras e os seus pensamentos e venho para ajuntar todas as nações e línguas; elas virão e contemplarão a minha glória.

¹⁹ Porei entre elas um sinal e alguns dos que foram salvos enviarei às nações, a Társis, Pul e Lude, que atiram com o arco, a Tubal e Javã, até às terras do mar mais remotas, que jamais ouviram falar de mim, nem viram a minha glória; eles anunciarão entre as nações a minha glória.

²⁰ Trarão todos os vossos irmãos, dentre todas as nações, por oferta ao SENHOR, sobre cavalos, em liteiras e sobre mulas e dromedários, ao meu santo monte, a Jerusalém, diz o SENHOR, como quando os filhos de Israel trazem as suas ofertas de manjares, em vasos puros à Casa do SENHOR.

²¹ Também deles tomarei a alguns para sacerdotes e para levitas, diz o SENHOR.

²² Porque, como os novos céus e a nova terra, que hei de fazer, estarão diante de mim, diz o SENHOR, assim há de estar a vossa posteridade e o vosso nome.

²³ E será que, de uma Festa da Lua Nova a outra e de um sábado a outro, virá toda a carne a adorar perante mim, diz o SENHOR.

²⁴ Eles sairão e verão os cadáveres dos homens que prevaricaram contra mim; porque o seu verme nunca morrerá, nem o seu fogo se apagará; e eles serão um horror para toda a carne.

66.7 Ap 12.5.　66.22 Is 65.17; 2Pe 3.13; Ap 21.1.　66.24 Mc 9.44.

JEREMIAS

A vocação de Jeremias

1 Palavras de Jeremias, filho de Hilquias, um dos sacerdotes que estavam em Anatote, na terra de Benjamim;

2 a ele veio a palavra do SENHOR, nos dias de Josias, filho de Amom e rei de Judá, no décimo-terceiro ano do seu reinado;

3 e também nos dias de Jeoaquim, filho de Josias, rei de Judá, até ao fim do ano undécimo de Zedequias, filho de Josias, rei de Judá, e ainda até ao quinto mês do exílio de Jerusalém.

4 A mim me veio, pois, a palavra do SENHOR, dizendo:

5 Antes que eu te formasse no ventre materno, eu te conheci, e, antes que saísses da madre, te consagrei, e te constituí profeta às nações.

6 Então, lhe disse eu: ah! SENHOR Deus! Eis que não sei falar, porque não passo de uma criança.

7 Mas o SENHOR me disse: Não digas: Não passo de uma criança; porque a todos a quem eu te enviar irás; e tudo quanto eu te mandar falarás.

8 Não temas diante deles, porque eu sou contigo para te livrar, diz o SENHOR.

9 Depois, estendeu o SENHOR a mão, tocou-me na boca e o SENHOR me disse: Eis que ponho na tua boca as minhas palavras.

10 Olha que hoje te constituo sobre as nações e sobre os reinos, para arrancares e derribares, para destruíres e arruinares e também para edificares e para plantares.

A visão da vara de amendoeira

11 Veio ainda a palavra do SENHOR, dizendo: Que vês tu, Jeremias? Respondi: vejo uma vara de amendoeira.

12 Disse-me o SENHOR: Viste bem, porque eu velo sobre a minha palavra para a cumprir.

A visão da panela ao fogo

13 Outra vez, me veio a palavra do SENHOR, dizendo: Que vês? Eu respondi: vejo uma panela ao fogo, cuja boca se inclina do Norte.

14 Disse-me o SENHOR: Do Norte se der-ramará o mal sobre todos os habitantes da terra.

15 Pois eis que convoco todas as tribos dos reinos do Norte, diz o SENHOR; e virão, e cada reino porá o seu trono à entrada das portas de Jerusalém e contra todos os seus muros em redor e contra todas as cidades de Judá.

16 Pronunciarei contra os moradores destas as minhas sentenças, por causa de toda a malícia deles; pois me deixaram a mim, e queimaram incenso a deuses estranhos, e adoraram as obras das suas próprias mãos.

17 Tu, pois, cinge os lombos, dispõe-te e dize-lhes tudo quanto eu te mandar; não te espantes diante deles, para que eu não te infunda espanto na sua presença.

18 Eis que hoje te ponho por cidade fortificada, por coluna de ferro e por muros de bronze, contra todo o país, contra os reis de Judá, contra os seus príncipes, contra os seus sacerdotes e contra o seu povo.

19 Pelejarão contra ti, mas não prevalecerão; porque eu sou contigo, diz o SENHOR, para te livrar.

O amor de Deus e a rebeldia do povo

2 A mim me veio a palavra do SENHOR, dizendo:

2 Vai e clama aos ouvidos de Jerusalém: Assim diz o SENHOR: Lembro-me de ti, da tua afeição quando eras jovem e do teu amor, quando noiva e de como me seguias no deserto, numa terra em que se não semeia.

3 Então, Israel era consagrado ao SENHOR e era as primícias da sua colheita; todos os que o devoraram se faziam culpados; o mal vinha sobre eles, diz o SENHOR.

4 Ouvi a palavra do SENHOR, ó casa de Jacó e todas as famílias da casa de Israel.

5 Assim diz o SENHOR: Que injustiça acharam vossos pais em mim, para de mim se afastarem, indo após a nulidade dos ídolos e se tornando nulos eles mesmos,

6 e sem perguntarem: Onde está o SENHOR, que nos fez subir da terra do Egito? Que nos guiou através do deserto, por uma terra de ermos e de covas, por uma terra de sequidão e sombra de morte, por uma terra em que ninguém transitava e na qual não morava homem algum?

1.2 2Rs 22.3-23.27; 2Cr 34.8-35.19.   1.3 2Rs 23.36-24.7; 2Cr 36.5-8; 2Rs 24.18-25.21; 2Cr 36.11-21.

⁷ Eu vos introduzi numa terra fértil, para que comêsseis o seu fruto e o seu bem; mas, depois de terdes entrado nela, vós a contaminastes e da minha herança fizestes abominação.

⁸ Os sacerdotes não disseram: Onde está o SENHOR? E os que tratavam da lei não me conheceram, os pastores prevaricaram contra mim, os profetas profetizaram por Baal e andaram atrás de cousas de nenhum proveito.

Perfídia sem exemplo

⁹ Portanto, ainda pleitearei convosco, diz o SENHOR, e até com os filhos de vossos filhos pleitearei.

¹⁰ Passai às terras do mar de Chipre e vede; mandai mensageiros a Quedar, e atentai bem, e vede se jamais sucedeu cousa semelhante.

¹¹ Houve alguma nação que trocasse os seus deuses, posto que não eram deuses? Todavia, o meu povo trocou a sua Glória por aquilo que é de nenhum proveito.

¹² Espantai-vos disto, ó céus, e horrorizai-vos! Ficai estupefatos, diz o SENHOR.

¹³ Porque dois males cometeu o meu povo: a mim me deixaram, o manancial de águas vivas, e cavaram cisternas, cisternas rotas, que não retêm as águas.

¹⁴ Acaso, é Israel escravo ou servo nascido em casa? Por que, pois, veio a ser presa?

¹⁵ Os leões novos rugiram contra ele, levantaram a voz; da terra dele fizeram uma desolação; as suas cidades estão queimadas, e não há quem nelas habite.

¹⁶ Até os filhos de Mênfis e de Tafnes te pastaram o alto da cabeça.

¹⁷ Acaso, tudo isto não te sucedeu por haveres deixado o SENHOR, teu Deus, quando te guiava pelo caminho?

¹⁸ Agora, pois, que lucro terás indo ao Egito para beberes as águas do Nilo; ou indo à Assíria para beberes as águas do Eufrates?

¹⁹ A tua malícia te castigará, e as tuas infidelidades te repreenderão; sabe, pois, e vê que mau e quão amargo é deixares o SENHOR, teu Deus, e não teres temor de mim, diz o Senhor, o SENHOR dos Exércitos.

Israel adorou a Baal

²⁰ Ainda que há muito quebrava eu o teu jugo e rompia as tuas ataduras, dizias tu: Não quero servir-te. Pois, em todo outeiro alto e debaixo de toda árvore frondosa, te deitavas e te prostituías.

²¹ Eu mesmo te plantei como vide excelente, da semente mais pura; como, pois, te tornaste para mim uma planta degenerada, como de vide brava?

²² Pelo que ainda que te laves com salitre e amontoes potassa, continua a mácula da tua iniqüidade perante mim, diz o SENHOR Deus.

²³ Como podes dizer: Não estou maculada, não andei após os baalins? Vê o teu rasto no vale, reconhece o que fizeste, dromedária nova de ligeiros pés, que andas ziguezagueando pelo caminho;

²⁴ jumenta selvagem, acostumada ao deserto e que, no ardor do cio, sorve o vento. Quem a impediria de satisfazer ao seu desejo? Os que a procuram não têm de fatigar-se; no mês dela a acharão.

²⁵ Guarda-te de que os teus pés andem desnudos e a tua garganta tenha sede. Mas tu dizes: Não, é inútil; porque amo os estranhos e após eles irei.

²⁶ Como se envergonha o ladrão quando o apanham, assim se envergonham os da casa de Israel; eles, os seus reis, os seus príncipes, os seus sacerdotes e os seus profetas,

²⁷ que dizem a um pedaço de madeira: Tu és meu pai; e à pedra: Tu me geraste. Pois me viraram as costas e não o rosto; mas, em vindo a angústia, dizem: Levanta-te e livra-nos.

²⁸ Onde, pois, estão os teus deuses, que para ti mesmo fizeste? Eles que se levantem se te podem livrar no tempo da tua angústia; porque os teus deuses, ó Judá, são tantos como as tuas cidades.

²⁹ Por que contendeis comigo? Todos vós transgredistes contra mim, diz o SENHOR.

³⁰ Em vão castiguei os vossos filhos; eles não aceitaram a minha disciplina; a vossa espada devorou os vossos profetas como leão destruidor.

³¹ Oh! Que geração! Considerai vós a palavra do SENHOR. Porventura, tenho eu sido para Israel um deserto? Ou uma terra da mais espessa escuridão? Por que, pois, diz o meu povo: Somos livres! Jamais tornaremos a ti?

³² Acaso, se esquece a virgem dos seus adornos ou a noiva do seu cinto? Todavia, o meu povo se esqueceu de mim por dias sem conta.

³³ Como dispões bem os teus caminhos, para buscares o amor! Pois até às mulheres perdidas os ensinaste.

³⁴ Nas orlas dos teus vestidos se achou também o sangue de pobres e inocentes, não surpreendidos no ato de roubar. Apesar de todas estas cousas,

³⁵ ainda dizes: Estou inocente; certamente, a sua ira se desviou de mim. Eis que entrarei em juízo contigo, porquanto dizes: Não pequei.

³⁶ Que mudar leviano é esse dos teus caminhos? Também do Egito serás envergonhada, como foste envergonhada da Assíria.

³⁷ Também daquele sairás de mãos na cabeça; porque o SENHOR rejeitou aqueles em quem confiaste, e não terás sorte por meio deles.

A clemência de Deus, apesar da infidelidade do povo

3 Se um homem repudiar sua mulher, e ela o deixar e tomar outro marido, porventura, aquele tornará a ela? Não se poluiria com isso de todo aquela terra? Ora, tu te prostituíste com muitos amantes; mas, ainda assim, torna para mim, diz o SENHOR.

² Levanta os olhos aos altos desnudos e vê; onde não te prostituíste? Nos caminhos te assentavas à espera deles como o arábio no deserto; assim, poluíste a terra com as tuas devassidões e com a tua malícia.

³ Pelo que foram retiradas as chuvas, e não houve chuva serôdia; mas tu tens a fronte de prostituta e não queres ter vergonha.

⁴ Não é fato que agora mesmo tu me invocas, dizendo: Pai meu, tu és o amigo da minha mocidade?

⁵ Conservarás para sempre a tua ira? Ou a reterás até ao fim? Sim, assim me falas, mas cometes maldade a mais não poder.

⁶ Disse mais o SENHOR nos dias do rei Josias: Viste o que fez a pérfida Israel? Foi a todo monte alto e debaixo de toda árvore frondosa e se deu ali a toda prostituição.

⁷ E, depois de ela ter feito tudo isso, eu pensei que ela voltaria para mim, mas não voltou. A sua pérfida irmã Judá viu isto.

⁸ Quando, por causa de tudo isto, por ter cometido adultério, eu despedi a pérfida Israel e lhe dei carta de divórcio, vi que a falsa Judá, sua irmã, não temeu; mas ela mesma se foi e se deu à prostituição.

⁹ Sucedeu que, pelo ruidoso da sua prostituição, poluiu ela a terra; porque adulterou, adorando pedras e árvores.

¹⁰ Apesar de tudo isso, não voltou de todo o coração para mim a sua falsa irmã Judá, mas fingidamente, diz o SENHOR.

¹¹ Disse-me o SENHOR: Já a pérfida Israel se mostrou mais justa do que a falsa Judá.

¹² Vai, pois, e apregoa estas palavras para a banda do Norte e dize: Volta, ó pérfida Israel, diz o SENHOR, e não farei cair a minha ira sobre ti, porque eu sou compassivo, diz o SENHOR, e não manterei para sempre a minha ira.

¹³ Tão-somente reconhece a tua iniqüidade, reconhece que transgrediste contra o SENHOR, teu Deus, e te prostituíste com os estranhos debaixo de toda árvore frondosa e não deste ouvidos à minha voz, diz o SENHOR.

O povo exortado a arrepender-se

¹⁴ Convertei-vos, ó filhos rebeldes, diz o SENHOR; porque eu sou o vosso esposo e vos tomarei, um de cada cidade e dois de cada família, e vos levarei a Sião.

¹⁵ Dar-vos-ei pastores segundo o meu coração, que vos apascentem com conhecimento e com inteligência.

¹⁶ Sucederá que, quando vos multiplicardes e vos tornardes fecundos na terra, então, diz o SENHOR, nunca mais se exclamará: A arca da Aliança do SENHOR! Ela não lhes virá à mente, não se lembrarão dela nem dela sentirão falta; e não se fará outra.

¹⁷ Naquele tempo, chamarão a Jerusalém de Trono do SENHOR; nela se reunirão todas as nações em nome do SENHOR e já não andarão segundo a dureza do seu coração maligno.

¹⁸ Naqueles dias, andará a casa de Judá com a casa de Israel, e virão juntas da terra do Norte para a terra que dei em herança a vossos pais.

¹⁹ Mas eu a mim me perguntava: como te porei entre os filhos e te darei a terra desejável, a mais formosa herança das nações? E respondi: Pai me chamarás e de mim não te desviarás.

²⁰ Deveras, como a mulher se aparta perfidamente do seu marido, assim com perfídia te houveste comigo, ó casa de Israel, diz o SENHOR.

²¹ Nos lugares altos, se ouviu uma voz, pranto e súplicas dos filhos de Israel; porquanto perverteram o seu caminho e se esqueceram do SENHOR, seu Deus.

3.6 2Rs 22.1–23.30; 2Cr 34.1–35.27.

²² Voltai, ó filhos rebeldes, eu curarei as vossas rebeliões.

Eis-nos aqui, vimos ter contigo; porque tu és o SENHOR, nosso Deus.

²³ Na verdade, os outeiros não passam de ilusão, nem as orgias das montanhas; com efeito, no SENHOR, nosso Deus, está a salvação de Israel.

²⁴ Mas a cousa vergonhosa devorou o labor de nossos pais, desde a nossa mocidade: as suas ovelhas e o seu gado, os seus filhos e as suas filhas.

²⁵ Deitemo-nos em nossa vergonha, e cubra-nos a nossa ignomínia, porque temos pecado contra o SENHOR, nosso Deus, nós e nossos pais, desde a nossa mocidade até ao dia de hoje; e não demos ouvidos à voz do SENHOR, nosso Deus.

4 Se voltares, ó Israel, diz o SENHOR, volta para mim; se removeres as tuas abominações de diante de mim, não mais andarás vagueando;

² se jurares pela vida do SENHOR, em verdade, em juízo e em justiça, então, nele serão benditas as nações e nele se glorificarão.

³ Porque assim diz o SENHOR aos homens de Judá e Jerusalém: Lavrai para vós outros campo novo e não semeeis entre espinhos.

⁴ Circuncidai-vos para o SENHOR, circuncidai o vosso coração, ó homens de Judá e moradores de Jerusalém, para que o meu furor não saia como fogo e arda, e não haja quem o apague, por causa da malícia das vossas obras.

Vem do Norte o mal

⁵ Anunciai em Judá, fazei ouvir em Jerusalém e dizei: Tocai a trombeta na terra! Gritai em alta voz, dizendo: Ajuntai-vos, e entremos nas cidades fortificadas!

⁶ Arvorai a bandeira rumo a Sião, fugi e não vos detenhais; porque eu faço vir do Norte um mal, uma grande destruição.

⁷ Já um leão subiu da sua ramada, um destruidor das nações; ele já partiu, já deixou o seu lugar para fazer da tua terra uma desolação, a fim de que as tuas cidades sejam destruídas, e ninguém as habite.

⁸ Cingi-vos, pois, de cilício, lamentai e uivai; porque a ira ardente do SENHOR não se desviou de nós.

⁹ Sucederá naquele dia, diz o SENHOR, que o rei e os príncipes perderão a coragem, os sacerdotes ficarão pasmados, e os profetas, estupefatos.

¹⁰ Então, disse eu: Ah! SENHOR Deus! Verdadeiramente, enganaste a este povo e a Jerusalém, dizendo: Tereis paz; e eis que a espada lhe penetra até à alma.

¹¹ Naquele tempo, se dirá a este povo e a Jerusalém: Vento abrasador dos altos desnudos do ermo assopra diretamente à filha do meu povo, não para padejar nem para alimpar.

¹² Vento mais forte do que este virá ainda de minha parte, e, então, também eu pronunciarei a sentença contra eles.

¹³ Eis aí que sobe o destruidor como nuvens; os seus carros, como tempestade; os seus cavalos são mais ligeiros do que as águias. Ai de nós! Estamos arruinados!

¹⁴ Lava o teu coração da malícia, ó Jerusalém, para que sejas salva! Até quando hospedarás contigo os teus maus pensamentos?

¹⁵ Uma voz se faz ouvir desde Dã e anuncia a calamidade desde a região montanhosa de Efraim!

¹⁶ Proclamai isto às nações, fazei-o ouvir contra Jerusalém: De uma terra longínqua vêm sitiadores e levantam a voz contra as cidades de Judá.

¹⁷ Como os guardas de um campo, eles cercam Jerusalém, porque ela se rebelou contra mim, diz o SENHOR.

¹⁸ O teu proceder e as tuas obras fizeram vir sobre ti estas cousas; a tua calamidade, que é amarga, atinge até o próprio coração.

¹⁹ Ah! Meu coração! Meu coração! Eu me contorço em dores. Oh! As paredes do meu coração! Meu coração se agita! Não posso calar-me, porque ouves, ó minha alma, o som da trombeta, o alarido de guerra.

²⁰ Golpe sobre golpe se anuncia, pois a terra toda já está destruída; de súbito, foram destruídas as minhas tendas; num momento, as suas lonas.

²¹ Até quando terei de ver a bandeira, terei de ouvir a voz da trombeta?

²² Deveras, o meu povo está louco, já não me conhece; são filhos néscios e não inteligentes; são sábios para o mal e não sabem fazer o bem.

²³ Olhei para a terra, e ei-la sem forma e vazia; para os céus, e não tinham luz.

²⁴ Olhei para os montes, e eis que tremiam, e todos os outeiros estremeciam.

²⁵ Olhei, e eis que não havia homem ne-

nhum, e todas as aves dos céus haviam fugido.

²⁶ Olhei ainda, e eis que a terra fértil era um deserto, e todas as suas cidades estavam derribadas diante do SENHOR, diante do furor da sua ira.

²⁷ Pois assim diz o SENHOR: Toda a terra será assolada; porém não a consumirei de todo.

²⁸ Por isso, a terra pranteará, e os céus acima se enegrecerão; porque falei, resolvi e não me arrependo, nem me retrato.

²⁹ Ao clamor dos cavaleiros e dos flecheiros, fogem todas as cidades, entram pelas selvas e sobem pelos penhascos; todas as cidades ficam desamparadas, e já ninguém habita nelas.

³⁰ Agora, pois, ó assolada, por que fazes assim, e te vestes de escarlata, e te adornas com enfeites de ouro, e alargas os olhos com pinturas, se debalde te fazes bela? Os amantes te desprezam e procuram tirar-te a vida.

³¹ Pois ouço uma voz, como de parturiente, uma angústia como da primípara em suas dores; a voz da filha de Sião, ofegante, que estende as mãos, dizendo: Ai de mim agora! Porque a minha alma desfalece por causa dos assassinos.

Os pecados de Jerusalém e de Judá

5 Dai voltas às ruas de Jerusalém; vede agora, procurai saber, buscai pelas suas praças a ver se achais alguém, se há um homem que pratique a justiça ou busque a verdade; e eu lhe perdoarei a ela.

² Embora digam: Tão certo como vive o SENHOR, certamente, juram falso.

³ Ah! SENHOR, não é para a fidelidade que atentam os teus olhos? Tu os feriste, e não lhes doeu; consumiste-os, e não quiseram receber a disciplina; endureceram o rosto mais do que uma rocha; não quiseram voltar.

⁴ Mas eu pensei: são apenas os pobres que são insensatos, pois não sabem o caminho do SENHOR, o direito do seu Deus.

⁵ Irei aos grandes e falarei com eles; porque eles sabem o caminho do SENHOR, o direito do seu Deus; mas estes, de comum acordo, quebraram o jugo e romperam as algemas.

⁶ Por isso, um leão do bosque os matará, um lobo dos desertos os assolará, um leopardo estará à espreita das suas cidades; qualquer que sair delas será despedaçado;

porque as suas transgressões se multiplicaram, multiplicaram-se as suas perfídias.

⁷ Como, vendo isto, te perdoaria? Teus filhos me deixam a mim e juram pelos que não são deuses; depois de eu os ter fartado, adulteraram e em casa de meretrizes se ajuntaram em bandos;

⁸ como garanhões bem fartos, correm de um lado para outro, cada um rinchando à mulher do seu companheiro.

⁹ Deixaria eu de castigar estas cousas, diz o SENHOR, ou não me vingaria de nação como esta?

¹⁰ Subi vós aos terraços da vinha, destruí-a, porém não de todo; tirai-lhe as gavinhas, porque não são do SENHOR.

¹¹ Porque perfidamente se houveram contra mim, a casa de Israel e a casa de Judá, diz o SENHOR.

¹² Negaram ao SENHOR e disseram: Não é ele; e: Nenhum mal nos sobrevirá; não veremos espada nem fome.

¹³ Até os profetas não passam de vento, porque a palavra não está com eles, as suas ameaças se cumprirão contra eles mesmos.

¹⁴ Portanto, assim diz o SENHOR, o Deus dos Exércitos: Visto que proferiram eles tais palavras, eis que converterei em fogo as minhas palavras na tua boca e a este povo, em lenha, e eles serão consumidos.

¹⁵ Eis que trago sobre ti uma nação de longe, ó casa de Israel, diz o SENHOR; nação robusta, nação antiga, nação cuja língua ignoras; e não entendes o que ela fala.

¹⁶ A sua aljava é como uma sepultura aberta; todos os seus homens são valentes.

¹⁷ Comerão a tua sega e o teu pão, os teus filhos e as tuas filhas; comerão as tuas ovelhas e o teu gado; comerão a tua vide e a tua figueira; e com a espada derribarão as tuas cidades fortificadas, em que confias.

¹⁸ Contudo, ainda naqueles dias, diz o SENHOR, não vos destruirei de todo.

¹⁹ Quando disserem: Por que nos fez o SENHOR, nosso Deus, todas estas cousas? Então, lhes responderás: Como vós me deixastes e servistes a deuses estranhos na vossa terra, assim servireis a estrangeiros, em terra que não é vossa.

²⁰ Anunciai isto na casa de Jacó e fazei-o ouvir em Judá, dizendo:

²¹ Ouvi agora isto, ó povo insensato e sem entendimento, que tendes olhos e não vedes, tendes ouvidos e não ouvis:

²² Não temereis a mim? — diz o

SENHOR; não tremereis diante de mim, que pus a areia para limite do mar, limite perpétuo, que ele não traspassará? Ainda que se levantem as suas ondas, não prevalecerão; ainda que bramem, não o traspassarão.

²³ Mas este povo é de coração rebelde e contumaz; rebelaram-se e foram-se.

²⁴ Não dizem a eles mesmos: Temamos agora ao SENHOR, nosso Deus, que nos dá a seu tempo a chuva, a primeira e a última, que nos conserva as semanas determinadas da sega.

²⁵ As vossas iniqüidades desviam estas cousas, e os vossos pecados afastam de vós o bem.

²⁶ Porque entre o meu povo se acham perversos; cada um anda espiando, como espreitam os passarinheiros; como eles, dispõem armadilhas e prendem os homens.

²⁷ Como a gaiola cheia de pássaros, são as suas casas cheias de fraude; por isso, se tornaram poderosos e enriqueceram.

²⁸ Engordam, tornam-se nédios e ultrapassam até os feitos dos malignos; não defendem a causa, a causa dos órfãos, para que prospere; nem julgam o direito dos necessitados.

²⁹ Não castigaria eu estas cousas? — diz o SENHOR; não me vingaria eu de nação como esta?

³⁰ Cousa espantosa e horrenda se anda fazendo na terra:

³¹ os profetas profetizam falsamente, e os sacerdotes dominam de mãos dadas com eles; e é o que deseja o meu povo. Porém que fareis quando estas cousas chegarem ao seu fim?

Jerusalém será sitiada

6 Fugi, filhos de Benjamim, do meio de Jerusalém; tocai a trombeta em Tecoa e levantai o facho sobre Bete-Haquerém, porque da banda do Norte surge um grande mal, uma grande calamidade.

² A formosa e delicada, a filha de Sião, eu deixarei em ruínas.

³ Contra ela virão pastores com os seus rebanhos; levantarão suas tendas em redor, e cada um apascentará no seu devido lugar.

⁴ Preparai a guerra contra ela, disponde-vos, e subamos ao meio-dia. Ai de nós, que já declina o dia, já se vão estendendo as sombras da tarde!

⁵ Disponde-vos, e subamos de noite e destruamos os seus castelos.

⁶ Porque assim diz o SENHOR dos Exércitos: Cortai árvores e levantai tranqueiras contra Jerusalém. Esta é a cidade que há de ser punida; só opressão há no meio dela.

⁷ Como o poço conserva frescas as suas águas, assim ela, a sua malícia; violência e estrago se ouvem nela; enfermidade e feridas há diante de mim continuamente.

⁸ Aceita a disciplina, ó Jerusalém, para que eu não me aparte de ti; para que eu não te torne em assolação e terra não habitada.

As iniqüidades de Jerusalém são a causa de sua queda

⁹ Assim diz o SENHOR dos Exércitos: Diligentemente se rebuscarão os resíduos de Israel como uma vinha; vai metendo a tua mão, como o vindimador, por entre os sarmentos.

¹⁰ A quem falarei e testemunharei, para que ouçam? Eis que os seus ouvidos estão incircuncisos e não podem ouvir; eis que a palavra do SENHOR é para eles cousa vergonhosa; não gostam dela.

¹¹ Pelo que estou cheio da ira do SENHOR; estou cansado de a conter. Derramá-la-ei sobre as crianças pelas ruas e nas reuniões de todos os jovens; porque até o marido com a mulher serão presos, e o velho, com o decrépito.

¹² As suas casas passarão a outrem, os campos e também as mulheres, porque estenderei a mão contra os habitantes desta terra, diz o SENHOR,

¹³ porque desde o menor deles até ao maior, cada um se dá à ganância, e tanto o profeta como o sacerdote usam de falsidade.

¹⁴ Curam superficialmente a ferida do meu povo, dizendo: Paz, paz; quando não há paz.

¹⁵ Serão envergonhados, porque cometem abominação sem sentir por isso vergonha; nem sabem que cousa é envergonhar-se. Portanto, cairão com os que caem; quando eu os castigar, tropeçarão, diz o SENHOR.

¹⁶ Assim diz o SENHOR: Ponde-vos à margem no caminho e vede, perguntai pelas veredas antigas, qual é o bom caminho; andai por ele e achareis descanso para a vossa alma; mas eles dizem: Não andaremos.

¹⁷ Também pus atalaias sobre vós, dizendo: Estai atentos ao som da trombeta; mas eles dizem: Não escutaremos.

18 Portanto, ouvi, ó nações, e informate, ó congregação, do que se fará entre eles! **19** Ouve tu, ó terra! Eis que eu trarei mal sobre este povo, o próprio fruto dos seus pensamentos; porque não estão atentos às minhas palavras e rejeitam a minha lei. **20** Para que, pois, me vem o incenso de Sabá e a melhor cana aromática de terras longínquas? Os vossos holocaustos não me são aprazíveis, e os vossos sacrifícios não me agradam. **21** Portanto, assim diz o SENHOR: Eis que ponho tropeços a este povo; neles cairão pais e filhos juntamente; o vizinho e o seu companheiro perecerão.

O inimigo do Norte

22 Assim diz o SENHOR: Eis que um povo vem da terra do Norte, e uma grande nação se levanta dos confins da terra. **23** Trazem arco e dardo; eles são cruéis e não usam de misericórdia; a sua voz ruge como o mar, e em cavalos vêm montados, como guerreiros em ordem de batalha contra ti, ó filha de Sião. **24** Ao ouvirmos a sua fama, afrouxam-se as nossas mãos, angústia nos toma e dores como de parturiente. **25** Não saias ao campo, nem andes pelo caminho, porque o inimigo tem espada, e há terror por todos os lados. **26** Ó filha do meu povo, cinge-te de cilício e revolve-te na cinza; pranteia como por filho único, pranto de amarguras; porque, de súbito, virá o destruidor sobre nós.

O trabalho inútil de Jeremias

27 Qual acrisolador te estabeleci entre o meu povo, qual fortaleza, para que venhas a conhecer o seu caminho e o examines. **28** Todos eles são os mais rebeldes e andam espalhando calúnias; são bronze e ferro, são todos corruptores. **29** O fole bufa, só chumbo resulta do seu fogo; em vão continua o depurador, porque os iníquos não são separados. **30** Prata de refugo lhes chamarão, porque o SENHOR os refugou.

O templo não protege a nação iníqua

7 Palavra que da parte do SENHOR foi dita a Jeremias: **2** Põe-te à porta da Casa do SENHOR, e proclama ali esta palavra, e dize: Ouvi a palavra do SENHOR, todos de Judá, vós, os que entrais por estas portas, para adorardes ao SENHOR.

3 Assim diz o SENHOR dos Exércitos, o Deus de Israel: Emendai os vossos caminhos e as vossas obras, e eu vos farei habitar neste lugar. **4** Não confieis em palavras falsas, dizendo: Templo do SENHOR, templo do SENHOR, templo do SENHOR é este. **5** Mas, se deveras emendardes os vossos caminhos e as vossas obras, se deveras praticardes a justiça, cada um com o seu próximo; **6** se não oprimirdes o estrangeiro, e o órfão, e a viúva, nem derramardes sangue inocente neste lugar, nem andardes após outros deuses para vosso próprio mal, **7** eu vos farei habitar neste lugar, na terra que dei a vossos pais, desde os tempos antigos e para sempre. **8** Eis que vós confiais em palavras falsas, que para nada vos aproveitam. **9** Que é isso? Furtais e matais, cometeis adultério e jurais falsamente, queimais incenso a Baal e andais após outros deuses que não conheceis, **10** e depois vindes, e vos pondes diante de mim nesta casa que se chama pelo meu nome, e dizeis: Estamos salvos; sim, só para continuardes a praticar estas abominações! **11** Será esta casa que se chama pelo meu nome um covil de salteadores aos vossos olhos? Eis que eu, eu mesmo, vi isto, diz o SENHOR. **12** Mas ide agora ao meu lugar que estava em Silo, onde, no princípio, fiz habitar o meu nome, e vede o que lhe fiz, por causa da maldade do meu povo de Israel. **13** Agora, pois, visto que fazeis todas estas obras, diz o SENHOR, e eu vos falei, começando de madrugada, e não me ouvistes, chamei-vos, e não me respondestes, **14** farei também a esta casa que se chama pelo meu nome, na qual confiais, e a este lugar, que vos dei a vós outros e a vossos pais, como fiz a Silo. **15** Lançar-vos-ei da minha presença, como arrojei a todos os vossos irmãos, a toda a posteridade de Efraim.

A intercessão do profeta não salvará o povo rebelde

16 Tu, pois, não intercedas por este povo, nem levantes por ele clamor ou oração,

7.11 Mt 21.13; Mc 11.17; Lc 19.46.   **7.12-14** Js 18.1; Sl 78.60; Jr 26.6.

nem me importunes, porque eu não te ouvirei.

¹⁷ Acaso, não vês tu o que andam fazendo nas cidades de Judá e nas ruas de Jerusalém?

¹⁸ Os filhos apanham a lenha, os pais acendem o fogo, e as mulheres amassam a farinha, para se fazerem bolos à Rainha dos Céus; e oferecem libações a outros deuses, para me provocarem à ira.

¹⁹ Acaso, é a mim que eles provocam à ira, diz o Senhor, e não, antes, a si mesmos, para a sua própria vergonha?

²⁰ Portanto, assim diz o Senhor Deus: Eis que a minha ira e o meu furor se derramarão sobre este lugar, sobre os homens e sobre os animais, sobre as árvores do campo e sobre os frutos da terra; arderá e não se apagará.

A mera multiplicação dos sacrifícios é debalde

²¹ Assim diz o Senhor dos Exércitos, o Deus de Israel: Ajuntai os vossos holocaustos aos vossos sacrifícios e comei carne.

²² Porque nada falei a vossos pais, no dia em que os tirei da terra do Egito, nem lhes ordenei cousa alguma acerca de holocaustos ou sacrifícios.

²³ Mas isto lhes ordenei, dizendo: Dai ouvidos à minha voz, e eu serei o vosso Deus, e vós sereis o meu povo; andai em todo o caminho que eu vos ordeno, para que vos vá bem.

²⁴ Mas não deram ouvidos, nem atenderam, porém andaram nos seus próprios conselhos e na dureza do seu coração maligno; andaram para trás e não para diante.

²⁵ Desde o dia em que vossos pais saíram da terra do Egito até hoje, enviei-vos todos os meus servos, os profetas, todos os dias; começando de madrugada, eu os enviei.

²⁶ Mas não me destes ouvidos, nem me atendestes; endurecestes a cerviz e fizestes pior do que vossos pais.

²⁷ Dir-lhes-ás, pois, todas estas palavras, mas não te darão ouvidos; chamá-los-ás, mas não te responderão.

²⁸ Dir-lhes-ás: Esta é a nação que não atende à voz do Senhor, seu Deus, e não aceita a disciplina; já pereceu, a verdade foi eliminada da sua boca.

Judá rejeitado por Deus

²⁹ Corta os teus cabelos consagrados, ó Jerusalém, e põe-te a prantear sobre os altos desnudos; porque já o Senhor rejeitou e desamparou a geração objeto do seu furor;

³⁰ porque os filhos de Judá fizeram o que era mau perante mim, diz o Senhor; puseram os seus ídolos abomináveis na casa que se chama pelo meu nome, para a contaminarem.

³¹ Edificaram os altos de Tofete, que está no vale do filho de Hinom, para queimarem a seus filhos e a suas filhas; o que nunca ordenei, nem me passou pela mente.

³² Portanto, eis que virão dias, diz o Senhor, em que já não se chamará Tofete, nem vale do filho de Hinom, mas o vale da Matança; os mortos serão enterrados em Tofete por não haver outro lugar.

³³ Os cadáveres deste povo servirão de pasto às aves dos céus e aos animais da terra; e ninguém haverá que os espante.

³⁴ Farei cessar nas cidades de Judá e nas ruas de Jerusalém a voz de folguedo e a de alegria, a voz de noivo e a de noiva; porque a terra se tornará em desolação.

8 Naquele tempo, diz o Senhor, lançarão para fora das suas sepulturas os ossos dos reis e dos príncipes de Judá, os ossos dos sacerdotes e dos profetas e os ossos dos habitantes de Jerusalém;

² espalhá-los-ão ao sol, e à lua, e a todo o exército do céu, a quem tinham amado, e a quem serviram, e após quem tinham ido, e a quem procuraram, e diante de quem se tinham prostrado; não serão recolhidos, nem sepultados; serão como esterco sobre a terra.

³ Escolherão antes a morte do que a vida todos os que restarem desta raça malvada que ficar nos lugares para onde os dispersei, diz o Senhor dos Exércitos.

O castigo é inevitável

⁴ Dize-lhes mais: Assim diz o Senhor: Quando caem os homens, não se tornam a levantar? Quando alguém se desvia do caminho, não torna a voltar?

⁵ Por que, pois, este povo de Jerusalém se desvia, apostatando continuamente? Persiste no engano e não quer voltar.

⁶ Eu escutei e ouvi; não falam o que é reto, ninguém há que se arrependa da sua maldade, dizendo: Que fiz eu? Cada um corre a sua carreira como um cavalo que arremete com ímpeto na batalha.

7.31 2Rs 23.10; Jr 32.34,35; Lv 18.21.   **7.34** Jr 16.9; 25.10; Ap 18.23.

7 Até a cegonha no céu conhece as suas estações; a rola, a andorinha e o grou observam o tempo da sua arribação; mas o meu povo não conhece o juízo do SENHOR.

8 Como, pois, dizeis: Somos sábios, e a lei do SENHOR está conosco? Pois, com efeito, a falsa pena dos escribas a converteu em mentira.

9 Os sábios serão envergonhados, aterrorizados e presos; eis que rejeitaram a palavra do SENHOR; que sabedoria é essa que eles têm?

10 Portanto, darei suas mulheres a outros, e os seus campos, a novos possuidores; porque, desde o menor deles até ao maior, cada um se dá à ganância, e tanto o profeta como o sacerdote usam de falsidade.

11 Curam superficialmente a ferida do meu povo, dizendo: Paz, paz; quando não há paz.

12 Serão envergonhados, porque cometem abominação sem sentir por isso vergonha; nem sabem que cousa é envergonharse. Portanto, cairão com os que caem; quando eu os castigar, tropeçarão, diz o SENHOR.

13 Eu os consumirei de todo, diz o SENHOR; não haverá uvas na vide, nem figos na figueira, e a folha já está murcha; e já lhes designei os que passarão sobre eles.

14 Por que estamos ainda assentados aqui? Reuni-vos, e entremos nas cidades fortificadas e ali pereçamos; pois o SENHOR já nos decretou o perecimento e nos deu a beber água venenosa, porquanto pecamos contra o SENHOR.

15 Espera-se a paz, e nada há de bom; o tempo da cura, e eis o terror.

16 Desde Dã se ouve o resfolegar dos seus cavalos; toda a terra treme à voz dos rinchos dos seus garanhões; e vêm e devoram a terra e a sua abundância, a cidade e os que habitam nela.

17 Porque eis que envio para entre vós serpentes, áspides contra as quais não há encantamento, e vos morderão, diz o SENHOR.

A dor do profeta
por causa da ruína do povo

18 Oh! Se eu pudesse consolar-me na minha tristeza! O meu coração desfalece dentro de mim.

19 Eis a voz do clamor da filha do meu povo de terra mui remota: Não está o SENHOR em Sião? Não está nela o seu Rei? Por que me provocaram à ira com as suas imagens de escultura, com os ídolos dos estrangeiros?

20 Passou a sega, findou o verão, e nós não estamos salvos.

21 Estou quebrantado pela ferida da filha do meu povo; estou de luto; o espanto se apoderou de mim.

22 Acaso, não há bálsamo em Gileade? Ou não há lá médico? Por que, pois, não se realizou a cura da filha do meu povo?

9 Prouvera a Deus a minha cabeça se tornasse em águas, e os meus olhos, em fonte de lágrimas! Então, choraria de dia e de noite os mortos da filha do meu povo.

2 Prouvera a Deus eu tivesse no deserto uma estalagem de caminhantes! Então, deixaria o meu povo e me apartaria dele, porque todos eles são adúlteros, são um bando de traidores;

3 curvam a língua, como se fosse o seu arco, para a mentira; fortalecem-se na terra, mas não para a verdade, porque avançam de malícia em malícia e não me conhecem, diz o SENHOR.

4 Guardai-vos cada um do seu amigo e de irmão nenhum vos fieis; porque todo irmão não faz mais do que enganar, e todo amigo anda caluniando.

5 Cada um zomba do seu próximo, e não falam a verdade; ensinam a sua língua a proferir mentiras; cansam-se de praticar a iniqüidade.

6 Vivem no meio da falsidade; pela falsidade recusam conhecer-me, diz o SENHOR.

Ameaças de ruína e exílio

7 Portanto, assim diz o SENHOR dos Exércitos: Eis que eu os acrisolarei e os provarei; porque de que outra maneira procederia eu com a filha do meu povo?

8 Flecha mortífera é a língua deles; falam engano; com a boca fala cada um de paz com o seu companheiro, mas no seu interior lhe arma ciladas.

9 Acaso, por estas cousas não os castigaria? — diz o SENHOR; ou não me vingaria eu de nação tal como esta?

10 Pelos montes levantarei choro e pranto e pelas pastagens do deserto, lamentação; porque já estão queimadas, e ninguém passa por elas; já não se ouve ali o mugido de gado; tanto as aves dos céus como os animais fugiram e se foram.

11 Farei de Jerusalém montões de ruínas, morada de chacais; e das cidades de Ju-

dá farei uma assolação, de sorte que fiquem desabitadas.

¹² Quem é o homem sábio, que entenda isto, e a quem falou a boca do SENHOR, homem que possa explicar por que razão pereceu a terra e se queimou como deserto, de sorte que ninguém passa por ela?

¹³ Respondeu o SENHOR: Porque deixaram a minha lei, que pus perante eles, e não deram ouvidos ao que eu disse, nem andaram nela.

¹⁴ Antes, andaram na dureza do seu coração e seguiram os baalins, como lhes ensinaram os seus pais.

¹⁵ Portanto, assim diz o SENHOR dos Exércitos, Deus de Israel: Eis que alimentarei este povo com absinto c lhe darei a beber água venenosa.

¹⁶ Espalhá-los-ei entre nações que nem eles nem seus pais conheceram; e enviarei a espada após eles, até que eu venha a consumi-los.

¹⁷ Assim diz o SENHOR dos Exércitos: Considerai e chamai carpideiras, para que venham; mandai procurar mulheres hábeis para que venham.

¹⁸ Apressem-se c levantem sobre nós o seu lamento, para que os nossos olhos se desfaçam em lágrimas, e as nossas pálpebras destilem água.

¹⁹ Porque uma voz de pranto se ouve de Sião: Como estamos arruinados! Estamos sobremodo envergonhados, porque deixamos a terra, e eles transtornaram as nossas moradas.

²⁰ Ouvi, pois, vós, mulheres, a palavra do SENHOR, e os vossos ouvidos recebam a palavra da sua boca; ensinai o pranto a vossas filhas; e, cada uma à sua companheira, a lamentação.

²¹ Porque a morte subiu pelas nossas janelas e entrou em nossos palácios; exterminou das ruas as crianças e os jovens, das praças.

²² Fala: Assim diz o SENHOR: Os cadáveres dos homens jazerão como esterco sobre o campo e cairão como gavela atrás do segador, e não há quem a recolha.

Conhecer a Deus constitui a glória do homem

²³ Assim diz o SENHOR: Não se glorie o sábio na sua sabedoria, nem o forte, na sua força, nem o rico, nas suas riquezas;

²⁴ mas o que se gloriar, glorie-se nisto: em me conhecer e saber que eu sou o SENHOR e faço misericórdia, juízo e justiça na terra; porque destas cousas me agrado, diz o SENHOR.

²⁵ Eis que vêm dias, diz o SENHOR, em que castigarei a todos os circuncidados juntamente com os incircuncisos:

²⁶ ao Egito, e a Judá, e a Edom, e aos filhos de Amom, e a Moabe, e a todos os que cortam os cabelos nas têmporas e habitam no deserto; porque todas as nações são incircuncisas, e toda a casa de Israel é incircuncisa de coração.

Contraste entre o SENHOR e os ídolos

10 Ouvi a palavra que o SENHOR vos fala a vós outros, ó casa de Israel.

² Assim diz o SENHOR: Não aprendais o caminho dos gentios, nem vos espanteis com os sinais dos céus, porque com eles os gentios se atemorizam.

³ Porque os costumes dos povos são vaidade; pois cortam do bosque um madeiro, obra das mãos do artífice, com machado;

⁴ com prata e ouro o enfeitam, com pregos e martelos o fixam, para que não oscile.

⁵ Os ídolos são como um espantalho em pepinal e não podem falar; necessitam de quem os leve, porquanto não podem andar. Não tenhais receio deles, pois não podem fazer mal, e não está neles o fazer o bem.

⁶ Ninguém há semelhante a ti, ó SENHOR; tu és grande, e grande é o poder do teu nome.

⁷ Quem te não temeria a ti, ó Rei das nações? Pois isto é a ti devido; porquanto, entre todos os sábios das nações e em todo o seu reino, ninguém há semelhante a ti.

⁸ Mas eles todos se tornaram estúpidos e loucos; seu ensino é vão e morto como um pedaço de madeira.

⁹ Traz-se prata batida de Társis e ouro de Ufaz; os ídolos são obra de artífice e mãos de ourives; azuis e púrpuras são as suas vestes; todos eles são obra de homens hábeis.

¹⁰ Mas o SENHOR é verdadeiramente Deus; ele é o Deus vivo e o Rei eterno; do seu furor treme a terra, e as nações não podem suportar a sua indignação.

¹¹ Assim lhes direis: Os deuses que não fizeram os céus e a terra desaparecerão da terra e de debaixo destes céus.

¹² O SENHOR fez a terra pelo seu poder; estabeleceu o mundo por sua sabedoria e com a sua inteligência estendeu os céus.

¹³ Fazendo ele ribombar o trovão, logo há tumulto de águas no céu, e sobem os va-

pores das extremidades da terra; ele cria os relâmpagos para a chuva e dos seus depósitos faz sair o vento.

¹⁴ Todo homem se tornou estúpido e não tem saber; todo ourives é envergonhado pela imagem que ele mesmo esculpiu; pois as suas imagens são mentira, e nelas não há fôlego.

¹⁵ Vaidade são, obra ridícula; no tempo do seu castigo, virão a perecer.

¹⁶ Não é semelhante a estas Aquele que é a Porção de Jacó; porque ele é o Criador de todas as cousas, e Israel é a tribo da sua herança; SENHOR dos Exércitos é o seu nome.

Lamento sobre a desolação de Judá

¹⁷ Tira do chão a tua trouxa, ó filha de Sião, que moras em lugar sitiado.

¹⁸ Porque assim diz o SENHOR: Eis que desta vez arrojarei para fora os moradores da terra e os angustiarei, para que venham a senti-lo.

¹⁹ Ai de mim, por causa da minha ruína! É mui grave a minha ferida; então, eu disse: com efeito, é isto o meu sofrimento, e tenho de suportá-lo.

²⁰ A minha tenda foi destruída, todas as cordas se romperam; os meus filhos se foram e já não existem; ninguém há que levante a minha tenda e lhe erga as lonas.

²¹ Porque os pastores se tornaram estúpidos e não buscaram ao SENHOR; por isso, não prosperaram, e todos os seus rebanhos se acham dispersos.

²² Eis aí um rumor! Eis que vem grande tumulto da terra do Norte, para fazer das cidades de Judá uma assolação, morada de chacais.

²³ Eu sei, ó SENHOR, que não cabe ao homem determinar o seu caminho, nem ao que caminha o dirigir os seus passos.

²⁴ Castiga-me, ó SENHOR, mas em justa medida, não na tua ira, para que não me reduzas a nada.

²⁵ Derrama a tua indignação sobre as nações que não te conhecem e sobre os povos que não invocam o teu nome; porque devoraram a Jacó, devoraram-no, consumiram-no e assolaram a sua morada.

A aliança é violada

11 Palavra que veio a Jeremias, da parte do SENHOR, dizendo:

² Ouve as palavras desta aliança e fala aos homens de Judá e aos habitantes de Jerusalém;

³ dize-lhes: Assim diz o SENHOR, o Deus de Israel: Maldito o homem que não atentar para as palavras desta aliança,

⁴ que ordenei a vossos pais, no dia em que os tirei da terra do Egito, da fornalha de ferro, dizendo: daí ouvidos à minha voz e fazei tudo segundo o que vos mando; assim, vós me sereis a mim por povo, e eu vos serei a vós outros por Deus;

⁵ para que confirme o juramento que fiz a vossos pais de lhes dar uma terra que mana leite e mel, como se vê neste dia. Então, eu respondi e disse: amém, ó SENHOR!

⁶ Tornou-me o SENHOR: Apregoa todas estas palavras nas cidades de Judá e nas ruas de Jerusalém, dizendo: Ouvi as palavras desta aliança e cumpri-as.

⁷ Porque, deveras, adverti a vossos pais, no dia em que os tirei da terra do Egito, até ao dia de hoje, testemunhando desde cedo cada dia, dizendo: daí ouvidos à minha voz.

⁸ Mas não atenderam, nem inclinaram os seus ouvidos; antes, andaram, cada um, segundo a dureza do seu coração maligno; pelo que fiz cair sobre eles todas as ameaças desta aliança, a qual lhes ordenei que cumprissem, mas não cumpriram.

⁹ Disse-me ainda o SENHOR: Uma conspiração se achou entre os homens de Judá, entre os habitantes de Jerusalém.

¹⁰ Tornaram às maldades de seus primeiros pais, que recusaram ouvir as minhas palavras; andaram eles após outros deuses para os servir; a casa de Israel e a casa de Judá violaram a minha aliança, que eu fizera com seus pais.

¹¹ Portanto, assim diz o SENHOR: Eis que trarei mal sobre eles, de que não poderão escapar; clamarão a mim, porém não os ouvirei.

¹² Então, as cidades de Judá e os habitantes de Jerusalém irão aos deuses a quem eles queimaram incenso e a eles clamarão; porém estes, de nenhuma sorte, os livrarão do tempo do seu mal.

¹³ Porque, ó Judá, segundo o número das tuas cidades, são os teus deuses; segundo o número das ruas de Jerusalém, levantaste altares para vergonhosa cousa, isto é, para queimares incenso a Baal.

¹⁴ Tu, pois, não ores por este povo, nem levantes por eles clamor nem oração; porque não os ouvirei quando eles clamarem a mim, por causa do seu mal.

¹⁵ Que direito tem na minha casa a minha amada, ela que cometeu vilezas? Acaso, ó amada, votos e carnes sacrificadas po-

derão afastar de ti o mal? Então, saltarias de prazer.

¹⁶ O Senhor te chamou de oliveira verde, formosa por seus deliciosos frutos; mas agora, à voz de grande tumulto, acendeu fogo ao redor dela e consumiu os seus ramos.

¹⁷ Porque o Senhor dos Exércitos, que te plantou, pronunciou contra ti o mal, pela maldade que a casa de Israel e a casa de Judá para si mesmas fizeram, pois me provocaram à ira, queimando incenso a Baal.

Conspiração contra Jeremias

¹⁸ O Senhor mo fez saber, e eu o soube; então, me fizeste ver as suas maquinações.

¹⁹ Eu era como manso cordeiro, que é levado ao matadouro; porque eu não sabia que tramavam projetos contra mim, dizendo: Destruamos a árvore com seu fruto; a ele cortemo-lo da terra dos viventes, e não haja mais memória do seu nome.

²⁰ Mas, ó Senhor dos Exércitos, justo Juiz, que provas o mais íntimo do coração, veja eu a tua vingança sobre eles; pois a ti revelei a minha causa.

²¹ Portanto, assim diz o Senhor acerca dos homens de Anatote que procuram a tua morte e dizem: Não profetizes em o nome do Senhor, para que não morras às nossas mãos.

²² Sim, assim diz o Senhor dos Exércitos: Eis que eu os punirei; os jovens morrerão à espada, os seus filhos e as suas filhas morrerão de fome.

²³ E não haverá deles resto nenhum, porque farei vir o mal sobre os homens de Anatote, no ano da sua punição.

A queixa de Jeremias

12 Justo és, ó Senhor, quando entro contigo num pleito; contudo, falarei contigo dos teus juízos. Por que prospera o caminho dos perversos, e vivem em paz todos os que procedem perfidamente?

² Plantaste-os, e eles deitaram raízes; crescem, dão fruto; têm-te nos lábios, mas longe do coração.

³ Mas tu, ó Senhor, me conheces, tu me vês e provas o que sente o meu coração para contigo. Arranca-os como as ovelhas para o matadouro e destina-os para o dia da matança.

⁴ Até quando estará de luto a terra, e se secará a erva de todo o campo? Por causa da maldade dos que habitam nela, perecem os animais e as aves; porquanto dizem: Ele não verá o nosso fim.

A resposta de Deus

⁵ Se te fatigas correndo com homens que vão a pé, como poderás competir com os que vão a cavalo? Se em terra de paz não te sentes seguro, que farás na floresta do Jordão?

⁶ Porque até os teus irmãos e a casa de teu pai, eles próprios procedem perfidamente contigo; eles mesmos te perseguem com fortes gritos. Não te fies deles ainda que te digam cousas boas.

Deus castiga os devastadores do país

⁷ Desamparei a minha casa, abandonei a minha herança; a que mais eu amava entreguei na mão de seus inimigos.

⁸ A minha herança tornou-se-me como leão numa floresta; levantou a voz contra mim; por isso, eu a aborreci.

⁹ Acaso, é para mim a minha herança ave de rapina de várias cores contra a qual se ajuntam outras aves de rapina? Ide, pois, ajuntai todos os animais do campo, trazei-os para a devorarem.

¹⁰ Muitos pastores destruíram a minha vinha e pisaram o meu quinhão; a porção que era o meu prazer, tornaram-na em deserto.

¹¹ Em assolação a tornaram, e a mim clama no seu abandono; toda a terra está devastada, porque ninguém há que tome isso a peito.

¹² Sobre todos os altos desnudos do deserto vieram destruidores; porque a espada do Senhor devora de um a outro extremo da terra; não há paz para ninguém.

¹³ Semearam trigo e segaram espinhos; cansaram-se, mas sem proveito algum. Envergonhados sereis dos vossos frutos, por causa do brasume da ira do Senhor.

As finalidades do castigo de Deus

¹⁴ Assim diz o Senhor acerca de todos os meus maus vizinhos, que se apoderam da minha herança, que deixei ao meu povo de Israel: Eis que os arrancarei da sua terra e a casa de Judá arrancarei do meio deles.

¹⁵ E será que, depois de os haver arrancado, tornarei a compadecer-me deles e os farei voltar, cada um à sua herança, cada um à sua terra.

¹⁶ Se diligentemente aprenderem os caminhos do meu povo, jurando pelo meu nome: Tão certo como vive o Senhor, como

ensinaram o meu povo a jurar por Baal, então, serão edificados no meio do meu povo.

¹⁷ Mas, se não quiserem ouvir, arrancarei tal nação, arrancá-la-ei e a farei perecer, diz o SENHOR.

O cinto de linho

13 Assim me disse o SENHOR: Vai, compra um cinto de linho e põe-no sobre os lombos, mas não o metas na água.

² Comprei o cinto, segundo a palavra do SENHOR, e o pus sobre os lombos.

³ Então, pela segunda vez me veio a palavra do SENHOR, dizendo:

⁴ Toma o cinto que compraste e que tens sobre os lombos; dispõe-te, vai ao Eufrates e esconde-o ali na fenda duma rocha.

⁵ Fui e escondi-o junto ao Eufrates, como o SENHOR me havia ordenado.

⁶ Passados muitos dias, disse-me o SENHOR: Dispõe-te, vai ao Eufrates e toma o cinto que te ordenei escondesses ali.

⁷ Fui ao Eufrates, cavei e tomei o cinto do lugar onde o escondera; eis que o cinto se tinha apodrecido e para nada prestava.

⁸ Então, me veio a palavra do SENHOR, dizendo:

⁹ Assim diz o SENHOR: Deste modo farei também apodrecer a soberba de Judá e a muita soberba de Jerusalém.

¹⁰ Este povo maligno, que se recusa a ouvir as minhas palavras, que caminha segundo a dureza do seu coração e anda após outros deuses para os servir e adorar, será tal como este cinto, que para nada presta.

¹¹ Porque, como o cinto se apega aos lombos do homem, assim eu fiz apegar-se a mim toda a casa de Israel e toda a casa de Judá, diz o SENHOR, para me serem por povo, e nome, e louvor, e glória; mas não deram ouvidos.

O jarro quebrado

¹² Pelo que dize-lhes esta palavra: Assim diz o SENHOR, Deus de Israel: Todo jarro se encherá de vinho; e dir-te-ão: Não sabemos nós muito bem que todo jarro se encherá de vinho?

¹³ Mas tu dize-lhes: Assim diz o SENHOR: Eis que eu encherei de embriaguez a todos os habitantes desta terra, e aos reis que se assentam no trono de Davi, e aos sacerdotes, e aos profetas, e a todos os habitantes de Jerusalém.

¹⁴ Fá-los-ei em pedaços, atirando uns contra os outros, tanto os pais como os filhos, diz o SENHOR; não pouparei, não te-rei pena, nem terei deles compaixão, para que os não destrua.

Apelo e ameaças finais

¹⁵ Ouvi e atentai: não vos ensoberbeçais; porque o SENHOR falou.

¹⁶ Dai glória ao SENHOR, vosso Deus, antes que ele faça vir as trevas, e antes que tropecem vossos pés nos montes tenebrosos; antes que, esperando vós luz, ele a mude em sombra de morte e a reduza à escuridão.

¹⁷ Mas, se isto não ouvirdes, a minha alma chorará em segredo por causa da vossa soberba; chorarão os meus olhos amargamente e se desfarão em lágrimas, porquanto o rebanho do SENHOR foi levado cativo.

¹⁸ Dize ao rei e à rainha-mãe: Humilhai-vos, assentai-vos no chão; porque caiu da vossa cabeça a coroa da vossa glória.

¹⁹ As cidades do Sul estão fechadas, e ninguém há que as abra; todo o Judá foi levado para o exílio, todos cativos.

²⁰ Levantai os olhos e vede os que vêm do Norte; onde está o rebanho que te foi confiado, o teu lindo rebanho?

²¹ Que dirás, quando ele puser por cabeça contra ti aqueles a quem ensinaste a ser amigos? Acaso, não se apoderarão de ti as dores, como à mulher que está de parto?

²² Quando disseres contigo mesmo: Por que me sobrevieram estas cousas? Então, sabe que pela multidão das tuas maldades se levantaram as tuas fraldas, e os teus calcanhares sofrem violência.

²³ Pode, acaso, o etíope mudar a sua pele ou o leopardo, as suas manchas? Então, poderíeis fazer o bem, estando acostumados a fazer o mal.

²⁴ Pelo que os espalharei como o restolho, restolho que é arrebatado pelo vento do deserto.

²⁵ Esta será a tua sorte, a porção que te será medida por mim, diz o SENHOR; pois te esqueceste de mim e confiaste em mentiras.

²⁶ Assim, também levantarei as tuas fraldas sobre o teu rosto; e aparecerão as tuas vergonhas.

²⁷ Tenho visto as tuas abominações sobre os outeiros e no campo, a saber, os teus adultérios, os teus rinchos e a luxúria da tua prostituição. Ai de ti, Jerusalém! Até quando ainda não te purificarás?

Grande seca em Judá

14 Palavra do Senhor que veio a Jeremias a respeito da grande seca.

2 Anda chorando Judá, as suas portas estão abandonadas e, de luto, se curvam até ao chão; e o clamor de Jerusalém vai subindo.

3 Os seus poderosos enviam os criados a buscar água; estes vão às cisternas e não acham água; voltam com seus cântaros vazios e, decepcionados e confusos, cobrem a cabeça.

4 Por não ter havido chuva sobre a terra, esta se acha deprimida; e, por isso, os lavradores, decepcionados, cobrem a cabeça.

5 Até as cervas no campo têm as suas crias e as abandonam, porquanto não há erva.

6 Os jumentos selvagens se põem nos desnudos altos e, ofegantes, sorvem o ar como chacais; os seus olhos desfalecem, porque não há erva.

Rejeitada a primeira intercessão de Jeremias

7 Posto que as nossas maldades testificam contra nós, ó Senhor, age por amor do teu nome; porque as nossas rebeldias se multiplicaram; contra ti pecamos.

8 Ó Esperança de Israel e Redentor seu no tempo da angústia, por que serias como estrangeiro na terra e como viandante que se desvia para passar a noite?

9 Por que serias como homem surpreendido, como valente que não pode salvar? Mas tu, ó Senhor, estás em nosso meio, e somos chamados pelo teu nome; não nos desampares.

10 Assim diz o Senhor sobre este povo: Gostam de andar errantes e não detêm os pés; por isso, o Senhor não se agrada deles, mas se lembrará da maldade deles e lhes punirá o pecado.

11 Disse-me ainda o Senhor: Não rogues por este povo para o bem dele.

12 Quando jejuarem, não ouvirei o seu clamor e, quando trouxerem holocaustos e ofertas de manjares, não me agradarei deles; antes, eu os consumirei pela espada, pela fome e pela peste.

Rejeitada a segunda intercessão de Jeremias

13 Então, disse eu: Ah! Senhor Deus,

eis que os profetas lhes dizem: Não vereis espada, nem tereis fome; mas vos darei verdadeira paz neste lugar.

14 Disse-me o Senhor: Os profetas profetizam mentiras em meu nome, nunca os enviei, nem lhes dei ordem, nem lhes falei; visão falsa, adivinhação, vaidade e o engano do seu íntimo são o que eles vos profetizam.

15 Portanto, assim diz o Senhor acerca dos profetas que, profetizando em meu nome, sem que eu os tenha mandado, dizem que nem espada, nem fome haverá nesta terra: À espada e à fome serão consumidos esses profetas.

16 O povo a quem eles profetizam será lançado nas ruas de Jerusalém, por causa da fome e da espada; não haverá quem os sepulte, a ele, a suas mulheres, a seus filhos e a suas filhas; porque derramarei sobre eles a sua maldade.

17 Portanto, lhes dirás esta palavra: Os meus olhos derramem lágrimas, de noite e de dia, e não cessem; porque a virgem, filha do meu povo, está profundamente golpeada, de ferida mui dolorosa.

18 Se eu saio ao campo, eis aí os mortos à espada; se entro na cidade, estão ali os debilitados pela fome; até os profetas e os sacerdotes vagueiam pela terra e não sabem para onde vão.

Rejeitada, em absoluto, a terceira intercessão de Jeremias

19 Acaso, já de todo rejeitaste a Judá? Ou aborrece a tua alma a Sião? Por que nos feriste, e não há cura para nós? Aguardamos a paz, e nada há de bom; o tempo da cura, e eis o terror.

20 Conhecemos, ó Senhor, a nossa maldade e a iniqüidade de nossos pais; porque temos pecado contra ti.

21 Não nos rejeites, por amor do teu nome; não cubras de opróbrio o trono da tua glória; lembra-te e não anules a tua aliança conosco.

22 Acaso, haverá entre os ídolos dos gentios algum que faça chover? Ou podem os céus de si mesmos dar chuvas? Não és tu somente, ó Senhor, nosso Deus, o que fazes isto? Portanto, em ti esperamos, pois tu fazes todas estas cousas.

15 Disse-me, porém, o Senhor: Ainda que Moisés e Samuel se pusessem diante de mim, meu coração não se inclina-

15.1 Êx 32.11-14; Nm 14.13-19; 1Sm 7.5-9.

ria para este povo; lança-os de diante de mim, e saiam.

2 Quando te perguntarem: Para onde iremos? Dir-lhes-ás: Assim diz o SENHOR: O que é para a morte, para a morte; o que é para a espada, para a espada; o que é para a fome, para a fome; e o que é para o cativeiro, para o cativeiro.

3 Porque os punirei com quatro sortes de castigos, diz o SENHOR: com espada para matar, com cães para os arrastarem e com as aves dos céus e as feras do campo para os devorarem e destruírem.

4 Entregá-los-ei para que sejam um espetáculo horrendo para todos os reinos da terra; por causa de Manassés, filho de Ezequias, rei de Judá, por tudo quanto fez em Jerusalém.

5 Pois quem se compadeceria de ti, ó Jerusalém? Ou quem se entristeceria por ti? Ou quem se desviaria a perguntar pelo teu bem-estar?

6 Tu me rejeitaste, diz o SENHOR, voltaste para trás; por isso, levantarei a mão contra ti e te destruirei; estou cansado de ter compaixão.

7 Cirandei-os com a pá nas portas da terra; desfilhei e destruí o meu povo, mas não deixaram os seus caminhos.

8 As suas viúvas se multiplicaram mais do que as areias dos mares; eu trouxe ao meio-dia um destruidor sobre a mãe de jovens; fiz cair de repente sobre ela angústia e pavor.

9 Aquele que tinha sete filhos desmaiou como para expirar a alma; pôs-se-lhe o sol quando ainda era dia; ela ficou envergonhada e confundida, e os que ficaram dela, eu os entregarei à espada, diante dos seus inimigos, diz o SENHOR.

O SENHOR conforta ao seu profeta

10 Ai de mim, minha mãe! Pois me deste à luz homem de rixa e homem de contendas para toda a terra! Nunca lhes emprestei com usura, nem eles me emprestaram a mim com usura; todavia, cada um deles me amaldiçoa.

11 Disse o SENHOR: Na verdade, eu te fortalecerei para o bem e farei que o inimigo te dirija súplicas no tempo da calamidade e no tempo da aflição.

12 Pode alguém quebrar o ferro, o ferro do Norte, ou o bronze?

13 Os teus bens e os teus tesouros entregarei gratuitamente ao saque, por todos os teus pecados e em todos os teus termos.

14 Levar-te-ei com os teus inimigos para a terra que não conheces; porque o fogo se acendeu em minha ira e sobre vós arderá.

15 Tu, ó SENHOR, o sabes; lembra-te de mim, ampara-me e vinga-me dos meus perseguidores; não me deixes ser arrebatado, por causa da tua longanimidade; sabe que por amor de ti tenho sofrido afrontas.

16 Achadas as tuas palavras, logo as comi; as tuas palavras me foram gozo e alegria para o coração, pois pelo teu nome sou chamado, ó SENHOR, Deus dos Exércitos.

17 Nunca me assentei na roda dos que se alegram, nem me regozijei; oprimido por tua mão, eu me assentei solitário, pois já estou de posse das tuas ameaças.

18 Por que dura a minha dor continuamente, e a minha ferida me dói e não admite cura? Serias tu para mim como ilusório ribeiro, como águas que enganam?

19 Portanto, assim diz o SENHOR: Se tu te arrependeres, eu te farei voltar e estarás diante de mim; se apartares o precioso do vil, serás a minha boca; e eles se tornarão a ti, mas tu não passarás para o lado deles.

20 Eu te porei contra este povo como forte muro de bronze; eles pelejarão contra ti, mas não prevalecerão contra ti; porque eu sou contigo para te salvar, para te livrar deles, diz o SENHOR.

21 Arrebatar-te-ei das mãos dos iníquos, livrar-te-ei das garras dos violentos.

A vida solitária do profeta, figura do povo

16 Veio a mim a palavra do SENHOR, dizendo:

2 Não tomarás mulher, não terás filhos nem filhas neste lugar.

3 Porque assim diz o SENHOR acerca dos filhos e das filhas que nascerem neste lugar, acerca das mães que os tiverem e dos pais que os gerarem nesta terra:

4 Morrerão vitimados de enfermidades e não serão pranteados, nem sepultados; servirão de esterco para a terra. A espada e a fome os consumirão, e o seu cadáver servirá de pasto às aves do céu e aos animais da terra.

5 Porque assim diz o SENHOR: Não entres na casa do luto, não vás a lamentá-los, nem te compadeças deles; porque deste povo retirei a minha paz, diz o SENHOR, a benignidade e a misericórdia.

15.2 Ap 13.10.   15.3 Ap 6.8.   15.4 2Rs 21.1-16; 2Cr 33.1-9.

⁶ Nesta terra, morrerão grandes e pequenos e não serão sepultados; não os prantearão, nem se farão por eles incisões, nem por eles se raparão as cabeças.

⁷ Não se dará pão a quem estiver de luto, para consolá-lo por causa de morte; nem lhe darão a beber do copo de consolação, pelo pai ou pela mãe.

⁸ Nem entres na casa do banquete, para te assentares com eles a comer e a beber.

⁹ Porque assim diz o Senhor dos Exércitos, o Deus de Israel: Eis que farei cessar neste lugar, perante vós e em vossos dias, a voz de regozijo e a voz de alegria, o canto do noivo e o da noiva.

¹⁰ Quando anunciares a este povo todas estas palavras e eles te disserem: Por que nos ameaça o Senhor com todo este grande mal? Qual é a nossa iniqüidade, qual é o nosso pecado, que cometemos contra o Senhor, nosso Deus?

¹¹ Então, lhes responderás: Porque vossos pais me deixaram, diz o Senhor, e se foram após outros deuses, e os serviram, e os adoraram, mas a mim me deixaram e a minha lei não guardaram.

¹² Vós fizestes pior do que vossos pais; pois eis que cada um de vós anda segundo a dureza do seu coração maligno, para não me dar ouvidos a mim.

¹³ Portanto, lançar-vos-ei fora desta terra, para uma terra que não conhecestes, nem vós nem vossos pais, onde servireis a outros deuses, de dia e de noite, porque não usarei de misericórdia para convosco.

¹⁴ Portanto, eis que vêm dias, diz o Senhor, em que nunca mais se dirá: Tão certo como vive o Senhor, que fez subir os filhos de Israel do Egito;

¹⁵ mas: Tão certo como vive o Senhor, que fez subir os filhos de Israel da terra do Norte e de todas as terras para onde os tinha lançado. Pois eu os farei voltar para a sua terra, que dei a seus pais.

¹⁶ Eis que mandarei muitos pescadores, diz o Senhor, os quais os pescarão; depois, enviarei muitos caçadores, os quais os caçarão de sobre todos os montes, de sobre todos os outeiros e até nas fendas das rochas.

¹⁷ Porque os meus olhos estão sobre todos os seus caminhos; ninguém se esconde diante de mim, nem se encobre a sua iniqüidade aos meus olhos.

¹⁸ Primeiramente, pagarei em dobro a sua iniqüidade e o seu pecado, porque profanaram a minha terra com os cadáveres dos seus ídolos detestáveis e encheram a minha herança com as suas abominações.

¹⁹ Ó Senhor, força minha, e fortaleza minha, e refúgio meu no dia da angústia, a ti virão as nações desde os fins da terra e dirão: Nossos pais herdaram só mentiras e cousas vãs, em que não há proveito.

²⁰ Acaso, fará o homem para si deuses que de fato não são deuses?

²¹ Portanto, eis que lhes farei conhecer, desta vez lhes farei conhecer a minha força e o meu poder; e saberão que o meu nome é Senhor.

O pecado engana e destrói

17 Ó pecado de Judá está escrito com um ponteiro de ferro e com diamante pontiagudo, gravado na tábua do seu coração e nas pontas dos seus altares.

² Seus filhos se lembram dos seus altares e dos seus postes-ídolos junto às árvores frondosas, sobre os altos outeiros.

³ Ó monte do campo, os teus bens e todos os teus tesouros darei por presa, como também os teus altos por causa do pecado, em todos os teus termos!

⁴ Assim, por ti mesmo te privarás da tua herança que te dei, e far-te-ei servir os teus inimigos, na terra que não conheces; porque o fogo que acendeste na minha ira arderá para sempre.

⁵ Assim diz o Senhor: Maldito o homem que confia no homem, faz da carne mortal o seu braço e aparta o seu coração do Senhor!

⁶ Porque será como o arbusto solitário no deserto e não verá quando vier o bem; antes, morará nos lugares secos do deserto, na terra salgada e inabitável.

⁷ Bendito o homem que confia no Senhor e cuja esperança é o Senhor.

⁸ Porque ele é como a árvore plantada junto às águas, que estende as suas raízes para o ribeiro e não receia quando vem o calor, mas a sua folha fica verde; e, no ano de sequidão, não se perturba, nem deixa de dar fruto.

⁹ Enganoso é o coração, mais do que todas as cousas, e desesperadamente corrupto; quem o conhecerá?

¹⁰ Eu, o Senhor, esquadrinho o coração, eu provo os pensamentos; e isto para dar a cada um segundo o seu proceder, segundo o fruto das suas ações.

16.9 Jr 7.34; 25.10; Ap 18.23.   17.8 Sl 1.3.   17.10 Ap 2.23; Sl 62.12.

11 Como a perdiz que choca ovos que não pôs, assim é aquele que ajunta riquezas, mas não retamente; no meio de seus dias, as deixará e no seu fim será insensato.

Jeremias clama a Deus que o socorra dos seus inimigos

12 Trono de glória enaltecido desde o princípio é o lugar do nosso santuário.

13 Ó SENHOR, Esperança de Israel! Todos aqueles que te deixam serão envergonhados; o nome dos que se apartam de mim será escrito no chão; porque abandonam o SENHOR, a fonte das águas vivas.

14 Cura-me, SENHOR, e serei curado, salva-me, e serei salvo; porque tu és o meu louvor.

15 Eis que eles me dizem: Onde está a palavra do SENHOR? Que se cumpra!

16 Mas eu não me recusei a ser pastor, seguindo-te; nem tampouco desejei o dia da aflição, tu o sabes; o que saiu dos meus lábios está no teu conhecimento.

17 Não me sejas motivo de terror; meu refúgio és tu no dia do mal.

18 Sejam envergonhados os que me perseguem, e não seja eu envergonhado; assombrem-se eles, e não me assombre eu; traze sobre eles o dia do mal e destrói-os com dobrada destruição.

A santificação do sábado

19 Assim me disse o SENHOR: Vai, põe-te à porta dos filhos do povo, pela qual entram e saem os reis de Judá, como também a todas as portas de Jerusalém,

20 e dize-lhes: Ouvi a palavra do SENHOR, vós, reis de Judá, e todo o Judá, e todos os moradores de Jerusalém que entrais por estas portas.

21 Assim diz o SENHOR: Guardai-vos por amor da vossa alma, não carregueis cargas no dia de sábado, nem as introduzais pelas portas de Jerusalém;

22 não tireis cargas de vossa casa no dia de sábado, nem façais obra alguma; antes, santificai o dia de sábado, como ordenei a vossos pais.

23 Mas não atenderam, não inclinaram os ouvidos; antes, endureceram a cerviz, para não me ouvirem, para não receberem disciplina.

24 Se, deveras, me ouvirdes, diz o SENHOR, não introduzindo cargas pelas portas desta cidade no dia de sábado, e san-

tificardes o dia de sábado, não fazendo nele obra alguma,

25 então, pelas portas desta cidade entrarão reis e príncipes, que se assentarão no trono de Davi, andando em carros e montados em cavalos, eles e seus príncipes, os homens de Judá e os moradores de Jerusalém; e esta cidade será para sempre habitada.

26 Virão das cidades de Judá e dos contornos de Jerusalém, da terra de Benjamim, das planícies, das montanhas e do Sul, trazendo holocaustos, sacrifícios, ofertas de manjares e incenso, oferecendo igualmente sacrifícios de ações de graças na Casa do SENHOR.

27 Mas, se não me ouvirdes, e, por isso, não santificardes o dia de sábado, e carregardes alguma carga, quando entrardes pelas portas de Jerusalém no dia de sábado, então, acenderei fogo nas suas portas, o qual consumirá os palácios de Jerusalém e não se apagará.

O vaso do oleiro

18 Palavra do SENHOR que veio a Jeremias, dizendo:

2 Dispõe-te, e desce à casa do oleiro, e lá ouvirás as minhas palavras.

3 Desci à casa do oleiro, e eis que ele estava entregue à sua obra sobre as rodas.

4 Como o vaso que o oleiro fazia de barro se lhe estragou na mão, tornou a fazer dele outro vaso, segundo bem lhe pareceu.

5 Então, veio a mim a palavra do SENHOR:

6 Não poderei eu fazer de vós como fez este oleiro, ó casa de Israel? — diz o SENHOR; eis que, como o barro na mão do oleiro, assim sois vós na minha mão, ó casa de Israel.

7 No momento em que eu falar acerca de uma nação ou de um reino para o arrancar, derribar e destruir,

8 se a tal nação se converter da maldade contra a qual eu falei, também eu me arrependerei do mal que pensava fazer-lhe.

9 E, no momento em que eu falar acerca de uma nação ou de um reino, para o edificar e plantar,

10 se ele fizer o que é mal perante mim e não der ouvidos à minha voz, então, me arrependerei do bem que houvera dito lhe faria.

11 Ora, pois, fala agora aos homens de Judá e aos moradores de Jerusalém, dizen-

17.21 Ne 13.15-22. 17.22 Êx 20.8-10; Dt 5.12-14.

do: Assim diz o SENHOR: Eis que estou forjando mal e formo um plano contra vós outros; convertei-vos, pois, agora, cada um do seu mau proceder e emendai os vossos caminhos e as vossas ações.

¹² Mas eles dizem: Não há esperança, porque andaremos consoante os nossos projetos, e cada um fará segundo a dureza do seu coração maligno.

¹³ Portanto, assim diz o SENHOR: Perguntai agora entre os gentios sobre quem ouviu tal cousa. Cousa sobremaneira horrenda cometeu a virgem de Israel!

¹⁴ Acaso, a neve deixará o Líbano, a rocha que se ergue na planície? Ou faltarão as águas que vêm de longe, frias e correntes?

¹⁵ Contudo, todos os do meu povo se têm esquecido de mim, queimando incenso aos ídolos, que os fizeram tropeçar nos seus caminhos e nas veredas antigas, para que andassem por veredas não aterradas;

¹⁶ para fazerem da sua terra um espanto e objeto de perpétuo assobio; todo aquele que passar por ela se espantará e meneará a cabeça.

¹⁷ Com vento oriental os espalharei diante do inimigo; mostrar-lhes-ei as costas e não o rosto, no dia da sua calamidade.

O profeta ora contra seus inimigos

¹⁸ Então, disseram: Vinde, e forjemos projetos contra Jeremias; porquanto não há de faltar a lei ao sacerdote, nem o conselho ao sábio, nem a palavra ao profeta; vinde, firamo-lo com a língua e não atendamos a nenhuma das suas palavras.

¹⁹ Olha para mim, SENHOR, e ouve a voz dos que contendem comigo.

²⁰ Acaso, pagar-se-á mal por bem? Pois abriram uma cova para a minha alma. Lembra-te de que eu compareci à tua presença, para interceder pelo seu bem-estar, para desviar deles a tua indignação.

²¹ Portanto, entrega seus filhos à fome e ao poder da espada; sejam suas mulheres roubadas dos filhos e fiquem viúvas; seus maridos sejam mortos de peste, e os seus jovens, feridos à espada na peleja.

²² Ouça-se o clamor de suas casas, quando trouxeres bandos sobre eles de repente. Porquanto abriram cova para prender-me e puseram armadilha aos meus pés.

²³ Mas tu, ó SENHOR, sabes todo o seu conselho contra mim para matar-me; não lhes perdoes a iniqüidade, nem lhes apagues o pecado de diante da tua face; mas sejam derribados diante de ti; age contra eles no tempo da tua ira.

A botija quebrada

19 Assim diz o SENHOR: Vai, compra uma botija de oleiro e leva contigo alguns dos anciãos do povo e dos anciãos dos sacerdotes;

² sai ao vale do filho de Hinom, que está à entrada da Porta do Oleiro, e apregoa ali as palavras que eu te disser;

³ e dize: Ouvi a palavra do SENHOR, ó reis de Judá e moradores de Jerusalém. Assim diz o SENHOR dos Exércitos, o Deus de Israel: Eis que trarei mal sobre este lugar, e quem quer que dele ouvir retinir-lhe-ão os ouvidos.

⁴ Porquanto me deixaram e profanaram este lugar, queimando nele incenso a outros deuses, que nunca conheceram, nem eles, nem seus pais, nem os reis de Judá; e encheram este lugar de sangue de inocentes;

⁵ e edificaram os altos de Baal, para queimarem os seus filhos no fogo em holocaustos a Baal, o que nunca lhes ordenei, nem falei, nem me passou pela mente.

⁶ Por isso, eis que vêm dias, diz o SENHOR, em que este lugar já não se chamará Tofete, nem vale do filho de Hinom, mas o vale da Matança.

⁷ Porque dissiparei o conselho de Judá e de Jerusalém neste lugar e os farei cair à espada diante de seus inimigos e pela mão dos que procuram tirar-lhes a vida; e darei o seu cadáver por pasto às aves dos céus e aos animais da terra.

⁸ Porei esta cidade por espanto e objeto de assobios; todo aquele que passar por ela se espantará e assobiará, por causa de todas as suas pragas.

⁹ Fá-los-ei comer as carnes de seus filhos e as carnes de suas filhas, e comerá cada um co-merá a carne do seu próximo, no cerco e na angústia em que os apertarão os seus inimigos e os que buscam tirar-lhes a vida.

¹⁰ Então, quebrarás a botija à vista dos homens que foram contigo

¹¹ e lhes dirás: Assim diz o SENHOR dos Exércitos: Deste modo quebrarei eu este povo e esta cidade, como se quebra o vaso do oleiro, que não pode mais refazer-se, e os enterrarão em Tofete, porque não haverá outro lugar para os enterrar.

19.2 2Rs 23.10; Jr 7.30-32; 32.34,35.   19.5 Lv 18.21.

¹² Assim farei a este lugar, diz o SENHOR, e aos seus moradores; e farei desta cidade um Tofete.

¹³ As casas de Jerusalém e as casas dos reis de Judá serão imundas como o lugar de Tofete; também todas as casas sobre cujos terraços queimaram incenso a todo o exército dos céus e ofereceram libações a outros deuses.

¹⁴ Voltando, pois, Jeremias de Tofete, lugar para onde o enviara o SENHOR a profetizar, se pôs em pé no átrio da Casa do SENHOR e disse a todo o povo:

¹⁵ Assim diz o SENHOR dos Exércitos, o Deus de Israel: Eis que trarei sobre esta cidade e sobre todas as suas vilas todo o mal que pronunciei contra ela, porque endureceram a cerviz, para não ouvirem as minhas palavras.

Amaldiçoado Pasur,
que meteu o profeta no tronco

20 Pasur, filho do sacerdote Imer, que era presidente na Casa do SENHOR, ouviu a Jeremias profetizando estas cousas.

² Então, feriu Pasur ao profeta Jeremias e o meteu no tronco que estava na porta superior de Benjamim, na Casa do SENHOR. No dia seguinte, Pasur tirou a Jeremias do tronco.

³ Então, lhe disse Jeremias: O SENHOR já não te chama Pasur e sim, Terror-Por-Todos-Os-Lados.

⁴ Pois assim diz o SENHOR: Eis que te farei ser terror para ti mesmo e para todos os teus amigos; estes cairão à espada de seus inimigos, e teus olhos o verão; todo o Judá entregarei nas mãos do rei da Babilônia; este os levará presos à Babilônia e feri-los-á à espada.

⁵ Também entregarei toda a riqueza desta cidade, todo o fruto do seu trabalho e todas as suas cousas preciosas; sim, todos os tesouros dos reis de Judá entregarei nas mãos de seus inimigos, os quais hão de saqueá-los, tomá-los e levá-los à Babilônia.

⁶ E tu, Pasur, e todos os moradores da tua casa ireis para o cativeiro; irás à Babilônia, onde morrerás e serás sepultado, tu e todos os teus amigos, aos quais profetizaste falsamente.

O lamento do profeta

⁷ Persuadiste-me, ó SENHOR, e persuadido fiquei; mais forte foste do que eu e prevaleceste; sirvo de escárnio todo o dia; cada um deles zomba de mim.

⁸ Porque, sempre que falo, tenho de gritar e clamar: Violência e destruição! Porque a palavra do SENHOR se me tornou um opróbrio e ludíbrio todo o dia.

⁹ Quando pensei: não me lembrarei dele e já não falarei no seu nome, então, isso me foi no coração como fogo ardente, encerrado nos meus ossos; já desfaleço de sofrer e não posso mais.

¹⁰ Porque ouvi a murmuração de muitos: Há terror por todos os lados! Denunciai, e o denunciaremos! Todos os meus íntimos amigos que aguardam de mim que eu tropece dizem: Bem pode ser que se deixe persuadir; então, prevaleceremos contra ele e dele nos vingaremos.

¹¹ Mas o SENHOR está comigo como um poderoso guerreiro; por isso, tropeçarão os meus perseguidores e não prevalecerão; serão sobremodo envergonhados; e, porque não se houveram sabiamente, sofrerão afronta perpétua, que jamais se esquecerá.

¹² Tu, pois, ó SENHOR dos Exércitos, que provas o justo e esquadrinhas os afetos e o coração, permite veja eu a tua vingança contra eles, pois te confiei a minha causa.

¹³ Cantai ao SENHOR, louvai ao SENHOR; pois livrou a alma do necessitado das mãos dos malfeitores.

Jeremias amaldiçoa
o dia de seu nascimento

¹⁴ Maldito o dia em que nasci! Não seja bendito o dia em que me deu à luz minha mãe!

¹⁵ Maldito o homem que deu as novas a meu pai, dizendo: Nasceu-te um filho!, alegrando-o com isso grandemente.

¹⁶ Seja esse homem como as cidades que o SENHOR, sem ter compaixão, destruiu; ouça ele clamor pela manhã e ao meio-dia, alarido.

¹⁷ Por que não me matou Deus no ventre materno? Por que minha mãe não foi minha sepultura? Ou não permaneceu grávida perpetuamente?

¹⁸ Por que saí do ventre materno tãosomente para ver trabalho e tristeza e para que se consumam de vergonha os meus dias?

Predita a destruição de Jerusalém por Nabucodonosor

21 Palavra que veio a Jeremias da parte do Senhor, quando o rei Zedequias lhe enviou Pasur, filho de Malquias, e o sacerdote Sofonias, filho de Maaséias, dizendo:

² Pergunta agora por nós ao Senhor, por que Nabucodonosor, rei da Babilônia, guerreia contra nós; bem pode ser que o Senhor nos trate segundo todas as suas maravilhas e o faça retirar-se de nós.

³ Então, Jeremias lhes disse: Assim direis a Zedequias:

⁴ Assim diz o Senhor, o Deus de Israel: Eis que farei retroceder as armas de guerra que estão nas vossas mãos, com que vós pelejais fora dos muros contra o rei da Babilônia e contra os caldeus, que vos oprimem; tais armas, eu as ajuntarei no meio desta cidade.

⁵ Pelejarei eu mesmo contra vós outros com braço estendido e mão poderosa, com ira, com indignação e grande furor.

⁶ Ferirei os habitantes desta cidade, tanto os homens como os animais; de grande pestilência morrerão.

⁷ Depois disto, diz o Senhor, entregarei Zedequias, rei de Judá, e seus servos, e o povo, e quantos desta cidade restarem da pestilência, da espada e da fome na mão de Nabucodonosor, rei da Babilônia, na de seus inimigos e na dos que procuram tirar-lhes a vida; feri-los-á a fio de espada; não os poupará, não se compadecerá, nem terá misericórdia.

⁸ A este povo dirás: Assim diz o Senhor: Eis que ponho diante de vós o caminho da vida e o caminho da morte.

⁹ O que ficar nesta cidade há de morrer à espada, ou à fome, ou de peste; mas o que sair e render-se aos caldeus, que vos cercam, viverá, e a vida lhe será como despojo.

¹⁰ Pois voltei o rosto contra esta cidade, para mal e não para bem, diz o Senhor; ela será entregue nas mãos do rei da Babilônia, e este a queimará.

¹¹ À casa do rei de Judá dirás: Ouvi a palavra do Senhor!

¹² Ó casa de Davi, assim diz o Senhor: Julgai pela manhã justamente e livrai o oprimido das mãos do opressor; para que não seja o meu furor como fogo e se acenda, sem que haja quem o apague, por causa da maldade das vossas ações.

¹³ Eis que eu sou contra ti, ó Moradora do vale, ó Rocha da campina, diz o Senhor; contra vós outros que dizeis: Quem descerá contra nós? Ou: Quem entrará nas nossas moradas?

¹⁴ Castigar-vos-ei segundo o fruto das vossas ações, diz o Senhor; acenderei fogo na cidade, qual bosque, o qual devorará todos os seus arredores.

Profecia contra a casa real de Judá

22 Assim diz o Senhor: Desce à casa do rei de Judá, e anuncia ali esta palavra,

² e dize: Ouve a palavra do Senhor, ó rei de Judá, que te assentas no trono de Davi, tu, os teus servos e o teu povo, que entrais por estas portas.

³ Assim diz o Senhor: Executai o direito e a justiça e livrai o oprimido das mãos do opressor; não oprimais ao estrangeiro, nem ao órfão, nem à viúva; não façais violência, nem derrameis sangue inocente neste lugar.

⁴ Porque, se, deveras, cumprirdes esta palavra, entrarão pelas portas desta casa os reis que se assentarão no trono de Davi, em carros e montados em cavalos, eles, os seus servos e o seu povo.

⁵ Mas, se não derdes ouvidos a estas palavras, juro por mim mesmo, diz o Senhor, que esta casa se tornará em desolação.

⁶ Porque assim diz o Senhor acerca da casa do rei de Judá: Tu és para mim Gileade e a cabeça do Líbano; mas certamente farei de ti um deserto e cidades desabitadas.

⁷ Designarei contra ti destruidores, cada um com as suas armas; cortarão os teus cedros escolhidos e lançá-los-ão no fogo.

⁸ Muitas nações passarão por esta cidade, e dirá cada um ao seu companheiro: Por que procedeu o Senhor assim com esta grande cidade?

⁹ Então, se lhes responderá: Porque deixaram a aliança do Senhor, seu Deus, e adoraram a outros deuses, e os serviram.

Contra Salum, rei de Judá

¹⁰ Não choreis o morto, nem o lastimeis; chorai amargamente aquele que sai; porque nunca mais tornará, nem verá a terra onde nasceu.

¹¹ Porque assim diz o Senhor acerca de Salum, filho de Josias, rei de Judá, que rei-

21.2 2Rs 25.1-11; 2Cr 36.17-21.   22.11 2Rs 23.31-34; 2Cr 36.1-4.

nou em lugar de Josias, seu pai, e que saiu deste lugar: Jamais tornará para ali.
¹² Mas no lugar para onde o levaram cativo morrerá e nunca mais verá esta terra.

Contra Jeoaquim, rei de Judá

¹³ Ai daquele que edifica a sua casa com injustiça e os seus aposentos, sem direito! Que se vale do serviço do seu próximo, sem paga, e não lhe dá o salário;
¹⁴ que diz: Edificarei para mim casa espaçosa e largos aposentos, e lhe abre janelas, e forra-a de cedros, e a pinta de vermelhão.
¹⁵ Reinarás tu, só porque rivalizas com outro em cedro? Acaso, teu pai não comeu, e bebeu, e não exercitou o juízo e a justiça? Por isso, tudo lhe sucedeu bem.
¹⁶ Julgou a causa do aflito e do necessitado; por isso, tudo lhe ia bem. Porventura, não é isso conhecer-me? — diz o Senhor.
¹⁷ Mas os teus olhos e o teu coração não atentam senão para a tua ganância, e para derramar o sangue inocente, e para levar a efeito a violência e a extorsão.
¹⁸ Portanto, assim diz o Senhor acerca de Jeoaquim, filho de Josias, rei de Judá: Não o lamentarão, dizendo: Ai, meu irmão! Ou: Ai, minha irmã! Nem o lamentarão, dizendo: Ai, senhor! Ou: Ai, sua glória!
¹⁹ Como se sepulta um jumento, assim o sepultarão; arrastá-lo-ão e o lançarão para bem longe, para fora das portas de Jerusalém.
²⁰ Sobe ao Líbano, ó Jerusalém, e clama; ergue a voz em Basã e clama desde Abarim, porque estão esmagados todos os teus amantes.
²¹ Falei contigo na tua prosperidade, mas tu disseste: Não ouvirei. Tem sido este o teu caminho, desde a tua mocidade, pois nunca deste ouvidos à minha voz.
²² O vento apascentará todos os teus pastores, e os teus amantes irão para o cativeiro; então, certamente ficarás envergonhada e confundida, por causa de toda a tua maldade.
²³ Ó tu que habitas no Líbano e fazes o teu ninho nos cedros! Como gemerás quando te vierem as dores e as angústias como da que está de parto!

Contra Jeconias, rei de Judá

²⁴ Tão certo como eu vivo, diz o Senhor, ainda que Jeconias, filho de Jeoaquim, rei de Judá, fosse o anel do selo da minha mão direita, eu dali o arrancaria.
²⁵ Entregar-te-ei, ó rei, nas mãos dos que procuram tirar-te a vida e nas mãos daqueles a quem temes, a saber, nas mãos de Nabucodonosor, rei da Babilônia, e nas mãos dos caldeus.
²⁶ Lançar-te-ei a ti e a tua mãe, que te deu à luz, para outra terra, em que não nasceste; e ali morrereis.
²⁷ Mas à terra da qual eles têm saudades, a ela não tornarão.
²⁸ Acaso, é este Jeconias homem vil, cousa quebrada ou objeto de que ninguém se agrada? Por que foram lançados fora, ele e os seus filhos, e arrojados para a terra que não conhecem?
²⁹ Ó terra, terra, terra! Ouve a palavra do Senhor!
³⁰ Assim diz o Senhor: Registai este como se não tivera filhos; homem que não prosperará nos seus dias, e nenhum dos seus filhos prosperará, para se assentar no trono de Davi e ainda reinar em Judá.

Profecia contra os maus pastores

23 Ai dos pastores que destroem e dispersam as ovelhas do meu pasto! — diz o Senhor.
² Portanto, assim diz o Senhor, o Deus de Israel, contra os pastores que apascentam o meu povo: Vós dispersastes as minhas ovelhas, e as afugentastes, e delas não cuidastes; mas eu cuidarei em vos castigar a maldade das vossas ações, diz o Senhor.
³ Eu mesmo recolherei o restante das minhas ovelhas, de todas as terras para onde as tiver afugentado, e as farei voltar aos seus apriscos; serão fecundas e se multiplicarão.
⁴ Levantarei sobre elas pastores que as apascentem, e elas jamais temerão, nem se espantarão; nem uma delas faltará, diz o Senhor.

Profecia sobre o Renovo de Davi
Jr 33.14-16

⁵ Eis que vêm dias, diz o Senhor, em que levantarei a Davi um Renovo justo; e, rei que é, reinará, e agirá sabiamente, e executará o juízo e a justiça na terra.
⁶ Nos seus dias, Judá será salvo, e Israel habitará seguro; será este o seu nome, com que será chamado: Senhor, Justiça Nossa.

22.18 2Rs 23.36-24.6; 2Cr 36.5-7.   **22.24** 2Rs 24.8-15; 2Cr 36.9,10.   **23.5,6** Jr 33.14-16.

⁷ Portanto, eis que vêm dias, diz o SENHOR, em que nunca mais dirão: Tão certo como vive o SENHOR, que fez subir os filhos de Israel da terra do Egito;

⁸ mas: Tão certo como vive o SENHOR, que fez subir, que trouxe a descendência da casa de Israel da terra do Norte e de todas as terras para onde os tinha arrojado; e habitarão na sua terra.

Contra os falsos profetas

⁹ Acerca dos profetas. O meu coração está quebrantado dentro de mim; todos os meus ossos estremecem; sou como homem embriagado e como homem vencido pelo vinho, por causa do SENHOR e por causa das suas santas palavras.

¹⁰ Porque a terra está cheia de adúlteros e chora por causa da maldição divina; os pastos do deserto se secam; pois a carreira dos adúlteros é má, e a sua força não é reta.

¹¹ Pois estão contaminados, tanto o profeta como o sacerdote; até na minha casa achei a sua maldade, diz o SENHOR.

¹² Portanto, o caminho deles será como lugares escorregadios na escuridão; serão empurrados e cairão nele; porque trarei sobre eles calamidade, o ano mesmo em que os castigarei, diz o SENHOR.

¹³ Nos profetas de Samaria bem vi eu loucura; profetizavam da parte de Baal e faziam errar o meu povo de Israel.

¹⁴ Mas nos profetas de Jerusalém vejo cousa horrenda; cometem adultérios, andam com falsidade e fortalecem as mãos dos malfeitores, para que não se convertam cada um da sua maldade; todos eles se tornaram para mim como Sodoma, e os moradores de Jerusalém, como Gomorra.

¹⁵ Portanto, assim diz o SENHOR dos Exércitos acerca dos profetas: Eis que os alimentarei com absinto e lhes darei a beber água venenosa; porque dos profetas de Jerusalém se derramou a impiedade sobre toda a terra.

¹⁶ Assim diz o SENHOR dos Exércitos: Não deis ouvidos às palavras dos profetas que entre vós profetizam e vos enchem de vãs esperanças; falam as visões do seu coração, não o que vem da boca do SENHOR.

¹⁷ Dizem continuamente aos que me desprezam: O SENHOR disse: Paz tereis; e a qualquer que anda segundo a dureza do seu coração dizem: Não virá mal sobre vós.

¹⁸ Porque quem esteve no conselho do SENHOR, e viu, e ouviu a sua palavra? Quem esteve atento à sua palavra e a ela atendeu?

¹⁹ Eis a tempestade do SENHOR! O furor saiu, e um redemoinho tempestuou sobre a cabeça dos perversos.

²⁰ Não se desviará a ira do SENHOR, até que ele execute e cumpra os desígnios do seu coração; nos últimos dias, entendereis isso claramente.

²¹ Não mandei esses profetas; todavia, eles foram correndo; não lhes falei a eles; contudo, profetizaram.

²² Mas, se tivessem estado no meu conselho, então, teriam feito ouvir as minhas palavras ao meu povo e o teriam feito voltar do seu mau caminho e da maldade das suas ações.

²³ Acaso, sou Deus apenas de perto, diz o SENHOR, e não também de longe?

²⁴ Ocultar-se-ia alguém em esconderijos, de modo que eu não o veja? — diz o SENHOR; porventura, não encho eu os céus e a terra? — diz o SENHOR.

²⁵ Tenho ouvido o que dizem aqueles profetas, proclamando mentiras em meu nome, dizendo: Sonhei, sonhei.

²⁶ Até quando sucederá isso no coração dos profetas que proclamam mentiras, que proclamam só o engano do próprio coração?

²⁷ Os quais cuidam em fazer que o meu povo se esqueça do meu nome pelos seus sonhos que cada um conta ao seu companheiro, assim como seus pais se esqueceram do meu nome, por causa de Baal.

²⁸ O profeta que tem sonho conte-o como apenas sonho; mas aquele em quem está a minha palavra fale a minha palavra com verdade. Que tem a palha com o trigo? — diz o SENHOR.

²⁹ Não é a minha palavra fogo, diz o SENHOR, e martelo que esmiúça a penha?

³⁰ Portanto, eis que eu sou contra esses profetas, diz o SENHOR, que furtam as minhas palavras, cada um ao seu companheiro.

³¹ Eis que eu sou contra esses profetas, diz o SENHOR, que pregam a sua própria palavra e afirmam: Ele disse.

³² Eis que eu sou contra os que profetizam sonhos mentirosos, diz o SENHOR, e os contam, e com as suas mentiras e leviandades fazem errar o meu povo; pois eu não os enviei, nem lhes dei ordem; e também proveito nenhum trouxeram a este povo, diz o SENHOR.

³³ Quando, pois, este povo te perguntar, ou qualquer profeta, ou sacerdote, dizendo: Qual é a sentença pesada do SENHOR? Então, lhe dirás: Vós sois o peso, e eu vos arrojarei, diz o SENHOR. ³⁴ Quanto ao profeta, e ao sacerdote, e ao povo que disser: Sentença pesada do SENHOR, a esse homem eu castigarei e a sua casa. ³⁵ Antes, direis, cada um ao seu companheiro e cada um ao seu irmão: Que respondeu o SENHOR? Que falou o SENHOR? ³⁶ Mas nunca mais fareis menção da sentença pesada do SENHOR; porque a cada um lhe servirá de sentença pesada a sua própria palavra; pois torceis as palavras do Deus vivo, do SENHOR dos Exércitos, o nosso Deus. ³⁷ Assim dirás ao profeta: Que te respondeu o SENHOR? Que falou o SENHOR? ³⁸ Mas, porque dizeis: Sentença pesada do SENHOR, assim o diz o SENHOR: Porque dizeis esta palavra: Sentença pesada do SENHOR (havendo-vos eu proibido de dizerdes esta palavra: Sentença pesada do SENHOR), ³⁹ por isso, levantar-vos-ei e vos arrojarei da minha presença, a vós outros e à cidade que vos dei e a vossos pais. ⁴⁰ Porei sobre vós perpétuo opróbrio e eterna vergonha, que jamais será esquecida.

A visão dos dois cestos de figos

24 Fez-me ver o SENHOR, e vi dois cestos de figos postos diante do templo do SENHOR, depois que Nabucodonosor, rei da Babilônia, levou em cativeiro a Jeconias, filho de Jeoaquim, rei de Judá, e os príncipes de Judá, e os artífices, e os ferreiros de Jerusalém e os trouxe à Babilônia. ² Tinha um cesto figos muito bons, como os figos temporãos; mas o outro, ruins, que, de ruins que eram, não se podiam comer. ³ Então, me perguntou o SENHOR: Que vês tu, Jeremias? Respondi: Figos; os figos muito bons e os muito ruins, que, de ruins que são, não se podem comer. ⁴ A mim me veio a palavra do SENHOR, dizendo: ⁵ Assim diz o SENHOR, o Deus de Israel: Do modo por que vejo estes bons figos, assim favorecerei os exilados de Judá, que eu enviei deste lugar para a terra dos caldeus. ⁶ Porei sobre eles favoravelmente os olhos e os farei voltar para esta terra; edificá-los-ei e não os destruirei, plantá-los-ei e não os arrancarei. ⁷ Dar-lhes-ei coração para que me conheçam que eu sou o SENHOR; eles serão o meu povo, e eu serei o seu Deus; porque se voltarão para mim de todo o seu coração. ⁸ Como se rejeitam os figos ruins, que, de ruins que são, não se podem comer, assim tratarei a Zedequias, rei de Judá, diz o SENHOR, e a seus príncipes, e ao restante de Jerusalém, tanto aos que ficaram nesta terra como aos que habitam na terra do Egito. ⁹ Eu os farei objeto de espanto, calamidade para todos os reinos da terra; opróbrio e provérbio, escárnio e maldição em todos os lugares para onde os arrojarei. ¹⁰ Enviarei contra eles a espada, a fome e a peste, até que se consumam de sobre a terra que lhes dei, a eles e a seus pais.

Setenta anos de cativeiro

25 Palavra que veio a Jeremias acerca de todo o povo de Judá, no ano quarto de Jeoaquim, filho de Josias, rei de Judá, ano que era o primeiro de Nabucodonosor, rei da Babilônia, ² a qual anunciou Jeremias, o profeta, a todo o povo de Judá e a todos os habitantes de Jerusalém, dizendo: ³ Durante vinte e três anos, desde o décimo-terceiro de Josias, filho de Amom, rei de Judá, até hoje, tem vindo a mim a palavra do SENHOR, e, começando de madrugada, eu vo-la tenho anunciado; mas vós não escutastes. ⁴ Também, começando de madrugada, vos enviou o SENHOR todos os seus servos, os profetas, mas vós não os escutastes, nem inclinastes os ouvidos para ouvir; ⁵ quando diziam: Convertei-vos agora, cada um do seu mau caminho e da maldade das suas ações, e habitai na terra que o SENHOR vos deu e a vossos pais, desde os tempos antigos e para sempre. ⁶ Não andeis após outros deuses para os servirdes e para os adorardes, nem me provoqueis à ira com as obras de vossas mãos; não vos farei mal algum. ⁷ Todavia, não me destes ouvidos, diz o SENHOR, mas me provocastes à ira com as obras de vossas mãos, para o vosso próprio mal. ⁸ Portanto, assim diz o SENHOR dos Exércitos: Visto que não escutastes as minhas palavras,

24.1 2Rs 24.12-16; 2Cr 36.10.　25.1 2Rs 24.1; 2Cr 36.5-7; Dn 1.1,2.

⁹ eis que mandarei buscar todas as tribos do Norte, diz o SENHOR, como também a Nabucodonosor, rei da Babilônia, meu servo, e os trarei contra esta terra, contra os seus moradores e contra todas estas nações em redor, e os destruirei totalmente, e os porei por objeto de espanto, e de assobio, e de ruínas perpétuas.

¹⁰ Farei cessar entre eles a voz de folguedo e a de alegria, e a voz do noivo, e a da noiva, e o som das mós, e a luz do candeeiro.

¹¹ Toda esta terra virá a ser um deserto e um espanto; estas nações servirão ao rei da Babilônia setenta anos.

¹² Acontecerá, porém, que, quando se cumprirem os setenta anos, castigarei a iniqüidade do rei da Babilônia e a desta nação, diz o SENHOR, como também a da terra dos caldeus; farei deles ruínas perpétuas.

¹³ Farei que se cumpram sobre aquela terra todas as minhas ameaças que proferi contra ela, tudo quanto está escrito neste livro, que profetizou Jeremias contra todas as nações.

¹⁴ Porque também eles serão escravos de muitas nações e grandes reis; assim, lhes retribuirei segundo os seus feitos e segundo as obras das suas mãos.

O cálice da ira de Deus contra as nações

¹⁵ Porque assim me disse o SENHOR, o Deus de Israel: Toma da minha mão este cálice do vinho do meu furor e darás a beber dele a todas as nações às quais eu te enviar.

¹⁶ Para que bebam, e tremam, e enlouqueçam, por causa da espada que eu enviarei para o meio delas.

¹⁷ Recebi o cálice da mão do SENHOR e dei a beber a todas as nações às quais o SENHOR me tinha enviado:

¹⁸ a Jerusalém, às cidades de Judá, aos seus reis e aos seus príncipes, para fazer deles uma ruína, objeto de espanto, de assobio e maldição, como hoje se vê;

¹⁹ a Faraó, rei do Egito, a seus servos, a seus príncipes e a todo o seu povo;

²⁰ a todo misto de gente, a todos os reis da terra de Uz, a todos os reis da terra dos filisteus, a Ascalom, a Gaza, a Ecrom e ao resto de Asdode;

²¹ a Edom, a Moabe e aos filhos de Amom;

²² a todos os reis de Tiro, a todos os reis de Sidom e aos reis das terras dalém do mar;

²³ a Dedã, a Tema, a Buz e a todos os que cortam os cabelos nas têmporas;

²⁴ a todos os reis da Arábia e todos os reis do misto de gente que habita no deserto;

²⁵ a todos os reis de Zimri, a todos os reis de Elão e a todos os reis da Média;

²⁶ a todos os reis do Norte, os de perto e os de longe, um após outro, e a todos os reinos do mundo sobre a face da terra; e, depois de todos eles, ao rei da Babilônia.

²⁷ Pois lhes dirás: Assim diz o SENHOR dos Exércitos, o Deus de Israel: Bebei, embebedai-vos e vomitai; caí e não torneis a levantar-vos, por causa da espada que estou enviando para o vosso meio.

²⁸ Se recusarem receber o cálice da tua mão para beber, então, lhes dirás: Assim diz o SENHOR dos Exércitos: Tereis de bebê-lo.

²⁹ Pois eis que na cidade que se chama pelo meu nome começo a castigar; e ficareis vós de todo impunes? Não, não ficareis impunes, porque eu chamo a espada sobre todos os moradores da terra, diz o SENHOR dos Exércitos.

³⁰ Tu, pois, lhes profetizarás todas estas palavras e lhes dirás: O SENHOR lá do alto rugirá e da sua santa morada fará ouvir a sua voz; rugirá fortemente contra a sua malhada, com brados contra todos os moradores da terra, como o eia! dos que pisam as uvas.

³¹ Chegará o estrondo até à extremidade da terra, porque o SENHOR tem contenda com as nações, entrará em juízo contra toda carne; os perversos entregará à espada, diz o SENHOR.

³² Assim diz o SENHOR dos Exércitos: Eis que o mal passa de nação para nação, e grande tormenta se levanta dos confins da terra.

³³ Os que o SENHOR entregar à morte naquele dia se estenderão de uma a outra extremidade da terra; não serão pranteados, nem recolhidos, nem sepultados; serão como esterco sobre a face da terra.

³⁴ Uivai, pastores, e clamai; revolvei-vos na cinza, vós, donos dos rebanhos, porque já se cumpriram os vossos dias de matardes e dispersardes, e vós mesmos caireis como jarros preciosos.

³⁵ Não haverá refúgio para os pastores, nem salvamento para os donos dos rebanhos.

³⁶ Eis o grito dos pastores, o uivo dos donos dos rebanhos! Porque o SENHOR está destruindo o pasto deles.

37 Porque as suas malhadas pacíficas serão devastadas, por causa do brasume da ira do Senhor.

38 Saiu da sua morada como o filho de leão; porque a terra deles foi posta em ruínas, por causa do furor da espada e por causa do brasume da ira do Senhor.

Jeremias ameaçado de morte

26 No princípio do reinado de Jeoaquim, filho de Josias, rei de Judá, veio esta palavra do Senhor:

2 Assim diz o Senhor: Põe-te no átrio da Casa do Senhor e dize a todas as cidades de Judá, que vêm adorar à Casa do Senhor, todas as palavras que eu te mando lhes digas; não omitas nem uma palavra sequer.

3 Bem pode ser que ouçam e se convertam, cada um do seu mau caminho; então, me arrependerei do mal que intento fazer-lhes por causa da maldade das suas ações.

4 Dize-lhes, pois: Assim diz o Senhor: Se não me derdes ouvidos para andardes na minha lei, que pus diante de vós,

5 para que ouvísseis as palavras dos meus servos, os profetas, que, começando de madrugada, vos envio, posto que até aqui não me ouvistes,

6 então, farei que esta casa seja como Silo e farei desta cidade maldição para todas as nações da terra.

7 Os sacerdotes, os profetas e todo o povo ouviram a Jeremias, quando proferia estas palavras na Casa do Senhor.

8 Tendo Jeremias acabado de falar tudo quanto o Senhor lhe havia ordenado que dissesse a todo o povo, lançaram mão dele os sacerdotes, os profetas e todo o povo, dizendo: Serás morto.

9 Por que profetizas em nome do Senhor, dizendo: Será como Silo esta casa, e esta cidade, desolada e sem habitantes? E ajuntou-se todo o povo contra Jeremias, na Casa do Senhor.

10 Tendo os príncipes de Judá ouvido estas palavras, subiram da casa do rei à Casa do Senhor e se assentaram à entrada da Porta Nova da Casa do Senhor.

11 Então, os sacerdotes e os profetas falaram aos príncipes e a todo o povo, dizendo: Este homem é réu de morte, porque profetizou contra esta cidade, como ouvistes com os vossos próprios ouvidos.

12 Falou Jeremias a todos os príncipes e a todo o povo, dizendo: O Senhor me enviou a profetizar contra esta casa e contra esta cidade todas as palavras que ouvistes.

13 Agora, pois, emendai os vossos caminhos e as vossas ações e ouvi a voz do Senhor, vosso Deus; então, se arrependerá o Senhor do mal que falou contra vós outros.

14 Quanto a mim, eis que estou nas vossas mãos; fazei de mim o que for bom e reto segundo vos parecer.

15 Sabei, porém, com certeza que, se me matardes a mim, trareis sangue inocente sobre vós, sobre esta cidade e sobre os seus moradores; porque, na verdade, o Senhor me enviou a vós outros, para me ouvirdes dizer-vos estas palavras.

16 Então, disseram os príncipes e todo o povo aos sacerdotes e aos profetas: Este homem não é réu de morte, porque em nome do Senhor, nosso Deus, nos falou.

17 Também se levantaram alguns dentre os anciãos da terra e falaram a toda a congregação do povo, dizendo:

18 Miquéias, o morastita, profetizou nos dias de Ezequias, rei de Judá, e falou a todo o povo de Judá, dizendo: Assim disse o Senhor dos Exércitos: Sião será lavrada como um campo, Jerusalém se tornará em montões de ruínas, e o monte do templo, numa colina coberta de mato.

19 Mataram-no, acaso, Ezequias, rei de Judá, e todo o Judá? Antes, não temeu este ao Senhor, não implorou o favor do Senhor? E o Senhor não se arrependeu do mal que falara contra eles? E traríamos nós tão grande mal sobre a nossa alma?

A execução do profeta Urias

20 Também houve outro homem, Urias, filho de Semaías, de Quiriate-Jearim, que profetizava em nome do Senhor e profetizou contra esta cidade e contra esta terra, segundo todas as palavras de Jeremias.

21 Ouvindo o rei Jeoaquim, e todos os seus valentes, e todos os príncipes as suas palavras, procurou o rei matá-lo; mas, ouvindo isto Urias, temeu, fugiu e foi para o Egito.

22 O rei Jeoaquim, porém, enviou a El-natã, filho de Acbor, ao Egito e com ele outros homens.

23 Eles tiraram a Urias do Egito e o trouxeram ao rei Jeoaquim; este mandou feri-lo à espada e lançar-lhe o cadáver nas sepulturas da plebe.

26.1 2Rs 23.36-24.6; 2Cr 36.5-7. **26.6** Js 18.1; Sl 78.60; Jr 7.12-14. **26.18** Mq 3.12.

²⁴ Porém a influência de Aicão, filho de Safã, protegeu a Jeremias, para que o não entregassem nas mãos do povo, para ser morto.

Os canzis simbólicos

27 No princípio do reinado de Zedequias, filho de Josias, rei de Judá, veio da parte do SENHOR esta palavra a Jeremias:

² Assim me disse o SENHOR: Faze correias e canzis e põe-nos ao teu pescoço.

³ E envia outros ao rei de Edom, ao rei de Moabe, ao rei dos filhos de Amom, ao rei de Tiro e ao rei de Sidom, por intermédio dos mensageiros que vieram a Jerusalém ter com Zedequias, rei de Judá.

⁴ Ordena-lhes que digam aos seus senhores: Assim diz o SENHOR dos Exércitos, o Deus de Israel: Assim direis a vossos senhores:

⁵ Eu fiz a terra, o homem e os animais que estão sobre a face da terra, com o meu grande poder e com o meu braço estendido, e os dou àquele a quem for justo.

⁶ Agora, eu entregarei todas estas terras ao poder de Nabucodonosor, rei da Babilônia, meu servo; e também lhe dei os animais do campo para que o sirvam.

⁷ Todas as nações servirão a ele, a seu filho e ao filho de seu filho, até que também chegue a vez da sua própria terra, quando muitas nações e grandes reis o fizerem seu escravo.

⁸ Se alguma nação e reino não servirem o mesmo Nabucodonosor, rei da Babilônia, e não puserem o pescoço debaixo do jugo do rei da Babilônia, a essa nação castigarei com espada, e com fome, e com peste, diz o SENHOR, até que eu a consuma pela sua mão.

⁹ Não deis ouvidos aos vossos profetas e aos vossos adivinhos, aos vossos sonhadores, aos vossos agoureiros e aos vossos encantadores, que vos falam, dizendo: Não servireis o rei da Babilônia.

¹⁰ Porque eles vos profetizam mentiras para vos mandarem para longe da vossa terra, e para que eu vos expulse, e pereçais.

¹¹ Mas a nação que meter o pescoço sob o jugo do rei da Babilônia e o servir, eu a deixarei na sua terra, diz o SENHOR, e lavrá-la-á e habitará nela.

¹² Falei a Zedequias, rei de Judá, segundo todas estas palavras, dizendo: Metei o pescoço no jugo do rei da Babilônia, servio, a ele e ao seu povo, e vivereis.

¹³ Por que morrerias tu e o teu povo, à espada, à fome e de peste, como o SENHOR disse com respeito à nação que não servir ao rei da Babilônia?

¹⁴ Não deis ouvidos às palavras dos profetas, que vos dizem: Não servireis ao rei da Babilônia. É mentira o que eles vos profetizam.

¹⁵ Porque não os enviei, diz o SENHOR, e profetizam falsamente em meu nome, para que eu vos expulse e pereçais, vós e eles que vos profetizam.

¹⁶ Também falei aos sacerdotes e a todo este povo, dizendo: Assim diz o SENHOR: Não deis ouvidos às palavras dos vossos profetas que vos profetizam, dizendo: Eis que os utensílios da Casa do SENHOR voltarão em breve da Babilônia. É mentira o que eles vos profetizam.

¹⁷ Não lhes deis ouvidos, servi ao rei da Babilônia e vivereis; por que se tornaria esta cidade em desolação?

¹⁸ Porém, se são profetas, e se a palavra do SENHOR está com eles, que orem ao SENHOR dos Exércitos, para que os utensílios que ficaram na Casa do SENHOR, e na casa do rei de Judá, e em Jerusalém não sejam levados para a Babilônia.

¹⁹ Porque assim diz o SENHOR dos Exércitos acerca das colunas, do mar, dos suportes e dos restantes utensílios que ficaram na cidade,

²⁰ os quais Nabucodonosor, rei da Babilônia, não levou, quando deportou, de Jerusalém para a Babilônia, a Jeconias, filho de Jeoaquim, rei de Judá, assim como a todos os nobres de Judá e de Jerusalém;

²¹ sim, isto diz o SENHOR dos Exércitos, o Deus de Israel, acerca dos utensílios que ficaram na Casa do SENHOR, e na casa do rei de Judá, e em Jerusalém:

²² à Babilônia serão levados, onde ficarão até ao dia em que eu atentar para eles, diz o SENHOR; então, os farei trazer e os devolverei a este lugar.

A luta de Jeremias com o falso profeta Hananias

28 No mesmo ano, no princípio do reinado de Zedequias, rei de Judá, isto é, no ano quarto, no quinto mês, Hananias, filho de Azur e profeta de Gibeom, me falou na Casa do SENHOR, na presença dos sacerdotes e de todo o povo, dizendo:

27.1 2Rs 24.18-20; 2Cr 36.11-13.   **28.1** 2Rs 24.18-20; 2Cr 36.11-13.

² Assim fala o Senhor dos Exércitos, o Deus de Israel, dizendo: Quebrei o jugo do rei da Babilônia.

³ Dentro de dois anos, eu tornarei a trazer a este lugar todos os utensílios da Casa do Senhor, que daqui tomou Nabucodonosor, rei da Babilônia, levando-os para a Babilônia.

⁴ Também a Jeconias, filho de Jeoaquim, rei de Judá, e a todos os exilados de Judá, que entraram na Babilônia, eu tornarei a trazer a este lugar, diz o Senhor; porque quebrei o jugo do rei da Babilônia.

⁵ Então, respondeu Jeremias, o profeta, ao profeta Hananias, na presença dos sacerdotes e perante todo o povo que estava na Casa do Senhor.

⁶ Disse, pois, Jeremias, o profeta: Amém! Assim faça o Senhor; confirme o Senhor as tuas palavras, com que profetizaste, e torne ele a trazer da Babilônia a este lugar os utensílios da Casa do Senhor e todos os exilados.

⁷ Mas ouve agora esta palavra, que eu falo a ti e a todo o povo para que ouçais:

⁸ Os profetas que houve antes de mim e antes de ti, desde a antiguidade, profetizaram guerra, mal e peste contra muitas terras e grandes reinos.

⁹ O profeta que profetizar paz, só ao cumprir-se a sua palavra, será conhecido como profeta de fato enviado do Senhor.

¹⁰ Então, o profeta Hananias tomou os canzis do pescoço de Jeremias, o profeta, e os quebrou;

¹¹ e falou na presença de todo o povo: Assim diz o Senhor: Deste modo, dentro de dois anos, quebrarei o jugo de Nabucodonosor, rei da Babilônia, de sobre o pescoço de todas as nações. E Jeremias, o profeta, se foi, tomando o seu caminho.

¹² Mas depois que Hananias, o profeta, quebrou os canzis de sobre o pescoço do profeta Jeremias, veio a este a palavra do Senhor, dizendo:

¹³ Vai e fala a Hananias, dizendo: Assim diz o Senhor: Canzis de madeira quebraste. Mas, em vez deles, farei canzis de ferro.

¹⁴ Porque assim diz o Senhor dos Exércitos, o Deus de Israel: Jugo de ferro pus sobre o pescoço de todas estas nações, para servirem a Nabucodonosor, rei da Babilônia; e o servirão. Também lhe dei os animais do campo.

¹⁵ Disse Jeremias, o profeta, ao profeta Hananias: Ouve agora, Hananias: O Senhor não te enviou, mas tu fizeste que este povo confiasse em mentiras.

¹⁶ Pelo que assim diz o Senhor: Eis que te lançarei de sobre a face da terra; morrerás este ano, porque pregaste rebeldia contra o Senhor.

¹⁷ Morreu, pois, o profeta Hananias, no mesmo ano, no sétimo mês.

A carta de Jeremias aos cativos da Babilônia

29 São estas as palavras da carta que Jeremias, o profeta, enviou de Jerusalém ao resto dos anciãos do cativeiro, como também aos sacerdotes, aos profetas e a todo o povo que Nabucodonosor havia deportado de Jerusalém para a Babilônia,

² depois que saíram de Jerusalém o rei Jeconias, a rainha-mãe, os oficiais, os príncipes de Judá e Jerusalém e os carpinteiros e ferreiros.

³ A carta foi mandada por intermédio de Eleasá, filho de Safã, e de Gemarias, filho de Hilquias, os quais Zedequias, rei de Judá, tinha enviado à Babilônia, a Nabucodonosor, rei da Babilônia, e dizia:

⁴ Assim diz o Senhor dos Exércitos, o Deus de Israel, a todos os exilados que eu deportei de Jerusalém para a Babilônia:

⁵ Edificai casas e habitai nelas; plantai pomares e comei o seu fruto.

⁶ Tomai esposas e gerai filhos e filhas, tomai esposas para vossos filhos e dai vossas filhas a maridos, para que tenham filhos e filhas; multiplicai-vos aí e não vos diminuais.

⁷ Procurai a paz da cidade para onde vos desterrei e orai por ela ao Senhor; porque na sua paz vós tereis paz.

⁸ Porque assim diz o Senhor dos Exércitos, o Deus de Israel: Não vos enganem os vossos profetas que estão no meio de vós, nem os vossos adivinhos, nem deis ouvidos aos vossos sonhadores, que sempre sonham segundo o vosso desejo;

⁹ porque falsamente vos profetizam eles em meu nome; eu não os enviei, diz o Senhor.

¹⁰ Assim diz o Senhor: Logo que se cumprirem para a Babilônia setenta anos, atentarei para vós outros e cumprirei para convosco a minha boa palavra, tornando a trazer-vos para este lugar.

¹¹ Eu é que sei que pensamentos tenho a vosso respeito, diz o Senhor; pensamen-

tos de paz e não de mal, para vos dar o fim que desejais.

¹² Então, me invocareis, passareis a orar a mim, e eu vos ouvirei.

¹³ Buscar-me-eis e me achareis quando me buscardes de todo o vosso coração.

¹⁴ Serei achado de vós, diz o SENHOR, e farei mudar a vossa sorte; congregar-vos-ei de todas as nações e de todos os lugares para onde vos lancei, diz o SENHOR, e tornarei a trazer-vos ao lugar donde vos mandei para o exílio.

¹⁵ Vós dizeis: O SENHOR nos suscitou profetas na Babilônia.

¹⁶ Mas assim diz o SENHOR a respeito do rei que se assenta no trono de Davi e de todo o povo que habita nesta cidade, vossos irmãos, que não saíram convosco para o exílio;

¹⁷ assim diz o SENHOR dos Exércitos: Eis que enviarei contra eles a espada, a fome e a peste e fá-los-ei como a figos ruins, que, de ruins que são, não se podem comer.

¹⁸ Persegui-los-ei com a espada, a fome e a peste; fá-los-ei um espetáculo horrendo para todos os reinos da terra; e os porei por objeto de espanto, e de assobio, e de opróbrio entre todas as nações para onde os tiver arrojado;

¹⁹ porque não deram ouvidos às minhas palavras, diz o SENHOR, com as quais, começando de madrugada, lhes enviei os meus servos, os profetas; mas vós não os escutastes, diz o SENHOR.

²⁰ Vós, pois, ouvi a palavra do SENHOR, todos os do exílio que enviei de Jerusalém para a Babilônia.

²¹ Assim diz o SENHOR dos Exércitos, o Deus de Israel, acerca de Acabe, filho de Colaías, e de Zedequias, filho de Maaséias, que vos profetizam falsamente em meu nome: Eis que os entregarei nas mãos de Nabucodonosor, rei da Babilônia, e ele os ferirá diante dos vossos olhos.

²² Daí surgirá nova espécie de maldição entre os exilados de Judá que estão na Babilônia: o SENHOR te faça como a Zedequias e como a Acabe, os quais o rei da Babilônia assou no fogo;

²³ porquanto fizeram loucuras em Israel, cometeram adultérios com as mulheres de seus companheiros e anunciaram falsamente em meu nome palavras que não lhes mandei dizer; eu o sei e sou testemunha disso, diz o SENHOR.

²⁴ A Semaías, o neelamita, falarás, dizendo:

²⁵ Assim diz o SENHOR dos Exércitos, o Deus de Israel: Porquanto enviaste no teu nome cartas a todo o povo que está em Jerusalém, como também a Sofonias, filho de Maaséias, o sacerdote, e a todos os sacerdotes, dizendo:

²⁶ O SENHOR te pôs por sacerdote em lugar do sacerdote Joiada, para que sejas encarregado da Casa do SENHOR sobre todo homem fanático que quer passar por profeta, para o lançares na prisão e no tronco.

²⁷ Agora, pois, por que não repreendeste a Jeremias, o anatotita, que vos profetiza?

²⁸ Pois nos enviou mensageiros à Babilônia para nos dizer: Há de durar muito o exílio; edificai casas e habitai nelas; plantai pomares e comei o seu fruto.

²⁹ Sofonias, o sacerdote, leu esta carta aos ouvidos do profeta Jeremias.

³⁰ Então, veio a palavra do SENHOR a Jeremias, dizendo:

³¹ Manda dizer a todos os exilados: Assim diz o SENHOR acerca de Semaías, o neelamita: Porquanto Semaías vos profetizou, não o havendo eu enviado, e vos fez confiar em mentiras,

³² assim diz o SENHOR: Eis que castigarei a Semaías, o neelamita, e à sua descendência; ele não terá ninguém que habite entre este povo e não verá o bem que hei de fazer ao meu povo, diz o SENHOR, porque pregou rebeldia contra o SENHOR.

Deus promete trazer do cativeiro o seu povo

30 Palavra que do SENHOR veio a Jeremias, dizendo:

² Assim fala o SENHOR, Deus de Israel: Escreve num livro todas as palavras que eu disse.

³ Porque eis que vêm dias, diz o SENHOR, em que mudarei a sorte do meu povo de Israel e de Judá, diz o SENHOR; fá-los-ei voltar para a terra que dei a seus pais, e a possuirão.

⁴ São estas as palavras que disse o SENHOR acerca de Israel e de Judá:

⁵ Assim diz o SENHOR: Ouvimos uma voz de tremor e de temor e não de paz.

⁶ Perguntai, pois, e vede se acaso um homem tem dores de parto. Por que vejo, pois, a cada homem com as mãos na cintura, co-

29.13 Dt 4.29.

mo a que está dando à luz? E por que se tornaram pálidos todos os rostos?

⁷ Ah! Que grande é aquele dia, e não há outro semelhante! É tempo de angústia para Jacó; ele, porém, será livre dela.

⁸ Naquele dia, diz o SENHOR dos Exércitos, eu quebrarei o seu jugo de sobre o teu pescoço e quebrarei os teus canzis; e nunca mais estrangeiros farão escravo este povo,

⁹ que servirá ao SENHOR, seu Deus, como também a Davi, seu rei, que lhe levantarei.

¹⁰ Não temas, pois, servo meu, Jacó, diz o SENHOR, nem te espantes, ó Israel; pois eis que te livrarei das terras de longe e à tua descendência, da terra do exílio; Jacó voltará e ficará tranqüilo e em sossego; e não haverá quem o atemorize.

¹¹ Porque eu sou contigo, diz o SENHOR, para salvar-te; por isso, darei cabo de todas as nações entre as quais te espalhei; de ti, porém, não darei cabo, mas castigar-te-ei em justa medida e de todo não te inocentarei.

¹² Porque assim diz o SENHOR: Teu mal é incurável, a tua chaga é dolorosa.

¹³ Não há quem defenda a tua causa; para a tua ferida não tens remédios nem emplasto.

¹⁴ Todos os teus amantes se esqueceram de ti, já não perguntam por ti; porque te feri com ferida de inimigo e com castigo de cruel, por causa da grandeza da tua maldade e da multidão de teus pecados.

¹⁵ Por que gritas por motivo da tua ferida? Tua dor é incurável. Por causa da grandeza de tua maldade e da multidão de teus pecados é que eu fiz estas cousas.

¹⁶ Por isso, todos os que te devoram serão devorados; e todos os teus adversários serão levados, cada um deles para o cativeiro; os que te despojam serão despojados, e entregarei ao saque todos os que te saqueiam.

¹⁷ Porque te restaurarei a saúde e curarei as tuas chagas, diz o SENHOR; pois te chamaram a repudiada, dizendo: É Sião, já ninguém pergunta por ela.

¹⁸ Assim diz o SENHOR: Eis que restaurarei a sorte das tendas de Jacó e me compadecerei das suas moradas; a cidade será reedificada sobre o seu montão de ruínas, e o palácio será habitado como outrora.

¹⁹ Sairão deles ações de graças e o júbilo dos que se alegram. Multiplicá-los-ei, e não serão diminuídos; glorificá-los-ei, e não serão apoucados.

²⁰ Seus filhos serão como na antiguidade, e a sua congregação será firmada diante de mim, e castigarei todos os seus opressores.

²¹ O seu príncipe procederá deles, do meio deles sairá o que há de reinar; fá-lo-ei aproximar, e ele se chegará a mim; pois quem de si mesmo ousaria aproximar-se de mim? — diz o SENHOR.

²² Vós sereis o meu povo, eu serei o vosso Deus.

²³ Eis a tempestade do SENHOR! O furor saiu, e um redemoinho tempestuou sobre a cabeça dos perversos.

²⁴ Não voltará atrás o brasume da ira do SENHOR, até que tenha executado e cumprido os desígnios do seu coração. Nos últimos dias, entendereis isto.

Lamento transformado em júbilo

31 Naquele tempo, diz o SENHOR, serei o Deus de todas as tribos de Israel, e elas serão o meu povo.

² Assim diz o SENHOR: O povo que se livrou da espada logrou graça no deserto. Eu irei e darei descanso a Israel.

³ De longe se me deixou ver o SENHOR, dizendo: Com amor eterno te amei; por isso, com benignidade te atraí.

⁴ Ainda te edificarei, e serás edificada, ó virgem de Israel! Ainda serás adornada com os teus adufes e sairás com o coro dos que dançam.

⁵ Ainda plantarás vinhas nos montes de Samaria; plantarão os plantadores e gozarão dos frutos.

⁶ Porque haverá um dia em que gritarão os atalaias na região montanhosa de Efraim: Levantai-vos, e subamos a Sião, ao SENHOR, nosso Deus!

⁷ Porque assim diz o SENHOR: Cantai com alegria a Jacó, exultai por causa da cabeça das nações; proclamai, cantai louvores e dizei: Salva, SENHOR, o teu povo, o restante de Israel.

⁸ Eis que os trarei da terra do Norte e os congregarei das extremidades da terra; e, entre eles, também os cegos e aleijados, as mulheres grávidas e as de parto; em grande congregação, voltarão para aqui.

⁹ Virão com choro, e com súplicas os levarei; guiá-los-ei aos ribeiros de águas, por caminho reto em que não tropeçarão; porque sou pai para Israel, e Efraim é o meu primogênito.

¹⁰ Ouvi a palavra do SENHOR, ó nações, e anunciai nas terras longínquas do mar, e

dizei: Aquele que espalhou a Israel o congregará e o guardará, como o pastor, ao seu rebanho.

¹¹ Porque o SENHOR redimiu a Jacó e o livrou da mão do que era mais forte do que ele.

¹² Hão de vir e exultar na altura de Sião, radiantes de alegria por causa dos bens do SENHOR, do cereal, do vinho, do azeite, dos cordeiros e dos bezerros; a sua alma será como um jardim regado, e nunca mais desfalecerão.

¹³ Então, a virgem se alegrará na dança, e também os jovens e os velhos; tornarei o seu pranto em júbilo e os consolarei; transformarei em regozijo a sua tristeza.

¹⁴ Saciarei de gordura a alma dos sacerdotes, e o meu povo se fartará com a minha bondade, diz o SENHOR.

¹⁵ Assim diz o SENHOR: Ouviu-se um clamor em Ramá, pranto e grande lamento; era Raquel chorando por seus filhos e inconsolável por causa deles, porque já não existem.

¹⁶ Assim diz o SENHOR: Reprime a tua voz de choro e as lágrimas de teus olhos; porque há recompensa para as tuas obras, diz o SENHOR, pois os teus filhos voltarão da terra do inimigo.

¹⁷ Há esperança para o teu futuro, diz o SENHOR, porque teus filhos voltarão para os seus territórios.

¹⁸ Bem ouvi que Efraim se queixava, dizendo: Castigaste-me, e fui castigado como novilho ainda não domado; converte-me, e serei convertido, porque tu és o SENHOR, meu Deus.

¹⁹ Na verdade, depois que me converti, arrependi-me; depois que fui instruído, bati no peito; fiquei envergonhado, confuso, porque levei o opróbrio da minha mocidade.

²⁰ Não é Efraim meu precioso filho, filho das minhas delícias? Pois tantas vezes quantas falo contra ele, tantas vezes ternamente me lembro dele; comove-se por ele o meu coração, deveras me compadecerei dele, diz o SENHOR.

²¹ Põe-te marcos, finca postes que te guiem, presta atenção na vereda, no caminho por onde passaste; regressa, ó virgem de Israel, regressa às tuas cidades.

²² Até quando andarás errante, ó filha rebelde? Porque o SENHOR criou cousa nova na terra: a mulher infiel virá a requestar um homem.

²³ Assim diz o SENHOR dos Exércitos, o Deus de Israel: Ainda dirão esta palavra na terra de Judá e nas suas cidades, quando eu lhe restaurar a sorte: O SENHOR te abençoe, ó morada de justiça, ó santo monte!

²⁴ Nela, habitarão Judá e todas as suas cidades juntamente, como também os lavradores e os que pastoreiam os rebanhos.

²⁵ Porque satisfiz à alma cansada, e saciei a toda alma desfalecida.

²⁶ Nisto, despertei e olhei; e o meu sono fora doce para mim.

²⁷ Eis que vêm dias, diz o SENHOR, em que semearei a casa de Israel e a casa de Judá com a semente de homens e de animais.

²⁸ Como velei sobre eles, para arrancar, para derribar, para subverter, para destruir e para afligir, assim velarei sobre eles para edificar e para plantar, diz o SENHOR.

²⁹ Naqueles dias, já não dirão: Os pais comeram uvas verdes, e os dentes dos filhos é que se embotaram.

³⁰ Cada um, porém, será morto pela sua iniquidade; de todo homem que comer uvas verdes os dentes se embotarão.

Firmada nova aliança com Israel

³¹ Eis aí vêm dias, diz o SENHOR, em que firmarei nova aliança com a casa de Israel e com a casa de Judá.

³² Não conforme a aliança que fiz com seus pais, no dia em que os tomei pela mão, para os tirar da terra do Egito; porquanto eles anularam a minha aliança, não obstante eu os haver desposado, diz o SENHOR.

³³ Porque esta é a aliança que firmarei com a casa de Israel, depois daqueles dias, diz o SENHOR: Na mente, lhes imprimirei as minhas leis, também no coração lhas inscreverei; eu serei o seu Deus, e eles serão o meu povo.

³⁴ Não ensinará jamais cada um ao seu próximo, nem cada um ao seu irmão, dizendo: Conhece ao SENHOR, porque todos me conhecerão, desde o menor até ao maior deles, diz o SENHOR. Pois perdoarei as suas iniquidades e dos seus pecados jamais me lembrarei.

³⁵ Assim diz o SENHOR, que dá o sol para a luz do dia e as leis fixas à lua e às estrelas para a luz da noite, que agita o mar e faz bramir as suas ondas; SENHOR dos Exércitos é o seu nome.

³⁶ Se falharem estas leis fixas diante de mim, diz o SENHOR, deixará também a

---

31.15 Mt 2.18; Gn 35.16-19.   **31.29** Ez 18.2.   **31.31** Mt 26.28; Mc 14.24; Lc 22.20; 1Co 11.25; 2Co 3.6.
31.31-34 Hb 8.8-12.   **31.33** Hb 10.16,17.

descendência de Israel de ser uma nação diante de mim para sempre.

³⁷ Assim diz o SENHOR: Se puderem ser medidos os céus lá em cima e sondados os fundamentos da terra cá embaixo, também eu rejeitarei toda a descendência de Israel, por tudo quanto fizeram, diz o SENHOR.

³⁸ Eis que vêm dias, diz o SENHOR, em que esta cidade será reedificada para o SENHOR, desde a Torre de Hananeel até à Porta da Esquina.

³⁹ O cordel de medir estender-se-á para diante, até ao outeiro de Garebe, e virar-se-á para Goa.

⁴⁰ Todo o vale dos cadáveres e da cinza e todos os campos até ao ribeiro Cedrom, até à esquina da Porta dos Cavalos para o oriente, serão consagrados ao SENHOR. Esta Jerusalém jamais será desarraigada ou destruída.

Jeremias compra um campo em Anatote

32 Palavra que veio a Jeremias da parte do SENHOR, no ano décimo de Zedequias, rei de Judá, ou décimo-oitavo de Nabucodonosor.

² Ora, nesse tempo o exército do rei da Babilônia cercava Jerusalém; Jeremias, o profeta, estava encarcerado no pátio da guarda que estava na casa do rei de Judá.

³ Pois Zedequias, rei de Judá, o havia encerrado, dizendo: Por que profetizas tu que o SENHOR disse que entregaria esta cidade nas mãos do rei da Babilônia, e ele a tomaria;

⁴ que Zedequias, rei de Judá, não se livraria das mãos dos caldeus, mas infalivelmente seria entregue nas mãos do rei da Babilônia, e com ele falaria boca a boca, e o veria face a face;

⁵ e que ele levaria Zedequias para a Babilônia, onde estaria até que o SENHOR se lembrasse dele, como este disse; e, ainda que pelejásseis contra os caldeus, não seríeis bem sucedidos?

⁶ Disse, pois, Jeremias: Veio a mim a palavra do SENHOR, dizendo:

⁷ Eis que Hananeel, filho de teu tio Salum, virá a ti, dizendo: Compra o meu campo que está em Anatote, pois a ti, a quem pertence o direito de resgate, compete comprá-lo.

⁸ Veio, pois, a mim, segundo a palavra do SENHOR, Hananeel, filho de meu tio, ao pátio da guarda e me disse: Compra agora o meu campo que está em Anatote, na terra de Benjamim; porque teu é o direito de posse e de resgate; compra-o. Então, entendi que isto era a palavra do SENHOR.

⁹ Comprei, pois, de Hananeel, filho de meu tio, o campo que está em Anatote; e lhe pesei o dinheiro, dezessete siclos de prata.

¹⁰ Assinei a escritura, fechei-a com selo, chamei testemunhas e pesei-lhe o dinheiro numa balança.

¹¹ Tomei a escritura da compra, tanto a selada, segundo mandam a lei e os estatutos, como a cópia aberta;

¹² dei-a a Baruque, filho de Nerias, filho de Maaséias, na presença de Hananeel, filho de meu tio, e perante as testemunhas, que assinaram a escritura da compra, e na presença de todos os judeus que se assentavam no pátio da guarda.

¹³ Perante eles dei ordem a Baruque, dizendo:

¹⁴ Assim diz o SENHOR dos Exércitos, o Deus de Israel: Toma esta escritura, esta escritura da compra, tanto a selada como a aberta, e mete-as num vaso de barro, para que se possam conservar por muitos dias;

¹⁵ porque assim diz o SENHOR dos Exércitos, o Deus de Israel: Ainda se comprarão casas, campos e vinhas nesta terra.

Jeremias pede esclarecimentos a Deus

¹⁶ Depois que dei a escritura da compra a Baruque, filho de Nerias, orei ao SENHOR, dizendo:

¹⁷ Ah! SENHOR Deus, eis que fizeste os céus e a terra com o teu grande poder e com o teu braço estendido; cousa alguma te é demasiadamente maravilhosa.

¹⁸ Tu usas de misericórdia para com milhares e retribuis a iniquidade dos pais nos filhos; tu és o grande, o poderoso Deus, cujo nome é o SENHOR dos Exércitos,

¹⁹ grande em conselho e magnífico em obras; porque os teus olhos estão abertos sobre todos os caminhos dos filhos dos homens, para dar a cada um segundo o seu proceder, segundo o fruto das suas obras.

²⁰ Tu puseste sinais e maravilhas na terra do Egito até ao dia de hoje, tanto em Israel como entre outros homens; e te fizeste um nome, qual o que tens neste dia.

²¹ Tiraste o teu povo de Israel da terra do Egito, com sinais e maravilhas, com mão poderosa e braço estendido e com grande espanto;

²² e lhe deste esta terra, que com jura-

mento prometeste a seus pais, terra que mana leite e mel.

²³ Entraram nela e dela tomaram posse, mas não obedeceram à tua voz, nem andaram na tua lei; de tudo o que lhes mandaste que fizessem, nada fizeram; pelo que trouxeste sobre eles todo este mal.

²⁴ Eis aqui as trincheiras já atingem a cidade, para ser tomada; já está a cidade entregue nas mãos dos caldeus, que pelejam contra ela, pela espada, pela fome e pela peste. O que disseste aconteceu; e tu mesmo o vês.

²⁵ Contudo, ó SENHOR Deus, tu me disseste: Compra o campo por dinheiro e chama testemunhas, embora já esteja a cidade entregue nas mãos dos caldeus.

A resposta de Deus

²⁶ Então, veio a palavra do SENHOR a Jeremias, dizendo:

²⁷ Eis que eu sou o SENHOR, o Deus de todos os viventes; acaso, haveria cousa demasiadamente maravilhosa para mim?

²⁸ Portanto, assim diz o SENHOR: Eis que entrego esta cidade nas mãos dos caldeus, nas mãos de Nabucodonosor, rei da Babilônia, e ele a tomará.

²⁹ Os caldeus, que pelejam contra esta cidade, entrarão nela, porão fogo a esta cidade e queimarão as casas sobre cujos terraços queimaram incenso a Baal e ofereceram libações a outros deuses, para me provocarem à ira.

³⁰ Porque os filhos de Israel e os filhos de Judá não fizeram senão mal perante mim, desde a sua mocidade; porque os filhos de Israel não fizeram senão provocar-me à ira com as obras das suas mãos, diz o SENHOR.

³¹ Porque para minha ira e para meu furor me tem sido esta cidade, desde o dia em que a edificaram e até ao dia de hoje, para que eu a removesse da minha presença;

³² por causa de toda a maldade que fizeram os filhos de Israel e os filhos de Judá, para me provocarem à ira, eles, os seus reis, os seus príncipes, os seus sacerdotes e os seus profetas, como também os homens de Judá e os moradores de Jerusalém.

³³ Viraram-me as costas e não o rosto; ainda que eu, começando de madrugada, os ensinava, eles não deram ouvidos, para receberem a advertência.

³⁴ Antes, puseram as suas abominações na casa que se chama pelo meu nome, para a profanarem.

³⁵ Edificaram os altos de Baal, que estão no vale do filho de Hinom, para queimarem a seus filhos e a suas filhas a Moloque, o que nunca lhes ordenei, nem me passou pela mente fizessem tal abominação, para fazerem pecar a Judá.

³⁶ Agora, pois, assim diz o SENHOR, o Deus de Israel, acerca desta cidade, da qual vós dizeis: Já está entregue nas mãos do rei da Babilônia, pela espada, pela fome e pela peste.

³⁷ Eis que eu os congregarei de todas as terras, para onde os lancei na minha ira, no meu furor e na minha grande indignação; tornarei a trazê-los a este lugar e farei que nele habitem seguramente.

³⁸ Eles serão o meu povo, e eu serei o seu Deus.

³⁹ Dar-lhes-ei um só coração e um só caminho, para que me temam todos os dias, para seu bem e bem de seus filhos.

⁴⁰ Farei com eles aliança eterna, segundo a qual não deixarei de lhes fazer o bem; e porei o meu temor no seu coração, para que nunca se apartem de mim.

⁴¹ Alegrar-me-ei por causa deles e lhes farei bem; plantá-los-ei firmemente nesta terra, de todo o meu coração e de toda a minha alma.

⁴² Porque assim diz o SENHOR: Assim como fiz vir sobre este povo todo este grande mal, assim lhes trarei todo o bem que lhes estou prometendo.

⁴³ Comprar-se-ão campos nesta terra, da qual vós dizeis: Está deserta, sem homens nem animais; está entregue nas mãos dos caldeus.

⁴⁴ Comprarão campos por dinheiro, e lavrarão as escrituras, e as fecharão com selos, e chamarão testemunhas na terra de Benjamim, nos contornos de Jerusalém, nas cidades de Judá, nas cidades da região montanhosa, nas cidades das planícies e nas cidades do Sul; porque lhes restaurarei a sorte, diz o SENHOR.

Promessas de paz e prosperidade

33 Veio a palavra do SENHOR a Jeremias, segunda vez, estando ele ainda encarcerado no pátio da guarda, dizendo:

² Assim diz o SENHOR que faz estas cousas, o SENHOR que as forma para as estabelecer (SENHOR é o seu nome):

32.28 2Rs 25.1-11; 2Cr 36.17-21. **32.34** 2Rs 23.10; Jr 7.30,31; 19.1-6. **32.35** Lv 18.21.

³ Invoca-me, e te responderei; anunciar-
te-ei cousas grandes e ocultas, que não
sabes.

⁴ Porque assim diz o Senhor, o Deus de
Israel, a respeito das casas desta cidade e
das casas dos reis de Judá, que foram derribadas para a defesa contra as trincheiras
e a espada:

⁵ Quando se der a peleja contra os caldeus, para que eu as encha de cadáveres de
homens, feridos por minha ira e meu furor,
porquanto desta cidade escondi o meu rosto, por causa de toda a sua maldade,

⁶ eis que lhe trarei a ela saúde e cura e os
sararei; e lhes revelarei abundância de paz
e segurança.

⁷ Restaurarei a sorte de Judá e de Israel
e os edificarei como no princípio.

⁸ Purificá-los-ei de toda a sua iniqüidade com que pecaram contra mim; e perdoarei todas as suas iniqüidades com que pecaram e transgrediram contra mim.

⁹ Jerusalém me servirá por nome, por
louvor e glória, entre todas as nações da terra que ouvirem todo o bem que eu lhe faço; espantar-se-ão e tremerão por causa de
todo o bem e por causa de toda a paz que
eu lhe dou.

¹⁰ Assim diz o Senhor: Neste lugar,
que vós dizeis que está deserto, sem homens
nem animais, nas cidades de Judá e nas
ruas de Jerusalém, que estão assoladas,
sem homens, sem moradores e sem animais, ainda se ouvirá

¹¹ a voz de júbilo e de alegria, e a voz de
noivo, e a de noiva, e a voz dos que cantam:
Rendei graças ao Senhor dos Exércitos,
porque ele é bom, porque a sua misericórdia dura para sempre; e dos que trazem
ofertas de ações de graças à Casa do
Senhor; porque restaurarei a sorte da terra como no princípio, diz o Senhor.

¹² Assim diz o Senhor dos Exércitos:
Ainda neste lugar, que está deserto, sem homens e sem animais, e em todas as suas cidades, haverá morada de pastores que façam repousar aos seus rebanhos.

¹³ Nas cidades da região montanhosa, e
nas cidades das planícies, e nas cidades do
Sul, na terra de Benjamim, e nos contornos
de Jerusalém, e nas cidades de Judá, ainda passarão os rebanhos pelas mãos de
quem os conte, diz o Senhor.

Repetição da promessa
do Renovo de Davi
Jr 23.5,6

¹⁴ Eis que vêm dias, diz o Senhor, em
que cumprirei a boa palavra que proferi à
casa de Israel e à casa de Judá.

¹⁵ Naqueles dias e naquele tempo, farei
brotar a Davi um Renovo de justiça; ele executará juízo e justiça na terra.

¹⁶ Naqueles dias, Judá será salvo e Jerusalém habitará seguramente; ela será chamada Senhor, Justiça Nossa.

¹⁷ Porque assim diz o Senhor: Nunca
faltará a Davi homem que se assente no trono da casa de Israel;

¹⁸ nem aos sacerdotes levitas faltará homem diante de mim, para que ofereça holocausto, queime oferta de manjares e faça sacrifício todos os dias.

¹⁹ Veio a palavra do Senhor a Jeremias,
dizendo:

²⁰ Assim diz o Senhor: Se puderdes invalidar a minha aliança com o dia e a minha aliança com a noite, de tal modo que
não haja nem dia nem noite a seu tempo,

²¹ poder-se-á também invalidar a minha
aliança com Davi, meu servo, para que não
tenha filho que reine no seu trono; como
também com os levitas sacerdotes, meus
ministros.

²² Como não se pode contar o exército
dos céus, nem medir-se a areia do mar, assim tornarei incontável a descendência de
Davi, meu servo, e os levitas que ministram
diante de mim.

²³ Veio ainda a palavra do Senhor a Jeremias, dizendo:

²⁴ Não atentas para o que diz este povo:
As duas famílias que o Senhor elegeu,
agora as rejeitou? Assim desprezam a meu
povo, que a seus olhos já não é povo.

²⁵ Assim diz o Senhor: Se a minha
aliança com o dia e com a noite não permanecer, e eu não mantiver as leis fixas dos
céus e da terra,

²⁶ também rejeitarei a descendência de
Jacó e de Davi, meu servo, de modo que
não tome da sua descendência quem domine sobre a descendência de Abraão, Isaque
e Jacó; porque lhes restaurarei a sorte e deles me apiedarei.

Prediz-se a sorte de Zedequias

34 Palavra que do Senhor veio a Jeremias, quando Nabucodonosor, rei

33.14-16 Jr 23.5,6. 33.17 2Sm 7.12-16; 1Rs 2.4; 1Cr 17.11-14. 33.18 Nm 3.5-10. 34.1 2Rs 25.1-11;
2Cr 36.17-21.

da Babilônia, e todo o seu exército, e todos os reinos da terra que estavam debaixo do seu poder, e todos os povos pelejavam contra Jerusalém e contra todas as suas cidades, dizendo:

2 Assim diz o SENHOR, Deus de Israel: Vai, fala a Zedequias, rei de Judá, e dize-lhe: Assim diz o SENHOR: Eis que eu entrego esta cidade nas mãos do rei da Babilônia, o qual a queimará.

3 Tu não lhe escaparás das mãos; pelo contrário, serás preso e entregue nas suas mãos; tu verás o rei da Babilônia face a face, e ele te falará boca a boca, e entrarás na Babilônia.

4 Todavia, ouve a palavra do SENHOR, ó Zedequias, rei de Judá: Assim diz o SENHOR a teu respeito: Não morrerás à espada.

5 Em paz morrerás, e te queimarão perfumes a ti, como se queimaram a teus pais, que, como reis, te precederam, e te prantearão, dizendo: Ah! Senhor! Pois eu é que disse a palavra, diz o SENHOR.

6 Falou Jeremias, o profeta, a Zedequias, rei de Judá, todas estas palavras, em Jerusalém,

7 quando o exército do rei da Babilônia pelejava contra Jerusalém e contra todas as cidades que restavam de Judá, contra Laquis e contra Azeca; porque só estas ficaram das cidades fortificadas de Judá.

As ameaças de Deus por causa da escravatura

8 Palavra que do SENHOR veio a Jeremias, depois que o rei Zedequias fez aliança com todo o povo de Jerusalém, para lhes apregoar a liberdade:

9 que cada um despedisse forro o seu servo e cada um, a sua serva, hebreu ou hebréia, de maneira que ninguém retivesse como escravos hebreus, seus irmãos.

10 Todos os príncipes e todo o povo que haviam entrado na aliança obedeceram, despedindo forro cada um o seu servo e cada um a sua serva, de maneira que já não os retiveram como escravos; obedeceram e os despediram.

11 Mas depois se arrependeram, e fizeram voltar os servos e as servas que haviam despedido forros, e os sujeitaram por servos e por servas.

12 Veio, pois, a palavra do SENHOR a Jeremias, da parte do SENHOR, dizendo:

13 Assim diz o SENHOR, Deus de Israel:

Eu fiz aliança com vossos pais, no dia em que os tirei da terra do Egito, da casa da servidão, dizendo:

14 Ao fim de sete anos, libertareis cada um a seu irmão hebreu, que te for vendido a ti e te houver servido seis anos, e despedi-lo-ás forro; mas vossos pais não me obedeceram, nem inclinaram os seus ouvidos a mim.

15 Não há muito, havíeis voltado a fazer o que é reto perante mim, apregoando liberdade cada um ao seu próximo; e tínheis feito perante mim aliança, na casa que se chama pelo meu nome;

16 mudastes, porém, e profanastes o meu nome, fazendo voltar cada um o seu servo e cada um, a sua serva, os quais, deixados à vontade, já tínheis despedido forros, e os sujeitastes, para que fossem vossos servos e servas.

17 Portanto, assim diz o SENHOR: Vós não me obedecestes, para apregoardes a liberdade, cada um a seu irmão e cada um ao seu próximo; pois eis que eu vos apregôo a liberdade, diz o SENHOR, para a espada, para a peste e para a fome; farei que sejais um espetáculo horrendo para todos os reinos da terra.

18 Farei aos homens que transgrediram a minha aliança e não cumpriram as palavras da aliança que fizeram perante mim como eles fizeram com o bezerro que dividiram em duas partes, passando eles pelo meio das duas porções;

19 os príncipes de Judá, os príncipes de Jerusalém, os oficiais, os sacerdotes e todo o povo da terra, os quais passaram por meio das porções do bezerro,

20 entregá-los-ei nas mãos de seus inimigos e nas mãos dos que procuram a sua morte, e os cadáveres deles servirão de pasto às aves dos céus e aos animais da terra.

21 A Zedequias, rei de Judá, e a seus príncipes, entregá-los-ei nas mãos de seus inimigos e nas mãos dos que procuram a sua morte, nas mãos do exército do rei da Babilônia, que já se retiraram de vós.

22 Eis que eu darei ordem, diz o SENHOR, e os farei tornar a esta cidade, e pelejarão contra ela, tomá-la-ão e a queimarão; e as cidades de Judá porei em assolação, de sorte que ninguém habite nelas.

A fidelidade dos recabitas

35 Palavra que do SENHOR veio a Jeremias, nos dias de Jeoaquim, filho de Josias, rei de Judá, dizendo:

34.14 Êx 21.2; Dt 15.12.   **35.1** 2Rs 23.36-24.6; 2Cr 36.5-7.

² Vai à casa dos recabitas, fala com eles, leva-os à Casa do Senhor, a uma das câmaras, e dá-lhes vinho a beber.

³ Então, tomei a Jazanias, filho de Jeremias, filho de Habazinias, aos irmãos, e a todos os filhos dele, e a toda a casa dos recabitas;

⁴ e os levei à Casa do Senhor, à câmara dos filhos de Hanã, filho de Jigdalias, homem de Deus, que está junto à câmara dos príncipes e sobre a de Maaséias, filho de Salum, guarda do vestíbulo;

⁵ e pus diante dos filhos da casa dos recabitas taças cheias de vinho e copos e lhes disse: Bebei vinho.

⁶ Mas eles disseram: Não beberemos vinho, porque Jonadabe, filho de Recabe, nosso pai, nos ordenou: Nunca jamais bebereis vinho, nem vós nem vossos filhos;

⁷ não edificareis casa, não fareis sementeiras, não plantareis, nem possuireis vinha alguma; mas habitareis em tendas todos os vossos dias, para que vivais muitos dias sobre a terra em que viveis peregrinando.

⁸ Obedecemos, pois, à voz de Jonadabe, filho de Recabe, nosso pai, em tudo quanto nos ordenou; de maneira que não bebemos vinho em todos os nossos dias, nem nós, nem nossas mulheres, nem nossos filhos, nem nossas filhas;

⁹ nem edificamos casas para nossa habitação; não temos vinha, nem campo, nem semente.

¹⁰ Mas habitamos em tendas, e, assim, obedecemos, e tudo fizemos segundo nos ordenou Jonadabe, nosso pai.

¹¹ Quando, porém, Nabucodonosor, rei da Babilônia, subia a esta terra, dissemos: Vinde, e refugiemo-nos em Jerusalém, por causa do exército dos caldeus e dos siros; e assim ficamos em Jerusalém.

¹² Então, veio a palavra do Senhor a Jeremias, dizendo:

¹³ Assim diz o Senhor dos Exércitos, o Deus de Israel: Vai e dize aos homens de Judá e aos moradores de Jerusalém: Acaso, nunca aceitareis a minha advertência para obedecerdes às minhas palavras? — diz o Senhor.

¹⁴ As palavras de Jonadabe, filho de Recabe, que ordenou a seus filhos não bebessem vinho, foram guardadas; pois, até ao dia de hoje, não beberam; antes, obedecem às ordens de seu pai; a mim, porém, que, começando de madrugada, vos tenho falado, não me obedecestes.

¹⁵ Começando de madrugada, vos tenho enviado todos os meus servos, dizendo: Convertei-vos agora, cada um do seu mau caminho, fazei boas as vossas ações e não sigais a outros deuses para servi-los; assim ficareis na terra que vos dei a vós outros e a vossos pais; mas não me inclinastes os ouvidos, nem me obedecestes a mim.

¹⁶ Visto que os filhos de Jonadabe, filho de Recabe, guardaram o mandamento de seu pai, que ele lhes ordenara, mas este povo não me obedeceu,

¹⁷ por isso, assim diz o Senhor, o Deus dos Exércitos, o Deus de Israel: Eis que trarei sobre Judá e sobre todos os moradores de Jerusalém todo o mal que falei contra eles; pois lhes tenho falado, e não me obedeceram, clamei a eles, e não responderam.

¹⁸ À casa dos recabitas disse Jeremias: Assim diz o Senhor dos Exércitos, o Deus de Israel: Pois que obedecestes ao mandamento de Jonadabe, vosso pai, e guardastes todos os seus preceitos, e tudo fizestes segundo vos ordenou,

¹⁹ por isso, assim diz o Senhor dos Exércitos, o Deus de Israel: Nunca faltará homem a Jonadabe, filho de Recabe, que esteja na minha presença.

O rolo de Jeremias é lido no templo

36 No quarto ano de Jeoaquim, filho de Josias, rei de Judá, veio esta palavra do Senhor a Jeremias, dizendo:

² Toma um rolo, um livro, e escreve nele todas as palavras que te falei contra Israel, contra Judá e contra todas as nações, desde o dia em que te falei, desde os dias de Josias até hoje.

³ Talvez ouçam os da casa de Judá todo o mal que eu intento fazer-lhes e venham a converter-se cada um do seu mau caminho, e eu lhes perdoe a iniquidade e o pecado.

⁴ Então, Jeremias chamou a Baruque, filho de Nerias; escreveu Baruque no rolo, segundo o que ditou Jeremias, todas as palavras que a este o Senhor havia revelado.

⁵ Jeremias ordenou a Baruque, dizendo: Estou encarcerado; não posso entrar na Casa do Senhor.

⁶ Entra, pois, tu e, do rolo que escreveste, segundo o que eu ditei, lê todas as palavras do Senhor, diante do povo, na Casa do Senhor, no dia de jejum; e também as lerás diante de todos os de Judá que vêm das suas cidades.

36.1 2Rs 24.1; 2Cr 36.5-7; Dn 1.1,2.

⁷ Pode ser que as suas humildes súplicas sejam bem acolhidas pelo SENHOR, e cada um se converta do seu mau caminho; porque grande é a ira e o furor que o SENHOR tem manifestado contra este povo.

⁸ Fez Baruque, filho de Nerias, segundo tudo quanto lhe havia ordenado Jeremias, o profeta, e leu naquele livro as palavras do SENHOR, na Casa do SENHOR.

⁹ No quinto ano de Jeoaquim, filho de Josias, rei de Judá, no mês nono, apregoaram jejum diante do SENHOR a todo o povo em Jerusalém, como também a todo o povo que vinha das cidades de Judá a Jerusalém.

¹⁰ Leu, pois, Baruque naquele livro as palavras de Jeremias na Casa do SENHOR, na câmara de Gemarias, filho de Safã, o escriba, no átrio superior, à entrada da Porta Nova da Casa do SENHOR, diante de todo o povo.

O rolo é lido diante dos príncipes

¹¹ Ouvindo Micaías, filho de Gemarias, filho de Safã, todas as palavras do SENHOR, naquele livro,

¹² desceu à casa do rei, à câmara do escrivão. Eis que todos os príncipes estavam ali assentados: Elisama, o escrivão, Delaías, filho de Semaías, Elnatã, filho de Acbor, Gemarias, filho de Safã, Zedequias, filho de Hananias, e todos os outros príncipes.

¹³ Micaías anunciou-lhes todas as palavras que ouvira, quando Baruque leu o livro diante do povo.

¹⁴ Então, todos os príncipes mandaram Jeudi, filho de Netanias, filho de Selemias, filho de Cusi, dizer a Baruque: O rolo que leste diante do povo, toma-o contigo e vem. Baruque, filho de Nerias, tomou o rolo consigo e veio ter com eles.

¹⁵ Disseram-lhe: Assenta-te, agora, e lê-o para nós. E Baruque o leu diante deles.

¹⁶ Tendo eles ouvido todas aquelas palavras, entreolharam-se atemorizados e disseram a Baruque: Sem dúvida nenhuma, anunciaremos ao rei todas estas palavras.

¹⁷ E perguntaram a Baruque, dizendo: Declara-nos, como escreveste isto? Acaso, te ditou o profeta todas estas palavras?

¹⁸ Respondeu-lhes Baruque: Ditava-me pessoalmente todas estas palavras, e eu as escrevia no livro com tinta.

¹⁹ Então, disseram os príncipes a Baruque: Vai, esconde-te, tu e Jeremias; ninguém saiba onde estais.

O rei lança o rolo no fogo

²⁰ Foram os príncipes ter com o rei ao átrio, depois de terem depositado o rolo na câmara de Elisama, o escrivão, e anunciaram diante do rei todas aquelas palavras.

²¹ Então, enviou o rei a Jeudi, para que trouxesse o rolo; Jeudi tomou-o da câmara de Elisama, o escrivão, e o leu diante do rei e de todos os príncipes que estavam com ele.

²² O rei estava assentado na casa de inverno, pelo nono mês, e diante dele estava um braseiro aceso.

²³ Tendo Jeudi lido três ou quatro folhas do livro, cortou-o o rei com um canivete de escrivão e o lançou no fogo que havia no braseiro, e, assim, todo o rolo se consumiu no fogo que estava no braseiro.

²⁴ Não se atemorizaram, não rasgaram as vestes, nem o rei nem nenhum dos seus servos que ouviram todas aquelas palavras.

²⁵ Posto que Elnatã, Delaías e Gemarias tinham insistido com o rei que não queimasse o rolo, ele não lhes deu ouvidos.

²⁶ Antes, deu ordem o rei a Jerameel, filho de Hameleque, a Seraías, filho de Azriel, e a Selemias, filho de Abdeel, que prendessem a Baruque, o escrivão, e a Jeremias, o profeta; mas o SENHOR os havia escondido.

Baruque reescreve o rolo

²⁷ Então, veio a Jeremias a palavra do SENHOR, depois que o rei queimara o rolo com as palavras que Baruque escrevera ditadas por Jeremias, dizendo:

²⁸ Toma outro rolo e escreve nele todas as palavras que estavam no original, que Jeoaquim, rei de Judá, queimou.

²⁹ E a Jeoaquim, rei de Judá, dirás: Assim diz o SENHOR: Tu queimaste aquele rolo, dizendo: Por que escreveste nele que certamente viria o rei da Babilônia, e destruiria esta terra, e acabaria com homens e animais dela?

³⁰ Portanto, assim diz o SENHOR, acerca de Jeoaquim, rei de Judá: Ele não terá quem se assente no trono de Davi, e o seu cadáver será largado ao calor do dia e à geada da noite.

³¹ Castigá-lo-ei, e à sua descendência, e aos seus servos por causa da iniqüidade deles; sobre ele, sobre os moradores de Jerusalém e sobre os homens de Judá farei cair todo o mal que tenho falado contra eles, e não ouviram.

32 Tomou, pois, Jeremias outro rolo e o deu a Baruque, filho de Nerias, o escrivão, o qual escreveu nele, ditado por Jeremias, todas as palavras do livro que Jeoaquim, rei de Judá, queimara; e ainda se lhes acrescentaram muitas palavras semelhantes.

Jeremias na prisão

37 Zedequias, filho de Josias e a quem Nabucodonosor, rei da Babilônia, constituíra rei na terra de Judá, reinou em lugar de Conias, filho de Jeoaquim.

2 Mas nem ele, nem os seus servos, nem o povo da terra deram ouvidos às palavras do SENHOR que falou por intermédio de Jeremias, o profeta.

3 Contudo, mandou o rei Zedequias a Jucal, filho de Selemias, e ao sacerdote Sofonias, filho de Maaséias, ao profeta Jeremias, para lhe dizerem: Roga por nós ao SENHOR, nosso Deus.

4 Jeremias andava livremente entre o povo, porque ainda o não haviam encarcerado.

5 O exército de Faraó saíra do Egito; e, quando os caldeus, que sitiavam Jerusalém, ouviram esta notícia, retiraram-se dela.

6 Então, veio a Jeremias, o profeta, a palavra do SENHOR:

7 Assim diz o SENHOR, Deus de Israel: Assim direis ao rei de Judá, que vos enviou a mim, para me consultar: Eis que o exército de Faraó, que saiu em vosso socorro, voltará para a sua terra, no Egito.

8 Retornarão os caldeus, pelejarão contra esta cidade, tomá-la-ão e a queimarão.

9 Assim diz o SENHOR: Não vos enganeis a vós mesmos, dizendo: Sem dúvida, se irão os caldeus de nós; pois, de fato, não se retirarão.

10 Porque, ainda que derrotásseis a todo o exército dos caldeus, que pelejam contra vós outros, e ficassem deles apenas homens mortalmente feridos, cada um se levantaria na sua tenda e queimaria esta cidade.

11 Tendo-se retirado o exército dos caldeus de Jerusalém, por causa do exército de Faraó,

12 saiu Jeremias de Jerusalém, a fim de ir à terra de Benjamim, para receber o quinhão de uma herança que tinha no meio do povo.

13 Estando ele à Porta de Benjamim, achava-se ali um capitão da guarda, cujo nome era Jerias, filho de Selemias, filho de Hananias, capitão que prendeu a Jeremias,

o profeta, dizendo: Tu foges para os caldeus.

14 Disse Jeremias: É mentira, não fujo para os caldeus. Mas Jerias não lhe deu ouvidos; prendeu a Jeremias e o levou aos príncipes.

15 Os príncipes, irados contra Jeremias, açoitaram-no e o meteram no cárcere, na casa de Jônatas, o escrivão, porque a tinham transformado em cárcere.

16 Tendo Jeremias entrado nas celas do calabouço, ali ficou muitos dias.

17 Mandou o rei Zedequias trazê-lo para sua casa e, em secreto, lhe perguntou: Há alguma palavra do SENHOR? Respondeu Jeremias: Há. Disse ainda: Nas mãos do rei da Babilônia serás entregue.

18 Disse mais Jeremias ao rei Zedequias: Em que pequei contra ti, ou contra os teus servos, ou contra este povo, para que me pusesses na prisão?

19 Onde estão agora os vossos profetas, que vos profetizavam, dizendo: O rei da Babilônia não virá contra vós outros, nem contra esta terra?

20 Agora, pois, ouve, ó rei, meu senhor: Que a minha humilde súplica seja bem acolhida por ti, e não me deixes tornar à casa de Jônatas, o escrivão, para que eu não venha a morrer ali.

21 Então, ordenou o rei Zedequias que pusessem a Jeremias no átrio da guarda; e, cada dia, deram-lhe um pão da Rua dos Padeiros, até acabar-se todo pão da cidade. Assim ficou Jeremias no átrio da guarda.

O etíope Ebede-Meleque salva Jeremias da cisterna

38 Ouviu, pois, Sefatias, filho de Matã, e Gedalias, filho de Pasur, e Jucal, filho de Selemias, e Pasur, filho de Malquias, as palavras que Jeremias anunciava a todo o povo, dizendo:

2 Assim diz o SENHOR: O que ficar nesta cidade morrerá à espada, à fome e de peste; mas o que passar para os caldeus viverá; porque a vida lhe será como despojo, e viverá.

3 Assim diz o SENHOR: Esta cidade infalivelmente será entregue nas mãos do exército do rei da Babilônia, e este a tomará.

4 Disseram os príncipes ao rei: Morra este homem, visto que ele, dizendo assim estas palavras, afrouxa as mãos dos homens de guerra que restam nesta cidade e as mãos de todo o povo; porque este homem não

37.1 2Rs 24.17; 2Cr 36.10.

procura o bem-estar para o povo e sim o mal.

⁵ Disse o rei Zedequias: Eis que ele está nas vossas mãos; pois o rei nada pode contra vós outros.

⁶ Tomaram, então, a Jeremias e o lançaram na cisterna de Malquias, filho do rei, que estava no átrio da guarda; desceram a Jeremias com cordas. Na cisterna não havia água, senão lama; e Jeremias se atolou na lama.

⁷ Ouviu Ebede-Meleque, o etíope, eunuco que estava na casa do rei, que tinham metido a Jeremias na cisterna; ora, estando o rei assentado à Porta de Benjamim,

⁸ saiu Ebede-Meleque da casa do rei e lhe falou:

⁹ Ó rei, senhor meu, agiram mal estes homens em tudo quanto fizeram a Jeremias, o profeta, que lançaram na cisterna; no lugar onde se acha, morrerá de fome, pois já não há pão na cidade.

¹⁰ Então, deu ordem o rei a Ebede-Meleque, o etíope, dizendo: Toma contigo daqui trinta homens e tira da cisterna o profeta Jeremias, antes que morra.

¹¹ Tomou Ebede-Meleque os homens consigo, e foi à casa do rei, por debaixo da tesouraria, e tomou dali umas roupas usadas e trapos, e os desceu a Jeremias na cisterna, por meio de cordas.

¹² Disse Ebede-Meleque, o etíope, a Jeremias: Põe agora estas roupas usadas e estes trapos nas axilas, calçando as cordas; Jeremias o fez.

¹³ Puxaram a Jeremias com as cordas e o tiraram da cisterna; e Jeremias ficou no átrio da guarda.

Zedequias consulta o profeta

¹⁴ Então, o rei Zedequias mandou trazer o profeta Jeremias à sua presença, à terceira entrada na Casa do Senhor, e lhe disse: Quero perguntar-te uma cousa, nada me encubras.

¹⁵ Disse Jeremias a Zedequias: Se eu ta disser, porventura, não me matarás? Se eu te aconselhar, não me atenderás.

¹⁶ Então, Zedequias jurou secretamente a Jeremias, dizendo: Tão certo como vive o Senhor, que nos deu a vida, não te matarei, nem te entregarei nas mãos desses homens que procuram tirar-te a vida.

¹⁷ Então, Jeremias disse a Zedequias: Assim diz o Senhor, o Deus dos Exércitos, Deus de Israel: Se te renderes voluntariamente aos príncipes do rei da Babilônia, então, viverá tua alma, e esta cidade não se queimará, e viverás tu e a tua casa.

¹⁸ Mas, se não te renderes aos príncipes do rei da Babilônia, então, será entregue esta cidade nas mãos dos caldeus, e eles a queimarão, e tu não escaparás das suas mãos.

¹⁹ Disse o rei Zedequias a Jeremias: Receio-me dos judeus que se passaram para os caldeus; não suceda que estes me entreguem nas mãos deles, e eles escarneçam de mim.

²⁰ Disse Jeremias: Não te entregarão; ouve, te peço, a palavra do Senhor, segundo a qual eu te falo; e bem te irá, e será poupada a tua vida.

²¹ Mas, se não quiseres sair, esta é a palavra que me revelou o Senhor:

²² Eis que todas as mulheres que ficaram na casa do rei de Judá serão levadas aos príncipes do rei da Babilônia, e elas mesmas dirão: Os teus bons amigos te enganaram e prevaleceram contra ti; mas, agora que se atolaram os teus pés na lama, voltaram atrás.

²³ Assim, a todas as tuas mulheres e a teus filhos levarão aos caldeus, e tu não escaparás das suas mãos; antes, pela mão do rei da Babilônia serás preso; e por tua culpa esta cidade será queimada.

²⁴ Então, disse Zedequias a Jeremias: Ninguém saiba estas palavras, e não morrerás.

²⁵ Quando, ouvindo os príncipes que falei contigo, vierem a ti e te disserem: Declara-nos agora o que disseste ao rei e o que ele te disse a ti, nada nos encubras, e não te mataremos,

²⁶ então, lhes dirás: Apresentei a minha humilde súplica diante do rei para que não me fizesse tornar à casa de Jônatas, para morrer ali.

²⁷ Vindo, pois, todos os príncipes a Jeremias, e, interrogando-o, declarou-lhes segundo todas as palavras que o rei lhe havia ordenado; e o deixaram em paz, porque da conversação nada transpirara.

²⁸ Ficou Jeremias no átrio da guarda, até ao dia em que foi tomada Jerusalém.

Nabucodonosor toma Jerusalém
2Rs 24.20-25.12; 2Cr 36.17-21; Jr 52.1-16

39 Foi tomada Jerusalém. Era o ano nono de Zedequias, rei de Judá, no mês décimo, quando veio Nabucodonosor, rei da Babilônia, e todo o seu exército, contra Jerusalém, e a cercaram;

² era o undécimo ano de Zedequias, no quarto mês, aos nove do mês, quando se fez uma brecha na cidade.

³ Então, entraram todos os príncipes do rei da Babilônia e se assentaram na Porta do Meio: Nergal-Sarezer, Sangar-Nebo, Sarsequim, Rabe-Saris, Nergal-Sarezer, Rabe-Mague e todos os outros príncipes do rei da Babilônia.

⁴ Tendo-os visto Zedequias, rei de Judá, e todos os homens de guerra, fugiram e, de noite, saíram da cidade, pelo caminho do jardim do rei, pela porta que está entre os dois muros; Zedequias saiu pelo caminho da campina.

⁵ Mas o exército dos caldeus os perseguiu e alcançou a Zedequias nas campinas de Jericó; eles o prenderam e o fizeram subir a Ribla, na terra de Hamate, a Nabucodonosor, rei da Babilônia, que lhe pronunciou a sentença.

⁶ O rei da Babilônia mandou matar, em Ribla, os filhos de Zedequias à vista deste; também matou a todos os príncipes de Judá.

⁷ Vazou os olhos a Zedequias e o atou com duas cadeias de bronze, para o levar à Babilônia.

⁸ Os caldeus queimaram a casa do rei e as casas do povo e derribaram os muros de Jerusalém.

⁹ O mais do povo que havia ficado na cidade, os desertores que se entregaram a ele e o sobrevivente do povo, Nebuzaradã, o chefe da guarda, levou-os cativos para a Babilônia.

¹⁰ Porém dos mais pobres da terra, que nada tinham, deixou Nebuzaradã, o chefe da guarda, na terra de Judá; e lhes deu vinhas e campos naquele dia.

Nabucodonosor cuida de Jeremias

¹¹ Mas Nabucodonosor, rei da Babilônia, havia ordenado acerca de Jeremias, a Nebuzaradã, o chefe da guarda, dizendo:

¹² Toma-o, cuida dele e não lhe faças nenhum mal; mas faze-lhe como ele te disser.

¹³ Deste modo, Nebuzaradã, o chefe da guarda, ordenou a Nebusazbã, Rabe-Saris, Nergal-Sarezer, Rabe-Mague, e todos os príncipes do rei da Babilônia

¹⁴ mandaram retirar Jeremias do átrio da guarda e o entregaram a Gedalias, filho de Aicão, filho de Safã, para que o levasse para o seu palácio; assim, habitou entre o povo.

¹⁵ Ora, tinha vindo a Jeremias a palavra do Senhor, estando ele ainda detido no átrio da guarda, dizendo:

¹⁶ Vai e fala a Ebede-Meleque, o etíope, dizendo: Assim diz o Senhor dos Exércitos, o Deus de Israel: Eis que eu trarei as minhas palavras sobre esta cidade para mal e não para bem; e se cumprirão diante de ti naquele dia.

¹⁷ A ti, porém, eu livrarei naquele dia, diz o Senhor, e não serás entregue nas mãos dos homens a quem temes.

¹⁸ Pois certamente te salvarei, e não cairás à espada, porque a tua vida te será como despojo, porquanto confiaste em mim.

Jeremias e os restantes do povo ficam com Gedalias

40 Palavra que veio a Jeremias da parte do Senhor, depois que Nebuzaradã, o chefe da guarda, o pôs em liberdade em Ramá, estando ele atado com cadeias no meio de todos os do cativeiro de Jerusalém e de Judá, que foram levados cativos para a Babilônia.

² Tomou o chefe da guarda a Jeremias e lhe disse: O Senhor, teu Deus, pronunciou este mal contra este lugar;

³ o Senhor o trouxe e fez como tinha dito. Porque pecastes contra o Senhor e não obedecestes à sua voz, tudo isto vos sucedeu.

⁴ Agora, pois, eis que te livrei hoje das cadeias que estavam sobre as tuas mãos. Se te apraz vir comigo para a Babilônia, vem, e eu cuidarei bem de ti; mas, se não te apraz vir comigo para a Babilônia, deixa de vir. Olha, toda a terra está diante de ti; para onde julgares bom e próprio ir, vai para aí.

⁵ Mas, visto que ele tardava em decidir-se, o capitão lhe disse: Volta a Gedalias, filho de Aicão, filho de Safã, a quem o rei da Babilônia nomeou governador das cidades de Judá, e habita com ele no meio do povo; ou, se para qualquer outra parte te aprouver ir, vai. Deu-lhe o chefe da guarda mantimento e um presente e o deixou ir.

⁶ Assim, foi Jeremias a Gedalias, filho de Aicão, a Mispa; e habitou com ele no meio do povo que havia ficado na terra.

⁷ Ouvindo, pois, os capitães dos exércitos que estavam no campo, eles e seus homens, que o rei da Babilônia nomeara governador da terra a Gedalias, filho de Ai-

cão, e que lhe havia confiado os homens, as mulheres, os meninos e os mais pobres da terra que não foram levados ao exílio, para a Babilônia,

⁸ vieram ter com ele a Mispa, a saber: Ismael, filho de Netanias, Joanã e Jônatas, filhos de Careá, Seraías, filho de Tanumete, e os filhos de Efai, o netofatita, Jazanias, filho do maacatita, eles e os seus homens.

⁹ Gedalias, filho de Aicão, filho de Safã, jurou a eles e aos seus homens e lhes disse: Nada temais da parte dos caldeus; ficai na terra, servi ao rei da Babilônia, e bem vos irá.

¹⁰ Quanto a mim, eis que habito em Mispa, para estar às ordens dos caldeus que vierem a nós; vós, porém, colhei o vinho, as frutas de verão e o azeite, metei-os nas vossas vasilhas e habitai nas vossas cidades que tomastes.

¹¹ Da mesma sorte, todos os judeus que estavam em Moabe, entre os filhos de Amom e em Edom e os que havia em todas aquelas terras ouviram que o rei da Babilônia havia deixado um resto de Judá e que havia nomeado governador sobre eles a Gedalias, filho de Aicão, filho de Safã;

¹² então, voltaram todos eles de todos os lugares para onde foram lançados e vieram à terra de Judá, a Gedalias, a Mispa; e colheram vinho e frutas de verão em muita abundância.

Ismael conspira contra Gedalias

¹³ Joanã, filho de Careá, e todos os príncipes dos exércitos que estavam no campo vieram a Gedalias, a Mispa,

¹⁴ e lhe disseram: Sabes tu que Baalis, rei dos filhos de Amom, enviou a Ismael, filho de Netanias, para tirar-te a vida? Mas Gedalias, filho de Aicão, não lhes deu crédito.

¹⁵ Todavia, Joanã, filho de Careá, disse a Gedalias em segredo, em Mispa: Irei agora e matarei a Ismael, filho de Netanias, sem que ninguém o saiba; por que razão tiraria ele a tua vida, de maneira que todo o Judá que se tem congregado a ti fosse disperso, e viesse a perecer o resto de Judá?

¹⁶ Mas disse Gedalias, filho de Aicão, a Joanã, filho de Careá: Não faças tal cousa, porque isso que falas contra Ismael é falso.

41 Sucedeu, porém, que, no sétimo mês, veio Ismael, filho de Netanias, filho de Elisama, de família real, e dez homens, capitães do rei, com ele, a Gedalias, filho de Aicão, a Mispa; e ali comeram pão juntos, em Mispa.

² Dispuseram-se Ismael, filho de Netanias, e os dez homens que estavam com ele e feriram à espada a Gedalias, filho de Aicão, filho de Safã, matando, assim, aquele que o rei da Babilônia nomeara governador da terra.

³ Também matou Ismael a todos os judeus que estavam com Gedalias, em Mispa, como também aos caldeus, homens de guerra, que se achavam ali.

⁴ Sucedeu no dia seguinte ao em que ele matara a Gedalias, sem ninguém o saber,

⁵ que vieram homens de Siquém, de Silo e de Samaria; oitenta homens, com a barba rapada, as vestes rasgadas e o corpo retalhado, trazendo consigo ofertas de manjares e incenso, para levarem à Casa do Senhor.

⁶ Saindo-lhes ao encontro Ismael, filho de Netanias, de Mispa, ia chorando; ao encontrá-los, lhes disse: Vinde a Gedalias, filho de Aicão.

⁷ Vindo eles, porém, até ao meio da cidade, matou-os Ismael, filho de Netanias, ele e os que estavam com ele, e os lançaram num poço.

⁸ Mas houve dentre eles dez homens que disseram a Ismael: Não nos mates a nós, porque temos depósitos de trigo, cevada, azeite e mel escondidos no campo. Por isso, ele desistiu e não os matou como aos outros.

⁹ O poço em que Ismael lançou todos os cadáveres dos homens que ferira além de Gedalias é o mesmo que fez o rei Asa, na sua defesa contra Baasa, rei de Israel; foi esse mesmo que encheu de mortos Ismael, filho de Netanias.

¹⁰ Ismael levou cativo a todo o resto do povo que estava em Mispa, isto é, as filhas do rei e todo o povo que ficara em Mispa, que Nebuzaradã, o chefe da guarda, havia confiado a Gedalias, filho de Aicão; levou-os cativos Ismael, filho de Netanias; e se foi para passar aos filhos de Amom.

Joanã livra os cativos

¹¹ Ouvindo, pois, Joanã, filho de Careá, e todos os príncipes dos exércitos que estavam com ele todo o mal que havia feito Ismael, filho de Netanias,

¹² tomaram consigo a todos os seus homens e foram pelejar contra Ismael, filho

41.2 2Rs 25.25.

de Netanias; acharam-no junto às grandes águas que há em Gibeom.

¹³ Ora, todo o povo que estava com Ismael se alegrou quando viu a Joanã, filho de Careá, e a todos os príncipes dos exércitos que vinham com ele.

¹⁴ Todo o povo que Ismael levara cativo de Mispa virou as costas, voltou e foi para Joanã, filho de Careá.

¹⁵ Mas Ismael, filho de Netanias, escapou de Joanã com oito homens e se foi para os filhos de Amom.

¹⁶ Tomou, então, Joanã, filho de Careá, e todos os príncipes dos exércitos que estavam com ele a todo o restante do povo que Ismael, filho de Netanias, levara cativo de Mispa, depois de ter ferido a Gedalias, filho de Aicão, isto é, os homens valentes de guerra, as mulheres, os meninos e os eunucos que havia recobrado de Gibeom;

¹⁷ partiram e pararam em Gerute-Quimã, que está perto de Belém, para dali entrarem no Egito,

¹⁸ por causa dos caldeus; porque os temiam, por ter Ismael, filho de Netanias, ferido a Gedalias, filho de Aicão, a quem o rei da Babilônia nomeara governador da terra.

Jeremias exorta o povo a não ir ao Egito

42 Então, chegaram todos os capitães dos exércitos, e Joanã, filho de Careá, e Jezanias, filho de Hosaías, e todo o povo, desde o menor até ao maior,

² e disseram a Jeremias, o profeta: Apresentamos-te a nossa humilde súplica, a fim de que rogues ao SENHOR, teu Deus, por nós e por este resto; porque, de muitos que éramos, só restamos uns poucos, como vês com os teus próprios olhos;

³ a fim de que o SENHOR, teu Deus, nos mostre o caminho por onde havemos de andar e aquilo que havemos de fazer.

⁴ Respondeu-lhes Jeremias, o profeta: Já vos ouvi; eis que orarei ao SENHOR, vosso Deus, segundo o vosso pedido. Tudo o que o SENHOR vos responder, eu vo-lo declararei; não vos ocultarei nada.

⁵ Então, eles disseram a Jeremias: Seja o SENHOR testemunha verdadeira e fiel contra nós, se não fizermos segundo toda a palavra com que o SENHOR, teu Deus, te enviar a nós outros.

⁶ Seja ela boa ou seja má, obedeceremos à voz do SENHOR, nosso Deus, a quem te enviamos, para que nos suceda bem ao obedecermos à voz do SENHOR, nosso Deus.

⁷ Ao fim de dez dias, veio a palavra do SENHOR a Jeremias.

⁸ Então, chamou a Joanã, filho de Careá, e a todos os capitães dos exércitos que havia com ele, e a todo o povo, desde o menor até ao maior,

⁹ e lhes disse: Assim diz o SENHOR, Deus de Israel, a quem me enviastes para apresentar a vossa súplica diante dele:

¹⁰ Se permanecerdes nesta terra, então, vos edificarei e não vos derribarei; plantar-vos-ei e não vos arrancarei, porque estou arrependido do mal que vos tenho feito.

¹¹ Não temais o rei da Babilônia, a quem vós temeis; não o temais, diz o SENHOR, porque eu sou convosco, para vos salvar e vos livrar das suas mãos.

¹² Eu vos serei propício, para que ele tenha misericórdia de vós e vos faça morar em vossa terra.

¹³ Mas, se vós disserdes: Não ficaremos nesta terra, não obedecendo à voz do SENHOR, vosso Deus,

¹⁴ dizendo: Não; antes, iremos à terra do Egito, onde não veremos guerra, nem ouviremos som de trombeta, nem teremos fome de pão, e ali ficaremos,

¹⁵ nesse caso, ouvi a palavra do SENHOR, ó resto de Judá. Assim diz o SENHOR dos Exércitos, o Deus de Israel: Se tiverdes o firme propósito de entrar no Egito e fordes para morar,

¹⁶ acontecerá, então, que a espada que vós temeis vos alcançará na terra do Egito, e a fome que receais vos seguirá de perto os passos no Egito, onde morrereis.

¹⁷ Assim será com todos os homens que tiverem o propósito de entrar no Egito para morar: morrerão à espada, à fome e de peste; não restará deles nem um, nem escapará do mal que farei vir sobre eles.

¹⁸ Porque assim diz o SENHOR dos Exércitos, o Deus de Israel: Como se derramou a minha ira e o meu furor sobre os habitantes de Jerusalém, assim se derramará a minha indignação sobre vós, quando entrardes no Egito; sereis objeto de maldição, de espanto, de desprezo e opróbrio e não vereis mais este lugar.

¹⁹ Falou-vos o SENHOR, ó resto de Judá: Não entreis no Egito; tende por certo que vos adverti hoje.

²⁰ Porque vós, à custa da vossa vida, a vós mesmos vos enganastes, pois me enviastes ao SENHOR, vosso Deus, dizendo: Ora por nós ao SENHOR, nosso Deus; e, segundo tudo o que disser o SENHOR, nosso Deus, declara-no-lo assim, e o faremos;

²¹ mas, tendo-vos declarado isso hoje, não destes ouvidos à voz do Senhor, vosso Deus, em cousa alguma pela qual ele me enviou a vós outros.

²² Agora, pois, sabei por certo que morrereis à espada, à fome e de peste no mesmo lugar aonde desejastes ir para morar.

Jeremias é levado ao Egito pelo povo

43 Tendo Jeremias acabado de falar a todo o povo todas as palavras do Senhor, seu Deus, palavras todas com as quais o Senhor, seu Deus, o enviara,

² então, falou Azarias, filho de Hosaías, e Joanã, filho de Careá, e todos os homens soberbos, dizendo a Jeremias: É mentira isso que dizes; o Senhor, nosso Deus, não te enviou a dizer: Não entreis no Egito, para morar.

³ Baruque, filho de Nerias, é que te incita contra nós, para nos entregar nas mãos dos caldeus, a fim de nos matarem ou nos exilarem na Babilônia.

⁴ Não obedeceu, pois, Joanã, filho de Careá, e nenhum de todos os capitães dos exércitos, nem o povo todo à voz do Senhor, para ficarem na terra de Judá.

⁵ Antes, tomaram Joanã, filho de Careá, e todos os capitães dos exércitos a todo o resto de Judá que havia voltado dentre todas as nações para as quais haviam sido lançados, para morar na terra de Judá;

⁶ tomaram aos homens, às mulheres e aos meninos, às filhas do rei e a todos que Nebuzaradã, o chefe da guarda, deixara com Gedalias, filho de Aicão, filho de Safã; como também a Jeremias, o profeta, e a Baruque, filho de Nerias;

⁷ e entraram na terra do Egito, porque não obedeceram à voz do Senhor, e vieram até Tafnes.

Jeremias profetiza a conquista do Egito por Nabucodonosor

⁸ Então, veio a palavra do Senhor a Jeremias, em Tafnes, dizendo:

⁹ Toma contigo pedras grandes, encaixa-as na argamassa do pavimento que está à entrada da casa de Faraó, em Tafnes, à vista de homens judeus,

¹⁰ e dize-lhes: Assim diz o Senhor dos Exércitos, o Deus de Israel: Eis que eu mandarei vir a Nabucodonosor, rei da Babilônia, meu servo, e porei o seu trono sobre estas pedras que encaixei; ele estenderá o seu baldaquino real sobre elas.

¹¹ Virá e ferirá a terra do Egito; quem é para a morte, para a morte; quem é para o cativeiro, para o cativeiro; e quem é para a espada, para a espada.

¹² Lançará fogo às casas dos deuses do Egito e as queimará; levará cativos os ídolos e despilhará a terra do Egito, como o pastor despiolha a sua própria veste; e sairá dali em paz.

¹³ Quebrará as colunas de Bete-Semes na terra do Egito e queimará as casas dos deuses do Egito.

Repreendida a infidelidade dos judeus no Egito

44 Palavra que veio a Jeremias, acerca de todos os judeus moradores da terra do Egito, em Migdol, em Tafnes, em Mênfis e na terra de Patros, dizendo:

² Assim diz o Senhor dos Exércitos, Deus de Israel: Vistes todo o mal que fiz cair sobre Jerusalém e sobre todas as cidades de Judá; e eis que hoje são elas uma desolação, e ninguém habita nelas,

³ por causa da maldade que fizeram, para me irarem, indo queimar incenso e servir a outros deuses que eles nunca conheceram, eles, vós e vossos pais.

⁴ Todavia, começando eu de madrugada, lhes enviei os meus servos, os profetas, para lhes dizer: Não façais esta cousa abominável que aborreço.

⁵ Mas eles não obedeceram, nem inclinaram os ouvidos para se converterem da sua maldade, para não queimarem incenso a outros deuses.

⁶ Derramou-se, pois, a minha indignação e a minha ira, acenderam-se nas cidades de Judá e nas ruas de Jerusalém, que se tornaram em deserto e em assolação, como hoje se vê.

⁷ Agora, pois, assim diz o Senhor, Deus dos Exércitos, o Deus de Israel: Por que fazeis vós tão grande mal contra vós mesmos, eliminando homens e mulheres, crianças e aqueles que mamam do meio de Judá, a fim de que não vos fique resto algum?

⁸ Por que me irritais com as obras de vossas mãos, queimando incenso a outros deuses na terra do Egito, aonde viestes para morar, para que a vós mesmos vos elimineis e para que vos torneis objeto de despre-

zo e de opróbrio entre todas as nações da terra?

⁹ Esquecestes já as maldades de vossos pais, as maldades dos reis de Judá, as maldades das suas mulheres, as vossas maldades e as maldades das vossas mulheres, maldades cometidas na terra de Judá e nas ruas de Jerusalém?

¹⁰ Não se humilharam até ao dia de hoje, não temeram, não andaram na minha lei nem nos meus estatutos, que pus diante de vós e diante de vossos pais.

¹¹ Portanto, assim diz o Senhor dos Exércitos, o Deus de Israel: Eis que voltarei o rosto contra vós outros para mal e para eliminar a todo o Judá.

¹² Tomarei o resto de Judá que se obstinou em entrar na terra do Egito para morar, onde será ele de todo consumido; cairá à espada e à fome; desde o menor até ao maior perecerão; morrerão à espada e à fome; e serão objeto de maldição, espanto, desprezo e opróbrio.

¹³ Porque castigarei os que habitam na terra do Egito, como o fiz a Jerusalém, com a espada, a fome e a peste,

¹⁴ de maneira que, dos restantes de Judá que vieram à terra do Egito para morar, não haverá quem escape e sobreviva para tornar à terra de Judá, à qual desejam voltar para morar; mas não tornarão senão alguns fugitivos.

Jeremias é contraditado

¹⁵ Então, responderam a Jeremias todos os homens que sabiam que suas mulheres queimavam incenso a outros deuses e todas as mulheres que se achavam ali em pé, grande multidão, como também todo o povo que habitava na terra do Egito, em Patros, dizendo:

¹⁶ Quanto à palavra que nos anunciaste em nome do Senhor, não te obedeceremos a ti;

¹⁷ antes, certamente toda a palavra que saiu da nossa boca, isto é, queimaremos incenso à Rainha dos Céus e lhe ofereceremos libações, como nós, nossos pais, nossos reis e nossos príncipes temos feito, nas cidades de Judá e nas ruas de Jerusalém; tínhamos fartura de pão, prosperávamos e não víamos mal algum.

¹⁸ Mas, desde que cessamos de queimar incenso à Rainha dos Céus e de lhe oferecer libações, tivemos falta de tudo e fomos consumidos pela espada e pela fome.

¹⁹ Quando queimávamos incenso à Rainha dos Céus e lhe oferecíamos libações, acaso, lhe fizemos bolos que a retratavam e lhe oferecemos libações, sem nossos maridos?

Jeremias prediz castigo

²⁰ Então, disse Jeremias a todo o povo, aos homens e às mulheres, a todo o povo que lhe tinha dado esta resposta, dizendo:

²¹ Quanto ao incenso que queimastes nas cidades de Judá e nas ruas de Jerusalém, vós e vossos pais, os vossos reis e os vossos príncipes e o povo da terra, acaso, não se lembrou disso o Senhor, nem lhe andou isso pela mente?

²² O Senhor já não podia por mais tempo sofrer a maldade das vossas obras, as abominações que cometestes; pelo que a vossa terra se tornou deserta, um objeto de espanto e de desprezo e desabitada, como hoje se vê.

²³ Pois queimastes incenso e pecastes contra o Senhor, não obedecestes à voz do Senhor e na sua lei e nos seus testemunhos não andastes; por isso, vos sobreveio este mal, como hoje se vê.

²⁴ Disse mais Jeremias a todo o povo e a todas as mulheres: Ouvi a palavra do Senhor, vós, todo o Judá, que estais na terra do Egito:

²⁵ Assim fala o Senhor dos Exércitos, o Deus de Israel, dizendo: Vós e vossas mulheres não somente fizestes por vossa boca, senão também que cumpristes por vossas mãos os vossos votos, a saber: Certamente cumpriremos os nossos votos, que fizemos, de queimar incenso à Rainha dos Céus e de lhe oferecer libações. Confirmai, pois, perfeitamente, os vossos votos, sim, cumpri-os.

²⁶ Portanto, ouvi a palavra do Senhor, vós, todo o Judá, que habitais na terra do Egito: Eis que eu juro pelo meu grande nome, diz o Senhor, que nunca mais será pronunciado o meu nome por boca de qualquer homem de Judá em toda a terra do Egito, dizendo: Tão certo como vive o Senhor Deus.

²⁷ Eis que velarei sobre eles para mal e não para bem; todos os homens de Judá que estão na terra do Egito serão consumidos à espada e à fome, até que se acabem de todo.

²⁸ Os que escaparem da espada tornarão da terra do Egito à terra de Judá, poucos em número; e todos os restantes de Judá que vieram à terra do Egito para morar

saberão se subsistirá a minha palavra ou a sua.

²⁹ Isto vos será sinal de que eu vos castigarei neste lugar, diz o SENHOR, para que saibais que certamente subsistirão as minhas palavras contra vós outros para mal.

³⁰ Eis o sinal, diz o SENHOR: Eu entregarei o Faraó Hofra, rei do Egito, nas mãos de seus inimigos, nas mãos dos que procuram a sua morte; como entreguei Zedequias, rei de Judá, nas mãos de Nabucodonosor, rei da Babilônia, que era seu inimigo e procurava tirar-lhe a vida.

A mensagem de Jeremias a Baruque

45 Palavra que falou Jeremias, o profeta, a Baruque, filho de Nerias, escrevendo ele aquelas palavras num livro, ditadas por Jeremias, no ano quarto de Jeoaquim, filho de Josias, rei de Judá, dizendo:

² Assim diz o SENHOR, Deus de Israel, acerca de ti, ó Baruque:

³ Disseste: Ai de mim agora! Porque me acrescentou o SENHOR tristeza ao meu sofrimento; estou cansado do meu gemer e não acho descanso.

⁴ Assim lhe dirás: Isto diz o SENHOR: Eis que estou demolindo o que edifiquei e arrancando o que plantei, e isto em toda a terra.

⁵ E procuras tu grandezas? Não as procures; porque eis que trarei mal sobre toda carne, diz o SENHOR; a ti, porém, eu te darei a tua vida como despojo, em todo lugar para onde fores.

Profecia a respeito do Egito

46 Palavra do SENHOR que veio a Jeremias, o profeta, contra as nações.

² A respeito do Egito. Contra o exército do Faraó Neco, rei do Egito, exército que estava junto ao rio Eufrates em Carquemis; ao qual feriu Nabucodonosor, rei da Babilônia, no ano quarto de Jeoaquim, filho de Josias, rei de Judá:

³ Preparai o escudo e o pavês e chegai-vos para a peleja.

⁴ Selai os cavalos, montai, cavaleiros, e apresentai-vos com elmos; poli as lanças, vesti-vos de couraças.

⁵ Por que razão vejo os medrosos voltando as costas? Estão derrotados os seus valentes e vão fugindo, sem olhar para trás; há terror ao redor, diz o SENHOR.

⁶ Não fuja o ligeiro, nem escape o valen-te; para a banda do Norte, junto à borda do rio Eufrates, tropeçaram e caíram.

⁷ Quem é este que vem subindo como o Nilo, como rios cujas águas se agitam?

⁸ O Egito vem subindo como o Nilo, como rios cujas águas se agitam; ele disse: Subirei, cobrirei a terra, destruirei a cidade e os que habitam nela.

⁹ Avançai, ó cavaleiros, estrondeai, ó carros, e saiam os valentes; os etíopes e os de Pute, que manejam o escudo, e os lídios, que manejam e entesam o arco.

¹⁰ Porque este dia é o Dia do Senhor, o SENHOR dos Exércitos, dia de vingança contra os seus adversários; a espada devorará, fartar-se-á e se embriagará com o sangue deles; porque o Senhor, o SENHOR dos Exércitos tem um sacrifício na terra do Norte, junto ao rio Eufrates.

¹¹ Sobe a Gileade e toma bálsamo, ó virgem filha do Egito; debalde multiplicas remédios, pois não há remédio para curar-te.

¹² As nações ouviram falar da tua vergonha, e a terra está cheia do teu clamor; porque, fugindo o valente, tropeçou no valente, e ambos caíram juntos.

¹³ Palavra que falou o SENHOR a Jeremias, o profeta, acerca da vinda de Nabucodonosor, rei da Babilônia, para ferir a terra do Egito:

¹⁴ Anunciai no Egito e fazei ouvir isto em Migdol; fazei também ouvi-lo em Mênfis e em Tafnes; dizei: Apresenta-te e prepara-te; porque a espada já devorou o que está ao redor de ti.

¹⁵ Por que foi derribado o teu Touro? Não se pôde ter de pé, porque o SENHOR o abateu.

¹⁶ O SENHOR multiplicou os que tropeçavam; também caíram uns sobre os outros e disseram: Levanta-te, e voltemos ao nosso povo e à terra do nosso nascimento, por causa da espada que oprime.

¹⁷ Ali, apelidarão a Faraó, rei do Egito, de Espalhafatoso, porque deixou passar o tempo adequado.

¹⁸ Tão certo como vivo eu, diz o Rei, cujo nome é SENHOR dos Exércitos, certamente como o Tabor é entre os montes e o Carmelo junto ao mar, assim ele virá.

¹⁹ Prepara a tua bagagem para o exílio, ó moradora, filha do Egito; porque Mênfis se tornará em desolação e ficará arruinada e sem moradores.

²⁰ Novilha mui formosa é o Egito; mas mutuca do Norte já lhe vem, sim, vem.

44.30 2Rs 25.1-7. **45.1** 2Rs 24.1; 2Cr 36.5-7; Dn 1.1,2. **46.2-26** Is 19.1-25; Ez 29.1-32.32. **46.13** Jr 43.10-13.

²¹ Até os seus soldados mercenários no meio dele, bezerros cevados, viraram as costas e fugiram juntos; não resistiram, porque veio sobre eles o dia da sua ruína e o tempo do seu castigo.

²² Faz o Egito um ruído como o da serpente que foge, porque os seus inimigos vêm contra ele, com machados, quais derribadores de árvores.

²³ Cortarão o seu bosque, diz o SENHOR, ainda que impenetrável; porque se multiplicaram mais do que os gafanhotos; são inumeráveis.

²⁴ A filha do Egito está envergonhada; foi entregue nas mãos do povo do Norte.

²⁵ Diz o SENHOR dos Exércitos, o Deus de Israel: Eis que eu castigarei a Amom de Nô, a Faraó, ao Egito, aos deuses e aos seus reis, ao próprio Faraó e aos que confiam nele.

²⁶ Entregá-los-ei nas mãos dos que lhes procuram a morte, nas mãos de Nabucodonosor, rei da Babilônia, e nas mãos dos seus servos; mas depois será habitada, como nos dias antigos, diz o Senhor.

²⁷ Não temas, pois, tu, servo meu, Jacó, nem te espantes, ó Israel; porque eu te livrarei do país remoto e a tua descendência, da terra do seu cativeiro; Jacó voltará e ficará tranqüilo e confiante; não haverá quem o atemorize.

²⁸ Não temas, servo meu, Jacó, diz o SENHOR, porque estou contigo; darei cabo de todas as nações para as quais eu te arrojei; mas de ti não darei cabo; castigar-te-ei, mas em justa medida; não te inocentarei de todo.

Profecia a respeito dos filisteus

47 Palavra do SENHOR que veio a Jeremias, o profeta, a respeito dos filisteus, antes que Faraó ferisse a Gaza.

² Assim diz o SENHOR: Eis que do Norte se levantam as águas, e se tornarão em torrentes transbordantes, e inundarão a terra e a sua plenitude, a cidade e os seus habitantes; clamarão os homens, e todos os moradores da terra se lamentarão.

³ ao ruído estrepitoso das unhas dos seus fortes cavalos, ao barulho de seus carros, ao estrondo das suas rodas. Os pais não atendem aos filhos, por se afrouxarem as suas mãos;

⁴ por causa do dia que vem para destruir a todos os filisteus, para cortar de Tiro e de Sidom todo o resto que os socorra; porque o SENHOR destruirá os filisteus, o resto de Caftor da terra do mar.

⁵ Sobreveio calvície a Gaza, Ascalom está reduzida a silêncio, com o resto do seu vale; até quando vós vos retalhareis?

⁶ Ah! Espada do SENHOR, até quando deixarás de repousar? Volta para a tua bainha, descansa e aquieta-te.

⁷ Como podes estar quieta, se o SENHOR te deu ordem? Contra Ascalom e contra as bordas do mar é para onde ele te dirige.

Profecia a respeito de Moabe

48 A respeito de Moabe. Assim diz o SENHOR dos Exércitos, o Deus de Israel: Ai de Nebo, porque foi destruída! Envergonhada está Quiriataim, já está tomada; a fortaleza está envergonhada e abatida.

² A glória de Moabe já não é; em Hesbom tramaram contra ela, dizendo: Vinde, e eliminemo-la para que não seja mais povo; também tu, ó Madmém, serás reduzida a silêncio; a espada te perseguirá.

³ Há gritos de Horonaim: Ruína e grande destruição!

⁴ Destruída está Moabe; seus filhinhos fizeram ouvir gritos.

⁵ Pela subida de Luíte, eles seguem com choro contínuo; na descida de Horonaim, se ouvem gritos angustiosos de ruína.

⁶ Fugi, salvai a vossa vida, ainda que venhais a ser como o arbusto solitário no deserto.

⁷ Pois, por causa da tua confiança nas tuas obras e nos teus tesouros, também tu serás tomada; Camos sairá para o cativeiro com os seus sacerdotes e os seus príncipes juntamente.

⁸ Virá o destruidor sobre cada uma das cidades, e nenhuma escapará; perecerá o vale, e se destruirá a campina; porque o SENHOR o disse.

⁹ Dai asas a Moabe, porque, voando, sairá; as suas cidades se tornarão em ruínas, e ninguém morará nelas.

¹⁰ Maldito aquele que fizer a obra do SENHOR relaxadamente! Maldito aquele que retém a sua espada do sangue!

¹¹ Despreocupado esteve Moabe desde a sua mocidade e tem repousado nas fezes do seu vinho; não foi mudado de vasilha para vasilha, nem foi para o cativeiro; por isso,

47.1-7 Is 14.29-31; Ez 25.15-17; Jl 3.4-8; Am 1.6-8; Sf 2.4-7; Zc 9.5-7. **48.1-47** Is 15.1-16.14; 25.10-12; Ez 25.8-11; Am 2.1-3; Sf 2.8-11.

conservou o seu sabor, e o seu aroma não se alterou.

¹² Portanto, eis que vêm dias, diz o Senhor, em que lhe enviarei trasfegadores, que o trasfegarão; despejarão as suas vasilhas e despedaçarão os seus jarros.

¹³ Moabe terá vergonha de Camos, como a casa de Israel se envergonhou de Betel, sua confiança.

¹⁴ Como dizeis: Somos valentes e homens fortes para a guerra?

¹⁵ Moabe está destruído e subiu das suas cidades, e os seus jovens escolhidos desceram à matança, diz o Rei, cujo nome é Senhor dos Exércitos.

¹⁶ Está prestes a vir a perdição de Moabe, e muito se apressa o seu mal.

¹⁷ Condoei-vos dele, todos os que estais ao seu redor e todos os que lhe sabeis o nome; dizei: Como se quebrou a vara forte, o cajado formoso!

¹⁸ Desce da tua glória e assenta-te em terra sedenta, ó moradora, filha de Dibom; porque o destruidor de Moabe sobe contra ti e desfaz as tuas fortalezas.

¹⁹ Põe-te no caminho e espia, ó moradora de Aroer; pergunta ao que foge e à que escapa: Que sucedeu?

²⁰ Moabe está envergonhado, porque foi abatido; uivai e gritai; anunciai em Arnom que Moabe está destruído.

²¹ Também o julgamento veio sobre a terra da campina, sobre Holom, Jaza e Mefaate,

²² sobre Dibom, Nebo e Bete-Diblataim,

²³ sobre Quiriataim, Bete-Gamul e Bete-Meom,

²⁴ sobre Queriote e Bozra, e até sobre todas as cidades da terra de Moabe, quer as de longe, quer as de perto.

²⁵ Está eliminado o poder de Moabe, e quebrado, o seu braço, diz o Senhor.

²⁶ Embriagai-o, porque contra o Senhor se engrandeceu; Moabe se revolverá no seu vômito e será ele também objeto de escárnio.

²⁷ Pois Israel não te foi também objeto de escárnio? Mas, acaso, foi achado entre ladrões, para que meneies a cabeça, falando dele?

²⁸ Deixai as cidades e habitai no rochedo, ó moradora de Moabe; sede como as pombas que se aninham nos flancos da boca do abismo.

²⁹ Ouvimos falar da soberba de Moabe, que de fato é extremamente soberba, da sua arrogância, do seu orgulho, da sua sobranceria e da altivez do seu coração.

³⁰ Conheço, diz o Senhor, a sua insolência, mas isso nada é; as suas gabarolices nada farão.

³¹ Por isso, uivarei por Moabe, sim, gritarei por todo o Moabe; pelos homens de Quir-Heres lamentarei.

³² Mais que a Jazer, te chorarei a ti, ó vide de Sibma; os teus ramos passaram o mar, chegaram até ao mar de Jazer; mas o destruidor caiu sobre os teus frutos de verão e sobre a tua vindima.

³³ Tirou-se, pois, o folguedo e a alegria do campo fértil e da terra de Moabe; pois fiz cessar nos lagares o vinho; já não pisarão uvas com júbilo; o júbilo não será júbilo.

³⁴ Ouve-se o grito de Hesbom até Eleale e Jaaz, e de Zoar se dão gritos até Horonaim e Eglate-Selisias; porque até as águas do Ninrim se tornaram em assolação.

³⁵ Farei desaparecer de Moabe, diz o Senhor, quem sacrifique nos altos e queime incenso aos seus deuses.

³⁶ Por isso, o meu coração geme como flautas por causa de Moabe, e como flautas geme por causa dos homens de Quir-Heres; porquanto já se perdeu a abundância que ajuntou.

³⁷ Porque toda cabeça ficará calva, e toda barba, rapada; sobre todas as mãos haverá incisões, e sobre os lombos, pano de saco.

³⁸ Sobre todos os eirados de Moabe e em todas as suas praças há pranto, porque fiz Moabe em pedaços, como vasilha de barro que não agrada, diz o Senhor. Como está desfalecido!

³⁹ Como uivam! Como, de vergonha, virou Moabe as costas! Assim, se tornou Moabe objeto de escárnio e de espanto para todos os que estão em seu redor.

⁴⁰ Porque assim diz o Senhor: Eis que voará como a águia e estenderá as suas asas contra Moabe.

⁴¹ São tomadas as cidades, e ocupadas, as fortalezas; naquele dia, o coração dos valentes de Moabe será como o coração da mulher que está em dores de parto.

⁴² Moabe será destruído, para que não seja povo, porque se engrandeceu contra o Senhor.

⁴³ Terror, cova e laço vêm sobre ti, ó moradora de Moabe, diz o Senhor.

⁴⁴ Quem fugir do terror cairá na cova, e, se sair da cova, o laço o prenderá; porque trarei sobre ele, sobre Moabe, o ano do seu castigo.

⁴⁵ Os que fogem param sem forças à

sombra de Hesbom; porém sai fogo de Hesbom e labareda do meio de Seom e devora as têmporas de Moabe e o alto da cabeça dos filhos do tumulto.

46 Ai de ti, Moabe! Pereceu o povo de Camos, porque teus filhos ficaram cativos, e tuas filhas, em cativeiro.

47 Contudo, mudarei a sorte de Moabe, nos últimos dias, diz o SENHOR. Até aqui o juízo contra Moabe.

Profecia a respeito dos amonitas

49 A respeito dos filhos de Amom. Assim diz o SENHOR: Acaso, não tem Israel filhos? Não tem herdeiro? Por que, pois, herdou Milcom a Gade, e o seu povo habitou nas cidades dela?

2 Portanto, eis que vêm dias, diz o SENHOR, em que farei ouvir em Rabá dos filhos de Amom o alarido de guerra, e tornar-se-á num montão de ruínas, e as suas aldeias serão queimadas; e Israel herdará aos que o herdaram, diz o SENHOR.

3 Uiva, ó Hesbom, porque é destruída Ai; clamai, ó filhos de Rabá, cingi-vos de cilício, lamentai e dai voltas por entre os muros; porque Milcom irá em cativeiro, juntamente com os seus sacerdotes e os seus príncipes.

4 Por que te glorias nos vales, nos teus luxuriantes vales, ó filha rebelde, que confias nos teus tesouros, dizendo: Quem virá contra mim?

5 Eis que eu trarei terror sobre ti, diz o Senhor, o SENHOR dos Exércitos, de todos os que estão ao redor de ti; e cada um de vós será lançado em frente de si, e não haverá quem recolha os fugitivos.

6 Mas depois disto mudarei a sorte dos filhos de Amom, diz o Senhor.

Profecia a respeito dos edomitas

7 A respeito de Edom. Assim diz o SENHOR dos Exércitos: Acaso, já não há sabedoria em Temã? Já pereceu o conselho dos sábios? Desvaneceu-se-lhe a sabedoria?

8 Fugi, voltai, retirai-vos para as cavernas, ó moradores de Dedã, porque eu trarei sobre ele a ruína de Esaú, o tempo do seu castigo.

9 Se vindimadores viessem a ti, não deixariam alguns cachos? Se ladrões, de noite, não te danificariam só o que lhes bastasse?

10 Mas eu despi a Esaú, descobri os seus esconderijos, e não se poderá esconder; está destruída a sua descendência, como também seus irmãos e seus vizinhos, e ele já não é.

11 Deixa os teus órfãos, e eu os guardarei em vida; e as tuas viúvas confiem em mim.

12 Porque assim diz o SENHOR: Eis que os que não estavam condenados a beber o cálice totalmente o beberão, e tu serias de todo inocentado? Não serás tido por inocente, mas certamente o beberás.

13 Porque por mim mesmo jurei, diz o SENHOR, que Bozra será objeto de espanto, de opróbrio, de assolação e de desprezo; e todas as suas cidades se tornarão em assolações perpétuas.

Os pecados e o castigo de Edom

14 Ouvi novas da parte do SENHOR, e um mensageiro foi enviado às nações, para lhes dizer: Ajuntai-vos, e vinde contra ela, e levantai-vos para a guerra.

15 Porque eis que te fiz pequeno entre as nações, desprezado entre os homens.

16 O terror que inspiras e a soberba do teu coração te enganaram. Tu que habitas nas fendas das rochas, que ocupas as alturas dos outeiros, ainda que eleves o teu ninho como a águia, de lá te derribarei, diz o SENHOR.

17 Assim, será Edom objeto de espanto; todo aquele que passar por ele se espantará e assobiará por causa de todas as suas pragas.

18 Como na destruição de Sodoma e Gomorra e das suas cidades vizinhas, diz o SENHOR, assim não habitará ninguém ali, nem morará nela homem algum.

19 Eis que, como sobe o leãozinho da floresta jordânica contra o rebanho em pasto verde, assim, num momento, arrojarei dali a Edom e lá estabelecerei a quem eu escolher. Pois quem é semelhante a mim? Quem me pedirá contas? E quem é o pastor que me poderá resistir?

20 Portanto, ouvi o conselho do SENHOR que ele decretou contra Edom e os desígnios que ele formou contra os moradores de Temã; certamente, até os menores do rebanho serão arrastados, e as suas moradas, espantadas por causa deles.

21 A terra estremeceu com o estrondo da sua queda; e do seu grito até ao mar Vermelho se ouviu o som.

22 Eis que como águia subirá, voará e

49.1-6 Ez 21.28-32; 25.1-7; Am 1.13-15; Sf 2.8-11.   49.7-22 Is 34.1-17; 63.1-6; Ez 25.12-14; 35.1-15; Am 1.11,12; Ob 1-14; Ml 1.2-5.   49.18 Gn 19.24,25.

estenderá as suas asas contra Bozra; naquele dia, o coração dos valentes de Edom será como o coração da mulher que está em dores de parto.

Profecia a respeito de Damasco

²³ A respeito de Damasco. Envergonhou-se Hamate e Arpade; e, tendo ouvido más novas, cambaleiam; são como o mar agitado, que não se pode sossegar.
²⁴ Enfraquecida está Damasco; virou as costas para fugir, e tremor a tomou; angústia e dores a tomaram como da que está de parto.
²⁵ Como está abandonada a famosa cidade, a cidade de meu folguedo!
²⁶ Portanto, cairão os seus jovens nas suas praças; todos os homens de guerra serão reduzidos a silêncio naquele dia, diz o SENHOR dos Exércitos.
²⁷ Acenderei fogo dentro do muro de Damasco, o qual consumirá os palácios de Ben-Hadade.

Profecia a respeito da Arábia

²⁸ A respeito de Quedar e dos reinos de Hazor, que Nabucodonosor, rei da Babilônia, feriu. Assim diz o SENHOR: Levantai-vos, subi contra Quedar e destruí os filhos do Oriente.
²⁹ Tomarão as suas tendas, os seus rebanhos; as lonas das suas tendas, todos os seus bens e os seus camelos levarão para si; e lhes gritarão: Há horror por toda parte!
³⁰ Fugi, desviai-vos para mui longe, retirai-vos para as cavernas, ó moradores de Hazor, diz o SENHOR; porque Nabucodonosor, rei da Babilônia, tomou conselho e formou desígnio contra vós outros.
³¹ Levantai-vos, ó babilônios, subi contra uma nação que habita em paz e confiada, diz o SENHOR; que não tem portas, nem ferrolhos; eles habitam a sós.
³² Os seus camelos serão para presa, e a multidão dos seus gados, para despojo; espalharei a todo vento aqueles que cortam os cabelos nas têmporas e de todos os lados lhes trarei a ruína, diz o SENHOR.
³³ Hazor se tornará em morada de chacais, em assolação para sempre; ninguém habitará ali, homem nenhum habitará nela.

Profecia a respeito dos elamitas

³⁴ Palavra do SENHOR que veio a Jeremias, o profeta, contra Elão, no princípio do reinado de Zedequias, rei de Judá, dizendo:
³⁵ Assim diz o SENHOR dos Exércitos: Eis que eu quebrarei o arco de Elão, a fonte do seu poder.
³⁶ Trarei sobre Elão os quatro ventos dos quatro ângulos do céu e os espalharei na direção de todos estes ventos; e não haverá país aonde não venham os fugitivos de Elão.
³⁷ Farei tremer a Elão diante de seus inimigos e diante dos que procuram a sua morte; farei vir sobre os elamitas o mal, o brasume da minha ira, diz o SENHOR; e enviarei após eles a espada, até que venha a consumi-los.
³⁸ Porei o meu trono em Elão e destruirei dali o rei e os príncipes, diz o SENHOR.
³⁹ Nos últimos dias, mudarei a sorte de Elão, diz o SENHOR.

Profecia a respeito da Babilônia

50 Palavra que falou o SENHOR contra a Babilônia e contra a terra dos caldeus, por intermédio de Jeremias, o profeta.
² Anunciai entre as nações; fazei ouvir e arvorai estandarte; proclamai, não encubrais; dizei: Tomada é a Babilônia, Bel está confundido, e abatido, Merodaque; cobertas de vergonha estão as suas imagens, e seus ídolos tremem de terror.
³ Porque do Norte subiu contra ela uma nação que tornará deserta a sua terra, e não haverá quem nela habite; tanto os homens como os animais fugiram e se foram.
⁴ Naqueles dias, naquele tempo, diz o SENHOR, voltarão os filhos de Israel, eles e os filhos de Judá juntamente; andando e chorando, virão e buscarão ao SENHOR, seu Deus.
⁵ Perguntarão pelo caminho de Sião, de rostos voltados para lá, e dirão: Vinde, e unamo-nos ao SENHOR, em aliança eterna que jamais será esquecida.
⁶ O meu povo tem sido ovelhas perdidas; seus pastores as fizeram errar e as deixaram desviar para os montes; do monte passaram ao outeiro, esqueceram-se do seu redil.
⁷ Todos os que as acharam as devoraram; e os seus adversários diziam: Culpa nenhuma teremos; porque pecaram contra o SENHOR, a morada da justiça, e contra a esperança de seus pais, o SENHOR.
⁸ Fugi do meio da Babilônia e saí da ter-

ra dos caldeus; e sede como os bodes que vão adiante do rebanho.

⁹ Porque eis que eu suscitarei e farei subir contra a Babilônia um conjunto de grandes nações da terra do Norte, e se porão em ordem de batalha contra ela; assim será tomada. As suas flechas serão como de destro guerreiro, nenhuma tornará sem efeito.

¹⁰ A Caldéia servirá de presa; todos os que a saquearem se fartarão, diz o SENHOR;

¹¹ ainda que vos alegrais e exultais, ó saqueadores da minha herança, saltais como bezerros na relva e rinchais como cavalos fogosos,

¹² será mui envergonhada vossa mãe, será confundida a que vos deu à luz; eis que ela será a última das nações, um deserto, uma terra seca e uma solidão.

¹³ Por causa da indignação do SENHOR, não será habitada; antes, se tornará de todo deserta; qualquer que passar por Babilônia se espantará e assobiará por causa de todas as suas pragas.

¹⁴ Ponde-vos em ordem de batalha em redor contra Babilônia, todos vós que manejais o arco; atirai-lhe, não poupeis as flechas; porque ela pecou contra o SENHOR.

¹⁵ Gritai contra ela, rodeando-a; ela já se rendeu; caíram-lhe os baluartes, estão em terra os seus muros; pois esta é a vingança do SENHOR; vingai-vos dela; fazei-lhe a ela o que ela fez.

¹⁶ Eliminai da Babilônia o que semeia e o que maneja a foice no tempo da sega; por causa da espada do opressor, virar-se-á cada um para o seu povo e cada um fugirá para a sua terra.

¹⁷ Cordeiro desgarrado é Israel; os leões o afugentaram; primeiro, devorou-o o rei da Assíria, e, por fim, Nabucodonosor o desossou.

¹⁸ Portanto, assim diz o SENHOR dos Exércitos, o Deus de Israel: Eis que castigarei o rei da Babilônia e a sua terra, como castiguei o rei da Assíria.

¹⁹ Farei tornar Israel para a sua morada, e pastará no Carmelo e em Basã; fartar-se-á na região montanhosa de Efraim e em Gileade.

²⁰ Naqueles dias e naquele tempo, diz o SENHOR, buscar-se-á a iniqüidade de Israel, e já não haverá; os pecados de Judá, mas não se acharão; porque perdoarei aos remanescentes que eu deixar.

²¹ Sobe, ó espada, contra a terra duplamente rebelde, sobe contra ela e contra os moradores da terra de castigo; assola irremissivelmente, destrói tudo após eles, diz o SENHOR, e faze segundo tudo o que te mandei.

²² Há na terra estrondo de batalha e de grande destruição.

²³ Como está quebrado, feito em pedaços o martelo de toda a terra! Como se tornou a Babilônia objeto de espanto entre as nações!

²⁴ Lancei-te o laço, ó Babilônia, e foste presa, e não o soubeste; foste surpreendida e apanhada, porque contra o SENHOR te entremeteste.

²⁵ O SENHOR abriu o seu arsenal e tirou dele as armas da sua indignação; porque o Senhor, o SENHOR dos Exércitos, tem obra a realizar na terra dos caldeus.

²⁶ Vinde contra ela de todos os confins da terra, abri os seus celeiros, fazei dela montões de ruínas, destruí-a de todo; dela nada fique de resto.

²⁷ Matai à espada a todos os seus touros, aos seus valentes; desçam eles para o matadouro; ai deles! Pois é chegado o seu dia, o tempo do seu castigo.

²⁸ Ouve-se a voz dos que fugiram e escaparam da terra da Babilônia, para anunciarem em Sião a vingança do SENHOR, nosso Deus, a vingança do seu templo.

²⁹ Convocai contra a Babilônia a multidão dos que manejam o arco; acampai-vos contra ela em redor, e ninguém escape. Retribuí-lhe segundo a sua obra; conforme tudo o que fez, assim fazei a ela; porque se houve arrogantemente contra o SENHOR, contra o Santo de Israel.

³⁰ Portanto, cairão os seus jovens nas suas praças, e todos os seus homens de guerra serão reduzidos a silêncio naquele dia, diz o Senhor, o SENHOR.

³¹ Eis que eu sou contra ti, ó orgulhosa, diz o Senhor, o SENHOR dos Exércitos; porque veio o teu dia, o tempo em que te hei de castigar.

³² Então, tropeçará o soberbo, e cairá, e ninguém haverá que o levante; porei fogo às suas cidades, o qual consumirá todos os seus arredores.

³³ Assim diz o SENHOR dos Exércitos: Os filhos de Israel e os filhos de Judá sofrem opressão juntamente; todos os que os levaram cativos os retêm; recusam deixá-los ir;

³⁴ mas o seu Redentor é forte, SENHOR dos Exércitos é o seu nome; certamente, pleiteará a causa deles, para aquietar a terra e inquietar os moradores da Babilônia.

³⁵ A espada virá sobre os caldeus, diz o SENHOR, e sobre os moradores da Babilônia, sobre os seus príncipes, sobre os seus sábios.

³⁶ A espada virá sobre os gabarolas, e ficarão insensatos; virá sobre os valentes dela, e ficarão aterrorizados.

³⁷ A espada virá sobre os seus cavalos, e sobre os seus carros, e sobre todo o misto de gente que está no meio dela, e este será como mulheres; a espada virá sobre os tesouros dela, e serão saqueados.

³⁸ A espada virá sobre as suas águas, e estas secarão; porque a terra é de imagens de escultura, e os seus moradores enlouquecem por estas cousas horríveis.

³⁹ Por isso, as feras do deserto com os chacais habitarão em Babilônia; também os avestruzes habitarão nela, e nunca mais será povoada, nem habitada de geração em geração,

⁴⁰ como quando Deus destruiu a Sodoma, e a Gomorra, e às suas cidades vizinhas, diz o SENHOR; assim, ninguém habitará ali, nem morará nela homem algum.

⁴¹ Eis que um povo vem do Norte; grande nação e muitos reis se levantarão dos confins da terra.

⁴² Armam-se de arco e de lança; eles são cruéis e não conhecem a compaixão; a voz deles é como o mar, que brama; montam cavalos, cada um posto em ordem de batalha contra ti, ó filha da Babilônia.

⁴³ O rei da Babilônia ouviu a fama deles, e desfaleceram as suas mãos; a angústia se apoderou dele, e dores, como as da mulher que está de parto.

⁴⁴ Eis que, como sobe o leãozinho da floresta jordânica contra o rebanho em pasto verde, assim, num momento, arrojá-la-ei dali e lá estabelecerei a quem eu escolher. Pois quem é semelhante a mim? Quem me pedirá contas? E quem é o pastor que me poderá resistir?

⁴⁵ Portanto, ouvi o conselho do SENHOR, que ele decretou contra Babilônia, e os desígnios que ele formou contra a terra dos caldeus; certamente, até os menores do rebanho serão arrastados, e as suas moradas, espantadas por causa deles.

⁴⁶ Ao estrondo da tomada de Babilônia, estremeceu a terra; e o grito se ouviu entre as nações.

O poder e a queda da Babilônia

51 Assim diz o SENHOR: Eis que levantarei um vento destruidor contra a Babilônia e contra os que habitam em Lebe-Camai.

² Enviarei padejadores contra a Babilônia, que a padejarão e despojarão a sua terra; porque virão contra ela em redor no dia da calamidade.

³ O flecheiro arme o seu arco contra o que o faz com o seu e contra o que presume da sua couraça; não poupeis os seus jovens, destruí de todo o seu exército.

⁴ Caiam mortos na terra dos caldeus e atravessados pelas ruas!

⁵ Porque Israel e Judá não enviuvaram do seu Deus, do SENHOR dos Exércitos; mas a terra dos caldeus está cheia de culpas perante o Santo de Israel.

⁶ Fugi do meio da Babilônia, e cada um salve a sua vida; não pereçais na sua maldade; porque é tempo da vingança do SENHOR: ele lhe dará a sua paga.

⁷ A Babilônia era um copo de ouro na mão do SENHOR, o qual embriagava a toda a terra; do seu vinho beberam as nações; por isso, enlouqueceram.

⁸ Repentinamente, caiu Babilônia e ficou arruinada; lamentai por ela, tomai bálsamo para a sua ferida; porventura, sarará.

⁹ Queríamos curar Babilônia, ela, porém, não sarou; deixai-a, e cada um vá para a sua terra; porque o seu juízo chega até ao céu e se eleva até às mais altas nuvens.

¹⁰ O SENHOR trouxe a nossa justiça à luz; vinde, e anunciemos em Sião a obra do SENHOR, nosso Deus.

¹¹ Aguçai as flechas! Preparai os escudos! O SENHOR despertou o espírito dos reis dos medos; porque o seu intento contra a Babilônia é para a destruir; pois esta é a vingança do SENHOR, a vingança do seu templo.

¹² Arvorai estandarte contra os muros de Babilônia, reforçai a guarda, colocai sentinelas, preparai emboscadas; porque o SENHOR intentou e fez o que tinha dito acerca dos moradores da Babilônia.

¹³ Ó tu que habitas sobre muitas águas, rica de tesouros! Chegou o teu fim, a medida da tua avareza.

¹⁴ Jurou o SENHOR dos Exércitos por si

mesmo, dizendo: Encher-te-ei certamente de homens, como de gafanhotos, e eles cantarão sobre ti o eia! dos que pisam as uvas.

¹⁵ Ele fez a terra pelo seu poder; estabeleceu o mundo por sua sabedoria e com a sua inteligência estendeu os céus.

¹⁶ Fazendo ele ribombar o trovão, logo há tumulto de águas no céu, e sobem os vapores das extremidades da terra; ele cria os relâmpagos para a chuva e dos seus depósitos faz sair o vento.

¹⁷ Todo homem se tornou estúpido e não tem saber; todo ourives é envergonhado pela imagem que esculpiu; pois as suas imagens são mentira, e nelas não há fôlego.

¹⁸ Vaidade são, obra ridícula; no tempo do seu castigo, virão a perecer.

¹⁹ Não é semelhante a estas aquele que é a Porção de Jacó; porque ele é o criador de todas as cousas, e Israel é a tribo da sua herança; SENHOR dos Exércitos é o seu nome.

²⁰ Tu, Babilônia, eras meu martelo e minhas armas de guerra; por meio de ti, despedacei nações e destruí reis;

²¹ por meio de ti, despedacei o cavalo e o seu cavaleiro; despedacei o carro e o seu cocheiro;

²² por meio de ti, despedacei o homem e a mulher, despedacei o velho e o moço, despedacei o jovem e a virgem;

²³ por meio de ti, despedacei o pastor e o seu rebanho, despedacei o lavrador e a sua junta de bois, despedacei governadores e vice-reis.

²⁴ Pagarei, ante os vossos próprios olhos, à Babilônia e a todos os moradores da Caldéia toda a maldade que fizeram em Sião, diz o SENHOR.

²⁵ Eis que sou contra ti, ó monte que destróis, diz o SENHOR, que destróis toda a terra; estenderei a mão contra ti, e te revolverei das rochas, e farei de ti um monte em chamas.

²⁶ De ti não se tirarão pedras, nem para o ângulo nem para fundamentos, porque te tornarás em desolação perpétua, diz o SENHOR.

²⁷ Arvorai estandarte na terra, tocai trombeta entre as nações, consagrai as nações contra ela, convocai contra ela os reinos de Ararate, Mini e Asquenaz; ordenai contra ela chefes, fazei subir cavalos como gafanhotos eriçados.

²⁸ Consagrai contra ela as nações, os reis dos medos, os seus governadores, todos os seus vice-reis e toda a terra do seu domínio.

²⁹ Estremece a terra e se contorce em dores, porque cada um dos desígnios do SENHOR está firme contra Babilônia, para fazer da terra da Babilônia uma desolação, sem que haja quem nela habite.

³⁰ Os valentes da Babilônia cessaram de pelejar, permanecem nas fortalezas, desfaleceu-lhes a força, tornaram-se como mulheres; estão em chamas as suas moradas, quebrados, os seus ferrolhos.

³¹ Sai um correio ao encontro de outro correio, um mensageiro ao encontro de outro mensageiro, para anunciar ao rei da Babilônia que a sua cidade foi tomada de todos os lados;

³² que os vaus estão ocupados, e as defesas, queimadas, e os homens de guerra, amedrontados.

³³ Porque assim diz o SENHOR dos Exércitos, o Deus de Israel: A filha da Babilônia é como a eira quando é aplanada e pisada; ainda um pouco, e o tempo da ceifa lhe virá.

³⁴ Nabucodonosor, rei da Babilônia, nos devorou, esmagou-nos e fez de nós um objeto inútil; como monstro marinho, nos tragou, encheu a sua barriga das nossas comidas finas e nos arrojou fora.

³⁵ A violência que se me fez a mim e à minha carne caia sobre a Babilônia, diga a moradora de Sião; o meu sangue caia sobre os moradores da Caldéia, diga Jerusalém.

³⁶ Pelo que assim diz o SENHOR: Eis que pleitearei a tua causa e te vingarei da vingança que se tomou contra ti; secarei o seu mar e farei que se esgote o seu manancial.

³⁷ Babilônia se tornará em montões de ruínas, morada de chacais, objeto de espanto e assobio, e não haverá quem nela habite.

³⁸ Ainda que juntos rujam como leões e rosnem como cachorros de leões,

³⁹ estando eles esganados, prepararlhes-ei um banquete, embriagá-los-ei para que se regozijem e durmam sono eterno e não acordem, diz o SENHOR.

⁴⁰ Fá-los-ei descer como cordeiros ao matadouro, como carneiros e bodes.

⁴¹ Como foi tomada Babilônia, e apanhada de surpresa, a glória de toda a terra! Como se tornou Babilônia objeto de espanto entre as nações!

⁴² O mar é vindo sobre Babilônia, coberta está com o tumulto das suas ondas.

⁴³ Tornaram-se as suas cidades em desolação, terra seca e deserta, terra em que ninguém habita, nem passa por ela homem algum.

⁴⁴ Castigarei a Bel na Babilônia e farei

que lance de sua boca o que havia tragado, e nunca mais concorrerão a ele as nações; também o muro de Babilônia caiu.

⁴⁵ Saí do meio dela, ó povo meu, e salve cada um a sua vida do brasume da ira do SENHOR.

⁴⁶ Não desfaleça o vosso coração, não temais o rumor que se há de ouvir na terra; pois virá num ano um rumor, noutro ano, outro rumor; haverá violência na terra, dominador contra dominador.

⁴⁷ Portanto, eis que vêm dias, em que castigarei as imagens de escultura da Babilônia, toda a sua terra será envergonhada, e todos os seus cairão traspassados no meio dela.

⁴⁸ Os céus, e a terra, e tudo quanto neles há jubilarão sobre a Babilônia; porque do Norte lhe virão os destruidores, diz o SENHOR.

⁴⁹ Como Babilônia fez cair traspassados os de Israel, assim, em Babilônia, cairão traspassados os de toda a terra.

⁵⁰ Vós que escapastes da espada, ide-vos, não pareis; de longe lembrai-vos do SENHOR, e suba Jerusalém à vossa mente.

⁵¹ Direis: Envergonhados estamos, porque ouvimos opróbrio; vergonha cobriu-nos o rosto, porque vieram estrangeiros e entraram nos santuários da Casa do SENHOR.

⁵² Portanto, eis que vêm dias, diz o SENHOR, em que castigarei as suas imagens de escultura; e gemerão os traspassados em toda a sua terra.

⁵³ Ainda que a Babilônia subisse aos céus e ainda que fortificasse no alto a sua fortaleza, de mim viriam destruidores contra ela, diz o SENHOR.

⁵⁴ Da Babilônia se ouvem gritos, e da terra dos caldeus, o ruído de grande destruição;

⁵⁵ porque o SENHOR destrói Babilônia e faz perecer nela a sua grande voz; bramarão as ondas do inimigo como muitas águas, ouvir-se-á o tumulto da sua voz,

⁵⁶ porque o destruidor vem contra ela, contra Babilônia; os seus valentes estão presos, já estão quebrados os seus arcos; porque o SENHOR, Deus que dá a paga, certamente, lhe retribuirá.

⁵⁷ Embriagarei os seus príncipes, os seus sábios, os seus governadores, os seus vicereis e os seus valentes; dormirão sono eterno e não acordarão, diz o Rei, cujo nome é SENHOR dos Exércitos.

⁵⁸ Assim diz o SENHOR dos Exércitos: Os largos muros de Babilônia totalmente serão derribados, e as suas altas portas serão abrasadas pelo fogo; assim, trabalharam os povos em vão, e para o fogo se afadigaram as nações.

⁵⁹ Palavra que mandou Jeremias, o profeta, a Seraías, filho de Nerias, filho de Maaséias, indo este com Zedequias, rei de Judá, à Babilônia, no ano quarto do seu reinado. Seraías era o camareiro-mor.

⁶⁰ Escreveu, pois, Jeremias num livro todo o mal que havia de vir sobre Babilônia, a saber, todas as palavras já escritas contra Babilônia.

⁶¹ Disse Jeremias a Seraías: Quando chegares a Babilônia, vê que leias em voz alta todas estas palavras.

⁶² E dirás: Ó SENHOR! Falaste a respeito deste lugar que o exterminarias, a fim de que nada fique nele, nem homem nem animal, e que se tornaria em perpétuas assolações.

⁶³ Quando acabares de ler o livro, atá-lo-ás a uma pedra e o lançarás no meio do Eufrates;

⁶⁴ e dirás: Assim será afundada a Babilônia e não se levantará, por causa do mal que eu hei de trazer sobre ela; e os seus moradores sucumbirão. Até aqui as palavras de Jeremias.

A queda de Jerusalém e o cativeiro de Judá
2Rs 24.18-25.22; 2Cr 36.10-21; Jr 39.1-10

52 Tinha Zedequias a idade de vinte e um anos, quando começou a reinar e reinou onze anos em Jerusalém. Sua mãe se chamava Hamutal e era filha de Jeremias, de Libna.

² Fez ele o que era mal perante o SENHOR, conforme tudo quanto fizera Jeoaquim.

³ Assim sucedeu por causa da ira do SENHOR contra Jerusalém e contra Judá, a ponto de os rejeitar de sua presença; Zedequias rebelou-se contra o rei da Babilônia.

⁴ Sucedeu que, em o nono ano do reinado de Zedequias, aos dez dias do décimo mês, Nabucodonosor, rei da Babilônia, veio contra Jerusalém, e ele e todo o seu exército, e se acamparam contra ela, e levantaram contra ela tranqueiras em redor.

⁵ A cidade ficou sitiada até ao undécimo ano do rei Zedequias.

51.48 Ap 18.20.   51.49 Ap 18.24.   52.4 Ez 24.2.

6 Aos nove dias do quarto mês, quando a cidade se via apertada da fome, e não havia pão para o povo da terra,

7 então, a cidade foi arrombada, e todos os homens de guerra fugiram e saíram de noite pelo caminho da porta que está entre os dois muros perto do jardim do rei, a despeito de os caldeus se acharem contra a cidade em redor; e se foram pelo caminho da campina.

8 Porém o exército dos caldeus perseguiu o rei Zedequias e o alcançou nas campinas de Jericó; e todo o exército deste se dispersou e o abandonou.

9 Então, o tomaram preso e o fizeram subir ao rei da Babilônia, a Ribla, na terra de Hamate, e este lhe pronunciou a sentença.

10 Matou o rei da Babilônia os filhos de Zedequias à sua própria vista, bem assim todos os príncipes de Judá, em Ribla.

11 Vazou os olhos de Zedequias, atou-o com duas cadeias de bronze, levou-o à Babilônia e o conservou no cárcere até ao dia da sua morte.

12 No décimo dia do quinto mês, do ano décimo-nono de Nabucodonosor, rei da Babilônia, Nebuzaradã, o chefe da guarda e servidor do rei da Babilônia, veio a Jerusalém.

13 E queimou a Casa do SENHOR e a casa do rei, como também todas as casas de Jerusalém; também entregou às chamas todos os edifícios importantes.

14 Todo o exército dos caldeus que estava com o chefe da guarda derribou todos os muros em redor de Jerusalém.

15 Dos mais pobres do povo, o mais do povo que havia ficado na cidade, os desertores que se entregaram ao rei da Babilônia e o mais da multidão Nebuzaradã, o chefe da guarda, levou cativos.

16 Porém dos mais pobres da terra deixou Nebuzaradã, o chefe da guarda, ficar alguns para vinheiros e para lavradores.

17 Os caldeus cortaram em pedaços as colunas de bronze que estavam na Casa do SENHOR, como também os suportes e o mar de bronze que estavam na Casa do SENHOR; e levaram todo o bronze para a Babilônia.

18 Levaram também as panelas, as pás, as espevitadeiras, as bacias, os recipientes de incenso e todos os utensílios de bronze, com que se ministrava.

19 Tomou também o chefe da guarda os copos, os braseiros, as bacias, as panelas, os candeeiros, os recipientes de incenso e as taças, tudo quanto fosse de ouro ou de prata.

20 Quanto às duas colunas, ao mar e aos suportes que Salomão fizera para a Casa do SENHOR, o peso do bronze de todos estes utensílios era incalculável.

21 Quanto às colunas, a altura de uma era de dezoito côvados, um cordão de doze côvados a cercava, e a grossura era de quatro dedos; era oca.

22 Sobre ela havia um capitel de bronze; a altura de cada um era de cinco côvados; a obra de rede e as romãs sobre o capitel ao redor eram de bronze.

23 Semelhante a esta era a outra coluna com as romãs. Havia noventa e seis romãs aos lados; as romãs todas sobre a obra de rede ao redor eram cem.

24 Levou também o chefe da guarda a Seraías, sumo sacerdote, e a Sofonias, segundo sacerdote, e aos três guardas da porta.

25 Da cidade tomou a um oficial, que era comandante das tropas de guerra, e a sete homens dos que eram conselheiros pessoais do rei e se achavam na cidade, como também ao escrivão-mor do exército, que alistava o povo da terra, e a sessenta homens do povo do lugar, que se achavam na cidade.

26 Tomando-os Nebuzaradã, o chefe da guarda, levou-os ao rei da Babilônia, a Ribla.

27 O rei da Babilônia os feriu e os matou em Ribla, na terra de Hamate.

28 Assim, Judá foi levado cativo para fora de sua terra. Este é o povo que Nabucodonosor levou para o exílio: no sétimo ano, três mil e vinte e três judeus;

29 no ano décimo-oitavo de Nabucodonosor, levou ele cativas de Jerusalém oitocentas e trinta e duas pessoas;

30 no ano vigésimo-terceiro de Nabucodonosor, Nebuzaradã, o chefe da guarda, levou cativas, dentre os judeus, setecentas e quarenta e cinco pessoas; todas as pessoas são quatro mil e seiscentas.

Libertado e honrado o rei Joaquim
2Rs 25.27-30

31 No trigésimo-sétimo ano do cativeiro de Joaquim, rei de Judá, no dia vinte e cinco do duodécimo mês, Evil-Merodaque, rei da Babilônia, no ano em que começou a reinar, libertou a Joaquim, rei de Judá, e o fez sair do cárcere.

³² Falou com ele benignamente e lhe deu lugar de mais honra do que o dos reis que estavam consigo em Babilônia.

³³ Mudou-lhe as vestes do cárcere, e Joaquim passou a comer pão na sua presença, todos os dias da sua vida.

³⁴ E da parte do rei da Babilônia lhe foi dada subsistência vitalícia, uma pensão diária, até ao dia da sua morte, durante os dias da sua vida.

LAMENTAÇÕES

DE JEREMIAS

Jerusalém destruída e desolada

1 Como jaz solitária a cidade
outrora populosa!
Tornou-se como viúva
a que foi grande entre as nações;
princesa entre as províncias,
ficou sujeita a trabalhos forçados!

² Chora e chora de noite,
e as suas lágrimas lhe correm
pelas faces;
não tem quem a console
entre todos os que a amavam;
todos os seus amigos procederam
perfidamente contra ela,
tornaram-se seus inimigos.

³ Judá foi levado a exílio,
afligido e sob grande servidão;
habita entre as nações,
não acha descanso;
todos os seus perseguidores
o apanharam
nas suas angústias.

⁴ Os caminhos de Sião estão de luto,
porque não há quem venha
à reunião solene;
todas as suas portas estão desoladas;
os seus sacerdotes gemem;
as suas virgens estão tristes,
e ela mesma se acha em amargura.

⁵ Os seus adversários triunfam,
os seus inimigos prosperam;
porque o SENHOR a afligiu,
por causa da multidão
das suas prevaricações;
os seus filhinhos
tiveram de ir para o exílio,
na frente do adversário.

⁶ Da filha de Sião já se passou
todo o esplendor;
os seus príncipes ficaram sendo
como corços que não acham pasto
e caminham exaustos
na frente do perseguidor.

⁷ Agora, nos dias da sua aflição
e do seu desterro,
lembra-se Jerusalém
de todas as suas
mais estimadas cousas,
que tivera dos tempos antigos;
de como o seu povo caíra
nas mãos do adversário,
não tendo ela quem a socorresse;
e de como os adversários a viram
e fizeram escárnio da sua queda.

⁸ Jerusalém pecou gravemente;
por isso, se tornou repugnante;
todos os que a honravam a desprezam,
porque lhe viram a nudez;
ela também geme
e se retira envergonhada.

⁹ A sua imundícia está nas suas saias;
ela não pensava no seu fim;
por isso, caiu de modo espantoso
e não tem quem a console.
Vê, SENHOR, a minha aflição,
porque o inimigo se torna insolente.

¹⁰ Estendeu o adversário a mão
a todas as cousas mais estimadas dela;
pois ela viu entrar as nações
no seu santuário,
acerca das quais proibiste
que entrassem na tua congregação.

¹¹ Todo o seu povo anda gemendo
e à procura de pão;
deram eles as suas cousas
mais estimadas
a troco de mantimento
para restaurar as forças;
vê, SENHOR, e contempla,
pois me tornei desprezível.

¹² Não vos comove isto, a todos vós

que passais pelo caminho?
Considerai e vede
se há dor igual à minha,
que veio sobre mim,
com que o Senhor me afligiu
no dia do furor da sua ira.

¹³ Lá do alto enviou fogo a meus ossos,
o qual se assenhoreou deles;
estendeu uma rede aos meus pés,
arrojou-me para trás,
fez-me assolada
e enferma todo o dia.

¹⁴ O jugo das minhas transgressões
está atado pela sua mão;
elas estão entretecidas,
subiram sobre o meu pescoço,
e ele abateu a minha força;
entregou-me o Senhor
nas mãos daqueles
contra os quais não posso resistir.

¹⁵ O Senhor dispersou
todos os valentes
que estavam comigo;
apregoou contra mim
um ajuntamento,
para esmagar os meus jovens;
o Senhor pisou, como num lagar,
a virgem filha de Judá.

¹⁶ Por estas cousas, choro eu;
os meus olhos, os meus olhos
se desfazem em águas;
porque se afastou de mim
o consolador
que devia restaurar as minhas forças;
os meus filhos estão desolados,
porque prevaleceu o inimigo.

¹⁷ Estende Sião as mãos,
e não há quem a console;
ordenou o Senhor acerca de Jacó
que os seus vizinhos
se tornem seus inimigos;
Jerusalém é para eles
como cousa imunda.

¹⁸ Justo é o Senhor,
pois me rebelei contra a sua palavra;
ouvi todos os povos
e vede a minha dor;
as minhas virgens e os meus jovens
foram levados para o cativeiro.

¹⁹ Chamei os meus amigos,
mas eles me enganaram;
os meus sacerdotes e os meus anciãos
expiraram na cidade,
quando estavam à procura
de mantimento
para restaurarem as suas forças.

²⁰ Olha, Senhor,
porque estou angustiada; ·

turbada está a minha alma,
o meu coração,
transtornado dentro de mim,
porque gravemente me rebelei;
fora, a espada mata os filhos;
em casa, anda a morte.

²¹ Ouvem que eu suspiro,
mas não tenho quem me console;
todos os meus inimigos
que souberam do meu mal
folgam, porque tu o fizeste;
mas, em trazendo tu o dia
que apregoaste,
serão semelhantes a mim.

²² Venha toda a sua iniqüidade
à tua presença,
e faze-lhes como me fizeste a mim
por causa de todas as minhas
prevaricações;
porque os meus gemidos são muitos,
e o meu coração está desfalecido.

As tristezas de Sião provêm
do Senhor

2 Como o Senhor cobriu de nuvens,
na sua ira, a filha de Sião!
Precipitou do céu à terra
a glória de Israel
e não se lembrou
do estrado de seus pés,
no dia da sua ira.

² Devorou o Senhor
todas as moradas de Jacó
e não se apiedou;
derribou no seu furor
as fortalezas da filha de Judá;
lançou por terra e profanou
o reino e os seus príncipes.

³ No furor da sua ira,
cortou toda a força de Israel;
retirou a sua destra
de diante do inimigo;
e ardeu contra Jacó,
como labareda de fogo
que tudo consome em redor.

⁴ Entesou o seu arco, qual inimigo;
firmou a sua destra, como adversário,
e destruiu tudo
o que era formoso à vista;
derramou o seu furor, como fogo,
na tenda da filha de Sião.

⁵ Tornou-se o Senhor como inimigo,
devorando Israel;
devorou todos os seus palácios,
destruiu as suas fortalezas
e multiplicou na filha de Judá
o pranto e a lamentação.

⁶ Demoliu com violência
    o seu tabernáculo,
    como se fosse uma horta;
destruiu o lugar da sua congregação;
o Senhor, em Sião,
    pôs em esquecimento
as festas e o sábado
e, na indignação da sua ira,
    rejeitou com desprezo
o rei e o sacerdote.
⁷ Rejeitou o Senhor o seu altar
e detestou o seu santuário;
entregou nas mãos do inimigo
os muros dos seus castelos;
deram gritos na Casa do Senhor,
como em dia de festa.
⁸ Intentou o Senhor destruir
o muro da filha de Sião;
estendeu o cordel
e não retirou a sua mão destruidora;
fez gemer o antemuro e o muro;
eles estão juntamente enfraquecidos.
⁹ As suas portas caíram por terra;
ele quebrou e despedaçou
    os seus ferrolhos;
o seu rei e os seus príncipes
estão entre as nações
onde já não vigora a lei,
nem recebem visão alguma
    do Senhor os seus profetas.
¹⁰ Sentados em terra se acham,
    silenciosos,
os anciãos da filha de Sião;
lançam pó sobre a cabeça,
cingidos de cilício;
as virgens de Jerusalém
    abaixam a cabeça
até ao chão.
¹¹ Com lágrimas se consumiram
    os meus olhos,
turbada está a minha alma,
e o meu coração se derramou
    de angústia
por causa da calamidade
    da filha do meu povo;
pois desfalecem
    os meninos e as crianças de peito
pelas ruas da cidade.
¹² Dizem às mães:
Onde há pão e vinho?,
quando desfalecem como o ferido
pelas ruas da cidade
ou quando exalam a alma
nos braços de sua mãe.
¹³ Que poderei dizer-te?
A quem te compararei,
    ó filha de Jerusalém?
A quem te assemelharei,

para te consolar a ti,
    ó virgem filha de Sião?
Porque grande como o mar
    é a tua calamidade;
quem te acudirá?
¹⁴ Os teus profetas te anunciaram
visões falsas e absurdas
e não manifestaram a tua maldade,
para restaurarem a tua sorte;
mas te anunciaram
    visões de sentenças falsas,
que te levaram para o cativeiro.
¹⁵ Todos os que passam pelo caminho
    batem palmas,
assobiam e meneiam a cabeça
sobre a filha de Jerusalém:
É esta a cidade que denominavam
a perfeição da formosura,
a alegria de toda a terra?
¹⁶ Todos os teus inimigos
abrem contra ti a boca,
assobiam e rangem os dentes;
dizem: Devoramo-la;
certamente, este é o dia
    que esperávamos;
achamo-lo e vimo-lo.
¹⁷ Fez o Senhor o que intentou;
cumpriu a ameaça que pronunciou
desde os dias da antiguidade;
derrubou e não se apiedou;
fez que o inimigo se alegrasse
    por tua causa
e exaltou o poder
    dos teus adversários.
¹⁸ O coração de Jerusalém
    clama ao Senhor.
Ó muralha da filha de Sião,
corram as tuas lágrimas
    como um ribeiro,
de dia e de noite,
não te dês descanso,
nem pare de chorar
    a menina de teus olhos!
¹⁹ Levanta-te, clama de noite
no princípio das vigílias;
derrama, como água, o coração
perante o Senhor;
levanta a ele as mãos,
pela vida de teus filhinhos,
que desfalecem de fome
à entrada de todas as ruas.
²⁰ Vê, ó Senhor, e considera
a quem fizeste assim!
Hão de as mulheres comer
    o fruto de si mesmas,
as crianças do seu carinho?
Ou se matará
    no santuário do Senhor
o sacerdote e o profeta?

21 Jazem por terra pelas ruas
   o moço e o velho;
   as minhas virgens e os meus jovens
   vieram a cair à espada;
   tu os mataste no dia da tua ira,
   fizeste matança e não te apiedaste.
22 Convocaste de toda parte
   terrores contra mim,
   como num dia de solenidade;
   não houve, no dia da ira do SENHOR,
   quem escapasse ou ficasse;
   aqueles do meu carinho
   os quais eu criei,
   o meu inimigo os consumiu.

Convidado o povo a reconhecer o seu pecado

3 Eu sou o homem que viu a aflição
   pela vara do furor de Deus.
2 Ele me levou e me fez andar
   em trevas e não na luz.
3 Deveras ele volveu contra mim a mão,
   de contínuo, todo o dia.
4 Fez envelhecer
   a minha carne e a minha pele,
   despedaçou os meus ossos.
5 Edificou contra mim
   e me cercou de veneno e de dor.
6 Fez-me habitar em lugares tenebrosos,
   como os que estão mortos
   para sempre.
7 Cercou-me de um muro,
   e já não posso sair;
   agravou-me com grilhões de bronze.
8 Ainda quando clamo e grito,
   ele não admite a minha oração.
9 Fechou os meus caminhos
   com pedras lavradas,
   fez tortuosas as minhas veredas.
10 Fez-se-me como urso à espreita,
   um leão de emboscada.
11 Desviou os meus caminhos
   e me fez em pedaços;
   deixou-me assolado.
12 Entesou o seu arco
   e me pôs como alvo à flecha.
13 Fez que me entrassem no coração
   as flechas da sua aljava.
14 Fui feito objeto de escárnio
   para todo o meu povo
   e a sua canção, todo o dia.
15 Fartou-me de amarguras,
   saciou-me de absinto.
16 Fez-me quebrar com pedrinhas
   de areia os meus dentes,
   cobriu-me de cinza.

17 Afastou a paz de minha alma;
   esqueci-me do bem.
18 Então, disse eu:
   já pereceu a minha glória,
   como também a minha esperança
   no SENHOR.
19 Lembra-te da minha aflição
   e do meu pranto,
   do absinto e do veneno.
20 Minha alma, continuamente,
   os recorda
   e se abate dentro de mim.
21 Quero trazer à memória
   o que me pode dar esperança.

Esperança de auxílio pela misericórdia de Deus

22 As misericórdias do SENHOR são
   a causa de não sermos consumidos,
   porque as suas misericórdias
   não têm fim;
23 renovam-se cada manhã.
   Grande é a tua fidelidade.
24 A minha porção é o SENHOR,
   diz a minha alma;
   portanto, esperarei nele.
25 Bom é o SENHOR
   para os que esperam por ele,
   para a alma que o busca.
26 Bom é aguardar
   a salvação do SENHOR,
   e isso, em silêncio.
27 Bom é para o homem
   suportar o jugo na sua mocidade.
28 Assente-se solitário
   e fique em silêncio;
   porquanto esse jugo
   Deus pôs sobre ele;
29 ponha a boca no pó;
   talvez ainda haja esperança.
30 Dê a face ao que o fere;
   farte-se de afronta.
31 O Senhor não rejeitará
   para sempre;
32 pois, ainda que entristeça a alguém,
   usará de compaixão segundo
   a grandeza das suas misericórdias;
33 porque não aflige,
   nem entristece de bom grado
   os filhos dos homens.
34 Pisar debaixo dos pés
   a todos os presos da terra,
35 perverter o direito do homem
   perante o Altíssimo,
36 subverter ao homem no seu pleito,
   não o veria o Senhor?

37 Quem é aquele que diz,
e assim acontece,
quando o Senhor o não mande?
38 Acaso, não procede do Altíssimo
tanto o mal como o bem?
39 Por que, pois, se queixa
o homem vivente?
Queixe-se cada um
dos seus próprios pecados.
40 Esquadrinhemos os nossos caminhos,
provemo-los
e voltemos para o SENHOR.
41 Levantemos o coração,
juntamente com as mãos,
para Deus nos céus, dizendo:
42 Nós prevaricamos e fomos rebeldes,
e tu não nos perdoaste.
43 Cobriste-nos de ira e nos perseguiste;
e sem piedade nos mataste.
44 De nuvens te encobriste
para que não passe a nossa oração.
45 Como cisco e refugo nos puseste
no meio dos povos.
46 Todos os nossos inimigos
abriram contra nós a boca.
47 Sobre nós vieram o temor e a cova,
a assolação e a ruína.
48 Dos meus olhos se derramam
torrentes de águas,
por causa da destruição
da filha do meu povo.
49 Os meus olhos choram,
não cessam, e não há descanso,
50 até que o SENHOR atenda
e veja lá do céu.
51 Os meus olhos
entristecem a minha alma,
por causa de todas as filhas
da minha cidade.
52 Caçaram-me, como se eu fosse ave,
os que sem motivo são meus inimigos.
53 Para me destruírem,
lançaram-me na cova
e atiraram pedras sobre mim.
54 Águas correram sobre a minha cabeça;
então, disse: estou perdido!
55 Da mais profunda cova, SENHOR,
invoquei o teu nome.
56 Ouviste a minha voz;
não escondas o ouvido
aos meus lamentos, ao meu clamor.
57 De mim te aproximaste
no dia em que te invoquei;
disseste: Não temas.
58 Pleiteaste, Senhor,
a causa da minha alma,
remiste a minha vida.
59 Viste, SENHOR,
a injustiça que me fizeram;
julga a minha causa.
60 Viste a sua vingança toda,
todos os seus pensamentos
contra mim.
61 Ouviste as suas afrontas, SENHOR,
todos os seus pensamentos
contra mim;
62 as acusações dos meus adversários
e o seu murmurar contra mim,
o dia todo.
63 Observa-os quando se assentam
e quando se levantam;
eu sou objeto da sua canção.
64 Tu lhes darás a paga, SENHOR,
segundo a obra das suas mãos.
65 Tu lhes darás cegueira de coração,
a tua maldição imporás sobre eles.
66 Na tua ira, os perseguirás,
e eles serão eliminados
de debaixo dos céus do SENHOR.

Os sofrimentos do cerco

4 Como se escureceu o ouro!
Como se mudou o ouro refinado!
Como estão espalhadas
as pedras do santuário
pelas esquinas de todas as ruas!
2 Os nobres filhos de Sião,
comparáveis a puro ouro,
como são agora reputados
por objetos de barro,
obra das mãos de oleiro!
3 Até os chacais dão o peito,
dão de mamar a seus filhos;
mas a filha do meu povo
tornou-se cruel
como os avestruzes no deserto.
4 A língua da criança que mama
fica pegada, pela sede, ao céu da boca;
os meninos pedem pão,
e ninguém há que lho dê.
5 Os que se alimentavam
de comidas finas
desfalecem nas ruas;
os que se criaram entre escarlata
se apegam aos monturos.
6 Porque maior é a maldade
da filha do meu povo
do que o pecado de Sodoma,
que foi subvertida
como num momento,
sem o emprego de mãos nenhumas.

4.6 Gn 19.24.

⁷ Os seus príncipes eram mais alvos
   do que a neve,
mais brancos do que o leite;
eram mais ruivos de corpo
   do que os corais
e tinham a formosura da safira.
⁸ Mas, agora, escureceu-se-lhes
   o aspecto
   mais do que a fuligem;
não são conhecidos nas ruas;
a sua pele se lhes pegou aos ossos,
secou-se como uma madeira.
⁹ Mais felizes foram as vítimas
   da espada
do que as vítimas da fome;
porque estas se definham
atingidas mortalmente
   pela falta do produto dos campos.
¹⁰ As mãos das mulheres
   outrora compassivas
cozeram seus próprios filhos;
estes lhes serviram de alimento
na destruição da filha do meu povo.
¹¹ Deu o Senhor cumprimento
   à sua indignação,
derramou o ardor da sua ira;
acendeu fogo em Sião,
que consumiu os seus fundamentos.
¹² Não creram os reis da terra,
nem todos os moradores do mundo,
que entrasse o adversário e o inimigo
pelas portas de Jerusalém.
¹³ Foi por causa dos pecados
   dos seus profetas,
das maldades dos seus sacerdotes
que se derramou no meio dela
o sangue dos justos.
¹⁴ Erram como cegos nas ruas,
andam contaminados de sangue,
de tal sorte que ninguém
lhes pode tocar nas roupas.
¹⁵ Apartai-vos, imundos!
   — gritavam-lhes;
apartai-vos, apartai-vos, não toqueis!
Quando fugiram errantes,
   dizia-se entre as nações:
Jamais habitarão aqui.
¹⁶ A ira do Senhor os espalhou;
ele jamais atentará para eles;
o inimigo não honra os sacerdotes,
nem se compadece dos anciãos.
¹⁷ Os nossos olhos ainda desfalecem,
esperando vão socorro;
temos olhado das vigias para um povo
que não pode livrar.
¹⁸ Espreitavam os nossos passos,
de maneira que não podíamos andar
   pelas nossas praças;

aproximava-se o nosso fim,
   os nossos dias se cumpriam,
era chegado o nosso fim.
¹⁹ Os nossos perseguidores
   foram mais ligeiros
do que as aves dos céus;
sobre os montes nos perseguiram,
no deserto nos armaram ciladas.
²⁰ O fôlego da nossa vida,
   o ungido do Senhor,
foi preso nos forjes deles;
dele dizíamos: debaixo da sua sombra,
viveremos entre as nações.
²¹ Regozija-te e alegra-te,
   ó filha de Edom,
que habitas na terra de Uz;
o cálice se passará também a ti;
embebedar-te-ás e te desnudarás.
²² O castigo da tua maldade
   está consumado, ó filha de Sião;
o Senhor nunca mais te levará
   para o exílio;
a tua maldade, ó filha de Edom,
descobrirá os teus pecados.

Os fiéis pedem misericórdia

5 Lembra-te, Senhor,
   do que nos tem sucedido;
considera e olha
   para o nosso opróbrio.
² A nossa herança passou a estranhos,
e as nossas casas, a estrangeiros;
³ somos órfãos, já não temos pai,
nossas mães são como viúvas.
⁴ A nossa água, por dinheiro
   a bebemos,
por preço vem a nossa lenha.
⁵ Os nossos perseguidores
   estão sobre o nosso pescoço;
estamos exaustos
   e não temos descanso.
⁶ Submetemo-nos aos egípcios
   e aos assírios,
para nos fartarem de pão.
⁷ Nossos pais pecaram e já não existem;
nós é que levamos o castigo
   das suas iniqüidades.
⁸ Escravos dominam sobre nós;
ninguém há que nos livre
   das suas mãos.
⁹ Com perigo de nossa vida,
   providenciamos o nosso pão,
por causa da espada do deserto.
¹⁰ Nossa pele se esbraseia
   como um forno,
por causa do ardor da fome.

11 Forçaram as mulheres em Sião;
as virgens, nas cidades de Judá.
12 Os príncipes foram por eles
enforcados,
as faces dos velhos
não foram reverenciadas.
13 Os jovens levaram a mó,
os meninos tropeçaram
debaixo das cargas de lenha;
14 os anciãos já não se assentam
na porta,
os jovens já não cantam.
15 Cessou o júbilo de nosso coração,
converteu-se em lamentações
a nossa dança.
16 Caiu a coroa da nossa cabeça;
ai de nós, porque pecamos!

17 Por isso, caiu doente o nosso coração;
por isso, se escureceram
os nossos olhos.
18 Pelo monte Sião, que está assolado,
andam as raposas.
19 Tu, SENHOR, reinas eternamente,
o teu trono subsiste
de geração em geração.
20 Por que te esquecerias de nós
para sempre?
Por que nos desampararias
por tanto tempo?
21 Converte-nos a ti, SENHOR,
e seremos convertidos;
renova os nossos dias como dantes.
22 Por que nos rejeitarias totalmente?
Por que te enfurecerias sobremaneira
contra nós outros?

EZEQUIEL

A visão dos quatro querubins

1 Aconteceu no trigésimo ano, no quinto dia do quarto mês, que, estando eu no meio dos exilados, junto ao rio Quebar, se abriram os céus, e eu tive visões de Deus.

2 No quinto dia do referido mês, no quinto ano de cativeiro do rei Joaquim,

3 veio expressamente a palavra do SENHOR a Ezequiel, filho de Buzi, o sacerdote, na terra dos caldeus, junto ao rio Quebar, e ali esteve sobre ele a mão do SENHOR.

4 Olhei, e eis que um vento tempestuoso vinha do Norte, e uma grande nuvem, com fogo a revolver-se, e resplendor ao redor dela, e no meio disto, uma cousa como metal brilhante, que saía do meio do fogo.

5 Do meio dessa nuvem saía a semelhança de quatro seres viventes, cuja aparência era esta: tinham a semelhança de homem.

6 Cada um tinha quatro rostos, como também quatro asas.

7 As suas pernas eram direitas, a planta de cujos pés era como a de um bezerro e luzia como o brilho de bronze polido.

8 Debaixo das asas tinham mãos de homem, aos quatro lados; assim todos os quatro tinham rostos e asas.

9 Estas se uniam uma à outra; não se viravam quando iam; cada qual andava para a sua frente.

10 A forma de seus rostos era como o de homem; à direita, os quatro tinham rosto de leão; à esquerda, rosto de boi; e também rosto de águia, todos os quatro.

11 Assim eram os seus rostos. Suas asas se abriam em cima; cada ser tinha duas asas, unidas cada uma à do outro; outras duas cobriam o corpo deles.

12 Cada qual andava para a sua frente; para onde o espírito havia de ir, iam; não se viravam quando iam.

13 O aspecto dos seres viventes era como carvão em brasa, à semelhança de tochas; o fogo corria resplendente por entre os seres, e dele saíam relâmpagos;

14 os seres viventes ziguezagueavam à semelhança de relâmpagos.

A visão das quatro rodas

15 Vi os seres viventes; e eis que havia uma roda na terra, ao lado de cada um deles.

16 O aspecto das rodas e a sua estrutura eram brilhantes como o berilo; tinham as quatro a mesma aparência, cujo aspecto e estrutura eram como se estivera uma roda dentro da outra.

1.1 Ap 19.11.   **1.2** 2Rs 25.10-16; 2Cr 36.5-7.   **1.5** Ap 4.6,7.   **1.6** Ez 10.14.   **1.13** Ap 4.5.   **1.15** Ez 10.9-13.

17 Andando elas, podiam ir em quatro direções; e não se viravam quando iam.

18 As suas cambotas eram altas, e metiam medo; e, nas quatro rodas, as mesmas eram cheias de olhos ao redor.

19 Andando os seres viventes, andavam as rodas ao lado deles; elevando-se eles, também elas se elevavam.

20 Para onde o espírito queria ir, iam, pois o espírito os impelia; e as rodas se elevavam juntamente com eles, porque nelas havia o espírito dos seres viventes.

21 Andando eles, andavam elas e, parando eles, paravam elas, e, elevando-se eles da terra, elevavam-se também as rodas juntamente com eles; porque o espírito dos seres viventes estava nas rodas.

22 Sobre a cabeça dos seres viventes havia algo semelhante ao firmamento, como cristal brilhante que metia medo, estendido por sobre a sua cabeça.

23 Por debaixo do firmamento, estavam estendidas as suas asas, a de um em direção à de outro; cada um tinha outras duas asas com que cobria o corpo de um e de outro lado.

24 Andando eles, ouvi o tatalar das suas asas, como o rugido de muitas águas, como a voz do Onipotente; ouvi o estrondo tumultuoso, como o tropel de um exército. Parando eles, abaixavam as asas.

25 Veio uma voz de cima do firmamento que estava sobre a sua cabeça. Parando eles, abaixavam as asas.

A visão da glória divina

26 Por cima do firmamento que estava sobre a sua cabeça, havia algo semelhante a um trono, como uma safira; sobre esta espécie de trono, estava sentada uma figura semelhante a um homem.

27 Vi-a como metal brilhante, como fogo ao redor dela, desde os seus lombos e daí para cima; e desde os seus lombos e daí para baixo, vi-a como fogo e um resplendor ao redor dela.

28 Como o aspecto do arco que aparece na nuvem em dia de chuva, assim era o resplendor em redor. Esta era a aparência da glória do Senhor; vendo isto, caí com o rosto em terra e ouvi a voz de quem falava.

A vocação de Ezequiel

2 Esta voz me disse: Filho do homem, põe-te em pé, e falarei contigo.

2 Então, entrou em mim o Espírito, quando falava comigo, e me pôs em pé, e ouvi o que me falava.

3 Ele me disse: Filho do homem, eu te envio aos filhos de Israel, às nações rebeldes que se insurgiram contra mim; eles e seus pais prevaricaram contra mim, até precisamente ao dia de hoje.

4 Os filhos são de duro semblante e obstinados de coração; eu te envio a eles, e lhes dirás: Assim diz o Senhor Deus.

5 Eles, quer ouçam quer deixem de ouvir, porque são casa rebelde, hão de saber que esteve no meio deles um profeta.

6 Tu, ó filho do homem, não os temas, nem temas as suas palavras, ainda que haja sarças e espinhos para contigo, e tu habites com escorpiões; não temas as suas palavras, nem te assustes com o rosto deles, porque são casa rebelde.

7 Mas tu lhes dirás as minhas palavras, quer ouçam quer deixem de ouvir, pois são rebeldes.

Visão do rolo de um livro

8 Tu, ó filho do homem, ouve o que eu te digo, não te insurjas como a casa rebelde; abre a boca e come o que eu te dou.

9 Então, vi, e eis que certa mão se estendia para mim, e nela se achava o rolo de um livro.

10 Estendeu-o diante de mim, e estava escrito por dentro e por fora; nele, estavam escritas lamentações, suspiros e ais.

3 Ainda me disse: Filho do homem, come o que achares; come este rolo, vai e fala à casa de Israel.

2 Então, abri a boca, e ele me deu a comer o rolo.

3 E me disse: Filho do homem, dá de comer ao teu ventre e enche as tuas entranhas deste rolo que eu te dou. Eu o comi, e na boca me era doce como o mel.

O comissionamento do profeta

4 Disse-me ainda: Filho do homem, vai, entra na casa de Israel e dize-lhe as minhas palavras.

5 Porque tu não és enviado a um povo de estranho falar nem de língua difícil, mas à casa de Israel;

6 nem a muitos povos de estranho falar e de língua difícil, cujas palavras não possas entender; se eu aos tais te enviasse, certamente, te dariam ouvidos.

1.18 Ap 4.8.   **1.22** Ap 4.6.   **1.24** Ap 1.14,15; 19.6.   **1.26** Ez 10.1; Ap 4.2,3.   **1.27** Ez 8.2.   **2.9** Ap 5.1.
3.1 Ap 10.9,10.

⁷ Mas a casa de Israel não te dará ouvidos, porque não me quer dar ouvidos a mim; pois toda a casa de Israel é de fronte obstinada e dura de coração.

⁸ Eis que fiz duro o teu rosto contra o rosto deles e dura a tua fronte, contra a sua fronte.

⁹ Fiz a tua fronte como o diamante, mais dura do que a pederneira; não os temas, pois, nem te assustes com o seu rosto, porque são casa rebelde.

¹⁰ Ainda me disse mais: Filho do homem, mete no coração todas as minhas palavras que te hei de falar e ouve-as com os teus ouvidos.

¹¹ Eia, pois, vai aos do cativeiro, aos filhos do teu povo, e, quer ouçam quer deixem de ouvir, fala com eles, e dize-lhes: Assim diz o SENHOR Deus.

¹² Levantou-me o Espírito, e ouvi por detrás de mim uma voz de grande estrondo, que, levantando-se do seu lugar, dizia: Bendita seja a glória do SENHOR.

¹³ Ouvi o tatalar das asas dos seres viventes, que tocavam umas nas outras, e o barulho das rodas juntamente com eles e o sonido dum grande estrondo.

¹⁴ Então, o Espírito me levantou e me levou; eu fui amargurado na excitação do meu espírito; mas a mão do SENHOR se fez muito forte sobre mim.

¹⁵ Então, fui a Tel-Abibe, aos do exílio, que habitavam junto ao rio Quebar, e passei a morar onde eles habitavam; e, por sete dias, assentei-me ali, atônito, no meio deles.

O atalaia de Israel

¹⁶ Findos os sete dias, veio a mim a palavra do SENHOR, dizendo:

¹⁷ Filho do homem, eu te dei por atalaia sobre a casa de Israel; da minha boca ouvirás a palavra e os avisarás da minha parte.

¹⁸ Quando eu disser ao perverso: Certamente, morrerás, e tu não o avisares e nada disseres para o advertir do seu mau caminho, para lhe salvar a vida, esse perverso morrerá na sua iniquidade, mas o seu sangue da tua mão o requererei.

¹⁹ Mas, se avisares o perverso, e ele não se converter da sua maldade e do seu caminho perverso, ele morrerá na sua iniquidade, mas tu salvaste a tua alma.

²⁰ Também quando o justo se desviar da sua justiça e fizer maldade, e eu puser diante dele um tropeço, ele morrerá; visto que não o avisaste, no seu pecado morrerá, e suas justiças que praticara não serão lembradas, mas o seu sangue da tua mão o requererei.

²¹ No entanto, se tu avisares o justo, para que não peque, e ele não pecar, certamente, viverá, porque foi avisado; e tu salvaste a tua alma.

²² A mão do SENHOR veio sobre mim, e ele me disse: Levanta-te e sai para o vale, onde falarei contigo.

²³ Levantei-me e saí para o vale, e eis que a glória do SENHOR estava ali, como a glória que eu vira junto ao rio Quebar; e caí com o rosto em terra.

²⁴ Então, entrou em mim o Espírito, e me pôs em pé, e falou comigo, e me disse: Vai e encerra-te dentro da tua casa.

²⁵ Porque, ó filho do homem, eis que porão cordas sobre ti e te ligarão com elas; e não sairás ao meio deles.

²⁶ Farei que a tua língua se pegue ao teu paladar, ficarás mudo e incapaz de os repreender; porque são casa rebelde.

²⁷ Mas, quando eu falar contigo, darei que fale a tua boca, e lhes dirás: Assim diz o SENHOR Deus: Quem ouvir ouça, e quem deixar de ouvir deixe; porque são casa rebelde.

O cerco simbólico de Jerusalém

4 Tu, pois, ó filho do homem, toma um tijolo, põe-no diante de ti e grava nele a cidade de Jerusalém.

² Põe cerco contra ela, edifica contra ela fortificações, levanta contra ela trancheiras e põe contra ela arraiais e aríetes em redor.

³ Toma também uma assadeira de ferro e põe-na por muro de ferro entre ti e a cidade; dirige para ela o rosto, e assim será cercada, e a cercarás; isto servirá de sinal para a casa de Israel.

⁴ Deita-te também sobre o teu lado esquerdo e põe a iniquidade da casa de Israel sobre ele; conforme o número dos dias que te deitares sobre ele, levarás sobre ti a iniquidade dela.

⁵ Porque eu te dei os anos da sua iniquidade, segundo o número dos dias, trezentos e noventa dias; e levarás sobre ti a iniquidade da casa de Israel.

⁶ Quando tiveres cumprido estes dias, deitar-te-ás sobre o teu lado direito e levarás sobre ti a iniquidade da casa de Judá.

⁷ Quarenta dias te dei, cada dia por um ano. Voltarás, pois, o rosto para o cerco de Jerusalém, com o teu braço descoberto, e profetizarás contra ela.

⁸ Eis que te prenderei com cordas; assim não te voltarás dum lado para o outro, até que cumpras os dias do teu cerco.

⁹ Toma trigo e cevada, favas e lentilhas, mete-os numa vasilha e faze deles pão; segundo o número dos dias que te deitares sobre o teu lado, trezentos e noventa dias, comerás dele.

¹⁰ A tua comida será por peso, vinte siclos por dia; de tempo em tempo, a comerás.

¹¹ Também beberás a água por medida, a sexta parte de um him; de tempo em tempo, a beberás.

¹² O que comeres será como bolos de cevada; cozê-lo-ás sobre esterco de homem, à vista do povo.

¹³ Disse o SENHOR: Assim comerão os filhos de Israel o seu pão imundo, entre as nações para onde os lançarei.

¹⁴ Então, disse eu: ah! SENHOR Deus! Eis que a minha alma não foi contaminada, pois, desde a minha mocidade até agora, nunca comi animal morto de si mesmo nem dilacerado por feras, nem carne abominável entrou na minha boca.

¹⁵ Então, ele me disse: Dei-te esterco de vacas, em lugar de esterco humano; sobre ele prepararás o teu pão.

¹⁶ Disse-me ainda: Filho do homem, eis que eu tirarei o sustento de pão em Jerusalém; comerão o pão por peso e, com ansiedade, beberão a água por medida e com espanto;

¹⁷ porque lhes faltará o pão e a água, espantar-se-ão uns com os outros e se consumirão nas suas iniquidades.

5 Tu, ó filho do homem, toma uma espada afiada; como navalha de barbeiro a tomarás e a farás passar pela tua cabeça e pela tua barba; tomarás uma balança de peso e repartirás os cabelos.

² Uma terça parte queimarás, no meio da cidade, quando se cumprirem os dias do cerco; tomarás outra terça parte e a ferirás com uma espada ao redor da cidade; e a outra terça parte espalharás ao vento; desembainharei a espada atrás deles.

³ Desta terça parte tomarás uns poucos e os atarás nas abas da tua veste.

⁴ Destes ainda tomarás alguns, e os lan-

çarás no meio do fogo, e os queimarás; dali sairá um fogo contra toda a casa de Israel.

As causas do cerco de Jerusalém

⁵ Assim diz o SENHOR Deus: Esta é Jerusalém; pu-la no meio das nações e terras que estão ao redor dela.

⁶ Ela, porém, se rebelou contra os meus juízos, praticando o mal mais do que as nações e transgredindo os meus estatutos mais do que as terras que estão ao redor dela; porque rejeitaram os meus juízos e não andaram nos meus estatutos.

⁷ Portanto, assim diz o SENHOR Deus: Porque sois mais rebeldes do que as nações que estão ao vosso redor e não tendes andado nos meus estatutos, nem cumprido os meus juízos, nem procedido segundo os direitos das nações ao redor de vós,

⁸ por isso, assim diz o SENHOR Deus: Eis que eu, eu mesmo, estou contra ti; e executarei juízos no meio de ti, à vista das nações.

⁹ Farei contigo o que nunca fiz e o que jamais farei, por causa de todas as tuas abominações.

¹⁰ Portanto, os pais devorarão a seus filhos no meio de ti, e os filhos devorarão a seus pais; executarei em ti juízos e tudo o que restar de ti espalharei a todos os ventos.

¹¹ Portanto, tão certo como eu vivo, diz o SENHOR Deus, pois que profanaste o meu santuário com todas as tuas cousas detestáveis e com todas as tuas abominações, eu retirarei, sem piedade, os olhos de ti e não te pouparei.

¹² Uma terça parte de ti morrerá de peste e será consumida de fome no meio de ti; outra terça parte cairá à espada em redor de ti; e a outra terça parte espalharei a todos os ventos e desembainharei a espada atrás dela.

¹³ Assim, se cumprirá a minha ira, e satisfarei neles o meu furor e me consolarei; saberão que eu, o SENHOR, falei no meu zelo, quando cumprir neles o meu furor.

¹⁴ Por-te-ei em desolação e por objeto de opróbrio entre as nações que estão ao redor de ti, à vista de todos os que passarem.

¹⁵ Assim, serás objeto de opróbrio e ludíbrio, de escarmento e espanto às nações que estão ao redor de ti, quando eu executar em ti juízos com ira e indignação, em furiosos castigos. Eu, o SENHOR, falei.

¹⁶ Quando eu despedir as malignas flechas da fome contra eles, flechas destruidoras, que eu enviarei para vos destruir, en-

5.12 Ap 6.8.

tão, aumentarei a fome sobre vós e vos tirarei o sustento de pão.

¹⁷ Enviarei sobre vós a fome e bestasferas que te desfilharão; a peste e o sangue passarão por ti, e trarei a espada sobre ti. Eu, o SENHOR, falei.

Profecia contra a idolatria de Israel

6 Veio a mim a palavra do SENHOR, dizendo:

² Filho do homem, vira o rosto para os montes de Israel e profetiza contra eles, dizendo:

³ Montes de Israel, ouvi a palavra do SENHOR Deus: Assim diz o SENHOR Deus aos montes, aos outeiros, aos ribeiros e aos vales: Eis que eu, eu mesmo, trarei a espada sobre vós e destruirei os vossos altos.

⁴ Ficarão desolados os vossos altares e quebrados os vossos altares de incenso; arrojarei os vossos mortos à espada, diante dos vossos ídolos.

⁵ Porei os cadáveres dos filhos de Israel diante dos seus ídolos e espalharei os vossos ossos ao redor dos vossos altares.

⁶ Em todos os vossos lugares habitáveis, as cidades serão destruídas, e os altos ficarão desolados, para que os vossos altares sejam destruídos e arruinados, e os vossos ídolos, quebrados e extintos, e os vossos altares do incenso sejam eliminados, e desfeitas as vossas obras.

⁷ Os mortos à espada cairão no meio de vós, para que saibais que eu sou o SENHOR.

⁸ Mas deixarei um resto, porquanto alguns de vós escapareis da espada entre as nações, quando fordes espalhados pelas terras.

⁹ Então, se lembrarão de mim os que dentre vós escaparem entre as nações para onde foram levados em cativeiro; pois me quebrantei por causa do seu coração dissoluto, que se desviou de mim, e por causa dos seus olhos, que se prostituíram após os seus ídolos. Eles terão nojo de si mesmos, por causa dos males que fizeram em todas as suas abominações.

¹⁰ Saberão que eu sou o SENHOR e não disse debalde que lhes faria este mal.

¹¹ Assim diz o SENHOR Deus: Bate as palmas, bate com o pé e dize: Ah! Por todas as terríveis abominações da casa de Israel! Pois cairão à espada, e de fome, e de peste.

¹² O que estiver longe morrerá de peste;

o que estiver perto cairá à espada; e o que ficar de resto e cercado morrerá de fome. Assim, neles cumprirei o meu furor.

¹³ Então, sabereis que eu sou o SENHOR, quando os seus mortos à espada jazerem no meio dos seus ídolos, em redor dos seus altares, em todo outeiro alto, em todos os cumes dos montes e debaixo de toda árvore frondosa, debaixo de todo carvalho espesso, lugares onde ofereciam suave perfume a todos os seus ídolos.

¹⁴ Estenderei a mão sobre eles e farei a terra tornar-se desolada, desolada desde o deserto até Ribla, em todas as suas habitações; e saberão que eu sou o SENHOR.

O fim vem! O fim vem!

7 Veio ainda a palavra do SENHOR a mim, dizendo:

² Ó tu, filho do homem, assim diz o SENHOR Deus acerca da terra de Israel: Haverá fim! O fim vem sobre os quatro cantos da terra.

³ Agora, vem o fim sobre ti; enviarei sobre ti a minha ira, e te julgarei segundo os teus caminhos, e farei cair sobre ti todas as tuas abominações.

⁴ Os meus olhos não te pouparão, nem terei piedade, mas porei sobre ti os teus caminhos, e as tuas abominações estarão no meio de ti. Sabereis que eu sou o SENHOR.

⁵ Assim diz o SENHOR Deus: Mal após mal, eis que vêm.

⁶ Haverá fim, vem o fim, despertou-se contra ti;

⁷ vem a tua sentença, ó habitante da terra. Vem o tempo; é chegado o dia da turbação, e não da alegria, sobre os montes.

⁸ Agora em breve, derramarei o meu furor sobre ti, cumprirei a minha ira contra ti, julgar-te-ei segundo os teus caminhos e porei sobre ti todas as tuas abominações.

⁹ Os meus olhos não te pouparão, nem terei piedade; segundo os teus caminhos, assim te castigarei, e as tuas abominações estarão no meio de ti. Sabereis que eu, o SENHOR, é que firo.

¹⁰ Eis o dia, eis que vem; brotou a tua sentença, já floresceu a vara, reverdeceu a soberba.

¹¹ Levantou-se a violência para servir de vara perversa; nada restará deles, nem da sua riqueza, nem dos seus rumores, nem da sua glória.

¹² Vem o tempo, é chegado o dia; o que compra não se alegre, e o que vende não se

entristeça; porque a ira ardente está sobre toda a multidão deles.

13 Porque o que vende não tornará a possuir aquilo que vendeu, por mais que viva; porque a profecia contra a multidão não voltará atrás; ninguém fortalece a sua vida com a sua própria iniqüidade.

14 Tocaram a trombeta e prepararam tudo, mas não há quem vá à peleja, porque toda a minha ira ardente está sobre toda a multidão deles.

15 Fora está a espada; dentro, a peste e a fome; o que está no campo morre à espada, e o que está na cidade, a fome e a peste o consomem.

16 Se alguns deles, fugindo, escaparem, estarão pelos montes, como pombas dos vales, todos gemendo, cada um por causa da sua iniqüidade.

17 Todas as mãos se tornarão débeis, e todos os joelhos, em água.

18 Cingir-se-ão de pano de saco, e o horror os cobrirá; em todo rosto haverá vergonha, e calva, em toda cabeça.

19 A sua prata lançarão pelas ruas, e o seu ouro lhes será como sujeira; nem a sua prata, nem o seu ouro os poderá livrar no dia da indignação do Senhor; eles não saciarão a sua fome, nem lhes encherão o estômago, porque isto lhes foi o tropeço para cair em iniqüidade.

20 De tais preciosas jóias fizeram seu objeto de soberba e fabricaram suas abomináveis imagens e seus ídolos detestáveis;

21 portanto, eu fiz que isso lhes fosse por sujeira e o entregarei nas mãos dos estrangeiros, por presa, e aos perversos da terra, por despojo; eles o profanarão.

22 Desviarei deles o rosto, e profanarão o meu recesso; nele, entrarão profanadores e o saquearão.

23 Faze cadeia, porque a terra está cheia de crimes de sangue, e a cidade, cheia de violência.

24 Farei vir os piores de entre as nações, que possuirão as suas casas; farei cessar a arrogância dos valentes, e os seus lugares santos serão profanados.

25 Vem a destruição; eles buscarão paz, mas não há nenhuma.

26 Virá miséria sobre miséria, e se levantará rumor sobre rumor; buscarão visões de profetas; mas do sacerdote perecerá a lei, e dos anciãos, o conselho.

27 O rei se lamentará, e o príncipe se vestirá de horror, e as mãos do povo da terra

tremerão de medo; segundo o seu caminho, lhes farei e, com os seus próprios juízos, os julgarei; e saberão que eu sou o Senhor.

Visão das abominações em Jerusalém

8 No sexto ano, no sexto mês, aos cinco dias do mês, estando eu sentado em minha casa, e os anciãos de Judá, assentados diante de mim, sucedeu que ali a mão do Senhor Deus caiu sobre mim.

2 Olhei, e eis uma figura como de fogo; desde os seus lombos e daí para baixo, era fogo e, dos seus lombos para cima, como o resplendor de metal brilhante.

3 Estendeu ela dali uma semelhança de mão e me tomou pelos cachos da cabeça; o Espírito me levantou entre a terra e o céu e me levou a Jerusalém em visões de Deus, até à entrada da porta do pátio de dentro, que olha para o norte, onde estava colocada a imagem dos ciúmes, que provoca o ciúme de Deus.

4 Eis que a glória do Deus de Israel estava ali, como a glória que eu vira no vale.

5 Ele me disse: Filho do homem, levanta agora os olhos para o norte. Levantei os olhos para lá, e eis que da banda do norte, à porta do altar, estava esta imagem dos ciúmes, à entrada.

6 Disse-me ainda: Filho do homem, vês o que eles estão fazendo? As grandes abominações que a casa de Israel faz aqui, para que me afaste do meu santuário? Pois verás ainda maiores abominações.

7 Ele me levou à porta do átrio; olhei, e eis que havia um buraco na parede. Então, me disse: Filho do homem, cava naquela parede.

8 Cavei na parede, e eis que havia uma porta.

9 Disse-me: Entra e vê as terríveis abominações que eles fazem aqui.

10 Entrei e vi; eis toda forma de répteis e de animais abomináveis e de todos os ídolos da casa de Israel, pintados na parede em todo o redor.

11 Setenta homens dos anciãos da casa de Israel, com Jaazanias, filho de Safã, que se achava no meio deles, estavam em pé diante das pinturas, tendo cada um na mão o seu incensário; e subia o aroma da nuvem de incenso.

12 Então, me disse: Viste, filho do homem, o que os anciãos da casa de Israel fazem nas trevas, cada um nas suas câmaras

pintadas de imagens? Pois dizem: O
Senhor não nos vê, o Senhor abandonou
a terra.

¹³ Disse-me ainda: Tornarás a ver maiores abominações que eles estão fazendo.

¹⁴ Levou-me à entrada da porta da Casa do Senhor, que está na banda do norte, e eis que estavam ali mulheres assentadas chorando a Tamuz.

¹⁵ Disse-me: Vês isto, filho do homem?
Verás ainda abominações maiores do que
estas.

¹⁶ Levou-me para o átrio de dentro da
Casa do Senhor, e eis que estavam à entrada do templo do Senhor, entre o pórtico e o altar, cerca de vinte e cinco homens,
de costas para o templo do Senhor e com
o rosto para o oriente; adoravam o sol, vi-
rados para o oriente.

¹⁷ Então, me disse: Vês, filho do homem? Acaso, é cousa de pouca monta para a casa de Judá o fazerem eles as abominações que fazem aqui, para que ainda encham de violência a terra e tornem a irritar-
me? Ei-los a chegar o ramo ao seu nariz.

¹⁸ Pelo que também eu os tratarei com
furor; os meus olhos não pouparão, nem terei piedade. Ainda que me gritem aos ouvidos em alta voz, nem assim os ouvirei.

Os castigos de Jerusalém

9 Então, ouvi que gritava em alta voz, dizendo: Chegai-vos, vós executores da
cidade, cada um com a sua arma destruidora na mão.

² Eis que vinham seis homens a caminho da porta superior, que olha para o norte, cada um com a sua arma esmagadora na
mão, e entre eles, certo homem vestido de
linho, com um estojo de escrevedor à cintura; entraram e se puseram junto ao altar
de bronze.

³ A glória do Deus de Israel se levantou
do querubim sobre o qual estava, indo até
à entrada da casa; e o Senhor clamou ao
homem vestido de linho, que tinha o estojo de escrevedor à cintura,

⁴ e lhe disse: Passa pelo meio da cidade,
pelo meio de Jerusalém, e marca com um
sinal a testa dos homens que suspiram e gemem por causa de todas as abominações
que se cometem no meio dela.

⁵ Aos outros disse, ouvindo eu: Passai
pela cidade após ele; e, sem que os vossos
olhos poupem e sem que vos compadeçais,
matai;

⁶ matai a velhos, a moços e a virgens, a
crianças e a mulheres, até exterminá-los;
mas a todo homem que tiver o sinal não vos
chegueis; começai pelo meu santuário.
Então, começaram pelos anciãos que
estavam diante da casa. E ele lhes disse:

⁷ Então, começaram pelos anciãos que
estavam diante da casa. E ele lhes disse:
Contaminai a casa, enchei de mortos os
átrios e saí. Saíram e mataram na cidade.

⁸ Havendo-os eles matado, e ficando eu
de resto, caí com o rosto em terra, clamei e
disse: ah! Senhor Deus! Dar-se-á o caso
que destruas todo o restante de Israel, derramando o teu furor sobre Jerusalém?

⁹ Então, me respondeu: A iniquidade da
casa de Israel e de Judá é excessivamente
grande, a terra se encheu de sangue, e a cidade, de injustiça; e eles ainda dizem:
O Senhor abandonou a terra, o Senhor não
nos vê.

¹⁰ Também quanto a mim, os meus
olhos não pouparão, nem me compadecerei; porém sobre a cabeça deles farei recair
as suas obras.

¹¹ Eis que o homem que estava vestido
de linho, a cuja cintura estava o estojo de
escrevedor, relatou, dizendo: Fiz como me
mandaste.

A visão das brasas de fogo

10 Olhei, e eis que, no firmamento que
estava por cima da cabeça dos querubins, apareceu sobre eles uma como pedra de safira semelhando a forma de um
trono.

² E falou ao homem vestido de linho, dizendo: Vai por entre as rodas, até debaixo
dos querubins, e enche as mãos de brasas
acesas dentre os querubins, e espalha-as sobre a cidade. Ele entrou à minha vista.

³ Os querubins estavam ao lado direito
da casa, quando entrou o homem; e a nuvem encheu o átrio interior.

⁴ Então, se levantou a glória do Senhor
de sobre o querubim, indo para a entrada
da casa; a casa encheu-se da nuvem, e o
átrio, da resplandecência da glória do
Senhor.

⁵ O tatalar das asas dos querubins se ouviu até ao átrio exterior, como a voz do
Deus Todo-poderoso, quando fala.

⁶ Tendo o Senhor dado ordem ao homem vestido de linho, dizendo: Toma fogo
dentre as rodas, dentre os querubins, ele entrou e se pôs junto às rodas.

⁷ Então, estendeu um querubim a mão
de entre os querubins para o fogo que es-

tava entre os querubins; tomou dele e o pôs nas mãos do homem que estava vestido de linho, o qual o tomou e saiu.

⁸ Tinham os querubins uma semelhança de mão de homem debaixo das suas asas.

A visão das quatro rodas

⁹ Olhei, e eis quatro rodas junto aos querubins, uma roda junto a cada querubim; o aspecto das rodas era brilhante como pedra de berilo.

¹⁰ Quanto ao seu aspecto, tinham as quatro a mesma aparência; eram como se estivesse uma roda dentro da outra.

¹¹ Andando elas, podiam ir em quatro direções e não se viravam quando iam; para onde ia a primeira, seguiam as outras e não se viravam quando iam.

¹² Todo o corpo dos querubins, suas costas, as mãos, as asas e também as rodas que os quatro tinham estavam cheias de olhos ao redor.

¹³ Quanto às rodas, foram elas chamadas girantes, ouvindo-o eu.

¹⁴ Cada um dos seres viventes tinha quatro rostos: o rosto do primeiro era rosto de querubim, o do segundo, rosto de homem, o do terceiro, rosto de leão, e o do quarto, rosto de águia.

¹⁵ Os querubins se elevaram. São estes os mesmos seres viventes que vi junto ao rio Quebar.

¹⁶ Andando os querubins, andavam as rodas juntamente com eles; e, levantando os querubins as suas asas, para se elevarem de sobre a terra, as rodas não se separavam deles.

¹⁷ Parando eles, paravam elas; e, elevando-se eles, elevavam-se elas, porque o espírito dos seres viventes estava nelas.

A glória de Deus abandona o templo

¹⁸ Então, saiu a glória do SENHOR da entrada da casa e parou sobre os querubins.

¹⁹ Os querubins levantaram as suas asas e se elevaram da terra à minha vista, quando saíram acompanhados pelas rodas; pararam à entrada da porta oriental da Casa do SENHOR, e a glória do Deus de Israel estava no alto, sobre eles.

²⁰ São estes os seres viventes que vi debaixo do Deus de Israel, junto ao rio Quebar, e fiquei sabendo que eram querubins.

²¹ Cada um tinha quatro rostos e quatro asas e a semelhança de mãos de homem debaixo das asas.

²² A aparência dos seus rostos era como a dos rostos que eu vira junto ao rio Quebar; tinham o mesmo aspecto, eram os mesmos seres. Cada qual andava para a sua frente.

O juízo de Deus
contra os chefes do povo

11 Então, o Espírito me levantou e me levou à porta oriental da Casa do SENHOR, a qual olha para o oriente. À entrada da porta, estavam vinte e cinco homens; no meio deles, vi a Jaazanias, filho de Azur, e a Pelatias, filho de Benaia, príncipes do povo.

² E disse-me: Filho do homem, são estes os homens que maquinam vilezas e aconselham perversamente nesta cidade,

³ os quais dizem: Não está próximo o tempo de construir casas; esta cidade é a panela, e nós, a carne.

⁴ Portanto, profetiza contra eles, profetiza, ó filho do homem.

⁵ Caiu, pois, sobre mim o Espírito do SENHOR e disse-me: Fala: Assim diz o SENHOR: Assim tendes dito, ó casa de Israel; porque, quanto às cousas que vos surgem à mente, eu as conheço.

⁶ Multiplicastes os vossos mortos nesta cidade e deles enchestes as suas ruas.

⁷ Portanto, assim diz o SENHOR Deus: Os que vós matastes e largastes no meio dela são a carne, e ela, a panela; a vós outros, porém, vos tirarei do meio dela.

⁸ Temestes a espada, mas a espada trarei sobre vós, diz o SENHOR Deus.

⁹ Tirar-vos-ei do meio dela, e vos entregarei nas mãos de estrangeiros, e executarei juízos entre vós.

¹⁰ Caireis à espada; nos confins de Israel, vos julgarei, e sabereis que eu sou o SENHOR.

¹¹ Esta cidade não vos servirá de panela, nem vós servireis de carne no seu meio; nos confins de Israel, vos julgarei,

¹² e sabereis que eu sou o SENHOR. Pois não andastes nos meus estatutos, nem executastes os meus juízos; antes, fizestes segundo os juízos das nações que estão em redor de vós.

¹³ Ao tempo em que eu profetizava, morreu Pelatias, filho de Benaia. Então, caí com o rosto em terra, clamei em alta voz

10.9 Ez 1.15-21.   **10.12** Ap 4.8.   **10.14** Ez 1.10; Ap 4.7.

e disse: ah! SENHOR Deus! Darás fim ao resto de Israel?

Promessa da restauração de Israel

¹⁴ Veio a mim a palavra do SENHOR, dizendo:
¹⁵ Filho do homem, teus irmãos, os teus próprios irmãos, os homens do teu parentesco e toda a casa de Israel, todos eles são aqueles a quem os habitantes de Jerusalém disseram: Apartai-vos para longe do SENHOR; esta terra se nos deu em possessão.
¹⁶ Portanto, dize: Assim diz o SENHOR Deus: Ainda que os lancei para longe entre as nações e ainda que os espalhei pelas terras, todavia, lhes servirei de santuário, por um pouco de tempo, nas terras para onde foram.
¹⁷ Dize ainda: Assim diz o SENHOR Deus: Hei de ajuntá-los do meio dos povos, e os recolherei das terras para onde foram lançados, e lhes darei a terra de Israel.
¹⁸ Voltarão para ali e tirarão dela todos os seus ídolos detestáveis e todas as suas abominações.
¹⁹ Dar-lhes-ei um só coração, espírito novo porei dentro deles; tirarei da sua carne o coração de pedra e lhes darei coração de carne;
²⁰ para que andem nos meus estatutos, e guardem os meus juízos, e os executem; eles serão o meu povo, e eu serei o seu Deus.
²¹ Mas, quanto àqueles cujo coração se compraz em seus ídolos detestáveis e abominações, eu farei recair sobre sua cabeça as suas obras, diz o SENHOR Deus.
²² Então, os querubins elevaram as suas asas, e as rodas os acompanhavam; e a glória do Deus de Israel estava no alto, sobre eles.
²³ A glória do SENHOR subiu do meio da cidade e se pôs sobre o monte que está ao oriente da cidade.
²⁴ Depois, o Espírito de Deus me levantou e me levou na sua visão à Caldéia, para os do cativeiro; e de mim se foi a visão que eu tivera.
²⁵ Então, falei aos do cativeiro todas as cousas que o SENHOR me havia mostrado.

O profeta descreve o cativeiro

12 Veio a mim a palavra do SENHOR, dizendo:
² Filho do homem, tu habitas no meio da casa rebelde, que tem olhos para ver e não vê, tem ouvidos para ouvir e não ouve, porque é casa rebelde.
³ Tu, pois, ó filho do homem, prepara a bagagem de exílio e de dia sai, à vista deles, para o exílio; e, do lugar onde estás, parte para outro lugar, à vista deles. Bem pode ser que o entendam, ainda que eles são casa rebelde.
⁴ À vista deles, pois, traze para a rua, de dia, a tua bagagem de exílio; depois, à tarde, sairás, à vista deles, como quem vai para o exílio.
⁵ Abre um buraco na parede, à vista deles, e sai por ali.
⁶ À vista deles, aos ombros a levarás; às escuras, a transportarás; cobre o rosto para que não vejas a terra; porque por sinal te pus à casa de Israel.
⁷ Como se me ordenou, assim eu fiz: de dia, levei para fora a minha bagagem de exílio; então, à tarde, com as mãos abri para mim um buraco na parede; às escuras, eu saí e, aos ombros, transportei a bagagem, à vista deles.
⁸ Pela manhã, veio a mim a palavra do SENHOR, dizendo:
⁹ Filho do homem, não te perguntou a casa de Israel, aquela casa rebelde: Que fazes tu?
¹⁰ Dize-lhes: Assim diz o SENHOR Deus: Esta sentença refere-se ao príncipe em Jerusalém e a toda a casa de Israel, que está no meio dela.
¹¹ Dize: Eu sou o vosso sinal. Como eu fiz, assim se lhes fará a eles; irão para o exílio, para o cativeiro.
¹² O príncipe que está no meio deles levará aos ombros a bagagem e, às escuras, sairá; abrirá um buraco na parede para sair por ele; cobrirá o rosto para que seus olhos não vejam a terra.
¹³ Também estenderei a minha rede sobre ele, e será apanhado nas minhas malhas; levá-lo-ei a Babilônia, à terra dos caldeus, mas não a verá, ainda que venha a morrer ali.
¹⁴ A todos os ventos espalharei todos os que, para o ajudarem, estão ao redor dele, e todas as suas tropas; desembainharei a espada após eles.
¹⁵ Saberão que eu sou o SENHOR, quando eu os dispersar entre as nações e os espalhar pelas terras.
¹⁶ Deles deixarei ficar alguns poucos, escapos da espada, da fome e da peste, pa-

ra que publiquem todas as suas cousas abomináveis entre as nações para onde forem; e saberão que eu sou o Senhor.

¹⁷ Então, veio a mim a palavra do Senhor, dizendo:

¹⁸ Filho do homem, o teu pão comerás com tremor e a tua água beberás com estremecimento e ansiedade;

¹⁹ e dirás ao povo da terra: Assim diz o Senhor Deus acerca dos habitantes de Jerusalém, na terra de Israel: O seu pão comerão com ansiedade e a sua água beberão com espanto, pois que a sua terra será despojada de tudo quanto contém, por causa da violência de todos os que nela habitam.

²⁰ As cidades habitadas cairão em ruínas, e a terra se tornará em desolação; e sabereis que eu sou o Senhor.

²¹ Veio a mim a palavra do Senhor, dizendo:

²² Filho do homem, que provérbio é esse que vós tendes na terra de Israel: Prolongue-se o tempo, e não se cumpra a profecia?

²³ Portanto, dize-lhes: Assim diz o Senhor Deus: Farei cessar esse provérbio, e já não se servirão dele em Israel; mas dize-lhes: Os dias estão próximos e o cumprimento de toda profecia.

²⁴ Porque já não haverá visão falsa nenhuma, nem adivinhação lisonjeira, no meio da casa de Israel.

²⁵ Porque eu, o Senhor, falarei, e a palavra que eu falar se cumprirá e não será retardada; porque, em vossos dias, ó casa rebelde, falarei a palavra e a cumprirei, diz o Senhor Deus.

²⁶ Veio-me ainda a palavra do Senhor, dizendo:

²⁷ Filho do homem, eis que os da casa de Israel dizem: A visão que tem este é para muitos dias, e ele profetiza de tempos que estão mui longe.

²⁸ Portanto, dize-lhes: Assim diz o Senhor Deus: Não será retardada nenhuma das minhas palavras; e a palavra que falei se cumprirá, diz o Senhor Deus.

Profecia contra os falsos profetas

13 Veio a mim a palavra do Senhor, dizendo:

² Filho do homem, profetiza contra os profetas de Israel que, profetizando, exprimem, como dizes, o que lhes vem do coração. Ouvi a palavra do Senhor.

³ Assim diz o Senhor Deus: Ai dos profetas loucos, que seguem o seu próprio espírito sem nada ter visto!

⁴ Os teus profetas, ó Israel, são como raposas entre as ruínas.

⁵ Não subistes às brechas, nem fizestes muros para a casa de Israel, para que ela permaneça firme na peleja no Dia do Senhor.

⁶ Tiveram visões falsas e adivinhação mentirosa os que dizem: O Senhor disse; quando o Senhor os não enviou; e esperam o cumprimento da palavra.

⁷ Não tivestes visões falsas e não falastes adivinhação mentirosa, quando dissestes: O Senhor diz, sendo que eu tal não falei?

⁸ Portanto, assim diz o Senhor Deus: Como falais falsidade e tendes visões mentirosas, por isso, eu sou contra vós outros, diz o Senhor Deus.

⁹ Minha mão será contra os profetas que têm visões falsas e que adivinham mentiras; não estarão no conselho do meu povo, não serão inscritos nos registos da casa de Israel, nem entrarão na terra de Israel. Sabereis que eu sou o Senhor Deus.

¹⁰ Visto que andam enganando, sim, enganando o meu povo, dizendo: Paz, quando não há paz, e quando se edifica uma parede, e os profetas a caiam,

¹¹ dize aos que a caiam que ela ruirá. Haverá chuva de inundar. Vós, ó pedras de saraivada, caireis, e tu, vento tempestuoso, irromperás.

¹² Ora, eis que, caindo a parede, não vos dirão: Onde está a cal com que a caiastes?

¹³ Portanto, assim diz o Senhor Deus: Tempestuoso vento farei irromper no meu furor, e chuva de inundar haverá na minha ira, e pedras de saraivada, na minha indignação, para a consumir.

¹⁴ Derribarei a parede que caiastes, darei com ela por terra, e o seu fundamento se descobrirá; quando cair, perecereis no meio dela e sabereis que eu sou o Senhor.

¹⁵ Assim, cumprirei o meu furor contra a parede e contra os que a caiaram e vos direi: a parede já não existe, nem aqueles que a caiaram,

¹⁶ os profetas de Israel que profetizaram a respeito de Jerusalém e para ela têm visões de paz, quando não há paz, diz o Senhor Deus.

Contra as falsas profetisas

¹⁷ Tu, ó filho do homem, põe-te contra

as filhas do teu povo que profetizam de seu coração, profetiza contra elas

18 e dize: Assim diz o Senhor Deus: Ai das que cosem invólucros feiticeiros para todas as articulações das mãos e fazem véus para cabeças de todo tamanho, para caçarem almas! Querereis matar as almas do meu povo e preservar outras para vós mesmas?

19 Vós me profanastes entre o meu povo, por punhados de cevada e por pedaços de pão, para matardes as almas que não haviam de morrer e para preservardes com vida as almas que não haviam de viver, mentindo, assim, ao meu povo, que escuta mentiras.

20 Portanto, assim diz o Senhor Deus: Eis aí vou eu contra vossos invólucros feiticeiros, com que vós caçais as almas como aves, e as arrancarei de vossas mãos; soltarei livres como aves as almas que prendestes.

21 Também rasgarei os vossos véus e livrarei o meu povo das vossas mãos, e nunca mais estará ao vosso alcance para ser caçado; e sabereis que eu sou o Senhor.

22 Visto que com falsidade entristecestes o coração do justo, não o havendo eu entristecido, e fortalecestes as mãos do perverso para que não se desviasse do seu mau caminho e vivesse,

23 por isso, já não tereis visões falsas, nem jamais fareis adivinhações; livrarei o meu povo das vossas mãos, e sabereis que eu sou o Senhor.

O castigo dos idólatras

14 Então, vieram ter comigo alguns dos anciãos de Israel e se assentaram diante de mim.

2 Veio a mim a palavra do Senhor, dizendo:

3 Filho do homem, estes homens levantaram os seus ídolos dentro do seu coração, tropeço para a iniquidade que sempre têm eles diante de si; acaso, permitirei que eles me interroguem?

4 Portanto, fala com eles e dize-lhes: Assim diz o Senhor Deus: Qualquer homem da casa de Israel que levantar os seus ídolos dentro do seu coração, e tem tal tropeço para a sua iniquidade, e vier ao profeta, eu, o Senhor, vindo ele, lhe responderei segundo a multidão dos seus ídolos;

5 para que eu possa apanhar a casa de Israel no seu próprio coração, porquanto todos se apartaram de mim para seguirem os seus ídolos.

6 Portanto, dize à casa de Israel: Assim diz o Senhor Deus: Convertei-vos, e apartai-vos dos vossos ídolos, e dai as costas a todas as vossas abominações,

7 porque qualquer homem da casa de Israel ou dos estrangeiros que moram em Israel que se alienar de mim, e levantar os seus ídolos dentro do seu coração, e tiver tal tropeço para a iniquidade, e vier ao profeta, para me consultar por meio dele, a esse, eu, o Senhor, responderei por mim mesmo.

8 Voltarei o rosto contra o tal homem, e o farei sinal e provérbio, e eliminá-lo-ei do meio do meu povo; e sabereis que eu sou o Senhor.

9 Se o profeta for enganado e falar alguma cousa, fui eu, o Senhor, que enganei esse profeta; estenderei a mão contra ele e o eliminarei do meio do meu povo de Israel.

10 Ambos levarão sobre si a sua iniquidade; a iniquidade daquele que consulta será como a do profeta;

11 para que a casa de Israel não se desvie mais de mim, nem mais se contamine com todas as suas transgressões. Então, diz o Senhor Deus: Eles serão o meu povo, e eu serei o seu Deus.

A justiça dos castigos de Deus

12 Veio ainda a mim a palavra do Senhor, dizendo:

13 Filho do homem, quando uma terra pecar contra mim, cometendo graves transgressões, estenderei a mão contra ela, e tornarei instável o sustento do pão, e enviarei contra ela fome, e eliminarei dela homens e animais;

14 ainda que estivessem no meio dela estes três homens, Noé, Daniel e Jó, eles, pela sua justiça, salvariam apenas a sua própria vida, diz o Senhor Deus.

15 Se eu fizer passar pela terra bestas-feras, e elas a assolarem, que fique assolada, e ninguém possa passar por ela por causa das feras,

16 tão certo como eu vivo, diz o Senhor Deus, ainda que esses três homens estivessem no meio dela, não salvariam nem a seus filhos nem a suas filhas; só eles seriam salvos, e a terra seria assolada.

17 Ou se eu fizer vir a espada sobre essa terra e disser: Espada, passa pela terra; e eu eliminar dela homens e animais,

18 tão certo como eu vivo, diz o Senhor

Deus, ainda que esses três homens estivessem no meio dela, não salvariam nem a seus filhos nem a suas filhas; só eles seriam salvos.

¹⁹ Ou se eu enviar a peste sobre essa terra e derramar o meu furor sobre ela com sangue, para eliminar dela homens e animais,

²⁰ tão certo como eu vivo, diz o SENHOR Deus, ainda que Noé, Daniel e Jó estivessem no meio dela, não salvariam nem a seu filho nem a sua filha; pela sua justiça salvariam apenas a sua própria vida.

²¹ Porque assim diz o SENHOR Deus: Quanto mais, se eu enviar os meus quatro maus juízos, a espada, a fome, as bestasferas e a peste, contra Jerusalém, para eliminar dela homens e animais?

²² Mas eis que alguns restarão nela, que levarão fora tanto filhos como filhas; eis que eles virão a vós outros, e vereis o seu caminho e os seus feitos; e ficareis consolados do mal que eu fiz vir sobre Jerusalém, sim, de tudo o que fiz vir sobre ela.

²³ Eles vos consolarão quando virdes o seu caminho e os seus feitos; e sabereis que não foi sem motivo tudo quanto fiz nela, diz o SENHOR Deus.

Jerusalém é qual videira inútil

15 Veio a mim a palavra do SENHOR, dizendo:

² Filho do homem, por que mais é o sarmento de videira que qualquer outro, o sarmento que está entre as árvores do bosque?

³ Toma-se dele madeira para fazer alguma obra? Ou toma-se dele alguma estaca, para que se lhe pendure algum objeto?

⁴ Eis que é lançado no fogo, para ser consumido; se ambas as suas extremidades consome o fogo, e o meio dele fica também queimado, serviria, acaso, para alguma obra?

⁵ Ora, se, estando inteiro, não servia para obra alguma, quanto menos sendo consumido pelo fogo ou sendo queimado, se faria dele qualquer obra?

⁶ Portanto, assim diz o SENHOR Deus: Como o sarmento da videira entre as árvores do bosque, que dei ao fogo para que seja consumido, assim entregarei os habitantes de Jerusalém.

⁷ Voltarei o rosto contra eles; ainda que saiam do fogo, o fogo os consumirá; e sabereis que eu sou o SENHOR, quando tiver voltado o rosto contra eles.

⁸ Tornarei a terra em desolação, porquanto cometeram graves transgressões, diz o SENHOR Deus.

A infidelidade de Jerusalém

16 Veio a mim a palavra do SENHOR, dizendo:

² Filho do homem, faze conhecer a Jerusalém as suas abominações;

³ e dize: Assim diz o SENHOR Deus a Jerusalém: A tua origem e o teu nascimento procedem da terra dos cananeus; teu pai era amorreu, e tua mãe, hetéia.

⁴ Quanto ao teu nascimento, no dia em que nasceste, não te foi cortado o umbigo, nem foste lavada com água para te limpar, nem esfregada com sal, nem envolta em faixas.

⁵ Não se apiedou de ti olho algum, para te fazer alguma destas cousas, compadecido de ti; antes, foste lançada em pleno campo, no dia em que nasceste, porque tiveram nojo de ti.

⁶ Passando eu por junto de ti, vi-te a revolver-te no teu sangue e te disse: Ainda que estás no teu sangue, vive; sim, ainda que estás no teu sangue, vive.

⁷ Eu te fiz multiplicar como o renovo do campo; cresceste, e te engrandeceste, e chegaste a grande formosura; formaram-se os teus seios, e te cresceram cabelos; no entanto, estavas nua e descoberta.

⁸ Passando eu por junto de ti, vi-te, e eis que o teu tempo era tempo de amores; estendi sobre ti as abas do meu manto e cobri a tua nudez; dei-te juramento e entrei em aliança contigo, diz o SENHOR Deus; e passaste a ser minha.

⁹ Então, te lavei com água, e te enxuguei do teu sangue, e te ungi com óleo.

¹⁰ Também te vesti de roupas bordadas, e te calcei com couro da melhor qualidade, e te cingi de linho fino, e te cobri de seda.

¹¹ Também te adornei com enfeites e te pus braceletes nas mãos e colar à roda do teu pescoço.

¹² Coloquei-te um pendente no nariz, arrecadas nas orelhas e linda coroa na cabeça.

¹³ Assim, foste ornada de ouro e prata; o teu vestido era de linho fino, de seda e de bordados; nutriste-te de flor de farinha, de mel e azeite; eras formosa em extremo e chegaste a ser rainha.

¹⁴ Correu a tua fama entre as nações, por causa da tua formosura, pois era per-

feita, por causa da minha glória que eu pusera em ti, diz o Senhor Deus.

¹⁵ Mas confiaste na tua formosura e te entregaste à lascívia, graças à tua fama; e te ofereceste a todo o que passava, para seres dele.

¹⁶ Tomaste dos teus vestidos e fizeste lugares altos adornados de diversas cores, nos quais te prostituíste; tais cousas nunca se deram e jamais se darão.

¹⁷ Tomaste as tuas jóias de enfeite, que eu te dei do meu ouro e da minha prata, fizeste estátuas de homens e te prostituíste com elas.

¹⁸ Tomaste os teus vestidos bordados e as cobriste; o meu óleo e o meu perfume puseste diante delas.

¹⁹ O meu pão, que te dei, a flor da farinha, o óleo e o mel, com que eu te sustentava, também puseste diante delas em aroma suave; e assim se fez, diz o Senhor Deus.

²⁰ Demais, tomaste a teus filhos e tuas filhas, que me geraste, os sacrificaste a elas, para serem consumidos. Acaso, é pequena a tua prostituição?

²¹ Mataste a meus filhos e os entregaste a elas como oferta pelo fogo.

²² Em todas as tuas abominações e nas tuas prostituições, não te lembraste dos dias da tua mocidade, quando estavas nua e descoberta, a revolver-te no teu sangue.

²³ Depois de toda a tua maldade (Ai, ai de ti! — diz o Senhor Deus),

²⁴ edificaste prostíbulo de culto e fizeste elevados altares por todas as praças.

²⁵ A cada canto do caminho, edificaste o teu altar, e profanaste a tua formosura, e abriste as pernas a todo que passava, e multiplicaste as tuas prostituições.

²⁶ Também te prostituíste com os filhos do Egito, teus vizinhos de grandes membros, e multiplicaste a tua prostituição, para me provocares à ira.

²⁷ Por isso, estendi a mão contra ti e diminuí a tua porção; e te entreguei à vontade das que te aborrecem, as filhas dos filisteus, as quais se envergonhavam do teu caminho depravado.

²⁸ Também te prostituíste com os filhos da Assíria, porquanto eras insaciável; e, prostituindo-te com eles, nem ainda assim te fartaste;

²⁹ antes, multiplicaste as tuas prostituições na terra de Canaã até a Caldéia e ainda com isso não te fartaste.

³⁰ Quão fraco é o teu coração, diz o Senhor Deus, fazendo tu todas estas cousas, só próprias de meretriz descarada.

³¹ Edificando tu o teu prostíbulo de culto à entrada de cada rua e os teus elevados altares em cada praça, não foste sequer como a meretriz, pois desprezaste a paga;

³² foste como a mulher adúltera, que, em lugar de seu marido, recebe os estranhos.

³³ A todas as meretrizes se dá a paga, mas tu dás presentes a todos os teus amantes; e o fazes para que venham a ti de todas as partes adulterar contigo.

³⁴ Contigo, nas tuas prostituições, sucede o contrário do que se dá com outras mulheres, pois não te procuram para prostituição, porque, dando tu a paga e a ti não sendo dada, fazes o contrário.

³⁵ Portanto, ó meretriz, ouve a palavra do Senhor.

³⁶ Assim diz o Senhor Deus: Por se ter exagerado a tua lascívia e se ter descoberto a tua nudez nas tuas prostituições com os teus amantes; e por causa também das abominações de todos os teus ídolos e do sangue de teus filhos a estes sacrificados,

³⁷ eis que ajuntarei todos os teus amantes, com os quais te deleitaste, como também todos os que amaste, com todos os que aborreceste; ajuntá-los-ei de todas as partes contra ti e descobrirei as tuas vergonhas diante deles, para que todos as vejam.

³⁸ Julgar-te-ei como são julgadas as adúlteras e as sanguinárias; e te farei vítima de furor e de ciúme.

³⁹ Entregar-te-ei nas suas mãos, e derribarão o teu prostíbulo de culto e os teus elevados altares; despir-te-ão de teus vestidos, tomarão as tuas finas jóias e te deixarão nua e descoberta.

⁴⁰ Farão subir contra ti uma multidão, apedrejar-te-ão e te traspassarão com suas espadas.

⁴¹ Queimarão as tuas casas e executarão juízos contra ti, à vista de muitas mulheres; farei cessar o teu meretrício, e já não darás paga.

⁴² Desse modo, satisfarei em ti o meu furor, os meus ciúmes se apartarão de ti, aquietar-me-ei e jamais me indignarei.

⁴³ Visto que não te lembraste dos dias da tua mocidade e me provocaste à ira com tudo isto, eis que também eu farei recair sobre a tua cabeça o castigo do teu procedimento, diz o Senhor Deus; e a todas as tuas abominações não acrescentarás esta depravação.

⁴⁴ Eis que todo o que usa de provérbios

usará contra ti este, dizendo: Tal mãe, tal filha.

⁴⁵ Tu és filha de tua mãe, que teve nojo de seu marido e de seus filhos; e tu és irmã de tuas irmãs, que tiveram nojo de seus maridos e de seus filhos; vossa mãe foi hetéia, e vosso pai, amorreu.

⁴⁶ E tua irmã, a maior, é Samaria, que habita à tua esquerda com suas filhas; e a tua irmã, a menor, que habita à tua mão direita, é Sodoma e suas filhas.

⁴⁷ Todavia, não só andaste nos seus caminhos, nem só fizeste segundo as suas abominações; mas, como se isto fora mui pouco, ainda te corrompeste mais do que elas, em todos os teus caminhos.

⁴⁸ Tão certo como eu vivo, diz o SENHOR Deus, não fez Sodoma, tua irmã, ela e suas filhas, como tu fizeste, e também tuas filhas.

⁴⁹ Eis que esta foi a iniqüidade de Sodoma, tua irmã: soberba, fartura de pão e próspera tranqüilidade teve ela e suas filhas; mas nunca amparou o pobre e o necessitado.

⁵⁰ Foram arrogantes e fizeram abominações diante de mim; pelo que, em vendo isto, as removi dali.

⁵¹ Também Samaria não cometeu metade de teus pecados; pois tu multiplicaste as tuas abominações mais do que elas e assim justificaste a tuas irmãs com todas as abominações que fizeste.

⁵² Tu, pois, leva a tua ignomínia, tu que advogaste a causa de tuas irmãs; pelos pecados que cometeste, mais abomináveis do que elas, mais justas são elas do que tu; envergonha-te logo também e leva a tua ignomínia, pois justificaste a tuas irmãs.

⁵³ Restaurarei a sorte delas, a de Sodoma e de suas filhas, a de Samaria e de suas filhas e a tua própria sorte entre elas,

⁵⁴ para que leves a tua ignomínia e sejas envergonhada por tudo o que fizeste, servindo-lhes de consolação.

⁵⁵ Quando tuas irmãs, Sodoma e suas filhas, tornarem ao seu primeiro estado, e Samaria e suas filhas tornarem ao seu, também tu e tuas filhas tornareis ao vosso primeiro estado.

⁵⁶ Não usaste como provérbio o nome Sodoma, tua irmã, nos dias da tua soberba,

⁵⁷ antes que se descobrisse a tua maldade? Agora, te tornaste, como ela, objeto de opróbrio das filhas da Síria e de todos os que estão ao redor dela, as filhas dos filisteus que te desprezam.

⁵⁸ As tuas depravações e as tuas abominações tu levarás, diz o SENHOR.

⁵⁹ Porque assim diz o SENHOR Deus: Eu, te farei a ti como fizeste, pois desprezaste o juramento, invalidando a aliança.

⁶⁰ Mas eu me lembrarei da aliança que fiz contigo nos dias da tua mocidade e estabelecerei contigo uma aliança eterna.

⁶¹ Então, te lembrarás dos teus caminhos e te envergonharás quando receberes as tuas irmãs, tanto as mais velhas como as mais novas, e tas darei por filhas, mas não pela tua aliança.

⁶² Estabelecerei a minha aliança contigo, e saberás que eu sou o SENHOR,

⁶³ para que te lembres e te envergonhes, e nunca mais fale a tua boca soberbamente, por causa do teu opróbrio, quando eu te houver perdoado tudo quanto fizeste, diz o SENHOR Deus.

A parábola das duas águias e da videira

17 Veio a mim a palavra do SENHOR, dizendo:

² Filho do homem, propõe um enigma e usa duma parábola para com a casa de Israel;

³ e dize: Assim diz o SENHOR Deus: Uma grande águia, de grandes asas, de comprida plumagem, farta de penas de várias cores, veio ao Líbano e levou a ponta dum cedro.

⁴ Arrancou a ponta mais alta dos seus ramos e a levou para uma terra de negociantes; na cidade de mercadores, a deixou.

⁵ Tomou muda da terra e a plantou num campo fértil; tomou-a e pôs junto às muitas águas, como salgueiro.

⁶ Ela cresceu e se tornou videira mui larga, de pouca altura, virando para a águia os seus ramos, porque as suas raízes estavam debaixo dela; assim, se tornou em videira, e produzia ramos, e lançava renovos.

⁷ Houve outra grande águia, de grandes asas e de muitas penas; e eis que a videira lançou para ela as suas raízes e estendeu para ela os seus ramos, desde a cova do seu plantio, para que a regasse.

⁸ Em boa terra, à borda de muitas águas, estava ela plantada, para produzir ramos, e dar frutos, e ser excelente videira.

⁹ Dize: Assim diz o SENHOR Deus: Acaso, prosperará ela? Não lhe arrancará a águia as raízes e não cortará o seu fruto, para que se sequem todas as folhas de seus renovos? Não será necessário nem poderoso

braço nem muita gente para a arrancar por suas raízes.

¹⁰ Mas, ainda plantada, prosperará? Acaso, tocando-lhe o vento oriental, de todo não se secará? Desde a cova do seu plantio se secará.

¹¹ Então, veio a mim a palavra do SENHOR, dizendo:

¹² Dize agora à casa rebelde: Não sabeis o que significam estas cousas? Dize: Eis que veio o rei da Babilônia a Jerusalém, e tomou o seu rei e os seus príncipes, e os levou consigo para a Babilônia;

¹³ tomou um da estirpe real e fez aliança com ele; também tomou dele juramento, levou os poderosos da terra,

¹⁴ para que o reino ficasse humilhado e não se levantasse, mas, guardando a sua aliança, pudesse subsistir.

¹⁵ Mas ele se rebelou contra o rei da Babilônia, enviando os seus mensageiros ao Egito, para que se lhe mandassem cavalos e muita gente. Prosperará, escapará aquele que faz tais cousas? Violará a aliança e escapará?

¹⁶ Tão certo como eu vivo, diz o SENHOR Deus, no lugar em que habita o rei que o fez reinar, cujo juramento desprezou e cuja aliança violou, sim, junto dele, no meio da Babilônia será morto.

¹⁷ Faraó, nem com grande exército, nem com numerosa companhia, o ajudará na guerra, levantando tranqueiras e edificando baluartes, para destruir muitas vidas.

¹⁸ Pois desprezou o juramento, violando a aliança feita com aperto de mão, e praticou todas estas cousas; por isso, não escapará.

¹⁹ Portanto, assim diz o SENHOR Deus: Tão certo como eu vivo, o meu juramento que desprezou e a minha aliança que violou, isto farei recair sobre a sua cabeça.

²⁰ Estenderei sobre ele a minha rede, e ficará preso no meu laço; levá-lo-ei à Babilônia e ali entrarei em juízo com ele por causa da rebeldia que praticou contra mim.

²¹ Todos os seus fugitivos, com todas as suas tropas, cairão à espada, e os que restarem serão espalhados a todos os ventos; e sabereis que eu, o SENHOR, o disse.

²² Assim diz o SENHOR Deus: Também eu tomarei a ponta de um cedro e a plantarei; do principal dos seus ramos cortarei o renovo mais tenro e o plantarei sobre um monte alto e sublime.

²³ No monte alto de Israel, o plantarei, e produzirá ramos, dará frutos e se fará cedro excelente. Debaixo dele, habitarão animais de toda sorte, e à sombra dos seus ramos se aninharão aves de toda espécie.

²⁴ Saberão todas as árvores do campo que eu, o SENHOR, abati a árvore alta, elevei a baixa, sequei a árvore verde e fiz reverdecer a seca; eu, o SENHOR, o disse e o fiz.

A responsabilidade é pessoal

18 Veio a mim a palavra do SENHOR, dizendo:

² Que tendes vós, vós que, acerca da terra de Israel, proferis este provérbio, dizendo: Os pais comeram uvas verdes, e os dentes dos filhos é que se embotaram?

³ Tão certo como eu vivo, diz o SENHOR Deus, jamais direis este provérbio em Israel.

⁴ Eis que todas as almas são minhas; como a alma do pai, também a alma do filho é minha; a alma que pecar, essa morrerá.

⁵ Sendo, pois, o homem justo e fazendo juízo e justiça,

⁶ não comendo carne sacrificada nos altos, nem levantando os olhos para os ídolos da casa de Israel, nem contaminando a mulher do seu próximo, nem se chegando à mulher na sua menstruação;

⁷ não oprimindo a ninguém, tornando ao devedor a cousa penhorada, não roubando, dando o seu pão ao faminto e cobrindo ao nu com vestes;

⁸ não dando o seu dinheiro à usura, não recebendo juros, desviando a sua mão da injustiça e fazendo verdadeiro juízo entre homem e homem;

⁹ andando nos meus estatutos, guardando os meus juízos e procedendo retamente, o tal justo, certamente, viverá, diz o SENHOR Deus.

¹⁰ Se ele gerar um filho ladrão, derramador de sangue, que fizer a seu irmão qualquer destas cousas

¹¹ e não cumprir todos aqueles deveres, mas, antes, comer carne sacrificada nos altos, contaminar a mulher de seu próximo,

¹² oprimir ao pobre e necessitado, praticar roubos, não tornar o penhor, levantar os olhos para os ídolos, cometer abominação,

¹³ emprestar com usura e receber juros, porventura, viverá? Não viverá. Todas estas abominações ele fez e será morto; o seu sangue será sobre ele.

¹⁴ Eis que, se ele gerar um filho que ve-

17.12-15 2Rs 24.15-20; 2Cr 36.10-13.   **18.2** Jr 31.29.

ja todos os pecados que seu pai fez, e, vendo-os, não cometer cousas semelhantes,

¹⁵ não comer carne sacrificada nos altos, não levantar os olhos para os ídolos da casa de Israel e não contaminar a mulher de seu próximo;

¹⁶ não oprimir a ninguém, não retiver o penhor, não roubar, der o seu pão ao faminto, cobrir ao nu com vestes;

¹⁷ desviar do pobre a mão, não receber usura e juros, fizer os meus juízos e andar nos meus estatutos, o tal não morrerá pela iniqüidade de seu pai; certamente, viverá.

¹⁸ Quanto a seu pai, porque praticou extorsão, roubou os bens do próximo e fez o que não era bom no meio de seu povo, eis que ele morrerá por causa de sua iniqüidade.

¹⁹ Mas dizeis: Por que não leva o filho a iniqüidade do pai? Porque o filho fez o que era reto e justo, e guardou todos os meus estatutos, e os praticou, por isso, certamente, viverá.

²⁰ A alma que pecar, essa morrerá; o filho não levará a iniqüidade do pai, nem o pai, a iniqüidade do filho; a justiça do justo ficará sobre ele, e a perversidade do perverso cairá sobre este.

²¹ Mas, se o perverso se converter de todos os pecados que cometeu, e guardar todos os meus estatutos, e fizer o que é reto e justo, certamente, viverá; não será morto.

²² De todas as transgressões que cometeu não haverá lembrança contra ele; pela justiça que praticou, viverá.

²³ Acaso, tenho eu prazer na morte do perverso? — diz o SENHOR Deus; não desejo eu, antes, que ele se converta dos seus caminhos e viva?

²⁴ Mas, desviando-se o justo da sua justiça e cometendo iniqüidade, fazendo segundo todas as abominações que faz o perverso, acaso, viverá? De todos os atos de justiça que tiver praticado não se fará memória; na sua transgressão com que transgrediu e no seu pecado que cometeu, neles morrerá.

²⁵ No entanto, dizeis: O caminho do Senhor não é direito. Ouvi, agora, ó casa de Israel: Não é o meu caminho direito? Não são os vossos caminhos tortuosos?

²⁶ Desviando-se o justo da sua justiça e cometendo iniqüidade, morrerá por causa dela; na iniqüidade que cometeu, morrerá.

²⁷ Mas, convertendo-se o perverso da perversidade que cometeu e praticando o

que é reto e justo, conservará ele a sua alma em vida.

²⁸ Pois se considera e se converte de todas as transgressões que cometeu, certamente, viverá; não será morto.

²⁹ No entanto, diz a casa de Israel: O caminho do Senhor não é direito. Não são os meus caminhos direitos, ó casa de Israel? E não são os vossos caminhos tortuosos?

³⁰ Portanto, eu vos julgarei, a cada um segundo os seus caminhos, ó casa de Israel, diz o SENHOR Deus. Convertei-vos e desviai-vos de todas as vossas transgressões; e a iniqüidade não vos servirá de tropeço.

³¹ Lançai de vós todas as vossas transgressões com que transgredistes e criai em vós coração novo e espírito novo; pois, por que morreríeis, ó casa de Israel?

³² Porque não tenho prazer na morte de ninguém, diz o SENHOR Deus. Portanto, convertei-vos e vivei.

A parábola do leão enjaulado

19 E tu levanta uma lamentação sobre os príncipes de Israel

² e dize: Quem é tua mãe? Uma leoa entre leões, a qual, deitada entre os leõezinhos, criou os seus filhotes.

³ Criou um dos seus filhotinhos, o qual veio a ser leãozinho, e aprendeu a apanhar a presa, e devorou homens.

⁴ As nações ouviram falar dele, e foi ele apanhado na cova que elas fizeram, e levado com ganchos para a terra do Egito.

⁵ Vendo a leoa frustrada e perdida a sua esperança, tomou outro dos seus filhotes e o fez leãozinho.

⁶ Este, andando entre os leões, veio a ser um leãozinho, e aprendeu a apanhar a presa, e devorou homens.

⁷ Aprendeu a fazer viúvas e a tornar desertas as cidades deles; ficaram estupefatos a terra e seus habitantes, ao ouvirem o seu rugido.

⁸ Então, se ajuntaram contra ele as gentes das províncias em roda, estenderam sobre ele a rede, e foi apanhado na cova que elas fizeram.

⁹ Com gancho, meteram-no em jaula, e levaram ao rei da Babilônia, e fizeram-no entrar nos lugares fortes, para que se não ouvisse mais a sua voz nos montes de Israel.

A parábola da videira arruinada

¹⁰ Tua mãe, de sua natureza, era qual vi-

deira plantada junto às águas; plantada à borda, ela frutificou e se encheu de ramos, por causa das muitas águas.

¹¹ Tinha galhos fortes para cetros de dominadores; elevou-se a sua estatura entre os espessos ramos, e foi vista na sua altura com a multidão deles.

¹² Mas foi arrancada com furor e lançada por terra, e o vento oriental secou-lhe o fruto; quebraram-se e secaram os seus fortes galhos, e o fogo os consumiu.

¹³ Agora, está plantada no deserto, numa terra seca e sedenta.

¹⁴ Dos galhos dos seus ramos saiu fogo que consumiu o seu fruto, de maneira que já não há nela galho forte que sirva de cetro para dominar. Esta é uma lamentação e ficará servindo de lamentação.

As abominações da casa de Israel depois do êxodo

20 No quinto mês do sétimo ano, aos dez dias do mês, vieram alguns dos anciãos de Israel para consultar ao SENHOR; e assentaram-se diante de mim.

² Então, veio a mim a palavra do SENHOR, dizendo:

³ Filho do homem, fala aos anciãos de Israel e dize-lhes: Assim diz o SENHOR Deus: Acaso, viestes consultar-me? Tão certo como eu vivo, diz o SENHOR Deus, vós não me consultareis.

⁴ Julgá-los-ias tu, ó filho do homem, julgá-los-ias? Faze-lhes saber as abominações de seus pais

⁵ e dize-lhes: Assim diz o SENHOR Deus: No dia em que escolhi a Israel, levantando a mão, jurei à descendência da casa de Jacó e me dei a conhecer a eles na terra do Egito; levantei-lhes a mão e jurei: Eu sou o SENHOR, vosso Deus.

⁶ Naquele dia, levantei-lhes a mão e jurei tirá-los da terra do Egito para uma terra que lhes tinha previsto, a qual mana leite e mel, coroa de todas as terras.

⁷ Então, lhes disse: Cada um lance de si as abominações de que se agradam os seus olhos, e não vos contamineis com os ídolos do Egito; eu sou o SENHOR, vosso Deus.

⁸ Mas rebelaram-se contra mim e não me quiseram ouvir; ninguém lançava de si as abominações de que se agradavam os seus olhos, nem abandonava os ídolos do Egito.

Então, eu disse que derramaria sobre eles o meu furor, para cumprir a minha ira contra eles, no meio da terra do Egito.

⁹ O que fiz, porém, foi por amor do meu nome, para que não fosse profanado diante das nações no meio das quais eles estavam, diante das quais eu me dei a conhecer a eles, para os tirar da terra do Egito.

¹⁰ Tirei-os da terra do Egito e os levei para o deserto.

¹¹ Dei-lhes os meus estatutos e lhes fiz conhecer os meus juízos, os quais, cumprindo-os o homem, viverá por eles.

¹² Também lhes dei os meus sábados, para servirem de sinal entre mim e eles, para que soubessem que eu sou o SENHOR que os santifica.

¹³ Mas a casa de Israel se rebelou contra mim no deserto, não andando nos meus estatutos e rejeitando os meus juízos, os quais, cumprindo-os o homem, viverá por eles; e profanaram grandemente os meus sábados. Então, eu disse que derramaria sobre eles o meu furor no deserto, para os consumir.

¹⁴ O que fiz, porém, foi por amor do meu nome, para que não fosse profanado diante das nações perante as quais os fiz sair.

¹⁵ Demais, levantei-lhes no deserto a mão e jurei não deixá-los entrar na terra que lhes tinha dado, a qual mana leite e mel, coroa de todas as terras.

¹⁶ Porque rejeitaram os meus juízos, e não andaram nos meus estatutos, e profanaram os meus sábados, pois o seu coração andava após os seus ídolos.

¹⁷ Não obstante, os meus olhos lhes perdoaram, e eu não os destruí, nem os consumi de todo no deserto.

¹⁸ Mas disse eu a seus filhos no deserto: Não andeis nos estatutos de vossos pais, nem guardeis os seus juízos, nem vos contamineis com os seus ídolos.

¹⁹ Eu sou o SENHOR, vosso Deus; andai nos meus estatutos, e guardai os meus juízos, e praticai-os;

²⁰ santificai os meus sábados, pois servirão de sinal entre mim e vós, para que saibais que eu sou o SENHOR, vosso Deus.

²¹ Mas também os filhos se rebelaram contra mim e não andaram nos meus estatutos, nem guardaram os meus juízos, os quais, cumprindo-os o homem, viverá por eles; antes, profanaram os meus sábados.

Então, eu disse que derramaria sobre eles

20.5,6 Êx 6.2-8. **20.12** Êx 31.13-17. **20.13** Lv 18.5. **20.15** Nm 14.26-35.

o meu furor, para cumprir contra eles a minha ira no deserto.

²² Mas detive a mão e o fiz por amor do meu nome, para que não fosse profanado diante das nações perante as quais os fiz sair.

²³ Também levantei-lhes no deserto a mão e jurei espalhá-los entre as nações e derramá-los pelas terras;

²⁴ porque não executaram os meus juízos, rejeitaram os meus estatutos, profanaram os meus sábados, e os seus olhos se iam após os ídolos de seus pais;

²⁵ pelo que também lhes dei estatutos que não eram bons e juízos pelos quais não haviam de viver;

²⁶ e permiti que eles se contaminassem com seus dons sacrificiais, como quando queimavam tudo o que abre a madre, para horrorizá-los, a fim de que soubessem que eu sou o Senhor.

²⁷ Portanto, fala à casa de Israel, ó filho do homem, e dize-lhes: Assim diz o Senhor Deus: Ainda nisto me blasfemaram vossos pais e transgrediram contra mim.

²⁸ Porque, havendo-os eu introduzido na terra sobre a qual eu, levantando a mão, jurara dar-lha, onde quer que viam um outeiro alto e uma árvore frondosa, aí ofereciam os seus sacrifícios, apresentavam suas ofertas provocantes, punham os seus suaves aromas e derramavam as suas libações.

²⁹ Eu lhes disse: Que alto é este, aonde vós ides? O seu nome tem sido Lugar Alto, até ao dia de hoje.

³⁰ Portanto, dize à casa de Israel: Assim diz o Senhor Deus: Vós vos contaminais a vós mesmos, à maneira de vossos pais, e vos prostituís com as suas abominações?

³¹ Ao oferecerdes os vossos dons sacrificiais, como quando queimais os vossos filhos, vós vos contaminais com todos os vossos ídolos, até ao dia de hoje. Porventura, me consultaríeis, ó casa de Israel? Tão certo como eu vivo, diz o Senhor Deus, vós não me consultareis.

³² O que vos ocorre à mente de maneira nenhuma sucederá; isto que dizeis: Seremos como as nações, como as outras gerações da terra, servindo às árvores e às pedras.

³³ Tão certo como eu vivo, diz o Senhor Deus, com mão poderosa, com braço estendido e derramado furor, hei de reinar sobre vós;

³⁴ tirar-vos-ei dentre os povos e vos congregarei das terras nas quais andais espalhados, com mão forte, com braço estendido e derramado furor.

³⁵ Levar-vos-ei ao deserto dos povos e ali entrarei em juízo convosco, face a face.

³⁶ Como entrei em juízo com vossos pais, no deserto da terra do Egito, assim entrarei em juízo convosco, diz o Senhor Deus.

³⁷ Far-vos-ei passar debaixo do meu cajado e vos sujeitarei à disciplina da aliança;

³⁸ separarei dentre vós os rebeldes e os que transgrediram contra mim; da terra das suas moradas eu os farei sair, mas não entrarão na terra de Israel; e sabereis que eu sou o Senhor.

³⁹ Quanto a vós outros, vós, ó casa de Israel, assim diz o Senhor Deus: Ide; cada um sirva aos seus ídolos, agora e mais tarde, pois que a mim não me quereis ouvir; mas não profaneis mais o meu santo nome com as vossas dádivas e com os vossos ídolos.

⁴⁰ Porque no meu santo monte, no monte alto de Israel, diz o Senhor Deus, ali toda a casa de Israel me servirá, toda, naquela terra; ali me agradarei deles, ali requererei as vossas ofertas e as primícias das vossas dádivas, com todas as vossas cousas santas.

⁴¹ Agradar-me-ei de vós como de aroma suave, quando eu vos tirar dentre os povos e vos congregar das terras em que andais espalhados; e serei santificado em vós perante as nações.

⁴² Sabereis que eu sou o Senhor, quando eu vos der entrada na terra de Israel, na terra que, levantando a mão, jurei dar a vossos pais.

⁴³ Ali, vos lembrareis dos vossos caminhos e de todos os vossos feitos com que vos contaminastes e tereis nojo de vós mesmos, por todas as vossas iniquidades que tendes cometido.

⁴⁴ Sabereis que eu sou o Senhor, quando eu proceder para convosco por amor do meu nome, não segundo os vossos maus caminhos, nem segundo os vossos feitos corruptos, ó casa de Israel, diz o Senhor Deus.

A profecia contra o Sul

⁴⁵ Veio a mim a palavra do Senhor, dizendo:

⁴⁶ Filho do homem, volve o rosto para o

Sul e derrama as tuas palavras contra ele; profetiza contra o bosque do campo do Sul

⁴⁷ e dize ao bosque do Sul: Ouve a palavra do SENHOR: Assim diz o SENHOR Deus: Eis que acenderei em ti um fogo que consumirá em ti toda árvore verde e toda árvore seca; não se apagará a chama flamejante; antes, com ela se queimarão todos os rostos, desde o Sul até ao Norte.

⁴⁸ E todos os homens verão que eu, o SENHOR, o acendi; não se apagará.

⁴⁹ Então, disse eu: ah! SENHOR Deus! Eles dizem de mim: Não é ele proferidor de parábolas?

A espada do SENHOR

21 Veio a mim a palavra do SENHOR, dizendo:

² Filho do homem, volve o rosto contra Jerusalém, derrama as tuas palavras contra os santuários e profetiza contra a terra de Israel.

³ Dize à terra de Israel: Assim diz o SENHOR: Eis que sou contra ti, e tirarei a minha espada da bainha, e eliminarei do meio de ti tanto o justo como o perverso.

⁴ Porque hei de eliminar do meio de ti o justo e o perverso, a minha espada sairá da bainha contra todo vivente, desde o Sul até ao Norte.

⁵ Saberão todos os homens que eu, o SENHOR, tirei da bainha a minha espada; jamais voltará a ela.

⁶ Tu, porém, ó filho do homem, suspira; à vista deles, suspira de coração quebrantado e com amargura.

⁷ Quando te perguntarem: Por que suspiras tu? Então, dirás: Por causa das novas. Quando elas vêm, todo coração desmaia, todas as mãos se afrouxam, todo espírito se angustia, e todos os joelhos se desfazem em água; eis que elas vêm e se cumprirão, diz o SENHOR Deus.

⁸ Veio a mim a palavra do SENHOR, dizendo:

⁹ Filho do homem, profetiza e dize: Assim diz o Senhor: A espada, a espada está afiada e polida;

¹⁰ afiada para matança, polida para reluzir como relâmpago. Israel diz: Alegremo-nos! O cetro do meu filho despreza qualquer outra madeira.

¹¹ Mas Deus responde: Deu-se a espada a polir, para ser manejada; ela está afiada e polida, para ser posta na mão do matador.

¹² Grita e geme, ó filho do homem, porque ela será contra o meu povo, contra to-

dos os príncipes de Israel. Estes, juntamente com o meu povo, estão entregues à espada; dá, pois, pancadas na tua coxa.

¹³ Pois haverá uma prova; e que haverá, se o próprio cetro que desprezou a todos não vier a subsistir? — diz o SENHOR Deus.

¹⁴ Tu, pois, ó filho do homem, profetiza e bate com as palmas uma na outra; duplique a espada o seu golpe, triplique-o a espada da matança, da grande matança, que os rodeia;

¹⁵ para que desmaie o seu coração, e se multiplique o seu tropeçar junto a todas as portas. Faço reluzir a espada. Ah! Ela foi feita para ser raio e está afiada para matar.

¹⁶ Ó espada, vira-te, com toda a força, para a direita, vira-te para a esquerda, para onde quer que o teu rosto se dirigir.

¹⁷ Também eu baterei as minhas palmas uma na outra e desafogarei o meu furor; eu, o SENHOR, é que falei.

¹⁸ Veio a mim a palavra do SENHOR, dizendo:

¹⁹ Tu, pois, ó filho do homem, propõe dois caminhos por onde venha a espada do rei da Babilônia; ambos procederão da mesma terra; põe neles marcos indicadores, põe-nos na entrada do caminho para a cidade.

²⁰ Indica o caminho para que a espada chegue à Rabá dos filhos de Amom, a Judá e a Jerusalém, a fortificada.

²¹ Porque o rei da Babilônia pára na encruzilhada, na entrada dos dois caminhos, para consultar os oráculos: sacode as flechas, interroga os ídolos do lar, examina o fígado.

²² Caiu-lhe o oráculo para a direita, sobre Jerusalém, para dispor os aríetes, para abrir a boca com ordens de matar, para lançar gritos de guerra, para colocar os aríetes contra as portas, para levantar terraplenos, para edificar baluartes.

²³ Aos judeus, lhes parecerá isto oráculo enganador, pois têm em seu favor juramentos solenes; mas Deus se lembrará da iniquidade deles, para que sejam apreendidos.

²⁴ Portanto, assim diz o SENHOR Deus: Visto que me fazeis lembrar da vossa iniquidade, descobrindo-se as vossas transgressões, aparecendo os vossos pecados em todos os vossos atos, e visto que me viestes à memória, sereis apreendidos por causa disso.

²⁵ E tu, ó profano e perverso, príncipe

de Israel, cujo dia virá no tempo do seu castigo final;

²⁶ assim diz o SENHOR Deus: Tira o diadema e remove a coroa; o que é já não será o mesmo; será exaltado o humilde e abatido o soberbo.

²⁷ Ruína! Ruína! A ruínas a reduzirei, e ela já não será, até que venha aquele a quem ela pertence de direito; a ele a darei.

²⁸ E tu, ó filho do homem, profetiza e dize: Assim diz o SENHOR Deus acerca dos filhos de Amom e acerca dos seus insultos; dize, pois: A espada, a espada está desembainhada, polida para a matança, para consumir, para reluzir como relâmpago;

²⁹ para ser posta no pescoço dos profanos, dos perversos, cujo dia virá no tempo do castigo final, ao passo que te pregam visões falsas e te adivinham mentiras.

³⁰ Torna a tua espada à sua bainha. No lugar em que foste formado, na terra do teu nascimento, te julgarei.

³¹ Derramarei sobre ti a minha indignação, assoprarei contra ti o fogo do meu furor e te entregarei nas mãos de homens brutais, mestres de destruição.

³² Servirás de pasto ao fogo, o teu sangue será derramado no meio da terra, já não serás lembrado; pois eu, o SENHOR, é que falei.

As abominações de Jerusalém

22 Veio a mim a palavra do SENHOR, dizendo:

² Tu, pois, ó filho do homem, acaso, julgarás, julgarás a cidade sanguinária? Faze-lhe conhecer, pois, todas as suas abominações

³ e dize: Assim diz o SENHOR Deus: Ai da cidade que derrama sangue no meio de si, para que venha o seu tempo, e que faz ídolos contra si mesma, para se contaminar!

⁴ Pelo teu sangue, por ti mesma derramado, tu te fizeste culpada e pelos teus ídolos, por ti mesma fabricados, tu te contaminaste e fizeste chegar o dia do teu julgamento e o término de teus anos; por isso, eu te fiz objeto de opróbrio das nações e de escárnio de todas as terras.

⁵ As que estão perto de ti e as que estão longe escarnecerão de ti, ó infamada, cheia de inquietação.

⁶ Eis que os príncipes de Israel, cada um

segundo o seu poder, nada mais intentam, senão derramar sangue.

⁷ No meio de ti, desprezam o pai e a mãe, praticam extorsões contra o estrangeiro e são injustos para com o órfão e a viúva.

⁸ Desprezaste as minhas cousas santas e profanaste os meus sábados.

⁹ Homens caluniadores se acham no meio de ti, para derramarem sangue; no meio de ti, comem carne sacrificada nos montes e cometem perversidade.

¹⁰ No teu meio, descobrem a vergonha de seu pai e abusam da mulher no prazo da sua menstruação.

¹¹ Um comete abominação com a mulher do seu próximo, outro contamina torpemente a sua nora, e outro humilha no meio de ti a sua irmã, filha de seu pai.

¹² No meio de ti, aceitam subornos para se derramar sangue; usura e lucros tomaste, extorquindo-o; exploraste o teu próximo com extorsão; mas de mim te esqueceste, diz o SENHOR Deus.

¹³ Eis que bato as minhas palmas com furor contra a exploração que praticaste e por causa da tua culpa de sangue, que há no meio de ti. Estará firme o teu coração?

¹⁴ Estarão fortes as tuas mãos, nos dias em que eu vier a tratar contigo? Eu, o SENHOR, o disse e o farei.

¹⁵ Espalhar-te-ei entre as nações, e te dispersarei em outras terras, e porei termo à tua imundícia.

¹⁶ Serás profanada em ti mesma, à vista das nações, e saberás que eu sou o SENHOR.

¹⁷ Veio a mim a palavra do SENHOR, dizendo:

¹⁸ Filho do homem, a casa de Israel se tornou para mim em escória; todos eles são cobre, estanho, ferro e chumbo no meio do forno; em escória de prata se tornaram.

¹⁹ Portanto, assim diz o SENHOR Deus: Pois que todos vós vos tornastes em escória, eis que vos ajuntarei no meio de Jerusalém.

²⁰ Como se ajuntam a prata, e o cobre, e o ferro, e o chumbo, e o estanho no meio do forno, para assoprar o fogo sobre eles, a fim de se fundirem, assim vos ajuntarei na minha ira e no meu furor, e ali vos deixarei, e fundirei.

²¹ Congregar-vos-ei e assoprarei sobre

21.28-32 Ez 25.1-7; Jr 49.1-6; Am 1.13-15; Sf 2.8-11. **22.7** Êx 20.12; Dt 5.16; Êx 22.21,22. **22.8** Lv 18.30. **22.10** Lv 18.7-20. **22.12** Êx 23.8; Dt 23.19.

vós o fogo do meu furor; e sereis fundidos no meio de Jerusalém.

22 Como se funde a prata no meio do forno, assim sereis fundidos no meio dela; e sabereis que eu, o SENHOR, derramei o meu furor sobre vós.

23 Veio a mim a palavra do SENHOR, dizendo:

24 Filho do homem, dize-lhe: Tu és terra que não está purificada e que não tem chuva no dia da indignação.

25 Conspiração dos seus profetas há no meio dela; como um leão que ruge, que arrebata a presa, assim eles devoram as almas; tesouros e cousas preciosas tomam, multiplicam as suas viúvas no meio dela.

26 Os seus sacerdotes transgridem a minha lei e profanam as minhas cousas santas; entre o santo e o profano, não fazem diferença, nem discernem o imundo do limpo e dos meus sábados escondem os olhos; e, assim, sou profanado no mcio deles.

27 Os seus príncipes no meio dela são como lobos que arrebatam a presa para derramarem o sangue, para destruírem as almas e ganharem lucro desonesto.

28 Os seus profetas lhes encobrem isto com cal por visões falsas, predizendo mentiras e dizendo: Assim diz o SENHOR Deus, sem que o SENHOR tenha falado.

29 Contra o povo da terra praticam extorsão, andam roubando, fazem violência ao aflito e ao necessitado e ao estrangeiro oprimem sem razão.

30 Busquei entre eles um homem que tapasse o muro e se colocasse na brecha perante mim, a favor desta terra, para que eu não a destruísse; mas a ninguém achei.

31 Por isso, eu derramei sobre eles a minha indignação, com o fogo do meu furor os consumi; fiz cair-lhes sobre a cabeça o castigo do seu procedimento, diz o SENHOR Deus.

Oolá e Oolibá, as duas meretrizes

23 Veio a mim a palavra do SENHOR, dizendo:

2 Filho do homem, houve duas mulheres, filhas de uma só mãe.

3 Estas se prostituíram no Egito; prostituíram-se na sua mocidade; ali foram apertados os seus peitos e apalpados os seios da sua virgindade.

4 Os seus nomes eram: Oolá, a mais velha, e Oolibá, sua irmã; e foram minhas e tiveram filhos e filhas; e, quanto ao seu nome, Samaria é Oolá, e Jerusalém é Oolibá.

5 Prostituiu-se Oolá, quando era minha; inflamou-se pelos seus amantes, pelos assírios, seus vizinhos,

6 que se vestiam de azul, governadores e sátrapas, todos jovens de cobiçar, cavaleiros montados a cavalo.

7 Assim, cometeu ela as suas devassidões com eles, que eram todos a fina flor dos filhos da Assíria, e com todos aqueles pelos quais se inflamava; com todos os seus ídolos se contaminou.

8 As suas impudicícias, que trouxe do Egito, não as deixou; porque com ela se deitaram na sua mocidade, e eles apalparam os seios da sua virgindade e derramaram sobre ela a sua impudicícia.

9 Por isso, a entreguei nas mãos dos seus amantes, nas mãos dos filhos da Assíria, pelos quais se inflamara.

10 Estes descobriram as vergonhas dela, levaram seus filhos e suas filhas; porém a ela mataram à espada; e ela se tornou falada entre as mulheres, e sobre ela executaram juízos.

11 Vendo isto sua irmã Oolibá, corrompeu a sua paixão mais do que ela, e as suas devassidões foram maiores do que as de sua irmã.

12 Inflamou-se pelos filhos da Assíria, governadores e sátrapas, seus vizinhos, vestidos com primor, cavaleiros montados a cavalo, todos jovens de cobiçar.

13 Vi que se tinha contaminado; o caminho de ambas era o mesmo.

14 Aumentou as suas impudicícias, porque viu homens pintados na parede, imagens dos caldeus, pintados de vermelho:

15 de lombos cingidos e turbantes pendentes da cabeça, todos com aparência de oficiais, semelhantes aos filhos da Babilônia, na Caldéia, em terra do seu nascimento.

16 Vendo-os, inflamou-se por eles e lhes mandou mensageiros à Caldéia.

17 Então, vieram ter com ela os filhos da Babilônia, para o leito dos amores, e a contaminaram com as suas impudicícias; ela, após contaminar-se com eles, enojada, os deixou.

18 Assim, tendo ela posto a descoberto as suas devassidões e sua nudez, a minha alma se alienou dela, como já se dera com respeito à sua irmã.

19 Ela, todavia, multiplicou as suas impudicícias, lembrando-se dos dias da sua mocidade, em que se prostituíra na terra do Egito.

²⁰ Inflamou-se pelos seus amantes, cujos membros eram como o de jumento e cujo fluxo é como o fluxo de cavalos.

²¹ Assim, trouxeste à memória a luxúria da tua mocidade, quando os do Egito apalpavam os teus seios, os peitos da tua mocidade.

²² Por isso, ó Oolibá, assim diz o SENHOR Deus: Eis que eu suscitarei contra ti os teus amantes, os quais, enojada, tu os deixaras, e os trarei contra ti de todos os lados:

²³ os filhos da Babilônia e todos os caldeus de Pecode, de Soa, de Coa e todos os filhos da Assíria com eles, jovens de cobiçar, governadores e sátrapas, príncipes e homens de renome, todos montados a cavalo.

²⁴ Virão contra ti do Norte, com carros e carretas e com multidão de povos; por-se-ão contra ti em redor, com paveses, e escudos, e capacetes; e porei diante deles o juízo, e julgar-te-ão segundo os seus direitos.

²⁵ Porei contra ti o meu zelo, e eles te tratarão com furor; cortar-te-ão o nariz e as orelhas, e o que restar cairá à espada; levarão teus filhos e tuas filhas, e quem ainda te restar será consumido pelo fogo.

²⁶ Despojar-te-ão dos teus vestidos e tomarão as tuas jóias de adorno.

²⁷ Assim, farei cessar em ti a tua luxúria e a tua prostituição, provenientes da terra do Egito; não levantarás os olhos para eles e já não te lembrarás do Egito.

²⁸ Porque assim diz o SENHOR Deus: Eis que eu te entregarei nas mãos daqueles a quem aborreces, nas mãos daqueles que, enojada, tu deixaste.

²⁹ Eles te tratarão com ódio, e levarão todo o fruto do teu trabalho, e te deixarão nua e despida; descobrir-se-á a vergonha da tua prostituição, a tua luxúria e as tuas devassidões.

³⁰ Estas cousas se te farão, porque te prostituíste com os gentios e te contaminaste com os seus ídolos.

³¹ Andaste no caminho de tua irmã; por isso, entregarei o seu copo na tua mão.

³² Assim diz o SENHOR Deus: Beberás o copo de tua irmã, fundo e largo; servirás de riso e escárnio; pois nele cabe muito.

³³ Encher-te-ás de embriaguez e de dor; o copo de tua irmã Samaria é copo de espanto e de desolação.

³⁴ Tu o beberás, e esgotá-lo-ás, e lhe roerás os cacos, e te rasgarás os peitos, pois eu o falei, diz o SENHOR Deus.

³⁵ Portanto, assim diz o SENHOR Deus: Como te esqueceste de mim e me viraste as costas, também carregarás com a tua luxúria e as tuas devassidões.

³⁶ Disse-me ainda o SENHOR: Filho do homem, julgarás tu a Oolá e a Oolibá? Declara-lhes, pois, as suas abominações.

³⁷ Porque adulteraram, e nas suas mãos há culpa de sangue; com seus ídolos adulteraram, e até os seus filhos, que me geraram, ofereceram a eles para serem consumidos pelo fogo.

³⁸ Ainda isto me fizeram: no mesmo dia contaminaram o meu santuário e profanaram os meus sábados.

³⁹ Pois, havendo sacrificado seus filhos aos ídolos, vieram, no mesmo dia, ao meu santuário para o profanarem; e assim o fizeram no meio da minha casa.

⁴⁰ E mais ainda: mandaram vir uns homens de longe; fora-lhes enviado um mensageiro, e eis que vieram; por amor deles, te banhaste, coloriste os olhos e te ornaste de enfeites;

⁴¹ e te assentaste num suntuoso leito, diante do qual se achava mesa preparada, sobre que puseste o meu incenso e o meu óleo.

⁴² Com ela se ouvia a voz de muita gente que folgava; com homens de classe baixa foram trazidos do deserto uns bêbados, que puseram braceletes nas mãos delas e, na cabeça, coroas formosas.

⁴³ Então, disse eu da envelhecida em adultérios: continuará ela em suas prostituições?

⁴⁴ E passaram a estar com ela, como quem freqüenta a uma prostituta; assim, passaram a freqüentar a Oolá e a Oolibá, mulheres depravadas,

⁴⁵ de maneira que homens justos as julgarão como se julgam as adúlteras e as sanguinárias; porque são adúlteras, e, nas suas mãos, há culpa de sangue.

⁴⁶ Pois assim diz o SENHOR Deus: Farei subir contra elas grande multidão e as entregarei ao tumulto e ao saque.

⁴⁷ A multidão as apedrejará e as golpeará com as suas espadas; a seus filhos e suas filhas matarão e as suas casas queimarão.

⁴⁸ Assim, farei cessar a luxúria da terra, para que se escarmentem todas as mulheres e não façam segundo a luxúria delas. O castigo da vossa luxúria recairá sobre vós, e levareis os pecados dos vossos ídolos; e sabereis que eu sou o SENHOR Deus.

A parábola da panela

24 Veio a mim a palavra do SENHOR, em o nono ano, no décimo mês, aos dez dias do mês, dizendo:

2 Filho do homem, escreve o nome deste dia, deste mesmo dia; porque o rei da Babilônia se atira contra Jerusalém neste dia.

3 Propõe uma parábola à casa rebelde e dize-lhe: Assim diz o SENHOR Deus: Põe ao lume a panela, põe-na, deita-lhe água dentro,

4 ajunta nela pedaços de carne, todos os bons pedaços, as coxas e as espáduas; enche-a de ossos escolhidos.

5 Pega do melhor do rebanho e empilha lenha debaixo dela; faze-a ferver bem, e cozam-se dentro dela os ossos.

6 Portanto, assim diz o SENHOR Deus: Ai da cidade sanguinária, da panela cheia de ferrugem, ferrugem que não foi tirada dela! Tira de dentro a carne, pedaço por pedaço, sem escolha.

7 Porque a culpa de sangue está no meio dela; derramou-o sobre penha descalvada e não sobre a terra, para o cobrir com o pó;

8 para fazer subir a indignação, para tomar vingança, eu pus o seu sangue numa penha descalvada, para que não fosse coberto.

9 Portanto, assim diz o SENHOR Deus: Ai da cidade sanguinária! Também eu farei pilha grande.

10 Amontoa muita lenha, acende o fogo, cozinha a carne, engrossa o caldo, e ardam os ossos.

11 Então, porás a panela vazia sobre as brasas, para que ela aqueça, o seu cobre se torne candente, funda-se a sua imundícia dentro dela, e se consuma a sua ferrugem.

12 Trabalho inútil! Não sai dela a sua muita ferrugem, nem pelo fogo.

13 Na tua imundícia, está a luxúria; porque eu quis purificar-te, e não te purificaste, não serás nunca purificada da tua imundícia, até que eu tenha satisfeito o meu furor contra ti.

14 Eu, o SENHOR, o disse: será assim, e eu o farei; não tornarei atrás, não pouparei, nem me arrependerei; segundo os teus caminhos e segundo os teus feitos, serás julgada, diz o SENHOR Deus.

A viuvez de Ezequiel

15 Veio a mim a palavra do SENHOR, dizendo:

16 Filho do homem, eis que, às súbitas, tirarei a delícia dos teus olhos, mas não lamentarás, nem chorarás, nem te correrão as lágrimas.

17 Geme em silêncio, não faças lamentação pelos mortos, prende o teu turbante, mete as tuas sandálias nos pés, não cubras os bigodes e não comas o pão que te mandam.

18 Falei ao povo pela manhã, e, à tarde, morreu minha mulher; na manhã seguinte, fiz segundo me havia sido mandado.

19 Então, me disse o povo: Não nos farás saber o que significam estas cousas que estás fazendo?

20 Eu lhes disse: Veio a mim a palavra do SENHOR, dizendo:

21 Dize à casa de Israel: Assim diz o SENHOR Deus: Eis que eu profanarei o meu santuário, objeto do vosso mais alto orgulho, delícia dos vossos olhos e anelo de vossa alma; vossos filhos e vossas filhas, que deixastes, cairão à espada.

22 Fareis como eu fiz: não cobrireis os bigodes, nem comereis o pão que vos mandam.

23 Trareis à cabeça os vossos turbantes e as vossas sandálias, nos pés; não lamentareis, nem chorareis, mas definhar-vos-eis nas vossas iniqüidades e gemereis uns com os outros.

24 Assim vos servirá Ezequiel de sinal; segundo tudo o que ele fez, assim fareis. Quando isso acontecer, sabereis que eu sou o SENHOR Deus.

25 Filho do homem, não sucederá que, no dia em que eu lhes tirar o objeto do seu orgulho, o seu júbilo, a sua glória, a delícia dos seus olhos e o anelo de sua alma e a seus filhos e suas filhas,

26 nesse dia, virá ter contigo algum que escapar, para te dar a notícia pessoalmente?

27 Nesse dia, abrir-se-á a tua boca para com aquele que escapar; falarás e já não ficarás mudo. Assim, lhes servirás de sinal, e saberão que eu sou o SENHOR.

Profecia contra Amom

25 Veio a mim a palavra do SENHOR, dizendo:

2 Filho do homem, volve o rosto contra os filhos de Amom e profetiza contra eles.

3 Dize aos filhos de Amom: Ouvi a palavra do SENHOR Deus: Assim diz o SENHOR Deus: Visto que tu disseste: Bem feito!, acerca do meu santuário, quando foi

---

24.2 2Rs 25.1; Jr 52.4.   **25.1-7** Ez 21.28-32; Jr 49.1-6; Am 1.13-15; Sf 2.8-11.

profanado; acerca da terra de Israel, quando foi assolada; e da casa de Judá, quando foi para o exílio,

⁴ eis que te entregarei ao poder dos filhos do Oriente, e estabelecerão em ti os seus acampamentos e porão em ti as suas moradas; eles comerão os teus frutos e beberão o teu leite.

⁵ Farei de Rabá uma estrebaria de camelos e dos filhos de Amom, um curral de ovelhas; e sabereis que eu sou o SENHOR.

⁶ Porque assim diz o SENHOR Deus: Visto como bateste as palmas, e pateaste, e, com toda a malícia de tua alma, te alegraste da terra de Israel,

⁷ eis que estendi a mão contra ti e te darei por despojo às nações; eliminar-te-ei dentre os povos e te farei perecer dentre as terras. Acabarei de todo contigo, e saberás que eu sou o SENHOR.

Profecia contra Moabe

⁸ Assim diz o SENHOR Deus: Visto como dizem Moabe e Seir: Eis que a casa de Judá é como todas as nações,

⁹ eis que eu abrirei o flanco de Moabe desde as cidades, desde as suas cidades fronteiras, a glória da terra, Bete-Jesimote, Baal-Meom e Quiriataim;

¹⁰ dá-las-ei aos povos do Oriente em possessão, como também os filhos de Amom, para que destes não haja memória entre as nações.

¹¹ Também executarei juízos contra Moabe, e os moabitas saberão que eu sou o SENHOR.

Profecia contra Edom

¹² Assim diz o SENHOR Deus: Visto que Edom se houve vingativamente para com a casa de Judá e se fez culpadíssimo, quando se vingou dela,

¹³ assim diz o SENHOR Deus: Também estenderei a mão contra Edom e eliminarei dele homens e animais; torná-lo-ei deserto, e desde Temã até Dedã cairão à espada.

¹⁴ Exercerei a minha vingança contra Edom, por intermédio do meu povo de Israel; este fará em Edom segundo a minha ira e segundo o meu furor; e os edomitas conhecerão a minha vingança, diz o SENHOR Deus.

Profecia contra a Filístia

¹⁵ Assim diz o SENHOR Deus: Visto que os filisteus se houveram vingativamente e com desprezo de alma executaram vingança, para destruírem com perpétua inimizade,

¹⁶ assim diz o SENHOR Deus: Eis que eu estendo a mão contra os filisteus, e eliminarei os queretitas, e farei perecer o resto da costa do mar.

¹⁷ Tomarei deles grandes vinganças, com furiosas repreensões; e saberão que eu sou o SENHOR, quando eu tiver exercido a minha vingança contra eles.

Profecia contra Tiro

26 No undécimo ano, no primeiro dia do mês, veio a mim a palavra do SENHOR, dizendo:

² Filho do homem, visto que Tiro disse no tocante a Jerusalém: Bem feito! Está quebrada a porta dos povos; abriu-se para mim; eu me tornarei rico, agora que ela está assolada,

³ assim diz o SENHOR Deus: Eis que eu estou contra ti, ó Tiro, e farei subir contra ti muitas nações, como faz o mar subir as suas ondas.

⁴ Elas destruirão os muros de Tiro e deitarão abaixo as suas torres; e eu varrerei o seu pó, e farei dela penha descalvada.

⁵ No meio do mar, virá a ser um enxugadouro de redes, porque eu o anunciei, diz o SENHOR Deus; e ela servirá de despojo para as nações.

⁶ Suas filhas que estão no continente serão mortas à espada; e saberão que eu sou o SENHOR.

⁷ Porque assim diz o SENHOR Deus: Eis que eu trarei contra Tiro a Nabucodonosor, rei da Babilônia, desde o Norte, o rei dos reis, com cavalos, carros e cavaleiros e com a multidão de muitos povos.

⁸ As tuas filhas que estão no continente, ele as matará à espada; levantará baluarte contra ti; contra ti levantará terrapleno e um telhado de paveses.

⁹ Disporá os seus aríetes contra os teus muros e, com os seus ferros, deitará abaixo as tuas torres.

¹⁰ Pela multidão de seus cavalos, te cobrirá de pó; os teus muros tremerão com o estrondo dos cavaleiros, das carretas e dos

25.8-11 Is 15.1-16.14; 25.10-12; Jr 48.1-47; Am 2.1-3; Sf 2.8-11.   **25.12-14** Is 34.1-17; 63.1-6; Jr 49.7-22; Ez 35.1-15; Am 1.11,12; Ob 1-14; Ml 1.2-5.   **25.15-17** Is 14.29-31; Jr 47.1-11; Jl 3.4-8; Am 1.6-8; Sf 2.4-7; Zc 9.5-7.   **26.1-28.19** Is 23.1-18; Jl 3.4-8; Am 1.9,10; Zc 9.3,4; Mt 11.21,22; Lc 10.13,14.

carros, quando ele entrar pelas tuas portas, como pelas entradas de uma cidade em que se fez brecha.

11 Com as unhas dos seus cavalos, socará todas as tuas ruas; ao teu povo matará à espada, e as tuas fortes colunas cairão por terra.

12 Roubarão as tuas riquezas, saquearão as tuas mercadorias, derribarão os teus muros e arrasarão as tuas casas preciosas; as tuas pedras, as tuas madeiras e o teu pó lançarão no meio das águas.

13 Farei cessar o arruído das tuas cantigas, e já não se ouvirá o som das tuas harpas.

14 Farei de ti uma penha descalvada; virás a ser um enxugadouro de redes, jamais serás edificada, porque eu, o SENHOR, o falei, diz o SENHOR Deus.

15 Assim diz o SENHOR Deus a Tiro: Não tremerão as terras do mar com o estrondo da tua queda, quando gemerem os traspassados, quando se fizer espantosa matança no meio de ti?

16 Todos os príncipes do mar descerão dos seus tronos, tirarão de si os seus mantos e despirão as suas vestes bordadas; de tremores se vestirão, assentar-se-ão na terra e estremecerão a cada momento; e, por tua causa, pasmarão.

17 Levantarão lamentações sobre ti e te dirão: Como pereceste, ó bem povoada e afamada cidade, que foste forte no mar, tu e os teus moradores, que atemorizastes a todos os teus visitantes!

18 Agora, estremecerão as ilhas no dia da tua queda; as ilhas, que estão no mar, turbar-se-ão com tua saída.

19 Porque assim diz o SENHOR Deus: Quando eu te fizer cidade assolada, como as cidades que não se habitam, quando eu fizer vir sobre ti as ondas do mar e as muitas águas te cobrirem,

20 então, te farei descer com os que descem à cova, ao povo antigo, e te farei habitar nas mais baixas partes da terra, em lugares desertos antigos, com os que descem à cova, para que não sejas habitada; e criarei cousas gloriosas na terra dos viventes.

21 Farei de ti um grande espanto, e já não serás; quando te buscarem, jamais serás achada, diz o SENHOR Deus.

Lamentação sobre Tiro

27 Veio a mim a palavra do SENHOR, dizendo:

2 Tu, pois, ó filho do homem, levanta lamentação sobre Tiro;

3 dize a Tiro, que habita nas entradas do mar e negocia com os povos em muitas terras do mar: Assim diz o SENHOR Deus: Ó Tiro, tu dizes: Eu sou perfeita em formosura.

4 No coração dos mares, estão os teus limites; os que te edificaram aperfeiçoaram a tua formosura.

5 Fabricaram todos os teus conveses de ciprestes de Senir; trouxeram cedros do Líbano, para te fazerem mastros.

6 Fizeram os teus remos de carvalhos de Basã; os teus bancos, fizeram-nos de marfim engastado em pinho das ilhas dos quiteus.

7 De linho fino bordado do Egito era a tua vela, para servir de estandarte; azul e púrpura das ilhas de Elisá eram o teu toldo.

8 Os moradores de Sidom e de Arvade foram os teus remeiros; os teus sábios, ó Tiro, que se achavam em ti, esses foram os teus pilotos.

9 Os anciãos de Gebal e os seus sábios foram em ti os teus calafates; todos os navios do mar e os marinheiros se acharam em ti, para trocar as tuas mercadorias.

10 Os persas, os lídios e os de Pute se acharam em teu exército e eram teus homens de guerra; escudos e capacetes penduraram em ti; manifestaram a tua glória.

11 Os filhos de Arvade e o teu exército estavam sobre os teus muros em redor, e os gamaditas, nas torres; penduravam os seus escudos nos teus muros em redor; aperfeiçoavam a tua formosura.

12 Társis negociava contigo, por causa da abundância de toda sorte de riquezas; trocavam por tuas mercadorias prata, ferro, estanho e chumbo.

13 Javã, Tubal e Meseque eram os teus mercadores; em troca das tuas mercadorias, davam escravos e objetos de bronze.

14 Os da casa de Togarma, em troca das tuas mercadorias, davam cavalos, ginetes e mulos.

15 Os filhos de Dedã eram os teus mercadores; muitas terras do mar eram o mercado das tuas manufaturas; em troca, traziam dentes de marfim e madeira de ébano.

16 A Síria negociava contigo por causa da multidão das tuas manufaturas; por tuas mercadorias, eles davam esmeralda, púrpura, obras bordadas, linho fino, coral e pedras preciosas.

26.13 Ap 18.22.   26.16 Ap 18.9,10.   26.21 Ap 18.21.

17 Judá e a terra de Israel eram os teus mercadores; pelas tuas mercadorias, trocavam o trigo de Minite, confeitos, mel, azeite e bálsamo.

18 Damasco negociava contigo, por causa da multidão das tuas manufaturas, por causa da abundância de toda sorte de riquezas, dando em troca vinho de Helbom e lã de Zaar.

19 Também Dã e Javã, de Uzal, pelas tuas mercadorias, davam em troca ferro trabalhado, cássia e cálamo, que assim entravam no teu comércio.

20 Dedã negociava contigo com baixeiros para cavalgaduras.

21 A Arábia e todos os príncipes de Quedar eram mercadores ao teu serviço; negociavam contigo com cordeiros, carneiros e bodes; nisto, negociavam contigo.

22 Os mercadores de Sabá e Raamá eram os teus mercadores; pelas tuas mercadorias, davam em troca os mais finos aromas, pedras preciosas e ouro.

23 Harã, Cane e Éden, mercadores de Sabá, Assíria e Quilmade negociavam contigo.

24 Estes eram teus mercadores em toda sorte de mercadorias, em pano de púrpura e bordados, tapetes de várias cores e cordas trançadas e fortes.

25 Os navios de Társis eram as tuas caravanas para as tuas mercadorias; e te enriqueceste e ficaste mui famosa no coração dos mares.

26 Os teus remeiros te conduziram sobre grandes águas; o vento oriental te quebrou no coração dos mares.

27 As tuas riquezas, as tuas mercadorias, os teus bens, os teus marinheiros, os teus pilotos, os calafates, os que faziam os teus negócios e todos os teus soldados que estão em ti, juntamente com toda a multidão do povo que está no meio de ti, se afundarão no coração dos mares no dia da tua ruína.

28 Ao estrondo da gritaria dos teus pilotos, tremerão as praias.

29 Todos os que pegam no remo, os marinheiros, e todos os pilotos do mar descerão de seus navios e pararão em terra;

30 farão ouvir a sua voz sobre ti e gritarão amargamente; lançarão pó sobre a cabeça e na cinza se revolverão;

31 far-se-ão calvos por tua causa, cingir-se-ão de pano de saco e chorarão sobre ti,

com amargura de alma, com amargura e lamentação.

32 Levantarão lamentações sobre ti no seu pranto, lamentarão sobre ti, dizendo: Quem foi como Tiro, como a que está reduzida ao silêncio no meio do mar?

33 Quando as tuas mercadorias eram exportadas pelos mares, fartaste a muitos povos; com a multidão da tua riqueza e do teu negócio, enriqueceste os reis da terra.

34 No tempo em que foste quebrada nos mares, nas profundezas das águas se afundaram os teus negócios e toda a tua multidão, no meio de ti.

35 Todos os moradores das terras dos mares se espantam por tua causa; os seus reis tremem sobremaneira e estão de rosto perturbado.

36 Os mercadores dentre os povos assobiam contra ti; vens a ser objeto de espanto e jamais subsistirás.

Profecia contra o rei de Tiro

28 Veio a mim a palavra do SENHOR, dizendo:

2 Filho do homem, dize ao príncipe de Tiro: Assim diz o SENHOR Deus: Visto que se eleva o teu coração, e dizes: Eu sou Deus, sobre a cadeira de Deus me assento no coração dos mares, e não passas de homem e não és Deus, ainda que estimas o teu coração como se fora o coração de Deus —

3 sim, és mais sábio que Daniel, não há segredo algum que se possa esconder de ti;

4 pela tua sabedoria e pelo teu entendimento, alcançaste o teu poder e adquiriste ouro e prata nos teus tesouros;

5 pela extensão da tua sabedoria no teu comércio, aumentaste as tuas riquezas; e, por causa delas, se eleva o teu coração —,

6 assim diz o SENHOR Deus: Visto que estimas o teu coração como se fora o coração de Deus,

7 eis que eu trarei sobre ti os mais terríveis estrangeiros dentre as nações, os quais desembainharão a espada contra a formosura da tua sabedoria e mancharão o teu resplendor.

8 Eles te farão descer à cova, e morrerás da morte dos traspassados no coração dos mares.

9 Dirás ainda diante daquele que te matar: Eu sou Deus? Pois não passas de homem e não és Deus, no poder do que te traspassa.

27.25 Ap 18.11-19.

¹⁰ Da morte de incircuncisos morrerás, por intermédio de estrangeiros, porque eu o falei, diz o S**ENHOR** Deus.

Outra lamentação
contra o rei de Tiro

¹¹ Veio a mim a palavra do S**ENHOR**, dizendo:

¹² Filho do homem, levanta uma lamentação contra o rei de Tiro e dize-lhe: Assim diz o S**ENHOR** Deus: Tu és o sinete da perfeição, cheio de sabedoria e formosura.

¹³ Estavas no Éden, jardim de Deus; de todas as pedras preciosas te cobrias: o sárdio, o topázio, o diamante, o berilo, o ônix, o jaspe, a safira, o carbúnculo e a esmeralda; de ouro se te fizeram os engastes e os ornamentos; no dia em que foste criado, foram eles preparados.

¹⁴ Tu eras querubim da guarda ungido, e te estabeleci; permanecias no monte santo de Deus, no brilho das pedras andavas.

¹⁵ Perfeito eras nos teus caminhos, desde o dia em que foste criado até que se achou iniqüidade em ti.

¹⁶ Na multiplicação do teu comércio, se encheu o teu interior de violência, e pecaste; pelo que te lançarei, profanado, fora do monte de Deus e te farei perecer, ó querubim da guarda, em meio ao brilho das pedras.

¹⁷ Elevou-se o teu coração por causa da tua formosura, corrompeste a tua sabedoria por causa do teu resplendor; lancei-te por terra, diante dos reis te pus, para que te contemplem.

¹⁸ Pela multidão das tuas iniqüidades, pela injustiça do teu comércio, profanaste os teus santuários, eu, pois, fiz sair do meio de ti um fogo, que te consumiu, e te reduzi a cinzas sobre a terra, aos olhos de todos os que te contemplam.

¹⁹ Todos os que te conhecem entre os povos estão espantados de ti; vens a ser objeto de espanto e jamais subsistirás.

Profecia contra Sidom

²⁰ Veio a mim a palavra do S**ENHOR**, dizendo:

²¹ Filho do homem, volve o rosto contra Sidom, profetiza contra ela

²² e dize: Assim diz o S**ENHOR** Deus: Eis-me contra ti, ó Sidom, e serei glorificado no meio de ti; saberão que eu sou o S**ENHOR**, quando nela executar juízos e nela me santificar.

²³ Pois enviarei contra ela a peste e o sangue nas suas ruas, e os traspassados cairão no meio dela, pela espada contra ela, por todos os lados; e saberão que eu sou o S**ENHOR**.

²⁴ Para a casa de Israel já não haverá espinho que a pique, nem abrolho que cause dor, entre todos os vizinhos que a tratam com desprezo; e saberão que eu sou o S**ENHOR** Deus.

²⁵ Assim diz o S**ENHOR** Deus: Quando eu congregar a casa de Israel dentre os povos entre os quais estão espalhados e eu me santificar entre eles, perante as nações, então, habitarão na terra que dei a meu servo, a Jacó.

²⁶ Habitarão nela seguros, edificarão casas e plantarão vinhas; sim, habitarão seguros, quando eu executar juízos contra todos os que os tratam com desprezo ao redor deles; e saberão que eu sou o S**ENHOR**, seu Deus.

Profecia contra o Egito

29 No décimo ano, no décimo mês, aos doze dias do mês, veio a mim a palavra do S**ENHOR**, dizendo:

² Filho do homem, volve o rosto contra Faraó, rei do Egito, e profetiza contra ele e contra todo o Egito.

³ Fala e dize: Assim diz o S**ENHOR** Deus: Eis-me contra ti, ó Faraó, rei do Egito, crocodilo enorme, que te deitas no meio dos seus rios e que dizes: O meu rio é meu, e eu o fiz para mim mesmo.

⁴ Mas eu porei anzóis em teus queixos e farei que os peixes dos teus rios se apeguem às tuas escamas; tirar-te-ei do meio dos teus rios, juntamente com todos os peixes dos teus rios que se apeguem às tuas escamas.

⁵ Lançar-te-ei para o deserto, a ti e a todo peixe dos teus rios; sobre o campo aberto cairás; não serás recolhido, nem sepultado; aos animais da terra e às aves do céu te dei por pasto.

⁶ E saberão todos os moradores do Egito que eu sou o S**ENHOR**, pois se tornaram um bordão de cana para a casa de Israel.

⁷ Tomando-te eles pela mão, tu te rachaste e lhes rasgaste o ombro; e, encostando-se eles a ti, tu te quebraste, fazendo tremer os lombos deles.

⁸ Por isso, assim diz o S**ENHOR** Deus:

28.20-26 Jl 3.4-8; Zc 9.2; Mt 11.21,22; Lc 10.13,14.   29.1-32.32 Is 19.1-25; Jr 46.2-26.

Eis que trarei sobre ti a espada e eliminarei de ti homem e animal.

⁹ A terra do Egito se tornará em desolação e deserto; e saberão que eu sou o SENHOR.

¹⁰ Visto que disseste: O rio é meu, e eu o fiz, eis que eu estou contra ti e contra os teus rios; tornarei a terra do Egito deserta, em completa desolação, desde Migdol até Sevene, até às fronteiras da Etiópia.

¹¹ Não passará por ela pé de homem, nem pé de animal passará por ela, nem será habitada quarenta anos,

¹² porquanto tornarei a terra do Egito em desolação, no meio de terras desoladas; as suas cidades no meio das cidades desertas se tornarão em desolação por quarenta anos; espalharei os egípcios entre as nações e os derramarei pelas terras.

¹³ Mas assim diz o SENHOR Deus: Ao cabo de quarenta anos, ajuntarei os egípcios dentre os povos para o meio dos quais foram espalhados.

¹⁴ Restaurarei a sorte dos egípcios e os farei voltar à terra de Patros, à terra de sua origem; e serão ali um reino humilde.

¹⁵ Tornar-se-á o mais humilde dos reinos e nunca mais se exaltará sobre as nações; porque os diminuirei, para que não dominem sobre as nações.

¹⁶ Já não terá a confiança da casa de Israel, confiança essa que me traria à memória a iniqüidade de Israel quando se voltava a ele à procura de socorro; antes, saberão que eu sou o SENHOR Deus.

¹⁷ No vigésimo-sétimo ano, no mês primeiro, no primeiro dia do mês, veio a mim a palavra do SENHOR, dizendo:

¹⁸ Filho do homem, Nabucodonosor, rei da Babilônia, fez que o seu exército me prestasse grande serviço contra Tiro; toda cabeça se tornou calva, e de todo ombro saiu a pele, e não houve paga de Tiro para ele, nem para o seu exército, pelo serviço que prestou contra ela.

¹⁹ Portanto, assim diz o SENHOR Deus: Eis que eu darei a Nabucodonosor, rei da Babilônia, a terra do Egito; ele levará a sua multidão, e tomará o seu despojo, e roubará a sua presa, e isto será a paga para o seu exército.

²⁰ Por paga do seu trabalho, com que serviu contra ela, lhe dei a terra do Egito, visto que trabalharam por mim, diz o SENHOR Deus.

²¹ Naquele dia, farei brotar o poder na casa de Israel e te darei que fales livremente no meio deles; e saberão que eu sou o SENHOR.

O Egito será conquistado pela Babilônia

30 Veio a mim a palavra do SENHOR, dizendo:

² Filho do homem, profetiza e dize: Assim diz o SENHOR Deus: Gemei: Ah! Aquele dia!

³ Porque está perto o dia, sim, está perto o Dia do SENHOR, dia nublado; será o tempo dos gentios.

⁴ A espada virá contra o Egito, e haverá grande dor na Etiópia, quando caírem os traspassados no Egito; o seu povo será levado para o cativeiro, e serão destruídos os seus fundamentos.

⁵ A Etiópia, Pute e Lude e toda a Arábia, os de Cube e os outros aliados do Egito cairão juntamente com ele à espada.

⁶ Assim diz o SENHOR: Também cairão os que sustêm o Egito, e será humilhado o orgulho do seu poder; desde Migdol até Sevene, cairão à espada, diz o SENHOR Deus.

⁷ Serão desolados no meio das terras desertas; e as suas cidades estarão no meio das cidades devastadas.

⁸ Saberão que eu sou o SENHOR, quando eu tiver posto fogo no Egito e se acharem destruídos todos os que lhe prestavam auxílio.

⁹ Naquele dia, sairão mensageiros de diante de mim em navios, para espantarem a Etiópia descuidada; e sobre ela haverá angústia, como no dia do Egito; pois eis que já vem.

¹⁰ Assim diz o SENHOR Deus: Eu, pois, farei cessar a pompa do Egito, por intermédio de Nabucodonosor, rei da Babilônia.

¹¹ Ele e o seu povo com ele, os mais terríveis das nações, serão levados para destruírem a terra; desembainharão a espada contra o Egito e encherão de traspassados a terra.

¹² Secarei os rios e venderei a terra, entregando-a nas mãos dos maus; por meio de estrangeiros, farei desolada a terra e tudo o que nela houver; eu, o SENHOR, é que falei.

¹³ Assim diz o SENHOR Deus: Também destruirei os ídolos e darei cabo das imagens em Mênfis; já não haverá príncipe na terra do Egito, onde implantarei o terror.

¹⁴ Farei desolada a Patros, porei fogo em Zoã e executarei juízo em Nô.

¹⁵ Derramarei o meu furor sobre Sim,

fortaleza do Egito, e exterminarei a multidão de Nô.

¹⁶ Atearei fogo no Egito; Sim terá grande angústia, Nô será destruída, e Mênfis terá adversários em pleno dia.

¹⁷ Os jovens de Áven e de Pi-Besete cairão à espada, e estas cidades cairão em cativeiro.

¹⁸ Em Tafnes, se escurecerá o dia, quando eu quebrar ali os jugos do Egito e nela cessar o orgulho do seu poder; uma nuvem a cobrirá, e suas filhas cairão em cativeiro.

¹⁹ Assim, executarei juízo no Egito, e saberão que eu sou o Senhor.

²⁰ No undécimo ano, no mês primeiro, aos sete dias do mês, veio a mim a palavra do Senhor, dizendo:

²¹ Filho do homem, eu quebrei o braço de Faraó, rei do Egito, e eis que não foi atado, nem tratado com remédios, nem lhe porão ligaduras, para tornar-se forte e pegar da espada.

²² Portanto, assim diz o Senhor Deus: Eis que eu estou contra Faraó, rei do Egito; quebrar-lhe-ei os braços, tanto o forte como o que já está quebrado, e lhe farei cair da mão a espada.

²³ Espalharei os egípcios entre as nações e os derramarei pelas terras.

²⁴ Fortalecerei os braços do rei da Babilônia e lhe porei na mão a minha espada; mas quebrarei os braços de Faraó, que, diante dele, gemerá como geme o traspassado.

²⁵ Levantarei os braços do rei da Babilônia, mas os braços de Faraó cairão; e saberão que eu sou o Senhor, quando eu puser a minha espada na mão do rei da Babilônia e ele a estender contra a terra do Egito.

²⁶ Espalharei os egípcios entre as nações e os derramarei pelas terras; assim, saberão que eu sou o Senhor.

O destino do Egito

31 No undécimo ano, no terceiro mês, no primeiro dia do mês, veio a mim a palavra do Senhor, dizendo:

² Filho do homem, dize a Faraó, rei do Egito, e à multidão do seu povo: A quem és semelhante na tua grandeza?

³ Eis que a Assíria era um cedro no Líbano, de lindos ramos, de sombrosa folhagem, de grande estatura, cujo topo estava entre os ramos espessos.

⁴ As águas o fizeram crescer, as fontes das profundezas da terra o exalçaram e fizeram correr as torrentes no lugar em que estava plantado, enviando ribeiros para todas as árvores do campo.

⁵ Por isso, se elevou a sua estatura sobre todas as árvores do campo, e se multiplicaram os seus ramos, e se alongaram as suas varas, por causa das muitas águas durante o seu crescimento.

⁶ Todas as aves do céu se aninhavam nos seus ramos, todos os animais do campo geravam debaixo da sua fronde, e todos os grandes povos se assentavam à sua sombra.

⁷ Assim, era ele formoso na sua grandeza e na extensão dos seus ramos, porque a sua raiz estava junto às muitas águas.

⁸ Os cedros no jardim de Deus não lhe eram rivais; os ciprestes não igualavam os seus ramos, e os plátanos não tinham renovos como os seus; nenhuma árvore no jardim de Deus se assemelhava a ele na sua formosura.

⁹ Formoso o fiz com a multidão dos seus ramos; todas as árvores do Éden, que estavam no jardim de Deus, tiveram inveja dele.

¹⁰ Portanto, assim diz o Senhor Deus: Como sobremaneira se elevou, e se levantou o seu topo no meio dos espessos ramos, e o seu coração se exalçou na sua altura,

¹¹ eu o entregarei nas mãos da mais poderosa das nações, que lhe dará o tratamento segundo merece a sua perversidade; lançá-lo-ei fora.

¹² Os mais terríveis estrangeiros das nações o cortaram e o deixaram; caíram os seus ramos sobre os montes e por todos os vales; os seus renovos foram quebrados por todas as correntes da terra; todos os povos da terra se retiraram da sua sombra e o deixaram.

¹³ Todas as aves do céu habitarão na sua ruína, e todos os animais do campo se acolherão sob os seus ramos,

¹⁴ para que todas as árvores junto às águas não se exaltem na sua estatura, nem levantem o seu topo no meio dos ramos espessos, nem as que bebem as águas venham a confiar em si, por causa da sua altura; porque todos os orgulhosos estão entregues à morte e se abismarão às profundezas da terra, no meio dos filhos dos homens, com os que descem à cova.

¹⁵ Assim diz o Senhor Deus: No dia em que ele passou para o além, fiz eu que houvesse luto; por sua causa, cobri a profundeza da terra, retive as suas correntes, e as

31.8 Gn 2.9.

suas muitas águas se detiveram; cobri o Líbano de preto, por causa dele, e todas as árvores do campo desfaleceram por causa dele.

16 Ao som da sua queda, fiz tremer as nações, quando o fiz passar para o além com os que descem à cova; todas as árvores do Éden, a fina flor e o melhor do Líbano, todas as que foram regadas pelas águas se consolavam nas profundezas da terra.

17 Também estes, com ele, passarão para o além, a juntar-se aos que foram traspassados à espada; sim, aos que foram seu braço e que estavam assentados à sombra no meio das nações.

18 A quem, pois, és semelhante em glória e em grandeza entre as árvores do Éden? Todavia, descerás com as árvores do Éden às profundezas da terra; no meio dos incircuncisos, jazerás com os que foram traspassados à espada; este é Faraó e toda a sua pompa, diz o Senhor Deus.

Lamentação contra Faraó, rei do Egito

32 No ano duodécimo, no duodécimo mês, no primeiro dia do mês, veio a mim a palavra do Senhor, dizendo:

2 Filho do homem, levanta uma lamentação contra Faraó, rei do Egito, e dize-lhe: Foste comparado a um filho de leão entre as nações, mas não passas de um crocodilo nas águas; agitavas as águas, turvando-as com os pés, sujando os rios.

3 Assim diz o Senhor Deus: Estenderei sobre ti a minha rede no meio de muitos povos, que te puxarão para fora na minha rede.

4 Então, te deixarei em terra; no campo aberto, te lançarei e farei morar sobre ti todas as aves do céu; e se fartarão de ti os animais de toda a terra.

5 Porei as tuas carnes sobre os montes e encherei os vales da tua corpulência.

6 Com o teu sangue que se derrama, regarei a terra até aos montes, e dele se encherão as correntes.

7 Quando eu te extinguir, cobrirei os céus e farei enegrecer as suas estrelas; encobrirei o sol com uma nuvem, e a lua não resplandecerá a sua luz.

8 Por tua causa, vestirei de preto todos os brilhantes luminares do céu e trarei trevas sobre o teu país, diz o Senhor Deus.

9 Afligirei o coração de muitos povos, quando se levar às nações, às terras que não conheceste, a notícia da tua destruição.

10 Farei que muitos povos fiquem pasmados a teu respeito, e os seus reis tremam sobremaneira, quando eu brandir a minha espada ante o seu rosto; estremecerão a cada momento, cada um pela sua vida, no dia da tua queda.

11 Pois assim diz o Senhor Deus: A espada do rei da Babilônia virá contra ti.

12 Farei cair a tua multidão com as espadas dos valentes, que são todos os mais terríveis dos povos; eles destruirão a soberba do Egito, e toda a sua pompa será destruída.

13 Farei perecer todos os seus animais ao longo de muitas águas; pé de homem não as turbará, nem as turbarão unhas de animais.

14 Então, farei assentar as suas águas; e farei correr os seus rios como o azeite, diz o Senhor Deus.

15 Quando eu tornar a terra do Egito em desolação e a terra for destituída de tudo que a enchia, e quando eu ferir a todos os que nela habitam, então, saberão que eu sou o Senhor.

16 Esta é a lamentação que se fará, que farão as filhas das nações; sobre o Egito e toda sua pompa se lamentará, diz o Senhor Deus.

Os egípcios com outras nações no além

17 Também no ano duodécimo, aos quinze dias do primeiro mês, veio a mim a palavra do Senhor, dizendo:

18 Filho do homem, pranteia sobre a multidão do Egito, faze-a descer, a ela e as filhas das nações formosas, às profundezas da terra, juntamente com os que descem à cova.

19 A quem sobrepujas tu em beleza? Desce e deita-te com os incircuncisos.

20 No meio daqueles que foram traspassados à espada, eles cairão; à espada, ele está entregue; arrastai o Egito e a toda a sua multidão.

21 Os mais poderosos dos valentes, juntamente com os que o socorrem, lhe gritarão do além: Desceram e lá jazem eles, os incircuncisos, traspassados à espada.

22 Ali, está a Assíria com todo o seu povo; em redor dela, todos os seus sepulcros; todos eles foram traspassados e caíram à espada.

32.7 Mt 24.29; Mc 13.24,25; Lc 21.25; Ap 6.12,13; 8.12.

²³ Os seus sepulcros foram postos nas extremidades da cova, e todo o seu povo se encontra ao redor do seu sepulcro; todos foram traspassados, e caíram à espada os que tinham causado espanto na terra dos viventes.

²⁴ Ali, está Elão com todo o seu povo, em redor do seu sepulcro; todos eles foram traspassados e caíram à espada; eles, os incircuncisos, desceram às profundezas da terra, causaram terror na terra dos viventes e levaram a sua vergonha com os que desceram à cova.

²⁵ No meio dos traspassados, lhe puseram um leito entre todo o seu povo; ao redor dele, estão os seus sepulcros; todos eles são incircuncisos, traspassados à espada, porque causaram terror na terra dos viventes e levaram a sua vergonha com os que desceram à cova; no meio dos traspassados, foram postos.

²⁶ Ali, estão Meseque e Tubal com todo o seu povo; ao redor deles, estão os seus sepulcros; todos eles são incircuncisos e traspassados à espada, porquanto causaram terror na terra dos viventes.

²⁷ E não se acharão com os valentes de outrora que, dentre os incircuncisos, caíram e desceram ao sepulcro com as suas próprias armas de guerra e com a espada debaixo da cabeça; a iniquidade deles está sobre os seus ossos, porque eram o terror dos heróis na terra dos viventes.

²⁸ Também tu, Egito, serás quebrado no meio dos incircuncisos e jazerás com os que foram traspassados à espada.

²⁹ Ali, está Edom, os seus reis e todos os seus príncipes, que, apesar do seu poder, foram postos com os que foram traspassados à espada; estes jazem com os incircuncisos e com os que desceram à cova.

³⁰ Ali, estão os príncipes do Norte, todos eles, e todos os sidônios, que desceram com os traspassados, envergonhados com o terror causado pelo seu poder; e jazem incircuncisos com os que foram traspassados à espada e levam a sua vergonha com os que desceram à cova.

³¹ Faraó os verá e se consolará com toda a sua multidão; sim, o próprio Faraó e todo o seu exército, pelo que jazerá no meio dos traspassados à espada, diz o SENHOR Deus.

³² Porque também eu pus o meu espanto na terra dos viventes; pelo que jazerá, no meio dos incircuncisos, com os traspassa-

dos à espada, Faraó e todo o seu povo, diz o SENHOR Deus.

O dever do verdadeiro atalaia

33 Veio a mim a palavra do SENHOR, dizendo:

² Filho do homem, fala aos filhos de teu povo e dize-lhes: Quando eu fizer vir a espada sobre a terra, e o povo da terra tomar um homem dos seus limites, e o constituir por seu atalaia;

³ e, vendo ele que a espada vem sobre a terra, tocar a trombeta e avisar o povo;

⁴ se aquele que ouvir o som da trombeta não se der por avisado, e vier a espada e o abater, o seu sangue será sobre a sua cabeça.

⁵ Ele ouviu o som da trombeta e não se deu por avisado; o seu sangue será sobre ele; mas o que se dá por avisado salvará a sua vida.

⁶ Mas, se o atalaia vir que vem a espada e não tocar a trombeta, e não for avisado o povo; se a espada vier e abater uma vida dentre eles, este foi abatido na sua iniquidade, mas o seu sangue demandarei do atalaia.

⁷ A ti, pois, ó filho do homem, te constituí por atalaia sobre a casa de Israel; tu, pois, ouvirás a palavra da minha boca e lhe darás aviso da minha parte.

⁸ Se eu disser ao perverso: Ó perverso, certamente, morrerás; e tu não falares, para avisar o perverso do seu caminho, morrerá esse perverso na sua iniquidade, mas o seu sangue eu o demandarei de ti.

⁹ Mas, se falares ao perverso, para o avisar do seu caminho, para que dele se converta, e ele não se converter do seu caminho, morrerá ele na sua iniquidade, mas tu livraste a tua alma.

¹⁰ Tu, pois, filho do homem, dize à casa de Israel: Assim falais vós: Visto que as nossas prevaricações e os nossos pecados estão sobre nós, e nós desfalecemos neles, como, pois, viveremos?

¹¹ Dize-lhes: Tão certo como eu vivo, diz o SENHOR Deus, não tenho prazer na morte do perverso, mas em que o perverso se converta do seu caminho e viva. Convertei-vos, convertei-vos dos vossos maus caminhos; pois por que haveis de morrer, ó casa de Israel?

¹² Tu, pois, filho do homem, dize aos filhos do teu povo: A justiça do justo não o livrará no dia da sua transgressão; quanto

à perversidade do perverso, não cairá por ela, no dia em que se converter da sua perversidade; nem o justo pela justiça poderá viver no dia em que pecar.

13 Quando eu disser ao justo que, certamente, viverá, e ele, confiando na sua justiça, praticar iniqüidade, não me virão à memória todas as suas justiças, mas na sua iniqüidade, que pratica, ele morrerá.

14 Quando eu também disser ao perverso: Certamente, morrerás; se ele se converter do seu pecado, e fizer juízo e justiça,

15 e restituir esse perverso o penhor, e pagar o furtado, e andar nos estatutos da vida, e não praticar iniqüidade, certamente, viverá; não morrerá.

16 De todos os seus pecados que cometeu não se fará memória contra ele; juízo e justiça fez; certamente, viverá.

17 Todavia, os filhos do teu povo dizem: Não é reto o caminho do Senhor; mas o próprio caminho deles é que não é reto.

18 Desviando-se o justo da sua justiça e praticando iniqüidade, morrerá nela.

19 E, convertando-se o perverso da sua perversidade e fazendo juízo e justiça, por isto mesmo viverá.

20 Todavia, vós dizeis: Não é reto o caminho do Senhor. Mas eu vos julgarei, cada um segundo os seus caminhos, ó casa de Israel.

O castigo de Israel
por causa da sua presunção

21 No ano duodécimo do nosso exílio, aos cinco dias do décimo mês, veio a mim um que tinha escapado de Jerusalém, dizendo: Caiu a cidade.

22 Ora, a mão do Senhor estivera sobre mim pela tarde, antes que viesse o que tinha escapado; abrira-se-me a boca antes de, pela manhã, vir ter comigo o tal homem; e, uma vez aberta, já não fiquei em silêncio.

23 Então, veio a mim a palavra do Senhor, dizendo:

24 Filho do homem, os moradores destes lugares desertos da terra de Israel falam, dizendo: Abraão era um só; no entanto, possuiu esta terra; ora, sendo nós muitos, certamente, esta terra nos foi dada em possessão.

25 Dize-lhes, portanto: Assim diz o Senhor Deus: Comeis a carne com sangue, levantais os olhos para os vossos ídolos e derramais sangue; porventura, haveis de possuir a terra?

26 Vós vos estribais sobre a vossa espada, cometeis abominações, e contamina cada um a mulher do seu próximo; e possuireis a terra?

27 Assim lhes dirás: Assim diz o Senhor Deus: Tão certo como eu vivo, os que estiverem em lugares desertos cairão à espada, e o que estiver em campo aberto, o entregarei às feras, para que o devorem, e os que estiverem em fortalezas e em cavernas morrerão de peste.

28 Tornarei a terra em desolação e espanto, e será humilhado o orgulho do seu poder; os montes de Israel ficarão tão desolados, que ninguém passará por eles.

29 Então, saberão que eu sou o Senhor, quando eu tornar a terra em desolação e espanto, por todas as abominações que cometeram.

30 Quanto a ti, ó filho do homem, os filhos do teu povo falam de ti junto aos muros e nas portas das casas; fala um com o outro, cada um a seu irmão, dizendo: Vinde, peço-vos, e ouvi qual é a palavra que procede do Senhor.

31 Eles vêm a ti, como o povo costuma vir, e se assentam diante de ti como meu povo, e ouvem as tuas palavras, mas não as põem por obra; pois, com a boca, professam muito amor, mas o coração só ambiciona lucro.

32 Eis que tu és para eles como quem canta canções de amor, que tem voz suave e tange bem; porque ouvem as tuas palavras, mas não as põem por obra.

33 Mas, quando vier isto e aí vem, então, saberão que houve no meio deles um profeta.

Profecia contra os pastores infiéis
de Israel

34 Veio a mim a palavra do Senhor, dizendo:

2 Filho do homem, profetiza contra os pastores de Israel; profetiza e dize-lhes: Assim diz o Senhor Deus: Ai dos pastores de Israel que se apascentam a si mesmos! Não apascentarão os pastores as ovelhas?

3 Comeis a gordura, vestis-vos da lã e degolais o cevado; mas não apascentais as ovelhas.

4 A fraca não fortalecestes, a doente não curastes, a quebrada não ligastes, a desgarrada não tornastes a trazer e a perdida não buscastes; mas dominais sobre elas com rigor e dureza.

33.21 2Rs 25.3-10; Jr 39.2-8; 52.4-14.

⁵ Assim, se espalharam, por não haver pastor, e se tornaram pasto para todas as feras do campo.

⁶ As minhas ovelhas andam desgarradas por todos os montes e por todo elevado outeiro; as minhas ovelhas andam espalhadas por toda a terra, sem haver quem as procure ou quem as busque.

⁷ Portanto, ó pastores, ouvi a palavra do SENHOR:

⁸ Tão certo como eu vivo, diz o SENHOR Deus, visto que as minhas ovelhas foram entregues à rapina e se tornaram pasto para todas as feras do campo, por não haver pastor, e que os meus pastores não procuram as minhas ovelhas, pois se apascentam a si mesmos e não apascentam as minhas ovelhas, —

⁹ portanto, ó pastores, ouvi a palavra do SENHOR:

¹⁰ Assim diz o SENHOR Deus: Eis que eu estou contra os pastores e deles demandarei as minhas ovelhas; porei termo no seu pastoreio, e não se apascentarão mais a si mesmos; livrarei as minhas ovelhas da sua boca, para que já não lhes sirvam de pasto.

O cuidado do SENHOR pelo seu rebanho

¹¹ Porque assim diz o SENHOR Deus: Eis que eu mesmo procurarei as minhas ovelhas e as buscarei.

¹² Como o pastor busca o seu rebanho, no dia em que encontra ovelhas dispersas, assim buscarei as minhas ovelhas; livrá-las-ei de todos os lugares para onde foram espalhadas no dia de nuvens e de escuridão.

¹³ Tirá-las-ei dos povos, e as congregarei dos diversos países, e as introduzirei na sua terra; apascentá-las-ei nos montes de Israel, junto às correntes e em todos os lugares habitados da terra.

¹⁴ Apascentá-las-ei de bons pastos, e nos altos montes de Israel será a sua pastagem; deitar-se-ão ali em boa pastagem e terão pastos bons nos montes de Israel.

¹⁵ Eu mesmo apascentarei as minhas ovelhas e as farei repousar, diz o SENHOR Deus.

¹⁶ A perdida buscarei, a desgarrada tornarei a trazer, a quebrada ligarei e a enferma fortalecerei; mas a gorda e a forte destruirei; apascentá-las-ei com justiça.

¹⁷ Quanto a vós outras, ó ovelhas minhas, assim diz o SENHOR Deus: Eis que julgarei entre ovelhas e ovelhas, entre carneiros e bodes.

¹⁸ Acaso, não vos basta a boa pastagem? Haveis de pisar aos pés o resto do vosso pasto? E não vos basta o terdes bebido as águas claras? Haveis de turvar o resto com os pés?

¹⁹ Quanto às minhas ovelhas, elas pastam o que haveis pisado com os pés e bebem o que haveis turvado com os pés.

²⁰ Por isso, assim lhes diz o SENHOR Deus: Eis que eu mesmo julgarei entre ovelhas gordas e ovelhas magras.

²¹ Visto que, com o lado e com o ombro, dais empurrões e, com os chifres, impelis as fracas até as espalhardes fora,

²² eu livrarei as minhas ovelhas, para que já não sirvam de rapina, e julgarei entre ovelhas e ovelhas.

²³ Suscitarei para elas um só pastor, e ele as apascentará; o meu servo Davi é que as apascentará; ele lhes servirá de pastor.

²⁴ Eu, o SENHOR, lhes serei por Deus, e o meu servo Davi será príncipe no meio delas; eu, o SENHOR, o disse.

²⁵ Farei com elas aliança de paz e acabarei com as bestas-feras da terra; seguras habitarão no deserto e dormirão nos bosques.

²⁶ Delas e dos lugares ao redor do meu outeiro, eu farei bênção; farei descer a chuva a seu tempo, serão chuvas de bênçãos.

²⁷ As árvores do campo darão o seu fruto, e a terra dará a sua novidade, e estarão seguras na sua terra; e saberão que eu sou o SENHOR, quando eu quebrar as varas do seu jugo e as livrar das mãos dos que as escravizavam.

²⁸ Já não servirão de rapina aos gentios, e as feras da terra nunca mais as comerão; e habitarão seguramente, e ninguém haverá que as espante.

²⁹ Levantar-lhes-ei plantação memorável, e nunca mais serão consumidas pela fome na terra, nem mais levarão sobre si o opróbrio dos gentios.

³⁰ Saberão, porém, que eu, o SENHOR, seu Deus, estou com elas e que elas são o meu povo, a casa de Israel, diz o SENHOR Deus.

³¹ Vós, pois, ó ovelhas minhas, ovelhas do meu pasto; homens sois, mas eu sou o vosso Deus, diz o SENHOR Deus.

Profecia contra o monte Seir

35 Veio a mim a palavra do SENHOR, dizendo:

² Filho do homem, volve o rosto contra o monte Seir e profetiza contra ele.

34.5 Mt 9.36; Mc 6.34.   **34.23** Ap 7.17.   **34.24** Ez 37.24.   **35.1-15** Is 34.1-17; 63.1-6; Jr 49.7-22; Ez 25.12-14; Am 1.11,12; Ob 1-14; Ml 1.2-5.

³ Dize-lhe: Assim diz o Senhor Deus: Eis que eu estou contra ti, ó monte Seir, e estenderei a mão contra ti, e te farei desolação e espanto.

⁴ Farei desertas as tuas cidades, e tu serás desolado; e saberás que eu sou o Senhor.

⁵ Pois guardaste inimizade perpétua e abandonaste os filhos de Israel à violência da espada, no tempo da calamidade e do castigo final.

⁶ Por isso, diz o Senhor Deus, tão certo como eu vivo, eu te fiz sangrar, e sangue te perseguirá; visto que não aborreceste o sangue, o sangue te perseguirá.

⁷ Farei do monte Seir extrema desolação e eliminarei dele o que por ele passa e o que por ele volta.

⁸ Encherei os seus montes dos seus traspassados; nos teus outeiros, nos teus vales e em todas as tuas correntes, cairão os traspassados à espada.

⁹ Em perpétuas desolações, te porei, e as tuas cidades jamais serão habitadas; assim sabereis que eu sou o Senhor.

¹⁰ Visto que dizes: Os dois povos e as duas terras serão meus, e os possuirei, ainda que o Senhor se achava ali,

¹¹ por isso, tão certo como eu vivo, diz o Senhor Deus, procederei segundo a tua ira e segundo a tua inveja, com que, no teu ódio, os trataste; e serei conhecido deles, quando te julgar.

¹² Saberás que eu, o Senhor, ouvi todas as blasfêmias que proferiste contra os montes de Israel, dizendo: Já estão desolados, a nós nos são entregues por pasto.

¹³ Vós vos engrandecestes contra mim com a vossa boca e multiplicastes as vossas palavras contra mim; eu o ouvi.

¹⁴ Assim diz o Senhor Deus: Ao alegrar-se toda a terra, eu te reduzirei à desolação.

¹⁵ Como te alegraste com a sorte da casa de Israel, porque foi desolada, assim também farei a ti; desolado serás, ó monte Seir e todo o Edom, sim, todo; e saberão que eu sou o Senhor.

Profecia aos montes de Israel

36 Tu, ó filho do homem, profetiza aos montes de Israel e dize: Montes de Israel, ouvi a palavra do Senhor.

² Assim diz o Senhor Deus: Visto que diz o inimigo contra vós outros: Bem feito!, e também: Os eternos lugares altos são nossa herança,

³ portanto, profetiza e dize: Assim diz o Senhor Deus: Visto que vos assolaram e procuraram abocar-vos de todos os lados, para que fôsseis possessão do resto das nações e andais em lábios paroleiros e na infâmia do povo,

⁴ portanto, ouvi, ó montes de Israel, a palavra do Senhor Deus: Assim diz o Senhor Deus aos montes e aos outeiros, às correntes e aos vales, aos lugares desertos e desolados e às cidades desamparadas, que se tornaram rapina e escárnio para o resto das nações circunvizinhas.

⁵ Portanto, assim diz o Senhor Deus: Certamente, no fogo do meu zelo, falei contra o resto das nações e contra todo o Edom. Eles se apropriaram da minha terra, com alegria de todo o coração e com menosprezo de alma, para despovoá-la e saqueá-la.

⁶ Portanto, profetiza sobre a terra de Israel e dize aos montes e aos outeiros, às correntes e aos vales: Assim diz o Senhor Deus: Eis que falei no meu zelo e no meu furor, porque levastes sobre vós o opróbrio das nações.

⁷ Portanto, assim diz o Senhor Deus: Levantando eu a mão, jurei que as nações que estão ao redor de vós levem o seu opróbrio sobre si mesmas.

⁸ Mas vós, ó montes de Israel, vós produzireis os vossos ramos e dareis o vosso fruto para o meu povo de Israel, o qual está prestes a vir.

⁹ Porque eis que eu estou convosco; voltar-me-ei para vós outros, e sereis lavrados e semeados.

¹⁰ Multiplicarei homens sobre vós, a toda a casa de Israel, sim, toda; as cidades serão habitadas, e os lugares devastados serão edificados.

¹¹ Multiplicarei homens e animais sobre vós; eles se multiplicarão e serão fecundos; fá-los-ei habitar-vos como dantes e vos tratarei melhor do que outrora; e sabereis que eu sou o Senhor.

¹² Farei andar sobre vós homens, o meu povo de Israel; eles vos possuirão, e sereis a sua herança e jamais os desfilhareis.

¹³ Assim diz o Senhor Deus: Visto que te dizem: Tu és terra que devora os homens e és terra que desfilha o seu povo,

¹⁴ por isso, tu não devorarás mais os homens, nem desfilharás mais o teu povo, diz o Senhor Deus.

¹⁵ Não te permitirei jamais que ouças a ignomínia dos gentios; não mais levarás sobre ti o opróbrio dos povos, nem mais fa-

rás tropeçar o teu povo, diz o SENHOR Deus.

A restauração de Israel

¹⁶ Veio a mim a palavra do SENHOR, dizendo:

¹⁷ Filho do homem, quando os da casa de Israel habitavam na sua terra, eles a contaminaram com os seus caminhos e as suas ações; como a imundícia de uma mulher em sua menstruação, tal era o seu caminho perante mim.

¹⁸ Derramei, pois, o meu furor sobre eles, por causa do sangue que derramaram sobre a terra e por causa dos seus ídolos com que a contaminaram.

¹⁹ Espalhei-os entre as nações, e foram derramados pelas terras; segundo os seus caminhos e segundo os seus feitos, eu os julguei.

²⁰ Em chegando às nações para onde foram, profanaram o meu santo nome, pois deles se dizia: São estes o povo do SENHOR, porém tiveram de sair da terra dele.

²¹ Mas tive compaixão do meu santo nome, que a casa de Israel profanou entre as nações para onde foi.

²² Dize, portanto, à casa de Israel: Assim diz o SENHOR Deus: Não é por amor de vós que o eu faço isto, ó casa de Israel, mas pelo meu santo nome, que profanastes entre as nações para onde fostes.

²³ Vindicarei a santidade do meu grande nome, que foi profanado entre as nações, o qual profanastes no meio delas; as nações saberão que eu sou o SENHOR, diz o SENHOR Deus, quando eu vindicar a minha santidade perante elas.

²⁴ Tomar-vos-ei de entre as nações, e vos congregarei de todos os países, e vos trarei para a vossa terra.

²⁵ Então, aspergirei água pura sobre vós, e ficareis purificados; de todas as vossas imundícias e de todos os vossos ídolos vos purificarei.

²⁶ Dar-vos-ei coração novo e porei dentro de vós espírito novo; tirarei de vós o coração de pedra e vos darei coração de carne.

²⁷ Porei dentro de vós o meu Espírito e farei que andeis nos meus estatutos, guardeis os meus juízos e os observeis.

²⁸ Habitareis na terra que eu dei a vossos pais; vós sereis o meu povo, e eu serei o vosso Deus.

²⁹ Livrar-vos-ei de todas as vossas imundícias; farei vir o trigo, e o multiplicarei, e não trarei fome sobre vós.

³⁰ Multiplicarei o fruto das árvores e a novidade do campo, para que jamais recebais o opróbrio da fome entre as nações.

³¹ Então, vos lembrareis dos vossos maus caminhos e dos vossos feitos que não foram bons; tereis nojo de vós mesmos por causa das vossas iniqüidades e das vossas abominações.

³² Não é por amor de vós, fique bem entendido, que eu faço isto, diz o SENHOR Deus. Envergonhai-vos e confundi-vos por causa dos vossos caminhos, ó casa de Israel.

³³ Assim diz o SENHOR Deus: No dia em que eu vos purificar de todas as vossas iniqüidades, então, farei que sejam habitadas as cidades e sejam edificados os lugares desertos.

³⁴ Lavrar-se-á a terra deserta, em vez de estar desolada aos olhos de todos os que passam.

³⁵ Dir-se-á: Esta terra desolada ficou como o jardim do Éden; as cidades desertas, desoladas e em ruínas estão fortificadas e habitadas.

³⁶ Então, as nações que tiverem restado ao redor de vós saberão que eu, o SENHOR, reedifiquei as cidades destruídas e replantei o que estava abandonado. Eu, o SENHOR, o disse e o farei.

³⁷ Assim diz o SENHOR Deus: Ainda nisto permitirei que seja eu solicitado pela casa de Israel: que lhe multiplique eu os homens como um rebanho.

³⁸ Como um rebanho de santos, o rebanho de Jerusalém nas suas festas fixas, assim as cidades desertas se encherão de rebanhos de homens; e saberão que eu sou o SENHOR.

A visão dum vale de ossos secos

37 Veio sobre mim a mão do SENHOR; ele me levou pelo Espírito do SENHOR e me deixou no meio de um vale que estava cheio de ossos,

² e me fez andar ao redor deles; eram mui numerosos na superfície do vale e estavam sequíssimos.

³ Então, me perguntou: Filho do homem, acaso, poderão reviver estes ossos? Respondi: SENHOR Deus, tu o sabes.

⁴ Disse-me ele: Profetiza a estes ossos e dize-lhes: Ossos secos, ouvi a palavra do SENHOR.

36.26 Ez 11.19,20.

⁵ Assim diz o Senhor Deus a estes ossos: Eis que farei entrar o espírito em vós, e vivereis.

⁶ Porei tendões sobre vós, farei crescer carne sobre vós, sobre vós estenderei pele e porei em vós o espírito, e vivereis. E sabereis que eu sou o Senhor.

⁷ Então, profetizei segundo me fora ordenado; enquanto eu profetizava, houve um ruído, um barulho de ossos que batiam contra ossos e se ajuntavam, cada osso ao seu osso.

⁸ Olhei, e eis que havia tendões sobre eles, e cresceram as carnes, e se estendeu a pele sobre eles; mas não havia neles o espírito.

⁹ Então, ele me disse: Profetiza ao espírito, profetiza, ó filho do homem, e dize-lhe: Assim diz o Senhor Deus: Vem dos quatro ventos, ó espírito, e assopra sobre estes mortos, para que vivam.

¹⁰ Profetizei como ele me ordenara, e o espírito entrou neles, e viveram e se puseram em pé, um exército sobremodo numeroso.

¹¹ Então, me disse: Filho do homem, estes ossos são toda a casa de Israel. Eis que dizem: Os nossos ossos se secaram, e pereceu a nossa esperança; estamos de todo exterminados.

¹² Portanto, profetiza e dize-lhes: Assim diz o Senhor Deus: Eis que abrirei a vossa sepultura, e vos farei sair dela, ó povo meu, e vos trarei à terra de Israel.

¹³ Sabereis que eu sou o Senhor, quando eu abrir a vossa sepultura e vos fizer sair dela, ó povo meu.

¹⁴ Porei em vós o meu Espírito, e vivereis, e vos estabelecerei na vossa própria terra. Então, sabereis que eu, o Senhor, disse isto e o fiz, diz o Senhor.

Reunião de Judá e Israel

¹⁵ Veio a mim a palavra do Senhor, dizendo:

¹⁶ Tu, pois, ó filho do homem, toma um pedaço de madeira e escreve nele: Para Judá e para os filhos de Israel, seus companheiros; depois, toma outro pedaço de madeira e escreve nele: Para José, pedaço de madeira de Efraim, e para toda a casa de Israel, seus companheiros.

¹⁷ Ajunta-os um ao outro, faze deles um só pedaço, para que se tornem apenas um na tua mão.

¹⁸ Quando te falarem os filhos do teu povo, dizendo: Não nos revelarás o que significam estas cousas?

¹⁹ Tu lhes dirás: Assim diz o Senhor Deus: Eis que tomarei o pedaço de madeira de José, que esteve na mão de Efraim, e das tribos de Israel, suas companheiras, e o ajuntarei ao pedaço de Judá, e farei deles um só pedaço, e se tornarão apenas um na minha mão.

²⁰ Os pedaços de madeira em que houveres escrito estarão na tua mão, perante eles.

²¹ Dize-lhes, pois: Assim diz o Senhor Deus: Eis que eu tomarei os filhos de Israel de entre as nações para onde eles foram, e os congregarei de todas as partes, e os levarei para a sua própria terra.

²² Farei deles uma só nação na terra, nos montes de Israel, e um só rei será rei de todos eles. Nunca mais serão duas nações; nunca mais para o futuro se dividirão em dois reinos.

²³ Nunca mais se contaminarão com os seus ídolos, nem com as suas abominações, nem com qualquer das suas transgressões; livrá-los-ei de todas as suas apostasias em que pecaram e os purificarei. Assim, eles serão o meu povo, e eu serei o seu Deus.

²⁴ O meu servo Davi reinará sobre eles; todos eles terão um só pastor, andarão nos meus juízos, guardarão os meus estatutos e os observarão.

²⁵ Habitarão na terra que dei a meu servo Jacó, na qual vossos pais habitaram; habitarão nela, eles e seus filhos e os filhos de seus filhos, para sempre; e Davi, meu servo, será seu príncipe eternamente.

²⁶ Farei com eles aliança de paz; será aliança perpétua. Estabelecê-los-ei, e os multiplicarei, e porei o meu santuário no meio deles, para sempre.

²⁷ O meu tabernáculo estará com eles; eu serei o seu Deus, e eles serão o meu povo.

²⁸ As nações saberão que eu sou o Senhor que santifico a Israel, quando o meu santuário estiver para sempre no meio deles.

Profecia contra Gogue

38 Veio a mim a palavra do Senhor, dizendo:

² Filho do homem, volve o rosto contra Gogue, da terra de Magogue, príncipe de Rôs, de Meseque e Tubal; profetiza contra ele

37.10 Ap 11.11.   37.24 Ez 34.24.   37.27 2Co 6.16; Ap 21.3.   38.2 Ap 20.8.

³ e dize: Assim diz o SENHOR Deus: Eis que eu sou contra ti, ó Gogue, príncipe de Rôs, de Meseque e Tubal.

⁴ Far-te-ei que te volvas, porei anzóis no teu queixo e te levarei a ti e todo o teu exército, cavalos e cavaleiros, todos vestidos de armamento completo, grande multidão, com pavês e escudo, empunhando todos a espada;

⁵ persas e etíopes e Pute com eles, todos com escudo e capacete;

⁶ Gômer e todas as suas tropas; a casa de Togarma, da banda do norte, e todas as suas tropas, muitos povos contigo.

⁷ Prepara-te, sim, dispõe-te, tu e toda a multidão do teu povo que se reuniu a ti, e serve-lhe de guarda.

⁸ Depois de muitos dias, serás visitado; no fim dos anos, virás à terra que se recuperou da espada, ao povo que se congregou dentre muitos povos sobre os montes de Israel, que sempre estavam desolados; este povo foi tirado de entre os povos, e todos eles habitarão seguramente.

⁹ Então, subirás, virás como tempestade, far-te-ás como nuvem que cobre a terra, tu, e todas as tuas tropas, e muitos povos contigo.

¹⁰ Assim diz o SENHOR Deus: Naquele dia, terás imaginações no teu coração e conceberás mau desígnio;

¹¹ e dirás: Subirei contra a terra das aldeias sem muros, virei contra os que estão em repouso, que vivem seguros, que habitam, todos, sem muros e não têm ferrolhos nem portas;

¹² isso a fim de tomares o despojo, arrebatares a presa e levantares a mão contra as terras desertas que se acham habitadas e contra o povo que se congregou dentre as nações, o qual tem gado e bens e habita no meio da terra.

¹³ Sabá e Dedã, e os mercadores de Társis, e todos os seus governadores rapaces te dirão: Vens tu para tomar o despojo? Ajuntaste o teu bando para arrebatar a presa, para levar a prata e o ouro, para tomar o gado e as possessões, para saquear grandes despojos?

Gogue invadirá Israel

¹⁴ Portanto, ó filho do homem, profetiza e dize a Gogue: Assim diz o SENHOR Deus: Acaso, naquele dia, quando o meu povo de Israel habitar seguro, não o saberás tu?

¹⁵ Virás, pois, do teu lugar, das bandas do norte, tu e muitos povos contigo, montados todos a cavalo, grande multidão e poderoso exército;

¹⁶ e subirás contra o meu povo de Israel, como nuvem, para cobrir a terra. Nos últimos dias, hei de trazer-te contra a minha terra, para que as nações me conheçam a mim, quando eu tiver vindicado a minha santidade em ti, ó Gogue, perante elas.

¹⁷ Assim diz o SENHOR Deus: Não és tu aquele de quem eu disse nos dias antigos, por intermédio dos meus servos, os profetas de Israel, os quais, então, profetizaram, durante anos, que te faria vir contra eles?

¹⁸ Naquele dia, quando vier Gogue contra a terra de Israel, diz o SENHOR Deus, a minha indignação será mui grande.

¹⁹ Pois, no meu zelo, no brasume do meu furor, disse que, naquele dia, será fortemente sacudida a terra de Israel,

²⁰ de tal sorte que os peixes do mar, e as aves do céu, e os animais do campo, e todos os répteis que se arrastam sobre a terra, e todos os homens que estão sobre a face da terra tremerão diante da minha presença; os montes serão deitados abaixo, os precipícios se desfarão, e todos os muros desabarão por terra.

²¹ Chamarei contra Gogue a espada em todos os meus montes, diz o SENHOR Deus; a espada de cada um se voltará contra o seu próximo.

²² Contenderei com ele por meio da peste e do sangue; chuva inundante, grandes pedras de saraiva, fogo e enxofre farei cair sobre ele, sobre as suas tropas e sobre os muitos povos que estiverem com ele.

²³ Assim, eu me engrandecerei, vindicarei a minha santidade e me darei a conhecer aos olhos de muitas nações; e saberão que eu sou o SENHOR.

A queda de Gogue

39 Tu, pois, ó filho do homem, profetiza ainda contra Gogue e dize: Assim diz o SENHOR Deus: Eis que eu sou contra ti, ó Gogue, príncipe de Rôs, de Meseque e Tubal.

² Far-te-ei que te volvas e te conduzirei, far-te-ei subir das bandas do norte e te trarei aos montes de Israel.

³ Tirarei o teu arco da tua mão esquerda e farei cair as tuas flechas da tua mão direita.

⁴ Nos montes de Israel, cairás, tu, e todas as tuas tropas, e os povos que estão contigo; a toda espécie de aves de rapina e aos

animais do campo eu te darei, para que te devorem.

⁵ Cairás em campo aberto, porque eu falei, diz o SENHOR Deus.

⁶ Meterei fogo em Magogue e nos que habitam seguros nas terras do mar; e saberão que eu sou o SENHOR.

⁷ Farei conhecido o meu santo nome no meio do meu povo de Israel e nunca mais deixarei profanar o meu santo nome; e as nações saberão que eu sou o SENHOR, o Santo em Israel.

⁸ Eis que vem e se cumprirá, diz o SENHOR Deus; este é o dia de que tenho falado.

⁹ Os habitantes das cidades de Israel sairão e queimarão, de todo, as armas, os escudos, os paveses, os arcos, as flechas, os bastões de mão e as lanças; farão fogo com tudo isto por sete anos.

¹⁰ Não trarão lenha do campo, nem a cortarão dos bosques, mas com as armas acenderão fogo; saquearão aos que os saquearam e despojarão aos que os despojaram, diz o SENHOR Deus.

O sepultamento das hordas de Gogue

¹¹ Naquele dia, darei ali a Gogue um lugar de sepultura em Israel, o vale dos Viajantes, ao oriente do mar; espantar-se-ão os que por ele passarem. Nele, sepultarão a Gogue e a todas as suas forças e lhe chamarão o vale das Forças de Gogue.

¹² Durante sete meses, estará a casa de Israel a sepultá-los, para limpar a terra.

¹³ Sim, todo o povo da terra os sepultará; ser-lhes-á memorável o dia em que eu for glorificado, diz o SENHOR Deus.

¹⁴ Serão separados homens que, sem cessar, percorrerão a terra para sepultar os que entre os transeuntes tenham ficado nela, para a limpar; depois de sete meses, iniciarão a busca.

¹⁵ Ao percorrerem eles a terra, a qual atravessarão, em vendo algum deles o osso de algum homem, porá ao lado um sinal, até que os enterradores o sepultem no vale das Forças de Gogue.

¹⁶ Também o nome da cidade será o das Forças. Assim, limparão a terra.

O grande sacrifício do SENHOR

¹⁷ Tu, pois, ó filho do homem, assim diz o SENHOR Deus: Dize às aves de toda espécie e a todos os animais do campo: Ajuntai-vos e vinde, ajuntai-vos de toda parte para o meu sacrifício, que eu oferecerei por vós, sacrifício grande nos montes de Israel; e comereis carne e bebereis sangue.

¹⁸ Comereis a carne dos poderosos e bebereis o sangue dos príncipes da terra, dos carneiros, dos cordeiros, dos bodes e dos novilhos, todos engordados em Basã.

¹⁹ Do meu sacrifício, que oferecerei por vós, comereis a gordura até vos fartardes e bebereis o sangue até vos embriagardes.

²⁰ À minha mesa, vós vos fartareis de cavalos e de cavaleiros, de valentes e de todos os homens de guerra, diz o SENHOR Deus.

²¹ Manifestarei a minha glória entre as nações, e todas as nações verão o meu juízo, que eu tiver executado, e a minha mão, que sobre elas tiver descarregado.

²² Desse dia em diante, os da casa de Israel saberão que eu sou o SENHOR, seu Deus.

²³ Saberão as nações que os da casa de Israel, por causa da sua iniquidade, foram levados para o exílio, porque agiram perfidamente contra mim, e eu escondi deles o rosto, e os entreguei nas mãos de seus adversários, e todos eles caíram à espada.

²⁴ Segundo a sua imundícia e as suas transgressões, assim me houve com eles e escondi deles o rosto.

²⁵ Portanto, assim diz o SENHOR Deus: Agora, tornarei a mudar a sorte de Jacó e me compadecerei de toda a casa de Israel; terei zelo pelo meu santo nome.

²⁶ Esquecerão a sua vergonha e toda a perfídia com que se rebelaram contra mim, quando eles habitarem seguros na sua terra, sem haver quem os espante,

²⁷ quando eu tornar a trazê-los de entre os povos, e os houver ajuntado das terras de seus inimigos, e tiver vindicado neles a minha santidade perante muitas nações.

²⁸ Saberão que eu sou o SENHOR, seu Deus, quando virem que eu os fiz ir para o cativeiro entre as nações, e os tornei a ajuntar para voltarem à sua terra, e que lá não deixarei a nenhum deles.

²⁹ Já não esconderei deles o rosto, pois derramarei o meu Espírito sobre a casa de Israel, diz o SENHOR Deus.

A visão do templo

40 No ano vigésimo-quinto do nosso exílio, no princípio do ano, no décimo dia do mês, catorze anos após ter caí-

39.17 Ap 19.17,18.

do a cidade, nesse mesmo dia, veio sobre mim a mão do SENHOR, e ele me levou para lá.

² Em visões, Deus me levou à terra de Israel e me pôs sobre um monte muito alto; sobre este havia um como edifício de cidade, para a banda do sul.

³ Ele me levou para lá, e eis um homem cuja aparência era como a do bronze; estava de pé na porta e tinha na mão um cordel de linho e uma cana de medir.

⁴ Disse-me o homem: Filho do homem, vê com os próprios olhos, ouve com os próprios ouvidos; e põe no coração tudo quanto eu te mostrar, porque para isso foste trazido para aqui; anuncia, pois, à casa de Israel tudo quanto estás vendo.

⁵ Vi um muro exterior que rodeava toda a casa e, na mão do homem, uma cana de medir, de seis côvados, cada um dos quais media um côvado e quatro dedos. Ele mediu a largura do edifício, uma cana; e a altura, uma cana.

⁶ Então, veio à porta que olhava para o oriente e subiu pelos seus degraus; mediu o limiar da porta: uma cana de largo, e o outro limiar: uma cana de largo.

⁷ Cada câmara tinha uma cana de comprido e uma cana de largo; o espaço entre uma e outra câmara era de cinco côvados; o limiar da porta, junto ao vestíbulo da porta interior, tinha uma cana.

⁸ Também mediu o vestíbulo da porta interior: uma cana.

⁹ Então, mediu o vestíbulo da porta, que tinha oito côvados; e os seus pilares: dois côvados; o vestíbulo olha do interior da casa para a porta.

¹⁰ A porta para a banda do oriente possuía três câmaras de cada lado, cuja medida era a mesma para cada uma; também os pilares deste lado e do outro mediam o mesmo.

¹¹ Mediu mais a largura da entrada da porta, que era de dez côvados; a profundidade da entrada: treze côvados.

¹² O espaço em frente das câmaras era de um côvado, e de um côvado, o espaço da outra banda; cada câmara tinha seis côvados dos dois quadrado.

¹³ Então, mediu a porta desde a extremidade do teto de uma câmara até à da outra: vinte e cinco côvados de largo; e uma porta defronte da outra.

¹⁴ Mediu a distância até aos pilares, sessenta côvados, e o átrio se estendia até aos pilares em redor da porta.

¹⁵ Desde a dianteira da porta da entrada até à dianteira do vestíbulo da porta interior, havia cinqüenta côvados.

¹⁶ Havia também janelas com fasquias fixas superpostas para as câmaras e para os pilares, e da mesma sorte, para os vestíbulos; as janelas estavam à roda pela parte de dentro, e nos pilares havia palmeiras esculpidas.

¹⁷ Ele me levou ao átrio exterior; e eis que havia nele câmaras e um pavimento feito no átrio em redor; defronte deste pavimento havia trinta câmaras.

¹⁸ O pavimento ao lado das portas era a par do comprimento das portas; era o pavimento inferior.

¹⁹ Então, mediu a largura desde a dianteira da porta inferior até à dianteira do átrio interior, por fora: cem côvados do lado leste e do norte.

²⁰ Quanto à porta que olhava para o norte, no átrio exterior, ele mediu o seu comprimento e a sua largura.

²¹ As suas câmaras, três duma banda e três da outra, e os seus pilares, e os seus vestíbulos eram da medida do primeiro vestíbulo; de cinqüenta côvados era o seu comprimento, e a largura, de vinte e cinco côvados.

²² As suas janelas, e os seus vestíbulos, e as suas palmeiras eram da medida da porta que olhava para o oriente; subia-se para ela por sete degraus, e o seu vestíbulo estava diante dela.

²³ Essa porta do átrio interior estava defronte tanto da porta do norte como da do oriente; e mediu, de porta a porta, cem côvados.

²⁴ Então, ele me levou para a banda sul, e eis que havia ali uma porta que olhava para o sul; e mediu os seus pilares e os seus vestíbulos, que tinham as mesmas dimensões.

²⁵ Havia também janelas em redor dos seus vestíbulos, como as outras janelas; cinqüenta côvados, o comprimento do vestíbulo, e a largura, vinte e cinco côvados.

²⁶ De sete degraus eram as suas subidas, e os seus vestíbulos estavam diante deles; e tinha palmeiras esculpidas, uma duma banda e outra da outra, nos seus pilares.

²⁷ Também havia uma porta no átrio interior para o sul; e mediu, de porta a porta, para o sul, cem côvados.

²⁸ Então, me levou ao átrio interior pe-

la porta do sul; e mediu a porta do sul, que tinha as mesmas dimensões.

²⁹ As suas câmaras, e os seus pilares, e os seus vestíbulos eram segundo estas medidas; e tinham também janelas ao redor dos seus vestíbulos; o comprimento do vestíbulo era de cinqüenta côvados, e a largura, de vinte e cinco côvados.

³⁰ Havia vestíbulos em redor; o comprimento era de vinte e cinco côvados, e a largura, de cinco côvados.

³¹ Os seus vestíbulos olhavam para o átrio exterior, e havia palmeiras nos seus pilares; e de oito degraus eram as suas subidas.

³² Depois, me levou ao átrio interior, para o oriente, e mediu a porta, que tinha as mesmas dimensões.

³³ Também as suas câmaras, e os seus pilares, e os seus vestíbulos, segundo estas medidas; havia também janelas em redor dos seus vestíbulos; o comprimento do vestíbulo era de cinqüenta côvados, e a largura, de vinte e cinco côvados.

³⁴ Os seus vestíbulos olhavam para o átrio exterior; também havia palmeiras nos seus pilares, de uma e de outra banda; e eram as suas subidas de oito degraus.

³⁵ Então, me levou à porta do norte e a mediu; tinha as mesmas dimensões.

³⁶ Também as suas câmaras, e os seus pilares, e os seus vestíbulos, e as suas janelas em redor; o comprimento do vestíbulo era de cinqüenta côvados, e a largura, de vinte e cinco côvados.

³⁷ Os seus pilares olhavam para o átrio exterior; também havia palmeiras nos seus pilares, de uma e de outra banda; e eram as suas subidas de oito degraus.

³⁸ A sua câmara e a sua entrada estavam junto aos pilares dos vestíbulos onde lavavam o holocausto.

³⁹ No vestíbulo da porta havia duas mesas de uma banda e duas da outra, para nelas se degolar o holocausto e a oferta pelo pecado e pela culpa.

⁴⁰ Também da banda de fora da subida para a entrada da porta do norte havia duas mesas; e, no outro lado do vestíbulo da porta, havia duas mesas.

⁴¹ Quatro mesas de uma banda, e quatro da outra banda; junto à porta, oito mesas, sobre as quais imolavam.

⁴² As quatro mesas para o holocausto eram de pedras lavradas; o comprimento era de um côvado e meio, a largura, de um côvado e meio, e a altura, de um côvado;

sobre elas se punham os instrumentos com que imolavam o holocausto e os sacrifícios.

⁴³ Os ganchos, de quatro dedos de comprimento, estavam fixados por dentro ao redor, e sobre as mesas estava a carne da oblação.

⁴⁴ Fora da porta interior estavam duas câmaras dos cantores, no átrio de dentro; uma, da banda da porta do norte, e olhava para o sul; outra, da banda da porta do sul, e olhava para o norte.

⁴⁵ Ele me disse: Esta câmara que olha para o sul é para os sacerdotes que têm a guarda do templo.

⁴⁶ Mas a câmara que olha para o norte é para os sacerdotes que têm a guarda do altar; são estes os filhos de Zadoque, os quais, dentre os filhos de Levi, se chegam ao SENHOR para o servirem.

⁴⁷ Ele mediu o átrio: comprimento, cem côvados, largura, cem côvados, um quadrado; o altar estava diante do templo.

⁴⁸ Então, me levou ao vestíbulo do templo e mediu cada pilar do vestíbulo, cinco côvados de uma banda e cinco da outra; a largura da porta, três côvados de uma banda e três da outra.

⁴⁹ O comprimento do vestíbulo era de vinte côvados, e a largura, de onze; e era por degraus que se subia. Havia colunas junto aos pilares, uma de uma banda e outra da outra.

41 Então, me levou ao templo e mediu os pilares, seis côvados de largura de uma banda e seis de largura da outra, que era a largura do tabernáculo.

² A largura da entrada: dez côvados; os lados da entrada: cinco côvados de uma banda e cinco da outra; também mediu a profundidade da entrada: quarenta côvados, e a largura: vinte côvados.

³ Penetrou e mediu o pilar da entrada: dois côvados, a altura da entrada: seis côvados, e a largura da entrada: sete côvados.

⁴ Também mediu o seu comprimento: vinte côvados, e a largura: vinte côvados, diante do templo, e me disse: Este é o Santo dos Santos.

⁵ Então, mediu a parede do templo: seis côvados, e a largura de cada câmara lateral: quatro côvados, por todo o redor do templo.

⁶ As câmaras laterais estavam em três andares, câmara sobre câmara, trinta em cada andar; e havia reentrâncias na parede do templo ao redor, para as câmaras laterais, para que as vigas se apoiassem nelas

e não fossem introduzidas na parede do templo.

⁷ As câmaras laterais aumentavam em largura de andar para andar, correspondendo às reentrâncias do templo de andar em andar ao redor; daí ter o templo mais largura em cima. Assim, se subia do andar inferior para o superior pelo intermediário.

⁸ E vi um pavimento elevado ao redor do templo; eram os fundamentos das câmaras laterais de uma cana inteira, isto é, de seis côvados de altura.

⁹ A grossura da parede das câmaras laterais de fora era de cinco côvados; e a área aberta entre as câmaras laterais, que estavam junto ao templo

¹⁰ e às células, tinha a largura de vinte côvados por todo o redor do templo.

¹¹ As entradas das câmaras laterais estavam voltadas para a área aberta: uma entrada para o norte e outra para o sul; a largura da área aberta era de cinco côvados em redor.

¹² O edifício que estava numa área separada, da banda do ocidente, tinha a largura de setenta côvados; a parede do edifício era de cinco côvados de largura em redor, e o seu comprimento, de noventa côvados.

¹³ Assim, mediu o templo: cem côvados de comprimento, como também a área separada, o edifício e as suas paredes: cem côvados de comprimento.

¹⁴ A largura da frente oriental do templo e da área separada, de uma e de outra parte: cem côvados.

¹⁵ Também mediu o comprimento do edifício, que estava na área separada e por detrás do templo, e as suas galerias de uma e de outra parte: cem côvados.

O templo propriamente dito, o Santíssimo e o vestíbulo do átrio eram apainelados.

¹⁶ As janelas, de fasquias fixas superpostas, estavam ao redor dos três lugares. Dentro, as paredes estavam cobertas de madeira em redor, e isto desde o chão até às janelas, que estavam cobertas.

¹⁷ No espaço em cima da porta, e até ao templo de dentro e de fora, e em toda a parede em redor, por dentro e por fora, havia obras de escultura,

¹⁸ querubins e palmeiras, de sorte que cada palmeira estava entre querubim e querubim, e cada querubim tinha dois rostos,

¹⁹ a saber, um rosto de homem olhava para a palmeira duma banda, e um rosto de leãozinho, para a palmeira da outra banda; assim se fez pela casa toda ao redor.

²⁰ Desde o chão até acima da entrada

estavam feitos os querubins e as palmeiras, como também pela parede do templo.

²¹ As ombreiras do templo eram quadradas, e, no tocante à entrada do Santo dos Santos, era esta da mesma aparência.

²² O altar de madeira era de três côvados de altura, e o seu comprimento, de dois côvados; os seus cantos, a sua base e as suas paredes eram de madeira; e o homem me disse: Esta é a mesa que está perante o SENHOR.

²³ O templo e o Santíssimo, ambos tinham duas portas.

²⁴ Havia duas folhas para as portas, duas folhas dobráveis; duas para cada porta.

²⁵ Nelas, isto é, nas portas do templo, foram feitos querubins e palmeiras, como estavam feitos nas paredes, e havia um baldaquino de madeira na frontaria do vestíbulo por fora.

²⁶ E havia janelas de fasquias fixas superpostas e palmeiras, em ambos os lados do vestíbulo, como também nas câmaras laterais do templo e no baldaquino.

42 Depois disto, me fez sair para o átrio exterior, para o norte; e me levou às celas que estavam para o norte, opostas ao edifício na área separada, edifício que olha para o norte,

² do comprimento de cem côvados, com portas que davam para o norte; e a largura era de cinqüenta côvados.

³ Em frente dos vinte côvados que pertenciam ao átrio interior, defronte do pavimento que pertencia ao átrio exterior, havia galeria contra galeria em três andares.

⁴ Diante das câmaras havia um passeio de dez côvados de largo, da banda de dentro, e cem de comprimento; e as suas entradas eram para o lado do norte.

⁵ As câmaras superiores eram mais estreitas; porque as galerias tiravam mais espaço destas do que das de baixo e das do meio do edifício.

⁶ Porque elas eram de três andares e não tinham colunas como as colunas dos átrios; por isso, as superiores eram mais estreitas do que as de baixo e as do meio.

⁷ O muro que estava por fora, defronte das câmaras, no caminho do átrio exterior, diante das câmaras, tinha cinqüenta côvados de comprimento.

⁸ Pois o comprimento das câmaras, que estavam no átrio exterior, era de cinqüenta côvados; e eis que defronte do templo havia cem côvados.

⁹ Da parte de baixo destas câmaras, es-

tava a entrada do lado do oriente, quando se entra nelas pelo átrio exterior.

¹⁰ **Do muro do átrio para o oriente**, diante do edifício na área separada, havia também celas

¹¹ e um passeio; tinham a feição das celas que olhavam para o norte, e o mesmo comprimento, e a mesma largura, e ainda as mesmas saídas, e o mesmo arranjo; como eram as suas entradas,

¹² assim eram as das celas que olhavam para o sul, no princípio do caminho, a saber, o caminho bem defronte do muro para o oriente, para quem por elas entra.

¹³ Então, o homem me disse: As câmaras do norte e as câmaras do sul, que estão diante da área separada, são câmaras santas, em que os sacerdotes, que se chegam ao SENHOR, comerão e onde depositarão as cousas santíssimas, isto é, as ofertas de manjares e as pelo pecado e pela culpa; porque o lugar é santo.

¹⁴ Quando os sacerdotes entrarem, não sairão do santuário para o átrio exterior, mas porão ali as vestiduras com que ministraram, porque elas são santas; usarão outras vestiduras e assim se aproximarão do lugar destinado ao povo.

¹⁵ Acabando ele de medir o templo interior, ele me fez sair pela porta que olha para o oriente; e mediu em redor.

¹⁶ Mediu a banda oriental com a cana de medir: quinhentas canas ao redor.

¹⁷ Mediu a banda do norte: quinhentas canas ao redor.

¹⁸ Mediu também a banda do sul: quinhentas canas.

¹⁹ Voltou-se para a banda do ocidente e mediu quinhentas canas.

²⁰ Mediu pelas quatro bandas; havia um muro em redor, de quinhentas canas de comprimento e quinhentas de largura, para fazer separação entre o santo e o profano.

A glória do SENHOR enche o templo

43 Então, o homem me levou à porta, à porta que olha para o oriente.

² E eis que, do caminho do oriente, vinha a glória do Deus de Israel; a sua voz era como o ruído de muitas águas, e a terra resplandeceu por causa da sua glória.

³ O aspecto da visão que tive era como o da visão que eu tivera, quando vim destruir a cidade; e eram as visões como a que tive junto ao rio Quebar; e me prostrei, rosto em terra.

⁴ A glória do SENHOR entrou no templo pela porta que olha para o oriente.

⁵ O Espírito me levantou e me levou ao átrio interior; e eis que a glória do SENHOR enchia o templo.

⁶ Então, ouvi uma voz que me foi dirigida do interior do templo, e o homem se pôs de pé junto a mim, e o SENHOR me disse:

⁷ Filho do homem, este é o lugar do meu trono, e o lugar das plantas dos meus pés, onde habitarei no meio dos filhos de Israel para sempre; os da casa de Israel não contaminarão mais o meu nome santo, nem eles nem os seus reis, com as suas prostituições e com o cadáver dos seus reis, nos seus monumentos,

⁸ pondo o seu limiar junto ao meu limiar e a sua ombreira, junto à minha ombreira, e havendo uma parede entre mim e eles. Contaminaram o meu santo nome com as suas abominações que faziam; por isso, eu os consumi na minha ira.

⁹ Agora, lancem eles para longe de mim a sua prostituição e o cadáver dos seus reis, e habitarei no meio deles para sempre.

O altar dos holocaustos

¹⁰ Tu, pois, ó filho do homem, mostra à casa de Israel este templo, para que ela se envergonhe das suas iniqüidades; e meça o modelo.

¹¹ Envergonhando-se eles de tudo quanto praticaram, faze-lhes saber a planta desta casa e o seu arranjo, as suas saídas, as suas entradas e todas as suas formas; todos os seus estatutos, todos os seus dispositivos e todas as suas leis; escreve isto na sua presença para que observem todas as suas instituições e todos os seus estatutos e os cumpram.

¹² Esta é a lei do templo; sobre o cume do monte, todo o seu termo ao redor será santíssimo; eis que esta é a lei do templo.

¹³ São estas as medidas do altar, em côvados, sendo o côvado de côvado comum e quatro dedos; a base será de um côvado de altura e um côvado de largura, e a sua borda, em todo o seu contorno, de quatro dedos; esta é a base do altar.

¹⁴ Da base, na linha da terra, até à fiada do fundo, dois côvados, e de largura, um côvado; da fiada pequena até à fiada grande, quatro côvados, e a largura, um côvado.

¹⁵ A lareira, de quatro côvados de altura; da lareira para cima se projetarão quatro chifres.

43.2 Ez 10.3,4,18,19; 11.22,23.   **43.13** Êx 27.1,2; 2Cr 4.1.

16 A lareira terá doze côvados de comprimento e doze de largura, quadrada nos quatro lados.

17 A fiada terá catorze côvados de comprimento e catorze de largura, nos seus quatro lados; a borda ao redor dela, de meio côvado; e a base ao redor do altar se projetará um côvado; os seus degraus olharão para o oriente.·

A consagração do altar

18 E o Senhor me disse: Filho do homem, assim diz o Senhor Deus: São estas as determinações do altar, no dia em que o farão, para oferecerem sobre ele holocausto e para sobre ele aspergirem sangue.

19 Aos sacerdotes levitas, que são da descendência de Zadoque, que se chegam a mim, diz o Senhor Deus, para me servirem, darás um novilho para oferta pelo pecado.

20 Tomarás do seu sangue e o porás sobre os quatro chifres do altar, e nos quatro cantos da fiada, e na borda ao redor; assim, farás a purificação e a expiação.

21 Então, tomarás o novilho da oferta pelo pecado, o qual será queimado no lugar da casa para isso designado, fora do santuário.

22 No segundo dia, oferecerás um bode sem defeito, oferta pelo pecado; e purificarão o altar, como o purificaram com o novilho.

23 Acabando tu de o purificar, oferecerás um novilho sem defeito e, do rebanho, um carneiro sem defeito.

24 Oferecê-los-ás perante o Senhor; os sacerdotes deitarão sal sobre eles e os oferecerão em holocausto ao Senhor.

25 Durante sete dias, prepararás cada dia um bode para oferta pelo pecado; também prepararão um novilho e, do rebanho, um carneiro sem defeito.

26 Por sete dias, expiarão o altar e o purificarão; e, assim, o consagrarão.

27 Tendo eles cumprido estes dias, será que, ao oitavo dia, dali em diante, prepararão os sacerdotes sobre o altar os vossos holocaustos e as vossas ofertas pacíficas; e eu vos serei propício, diz o Senhor Deus.

Reformas no ministério do santuário

44 Então, o homem me fez voltar para o caminho da porta exterior do santuário, que olha para o oriente, a qual estava fechada.

2 Disse-me o Senhor: Esta porta permanecerá fechada, não se abrirá; ninguém entrará por ela, porque o Senhor, Deus de Israel, entrou por ela; por isso, permanecerá fechada.

3 Quanto ao príncipe, ele se assentará ali por ser príncipe, para comer o pão diante do Senhor; pelo vestíbulo da porta entrará e por aí mesmo sairá.

4 Depois, o homem me levou pela porta do norte, diante da casa; olhei, e eis que a glória do Senhor enchia a Casa do Senhor; então, caí rosto em terra.

5 Disse-me o Senhor: Filho do homem, nota bem, e vê com os próprios olhos, e ouve com os próprios ouvidos tudo quanto eu te disser de todas as determinações a respeito da Casa do Senhor e de todas as leis dela; nota bem quem pode entrar no templo e quem deve ser excluído do santuário.

6 Dize aos rebeldes, à casa de Israel: Assim diz o Senhor Deus: Bastem-vos todas as vossas abominações, ó casa de Israel!

7 Porquanto introduzistes estrangeiros, incircuncisos de coração e incircuncisos de carne, para estarem no meu santuário, para o profanarem em minha casa, quando ofereceis o meu pão, a gordura e o sangue; violastes a minha aliança com todas as vossas abominações.

8 Não cumpristes as prescrições a respeito das minhas cousas sagradas; antes, constituístes em vosso lugar estrangeiros para executarem o serviço no meu santuário.

9 Assim diz o Senhor Deus: Nenhum estrangeiro que se encontra no meio dos filhos de Israel, incircunciso de coração ou incircunciso de carne, entrará no meu santuário.

10 Os levitas, porém, que se apartaram para longe de mim, quando Israel andava errado, que andavam transviados, desviados de mim, para irem atrás dos seus ídolos, bem levarão sobre si a sua iniquidade.

11 Contudo, eles servirão no meu santuário como guardas nas portas do templo e ministros dele; eles imolarão o holocausto e o sacrifício para o povo e estarão perante este para lhe servir.

12 Porque lhe ministraram diante dos seus ídolos e serviram à casa de Israel de tropeço de maldade; por isso, levantando a mão, jurei a respeito deles, diz o Senhor

Deus, que eles levarão sobre si a sua iniqüidade.

¹³ Não se chegarão a mim, para me servirem no sacerdócio, nem se chegarão a nenhuma de todas as minhas cousas sagradas, que são santíssimas, mas levarão sobre si a sua vergonha e as suas abominações que cometeram.

¹⁴ Contudo, eu os encarregarei da guarda do templo, e de todo o serviço, e de tudo o que se fizer nele.

Os deveres dos sacerdotes

¹⁵ Mas os sacerdotes levitas, os filhos de Zadoque, que cumpriram as prescrições do meu santuário, quando os filhos de Israel se extraviaram de mim, eles se chegarão a mim, para me servirem, e estarão diante de mim, para me oferecerem a gordura e o sangue, diz o Senhor Deus.

¹⁶ Eles entrarão no meu santuário, e se chegarão à minha mesa, para me servirem, e cumprirão as minhas prescrições.

¹⁷ E será que, quando entrarem pelas portas do átrio interior, usarão vestes de linho; não se porá lã sobre eles, quando servirem nas portas do átrio interior, dentro do templo.

¹⁸ Tiaras de linho lhes estarão sobre a cabeça, e calções de linho sobre as coxas; não se cingirão a ponto de lhes vir suor.

¹⁹ Saindo eles ao átrio exterior, ao povo, despirão as vestes com que ministraram, pô-las-ão nas santas câmaras e usarão outras vestes, para que, com as suas vestes, não santifiquem o povo.

²⁰ Não raparão a cabeça, nem deixarão crescer o cabelo; antes, como convém, tosquiarão a cabeça.

²¹ Nenhum sacerdote beberá vinho quando entrar no átrio interior.

²² Não se casarão nem com viúva nem com repudiada, mas tomarão virgens da linhagem da casa de Israel ou viúva que o for de sacerdote.

²³ A meu povo ensinarão a distinguir entre o santo e o profano e o farão discernir entre o imundo e o limpo.

²⁴ Quando houver contenda, eles assistirão a ela para a julgarem; pelo meu direito julgarão; as minhas leis e os meus estatutos em todas as festas fixas guardarão e santificarão os meus sábados.

²⁵ Não se aproximarão de nenhuma pessoa morta, porque se contaminariam; somente por pai, ou mãe, ou filho, ou filha, ou irmão, ou por irmã que não tiver marido, se poderão contaminar.

²⁶ Depois de ser ele purificado, contar-se-lhe-ão sete dias.

²⁷ No dia em que ele entrar no lugar santo, no átrio interior, para ministrar no lugar santo, apresentará a sua oferta pelo pecado, diz o Senhor Deus.

A repartição das terras

²⁸ Os sacerdotes terão uma herança; eu sou a sua herança. Não lhes dareis possessão em Israel; eu sou a sua possessão.

²⁹ A oferta de manjares, e a oferta pelo pecado, e a pela culpa eles comerão; e toda cousa consagrada em Israel será deles.

³⁰ O melhor de todos os primeiros frutos de toda espécie e toda oferta serão dos sacerdotes; também as primeiras das vossas massas dareis ao sacerdote, para que faça repousar a bênção sobre a vossa casa.

³¹ Não comerão os sacerdotes cousa alguma que de si mesma haja morrido ou tenha sido dilacerada de aves e de animais.

45 Quando, pois, repartirdes a terra por sortes em herança, fareis uma oferta ao Senhor, uma porção santa da terra; o comprimento desta porção será de vinte e cinco mil côvados, e a largura, de dez mil; ela será santa em toda a sua extensão ao redor.

² Será o santuário de quinhentos côvados com mais quinhentos, em quadrado, e terá em redor uma área aberta de cinqüenta côvados.

³ Desta porção santa medirás vinte e cinco mil côvados de comprimento e dez mil de largura; ali estará o santuário, o lugar santíssimo.

⁴ Este será o lugar santo da terra; ele será para os sacerdotes, ministros do santuário, que dele se aproximam para servir ao Senhor, e lhes servirá de lugar para casas; e, como lugar santo, pertencerá ao santuário.

⁵ Os levitas, ministros da casa, terão vinte e cinco mil côvados de comprimento e dez mil de largura, para possessão sua, para vinte câmaras.

⁶ Para a possessão da cidade, de largura dareis cinco mil côvados e vinte e cinco mil de comprimento defronte da porção santa, o que será para toda a casa de Israel.

44.17 Êx 28.39-43; Lv 16.4. 44.19 Lv 16.23. 44.20 Lv 21.5. 44.21 Lv 10.9. 44.22 Lv 21.7,13,14.
44.23 Lv 10.10. 44.25 Lv 21.1-4. 44.28 Nm 18.20. 44.29 Nm 18.8-19. 44.31 Lv 22.8.

⁷ O príncipe, porém, terá a sua parte desta e da outra banda da santa porção e da possessão da cidade, diante da santa porção e diante da possessão da cidade, ao lado ocidental e oriental; e o comprimento corresponderá a uma das porções, desde o limite ocidental até ao limite oriental.

⁸ Esta terra terá a sua possessão em Israel; os meus príncipes nunca mais oprimirão o meu povo; antes, distribuirão a terra à casa de Israel, segundo as suas tribos.

Deveres dos magistrados

⁹ Assim diz o SENHOR Deus: Basta, ó príncipes de Israel; afastai a violência e a opressão e praticai juízo e justiça: tirai as vossas desapropriações do meu povo, diz o SENHOR Deus.

¹⁰ Tereis balanças justas, efa justo e bato justo.

¹¹ O efa e o bato serão da mesma capacidade, de maneira que o bato contenha a décima parte do ômer, e o efa, a décima parte do ômer; segundo o ômer, será a sua medida.

¹² O siclo será de vinte geras. Vinte siclos, mais vinte e cinco siclos, mais quinze siclos serão iguais a uma mina para vós.

¹³ Esta será a oferta que haveis de fazer: de trigo, a sexta parte de um efa de cada ômer, e também de cevada, a sexta parte de um efa de cada ômer.

¹⁴ A porção determinada de azeite será a décima parte de um bato de cada coro; um coro, como o ômer, tem dez batos.

¹⁵ De cada rebanho de duzentas cabeças, um cordeiro tirado dos pastos ricos de Israel; tudo para oferta de manjares, e para holocausto, e para sacrifício pacífico; pa ra que façam expiação pelo povo, diz o SENHOR Deus.

¹⁶ Todo o povo da terra fará contribuição, para esta oferta, ao príncipe em Israel.

¹⁷ Estarão a cargo do príncipe os holocaustos, e as ofertas de manjares, e as libações, nas Festas da Lua Nova e nos sábados, em todas as festas fixas da casa de Israel; ele mesmo proverá a oferta pelo pecado, e a oferta de manjares, e o holocausto, e os sacrifícios pacíficos, para fazer expiação pela casa de Israel.

Ofertas no Ano Novo

¹⁸ Assim diz o SENHOR Deus: No primeiro mês, no primeiro dia do mês, toma-rás um novilho sem defeito e purificarás o santuário.

¹⁹ O sacerdote tomará do sangue e porá dele nas ombreiras da casa, e nos quatro cantos da fiada do altar, e nas ombreiras da porta do átrio interior.

²⁰ Assim também farás no sétimo dia do mês, por causa dos que pecam por ignorância e por causa dos símplices; assim, expiareis o templo.

Na Páscoa

²¹ No primeiro mês, no dia catorze do mês, tereis a Páscoa, festa de sete dias; pão asmo se comerá.

²² O príncipe, no mesmo dia, por si e por todo o povo da terra, proverá um novilho para oferta pelo pecado.

²³ Nos sete dias da Festa, preparará ele um holocausto ao SENHOR, sete novilhos e sete carneiros sem defeito, cada dia durante os sete dias; e um bode cada dia como oferta pelo pecado.

²⁴ Também preparará uma oferta de manjares: para cada novilho, um efa, e um efa para cada carneiro, e um him de azeite para cada efa.

²⁵ No dia quinze do sétimo mês e durante os sete dias da Festa, fará o mesmo: a mesma oferta pelo pecado, o mesmo holocausto, a mesma oferta e a mesma porção de azeite.

Nos sábados e Festas da Lua Nova

46 Assim diz o SENHOR Deus: A porta do átrio interior, que olha para o oriente, estará fechada durante os seis dias que são de trabalho; mas no sábado ela se abrirá e também no dia da Festa de Lua Nova.

² O príncipe entrará de fora pelo vestíbulo da porta e permanecerá junto da ombreira da porta; os sacerdotes prepararão o holocausto dele e os seus sacrifícios pacíficos, e ele adorará no limiar da porta e sairá; mas a porta não se fechará até à tarde.

³ O povo da terra adorará na entrada da mesma porta, nos sábados e nas Festas da Lua Nova, diante do SENHOR.

⁴ O holocausto que o príncipe oferecer ao SENHOR serão, no dia de sábado, seis cordeiros sem defeito e um carneiro sem defeito.

⁵ A oferta de manjares será um efa para cada carneiro; para cada cordeiro, a ofer-

ta de manjares será o que puder dar; e de azeite, um him para cada efa.

⁶ Mas, no dia da Festa da Lua Nova, será um novilho sem defeito e seis cordeiros e um carneiro; eles serão sem defeito.

⁷ Preparará por oferta de manjares um efa para cada novilho e um efa para cada carneiro, mas, pelos cordeiros, segundo puder; e um him de azeite para cada efa.

⁸ Quando entrar o príncipe, entrará pelo vestíbulo da porta e sairá pelo mesmo caminho.

Instruções referentes às ofertas

⁹ Mas, quando vier o povo da terra perante o Senhor, nas festas fixas, aquele que entrar pela porta do norte, para adorar, sairá pela porta do sul; e aquele que entrar pela porta do sul sairá pela porta do norte; não tornará pela porta por onde entrou, mas sairá pela porta oposta.

¹⁰ O príncipe entrará no meio deles, quando eles entrarem; em saindo eles, ele sairá.

¹¹ Nas solenidades e nas festas fixas, a oferta de manjares será um efa para cada novilho e um para cada carneiro; mas, pelos cordeiros, o que puder dar; e de azeite, um him para cada efa.

¹² Quando o príncipe preparar holocausto ou sacrifícios pacíficos como oferta voluntária ao Senhor, então, lhe abrirão a porta que olha para o oriente, e fará ele o seu holocausto e os seus sacrifícios pacíficos, como costuma fazer no dia de sábado; e sairá, e se fechará a porta depois de ele sair.

¹³ Prepararás um cordeiro de um ano, sem defeito, em holocausto ao Senhor, cada dia; manhã após manhã, o prepararás.

¹⁴ Juntamente com ele, prepararás, manhã após manhã, uma oferta de manjares para o Senhor, a sexta parte de um efa e, de azeite, a terça parte de um him, para misturar com a flor de farinha. Isto é estatuto perpétuo e contínuo.

¹⁵ Assim prepararão o cordeiro, e a oferta de manjares, e o azeite, manhã após manhã, em holocausto contínuo.

¹⁶ Assim diz o Senhor Deus: Quando o príncipe der um presente de sua herança a alguns de seus filhos, pertencerá a estes; será possessão deles por herança.

¹⁷ Mas, dando ele um presente da sua herança a algum dos seus servos, será des-

te até ao ano da liberdade; então, tornará para o príncipe, porque a seus filhos, somente a eles, pertencerá a herança.

¹⁸ O príncipe não tomará nada da herança do povo, não os esbulhará da sua possessão; da sua própria possessão deixará herança a seus filhos, para que o meu povo não seja retirado, cada um da sua possessão.

¹⁹ Depois disto, o homem me trouxe, pela entrada que estava ao lado da porta, às câmaras santas dos sacerdotes, as quais olhavam para o norte; e eis que ali havia um lugar nos fundos extremos que olham para o ocidente.

²⁰ Ele me disse: Este é o lugar onde os sacerdotes cozerão a oferta pela culpa e a oferta pelo pecado e onde cozerão a oferta de manjares, para que não a tragam ao átrio exterior e assim santifiquem o povo.

²¹ Então, me levou para fora, para o átrio exterior, e me fez passar aos quatro cantos do átrio; e eis que em cada canto do átrio havia outro átrio.

²² Nos quatro cantos do átrio havia átrios pequenos, menores, de quarenta côvados de comprimento e trinta de largura; estes quatro cantos tinham a mesma dimensão.

²³ Havia um muro ao redor dos átrios, ao redor dos quatro, e havia lugares para cozer ao pé dos muros ao redor.

²⁴ E me disse: São estas as cozinhas, onde os ministros do templo cozerão o sacrifício do povo.

A torrente das águas purificadoras

47 Depois disto, o homem me fez voltar à entrada do templo, e eis que saíam de debaixo do limiar do templo, para o oriente; porque a face da casa dava para o oriente, e as águas vinham de baixo, da banda direita da casa, da banda do sul do altar.

² Ele me levou pela porta do norte e me fez dar uma volta por fora, até à porta exterior, que olha para o oriente; e eis que corriam as águas ao lado direito.

³ Saiu aquele homem para o oriente, tendo na mão um cordel de medir; mediu mil côvados e me fez passar pelas águas, águas que me davam pelos tornozelos.

⁴ Mediu mais mil e me fez passar pelas águas, águas que me davam pelos joelhos; mediu mais mil e me fez passar pelas águas, águas que me davam pelos lombos.

47.1 Zc 14.8; Jo 7.38; Ap 22.1.

⁵ Mediu ainda outros mil, e era já um rio que eu não podia atravessar, porque as águas tinham crescido, águas que se deviam passar a nado, rio pelo qual não se podia passar.

⁶ E me disse: Viste isto, filho do homem? Então, me levou e me tornou a trazer à margem do rio.

⁷ Tendo eu voltado, eis que à margem do rio havia grande abundância de árvores, de uma e de outra banda.

⁸ Então, me disse: Estas águas saem para a região oriental, e descem à campina, e entram no mar Morto, cujas águas ficarão saudáveis.

⁹ Toda criatura vivente que vive em enxames viverá por onde quer que passe este rio, e haverá muitíssimo peixe, e, aonde chegarem estas águas, tornarão saudáveis as do mar, e tudo viverá por onde quer que passe este rio.

¹⁰ Junto a ele se acharão pescadores; desde En-Gedi até En-Eglaim haverá lugar para se estenderem redes; o seu peixe, segundo as suas espécies, será como o peixe do mar Grande, em multidão excessiva.

¹¹ Mas os seus charcos e os seus pântanos não serão feitos saudáveis; serão deixados para o sal.

¹² Junto ao rio, às ribanceiras, de uma e de outra banda, nascerá toda sorte de árvore que dá fruto para se comer; não fenecerá a sua folha, nem faltará o seu fruto; nos seus meses, produzirá novos frutos, porque as suas águas saem do santuário; o seu fruto servirá de alimento, e a sua folha, de remédio.

As fronteiras da terra de Israel

¹³ Assim diz o Senhor Deus: Este será o limite pelo qual repartireis a terra em herança, segundo as doze tribos de Israel. José terá duas partes.

¹⁴ Vós a repartireis em heranças iguais, tanto para um como para outro; pois jurei, levantando a mão, dá-la a vossos pais; assim, que esta mesma terra vos cairá a vós outros em herança.

¹⁵ Este será o limite da terra: da banda do norte, desde o mar Grande, caminho de Hetlom, até à entrada de Zedade,

¹⁶ Hamate, Berota, Sibraim (que estão entre o limite de Damasco e o de Hamate), a cidade Hazer-Haticom (que está junto ao limite de Haurã),

¹⁷ Assim, o limite será desde o mar até Hazar-Enom, o limite de Damasco, e, na direção do norte, está o limite de Hamate; este será o lado do norte.

¹⁸ O lado do oriente, entre Haurã, e Damasco, e Gileade, e a terra de Israel, será o Jordão; desde o limite do norte até ao mar do oriente, medireis; este será o lado do oriente.

¹⁹ O lado do sul será desde Tamar até às águas de Meribá-Cades, junto ao ribeiro do Egito até ao mar Grande; este será o lado do sul.

²⁰ O lado do ocidente será o mar Grande, desde o limite do sul até à entrada de Hamate; este será o lado do ocidente.

²¹ Repartireis, pois, esta terra entre vós, segundo as tribos de Israel.

²² Será, porém, que a sorteareis para vossa herança e para a dos estrangeiros que moram no meio de vós, que gerarem filhos no meio de vós; e vos serão como naturais entre os filhos de Israel; convosco entrarão em herança, no meio das tribos de Israel.

²³ E será que, na tribo em que morar o estrangeiro, ali lhe dareis a sua herança, diz o Senhor Deus.

Os limites de sete tribos

48 São estes os nomes das tribos: desde a parte extrema do norte, via Hetlom, até à entrada de Hamate, até Hazar-Enom, o limite norte de Damasco até junto de Hamate e desde o lado oriental até ao ocidente, Dã terá uma porção.

² Limitando-se com Dã, desde o lado oriental até ao ocidental, Aser, uma porção.

³ Limitando-se com Aser, desde o lado oriental até ao ocidental, Naftali, uma porção.

⁴ Limitando-se com Naftali, desde o lado oriental até ao ocidental, Manassés, uma porção.

⁵ Limitando-se com Manassés, desde o lado oriental até ao ocidental, Efraim, uma porção.

⁶ Limitando-se com Efraim, desde o lado oriental até ao ocidental, Rúben, uma porção.

⁷ Limitando-se com Rúben, desde o lado oriental até ao ocidental, Judá, uma porção.

⁸ Limitando-se com Judá, desde o lado oriental até ao ocidental, será região sagrada que haveis de separar, de vinte e cinco mil côvados de largura e de comprimento, o mesmo que o das porções, desde o lado oriental até ao ocidental; o santuário estará no meio dela.

⁹ A região que haveis de separar ao SENHOR será do comprimento de vinte e cinco mil côvados e da largura de dez mil.

¹⁰ Esta região santa dos sacerdotes terá, ao norte, vinte e cinco mil côvados, ao ocidente, dez mil de largura, ao oriente, dez mil de largura e ao sul, vinte e cinco mil de comprimento; o santuário do SENHOR estará no meio dela.

¹¹ Será para os sacerdotes santificados, para os filhos de Zadoque, que cumpriram o seu dever e não andaram errados, quando os filhos de Israel se extraviaram, como fizeram os levitas.

¹² Será região especial dentro da região sagrada, lugar santíssimo, fazendo limites com a porção dos levitas.

Os limites dos sacerdotes e levitas

¹³ Os levitas, segundo o limite dos sacerdotes, terão vinte e cinco mil côvados de comprimento e dez mil de largura; todo o comprimento será vinte e cinco mil, e a largura, dez mil.

¹⁴ Não venderão nada disto, nem trocarão, nem transferirão a outrem o melhor da terra, porque é santo ao SENHOR.

Os limites da cidade

¹⁵ Mas os cinco mil côvados que ficaram da largura diante dos vinte e cinco mil serão para o uso civil da cidade, para habitação e para arredores; a cidade estará no meio.

¹⁶ Serão estas as suas medidas: a banda do norte, de quatro mil e quinhentos côvados, a banda do sul, de quatro mil e quinhentos, a banda do oriente, de quatro mil e quinhentos, e a banda do ocidente, de quatro mil e quinhentos.

¹⁷ Os arredores da cidade serão, ao norte, de duzentos e cinqüenta côvados, ao sul, de duzentos e cinqüenta côvados, ao oriente, de duzentos e cinqüenta e, ao ocidente, de duzentos e cinqüenta.

¹⁸ Quanto ao que ficou do resto do comprimento, paralelo à região sagrada, será de dez mil para o oriente, e de dez mil para o ocidente e corresponderá à região sagrada; e o seu produto será para o sustento daqueles que trabalham na cidade.

¹⁹ Lavrá-lo-ão os trabalhadores da cidade, provindos de todas as tribos de Israel.

²⁰ A região toda será de vinte e cinco mil côvados em quadrado, isto é, a região sagrada juntamente com a possessão da cidade.

Os limites do príncipe

²¹ O que restar será para o príncipe, desta e da outra banda da região sagrada e da possessão da cidade. Por isso, aquilo que se estende dos vinte e cinco mil côvados em direção do oriente e também dos vinte e cinco mil côvados em direção do ocidente, paralelamente com as porções, será do príncipe; a região sagrada e o santuário do templo estarão no meio.

²² Excetuando o que pertence aos levitas e a cidade que está no meio daquilo que pertence ao príncipe, entre o território de Judá e o de Benjamim, será isso para o príncipe.

Os limites das outras cinco tribos

²³ Quanto ao resto das tribos, desde o lado oriental até ao ocidental, Benjamim terá uma porção.

²⁴ Limitando-se com Benjamim, desde o lado oriental até ao ocidental, Simeão, uma porção.

²⁵ Limitando-se com Simeão, desde o lado oriental até ao ocidental, Issacar, uma porção.

²⁶ Limitando-se com Issacar, desde o lado oriental até ao ocidental, Zebulom, uma porção.

²⁷ Limitando-se com Zebulom, desde o lado oriental até ao ocidental, Gade, uma porção.

²⁸ Limitando-se com o território de Gade, ao sul, o limite será desde Tamar até às águas de Meribá-Cades, ao longo do ribeiro do Egito até ao mar Grande.

²⁹ Esta é a terra que sorteareis em herança às tribos de Israel; e estas, as suas porções, diz o SENHOR Deus.

As portas da cidade

³⁰ São estas as saídas da cidade: da banda do norte, que mede quatro mil e quinhentos côvados,

³¹ três portas: a porta de Rúben, a de Judá e a de Levi, tomando as portas da cidade os nomes das tribos de Israel;

³² da banda do oriente, quatro mil e quinhentos côvados e três portas, a saber: a porta de José, a de Benjamim e a de Dã;

³³ da banda do sul, quatro mil e qui-

48.30 Ap 21.12,13.

nhentos côvados e três portas: a porta de Simeão, a de Issacar e a de Zebulom;

³⁴ da banda do ocidente, quatro mil e quinhentos côvados e as suas três portas:

a porta de Gade, a de Aser e a de Naftali.

³⁵ Dezoito mil côvados em redor; e o nome da cidade desde aquele dia será: O Senhor Está Ali.

DANIEL

A educação de Daniel
e de seus companheiros

1 No ano terceiro do reinado de Jeoaquim, rei de Judá, veio Nabucodonosor, rei da Babilônia, a Jerusalém e a sitiou.

² O Senhor lhe entregou nas mãos a Jeoaquim, rei de Judá, e alguns dos utensílios da Casa de Deus; a estes, levou-os para a terra de Sinear, para a casa do seu deus, e os pôs na casa do tesouro do seu deus.

³ Disse o rei a Aspenaz, chefe dos seus eunucos, que trouxesse alguns dos filhos de Israel, tanto da linhagem real como dos nobres,

⁴ jovens sem nenhum defeito, de boa aparência, instruídos em toda a sabedoria, doutos em ciência, versados no conhecimento e que fossem competentes para assistirem no palácio do rei e lhes ensinasse a cultura e a língua dos caldeus.

⁵ Determinou-lhes o rei a ração diária, das finas iguarias da mesa real e do vinho que ele bebia, e que assim fossem mantidos por três anos, ao cabo dos quais assistiriam diante do rei.

⁶ Entre eles, se achavam, dos filhos de Judá, Daniel, Hananias, Misael e Azarias.

⁷ O chefe dos eunucos lhes pôs outros nomes, a saber: a Daniel, o de Beltessazar; a Hananias, o de Sadraque; a Misael, o de Mesaque; e a Azarias, o de Abede-Nego.

⁸ Resolveu Daniel, firmemente, não contaminar-se com as finas iguarias do rei, nem com o vinho que ele bebia; então, pediu ao chefe dos eunucos que lhe permitisse não contaminar-se.

⁹ Ora, Deus concedeu a Daniel misericórdia e compreensão da parte do chefe dos eunucos.

¹⁰ Disse o chefe dos eunucos a Daniel: Tenho medo do meu senhor, o rei, que determinou a vossa comida e a vossa bebida; por que, pois, veria ele o vosso rosto mais abatido do que o dos outros jovens da vossa idade? Assim, poríeis em perigo a minha cabeça para com o rei.

¹¹ Então, disse Daniel ao cozinheiro-chefe, a quem o chefe dos eunucos havia encarregado de cuidar de Daniel, Hananias, Misael e Azarias:

¹² Experimenta, peço-te, os teus servos dez dias; e que se nos dêem legumes a comer e água a beber.

¹³ Então, se veja diante de ti a nossa aparência e a dos jovens que comem das finas iguarias do rei; e, segundo vires, age com os teus servos.

¹⁴ Ele atendeu e os experimentou dez dias.

¹⁵ No fim dos dez dias, a sua aparência era melhor; estavam eles mais robustos do que todos os jovens que comiam das finas iguarias do rei.

¹⁶ Com isto, o cozinheiro-chefe tirou deles as finas iguarias e o vinho que deviam beber e lhes dava legumes.

¹⁷ Ora, a estes quatro jovens Deus deu o conhecimento e a inteligência em toda cultura e sabedoria; mas a Daniel deu inteligência de todas as visões e sonhos.

¹⁸ Vencido o tempo determinado pelo rei para que os trouxessem, o chefe dos eunucos os trouxe à presença de Nabucodonosor.

¹⁹ Então, o rei falou com eles; e, entre todos, não foram achados outros como Daniel, Hananias, Misael e Azarias; por isso, passaram a assistir diante do rei.

²⁰ Em toda matéria de sabedoria e de inteligência sobre que o rei lhes fez perguntas, os achou dez vezes mais doutos do que todos os magos e encantadores que havia em todo o seu reino.

²¹ Daniel continuou até ao primeiro ano do rei Ciro.

Daniel interpreta o sonho
de Nabucodonosor

2 No segundo ano do reinado de Nabucodonosor, teve este um sonho; o seu espírito se perturbou, e passou-se-lhe o sono.

1.1 2Rs 24.1; 2Cr 36.5-7.   1.2 2Rs 20.17,18; Is 39.7,8; 2Rs 24.10-16; 2Cr 36.10.

² Então, o rei mandou chamar os magos, os encantadores, os feiticeiros e os caldeus, para que declarassem ao rei quais lhe foram os sonhos; eles vieram e se apresentaram diante do rei.

³ Disse-lhes o rei: Tive um sonho, e para sabê-lo está perturbado o meu espírito.

⁴ Os caldeus disseram ao rei em aramaico: Ó rei, vive eternamente! Dize o sonho a teus servos, e daremos a interpretação.

⁵ Respondeu o rei e disse aos caldeus: Uma cousa é certa: se não me fizerdes saber o sonho e a sua interpretação, sereis despedaçados, e as vossas casas serão feitas monturo;

⁶ mas, se me declarardes o sonho e a sua interpretação, recebereis de mim dádivas, prêmios e grandes honras; portanto, declarai-me o sonho e a sua interpretação.

⁷ Responderam segunda vez e disseram: Diga o rei o sonho a seus servos, e lhe daremos a interpretação.

⁸ Tornou o rei e disse: Bem percebo que quereis ganhar tempo, porque vedes que o que eu disse está resolvido,

⁹ isto é: se não me fazeis saber o sonho, uma só sentença será a vossa; pois combinastes palavras mentirosas e perversas para as proferirdes na minha presença, até que se mude a situação; portanto, dizei-me o sonho, e saberei que me podeis dar-lhe a interpretação.

¹⁰ Responderam os caldeus na presença do rei e disseram: Não há mortal sobre a terra que possa revelar o que o rei exige; pois jamais houve rei, por grande e poderoso que tivesse sido, que exigisse semelhante cousa dalgum mago, encantador ou caldeu.

¹¹ A cousa que o rei exige é difícil, e ninguém há que a possa revelar diante do rei, senão os deuses, e estes não moram com os homens.

¹² Então, o rei muito se irou e enfureceu; e ordenou que matassem a todos os sábios da Babilônia.

¹³ Saiu o decreto segundo o qual deviam ser mortos os sábios; e buscaram a Daniel e aos seus companheiros, para que fossem mortos.

¹⁴ Então, Daniel falou, avisada e prudentemente, a Arioque, chefe da guarda do rei, que tinha saído para matar os sábios da Babilônia.

¹⁵ E disse a Arioque, encarregado do rei: Por que é tão severo o mandado do rei? Então, Arioque explicou o caso a Daniel.

¹⁶ Foi Daniel ter com o rei e lhe pediu designasse o tempo, e ele revelaria ao rei a interpretação.

¹⁷ Então, Daniel foi para casa e fez saber o caso a Hananias, Misael e Azarias, seus companheiros,

¹⁸ para que pedissem misericórdia ao Deus do céu sobre este mistério, a fim de que Daniel e seus companheiros não perecessem com o resto dos sábios da Babilônia.

¹⁹ Então, foi revelado o mistério a Daniel numa visão de noite; Daniel bendisse o Deus do céu.

²⁰ Disse Daniel: Seja bendito o nome de Deus, de eternidade a eternidade, porque dele é a sabedoria e o poder;

²¹ é ele quem muda o tempo e as estações, remove reis e estabelece reis; ele dá sabedoria aos sábios e entendimento aos inteligentes.

²² Ele revela o profundo e o escondido; conhece o que está em trevas, e com ele mora a luz.

²³ A ti, ó Deus de meus pais, eu te rendo graças e te louvo, porque me deste sabedoria e poder; e, agora, me fizeste saber o que te pedimos, porque nos fizeste saber este caso do rei.

²⁴ Por isso, Daniel foi ter com Arioque, ao qual o rei tinha constituído para exterminar os sábios da Babilônia; entrou e lhe disse: Não mates os sábios da Babilônia; introduze-me na presença do rei, e revelarei ao rei a interpretação.

²⁵ Então, Arioque depressa introduziu Daniel na presença do rei e lhe disse: Achei um dentre os filhos dos cativos de Judá, o qual revelará ao rei a interpretação.

²⁶ Respondeu o rei e disse a Daniel, cujo nome era Beltessazar: Podes tu fazer-me saber o que vi no sonho e a sua interpretação?

²⁷ Respondeu Daniel na presença do rei e disse: O mistério que o rei exige, nem encantadores, nem magos nem astrólogos o podem revelar ao rei;

²⁸ mas há um Deus no céu, o qual revela mistérios, pois fez saber ao rei Nabucodonosor o que há de ser nos últimos dias. O teu sonho e as visões da tua cabeça, quando estavas no teu leito, são estas:

²⁹ Estando tu, ó rei, no teu leito, surgiram-te pensamentos a respeito do que há de ser depois disto. Aquele, pois, que revela mistérios te revelou o que há de ser.

³⁰ E a mim me foi revelado este mistério, não porque haja em mim mais sabedoria do que em todos os viventes, mas para que a

interpretação se fizesse saber ao rei, e para que entendesses as cogitações da tua mente.

31 Tu, ó rei, estavas vendo, e eis aqui uma grande estátua; esta, que era imensa e de extraordinário esplendor, estava em pé diante de ti; e a sua aparência era terrível.

32 A cabeça era de fino ouro, o peito e os braços, de prata, o ventre e os quadris, de bronze;

33 as pernas, de ferro, os pés, em parte, de ferro, em parte, de barro.

34 Quando estavas olhando, uma pedra foi cortada sem auxílio de mãos, feriu a estátua nos pés de ferro e de barro e os esmiuçou.

35 Então, foi juntamente esmiuçado o ferro, o barro, o bronze, a prata e o ouro, os quais se fizeram como a palha das eiras no estio, e o vento os levou, e deles não se viram mais vestígios. Mas a pedra que feriu a estátua se tornou em grande montanha, que encheu toda a terra.

36 Este é o sonho; e também a sua interpretação diremos ao rei.

37 Tu, ó rei, rei de reis, a quem o Deus do céu conferiu o reino, o poder, a força e a glória,

38 a cujas mãos foram entregues os filhos dos homens, onde quer que eles habitem, e os animais do campo e as aves do céu, para que dominasses sobre todos eles, tu és a cabeça de ouro.

39 Depois de ti, se levantará outro reino, inferior ao teu; e um terceiro reino, de bronze, o qual terá domínio sobre toda a terra.

40 O quarto reino será forte como ferro, pois o ferro a tudo quebra e esmiúça; como o ferro quebra todas as cousas, assim ele fará em pedaços e esmiuçará.

41 Quanto ao que viste dos pés e dos artelhos, em parte de barro de oleiro e em parte de ferro, será esse um reino dividido; contudo, haverá nele alguma cousa da firmeza do ferro, pois que viste o ferro misturado com barro de lodo.

42 Como os artelhos eram em parte de ferro e em parte de barro, assim, por uma parte, o reino será forte e, por outra, será frágil.

43 Quanto ao que viste do ferro misturado com barro de lodo, misturar-se-ão mediante casamento, mas não se ligarão um ao outro, assim como o ferro não se mistura com o barro.

44 Mas, nos dias destes reis, o Deus do céu suscitará um reino que não será jamais destruído; este reino não passará a outro povo; esmiuçará e consumirá todos estes reinos, mas ele mesmo subsistirá para sempre.

45 como viste que do monte foi cortada uma pedra, sem auxílio de mãos, e ela esmiuçou o ferro, o bronze, o barro, a prata e o ouro. O Grande Deus fez saber ao rei o que há de ser futuramente. Certo é o sonho, e fiel, a sua interpretação.

46 Então, o rei Nabucodonosor se inclinou, e se prostrou rosto em terra perante Daniel, e ordenou que lhe fizessem oferta de manjares e suaves perfumes.

47 Disse o rei a Daniel: Certamente, o vosso Deus é o Deus dos deuses, e o Senhor dos reis, e o revelador de mistérios, pois pudeste revelar este mistério.

48 Então, o rei engrandeceu a Daniel, e lhe deu muitos e grandes presentes, e o pôs por governador de toda a província da Babilônia, como também o fez chefe supremo de todos os sábios da Babilônia.

49 A pedido de Daniel, constituiu o rei a Sadraque, Mesaque e Abede-Nego sobre os negócios da província da Babilônia; Daniel, porém, permaneceu na corte do rei.

Livrados os companheiros de Daniel da fornalha de fogo

3 O rei Nabucodonosor fez uma imagem de ouro que tinha sessenta côvados de alto e seis de largo; levantou-a no campo de Dura, na província da Babilônia.

2 Então, o rei Nabucodonosor mandou ajuntar os sátrapas, os prefeitos, os governadores, os juízes, os tesoureiros, os magistrados, os conselheiros e todos os oficiais das províncias, para que viessem à consagração da imagem que o rei Nabucodonosor tinha levantado.

3 Então, se ajuntaram os sátrapas, os prefeitos, os governadores, os juízes, os tesoureiros, os magistrados, os conselheiros e todos os oficiais das províncias, para a consagração da imagem que o rei Nabucodonosor tinha levantado; e estavam em pé diante da imagem que Nabucodonosor tinha levantado.

4 Nisto, o arauto apregoava em alta voz: Ordena-se a vós outros, ó povos, nações e homens de todas as línguas:

5 no momento em que ouvirdes o som da trombeta, do pífaro, da harpa, da cítara, do saltério, da gaita de foles e de toda sorte de música, vos prostrareis e adorareis a imagem de ouro que o rei Nabucodonosor levantou.

6 Qualquer que se não prostrar e não a

adorar será, no mesmo instante, lançado na fornalha de fogo ardente.

⁷ Portanto, quando todos os povos ouviram o som da trombeta, do pífaro, da harpa, da cítara, do saltério e de toda sorte de música, se prostraram os povos, nações e homens de todas as línguas e adoraram a imagem de ouro que o rei Nabucodonosor tinha levantado.

⁸ Ora, no mesmo instante, se chegaram alguns homens caldeus e acusaram os judeus;

⁹ disseram ao rei Nabucodonosor: Ó rei, vive eternamente!

¹⁰ Tu, ó rei, baixaste um decreto pelo qual todo homem que ouvisse o som da trombeta, do pífaro, da harpa, da cítara, do saltério, da gaita de foles e de toda sorte de música se prostraria e adoraria a imagem de ouro;

¹¹ e qualquer que não se prostrasse e não adorasse seria lançado na fornalha de fogo ardente.

¹² Há uns homens judeus, que tu constituíste sobre os negócios da província da Babilônia: Sadraque, Mesaque e Abede-Nego; estes homens, ó rei, não fizeram caso de ti, a teus deuses não servem, nem adoram a imagem de ouro que levantaste.

¹³ Então, Nabucodonosor, irado e furioso, mandou chamar Sadraque, Mesaque e Abede-Nego. E trouxeram a estes homens perante o rei.

¹⁴ Falou Nabucodonosor e lhes disse: É verdade, ó Sadraque, Mesaque e Abede-Nego, que vós não servis a meus deuses, nem adorais a imagem de ouro que levantei?

¹⁵ Agora, pois, estai dispostos e, quando ouvirdes o som da trombeta, do pífaro, da cítara, da harpa, do saltério, da gaita de foles, prostrai-vos e adorai a imagem que fiz; porém, se não a adorardes, sereis, no mesmo instante, lançados na fornalha de fogo ardente. E quem é o deus que vos poderá livrar das minhas mãos?

¹⁶ Responderam Sadraque, Mesaque e Abede-Nego ao rei: Ó Nabucodonosor, quanto a isto não necessitamos de te responder.

¹⁷ Se o nosso Deus, a quem servimos, quer livrar-nos, ele nos livrará da fornalha de fogo ardente e das tuas mãos, ó rei.

¹⁸ Se não, fica sabendo, ó rei, que não serviremos a teus deuses, nem adoraremos a imagem de ouro que levantaste.

¹⁹ Então, Nabucodonosor se encheu de fúria e, transtornado o aspecto do seu rosto contra Sadraque, Mesaque e Abede-Nego, ordenou que se acendesse a fornalha sete vezes mais do que se costumava.

²⁰ Ordenou aos homens mais poderosos que estavam no seu exército que atassem a Sadraque, Mesaque e Abede-Nego e os lançassem na fornalha de fogo ardente.

²¹ Então, estes homens foram atados com os seus mantos, suas túnicas e chapéus e suas outras roupas e foram lançados na fornalha sobremaneira acesa.

²² Porque a palavra do rei era urgente e a fornalha estava sobremaneira acesa, as chamas do fogo mataram os homens que lançaram de cima para dentro a Sadraque, Mesaque e Abede-Nego.

²³ Estes três homens, Sadraque, Mesaque e Abede-Nego, caíram atados dentro da fornalha sobremaneira acesa.

²⁴ Então, o rei Nabucodonosor se espantou, e se levantou depressa, e disse aos seus conselheiros: Não lançamos nós três homens atados dentro do fogo? Responderam ao rei: É verdade, ó rei.

²⁵ Tornou ele e disse: Eu, porém, vejo quatro homens soltos, que andam passeando dentro do fogo, sem nenhum dano; e o aspecto do quarto é semelhante a um filho dos deuses.

²⁶ Então, se chegou Nabucodonosor à porta da fornalha sobremaneira acesa, falou e disse: Sadraque, Mesaque e Abede-Nego, servos do Deus Altíssimo, saí e vinde! Então, Sadraque, Mesaque e Abede-Nego saíram do meio do fogo.

²⁷ Ajuntaram-se os sátrapas, os prefeitos, os governadores e conselheiros do rei e viram que o fogo não teve poder algum sobre o corpo destes homens; nem foram chamuscados os cabelos da sua cabeça, nem os seus mantos se mudaram, nem cheiro de fogo passara sobre eles.

²⁸ Falou Nabucodonosor e disse: Bendito seja o Deus de Sadraque, Mesaque e Abede-Nego, que enviou o seu anjo e livrou os seus servos, que confiaram nele, pois não quiseram cumprir a palavra do rei, preferindo entregar o seu corpo, a servirem e adorarem a qualquer outro deus, senão ao seu Deus.

²⁹ Portanto, faço um decreto pelo qual todo povo, nação e língua que disser blasfêmia contra o Deus de Sadraque, Mesaque e Abede-Nego seja despedaçado, e as suas casas sejam feitas em monturo; porque não há outro Deus que possa livrar como este.

³⁰ Então, o rei fez prosperar a Sadraque,

Mesaque e Abede-Nego na província da Babilônia.

A loucura de Nabucodonosor

4 O rei Nabucodonosor a todos os povos, nações e homens de todas as línguas, que habitam em toda a terra: Paz vos seja multiplicada!

² Pareceu-me bem fazer conhecidos os sinais e maravilhas que Deus, o Altíssimo, tem feito para comigo.

³ Quão grandes são os seus sinais, e quão poderosas, as suas maravilhas! O seu reino é reino sempiterno, e o seu domínio, de geração em geração.

⁴ Eu, Nabucodonosor, estava tranqüilo em minha casa e feliz no meu palácio.

⁵ Tive um sonho, que me espantou; e, quando estava no meu leito, os pensamentos e as visões da minha cabeça me turbaram.

⁶ Por isso, expedi um decreto, pelo qual fossem introduzidos à minha presença todos os sábios da Babilônia, para que me fizessem saber a interpretação do sonho.

⁷ Então, entraram os magos, os encantadores, os caldeus e os feiticeiros, e lhes contei o sonho; mas não me fizeram saber a sua interpretação.

⁸ Por fim, se me apresentou Daniel, cujo nome é Beltessazar, segundo o nome do meu deus, e no qual há o espírito dos deuses santos; e eu lhe contei o sonho, dizendo:

⁹ Beltessazar, chefe dos magos, eu sei que há em ti o espírito dos deuses santos, e nenhum mistério te é difícil; eis as visões do sonho que eu tive; dize-me a sua interpretação.

¹⁰ Eram assim as visões da minha cabeça quando eu estava no meu leito: eu estava olhando e vi uma árvore no meio da terra, cuja altura era grande;

¹¹ crescia a árvore e se tornava forte, de maneira que a sua altura chegava até ao céu; e era vista até aos confins da terra.

¹² A sua folhagem era formosa, e o seu fruto, abundante, e havia nela sustento para todos; debaixo dela os animais do campo achavam sombra, e as aves do céu faziam morada nos seus ramos, e todos os seres viventes se mantinham dela.

¹³ No meu sonho, quando eu estava no meu leito, vi um vigilante, um santo, que descia do céu,

¹⁴ clamando fortemente e dizendo: Derribai a árvore, cortai-lhe os ramos, derriçai-

lhe as folhas, espalhai o seu fruto; afugentem-se os animais de debaixo dela e as aves, dos seus ramos.

¹⁵ Mas a cepa, com as raízes, deixai na terra, atada com cadeias de ferro e de bronze, na erva do campo. Seja ela molhada do orvalho do céu, e a sua porção seja, com os animais, a erva da terra.

¹⁶ Mude-se-lhe o coração, para que não seja mais coração de homem, e lhe seja dado coração de animal; e passem sobre ela sete tempos.

¹⁷ Esta sentença é por decreto dos vigilantes, e esta ordem, por mandado dos santos; a fim de que conheçam os viventes que o Altíssimo tem domínio sobre o reino dos homens; e o dá a quem quer e até ao mais humilde dos homens constitui sobre eles.

¹⁸ Isto vi eu, rei Nabucodonosor, em sonhos. Tu, pois, ó Beltessazar, dize a interpretação, porquanto todos os sábios do meu reino não me puderam fazer saber a interpretação, mas tu podes; pois há em ti o espírito dos deuses santos.

¹⁹ Então, Daniel, cujo nome era Beltessazar, esteve atônito por algum tempo, e os seus pensamentos o turbavam. Então, lhe falou o rei e disse: Beltessazar, não te perturbe o sonho, nem a sua interpretação. Respondeu Beltessazar e disse: Senhor meu, o sonho seja contra os que te têm ódio, e a sua interpretação, para os teus inimigos.

²⁰ A árvore que viste, que cresceu e se tornou forte, cuja altura chegou até ao céu, e que foi vista por toda a terra,

²¹ cuja folhagem era formosa, e o seu fruto, abundante, e em que para todos havia sustento, debaixo da qual os animais do campo achavam sombra, e em cujos ramos as aves dos céus faziam morada,

²² és tu, ó rei, que cresceste e vieste a ser forte; a tua grandeza cresceu e chega até ao céu, e o teu domínio, até à extremidade da terra.

²³ Quanto ao que viu o rei, um vigilante, um santo, que descia do céu e que dizia: Cortai a árvore e destruí-a, mas a cepa com as raízes deixai na terra, atada com cadeias de ferro e de bronze, na erva do campo; seja ela molhada do orvalho do céu, e a sua porção seja com os animais do campo, até que passem sobre ela sete tempos,

²⁴ esta é a interpretação, ó rei, e este é o decreto do Altíssimo, que virá contra o rei, meu senhor:

²⁵ serás expulso de entre os homens, e a tua morada será com os animais do cam-

po, e dar-te-ão a comer ervas como aos bois, e serás molhado do orvalho do céu; e passar-se-ão sete tempos por cima de ti, até que conheças que o Altíssimo tem domínio sobre o reino dos homens e o dá a quem quer.

²⁶ Quanto ao que foi dito, que se deixasse a cepa da árvore com as suas raízes, o teu reino tornará a ser teu, depois que tiveres conhecido que o céu domina.

²⁷ Portanto, ó rei, aceita o meu conselho e põe termo, pela justiça, em teus pecados e às tuas iniqüidades, usando de misericórdia para com os pobres; e talvez se prolongue a tua tranqüilidade.

²⁸ Todas estas cousas sobrevieram ao rei Nabucodonosor.

²⁹ Ao cabo de doze meses, passeando sobre o palácio real da cidade de Babilônia,

³⁰ falou o rei e disse: Não é esta a grande Babilônia que eu edifiquei para a casa real, com o meu grandioso poder e para glória da minha majestade?

³¹ Falava ainda o rei quando desceu uma voz do céu: A ti se diz, ó rei Nabucodonosor: Já passou de ti o reino.

³² Serás expulso de entre os homens, e a tua morada será com os animais do campo; e far-te-ão comer ervas como os bois, e passar-se-ão sete tempos por cima de ti, até que aprendas que o Altíssimo tem domínio sobre o reino dos homens e o dá a quem quer.

³³ No mesmo instante, se cumpriu a palavra sobre Nabucodonosor; e foi expulso de entre os homens e passou a comer erva como os bois, o seu corpo foi molhado do orvalho do céu, até que lhe cresceram os cabelos como as penas da águia, e as suas unhas, como as das aves.

³⁴ Mas, ao fim daqueles dias, eu, Nabucodonosor, levantei os olhos ao céu, tornou-me a vir o entendimento, e eu bendisse o Altíssimo, e louvei, e glorifiquei ao que vive para sempre, cujo domínio é sempiterno, e cujo reino é de geração em geração.

³⁵ Todos os moradores da terra são por ele reputados em nada; e, segundo a sua vontade, ele opera com o exército do céu e os moradores da terra; não há quem lhe possa deter a mão, nem lhe dizer: Que fazes?

³⁶ Tão logo me tornou a vir o entendimento, também para a dignidade do meu reino, tornou-me a vir a minha majestade e o meu resplendor; buscaram-me os meus conselheiros e os meus grandes; fui restabe-

lecido no meu reino, e a mim se me ajuntou extraordinária grandeza.

³⁷ Agora, pois, eu, Nabucodonosor, louvo, exalço e glorifico ao Rei do céu, porque todas as suas obras são verdadeiras, e os seus caminhos, justos, e pode humilhar aos que andam na soberba.

A escritura na parede

5 O rei Belsazar deu um grande banquete a mil dos seus grandes e bebeu vinho na presença dos mil.

² Enquanto Belsazar bebia e apreciava o vinho, mandou trazer os utensílios de ouro e de prata que Nabucodonosor, seu pai, tirara do templo que estava em Jerusalém, para que neles bebessem o rei e os seus grandes, as suas mulheres e concubinas.

³ Então, trouxeram os utensílios de ouro que foram tirados do templo da Casa de Deus que estava em Jerusalém, e beberam neles o rei, os seus grandes e as suas mulheres e concubinas.

⁴ Beberam o vinho e deram louvores aos deuses de ouro, de prata, de bronze, de ferro, de madeira e de pedra.

⁵ No mesmo instante, apareceram uns dedos de mão de homem e escreviam, defronte do candeeiro, na caiadura da parede do palácio real; e o rei via os dedos que estavam escrevendo.

⁶ Então, se mudou o semblante do rei, e os seus pensamentos o turbaram; as juntas dos seus lombos se relaxaram, e os seus joelhos batiam um no outro.

⁷ O rei ordenou, em voz alta, que se introduzissem os encantadores, os caldeus e os feiticeiros; falou o rei e disse aos sábios da Babilônia: Qualquer que ler esta escritura e me declarar a sua interpretação será vestido de púrpura, trará uma cadeia de ouro ao pescoço e será o terceiro no meu reino.

⁸ Então, entraram todos os sábios do rei; mas não puderam ler a escritura, nem fazer saber ao rei a sua interpretação.

⁹ Com isto, se perturbou muito o rei Belsazar, e mudou-se-lhe o semblante; e os seus grandes estavam sobressaltados.

¹⁰ A rainha-mãe, por causa do que havia acontecido ao rei e aos seus grandes, entrou na casa do banquete e disse: Ó rei, vive eternamente! Não te turbem os teus pensamentos, nem se mude o teu semblante.

¹¹ Há no teu reino um homem que tem o espírito dos deuses santos; nos dias de teu pai, se achou nele luz, e inteligência, e sabedoria como a sabedoria dos deuses; teu

pai, o rei Nabucodonosor, sim, teu pai, ó rei, o constituiu chefe dos magos, dos encantadores, dos caldeus e dos feiticeiros,

¹² porquanto espírito excelente, conhecimento e inteligência, interpretação de sonhos, declaração de enigmas e solução de casos difíceis se acharam neste Daniel, a quem o rei pusera o nome de Beltessazar; chame-se, pois, a Daniel, e ele dará a interpretação.

¹³ Então, Daniel foi introduzido à presença do rei. Falou o rei e disse a Daniel: És tu aquele Daniel, dos cativos de Judá, que o rei, meu pai, trouxe de Judá?

¹⁴ Tenho ouvido dizer a teu respeito que o espírito dos deuses está em ti, e que em ti se acham luz, inteligência e excelente sabedoria.

¹⁵ Acabam de ser introduzidos à minha presença os sábios e os encantadores, para lerem esta escritura e me fazerem saber a sua interpretação; mas não puderam dar a interpretação destas palavras.

¹⁶ Eu, porém, tenho ouvido dizer de ti que podes dar interpretações e solucionar casos difíceis; agora, se puderes ler esta escritura e fazer-me saber a sua interpretação, serás vestido de púrpura, terás cadeia de ouro ao pescoço e serás o terceiro no meu reino.

¹⁷ Então, respondeu Daniel e disse na presença do rei: Os teus presentes fiquem contigo, e dá os teus prêmios a outrem; todavia, lerei ao rei a escritura e lhe farei saber a interpretação.

¹⁸ Ó rei! Deus, o Altíssimo, deu a Nabucodonosor, teu pai, o reino e grandeza, glória e majestade.

¹⁹ Por causa da grandeza que lhe deu, povos, nações e homens de todas as línguas tremiam e temiam diante dele; matava a quem queria e a quem queria deixava com vida; a quem queria exaltava e a quem queria abatia.

²⁰ Quando, porém, o seu coração se elevou, e o seu espírito se tornou soberbo e arrogante, foi derribado do seu trono real, e passou dele a sua glória.

²¹ Foi expulso dentre os filhos dos homens, o seu coração foi feito semelhante ao dos animais, e a sua morada foi com os jumentos monteses; deram-lhe a comer erva como aos bois, e do orvalho do céu foi molhado o seu corpo, até que conheceu que Deus, o Altíssimo, tem domínio sobre o reino dos homens e a quem quer constitui sobre ele.

²² Tu, Belsazar, que és seu filho, não humilhaste o coração, ainda que sabias tudo isto.

²³ E te levantaste contra o Senhor do céu, pois foram trazidos os utensílios da casa dele perante ti, e tu, e os teus grandes, e as tuas mulheres, e as tuas concubinas bebestes vinho neles; além disso, deste louvores aos deuses de prata, de ouro, de bronze, de ferro, de madeira e de pedra, que não vêem, não ouvem, nem sabem; mas a Deus, em cuja mão está a tua vida e todos os teus caminhos, a ele não glorificaste.

²⁴ Então, da parte dele foi enviada aquela mão que traçou esta escritura.

²⁵ Esta, pois, é a escritura que se traçou: MENE, MENE, TEQUEL e PARSIM.

²⁶ Esta é a interpretação daquilo: MENE: Contou Deus o teu reino e deu cabo dele.

²⁷ TEQUEL: Pesado foste na balança e achado em falta.

²⁸ PERES: Dividido foi o teu reino e dado aos medos e aos persas.

²⁹ Então, mandou Belsazar que vestissem Daniel de púrpura, e lhe pusessem cadeia de ouro ao pescoço, e proclamassem que passaria a ser o terceiro no governo do seu reino.

³⁰ Naquela mesma noite, foi morto Belsazar, rei dos caldeus.

³¹ E Dario, o medo, com cerca de sessenta e dois anos, se apoderou do reino.

Daniel na cova dos leões

6 Pareceu bem a Dario constituir sobre o reino a cento e vinte sátrapas, que estivessem por todo o reino;

² e sobre eles, três presidentes, dos quais Daniel era um, aos quais estes sátrapas dessem conta, para que o rei não sofresse dano.

³ Então, o mesmo Daniel se distinguiu destes presidentes e sátrapas, porque nele havia um espírito excelente; e o rei pensava em estabelecê-lo sobre todo o reino.

⁴ Então, os presidentes e os sátrapas procuravam ocasião para acusar a Daniel a respeito do reino; mas não puderam achá-la, nem culpa alguma; porque ele era fiel, e não se achava nele nenhum erro nem culpa.

⁵ Disseram, pois, estes homens: Nunca acharemos ocasião alguma para acusar a este Daniel, se não a procurarmos contra ele na lei do seu Deus.

⁶ Então, estes presidentes e sátrapas foram juntos ao rei e lhe disseram: Ó rei Dario, vive eternamente!

⁷ Todos os presidentes do reino, os prefeitos e sátrapas, conselheiros e governadores concordaram em que o rei estabeleça um decreto e faça firme o interdito que todo homem que, por espaço de trinta dias, fizer petição a qualquer deus ou a qualquer homem e não a ti, ó rei, seja lançado na cova dos leões.

⁸ Agora, pois, ó rei, sanciona o interdito e assina a escritura, para que não seja mudada, segundo a lei dos medos e dos persas, que se não pode revogar.

⁹ Por esta causa, o rei Dario assinou a escritura e o interdito.

¹⁰ Daniel, pois, quando soube que a escritura estava assinada, entrou em sua casa e, em cima, no seu quarto, onde havia janelas abertas da banda de Jerusalém, três vezes no dia, se punha de joelhos, e orava, e dava graças, diante do seu Deus, como costumava fazer.

¹¹ Então, aqueles homens foram juntos, e, tendo achado a Daniel a orar e a suplicar, diante do seu Deus,

¹² se apresentaram ao rei, e, a respeito do interdito real, lhe disseram: Não assinaste um interdito que, por espaço de trinta dias, todo homem que fizesse petição a qualquer deus ou a qualquer homem e não a ti, ó rei, fosse lançado na cova dos leões? Respondeu o rei e disse: Esta palavra é certa, segundo a lei dos medos e dos persas, que se não pode revogar.

¹³ Então, responderam e disseram ao rei: Esse Daniel, que é dos exilados de Judá, não faz caso de ti, ó rei, nem do interdito que assinaste; antes, três vezes por dia, faz a sua oração.

¹⁴ Tendo o rei ouvido estas cousas, ficou muito penalizado e determinou consigo mesmo livrar a Daniel; e, até ao pôr-do-sol, se empenhou por salvá-lo.

¹⁵ Então, aqueles homens foram juntos ao rei e lhe disseram: Sabe, ó rei, que é lei dos medos e dos persas que nenhum interdito ou decreto que o rei sancione se pode mudar.

¹⁶ Então, o rei ordenou que trouxessem a Daniel e o lançassem na cova dos leões. Disse o rei a Daniel: O teu Deus, a quem tu continuamente serves, que ele te livre.

¹⁷ Foi trazida uma pedra e posta sobre a boca da cova; selou-a o rei com o seu próprio anel e com o dos seus grandes, para que nada se mudasse a respeito de Daniel.

¹⁸ Então, o rei se dirigiu para o seu palácio, passou a noite em jejum e não deixou trazer à sua presença instrumentos de música; e fugiu dele o sono.

¹⁹ Pela manhã, ao romper do dia, levantou-se o rei e foi com pressa à cova dos leões.

²⁰ Chegando-se ele à cova, chamou por Daniel com voz triste; disse o rei a Daniel: Daniel, servo do Deus vivo! Dar-se-ia o caso que o teu Deus, a quem tu continuamente serves, tenha podido livrar-te dos leões?

²¹ Então, Daniel falou ao rei: Ó rei, vive eternamente!

²² O meu Deus enviou o seu anjo e fechou a boca aos leões, para que não me fizessem dano, porque foi achada em mim inocência diante dele; também contra ti, ó rei, não cometi delito algum.

²³ Então, o rei se alegrou sobremaneira e mandou tirar a Daniel da cova; assim, foi tirado Daniel da cova, e nenhum dano se achou nele, porque crera no seu Deus.

²⁴ Ordenou o rei, e foram trazidos aqueles homens que tinham acusado a Daniel, e foram lançados na cova dos leões, eles, seus filhos e suas mulheres; e ainda não tinham chegado ao fundo da cova, e já os leões se apoderaram deles, e lhes esmigalharam todos os ossos.

²⁵ Então, o rei Dario escreveu aos povos, nações e homens de todas as línguas que habitam em toda a terra: Paz vos seja multiplicada!

²⁶ Faço um decreto pelo qual, em todo o domínio do meu reino, os homens tremam e temam perante o Deus de Daniel, porque ele é o Deus vivo e que permanece para sempre; o seu reino não será destruído, e o seu domínio não terá fim.

²⁷ Ele livra, e salva, e faz sinais e maravilhas no céu e na terra; foi ele quem livrou a Daniel do poder dos leões.

²⁸ Daniel, pois, prosperou no reinado de Dario e no reinado de Ciro, o persa.

O sonho sobre os quatro animais

7 No primeiro ano de Belsazar, rei da Babilônia, teve Daniel um sonho e visões ante seus olhos, quando estava no seu leito; escreveu logo o sonho e relatou a suma de todas as cousas.

² Falou Daniel e disse: Eu estava olhando, durante a minha visão da noite, e eis que os quatro ventos do céu agitavam o mar Grande.

³ Quatro animais, grandes, diferentes uns dos outros, subiam do mar.

7.3 Ap 13.1; 17.8.

⁴ O primeiro era como leão e tinha asas de águia; enquanto eu olhava, foram-lhe arrancadas as asas, foi levantado da terra e posto em dois pés, como homem; e lhe foi dada mente de homem.

⁵ Continuei olhando, e eis aqui o segundo animal, semelhante a um urso, o qual se levantou sobre um dos seus lados; na boca, entre os dentes, trazia três costelas; e lhe diziam: Levanta-te, devora muita carne.

⁶ Depois disto, continuei olhando, e eis aqui outro, semelhante a um leopardo, e tinha nas costas quatro asas de ave; tinha também este animal quatro cabeças, e foi-lhe dado domínio.

⁷ Depois disto, eu continuava olhando nas visões da noite, e eis aqui o quarto animal, terrível, espantoso e sobremodo forte, o qual tinha grandes dentes de ferro; ele devorava, e fazia em pedaços, e pisava aos pés o que sobejava; era diferente de todos os animais que apareceram antes dele e tinha dez chifres.

⁸ Estando eu a observar os chifres, eis que entre eles subiu outro pequeno, diante do qual três dos primeiros chifres foram arrancados; e eis que neste chifre havia olhos, como os de homem, e uma boca que falava com insolência.

⁹ Continuei olhando, até que foram postos uns tronos, e o Ancião de dias se assentou; sua veste era branca como a neve, e os cabelos da cabeça, como a pura lã; o seu trono eram chamas de fogo, e suas rodas eram fogo ardente.

¹⁰ Um rio de fogo manava e saía de diante dele; milhares de milhares o serviam, e miríades de miríades estavam diante dele; assentou-se o tribunal, e se abriram os livros.

¹¹ Então, estive olhando, por causa da voz das insolentes palavras que o chifre proferia; estive olhando e vi que o animal foi morto, e o seu corpo desfeito e entregue para ser queimado.

¹² Quanto aos outros animais, foi-lhes tirado o domínio; todavia, foi-lhes dada prolongação de vida por um prazo e um tempo.

¹³ Eu estava olhando nas minhas visões da noite, e eis que vinha com as nuvens do céu um como o Filho do Homem, e dirigiu-se ao Ancião de dias, e o fizeram chegar até ele.

¹⁴ Foi-lhe dado domínio, e glória, e o reino, para que os povos, nações e homens de todas as línguas o servissem; o seu domínio é domínio eterno, que não passará, e o seu reino jamais será destruído.

¹⁵ Quanto a mim, Daniel, o meu espírito foi alarmado dentro de mim, e as visões da minha cabeça me perturbaram.

¹⁶ Cheguei-me a um dos que estavam perto e lhe pedi a verdade acerca de tudo isto. Assim, ele me disse e me fez saber a interpretação das cousas:

¹⁷ Estes grandes animais, que são quatro, são quatro reis que se levantarão da terra.

¹⁸ Mas os santos do Altíssimo receberão o reino e o possuirão para todo o sempre, de eternidade em eternidade.

¹⁹ Então, tive desejo de conhecer a verdade a respeito do quarto animal, que era diferente de todos os outros, muito terrível, cujos dentes eram de ferro, cujas unhas eram de bronze, que devorava, fazia em pedaços e pisava aos pés o que sobejava;

²⁰ e também a respeito dos dez chifres que tinha na cabeça e do outro que subiu, diante do qual caíram três, daquele chifre que tinha olhos e uma boca que falava com insolência e parecia mais robusto do que os seus companheiros.

²¹ Eu olhava e eis que este chifre fazia guerra contra os santos e prevalecia contra eles,

²² até que veio o Ancião de dias e fez justiça aos santos do Altíssimo; e veio o tempo em que os santos possuíram o reino.

²³ Então, ele disse: O quarto animal será um quarto reino na terra, o qual será diferente de todos os reinos; e devorará toda a terra, e a pisará aos pés, e a fará em pedaços.

²⁴ Os dez chifres correspondem a dez reis que se levantarão daquele mesmo reino; e, depois deles, se levantará outro, o qual será diferente dos primeiros, e abaterá a três reis.

²⁵ Proferirá palavras contra o Altíssimo, magoará os santos do Altíssimo e cuidará em mudar os tempos e a lei; e os santos lhe serão entregues nas mãos, por um tempo, dois tempos e metade dum tempo.

²⁶ Mas, depois, se assentará o tribunal para lhe tirar o domínio, para o destruir e o consumir até ao fim.

²⁷ O reino, e o domínio, e a majestade

7.4 Ap 13.2.   7.7 Ap 12.3; 13.1.   7.8 Ap 13.5,6.   7.9 Ap 20.4; 1.14.   7.10 Ap 5.11; 20.12.   7.13 Mt 24.30; 26.64; Mc 13.26; 14.62; Lc 21.27; Ap 1.7; 14.14; 1.13.   7.14 Ap 11.15.   7.18 Ap 22.5.   7.21 Ap 13.7. 7.22 Ap 20.4.   7.24 Ap 17.12.   7.25 Ap 12.14; 13.5,6.   7.27 Ap 20.4; 22.5.

dos reinos debaixo de todo o céu serão dados ao povo dos santos do Altíssimo; o seu reino será reino eterno, e todos os domínios o servirão e lhe obedecerão.

28 Aqui, terminou o assunto. Quanto a mim, Daniel, os meus pensamentos muito me perturbaram, e o meu rosto se empalideceu; mas guardei estas cousas no coração.

A visão sobre um carneiro e um bode

8 No ano terceiro do reinado do rei Belsazar, eu, Daniel, tive uma visão depois daquela que eu tivera a princípio.

2 Quando a visão me veio, pareceu-me estar eu na cidadela de Susã, que é província de Elão, e vi que estava junto ao rio Ulai.

3 Então, levantei os olhos e vi, e eis que, diante do rio, estava um carneiro, o qual tinha dois chifres, e os dois chifres eram altos, mas um, mais alto do que o outro; e o mais alto subiu por último.

4 Vi que o carneiro dava marradas para o ocidente, e para o norte, e para o sul; e nenhum dos animais lhe podia resistir, nem havia quem pudesse livrar-se do seu poder; ele, porém, fazia segundo a sua vontade e, assim, se engrandecia.

5 Estando eu observando, eis que um bode vinha do ocidente sobre toda a terra, mas sem tocar no chão; este bode tinha um chifre notável entre os olhos;

6 dirigiu-se ao carneiro que tinha os dois chifres, o qual eu tinha visto diante do rio; e correu contra ele com todo o seu furioso poder.

7 Vi-o chegar perto do carneiro, e, enfurecido contra ele, o feriu e lhe quebrou os dois chifres, pois não havia força no carneiro para lhe resistir; e o bode o lançou por terra e o pisou aos pés, e não houve quem pudesse livrar o carneiro do poder dele.

8 O bode se engrandeceu sobremaneira; e, na sua força, quebrou-se-lhe o grande chifre, e em seu lugar saíram quatro chifres notáveis, para os quatro ventos do céu.

9 De um dos chifres saiu um chifre pequeno e se tornou muito forte para o sul, para o oriente e para a terra gloriosa.

10 Cresceu até atingir o exército dos céus; a alguns do exército e das estrelas lançou por terra e os pisou.

11 Sim, engrandeceu-se até ao príncipe do exército; dele tirou o sacrifício diário e o lugar do seu santuário foi deitado abaixo.

12 O exército lhe foi entregue, com o sacrifício diário, por causa das transgressões;

e deitou por terra a verdade; e o que fez prosperou.

13 Depois, ouvi um santo que falava; e disse outro santo àquele que falava: Até quando durará a visão do sacrifício diário e da transgressão assoladora, visão na qual é entregue o santuário e o exército, a fim de serem pisados?

14 Ele me disse: Até duas mil e trezentas tardes e manhãs; e o santuário será purificado.

15 Havendo eu, Daniel, tido a visão, procurei entendê-la, e eis que se me apresentou diante uma como aparência de homem.

16 E ouvi uma voz de homem de entre as margens do Ulai, a qual gritou e disse: Gabriel, dá a entender a este a visão.

17 Veio, pois, para perto donde eu estava; ao chegar ele, fiquei amedrontado e prostrei-me com o rosto em terra; mas ele me disse: Entende, filho do homem, pois esta visão se refere ao tempo do fim.

18 Falava ele comigo quando caí sem sentidos, rosto em terra; ele, porém, me tocou e me pôs em pé no lugar onde eu me achava;

19 e disse: Eis que te farei saber o que há de acontecer no último tempo da ira, porque esta visão se refere ao tempo determinado do fim.

20 Aquele carneiro com dois chifres que viste, são os reis da Média e da Pérsia;

21 mas o bode peludo é o rei da Grécia; o chifre grande entre os olhos é o primeiro rei;

22 o ter sido quebrado, levantando-se quatro em lugar dele, significa que quatro reinos se levantarão deste povo, mas não com força igual à que ele tinha.

23 Mas, no fim do seu reinado, quando os prevaricadores acabarem, levantar-se-á um rei de feroz catadura e especialista em intrigas.

24 Grande é o seu poder, mas não por sua própria força; causará estupendas destruições, prosperará e fará o que lhe aprouver; destruirá os poderosos e o povo santo.

25 Por sua astúcia nos seus empreendimentos, fará prosperar o engano, no seu coração se engrandecerá e destruirá a muitos que vivem despreocupadamente; levantar-se-á contra o Príncipe dos príncipes, mas será quebrado sem esforço de mãos humanas.

26 A visão da tarde e da manhã, que foi dita, é verdadeira; tu, porém, preserva a vi-

8.10 Ap 12.4. **8.16** Lc 1.19,26.

são, porque se refere a dias ainda mui distantes.

²⁷ Eu, Daniel, enfraqueci e estive enfermo alguns dias; então, me levantei e tratei dos negócios do rei. Espantava-me com a visão, e não havia quem a entendesse.

A oração de Daniel pelo povo

9 No primeiro ano de Dario, filho de Assuero, da linhagem dos medos, o qual foi constituído rei sobre o reino dos caldeus,

² no primeiro ano do seu reinado, eu, Daniel, entendi, pelos livros, que o número de anos, de que falara o SENHOR ao profeta Jeremias, que haviam de durar as assolaçõcs de Jerusalém, era de setenta anos.

³ Voltei o rosto ao Senhor Deus, para o buscar com oração e súplicas, com jejum, pano de saco e cinza.

⁴ Orei ao SENHOR, meu Deus, confessei e disse: ah! Senhor! Deus grande e temível, que guardas a aliança e a misericórdia para com os que te amam e guardam os teus mandamentos;

⁵ temos pecado e cometido iniquidades, procedemos perversamente e fomos rebeldes, apartando-nos dos teus mandamentos e dos teus juízos;

⁶ e não demos ouvidos aos teus servos, os profetas, que em teu nome falaram aos nossos reis, nossos príncipes e nossos pais, como também a todo o povo da terra.

⁷ A ti, ó Senhor, pertence a justiça, mas a nós, o corar de vergonha, como hoje se vê; aos homens de Judá, os moradores de Jerusalém, todo o Israel, quer os de perto, quer os de longe, em todas as terras por onde os tens lançado, por causa das suas transgressões que cometeram contra ti.

⁸ Ó SENHOR, a nós pertence o corar de vergonha, aos nossos reis, aos nossos príncipes e a nossos pais, porque temos pecado contra ti.

⁹ Ao Senhor, nosso Deus, pertence a misericórdia e o perdão, pois nos temos rebelado contra ele

¹⁰ e não obedecemos à voz do SENHOR, nosso Deus, para andarmos nas suas leis, que nos deu por intermédio de seus servos, os profetas.

¹¹ Sim, todo o Israel transgrediu a tua lei, desviando-se, para não obedecer à tua voz; por isso, a maldição e as imprecações que estão escritas na lei de Moisés, servo de Deus, se derramaram sobre nós, porque temos pecado contra ti.

¹² Ele confirmou a sua palavra, que falou contra nós e contra os nossos juízes que nos julgavam, e fez vir sobre nós grande mal, porquanto nunca, debaixo de todo o céu, aconteceu o que se deu em Jerusalém.

¹³ Como está escrito na lei de Moisés, todo este mal nos sobreveio; apesar disso, não temos implorado o favor do SENIOR, nosso Deus, para nos convertermos das nossas iniquidades e nos aplicarmos à tua verdade.

¹⁴ Por isso, o SENHOR cuidou em trazer sobre nós o mal e o fez vir sobre nós; pois justo é o SENHOR, nosso Deus, em todas as suas obras que faz, pois não obedecemos à sua voz.

¹⁵ Na verdade, ó Senhor, nosso Deus, que tiraste o teu povo da terra do Egito com mão poderosa, e a ti mesmo adquiriste renome, como hoje se vê, temos pecado e procedido perversamente.

¹⁶ Ó Senhor, segundo todas as tuas justiças, aparte-se a tua ira e o teu furor da tua cidade de Jerusalém, do teu santo monte, porquanto, por causa dos nossos pecados e por causa das iniquidades de nossos pais, se tornaram Jerusalém e o teu povo opróbrio para todos os que estão em redor de nós.

¹⁷ Agora, pois, ó Deus nosso, ouve a oração do teu servo e as suas súplicas e sobre o teu santuário assolado faze resplandecer o teu rosto, por amor do Senhor.

¹⁸ Inclina, ó Deus meu, os ouvidos e ouve; abre os olhos e olha para a nossa desolação e para a cidade que é chamada pelo teu nome, porque não lançamos as nossas súplicas perante a tua face fiados em nossas justiças, mas em tuas muitas misericórdias.

¹⁹ Ó Scnhor, ouve; ó Senhor, perdoa; ó Senhor, atende-nos e age; não te retardes, por amor de ti mesmo, ó Deus meu; porque a tua cidade e o teu povo são chamados pelo teu nome.

A profecia das setenta semanas

²⁰ Falava eu ainda, e orava, e confessava o meu pecado e o pecado do meu povo de Israel, e lançava a minha súplica perante a face do SENHOR, meu Deus, pelo monte santo do meu Deus.

²¹ Falava eu, digo, falava ainda na oração, quando o homem Gabriel, que eu tinha observado na minha visão ao princípio,

veio rapidamente, voando, e me tocou à hora do sacrifício da tarde.

²² Ele queria instruir-me, falou comigo e disse: Daniel, agora, saí para fazer-te entender o sentido.

²³ No princípio das tuas súplicas, saiu a ordem, e eu vim, para to declarar, porque és mui amado; considera, pois, a cousa e entende a visão.

²⁴ Setenta semanas estão determinadas sobre o teu povo e sobre a tua santa cidade, para fazer cessar a transgressão, para dar fim aos pecados, para expiar a iniqüidade, para trazer a justiça eterna, para selar a visão e a profecia e para ungir o santo dos santos.

²⁵ Sabe e entende: desde a saída da ordem para restaurar e para edificar Jerusalém até ao Ungido, ao Príncipe, sete semanas e sessenta e duas semanas; as praças e as circunvalações se reedificarão, mas em tempos angustiosos.

²⁶ Depois das sessenta e duas semanas, será morto o Ungido e já não estará; e o povo de um príncipe que há de vir destruirá a cidade e o santuário, e o seu fim será num dilúvio, e até ao fim haverá guerra; desolações são determinadas.

²⁷ Ele fará firme aliança com muitos, por uma semana; na metade da semana, fará cessar o sacrifício e a oferta de manjares; sobre a asa das abominações virá o assolador, até que a destruição, que está determinada, se derrame sobre ele.

A visão de Daniel no rio Tigre

10 No terceiro ano de Ciro, rei da Pérsia, foi revelada uma palavra a Daniel, cujo nome é Beltessazar; a palavra era verdadeira e envolvia grande conflito; ele entendeu a palavra e teve a inteligência da visão.

² Naqueles dias, eu, Daniel, pranteei durante três semanas.

³ Manjar desejável não comi, nem carne nem vinho entraram na minha boca, nem me untei com óleo algum, até que passaram as três semanas inteiras.

⁴ No dia vinte e quatro do primeiro mês, estando eu à borda do grande rio Tigre,

⁵ levantei os olhos e olhei, e eis um homem vestido de linho, cujos ombros estavam cingidos de ouro puro de Ufaz;

⁶ o seu corpo era como o berilo, o seu rosto, como um relâmpago, os seus olhos, como tochas de fogo, os seus braços e os

seus pés brilhavam como bronze polido; e a voz das suas palavras era como o estrondo de muita gente.

⁷ Só eu, Daniel, tive aquela visão; os homens que estavam comigo nada viram; não obstante, caiu sobre eles grande temor, e fugiram e se esconderam.

⁸ Fiquei, pois, eu só e contemplei esta grande visão, e não restou força em mim; o meu rosto mudou de cor e se desfigurou, e não retive força alguma.

⁹ Contudo, ouvi a voz das suas palavras; e, ouvindo-a, caí sem sentidos, rosto em terra.

Daniel é consolado

¹⁰ Eis que certa mão me tocou, sacudiu-me e me pôs sobre os meus joelhos e as palmas das minhas mãos.

¹¹ Ele me disse: Daniel, homem muito amado, está atento às palavras que te vou dizer; levanta-te sobre os pés, porque eis que te sou enviado. Ao falar ele comigo esta palavra, eu me pus em pé, tremendo.

¹² Então, me disse: Não temas, Daniel, porque, desde o primeiro dia em que aplicaste o coração a compreender e a humilhar-te perante o teu Deus, foram ouvidas as tuas palavras; e, por causa das tuas palavras, é que eu vim.

¹³ Mas o príncipe do reino da Pérsia me resistiu por vinte e um dias; porém Miguel, um dos primeiros príncipes, veio para ajudar-me, e eu obtive vitória sobre os reis da Pérsia.

¹⁴ Agora, vim para fazer-te entender o que há de suceder ao teu povo nos últimos dias; porque a visão se refere a dias ainda distantes.

¹⁵ Ao falar ele comigo estas palavras, dirigi o olhar para a terra e calei.

¹⁶ E eis que uma como semelhança dos filhos dos homens me tocou os lábios; então, passei a falar e disse àquele que estava diante de mim: meu senhor, por causa da visão me sobrevieram dores, e não me ficou força alguma.

¹⁷ Como, pois, pode o servo do meu senhor falar com o meu senhor? Porque, quanto a mim, não me resta já força alguma, nem fôlego ficou em mim.

¹⁸ Então, me tornou a tocar aquele semelhante a um homem e me fortaleceu;

¹⁹ e disse: Não temas, homem muito amado! Paz seja contigo! Sê forte, sê forte. Ao falar ele comigo, fiquei fortalecido

e disse: fala, meu senhor, pois me fortaleceste.

²⁰ E ele disse: Sabes por que eu vim a ti?
Eu tornarei a pelejar contra o príncipe dos
persas; e, saindo eu, eis que virá o príncipe
da Grécia.

²¹ Mas eu te declararei o que está expresso na escritura da verdade; e ninguém há
que esteja ao meu lado contra aqueles, a
não ser Miguel, vosso príncipe.

Os reis do Norte e do Sul

11 Mas eu, no primeiro ano de Dario,
o medo, me levantei para o fortalecer e animar.

² Agora, eu te declararei a verdade: eis
que ainda três reis se levantarão na Pérsia,
e o quarto será cumulado de grandes riquezas mais do que todos; e, tornado forte por
suas riquezas, empregará tudo contra o reino da Grécia.

³ Depois, se levantará um rei poderoso,
que reinará com grande domínio e fará o
que lhe aprouver.

⁴ Mas, no auge, o seu reino será quebrado e repartido para os quatro ventos do céu;
mas não para a sua posteridade, nem tampouco segundo o poder com que reinou,
porque o seu reino será arrancado e passará a outros fora de seus descendentes.

⁵ O rei do Sul será forte, como também
um de seus príncipes; este será mais forte do
que ele, e reinará, e será grande o seu domínio.

⁶ Mas, ao cabo de anos, eles se aliarão
um com o outro; a filha do rei do Sul casará com o rei do Norte, para estabelecer a
concórdia; ela, porém, não conservará a
força do seu braço, e ele não permanecerá,
nem o seu braço, porque ela será entregue,
e bem assim os que a trouxeram, e seu pai,
e o que a tomou por sua naqueles tempos.

⁷ Mas, de um renovo da linhagem dela,
um se levantará em seu lugar, e avançará
contra o exército do rei do Norte, e entrará
na sua fortaleza, e agirá contra eles, e prevalecerá.

⁸ Também aos seus deuses com a multidão das suas imagens fundidas, com os seus
objetos preciosos de prata e ouro levará como despojo para o Egito; por alguns anos,
ele deixará em paz o rei do Norte.

⁹ Mas, depois, este avançará contra o
reino do rei do Sul e tornará para a sua
terra.

¹⁰ Os seus filhos farão guerra e reunirão

numerosas forças; um deles virá apressadamente, arrasará tudo e passará adiante; e,
voltando à guerra, a levará até à fortaleza
do rei do Sul.

¹¹ Então, este se exasperará, sairá e pelejará contra ele, contra o rei do Norte; este porá em campo grande multidão, mas a
sua multidão será entregue nas mãos daquele.

¹² A multidão será levada, e o coração
dele se exaltará; ele derribará miríades, porém não prevalecerá.

¹³ Porque o rei do Norte tornará, e porá em campo multidão maior do que a primeira, e, ao cabo de tempos, isto é, de anos,
virá à pressa com grande exército e abundantes provisões.

¹⁴ Naqueles tempos, se levantarão muitos contra o rei do Sul; também os dados à
violência dentre o teu povo se levantarão
para cumprirem a profecia, mas cairão.

¹⁵ O rei do Norte virá, levantará baluartes e tomará cidades fortificadas; os braços
do Sul não poderão resistir, nem o seu povo escolhido, pois não haverá força para resistir.

¹⁶ O que, pois, vier contra ele fará o que
bem quiser, e ninguém poderá resistir a ele;
estará na terra gloriosa, e tudo estará em
suas mãos.

¹⁷ Resolverá vir com a força de todo o
seu reino, e entrará em acordo com ele, e lhe
dará uma jovem em casamento, para destruir o seu reino; isto, porém, não vingará,
nem será para a sua vantagem.

¹⁸ Depois, se voltará para as terras do
mar e tomará muitas; mas um príncipe fará cessar-lhe o opróbrio e ainda fará recair
este opróbrio sobre aquele.

¹⁹ Então, voltará para as fortalezas da
sua própria terra; mas tropeçará, e cairá, e
não será achado.

²⁰ Levantar-se-á, depois, em lugar dele,
um que fará passar um exator pela terra
mais gloriosa do seu reino; mas, em poucos
dias, será destruído, e isto sem ira nem
batalha.

²¹ Depois, se levantará em seu lugar um
homem vil, ao qual não tinham dado a dignidade real; mas ele virá caladamente e tomará o reino, com intrigas.

²² As forças inundantes serão arrasadas
de diante dele; serão quebrantadas, como
também o príncipe da aliança.

²³ Apesar da aliança com ele, usará de

engano; subirá e se tornará forte com pouca gente.

²⁴ Virá também caladamente aos lugares mais férteis da província e fará o que nunca fizeram seus pais, nem os pais de seus pais: repartirá entre eles a presa, os despojos e os bens; e maquinará os seus projetos contra as fortalezas, mas por certo tempo.

²⁵ Suscitará a sua força e o seu ânimo contra o rei do Sul, à frente de grande exército; o rei do Sul sairá à batalha com grande e mui poderoso exército, mas não prevalecerá, porque maquinarão projetos contra ele.

²⁶ Os que comerem os seus manjares o destruirão, e o exército dele será arrasado, e muitos cairão traspassados.

²⁷ Também estes dois reis se empenharão em fazer o mal e a uma só mesa falarão mentiras; porém isso não prosperará, porque o fim virá no tempo determinado.

²⁸ Então, o homem vil tornará para a sua terra com grande riqueza, e o seu coração será contra a santa aliança; ele fará o que lhe aprouver e tornará para a sua terra.

²⁹ No tempo determinado, tornará a avançar contra o Sul; mas não será nesta última vez como foi na primeira,

³⁰ porque virão contra ele navios de Quitim, que lhe causarão tristeza; voltará, e se indignará contra a santa aliança, e fará o que lhe aprouver; e, tendo voltado, atenderá aos que tiverem desamparado a santa aliança.

³¹ Dele sairão forças que profanarão o santuário, a fortaleza nossa, e tirarão o sacrifício diário, estabelecendo a abominação desoladora.

³² Aos violadores da aliança, ele, com lisonjas, perverterá, mas o povo que conhece ao seu Deus se tornará forte e ativo.

³³ Os sábios entre o povo ensinarão a muitos; todavia, cairão pela espada e pelo fogo, pelo cativeiro e pelo roubo, por algum tempo.

³⁴ Ao caírem eles, serão ajudados com pequeno socorro; mas muitos se ajuntarão a eles com lisonjas.

³⁵ Alguns dos sábios cairão para serem provados, purificados e embranquecidos, até ao tempo do fim, porque se dará ainda no tempo determinado.

³⁶ Este rei fará segundo a sua vontade, e se levantará, e se engrandecerá sobre todo deus; contra o Deus dos deuses falará cousas incríveis e será próspero, até que se cumpra a indignação; porque aquilo que está determinado será feito.

³⁷ Não terá respeito aos deuses de seus pais, nem ao desejo de mulheres, nem a qualquer deus, porque sobre tudo se engrandecerá.

³⁸ Mas, em lugar dos deuses, honrará o deus das fortalezas; a um deus que seus pais não conheceram, honrará com ouro, com prata, com pedras preciosas e cousas agradáveis.

³⁹ Com o auxílio de um deus estranho, agirá contra as poderosas fortalezas, e aos que o reconhecerem, multiplicar-lhes-á a honra, e fá-los-á reinar sobre muitos, e lhes repartirá a terra por prêmio. ·

⁴⁰ No tempo do fim, o rei do Sul lutará com ele, e o rei do Norte arremeterá contra ele com carros, cavaleiros e com muitos navios, e entrará nas suas terras, e as inundará, e passará.

⁴¹ Entrará também na terra gloriosa, e muitos sucumbirão, mas do seu poder escaparão estes: Edom, e Moabe, e as primícias dos filhos de Amom.

⁴² Estenderá a mão também contra as terras, e a terra do Egito não escapará.

⁴³ Apoderar-se-á dos tesouros de ouro e de prata e de todas as cousas preciosas do Egito; os líbios e os etíopes o seguirão.

⁴⁴ Mas, pelos rumores do Oriente e do Norte, será perturbado e sairá com grande furor, para destruir e exterminar a muitos.

⁴⁵ Armará as suas tendas palacianas entre os mares contra o glorioso monte santo; mas chegará ao seu fim, e não haverá quem o socorra.

O tempo do fim

12 Nesse tempo, se levantará Miguel, o grande príncipe, o defensor dos filhos do teu povo, e haverá tempo de angústia, qual nunca houve, desde que houve nação até àquele tempo; mas, naquele tempo, será salvo o teu povo, todo aquele que for achado inscrito no livro.

² Muitos dos que dormem no pó da terra ressuscitarão, uns para a vida eterna, e outros para vergonha e horror eterno.

³ Os que forem sábios, pois, resplandecerão como o fulgor do firmamento; e os que a muitos conduzirem à justiça, como as estrelas, sempre e eternamente.

⁴ Tu, porém, Daniel, encerra as palavras

11.31 Dn 9.27; 12.11; Mt 24.15; Mc 13.14.   **11.36** 2Ts 2.3,4; Ap 13.5,6.   **12.1** Mt 24.21; Mc 13.19; Ap 7.14; 12.7.   **12.2** Mt 25.46; Jo 5.29.   **12.4** Ap 22.10.

e sela o livro, até ao tempo do fim; muitos o esquadrinharão, e o saber se multiplicará.

⁵ Então, eu, Daniel, olhei, e eis que estavam em pé outros dois, um duma banda do rio, o outro, da outra.

⁶ Um deles disse ao homem vestido de linho, que estava sobre as águas do rio: Quando se cumprirão estas maravilhas?

⁷ Ouvi o homem vestido de linho, que estava sobre as águas do rio, quando levantou a mão direita e a esquerda ao céu e jurou, por aquele que vive eternamente, que isso seria depois de um tempo, dois tempos e metade de um tempo. E, quando se acabar a destruição do poder do povo santo, estas cousas todas se cumprirão.

⁸ Eu ouvi, porém não entendi; então, eu disse: meu senhor, qual será o fim destas cousas?

⁹ Ele respondeu: Vai, Daniel, porque estas palavras estão encerradas e seladas até ao tempo do fim.

¹⁰ Muitos serão purificados, embranquecidos e provados; mas os perversos procederão perversamente, e nenhum deles entenderá, mas os sábios entenderão.

¹¹ Depois do tempo em que o sacrifício diário for tirado, e posta a abominação desoladora, haverá ainda mil duzentos e noventa dias.

¹² Bem-aventurado o que espera e chega até mil trezentos e trinta e cinco dias.

¹³ Tu, porém, segue o teu caminho até ao fim; pois descansarás e, ao fim dos dias, te levantarás para receber a tua herança.

OSÉIAS

O casamento de Oséias, símbolo da infidelidade de Israel

1 Palavra do SENHOR, que foi dirigida a Oséias, filho de Beeri, nos dias de Uzias, Jotão, Acaz e Ezequias, reis de Judá, e nos dias de Jeroboão, filho de Joás, rei de Israel.

² Quando, pela primeira vez, falou o SENHOR por intermédio de Oséias, então, o SENHOR lhe disse: Vai, toma uma mulher de prostituições e terás filhos de prostituição, porque a terra se prostituiu, desviando-se do SENHOR.

³ Foi-se, pois, e tomou a Gômer, filha de Diblaim, e ela concebeu e lhe deu um filho.

⁴ Disse-lhe o SENHOR: Põe-lhe o nome de Jezreel, porque, daqui a pouco, castigarei, pelo sangue de Jezreel, a casa de Jeú e farei cessar o reino da casa de Israel.

⁵ Naquele dia, quebrarei o arco de Israel no vale de Jezreel.

⁶ Tornou ela a conceber e deu à luz uma filha. Disse o SENHOR a Oséias: Põe-lhe o nome de Desfavorecida, porque eu não mais tornarei a favorecer a casa de Israel, para lhe perdoar.

⁷ Porém da casa de Judá me compadecerei e os salvarei pelo SENHOR, seu Deus, pois não os salvarei pelo arco, nem pela espada, nem pela guerra, nem pelos cavalos, nem pelos cavaleiros.

⁸ Depois de haver desmamado a Desfavorecida, concebeu e deu à luz um filho.

⁹ Disse o SENHOR a Oséias: Põe-lhe o nome de Não-Meu-Povo, porque vós não sois meu povo, nem eu serei vosso Deus.

¹⁰ Todavia, o número dos filhos de Israel será como a areia do mar, que se não pode medir, nem contar; e acontecerá que, no lugar onde se lhes dizia: Vós não sois meu povo, se lhes dirá: Vós sois filhos do Deus vivo.

¹¹ Os filhos de Judá e os filhos de Israel se congregarão, e constituirão sobre si uma só cabeça, e subirão da terra, porque grande será o dia de Jezreel.

2 Chamai a vosso irmão Meu-Povo e a vossa irmã, Favor.

A infidelidade do povo e a fidelidade de Deus

² Repreendei vossa mãe, repreendei-a, porque ela não é minha mulher, e eu não sou seu marido, para que ela afaste as suas prostituições de sua presença e os seus adultérios de entre os seus seios;

³ para que eu não a deixe despida, e a ponha como no dia em que nasceu, e a tor-

---

12.7 Ap 10.5; 12.14.   12.10 Ap 22.11.   12.11 Dn 9.27; 11.31; Mt 24.15; Mc 13.14.   1.1 2Rs 15.1-7; 2Cr 26.1-23; 2Rs 15.32-38; 2Cr 27.1-8; 2Rs 16.1-20; 2Cr 28.1-27; 2Rs 18.1-20.21; 2Cr 29.1-32.33; 2Rs 14.23-29. 1.4 2Rs 10.11.   1.10 Rm 9.26.

ne semelhante a um deserto, e a faça como terra seca, e a mate à sede,

⁴ e não me compadeça de seus filhos, porque são filhos de prostituições.

⁵ Pois sua mãe se prostituiu; aquela que os concebeu houve-se torpemente, porque diz: Irei atrás de meus amantes, que me dão o meu pão e a minha água, a minha lã e o meu linho, o meu óleo e as minhas bebidas.

⁶ Portanto, eis que cercarei o seu caminho com espinhos; e levantarei um muro contra ela, para que ela não ache as suas veredas.

⁷ Ela irá em seguimento de seus amantes, porém não os alcançará; buscá-los-á, sem, contudo, os achar; então, dirá: Irei e tornarei para o meu primeiro marido, porque melhor me ia então do que agora.

⁸ Ela, pois, não soube que eu é que lhe dei o trigo, e o vinho, e o óleo, e lhe multipliquei a prata e o ouro, que eles usaram para Baal.

⁹ Portanto, tornar-me-ei, e reterei, a seu tempo, o meu trigo e o meu vinho, e arrebatarei a minha lã e o meu linho, que lhe deviam cobrir a nudez.

¹⁰ Agora, descobrirei as suas vergonhas aos olhos dos seus amantes, e ninguém a livrará da minha mão.

¹¹ Farei cessar todo o seu gozo, as suas Festas de Lua Nova, os seus sábados e todas as suas solenidades.

¹² Devastarei a sua vide e a sua figueira, de que ela diz: Esta é a paga que me deram os meus amantes; eu, pois, farei delas um bosque, e as bestas-feras do campo as devorarão.

¹³ Castigá-la-ei pelos dias dos baalins, nos quais lhes queimou incenso, e se adornou com as suas arrecadas e com as suas jóias, e andou atrás de seus amantes, mas de mim se esqueceu, diz o SENHOR.

¹⁴ Portanto, eis que eu a atrairei, e a levarei para o deserto, e lhe falarei ao coração.

¹⁵ E lhe darei, dali, as suas vinhas e o vale de Acor por porta de esperança; será ela obsequiosa como nos dias da sua mocidade e como no dia em que subiu da terra do Egito.

¹⁶ Naquele dia, diz o SENHOR, ela me chamará: Meu marido e já não me chamará: Meu Baal.

¹⁷ Da sua boca tirarei os nomes dos baalins, e não mais se lembrará desses nomes.

¹⁸ Naquele dia, farei a favor dela aliança com as bestas-feras do campo, e com as aves do céu, e com os répteis da terra; e tirarei desta o arco, e a espada, e a guerra e farei o meu povo repousar em segurança.

¹⁹ Desposar-te-ei comigo para sempre; desposar-te-ei comigo em justiça, e em juízo, e em benignidade, e em misericórdias;

²⁰ desposar-te-ei comigo em fidelidade, e conhecerás ao SENHOR.

²¹ Naquele dia, eu serei obsequioso, diz o SENHOR, obsequioso aos céus, e estes, à terra;

²² a terra, obsequiosa ao trigo, e ao vinho, e ao óleo; e estes, a Jezreel.

²³ Semearei Israel para mim na terra e compadecer-me-ei da Desfavorecida; e a Não-Meu-Povo direi: Tu és o meu povo! Ele dirá: Tu és o meu Deus!

A longanimidade de Deus

3 Disse-me o SENHOR: Vai outra vez, ama uma mulher, amada de seu amigo e adúltera, como o SENHOR ama os filhos de Israel, embora eles olhem para outros deuses e amem bolos de passas.

² Comprei-a, pois, para mim por quinze peças de prata e um ômer e meio de cevada;

³ e lhe disse: tu esperarás por mim muitos dias; não te prostituirás, nem serás de outro homem; assim também eu esperarei por ti.

⁴ Porque os filhos de Israel ficarão por muitos dias sem rei, sem príncipe, sem sacrifício, sem coluna, sem estola sacerdotal ou ídolos do lar.

⁵ Depois, tornarão os filhos de Israel, e buscarão ao SENHOR, seu Deus, e a Davi, seu rei; e, nos últimos dias, tremendo, se aproximarão do SENHOR e da sua bondade.

Corrupção geral de Israel

4 Ouvi a palavra do SENHOR, vós, filhos de Israel, porque o SENHOR tem uma contenda com os habitantes da terra, porque nela não há verdade, nem amor, nem conhecimento de Deus.

² O que só prevalece é perjurar, mentir, matar, furtar e adulterar, e há arrombamentos e homicídios sobre homicídios.

³ Por isso, a terra está de luto, e todo o que mora nela desfalece, com os animais do campo e com as aves do céu; e até os peixes do mar perecem.

⁴ Todavia, ninguém contenda, ninguém

repreenda; porque o teu povo é como os sacerdotes aos quais acusa.

⁵ Por isso, tropeçarás de dia, e o profeta contigo tropeçará de noite; e destruirei a tua mãe.

⁶ O meu povo está sendo destruído, porque lhe falta o conhecimento. Porque tu, sacerdote, rejeitaste o conhecimento, também eu te rejeitarci, para que não sejas sacerdote diante de mim; visto que te esqueceste da lei do teu Deus, também eu me esquecerei de teus filhos.

⁷ Quanto mais estes se multiplicaram, tanto mais contra mim pecaram; eu mudarei a sua honra em vergonha.

⁸ Alimentam-se do pecado do meu povo e da maldade dele têm desejo ardente.

⁹ Por isso, como é o povo, assim é o sacerdote; castigá-lo-ei pelo seu procedimento e lhe darei o pago das suas obras.

¹⁰ Comerão, mas não se fartarão; entregar-se-ão à sensualidade, mas não se multiplicarão, porque ao Senhor deixaram de adorar.

¹¹ A sensualidade, o vinho e o mosto tiram o entendimento.

¹² O meu povo consulta o seu pedaço de madeira, e a sua vara lhe dá resposta; porque um espírito de prostituição os enganou, eles, prostituindo-se, abandonaram o seu Deus.

¹³ Sacrificam sobre o cume dos montes e queimam incenso sobre os outeiros, debaixo do carvalho, dos choupos e dos terebintos, porque é boa a sua sombra; por isso, vossas filhas se prostituem, e as vossas noras adulteram.

¹⁴ Não castigarei vossas filhas, que se prostituem, nem vossas noras, quando adulteram, porque os homens mesmos se retiram com as meretrizes e com as prostitutas cultuais sacrificam, pois o povo que não tem entendimento corre para a sua perdição.

¹⁵ Ainda que tu, ó Israel, queres prostituir-te, contudo, não se faça culpado Judá; nem venhais a Gilgal e não subais a Bete-Áven, nem jureis, dizendo: Vive o Senhor.

¹⁶ Como vaca rebelde, se rebelou Israel; será que o Senhor o apascenta como a um cordeiro em vasta campina?

¹⁷ Efraim está entregue aos ídolos; é deixá-lo.

¹⁸ Tendo acabado de beber, eles se entregam à prostituição; os seus príncipes amam apaixonadamente a desonra.

¹⁹ O vento os envolveu nas suas asas; e envergonhar-se-ão por causa dos seus sacrifícios.

Repreensão contra sacerdotes e príncipes

5 Ouvi isto, ó sacerdotes; escutai, ó casa de Israel; e dai ouvidos, ó casa do rei, porque este juízo é contra vós outros, visto que fostes um laço em Mispa e rede estendida sobre o Tabor.

² Na prática de excessos, vos aprofundastes; mas eu castigarei a todos eles.

³ Conheço a Efraim, e Israel não me está oculto; porque, agora, te tens prostituído, ó Efraim, e Israel está contaminado.

⁴ O seu proceder não lhes permite voltar para o seu Deus, porque um espírito de prostituição está no meio deles, e não conhecem ao Senhor.

⁵ A soberba de Israel, abertamente, o acusa; Israel e Efraim cairão por causa da sua iniquidade, e Judá cairá juntamente com eles.

⁶ Estes irão com os seus rebanhos e o seu gado à procura do Senhor, porém não o acharão; ele se retirou deles.

⁷ Aleivosamente se houveram contra o Senhor, porque geraram filhos bastardos; agora, a Festa da Lua Nova os consumirá com as suas porções.

⁸ Tocai a trombeta em Gibeá e em Ramá tocai a rebate! Levantai gritos em Bete-Áven! Cuidado, Benjamim!

⁹ Efraim tornar-se-á assolação no dia do castigo; entre as tribos de Israel, tornei conhecido o que se cumprirá.

¹⁰ Os príncipes de Judá são como os que mudam os marcos; derramarei, pois, o meu furor sobre eles como água.

¹¹ Efraim está oprimido e quebrantado pelo castigo, porque foi do seu agrado andar após a vaidade.

¹² Portanto, para Efraim serei como a traça e para a casa de Judá, como a podridão.

¹³ Quando Efraim viu a sua enfermidade, e Judá, a sua chaga, subiu Efraim à Assíria e se dirigiu ao rei principal, que o acudisse; mas ele não poderá curá-los, nem sarar a sua chaga.

¹⁴ Porque para Efraim serei como um leão e como um leãozinho, para a casa de Judá; eu, eu mesmo, os despedaçarei e ir-me-ei embora; arrebatá-los-ei, e não haverá quem os livre.

Conversão insincera

¹⁵ Irei e voltarei para o meu lugar, até que se reconheçam culpados e busquem a minha face; estando eles angustiados, cedo me buscarão, dizendo:

6 Vinde, e tornemos para o SENHOR, porque ele nos despedaçou e nos sarará; fez a ferida e a ligará.

2 Depois de dois dias, nos revigorará; ao terceiro dia, nos levantará, e viveremos diante dele.

3 Conheçamos e prossigamos em conhecer ao SENHOR; como a alva, a sua vinda é certa; e ele descerá sobre nós como a chuva, como chuva serôdia que rega a terra.

4 Que te farei, ó Efraim? Que te farei, ó Judá? Porque o vosso amor é como a nuvem da manhã e como o orvalho da madrugada, que cedo passa.

5 Por isso, os abati por meio dos profetas; pela palavra da minha boca, os matei; e os meus juízos sairão como a luz.

6 Pois misericórdia quero, e não sacrifício, e o conhecimento de Deus, mais do que holocaustos.

7 Mas eles transgrediram a aliança, como Adão; eles se portaram aleivosamente contra mim.

8 Gileade é a cidade dos que praticam a injustiça, manchada de sangue.

9 Como hordas de salteadores que espreitam alguém, assim é a companhia dos sacerdotes, pois matam no caminho para Siquém; praticam abominações.

10 Vejo uma cousa horrenda na casa de Israel: ali está a prostituição de Efraim; Israel está contaminado.

11 Também tu, ó Judá, serás ceifado.

Iniqüidade dos reis e príncipes

7 Quando me disponho a mudar a sorte do meu povo e a sarar a Israel, se descobre a iniqüidade de Efraim, como também a maldade de Samaria, porque praticam a falsidade; por dentro há ladrões, e por fora rouba a horda de salteadores.

2 Não dizem no seu coração que eu me lembro de toda a sua maldade; agora, pois, os seus próprios feitos os cercam; acham-se diante da minha face.

3 Com a sua malícia, alegram ao rei e com as suas mentiras, aos príncipes.

4 Todos eles são adúlteros: semelhantes ao forno aceso pelo padeiro, que somente cessa de atiçar o fogo desde que sovou a massa até que seja levedada.

5 No dia da festa do nosso rei, os príncipes se tornaram doentes com o excitamento do vinho, e ele deu a mão aos escarnecedores.

6 Porque prepararam o coração como um forno, enquanto estão de espreita; toda a noite, dorme o seu furor, mas, pela manhã arde como labaredas de fogo.

7 Todos eles são quentes como um forno e consomem os seus juízes; todos os seus reis caem; ninguém há, entre eles, que me invoque.

8 Efraim se mistura com os povos e é um pão que não foi virado.

9 Estrangeiros lhe comem a força, e ele não o sabe; também as cãs já se espalham sobre ele, e ele não o sabe.

10 A soberba de Israel, abertamente, o acusa; todavia, não voltam para o SENHOR, seu Deus, nem o buscam em tudo isto.

11 Porque Efraim é como uma pomba enganada, sem entendimento; chamam o Egito e vão para a Assíria.

12 Quando forem, sobre eles estenderei a minha rede e como aves do céu os farei descer; castigá-los-ei, segundo o que eles têm ouvido na sua congregação.

13 Ai deles! Porque fugiram de mim; destruição sobre eles, porque se rebelaram contra mim! Eu os remiria, mas eles falam mentiras contra mim.

14 Não clamam a mim de coração, mas dão uivos nas suas camas; para o trigo e para o vinho se ajuntam, mas contra mim se rebelam.

15 Adestrei e fortaleci os seus braços; no entanto, maquinam contra mim.

16 Eles voltam, mas não para o Altíssimo. Fizeram-se como um arco enganoso; caem à espada os seus príncipes, por causa da insolência da sua língua; este será o seu escárnio na terra do Egito.

O castigo está próximo

8 Emboca a trombeta! Ele vem como a águia contra a Casa do SENHOR, porque transgrediram a minha aliança e se rebelaram contra a minha lei.

2 A mim, me invocam: Nosso Deus! Nós, Israel, te conhecemos.

3 Israel rejeitou o bem; o inimigo o perseguirá.

4 Eles estabeleceram reis, mas não da minha parte; constituíram príncipes, mas eu não o soube; da sua prata e do seu ouro fizeram ídolos para si, para serem destruídos.

5 O teu bezerro, ó Samaria, é rejeitado; a minha ira se acende contra eles; até quando serão eles incapazes da inocência?

6.2 Lc 24.46; 1Co 15.4.   6.6 Mt 9.13; 12.7.

6 Porque vem de Israel, é obra de artífice, não é Deus; mas em pedaços será desfeito o bezerro de Samaria.

7 Porque semeiam ventos e segarão tormentas; não haverá seara; a erva não dará farinha; e, se a der, comê-la-ão os estrangeiros.

8 Israel foi devorado; agora, está entre as nações como cousa de que ninguém se agrada,

9 porque subiram à Assíria; o jumento montês anda solitário, mas Efraim mercou amores.

10 Todavia, ainda que eles merquem socorros entre as nações, eu os congregarei; já começaram a ser diminuídos por causa da opressão do rei e dos príncipes.

11 Porquanto Efraim multiplicou altares para pecar, estes lhe foram para pecar.

12 Embora eu lhe escreva a minha lei em dez mil preceitos, estes seriam tidos como cousa estranha.

13 Amam o sacrifício; por isso, sacrificam, pois gostam de carne e a comem, mas o SENHOR não os aceita; agora, se lembrará da sua iniquidade e lhes castigará o pecado; eles voltarão para o Egito.

14 Porque Israel se esqueceu do seu Criador e edificou palácios, e Judá multiplicou cidades fortes; mas eu enviarei fogo contra as suas cidades, fogo que consumirá os seus palácios.

Israel já antes castigado

9 Não te alegres, ó Israel, não exultes, como os povos; porque, com prostituir-te, abandonaste o teu Deus, amaste a paga de prostituição em todas as eiras de cereais.

2 A eira e o lagar não os manterão; e o vinho novo lhes faltará.

3 Na terra do SENHOR, não permanecerão; mas Efraim tornará ao Egito e na Assíria comerá cousa imunda.

4 Não derramarão libações de vinho ao SENHOR, nem os seus sacrifícios lhe serão agradáveis; seu pão será como pão de pranteadores, todos os que dele comerem serão imundos; porque o seu pão será exclusivamente para eles e não entrará na Casa do SENHOR.

5 Que fareis vós no dia da solenidade e no dia da festa do SENHOR?

6 Porque eis que eles se foram por causa da destruição, mas o Egito os ceifará, Mênfis os sepultará; as preciosidades da sua prata, as urtigas as possuirão; espinhos crescerão nas suas moradas.

7 Chegaram os dias do castigo, chegaram os dias da retribuição; Israel o saberá; o seu profeta é um insensato, o homem de espírito é um louco, por causa da abundância da tua iniquidade, ó Israel, e o muito do teu ódio.

8 O profeta é sentinela contra Efraim, ao lado de meu Deus, laço do passarinheiro em todos os seus caminhos e inimizade na casa do seu Deus.

9 Mui profundamente se corromperam, como nos dias de Gibeá. O SENHOR se lembrará das suas injustiças e castigará os pecados deles.

10 Achei a Israel como uvas no deserto, vi a vossos pais como as primícias da figueira nova; mas eles foram para Baal-Peor, e se consagraram à vergonhosa idolatria, e se tornaram abomináveis como aquilo que amaram.

11 Quanto a Efraim, a sua glória voará como ave; não haverá nascimento, nem gravidez, nem concepção.

12 Ainda que venham a criar seus filhos, eu os privarei deles, para que não fique nenhum homem. Ai deles, quando deles me apartar!

13 Efraim, como planejei, seria como Tiro, plantado num lugar aprazível; mas Efraim levará seus filhos ao matador.

14 Dá-lhes, ó SENHOR; que lhes darás? Dá-lhes um ventre estéril e seios secos.

15 Toda a sua malícia se acha em Gilgal, porque ali passei a aborrecê-los; por causa da maldade das suas obras, os lançarei fora de minha casa; já não os amarei; todos os seus príncipes são rebeldes.

16 Ferido está Efraim, secaram-se as suas raízes; não dará fruto; ainda que gere filhos, eu matarei os mais queridos do seu ventre.

17 O meu Deus os rejeitará, porque não o ouvem; e andarão errantes entre as nações.

Israel semeou malícia e segará destruição

10 Israel é vide luxuriante, que dá o fruto; segundo a abundância do seu fruto, assim multiplicou os altares; quanto melhor a terra, tanto mais belas colunas fizeram.

2 O seu coração é falso; por isso, serão

9.7 Lc 21.22.   **9.9** Jz 19.1-30.   **9.10** Nm 25.1-5.

culpados; o Senhor quebrará os seus altares e deitará abaixo as colunas.

³ Agora, pois, dirão eles: Não temos rei, porque não tememos ao Senhor. E o rei, que faria por nós?

⁴ Falam palavras vãs, jurando falsamente, fazendo aliança; por isso, brota o juízo como erva venenosa nos sulcos dos campos.

⁵ Os moradores de Samaria serão atemorizados por causa do bezerro de Bete-Áven; o seu povo se lamentará por causa dele, e os sacerdotes idólatras tremerão por causa da sua glória, que já se foi.

⁶ Também o bezerro será levado à Assíria como presente ao rei principal; Efraim se cobrirá de vexame, e Israel se envergonhará por causa de seu próprio capricho.

⁷ O rei de Samaria será como lasca de madeira na superfície da água.

⁸ E os altos de Áven, pecado de Israel, serão destruídos; espinheiros e abrolhos crescerão sobre os seus altares; e aos montes se dirá: Cobri-nos! E aos outeiros: Caí sobre nós!

⁹ Desde os dias de Gibeá, pecaste, ó Israel, e nisto permaneceste. A peleja contra os filhos da perversidade não há de alcançar-te em Gibeá?

¹⁰ Castigarei o povo na medida do meu desejo; e congregar-se-ão contra eles os povos, quando eu o punir por causa de sua dupla transgressão.

¹¹ Porque Efraim era uma bezerra domada, que gostava de trilhar; coloquei o jugo sobre a formosura do seu pescoço; atrelei Efraim ao carro. Judá lavrará, Jacó lhe desfará os torrões.

¹² Então, eu disse: semeai para vós outros em justiça, ceifai segundo a misericórdia; arai o campo de pousio; porque é tempo de buscar ao Senhor, até que ele venha, e chova a justiça sobre vós.

¹³ Arastes a malícia, colhestes a perversidade; comestes o fruto da mentira, porque confiastes nos vossos carros e na multidão dos vossos valentes.

¹⁴ Portanto, entre o teu povo se levantará tumulto de guerra, e todas as tuas fortalezas serão destruídas, como Salmã destruiu a Bete-Arbel no dia da guerra; as mães ali foram despedaçadas com seus filhos.

¹⁵ Assim vos fará Betel, por causa da vossa grande malícia; como passa a alva, assim será o rei de Israel totalmente destruído.

O amor de Deus Pai.
A ingratidão de Israel

11 Quando Israel era menino, eu o amei; e do Egito chamei o meu filho.

² Quanto mais eu os chamava, tanto mais se iam da minha presença; sacrificavam a baalins e queimavam incenso às imagens de escultura.

³ Todavia, eu ensinei a andar a Efraim; tomei-os nos meus braços, mas não atinaram que eu os curava.

⁴ Atraí-os com cordas humanas, com laços de amor; fui para eles como quem alivia o jugo de sobre as suas queixadas e me inclinei para dar-lhes de comer.

⁵ Não voltarão para a terra do Egito, mas o assírio será seu rei, porque recusam converter-se.

⁶ A espada cairá sobre as suas cidades, e consumirá os seus ferrolhos, e as devorará, por causa dos seus caprichos.

⁷ Porque o meu povo é inclinado a desviar-se de mim; se é concitado a dirigir-se acima, ninguém o faz.

⁸ Como te deixaria, ó Efraim? Como te entregaria, ó Israel? Como te faria como a Admá? Como fazer-te um Zeboim? Meu coração está comovido dentro de mim, as minhas compaixões, à uma, se acendem.

⁹ Não executarei o furor da minha ira; não tornarei para destruir a Efraim, porque eu sou Deus e não homem, o Santo no meio de ti; não voltarei em ira.

¹⁰ Andarão após o Senhor; este bramará como leão, e, bramando, os filhos, tremendo, virão do Ocidente;

¹¹ tremendo, virão, como passarinhos, os do Egito, e, como pombas, os da terra da Assíria, e os farei habitar em suas próprias casas, diz o Senhor.

¹² Efraim me cercou por meio de mentiras, e a casa de Israel, com engano; mas Judá ainda domina com Deus e é fiel com o Santo.

Jacó, modelo para o povo de Israel

12 Efraim apascenta o vento e persegue o vento leste todo o dia; multiplica mentiras e destruição e faz aliança com a Assíria, e o azeite se leva ao Egito.

² O Senhor também com Judá tem contenda e castigará Jacó segundo o seu proceder; segundo as suas obras, o recompensará.

10.5 1Rs 12.28,29.   **10.8** Lc 23.30; Ap 6.16.   **10.9** Jz 19.1-30.   **10.12** Jr 4.3.   **11.1** Mt 2.15.   **11.8** Dt 29.23.

³ No ventre, pegou do calcanhar de seu irmão; no vigor da sua idade, lutou com Deus;
⁴ lutou com o anjo e prevaleceu; chorou e lhe pediu mercê; em Betel, achou a Deus, e ali falou Deus conosco.
⁵ O SENHOR, o Deus dos Exércitos, o SENHOR é o seu nome;
⁶ converte-te a teu Deus, guarda o amor e o juízo e no teu Deus espera sempre.
⁷ Efraim, mercador, tem nas mãos balança enganosa e ama a opressão;
⁸ mas diz: Contudo, me tenho enriquecido e adquirido grandes bens; em todos esses meus esforços, não acharão em mim iniqüidade alguma, nada que seja pecado.
⁹ Mas eu sou o SENHOR, teu Deus, desde a terra do Egito; eu ainda te farei habitar em tendas, como nos dias da festa.
¹⁰ Falei aos profetas e multipliquei as visões; e, pelo ministério dos profetas, propus símiles.
¹¹ Se há em Gileade transgressão, pura vaidade são eles; se em Gilgal sacrificam bois, os seus altares são como montões de pedra nos sulcos dos campos.
¹² Jacó fugiu para a terra da Síria, e Israel serviu por uma mulher e por ela guardou o gado.
¹³ Mas o SENHOR, por meio dum profeta, fez subir a Israel do Egito e, por um profeta, foi ele guardado.
¹⁴ Efraim mui amargamente provocou à ira; portanto, o SENHOR deixará ficar sobre ele o sangue por ele derramado; e fará cair sobre ele o seu opróbrio.

Castigo definitivo

13 Quando falava Efraim, havia tremor; foi exaltado em Israel, mas ele se fez culpado no tocante a Baal e morreu.
² Agora, pecam mais e mais, e da sua prata fazem imagens de fundição, ídolos segundo o seu conceito, todos obra de artífices, e dizem: Sacrificai a eles. Homens até beijam bezerros!
³ Por isso, serão como nuvem de manhã, como orvalho que cedo passa, como palha que se lança da eira e como fumaça que sai por uma janela.
⁴ Todavia, eu sou o SENHOR, teu Deus, desde a terra do Egito; portanto, não conhecerás outro deus além de mim, porque não há salvador, senão eu.

⁵ Eu te conheci no deserto, em terra muito seca.
⁶ Quando tinham pasto, eles se fartaram, e, uma vez fartos, ensoberbeceu-se-lhes o coração; por isso, se esqueceram de mim.
⁷ Sou, pois, para eles como leão; como leopardo, espreito no caminho.
⁸ Como ursa, roubada de seus filhos, eu os atacarei e lhes romperei a envoltura do coração; e, como leão, ali os devorarei, as feras do campo os despedaçarão.
⁹ A tua ruína, ó Israel, vem de ti, e só de mim, o teu socorro.
¹⁰ Onde está, agora, o teu rei, para que te salve em todas as tuas cidades? E os teus juízes, dos quais disseste: Dá-me rei e príncipes?
¹¹ Dei-te um rei na minha ira e to tirei no meu furor.
¹² As iniqüidades de Efraim estão atadas juntas, o seu pecado está armazenado.
¹³ Dores de parturiente lhe virão; ele é filho insensato, porque é tempo, e não sai à luz, ao abrir-se da madre.
¹⁴ Eu os remirei do poder do inferno e os resgatarei da morte; onde estão, ó morte, as tuas pragas? Onde está, ó inferno, a tua destruição? Meus olhos não vêem em mim arrependimento algum.
¹⁵ Ainda que ele viceja entre os irmãos, virá o vento leste, vento do SENHOR, subindo do deserto, e secará a sua nascente, e estancará a sua fonte; ele saqueará o tesouro de todas as cousas preciosas.
¹⁶ Samaria levará sobre si a sua culpa, porque se rebelou contra o seu Deus; cairá à espada, seus filhos serão despedaçados, e as suas mulheres grávidas serão abertas pelo meio.

Promessas de perdão

14 Volta, ó Israel, para o SENHOR, teu Deus, porque, pelos teus pecados, estás caído.
² Tende convosco palavras de arrependimento e convertei-vos ao SENHOR; dizei-lhe: Perdoa toda iniqüidade, aceita o que é bom e, em vez de novilhos, os sacrifícios dos nossos lábios.
³ A Assíria já não nos salvará, não iremos montados em cavalos e não mais diremos à obra das nossas mãos: tu és o nosso Deus; por ti o órfão alcançará misericórdia.
⁴ Curarei a sua infidelidade, eu de mim

12.3 Gn 25.26; 32.24-26.   **12.4** Gn 28.10-22.   **12.9** Lv 23.39-43.   **12.12** Gn 29.1-20.   **12.13** Êx 12.50,51.   **13.5** Dt 8.12-16.   **13.10** 1Sm 8.5,6.   **13.11** 1Sm 10.17-24; 15.26.   **13.14** 1Co 15.55.

mesmo os amarei, porque a minha ira se apartou deles.

⁵ Serei para Israel como orvalho, ele florescerá como o lírio e lançará as suas raízes como o cedro do Líbano.

⁶ Estender-se-ão os seus ramos, o seu esplendor será como o da oliveira, e sua fragrância, como a do Líbano.

⁷ Os que se assentam de novo à sua sombra voltarão; serão vivificados como o cereal e florescerão como a vide; a sua fama será como a do vinho do Líbano.

⁸ Ó Efraim, que tenho eu com os ídolos? Eu te ouvirei e cuidarei de ti; sou como o cipreste verde; de mim procede o teu fruto.

Apelo final

⁹ Quem é sábio, que entenda estas cousas; quem é prudente, que as saiba, porque os caminhos do SENHOR são retos, e os justos andarão neles, mas os transgressores neles cairão.

JOEL

A carestia causada pelo gafanhoto e pela seca

1 Palavra do SENHOR que foi dirigida a Joel, filho de Petuel.

² Ouvi isto, vós, velhos, e escutai, todos os habitantes da terra: Aconteceu isto em vossos dias? Ou nos dias de vossos pais?

³ Narrai isto a vossos filhos, e vossos filhos o façam a seus filhos, e os filhos destes, à outra geração.

⁴ O que deixou o gafanhoto cortador, comeu-o o gafanhoto migrador; o que deixou o migrador, comeu-o o gafanhoto devorador; o que deixou o devorador, comeu-o o gafanhoto destruidor.

⁵ Ébrios, despertai-vos e chorai; uivai, todos os que bebeis vinho, por causa do mosto, porque está ele tirado da vossa boca.

⁶ Porque veio um povo contra a minha terra, poderoso e inumerável; os seus dentes são dentes de leão, e ele tem os queixais de uma leoa.

⁷ Fez de minha vide uma assolação, destroçou a minha figueira, tirou-lhe a casca, que lançou por terra; os seus sarmentos se fizeram brancos.

⁸ Lamenta com a virgem que, pelo marido da sua mocidade, está cingida de pano de saco.

⁹ Cortada está da Casa do SENHOR a oferta de manjares e a libação; os sacerdotes, ministros do SENHOR, estão enlutados.

¹⁰ O campo está assolado, e a terra, de luto, porque o cereal está destruído, a vide se secou, as olivas se murcharam.

¹¹ Envergonhai-vos, lavradores, uivai, vinhateiros, sobre o trigo e sobre a cevada, porque pereceu a messe do campo.

¹² A vide se secou, a figueira se murchou, a romeira também, e a palmeira e a macieira; todas as árvores do campo se secaram, e já não há alegria entre os filhos dos homens.

¹³ Cingi-vos de pano de saco e lamentai, sacerdotes; uivai, ministros do altar; vinde, ministros de meu Deus; passai a noite vestidos de sacos; porque da casa de vosso Deus foi cortada a oferta de manjares e a libação.

¹⁴ Promulgai um santo jejum, convocai uma assembléia solene, congregai os anciãos, todos os moradores desta terra, para a Casa do SENHOR, vosso Deus, e clamai ao SENHOR.

¹⁵ Ah! Que dia! Porque o Dia do SENHOR está perto e vem como assolação do Todo-poderoso.

¹⁶ Acaso, não está destruído o mantimento diante dos vossos olhos? E, da casa do nosso Deus, a alegria e o regozijo?

¹⁷ A semente mirrou debaixo dos seus torrões, os celeiros foram assolados, os armazéns, derribados, porque se perdeu o cereal.

¹⁸ Como geme o gado! As manadas de bois estão sobremodo inquietas, porque não têm pasto; também os rebanhos de ovelhas estão perecendo.

¹⁹ A ti, ó SENHOR, clamo, porque o fogo consumiu os pastos do deserto, e a chama abrasou todas as árvores do campo.

²⁰ Também todos os animais do campo bramam suspirantes por ti; porque os rios

se secaram, e o fogo devorou os pastos do deserto.

2 Tocai a trombeta em Sião e dai voz de rebate no meu santo monte; perturbem-se todos os moradores da terra, porque o Dia do SENHOR vem, já está próximo;

2 dia de escuridade e densas trevas, dia de nuvens e negridão! Como a alva por sobre os montes, assim se difunde um povo grande e poderoso, qual desde o tempo antigo nunca houve, nem depois dele haverá pelos anos adiante, de geração em geração.

3 À frente dele vai fogo devorador, atrás, chama que abrasa; diante dele, a terra é como o jardim do Éden; mas, atrás dele, um deserto assolado. Nada lhe escapa.

4 A sua aparência é como a de cavalos; e, como cavaleiros, assim correm.

5 Estrondeando como carros, vêm, saltando pelos cumes dos montes, crepitando como chamas de fogo que devoram o restolho, como um povo poderoso, posto em ordem de combate.

6 Diante deles, tremem os povos; todos os rostos empalidecem.

7 Correm como valentes; como homens de guerra, sobem muros; e cada um vai no seu caminho e não se desvia da sua fileira.

8 Não empurram uns aos outros; cada um segue o seu rumo; arremetem contra lanças e não se detêm no seu caminho.

9 Assaltam a cidade, correm pelos muros, sobem às casas; pelas janelas entram como ladrão.

10 Diante deles, treme a terra, e os céus se abalam; o sol e a lua se escurecem, e as estrelas retiram o seu resplendor.

11 O SENHOR levanta a voz diante do seu exército; porque muitíssimo grande é o seu arraial; porque é poderoso quem executa as suas ordens; sim, grande é o Dia do SENHOR e mui terrível! Quem o poderá suportar?

A misericórdia do SENHOR

12 Ainda assim, agora mesmo, diz o SENHOR: Convertei-vos a mim de todo o vosso coração; e isso com jejuns, com choro e com pranto.

13 Rasgai o vosso coração, e não as vossas vestes, e convertei-vos ao SENHOR, vosso Deus, porque ele é misericordioso, e compassivo, e tardio em irar-se, e grande em benignidade, e se arrepende do mal.

14 Quem sabe se não se voltará, e se ar-

penderá, e deixará após si uma bênção, uma oferta de manjares e libação para o SENHOR, vosso Deus?

15 Tocai a trombeta em Sião, promulgai um santo jejum, proclamai uma assembléia solene.

16 Congregai o povo, santificai a congregação, ajuntai os anciãos, reuni os filhinhos e os que mamam; saia o noivo da sua recâmara, e a noiva, do seu aposento.

17 Chorem os sacerdotes, ministros do SENHOR, entre o pórtico e o altar, e orem: Poupa o teu povo, ó SENHOR, e não entregues a tua herança ao opróbrio, para que as nações façam escárnio dele. Por que hão de dizer entre os povos: Onde está o seu Deus?

18 Então, o SENHOR se mostrou zeloso da sua terra, compadeceu-se do seu povo

19 e, respondendo, lhe disse: Eis que vos envio o cereal, e o vinho, e o óleo, e deles sereis fartos, e vos não entregarei mais ao opróbrio entre as nações.

20 Mas o exército que vem do Norte, eu o removerei para longe de vós, lançá-lo-ei em uma terra seca e deserta; lançarei a sua vanguarda para o mar oriental, e a sua retaguarda, para o mar ocidental; subirá o seu mau cheiro, e subirá a sua podridão; porque agiu poderosamente.

21 Não temas, ó terra, regozija-te e alegra-te, porque o SENHOR faz grandes cousas.

22 Não temais, animais do campo, porque os pastos do deserto reverdecerão, porque o arvoredo dará o seu fruto, a figueira e a vide produzirão com vigor.

23 Alegrai-vos, pois, filhos de Sião, regozijai-vos no SENHOR, vosso Deus, porque ele vos dará em justa medida a chuva; fará descer, como outrora, a chuva temporã e a serôdia.

24 As eiras se encherão de trigo, e os lagares transbordarão de vinho e de óleo.

25 Restituir-vos-ei os anos que foram consumidos pelo gafanhoto migrador, pelo destruidor e pelo cortador, o meu grande exército que enviei contra vós outros.

26 Comereis abundantemente, e vos fartareis, e louvareis o nome do SENHOR, vosso Deus, que se houve maravilhosamente convosco; e o meu povo jamais será envergonhado.

27 Sabereis que estou no meio de Israel e que eu sou o SENHOR, vosso Deus, e não há outro; e o meu povo jamais será envergonhado.

2.4,5 Ap 9.7-9.   2.10 Ap 8.12.   2.11 Ap 6.17.

Promessa do derramamento do Espírito

28 E acontecerá, depois, que derramarei o meu Espírito sobre toda a carne; vossos filhos e vossas filhas profetizarão, vossos velhos sonharão, e vossos jovens terão visões;

29 até sobre os servos e sobre as servas derramarei o meu Espírito naqueles dias.

30 Mostrarei prodígios no céu e na terra: sangue, fogo e colunas de fumaça.

31 O sol se converterá em trevas, e a lua, em sangue, antes que venha o grande e terrível Dia do SENHOR.

32 E acontecerá que todo aquele que invocar o nome do SENHOR será salvo; porque, no monte Sião e em Jerusalém, estarão os que forem salvos, como o SENHOR prometeu; e, entre os sobreviventes, aqueles que o SENHOR chamar.

Os juízos de Deus
sobre as nações inimigas

3 Eis que, naqueles dias e naquele tempo, em que mudarei a sorte de Judá e de Jerusalém,

2 congregarei todas as nações e as farei descer ao vale de Josafá; e ali entrarei em juízo contra elas por causa do meu povo e da minha herança, Israel, a quem elas espalharam por entre os povos, repartindo a minha terra entre si.

3 Lançaram sortes sobre o meu povo, e deram meninos por meretrizes, e venderam meninas por vinho, que beberam.

4 Que tendes vós comigo, Tiro, e Sidom, e todas as regiões da Filístia? É isso vingança que quereis contra mim? Se assim me quereis vingar, farei, sem demora, cair sobre a vossa cabeça a vossa vingança.

5 Visto que levastes a minha prata e o meu ouro, e as minhas jóias preciosas metestes nos vossos templos,

6 e vendestes os filhos de Judá e os filhos de Jerusalém aos filhos dos gregos, para os apartar para longe dos seus limites,

7 eis que eu os suscitarei do lugar para onde os vendestes e farei cair a vossa vingança sobre a vossa própria cabeça.

8 Venderei vossos filhos e vossas filhas aos filhos de Judá, e estes, aos sabeus, a uma nação remota, porque o SENHOR o disse.

9 Proclamai isto entre as nações: Apregoai guerra santa e suscitai os valentes; cheguem-se, subam todos os homens de guerra.

10 Forjai espadas das vossas relhas de arado e lanças, das vossas podadeiras; diga o fraco: Eu sou forte.

11 Apressai-vos, e vinde, todos os povos em redor, e congregai-vos; para ali, ó SENHOR, faze descer os teus valentes.

12 Levantem-se as nações e sigam para o vale de Josafá; porque ali me assentarei para julgar todas as nações em redor.

13 Lançai a foice, porque está madura a seara; vinde, pisai, porque o lagar está cheio, os seus compartimentos transbordam, porquanto a sua malícia é grande.

14 Multidões, multidões no vale da Decisão! Porque o Dia do SENHOR está perto, no vale da Decisão.

15 O sol e a lua se escurecem, e as estrelas retiram o seu resplendor.

16 O SENHOR brama de Sião e se fará ouvir de Jerusalém, e os céus e a terra tremerão; mas o SENHOR será o refúgio do seu povo e a fortaleza dos filhos de Israel.

17 Sabereis, assim, que eu sou o SENHOR, vosso Deus, que habito em Sião, meu santo monte; e Jerusalém será santa; estranhos não passarão mais por ela.

A restauração de Israel

18 E há de ser que, naquele dia, os montes destilarão mosto, e os outeiros manarão leite, e todos os rios de Judá estarão cheios de águas; sairá uma fonte da Casa do SENHOR e regará o vale de Sitim.

19 O Egito se tornará uma desolação, e Edom se fará um deserto abandonado, por causa da violência que fizeram aos filhos de Judá, em cuja terra derramaram sangue inocente.

20 Judá, porém, será habitada para sempre, e Jerusalém, de geração em geração.

21 Eu expiarei o sangue dos que não foram expiados, porque o SENHOR habitará em Sião.

2.28-32 At 2.17-21.   **2.31** Mt 24.29; Mc 13.24,25; Lc 21.25; Ap 6.12,13.   **2.32** Rm 10.13.   **3.4** Is 23.1-18; Ez 26.1-28.26; Am 1.9,10; Zc 9.2-4; Mt 11.21,22; Lc 10.13,14; Is 14.29-31; Jr 47.1-7; Ez 25.15-17; Am 1.6-8; Sf 2.4-7; Zc 9.5-7.   **3.10** Is 2.4; Mq 4.3.   **3.13** Ap 14.15-20; 19.15.   **3.16** Am 1.2.

AMÓS

Ameaças contra diversas nações

1 Palavras que, em visão, vieram a Amós, que era entre os pastores de Tecoa, a respeito de Israel, nos dias de Uzias, rci de Judá, e nos dias de Jeroboão, filho de Joás, rei de Israel, dois anos antes do terremoto.

² Ele disse: O SENHOR rugirá de Sião e de Jerusalém fará ouvir a sua voz; os prados dos pastores estarão de luto, e secar-se-á o cume do Carmelo.

³ Assim diz o SENHOR: Por três transgressões de Damasco e por quatro, não sustarei o castigo, porque trilharam a Gileade com trilhos de ferro.

⁴ Por isso, meterei fogo à casa de Hazael, fogo que consumirá os castelos de Ben-Hadade.

⁵ Quebrarei o ferrolho de Damasco e eliminarei o morador de Biqueate-Áven e ao que tem o cetro de Bete-Éden; e o povo da Síria será levado em cativeiro a Quir, diz o SENHOR.

⁶ Assim diz o SENHOR: Por três transgressões de Gaza e por quatro, não sustarei o castigo, porque levaram em cativeiro todo o povo, para o entregarem a Edom.

⁷ Por isso, meterei fogo aos muros de Gaza, fogo que consumirá os seus castelos.

⁸ Eliminarei o morador de Asdode e o que tem o cetro de Ascalom e volverei a mão contra Ecrom; e o resto dos filisteus perecerá, diz o SENHOR.

⁹ Assim diz o SENHOR: Por três transgressões de Tiro e por quatro, não sustarei o castigo, porque entregaram todos os cativos a Edom e não se lembraram da aliança de irmãos.

¹⁰ Por isso, meterei fogo aos muros de Tiro, fogo que consumirá os seus castelos.

¹¹ Assim diz o SENHOR: Por três transgressões de Edom e por quatro, não sustarei o castigo, porque perseguiu o seu irmão à espada e baniu toda a misericórdia; e a sua ira não cessou de despedaçar, e reteve a sua indignação para sempre.

¹² Por isso, meterei fogo a Temã, fogo que consumirá os castelos de Bozra.

¹³ Assim diz o SENHOR: Por três transgressões dos filhos de Amom e por quatro, não sustarei o castigo, porque rasgaram o ventre às grávidas de Gileade, para dilatarem os seus próprios limites.

¹⁴ Por isso, meterei fogo aos muros de Rabá, fogo que consumirá os seus castelos, com alarido no dia da batalha, com turbilhão no dia da tempestade.

¹⁵ O seu rei irá para o cativeiro, ele e os seus príncipes juntamente, diz o SENHOR.

2 Assim diz o SENHOR: Por três transgressões de Moabe e por quatro, não sustarei o castigo, porque queimou os ossos do rei de Edom, até os reduzir a cal.

² Por isso, meterei fogo a Moabe, fogo que consumirá os castelos de Queriote; Moabe morrerá entre grande estrondo, alarido e som de trombeta.

³ Eliminarei o juiz do meio dele e a todos os seus príncipes com ele matarei, diz o SENHOR.

Ameaças contra Judá

⁴ Assim diz o SENHOR: Por três transgressões de Judá e por quatro, não sustarei o castigo, porque rejeitaram a lei do SENHOR e não guardaram os seus estatutos; antes, as suas próprias mentiras os enganaram, e após elas andaram seus pais.

⁵ Por isso, meterei fogo a Judá, fogo que consumirá os castelos de Jerusalém.

Ameaças contra Israel

⁶ Assim diz o SENHOR: Por três transgressões de Israel e por quatro, não sustarei o castigo, porque os juízes vendem o justo por dinheiro e condenam o necessitado por causa de um par de sandálias.

⁷ Suspiram pelo pó da terra sobre a cabeça dos pobres e pervertem o caminho dos mansos; um homem e seu pai coabitam com a mesma jovem e, assim, profanam o meu santo nome.

⁸ E se deitam ao pé de qualquer altar sobre roupas empenhadas e, na casa do seu deus, bebem o vinho dos que foram multados.

⁹ Todavia, eu destruí diante deles o amorreu, cuja altura era como a dos cedros, e que era forte como os carvalhos; e destruí

1.1 2Rs 15.1-7; 2Cr 26.1-23; 2Rs 14.23-29. **1.2** Jl 3.16. Jr 47.1-7; Ez 25.15-17; Jl 3.4-8; Sf 2.4-7; Zc 9.5-7. Mt 11.21,22; Lc 10.13,14. **1.11,12** Is 34.1-17; 63.1-6; Jr 49.7-22; Ez 25.12-14; 35.1-15; Ob 14; Ml 1.2-5. **1.13-15** Jr 49.1-6; Ez 21.28-32; 25.1-7; Sf 2.8-11. **2.9** Dt 3.8-11. **1.3-5** Is 17.1-3; Jr 49.23-27; Zc 9.1. **1.6-8** Is 14.29-31; Is 23.1-18; Ez 26.1-28.19; Jl 3.4-8; Zc 9.3-4; Jr 49.7-22; Ez 25.12-14; 35.1-15; Ob 14; Ml 1.2-5. **1.9,10** Is 23.1-18; Ez 26.1-28.19; Jl 3.4-8; Zc 9.3-4; **2.1-3** Is 15.1-16.14; 25.10-12; Jr 48.1-47; Ez 25.8-11; Sf 2.8-11.

o seu fruto por cima e as suas raízes por baixo.

¹⁰ Também vos fiz subir da terra do Egito e quarenta anos vos conduzi no deserto, para que possuísseis a terra do amorreu.

¹¹ Dentre os vossos filhos, suscitei profetas e, dentre os vossos jovens, nazireus. Não é isto assim, filhos de Israel? — diz o SENHOR.

¹² Mas vós aos nazireus destes a beber vinho e aos profetas ordenastes, dizendo: Não profetizeis.

¹³ Eis que farei oscilar a terra debaixo de vós, como oscila um carro carregado de feixes.

¹⁴ De nada valerá a fuga ao ágil, o forte não usará a sua força, nem o valente salvará a sua vida.

¹⁵ O que maneja o arco não resistirá, nem o ligeiro de pés se livrará, nem tampouco o que vai montado a cavalo salvará a sua vida.

¹⁶ E o mais corajoso entre os valentes fugirá nu naquele dia, disse o SENHOR.

O castigo contra a maldade de Israel

3 Ouvi a palavra que o SENHOR fala contra vós outros, filhos de Israel, contra toda a família que ele fez subir da terra do Egito, dizendo:

² De todas as famílias da terra, somente a vós outros vos escolhi; portanto, eu vos punirei por todas as vossas iniqüidades.

³ Andarão dois juntos, se não houver entre eles acordo?

⁴ Rugirá o leão no bosque, sem que tenha presa? Levantará o leãozinho no covil a sua voz, se nada tiver apanhado?

⁵ Cairá a ave no laço em terra, se não houver armadilha para ela? Levantar-se-á o laço da terra, sem que tenha apanhado alguma cousa?

⁶ Tocar-se-á a trombeta na cidade, sem que o povo se estremeça? Sucederá algum mal à cidade, sem que o SENHOR o tenha feito?

⁷ Certamente, o SENHOR Deus não fará cousa alguma, sem primeiro revelar o seu segredo aos seus servos, os profetas.

⁸ Rugiu o leão, quem não temerá? Falou o SENHOR Deus, quem não profetizará?

⁹ Fazei ouvir isto nos castelos de Asdode e nos castelos da terra do Egito e dizei: Ajuntai-vos sobre os montes de Samaria e vede que grandes tumultos há nela e que opressões há no meio dela.

¹⁰ Porque Israel não sabe fazer o que é reto, diz o SENHOR, e entesoura nos seus castelos a violência e a devastação.

¹¹ Portanto, assim diz o SENHOR Deus: Um inimigo cercará a tua terra, derribará a tua fortaleza, e os teus castelos serão saqueados.

¹² Assim diz o SENHOR: Como o pastor livra da boca do leão as duas pernas ou um pedacinho da orelha, assim serão salvos os filhos de Israel que habitam em Samaria com apenas o canto da cama e parte do leito.

¹³ Ouvi e protestai contra a casa de Jacó, diz o SENHOR Deus, o Deus dos Exércitos:

¹⁴ No dia em que eu punir Israel, por causa das suas transgressões, visitarei também os altares de Betel; e as pontas do altar serão cortadas e cairão por terra.

¹⁵ Derribarei a casa de inverno com a casa de verão; as casas de marfim perecerão, e as grandes casas serão destruídas, diz o SENHOR.

Ameaças contra as mulheres de Samaria

4 Ouvi esta palavra, vacas de Basã, que estais no monte de Samaria, oprimis os pobres, esmagais os necessitados e dizeis a vosso marido: Dai cá, e bebamos.

² Jurou o SENHOR Deus, pela sua santidade, que dias estão para vir sobre vós, em que vos levarão com anzóis e as vossas restantes com fisga de pesca.

³ Saireis cada uma em frente de si pelas brechas e vos lançareis para Harmom, disse o SENHOR.

A cegueira espiritual de Israel

⁴ Vinde a Betel e transgredi, a Gilgal, e multiplicai as transgressões; e, cada manhã, trazei os vossos sacrifícios e, de três em três dias, os vossos dízimos;

⁵ e oferecei sacrifício de louvores do que é levedado, e apregoai ofertas voluntárias, e publicai-as, porque disso gostais, ó filhos de Israel, disse o SENHOR Deus.

⁶ Também vos deixei de dentes limpos em todas as vossas cidades e com falta de pão em todos os vossos lugares; contudo, não vos convertestes a mim, disse o SENHOR.

⁷ Além disso, retive de vós a chuva, três meses ainda antes da ceifa; e fiz chover sobre uma cidade e sobre a outra, não; um

campo teve chuva, mas o outro, que ficou sem chuva, se secou.

8 Andaram duas ou três cidades, indo a outra cidade para beberem água, mas não se saciaram; contudo, não vos convertestes a mim, disse o SENHOR.

9 Feri-vos com o crestamento e a ferrugem; a multidão das vossas hortas, e das vossas vinhas, e das vossas figueiras, e das vossas oliveiras, devorou-a o gafanhoto; contudo, não vos convertestes a mim, disse o SENHOR.

10 Enviei a peste contra vós outros à maneira do Egito; os vossos jovens, matei-os à espada, e os vossos cavalos, deixei-os levar presos, e o mau cheiro dos vossos arraiais fiz subir aos vossos narizes; contudo, não vos convertestes a mim, disse o SENHOR.

11 Subverti alguns dentre vós, como Deus subverteu a Sodoma e Gomorra, e vós fostes como um tição arrebatado da fogueira; contudo, não vos convertestes a mim, disse o SENHOR.

12 Portanto, assim te farei, ó Israel! E, porque isso te farei, prepara-te, ó Israel, para te encontrares com o teu Deus.

13 Porque é ele quem forma os montes, e cria o vento, e declara ao homem qual é o seu pensamento; e faz da manhã trevas e pisa os altos da terra; SENHOR, Deus dos Exércitos, é o seu nome.

Buscai a Deus e vivei

5 Ouvi esta palavra que levanto como lamentação sobre vós, ó casa de Israel:

2 Caiu a virgem de Israel, nunca mais tornará a levantar-se; estendida está na sua terra, e não há quem a levante

3 Porque assim diz o SENHOR Deus: A cidade da qual saem mil conservará cem, e aquela da qual saem cem conservará dez à casa de Israel.

4 Pois assim diz o SENHOR à casa de Israel: Buscai-me e vivei.

5 Porém não busqueis a Betel, nem venhais a Gilgal, nem passeis a Berseba, porque Gilgal, certamente, será levada cativa, e Betel será desfeita em nada.

6 Buscai ao SENHOR e vivei, para que não irrompa na casa de José como um fogo que a consuma, e não haja em Betel quem o apague.

7 Vós que converteis o juízo em alosna e deitais por terra a justiça,

8 procurai o que faz o Sete-estrelo e o Órion, e torna a densa treva em manhã, e muda o dia em noite; o que chama as águas do mar e as derrama sobre a terra; SENHOR é o seu nome.

9 É ele que faz vir súbita destruição sobre o forte e ruína contra a fortaleza.

10 Aborreceis na porta ao que vos repreende e abominais o que fala sinceramente.

11 Portanto, visto que pisais o pobre e dele exigis tributo de trigo, não habitareis nas casas de pedras lavradas que tendes edificado; nem bebereis do vinho das vides desejáveis que tendes plantado.

12 Porque sei serem muitas as vossas transgressões e graves os vossos pecados; afligis o justo, tomais suborno e rejeitais os necessitados na porta.

13 Portanto, o que for prudente guardará, então, silêncio, porque é tempo mau.

14 Buscai o bem e não o mal, para que vivais; e, assim, o SENHOR, o Deus dos Exércitos, estará convosco, como dizeis.

15 Aborrecei o mal, e amai o bem, e estabelecei na porta o juízo; talvez o SENHOR, o Deus dos Exércitos, se compadeça do restante de José.

16 Portanto, assim diz o Senhor, o SENHOR, Deus dos Exércitos: Em todas as praças haverá pranto; e em todas as ruas dirão: Ai! Ai! E ao lavrador chamarão para o pranto e, para o choro, os que sabem prantear.

17 Em todas as vinhas haverá pranto, porque passarei pelo meio de ti, diz o SENHOR.

18 Ai de vós que desejais o Dia do SENHOR! Para que desejais vós o Dia do SENHOR? É dia de trevas e não de luz.

19 Como se um homem fugisse de diante do leão, e se encontrasse com ele o urso; ou como se, entrando em casa, encostando a mão à parede, fosse mordido duma cobra.

20 Não será, pois, o Dia do SENHOR trevas e não luz? Não será completa escuridão, sem nenhuma claridade?

Deus exige justiça e não sacrifícios

21 Aborreço, desprezo as vossas festas e com as vossas assembléias solenes não tenho nenhum prazer.

22 E, ainda que me ofereçais holocaustos e vossas ofertas de manjares, não me agradarei deles, nem atentarei para as ofertas pacíficas de vossos animais cevados.

23 Afasta de mim o estrépito dos teus

4.11 Gn 19.24.   **5.8** Jó 9.9; 38.31.   **5.21,22** Is 1.11-14.

cânticos, porque não ouvirei as melodias das tuas liras.

²⁴ Antes, corra o juízo como as águas; e a justiça, como ribeiro perene.

²⁵ Apresentastes-me, vós, sacrifícios e ofertas de manjares no deserto por quarenta anos, ó casa de Israel?

²⁶ Sim, levastes Sicute, vosso rei, Quium, vossa imagem, e o vosso deus-estrela, que fizestes para vós mesmos.

²⁷ Por isso, vos desterrarei para além de Damasco, diz o SENHOR, cujo nome é Deus dos Exércitos.

A corrupção e a destruição de Israel

6 Ai dos que andam à vontade em Sião e dos que vivem sem receio no monte de Samaria, homens notáveis da principal das nações, aos quais vem a casa de Israel!

² Passai a Calné e vede; e, dali, ide à grande Hamate; depois, descei a Gate dos filisteus; sois melhores que estes reinos? Ou será maior o seu território do que o vosso território?

³ Vós que imaginais estar longe o dia mau e fazeis chegar o trono da violência;

⁴ que dormis em camas de marfim, e vos espreguiçais sobre o vosso leito, e comeis os cordeiros do rebanho e os bezerros do cevadouro;

⁵ que cantais à toa ao som da lira e inventais, como Davi, instrumentos músicos para vós mesmos;

⁶ que bebeis vinho em taças e vos ungis com o mais excelente óleo, mas não vos afligis com a ruína de José.

⁷ Portanto, agora, ireis em cativeiro entre os primeiros que forem levados cativos, e cessarão as pândegas dos espreguiçadores.

⁸ Jurou o SENHOR Deus por si mesmo, o SENHOR, Deus dos Exércitos, e disse: Abomino a soberba de Jacó e odeio os seus castelos; e abandonarei a cidade e tudo o que nela há.

⁹ Se numa casa ficarem dez homens, também esses morrerão.

¹⁰ Se, porém, um parente chegado, o qual os há de queimar, toma os cadáveres para os levar fora da casa e diz ao que estiver no seu mais interior: Haverá outro contigo? E este responder: Não há; então, lhe dirá: Cala-te, não menciones o nome do SENHOR.

¹¹ Pois eis que o SENHOR ordena, e será destroçada em ruínas a casa grande, e a pequena, feita em pedaços.

¹² Poderão correr cavalos na rocha? E lavrá-la com bois? No entanto, haveis tornado o juízo em veneno e o fruto da justiça, em alosna.

¹³ Vós vos alegrais com Lo-Debar e dizeis: Não é assim que, por nossas próprias forças, nos apoderamos de Carnaim?

¹⁴ Pois eis que levantarei sobre vós, ó casa de Israel, uma nação, diz o SENHOR, Deus dos Exércitos, a qual vos oprimirá, desde a entrada de Hamá até ao ribeiro da Arabá.

A visão do gafanhoto, do fogo e do prumo

7 Isto me fez ver o SENHOR Deus: eis que ele formava gafanhotos ao surgir o rebento da erva serôdia; e era a erva serôdia depois de findas as ceifas do rei.

² Tendo eles comido de todo a erva da terra, disse eu: SENHOR Deus, perdoa, rogo-te; como subsistirá Jacó? Pois ele é pequeno.

³ Então, o SENHOR se arrependeu disso. Não acontecerá, disse o SENHOR.

⁴ Isto me mostrou o SENHOR Deus: eis que o SENHOR Deus chamou o fogo para exercer a sua justiça; este consumiu o grande abismo e devorava a herança do SENHOR.

⁵ Então, disse eu: SENHOR Deus, cessa agora; como subsistirá Jacó? Pois ele é pequeno.

⁶ E o SENHOR se arrependeu disso. Também não acontecerá, disse o SENHOR Deus.

⁷ Mostrou-me também isto: eis que o Senhor estava sobre um muro levantado a prumo; e tinha um prumo na mão.

⁸ O SENHOR me disse: Que vês tu, Amós? Respondi: Um prumo. Então, me disse o Senhor: Eis que eu porei o prumo no meio do meu povo de Israel; e jamais passarei por ele.

⁹ Mas os altos de Isaque serão assolados, e destruídos os santuários de Israel; e levantar-me-ei com a espada contra a casa de Jeroboão.

Amós acusado como conspirador

¹⁰ Então, Amazias, o sacerdote de Betel, mandou dizer a Jeroboão, rei de Israel: Amós tem conspirado contra ti, no meio da

5.25-27 At 7.42,43.

casa de Israel; a terra não pode sofrer todas as suas palavras.

11 Porque assim diz Amós: Jeroboão morrerá à espada, e Israel, certamente, será levado para fora de sua terra, em cativeiro.

12 Então, Amazias disse a Amós: Vai-te, ó vidente, foge para a terra de Judá, e ali come o teu pão, e ali profetiza;

13 mas em Betel, daqui por diante, já não profetizarás, porque é o santuário do rei e o templo do reino.

14 Respondeu Amós e disse a Amazias: Eu não sou profeta, nem discípulo de profeta, mas boieiro e colhedor de sicômoros.

15 Mas o SENHOR me tirou de após o gado e o SENHOR me disse: Vai e profetiza ao meu povo de Israel.

16 Ora, pois, ouve a palavra do SENHOR. Tu dizes: Não profetizarás contra Israel, nem falarás contra a casa de Isaque.

17 Portanto, assim diz o SENHOR: Tua mulher se prostituirá na cidade, e teus filhos e tuas filhas cairão à espada, e a tua terra será repartida a cordel, e tu morrerás na terra imunda, e Israel, certamente, será levado cativo para fora da sua terra.

A visão dum cesto de frutos

8 O SENHOR Deus me fez ver isto: eis aqui um cesto de frutos de verão.

2 E perguntou: Que vês, Amós? E eu respondi: Um cesto de frutos de verão. Então, o SENHOR me disse: Chegou o fim para o meu povo de Israel; e jamais passarei por ele.

3 Mas os cânticos do templo, naquele dia, serão uivos, diz o SENHOR Deus; multiplicar-se-ão os cadáveres; em todos os lugares, serão lançados fora. Silêncio!

A ruína de Israel está perto

4 Ouvi isto, vós que tendes gana contra o necessitado e destruís os miseráveis da terra,

5 dizendo: Quando passará a Festa da Lua Nova, para vendermos os cereais? E o sábado, para abrirmos os celeiros de trigo, diminuindo o efa, e aumentando o siclo, e procedendo dolosamente com balanças enganadoras,

6 para comprarmos os pobres por dinheiro e os necessitados por um par de sandálias e vendermos o refugo do trigo?

7 Jurou o SENHOR pela glória de Jacó: Eu não me esquecerei de todas as suas obras, para sempre!

8 Por causa disto, não estremecerá a terra? E não se enlutará todo aquele que habita nela? Certamente, levantar-se-á toda como o Nilo, será agitada e abaixará como o rio do Egito.

9 Sucederá que, naquele dia, diz o SENHOR Deus, farei que o sol se ponha ao meio-dia e entenebrecerei a terra em dia claro.

10 Converterei as vossas festas em luto e todos os vossos cânticos em lamentações; porei pano de saco sobre todos os lombos e calva sobre toda cabeça; e farei que isso seja como luto por filho único, luto cujo fim será como dia de amarguras.

11 Eis que vêm dias, diz o SENHOR Deus, em que enviarei fome sobre a terra, não de pão, nem sede de água, mas de ouvir as palavras do SENHOR.

12 Andarão de mar a mar e do Norte até ao Oriente; correrão por toda parte, procurando a palavra do SENHOR, e não a acharão.

13 Naquele dia, as virgens formosas e os jovens desmaiarão de sede,

14 os que, agora, juram pelo ídolo de Samaria e dizem: Como é certo viver o teu deus, ó Dã! E: Como é certo viver o culto de Berseba! Esses mesmos cairão e não se levantarão jamais.

Os juízos de Deus são inevitáveis

9 Vi o Senhor, que estava em pé junto ao altar; e me disse: Fere os capitéis, e estremeçerão os umbrais, e faze tudo em pedaços sobre a cabeça de todos eles; matarei à espada até ao último deles; nenhum deles fugirá, e nenhum escapará.

2 Ainda que desçam ao mais profundo abismo, a minha mão os tirará de lá; se subirem ao céu, de lá os farei descer.

3 Se se esconderem no cume do Carmelo, de lá buscá-los-ei e de lá os tirarei; e, se dos meus olhos se ocultarem no fundo do mar, de lá darei ordem à serpente, e ela os morderá.

4 Se forem para o cativeiro diante de seus inimigos, ali darei ordem à espada, e ela os matará; porei os olhos sobre eles, para o mal e não para o bem.

5 Porque o Senhor, o SENHOR dos Exércitos, é o que toca a terra, e ela se derrete, e todos os que habitam nela se enlutarão; ela subirá toda como o Nilo e abaixará como o rio do Egito.

6 Deus é o que edifica as suas câmaras no céu e a sua abóbada fundou na terra; é o que chama as águas do mar e as derrama sobre a terra; SENHOR é o seu nome.

⁷ Não sois vós para mim, ó filhos de Israel, como os filhos dos etíopes? — diz o SENHOR. Não fiz eu subir a Israel da terra do Egito, e de Caftor, os filisteus, e de Quir, os siros?

⁸ Eis que os olhos do SENHOR Deus estão contra este reino pecador, e eu o destruirei de sobre a face da terra; mas não destruirei de todo a casa de Jacó, diz o SENHOR.

⁹ Porque eis que darei ordens e sacudirei a casa de Israel entre todas as nações, assim como se sacode trigo no crivo, sem que caia na terra um só grão.

¹⁰ Todos os pecadores do meu povo morrerão à espada, os quais dizem: O mal não nos alcançará, nem nos encontrará.

Restauração do Israel espiritual

¹¹ Naquele dia, levantarei o tabernáculo caído de Davi, repararei as suas brechas; e, levantando-o das suas ruínas, restaurá-lo-ei como fora nos dias da antiguidade;

¹² para que possuam o restante de Edom e todas as nações que são chamadas pelo meu nome, diz o SENHOR, que faz estas cousas.

¹³ Eis que vêm dias, diz o SENHOR, em que o que lavra segue logo ao que ceifa, e o que pisa as uvas, ao que lança a semente; os montes destilarão mosto, e todos os outeiros se derreterão.

¹⁴ Mudarei a sorte do meu povo de Israel; reedificarão as cidades assoladas, e nelas habitarão, plantarão vinhas e beberão o seu vinho, farão pomares e lhes comerão o fruto.

¹⁵ Plantá-los-ei na sua terra, e, dessa terra que lhes dei, já não serão arrancados, diz o SENHOR, teu Deus.

OBADIAS

Os pecados e o castigo de Edom
Jr 49.14-16

¹ Visão de Obadias. Assim diz o SENHOR Deus a respeito de Edom: Temos ouvido as novas do SENHOR, e às nações foi enviado um mensageiro que disse: Levantai-vos, e levantemo-nos contra Edom, para a guerra.

² Eis que te fiz pequeno entre as nações; tu és mui desprezado.

³ A soberba do teu coração te enganou, ó tu que habitas nas fendas das rochas, na tua alta morada, e dizes no teu coração: Quem me deitará por terra?

⁴ Se te remontares como águia e puseres o teu ninho entre as estrelas, de lá te derribarei, diz o SENHOR.

⁵ Se viessem a ti ladrões ou roubadores de noite (como estás destruído!), não furtariam só o que lhes bastasse? Se a ti viessem os vindimadores, não deixariam pelo menos alguns cachos?

⁶ Como foram rebuscados os bens de Esaú! Como foram esquadrinhados os seus tesouros escondidos!

⁷ Todos os teus aliados te levaram para fora dos teus limites; os que gozam da tua paz te enganaram, prevaleceram contra ti; os que comem o teu pão puseram armadilhas para teus pés; não há em Edom entendimento.

⁸ Não acontecerá, naquele dia, diz o SENHOR, que farei perecer os sábios de Edom e o entendimento do monte de Esaú?

⁹ Os teus valentes, ó Temã, estarão atemorizados, para que, do monte de Esaú, seja cada um exterminado pela matança.

¹⁰ Por causa da violência feita a teu irmão Jacó, cobrir-te-á a vergonha, e serás exterminado para sempre.

¹¹ No dia em que, estando tu presente, estranhos lhe levaram os bens, e estrangeiros lhe entraram pelas portas e deitaram sortes sobre Jerusalém, tu mesmo eras um deles.

¹² Mas tu não devias ter olhado com prazer para o dia de teu irmão, o dia da sua calamidade; nem ter-te alegrado sobre os filhos de Judá, no dia da sua ruína; nem ter falado de boca cheia no dia da angústia;

¹³ não devias ter entrado pela porta do meu povo, no dia da sua calamidade; tu não devias ter olhado com prazer para o seu

9.11,12 At 15.16-18.

mal, no dia da sua calamidade; nem ter lançado mão nos seus bens, no dia da sua calamidade;

¹⁴ não devias ter parado nas encruzilhadas, para exterminares os que escapassem; nem ter entregado os que lhe restassem, no dia da angústia.

A restauração e felicidade de Israel

¹⁵ Porque o Dia do SENHOR está prestes a vir sobre todas as nações; como tu fizeste, assim se fará contigo; o teu malfeito tornará sobre a tua cabeça.

¹⁶ Porque, como bebestes no meu santo monte, assim beberão, de contínuo, todas as nações; beberão, sorverão e serão como se nunca tivessem sido.

¹⁷ Mas, no monte Sião, haverá livramento; o monte será santo; e os da casa de Jacó possuirão as suas herdades.

¹⁸ A casa de Jacó será fogo, e a casa de José, chama, e a casa de Esaú, restolho; aqueles incendiarão a este e o consumirão; e ninguém mais restará da casa de Esaú, porque o SENHOR o falou.

¹⁹ Os de Neguebe possuirão o monte de Esaú, e os da planície, aos filisteus; possuirão também os campos de Efraim e os campos de Samaria; e Benjamim possuirá a Gileade.

²⁰ Os cativos do exército dos filhos de Israel possuirão os cananeus até Sarepta, e os cativos de Jerusalém, que estão em Sefarade, possuirão as cidades do Sul.

²¹ Salvadores hão de subir ao monte Sião, para julgarem o monte de Esaú; e o reino será do SENHOR.

JONAS

A vocação de Jonas, a sua fuga e o seu castigo

1 Veio a palavra do SENHOR a Jonas, filho de Amitai, dizendo:

² Dispõe-te, vai à grande cidade de Nínive e clama contra ela, porque a sua malícia subiu até mim.

³ Jonas se dispôs, mas para fugir da presença do SENHOR, para Társis; e, tendo descido a Jope, achou um navio que ia para Társis; pagou, pois, a sua passagem e embarcou nele, para ir com eles para Társis, para longe da presença do SENHOR.

⁴ Mas o SENHOR lançou sobre o mar um forte vento, e fez-se no mar uma grande tempestade, e o navio estava a ponto de se despedaçar.

⁵ Então, os marinheiros, cheios de medo, clamavam cada um ao seu deus e lançavam ao mar a carga que estava no navio, para o aliviarem do peso dela. Jonas, porém, havia descido ao porão e se deitado; e dormia profundamente.

⁶ Chegou-se a ele o mestre do navio e lhe disse: Que se passa contigo? Agarrado no sono? Levanta-te, invoca o teu deus; talvez, assim, esse deus se lembre de nós, para que não pereçamos.

⁷ E diziam uns aos outros: Vinde, e lancemos sortes, para que saibamos por causa de quem nos sobreveio este mal. E lançaram sortes, e a sorte caiu sobre Jonas.

⁸ Então, lhe disseram: Declara-nos, agora, por causa de quem nos sobreveio este mal. Que ocupação é a tua? Donde vens? Qual a tua terra? E de que povo és tu?

⁹ Ele lhes respondeu: Sou hebreu e temo ao SENHOR, o Deus do céu, que fez o mar e a terra.

¹⁰ Então, os homens ficaram possuídos de grande temor e lhe disseram: Que é isto que fizeste! Pois sabiam os homens que ele fugia da presença do SENHOR, porque lho havia declarado.

¹¹ Disseram-lhe: Que te faremos, para que o mar se nos acalme? Porque o mar se ia tornando cada vez mais tempestuoso.

¹² Respondeu-lhes: Tomai-me e lançai-me ao mar, e o mar se aquietará, porque eu sei que, por minha causa, vos sobreveio esta grande tempestade.

¹³ Entretanto, os homens remavam, esforçando-se por alcançar a terra, mas não podiam, porquanto o mar se ia tornando cada vez mais tempestuoso contra eles.

¹⁴ Então, clamaram ao SENHOR e disseram: Ah! SENHOR! Rogamos-te que não pereçamos por causa da vida deste homem, e não faças cair sobre nós este sangue,

---

14 Is 34.1-17; 63.1-6; Jr 49.7-22; Ez 25.12-14; 35.1-15; Am 1.11,12; Ml 1.2-5.   **1.1** 2Rs 14.25.

quanto a nós, inocente; porque tu, SENHOR, fizeste como te aprouve.

¹⁵ E levantaram a Jonas e o lançaram ao mar; e cessou o mar da sua fúria.

¹⁶ Temeram, pois, estes homens em extremo ao SENHOR; e ofereceram sacrifícios ao SENHOR e fizeram votos.

¹⁷ Deparou o SENHOR um grande peixe, para que tragasse a Jonas; e esteve Jonas três dias e três noites no ventre do peixe.

A oração de Jonas no ventre do peixe

2 Então, Jonas, do ventre do peixe, orou ao SENHOR, seu Deus,

² e disse:
Na minha angústia,
    clamei ao SENHOR,
e ele me respondeu;
do ventre do abismo, gritei,
e tu me ouviste a voz.

³ Pois me lançaste no profundo,
no coração dos mares,
e a corrente das águas me cercou;
todas as tuas ondas e as tuas vagas
passaram por cima de mim.

⁴ Então, eu disse: lançado estou
de diante dos teus olhos;
tornarei, porventura, a ver
o teu santo templo?

⁵ As águas me cercaram até à alma,
o abismo me rodeou;
e as algas se enrolaram
    na minha cabeça.

⁶ Desci até aos fundamentos
    dos montes,
desci até à terra,
cujos ferrolhos se correram
    sobre mim, para sempre;
contudo, fizeste subir da sepultura
    a minha vida,
ó SENHOR, meu Deus!

⁷ Quando, dentro de mim,
    desfalecia a minha alma,
eu me lembrei do SENHOR;
e subiu a ti a minha oração,
no teu santo templo.

⁸ Os que se entregam à idolatria vã
abandonam aquele
    que lhes é misericordioso.

⁹ Mas, com a voz do agradecimento,
eu te oferecerei sacrifício;
o que votei pagarei.
Ao SENHOR pertence a salvação!

¹⁰ Falou, pois, o SENHOR ao peixe, e este vomitou a Jonas na terra.

Jonas prega em Nínive

3 Veio a palavra do SENHOR, segunda vez, a Jonas, dizendo:

² Dispõe-te, vai à grande cidade de Nínive e proclama contra ela a mensagem que eu te digo.

³ Levantou-se, pois, Jonas e foi a Nínive, segundo a palavra do SENHOR. Ora, Nínive era cidade mui importante diante de Deus e de três dias para percorrê-la.

⁴ Começou Jonas a percorrer a cidade caminho dum dia, e pregava, e dizia: Ainda quarenta dias, e Nínive será subvertida.

O arrependimento dos ninivitas

⁵ Os ninivitas creram em Deus, e proclamaram um jejum, e vestiram-se de panos de saco, desde o maior até o menor.

⁶ Chegou esta notícia ao rei de Nínive; ele levantou-se do seu trono, tirou de si as vestes reais, cobriu-se de pano de saco e assentou-se sobre cinza.

⁷ E fez-se proclamar e divulgar em Nínive: Por mandado do rei e seus grandes, nem homens, nem animais, nem bois, nem ovelhas provem cousa alguma, nem os levem ao pasto, nem bebam água;

⁸ mas sejam cobertos de pano de saco, tanto os homens como os animais, e clamarão fortemente a Deus; e se converterão, cada um do seu mau caminho e da violência que há nas suas mãos.

⁹ Quem sabe se voltará Deus, e se arrependerá, e se apartará do furor da sua ira, de sorte que não pereçamos?

¹⁰ Viu Deus o que fizeram, como se converteram do seu mau caminho; e Deus se arrependeu do mal que tinha dito lhes faria e não o fez.

O descontentamento de Jonas

4 Com isso, desgostou-se Jonas extremamente e ficou irado.

² E orou ao SENHOR e disse: Ah! SENHOR! Não foi isso o que eu disse, estando ainda na minha terra? Por isso, me adiantei, fugindo para Társis, pois sabia que és Deus clemente, e misericordioso, e tardio em irar-se, e grande em benignidade, e que te arrependes do mal.

³ Peço-te, pois, ó SENHOR, tira-me a vida, porque melhor me é morrer do que viver.

1.17 Mt 12.40.   3.4 Mt 12.41; Lc 11.32.   4.2 Êx 34.6.

4 E disse o SENHOR: É razoável essa tua ira?

5 Então, Jonas saiu da cidade, e assentou-se ao oriente da mesma, e ali fez uma enramada, e repousou debaixo dela, à sombra, até ver o que aconteceria à cidade.

A lição do SENHOR

6 Então, fez o SENHOR Deus nascer uma planta, que subiu por cima de Jonas, para que fizesse sombra sobre a sua cabeça, a fim de o livrar do seu desconforto. Jonas, pois, se alegrou em extremo por causa da planta.

7 Mas Deus, no dia seguinte, ao subir da alva, enviou um verme, o qual feriu a planta, e esta se secou.

8 Em nascendo o sol, Deus mandou um vento calmoso oriental; o sol bateu na cabeça de Jonas, de maneira que desfalecia, pelo que pediu para si a morte, dizendo: Melhor me é morrer do que viver!

9 Então, perguntou Deus a Jonas: É razoável essa tua ira por causa da planta? Ele respondeu: É razoável a minha ira até à morte.

10 Tornou o SENHOR: Tens compaixão da planta que te não custou trabalho, a qual não fizeste crescer, que numa noite nasceu e numa noite pereceu;

11 e não hei de eu ter compaixão da grande cidade de Nínive, em que há mais de cento e vinte mil pessoas, que não sabem discernir entre a mão direita e a mão esquerda, e também muitos animais?

MIQUÉIAS

Ameaças contra Israel e Judá

1 Palavra do SENHOR que em visão veio a Miquéias, morastita, nos dias de Jotão, Acaz e Ezequias, reis de Judá, sobre Samaria e Jerusalém.

2 Ouvi, todos os povos, prestai atenção, ó terra e tudo o que ela contém, e seja o SENHOR Deus testemunha contra vós outros, o Senhor desde o seu santo templo.

3 Porque eis que o SENHOR sai do seu lugar, e desce, e anda sobre os altos da terra.

4 Os montes debaixo dele se derretem, e os vales se fendem; são como a cera diante do fogo, como as águas que se precipitam num abismo.

5 Tudo isto por causa da transgressão de Jacó e dos pecados da casa de Israel. Qual é a transgressão de Jacó? Não é Samaria? E quais os altos de Judá? Não é Jerusalém?

6 Por isso, farei de Samaria um montão de pedras do campo, uma terra de plantar vinhas; farei rebolar as suas pedras para o vale e descobrirei os seus fundamentos.

7 Todas as suas imagens de escultura serão despedaçadas, e todos os salários de sua impureza serão queimados, e de todos os seus ídolos eu farei uma ruína, porque do preço da prostituição os ajuntou, e a este preço volverão.

8 Por isso, lamento e uivo; ando despojado e nu; faço lamentações como de chacais e pranto como de avestruzes.

9 Porque as suas feridas são incuráveis; o mal chegou até Judá; estendeu-se até à porta do meu povo, até Jerusalém.

10 Não o anuncieis em Gate, nem choreis; revolvei-vos no pó, em Bete-Leafra.

11 Passa, ó moradora de Safir, em vergonhosa nudez; a moradora de Zaanã não pode sair; o pranto de Bete-Ezel tira de vós o vosso refúgio.

12 Pois a moradora de Marote suspira pelo bem, porque desceu do SENHOR o mal até à porta de Jerusalém.

13 Ata os corcéis ao carro, ó moradora de Laquis; foste o princípio do pecado para a filha de Sião, porque em ti se acharam as transgressões de Israel.

14 Portanto, darás presentes de despedida a Moresete-Gate; as casas de Aczibe serão para engano dos reis de Israel.

15 Enviar-te-ei ainda quem tomará posse de ti, ó moradora de Maressa; chegará até Adulão a glória de Israel.

16 Faze-te calva e tosquia-te, por causa dos filhos que eram as tuas delícias; alarga a tua calva como a águia, porque de ti serão levados para o cativeiro.

1.1 2Rs 15.32-38; 2Cr 27.1-7; 2Rs 16.1-20; 2Cr 28.1-27; 2Rs 18.1-20.21; 2Cr 29.1-32.33.

Ai dos opressores gananciosos

2 Ai daqueles que, no seu leito, imaginam a iniqüidade e maquinam o mal! À luz da alva, o praticam, porque o poder está em suas mãos.

² Se cobiçam campos, os arrebatam; se casas, as tomam; assim, fazem violência a um homem e à sua casa, a uma pessoa e à sua herança.

³ Portanto, assim diz o SENHOR: Eis que projeto mal contra esta família, do qual não tirareis a vossa cerviz; e não andareis altivamente, porque o tempo será mau.

⁴ Naquele dia, se criará contra vós outros um provérbio, se levantará pranto lastimoso e se dirá: Estamos inteiramente desolados! A porção do meu povo, Deus a troca! Como me despoja! Reparte os nossos campos aos rebeldes!

⁵ Portanto, não terás, na congregação do SENHOR, quem, pela sorte, lançando o cordel, meça possessões.

Contra os falsos profetas

⁶ Não babujeis, dizem eles. Não babujeis tais cousas, porque a desgraça não cairá sobre nós.

⁷ Tais cousas anunciadas não alcançarão a casa de Jacó. Está irritado o Espírito do SENHOR? São estas as suas obras?

Sim, as minhas palavras fazem o bem ao que anda retamente;

⁸ mas, há pouco, se levantou o meu povo como inimigo; além da roupa, roubais a capa àqueles que passam seguros, sem pensar em guerra.

⁹ Lançais fora as mulheres de meu povo do seu lar querido; dos filhinhos delas tirais a minha glória, para sempre.

¹⁰ Levantai-vos e ide-vos embora, porque não é lugar aqui de descanso; ide-vos por causa da imundícia que destrói, sim, que destrói dolorosamente.

¹¹ Se houver alguém que, seguindo o vento da falsidade, mentindo, diga: Eu te profetizarei do vinho e da bebida forte, será este tal o profeta deste povo.

O SENHOR congrega o restante de Israel

¹² Certamente, te ajuntarei todo, ó Jacó; certamente, congregarei o restante de Israel; pô-los-ei todos juntos, como ovelhas no aprisco, como rebanho no meio do seu pas-

to; farão grande ruído, por causa da multidão dos homens.

¹³ Subirá diante deles o que abre caminho; eles romperão, entrarão pela porta e sairão por ela; e o seu Rei irá adiante deles; sim, o SENHOR, à sua frente.

Ameaças contra os chefes, os sacerdotes e os falsos profetas

3 Disse eu: Ouvi, agora, vós, cabeças de Jacó, e vós, chefes da casa de Israel: Não é a vós outros que pertence saber o juízo?

² Os que aborreceis o bem e amais o mal; e deles arrancais a pele e a carne de cima dos seus ossos;

³ que comeis a carne do meu povo, e lhes arrancais a pele, e lhes esmiuçais os ossos, e os repartis como para a panela e como carne no meio do caldeirão?

⁴ Então, chamarão ao SENHOR, mas não os ouvirá; antes, esconderá deles a sua face, naquele tempo, visto que eles fizeram mal nas suas obras.

⁵ Assim diz o SENHOR acerca dos profetas que fazem errar o meu povo e que clamam: Paz, quando têm o que mastigar, mas apregoam guerra santa contra aqueles que nada lhes metem na boca.

⁶ Portanto, se vos fará noite sem visão, e tereis treva sem adivinhação; por-se-á o sol sobre os profetas, e sobre eles se enegrecerá o dia.

⁷ Os videntes se envergonharão, e os adivinhadores se confundirão; sim, todos eles cobrirão o seu bigode, porque não há resposta de Deus.

⁸ Eu, porém, estou cheio do poder do Espírito do SENHOR, cheio de juízo e de força, para declarar a Jacó a sua transgressão e a Israel, o seu pecado.

⁹ Ouvi, agora, isto, vós, cabeças de Jacó, e vós, chefes da casa de Israel, que abominais o juízo, e perverteis tudo o que é direito,

¹⁰ e edificais a Sião com sangue e a Jerusalém, com perversidade.

¹¹ Os seus cabeças dão as sentenças por suborno, os seus sacerdotes ensinam por interesse, e os seus profetas adivinham por dinheiro; e ainda se encostam ao SENHOR, dizendo: Não está o SENHOR no meio de nós? Nenhum mal nos sobrevirá.

¹² Portanto, por causa de vós, Sião será lavrada como um campo, e Jerusalém se tornará em montões de ruínas, e o monte do templo, numa colina coberta de mato.

O anúncio do chamamento dos gentios
Is 2.1-4

4 Mas, nos últimos dias, acontecerá que o monte da Casa do SENHOR será estabelecido no cume dos montes e se elevará sobre os outeiros, e para ele afluirão os povos.

² Irão muitas nações e dirão: Vinde, e subamos ao monte do SENHOR e à casa do Deus de Jacó, para que nos ensine os seus caminhos, e andemos pelas suas veredas; porque de Sião procederá a lei, e a palavra do Senhor, de Jerusalém.

³ Ele julgará entre muitos povos e corrigirá nações poderosas e longínquas; estes converterão as suas espadas em relhas de arados e suas lanças, em podadeiras; uma nação não levantará a espada contra outra nação, nem aprenderão mais a guerra.

⁴ Mas assentar-se-á cada um debaixo da sua videira e debaixo da sua figueira, e não haverá quem os espante, porque a boca do SENHOR dos Exércitos o disse.

⁵ Porque todos os povos andam, cada um em nome do seu deus; mas, quanto a nós, andaremos em o nome do SENHOR, nosso Deus, para todo o sempre.

⁶ Naquele dia, diz o SENHOR, congregarei os que coxeiam e recolherei os que foram expulsos e os que eu afligira.

⁷ Dos que coxeiam farei a parte restante e dos que foram arrojados para longe, uma poderosa nação; e o SENHOR reinará sobre eles no monte Sião, desde agora e para sempre.

⁸ A ti, ó torre do rebanho, monte da filha de Sião, a ti virá; sim, virá o primeiro domínio, o reino da filha de Jerusalém.

⁹ Agora, por que tamanho grito? Não há rei em ti? Pereceu o teu conselheiro? Apoderou-se de ti a dor como da que está para dar à luz?

¹⁰ Sofre dores e esforça-te, ó filha de Sião, como a que está para dar à luz, porque, agora, sairás da cidade, e habitarás no campo, e virás até à Babilônia; ali, porém, serás libertada; ali, te remirá o SENHOR das mãos dos teus inimigos.

¹¹ Acham-se, agora, congregadas muitas nações contra ti, que dizem: Seja profanada, e vejam os nossos olhos o seu desejo sobre Sião.

¹² Mas não sabem os pensamentos do SENHOR, nem lhe entendem o plano que as ajuntou como feixes na eira.

¹³ Levanta-te e debulha, ó filha de Sião, porque farei de ferro o teu chifre e de bronze, as tuas unhas; e esmiuçarás a muitos povos, e o seu ganho será dedicado ao SENHOR, e os seus bens, ao Senhor de toda a terra.

5 Agora, ajunta-te em tropas, ó filha de tropas; por-se-á sítio contra nós; ferirão com a vara a face do juiz de Israel.

O nascimento do Messias e o seu reinado

² E tu, Belém-Efrata, pequena demais para figurar como grupo de milhares de Judá, de ti me sairá o que há de reinar em Israel, e cujas origens são desde os tempos antigos, desde os dias da eternidade.

³ Portanto, o SENHOR os entregará até ao tempo em que a que está em dores tiver dado à luz; então, o restante de seus irmãos voltará aos filhos de Israel.

⁴ Ele se manterá firme e apascentará o povo na força do SENHOR, na majestade do nome do Senhor, seu Deus; e eles habitarão seguros, porque, agora, será ele engrandecido até aos confins da terra.

⁵ Este será a nossa paz.

Quando a Assíria vier à nossa terra e quando passar sobre os nossos palácios, levantaremos contra ela sete pastores e oito príncipes dentre os homens.

⁶ Estes consumirão a terra da Assíria à espada e a terra de Ninrode, dentro de suas próprias portas. Assim, nos livrará da Assíria, quando esta vier à nossa terra e pisar os nossos limites.

⁷ O restante de Jacó estará no meio de muitos povos, como orvalho do SENHOR, como chuvisco sobre a erva, que não espera pelo homem, nem depende dos filhos de homens.

⁸ O restante de Jacó estará entre as nações, no meio de muitos povos, como um leão entre os animais das selvas, como um leãozinho entre os rebanhos de ovelhas, o qual, se passar, as pisará e despedaçará, sem que haja quem as livre.

⁹ A tua mão se exaltará sobre os teus adversários; e todos os teus inimigos serão eliminados.

¹⁰ E sucederá, naquele dia, diz o SENHOR, que eu eliminarei do meio de ti os teus cavalos e destruirei os teus carros de guerra;

¹¹ destruirei as cidades da tua terra e deitarei abaixo todas as tuas fortalezas;

¹² eliminarei as feitiçarias das tuas mãos, e não terás adivinhadores;

¹³ do meio de ti eliminarei as tuas imagens de escultura e as tuas colunas, e tu já não te inclinarás diante da obra das tuas mãos;

¹⁴ eliminarei do meio de ti os teus postes-ídolos e destruirei as tuas cidades.

¹⁵ Com ira e furor, tomarei vingança sobre as nações que não me obedeceram.

Deus e seu povo em juízo

6 Ouvi, agora, o que diz o SENHOR: Levanta-te, defende a tua causa perante os montes, e ouçam os outeiros a tua voz.

² Ouvi, montes, a controvérsia do SENHOR, e vós, duráveis fundamentos da terra, porque o SENHOR tem controvérsia com o seu povo e com Israel entrará em juízo.

³ Povo meu, que te tenho feito? E com que te enfadei? Responde-me!

⁴ Pois te fiz sair da terra do Egito e da casa da servidão te remi; e enviei adiante de ti Moisés, Arão e Miriã.

⁵ Povo meu, lembra-te, agora, do que maquinou Balaque, rei de Moabe, e do que lhe respondeu Balaão, filho de Beor, e do que aconteceu desde Sitim até Gilgal, para que conheças os atos de justiça do SENHOR.

⁶ Com que me apresentarei ao SENHOR e me inclinarei ante o Deus excelso? Virei perante ele com holocaustos, com bezerros de um ano?

⁷ Agradar-se-á o SENHOR de milhares de carneiros, de dez mil ribeiros de azeite? Darei o meu primogênito pela minha transgressão, o fruto do meu corpo, pelo pecado da minha alma?

⁸ Ele te declarou, ó homem, o que é bom e que é o que o SENHOR pede de ti: que pratiques a justiça, e ames a misericórdia, e andes humildemente com o teu Deus.

A injustiça terá seu castigo

⁹ A voz do SENHOR clama à cidade (e é verdadeira sabedoria temer-lhe o nome): Ouvi, ó tribos, aquele que a cita.

¹⁰ Ainda há, na casa do ímpio, os tesouros da impiedade e o detestável efa minguado?

¹¹ Poderei eu inocentar balanças falsas e bolsas de pesos enganosos?

¹² Porque os ricos da cidade estão cheios de violência, e os seus habitantes falam mentiras, e a língua deles é enganosa na sua boca.

¹³ Assim, também passarei eu a ferir-te e te deixarei desolada por causa dos teus pecados.

¹⁴ Comerás e não te fartarás; a fome estará nas tuas entranhas; removerás os teus bens, mas não os livrarás; e aquilo que livrares, eu o entregarei à espada.

¹⁵ Semearás; contudo, não segarás; pisarás a azeitona, porém não te ungirás com azeite; pisarás a vindima; no entanto, não lhe beberás o vinho,

¹⁶ porque observaste os estatutos de Onri e todas as obras da casa de Acabe e andaste nos conselhos deles. Por isso eu farei de ti uma desolação e dos habitantes da tua cidade, um alvo de vaias; assim, trareis sobre vós o opróbrio dos povos.

A corrupção moral de Israel

7 Ai de mim! Porque estou como quando são colhidas as frutas do verão, como os rabiscos da vindima: não há cacho de uvas para chupar, nem figos temporãos que a minha alma deseja.

² Pereceu da terra o piedoso, e não há entre os homens um que seja reto; todos espreitam para derramarem sangue; cada um caça a seu irmão com rede.

³ As suas mãos estão sobre o mal e o fazem diligentemente; o príncipe exige condenação, o juiz aceita suborno, o grande fala dos maus desejos de sua alma, e, assim, todos eles juntamente urdem a trama.

⁴ O melhor deles é como um espinheiro; o mais reto é pior do que uma sebe de espinhos. É chegado o dia anunciado por tuas sentinelas, o dia do teu castigo; aí está a confusão deles.

⁵ Não creiais no amigo, nem confieis no companheiro. Guarda a porta de tua boca àquela que reclina sobre o teu peito.

⁶ Porque o filho despreza o pai, a filha se levanta contra a mãe, a nora, contra a sogra; os inimigos do homem são os da sua própria casa.

⁷ Eu, porém, olharei para o SENHOR e esperarei no Deus da minha salvação; o meu Deus me ouvirá.

O SENHOR se compadece de Israel

⁸ Ó inimiga minha, não te alegres a meu

6.4 Êx 12.50,51; Êx 15.20.   **6.5** Nm 22.2-24.25; Js 3.1-4.19.   **6.16** 1Rs 16.23-28; 1Rs 16.29-34; 21.25,26.
7.6 Mt 10.35,36; Lc 12.53.

respeito; ainda que eu tenha caído, levantar-me-ei; se morar nas trevas, o SENHOR será a minha luz.

⁹ Sofrerei a ira do SENHOR, porque pequei contra ele, até que julgue a minha causa e execute o meu direito; ele me tirará para a luz, e eu verei a sua justiça.

¹⁰ A minha inimiga verá isso, e a ela cobrirá a vergonha, a ela que me diz: Onde está o SENHOR, teu Deus? Os meus olhos a contemplarão; agora, será pisada aos pés como a lama das ruas.

¹¹ No dia da reedificação dos teus muros, nesse dia, serão os teus limites removidos para mais longe.

¹² Nesse dia, virão a ti, desde a Assíria até às cidades do Egito, e do Egito até ao rio Eufrates, e do mar até ao mar, e da montanha até à montanha.

¹³ Todavia, a terra será posta em desolação, por causa dos seus moradores, por causa do fruto das suas obras.

¹⁴ Apascenta o teu povo com a tua vara, o rebanho da tua herança, que mora a sós

no bosque, no meio da terra fértil; apascentem-se em Basã e Gileade, como nos dias de outrora.

¹⁵ Eu lhe mostrarei maravilhas, como nos dias da tua saída da terra do Egito.

¹⁶ As nações verão isso e se envergonharão de todo o seu poder; porão a mão sobre a boca, e os seus ouvidos ficarão surdos.

¹⁷ Lamberão o pó como serpentes; como répteis da terra, tremendo, sairão dos seus esconderijos e, tremendo, virão ao SENHOR, nosso Deus; e terão medo de ti.

¹⁸ Quem, ó Deus, é semelhante a ti, que perdoas a iniquidade e te esqueces da transgressão do restante da tua herança? O SENHOR não retém a sua ira para sempre, porque tem prazer na misericórdia.

¹⁹ Tornará a ter compaixão de nós; pisará aos pés as nossas iniquidades e lançará todos os nossos pecados nas profundezas do mar.

²⁰ Mostrarás a Jacó a fidelidade e a Abraão, a misericórdia, as quais juraste a nossos pais, desde os dias antigos.

NAUM

A ira e a misericórdia de Deus

1 Sentença contra Nínive. Livro da visão de Naum, o elcosita.

² O SENHOR é Deus zeloso e vingador, o SENHOR é vingador e cheio de ira; o SENHOR toma vingança contra os seus adversários e reserva indignação para os seus inimigos.

³ O SENHOR é tardio em irar-se, mas grande em poder e jamais inocenta o culpado; o SENHOR tem o seu caminho na tormenta e na tempestade, e as nuvens são o pó dos seus pés.

⁴ Ele repreende o mar, e o faz secar, e míngua todos os rios; desfalecem Basã e o Carmelo, e a flor do Líbano se murcha.

⁵ Os montes tremem perante ele, e os outeiros se derretem; e a terra se levanta diante dele, sim, o mundo e todos os que nele habitam.

⁶ Quem pode suportar a sua indignação? E quem subsistirá diante do furor da sua ira? A sua cólera se derrama como fogo, e as rochas são por ele demolidas.

⁷ O SENHOR é bom, é fortaleza no dia da angústia e conhece os que nele se refugiam.

⁸ Mas, com inundação transbordante, acabará duma vez com o lugar desta cidade; com trevas, perseguirá o SENHOR os seus inimigos.

⁹ Que pensais vos contra o SENHOR? Ele mesmo vos consumirá de todo; não se levantará por duas vezes a angústia.

¹⁰ Porque, ainda que eles se entrelaçam com os espinhos e se saturam de vinho como bêbados, serão inteiramente consumidos como palha seca.

¹¹ De ti, Nínive, saiu um que maquina o mal contra o SENHOR, um conselheiro vil.

¹² Assim diz o SENHOR: Por mais seguros que estejam e por mais numerosos que sejam, ainda assim serão exterminados e passarão; eu te afligi, mas não te afligirei mais.

¹³ Mas de sobre ti, Judá, quebrarei o jugo deles e romperei os teus laços.

¹⁴ Porém contra ti, Assíria, o SENHOR

1.1 Is 10.5-34; Sf 2.13-15.

deu ordem que não haja posteridade que leve o teu nome; da casa dos teus deuses exterminarei as imagens de escultura e de fundição; farei o teu sepulcro, porque és vil.

¹⁵ Eis sobre os montes os pés do que anuncia boas-novas, do que anuncia a paz! Celebra as tuas festas, ó Judá, cumpre os teus votos, porque o homem vil já não passará por ti; ele é inteiramente exterminado.

O cerco e tomada de Nínive

2 O destruidor sobe contra ti, ó Nínive! Guarda a fortaleza, vigia o caminho, fortalece os lombos, reúne todas as tuas forças!

² (Porque o SENHOR restaura a glória de Jacó, como a glória de Israel; porque saqueadores os saquearam e destruíram os seus sarmentos.)

³ Os escudos dos seus heróis são vermelhos, os homens valentes vestem escarlata, cintila o aço dos carros no dia do seu aparelhamento, e vibram as lanças.

⁴ Os carros passam furiosamente pelas ruas e se cruzam velozes pelas praças; parecem tochas, correm como relâmpago.

⁵ Os nobres são chamados, mas tropeçam em seu caminho; apressam-se para chegar ao muro e já encontram o testudo inimigo armado.

⁶ As comportas dos rios se abrem, e o palácio é destruído.

⁷ Está decretado: a cidade-rainha está despida e levada em cativeiro, as suas servas gemem como pombos e batem no peito.

⁸ Nínive, desde que existe, tem sido como um açude de águas; mas, agora, fogem. Parai! Parai! Clama-se; mas ninguém se volta.

⁹ Saqueai a prata, saqueai o ouro, porque não se acabam os tesouros; há abastança de todo objeto desejável.

¹⁰ Ah! Vacuidade, desolação, ruína! O coração se derrete, os joelhos tremem, em todos os lombos há angústia, e o rosto de todos eles empalidece.

¹¹ Onde está, agora, o covil dos leões e o lugar do pasto dos leõezinhos, onde passeavam o leão, a leoa e o filhote do leão, sem que ninguém os espantasse?

¹² O leão arrebatava o bastante para os seus filhotes, estrangulava a presa para as suas leoas, e enchia de vítimas as suas cavernas, e os seus covis, de rapina.

¹³ Eis que eu estou contra ti, diz o SENHOR dos Exércitos; queimarei na fumaça os teus carros, a espada devorará os teus leõezinhos, arrancarei da terra a tua presa, e já não se ouvirá a voz dos teus embaixadores.

A ruína completa de Nínive

3 Ai da cidade sanguinária, toda cheia de mentiras e de roubo e que não solta a sua presa!

² Eis o estalo de açoites e o estrondo das rodas; o galope de cavalos e carros que vão saltando;

³ os cavaleiros que esporeiam, a espada flamejante, o relampejar da lança e multidão de traspassados, massa de cadáveres, mortos sem fim; tropeça gente sobre os mortos.

⁴ Tudo isso por causa da grande prostituição da bela e encantadora meretriz, da mestra de feitiçarias, que vendia os povos com a sua prostituição e as gentes, com as suas feitiçarias.

⁵ Eis que eu estou contra ti, diz o SENHOR dos Exércitos; levantarei as abas de tua saia sobre o teu rosto, e mostrarei às nações a tua nudez, e aos reinos, as tuas vergonhas.

⁶ Lançarei sobre ti imundícias, tratar-te-ei com desprezo e te porei por espetáculo.

⁷ Há de ser que todos os que te virem fugirão de ti e dirão: Nínive está destruída; quem terá compaixão dela? De onde buscarei os que te consolem?

⁸ És tu melhor do que Nô-Amom, que estava situada entre o Nilo e seus canais, cercada de águas, tendo por baluarte o mar e ainda o mar, por muralha?

⁹ Etiópia e Egito eram a sua força, e esta, sem limite; Pute e Líbia, o seu socorro.

¹⁰ Todavia, ela foi levada ao exílio, foi para o cativeiro; também os seus filhos foram despedaçados nas esquinas de todas as ruas; sobre os seus nobres lançaram sortes, e todos os seus grandes foram presos com grilhões.

¹¹ Também tu, Nínive, serás embriagada e te esconderás; também procurarás refúgio contra o inimigo.

¹² Todas as tuas fortalezas são como figueiras com figos temporãos; se os sacodem, caem na boca do que os há de comer.

¹³ Eis que as tuas tropas, no meio de ti, são como mulheres; as portas do teu país estão abertas de par em par aos teus inimigos; o fogo consome os teus ferrolhos.

1.15 Is 52.7.

14 Tira água para o tempo do cerco, fortifica as tuas fortalezas, entra no barro e pisa a massa, toma a forma para os ladrilhos.

15 No entanto, o fogo ali te consumirá, a espada te exterminará, consumir-te-á como o gafanhoto. Ainda que te multiplicas como o gafanhoto e te multiplicas como a locusta;

16 ainda que fizeste os teus negociantes mais numerosos do que as estrelas do céu, o gafanhoto devorador invade e sai voando.

17 Os teus príncipes são como os gafanhotos, e os teus chefes, como os gafanhotos grandes, que se acampam nas sebes nos dias de frio; em subindo o sol, voam embora, e não se conhece o lugar onde estão.

18 Os teus pastores dormem, ó rei da Assíria; os teus nobres dormitam; o teu povo se derrama pelos montes, e não há quem o ajunte.

19 Não há remédio para a tua ferida; a tua chaga é incurável; todos os que ouvirem a tua fama baterão palmas sobre ti; porque sobre quem não passou continuamente a tua maldade?

HABACUQUE

A iniquidade de Judá

1 Sentença revelada ao profeta Habacuque.

2 Até quando, Senhor, clamarei eu, e tu não me escutarás? Gritar-te-ei: Violência! E não salvarás?

3 Por que me mostras a iniquidade e me fazes ver a opressão? Pois a destruição e a violência estão diante de mim; há contendas, e o litígio se suscita.

4 Por esta causa, a lei se afrouxa, e a justiça nunca se manifesta, porque o perverso cerca o justo, a justiça é torcida.

Judá será castigado pelos caldeus

5 Vede entre as nações, olhai, maravilhai-vos e desvanecei, porque realizo, em vossos dias, obra tal, que vós não crereis, quando vos for contada.

6 Pois eis que suscito os caldeus, nação amarga e impetuosa, que marcham pela largura da terra, para apoderar-se de moradas que não são suas.

7 Eles são pavorosos e terríveis, e criam eles mesmos o seu direito e a sua dignidade.

8 Os seus cavalos são mais ligeiros do que os leopardos, mais ferozes do que os lobos ao anoitecer são os seus cavaleiros que se espalham por toda parte; sim, os seus cavaleiros chegam de longe, voam como águia que se precipita a devorar.

9 Eles todos vêm para fazer violência; o seu rosto suspira por seguir avante; eles reúnem os cativos como areia.

10 Eles escarnecem dos reis; os príncipes são objeto do seu riso; riem-se de todas as fortalezas, porque, amontoando terra, as tomam.

11 Então, passam como passa o vento e seguem; fazem-se culpados estes cujo poder é o seu deus.

A intercessão do profeta

12 Não és tu desde a eternidade, ó Senhor, meu Deus, ó meu Santo? Não morreremos. Ó Senhor, para executar juízo, puseste aquele povo; tu, ó Rocha, o fundaste para servir de disciplina.

13 Tu és tão puro de olhos, que não podes ver o mal e a opressão não podes contemplar; por que, pois, toleras os que procedem perfidamente e te calas quando o perverso devora aquele que é mais justo do que ele?

14 Por que fazes os homens como os peixes do mar, como os répteis, que não têm quem os governe?

15 A todos levanta o inimigo com o anzol, pesca-os de arrastão e os ajunta na sua rede varredoura; por isso, ele se alegra e se regozija.

16 Por isso, oferece sacrifício à sua rede e queima incenso à sua varredoura; porque por elas enriqueceu a sua porção, e tem gordura a sua comida.

17 Acaso, continuará, por isso, esvaziando a sua rede e matando sem piedade os povos?

1.5 At 13.41.   **1.6** 2Rs 24.2.

A resposta do SENHOR

2 Por-me-ei na minha torre de vigia, colocar-me-ei sobre a fortaleza e vigiarei para ver o que Deus me dirá e que resposta eu terei à minha queixa.

² O SENHOR me respondeu e disse: Escreve a visão, grava-a sobre tábuas, para que a possa ler até quem passa correndo.

³ Porque a visão ainda está para cumprir-se no tempo determinado, mas se apressa para o fim e não falhará; se tardar, espera-o, porque, certamente, virá, não tardará.

⁴ Eis o soberbo! Sua alma não é reta nele; mas o justo viverá pela sua fé.

⁵ Assim como o vinho é enganoso, tampouco permanece o arrogante, cuja gananciosa boca se escancara como o sepulcro e é como a morte, que não se farta; ele ajunta para si todas as nações e congrega todos os povos.

Cinco ais sobre os caldeus

⁶ Não levantarão, pois, todos estes contra ele um provérbio, um dito zombador? Dirão:

Ai daquele que acumula o que não é seu (até quando?), e daquele que a si mesmo se carrega de penhores!

⁷ Não se levantarão de repente os teus credores? E não despertarão os que te hão de abalar? Tu lhes servirás de despojo.

⁸ Visto como despojaste a muitas nações, todos os mais povos te despojarão a ti, por causa do sangue dos homens e da violência contra a terra, contra a cidade e contra todos os seus moradores.

⁹ Ai daquele que ajunta em sua casa bens mal adquiridos, para pôr em lugar alto o seu ninho, a fim de livrar-se das garras do mal!

¹⁰ Vergonha maquinaste para a tua casa; destruindo tu a muitos povos, pecaste contra a tua alma.

¹¹ Porque a pedra clamará da parede, e a trave lhe responderá do madeiramento.

¹² Ai daquele que edifica a cidade com sangue e a fundamenta com iniqüidade!

¹³ Não vem do SENHOR dos Exércitos que as nações labutem para o fogo e os povos se fatiguem em vão?

¹⁴ Pois a terra se encherá do conhecimento da glória do SENHOR, como as águas cobrem o mar.

¹⁵ Ai daquele que dá de beber ao seu companheiro, misturando à bebida o seu furor, e que o embebeda para lhe contemplar as vergonhas!

¹⁶ Serás farto de opróbrio em vez de honra; bebe tu também e exibe a tua incircuncisão; chegará a tua vez de tomares o cálice da mão direita do SENHOR, e ignomínia cairá sobre a tua glória.

¹⁷ Porque a violência contra o Líbano te cobrirá, e a destruição que fizeste dos animais ferozes te assombrará, por causa do sangue dos homens e da violência contra a terra, contra a cidade e contra todos os seus moradores.

¹⁸ Que aproveita o ídolo, visto que o seu artífice o esculpiu? E a imagem de fundição, mestra de mentiras, para que o artífice confie na obra, fazendo ídolos mudos?

¹⁹ Ai daquele que diz à madeira: Acorda! E à pedra muda: Desperta! Pode o ídolo ensinar? Eis que está coberto de ouro e de prata, mas, no seu interior, não há fôlego nenhum.

²⁰ O SENHOR, porém, está no seu santo templo; cale-se diante dele toda a terra.

A oração de Habacuque

3 Oração do profeta Habacuque sob a forma de canto.
² Tenho ouvido, ó SENHOR,
    as tuas declarações,
e me sinto alarmado;
aviva a tua obra, ó SENHOR,
    no decorrer dos anos,
e, no decurso dos anos,
    faze-a conhecida;
na tua ira, lembra-te da misericórdia.
³ Deus vem de Temã,
e do monte de Parã vem o Santo.
A sua glória cobre os céus,
e a terra se enche do seu louvor.
⁴ O seu resplendor é como a luz,
raios brilham da sua mão;
e ali está velado o seu poder.
⁵ Adiante dele vai a peste,
e a pestilência segue os seus passos.
⁶ Ele pára e faz tremer a terra;
olha e sacode as nações.
Esmigalham-se os montes primitivos;
os outeiros eternos se abatem.
Os caminhos de Deus são eternos.
⁷ Vejo as tendas de Cusã em aflição;
os acampamentos da terra de Midiã tremem.
⁸ Acaso, é contra os rios, SENHOR,
que estás irado?

2.3 Hb 10.37.   2.4 Rm 1.17; Gl 3.11; Hb 10.38,39.   2.14 Is 11.9.

É contra os ribeiros a tua ira
ou contra o mar, o teu furor,
já que andas montado
    nos teus cavalos,
nos teus carros de vitória?
9 Tiras a descoberto o teu arco,
    e farta está a tua aljava de flechas.
Tu fendes a terra com rios.
10 Os montes te vêem e se contorcem;
passam torrentes de água;
    as profundezas do mar
        fazem ouvir a sua voz
    e levantam bem alto as suas mãos.
11 O sol e a lua param nas suas moradas,
ao resplandecer a luz
    das tuas flechas sibilantes,
ao fulgor do relâmpago da tua lança.
12 Na tua indignação,
    marchas pela terra,
na tua ira, calcas aos pés as nações.
13 Tu sais para salvamento do teu povo,
para salvar o teu ungido;
feres o telhado da casa do perverso
e lhe descobres de todo o fundamento.
14 Traspassas a cabeça
    dos guerreiros do inimigo
    com as suas próprias lanças,
os quais, como tempestade,

avançam para me destruir;
regozijam-se, como se estivessem
    para devorar o pobre às ocultas.
15 Marchas com os teus cavalos pelo
    mar,
    pela massa de grandes águas.
16 Ouvi-o, e o meu íntimo se comoveu,
à sua voz, tremeram os meus lábios;
entrou a podridão nos meus ossos,
e os joelhos me vacilaram,
pois, em silêncio, devo esperar
    o dia da angústia,
que virá contra o povo
    que nos acomete.
17 Ainda que a figueira não floresça,
    nem haja fruto na vide;
o produto da oliveira minta,
e os campos
    não produzam mantimento;
    as ovelhas
        sejam arrebatadas do aprisco,
    e nos currais não haja gado,
18 todavia, eu me alegro no SENHOR,
exulto no Deus da minha salvação.
19 O SENHOR Deus é a minha fortaleza,
    e faz os meus pés como os da corça,
    e me faz andar altaneiramente.
Ao mestre de canto. Para instrumentos de cordas.

SOFONIAS

Ameaças contra Judá e Jerusalém

1 Palavra do SENHOR que veio a Sofonias, filho de Cusi, filho de Gedalias, filho de Amarias, filho de Ezequias, nos dias de Josias, filho de Amom, rei de Judá.
2 De fato, consumirei todas as cousas sobre a face da terra, diz o SENHOR.
3 Consumirei os homens e os animais, consumirei as aves do céu, e os peixes do mar, e as ofensas com os perversos; e exterminarei os homens de sobre a face da terra, diz o SENHOR.
4 Estenderei a mão contra Judá e contra todos os habitantes de Jerusalém; exterminarei deste lugar o resto de Baal, o nome dos ministrantes dos ídolos e seus sacerdotes;
5 os que sobre os eirados adoram o exér-

cito do céu e os que adoram ao SENHOR e juram por ele e também por Milcom;
6 os que deixam de seguir ao SENHOR e os que não buscam o SENHOR, nem perguntam por ele.

O dia da ira do SENHOR

7 Cala-te diante do SENHOR Deus, porque o Dia do SENHOR está perto, pois o SENHOR preparou o sacrifício e santificou os seus convidados.
8 No dia do sacrifício do SENHOR, hei de castigar os oficiais, e os filhos do rei, e todos os que trajam vestiduras estrangeiras.
9 Castigarei também, naquele dia, todos aqueles que sobem o pedestal dos ídolos e enchem de violência e engano a casa dos seus senhores.
10 Naquele dia, diz o SENHOR, far-se-á

3.19 2Sm 22.34; Sl 18.33. 1.1 2Rs 22.1-23.30; 2Cr 34.1-35.27.

ouvir um grito desde a Porta do Peixe, e um uivo desde a Cidade Baixa, e grande lamento desde os outeiros.

11 Uivai vós, moradores de Mactés, porque todo o povo de Canaã está arruinado, todos os que pesam prata são destruídos.

12 Naquele tempo, esquadrinharei a Jerusalém com lanternas e castigarei os homens que estão apegados à borra do vinho e dizem no seu coração: O SENHOR não faz bem, nem faz mal.

13 Por isso, serão saqueados os seus bens e assoladas as suas casas; e edificarão casas, mas não habitarão nelas, plantarão vinhas, porém não lhes beberão o vinho.

14 Está perto o grande Dia do SENHOR; está perto e muito se apressa. Atenção! O Dia do SENHOR é amargo, e nele clama até o homem poderoso.

15 Aquele dia é dia de indignação, dia de angústia e dia de alvoroço e desolação, dia de escuridade e negrume, dia de nuvens e densas trevas,

16 dia de trombeta e de rebate contra as cidades fortes e contra as torres altas.

17 Trarei angústia sobre os homens, e eles andarão como cegos, porque pecaram contra o SENHOR; e o sangue deles se derramará como pó, e a sua carne será atirada como esterco.

18 Nem a sua prata nem o seu ouro os poderão livrar no dia da indignação do SENHOR, mas, pelo fogo do seu zelo, a terra será consumida, porque, certamente, fará destruição total e repentina de todos os moradores da terra.

Ameaças contra os filisteus

2 Concentra-te e examina-te, ó nação que não tens pudor,

2 antes que saia o decreto, pois o dia se vai como a palha; antes que venha sobre ti o furor da ira do SENHOR, sim, antes que venha sobre ti o dia da ira do SENHOR.

3 Buscai o SENHOR, vós todos os mansos da terra, que cumpris o seu juízo; buscai a justiça, buscai a mansidão; porventura, lograreis esconder-vos no dia da ira do SENHOR.

4 Porque Gaza será desamparada, e Ascalom ficará deserta; Asdode, ao meio-dia, será expulsa, e Ecrom, desarraigada.

5 Ai dos que habitam no litoral, do povo dos quereítas! A palavra do SENHOR será contra vós outros, ó Canaã, terra dos filisteus, e eu vos farei destruir, até que não haja um morador sequer.

6 O litoral será de pastagens, com refúgios para os pastores e currais para os rebanhos.

7 O litoral pertencerá aos restantes da casa de Judá; nele, apascentarão os seus rebanhos e, à tarde, se deitarão nas casas de Ascalom; porque o SENHOR, seu Deus, atentará para eles e lhes mudará a sorte.

Ameaças contra Moabe e Amom

8 Ouvi o escárnio de Moabe e as injuriosas palavras dos filhos de Amom, com que escarneceram do meu povo e se gabaram contra o seu território.

9 Portanto, tão certo como eu vivo, diz o SENHOR dos Exércitos, o Deus de Israel, Moabe será como Sodoma, e os filhos de Amom, como Gomorra, campo de urtigas, poços de sal e assolação perpétua; o restante do meu povo os saqueará, e os sobreviventes da minha nação os possuirão.

10 Isso lhes sobrevirá por causa da sua soberba, porque escarneceram e se gabaram contra o povo do SENHOR dos Exércitos.

11 O SENHOR será terrível contra eles, porque aniquilará todos os deuses da terra; todas as ilhas das nações, cada uma do seu lugar, o adorarão.

Ameaças contra a Etiópia e a Assíria

12 Também vós, ó etíopes, sereis mortos pela espada do SENHOR.

13 Ele estenderá também a mão contra o Norte e destruirá a Assíria; e fará de Nínive uma desolação e terra seca como o deserto.

14 No meio desta cidade, repousarão os rebanhos e todos os animais em bandos; alojar-se-ão nos seus capitéis tanto o pelicano como o ouriço; a voz das aves retinirá nas janelas, o monturo estará nos limiares, porque já lhe arrancaram o madeiramento de cedro.

15 Esta é a cidade alegre e confiante, que dizia consigo mesma: Eu sou a única, e não há outra além de mim. Como se tornou em desolação, em pousada de animais! Qualquer que passar por ela assobiará com desprezo e agitará a mão.

2.4-7 Is 14.29-31; Jr 47.1-7; Ez 25.15-17; Jl 3.4-8; Am 1.6-8; Zc 9.5-7. **2.8** Jr 49.1-6; Ez 21.28-32; 25.1-7; Am 1.13-15. **2.8-11** Is 15.1-16.14; 25.10-12; Jr 48.1-47; Ez 25.8-11; Am 2.1-3. **2.9** Gn 19.24. **2.12** Is 18.1-7. **2.13-15** Is 10.5-34; Na 1.1-3.19.

Ameaças contra Jerusalém

3 Ai da cidade opressora, da rebelde e manchada!

2 Não atende a ninguém, não aceita disciplina, não confia no SENHOR, nem se aproxima do seu Deus.

3 Os seus príncipes são leões rugidores no meio dela, os seus juízes são lobos do cair da noite, que não deixam os ossos para serem roídos no dia seguinte.

4 Os seus profetas são levianos, homens pérfidos; os seus sacerdotes profanam o santuário e violam a lei.

5 O SENHOR é justo, no meio dela; ele não comete iniqüidade; manhã após manhã, traz ele o seu juízo à luz; não falha; mas o iníquo não conhece a vergonha.

6 Exterminei as nações, as suas torres estão assoladas; fiz desertas as suas praças, a ponto de não haver quem passe por elas; as suas cidades foram destruídas, de maneira que não há ninguém, ninguém que as habite.

7 Eu dizia: certamente, me temerás e aceitarás a disciplina, e, assim, a sua morada não seria destruída, segundo o que havia determinado; mas eles se levantaram de madrugada e corromperam todos os seus atos.

A salvação da filha de Jerusalém

8 Esperai-me, pois, a mim, diz o SENHOR, no dia em que eu me levantar para o despojo; porque a minha resolução é ajuntar as nações e congregar os reinos, para sobre eles fazer cair a minha maldição e todo o furor da minha ira; pois toda esta terra será devorada pelo fogo do meu zelo.

9 Então, darei lábios puros aos povos, para que todos invoquem o nome do SENHOR e o sirvam de comum acordo.

10 Dalém dos rios da Etiópia, os meus adoradores, que constituem a filha da minha dispersão, me trarão sacrifícios.

11 Naquele dia, não te envergonharás de nenhuma das tuas obras, com que te rebelaste contra mim; então, tirarei do meio de ti os que exultam na sua soberba, e tu nunca mais te ensoberbecerás no meu santo monte.

12 Mas deixarei, no meio de ti, um povo modesto e humilde, que confia em o nome do SENHOR.

13 Os restantes de Israel não cometerão iniqüidade, nem proferirão mentira, e na sua boca não se achará língua enganosa, porque serão apascentados, deitar-se-ão, e não haverá quem os espante.

14 Canta, ó filha de Sião; rejubila, ó Israel; regozija-te e, de todo o coração, exulta, ó filha de Jerusalém.

15 O SENHOR afastou as sentenças que eram contra ti e lançou fora o teu inimigo. O Rei de Israel, o SENHOR, está no meio de ti; tu já não verás mal algum.

16 Naquele dia, se dirá a Jerusalém: Não temas, ó Sião, não se afrouxem os teus braços.

17 O SENHOR, teu Deus, está no meio de ti, poderoso para salvar-te; ele se deleitará em ti com alegria; renovar-te-á no seu amor, regozijar-se-á em ti com júbilo.

18 Os que estão entristecidos por se acharem afastados das festas solenes, eu os congregarei, estes que são de ti e sobre os quais pesam opróbrios.

19 Eis que, naquele tempo, procederei contra todos os que te afligem; salvarei os que coxeiam, e recolherei os que foram expulsos, e farei deles um louvor e um nome em toda a terra em que sofrerem ignomínia.

20 Naquele tempo, eu vos farei voltar e vos recolherei; certamente, farei de vós um nome e um louvor entre todos os povos da terra, quando eu vos mudar a sorte diante dos vossos olhos, diz o SENHOR.

3.13 Ap 14.5.

AGEU

Ageu exorta o povo a reedificar o templo

1 No segundo ano do rei Dario, no sexto mês, no primeiro dia do mês, veio a palavra do SENHOR, por intermédio do profeta Ageu, a Zorobabel, filho de Salatiel, governador de Judá, e a Josué, filho de Jozadaque, o sumo sacerdote, dizendo:

2 Assim fala o SENHOR dos Exércitos: Este povo diz: Não veio ainda o tempo, o tempo em que a Casa do SENHOR deve ser edificada.

3 Veio, pois, a palavra do SENHOR, por intermédio do profeta Ageu, dizendo:

4 Acaso, é tempo de habitardes vós em casas apaineladas, enquanto esta casa permanece em ruínas?

5 Ora, pois, assim diz o SENHOR dos Exércitos: Considerai o vosso passado.

6 Tendes semeado muito e recolhido pouco; comeis, mas não chega para fartarvos; bebeis, mas não dá para saciar-vos; vestis-vos, mas ninguém se aquece; e o que recebe salário, recebe-o para pô-lo num saquitel furado.

7 Assim diz o SENHOR dos Exércitos: Considerai o vosso passado.

8 Subi ao monte, trazei madeira e edificai a casa; dela me agradarei e serei glorificado, diz o SENHOR.

9 Esperastes o muito, e eis que veio a ser pouco, e esse pouco, quando o trouxestes para casa, eu com um assopro o dissipei. Por quê? — diz o SENHOR dos Exércitos; por causa da minha casa, que permanece em ruínas, ao passo que cada um de vós corre por causa de sua própria casa.

10 Por isso, os céus sobre vós retêm o seu orvalho, e a terra, os seus frutos.

11 Fiz vir a seca sobre a terra e sobre os montes; sobre o cereal, sobre o vinho, sobre o azeite e sobre o que a terra produz, como também sobre os homens, sobre os animais e sobre todo trabalho das mãos.

O povo atende ao SENHOR

12 Então, Zorobabel, filho de Salatiel, e Josué, filho de Jozadaque, o sumo sacerdote, e todo o resto do povo atenderam à voz do SENHOR, seu Deus, e às palavras do profeta Ageu, as quais o SENHOR, seu Deus, o tinha mandado dizer; e o povo temeu diante do SENHOR.

13 Então, Ageu, o enviado do SENHOR, falou ao povo, segundo a mensagem do SENHOR, dizendo: Eu sou convosco, diz o SENHOR.

14 O SENHOR despertou o espírito de Zorobabel, filho de Salatiel, governador de Judá, e o espírito de Josué, filho de Jozadaque, sumo sacerdote, e o espírito do resto de todo o povo; eles vieram e se puseram ao trabalho na Casa do SENHOR dos Exércitos, seu Deus,

15 ao vigésimo-quarto dia do sexto mês.

A glória do segundo templo

2 No segundo ano do rei Dario, no sétimo mês, ao vigésimo-primeiro do mês, veio a palavra do SENHOR por intermédio do profeta Ageu, dizendo:

2 Fala, agora, a Zorobabel, filho de Salatiel, governador de Judá, e a Josué, filho de Jozadaque, o sumo sacerdote, e ao resto do povo, dizendo:

3 Quem dentre vós, que tenha sobrevivido, contemplou esta casa na sua primeira glória? E como a vedes agora? Não é ela como nada aos vossos olhos?

4 Ora, pois, sê forte, Zorobabel, diz o SENHOR, e sê forte, Josué, filho de Jozadaque, sumo sacerdote, e tu, todo o povo da terra, sê forte, diz o SENHOR, e trabalhai, porque eu sou convosco, diz o SENHOR dos Exércitos;

5 segundo a palavra da aliança que fiz convosco, quando saístes do Egito, o meu Espírito habita no meio de vós; não temais.

6 Pois assim diz o SENHOR dos Exércitos: Ainda uma vez, dentro em pouco, farei abalar o céu, a terra, o mar e a terra seca;

7 farei abalar todas as nações, e as cousas preciosas de todas as nações virão, e encherei de glória esta casa, diz o SENHOR dos Exércitos.

8 Minha é a prata, meu é o ouro, diz o SENHOR dos Exércitos.

9 A glória desta última casa será maior do que a da primeira, diz o SENHOR dos Exércitos; e, neste lugar, darei a paz, diz o SENHOR dos Exércitos.

1.1 Ed 4.24-5.2; 6.14.   **2.3** Ed 3.12.   **2.5** Êx 33.14.   **2.6** Hb 12.26.

Repreendida a infidelidade do povo

¹⁰ Ao vigésimo-quarto dia do mês nono, no segundo ano de Dario, veio a palavra do SENHOR por intermédio do profeta Ageu, dizendo:

¹¹ Assim diz o SENHOR dos Exércitos: Pergunta, agora, aos sacerdotes a respeito da lei:

¹² Se alguém leva carne santa na orla de sua veste, e ela vier a tocar no pão, ou no cozinhado, ou no vinho, ou no azeite, ou em qualquer outro mantimento, ficará isto santificado? Responderam os sacerdotes: Não.

¹³ Então, perguntou Ageu: Se alguém que se tinha tornado impuro pelo contato com um corpo morto tocar nalguma destas cousas, ficará ela imunda? Responderam os sacerdotes: Ficará imunda.

¹⁴ Então, prosseguiu Ageu: Assim é este povo, e assim esta nação perante mim, diz o SENHOR; assim é toda a obra das suas mãos, e o que ali oferecem: tudo é imundo.

¹⁵ Agora, pois, considerai tudo o que está acontecendo desde aquele dia. Antes de pordes pedra sobre pedra no templo do SENHOR,

¹⁶ antes daquele tempo, alguém vinha a um monte de vinte medidas, e havia somente dez; vinha ao lagar para tirar cinqüenta, e havia somente vinte.

¹⁷ Eu vos feri com queimaduras, e com ferrugem, e com saraiva, em toda a obra das vossas mãos; e não houve, entre vós, quem voltasse para mim, diz o SENHOR.

¹⁸ Considerai, eu vos rogo, desde este dia em diante, desde o vigésimo-quarto dia do mês nono, desde o dia em que se fundou o templo do SENHOR, considerai nestas cousas.

¹⁹ Já não há semente no celeiro. Além disso, a videira, a figueira, a romeira e a oliveira não têm dado os seus frutos; mas, desde este dia, vos abençoarei.

A promessa do SENHOR a Zorobabel

²⁰ Veio a palavra do SENHOR segunda vez a Ageu, ao vigésimo-quarto dia do mês, dizendo:

²¹ Fala a Zorobabel, governador de Judá: Farei abalar o céu e a terra;

²² derribarei o trono dos reinos e destruirei a força dos reinos das nações; destruirei o carro e os que andam nele; os cavalos e os seus cavaleiros cairão, um pela espada do outro.

²³ Naquele dia, diz o SENHOR dos Exércitos, tomar-te-ei, ó Zorobabel, filho de Salatiel, servo meu, diz o SENHOR, e te farei como um anel de selar, porque te escolhi, diz o SENHOR dos Exércitos.

ZACARIAS

Exortação ao arrependimento

1 No oitavo mês do segundo ano de Dario, veio a palavra do SENHOR ao profeta Zacarias, filho de Berequias, filho de Ido, dizendo:

² O SENHOR se irou em extremo contra vossos pais.

³ Portanto, dize-lhes: Assim diz o SENHOR dos Exércitos: Tornai-vos para mim, diz o SENHOR dos Exércitos, e eu me tornarei para vós outros, diz o SENHOR dos Exércitos.

⁴ Não sejais como vossos pais, a quem clamavam os primeiros profetas, dizendo: Assim diz o SENHOR dos Exércitos: Convertei-vos, agora, dos vossos maus caminhos e das vossas más obras; mas não ouviram, nem me atenderam, diz o SENHOR.

⁵ Vossos pais, onde estão eles? E os profetas, acaso, vivem para sempre?

⁶ Contudo, as minhas palavras e os meus estatutos, que eu prescrevi aos profetas, meus servos, não alcançaram a vossos pais? Sim, estes se arrependeram e disseram: Como o SENHOR dos Exércitos fez tenção de nos tratar, segundo os nossos caminhos e segundo as nossas obras, assim ele nos fez.

A primeira visão: os cavalos

⁷ No vigésimo-quarto dia do mês undécimo, que é o mês de sebate, no segundo ano de Dario, veio a palavra do SENHOR ao

profeta Zacarias, filho de Berequias, filho de Ido.

⁸ Tive de noite uma visão, e eis um homem montado num cavalo vermelho; estava parado entre as murteiras que havia num vale profundo; atrás dele se achavam cavalos vermelhos, baios e brancos.

⁹ Então, perguntei: meu senhor, quem são estes? Respondeu-me o anjo que falava comigo: Eu te mostrarei quem são eles.

¹⁰ Então, respondeu o homem que estava entre as murteiras e disse: São os que o SENHOR tem enviado para percorrerem a terra.

¹¹ Eles responderam ao anjo do SENHOR, que estava entre as murteiras, e disseram: Nós já percorremos a terra, e eis que toda a terra está, agora, repousada e tranqüila.

¹² Então, o anjo do SENHOR respondeu: Ó SENHOR dos Exércitos, até quando não terás compaixão de Jerusalém e das cidades de Judá, contra as quais estás indignado faz já setenta anos?

¹³ Respondeu o SENHOR com palavras boas, palavras consoladoras, ao anjo que falava comigo.

¹⁴ E este me disse: Clama: Assim diz o SENHOR dos Exércitos: Com grande empenho, estou zelando por Jerusalém e por Sião.

¹⁵ E, com grande indignação, estou irado contra as nações que vivem confiantes; porque eu estava um pouco indignado, e elas agravaram o mal.

¹⁶ Portanto, assim diz o SENHOR: Voltei-me para Jerusalém com misericórdia; a minha casa nela será edificada, diz o SENHOR dos Exércitos, e o cordel será estendido sobre Jerusalém.

¹⁷ Clama outra vez, dizendo: Assim diz o SENHOR dos Exércitos: As minhas cidades ainda transbordarão de bens; o SENHOR ainda consolará a Sião e ainda escolherá a Jerusalém.

A segunda visão: os quatro chifres e os quatro ferreiros

¹⁸ Levantei os olhos e vi, e eis quatro chifres.

¹⁹ Perguntei ao anjo que falava comigo: que é isto? Ele me respondeu: São os chifres que dispersaram a Judá, a Israel e a Jerusalém.

²⁰ O SENHOR me mostrou quatro ferreiros.

²¹ Então, perguntei: que vêm fazer estes? Ele respondeu: Aqueles são os chifres que dispersaram a Judá, de maneira que ninguém pode levantar a cabeça; estes ferreiros, pois, vieram para os amedrontar, para derribar os chifres das nações que levantaram o seu poder contra a terra de Judá, para a espalhar.

A terceira visão: Jerusalém é medida

2 Tornei a levantar os olhos e vi, e eis um homem que tinha na mão um cordel de medir.

² Então, perguntei: para onde vais tu? Ele me respondeu: Medir Jerusalém, para ver qual é a sua largura e qual o seu comprimento.

³ Eis que saiu o anjo que falava comigo, e outro anjo lhe saiu ao encontro.

⁴ E lhe disse: Corre, fala a este jovem: Jerusalém será habitada como as aldeias sem muros, por causa da multidão de homens e animais que haverá nela.

⁵ Pois eu lhe serei, diz o SENHOR, um muro de fogo em redor e eu mesmo serei, no meio dela, a sua glória.

Israel exortado a voltar para Sião

⁶ Eh! Eh! Fugi, agora, da terra do Norte, diz o SENHOR, porque vos espalhei como os quatro ventos do céu, diz o SENHOR.

⁷ Eh! Salva-te, ó Sião, tu que habitas com a filha da Babilônia.

⁸ Pois assim diz o SENHOR dos Exércitos: Para obter ele a glória, enviou-me às nações que vos despojaram; porque aquele que tocar em vós toca na menina do seu olho.

⁹ Porque eis aí agitarei a mão contra eles, e eles virão a ser a presa daqueles que os serviram; assim, sabereis vós que o SENHOR dos Exércitos é quem me enviou.

¹⁰ Canta e exulta, ó filha de Sião, porque eis que venho e habitarei no meio de ti, diz o SENHOR.

¹¹ Naquele dia, muitas nações se ajuntarão ao SENHOR e serão o meu povo; habitarei no meio de ti, e saberás que o SENHOR dos Exércitos é quem me enviou a ti.

¹² Então, o SENHOR herdará a Judá como sua porção na terra santa e, de novo, escolherá a Jerusalém.

¹³ Cale-se toda carne diante do SENHOR, porque ele se levantou da sua santa morada.

1.8 Ap 6.4; 6.2.

A quarta visão: o sumo sacerdote Josué

3 Deus me mostrou o sumo sacerdote Josué, o qual estava diante do Anjo do SENHOR, e Satanás estava à mão direita dele, para se lhe opor.

² Mas o SENHOR disse a Satanás: O SENHOR te repreende, ó Satanás; sim, o SENHOR, que escolheu a Jerusalém, te repreende; não é este um tição tirado do fogo?

³ Ora, Josué, trajado de vestes sujas, estava diante do Anjo.

⁴ Tomou este a palavra e disse aos que estavam diante dele: Tirai-lhe as vestes sujas. A Josué disse: Eis que tenho feito que passe de ti a tua iniqüidade e te vestirei de finos trajes.

⁵ E disse eu: ponham-lhe um turbante limpo sobre a cabeça. Puseram-lhe, pois, sobre a cabeça um turbante limpo e o vestiram com trajes próprios; e o Anjo do SENHOR estava ali,

⁶ protestou a Josué e disse:

⁷ Assim diz o SENHOR dos Exércitos: Se andares nos meus caminhos e observares os meus preceitos, também tu julgarás a minha casa e guardarás os meus átrios, e te darei livre acesso entre estes que aqui se encontram.

⁸ Ouve, pois, Josué, sumo sacerdote, tu e os teus companheiros que se assentam diante de ti, porque são homens de presságio; eis que eu farei vir o meu servo, o Renovo.

⁹ Porque eis aqui a pedra que pus diante de Josué; sobre esta pedra única estão sete olhos; eis que eu lavrarei a sua escultura, diz o SENHOR dos Exércitos, e tirarei a iniqüidade desta terra, num só dia.

¹⁰ Naquele dia, diz o SENHOR dos Exércitos, cada um de vós convidará ao seu próximo para debaixo da vide e para debaixo da figueira.

A quinta visão: o candelabro de ouro entre duas oliveiras

4 Tornou o anjo que falava comigo e me despertou, como a um homem que é despertado do seu sono,

² e me perguntou: Que vês? Respondi: olho, e eis um candelabro todo de ouro e um vaso de azeite em cima com as suas sete lâmpadas e sete tubos, um para cada uma das lâmpadas que estão em cima do candelabro.

³ Junto a este, duas oliveiras, uma à direita do vaso de azeite, e a outra à sua esquerda.

⁴ Então, perguntei ao anjo que falava comigo: meu senhor, que é isto?

⁵ Respondeu-me o anjo que falava comigo: Não sabes tu que é isto? Respondi: não, meu senhor.

⁶ Prosseguiu ele e me disse: Esta é a palavra do SENHOR a Zorobabel: Não por força nem por poder, mas pelo meu Espírito, diz o SENHOR dos Exércitos.

⁷ Quem és tu, ó grande monte? Diante de Zorobabel serás uma campina; porque ele colocará a pedra de remate, em meio a aclamações: Haja graça e graça para ela!

⁸ Novamente, me veio a palavra do SENHOR, dizendo:

⁹ As mãos de Zorobabel lançaram os fundamentos desta casa, elas mesmas a acabarão, para que saibais que o SENHOR dos Exércitos é quem me enviou a vós outros.

¹⁰ Pois quem despreza o dia dos humildes começos, esse alegrar-se-á vendo o prumo na mão de Zorobabel. Aqueles sete olhos são os olhos do SENHOR, que percorrem toda a terra.

¹¹ Prossegui e lhe perguntei: que são as duas oliveiras à direita e à esquerda do candelabro?

¹² Tornando a falar-lhe, perguntei: que são aqueles dois raminhos de oliveira que estão junto aos dois tubos de ouro, que vertem de si azeite dourado?

¹³ Ele me respondeu: Não sabes que é isto? Eu disse: não, meu senhor.

¹⁴ Então, ele disse: São os dois ungidos, que assistem junto ao Senhor de toda a terra.

A sexta visão: o rolo voante

5 Tornei a levantar os olhos e vi, e eis um rolo voante.

² Perguntou-me o anjo: Que vês? Eu respondi: vejo um rolo voante, que tem vinte côvados de comprimento e dez de largura.

³ Então, me disse: Esta é a maldição que sai pela face de toda a terra, porque qualquer que furtar será expulso segundo a maldição, e qualquer que jurar falsamente será expulso também segundo a mesma.

3.1 Ed 5.2; Ap 12.10.   3.2 Jd 9.   3.8 Jr 23.5; 33.15; Zc 6.12.   3.10 Mq 4.4.   4.3 Ap 11.4.   4.6 Ed 5.2. 4.10 Ap 5.6.   4.11 Ap 11.4.

⁴ Fá-la-ei sair, diz o SENHOR dos Exércitos, e a farei entrar na casa do ladrão e na casa do que jurar falsamente pelo meu nome; nela, pernoitará e consumirá a sua madeira e as suas pedras.

A sétima visão: a mulher e o efa

⁵ Saiu o anjo que falava comigo e me disse: Levanta, agora, os olhos e vê que é isto que sai.

⁶ Eu perguntei: que é isto? Ele me respondeu: É um efa que sai. Disse ainda: Isto é a iniqüidade em toda a terra.

⁷ Eis que foi levantada a tampa de chumbo, e uma mulher estava sentada dentro do efa.

⁸ Prosseguiu o anjo: Isto é a impiedade. E a lançou para o fundo do efa, sobre cuja boca pôs o peso de chumbo.

⁹ Levantei os olhos e vi, e eis que saíram duas mulheres; havia vento em suas asas, que eram como de cegonha; e levantaram o efa entre a terra e o céu.

¹⁰ Então, perguntei ao anjo que falava comigo: para onde levam elas o efa?

¹¹ Respondeu-me: Para edificarem àquela mulher uma casa na terra de Sinear, e, estando esta acabada, ela será posta ali em seu próprio lugar.

A oitava visão: os quatro carros

6 Outra vez, levantei os olhos e vi, e eis que quatro carros saíam dentre dois montes, e estes montes eram de bronze.

² No primeiro carro, os cavalos eram vermelhos, no segundo, pretos,

³ no terceiro, brancos e no quarto, baios; todos eram fortes.

⁴ Então, perguntei ao anjo que falava comigo: que é isto, meu senhor?

⁵ Respondeu-me o anjo: São os quatro ventos do céu, que saem donde estavam perante o Senhor de toda a terra.

⁶ O carro em que estão os cavalos pretos sai para a terra do Norte; o dos brancos, após eles; o dos baios, para a terra do Sul.

⁷ Saem, assim, os cavalos fortes, forcejando por andar avante, para percorrerem a terra. O SENHOR lhes disse: Ide, percorrei a terra. E percorriam a terra.

⁸ E me chamou e me disse: Eis que aqueles que saíram para a terra do Norte fazem repousar o meu Espírito na terra do Norte.

A coroação de Josué. O Renovo

⁹ A palavra do SENHOR veio a mim, dizendo:

¹⁰ Recebe dos que foram levados cativos, a saber, de Heldai, de Tobias e de Jedaías, e vem tu no mesmo dia e entra na casa de Josias, filho de Sofonias, para a qual vieram da Babilônia.

¹¹ Recebe, digo, prata e ouro, e faze coroas, e põe-nas na cabeça de Josué, filho de Jozadaque, sumo sacerdote.

¹² E dize-lhe: Assim diz o SENHOR dos Exércitos: Eis aqui o homem cujo nome é Renovo; ele brotará do seu lugar e edificará o templo do SENHOR.

¹³ Ele mesmo edificará o templo do SENHOR e será revestido de glória; assentar-se-á no seu trono, e dominará, e será sacerdote no seu trono; e reinará perfeita união entre ambos os ofícios.

¹⁴ As coroas serão para Helém, para Tobias, para Jedaías e para Hem, filho de Sofonias, como memorial no templo do SENHOR.

¹⁵ Aqueles que estão longe virão e ajudarão no edificar o templo do SENHOR, e sabereis que o SENHOR dos Exércitos me enviou a vós outros. Isto sucederá se diligentemente ouvirdes a voz do SENHOR, vosso Deus.

O jejum que não agrada a Deus

7 No quarto ano do rei Dario, veio a palavra do SENHOR a Zacarias, no dia quarto do nono mês, que é quisleu.

² Quando de Betel foram enviados Sarezer, e Régen-Meleque, e seus homens, para suplicarem o favor do SENHOR,

³ perguntaram aos sacerdotes, que estavam na Casa do SENHOR dos Exércitos, e aos profetas: Continuaremos nós a chorar, com jejum, no quinto mês, como temos feito por tantos anos?

⁴ Então, a palavra do SENHOR dos Exércitos me veio a mim, dizendo:

⁵ Fala a todo o povo desta terra e aos sacerdotes: Quando jejuastes e pranteastes, no quinto e no sétimo mês, durante estes setenta anos, acaso, foi para mim que jejuastes, com efeito, para mim?

⁶ Quando comeis e bebeis, não é para vós mesmos que comeis e bebeis?

⁷ Não ouvistes vós as palavras que o SENHOR pregou pelo ministério dos profe-

---

6.2 Ap 6.4,5.   **6.3** Ap 6.2.   **6.5** Ap 7.1.   **6.12** Jr 23.5; 33.15; Zc 3.8.

tas que nos precederam, quando Jerusalém estava habitada e em paz com as suas cidades ao redor dela, e o Sul e a campina eram habitados?

A desobediência foi a causa do cativeiro

8 A palavra do SENHOR veio a Zacarias, dizendo:

9 Assim falara o SENHOR dos Exércitos: Executai juízo verdadeiro, mostrai bondade e misericórdia, cada um a seu irmão;

10 não oprimais a viúva, nem o órfão, nem o estrangeiro, nem o pobre, nem intente cada um, em seu coração, o mal contra o seu próximo.

11 Eles, porém, não quiseram atender e, rebeldes, me deram as costas e ensurdeceram os ouvidos, para que não ouvissem.

12 Sim, fizeram o seu coração duro como diamante, para que não ouvissem a lei, nem as palavras que o SENHOR dos Exércitos enviara pelo seu Espírito, mediante os profetas que nos precederam; daí veio a grande ira do SENHOR dos Exércitos.

13 Visto que eu clamei, e eles não me ouviram, eles também clamaram, e eu não os ouvi, diz o SENHOR dos Exércitos.

14 Espalhei-os com um turbilhão por entre todas as nações que eles não conheceram; e a terra foi assolada atrás deles, de sorte que ninguém passava por ela, nem voltava; porque da terra desejável fizeram uma desolação.

Sião restaurada

8 Veio a mim a palavra do SENHOR dos Exércitos, dizendo:

2 Assim diz o SENHOR dos Exércitos: Tenho grandes zelos de Sião e com grande indignação tenho zelos dela.

3 Assim diz o SENHOR: Voltarei para Sião e habitarei no meio de Jerusalém; Jerusalém chamar-se-á a cidade fiel, e o monte do SENHOR dos Exércitos, monte santo.

4 Assim diz o SENHOR dos Exércitos: Ainda nas praças de Jerusalém sentar-se-ão velhos e velhas, levando cada um na mão o seu arrimo, por causa da sua muita idade.

5 As praças da cidade se encherão de meninos e meninas, que nelas brincarão.

6 Assim diz o SENHOR dos Exércitos: Se isto for maravilhoso aos olhos do restante deste povo naqueles dias, será também maravilhoso aos meus olhos? — diz o SENHOR dos Exércitos.

7 Assim diz o SENHOR dos Exércitos: Eis que salvarei o meu povo, tirando-o da terra do Oriente e da terra do Ocidente;

8 eu os trarei, e habitarão em Jerusalém; eles serão o meu povo, e eu serei o seu Deus, em verdade e em justiça.

9 Assim diz o SENHOR dos Exércitos: Sejam fortes as mãos de todos vós que nestes dias ouvis estas palavras da boca dos profetas, a saber, nos dias em que foram postos os fundamentos da Casa do SENHOR dos Exércitos, para que o templo fosse edificado.

10 Porque, antes daqueles dias, não havia salário para homens, nem os animais lhes davam ganho, não havia paz para o que entrava, nem para o que saía, por causa do inimigo, porque eu incitei todos os homens, cada um contra o seu próximo.

11 Mas, agora, não serei para com o restante deste povo como nos primeiros dias, diz o SENHOR dos Exércitos.

12 Porque haverá sementeira de paz; a vide dará o seu fruto, a terra, a sua novidade, e os céus, o seu orvalho; e farei que o resto deste povo herde tudo isto.

13 E há de acontecer, ó casa de Judá, ó casa de Israel, que, assim como fostes maldição entre as nações, assim vos salvarei, e sereis bênção; não temais, e sejam fortes as vossas mãos.

14 Porque assim diz o SENHOR dos Exércitos: Como pensei fazer-vos mal, quando vossos pais me provocaram à ira, diz o SENHOR dos Exércitos, e não me arrependi,

15 assim pensei de novo em fazer bem a Jerusalém e à casa de Judá nestes dias; não temais.

16 Eis as cousas que deveis fazer: Falai a verdade cada um com o seu próximo, executai juízo nas vossas portas, segundo a verdade, em favor da paz;

17 nenhum de vós pense mal no seu coração contra o seu próximo, nem ame o juramento falso, porque a todas estas cousas eu aborreço, diz o SENHOR.

18 A palavra do SENHOR dos Exércitos veio a mim, dizendo:

19 Assim diz o SENHOR dos Exércitos: O jejum do quarto mês, e o do quinto, e o do sétimo, e o do décimo serão para a casa de Judá regozijo, alegria e festividades solenes; amai, pois, a verdade e a paz.

20 Assim diz o SENHOR dos Exércitos:

8.16 Ef 4.25.

Ainda sucederá que virão povos e habitantes de muitas cidades;

²¹ e os habitantes de uma cidade irão à outra, dizendo: Vamos depressa suplicar o favor do SENHOR e buscar ao SENHOR dos Exércitos; eu também irei.

²² Virão muitos povos e poderosas nações buscar em Jerusalém ao SENHOR dos Exércitos e suplicar o favor do SENHOR.

²³ Assim diz o SENHOR dos Exércitos: Naquele dia, sucederá que pegarão dez homens, de todas as línguas das nações, pegarão, sim, na orla da veste de um judeu e lhe dirão: Iremos convosco, porque temos ouvido que Deus está convosco.

O castigo de diversos povos

9 A sentença pronunciada pelo SENHOR é contra a terra de Hadraque e repousa sobre Damasco, porque o SENHOR põe os olhos sobre os homens e sobre todas as tribos de Israel;

² também repousa sobre Hamate, que confina com ele, sobre Tiro e Sidom, cuja sabedoria é grande.

³ Tiro edificou para si fortalezas e amontoou prata como o pó e ouro, como a lama das ruas.

⁴ Eis que o Senhor a despojará e precipitará no mar a sua força; e ela será consumida pelo fogo.

⁵ Ascalom o verá e temerá; também Gaza e terá grande dor; igualmente Ecrom, porque a sua esperança será iludida; o rei de Gaza perecerá, e Ascalom não será habitada.

⁶ Povo bastardo habitará em Asdode, e exterminarei a soberba dos filisteus.

⁷ Da boca destes tirarei o sangue dos sacrifícios idólatras e, dentre os seus dentes, tais abominações; então, ficarão eles como um restante para o nosso Deus; e serão como chefes em Judá, e Ecrom, como jebuseu.

⁸ Acampar-me-ei ao redor da minha casa para defendê-la contra forças militares, para que ninguém passe, nem volte; que não passe mais sobre eles o opressor; porque, agora, vejo isso com os meus olhos.

O Rei vem de Sião

⁹ Alegra-te muito, ó filha de Sião; exulta, ó filha de Jerusalém: eis aí te vem o teu Rei, justo e salvador, humilde, montado em jumento, num jumentinho, cria de jumenta.

¹⁰ Destruirei os carros de Efraim e os cavalos de Jerusalém, e o arco de guerra será destruído. Ele anunciará paz às nações; o seu domínio se estenderá de mar a mar e desde o Eufrates até às extremidades da terra.

¹¹ Quanto a ti, Sião, por causa do sangue da tua aliança, tirei os teus cativos da cova em que não havia água.

¹² Voltai à fortaleza, ó presos de esperança; também, hoje, vos anuncio que tudo vos restituirei em dobro.

¹³ Porque para mim curvei Judá como um arco e o enchi de Efraim; suscitarei a teus filhos, ó Sião, contra os teus filhos, ó Grécia! E te porei, ó Sião, como a espada de um valente.

¹⁴ O SENHOR será visto sobre os filhos de Sião, e as suas flechas sairão como o relâmpago; o SENHOR Deus fará soar a trombeta e irá com os redemoinhos do Sul.

¹⁵ O SENHOR dos Exércitos os protegerá; eles devorarão os fundibulários e os pisarão; também beberão deles o sangue como vinho; encher-se-ão como bacias do sacrifício e ficarão ensopados como os cantos do altar.

¹⁶ O SENHOR, seu Deus, naquele dia, os salvará, como ao rebanho do seu povo; porque eles são pedras de uma coroa e resplandecem na terra dele.

¹⁷ Pois quão grande é a sua bondade! E quão grande, a sua formosura! O cereal fará florescer os jovens, e o vinho, as donzelas.

Deus abençoará Judá e Israel

10 Pedi ao SENHOR chuva no tempo das chuvas serôdias, ao SENHOR, que faz as nuvens de chuva, dá aos homens aguaceiro e a cada um, erva no campo.

² Porque os ídolos do lar falam cousas vãs, e os adivinhos vêem mentiras, contam sonhos enganadores e oferecem consolações vazias; por isso, anda o povo como ovelhas, aflito, porque não há pastor.

³ Contra os pastores se acendeu a minha ira, e castigarei os bodes-guias; mas o SENHOR dos Exércitos tomará a seu cuidado o rebanho, a casa de Judá, e fará desta o seu cavalo de glória na batalha.

⁴ De Judá sairá a pedra angular, dele a

9.1 Is 17.1-3; Jr 49.23-27; Am 1.3-5.   **9.2** Is 23.1-18; Ez 26.1-28.26; Jl 3.4-8; Am 1.9,10; Mt 11.21,22; Lc 10.13,14.   **9.5-7** Is 14.20-31; Jr 47.1-7; Ez 25.15-17; Jl 3.4-8; Am 1.6-8; Sf 2.4-7.   **9.9** Mt 21.5; Jo 12.15. **9.10** Sl 72.8.

estaca da tenda, dele o arco de guerra, dele sairão todos os chefes juntos.

5 E serão como valentes que, na batalha, pisam aos pés os seus inimigos na lama das ruas; pelejarão, porque o SENHOR está com eles, e envergonharão os que andam montados em cavalos.

6 Fortalecerei a casa de Judá, e salvarei a casa de José, e fá-los-ei voltar, porque me compadeço deles; e serão como se eu não os tivera rejeitado, porque eu sou o SENHOR, seu Deus, e os ouvirei.

7 Os de Efraim serão como um valente, e o seu coração se alegrará como pelo vinho; seus filhos o verão e se alegrarão; o seu coração se regozijará no SENHOR.

8 Eu lhes assobiarei e os ajuntarei, porque os tenho remido; multiplicar-se-ão como antes se tinham multiplicado.

9 Ainda que os espalhei por entre os povos, eles se lembram de mim em lugares remotos; viverão com scus filhos e voltarão.

10 Porque eu os farei voltar da terra do Egito e os congregarei da Assíria; trá-los-ei à terra de Gileade e do Líbano, c não se achará lugar para eles.

11 Passarão o mar de angústia, as ondas do mar serão feridas, e todas as profundezas do Nilo se secarão; então, será derribada a soberba da Assíria, e o cetro do Egito se retirará.

12 Eu os fortalecerei no SENHOR, e andarão no seu nome, diz o SENHOR.

11 Abre, ó Líbano, as tuas portas, para que o fogo consuma os teus cedros.

2 Geme, ó cipreste, porque os cedros caíram, porque as mais excelentes árvores são destruídas; gemei, ó carvalhos dc Basã, porque o denso bosque foi derribado.

3 Eis o uivo dos pastores, porque a sua glória é destruída! Eis o bramido dos filhos de leões, porque foi destruída a soberba do Jordão!

A parábola do bom pastor

4 Assim diz o SENHOR, meu Deus: Apascenta as ovelhas destinadas para a matança.

5 Aqueles que as compram matam-nas e não são punidos; os que as vendem dizem: Louvado seja o SENHOR, porque me tornei rico; e os seus pastores não se compadecem delas.

6 Certamente, já não terei piedade dos moradores desta terra, diz o SENHOR; eis,

porém, que entregarei os homens, cada um nas mãos do seu próximo e nas mãos do seu rei; eles ferirão a terra, e eu não os livrarei das mãos deles.

7 Apascentai, pois, as ovelhas destinadas para a matança, as pobres ovelhas do rebanho. Tomei para mim duas varas: a uma chamei Graça, e à outra, União; e apascentei as ovelhas.

8 Dei cabo dos três pastores num mês. Então, perdi a paciência com as ovelhas, e também elas estavam cansadas de mim.

9 Então, disse eu: não vos apascentarei; o que quer morrer, morra, o que quer ser destruído, seja, e os que restarem, coma cada um a carne do seu próximo.

10 Tomei a vara chamada Graça e a quebrei, para anular a minha aliança, que eu fizera com todos os povos.

11 Foi, pois, anulada naquele dia; e as pobrcs do rebanho, que fizeram caso de mim, reconheceram que isto era palavra do SENHOR.

12 Eu lhes disse: se vos parece bem, dai-me o meu salário; e, se não, deixa-o. Pesaram, pois, por meu salário trinta moedas de prata.

13 Então, o SENHOR me disse: Arroja isso ao oleiro, esse magnífico preço em que fui avaliado por eles. Tomei as trinta moedas de prata e as arrojei ao oleiro, na Casa do SENHOR.

14 Então, quebrei a segunda vara, chamada União, para romper a irmandade entre Judá e Israel.

A parábola do pastor insensato

15 O SENHOR me disse: Toma ainda os petrechos de um pastor insensato,

16 porque eis que suscitarei um pastor na terra, o qual não cuidará das que estão perecendo, não buscará a desgarrada, não curará a que foi ferida, nem apascentará a sã; mas comerá a carne das gordas e lhes arrancará até as unhas.

17 Ai do pastor inútil, que abandona o rebanho! A espada lhe cairá sobre o braço e sobre o olho direito; o braço, completamente, se lhe secará, e o olho direito, de todo, se escurecerá.

A salvação de Jerusalém

12 Sentença pronunciada pelo SENHOR contra Israel. Fala o SENHOR, o que

11.12 Mt 27.9,10.

estendeu o céu, fundou a terra e formou o espírito do homem dentro dele.

² Eis que eu farei de Jerusalém um cálice de tontear para todos os povos em redor e também para Judá, durante o sítio contra Jerusalém.

³ Naquele dia, farei de Jerusalém uma pedra pesada para todos os povos; todos os que a erguerem se ferirão gravemente; e, contra ela, se ajuntarão todas as nações da terra.

⁴ Naquele dia, diz o SENHOR, ferirei de espanto a todos os cavalos e de loucura os que os montam; sobre a casa de Judá abrirei os olhos e ferirei de cegueira a todos os cavalos dos povos.

⁵ Então, os chefes de Judá pensarão assim: Os habitantes de Jerusalém têm a força do SENHOR dos Exércitos, seu Deus.

⁶ Naquele dia, porei os chefes de Judá como um braseiro ardente debaixo da lenha e como uma tocha entre a palha; eles devorarão, à direita e à esquerda, a todos os povos em redor, e Jerusalém será habitada outra vez no seu próprio lugar, em Jerusalém mesma.

⁷ O SENHOR salvará primeiramente as tendas de Judá, para que a glória da casa de Davi e a glória dos habitantes de Jerusalém não sejam exaltadas acima de Judá.

⁸ Naquele dia, o SENHOR protegerá os habitantes de Jerusalém; e o mais fraco dentre eles, naquele dia, será como Davi, e a casa de Davi será como Deus, como o Anjo do SENHOR diante deles.

⁹ Naquele dia, procurarei destruir todas as nações que vierem contra Jerusalém.

O arrependimento dos habitantes de Jerusalém

¹⁰ E sobre a casa de Davi e sobre os habitantes de Jerusalém derramarei o espírito da graça e de súplicas; olharão para aquele a quem traspassaram; prantea-lo-ão como quem pranteia por um unigênito e chorarão por ele como se chora amargamente pelo primogênito.

¹¹ Naquele dia, será grande o pranto em Jerusalém, como o pranto de Hadade-Rimom, no vale de Megido.

¹² A terra pranteará, cada família à parte; a família da casa de Davi à parte, e suas mulheres à parte; a família da casa de Natã à parte, e suas mulheres à parte;

¹³ a família da casa de Levi à parte, e suas mulheres à parte; a família dos simeítas à parte, e suas mulheres à parte.

¹⁴ Todas as mais famílias, cada família à parte, e suas mulheres à parte.

Eliminados os ídolos e os falsos profetas

13 Naquele dia, haverá uma fonte aberta para a casa de Davi e para os habitantes de Jerusalém, para remover o pecado e a impureza.

² Acontecerá, naquele dia, diz o SENHOR dos Exércitos, que eliminarei da terra os nomes dos ídolos, e deles não haverá mais memória; e também removerei da terra os profetas e o espírito imundo.

³ Quando alguém ainda profetizar, seu pai e sua mãe, que o geraram, lhe dirão: Não viverás, porque tens falado mentiras em nome do SENHOR; seu pai e sua mãe, que o geraram, o traspassarão quando profetizar.

⁴ Naquele dia, se sentirão envergonhados os profetas, cada um da sua visão quando profetiza; nem mais se vestirão de manto de pêlos, para enganarem.

⁵ Cada um, porém, dirá: Não sou profeta, sou lavrador da terra, porque fui comprado desde a minha mocidade.

⁶ Se alguém lhe disser: Que feridas são essas nas tuas mãos?, responderá ele: São as feridas com que fui ferido na casa dos meus amigos.

Ferido o pastor de Deus

⁷ Desperta, ó espada, contra o meu pastor e contra o homem que é o meu companheiro, diz o SENHOR dos Exércitos; fere o pastor, e as ovelhas ficarão dispersas; mas volverei a mão para os pequeninos.

⁸ Em toda a terra, diz o SENHOR, dois terços dela serão eliminados e perecerão; mas a terceira parte restará nela.

⁹ Farei passar a terceira parte pelo fogo, e a purificarei como se purifica a prata, e a provarei como se prova o ouro; ela invocará o meu nome, e eu a ouvirei; direi: é meu povo, e ela dirá: O SENHOR é meu Deus.

O juízo sobre Jerusalém e seus opressores

14 Eis que vem o Dia do SENHOR, em que os teus despojos se repartirão no meio de ti.

² Porque eu ajuntarei todas as nações para a peleja contra Jerusalém; e a cidade será tomada, e as casas serão saqueadas, e as mulheres, forçadas; metade da cidade sairá para o cativeiro, mas o restante do povo não será expulso da cidade.

³ Então, sairá o Senhor e pelejará contra essas nações, como pelejou no dia da batalha.

⁴ Naquele dia, estarão os seus pés sobre o monte das Oliveiras, que está defronte de Jerusalém para o oriente; o monte das Oliveiras será fendido pelo meio, para o oriente e para o ocidente, e haverá um vale muito grande; metade do monte se apartará para o norte, e a outra metade, para o sul.

⁵ Fugireis pelo vale dos meus montes, porque o vale dos montes chegará até Azal; sim, fugireis como fugistes do terremoto nos dias de Uzias, rei de Judá; então, virá o Senhor, meu Deus, e todos os santos, com ele.

⁶ Acontecerá, naquele dia, que não haverá luz, mas frio e gelo.

⁷ Mas será um dia singular conhecido do Senhor; não será nem dia nem noite, mas haverá luz à tarde.

⁸ Naquele dia, também sucederá que correrão de Jerusalém águas vivas, metade delas para o mar oriental, e a outra metade, até ao mar ocidental; no verão e no inverno, sucederá isto.

⁹ O Senhor será Rei sobre toda a terra; naquele dia, um só será o Senhor, e um só será o seu nome.

¹⁰ Toda a terra se tornará como a planície de Geba a Rimom, ao sul de Jerusalém; esta será exaltada e habitada no seu lugar, desde a Porta de Benjamim até ao lugar da primeira porta, até à Porta da Esquina e desde a Torre de Hananeel até aos lagares do rei.

¹¹ Habitarão nela, e já não haverá maldição, e Jerusalém habitará segura.

¹² Esta será a praga com que o Senhor ferirá a todos os povos que guerrearem contra Jerusalém: a sua carne se apodrecerá, estando eles de pé, apodrecer-se-lhes-ão os olhos nas suas órbitas, e lhes apodrecerá a língua na boca.

¹³ Naquele dia, também haverá da parte do Senhor grande confusão entre eles; cada um agarrará a mão do seu próximo, cada um levantará a mão contra o seu próximo.

¹⁴ Também Judá pelejará em Jerusalém; e se ajuntarão as riquezas de todas as nações circunvizinhas, ouro, prata e vestes em grande abundância.

¹⁵ Como esta praga, assim será a praga dos cavalos, dos mulos, dos camelos, dos jumentos e de todos os animais que estiverem naqueles arraiais.

A glória futura da cidade de Deus

¹⁶ Todos os que restarem de todas as nações que vieram contra Jerusalém subirão de ano em ano para adorar o Rei, o Senhor dos Exércitos, e para celebrar a Festa dos Tabernáculos.

¹⁷ Se alguma das famílias da terra não subir a Jerusalém, para adorar o Rei, o Senhor dos Exércitos, não virá sobre ela a chuva.

¹⁸ Se a família dos egípcios não subir, nem vier, não cairá sobre eles a chuva; virá a praga com que o Senhor ferirá as nações que não subirem a celebrar a Festa dos Tabernáculos.

¹⁹ Este será o castigo dos egípcios e o castigo de todas as nações que não subirem a celebrar a Festa dos Tabernáculos.

²⁰ Naquele dia, será gravado nas campainhas dos cavalos: Santo ao Senhor; e as panelas da Casa do Senhor serão como as bacias diante do altar;

²¹ sim, todas as panelas em Jerusalém e Judá serão santas ao Senhor dos Exércitos; todos os que oferecerem sacrifícios virão, lançarão mão delas e nelas cozerão carne do sacrifício. Naquele dia, já não haverá mercador na Casa do Senhor dos Exércitos.

14.8 Ez 47.1; Jo 7.38; Ap 22.1.   14.11 Ap 22.3.   14.16 Lv 23.39-43.

MALAQUIAS

O amor do Senhor por Jacó

1 Sentença pronunciada pelo Senhor contra Israel, por intermédio de Malaquias.

² Eu vos tenho amado, diz o Senhor; mas vós dizeis: Em que nos tens amado? Não foi Esaú irmão de Jacó? — disse o Senhor; todavia, amei a Jacó,

³ porém aborreci a Esaú; e fiz dos seus montes uma assolação e dei a sua herança aos chacais do deserto.

⁴ Se Edom diz: Fomos destruídos, porém tornaremos a edificar as ruínas, então, diz o Senhor dos Exércitos: Eles edificarão, mas eu destruirei; e Edom será chamada Terra-De-Perversidade e Povo-Contra-Quem-O-Senhor-Está-Irado-Para-Sempre.

⁵ Os vossos olhos o verão, e vós direis: Grande é o Senhor também fora dos limites de Israel.

O Senhor reprova os sacerdotes

⁶ O filho honra o pai, e o servo, ao seu senhor. Se eu sou pai, onde está a minha honra? E, se eu sou senhor, onde está o respeito para comigo? — diz o Senhor dos Exércitos a vós outros, ó sacerdotes que desprezais o meu nome. Vós dizeis: Em que desprezamos nós o teu nome?

⁷ Ofereceis sobre o meu altar pão imundo e ainda perguntais: Em que te havemos profanado? Nisto, que pensais: A mesa do Senhor é desprezível.

⁸ Quando trazeis animal cego para o sacrificardes, não é isso mal? E, quando trazeis o coxo ou o enfermo, não é isso mal? Ora, apresenta-o ao teu governador; acaso, terá ele agrado em ti e te será favorável? — diz o Senhor dos Exércitos.

⁹ Agora, pois, suplicai o favor de Deus, que nos conceda a sua graça; mas, com tais ofertas nas vossas mãos, aceitará ele a vossa pessoa? — diz o Senhor dos Exércitos.

¹⁰ Tomara houvesse entre vós quem feche as portas, para que não acendêsseis, debalde, o fogo do meu altar. Eu não tenho prazer em vós, diz o Senhor dos Exércitos, nem aceitarei da vossa mão a vossa oferta.

¹¹ Mas, desde o nascente do sol até ao poente, é grande entre as nações o meu nome; e em todo lugar lhe é queimado incenso e trazidas ofertas puras, porque o meu nome é grande entre as nações, diz o Senhor dos Exércitos.

¹² Mas vós o profanais, quando dizeis: A mesa do Senhor é imunda, e o que nela se oferece, isto é, a sua comida, é desprezível.

¹³ E dizeis ainda: Que canseira! E me desprezais, diz o Senhor dos Exércitos; vós ofereceis o dilacerado, e o coxo, e o enfermo; assim fazeis a oferta. Aceitaria eu isso da vossa mão? — diz o Senhor.

¹⁴ Pois maldito seja o enganador, que, tendo um animal sadio no seu rebanho, promete e oferece ao Senhor um defeituoso; porque eu sou grande Rei, diz o Senhor dos Exércitos, o meu nome é terrível entre as nações.

O castigo dos sacerdotes

2 Agora, ó sacerdotes, para vós outros é este mandamento.

² Se o não ouvirdes e se não propuserdes no vosso coração dar honra ao meu nome, diz o Senhor dos Exércitos, enviarei sobre vós a maldição e amaldiçoarei as vossas bênçãos; já as tenho amaldiçoado, porque vós não propondes isso no coração.

³ Eis que vos reprovarei a descendência, atirarei excremento ao vosso rosto, excremento dos vossos sacrifícios, e para junto deste sereis levados.

⁴ Então, sabereis que eu vos enviei este mandamento, para que a minha aliança continue com Levi, diz o Senhor dos Exércitos.

⁵ Minha aliança com ele foi de vida e de paz; ambas lhe dei eu para que me temesse; com efeito, ele me temeu e tremeu por causa do meu nome.

⁶ A verdadeira instrução esteve na sua boca, e a injustiça não se achou nos seus lábios; andou comigo em paz e em retidão e da iniquidade apartou a muitos.

⁷ Porque os lábios do sacerdote devem guardar o conhecimento, e da sua boca devem os homens procurar a instrução, porque ele é mensageiro do Senhor dos Exércitos.

1.2,3 Rm 9.13.   1.2-5 Is 34.1-17; 63.1-6; Jr 49.7-22; Ez 25.12-14; 35.1-15; Am 1.11,12; Ob 1-14.   1.8 Dt 15.21.
2.4 Nm 3.11-13.   2.5 Nm 25.12.

⁸ Mas vós vos tendes desviado do caminho e, por vossa instrução, tendes feito tropeçar a muitos; violastes a aliança de Levi, diz o SENHOR dos Exércitos.

⁹ Por isso, também eu vos fiz desprezíveis e indignos diante de todo o povo, visto que não guardastes os meus caminhos e vos mostrastes parciais no aplicardes a lei.

Advertência contra a infidelidade conjugal

¹⁰ Não temos nós todos o mesmo Pai? Não nos criou o mesmo Deus? Por que seremos desleais uns para com os outros, profanando a aliança de nossos pais?

¹¹ Judá tem sido desleal, e abominação se tem cometido em Israel e em Jerusalém; porque Judá profanou o santuário do SENHOR, o qual ele ama, e se casou com adoradora de deus estranho.

¹² O SENHOR eliminará das tendas de Jacó o homem que fizer tal, seja quem for, e o que apresenta ofertas ao SENHOR dos Exércitos.

¹³ Ainda fazeis isto: cobris o altar do SENHOR de lágrimas, de choro e de gemidos, de sorte que ele já não olha para a oferta, nem a aceita com prazer da vossa mão.

¹⁴ E perguntais: Por quê? Porque o SENHOR foi testemunha da aliança entre ti e a mulher da tua mocidade, com a qual tu foste desleal, sendo ela a tua companheira e a mulher da tua aliança.

¹⁵ Não fez o SENHOR um, mesmo que havendo nele um pouco de espírito? E por que somente um? Ele buscava a descendência que prometera. Portanto, cuidai de vós mesmos, e ninguém seja infiel para com a mulher da sua mocidade.

¹⁶ Porque o SENHOR, Deus de Israel, diz que odeia o repúdio e também aquele que cobre de violência as suas vestes, diz o SENHOR dos Exércitos; portanto, cuidai de vós mesmos e não sejais infiéis.

A vinda do SENHOR precedida pelo seu Anjo

¹⁷ Enfadais o SENHOR com vossas palavras; e ainda dizeis: Em que o enfadamos? Nisto, que pensais: Qualquer que faz o mal passa por bom aos olhos do SENHOR, e desses é que ele se agrada; ou: Onde está o Deus do juízo?

3 Eis que eu envio o meu mensageiro, que preparará o caminho diante de mim; de repente, virá ao seu templo o Senhor, a quem vós buscais, o Anjo da Aliança, a quem vós desejais; eis que ele vem, diz o SENHOR dos Exércitos.

² Mas quem poderá suportar o dia da sua vinda? E quem poderá subsistir quando ele aparecer? Porque ele é como o fogo do ourives e como a potassa dos lavandeiros.

³ Assentar-se-á como derretedor e purificador de prata; purificará os filhos de Levi e os refinará como ouro e como prata; eles trarão ao SENHOR justas ofertas.

⁴ Então, a oferta de Judá e de Jerusalém será agradável ao SENHOR, como nos dias antigos e como nos primeiros anos.

⁵ Chegar-me-ei a vós outros para juízo; serei testemunha veloz contra os feiticeiros, e contra os adúlteros, e contra os que juram falsamente, e contra os que defraudam o salário do jornaleiro, e oprimem a viúva e o órfão, e torcem o direito do estrangeiro, e não me temem, diz o SENHOR dos Exércitos.

O roubo no tocante aos dízimos e às ofertas

⁶ Porque eu, o SENHOR, não mudo; por isso, vós, ó filhos de Jacó, não sois consumidos.

⁷ Desde os dias de vossos pais, vos desviastes dos meus estatutos e não os guardastes; tornai-vos para mim, e eu me tornarei para vós outros, diz o SENHOR dos Exércitos; mas vós dizeis: Em que havemos de tornar?

⁸ Roubará o homem a Deus? Todavia, vós me roubais e dizeis: Em que te roubamos? Nos dízimos e nas ofertas.

⁹ Com maldição sois amaldiçoados, porque a mim me roubais, vós, a nação toda.

¹⁰ Trazei todos os dízimos à casa do Tesouro, para que haja mantimento na minha casa; e provai-me nisto, diz o SENHOR dos Exércitos, se eu não vos abrir as janelas do céu e não derramar sobre vós bênção sem medida.

¹¹ Por vossa causa, repreenderei o devorador, para que não vos consuma o fruto da terra; a vossa vide no campo não será estéril, diz o SENHOR dos Exércitos.

¹² Todas as nações vos chamarão felizes, porque vós sereis uma terra deleitosa, diz o SENHOR dos Exércitos.

3.1 Mt 11.10; Mc 1.2; Lc 1.76; 7.27. **3.2** Ap 6.17. **3.8-10** Lv 27.30; Nm 18.21-24; Dt 12.5-7; 14.22-29; Ne 13.10-12.

A diferença entre o justo e o perverso

13 As vossas palavras foram duras para mim, diz o Senhor; mas vós dizeis: Que temos falado contra ti?

14 Vós dizeis: Inútil é servir a Deus; que nos aproveitou termos cuidado em guardar os seus preceitos e em andar de luto diante do Senhor dos Exércitos?

15 Ora, pois, nós reputamos por felizes os soberbos; também os que cometem impiedade prosperam, sim, eles tentam ao Senhor e escapam.

16 Então, os que temiam ao Senhor falavam uns aos outros; o Senhor atentava e ouvia; havia um memorial escrito diante dele para os que temem ao Senhor e para os que se lembram do seu nome.

17 Eles serão para mim particular tesouro, naquele dia que prepararei, diz o Senhor dos Exércitos; poupá-los-ei como um homem poupa a seu filho que o serve.

18 Então, vereis outra vez a diferença entre o justo e o perverso, entre o que serve a Deus e o que não o serve.

4.5 Mt 11.14; 17.10-13; Mc 9.11-13; Lc 1.17; Jo 1.21.

O sol da justiça e seu precursor

4 Pois eis que vem o dia e arde como fornalha; todos os soberbos e todos os que cometem perversidade serão como o restolho; o dia que vem os abrasará, diz o Senhor dos Exércitos, de sorte que não lhes deixará nem raiz nem ramo.

2 Mas para vós outros que temeis o meu nome nascerá o sol da justiça, trazendo salvação nas suas asas; saireis e saltareis como bezerros soltos da estrebaria.

3 Pisareis os perversos, porque se farão cinzas debaixo das plantas de vossos pés, naquele dia que prepararei, diz o Senhor dos Exércitos.

4 Lembrai-vos da lei de Moisés, meu servo, a qual lhe prescrevi em Horebe para todo o Israel, a saber, estatutos e juízos.

5 Eis que eu vos enviarei o profeta Elias, antes que venha o grande e terrível Dia do Senhor;

6 ele converterá o coração dos pais aos filhos e o coração dos filhos a seus pais, para que eu não venha e fira a terra com maldição.

O NOVO TESTAMENTO

O EVANGELHO SEGUNDO
MATEUS

A genealogia de Jesus Cristo
Lc 3.23-38

1 Livro da genealogia de Jesus Cristo, filho de Davi, filho de Abraão.

2 Abraão gerou a Isaque; Isaque, a Jacó; Jacó, a Judá e a seus irmãos;

3 Judá gerou de Tamar a Perez e a Zerá; Perez gerou a Esrom; Esrom, a Arão;

4 Arão gerou a Aminadabe; Aminadabe, a Naassom; Naassom, a Salmom;

5 Salmom gerou de Raabe a Boaz; este, de Rute, gerou a Obede; e Obede, a Jessé;

6 Jessé gerou ao rei Davi; e o rei Davi, a Salomão, da que fora mulher de Urias;

7 Salomão gerou a Roboão; Roboão, a Abias; Abias, a Asa;

8 Asa gerou a Josafá; Josafá, a Jorão; Jorão, a Uzias;

9 Uzias gerou a Jotão; Jotão, a Acaz; Acaz, a Ezequias;

10 Ezequias gerou a Manassés; Manassés, a Amom; Amom, a Josias;

11 Josias gerou a Jeconias e a seus irmãos, no tempo do exílio na Babilônia.

12 Depois do exílio na Babilônia, Jeconias gerou a Salatiel; e Salatiel, a Zorobabel;

13 Zorobabel gerou a Abiúde; Abiúde, a Eliaquim; Eliaquim, a Azor;

14 Azor gerou a Sadoque; Sadoque, a Aquim; Aquim, a Eliúde;

15 Eliúde gerou a Eleazar; Eleazar, a Matã; Matã, a Jacó.

16 E Jacó gerou a José, marido de Maria, da qual nasceu Jesus, que se chama Cristo.

17 De sorte que todas as gerações, desde Abraão até Davi, são catorze; desde Davi até ao exílio na Babilônia, catorze; e desde o exílio na Babilônia até Cristo, catorze.

O nascimento de Jesus Cristo
Lc 2.1-7

18 Ora, o nascimento de Jesus Cristo foi assim: estando Maria, sua mãe, desposada com José, sem que tivessem antes coabitado, achou-se grávida pelo Espírito Santo.

19 Mas José, seu esposo, sendo justo e não a querendo infamar, resolveu deixá-la secretamente.

20 Enquanto ponderava nestas cousas, eis que lhe apareceu, em sonho, um anjo do Senhor, dizendo: José, filho de Davi, não temas receber Maria, tua mulher, porque o que nela foi gerado é do Espírito Santo.

21 Ela dará à luz um filho e lhe porás o nome de Jesus, porque ele salvará o seu povo dos pecados deles.

22 Ora, tudo isto aconteceu para que se cumprisse o que fora dito pelo Senhor por intermédio do profeta:

23 Eis que a virgem conceberá e dará à luz um filho, e ele será chamado pelo nome de Emanuel (que quer dizer: Deus conosco).

24 Despertado José do sono, fez como lhe ordenara o anjo do Senhor e recebeu sua mulher.

25 Contudo, não a conheceu, enquanto ela não deu à luz um filho, a quem pôs o nome de Jesus.

A visita dos magos

2 Tendo Jesus nascido em Belém da Judéia, em dias do rei Herodes, eis que vieram uns magos do Oriente a Jerusalém.

2 E perguntavam: Onde está o recém-nascido Rei dos judeus? Porque vimos a sua estrela no Oriente e viemos para adorá-lo.

3 Tendo ouvido isso, alarmou-se o rei Herodes, e, com ele, toda a Jerusalém;

4 então, convocando todos os principais sacerdotes e escribas do povo, indagava deles onde o Cristo deveria nascer.

5 Em Belém da Judéia, responderam eles, porque assim está escrito por intermédio do profeta:

6 E tu, Belém, terra de Judá, não és de modo algum a menor entre as principais de Judá; porque de ti sairá o Guia que há de apascentar a meu povo, Israel.

7 Com isto, Herodes, tendo chamado secretamente os magos, inquiriu deles com precisão quanto ao tempo em que a estrela aparecera.

1.11 2Rs 24.14,15; 2Cr 36.10; Jr 27.20.   **1.18** Lc 1.27.   **1.21** Lc 1.31.   **1.23** Is 7.14.   **1.25** Lc 2.21.
2.6 Mq 5.2.

8 E, enviando-os a Belém, disse-lhes: Ide informar-vos cuidadosamente a respeito do menino; e, quando o tiverdes encontrado, avisai-me, para eu também ir adorá-lo.

9 Depois de ouvirem o rei, partiram; e eis que a estrela que viram no Oriente os precedia, até que, chegando, parou sobre onde estava o menino.

10 E, vendo eles a estrela, alegraram-se com grande e intenso júbilo.

11 Entrando na casa, viram o menino com Maria, sua mãe. Prostrando-se, o adoraram; e, abrindo os seus tesouros, entregaram-lhe suas ofertas: ouro, incenso e mirra.

12 Sendo por divina advertência prevenidos em sonho para não voltarem à presença de Herodes, regressaram por outro caminho a sua terra.

A fuga para o Egito

13 Tendo eles partido, eis que apareceu um anjo do Senhor a José, em sonho, e disse: Dispõe-te, toma o menino e sua mãe, foge para o Egito e permanece lá até que eu te avise; porque Herodes há de procurar o menino para o matar.

14 Dispondo-se ele, tomou de noite o menino e sua mãe e partiu para o Egito;

15 e lá ficou até à morte de Herodes, para que se cumprisse o que fora dito pelo Senhor, por intermédio do profeta:
Do Egito chamei o meu Filho.

A matança dos inocentes

16 Vendo-se iludido pelos magos, enfureceu-se Herodes grandemente e mandou matar todos os meninos de Belém e de todos os seus arredores, de dois anos para baixo, conforme o tempo do qual com precisão se informara dos magos.

17 Então, se cumpriu o que fora dito por intermédio do profeta Jeremias:

18 Ouviu-se um clamor em Ramá, pranto, [choro] e grande lamento; era Raquel chorando por seus filhos e inconsolável porque não mais existem.

A volta do Egito

19 Tendo Herodes morrido, eis que um anjo do Senhor apareceu em sonho a José, no Egito, e disse-lhe:

20 Dispõe-te, toma o menino e sua mãe e vai para a terra de Israel; porque já morreram os que atentavam contra a vida do menino.

21 Dispôs-se ele, tomou o menino e sua mãe e regressou para a terra de Israel.

22 Tendo, porém, ouvido que Arquelau reinava na Judéia em lugar de seu pai Herodes, temeu ir para lá; e, por divina advertência prevenido em sonho, retirou-se para as regiões da Galiléia.

23 E foi habitar numa cidade chamada Nazaré, para que se cumprisse o que fora dito por intermédio dos profetas:
Ele será chamado Nazareno.

A pregação de João Batista
Mc 1.2-6; Lc 3.1-9

3 Naqueles dias, apareceu João Batista pregando no deserto da Judéia e dizia:

2 Arrependei-vos, porque está próximo o reino dos céus.

3 Porque este é o referido por intermédio do profeta Isaías:
Voz do que clama no deserto: Preparai o caminho do Senhor, endireitai as suas veredas.

4 Usava João vestes de pêlos de camelo e um cinto de couro; a sua alimentação eram gafanhotos e mel silvestre.

5 Então, saíam a ter com ele Jerusalém, toda a Judéia e toda a circunvizinhança do Jordão;

6 e eram por ele batizados no rio Jordão, confessando os seus pecados.

7 Vendo ele, porém, que muitos fariseus e saduceus vinham ao batismo, disse-lhes: Raça de víboras, quem vos induziu a fugir da ira vindoura?

8 Produzi, pois, frutos dignos de arrependimento;

9 e não comeceis a dizer entre vós mesmos: Temos por pai a Abraão; porque eu vos afirmo que destas pedras Deus pode suscitar filhos a Abraão.

10 Já está posto o machado à raiz das árvores; toda árvore, pois, que não produz bom fruto é cortada e lançada ao fogo.

João dá testemunho de Cristo
Mc 1.7,8; Lc 3.15-17; Jo 1.19-28

11 Eu vos batizo com[a] água, para[b] arrependimento; mas aquele que vem depois de mim é mais poderoso do que eu, cujas sandálias não sou digno de levar.

---

[a]com; *ou em*   [b]para; *ou à vista de*

2.15 Os 11.1.   **2.18** Jr 31.15.   **2.23** Is 11.1.   **3.2** Mt 4.17; Mc 1.15; Dn 2.44.   **3.3** Is 40.3.   **3.4** 2Rs 1.8.   **3.7** Mt 23.33.   **3.9** Jo 8.33.   **3.10** Mt 7.19.

Ele vos batizará com^c o Espírito Santo e com^c fogo.

¹² A sua pá, ele a tem na mão e limpará completamente a sua eira; recolherá o seu trigo no celeiro, mas queimará a palha em fogo inextinguível.

O batismo de Jesus
Mc 1.9-11; Lc 3.21,22; Jo 1.32-34

¹³ Por esse tempo, dirigiu-se Jesus da Galiléia para o Jordão, a fim de que João o batizasse.

¹⁴ Ele, porém, o dissuadia, dizendo: Eu é que preciso ser batizado por ti, e tu vens a mim?

¹⁵ Mas Jesus lhe respondeu: Deixa por enquanto, porque, assim, nos convém cumprir toda a justiça. Então, ele o admitiu.

¹⁶ Batizado Jesus, saiu logo da água, e eis que se lhe abriram os céus, e viu o Espírito de Deus descendo como pomba, vindo sobre ele.

¹⁷ E eis uma voz dos céus, que dizia: Este é o meu Filho amado, em quem me comprazo.

A tentação de Jesus
Mc 1.12,13; Lc 4.1-13

4 A seguir, foi Jesus levado pelo Espírito ao deserto, para ser tentado pelo diabo.

² E, depois de jejuar quarenta dias e quarenta noites, teve fome.

³ Então, o tentador, aproximando-se, lhe disse: Se és Filho de Deus, manda que estas pedras se transformem em pães.

⁴ Jesus, porém, respondeu: Está escrito:
Não só de pão viverá o homem, mas de toda palavra que procede da boca de Deus.

⁵ Então, o diabo o levou à Cidade Santa, colocou-o sobre o pináculo do templo

⁶ e lhe disse: Se és Filho de Deus, atira-te abaixo, porque está escrito:
Aos seus anjos ordenará a teu respeito que te guardem.
e:
Eles te susterão nas suas mãos, para não tropeçares nalguma pedra.

⁷ Respondeu-lhe Jesus: Também está escrito:
Não tentarás o Senhor, teu Deus.

⁸ Levou-o ainda o diabo a um monte muito alto, mostrou-lhe todos os reinos do mundo e a glória deles

⁹ e lhe disse: Tudo isto te darei se, prostrado, me adorares.

¹⁰ Então, Jesus lhe ordenou: Retira-te, Satanás, porque está escrito:
Ao Senhor, teu Deus, adorarás, e só a ele darás culto.

¹¹ Com isto, o deixou o diabo, e eis que vieram anjos e o serviram.

Jesus volta para a Galiléia
Mc 1.14,15; Lc 4.14,15

¹² Ouvindo, porém, Jesus que João fora preso, retirou-se para a Galiléia;

¹³ c, deixando Nazaré, foi morar em Cafarnaum, situada à beira-mar, nos confins de Zebulom e Naftali;

¹⁴ para que se cumprisse o que fora dito por intermédio do profeta Isaías:

¹⁵ Terra de Zebulom, terra de Naftali, caminho do mar, além do Jordão, Galiléia dos gentios!

¹⁶ O povo que jazia em trevas viu grande luz, e aos que viviam na região e sombra da morte resplandeceu-lhes a luz.

¹⁷ Daí por diante, passou Jesus a pregar e a dizer: Arrependei-vos, porque está próximo o reino dos céus.

A vocação de discípulos
Mc 1.16-20; Lc 5.1-11

¹⁸ Caminhando junto ao mar da Galiléia, viu dois irmãos, Simão, chamado Pedro, e André, que lançavam as redes ao mar, porque eram pescadores.

¹⁹ E disse-lhes: Vinde após mim, e eu vos farei pescadores de homens.

²⁰ Então, eles deixaram imediatamente as redes e o seguiram.

²¹ Passando adiante, viu outros dois irmãos, Tiago, filho de Zebedeu, e João, seu irmão, que estavam no barco em companhia de seu pai, consertando as redes; e chamou-os.

²² Então, eles, no mesmo instante, deixando o barco e seu pai, o seguiram.

Jesus prega por toda a Galiléia e cura muitos enfermos
Lc 6.17-19

²³ Percorria Jesus toda a Galiléia, ensi-

---

^{c}com; ou em

3.17 Mt 12.18; 17.5; Mc 9.7; Lc 9.35; Is 42.1.   4.1 Hb 2.18; 4.15.   4.4 Dt 8.3.   4.6 Sl 91.11,12.   4.7 Dt 6.16.
4.10 Dt 6.13.   4.12 Mt 14.3; Mc 6.17; Lc 3.19,20.   4.13 Jo 2.12.   4.15,16 Is 9.1,2.   4.17 Mt 3.2; Dn 2.44.
4.23 Mt 9.35; Mc 1.39; Lc 4.44.

nando nas sinagogas, pregando o evangelho do reino e curando toda sorte de doenças e enfermidades entre o povo.

24 E a sua fama correu por toda a Síria; trouxeram-lhe, então, todos os doentes, acometidos de várias enfermidades e tormentos: endemoninhados, lunáticos e paralíticos. E ele os curou.

25 E da Galiléia, Decápolis, Jerusalém, Judéia e dalém do Jordão numerosas multidões o seguiam.

O SERMÃO DO MONTE

As bem-aventuranças
Lc 6.20-23

5 Vendo Jesus as multidões, subiu ao monte, e, como se assentasse, aproximaram-se os seus discípulos;

2 e ele passou a ensiná-los, dizendo:

3 Bem-aventurados os humildes de espírito, porque deles é o reino dos céus.

4 Bem-aventurados os que choram, porque serão consolados.

5 Bem-aventurados os mansos, porque herdarão a terra.

6 Bem-aventurados os que têm fome e sede de justiça, porque serão fartos.

7 Bem-aventurados os misericordiosos, porque alcançarão misericórdia.

8 Bem-aventurados os limpos de coração, porque verão a Deus.

9 Bem-aventurados os pacificadores, porque serão chamados filhos de Deus.

10 Bem-aventurados os perseguidos por causa da justiça, porque deles é o reino dos céus.

11 Bem-aventurados sois quando, por minha causa, vos injuriarem, e vos perseguirem, e, mentindo, disserem todo mal contra vós.

12 Regozijai-vos e exultai, porque é grande o vosso galardão nos céus; pois assim perseguiram aos profetas que viveram antes de vós.

Os discípulos, o sal da terra
Mc 9.49,50; Lc 14.34,35

13 Vós sois o sal da terra; ora, se o sal vier a ser insípido, como lhe restaurar o sabor? Para nada mais presta senão para, lançado fora, ser pisado pelos homens.

Os discípulos, a luz do mundo

14 Vós sois a luz do mundo. Não se po-

de esconder a cidade edificada sobre um monte;

15 nem se acende uma candeia para colocá-la debaixo do alqueire, mas no velador, e alumia a todos os que se encontram na casa.

16 Assim brilhe também a vossa luz diante dos homens, para que vejam as vossas boas obras e glorifiquem a vosso Pai que está nos céus.

Jesus não veio revogar a lei, mas cumprir

17 Não penseis que vim revogar a lei ou os profetas; não vim para revogar, vim para cumprir.

18 Porque em verdade vos digo: até que o céu e a terra passem, nem um i ou um til jamais passará da lei, até que tudo se cumpra.

19 Aquele, pois, que violar um destes mandamentos, posto que dos menores, e assim ensinar aos homens, será considerado mínimo no reino dos céus; aquele, porém, que os observar e ensinar, esse será considerado grande no reino dos céus.

20 Porque vos digo que, se a vossa justiça não exceder em muito a dos escribas e fariseus, jamais entrareis no reino dos céus.

Jesus completa o que foi dito aos antigos

DO HOMICÍDIO

21 Ouvistes que foi dito aos antigos: Não matarás; e: Quem matar estará sujeito a julgamento.

22 Eu, porém, vos digo que todo aquele que [sem motivo] se irar contra seu irmão estará sujeito a julgamento; e quem proferir um insulto a seu irmão estará sujeito a julgamento do tribunal; e quem lhe chamar: Tolo, estará sujeito ao inferno de fogo.

23 Se, pois, ao trazeres ao altar a tua oferta, ali te lembrares de que teu irmão tem alguma cousa contra ti,

24 deixa perante o altar a tua oferta, vai primeiro reconciliar-te com teu irmão; e, então, voltando, faze a tua oferta.

25 Entra em acordo sem demora com o teu adversário, enquanto estás com ele a caminho, para que o adversário não te entregue ao juiz, o juiz, ao oficial de justiça, e sejas recolhido à prisão.

5.4 Is 61.2.   **5.5** Sl 37.11.   **5.6** Is 55.1,2.   **5.8** Sl 24.4.   **5.10** 1Pe 3.14.   **5.11** 1Pe 4.14.   **5.12** 2Cr 36.16; At 7.12.   **5.14** Jo 8.12; 9.5.   **5.15** Mc 4.21; Lc 8.16; 11.33.   **5.16** 1Pe 2.12.   **5.18** Lc 16.17.   **5.21** Êx 20.13; Dt 5.17.

26 Em verdade te digo que não sairás dali, enquanto não pagares o último centavo.

DO ADULTÉRIO

27 Ouvistes que foi dito: Não adulterarás.

28 Eu, porém, vos digo: qualquer que olhar para uma mulher com intenção impura, no coração, já adulterou com ela.

29 Se o teu olho direito te faz tropeçar, arranca-o e lança-o de ti; pois te convém que se perca um dos teus membros, e não seja todo o teu corpo lançado no inferno.

30 E, se a tua mão direita te faz tropeçar, corta-a e lança-a de ti; pois te convém que se perca um dos teus membros, e não vá todo o teu corpo para o inferno.

31 Também foi dito: Aquele que repudiar sua mulher, dê-lhe carta de divórcio.

32 Eu, porém, vos digo: qualquer que repudiar sua mulher, exceto em caso de relações sexuais ilícitas, a expõe a tornar-se adúltera; e aquele que casar com a repudiada comete adultério.

DOS JURAMENTOS

33 Também ouvistes que foi dito aos antigos: Não jurarás falso, mas cumprirás rigorosamente para com o Senhor os teus juramentos.

34 Eu, porém, vos digo: de modo algum jureis; nem pelo céu, por ser o trono de Deus;

35 nem pela terra, por ser estrado de seus pés; nem por Jerusalém, por ser cidade do grande Rei;

36 nem jures pela tua cabeça, porque não podes tornar um cabelo branco ou preto.

37 Seja, porém, a tua palavra: Sim, sim; não, não. O que disto passar vem do maligno.

DA VINGANÇA
Lc 6.27-30

38 Ouvistes que foi dito: Olho por olho, dente por dente.

39 Eu, porém, vos digo: não resistais ao perverso; mas, a qualquer que te ferir na face direita, volta-lhe também a outra;

40 e, ao que quer demandar contigo e tirar-te a túnica, deixa-lhe também a capa.

41 Se alguém te obrigar a andar uma milha, vai com ele duas.

42 Dá a quem te pede e não voltes as costas ao que deseja que lhe emprestes.

DO AMOR AO PRÓXIMO
Lc 6.32-36

43 Ouvistes que foi dito: Amarás o teu próximo e odiarás o teu inimigo.

44 Eu, porém, vos digo: amai os vossos inimigos e orai pelos que vos perseguem;

45 para que vos torneis filhos do vosso Pai celeste, porque ele faz nascer o seu sol sobre maus e bons e vir chuvas sobre justos e injustos.

46 Porque, se amardes os que vos amam, que recompensa tendes? Não fazem os publicanos também o mesmo?

47 E, se saudardes somente os vossos irmãos, que fazeis de mais? Não fazem os gentios também o mesmo?

48 Portanto, sede vós perfeitos como perfeito é o vosso Pai celeste.

Da prática da justiça

6 Guardai-vos de exercer a vossa justiça diante dos homens, com o fim de serdes vistos por eles; doutra sorte não tereis galardão junto de vosso Pai celeste.

Como se deve dar esmolas

2 Quando, pois, deres esmola, não toques trombeta diante de ti, como fazem os hipócritas, nas sinagogas e nas ruas, para serem glorificados pelos homens. Em verdade vos digo que eles já receberam a recompensa.

3 Tu, porém, ao dares a esmola, ignore a tua mão esquerda o que faz a tua mão direita;

4 para que a tua esmola fique em secreto; e teu Pai, que vê em secreto, te recompensará.

Como se deve orar

5 E, quando orardes, não sereis como os hipócritas; porque gostam de orar em pé nas sinagogas e nos cantos das praças, para serem vistos dos homens. Em verdade vos digo que eles já receberam a recompensa.

6 Tu, porém, quando orares, entra no teu quarto e, fechada a porta, orarás a teu

5.27 Êx 20.14; Dt 5.18.   **5.29** Mt 18.9; Mc 9.47.   **5.30** Mt 18.8; Mc 9.43.   **5.31** Dt 24.1-4; Mt 19.7; Mc 10.4.   **5.32** Lc 16.18; 1Co 7.10,11.   **5.33** Lv 19.12; Nm 30.2; Dt 23.21.   **5.34** Tg 5.12; Mt 23.22; Is 66.1.   **5.35** Is 66.1; Sl 48.2.   **5.38** Êx 21.24; Lv 24.20; Dt 19.21.   **5.43** Lv 19.18.   **5.48** Dt 18.13.   **6.1** Mt 23.5.   **6.5** Lc 18.10-14.   **6.6** Is 26.20.

Pai, que está em secreto; e teu Pai, que vê em secreto, te recompensará.

⁷ E, orando, não useis de vãs repetições, como os gentios; porque presumem que pelo seu muito falar serão ouvidos.

⁸ Não vos assemelheis, pois, a eles; porque Deus, o vosso Pai, sabe o de que tendes necessidade, antes que lho peçais.

A oração dominical
Lc 11.2-4

⁹ Portanto, vós orareis assim: Pai nosso, que estás nos céus, santificado seja o teu nome;

¹⁰ venha o teu reino, faça-se a tua vontade, assim na terra como no céu;

¹¹ o pão nosso de cada dia dá-nos hoje;

¹² e perdoa-nos as nossas dívidas, assim como nós temos perdoado aos nossos devedores;

¹³ e não nos deixes cair em tentação; mas livra-nos do mal [pois teu é o reino, o poder e a glória para sempre. Amém].ᵈ

¹⁴ Porque, se perdoardes aos homens as suas ofensas, também vosso Pai celeste vos perdoará;

¹⁵ se, porém, não perdoardes aos homens [as suas ofensas], tampouco vosso Pai vos perdoará as vossas ofensas.

Como jejuar

¹⁶ Quando jejuardes, não vos mostreis contristados como os hipócritas; porque desfiguram o rosto com o fim de parecer aos homens que jejuam. Em verdade vos digo que eles já receberam a recompensa.

¹⁷ Tu, porém, quando jejuares, unge a cabeça e lava o rosto,

¹⁸ com o fim de não parecer aos homens que jejuas, e sim ao teu Pai, em secreto; e teu Pai, que vê em secreto, te recompensará.

Os tesouros no céu

¹⁹ Não acumuleis para vós outros tesouros sobre a terra, onde a traça e a ferrugem corroem e onde ladrões escavam e roubam;

²⁰ mas ajuntai para vós outros tesouros no céu, onde traça nem ferrugem corrói, e onde ladrões não escavam, nem roubam;

²¹ porque, onde está o teu tesouro, aí estará também o teu coração.

A luz e as trevas
Lc 11.33-36

²² São os olhos a lâmpada do corpo. Se os teus olhos forem bons, todo o teu corpo será luminoso;

²³ se, porém, os teus olhos forem maus, todo o teu corpo estará em trevas. Portanto, caso a luz que em ti há sejam trevas, que grandes trevas serão!

Os dois senhores

²⁴ Ninguém pode servir a dois senhores; porque ou há de aborrecer-se de um e amar ao outro, ou se devotará a um e desprezará ao outro. Não podeis servir a Deus e às riquezas.

A ansiosa solicitude pela vida
Lc 12.22-31

²⁵ Por isso, vos digo: não andeis ansiosos pela vossa vida, quanto ao que haveis de comer ou beber; nem pelo vosso corpo, quanto ao que haveis de vestir. Não é a vida mais do que o alimento, e o corpo, mais do que as vestes?

²⁶ Observai as aves do céu: não semeiam, não colhem, nem ajuntam em celeiros; contudo, vosso Pai celeste as sustenta. Porventura, não valeis vós muito mais do que as aves?

²⁷ Qual de vós, por ansioso que esteja, pode acrescentar um côvado ao curso da sua vidaᵉ?

²⁸ E por que andais ansiosos quanto ao vestuário? Considerai como crescem os lírios do campo: eles não trabalham, nem fiam.

²⁹ Eu, contudo, vos afirmo que nem Salomão, em toda a sua glória, se vestiu como qualquer deles.

³⁰ Ora, se Deus veste assim a erva do campo, que hoje existe e amanhã é lançada no forno, quanto mais a vós outros, homens de pequena fé?

³¹ Portanto, não vos inquieteis, dizendo: Que comeremos? Que beberemos? Ou: Com que nos vestiremos?

³² Porque os gentios é que procuram todas estas cousas; pois vosso Pai celeste sabe que necessitais de todas elas;

³³ buscai, pois, em primeiro lugar, o seu

ᵈA parte entre colchetes não consta do texto grego adotado.
ᵉao curso da sua vida; ou à estatura

6.13 1Cr 29.11.   **6.14,15** Mc 11.25,26.   **6.19** Tg 5.2,3.   **6.29** 1Rs 10.4-7; 2Cr 9.3-6.

reino e a sua justiça, e todas estas cousas vos serão acrescentadas.

34 Portanto, não vos inquieteis com o dia de amanhã, pois o amanhã trará os seus cuidados; basta ao dia o seu próprio mal.

O juízo temerário é proibido
Lc 6.37,38,41,42

7 Não julgueis, para que não sejais julgados.

2 Pois, com o critério com que julgardes, sereis julgados; e, com a medida com que tiverdes medido, vos medirão também.

3 Por que vês tu o argueiro no olho de teu irmão, porém não reparas na trave que está no teu próprio?

4 Ou como dirás a teu irmão: Deixa-me tirar o argueiro do teu olho, quando tens a trave no teu?

5 Hipócrita, tira primeiro a trave do teu olho e, então, verás claramente para tirar o argueiro do olho de teu irmão.

Não deis o que é santo aos cães

6 Não deis aos cães o que é santo, nem lanceis ante os porcos as vossas pérolas, para que não as pisem com os pés e, voltando-se, vos dilacerem.

Jesus incita a orar
Lc 11.9-13

7 Pedi, e dar-se-vos-á; buscai e achareis; batei, e abrir-se-vos-á.

8 Pois todo o que pede recebe; o que busca encontra; e, a quem bate, abrir-se-lhe-á.

9 Ou qual dentre vós é o homem que, se porventura o filho lhe pedir pão, lhe dará pedra?

10 Ou, se lhe pedir um peixe, lhe dará uma cobra?

11 Ora, se vós, que sois maus, sabeis dar boas dádivas aos vossos filhos, quanto mais vosso Pai, que está nos céus, dará boas cousas aos que lhe pedirem?

12 Tudo quanto, pois, quereis que os homens vos façam, assim fazei-o vós também a eles; porque esta é a lei e os profetas.

As duas estradas
Lc 13.24

13 Entrai pela porta estreita (larga é a porta, e espaçoso, o caminho que conduz para a perdição, e são muitos os que entram por ela),

14 porque estreita é a porta, e apertado, o caminho que conduz para a vida, e são poucos os que acertam com ela.

Os falsos profetas

15 Acautelai-vos dos falsos profetas, que se vos apresentam disfarçados em ovelhas, mas por dentro são lobos roubadores.

16 Pelos seus frutos os conhecereis. Colhem-se, porventura, uvas dos espinheiros ou figos dos abrolhos?

17 Assim, toda árvore boa produz bons frutos, porém a árvore má produz frutos maus.

18 Não pode a árvore boa produzir frutos maus, nem a árvore má produzir frutos bons.

19 Toda árvore que não produz bom fruto é cortada e lançada ao fogo.

20 Assim, pois, pelos seus frutos os conhecereis.

21 Nem todo o que me diz: Senhor, Senhor! entrará no reino dos céus, mas aquele que faz a vontade de meu Pai, que está nos céus.

22 Muitos, naquele dia, hão de dizer-me: Senhor, Senhor! Porventura, não temos nós profetizado em teu nome, e em teu nome não expelimos demônios, e em teu nome não fizemos muitos milagres?

23 Então, lhes direi explicitamente: nunca vos conheci. Apartai-vos de mim, os que praticais a iniqüidade.

Os dois fundamentos
Lc 6.46-49

24 Todo aquele, pois, que ouve estas minhas palavras e as pratica será comparado a um homem prudente que edificou a sua casa sobre a rocha;

25 e caiu a chuva, transbordaram os rios, sopraram os ventos e deram com ímpeto contra aquela casa, que não caiu, porque fora edificada sobre a rocha.

26 E todo aquele que ouve estas minhas palavras e não as pratica será comparado a um homem insensato que edificou a sua casa sobre a areia;

27 e caiu a chuva, transbordaram os rios, sopraram os ventos e deram com ímpeto contra aquela casa, e ela desabou, sendo grande a sua ruína.

7.2 Mc 4.24.   7.12 Lc 6.31.   7.17-20 Mt 3.10; 12.33; Lc 3.9.   7.23 Sl 6.8.

O fim do sermão do monte

²⁸ Quando Jesus acabou de proferir estas palavras, estavam as multidões maravilhadas da sua doutrina;
²⁹ porque ele as ensinava como quem tem autoridade e não como os escribas.

A cura de um leproso
Mc 1.40-44; Lc 5.12-14

8 Ora, descendo ele do monte, grandes multidões o seguiram.

² E eis que um leproso, tendo-se aproximado, adorou-o, dizendo: Senhor, se quiseres, podes purificar-me.

³ E Jesus, estendendo a mão, tocou-lhe, dizendo: Quero, fica limpo! E imediatamente ele ficou limpo da sua lepra.

⁴ Disse-lhe, então, Jesus: Olha, não o digas a ninguém, mas vai mostrar-te ao sacerdote e fazer a oferta que Moisés ordenou, para servir de testemunho ao povo.

A cura do criado de um centurião
Lc 7.1-10

⁵ Tendo Jesus entrado em Cafarnaum, apresentou-se-lhe um centurião, implorando:

⁶ Senhor, o meu criado jaz em casa, de cama, paralítico, sofrendo horrivelmente.

⁷ Jesus lhe disse: Eu irei curá-lo.

⁸ Mas o centurião respondeu: Senhor, não sou digno de que entres em minha casa; mas apenas manda com uma palavra, e o meu rapaz será curado.

⁹ Pois também eu sou homem sujeito à autoridade, tenho soldados às minhas ordens e digo a este: vai, e ele vai; e a outro: vem, e ele vem; e ao meu servo: faze isto, e ele o faz.

¹⁰ Ouvindo isto, admirou-se Jesus e disse aos que o seguiam: Em verdade vos afirmo que nem mesmo em Israel achei fé como esta.

¹¹ Digo-vos que muitos virão do Oriente e do Ocidente e tomarão lugares à mesa com Abraão, Isaque e Jacó no reino dos céus.

¹² Ao passo que os filhos do reino serão lançados para fora, nas trevas; ali haverá choro e ranger de dentes.

¹³ Então, disse Jesus ao centurião: Vai-te, e seja feito conforme a tua fé. E, naquela mesma hora, o servo foi curado.

A cura da sogra de Pedro
Mc 1.29-31; Lc 4.38,39

¹⁴ Tendo Jesus chegado à casa de Pedro, viu a sogra deste acamada e ardendo em febre.

¹⁵ Mas Jesus tomou-a pela mão, e a febre a deixou. Ela se levantou e passou a servi-lo.

Muitas outras curas
Mc 1.32-34; Lc 4.40,41

¹⁶ Chegada a tarde, trouxeram-lhe muitos endemoninhados; e ele meramente com a palavra expeliu os espíritos e curou todos os que estavam doentes;

¹⁷ para que se cumprisse o que fora dito por intermédio do profeta Isaías:

Ele mesmo tomou as nossas enfermidades e carregou com as nossas doenças.

Jesus põe à prova os que querem segui-lo
Lc 9.57-62

¹⁸ Vendo Jesus muita gente ao seu redor, ordenou que passassem para a outra margem.

¹⁹ Então, aproximando-se dele um escriba, disse-lhe: Mestre, seguir-te-ei para onde quer que fores.

²⁰ Mas Jesus lhe respondeu: As raposas têm seus covis, e as aves do céu, ninhos; mas o Filho do homem não tem onde reclinar a cabeça.

²¹ E outro dos discípulos lhe disse: Senhor, permite-me ir primeiro sepultar meu pai.

²² Replicou-lhe, porém, Jesus: Segue-me, e deixa aos mortos o sepultar os seus próprios mortos.

Jesus acalma uma tempestade
Mc 4.35-41; Lc 8.22-25

²³ Então, entrando ele no barco, seus discípulos o seguiram.

²⁴ E eis que sobreveio no mar uma grande tempestade, de sorte que o barco era varrido pelas ondas. Entretanto, Jesus dormia.

²⁵ Mas os discípulos vieram acordá-lo, clamando: Senhor, salva-nos! Perecemos!

²⁶ Perguntou-lhes, então, Jesus: Por que sois tímidos, homens de pequena fé? E, levantando-se, repreendeu os ventos e o mar; e fez-se grande bonança.

7.28,29 Mc 1.22; Lc 4.32.   8.4 Lv 14.1-32.   8.11,12 Mt 22.13; 25.30; Lc 13.28,29.   8.17 Is 53.4.

²⁷ E maravilharam-se os homens, dizendo: Quem é este que até os ventos e o mar lhe obedecem?

A cura de dois endemoninhados gadarenos
Mc 5.1-20; Lc 8.26-39

²⁸ Tendo ele chegado à outra margem, à terra dos gadarenos, vieram-lhe ao encontro dois endemoninhados, saindo dentre os sepulcros, e a tal ponto furiosos, que ninguém podia passar por aquele caminho.
²⁹ E eis que gritaram: Que temos nós contigo, ó Filho de Deus! Vieste aqui atormentar-nos antes do tempo?
³⁰ Ora, andava pastando, não longe deles, uma grande manada de porcos.
³¹ Então, os demônios lhe rogavam: Se nos expeles, manda-nos para a manada de porcos.
³² Pois ide, ordenou-lhes Jesus. E eles, saindo, passaram para os porcos; e eis que toda a manada se precipitou, despenhadeiro abaixo, para dentro do mar, e nas águas pereceram.
³³ Fugiram os porqueiros e, chegando à cidade, contaram todas estas cousas e o que acontecera aos endemoninhados.
³⁴ Então, a cidade toda saiu para encontrar-se com Jesus; e, vendo-o, lhe rogaram que se retirasse da terra deles.

A cura de um paralítico em Cafarnaum
Mc 2.1-12; Lc 5.17-26

9 Entrando Jesus num barco, passou para a outra banda e foi para a sua própria cidade.
² E eis que lhe trouxeram um paralítico deitado num leito. Vendo-lhes a fé, Jesus disse ao paralítico: Tem bom ânimo, filho; estão perdoados os teus pecados.
³ Mas alguns escribas diziam consigo: Este blasfema.
⁴ Jesus, porém, conhecendo-lhes os pensamentos, disse: Por que cogitais o mal no vosso coração?
⁵ Pois qual é mais fácil? Dizer: Estão perdoados os teus pecados, ou dizer: Levanta-te e anda?
⁶ Ora, para que saibais que o Filho do homem tem sobre a terra autoridade para perdoar pecados — disse, então, ao paralítico: Levanta-te, toma o teu leito e vai para tua casa.
⁷ E, levantando-se, partiu para sua casa.

⁸ Vendo isto, as multidões, possuídas de temor, glorificaram a Deus, que dera tal autoridade aos homens.

A vocação de Mateus
Mc 2.13,14; Lc 5.27,28

⁹ Partindo Jesus dali, viu um homem chamado Mateus sentado na coletoria e disse-lhe: Segue-me! Ele se levantou e o seguiu.

Jesus come com pecadores
Mc 2.15-17; Lc 5.29-32

¹⁰ E sucedeu que, estando ele em casa, à mesa, muitos publicanos e pecadores vieram e tomaram lugares com Jesus e seus discípulos.
¹¹ Ora, vendo isto, os fariseus perguntavam aos discípulos: Por que come o vosso Mestre com os publicanos e pecadores?
¹² Mas Jesus, ouvindo, disse: Os sãos não precisam de médico, e sim os doentes.
¹³ Ide, porém, e aprendei o que significa:

Misericórdia quero e não holocaustos;
pois não vim chamar justos e sim pecadores [ao arrependimento].

Do jejum
Mc 2.18-22; Lc 5.33-39

¹⁴ Vieram, depois, os discípulos de João e lhe perguntaram: Por que jejuamos nós, e os fariseus [muitas vezes], e teus discípulos não jejuam?
¹⁵ Respondeu-lhes Jesus: Podem acaso estar tristes os convidados para o casamento, enquanto o noivo está com eles? Dias virão, contudo, em que lhes será tirado o noivo, e nesses dias hão de jejuar.
¹⁶ Ninguém põe remendo de pano novo em vestido velho; porque o remendo tira parte do vestido, e fica maior a rotura.
¹⁷ Nem se põe vinho novo em odres velhos; do contrário, rompem-se os odres, derrama-se o vinho, e os odres se perdem. Mas põe-se vinho novo em odres novos, e ambos se conservam.

O pedido de um chefe
Mc 5.21-24a; Lc 8.40-42a

¹⁸ Enquanto estas cousas lhes dizia, eis que um chefe, aproximando-se, o adorou e disse: Minha filha faleceu agora mesmo; mas vem, impõe a mão sobre ela, e viverá.

9.10,11 Lc 15.1,2.   9.13 Mt 12.7; Os 6.6.

A cura de uma mulher enferma
Mc 5.24b-34; Lc 8.42b-48

19 E Jesus, levantando-se, o seguia, e também os seus discípulos.

20 E eis que uma mulher, que durante doze anos vinha padecendo de uma hemorragia, veio por trás dele e lhe tocou na orla da veste;

21 porque dizia consigo mesma: Se eu apenas lhe tocar a veste, ficarei curada.

22 E Jesus, voltando-se e vendo-a, disse: Tem bom ânimo, filha, a tua fé te salvou. E, desde aquele instante, a mulher ficou sã.

A ressurreição da filha de Jairo
Mc 5.35-43; Lc 8.49-56

23 Tendo Jesus chegado à casa do chefe e vendo os tocadores de flauta e o povo em alvoroço, disse:

24 Retirai-vos, porque não está morta a menina, mas dorme. E riam-se dele.

25 Mas, afastado o povo, entrou Jesus, tomou a menina pela mão, e ela se levantou.

26 E a fama deste acontecimento correu por toda aquela terra.

A cura de dois cegos

27 Partindo Jesus dali, seguiram-no dois cegos, clamando: Tem compaixão de nós, Filho de Davi!

28 Tendo ele entrado em casa, aproximaram-se os cegos, e Jesus lhes perguntou: Credes que eu posso fazer isso? Responderam-lhe: Sim, Senhor!

29 Então, lhes tocou os olhos, dizendo: Faça-se-vos conforme a vossa fé.

30 E abriram-se-lhes os olhos. Jesus, porém, os advertiu severamente, dizendo: Acautelai-vos de que ninguém o saiba.

31 Saindo eles, porém, divulgaram-lhe a fama por toda aquela terra.

A cura de um mudo endemoninhado.
A blasfêmia dos fariseus

32 Ao retirarem-se eles, foi-lhe trazido um mudo endemoninhado.

33 E, expelido o demônio, falou o mudo; e as multidões se admiravam, dizendo: Jamais se viu tal cousa em Israel!

34 Mas os fariseus murmuravam: Pelo maioral dos demônios é que expele os demônios.

Jesus ia por toda parte fazendo o bem.
A seara e os trabalhadores

35 E percorria Jesus todas as cidades e povoados, ensinando nas sinagogas, pregando o evangelho do reino e curando toda sorte de doenças e enfermidades.

36 Vendo ele as multidões, compadeceu-se delas, porque estavam aflitas e exaustas como ovelhas que não têm pastor.

37 E, então, se dirigiu a seus discípulos: A seara, na verdade, é grande, mas os trabalhadores são poucos.

38 Rogai, pois, ao senhor da seara que mande trabalhadores para a sua seara.

A escolha dos doze apóstolos.
Os seus nomes
Mc 3.13-19; Lc 6.12-16

10 Tendo chamado os seus doze discípulos, deu-lhes Jesus autoridade sobre espíritos imundos para os expelir e para curar toda sorte de doenças e enfermidades.

2 Ora, os nomes dos doze apóstolos são estes: primeiro, Simão, por sobrenome Pedro, e André, seu irmão; Tiago, filho de Zebedeu, e João, seu irmão;

3 Filipe e Bartolomeu; Tomé e Mateus, o publicano; Tiago, filho de Alfeu, e Tadeu;

4 Simão, o Zelote, e Judas Iscariotes, que foi quem o traiu.

As instruções para os doze
Mc 6.7-11; Lc 9.1-5

5 A estes doze enviou Jesus, dando-lhes as seguintes instruções: Não tomeis rumo aos gentios, nem entreis em cidade de samaritanos;

6 mas, de preferência, procurai as ovelhas perdidas da casa de Israel;

7 e, à medida que seguirdes, pregai que está próximo o reino dos céus.

8 Curai enfermos, ressuscitai mortos, purificai leprosos, expeli demônios; de graça recebestes, de graça dai.

9 Não vos provereis de ouro, nem de prata, nem de cobre nos vossos cintos;

10 nem de alforje para o caminho, nem de duas túnicas, nem de sandálias, nem de bordão; porque digno é o trabalhador do seu alimento.

11 E, em qualquer cidade ou povoado

9.32-34 Mt 10.25; 12.22-24; Mc 3.22; Lc 11.14,15. **9.35** Mt 4.23; Mc 1.39; Lc 4.44. **9.36** Mc 6.34; 1Rs 22.17; 2Cr 18.16. **9.37,38** Lc 10.2. **10.5-15** Lc 10.1-12. **10.10** 1Co 9.14; 1Tm 5.18.

em que entrardes, indagai quem neles é digno; e aí ficai até vos retirardes.

¹² Ao entrardes na casa, saudai-a;

¹³ se, com efeito, a casa for digna, venha sobre ela a vossa paz; se, porém, não o for, torne para vós outros a vossa paz.

¹⁴ Se alguém não vos receber, nem ouvir as vossas palavras, ao sairdes daquela casa ou daquela cidade, sacudi o pó dos vossos pés.

¹⁵ Em verdade vos digo que menos rigor haverá para Sodoma e Gomorra, no dia do juízo, do que para aquela cidade.

As admoestações

¹⁶ Eis que eu vos envio como ovelhas para o meio de lobos; sede, portanto, prudentes como as serpentes e símplices como as pombas.

¹⁷ E acautelai-vos dos homens; porque vos entregarão aos tribunais e vos açoitarão nas suas sinagogas;

¹⁸ por minha causa sereis levados à presença de governadores e de reis, para lhes servir de testemunho, a eles e aos gentios.

¹⁹ E, quando vos entregarem, não cuideis em como ou o que haveis de falar, porque, naquela hora, vos será concedido o que haveis de dizer,

²⁰ visto que não sois vós os que falais, mas o Espírito de vosso Pai é quem fala em vós.

²¹ Um irmão entregará à morte outro irmão, e o pai, ao filho; filhos haverá que se levantarão contra os progenitores e os matarão.

²² Sereis odiados de todos por causa do meu nome; aquele, porém, que perseverar até ao fim, esse será salvo.

²³ Quando, porém, vos perseguirem numa cidade, fugi para outra; porque em verdade vos digo que não acabareis de percorrer as cidades de Israel, até que venha o Filho do homem.

Os estímulos

²⁴ O discípulo não está acima do seu mestre, nem o servo, acima do seu senhor.

²⁵ Basta ao discípulo ser como o seu mestre, e ao servo, como o seu senhor. Se chamaram Belzebu ao dono da casa, quanto mais aos seus domésticos?

²⁶ Portanto, não os temais; pois nada há encoberto, que não venha a ser revelado; nem oculto, que não venha a ser conhecido.

²⁷ O que vos digo às escuras, dizei-o a plena luz; e o que se vos diz ao ouvido, proclamai-o dos eirados.

²⁸ Não temais os que matam o corpo e não podem matar a alma; temei, antes, aquele que pode fazer perecer no inferno tanto a alma como o corpo.

²⁹ Não se vendem dois pardais por um asse? E nenhum deles cairá em terra sem o consentimento de vosso Pai.

³⁰ E, quanto a vós outros, até os cabelos todos da cabeça estão contados.

³¹ Não temais, pois! Bem mais valeis vós do que muitos pardais.

³² Portanto, todo aquele que me confessar diante dos homens, também eu o confessarei diante de meu Pai, que está nos céus;

³³ mas aquele que me negar diante dos homens, também eu o negarei diante de meu Pai, que está nos céus.

As dificuldades

³⁴ Não penseis que vim trazer paz à terra; não vim trazer paz, mas espada.

³⁵ Pois vim causar divisão entre o homem e seu pai; entre a filha e sua mãe e entre a nora e sua sogra.

³⁶ Assim, os inimigos do homem serão os da sua própria casa.

³⁷ Quem ama seu pai ou sua mãe mais do que a mim não é digno de mim; quem ama seu filho ou sua filha mais do que a mim não é digno de mim;

³⁸ e quem não toma a sua cruz e vem após mim não é digno de mim.

³⁹ Quem acha a sua vida perdê-la-á; quem, todavia, perde a vida por minha causa achá-la-á.

As recompensas

⁴⁰ Quem vos recebe a mim me recebe; e quem me recebe recebe aquele que me enviou.

⁴¹ Quem recebe um profeta, no caráter de profeta, receberá o galardão de profeta; quem recebe um justo, no caráter de justo, receberá o galardão de justo.

⁴² E quem der a beber, ainda que seja um copo de água fria, a um destes pequeninos, por ser este meu discípulo, em verdade vos digo que de modo algum perderá o seu galardão.

10.14 At 13.51.   10.15 Mt 11.23,24; Gn 19.24-28.   10.24 Lc 6.40; Jo 13.16; 15.20.   10.25 Mt 9.34; 12.24; Mc 3.22; Lc 11.15.   10.26 Mc 4.22; Lc 8.17.   10.33 2Tm 2.12.   10.35,36 Mq 7.6.   10.38,39 Mt 16.24,25; Mc 8.34,35; Lc 9.23,24; 17.33; Jo 12.25.   10.40 Lc 10.16; Jo 13.20; Mc 9.37; Lc 9.48.

Jesus prega nas cidades

11 Ora, tendo acabado Jesus de dar estas instruções a seus doze discípulos, partiu dali a ensinar e a pregar nas cidades deles.

João envia mensageiros a Jesus
Lc 7.18-23

² Quando João ouviu, no cárcere, falar das obras de Cristo, mandou por seus discípulos perguntar-lhe:

³ És tu aquele que estava para vir ou havemos de esperar outro?

⁴ E Jesus, respondendo, disse-lhes: Ide e anunciai a João o que estais ouvindo e vendo:

⁵ os cegos vêem, os coxos andam, os leprosos são purificados, os surdos ouvem, os mortos são ressuscitados, e aos pobres está sendo pregado o evangelho.

⁶ E bem-aventurado é aquele que não achar em mim motivo de tropeço.

Jesus dá testemunho de João
Lc 7.24-35

⁷ Então, em partindo eles, passou Jesus a dizer ao povo a respeito de João: Que saístes a ver no deserto? Um caniço agitado pelo vento?

⁸ Sim, que saístes a ver? Um homem vestido de roupas finas? Ora, os que vestem roupas finas assistem nos palácios reais.

⁹ Mas para que saístes? Para ver um profeta? Sim, eu vos digo, e muito mais que profeta.

¹⁰ Este é de quem está escrito:
Eis aí eu envio diante da tua face o meu mensageiro, o qual preparará o teu caminho diante de ti.

¹¹ Em verdade vos digo: entre os nascidos de mulher, ninguém apareceu maior do que João Batista; mas o menor no reino dos céus é maior do que ele.

¹² Desde os dias de João Batista até agora, o reino dos céus é tomado por esforço, e os que se esforçam se apoderam dele.

¹³ Porque todos os profetas e a lei profetizaram até João.

¹⁴ E, se o quereis reconhecer, ele mesmo é Elias, que estava para vir.

¹⁵ Quem tem ouvidos [para ouvir], ouça.

¹⁶ Mas a quem hei de comparar esta geração? É semelhante a meninos que, sentados nas praças, gritam aos companheiros:

¹⁷ Nós vos tocamos flauta, e não dançastes; entoamos lamentações, e não pranteastes.

¹⁸ Pois veio João, que não comia nem bebia, e dizem: Tem demônio!

¹⁹ Veio o Filho do homem, que come e bebe, e dizem: Eis aí um glutão e bebedor de vinho, amigo de publicanos e pecadores! Mas a sabedoria é justificada por suas obras.

Ai das cidades impenitentes!
Lc 10.13-15

²⁰ Passou, então, Jesus a increpar as cidades nas quais ele operara numerosos milagres, pelo fato de não se terem arrependido:

²¹ Ai de ti, Corazim! Ai de ti, Betsaida! Porque, se em Tiro e em Sidom se tivessem operado os milagres que em vós se fizeram, há muito que elas se teriam arrependido com pano de saco e cinza.

²² E, contudo, vos digo: no dia do juízo, haverá menos rigor para Tiro e Sidom do que para vós outras.

²³ Tu, Cafarnaum, elevar-te-ás, porventura, até ao céu? Descerás até ao inferno; porque, se em Sodoma se tivessem operado os milagres que em ti se fizeram, teria ela permanecido até ao dia de hoje.

²⁴ Digo-vos, porém, que menos rigor haverá, no dia do juízo, para com a terra de Sodoma do que para contigo.

Jesus, o salvador dos humildes
Lc 10.21,22

²⁵ Por aquele tempo, exclamou Jesus: Graças te dou, ó Pai, Senhor do céu e da terra, porque ocultaste estas cousas aos sábios e instruídos e as revelaste aos pequeninos.

²⁶ Sim, ó Pai, porque assim foi do teu agrado.

²⁷ Tudo me foi entregue por meu Pai. Ninguém conhece o Filho senão o Pai; e ninguém conhece o Pai senão o Filho e aquele a quem o Filho o quiser revelar.

Vinde a mim

²⁸ Vinde a mim, todos os que estais cansados e sobrecarregados, e eu vos aliviarei.

²⁹ Tomai sobre vós o meu jugo e apren-

11.5 Is 35.5,6; 61.1. **11.10** Ml 3.1. **11.12,13** Lc 16.16. **11.14** Ml 4.5; Mt 17.10-13; Mc 9.11-13.
11.21,22 Is 23.1-18; Ez 26.1-28.26; Jl 3.4-8; Am 1.9,10; Zc 9.2-4. **11.23** Is 14.13-15. **11.23,24** Gn 19.24-28;
Mt 10.15; Lc 10.12. **11.27** Jo 3.35; 10.15.

dei de mim, porque sou manso e humilde de coração; e achareis descanso para a vossa alma.

³⁰ Porque o meu jugo é suave, e o meu fardo é leve.

Jesus é senhor do sábado
Mc 2.23-28; Lc 6.1-5

12 Por aquele tempo, em dia de sábado, passou Jesus pelas searas. Ora, estando os seus discípulos com fome, entraram a colher espigas e a comer.

² Os fariseus, porém, vendo isso, disseram-lhe: Eis que os teus discípulos fazem o que não é lícito fazer em dia de sábado.

³ Mas Jesus lhes disse: Não lestes o que fez Davi quando ele e seus companheiros tiveram fome?

⁴ Como entrou na Casa de Deus, e comeram os pães da proposição, os quais não lhes era lícito comer, nem a ele nem aos que com ele estavam, mas exclusivamente aos sacerdotes?

⁵ Ou não lestes na lei que, aos sábados, os sacerdotes no templo violam o sábado e ficam sem culpa? Pois eu vos digo:

⁶ Aqui está quem é maior que o templo.

⁷ Mas, se vós soubésseis o que significa: Misericórdia quero e não holocaustos, não teríeis condenado inocentes.

⁸ Porque o Filho do homem é senhor do sábado.

O homem da mão ressequida
Mc 3.1-6; Lc 6.6-11

⁹ Tendo Jesus partido dali, entrou na sinagoga deles.

¹⁰ Achava-se ali um homem que tinha uma das mãos ressequida; e eles, então, com o intuito de acusá-lo, perguntaram a Jesus: É lícito curar no sábado?

¹¹ Ao que lhes respondeu: Qual dentre vós será o homem que, tendo uma ovelha, e, num sábado esta cair numa cova, não fará todo o esforço, tirando-a dali?

¹² Ora, quanto mais vale um homem que uma ovelha? Logo, é lícito, nos sábados, fazer o bem.

¹³ Então, disse ao homem: Estende a mão. Estendeu-a, e ela ficou sã como a outra.

¹⁴ Retirando-se, porém, os fariseus, conspiravam contra ele, sobre como lhe tirariam a vida.

Jesus se retira

¹⁵ Mas Jesus, sabendo disto, afastou-se dali. Muitos o seguiram, e a todos ele curou,

¹⁶ advertindo-lhes, porém, que o não expusessem à publicidade,

¹⁷ para se cumprir o que foi dito por intermédio do profeta Isaías:

¹⁸ Eis aqui o meu servo, que escolhi, o meu amado, em quem a minha alma se compraz. Farei repousar sobre ele o meu Espírito, e ele anunciará juízo aos gentios.

¹⁹ Não contenderá, nem gritará, nem alguém ouvirá nas praças a sua voz.

²⁰ Não esmagará a cana quebrada, nem apagará a torcida que fumega, até que faça vencedor o juízo.

²¹ E, no seu nome, esperarão os gentios.

A cura de um endemoninhado cego e mudo. A blasfêmia dos fariseus.
Jesus se defende
Mc 3.22-30; Lc 11.14-23

²² Então, lhe trouxeram um endemoninhado, cego e mudo; e ele o curou, passando o mudo a falar e a ver.

²³ E toda a multidão se admirava e dizia: É este, porventura, o Filho de Davi?

²⁴ Mas os fariseus, ouvindo isto, murmuravam: Este não expele demônios senão pelo poder de Belzebu, maioral dos demônios.

²⁵ Jesus, porém, conhecendo-lhes os pensamentos, disse: Todo reino dividido contra si mesmo ficará deserto, e toda cidade ou casa dividida contra si mesma não subsistirá.

²⁶ Se Satanás expele a Satanás, dividido está contra si mesmo; como, pois, subsistirá o seu reino?

²⁷ E, se eu expulso demônios por Belzebu, por quem os expulsam vossos filhos? Por isso, eles mesmos serão os vossos juízes.

²⁸ Se, porém, eu expulso demônios pelo Espírito de Deus, certamente é chegado o reino de Deus sobre vós.

²⁹ Ou como pode alguém entrar na casa do valente e roubar-lhe os bens sem pri-

12.1 Dt 23.25.   **12.3** 1Sm 21.1-6.   **12.4** Lv 24.9.   **12.5** Nm 28.9,10.   **12.7** Mt 9.13; Os 6.6.   **12.11** Lc 14.5.
12.18-21 Is 42.1-4.   **12.22-24** Mt 9.34; 10.25.

meiro amarrá-lo? E, então, lhe saqueará a casa.

30 Quem não é por mim é contra mim; e quem comigo não ajunta espalha.

31 Por isso, vos declaro: todo pecado e blasfêmia serão perdoados aos homens; mas a blasfêmia contra o Espírito não será perdoada.

32 Se alguém proferir alguma palavra contra o Filho do homem, ser-lhe-á isso perdoado; mas, se alguém falar contra o Espírito Santo, não lhe será isso perdoado, nem neste mundo nem no porvir.

Árvores e seus frutos
Lc 6.43-45

33 Ou fazei a árvore boa e o seu fruto bom ou a árvore má e o seu fruto mau; porque pelo fruto se conhece a árvore.

34 Raça de víboras, como podeis falar cousas boas, sendo maus? Porque a boca fala do que está cheio o coração.

35 O homem bom tira do tesouro bom cousas boas; mas o homem mau do mau tesouro tira cousas más.

36 Digo-vos que de toda palavra frívola que proferirem os homens, dela darão conta no dia do juízo;

37 porque, pelas tuas palavras, serás justificado e, pelas tuas palavras, serás condenado.

O sinal de Jonas
Lc 11.29-32

38 Então, alguns escribas e fariseus replicaram: Mestre, queremos ver de tua parte algum sinal.

39 Ele, porém, respondeu: Uma geração má e adúltera pede um sinal; mas nenhum sinal lhe será dado, senão o do profeta Jonas.

40 Porque assim como esteve Jonas três dias e três noites no ventre do grande peixe, assim o Filho do homem estará três dias e três noites no coração da terra.

41 Ninivitas se levantarão no juízo com esta geração e a condenarão; porque se arrependeram com a pregação de Jonas. E eis aqui está quem é maior do que Jonas.

42 A rainha do Sul se levantará no juízo com esta geração e a condenará; porque veio dos confins da terra para ouvir a sabedoria de Salomão. E eis aqui está quem é maior do que Salomão.

A estratégia de Satanás
Lc 11.24-26

43 Quando o espírito imundo sai do homem, anda por lugares áridos procurando repouso, porém não encontra.

44 Por isso, diz: Voltarei para minha casa donde saí. E, tendo voltado, a encontra vazia, varrida e ornamentada.

45 Então, vai e leva consigo outros sete espíritos, piores do que ele, e, entrando, habitam ali; e o último estado daquele homem torna-se pior do que o primeiro. Assim também acontecerá a esta geração perversa.

A família de Jesus
Mc 3.31-35; Lc 8.19-21

46 Falava ainda Jesus ao povo, e eis que sua mãe e seus irmãos estavam do lado de fora, procurando falar-lhe.

47 E alguém lhe disse: Tua mãe e teus irmãos estão lá fora e querem falar-te.

48 Porém ele respondeu ao que lhe trouxera o aviso: Quem é minha mãe e quem são meus irmãos?

49 E, estendendo a mão para os discípulos, disse: Eis minha mãe e meus irmãos.

50 Porque qualquer que fizer a vontade de meu Pai celeste, esse é meu irmão, irmã e mãe.

A parábola do semeador
Mc 4.1-9; Lc 8.4-8

13 Naquele mesmo dia, saindo Jesus de casa, assentou-se à beira-mar;

2 e grandes multidões se reuniram perto dele, de modo que entrou num barco e se assentou; e toda a multidão estava em pé na praia.

3 E de muitas cousas lhes falou por parábolas e dizia: Eis que o semeador saiu a semear.

4 E, ao semear, uma parte caiu à beira do caminho, e, vindo as aves, a comeram.

5 Outra parte caiu em solo rochoso, onde a terra era pouca, e logo nasceu, visto não ser profunda a terra.

6 Saindo, porém, o sol, a queimou; e, porque não tinha raiz, secou-se.

7 Outra caiu entre os espinhos, e os espinhos cresceram e a sufocaram.

8 Outra, enfim, caiu em boa terra e deu fruto: a cem, a sessenta e a trinta por um.

9 Quem tem ouvidos [para ouvir], ouça.

12.30 Mc 9.40. **12.32** Mc 3.29; Lc 12.10. **12.33** Mt 7.17-20. **12.34** Mt 15.18. **12.38-42** Mt 16.1-4; Mc 8.11-13; Lc 12.54-56. **12.40** Jn 1.17. **12.41** Jn 3.5. **12.42** 1Rs 10.1-10; 2Cr 9.1-12. **13.1,2** Lc 5.1-3.

A explicação da parábola
Mc 4.10-20; Lc 8.9-15

10 Então, se aproximaram os discípulos e lhe perguntaram: Por que lhes falas por parábolas?

11 Ao que respondeu: Porque a vós outros é dado conhecer os mistérios do reino dos céus, mas àqueles não lhes é isso concedido.

12 Pois ao que tem se lhe dará, e terá em abundância; mas, ao que não tem, até o que tem lhe será tirado.

13 Por isso, lhes falo por parábolas; porque, vendo, não vêem; e, ouvindo, não ouvem, nem entendem.

14 De sorte que neles se cumpre a profecia de Isaías:
Ouvireis com os ouvidos e de nenhum modo entendereis; vereis com os olhos e de nenhum modo percebereis.

15 Porque o coração deste povo está endurecido, de mau grado ouviram com os ouvidos e fecharam os olhos; para não suceder que vejam com os olhos, ouçam com os ouvidos, entendam com o coração, se convertam e sejam por mim curados.

16 Bem-aventurados, porém, os vossos olhos, porque vêem; e os vossos ouvidos, porque ouvem.

17 Pois em verdade vos digo que muitos profetas e justos desejaram ver o que vedes e não viram; e ouvir o que ouvis e não ouviram.

18 Atendei vós, pois, à parábola do semeador.

19 A todos os que ouvem a palavra do reino e não a compreendem, vem o maligno e arrebata o que lhes foi semeado no coração. Este é o que foi semeado à beira do caminho.

20 O que foi semeado em solo rochoso, esse é o que ouve a palavra e a recebe logo, com alegria;

21 mas não tem raiz em si mesmo, sendo, antes, de pouca duração; em lhe chegando a angústia ou a perseguição por causa da palavra, logo se escandaliza.

22 O que foi semeado entre os espinhos é o que ouve a palavra, porém os cuidados do mundo e a fascinação das riquezas sufocam a palavra, e fica infrutífera.

23 Mas o que foi semeado em boa terra é o que ouve a palavra e a compreende; este frutifica e produz a cem, a sessenta e a trinta por um.

A parábola do joio

24 Outra parábola lhes propôs, dizendo: O reino dos céus é semelhante a um homem que semeou boa semente no seu campo;

25 mas, enquanto os homens dormiam, veio o inimigo dele, semeou o joio no meio do trigo e retirou-se.

26 E, quando a erva cresceu e produziu fruto, apareceu também o joio.

27 Então, vindo os servos do dono da casa, lhe disseram: Senhor, não semeaste boa semente no teu campo? Donde vem, pois, o joio?

28 Ele, porém, lhes respondeu: Um inimigo fez isso. Mas os servos lhe perguntaram: Queres que vamos e arranquemos o joio?

29 Não! Replicou ele, para que, ao separar o joio, não arranqueis também com ele o trigo.

30 Deixai-os crescer juntos até à colheita, e, no tempo da colheita, direi aos ceifeiros: ajuntai primeiro o joio, atai-o em feixes para ser queimado; mas o trigo, recolhei-o no meu celeiro.

A parábola do grão de mostarda
Mc 4.30-32; Lc 13.18,19

31 Outra parábola lhes propôs, dizendo: O reino dos céus é semelhante a um grão de mostarda, que um homem tomou e plantou no seu campo;

32 o qual é, na verdade, a menor de todas as sementes, e, crescida, é maior do que as hortaliças, e se faz árvore, de modo que as aves do céu vêm aninhar-se nos seus ramos.

A parábola do fermento
Lc 13.20,21

33 Disse-lhes outra parábola: O reino dos céus é semelhante ao fermento que uma mulher tomou e escondeu em três medidas de farinha, até ficar tudo levedado.

Por que Jesus falou por parábolas
Mc 4.33,34

34 Todas estas cousas disse Jesus às multidões por parábolas e sem parábolas nada lhes dizia;

35 para que se cumprisse o que foi dito por intermédio do profeta:
Abrirei em parábolas a minha boca;

13.12 Mt 25.29; Mc 4.25; Lc 8.18; 19.26.   13.14,15 Is 6.9-10.   13.16,17 Lc 10.23,24.   13.35 Sl 78.2.

publicarei cousas ocultas desde a criação [do mundo].

A explicação da parábola do joio

36 Então, despedindo as multidões, foi Jesus para casa. E, chegando-se a ele os seus discípulos, disseram: Explica-nos a parábola do joio do campo.
37 E ele respondeu: O que semeia a boa semente é o Filho do homem;
38 o campo é o mundo; a boa semente são os filhos do reino; o joio são os filhos do maligno;
39 o inimigo que o semeou é o diabo; a ceifa é a consumação do século, e os ceifeiros são os anjos.
40 Pois, assim como o joio é colhido e lançado ao fogo, assim será na consumação do século.
41 Mandará o Filho do homem os seus anjos, que ajuntarão do seu reino todos os escândalos e os que praticam a iniquidade
42 e os lançarão na fornalha acesa; ali haverá choro e ranger de dentes.
43 Então, os justos resplandecerão como o sol, no reino de seu Pai. Quem tem ouvidos [para ouvir], ouça.

A parábola do tesouro escondido

44 O reino dos céus é semelhante a um tesouro oculto no campo, o qual certo homem, tendo-o achado, escondeu. E, transbordante de alegria, vai, vende tudo o que tem e compra aquele campo.

A parábola da pérola

45 O reino dos céus é também semelhante a um que negocia e procura boas pérolas;
46 e, tendo achado uma pérola de grande valor, vende tudo o que possui e a compra.

A parábola da rede

47 O reino dos céus é ainda semelhante a uma rede que, lançada ao mar, recolhe peixes de toda espécie.
48 E, quando já está cheia, os pescadores arrastam-na para a praia e, assentados, escolhem os bons para os cestos e os ruins deitam fora.
49 Assim será na consumação do século: sairão os anjos, e separarão os maus dentre os justos,

50 e os lançarão na fornalha acesa; ali haverá choro e ranger de dentes.

Cousas novas e velhas

51 Entendestes todas estas cousas? Responderam-lhe: Sim!
52 Então, lhes disse: Por isso, todo escriba versado no reino dos céus é semelhante a um pai de família que tira do seu depósito cousas novas e cousas velhas.

Jesus prega em Nazaré.
É rejeitado pelos seus
Mc 6.1-6; Lc 4.16-30

53 Tendo Jesus proferido estas parábolas, retirou-se dali.
54 E, chegando à sua terra, ensinava-os na sinagoga, de tal sorte que se maravilhavam e diziam: Donde lhe vêm esta sabedoria e estes poderes miraculosos?
55 Não é este o filho do carpinteiro? Não se chama sua mãe Maria, e seus irmãos, Tiago, José, Simão e Judas?
56 Não vivem entre nós todas as suas irmãs? Donde lhe vem, pois, tudo isto?
57 E escandalizavam-se nele. Jesus, porém, lhes disse: Não há profeta sem honra, senão na sua terra e na sua casa.
58 E não fez ali muitos milagres, por causa da incredulidade deles.

A morte de João Batista
Mc 6.14-29; Lc 9.7-9

14 Por aquele tempo, ouviu o tetrarca Herodes a fama de Jesus
2 e disse aos que o serviam: Este é João Batista; ele ressuscitou dos mortos, e, por isso, nele operam forças miraculosas.
3 Porque Herodes, havendo prendido e atado a João, o metera no cárcere, por causa de Herodias, mulher de Filipe, seu irmão;
4 pois João lhe dizia: Não te é lícito possuí-la.
5 E, querendo matá-lo, temia o povo, porque o tinham como profeta.
6 Ora, tendo chegado o dia natalício de Herodes, dançou a filha de Herodias diante de todos e agradou a Herodes.
7 Pelo que prometeu, com juramento, dar-lhe o que pedisse.
8 Então, ela, instigada por sua mãe, disse: Dá-me, aqui, num prato, a cabeça de João Batista.

13.57 Jo 4.44.   **14.3,4** Lc 3.19,20.   **14.4** Lv 18.16; 20.21.

⁹ Entristeceu-se o rei, mas, por causa do juramento e dos que estavam com ele à mesa, determinou que lha dessem;
¹⁰ e deu ordens e decapitou a João no cárcere.
¹¹ Foi trazida a cabeça num prato e dada à jovem, que a levou a sua mãe.
¹² Então, vieram os seus discípulos, levaram o corpo e o sepultaram; depois, foram e o anunciaram a Jesus.

A primeira multiplicação de pães e peixes
Mc 6.30-44; Lc 9.10-17; Jo 6.1-14

¹³ Jesus, ouvindo isto, retirou-se dali num barco, para um lugar deserto, à parte; sabendo-o as multidões, vieram das cidades seguindo-o por terra.
¹⁴ Desembarcando, viu Jesus uma grande multidão, compadeceu-se dela e curou os seus enfermos.
¹⁵ Ao cair da tarde, vieram os discípulos a Jesus e lhe disseram: O lugar é deserto, e vai adiantada a hora; despede, pois, as multidões para que, indo pelas aldeias, comprem para si o que comer.
¹⁶ Jesus, porém, lhes disse: Não precisam retirar-se; dai-lhes, vós mesmos, de comer.
¹⁷ Mas eles responderam: Não temos aqui senão cinco pães e dois peixes.
¹⁸ Então, ele disse: Trazei-mos.
¹⁹ E, tendo mandado que a multidão se assentasse sobre a relva, tomando os cinco pães e os dois peixes, erguendo os olhos ao céu, os abençoou. Depois, tendo partido os pães, deu-os aos discípulos, e estes, às multidões.
²⁰ Todos comeram e se fartaram; e dos pedaços que sobejaram recolheram ainda doze cestos cheios.
²¹ E os que comeram foram cerca de cinco mil homens, além de mulheres e crianças.

Jesus anda por sobre o mar
Mc 6.45-52; Jo 6.15-21

²² Logo a seguir, compeliu Jesus os discípulos a embarcar e passar adiante dele para o outro lado, enquanto ele despedia as multidões.
²³ E, despedidas as multidões, subiu ao monte, a fim de orar sozinho. Em caindo a tarde, lá estava ele, só.
²⁴ Entretanto, o barco já estava longe, a muitos estádios da terra, açoitado pelas ondas; porque o vento era contrário.

15.4 Êx 20.12; 21.17; Lv 20.9.

²⁵ Na quarta vigília da noite, foi Jesus ter com eles, andando por sobre o mar.
²⁶ E os discípulos, ao verem-no andando sobre as águas, ficaram aterrados e exclamaram: É um fantasma! E, tomados de medo, gritaram.
²⁷ Mas Jesus imediatamente lhes disse: Tende bom ânimo! Sou eu. Não temais!
²⁸ Respondendo-lhe Pedro, disse: Se és tu, Senhor, manda-me ir ter contigo, por sobre as águas.
²⁹ E ele disse: Vem! E Pedro, descendo do barco, andou por sobre as águas e foi ter com Jesus.
³⁰ Reparando, porém, na força do vento, teve medo; e, começando a submergir, gritou: Salva-me, Senhor!
³¹ E, prontamente, Jesus, estendendo a mão, tomou-o e lhe disse: Homem de pequena fé, por que duvidaste?
³² Subindo ambos para o barco, cessou o vento.
³³ E os que estavam no barco o adoraram, dizendo: Verdadeiramente és Filho de Deus!

Jesus em Genesaré
Mc 6.53-56

³⁴ Então, estando já na outra banda, chegaram a terra, em Genesaré.
³⁵ Reconhecendo-o os homens daquela terra, mandaram avisar a toda a circunvizinhança e trouxeram-lhe todos os enfermos;
³⁶ e lhe rogavam que ao menos pudessem tocar na orla da sua veste. E todos os que tocaram ficaram sãos.

Jesus e a tradição dos anciãos. O que contamina o homem
Mc 7.1-23

15 Então, vieram de Jerusalém a Jesus alguns fariseus e escribas e perguntaram:
² Por que transgridem os teus discípulos a tradição dos anciãos? Pois não lavam as mãos, quando comem.
³ Ele, porém, lhes respondeu: Por que transgredis vós também o mandamento de Deus, por causa da vossa tradição?
⁴ Porque Deus ordenou:
Honra a teu pai e a tua mãe,
e:
Quem maldisser a seu pai ou a sua mãe seja punido de morte.

⁵ Mas vós dizeis: Se alguém disser a seu pai ou a sua mãe: É oferta ao Senhor aquilo que poderias aproveitar de mim;
⁶ esse jamais honrará a seu pai ou a sua mãe. E, assim, invalidastes a palavra de Deus, por causa da vossa tradição.
⁷ Hipócritas! Bem profetizou Isaías a vosso respeito, dizendo:
⁸ Este povo honra-me com os lábios, mas o seu coração está longe de mim.
⁹ E em vão me adoram, ensinando doutrinas que são preceitos de homens.
¹⁰ E, tendo convocado a multidão, lhes disse: Ouvi e entendei:
¹¹ não é o que entra pela boca o que contamina o homem, mas o que sai da boca, isto, sim, contamina o homem.
¹² Então, aproximando-se dele os discípulos, disseram: Sabes que os fariseus, ouvindo a tua palavra, se escandalizaram?
¹³ Ele, porém, respondeu: Toda planta que meu Pai celestial não plantou será arrancada.
¹⁴ Deixai-os; são cegos, guias de cegos. Ora, se um cego guiar outro cego, cairão ambos no barranco.
¹⁵ Então, lhe disse Pedro: Explica-nos a parábola.
¹⁶ Jesus, porém, disse: Também vós não entendeis ainda?
¹⁷ Não compreendeis que tudo o que entra pela boca desce para o ventre e, depois, é lançado em lugar escuso?
¹⁸ Mas o que sai da boca vem do coração, e é isso que contamina o homem.
¹⁹ Porque do coração procedem maus desígnios, homicídios, adultérios, prostituição, furtos, falsos testemunhos, blasfêmias.
²⁰ São estas as cousas que contaminam o homem; mas o comer sem lavar as mãos não o contamina.

A mulher cananéia
Mc 7.24-30

²¹ Partindo Jesus dali, retirou-se para os lados de Tiro e Sidom.
²² E eis que uma mulher cananéia, que viera daquelas regiões, clamava: Senhor, Filho de Davi, tem compaixão de mim! Minha filha está horrivelmente endemoninhada.
²³ Ele, porém, não lhe respondeu palavra. E os seus discípulos, aproximando-se, rogaram-lhe: Despede-a, pois vem clamando atrás de nós.
²⁴ Mas Jesus respondeu: Não fui enviado senão às ovelhas perdidas da casa de Israel.
²⁵ Ela, porém, veio e o adorou, dizendo: Senhor, socorre-me!
²⁶ Então, ele, respondendo, disse: Não é bom tomar o pão dos filhos e lançá-lo aos cachorrinhos.
²⁷ Ela, contudo, replicou: Sim, Senhor, porém os cachorrinhos comem das migalhas que caem da mesa dos seus donos.
²⁸ Então, lhe disse Jesus: Ó mulher, grande é a tua fé! Faça-se contigo como queres. E, desde aquele momento, sua filha ficou sã.

Jesus volta para o mar da Galiléia e cura muitos enfermos

²⁹ Partindo Jesus dali, foi para junto do mar da Galiléia; e, subindo ao monte, assentou-se ali.
³⁰ E vieram a ele muitas multidões trazendo consigo coxos, aleijados, cegos, mudos e outros muitos e os largaram junto aos pés de Jesus; e ele os curou.
³¹ De modo que o povo se maravilhou ao ver que os mudos falavam, os aleijados recobravam saúde, os coxos andavam e os cegos viam. Então, glorificavam ao Deus de Israel.

A segunda multiplicação de pães e peixes
Mc 8.1-10

³² E, chamando Jesus os seus discípulos, disse: Tenho compaixão desta gente, porque há três dias que permanece comigo e não tem o que comer; e não quero despedi-la em jejum, para que não desfaleça pelo caminho.
³³ Mas os discípulos lhe disseram: Onde haverá neste deserto tantos pães para fartar tão grande multidão?
³⁴ Perguntou-lhes Jesus: Quantos pães tendes? Responderam: Sete e alguns peixinhos.
³⁵ Então, tendo mandado o povo assentar-se no chão,
³⁶ tomou os sete pães e os peixes, e, dando graças, partiu, e deu aos discípulos, e estes, ao povo.
³⁷ Todos comeram e se fartaram; e, do que sobejou, recolheram sete cestos cheios.
³⁸ Ora, os que comeram eram quatro mil homens, além de mulheres e crianças.
³⁹ E, tendo despedido as multidões, en-

15.8,9 Is 29.13.   15.14 Lc 6.39.

trou Jesus no barco e foi para o território de Magadã.

Os fariseus e os saduceus pedem um sinal do céu
Mc 8.11-13

16 Aproximando-se os fariseus e os saduceus, tentando-o, pediram-lhe que lhes mostrasse um sinal vindo do céu.

² Ele, porém, lhes respondeu: Chegada a tarde, dizeis: Haverá bom tempo, porque o céu está avermelhado;

³ e, pela manhã: Hoje, haverá tempestade, porque o céu está de um vermelho sombrio. Sabeis, na verdade, discernir o aspecto do céu e não podeis discernir os sinais dos tempos?

⁴ Uma geração má e adúltera pede um sinal; e nenhum sinal lhe será dado, senão o de Jonas. E, deixando-os, retirou-se.

O fermento dos fariseus e dos saduceus
Mc 8.14-21

⁵ Ora, tendo os discípulos passado para o outro lado, esqueceram-se de levar pão.

⁶ E Jesus lhes disse: Vede e acautelai-vos do fermento dos fariseus e dos saduceus.

⁷ Eles, porém, discorriam entre si, dizendo: É porque não trouxemos pão.

⁸ Percebendo-o Jesus, disse: Por que discorreis entre vós, homens de pequena fé, sobre o não terdes pão?

⁹ Não compreendeis ainda, nem vos lembrais dos cinco pães para cinco mil homens e de quantos cestos tomastes?

¹⁰ Nem dos sete pães para os quatro mil e de quantos cestos tomastes?

¹¹ Como não compreendeis que não vos falei a respeito de pães? E sim: acautelai-vos do fermento dos fariseus e dos saduceus.

¹² Então, entenderam que não lhes dissera que se acautelassem do fermento de pães, mas da doutrina dos fariseus e dos saduceus.

A confissão de Pedro
Mc 8.27-30; Lc 9.18-21

¹³ Indo Jesus para as bandas de Cesaréia de Filipe, perguntou a seus discípulos: Quem diz o povo ser o Filho do homem?

¹⁴ E eles responderam: Uns dizem: João Batista; outros: Elias; e outros: Jeremias ou algum dos profetas.

¹⁵ Mas vós, continuou ele, quem dizeis que eu sou?

¹⁶ Respondendo Simão Pedro, disse: Tu és o Cristo, o Filho do Deus vivo.

¹⁷ Então, Jesus lhe afirmou: Bem-aventurado és, Simão Barjonas, porque não foi carne e sangue que to revelaram, mas meu Pai, que está nos céus.

¹⁸ Também eu te digo que tu és Pedro, e sobre esta pedra edificarei a minha igreja, e as portas do inferno não prevalecerão contra ela.

¹⁹ Dar-te-ei as chaves do reino dos céus; o que ligares na terra terá sido ligado nos céus; e o que desligares na terra terá sido desligado nos céus.

²⁰ Então, advertiu os discípulos de que a ninguém dissessem ser ele o Cristo.

Jesus prediz a sua morte e ressurreição
Mc 8.31-33; Lc 9.22

²¹ Desde esse tempo, começou Jesus Cristo a mostrar a seus discípulos que lhe era necessário seguir para Jerusalém e sofrer muitas cousas dos anciãos, dos principais sacerdotes e dos escribas, ser morto e ressuscitado no terceiro dia.

²² E Pedro, chamando-o à parte, começou a reprová-lo, dizendo: Tem compaixão de ti, Senhor; isso de modo algum te acontecerá.

²³ Mas Jesus, voltando-se, disse a Pedro: Arreda, Satanás! Tu és para mim pedra de tropeço, porque não cogitas das cousas de Deus e sim das dos homens.

O discípulo de Cristo deve levar a sua cruz
Mc 8.34-9.1; Lc 9.23-27

²⁴ Então, disse Jesus a seus discípulos: Se alguém quer vir após mim, a si mesmo se negue, tome a sua cruz e siga-me.

²⁵ Porquanto, quem quiser salvar a sua vida perdê-la-á; e quem perder a vida por minha causa achá-la-á.

²⁶ Pois que aproveitará o homem se ganhar o mundo inteiro e perder a sua alma? Ou que dará o homem em troca da sua alma?

²⁷ Porque o Filho do homem há de vir na glória de seu Pai, com os seus anjos, e, então, retribuirá a cada um conforme as suas obras.

16.1-4 Mt 12.38-42; Lc 11.29-32.   16.4 Jn 3.4,5.   16.6 Lc 12.1.   16.9 Mt 14.17-21.   16.10 Mt 15.34-38.
16.14 Mt 14.1,2; Mc 6.14,15; Lc 9.7,8.   16.16 Jo 6.68,69.   16.19 Mt 18.18; Jo 20.23.   16.24 Mt 10.38;
Lc 14.27.   16.25 Mt 10.39; Lc 17.33; Jo 12.25.   16.27 Mt 25.31; Sl 62.12.

28 Em verdade vos digo que alguns há, dos que aqui se encontram, que de maneira nenhuma passarão pela morte até que vejam vir o Filho do homem no seu reino.

A transfiguração
Mc 9.2-8; Lc 9.28-36

17 Seis dias depois, tomou Jesus consigo a Pedro e aos irmãos Tiago e João e os levou, em particular, a um alto monte.

2 E foi transfigurado diante deles; o seu rosto resplandecia como o sol, e as suas vestes tornaram-se brancas como a luz.

3 E eis que lhes apareceram Moisés e Elias, falando com ele.

4 Então, disse Pedro a Jesus: Senhor, bom é estarmos aqui; se queres, farei aqui três tendas; uma será tua, outra para Moisés, outra para Elias.

5 Falava ele ainda, quando uma nuvem luminosa os envolveu; e eis, vindo da nuvem, uma voz que dizia: Este é o meu Filho amado, em quem me comprazo; a ele ouvi.

6 Ouvindo-a os discípulos, caíram de bruços, tomados de grande medo.

7 Aproximando-se deles, tocou-lhes Jesus, dizendo: Erguei-vos e não temais!

8 Então, eles, levantando os olhos, a ninguém viram, senão Jesus.

A vinda de Elias
Mc 9.9-13

9 E, descendo eles do monte, ordenou-lhes Jesus: A ninguém conteis a visão, até que o Filho do homem ressuscite dentre os mortos.

10 Mas os discípulos o interrogaram: Por que dizem, pois, os escribas ser necessário que Elias venha primeiro?

11 Então, Jesus respondeu: De fato, Elias virá e restaurará todas as cousas.

12 Eu, porém, vos declaro que Elias já veio, e não o reconheceram; antes, fizeram com ele tudo quanto quiseram. Assim também o Filho do homem há de padecer nas mãos deles.

13 Então, os discípulos entenderam que lhes falara a respeito de João Batista.

A cura de um jovem possesso
Mc 9.14-29; Lc 9.37-42

14 E, quando chegaram para junto da multidão, aproximou-se dele um homem, que se ajoelhou e disse:

15 Senhor, compadece-te de meu filho, porque é lunático e sofre muito; pois muitas vezes cai no fogo e outras muitas, na água.

16 Apresentei-o a teus discípulos, mas eles não puderam curá-lo.

17 Jesus exclamou: Ó geração incrédula e perversa! Até quando estarei convosco? Até quando vos sofrerei? Trazei-me aqui o menino.

18 E Jesus repreendeu o demônio, e este saiu do menino; e, desde aquela hora, ficou o menino curado.

19 Então, os discípulos, aproximando-se de Jesus, perguntaram em particular: Por que motivo não pudemos nós expulsá-lo?

20 E ele lhes respondeu: Por causa da pequenez da vossa fé. Pois em verdade vos digo que, se tiverdes fé como um grão de mostarda, direis a este monte: Passa daqui para acolá, e ele passará. Nada vos será impossível.

21 [Mas esta casta não se expele senão por meio de oração e jejum.]

De novo prediz Jesus a sua morte e ressurreição
Mc 9.30-32; Lc 9.43b-45

22 Reunidos eles na Galiléia, disse-lhes Jesus: O Filho do homem está para ser entregue nas mãos dos homens;

23 e estes o matarão; mas, ao terceiro dia, ressuscitará. Então, os discípulos se entristeceram grandemente.

Jesus paga imposto

24 Tendo eles chegado a Cafarnaum, dirigiram-se a Pedro os que cobravam o imposto das duas dracmas e perguntaram: Não paga o vosso Mestre as duas dracmas?

25 Sim, respondeu ele. Ao entrar Pedro em casa, Jesus se lhe antecipou, dizendo: Simão, que te parece? De quem cobram os reis da terra impostos ou tributo: dos seus filhos ou dos estranhos?

26 Respondendo Pedro: Dos estranhos, Jesus lhe disse: Logo, estão isentos os filhos.

27 Mas, para que não os escandalizemos, vai ao mar, lança o anzol, e o primeiro peixe que fisgar, tira-o; e, abrindo-lhe a

17.1-5 2Pe 1.17,18.   17.5 Is 42.1; Mt 3.17; 12.18; Mc 1.11; Lc 3.22.   17.10 Ml 4.5.   17.12 Mt 11.14.
17.20 Mt 21.21; Mc 11.23; 1Co 13.2.   17.24 Êx 30.13; 38.26.

boca, acharás um estáter. Toma-o e entrega-lhes por mim e por ti.

O maior no reino dos céus
Mc 9.33-37; Lc 9.46-48

18 Naquela hora, aproximaram-se de Jesus os discípulos, perguntando: Quem é, porventura, o maior no reino dos céus?

2 E Jesus, chamando uma criança, colocou-a no meio deles.

3 E disse: Em verdade vos digo que, se não vos converterdes e não vos tornardes como crianças, de modo algum entrareis no reino dos céus.

4 Portanto, aquele que se humilhar como esta criança, esse é o maior no reino dos céus.

5 E quem receber uma criança, tal como esta, em meu nome, a mim me recebe.

Os tropeços
Mc 9.42-48; Lc 17.1,2

6 Qualquer, porém, que fizer tropeçar a um destes pequeninos que crêem em mim, melhor lhe fora que se lhe pendurasse ao pescoço uma grande pedra de moinho, e fosse afogado na profundeza do mar.

7 Ai do mundo, por causa dos escândalos; porque é inevitável que venham escândalos, mas ai do homem pelo qual vem o escândalo!

8 Portanto, se a tua mão ou o teu pé te faz tropeçar, corta-o e lança-o fora de ti; melhor é entrares na vida manco ou aleijado do que, tendo duas mãos ou dois pés, seres lançado no fogo eterno.

9 Se um dos teus olhos te faz tropeçar, arranca-o e lança-o fora de ti; melhor é entrares na vida com um só dos teus olhos do que, tendo dois, seres lançado no inferno de fogo.

A parábola da ovelha perdida
Lc 15.3-7

10 Vede, não desprezeis a qualquer destes pequeninos; porque eu vos afirmo que os seus anjos nos céus vêem incessantemente a face de meu Pai celeste.

11 [Porque o Filho do homem veio salvar o que estava perdido.]

12 Que vos parece? Se um homem tiver cem ovelhas, e uma delas se extraviar, não deixará ele nos montes as noventa e nove, indo procurar a que se extraviou?

13 E, se porventura a encontra, em verdade vos digo que maior prazer sentirá por causa desta do que pelas noventa e nove que não se extraviaram.

14 Assim, pois, não é da vontade de vosso Pai celeste que pereça um só destes pequeninos.

Como se deve tratar a um irmão culpado

15 Se teu irmão pecar [contra ti], vai argüí-lo entre ti e ele só. Se ele te ouvir, ganhaste a teu irmão.

16 Se, porém, não te ouvir, toma ainda contigo uma ou duas pessoas, para que, pelo depoimento de duas ou três testemunhas, toda palavra se estabeleça.

17 E, se ele não os atender, dize-o à igreja; e, se recusar ouvir também a igreja, considera-o como gentio e publicano.

18 Em verdade vos digo que tudo o que ligardes na terra terá sido ligado nos céus, e tudo o que desligardes na terra terá sido desligado nos céus.

19 Em verdade também vos digo que, se dois dentre vós, sobre a terra, concordarem a respeito de qualquer cousa que, porventura, pedirem, ser-lhes-á concedida por meu Pai, que está nos céus.

20 Porque, onde estiverem dois ou três reunidos em meu nome, ali estou no meio deles.

Quantas vezes se deve perdoar a um irmão
Lc 17.3,4

21 Então, Pedro, aproximando-se, lhe perguntou: Senhor, até quantas vezes meu irmão pecará contra mim, que eu lhe perdoe? Até sete vezes?

22 Respondeu-lhe Jesus: Não te digo que até sete vezes, mas até setenta vezes sete.

A parábola do credor incompassivo

23 Por isso, o reino dos céus é semelhante a um rei que resolveu ajustar contas com os seus servos.

24 E, passando a fazê-lo, trouxeram-lhe um que lhe devia dez mil talentos.

25 Não tendo ele, porém, com que pagar, ordenou o senhor que fosse vendido ele, a mulher, os filhos e tudo quanto possuía e que a dívida fosse paga.

26 Então, o servo, prostrando-se reve-

18.1 Lc 22.24.   **18.3** Mc 10.15; Lc 18.17.   **18.8** Mt 5.30.   **18.9** Mt 5.29.   **18.11** Lc 19.10. **18.16** Dt 17.16; 19.15.   **18.18** Mt 16.19; Jo 20.23.

rente, rogou: Sê paciente comigo, e tudo te pagarei.

²⁷ E o senhor daquele servo, compadecendo-se, mandou-o embora e perdoou-lhe a dívida.

²⁸ Saindo, porém, aquele servo, encontrou um dos seus conservos que lhe devia cem denários; e, agarrando-o, o sufocava, dizendo: Paga-me o que me deves.

²⁹ Então, o seu conservo, caindo-lhe aos pés, lhe implorava: Sê paciente comigo, e te pagarei.

³⁰ Ele, entretanto, não quis; antes, indo-se, o lançou na prisão, até que saldasse a dívida.

³¹ Vendo os seus companheiros o que se havia passado, entristeceram-se muito e foram relatar ao seu senhor tudo que acontecera.

³² Então, o seu senhor, chamando-o, lhe disse: Servo malvado, perdoei-te aquela dívida toda porque me suplicaste;

³³ não devias tu, igualmente, compadecer-te do teu conservo, como também eu me compadeci de ti?

³⁴ E, indignando-se, o seu senhor o entregou aos verdugos, até que lhe pagasse toda a dívida.

³⁵ Assim também meu Pai celeste vos fará, se do íntimo não perdoardes cada um a seu irmão.

Jesus atravessa o Jordão
Mc 10.1

19 E aconteceu que, concluindo Jesus estas palavras, deixou a Galiléia e foi para o território da Judéia, além do Jordão.

² Seguiram-no muitas multidões, e curou-as ali.

A questão do divórcio
Mc 10.2-12; Lc 16.18

³ Vieram a ele alguns fariseus e o experimentavam, perguntando: É lícito ao marido repudiar a sua mulher por qualquer motivo?

⁴ Então, respondeu ele: Não tendes lido que o Criador, desde o princípio, os fez homem e mulher

⁵ e que disse:
Por esta causa deixará o homem pai e mãe e se unirá a sua mulher, tornando-se os dois uma só carne?

⁶ De modo que já não são mais dois, porém uma só carne. Portanto, o que Deus ajuntou não o separe o homem.

⁷ Replicaram-lhe: Por que mandou, então, Moisés dar carta de divórcio e repudiar?

⁸ Respondeu-lhes Jesus: Por causa da dureza do vosso coração é que Moisés vos permitiu repudiar vossa mulher; entretanto, não foi assim desde o princípio.

⁹ Eu, porém, vos digo: quem repudiar sua mulher, não sendo por causa de relações sexuais ilícitas, e casar com outra comete adultério [e o que casar com a repudiada comete adultério].

¹⁰ Disseram-lhe os discípulos: Se essa é a condição do homem relativamente à sua mulher, não convém casar.

¹¹ Jesus, porém, lhes respondeu: Nem todos são aptos para receber este conceito, mas apenas aqueles a quem é dado.

¹² Porque há eunucos de nascença; há outros a quem os homens fizeram tais; e há outros que a si mesmos se fizeram eunucos, por causa do reino dos céus. Quem é apto para o admitir admita.

Jesus abençoa as crianças
Mc 10.13-16; Lc 18.15-17

¹³ Trouxeram-lhe, então, algumas crianças, para que lhes impusesse as mãos e orasse; mas os discípulos os repreendiam.

¹⁴ Jesus, porém, disse: Deixai os pequeninos, não os embaraceis de vir a mim, porque dos tais é o reino dos céus.

¹⁵ E, tendo-lhes imposto as mãos, retirou-se dali.

O jovem rico
Mc 10.17-22; Lc 18.18-23

¹⁶ E eis que alguém, aproximando-se, lhe perguntou: Mestre, que farei eu de bom, para alcançar a vida eterna?

¹⁷ Respondeu-lhe Jesus: Por que me perguntas acerca do que é bom? Bom só existe um. Se queres, porém, entrar na vida, guarda os mandamentos.

¹⁸ E ele lhe perguntou: Quais? Respondeu Jesus: Não matarás, não adulterarás, não furtarás, não dirás falso testemunho;

¹⁹ honra a teu pai e a tua mãe e amarás o teu próximo como a ti mesmo.

²⁰ Replicou-lhe o jovem: Tudo isso tenho observado; que me falta ainda?

19.4 Gn 1.27; 5.2.   **19.5** Gn 2.24.   **19.7** Mt 5.31; Dt 24.1-4.   **19.9** Mt 5.32; 1Co 7.10,11.   **19.18** Êx 20.13; Dt 5.17; Êx 20.14; Dt 5.18; Êx 20.15; Dt 5.19; Êx 20.16; Dt 5.20.   **19.19** Êx 20.12; Dt 5.16; Lv 18.18.

²¹ Disse-lhe Jesus: Se queres ser perfeito, vai, vende os teus bens, dá aos pobres e terás um tesouro no céu; depois, vem e segue-me.

²² Tendo, porém, o jovem ouvido esta palavra, retirou-se triste, por ser dono de muitas propriedades.

O perigo das riquezas
Mc 10.23-31; Lc 18.24-30

²³ Então, disse Jesus a seus discípulos: Em verdade vos digo que um rico dificilmente entrará no reino dos céus.

²⁴ E ainda vos digo que é mais fácil passar um camelo pelo fundo de uma agulha do que entrar um rico no reino de Deus.

²⁵ Ouvindo isto, os discípulos ficaram grandemente maravilhados e disseram: Sendo assim, quem pode ser salvo?

²⁶ Jesus, fitando neles o olhar, disse-lhes: Isto é impossível aos homens, mas para Deus tudo é possível.

²⁷ Então, lhe falou Pedro: Eis que nós tudo deixamos e te seguimos; que será, pois, de nós?

²⁸ Jesus lhes respondeu: Em verdade vos digo que vós, os que me seguistes, quando, na regeneração, o Filho do homem se assentar no trono da sua glória, também vos assentareis em doze tronos para julgar as doze tribos de Israel.

²⁹ E todo aquele que tiver deixado casas, ou irmãos, ou irmãs, ou pai, ou mãe [ou mulher], ou filhos, ou campos, por causa do meu nome, receberá muitas vezes mais e herdará a vida eterna.

³⁰ Porém muitos primeiros serão últimos; e os últimos, primeiros.

A parábola dos trabalhadores na vinha

20 Porque o reino dos céus é semelhante a um dono de casa que saiu de madrugada para assalariar trabalhadores para a sua vinha.

² E, tendo ajustado com os trabalhadores a um denário por dia, mandou-os para a vinha.

³ Saindo pela terceira hora, viu, na praça, outros que estavam desocupados

⁴ e disse-lhes: Ide vós também para a vinha, e vos darei o que for justo. Eles foram.

⁵ Tendo saído outra vez, perto da hora sexta e da nona, procedeu da mesma forma;

⁶ e, saindo por volta da hora undécima,

encontrou outros que estavam desocupados e perguntou-lhes: Por que estivestes aqui desocupados o dia todo?

⁷ Responderam-lhe: Porque ninguém nos contratou. Então, lhes disse ele: Ide também vós para a vinha.

⁸ Ao cair da tarde, disse o senhor da vinha ao seu administrador: Chama os trabalhadores e paga-lhes o salário, começando pelos últimos, indo até aos primeiros.

⁹ Vindo os da hora undécima, recebeu cada um deles um denário.

¹⁰ Ao chegarem os primeiros, pensaram que receberiam mais; porém também estes receberam um denário cada um.

¹¹ Mas, tendo-o recebido, murmuravam contra o dono da casa,

¹² dizendo: Estes últimos trabalharam apenas uma hora; contudo, os igualaste a nós, que suportamos a fadiga e o calor do dia.

¹³ Mas o proprietário, respondendo, disse a um deles: Amigo, não te faço injustiça; não combinaste comigo um denário?

¹⁴ Toma o que é teu e vai-te; pois quero dar a este último tanto quanto a ti.

¹⁵ Porventura, não me é lícito fazer o que quero do que é meu? Ou são maus os teus olhos porque eu sou bom?

¹⁶ Assim, os últimos serão primeiros, e os primeiros serão últimos [porque muitos são chamados, mas poucos escolhidos].

Jesus ainda outra vez prediz sua morte e ressurreição
Mc 10.32-34; Lc 18.31-33

¹⁷ Estando Jesus para subir a Jerusalém, chamou à parte os doze e, em caminho, lhes disse:

¹⁸ Eis que subimos para Jerusalém, e o Filho do homem será entregue aos principais sacerdotes e aos escribas. Eles o condenarão à morte.

¹⁹ E o entregarão aos gentios para ser escarnecido, açoitado e crucificado; mas, ao terceiro dia, ressurgirá.

O pedido da mãe de Tiago e João
Mc 10.35-45

²⁰ Então, se chegou a ele a mulher de Zebedeu, com seus filhos, e, adorando-o, pediu-lhe um favor.

²¹ Perguntou-lhe ele: Que queres? Ela respondeu: Manda que, no teu reino, estes

19.28 Mt 25.31; Lc 22.30.   **19.30** Mt 20.16; Lc 13.30. Lc 13.30.   **20.8** Lv 19.13; Dt 24.15.   **20.16** Mt 19.30; Mc 10.31;

meus dois filhos se assentem, um à tua direita, e o outro à tua esquerda.

²² Mas Jesus respondeu: Não sabeis o que pedis. Podeis vós beber o cálice que eu estou para beber? Responderam-lhe: Podemos.

²³ Então, lhes disse: Bebereis o meu cálice; mas o assentar-se à minha direita e à minha esquerda não me compete concedê-lo; é, porém, para aqueles a quem está preparado por meu Pai.

²⁴ Ora, ouvindo isto os dez, indignaram-se contra os dois irmãos.

²⁵ Então, Jesus, chamando-os, disse: Sabeis que os governadores dos povos os dominam e que os maiorais exercem autoridade sobre eles.

²⁶ Não é assim entre vós; pelo contrário, quem quiser tornar-se grande entre vós, será esse o que vos sirva;

²⁷ e quem quiser ser o primeiro entre vós será vosso servo;

²⁸ tal como o Filho do homem, que não veio para ser servido, mas para servir e dar a sua vida em resgate por muitos.

A cura de dois cegos de Jericó
Mc 10.46-52; Lc 18.35-43

²⁹ Saindo eles de Jericó, uma grande multidão o acompanhava.

³⁰ E eis que dois cegos, assentados à beira do caminho, tendo ouvido que Jesus passava, clamaram: Senhor, Filho de Davi, tem compaixão de nós!

³¹ Mas a multidão os repreendia para que se calassem; eles, porém, gritavam cada vez mais: Senhor, Filho de Davi, tem misericórdia de nós!

³² Então, parando Jesus, chamou-os e perguntou: Que quereis que eu vos faça?

³³ Responderam: Senhor, que se nos abram os olhos.

³⁴ Condoído, Jesus tocou-lhes os olhos, e imediatamente recuperaram a vista e o foram seguindo.

A entrada triunfal de Jesus em Jerusalém
Mc 11.1-11; Lc 19.28-40; Jo 12.12-15

21 Quando se aproximaram de Jerusalém e chegaram a Betfagé, ao monte das Oliveiras, enviou Jesus dois discípulos, dizendo-lhes:

² Ide à aldeia que aí está diante de vós e logo achareis presa uma jumenta e, com ela, um jumentinho. Desprendei-a e trazei-mos.

³ E, se alguém vos disser alguma cousa, respondei-lhe que o Senhor precisa deles. E logo os enviará.

⁴ Ora, isto aconteceu para se cumprir o que foi dito por intermédio do profeta:

⁵ Dizei à filha de Sião: Eis aí te vem o teu Rei, humilde, montado em jumento, num jumentinho, cria de animal de carga.

⁶ Indo os discípulos e tendo feito como Jesus lhes ordenara,

⁷ trouxeram a jumenta e o jumentinho. Então, puseram em cima deles as suas vestes, e sobre elas Jesus montou.

⁸ E a maior parte da multidão estendeu as suas vestes pelo caminho, e outros cortavam ramos de árvores, espalhando-os pela estrada.

⁹ E as multidões, tanto as que o precediam como as que o seguiam, clamavam: Hosana ao Filho de Davi! Bendito o que vem em nome do Senhor! Hosana nas maiores alturas!

¹⁰ E, entrando ele em Jerusalém, toda a cidade se alvoroçou, e perguntavam: Quem é este?

¹¹ E as multidões clamavam: Este é o profeta Jesus, de Nazaré da Galiléia.

A purificação do templo
Mc 11.15-17; Lc 19.45,46

¹² Tendo Jesus entrado no templo, expulsou todos os que ali vendiam e compravam; também derribou as mesas dos cambistas e as cadeiras dos que vendiam pombas.

¹³ E disse-lhes: Está escrito:
A minha casa será chamada casa de oração;
vós, porém, a transformais em covil de salteadores.

Jesus efetua curas no templo

¹⁴ Vieram a ele, no templo, cegos e coxos, e ele os curou.

¹⁵ Mas, vendo os principais sacerdotes e os escribas as maravilhas que Jesus fazia e os meninos clamando: Hosana ao Filho de Davi!, indignaram-se e perguntaram-lhe:

¹⁶ Ouves o que estes estão dizendo? Respondeu-lhes Jesus: Sim; nunca lestes:
Da boca de pequeninos e crianças de peito tiraste perfeito louvor?

20.24-28 Lc 22.24-27. 20.26,27 Mt 23.11; Mc 9.35. 21.5 Zc 9.9. 21.9 Sl 118.25,26. 21.13 Is 56.7; Jr 7.11. 21.16 Sl 8.2.

17 E, deixando-os, saiu da cidade para Betânia, onde pernoitou.

A figueira sem fruto
Mc 11.12-14,20-24

18 Cedo de manhã, ao voltar para a cidade, teve fome;

19 e, vendo uma figueira à beira do caminho, aproximou-se dela; e, não tendo achado senão folhas, disse-lhe: Nunca mais nasça fruto de ti! E a figueira secou imediatamente.

20 Vendo isto os discípulos, admiraram-se e exclamaram: Como secou depressa a figueira!

21 Jesus, porém, lhes respondeu: Em verdade vos digo que, se tiverdes fé e não duvidardes, não somente fareis o que foi feito à figueira, mas até mesmo, se a este monte disserdes: Ergue-te e lança-te no mar, tal sucederá;

22 e tudo quanto pedirdes em oração, crendo, recebereis.

A autoridade de Jesus e o batismo de João
Mc 11.27-33; Lc 20.1-8

23 Tendo Jesus chegado ao templo, estando já ensinando, acercaram-se dele os principais sacerdotes e os anciãos do povo, perguntando: Com que autoridade fazes estas cousas? E quem te deu essa autoridade?

24 E Jesus lhes respondeu: Eu também vos farei uma pergunta; se me responderdes, também eu vos direi com que autoridade faço estas cousas.

25 Donde era o batismo de João, do céu ou dos homens? E discorriam entre si: Se dissermos: do céu, ele nos dirá: Então, por que não acreditastes nele?

26 E, se dissermos: dos homens, é para temer o povo, porque todos consideram João como profeta.

27 Então, responderam a Jesus: Não sabemos. E ele, por sua vez: Nem eu vos digo com que autoridade faço estas cousas.

A parábola dos dois filhos

28 E que vos parece? Um homem tinha dois filhos. Chegando-se ao primeiro, disse: Filho, vai hoje trabalhar na vinha.

29 Ele respondeu: Sim, senhor; porém não foi.

30 Dirigindo-se ao segundo, disse-lhe a mesma cousa. Mas este respondeu: Não quero; depois, arrependido, foi.

31 Qual dos dois fez a vontade do pai? Disseram: O segundo. Declarou-lhes Jesus: Em verdade vos digo que publicanos e meretrizes vos precedem no reino de Deus.

32 Porque João veio a vós outros no caminho da justiça, e não acreditastes nele; ao passo que publicanos e meretrizes creram. Vós, porém, mesmo vendo isto, não vos arrependestes, afinal, para acreditardes nele.

A parábola dos lavradores maus
Mc 12.1-12; Lc 20.9-19

33 Atentai noutra parábola. Havia um homem, dono de casa, que plantou uma vinha. Cercou-a de uma sebe, construiu nela um lagar, edificou-lhe uma torre e arrendou-a a uns lavradores. Depois, se ausentou do país.

34 Ao tempo da colheita, enviou os seus servos aos lavradores, para receber os frutos que lhe tocavam.

35 E os lavradores, agarrando os servos, espancaram a um, mataram a outro e a outro apedrejaram.

36 Enviou ainda outros servos em maior número; e trataram-nos da mesma sorte.

37 E, por último, enviou-lhes o seu próprio filho, dizendo: A meu filho respeitarão.

38 Mas os lavradores, vendo o filho, disseram entre si: Este é o herdeiro; ora, vamos, matemo-lo e apoderemo-nos da sua herança.

39 E, agarrando-o, lançaram-no fora da vinha e o mataram.

40 Quando, pois, vier o senhor da vinha, que fará àqueles lavradores?

41 Responderam-lhe: Fará perecer horrivelmente a estes malvados e arrendará a vinha a outros lavradores que lhe remetam os frutos nos seus devidos tempos.

42 Perguntou-lhes Jesus: Nunca lestes nas Escrituras:

A pedra que os construtores rejeitaram, essa veio a ser a principal pedra, angular; isto procede do Senhor e é maravilhoso aos nossos olhos?

43 Portanto, vos digo que o reino de Deus vos será tirado e será entregue a um povo que lhe produza os respectivos frutos.

44 Todo o que cair sobre esta pedra ficará em pedaços; e aquele sobre quem ela cair ficará reduzido a pó.

45 Os principais sacerdotes e os fariseus,

21.21 Mt 17.20; 1Co 13.2.   21.32 Lc 3.12; 7.29,30.   21.33 Is 5.1,2.   21.42 Sl 118.22,23.

ouvindo estas parábolas, entenderam que era a respeito deles que Jesus falava;

⁴⁶ e, conquanto buscassem prendê-lo, temeram as multidões, porque estas o consideravam como profeta.

A parábola das bodas

22 De novo, entrou Jesus a falar por parábolas, dizendo-lhes:

² O reino dos céus é semelhante a um rei que celebrou as bodas de seu filho.

³ Então, enviou os seus servos a chamar os convidados para as bodas; mas estes não quiseram vir.

⁴ Enviou ainda outros servos, com esta ordem: Dizei aos convidados: Eis que já preparei o meu banquete; os meus bois e cevados já foram abatidos, e tudo está pronto; vinde para as bodas.

⁵ Eles, porém, não se importaram e se foram, um para o seu campo, outro para o seu negócio;

⁶ e os outros, agarrando os servos, os maltrataram e mataram.

⁷ O rei ficou irado e, enviando as suas tropas, exterminou aqueles assassinos e lhes incendiou a cidade.

⁸ Então, disse aos seus servos: Está pronta a festa, mas os convidados não eram dignos.

⁹ Ide, pois, para as encruzilhadas dos caminhos e convidai para as bodas a quantos encontrardes.

¹⁰ E, saindo aqueles servos pelas estradas, reuniram todos os que encontraram, maus e bons; e a sala do banquete ficou repleta de convidados.

¹¹ Entrando, porém, o rei para ver os que estavam à mesa, notou ali um homem que não trazia veste nupcial

¹² e perguntou-lhe: Amigo, como entraste aqui sem veste nupcial? E ele emudeceu.

¹³ Então, ordenou o rei aos serventes: Amarrai-o de pés e mãos e lançai-o para fora, nas trevas; ali haverá choro e ranger de dentes.

¹⁴ Porque muitos são chamados, mas poucos, escolhidos.

A questão do tributo
Mc 12.13-17; Lc 20.20-26

¹⁵ Então, retirando-se os fariseus, consultaram entre si como o surpreenderiam em alguma palavra.

¹⁶ E enviaram-lhe discípulos, juntamente com os herodianos, para dizer-lhe: Mestre, sabemos que és verdadeiro e que ensinas o caminho de Deus, de acordo com a verdade, sem te importares com quem quer que seja, porque não olhas a aparência dos homens.

¹⁷ Dize-nos, pois: que te parece? É lícito pagar tributo a César ou não?

¹⁸ Jesus, porém, conhecendo-lhes a malícia, respondeu: Por que me experimentais, hipócritas?

¹⁹ Mostrai-me a moeda do tributo. Trouxeram-lhe um denário.

²⁰ E ele lhes perguntou: De quem é esta efígie e inscrição?

²¹ Responderam: De César. Então, lhes disse: Dai, pois, a César o que é de César e a Deus o que é de Deus.

²² Ouvindo isto, se admiraram e, deixando-o, foram-se.

Os saduceus e a ressurreição
Mc 12.18-27; Lc 20.27-40

²³ Naquele dia, aproximaram-se dele alguns saduceus, que dizem não haver ressurreição, e lhe perguntaram:

²⁴ Mestre, Moisés disse:
Se alguém morrer, não tendo filhos, seu irmão casará com a viúva e suscitará descendência ao falecido.

²⁵ Ora, havia entre nós sete irmãos. O primeiro, tendo casado, morreu e, não tendo descendência, deixou sua mulher a seu irmão;

²⁶ o mesmo sucedeu com o segundo, com o terceiro, até ao sétimo;

²⁷ depois de todos eles, morreu também a mulher.

²⁸ Portanto, na ressurreição, de qual dos sete será ela esposa? Porque todos a desposaram.

²⁹ Respondeu-lhes Jesus: Errais, não conhecendo as Escrituras nem o poder de Deus.

³⁰ Porque, na ressurreição, nem casam, nem se dão em casamento; são, porém, como os anjos no céu.

³¹ E, quanto à ressurreição dos mortos, não tendes lido o que Deus vos declarou:

³² Eu sou o Deus de Abraão, o Deus de Isaque e o Deus de Jacó?
Ele não é Deus de mortos e sim de vivos.

³³ Ouvindo isto, as multidões se maravilhavam da sua doutrina.

22.13 Mt 8.12; 25.30.   **22.23** At 23.8.   **22.24** Dt 25.5.   **22.32** Êx 3.6.

O grande mandamento
Mc 12.28-34

34 Entretanto, os fariseus, sabendo que ele fizera calar os saduceus, reuniram-se em conselho.
35 E um deles, intérprete da lei, experimentando-o, lhe perguntou:
36 Mestre, qual é o grande mandamento na lei?
37 Respondeu-lhe Jesus:
Amarás o Senhor, teu Deus, de todo o teu coração, de toda a tua alma e de todo o teu entendimento.
38 Este é o grande e primeiro mandamento.
39 O segundo, semelhante a este, é: Amarás o teu próximo como a ti mesmo.
40 Destes dois mandamentos dependem toda a lei e os profetas.

O Cristo, Filho de Davi
Mc 12.35-37; Lc 20.41-44

41 Reunidos os fariseus, interrogou-os Jesus:
42 Que pensais vós do Cristo? De quem é filho? Responderam-lhe eles: De Davi.
43 Replicou-lhes Jesus: Como, pois, Davi, pelo Espírito, chama-lhe Senhor, dizendo:
44 Disse o Senhor ao meu Senhor: Assenta-te à minha direita, até que eu ponha os teus inimigos debaixo dos teus pés?
45 Se Davi, pois, lhe chama Senhor, como é ele seu filho?
46 E ninguém lhe podia responder palavra, nem ousou alguém, a partir daquele dia, fazer-lhe perguntas.

Jesus censura os escribas e os fariseus
Mc 12.38-40; Lc 11.37-52; 20.45-47

23 Então, falou Jesus às multidões e aos seus discípulos:
2 Na cadeira de Moisés, se assentaram os escribas e os fariseus.
3 Fazei e guardai, pois, tudo quanto eles vos disserem, porém não os imiteis nas suas obras; porque dizem e não fazem.
4 Atam fardos pesados [e difíceis de carregar] e os põem sobre os ombros dos homens; entretanto, eles mesmos nem com o dedo querem movê-los.

5 Praticam, porém, todas as suas obras com o fim de serem vistos dos homens; pois alargam os seus filactérios e alongam as suas franjas.
6 Amam o primeiro lugar nos banquetes e as primeiras cadeiras nas sinagogas,
7 as saudações nas praças e o serem chamados mestres pelos homens.
8 Vós, porém, não sereis chamados mestres, porque um só é vosso Mestre, e vós todos sois irmãos.
9 A ninguém sobre a terra chameis vosso pai; porque só um é vosso Pai, aquele que está nos céus.
10 Nem sereis chamados guias, porque um só é vosso Guia, o Cristo.
11 Mas o maior dentre vós será vosso servo.
12 Quem a si mesmo se exaltar será humilhado; e quem a si mesmo se humilhar será exaltado.

Várias advertências de Jesus

13 Ai de vós, escribas e fariseus, hipócritas, porque fechais o reino dos céus diante dos homens; pois vós não entrais, nem deixais entrar os que estão entrando!
14 [Ai de vós, escribas e fariseus, hipócritas, porque devorais as casas das viúvas e, para o justificar, fazeis longas orações; por isso, sofrereis juízo muito mais severo!]
15 Ai de vós, escribas e fariseus, hipócritas, porque rodeais o mar e a terra para fazer um prosélito; e, uma vez feito, o tornais filho do inferno duas vezes mais do que vós!
16 Ai de vós, guias cegos, que dizeis: Quem jurar pelo santuário, isso é nada; mas, se alguém jurar pelo ouro do santuário, fica obrigado pelo que jurou!
17 Insensatos e cegos! Pois qual é maior: o ouro ou o santuário que santifica o ouro?
18 E dizeis: Quem jurar pelo altar, isso é nada; quem, porém, jurar pela oferta que está sobre o altar fica obrigado pelo que jurou.
19 Cegos! Pois qual é maior: a oferta ou o altar que santifica a oferta?
20 Portanto, quem jurar pelo altar jura por ele e por tudo o que sobre ele está.
21 Quem jurar pelo santuário jura por ele e por aquele que nele habita;
22 e quem jurar pelo céu jura pelo trono de Deus e por aquele que no trono está sentado.

22.34-40 Lc 10.25-28.   **22.37** Dt 6.5.   **22.39** Lv 19.18.   **22.44** Sl 110.1.   **23.5** Mt 6.1; Dt 6.8; Nm 15.38.
23.11 Mt 20.26,27; Mc 9.35; 10.43,44; Lc 22.26.   **23.12** Lc 14.11; 18.14.   **23.22** Is 66.1; Mt 5.34.

²³ Ai de vós, escribas e fariseus, hipócritas, porque dais o dízimo da hortelã, do endro e do cominho e tendes negligenciado os preceitos mais importantes da lei: a justiça, a misericórdia e a fé; devíeis, porém, fazer estas cousas, sem omitir aquelas!

²⁴ Guias cegos, que coais o mosquito e engolis o camelo!

²⁵ Ai de vós, escribas e fariseus, hipócritas, porque limpais o exterior do copo e do prato, mas estes, por dentro, estão cheios de rapina e intemperança!

²⁶ Fariseu cego, limpa primeiro o interior do copo, para que também o seu exterior fique limpo!

²⁷ Ai de vós, escribas e fariseus, hipócritas, porque sois semelhantes aos sepulcros caiados, que, por fora, se mostram belos, mas interiormente estão cheios de ossos de mortos e de toda imundícia!

²⁸ Assim também vós exteriormente pareceis justos aos homens, mas, por dentro, estais cheios de hipocrisia e de iniqüidade.

²⁹ Ai de vós, escribas e fariseus, hipócritas, porque edificais os sepulcros dos profetas, adornais os túmulos dos justos

³⁰ e dizeis: Se tivéssemos vivido nos dias de nossos pais, não teríamos sido seus cúmplices no sangue dos profetas!

³¹ Assim, contra vós mesmos, testificais que sois filhos dos que mataram os profetas.

³² Enchei vós, pois, a medida de vossos pais.

³³ Serpentes, raça de víboras! Como escapareis da condenação do inferno?

³⁴ Por isso, eis que eu vos envio profetas, sábios e escribas. A uns matareis e crucificareis; a outros açoitareis nas vossas sinagogas e perseguireis de cidade em cidade;

³⁵ para que sobre vós recaia todo o sangue justo derramado sobre a terra, desde o sangue do justo Abel até ao sangue de Zacarias, filho de Baraquias, a quem matastes entre o santuário e o altar.

³⁶ Em verdade vos digo que todas estas cousas hão de vir sobre a presente geração.

O lamento sobre Jerusalém
Lc 13.34,35

³⁷ Jerusalém, Jerusalém, que matas os profetas e apedrejas os que te foram enviados! Quantas vezes quis eu reunir os teus filhos, como a galinha ajunta os seus pintinhos debaixo das asas, e vós não o quisestes!

³⁸ Eis que a vossa casa vos ficará deserta.

³⁹ Declaro-vos, pois, que, desde agora, já não me vereis, até que venhais a dizer: Bendito o que vem em nome do Senhor!

O sermão profético.
A destruição do templo
Mc 13.1,2; Lc 21.5,6

24 Tendo Jesus saído do templo, ia-se retirando, quando se aproximaram dele os seus discípulos para lhe mostrar as construções do templo.

² Ele, porém, lhes disse: Não vedes tudo isto? Em verdade vos digo que não ficará aqui pedra sobre pedra que não seja derribada.

O princípio das dores
Mc 13.3-13; Lc 21.7-19

³ No monte das Oliveiras, achava-se Jesus assentado, quando se aproximaram dele os discípulos, em particular, e lhe pediram: Dize-nos quando sucederão estas cousas e que sinal haverá da tua vinda e da consumação do século.

⁴ E ele lhes respondeu: Vede que ninguém vos engane.

⁵ Porque virão muitos em meu nome, dizendo: Eu sou o Cristo, e enganarão a muitos.

⁶ E, certamente, ouvireis falar de guerras e rumores de guerras; vede, não vos assusteis, porque é necessário assim acontecer, mas ainda não é o fim.

⁷ Porquanto se levantará nação contra nação, reino contra reino, e haverá fomes e terremotos em vários lugares;

⁸ porém tudo isto é o princípio das dores.

⁹ Então, sereis atribulados, e vos matarão. Sereis odiados de todas as nações, por causa do meu nome.

¹⁰ Nesse tempo, muitos hão de se escandalizar, trair e odiar uns aos outros;

¹¹ levantar-se-ão muitos falsos profetas e enganarão a muitos.

¹² E, por se multiplicar a iniqüidade, o amor se esfriará de quase todos.

¹³ Aquele, porém, que perseverar até o fim, esse será salvo.

¹⁴ E será pregado este evangelho do reino por todo o mundo, para testemunho a todas as nações. Então, virá o fim.

23.23 Lv 27.30.   **23.27** At 23.3.   **23.33** Mt 3.7; Lc 3.7.   **23.35** Gn 4.8; 2Cr 24.20,21.   **23.39** Sl 118.26.

A grande tribulação
Mc 13.14-23; Lc 21.20-24

¹⁵ Quando, pois, virdes o abominável da desolação de que falou o profeta Daniel, no lugar santo (quem lê entenda),
¹⁶ então, os que estiverem na Judéia fujam para os montes;
¹⁷ quem estiver sobre o eirado não desça a tirar de casa alguma cousa;
¹⁸ e quem estiver no campo não volte atrás para buscar a sua capa.
¹⁹ Ai das que estiverem grávidas e das que amamentarem naqueles dias!
²⁰ Orai para que a vossa fuga não se dê no inverno, nem no sábado;
²¹ porque nesse tempo haverá grande tribulação, como desde o princípio do mundo até agora não tem havido, nem haverá jamais.
²² Não tivessem aqueles dias sido abreviados, ninguém seria salvo; mas, por causa dos escolhidos, tais dias serão abreviados.
²³ Então, se alguém vos disser: Eis aqui o Cristo! Ou: Ei-lo ali! Não acrediteis;
²⁴ porque surgirão falsos cristos e falsos profetas operando grandes sinais e prodígios para enganar, se possível, os próprios eleitos.
²⁵ Vede que vo-lo tenho predito.
²⁶ Portanto, se vos disserem: Eis que ele está no deserto!, não saiais. Ou: Ei-lo no interior da casa!, não acrediteis.
²⁷ Porque, assim como o relâmpago sai do oriente e se mostra até no ocidente, assim há de ser a vinda do Filho do homem.
²⁸ Onde estiver o cadáver, aí se ajuntarão os abutres.

A vinda do Filho do homem
Mc 13.24-27; Lc 21.25-28

²⁹ Logo em seguida à tribulação daqueles dias, o sol escurecerá, a lua não dará a sua claridade, as estrelas cairão do firmamento, e os poderes dos céus serão abalados.
³⁰ Então, aparecerá no céu o sinal do Filho do homem; todos os povos da terra se lamentarão e verão o Filho do homem vindo sobre as nuvens do céu, com poder e muita glória.
³¹ E ele enviará os seus anjos, com grande clangor de trombeta, os quais reunirão os seus escolhidos, dos quatro ventos, de uma a outra extremidade dos céus.

A parábola da figueira. Exortação à vigilância
Mc 13.28-37; Lc 21.29-36

³² Aprendei, pois, a parábola da figueira: quando já os seus ramos se renovam e as folhas brotam, sabeis que está próximo o verão.
³³ Assim também vós: quando virdes todas estas cousas, sabei que está próximo, às portas.
³⁴ Em verdade vos digo que não passará esta geração sem que tudo isto aconteça.
³⁵ Passará o céu e a terra, porém as minhas palavras não passarão.
³⁶ Mas a respeito daquele dia e hora ninguém sabe, nem os anjos dos céus, nem o Filho, senão o Pai.
³⁷ Pois assim como foi nos dias de Noé, também será a vinda do Filho do homem.
³⁸ Porquanto, assim como nos dias anteriores ao dilúvio comiam e bebiam, casavam e davam-se em casamento, até ao dia em que Noé entrou na arca,
³⁹ e não o perceberam, senão quando veio o dilúvio e os levou a todos, assim será também a vinda do Filho do homem.
⁴⁰ Então, dois estarão no campo, um será tomado, e deixado o outro;
⁴¹ duas estarão trabalhando num moinho, uma será tomada, e deixada a outra.
⁴² Portanto, vigiai, porque não sabeis em que dia vem o vosso Senhor.
⁴³ Mas considerai isto: se o pai de família soubesse a que hora viria o ladrão, vigiaria e não deixaria que fosse arrombada a sua casa.
⁴⁴ Por isso, ficai também vós apercebidos; porque, à hora em que não cuidais, o Filho do homem virá.

A parábola do bom servo e do mau
Lc 12.42-46

⁴⁵ Quem é, pois, o servo fiel e prudente, a quem o senhor confiou os seus conservos para dar-lhes o sustento a seu tempo?
⁴⁶ Bem-aventurado aquele servo a quem seu senhor, quando vier, achar fazendo assim.
⁴⁷ Em verdade vos digo que lhe confiará todos os seus bens.
⁴⁸ Mas, se aquele servo, sendo mau, disser consigo mesmo: Meu senhor demora-se,
⁴⁹ e passar a espancar os seus companheiros e a comer e beber com ébrios,

24.15 Dn 9.27; 11.31; 12.11.   **24.21** Dn 12.1; Ap 7.14.   **24.29** Is 13.10; Ez 32.7; Jl 2.31; Ap 6.12,13.
24.30 Dn 7.13; Ap 1.7.   **24.37** Gn 6.5-8.   **24.39** Gn 7.6-24.   **24.42-44** Lc 12.35-40.

⁵⁰ virá o senhor daquele servo em dia em que não o espera e em hora que não sabe ⁵¹ e castigá-lo-á, lançando-lhe a sorte com os hipócritas; ali haverá choro e ranger de dentes.

A parábola das dez virgens

25 Então, o reino dos céus será semelhante a dez virgens que, tomando as suas lâmpadas, saíram a encontrar-se com o noivo.
² Cinco dentre elas eram néscias, e cinco, prudentes.
³ As néscias, ao tomarem as suas lâmpadas, não levaram azeite consigo;
⁴ no entanto, as prudentes, além das lâmpadas, levaram azeite nas vasilhas.
⁵ E, tardando o noivo, foram todas tomadas de sono e adormeceram.
⁶ Mas, à meia-noite, ouviu-se um grito: Eis o noivo! Saí ao seu encontro!
⁷ Então, se levantaram todas aquelas virgens e prepararam as suas lâmpadas.
⁸ E as néscias disseram às prudentes: Dai-nos do vosso azeite, porque as nossas lâmpadas estão-se apagando.
⁹ Mas as prudentes responderam: Não, para que não nos falte a nós e a vós outras! Ide, antes, aos que o vendem e comprai-o.
¹⁰ E, saindo elas para comprar, chegou o noivo, e as que estavam apercebidas entraram com ele para as bodas; e fechou-se a porta.
¹¹ Mais tarde, chegaram as virgens néscias, clamando: Senhor, senhor, abre-nos a porta!
¹² Mas ele respondeu: Em verdade vos digo que não vos conheço.
¹³ Vigiai, pois, porque não sabeis o dia nem a hora.

A parábola dos talentos

¹⁴ Pois será como um homem que, ausentando-se do país, chamou os seus servos e lhes confiou os seus bens.
¹⁵ A um deu cinco talentos, a outro, dois e a outro, um, a cada um segundo a sua própria capacidade; e, então, partiu.
¹⁶ O que recebera cinco talentos saiu imediatamente a negociar com eles e ganhou outros cinco.
¹⁷ Do mesmo modo, o que recebera dois ganhou outros dois.
¹⁸ Mas o que recebera um, saindo, abriu uma cova e escondeu o dinheiro do seu senhor.
¹⁹ Depois de muito tempo, voltou o senhor daqueles servos e ajustou contas com eles.
²⁰ Então, aproximando-se o que recebera cinco talentos, entregou outros cinco, dizendo: Senhor, confiaste-me cinco talentos; eis aqui outros cinco talentos que ganhei.
²¹ Disse-lhe o senhor: Muito bem, servo bom e fiel; foste fiel no pouco, sobre o muito te colocarei; entra no gozo do teu senhor.
²² E, aproximando-se também o que recebera dois talentos, disse: Senhor, dois talentos me confiaste; aqui tens outros dois que ganhei.
²³ Disse-lhe o senhor: Muito bem, servo bom e fiel; foste fiel no pouco, sobre o muito te colocarei; entra no gozo do teu senhor.
²⁴ Chegando, por fim, o que recebera um talento, disse: Senhor, sabendo que és homem severo, que ceifas onde não semeaste e ajuntas onde não espalhaste,
²⁵ receoso, escondi na terra o teu talento; aqui tens o que é teu.
²⁶ Respondeu-lhe, porém, o senhor: Servo mau e negligente, sabias que ceifo onde não semeei e ajunto onde não espalhei?
²⁷ Cumpria, portanto, que entregasses o meu dinheiro aos banqueiros, e eu, ao voltar, receberia com juros o que é meu.
²⁸ Tirai-lhe, pois, o talento e dai-o ao que tem dez.
²⁹ Porque a todo o que tem se lhe dará, e terá em abundância; mas ao que não tem, até o que tem lhe será tirado.
³⁰ E o servo inútil, lançai-o para fora, nas trevas. Ali haverá choro e ranger de dentes.

O grande julgamento

³¹ Quando vier o Filho do homem na sua majestade e todos os anjos com ele, então, se assentará no trono da sua glória;
³² e todas as nações serão reunidas em sua presença, e ele separará uns dos outros, como o pastor separa dos cabritos as ovelhas;
³³ e porá as ovelhas à sua direita, mas os cabritos, à esquerda;
³⁴ então, dirá o Rei aos que estiverem à sua direita: Vinde, benditos de meu Pai! Entrai na posse do reino que vos está preparado desde a fundação do mundo.
³⁵ Porque tive fome, e me destes de co-

mer; tive sede, e me destes de beber; era forasteiro, e me hospedastes;

36 estava nu, e me vestistes; enfermo, e me visitastes; preso, e fostes ver-me.

37 Então, perguntarão os justos: Senhor, quando foi que te vimos com fome e te demos de comer? Ou com sede e te demos de beber?

38 E quando te vimos forasteiro e te hospedamos? Ou nu e te vestimos?

39 E quando te vimos enfermo ou preso e te fomos visitar?

40 O Rei, respondendo, lhes dirá: Em verdade vos afirmo que, sempre que o fizestes a um destes meus pequeninos irmãos, a mim o fizestes.

41 Então, o Rei dirá também aos que estiverem à sua esquerda: Apartai-vos de mim, malditos, para o fogo eterno, preparado para o diabo e seus anjos.

42 Porque tive fome, e não me destes de comer; tive sede, e não me destes de beber;

43 sendo forasteiro, não me hospedastes; estando nu, não me vestistes; achando-me enfermo e preso, não fostes ver-me.

44 E eles lhe perguntarão: Senhor, quando foi que te vimos com fome, com sede, forasteiro, nu, enfermo ou preso e não te assistimos?

45 Então, lhes responderá: Em verdade vos digo que, sempre que o deixastes de fazer a um destes mais pequeninos, a mim o deixastes de fazer.

46 E irão estes para o castigo eterno, porém os justos, para a vida eterna.

O plano para tirar a vida de Jesus
Mc 14.1,2; Lc 22.1,2; Jo 11.45-53

26 Tendo Jesus acabado todos estes ensinamentos, disse a seus discípulos:

2 Sabeis que, daqui a dois dias, celebrar-se-á a Páscoa; e o Filho do homem será entregue para ser crucificado.

3 Então, os principais sacerdotes e os anciãos do povo se reuniram no palácio do sumo sacerdote, chamado Caifás;

4 e deliberaram prender Jesus, à traição, e matá-lo.

5 Mas diziam: Não durante a festa, para que não haja tumulto entre o povo.

Jesus ungido em Betânia
Mc 14.3-9; Jo 12.1-8

6 Ora, estando Jesus em Betânia, em casa de Simão, o leproso,

7 aproximou-se dele uma mulher, trazendo um vaso de alabastro cheio de precioso bálsamo, que lhe derramou sobre a cabeça, estando ele à mesa.

8 Vendo isto, indignaram-se os discípulos e disseram: Para que este desperdício?

9 Pois este perfume podia ser vendido por muito dinheiro e dar-se aos pobres.

10 Mas Jesus, sabendo disto, disse-lhes: Por que molestais esta mulher? Ela praticou boa ação para comigo.

11 Porque os pobres, sempre os tendes convosco, mas a mim nem sempre me tendes;

12 pois, derramando este perfume sobre o meu corpo, ela o fez para o meu sepultamento.

13 Em verdade vos digo: Onde for pregado em todo o mundo este evangelho, será também contado o que ela fez, para memória sua.

O pacto da traição
Mc 14.10,11; Lc 22.3-6

14 Então, um dos doze, chamado Judas Iscariotes, indo ter com os principais sacerdotes, propôs:

15 Que me quereis dar, e eu vo-lo entregarei? E pagaram-lhe trinta moedas de prata.

16 E, desse momento em diante, buscava ele uma boa ocasião para o entregar.

Os discípulos preparam a Páscoa
Mc 14.12-16; Lc 22.7-13

17 No primeiro dia dos pães asmos, vieram os discípulos a Jesus e lhe perguntaram: Onde queres que te façamos os preparativos para comeres a Páscoa?

18 E ele lhes respondeu: Ide à cidade ter com certo homem e dizei-lhe: O Mestre manda dizer: O meu tempo está próximo; em tua casa celebrarei a Páscoa com os meus discípulos.

19 E eles fizeram como Jesus lhes ordenara e prepararam a Páscoa.

O traidor é indicado
Mc 14.17-21; Lc 22.21-23; Jo 13.21-30

20 Chegada a tarde, pôs-se ele à mesa com os doze discípulos.

21 E, enquanto comiam, declarou Jesus: Em verdade vos digo que um dentre vós me trairá.

25.46 Dn 12.2.　**26.11** Dt 15.11.　**26.17** Êx 12.1-27.

²² E eles, muitíssimo contristados, começaram um por um a perguntar-lhe: Porventura, sou eu, Senhor?

²³ E ele respondeu: O que mete comigo a mão no prato, esse me trairá.

²⁴ O Filho do homem vai, como está escrito a seu respeito, mas ai daquele por intermédio de quem o Filho do homem está sendo traído! Melhor lhe fora não haver nascido!

²⁵ Então, Judas, que o traía, perguntou: Acaso sou eu, Mestre? Respondeu-lhe Jesus: Tu o disseste.

A ceia do Senhor
Mc 14.22-26; Lc 22.14-20; 1Co 11.22-25

²⁶ Enquanto comiam, tomou Jesus um pão, e, abençoando-o, o partiu, e o deu aos discípulos, dizendo: Tomai, comei; isto é o meu corpo.

²⁷ A seguir, tomou um cálice e, tendo dado graças, o deu aos discípulos, dizendo: Bebei dele todos;

²⁸ porque isto é o meu sangue, o sangue da [nova] aliança, derramado em favor de muitos, para remissão de pecados.

²⁹ E digo-vos que, desta hora em diante, não beberei deste fruto da videira, até aquele dia em que o hei de beber, novo, convosco no reino de meu Pai.

³⁰ E, tendo cantado um hino, saíram para o monte das Oliveiras.

Pedro é avisado
Mc 14.27-31; Lc 22.31-34; Jo 13.36-38

³¹ Então, Jesus lhes disse: Esta noite, todos vós vos escandalizareis comigo; porque está escrito:
Ferirei o pastor, e as ovelhas do rebanho ficarão dispersas.

³² Mas, depois da minha ressurreição, irei adiante de vós para a Galiléia.

³³ Disse-lhe Pedro: Ainda que venhas a ser um tropeço para todos, nunca o serás para mim.

³⁴ Replicou-lhe Jesus: Em verdade te digo que, nesta mesma noite, antes que o galo cante, tu me negarás três vezes.

³⁵ Disse-lhe Pedro: Ainda que me seja necessário morrer contigo, de nenhum modo te negarei. E todos os discípulos disseram o mesmo.

Jesus no Getsêmani
Mc 14.32-42; Lc 22.40-46

³⁶ Em seguida, foi Jesus com eles a um lugar chamado Getsêmani e disse a seus discípulos: Assentai-vos aqui, enquanto eu vou ali orar;

³⁷ e, levando consigo a Pedro e aos dois filhos de Zebedeu, começou a entristecer-se e a angustiar-se.

³⁸ Então, lhes disse: A minha alma está profundamente triste até à morte; ficai aqui e vigiai comigo.

³⁹ Adiantando-se um pouco, prostrou-se sobre o seu rosto, orando e dizendo: Meu Pai, se possível, passe de mim este cálice. Todavia, não seja como eu quero, e sim como tu queres.

⁴⁰ E, voltando para os discípulos, achou-os dormindo; e disse a Pedro: Então, nem uma hora pudestes vós vigiar comigo?

⁴¹ Vigiai e orai, para que não entreis em tentação; o espírito, na verdade, está pronto, mas a carne é fraca.

⁴² Tornando a retirar-se, orou de novo, dizendo: Meu Pai, se não é possível passar de mim este cálice sem que eu o beba, faça-se a tua vontade.

⁴³ E, voltando, achou-os outra vez dormindo; porque os seus olhos estavam pesados.

⁴⁴ Deixando-os novamente, foi orar pela terceira vez, repetindo as mesmas palavras.

⁴⁵ Então, voltou para os discípulos e lhes disse: Ainda dormis e repousais! Eis que é chegada a hora, e o Filho do homem está sendo entregue nas mãos de pecadores.

⁴⁶ Levantai-vos, vamos! Eis que o traidor se aproxima.

Jesus é preso
Mc 14.43-50; Lc 22.47-53; Jo 18.2-11

⁴⁷ Falava ele ainda, e eis que chegou Judas, um dos doze, e, com ele, grande turba com espadas e porretes, vinda da parte dos principais sacerdotes e dos anciãos do povo.

⁴⁸ Ora, o traidor lhes tinha dado este sinal: Aquele a quem eu beijar, é esse; prendei-o.

⁴⁹ E logo, aproximando-se de Jesus, lhe disse: Salve, Mestre! E o beijou.

⁵⁰ Jesus, porém, lhe disse: Amigo, para que vieste? Nisto, aproximando-se eles, deitaram as mãos em Jesus e o prenderam.

⁵¹ E eis que um dos que estavam com Jesus, estendendo a mão, sacou da espada e, golpeando o servo do sumo sacerdote, cortou-lhe a orelha.

⁵² Então, Jesus lhe disse: Embainha a

26.24 Sl 41.9.   26.28 Êx 24.6-8; Jr 31.31-34.   26.31 Zc 13.7.   26.32 Mt 28.16.

tua espada; pois todos os que lançam mão da espada à espada perecerão.

⁵³ Acaso pensas que não posso rogar a meu Pai, e ele me mandaria neste momento mais de doze legiões de anjos?

⁵⁴ Como, pois, se cumpririam as Escrituras, segundo as quais assim deve suceder?

⁵⁵ Naquele momento, disse Jesus às multidões: Saístes com espadas e porretes para prender-me, como a um salteador? Todos os dias, no templo, eu me assentava [convosco] ensinando, e não me prendestes.

⁵⁶ Tudo isto, porém, aconteceu para que se cumprissem as Escrituras dos profetas. Então, os discípulos todos, deixando-o, fugiram.

Jesus perante o Sinédrio
Mc 14.53-65; Lc 22.63-71; Jo 18.12-14,19-24

⁵⁷ E os que prenderam Jesus o levaram à casa de Caifás, o sumo sacerdote, onde se haviam reunido os escribas e os anciãos.

⁵⁸ Mas Pedro o seguia de longe até ao pátio do sumo sacerdote e, tendo entrado, assentou-se entre os serventuários, para ver o fim.

⁵⁹ Ora, os principais sacerdotes e todo o Sinédrio procuravam algum testemunho falso contra Jesus, a fim de o condenarem à morte.

⁶⁰ E não acharam, apesar de se terem apresentado muitas testemunhas falsas. Mas afinal compareceram duas, afirmando:

⁶¹ Este disse: Posso destruir o santuário de Deus e reedificá-lo em três dias.

⁶² E, levantando-se o sumo sacerdote, perguntou a Jesus: Nada respondes ao que estes depõem contra ti?

⁶³ Jesus, porém, guardou silêncio. E o sumo sacerdote lhe disse: Eu te conjuro pelo Deus vivo que nos digas se tu és o Cristo, o Filho de Deus.

⁶⁴ Respondeu-lhe Jesus: Tu o disseste; entretanto, eu vos declaro que, desde agora, vereis o Filho do homem assentado à direita do Todo-poderoso e vindo sobre as nuvens do céu.

⁶⁵ Então, o sumo sacerdote rasgou as suas vestes, dizendo: Blasfemou! Que necessidade mais temos de testemunhas? Eis que ouvistes agora a blasfêmia!

⁶⁶ Que vos parece? Responderam eles: É réu de morte.

⁶⁷ Então, uns cuspiram-lhe no rosto e lhe davam murros, e outros o esbofeteavam, dizendo:

⁶⁸ Profetiza-nos, ó Cristo, quem é que te bateu!

Pedro nega a Jesus
Mc 14.66-72; Lc 22.55-62; Jo 18.15-18,25-27

⁶⁹ Ora, estava Pedro assentado fora no pátio; e, aproximando-se uma criada, lhe disse: Também tu estavas com Jesus, o galileu.

⁷⁰ Ele, porém, o negou diante de todos, dizendo: Não sei o que dizes.

⁷¹ E, saindo para o alpendre, foi ele visto por outra criada, a qual disse aos que ali estavam: Este também estava com Jesus, o nazareno.

⁷² E ele negou outra vez, com juramento: Não conheço tal homem.

⁷³ Logo depois, aproximando-se os que ali estavam, disseram a Pedro: Verdadeiramente, és também um deles, porque o teu modo de falar o denuncia.

⁷⁴ Então, começou ele a praguejar e a jurar: Não conheço esse homem! E imediatamente cantou o galo.

⁷⁵ Então, Pedro se lembrou da palavra que Jesus lhe dissera: Antes que o galo cante, tu me negarás três vezes. E, saindo dali, chorou amargamente.

Jesus entregue a Pilatos
Mc 15.1; Lc 23.1,2; Jo 18.28-32

27 Ao romper o dia, todos os principais sacerdotes e os anciãos do povo entraram em conselho contra Jesus, para o matarem;

² e, amarrando-o, levaram-no e o entregaram ao governador Pilatos.

O suicídio de Judas

³ Então, Judas, o que o traiu, vendo que Jesus fora condenado, tocado de remorso, devolveu as trinta moedas de prata aos principais sacerdotes e aos anciãos, dizendo:

⁴ Pequei, traindo sangue inocente. Eles, porém, responderam: Que nos importa? Isso é contigo.

⁵ Então, Judas, atirando para o santuário as moedas de prata, retirou-se e foi enforcar-se.

⁶ E os principais sacerdotes, tomando as

26.55 Lc 19.47; 21.37.   26.61 Jo 2.19.   26.64 Dn 7.13.   26.65,66 Lv 24.16.   27.6-8 At 1.18,19.

moedas, disseram: Não é lícito deitá-las no cofre das ofertas, porque é preço de sangue.

⁷ E, tendo deliberado, compraram com elas o campo do oleiro, para cemitério de forasteiros.

⁸ Por isso, aquele campo tem sido chamado, até ao dia de hoje, Campo de Sangue.

⁹ Então, se cumpriu o que foi dito por intermédio do profeta Jeremias:

Tomaram as trinta moedas de prata, preço em que foi estimado aquele a quem alguns dos filhos de Israel avaliaram;

¹⁰ e as deram pelo campo do oleiro, assim como me ordenou o Senhor.

Jesus perante Pilatos
Mc 15.1-15; Lc 23.1-5,13-25; Jo 18.33-19.16

¹¹ Jesus estava em pé ante o governador; e este o interrogou, dizendo: És tu o rei dos judeus? Respondeu-lhe Jesus: Tu o dizes.

¹² E, sendo acusado pelos principais sacerdotes e pelos anciãos, nada respondeu.

¹³ Então, lhe perguntou Pilatos: Não ouves quantas acusações te fazem?

¹⁴ Jesus não respondeu nem uma palavra, vindo com isto a admirar-se grandemente o governador.

¹⁵ Ora, por ocasião da festa, costumava o governador soltar ao povo um dos presos, conforme eles quisessem.

¹⁶ Naquela ocasião, tinham eles um preso muito conhecido, chamado Barrabás.

¹⁷ Estando, pois, o povo reunido, perguntou-lhes Pilatos: A quem quereis que eu vos solte, a Barrabás ou a Jesus, chamado Cristo?

¹⁸ Porque sabia que, por inveja, o tinham entregado.

¹⁹ E, estando ele no tribunal, sua mulher mandou dizer-lhe: Não te envolvas com esse justo; porque hoje, em sonho, muito sofri por seu respeito.

²⁰ Mas os principais sacerdotes e os anciãos persuadiram o povo a que pedisse Barrabás e fizesse morrer Jesus.

²¹ De novo, perguntou-lhes o governador: Qual dos dois quereis que eu vos solte? Responderam eles: Barrabás.

²² Replicou-lhes Pilatos: Que farei, então, de Jesus, chamado Cristo? Seja crucificado! Responderam todos.

²³ Que mal fez ele? Perguntou Pilatos.

Porém cada vez clamavam mais: Seja crucificado!

²⁴ Vendo Pilatos que nada conseguia, antes, pelo contrário, aumentava o tumulto, mandando vir água, lavou as mãos perante o povo, dizendo: Estou inocente do sangue deste [justo]; fique o caso convosco!

²⁵ E o povo todo respondeu: Caia sobre nós o seu sangue e sobre nossos filhos!

²⁶ Então, Pilatos lhes soltou Barrabás; e, após haver açoitado a Jesus, entregou-o para ser crucificado.

Jesus entregue aos soldados
Mc 15.16-20; Jo 19.2,3

²⁷ Logo a seguir, os soldados do governador, levando Jesus para o pretório, reuniram em torno dele toda a coorte.

²⁸ Despojando-o das vestes, cobriram-no com um manto escarlate;

²⁹ tecendo uma coroa de espinhos, puseram-lha na cabeça e, na mão direita, um caniço; e, ajoelhando-se diante dele, o escarneciam, dizendo: Salve, rei dos judeus!

³⁰ E, cuspindo nele, tomaram o caniço e davam-lhe com ele na cabeça.

³¹ Depois de o terem escarnecido, despiram-lhe o manto e o vestiram com as suas próprias vestes. Em seguida, o levaram para ser crucificado.

Simão leva a cruz do Senhor
Mc 15.21; Lc 23.26

³² Ao saírem, encontraram um cireneu, chamado Simão, a quem obrigaram a carregar-lhe a cruz.

A crucificação
Mc 15.22-32; Lc 23.32-43; Jo 19.17-24

³³ E, chegando a um lugar chamado Gólgota, que significa Lugar da Caveira,

³⁴ deram-lhe a beber vinho com fel; mas ele, provando-o, não o quis beber.

³⁵ Depois de o crucificarem, repartiram entre si as suas vestes, tirando a sorte.

³⁶ E, assentados ali, o guardavam.

³⁷ Por cima da sua cabeça puseram escrita a sua acusação: ESTE É JESUS, O REI DOS JUDEUS.

³⁸ E foram crucificados com ele dois ladrões, um à sua direita, e outro à sua esquerda.

³⁹ Os que iam passando blasfemavam dele, meneando a cabeça e dizendo:

27.9,10 Zc 11.12,13.   27.24 Dt 21.6-9.   27.35 Sl 22.18.   27.39 Sl 22.7; 109.25.

⁴⁰ Ó tu que destróis o santuário e em três dias o reedificas! Salva-te a ti mesmo, se és Filho de Deus, e desce da cruz!

⁴¹ De igual modo, os principais sacerdotes, com os escribas e anciãos, escarnecendo, diziam:

⁴² Salvou os outros, a si mesmo não pode salvar-se. É rei de Israel! Desça da cruz, e creremos nele.

⁴³ Confiou em Deus; pois venha livrá-lo agora, se de fato lhe quer bem; porque disse: Sou Filho de Deus.

⁴⁴ E os mesmos impropérios lhe diziam também os ladrões que haviam sido crucificados com ele.

A morte de Jesus
Mc 15.33-41; Lc 23.44-49; Jo 19.28-30

⁴⁵ Desde a hora sexta até à hora nona, houve trevas sobre toda a terra.

⁴⁶ Por volta da hora nona, clamou Jesus em alta voz, dizendo: Eli, Eli, lamá sabactâni? O que quer dizer: Deus meu, Deus meu, por que me desamparaste?

⁴⁷ E alguns dos que ali estavam, ouvindo isto, diziam: Ele chama por Elias.

⁴⁸ E, logo, um deles correu a buscar uma esponja e, tendo-a embebido de vinagre e colocado na ponta de um caniço, deu-lhe a beber.

⁴⁹ Os outros, porém, diziam: Deixa, vejamos se Elias vem salvá-lo.

⁵⁰ E Jesus, clamando outra vez com grande voz, entregou o espírito.

⁵¹ Eis que o véu do santuário se rasgou em duas partes de alto a baixo; tremeu a terra, fenderam-se as rochas;

⁵² abriram-se os sepulcros, e muitos corpos de santos, que dormiam, ressuscitaram;

⁵³ e, saindo dos sepulcros depois da ressurreição de Jesus, entraram na cidade santa e apareceram a muitos.

⁵⁴ O centurião e os que com ele guardavam a Jesus, vendo o terremoto e tudo o que se passava, ficaram possuídos de grande temor e disseram: Verdadeiramente este era Filho de Deus.

⁵⁵ Estavam ali muitas mulheres, observando de longe; eram as que vinham seguindo a Jesus desde a Galiléia, para o servirem;

⁵⁶ entre elas estavam Maria Madalena, Maria, mãe de Tiago e de José, e a mulher de Zebedeu.

O sepultamento de Jesus
Mc 15.42-47; Lc 23.50-56; Jo 19.38-42

⁵⁷ Caindo a tarde, veio um homem rico de Arimatéia, chamado José, que era também discípulo de Jesus.

⁵⁸ Este foi ter com Pilatos e lhe pediu o corpo de Jesus. Então, Pilatos mandou que lho fosse entregue.

⁵⁹ E José, tomando o corpo, envolveu-o num pano limpo de linho

⁶⁰ e o depositou no seu túmulo novo, que fizera abrir na rocha; e, rolando uma grande pedra para a entrada do sepulcro, se retirou.

⁶¹ Achavam-se ali, sentadas em frente da sepultura, Maria Madalena e a outra Maria.

A guarda do sepulcro

⁶² No dia seguinte, que é o dia depois da preparação, reuniram-se os principais sacerdotes e os fariseus e, dirigindo-se a Pilatos,

⁶³ disseram-lhe: Senhor, lembramo-nos de que aquele embusteiro, enquanto vivia, disse: Depois de três dias ressuscitarei.

⁶⁴ Ordena, pois, que o sepulcro seja guardado com segurança até ao terceiro dia, para não suceder que, vindo os discípulos, o roubem e depois digam ao povo: Ressuscitou dos mortos; e será o último embuste pior que o primeiro.

⁶⁵ Disse-lhes Pilatos: Aí tendes uma escolta; ide e guardai o sepulcro como bem vos parecer.

⁶⁶ Indo eles, montaram guarda ao sepulcro, selando a pedra e deixando ali a escolta.

A ressurreição de Jesus. Seu aparecimento às mulheres
Mc 16.1-8; Lc 24.1-12; Jo 20.1-10

28 No findar do sábado, ao entrar o primeiro dia da semana, Maria Madalena e a outra Maria foram ver o sepulcro.

² E eis que houve um grande terremoto; porque um anjo do Senhor desceu do céu, chegou-se, removeu a pedra e assentou-se sobre ela.

³ O seu aspecto era como um relâmpago, e a sua veste, alva como a neve.

27.40 Mt 26.61; Jo 2.19.   27.43 Sl 22.8.   27.46 Sl 22.1.   27.48 Sl 69.21.   27.51 Êx 26.31-33.
27.55,56 Lc 8.2,3.   27.63 Mt 16.21; 17.23; 20.19; Mc 8.31; 9.31; 10.33,34; Lc 9.22; 18.31-33.

⁴ E os guardas tremeram espavoridos e ficaram como se estivessem mortos.

⁵ Mas o anjo, dirigindo-se às mulheres, disse: Não temais; porque sei que buscais Jesus, que foi crucificado.

⁶ Ele não está aqui; ressuscitou, como tinha dito. Vinde ver onde ele jazia.

⁷ Ide, pois, depressa e dizei aos seus discípulos que ele ressuscitou dos mortos e vai adiante de vós para a Galiléia; ali o vereis. É como vos digo!

⁸ E, retirando-se elas apressadamente do sepulcro, tomadas de medo e grande alegria, correram a anunciá-lo aos discípulos.

⁹ E eis que Jesus veio ao encontro delas e disse: Salve! E elas, aproximando-se, abraçaram-lhe os pés e o adoraram.

¹⁰ Então, Jesus lhes disse: Não temais! Ide avisar a meus irmãos que se dirijam à Galiléia e lá me verão.

Os judeus subornam os guardas

¹¹ E, indo elas, eis que alguns da guarda foram à cidade e contaram aos principais sacerdotes tudo o que sucedera.

¹² Reunindo-se eles em conselho com os anciãos, deram grande soma de dinheiro aos soldados,

¹³ recomendando-lhes que dissessem: Vieram de noite os discípulos dele e o roubaram enquanto dormíamos.

¹⁴ Caso isto chegue ao conhecimento do governador, nós o persuadiremos e vos poremos em segurança.

¹⁵ Eles, recebendo o dinheiro, fizeram como estavam instruídos. Esta versão divulgou-se entre os judeus até ao dia de hoje.

Jesus aparece aos discípulos na Galiléia

¹⁶ Seguiram os onze discípulos para a Galiléia, para o monte que Jesus lhes designara.

¹⁷ E, quando o viram, o adoraram; mas alguns duvidaram.

A Grande Comissão
Mc 16.15-18; Lc 24.44-49

¹⁸ Jesus, aproximando-se, falou-lhes, dizendo: Toda a autoridade me foi dada no céu e na terra.

¹⁹ Ide, portanto, fazei discípulos de todas as nações, batizando-os em nome do Pai, e do Filho, e do Espírito Santo;

²⁰ ensinando-os a guardar todas as cousas que vos tenho ordenado. E eis que estou convosco todos os dias até à consumação do século.

O EVANGELHO SEGUNDO

MARCOS

1 Princípio do evangelho de Jesus Cristo, Filho de Deus.

João Batista
Mt 3.1-6; Lc 3.1-6

² Conforme está escrito na profecia de Isaías:
Eis aí envio diante da tua face o meu mensageiro, o qual preparará o teu caminho;
³ voz do que clama no deserto: Preparai o caminho do Senhor, endireitai as suas veredas;
⁴ apareceu João Batista no deserto, pre-

gando batismo de arrependimento para remissão de pecados.

⁵ Saíam a ter com ele toda a província da Judéia e todos os habitantes de Jerusalém; e, confessando os seus pecados, eram batizados por ele no rio Jordão.

⁶ As vestes de João eram feitas de pêlos de camelo; ele trazia um cinto de couro e se alimentava de gafanhotos e mel silvestre.

João dá testemunho de Jesus
Mt 3.11; Lc 3.15,16; Jo 1.19-28

⁷ E pregava, dizendo: Após mim vem aquele que é mais poderoso do que eu, do

28.16 Mt 26.32; Mc 14.28.   **28.19** At 1.8.   **1.2** Ml 3.1.   **1.3** Is 40.3.   **1.6** 2Rs 1.8.

qual não sou digno de, curvando-me, desatar-lhe as correias das sandálias.

⁸ Eu vos tenho batizado com^a água; ele, porém, vos batizará com^a o Espírito Santo.

O batismo de Jesus
Mt 3.13-17; Lc 3.21,22; Jo 1.32-34

⁹ Naqueles dias, veio Jesus de Nazaré da Galiléia e por João foi batizado no rio Jordão.

¹⁰ Logo ao sair da água, viu os céus rasgarem-se e o Espírito descendo como pomba sobre ele.

¹¹ Então, foi ouvida uma voz dos céus: Tu és o meu Filho amado, em ti me comprazo.

A tentação de Jesus
Mt 4.1-11; Lc 4.1-13

¹² E logo o Espírito o impeliu para o deserto,

¹³ onde permaneceu quarenta dias, sendo tentado por Satanás; estava com as feras, mas os anjos o serviam.

Jesus volta para a Galiléia
Mt 4.12-17; Lc 4.14,15

¹⁴ Depois de João ter sido preso, foi Jesus para a Galiléia, pregando o evangelho de Deus,

¹⁵ dizendo: O tempo está cumprido, e o reino de Deus está próximo; arrependei-vos e crede no evangelho.

A vocação de discípulos
Mt 4.18-22; Lc 5.1-11

¹⁶ Caminhando junto ao mar da Galiléia, viu os irmãos Simão e André, que lançavam a rede ao mar, porque eram pescadores.

¹⁷ Disse-lhes Jesus: Vinde após mim, e eu vos farei pescadores de homens.

¹⁸ Então, eles deixaram imediatamente as redes e o seguiram.

¹⁹ Pouco mais adiante, viu Tiago, filho de Zebedeu, e João, seu irmão, que estavam no barco consertando as redes.

²⁰ E logo os chamou. Deixando eles no barco a seu pai Zebedeu com os empregados, seguiram após Jesus.

A cura de um endemoninhado em Cafarnaum
Lc 4.31-37

²¹ Depois, entraram em Cafarnaum, e, logo no sábado, foi ele ensinar na sinagoga.

²² Maravilhavam-se da sua doutrina, porque os ensinava como quem tem autoridade e não como os escribas.

²³ Não tardou que aparecesse na sinagoga um homem possesso de espírito imundo, o qual bradou:

²⁴ Que temos nós contigo, Jesus Nazareno? Vieste para perder-nos? Bem sei quem és: o Santo de Deus!

²⁵ Mas Jesus o repreendeu, dizendo: Cala-te e sai desse homem.

²⁶ Então, o espírito imundo, agitando-o violentamente e bradando em alta voz, saiu dele.

²⁷ Todos se admiraram, a ponto de perguntarem entre si: Que vem a ser isto? Uma nova doutrina! Com autoridade ele ordena aos espíritos imundos, e eles lhe obedecem!

²⁸ Então, correu célebre a fama de Jesus em todas as direções, por toda a circunvizinhança da Galiléia.

A cura da sogra de Pedro
Mt 8.14,15; Lc 4.38,39

²⁹ E, saindo eles da sinagoga, foram, com Tiago e João, diretamente para a casa de Simão e André.

³⁰ A sogra de Simão achava-se acamada, com febre; e logo lhe falaram a respeito dela.

³¹ Então, aproximando-se, tomou-a pela mão; e a febre a deixou, passando ela a servi-los.

Muitas outras curas
Mt 8.16,17; Lc 4.40,41

³² À tarde, ao cair do sol, trouxeram a Jesus todos os enfermos e endemoninhados.

³³ Toda a cidade estava reunida à porta.

³⁴ E ele curou muitos doentes de toda sorte de enfermidades; também expeliu muitos demônios, não lhes permitindo que falassem, porque sabiam quem ele era.

---

^acom; *ou* em

1.11 Mt 12.18; 17.5; Mc 9.7; Lc 9.35; Is 42.1.   **1.15** Mt 3.2; Dn 2.44.   **1.22** Mt 7.28,29.

Jesus se retira para orar
Lc 4.42-44

35 Tendo-se levantado alta madrugada, saiu, foi para um lugar deserto e ali orava.
36 Procuravam-no diligentemente Simão e os que com ele estavam.
37 Tendo-o encontrado, lhe disseram: Todos te buscam.
38 Jesus, porém, lhes disse: Vamos a outros lugares, às povoações vizinhas, a fim de que eu pregue também ali, pois para isso é que eu vim.
39 Então, foi por toda a Galiléia, pregando nas sinagogas deles e expelindo os demônios.

A cura de um leproso
Mt 8.1-4; Lc 5.12-16

40 Aproximou-se dele um leproso rogando-lhe, de joelhos: Se quiseres, podes purificar-me.
41 Jesus, profundamente compadecido, estendeu a mão, tocou-o e disse-lhe: Quero, fica limpo!
42 No mesmo instante, lhe desapareceu a lepra, e ficou limpo.
43 Fazendo-lhe, então, veemente advertência, logo o despediu
44 e lhe disse: Olha, não digas nada a ninguém; mas vai, mostra-te ao sacerdote e oferece pela tua purificação o que Moisés determinou, para servir de testemunho ao povo.
45 Mas, tendo ele saído, entrou a propalar muitas cousas e a divulgar a notícia, a ponto de não mais poder Jesus entrar publicamente em qualquer cidade, mas permanecia fora, em lugares ermos; e de toda parte vinham ter com ele.

A cura de um paralítico em Cafarnaum
Mt 9.1-8; Lc 5.17-26

2 Dias depois, entrou Jesus de novo em Cafarnaum, e logo correu que ele estava em casa.
2 Muitos afluíram para ali, tantos que nem mesmo junto à porta eles achavam lugar; e anunciava-lhes a palavra.
3 Alguns foram ter com ele, conduzindo um paralítico, levado por quatro homens.
4 E, não podendo aproximar-se dele, por causa da multidão, descobriram o eirado no ponto correspondente ao em que ele

estava e, fazendo uma abertura, baixaram o leito em que jazia o doente.
5 Vendo-lhes a fé, Jesus disse ao paralítico: Filho, os teus pecados estão perdoados.
6 Mas alguns dos escribas estavam assentados ali e arrazoavam em seu coração:
7 Por que fala ele deste modo? Isto é blasfêmia! Quem pode perdoar pecados, senão um, que é Deus?
8 E Jesus, percebendo logo por seu espírito que eles assim arrazoavam, disse-lhes: Por que arrazoais sobre estas cousas em vosso coração?
9 Qual é mais fácil? Dizer ao paralítico: Estão perdoados os teus pecados, ou dizer: Levanta-te, toma o teu leito e anda?
10 Ora, para que saibais que o Filho do homem tem sobre a terra autoridade para perdoar pecados — disse ao paralítico:
11 Eu te mando: Levanta-te, toma o teu leito e vai para tua casa.
12 Então, ele se levantou e, no mesmo instante, tomando o leito, retirou-se à vista de todos, a ponto de se admirarem todos e darem glória a Deus, dizendo: Jamais vimos cousa assim!

A vocação de Levi
Mt 9.9; Lc 5.27,28

13 De novo, saiu Jesus para junto do mar, e toda a multidão vinha ao seu encontro, e ele os ensinava.
14 Quando ia passando, viu a Levi, filho de Alfeu, sentado na coletoria e disse-lhe: Segue-me! Ele se levantou e o seguiu.

Jesus come com pecadores
Mt 9.10-13; Lc 5.29-32

15 Achando-se Jesus à mesa na casa de Levi, estavam juntamente com ele e com seus discípulos muitos publicanos e pecadores; porque estes eram em grande número e também o seguiam.
16 Os escribas dos fariseus, vendo-o comer em companhia dos pecadores e publicanos, perguntavam aos discípulos dele: Por que come [e bebe] ele com os publicanos e pecadores?
17 Tendo Jesus ouvido isto, respondeu-lhes: Os sãos não precisam de médico, e sim os doentes; não vim chamar justos, e sim pecadores.

1.39 Mt 4.23; 9.35.   **1.44** Lv 14.1-32.

Do jejum
Mt 9.14-17; Lc 5.33-39

¹⁸ Ora, os discípulos de João e os fariseus estavam jejuando. Vieram alguns e lhe perguntaram: Por que motivo jejuam os discípulos de João e os dos fariseus, mas os teus discípulos não jejuam?
¹⁹ Respondeu-lhes Jesus: Podem, porventura, jejuar os convidados para o casamento, enquanto o noivo está com eles? Durante o tempo em que estiver presente o noivo, não podem jejuar.
²⁰ Dias virão, contudo, em que lhes será tirado o noivo; e, nesse tempo, jejuarão.
²¹ Ninguém costura remendo de pano novo em veste velha; porque o remendo novo tira parte da veste velha, e fica maior a rotura.
²² Ninguém põe vinho novo em odres velhos; do contrário, o vinho romperá os odres; e tanto se perde o vinho como os odres. Mas põe-se vinho novo em odres novos.

Jesus é senhor do sábado
Mt 12.1-8; Lc 6.1-5

²³ Ora, aconteceu atravessar Jesus, em dia de sábado, as searas, e os discípulos, ao passarem, colhiam espigas.
²⁴ Advertiram-no os fariseus: Vê! Por que fazem o que não é lícito aos sábados?
²⁵ Mas ele lhes respondeu: Nunca lestes o que fez Davi, quando se viu em necessidade e teve fome, ele e os seus companheiros?
²⁶ Como entrou na Casa de Deus, no tempo do sumo sacerdote Abiatar, e comeu os pães da proposição, os quais não é lícito comer, senão aos sacerdotes, e deu também aos que estavam com ele?
²⁷ E acrescentou: O sábado foi estabelecido por causa do homem, e não o homem por causa do sábado;
²⁸ de sorte que o Filho do homem é senhor também do sábado.

O homem da mão ressequida
Mt 12.9-14; Lc 6.6-11

3 De novo, entrou Jesus na sinagoga, e estava ali um homem que tinha ressequida uma das mãos.
² E estavam observando a Jesus para ver se o curaria em dia de sábado, a fim de o acusarem.

³ E disse Jesus ao homem da mão ressequida: Vem para o meio!
⁴ Então, lhes perguntou: É lícito nos sábados fazer o bem ou fazer o mal? Salvar a vida ou tirá-la? Mas eles ficaram em silêncio.
⁵ Olhando-os ao redor, indignado e condoído com a dureza do seu coração, disse ao homem: Estende a mão. Estendeu-a, e a mão lhe foi restaurada.
⁶ Retirando-se os fariseus, conspiravam logo com os herodianos, contra ele, em como lhe tirariam a vida.

Jesus se retira. A cura de muitos à beira-mar

⁷ Retirou-se Jesus com os seus discípulos para os lados do mar. Seguia-o da Galiléia uma grande multidão. Também da Judéia,
⁸ de Jerusalém, da Iduméia, dalém do Jordão e dos arredores de Tiro e de Sidom uma grande multidão, sabendo quantas cousas Jesus fazia, veio ter com ele.
⁹ Então, recomendou a seus discípulos que sempre lhe tivessem pronto um barquinho, por causa da multidão, a fim de não o comprimirem.
¹⁰ Pois curava a muitos, de modo que todos os que padeciam de qualquer enfermidade se arrojavam a ele para o tocar.
¹¹ Também os espíritos imundos, quando o viam, prostravam-se diante dele e exclamavam: Tu és o Filho de Deus!
¹² Mas Jesus lhes advertia severamente que o não expusessem à publicidade.

A escolha dos doze apóstolos. Os seus nomes
Mt 10.1-4; Lc 6.12-16

¹³ Depois, subiu ao monte e chamou os que ele mesmo quis, e vieram para junto dele.
¹⁴ Então, designou doze para estarem com ele e para os enviar a pregar
¹⁵ e a exercer a autoridade de expelir demônios.
¹⁶ Eis os doze que designou: Simão, a quem acrescentou o nome de Pedro;
¹⁷ Tiago, filho de Zebedeu, e João, seu irmão, aos quais deu o nome de Boanerges, que quer dizer: filhos do trovão;
¹⁸ André, Filipe, Bartolomeu, Mateus, Tomé, Tiago, filho de Alfeu, Tadeu, Simão, o Zelote,

¹⁹ e Judas Iscariotes, que foi quem o traiu.

A blasfêmia dos escribas
Mt 12.22-32; Lc 11.14-23

²⁰ Então, ele foi para casa. Não obstante, a multidão afluiu de novo, de tal modo que nem podiam comer.
²¹ E, quando os parentes de Jesus ouviram isto, saíram para o prender; porque diziam: Está fora de si.
²² Os escribas, que haviam descido de Jerusalém, diziam: Ele está possesso de Belzebu. E: É pelo maioral dos demônios que expele os demônios.
²³ Então, convocando-os Jesus, lhes disse, por meio de parábolas: Como pode Satanás expelir a Satanás?
²⁴ Se um reino estiver dividido contra si mesmo, tal reino não pode subsistir;
²⁵ se uma casa estiver dividida contra si mesma, tal casa não poderá subsistir.
²⁶ Se, pois, Satanás se levantou contra si mesmo e está dividido, não pode subsistir, mas perece.
²⁷ Ninguém pode entrar na casa do valente para roubar-lhe os bens, sem primeiro amarrá-lo; e só, então, lhe saqueará a casa.
²⁸ Em verdade vos digo que tudo será perdoado aos filhos dos homens: os pecados e as blasfêmias que proferirem.
²⁹ Mas aquele que blasfemar contra o Espírito Santo não tem perdão para sempre, visto que é réu de pecado eterno.
³⁰ Isto, porque diziam: Está possesso de um espírito imundo.

A família de Jesus
Mt 12.46-50; Lc 8.19-21

³¹ Nisto, chegaram sua mãe e seus irmãos e, tendo ficado do lado de fora, mandaram chamá-lo.
³² Muita gente estava assentada ao redor dele, e lhe disseram: Olha, tua mãe, teus irmãos e irmãs estão lá fora à tua procura.
³³ Então, ele lhes respondeu, dizendo: Quem é minha mãe e meus irmãos?
³⁴ E, correndo o olhar pelos que estavam assentados ao redor, disse: Eis minha mãe e meus irmãos.
³⁵ Portanto, qualquer que fizer a vontade de Deus, esse é meu irmão, irmã e mãe.

A parábola do semeador
Mt 13.1-9; Lc 8.4-8

4 Voltou Jesus a ensinar à beira-mar. E reuniu-se numerosa multidão a ele, de modo que entrou num barco, onde se assentou, afastando-se da praia. E todo o povo estava à beira-mar, na praia.
² Assim, lhes ensinava muitas cousas por parábolas, no decorrer do seu doutrinamento.
³ Ouvi: Eis que saiu o semeador a semear.
⁴ E, ao semear, uma parte caiu à beira do caminho, e vieram as aves e a comeram.
⁵ Outra caiu em solo rochoso, onde a terra era pouca, e logo nasceu, visto não ser profunda a terra.
⁶ Saindo, porém, o sol, a queimou; e, porque não tinha raiz, secou-se.
⁷ Outra parte caiu entre os espinhos; e os espinhos cresceram e a sufocaram, e não deu fruto.
⁸ Outra, enfim, caiu em boa terra e deu fruto, que vingou e cresceu, produzindo a trinta, a sessenta e a cem, por um.
⁹ E acrescentou: Quem tem ouvidos para ouvir, ouça.

A explicação da parábola
Mt 13.10-23; Lc 8.9-15

¹⁰ Quando Jesus ficou só, os que estavam junto dele com os doze o interrogaram a respeito das parábolas.
¹¹ Ele lhes respondeu: A vós outros vos é dado conhecer o mistério do reino de Deus; mas, aos de fora, tudo se ensina por meio de parábolas,
¹² para que, vendo, vejam e não percebam; e, ouvindo, ouçam e não entendam; para que não venham a converter-se, e haja perdão para eles.
¹³ Então, lhes perguntou: Não entendeis esta parábola e como compreendereis todas as parábolas?
¹⁴ O semeador semeia a palavra.
¹⁵ São estes os da beira do caminho, onde a palavra é semeada; e, enquanto a ouvem, logo vem Satanás e tira a palavra semeada neles.
¹⁶ Semelhantemente, são estes os semeados em solo rochoso, os quais, ouvindo a palavra, logo a recebem com alegria.
¹⁷ Mas eles não têm raiz em si mesmos, sendo, antes, de pouca duração; em lhes

3.22 Mt 9.34; 10.25.   3.29 Mt 12.32; Lc 12.10.   4.1 Lc 5.1-3.   4.12 Is 6.9,10.

chegando a angústia ou a perseguição por causa da palavra, logo se escandalizam.

18 Os outros, os semeados entre os espinhos, são os que ouvem a palavra,

19 mas os cuidados do mundo, a fascinação da riqueza e as demais ambições, concorrendo, sufocam a palavra, ficando ela infrutífera.

20 Os que foram semeados em boa terra são aqueles que ouvem a palavra e a recebem, frutificando a trinta, a sessenta e a cem, por um.

A parábola da candeia
Lc 8.16-18

21 Também lhes disse: Vem, porventura, a candeia para ser posta debaixo do alqueire ou da cama? Não vem, antes, para ser colocada no velador?

22 Pois nada está oculto, senão para ser manifesto; e nada se faz escondido, senão para ser revelado.

23 Se alguém tem ouvidos para ouvir, ouça.

24 Então, lhes disse: Atentai no que ouvis. Com a medida com que tiverdes medido vos medirão também, e ainda se vos acrescentará.

25 Pois ao que tem se lhe dará; e, ao que não tem, até o que tem lhe será tirado.

A parábola da semente

26 Disse ainda: O reino de Deus é assim como se um homem lançasse a semente à terra;

27 depois, dormisse e se levantasse, de noite e de dia, e a semente germinasse e crescesse, não sabendo ele como.

28 A terra por si mesma frutifica: primeiro a erva, depois, a espiga, e, por fim, o grão cheio na espiga.

29 E, quando o fruto já está maduro, logo se lhe mete a foice, porque é chegada a ceifa.

A parábola do grão de mostarda
Mt 13.31,32; Lc 13.18,19

30 Disse mais: A que assemelharemos o reino de Deus? Ou com que parábola o apresentaremos?

31 É como um grão de mostarda, que, quando semeado, é a menor de todas as sementes sobre a terra;

32 mas, uma vez semeada, cresce e se torna maior do que todas as hortaliças e deita grandes ramos, a ponto de as aves do céu poderem aninhar-se à sua sombra.

Por que Jesus falou por parábolas
Mt 13.34,35

33 E com muitas parábolas semelhantes lhes expunha a palavra, conforme o permitia a capacidade dos ouvintes.

34 E sem parábolas não lhes falava; tudo, porém, explicava em particular aos seus próprios discípulos.

Jesus acalma uma tempestade
Mt 8.23-27; Lc 8.22-25

35 Naquele dia, sendo já tarde, disselhes Jesus: Passemos para a outra margem.

36 E eles, despedindo a multidão, o levaram assim como estava, no barco; e outros barcos o seguiam.

37 Ora, levantou-se grande temporal de vento, e as ondas se arremessavam contra o barco, de modo que o mesmo já estava a encher-se de água.

38 E Jesus estava na popa, dormindo sobre o travesseiro; eles o despertaram e lhe disseram: Mestre, não te importa que pereçamos?

39 E ele, despertando, repreendeu o vento e disse ao mar: Acalma-te, emudece! O vento se aquietou, e fez-se grande bonança.

40 Então, lhes disse: Por que sois assim tímidos? Como é que não tendes fé?

41 E eles, possuídos de grande temor, diziam uns aos outros: Quem é este que até o vento e o mar lhe obedecem?

A cura do endemoninhado geraseno
Mt 8.28-33; Lc 8.26-34

5 Entrementes, chegaram à outra margem do mar, à terra dos gerasenos.

2 Ao desembarcar, logo veio dos sepulcros, ao seu encontro, um homem possesso de espírito imundo,

3 o qual vivia nos sepulcros, e nem mesmo com cadeias alguém podia prendê-lo;

4 porque, tendo sido muitas vezes preso com grilhões e cadeias, as cadeias foram quebradas por ele, e os grilhões, despedaçados. E ninguém podia subjugá-lo.

5 Andava sempre, de noite e de dia, clamando por entre os sepulcros e pelos montes, ferindo-se com pedras.

4.21 Mt 5.15; Lc 11.33.   4.22 Mt 10.26; Lc 12.2.   4.24 Mt 7.2; Lc 6.38.   4.25 Mt 13.12; 25.29; Lc 19.26.

⁶ Quando, de longe, viu Jesus, correu e o adorou,

⁷ exclamando com alta voz: Que tenho eu contigo, Jesus, Filho do Deus Altíssimo? Conjuro-te por Deus que não me atormentes!

⁸ Porque Jesus lhe dissera: Espírito imundo, sai desse homem!

⁹ E perguntou-lhe: Qual é o teu nome? Respondeu ele: Legião é o meu nome, porque somos muitos.

¹⁰ E rogou-lhe encarecidamente que os não mandasse para fora do país.

¹¹ Ora, pastava ali pelo monte uma grande manada de porcos.

¹² E os espíritos imundos rogaram a Jesus, dizendo: Manda-nos para os porcos, para que entremos neles.

¹³ Jesus o permitiu. Então, saindo os espíritos imundos, entraram nos porcos; e a manada, que era cerca de dois mil, precipitou-se despenhadeiro abaixo, para dentro do mar, onde se afogaram.

¹⁴ Os porqueiros fugiram e o anunciaram na cidade e pelos campos.

Os gerasenos rejeitam a Jesus
Mt 8.34; Lc 8.35-39

Então, saiu o povo para ver o que sucedera.

¹⁵ Indo ter com Jesus, viram o endemoninhado, o que tivera a legião, assentado, vestido, em perfeito juízo; e temeram.

¹⁶ Os que haviam presenciado os fatos contaram-lhes o que acontecera ao endemoninhado e acerca dos porcos.

¹⁷ E entraram a rogar-lhe que se retirasse da terra deles.

¹⁸ Ao entrar Jesus no barco, suplicava-lhe o que fora endemoninhado que o deixasse estar com ele.

¹⁹ Jesus, porém, não lho permitiu, mas ordenou-lhe: Vai para tua casa, para os teus. Anuncia-lhes tudo o que o Senhor te fez e como teve compaixão de ti.

²⁰ Então, ele foi e começou a proclamar em Decápolis tudo o que Jesus lhe fizera; e todos se admiravam.

O pedido de Jairo
Mt 9.18,19; Lc 8.40-42

²¹ Tendo Jesus voltado no barco, para o outro lado, afluiu para ele grande multidão; e ele estava junto do mar.

²² Eis que se chegou a ele um dos principais da sinagoga, chamado Jairo, e, vendo-o, prostrou-se a seus pés

²³ e insistentemente lhe suplicou: Minha filhinha está à morte; vem, impõe as mãos sobre ela, para que seja salva, e viverá.

²⁴ Jesus foi com ele.

A cura de uma mulher enferma
Mt 9.20-22; Lc 8.43-48

Grande multidão o seguia, comprimindo-o.

²⁵ Aconteceu que certa mulher, que, havia doze anos, vinha sofrendo de uma hemorragia

²⁶ e muito padecera à mão de vários médicos, tendo despendido tudo quanto possuía, sem, contudo, nada aproveitar, antes, pelo contrário, indo a pior,

²⁷ tendo ouvido a fama de Jesus, vindo por trás dele, por entre a multidão, tocou-lhe a veste.

²⁸ Porque dizia: Se eu apenas lhe tocar as vestes, ficarei curada.

²⁹ E logo se lhe estancou a hemorragia, e sentiu no corpo estar curada do seu flagelo.

³⁰ Jesus, reconhecendo imediatamente que dele saíra poder, virando-se no meio da multidão, perguntou: Quem me tocou nas vestes?

³¹ Responderam-lhe seus discípulos: Vês que a multidão te aperta e dizes: Quem me tocou?

³² Ele, porém, olhava ao redor para ver quem fizera isto.

³³ Então, a mulher, atemorizada e tremendo, cônscia do que nela se operara, veio, prostrou-se diante dele e declarou-lhe toda a verdade.

³⁴ E ele lhe disse: Filha, a tua fé te salvou; vai-te em paz e fica livre do teu mal.

A ressurreição da filha de Jairo
Mt 9.23-26; Lc 8.49-56

³⁵ Falava ele ainda, quando chegaram alguns da casa do chefe da sinagoga, a quem disseram: Tua filha já morreu; por que ainda incomodas o Mestre?

³⁶ Mas Jesus, sem acudir a tais palavras, disse ao chefe da sinagoga: Não temas, crê somente.

³⁷ Contudo, não permitiu que alguém o acompanhasse, senão Pedro e os irmãos Tiago e João.

³⁸ Chegando à casa do chefe da sinagoga, viu Jesus o alvoroço, os que choravam e os que pranteavam muito.

³⁹ Ao entrar, lhes disse: Por que estais

em alvoroço e chorais? A criança não está morta, mas dorme.

40 E riam-se dele. Tendo ele, porém, mandado sair a todos, tomou o pai e a mãe da criança e os que vieram com ele e entrou onde ela estava.

41 Tomando-a pela mão, disse: Talitá cumi, que quer dizer: Menina, eu te mando, levanta-te!

42 Imediatamente, a menina se levantou e pôs-se a andar; pois tinha doze anos. Então, ficaram todos sobremaneira admirados.

43 Mas Jesus ordenou-lhes expressamente que ninguém o soubesse; e mandou que dessem de comer à menina.

Jesus prega em Nazaré.
É rejeitado pelos seus
Mt 13.53-58; Lc 4.16-30

6 Tendo Jesus partido dali, foi para a sua terra, e os seus discípulos o acompanharam.

2 Chegando o sábado, passou a ensinar na sinagoga; e muitos, ouvindo-o, se maravilhavam, dizendo: Donde vêm a este estas cousas? Que sabedoria é esta que lhe foi dada? E como se fazem tais maravilhas por suas mãos?

3 Não é este o carpinteiro, filho de Maria, irmão de Tiago, José, Judas e Simão? E não vivem aqui entre nós suas irmãs? E escandalizavam-se nele.

4 Jesus, porém, lhes disse: Não há profeta sem honra, senão na sua terra, entre os seus parentes e na sua casa.

5 Não pôde fazer ali nenhum milagre, senão curar uns poucos enfermos, impondo-lhes as mãos.

6 Admirou-se da incredulidade deles. Contudo, percorria as aldeias circunvizinhas, a ensinar.

As instruções para os doze
Mt 10.5-15; Lc 9.1-6

7 Chamou Jesus os doze e passou a enviá-los de dois a dois, dando-lhes autoridade sobre os espíritos imundos.

8 Ordenou-lhes que nada levassem para o caminho, exceto um bordão; nem pão, nem alforje, nem dinheiro;

9 que fossem calçados de sandálias e não usassem duas túnicas.

10 E recomendou-lhes: Quando entrardes nalguma casa, permanecei aí até vos retirardes do lugar.

11 Se nalgum lugar não vos receberem nem vos ouvirem, ao saírem dali, sacudi o pó dos pés, em testemunho contra eles.

12 Então, saindo eles, pregavam ao povo que se arrependesse;

13 expeliam muitos demônios e curavam numerosos enfermos, ungindo-os com óleo.

A morte de João Batista
Mt 14.1-12; Lc 9.7-9

14 Chegou isto aos ouvidos do rei Herodes, porque o nome de Jesus já se tornara notório; e alguns diziam: João Batista ressuscitou dentre os mortos, e, por isso, nele operam forças miraculosas.

15 Outros diziam: É Elias; ainda outros: É profeta como um dos profetas.

16 Herodes, porém, ouvindo isto, disse: É João, a quem eu mandei decapitar, que ressurgiu.

17 Porque o mesmo Herodes, por causa de Herodias, mulher de seu irmão Filipe (porquanto Herodes se casara com ela), mandara prender a João e atá-lo no cárcere.

18 Pois João lhe dizia: Não te é lícito possuir a mulher de teu irmão.

19 E Herodias o odiava, querendo matá-lo, e não podia.

20 Porque Herodes temia a João, sabendo que era homem justo e santo, e o tinha em segurança. E, quando o ouvia, ficava perplexo, escutando-o de boa mente.

21 E, chegando um dia favorável, em que Herodes no seu aniversário natalício dera um banquete aos seus dignitários, aos oficiais militares e aos principais da Galiléia,

22 entrou a filha de Herodias e, dançando, agradou a Herodes e aos seus convivas. Então, disse o rei à jovem: Pede-me o que quiseres, e eu to darei.

23 E jurou-lhe: Se pedires mesmo que seja a metade do meu reino, eu ta darei.

24 Saindo ela, perguntou a sua mãe: Que pedirei? Esta respondeu: A cabeça de João Batista.

25 No mesmo instante, voltando apressadamente para junto do rei, disse: Quero que, sem demora, me dês num prato a cabeça de João Batista.

6.4 Jo 4.44.   6.7-13 Lc 10.1-12.   6.13 Tg 5.14.   6.14,15 Mt 16.14; Mc 8.28; Lc 9.19.   6.17,18 Lc 3.19,20.

²⁶ Entristeceu-se profundamente o rei; mas, por causa do juramento e dos que estavam com ele à mesa, não lha quis negar.

²⁷ E, enviando logo o executor, mandou que lhe trouxessem a cabeça de João. Ele foi, e o decapitou no cárcere,

²⁸ e, trazendo a cabeça num prato, a entregou à jovem, e esta, por sua vez, a sua mãe.

²⁹ Os discípulos de João, logo que souberam disto, vieram, levaram-lhe o corpo e o depositaram no túmulo.

A primeira multiplicação de pães e peixes
Mt 14.13-21; Lc 9.10-17; Jo 6.1-14

³⁰ Voltaram os apóstolos à presença de Jesus e lhe relataram tudo quanto haviam feito e ensinado.

³¹ E ele lhes disse: Vinde repousar um pouco, à parte, num lugar deserto; porque eles não tinham tempo nem para comer, visto serem numerosos os que iam e vinham.

³² Então, foram sós no barco para um lugar solitário.

³³ Muitos, porém, os viram partir e, reconhecendo-os, correram para lá, a pé, de todas as cidades, e chegaram antes deles.

³⁴ Ao desembarcar, viu Jesus uma grande multidão e compadeceu-se deles, porque eram como ovelhas que não têm pastor. E passou a ensinar-lhes muitas cousas.

³⁵ Em declinando a tarde, vieram os discípulos a Jesus e lhe disseram: É deserto este lugar, e já avançada a hora;

³⁶ despede-os para que, passando pelos campos ao redor e pelas aldeias, comprem para si o que comer.

³⁷ Porém ele lhes respondeu: Dai-lhes vós mesmos de comer. Disseram-lhe: Iremos comprar duzentos denários de pão para lhes dar de comer?

³⁸ E ele lhes disse: Quantos pães tendes? Ide ver! E, sabendo-o eles, responderam: Cinco pães e dois peixes.

³⁹ Então, Jesus lhes ordenou que todos se assentassem, em grupos, sobre a relva verde.

⁴⁰ E o fizeram, repartindo-se em grupos de cem em cem e de cinqüenta em cinqüenta.

⁴¹ Tomando ele os cinco pães e os dois peixes, erguendo os olhos ao céu, os abençoou; e, partindo os pães, deu-os aos discípulos para que os distribuíssem; e por todos repartiu também os dois peixes.

⁴² Todos comeram e se fartaram;

⁴³ e ainda recolheram doze cestos cheios de pedaços de pão e de peixe.

⁴⁴ Os que comeram dos pães eram cinco mil homens.

Jesus anda por sobre o mar
Mt 14.22-33; Jo 6.16-21

⁴⁵ Logo a seguir, compeliu Jesus os seus discípulos a embarcar e passar adiante para o outro lado, a Betsaida, enquanto ele despedia a multidão.

⁴⁶ E, tendo-os despedido, subiu ao monte para orar.

⁴⁷ Ao cair da tarde, estava o barco no meio do mar, e ele, sozinho em terra.

⁴⁸ E, vendo-os em dificuldade a remar, porque o vento lhes era contrário, por volta da quarta vigília da noite, veio ter com eles, andando por sobre o mar; e queria tomar-lhes a dianteira.

⁴⁹ Eles, porém, vendo-o andar sobre o mar, pensaram tratar-se de um fantasma e gritaram.

⁵⁰ Pois todos ficaram aterrados à vista dele. Mas logo lhes falou e disse: Tende bom ânimo! Sou eu. Não temais!

⁵¹ E subiu para o barco para estar com eles, e o vento cessou. Ficaram entre si atônitos,

⁵² porque não haviam compreendido o milagre dos pães; antes, o seu coração estava endurecido.

Jesus em Genesaré
Mt 14.34-36

⁵³ Estando já na outra banda, chegaram a terra, em Genesaré, onde aportaram.

⁵⁴ Saindo eles do barco, logo o povo reconheceu Jesus;

⁵⁵ e, percorrendo toda aquela região, traziam em leitos os enfermos, para onde ouviam que ele estava.

⁵⁶ Onde quer que ele entrasse nas aldeias, cidades ou campos, punham os enfermos nas praças, rogando-lhe que os deixasse tocar ao menos na orla da sua veste; e quantos a tocavam saíam curados.

Jesus e a tradição dos anciãos. O que contamina o homem
Mt 15.1-20

7 Ora, reuniram-se a Jesus os fariseus e alguns escribas, vindos de Jerusalém.

6.34 Mt 9.36; 1Rs 22.17; 2Cr 18.16.

² E, vendo que alguns dos discípulos dele comiam pão com as mãos impuras, isto é, por lavar

³ (pois os fariseus e todos os judeus, observando a tradição dos anciãos, não comem sem lavar cuidadosamente as mãos;

⁴ quando voltam da praça, não comem sem se aspergirem; e há muitas outras cousas que receberam para observar, como a lavagem de copos, jarros e vasos de metal [e camas]),

⁵ interpelaram-no os fariseus e os escribas: Por que não andam os teus discípulos de conformidade com a tradição dos anciãos, mas comem com as mãos por lavar?

⁶ Respondeu-lhes: Bem profetizou Isaías a respeito de vós, hipócritas, como está escrito:

Este povo honra-me com os lábios,
mas o seu coração está longe de mim.

⁷ E em vão me adoram, ensinando doutrinas que são preceitos de homens.

⁸ Negligenciando o mandamento de Deus, guardais a tradição dos homens.

⁹ E disse-lhes ainda: Jeitosamente rejeitais o preceito de Deus para guardardes a vossa própria tradição.

¹⁰ Pois Moisés disse:

Honra a teu pai e a tua mãe

e:

Quem maldisser a seu pai ou a sua mãe seja punido de morte.

¹¹ Vós, porém, dizeis: Se um homem disser a seu pai ou a sua mãe: Aquilo que poderias aproveitar de mim é Corbã, isto é, oferta para o Senhor,

¹² então, o dispensais de fazer qualquer cousa em favor de seu pai ou de sua mãe,

¹³ invalidando a palavra de Deus pela vossa própria tradição, que vós mesmos transmitistes; e fazeis muitas outras cousas semelhantes.

¹⁴ Convocando ele, de novo, a multidão, disse-lhes: Ouvi-me, todos, e entendei.

¹⁵ Nada há fora do homem que, entrando nele, o possa contaminar; mas o que sai do homem é o que o contamina.

¹⁶ [Se alguém tem ouvidos para ouvir, ouça.]

¹⁷ Quando entrou em casa, deixando a multidão, os seus discípulos o interrogaram acerca da parábola.

¹⁸ Então, lhes disse: Assim vós também não entendeis? Não compreendeis que tudo o que de fora entra no homem não o pode contaminar,

¹⁹ porque não lhe entra no coração, mas no ventre, e sai para lugar escuso? E, assim, considerou ele puros todos os alimentos.

²⁰ E dizia: O que sai do homem, isso é o que o contamina.

²¹ Porque de dentro, do coração dos homens, é que procedem os maus desígnios, a prostituição, os furtos, os homicídios, os adultérios,

²² a avareza, as malícias, o dolo, a lascívia, a inveja, a blasfêmia, a soberba, a loucura.

²³ Ora, todos estes males vêm de dentro e contaminam o homem.

A mulher siro-fenícia
Mt 15.21-28

²⁴ Levantando-se, partiu dali para as terras de Tiro [e Sidom]. Tendo entrado numa casa, queria que ninguém o soubesse; no entanto, não pôde ocultar-se,

²⁵ porque uma mulher, cuja filhinha estava possessa de espírito imundo, tendo ouvido a respeito dele, veio e prostrou-se-lhe aos pés.

²⁶ Esta mulher era grega, de origem siro-fenícia, e rogava-lhe que expelisse de sua filha o demônio.

²⁷ Mas Jesus lhe disse: Deixa primeiro que se fartem os filhos, porque não é bom tomar o pão dos filhos e lançá-lo aos cachorrinhos.

²⁸ Ela, porém, lhe respondeu: Sim, Senhor; mas os cachorrinhos, debaixo da mesa, comem das migalhas das crianças.

²⁹ Então, lhe disse: Por causa desta palavra, podes ir; o demônio já saiu de tua filha.

³⁰ Voltando ela para casa, achou a menina sobre a cama, pois o demônio a deixara.

A cura de um surdo e gago

³¹ De novo, se retirou das terras de Tiro e foi por Sidom até ao mar da Galiléia, através do território de Decápolis.

³² Então, lhe trouxeram um surdo e gago e lhe suplicaram que impusesse as mãos sobre ele.

³³ Jesus, tirando-o da multidão, à parte, pôs-lhe os dedos nos ouvidos e lhe tocou a língua com saliva;

³⁴ depois, erguendo os olhos ao céu, suspirou e disse: Efatá, que quer dizer: Abre-te!

7.6,7 Is 29.13.   7.10 Êx 20.12; Dt 5.16; Êx 21.17; Lv 20.9.

35 Abriram-se-lhe os ouvidos, e logo se lhe soltou o empecilho da língua, e falava desembaraçadamente.

36 Mas lhes ordenou que a ninguém o dissessem; contudo, quanto mais recomendava, tanto mais eles o divulgavam.

37 Maravilhavam-se sobremaneira, dizendo: Tudo ele tem feito esplendidamente bem; não somente faz ouvir os surdos, como falar os mudos.

A segunda multiplicação de pães e peixes
Mt 15.32-39

8 Naqueles dias, quando outra vez se reuniu grande multidão, e não tendo eles o que comer, chamou Jesus os discípulos e lhes disse:

2 Tenho compaixão desta gente, porque há três dias que permanecem comigo e não têm o que comer.

3 Se eu os despedir para suas casas, em jejum, desfalecerão pelo caminho; e alguns deles vieram de longe.

4 Mas os seus discípulos lhe responderam: Donde poderá alguém fartá-los de pão neste deserto?

5 E Jesus lhes perguntou: Quantos pães tendes? Responderam eles: Sete.

6 Ordenou ao povo que se assentasse no chão. E, tomando os sete pães, partiu-os, após ter dado graças, e os deu a seus discípulos, para que estes os distribuíssem, repartindo entre o povo.

7 Tinham também alguns peixinhos; e, abençoando-os, mandou que estes igualmente fossem distribuídos.

8 Comeram e se fartaram; e dos pedaços restantes recolheram sete cestos.

9 Eram cerca de quatro mil homens. Então, Jesus os despediu.

10 Logo a seguir, tendo embarcado juntamente com seus discípulos, partiu para as regiões de Dalmanuta.

Os fariseus pedem um sinal do céu
Mt 16.1-4

11 E, saindo os fariseus, puseram-se a discutir com ele; e, tentando-o, pediram-lhe um sinal do céu.

12 Jesus, porém, arrancou do íntimo do seu espírito um gemido e disse: Por que pede esta geração um sinal? Em verdade vos digo que a esta geração não se lhe dará sinal algum.

13 E, deixando-os, tornou a embarcar e foi para o outro lado.

O fermento dos fariseus e o de Herodes
Mt 16.5-12

14 Ora, aconteceu que eles se esqueceram de levar pães e, no barco, não tinham consigo senão um só.

15 Preveniu-os Jesus, dizendo: Vede, guardai-vos do fermento dos fariseus e do fermento de Herodes.

16 E eles discorriam entre si: É que não temos pão.

17 Jesus, percebendo-o, lhes perguntou: Por que discorreis sobre o não terdes pão? Ainda não considerastes, nem compreendestes? Tendes o coração endurecido?

18 Tendo olhos, não vedes? E, tendo ouvidos, não ouvis? Não vos lembrais

19 de quando parti os cinco pães para os cinco mil, quantos cestos cheios de pedaços recolhestes? Responderam eles: Doze!

20 E de quando parti os sete pães para os quatro mil, quantos cestos cheios de pedaços recolhestes? Responderam: Sete!

21 Ao que lhes disse Jesus: Não compreendeis ainda?

A cura de um cego em Betsaida

22 Então, chegaram a Betsaida; e lhe trouxeram um cego, rogando-lhe que o tocasse.

23 Jesus, tomando o cego pela mão, levou-o para fora da aldeia e, aplicando-lhe saliva aos olhos e impondo-lhe as mãos, perguntou-lhe: Vês alguma cousa?

24 Este, recobrando a vista, respondeu: Vejo os homens, porque como árvores os vejo, andando.

25 Então, novamente lhe pôs as mãos nos olhos, e ele, passando a ver claramente, ficou restabelecido; e tudo distinguia de modo perfeito.

26 E mandou-o Jesus embora para casa, recomendando-lhe: Não entres na aldeia.

A confissão de Pedro
Mt 16.13-20; Lc 9.18-21

27 Então, Jesus e os seus discípulos partiram para as aldeias de Cesaréia de Filipe; e, no caminho, perguntou-lhes: Quem dizem os homens que sou eu?

28 E responderam: João Batista; outros: Elias; mas outros: Algum dos profetas.

8.11-13 Mt 12.38-42; Lc 11.29-32.   8.15 Lc 12.1.   8.18 Is 6.9,10.   8.28 Mc 6.14,15; Lc 9.7,8.

²⁹ Então, lhes perguntou: Mas vós, quem dizeis que eu sou? Respondendo, Pedro lhe disse: Tu és o Cristo.

³⁰ Advertiu-os Jesus de que a ninguém dissessem tal cousa a seu respeito.

Jesus prediz a sua morte e ressurreição
Mt 16.21-23; Lc 9.22

³¹ Então, começou ele a ensinar-lhes que era necessário que o Filho do homem sofresse muitas cousas, fosse rejeitado pelos anciãos, pelos principais sacerdotes e pelos escribas, fosse morto e que, depois de três dias, ressuscitasse.

³² E isto ele expunha claramente. Mas Pedro, chamando-o à parte, começou a reprová-lo.

³³ Jesus, porém, voltou-se e, fitando os seus discípulos, repreendeu a Pedro e disse: Arreda, Satanás! Porque não cogitas das cousas de Deus, e sim das dos homens.

O discípulo de Jesus deve levar a sua cruz
Mt 16.24-28; Lc 9.23-27

³⁴ Então, convocando a multidão e juntamente os seus discípulos, disse-lhes: Se alguém quer vir após mim, a si mesmo se negue, tome a sua cruz e siga-me.

³⁵ Quem quiser, pois, salvar a sua vida perdê-la-á; e quem perder a vida por causa de mim e do evangelho salvá-la-á.

³⁶ Que aproveita ao homem ganhar o mundo inteiro e perder a sua alma?

³⁷ Que daria um homem em troca de sua alma?

³⁸ Porque qualquer que, nesta geração adúltera e pecadora, se envergonhar de mim e das minhas palavras, também o Filho do homem se envergonhará dele, quando vier na glória de seu Pai com os santos anjos.

9 Dizia-lhes ainda: Em verdade vos afirmo que, dos que aqui se encontram, alguns há que, de maneira nenhuma, passarão pela morte até que vejam ter chegado com poder o reino de Deus.

A transfiguração
Mt 17.1-8; Lc 9.28-36

² Seis dias depois, tomou Jesus consigo a Pedro, Tiago e João e levou-os sós, à parte, a um alto monte. Foi transfigurado diante deles;

³ as suas vestes tornaram-se resplandecentes e sobremodo brancas, como nenhum lavandeiro na terra as poderia alvejar.

⁴ Apareceu-lhes Elias com Moisés, e estavam falando com Jesus.

⁵ Então, Pedro, tomando a palavra, disse: Mestre, bom é estarmos aqui e que façamos três tendas: uma será tua, outra, para Moisés, e outra, para Elias.

⁶ Pois não sabia o que dizer, por estarem eles aterrados.

⁷ A seguir, veio uma nuvem que os envolveu; e dela uma voz dizia: Este é o meu Filho amado; a ele ouvi.

⁸ E, de relance, olhando ao redor, a ninguém mais viram com eles, senão Jesus.

A vinda de Elias
Mt 17.9-13

⁹ Ao descerem do monte, ordenou-lhes Jesus que não divulgassem as cousas que tinham visto, até ao dia em que o Filho do homem ressuscitasse dentre os mortos.

¹⁰ Eles guardaram a recomendação, perguntando uns aos outros que seria o ressuscitar dentre os mortos.

¹¹ E interrogaram-no, dizendo: Por que dizem os escribas ser necessário que Elias venha primeiro?

¹² Então, ele lhes disse: Elias, vindo primeiro, restaurará todas as cousas; como, pois, está escrito sobre o Filho do homem que sofrerá muito e será aviltado?

¹³ Eu, porém, vos digo que Elias já veio, e fizeram com ele tudo o que quiseram, como a seu respeito está escrito.

A cura de um jovem possesso
Mt 17.14-21; Lc 9.37-43

¹⁴ Quando eles se aproximaram dos discípulos, viram numerosa multidão ao redor e que os escribas discutiam com eles.

¹⁵ E logo toda a multidão, ao ver Jesus, tomada de surpresa, correu para ele e o saudava.

¹⁶ Então, ele interpelou os escribas: Que é que discutíeis com eles?

¹⁷ E um, dentre a multidão, respondeu: Mestre, trouxe-te o meu filho, possesso de um espírito mudo;

¹⁸ e este, onde quer que o apanha, lança-o por terra, e ele espuma, rilha os dentes e vai definhando. Roguei a teus discípulos que o expelissem, e eles não puderam.

8.29 Jo 6.68,69.   8.34 Mt 10.38; Lc 14.27.   8.35 Mt 10.39; Lc 17.33; Jo 12.25.   9.2-8 2Pe 1.17,18.   9.7 Mt 3.17; Mc 1.11; Lc 3.22.   9.11-13 Ml 4.5; Mt 11.14.

¹⁹ Então, Jesus lhes disse: Ó geração incrédula, até quando estarei convosco? Até quando vos sofrerei? Trazei-mo.

²⁰ E trouxeram-lho; quando ele viu a Jesus, o espírito imediatamente o agitou com violência, e, caindo ele por terra, revolvia-se espumando.

²¹ Perguntou Jesus ao pai do menino: Há quanto tempo isto lhe sucede? Desde a infância, respondeu;

²² e muitas vezes o tem lançado no fogo e na água, para o matar; mas, se tu podes alguma cousa, tem compaixão de nós e ajuda-nos.

²³ Ao que lhe respondeu Jesus: Se podes! Tudo é possível ao que crê.

²⁴ E imediatamente o pai do menino exclamou [com lágrimas]: Eu creio! Ajuda-me na minha falta de fé!

²⁵ Vendo Jesus que a multidão concorria, repreendeu o espírito imundo, dizendo-lhe: Espírito mudo e surdo, eu te ordeno: Sai deste jovem e nunca mais tornes a ele.

²⁶ E ele, clamando e agitando-o muito, saiu, deixando-o como se estivesse morto, a ponto de muitos dizerem: Morreu.

²⁷ Mas Jesus, tomando-o pela mão, o ergueu, e ele se levantou.

²⁸ Quando entrou em casa, os seus discípulos lhe perguntaram em particular: Por que não pudemos nós expulsá-lo?

²⁹ Respondeu-lhes: Esta casta não pode sair senão por meio de oração [e jejum].

De novo Jesus prediz a sua morte e ressurreição
Mt 17.22,23; Lc 9.43b-45

³⁰ E, tendo partido dali, passavam pela Galiléia, e não queria que ninguém o soubesse;

³¹ porque ensinava os seus discípulos e lhes dizia: O Filho do homem será entregue nas mãos dos homens, e o matarão; mas, três dias depois da sua morte, ressuscitará.

³² Eles, contudo, não compreendiam isto e temiam interrogá-lo.

O maior no reino dos céus
Mt 18.1-5; Lc 9.46-48

³³ Tendo eles partido para Cafarnaum, estando ele em casa, interrogou os discípulos: De que é que discorríeis pelo caminho?

³⁴ Mas eles guardaram silêncio; porque,

pelo caminho, haviam discutido entre si sobre qual era o maior.

³⁵ E ele, assentando-se, chamou os doze e lhes disse: Se alguém quer ser o primeiro, será o último e servo de todos.

³⁶ Trazendo uma criança, colocou-a no meio deles e, tomando-a nos braços, disse-lhes:

³⁷ Qualquer que receber uma criança, tal como esta, em meu nome, a mim me recebe; e qualquer que a mim me receber não recebe a mim, mas ao que me enviou.

Jesus ensina a tolerância e a caridade
Lc 9.49,50

³⁸ Disse-lhe João: Mestre, vimos um homem que, em teu nome, expelia demônios, o qual não nos segue; e nós lho proibimos, porque não seguia conosco.

³⁹ Mas Jesus respondeu: Não lho proibais; porque ninguém há que faça milagre em meu nome e, logo a seguir, possa falar mal de mim.

⁴⁰ Pois quem não é contra nós é por nós.

⁴¹ Porquanto, aquele que vos der de beber um copo de água, em meu nome, porque sois de Cristo, em verdade vos digo que de modo algum perderá o seu galardão.

Os tropeços
Mt 18.6-9; Lc 17.1,2

⁴² E quem fizer tropeçar a um destes pequeninos crentes, melhor lhe fora que se lhe pendurasse ao pescoço uma grande pedra de moinho, e fosse lançado no mar.

⁴³ E, se tua mão te faz tropeçar, corta-a; pois é melhor entrares maneta na vida do que, tendo as duas mãos, ires para o inferno, para o fogo inextinguível

⁴⁴ [onde não lhes morre o verme, nem o fogo se apaga].

⁴⁵ E, se teu pé te faz tropeçar, corta-o; é melhor entrares na vida aleijado do que, tendo os dois pés, seres lançado no inferno

⁴⁶ [onde não lhes morre o verme, nem o fogo se apaga].

⁴⁷ E, se um dos teus olhos te faz tropeçar, arranca-o; é melhor entrares no reino de Deus com um só dos teus olhos do que, tendo os dois, seres lançado no inferno,

⁴⁸ onde não lhes morre o verme, nem o fogo se apaga.

9.34 Lc 22.24.   9.35 Mt 20.26,27; 23.11; Mc 10.43,44; Lc 22.26.   9.37 Mt 10.40; Lc 10.16; Jo 13.20.
9.40 Mt 12.30; Lc 11.23.   9.41 Mt 10.42.   9.43-48 Mt 5.30.   9.44 Is 66.24.   9.47 Mt 5.29.

Os discípulos, o sal da terra
Mt 5.13; Lc 14.34,35

49 Porque cada um será salgado com fogo.

50 Bom é o sal; mas, se o sal vier a tornar-se insípido, como lhe restaurar o sabor? Tende sal em vós mesmos e paz uns com os outros.

Jesus atravessa o Jordão
Mt 19.1,2

10 Levantando-se Jesus, foi dali para o território da Judéia, além do Jordão. E outra vez as multidões se reuniram junto a ele, e, de novo, ele as ensinava, segundo o seu costume.

A questão do divórcio
Mt 19.3-9; Lc 16.18

2 E, aproximando-se alguns fariseus, o experimentaram, perguntaram-lhe: É lícito ao marido repudiar sua mulher?

3 Ele lhes respondeu: Que vos ordenou Moisés?

4 Tornaram eles: Moisés permitiu lavrar carta de divórcio e repudiar.

5 Mas Jesus lhes disse: Por causa da dureza do vosso coração, ele vos deixou escrito esse mandamento;

6 porém, desde o princípio da criação, Deus os fez homem e mulher.

7 Por isso, deixará o homem a seu pai e mãe [e unir-se-á a sua mulher],

8 e, com sua mulher, serão os dois uma só carne. De modo que já não são dois, mas uma só carne.

9 Portanto, o que Deus ajuntou não o separe o homem.

10 Em casa, voltaram os discípulos a interrogá-lo sobre este assunto.

11 E ele lhes disse: Quem repudiar sua mulher e casar com outra comete adultério contra aquela.

12 E, se ela repudiar seu marido e casar com outro, comete adultério.

Jesus abençoa as crianças
Mt 19.13-15; Lc 18.15-17

13 Então, lhe trouxeram algumas crianças para que as tocasse, mas os discípulos os repreendiam.

14 Jesus, porém, vendo isto, indignou-se e disse-lhes: Deixai vir a mim os pequeninos, não os embaraceis, porque dos tais é o reino de Deus.

15 Em verdade vos digo: Quem não receber o reino de Deus como uma criança de maneira nenhuma entrará nele.

16 Então, tomando-as nos braços e impondo-lhes as mãos, as abençoava.

O jovem rico
Mt 19.16-22; Lc 18.18-23

17 E, pondo-se Jesus a caminho, correu um homem ao seu encontro e, ajoelhando-se, perguntou-lhe: Bom Mestre, que farei para herdar a vida eterna?

18 Respondeu-lhe Jesus: Por que me chamas bom? Ninguém é bom senão um, que é Deus.

19 Sabes os mandamentos: Não matarás, não adulterarás, não furtarás, não dirás falso testemunho, não defraudarás ninguém, honra a teu pai e a tua mãe.

20 Então, ele respondeu: Mestre, tudo isso tenho observado desde a minha juventude.

21 E Jesus, fitando-o, o amou e disse: Só uma cousa te falta: Vai, vende tudo o que tens, dá-o aos pobres e terás um tesouro no céu; então, vem e segue-me.

22 Ele, porém, contrariado com esta palavra, retirou-se triste, porque era dono de muitas propriedades.

O perigo das riquezas
Mt 19.23-30; Lc 18.24-30

23 Então, Jesus, olhando ao redor, disse aos seus discípulos: Quão dificilmente entrarão no reino de Deus os que têm riquezas!

24 Os discípulos estranharam estas palavras; mas Jesus insistiu em dizer-lhes: Filhos, quão difícil é [para os que confiam nas riquezas] entrar no reino de Deus!

25 É mais fácil passar um camelo pelo fundo de uma agulha do que entrar um rico no reino de Deus.

26 Eles ficaram sobremodo maravilhados, dizendo entre si: Então, quem pode ser salvo?

27 Jesus, porém, fitando neles o olhar, disse: Para os homens é impossível; contudo, não para Deus, porque para Deus tudo é possível.

9.50 Mt 5.13; Lc 14.34,35.   10.4 Dt 24.1-4; Mt 5.31.   10.6 Gn 1.27; 5.2.   10.7,8 Gn 2.24.
10.11,12 Mt 5.32; 1Co 7.10,11.   10.15 Mt 18.3.   10.19 Êx 20.13; Dt 5.17; Êx 20.14; Dt 5.18; Êx 20.15;
Dt 5.19; Êx 20.16; Dt 5.20; Êx 20.12; Dt 5.16.

28 Então, Pedro começou a dizer-lhe: Eis que nós tudo deixamos e te seguimos.
29 Tornou Jesus: Em verdade vos digo que ninguém há que tenha deixado casa, ou irmãos, ou irmãs, ou mãe, ou pai, ou filhos, ou campos por amor de mim e por amor do evangelho,
30 que não receba, já no presente, o cêntuplo de casas, irmãos, irmãs, mães, filhos e campos, com perseguições; e, no mundo por vir, a vida eterna.
31 Porém muitos primeiros serão últimos; e os últimos, primeiros.

Jesus ainda outra vez prediz sua morte e ressurreição
Mt 20.17-19; Lc 18.31-33

32 Estavam de caminho, subindo para Jerusalém, e Jesus ia adiante dos seus discípulos. Estes se admiravam e o seguiam tomados de apreensões. E Jesus, tornando a levar à parte os doze, passou a revelar-lhes as cousas que lhe deviam sobrevir, dizendo:
33 Eis que subimos para Jerusalém, e o Filho do homem será entregue aos principais sacerdotes e aos escribas; condená-lo-ão à morte e o entregarão aos gentios;
34 hão de escarnecê-lo, cuspir nele, açoitá-lo e matá-lo; mas, depois de três dias, ressuscitará.

O pedido de Tiago e João
Mt 20.20-28

35 Então, se aproximaram dele Tiago e João, filhos de Zebedeu, dizendo-lhe: Mestre, queremos que nos concedas o que te vamos pedir.
36 E ele lhes perguntou: Que quereis que vos faça?
37 Responderam-lhe: Permite-nos que, na tua glória, nos assentemos um à tua direita e o outro à tua esquerda.
38 Mas Jesus lhes disse: Não sabeis o que pedis. Podeis vós beber o cálice que eu bebo ou receber o batismo com que eu sou batizado?
39 Disseram-lhe: Podemos. Tornou-lhes Jesus: Bebereis o cálice que eu bebo e recebereis o batismo com que eu sou batizado;
40 quanto, porém, ao assentar-se à minha direita ou à minha esquerda, não me compete concedê-lo; porque é para aqueles a quem está preparado.
41 Ouvindo isto, indignaram-se os dez contra Tiago e João.

42 Mas Jesus, chamando-os para junto de si, disse-lhes: Sabeis que os que são considerados governadores dos povos têm-nos sob seu domínio, e sobre eles os seus maiorais exercem autoridade.
43 Mas entre vós não é assim; pelo contrário, quem quiser tornar-se grande entre vós, será esse o que vos sirva;
44 e quem quiser ser o primeiro entre vós será servo de todos.
45 Pois o próprio Filho do homem não veio para ser servido, mas para servir e dar a sua vida em resgate por muitos.

A cura do cego de Jericó
Mt 20.29-34; Lc 18.35-43

46 E foram para Jericó. Quando ele saía de Jericó, juntamente com os discípulos e numerosa multidão, Bartimeu, cego mendigo, filho de Timeu, estava assentado à beira do caminho.
47 E, ouvindo que era Jesus, o Nazareno, pôs-se a clamar: Jesus, Filho de Davi, tem compaixão de mim!
48 E muitos o repreendiam, para que se calasse; mas ele cada vez gritava mais: Filho de Davi, tem misericórdia de mim!
49 Parou Jesus e disse: Chamai-o. Chamaram, então, o cego, dizendo-lhe: Tem bom ânimo; levanta-te, ele te chama.
50 Lançando de si a capa, levantou-se de um salto e foi ter com Jesus.
51 Perguntou-lhe Jesus: Que queres que eu te faça? Respondeu o cego: Mestre, que eu torne a ver.
52 Então, Jesus lhe disse: Vai, a tua fé te salvou. E, imediatamente, tornou a ver e seguia a Jesus estrada fora.

A entrada triunfal de Jesus em Jerusalém
Mt 21.1-17; Lc 19.28-40; Jo 12.12-19

11 Quando se aproximavam de Jerusalém, de Betfagé e Betânia, junto ao monte das Oliveiras, enviou Jesus dois dos seus discípulos
2 e disse-lhes: Ide à aldeia que aí está diante de vós e, logo ao entrar, achareis preso um jumentinho, o qual ainda ninguém montou; desprendei-o e trazei-o.
3 Se alguém vos perguntar: Por que fazeis isso? Respondei: O Senhor precisa dele e logo o mandará de volta para aqui.
4 Então, foram e acharam o jumentinho

10.31 Mt 20.16; Lc 13.30.   **10.38,39** Lc 12.50.   **10.41-45** Lc 22.24-27.   **10.43,44** Mt 23.11; Mc 9.35.

preso, junto ao portão, do lado de fora, na rua, e o desprenderam.

⁵ Alguns dos que ali estavam reclamaram: Que fazeis, soltando o jumentinho?

⁶ Eles, porém, responderam conforme as instruções de Jesus; então, os deixaram ir.

⁷ Levaram o jumentinho, sobre o qual puseram as suas vestes, e Jesus o montou.

⁸ E muitos estendiam as suas vestes no caminho, e outros, ramos que haviam cortado dos campos.

⁹ Tanto os que iam adiante dele como os que vinham depois clamavam: Hosana! Bendito o que vem em nome do Senhor!

¹⁰ Bendito o reino que vem, o reino de Davi, nosso pai! Hosana, nas maiores alturas!

¹¹ E, quando entrou em Jerusalém, no templo, tendo observado tudo, como fosse já tarde, saiu para Betânia com os doze.

A figueira sem fruto
Mt 21.18-22

¹² No dia seguinte, quando saíram de Betânia, teve fome.

¹³ E, vendo de longe uma figueira com folhas, foi ver se nela, porventura, acharia alguma cousa. Aproximando-se dela, nada achou, senão folhas; porque não era tempo de figos.

¹⁴ Então, lhe disse Jesus: Nunca jamais coma alguém fruto de ti! E seus discípulos ouviram isto.

A purificação do templo
Mt 21.12-17; Lc 19.45-48

¹⁵ E foram para Jerusalém. Entrando ele no templo, passou a expulsar os que ali vendiam e compravam; derribou as mesas dos cambistas e as cadeiras dos que vendiam pombas.

¹⁶ Não permitia que alguém conduzisse qualquer utensílio pelo templo;

¹⁷ também os ensinava e dizia: Não está escrito:

A minha casa será chamada casa de oração para todas as nações? Vós, porém, a tendes transformado em covil de salteadores.

¹⁸ E os principais sacerdotes e escribas ouviram estas cousas e procuravam um modo de lhe tirar a vida; pois o temiam, porque toda a multidão se maravilhava de sua doutrina.

¹⁹ Em vindo a tarde, saíram da cidade.

O poder da fé

²⁰ E, passando eles pela manhã, viram que a figueira secara desde a raiz.

²¹ Então, Pedro, lembrando-se, falou: Mestre, eis que a figueira que amaldiçoaste secou.

²² Ao que Jesus lhes disse: Tende fé em Deus;

²³ porque em verdade vos afirmo que, se alguém disser a este monte: Ergue-te e lança-te no mar, e não duvidar no seu coração, mas crer que se fará o que diz, assim será com ele.

²⁴ Por isso, vos digo que tudo quanto em oração pedirdes, crede que recebestes, e será assim convosco.

²⁵ E, quando estiverdes orando, se tendes alguma cousa contra alguém, perdoai, para que vosso Pai celestial vos perdoe as vossas ofensas.

²⁶ [Mas, se não perdoardes, também vosso Pai celestial não vos perdoará as vossas ofensas.]

A autoridade de Jesus e o batismo de João
Mt 21.23-27; Lc 20.1-8

²⁷ Então, regressaram para Jerusalém. E, andando ele pelo templo, vieram ao seu encontro os principais sacerdotes, os escribas e os anciãos

²⁸ e lhe perguntaram: Com que autoridade fazes estas cousas? Ou quem te deu tal autoridade para as fazeres?

²⁹ Jesus lhes respondeu: Eu vos farei uma pergunta; respondei-me, e eu vos direi com que autoridade faço estas cousas.

³⁰ O batismo de João era do céu ou dos homens? Respondei-me!

³¹ E eles discorriam entre si: Se dissermos: do céu, dirá: Então, por que não acreditastes nele?

³² Se, porém, dissermos: dos homens, é de temer o povo. Porque todos consideravam a João como profeta.

³³ Então, responderam a Jesus: Não sabemos. E Jesus, por sua vez, lhes disse: Nem eu tampouco vos digo com que autoridade faço estas cousas.

A parábola dos lavradores maus
Mt 21.33-46; Lc 20.9-19

12 Depois, entrou Jesus a falar-lhes por parábola: Um homem plantou

---

11.9 Sl 118.25,26.　11.17 Is 56.7; Jr 7.11.　11.23 Mt 17.20; 1Co 13.2.　11.25,26 Mt 6.14,15.　12.1 Is 5.1,2.

uma vinha, cercou-a de uma sebe, construiu um lagar, edificou uma torre, arrendou-a a uns lavradores e ausentou-se do país.

2 No tempo da colheita, enviou um servo aos lavradores para que recebesse deles dos frutos da vinha;

3 eles, porém, o agarraram, espancaram e o despacharam vazio.

4 De novo, lhes enviou outro servo, e eles o esbordoaram na cabeça e o insultaram.

5 Ainda outro lhes mandou, e a este mataram. Muitos outros lhes enviou, dos quais espancaram uns e mataram outros.

6 Restava-lhe ainda um, seu filho amado; a este lhes enviou, por fim, dizendo: Respeitarão a meu filho.

7 Mas os tais lavradores disseram entre si: Este é o herdeiro; ora, vamos, matemo-lo, e a herança será nossa.

8 E, agarrando-o, mataram-no e o atiraram para fora da vinha.

9 Que fará, pois, o dono da vinha? Virá, exterminará aqueles lavradores e passará a vinha a outros.

10 Ainda não lestes esta Escritura:
A pedra que os construtores rejeitaram, essa veio a ser a principal pedra, angular;

11 isto procede do Senhor, e é maravilhoso aos nossos olhos?

12 E procuravam prendê-lo, mas temiam o povo; porque compreenderam que contra eles proferira esta parábola. Então, desistindo, retiraram-se.

A questão do tributo
Mt 22.15-22; Lc 20.20-26

13 E enviaram-lhe alguns dos fariseus e dos herodianos, para que o apanhassem em alguma palavra.

14 Chegando, disseram-lhe: Mestre, sabemos que és verdadeiro e não te importas com quem quer que seja, porque não olhas a aparência dos homens; antes, segundo a verdade, ensinas o caminho de Deus; é lícito pagar tributo a César ou não? Devemos ou não devemos pagar?

15 Mas Jesus, percebendo-lhes a hipocrisia, respondeu: Por que me experimentais? Trazei-me um denário para que eu o veja.

16 E eles lho trouxeram. Perguntou-lhes:

De quem é esta efígie e inscrição? Responderam: De César.

17 Disse-lhes, então, Jesus: Dai a César o que é de César e a Deus o que é de Deus. E muito se admiraram dele.

Os saduceus e a ressurreição
Mt 22.23-32; Lc 20.27-38

18 Então, os saduceus, que dizem não haver ressurreição, aproximaram-se dele e lhe perguntaram, dizendo:

19 Mestre, Moisés nos deixou escrito que, se morrer o irmão de alguém e deixar mulher sem filhos, seu irmão a tome como esposa e suscite descendência a seu irmão.

20 Ora, havia sete irmãos; o primeiro casou e morreu sem deixar descendência;

21 o segundo desposou a viúva e morreu, também sem deixar descendência; e o terceiro, da mesma forma.

22 E, assim, os sete não deixaram descendência. Por fim, depois de todos, morreu também a mulher.

23 Na ressurreição, quando eles ressuscitarem, de qual deles será ela esposa? Porque os sete a desposaram.

24 Respondeu-lhes Jesus: Não provém o vosso erro de não conhecerdes as Escrituras, nem o poder de Deus?

25 Pois, quando ressuscitarem de entre os mortos, nem casarão, nem se darão em casamento; porém são como os anjos nos céus.

26 Quanto à ressurreição dos mortos, não tendes lido no livro de Moisés, no trecho referente à sarça, como Deus lhe falou:
Eu sou o Deus de Abraão, o Deus de Isaque e o Deus de Jacó?

27 Ora, ele não é Deus de mortos, e sim de vivos. Laborais em grande erro.

O grande mandamento
Mt 22.34-40; Lc 10.25-28

28 Chegando um dos escribas, tendo ouvido a discussão entre eles, vendo como Jesus lhes houvera respondido bem, perguntou-lhe: Qual é o principal de todos os mandamentos?

29 Respondeu Jesus: O principal é:
Ouve, ó Israel, o Senhor, nosso Deus, é o único Senhor!

30 Amarás, pois, o Senhor, teu Deus, de todo o teu coração, de toda a tua alma, de todo o teu entendimento e de toda a tua força.

12.10,11 Sl 118.22,23. 12.18 At 23.8. 12.19 Dt 25.5. 12.26 Êx 3.6. 12.28-34 Lc 10.25-28. 12.29,30 Dt 6.4,5.

³¹ O segundo é:
Amarás o teu próximo como a ti
mesmo.
Não há outro mandamento maior do que
estes.
³² Disse-lhe o escriba: Muito bem, Mestre, e com verdade disseste que ele é o único, e não há outro senão ele;
³³ e que amar a Deus de todo o coração, de todo o entendimento e de toda a força, e amar ao próximo como a si mesmo excede a todos os holocaustos e sacrifícios.
³⁴ Vendo Jesus que ele havia respondido sabiamente, declarou-lhe: Não estás longe do reino de Deus. E já ninguém mais ousava interrogá-lo.

O Cristo, Filho de Davi
Mt 22.41-46; Lc 20.41-44

³⁵ Jesus, ensinando no templo, perguntou: Como dizem os escribas que o Cristo é filho de Davi?
³⁶ O próprio Davi falou, pelo Espírito Santo:
Disse o Senhor ao meu Senhor: Assenta-te à minha direita, até que eu ponha os teus inimigos debaixo dos teus pés.
³⁷ O mesmo Davi chama-lhe Senhor; como, pois, é ele seu filho? E a grande multidão o ouvia com prazer.

Jesus censura os escribas
Mt 23.1-7,14; Lc 20.45-47

³⁸ E, ao ensinar, dizia ele: Guardai-vos dos escribas, que gostam de andar com vestes talares e das saudações nas praças;
³⁹ e das primeiras cadeiras nas sinagogas e dos primeiros lugares nos banquetes;
⁴⁰ os quais devoram as casas das viúvas e, para o justificar, fazem longas orações; estes sofrerão juízo muito mais severo.

A oferta da viúva pobre
Lc 21.1-4

⁴¹ Assentado diante do gazofilácio, observava Jesus como o povo lançava ali o dinheiro. Ora, muitos ricos depositavam grandes quantias.
⁴² Vindo, porém, uma viúva pobre, depositou duas pequenas moedas correspondentes a um quadrante.
⁴³ E, chamando os seus discípulos, disse-lhes: Em verdade vos digo que esta viúva pobre depositou no gazofilácio mais do que o fizeram todos os ofertantes.
⁴⁴ Porque todos eles ofertaram do que lhes sobrava; ela, porém, da sua pobreza deu tudo quanto possuía, todo o seu sustento.

O sermão profético.
A destruição do templo
Mt 24.1,2; Lc 21.5-9

13 Ao sair Jesus do templo, disse-lhe um de seus discípulos: Mestre! Que pedras, que construções!
² Mas Jesus lhe disse: Vês estas grandes construções? Não ficará pedra sobre pedra, que não seja derribada.

O princípio das dores
Mt 24.3-14; Lc 21.7-19

³ No monte das Oliveiras, defronte do templo, achava-se Jesus assentado, quando Pedro, Tiago, João e André lhe perguntaram em particular:
⁴ Dize-nos quando sucederão estas cousas, e que sinal haverá quando todas elas estiverem para cumprir-se.
⁵ Então, Jesus passou a dizer-lhes: Vede que ninguém vos engane.
⁶ Muitos virão em meu nome, dizendo: Sou eu; e enganarão a muitos.
⁷ Quando, porém, ouvirdes falar de guerras e rumores de guerras, não vos assusteis; é necessário assim acontecer, mas ainda não é o fim.
⁸ Porque se levantará nação contra nação, e reino, contra reino. Haverá terremotos em vários lugares e também fomes. Estas cousas são o princípio das dores.
⁹ Estai vós de sobreaviso, porque vos entregarão aos tribunais e às sinagogas; sereis açoitados, e vos farão comparecer à presença de governadores e reis, por minha causa, para lhes servir de testemunho.
¹⁰ Mas é necessário que primeiro o evangelho seja pregado a todas as nações.
¹¹ Quando, pois, vos levarem e vos entregarem, não vos preocupeis com o que haveis de dizer, mas o que vos for concedido naquela hora, isso falai; porque não sois vós os que falais, mas o Espírito Santo.
¹² Um irmão entregará à morte outro irmão, e o pai, ao filho; filhos haverá que se levantarão contra os progenitores e os matarão.
¹³ Sereis odiados de todos por causa do

12.31 Lv 19.18.   12.32 Dt 4.35.   12.33 Os 6.6.   12.36 Sl 110.1.

meu nome; aquele, porém, que perseverar até ao fim, esse será salvo.

A grande tribulação
Mt 24.15-28; Lc 21.20-24

14 Quando, pois, virdes o abominável da desolação situado onde não deve estar (quem lê entenda), então, os que estiverem na Judéia fujam para os montes;

15 quem estiver em cima, no eirado, não desça nem entre para tirar da sua casa alguma cousa;

16 e o que estiver no campo não volte atrás para buscar a sua capa.

17 Ai das que estiverem grávidas e das que amamentarem naqueles dias!

18 Orai para que isso não suceda no inverno.

19 Porque aqueles dias serão de tamanha tribulação como nunca houve desde o princípio do mundo, que Deus criou, até agora e nunca jamais haverá.

20 Não tivesse o Senhor abreviado aqueles dias, e ninguém se salvaria; mas, por causa dos eleitos que ele escolheu, abreviou tais dias.

21 Então, se alguém vos disser: Eis aqui o Cristo! Ou: Ei-lo ali! Não acrediteis;

22 pois surgirão falsos cristos e falsos profetas, operando sinais e prodígios, para enganar, se possível, os próprios eleitos.

23 Estai vós de sobreaviso; tudo vos tenho predito.

A vinda do Filho do homem
Mt 24.29-31; Lc 21.25-28

24 Mas, naqueles dias, após a referida tribulação, o sol escurecerá, a lua não dará a sua claridade,

25 as estrelas cairão do firmamento, e os poderes dos céus serão abalados.

26 Então, verão o Filho do homem vir nas nuvens, com grande poder e glória.

27 E ele enviará os anjos e reunirá os seus escolhidos dos quatro ventos, da extremidade da terra até à extremidade do céu.

A parábola da figueira. Exortação à vigilância
Mt 24.32-44; Lc 21.29-36

28 Aprendei, pois, a parábola da figueira: quando já os seus ramos se renovam, e as folhas brotam, sabeis que está próximo o verão.

29 Assim, também vós: quando virdes acontecer estas cousas, sabei que está próximo, às portas.

30 Em verdade vos digo que não passará esta geração sem que tudo isto aconteça.

31 Passará o céu e a terra, porém as minhas palavras não passarão.

32 Mas a respeito daquele dia ou da hora ninguém sabe; nem os anjos no céu, nem o Filho, senão o Pai.

33 Estai de sobreaviso, vigiai [e orai]; porque não sabeis quando será o tempo.

34 É como um homem que, ausentando-se do país, deixa a sua casa, dá autoridade aos seus servos, a cada um a sua obrigação, e ao porteiro ordena que vigie.

35 Vigiai, pois, porque não sabeis quando virá o dono da casa: se à tarde, se à meia-noite, se ao cantar do galo, se pela manhã;

36 para que, vindo ele inesperadamente, não vos ache dormindo.

37 O que, porém, vos digo digo a todos: vigiai!

O plano para tirar a vida de Jesus
Mt 26.1-5; Lc 22.1,2

14 Dali a dois dias, era a Páscoa e a Festa dos Pães Asmos; e os principais sacerdotes e os escribas procuravam como o prenderiam, à traição, e o matariam.

2 Pois diziam: Não durante a festa, para que não haja tumulto entre o povo.

Jesus ungido em Betânia
Mt 26.6-13; Jo 12.1-8

3 Estando ele em Betânia, reclinado à mesa, em casa de Simão, o leproso, veio uma mulher trazendo um vaso de alabastro com preciosíssimo perfume de nardo puro; e, quebrando o alabastro, derramou o bálsamo sobre a cabeça de Jesus.

4 Indignaram-se alguns entre si e diziam: Para que este desperdício de bálsamo?

5 Porque este perfume poderia ser vendido por mais de trezentos denários e dar-se aos pobres. E murmuravam contra ela.

6 Mas Jesus disse: Deixai-a; por que a molestais? Ela praticou boa ação para comigo.

7 Porque os pobres, sempre os tendes convosco e, quando quiserdes, podeis fazer-lhes bem, mas a mim nem sempre me tendes.

13.14 Dn 9.27; 11.31; 12.11.   13.19 Dn 12.1; Ap 7.14.   13.24,25 Is 13.10; Ez 32.7; Jl 2.31; Ap 6.12,13.
13.26 Dn 7.13; Ap 1.7.   13.32-37 Lc 12.35-40.   14.7 Dt 15.11.

8 Ela fez o que pôde: antecipou-se a ungir-me para a sepultura.

9 Em verdade vos digo: onde for pregado em todo o mundo o evangelho, será também contado o que ela fez, para memória sua.

O pacto da traição
Mt 26.14-16; Lc 22.3-6

10 E Judas Iscariotes, um dos doze, foi ter com os principais sacerdotes, para lhes entregar Jesus.

11 Eles, ouvindo-o, alegraram-se e lhe prometeram dinheiro; nesse meio tempo, buscava ele uma boa ocasião para o entregar.

Os discípulos preparam a Páscoa
Mt 26.17-19; Lc 22.7-13

12 E, no primeiro dia dos pães asmos, quando se fazia o sacrifício do cordeiro pascal, disseram-lhe seus discípulos: Onde queres que vamos fazer os preparativos para comeres a Páscoa?

13 Então, enviou dois dos seus discípulos, dizendo-lhes: Ide à cidade, e vos sairá ao encontro um homem trazendo um cântaro de água;

14 segui-o e dizei ao dono da casa onde ele entrar que o Mestre pergunta: Onde é o meu aposento no qual hei de comer a Páscoa com os meus discípulos?

15 E ele vos mostrará um espaçoso cenáculo mobilado e pronto; ali fazei os preparativos.

16 Saíram, pois, os discípulos, foram à cidade e, achando tudo como Jesus lhes tinha dito, prepararam a Páscoa.

O traidor é indicado
Mt 26.20-25

17 Ao cair da tarde, foi com os doze.

18 Quando estavam à mesa e comiam, disse Jesus: Em verdade vos digo que um dentre vós, o que come comigo, me trairá.

19 E eles começaram a entristecer-se e a dizer-lhe, um após outro: Porventura, sou eu?

20 Respondeu-lhes: É um dos doze, o que mete comigo a mão no prato.

21 Pois o Filho do homem vai, como está escrito a seu respeito; mas ai daquele por intermédio de quem o Filho do homem está sendo traído! Melhor lhe fora não haver nascido!

A ceia do Senhor
Mt 26.26-30; Lc 22.16-20,39

22 E, enquanto comiam, tomou Jesus um pão e, abençoando-o, o partiu e lhes deu, dizendo: Tomai, isto é o meu corpo.

23 A seguir, tomou Jesus um cálice e, tendo dado graças, o deu aos seus discípulos; e todos beberam dele.

24 Então, lhes disse: Isto é o meu sangue, o sangue da [nova] aliança, derramado em favor de muitos.

25 Em verdade vos digo que jamais beberei do fruto da videira, até àquele dia em que o hei de beber, novo, no reino de Deus.

26 Tendo cantado um hino, saíram para o monte das Oliveiras.

Pedro é avisado
Mt 26.31-35; Lc 22.31-34; Jo 13.36-38

27 Então, lhes disse Jesus: Todos vós vos escandalizareis, porque está escrito:
Ferirei o pastor, e as ovelhas ficarão dispersas.

28 Mas, depois da minha ressurreição, irei adiante de vós para a Galiléia.

29 Disse-lhe Pedro: Ainda que todos se escandalizem, eu, jamais!

30 Respondeu-lhe Jesus: Em verdade te digo que hoje, nesta noite, antes que duas vezes cante o galo, tu me negarás três vezes.

31 Mas ele insistia com mais veemência: Ainda que me seja necessário morrer contigo, de nenhum modo te negarei. Assim disseram todos.

Jesus no Getsêmani
Mt 26.36-46; Lc 22.39-46

32 Então, foram a um lugar chamado Getsêmani; ali chegados, disse Jesus a seus discípulos: Assentai-vos aqui, enquanto eu vou orar.

33 E, levando consigo a Pedro, Tiago e João, começou a sentir-se tomado de pavor e de angústia.

34 E lhes disse: A minha alma está profundamente triste até à morte; ficai aqui e vigiai.

35 E, adiantando-se um pouco, prostrou-se em terra; e orava para que, se possível, lhe fosse poupada aquela hora.

36 E dizia: Aba[b], Pai, tudo te é possível;

---

[b]**Aba**; *no original*, **Pai**

14.12 Êx 12.1-27.   **14.21** Sl 41.9.   **14.24** Êx 24.6-8; Jr 31.31-34.   **14.27** Zc 13.7.   **14.28** Mt 28.16.

passa de mim este cálice; contudo, não seja o que eu quero, e sim o que tu queres.

37 Voltando, achou-os dormindo; e disse a Pedro: Simão, tu dormes? Não pudeste vigiar nem uma hora?

38 Vigiai e orai, para que não entreis em tentação; o espírito, na verdade, está pronto, mas a carne é fraca.

39 Retirando-se de novo, orou repetindo as mesmas palavras.

40 Voltando, achou-os outra vez dormindo, porque os seus olhos estavam pesados; e não sabiam o que lhe responder.

41 E veio pela terceira vez e disse-lhes: Ainda dormis e repousais! Basta! Chegou a hora; o Filho do homem está sendo entregue nas mãos dos pecadores.

42 Levantai-vos, vamos! Eis que o traidor se aproxima.

Jesus é preso
Mt 26.47-56; Lc 22.47-53; Jo 18.1-11

43 E logo, falava ele ainda, quando chegou Judas, um dos doze, e com ele, vinda da parte dos principais sacerdotes, escribas e anciãos, uma turba com espadas e porretes.

44 Ora, o traidor tinha-lhes dado esta senha: Aquele a quem eu beijar, é esse; prendei-o e levai-o com segurança.

45 E, logo que chegou, aproximando-se, disse-lhe: Mestre^c! E o beijou.

46 Então, lhe deitaram as mãos e o prenderam.

47 Nisto, um dos circunstantes, sacando da espada, feriu o servo do sumo sacerdote e cortou-lhe a orelha.

48 Disse-lhes Jesus: Saístes com espadas e porretes para prender-me, como a um salteador?

49 Todos os dias eu estava convosco no templo, ensinando, e não me prendestes; contudo, é para que se cumpram as Escrituras.

50 Então, deixando-o, todos fugiram.

Jesus seguido por um jovem

51 Seguia-o um jovem, coberto unicamente com um lençol, e lançaram-lhe a mão.

52 Mas ele, largando o lençol, fugiu desnudo.

Jesus perante o Sinédrio
Mt 26.57-68; Lc 22.63-71

53 E levaram Jesus ao sumo sacerdote, e reuniram-se todos os principais sacerdotes, os anciãos e os escribas.

54 Pedro seguira-o de longe até ao interior do pátio do sumo sacerdote e estava assentado entre os serventuários, aquentando-se ao fogo.

55 E os principais sacerdotes e todo o Sinédrio procuravam algum testemunho contra Jesus para o condenar à morte e não achavam.

56 Pois muitos testemunhavam falsamente contra Jesus, mas os depoimentos não eram coerentes.

57 E, levantando-se alguns, testificavam falsamente, dizendo:

58 Nós o ouvimos declarar: Eu destruirei este santuário edificado por mãos humanas e, em três dias, construirei outro, não por mãos humanas.

59 Nem assim o testemunho deles era coerente.

60 Levantando-se o sumo sacerdote, no meio, perguntou a Jesus: Nada respondes ao que estes depõem contra ti?

61 Ele, porém, guardou silêncio e nada respondeu. Tornou a interrogá-lo o sumo sacerdote e lhe disse: És tu o Cristo, o Filho do Deus Bendito?

62 Jesus respondeu: Eu sou, e vereis o Filho do homem assentado à direita do Todo-poderoso e vindo com as nuvens do céu.

63 Então, o sumo sacerdote rasgou as suas vestes e disse: Que mais necessidade temos de testemunhas?

64 Ouvistes a blasfêmia; que vos parece? E todos o julgaram réu de morte.

65 Puseram-se alguns a cuspir nele, a cobrir-lhe o rosto, a dar-lhe murros e a dizer-lhe: Profetiza! E os guardas o tomaram a bofetadas.

Pedro nega a Jesus
Mt 26.69-75; Lc 22.55-62; Jo 18.15-18,25-27

66 Estando Pedro embaixo no pátio, veio uma das criadas do sumo sacerdote

67 e, vendo a Pedro, que se aquentava, fixou-o e disse: Tu também estavas com Jesus, o Nazareno.

68 Mas ele o negou, dizendo: Não o co-

---

^cMestre; *no original*, **Rabi**

14.49 Lc 19.47; 21.37.   **14.58** Jo 2.19.   **14.62** Dn 7.13.   **14.64** Lv 24.16.

nheço, nem compreendo o que dizes. E saiu para o alpendre. [E o galo cantou.]

69 E a criada, vendo-o, tornou a dizer aos circunstantes: Este é um deles.

70 Mas ele outra vez o negou. E, pouco depois, os que ali estavam disseram a Pedro: Verdadeiramente, és um deles, porque também tu és galileu.

71 Ele, porém, começou a pragucjar e a jurar: Não conheço esse homem de quem falais!

72 E logo cantou o galo pela segunda vez. Então, Pedro se lembrou da palavra que Jesus lhe dissera: Antes que duas vezes cante o galo, tu me negarás três vezes. E, caindo em si, desatou a chorar.

Jesus perante Pilatos
Mt 27.1,2,11-26; Lc 23.1-7,13-25; Jo 18.28-19.16

15 Logo pela manhã, entraram em conselho os principais sacerdotes com os anciãos, os escribas e todo o Sinédrio; e, amarrando a Jesus, levaram-no e o entregaram a Pilatos.

2 Pilatos o interrogou: És tu o rei dos judeus? Respondeu Jesus: Tu o dizes.

3 Então, os principais sacerdotes o acusavam de muitas cousas.

4 Tornou Pilatos a interrogá-lo: Nada respondes? Vê quantas acusações te fazem!

5 Jesus, porém, não respondeu palavra, a ponto de Pilatos muito se admirar.

6 Ora, por ocasião da festa, era costume soltar ao povo um dos presos, qualquer que eles pedissem.

7 Havia um, chamado Barrabás, preso com amotinadores, os quais em um tumulto haviam cometido homicídio.

8 Vindo a multidão, começou a pedir quo lhcs fizesse como de costume.

9 E Pilatos lhes respondeu, dizendo: Quereis que eu vos solte o rei dos judeus?

10 Pois ele bem percebia que por inveja os principais sacerdotes lho haviam entregado.

11 Mas estes incitaram a multidão no sentido de que lhes soltasse, de preferência, Barrabás.

12 Mas Pilatos lhes perguntou: Que farei, então, deste a quem chamais o rei dos judeus?

13 Eles, porém, clamavam: Crucifica-o!

14 Mas Pilatos lhes disse: Que mal fez ele? E eles gritavam cada vez mais: Crucifica-o!

15 Então, Pilatos, querendo contentar a multidão, soltou-lhes Barrabás; e, após mandar açoitar a Jesus, entregou-o para ser crucificado.

Jesus entregue aos soldados
Mt 27.27-31

16 Então, os soldados o levaram para dentro do palácio, que é o pretório, e reuniram todo o destacamento.

17 Vestiram-no de púrpura e, tecendo uma coroa de espinhos, lha puseram na cabeça.

18 E o saudavam, dizendo: Salve, rei dos judeus!

19 Davam-lhe na cabeça com um caniço, cuspiam nele e, pondo-se de joelhos, o adoravam.

20 Depois de o terem escarnecido, despiram-lhe a púrpura e o vestiram com as suas próprias vestes. Então, conduziram Jesus para fora, com o fim de o crucificarem.

Simão leva a cruz de Jesus
Mt 27.32; Lc 23.26

21 E obrigaram a Simão Cireneu, que passava, vindo do campo, pai de Alexandre e de Rufo, a carregar-lhe a cruz.

A crucificação
Mt 27.33-44; Lc 23.33-43; Jo 19.17-24

22 E levaram Jesus para o Gólgota, que quer dizer Lugar da Caveira.

23 Deram-lhe a beber vinho com mirra; ele, porém, não tomou.

24 Então, o crucificaram e repartiram entre si as vestes delc, lançando-lhes sorte, para ver o que levaria cada um.

25 Era a hora terceira quando o crucificaram.

26 E, por cima, estava, em epígrafe, a sua acusação: O REI DOS JUDEUS.

27 Com ele crucificaram dois ladrões, um à sua direita, e outro à sua esquerda.

28 [E cumpriu-se a Escritura que diz: Com malfeitores foi contado.]

29 Os que iam passando, blasfemavam dele, meneando a cabeça e dizendo: Ah! Tu que destróis o santuário e, em três dias, o reedificas?

30 Salva-te a ti mesmo, descendo da cruz!

31 De igual modo, os principais sacerdotes com os escribas, escarnecendo, entre si diziam: Salvou os outros, a si mesmo não pode salvar-se;

32 desça agora da cruz o Cristo, o rei de Israel, para que vejamos e creiamos.

Também os que com ele foram crucificados o insultavam.

A morte de Jesus
Mt 27.45-56; Lc 23.44-49; Jo 19.25-30

33 Chegada a hora sexta, houve trevas sobre toda a terra até a hora nona.

34 À hora nona, clamou Jesus em alta voz: Eloí, Eloí, lamá sabactâni? Que quer dizer: Deus meu, Deus meu, por que me desamparaste?

35 Alguns dos que ali estavam, ouvindo isto, diziam: Vede, chama por Elias.

36 E um deles correu a embeber uma esponja em vinagre e, pondo-a na ponta de um caniço, deu-lhe de beber, dizendo: Deixai, vejamos se Elias vem tirá-lo.

37 Mas Jesus, dando um grande brado, expirou.

38 E o véu do santuário rasgou-se em duas partes, de alto a baixo.

39 O centurião que estava em frente dele, vendo que assim expirara, disse: Verdadeiramente, este homem era o Filho de Deus.

40 Estavam também ali algumas mulheres, observando de longe; entre elas, Maria Madalena, Maria, mãe de Tiago, o menor, e de José, e Salomé;

41 as quais, quando Jesus estava na Galiléia, o acompanhavam e serviam; e, além destas, muitas outras que haviam subido com ele para Jerusalém.

O sepultamento de Jesus
Mt 27.57-61; Lc 23.50-55; Jo 19.38-42

42 Ao cair da tarde, por ser o dia da preparação, isto é, a véspera do sábado,

43 vindo José de Arimatéia, ilustre membro do Sinédrio, que também esperava o reino de Deus, dirigiu-se resolutamente a Pilatos e pediu o corpo de Jesus.

44 Mas Pilatos admirou-se de que ele já tivesse morrido. E, tendo chamado o centurião, perguntou-lhe se havia muito que morrera.

45 Após certificar-se, pela informação do comandante, cedeu o corpo a José.

46 Este, baixando o corpo da cruz, envolveu-o em um lençol que comprara e o depositou em um túmulo que tinha sido aberto numa rocha; e rolou uma pedra para a entrada do túmulo.

47 Ora, Maria Madalena e Maria, mãe de José, observaram onde ele foi posto.

A ressurreição de Jesus
Mt 28.1-8; Lc 24.1-10; Jo 20.1-10

16 Passado o sábado, Maria Madalena, Maria, mãe de Tiago, e Salomé compraram aromas para irem embalsamá-lo.

2 E, muito cedo, no primeiro dia da semana, ao despontar do sol, foram ao túmulo.

3 Diziam umas às outras: Quem nos removerá a pedra da entrada do túmulo?

4 E, olhando, viram que a pedra já estava removida; pois era muito grande.

5 Entrando no túmulo, viram um jovem assentado ao lado direito, vestido de branco, e ficaram surpreendidas e atemorizadas.

6 Ele, porém, lhes disse: Não vos atemorizeis; buscais a Jesus, o Nazareno, que foi crucificado; ele ressuscitou, não está mais aqui; vede o lugar onde o tinham posto.

7 Mas ide, dizei a seus discípulos e a Pedro que ele vai adiante de vós para a Galiléia; lá o vereis, como ele vos disse.

8 E, saindo elas, fugiram do sepulcro, porque estavam possuídas de temor e de assombro; e, de medo, nada disseram a ninguém.

Jesus aparece a Maria Madalena
Jo 20.11-18

9 Havendo ele ressuscitado de manhã cedo no primeiro dia da semana, apareceu primeiro a Maria Madalena, da qual expelira sete demônios.

10 E, partindo ela, foi anunciá-lo àqueles que, tendo sido companheiros de Jesus, se achavam tristes e choravam.

11 Estes, ouvindo que ele vivia e que fora visto por ela, não acreditaram.

Jesus aparece a dois de seus discípulos
Lc 24.13-35

12 Depois disto, manifestou-se em outra forma a dois deles que estavam de caminho para o campo.

13 E, indo, eles o anunciaram aos demais, mas também a estes dois eles não deram crédito.

15.34 Sl 22.1.   **15.36** Sl 69.21.   **15.38** Êx 26.31-33.   **15.40,41** Lc 8.2,3.   **16.7** Mt 26.32; Mc 14.28.

A ordem para a evangelização

14 Finalmente, apareceu Jesus aos onze, quando estavam à mesa, e censurou-lhes a incredulidade e dureza de coração, porque não deram crédito aos que o tinham visto já ressuscitado.

15 E disse-lhes: Ide por todo o mundo e pregai o evangelho a toda criatura.

16 Quem crer e for batizado será salvo; quem, porém, não crer será condenado.

17 Estes sinais hão de acompanhar aqueles que crêem: em meu nome, expelirão demônios; falarão novas línguas;

18 pegarão em serpentes; e, se alguma cousa mortífera beberem, não lhes fará mal; se impuserem as mãos sobre enfermos, eles ficarão curados.

A ascensão de Jesus
Lc 24.50,51; At 1.6-11

19 De fato, o Senhor Jesus, depois de lhes ter falado, foi recebido no céu e assentou-se à destra de Deus.

20 E eles, tendo partido, pregaram em toda parte, cooperando com eles o Senhor e confirmando a palavra por meio de sinais, que se seguiam.

O EVANGELHO SEGUNDO

LUCAS

Prefácio

1 Visto que muitos houve que empreenderam uma narração coordenada dos fatos que entre nós se realizaram,

2 conforme nos transmitiram os que desde o princípio foram deles testemunhas oculares e ministros da palavra,

3 igualmente a mim me pareceu bem, depois de acurada investigação de tudo desde sua origem, dar-te por escrito, excelentíssimo Teófilo, uma exposição em ordem,

4 para que tenhas plena certeza das verdades em que foste instruído.

Zacarias e Isabel

5 Nos dias de Herodes, rei da Judéia, houve um sacerdote chamado Zacarias, do turno de Abias. Sua mulher era das filhas de Arão e se chamava Isabel.

6 Ambos eram justos diante de Deus, vivendo irrepreensivelmente em todos os preceitos e mandamentos do Senhor.

7 E não tinham filhos, porque Isabel era estéril, sendo eles avançados em dias.

Predições referentes a João Batista

8 Ora, aconteceu que, exercendo ele diante de Deus o sacerdócio na ordem do seu turno, coube-lhe por sorte,

9 segundo o costume sacerdotal, entrar no santuário do Senhor para queimar o incenso;

10 e, durante esse tempo, toda a multidão do povo permanecia da parte de fora, orando.

11 E eis que lhe apareceu um anjo do Senhor, em pé, à direita do altar do incenso.

12 Vendo-o, Zacarias turbou-se, e apoderou-se dele o temor.

13 Disse-lhe, porém, o anjo: Zacarias, não temas, porque a tua oração foi ouvida; e Isabel, tua mulher, te dará à luz um filho, a quem darás o nome de João.

14 Em ti haverá prazer e alegria, e muitos se regozijarão com o seu nascimento.

15 Pois ele será grande diante do Senhor, não beberá vinho nem bebida forte, será cheio do Espírito Santo, já do ventre materno.

16 E converterá muitos dos filhos de Israel ao Senhor, seu Deus.

17 E irá adiante do Senhor no espírito e poder de Elias, para converter os corações dos pais aos filhos, converter os desobedientes à prudência dos justos e habilitar para o Senhor um povo preparado.

18 Então, perguntou Zacarias ao anjo: Como saberei isto? Pois eu sou velho, e minha mulher, avançada em dias.

19 Respondeu-lhe o anjo: Eu sou Gabriel, que assisto diante de Deus, e fui enviado para falar-te e trazer-te estas boas-novas.

16.15 At 1.8.   **1.5** 1Cr 24.10.   **1.15** Nm 6.3.   **1.17** Ml 4.5,6.   **1.19** Dn 8.16; 9.21.

²⁰ Todavia, ficarás mudo e não poderás falar até ao dia em que estas cousas venham a realizar-se; porquanto não acreditaste nas minhas palavras, as quais, a seu tempo, se cumprirão.

²¹ O povo estava esperando a Zacarias e admirava-se de que tanto se demorasse no santuário.

²² Mas, saindo ele, não lhes podia falar; então, entenderam que tivera uma visão no santuário. E expressava-se por acenos e permanecia mudo.

²³ Sucedeu que, terminados os dias de seu ministério, voltou para casa.

A felicidade de Isabel

²⁴ Passados esses dias, Isabel, sua mulher, concebeu e ocultou-se por cinco meses, dizendo:

²⁵ Assim me fez o Senhor, contemplando-me, para anular o meu opróbrio perante os homens.

Predito o nascimento de Jesus

²⁶ No sexto mês, foi o anjo Gabriel enviado, da parte de Deus, para uma cidade da Galiléia, chamada Nazaré,

²⁷ a uma virgem desposada com certo homem da casa de Davi, cujo nome era José; a virgem chamava-se Maria.

²⁸ E, entrando o anjo aonde ela estava, disse: Alegra-te, muito favorecida! O Senhor é contigo.

²⁹ Ela, porém, ao ouvir esta palavra, perturbou-se muito e pôs-se a pensar no que significaria esta saudação.

³⁰ Mas o anjo lhe disse: Maria, não temas; porque achaste graça diante de Deus.

³¹ Eis que conceberás e darás à luz um filho, a quem chamarás pelo nome de Jesus.

³² Este será grande e será chamado Filho do Altíssimo; Deus, o Senhor, lhe dará o trono de Davi, seu pai;

³³ ele reinará para sempre sobre a casa de Jacó, e o seu reinado não terá fim.

³⁴ Então, disse Maria ao anjo: Como será isto, pois não tenho relação com homem algum?

³⁵ Respondeu-lhe o anjo: Descerá sobre ti o Espírito Santo, e o poder do Altíssimo te envolverá com a sua sombra; por isso, também o ente santo que há de nascer será chamado Filho de Deus.

³⁶ E Isabel, tua parenta, igualmente concebeu um filho na sua velhice, sendo este já o sexto mês para aquela que diziam ser estéril.

³⁷ Porque para Deus não haverá impossíveis em todas as suas promessas.

³⁸ Então, disse Maria: Aqui está a serva do Senhor; que se cumpra em mim conforme a tua palavra. E o anjo se ausentou dela.

Maria visita a Isabel

³⁹ Naqueles dias, dispondo-se Maria, foi apressadamente à região montanhosa, a uma cidade de Judá,

⁴⁰ entrou na casa de Zacarias e saudou Isabel.

⁴¹ Ouvindo esta a saudação de Maria, a criança lhe estremeceu no ventre; então, Isabel ficou possuída do Espírito Santo.

⁴² E exclamou em alta voz: Bendita és tu entre as mulheres, e bendito o fruto do teu ventre.

⁴³ E de onde me provém que me venha visitar a mãe do meu Senhor?

⁴⁴ Pois, logo que me chegou aos ouvidos a voz da tua saudação, a criança estremeceu de alegria dentro em mim.

⁴⁵ Bem-aventurada a que creu, porque serão cumpridas as palavras que lhe foram ditas da parte do Senhor.

O cântico de Maria

⁴⁶ Então, disse Maria:
A minha alma engrandece ao Senhor,
⁴⁷ e o meu espírito se alegrou
em Deus, meu Salvador,
⁴⁸ porque contemplou
na humildade da sua serva.
Pois, desde agora, todas as gerações
me considerarão bem-aventurada,
⁴⁹ porque o Poderoso me fez
grandes cousas.
Santo é o seu nome.
⁵⁰ A sua misericórdia
vai de geração em geração
sobre os que o temem.
⁵¹ Agiu com o seu braço valorosamente;
dispersou os que, no coração,
alimentavam pensamentos
soberbos.
⁵² Derrubou do seu trono os poderosos
e exaltou os humildes.
⁵³ Encheu de bens os famintos
e despediu vazios os ricos.
⁵⁴ Amparou a Israel, seu servo,

1.27 Mt 1.18.   1.31 Mt 1.21.   1.32,33 Is 9.7.   1.37 Gn 18.14.   1.46-56 1Sm 2.1-10.

a fim de lembrar-se
da sua misericórdia
⁵⁵ a favor de Abraão
e de sua descendência, para sempre,
como prometera aos nossos pais.
⁵⁶ Maria permaneceu cerca de três meses com Isabel e voltou para casa.

O nascimento de João Batista

⁵⁷ A Isabel cumpriu-se o tempo de dar à luz, e teve um filho.
⁵⁸ Ouviram os seus vizinhos e parentes que o Senhor usara de grande misericórdia para com ela e participaram do seu regozijo.
⁵⁹ Sucedeu que, no oitavo dia, foram circuncidar o menino e queriam dar-lhe o nome de seu pai, Zacarias.
⁶⁰ De modo nenhum! Respondeu sua mãe. Pelo contrário, ele deve ser chamado João.
⁶¹ Disseram-lhe: Ninguém há na tua parentela que tenha este nome.
⁶² E perguntaram, por acenos, ao pai do menino que nome queria que lhe dessem.
⁶³ Então, pedindo ele uma tabuinha, escreveu: João é o seu nome. E todos se admiraram.
⁶⁴ Imediatamente, a boca se lhe abriu, e, desimpedida a língua, falava louvando a Deus.
⁶⁵ Sucedeu que todos os seus vizinhos ficaram possuídos de temor, e por toda a região montanhosa da Judéia foram divulgadas estas cousas.
⁶⁶ Todos os que as ouviram guardavamnas no coração, dizendo: Que virá a ser, pois, este menino? E a mão do Senhor estava com ele.

O cântico de Zacarias

⁶⁷ Zacarias, seu pai, cheio do Espírito Santo, profetizou, dizendo:
⁶⁸ Bendito seja o Senhor, Deus de Israel,
porque visitou e redimiu o seu povo,
⁶⁹ e nos suscitou
plena e poderosa salvação
na casa de Davi, seu servo,
⁷⁰ como prometera, desde a antiguidade,
por boca dos seus santos profetas,
⁷¹ para nos libertar dos nossos inimigos
e da mão de todos os que nos odeiam;
⁷² para usar de misericórdia
com os nossos pais
e lembrar-se da sua santa aliança

⁷³ e do juramento que fez
a Abraão, o nosso pai,
⁷⁴ de conceder-nos que,
livres da mão de inimigos,
o adorássemos sem temor,
⁷⁵ em santidade e justiça perante ele,
todos os nossos dias.
⁷⁶ Tu, menino, serás chamado
profeta do Altíssimo,
porque precederás o Senhor,
preparando-lhe os caminhos,
⁷⁷ para dar ao seu povo
conhecimento da salvação,
no redimi-lo dos seus pecados,
⁷⁸ graças à entranhável misericórdia
de nosso Deus,
pela qual nos visitará
o sol nascente das alturas,
⁷⁹ para alumiar os que jazem nas trevas
e na sombra da morte,
e dirigir os nossos pés
pelo caminho da paz.
⁸⁰ O menino crescia e se fortalecia em espírito. E viveu nos desertos até ao dia em que havia de manifestar-se a Israel.

O nascimento de Jesus Cristo
Mt 1.18-25

2 Naqueles dias, foi publicado um decreto de César Augusto, convocando toda a população do império para recensear-se.
² Este, o primeiro recenseamento, foi feito quando Quirino era governador da Síria.
³ Todos iam alistar-se, cada um à sua própria cidade.
⁴ José também subiu da Galiléia, da cidade de Nazaré, para a Judéia, à cidade de Davi, chamada Belém, por ser ele da casa e família de Davi,
⁵ a fim de alistar-se com Maria, sua esposa, que estava grávida.
⁶ Estando eles ali, aconteceu completarem-se-lhe os dias,
⁷ e ela deu à luz o seu filho primogênito, enfaixou-o e o deitou numa manjedoura, porque não havia lugar para eles na hospedaria.

Os anjos e os pastores

⁸ Havia, naquela mesma região, pastores que viviam nos campos e guardavam o seu rebanho durante as vigílias da noite.
⁹ E um anjo do Senhor desceu aonde eles estavam, e a glória do Senhor brilhou

1.55 Gn 17.7.   1.59 Lv 12.3.   1.76 Ml 3.1.   1.79 Is 9.2.

ao redor deles; e ficaram tomados de grande temor.

10 O anjo, porém, lhes disse: Não temais; eis aqui vos trago boa-nova de grande alegria, que o será para todo o povo:

11 é que hoje vos nasceu, na cidade de Davi, o Salvador, que é Cristo, o Senhor.

12 E isto vos servirá de sinal: encontrareis uma criança envolta em faixas e deitada em manjedoura.

13 E, subitamente, apareceu com o anjo uma multidão da milícia celestial, louvando a Deus e dizendo:

14 Glória a Deus nas maiores alturas,
e paz na terra entre os homens,
a quem ele quer bem.

15 E, ausentando-se deles os anjos para o céu, diziam os pastores uns aos outros: Vamos até Belém e vejamos os acontecimentos que o Senhor nos deu a conhecer.

16 Foram apressadamente e acharam Maria e José e a criança deitada na manjedoura.

17 E, vendo-o, divulgaram o que lhes tinha sido dito a respeito deste menino.

18 Todos os que ouviram se admiraram das cousas referidas pelos pastores.

19 Maria, porém, guardava todas estas palavras, meditando-as no coração.

20 Voltaram, então, os pastores glorificando e louvando a Deus por tudo o que tinham ouvido e visto, como lhes fora anunciado.

A circuncisão de Jesus

21 Completados oito dias para ser circuncidado o menino, deram-lhe o nome de JESUS, como lhe chamara o anjo, antes de ser concebido.

A apresentação de Jesus no templo

22 Passados os dias da purificação deles segundo a lei de Moisés, levaram-no a Jerusalém para o apresentarem ao Senhor,

23 conforme o que está escrito na lei do Senhor:
Todo primogênito ao Senhor será consagrado;

24 e para oferecer um sacrifício, segundo o que está escrito na referida lei:
Um par de rolas ou dois pombinhos.

O cântico de Simeão

25 Havia em Jerusalém um homem chamado Simeão; homem este justo e piedoso que esperava a consolação de Israel; e o Espírito Santo estava sobre ele.

26 Revelara-lhe o Espírito Santo que não passaria pela morte antes de ver o Cristo do Senhor.

27 Movido pelo Espírito, foi ao templo; e, quando os pais trouxeram o menino Jesus para fazerem com ele o que a lei ordenava,

28 Simeão o tomou nos braços e louvou a Deus, dizendo:

29 Agora, Senhor, podes despedir
em paz o teu servo,
segundo a tua palavra;

30 porque os meus olhos já viram
a tua salvação,

31 a qual preparaste
diante de todos os povos:

32 luz para revelação aos gentios,
e para glória do teu povo de Israel.

33 E estavam o pai e a mãe do menino admirados do que dele se dizia.

34 Simeão os abençoou e disse a Maria, mãe do menino: Eis que este menino está destinado tanto para ruína como para levantamento de muitos em Israel e para ser alvo de contradição

35 (também uma espada traspassará a tua própria alma), para que se manifestem os pensamentos de muitos corações.

A profetisa Ana

36 Havia uma profetisa, chamada Ana, filha de Fanuel, da tribo de Aser, avançada em dias, que vivera com seu marido sete anos desde que se casara

37 e que era viúva de oitenta e quatro anos. Esta não deixava o templo, mas adorava noite e dia em jejuns e orações.

38 E, chegando naquela hora, dava graças a Deus e falava a respeito do menino a todos os que esperavam a redenção de Jerusalém.

O menino Jesus em Nazaré

39 Cumpridas todas as ordenanças segundo a lei do Senhor, voltaram para a Galiléia, para a sua cidade de Nazaré.

40 Crescia o menino e se fortalecia, enchendo-se de sabedoria; e a graça de Deus estava sobre ele.

O menino Jesus no meio dos doutores

41 Ora, anualmente iam seus pais a Jerusalém, para a Festa da Páscoa.

2.21 Lv 12.3; Lc 1.31.   **2.22-24** Lv 12.6-8.   **2.23** Êx 13.2,12.   **2.32** Is 42.6; 49.6.   **2.41** Êx 23.15; Dt 16.1-8.

⁴² Quando ele atingiu os doze anos, subiram a Jerusalém, segundo o costume da festa.

⁴³ Terminados os dias da festa, ao regressarem, permaneceu o menino Jesus em Jerusalém, sem que seus pais o soubessem.

⁴⁴ Pensando, porém, estar ele entre os companheiros de viagem, foram caminho de um dia e, então, passaram a procurá-lo entre os parentes e os conhecidos;

⁴⁵ e, não o tendo encontrado, voltaram a Jerusalém à sua procura.

⁴⁶ Três dias depois, o acharam no templo, assentado no meio dos doutores, ouvindo-os e interrogando-os.

⁴⁷ E todos os que o ouviam muito se admiravam da sua inteligência e das suas respostas.

⁴⁸ Logo que seus pais o viram, ficaram maravilhados; e sua mãe lhe disse: Filho, por que fizeste assim conosco? Teu pai e eu, aflitos, estamos à tua procura.

⁴⁹ Ele lhes respondeu: Por que me procuráveis? Não sabíeis que me cumpria estar na casa de meu Pai?

⁵⁰ Não compreendcram, porém, as palavras que lhes dissera.

⁵¹ E desceu com eles para Nazaré; e era-lhes submisso. Sua mãe, porém, guardava todas estas cousas no coração.

⁵² E crescia Jesus em sabedoria, estatura e graça, diante de Deus e dos homens.

A pregação de João Batista
Mt 3.1-10; Mc 1.2-5

3 No décimo-quinto ano do reinado de Tibério César, sendo Pôncio Pilatos governador da Judéia, Herodes, tetrarca da Galiléia, seu irmão Filipe, tetrarca da região da Ituréia e Traconites, e Lisânias, tetrarca de Abilene,

² sendo sumos sacerdotes Anás e Caifás, veio a palavra de Deus a João, filho de Zacarias, no deserto.

³ Ele percorreu toda a circunvizinhança do Jordão, pregando batismo de arrependimento para remissão de pecados,

⁴ conforme está escrito no livro das palavras do profeta Isaías:
Voz do que clama no deserto: Preparai o caminho do Senhor, endireitai as suas veredas.

⁵ Todo vale será aterrado, e nivelados todos os montes e outeiros; os caminhos tortuosos serão retificados, e os escabrosos, aplanados;

⁶ e toda carne verá a salvação de Deus.

⁷ Dizia ele, pois, às multidões que saíam para serem batizadas: Raça de víboras, quem vos induziu a fugir da ira vindoura?

⁸ Produzi, pois, frutos dignos do arrependimento e não comeceis a dizer entre vós mcsmos: Temos por pai a Abraão; porque eu vos afirmo que destas pedras Deus pode suscitar filhos a Abraão.

⁹ E também já está posto o machado à raiz das árvores; toda árvore, pois, quc não produz bom fruto é cortada e lançada ao fogo.

¹⁰ Então, as multidões o interrogavam, dizendo: Que havemos, pois, de fazer?

¹¹ Respondeu-lhes: Quem tiver duas túnicas, reparta com quem não tem; e quem tiver comida, faça o mesmo.

¹² Foram também publicanos para serem batizados e perguntaram-lhe: Mestre, que havemos de fazer?

¹³ Respondeu-lhes: Não cobreis mais do que o estipulado.

¹⁴ Também soldados lhe perguntaram: E nós, que faremos? E clc lhes disse: A ninguém maltrateis, não deis denúncia falsa e contentai-vos com o vosso soldo.

João dá testemunho de Jesus
Mt 3.11,12; Mc 1.7,8; Jo 1.19-27

¹⁵ Estando o povo na expectativa, e discorrendo todos no seu íntimo a respeito de João, se não seria ele, porventura, o próprio Cristo,

¹⁶ disse João a todos: Eu, na verdade, vos batizo comᵃ água, mas vem o que é mais poderoso do que eu, do qual não sou digno de desatar lhe ao correias das sandálias; ele vos batizará comᵃ o Espírito Santo e comᵃ fogo.

¹⁷ A sua pá, ele a tcm na mão, para limpar completamente a sua eira e recolher o trigo no seu celeiro; porém queimará a palha em fogo inextinguível.

¹⁸ Assim, pois, com muitas outras exortações anunciava o evangelho ao povo;

¹⁹ mas Herodes, o tetrarca, sendo repreendido por ele, por causa de Hcrodias, mulher de seu irmão, e por todas as maldades que o mesmo Herodes havia feito,

²⁰ acrescentou ainda sobre todas a de lançar João no cárcere.

ᵃcom; *ou* em

2.52 1Sm 2.26.   **3.4-6** Is 40.3-5.   **3.7** Mt 23.33.   **3.8** Jo 8.33.   **3.9** Mt 7.19.   **3.12** Lc 7.29.
3.19,20 Mt 14.3,4; Mc 6.17,18.

O batismo de Jesus
Mt 3.13-17; Mc 1.9-11; Jo 1.32-34

21 E aconteceu que, ao ser todo o povo batizado, também o foi Jesus; e, estando ele a orar, o céu se abriu,

22 e o Espírito Santo desceu sobre ele em forma corpórea como pomba; e ouviu-se uma voz do céu: Tu és o meu Filho amado, em ti me comprazo.

A genealogia de Jesus Cristo
Mt 1.1-17

23 Ora, tinha Jesus cerca de trinta anos ao começar o seu ministério. Era, como se cuidava, filho de José, filho de Heli;

24 Heli, filho de Matã, Matã, filho de Levi, Levi, filho de Melqui, este, filho de Janai, filho de José;

25 José, filho de Matatias, Matatias, filho de Amós, Amós, filho de Naum, este, filho de Esli, filho de Nagaí;

26 Nagaí, filho de Máate, Máate, filho de Matatias, Matatias, filho de Semei, este, filho de José, filho de Jodá;

27 Jodá, filho de Joanã, Joanã, filho de Resá, Resá, filho de Zorobabel, este, de Salatiel, filho de Neri;

28 Neri, filho de Melqui, Melqui, filho de Adi, Adi, filho de Cosã, este, de Elmadã, filho de Er;

29 Er, filho de Josué, Josué, filho de Eliézer, Eliézer, filho de Jorim, este, de Matã, filho de Levi;

30 Levi, filho de Simeão, Simeão, filho de Judá, Judá, filho de José, este, filho de Jonã, filho de Eliaquim;

31 Eliaquim, filho de Meleá, Meleá, filho de Mená, Mená, filho de Matatá, este, filho de Natã, filho de Davi;

32 Davi, filho de Jessé, Jessé, filho de Obede, Obede, filho de Boaz, este, filho de Salá, filho de Naassom;

33 Naassom, filho de Aminadabe, Aminadabe, filho de Admim, Admim, filho de Arni, Arni, filho de Esrom, este, filho de Farés, filho de Judá;

34 Judá, filho de Jacó, Jacó, filho de Isaque, Isaque, filho de Abraão, este, filho de Terá, filho de Nacor;

35 Nacor, filho de Serugue, Serugue, filho de Ragaú, Ragaú, filho de Fáleque, este, filho de Éber, filho de Salá;

36 Salá, filho de Cainã, Cainã, filho de Arfaxade, Arfaxade, filho de Sem, este, filho de Noé, filho de Lameque;

37 Lameque, filho de Metusalém, Metusalém, filho de Enoque, Enoque, filho de Jarete, este, filho de Maleleel, filho de Cainã;

38 Cainã, filho de Enos, Enos, filho de Sete, e este, filho de Adão, filho de Deus.

A tentação de Jesus
Mt 4.1-11; Mc 1.12,13

4 Jesus, cheio do Espírito Santo, voltou do Jordão e foi guiado pelo mesmo Espírito, no deserto,

2 durante quarenta dias, sendo tentado pelo diabo. Nada comeu naqueles dias, ao fim dos quais teve fome.

3 Disse-lhe, então, o diabo: Se és o Filho de Deus, manda que esta pedra se transforme em pão.

4 Mas Jesus lhe respondeu: Está escrito: Não só de pão viverá o homem.

5 E, elevando-o, mostrou-lhe, num momento, todos os reinos do mundo.

6 Disse-lhe o diabo: Dar-te-ei toda esta autoridade e a glória destes reinos, porque ela me foi entregue, e a dou a quem eu quiser.

7 Portanto, se prostrado me adorares, toda será tua.

8 Mas Jesus lhe respondeu: Está escrito:
Ao Senhor, teu Deus, adorarás e só a ele darás culto.

9 Então, o levou a Jerusalém, e o colocou sobre o pináculo do templo, e disse: Se és o Filho de Deus, atira-te daqui abaixo;

10 porque está escrito:
Aos seus anjos ordenará a teu respeito que te guardem;

11 e:
Eles te susterão nas suas mãos, para não tropeçares nalguma pedra.

12 Respondeu-lhe Jesus: Dito está:
Não tentarás o Senhor, teu Deus.

13 Passadas que foram as tentações de toda sorte, apartou-se dele o diabo, até momento oportuno.

Jesus volta para a Galiléia e principia a sua missão
Mt 4.12-17; Mc 1.14,15

14 Então, Jesus, no poder do Espírito, regressou para a Galiléia, e a sua fama correu por toda a circunvizinhança.

15 E ensinava nas sinagogas, sendo glorificado por todos.

3.22 Mt 12.18; 17.5; Mc 9.7; Lc 9.35; Is 42.1.   **4.4** Dt 8.3.   **4.8** Dt 6.13.   **4.10** Sl 91.11.   **4.11** Sl 91.12.
4.12 Dt 6.16.

Jesus prega em Nazaré.
É rejeitado pelos seus
Mt 13.54-58; Mc 6.1-4

16 Indo para Nazaré, onde fora criado, entrou, num sábado, na sinagoga, segundo o seu costume, e levantou-se para ler.

17 Então, lhe deram o livro do profeta Isaías, e, abrindo o livro, achou o lugar onde estava escrito:

18 O Espírito do Senhor está sobre mim, pelo que me ungiu para evangelizar os pobres; enviou-me para proclamar libertação aos cativos e restauração da vista aos cegos, para pôr em liberdade os oprimidos,

19 e apregoar o ano aceitável do Senhor.

20 Tendo fechado o livro, devolveu-o ao assistente e sentou-se; e todos na sinagoga tinham os olhos fitos nele.

21 Então, passou Jesus a dizer-lhes: Hoje, se cumpriu a Escritura que acabais de ouvir.

22 Todos lhe davam testemunho, e se maravilhavam das palavras de graça que lhe saíam dos lábios, e perguntavam: Não é este o filho de José?

23 Disse-lhes Jesus: Sem dúvida, citar-me-eis este provérbio: Médico, cura-te a ti mesmo; tudo o que ouvimos ter-se dado em Cafarnaum, faze-o também aqui na tua terra.

24 E prosseguiu: De fato, vos afirmo que nenhum profeta é bem recebido na sua própria terra.

25 Na verdade, vos digo que muitas viúvas havia em Israel no tempo de Elias, quando o céu se fechou por três anos e seis meses, reinando grande fome em toda a terra;

26 e a nenhuma delas foi Elias enviado, senão a uma viúva de Sarepta de Sidom.

27 Havia também muitos leprosos em Israel nos dias do profeta Eliseu, e nenhum deles foi purificado, senão Naamã, o siro.

28 Todos na sinagoga, ouvindo estas cousas, se encheram de ira.

29 E, levantando-se, expulsaram-no da cidade e o levaram até ao cume do monte sobre o qual estava edificada, para, de lá, o precipitarem abaixo.

30 Jesus, porém, passando por entre eles, retirou-se.

A cura de um endemoninhado
em Cafarnaum
Mc 1.21-28

31 E desceu a Cafarnaum, cidade da Galiléia, e os ensinava no sábado.

32 E muito se maravilhavam da sua doutrina, porque a sua palavra era com autoridade.

33 Achava-se na sinagoga um homem possesso de um espírito de demônio imundo, e bradou em alta voz:

34 Ah! Que temos nós contigo, Jesus Nazareno? Vieste para perder-nos? Bem sei quem és: o Santo de Deus!

35 Mas Jesus o repreendeu, dizendo: Cala-te e sai deste homem. O demônio, depois de o ter lançado por terra no meio de todos, saiu dele sem lhe fazer mal.

36 Todos ficaram grandemente admirados e comentavam entre si, dizendo: Que palavra é esta, pois, com autoridade e poder, ordena aos espíritos imundos, e eles saem?

37 E a sua fama corria por todos os lugares da circunvizinhança.

A cura da sogra de Pedro
Mt 8.14,15; Mc 1.29-31

38 Deixando ele a sinagoga, foi para a casa de Simão. Ora, a sogra de Simão achava-se enferma, com febre muito alta; e rogaram-lhe por ela.

39 Inclinando-se ele para ela, repreendeu a febre, e esta a deixou; e logo se levantou, passando a servi-los.

Muitas outras curas
Mt 8.16,17; Mc 1.32-34

40 Ao pôr-do-sol, todos os que tinham enfermos de diferentes moléstias lhos traziam; e ele os curava, impondo as mãos sobre cada um.

41 Também de muitos saíam demônios, gritando e dizendo: Tu és o Filho de Deus! Ele, porém, os repreendia para que não falassem, pois sabiam ser ele o Cristo.

Jesus vai a um lugar deserto
Mc 1.35-39

42 Sendo dia, saiu e foi para um lugar deserto; as multidões o procuravam, e foram até junto dele, e instavam para que não os deixasse.

4.18,19 Is 61.1,2.   4.24 Jo 4.44.   4.25 1Rs 17.1.   4.26 1Rs 17.8-16.   4.27 2Rs 5.1-14.   4.32 Mt 7.28,29.

43 Ele, porém, lhes disse: É necessário que eu anuncie o evangelho do reino de Deus também às outras cidades, pois para isso é que fui enviado.

44 E pregava nas sinagogas da Judéia.

A pesca maravilhosa

5 Aconteceu que, ao apertá-lo a multidão para ouvir a palavra de Deus, estava ele junto ao lago de Genesaré;

2 e viu dois barcos junto à praia do lago; mas os pescadores, havendo desembarcado, lavavam as redes.

3 Entrando em um dos barcos, que era o de Simão, pediu-lhe que o afastasse um pouco da praia; e, assentando-se, ensinava do barco as multidões.

4 Quando acabou de falar, disse a Simão: Faze-te ao largo, e lançai as vossas redes para pescar.

5 Respondeu-lhe Simão: Mestre, havendo trabalhado toda a noite, nada apanhamos, mas sob a tua palavra lançarei as redes.

6 Isto fazendo, apanharam grande quantidade de peixes; e rompiam-se-lhes as redes.

7 Então, fizeram sinais aos companheiros do outro barco, para que fossem ajudá-los. E foram e encheram ambos os barcos, a ponto de quase irem a pique.

8 Vendo isto, Simão Pedro prostrou-se aos pés de Jesus, dizendo: Senhor, retira-te de mim, porque sou pecador.

9 Pois, à vista da pesca que fizeram, a admiração se apoderou dele e de todos os seus companheiros,

10 bem como de Tiago e João, filhos de Zebedeu, que eram seus sócios. Disse Jesus a Simão: Não temas; doravante serás pescador de homens.

11 E, arrastando eles os barcos sobre a praia, deixando tudo, o seguiram.

A cura de um leproso
Mt 8.1-4; Mc 1.40-45

12 Aconteceu que, estando ele numa das cidades, veio à sua presença um homem coberto de lepra; ao ver a Jesus, prostrando-se com o rosto em terra, suplicou-lhe: Senhor, se quiseres, podes purificar-me.

13 E ele, estendendo a mão, tocou-lhe, dizendo: Quero, fica limpo! E, no mesmo instante, lhe desapareceu a lepra.

14 Ordenou-lhe Jesus que a ninguém o dissesse, mas vai, disse, mostra-te ao sacerdote e oferece, pela tua purificação, o sacrifício que Moisés determinou, para servir de testemunho ao povo.

15 Porém o que se dizia a seu respeito cada vez mais se divulgava, e grandes multidões afluíam para o ouvirem e serem curadas de suas enfermidades.

16 Ele, porém, se retirava para lugares solitários e orava.

A cura de um paralítico em Cafarnaum
Mt 9.1-8; Mc 2.1-12

17 Ora, aconteceu que, num daqueles dias, estava ele ensinando, e achavam-se ali assentados fariseus e mestres da lei, vindos de todas as aldeias da Galiléia, da Judéia e de Jerusalém. E o poder do Senhor estava com ele para curar.

18 Vieram, então, uns homens trazendo em um leito um paralítico; e procuravam introduzi-lo e pô-lo diante de Jesus.

19 E, não achando por onde introduzi-lo por causa da multidão, subindo ao eirado, o desceram no leito, por entre os ladrilhos, para o meio, diante de Jesus.

20 Vendo-lhes a fé, Jesus disse ao paralítico: Homem, estão perdoados os teus pecados.

21 E os escribas e fariseus arrazoavam, dizendo: Quem é este que diz blasfêmias? Quem pode perdoar pecados, senão Deus?

22 Jesus, porém, conhecendo-lhes os pensamentos, disse-lhes: Que arrazoais em vosso coração?

23 Qual é mais fácil, dizer: Estão perdoados os teus pecados ou: Levanta-te e anda?

24 Mas, para que saibais que o Filho do homem tem sobre a terra autoridade para perdoar pecados — disse ao paralítico: Eu te ordeno: Levanta-te, toma o teu leito e vai para casa.

25 Imediatamente, se levantou diante deles e, tomando o leito em que permanecera deitado, voltou para casa, glorificando a Deus.

26 Todos ficaram atônitos, davam glória a Deus e, possuídos de temor, diziam: Hoje, vimos prodígios.

A vocação de Levi
Mt 9.9; Mc 2.13,14

27 Passadas estas cousas, saindo, viu um

publicano, chamado Levi, assentado na coletoria, e disse-lhe: Segue-me!
²⁸ Ele se levantou e, deixando tudo, o seguiu.

Jesus come com pecadores
Mt 9.10-13; Mc 2.15-17

²⁹ Então, lhe ofereceu Levi um grande banquete em sua casa; e numerosos publicanos e outros estavam com eles à mesa.
³⁰ Os fariseus e seus escribas murmuravam contra os discípulos de Jesus, perguntando: Por que comeis e bebeis com os publicanos e pecadores?
³¹ Respondeu-lhes Jesus: Os sãos não precisam de médico, e sim os doentes.
³² Não vim chamar justos, e sim pecadores ao arrependimento.

Do jejum
Mt 9.14-17; Mc 2.18-22

³³ Disseram-lhe eles: Os discípulos de João e bem assim os dos fariseus freqüentemente jejuam e fazem orações; os teus, entretanto, comem e bebem.
³⁴ Jesus, porém, lhes disse: Podeis fazer jejuar os convidados para o casamento, enquanto está com eles o noivo?
³⁵ Dias virão, contudo, em que lhes será tirado o noivo; naqueles dias, sim, jejuarão.
³⁶ Também lhes disse uma parábola: Ninguém tira um pedaço de veste nova e o põe em veste velha; pois rasgará a nova, e o remendo da nova não se ajustará à velha.
³⁷ E ninguém põe vinho novo em odres velhos, pois o vinho novo romperá os odres; entornar-se-á o vinho, e os odres se estragarão.
³⁸ Pelo contrário, vinho novo deve ser posto em odres novos [e ambos se conservam].
³⁹ E ninguém, tendo bebido o vinho velho, prefere o novo; porque diz: O velho é excelente.

Jesus é senhor do sábado
Mt 12.1-8; Mc 2.23-28

6 Aconteceu que, num sábado, passando Jesus pelas searas, os seus discípulos colhiam e comiam espigas, debulhando-as com as mãos.
² E alguns dos fariseus lhes disseram: Por que fazeis o que não é lícito aos sábados?

³ Respondeu-lhes Jesus: Nem ao menos tendes lido o que fez Davi, quando teve fome, ele e seus companheiros?
⁴ Como entrou na Casa de Deus, tomou, e comeu os pães da proposição, e os deu aos que com ele estavam, pães que não lhes era lícito comer, mas exclusivamente aos sacerdotes?
⁵ E acrescentou-lhes: O Filho do homem é senhor do sábado.

O homem da mão ressequida
Mt 12.9-14; Mc 3.1-6

⁶ Sucedeu que, em outro sábado, entrou ele na sinagoga e ensinava. Ora, achava-se ali um homem cuja mão direita estava ressequida.
⁷ Os escribas e os fariseus observavam-no, procurando ver se ele faria uma cura no sábado, a fim de acharem de que o acusar.
⁸ Mas ele, conhecendo-lhes os pensamentos, disse ao homem da mão ressequida: Levanta-te e vem para o meio; e ele, levantando-se, permaneceu de pé.
⁹ Então, disse Jesus a eles: Que vos parece? É lícito, no sábado, fazer o bem ou mal? Salvar a vida ou deixá-la perecer?
¹⁰ E, fitando todos ao redor, disse ao homem: Estende a mão. Ele assim o fez, e a mão lhe foi restaurada.
¹¹ Mas eles se encheram de furor e discutiam entre si quanto ao que fariam a Jesus.

A escolha dos doze apóstolos.
Os seus nomes
Mt 10.1-4; Mc 3.13-19

¹² Naqueles dias, retirou-se para o monte, a fim de orar, e passou a noite orando a Deus.
¹³ E, quando amanheceu, chamou a si os seus discípulos e escolheu doze dentre eles, aos quais deu também o nome de apóstolos:
¹⁴ Simão, a quem acrescentou o nome de Pedro, e André, seu irmão; Tiago e João; Filipe e Bartolomeu;
¹⁵ Mateus e Tomé; Tiago, filho de Alfeu, e Simão, chamado Zelote;
¹⁶ Judas, filho de Tiago, e Judas Iscariotes, que se tornou traidor.

Jesus cura muitos enfermos
Mt 4.23-25

¹⁷ E, descendo com eles, parou numa

5.29,30 Lc 15.1,2.   6.1 Dt 23.25.   6.3 1Sm 21.1-6.   6.4 Lv 24.9.

planura onde se encontravam muitos discípulos seus e grande multidão do povo, de toda a Judéia, de Jerusalém e do litoral de Tiro e de Sidom,

18 que vieram para o ouvirem e serem curados de suas enfermidades; também os atormentados por espíritos imundos eram curados.

19 E todos da multidão procuravam tocá-lo, porque dele saía poder; e curava todos.

As bem-aventuranças
Mt 5.1-12

20 Então, olhando ele para os seus discípulos, disse-lhes:
Bem-aventurados vós, os pobres, porque vosso é o reino de Deus.

21 Bem-aventurados vós, os que agora tendes fome, porque sereis fartos.
Bem-aventurados vós, os que agora chorais, porque haveis de rir.

22 Bem-aventurados sois quando os homens vos odiarem e quando vos expulsarem da sua companhia, vos injuriarem e rejeitarem o vosso nome como indigno, por causa do Filho do homem.

23 Regozijai-vos naquele dia e exultai, porque grande é o vosso galardão no céu; pois dessa forma procederam seus pais com os profetas.

Os ais

24 Mas ai de vós, os ricos! Porque tendes a vossa consolação.

25 Ai de vós, os que estais agora fartos! Porque vireis a ter fome.
Ai de vós, os que agora rides! Porque haveis de lamentar e chorar.

26 Ai de vós, quando todos vos louvarem! Porque assim procederam seus pais com os falsos profetas.

Da vingança
Mt 5.38-42

27 Digo-vos, porém, a vós outros que me ouvis: amai os vossos inimigos, fazei o bem aos que vos odeiam;

28 bendizei aos que vos maldizem, orai pelos que vos caluniam.

29 Ao que te bate numa face, oferece-lhe também a outra; e, ao que tirar a tua capa, deixa-o levar também a túnica;

30 dá a todo o que te pede; e, se alguém levar o que é teu, não entres em demanda.

31 Como quereis que os homens vos façam, assim fazei-o vós também a eles.

Do amor ao próximo
Mt 5.43-48

32 Se amais os que vos amam, qual é a vossa recompensa? Porque até os pecadores amam aos que os amam.

33 Se fizerdes o bem aos que vos fazem o bem, qual é a vossa recompensa? Até os pecadores fazem isso.

34 E, se emprestais àqueles de quem esperais receber, qual é a vossa recompensa? Também os pecadores emprestam aos pecadores, para receberem outro tanto.

35 Amai, porém, os vossos inimigos, fazei o bem e emprestai, sem esperar nenhuma paga; será grande o vosso galardão, e sereis filhos do Altíssimo. Pois ele é benigno até para com os ingratos e maus.

36 Sede misericordiosos, como também é misericordioso vosso Pai.

O juízo temerário é proibido
Mt 7.1-5

37 Não julgueis e não sereis julgados; não condeneis e não sereis condenados; perdoai e sereis perdoados;

38 dai, e dar-se-vos-á; boa medida, recalcada, sacudida, transbordante, generosamente vos darão; porque com a medida com que tiverdes medido vos medirão também.

A parábola do cego que guia a outro cego

39 Propôs-lhes também uma parábola: Pode, porventura, um cego guiar a outro cego? Não cairão ambos no barranco?

40 O discípulo não está acima do seu mestre; todo aquele, porém, que for bem instruído será como o seu mestre.

41 Por que vês tu o argueiro no olho de teu irmão, porém não reparas na trave que está no teu próprio?

42 Como poderás dizer a teu irmão: Deixa, irmão, que eu tire o argueiro do teu olho, não vendo tu mesmo a trave que está no teu? Hipócrita, tira primeiro a trave do teu olho e, então, verás claramente para tirar o argueiro que está no olho de teu irmão.

6.22 1Pe 4.14.   6.23 2Cr 36.16; At 7.52.   6.31 Mt 7.12.   6.39 Mt 15.14.   6.40 Mt 10.24; Jo 13.16; 15.20. 6.41,42 Mt 7.3-5.

Árvores e seus frutos
Mt 12.33-37

43 Não há árvore boa que dê mau fruto; nem tampouco árvore má que dê bom fruto.
44 Porquanto cada árvore é conhecida pelo seu próprio fruto. Porque não se colhem figos de espinheiros, nem dos abrolhos se vindimam uvas.
45 O homem bom do bom tesouro do coração tira o bem, e o mau do mau tesouro tira o mal; porque a boca fala do que está cheio o coração.

Os dois fundamentos
Mt 7.24-27

46 Por que me chamais Senhor, Senhor, e não fazeis o que vos mando?
47 Todo aquele que vem a mim e ouve as minhas palavras e as pratica, eu vos mostrarei a quem é semelhante.
48 É semelhante a um homem que, edificando uma casa, cavou, abriu profunda vala e lançou o alicerce sobre a rocha; e, vindo a enchente, arrojou-se o rio contra aquela casa e não a pôde abalar, por ter sido bem construída.
49 Mas o que ouve e não pratica é semelhante a um homem que edificou uma casa sobre a terra sem alicerces, e, arrojando-se o rio contra ela, logo desabou; e aconteceu que foi grande a ruína daquela casa.

A cura do servo de um centurião
Mt 8.5-13

7 Tendo Jesus concluído todas as suas palavras dirigidas ao povo, entrou em Cafarnaum.
2 E o servo de um centurião, a quem este muito estimava, estava doente, quase à morte.
3 Tendo ouvido falar a respeito de Jesus, enviou-lhe alguns anciãos dos judeus, pedindo-lhe que viesse curar o seu servo.
4 Estes, chegando-se a Jesus, com instância lhe suplicaram, dizendo: Ele é digno de que lhe faças isto;
5 porque é amigo do nosso povo, e ele mesmo nos edificou a sinagoga.
6 Então, Jesus foi com eles. E, já perto da casa, o centurião enviou-lhe amigos para lhe dizer: Senhor, não te incomodes, porque não sou digno de que entres em minha casa.

7 Por isso, eu mesmo não me julguei digno de ir ter contigo; porém manda com uma palavra, e o meu rapaz será curado.
8 Porque também eu sou homem sujeito à autoridade, e tenho soldados às minhas ordens, e digo a este: vai, e ele vai; e a outro: vem, e ele vem; e ao meu servo: faze isto, e ele o faz.
9 Ouvidas estas palavras, admirou-se Jesus dele e, voltando-se para o povo que o acompanhava, disse: Afirmo-vos que nem mesmo em Israel achei fé como esta.
10 E, voltando para casa os que foram enviados, encontraram curado o servo.

A ressurreição do filho da viúva de Naim

11 Em dia subseqüente, dirigia-se Jesus a uma cidade chamada Naim, e iam com ele os seus discípulos e numerosa multidão.
12 Como se aproximasse da porta da cidade, eis que saía o enterro do filho único de uma viúva; e grande multidão da cidade ia com ela.
13 Vendo-a, o Senhor se compadeceu dela e lhe disse: Não chores!
14 Chegando-se, tocou o esquife e, parando os que o conduziam, disse: Jovem, eu te mando: levanta-te!
15 Sentou-se o que estivera morto e passou a falar; e Jesus o restituiu a sua mãe.
16 Todos ficaram possuídos de temor e glorificavam a Deus, dizendo: Grande profeta se levantou entre nós e: Deus visitou o seu povo.
17 Esta notícia a respeito dele divulgou-se por toda a Judéia e por toda a circunvizinhança.

João envia mensageiros a Jesus
Mt 11.2-6

18 Todas estas cousas foram referidas a João pelos seus discípulos. E João, chamando dois deles,
19 enviou-os ao Senhor para perguntar: És tu aquele que estava para vir ou havemos de esperar outro?
20 Quando os homens chegaram junto dele, disseram: João Batista enviou-nos para te perguntar: És tu aquele que estava para vir ou esperaremos outro?
21 Naquela mesma hora, curou Jesus muitos de moléstias, e flagelos, e de espíritos malignos; e deu vista a muitos cegos.
22 Então, Jesus lhes respondeu: Ide e anunciai a João o que vistes e ouvistes: os

6.43-45 Mt 12.33-37.   **7.22** Is 35.5,6; 61.1.

cegos vêem, os coxos andam, os leprosos são purificados, os surdos ouvem, os mortos são ressuscitados, e aos pobres, anuncia-se-lhes o evangelho.

²³ E bem-aventurado é aquele que não achar em mim motivo de tropeço.

Jesus dá testemunho de João
Mt 11.7-19

²⁴ Tendo-se retirado os mensageiros, passou Jesus a dizer ao povo a respeito de João: Que saístes a ver no deserto? Um caniço agitado pelo vento? ²⁵ Que saístes a ver? Um homem vestido de roupas finas? Os que se vestem bem e vivem no luxo assistem nos palácios dos reis. ²⁶ Sim, que saístes a ver? Um profeta? Sim, eu vos digo, e muito mais que profeta. ²⁷ Este é aquele de quem está escrito:

Eis aí envio diante da tua face o meu
mensageiro, o qual preparará o teu caminho diante de ti.

²⁸ E eu vos digo: entre os nascidos de mulher, ninguém é maior do que João; mas o menor no reino de Deus é maior do que ele. ²⁹ Todo o povo que o ouviu e até os publicanos reconheceram a justiça de Deus, tendo sido batizados com o batismo de João; ³⁰ mas os fariseus e os intérpretes da lei rejeitaram, quanto a si mesmos, o desígnio de Deus, não tendo sido batizados por ele.

³¹ A que, pois, compararei os homens da presente geração, e a que são eles semelhantes? ³² São semelhantes a meninos que, sentados na praça, gritam uns para os outros:

Nós vos tocamos flauta,
e não dançastes;
entoamos lamentações,
e não chorastes.

³³ Pois veio João Batista, não comendo pão, nem bebendo vinho, e dizeis: Tem demônio! ³⁴ Veio o Filho do homem, comendo e bebendo, e dizeis: Eis aí um glutão e bebedor de vinho, amigo de publicanos e pecadores! ³⁵ Mas a sabedoria é justificada por todos os seus filhos.

A pecadora que ungiu os pés de Jesus

³⁶ Convidou-o um dos fariseus para que fosse jantar com ele. Jesus, entrando na casa do fariseu, tomou lugar à mesa.

³⁷ E eis que uma mulher da cidade, pecadora, sabendo que ele estava à mesa na casa do fariseu, levou um vaso de alabastro com ungüento; ³⁸ e, estando por detrás, aos seus pés, chorando, regava-os com suas lágrimas e os enxugava com os próprios cabelos; e beijava-lhe os pés e os ungia com o ungüento.

³⁹ Ao ver isto, o fariseu que o convidara disse consigo mesmo: Se este fora profeta, bem saberia quem e qual é a mulher que lhe tocou, porque é pecadora.

⁴⁰ Dirigiu-se Jesus ao fariseu e lhe disse: Simão, uma cousa tenho a dizer-te. Ele respondeu: Dize-a, Mestre. ⁴¹ Certo credor tinha dois devedores: um lhe devia quinhentos denários, e o outro, cinqüenta. ⁴² Não tendo nenhum dos dois com que pagar, perdoou-lhes a ambos. Qual deles, portanto, o amará mais? ⁴³ Respondeu-lhe Simão: Suponho que aquele a quem mais perdoou. Replicou-lhe: Julgaste bem. ⁴⁴ E, voltando-se para a mulher, disse a Simão: Vês esta mulher? Entrei em tua casa, e não me deste água para os pés; esta, porém, regou os meus pés com lágrimas e os enxugou com os seus cabelos. ⁴⁵ Não me deste ósculo; ela, entretanto, desde que entrei não cessa de me beijar os pés. ⁴⁶ Não me ungiste a cabeça com óleo, mas esta, com bálsamo, ungiu os meus pés. ⁴⁷ Por isso, te digo: perdoados lhe são os seus muitos pecados, porque ela muito amou; mas aquele a quem pouco se perdoa, pouco ama. ⁴⁸ Então, disse à mulher: Perdoados são os teus pecados. ⁴⁹ Os que estavam com ele à mesa começaram a dizer entre si: Quem é este que até perdoa pecados? ⁵⁰ Mas Jesus disse à mulher: A tua fé te salvou; vai-te em paz.

As mulheres que assistiam Jesus

8 Aconteceu, depois disto, que andava Jesus de cidade em cidade e de aldeia em aldeia, pregando e anunciando o evangelho do reino de Deus, e os doze iam com ele, ² e também algumas mulheres que ha-

7.27 Ml 3.1.   7.29,30 Mt 21.32; Lc 3.12.

viam sido curadas de espíritos malignos e
de enfermidades: Maria, chamada Madalena, da qual saíram sete demônios;

3 e Joana, mulher de Cuza, procurador
de Herodes, Suzana e muitas outras, as
quais lhe prestavam assistência com os seus
bens.

A parábola do semeador
Mt 13.1-9; Mc 4.1-9

4 Afluindo uma grande multidão e vindo ter com ele gente de todas as cidades,
disse Jesus por parábola:

5 Eis que o semeador saiu a semear.
E, ao semear, uma parte caiu à beira do caminho; foi pisada, e as aves do céu a comeram.

6 Outra caiu sobre a pedra; e, tendo crescido, secou por falta de umidade.

7 Outra caiu no meio dos espinhos; e estes, ao crescerem com ela, a sufocaram.

8 Outra, afinal, caiu em boa terra; cresceu e produziu a cento por um. Dizendo isto clamou: Quem tem ouvidos para ouvir,
ouça.

A explicação da parábola
Mt 13.10-23; Mc 4.10-20

9 E os seus discípulos o interrogaram dizendo: Que parábola é esta?

10 Respondeu-lhes Jesus: A vós outros é
dado conhecer os mistérios do reino de
Deus; aos demais, fala-se por parábolas,
para que, vendo, não vejam; e, ouvindo,
não entendam.

11 Este é o sentido da parábola: a semente é a palavra de Deus.

12 A que caiu à beira do caminho são os
que a ouviram; vem, a seguir, o diabo e
arrebata-lhes do coração a palavra, para
não suceder que, crendo, sejam salvos.

13 A que caiu sobre a pedra são os que,
ouvindo a palavra, a recebem com alegria;
estes não têm raiz, crêem apenas por algum
tempo e, na hora da provação, se desviam.

14 A que caiu entre espinhos são os que
ouviram e, no decorrer dos dias, foram sufocados com os cuidados, riquezas e delei-
tes da vida; os seus frutos não chegam a
amadurecer.

15 A que caiu na boa terra são os que,
tendo ouvido de bom e reto coração, retêm
a palavra; estes frutificam com perseverança.

A parábola da candeia
Mc 4.21-25

16 Ninguém, depois de acender uma
candeia, a cobre com um vaso ou a põe debaixo duma cama; pelo contrário, coloca-
a sobre um velador, a fim de que os que entram vejam a luz.

17 Nada há oculto, que não haja de manifestar-se, nem escondido, que não venha
a ser conhecido e revelado.

18 Vede, pois, como ouvis; porque ao
que tiver, se lhe dará; e ao que não tiver, até
aquilo que julga ter lhe será tirado.

A família de Jesus
Mt 12.46-50; Mc 3.31-35

19 Vieram ter com ele sua mãe e seus irmãos e não podiam aproximar-se por causa da concorrência de povo.

20 E lhe comunicaram: Tua mãe e teus
irmãos estão lá fora e querem ver-te.

21 Ele, porém, lhes respondeu: Minha
mãe e meus irmãos são aqueles que ouvem
a palavra de Deus e a praticam.

Jesus acalma uma tempestade
Mt 8.23-27; Mc 4.35-41

22 Aconteceu que, num daqueles dias,
entrou ele num barco em companhia dos
seus discípulos e disse-lhes: Passemos para a outra margem do lago; e partiram.

23 Enquanto navegavam, ele adormeceu. E sobreveio uma tempestade de vento
no lago, correndo eles o perigo de soçobrar.

24 Chegando-se a ele, despertaram-no
dizendo: Mestre, Mestre, estamos perecendo! Despertando-se Jesus, repreendeu o
vento e a fúria da água. Tudo cessou, e veio
a bonança.

25 Então, lhes disse: Onde está a vossa
fé? Eles, possuídos de temor e admiração,
diziam uns aos outros: Quem é este que até
aos ventos e às ondas repreende, e lhe
obedecem?

A cura do endemoninhado geraseno
Mt 8.28-33; Mc 5.1-14

26 Então, rumaram para a terra dos gerasenos, fronteira da Galiléia.

27 Logo ao desembarcar, veio da cidade
ao seu encontro um homem possesso de demônios que, havia muito, não se vestia,
nem habitava em casa alguma, porém vivia
nos sepulcros.

8.10 Is 6.9,10.   8.16 Mt 5.15; Lc 11.33.   8.17 Mt 10.26; Lc 12.2.   8.18 Mt 25.29; Lc 19.26.

28 E, quando viu a Jesus, prostrou-se diante dele, exclamando e dizendo em alta voz: Que tenho eu contigo, Jesus, Filho de Deus Altíssimo? Rogo-te que não me atormentes.

29 Porque Jesus ordenara ao espírito imundo que saísse do homem, pois muitas vezes se apoderara dele. E, embora procurassem conservá-lo preso com cadeias e grilhões, tudo despedaçava e era impelido pelo demônio para o deserto.

30 Perguntou-lhe Jesus: Qual é o teu nome? Respondeu ele: Legião, porque tinham entrado nele muitos demônios.

31 Rogavam-lhe que não os mandasse sair para o abismo.

32 Ora, andava ali, pastando no monte, uma grande manada de porcos; rogaram-lhe que lhes permitisse entrar naqueles porcos. E Jesus o permitiu.

33 Tendo os demônios saído do homem, entraram nos porcos, e a manada precipitou-se despenhadeiro abaixo, para dentro do lago, e se afogou,

34 Os porqueiros, vendo o que acontecera, fugiram e foram anunciá-lo na cidade e pelos campos.

Os gerasenos rejeitam Jesus
Mt 8.34; Mc 5.14b-20

35 Então, saiu o povo para ver o que se passara, e foram ter com Jesus. De fato, acharam o homem de quem saíram os demônios, vestido, em perfeito juízo, assentado aos pés de Jesus; e ficaram dominados de terror.

36 E algumas pessoas que tinham presenciado os fatos contaram-lhes também como fora salvo o endemoninhado.

37 Todo o povo da circunvizinhança dos gerasenos rogou-lhe que se retirasse deles, pois estavam possuídos de grande medo. E Jesus, tomando de novo o barco, voltou.

38 O homem de quem tinham saído os demônios rogou-lhe que o deixasse estar com ele; Jesus, porém, o despediu, dizendo:

39 Volta para casa e conta aos teus tudo o que Deus fez por ti. Então, foi ele anunciando por toda a cidade todas as cousas que Jesus lhe tinha feito.

O pedido de Jairo
Mt 9.18,19; Mc 5.21-24

40 Ao regressar Jesus, a multidão o recebeu com alegria, porque todos o estavam esperando.

41 Eis que veio um homem chamado Jairo, que era chefe da sinagoga, e, prostrando-se aos pés de Jesus, lhe suplicou que chegasse até a sua casa.

42 Pois tinha uma filha única de uns doze anos, que estava à morte.

A cura de uma mulher enferma
Mt 9.20-22; Mc 5.24b-34

Enquanto ele ia, as multidões o apertavam.

43 Certa mulher que, havia doze anos, vinha sofrendo de uma hemorragia, e a quem ninguém tinha podido curar [e que gastara com os médicos todos os seus haveres],

44 veio por trás dele e lhe tocou na orla da veste, e logo se lhe estancou a hemorragia.

45 Mas Jesus disse: Quem me tocou? Como todos negassem, Pedro [com seus companheiros] disse: Mestre, as multidões te apertam e te oprimem [e dizes: Quem me tocou?].

46 Contudo, Jesus insistiu: Alguém me tocou, porque senti que de mim saiu poder.

47 Vendo a mulher que não podia ocultar-se, aproximou-se trêmula e, prostrando-se diante dele, declarou, à vista de todo o povo, a causa por que lhe havia tocado e como imediatamente fora curada.

48 Então, lhe disse: Filha, a tua fé te salvou; vai-te em paz.

A ressurreição da filha de Jairo
Mt 9.23-26; Mc 5.35-43

49 Falava ele ainda, quando veio uma pessoa da casa do chefe da sinagoga, dizendo: Tua filha já está morta, não incomodes mais o Mestre.

50 Mas Jesus, ouvindo isto, lhe disse: Não temas, crê somente, e ela será salva.

51 Tendo chegado à casa, a ninguém permitiu que entrasse com ele, senão Pedro, João, Tiago e bem assim o pai e a mãe da menina.

52 E todos choravam e a pranteavam. Mas ele disse: Não choreis; ela não está morta, mas dorme.

53 E riam-se dele, porque sabiam que ela estava morta.

54 Entretanto, ele, tomando-a pela mão, disse-lhe, em voz alta: Menina, levanta-te!

55 Voltou-lhe o espírito, ela imediatamente se levantou, e ele mandou que lhe dessem de comer.

56 Seus pais ficaram maravilhados, mas

ele lhes advertiu que a ninguém contassem o que havia acontecido.

As instruções para os doze
Mt 10.1,5-15; Mc 6.7-13

9 Tendo Jesus convocado os doze, deu-lhes poder e autoridade sobre todos os demônios, e para efetuarem curas.

² Também os enviou a pregar o reino de Deus e a curar os enfermos.

³ E disse-lhes: Nada leveis para o caminho: nem bordão, nem alforje, nem pão, nem dinheiro; nem deveis ter duas túnicas.

⁴ Na casa em que entrardes, ali permanecei e dali saireis.

⁵ E onde quer que não vos receberem, ao sairdes daquela cidade, sacudi o pó dos vossos pés em testemunho contra eles.

⁶ Então, saindo, percorriam todas as aldeias, anunciando o evangelho e efetuando curas por toda parte.

Herodes e João Batista
Mt 14.1-12; Mc 6.14-29

⁷ Ora, o tetrarca Herodes soube de tudo o que se passava e ficou perplexo, porque alguns diziam: João ressuscitou dentre os mortos;

⁸ outros: Elias apareceu; e outros: Ressurgiu um dos antigos profetas.

⁹ Herodes, porém, disse: Eu mandei decapitar a João; quem é, pois, este a respeito do qual tenho ouvido tais cousas? E se esforçava por vê-lo.

A primeira multiplicação de pães e peixes
Mt 14.13-21; Mc 6.30-44; Jo 6.1-14

¹⁰ Ao regressarem, os apóstolos relataram a Jesus tudo o que tinham feito. E, levando-os consigo, retirou-se à parte para uma cidade chamada Betsaida.

¹¹ Mas as multidões, ao saberem, seguiram-no. Acolhendo-as, falava-lhes a respeito do reino de Deus e socorria os que tinham necessidade de cura.

¹² Mas o dia começava a declinar. Então, se aproximaram os doze e lhe disseram: Despede a multidão, para que, indo às aldeias e campos circunvizinhos, se hospedem e achem alimento; pois estamos aqui em lugar deserto.

¹³ Ele, porém, lhes disse: Dai-lhes vós mesmos de comer. Responderam eles: Não temos mais que cinco pães e dois peixes, salvo se nós mesmos formos comprar comida para todo este povo.

¹⁴ Porque estavam ali cerca de cinco mil homens. Então, disse aos seus discípulos: Fazei-os sentar-se em grupos de cinqüenta.

¹⁵ Eles atenderam, acomodando a todos.

¹⁶ E, tomando os cinco pães e os dois peixes, erguendo os olhos para o céu, os abençoou, partiu e deu aos discípulos para que os distribuíssem entre o povo.

¹⁷ Todos comeram e se fartaram; e dos pedaços que ainda sobejaram foram recolhidos doze cestos.

A confissão de Pedro.
Jesus prediz a própria morte
Mt 16.13-21; Mc 8.27-31

¹⁸ Estando ele orando à parte, achavam-se presentes os discípulos, a quem perguntou: Quem dizem as multidões que sou eu?

¹⁹ Responderam eles: João Batista, mas outros, Elias; e ainda outros dizem que ressurgiu um dos antigos profetas.

²⁰ Mas vós, perguntou ele, quem dizeis que eu sou? Então, falou Pedro e disse: És o Cristo de Deus.

²¹ Ele, porém, advertindo-os, mandou que a ninguém declarassem tal cousa,

²² dizendo: É necessário que o Filho do homem sofra muitas cousas, seja rejeitado pelos anciãos, pelos principais sacerdotes e pelos escribas; seja morto e, no terceiro dia, ressuscite.

O discípulo de Jesus deve levar a sua cruz
Mt 16.24-28; Mc 8.34-9.1

²³ Dizia a todos: Se alguém quer vir após mim, a si mesmo se negue, dia a dia tome a sua cruz e siga-me.

²⁴ Pois quem quiser salvar a sua vida perdê-la-á; quem perder a vida por minha causa, esse a salvará.

²⁵ Que aproveita ao homem ganhar o mundo inteiro, se vier a perder-se ou a causar dano a si mesmo?

²⁶ Porque qualquer que de mim e das minhas palavras se envergonhar, dele se envergonhará o Filho do homem, quando vier na sua glória e na do Pai e dos santos anjos.

²⁷ Verdadeiramente, vos digo: alguns há dos que aqui se encontram que, de maneira nenhuma, passarão pela morte até que vejam o reino de Deus.

9.1-6 Lc 10.1-12. 9.5 At 13.51. 9.7,8 Mt 16.14; Mc 8.28; Lc 9.19. 9.19 Mt 14.1,2; Mc 6.14,15; Lc 9.7,8. 9.20 Jo 6.68,69. 9.23,24 Mt 10.38,39; Lc 14.27; 17.33; Jo 12.25.

A transfiguração
Mt 17.1-8; Mc 9.2-8

28 Cerca de oito dias depois de proferidas estas palavras, tomando consigo a Pedro, João e Tiago, subiu ao monte com o propósito de orar.

29 E aconteceu que, enquanto ele orava, a aparência do seu rosto se transfigurou e suas vestes resplandeceram de brancura.

30 Eis que dois varões falavam com ele: Moisés e Elias,

31 os quais apareceram em glória e falavam da sua partida, que ele estava para cumprir em Jerusalém.

32 Pedro e seus companheiros achavamse premidos de sono; mas, conservando-se acordados, viram a sua glória e os dois varões que com ele estavam.

33 Ao se retirarem estes de Jesus, disselhe Pedro: Mestre, bom é estarmos aqui; então, façamos três tendas: uma será tua, outra, de Moisés, e outra, de Elias, não sabendo, porém, o que dizia.

34 Enquanto assim falava, veio uma nuvem e os envolveu; e encheram-se de medo ao entrarem na nuvem.

35 E dela veio uma voz, dizendo: Este é o meu Filho, o meu eleito; a ele ouvi.

36 Depois daquela voz, achou-se Jesus sozinho. Eles calaram-se e, naqueles dias, a ninguém contaram cousa alguma do que tinham visto.

A cura de um jovem possesso
Mt 17.14-18; Mc 9.14-27

37 No dia seguinte, ao descerem eles do monte, veio ao encontro de Jesus grande multidão.

38 E eis que, dentre a multidão, surgiu um homem, dizendo em alta voz: Mestre, suplico-te que vejas meu filho, porque é o único;

39 um espírito se apodera dele, e, de repente, o menino grita, e o espírito o atira por terra, convulsiona-o até espumar; e dificilmente o deixa, depois de o ter quebrantado.

40 Roguei aos teus discípulos que o expelissem, mas eles não puderam.

41 Respondeu Jesus: Ó geração incrédula e perversa! Até quando estarei convosco e vos sofrerei? Traze o teu filho.

42 Quando se ia aproximando, o demônio o atirou no chão e o convulsionou; mas Jesus repreendeu o espírito imundo, curou o menino e o entregou a seu pai.

43 E todos ficaram maravilhados ante a majestade de Deus.

De novo prediz Jesus a sua morte
Mt 17.22,23; Mc 9.30-32

Como todos se maravilhassem de quanto Jesus fazia, disse aos seus discípulos:

44 Fixai nos vossos ouvidos as seguintes palavras: o Filho do homem está para ser entregue nas mãos dos homens.

45 Eles, porém, não entendiam isto, e foi-lhes encoberto para que o não compreendessem; e temiam interrogá-lo a este respeito.

O maior no reino dos céus
Mt 18.1-5; Mc 9.33-37

46 Levantou-se entre eles uma discussão sobre qual deles seria o maior.

47 Mas Jesus, sabendo o que se lhes passava no coração, tomou uma criança, colocou-a junto a si

48 e lhes disse: Quem receber esta criança em meu nome a mim me recebe; e quem receber a mim recebe aquele que me enviou; porque aquele que entre vós for o menor de todos, esse é que é grande.

Jesus ensina a tolerância e a caridade
Mc 9.38-40

49 Falou João e disse: Mestre, vimos certo homem que, em teu nome, expelia demônios e lho proibimos, porque não segue conosco.

50 Mas Jesus lhe disse: Não proibais; pois quem não é contra vós outros é por vós.

Os samaritanos não recebem Jesus

51 E aconteceu que, ao se completarem os dias em que devia ele ser assunto ao céu, manifestou, no semblante, a intrépida resolução de ir para Jerusalém

52 e enviou mensageiros que o antecedessem. Indo eles, entraram numa aldeia de samaritanos para lhe preparar pousada.

53 Mas não o receberam, porque o aspecto dele era de quem, decisivamente, ia para Jerusalém.

54 Vendo isto, os discípulos Tiago e João perguntaram: Senhor, queres que

---

9.28-35 2Pe 1.17,18.   **9.35** Mt 3.17; 12.18; Mc 1.11; Lc 3.22; Is 42.1.   **9.46** Lc 22.24.   **9.48** Mt 10.40; Lc 10.16; Jo 13.20.   **9.54** 2Rs 1.9-16.

mandemos descer fogo do céu para os consumir?

⁵⁵ Jesus, porém, voltando-se os repreendeu [e disse: Vós não sabeis de que espírito sois].

⁵⁶ [Pois o Filho do homem não veio para destruir as almas dos homens, mas para salvá-las.] E seguiram para outra aldeia.

Jesus põe à prova os que queriam segui-lo
Mt 8.18-22

⁵⁷ Indo eles caminho fora, alguém lhe disse: Seguir-te-ei para onde quer que fores.

⁵⁸ Mas Jesus lhe respondeu: As raposas têm seus covis, e as aves do céu, ninhos; mas o Filho do homem não tem onde reclinar a cabeça.

⁵⁹ A outro disse Jesus: Segue-me! Ele, porém, respondeu: Permite-me ir primeiro sepultar meu pai.

⁶⁰ Mas Jesus insistiu: Deixa aos mortos o sepultar os seus próprios mortos. Tu, porém, vai e prega o reino de Deus.

⁶¹ Outro lhe disse: Seguir-te-ei, Senhor; mas deixa-me primeiro despedir-me dos de casa.

⁶² Mas Jesus lhe replicou: Ninguém que, tendo posto a mão no arado, olha para trás é apto para o reino de Deus.

A missão dos setenta

10 Depois disto, o Senhor designou outros setenta; e os enviou de dois em dois, para que o precedessem em cada cidade e lugar aonde ele estava para ir.

² E lhes fez a seguinte advertência: A seara é grande, mas os trabalhadores são poucos. Rogai, pois, ao senhor da seara que mande trabalhadores para a sua seara.

³ Ide! Eis que eu vos envio como cordeiros para o meio de lobos.

⁴ Não leveis bolsa, nem alforje, nem sandálias; e a ninguém saudeis pelo caminho.

⁵ Ao entrardes numa casa, dizei antes de tudo: Paz seja nesta casa!

⁶ Se houver ali um filho da paz, repousará sobre ele a vossa paz; se não houver, ela voltará sobre vós.

⁷ Permanecei na mesma casa, comendo e bebendo do que eles tiverem; porque digno é o trabalhador do seu salário. Não andeis a mudar de casa em casa.

⁸ Quando entrardes numa cidade e ali vos receberem, comei do que vos for oferecido.

⁹ Curai os enfermos que nela houver e anunciai-lhes: A vós outros está próximo o reino de Deus.

¹⁰ Quando, porém, entrardes numa cidade e não vos receberem, saí pelas ruas e clamai:

¹¹ Até o pó da vossa cidade, que se nos pegou aos pés, sacudimos contra vós outros. Não obstante, sabei que está próximo o reino de Deus.

¹² Digo-vos que, naquele dia, haverá menos rigor para Sodoma do que para aquela cidade.

Ai das cidades impenitentes!
Mt 11.20-24

¹³ Ai de ti, Corazim! Ai de ti, Betsaida! Porque, se em Tiro e em Sidom, se tivessem operado os milagres que em vós se fizeram, há muito que elas se teriam arrependido, assentadas em pano de saco e cinza.

¹⁴ Contudo, no juízo, haverá menos rigor para Tiro e Sidom do que para vós outras.

¹⁵ Tu, Cafarnaum, elevar-te-ás, porventura, até ao céu? Descerás até ao inferno.

¹⁶ Quem vos der ouvidos ouve-me a mim; e quem vos rejeitar a mim me rejeita; quem, porém, me rejeitar rejeita aquele que me enviou.

O regresso dos setenta

¹⁷ Então, regressaram os setenta, possuídos de alegria, dizendo: Senhor, os próprios demônios se nos submetem pelo teu nome!

¹⁸ Mas ele lhes disse: Eu via Satanás caindo do céu como um relâmpago.

¹⁹ Eis aí vos dei autoridade para pisardes serpentes e escorpiões e sobre todo o poder do inimigo, e nada absolutamente vos causará dano.

²⁰ Não obstante, alegrai-vos, não porque os espíritos se vos submetem, e sim porque o vosso nome está arrolado nos céus.

Jesus, o Salvador dos humildes
Mt 11.25-27

²¹ Naquela hora, exultou Jesus no Espírito Santo e exclamou: Graças te dou, ó Pai,

---

9.61 1Rs 19.20.   **10.1-12** Mt 10.5-15; Mc 6.7-13; Lc 9.1-6.   **10.2** Mt 9.37,38.   **10.7** 1Co 9.14; 1Tm 5.18.
10.11 At 13.51.   **10.12** Gn 19.24-28; Mt 11.24.   **10.13,14** Is 23.1-18; Ez 26.1-28.26; Jl 3.4-8; Am 1.9,10;
Zc 9.2-4.   **10.15** Is 14.13-15.   **10.16** Mt 10.40; Mc 9.37; Lc 9.48; Jo 13.20.   **10.19** Sl 91.13.

Senhor do céu e da terra, porque ocultaste estas cousas aos sábios e instruídos e as revelaste aos pequeninos. Sim, ó Pai, porque assim foi do teu agrado.

²² Tudo me foi entregue por meu Pai. Ninguém sabe quem é o Filho, senão o Pai; e também ninguém sabe quem é o Pai, senão o Filho, e aquele a quem o Filho o quiser revelar.

²³ E, voltando-se para os seus discípulos, disse-lhes particularmente: Bem-aventurados os olhos que vêem as cousas que vós vedes.

²⁴ Pois eu vos afirmo que muitos profetas e reis quiseram ver o que vedes e não viram; e ouvir o que ouvis e não o ouviram.

O bom samaritano

²⁵ E eis que certo homem, intérprete da lei, se levantou com o intuito de pôr Jesus à prova e disse-lhe: Mestre, que farei para herdar a vida eterna?

²⁶ Então, Jesus lhe perguntou: Que está escrito na lei? Como interpretas?

²⁷ A isto ele respondeu:
Amarás o Senhor, teu Deus, de todo o teu coração, de toda a tua alma, de todas as tuas forças e de todo o teu entendimento;
e:
amarás o teu próximo como a ti mesmo.

²⁸ Então, Jesus lhe disse: Respondeste corretamente; faze isto e viverás.

²⁹ Ele, porém, querendo justificar-se, perguntou a Jesus: Quem é o meu próximo?

³⁰ Jesus prosseguiu, dizendo: Certo homem descia de Jerusalém para Jericó e veio a cair em mãos de salteadores, os quais, depois de tudo lhe roubarem e le causarem muitos ferimentos, retiraram-se, deixando-o semimorto.

³¹ Casualmente, descia um sacerdote por aquele mesmo caminho e, vendo-o, passou de largo.

³² Semelhantemente, um levita descia por aquele lugar e, vendo-o, também passou de largo.

³³ Certo samaritano, que seguia o seu caminho, passou-lhe perto e, vendo-o, compadeceu-se dele.

³⁴ E, chegando-se, pensou-lhe os ferimentos, aplicando-lhes óleo e vinho; e, colocando-o sobre o seu próprio animal, levou-o para uma hospedaria e tratou dele.

³⁵ No dia seguinte, tirou dois denários e os entregou ao hospedeiro, dizendo: Cuida deste homem, e, se alguma cousa gastares a mais, eu to indenizarei quando voltar.

³⁶ Qual destes três te parece ter sido o próximo do homem que caiu nas mãos dos salteadores?

³⁷ Respondeu-lhe o intérprete da lei: O que usou de misericórdia para com ele. Então, lhe disse: Vai e procede tu de igual modo.

Marta e Maria

³⁸ Indo eles de caminho, entrou Jesus num povoado. E certa mulher, chamada Marta, hospedou-o na sua casa.

³⁹ Tinha ela uma irmã, chamada Maria, e esta quedava-se assentada aos pés do Senhor a ouvir-lhe os ensinamentos.

⁴⁰ Marta agitava-se de um lado para outro, ocupada em muitos serviços. Então, se aproximou de Jesus e disse: Senhor, não te importas de que minha irmã tenha deixado que eu fique a servir sozinha? Ordena-lhe, pois, que venha ajudar-me.

⁴¹ Respondeu-lhe o Senhor: Marta! Marta! Andas inquieta e te preocupas com muitas cousas.

⁴² Entretanto, pouco é necessário ou mesmo uma só cousa; Maria, pois, escolheu a boa parte, e esta não lhe será tirada.

A oração dominical
Mt 6.9-13

11 De uma feita, estava Jesus orando em certo lugar; quando terminou, um dos seus discípulos lhe pediu: Senhor, ensina-nos a orar como também João ensinou aos seus discípulos.

² Então, ele os ensinou: Quando orardes, dizei: Pai, santificado seja o teu nome; venha o teu reino;

³ o pão nosso cotidiano dá-nos de dia em dia;

⁴ perdoa-nos os nossos pecados, pois também nós perdoamos a todo o que nos deve. E não nos deixes cair em tentação.

A parábola do amigo importuno

⁵ Disse-lhes ainda Jesus: Qual dentre vós, tendo um amigo, e este for procurá-lo à meia-noite e lhe disser: Amigo, empresta-me três pães,

---

⁶ pois um meu amigo, chegando de viagem, procurou-me, e eu nada tenho que lhe oferecer.

⁷ E o outro lhe responda lá de dentro, dizendo: Não me importunes; a porta já está fechada, e os meus filhos comigo também já estão deitados. Não posso levantar-me para tos dar;

⁸ digo-vos que, se não se levantar para dar-lhos por ser seu amigo, todavia, o fará por causa da importunação e lhe dará tudo o de que tiver necessidade.

Jesus incita a orar
Mt 7.7-11

⁹ Por isso, vos digo: Pedi, e dar-se-vos-á; buscai, e achareis; batei, e abrir-sc-vos-á.

¹⁰ Pois todo o que pede recebe; o que busca encontra; e a quem bate, abrir-se-lhe-á.

¹¹ Qual dentre vós é o pai que, se o filho lhe pedir [pão, lhe dará uma pedra? Ou se pedir] um peixe, lhe dará em lugar de peixe uma cobra?

¹² Ou, se lhe pedir um ovo lhe dará um escorpião?

¹³ Ora, se vós, que sois maus, sabeis dar boas dádivas aos vossos filhos, quanto mais o Pai celestial dará o Espírito Santo àqueles que lho pedirem?

A cura de um endemoninhado mudo. A blasfêmia dos fariseus. Jesus se defende
Mt 12.22-30; Mc 3.20-27

¹⁴ De outra feita, estava Jesus expelindo um demônio que era mudo. E aconteceu que, ao sair o demônio, o mudo passou a falar; e as multidões se admiravam.

¹⁵ Mas alguns dentre eles diziam: Ora, ele expele os demônios pelo poder de Belzebu, o maioral dos demônios.

¹⁶ E outros, tentando-o, pediam dele um sinal do céu.

¹⁷ E, sabendo ele o que se lhes passava pelo espírito, disse-lhes: Todo reino dividido contra si mesmo ficará deserto, e casa sobre casa cairá.

¹⁸ Se também Satanás estiver dividido contra si mesmo, como subsistirá o seu reino? Isto, porque dizeis que eu expulso os demônios por Belzebu.

¹⁹ E, se eu expulso os demônios por Belzebu, por quem os expulsam vossos filhos? Por isso, eles mesmos serão os vossos juízes.

²⁰ Se, porém, eu expulso os demônios pelo dedo de Deus, certamente, é chegado o reino de Deus sobre vós.

²¹ Quando o valente, bem armado, guarda a sua própria casa, ficam em segurança todos os seus bens.

²² Sobrevindo, porém, um mais valente do que ele, vence-o, tira-lhe a armadura em que confiava e lhe divide os despojos.

²³ Quem não é por mim é contra mim; e quem comigo não ajunta espalha.

A estratégia de Satanás
Mt 12.43-45

²⁴ Quando o espírito imundo sai do homem, anda por lugares áridos, procurando repouso; e, não o achando, diz: Voltarei para a minha casa, donde saí.

²⁵ E, tendo voltado, a encontra varrida e ornamentada.

²⁶ Então, vai e leva consigo outros sete espíritos, piores do que ele, e, entrando, habitam ali; e o último estado daquele homem se torna pior do que o primeiro.

A exclamação de uma mulher

²⁷ Ora, aconteceu que, ao dizer Jesus estas palavras, uma mulher, que estava entre a multidão, exclamou e disse-lhe: Bem-aventurada aquela que te concebeu, e os seios que te amamentaram!

²⁸ Ele, porém, respondeu: Antes, bem-aventurados são os que ouvem a palavra de Deus e a guardam!

O sinal de Jonas
Mt 12.38-42

²⁹ Como afluíssem as multidões, passou Jesus a dizer: Esta é geração perversa! Pede sinal; mas nenhum sinal lhe será dado, senão o de Jonas.

³⁰ Porque, assim como Jonas foi sinal para os ninivitas, o Filho do homem o será para esta geração.

³¹ A rainha do Sul se levantará, no juízo, com os homens desta geração e os condenará; porque veio dos confins da terra para ouvir a sabedoria de Salomão. E eis aqui está quem é maior do que Salomão.

³² Ninivitas se levantarão, no juízo, com esta geração e a condenarão; porque se arrependeram com a pregação de Jonas. E eis aqui está quem é maior do que Jonas.

11.14,15 Mt 9.32-34; 10.25.   11.23 Mc 9.40.   11.30 Jn 3.4.   11.31 1Rs 10.1-10; 2Cr 9.1-12.   11.32 Jn 3.5.

A parábola da candeia
Mt 6.22,23

33 Ninguém, depois de acender uma candeia, a põe em lugar escondido, nem debaixo do alqueire, mas no velador, a fim de que os que entram vejam a luz.
34 São os teus olhos a lâmpada do teu corpo; se os teus olhos forem bons, todo o teu corpo será luminoso; mas, se forem maus, o teu corpo ficará em trevas.
35 Repara, pois, que a luz que há em ti não sejam trevas.
36 Se, portanto, todo o teu corpo for luminoso, sem ter qualquer parte em trevas, será todo resplandecente como a candeia quando te ilumina em plena luz.

Jesus censura os fariseus

37 Ao falar Jesus estas palavras, um fariseu o convidou para ir comer com ele; então, entrando, tomou lugar à mesa.
38 O fariseu, porém, admirou-se ao ver que Jesus não se lavara primeiro, antes de comer.
39 O Senhor, porém, lhe disse: Vós, fariseus, limpais o exterior do copo e do prato; mas o vosso interior está cheio de rapina e perversidade.
40 Insensatos! Quem fez o exterior não é o mesmo que fez o interior?
41 Antes, dai esmola do que tiverdes, e tudo vos será limpo.
42 Mas ai de vós, fariseus! Porque dais o dízimo da hortelã, da arruda e de todas as hortaliças e desprezais a justiça e o amor de Deus; devíeis, porém, fazer estas cousas, sem omitir aquelas.
43 Ai de vós, fariseus! Porque gostais da primeira cadeira nas sinagogas e das saudações nas praças.
44 Ai de vós que sois como as sepulturas invisíveis, sobre as quais os homens passam sem o saber!

Ai dos intérpretes da lei!

45 Então, respondendo um dos intérpretes da lei, disse a Jesus: Mestre, dizendo estas cousas, também nos ofendes a nós outros!
46 Mas ele respondeu: Ai de vós também, intérpretes da lei! Porque sobrecarregais os homens com fardos superiores às suas forças, mas vós mesmos nem com um dedo os tocais.

47 Ai de vós! Porque edificais os túmulos dos profetas que vossos pais assassinaram.
48 Assim, sois testemunhas e aprovais com cumplicidade as obras dos vossos pais; porque eles mataram os profetas, e vós lhes edificais os túmulos.
49 Por isso, também disse a sabedoria de Deus: Enviar-lhes-ei profetas e apóstolos, e a alguns deles matarão e a outros perseguirão,
50 para que desta geração se peçam contas do sangue dos profetas, derramado desde a fundação do mundo;
51 desde o sangue de Abel até ao de Zacarias, que foi assassinado entre o altar e a Casa de Deus. Sim, eu vos afirmo, contas serão pedidas a esta geração.
52 Ai de vós, intérpretes da lei! Porque tomastes a chave da ciência; contudo, vós mesmos não entrastes e impedistes os que estavam entrando.

O plano para tirar a vida de Jesus

53 Saindo Jesus dali, passaram os escribas e fariseus a argüi-lo com veemência, procurando confundi-lo a respeito de muitos assuntos,
54 com o intuito de tirar das suas próprias palavras motivos para o acusar.

O fermento dos fariseus. Algumas admoestações

12 Posto que miríades de pessoas se aglomeraram, a ponto de uns aos outros se atropelarem, passou Jesus a dizer, antes de tudo, aos seus discípulos: Acautelai-vos do fermento dos fariseus, que é a hipocrisia.
2 Nada há encoberto que não venha a ser revelado; e oculto que não venha a ser conhecido.
3 Porque tudo o que dissestes às escuras será ouvido em plena luz; e o que dissestes aos ouvidos no interior da casa será proclamado dos eirados.
4 Digo-vos, pois, amigos meus: não temais os que matam o corpo e, depois disso, nada mais podem fazer.
5 Eu, porém, vos mostrarei a quem deveis temer: temei aquele que, depois de matar, tem poder para lançar no inferno. Sim, digo-vos, a esse deveis temer.
6 Não se vendem cinco pardais por dois

11.33 Mt 5.15; Mc 4.21; Lc 8.16.   11.42 Lv 27.30.   11.51 Gn 4.8; 2Cr 24.20,21.   12.1 Mt 16.6; Mc 8.15.
12.2 Mc 4.22; Lc 8.17.

asses? Entretanto, nenhum deles está em esquecimento diante de Deus.

⁷ Até os cabelos da vossa cabeça estão todos contados. Não temais! Bem mais valeis do que muitos pardais.

⁸ Digo-vos ainda: todo aquele que me confessar diante dos homens, também o Filho do homem o confessará diante dos anjos de Deus;

⁹ mas o que me negar diante dos homens será negado diante dos anjos de Deus.

¹⁰ Todo aquele que proferir uma palavra contra o Filho do homem, isso lhe será perdoado; mas, para o que blasfemar contra o Espírito Santo, não haverá perdão.

¹¹ Quando vos levarem às sinagogas e perante os governadores e as autoridades, não vos preocupeis quanto ao modo por que respondereis, nem quanto às cousas que tiverdes de falar.

¹² Porque o Espírito Santo vos ensinará, naquela mesma hora, as cousas que deveis dizer.

Jesus reprova a avareza

¹³ Nesse ponto, um homem que estava no meio da multidão lhe falou: Mestre, ordena a meu irmão que reparta comigo a herança.

¹⁴ Mas Jesus lhe respondeu: Homem, quem me constituiu juiz ou partidor entre vós?

¹⁵ Então, lhes recomendou: Tende cuidado e guardai-vos de toda e qualquer avareza; porque a vida de um homem não consiste na abundância dos bens que ele possui.

¹⁶ E lhes proferiu ainda uma parábola, dizendo: O campo de um homem rico produziu com abundância.

¹⁷ E arrazoava consigo mesmo, dizendo: Que farei, pois não tenho onde recolher os meus frutos?

¹⁸ E disse: Farei isto: destruirei os meus celeiros, reconstruí-los-ei maiores e aí recolherei todo o meu produto e todos os meus bens.

¹⁹ Então, direi à minha alma: tens em depósito muitos bens para muitos anos; descansa, come, bebe e regala-te.

²⁰ Mas Deus lhe disse: Louco, esta noite te pedirão a tua alma; e o que tens preparado, para quem será?

²¹ Assim é o que entesoura para si mesmo e não é rico para com Deus.

A ansiosa solicitude pela vida
Mt 6.25-34

²² A seguir, dirigiu-se Jesus a seus discípulos, dizendo: Por isso, eu vos advirto: não andeis ansiosos pela vossa vida, quanto ao que haveis de comer, nem pelo vosso corpo, quanto ao que haveis de vestir.

²³ Porque a vida é mais do que o alimento, e o corpo, mais do que as vestes.

²⁴ Observai os corvos, os quais não semeiam, nem ceifam, não têm despensa nem celeiros; todavia, Deus os sustenta. Quanto mais valeis do que as aves!

²⁵ Qual de vós, por ansioso que esteja, pode acrescentar um côvado ao curso da sua vida[b]?

²⁶ Se, portanto, nada podeis fazer quanto às cousas mínimas, por que andais ansiosos pelas outras?

²⁷ Observai os lírios; eles não fiam, nem tecem. Eu, contudo, vos afirmo que nem Salomão, em toda a sua glória, se vestiu como qualquer deles.

²⁸ Ora, se Deus veste assim a erva que hoje está no campo e amanhã é lançada no forno, quanto mais tratando-se de vós, homens de pequena fé!

²⁹ Não andeis, pois, a indagar o que haveis de comer ou beber e não vos entregueis a inquietações.

³⁰ Porque os gentios de todo o mundo é que procuram estas cousas; mas vosso Pai sabe que necessitais delas.

³¹ Buscai, antes de tudo, o seu reino, e estas cousas vos serão acrescentadas.

³² Não temais, ó pequenino rebanho; porque vosso Pai se agradou em dar-vos o seu reino.

³³ Vendei os vossos bens e dai esmola; fazei para vós outros bolsas que não desgastem, tesouro inextinguível nos céus, onde não chega o ladrão, nem a traça consome,

³⁴ porque, onde está o vosso tesouro, aí estará também o vosso coração.

A parábola do servo vigilante

³⁵ Cingido esteja o vosso corpo, e acesas, as vossas candeias.

³⁶ Sede vós semelhantes a homens que esperam pelo seu senhor, ao voltar ele das festas de casamento; para que, quando vier e bater à porta, logo lha abram.

³⁷ Bem-aventurados aqueles servos a

---

[b]ao curso da sua vida; *ou* à sua estatura

12.10 Mt 12.31,32; Mc 3.28,29.   **12.11,12** Mt 10.17-20.   **12.27** 1Rs 10.4-7; 2Cr 9.3-6.   **12.35-40** Mt 24.42-44; Mc 13.32-37; Lc 21.34-36.

quem o senhor, quando vier, os encontre vigilantes; em verdade vos afirmo que ele há de cingir-se, dar-lhes lugar à mesa e, aproximando-se, os servirá.

38 Quer ele venha na segunda vigília, quer na terceira, bem-aventurados serão eles, se assim os achar.

39 Sabei, porém, isto: se o pai de família soubesse a que hora havia de vir o ladrão, [vigiaria e] não deixaria arrombar a sua casa.

40 Ficai também vós apercebidos, porque, à hora em que não cuidais, o Filho do homem virá.

41 Então, Pedro perguntou: Senhor, proferes esta parábola para nós ou também para todos?

42 Disse o Senhor: Quem é, pois, o mordomo fiel e prudente, a quem o senhor confiará os seus conservos para dar-lhes o sustento a seu tempo?

43 Bem-aventurado aquele servo a quem seu senhor, quando vier, achar fazendo assim.

44 Verdadeiramente, vos digo que lhe confiará todos os seus bens.

45 Mas, se aquele servo disser consigo mesmo: Meu senhor tarda em vir, e passar a espancar os criados e as criadas, a comer, a beber e a embriagar-se,

46 virá o senhor daquele servo, em dia em que não o espera e em hora que não sabe, e castigá-lo-á, lançando-lhe a sorte com os infiéis.

47 Aquele servo, porém, que conheceu a vontade de seu senhor e não se aprontou, nem fez segundo a sua vontade será punido com muitos açoites.

48 Aquele, porém, que não soube a vontade do seu senhor e fez cousas dignas de reprovação levará poucos açoites. Mas àquele a quem muito foi dado, muito lhe será exigido; e àquele a quem muito se confia, muito mais lhe pedirão.

Jesus traz fogo e dissensão à terra

49 Eu vim para lançar fogo sobre a terra e bem quisera que já estivesse a arder.

50 Tenho, porém, um batismo com o qual hei de ser batizado; e quanto me angustio até que o mesmo se realize!

51 Supondes que vim para dar paz à terra? Não, eu vo-lo afirmo; antes, divisão.

52 Porque, daqui em diante, estarão cinco divididos numa casa: três contra dois, e dois contra três.

53 Estarão divididos: pai contra filho, filho contra pai; mãe contra filha, filha contra mãe; sogra contra nora, e nora contra sogra.

Os sinais dos tempos

54 Disse também às multidões: Quando vedes aparecer uma nuvem no poente, logo dizeis que vem chuva, e assim acontece;

55 e, quando vedes soprar o vento sul, dizeis que haverá calor, e assim acontece.

56 Hipócritas, sabeis interpretar o aspecto da terra e do céu e, entretanto, não sabeis discernir esta época?

57 E por que não julgais também por vós mesmos o que é justo?

58 Quando fores com o teu adversário ao magistrado, esforça-te para te livrares desse adversário no caminho; para que não suceda que ele te arraste ao juiz, o juiz te entregue ao meirinho e o meirinho te recolha à prisão.

59 Digo-te que não sairás dali enquanto não pagares o último centavo.

A morte dos galileus e a queda da torre de Siloé

13 Naquela mesma ocasião, chegando alguns, falavam a Jesus a respeito dos galileus cujo sangue Pilatos misturara com os sacrifícios que os mesmos realizavam.

2 Ele, porém, lhes disse: Pensais que esses galileus eram mais pecadores do que todos os outros galileus, por terem padecido estas cousas?

3 Não eram, eu vo-lo afirmo; se, porém, não vos arrependerdes, todos igualmente perecereis.

4 Ou cuidais que aqueles dezoito sobre os quais desabou a torre de Siloé e os matou eram mais culpados que todos os outros habitantes de Jerusalém?

5 Não eram, eu vo-lo afirmo; mas, se não vos arrependerdes, todos igualmente perecereis.

A parábola da figueira estéril

6 Então, Jesus proferiu a seguinte parábola: Certo homem tinha uma figueira plantada na sua vinha e, vindo procurar fruto nela, não achou.

7 Pelo que disse ao viticultor: Há três anos venho procurar fruto nesta figueira e

12.50 Mc 10.38,39.   **12.53** Mq 7.6.   **12.54-56** Mt 12.38-42; Lc 11.29-32.

não acho; podes cortá-la; para que está ela ainda ocupando inutilmente a terra?

⁸ Ele, porém, respondeu: Senhor, deixa-a ainda este ano, até que eu escave ao redor dela e lhe ponha estrume.

⁹ Se vier a dar fruto, bem está; se não, mandarás cortá-la.

A cura de uma enferma

¹⁰ Ora, ensinava Jesus no sábado numa das sinagogas.

¹¹ E veio ali uma mulher possessa de um espírito de enfermidade, havia já dezoito anos; andava ela encurvada, sem de modo algum poder endireitar-se.

¹² Vendo-a Jesus, chamou-a e disse-lhe: Mulher, estás livre da tua enfermidade;

¹³ e, impondo-lhe as mãos, ela imediatamente se endireitou e dava glória a Deus.

¹⁴ O chefe da sinagoga, indignado de ver que Jesus curava no sábado, disse à multidão: Seis dias há em que se deve trabalhar; vinde, pois, nesses dias para serdes curados e não no sábado.

¹⁵ Disse-lhe, porém, o Senhor: Hipócritas, cada um de vós não desprende da manjedoura, no sábado, o seu boi ou o seu jumento, para levá-lo a beber?

¹⁶ Por que motivo não se devia livrar deste cativeiro, em dia de sábado, esta filha de Abraão, a quem Satanás trazia presa há dezoito anos?

¹⁷ Tendo ele dito estas palavras, todos os seus adversários se envergonharam. Entretanto, o povo se alegrava por todos os gloriosos feitos que Jesus realizava.

A parábola do grão de mostarda
Mt 13.31,32; Mc 4 30-32

¹⁸ E dizia: A que é semelhante o reino de Deus, e a que o compararei?

¹⁹ É semelhante a um grão de mostarda que um homem plantou na sua horta; e cresceu e fez-se árvore; e as aves do céu aninharam-se nos seus ramos.

A parábola do fermento
Mt 13.33

²⁰ Disse mais: A que compararei o reino de Deus?

²¹ É semelhante ao fermento que uma mulher tomou e escondeu em três medidas de farinha, até ficar tudo levedado.

A porta estreita

²² Passava Jesus por cidades e aldeias, ensinando e caminhando para Jerusalém.

²³ E alguém lhe perguntou: Senhor, são poucos os que são salvos?

²⁴ Respondeu-lhes: Esforçai-vos por entrar pela porta estreita, pois eu vos digo que muitos procurarão entrar e não poderão.

²⁵ Quando o dono da casa se tiver levantado e fechado a porta, e vós, do lado de fora, começardes a bater, dizendo: Senhor, abre-nos a porta, ele vos responderá: Não sei donde sois.

²⁶ Então, direis: Comíamos e bebíamos na tua presença, e ensinavas em nossas ruas.

²⁷ Mas ele vos dirá: Não sei donde vós sois; apartai-vos de mim, vós todos os que praticais iniqüidades.

²⁸ Ali haverá choro e ranger de dentes, quando virdes, no reino de Deus, Abraão, Isaque, Jacó e todos os profetas, mas vós, lançados fora.

²⁹ Muitos virão do Oriente e do Ocidente, do Norte e do Sul e tomarão lugares à mesa no reino de Deus.

³⁰ Contudo, há últimos que virão a ser primeiros, e primeiros que serão últimos.

A mensagem de Jesus a Herodes.
O lamento sobre Jerusalém
Mt 23.37-39

³¹ Naquela mesma hora, alguns fariseus vieram para dizer-lhe: Retira-te e vai-te daqui, porque Herodes quer matar-te.

³² Ele, porém, lhes respondeu: Ide dizer a essa raposa que, hoje e amanhã, expulso demônios e curo enfermos e, no terceiro dia, terminarei.

³³ Importa, contudo, caminhar hoje, amanhã e depois, porque não se espera que um profeta morra fora de Jerusalém.

³⁴ Jerusalém, Jerusalém, que matas os profetas e apedrejas os que te foram enviados! Quantas vezes quis eu reunir teus filhos como a galinha ajunta os do seu próprio ninho debaixo das asas, e vós não o quisestes!

³⁵ Eis que a vossa casa vos ficará deserta. E em verdade vos digo que não mais me vereis até que venhais a dizer:

Bendito o que vem em nome do Senhor.

13.14 Êx 20.9,10; Dt 5.13,14.   **13.27** Sl 6.8.   **13.30** Mt 19.30; 20.16; Mc 10.31.   **13.35** Sl 118.26.

A cura de um hidrópico

14 Aconteceu que, ao entrar ele num sábado na casa de um dos principais fariseus para comer pão, eis que o estavam observando.

² Ora, diante dele se achava um homem hidrópico.

³ Então, Jesus, dirigindo-se aos intérpretes da lei e aos fariseus, perguntou-lhes: É ou não é lícito curar no sábado?

⁴ Eles, porém, nada disseram. E, tomando-o, o curou e o despediu.

⁵ A seguir, lhes perguntou: Qual de vós, se o filho ou o boi cair num poço, não o tirará logo, mesmo em dia de sábado?

⁶ A isto nada puderam responder.

Os primeiros lugares

⁷ Reparando como os convidados escolhiam os primeiros lugares, propôs-lhes uma parábola:

⁸ Quando por alguém fores convidado para um casamento, não procures o primeiro lugar; para não suceder que, havendo um convidado mais digno do que tu,

⁹ vindo aquele que te convidou e também a ele, te diga: Dá o lugar a este. Então, irás, envergonhado, ocupar o último lugar.

¹⁰ Pelo contrário, quando fores convidado, vai tomar o último lugar; para que, quando vier o que te convidou, te diga: Amigo, senta-te mais para cima. Ser-te-á isto uma honra diante de todos os mais convivas.

¹¹ Pois todo o que se exalta será humilhado; e o que se humilha será exaltado.

¹² Disse também ao que o havia convidado: Quando deres um jantar ou uma ceia, não convides os teus amigos, nem teus irmãos, nem teus parentes, nem vizinhos ricos; para não suceder que eles, por sua vez, te convidem e sejas recompensado.

¹³ Antes, ao dares um banquete, convida os pobres, os aleijados, os coxos e os cegos;

¹⁴ e serás bem-aventurado, pelo fato de não terem eles com que recompensar-te; a tua recompensa, porém, tu a receberás na ressurreição dos justos.

A parábola da grande ceia

¹⁵ Ora, ouvindo tais palavras, um dos que estavam com ele à mesa, disse-lhe: Bem-aventurado aquele que comer pão no reino de Deus.

¹⁶ Ele, porém, respondeu: Certo homem deu uma grande ceia e convidou muitos.

¹⁷ À hora da ceia, enviou o seu servo para avisar aos convidados: Vinde, porque tudo já está preparado.

¹⁸ Não obstante, todos, à uma, começaram a escusar-se. Disse o primeiro: Comprei um campo e preciso ir vê-lo; rogo-te que me tenhas por escusado.

¹⁹ Outro disse: Comprei cinco juntas de bois e vou experimentá-las; rogo-te que me tenhas por escusado.

²⁰ E outro disse: Casei-me e, por isso, não posso ir.

²¹ Voltando o servo, tudo contou ao seu senhor. Então, irado, o dono da casa disse ao seu servo: Sai depressa para as ruas e becos da cidade e traze para aqui os pobres, os aleijados, os cegos e os coxos.

²² Depois, lhe disse o servo: Senhor, feito está como mandaste, e ainda há lugar.

²³ Respondeu-lhe o senhor: Sai pelos caminhos e atalhos e obriga a todos a entrar, para que fique cheia a minha casa.

²⁴ Porque vos declaro que nenhum daqueles homens que foram convidados provará a minha ceia.

O serviço de Cristo exige abnegação

²⁵ Grandes multidões o acompanhavam, e ele, voltando-se, lhes disse:

²⁶ Se alguém vem a mim, e não aborrece[c] a seu pai, e mãe, e mulher, e filhos, e irmãos, e irmãs e ainda a sua própria vida, não pode ser meu discípulo.

²⁷ E qualquer que não tomar a sua cruz e vier após mim não pode ser meu discípulo.

²⁸ Pois qual de vós, pretendendo construir uma torre, não se assenta primeiro para calcular a despesa e verificar se tem os meios para a concluir?

²⁹ Para não suceder que, tendo lançado os alicerces e não a podendo acabar, todos os que a virem zombem dele,

³⁰ dizendo: Este homem começou a construir e não pôde acabar.

³¹ Ou qual é o rei que, indo para combater outro rei, não se assenta primeiro para

---

[c]aborrece; *isto é,* ama menos, *Mt 10.37*

14.5 Mt 12.11.   **14.8-10** Pv 25.6,7.   **14.11** Mt 23.12; Lc 18.14.   **14.26** Mt 10.37.   **14.27** Mt 10.38; 16.24; Mc 8.34; Lc 9.23.

calcular se com dez mil homens poderá enfrentar o que vem contra ele com vinte mil?

³² Caso contrário, estando o outro ainda longe, envia-lhe uma embaixada, pedindo condições de paz.

³³ Assim, pois, todo aquele que dentre vós não renuncia a tudo quanto tem não pode ser meu discípulo.

Os discípulos, sal da terra
Mt 5.13; Mc 9.50

³⁴ O sal é certamente bom; caso, porém, se torne insípido, como restaurar-lhe o sabor?

³⁵ Nem presta para a terra, nem mesmo para o monturo; lança-no fora. Quem tem ouvidos para ouvir, ouça.

Jesus recebe pecadores

15 Aproximavam-se de Jesus todos os publicanos e pecadores para o ouvir.

² E murmuravam os fariseus e os escribas, dizendo: Este recebe pecadores e come com eles.

A parábola da ovelha perdida
Mt 18.10-14

³ Então, lhes propôs Jesus esta parábola:

⁴ Qual, dentre vós, é o homem que, possuindo cem ovelhas e perdendo uma delas, não deixa no deserto as noventa e nove e vai em busca da que se perdeu, até encontrá-la?

⁵ Achando-a, põe-na sobre os ombros, cheio de júbilo.

⁶ E, indo para casa, reúne os amigos e vizinhos, dizendo-lhes: Alegrai-vos comigo, porque já achei a minha ovelha perdida.

⁷ Digo-vos que, assim, haverá maior júbilo no céu por um pecador que se arrepende do que por noventa e nove justos que não necessitam de arrependimento.

A parábola da dracma perdida

⁸ Ou qual é a mulher que, tendo dez dracmas, se perder uma, não acende a candeia, varre a casa e a procura diligentemente até encontrá-la?

⁹ E, tendo-a achado, reúne as amigas e vizinhas, dizendo: Alegrai-vos comigo, porque achei a dracma que eu tinha perdido.

¹⁰ Eu vos afirmo que, de igual modo, há

júbilo diante dos anjos de Deus por um pecador que se arrepende.

A parábola do filho pródigo

¹¹ Continuou: Certo homem tinha dois filhos;

¹² o mais moço deles disse ao pai: Pai, dá-me a parte dos bens que me cabe. E ele lhes repartiu os haveres.

¹³ Passados não muitos dias, o filho mais moço, ajuntando tudo o que era seu, partiu para uma terra distante e lá dissipou todos os seus bens, vivendo dissolutamente.

¹⁴ Depois de ter consumido tudo, sobreveio àquele país uma grande fome, e ele começou a passar necessidade.

¹⁵ Então, ele foi e se agregou a um dos cidadãos daquela terra, e este o mandou para os seus campos a guardar porcos.

¹⁶ Ali, desejava ele fartar-se das alfarrobas que os porcos comiam; mas ninguém lhe dava nada.

¹⁷ Então, caindo em si, disse: Quantos trabalhadores de meu pai têm pão com fartura, e eu aqui morro de fome!

¹⁸ Levantar-me-ei, e irei ter com o meu pai, e lhe direi: Pai, pequei contra o céu e diante de ti;

¹⁹ já não sou digno de ser chamado teu filho; trata-me como um dos teus trabalhadores.

²⁰ E, levantando-se, foi para seu pai. Vinha ele ainda longe, quando seu pai o avistou, e, compadecido dele, correndo, o abraçou, e beijou.

²¹ E o filho lhe disse: Pai, pequei contra o céu e diante de ti; já não sou digno de ser chamado teu filho.

²² O pai, porém, disse aos seus servos: Trazei depressa a melhor roupa, vesti-o, ponde-lhe um anel no dedo e sandálias nos pés;

²³ trazei também e matai o novilho cevado. Comamos e regozijemo-nos,

²⁴ porque este meu filho estava morto e reviveu, estava perdido e foi achado. E começaram a regozijar-se.

²⁵ Ora, o filho mais velho estivera no campo; e, quando voltava, ao aproximar-se da casa, ouviu a música e as danças.

²⁶ Chamou um dos criados e perguntou-lhe que era aquilo.

²⁷ E ele informou: Veio teu irmão, e teu pai mandou matar o novilho cevado, porque o recuperou com saúde.

15.1,2 Lc 5.29,30.

28 Ele se indignou e não queria entrar; saindo, porém, o pai, procurava conciliá-lo.

29 Mas ele respondeu a seu pai: Há tantos anos que te sirvo sem jamais transgredir uma ordem tua, e nunca me deste um cabrito sequer para alegrar-me com os meus amigos;

30 vindo, porém, esse teu filho, que desperdiçou os teus bens com meretrizes, tu mandaste matar para ele o novilho cevado.

31 Então, lhe respondeu o pai: Meu filho, tu sempre estás comigo; tudo o que é meu é teu.

32 Entretanto, era preciso que nos regozijássemos e nos alegrássemos, porque esse teu irmão estava morto e reviveu, estava perdido e foi achado.

A parábola do administrador infiel

16 Disse Jesus também aos discípulos: Havia um homem rico que tinha um administrador; e este lhe foi denunciado como quem estava a defraudar os seus bens.

2 Então, mandando-o chamar, lhe disse: Que é isto que ouço a teu respeito? Presta contas da tua administração, porque já não podes mais continuar nela.

3 Disse o administrador consigo mesmo: Que farei, pois o meu senhor me tira a administração? Trabalhar na terra não posso; também de mendigar tenho vergonha.

4 Eu sei o que farei, para que, quando for demitido da administração, me recebam em suas casas.

5 Tendo chamado cada um dos devedores do seu senhor, disse ao primeiro: Quanto deves ao meu patrão?

6 Respondeu ele: Cem cados de azeite. Então, disse: Toma a tua conta, assenta-te depressa e escreve cinqüenta.

7 Depois, perguntou a outro: Tu, quanto deves? Respondeu ele: Cem coros de trigo. Disse-lhe: Toma a tua conta e escreve oitenta.

8 E elogiou o senhor o administrador infiel porque se houvera atiladamente, porque os filhos do mundo são mais hábeis na sua própria geração do que os filhos da luz.

9 E eu vos recomendo: das riquezas de origem iníqua fazei amigos; para que, quando aquelas vos faltarem, esses amigos vos recebam nos tabernáculos eternos.

10 Quem é fiel no pouco também é fiel no muito; e quem é injusto no pouco também é injusto no muito.

11 Se, pois, não vos tornastes fiéis na aplicação das riquezas de origem injusta, quem vos confiará a verdadeira riqueza?

12 Se não vos tornastes fiéis na aplicação do alheio, quem vos dará o que é vosso?

13 Ninguém pode servir a dois senhores; porque ou há de aborrecer-se de um e amar ao outro ou se devotará a um e desprezará ao outro. Não podeis servir a Deus e às riquezas.

Jesus reprova os fariseus

14 Os fariseus, que eram avarentos, ouviam tudo isto e o ridicularizavam.

15 Mas Jesus lhes disse: Vós sois os que vos justificais a vós mesmos diante dos homens, mas Deus conhece o vosso coração; pois aquilo que é elevado entre homens é abominação diante de Deus.

16 A lei e os profetas vigoraram até João; desde esse tempo, vem sendo anunciado o evangelho do reino de Deus, e todo homem se esforça por entrar nele.

17 E é mais fácil passar o céu e a terra do que cair um til sequer da lei.

Acerca do divórcio
Mt 19.9; Mc 10.10-12

18 Quem repudiar sua mulher e casar com outra comete adultério; e aquele que casa com a mulher repudiada pelo marido também comete adultério.

O rico e o mendigo

19 Ora, havia certo homem rico que se vestia de púrpura e de linho finíssimo e que, todos os dias, se regalava esplendidamente.

20 Havia também certo mendigo, chamado Lázaro, coberto de chagas, que jazia à porta daquele;

21 e desejava alimentar-se das migalhas que caíam da mesa do rico; e até os cães vinham lamber-lhe as úlceras.

22 Aconteceu morrer o mendigo e ser levado pelos anjos para o seio de Abraão; morreu também o rico e foi sepultado.

23 No inferno, estando em tormentos, levantou os olhos e viu ao longe a Abraão e Lázaro no seu seio.

24 Então, clamando, disse: Pai Abraão, tem misericórdia de mim! E manda a Lázaro que molhe em água a ponta do dedo e me refresque a língua, porque estou atormentado nesta chama.

16.13 Mt 6.24.   **16.18** Mt 5.32; 1Co 7.10,11.

²⁵ Disse, porém, Abraão: Filho, lembrate de que recebeste os teus bens em tua vida, e Lázaro igualmente, os males; agora, porém, aqui, ele está consolado; tu, em tormentos.

²⁶ E, além de tudo, está posto um grande abismo entre nós e vós, de sorte que os que querem passar daqui para vós outros não podem, nem os de lá passar para nós.

²⁷ Então, replicou: Pai, eu te imploro que o mandes à minha casa paterna,

²⁸ porque tenho cinco irmãos; para que lhes dê testemunho, a fim de não virem também para este lugar de tormento.

²⁹ Respondeu Abraão: Eles têm Moisés e os profetas; ouçam-nos.

³⁰ Mas ele insistiu: Não, pai Abraão; se alguém dentre os mortos for ter com eles, arrepender-se-ão.

³¹ Abraão, porém, lhe respondeu: Se não ouvem a Moisés e aos profetas, tampouco se deixarão persuadir, ainda que ressuscite alguém dentre os mortos.

Os tropeços
Mt 18.6,7; Mc 9.42

17 Disse Jesus a seus discípulos: É inevitável que venham escândalos, mas ai do homem pelo qual eles vêm!

² Melhor fora que se lhe pendurasse ao pescoço uma pedra de moinho, e fosse atirado no mar, do que fazer tropeçar a um destes pequeninos.

Quantas vezes se deve perdoar a um irmão
Mt 18.21,22

³ Acautelai-vos. Se teu irmão pecar contra ti, repreende-o; se ele se arrepender, perdoa-lhe.

⁴ Se, por sete vezes no dia, pecar contra ti e, sete vezes, vier ter contigo, dizendo: Estou arrependido, perdoa-lhe.

⁵ Então, disseram os apóstolos ao Senhor: Aumenta-nos a fé.

⁶ Respondeu-lhes o Senhor: Se tiverdes fé como um grão de mostarda, direis a esta amoreira: Arranca-te e transplanta-te no mar; e ela vos obedecerá.

⁷ Qual de vós, tendo um servo ocupado na lavoura ou em guardar o gado, lhe dirá quando ele voltar do campo: Vem já e põe-te à mesa?

⁸ E que, antes, não lhe diga: Prepara-me a ceia, cinge-te e serve-me, enquanto eu como e bebo; depois, comerás tu e beberás?

⁹ Porventura, terá de agradecer ao servo porque este fez o que lhe havia ordenado?

¹⁰ Assim também vós, depois de haverdes feito quanto vos foi ordenado, dizei: Somos servos inúteis, porque fizemos apenas o que devíamos fazer.

A cura de dez leprosos

¹¹ De caminho para Jerusalém, passava Jesus pelo meio de Samaria e da Galiléia.

¹² Ao entrar numa aldeia, saíram-lhe ao encontro dez leprosos,

¹³ que ficaram de longe e lhe gritaram, dizendo: Jesus, Mestre, compadece-te de nós!

¹⁴ Ao vê-los, disse-lhes Jesus: Ide e mostrai-vos aos sacerdotes. Aconteceu que, indo eles, foram purificados.

¹⁵ Um dos dez, vendo que fora curado, voltou, dando glória a Deus em alta voz,

¹⁶ e prostrou-se com o rosto em terra aos pés de Jesus, agradecendo-lhe; e este era samaritano.

¹⁷ Então, Jesus lhe perguntou: Não eram dez os que foram curados? Onde estão os nove?

¹⁸ Não houve, porventura, quem voltasse para dar glória a Deus, senão este estrangeiro?

¹⁹ E disse-lhe: Levanta-te e vai; a tua fé te salvou.

A vinda do reino de Deus

²⁰ Interrogado pelos fariseus sobre quando viria o reino de Deus, Jesus lhes respondeu: Não vem o reino de Deus com visível aparência.

²¹ Nem dirão: Ei-lo aqui! Ou: Lá está! Porque o reino de Deus está dentro de vós.

²² A seguir, dirigiu-se aos discípulos: Virá o tempo em que desejareis ver um dos dias do Filho do homem e não o vereis.

²³ E vos dirão: Ei-lo aqui! Ou: Lá está! Não vades nem os sigais;

²⁴ porque assim como o relâmpago, fuzilando, brilha de uma à outra extremidade do céu, assim será, no seu dia, o Filho do homem.

²⁵ Mas importa que primeiro ele padeça muitas cousas e seja rejeitado por esta geração.

²⁶ Assim como foi nos dias de Noé, será também nos dias do Filho do homem:

17.14 Lv 14.1-32.   **17.26** Gn 6.5-8.

27 comiam, bebiam, casavam e davam-se em casamento, até ao dia em que Noé entrou na arca, e veio o dilúvio e destruiu a todos.

28 O mesmo aconteceu nos dias de Ló: comiam, bebiam, compravam, vendiam, plantavam e edificavam;

29 mas, no dia em que Ló saiu de Sodoma, choveu do céu fogo e enxofre e destruiu todos.

30 Assim será no dia em que o Filho do homem se manifestar.

31 Naquele dia, quem estiver no eirado e tiver os seus bens em casa não desça para tirá-los; e de igual modo quem estiver no campo não volte para trás.

32 Lembrai-vos da mulher de Ló.

33 Quem quiser preservar a sua vida perdê-la-á; e quem a perder de fato a salvará.

34 Digo-vos que, naquela noite, dois estarão numa cama; um será tomado, e deixado o outro;

35 duas mulheres estarão juntas moendo; uma será tomada, e deixada a outra.

36 [Dois estarão no campo; um será tomado, e o outro, deixado.]

37 Então, lhe perguntaram: Onde será isso, Senhor? Respondeu-lhes: Onde estiver o corpo, aí se ajuntarão também os abutres.

A parábola do juiz iníquo

18 Disse-lhes Jesus uma parábola sobre o dever de orar sempre e nunca esmorecer.

2 Havia em certa cidade um juiz que não temia a Deus, nem respeitava homem algum.

3 Havia também, naquela mesma cidade, uma viúva que vinha ter com ele, dizendo: Julga a minha causa contra o meu adversário.

4 Ele, por algum tempo, não a quis atender; mas, depois, disse consigo: Bem que eu não temo a Deus, nem respeito a homem algum;

5 todavia, como esta viúva me importuna, julgarei a sua causa, para não suceder que, por fim, venha a molestar-me.

6 Então, disse o Senhor: Considerai no que diz este juiz iníquo.

7 Não fará Deus justiça aos seus escolhidos, que a ele clamam dia e noite, embora pareça demorado em defendê-los?

8 Digo-vos que, depressa, lhes fará justiça. Contudo, quando vier o Filho do homem, achará, porventura, fé na terra?

A parábola do fariseu e o publicano

9 Propôs também esta parábola a alguns que confiavam em si mesmos, por se considerarem justos, e desprezavam os outros:

10 Dois homens subiram ao templo com o propósito de orar: um, fariseu, e o outro, publicano.

11 O fariseu, posto em pé, orava de si para si mesmo, desta forma: Ó Deus, graças te dou porque não sou como os demais homens, roubadores, injustos e adúlteros, nem ainda como este publicano;

12 jejuo duas vezes por semana e dou o dízimo de tudo quanto ganho.

13 O publicano, estando em pé, longe, não ousava nem ainda levantar os olhos ao céu, mas batia no peito, dizendo: Ó Deus, sê propício a mim, pecador!

14 Digo-vos que este desceu justificado para sua casa, e não aquele; porque todo o que se exalta será humilhado; mas o que se humilha será exaltado.

Jesus abençoa as crianças
Mt 19.13-15; Mc 10.13-16

15 Traziam-lhe também as crianças, para que as tocasse; e os discípulos, vendo, os repreendiam.

16 Jesus, porém, chamando-as para junto de si, ordenou: Deixai vir a mim os pequeninos e não os embaraceis, porque dos tais é o reino de Deus.

17 Em verdade vos digo: Quem não receber o reino de Deus como uma criança de maneira alguma entrará nele.

O jovem rico
Mt 19.16-22; Mc 10.17-22

18 Certo homem de posição perguntou-lhe: Bom Mestre, que farei para herdar a vida eterna?

19 Respondeu-lhe Jesus: Por que me chamas bom? Ninguém é bom, senão um, que é Deus.

20 Sabes os mandamentos: Não adulterarás, não matarás, não furtarás, não dirás falso testemunho, honra a teu pai e a tua mãe.

17.27 Gn 7.6-24.   17.28,29 Gn 18.20-19.25.   17.32 Gn 19.26.   17.33 Mt 10.39; 16.25; Mc 8.35; Lc 9.24; Jo 12.25.   18.14 Mt 23.12; Lc 14.11.   18.20 Êx 20.14; Dt 5.18; Êx 20.13; Dt 5.17; Êx 20.15; Dt 5.19; Êx 20.16; Dt 5.20; Êx 20.12; Dt 5.16.

21 Replicou ele: Tudo isso tenho observado desde a minha juventude.

22 Ouvindo-o Jesus, disse-lhe: Uma cousa ainda te falta: vende tudo o que tens, dá-o aos pobres e terás um tesouro nos céus; depois, vem e segue-me.

23 Mas, ouvindo ele estas palavras, ficou muito triste, porque era riquíssimo.

O perigo das riquezas
Mt 19.23-30; Mc 10.23-31

24 E Jesus, vendo-o assim triste, disse: Quão dificilmente entrarão no reino de Deus os que têm riquezas!

25 Porque é mais fácil passar um camelo pelo fundo de uma agulha do que entrar um rico no reino de Deus.

26 E os que ouviram disseram: Sendo assim, quem pode ser salvo?

27 Mas ele respondeu: Os impossíveis dos homens são possíveis para Deus.

28 E disse Pedro: Eis que nós deixamos nossa casa e te seguimos.

29 Respondeu-lhes Jesus: Em verdade vos digo que ninguém há que tenha deixado casa, ou mulher, ou irmãos, ou pais, ou filhos, por causa do reino de Deus,

30 que não receba, no presente, muitas vezes mais e, no mundo por vir, a vida eterna.

Jesus outra vez prediz sua morte e ressurreição
Mt 20.17-19; Mc 10.32-34

31 Tomando consigo os doze, disse-lhes Jesus: Eis que subimos para Jerusalém e vai cumprir-se ali tudo quanto está escrito por intermédio dos profetas, no tocante ao Filho do homem;

32 pois será ele entregue aos gentios, escarnecido, ultrajado e cuspido;

33 e, depois de o açoitarem, tirar-lhe-ão a vida; mas, ao terceiro dia, ressuscitará.

34 Eles, porém, nada compreenderam acerca destas cousas; e o sentido destas palavras era-lhes encoberto, de sorte que não percebiam o que ele dizia.

A cura do cego de Jericó
Mt 20.29-34; Mc 10.46-52

35 Aconteceu que, ao aproximar-se ele de Jericó, estava um cego assentado à beira do caminho, pedindo esmolas.

36 E, ouvindo o tropel da multidão que passava, perguntou o que era aquilo.

37 Anunciaram-lhe que passava Jesus, o Nazareno.

38 Então, ele clamou: Jesus, Filho de Davi, tem compaixão de mim!

39 E os que iam na frente o repreendiam para que se calasse; ele, porém, cada vez gritava mais: Filho de Davi, tem misericórdia de mim!

40 Então, parou Jesus e mandou que lho trouxessem. E, tendo ele chegado, perguntou-lhe:

41 Que queres que eu te faça? Respondeu ele: Senhor, que eu torne a ver.

42 Então, Jesus lhe disse: Recupera a tua vista; a tua fé te salvou.

43 Imediatamente, tornou a ver e seguia-o glorificando a Deus. Também todo o povo, vendo isto, dava louvores a Deus.

Zaqueu, o publicano

19 Entrando em Jericó, atravessava Jesus a cidade.

2 Eis que um homem, chamado Zaqueu, maioral dos publicanos e rico,

3 procurava ver quem era Jesus, mas não podia, por causa da multidão, por ser ele de pequena estatura.

4 Então, correndo adiante, subiu a um sicômoro a fim de vê-lo, porque por ali havia de passar.

5 Quando Jesus chegou àquele lugar, olhando para cima, disse-lhe: Zaqueu, desce depressa, pois me convém ficar hoje em tua casa.

6 Ele desceu a toda a pressa e o recebeu com alegria.

7 Todos os que viram isto murmuravam, dizendo que ele se hospedara com homem pecador.

8 Entrementes, Zaqueu se levantou e disse ao Senhor: Senhor, resolvo dar aos pobres a metade dos meus bens; e, se nalguma cousa tenho defraudado alguém, restituo quatro vezes mais.

9 Então, Jesus lhe disse: Hoje, houve salvação nesta casa, pois que também este é filho de Abraão.

10 Porque o Filho do homem veio buscar e salvar o perdido.

A parábola das dez minas

11 Ouvindo eles estas cousas, Jesus propôs uma parábola, visto estar perto de Jerusalém e lhes parecer que o reino de Deus havia de manifestar-se imediatamente.

12 Então, disse: Certo homem nobre

partiu para uma terra distante, com o fim de tomar posse de um reino e voltar.

¹³ Chamou dez servos seus, confiou-lhes dez minas e disse-lhes: Negociai até que eu volte.

¹⁴ Mas os seus concidadãos o odiavam e enviaram após ele uma embaixada, dizendo: Não queremos que este reine sobre nós.

¹⁵ Quando ele voltou, depois de haver tomado posse do reino, mandou chamar os servos a quem dera o dinheiro, a fim de saber que negócio cada um teria conseguido.

¹⁶ Compareceu o primeiro e disse: Senhor, a tua mina rendeu dez.

¹⁷ Respondeu-lhe o senhor: Muito bem, servo bom; porque foste fiel no pouco, terás autoridade sobre dez cidades.

¹⁸ Veio o segundo, dizendo: Senhor, a tua mina rendeu cinco.

¹⁹ A este disse: Terás autoridade sobre cinco cidades.

²⁰ Veio, então, outro, dizendo: Eis aqui, senhor, a tua mina, que eu guardei embrulhada num lenço.

²¹ Pois tive medo de ti, que és homem rigoroso; tiras o que não puseste e ceifas o que não semeaste.

²² Respondeu-lhe: Servo mau, por tua própria boca te condenarei. Sabias que eu sou homem rigoroso, que tiro o que não pus e ceifo o que não semeei;

²³ por que não puseste o meu dinheiro no banco? E, então, na minha vinda, o receberia com juros.

²⁴ E disse aos que o assistiam: Tirai-lhe a mina e dai-a ao que tem as dez.

²⁵ Eles ponderaram: Senhor, ele já tem dez.

²⁶ Pois eu vos declaro: a todo o que tem dar-se-lhe-á; mas ao que não tem, o que tem lhe será tirado.

²⁷ Quanto, porém, a esses meus inimigos, que não quiseram que eu reinasse sobre eles, trazei-os aqui e executai-os na minha presença.

A entrada triunfal de Jesus em Jerusalém
Mt 21.1-11; Mc 11.1-11; Jo 12.12-19

²⁸ E, dito isto, prosseguia Jesus subindo para Jerusalém.

²⁹ Ora, aconteceu que, ao aproximar-se de Betfagé e de Betânia, junto ao monte das Oliveiras, enviou dois de seus discípulos,

³⁰ dizendo-lhes: Ide à aldeia fronteira e ali, ao entrardes, achareis preso um jumen-

tinho que jamais homem algum montou; soltai-o e trazei-o.

³¹ Se alguém vos perguntar: Por que o soltais? Respondereis assim: Porque o Senhor precisa dele.

³² E, indo os que foram mandados, acharam segundo lhes dissera Jesus.

³³ Quando eles estavam soltando o jumentinho, seus donos lhes disseram: Por que o soltais?

³⁴ Responderam: Porque o Senhor precisa dele.

³⁵ Então, o trouxeram e, pondo as suas vestes sobre ele, ajudaram Jesus a montar.

³⁶ Indo ele, estendiam no caminho as suas vestes.

³⁷ E, quando se aproximava da descida do monte das Oliveiras, toda a multidão dos discípulos passou, jubilosa, a louvar a Deus em alta voz, por todos os milagres que tinham visto,

³⁸ dizendo: Bendito é o Rei que vem em nome do Senhor! Paz no céu e glória nas maiores alturas!

³⁹ Ora, alguns dos fariseus lhe disseram em meio à multidão: Mestre, repreende os teus discípulos!

⁴⁰ Mas ele lhes respondeu: Asseguro-vos que, se eles se calarem, as próprias pedras clamarão.

Jesus chora à vista de Jerusalém

⁴¹ Quando ia chegando, vendo a cidade, chorou

⁴² e dizia: Ah! Se conheceras por ti mesma, ainda hoje, o que é devido à paz! Mas isto está agora oculto aos teus olhos.

⁴³ Pois sobre ti virão dias em que os teus inimigos te cercarão de trincheiras e, por todos os lados, te apertarão o cerco;

⁴⁴ e te arrasarão e aos teus filhos dentro de ti; não deixarão em ti pedra sobre pedra, porque não reconheceste a oportunidade da tua visitação.

A purificação do templo
Mt 21.12,13; Mc 11.15-17

⁴⁵ Depois, entrando no templo, expulsou os que ali vendiam,

⁴⁶ dizendo-lhes: Está escrito:
A minha casa será casa de oração.
Mas vós a transformastes em covil de salteadores.

19.26 Mt 13.12; Mc 4.25; Lc 8.18.   **19.38** Sl 118.26.   **19.46** Is 56.7; Jr 7.11.

O Mestre ensina no templo

47 Diariamente, Jesus ensinava no templo; mas os principais sacerdotes, os escribas e os maiorais do povo procuravam eliminá-lo;

48 contudo, não atinavam em como fazê-lo, porque todo o povo, ao ouvi-lo, ficava dominado por ele.

A autoridade de Jesus e o batismo de João
Mt 21.23-27; Mc 11.27-33

20 Aconteceu que, num daqueles dias, estando Jesus a ensinar o povo no templo e a evangelizar, sobrevieram os principais sacerdotes e os escribas, juntamente com os anciãos,

2 e o argüíram nestes termos: Dize-nos: com que autoridade fazes estas cousas? Ou quem te deu esta autoridade?

3 Respondeu-lhes: Também eu vos farei uma pergunta; dizei-me:

4 o batismo de João era dos céus ou dos homens?

5 Então, eles arrazoavam entre si: Se dissermos: do céu, ele dirá: Por que não acreditastes nele?

6 Mas, se dissermos: dos homens, o povo todo nos apedrejará; porque está convicto de ser João um profeta.

7 Por fim, responderam que não sabiam.

8 Então, Jesus lhes replicou: Pois nem eu vos digo com que autoridade faço estas cousas.

A parábola dos lavradores maus
Mt 21.33-44; Mc 12.1-11

9 A seguir, passou Jesus a proferir ao povo esta parábola: Certo homem plantou uma vinha, arrendou-a a lavradores e ausentou-se do país por prazo considerável.

10 No devido tempo, mandou um servo aos lavradores para que lhe dessem do fruto da vinha; os lavradores, porém, depois de o espancarem, o despacharam vazio.

11 Em vista disso, enviou-lhes outro servo; mas eles também a este espancaram e, depois de o ultrajarem, o despacharam vazio.

12 Mandou ainda um terceiro; também a este, depois de o ferirem, expulsaram.

13 Então, disse o dono da vinha: Que farei? Enviarei o meu filho amado; talvez o respeitem.

14 Vendo-o, porém, os lavradores, arrazoavam entre si, dizendo: Este é o herdeiro; matemo-lo, para que a herança venha a ser nossa.

15 E, lançando-o fora da vinha, o mataram. Que lhes fará, pois, o dono da vinha?

16 Virá, exterminará aqueles lavradores e passará a vinha a outros. Ao ouvirem isto, disseram: Tal não aconteça!

17 Mas Jesus, fitando-os, disse: Que quer dizer, pois, o que está escrito:

A pedra que os construtores rejeitaram, esta veio a ser a principal pedra, angular?

18 Todo o que cair sobre esta pedra ficará em pedaços; e aquele sobre quem ela cair ficará reduzido a pó.

A questão do tributo
Mt 22.15-22; Mc 12.13-17

19 Naquela mesma hora, os escribas e os principais sacerdotes procuravam lançar-lhe as mãos, pois perceberam que, em referência a eles, dissera esta parábola; mas temiam o povo.

20 Observando-o, subornaram emissários que se fingiam de justos para verem se o apanhavam em alguma palavra, a fim de entregá-lo à jurisdição e à autoridade do governador.

21 Então, o consultaram, dizendo: Mestre, sabemos que falas e ensinas retamente e não te deixas levar de respeitos humanos, porém ensinas o caminho de Deus segundo a verdade;

22 é lícito pagar tributo a César ou não?

23 Mas Jesus, percebendo-lhes o ardil, respondeu:

24 Mostrai-me um denário. De quem é a efígie e a inscrição? Prontamente disseram: De César. Então, lhes recomendou Jesus:

25 Dai, pois, a César o que é de César e a Deus o que é de Deus.

26 Não puderam apanhá-lo em palavra alguma diante do povo; e, admirados da sua resposta, calaram-se.

Os saduceus e a ressurreição
Mt 22.23-33; Mc 12.18-27

27 Chegando alguns dos saduceus, homens que dizem não haver ressurreição,

28 perguntaram-lhe: Mestre, Moisés nos deixou escrito que, se morrer o irmão de alguém, sendo aquele casado e não deixando filhos, seu irmão deve casar com a viúva e suscitar descendência ao falecido.

19.47 Lc 21.37. **20.9** Is 5.1,2. **20.17** Sl 118.22. **20.19** Mt 21.45,46; Mc 12.12. **20.27** At 23.8. **20.28** Dt 25.5.

²⁹ Ora, havia sete irmãos: o primeiro casou e morreu sem filhos;

³⁰ o segundo e o terceiro também desposaram a viúva;

³¹ igualmente os sete não tiveram filhos e morreram.

³² Por fim, morreu também a mulher.

³³ Esta mulher, pois, no dia da ressurreição, de qual deles será esposa? Porque os sete a desposaram.

³⁴ Então, lhes acrescentou Jesus: Os filhos deste mundo casam-se e dão-se em casamento;

³⁵ mas os que são havidos por dignos de alcançar a era vindoura e a ressurreição dentre os mortos não casam, nem se dão em casamento.

³⁶ Pois não podem mais morrer, porque são iguais aos anjos e são filhos de Deus, sendo filhos da ressurreição.

³⁷ E que os mortos hão de ressuscitar, Moisés o indicou no trecho referente à sarça, quando chama ao Senhor o Deus de Abraão, o Deus de Isaque e o Deus de Jacó.

³⁸ Ora, Deus não é Deus de mortos, e sim de vivos; porque para ele todos vivem.

³⁹ Então, disseram alguns dos escribas: Mestre, respondeste bem!

⁴⁰ Dali por diante, não ousaram mais interrogá-lo.

O Cristo, filho de Davi
Mt 22.41-45; Mc 12.35-37

⁴¹ Mas Jesus lhes perguntou: Como podem dizer que o Cristo é filho de Davi?

⁴² Visto como o próprio Davi afirma no livro dos Salmos:

Disse o Senhor ao meu Senhor: Assenta-te à minha direita,

⁴³ até que eu ponha os teus inimigos por estrado dos teus pés.

⁴⁴ Assim, pois, Davi lhe chama Senhor, e como pode ser ele seu filho?

Jesus censura os escribas
Mt 23.1-7; Mc 12.38-40

⁴⁵ Ouvindo-o todo o povo, recomendou Jesus a seus discípulos:

⁴⁶ Guardai-vos dos escribas, que gostam de andar com vestes talares e muito apreciam as saudações nas praças, as primeiras cadeiras nas sinagogas e os primeiros lugares nos banquetes;

⁴⁷ os quais devoram as casas das viúvas

e, para o justificar, fazem longas orações; estes sofrerão juízo muito mais severo.

A oferta da viúva pobre
Mc 12.41-44

21 Estando Jesus a observar, viu os ricos lançarem suas ofertas no gazofilácio.

² Viu também certa viúva pobre lançar ali duas pequenas moedas;

³ e disse: Verdadeiramente, vos digo que esta viúva pobre deu mais do que todos.

⁴ Porque todos estes deram como oferta daquilo que lhes sobrava; esta, porém, da sua pobreza deu tudo o que possuía, todo o seu sustento.

A destruição do templo
Mt 24.1,2; Mc 13.1,2

⁵ Falavam alguns a respeito do templo, como estava ornado de belas pedras e de dádivas;

⁶ então, disse Jesus: Vedes estas cousas? Dias virão em que não ficará pedra sobre pedra que não seja derribada.

O princípio das dores
Mt 24.3-13; Mc 13.3-13

⁷ Perguntaram-lhe: Mestre, quando sucederá isto? E que sinal haverá de quando estas cousas estiverem para se cumprir?

⁸ Respondeu ele: Vede que não sejais enganados; porque muitos virão em meu nome, dizendo: Sou eu! E também: Chegou a hora! Não os sigais.

⁹ Quando ouvirdes falar de guerras e revoluções, não vos assusteis; pois é necessário que primeiro aconteçam estas cousas, mas o fim não será logo.

¹⁰ Então, lhes disse: Levantar-se-á nação contra nação, e reino, contra reino;

¹¹ haverá grandes terremotos, epidemias e fome em vários lugares, cousas espantosas e também grandes sinais do céu.

¹² Antes, porém, de todas estas cousas, lançarão mão de vós e vos perseguirão, entregando-vos às sinagogas e aos cárceres, levando-vos à presença de reis e governadores, por causa do meu nome;

¹³ e isto vos acontecerá para que deis testemunho.

¹⁴ Assentai, pois, em vosso coração de não vos preocupardes com o que haveis de responder;

20.37 Êx 3.6.   20.42,43 Sl 110.1.

¹⁵ porque eu vos darei boca e sabedoria a que não poderão resistir, nem contradizer todos quantos se vos opuserem.

¹⁶ E sereis entregues até por vossos pais, irmãos, parentes e amigos; e matarão alguns dentre vós.

¹⁷ De todos sereis odiados por causa do meu nome.

¹⁸ Contudo, não se perderá um só fio de cabelo da vossa cabeça.

¹⁹ É na vossa perseverança que ganhareis a vossa alma.

Jerusalém sitiada
Mt 24.15-22; Mc 13.14-20

²⁰ Quando, porém, virdes Jerusalém sitiada de exércitos, sabei que está próxima a sua devastação.

²¹ Então, os que estiverem na Judéia, fujam para os montes; os que se encontrarem dentro da cidade, retirem-se; e os que estiverem nos campos, não entrem nela.

²² Porque estes dias são de vingança, para se cumprir tudo o que está escrito.

²³ Ai das que estiverem grávidas e das que amamentarem naqueles dias! Porque haverá grande aflição na terra e ira contra este povo.

²⁴ Cairão a fio de espada e serão levados cativos para todas as nações; e, até que os tempos dos gentios se completem, Jerusalém será pisada por eles.

A vinda do Filho do homem
Mt 24.29-31; Mc 13.24-27

²⁵ Haverá sinais no sol, na lua e nas estrelas; sobre a terra, angústia entre as nações em perplexidade por causa do bramido do mar e das ondas;

²⁶ haverá homens que desmaiarão de terror e pela expectativa das cousas que sobrevirão ao mundo; pois os poderes dos céus serão abalados.

²⁷ Então, se verá o Filho do homem vindo numa nuvem, com poder e grande glória.

²⁸ Ora, ao começarem estas cousas a suceder, exultai e erguei a vossa cabeça; porque a vossa redenção se aproxima.

A parábola da figueira.
Exortação à vigilância
Mt 24.32-44; Mc 13.28-37

²⁹ Ainda lhes propôs uma parábola, dizendo: Vede a figueira e todas as árvores.

³⁰ Quando começam a brotar, vendo-o, sabeis, por vós mesmos, que o verão está próximo.

³¹ Assim também, quando virdes acontecerem estas cousas, sabei que está próximo o reino de Deus.

³² Em verdade vos digo que não passará esta geração, sem que tudo isto aconteça.

³³ Passará o céu e a terra, porém as minhas palavras não passarão.

³⁴ Acautelai-vos por vós mesmos, para que nunca vos suceda que o vosso coração fique sobrecarregado com as conseqüências da orgia, da embriaguez e das preocupações deste mundo, e para que aquele dia não venha sobre vós repentinamente, como um laço.

³⁵ Pois há de sobrevir a todos os que vivem sobre a face de toda a terra.

³⁶ Vigiai, pois, a todo tempo, orando, para que possais escapar de todas estas cousas que têm de suceder e estar em pé na presença do Filho do homem.

O povo vai ter com Jesus para o ouvir

³⁷ Jesus ensinava todos os dias no templo, mas à noite, saindo, ia pousar no monte chamado das Oliveiras.

³⁸ E todo o povo madrugava para ir ter com ele no templo, a fim de ouvi-lo.

O plano para tirar a vida a Jesus
Mt 26.1-5; Mc 14.1,2

22 Estava próxima a Festa dos Pães Asmos, chamada Páscoa.

¹ Preocupavam-se os principais sacerdotes e os escribas em como tirar a vida a Jesus; porque temiam o povo.

O pacto da traição
Mt 26.14-16; Mc 14.10,11

³ Ora, Satanás entrou em Judas, chamado Iscariotes, que era um dos doze.

⁴ Este foi entender-se com os principais sacerdotes e os capitães sobre como lhes entregaria a Jesus;

⁵ então, eles se alegraram e combinaram em lhe dar dinheiro.

⁶ Judas concordou e buscava uma boa ocasião de lho entregar sem tumulto.

21.22 Os 9.7. 21.25 Is 13.10; Ez 32.7; Jl 2.31; Ap 6.12,13. 21.27 Dn 7.13; Ap 1.7. 21.34-36 Lc 12.35-40. 21.37 Lc 19.47.

Os discípulos preparam a Páscoa
Mt 26.17-19; Mc 14.12-16

⁷ Chegou o dia dos pães asmos, em que importava comemorar a Páscoa.

⁸ Jesus, pois, enviou Pedro e João, dizendo: Ide preparar-nos a Páscoa para que a comamos.

⁹ Eles lhe perguntaram: Onde queres que a preparemos?

¹⁰ Então, lhes explicou Jesus: Ao entrardes na cidade, encontrareis um homem com um cântaro de água; segui-o até à casa em que ele entrar

¹¹ e dizei ao dono da casa: O Mestre manda perguntar-te: Onde é o aposento no qual hei de comer a Páscoa com os meus discípulos?

¹² Ele vos mostrará um espaçoso cenáculo mobilado; ali fazei os preparativos.

¹³ E, indo, tudo encontraram como Jesus lhes dissera e prepararam a Páscoa.

A última Páscoa

¹⁴ Chegada a hora, pôs-se Jesus à mesa, e com ele os apóstolos.

¹⁵ E disse-lhes: Tenho desejado ansiosamente comer convosco esta Páscoa, antes do meu sofrimento.

¹⁶ Pois vos digo que nunca mais a comerei, até que ela se cumpra no reino de Deus.

¹⁷ E, tomando um cálice, havendo dado graças, disse: Recebei e reparti entre vós;

¹⁸ pois vos digo que, de agora em diante, não mais beberei do fruto da videira, até que venha o reino de Deus.

A ceia do Senhor
Mt 26.26-29; Mc 14.22-25

¹⁹ E, tomando um pão, tendo dado graças, o partiu e lhes deu, dizendo: Isto é o meu corpo oferecido por vós; fazei isto em memória de mim.

²⁰ Semelhantemente, depois de cear, tomou o cálice, dizendo: Este é o cálice da nova aliança no meu sangue derramado em favor de vós.

²¹ Todavia, a mão do traidor está comigo à mesa.

²² Porque o Filho do homem, na verdade, vai segundo o que está determinado, mas ai daquele por intermédio de quem ele está sendo traído!

²³ Então, começaram a indagar entre si quem seria, dentre eles, o que estava para fazer isto.

Seja o maior como o menor

²⁴ Suscitaram também entre si uma discussão sobre qual deles parecia ser o maior.

²⁵ Mas Jesus lhes disse: Os reis dos povos dominam sobre eles, e os que exercem autoridade são chamados benfeitores.

²⁶ Mas vós não sois assim; pelo contrário, o maior entre vós seja como o menor; e aquele que dirige seja como o que serve.

²⁷ Pois qual é maior: quem está à mesa ou quem serve? Porventura, não é quem está à mesa? Pois, no meio de vós, eu sou como quem serve.

²⁸ Vós sois os que tendes permanecido comigo nas minhas tentações.

²⁹ Assim como meu Pai me confiou um reino, eu vo-lo confio,

³⁰ para que comais e bebais à minha mesa no meu reino; e vos assentareis em tronos para julgar as doze tribos de Israel.

Pedro é avisado
Mt 26.31-35; Mc 14.27-31; Jo 13.36-38

³¹ Simão, Simão, eis que Satanás vos reclamou para vos peneirar como trigo!

³² Eu, porém, roguei por ti, para que a tua fé não desfaleça; tu, pois, quando te converteres, fortalece os teus irmãos.

³³ Ele, porém, respondeu: Senhor, estou pronto a ir contigo, tanto para a prisão como para a morte.

³⁴ Mas Jesus lhe disse: Afirmo-te, Pedro, que, hoje, três vezes negarás que me conheces, antes que o galo cante.

As duas espadas

³⁵ A seguir, Jesus lhes perguntou: Quando vos mandei sem bolsa, sem alforje e sem sandálias, faltou-vos, porventura, alguma cousa? Nada, disseram eles.

³⁶ Então, lhes disse: Agora, porém, quem tem bolsa, tome-a, como também o alforje; e o que não tem espada, venda a sua capa e compre uma.

³⁷ Pois vos digo que importa que se cumpra em mim o que está escrito:
Ele foi contado com os malfeitores.
Porque o que a mim se refere está sendo cumprido.

³⁸ Então, lhe disseram: Senhor, eis aqui duas espadas! Respondeu-lhes: Basta!

22.7 Êx 12.1-27.   22.20 Jr 31.31-34; Êx 24.6-8.   22.22 Sl 41.9.   22.24 Mt 18.1; Mc 9.34; Lc 9.46.
22.24-27 Mt 20.24-28; Mc 10.41-45.   22.27 Jo 13.12-15.   22.30 Mt 19.28.   22.35 Mt 10.9,10; Mc 6.8,9;
Lc 9.3; 10.4.   22.37 Is 53.12.

Jesus no Getsêmani
Mt 26.36-41; Mc 14.32-38

³⁹ E, saindo, foi, como de costume, para o monte das Oliveiras; e os discípulos o acompanharam.

⁴⁰ Chegando ao lugar escolhido, Jesus lhes disse: Orai, para que não entreis em tentação.

⁴¹ Ele, por sua vez, se afastou, cerca de um tiro de pedra, e, de joelhos, orava,

⁴² dizendo: Pai, se queres, passa de mim este cálice; contudo, não se faça a minha vontade, e sim a tua.

⁴³ [Então, lhe apareceu um anjo do céu que o confortava.

⁴⁴ E, estando em agonia, orava mais intensamente. E aconteceu que o seu suor se tornou como gotas de sangue caindo sobre a terra.]

⁴⁵ Levantando-se da oração, foi ter com os discípulos, e os achou dormindo de tristeza,

⁴⁶ e disse-lhes: Por que estais dormindo? Levantai-vos e orai, para que não entreis em tentação.

Jesus é preso
Mt 26.47-56; Mc 14.43-50; Jo 18.1-11

⁴⁷ Falava ele ainda, quando chegou uma multidão; e um dos doze, o chamado Judas, que vinha à frente deles, aproximou-se de Jesus para o beijar.

⁴⁸ Jesus, porém, lhe disse: Judas, com um beijo trais o Filho do homem?

⁴⁹ Os que estavam ao redor dele, vendo o que ia suceder, perguntaram: Senhor, feriremos à espada?

⁵⁰ Um deles feriu o servo do sumo sacerdote e cortou-lhe a orelha direita.

⁵¹ Mas Jesus acudiu, dizendo: Deixai, basta. E, tocando-lhe a orelha, o curou.

⁵² Então, dirigindo-se Jesus aos principais sacerdotes, capitães do templo e anciãos que vieram prendê-lo, disse: Saístes com espadas e porretes como para deter um salteador?

⁵³ Diariamente, estando eu convosco no templo, não pusestes as mãos sobre mim. Esta, porém, é a vossa hora e o poder das trevas.

Pedro nega a Jesus
Mt 26.69-75; Mc 14.66-72; Jo 18.15-18,25-27

⁵⁴ Então, prendendo-o, o levaram e o introduziram na casa do sumo sacerdote. Pedro seguia de longe.

⁵⁵ E, quando acenderam fogo no meio do pátio e juntos se assentaram, Pedro tomou lugar entre eles.

⁵⁶ Entrementes, uma criada, vendo-o assentado perto do fogo, fitando-o, disse: Este também estava com ele.

⁵⁷ Mas Pedro negava, dizendo: Mulher, não o conheço.

⁵⁸ Pouco depois, vendo-o outro, disse: Também tu és dos tais. Pedro, porém, protestava: Homem, não sou.

⁵⁹ E, tendo passado cerca de uma hora, outro afirmava, dizendo: Também este, verdadeiramente, estava com ele, porque também é galileu.

⁶⁰ Mas Pedro insistia: Homem, não compreendo o que dizes. E logo, estando ele ainda a falar, cantou o galo.

⁶¹ Então, voltando-se o Senhor, fixou os olhos em Pedro, e Pedro se lembrou da palavra do Senhor, como lhe dissera: Hoje, três vezes me negarás, antes de cantar o galo.

⁶² Então, Pedro, saindo dali, chorou amargamente.

Os guardas zombam de Jesus

⁶³ Os que detinham Jesus zombavam dele, davam-lhe pancadas e,

⁶⁴ vendando-lhe os olhos, diziam: Profetiza-nos: quem é que te bateu?

⁶⁵ E muitas outras cousas diziam contra ele, blasfemando.

Jesus perante o Sinédrio
Mt 26.57-68; Mc 14.53-65

⁶⁶ Logo que amanheceu, reuniu-se a assembléia dos anciãos do povo, tanto os principais sacerdotes como os escribas, e o conduziram ao Sinédrio, onde lhe disseram:

⁶⁷ Se tu és o Cristo, dize-nos. Então, Jesus lhes respondeu: Se vo-lo disser, não o acreditareis;

⁶⁸ também, se vos perguntar, de nenhum modo me respondereis.

⁶⁹ Desde agora, estará sentado o Filho do homem à direita do Todo-poderoso Deus.

⁷⁰ Então, disseram todos: Logo, tu és o Filho de Deus? E ele lhes respondeu: Vós dizeis que eu sou.

⁷¹ Clamaram, pois: Que necessidade

22.53 Lc 19.47; 21.37.

mais temos de testemunho? Porque nós mesmos o ouvimos da sua própria boca.

Jesus perante Pilatos
Mt 27.1,2,11-14; Mc 15.1-5; Jo 18.28-38

23 Levantando-se toda a assembléia, levaram Jesus a Pilatos.

² E ali passaram a acusá-lo, dizendo: Encontramos este homem pervertendo a nossa nação, vedando pagar tributo a César e afirmando ser ele o Cristo, o Rei.

³ Então, lhe perguntou Pilatos: És tu o rei dos judeus? Respondeu Jesus: Tu o dizes.

⁴ Disse Pilatos aos principais sacerdotes e às multidões: Não vejo neste homem crime algum.

⁵ Insistiam, porém, cada vez mais, dizendo: Ele alvoroça o povo, ensinando por toda a Judéia, desde a Galiléia, onde começou, até aqui.

⁶ Tendo Pilatos ouvido isto, perguntou se aquele homem era galileu.

⁷ Ao saber que era da jurisdição de Herodes, estando este, naqueles dias, em Jerusalém, lho remeteu.

Jesus perante Herodes

⁸ Herodes, vendo a Jesus, sobremaneira se alegrou, pois havia muito queria vê-lo, por ter ouvido falar a seu respeito; esperava também vê-lo fazer algum sinal.

⁹ E de muitos modos o interrogava; Jesus, porém, nada lhe respondia.

¹⁰ Os principais sacerdotes e os escribas ali presentes o acusavam com grande veemência.

¹¹ Mas Herodes, juntamente com os da sua guarda, tratou-o com desprezo, e, escarnecendo dele, fê-lo vestir-se de um manto aparatoso, e o devolveu a Pilatos.

¹² Naquele mesmo dia, Herodes e Pilatos se reconciliaram, pois, antes, viviam inimizados um com o outro.

Jesus outra vez perante Pilatos
Mt 27.15-26; Mc 15.6-15; Jo 18.39-19.16

¹³ Então, reunindo Pilatos os principais sacerdotes, as autoridades e o povo,

¹⁴ disse-lhes: Apresentastes-me este homem como agitador do povo; mas, tendo-o interrogado na vossa presença, nada verifiquei contra ele dos crimes de que o acusais.

¹⁵ Nem tampouco Herodes, pois no-lo tornou a enviar. É, pois, claro que nada contra ele se verificou digno de morte.

¹⁶ Portanto, após castigá-lo, soltá-lo-ei.

¹⁷ [E era-lhe forçoso soltar-lhes um detento por ocasião da festa.]

¹⁸ Toda a multidão, porém, gritava: Fora com este! Solta-nos Barrabás!

¹⁹ Barrabás estava no cárcere por causa de uma sedição na cidade e também por homicídio.

²⁰ Desejando Pilatos soltar a Jesus, insistiu ainda.

²¹ Eles, porém, mais gritavam: Crucifica-o! Crucifica-o!

²² Então, pela terceira vez, lhes perguntou: Que mal fez este? De fato, nada achei contra ele para condená-lo à morte; portanto, depois de o castigar, soltá-lo-ei.

²³ Mas eles instavam com grandes gritos, pedindo que fosse crucificado. E o seu clamor prevaleceu.

²⁴ Então, Pilatos decidiu atender-lhes o pedido.

²⁵ Soltou aquele que estava encarcerado por causa da sedição e do homicídio, a quem eles pediam; e, quanto a Jesus, entregou-o à vontade deles.

Simão leva a cruz de Jesus
Mt 27.32; Mc 15.21

²⁶ E, como o conduzissem, constrangendo um cireneu, chamado Simão, que vinha do campo, puseram-lhe a cruz sobre os ombros, para que a levasse após Jesus.

Jesus rumo ao Calvário

²⁷ Seguia-o numerosa multidão de povo, e também mulheres que batiam no peito e o lamentavam.

²⁸ Porém Jesus, voltando-se para elas, disse: Filhas de Jerusalém, não choreis por mim; chorai, antes, por vós mesmas e por vossos filhos!

²⁹ Porque dias virão em que se dirá: Bem-aventuradas as estéreis, que não geraram, nem amamentaram.

³⁰ Nesses dias, dirão aos montes: Caí sobre nós. E aos outeiros: Cobri-nos.

³¹ Porque, se em lenho verde fazem isto, que será no lenho seco?

³² E também eram levados outros dois, que eram malfeitores, para serem executados com ele.

23.30 Os 10.8; Ap 6.16.

A crucificação
Mt 27.33-44; Mc 15.22-32; Jo 19.17-27

³³ Quando chegaram ao lugar chamado Calvário*d*, ali o crucificaram, bem como aos malfeitores, um à direita, outro à esquerda.
³⁴ Contudo, Jesus dizia: Pai, perdoa-lhes, porque não sabem o que fazem. Então, repartindo as vestes dele, lançaram sortes.
³⁵ O povo estava ali e a tudo observava. Também as autoridades zombavam e diziam: Salvou os outros; a si mesmo se salve, se é, de fato, o Cristo de Deus, o escolhido.
³⁶ Igualmente os soldados o escarneciam e, aproximando-se, trouxeram-lhe vinagre, dizendo:
³⁷ Se tu és o rei dos judeus, salva-te a ti mesmo.
³⁸ Também sobre ele estava esta epígrafe [em letras gregas, romanas e hebraicas]: ESTE É O REI DOS JUDEUS.

Os dois malfeitores

³⁹ Um dos malfeitores crucificados blasfemava contra ele, dizendo: Não és tu o Cristo? Salva-te a ti mesmo e a nós também.
⁴⁰ Respondendo-lhe, porém, o outro, repreendeu-o, dizendo: Nem ao menos temes a Deus, estando sob igual sentença?
⁴¹ Nós, na verdade, com justiça, porque recebemos o castigo que os nossos atos merecem; mas este nenhum mal fez.
⁴² E acrescentou: Jesus, lembra-te de mim quando vieres no teu reino.
⁴³ Jesus lhe respondeu: Em verdade te digo que hoje estarás comigo no paraíso.

A morte de Jesus
Mt 27.45-56; Mc 15.33-41; Jo 19.28-30

⁴⁴ Já era quase a hora sexta, e, escurecendo-se o sol, houve trevas sobre toda a terra até à hora nona.
⁴⁵ E rasgou-se pelo meio o véu do santuário.
⁴⁶ Então, Jesus clamou em alta voz: Pai, nas tuas mãos entrego o meu espírito! E, dito isto, expirou.
⁴⁷ Vendo o centurião o que tinha acon-

tecido, deu glória a Deus, dizendo: Verdadeiramente, este homem era justo.
⁴⁸ E todas as multidões reunidas para este espetáculo, vendo o que havia acontecido, retiraram-se a lamentar, batendo nos peitos.
⁴⁹ Entretanto, todos os conhecidos de Jesus e as mulheres que o tinham seguido desde a Galiléia permaneceram a contemplar de longe estas cousas.

O sepultamento de Jesus
Mt 27.57-61; Mc 15.42-47; Jo 19.38-42

⁵⁰ E eis que certo homem, chamado José, membro do Sinédrio, homem bom e justo
⁵¹ (que não tinha concordado com o desígnio e ação dos outros), natural de Arimatéia, cidade dos judeus, e que esperava o reino de Deus,
⁵² tendo procurado a Pilatos, pediu-lhe o corpo de Jesus,
⁵³ e, tirando-o do madeiro, envolveu-o num lençol de linho, e o depositou num túmulo aberto em rocha, onde ainda ninguém havia sido sepultado.
⁵⁴ Era o dia da preparação, e começava o sábado.
⁵⁵ As mulheres que tinham vindo da Galiléia com Jesus, seguindo, viram o túmulo e como o corpo fora ali depositado.
⁵⁶ Então, se retiraram para preparar aromas e bálsamos.
E, no sábado, descansaram, segundo o mandamento.

A ressurreição de Jesus
Mt 28.1-8; Mc 16.1-8; Jo 20.1-13

24 Mas, no primeiro dia da semana, alta madrugada, foram elas ao túmulo, levando os aromas que haviam preparado.
² E encontraram a pedra removida do sepulcro;
³ mas, ao entrarem, não acharam o corpo do Senhor Jesus.
⁴ Aconteceu que, perplexas a esse respeito, apareceram-lhes dois varões com vestes resplandecentes.
⁵ Estando elas possuídas de temor, baixando os olhos para o chão, eles lhes falaram: Por que buscais entre os mortos ao que vive?

---

*d*Calvário; *no original,* caveira

23.34 Sl 22.18.   23.45 Êx 26.31-33.   23.46 Sl 31.5.   23.49 Lc 8.2,3.   23.56 Êx 20.10; Dt 5.14.

⁶ Ele não está aqui, mas ressuscitou. Lembrai-vos de como vos preveniu, estando ainda na Galiléia,

⁷ quando disse: Importa que o Filho do homem seja entregue nas mãos de pecadores, e seja crucificado, e ressuscite no terceiro dia.

⁸ Então, se lembraram das suas palavras.

⁹ E, voltando do túmulo,. anunciaram todas estas cousas aos onze e a todos os mais que com eles estavam.

¹⁰ Eram Maria Madalena, Joana e Maria, mãe de Tiago; também as demais que estavam com elas confirmaram estas cousas aos apóstolos.

¹¹ Tais palavras lhes pareciam um como delírio, e não acreditaram nelas.

¹² Pedro, porém, levantando-se, correu ao sepulcro. E, abaixando-se, nada mais viu, senão os lençóis de linho; e retirou-se para casa, maravilhado do que havia acontecido.

Os discípulos no caminho de Emaús
Mc 16.12,13

¹³ Naquele mesmo dia, dois deles estavam de caminho para uma aldeia chamada Emaús, distante de Jerusalém sessenta estádios.

¹⁴ E iam conversando a respeito de todas as cousas sucedidas.

¹⁵ Aconteceu que, enquanto conversavam e discutiam, o próprio Jesus se aproximou e ia com eles.

¹⁶ Os seus olhos, porém, estavam como que impedidos de o reconhecer.

¹⁷ Então, lhes perguntou Jesus: Que é isso que vos preocupa e de que ides tratando à medida que caminhais? E eles pararam entristecidos.

¹⁸ Um, porém, chamado Cléopas, respondeu, dizendo: És o único, porventura, que, tendo estado em Jerusalém, ignoras as ocorrências destes últimos dias?

¹⁹ Ele lhes perguntou: Quais? E explicaram: O que aconteceu a Jesus, o Nazareno, que era varão profeta, poderoso em obras e palavras, diante de Deus e de todo o povo,

²⁰ e como os principais sacerdotes e as nossas autoridades o entregaram para ser condenado à morte e o crucificaram.

²¹ Ora, nós esperávamos que fosse ele quem havia de redimir a Israel; mas, depois de tudo isto, é já este o terceiro dia desde que tais cousas sucederam.

²² É verdade também que algumas mulheres, das que conosco estavam, nos surpreenderam, tendo ido de madrugada ao túmulo;

²³ e, não achando o corpo de Jesus, voltaram dizendo terem tido uma visão de anjos, os quais afirmam que ele vive.

²⁴ De fato, alguns dos nossos foram ao sepulcro e verificaram a exatidão do que disseram as mulheres; mas não o viram.

²⁵ Então, lhes disse Jesus: Ó néscios e tardos de coração para crer tudo o que os profetas disseram!

²⁶ Porventura, não convinha que o Cristo padecesse e entrasse na sua glória?

²⁷ E, começando por Moisés, discorrendo por todos os profetas, expunha-lhes o que a seu respeito constava em todas as Escrituras.

²⁸ Quando se aproximavam da aldeia para onde iam, fez ele menção de passar adiante.

²⁹ Mas eles o constrangeram, dizendo: Fica conosco, porque é tarde, e o dia já declina. E entrou para ficar com eles.

³⁰ E aconteceu que, quando estavam à mesa, tomando ele o pão, abençoou-o e, tendo-o partido, lhes deu;

³¹ então, se lhes abriram os olhos, e o reconheceram; mas ele desapareceu da presença deles.

³² E disseram um ao outro: Porventura, não nos ardia o coração, quando ele, pelo caminho, nos falava, quando nos expunha as Escrituras?

³³ E, na mesma hora, levantando-se, voltaram para Jerusalém, onde acharam reunidos os onze e outros com eles,

³⁴ os quais diziam: O Senhor ressuscitou e já apareceu a Simão!

³⁵ Então, os dois contaram o que lhes acontecera no caminho e como fora por eles reconhecido no partir do pão.

Jesus aparece aos discípulos
Jo 20.19,20

³⁶ Falavam ainda estas cousas quando Jesus apareceu no meio deles e lhes disse: Paz seja convosco!

³⁷ Eles, porém, surpresos e atemorizados, acreditavam estarem vendo um espírito.

³⁸ Mas ele lhes disse: Por que estais perturbados? e por que sobem dúvidas ao vosso coração?

24.6,7 Mt 16.21; 17.22,23; 20.18,19; Mc 8.31; 9.31; 10.33,34; Lc 9.22; 18.31-33.

39 Vede as minhas mãos e os meus pés, que sou eu mesmo; apalpai-me e verificai, porque um espírito não tem carne nem ossos, como vedes que eu tenho.
40 Dizendo isto, mostrou-lhes as mãos e os pés.
41 E, por não acreditarem eles ainda, por causa da alegria, e estando admirados, Jesus lhes disse: Tendes aqui alguma cousa que comer?
42 Então, lhe apresentaram um pedaço de peixe assado [e um favo de mel].
43 E ele comeu na presença deles.

Jesus explica as Escrituras

44 A seguir, Jesus lhes disse: São estas as palavras que eu vos falei, estando ainda convosco: importava se cumprisse tudo o que de mim está escrito na Lei de Moisés, nos Profetas e nos Salmos.
45 Então, lhes abriu o entendimento para compreenderem as Escrituras;

46 e lhes disse: Assim está escrito que o Cristo havia de padecer e ressuscitar dentre os mortos no terceiro dia
47 e que em seu nome se pregasse arrependimento para remissão de pecados a todas as nações, começando de Jerusalém.
48 Vós sois testemunhas destas cousas.
49 Eis que envio sobre vós a promessa de meu Pai; permanecei, pois, na cidade, até que do alto sejais revestidos de poder.

A ascensão de Jesus
Mc 16.19,20

50 Então, os levou para Betânia e, erguendo as mãos, os abençoou.
51 Aconteceu que, enquanto os abençoava, ia-se retirando deles, sendo elevado para o céu.
52 Então, eles, adorando-o, voltaram para Jerusalém, tomados de grande júbilo;
53 e estavam sempre no templo, louvando a Deus.

O EVANGELHO SEGUNDO

JOÃO

A encarnação do Verbo

1 No princípio era o Verbo, e o Verbo estava com Deus, e o Verbo era Deus.
2 Ele estava no princípio com Deus.
3 Todas as cousas foram feitas por intermédio dele, e, sem ele, nada do que foi feito se fez.
4 A vida estava nele e a vida era a luz dos homens.
5 A luz resplandece nas trevas, e as trevas não prevaleceram contra ela.
6 Houve um homem enviado por Deus cujo nome era João.
7 Este veio como testemunha para que testificasse a respeito da luz, a fim de todos virem a crer por intermédio dele.
8 Ele não era a luz, mas veio para que testificasse da luz,
9 a saber, a verdadeira luz, que, vinda ao mundo, ilumina a todo homem.
10 O Verbo estava no mundo, o mundo foi feito por intermédio dele, mas o mundo não o conheceu.

11 Veio para o que era seu, e os seus não o receberam.
12 Mas, a todos quantos o receberam, deu-lhes o poder de serem feitos filhos de Deus, a saber, aos que crêem no seu nome;
13 os quais não nasceram do sangue, nem da vontade da carne, nem da vontade do homem, mas de Deus.
14 E o Verbo se fez carne e habitou entre nós, cheio de graça e de verdade, e vimos a sua glória, glória como do unigênito do Pai.

O testemunho de João Batista

15 João testemunha a respeito dele e exclama: Este é o de quem eu disse: o que vem depois de mim, contudo, a primazia, porquanto já existia antes de mim.
16 Porque todos nós temos recebido da sua plenitude e graça sobre graça.
17 Porque a lei foi dada por intermédio de Moisés; a graça e a verdade vieram por meio de Jesus Cristo.

24.46 Is 53.1-12; Os 6.2.   24.49 At 1.4.   1.6 Mt 3.1; Mc 1.4; Lc 3.1,2.

¹⁸ Ninguém jamais viu a Deus; o Deus unigênito, que está no seio do Pai, é quem o revelou.

João Batista repete o seu testemunho
Mt 3.1-12; Mc 1.2-8; Lc 3.1-18

¹⁹ Este foi o testemunho de João, quando os judeus lhe enviaram de Jerusalém sacerdotes e levitas para lhe perguntarem: Quem és tu?
²⁰ Ele confessou e não negou; confessou: Eu não sou o Cristo.
²¹ Então, lhe perguntaram: Quem és, pois? És tu Elias? Ele disse: Não sou. És tu o profeta? Respondeu: Não.
²² Disseram-lhe, pois: Declara-nos quem és, para que demos resposta àqueles que nos enviaram; que dizes a respeito de ti mesmo?
²³ Então, ele respondeu:
Eu sou a voz do que clama no deserto: Endireitai o caminho do Senhor, como disse o profeta Isaías.
²⁴ Ora, os que haviam sido enviados eram de entre os fariseus.
²⁵ E perguntaram-lhe: Então, por que batizas, se não és o Cristo, nem Elias, nem o profeta?
²⁶ Respondeu-lhes João: Eu batizo com^a água; mas, no meio de vós, está quem vós não conheceis,
²⁷ o qual vem após mim, do qual não sou digno de desatar-lhe as correias das sandálias.
²⁸ Estas cousas se passaram em Betânia, do outro lado do Jordão, onde João estava batizando.

João Batista torna a repetir o seu testemunho

²⁹ No dia seguinte, viu João a Jesus, que vinha para ele, e disse: Eis o Cordeiro de Deus, que tira o pecado do mundo!
³⁰ É este a favor de quem eu disse: após mim vem um varão que tem a primazia, porque já existia antes de mim.
³¹ Eu mesmo não o conhecia, mas, a fim de que ele fosse manifestado a Israel, vim, por isso, batizando com^a água.

O batismo de Jesus
Mt 3.13-17; Mc 1.9-11; Lc 3.21,22

³² E João testemunhou, dizendo: Vi o Espírito descer do céu como pomba e pousar sobre ele.
³³ Eu não o conhecia; aquele, porém, que me enviou a batizar com^a água me disse: Aquele sobre quem vires descer e pousar o Espírito, esse é o que batiza com^a o Espírito Santo.
³⁴ Pois eu, de fato, vi e tenho testificado que ele é o Filho de Deus.

Dois discípulos de João Batista seguem Jesus

³⁵ No dia seguinte, estava João outra vez na companhia de dois dos seus discípulos
³⁶ e, vendo Jesus passar, disse: Eis o Cordeiro de Deus!
³⁷ Os dois discípulos, ouvindo-o dizer isto, seguiram Jesus.
³⁸ E Jesus, voltando-se e vendo que o seguiam, disse-lhes: Que buscais? Disseram-lhe: Rabi (que quer dizer Mestre), onde assistes?
³⁹ Respondeu-lhes: Vinde e vede. Foram, pois, e viram onde Jesus estava morando; e ficaram com ele aquele dia, sendo mais ou menos a hora décima.
⁴⁰ Era André, o irmão de Simão Pedro, um dos dois que tinham ouvido o testemunho de João e seguido Jesus.
⁴¹ Ele achou primeiro o seu próprio irmão, Simão, a quem disse: Achamos o Messias (que quer dizer Cristo),
⁴² e o levou a Jesus. Olhando Jesus para ele, disse: Tu és Simão, o filho de João; tu serás chamado Cefas (que quer dizer Pedro).

Filipe e Natanael

⁴³ No dia imediato, resolveu Jesus partir para a Galiléia e encontrou a Filipe, a quem disse: Segue-me.
⁴⁴ Ora, Filipe era de Betsaida, cidade de André e de Pedro.
⁴⁵ Filipe encontrou a Natanael e disse-lhe: Achamos aquele de quem Moisés escreveu na lei, e a quem se referiram os profetas: Jesus, o Nazareno, filho de José.
⁴⁶ Perguntou-lhe Natanael: De Nazaré pode sair alguma cousa boa? Respondeu-lhe Filipe: Vem e vê.
⁴⁷ Jesus viu Natanael aproximar-se e disse a seu respeito: Eis um verdadeiro israelita, em quem não há dolo!

^{a}com; *ou em*

1.21 Ml 4.5; Dt 18.15-18.   1.23 Is 40.3.

[48] Perguntou-lhe Natanael: Donde me conheces? Respondeu-lhe Jesus: Antes de Filipe te chamar, eu te vi, quando estavas debaixo da figueira.

[49] Então, exclamou Natanael: Mestre, tu és o Filho de Deus, tu és o Rei de Israel!

[50] Ao que Jesus lhe respondeu: Porque te disse que te vi debaixo da figueira, crês? Pois maiores cousas do que estas verás.

[51] E acrescentou: Em verdade, em verdade vos digo que vereis o céu aberto e os anjos de Deus subindo e descendo sobre o Filho do homem.

As bodas em Caná da Galiléia

2 Três dias depois, houve um casamento em Caná da Galiléia, achando-se ali a mãe de Jesus.

[2] Jesus também foi convidado, com os seus discípulos, para o casamento.

[3] Tendo acabado o vinho, a mãe de Jesus lhe disse: Eles não têm mais vinho.

[4] Mas Jesus lhe disse: Mulher, que tenho eu contigo? Ainda não é chegada a minha hora.

[5] Então, ela falou aos serventes; Fazei tudo o que ele vos disser.

[6] Estavam ali seis talhas de pedra, que os judeus usavam para as purificações, e cada uma levava duas ou três metretas.

[7] Jesus lhes disse: Enchei d'água as talhas. E eles as encheram totalmente.

[8] Então, lhes determinou: Tirai agora e levai ao mestre-sala. Eles o fizeram.

[9] Tendo o mestre-sala provado a água transformada em vinho (não sabendo donde viera, se bem que o sabiam os serventes que haviam tirado a água), chamou o noivo

[10] e lhe disse: Todos costumam pôr primeiro o bom vinho e, quando já beberam fartamente, servem o inferior; tu, porém, guardaste o bom vinho até agora.

[11] Com este, deu Jesus princípio a seus sinais em Caná da Galiléia; manifestou a sua glória, e os seus discípulos creram nele.

[12] Depois disto, desceu ele para Cafarnaum, com sua mãe, seus irmãos e seus discípulos; e ficaram ali não muitos dias.

Jesus purifica o templo

[13] Estando próxima a Páscoa dos judeus, subiu Jesus para Jerusalém.

[14] E encontrou no templo os que vendiam bois, ovelhas e pombas e também os cambistas assentados;

[15] tendo feito um azorrague de cordas, expulsou todos do templo, bem como as ovelhas e os bois, derramou pelo chão o dinheiro dos cambistas, virou as mesas

[16] e disse aos que vendiam as pombas: Tirai daqui estas cousas; não façais da casa de meu Pai casa de negócio.

[17] Lembraram-se os seus discípulos de que está escrito:
O zelo da tua casa me consumirá.

[18] Perguntaram-lhe, pois, os judeus: Que sinal nos mostras, para fazeres estas cousas?

[19] Jesus lhes respondeu: Destruí este santuário, e em três dias o reconstruirei.

[20] Replicaram os judeus: Em quarenta e seis anos foi edificado este santuário, e tu, em três dias, o levantarás?

[21] Ele, porém, se referia ao santuário do seu corpo.

[22] Quando, pois, Jesus ressuscitou dentre os mortos, lembraram-se os seus discípulos de que ele dissera isto; e creram na Escritura e na palavra de Jesus.

Muitos crêem em Jesus

[23] Estando ele em Jerusalém, durante a festa da Páscoa, muitos, vendo os sinais que ele fazia, creram no seu nome;

[24] mas o próprio Jesus não se confiava a eles, porque os conhecia a todos.

[25] E não precisava de que alguém lhe desse testemunho a respeito do homem, porque ele mesmo sabia o que era a natureza humana.

Nicodemos visita a Jesus

3 Havia, entre os fariseus, um homem chamado Nicodemos, um dos principais dos judeus.

[2] Este, de noite, foi ter com Jesus e lhe disse: Rabi, sabemos que és Mestre vindo da parte de Deus; porque ninguém pode fazer estes sinais que tu fazes, se Deus não estiver com ele.

[3] A isto, respondeu Jesus: Em verdade, em verdade te digo que, se alguém não nascer de novo, não pode ver o reino de Deus.

[4] Perguntou-lhe Nicodemos: Como pode um homem nascer, sendo velho? Pode, porventura, voltar ao ventre materno e nascer segunda vez?

[5] Respondeu Jesus: Em verdade, em verdade te digo: Quem não nascer da água

1.51 Gn 28.12.   **2.5** Gn 41.55.   **2.12** Mt 4.13.   **2.13** Êx 12.1-27.   **2.17** Sl 69.9.   **2.19** Mt 26.61; 27.40; Mc 14.58; 15.29.

e do Espírito não pode entrar no reino de Deus.

6 O que é nascido da carne é carne; e o que é nascido do Espírito é espírito.

7 Não te admires de eu te dizer: importa-vos nascer de novo.

8 O vento sopra onde quer, ouves a sua voz, mas não sabes donde vem, nem para onde vai; assim é todo o que é nascido do Espírito.

9 Então, lhe perguntou Nicodemos: Como pode suceder isto? Acudiu Jesus:

10 Tu és mestre em Israel e não compreendes estas cousas?

11 Em verdade, em verdade te digo que nós dizemos o que sabemos e testificamos o que temos visto; contudo, não aceitais o nosso testemunho.

12 Se, tratando de cousas terrenas, não me credes, como crereis, se vos falar das celestiais?

13 Ora, ninguém subiu ao céu, senão aquele que de lá desceu, a saber, o Filho do homem [que está no céu].

14 E do modo por que Moisés levantou a serpente no deserto, assim importa que o Filho do homem seja levantado,

15 para que todo o que nele crê tenha a vida eterna.

A missão do Filho

16 Porque Deus amou ao mundo de tal maneira que deu o seu Filho unigênito, para que todo o que nele crê não pereça, mas tenha a vida eterna.

17 Porquanto Deus enviou o seu Filho ao mundo, não para que julgasse o mundo, mas para que o mundo fosse salvo por ele.

18 Quem nele crê não é julgado; o que não crê já está julgado, porquanto não crê no nome do unigênito Filho de Deus.

19 O julgamento é este: que a luz veio ao mundo, e os homens amaram mais as trevas do que a luz; porque as suas obras eram más.

20 Pois todo aquele que pratica o mal aborrece a luz e não se chega para a luz, a fim de não serem argüídas as suas obras.

21 Quem pratica a verdade aproxima-se da luz, a fim de que as suas obras sejam manifestas, porque feitas em Deus.

Outro testemunho de João Batista

22 Depois disto, foi Jesus com seus discípulos para a terra da Judéia; ali permaneceu com eles e batizava.

23 Ora, João estava também batizando em Enom, perto de Salim, porque havia ali muitas águas, e para lá concorria o povo e era batizado.

24 Pois João ainda não tinha sido encarcerado.

25 Ora, entre os discípulos de João e um judeu suscitou-se uma contenda com respeito à purificação.

26 E foram ter com João e lhe disseram: Mestre, aquele que estava contigo além do Jordão, do qual tens dado testemunho, está batizando, e todos lhe saem ao encontro.

27 Respondeu João: O homem não pode receber cousa alguma se do céu não lhe for dada.

28 Vós mesmos sois testemunhas de que vos disse: eu não sou o Cristo, mas fui enviado como seu precursor.

29 O que tem a noiva é o noivo; o amigo do noivo que está presente e o ouve muito se regozija por causa da voz do noivo. Pois esta alegria já se cumpriu em mim.

30 Convém que ele cresça e que eu diminua.

O Filho em relação ao mundo

31 Quem vem das alturas certamente está acima de todos; quem vem da terra é terreno e fala da terra; quem veio do céu está acima de todos

32 e testifica o que tem visto e ouvido; contudo, ninguém aceita o seu testemunho.

33 Quem, todavia, lhe aceita o testemunho, por sua vez, certifica que Deus é verdadeiro.

34 Pois o enviado de Deus fala as palavras dele, porque Deus não dá o Espírito por medida.

35 O Pai ama ao Filho, e todas as cousas tem confiado às suas mãos.

36 Por isso, quem crê no Filho tem a vida eterna; o que, todavia, se mantém rebelde contra o Filho não verá a vida, mas sobre ele permanece a ira de Deus.

A mulher de Samaria

4 Quando, pois, o Senhor veio a saber que os fariseus tinham ouvido dizer que ele, Jesus, fazia e batizava mais discípulos que João

3.**14** Nm 21.9.   3.**24** Mt 14.3; Mc 6.17; Lc 3.19,20.   3.**28** Jo 1.20.   3.**35** Mt 11.27; Lc 10.22.

² (se bem que Jesus mesmo não batizava, e sim os seus discípulos),

³ deixou a Judéia, retirando-se outra vez para a Galiléia.

⁴ E era-lhe necessário atravessar a província de Samaria.

⁵ Chegou, pois, a uma cidade samaritana, chamada Sicar, perto das terras que Jacó dera a seu filho José.

⁶ Estava ali a fonte de Jacó. Cansado da viagem, assentara-se Jesus junto à fonte, por volta da hora sexta.

⁷ Nisto, veio uma mulher samaritana tirar água. Disse-lhe Jesus: dá-me de beber.

⁸ Pois seus discípulos tinham ido à cidade para comprar alimentos.

⁹ Então, lhe disse a mulher samaritana: Como, sendo tu judeu, pedes de beber a mim, que sou mulher samaritana (porque os judeus não se dão com os samaritanos)?

¹⁰ Replicou-lhe Jesus: Se conheceras o dom de Deus e quem é o que te pede: dá-me de beber, tu lhe pedirias, e ele te daria água viva.

¹¹ Respondeu-lhe ela: Senhor, tu não tens com que a tirar, e o poço é fundo; onde, pois, tens a água viva?

¹² És tu, porventura, maior do que Jacó, o nosso pai, que nos deu o poço, do qual ele mesmo bebeu, e, bem assim, seus filhos, e seu gado?

¹³ Afirmou-lhe Jesus: Quem beber desta água tornará a ter sede;

¹⁴ aquele, porém, que beber da água que eu lhe der nunca mais terá sede; pelo contrário, a água que eu lhe der será nele uma fonte a jorrar para a vida eterna.

¹⁵ Disse-lhe a mulher: Senhor, dá-me dessa água para que eu não mais tenha sede, nem precise vir aqui buscá-la.

¹⁶ Disse-lhe Jesus: Vai, chama teu marido e vem cá;

¹⁷ ao que lhe respondeu a mulher: Não tenho marido. Replicou-lhe Jesus: Bem disseste, não tenho marido;

¹⁸ porque cinco maridos já tiveste, e esse que agora tens não é teu marido; isto disseste com verdade.

A verdadeira adoração

¹⁹ Senhor, disse-lhe a mulher, vejo que tu és profeta.

²⁰ Nossos pais adoravam neste monte; vós, entretanto, dizeis que em Jerusalém é o lugar onde se deve adorar.

²¹ Disse-lhe Jesus: Mulher, podes crer-me que a hora vem, quando nem neste monte, nem em Jerusalém adorareis o Pai.

²² Vós adorais o que não conheceis; nós adoramos o que conhecemos, porque a salvação vem dos judeus.

²³ Mas vem a hora e já chegou, em que os verdadeiros adoradores adorarão o Pai em espírito e em verdade; porque são estes que o Pai procura para seus adoradores.

²⁴ Deus é espírito; e importa que os seus adoradores o adorem em espírito e em verdade.

²⁵ Eu sei, respondeu a mulher, que há de vir o Messias, chamado Cristo; quando ele vier, nos anunciará todas as cousas.

²⁶ Disse-lhe Jesus: Eu o sou, eu que falo contigo.

²⁷ Neste ponto, chegaram os seus discípulos e se admiraram de que estivesse falando com uma mulher; todavia, nenhum lhe disse: Que perguntas? Ou: Por que falas com ela?

²⁸ Quanto à mulher, deixou o seu cântaro, foi à cidade e disse àqueles homens:

²⁹ Vinde comigo e vede um homem que me disse tudo quanto tenho feito. Será este, porventura, o Cristo?!

³⁰ Saíram, pois, da cidade e vieram ter com ele.

A ceifa e os ceifeiros

³¹ Nesse ínterim, os discípulos lhe rogavam, dizendo: Mestre, come!

³² Mas ele lhes disse: Uma comida tenho para comer, que vós não conheceis.

³³ Diziam, então, os discípulos uns aos outros: Ter-lhe-ia, porventura, alguém trazido o que comer?

³⁴ Disse-lhes Jesus: A minha comida consiste em fazer a vontade daquele que me enviou e realizar a sua obra.

³⁵ Não dizeis vós que ainda há quatro meses até à ceifa? Eu, porém, vos digo: erguei os olhos e vede os campos, pois já branquejam para a ceifa.

³⁶ O ceifeiro recebe desde já a recompensa e entesoura o seu fruto para a vida eterna; e, dessarte, se alegram tanto o semeador como o ceifeiro.

³⁷ Pois, no caso, é verdadeiro o ditado: Um é o semeador, e outro é o ceifeiro.

³⁸ Eu vos enviei para ceifar o que não semeastes; outros trabalharam, e vós entrastes no seu trabalho.

4.5 Gn 33.19; Js 24.32.   4.9 Ed 4.1-5; Ne 4.1,2.

Muitos samaritanos crêem em Jesus

39 Muitos samaritanos daquela cidade creram nele, em virtude do testemunho da mulher, que anunciara: Ele me disse tudo quanto tenho feito.

40 Vindo, pois, os samaritanos ter com Jesus, pediam-lhe que permanecesse com eles; e ficou ali dois dias.

41 Muitos outros creram nele, por causa da sua palavra,

42 e diziam à mulher: Já agora não é pelo que disseste que nós cremos; mas porque nós mesmos temos ouvido e sabemos que este é verdadeiramente o Salvador do mundo.

Jesus volta à Galiléia

43 Passados dois dias, partiu dali para a Galiléia.

44 Porque o mesmo Jesus testemunhou que um profeta não tem honras na sua própria terra.

45 Assim, quando chegou à Galiléia, os galileus o receberam, porque viram todas as cousas que ele fizera em Jerusalém, por ocasião da festa, à qual eles também tinham comparecido.

A cura do filho de um oficial do rei

46 Dirigiu-se, de novo, à Caná da Galiléia, onde da água fizera vinho. Ora, havia um oficial do rei, cujo filho estava doente em Cafarnaum.

47 Tendo ouvido dizer que Jesus viera da Judéia para a Galiléia, foi ter com ele e lhe rogou que descesse para curar seu filho, que estava à morte.

48 Então, Jesus lhe disse: Se, porventura, não virdes sinais e prodígios, de modo nenhum crereis.

49 Rogou-lhe o oficial: Senhor, desce, antes que meu filho morra.

50 Vai, disse-lhe Jesus; teu filho vive. O homem creu na palavra de Jesus e partiu.

51 Já ele descia, quando os seus servos lhe vieram ao encontro, anunciando-lhe que o seu filho vivia.

52 Então, indagou deles a que hora o seu filho se sentira melhor. Informaram: Ontem, à hora sétima a febre o deixou.

53 Com isto, reconheceu o pai ser aquela precisamente a hora em que Jesus lhe dissera: Teu filho vive; e creu ele e toda a sua casa.

54 Foi este o segundo sinal que fez Jesus, depois de vir da Judéia para a Galiléia.

A cura de um paralítico

5 Passadas estas cousas, havia uma festa dos judeus, e Jesus subiu para Jerusalém.

2 Ora, existe ali, junto à Porta das Ovelhas, um tanque, chamado em hebraico Betesda, o qual tem cinco pavilhões.

3 Nestes, jazia uma multidão de enfermos, cegos, coxos, paralíticos

4 [esperando que se movesse a água. Porquanto um anjo descia em certo tempo, agitando-a; e o primeiro que entrava no tanque, uma vez agitada a água, sarava de qualquer doença que tivesse].

5 Estava ali um homem enfermo havia trinta e oito anos.

6 Jesus, vendo-o deitado e sabendo que estava assim há muito tempo, perguntou-lhe: Queres ser curado?

7 Respondeu-lhe o enfermo: Senhor, não tenho ninguém que me ponha no tanque, quando a água é agitada; pois, enquanto eu vou, desce outro antes de mim.

8 Então, lhe disse Jesus: Levanta-te, toma o teu leito e anda.

9 Imediatamente, o homem se viu curado e, tomando o leito, pôs-se a andar. E aquele dia era sábado.

10 Por isso, disseram os judeus ao que fora curado: Hoje é sábado, e não te é lícito carregar o leito.

11 Ao que ele lhes respondeu: O mesmo que me curou me disse: Toma o teu leito e anda.

12 Perguntaram-lhe eles: Quem é o homem que te disse: Toma o teu leito e anda?

13 Mas o que fora curado não sabia quem era; porque Jesus se havia retirado, por haver muita gente naquele lugar.

14 Mais tarde, Jesus o encontrou no templo e lhe disse: Olha que já estás curado; não peques mais, para que não te suceda cousa pior.

15 O homem retirou-se e disse aos judeus que fora Jesus quem o havia curado.

16 E os judeus perseguiam Jesus, porque fazia estas cousas no sábado.

17 Mas ele lhes disse: Meu Pai trabalha até agora, e eu trabalho também.

18 Por isso, pois, os judeus ainda mais procuravam matá-lo, porque não somente violava o sábado, mas também dizia que

---

4.44 Mt 13.57; Mc 6.4; Lc 4.24.   **4.45** Jo 2.23.   **4.46** Jo 2.1-11.   **5.10** Ne 13.19; Jr 17.21.

Deus era seu próprio Pai, fazendo-se igual a Deus.

Jesus explica a sua missão

¹⁹ Então, lhes falou Jesus: Em verdade, em verdade vos digo que o Filho nada pode fazer de si mesmo, senão somente aquilo que vir fazer o Pai; porque tudo o que este fizer, o Filho também semelhantemente o faz.

²⁰ Porque o Pai ama ao Filho, e lhe mostra tudo o que faz, e maiores obras do que estas lhe mostrará, para que vos maravilheis.

²¹ Pois assim como o Pai ressuscita e vivifica os mortos, assim também o Filho vivifica aqueles a quem quer.

²² E o Pai a ninguém julga, mas ao Filho confiou todo julgamento,

²³ a fim de que todos honrem o Filho do modo por que honram o Pai. Quem não honra o Filho não honra o Pai que o enviou.

²⁴ Em verdade, em verdade vos digo: quem ouve a minha palavra e crê naquele que me enviou tem a vida eterna, não entra em juízo, mas passou da morte para a vida.

²⁵ Em verdade, em verdade vos digo que vem a hora e já chegou, em que os mortos ouvirão a voz do Filho de Deus; e os que a ouvirem viverão.

²⁶ Porque assim como o Pai tem vida em si mesmo, também concedeu ao Filho ter vida em si mesmo.

²⁷ E lhe deu autoridade para julgar, porque é o Filho do homem.

²⁸ Não vos maravilheis disto, porque vem a hora em que todos os que se acham nos túmulos ouvirão a sua voz e sairão:

²⁹ os que tiverem feito o bem, para a ressurreição da vida; e os que tiverem praticado o mal, para a ressurreição do juízo.

³⁰ Eu nada posso fazer de mim mesmo; na forma por que ouço, julgo. O meu juízo é justo, porque não procuro a minha própria vontade, e sim a daquele que me enviou.

³¹ Se eu testifico a respeito de mim mesmo, o meu testemunho não é verdadeiro.

³² Outro é o que testifica a meu respeito, e sei que é verdadeiro o testemunho que ele dá de mim.

³³ Mandastes mensageiros a João, e ele deu testemunho da verdade.

³⁴ Eu, porém, não aceito humano testemunho; digo-vos, entretanto, estas cousas para que sejais salvos.

³⁵ Ele era a lâmpada que ardia e alumiava, e vós quisestes, por algum tempo, alegrar-vos com a sua luz.

³⁶ Mas eu tenho maior testemunho do que o de João; porque as obras que o Pai me confiou para que eu as realizasse, essas que eu faço testemunham a meu respeito de que o Pai me enviou.

³⁷ O Pai, que me enviou, esse mesmo é que tem dado testemunho de mim. Jamais tendes ouvido a sua voz, nem visto a sua forma.

³⁸ Também não tendes a sua palavra permanente em vós, porque não credes naquele a quem ele enviou.

³⁹ Examinais[b] as Escrituras, porque julgais ter nelas a vida eterna, e são elas mesmas que testificam de mim.

⁴⁰ Contudo, não quereis vir a mim para terdes vida.

⁴¹ Eu não aceito glória que vem dos homens;

⁴² sei, entretanto, que não tendes em vós o amor de Deus.

⁴³ Eu vim em nome de meu Pai, e não me recebeis; se outro vier em seu próprio nome, certamente, o recebereis.

⁴⁴ Como podeis crer, vós os que aceitais glória uns dos outros e, contudo, não procurais a glória que vem do Deus único?

⁴⁵ Não penseis que eu vos acusarei perante o Pai; quem vos acusa é Moisés, em quem tendes firmado a vossa confiança.

⁴⁶ Porque, se de fato crêsseis em Moisés, também creríeis em mim; porquanto ele escreveu a meu respeito.

⁴⁷ Se, porém, não credes nos seus escritos, como crereis nas minhas palavras?

A multiplicação de pães e peixes
Mt 14.13-21; Mc 6.30-44; Lc 9.10-17

6 Depois destas cousas, atravessou Jesus o mar da Galiléia, que é o de Tiberíades.

² Seguia-o numerosa multidão, porque tinham visto os sinais que ele fazia na cura dos enfermos.

³ Então, subiu Jesus ao monte e assentou-se ali com os seus discípulos.

⁴ Ora, a Páscoa, festa dos judeus, estava próxima.

---

[b]**Examinais**; *ou* **Examinai**

5.28 Dn 12.2.   **5.33** Jo 1.19-27; 3.27-30.   **5.37** Mt 3.17; Mc 1.11; Lc 3.22.

⁵ Então, Jesus, erguendo os olhos e vendo que grande multidão vinha ter com ele, disse a Filipe: Onde compraremos pães para lhes dar a comer?

⁶ Mas dizia isto para o experimentar; porque ele bem sabia o que estava para fazer.

⁷ Respondeu-lhe Filipe: Não lhes bastariam duzentos denários de pão, para receber cada um o seu pedaço.

⁸ Um de seus discípulos, chamado André, irmão de Simão Pedro, informou a Jesus:

⁹ Está aí um rapaz que tem cinco pães de cevada e dois peixinhos; mas isto que é para tanta gente?

¹⁰ Disse Jesus: Fazei o povo assentar-se; pois havia naquele lugar muita relva. Assentaram-se, pois, os homens em número de quase cinco mil.

¹¹ Então, Jesus tomou os pães e, tendo dado graças, distribuiu-os entre eles; e também igualmente os peixes, quanto queriam.

¹² E, quando já estavam fartos, disse Jesus aos seus discípulos: Recolhei os pedaços que sobraram, para que nada se perca.

¹³ Assim, pois, o fizeram e encheram doze cestos de pedaços dos cinco pães de cevada, que sobraram aos que haviam comido.

¹⁴ Vendo, pois, os homens o sinal que Jesus fizera, disseram: Este é, verdadeiramente, o profeta que devia vir ao mundo.

¹⁵ Sabendo, pois, Jesus que estavam para vir com o intuito de arrebatá-lo para o proclamarem rei, retirou-se novamente, sozinho, para o monte.

Jesus anda por sobre o mar
Mt 14.22-32; Mc 6.45-51

¹⁶ Ao descambar o dia, os seus discípulos desceram para o mar.

¹⁷ E, tomando um barco, passaram para o outro lado, rumo a Cafarnaum. Já se fazia escuro, e Jesus ainda não viera ter com eles.

¹⁸ E o mar começava a empolar-se, agitado por vento rijo que soprava.

¹⁹ Tendo navegado uns vinte e cinco a trinta estádios, eis que viram Jesus andando por sobre o mar, aproximando-se do barco; e ficaram possuídos de temor.

²⁰ Mas Jesus lhes disse: Sou eu. Não temais!

²¹ Então, eles, de bom grado, o receberam, e logo o barco chegou ao seu destino.

Jesus, o pão da vida

²² No dia seguinte, a multidão que ficara do outro lado do mar notou que ali não havia senão um pequeno barco e que Jesus não embarcara nele com seus discípulos, tendo estes partido sós.

²³ Entretanto, outros barquinhos chegaram de Tiberíades, perto do lugar onde comeram o pão, tendo o Senhor dado graças.

²⁴ Quando, pois, viu a multidão que Jesus não estava ali nem os seus discípulos, tomaram os barcos e partiram para Cafarnaum à sua procura.

²⁵ E, tendo-o encontrado no outro lado do mar, lhe perguntaram: Mestre, quando chegaste aqui?

²⁶ Respondeu-lhes Jesus: Em verdade, em verdade vos digo: vós me procurais, não porque vistes sinais, mas porque comestes dos pães e vos fartastes.

²⁷ Trabalhai, não pela comida que perece, mas pela que subsiste para a vida eterna, a qual o Filho do homem vos dará; porque Deus, o Pai, o confirmou com o seu selo.

²⁸ Dirigiram-se, pois, a ele, perguntando: Que faremos para realizar as obras de Deus?

²⁹ Respondeu-lhes Jesus: A obra de Deus é esta: que creiais naquele que por ele foi enviado.

³⁰ Então, lhe disseram eles: Que sinal fazes para que o vejamos e creiamos em ti? Quais são os teus feitos?

³¹ Nossos pais comeram o maná no deserto, como está escrito:
Deu-lhes a comer pão do céu.

³² Replicou-lhes Jesus: Em verdade, em verdade vos digo: não foi Moisés quem vos deu o pão do céu; o verdadeiro pão do céu é meu Pai quem vos dá.

³³ Porque o pão de Deus é o que desce do céu e dá vida ao mundo.

³⁴ Então, lhe disseram: Senhor, dá-nos sempre desse pão.

³⁵ Declarou-lhes, pois, Jesus: Eu sou o pão da vida; o que vem a mim jamais terá fome; e o que crê em mim jamais terá sede.

³⁶ Porém eu já vos disse que, embora me tenhais visto, não credes.

³⁷ Todo aquele que o Pai me dá, esse vi-

rá a mim; e o que vem a mim, de modo nenhum o lançarei fora.

38 Porque eu desci do céu, não para fazer a minha própria vontade, e sim a vontade daquele que me enviou.

39 E a vontade de quem me enviou é esta: que nenhum eu perca de todos os que me deu; pelo contrário, eu o ressuscitarei no último dia.

40 De fato, a vontade de meu Pai é que todo homem que vir o Filho e nele crer tenha a vida eterna; e eu o ressuscitarei no último dia.

A murmuração dos judeus

41 Murmuravam, pois, dele os judeus, porque dissera: Eu sou o pão que desceu do céu.

42 E diziam: Não é este Jesus, o filho de José? Acaso não lhe conhecemos o pai e a mãe? Como, pois, agora diz: Desci do céu?

43 Respondeu-lhcs Jesus: Não murmureis entre vós.

44 Ninguém pode vir a mim se o Pai, que me enviou, não o trouxer; e eu o rcssuscitarei no último dia.

45 Está escrito nos profetas:
E serão todos ensinados por Deus.
Portanto, todo aquele que da parte do Pai tem ouvido e aprendido, esse vem a mim.

46 Não que alguém tenha visto o Pai, salvo aquele que vem de Deus; este o tem visto.

47 Em verdade, em verdade vos digo: quem crê em mim tem a vida eterna.

48 Eu sou o pão da vida.

49 Vossos pais comeram o maná no deserto e morreram.

50 Este é o pão que desce do céu, para que todo o que dele comer não pereça.

51 Eu sou o pão vivo que desceu do céu; se alguém dele comer, vivcrá ctcrnamentc; e o pão que eu darei pcla vida do mundo é a minha carne.

52 Disputavam, pois, os judeus entre si, dizendo: Como pode este dar-nos a comer a sua própria carne?

53 Respondeu-lhes Jesus: Em verdade, em verdade vos digo: se não comerdes a carne do Filho do homem e não bcbcrdes o seu sangue, não tendes vida em vós mesmos.

54 Quem comer a minha carne e beber o meu sangue tem a vida eterna, e eu o ressuscitarei no último dia.

55 Pois a minha carne é verdadeira comida, e o meu sangue é verdadeira bebida.

56 Quem comer a minha carne e beber o meu sangue permanece em mim, e eu, nele.

57 Assim como o Pai, que vive, me enviou, e igualmente eu vivo pelo Pai, também quem de mim se alimenta por mim viverá.

58 Este é o pão que desceu do céu, em nada semelhante àquele que os vossos pais comeram e, contudo, morreram; quem comer este pão viverá eternamente.

59 Estas cousas disse Jesus, quando ensinava na sinagoga de Cafarnaum.

Os discípulos escandalizados

60 Muitos dos seus discípulos, tendo ouvido tais palavras, disseram: Duro é este discurso; quem o pode ouvir?

61 Mas Jesus, sabendo por si mesmo que eles murmuravam a respeito de suas palavras, interpelou-os: Isto vos escandaliza?

62 Que será, pois, se virdes o Filho do homem subir para o lugar onde primeiro estava?

63 O espírito é o que vivifica; a carne para nada aproveita; as palavras que eu vos tcnho dito são espírito e são vida.

64 Contudo, há descrentes entre vós. Pois Jesus sabia, desde o princípio, quais eram os que não criam e quem o havia de trair.

65 E prosseguiu: Por causa disto, é que vos tenho dito: ninguém poderá vir a mim, se, pelo Pai, não lhe for concedido.

Muitos discípulos se retiram

66 À vista disso, muitos dos seus discípulos o abandonaram e já não andavam com ele.

67 Então, perguntou Jesus aos doze: Porventura, quereis também vós outros retirar-vos?

68 Respondeu-lhe Simão Pedro: Senhor, para qucm iremos? Tu tens as palavras da vida eterna;

69 e nós temos crido e conhecido que tu és o Santo de Deus.

70 Replicou-lhes Jesus: Não vos escolhi eu em número de doze? Contudo, um de vós é diabo.

71 Referia-se ele a Judas, filho de Simão Iscariotes; porque era quem estava para traí-lo, sendo um dos dozc.

A incredulidade dos irmãos de Jesus

7 Passadas estas cousas, Jesus andava pela Galiléia, porque não desejava per-

6.45 Is 54.13.   6.68,69 Mt 16.16; Mc 8.29; Lc 9.20.

correr a Judéia, visto que os judeus procuravam matá-lo.

² Ora, a Festa dos judeus, chamada dos Tabernáculos, estava próxima.

³ Dirigiram-se, pois, a ele os seus irmãos e lhe disseram: Deixa este lugar e vai para a Judéia, para que também os teus discípulos vejam as obras que fazes.

⁴ Porque ninguém há que procure ser conhecido em público e, contudo, realize os seus feitos em oculto. Se fazes estas cousas, manifesta-te ao mundo.

⁵ Pois nem mesmo os seus irmãos criam nele.

⁶ Disse-lhes, pois, Jesus: O meu tempo ainda não chegou, mas o vosso sempre está presente.

⁷ Não pode o mundo odiar-vos, mas a mim me odeia, porque eu dou testemunho a seu respeito de que as suas obras são más.

⁸ Subi vós outros à festa; eu, por enquanto, não subo, porque o meu tempo ainda não está cumprido.

⁹ Disse-lhes Jesus estas cousas e continuou na Galiléia.

Jesus na Festa dos Tabernáculos

¹⁰ Mas, depois que seus irmãos subiram para a festa, então, subiu ele também, não publicamente, mas em oculto.

¹¹ Ora, os judeus o procuravam na festa e perguntavam: Onde estará ele?

¹² E havia grande murmuração a seu respeito entre as multidões. Uns diziam: Ele é bom. E outros: Não, antes, engana o povo.

¹³ Entretanto, ninguém falava dele abertamente, por ter medo dos judeus.

A controvérsia entre Jesus e os judeus

¹⁴ Corria já em meio a festa, e Jesus subiu ao templo e ensinava.

¹⁵ Então, os judeus se maravilhavam e diziam: Como sabe este letras, sem ter estudado?

¹⁶ Respondeu-lhes Jesus: O meu ensino não é meu, e sim daquele que me enviou.

¹⁷ Se alguém quiser fazer a vontade dele, conhecerá a respeito da doutrina, se ela é de Deus ou se eu falo por mim mesmo.

¹⁸ Quem fala por si mesmo está procurando a sua própria glória; mas o que procura a glória de quem o enviou, esse é verdadeiro, e nele não há injustiça.

¹⁹ Não vos deu Moisés a lei? Contudo,

ninguém dentre vós a observa. Por que procurais matar-me?

²⁰ Respondeu a multidão: Tens demônio. Quem é que procura matar-te?

²¹ Replicou-lhes Jesus: Um só feito realizei, e todos vos admirais.

²² Pelo motivo de que Moisés vos deu a circuncisão (se bem que ela não vem dele mas dos patriarcas), no sábado circuncidais um homem.

²³ E, se o homem pode ser circuncidado em dia de sábado, para que a lei de Moisés não seja violada, por que vos indignais contra mim, pelo fato de eu ter curado, num sábado, ao todo, um homem?

²⁴ Não julgueis segundo a aparência, e sim pela reta justiça.

Os guardas mandados para prender Jesus

²⁵ Diziam alguns de Jerusalém: Não é este aquele a quem procuram matar?

²⁶ Eis que ele fala abertamente, e nada lhe dizem. Porventura, reconhecem verdadeiramente as autoridades que este é, de fato, o Cristo?

²⁷ Nós, todavia, sabemos donde este é; quando, porém, vier o Cristo, ninguém saberá donde ele é.

²⁸ Jesus, pois, enquanto ensinava no templo, clamou, dizendo: Vós não somente me conheceis, mas também sabeis donde eu sou; e não vim porque eu, de mim mesmo, o quisesse, mas aquele que me enviou é verdadeiro, aquele a quem vós não conheceis.

²⁹ Eu o conheço, porque venho da parte dele e fui por ele enviado.

³⁰ Então, procuravam prendê-lo; mas ninguém lhe pôs a mão, porque ainda não era chegada a sua hora.

³¹ E, contudo, muitos de entre a multidão creram nele e diziam: Quando vier o Cristo, fará, porventura, maiores sinais do que este homem tem feito?

³² Os fariseus, ouvindo a multidão murmurar estas cousas a respeito dele, juntamente com os principais sacerdotes enviaram guardas para o prenderem.

³³ Disse-lhes Jesus: Ainda por um pouco de tempo estou convosco e depois irei para junto daquele que me enviou.

³⁴ Haveis de procurar-me e não me achareis; também aonde eu estou, vós não podeis ir.

³⁵ Disseram, pois, os judeus uns aos ou-

7.2 Lv 23.34; Dt 16.13.   **7.22** Lv 12.3; Gn 17.10.   **7.23** Jo 5.9.

tros: Para onde irá este que não o possamos achar? Irá, porventura, para a Dispersão entre os gregos, com o fim de os ensinar? 36 Que significa, de fato, o que ele diz: Haveis de procurar-me e não me achareis; também aonde eu estou, vós não podeis ir?

Jesus, a fonte da água viva

37 No último dia, o grande dia da festa, levantou-se Jesus e exclamou: Se alguém tem sede, venha a mim e beba.

38 Quem crer em mim, como diz a Escritura, do seu interior fluirão rios de água viva.

39 Isto ele disse com respeito ao Espírito que haviam de receber os que nele cressem; pois o Espírito até aquele momento não fora dado, porque Jesus não havia sido ainda glorificado.

40 Então, os que dentre o povo tinham ouvido estas palavras diziam: Este é verdadeiramente o profeta;

41 outros diziam: Ele é o Cristo; outros, porém, perguntavam: Porventura, o Cristo virá da Galiléia?

42 Não diz a Escritura que o Cristo vem da descendência de Davi e da aldeia de Belém, donde era Davi?

43 Assim, houve uma dissensão entre o povo por causa dele;

44 alguns dentre eles queriam prendê-lo, mas ninguém lhe pôs as mãos.

Os guardas voltam sem Jesus

45 Voltaram, pois, os guardas à presença dos principais sacerdotes e fariseus, e estes lhes perguntaram: Por que não o trouxestes?

46 Responderam eles: Jamais alguém falou como este homem.

47 Replicaram-lhes, pois, os fariseus: Será que também vós fostes enganados?

48 Porventura, creu nele alguém dentre as autoridades ou algum dos fariseus?

49 Quanto a esta plebe que nada sabe da lei, é maldita.

50 Nicodemos, um deles, que antes fora ter com Jesus, perguntou-lhes:

51 Acaso a nossa lei julga um homem, sem primeiro ouvi-lo e saber o que ele fez?

52 Respondcram eles: Dar-se-á o caso de que também tu és da Galiléia? Examina e verás que da Galiléia não se levanta profeta.

53 [E cada um foi para sua casa.

A mulher adúltera

8 Jesus, entretanto, foi para o monte das Oliveiras.

2 De madrugada, voltou novamente para o templo, e todo o povo ia ter com ele; e, assentado, os ensinava.

3 Os escribas e fariseus trouxeram à sua presença uma mulher surpreendida em adultério e, fazendo-a ficar de pé no meio de todos,

4 disseram a Jesus: Mestre, esta mulher foi apanhada em flagrante adultério.

5 E na lei nos mandou Moisés que tais mulheres sejam apedrejadas; tu, pois, que dizes?

6 Isto diziam eles tentando-o, para terem de que o acusar. Mas Jesus, inclinando-se, escrevia na terra com o dedo.

7 Como insistissem na pergunta, Jesus se levantou e lhes disse: Aquele que dentre vós estiver sem pecado seja o primeiro que lhe atire pedra.

8 E, tornando a inclinar-se, continuou a escrever no chão.

9 Mas, ouvindo eles esta resposta e acusados pela própria consciência, foram-se retirando um por um, a começar pelos mais velhos até aos últimos, ficando só Jesus e a mulher no meio onde estava.

10 Erguendo-se Jesus e não vendo a ninguém mais além da mulher, perguntou-lhe: Mulher, onde estão aqueles teus acusadores? Ninguém te condenou?

11 Respondeu ela: Ninguém, Senhor! Então, lhe disse Jesus: Nem eu tampouco te condeno; vai e não peques mais.]

Jesus, a luz do mundo

12 De novo, lhes falava Jesus, dizendo: Eu sou a luz do mundo; quem me segue não andará nas trevas; pelo contrário, terá a luz da vida.

13 Então, lhe objetaram os fariseus: Tu dás testemunho de ti mesmo; logo, o teu testemunho não é verdadeiro.

14 Respondeu Jesus e disse-lhes: Posto que eu testifico de mim mesmo, o meu testemunho é verdadeiro, porque sei donde vim e para onde vou; mas vós não sabeis donde venho, nem para onde vou.

15 Vós julgais segundo a carne, eu a ninguém julgo.

16 Se eu julgo, o meu juízo é verdadeiro,

7.37 Lv 23.36. 7.38 Ez 47.1; Zc 14.8. 7.42 Mq 5.2. 7.50 Jo 3.1. 8.5 Lv 20.10; Dt 22.22-24. 8.12 Mt 5.14; Jo 9.5. 8.13 Jo 5.31.

porque não sou eu só, porém eu e aquele que me enviou.

¹⁷ Também na vossa lei está escrito que o testemunho de duas pessoas é verdadeiro.

¹⁸ Eu testifico de mim mesmo, e o Pai, que me enviou, também testifica de mim.

¹⁹ Então, eles lhe perguntaram: Onde está teu Pai? Respondeu Jesus: Não me conheceis a mim nem a meu Pai; se conhecêsseis a mim, também conheceríeis a meu Pai.

²⁰ Proferiu ele estas palavras no lugar do gazofilácio, quando ensinava no templo; e ninguém o prendeu, porque não era ainda chegada a sua hora.

Jesus defende a sua missão e autoridade

²¹ De outra feita, lhes falou, dizendo: Vou retirar-me, e vós me procurareis, mas perecereis no vosso pecado; para onde eu vou vós não podeis ir.

²² Então, diziam os judeus: Terá ele acaso a intenção de suicidar-se? Porque diz: Para onde eu vou vós não podeis ir.

²³ E prosseguiu: Vós sois cá de baixo, eu sou lá de cima; vós sois deste mundo, eu deste mundo não sou.

²⁴ Por isso, eu vos disse que morrereis nos vossos pecados; porque, se não crerdes que EU SOU, morrereis nos vossos pecados.

²⁵ Então, lhe perguntaram: Quem és tu? Respondeu-lhes Jesus: Que é que desde o princípio vos tenho dito?

²⁶ Muitas cousas tenho para dizer a vosso respeito e vos julgar; porém aquele que me enviou é verdadeiro, de modo que as cousas que dele tenho ouvido, essas digo ao mundo.

²⁷ Eles, porém, não atinaram que lhes falava do Pai.

²⁸ Disse-lhes, pois, Jesus: Quando levantardes o Filho do homem, então, sabereis que EU SOU e que nada faço por mim mesmo; mas falo como o Pai me ensinou.

²⁹ E aquele que me enviou está comigo, não me deixou só, porque eu faço sempre o que lhe agrada.

³⁰ Ditas estas cousas, muitos creram nele.

³¹ Disse, pois, Jesus aos judeus que haviam crido nele: Se vós permanecerdes na minha palavra, sois verdadeiramente meus discípulos;

³² e conhecereis a verdade, e a verdade vos libertará.

³³ Responderam-lhe: Somos descendência de Abraão e jamais fomos escravos de alguém; como dizes tu: Sereis livres?

³⁴ Replicou-lhes Jesus: Em verdade, em verdade vos digo: todo o que comete pecado é escravo do pecado.

³⁵ O escravo não fica sempre na casa; o filho, sim, para sempre.

³⁶ Se, pois, o Filho vos libertar, verdadeiramente sereis livres.

³⁷ Bem sei que sois descendência de Abraão; contudo, procurais matar-me, porque a minha palavra não está em vós.

³⁸ Eu falo das cousas que vi junto de meu Pai; vós, porém, fazeis o que vistes em vosso pai.

³⁹ Então, lhe responderam: Nosso pai é Abraão. Disse-lhes Jesus: Se sois filhos de Abraão, praticai as obras de Abraão.

⁴⁰ Mas agora procurais matar-me, a mim que vos tenho falado a verdade que ouvi de Deus; assim não procedeu Abraão.

⁴¹ Vós fazeis as obras de vosso pai. Disseram-lhe eles: Nós não somos bastardos; temos um pai, que é Deus.

⁴² Replicou-lhes Jesus: Se Deus fosse, de fato, vosso pai, certamente, me havíeis de amar; porque eu vim de Deus e aqui estou; pois não vim de mim mesmo, mas ele me enviou.

⁴³ Qual a razão por que não compreendeis a minha linguagem? É porque sois incapazes de ouvir a minha palavra.

⁴⁴ Vós sois do diabo, que é vosso pai, e quereis satisfazer-lhe os desejos. Ele foi homicida desde o princípio e jamais se firmou na verdade, porque nele não há verdade. Quando ele profere mentira, fala do que lhe é próprio, porque é mentiroso e pai da mentira.

⁴⁵ Mas, porque eu digo a verdade, não me credes.

⁴⁶ Quem dentre vós me convence de pecado? Se vos digo a verdade, por que razão não me credes?

⁴⁷ Quem é de Deus ouve as palavras de Deus; por isso, não me dais ouvidos, porque não sois de Deus.

⁴⁸ Responderam, pois, os judeus e lhe disseram: Porventura, não temos razão em dizer que és samaritano e tens demônio?

⁴⁹ Replicou Jesus: Eu não tenho demônio; pelo contrário, honro a meu Pai, e vós me desonrais.

⁵⁰ Eu não procuro a minha própria glória; há quem a busque e julgue.

⁵¹ Em verdade, em verdade vos digo: se

8.33 Mt 3.9; Lc 3.8.

alguém guardar a minha palavra, não verá a morte, eternamente.

⁵² Disseram-lhe os judeus: Agora, estamos certos de que tens demônio. Abraão morreu, e também os profetas, e tu dizes: Se alguém guardar a minha palavra, não provará a morte, eternamente.

⁵³ És maior do que Abraão, o nosso pai, que morreu? Também os profetas morreram. Quem, pois, te fazes ser?

⁵⁴ Respondeu Jesus: Se eu me glorifico a mim mesmo, a minha glória nada é; quem me glorifica é meu Pai, o qual vós dizeis que é vosso Deus.

⁵⁵ Entretanto, vós não o tendes conhecido; eu, porém, o conheço. Se eu disser que não o conheço, serei como vós: mentiroso; mas eu o conheço e guardo a sua palavra.

⁵⁶ Abraão, vosso pai, alegrou-se por ver o meu dia, viu-o e regozijou-se.

⁵⁷ Perguntaram-lhe, pois, os judeus: Ainda não tens cinqüenta anos e viste Abraão?

⁵⁸ Respondeu-lhes Jesus: Em verdade, em verdade eu vos digo: antes que Abraão existisse, EU SOU.

⁵⁹ Então, pegaram em pedras para atirarem nele; mas Jesus se ocultou e saiu do templo.

A cura de um cego de nascença

9 Caminhando Jesus, viu um homem cego de nascença.

² E os seus discípulos perguntaram: Mestre, quem pecou, este ou seus pais, para que nascesse cego?

³ Respondeu Jesus: Nem ele pecou, nem seus pais; mas foi para que se manifestem nele as obras de Deus.

⁴ É necessário que façamos as obras daquele que me enviou, enquanto é dia; a noite vem, quando ninguém pode trabalhar.

⁵ Enquanto estou no mundo, sou a luz do mundo.

⁶ Dito isso, cuspiu na terra e, tendo feito lodo com a saliva, aplicou-o aos olhos do cego,

⁷ dizendo-lhe: Vai, lava-te no tanque de Siloé (que quer dizer Enviado). Ele foi, lavou-se e voltou vendo.

⁸ Então, os vizinhos e os que dantes o conheciam de vista, como mendigo, perguntavam: Não é este o que estava assentado pedindo esmolas?

⁹ Uns diziam: É ele. Outros: Não, mas se parece com ele. Ele mesmo, porém, dizia: Sou eu.

¹⁰ Perguntaram-lhe, pois: Como te foram abertos os olhos?

¹¹ Respondeu ele: O homem chamado Jesus fez lodo, untou-me os olhos e disse-me: Vai ao tanque de Siloé e lava-te. Então, fui, lavei-me e estou vendo.

¹² Disseram-lhe, pois: Onde está ele? Respondeu: Não sei.

Os fariseus interrogam o cego

¹³ Levaram, pois, aos fariseus o que dantes fora cego.

¹⁴ E era sábado o dia em que Jesus fez o lodo e lhe abriu os olhos.

¹⁵ Então, os fariseus, por sua vez, lhe perguntaram como chegara a ver; ao que lhes respondeu: Aplicou lodo aos meus olhos, lavei-me e estou vendo.

¹⁶ Por isso, alguns dos fariseus diziam: Esse homem não é de Deus, porque não guarda o sábado. Diziam outros: Como pode um homem pecador fazer tamanhos sinais? E houve dissensão entre eles.

¹⁷ De novo, perguntaram ao cego: Que dizes tu a respeito dele, visto que te abriu os olhos? Que é profeta, respondeu ele.

¹⁸ Não acreditaram os judeus que ele fora cego e que agora via, enquanto não lhe chamaram os pais

¹⁹ e os interrogaram: É este o vosso filho, de quem dizeis que nasceu cego? Como, pois, vê agora?

²⁰ Então, os pais responderam: Sabemos que este é nosso filho e que nasceu cego;

²¹ mas não sabemos como vê agora; ou quem lhe abriu os olhos também não sabemos. Perguntai a ele, idade tem; falará de si mesmo.

²² Isto disseram seus pais porque estavam com medo dos judeus; pois estes já haviam assentado que, se alguém confessasse ser Jesus o Cristo, fosse expulso da sinagoga.

²³ Por isso, é que disseram os pais: Ele idade tem, interrogai-o.

²⁴ Então, chamaram, pela segunda vez, o homem que fora cego e lhe disseram: Dá glória a Deus; nós sabemos que esse homem é pecador.

²⁵ Ele retrucou: Se é pecador, não sei; uma cousa sei: eu era cego e agora vejo.

9.5 Mt 5.14; Jo 8.12.

²⁶ Perguntaram-lhe, pois: Que te fez ele? como te abriu os olhos?

²⁷ Ele lhes respondeu: Já vo-lo disse, e não atendestes; por que quereis ouvir outra vez? Porventura, quereis vós também tornar-vos seus discípulos?

²⁸ Então, o injuriaram e lhe disseram: Discípulo dele és tu; mas nós somos discípulos de Moisés.

²⁹ Sabemos que Deus falou a Moisés; mas este nem sabemos donde é.

³⁰ Respondeu-lhes o homem: Nisto é de estranhar que vós não saibais donde ele é, e, contudo, me abriu os olhos.

³¹ Sabemos que Deus não atende a pecadores; mas, pelo contrário, se alguém teme a Deus e pratica a sua vontade, a este atende.

³² Desde que há mundo, jamais se ouviu que alguém tenha aberto os olhos a um cego de nascença.

³³ Se este homem não fosse de Deus, nada poderia ter feito.

³⁴ Mas eles retrucaram: Tu és nascido todo em pecado e nos ensinas a nós? E o expulsaram.

Jesus revela-se ao cego

³⁵ Ouvindo Jesus que o tinham expulsado, encontrando-o, lhe perguntou: Crês tu no Filho do homem?

³⁶ Ele respondeu e disse: Quem é, Senhor, para que eu nele creia?

³⁷ E Jesus lhe disse: Já o tens visto, e é o que fala contigo.

³⁸ Então, afirmou ele: Creio, Senhor; e o adorou.

³⁹ Prosseguiu Jesus: Eu vim a este mundo para juízo, a fim de que os que não vêem vejam, e os que vêem se tornem cegos.

⁴⁰ Alguns dentre os fariseus que estavam perto dele perguntaram-lhe: Acaso também nós somos cegos?

⁴¹ Respondeu-lhes Jesus: Se fôsseis cegos, não teríeis pecado algum; mas, porque agora dizeis: Nós vemos, subsiste o vosso pecado.

Jesus, o bom pastor

10 Em verdade, em verdade vos digo: o que não entra pela porta no aprisco das ovelhas, mas sobe por outra parte, esse é ladrão e salteador.

² Aquele, porém, que entra pela porta, esse é o pastor das ovelhas.

³ Para este o porteiro abre, as ovelhas ouvem a sua voz, ele chama pelo nome as suas próprias ovelhas e as conduz para fora.

⁴ Depois de fazer sair todas as que lhe pertencem, vai adiante delas, e elas o seguem, porque lhe reconhecem a voz;

⁵ mas de modo nenhum seguirão o estranho; antes, fugirão dele, porque não conhecem a voz dos estranhos.

⁶ Jesus lhes propôs esta parábola, mas eles não compreenderam o sentido daquilo que lhes falava.

⁷ Jesus, pois, lhes afirmou de novo: Em verdade, em verdade vos digo: eu sou a porta das ovelhas.

⁸ Todos quantos vieram antes de mim são ladrões e salteadores; mas as ovelhas não lhes deram ouvido.

⁹ Eu sou a porta. Se alguém entrar por mim, será salvo; entrará, e sairá, e achará pastagem.

¹⁰ O ladrão vem somente para roubar, matar e destruir; eu vim para que tenham vida e a tenham em abundância.

¹¹ Eu sou o bom pastor. O bom pastor dá a vida pelas ovelhas.

¹² O mercenário, que não é pastor, a quem não pertencem as ovelhas, vê vir o lobo, abandona as ovelhas e foge; então, o lobo as arrebata e dispersa.

¹³ O mercenário foge, porque é mercenário e não tem cuidado com as ovelhas.

¹⁴ Eu sou o bom pastor; conheço as minhas ovelhas, e elas me conhecem a mim,

¹⁵ assim como o Pai me conhece a mim, e eu conheço o Pai; e dou a minha vida pelas ovelhas.

¹⁶ Ainda tenho outras ovelhas, não deste aprisco; a mim me convém conduzi-las; elas ouvirão a minha voz; então, haverá um rebanho e um pastor.

¹⁷ Por isso, o Pai me ama, porque eu dou a minha vida para a reassumir.

¹⁸ Ninguém a tira de mim; pelo contrário, eu espontaneamente a dou. Tenho autoridade para a entregar e também para reavê-la. Este mandato recebi de meu Pai.

Nova dissensão entre os judeus

¹⁹ Por causa dessas palavras, rompeu nova dissensão entre os judeus.

²⁰ Muitos deles diziam: Ele tem demônio e enlouqueceu; por que o ouvis?

²¹ Outros diziam: Este modo de falar não é de endemoninhado; pode, porventura, um demônio abrir os olhos aos cegos?

10.15 Mt 11.27; Lc 10.22.

A Festa da Dedicação. Jesus é interrogado

²² Celebrava-se em Jerusalém a Festa da Dedicação. Era inverno.

²³ Jesus passeava no templo, no Pórtico de Salomão.

²⁴ Rodearam-no, pois, os judeus e o interpelaram: Até quando nos deixarás a mente em suspenso? Se tu és o Cristo, dize-o francamente.

²⁵ Respondeu-lhes Jesus: Já vo-lo disse, e não credes. As obras que eu faço em nome de meu Pai testificam a meu respeito.

²⁶ Mas vós não credes, porque não sois das minhas ovelhas.

²⁷ As minhas ovelhas ouvem a minha voz; eu as conheço, e elas me seguem.

²⁸ Eu lhes dou a vida eterna; jamais perecerão, e ninguém as arrebatará da minha mão.

²⁹ Aquilo que meu Pai me deu é maior do que tudo; e da mão do Pai ninguém pode arrebatar.

³⁰ Eu e o Pai somos um.

³¹ Novamente, pegaram os judeus em pedras para lhe atirar.

³² Disse-lhes Jesus: Tenho-vos mostrado muitas obras boas da parte do Pai; por qual delas me apedrejais?

³³ Responderam-lhe os judeus: Não é por obra boa que te apedrejamos, e sim por causa da blasfêmia, pois, sendo tu homem, te fazes Deus a ti mesmo.

³⁴ Replicou-lhes Jesus: Não está escrito na vossa lei:

Eu disse: sois deuses?

³⁵ Se ele chamou deuses àqueles a quem foi dirigida a palavra de Deus, e a Escritura não pode falhar,

³⁶ então, daquele a quem o Pai santificou e enviou ao mundo, dizeis: Tu blasfemas; porque declarei: sou Filho de Deus?

³⁷ Se não faço as obras de meu Pai, não me acrediteis;

³⁸ mas, se faço, e não me credes, crede nas obras; para que possais saber e compreender que o Pai está em mim, e eu estou no Pai.

³⁹ Nesse ponto, procuravam, outra vez, prendê-lo; mas ele se livrou das suas mãos.

⁴⁰ Novamente, se retirou para além do Jordão, para o lugar onde João batizava no princípio; e ali permaneceu.

⁴¹ E iam muitos ter com ele e diziam: Realmente, João não fez nenhum sinal, po-rém tudo quanto disse a respeito deste era verdade.

⁴² E muitos ali creram nele.

A ressurreição de Lázaro

11 Estava enfermo Lázaro, de Betânia, da aldeia de Maria e de sua irmã Marta.

² Esta Maria, cujo irmão Lázaro estava enfermo, era a mesma que ungiu com bálsamo o Senhor e lhe enxugou os pés com os seus cabelos.

³ Mandaram, pois, as irmãs de Lázaro dizer a Jesus: Senhor, está enfermo aquele a quem amas.

⁴ Ao receber a notícia, disse Jesus: Esta enfermidade não é para morte, e sim para a glória de Deus, a fim de que o Filho de Deus seja por ela glorificado.

⁵ Ora, amava Jesus a Marta, e a sua irmã, e a Lázaro.

⁶ Quando, pois, soube que Lázaro estava doente, ainda se demorou dois dias no lugar onde estava.

⁷ Depois, disse aos seus discípulos: Vamos outra vez para a Judéia.

⁸ Disseram-lhe os discípulos: Mestre, ainda agora os judeus procuravam apedrejar-te, e voltas para lá?

⁹ Respondeu Jesus: Não são doze as horas do dia? Se alguém andar de dia, não tropeça, porque vê a luz deste mundo; ·

¹⁰ mas, se andar de noite, tropeça, porque nele não há luz.

¹¹ Isto dizia e depois lhes acrescentou: Nosso amigo Lázaro adormeceu, mas vou para despertá-lo.

¹² Disseram-lhe, pois, os discípulos: Senhor, se dorme, estará salvo.

¹³ Jesus, porém, falara com respeito à morte de Lázaro; mas eles supunham que tivesse falado do repouso do sono.

¹⁴ Então, Jesus lhes disse claramente: Lázaro morreu;

¹⁵ e por vossa causa me alegro de que lá não estivesse, para que possais crer; mas vamos ter com ele.

¹⁶ Então, Tomé, chamado Dídimo, disse aos condiscípulos: Vamos também nós para morrermos com ele.

¹⁷ Chegando Jesus, encontrou Lázaro já sepultado, havia quatro dias.

¹⁸ Ora, Betânia estava cerca de quinze estádios perto de Jerusalém.

¹⁹ Muitos dentre os judeus tinham vin-

10.33 Lv 24.16.   **10.34** Sl 82.6.   **10.40** Jo 1.28.   **11.1** Lc 10.38,39.   **11.2** Jo 12.3.

do ter com Marta e Maria, para as consolar a respeito de seu irmão.

²⁰ Marta, quando soube que vinha Jesus, saiu ao seu encontro; Maria, porém, ficou sentada em casa.

²¹ Disse, pois, Marta a Jesus: Senhor, se estiveras aqui, não teria morrido meu irmão.

²² Mas também sei que, mesmo agora, tudo quanto pedires a Deus, Deus to concederá.

²³ Declarou-lhe Jesus: Teu irmão há de ressurgir.

²⁴ Eu sei, replicou Marta, que ele há de ressurgir na ressurreição, no último dia.

²⁵ Disse-lhe Jesus: Eu sou a ressurreição e a vida. Quem crê em mim, ainda que morra, viverá;

²⁶ e todo o que vive e crê em mim não morrerá, eternamente. Crês isto?

²⁷ Sim, Senhor, respondeu ela, eu tenho crido que tu és o Cristo, o Filho de Deus que devia vir ao mundo.

²⁸ Tendo dito isto, retirou-se e chamou Maria, sua irmã, e lhe disse em particular: O Mestre chegou e te chama.

²⁹ Ela, ouvindo isto, levantou-se depressa e foi ter com ele,

³⁰ pois Jesus ainda não tinha entrado na aldeia, mas permanecia onde Marta se avistara com ele.

³¹ Os judeus que estavam com Maria em casa e a consolavam, vendo-a levantar-se depressa e sair, seguiram-na, supondo que ela ia ao túmulo para chorar.

³² Quando Maria chegou ao lugar onde estava Jesus, ao vê-lo, lançou-se-lhe aos pés, dizendo: Senhor, se estiveras aqui, meu irmão não teria morrido.

³³ Jesus, vendo-a chorar, e bem assim os judeus que a acompanhavam, agitou-se no espírito e comoveu-se.

³⁴ E perguntou: Onde o sepultastes? Eles lhe responderam: Senhor, vem e vê!

³⁵ Jesus chorou.

³⁶ Então, disseram os judeus: Vede quanto o amava.

³⁷ Mas alguns objetaram: Não podia ele, que abriu os olhos ao cego, fazer que este não morresse?

³⁸ Jesus, agitando-se novamente em si mesmo, encaminhou-se para o túmulo; era este uma gruta a cuja entrada tinham posto uma pedra.

³⁹ Então, ordenou Jesus: Tirai a pedra. Disse-lhe Marta, irmã do morto: Senhor, já cheira mal, porque já é de quatro dias.

⁴⁰ Respondeu-lhe Jesus: Não te disse eu que, se creres, verás a glória de Deus?

⁴¹ Tiraram, então, a pedra. E Jesus, levantando os olhos para o céu, disse: Pai, graças te dou porque me ouviste.

⁴² Aliás, eu sabia que sempre me ouves, mas assim falei por causa da multidão presente, para que creiam que tu me enviaste.

⁴³ E, tendo dito isto, clamou em alta voz: Lázaro, vem para fora!

⁴⁴ Saiu aquele que estivera morto, tendo os pés e as mãos ligados com ataduras e o rosto envolto num lenço. Então, lhes ordenou Jesus: Desatai-o e deixai-o ir.

⁴⁵ Muitos, pois, dentre os judeus que tinham vindo visitar Maria, vendo o que fizera Jesus, creram nele.

⁴⁶ Outros, porém, foram ter com os fariseus e lhes contaram dos feitos que Jesus realizara.

O plano para tirar a vida a Jesus

⁴⁷ Então, os principais sacerdotes e os fariseus convocaram o Sinédrio; e disseram: Que estamos fazendo, uma vez que este homem opera muitos sinais?

⁴⁸ Se o deixarmos assim, todos crerão nele; depois, virão os romanos e tomarão não só o nosso lugar, mas a própria nação.

⁴⁹ Caifás, porém, um dentre eles, sumo sacerdote naquele ano, advertiu-os, dizendo: Vós nada sabeis,

⁵⁰ nem considerais que vos convém que morra um só homem pelo povo e que não venha a perecer toda a nação.

⁵¹ Ora, ele não disse isto de si mesmo; mas, sendo sumo sacerdote naquele ano, profetizou que Jesus estava para morrer pela nação

⁵² e não somente pela nação, mas também para reunir em um só corpo os filhos de Deus, que andam dispersos.

⁵³ Desde aquele dia, resolveram matá-lo.

⁵⁴ De sorte que Jesus já não andava publicamente entre os judeus, mas retirou-se para uma região vizinha ao deserto, para uma cidade chamada Efraim; e ali permaneceu com os discípulos.

⁵⁵ Estava próxima a Páscoa dos judeus; e muitos daquela região subiram para Jerusalém antes da Páscoa, para se purificarem.

⁵⁶ Lá, procuravam Jesus e, estando eles no templo, diziam uns aos outros: Que vos parece? Não virá ele à festa?

⁵⁷ Ora, os principais sacerdotes e os fariseus tinham dado ordem para, se alguém

soubesse onde ele estava, denunciá-lo, a fim de o prenderem.

Jesus ungido por Maria em Betânia
Mt 26.6-12; Mc 14.6-8

12 Seis dias antes da Páscoa, foi Jesus para Betânia, onde estava Lázaro, a quem ele ressuscitara dentre os mortos.

2 Deram-lhe, pois, ali, uma ceia; Marta servia, sendo Lázaro um dos que estavam com ele à mesa.

3 Então, Maria, tomando uma libra de bálsamo de nardo puro, mui precioso, ungiu os pés de Jesus e os enxugou com os seus cabelos; e encheu-se toda a casa com o perfume do bálsamo.

4 Mas Judas Iscariotes, um dos seus discípulos, o que estava para traí-lo, disse:

5 Por que não se vendeu este perfume por trezentos denários e não se deu aos pobres?

6 Isto disse ele, não porque tivesse cuidado dos pobres; mas porque era ladrão e, tendo a bolsa, tirava o que nela se lançava.

7 Jesus, entretanto, disse: Deixa a! Que ela guarde isto para o dia em que me embalsamarem;

8 porque os pobres, sempre os tendes convosco, mas a mim nem sempre me tendes.

O plano para tirar a vida a Lázaro

9 Soube numerosa multidão dos judeus que Jesus estava ali, e lá foram não só por causa dele, mas também para verem Lázaro, a quem ele ressuscitara dentre os mortos.

10 Mas os principais sacerdotes resolveram matar também Lázaro;

11 porque muitos dos judeus, por causa dele, voltavam crendo em Jesus.

A entrada triunfal de Jesus em Jerusalém
Mt 21.1-9; Mc 11.1-10; Lc 19.28-38

12 No dia seguinte, a numerosa multidão que viera à festa, tendo ouvido que Jesus estava de caminho para Jerusalém,

13 tomou ramos de palmeiras e saiu ao seu encontro, clamando: Hosana! Bendito o que vem em nome do Senhor e que é Rei de Israel!

14 E Jesus, tendo conseguido um jumentinho, montou-o, segundo está escrito:

15 Não temas, filha de Sião, eis que o teu Rei aí vem, montado em um filho de jumenta.

16 Seus discípulos a princípio não compreenderam isto; quando, porém, Jesus foi glorificado, então, eles se lembraram de que estas cousas estavam escritas a respeito dele e também de que isso lhe fizeram.

17 Dava, pois, testemunho disto a multidão que estivera com ele, quando chamara a Lázaro do túmulo e o levantara dentre os mortos.

18 Por causa disso, também a multidão lhe saiu ao encontro, pois ouviu que ele fizera este sinal.

19 De sorte que os fariseus disseram entre si: Vede que nada aproveitais! Eis aí vai o mundo após ele.

Alguns gregos desejam ver Jesus

20 Ora, entre os que subiram para adorar durante a festa, havia alguns gregos;

21 estes, pois, se dirigiram a Filipe, que era de Betsaida da Galiléia, e lhe rogaram: Senhor, queremos ver Jesus.

22 Filipe foi dizê-lo a André, e André e Filipe o comunicaram a Jesus.

23 Respondeu-lhes Jesus: É chegada a hora de ser glorificado o Filho do homem.

24 Em verdade, em verdade vos digo: se o grão de trigo, caindo na terra, não morrer, fica ele só; mas, se morrer, produz muito fruto.

25 Quem ama a sua vida perde-a; mas aquele que odeia a sua vida neste mundo preservá-la-á para a vida eterna.

26 Se alguém me serve, siga-me, e, onde eu estou, ali estará também o meu servo. E, se alguém me servir, o Pai o honrará.

27 Agora está angustiada a minha alma, e que direi eu? Pai, salva-me desta hora? Mas precisamente com este propósito vim para esta hora.

28 Pai, glorifica o teu nome. Então, veio uma voz do céu: Eu já o glorifiquei e ainda o glorificarei.

29 A multidão, pois, que ali estava, tendo ouvido a voz, dizia ter havido um trovão. Outros diziam: Foi um anjo que lhe falou.

30 Então, explicou Jesus: Não foi por mim que veio esta voz, e sim por vossa causa.

31 Chegou o momento de ser julgado este mundo, e agora o seu príncipe será expulso.

32 E eu, quando for levantado da terra, atrairei todos a mim mesmo.

12.8 Dt 15.11.   12.13 Sl 118.25,26.   12.15 Zc 9.9.   12.25 Mt 10.39; 16.25; Mc 8.35; Lc 9.24; 17.33.

³³ Isto dizia, significando de que gênero de morte estava para morrer.

³⁴ Replicou-lhe, pois, a multidão: Nós temos ouvido da lei que o Cristo permanece para sempre, e como dizes tu ser necessário que o Filho do homem seja levantado? Quem é esse Filho do homem?

³⁵ Respondeu-lhes Jesus: Ainda por um pouco a luz está convosco. Andai enquanto tendes a luz, para que as trevas não vos apanhem; e quem anda nas trevas não sabe para onde vai.

³⁶ Enquanto tendes a luz, crede na luz, para que vos torneis filhos da luz. Jesus disse estas cousas e, retirando-se, ocultou-se deles.

A explicação da incredulidade dos judeus

³⁷ E, embora tivesse feito tantos sinais na sua presença, não creram nele,

³⁸ para se cumprir a palavra do profeta Isaías, que diz:

Senhor, quem creu em nossa pregação? E a quem foi revelado o braço do Senhor?

³⁹ Por isso, não podiam crer, porque Isaías disse ainda:

⁴⁰ Cegou-lhes os olhos e endureceu-lhes o coração, para que não vejam com os olhos, nem entendam com o coração, e se convertam, e sejam por mim curados.

⁴¹ Isto disse Isaías porque viu a glória dele e falou a seu respeito.

⁴² Contudo, muitos dentre as próprias autoridades creram nele, mas, por causa dos fariseus, não o confessavam, para não serem expulsos da sinagoga;

⁴³ porque amaram mais a glória dos homens do que a glória de Deus.

O resumo do ensino de Jesus

⁴⁴ E Jesus clamou, dizendo: Quem crê em mim crê, não em mim, mas naquele que me enviou.

⁴⁵ E quem me vê a mim vê aquele que me enviou.

⁴⁶ Eu vim como luz para o mundo, a fim de que todo aquele que crê em mim não permaneça nas trevas.

⁴⁷ Se alguém ouvir as minhas palavras e não as guardar, eu não o julgo; porque eu não vim para julgar o mundo, e sim para salvá-lo.

⁴⁸ Quem me rejeita e não recebe as minhas palavras tem quem o julgue; a própria palavra que tenho proferido, essa o julgará no último dia.

⁴⁹ Porque eu não tenho falado por mim mesmo, mas o Pai, que me enviou, esse me tem prescrito o que dizer e o que anunciar.

⁵⁰ E sei que o seu mandamento é a vida eterna. As cousas, pois, que eu falo, como o Pai mo tem dito, assim falo.

Jesus lava os pés aos discípulos

13 Ora, antes da Festa da Páscoa, sabendo Jesus que era chegada a sua hora de passar deste mundo para o Pai, tendo amado os seus que estavam no mundo, amou-os até ao fim.

² Durante a ceia, tendo já o diabo posto no coração de Judas Iscariotes, filho de Simão, que traísse a Jesus,

³ sabendo este que o Pai tudo confiara às suas mãos, e que ele viera de Deus, e voltava para Deus,

⁴ levantou-se da ceia, tirou a vestimenta de cima e, tomando uma toalha, cingiu-se com ela.

⁵ Depois, deitou água na bacia e passou a lavar os pés aos discípulos e a enxugar-lhes com a toalha com que estava cingido.

⁶ Aproximou-se, pois, de Simão Pedro, e este lhe disse: Senhor, tu me lavas os pés a mim?

⁷ Respondeu-lhe Jesus: O que eu faço não o sabes agora; compreendê-lo-ás depois.

⁸ Disse-lhe Pedro: Nunca me lavarás os pés. Respondeu-lhe Jesus: Se eu não te lavar, não tens parte comigo.

⁹ Então, Pedro lhe pediu: Senhor, não somente os pés, mas também as mãos e a cabeça.

¹⁰ Declarou-lhe Jesus: Quem já se banhou não necessita de lavar senão os pés; quanto ao mais, está todo limpo. Ora, vós estais limpos, mas não todos.

¹¹ Pois ele sabia quem era o traidor. Foi por isso que disse: Nem todos estais limpos.

Uma lição de humildade

¹² Depois de lhes ter lavado os pés, tomou as vestes e, voltando à mesa, perguntou-lhes: Compreendeis o que vos fiz?

¹³ Vós me chamais o Mestre e o Senhor e dizeis bem; porque eu o sou.

12.34 Sl 110.4; Is 9.7; Ez 37.25; Dn 7.14. **12.38** Is 53.1. **12.40** Is 6.10. **13.12-15** Lc 22.27.

14 Ora, se eu, sendo o Senhor e o Mestre, vos lavei os pés, também vós deveis lavar os pés uns dos outros.

15 Porque eu vos dei o exemplo, para que, como eu vos fiz, façais vós também.

16 Em verdade, em verdade vos digo que o servo não é maior do que seu senhor, nem o enviado, maior do que aquele que o enviou.

17 Ora, se sabeis estas cousas, bem-aventurados sois se as praticardes.

18 Não falo a respeito de todos vós, pois eu conheço aqueles que escolhi; é, antes, para que se cumpra a Escritura:

Aquele que come do meu pão levantou contra mim seu calcanhar.

19 Desde já vos digo, antes que aconteça, para que, quando acontecer, creiais que EU SOU.

20 Em verdade, em verdade vos digo: quem recebe aquele que eu enviar, a mim me recebe; e quem me recebe recebe aquele que me enviou.

O traidor indicado

21 Ditas estas cousas, angustiou-se Jesus em espírito e afirmou: Em verdade, em verdade vos digo que um dentre vós me trairá.

22 Então, os discípulos olharam para os outros, sem saber a quem ele se referia.

23 Ora, ali estava conchegado a Jesus um dos seus discípulos, aquele a quem ele amava;

24 a esse fez Simão Pedro sinal, dizendo-lhe: Pergunta a quem ele se refere.

25 Então, aquele discípulo, reclinando-se sobre o peito de Jesus, perguntou-lhe: Senhor, quem é?

26 Respondeu Jesus: É aquele a quem eu der o pedaço de pão molhado. Tomou, pois, um pedaço de pão e, tendo-o molhado, deu-o a Judas, filho de Simão Iscariotes.

27 E, após o bocado, imediatamente, entrou nele Satanás. Então, disse Jesus: O que pretendes fazer, faze-o depressa.

28 Nenhum, porém, dos que estavam à mesa percebeu a que fim lhe dissera isto.

29 Pois, como Judas era quem trazia a bolsa, pensaram alguns que Jesus lhe dissera: Compra o que precisamos para a festa ou lhe ordenara que desse alguma cousa aos pobres.

30 Ele, tendo recebido o bocado, saiu logo. E era noite.

O novo mandamento

31 Quando ele saiu, disse Jesus: Agora, foi glorificado o Filho do homem, e Deus foi glorificado nele;

32 se Deus foi glorificado nele, também Deus o glorificará nele mesmo; e glorificá-lo-á imediatamente.

33 Filhinhos, ainda por um pouco estou convosco; buscar-me-eis, e o que eu disse aos judeus também agora vos digo a vós outros: para onde eu vou, vós não podeis ir.

34 Novo mandamento vos dou: que vos ameis uns aos outros; assim como eu vos amei, que também vos ameis uns aos outros.

35 Nisto conhecerão todos que sois meus discípulos: se tiverdes amor uns aos outros.

Pedro é avisado
Mt 26.31-35; Mc 14.27-31; Lc 22.31-34

36 Perguntou-lhe Simão Pedro: Senhor, para onde vais? Respondeu Jesus: Para onde vou, não me podes seguir agora; mais tarde, porém, me seguirás.

37 Replicou Pedro: Senhor, por que não posso seguir-te agora? Por ti darei a própria vida.

38 Respondeu Jesus: Darás a vida por mim? Em verdade, em verdade te digo que jamais cantará o galo antes que me negues três vezes.

Jesus conforta os discípulos

14 Não se turbe o vosso coração; credes em Deus, crede também em mim.

2 Na casa de meu Pai há muitas moradas. Se assim não fora, eu vo-lo teria dito. Pois vou preparar-vos lugar.

3 E, quando eu for e vos preparar lugar, voltarei e vos receberei para mim mesmo, para que, onde eu estou, estejais vós também.

4 E vós sabeis o caminho para onde eu vou.

5 Disse-lhe Tomé: Senhor, não sabemos para onde vais; como saber o caminho?

6 Respondeu-lhe Jesus: Eu sou o caminho, e a verdade, e a vida; ninguém vem ao Pai senão por mim.

7 Se vós me tivésseis conhecido, conheceríeis também a meu Pai. Desde agora o conheceis e o tendes visto.

⁸ Replicou-lhe Filipe: Senhor, mostra-nos o Pai, e isso nos basta.

⁹ Disse-lhe Jesus: Filipe, há tanto tempo estou convosco, e não me tens conhecido? Quem me vê a mim vê o Pai; como dizes tu: Mostra-nos o Pai?

¹⁰ Não crês que eu estou no Pai e que o Pai está em mim? As palavras que eu vos digo não as digo por mim mesmo; mas o Pai, que permanece em mim, faz as suas obras.

¹¹ Crede-me que estou no Pai, e o Pai, em mim; crede ao menos por causa das mesmas obras.

¹² Em verdade, em verdade vos digo que aquele que crê em mim fará também as obras que eu faço e outras maiores fará, porque eu vou para junto do Pai.

¹³ E tudo quanto pedirdes em meu nome, isso farei, a fim de que o Pai seja glorificado no Filho.

¹⁴ Se me pedirdes alguma cousa em meu nome, eu o farei.

¹⁵ Se me amais, guardareis os meus mandamentos.

Jesus promete outro Consolador

¹⁶ E eu rogarei ao Pai, e ele vos dará outro Consolador, a fim de que esteja para sempre convosco,

¹⁷ o Espírito da verdade, que o mundo não pode receber, porque não no vê, nem o conhece; vós o conheceis, porque ele habita convosco e estará em vós.

¹⁸ Não vos deixarei órfãos, voltarei para vós outros.

¹⁹ Ainda por um pouco, e o mundo não me verá mais; vós, porém, me vereis; porque eu vivo, vós também vivereis.

²⁰ Naquele dia, vós conhecereis que eu estou em meu Pai, e vós, em mim, e eu, em vós.

²¹ Aquele que tem os meus mandamentos e os guarda, esse é o que me ama; e aquele que me ama será amado por meu Pai, e eu também o amarei e me manifestarei a ele.

²² Disse-lhe Judas, não o Iscariotes: Donde procede, Senhor, que estás para manifestar-te a nós e não ao mundo?

²³ Respondeu Jesus: Se alguém me ama, guardará a minha palavra; e meu Pai o amará, e viremos para ele e faremos nele morada.

²⁴ Quem não me ama não guarda as minhas palavras; e a palavra que estais ouvindo não é minha, mas do Pai, que me enviou.

²⁵ Isto vos tenho dito, estando ainda convosco;

²⁶ mas o Consolador, o Espírito Santo, a quem o Pai enviará em meu nome, esse vos ensinará todas as cousas e vos fará lembrar de tudo o que vos tenho dito.

²⁷ Deixo-vos a paz, a minha paz vos dou; não vo-la dou como a dá o mundo. Não se turbe o vosso coração, nem se atemorize.

²⁸ Ouvistes que eu vos disse: vou e volto para junto de vós. Se me amásseis, alegrar-vos-íeis de que eu vá para o Pai, pois o Pai é maior do que eu.

²⁹ Disse-vos agora, antes que aconteça, para que, quando acontecer, vós creiais.

³⁰ Já não falarei muito convosco, porque aí vem o príncipe do mundo; e ele nada tem em mim;

³¹ contudo, assim procedo para que o mundo saiba que eu amo o Pai e que faço como o Pai me ordenou. Levantai-vos, vamo-nos daqui.

A videira e os ramos

15 Eu sou a videira verdadeira, e meu Pai é o agricultor.

² Todo ramo que, estando em mim, não der fruto, ele o corta; e todo o que dá fruto limpa, para que produza mais fruto ainda.

³ Vós já estais limpos pela palavra que vos tenho falado;

⁴ permanecei em mim, e eu permanecerei em vós. Como não pode o ramo produzir fruto de si mesmo se não permanecer na videira, assim, nem vós o podeis dar, se não permanecerdes em mim.

⁵ Eu sou a videira, vós, os ramos. Quem permanece em mim, e eu, nele, esse dá muito fruto; porque sem mim nada podeis fazer.

⁶ Se alguém não permanecer em mim, será lançado fora, à semelhança do ramo, e secará; e o apanham, lançam no fogo e o queimam.

⁷ Se permanecerdes em mim, e as minhas palavras permanecerem em vós, pedireis o que quiserdes, e vos será feito.

⁸ Nisto é glorificado meu Pai, em que deis muito fruto; e assim vos tornareis meus discípulos.

⁹ Como o Pai me amou, também eu vos amei; permanecei no meu amor.

¹⁰ Se guardardes os meus mandamentos, permanecereis no meu amor; assim co-

mo também eu tenho guardado os mandamentos de meu Pai e no seu amor permaneço.

¹¹ Tenho-vos dito estas cousas para que o meu gozo esteja em vós, e o vosso gozo seja completo.

¹² O meu mandamento é este: que vos ameis uns aos outros, assim como eu vos amei.

¹³ Ninguém tem maior amor do que este: de dar alguém a própria vida em favor dos seus amigos.

¹⁴ Vós sois meus amigos, se fazeis o que eu vos mando.

¹⁵ Já não vos chamo servos, porque o servo não sabe o que faz o seu senhor; mas tenho-vos chamado amigos, porque tudo quanto ouvi de meu Pai vos tenho dado a conhecer.

¹⁶ Não fostes vós que me escolhestes a mim; pelo contrário, eu vos escolhi a vós outros e vos designei para que vades e deis fruto, e o vosso fruto permaneça; a fim de que tudo quanto pedirdes ao Pai em meu nome, ele vo-lo conceda.

¹⁷ Isto vos mando: que vos ameis uns aos outros.

¹⁸ Se o mundo vos odeia, sabei que, primeiro do que a vós outros, me odiou a mim.

¹⁹ Se vós fôsseis do mundo, o mundo amaria o que era seu; como, todavia, não sois do mundo, pelo contrário, dele vos escolhi, por isso, o mundo vos odeia.

²⁰ Lembrai-vos da palavra que eu vos disse: não é o servo maior do que seu senhor. Se me perseguiram a mim, também perseguirão a vós outros; se guardaram a minha palavra, também guardarão a vossa.

²¹ Tudo isto, porém, vos farão por causa do meu nome, porquanto não conhecem aquele que me enviou.

²² Se eu não viera, nem lhes houvera falado, pecado não teriam; mas, agora, não têm desculpa do seu pecado.

²³ Quem me odeia odeia também a meu Pai.

²⁴ Se eu não tivesse feito entre eles tais obras, quais nenhum outro fez, pecado não teriam; mas, agora, não somente têm eles visto, mas também odiado, tanto a mim como a meu Pai.

²⁵ Isto, porém, é para que se cumpra a palavra escrita na sua lei:

Odiaram-me sem motivo.

²⁶ Quando, porém, vier o Consolador,

que eu vos enviarei da parte do Pai, o Espírito da verdade, que dele procede, esse dará testemunho de mim;

²⁷ e vós também testemunhareis, porque estais comigo desde o princípio.

A missão do Consolador

16 Tenho-vos dito estas cousas para que não vos escandalizeis.

² Eles vos expulsarão das sinagogas; mas vem a hora em que todo o que vos matar julgará com isso tributar culto a Deus.

³ Isto farão porque não conhecem o Pai, nem a mim.

⁴ Ora, estas cousas vos tenho dito para que, quando a hora chegar, vos recordeis de que eu vo-las disse. Não vo-las disse desde o princípio, porque eu estava convosco.

⁵ Mas, agora, vou para junto daquele que me enviou, e nenhum de vós me pergunta: Para onde vais?

⁶ Pelo contrário, porque vos tenho dito estas cousas, a tristeza encheu o vosso coração.

⁷ Mas eu vos digo a verdade: convém-vos que eu vá, porque, se eu não for, o Consolador não virá para vós outros; se, porém, eu for, eu vo-lo enviarei.

⁸ Quando ele vier, convencerá o mundo do pecado, da justiça e do juízo:

⁹ do pecado, porque não crêem em mim;

¹⁰ da justiça, porque vou para o Pai, e não me vereis mais;

¹¹ do juízo, porque o príncipe deste mundo já está julgado.

¹² Tenho ainda muito que vos dizer, mas vós não o podeis suportar agora;

¹³ quando vier, porém, o Espírito da verdade, ele vos guiará a toda a verdade; porque não falará por si mesmo, mas dirá tudo o que tiver ouvido e vos anunciará as cousas que hão de vir.

¹⁴ Ele me glorificará, porque há de receber do que é meu e vo-lo há de anunciar.

¹⁵ Tudo quanto o Pai tem é meu; por isso é que vos disse que há de receber do que é meu e vo-lo há de anunciar.

¹⁶ Um pouco, e não mais me vereis; outra vez um pouco, e ver-me-eis.

¹⁷ Então, alguns dos seus discípulos disseram uns aos outros: Que vem a ser isto que nos diz: Um pouco, e não mais me vereis, e outra vez um pouco, e ver-me-eis; e: Vou para o Pai?

15.12 Jo 13.34; 15.17; 1Jo 3.23; 2Jo 5.   15.20 Mt 10.24; Lc 6.40; Jo 13.16.   15.25 Sl 35.19; 69.4.

18 Diziam, pois: Que vem a ser esse — um pouco? Não compreendemos o que quer dizer.

19 Percebendo Jesus que desejavam interrogá-lo, perguntou-lhes: Indagais entre vós a respeito disto que vos disse: Um pouco, e não me vereis, e outra vez um pouco, e ver-me-eis?

20 Em verdade, em verdade eu vos digo que chorareis e vos lamentareis, e o mundo se alegrará; vós ficareis tristes, mas a vossa tristeza se converterá em alegria.

21 A mulher, quando está para dar à luz, tem tristeza, porque a sua hora é chegada; mas, depois de nascido o menino, já não se lembra da aflição, pelo prazer que tem de ter nascido ao mundo um homem.

22 Assim também agora vós tendes tristeza; mas outra vez vos verei; o vosso coração se alegrará, e a vossa alegria ninguém poderá tirar.

23 Naquele dia, nada me perguntareis. Em verdade, em verdade vos digo, se pedirdes alguma cousa ao Pai, ele vo-la concederá em meu nome.

24 Até agora nada tendes pedido em meu nome; pedi e recebereis, para que a vossa alegria seja completa.

Palavras de despedida

25 Estas cousas vos tenho dito por meio de figuras; vem a hora em que não vos falarei por meio de comparações, mas vos falarei claramente a respeito do Pai.

26 Naquele dia, pedireis em meu nome; e não vos digo que rogarei ao Pai por vós.

27 Porque o próprio Pai vos ama, visto que me tendes amado e tendes crido que eu vim da parte de Deus.

28 Vim do Pai e entrei no mundo; todavia, deixo o mundo e vou para o Pai.

29 Disseram os seus discípulos: Agora é que falas claramente e não empregas nenhuma figura.

30 Agora, vemos que sabes todas as cousas e não precisas de que alguém te pergunte; por isso, cremos que, de fato, vieste de Deus.

31 Respondeu-lhes Jesus: Credes agora?

32 Eis que vem a hora e já é chegada, em que sereis dispersos, cada um para sua casa, e me deixareis só; contudo, não estou só, porque o Pai está comigo.

33 Estas cousas vos tenho dito para que tenhais paz em mim. No mundo, passais por aflições; mas tende bom ânimo; eu venci o mundo.

A oração sacerdotal de Jesus

17 Tendo Jesus falado estas cousas, levantou os olhos ao céu e disse: Pai, é chegada a hora; glorifica a teu Filho, para que o Filho te glorifique a ti,

2 assim como lhe conferiste autoridade sobre toda a carne, a fim de que ele conceda a vida eterna a todos os que lhe deste.

3 E a vida eterna é esta: que te conheçam a ti, o único Deus verdadeiro, e a Jesus Cristo, a quem enviaste.

4 Eu te glorifiquei na terra, consumando a obra que me confiaste para fazer;

5 e, agora, glorifica-me, ó Pai, contigo mesmo, com a glória que eu tive junto de ti, antes que houvesse mundo.

6 Manifestei o teu nome aos homens que me deste do mundo. Eram teus, tu mos confiaste, e eles têm guardado a tua palavra.

7 Agora, eles reconhecem que todas as cousas que me tens dado provêm de ti;

8 porque eu lhes tenho transmitido as palavras que me deste, e eles as receberam, e verdadeiramente conheceram que saí de ti, e creram que tu me enviaste.

9 É por eles que eu rogo; não rogo pelo mundo, mas por aqueles que me deste, porque são teus;

10 ora, todas as minhas cousas são tuas, e as tuas cousas são minhas; e, neles, eu sou glorificado.

11 Já não estou no mundo, mas eles continuam no mundo, ao passo que eu vou para junto de ti. Pai santo, guarda-os em teu nome, que me deste, para que eles sejam um, assim como nós.

12 Quando eu estava com eles, guardava-os no teu nome, que me deste, e protegi-os, e nenhum deles se perdeu, exceto o filho da perdição, para que se cumprisse a Escritura.

13 Mas, agora, vou para junto de ti e isto falo no mundo para que eles tenham o meu gozo completo em si mesmos.

14 Eu lhes tenho dado a tua palavra, e o mundo os odiou, porque eles não são do mundo, como também eu não sou.

15 Não peço que os tires do mundo, e sim que os guardes do mal.

16 Eles não são do mundo, como também eu não sou.

¹⁷ Santifica-os na verdade; a tua palavra é a verdade.

¹⁸ Assim como tu me enviaste ao mundo, também eu os enviei ao mundo.

¹⁹ E a favor deles eu me santifico a mim mesmo, para que eles também sejam santificados na verdade.

²⁰ Não rogo somente por estes, mas também por aqueles que vierem a crer em mim, por intermédio da sua palavra;

²¹ a fim de que todos sejam um; e como és tu, ó Pai, em mim e eu em ti, também sejam eles em nós; para que o mundo creia que tu me enviaste.

²² Eu lhes tenho transmitido a glória que me tens dado, para que sejam um, como nós o somos;

²³ eu neles, e tu em mim, a fim de que sejam aperfeiçoados na unidade, para que o mundo conheça que tu me enviaste e os amaste, como também amaste a mim.

²⁴ Pai, a minha vontade é que onde eu estou, estejam também comigo os que me deste, para que vejam a minha glória que me conferiste, porque me amaste antes da fundação do mundo.

²⁵ Pai justo, o mundo não te conheceu; eu, porém, te conheci, e também estes compreenderam que tu me enviaste.

²⁶ Eu lhes fiz conhecer o teu nome e ainda o farei conhecer, a fim de que o amor com que me amaste esteja neles, e eu neles esteja.

Jesus no Getsêmani
Mt 26.47-54; Mc 14.43-47; Lc 22.47-51

18 Tendo Jesus dito estas palavras, saiu juntamente com seus discípulos para o outro lado do ribeiro Cedrom, onde havia um jardim; e aí entrou com eles.

² E Judas, o traidor, também conhecia aquele lugar, porque Jesus ali estivera muitas vezes com seus discípulos.

³ Tendo, pois, Judas recebido a escolta e, dos principais sacerdotes e dos fariseus, alguns guardas, chegou a este lugar com lanternas, tochas e armas.

⁴ Sabendo, pois, Jesus todas as cousas que sobre ele haviam de vir, adiantou-se e perguntou-lhes: A quem buscais?

⁵ Responderam-lhe: A Jesus, o Nazareno. Então, Jesus lhes disse: Sou eu. Ora, Judas, o traidor, estava também com eles.

⁶ Quando, pois, Jesus lhes disse: Sou eu, recuaram e caíram por terra.

⁷ Jesus, de novo, lhes perguntou: A quem buscais? Responderam: A Jesus, o Nazareno.

⁸ Então, lhes disse Jesus: Já vos declarei que sou eu; se é a mim, pois, que buscais, deixai ir estes;

⁹ para se cumprir a palavra que dissera: Não perdi nenhum dos que me deste.

¹⁰ Então, Simão Pedro puxou da espada que trazia e feriu o servo do sumo sacerdote, cortando-lhe a orelha direita; e o nome do servo era Malco.

¹¹ Mas Jesus disse a Pedro: Mete a espada na bainha; não beberei, porventura, o cálice que o Pai me deu?

Jesus perante Anás

¹² Assim, a escolta, o comandante e os guardas dos judeus prenderam Jesus, manietaram-no

¹³ e o conduziram primeiramente a Anás; pois era sogro de Caifás, sumo sacerdote naquele ano.

¹⁴ Ora, Caifás era quem havia declarado aos judeus ser conveniente morrer um homem pelo povo.

Pedro nega a Jesus
Mt 26.69-75; Mc 14.66-72; Lc 22.55-62

¹⁵ Simão Pedro e outro discípulo seguiam a Jesus. Sendo este discípulo conhecido do sumo sacerdote, entrou para o pátio deste com Jesus.

¹⁶ Pedro, porém, ficou de fora, junto à porta. Saindo, pois, o outro discípulo, que era conhecido do sumo sacerdote, falou com a encarregada da porta e levou a Pedro para dentro.

¹⁷ Então, a criada, encarregada da porta, perguntou a Pedro: Não és tu também um dos discípulos deste homem? Não sou, respondeu ele.

¹⁸ Ora, os servos e os guardas estavam ali, tendo acendido um braseiro, por causa do frio, e aquentavam-se. Pedro estava no meio deles, aquentando-se também.

Anás interroga a Jesus

¹⁹ Então, o sumo sacerdote interrogou a Jesus acerca dos seus discípulos e da sua doutrina.

²⁰ Declarou-lhe Jesus: Eu tenho falado francamente ao mundo; ensinei continuamente tanto nas sinagogas como no templo, onde todos os judeus se reúnem, e nada disse em oculto.

18.11 Mt 26.39; Mc 14.36; Lc 22.42.   18.14 Jo 11.49,50.

21 Por que me interrogas? Pergunta aos que ouviram o que lhes falei; bem sabem eles o que eu disse.

22 Dizendo ele isto, um dos guardas que ali estavam deu uma bofetada em Jesus, dizendo: É assim que falas ao sumo sacerdote?

23 Replicou-lhe Jesus: Se falei mal, dá testemunho do mal; mas, se falei bem, por que me feres?

24 Então, Anás o enviou, manietado, à presença de Caifás, o sumo sacerdote.

De novo, Pedro nega a Jesus

25 Lá estava Simão Pedro, aquentando-se. Perguntaram-lhe, pois: És tu, porventura, um dos discípulos dele? Ele negou e disse: Não sou.

26 Um dos servos do sumo sacerdote, parente daquele a quem Pedro tinha decepado a orelha, perguntou: Não te vi eu no jardim com ele?

27 De novo, Pedro o negou, e, no mesmo instante, cantou o galo.

Jesus perante Pilatos
Mt 27.1,2; Mc 15.1; Lc 23.1

28 Depois, levaram Jesus da casa de Caifás para o pretório. Era cedo de manhã. Eles não entraram no pretório para não se contaminarem, mas poderem comer a Páscoa.

29 Então, Pilatos saiu para lhes falar e lhes disse: Que acusação trazeis contra este homem?

30 Responderam-lhe: Se este não fosse malfeitor, não to entregaríamos.

31 Replicou-lhes, pois, Pilatos: Tomai-o vós outros e julgai-o segundo a vossa lei. Responderam-lhe os judeus: A nós não nos é lícito matar ninguém;

32 para que se cumprisse a palavra de Jesus, significando o modo por que havia de morrer.

Pilatos interroga a Jesus
Mt 27.11-26; Mc 15.1-15; Lc 23.1-5,13-25

33 Tornou Pilatos a entrar no pretório, chamou Jesus e perguntou-lhe: És tu o rei dos judeus?

34 Respondeu Jesus: Vem de ti mesmo esta pergunta ou to disseram outros a meu respeito?

35 Replicou Pilatos: Porventura, sou judeu? A tua própria gente e os principais sacerdotes é que te entregaram a mim. Que fizeste?

36 Respondeu Jesus: O meu reino não é deste mundo. Se o meu reino fosse deste mundo, os meus ministros se empenhariam por mim, para que não fosse eu entregue aos judeus; mas agora o meu reino não é daqui.

37 Então, lhe disse Pilatos: Logo, tu és rei? Respondeu Jesus: Tu dizes que sou rei. Eu para isso nasci e para isso vim ao mundo, a fim de dar testemunho da verdade. Todo aquele que é da verdade ouve a minha voz.

38 Perguntou-lhe Pilatos: Que é a verdade?

Tendo dito isto, voltou aos judeus e lhes disse: Eu não acho nele crime algum.

39 É costume entre vós que eu vos solte alguém por ocasião da Páscoa; quereis, pois, que vos solte o rei dos judeus?

40 Então, gritaram todos, novamente: Não este, mas Barrabás! Ora, Barrabás era salteador.

19 Então, por isso, Pilatos tomou a Jesus e mandou açoitá-lo.

2 Os soldados, tendo tecido uma coroa de espinhos, puseram-lha na cabeça e vestiram-no com um manto de púrpura.

3 Chegavam-se a ele e diziam: Salve, rei dos judeus! E davam-lhe bofetadas.

4 Outra vez saiu Pilatos e lhes disse: Eis que eu vo-lo apresento, para que saibais que eu não acho nele crime algum.

5 Saiu, pois, Jesus trazendo a coroa de espinhos e o manto de púrpura. Disse-lhes Pilatos: Eis o homem!

6 Ao verem-no, os principais sacerdotes e os seus guardas gritaram: Crucifica-o! Crucifica-o! Disse-lhes Pilatos: Tomai-o vós outros e crucificai-o; porque eu não acho nele crime algum.

7 Responderam-lhe os judeus: Temos uma lei, e, de conformidade com a lei, ele deve morrer, porque a si mesmo se fez Filho de Deus.

8 Pilatos, ouvindo tal declaração, ainda mais atemorizado ficou,

9 e, tornando a entrar no pretório, perguntou a Jesus: Donde és tu? Mas Jesus não lhe deu resposta.

10 Então, Pilatos o advertiu: Não me respondes? Não sabes que tenho autoridade para te soltar e autoridade para te crucificar?

11 Respondeu Jesus: Nenhuma autori-

18.32 Jo 3.14; 12.32.

dade terias sobre mim, se de cima não te fosse dada; por isso, quem me entregou a ti maior pecado tem.

¹² A partir deste momento, Pilatos procurava soltá-lo, mas os judeus clamavam: Se soltas a este, não és amigo de César; todo aquele que se faz rei é contra César.

¹³ Ouvindo Pilatos estas palavras, trouxe Jesus para fora e sentou-se no tribunal, no lugar chamado Pavimento, no hebraico Gábata.

¹⁴ E era a parasceve^c pascal, cerca da hora sexta; e disse aos judeus: Eis aqui o vosso rei.

¹⁵ Eles, porém, clamavam: Fora! Fora! Crucifica-o! Disse-lhes Pilatos: Hei de crucificar o vosso rei? Responderam os principais sacerdotes: Não temos rei, senão César!

¹⁶ Então, Pilatos o entregou para ser crucificado.

A crucificação
Mt 27.33-38; Mc 15.22-28; Lc 23.33-38

¹⁷ Tomaram eles, pois, a Jesus; e ele próprio, carregando a sua cruz, saiu para o lugar chamado Calvário, Gólgota em hebraico,

¹⁸ onde o crucificaram e com ele outros dois, um de cada lado, e Jesus no meio.

¹⁹ Pilatos escreveu também um título e o colocou no cimo da cruz; o que estava escrito era: JESUS NAZARENO, O REI DOS JUDEUS.

²⁰ Muitos judeus leram este título, porque o lugar em que Jesus fora crucificado era perto da cidade; e estava escrito em hebraico, latim e grego.

²¹ Os principais sacerdotes diziam a Pilatos: Não escrevas: Rei dos judeus, e sim que ele disse: Sou o rei dos judeus.

²² Respondeu Pilatos: O que escrevi escrevi.

Os soldados deitam sortes

²³ Os soldados, pois, quando crucificaram Jesus, tomaram-lhe as vestes e fizeram quatro partes, para cada soldado uma parte; e pegaram também a túnica. A túnica, porém, era sem costura, toda tecida de alto a baixo.

²⁴ Disseram, pois, uns aos outros: Não a rasguemos, mas lancemos sortes sobre ela

para ver a quem caberá — para se cumprir a Escritura:
> Repartiram entre si as minhas vestes e sobre a minha túnica lançaram sortes.
Assim, pois, o fizeram os soldados.

²⁵ E junto à cruz estavam a mãe de Jesus, e a irmã dela, e Maria, mulher de Cléopas, e Maria Madalena.

²⁶ Vendo Jesus sua mãe e junto a ela o discípulo amado, disse: Mulher, eis aí teu filho.

²⁷ Depois, disse ao discípulo: Eis aí tua mãe. Dessa hora em diante, o discípulo a tomou para casa.

A morte de Jesus
Mt 27.45-56; Mc 15.33-37; Lc 23.44-46

²⁸ Depois, vendo Jesus que tudo já estava consumado, para se cumprir a Escritura, disse: Tenho sede!

²⁹ Estava ali um vaso cheio de vinagre. Embeberam de vinagre uma esponja e, fixando-a num caniço de hissopo, lha chegaram à boca.

³⁰ Quando, pois, Jesus tomou o vinagre, disse: Está consumado! E, inclinando a cabeça, rendeu o espírito.

Um soldado abre o lado de Jesus com uma lança

³¹ Então, os judeus, para que no sábado não ficassem os corpos na cruz, visto como era a preparação, pois era grande o dia daquele sábado, rogaram a Pilatos que se lhes quebrassem as pernas, e fossem tirados.

³² Os soldados foram e quebraram as pernas ao primeiro e ao outro que com ele tinham sido crucificados;

³³ chegando-se, porém, a Jesus, como vissem que já estava morto, não lhe quebraram as pernas.

³⁴ Mas um dos soldados lhe abriu o lado com uma lança, e logo saiu sangue e água.

³⁵ Aquele que isto viu testificou, sendo verdadeiro o seu testemunho; e ele sabe que diz a verdade, para que também vós creiais.

³⁶ E isto aconteceu para se cumprir a Escritura:
> Nenhum dos seus ossos será quebrado.

³⁷ E outra vez diz a Escritura:
> Eles verão aquele a quem traspassaram.

---

^c**parasceve**: *sexta-feira*

19.24 Sl 22.18.　　**19.28,29** Sl 69.21.　　**19.36** Êx 12.46; Nm 9.12; Sl 34.20.　　**19.37** Zc 12.10; Ap 1.7.

O sepultamento de Jesus
Mt 27.57-60; Mc 15.42-46; Lc 23.50-54

38 Depois disto, José de Arimatéia, que era discípulo de Jesus, ainda que ocultamente pelo receio que tinha dos judeus, rogou a Pilatos lhe permitisse tirar o corpo de Jesus. Pilatos lho permitiu. Então, foi José de Arimatéia e retirou o corpo de Jesus.

39 E também Nicodemos, aquele que anteriormente viera ter com Jesus à noite, foi, levando cerca de cem libras de um composto de mirra e aloés.

40 Tomaram, pois, o corpo de Jesus e o envolveram em lençóis com os aromas, como é de uso entre os judeus na preparação para o sepulcro.

41 No lugar onde Jesus fora crucificado, havia um jardim, e neste, um sepulcro novo, no qual ninguém tinha sido ainda posto.

42 Ali, pois, por causa da preparação dos judeus e por estar perto o túmulo, depositaram o corpo de Jesus.

A ressurreição de Jesus
Mt 28.1-8; Mc 16.1-8; Lc 24.1-12

20 No primeiro dia da semana, Maria Madalena foi ao sepulcro de madrugada, sendo ainda escuro, e viu que a pedra estava revolvida.

2 Então, correu e foi ter com Simão Pedro e com o outro discípulo, a quem Jesus amava, e disse-lhes: Tiraram do sepulcro o Senhor, e não sabemos onde o puseram.

3 Saiu, pois, Pedro e o outro discípulo e foram ao sepulcro.

4 Ambos corriam juntos, mas o outro discípulo correu mais depressa do que Pedro e chegou primeiro ao sepulcro;

5 e, abaixando-se, viu os lençóis de linho; todavia, não entrou.

6 Então, Simão Pedro, seguindo-o, chegou e entrou no sepulcro. Ele também viu os lençóis,

7 e o lenço que estivera sobre a cabeça de Jesus, e que não estava com os lençóis, mas deixado num lugar à parte.

8 Então, entrou também o outro discípulo, que chegara primeiro ao sepulcro, e viu, e creu.

9 Pois ainda não tinham compreendido a Escritura, que era necessário ressuscitar ele dentre os mortos.

10 E voltaram os discípulos outra vez para casa.

Jesus aparece a Maria Madalena
Mc 16.9-11

11 Maria, entretanto, permanecia junto à entrada do túmulo, chorando. Enquanto chorava, abaixou-se, e olhou para dentro do túmulo,

12 e viu dois anjos vestidos de branco, sentados onde o corpo de Jesus fora posto, um à cabeceira e outro aos pés.

13 Então, eles lhe perguntaram: Mulher, por que choras? Ela lhes respondeu: Porque levaram o meu Senhor, e não sei onde o puseram.

14 Tendo dito isto, voltou-se para trás e viu Jesus em pé, mas não reconheceu que era Jesus.

15 Perguntou-lhe Jesus: Mulher, por que choras? A quem procuras? Ela, supondo ser ele o jardineiro, respondeu: Senhor, se tu o tiraste, dize-me onde o puseste, e eu o levarei.

16 Disse-lhe Jesus: Maria! Ela, voltando-se, lhe disse, em hebraico: Rabôni (que quer dizer Mestre).

17 Recomendou-lhe Jesus: Não me detenhas; porque ainda não subi para meu Pai, mas vai ter com os meus irmãos e dize-lhes: Subo para meu Pai e vosso Pai, para meu Deus e vosso Deus.

18 Então, saiu Maria Madalena anunciando aos discípulos: Vi o Senhor! E contava que ele lhe dissera estas cousas.

Jesus aparece aos discípulos
Lc 24.36-40

19 Ao cair da tarde daquele dia, o primeiro da semana, trancadas as portas da casa onde estavam os discípulos com medo dos judeus, veio Jesus, pôs-se no meio e disse-lhes: Paz seja convosco!

20 E, dizendo isto, lhes mostrou as mãos e o lado. Alegraram-se, portanto, os discípulos ao verem o Senhor.

21 Disse-lhes, pois, Jesus outra vez: Paz seja convosco! Assim como o Pai me enviou, eu também vos envio.

22 E, havendo dito isto, soprou sobre eles e disse-lhes: Recebei o Espírito Santo.

23 Se de alguns perdoardes os pecados, são-lhes perdoados; se lhos retiverdes, são retidos.

A incredulidade de Tomé

24 Ora, Tomé, um dos doze, chamado

Dídimo, não estava com eles quando veio Jesus.

²⁵ Disseram-lhe, então, os outros discípulos: Vimos o Senhor. Mas ele respondeu: Se eu não vir nas suas mãos o sinal dos cravos, e ali não puser o meu dedo, e não puser a minha mão no seu lado, de modo algum acreditarei.

Jesus aparece novamente aos discípulos

²⁶ Passados oito dias, estavam outra vez ali reunidos os seus discípulos, e Tomé, com eles. Estando as portas trancadas, veio Jesus, pôs-se no meio e disse-lhes: Paz seja convosco!

²⁷ E logo disse a Tomé: Põe aqui o teu dedo e vê as minhas mãos; chega também a tua mão e põe-na no meu lado; não sejas incrédulo, mas crente.

²⁸ Respondeu-lhe Tomé: Senhor meu e Deus meu!

²⁹ Disse-lhe Jesus: Porque me viste, creste? Bem-aventurados os que não viram e creram.

O objetivo deste evangelho

³⁰ Na verdade, fez Jesus diante dos discípulos muitos outros sinais que não estão escritos neste livro.

³¹ Estes, porém, foram registados para que creiais que Jesus é o Cristo, o Filho de Deus, e para que, crendo, tenhais vida em seu nome.

Jesus aparece a sete discípulos

21 Depois disto, tornou Jesus a manifestar-se aos discípulos junto do mar de Tiberíades; e foi assim que ele se manifestou:

² estavam juntos Simão Pedro, Tomé, chamado Dídimo, Natanael, que era de Caná da Galiléia, os filhos de Zebedeu e mais dois dos seus discípulos.

³ Disse-lhes Simão Pedro: Vou pescar. Disseram-lhe os outros: Também nós vamos contigo. Saíram, e entraram no barco, e, naquela noite, nada apanharam.

⁴ Mas, ao clarear da madrugada, estava Jesus na praia; todavia, os discípulos não rcconheceram que era ele.

⁵ Perguntou-lhes Jesus: Filhos, tendes aí alguma cousa de comer? Responderam-lhe: Não.

⁶ Então, lhes disse: Lançai a rede à direita do barco e achareis. Assim fizeram e já não podiam puxar a rede, tão grande era a quantidade de peixes.

⁷ Aquele discípulo a quem Jesus amava disse a Pedro: É o Senhor! Simão Pedro, ouvindo que era o Senhor, cingiu-se com sua veste, porque se havia despido, e lançou-se ao mar;

⁸ mas os outros discípulos vieram no barquinho puxando a rede com os peixes; porque não estavam distantes da terra senão quase duzentos côvados.

⁹ Ao saltarem em terra, viram ali umas brasas e, em cima, peixes; e havia também pão.

¹⁰ Disse-lhes Jesus: Trazei alguns dos peixes que acabastes de apanhar.

¹¹ Simão Pedro entrou no barco e arrastou a rede para a terra, cheia de cento e cinqüenta e três grandes peixes; e, não obstante serem tantos, a rede não se rompeu.

¹² Disse-lhes Jesus: Vinde, comei. Nenhum dos discípulos ousava perguntar-lhe: Quem és tu? Porque sabiam que era o Senhor.

¹³ Veio Jesus, tomou o pão, e lhes deu, e, de igual modo, o peixe.

¹⁴ E já era esta a terceira vez que Jesus se manifestava aos discípulos, depois de ressuscitado dentre os mortos.

Pedro é interrogado

¹⁵ Depois de terem comido, perguntou Jesus a Simão Pedro: Simão, filho de João, amas-me mais do que estes outros? Ele respondeu: Sim, Senhor, tu sabes que te amo. Ele lhe disse: Apascenta os meus cordeiros.

¹⁶ Tornou a perguntar-lhe pela segunda vez: Simão, filho dc João, tu me amas? Ele lhe respondeu: Sim, Senhor, tu sabes que te amo. Disse-lhe Jesus: Pastoreia as minhas ovelhas.

¹⁷ Pela terceira vez Jesus lhe perguntou: Simão, filho de João, tu me amas? Pedro entristeceu-se por ele lhe ter dito, pela terceira vez: Tu me amas? E respondeu-lhe: Senhor, tu sabes todas as cousas, tu sabes que eu te amo. Jesus lhe disse: Apascenta as minhas ovelhas.

¹⁸ Em verdade, em verdade te digo que, quando eras mais moço, tu te cingias a ti mesmo e andavas por onde querias; quando, porém, fores velho, estenderás as mãos, e outro te cingirá e te levará para onde não queres.

21.1-14 Lc 5.1-11.

19 Disse isto para significar com que gênero de morte Pedro havia de glorificar a Deus. Depois de assim falar, acrescentou-lhe: Segue-me.

20 Então, Pedro, voltando-se, viu que também o ia seguindo o discípulo a quem Jesus amava, o qual na ceia se reclinara sobre o peito de Jesus e perguntara: Senhor, quem é o traidor?

21 Vendo-o, pois, Pedro perguntou a Jesus: E quanto a este?

22 Respondeu-lhe Jesus: Se eu quero que ele permaneça até que eu venha, que te importa? Quanto a ti, segue-me.

23 Então, se tornou corrente entre os irmãos o dito de que aquele discípulo não morreria. Ora, Jesus não dissera que tal discípulo não morreria, mas: Se eu quero que ele permaneça até que eu venha, que te importa?

O testemunho de João

24 Este é o discípulo que dá testemunho a respeito destas cousas e que as escreveu; e sabemos que o seu testemunho é verdadeiro.

25 Há, porém, ainda muitas outras cousas que Jesus fez. Se todas fossem relatadas uma por uma, creio eu que nem no mundo inteiro caberiam os livros que seriam escritos.

ATOS
DOS APÓSTOLOS

Prólogo

1 Escrevi o primeiro livro, ó Teófilo, relatando todas as cousas que Jesus começou a fazer e a ensinar

2 até ao dia em que, depois de haver dado mandamentos por intermédio do Espírito Santo aos apóstolos que escolhera, foi elevado às alturas.

3 A estes também, depois de ter padecido, se apresentou vivo, com muitas provas incontestáveis, aparecendo-lhes durante quarenta dias e falando das cousas concernentes ao reino de Deus.

4 E, comendo com eles, determinou-lhes que não se ausentassem de Jerusalém, mas que esperassem a promessa do Pai, a qual, disse ele, de mim ouvistes.

5 Porque João, na verdade, batizou com*a* água, mas vós sereis batizados com*a* o Espírito Santo, não muito depois destes dias.

A ascensão de Jesus

6 Então, os que estavam reunidos lhe perguntaram: Senhor, será este o tempo em que restaures o reino a Israel?

7 Respondeu-lhes: Não vos compete conhecer tempos ou épocas que o Pai reservou pela sua exclusiva autoridade;

8 mas recebereis poder, ao descer sobre vós o Espírito Santo, e sereis minhas testemunhas tanto em Jerusalém como em toda a Judéia e Samaria e até aos confins da terra.

9 Ditas estas palavras, foi Jesus elevado às alturas, à vista deles, e uma nuvem o encobriu dos seus olhos.

10 E, estando eles com os olhos fitos no céu, enquanto Jesus subia, eis que dois varões vestidos de branco se puseram ao lado deles

11 e lhes disseram: Varões galileus, por que estais olhando para as alturas? Esse Jesus que dentre vós foi assunto ao céu virá do modo como o vistes subir.

Os discípulos em Jerusalém

12 Então, voltaram para Jerusalém, do monte chamado Olival, que dista daquela cidade tanto como a jornada de um sábado*b*.

13 Quando ali entraram, subiram para o cenáculo onde se reuniam Pedro, João, Tiago, André, Filipe, Tomé, Bartolomeu, Ma-

---

*a*com; *ou em* — *b*jornada de um sábado: *cerca de um quilômetro*

21.20 Jo 13.25.   **1.1** Lc 1.1-4.   **1.4** Lc 24.49.   **1.5** Mt 3.11; Mc 1.8; Lc 3.16; Jo 1.33.   **1.8** Mt 28.19; Mc 16.15; Lc 24.47,48.   **1.13,14** Mt 10.2-4; Mc 3.16-19; Lc 12.14-16.

teus, Tiago, filho de Alfeu, Simão, o Zelote, e Judas, filho de Tiago.

¹⁴ Todos estes perseveravam unânimes em oração, com as mulheres, com Maria, mãe de Jesus, e com os irmãos dele.

A escolha de Matias

¹⁵ Naqueles dias, levantou-se Pedro no meio dos irmãos (ora, compunha-se a assembléia de umas cento e vinte pessoas) e disse:

¹⁶ Irmãos, convinha que se cumprisse a Escritura que o Espírito Santo proferiu anteriormente por boca de Davi, acerca de Judas, que foi o guia daqueles que prenderam Jesus,

¹⁷ porque ele era contado entre nós e teve parte neste ministério.

¹⁸ (Ora, este homem adquiriu um campo com o preço da iniqüidade; e, precipitando-se, rompeu-se pelo meio, e todas as suas entranhas se derramaram;

¹⁹ e isto chegou ao conhecimento de todos os habitantes de Jerusalém, de maneira que em sua própria língua esse campo era chamado Aceldama, isto é, Campo de Sangue.)

²⁰ Porque está escrito no Livro dos Salmos:

Fique deserta a sua morada; e não haja quem nela habite;

e:

Tome outro o seu encargo.

²¹ É necessário, pois, que, dos homens que nos acompanharam todo o tempo que o Senhor Jesus andou entre nós,

²² começando no batismo de João, até ao dia em que dentre nós foi levado às alturas, um destes se torne testemunha conosco da sua ressurreição.

²³ Então, propuseram dois: José, chamado Barsabás, cognominado Justo, e Matias.

²⁴ E, orando, disseram: Tu, Senhor, que conheces o coração de todos, revela-nos qual destes dois tens escolhido

²⁵ para preencher a vaga neste ministério e apostolado, do qual Judas se transviou, indo para o seu próprio lugar.

²⁶ E os lançaram em sortes, vindo a sorte recair sobre Matias, sendo-lhe, então, votado lugar com os onze apóstolos.

A descida do Espírito Santo

2 Ao cumprir-se o dia de Pentecostes, estavam todos reunidos no mesmo lugar;

² de repente, veio do céu um som, como de um vento impetuoso, e encheu toda a casa onde estavam assentados.

³ E apareceram, distribuídas entre eles, línguas, como de fogo, e pousou uma sobre cada um deles.

⁴ Todos ficaram cheios do Espírito Santo e passaram a falar em outras línguas, segundo o Espírito lhes concedia que falassem.

O dom de línguas

⁵ Ora, estavam habitando em Jerusalém judeus, homens piedosos, vindos de todas as nações debaixo do céu.

⁶ Quando, pois, se fez ouvir aquela voz, afluiu a multidão, que se possuiu de perplexidade, porquanto cada um os ouvia falar na sua própria língua.

⁷ Estavam, pois, atônitos e se admiravam, dizendo: Vede! Não são, porventura, galileus todos esses que aí estão falando?

⁸ E como os ouvimos falar, cada um em nossa própria língua materna?

⁹ Somos partos, medos, elamitas e os naturais da Mesopotâmia, Judéia, Capadócia, Ponto e Ásia,

¹⁰ da Frígia, da Panfília, do Egito e das regiões da Líbia, nas imediações de Cirene, e romanos que aqui residem,

¹¹ tanto judeus como prosélitos, cretenses e arábios. Como os ouvimos falar em nossas próprias línguas as grandezas de Deus?

¹² Todos, atônitos e perplexos, interpelavam uns aos outros: Que quer isto dizer?

¹³ Outros, porém, zombando, diziam: Estão embriagados!

O discurso de Pedro

¹⁴ Então, se levantou Pedro, com os onze; e, erguendo a voz, advertiu-os nestes termos: Varões judeus e todos os habitantes de Jerusalém, tomai conhecimento disto e atentai nas minhas palavras.

¹⁵ Estes homens não estão embriagados, como vindes pensando, sendo esta a terceira hora do dia.

1.18,19 Mt 27.6-8. **1.20** Sl 69.25; 109.8. **1.22** Mt 3.16; Mc 1.9; Lc 3.21; Mc 16.19; Lc 24.51. **2.1** Lv 23.15-21; Dt 16.9-11.

16 Mas o que ocorre é o que foi dito por intermédio do profeta Joel:

17 E acontecerá nos últimos dias, diz o Senhor, que derramarei do meu Espírito sobre toda a carne; vossos filhos e vossas filhas profetizarão, vossos jovens terão visões, e sonharão vossos velhos;

18 até sobre os meus servos e sobre as minhas servas derramarei do meu Espírito naqueles dias, e profetizarão.

19 Mostrarei prodígios em cima no céu e sinais embaixo na terra: sangue, fogo e vapor de fumaça.

20 O sol se converterá em trevas, e a lua, em sangue, antes que venha o grande e glorioso Dia do Senhor.

21 E acontecerá que todo aquele que invocar o nome do Senhor será salvo.

22 Varões israelitas, atendei a estas palavras: Jesus, o Nazareno, varão aprovado por Deus diante de vós com milagres, prodígios e sinais, os quais o próprio Deus realizou por intermédio dele entre vós, como vós mesmos sabeis;

23 sendo este entregue pelo determinado desígnio e presciência de Deus, vós o matastes, crucificando-o por mãos de iníquos;

24 ao qual, porém, Deus ressuscitou, rompendo os grilhões da morte; porquanto não era possível fosse ele retido por ela.

25 Porque a respeito dele diz Davi: Diante de mim via sempre o Senhor, porque está à minha direita, para que eu não seja abalado.

26 Por isso, se alegrou o meu coração, e a minha língua exultou; além disto, também a minha própria carne repousará em esperança,

27 porque não deixarás a minha alma na morte, nem permitirás que o teu Santo veja corrupção.

28 Fizeste-me conhecer os caminhos da vida, encher-me-ás de alegria na tua presença.

29 Irmãos, seja-me permitido dizer-vos claramente a respeito do patriarca Davi que ele morreu e foi sepultado, e o seu túmulo permanece entre nós até hoje.

30 Sendo, pois, profeta e sabendo que Deus lhe havia jurado que um dos seus descendentes se assentaria no seu trono,

31 prevendo isto, referiu-se à ressurreição de Cristo, que nem foi deixado na mor-

te, nem o seu corpo experimentou corrupção.

32 A este Jesus Deus ressuscitou, do que todos nós somos testemunhas.

33 Exaltado, pois, à destra de Deus, tendo recebido do Pai a promessa do Espírito Santo, derramou isto que vedes e ouvis.

34 Porque Davi não subiu aos céus, mas ele mesmo declara: Disse o Senhor ao meu Senhor: Assenta-te à minha direita,

35 até que eu ponha os teus inimigos por estrado dos teus pés.

36 Esteja absolutamente certa, pois, toda a casa de Israel de que a este Jesus, que vós crucificastes, Deus o fez Senhor e Cristo.

Três mil batizados

37 Ouvindo eles estas cousas, compungiu-se-lhes o coração e perguntaram a Pedro e aos demais apóstolos: Que faremos, irmãos?

38 Respondeu-lhes Pedro: Arrependei-vos, e cada um de vós seja batizado em nome de Jesus Cristo para remissão dos vossos pecados, e recebereis o dom do Espírito Santo.

39 Pois para vós outros é a promessa, para vossos filhos e para todos os que ainda estão longe, isto é, para quantos o Senhor, nosso Deus, chamar.

40 Com muitas outras palavras deu testemunho e exortava-os, dizendo: Salvai-vos desta geração perversa.

41 Então, os que lhe aceitaram a palavra foram batizados, havendo um acréscimo naquele dia de quase três mil pessoas.

Como viviam os convertidos

42 E perseveravam na doutrina dos apóstolos e na comunhão, no partir do pão e nas orações.

43 Em cada alma havia temor; e muitos prodígios e sinais eram feitos por intermédio dos apóstolos.

44 Todos os que creram estavam juntos e tinham tudo em comum.

45 Vendiam as suas propriedades e bens, distribuindo o produto entre todos, à medida que alguém tinha necessidade.

46 Diariamente perseveravam unânimes no templo, partiam pão de casa em casa e

2.17-21 Jl 2.28-32.　2.23 Mt 27.35; Mc 15.24; Lc 23.33; Jo 19.18.　2.24 Mt 28.5; Mc 16.6; Lc 24.5. 2.25-28 Sl 16.8-11.　2.30 Sl 89.3,4; 132.11.　2.34-35 Sl 110.1.　2.44 At 4.32-35.　2.45 Mt 19.21; Mc 10.21; Lc 12.33; 18.22.

tomavam as suas refeições com alegria e singeleza de coração,

⁴⁷ louvando a Deus e contando com a simpatia de todo o povo. Enquanto isso, acrescentava-lhes o Senhor, dia a dia, os que iam sendo salvos.

A cura de um coxo

3 Pedro e João subiam ao templo para a oração da hora nona.

² Era levado um homem, coxo de nascença, o qual punham diariamente à porta do templo chamada Formosa, para pedir esmola aos que entravam.

³ Vendo ele a Pedro e João, que iam entrar no templo, implorava que lhe dessem uma esmola.

⁴ Pedro, fitando-o, juntamente com João, disse: Olha para nós.

⁵ Ele os olhava atentamente, esperando receber alguma cousa.

⁶ Pedro, porém, lhe disse: Não possuo nem prata nem ouro, mas o que tenho, isso te dou: em nome de Jesus Cristo, o Nazareno, anda!

⁷ E, tomando-o pela mão direita, o levantou; imediatamente, os seus pés e tornozelos se firmaram;

⁸ de um salto se pôs em pé, passou a andar e entrou com eles no templo, saltando e louvando a Deus.

⁹ Viu-o todo o povo a andar e a louvar a Deus,

¹⁰ e reconheceram ser ele o mesmo que esmolava, assentado à Porta Formosa do templo; e se encheram de admiração e assombro por isso que lhe acontecera.

O discurso de Pedro no templo

¹¹ Apegando-se ele a Pedro e a João, todo o povo correu atônito para junto deles no pórtico chamado de Salomão.

¹² À vista disto, Pedro se dirigiu ao povo, dizendo: Israelitas, por que vos maravilhais disto ou por que fitais os olhos em nós como se pelo nosso próprio poder ou piedade o tivéssemos feito andar?

¹³ O Deus de Abraão, de Isaque e de Jacó, o Deus de nossos pais, glorificou a seu Servo Jesus, a quem vós traístes e negastes perante Pilatos, quando este havia decidido soltá-lo.

¹⁴ Vós, porém, negastes o Santo e o Justo e pedistes que vos concedessem um homicida.

¹⁵ Dessarte, matastes o Autor da vida, a quem Deus ressuscitou dentre os mortos, do que nós somos testemunhas.

¹⁶ Pela fé em o nome de Jesus, é que esse mesmo nome fortaleceu a este homem que agora vedes e reconheceis; sim, a fé que vem por meio de Jesus deu a este saúde perfeita na presença de todos vós.

¹⁷ E agora, irmãos, eu sei que o fizestes por ignorância, como também as vossas autoridades;

¹⁸ mas Deus, assim, cumpriu o que dantes anunciara por boca de todos os profetas: que o seu Cristo havia de padecer.

¹⁹ Arrependei-vos, pois, e convertei-vos para serem cancelados os vossos pecados,

²⁰ a fim de que, da presença do Senhor, venham tempos de refrigério, e que envie ele o Cristo, que já vos foi designado, Jesus,

²¹ ao qual é necessário que o céu receba até aos tempos da restauração de todas as cousas, de que Deus falou por boca dos seus santos profetas desde a antiguidade.

²² Disse, na verdade, Moisés:

O Senhor Deus vos suscitará dentre vossos irmãos um profeta semelhante a mim; a ele ouvireis em tudo quanto vos disser.

²³ Acontecerá que toda alma que não ouvir a esse profeta será exterminada do meio do povo.

²⁴ E todos os profetas, a começar com Samuel, assim como todos quantos depois falaram, também anunciaram estes dias.

²⁵ Vós sois os filhos dos profetas e da aliança que Deus estabeleceu com vossos pais, dizendo a Abraão:

Na tua descendência, serão abençoadas todas as nações da terra.

²⁶ Tendo Deus ressuscitado o seu Servo, enviou-o primeiramente a vós outros para vos abençoar, no sentido de que cada um se aparte das suas perversidades.

Pedro e João presos

4 Falavam eles ainda ao povo quando sobrevieram os sacerdotes, o capitão do templo e os saduceus,

² ressentidos por ensinarem eles o povo e anunciarem, em Jesus, a ressurreição dentre os mortos;

³ e os prenderam, recolhendo-os ao cárcere até ao dia seguinte, pois já era tarde.

⁴ Muitos, porém, dos que ouviram a pa-

3.13,14 Mt 27.15-23; Mc 15.6-14; Lc 23.13-23; Jo 19.12-15.   **3.22** Dt 18.15,16.   **3.23** Dt 18.19.
3.25 Gn 22.18.

lavra a aceitaram, subindo o número de homens a quase cinco mil.

Pedro e João perante o Sinédrio

⁵ No dia seguinte, reuniram-se em Jerusalém as autoridades, os anciãos e os escribas

⁶ com o sumo sacerdote Anás, Caifás, João, Alexandre e todos os que eram da linhagem do sumo sacerdote;

⁷ e, pondo-os perante eles, os argüíram: Com que poder ou em nome de quem fizestes isto?

⁸ Então, Pedro, cheio do Espírito Santo, lhes disse: Autoridades do povo e anciãos,

⁹ visto que hoje somos interrogados a propósito do benefício feito a um homem enfermo e do modo por que foi curado,

¹⁰ tomai conhecimento, vós todos e todo o povo de Israel, de que, em nome de Jesus Cristo, o Nazareno, a quem vós crucificastes, e a quem Deus ressuscitou dentre os mortos, sim, em seu nome é que este está curado perante vós.

¹¹ Este Jesus é pedra rejeitada por vós, os construtores, a qual se tornou a pedra angular.

¹² E não há salvação em nenhum outro; porque abaixo do céu não existe nenhum outro nome, dado entre os homens, pelo qual importa que sejamos salvos.

¹³ Ao verem a intrepidez de Pedro e João, sabendo que eram homens iletrados e incultos, admiraram-se; e reconheceram que haviam eles estado com Jesus.

¹⁴ Vendo com eles o homem que fora curado, nada tinham que dizer em contrário.

¹⁵ E, mandando-os sair do Sinédrio, consultavam entre si,

¹⁶ dizendo: Que faremos com estes homens? Pois, na verdade, é manifesto a todos os habitantes de Jerusalém que um sinal notório foi feito por eles, e não o podemos negar;

¹⁷ mas, para que não haja maior divulgação entre o povo, ameacemo-los para não mais falarem neste nome a quem quer que seja.

¹⁸ Chamando-os, ordenaram-lhes que absolutamente não falassem, nem ensinassem em o nome de Jesus.

¹⁹ Mas Pedro e João lhes responderam: Julgai se é justo diante de Deus ouvir-vos antes a vós outros do que a Deus;

²⁰ pois nós não podemos deixar de falar das cousas que vimos e ouvimos.

²¹ Depois, ameaçando-os mais ainda, os soltaram, não tendo achado como os castigar, por causa do povo, porque todos glorificavam a Deus pelo que acontecera.

²² Ora, tinha mais de quarenta anos aquele em quem se operara essa cura milagrosa.

A igreja em oração

²³ Uma vez soltos, procuraram os irmãos e lhes contaram quantas cousas lhes haviam dito os principais sacerdotes e os anciãos.

²⁴ Ouvindo isto, unânimes, levantaram a voz a Deus e disseram: Tu, Soberano Senhor, que fizeste o céu, a terra, o mar e tudo o que neles há;

²⁵ que disseste por intermédio do Espírito Santo, por boca de Davi, nosso pai, teu servo:

Por que se enfureceram os gentios, e os povos imaginaram cousas vãs?

²⁶ Levantaram-se os reis da terra, e as autoridades ajuntaram-se à uma contra o Senhor e contra o seu Ungido;

²⁷ porque verdadeiramente se ajuntaram nesta cidade contra o teu santo Servo Jesus, ao qual ungiste, Herodes e Pôncio Pilatos, com gentios e gente de Israel,

²⁸ para fazerem tudo o que a tua mão e o teu propósito predeterminaram;

²⁹ agora, Senhor, olha para as suas ameaças e concede aos teus servos que anunciem com toda a intrepidez a tua palavra,

³⁰ enquanto estendes a mão para fazer curas, sinais e prodígios por intermédio do nome do teu santo Servo Jesus.

³¹ Tendo eles orado, tremeu o lugar onde estavam reunidos; todos ficaram cheios do Espírito Santo; com intrepidez, anunciavam a palavra de Deus.

A comunidade cristã

³² Da multidão dos que creram era um o coração e a alma. Ninguém considerava exclusivamente sua nem uma das cousas que possuía; tudo, porém, lhes era comum.

³³ Com grande poder, os apóstolos davam testemunho da ressurreição do Senhor Jesus, e em todos eles havia abundante graça.

4.11 Sl 118.22.   4.24 Êx 20.11; Sl 146.6.   4.25,26 Sl 2.1,2.   4.27 Lc 23.7-11; Mt 27.1,2; Mc 15.1; Lc 23.1; Jo 18.28,29.   4.32 At 2.44,45.

³⁴ Pois nenhum necessitado havia entre eles, porquanto os que possuíam terras ou casas, vendendo-as, traziam os valores correspondentes

³⁵ e depositavam aos pés dos apóstolos; então, se distribuía a qualquer um à medida que alguém tinha necessidade.

A oferta de Barnabé

³⁶ José, a quem os apóstolos deram o sobrenome de Barnabé, que quer dizer filho de exortação, levita, natural de Chipre,

³⁷ como tivesse um campo, vendendo-o, trouxe o preço e o depositou aos pés dos apóstolos.

Ananias e Safira

5 Entretanto, certo homem, chamado Ananias, com sua mulher Safira, vendeu uma propriedade,

² mas, em acordo com sua mulher, reteve parte do preço e, levando o restante, depositou-o aos pés dos apóstolos.

³ Então, disse Pedro: Ananias, por que encheu Satanás teu coração, para que mentisses ao Espírito Santo, reservando parte do valor do campo?

⁴ Conservando-o, porventura, não seria teu? E, vendido, não estaria em teu poder? Como, pois, assentaste no coração este desígnio? Não mentiste aos homens, mas a Deus.

⁵ Ouvindo estas palavras, Ananias caiu e expirou, sobrevindo grande temor a todos os ouvintes.

⁶ Levantando-se os moços, cobriram-lhe o corpo e, levando-o, o sepultaram.

⁷ Quase três horas depois, entrou a mulher de Ananias, não sabendo o que ocorrera.

⁸ Então, Pedro, dirigindo-se a ela, perguntou-lhe: Dize-me, vendestes por tanto aquela terra? Ela respondeu: Sim, por tanto.

⁹ Tornou-lhe Pedro: Por que entrastes em acordo para tentar o Espírito do Senhor? Eis aí à porta os pés dos que sepultaram o teu marido, e eles também te levarão.

¹⁰ No mesmo instante, caiu ela aos pés de Pedro e expirou. Entrando os moços, acharam-na morta e, levando-a, sepultaram-na junto do marido.

¹¹ E sobreveio grande temor a toda a igreja e a todos quantos ouviram a notícia destes acontecimentos.

Os apóstolos fazem muitos milagres

¹² Muitos sinais e prodígios eram feitos entre o povo pelas mãos dos apóstolos. E costumavam todos reunir-se, de comum acordo, no Pórtico de Salomão.

¹³ Mas, dos restantes, ninguém ousava ajuntar-se a eles; porém o povo lhes tributava grande admiração.

¹⁴ E crescia mais e mais a multidão de crentes, tanto homens como mulheres, agregados ao Senhor,

¹⁵ a ponto de levarem os enfermos até pelas ruas e os colocarem sobre leitos e macas, para que, ao passar Pedro, ao menos a sua sombra se projetasse nalguns deles.

¹⁶ Afluía também muita gente das cidades vizinhas a Jerusalém, levando doentes e atormentados de espíritos imundos, e todos eram curados.

A prisão dos apóstolos

¹⁷ Levantando-se, porém, o sumo sacerdote e todos os que estavam com ele, isto é, a seita dos saduceus, tomaram-se de inveja,

¹⁸ prenderam os apóstolos e os recolheram à prisão pública.

¹⁹ Mas, de noite, um anjo do Senhor abriu as portas do cárcere e, conduzindo-os para fora, lhes disse:

²⁰ Ide e, apresentando-vos no templo, dizei ao povo todas as palavras desta Vida.

²¹ Tendo ouvido isto, logo ao romper do dia, entraram no templo e ensinavam. Chegando, porém, o sumo sacerdote e os que com ele estavam, convocaram o Sinédrio e todo o senado dos filhos de Israel e mandaram buscá-los no cárcere.

²² Mas os guardas, indo, não os acharam no cárcere; e, tendo voltado, relataram,

²³ dizendo: Achamos o cárcere fechado com toda a segurança e as sentinelas nos seus postos junto às portas; mas, abrindo-as, a ninguém encontramos dentro.

²⁴ Quando o capitão do templo e os principais sacerdotes ouviram estas informações, ficaram perplexos a respeito deles e do que viria a ser isto.

²⁵ Nesse ínterim, alguém chegou e lhes comunicou: Eis que os homens que recolhestes no cárcere estão no templo ensinando o povo.

²⁶ Nisto, indo o capitão e os guardas, os

4.34,35 Mt 19.21; Mc 10.21; Lc 12.33; 18.22.

trouxeram sem violência, porque temiam ser apedrejados pelo povo.

²⁷ Trouxeram-nos, apresentando-os ao Sinédrio. E o sumo sacerdote interrogou-os,

²⁸ dizendo: Expressamente vos ordenamos que não ensinásseis nesse nome; contudo, enchestes Jerusalém de vossa doutrina; e quereis lançar sobre nós o sangue desse homem.

²⁹ Então, Pedro e os demais apóstolos afirmaram: Antes, importa obedecer a Deus do que aos homens.

³⁰ O Deus de nossos pais ressuscitou a Jesus, a quem vós matastes, pendurando-o num madeiro.

³¹ Deus, porém, com a sua destra, o exaltou a Príncipe e Salvador, a fim de conceder a Israel o arrependimento e a remissão de pecados.

³² Ora, nós somos testemunhas destes fatos, e bem assim o Espírito Santo, que Deus outorgou aos que lhe obedecem.

O parecer de Gamaliel

³³ Eles, porém, ouvindo, se enfureceram e queriam matá-los.

³⁴ Mas, levantando-se no Sinédrio um fariseu, chamado Gamaliel, mestre da lei, acatado por todo o povo, mandou retirar os homens, por um pouco,

³⁵ e lhes disse: Israelitas, atentai bem no que ides fazer a estes homens.

³⁶ Porque, antes destes dias, se levantou Teudas, insinuando ser ele alguma cousa, ao qual se agregaram cerca de quatrocentos homens; mas ele foi morto, e todos quantos lhe prestavam obediência se dispersaram e deram em nada.

³⁷ Depois desse, levantou-se Judas, o galileu, nos dias do recenseamento, e levou muitos consigo; também este pereceu, e todos quantos lhe obedeciam foram dispersos.

³⁸ Agora, vos digo: dai de mão a estes homens, deixai-os; porque, se este conselho ou esta obra vem de homens, perecerá;

³⁹ mas, se é de Deus, não podereis destruí-los, para que não sejais, porventura, achados lutando contra Deus. E concordaram com ele.

⁴⁰ Chamando os apóstolos, açoitaram-nos e, ordenando-lhes que não falassem no nome de Jesus, os soltaram.

⁴¹ E eles se retiraram do Sinédrio regozijando-se por terem sido considerados dignos de sofrer afrontas por esse Nome.

⁴² E todos os dias, no templo e de casa em casa, não cessavam de ensinar e de pregar Jesus, o Cristo.

A instituição dos diáconos

6 Ora, naqueles dias, multiplicando-se o número dos discípulos, houve murmuração dos helenistas contra os hebreus, porque as viúvas deles estavam sendo esquecidas na distribuição diária.

² Então, os doze convocaram a comunidade dos discípulos e disseram: Não é razoável que nós abandonemos a palavra de Deus para servir às mesas.

³ Mas, irmãos, escolhei dentre vós sete homens de boa reputação, cheios do Espírito e de sabedoria, aos quais encarregaremos deste serviço;

⁴ e, quanto a nós, nos consagraremos à oração e ao ministério da palavra.

⁵ O parecer agradou a toda a comunidade; e elegeram Estêvão, homem cheio de fé e do Espírito Santo, Filipe, Prócoro, Nicanor, Timão, Pármenas e Nicolau, prosélito de Antioquia.

⁶ Apresentaram-nos perante os apóstolos, e estes, orando, lhes impuseram as mãos.

⁷ Crescia a palavra de Deus, e, em Jerusalém, se multiplicava o número dos discípulos; também muitíssimos sacerdotes obedeciam à fé.

Estêvão perante o Sinédrio

⁸ Estêvão, cheio de graça e poder, fazia prodígios e grandes sinais entre o povo.

⁹ Levantaram-se, porém, alguns dos que eram da sinagoga chamada dos Libertos, dos cireneus, dos alexandrinos e dos da Cilícia e Ásia, e discutiam com Estêvão;

¹⁰ e não podiam resistir à sabedoria e ao Espírito, pelo qual ele falava.

¹¹ Então, subornaram homens que dissessem: Temos ouvido este homem proferir blasfêmias contra Moisés e contra Deus.

¹² Sublevaram o povo, os anciãos e os escribas e, investindo, o arrebataram, levando-o ao Sinédrio.

¹³ Apresentaram testemunhas falsas, que depuseram: Este homem não cessa de falar contra o lugar santo e contra a lei;

¹⁴ porque o temos ouvido dizer que es-

se Jesus, o Nazareno, destruirá este lugar e
mudará os costumes que Moisés nos deu.

¹⁵ Todos os que estavam assentados no
Sinédrio, fitando os olhos em Estêvão, viram o seu rosto como se fosse rosto de anjo.

A defesa de Estêvão

7 Então, lhe perguntou o sumo sacerdote: Porventura, é isto assim?

² Estêvão respondeu: Varões irmãos e
pais, ouvi. O Deus da glória apareceu a
Abraão, nosso pai, quando estava na Mesopotâmia, antes de habitar em Harã,

³ e lhe disse: Sai da tua terra e da tua parentela e vem para a terra que eu te mostrarei.

⁴ Então, saiu da terra dos caldeus e foi
habitar em Harã. E dali, com a morte de
seu pai, Deus o trouxe para esta terra em
que vós agora habitais.

⁵ Nela, não lhe deu herança, nem sequer
o espaço de um pé; mas prometeu dar-lhe
a posse dela e, depois dele, à sua descendência, não tendo ele filho.

⁶ E falou Deus que a sua descendência
seria peregrina em terra estrangeira, onde
seriam escravizados e maltratados por quatrocentos anos;

⁷ eu, disse Deus, julgarei a nação da
qual forem escravos; e, depois disto, sairão
daí e me servirão neste lugar.

⁸ Então, lhe deu a aliança da circuncisão; assim, nasceu Isaque, e Abraão o circuncidou ao oitavo dia; de Isaque procedeu
Jacó, e deste, os doze patriarcas.

⁹ Os patriarcas, invejosos de José, ven-
deram-no para o Egito; mas Deus estava
com ele

¹⁰ e livrou-o de todas as suas aflições,
concedendo-lhe também graça e sabedoria
perante Faraó, rei do Egito, que o constituiu
governador daquela nação e de toda a casa real.

¹¹ Sobreveio, porém, fome em todo o
Egito; e, em Canaã, houve grande tribulação, e nossos pais não achavam mantimentos.

¹² Mas, tendo ouvido Jacó que no Egito havia trigo, enviou, pela primeira vez, os
nossos pais.

¹³ Na segunda vez, José se fez reconhe-

cer por seus irmãos, e se tornou conhecida
de Faraó a família de José.

¹⁴ Então, José mandou chamar a Jacó,
seu pai, e toda a sua parentela, isto é, setenta e cinco pessoas.

¹⁵ Jacó desceu ao Egito, e ali morreu ele
e também nossos pais;

¹⁶ e foram transportados para Siquém e
postos no sepulcro que Abraão ali comprara a dinheiro aos filhos de Hamor.

¹⁷ Como, porém, se aproximasse o tempo da promessa que Deus jurou a Abraão,
o povo cresceu e se multiplicou no Egito,

¹⁸ até que se levantou ali outro rei, que
não conhecia a José.

¹⁹ Este outro rei tratou com astúcia a
nossa raça e torturou os nossos pais, a ponto de forçá-los a enjeitar seus filhos, para
que não sobrevivessem.

²⁰ Por esse tempo, nasceu Moisés, que
era formoso aos olhos de Deus. Por três
meses, foi ele mantido na casa de seu pai;

²¹ quando foi exposto, a filha de Faraó
o recolheu e criou como seu próprio filho.

²² E Moisés foi educado em toda a ciência dos egípcios e era poderoso em palavras
e obras.

²³ Quando completou quarenta anos,
veio-lhe a idéia de visitar seus irmãos, os filhos de Israel.

²⁴ Vendo um homem tratado injustamente, tomou-lhe a defesa e vingou o oprimido, matando o egípcio.

²⁵ Ora, Moisés cuidava que seus irmãos
entenderiam que Deus os queria salvar por
intermédio dele; eles, porém, não compreenderam.

²⁶ No dia seguinte, aproximou-se de uns
que brigavam e procurou reconduzi-los à
paz, dizendo: Homens, vós sois irmãos; por
que vos ofendeis uns aos outros?

²⁷ Mas o que agredia o próximo o repe-
liu, dizendo: Quem te constituiu autoridade
e juiz sobre nós?

²⁸ Acaso queres matar-me, como fizeste ontem ao egípcio?

²⁹ A estas palavras Moisés fugiu e tornou-se peregrino na terra de Midiã, onde
lhe nasceram dois filhos.

³⁰ Decorridos quarenta anos, apareceu-
lhe, no deserto do monte Sinai, um anjo,
por entre as chamas de uma sarça que
ardia.

7.2,3 Gn 12.1.   7.4 Gn 11.31; 12.4.   7.5 Gn 12.7; 13.15; 15.18; 17.8.   7.6,7 Gn 15.13, 14.   7.8 Gn 17.10-14;
21.2-4; 25.26; 29.31-35.18.   7.9 Gn 37.11; 37.28; 39.2,21.   7.10 Gn 41.39-41.   7.11 Gn 41.54-57.
7.12 Gn 42.1,2.   7.13 Gn 45.1.   7.14 Gn 45.9,10; 46.27.   7.15 Gn 46.1-7; 49.33.   7.16 Gn 50.7-13; Js 24.32;
Gn 23.3-16; 33.19.   7.17,18 Êx 1.7,8.   7.19 Êx 1.10,11; 1.22.   7.20,21 Êx 2.2-10.   7.23-29 Êx 2.11-22.
7.29 Êx 18.3,4.   7.30-34 Êx 3.1-10.

³¹ Moisés, porém, diante daquela visão, ficou maravilhado e, aproximando-se para observar, ouviu-se a voz do Senhor: ³² Eu sou o Deus dos teus pais, o Deus de Abraão, de Isaque e de Jacó. Moisés, tremendo de medo, não ousava contemplá-la.

³³ Disse-lhe o Senhor: Tira a sandália dos pés, porque o lugar em que estás é terra santa.

³⁴ Vi, com efeito, o sofrimento do meu povo no Egito, ouvi o seu gemido e desci para libertá-lo. Vem agora, e eu te enviarei ao Egito.

³⁵ A este Moisés, a quem negaram reconhecer, dizendo: Quem te constituiu autoridade e juiz? A este enviou Deus como chefe e libertador, com a assistência do anjo que lhe apareceu na sarça.

³⁶ Este os tirou, fazendo prodígios e sinais na terra do Egito, assim como no mar Vermelho e no deserto, durante quarenta anos.

³⁷ Foi Moisés quem disse aos filhos de Israel: Deus vos suscitará dentre vossos irmãos um profeta semelhante a mim.

³⁸ É este Moisés quem esteve na congregação no deserto, com o anjo que lhe falava no monte Sinai e com os nossos pais; o qual recebeu palavras vivas para no-las transmitir.

³⁹ A quem nossos pais não quiseram obedecer; antes, o repeliram e, no seu coração, voltaram para o Egito,

⁴⁰ dizendo a Arão: Faze-nos deuses que vão adiante de nós; porque, quanto a este Moisés, que nos tirou da terra do Egito, não sabemos o que lhe aconteceu.

⁴¹ Naqueles dias, fizeram um bezerro e ofereceram sacrifício ao ídolo, alegrando-se com as obras das suas mãos.

⁴² Mas Deus se afastou e os entregou ao culto da milícia celestial, como está escrito no livro dos profetas:

Ó casa de Israel, porventura, me oferecestes vítimas e sacrifícios no deserto, pelo espaço de quarenta anos,

⁴³ e acaso não levantastes o tabernáculo de Moloque e a estrela do deus Renfã, figuras que fizestes para as adorar? Por isso, vos desterrarei para além de Babilônia.

⁴⁴ O tabernáculo do Testemunho estava entre nossos pais no deserto, como determinara aquele que disse a Moisés que o fizesse segundo o modelo que tinha visto.

⁴⁵ O qual também nossos pais, com Josué, tendo-o recebido, o levaram, quando tomaram posse das nações que Deus expulsou da presença deles, até aos dias de Davi.

⁴⁶ Este achou graça diante de Deus e lhe suplicou a faculdade de prover morada para o Deus de Jacó.

⁴⁷ Mas foi Salomão quem lhe edificou a casa.

⁴⁸ Entretanto, não habita o Altíssimo em casas feitas por mãos humanas; como diz o profeta:

⁴⁹ O céu é o meu trono, e a terra, o estrado dos meus pés; que casa me edificareis, diz o Senhor, ou qual é o lugar do meu repouso?

⁵⁰ Não foi, porventura, a minha mão que fez todas estas cousas?

⁵¹ Homens de dura cerviz e incircuncisos de coração e de ouvidos, vós sempre resistis ao Espírito Santo; assim como fizeram vossos pais, também vós o fazeis.

⁵² Qual dos profetas vossos pais não perseguiram? Eles mataram os que anteriormente anunciavam a vinda do Justo, do qual vós agora vos tornastes traidores e assassinos,

⁵³ vós que recebestes a lei por ministério de anjos e não a guardastes.

A morte de Estêvão

⁵⁴ Ouvindo eles isto, enfureciam-se no seu coração e rilhavam os dentes contra ele.

⁵⁵ Mas Estêvão, cheio do Espírito Santo, fitou os olhos no céu e viu a glória de Deus e Jesus, que estava à sua direita,

⁵⁶ e disse: Eis que vejo os céus abertos e o Filho do homem, em pé à destra de Deus.

⁵⁷ Eles, porém, clamando em alta voz, taparam os ouvidos e, unânimes, arremeteram contra ele.

⁵⁸ E, lançando-o fora da cidade, o apedrejaram. As testemunhas deixaram suas vestes aos pés de um jovem chamado Saulo.

⁵⁹ E apedrejavam Estêvão, que invocava e dizia: Senhor Jesus, recebe o meu espírito!

⁶⁰ Então, ajoelhando-se, clamou em alta voz: Senhor, não lhes imputes este pecado. Com estas palavras, adormeceu.

8 E Saulo consentia na sua morte.

7.36 Êx 7.3; 14.21; Nm 14.33.   7.37 Dt 18.15-18.   7.38 Êx 19.1-20.17; Dt 5.1-33.   7.39-41 Êx 32.1-6.
7.42-43 Am 5.25-27.   7.44 Êx 25.9-40.   7.45 Js 3.14-17.   7.45,46 2Sm 7.1-16; 1Cr 17.1-14.   7.47 1Rs 6.1-38;
2Cr 3.1-17.   7.49,50 Is 66.1,2.   7.51 Is 63.10.

A primeira perseguição à igreja
At 26.9-11

Naquele dia, levantou-se grande perseguição contra a igreja em Jerusalém; e todos, exceto os apóstolos, foram dispersos pelas regiões da Judéia e Samaria.
² Alguns homens piedosos sepultaram Estêvão e fizeram grande pranto sobre ele.
³ Saulo, porém, assolava a igreja, entrando pelas casas; e, arrastando homens e mulheres, encerrava-os no cárcere.

Filipe prega em Samaria

⁴ Entrementes, os que foram dispersos iam por toda parte pregando a palavra.
⁵ Filipe, descendo à cidade de Samaria, anunciava-lhes a Cristo.
⁶ As multidões atendiam, unânimes, às cousas que Filipe dizia, ouvindo-as e vendo os sinais que ele operava.
⁷ Pois os espíritos imundos de muitos possessos saíam gritando em alta voz; e muitos paralíticos e coxos foram curados.
⁸ E houve grande alegria naquela cidade.

Simão, o mágico

⁹ Ora, havia certo homem, chamado Simão, que ali praticava a mágica, iludindo o povo de Samaria, insinuando ser ele grande vulto;
¹⁰ ao qual todos davam ouvidos, do menor ao maior, dizendo: Este homem é o poder de Deus, chamado o Grande Poder.
¹¹ Aderiam a ele porque havia muito os iludira com mágicas.
¹² Quando, porém, deram crédito a Filipe, que os evangelizava a respeito do reino de Deus e do nome de Jesus Cristo, iam sendo batizados, assim homens como mulheres.
¹³ O próprio Simão abraçou a fé; e, tendo sido batizado, acompanhava a Filipe de perto, observando extasiado os sinais e grandes milagres praticados.

Pedro e João em Samaria

¹⁴ Ouvindo os apóstolos, que estavam em Jerusalém, que Samaria recebera a palavra de Deus, enviaram-lhe Pedro e João;
¹⁵ os quais, descendo para lá, oraram por eles para que recebessem o Espírito Santo;
¹⁶ porquanto não havia ainda descido sobre nenhum deles, mas somente haviam sido batizados em o nome do Senhor Jesus.
¹⁷ Então, lhes impunham as mãos, e recebiam estes o Espírito Santo.
¹⁸ Vendo, porém, Simão que, pelo fato de imporem os apóstolos as mãos, era concedido o Espírito [Santo], ofereceu-lhes dinheiro,
¹⁹ propondo: Concedei-me também a mim este poder, para que aquele sobre quem eu impuser as mãos receba o Espírito Santo.
²⁰ Pedro, porém, lhe respondeu: O teu dinheiro seja contigo para perdição, pois julgaste adquirir, por meio dele, o dom de Deus.
²¹ Não tens parte nem sorte neste ministério, porque o teu coração não é reto diante de Deus.
²² Arrepende-te, pois, da tua maldade e roga ao Senhor; talvez te seja perdoado o intento do coração;
²³ pois vejo que estás em fel de amargura e laço de iniqüidade.
²⁴ Respondendo, porém, Simão lhes pediu: Rogai vós por mim ao Senhor, para que nada do que dissestes sobrevenha a mim.
²⁵ Eles, porém, havendo testificado e falado a palavra do Senhor, voltaram para Jerusalém e evangelizavam muitas aldeias dos samaritanos.

Filipe e o eunuco

²⁶ Um anjo do Senhor falou a Filipe, dizendo: Dispõe-te e vai para a banda do Sul, no caminho que desce de Jerusalém a Gaza; este se acha deserto. Ele se levantou e foi.
²⁷ Eis que um etíope, eunuco, alto oficial de Candace, rainha dos etíopes, o qual era superintendente de todo o seu tesouro, que viera adorar em Jerusalém,
²⁸ estava de volta e, assentado no seu carro, vinha lendo o profeta Isaías.
²⁹ Então, disse o Espírito a Filipe: Aproxima-te desse carro e acompanha-o.
³⁰ Correndo Filipe, ouviu-o ler o profeta Isaías e perguntou: Compreendes o que vens lendo?
³¹ Ele respondeu: Como poderei entender, se alguém não me explicar? E convidou Filipe a subir e a sentar-se junto a ele.
³² Ora, a passagem da Escritura que estava lendo era esta:

8.21 Sl 78.37.   8.32,33 Is 53.7,8.

Foi levado como ovelha ao matadouro; e, como um cordeiro mudo perante o seu tosquiador, assim ele não abriu a boca.

³³ Na sua humilhação, lhe negaram justiça; quem lhe poderá descrever a geração? Porque da terra a sua vida é tirada.

³⁴ Então, o eunuco disse a Filipe: Peço-te que me expliques a quem se refere o profeta. Fala de si mesmo ou de algum outro?

³⁵ Então, Filipe explicou; e, começando por esta passagem da Escritura, anunciou-lhe a Jesus.

³⁶ Seguindo eles caminho fora, chegando a certo lugar onde havia água, disse o eunuco: Eis aqui água; que impede que seja eu batizado?

³⁷ [Filipe respondeu: É lícito, se crês de todo o coração. E, respondendo ele, disse: Creio que Jesus Cristo é o Filho de Deus.]

³⁸ Então, mandou parar o carro, ambos desceram à água, e Filipe batizou o eunuco.

³⁹ Quando saíram da água, o Espírito do Senhor arrebatou a Filipe, não o vendo mais o eunuco; e este foi seguindo o seu caminho, cheio de júbilo.

⁴⁰ Mas Filipe veio a achar-se em Azoto; e, passando além, evangelizava todas as cidades até chegar a Cesaréia.

A conversão de Saulo
At 22.4-11; 26.9-18

9 Saulo, respirando ainda ameaças e morte contra os discípulos do Senhor, dirigiu-se ao sumo sacerdote

² e lhe pediu cartas para as sinagogas de Damasco, a fim de que, caso achasse alguns que eram do Caminho, assim homens como mulheres, os levasse presos para Jerusalém.

³ Seguindo ele estrada fora, ao aproximar-se de Damasco, subitamente uma luz do céu brilhou ao seu redor,

⁴ e, caindo por terra, ouviu uma voz que lhe dizia: Saulo, Saulo, por que me persegues?

⁵ Ele perguntou: Quem és tu, Senhor? E a resposta foi: Eu sou Jesus, a quem tu persegues;

⁶ mas levanta-te e entra na cidade, onde te dirão o que te convém fazer.

⁷ Os seus companheiros de viagem pararam emudecidos, ouvindo a voz, não vendo, contudo, ninguém.

⁸ Então, se levantou Saulo da terra e, abrindo os olhos, nada podia ver. E, guiando-o pela mão, levaram-no para Damasco.

⁹ Esteve três dias sem ver, durante os quais nada comeu, nem bebeu.

A visita de Ananias
At 22.12-16

¹⁰ Ora, havia em Damasco um discípulo chamado Ananias. Disse-lhe o Senhor numa visão: Ananias! Ao que respondeu: Eis-me aqui, Senhor!

¹¹ Então, o Senhor lhe ordenou: Dispõe-te, e vai à rua que se chama Direita, e, na casa de Judas, procura por Saulo, apelidado de Tarso; pois ele está orando

¹² e viu entrar um homem, chamado Ananias, e impor-lhe as mãos, para que recuperasse a vista.

¹³ Ananias, porém, respondeu: Senhor, de muitos tenho ouvido a respeito desse homem, quantos males tem feito aos teus santos em Jerusalém;

¹⁴ e para aqui trouxe autorização dos principais sacerdotes para prender a todos os que invocam o teu nome.

¹⁵ Mas o Senhor lhe disse: Vai, porque este é para mim um instrumento escolhido para levar o meu nome perante os gentios e reis, bem como perante os filhos de Israel.

¹⁶ pois eu lhe mostrarei quanto lhe importa sofrer pelo meu nome.

¹⁷ Então, Ananias foi e, entrando na casa, impôs sobre ele as mãos, dizendo: Saulo, irmão, o Senhor me enviou, a saber, o próprio Jesus que te apareceu no caminho por onde vinhas, para que recuperes a vista e fiques cheio do Espírito Santo.

¹⁸ Imediatamente, lhe caíram dos olhos como que umas escamas, e tornou a ver. A seguir, levantou-se e foi batizado.

¹⁹ E, depois de ter-se alimentado, sentiu-se fortalecido. Então, permaneceu em Damasco alguns dias com os discípulos.

Saulo prega em Damasco

²⁰ E logo pregava, nas sinagogas, a Jesus, afirmando que este é o Filho de Deus.

²¹ Ora, todos os que o ouviam estavam atônitos e diziam: Não é este o que exterminava em Jerusalém os que invocavam o nome de Jesus e para aqui veio precisamente com o fim de os levar amarrados aos principais sacerdotes?

²² Saulo, porém, mais e mais se fortalecia e confundia os judeus que moravam em

Damasco, demonstrando que Jesus é o Cristo.

23 Decorridos muitos dias, os judeus deliberaram entre si tirar-lhe a vida;

24 porém o plano deles chegou ao conhecimento de Saulo. Dia e noite guardavam também as portas, para o matarem.

25 Mas os seus discípulos tomaram-no de noite e, colocando-o num cesto, desceram-no pela muralha.

Saulo em Jerusalém e em Tarso

26 Tendo chegado a Jerusalém, procurou juntar-se com os discípulos; todos, porém, o temiam, não acreditando que ele fosse discípulo.

27 Mas Barnabé, tomando-o consigo, levou-o aos apóstolos; e contou-lhes como ele vira o Senhor no caminho, e que este lhe falara, e como em Damasco pregara ousadamente em nome de Jesus.

28 Estava com eles em Jerusalém, entrando e saindo, pregando ousadamente em nome do Senhor.

29 Falava e discutia com os helenistas; mas eles procuravam tirar-lhe a vida.

30 Tendo, porém, isto chegado ao conhecimento dos irmãos, levaram-no até Cesaréia e dali o enviaram para Tarso.

A Igreja cresce

31 A Igreja, na verdade, tinha paz por toda a Judéia, Galiléia e Samaria, edificando-se e caminhando no temor do Senhor, e, no conforto do Espírito Santo, crescia em número.

A cura de Enéias

32 Passando Pedro por toda parte, desceu também aos santos que habitavam em Lida.

33 Encontrou ali certo homem, chamado Enéias, que havia oito anos jazia de cama, pois era paralítico.

34 Disse-lhe Pedro: Enéias, Jesus Cristo te cura! Levanta-te e arruma o teu leito. Ele, imediatamente, se levantou.

35 Viram-no todos os habitantes de Lida e Sarona, os quais se converteram ao Senhor.

A ressurreição de Dorcas

36 Havia em Jope uma discípula por nome Tabita, nome este que, traduzido, quer dizer Dorcas; era ela notável pelas boas obras e esmolas que fazia.

37 Ora, aconteceu, naqueles dias, que ela adoeceu e veio a morrer; e, depois de a lavarem, puseram-na no cenáculo.

38 Como Lida era perto de Jope, ouvindo os discípulos que Pedro estava ali, enviaram-lhe dois homens que lhe pedissem: Não demores em vir ter conosco.

39 Pedro atendeu e foi com eles. Tendo chegado, conduziram-no para o cenáculo; e todas as viúvas o cercaram, chorando e mostrando-lhe as túnicas e vestidos que Dorcas fizera enquanto estava com elas.

40 Mas Pedro, tendo feito sair a todos, pondo-se de joelhos, orou; e, voltando-se para o corpo, disse: Tabita, levanta-te! Ela abriu os olhos e, vendo a Pedro, sentou-se.

41 Ele, dando-lhe a mão, levantou-a; e, chamando os santos, especialmente as viúvas, apresentou-a viva.

42 Isto se tornou conhecido por toda Jope, e muitos creram no Senhor.

43 Pedro ficou em Jope muitos dias, em casa de um curtidor chamado Simão.

O centurião Cornélio

10 Morava em Cesaréia um homem de nome Cornélio, centurião da corte chamada Italiana,

2 piedoso e temente a Deus com toda a sua casa e que fazia muitas esmolas ao povo e, de contínuo, orava a Deus.

3 Esse homem observou claramente durante uma visão, cerca da hora nona do dia, um anjo de Deus que se aproximou dele e lhe disse:

4 Cornélio! Este, fixando nele os olhos e possuído de temor, perguntou: Que é, Senhor? E o anjo lhe disse: As tuas orações e as tuas esmolas subiram para memória diante de Deus.

5 Agora, envia mensageiros a Jope e manda chamar Simão, que tem por sobrenome Pedro.

6 Ele está hospedado com Simão, curtidor, cuja residência está situada à beira-mar.

7 Logo que se retirou o anjo que lhe falava, chamou dois dos seus domésticos e um soldado piedoso dos que estavam a seu serviço

8 e, havendo-lhes contado tudo, enviou-os a Jope.

Pedro tem uma visão

9 No dia seguinte, indo eles de caminho e estando já perto da cidade, subiu Pedro

ao eirado, por volta da hora sexta, a fim de orar.

¹⁰ Estando com fome, quis comer; mas, enquanto lhe preparavam a comida, sobreveio-lhe um êxtase;

¹¹ então, viu o céu aberto e descendo um objeto como se fosse um grande lençol, o qual era baixado à terra pelas quatro pontas,

¹² contendo toda sorte de quadrúpedes, répteis da terra e aves do céu.

¹³ E ouviu-se uma voz que se dirigia a ele: Levanta-te, Pedro! Mata e come.

¹⁴ Mas Pedro replicou: De modo nenhum, Senhor! Porque jamais comi cousa alguma comum e imunda.

¹⁵ Segunda vez, a voz lhe falou: Ao que Deus purificou não consideres comum.

¹⁶ Sucedeu isto por três vezes, e, logo, aquele objeto foi recolhido ao céu.

Os enviados de Cornélio chegam a Jope

¹⁷ Enquanto Pedro estava perplexo sobre qual seria o significado da visão, eis que os homens enviados da parte de Cornélio, tendo perguntado pela casa de Simão, pararam junto à porta;

¹⁸ e, chamando, indagavam se estava ali hospedado Simão, por sobrenome Pedro.

¹⁹ Enquanto meditava Pedro acerca da visão, disse-lhe o Espírito: Estão aí dois homens que te procuram;

²⁰ levanta-te, pois, desce e vai com eles, nada duvidando; porque eu os enviei.

²¹ E, descendo Pedro para junto dos homens, disse: Aqui me tendes; sou eu a quem buscais? A que viestes?

²² Então, disseram: O centurião Cornélio, homem reto e temente a Deus e tendo bom testemunho de toda a nação judaica, foi instruído por um santo anjo para chamar-te a sua casa e ouvir as tuas palavras.

Pedro vai com eles

²³ Pedro, pois, convidando-os a entrar, hospedou-os. No dia seguinte, levantou-se e partiu com eles; também alguns irmãos dos que habitavam em Jope foram em sua companhia.

²⁴ No dia imediato, entrou em Cesaréia. Cornélio estava esperando por eles, tendo reunido seus parentes e amigos íntimos.

²⁵ Aconteceu que, indo Pedro a entrar, lhe saiu Cornélio ao encontro e, prostrando-se-lhe aos pés, o adorou.

²⁶ Mas Pedro o levantou, dizendo: Ergue-te, que eu também sou homem.

²⁷ Falando com ele, entrou, encontrando muitos reunidos ali,

²⁸ a quem se dirigiu, dizendo: Vós bem sabeis que é proibido a um judeu ajuntar-se ou mesmo aproximar-se a alguém de outra raça; mas Deus me demonstrou que a nenhum homem considerasse comum ou imundo;

²⁹ por isso, uma vez chamado, vim sem vacilar. Pergunto, pois: por que razão me mandastes chamar?

³⁰ Respondeu-lhe Cornélio: Faz, hoje, quatro dias que, por volta desta hora, estava eu observando em minha casa a hora nona de oração, e eis que se apresentou diante de mim um varão de vestes resplandecentes

³¹ e disse: Cornélio, a tua oração foi ouvida, e as tuas esmolas, lembradas na presença de Deus.

³² Manda, pois, alguém a Jope a chamar Simão, por sobrenome Pedro; acha-se este hospedado em casa de Simão, curtidor, à beira-mar.

³³ Portanto, sem demora, mandei chamar-te, e fizeste bem em vir. Agora, pois, estamos todos aqui, na presença de Deus, prontos para ouvir tudo o que te foi ordenado da parte do Senhor.

³⁴ Então, falou Pedro, dizendo: Reconheço, por verdade, que Deus não faz acepção de pessoas;

³⁵ pelo contrário, em qualquer nação, aquele que o teme e faz o que é justo lhe é aceitável.

³⁶ Esta é a palavra que Deus enviou aos filhos de Israel, anunciando-lhes o evangelho da paz, por meio de Jesus Cristo. Este é o Senhor de todos.

³⁷ Vós conheceis a palavra que se divulgou por toda a Judéia, tendo começado desde a Galiléia, depois do batismo que João pregou,

³⁸ como Deus ungiu a Jesus de Nazaré com o Espírito Santo e com poder, o qual andou por toda parte, fazendo o bem e curando a todos os oprimidos do diabo, porque Deus era com ele;

³⁹ e nós somos testemunhas de tudo o que ele fez na terra dos judeus e em Jerusalém; ao qual também tiraram a vida, pendurando-o no madeiro.

⁴⁰ A este ressuscitou Deus no terceiro dia e concedeu que fosse manifesto,

⁴¹ não a todo o povo, mas às testemu-

10.34 Dt 10.17.

nhas que foram anteriormente escolhidas por Deus, isto é, a nós que comemos e bebemos com ele, depois que ressurgiu dentre os mortos;

⁴² e nos mandou pregar ao povo e testificar que ele é quem foi constituído por Deus Juiz de vivos e de mortos.

⁴³ Dele todos os profetas dão testemunho de que, por meio de seu nome, todo aquele que nele crê recebe remissão de pecados.

O Espírito Santo desce sobre os gentios

⁴⁴ Ainda Pedro falava estas cousas quando caiu o Espírito Santo sobre todos os que ouviam a palavra.

⁴⁵ E os fiéis que eram da circuncisão, que vieram com Pedro, admiraram-se, porque também sobre os gentios foi derramado o dom do Espírito Santo;

⁴⁶ pois os ouviam falando em línguas e engrandecendo a Deus. Então, perguntou Pedro:

⁴⁷ Porventura, pode alguém recusar a água, para que não sejam batizados estes que, assim como nós, receberam o Espírito Santo?

⁴⁸ E ordenou que fossem batizados em nome de Jesus Cristo. Então, lhe pediram que permanecesse com eles por alguns dias.

A defesa de Pedro

11 Chegou ao conhecimento dos apóstolos e dos irmãos que estavam na Judéia que também os gentios haviam recebido a palavra de Deus.

² Quando Pedro subiu a Jerusalém, os que eram da circuncisão o argüíram, dizendo:

³ Entraste em casa de homens incircuncisos e comeste com eles.

⁴ Então, Pedro passou a fazer-lhes uma exposição por ordem, dizendo:

⁵ Eu estava na cidade de Jope orando e, num êxtase, tive uma visão em que observei descer um objeto como se fosse um grande lençol baixado do céu pelas quatro pontas e vindo até perto de mim.

⁶ E, fitando para dentro dele os olhos, vi quadrúpedes da terra, feras, répteis e aves do céu.

⁷ Ouvi também uma voz que me dizia: Levanta-te, Pedro! Mata e come.

⁸ Ao que eu respondi: de modo nenhum, Senhor; porque jamais entrou em minha boca qualquer cousa comum ou imunda.

⁹ Segunda vez, falou a voz do céu: Ao que Deus purificou não consideres comum.

¹⁰ Isto sucedeu por três vezes, e, de novo, tudo se recolheu para o céu.

¹¹ E eis que, na mesma hora, pararam junto da casa em que estávamos três homens enviados de Cesaréia para se encontrarem comigo.

¹² Então, o Espírito me disse que eu fosse com eles, sem hesitar. Foram comigo também estes seis irmãos; e entramos na casa daquele homem.

¹³ E ele nos contou como vira o anjo em pé em sua casa e que lhe dissera: Envia a Jope e manda chamar Simão, por sobrenome Pedro,

¹⁴ o qual te dirá palavras mediante as quais serás salvo, tu e toda a tua casa.

¹⁵ Quando, porém, comecei a falar, caiu o Espírito Santo sobre eles, como também sobre nós, no princípio.

¹⁶ Então, me lembrei da palavra do Senhor, quando disse: João, na verdade, batizou comᶜ água, mas vós sereis batizados comᶜ o Espírito Santo.

¹⁷ Pois, se Deus lhes concedeu o mesmo dom que a nós nos outorgou quando cremos no Senhor Jesus, quem era eu para que pudesse resistir a Deus?

¹⁸ E, ouvindo eles estas cousas, apaziguaram-se e glorificaram a Deus, dizendo: Logo, também aos gentios foi por Deus concedido o arrependimento para vida.

Os discípulos são chamados cristãos em Antioquia

¹⁹ Então, os que foram dispersos por causa da tribulação que sobreveio a Estêvão se espalharam até à Fenícia, Chipre e Antioquia, não anunciando a ninguém a palavra, senão somente aos judeus.

²⁰ Alguns deles, porém, que eram de Chipre e de Cirene e que foram até Antioquia, falavam também aos gregos, anunciando-lhes o evangelho do Senhor Jesus.

²¹ A mão do Senhor estava com eles, e muitos, crendo, se converteram ao Senhor.

²² A notícia a respeito deles chegou aos ouvidos da igreja que estava em Jerusalém; e enviaram Barnabé até Antioquia.

ᶜcom; *ou* em

11.16 At 1.5.   **11.19** At 8.4.

²³ Tendo ele chegado e, vendo a graça de Deus, alegrou-se e exortava a todos a que, com firmeza de coração, permanecessem no Senhor.

²⁴ Porque era homem bom, cheio do Espírito Santo e de fé. E muita gente se uniu ao Senhor.

²⁵ E partiu Barnabé para Tarso à procura de Saulo;

²⁶ tendo-o encontrado, levou-o para Antioquia. E, por todo um ano, se reuniram naquela igreja e ensinaram numerosa multidão. Em Antioquia, foram os discípulos, pela primeira vez, chamados cristãos.

Ágabo prediz grande fome

²⁷ Naqueles dias, desceram alguns profetas de Jerusalém para Antioquia,

²⁸ e, apresentando-se um deles, chamado Ágabo, dava a entender, pelo Espírito, que estava para vir grande fome por todo o mundo, a qual sobreveio nos dias de Cláudio.

²⁹ Os discípulos, cada um conforme as suas posses, resolveram enviar socorro aos irmãos que moravam na Judéia;

³⁰ o que eles, com efeito, fizeram, enviando-o aos presbíteros por intermédio de Barnabé e de Saulo.

Herodes persegue a Tiago e a Pedro

12 Por aquele tempo, mandou o rei Herodes prender alguns da Igreja para os maltratar,

² fazendo passar a fio de espada a Tiago, irmão de João.

³ Vendo ser isto agradável aos judeus, prosseguiu, prendendo também a Pedro. E eram os dias dos pães asmos.

⁴ Tendo-o feito prender, lançou-o no cárcere, entregando-o a quatro escoltas de quatro soldados cada uma, para o guardarem, tencionando apresentá-lo ao povo depois da Páscoa.

⁵ Pedro, pois, estava guardado no cárcere; mas havia oração incessante a Deus por parte da Igreja a favor dele.

⁶ Quando Herodes estava para apresentá-lo, naquela mesma noite, Pedro dormia entre dois soldados, acorrentado com duas cadeias, e sentinelas à porta guardavam o cárcere.

⁷ Eis, porém, que sobreveio um anjo do Senhor, e uma luz iluminou a prisão; e, tocando ele o lado de Pedro, o despertou, dizendo: Levanta-te depressa! Então, as cadeias caíram-lhe das mãos.

⁸ Disse-lhe o anjo: Cinge-te e calça as sandálias. E ele assim o fez. Disse-lhe mais: Põe a capa e segue-me.

Pedro é livre da prisão

⁹ Então, saindo, o seguia, não sabendo que era real o que se fazia por meio do anjo; parecia-lhe, antes, uma visão.

¹⁰ Depois de terem passado a primeira e a segunda sentinela, chegaram ao portão de ferro que dava para a cidade, o qual se lhes abriu automaticamente; e, saindo, enveredaram por uma rua, e logo adiante o anjo se apartou dele.

¹¹ Então, Pedro, caindo em si, disse: Agora, sei, verdadeiramente, que o Senhor enviou o seu anjo e me livrou da mão de Herodes e de toda a expectativa do povo judaico.

¹² Considerando ele a sua situação, resolveu ir à casa de Maria, mãe de João, cognominado Marcos, onde muitas pessoas estavam congregadas e oravam.

¹³ Quando ele bateu ao postigo do portão, veio uma criada, chamada Rode, ver quem era;

¹⁴ reconhecendo a voz de Pedro, tão alegre ficou, que nem o fez entrar, mas voltou correndo para anunciar que Pedro estava junto do portão.

¹⁵ Eles lhe disseram: Estás louca. Ela, porém, persistia em afirmar que assim era. Então, disseram: É o seu anjo.

¹⁶ Entretanto, Pedro continuava batendo; então, eles abriram, viram-no e ficaram atônitos.

¹⁷ Ele, porém, fazendo-lhes sinal com a mão para que se calassem, contou-lhes como o Senhor o tirara da prisão e acrescentou: Anunciai isto a Tiago e aos irmãos. E, saindo, retirou-se para outro lugar.

¹⁸ Sendo já dia, houve não pouco alvoroço entre os soldados sobre o que teria acontecido a Pedro.

¹⁹ Herodes, tendo-o procurado e não o achando, submetendo as sentinelas a inquérito, ordenou que fossem justiçadas. E, descendo da Judéia para Cesaréia, Herodes passou ali algum tempo.

A morte de Herodes

²⁰ Ora, havia séria divergência entre Herodes e os habitantes de Tiro e de Sidom;

porém estes, de comum acordo, se apresentaram a ele e, depois de alcançar o favor de Blasto, camarista do rei, pediram reconciliação, porque a sua terra se abastecia do país do rei.

²¹ Em dia designado, Herodes, vestido de trajo real, assentado no trono, dirigiu-lhes a palavra;

²² e o povo clamava: É voz de um deus, e não de homem!

²³ No mesmo instante, um anjo do Senhor o feriu, por ele não haver dado glória a Deus; e, comido de vermes, expirou.

²⁴ Entretanto, a palavra do Senhor crescia e se multiplicava.

²⁵ Barnabé e Saulo, cumprida a sua missão, voltaram de Jerusalém, levando também consigo a João, apelidado Marcos.

Barnabé e Saulo.
A primeira viagem missionária

13 Havia na igreja de Antioquia profetas e mestres: Barnabé, Simeão, por sobrenome Níger, Lúcio de Cirene, Manaém, colaço de Herodes, o tetrarca, e Saulo.

² E, servindo eles ao Senhor e jejuando, disse o Espírito Santo: Separai-me, agora, Barnabé e Saulo para a obra a que os tenho chamado.

³ Então, jejuando, e orando, e impondo sobre eles as mãos, os despediram.

Elimas, o mágico

⁴ Enviados, pois, pelo Espírito Santo, desceram a Selêucia e dali navegaram para Chipre.

⁵ Chegados a Salamina, anunciavam a palavra de Deus nas sinagogas judaicas; tinham também João como auxiliar.

⁶ Havendo atravessado toda a ilha até Pafos, encontraram certo judeu, mágico, falso profeta, de nome Barjesus,

⁷ o qual estava com o procônsul Sérgio Paulo, que era homem inteligente. Este, tendo chamado Barnabé e Saulo, diligenciava para ouvir a palavra de Deus.

⁸ Mas opunha-se-lhes Elimas, o mágico (porque assim se interpreta o seu nome), procurando afastar da fé o procônsul.

⁹ Todavia, Saulo, também chamado Paulo, cheio do Espírito Santo, fixando nele os olhos, disse:

¹⁰ Ó filho do diabo, cheio de todo o engano e de toda a malícia, inimigo de toda a justiça, não cessarás de perverter os retos caminhos do Senhor?

¹¹ Pois, agora, eis aí está sobre ti a mão do Senhor, e ficarás cego, não vendo o sol por algum tempo. No mesmo instante, caiu sobre ele névoa e escuridade, e, andando à roda, procurava quem o guiasse pela mão.

¹² Então, o procônsul, vendo o que sucedera, creu, maravilhado com a doutrina do Senhor.

João Marcos volta a Jerusalém

¹³ E, navegando de Pafos, Paulo e seus companheiros dirigiram-se a Perge da Panfília. João, porém, apartando-se deles, voltou para Jerusalém.

¹⁴ Mas eles, atravessando de Perge para a Antioquia da Pisídia, indo num sábado à sinagoga, assentaram-se.

¹⁵ Depois da leitura da lei e dos profetas, os chefes da sinagoga mandaram dizer-lhes: Irmãos, se tendes alguma palavra de exortação para o povo, dizei-a.

O testemunho de Paulo em Antioquia

¹⁶ Paulo, levantando-se e fazendo com a mão sinal de silêncio, disse: Varões israelitas e vós outros que também temeis a Deus, ouvi.

¹⁷ O Deus deste povo de Israel escolheu nossos pais e exaltou o povo durante sua peregrinação na terra do Egito, donde os tirou com braço poderoso;

¹⁸ e suportou-lhes os maus costumes por cerca de quarenta anos no deserto;

¹⁹ e, havendo destruído sete nações na terra de Canaã, deu-lhes essa terra por herança,

²⁰ vencidos cerca de quatrocentos e cinqüenta anos. Depois disto, lhes deu juízes, até o profeta Samuel.

²¹ Então, eles pediram um rei, e Deus lhes deparou Saul, filho de Quis, da tribo de Benjamim, e isto pelo espaço de quarenta anos.

²² E, tendo tirado a este, levantou-lhes o rei Davi, do qual também, dando testemunho, disse: Achei Davi, filho de Jessé, homem segundo o meu coração, que fará toda a minha vontade.

²³ Da descendência deste, conforme a promessa, trouxe Deus a Israel o Salvador, que é Jesus,

13.17 Êx 1.7; 12.51. **13.18** Nm 14.34; Dt 1.31. **13.19** Dt 7.1; Js 14.1. **13.20** Jz 2.16; 1Sm 3.20. **13.21** 1Sm 8.5; 10.21. **13.22** 1Sm 13.14; 16.12; Sl 89.20.

²⁴ havendo João, primeiro, pregado a todo o povo de Israel, antes da manifestação dele, batismo de arrependimento.

²⁵ Mas, ao completar João a sua carreira, dizia: Não sou quem supondes; mas após mim vem aquele de cujos pés não sou digno de desatar as sandálias.

²⁶ Irmãos, descendência de Abraão e vós outros os que temeis a Deus, a nós nos foi enviada a palavra desta salvação.

²⁷ Pois os que habitavam em Jerusalém e as suas autoridades, não conhecendo Jesus nem os ensinos dos profetas que se lêem todos os sábados, quando o condenaram, cumpriram as profecias;

²⁸ e, embora não achassem nenhuma causa de morte, pediram a Pilatos que ele fosse morto.

²⁹ Depois de cumprirem tudo o que a respeito dele estava escrito, tirando-o do madeiro, puseram-no em um túmulo.

³⁰ Mas Deus o ressuscitou dentre os mortos;

³¹ e foi visto muitos dias pelos que, com ele, subiram da Galiléia para Jerusalém, os quais são agora as suas testemunhas perante o povo.

³² Nós vos anunciamos o evangelho da promessa feita a nossos pais,

³³ como Deus a cumpriu plenamente a nós, seus filhos, ressuscitando a Jesus, como também está escrito no Salmo segundo:

Tu és meu Filho, eu, hoje, te gerei.

³⁴ E, que Deus o ressuscitou dentre os mortos para que jamais voltasse à corrupção, desta maneira o disse:

E cumprirei a vosso favor as santas e fiéis promessas feitas a Davi.

³⁵ Por isso, também diz em outro Salmo:

Não permitirás que o teu Santo veja corrupção.

³⁶ Porque, na verdade, tendo Davi servido à sua própria geração, conforme o desígnio de Deus, adormeceu, foi para junto de seus pais e viu corrupção.

³⁷ Porém aquele a quem Deus ressuscitou não viu corrupção.

³⁸ Tomai, pois, irmãos, conhecimento de que se vos anuncia remissão de pecados por intermédio deste;

³⁹ e, por meio dele, todo o que crê é justificado de todas as cousas das quais vós

não pudestes ser justificados pela lei de Moisés.

⁴⁰ Notai, pois, que não vos sobrevenha o que está dito nos profetas:

⁴¹ Vede, ó desprezadores, maravilhai-vos e desvanecei, porque eu realizo, em vossos dias, obra tal que não crereis se alguém vo-la contar.

Instados a pregar no sábado seguinte

⁴² Ao saírem eles, rogaram-lhes que, no sábado seguinte, lhes falassem estas mesmas palavras.

⁴³ Despedida a sinagoga, muitos dos judeus e dos prosélitos piedosos seguiram Paulo e Barnabé, e estes, falando-lhes, os persuadiam a perseverar na graça de Deus.

Paulo e Barnabé vão para os gentios

⁴⁴ No sábado seguinte, afluiu quase toda a cidade para ouvir a palavra de Deus.

⁴⁵ Mas os judeus, vendo as multidões, tomaram-se de inveja e, blasfemando, contradiziam o que Paulo falava.

⁴⁶ Então, Paulo e Barnabé, falando ousadamente, disseram: Cumpria que a vós outros, em primeiro lugar, fosse pregada a palavra de Deus; mas, posto que a rejeitais e a vós mesmos vos julgais indignos da vida eterna, eis aí que nos volvemos para os gentios.

⁴⁷ Porque o Senhor assim no-lo determinou:

Eu te constituí para luz dos gentios, a fim de que sejas para salvação até aos confins da terra.

⁴⁸ Os gentios, ouvindo isto, regozijavam-se e glorificavam a palavra do Senhor, e creram todos os que haviam sido destinados para a vida eterna.

⁴⁹ E divulgava-se a palavra do Senhor por toda aquela região.

⁵⁰ Mas os judeus instigaram as mulheres piedosas de alta posição e os principais da cidade e levantaram perseguição contra Paulo e Barnabé, expulsando-os do seu território.

⁵¹ E estes, sacudindo contra aqueles o pó dos pés, partiram para Icônio.

⁵² Os discípulos, porém, transbordavam de alegria e do Espírito Santo.

13.24 Mc 1.4; Lc 3.3.   13.25 Jo 1.20; Mt 3.11; Mc 1.7; Lc 3.16; Jo 1.27.   13.28 Mt 27.22,23; Mc 15.13,14; Lc 23.21-23; Jo 19.15.   13.29 Mt 27.57-61; Mc 15.42-47; Lc 23.50-56; Jo 19.38-42.   13.31 At 1.3. 13.33 Sl 2.7.   13.34 Is 55.3.   13.35 Sl 16.10.   13.41 Hc 1.5.   13.47 Is 42.6; 49.6.   13.51 Mt 10.14; Mc 6.11; Lc 9.5; 10.11.

Paulo e Barnabé em Icônio

14 Em Icônio, Paulo e Barnabé entraram juntos na sinagoga judaica e falaram de tal modo, que veio a crer grande multidão, tanto de judeus como de gregos.

2 Mas os judeus incrédulos incitaram e irritaram os ânimos dos gentios contra os irmãos.

3 Entretanto, demoraram-se ali muito tempo, falando ousadamente no Senhor, o qual confirmava a palavra da sua graça, concedendo que, por mão deles, se fizessem sinais e prodígios.

4 Mas dividiu-se o povo da cidade: uns eram pelos judeus; outros, pelos apóstolos.

5 E, como surgisse um tumulto dos gentios e judeus, associados com as suas autoridades, para os ultrajar e apedrejar,

6 sabendo-o eles, fugiram para Listra e Derbe, cidades da Licaônia e circunvizinhança,

7 onde anunciaram o evangelho.

A cura de um coxo em Listra

8 Em Listra, costumava estar assentado certo homem aleijado, paralítico desde o seu nascimento, o qual jamais pudera andar.

9 Esse homem ouviu falar Paulo, que, fixando nele os olhos e vendo que possuía fé para ser curado,

10 disse-lhe em alta voz: Apruma-te direito sobre os pés! Ele saltou e andava.

11 Quando as multidões viram o que Paulo fizera, gritaram em língua licaônica, dizendo: Os deuses, em forma de homens, baixaram até nós.

12 A Barnabé chamavam Júpiter, e a Paulo, Mercúrio, porque era este o principal portador da palavra.

13 O sacerdote de Júpiter, cujo templo estava em frente da cidade, trazendo para junto das portas touros e grinaldas, queria sacrificar juntamente com as multidões.

14 Porém, ouvindo isto, os apóstolos Barnabé e Paulo, rasgando as suas vestes, saltaram para o meio da multidão, clamando:

15 Senhores, por que fazeis isto? Nós também somos homens como vós, sujeitos aos mesmos sentimentos, e vos anunciamos o evangelho para que destas cousas vãs vos convertais ao Deus vivo, que fez o céu, a terra, o mar e tudo o que há neles;

16 o qual, nas gerações passadas, permitiu que todos os povos andassem nos seus próprios caminhos;

17 contudo, não se deixou ficar sem testemunho de si mesmo, fazendo o bem, dando-vos do céu chuvas e estações frutíferas, enchendo o vosso coração de fartura e de alegria.

18 Dizendo isto, foi ainda com dificuldade que impediram as multidões de lhes oferecerem sacrifícios.

Paulo é apedrejado

19 Sobrevieram, porém, judeus de Antioquia e Icônio e, instigando as multidões e apedrejando a Paulo, arrastaram-no para fora da cidade, dando-o por morto.

20 Rodeando-o, porém, os discípulos, levantou-se e entrou na cidade. No dia seguinte, partiu, com Barnabé, para Derbe.

21 E, tendo anunciado o evangelho naquela cidade e feito muitos discípulos, voltaram para Listra, e Icônio, e Antioquia*d*,

22 fortalecendo a alma dos discípulos, exortando-os a permanecer firmes na fé; e mostrando que, através de muitas tribulações, nos importa entrar no reino de Deus.

23 E, promovendo-lhes, em cada igreja, a eleição de presbíteros, depois de orar com jejuns, os encomendaram ao Senhor em quem haviam crido.

24 Atravessando a Pisídia, dirigiram-se a Panfília.

25 E, tendo anunciado a palavra em Perge, desceram a Atália

26 e dali navegaram para Antioquia*e*, onde tinham sido recomendados à graça de Deus para a obra que haviam já cumprido.

27 Ali chegados, reunida a igreja, relataram quantas cousas fizera Deus com eles e como abrira aos gentios a porta da fé.

28 E permaneceram não pouco tempo com os discípulos.

A controvérsia sobre a circuncisão de gentios

15 Alguns indivíduos que desceram da Judéia ensinavam aos irmãos: Se não vos circuncidardes segundo o costume de Moisés, não podeis ser salvos.

---

*d*Antioquia: *de Pisídia*   *e*Antioquia: *capital da Síria*

15.1 Lv 12.3.

² Tendo havido, da parte de Paulo e Barnabé, contenda e não pequena discussão com eles, resolveram que esses dois e alguns outros dentre eles subissem a Jerusalém, aos apóstolos e presbíteros, com respeito a esta questão.

³ Enviados, pois, e até certo ponto acompanhados pela igreja, atravessaram as províncias da Fenícia e Samaria e, narrando a conversão dos gentios, causaram grande alegria a todos os irmãos.

⁴ Tendo eles chegado a Jerusalém, foram bem recebidos pela igreja, pelos apóstolos e pelos presbíteros e relataram tudo o que Deus fizera com eles.

⁵ Insurgiram-se, entretanto, alguns da seita dos fariseus que haviam crido, dizendo: É necessário circuncidá-los e determinar-lhes que observem a lei de Moisés.

A reunião dos apóstolos e presbíteros em Jerusalém

⁶ Então, se reuniram os apóstolos e os presbíteros para examinar a questão.

⁷ Havendo grande debate, Pedro tomou a palavra e lhes disse: Irmãos, vós sabeis que, desde há muito, Deus me escolheu dentre vós para que, por meu intermédio, ouvissem os gentios a palavra do evangelho e cressem.

⁸ Ora, Deus, que conhece os corações, lhes deu testemunho, concedendo o Espírito Santo a eles, como também a nós nos concedera.

⁹ E não estabeleceu distinção alguma entre nós e eles, purificando-lhes pela fé o coração.

¹⁰ Agora, pois, por que tentais a Deus, pondo sobre a cerviz dos discípulos um jugo que nem nossos pais puderam suportar, nem nós?

¹¹ Mas cremos que fomos salvos pela graça do Senhor Jesus, como também aqueles o foram.

O parecer de Tiago

¹² E toda a multidão silenciou, passando a ouvir a Barnabé e a Paulo, que contavam quantos sinais e prodígios Deus fizera por meio deles entre os gentios.

¹³ Depois que eles terminaram, falou Tiago, dizendo: Irmãos, atentai nas minhas palavras:

¹⁴ expôs Simão como Deus, primeiramente, visitou os gentios, a fim de constituir dentre eles um povo para o seu nome.

¹⁵ Conferem com isto as palavras dos profetas, como está escrito:

¹⁶ Cumpridas estas cousas, voltarei e reedificarei o tabernáculo caído de Davi; e, levantando-o de suas ruínas, restaurá-lo-ei.

¹⁷ Para que os demais homens busquem o Senhor, e também todos os gentios sobre os quais tem sido invocado o meu nome,

¹⁸ diz o Senhor, que faz estas cousas conhecidas desde séculos.

¹⁹ Pelo que, julgo eu, não devemos perturbar aqueles que, dentre os gentios, se convertem a Deus,

²⁰ mas escrever-lhes que se abstenham das contaminações dos ídolos, bem como das relações sexuais ilícitas, da carne de animais sufocados e do sangue.

²¹ Porque Moisés tem, em cada cidade, desde tempos antigos, os que o pregam nas sinagogas, onde é lido todos os sábados.

A decisão enviada a Antioquia

²² Então, pareceu bem aos apóstolos e aos presbíteros, com toda a igreja, tendo elegido homens dentre eles, enviá-los, juntamente com Paulo e Barnabé, a Antioquia: foram Judas, chamado Barsabás, e Silas, homens notáveis entre os irmãos,

²³ escrevendo, por mão deles: Os irmãos, tanto os apóstolos como os presbíteros, aos irmãos de entre os gentios em Antioquiaᶠ, Síria e Cilícia, saudações.

²⁴ Visto sabermos que alguns [que saíram] de entre nós, sem nenhuma autorização, vos têm perturbado com palavras, transtornando a vossa alma,

²⁵ pareceu-nos bem, chegados a pleno acordo, eleger alguns homens e enviá-los a vós outros com os nossos amados Barnabé e Paulo,

²⁶ homens que têm exposto a vida pelo nome de nosso Senhor Jesus Cristo.

²⁷ Enviamos, portanto, Judas e Silas, os quais pessoalmente vos dirão também estas cousas.

²⁸ Pois pareceu bem ao Espírito Santo e a nós não vos impor maior encargo além destas cousas essenciais:

ᶠ**Antioquia:** *capital da Síria*

15.7 At 10.1-43.   **15.8** At 10.44; 2.4.   **15.16-18** Am 9.11,12.   **15.20** Êx 34.15-17; Lv 18.6-23; 17.10-16.

29 que vos abstenhais das cousas sacrificadas a ídolos, bem como do sangue, da carne de animais sufocados e das relações sexuais ilícitas; destas cousas fareis bem se vos guardardes. Saúde.

A leitura da mensagem

30 Os que foram enviados desceram logo para Antioquia e, tendo reunido a comunidade, entregaram a epístola.
31 Quando a leram, sobremaneira se alegraram pelo conforto recebido.
32 Judas e Silas, que eram também profetas, consolaram os irmãos com muitos conselhos e os fortaleceram.
33 Tendo-se demorado ali por algum tempo, os irmãos os deixaram voltar em paz aos que os enviaram.
34 [Mas pareceu bem a Silas permanecer ali.]
35 Paulo e Barnabé demoraram-se em Antioquia, ensinando e pregando, com muitos outros, a palavra do Senhor.

A segunda viagem missionária. Separação entre Paulo e Barnabé

36 Alguns dias depois, disse Paulo a Barnabé: Voltemos, agora, para visitar os irmãos por todas as cidades nas quais anunciamos a palavra do Senhor, para ver como passam.
37 E Barnabé queria levar também a João, chamado Marcos.
38 Mas Paulo não achava justo levarem aquele que se afastara desde a Panfília, não os acompanhando no trabalho.
39 Houve entre eles tal desavença, que vieram a separar-se. Então, Barnabé, levando consigo a Marcos, navegou para Chipre.
40 Mas Paulo, tendo escolhido a Silas, partiu encomendado pelos irmãos à graça do Senhor.
41 E passou pela Síria e Cilícia, confirmando as igrejas.

Paulo leva consigo a Timóteo

16 Chegou também a Derbe e a Listra. Havia ali um discípulo chamado Timóteo, filho de uma judia crente, mas de pai grego;
2 dele davam bom testemunho os irmãos em Listra e Icônio.
3 Quis Paulo que ele fosse em sua companhia e, por isso, circuncidou-o por causa dos judeus daqueles lugares; pois todos sabiam que seu pai era grego.
4 Ao passar pelas cidades, entregavam aos irmãos, para que as observassem, as decisões tomadas pelos apóstolos e presbíteros de Jerusalém.
5 Assim, as igrejas eram fortalecidas na fé e, dia a dia, aumentavam em número.

A visão em Trôade

6 E, percorrendo a região frígio-gálata, tendo sido impedidos pelo Espírito Santo de pregar a palavra na Ásia,
7 defrontando Mísia, tentavam ir para Bitínia, mas o Espírito de Jesus não o permitiu.
8 E, tendo contornado Mísia, desceram a Trôade.
9 À noite, sobreveio a Paulo uma visão na qual um varão macedônio estava em pé e lhe rogava, dizendo: Passa à Macedônia e ajuda-nos.
10 Assim que teve a visão, imediatamente, procuramos partir para aquele destino, concluindo que Deus nos havia chamado para lhes anunciar o evangelho.

Paulo em Filipos. Lídia convertida

11 Tendo, pois, navegado de Trôade, seguimos em direitura a Samotrácia, no dia seguinte, a Neápolis
12 e dali, a Filipos, cidade da Macedônia, primeira do distrito e colônia. Nesta cidade, permanecemos alguns dias.
13 No sábado, saímos da cidade para junto do rio, onde nos pareceu haver um lugar de oração; e, assentando-nos, falamos às mulheres que para ali tinham concorrido.
14 Certa mulher, chamada Lídia, da cidade de Tiatira, vendedora de púrpura, temente a Deus, nos escutava; o Senhor lhe abriu o coração para atender às cousas que Paulo dizia.
15 Depois de ser batizada, ela e toda a sua casa, nos rogou, dizendo: Se julgais que eu sou fiel ao Senhor, entrai em minha casa e aí ficai. E nos constrangeu a isso.

A cura de uma jovem adivinhadora

16 Aconteceu que, indo nós para o lugar de oração, nos saiu ao encontro uma jovem possessa de espírito adivinhador, a qual, adivinhando, dava grande lucro aos seus senhores.

17 Seguindo a Paulo e a nós, clamava, dizendo: Estes homens são servos do Deus Altíssimo e vos anunciam o caminho da salvação.

18 Isto se repetia por muitos dias. Então, Paulo, já indignado, voltando-se, disse ao espírito: Em nome de Jesus Cristo, eu te mando: retira-te dela. E ele, na mesma hora, saiu.

Paulo e Silas açoitados e presos

19 Vendo os seus senhores que se lhes desfizera a esperança do lucro, agarrando em Paulo e Silas, os arrastaram para a praça, à presença das autoridades;

20 e, levando-os aos pretores, disseram: Estes homens, sendo judeus, perturbam a nossa cidade,

21 propagando costumes que não podemos receber, nem praticar, porque somos romanos.

22 Levantou-se a multidão, unida contra eles, e os pretores, rasgando-lhes as vestes, mandaram açoitá-los com varas.

23 E, depois de lhes darem muitos açoites, os lançaram no cárcere, ordenando ao carcereiro que os guardasse com toda a segurança.

24 Este, recebendo tal ordem, levou-os para o cárcere interior e lhes prendeu os pés no tronco.

25 Por volta da meia-noite, Paulo e Silas oravam e cantavam louvores a Deus, e os demais companheiros de prisão escutavam.

26 De repente, sobreveio tamanho terremoto, que sacudiu os alicerces da prisão; abriram-se todas as portas, e soltaram-se as cadeias de todos.

A conversão do carcereiro

27 O carcereiro despertou do sono e, vendo abertas as portas do cárcere, puxando da espada, ia suicidar-se, supondo que os presos tivessem fugido.

28 Mas Paulo bradou em alta voz: Não te faças nenhum mal, que todos aqui estamos!

29 Então, o carcereiro, tendo pedido uma luz, entrou precipitadamente e, trêmulo, prostrou-se diante de Paulo e Silas.

30 Depois, trazendo-os para fora, disse: Senhores, que devo fazer para que seja salvo?

31 Responderam-lhe: Crê no Senhor Jesus e serás salvo, tu e tua casa.

32 E lhe pregaram a palavra de Deus e a todos os de sua casa.

33 Naquela mesma hora da noite, cuidando deles, lavou-lhes os vergões dos açoites. A seguir, foi ele batizado, e todos os seus.

34 Então, levando-os para a sua própria casa, lhes pôs a mesa; e, com todos os seus, manifestava grande alegria, por terem crido em Deus.

Paulo e Silas livres da prisão

35 Quando amanheceu, os pretores enviaram oficiais de justiça, com a seguinte ordem: Põe aqueles homens em liberdade.

36 Então, o carcereiro comunicou a Paulo estas palavras: Os pretores ordenaram que fôsseis postos em liberdade. Agora, pois, saí e ide em paz.

37 Paulo, porém, lhes replicou: Sem ter havido processo formal contra nós, nos açoitaram publicamente e nos recolheram ao cárcere, sendo nós cidadãos romanos; querem agora, às ocultas, lançar-nos fora? Não será assim; pelo contrário, venham eles e, pessoalmente, nos ponham em liberdade.

38 Os oficiais de justiça comunicaram isso aos pretores; e estes ficaram possuídos de temor, quando souberam que se tratava de cidadãos romanos.

39 Então, foram ter com eles e lhes pediram desculpas; e, relaxando-lhes a prisão, rogaram que se retirassem da cidade.

40 Tendo-se retirado do cárcere, dirigiram-se para a casa de Lídia e, vendo os irmãos, os confortaram. Então, partiram.

Paulo e Silas em Tessalônica

17 Tendo passado por Anfípolis e Apolônia, chegaram a Tessalônica, onde havia uma sinagoga de judeus.

2 Paulo, segundo o seu costume, foi procurá-los e, por três sábados, arrazoou com eles acerca das Escrituras,

3 expondo e demonstrando ter sido necessário que o Cristo padecesse e ressurgisse dentre os mortos; e este, dizia ele, é o Cristo, Jesus, que eu vos anuncio.

4 Alguns deles foram persuadidos e unidos a Paulo e Silas, bem como numerosa multidão de gregos piedosos e muitas distintas mulheres.

5 Os judeus, porém, movidos de inveja, trazendo consigo alguns homens maus dentre a malandragem, ajuntando a turba, alvoroçaram a cidade e, assaltando a casa de Jasom, procuravam trazê-los para o meio do povo.

6 Porém, não os encontrando, arrastaram Jasom e alguns irmãos perante as autoridades, clamando: Estes que têm transtornado o mundo chegaram também aqui, [7] os quais Jasom hospedou. Todos estes procedem contra os decretos de César, afirmando ser Jesus outro rei.

[8] Tanto a multidão como as autoridades ficaram agitadas ao ouvirem estas palavras; [9] contudo, soltaram Jasom e os mais, após terem recebido deles a fiança estipulada.

Paulo e Silas em Beréia

[10] E logo, durante a noite, os irmãos enviaram Paulo e Silas para Beréia; ali chegados, dirigiram-se à sinagoga dos judeus.

[11] Ora, estes de Beréia eram mais nobres que os de Tessalônica; pois receberam a palavra com toda a avidez, examinando as Escrituras todos os dias para ver se as cousas eram, de fato, assim.

[12] Com isso, muitos deles creram, mulheres gregas de alta posição e não poucos homens.

[13] Mas, logo que os judeus de Tessalônica souberam que a palavra de Deus era anunciada por Paulo também em Beréia, foram lá excitar e perturbar o povo.

[14] Então, os irmãos promoveram, sem detença, a partida de Paulo para os lados do mar. Porém Silas e Timóteo continuaram ali.

[15] Os responsáveis por Paulo levaram-no até Atenas e regressaram trazendo ordem a Silas e Timóteo para que, o mais depressa possível, fossem ter com ele.

O discurso de Paulo em Atenas

[16] Enquanto Paulo os esperava em Atenas, o seu espírito se revoltava em face da idolatria dominante na cidade.

[17] Por isso, dissertava na sinagoga entre os judeus e os gentios piedosos; também na praça, todos os dias, entre os que se encontravam ali.

[18] E alguns dos filósofos epicureus e estóicos contendiam com ele, havendo quem perguntasse: Que quer dizer esse tagarela? E outros: Parece pregador de estranhos deuses; pois pregava a Jesus e a ressurreição.

[19] Então, tomando-o consigo, o levaram ao Areópago, dizendo: Poderemos saber que nova doutrina é essa que ensinas?

[20] Posto que nos trazes aos ouvidos cousas estranhas, queremos saber o que vem a ser isso.

[21] Pois todos os de Atenas e os estrangeiros residentes de outra cousa não cuidavam senão dizer ou ouvir as últimas novidades.

[22] Então, Paulo, levantando-se no meio do Areópago, disse: Senhores atenienses! Em tudo vos vejo acentuadamente religiosos;

[23] porque, passando e observando os objetos de vosso culto, encontrei também um altar no qual está inscrito: AO DEUS DESCONHECIDO. Pois esse que adorais sem conhecer é precisamente aquele que eu vos anuncio.

[24] O Deus que fez o mundo e tudo o que nele existe, sendo ele Senhor do céu e da terra, não habita em santuários feitos por mãos humanas.

[25] Nem é servido por mãos humanas, como se de alguma cousa precisasse; pois ele mesmo é quem a todos dá vida, respiração e tudo mais;

[26] de um só fez toda a raça humana para habitar sobre toda a face da terra, havendo fixado os tempos previamente estabelecidos e os limites da sua habitação;

[27] para buscarem a Deus se, porventura, tateando, o possam achar, bem que não está longe de cada um de nós;

[28] pois nele vivemos, e nos movemos, e existimos, como alguns dos vossos poetas têm dito: Porque dele também somos geração.

[29] Sendo, pois, geração de Deus, não devemos pensar que a divindade é semelhante ao ouro, à prata ou à pedra, trabalhados pela arte e imaginação do homem.

[30] Ora, não levou Deus em conta os tempos da ignorância; agora, porém, notifica aos homens que todos, em toda parte, se arrependam;

[31] porquanto estabeleceu um dia em que há de julgar o mundo com justiça, por meio de um varão que destinou e acreditou diante de todos, ressuscitando-o dentre os mortos.

Uns zombam, outros crêem

[32] Quando ouviram falar de ressurreição de mortos, uns escarneceram, e outros disseram: A respeito disso te ouviremos noutra ocasião.

[33] A essa altura, Paulo se retirou do meio deles.

34 Houve, porém, alguns homens que se agregaram a ele e creram; entre eles estava Dionísio, o areopagita, uma mulher chamada Dâmaris e, com eles, outros mais.

Paulo em Corinto

18 Depois disto, deixando Paulo Atenas, partiu para Corinto.

2 Lá, encontrou certo judeu chamado Áqüila, natural do Ponto, recentemente chegado da Itália, com Priscila, sua mulher, em vista de ter Cláudio decretado que todos os judeus se retirassem de Roma. Paulo aproximou-se deles.

3 E, posto que eram do mesmo ofício, passou a morar com eles e ali trabalhava, pois a profissão deles era fazer tendas.

4 E todos os sábados discorria na sinagoga, persuadindo tanto judeus como gregos.

Paulo anuncia a Jesus

5 Quando Silas e Timóteo desceram da Macedônia, Paulo se entregou totalmente à palavra, testemunhando aos judeus que o Cristo é Jesus.

6 Opondo-se eles e blasfemando, sacudiu Paulo as vestes e disse-lhes: Sobre a vossa cabeça, o vosso sangue! Eu dele estou limpo e, desde agora, vou para os gentios.

7 Saindo dali, entrou na casa de um homem chamado Tício Justo, que era temente a Deus; a casa era contígua à sinagoga.

8 Mas Crispo, o principal da sinagoga, creu no Senhor, com toda a sua casa; também muitos dos coríntios, ouvindo, criam e eram batizados.

9 Teve Paulo durante a noite uma visão em que o Senhor lhe disse: Não temas; pelo contrário, fala e não te cales;

10 porquanto eu estou contigo, e ninguém ousará fazer-te mal, pois tenho muito povo nesta cidade.

11 E ali permaneceu um ano e seis meses, ensinando entre eles a palavra de Deus.

Paulo perante Gálio

12 Quando, porém, Gálio era procônsul da Acaia, levantaram-se os judeus, concordemente, contra Paulo e o levaram ao tribunal,

13 dizendo: Este persuade os homens a adorar a Deus por modo contrário à lei.

14 Ia Paulo falar, quando Gálio declarou aos judeus: Se fosse, com efeito, alguma injustiça ou crime da maior gravidade, ó judeus, de razão seria atender-vos;

15 mas, se é questão de palavra, de nomes e da vossa lei, tratai disso vós mesmos; eu não quero ser juiz dessas cousas!

16 E os expulsou do tribunal.

17 Então, todos agarraram Sóstenes, o principal da sinagoga, e o espancavam diante do tribunal; Gálio, todavia, não se incomodava com estas cousas.

O final da segunda viagem missionária de Paulo

18 Mas Paulo, havendo permanecido ali ainda muitos dias, por fim, despedindo-se dos irmãos, navegou para a Síria, levando em sua companhia Priscila e Áqüila, depois de ter raspado a cabeça em Cencréia, porque tomara voto.

19 Chegados a Éfeso, deixou-os ali; ele, porém, entrando na sinagoga, pregava aos judeus.

20 Rogando-lhe eles que permanecesse ali mais algum tempo, não acedeu.

21 Mas, despedindo-se, disse: Se Deus quiser, voltarei para vós outros. E, embarcando, partiu de Éfeso.

22 Chegando a Cesaréia, desembarcou, subindo a Jerusalém; e, tendo saudado a igreja, desceu para Antioquia.

23 Havendo passado ali algum tempo, saiu, atravessando sucessivamente a região da Galácia e Frígia, confirmando todos os discípulos.

A terceira viagem missionária de Paulo. Apolo em Éfeso

24 Nesse meio tempo, chegou a Éfeso um judeu, natural de Alexandria, chamado Apolo, homem eloqüente e poderoso nas Escrituras.

25 Era ele instruído no caminho do Senhor; e, sendo fervoroso de espírito, falava e ensinava com precisão a respeito de Jesus, conhecendo apenas o batismo de João.

26 Ele, pois, começou a falar ousadamente na sinagoga. Ouvindo-o, porém, Priscila e Áqüila, tomaram-no consigo e, com mais exatidão, lhe expuseram o caminho de Deus.

27 Querendo ele percorrer a Acaia, animaram-no os irmãos e escreveram aos discípulos para o receberem. Tendo chegado,

18.18 Nm 6.18.

auxiliou muito aqueles que, mediante a graça, haviam crido;

²⁸ porque, com grande poder, convencia publicamente os judeus, provando, por meio das Escrituras, que o Cristo é Jesus.

Paulo em Éfeso

19 Aconteceu que, estando Apolo em Corinto, Paulo, tendo passado pelas regiões mais altas, chegou a Éfeso e, achando ali alguns discípulos,

² perguntou-lhes: Recebestes, porventura, o Espírito Santo quando crestes? Ao que lhe responderam: Pelo contrário, nem mesmo ouvimos que existe o Espírito Santo.

³ Então, Paulo perguntou: Em que, pois, fostes batizados? Responderam: No batismo de João.

⁴ Disse-lhes Paulo: João realizou batismo de arrependimento, dizendo ao povo que cresse naquele que vinha depois dele, a saber, em Jesus.

⁵ Eles, tendo ouvido isto, foram batizados em o nome do Senhor Jesus.

⁶ E, impondo-lhes Paulo as mãos, veio sobre eles o Espírito Santo; e tanto falavam em línguas como profetizavam.

⁷ Eram, ao todo, uns doze homens.

Paulo na escola de Tirano

⁸ Durante três meses, Paulo freqüentou a sinagoga, onde falava ousadamente, dissertando e persuadindo com respeito ao reino de Deus.

⁹ Visto que alguns deles se mostravam empedernidos e descrentes, falando mal do Caminho diante da multidão, Paulo, apartando-se deles, separou os discípulos, passando a discorrer diariamente na escola de Tirano.

¹⁰ Durou isto por espaço de dois anos, dando ensejo a que todos os habitantes da Ásia ouvissem a palavra do Senhor, tanto judeus como gregos.

¹¹ E Deus, pelas mãos de Paulo, fazia milagres extraordinários,

¹² a ponto de levarem aos enfermos lenços e aventais do seu uso pessoal, diante dos quais as enfermidades fugiam das suas vítimas, e os espíritos malignos se retiravam.

¹³ E alguns judeus, exorcistas ambulantes, tentaram invocar o nome do Senhor Jesus sobre possessos de espíritos malignos, dizendo: Esconjuro-vos por Jesus, a quem Paulo prega.

¹⁴ Os que faziam isto eram sete filhos de um judeu chamado Ceva, sumo sacerdote.

¹⁵ Mas o espírito maligno lhes respondeu: Conheço a Jesus e sei quem é Paulo; mas vós, quem sois?

¹⁶ E o possesso do espírito maligno saltou sobre eles, subjugando a todos, e, de tal modo prevaleceu contra eles, que, desnudos e feridos, fugiram daquela casa.

¹⁷ Chegou este fato ao conhecimento de todos, assim judeus como gregos habitantes de Éfeso; veio temor sobre todos eles, e o nome do Senhor Jesus era engrandecido.

¹⁸ Muitos dos que creram vieram confessando e denunciando publicamente as suas próprias obras.

¹⁹ Também muitos dos que haviam praticado artes mágicas, reunindo os seus livros, os queimaram diante de todos. Calculados os seus preços, achou-se que montavam a cinqüenta mil denários.

²⁰ Assim, a palavra do Senhor crescia e prevalecia poderosamente.

Paulo envia à Macedônia Timóteo e Erasto

²¹ Cumpridas estas cousas, Paulo resolveu, no seu espírito, ir a Jerusalém, passando pela Macedônia e Acaia, considerando: Depois de haver estado ali, importa-me ver também Roma.

²² Tendo enviado à Macedônia dois daqueles que lhe ministravam, Timóteo e Erasto, permaneceu algum tempo na Ásia.

Demétrio excita grande tumulto

²³ Por esse tempo, houve grande alvoroço acerca do Caminho.

²⁴ Pois um ourives, chamado Demétrio, que fazia, de prata, nichos de Diana e que dava muito lucro aos artífices,

²⁵ convocando-os juntamente com outros da mesma profissão, disse-lhes: Senhores, sabeis que deste ofício vem a nossa prosperidade

²⁶ e estais vendo e ouvindo que não só em Éfeso, mas em quase toda a Ásia, este Paulo tem persuadido e desencaminhado muita gente, afirmando não serem deuses os que são feitos por mãos humanas.

²⁷ Não somente há o perigo de a nossa profissão cair em descrédito, como também o de o próprio templo da grande deusa, Diana, ser estimado em nada, e ser mesmo

19.4 Mt 3.11; Mc 1.4,7,8; Lc 3.4,16; Jo 1.26,27.

destruída a majestade daquela que toda a Ásia e o mundo adoram.

28 Ouvindo isto, encheram-se de furor e clamavam: Grande é a Diana dos efésios!

29 Foi a cidade tomada de confusão, e todos, à uma, arremeteram para o teatro, arrebatando os macedônios Gaio e Aristarco, companheiros de Paulo.

30 Querendo este apresentar-se ao povo, não lhe permitiram os discípulos.

31 Também asiarcas, que eram amigos de Paulo, mandaram rogar-lhe que não se arriscasse indo ao teatro.

32 Uns, pois, gritavam de uma forma; outros, de outra; porque a assembléia caíra em confusão. E, na sua maior parte, nem sabiam por que motivo estavam reunidos.

33 Então, tiraram Alexandre dentre a multidão, impelindo-o os judeus para a frente. Este, acenando com a mão, queria falar ao povo.

34 Quando, porém, reconheceram que ele era judeu, todos, a uma voz, gritaram por espaço de quase duas horas: Grande é a Diana dos efésios!

35 O escrivão da cidade, tendo apaziguado o povo, disse: Senhores, efésios: quem, porventura, não sabe que a cidade de Éfeso é a guardiã do templo da grande Diana e da imagem que caiu de Júpiter?

36 Ora, não podendo isto ser contraditado, convém que vos mantenhais calmos e nada façais precipitadamente;

37 porque estes homens que aqui trouxestes não são sacrílegos, nem blasfemam contra a nossa deusa.

38 Portanto, se Demétrio e os artífices que o acompanham têm alguma queixa contra alguém, há audiências e procônsules; que se acusem uns aos outros.

39 Mas, se alguma outra cousa pleiteais, será decidida em assembléia regular.

40 Porque também corremos perigo de que, por hoje, sejamos acusados de sedição, não havendo motivo algum que possamos alegar para justificar este ajuntamento. E, havendo dito isto, dissolveu a assembléia.

De novo, Paulo visita a Macedônia e a Grécia

20 Cessado o tumulto, Paulo mandou chamar os discípulos, e, tendo-os confortado, despediu-se, e partiu para a Macedônia.

2 Havendo atravessado aquelas terras, fortalecendo os discípulos com muitas exortações, dirigiu-se para a Grécia,

3 onde se demorou três meses. Tendo havido uma conspiração por parte dos judeus contra ele, quando estava para embarcar rumo à Síria, determinou voltar pela Macedônia.

4 Acompanharam-no [até à Ásia] Sópatro, de Beréia, filho de Pirro, Aristarco e Secundo, de Tessalônica, Gaio, de Derbe, e Timóteo, bem como Tíquico e Trófimo, da Ásia;

5 estes nos precederam, esperando-nos em Trôade.

6 Depois dos dias dos pães asmos, navegamos de Filipos e, em cinco dias, fomos ter com eles naquele porto, onde passamos uma semana.

Paulo em Trôade

7 No primeiro dia da semana, estando nós reunidos com o fim de partir o pão, Paulo, que devia seguir viagem no dia imediato, exortava-os e prolongou o discurso até à meia-noite.

8 Havia muitas lâmpadas no cenáculo onde estávamos reunidos.

9 Um jovem, chamado Êutico, que estava sentado numa janela, adormecendo profundamente durante o prolongado discurso de Paulo, vencido pelo sono, caiu do terceiro andar abaixo e foi levantado morto.

10 Descendo, porém, Paulo inclinou-se sobre ele e, abraçando-o, disse: Não vos perturbeis, que a vida nele está.

11 Subindo de novo, partiu o pão, e comeu, e ainda lhes falou largamente até ao romper da alva. E, assim, partiu.

12 Então, conduziram vivo o rapaz e sentiram-se grandemente confortados.

Paulo embarca em Assôs. Chega a Mileto

13 Nós, porém, prosseguindo, embarcamos e navegamos para Assôs, onde devíamos receber Paulo, porque assim nos fora determinado, devendo ele ir por terra.

14 Quando se reuniu conosco em Assôs, recebemo-lo a bordo e fomos a Mitilene;

15 dali, navegando, no dia seguinte, passamos defronte de Quios, no dia imediato, tocamos em Samos e, um dia depois, chegamos a Mileto.

16 Porque Paulo já havia determinado não aportar em Éfeso, não querendo demorar-se na Ásia, porquanto se apressava com o intuito de passar o dia de Pentecostes em Jerusalém, caso lhe fosse possível.

Em Mileto, fala aos presbíteros da Igreja de Éfeso

17 De Mileto, mandou a Éfeso chamar os presbíteros da igreja.

18 E, quando se encontraram com ele, disse-lhes: Vós bem sabeis como foi que me conduzi entre vós em todo o tempo, desde o primeiro dia em que entrei na Ásia,

19 servindo ao Senhor com toda a humildade, lágrimas e provações que, pelas ciladas dos judeus, me sobrevieram,

20 jamais deixando de vos anunciar cousa alguma proveitosa e de vo-la ensinar publicamente e também de casa em casa,

21 testificando tanto a judeus como a gregos o arrependimento para com Deus e a fé em nosso Senhor Jesus [Cristo].

22 E, agora, constrangido em meu espírito, vou para Jerusalém, não sabendo o que ali me acontecerá,

23 senão que o Espírito Santo, de cidade em cidade, me assegura que me esperam cadeias e tribulações.

24 Porém em nada considero a vida preciosa para mim mesmo, contanto que complete a minha carreira e o ministério que recebi do Senhor Jesus para testemunhar o evangelho da graça de Deus.

25 Agora, eu sei que todos vós, em cujo meio passei pregando o reino, não vereis mais o meu rosto.

26 Portanto, eu vos protesto, no dia de hoje, que estou limpo do sangue de todos;

27 porque jamais deixei de vos anunciar todo o desígnio de Deus.

28 Atendei por vós e por todo o rebanho sobre o qual o Espírito Santo vos constituiu bispos, para pastoreardes a Igreja de Deus, a qual ele comprou com o seu próprio sangue.

29 Eu sei que, depois da minha partida, entre vós penetrarão lobos vorazes, que não pouparão o rebanho.

30 E que, dentre vós mesmos, se levantarão homens falando cousas pervertidas para arrastar os discípulos atrás deles.

31 Portanto, vigiai, lembrando-vos de que, por três anos, noite e dia, não cessei de admoestar, com lágrimas, a cada um.

32 Agora, pois, encomendo-vos ao Senhor e à palavra da sua graça, que tem poder para vos edificar e dar herança entre todos os que são santificados.

33 De ninguém cobicei prata, nem ouro, nem vestes;

34 vós mesmos sabeis que estas mãos serviram para o que me era necessário a mim e aos que estavam comigo.

35 Tenho-vos mostrado em tudo que, trabalhando assim, é mister socorrer os necessitados e recordar as palavras do próprio Senhor Jesus: Mais bem-aventurado é dar que receber.

Paulo ora com eles

36 Tendo dito estas cousas, ajoelhando-se, orou com todos eles.

37 Então, houve grande pranto entre todos, e, abraçando afetuosamente a Paulo, o beijavam,

38 entristecidos especialmente pela palavra que ele dissera: que não mais veriam o seu rosto. E acompanharam-no até ao navio.

Paulo chega a Tiro

21 Depois de nos apartarmos, fizemo-nos à vela e, correndo em direitura, chegamos a Cós; no dia seguinte, a Rodes, e dali, a Pátara.

2 Achando um navio que ia para a Fenícia, embarcamos nele, seguindo viagem.

3 Quando Chipre já estava à vista, deixando-a à esquerda, navegamos para a Síria e chegamos a Tiro; pois o navio devia ser descarregado ali.

4 Encontrando os discípulos, permanecemos lá durante sete dias; e eles, movidos pelo Espírito, recomendavam a Paulo que não fosse a Jerusalém.

5 Passados aqueles dias, tendo-nos retirado, prosseguimos viagem, acompanhados por todos, cada um com sua mulher e filhos, até fora da cidade; ajoelhados na praia, oramos.

6 E, despedindo-nos uns dos outros, então, embarcamos; e eles voltaram para casa.

Paulo em Cesaréia

7 Quanto a nós, concluindo a viagem de Tiro, chegamos a Ptolemaida, onde saudamos os irmãos, passando um dia com eles.

8 No dia seguinte, partimos e fomos para Cesaréia; e, entrando na casa de Filipe, o evangelista, que era um dos sete, ficamos com ele.

9 Tinha este quatro filhas donzelas, que profetizavam.

¹⁰ Demorando-nos ali alguns dias, desceu da Judéia um profeta chamado Ágabo;

¹¹ e, vindo ter conosco, tomando o cinto de Paulo, ligando com ele os próprios pés e mãos, declarou: Isto diz o Espírito Santo: Assim os judeus, em Jerusalém, farão ao dono deste cinto e o entregarão nas mãos dos gentios.

¹² Quando ouvimos estas palavras, tanto nós como os daquele lugar, rogamos a Paulo que não subisse a Jerusalém.

¹³ Então, ele respondeu: Que fazeis chorando e quebrantando-me o coração? Pois estou pronto não só para ser preso, mas até para morrer em Jerusalém pelo nome do Senhor Jesus.

¹⁴ Como, porém, não o persuadimos, conformados, dissemos: Faça-se a vontade do Senhor!

¹⁵ Passados aqueles dias, tendo feito os preparativos, subimos para Jerusalém;

¹⁶ e alguns dos discípulos também vieram de Cesaréia conosco, trazendo consigo Mnasom, natural de Chipre, velho discípulo, com quem nos deveríamos hospedar.

Paulo chega a Jerusalém

¹⁷ Tendo nós chegado a Jerusalém, os irmãos nos receberam com alegria.

¹⁸ No dia seguinte, Paulo foi conosco encontrar-se com Tiago, e todos os presbíteros se reuniram.

¹⁹ E, tendo-os saudado, contou minuciosamente o que Deus fizera entre os gentios por seu ministério.

²⁰ Ouvindo-o, deram eles glória a Deus e lhe disseram: Bem vês, irmão, quantas dezenas de milhares há entre os judeus que creram, e todos são zelosos da lei;

²¹ e foram informados a teu respeito que ensinas todos os judeus entre os gentios a apostatarem de Moisés, dizendo-lhes que não devem circuncidar os filhos, nem andar segundo os costumes da lei.

²² Que se há de fazer, pois? Certamente saberão da tua chegada.

²³ Faze, portanto, o que te vamos dizer: estão entre nós quatro homens que, voluntariamente, aceitaram voto;

²⁴ toma-os, purifica-te com eles e faze a despesa necessária para que raspem a cabeça; e saberão todos que não é verdade o que se diz a teu respeito; e que, pelo contrário,

andas também, tu mesmo, guardando a lei.

²⁵ Quanto aos gentios que creram, já lhes transmitimos decisões para que se abstenham das cousas sacrificadas a ídolos, do sangue, da carne de animais sufocados e das relações sexuais ilícitas.

²⁶ Então, Paulo, tomando aqueles homens, no dia seguinte, tendo-se purificado com eles, entrou no templo, acertando o cumprimento dos dias da purificação, até que se fizesse a oferta em favor de cada um deles.

A prisão de Paulo

²⁷ Quando já estavam por findar os sete dias, os judeus vindos da Ásia, tendo visto Paulo no templo, alvoroçaram todo o povo e o agarraram,

²⁸ gritando: Israelitas, socorro! Este é o homem que por toda parte ensina todos a serem contra o povo, contra a lei e contra este lugar; ainda mais, introduziu até gregos no templo e profanou este recinto sagrado.

²⁹ Pois, antes, tinham visto Trófimo, o eféssio, em sua companhia na cidade e julgavam que Paulo o introduzira no templo.

³⁰ Agitou-se toda a cidade, havendo concorrência do povo; e, agarrando a Paulo, arrastaram-no para fora do templo, e imediatamente foram fechadas as portas.

³¹ Procurando eles matá-lo, chegou ao conhecimento do comandante da força que toda a Jerusalém estava amotinada.

³² Então, este, levando logo soldados e centuriões, correu para o meio do povo. Ao verem chegar o comandante e os soldados, cessaram de espancar Paulo.

³³ Aproximando-se o comandante, apoderou-se de Paulo e ordenou que fosse acorrentado com duas cadeias, perguntando quem era e o que havia feito.

³⁴ Na multidão, uns gritavam de um modo; outros, de outro; não podendo ele, porém, saber a verdade por causa do tumulto, ordenou que Paulo fosse recolhido à fortaleza.

³⁵ Ao chegar às escadas, foi preciso que os soldados o carregassem, por causa da violência da multidão,

³⁶ pois a massa de povo o seguia gritando: Mata-o!

³⁷ E, quando Paulo ia sendo recolhido à fortaleza, disse ao comandante: É-me per-

21.10 At 11.28.   **21.24** Nm 6.13-20.   **21.25** At 15.29.   **21.29** At 20.4.

mitido dizer-te alguma cousa? Respondeu ele: Sabes o grego?
38 Não és tu, porventura, o egípcio que, há tempos, sublevou e conduziu ao deserto quatro mil sicários?
39 Respondeu-lhe Paulo: Eu sou judeu, natural de Tarso, cidade não insignificante da Cilícia; e rogo-te que me permitas falar ao povo.
40 Obtida a permissão, Paulo, em pé na escada, fez com a mão sinal ao povo. Fez-se grande silêncio, e ele falou em língua hebraica, dizendo:

Paulo apresenta a sua defesa

22 Irmãos e pais, ouvi, agora, a minha defesa perante vós.
2 Quando ouviram que lhes falava em língua hebraica, guardaram ainda maior silêncio. E continuou:
3 Eu sou judeu, nasci em Tarso da Cilícia, mas criei-me nesta cidade e aqui fui instruído aos pés de Gamaliel, segundo a exatidão da lei de nossos antepassados, sendo zeloso para com Deus, assim como todos vós o sois no dia de hoje.
4 Persegui este Caminho até à morte, prendendo e metendo em cárceres homens e mulheres,
5 de que são testemunhas o sumo sacerdote e todos os anciãos. Destes, recebi cartas para os irmãos; e ia para Damasco, no propósito de trazer manietados para Jerusalém os que também lá estivessem, para serem punidos.
6 Ora, aconteceu que, indo de caminho e já perto de Damasco, quase ao meio-dia, repentinamente, grande luz do céu brilhou ao redor de mim.
7 Então, caí por terra, ouvindo uma voz que me dizia: Saulo, Saulo, por que me persegues?
8 Perguntei: quem és tu, Senhor? Ao que me respondeu: Eu sou Jesus, o Nazareno, a quem tu persegues.
9 Os que estavam comigo viram a luz, sem, contudo, perceberem o sentido da voz de quem falava comigo.
10 Então, perguntei: que farei, Senhor? E o Senhor me disse: Levanta-te, entra em Damasco, pois ali te dirão acerca de tudo o que te é ordenado fazer.
11 Tendo ficado cego por causa do fulgor daquela luz, guiado pela mão dos que estavam comigo, cheguei a Damasco.
12 Um homem, chamado Ananias, pie-

doso conforme a lei, tendo bom testemunho de todos os judeus que ali moravam,
13 veio procurar-me e, pondo-se junto a mim, disse: Saulo, irmão, recebe novamente a vista. Nessa mesma hora, recobrei a vista e olhei para ele.
14 Então, ele disse: O Deus de nossos pais, de antemão, te escolheu para conheceres a sua vontade, veres o Justo e ouvires uma voz da sua própria boca,
15 porque terás de ser sua testemunha diante de todos os homens, das cousas que tens visto e ouvido.
16 E agora, por que te demoras? Levanta-te, recebe o batismo e lava os teus pecados, invocando o nome dele.
17 Tendo eu voltado para Jerusalém, enquanto orava no templo, sobreveio-me um êxtase,
18 e vi aquele que falava comigo: Apressa-te e sai logo de Jerusalém, porque não receberão o teu testemunho a meu respeito.
19 Eu disse: Senhor, eles bem sabem que eu encerrava em prisão e, nas sinagogas, açoitava os que criam em ti.
20 Quando se derramava o sangue de Estêvão, tua testemunha, eu também estava presente, consentia nisso e até guardei as vestes dos que o matavam.
21 Mas ele me disse: Vai, porque eu te enviarei para longe, aos gentios.

Paulo livra-se de ser açoitado

22 Ouviram-no até essa palavra e, então, gritaram, dizendo: Tira tal homem da terra, porque não convém que ele viva.
23 Ora, estando eles gritando, arrojando de si as suas capas, atirando poeira para os ares,
24 ordenou o comandante que Paulo fosse recolhido à fortaleza e que, sob açoite, fosse interrogado para saber por que motivo assim clamavam contra ele.
25 Quando o estavam amarrando com correias, disse Paulo ao centurião presente: Ser-vos-á, porventura, lícito açoitar um cidadão romano, sem estar condenado?
26 Ouvindo isto, o centurião procurou o comandante e lhe disse: Que estás para fazer? Porque este homem é cidadão romano.
27 Vindo o comandante, perguntou a Paulo: Dize-me: és tu romano? Ele disse: Sou.
28 Respondeu-lhe o comandante: A mim me custou grande soma de dinheiro

este título de cidadão. Disse Paulo: Pois eu o tenho por direito de nascimento.

29 Imediatamente, se afastaram os que estavam para o inquirir com açoites. O próprio comandante sentiu-se receoso quando soube que Paulo era romano, porque o mandara amarrar.

30 No dia seguinte, querendo certificar-se dos motivos por que vinha ele sendo acusado pelos judeus, soltou-o, e ordenou que se reunissem os principais sacerdotes e todo o Sinédrio, e, mandando trazer Paulo, apresentou-o perante eles.

Paulo perante o Sinédrio

23 Fitando Paulo os olhos no Sinédrio, disse: Varões, irmãos, tenho andado diante de Deus com toda a boa consciência até ao dia de hoje.

2 Mas o sumo sacerdote, Ananias, mandou aos que estavam perto dele que lhe batessem na boca.

3 Então, lhe disse Paulo: Deus há de ferir-te, parede branqueada! Tu estás aí sentado para julgar-me segundo a lei e, contra a lei, mandas agredir-me?

4 Os que estavam a seu lado disseram: Estás injuriando o sumo sacerdote de Deus?

5 Respondeu Paulo: Não sabia, irmãos, que ele é sumo sacerdote; porque está escrito:

Não falarás mal de uma autoridade do teu povo.

6 Sabendo Paulo que uma parte do Sinédrio se compunha de saduceus e outra, de fariseus, exclamou: Varões, irmãos, eu sou fariseu, filho de fariseus; no tocante à esperança e à ressurreição dos mortos sou julgado.

7 Ditas estas palavras, levantou-se grande dissensão entre fariseus e saduceus, e a multidão se dividiu.

8 Pois os saduceus declaram não haver ressurreição, nem anjo, nem espírito; ao passo que os fariseus admitem todas essas cousas.

9 Houve, pois, grande vozearia. E, levantando-se alguns escribas da parte dos fariseus, contendiam, dizendo: Não achamos neste homem mal algum; e será que algum espírito ou anjo lhe tenha falado?

10 Tomando vulto a celeuma, temendo o comandante que fosse Paulo espedaçado por eles, mandou descer a guarda para que o retirassem dali e o levassem para a fortaleza.

O Senhor aparece a Paulo

11 Na noite seguinte, o Senhor, pondo-se ao lado dele, disse: Coragem! Pois do modo por que deste testemunho a meu respeito em Jerusalém, assim importa que também o faças em Roma.

A cilada dos judeus

12 Quando amanheceu, os judeus se reuniram e, sob anátema, juraram que não haviam de comer, nem beber, enquanto não matassem Paulo.

13 Eram mais de quarenta os que entraram nesta conspirata.

14 Estes, indo ter com os principais sacerdotes e os anciãos, disseram: Juramos, sob pena de anátema, não comer cousa alguma, enquanto não matarmos Paulo.

15 Agora, pois, notificai ao comandante, juntamente com o Sinédrio, que vo-lo apresente como se estivésseis para investigar mais acuradamente a sua causa; e nós, antes que ele chegue, estaremos prontos para assassiná-lo.

16 Mas o filho da irmã de Paulo, tendo ouvido a trama, foi, entrou na fortaleza e de tudo avisou a Paulo.

17 Então, este, chamando um dos centuriões, disse: Leva este rapaz ao comandante, porque tem alguma cousa a comunicar-lhe.

18 Tomando-o, pois, levou-o ao comandante, dizendo: O preso Paulo, chamando-me, pediu-me que trouxesse à tua presença este rapaz, pois tem algo que dizer-te.

19 Tomou-o pela mão o comandante e, pondo-se à parte, perguntou-lhe: Que tens a comunicar-me?

20 Respondeu ele: Os judeus decidiram rogar-te que, amanhã, apresentes Paulo ao Sinédrio, como se houvesse de inquirir mais acuradamente a seu respeito.

21 Tu, pois, não te deixes persuadir, porque mais de quarenta entre eles estão pactuados entre si, sob anátema, de não comer, nem beber, enquanto não o matarem; e, agora, estão prontos, esperando a tua promessa.

22 Então, o comandante despediu o rapaz, recomendando-lhe que a ninguém dissesse ter-lhe trazido estas informações.

23.3 Mt 23.27,28; Lc 11.44. 23.5 Êx 22.28. 23.6 At 26.5; Fp 3.5. 23.8 Mt 22.23; Mc 12.18; Lc 20.27.

23 Chamando dois centuriões, ordenou: Tende de prontidão, desde a hora terceira da noite, duzentos soldados, setenta de cavalaria e duzentos lanceiros para irem até Cesaréia;

24 preparai também animais para fazer Paulo montar e ir com segurança ao governador Félix.

25 E o comandante escreveu uma carta nestes termos:

A carta de Cláudio a Félix

26 Cláudio Lísias ao excelentíssimo governador Félix, saúde.

27 Este homem foi preso pelos judeus e estava prestes a ser morto por eles, quando eu, sobrevindo com a guarda, o livrei, por saber que ele era romano.

28 Querendo certificar-me do motivo por que o acusavam, fi-lo descer ao Sinédrio deles;

29 verifiquei ser ele acusado de cousas referentes à lei que os rege, nada, porém, que justificasse morte ou mesmo prisão.

30 Sendo eu informado de que ia haver uma cilada contra o homem, tratei de enviá-lo a ti, sem demora, intimando também os acusadores a irem dizer, na tua presença, o que há contra ele. [Saúde.]

Paulo no pretório de Herodes

31 Os soldados, pois, conforme lhes foi ordenado, tomaram Paulo e, durante a noite, o conduziram até Antipátride;

32 no dia seguinte, voltaram para a fortaleza, tendo deixado aos de cavalaria o irem com ele;

33 os quais, chegando a Cesaréia, entregaram a carta ao governador e também lhe apresentaram Paulo.

34 Lida a carta, perguntou o governador de que província ele era; e, quando soube que era da Cilícia,

35 disse: Ouvir-te-ei quando chegarem os teus acusadores. E mandou que ele fosse detido no pretório de Herodes.

Ananias e Tértulo acusam Paulo perante Félix

24 Cinco dias depois, desceu o sumo sacerdote, Ananias, com alguns anciãos e com certo orador, chamado Tértulo, os quais apresentaram ao governador libelo contra Paulo.

2 Sendo este chamado, passou Tértulo a acusá-lo, dizendo: Excelentíssimo Félix,

tendo nós, por teu intermédio, gozado de paz perene, e, também por teu providente cuidado, se terem feito notáveis reformas em benefício deste povo,

3 sempre e por toda parte, isto reconhecemos com toda a gratidão.

4 Entretanto, para não te deter por longo tempo, rogo-te que, de conformidade com a tua clemência, nos atendas por um pouco.

5 Porque, tendo nós verificado que este homem é uma peste e promove sedições entre os judeus esparsos por todo o mundo, sendo também o principal agitador da seita dos nazarenos,

6 o qual também tentou profanar o templo, nós o prendemos [com o intuito de julgá-lo segundo a nossa lei.

7 Mas, sobrevindo o comandante Lísias, o arrebatou das nossas mãos com grande violência,

8 ordenando que os seus acusadores viessem à tua presença]. Tu mesmo, examinando-o, poderás tomar conhecimento de todas as cousas de que nós o acusamos.

9 Os judeus também concordaram na acusação, afirmando que estas cousas eram assim.

Paulo apresenta a sua defesa

10 Paulo, tendo-lhe o governador feito sinal que falasse, respondeu: Sabendo que há muitos anos és juiz desta nação, sinto-me à vontade para me defender,

11 visto poderes verificar que não há mais de doze dias desde que subi a Jerusalém para adorar;

12 e que não me acharam no templo discutindo com alguém, nem tampouco amotinando o povo, fosse nas sinagogas ou na cidade;

13 nem te podem provar as acusações que, agora, fazem contra mim.

14 Porém confesso-te que, segundo o Caminho, a que chamam seita, assim eu sirvo ao Deus de nossos pais, acreditando em todas as cousas que estejam de acordo com a lei e nos escritos dos profetas,

15 tendo esperança em Deus, como também estes a têm, de que haverá ressurreição, tanto de justos como de injustos.

16 Por isso, também me esforço por ter sempre consciência pura diante de Deus e dos homens.

17 Depois de anos, vim trazer esmolas à minha nação e também fazer oferendas,

18 e foi nesta prática que alguns judeus da Ásia me encontraram já purificado no templo, sem ajuntamento e sem tumulto,

19 os quais deviam comparecer diante de ti e acusar, se tivessem alguma cousa contra mim.

20 Ou estes mesmos digam que iniqüidade acharam em mim, por ocasião do meu comparecimento perante o Sinédrio,

21 salvo estas palavras que clamei, estando entre eles: hoje, sou eu julgado por vós acerca da ressurreição dos mortos.

Paulo perante Félix e Drusila

22 Então, Félix, conhecendo mais acuradamente as cousas com respeito ao Caminho, adiou a causa, dizendo: Quando descer o comandante Lísias, tomarei inteiro conhecimento do vosso caso.

23 E mandou ao centurião que conservasse a Paulo detido, tratando-o com indulgência e não impedindo que os seus próprios o servissem.

24 Passados alguns dias, vindo Félix com Drusila, sua mulher, que era judia, mandou chamar Paulo e passou a ouvi-lo a respeito da fé em Cristo Jesus.

25 Dissertando ele acerca da justiça, do domínio próprio e do juízo vindouro, ficou Félix amedrontado e disse: Por agora, podes retirar-te, e, quando eu tiver vagar, chamar-te-ei;

26 esperando também, ao mesmo tempo, que Paulo lhe desse dinheiro; pelo que, chamando-o mais freqüentemente, conversava com ele.

27 Dois anos mais tarde, Félix teve por sucessor Pórcio Festo; e, querendo Félix assegurar o apoio dos judeus, manteve Paulo encarcerado.

Paulo perante Festo. Apela para César

25 Tendo, pois, Festo assumido o governo da província, três dias depois, subiu de Cesaréia para Jerusalém;

2 e, logo, os principais sacerdotes e os maiorais dos judeus lhe apresentaram queixa contra Paulo e lhe solicitavam,

3 pedindo como favor, em detrimento de Paulo, que o mandasse vir a Jerusalém, armando eles cilada para o matarem na estrada.

4 Festo, porém, respondeu achar-se Paulo detido em Cesaréia; e que ele mesmo, muito em breve, partiria para lá.

5 Portanto, disse ele, os que dentre vós estiverem habilitados que desçam comigo; e, havendo contra este homem qualquer crime, acusem-no.

6 E, não se demorando entre eles mais de oito ou dez dias, desceu para Cesaréia; e, no dia seguinte, assentando-se no tribunal, ordenou que Paulo fosse trazido.

7 Comparecendo este, rodearam-no os judeus que haviam descido de Jerusalém, trazendo muitas e graves acusações contra ele, as quais, entretanto, não podiam provar.

8 Paulo, porém, defendendo-se, proferiu as seguintes palavras: Nenhum pecado cometi contra a lei dos judeus, nem contra o templo, nem contra César.

9 Então, Festo, querendo assegurar o apoio dos judeus, respondeu a Paulo: Queres tu subir a Jerusalém e ser ali julgado por mim a respeito destas cousas?

10 Disse-lhe Paulo: Estou perante o tribunal de César, onde convém seja eu julgado; nenhum agravo pratiquei contra os judeus, como tu muito bem sabes.

11 Caso, pois, tenha eu praticado algum mal ou crime digno de morte, estou pronto para morrer; se, pelo contrário, não são verdadeiras as cousas de que me acusam, ninguém, para lhes ser agradável, pode entregar-me a eles. Apelo para César.

12 Então, Festo, tendo falado com o conselho, respondeu: Para César apelaste, para César irás.

Festo expõe a Agripa o caso de Paulo

13 Passados alguns dias, o rei Agripa e Berenice chegaram a Cesaréia a fim de saudar a Festo.

14 Como se demorassem ali alguns dias, Festo expôs ao rei o caso de Paulo, dizendo: Félix deixou aqui preso certo homem,

15 a respeito de quem os principais sacerdotes e os anciãos dos judeus apresentaram queixa, estando eu em Jerusalém, pedindo que o condenasse.

16 A eles respondi que não é costume dos romanos condenar quem quer que seja, sem que o acusado tenha presentes os seus acusadores e possa defender-se da acusação.

17 De sorte que, chegando eles aqui juntos, sem nenhuma demora, no dia seguinte, assentando-me no tribunal, determinei fosse trazido o homem;

24.21 At 23.6.

¹⁸ e, levantando-se os acusadores, nenhum delito referiram dos crimes de que eu suspeitava.

¹⁹ Traziam contra ele algumas questões referentes à sua própria religião e particularmente a certo morto, chamado Jesus, que Paulo afirmava estar vivo.

²⁰ Estando eu perplexo quanto ao modo de investigar estas cousas, perguntei-lhe se queria ir a Jerusalém para ser ali julgado a respeito disso.

²¹ Mas, havendo Paulo apelado para que ficasse em custódia para o julgamento de César, ordenei que o acusado continuasse detido até que eu o enviasse a César.

²² Então, Agripa disse a Festo: Eu também gostaria de ouvir este homem. Amanhã, respondeu ele, o ouvirás.

Festo, de novo, fala a Agripa

²³ De fato, no dia seguinte, vindo Agripa e Berenice, com grande pompa, tendo eles entrado na audiência juntamente com oficiais superiores e homens eminentes da cidade, Paulo foi trazido por ordem de Festo.

²⁴ Então, disse Festo: Rei Agripa e todos vós que estais presentes conosco, vedes este homem, por causa de quem toda a multidão dos judeus recorreu a mim tanto em Jerusalém como aqui, clamando que não convinha que ele vivesse mais.

²⁵ Porém eu achei que ele nada praticara passível de morte; entretanto, tendo ele apelado para o imperador, resolvi mandá-lo ao imperador.

²⁶ Contudo, a respeito dele, nada tenho de positivo que escreva ao soberano; por isso, eu o trouxe à vossa presença e, mormente, a tua, ó rei Agripa, para que, feita a argüição, tenha eu alguma cousa que escrever;

²⁷ porque não me parece razoável remeter um preso sem mencionar, ao mesmo tempo, as acusações que militam contra ele.

Paulo discursa perante o rei Agripa

26 A seguir, Agripa, dirigindo-se a Paulo, disse: É permitido que uses da palavra em tua defesa. Então, Paulo, estendendo a mão, passou a defender-se nestes termos:

² Tenho-me por feliz, ó rei Agripa, pelo privilégio de, hoje, na tua presença, poder produzir a minha defesa de todas as acusações feitas contra mim pelos judeus;

³ mormente porque és versado em todos os costumes e questões que há entre os judeus; por isso, eu te peço que me ouças com paciência.

⁴ Quanto à minha vida, desde a mocidade, como decorreu desde o princípio entre o meu povo e em Jerusalém, todos os judeus a conhecem;

⁵ pois, na verdade, eu era conhecido deles desde o princípio, se assim o quiserem testemunhar, porque vivi fariseu conforme a seita mais severa da nossa religião.

⁶ E, agora, estou sendo julgado por causa da esperança da promessa que por Deus foi feita a nossos pais,

⁷ a qual as nossas doze tribos, servindo a Deus fervorosamente de noite e de dia, almejam alcançar; é no tocante a esta esperança, ó rei, que eu sou acusado pelos judeus.

⁸ Por que se julga incrível entre vós que Deus ressuscite os mortos?

⁹ Na verdade, a mim me parecia que muitas cousas devia eu praticar contra o nome de Jesus, o Nazareno;

¹⁰ e assim procedi em Jerusalém. Havendo eu recebido autorização dos principais sacerdotes, encerrei muitos dos santos nas prisões; e contra estes dava o meu voto, quando os matavam.

¹¹ Muitas vezes, os castiguei por todas as sinagogas, obrigando-os até a blasfemar. E, demasiadamente enfurecido contra eles, mesmo por cidades estranhas os perseguia.

¹² Com estes intuitos, parti para Damasco, levando autorização dos principais sacerdotes e por eles comissionado.

¹³ Ao meio-dia, ó rei, indo eu caminho fora, vi uma luz no céu, mais resplandecente que o sol, que brilhou ao redor de mim e dos que iam comigo.

¹⁴ E, caindo todos nós por terra, ouvi uma voz que me falava em língua hebraica: Saulo, Saulo, por que me persegues? Dura cousa é recalcitrares contra os aguilhões.

¹⁵ Então, eu perguntei: Quem és tu, Senhor? Ao que o Senhor respondeu: Eu sou Jesus, a quem tu persegues.

¹⁶ Mas levanta-te e firma-te sobre teus pés, porque por isto te apareci, para te constituir ministro e testemunha, tanto das cousas em que me viste como daquelas pelas quais te aparecerei ainda,

---

26.5 At 23.6; Fp 3.5.   **26.9-11** At 8.1-3.   **26.12-18** At 9.1-19; 22.6-16.

¹⁷ livrando-te do povo e dos gentios, para os quais eu te envio,

¹⁸ para lhes abrires os olhos e os converteres das trevas para a luz e da potestade de Satanás para Deus, a fim de que recebam eles remissão de pecados e herança entre os que são santificados pela fé em mim.

¹⁹ Pelo que, ó rei Agripa, não fui desobediente à visão celestial,

²⁰ mas anunciei primeiramente aos de Damasco e em Jerusalém, por toda a região da Judéia, e aos gentios, que se arrependessem e se convertessem a Deus, praticando obras dignas de arrependimento.

²¹ Por causa disto, alguns judeus me prenderam, estando eu no templo, e tentaram matar-me.

²² Mas, alcançando socorro de Deus, permaneço até ao dia de hoje, dando testemunho, tanto a pequenos como a grandes, nada dizendo, senão o que os profetas e Moisés disseram haver de acontecer,

²³ isto é, que o Cristo devia padecer e, sendo o primeiro da ressurreição dos mortos, anunciaria a luz ao povo e aos gentios.

Paulo é interrompido por Festo

²⁴ Dizendo ele estas cousas em sua defesa, Festo o interrompeu em alta voz: Estás louco, Paulo! As muitas letras te fazem delirar.

²⁵ Paulo, porém, respondeu: Não estou louco, ó excelentíssimo Festo! Pelo contrário, digo palavras de verdade e de bom senso.

²⁶ Porque tudo isto é do conhecimento do rei, a quem me dirijo com franqueza, pois estou persuadido de que nenhuma destas cousas lhe é oculta; porquanto nada se passou em algum lugar escondido.

²⁷ Acreditas, ó rei Agripa, nos profetas? Bem sei que acreditas.

²⁸ Então, Agripa se dirigiu a Paulo e disse: Por pouco me persuades a me fazer cristão.

²⁹ Paulo respondeu: Assim Deus permitisse que, por pouco ou por muito, não apenas tu, ó rei, porém todos os que hoje me ouvem se tornassem tais qual eu sou, exceto estas cadeias.

Paulo teria sido solto, se não tivesse apelado para César

³⁰ A essa altura, levantou-se o rei, e também o governador, e Berenice, bem como os que estavam assentados com eles;

³¹ e, havendo-se retirado, falavam uns com os outros, dizendo: Este homem nada tem feito passível de morte ou de prisão.

³² Então, Agripa se dirigiu a Festo e disse: Este homem bem podia ser solto, se não tivesse apelado para César.

Paulo enviado para a Itália

27 Quando foi decidido que navegássemos para a Itália, entregaram Paulo e alguns outros presos a um centurião chamado Júlio, da Coorte Imperial.

² Embarcando num navio adramitino, que estava de partida para costear a Ásia, fizemo-nos ao mar, indo conosco Aristarco, macedônio de Tessalônica.

³ No dia seguinte, chegamos a Sidom, e Júlio, tratando Paulo com humanidade, permitiu-lhe ir ver os amigos e obter assistência.

⁴ Partindo dali, navegamos sob a proteção de Chipre, por serem contrários os ventos;

⁵ e, tendo atravessado o mar ao longo da Cilícia e Panfília, chegamos a Mirra, na Lícia.

⁶ Achando ali o centurião um navio de Alexandria, que estava de partida para a Itália, nele nos fez embarcar.

⁷ Navegando vagarosamente muitos dias e tendo chegado com dificuldade defronte de Cnido, não nos sendo permitido prosseguir, por causa do vento contrário, navegamos sob a proteção de Creta, na altura de Salmona.

⁸ Costeando-a, penosamente, chegamos a um lugar chamado Bons Portos, perto do qual estava a cidade de Laséia.

Os perigos da viagem

⁹ Depois de muito tempo, tendo-se tornado a navegação perigosa, e já passado o tempo do Dia do Jejum, admoestava-os Paulo,

¹⁰ dizendo-lhes: Senhores, vejo que a viagem vai ser trabalhosa, com dano e muito prejuízo, não só da carga e do navio, mas também da nossa vida.

¹¹ Mas o centurião dava mais crédito ao piloto e ao mestre do navio do que ao que Paulo dizia.

¹² Não sendo o porto próprio para invernar, a maioria deles era de opinião que

26.20 At 9.20-22; 9.28,29.   26.23 Is 42.6; 49.6.

partissem dali, para ver se podiam chegar a Fenice e aí passar o inverno, visto ser um porto de Creta, o qual olhava para o nordeste e para o sudeste.

¹³ Soprando brandamente o vento sul, e pensando eles ter alcançado o que desejavam, levantaram âncora e foram costeando mais de perto a ilha de Creta.

¹⁴ Entretanto, não muito depois, desencadeou-se, do lado da ilha, um tufão de vento, chamado Euroaquilão;

¹⁵ e, sendo o navio arrastado com violência, sem poder resistir ao vento, cessamos a manobra e nos fomos deixando levar.

¹⁶ Passando sob a proteção de uma ilhota chamada Cauda, a custo conseguimos recolher o bote;

¹⁷ e, levantando este, usaram de todos os meios para cingir o navio, e, temendo que dessem na Sirte, arriaram os aparelhos, e foram ao léu.

¹⁸ Açoitados severamente pela tormenta, no dia seguinte, já aliviavam o navio.

¹⁹ E, ao terceiro dia, nós mesmos, com as próprias mãos, lançamos ao mar a armação do navio.

²⁰ E, não aparecendo, havia já alguns dias, nem sol nem estrelas, caindo sobre nós grande tempestade, dissipou-se, afinal, toda a esperança de salvamento.

²¹ Havendo todos estado muito tempo sem comer, Paulo, pondo-se em pé no meio deles, disse: Senhores, na verdade, era preciso terem-me atendido e não partir de Creta, para evitar este dano e perda.

²² Mas, já agora, vos aconselho bom ânimo, porque nenhuma vida se perderá de entre vós, mas somente o navio.

²³ Porque, esta mesma noite, um anjo de Deus, de quem eu sou e a quem sirvo, esteve comigo,

²⁴ dizendo: Paulo, não temas! É preciso que compareças perante César, e eis que Deus, por sua graça, te deu todos quantos navegam contigo.

²⁵ Portanto, senhores, tende bom ânimo! Pois eu confio em Deus que sucederá do modo por que me foi dito.

²⁶ Porém é necessário que vamos dar a uma ilha.

O naufrágio

²⁷ Quando chegou a décima-quarta noite, sendo nós batidos de um lado para outro no mar Adriático, por volta da meianoite, pressentiram os marinheiros que se aproximavam de alguma terra.

²⁸ E, lançando o prumo, acharam vinte braças; passando um pouco mais adiante, tornando a lançar o prumo, acharam quinze braças.

²⁹ E, receosos de que fôssemos atirados contra lugares rochosos, lançaram da popa quatro âncoras e oravam para que rompesse o dia.

³⁰ Procurando os marinheiros fugir do navio, e, tendo arriado o bote no mar, a pretexto de que estavam para largar âncoras da proa,

³¹ disse Paulo ao centurião e aos soldados: Se estes não permanecerem a bordo, vós não podereis salvar-vos.

³² Então, os soldados cortaram os cabos do bote e o deixaram afastar-se.

³³ Enquanto amanhecia, Paulo rogava a todos que se alimentassem, dizendo: Hoje, é o décimo-quarto dia em que, esperando, estais sem comer, nada tendo provado.

³⁴ Eu vos rogo que comais alguma cousa; porque disto depende a vossa segurança; pois nenhum de vós perderá nem mesmo um fio de cabelo.

³⁵ Tendo dito isto, tomando um pão, deu graças a Deus na presença de todos e, depois de o partir, começou a comer.

³⁶ Todos cobraram ânimo e se puseram também a comer.

³⁷ Estávamos no navio duzentas e setenta e seis pessoas ao todo.

³⁸ Refeitos com a comida, aliviaram o navio, lançando o trigo ao mar.

³⁹ Quando amanheceu, não reconheceram a terra, mas avistaram uma enseada, onde havia praia; então, consultaram entre si se não podiam encalhar ali o navio.

⁴⁰ Levantando as âncoras, deixaram-no ir ao mar, largando também as amarras do leme; e, alçando a vela de proa ao vento, dirigiram-se para a praia.

⁴¹ Dando, porém, num lugar onde duas correntes se encontravam, encalharam ali o navio; a proa encravou-se e ficou imóvel, mas a popa se abria pela violência do mar.

⁴² O parecer dos soldados era que matassem os presos, para que nenhum deles, nadando, fugisse;

⁴³ mas o centurião, querendo salvar a Paulo, impediu-os de o fazer; e ordenou que os que soubessem nadar fossem os primeiros a lançar-se ao mar e alcançar a terra.

⁴⁴ Quanto aos demais, que se salvassem, uns, em tábuas, e outros, em destroços do navio. E foi assim que todos se salvaram em terra.

A ilha de Malta

28 Uma vez em terra, verificamos que a ilha se chamava Malta.

² Os bárbaros trataram-nos com singular humanidade, porque, acendendo uma fogueira, acolheram-nos a todos por causa da chuva que caía e por causa do frio.

³ Tendo Paulo ajuntado e atirado à fogueira um feixe de gravetos, uma víbora, fugindo do calor, prendeu-se-lhe à mão.

⁴ Quando os bárbaros viram a víbora pendente da mão dele, disseram uns aos outros: Certamente, este homem é assassino, porque, salvo do mar, a Justiça não o deixa viver.

⁵ Porém ele, sacudindo o réptil no fogo, não sofreu mal nenhum;

⁶ mas eles esperavam que ele viesse a inchar ou a cair morto de repente. Mas, depois de muito esperar, vendo que nenhum mal lhe sucedia, mudando de parecer, diziam ser ele um deus.

Públio hospeda a Paulo

⁷ Perto daquele lugar, havia um sítio pertencente ao homem principal da ilha, chamado Públio, o qual nos recebeu e hospedou benignamente por três dias.

⁸ Aconteceu achar-se enfermo de disenteria, ardendo em febre, o pai de Públio. Paulo foi visitá-lo, e, orando, impôs-lhe as mãos, e o curou.

⁹ À vista deste acontecimento, os demais enfermos da ilha vieram e foram curados,

¹⁰ os quais nos distinguiram com muitas honrarias; e, tendo nós de prosseguir viagem, nos puseram a bordo tudo o que era necessário.

A continuação da viagem

¹¹ Ao cabo de três meses, embarcamos num navio alexandrino, que invernara na ilha e tinha por emblema Dióscuros.

¹² Tocando em Siracusa, ficamos ali três dias,

¹³ donde, bordejando, chegamos a Régio. No dia seguinte, tendo soprado vento sul, em dois dias, chegamos a Putéoli,

¹⁴ onde achamos alguns irmãos que nos rogaram ficássemos com eles sete dias; e foi assim que nos dirigimos a Roma.

¹⁵ Tendo ali os irmãos ouvido notícias nossas, vieram ao nosso encontro até à Praça de Ápio e às Três Vendas. Vendo-os Paulo e dando, por isso, graças a Deus, sentiu-se mais animado.

Paulo em Roma

¹⁶ Uma vez em Roma, foi permitido a Paulo morar por sua conta, tendo em sua companhia o soldado que o guardava.

¹⁷ Três dias depois, ele convocou os principais dos judeus e, quando se reuniram, lhes disse: Varões irmãos, nada havendo feito contra o povo ou contra os costumes paternos, contudo, vim preso desde Jerusalém, entregue nas mãos dos romanos;

¹⁸ os quais, havendo-me interrogado, quiseram soltar-me sob a preliminar de não haver em mim nenhum crime passível de morte.

¹⁹ Diante da oposição dos judeus, senti-me compelido a apelar para César, não tendo eu, porém, nada de que acusar minha nação.

²⁰ Foi por isto que vos chamei para vos ver e falar; porque é pela esperança de Israel que estou preso com esta cadeia.

²¹ Então, eles lhe disseram: Nós não recebemos da Judéia nenhuma carta que te dissesse respeito; também não veio qualquer dos irmãos que nos anunciasse ou dissesse de ti mal algum.

²² Contudo, gostaríamos de ouvir o que pensas; porque, na verdade, é corrente a respeito desta seita que, por toda parte, é ela impugnada.

Paulo prega em Roma

²³ Havendo-lhe eles marcado um dia, vieram em grande número ao encontro de Paulo na sua própria residência. Então, desde a manhã até à tarde, lhes fez uma exposição em testemunho do reino de Deus, procurando persuadi-los a respeito de Jesus, tanto pela lei de Moisés como pelos profetas.

²⁴ Houve alguns que ficaram persuadidos pelo que ele dizia; outros, porém, continuaram incrédulos.

²⁵ E, havendo discordância entre eles, despediram-se, dizendo Paulo estas palavras: Bem falou o Espírito Santo a vossos pais, por intermédio do profeta Isaías, quando disse:

²⁶ Vai a este povo e dize-lhe: De ouvido, ouvireis e não entendereis; vendo, vereis e não percebereis.

28.19 At 25.11. **28.26,27** Is 6.9,10.

27 Porquanto o coração deste povo se tornou endurecido; com os ouvidos ouviram tardiamente e fecharam os olhos, para que jamais vejam com os olhos, nem ouçam com os ouvidos, para que não entendam com o coração, e se convertam, e por mim sejam curados.

28 Tomai, pois, conhecimento de que esta salvação de Deus foi enviada aos gentios. E eles a ouvirão.

29 [Ditas estas palavras, partiram os judeus, tendo entre si grande contenda.]

Paulo prisioneiro durante dois anos

30 Por dois anos, permaneceu Paulo na sua própria casa, que alugara, onde recebia todos que o procuravam,

31 pregando o reino de Deus, e, com toda a intrepidez, sem impedimento algum, ensinava as cousas referentes ao Senhor Jesus Cristo.

EPÍSTOLA DE PAULO AOS

ROMANOS

Prefácio e saudação

1 Paulo, servo de Jesus Cristo, chamado para ser apóstolo, separado para o evangelho de Deus,

2 o qual foi por Deus, outrora, prometido por intermédio dos seus profetas nas Sagradas Escrituras,

3 com respeito a seu Filho, o qual, segundo a carne, veio da descendência de Davi

4 e foi designado Filho de Deus com poder, segundo o espírito de santidade pela ressurreição dos mortos, a saber, Jesus Cristo, nosso Senhor,

5 por intermédio de quem viemos a receber graça e apostolado por amor do seu nome, para a obediência por fé, entre todos os gentios,

6 de cujo número sois também vós, chamados para serdes de Jesus Cristo.

7 A todos os amados de Deus, que estais em Roma, chamados para serdes santos, graça a vós outros e paz da parte de Deus, nosso Pai, e do Senhor Jesus Cristo.

O amor de Paulo pelos cristãos de Roma. Seu desejo de vê-los

8 Primeiramente, dou graças a meu Deus, mediante Jesus Cristo, no tocante a todos vós, porque, em todo o mundo, é proclamada a vossa fé.

9 Porque Deus, a quem sirvo em meu espírito, no evangelho de seu Filho, é minha testemunha de como incessantemente faço menção de vós

10 em todas as minhas orações, suplicando que, nalgum tempo, pela vontade de Deus, se me ofereça boa ocasião de visitar-vos.

11 Porque muito desejo ver-vos, a fim de repartir convosco algum dom espiritual, para que sejais confirmados,

12 isto é, para que, em vossa companhia, reciprocamente nos confortemos por intermédio da fé mútua, vossa e minha.

13 Porque não quero, irmãos, que ignoreis que, muitas vezes, me propus ir ter convosco, no que tenho sido, até agora, impedido, para conseguir igualmente entre vós algum fruto, como também entre os outros gentios.

14 Pois sou devedor tanto a gregos como a bárbaros, tanto a sábios como a ignorantes;

15 por isso, quanto está em mim, estou pronto a anunciar o evangelho também a vós outros, em Roma.

O assunto da epístola: a justiça pela fé em Jesus Cristo

16 Pois não me envergonho do evangelho, porque é o poder de Deus para a salvação de todo aquele que crê, primeiro do judeu e também do grego;

17 visto que a justiça de Deus se revela no evangelho, de fé em fé, como está escrito:

O justo viverá por fé.

1.13 At 19.21.   **1.17** Hc 2.4.

A idolatria e depravação dos homens

18 A ira de Deus se revela do céu contra toda impiedade e perversão dos homens que detêm a verdade pela injustiça;

19 porquanto o que de Deus se pode conhecer é manifesto entre eles, porque Deus lhes manifestou.

20 Porque os atributos invisíveis de Deus, assim o seu eterno poder, como também a sua própria divindade, claramente se reconhecem, desde o princípio do mundo, sendo percebidos por meio das cousas que foram criadas. Tais homens são, por isso, indesculpáveis;

21 porquanto, tendo conhecimento de Deus, não o glorificaram como Deus, nem lhe deram graças; antes, se tornaram nulos em seus próprios raciocínios, obscurecendo-se-lhes o coração insensato.

22 Inculcando-se por sábios, tornaram-se loucos

23 e mudaram a glória do Deus incorruptível em semelhança da imagem de homem corruptível, bem como de aves, quadrúpedes e répteis.

24 Por isso, Deus entregou tais homens à imundícia, pelas concupiscências de seu próprio coração, para desonrarem o seu corpo entre si;

25 pois eles mudaram a verdade de Deus em mentira, adorando e servindo a criatura em lugar do Criador, o qual é bendito eternamente. Amém.

26 Por causa disso, os entregou Deus a paixões infames; porque até as mulheres mudaram o modo natural de suas relações íntimas por outro, contrário à natureza;

27 semelhantemente, os homens também, deixando o contacto natural da mulher, se inflamaram mutuamente em sua sensualidade, cometendo torpeza, homens com homens, e recebendo, em si mesmos, a merecida punição do seu erro.

Entregues os gentios a reprováveis sentimentos

28 E, por haverem desprezado o conhecimento de Deus, o próprio Deus os entregou a uma disposição mental reprovável, para praticarem cousas inconvenientes,

29 cheios de toda injustiça, malícia, avareza e maldade; possuídos de inveja, homicídio, contenda, dolo e malignidade; sendo difamadores,

30 caluniadores, aborrecidos de Deus, insolentes, soberbos, presunçosos, inventores de males, desobedientes aos pais,

31 insensatos, pérfidos, sem afeição natural e sem misericórdia.

32 Ora, conhecendo eles a sentença de Deus, de que são passíveis de morte os que tais cousas praticam, não somente as fazem, mas também aprovam os que assim procedem.

Os gentios e os judeus igualmente culpados. O juízo de Deus

2 Portanto, és indesculpável, ó homem, quando julgas, quem quer que sejas; porque, no que julgas a outro, a ti mesmo te condenas; pois praticas as próprias cousas que condenas.

2 Bem sabemos que o juízo de Deus é segundo a verdade contra os que praticam tais cousas.

3 Tu, ó homem, que condenas os que praticam tais cousas e fazes as mesmas, pensas que te livrarás do juízo de Deus?

4 Ou desprezas a riqueza da sua bondade, e tolerância, e longanimidade, ignorando que a bondade de Deus é que te conduz ao arrependimento?

5 Mas, segundo a tua dureza e coração impenitente, acumulas contra ti mesmo ira para o dia da ira e da revelação do justo juízo de Deus,

6 que retribuirá a cada um segundo o seu procedimento:

7 a vida eterna aos que, perseverando em fazer o bem, procuram glória, honra e incorruptibilidade;

8 mas ira e indignação aos facciosos, que desobedecem à verdade e obedecem à injustiça.

9 Tribulação e angústia virão sobre a alma de qualquer homem que faz o mal, ao judeu primeiro e também ao grego;

10 glória, porém, e honra, e paz a todo aquele que pratica o bem, ao judeu primeiro e também ao grego.

11 Porque para com Deus não há acepção de pessoas.

12 Assim, pois, todos os que pecaram sem lei também sem lei perecerão; e todos os que com lei pecaram mediante lei serão julgados.

13 Porque os simples ouvidores da lei não são justos diante de Deus, mas os que praticam a lei hão de ser justificados.

14 Quando, pois, os gentios, que não

2.1 Mt 7.1; Lc 6.37.   **2.6** Sl 62.12.   **2.11** Dt 10.17.

têm lei, procedem, por natureza, de conformidade com a lei, não tendo lei, servem eles de lei para si mesmos.

¹⁵ Estes mostram a norma da lei gravada no seu coração, testemunhando-lhes também a consciência e os seus pensamentos, mutuamente acusando-se ou defendendo-se;

¹⁶ no dia em que Deus, por meio de Cristo Jesus, julgar os segredos dos homens, de conformidade com o meu evangelho.

Os judeus são indesculpáveis

¹⁷ Se, porém, tu, que tens por sobrenome judeu, e repousas na lei, e te glorias em Deus;

¹⁸ que conheces a sua vontade e aprovas as cousas excelentes, sendo instruído na lei;

¹⁹ que estás persuadido de que és guia dos cegos, luz dos que se encontram em trevas,

²⁰ instrutor de ignorantes, mestre de crianças, tendo na lei a forma da sabedoria e da verdade;

²¹ tu, pois, que ensinas a outrem, não te ensinas a ti mesmo? Tu, que pregas que não se deve furtar, furtas?

²² Dizes que não se deve cometer adultério e o cometes? Abominas os ídolos e lhes roubas os templos?

²³ Tu, que te glorias na lei, desonras a Deus pela transgressão da lei?

²⁴ Pois, como está escrito, o nome de Deus é blasfemado entre os gentios por vossa causa.

O verdadeiro israelita

²⁵ Porque a circuncisão tem valor se praticares a lei; se és, porém, transgressor da lei, a tua circuncisão já se tornou incircuncisão.

²⁶ Se, pois, a incircuncisão observa os preceitos da lei, não será ela, porventura, considerada como circuncisão?

²⁷ E, se aquele que é incircunciso por natureza cumpre a lei, certamente, ele te julgará a ti, que, não obstante a letra e a circuncisão, és transgressor da lei.

²⁸ Porque não é judeu quem o é apenas exteriormente, nem é circuncisão a que é somente na carne.

²⁹ Porém judeu é aquele que o é interiormente, e circuncisão, a que é do coração, no espírito, não segundo a letra, e

cujo louvor não procede dos homens, mas de Deus.

Paulo responde a objeções

3 Qual é, pois, a vantagem do judeu? Ou qual a utilidade da circuncisão?

² Muita, sob todos os aspectos. Principalmente porque aos judeus foram confiados os oráculos de Deus.

³ E daí? Se alguns não creram, a incredulidade deles virá desfazer a fidelidade de Deus?

⁴ De maneira nenhuma! Seja Deus verdadeiro, e mentiroso, todo homem, segundo está escrito:

Para seres justificado nas tuas palavras e venhas a vencer quando fores julgado.

⁵ Mas, se a nossa injustiça traz a lume a justiça de Deus, que diremos? Porventura, será Deus injusto por aplicar a sua ira? (Falo como homem.)

⁶ Certo que não. Do contrário, como julgará Deus o mundo?

⁷ E, se por causa da minha mentira, fica em relevo a verdade de Deus para a sua glória, por que sou eu ainda condenado como pecador?

⁸ E por que não dizemos, como alguns, caluniosamente, afirmam que o fazemos: Pratiquemos males para que venham bens? A condenação destes é justa.

Todos os homens na condição de pecadores

⁹ Que se conclui? Temos nós qualquer vantagem? Não, de forma nenhuma; pois já temos demonstrado que todos, tanto judeus como gregos, estão debaixo do pecado;

¹⁰ como está escrito:
Não há justo, nem um sequer,

¹¹ não há quem entenda, não há quem busque a Deus;

¹² todos se extraviaram, à uma se fizeram inúteis; não há quem faça o bem, não há nem um sequer.

¹³ A garganta deles é sepulcro aberto; com a língua, urdem engano, veneno de víbora está nos seus lábios,

¹⁴ a boca, eles a têm cheia de maldição e de amargura;

¹⁵ são os seus pés velozes para derramar sangue,

2.24 Is 52.5.   **3.4** Sl 51.4.   **3.10-12** Sl 14.1-3; 53.1-3.   **3.13** Sl 5.9; 140.3.   **3.14** Sl 10.7.   **3.15-17** Is 59.7,8.

16 nos seus caminhos, há destruição e miséria;

17 desconheceram o caminho da paz.

18 Não há temor de Deus diante de seus olhos.

O judeu não constitui exceção

19 Ora, sabemos que tudo o que a lei diz, aos que vivem na lei o diz para que se cale toda boca, e todo o mundo seja culpável perante Deus,

20 visto que ninguém será justificado diante dele por obras da lei, em razão de que pela lei vem o pleno conhecimento do pecado.

A justificação pela fé em Jesus Cristo

21 Mas agora, sem lei, se manifestou a justiça de Deus testemunhada pela lei e pelos profetas;

22 justiça de Deus mediante a fé em Jesus Cristo, para todos [e sobre todos] os que crêem; porque não há distinção,

23 pois todos pecaram e carecem da glória de Deus,

24 sendo justificados gratuitamente, por sua graça, mediante a redenção que há em Cristo Jesus;

25 a quem Deus propôs, no seu sangue, como propiciação, mediante a fé, para manifestar a sua justiça, por ter Deus, na sua tolerância, deixado impunes os pecados anteriormente cometidos;

26 tendo em vista a manifestação da sua justiça no tempo presente, para ele mesmo ser justo e o justificador daquele que tem fé em Jesus.

27 Onde, pois, a jactância? Foi de todo excluída. Por que lei? Das obras? Não; pelo contrário, pela lei da fé.

28 Concluímos, pois, que o homem é justificado pela fé, independentemente das obras da lei.

29 É, porventura, Deus somente dos judeus? Não o é também dos gentios? Sim, também dos gentios,

30 visto que Deus é um só, o qual justificará, por fé, o circunciso e, mediante a fé, o incircunciso.

31 Anulamos, pois, a lei pela fé? Não, de maneira nenhuma! Antes, confirmamos a lei.

Abraão justificado pela fé

4 Que, pois, diremos ter alcançado Abraão, nosso pai segundo a carne?

2 Porque, se Abraão foi justificado por obras, tem de que se gloriar, porém não diante de Deus.

3 Pois que diz a Escritura? Abraão creu em Deus, e isso lhe foi imputado para justiça.

4 Ora, ao que trabalha, o salário não é considerado como favor, e sim como dívida.

5 Mas, ao que não trabalha, porém crê naquele que justifica o ímpio, a sua fé lhe é atribuída como justiça.

6 E é assim também que Davi declara ser bem-aventurado o homem a quem Deus atribui justiça, independentemente de obras:

7 Bem-aventurados aqueles cujas iniqüidades são perdoadas, e cujos pecados são cobertos;

8 bem-aventurado o homem a quem o Senhor jamais imputará pecado.

9 Vem, pois, esta bem-aventurança exclusivamente sobre os circuncisos ou também sobre os incircuncisos? Visto que dizemos: a fé foi imputada a Abraão para justiça.

10 Como, pois, lhe foi atribuída? Estando ele já circuncidado ou ainda incircunciso? Não no regime da circuncisão e sim quando incircunciso.

11 E recebeu o sinal da circuncisão como selo da justiça da fé que teve quando ainda incircunciso; para vir a ser o pai de todos os que crêem, embora não circuncidados, a fim de que lhes fosse imputada a justiça,

12 e pai da circuncisão, isto é, daqueles que não são apenas circuncisos, mas também andam nas pisadas da fé que teve Abraão, nosso pai, antes de ser circuncidado.

13 Não foi por intermédio da lei que a Abraão ou a sua descendência coube a promessa de ser herdeiro do mundo, e sim mediante a justiça da fé.

14 Pois, se os da lei é que são os herdeiros, anula-se a fé e cancela-se a promessa,

15 porque a lei suscita a ira; mas onde não há lei, também não há transgressão.

16 Essa é a razão por que provém da fé, para que seja segundo a graça, a fim de que

3.18 Sl 36.1.   3.20 Sl 143.2; Gl 2.16.   3.21-31 Gl 2.15-21.   4.1-12 Gl 3.6-18.   4.3 Gn 15.16.
4.7,8 Sl 32.1,2.   4.11 Gn 17.10.

seja firme a promessa para toda a descendência, não somente ao que está no regime da lei, mas também ao que é da fé que teve Abraão (porque Abraão é pai de todos nós, **17** como está escrito:

Por pai de muitas nações te constituí.),

perante aquele no qual creu, o Deus que vivifica os mortos e chama à existência as cousas que não existem.

18 Abraão, esperando contra a esperança, creu, para vir a ser pai de muitas nações, segundo lhe fora dito:

Assim será a tua descendência.

19 E, sem enfraquecer na fé, embora levasse em conta o seu próprio corpo amortecido, sendo já de cem anos, e a idade avançada de Sara,

20 não duvidou, por incredulidade, da promessa de Deus; mas, pela fé, se fortaleceu, dando glória a Deus,

21 estando plenamente convicto de que ele era poderoso para cumprir o que prometera.

22 Pelo que isso lhe foi também imputado para justiça.

23 E não somente por causa dele está escrito que lhe foi levado em conta,

24 mas também por nossa causa, posto que a nós igualmente nos será imputado, a saber, a nós que cremos naquele que ressuscitou dentre os mortos a Jesus, nosso Senhor,

25 o qual foi entregue por causa das nossas transgressões e ressuscitou por causa da nossa justificação.

A justificação pela fé e paz com Deus

5 Justificados, pois, mediante a fé, temos paz com Deus por meio de nosso Senhor Jesus Cristo;

2 por intermédio de quem obtivemos igualmente acesso, pela fé, a esta graça na qual estamos firmes; e gloriamo-nos na esperança da glória de Deus.

3 E não somente isto, mas também nos gloriamos nas próprias tribulações, sabendo que a tribulação produz perseverança;

4 e a perseverança, experiência; e a experiência, esperança.

5 Ora, a esperança não confunde, porque o amor de Deus é derramado em nosso coração pelo Espírito Santo, que nos foi outorgado.

6 Porque Cristo, quando nós ainda éra-

mos fracos, morreu a seu tempo pelos ímpios.

7 Dificilmente, alguém morreria por um justo; pois poderá ser que pelo bom alguém se anime a morrer.

8 Mas Deus prova o seu próprio amor para conosco pelo fato de ter Cristo morrido por nós, sendo nós ainda pecadores.

9 Logo, muito mais agora, sendo justificados pelo seu sangue, seremos por ele salvos da ira.

10 Porque, se nós, quando inimigos, fomos reconciliados com Deus mediante a morte do seu Filho, muito mais, estando já reconciliados, seremos salvos pela sua vida;

11 e não apenas isto, mas também nos gloriamos em Deus por nosso Senhor Jesus Cristo, por intermédio de quem recebemos, agora, a reconciliação.

Adão e Cristo

12 Portanto, assim como por um só homem entrou o pecado no mundo, e pelo pecado, a morte, assim também a morte passou a todos os homens, porque todos pecaram.

13 Porque até ao regime da lei havia pecado no mundo, mas o pecado não é levado em conta quando não há lei.

14 Entretanto, reinou a morte desde Adão até Moisés, mesmo sobre aqueles que não pecaram à semelhança da transgressão de Adão, o qual prefigurava aquele que havia de vir.

15 Todavia, não é assim o dom gratuito como a ofensa; porque, se, pela ofensa de um só, morreram muitos, muito mais a graça de Deus e o dom pela graça de um só homem, Jesus Cristo, foram abundantes sobre muitos.

16 O dom, entretanto, não é como no caso em que somente um pecou; porque o julgamento derivou de uma só ofensa, para a condenação; mas a graça transcorre de muitas ofensas, para a justificação.

17 Se, pela ofensa de um e por meio de um só, reinou a morte, muito mais os que recebem a abundância da graça e o dom da justiça reinarão em vida por meio de um só, a saber, Jesus Cristo.

18 Pois assim como, por uma só ofensa, veio o juízo sobre todos os homens para condenação, assim também, por um só ato de justiça, veio a graça sobre todos os homens, para a justificação que dá vida.

4.17 Gn 17.5.   **4.18** Gn 15.5.   **4.19** Gn 17.17.   **5.12** Gn 3.6

¹⁹ Porque, como, pela desobediência de um só homem, muitos se tornaram pecadores, assim também, por meio da obediência de um só, muitos se tornarão justos.

²⁰ Sobreveio a lei para que avultasse a ofensa; mas onde abundou o pecado, superabundou a graça,

²¹ a fim de que, como o pecado reinou pela morte, assim também reinasse a graça pela justiça para a vida eterna, mediante Jesus Cristo, nosso Senhor.

Livres do pecado pela graça

6 Que diremos, pois? Permaneceremos no pecado, para que seja a graça mais abundante?

² De modo nenhum! Como viveremos ainda no pecado, nós os que para ele morremos?

³ Ou, porventura, ignorais que todos nós que fomos batizados em Cristo Jesus fomos batizados na sua morte?

⁴ Fomos, pois, sepultados com ele na morte pelo batismo; para que, como Cristo foi ressuscitado dentre os mortos pela glória do Pai, assim também andemos nós em novidade de vida.

⁵ Porque, se fomos unidos com ele na semelhança da sua morte, certamente, o seremos também na semelhança da sua ressurreição,

⁶ sabendo isto: que foi crucificado com ele o nosso velho homem, para que o corpo do pecado seja destruído, e não sirvamos o pecado como escravos;

⁷ porquanto quem morreu está justificado do pecado.

⁸ Ora, se já morremos com Cristo, cremos que também com ele viveremos,

⁹ sabedores de que, havendo Cristo ressuscitado dentre os mortos, já não morre; a morte já não tem domínio sobre ele.

¹⁰ Pois, quanto a ter morrido, de uma vez para sempre morreu para o pecado; mas, quanto a viver, vive para Deus.

¹¹ Assim também vós considerai-vos mortos para o pecado, mas vivos para Deus, em Cristo Jesus.

¹² Não reine, portanto, o pecado em vosso corpo mortal, de maneira que obedeçais às suas paixões;

¹³ nem ofereçais cada um os membros do seu corpo ao pecado, como instrumentos de iniqüidade; mas oferecei-vos a Deus,

como ressurretos dentre os mortos, e os vossos membros, a Deus, como instrumentos de justiça.

¹⁴ Porque o pecado não terá domínio sobre vós; pois não estais debaixo da lei e sim da graça.

A lei, a escravidão e a graça

¹⁵ E daí? Havemos de pecar porque não estamos debaixo da lei e sim da graça? De modo nenhum!

¹⁶ Não sabeis que daquele a quem vos ofereceis como servos para obediência, desse mesmo a quem obedeceis sois servos, seja do pecado para a morte ou da obediência para a justiça?

¹⁷ Mas graças a Deus porque, outrora, escravos do pecado, contudo, viestes a obedecer de coração à forma de doutrina a que fostes entregues;

¹⁸ e, uma vez libertados do pecado, fostes feitos servos da justiça.

¹⁹ Falo como homem, por causa da fraqueza da vossa carne. Assim como oferecestes os vossos membros para a escravidão da impureza e da maldade para a maldade, assim oferecei, agora, os vossos membros para servirem a justiça, para a santificação.

²⁰ Porque, quando éreis escravos do pecado, estáveis isentos*a* em relação à justiça.

²¹ Naquele tempo, que resultados colhestes? Somente as cousas de que, agora, vos envergonhais; porque o fim delas é morte.

²² Agora, porém, libertados do pecado, transformados em servos de Deus, tendes o vosso fruto para a santificação e, por fim, a vida eterna;

²³ porque o salário do pecado é a morte, mas o dom gratuito de Deus é a vida eterna em Cristo Jesus, nosso Senhor.

A analogia do casamento

7 Porventura, ignorais, irmãos (pois falo aos que conhecem a lei), que a lei tem domínio sobre o homem toda a sua vida?

² Ora, a mulher casada está ligada pela lei ao marido, enquanto ele vive; mas, se o mesmo morrer, desobrigada ficará da lei conjugal.

³ De sorte que será considerada adúltera se, vivendo ainda o marido, unir-se com outro homem; porém, se morrer o marido,

---

*a*isentos; *isto é, no original,* forros

estará livre da lei e não será adúltera se contrair novas núpcias.

⁴ Assim, meus irmãos, também vós morrestes relativamente à lei, por meio do corpo de Cristo, para pertencerdes a outro, a saber, aquele que ressuscitou dentre os mortos, para que frutifiquemos para Deus.

⁵ Porque, quando vivíamos segundo a carne, as paixões pecaminosas postas em realce pela lei operavam em nossos membros, a fim de frutificarem para a morte.

⁶ Agora, porém, libertados da lei, estamos mortos para aquilo a que estávamos sujeitos, de modo que servimos em novidade de espírito e não na caducidade da letra.

A lei e o pecado

⁷ Que diremos, pois? É a lei pecado? De modo nenhum! Mas eu não teria conhecido o pecado, senão por intermédio da lei; pois não teria eu conhecido a cobiça, se a lei não dissera:

Não cobiçarás.

⁸ Mas o pecado, tomando ocasião pelo mandamento, despertou em mim toda sorte de concupiscência; porque, sem lei, está morto o pecado.

⁹ Outrora, sem a lei, eu vivia; mas, sobrevindo o preceito, reviveu o pecado, e eu morri.

¹⁰ E o mandamento que me fora para vida, verifiquei que este mesmo se me tornou para morte.

¹¹ Porque o pecado, prevalecendo-se do mandamento, pelo mesmo mandamento, me enganou e me matou.

¹² Por conseguinte, a lei é santa; e o mandamento, santo, e justo, e bom.

¹³ Acaso o bom se me tornou em morte? De modo nenhum! Pelo contrário, o pecado, para revelar-se como pecado, por meio de uma cousa boa, causou-me a morte, a fim de que, pelo mandamento, se mostrasse sobremaneira maligno.

¹⁴ Porque bem sabemos que a lei é espiritual; eu, todavia, sou carnal, vendido à escravidão do pecado.

¹⁵ Porque nem mesmo compreendo o meu próprio modo de agir, pois não faço o que prefiro e sim o que detesto.

¹⁶ Ora, se faço o que não quero, consinto com a lei, que é boa.

¹⁷ Neste caso, quem faz isto já não sou eu, mas o pecado que habita em mim.

¹⁸ Porque eu sei que em mim, isto é, na minha carne, não habita bem nenhum, pois

o querer o bem está em mim; não, porém, o efetuá-lo.

¹⁹ Porque não faço o bem que prefiro, mas o mal que não quero, esse faço.

²⁰ Mas, se eu faço o que não quero, já não sou eu quem o faz, e sim o pecado que habita em mim.

²¹ Então, ao querer fazer o bem, encontro a lei de que o mal reside em mim.

²² Porque, no tocante ao homem interior, tenho prazer na lei de Deus;

²³ mas vejo, nos meus membros, outra lei que, guerreando contra a lei da minha mente, me faz prisioneiro da lei do pecado que está nos meus membros.

²⁴ Desventurado homem que sou! Quem me livrará do corpo desta morte?

²⁵ Graças a Deus por Jesus Cristo, nosso Senhor. De maneira que eu, de mim mesmo, com a mente, sou escravo da lei de Deus, mas, segundo a carne, da lei do pecado.

Nenhuma condenação.
O pendor do Espírito

8 Agora, pois, já nenhuma condenação há para os que estão em Cristo Jesus.

² Porque a lei do Espírito da vida, em Cristo Jesus, te livrou da lei do pecado e da morte.

³ Porquanto o que fora impossível à lei, no que estava enferma pela carne, isso fez Deus enviando o seu próprio Filho em semelhança de carne pecaminosa e no tocante ao pecado; e, com efeito, condenou Deus, na carne, o pecado,

⁴ a fim de que o preceito da lei se cumprisse em nós, que não andamos segundo a carne, mas segundo o Espírito.

⁵ Porque os que se inclinam para a carne cogitam das cousas da carne; mas os que se inclinam para o Espírito, das cousas do Espírito.

⁶ Porque o pendor da carne dá para a morte, mas o do Espírito, para a vida e paz.

⁷ Por isso, o pendor da carne é inimizade contra Deus, pois não está sujeito à lei de Deus, nem mesmo pode estar.

⁸ Portanto, os que estão na carne não podem agradar a Deus.

⁹ Vós, porém, não estais na carne, mas no Espírito, se, de fato, o Espírito de Deus habita em vós. E, se alguém não tem o Espírito de Cristo, esse tal não é dele.

¹⁰ Se, porém, Cristo está em vós, o corpo, na verdade, está morto por causa do pe-

7.7-25 Gl 5.16-26.   7.7 Êx 20.17; Dt 5.21.

cado, mas o espírito é vida, por causa da justiça.

11 Se habita em vós o Espírito daquele que ressuscitou a Jesus dentre os mortos, esse mesmo que ressuscitou a Cristo Jesus dentre os mortos vivificará também o vosso corpo mortal, por meio do seu Espírito, que em vós habita.

Filhos e herdeiros

12 Assim, pois, irmãos, somos devedores, não à carne como se constrangidos a viver segundo a carne.

13 Porque, se viverdes segundo a carne, caminhais para a morte; mas, se, pelo Espírito, mortificardes os feitos do corpo, certamente, vivereis.

14 Pois todos os que são guiados pelo Espírito de Deus são filhos de Deus.

15 Porque não recebestes o espírito de escravidão, para viverdes, outra vez, atemorizados, mas recebestes o espírito de adoção, baseados no qual clamamos: Aba[b], Pai.

16 O próprio Espírito testifica com o nosso espírito que somos filhos de Deus.

17 Ora, se somos filhos, somos também herdeiros, herdeiros de Deus e co-herdeiros com Cristo; se com ele sofremos, também com ele seremos glorificados.

Os sofrimentos do presente e as glórias do porvir

18 Porque para mim tenho por certo que os sofrimentos do tempo presente não podem ser comparados com a glória a ser revelada em nós.

19 A ardente expectativa da criação aguarda a revelação dos filhos de Deus.

20 Pois a criação está sujeita à vaidade, não voluntariamente, mas por causa daquele que a sujeitou,

21 na esperança de que a própria criação será redimida do cativeiro da corrupção, para a liberdade da glória dos filhos de Deus.

22 Porque sabemos que toda a criação, a um só tempo, geme e suporta angústias até agora.

23 E não somente ela, mas também nós, que temos as primícias do Espírito, igualmente gememos em nosso íntimo, aguardando a adoção de filhos, a redenção do nosso corpo.

24 Porque, na esperança, fomos salvos. Ora, esperança que se vê não é esperança; pois o que alguém vê, como o espera?

25 Mas, se esperamos o que não vemos, com paciência o aguardamos.

A intercessão do Espírito

26 Também o Espírito, semelhantemente, nos assiste em nossa fraqueza; porque não sabemos orar como convém, mas o mesmo Espírito intercede por nós sobremaneira, com gemidos inexprimíveis.

27 E aquele que sonda os corações sabe qual é a mente do Espírito, porque segundo a vontade de Deus é que ele intercede pelos santos.

28 Sabemos que todas as cousas cooperam para o bem daqueles que amam a Deus, daqueles que são chamados segundo o seu propósito.

29 Porquanto aos que de antemão conheceu, também os predestinou para serem conformes à imagem de seu Filho, a fim de que ele seja o primogênito entre muitos irmãos.

30 E aos que predestinou, a esses também chamou; e aos que chamou, a esses também justificou; e aos que justificou, a esses também glorificou.

As provas e a certeza do amor de Deus

31 Que diremos, pois, à vista destas cousas? Se Deus é por nós, quem será contra nós?

32 Aquele que não poupou o seu próprio Filho, antes, por todos nós o entregou, porventura, não nos dará graciosamente com ele todas as cousas?

33 Quem intentará acusação contra os eleitos de Deus? É Deus quem os justifica.

34 Quem os condenará? É Cristo Jesus quem morreu ou, antes, quem ressuscitou, o qual está à direita de Deus e também intercede por nós.

35 Quem nos separará do amor de Cristo? Será tribulação, ou angústia, ou perseguição, ou fome, ou nudez, ou perigo, ou espada?

36 Como está escrito:

Por amor de ti, somos entregues à morte o dia todo, fomos considerados como ovelhas para o matadouro.

37 Em todas estas cousas, porém, somos

---

[b]Aba; *no original,* Pai

8.14-17 Gl 4.1-7.   8.36 Sl 44.22.

mais que vencedores, por meio daquele que nos amou.

38 Porque eu estou bem certo de que nem a morte, nem a vida, nem os anjos, nem os principados, nem as cousas do presente, nem do porvir, nem os poderes,

39 nem a altura, nem a profundidade, nem qualquer outra criatura poderá separar-nos do amor de Deus, que está em Cristo Jesus, nosso Senhor.

Paulo e a incredulidade dos judeus

9 Digo a verdade em Cristo, não minto, testemunhando comigo, no Espírito Santo, a minha própria consciência:

2 tenho grande tristeza e incessante dor no coração;

3 porque eu mesmo desejaria ser anátema, separado de Cristo, por amor de meus irmãos, meus compatriotas, segundo a carne.

4 São israelitas. Pertence-lhes a adoção e também a glória, as alianças, a legislação, o culto e as promessas;

5 deles são os patriarcas, e também deles descende o Cristo, segundo a carne, o qual é sobre todos, Deus bendito para todo o sempre. Amém.

A rejeição de Israel não é incompatível com as promessas de Deus

6 E não pensemos que a palavra de Deus haja falhado, porque nem todos os de Israel são, de fato, israelitas;

7 nem por serem descendentes de Abraão são todos seus filhos; mas:
Em Isaque será chamada a tua descendência.

8 Isto é, estes filhos de Deus não são propriamente os da carne, mas devem ser considerados como descendência os filhos da promessa.

9 Porque a palavra da promessa é esta:
Por esse tempo, virei, e Sara terá um filho.

10 E não ela somente, mas também Rebeca, ao conceber de um só, Isaque, nosso pai.

11 E ainda não eram os gêmeos nascidos, nem tinham praticado o bem ou o mal (para que o propósito de Deus, quanto à eleição, prevalecesse, não por obras, mas por aquele que chama),

12 já fora dito a ela:

O mais velho será servo do mais moço.

13 Como está escrito:
Amei Jacó, porém me aborreci de Esaú.

A rejeição de Israel não é incompatível com a justiça de Deus

14 Que diremos, pois? Há injustiça da parte de Deus? De modo nenhum!

15 Pois ele diz a Moisés:
Terei misericórdia de quem me aprouver ter misericórdia e compadecer-me-ei de quem me aprouver ter compaixão.

16 Assim, pois, não depende de quem quer ou de quem corre, mas de usar Deus a sua misericórdia.

17 Porque a Escritura diz a Faraó:
Para isto mesmo te levantei, para mostrar em ti o meu poder e para que o meu nome seja anunciado por toda a terra.

18 Logo, tem ele misericórdia de quem quer e também endurece a quem lhe apraz.

A soberania de Deus

19 Tu, porém, me dirás: De que se queixa ele ainda? Pois quem jamais resistiu à sua vontade?

20 Quem és tu, ó homem, para discutires com Deus?! Porventura, pode o objeto perguntar a quem o fez: Por que me fizeste assim?

21 Ou não tem o oleiro direito sobre a massa, para do mesmo barro fazer um vaso para honra e outro, para desonra?

22 Que diremos, pois, se Deus, querendo mostrar a sua ira e dar a conhecer o seu poder, suportou com muita longanimidade os vasos de ira, preparados para a perdição,

23 a fim de que também desse a conhecer as riquezas da sua glória em vasos de misericórdia, que para glória preparou de antemão,

24 os quais somos nós, a quem também chamou, não só dentre os judeus, mas também dentre os gentios?

25 Assim como também diz em Oséias:
Chamarei povo meu ao que não era meu povo; e amada, à que não era amada;

26 e no lugar em que se lhes disse: Vós

9.7 Gn 21.12.   **9.9** Gn 18.10.   **9.12** Gn 25.23.   **9.13** Ml 1.2,3.   **9.15** Êx 33.19.   **9.17** Êx 9.16.
9.20 Is 45.9.   **9.25** Os 2.23.   **9.26** Os 1.10.

não sois meu povo, ali mesmo serão chamados filhos do Deus vivo.

27 Mas, relativamente a Israel, dele clama Isaías:

Ainda que o número dos filhos de Israel seja como a areia do mar, o remanescente é que será salvo.

28 Porque o Senhor cumprirá a sua palavra sobre a terra, cabalmente e em breve;

29 como Isaías já disse:

Se o Senhor dos Exércitos não nos tivesse deixado descendência, ter-nos-íamos tornado como Sodoma e semelhantes a Gomorra.

Israel é responsável pela sua rejeição

30 Que diremos, pois? Que os gentios, que não buscavam a justificação, vieram a alcançá-la, todavia, a que decorre da fé;

31 e Israel, que buscava a lei de justiça, não chegou a atingir essa lei.

32 Por quê? Porque não decorreu da fé e sim como que das obras. Tropeçaram na pedra de tropeço,

33 como está escrito:

Eis que ponho em Sião uma pedra de tropeço e rocha de escândalo, e aquele que nela crê não será confundido.

Os judeus rejeitam a justiça de Deus

10 Irmãos, a boa vontade do meu coração e a minha súplica a Deus a favor deles são para que sejam salvos.

2 Porque lhes dou testemunho de que eles têm zelo por Deus, porém não com entendimento.

3 Porquanto, desconhecendo a justiça de Deus e procurando estabelecer a sua própria, não se sujeitaram à que vem de Deus.

4 Porque o fim da lei é Cristo, para justiça de todo aquele que crê.

5 Ora, Moisés escreveu que o homem que praticar a justiça decorrente da lei viverá por ela.

6 Mas a justiça decorrente da fé assim diz:

Não perguntes em teu coração: Quem subirá ao céu?,

isto é, para trazer do alto a Cristo

7 ou:

Quem descerá ao abismo?,

isto é, para levantar Cristo dentre os mortos.

8 Porém que se diz?

A palavra está perto de ti, na tua boca e no teu coração;

isto é, a palavra da fé que pregamos.

9 Se, com a tua boca, confessares Jesus como Senhor e, em teu coração, creres que Deus o ressuscitou dentre os mortos, serás salvo.

10 Porque com o coração se crê para justiça e com a boca se confessa a respeito da salvação.

11 Porquanto a Escritura diz:

Todo aquele que nele crê não será confundido.

12 Pois não há distinção entre judeu e grego, uma vez que o mesmo é o Senhor de todos, rico para com todos os que o invocam.

13 Porque:

Todo aquele que invocar o nome do Senhor será salvo.

14 Como, porém, invocarão aquele em quem não creram? E como crerão naquele de quem nada ouviram? E como ouvirão, se não há quem pregue?

15 E como pregarão, se não forem enviados? Como está escrito:

Quão formosos são os pés dos que anunciam cousas boas!

Israel não pode alegar falta de oportunidade

16 Mas nem todos obedeceram ao evangelho; pois Isaías diz:

Senhor, quem acreditou na nossa pregação?

17 E, assim, a fé vem pela pregação, e a pregação, pela palavra de Cristo.

18 Mas pergunto: Porventura, não ouviram? Sim, por certo:

Por toda a terra se fez ouvir a sua voz, e as suas palavras, até aos confins do mundo.

19 Pergunto mais: Porventura, não terá chegado isso ao conhecimento de Israel? Moisés já dizia:

Eu vos porei em ciúmes com um povo que não é nação, com gente insensata eu vos provocarei à ira.

20 E Isaías a mais se atreve e diz:

Fui achado pelos que não me procuravam, revelei-me aos que não perguntavam por mim.

9.27,28 Is 10.22,23.   **9.29** Is 1.9.   **9.33** Is 28.16.   **10.5** Lv 18.5.   **10.6-8** Dt 30.12-14.   **10.11** Is 28.16.   **10.13** Jl 2.32.   **10.15** Is 52.7.   **10.16** Is 53.1.   **10.18** Sl 19.4.   **10.19** Dt 32.21.   **10.20,21** Is 65.1,2.

²¹ Quanto a Israel, porém, diz:
Todo o dia estendi as mãos a um povo rebelde e contradizente.

O futuro de Israel

11 Pergunto, pois: terá Deus, porventura, rejeitado o seu povo? De modo nenhum! Porque eu também sou israelita da descendência de Abraão, da tribo de Benjamim.
² Deus não rejeitou o seu povo, a quem de antemão conheceu. Ou não sabeis o que a Escritura refere a respeito de Elias, como insta perante Deus contra Israel, dizendo:
³ Senhor, mataram os teus profetas, arrasaram os teus altares, e só eu fiquei, e procuram tirar-me a vida.
⁴ Que lhe disse, porém, a resposta divina? Reservei para mim sete mil homens, que não dobraram os joelhos diante de Baal.
⁵ Assim, pois, também agora, no tempo de hoje, sobrevive um remanescente segundo a eleição da graça.
⁶ E, se é pela graça, já não é pelas obras; do contrário, a graça já não é graça.
⁷ Que diremos, pois? O que Israel busca, isso não conseguiu; mas a eleição o alcançou; e os mais foram endurecidos,
⁸ como está escrito:
Deus lhes deu espírito de entorpecimento, olhos para não ver e ouvidos para não ouvir, até ao dia de hoje.
⁹ E diz Davi:
Torne-se-lhes a mesa em laço e armadilha, em tropeço e punição;
¹⁰ escureçam-se-lhes os olhos, para que não vejam, e fiquem para sempre encurvadas as suas costas.

A rejeição de Israel não é final

¹¹ Pergunto, pois: porventura, tropeçaram para que caíssem? De modo nenhum! Mas, pela sua transgressão, veio a salvação aos gentios, para pô-los em ciúmes.
¹² Ora, se a transgressão deles redundou em riqueza para o mundo, e o seu abatimento, em riqueza para os gentios, quanto mais a sua plenitude!
¹³ Dirijo-me a vós outros, que sois gentios! Visto, pois, que eu sou apóstolo dos gentios, glorifico o meu ministério,
¹⁴ para ver se, de algum modo, posso incitar à emulação os do meu povo e salvar alguns deles.

¹⁵ Porque, se o fato de terem sido eles rejeitados trouxe reconciliação ao mundo, que será o seu restabelecimento, senão vida dentre os mortos?
¹⁶ E, se forem santas as primícias da massa, igualmente o será a sua totalidade; se for santa a raiz, também os ramos o serão.
¹⁷ Se, porém, alguns dos ramos foram quebrados, e tu, sendo oliveira brava, foste enxertado em meio deles e te tornaste participante da raiz e da seiva da oliveira,
¹⁸ não te glories contra os ramos; porém, se te gloriares, sabe que não és tu que sustentas a raiz, mas a raiz, a ti.
¹⁹ Dirás, pois: Alguns ramos foram quebrados, para que eu fosse enxertado.
²⁰ Bem! Pela sua incredulidade, foram quebrados; tu, porém, mediante a fé, estás firme. Não te ensoberbeças, mas teme.
²¹ Porque, se Deus não poupou os ramos naturais, também não te poupará.
²² Considerai, pois, a bondade e a severidade de Deus: para com os que caíram, severidade; mas, para contigo, a bondade de Deus, se nela permaneceres; doutra sorte, também tu serás cortado.
²³ Eles também, se não permanecerem na incredulidade, serão enxertados; pois Deus é poderoso para os enxertar de novo.
²⁴ Pois, se foste cortado da que, por natureza, era oliveira brava e, contra a natureza, enxertado em boa oliveira, quanto mais não serão enxertados na sua própria oliveira aqueles que são ramos naturais!

O último desígnio de Deus é misericórdia para com todos

²⁵ Porque não quero, irmãos, que ignoreis este mistério (para que não sejais presumidos em vós mesmos): que veio endurecimento em parte a Israel, até que haja entrado a plenitude dos gentios.
²⁶ E, assim, todo o Israel será salvo, como está escrito:
Virá de Sião o Libertador e ele apartará de Jacó as impiedades.
²⁷ Esta é a minha aliança com eles, quando eu tirar os seus pecados.
²⁸ Quanto ao evangelho, são eles inimigos por vossa causa; quanto, porém, à eleição, amados por causa dos patriarcas;
²⁹ porque os dons e a vocação de Deus são irrevogáveis.
³⁰ Porque assim como vós também, ou-

11.1 Fp 3.5. **11.3** 1Rs 19.10,14. **11.4** 1Rs 19.18. **11.8** Is 29.10. **11.9,10** Sl 69.22,23. **11.26** Is 59.20,21. **11.27** Jr 31.33,34.

trora, fostes desobedientes a Deus, mas, agora alcançastes misericórdia, à vista da desobediência deles,

³¹ assim também estes, agora, foram desobedientes, para que, igualmente, eles alcancem misericórdia, à vista da que vos foi concedida.

³² Porque Deus a todos encerrou na desobediência, a fim de usar de misericórdia para com todos.

A maravilhosa sabedoria dos desígnios divinos

³³ Ó profundidade da riqueza, tanto da sabedoria como do conhecimento de Deus! Quão insondáveis são os seus juízos, e quão inescrutáveis, os seus caminhos!

³⁴ Quem, pois, conheceu a mente do Senhor? Ou quem foi o seu conselheiro?

³⁵ Ou quem primeiro deu a ele para que lhe venha a ser restituído?

³⁶ Porque dele, e por meio dele, e para ele são todas as cousas. A ele, pois, a glória eternamente. Amém.

A nova vida

12 Rogo-vos, pois, irmãos, pelas misericórdias de Deus, que apresenteis o vosso corpo por sacrifício vivo, santo e agradável a Deus, que é o vosso culto racional.

² E não vos conformeis com este século, mas transformai-vos pela renovação da vossa mente, para que experimenteis qual seja a boa, agradável e perfeita vontade de Deus.

O devido uso de dons espirituais

³ Porque, pela graça que me foi dada, digo a cada um dentre vós que não pense de si mesmo além do que convém; antes, pense com moderação, segundo a medida da fé que Deus repartiu a cada um.

⁴ Porque assim como num só corpo temos muitos membros, mas nem todos os membros têm a mesma função,

⁵ assim também nós, conquanto muitos, somos um só corpo em Cristo e membros uns dos outros,

⁶ tendo, porém, diferentes dons segundo a graça que nos foi dada: se profecia, seja segundo a proporção da fé;

⁷ se ministério, dediquemo-nos ao ministério; ou o que ensina esmere-se no fazê-lo;

⁸ ou o que exorta faça-o com dedicação; o que contribui, com liberalidade; o que preside, com diligência; quem exerce misericórdia, com alegria.

As virtudes recomendadas

⁹ O amor seja sem hipocrisia. Detestai o mal, apegando-vos ao bem.

¹⁰ Amai-vos cordialmente uns aos outros com amor fraternal, preferindo-vos em honra uns aos outros.

¹¹ No zelo, não sejais remissos; sede fervorosos de espírito, servindo ao Senhor;

¹² regozijai-vos na esperança, sede pacientes na tribulação, na oração, perseverantes;

¹³ compartilhai as necessidades dos santos; praticai a hospitalidade;

¹⁴ abençoai os que vos perseguem, abençoai e não amaldiçoeis.

¹⁵ Alegrai-vos com os que se alegram e chorai com os que choram.

¹⁶ Tende o mesmo sentimento uns para com os outros; em lugar de serdes orgulhosos, condescendei com o que é humilde; não sejais sábios aos vossos próprios olhos.

¹⁷ Não torneis a ninguém mal por mal; esforçai-vos por fazer o bem perante todos os homens;

¹⁸ se possível, quanto depender de vós, tende paz com todos os homens;

¹⁹ não vos vingueis a vós mesmos, amados, mas dai lugar à ira^c; porque está escrito:

A mim me pertence a vingança; eu é que retribuirei, diz o Senhor.

²⁰ Pelo contrário, se o teu inimigo tiver fome, dá-lhe de comer; se tiver sede, dá-lhe de beber; porque, fazendo isto, amontoarás brasas vivas sobre a sua cabeça.

²¹ Não te deixes vencer do mal, mas vence o mal com o bem.

Da obediência às autoridades

13 Todo homem esteja sujeito às autoridades superiores; porque não há autoridade que não proceda de Deus; e as autoridades que existem foram por ele instituídas.

ᶜira; *de Deus, subentendido*

11.34 Is 40.13.   **11.35** Jó 41.11.   **12.1-8** 1Co 12.1-31a.   **12.14** Lc 6.28.   **12.16** Pv 3.7.
12.19 Dt 32.35.   **12.20** Pv 25.21,22.

² De modo que aquele que se opõe à autoridade resiste à ordenação de Deus; e os que resistem trarão sobre si mesmos condenação.

³ Porque os magistrados não são para temor, quando se faz o bem, e sim quando se faz o mal. Queres tu não temer a autoridade? Faze o bem e terás louvor dela,

⁴ visto que a autoridade é ministro de Deus para teu bem. Entretanto, se fizeres o mal, teme; porque não é sem motivo que ela traz a espada; pois é ministro de Deus, vingador, para castigar o que pratica o mal.

⁵ É necessário que lhe estejais sujeitos, não somente por causa do temor da punição, mas também por dever de consciência.

⁶ Por esse motivo, também pagais tributos, porque são ministros de Deus, atendendo, constantemente, a este serviço.

⁷ Pagai a todos o que lhes é devido: a quem tributo, tributo; a quem imposto, imposto; a quem respeito, respeito; a quem honra, honra.

O amor ao próximo é o cumprimento da lei

⁸ A ninguém fiqueis devendo cousa alguma, exceto o amor com que vos ameis uns aos outros; pois quem ama o próximo tem cumprido a lei.

⁹ Pois isto:
Não adulterarás, não matarás, não furtarás, não cobiçarás, e, se há qualquer outro mandamento, tudo nesta palavra se resume: Amarás o teu próximo como a ti mesmo.

¹⁰ O amor não pratica o mal contra o próximo; de sorte que o cumprimento da lei é o amor.

O dia está próximo

¹¹ E digo isto a vós outros que conheceis o tempo: já é hora de vos despertardes do sono; porque a nossa salvação está, agora, mais perto do que quando no princípio cremos.

¹² Vai alta a noite, e vem chegando o dia. Deixemos, pois, as obras das trevas e revistamo-nos das armas da luz.

¹³ Andemos dignamente, como em pleno dia, não em orgias e bebedices, não em impudicícias e dissoluções, não em contendas e ciúmes;

¹⁴ mas revesti-vos do Senhor Jesus Cristo e nada disponhais para a carne no tocante às suas concupiscências.

A tolerância para com os fracos na fé

14 Acolhei ao que é débil na fé, não, porém, para discutir opiniões.

² Um crê que de tudo pode comer, mas o débil come legumes;

³ quem come não despreze o que não come; e o que não come não julgue o que come, porque Deus o acolheu.

⁴ Quem és tu que julgas o servo alheio? Para o seu próprio senhor está em pé ou cai; mas estará em pé, porque o Senhor é poderoso para o suster.

⁵ Um faz diferença entre dia e dia; outro julga iguais todos os dias. Cada um tenha opinião bem definida em sua própria mente.

⁶ Quem distingue entre dia e dia para o Senhor o faz; e quem come para o Senhor come, porque dá graças a Deus; e quem não come para o Senhor não come e dá graças a Deus.

⁷ Porque nenhum de nós vive para si mesmo, nem morre para si.

⁸ Porque, se vivemos, para o Senhor vivemos; se morremos, para o Senhor morremos. Quer, pois, vivamos ou morramos, somos do Senhor.

⁹ Foi precisamente para esse fim que Cristo morreu e ressurgiu: para ser Senhor tanto de mortos como de vivos.

¹⁰ Tu, porém, por que julgas teu irmão? E tu, por que desprezas o teu? pois todos compareceremos perante o tribunal de Deus.

¹¹ Como está escrito:
Por minha vida, diz o Senhor, diante de mim se dobrará todo joelho, e toda língua dará louvores a Deus.

¹² Assim, pois, cada um de nós dará contas de si mesmo a Deus.

A liberdade e a caridade

¹³ Não nos julguemos mais uns aos outros; pelo contrário, tomai o propósito de não pordes tropeço ou escândalo ao vosso irmão.

¹⁴ Eu sei e estou persuadido, no Senhor Jesus, de que nenhuma cousa é de si mesma impura, salvo para aquele que assim a considera; para esse é impura.

¹⁵ Se, por causa de comida, o teu irmão

13.6,7 Mt 22.21; Mc 12.17; Lc 20.25.   13.9 Êx 20.14; Dt 5.18; Êx 20.13; Dt 5.17; Êx 20.15; Dt 5.19; Êx 20.17; Dt 5.21; Lv 19.18.   14.10 2Co 5.10.   14.11 Is 45.23.

se entristece, já não andas segundo o amor fraternal. Por causa da tua comida, não faças perecer aquele a favor de quem Cristo morreu.

16 Não seja, pois, vituperado o vosso bem.

17 Porque o reino de Deus não é comida nem bebida, mas justiça, e paz, e alegria no Espírito Santo.

18 Aquele que deste modo serve a Cristo é agradável a Deus e aprovado pelos homens.

19 Assim, pois, seguimos as cousas da paz e também as da edificação de uns para com os outros.

20 Não destruas a obra de Deus por causa da comida. Todas as cousas, na verdade, são limpas, mas é mau para o homem o comer com escândalo.

21 É bom não comer carne, nem beber vinho, nem fazer qualquer outra cousa com que teu irmão venha a tropeçar [ou se ofender ou se enfraquecer].

22 A fé que tens, tem-na para ti mesmo perante Deus. Bem-aventurado é aquele que não se condena naquilo que aprova.

23 Mas aquele que tem dúvidas é condenado se comer, porque o que faz não provém de fé; e tudo o que não provém de fé é pecado.

A imitação a Cristo.
A simpatia e o altruísmo

15 Ora, nós que somos fortes devemos suportar as debilidades dos fracos e não agradar-nos a nós mesmos.

2 Portanto, cada um de nós agrade ao próximo no que é bom para edificação.

3 Porque também Cristo não se agradou a si mesmo; antes, como está escrito:
As injúrias dos que te ultrajavam caíram sobre mim.

4 Pois tudo quanto, outrora, foi escrito para o nosso ensino foi escrito, a fim de que, pela paciência e pela consolação das Escrituras, tenhamos esperança.

5 Ora, o Deus da paciência e da consolação vos conceda o mesmo sentir de uns para com os outros, segundo Cristo Jesus,

6 para que concordemente e a uma voz glorifiqueis ao Deus e Pai de nosso Senhor Jesus Cristo.

7 Portanto, acolhei-vos uns aos outros, como também Cristo nos acolheu para a glória de Deus.

8 Digo, pois, que Cristo foi constituído ministro da circuncisão, em prol da verdade de Deus, para confirmar as promessas feitas aos nossos pais;

9 e para que os gentios glorifiquem a Deus por causa da sua misericórdia, como está escrito:
Por isso, eu te glorificarei entre os gentios e cantarei louvores ao teu nome.

10 E também diz:
Alegrai-vos, ó gentios, com o seu povo.

11 E ainda:
Louvai ao Senhor, vós todos os gentios, e todos os povos o louvem.

12 Também Isaías diz:
Haverá a raiz de Jessé, aquele que se levanta para governar os gentios; nele os gentios esperarão.

13 E o Deus da esperança vos encha de todo o gozo e paz no vosso crer, para que sejais ricos de esperança no poder do Espírito Santo.

A explicação de Paulo

14 E certo estou, meus irmãos, sim, eu mesmo, a vosso respeito, de que estais possuídos de bondade, cheios de todo o conhecimento, aptos para vos admoestardes uns aos outros.

15 Entretanto, vos escrevi em parte mais ousadamente, como para vos trazer isto de novo à memória, por causa da graça que me foi outorgada por Deus,

16 para que eu seja ministro de Cristo Jesus entre os gentios, no sagrado encargo de anunciar o evangelho de Deus, de modo que a oferta deles seja aceitável, uma vez santificada pelo Espírito Santo.

17 Tenho, pois, motivo de gloriar-me em Cristo Jesus nas cousas concernentes a Deus.

18 Porque não ousarei discorrer sobre cousa alguma, senão sobre aquelas que Cristo fez por meu intermédio, para conduzir os gentios à obediência, por palavra e por obras,

19 por força de sinais e prodígios, pelo poder do Espírito Santo; de maneira que, desde Jerusalém e circunvizinhanças até ao Ilírico, tenho divulgado o evangelho de Cristo,

20 esforçando-me, deste modo, por pregar o evangelho, não onde Cristo já fora

15.3 Sl 69.9.   15.9 2Sm 22.50; Sl 18.49.   15.10 Dt 32.43.   15.11 Sl 117.1.   15.12 Is 11.10.

anunciado, para não edificar sobre fundamento alheio;

²¹ antes, como está escrito:
Hão de vê-lo aqueles que não tiveram
notícia dele, e compreendê-lo os que
nada tinham ouvido a seu respeito.

Os planos de Paulo

²² Essa foi a razão por que também,
muitas vezes, me senti impedido de visitar-vos.

²³ Mas, agora, não tendo já campo de
atividade nestas regiões e desejando há
muito visitar-vos,

²⁴ penso em fazê-lo quando em viagem
para a Espanha, pois espero que, de passagem, estarei convosco e que para lá seja por
vós encaminhado, depois de haver primeiro desfrutado um pouco a vossa companhia.

²⁵ Mas, agora, estou de partida para Jerusalém, a serviço dos santos.

²⁶ Porque aprouve à Macedônia e à
Acaia levantar uma coleta em benefício dos
pobres dentre os santos que vivem em Jerusalém.

²⁷ Isto lhes pareceu bem, e mesmo lhes
são devedores; porque, se os gentios têm sido participantes dos valores espirituais dos
judeus, devem também servi-los com bens
materiais.

²⁸ Tendo, pois, concluído isto e havendo-lhes consignado este fruto, passando
por vós, irei à Espanha.

²⁹ E bem sei que, ao visitar-vos, irei na
plenitude da bênção de Cristo.

Paulo pede as orações

³⁰ Rogo-vos, pois, irmãos, por nosso
Senhor Jesus Cristo e também pelo amor
do Espírito, que luteis juntamente comigo
nas orações a Deus a meu favor,

³¹ para que eu me veja livre dos rebeldes
que vivem na Judéia, e que este meu serviço em Jerusalém seja bem aceito pelos
santos;

³² a fim de que, ao visitar-vos, pela vontade de Deus, chegue à vossa presença com
alegria e possa recrear-me convosco.

³³ E o Deus da paz seja com todos vós.
Amém.

Paulo recomenda a Febe

16 Recomendo-vos a nossa irmã Febe,
que está servindo à igreja de
Cencréia,

² para que a recebais no Senhor como
convém aos santos e a ajudeis em tudo que
de vós vier a precisar; porque tem sido pro-
tetora de muitos e de mim inclusive.

As saudações pessoais

³ Saudai Priscila e Áqüila, meus cooperadores em Cristo Jesus,

⁴ os quais pela minha vida arriscaram a
sua própria cabeça; e isto lhes agradeço,
não somente eu, mas também todas as igrejas dos gentios;

⁵ saudai igualmente a igreja que se reúne na casa deles. Saudai meu querido Epê-
neto, primícias da Ásia para Cristo.

⁶ Saudai Maria, que muito trabalhou
por vós.

⁷ Saudai Andrônico e Júnias, meus parentes e companheiros de prisão, os quais
são notáveis entre os apóstolos e estavam
em Cristo antes de mim.

⁸ Saudai Amplíato, meu dileto amigo
no Senhor.

⁹ Saudai Urbano, que é nosso cooperador em Cristo, e também meu amado Es-
táquis.

¹⁰ Saudai Apeles, aprovado em Cristo.
Saudai os da casa de Aristóbulo.

¹¹ Saudai meu parente Herodião. Saudai os da casa de Narciso, que estão no
Senhor.

¹² Saudai Trifena e Trifosa, as quais tra-
balhavam no Senhor. Saudai a estimada
Pérside, que também muito trabalhou no
Senhor.

¹³ Saudai Rufo, eleito no Senhor, e
igualmente a sua mãe, que também tem sido mãe para mim.

¹⁴ Saudai Asíncrito, Flegonte, Hermes,
Pátrobas, Hermas e os irmãos que se reúnem com eles.

¹⁵ Saudai Filólogo, Júlia, Nereu e sua irmã, Olimpas e todos os santos que se reúnem com eles.

¹⁶ Saudai-vos uns aos outros com ósculo santo. Todas as igrejas de Cristo vos
saúdam.

As admoestações

¹⁷ Rogo-vos, irmãos, que noteis bem
aqueles que provocam divisões e escândalos, em desacordo com a doutrina que
aprendestes; afastai-vos deles,

¹⁸ porque esses tais não servem a Cristo,
nosso Senhor, e sim a seu próprio ventre; e,

com suaves palavras e lisonjas, enganam o coração dos incautos.

¹⁹ Pois a vossa obediência é conhecida por todos; por isso, me alegro a vosso respeito; e quero que sejais sábios para o bem e símplices para o mal.

²⁰ E o Deus da paz, em breve, esmagará debaixo dos vossos pés a Satanás. A graça de nosso Senhor Jesus seja convosco.

As saudações dos companheiros

²¹ Saúda-vos Timóteo, meu cooperador, e Lúcio, Jasom e Sosípatro, meus parentes.

²² Eu, Tércio, que escrevi esta epístola, vos saúdo no Senhor.

²³ Saúda-vos Gaio, meu hospedeiro e de toda a igreja. Saúda-vos Erasto, tesoureiro da cidade, e o irmão Quarto.

²⁴ [A graça de nosso Senhor Jesus Cristo seja com todos vós. Amém.]

A doxologia

²⁵ Ora, àquele que é poderoso para vos confirmar segundo o meu evangelho e a pregação de Jesus Cristo, conforme a revelação do mistério guardado em silêncio nos tempos eternos,

²⁶ e que, agora, se tornou manifesto e foi dado a conhecer por meio das Escrituras proféticas, segundo o mandamento do Deus eterno, para a obediência por fé, entre todas as nações,

²⁷ ao Deus único e sábio seja dada glória, por meio de Jesus Cristo, pelos séculos dos séculos. Amém.

PRIMEIRA EPÍSTOLA DE PAULO AOS

CORÍNTIOS

Prefácio e saudação

1 Paulo, chamado pela vontade de Deus para ser apóstolo de Jesus Cristo, e o irmão Sóstenes,

² à igreja de Deus que está em Corinto, aos santificados em Cristo Jesus, chamados para ser santos, com todos os que em todo lugar invocam o nome de nosso Senhor Jesus Cristo, Senhor deles e nosso:

³ graça a vós outros e paz, da parte de Deus, nosso Pai, e do Senhor Jesus Cristo.

Ação de graças

⁴ Sempre dou graças a [meu] Deus a vosso respeito, a propósito da sua graça, que vos foi dada em Cristo Jesus;

⁵ porque, em tudo, fostes enriquecidos nele, em toda a palavra e em todo o conhecimento;

⁶ assim como o testemunho de Cristo tem sido confirmado em vós,

⁷ de maneira que não vos falte nenhum dom, aguardando vós a revelação de nosso Senhor Jesus Cristo;

⁸ o qual também vos confirmará até ao

fim, para serdes irrepreensíveis no Dia de nosso Senhor Jesus Cristo.

⁹ Fiel é Deus, pelo qual fostes chamados à comunhão de seu Filho Jesus Cristo, nosso Senhor.

Exortação à unidade

¹⁰ Rogo-vos, irmãos, pelo nome de nosso Senhor Jesus Cristo, que faleis todos a mesma cousa e que não haja entre vós divisões; antes, sejais inteiramente unidos, na mesma disposição mental e no mesmo parecer.

¹¹ Pois a vosso respeito, meus irmãos, fui informado, pelos da casa de Cloe, de que há contendas entre vós.

¹² Refiro-me ao fato de cada um de vós dizer: Eu sou de Paulo, e eu, de Apolo, e eu, de Cefas, e eu, de Cristo.

¹³ Acaso Cristo está dividido? Foi Paulo crucificado em favor de vós ou fostes, porventura, batizados em nome de Paulo?

¹⁴ Dou graças [a Deus] porque a nenhum de vós batizei, exceto Crispo e Gaio;

¹⁵ para que ninguém diga que fostes batizados em meu nome.

16.21 At 16.1.   16.23 At 19.29; 1Co 1.14; 2Tm 4.20. Rm 16.23.   1.2 At 18.1.   1.12 At 18.24.   1.14 At 18.8; 19.29;

¹⁶ Batizei também a casa de Estéfanas; além destes, não me lembro se batizei algum outro.

¹⁷ Porque não me enviou Cristo para batizar, mas para pregar o evangelho; não com sabedoria de palavra, para que se não anule a cruz de Cristo.

A mensagem da cruz

¹⁸ Certamente, a palavra da cruz é loucura para os que se perdem, mas para nós, que somos salvos, poder de Deus.

¹⁹ Pois está escrito:

Destruirei a sabedoria dos sábios e aniquilarei a inteligência dos instruídos.

²⁰ Onde está o sábio? Onde, o escriba? Onde, o inquiridor deste século? Porventura, não tornou Deus louca a sabedoria do mundo?

²¹ Visto como, na sabedoria de Deus, o mundo não o conheceu por sua própria sabedoria, aprouve a Deus salvar os que crêem pela loucura da pregação.

²² Porque tanto os judeus pedem sinais, como os gregos buscam sabedoria;

²³ mas nós pregamos a Cristo crucificado, escândalo para os judeus, loucura para os gentios;

²⁴ mas para os que foram chamados, tanto judeus como gregos, pregamos a Cristo, poder de Deus e sabedoria de Deus.

²⁵ Porque a loucura de Deus é mais sábia do que os homens; e a fraqueza de Deus é mais forte do que os homens.

A vocação dos santos

²⁶ Irmãos, reparai, pois, na vossa vocação; visto que não foram chamados muitos sábios segundo a carne, nem muitos poderosos, nem muitos de nobre nascimento;

²⁷ pelo contrário, Deus escolheu as cousas loucas do mundo para envergonhar os sábios e escolheu as cousas fracas do mundo para envergonhar as fortes;

²⁸ e Deus escolheu as cousas humildes do mundo, e as desprezadas, e aquelas que não são, para reduzir a nada as que são;

²⁹ a fim de que ninguém se vanglorie na presença de Deus.

Valores de Cristo

³⁰ Mas vós sois dele, em Cristo Jesus, o

qual se nos tornou da parte de Deus sabedoria, e justiça, e santificação, e redenção,

³¹ para que, como está escrito:

Aquele que se gloria, glorie-se no Senhor.

O caráter da pregação de Paulo

2 Eu, irmãos, quando fui ter convosco, anunciando-vos o testemunho de Deus, não o fiz com ostentação de linguagem ou de sabedoria.

² Porque decidi nada saber entre vós, senão a Jesus Cristo e este crucificado.

³ E foi em fraqueza, temor e grande tremor que eu estive entre vós.

⁴ A minha palavra e a minha pregação não consistiram em linguagem persuasiva de sabedoria, mas em demonstração do Espírito e de poder,

⁵ para que a vossa fé não se apoiasse em sabedoria humana e sim no poder de Deus.

A verdadeira sabedoria.
O ensino do Espírito Santo

⁶ Entretanto, expomos sabedoria entre os experimentados; não, porém, a sabedoria deste século, nem a dos poderosos desta época, que se reduzem a nada;

⁷ mas falamos a sabedoria de Deus em mistério, outrora oculta, a qual Deus preordenou desde a eternidade para a nossa glória;

⁸ sabedoria essa que nenhum dos poderosos deste século conheceu; porque, se a tivessem conhecido, jamais teriam crucificado o Senhor da glória;

⁹ mas, como está escrito:

Nem olhos viram, nem ouvidos ouviram, nem jamais penetrou em coração humano o que Deus tem preparado para aqueles que o amam.

¹⁰ Mas Deus no-lo revelou pelo Espírito; porque o Espírito a todas as cousas perscruta, até mesmo as profundezas de Deus.

¹¹ Porque qual dos homens sabe as cousas do homem, senão o seu próprio espírito, que nele está? Assim, também as cousas de Deus, ninguém as conhece, senão o Espírito de Deus.

¹² Ora, nós não temos recebido o espírito do mundo e sim o Espírito que vem de Deus, para que conheçamos o que por Deus nos foi dado gratuitamente.

¹³ Disto também falamos, não em pala-

1.16 1Co 16.15.   1.19 Is 29.14.   1.20 Is 44.25.   1.31 Jr 9.24.   2.3 At 18.9.   2.9 Is 64.4.

vras ensinadas pela sabedoria humana, mas ensinadas pelo Espírito, conferindo cousas espirituais com espirituais.

14 Ora, o homem natural não aceita as cousas do Espírito de Deus, porque lhe são loucura; e não pode entendê-las, porque elas se discernem espiritualmente.

15 Porém o homem espiritual julga todas as cousas, mas ele mesmo não é julgado por ninguém.

16 Pois quem conheceu a mente do Senhor, que o possa instruir? Nós, porém, temos a mente de Cristo.

As dissensões demonstram a falta de espiritualidade

3 Eu, porém, irmãos, não vos pude falar como a espirituais e sim como a carnais, como a crianças em Cristo.

2 Leite vos dei a beber, não vos dei alimento sólido; porque ainda não podíeis suportá-lo. Nem ainda agora podeis, porque ainda sois carnais.

3 Porquanto, havendo entre vós ciúmes e contendas, não é assim que sois carnais e andais segundo o homem?

4 Quando, pois, alguém diz: Eu sou de Paulo, e outro: Eu, de Apolo, não é evidente que andais segundo os homens?

5 Quem é Apolo? E quem é Paulo? Servos por meio de quem crestes, e isto conforme o Senhor concedeu a cada um.

6 Eu plantei, Apolo regou; mas o crescimento veio de Deus.

7 De modo que nem o que planta é alguma cousa, nem o que rega, mas Deus, que dá o crescimento.

8 Ora, o que planta e o que rega são um; e cada um receberá o seu galardão, segundo o seu próprio trabalho.

9 Porque de Deus somos cooperadores; lavoura de Deus, edifício de Deus sois vós.

A responsabilidade dos que ensinam

10 Segundo a graça de Deus que me foi dada, lancei o fundamento como prudente construtor; e outro edifica sobre ele. Porém cada um veja como edifica.

11 Porque ninguém pode lançar outro fundamento, além do que foi posto, o qual é Jesus Cristo.

12 Contudo, se o que alguém edifica sobre o fundamento é ouro, prata, pedras preciosas, madeira, feno, palha,

13 manifesta se tornará a obra de cada um; pois o Dia a demonstrará, porque está sendo revelada pelo fogo; e qual seja a obra de cada um o próprio fogo o provará.

14 Se permanecer a obra de alguém que sobre o fundamento edificou, esse receberá galardão;

15 se a obra de alguém se queimar, sofrerá ele dano; mas esse mesmo será salvo, todavia, como que através do fogo.

16 Não sabeis que sois santuário de Deus e que o Espírito de Deus habita em vós?

17 Se alguém destruir o santuário de Deus, Deus o destruirá; porque o santuário de Deus, que sois vós, é sagrado.

A sabedoria humana sem valor

18 Ninguém se engane a si mesmo: se alguém dentre vós se tem por sábio neste século, faça-se estulto para se tornar sábio.

19 Porque a sabedoria deste mundo é loucura diante de Deus; porquanto está escrito:

Ele apanha os sábios na própria astúcia deles.

20 E outra vez:

O Senhor conhece os pensamentos dos sábios, que são pensamentos vãos.

21 Portanto, ninguém se glorie nos homens; porque tudo é vosso:

22 seja Paulo, seja Apolo, seja Cefas, seja o mundo, seja a vida, seja a morte, sejam as cousas presentes, sejam as futuras, tudo é vosso,

23 e vós, de Cristo, e Cristo, de Deus.

Os pregadores responsáveis a Deus

4 Assim, pois, importa que os homens nos considerem como ministros de Cristo e despenseiros dos mistérios de Deus.

2 Ora, além disso, o que se requer dos despenseiros é que cada um deles seja encontrado fiel.

3 Todavia, a mim mui pouco se me dá de ser julgado por vós ou por tribunal[a] humano; nem eu tampouco julgo a mim mesmo.

---

[a]tribunal; *no original,* dia

2.16 Is 40.13.   **3.2** Hb 5.12,13.   **3.4** 1Co 1.12.   **3.6** At 18.4-11,24-28.   **3.16,17** 1Co 6.19; 2Co 6.16.
3.19 Jó 5.13.   **3.20** Sl 94.11.

⁴ Porque de nada me argúi a consciência; contudo, nem por isso me dou por justificado, pois quem me julga é o Senhor.
⁵ Portanto, nada julgueis antes do tempo, até que venha o Senhor, o qual não somente trará à plena luz as cousas ocultas das trevas, mas também manifestará os desígnios dos corações; e, então, cada um receberá o seu louvor da parte de Deus.

Uma reprovação severa

⁶ Estas cousas, irmãos, apliquei-as figuradamente a mim mesmo e a Apolo, por vossa causa, para que por nosso exemplo aprendais isto: não ultrapasseis o que está escrito; a fim de que ninguém se ensoberbeça a favor de um em detrimento de outro.
⁷ Pois quem é que te faz sobressair? E que tens tu que não tenhas recebido? E, se o recebeste, por que te vanglorias, como se o não tiveras recebido?
⁸ Já estais fartos, já estais ricos; chegastes a reinar sem nós; sim, tomara reinásseis para que também nós viéssemos a reinar convosco.
⁹ Porque a mim me parece que Deus nos pôs a nós, os apóstolos, em último lugar, como se fôssemos condenados à morte; porque nos tornamos espetáculo ao mundo, tanto a anjos, como a homens.
¹⁰ Nós somos loucos por causa de Cristo, e vós, sábios em Cristo; nós, fracos, e vós, fortes; vós, nobres, e nós, desprezíveis.
¹¹ Até à presente hora, sofremos fome, e sede, e nudez; e somos esbofeteados, e não temos morada certa,
¹² e nos afadigamos, trabalhando com as nossas próprias mãos. Quando somos injuriados, bendizemos; quando perseguidos, suportamos;
¹³ quando caluniados, procuramos conciliação; até agora, temos chegado a ser considerados lixo do mundo, escória de todos.

Paulo os admoesta como pai

¹⁴ Não vos escrevo estas cousas para vos envergonhar; pelo contrário, para vos admoestar como a filhos meus amados.
¹⁵ Porque, ainda que tivésseis milhares de preceptores em Cristo, não teríeis, contudo, muitos pais; pois eu, pelo evangelho, vos gerei em Cristo Jesus.
¹⁶ Admoesto-vos, portanto, a que sejais meus imitadores.

¹⁷ Por esta causa, vos mandei Timóteo, que é meu filho amado e fiel no Senhor, o qual vos lembrará os meus caminhos em Cristo Jesus, como, por toda parte, ensino em cada igreja.
¹⁸ Alguns se ensoberbeceram, como se eu não tivesse de ir ter convosco;
¹⁹ mas, em breve, irei visitar-vos, se o Senhor quiser, e, então, conhecerei não a palavra, mas o poder dos ensoberbecidos.
²⁰ Porque o reino de Deus consiste não em palavra, mas em poder.
²¹ Que preferis? Irei a vós outros com vara ou com amor e espírito de mansidão?

A impureza da igreja de Corinto; repreensões e exortações

5 Geralmente, se ouve que há entre vós imoralidade e imoralidade tal, como nem mesmo entre os gentios, isto é, haver quem se atreva a possuir a mulher de seu próprio pai.
² E, contudo, andais vós ensoberbecidos e não chegastes a lamentar, para que fosse tirado do vosso meio quem tamanho ultraje praticou?
³ Eu, na verdade, ainda que ausente em pessoa, mas presente em espírito, já sentenciei, como se estivesse presente, que o autor de tal infâmia seja,
⁴ em nome do Senhor Jesus, reunidos vós e o meu espírito, com o poder de Jesus, nosso Senhor,
⁵ entregue a Satanás para a destruição da carne, a fim de que o espírito seja salvo no Dia do Senhor [Jesus].
⁶ Não é boa a vossa jactância. Não sabeis que um pouco de fermento leveda a massa toda?
⁷ Lançai fora o velho fermento, para que sejais nova massa, como sois, de fato, sem fermento. Pois também Cristo, nosso Cordeiro pascal, foi imolado.
⁸ Por isso, celebremos a festa não com o velho fermento, nem com o fermento da maldade e da malícia e sim com os asmos da sinceridade e da verdade.
⁹ Já em carta vos escrevi que não vos associásseis com os impuros;
¹⁰ refiro-me, com isto, não propriamente aos impuros deste mundo, ou aos avarentos, ou roubadores, ou idólatras; pois, neste caso, teríeis de sair do mundo.
¹¹ Mas, agora, vos escrevo que não vos associeis com alguém que, dizendo-se ir-

---

4.12 At 18.3.　**4.16** 1Co 11.1; Fp 3.17.　**5.1** Dt 22.30.　**5.6** Gl 5.9.　**5.7** Êx 12.19.　**5.8** Êx 13.7; Dt 16.3.

mão, for impuro, ou avarento, ou idólatra, ou maldizente, ou beberrão, ou roubador; com esse tal, nem ainda comais.

¹² Pois com que direito haveria eu de julgar os de fora? Não julgais vós os de dentro?

¹³ Os de fora, porém, Deus os julgará. Expulsai, pois, de entre vós o malfeitor.

Paulo censura o litígio entre os irmãos

6 Aventura-se algum de vós, tendo questão contra outro, a submetê-lo a juízo perante os injustos e não perante os santos?

² Ou não sabeis que os santos hão de julgar o mundo? Ora, se o mundo deverá ser julgado por vós, sois, acaso, indignos de julgar as cousas mínimas?

³ Não sabeis que havemos de julgar os próprios anjos? Quanto mais as cousas desta vida!

⁴ Entretanto, vós, quando tendes a julgar negócios terrenos, constituís um tribunal daqueles que não têm nenhuma aceitação na igreja.

⁵ Para vergonha vo-lo digo. Não há, porventura, nem ao menos um sábio entre vós, que possa julgar no meio da irmandade?

⁶ Mas irá um irmão a juízo contra outro irmão, e isto perante incrédulos!

⁷ O só existir entre vós demandas já é completa derrota para vós outros. Por que não sofreis, antes, a injustiça? Por que não sofreis, antes, o dano?

⁸ Mas vós mesmos fazeis a injustiça e fazeis o dano, e isto aos próprios irmãos!

⁹ Ou não sabeis que os injustos não herdarão o reino de Deus? Não vos enganeis: nem impuros, nem idólatras, nem adúlteros, nem efeminados, nem sodomitas,

¹⁰ nem ladrões, nem avarentos, nem bêbados, nem maldizentes, nem roubadores herdarão o reino de Deus.

¹¹ Tais fostes alguns de vós; mas vós vos lavastes, mas fostes santificados, mas fostes justificados em o nome do Senhor Jesus Cristo e no Espírito do nosso Deus.

A sensualidade é condenada

¹² Todas as cousas me são lícitas, mas nem todas convêm. Todas as cousas me são lícitas, mas eu não me deixarei dominar por nenhuma delas.

¹³ Os alimentos são para o estômago, e o estômago, para os alimentos; mas Deus destruirá tanto estes como aquele. Porém o corpo não é para a impureza, mas, para o Senhor, e o Senhor, para o corpo.

¹⁴ Deus ressuscitou o Senhor e também nos ressuscitará a nós pelo seu poder.

¹⁵ Não sabeis que os vossos corpos são membros de Cristo? E eu, porventura, tomaria os membros de Cristo e os faria membros de meretriz? Absolutamente, não.

¹⁶ Ou não sabeis que o homem que se une à prostituta forma um só corpo com ela? Porque, como se diz, serão os dois uma só carne.

¹⁷ Mas aquele que se une ao Senhor é um espírito com ele.

¹⁸ Fugi da impureza. Qualquer outro pecado que uma pessoa cometer é fora do corpo; mas aquele que pratica a imoralidade peca contra o próprio corpo.

¹⁹ Acaso não sabeis que o vosso corpo é santuário do Espírito Santo, que está em vós, o qual tendes da parte de Deus, e que não sois de vós mesmos?

²⁰ Porque fostes comprados por preço. Agora, pois, glorificai a Deus no vosso corpo.

Respostas a perguntas acerca do casamento

7 Quanto ao que me escrevestes, é bom que o homem não toque em mulher;

² mas, por causa da impureza, cada um tenha a sua própria esposa, e cada uma, o seu próprio marido.

³ O marido conceda à esposa o que lhe é devido, e também, semelhantemente, a esposa, ao seu marido.

⁴ A mulher não tem poder sobre o seu próprio corpo, e sim o marido; e também, semelhantemente, o marido não tem poder sobre o seu próprio corpo, e sim a mulher.

⁵ Não vos priveis um ao outro, salvo talvez por mútuo consentimento, por algum tempo, para vos dedicardes à oração e, novamente, vos ajuntardes, para que Satanás não vos tente por causa da incontinência.

⁶ E isto vos digo como concessão e não por mandamento.

⁷ Quero que todos os homens sejam tais como também eu sou; no entanto, cada um tem de Deus o seu próprio dom; um, na verdade, de um modo; outro, de outro.

⁸ E aos solteiros e viúvos digo que lhes seria bom se permanecessem no estado em que também eu vivo.

6.12 1Co 10.23.   6.16 Gn 2.24.   6.19 1Co 3.16; 2Co 6.16.

⁹ Caso, porém, não se dominem, que se casem; porque é melhor casar do que viver abrasado.

A estabilidade da família

¹⁰ Ora, aos casados, ordeno, não eu, mas o Senhor, que a mulher não se separe do marido

¹¹ (se, porém, ela vier a separar-se, que não se case ou que se reconcilie com seu marido); e que o marido não se aparte de sua mulher.

¹² Aos mais digo eu, não o Senhor: se algum irmão tem mulher incrédula, e esta consente em morar com ele, não a abandone;

¹³ e a mulher que tem marido incrédulo, e este consente em viver com ela, não deixe o marido.

¹⁴ Porque o marido incrédulo é santificado no convívio da esposa, e a esposa incrédula é santificada no convívio do marido crente. Doutra sorte, os vossos filhos seriam impuros; porém, agora, são santos.

¹⁵ Mas, se o descrente quiser apartar-se, que se aparte; em tais casos, não fica sujeito à servidão nem o irmão, nem a irmã; Deus vos tem chamado à paz.

¹⁶ Pois, como sabes, ó mulher, se salvarás teu marido? Ou, como sabes, ó marido, se salvarás tua mulher?

¹⁷ Ande cada um segundo o Senhor lhe tem distribuído, cada um conforme Deus o tem chamado. É assim que ordeno em todas as igrejas.

¹⁸ Foi alguém chamado, estando circunciso? Não desfaça a circuncisão. Foi alguém chamado, estando incircunciso? Não se faça circuncidar.

¹⁹ A circuncisão, em si, não é nada; a incircuncisão também nada é, mas o que vale é guardar as ordenanças de Deus.

²⁰ Cada um permaneça na vocação em que foi chamado.

²¹ Foste chamado, sendo escravo? Não te preocupes com isso; mas, se ainda podes tornar-te livre, aproveita a oportunidade.

²² Porque o que foi chamado no Senhor, sendo escravo, é liberto do Senhor; semelhantemente, o que foi chamado, sendo livre, é escravo de Cristo.

²³ Por preço fostes comprados; não vos torneis escravos de homens.

²⁴ Irmãos, cada um permaneça diante de Deus naquilo em que foi chamado.

Problemas com respeito ao casamento em tempos de tribulação

²⁵ Com respeito às virgens, não tenho mandamento do Senhor; porém dou minha opinião, como tendo recebido do Senhor a misericórdia de ser fiel.

²⁶ Considero, por causa da angustiosa situação presente, ser bom para o homem permanecer assim como está.

²⁷ Estás casado? Não procures separar-te. Estás livre de mulher? Não procures casamento.

²⁸ Mas, se te casares, com isto não pecas; e também, se a virgem se casar, por isso não peca. Ainda assim, tais pessoas sofrerão angústia na carne, e eu quisera poupar-vos.

²⁹ Isto, porém, vos digo, irmãos: o tempo se abrevia; o que resta é que não só os casados sejam como se o não fossem;

³⁰ mas também os que choram, como se não chorassem; e os que se alegram, como se não se alegrassem; e os que compram, como se nada possuíssem;

³¹ e os que se utilizam do mundo, como se dele não usassem; porque a aparência deste mundo passa.

³² O que realmente eu quero é que estejais livres de preocupações. Quem não é casado cuida das cousas do Senhor, de como agradar ao Senhor;

³³ mas o que se casou cuida das cousas do mundo, de como agradar à esposa,

³⁴ e assim está dividido. Também a mulher, tanto a viúva como a virgem, cuida das cousas do Senhor, para ser santa, assim no corpo como no espírito; a que se casou, porém, se preocupa com as cousas do mundo, de como agradar ao marido.

³⁵ Digo isto em favor dos vossos próprios interesses; não que eu pretenda enredar-vos, mas somente para o que é decoroso e vos facilite o consagrar-vos, desimpedidamente, ao Senhor.

³⁶ Entretanto, se alguém julga que trata sem decoro a sua filha, estando já a passar-lhe a flor da idade, e as circunstâncias o exigem, faça o que quiser. Não peca; que se casem.

³⁷ Todavia, o que está firme em seu coração, não tendo necessidade, mas domínio sobre o seu próprio arbítrio, e isto bem firmado no seu ânimo, para conservar virgem a sua filha, bem fará.

7.10,11 Mt 5.32; 19.9; Mc 10.11,12; Lc 16.18.

38 E, assim, quem casa a sua filha virgem faz bem; quem não a casa faz melhor.

39 A mulher está ligada enquanto vive o marido; contudo, se falecer o marido, fica livre para casar com quem quiser, mas somente no Senhor.

40 Todavia, será mais feliz se permanecer viúva, segundo a minha opinião; e penso que também eu tenho o Espírito de Deus.

Acerca das cousas sacrificadas aos ídolos

8 No que se refere às cousas sacrificadas a ídolos, reconhecemos que todos somos senhores do saber. O saber ensoberbece, mas o amor edifica.

2 Se alguém julga saber alguma cousa, com efeito, não aprendeu ainda como convém saber.

3 Mas, se alguém ama a Deus, esse é conhecido por ele.

4 No tocante à comida sacrificada a ídolos, sabemos que o ídolo, de si mesmo, nada é no mundo e que não há senão um só Deus.

5 Porque, ainda que há também alguns que se chamem deuses, quer no céu ou sobre a terra, como há muitos deuses e muitos senhores,

6 todavia, para nós há um só Deus, o Pai, de quem são todas as cousas e para quem existimos; e um só Senhor, Jesus Cristo, pelo qual são todas as cousas, e nós também, por ele.

7 Entretanto, não há esse conhecimento em todos; porque alguns, por efeito da familiaridade até agora com o ídolo, ainda comem dessas cousas como a ele sacrificadas; e a consciência destes, por ser fraca, vem a contaminar-se.

8 Não é a comida que nos recomendará a Deus, pois nada perderemos, se não comermos, e nada ganharemos, se comermos.

9 Vede, porém, que esta vossa liberdade não venha, de algum modo, a ser tropeço para os fracos.

10 Porque, se alguém te vir a ti, que és dotado de saber, à mesa, em templo de ídolo, não será a consciência do que é fraco induzida a participar de comidas sacrificadas a ídolos?

11 E assim, por causa do teu saber, perece o irmão fraco, pelo qual Cristo morreu.

12 E deste modo, pecando contra os irmãos, golpeando-lhes a consciência fraca, é contra Cristo que pecais.

13 E, por isso, se a comida serve de escândalo a meu irmão, nunca mais comerei carne, para que não venha a escandalizá-lo.

A liberdade e os direitos do apóstolo Paulo

9 Não sou eu, porventura, livre? Não sou apóstolo? Não vi Jesus, nosso Senhor? Acaso, não sois fruto do meu trabalho no Senhor?

2 Se não sou apóstolo para outrem, certamente, o sou para vós outros; porque vós sois o selo do meu apostolado no Senhor.

3 A minha defesa perante os que me interpelam é esta:

4 não temos nós o direito de comer e beber?

5 E também o de fazer-nos acompanhar de uma mulher irmã, como fazem os demais apóstolos e os irmãos do Senhor e Cefas?

6 Ou somente eu e Barnabé não temos direito de deixar de trabalhar?

7 Quem jamais vai à guerra à sua própria custa? Quem planta a vinha e não come do seu fruto? Ou quem apascenta um rebanho e não se alimenta do leite do rebanho?

8 Porventura, falo isto como homem ou não o diz também a lei?

9 Porque na lei de Moisés está escrito: Não atarás a boca ao boi, quando pisa o trigo.
Acaso, é com bois que Deus se preocupa?

10 Ou é, seguramente, por nós que ele o diz? Certo que é por nós que está escrito; pois o que lavra cumpre fazê-lo com esperança; o que pisa o trigo faça-o na esperança de receber a parte que lhe é devida.

11 Se nós vos semeamos as cousas espirituais, será muito recolhermos de vós bens materiais?

12 Se outros participam desse direito sobre vós, não o temos nós em maior medida?
Entretanto, não usamos desse direito; antes, suportamos tudo, para não criarmos qualquer obstáculo ao evangelho de Cristo.

13 Não sabeis vós que os que prestam serviços sagrados do próprio templo se alimentam? E quem serve ao altar do altar tira o seu sustento?

14 Assim ordenou também o Senhor aos que pregam o evangelho que vivam do evangelho;

15 eu, porém, não me tenho servido de

9.9 Dt 25.4.   **9.11** Rm 15.27.   **9.13** Dt 18.1.   **9.14** Mt 10.10; Lc 10.7.

nenhuma destas cousas e não escrevo isto para que assim se faça comigo; porque melhor me fora morrer, antes que alguém me anule esta glória.

16 Se anuncio o evangelho, não tenho de que me gloriar, pois sobre mim pesa essa obrigação; porque ai de mim se não pregar o evangelho!

17 Se o faço de livre vontade, tenho galardão; mas, se constrangido, é, então, a responsabilidade de despenseiro que me está confiada.

18 Nesse caso, qual é o meu galardão? É que, evangelizando, proponha, de graça, o evangelho, para não me valer do direito que ele me dá.

19 Porque, sendo livre de todos, fiz-me escravo de todos, a fim de ganhar o maior número possível.

20 Procedi, para com os judeus, como judeu, a fim de ganhar os judeus; para os que vivem sob o regime da lei, como se eu mesmo assim vivesse, para ganhar os que vivem debaixo da lei, embora não esteja eu debaixo da lei.

21 Aos sem lei, como se eu mesmo o fosse, não estando sem lei para com Deus, mas debaixo da lei de Cristo, para ganhar os que vivem fora do regime da lei.

22 Fiz-me fraco para com os fracos, com o fim de ganhar os fracos. Fiz-me tudo para com todos, com o fim de, por todos os modos, salvar alguns.

23 Tudo faço por causa do evangelho, com o fim de me tornar cooperador com ele.

24 Não sabeis vós que os que correm no estádio, todos, na verdade, correm, mas um só leva o prêmio? Correi de tal maneira que o alcanceis.

25 Todo atleta em tudo se domina; aqueles, para alcançar uma coroa corruptível; nós, porém, a incorruptível.

26 Assim corro também eu, não sem meta; assim luto, não como desferindo golpes no ar.

27 Mas esmurro o meu corpo e o reduzo à escravidão, para que, tendo pregado a outros, não venha eu mesmo a ser desqualificado.

Exemplos da história de Israel

10 Ora, irmãos, não quero que ignoreis que nossos pais estiveram todos sob a nuvem, e todos passaram pelo mar,

2 tendo sido todos batizados, assim na nuvem como no mar, com respeito a Moisés.

3 Todos eles comeram de um só manjar espiritual

4 e beberam da mesma fonte espiritual; porque bebiam de uma pedra espiritual que os seguia. E a pedra era Cristo.

5 Entretanto, Deus não se agradou da maioria deles, razão por que ficaram prostrados no deserto.

6 Ora, estas cousas se tornaram exemplos para nós, a fim de que não cobicemos as cousas más, como eles cobiçaram.

7 Não vos façais, pois, idólatras, como alguns deles; porquanto está escrito:
O povo assentou-se para comer e beber
e levantou-se para divertir-se.

8 E não pratiquemos imoralidade, como alguns deles o fizeram, e caíram, num só dia, vinte e três mil.

9 Não ponhamos o Senhor à prova, como alguns deles já fizeram e pereceram pelas mordeduras das serpentes.

10 Nem murmureis, como alguns deles murmuraram e foram destruídos pelo exterminador.

11 Estas cousas lhes sobrevieram como exemplos e foram escritas para advertência nossa, de nós outros sobre quem os fins dos séculos têm chegado.

12 Aquele, pois, que pensa estar em pé veja que não caia.

13 Não vos sobreveio tentação que não fosse humana; mas Deus é fiel e não permitirá que sejais tentados além das vossas forças; pelo contrário, juntamente com a tentação, vos proverá livramento, de sorte que a possais suportar.

O cristão deve fugir da idolatria

14 Portanto, meus amados, fugi da idolatria.

15 Falo como a criteriosos; julgai vós mesmos o que digo.

16 Porventura, o cálice da bênção que abençoamos não é a comunhão do sangue de Cristo? O pão que partimos não é a comunhão do corpo de Cristo?

17 Porque nós, embora muitos, somos unicamente um pão, um só corpo; porque todos participamos do único pão.

18 Considerai o Israel segundo a carne; não é certo que aqueles que se alimentam dos sacrifícios são participantes do altar?

10.1 Êx 13.21,22; 14.22-29. 10.3 Êx 16.35. 10.4 Êx 17.6; Nm 20.11. 10.5 Nm 14.29,30. 10.6 Nm 11.4. 10.7 Êx 32.6. 10.8 Nm 25.1-18. 10.9 Nm 21.5,6. 10.10 Nm 16.41,49. 10.16 Mt 26.27,28; Mc 14.22-24; Lc 22.19,20. 10.18 Lv 7.6.

19 Que digo, pois? Que o sacrificado ao ídolo é alguma cousa? Ou que o próprio ídolo tem algum valor?

20 Antes, digo que as cousas que eles sacrificam, é a demônios que as sacrificam e não a Deus; e eu não quero que vos torneis associados aos demônios.

21 Não podeis beber o cálice do Senhor e o cálice dos demônios; não podeis ser participantes da mesa do Senhor e da mesa dos demônios.

22 Ou provocaremos zelos no Senhor? Somos, acaso, mais fortes do que ele?

Os limites da liberdade cristã

23 Todas as cousas são lícitas, mas nem todas convêm; todas são lícitas, mas nem todas edificam.

24 Ninguém busque o seu próprio interesse e sim o de outrem.

25 Comei de tudo o que se vende no mercado, sem nada perguntardes por motivo de consciência;

26 porque do Senhor é a terra e a sua plenitude.

27 Se algum dentre os incrédulos vos convidar, e quiserdes ir, comei de tudo o que for posto diante de vós, sem nada perguntardes por motivo de consciência.

28 Porém, se alguém vos disser: Isto é cousa sacrificada a ídolo, não comais, por causa daquele que vos advertiu e por causa da consciência;

29 consciência, digo, não a tua propriamente, mas a do outro. Pois por que há de ser julgada a minha liberdade pela consciência alheia?

30 Se eu participo com ação de graças, por que hei de ser vituperado por causa daquilo por que dou graças?

31 Portanto, quer comais, quer bebais ou façais outra cousa qualquer, fazei tudo para a glória de Deus.

32 Não vos torneis causa de tropeço nem para judeus, nem para gentios, nem tampouco para a igreja de Deus,

33 assim como também eu procuro, em tudo, ser agradável a todos, não buscando o meu próprio interesse, mas o de muitos, para que sejam salvos.

11 Sede meus imitadores, como também eu sou de Cristo.

O véu e seu uso na igreja de Corinto

2 De fato, eu vos louvo porque, em tudo, vos lembrais de mim e retendes as tradições assim como vo-las entreguei.

3 Quero, entretanto, que saibais ser Cristo o cabeça de todo homem, e o homem, o cabeça da mulher, e Deus, o cabeça de Cristo.

4 Todo homem que ora ou profetiza, tendo a cabeça coberta[b], desonra a sua própria cabeça.

5 Toda mulher, porém, que ora ou profetiza com a cabeça sem véu desonra a sua própria cabeça, porque é como se a tivesse rapada.

6 Portanto, se a mulher não usa véu, nesse caso, que rape o cabelo. Mas, se lhe é vergonhoso o tosquiar-se ou rapar-se, cumpre-lhe usar véu.

7 Porque, na verdade, o homem não deve cobrir[c] a cabeça, por ser ele imagem e glória de Deus, mas a mulher é glória do homem.

8 Porque o homem não foi feito da mulher, e sim a mulher, do homem.

9 Porque também o homem não foi criado por causa da mulher, e sim a mulher, por causa do homem.

10 Portanto, deve a mulher, por causa dos anjos, trazer véu na cabeça, como sinal de autoridade.

11 No Senhor, todavia, nem a mulher é independente do homem, nem o homem, independente da mulher.

12 Porque, como provém a mulher do homem, assim também o homem é nascido da mulher; e tudo vem de Deus.

13 Julgai entre vós mesmos: é próprio que a mulher ore a Deus sem trazer o véu?

14 Ou não vos ensina a própria natureza a ser desonroso para o homem usar cabelo comprido?

15 E que, tratando-se da mulher, é para ela uma glória? Pois o cabelo lhe foi dado em lugar de mantilha.

16 Contudo, se alguém quer ser contencioso, saiba que nós não temos tal costume, nem as igrejas de Deus.

Instrução quanto à celebração da ceia do Senhor

17 Nisto, porém, que vos prescrevo, não

---

[b]coberta; *no original,* velada   [c]cobrir; *no original,* velar

10.20 Dt 32.17.   **10.22** Dt 32.21.   **10.23** 1Co 6.12.   **10.26** Sl 24.1.   **11.1** 1Co 4.16; Fp 3.17.
11.7 Gn 1.26.   **11.8,9** Gn 2.18-23.

vos louvo, porquanto vos ajuntais não para melhor e sim para pior.

¹⁸ Porque, antes de tudo, estou informado haver divisões entre vós quando vos reunis na igreja; e eu, em parte, o creio.

¹⁹ Porque até mesmo importa que haja partidos entre vós, para que também os aprovados se tornem conhecidos em vosso meio.

²⁰ Quando, pois, vos reunis no mesmo lugar, não é a ceia do Senhor que comeis.

²¹ Porque, ao comerdes, cada um toma, antecipadamente, a sua própria ceia; e há quem tenha fome, ao passo que há também quem se embriague.

²² Não tendes, porventura, casas onde comer e beber? Ou menosprezais a igreja de Deus e envergonhais os que nada têm? Que vos direi? Louvar-vos-ei? Nisto, certamente, não vos louvo.

²³ Porque eu recebi do Senhor o que também vos entreguei: que o Senhor Jesus, na noite em que foi traído, tomou o pão;

²⁴ e, tendo dado graças, o partiu e disse: Isto é o meu corpo, que é dado por vós; fazei isto em memória de mim.

²⁵ Por semelhante modo, depois de haver ceado, tomou também o cálice, dizendo: Este cálice é a nova aliança no meu sangue; fazei isto, todas as vezes que o beberdes, em memória de mim.

²⁶ Porque, todas as vezes que comerdes este pão e beberdes o cálice, anunciais a morte do Senhor, até que ele venha.

²⁷ Por isso, aquele que comer o pão ou beber o cálice do Senhor, indignamente, será réu do corpo e do sangue do Senhor.

²⁸ Examine-se, pois, o homem a si mesmo, e, assim, coma do pão, e beba do cálice;

²⁹ pois quem come e bebe sem discernir o corpo, come e bebe juízo para si.

³⁰ Eis a razão por que há entre vós muitos fracos e doentes e não poucos que dormem.

³¹ Porque, se nos julgássemos a nós mesmos, não seríamos julgados.

³² Mas, quando julgados, somos disciplinados pelo Senhor, para não sermos condenados com o mundo.

³³ Assim, pois, irmãos meus, quando vos reunis para comer, esperai uns pelos outros.

³⁴ Se alguém tem fome, coma em casa, a fim de não vos reunirdes para juízo. Quanto às demais cousas, eu as ordenarei quando for ter convosco.

Acerca de dons espirituais

12 A respeito dos dons espirituais, não quero, irmãos, que sejais ignorantes.

² Sabeis que, outrora, quando éreis gentios, deixáveis conduzir-vos aos ídolos mudos, segundo éreis guiados.

³ Por isso, vos faço compreender que ninguém que fala pelo Espírito de Deus afirma: Anátema, Jesus! Por outro lado, ninguém pode dizer: Senhor Jesus!, senão pelo Espírito Santo.

⁴ Ora, os dons são diversos, mas o Espírito é o mesmo.

⁵ E também há diversidade nos serviços, mas o Senhor é o mesmo.

⁶ E há diversidade nas realizações, mas o mesmo Deus é quem opera tudo em todos.

⁷ A manifestação do Espírito é concedida a cada um visando a um fim proveitoso.

⁸ Porque a um é dada, mediante o Espírito, a palavra da sabedoria; e a outro, segundo o mesmo Espírito, a palavra do conhecimento;

⁹ a outro, no mesmo Espírito, a fé; e a outro, no mesmo Espírito, dons de curar;

¹⁰ a outro, operações de milagres; a outro, profecia; a outro, discernimento de espíritos; a um, variedade de línguas; e a outro, capacidade para interpretá-las.

¹¹ Mas um só e o mesmo Espírito realiza todas estas cousas, distribuindo-as, como lhe apraz, a cada um, individualmente.

A unidade orgânica da igreja

¹² Porque, assim como o corpo é um e tom muitos membros, e todos os membros, sendo muitos, constituem um só corpo, assim também com respeito a Cristo.

¹³ Pois, em um só Espírito, todos nós fomos batizados em um corpo, quer judeus, quer gregos, quer escravos, quer livres. E a todos nós foi dado beber de um só Espírito.

¹⁴ Porque também o corpo não é um só membro, mas muitos.

¹⁵ Se disser o pé: Porque não sou mão, não sou do corpo; nem por isso deixa de ser do corpo.

¹⁶ Se o ouvido disser: Porque não sou olho, não sou do corpo; nem por isso deixa de a ser.

¹⁷ Se todo o corpo fosse olho, onde es-

taria o ouvido? Se todo fosse ouvido, onde, o olfato?

18 Mas Deus dispôs os membros, colocando cada um deles no corpo, como lhe aprouve.

19 Se todos, porém, fossem um só membro, onde estaria o corpo?

20 O certo é que há muitos membros, mas um só corpo.

21 Não podem os olhos dizer à mão: Não precisamos de ti; nem ainda a cabeça, aos pés: Não preciso de vós.

22 Pelo contrário, os membros do corpo que parecem ser mais fracos são necessários;

23 e os que nos parecem menos dignos no corpo, a estes damos muito maior honra; também os que em nós não são decorosos revestimos de especial honra.

24 Mas os nossos membros nobres não têm necessidade disso. Contudo, Deus coordenou o corpo, concedendo muito mais honra àquilo que menos tinha,

25 para que não haja divisão no corpo; pelo contrário, cooperem os membros, com igual cuidado, em favor uns dos outros.

26 De maneira que, se um membro sofre, todos sofrem com ele; e, se um deles é honrado, com ele todos se regozijam.

27 Ora, vós sois corpo de Cristo; e, individualmente, membros desse corpo.

28 A uns estabeleceu Deus na igreja, primeiramente, apóstolos; em segundo lugar, profetas; em terceiro lugar, mestres; depois, operadores de milagres; depois, dons de curar, socorros, governos, variedades de línguas.

29 Porventura, são todos apóstolos? Ou, todos profetas? São todos mestres? Ou, operadores de milagres?

30 Têm todos dons de curar? Falam todos em outras línguas*d*? Interpretam-nas todos?

31 Entretanto, procurai, com zelo, os melhores dons.

O amor é o dom supremo

E eu passo a mostrar-vos ainda um caminho sobremodo excelente.

13 Ainda que eu fale as línguas dos homens e dos anjos, se não tiver amor, serei como o bronze que soa ou como o címbalo que retine.

2 Ainda que eu tenha o dom de profeti-

zar e conheça todos os mistérios e toda a ciência; ainda que eu tenha tamanha fé, a ponto de transportar montes, se não tiver amor, nada serei.

3 E ainda que eu distribua todos os meus bens entre os pobres e ainda que entregue o meu próprio corpo para ser queimado, se não tiver amor, nada disso me aproveitará.

4 O amor é paciente, é benigno; o amor não arde em ciúmes, não se ufana, não se ensoberbece,

5 não se conduz inconvenientemente, não procura os seus interesses, não se exaspera, não se ressente do mal;

6 não se alegra com a injustiça, mas regozija-se com a verdade;

7 tudo sofre, tudo crê, tudo espera, tudo suporta.

8 O amor jamais acaba; mas, havendo profecias, desaparecerão; havendo línguas, cessarão; havendo ciência, passará;

9 porque, em parte, conhecemos e, em parte, profetizamos.

10 Quando, porém, vier o que é perfeito, então, o que é em parte será aniquilado.

11 Quando eu era menino, falava como menino, sentia como menino, pensava como menino; quando cheguei a ser homem, desisti das cousas próprias de menino.

12 Porque, agora, vemos como em espelho, obscuramente; então, veremos face a face. Agora, conheço em parte; então, conhecerei como também sou conhecido.

13 Agora, pois, permanecem a fé, a esperança e o amor, estes três; porém o maior destes é o amor.

O dom de profecia é superior ao de línguas

14 Segui o amor e procurai, com zelo, os dons espirituais, mas principalmente que profetizeis.

2 Pois quem fala em outra língua não fala a homens, senão a Deus, visto que ninguém o entende, e em espírito fala mistérios.

3 Mas o que profetiza fala aos homens, edificando, exortando e consolando.

4 O que fala em outra língua a si mesmo se edifica, mas o que profetiza edifica a igreja.

5 Eu quisera que vós todos falásseis em outras línguas; muito mais, porém, que

*d*em outras línguas; *no original,* em línguas

12.28 Ef 4.11.   13.2 Mt 17.20; 21.21; Mc 11.23.

profetizásseis; pois quem profetiza é superior ao que fala em outras línguas, salvo se as interpretar, para que a igreja receba edificação.

⁶ Agora, porém, irmãos, se eu for ter convosco falando em outras línguas; em que vos aproveitarei, se vos não falar por meio de revelação, ou de ciência, ou de profecia, ou de doutrina?

⁷ É assim que instrumentos inanimados, como a flauta ou a cítara, quando emitem sons, se não os derem bem distintos, como se reconhecerá o que se toca na flauta ou cítara?

⁸ Pois também se a trombeta der som incerto, quem se preparará para a batalha?

⁹ Assim, vós, se, com a língua, não disserdes palavra compreensível, como se entenderá o que dizeis? Porque estareis como se falásseis ao ar.

¹⁰ Há, sem dúvida, muitos tipos de vozes no mundo; nenhum deles, contudo, sem sentido.

¹¹ Se eu, pois, ignorar a significação da voz, serei estrangeiro para aquele que fala; e ele, estrangeiro para mim.

¹² Assim, também vós, visto que desejais dons espirituais, procurai progredir, para a edificação da igreja.

¹³ Pelo que, o que fala em outra língua deve orar para que a possa interpretar.

¹⁴ Porque, se eu orar em outra língua, o meu espírito ora de fato, mas a minha mente fica infrutífera.

¹⁵ Que farei, pois? Orarei com o espírito, mas também orarei com a mente; cantarei com o espírito, mas também cantarei com a mente.

¹⁶ E, se tu bendisseres apenas em espírito, como dirá o indouto o amém depois da tua ação de graças? Visto que não entende o que dizes;

¹⁷ porque tu, de fato, dás bem as graças, mas o outro não é edificado.

¹⁸ Dou graças a Deus, porque falo em outras línguas mais do que todos vós.

¹⁹ Contudo, prefiro falar na igreja cinco palavras com o meu entendimento, para instruir outros, a falar dez mil palavras em outra língua.

Os dons em face dos visitantes na igreja

²⁰ Irmãos, não sejais meninos no juízo; na malícia, sim, sede crianças; quanto ao juízo, sede homens amadurecidos.

²¹ Na lei está escrito:

14.21 Is 28.11,12.

Falarei a este povo por homens de outras línguas e por lábios de outros povos, e nem assim me ouvirão, diz o Senhor.

²² De sorte que as línguas constituem um sinal não para os crentes, mas para os incrédulos; mas a profecia não é para os incrédulos e sim para os que crêem.

²³ Se, pois, toda a igreja se reunir no mesmo lugar, e todos se puserem a falar em outras línguas, no caso de entrarem indoutos ou incrédulos, não dirão, porventura, que estais loucos?

²⁴ Porém, se todos profetizarem, e entrar algum incrédulo ou indouto, é ele por todos convencido e por todos julgado;

²⁵ tornam-se-lhe manifestos os segredos do coração, e, assim, prostrando-se com a face em terra, adorará a Deus, testemunhando que Deus está, de fato, no meio de vós.

A necessidade de ordem no culto

²⁶ Que fazer, pois, irmãos? Quando vos reunis, um tem salmo, outro, doutrina, este traz revelação, aquele, outra língua, e ainda outro, interpretação. Seja tudo feito para edificação.

²⁷ No caso de alguém falar em outra língua, que não sejam mais do que dois ou quando muito três, e isto sucessivamente, e haja quem interprete.

²⁸ Mas, não havendo intérprete, fique calado na igreja, falando consigo mesmo e com Deus.

²⁹ Tratando-se de profetas, falem apenas dois ou três, e os outros julguem.

³⁰ Se, porém, vier revelação a outrem que esteja assentado, cale-se o primeiro.

³¹ Porque todos podereis profetizar, um após outro, para todos aprenderem e serem consolados.

³² Os espíritos dos profetas estão sujeitos aos próprios profetas;

³³ porque Deus não é de confusão e sim de paz. Como em todas as igrejas dos santos,

³⁴ conservem-se as mulheres caladas nas igrejas, porque não lhes é permitido falar; mas estejam submissas como também a lei o determina.

³⁵ Se, porém, querem aprender alguma cousa, interroguem, em casa, a seu próprio marido; porque para a mulher é vergonhoso falar na igreja.

[36] Porventura, a palavra de Deus se originou no meio de vós ou veio ela exclusivamente para vós outros?

[37] Se alguém se considera profeta ou espiritual, reconheça ser mandamento do Senhor o que vos escrevo.

[38] E, se alguém o ignorar, será ignorado.

[39] Portanto, meus irmãos, procurai com zelo o dom de profetizar e não proibais o falar em outras línguas.

[40] Tudo, porém, seja feito com decência e ordem.

A ressurreição de Cristo, penhor da nossa ressurreição

15 Irmãos, venho lembrar-vos o evangelho que vos anunciei, o qual recebestes e no qual ainda perseverais;

[2] por ele também sois salvos, se retiverdes a palavra tal como vo-la preguei, a menos que tenhais crido em vão.

[3] Antes de tudo, vos entreguei o que também recebi: que Cristo morreu pelos nossos pecados, segundo as Escrituras,

[4] e que foi sepultado e ressuscitou ao terceiro dia, segundo as Escrituras.

[5] E apareceu a Cefas e, depois, aos doze.

[6] Depois, foi visto por mais de quinhentos irmãos de uma só vez, dos quais a maioria sobrevive até agora; porém alguns já dormem.

[7] Depois, foi visto por Tiago, mais tarde, por todos os apóstolos

[8] e, afinal, depois de todos, foi visto também por mim, como por um nascido fora de tempo.

[9] Porque eu sou o menor dos apóstolos, que mesmo não sou digno de ser chamado apóstolo, pois persegui a igreja de Deus.

[10] Mas, pela graça de Deus, sou o que sou; e a sua graça, que me foi concedida, não se tornou vã; antes, trabalhei muito mais do que todos eles; todavia, não eu, mas a graça de Deus comigo.

[11] Portanto, seja eu ou sejam eles, assim pregamos e assim crestes.

[12] Ora, se é corrente pregar-se que Cristo ressuscitou dentre os mortos, como, pois, afirmam alguns dentre vós que não há ressurreição de mortos?

[13] E, se não há ressurreição de mortos, então, Cristo não ressuscitou.

[14] E, se Cristo não ressuscitou, é vã a nossa pregação, e vã, a vossa fé;

[15] e somos tidos por falsas testemunhas de Deus, porque temos asseverado contra Deus que ele ressuscitou a Cristo, ao qual ele não ressuscitou, se é certo que os mortos não ressuscitam.

[16] Porque, se os mortos não ressuscitam, também Cristo não ressuscitou.

[17] E, se Cristo não ressuscitou, é vã a vossa fé, e ainda permaneceis nos vossos pecados.

[18] E ainda mais: os que dormiram em Cristo pereceram.

[19] Se a nossa esperança em Cristo se limita apenas a esta vida, somos os mais infelizes de todos os homens.

Cristo, as primícias dos que dormem

[20] Mas, de fato, Cristo ressuscitou dentre os mortos, sendo ele as primícias dos que dormem.

[21] Visto que a morte veio por um homem, também por um homem veio a ressurreição dos mortos.

[22] Porque, assim como, em Adão, todos morrem, assim também todos serão vivificados em Cristo.

[23] Cada um, porém, por sua própria ordem: Cristo, as primícias; depois, os que são de Cristo, na sua vinda.

[24] E, então, virá o fim, quando ele entregar o reino ao Deus e Pai, quando houver destruído todo principado, bem como toda potestade e poder.

[25] Porque convém que ele reine até que haja posto todos os inimigos debaixo dos pés.

[26] O último inimigo a ser destruído é a morte.

[27] Porque todas as cousas sujeitou debaixo dos pés. E, quando diz que todas as cousas lhe estão sujeitas, certamente, exclui aquele que tudo lhe subordinou.

[28] Quando, porém, todas as cousas lhe estiverem sujeitas, então, o próprio Filho também se sujeitará àquele que todas as cousas lhe sujeitou, para que Deus seja tudo em todos.

A ressurreição em relação à vida prática

[29] Doutra maneira, que farão os que se batizam por causa dos mortos? Se, absolutamente, os mortos não ressuscitam, por que se batizam por causa deles?

15.3 Is 53.5-12.   **15.4** Sl 16.8-10; Os 6.2.   **15.5** Lc 24.34; Mt 28.16,17; Mc 16.14; Lc 24.36; Jo 20.19.   **15.8** At 9.3-6.   **15.9** At 8.3.   **15.25** Sl 110.1.   **15.27** Sl 8.6.

³⁰ E por que também nós nos expomos a perigos a toda hora?

³¹ Dia após dia, morro! Eu o protesto, irmãos, pela glória que tenho em vós outros, em Cristo Jesus, nosso Senhor.

³² Se, como homem, lutei em Éfeso com feras, que me aproveita isso? Se os mortos não ressuscitam, comamos e bebamos, que amanhã morreremos.

³³ Não vos enganeis: as más conversações corrompem os bons costumes.

³⁴ Tornai-vos à sobriedade, como é justo, e não pequeis; porque alguns ainda não têm conhecimento de Deus; isto digo para vergonha vossa.

Os ressuscitados terão corpo

³⁵ Mas alguém dirá: Como ressuscitam os mortos? E em que corpo vêm?

³⁶ Insensato! O que semeias não nasce, se primeiro não morrer;

³⁷ e, quando semeias, não semeias o corpo que há de ser, mas o simples grão, como de trigo ou de qualquer outra semente.

³⁸ Mas Deus lhe dá o corpo como lhe aprouve dar e a cada uma das sementes, o seu corpo apropriado.

³⁹ Nem toda carne é a mesma; porém uma é a carne dos homens, outra, a dos animais, outra, a das aves, e outra, a dos peixes.

⁴⁰ Também há corpos celestiais e corpos terrestres; e, sem dúvida, uma é a glória dos celestiais, e outra, a dos terrestres.

⁴¹ Uma é a glória do sol, outra, a glória da lua, e outra, a das estrelas; porque até entre estrela e estrela há diferenças de esplendor.

⁴² Pois assim também é a ressurreição dos mortos. Semeia-se o corpo na corrupção, ressuscita na incorrupção. Semeia-se em desonra, ressuscita em glória.

⁴³ Semeia-se em fraqueza, ressuscita em poder.

⁴⁴ Semeia-se corpo natural, ressuscita corpo espiritual. Se há corpo natural, há também corpo espiritual.

⁴⁵ Pois assim está escrito: O primeiro homem, Adão, foi feito alma vivente. O último Adão, porém, é espírito vivificante.

⁴⁶ Mas não é primeiro o espiritual, e sim o natural; depois, o espiritual.

⁴⁷ O primeiro homem, formado da terra, é terreno; o segundo homem é do céu.

⁴⁸ Como foi o primeiro homem, o terreno, tais são também os demais homens terrenos; e, como é o homem celestial, tais também os celestiais.

⁴⁹ E, assim como trouxemos a imagem do que é terreno, devemos trazer também a imagem do celestial.

Os vivos serão transformados

⁵⁰ Isto afirmo, irmãos, que a carne e o sangue não podem herdar o reino de Deus, nem a corrupção herdar a incorrupção.

⁵¹ Eis que vos digo um mistério: nem todos dormiremos, mas transformados seremos todos,

⁵² num momento, num abrir e fechar d'olhos, ao ressoar da última trombeta. A trombeta soará, os mortos ressuscitarão incorruptíveis, e nós seremos transformados.

⁵³ Porque é necessário que este corpo corruptível se revista da incorruptibilidade, e que o corpo mortal se revista da imortalidade.

⁵⁴ E, quando este corpo corruptível se revestir de incorruptibilidade, e o que é mortal se revestir de imortalidade, então, se cumprirá a palavra que está escrita:

Tragada foi a morte pela vitória.

⁵⁵ Onde está, ó morte, a tua vitória? Onde está, ó morte, o teu aguilhão?

⁵⁶ O aguilhão da morte é o pecado, e a força do pecado é a lei.

⁵⁷ Graças a Deus, que nos dá a vitória por intermédio de nosso Senhor Jesus Cristo.

⁵⁸ Portanto, meus amados irmãos, sede firmes, inabaláveis e sempre abundantes na obra do Senhor, sabendo que, no Senhor, o vosso trabalho não é vão.

Acerca da coleta para os necessitados da Judéia

16 Quanto à coleta para os santos, fazei vós também como ordenei às igrejas da Galácia.

² No primeiro dia da semana, cada um de vós ponha de parte, em casa, conforme a sua prosperidade, e vá juntando, para que se não façam coletas quando eu for.

³ E, quando tiver chegado, enviarei, com cartas, para levarem as vossas dádivas a Jerusalém, aqueles que aprovardes.

⁴ Se convier que eu também vá, eles irão comigo.

Os projetos de Paulo

⁵ Irei ter convosco por ocasião da minha

15.32 Is 22.13.   15.45 Gn 2.7.   15.51-58 1Ts 4.13-18.   15.54 Is 25.8.   15.55 Os 13.14.   16.1-4 Rm 15.25,26.
16.5 At 19.21.

passagem pela Macedônia, porque devo percorrer a Macedônia.

⁶ E bem pode ser que convosco me demore ou mesmo passe o inverno, para que me encaminheis nas viagens que eu tenha de fazer.

⁷ Porque não quero, agora, ver-vos apenas de passagem, pois espero permanecer convosco algum tempo, se o Senhor o permitir.

⁸ Ficarei, porém, em Éfeso até ao Pentecostes;

⁹ porque uma porta grande e oportuna para o trabalho se me abriu; e há muitos adversários.

Acerca de Timóteo e Apolo

¹⁰ E, se Timóteo for, vede que esteja sem receio entre vós, porque trabalha na obra do Senhor, como também eu;

¹¹ ninguém, pois, o despreze. Mas encaminhai-o em paz, para que venha ter comigo, visto que o espero com os irmãos.

¹² Acerca do irmão Apolo, muito lhe tenho recomendado que fosse ter convosco em companhia dos irmãos, mas de modo algum era a vontade dele ir agora; irá, porém, quando se lhe deparar boa oportunidade.

As exortações finais

¹³ Sede vigilantes, permanecei firmes na fé, portai-vos varonilmente, fortalecei-vos.

¹⁴ Todos os vossos atos sejam feitos com amor.

Estéfanas, Fortunato e Acaico

¹⁵ E agora, irmãos, eu vos peço o seguinte (sabeis que a casa de Estéfanas são as primícias da Acaia e que se consagraram ao serviço dos santos):

¹⁶ que também vos sujeiteis a esses tais, como também a todo aquele que é cooperador e obreiro.

¹⁷ Alegro-me com a vinda de Estéfanas, e de Fortunato, e de Acaico; porque estes supriram o que da vossa parte faltava.

¹⁸ Porque trouxeram refrigério ao meu espírito e ao vosso. Reconhecei, pois, a homens como estes.

Saudações e a bênção

¹⁹ As igrejas da Ásia vos saúdam. No Senhor, muito vos saúdam Áqüila e Priscila e, bem assim, a igreja que está na casa deles.

²⁰ Todos os irmãos vos saúdam. Saudai-vos uns aos outros com ósculo santo.

²¹ A saudação, escrevo-a eu, Paulo, de próprio punho.

²² Se alguém não ama o Senhor, seja anátema. Maranata^e!

²³ A graça do Senhor Jesus seja convosco.

²⁴ O meu amor seja com todos vós, em Cristo Jesus.

SEGUNDA EPÍSTOLA DE PAULO AOS

CORÍNTIOS

Prefácio e saudação

1 Paulo, apóstolo de Cristo Jesus pela vontade de Deus, e o irmão Timóteo, à igreja de Deus que está em Corinto e a todos os santos em toda a Acaia^a,

² graça a vós outros e paz, da parte de Deus, nosso Pai, e do Senhor Jesus Cristo.

Ação de graças de Paulo pelo conforto divino

³ Bendito seja o Deus e Pai de nosso Senhor Jesus Cristo, o Pai de misericórdias e Deus de toda consolação!

⁴ É ele que nos conforta em toda a nossa tribulação, para podermos consolar os que estiverem em qualquer angústia, com

---

^{e}**Maranata;** *quer dizer:* **Vem, nosso Senhor** ^{a}**Acaia:** *a Grécia moderna*

16.8,9 At 19.8-10.   **16.8** Lv 23.15-21; Dt 16.9-11.   **16.10** 1Co 4.17.   **16.15** 1Co 1.16.   **16.19** At 18.2. **1.1** At 18.1.

a consolação com que nós mesmos somos contemplados por Deus.

⁵ Porque, assim como os sofrimentos de Cristo se manifestam em grande medida a nosso favor, assim também a nossa consolação transborda por meio de Cristo.

⁶ Mas, se somos atribulados, é para o vosso conforto e salvação; se somos confortados, é também para o vosso conforto, o qual se torna eficaz, suportando vós com paciência os mesmos sofrimentos que nós também padecemos.

⁷ A nossa esperança a respeito de vós está firme, sabendo que, como sois participantes dos sofrimentos, assim o sereis da consolação.

⁸ Porque não queremos, irmãos, que ignoreis a natureza da tribulação que nos sobreveio na Ásia, porquanto foi acima das nossas forças, a ponto de desesperarmos até da própria vida.

⁹ Contudo, já em nós mesmos, tivemos a sentença de morte, para que não confiemos em nós e sim no Deus que ressuscita os mortos;

¹⁰ o qual nos livrou e livrará de tão grande morte; em quem temos esperado que ainda continuará a livrar-nos,

¹¹ ajudando-nos também vós, com as vossas orações a nosso favor, para que, por muitos, sejam dadas graças a nosso respeito, pelo benefício que nos foi concedido por meio de muitos.

A sinceridade de Paulo

¹² Porque a nossa glória é esta: o testemunho da nossa consciência, de que, com santidade e sinceridade de Deus, não com sabedoria humana, mas, na graça divina, temos vivido no mundo e mais especialmente convosco.

¹³ Porque nenhuma outra cousa vos escrevemos, além das que ledes e bem compreendeis; e espero que o compreendereis de todo,

¹⁴ como também já em parte nos compreendestes, que somos a vossa glória, como igualmente sois a nossa no Dia de Jesus, nosso Senhor.

Paulo explica a sua demora em ir a Corinto

¹⁵ Com esta confiança, resolvi ir, primeiro, encontrar-me convosco, para que tivésseis um segundo benefício;

¹⁶ e, por vosso intermédio, passar à Macedônia, e da Macedônia voltar a encontrar-me convosco, e ser encaminhado por vós para a Judéia.

¹⁷ Ora, determinando isto, terei, porventura, agido com leviandade? Ou, ao deliberar, acaso delibero segundo a carne, de sorte que haja em mim, simultaneamente, o sim e o não?

¹⁸ Antes, como Deus é fiel, a nossa palavra para convosco não é sim e não.

¹⁹ Porque o Filho de Deus, Cristo Jesus, que foi, por nosso intermédio, anunciado entre vós, isto é, por mim, e Silvano, e Timóteo, não foi sim e não; mas sempre nele houve o sim.

²⁰ Porque quantas são as promessas de Deus, tantas têm nele o sim; porquanto também por ele é o amém para glória de Deus, por nosso intermédio.

²¹ Mas aquele que nos confirma convosco em Cristo e nos ungiu é Deus,

²² que também nos selou e nos deu o penhor do Espírito em nosso coração.

²³ Eu, porém, por minha vida, tomo a Deus por testemunha de que, para vos poupar, não tornei ainda a Corinto;

²⁴ não que tenhamos domínio sobre a vossa fé, mas porque somos cooperadores de vossa alegria; porquanto, pela fé, já estais firmados.

2 Isto deliberei por mim mesmo: não voltar a encontrar-me convosco em tristeza.

² Porque, se eu vos entristeço, quem me alegrará, senão aquele que está entristecido por mim mesmo?

³ E isto escrevi para que, quando for, não tenha tristeza da parte daqueles que deveriam alegrar-me, confiando em todos vós de que a minha alegria é também a vossa.

⁴ Porque, no meio de muitos sofrimentos e angústias de coração, vos escrevi, com muitas lágrimas, não para que ficásseis entristecidos, mas para que conhecêsseis o amor que vos consagro em grande medida.

O penitente deve ser readmitido na igreja

⁵ Ora, se alguém causou tristeza, não o fez apenas a mim, mas, para que eu não seja demasiadamente áspero, digo que em parte a todos vós;

⁶ basta-lhe a punição pela maioria.

⁷ De modo que deveis, pelo contrário, perdoar-lhe e confortá-lo, para que não seja o mesmo consumido por excessiva tristeza.

1.8,9 1Co 15.32.   1.18 At 19.21.   1.19 At 18.5.

⁸ Pelo que vos rogo que confirmeis para com ele o vosso amor.

⁹ E foi por isso também que vos escrevi, para ter prova de que, em tudo, sois obedientes.

¹⁰ A quem perdoais alguma cousa, também eu perdôo; porque, de fato, o que tenho perdoado, se alguma cousa tenho perdoado, por causa de vós o fiz na presença de Cristo;

¹¹ para que Satanás não alcance vantagem sobre nós, pois não lhe ignoramos os desígnios.

A intranqüilidade de Paulo não encontrando Tito

¹² Ora, quando cheguei a Trôade para pregar o evangelho de Cristo, e uma porta se me abriu no Senhor,

¹³ não tive, contudo, tranqüilidade no meu espírito, porque não encontrei o meu irmão Tito; por isso, despedindo-me deles, parti para a Macedônia.

A vitória de Cristo no ministério apostólico

¹⁴ Graças, porém, a Deus, que, em Cristo, sempre nos conduz em triunfo e, por meio de nós, manifesta em todo lugar a fragrância do seu conhecimento.

¹⁵ Porque nós somos para com Deus o bom perfume de Cristo, tanto nos que são salvos como nos que se perdem.

¹⁶ Para com estes, cheiro de morte para morte; para com aqueles, aroma de vida para vida. Quem, porém, é suficiente para estas cousas?

¹⁷ Porque nós não estamos, como tantos outros, mercadejando a palavra de Deus; antes, em Cristo é que falamos na presença de Deus, com sinceridade e da parte do próprio Deus.

A excelência do ministério da nova aliança

3 Começamos, porventura, outra vez a recomendar-nos a nós mesmos? Ou temos necessidade, como alguns, de cartas de recomendação para vós outros ou de vós?

² Vós sois a nossa carta, escrita em nosso coração, conhecida e lida por todos os homens,

³ estando já manifestos como carta de Cristo, produzida pelo nosso ministério, escrita não com tinta, mas pelo Espírito do Deus vivente, não em tábuas de pedra, mas em tábuas de carne, isto é, nos corações.

⁴ E é por intermédio de Cristo que temos tal confiança em Deus;

⁵ não que, por nós mesmos, sejamos capazes de pensar alguma cousa, como se partisse de nós; pelo contrário, a nossa suficiência vem de Deus,

⁶ o qual nos habilitou para sermos ministros de uma nova aliança, não da letra, mas do espírito; porque a letra mata, mas o espírito vivifica.

⁷ E, se o ministério da morte, gravado com letras em pedras, se revestiu de glória, a ponto de os filhos de Israel não poderem fitar a face de Moisés, por causa da glória do seu rosto, ainda que desvanecente,

⁸ como não será de maior glória o ministério do Espírito!

⁹ Porque, se o ministério da condenação foi glória, em muito maior proporção será glorioso o ministério da justiça.

¹⁰ Porquanto, na verdade, o que, outrora, foi glorificado, neste respeito, já não resplandece, diante da atual sobreexcelente glória.

¹¹ Porque, se o que se desvanecia teve sua glória, muito mais glória tem o que é permanente.

Onde há o Espírito do Senhor, aí há liberdade

¹² Tendo, pois, tal esperança, servimo-nos de muita ousadia no falar.

¹³ E não somos como Moisés, que punha véu sobre a face, para que os filhos de Israel não atentassem na terminação do que se desvanecia.

¹⁴ Mas os sentidos deles se embotaram. Pois até ao dia de hoje, quando fazem a leitura da antiga aliança, o mesmo véu permanece, não lhes sendo revelado que, em Cristo, é removido.

¹⁵ Mas até hoje, quando é lido Moisés, o véu está posto sobre o coração deles.

¹⁶ Quando, porém, algum deles se converte ao Senhor, o véu lhe é retirado.

¹⁷ Ora, o Senhor é o Espírito; e, onde está o Espírito do Senhor, aí há liberdade.

¹⁸ E todos nós, com o rosto desvendado, contemplando, como por espelho, a glória do Senhor, somos transformados, de glória em glória, na sua própria imagem, como pelo Senhor, o Espírito.

2.12,13 At 20.1.   **3.3** Êx 24.12.   **3.6** Jr 31.31-34.   **3.7** Êx 34.29.   **3.13** Êx 34.32.

Paulo cumpre o seu ministério com fidelidade

4 Pelo que, tendo este ministério, segundo a misericórdia que nos foi feita, não desfalecemos;

2 pelo contrário, rejeitamos as cousas que, por vergonhosas, se ocultam, não andando com astúcia, nem adulterando a palavra de Deus; antes, nos recomendamos à consciência de todo homem, na presença de Deus, pela manifestação da verdade.

3 Mas, se o nosso evangelho ainda está encoberto, é para os que se perdem que está encoberto,

4 nos quais o deus deste século cegou o entendimento dos incrédulos, para que lhes não resplandeça a luz do evangelho da glória de Cristo, o qual é a imagem de Deus.

5 Porque não nos pregamos a nós mesmos, mas a Cristo Jesus como Senhor e a nós mesmos como vossos servos, por amor de Jesus.

6 Porque Deus, que disse: Das trevas resplandecerá a luz, ele mesmo resplandeceu em nosso coração, para iluminação do conhecimento da glória de Deus, na face de Cristo.

O poder de Paulo vem só de Deus

7 Temos, porém, este tesouro em vasos de barro, para que a excelência do poder seja de Deus e não de nós.

8 Em tudo somos atribulados, porém não angustiados; perplexos, porém não desanimados;

9 perseguidos, porém não desamparados; abatidos, porém não destruídos;

10 levando sempre no corpo o morrer de Jesus, para que também a sua vida se manifeste em nosso corpo.

11 Porque nós, que vivemos, somos sempre entregues à morte por causa de Jesus, para que também a vida de Jesus se manifeste em nossa carne mortal.

12 De modo que, em nós, opera a morte, mas, em vós, a vida.

13 Tendo, porém, o mesmo espírito da fé, como está escrito:
Eu cri; por isso, é que falei.
Também nós cremos; por isso, também falamos,

14 sabendo que aquele que ressuscitou o Senhor Jesus também nos ressuscitará com Jesus e nos apresentará convosco.

15 Porque todas as cousas existem por amor de vós, para que a graça, multiplicando-se, torne abundantes as ações de graças por meio de muitos, para glória de Deus.

O desígnio e efeito das aflições

16 Por isso, não desanimamos; pelo contrário, mesmo que o nosso homem exterior se corrompa, contudo, o nosso homem interior se renova de dia em dia.

17 Porque a nossa leve e momentânea tribulação produz para nós eterno peso de glória, acima de toda comparação,

18 não atentando nós nas cousas que se vêem, mas nas que se não vêem; porque as que se vêem são temporais, e as que se não vêem são eternas.

Ausentes do corpo e presentes com o Senhor

5 Sabemos que, se a nossa casa terrestre deste tabernáculo se desfizer, temos da parte de Deus um edifício, casa não feita por mãos, eterna, nos céus.

2 E, por isso, neste tabernáculo, gememos, aspirando por sermos revestidos da nossa habitação celestial;

3 se, todavia, formos encontrados vestidos e não nus.

4 Pois, na verdade, os que estamos neste tabernáculo gememos angustiados, não por querermos ser despidos, mas revestidos, para que o mortal seja absorvido pela vida.

5 Ora, foi o próprio Deus quem nos preparou para isto, outorgando-nos o penhor do Espírito.

6 Temos, portanto, sempre bom ânimo, sabendo que, enquanto no corpo, estamos ausentes do Senhor;

7 visto que andamos por fé e não pelo que vemos.

8 Entretanto, estamos em plena confiança, preferindo deixar o corpo e habitar com o Senhor.

9 É por isso que também nos esforçamos, quer presentes, quer ausentes, para lhe sermos agradáveis.

10 Porque importa que todos nós compareçamos perante o tribunal de Cristo, para que cada um receba segundo o bem ou o mal que tiver feito por meio do corpo.

O zelo apostólico de Paulo

11 E assim, conhecendo o temor do

4.6 Gn 1.3.   4.13 Sl 116.10.   5.10 Rm 14.10.

Senhor, persuadimos os homens e somos cabalmente conhecidos por Deus; e espero que também a vossa consciência nos reconheça.

12 Não nos recomendamos novamente a vós outros; pelo contrário, damo-vos ensejo de vos gloriardes por nossa causa, para que tenhais o que responder aos que se gloriam na aparência e não no coração.

13 Porque, se enlouquecemos, é para Deus; e, se conservamos o juízo, é para vós outros.

14 Pois o amor de Cristo nos constrange, julgando nós isto: um morreu por todos; logo, todos morreram.

15 E ele morreu por todos, para que os que vivem não vivam mais para si mesmos, mas para aquele que por eles morreu e ressuscitou.

16 Assim que, nós, daqui por diante, a ninguém conhecemos segundo a carne; e, se antes conhecemos Cristo segundo a carne, já agora não o conhecemos deste modo.

17 E, assim, se alguém está em Cristo, é nova criatura[b]; as cousas antigas já passaram; eis que se fizeram novas.

O ministério da reconciliação

18 Ora, tudo provém de Deus, que nos reconciliou consigo mesmo por meio de Cristo e nos deu o ministério da reconciliação,

19 a saber, que Deus estava em Cristo reconciliando consigo o mundo, não imputando aos homens as suas transgressões, e nos confiou a palavra da reconciliação.

20 De sorte que somos embaixadores em nome de Cristo, como se Deus exortasse por nosso intermédio. Em nome de Cristo, pois, rogamos que vos reconcilieis com Deus.

21 Aquele que não conheceu pecado, ele o fez pecado por nós; para que, nele, fôssemos feitos justiça de Deus.

6 E nós, na qualidade de cooperadores com ele, também vos exortamos a que não recebais em vão a graça de Deus

2 (porque ele diz:

Eu te ouvi no tempo da oportunidade e te socorri no dia da salvação;

eis, agora, o tempo sobremodo oportuno, eis, agora, o dia da salvação);

3 não dando nós nenhum motivo de escândalo em cousa alguma, para que o ministério não seja censurado.

A abnegação de Paulo

4 Pelo contrário, em tudo recomendando-nos a nós mesmos como ministros de Deus: na muita paciência, nas aflições, nas privações, nas angústias,

5 nos açoites, nas prisões, nos tumultos, nos trabalhos, nas vigílias, nos jejuns,

6 na pureza, no saber, na longanimidade, na bondade, no Espírito Santo, no amor não fingido,

7 na palavra da verdade, no poder de Deus, pelas armas da justiça, quer ofensivas, quer defensivas[c];

8 por honra e por desonra, por infâmia e por boa fama, como enganadores e sendo verdadeiros;

9 como desconhecidos e, entretanto, bem conhecidos; como se estivéssemos morrendo e, contudo, eis que vivemos; como castigados, porém não mortos;

10 entristecidos, mas sempre alegres; pobres, mas enriquecendo a muitos; nada tendo, mas possuindo tudo.

O amor com amor se paga

11 Para vós outros, ó coríntios, abrem-se os nossos lábios, e alarga-se o nosso coração.

12 Não tendes limites em nós; mas estais limitados em vossos próprios afetos.

13 Ora, como justa retribuição (falo-vos como a filhos), dilatai-vos também vós.

Nenhuma comunhão com os incrédulos

14 Não vos ponhais em jugo desigual com os incrédulos; porquanto que sociedade pode haver entre a justiça e a iniqüidade? Ou que comunhão, da luz com as trevas?

15 Que harmonia, entre Cristo e o Maligno? Ou que união, do crente com o incrédulo?

16 Que ligação há entre o santuário de Deus e os ídolos? Porque nós somos santuário do Deus vivente, como ele próprio disse:

Habitarei e andarei entre eles; serei o seu Deus, e eles serão o meu povo.

---

[b]criatura; *ou* criação   [c]*No original,* as da direita e as da esquerda

6.2 Is 49.8.   6.5 At 16.23.   6.16 1Co 3.16; 6.19; Lv 26.12; Ez 37.27.

¹⁷ Por isso, retirai-vos do meio deles, separai-vos, diz o Senhor; não toqueis em cousas impuras; e eu vos receberei,

¹⁸ serei vosso Pai, e vós sereis para mim filhos e filhas, diz o Senhor Todo-poderoso.

7 Tendo, pois, ó amados, tais promessas, purifiquemo-nos de toda impureza, tanto da carne como do espírito, aperfeiçoando a nossa santidade no temor de Deus.

O afeto de Paulo para com os coríntios

² Acolhei-nos em vosso coração; a ninguém tratamos com injustiça, a ninguém corrompemos, a ninguém exploramos.

³ Não falo para vos condenar; porque já vos tenho dito que estais em nosso coração para, juntos, morrermos e vivermos.

⁴ Mui grande é a minha franqueza para convosco, e muito me glorio por vossa causa; sinto-me grandemente confortado e transbordante de júbilo em toda a nossa tribulação.

A chegada de Tito

⁵ Porque, chegando nós à Macedônia, nenhum alívio tivemos; pelo contrário, em tudo fomos atribulados: lutas por fora, temores por dentro.

⁶ Porém Deus, que conforta os abatidos, nos consolou com a chegada de Tito;

⁷ e não somente com a sua chegada, mas também pelo conforto que recebeu de vós, referindo-nos a vossa saudade, o vosso pranto, o vosso zelo por mim, aumentando, assim, meu regozijo.

⁸ Porquanto, ainda que vos tenha contristado com a carta, não me arrependo; embora já me tenha arrependido (vejo que aquela carta vos contristou por breve tempo),

⁹ agora, me alegro não porque fostes contristados, mas porque fostes contristados para arrependimento; pois fostes contristados segundo Deus, para que, de nossa parte, nenhum dano sofrêsseis.

¹⁰ Porque a tristeza segundo Deus produz arrependimento para a salvação, que a ninguém traz pesar; mas a tristeza do mundo produz morte.

¹¹ Porque quanto cuidado não produziu isto mesmo em vós que, segundo Deus, fostes contristados! Que defesa, que indigna-ção, que temor, que saudades, que zelo, que vindita! Em tudo destes prova de estardes inocentes neste assunto.

¹² Portanto, embora vos tenha escrito, não foi por causa do que fez o mal, nem por causa do que sofreu o agravo, mas para que a vossa solicitude a nosso favor fosse manifesta entre vós, diante de Deus.

¹³ Foi por isso que nos sentimos confortados. E, acima desta nossa consolação, muito mais nos alegramos pelo contentamento de Tito, cujo espírito foi recreado por todos vós.

¹⁴ Porque, se nalguma cousa me gloriei de vós para com ele, não fiquei envergonhado; pelo contrário, como, em tudo, vos falamos com verdade, também a nossa exaltação na presença de Tito se verificou ser verdadeira.

¹⁵ E o seu entranhável afeto cresce mais e mais para convosco, lembrando-se da obediência de todos vós, de como o recebestes com temor e tremor.

¹⁶ Alegro-me porque, em tudo, posso confiar em vós.

A oferta das igrejas da Macedônia para os pobres da Judéia

8 Também, irmãos, vos fazemos conhecer a graça de Deus concedida às igrejas da Macedônia;

² porque, no meio de muita prova de tribulação, manifestaram abundância de alegria, e a profunda pobreza deles superabundou em grande riqueza da sua generosidade.

³ Porque eles, testemunho eu, na medida de suas posses e mesmo acima delas, se mostraram voluntários,

⁴ pedindo-nos, com muitos rogos, a graça de participarem da assistência aos santos.

⁵ E não somente fizeram como nós esperávamos, mas também deram-se a si mesmos primeiro ao Senhor, depois a nós, pela vontade de Deus;

⁶ o que nos levou a recomendar a Tito que, como começou, assim também complete esta graça entre vós.

⁷ Como, porém, em tudo, manifestais superabundância, tanto na fé e na palavra como no saber, e em todo cuidado, e em nosso amor para convosco, assim também abundeis nesta graça.

⁸ Não vos falo na forma de mandamen-

to, mas para provar, pela diligência de outros, a sinceridade do vosso amor;

⁹ pois conheceis a graça de nosso Senhor Jesus Cristo, que, sendo rico, se fez pobre por amor de vós, para que, pela sua pobreza, vos tornásseis ricos.

¹⁰ E nisto dou minha opinião; pois a vós outros, que, desde o ano passado, principiastes não só a prática, mas também o querer, convém isto.

¹¹ Completai, agora, a obra começada, para que, assim como revelastes prontidão no querer, assim a leveis a termo, segundo as vossas posses.

¹² Porque, se há boa vontade, será aceita conforme o que o homem tem e não segundo o que ele não tem.

¹³ Porque não é para que os outros tenham alívio, e vós, sobrecarga; mas para que haja igualdade,

¹⁴ suprindo a vossa abundância, no presente, a falta daqueles, de modo que a abundância daqueles venha a suprir a vossa falta, e, assim, haja igualdade,

¹⁵ como está escrito:
O que muito colheu não teve demais;
e o que pouco, não teve falta.

O novo encargo de Tito

¹⁶ Mas graças a Deus, que pôs no coração de Tito a mesma solicitude por amor de vós;

¹⁷ porque atendeu ao nosso apelo e, mostrando-se mais cuidadoso, partiu voluntariamente para vós outros.

¹⁸ E, com ele, enviamos o irmão cujo louvor no evangelho está espalhado por todas as igrejas.

¹⁹ E não só isto, mas foi também eleito pelas igrejas para ser nosso companheiro no desempenho desta graça ministrada por nós, para a glória do próprio Senhor e para mostrar a nossa boa vontade;

²⁰ evitando, assim, que alguém nos acuse em face desta generosa dádiva administrada por nós;

²¹ pois o que nos preocupa é procedermos honestamente, não só perante o Senhor, como também diante dos homens.

²² Com eles, enviamos nosso irmão cujo zelo, em muitas ocasiões e de muitos modos, temos experimentado; agora, porém, se mostra ainda mais zeloso pela muita confiança em vós.

²³ Quanto a Tito, é meu companheiro e cooperador convosco; quanto a nossos irmãos, são mensageiros das igrejas e glória de Cristo.

²⁴ Manifestai, pois, perante as igrejas, a prova do vosso amor e da nossa exultação a vosso respeito na presença destes homens.

Instruções de Paulo em referência à grande coleta

9 Ora, quanto à assistência a favor dos santos, é desnecessário escrever-vos,

² porque bem reconheço a vossa presteza, da qual me glorio junto aos macedônios, dizendo que a Acaia está preparada desde o ano passado; e o vosso zelo tem estimulado a muitíssimos.

³ Contudo, enviei os irmãos, para que o nosso louvor a vosso respeito, neste particular, não se desminta, a fim de que, como venho dizendo, estivésseis preparados,

⁴ para que, caso alguns macedônios forem comigo e vos encontrem desapercebidos, não fiquemos nós envergonhados (para não dizer, vós) quanto a esta confiança.

⁵ Portanto, julguei conveniente recomendar aos irmãos que me precedessem entre vós e preparassem de antemão a vossa dádiva já anunciada, para que esteja pronta como expressão de generosidade e não de avareza.

A sementeira e a colheita

⁶ E isto afirmo: aquele que semeia pouco pouco também ceifará; e o que semeia com fartura com abundância também ceifará.

⁷ Cada um contribua segundo tiver proposto no coração, não com tristeza ou por necessidade; porque Deus ama a quem dá com alegria.

⁸ Deus pode fazer-vos abundar em toda graça, a fim de que, tendo sempre, em tudo, ampla suficiência, superabundeis em toda boa obra,

⁹ como está escrito:
Distribuiu, deu aos pobres, a sua justiça permanece para sempre.

¹⁰ Ora, aquele que dá semente ao que semeia e pão para alimento também suprirá e aumentará a vossa sementeira e multiplicará os frutos da vossa justiça;

¹¹ enriquecendo-vos, em tudo, para toda generosidade, a qual faz que, por nosso intermédio, sejam tributadas graças a Deus.

¹² Porque o serviço desta assistência

não só supre a necessidade dos santos, mas também redunda em muitas graças a Deus,

¹³ visto como, na prova desta ministração, glorificam a Deus pela obediência da vossa confissão quanto ao evangelho de Cristo e pela liberalidade com que contribuís para eles e para todos,

¹⁴ enquanto oram eles a vosso favor, com grande afeto, em virtude da superabundante graça de Deus que há em vós.

¹⁵ Graças a Deus pelo seu dom inefável!

Paulo defende a sua autoridade apostólica

10 E eu mesmo, Paulo, vos rogo, pela mansidão e benignidade de Cristo, eu que, na verdade, quando presente entre vós, sou humilde; mas, quando ausente, ousado para convosco,

² sim, eu vos rogo que não tenha de ser ousado, quando presente, servindo-me daquela firmeza com que penso devo tratar alguns que nos julgam como se andássemos em disposições de mundano proceder.

³ Porque, embora andando na carne, não militamos segundo a carne.

⁴ Porque as armas da nossa milícia não são carnais e sim poderosas em Deus, para destruir fortalezas; anulando nós, sofismas

⁵ e toda altivez que se levante contra o conhecimento de Deus, e levando cativo todo pensamento à obediência de Cristo,

⁶ e estando prontos para punir toda desobediência, uma vez completa a vossa submissão.

⁷ Observai o que está evidente. Se alguém confia em si que é de Cristo, pense outra vez consigo mesmo que, assim como ele é de Cristo, também nós o somos.

⁸ Porque, se eu me gloriar um pouco mais a respeito da nossa autoridade, a qual o Senhor nos conferiu para edificação e não para destruição vossa, não me envergonharei,

⁹ para que não pareça ser meu intuito intimidar-vos por meio de cartas.

¹⁰ As cartas, com efeito, dizem, são graves e fortes; mas a presença pessoal dele é fraca, e a palavra, desprezível.

¹¹ Considere o tal isto: que o que somos na palavra por cartas, estando ausentes, tal seremos em atos, quando presentes.

¹² Porque não ousamos classificar-nos ou comparar-nos com alguns que se louvam a si mesmos; mas eles, medindo-se

consigo mesmos e comparando-se consigo mesmos, revelam insensatez.

A esfera da ação missionária de Paulo

¹³ Nós, porém, não nos gloriaremos sem medida, mas respeitamos o limite da esfera de ação que Deus nos demarcou e que se estende até vós.

¹⁴ Porque não ultrapassamos os nossos limites como se não devêssemos chegar até vós, posto que já chegamos até vós com o evangelho de Cristo;

¹⁵ não nos gloriando fora de medida nos trabalhos alheios e tendo esperança de que, crescendo a vossa fé, seremos sobremaneira engrandecidos cntre vós, dentro da nossa esfera de ação,

¹⁶ a fim de anunciar o evangelho para além das vossas fronteiras, sem com isto nos gloriarmos de cousas já realizadas em campo alheio.

¹⁷ Aquele, porém, que se gloria, glorie-se no Senhor.

¹⁸ Porque não é aprovado quem a si mesmo se louva, e sim aquele a quem o Senhor louva.

Paulo continua a sua defesa

11 Quisera eu me suportásseis um pouco mais na minha loucura. Suportai-me, pois.

² Porque zelo por vós com zelo de Deus; visto que vos tenho preparado para vos apresentar como virgem pura a um só esposo, que é Cristo.

³ Mas receio que, assim como a serpente enganou a Eva com a sua astúcia, assim também seja corrompida a vossa mente e se aparte da simplicidade e pureza devidas a Cristo.

⁴ Se, na verdade, vindo alguém, prega outro Jesus que não temos pregado, ou se aceitais espírito diferente que não tendes recebido, ou evangelho diferente que não tendes abraçado, a esse, de boa mente, o tolerais.

⁵ Porque suponho em nada ter sido inferior a esses tais apóstolos.

⁶ E, embora seja falto no falar, não o sou no conhecimento; mas, em tudo e por todos os modos, vos temos feito conhecer isto.

O desprendimento do apóstolo

⁷ Cometi eu, porventura, algum pecado

10.17 Jr 9.24. **11.3** Gn 3.4-13.

pelo fato de viver humildemente, para que fôsseis vós exaltados, visto que gratuitamente vos anunciei o evangelho de Deus?

⁸ Despojei outras igrejas, recebendo salário, para vos poder servir,

⁹ e, estando entre vós, ao passar privações, não me fiz pesado a ninguém; pois os irmãos, quando vieram da Macedônia, supriram o que me faltava; e, em tudo, me guardei e me guardarei de vos ser pesado.

¹⁰ A verdade de Cristo está em mim; por isso, não me será tirada esta glória nas regiões da Acaia.

¹¹ Por que razão? É porque não vos amo? Deus o sabe.

¹² Mas o que faço e farei é para cortar ocasião àqueles que a buscam com o intuito de serem considerados iguais a nós, naquilo em que se gloriam.

¹³ Porque os tais são falsos apóstolos, obreiros fraudulentos, transformando-se em apóstolos de Cristo.

¹⁴ E não é de admirar, porque o próprio Satanás se transforma em anjo de luz.

¹⁵ Não é muito, pois, que os seus próprios ministros se transformem em ministros de justiça; e o fim deles será conforme as suas obras.

Os sofrimentos de Paulo por amor do evangelho

¹⁶ Outra vez digo: ninguém me considere insensato; todavia, se o pensais, recebei-me como insensato, para que também me glorie um pouco.

¹⁷ O que falo, não o falo segundo o Senhor e sim como por loucura, nesta confiança de gloriar-me.

¹⁸ E, posto que muitos se gloriam segundo a carne, também eu me gloriarei.

¹⁹ Porque, sendo vós sensatos, de boa mente tolerais os insensatos.

²⁰ Tolerais quem vos escravize, quem vos devore, quem vos detenha, quem se exalte, quem vos esbofeteie no rosto.

²¹ Ingloriamente o confesso, como se fôramos fracos. Mas, naquilo em que qualquer tem ousadia, com insensatez o afirmo, também eu a tenho.

²² São hebreus? Também eu. São israelitas? Também eu. São da descendência de Abraão? Também eu.

²³ São ministros de Cristo? (Falo como fora de mim.) Eu ainda mais: em trabalhos, muito mais; muito mais em prisões; em

açoites, sem medida; em perigos de morte, muitas vezes.

²⁴ Cinco vezes recebi dos judeus uma quarentena de açoites menos um;

²⁵ fui três vezes fustigado com varas; uma vez, apedrejado; em naufrágio, três vezes; uma noite e um dia passei na voragem do mar;

²⁶ em jornadas, muitas vezes; em perigos de rios, em perigos de salteadores, em perigos entre patrícios, em perigos entre gentios, em perigos na cidade, em perigos no deserto, em perigos no mar, em perigos entre falsos irmãos;

²⁷ em trabalhos e fadigas, em vigílias, muitas vezes; em fome e sede, em jejuns, muitas vezes; em frio e nudez.

²⁸ Além das cousas exteriores, há o que pesa sobre mim diariamente, a preocupação com todas as igrejas.

²⁹ Quem enfraquece, que também eu não enfraqueça? Quem se escandaliza, que eu não me inflame?

³⁰ Se tenho de gloriar-me, gloriar-me-ei no que diz respeito à minha fraqueza.

³¹ O Deus e Pai do Senhor Jesus, que é eternamente bendito, sabe que não minto.

³² Em Damasco, o governador preposto do rei Aretas montou guarda na cidade dos damascenos, para me prender;

³³ mas, num grande cesto, me desceram por uma janela da muralha abaixo, e assim me livrei das suas mãos.

As visões e revelações do Senhor

12 Se é necessário que me glorie, ainda que não convém, passarei às visões e revelações do Senhor.

² Conheço um homem em Cristo que, há catorze anos, foi arrebatado até ao terceiro céu (se no corpo ou fora do corpo, não sei, Deus o sabe)

³ e sei que o tal homem (se no corpo ou fora do corpo, não sei, Deus o sabe)

⁴ foi arrebatado ao paraíso e ouviu palavras inefáveis, as quais não é lícito ao homem referir.

⁵ De tal cousa me gloriarei; não, porém, de mim mesmo, salvo nas minhas fraquezas.

⁶ Pois, se eu vier a gloriar-me, não serei néscio, porque direi a verdade; mas abstenho-me para que ninguém se preocupe comigo mais do que em mim vê ou de mim ouve.

11.9 Fp 4.15-18. **11.23** At 16.23. **11.24** Dt 25.3. **11.25** At 16.22; 14.19. **11.26** At 9.23; 14.5. **11.32,33** At 9.23-25.

O espinho na carne

⁷ E, para que não me ensoberbecesse com a grandeza das revelações, foi-me posto um espinho na carne, mensageiro de Satanás, para me esbofetear, a fim de que não me exalte.

⁸ Por causa disto, três vezes pedi ao Senhor que o afastasse de mim.

⁹ Então, ele me disse: A minha graça te basta, porque o poder se aperfeiçoa na fraqueza. De boa vontade, pois, mais me gloriarei nas fraquezas, para que sobre mim repouse o poder de Cristo.

¹⁰ Pelo que sinto prazer nas fraquezas, nas injúrias, nas necessidades, nas perseguições, nas angústias, por amor de Cristo. Porque, quando sou fraco, então, é que sou forte.

As credenciais de um apóstolo

¹¹ Tenho-me tornado insensato; a isto me constrangestes. Eu devia ter sido louvado por vós; porquanto em nada fui inferior a esses tais apóstolos, ainda que nada sou.

¹² Pois as credenciais do apostolado foram apresentadas no meio de vós, com toda a persistência, por sinais, prodígios e poderes miraculosos.

¹³ Porque, em que tendes vós sido inferiores às demais igrejas, senão neste fato de não vos ter sido pesado? Perdoai-me esta injustiça.

Paulo deseja visitá-los

¹⁴ Eis que, pela terceira vez, estou pronto a ir ter convosco e não vos serei pesado; pois não vou atrás dos vossos bens, mas procuro a vós outros. Não devem os filhos entesourar para os pais, mas os pais, para os filhos.

¹⁵ Eu de boa vontade me gastarei e ainda me deixarei gastar em prol da vossa alma. Se mais vos amo, serei menos amado?

¹⁶ Pois seja assim, eu não vos fui pesado; porém, sendo astuto, vos prendi com dolo.

¹⁷ Porventura, vos explorei por intermédio de algum daqueles que vos enviei?

¹⁸ Roguei a Tito e enviei com ele outro irmão; porventura, Tito vos explorou? Acaso, não temos andado no mesmo espírito? Não seguimos nas mesmas pisadas?

Paulo apela para o juiz de todos

¹⁹ Há muito, pensais que nos estamos desculpando convosco. Falamos em Cristo perante Deus, e tudo, ó amados, para vossa edificação.

²⁰ Temo, pois, que, indo ter convosco, não vos encontre na forma em que vos quero, e que também vós me acheis diferente do que esperáveis, e que haja entre vós contendas, invejas, iras, porfias, detrações, intrigas, orgulho e tumultos.

²¹ Receio que, indo outra vez, o meu Deus me humilhe no meio de vós, e eu venha a chorar por muitos que, outrora, pecaram e não se arrependeram da impureza, prostituição e lascívia que cometeram.

Paulo promete investigar e castigar

13 Esta é a terceira vez que vou ter convosco. Por boca de duas ou três testemunhas, toda questão será decidida.

² Já o disse anteriormente e torno a dizer, como fiz quando estive presente pela segunda vez; mas, agora, estando ausente, o digo aos que, outrora, pecaram e a todos os mais que, se outra vez for, não os pouparei,

³ posto que buscais prova de que, em mim, Cristo fala, o qual não é fraco para convosco; antes, é poderoso em vós.

⁴ Porque, de fato, foi crucificado em fraqueza; contudo, vive pelo poder de Deus. Porque nós também somos fracos nele, mas viveremos, com ele, para vós outros pelo poder de Deus.

⁵ Examinai-vos a vós mesmos se realmente estais na fé; provai-vos a vós mesmos. Ou não reconheceis que Jesus Cristo está em vós? Se não é que já estais reprovados.

⁶ Mas espero reconheçais que não somos reprovados.

⁷ Estamos orando a Deus para que não façais mal algum, não para que, simplesmente, pareçamos aprovados, mas para que façais o bem, embora sejamos tidos como reprovados.

⁸ Porque nada podemos contra a verdade, senão em favor da própria verdade.

⁹ Porque nos regozijamos quando nós estamos fracos e vós, fortes; e isto é o que pedimos: o vosso aperfeiçoamento.

¹⁰ Portanto, escrevo estas cousas, estando ausente, para que, estando presente, não venha a usar de rigor segundo a autoridade que o Senhor me conferiu para edificação e não para destruir.

3.1 Dt 17.6; 19.15.

Saudações

11 Quanto ao mais, irmãos, adeus! Aperfeiçoai-vos, consolai-vos, sede do mesmo parecer, vivei em paz; e o Deus de amor e de paz estará convosco.

12 Saudai-vos uns aos outros com ósculo santo. Todos os santos vos saúdam.

A bênção

13 A graça do Senhor Jesus Cristo, e o amor de Deus, e a comunhão do Espírito Santo sejam com todos vós.

EPÍSTOLA DE PAULO AOS
GÁLATAS

Prefácio e saudação

1 Paulo, apóstolo, não da parte de homens, nem por intermédio de homem algum, mas por Jesus Cristo e por Deus Pai, que o ressuscitou dentre os mortos,

2 e todos os irmãos meus companheiros, às igrejas da Galácia,

3 graça a vós outros e paz da parte de Deus, nosso Pai, e do [nosso] Senhor Jesus Cristo,

4 o qual se entregou a si mesmo pelos nossos pecados, para nos desarraigar deste mundo perverso, segundo a vontade de nosso Deus e Pai,

5 a quem seja a glória pelos séculos dos séculos. Amém.

A inconstância dos gálatas

6 Admira-me que estejais passando tão depressa daquele que vos chamou na graça de Cristo para outro evangelho,

7 o qual não é outro, senão que há alguns que vos perturbam e querem perverter o evangelho de Cristo.

8 Mas, ainda que nós ou mesmo um anjo vindo do céu vos pregue evangelho que vá além do que vos temos pregado, seja anátema.

9 Assim, como já dissemos, e agora repito, se alguém vos prega evangelho que vá além daquele que recebestes, seja anátema.

O evangelho que Paulo recebeu e pregou

10 Porventura, procuro eu, agora, o favor dos homens ou o de Deus? Ou procuro agradar a homens? Se agradasse ainda a homens, não seria servo de Cristo.

11 Faço-vos, porém, saber, irmãos, que o evangelho por mim anunciado não é segundo o homem,

12 porque eu não o recebi, nem o aprendi de homem algum, mas mediante revelação de Jesus Cristo.

13 Porque ouvistes qual foi o meu proceder outrora no judaísmo, como sobremaneira perseguia eu a Igreja de Deus e a devastava.

14 E, na minha nação, quanto ao judaísmo, avantajava-me a muitos da minha idade, sendo extremamente zeloso das tradições de meus pais.

15 Quando, porém, ao que me separou antes de eu nascer e me chamou pela sua graça, aprouve

16 revelar seu Filho em mim, para que eu o pregasse entre os gentios, sem detença, não consultei carne e sangue,

17 nem subi a Jerusalém para os que já eram apóstolos antes de mim, mas parti para as regiões da Arábia e voltei, outra vez para Damasco.

Paulo vai a Jerusalém, Síria e Cilícia

18 Decorridos três anos, então, subi a Jerusalém para avistar-me com Cefas e permaneci com ele quinze dias;

19 e não vi outro dos apóstolos, senão Tiago, o irmão do Senhor.

20 Ora, acerca do que vos escrevo, eis que diante de Deus testifico que não minto.

21 Depois, fui para as regiões da Síria da Cilícia.

22 E não era conhecido de vista das igrejas da Judéia, que estavam em Cristo.

23 Ouviam somente dizer: Aquele que antes, nos perseguia, agora, prega a fé que outrora, procurava destruir.

24 E glorificavam a Deus a meu respeito

1.13 At 8.3; 26.9-11.   **1.14** At 22.3.   **1.15,16** At 9.3-6.   **1.18** At 9.26-30.

O apostolado aos judeus e aos gentios

2 Catorze anos depois, subi outra vez a Jerusalém com Barnabé, levando também a Tito.

² Subi em obediência a uma revelação; e lhes expus o evangelho que prego entre os gentios, mas em particular aos que pareciam de maior influência, para, de algum modo, não correr ou ter corrido em vão.

³ Contudo, nem mesmo Tito, que estava comigo, sendo grego, foi constrangido a circuncidar-se.

⁴ E isto por causa dos falsos irmãos que se entremeteram com o fim de espreitar a nossa liberdade que temos em Cristo Jesus e reduzir-nos à escravidão;

⁵ aos quais nem ainda por uma hora nos submetemos, para que a verdade do evangelho permanecesse entre vós.

⁶ E, quanto àqueles que pareciam ser de maior influência (quais tenham sido, outrora, não me interessa; Deus não aceita a aparência do homem), esses, digo, que me pareciam ser alguma cousa nada me acrescentaram;

⁷ antes, pelo contrário, quando viram que o evangelho da incircuncisão me fora confiado, como a Pedro o da circuncisão

⁸ (pois aquele que operou eficazmente em Pedro para o apostolado da circuncisão também operou eficazmente em mim para com os gentios)

⁹ e, quando conheceram a graça que me foi dada, Tiago, Cefas e João, que eram reputados colunas, me estenderam, a mim e a Barnabé, a destra de comunhão, a fim de que nós fôssemos para os gentios, e eles, para a circuncisão;

¹⁰ recomendando-nos somente que nos lembrássemos dos pobres, o que também me esforcei por fazer.

Paulo repreende a Pedro. A justificação pela fé em Cristo Jesus

¹¹ Quando, porém, Cefas veio a Antioquia, resisti-lhe face a face, porque se tornara repreensível.

¹² Com efeito, antes de chegarem alguns da parte de Tiago, comia com os gentios; quando, porém, chegaram, afastou-se e, por fim, veio a apartar-se, temendo os da circuncisão.

¹³ E também os demais judeus dissimularam com ele, a ponto de o próprio Barnabé ter-se deixado levar pela dissimulação deles.

¹⁴ Quando, porém, vi que não procediam corretamente segundo a verdade do evangelho, disse a Cefas, na presença de todos: se, sendo tu judeu, vives como gentio e não como judeu, por que obrigas os gentios a viverem como judeus?

¹⁵ Nós, judeus por natureza e não pecadores dentre os gentios,

¹⁶ sabendo, contudo, que o homem não é justificado por obras da lei e sim mediante a fé em Cristo Jesus, também temos crido em Cristo Jesus, para que fôssemos justificados pela fé em Cristo e não por obras da lei, pois, por obras da lei, ninguém será justificado;

¹⁷ Mas se, procurando ser justificados em Cristo, fomos nós mesmos também achados pecadores, dar-se-á o caso de ser Cristo ministro do pecado? Certo que não!

¹⁸ Porque, se torno a edificar aquilo que destruí, a mim mesmo me constituo transgressor.

¹⁹ Porque eu, mediante a própria lei, morri para a lei, a fim de viver para Deus. Estou crucificado com Cristo;

²⁰ logo, já não sou eu quem vive, mas Cristo vive em mim; e esse viver que, agora, tenho na carne, vivo pela fé no Filho de Deus, que me amou e a si mesmo se entregou por mim.

²¹ Não anulo a graça de Deus; pois, se a justiça é mediante a lei, segue-se que morreu Cristo em vão.

Paulo apela para a experiência dos gálatas

3 Ó gálatas insensatos! Quem vos fascinou a vós outros, ante cujos olhos foi Jesus Cristo exposto como crucificado?

² Quero apenas saber isto de vós: recebestes o Espírito pelas obras da lei ou pela pregação da fé?

³ Sois assim insensatos que, tendo começado no Espírito, estejais, agora, vos aperfeiçoando na carne?

⁴ Terá sido em vão que tantas cousas sofrestes? Se, na verdade, foram em vão.

⁵ Aquele, pois, que vos concede o Espírito e que opera milagres entre vós, porventura, o faz pelas obras da lei ou pela pregação da fé?

2.1 At 11.30; 15.2.   **2.6** Dt 10.17.   **2.15-21** Rm 3.21-31.   **2.16** Sl 143.2; Rm 3.20.

A experiência de Abraão

⁶ É o caso de Abraão, que creu em Deus, e isso lhe foi imputado para justiça.
⁷ Sabei, pois, que os da fé é que são filhos de Abraão.
⁸ Ora, tendo a Escritura previsto que Deus justificaria pela fé os gentios, preanunciou o evangelho a Abraão:
Em ti, serão abençoados todos os povos.
⁹ De modo que os da fé são abençoados com o crente Abraão.
¹⁰ Todos quantos, pois, são das obras da lei estão debaixo de maldição; porque está escrito:
Maldito todo aquele que não permanece em todas as cousas escritas no livro da lei, para praticá-las.
¹¹ E é evidente que, pela lei, ninguém é justificado diante de Deus, porque
o justo viverá pela fé.
¹² Ora, a lei não procede de fé, mas:
Aquele que observar os seus preceitos por eles viverá.
¹³ Cristo nos resgatou da maldição da lei, fazendo-se ele próprio maldição em nosso lugar, porque está escrito:
Maldito todo aquele que for pendurado em madeiro;
¹⁴ para que a bênção de Abraão chegasse aos gentios, em Jesus Cristo, a fim de que recebêssemos, pela fé, o Espírito prometido.

A lei não pode invalidar a promessa

¹⁵ Irmãos, falo como homem. Ainda que uma aliança seja meramente humana, uma vez ratificada, ninguém a revoga ou lhe acrescenta alguma cousa.
¹⁶ Ora, as promessas foram feitas a Abraão e ao seu descendente. Não diz: E aos descendentes, como se falando de muitos, porém como de um só: E ao teu descendente, que é Cristo.
¹⁷ E digo isto: uma aliança já anteriormente confirmada por Deus, a lei, que veio quatrocentos e trinta anos depois, não a pode ab-rogar, de forma que venha a desfazer a promessa.
¹⁸ Porque, se a herança provém de lei, já não decorre de promessa; mas foi pela promessa que Deus a concedeu gratuitamente a Abraão.
¹⁹ Qual, pois, a razão de ser da lei? Foi adicionada por causa das transgressões, até que viesse o descendente a quem se fez a promessa, e foi promulgada por meio de anjos, pela mão de um mediador.
²⁰ Ora, o mediador não é de um, mas Deus é um.
²¹ É, porventura, a lei contrária às promessas de Deus? De modo nenhum! Porque, se fosse promulgada uma lei que pudesse dar vida, a justiça, na verdade, seria procedente de lei.
²² Mas a Escritura encerrou tudo sob o pecado, para que, mediante a fé em Jesus Cristo, fosse a promessa concedida aos que crêem.

A tutela da lei para nos conduzir a Cristo

²³ Mas, antes que viesse a fé, estávamos sob a tutela da lei e nela encerrados, para essa fé que, de futuro, haveria de revelar-se.
²⁴ De maneira que a lei nos serviu de aio para nos conduzir a Cristo, a fim de que fôssemos justificados por fé.
²⁵ Mas, tendo vindo a fé, já não permanecemos subordinados ao aio.
²⁶ Pois todos vós sois filhos de Deus mediante a fé em Cristo Jesus;
²⁷ porque todos quantos fostes batizados em Cristo de Cristo vos revestistes.
²⁸ Dessarte, não pode haver judeu nem grego; nem escravo nem liberto; nem homem nem mulher; porque todos vós sois um em Cristo Jesus.
²⁹ E, se sois de Cristo, também sois descendentes de Abraão e herdeiros segundo a promessa.

A nossa filiação em Cristo

4 Digo, pois, que, durante o tempo em que o herdeiro é menor, em nada difere de escravo, posto que é ele senhor de tudo.
² Mas está sob tutores e curadores até ao tempo predeterminado pelo pai.
³ Assim, também nós, quando éramos menores, estávamos servilmente sujeitos aos rudimentos do mundo;
⁴ vindo, porém, a plenitude do tempo, Deus enviou seu Filho, nascido de mulher, nascido sob a lei,
⁵ para resgatar os que estavam sob a lei, a fim de que recebêssemos a adoção de filhos.
⁶ E, porque vós sois filhos, enviou Deus

3.6-18 Rm 4.1-12. **3.6** Gn 15.6. **3.8** Gn 12.3. **3.10** Dt 27.26. **3.11** Hc 2.4. **3.12** Lv 18.5. **3.13** Dt 21.23. **3.16** Gn 12.7. **3.17** Êx 12.40. **4.1-7** Rm 8.14-17.

ao nosso coração o Espírito de seu Filho, que clama: Aba[a], Pai!

[7] De sorte que já não és escravo, porém filho; e, sendo filho, também herdeiro por Deus.

O valor transitório dos ritos judaicos

[8] Outrora, porém, não conhecendo a Deus, servíeis a deuses que, por natureza, não o são;

[9] mas agora que conheceis a Deus ou, antes, sendo conhecidos por Deus, como estais voltando, outra vez, aos rudimentos fracos e pobres, aos quais, de novo, quereis ainda escravizar-vos?

[10] Guardais dias, e meses, e tempos, e anos.

[11] Receio de vós tenha eu trabalhado em vão para convosco.

A perplexidade de Paulo

[12] Sede qual eu sou; pois também eu sou como vós. Irmãos, assim vos suplico. Em nada me ofendestes.

[13] E vós sabeis que vos preguei o evangelho a primeira vez por causa de uma enfermidade física.

[14] E, posto que a minha enfermidade na carne vos foi uma tentação, contudo, não me revelastes desprezo nem desgosto; antes, me recebestes como anjo de Deus, como o próprio Cristo Jesus.

[15] Que é feito, pois, da vossa exultação? Pois vos dou testemunho de que, se possível fora, teríeis arrancado os próprios olhos para mos dar.

[16] Tornei-me, porventura, vosso inimigo, por vos dizer a verdade?

[17] Os que vos obsequiam não o fazem sinceramente, mas querem afastar-vos de mim, para que o vosso zelo seja em favor deles.

[18] É bom ser sempre zeloso pelo bem e não apenas quando estou presente convosco,

[19] meus filhos, por quem, de novo, sofro as dores de parto, até ser Cristo formado em vós;

[20] pudera eu estar presente, agora, convosco e falar-vos em outro tom de voz; porque me vejo perplexo a vosso respeito.

Sara e Hagar, alegoria das duas alianças

[21] Dizei-me vós, os que quereis estar sob a lei: acaso não ouvis a lei?

[22] Pois está escrito que Abraão teve dois filhos, um da mulher escrava e outro da livre.

[23] Mas o da escrava nasceu segundo a carne; o da livre, mediante a promessa.

[24] Estas cousas são alegóricas; porque estas mulheres são duas alianças; uma, na verdade, se refere ao monte Sinai, que gera para escravidão; esta é Hagar.

[25] Ora, Hagar é o monte Sinai, na Arábia, e corresponde à Jerusalém atual, que está em escravidão com seus filhos.

[26] Mas a Jerusalém lá de cima é livre, a qual é nossa mãe;

[27] porque está escrito:

Alegra-te, ó estéril, que não dás à luz, exulta e clama, tu que não estás de parto; porque são mais numerosos os filhos da abandonada que os da que tem marido.

[28] Vós, porém, irmãos, sois filhos da promessa, como Isaque.

[29] Como, porém, outrora, o que nascera segundo a carne perseguia ao que nasceu segundo o Espírito, assim também agora.

[30] Contudo, que diz a Escritura?

Lança fora a escrava e seu filho, porque de modo algum o filho da escrava será herdeiro com o filho da livre.

[31] E, assim, irmãos, somos filhos não da escrava e sim da livre.

Ou a lei ou Cristo

5 Para a liberdade foi que Cristo nos libertou. Permanecei, pois, firmes e não vos submetais, de novo, a jugo de escravidão.

[2] Eu, Paulo, vos digo que, se vos deixardes circuncidar, Cristo de nada vos aproveitará.

[3] De novo, testifico a todo homem que se deixa circuncidar que está obrigado a guardar toda a lei.

[4] De Cristo vos desligastes, vós que procurais justificar-vos na lei; da graça decaístes.

[5] Porque nós, pelo Espírito, aguardamos a esperança da justiça que provém da fé.

[6] Porque, em Cristo Jesus, nem a cir-

---

[a]**Aba**; *no original*, **Pai**

4.8-20 Cl 2.8-23.　**4.22** Gn 16.15; 21.2.　**4.27** Is 54.1.　**4.29** Gn 21.9.　**4.30** Gn 21.10.

cuncisão, nem a incircuncisão têm valor algum, mas a fé que atua pelo amor.

⁷ Vós corríeis bem; quem vos impediu de continuardes a obedecer à verdade?

⁸ Esta persuasão não vem daquele que vos chama.

⁹ Um pouco de fermento leveda toda a massa.

¹⁰ Confio de vós, no Senhor, que não alimentareis nenhum outro sentimento; mas aquele que vos perturba, seja ele quem for, sofrerá a condenação.

¹¹ Eu, porém, irmãos, se ainda prego a circuncisão, por que continuo sendo perseguido? Logo, está desfeito o escândalo da cruz.

¹² Tomara até se mutilassem os que vos incitam à rebeldia.

A liberdade é limitada pelo amor

¹³ Porque vós, irmãos, fostes chamados à liberdade; porém não useis da liberdade para dar ocasião à carne; sede, antes, servos uns dos outros, pelo amor.

¹⁴ Porque toda a lei se cumpre em um só preceito, a saber:
Amarás o teu próximo como a ti mesmo.

¹⁵ Se vós, porém, vos mordeis e devorais uns aos outros, vede que não sejais mutuamente destruídos.

As obras da carne e o fruto do Espírito

¹⁶ Digo, porém: andai no Espírito e jamais satisfareis à concupiscência da carne.

¹⁷ Porque a carne milita contra o Espírito, e o Espírito, contra a carne, porque são opostos entre si; para que não façais o que, porventura, seja do vosso querer.

¹⁸ Mas, se sois guiados pelo Espírito, não estais sob a lei.

¹⁹ Ora, as obras da carne são conhecidas e são: prostituição, impureza, lascívia,

²⁰ idolatria, feitiçarias, inimizades, porfias, ciúmes, iras, discórdias, dissensões, facções,

²¹ invejas, bebedices, glutonarias e cousas semelhantes a estas, a respeito das quais eu vos declaro, como já, outrora, vos preveni, que não herdarão o reino de Deus os que tais cousas praticam.

²² Mas o fruto do Espírito é: amor, alegria, paz, longanimidade, benignidade, bondade, fidelidade,

²³ mansidão, domínio próprio. Contra estas cousas não há lei.

²⁴ E os que são de Cristo Jesus crucificaram a carne, com as suas paixões e concupiscências.

²⁵ Se vivemos no Espírito, andemos também no Espírito.

²⁶ Não nos deixemos possuir de vanglória, provocando uns aos outros, tendo inveja uns dos outros.

O auxílio mútuo e a responsabilidade pessoal

6 Irmãos, se alguém for surpreendido nalguma falta, vós, que sois espirituais, corrigi-o com espírito de brandura; e guarda-te para que não sejas também tentado.

² Levai as cargas uns dos outros e, assim, cumprireis a lei de Cristo.

³ Porque, se alguém julga ser alguma cousa, não sendo nada, a si mesmo se engana.

⁴ Mas prove cada um o seu labor e, então, terá motivo de gloriar-se unicamente em si e não em outro.

⁵ Porque cada um levará o seu próprio fardo.

O que o homem semear, isso também ceifará

⁶ Mas aquele que está sendo instruído na palavra faça participante de todas as cousas boas aquele que o instrui.

⁷ Não vos enganeis: de Deus não se zomba; pois aquilo que o homem semear, isso também ceifará.

⁸ Porque o que semeia para a sua própria carne da carne colherá corrupção; mas o que semeia para o Espírito do Espírito colherá vida eterna.

⁹ E não nos cansemos de fazer o bem, porque a seu tempo ceifaremos, se não desfalecermos.

¹⁰ Por isso, enquanto tivermos oportunidade, façamos o bem a todos, mas principalmente aos da família da fé.

Paulo gloria-se na cruz de Cristo

¹¹ Vede com que letras grandes vos escrevi de meu próprio punho.

¹² Todos os que querem ostentar-se na carne, esses vos constrangem a vos circuncidardes, somente para não serem perseguidos por causa da cruz de Cristo.

5.9 1Co 5.6.   **5.14** Lv 19.18.   **5.16-26** Rm 7.7-25.

13 Pois nem mesmo aqueles que se deixam circuncidar guardam a lei; antes, querem que vos circuncideis, para se gloriarem na vossa carne.

14 Mas longe esteja de mim gloriar-me, senão na cruz de nosso Senhor Jesus Cristo, pela qual o mundo está crucificado para mim, e eu, para o mundo.

15 Pois nem a circuncisão é cousa alguma, nem a incircuncisão, mas o ser nova criatura.

16 E, a todos quantos andarem de conformidade com esta regra, paz e misericórdia sejam sobre eles e sobre o Israel de Deus.

17 Quanto ao mais, ninguém me moleste; porque eu trago no corpo as marcas de Jesus.

A bênção

18 A graça de nosso Senhor Jesus Cristo seja, irmãos, com o vosso espírito. Amém.

EPÍSTOLA DE PAULO AOS

EFÉSIOS

Prefácio e saudação

1 Paulo, apóstolo de Cristo Jesus por vontade de Deus, aos santos que vivem em Éfeso e fiéis em Cristo Jesus,

2 graça a vós outros e paz da parte de Deus, nosso Pai, e do Senhor Jesus Cristo.

As bênçãos de Deus em Cristo, autor da nossa redenção

3 Bendito o Deus e Pai de nosso Senhor Jesus Cristo, que nos tem abençoado com toda sorte de bênção espiritual nas regiões celestiais em Cristo,

4 assim como nos escolheu, nele, antes da fundação do mundo, para sermos santos e irrepreensíveis perante ele; e em amor

5 nos predestinou para ele, para a adoção de filhos, por meio de Jesus Cristo, segundo o beneplácito de sua vontade,

6 para louvor da glória de sua graça, que ele nos concedeu gratuitamente no Amado,

7 no qual temos a redenção, pelo seu sangue, a remissão dos pecados, segundo a riqueza da sua graça,

8 que Deus derramou abundantemente sobre nós em toda a sabedoria e prudência,

9 desvendando-nos o mistério da sua vontade, segundo o seu beneplácito que propusera em Cristo,

10 de fazer convergir nele, na dispensação da plenitude dos tempos, todas as cousas, tanto as do céu como as da terra;

11 nele, digo, no qual fomos também feitos herança, predestinados segundo o propósito daquele que faz todas as cousas conforme o conselho da sua vontade,

12 a fim de sermos para louvor da sua glória, nós, os que de antemão esperamos em Cristo;

13 em quem também vós, depois que ouvistes a palavra da verdade, o evangelho da vossa salvação, tendo nele também crido, fostes selados com o Santo Espírito da promessa;

14 o qual é o penhor da nossa herança, até ao resgate da sua propriedade, em louvor da sua glória.

Paulo ora pelos crentes

15 Por isso, também eu, tendo ouvido a fé que há entre vós no Senhor Jesus e o amor para com todos os santos,

16 não cesso de dar graças por vós, fazendo menção de vós nas minhas orações,

17 para que o Deus de nosso Senhor Jesus Cristo, o Pai da glória, vos conceda espírito de sabedoria e de revelação no pleno conhecimento dele,

18 iluminados os olhos do vosso coração, para saberdes qual é a esperança do seu chamamento, qual a riqueza da glória da sua herança nos santos

19 e qual a suprema grandeza do seu poder para com os que cremos, segundo a eficácia da força do seu poder,

20 o qual exerceu ele em Cristo, ressuscitando-o dentre os mortos e fazendo-o sentar à sua direita nos lugares celestiais,

21 acima de todo principado, e potesta-

de, e poder, e domínio, e de todo nome que se possa referir não só no presente século, mas também no vindouro.

²² E pôs todas as cousas debaixo dos pés e, para ser o cabeça sobre todas as cousas, o deu à Igreja,

²³ a qual é o seu corpo, a plenitude daquele que a tudo enche em todas as cousas.

Do pecado para a salvação pela graça

2 Ele vos deu vida, estando vós mortos nos vossos delitos e pecados,

² nos quais andastes outrora, segundo o curso deste mundo, segundo o príncipe da potestade do ar, do espírito que agora atua nos filhos da desobediência;

³ entre os quais também todos nós andamos outrora, segundo as inclinações da nossa carne, fazendo a vontade da carne e dos pensamentos; e éramos, por natureza, filhos da ira, como também os demais.

⁴ Mas Deus, sendo rico em misericórdia, por causa do grande amor com que nos amou,

⁵ e estando nós mortos em nossos delitos, nos deu vida juntamente com Cristo, — pela graça sois salvos,

⁶ e, juntamente com ele, nos ressuscitou, e nos fez assentar nos lugares celestiais em Cristo Jesus;

⁷ para mostrar, nos séculos vindouros, a suprema riqueza da sua graça, em bondade para conosco, em Cristo Jesus.

⁸ Porque pela graça sois salvos, mediante a fé; e isto não vem de vós; é dom de Deus;

⁹ não de obras, para que ninguém se glorie.

¹⁰ Pois somos feitura dele, criados em Cristo Jesus para boas obras, as quais Deus de antemão preparou para que andássemos nelas.

Os gentios e os judeus são unidos pela cruz de Cristo

¹¹ Portanto, lembrai-vos de que, outrora, vós, gentios na carne, chamados incircuncisão por aqueles que se intitulam circuncisos, na carne, por mãos humanas,

¹² naquele tempo, estáveis sem Cristo, separados da comunidade de Israel e estranhos às alianças da promessa, não tendo esperança e sem Deus no mundo.

¹³ Mas, agora, em Cristo Jesus, vós, que antes estáveis longe, fostes aproximados pelo sangue de Cristo.

¹⁴ Porque ele é a nossa paz, o qual de ambos*ᵃ* fez um; e, tendo derribado a parede da separação que estava no meio, a inimizade,

¹⁵ aboliu, na sua carne, a lei dos mandamentos na forma de ordenanças, para que dos dois criasse, em si mesmo, um novo homem, fazendo a paz,

¹⁶ e reconciliasse ambos em um só corpo com Deus, por intermédio da cruz, destruindo por ela a inimizade.

¹⁷ E, vindo, evangelizou paz a vós outros que estáveis longe e paz também aos que estavam perto;

¹⁸ porque, por ele, ambos temos acesso ao Pai em um Espírito.

¹⁹ Assim, já não sois estrangeiros e peregrinos, mas concidadãos dos santos, e sois da família de Deus,

²⁰ edificados sobre o fundamento dos apóstolos e profetas, sendo ele mesmo, Cristo Jesus, a pedra angular;

²¹ no qual todo o edifício, bem ajustado, cresce para santuário dedicado ao Senhor,

²² no qual também vós juntamente estais sendo edificados para habitação de Deus no Espírito.

A vocação dos gentios e o apostolado de Paulo

3 Por esta causa eu, Paulo, sou o prisioneiro de Cristo Jesus, por amor de vós, gentios,

² se é que tendes ouvido a respeito da dispensação da graça de Deus a mim confiada para vós outros;

³ pois, segundo uma revelação, me foi dado conhecer o mistério, conforme escrevi há pouco, resumidamente;

⁴ pelo que, quando ledes, podeis compreender o meu discernimento do mistério de Cristo,

⁵ o qual, em outras gerações, não foi dado a conhecer aos filhos dos homens, como, agora, foi revelado aos seus santos apóstolos e profetas, no Espírito,

⁶ a saber, que os gentios são co-herdeiros, membros do mesmo corpo e co-participantes da promessa em Cristo Jesus por meio do evangelho;

*ᵃ*ambos: *judeus e gentios*

1.22 Sl 8.6.　**2.1-10** Cl 2.8-23.　**2.11-22** Cl 1.15-23.　**2.17** Is 57.19.　**3.1-13** Cl 1.24-29.

⁷ do qual fui constituído ministro conforme o dom da graça de Deus a mim concedida segundo a força operante do seu poder.

⁸ A mim, o menor de todos os santos, me foi dada esta graça de pregar aos gentios o evangelho das insondáveis riquezas de Cristo

⁹ e manifestar qual seja a dispensação do mistério, desde os séculos, oculto em Deus, que criou todas as cousas,

¹⁰ para que, pela igreja, a multiforme sabedoria de Deus se torne conhecida, agora, dos principados e potestades nos lugares celestiais,

¹¹ segundo o eterno propósito que estabeleceu em Cristo Jesus, nosso Senhor,

¹² pelo qual temos ousadia e acesso com confiança, mediante a fé nele.

¹³ Portanto, vos peço que não desfaleçais nas minhas tribulações por vós, pois nisso está a vossa glória.

Paulo ora novamente

¹⁴ Por esta causa, me ponho de joelhos diante do Pai,

¹⁵ de quem toma o nome toda família, tanto no céu como sobre a terra,

¹⁶ para que, segundo a riqueza da sua glória, vos conceda que sejais fortalecidos com poder, mediante o seu Espírito no homem interior;

¹⁷ e, assim, habite Cristo no vosso coração, pela fé, estando vós arraigados e alicerçados em amor,

¹⁸ a fim de poderdes compreender, com todos os santos, qual é a largura, e o comprimento, e a altura, e a profundidade

¹⁹ e conhecer o amor de Cristo, que excede todo entendimento, para que sejais tomados de toda a plenitude de Deus.

²⁰ Ora, àquele que é poderoso para fazer infinitamente mais do que tudo quanto pedimos ou pensamos, conforme o seu poder que opera em nós,

²¹ a ele seja a glória, na Igreja e em Cristo Jesus, por todas as gerações, para todo o sempre. Amém.

A unidade da fé

4 Rogo-vos, pois, eu, o prisioneiro no Senhor, que andeis de modo digno da vocação a que fostes chamados,

² com toda a humildade e mansidão, com longanimidade, suportando-vos uns aos outros em amor,

³ esforçando-vos diligentemente por preservar a unidade do Espírito no vínculo da paz;

⁴ há somente um corpo e um Espírito, como também fostes chamados numa só esperança da vossa vocação;

⁵ há um só Senhor, uma só fé, um só batismo;

⁶ um só Deus e Pai de todos, o qual é sobre todos, age por meio de todos e está em todos.

O santo ministério e o serviço dos santos

⁷ E a graça foi concedida a cada um de nós segundo a proporção do dom de Cristo.

⁸ Por isso, diz:

Quando ele subiu às alturas, levou cativo o cativeiro e concedeu dons aos homens.

⁹ Ora, que quer dizer subiu, senão que também havia descido até às regiões inferiores da terra[b]?

¹⁰ Aquele que desceu é também o mesmo que subiu acima de todos os céus, para encher todas as cousas.

¹¹ E ele mesmo concedeu uns para apóstolos, outros para profetas, outros para evangelistas e outros para pastores e mestres,

¹² com vistas ao aperfeiçoamento dos santos para o desempenho do seu serviço, para a edificação do corpo de Cristo,

¹³ até que todos cheguemos à unidade da fé e do pleno conhecimento do Filho de Deus, à perfeita varonilidade, à medida da estatura da plenitude de Cristo,

¹⁴ para que não mais sejamos como meninos, agitados de um lado para outro e levados ao redor por todo vento de doutrina, pela artimanha dos homens, pela astúcia com que induzem ao erro.

¹⁵ Mas, seguindo a verdade em amor, cresçamos em tudo naquele que é a cabeça, Cristo,

¹⁶ de quem todo o corpo, bem ajustado e consolidado pelo auxílio de toda junta, segundo a justa cooperação de cada parte, efetua o seu próprio aumento para a edificação de si mesmo em amor.

---

[b]às regiões inferiores da terra; *ou* regiões inferiores, à terra

4.1-16 Cl 3.12-15.   **4.8** Sl 68.18.   **4.16** Cl 2.19.

A santidade cristã oposta à dissolução

17 Isto, portanto, digo e no Senhor testifico que não mais andeis como também andam os gentios, na vaidade dos seus próprios pensamentos,

18 obscurecidos de entendimento, alheios à vida de Deus por causa da ignorância em que vivem, pela dureza do seu coração,

19 os quais, tendo-se tornado insensíveis, se entregaram à dissolução para, com avidez, cometerem toda sorte de impureza.

20 Mas não foi assim que aprendestes a Cristo,

21 se é que, de fato, o tendes ouvido e nele fostes instruídos, segundo é a verdade em Jesus,

22 no sentido de que, quanto ao trato passado, vos despojeis do velho homem, que se corrompe segundo as concupiscências do engano,

23 e vos renoveis no espírito do vosso entendimento,

24 e vos revistais do novo homem, criado segundo Deus, em justiça e retidão procedentes da verdade.

Exortações à santidade

25 Por isso, deixando a mentira, fale cada um a verdade com o seu próximo, porque somos membros uns dos outros.

26 Irai-vos e não pequeis; não se ponha o sol sobre a vossa ira,

27 nem deis lugar ao diabo.

28 Aquele que furtava não furte mais; antes, trabalhe, fazendo com as próprias mãos o que é bom, para que tenha com que acudir ao necessitado.

29 Não saia da vossa boca nenhuma palavra torpe; e sim unicamente a que for boa para edificação, conforme a necessidade, e, assim, transmita graça aos que ouvem.

30 E não entristeçais o Espírito de Deus, no qual fostes selados para o dia da redenção.

31 Longe de vós, toda amargura, e cólera, e ira, e gritaria, e blasfêmias, e bem assim toda malícia.

32 Antes, sede uns para com os outros benignos, compassivos, perdoando-vos uns aos outros, como também Deus, em Cristo, vos perdoou.

5 Sede, pois, imitadores de Deus, como filhos amados;

2 e andai em amor, como também Cristo nos amou e se entregou a si mesmo por nós, como oferta e sacrifício a Deus, em aroma suave.

O fruto da luz e as obras das trevas

3 Mas a impudicícia e toda sorte de impurezas ou cobiça nem sequer se nomeiem entre vós, como convém a santos;

4 nem conversação torpe, nem palavras vãs ou chocarrices, cousas essas inconvenientes; antes, pelo contrário, ações de graças.

5 Sabei, pois, isto: nenhum incontinente, ou impuro, ou avarento, que é idólatra, tem herança no reino de Cristo e de Deus.

6 Ninguém vos engane com palavras vãs; porque, por essas cousas, vem a ira de Deus sobre os filhos da desobediência.

7 Portanto, não sejais participantes com eles.

8 Pois, outrora, éreis trevas, porém, agora, sois luz no Senhor; andai como filhos da luz

9 (porque o fruto da luz consiste em toda bondade, e justiça, e verdade),

10 provando sempre o que é agradável ao Senhor.

11 E não sejais cúmplices nas obras infrutíferas das trevas; antes, porém, reprovai-as.

12 Porque o que eles fazem em oculto, o só referir é vergonha.

13 Mas todas as cousas, quando reprovadas pela luz, se tornam manifestas; porque tudo que se manifesta é luz.

14 Pelo que diz:

Desperta, ó tu que dormes, levanta-te de entre os mortos, e Cristo te iluminará.

15 Portanto, vede prudentemente como andais, não como néscios e sim como sábios,

16 remindo o tempo, porque os dias são maus.

17 Por esta razão, não vos torneis insensatos, mas procurai compreender qual a vontade do Senhor.

18 E não vos embriagueis com vinho, no qual há dissolução, mas enchei-vos do Espírito,

19 falando entre vós com salmos, entoando e louvando de coração ao Senhor com hinos e cânticos espirituais,

20 dando sempre graças por tudo a nos-

4.17-32 Cl 3.1-11.   **4.24** Gn 1.26.   **4.25** Zc 8.16.   **4.26** Sl 4.4.   **4.32** Cl 3.13.   **5.2** Êx 29.18.
5.15-20 Cl 3.16,17.   **5.16** Cl 4.5.

so Deus e Pai, em nome de nosso Senhor Jesus Cristo, ²¹ sujeitando-vos uns aos outros no temor de Cristo.

O lar cristão: marido e mulher

²² As mulheres sejam submissas ao seu próprio marido, como ao Senhor; ²³ porque o marido é o cabeça da mulher, como também Cristo é o cabeça da Igreja, sendo este mesmo o salvador do corpo. ²⁴ Como, porém, a Igreja está sujeita a Cristo, assim também as mulheres sejam em tudo submissas ao seu marido.

²⁵ Maridos, amai vossa mulher, como também Cristo amou a Igreja e a si mesmo se entregou por ela, ²⁶ para que a santificasse, tendo-a purificado por meio da lavagem de água pela palavra, ²⁷ para a apresentar a si mesmo Igreja gloriosa, sem mácula, nem ruga, nem cousa semelhante, porém santa e sem defeito. ²⁸ Assim também os maridos devem amar a sua mulher como ao próprio corpo. Quem ama a esposa a si mesmo se ama. ²⁹ Porque ninguém jamais odiou a própria carne; antes, a alimenta e dela cuida, como também Cristo o faz com a Igreja; ³⁰ porque somos membros do seu corpo. ³¹ Eis por que deixará o homem a seu pai e a sua mãe e se unirá à sua mulher, e se tornarão os dois uma só carne. ³² Grande é este mistério, mas eu me refiro a Cristo e à Igreja. ³³ Não obstante, vós, cada um de per si também ame a própria esposa como a si mesmo, e a esposa respeite ao marido.

O lar cristão: filhos e pais

6 Filhos, obedecei a vossos pais no Senhor, pois isto é justo. ² Honra a teu pai e a tua mãe (que é o primeiro mandamento com promessa), ³ para que te vá bem, e sejas de longa vida sobre a terra. ⁴ E vós, pais, não provoqueis vossos filhos à ira, mas criai-os na disciplina e na admoestação do Senhor.

O lar cristão: servos e senhores

⁵ Quanto a vós outros, servos, obedecei a vosso senhor segundo a carne com temor e tremor, na sinceridade do vosso coração, como a Cristo, ⁶ não servindo à vista, como para agradar a homens, mas como servos de Cristo, fazendo, de coração, a vontade de Deus; ⁷ servindo de boa vontade, como ao Senhor e não como a homens, ⁸ certos de que cada um, se fizer alguma cousa boa, receberá isso outra vez do Senhor, quer seja servo, quer livre. ⁹ E vós, senhores, de igual modo procedei para com eles, deixando as ameaças, sabendo que o Senhor, tanto deles como vosso, está nos céus e que para com ele não há acepção de pessoas.

A armadura de Deus

¹⁰ Quanto ao mais, sede fortalecidos no Senhor e na força do seu poder. ¹¹ Revesti-vos de toda a armadura de Deus, para poderdes ficar firmes contra as ciladas do diabo; ¹² porque a nossa luta não é contra o sangue e a carne e sim contra os principados e potestades, contra os dominadores deste mundo tenebroso, contra as forças espirituais do mal, nas regiões celestes. ¹³ Portanto, tomai toda a armadura de Deus, para que possais resistir no dia mau e, depois de terdes vencido tudo, permanecer inabaláveis. ¹⁴ Estai, pois, firmes, cingindo-vos com a verdade e vestindo-vos da couraça da justiça; ¹⁵ Calçai os pés com a preparação do evangelho da paz; ¹⁶ embraçando sempre o escudo da fé, com o qual podereis apagar todos os dardos inflamados do Maligno. ¹⁷ Tomai também o capacete da salvação e a espada do Espírito, que é a palavra de Deus; ¹⁸ com toda oração e súplica, orando em todo tempo no Espírito e para isto vigiando com toda perseverança e súplica por todos os santos ¹⁹ e também por mim; para que me seja dada, no abrir da minha boca, a palavra, para, com intrepidez, fazer conhecido o mistério do evangelho,

5.21-6.9 Cl 3.18-4.1. **5.22** 1Pe 3.1. **5.31** Gn 2.24. **6.2,3** Êx 20.12; Dt 5.16. **6.9** Cl 4.1; Dt 10.17. **6.14** Is 11.5; 59.17. **6.15** Is 52.7. **6.17** Is 59.17.

²⁰ pelo qual sou embaixador em cadeias, para que, em Cristo, eu seja ousado para falar, como me cumpre fazê-lo.

Tíquico

²¹ E, para que saibais também a meu respeito e o que faço, de tudo vos informará Tíquico, o irmão amado e fiel ministro do Senhor.
²² Foi para isso que eu vo-lo enviei, para que saibais a nosso respeito, e ele console o vosso coração.

A bênção

²³ Paz seja com os irmãos e amor com fé, da parte de Deus Pai e do Senhor Jesus Cristo.
²⁴ A graça seja com todos os que amam sinceramente a nosso Senhor Jesus Cristo.

EPÍSTOLA DE PAULO AOS

FILIPENSES

Prefácio e saudação

1 Paulo e Timóteo, servos de Cristo Jesus, a todos os santos em Cristo Jesus, inclusive bispos e diáconos que vivem em Filipos,
² graça e paz a vós outros da parte de Deus, nosso Pai, e do Senhor Jesus Cristo.

Ação de graças e súplicas em favor dos filipenses

³ Dou graças ao meu Deus por tudo que recordo de vós,
⁴ fazendo sempre, com alegria, súplicas por todos vós, em todas as minhas orações,
⁵ pela vossa cooperação no evangelho, desde o primeiro dia até agora.
⁶ Estou plenamente certo de que aquele que começou boa obra em vós há de completá-la até ao Dia de Cristo Jesus.
⁷ Aliás, é justo que eu assim pense de todos vós, porque vos trago no coração, seja nas minhas algemas, seja na defesa e confirmação do evangelho, pois todos sois participantes da graça comigo.
⁸ Pois minha testemunha é Deus, da saudade que tenho de todos vós, na terna misericórdia de Cristo Jesus.
⁹ E também faço esta oração: que o vosso amor aumente mais e mais em pleno conhecimento e toda a percepção,
¹⁰ para aprovardes as cousas excelentes e serdes sinceros e inculpáveis para o Dia de Cristo,
¹¹ cheios do fruto de justiça, o qual é mediante Jesus Cristo, para a glória e louvor de Deus.

A situação do apóstolo contribui para o progresso do evangelho

¹² Quero ainda, irmãos, cientificar-vos de que as cousas que me aconteceram têm, antes, contribuído para o progresso do evangelho;
¹³ de maneira que as minhas cadeias, em Cristo, se tornaram conhecidas de toda a guarda pretoriana e de todos os demais;
¹⁴ e a maioria dos irmãos, estimulados no Senhor por minhas algemas, ousam falar com mais desassombro a palavra de Deus.
¹⁵ Alguns, efetivamente, proclamam a Cristo por inveja e porfia; outros, porém, o fazem de boa vontade;
¹⁶ estes, por amor, sabendo que estou incumbido da defesa do evangelho;
¹⁷ aqueles, contudo, pregam a Cristo, por discórdia, insinceramente, julgando suscitar tribulação às minhas cadeias.
¹⁸ Todavia, que importa? Uma vez que Cristo, de qualquer modo, está sendo pregado, quer por pretexto, quer por verdade, também com isto me regozijo, sim, sempre me regozijarei.
¹⁹ Porque estou certo de que isto mesmo, pela vossa súplica e pela provisão do Espírito de Jesus Cristo, me redundará em libertação;
²⁰ segundo a minha ardente expectativa e esperança de que em nada serei envergonhado; antes, com toda a ousadia, como

6.21,22 At 20.4; Cl 4.7,8; 2Tm 4.12.   1.1 At 16.12.   1.13 At 28.30.

sempre, também agora, será Cristo engrandecido no meu corpo, quer pela vida, quer pela morte.

²¹ Porquanto, para mim, o viver é Cristo, e o morrer é lucro.

²² Entretanto, se o viver na carne traz fruto para o meu trabalho, já não sei o que hei de escolher.

²³ Ora, de um e outro lado, estou constrangido, tendo o desejo de partir e estar com Cristo, o que é incomparavelmente melhor.

²⁴ Mas, por vossa causa, é mais necessário permanecer na carne.

²⁵ E, convencido disto, estou certo de que ficarei e permanecerei com todos vós, para o vosso progresso e gozo da fé,

²⁶ a fim de que aumente, quanto a mim, o motivo de vos gloriardes em Cristo Jesus, pela minha presença, de novo, convosco.

A unidade cristã na luta

²⁷ Vivei[a], acima de tudo, por modo digno do evangelho de Cristo, para que, ou indo ver-vos ou estando ausente, ouça, no tocante a vós outros, que estais firmes em um só espírito, como uma só alma, lutando juntos pela fé evangélica;

²⁸ e que em nada estais intimidados pelos adversários. Pois o que é para eles prova evidente de perdição é, para vós outros, de salvação, e isto da parte de Deus.

²⁹ Porque vos foi concedida a graça de padecerdes por Cristo e não somente de crerdes nele,

³⁰ pois tendes o mesmo combate que vistes em mim e, ainda agora, ouvis que é o meu.

Exortação ao amor fraternal e à humildade

2 Se há, pois, alguma exortação em Cristo, alguma consolação de amor, alguma comunhão do Espírito, se há entranhados afetos e misericórdias,

² completai a minha alegria, de modo que penseis a mesma cousa, tenhais o mesmo amor, sejais unidos de alma, tendo o mesmo sentimento.

³ Nada façais por partidarismo ou vanglória, mas por humildade, considerando cada um os outros superiores a si mesmo.

⁴ Não tenha cada um em vista o que é

propriamente seu, senão também cada qual o que é dos outros.

O exemplo de Cristo na humilhação

⁵ Tende em vós o mesmo sentimento que houve também em Cristo Jesus,

⁶ pois ele, subsistindo em forma de Deus, não julgou como usurpação o ser igual a Deus;

⁷ antes, a si mesmo se esvaziou, assumindo a forma de servo, tornando-se em semelhança de homens; e, reconhecido em figura humana,

⁸ a si mesmo se humilhou, tornando-se obediente até à morte e morte de cruz.

⁹ Pelo que também Deus o exaltou sobremaneira e lhe deu o nome que está acima de todo nome,

¹⁰ para que ao nome de Jesus se dobre todo joelho, nos céus, na terra e debaixo da terra,

¹¹ e toda língua confesse que Jesus Cristo é Senhor, para glória de Deus Pai.

O desenvolvimento da salvação

¹² Assim, pois, amados meus, como sempre obedecestes, não só na minha presença, porém, muito mais agora, na minha ausência, desenvolvei a vossa salvação com temor e tremor;

¹³ porque Deus é quem efetua em vós tanto o querer como o realizar, segundo a sua boa vontade.

¹⁴ Fazei tudo sem murmurações nem contendas;

¹⁵ para que vos torneis irrepreensíveis e sinceros, filhos de Deus inculpáveis no meio de uma geração pervertida e corrupta, na qual resplandeceis como luzeiros no mundo;

¹⁶ preservando a palavra da vida, para que, no Dia de Cristo, eu me glorie de que não corri em vão, nem me esforcei inutilmente.

¹⁷ Entretanto, mesmo que seja eu oferecido por libação sobre o sacrifício e serviço da vossa fé, alegro-me e, com todos vós, me congratulo.

¹⁸ Assim, vós também, pela mesma razão, alegrai-vos e congratulai-vos comigo.

Paulo e seus companheiros Timóteo e Epafrodito

¹⁹ Espero, porém, no Senhor Jesus,

---

[a]Vivei; no original, portai-vos como cidadãos

1.30 At 16.19-40.   2.10,11 Is 45.23.   2.15 Dt 32.5.

mandar-vos Timóteo, o mais breve possível, a fim de que eu me sinta animado também, tendo conhecimento da vossa situação.

²⁰ Porque a ninguém tenho de igual sentimento que, sinceramente, cuide dos vossos interesses;

²¹ pois todos eles buscam o que é seu próprio, não o que é de Cristo Jesus.

²² E conheceis o seu caráter provado, pois serviu ao evangelho, junto comigo, como filho ao pai.

²³ Este, com efeito, é quem espero enviar, tão logo tenha eu visto a minha situação.

²⁴ E estou persuadido no Senhor de que também eu mesmo, brevemente, irei.

²⁵ Julguei, todavia, necessário mandar até vós Epafrodito, por um lado, meu irmão, cooperador e companheiro de lutas; e, por outro, vosso mensageiro e vosso auxiliar nas minhas necessidades;

²⁶ visto que ele tinha saudade de todos vós e estava angustiado porque ouvistes que adoeceu.

²⁷ Com efeito, adoeceu mortalmente; Deus, porém, se compadeceu dele e não somente dele, mas também de mim, para que eu não tivesse tristeza sobre tristeza.

²⁸ Por isso, tanto mais me apresso em mandá-lo, para que, vendo-o novamente, vos alegreis, e eu tenha menos tristeza.

²⁹ Recebei-o, pois, no Senhor, com toda a alegria, e honrai sempre a homens como esse;

³⁰ visto que, por causa da obra de Cristo, chegou ele às portas da morte e se dispôs a dar a própria vida, para suprir a vossa carência de socorro para comigo.

A exortação referente à alegria cristã

3 Quanto ao mais, irmãos meus, alegrai-vos no Senhor. A mim, não me desgosta, e é segurança para vós outros que eu escreva as mesmas cousas.

O aviso contra os falsos mestres

² Acautelai-vos dos cães! Acautelai-vos dos maus obreiros! Acautelai-vos da falsa circuncisão^b!

³ Porque nós é que somos a circuncisão, nós que adoramos a Deus no Espírito, e nos gloriamos em Cristo Jesus, e não confiamos na carne.

⁴ Bem que eu poderia confiar também na carne. Se qualquer outro pensa que pode confiar na carne, eu ainda mais:

⁵ circuncidado ao oitavo dia, da linhagem de Israel, da tribo de Benjamim, hebreu de hebreus; quanto à lei, fariseu,

⁶ quanto ao zelo, perseguidor da Igreja; quanto à justiça que há na lei, irrepreensível.

⁷ Mas o que, para mim, era lucro, isto considerei perda por causa de Cristo.

⁸ Sim, deveras considero tudo como perda, por causa da sublimidade do conhecimento de Cristo Jesus, meu Senhor; por amor do qual perdi todas as cousas e as considero como refugo, para conseguir Cristo

⁹ e ser achado nele, não tendo justiça própria, que procede de lei, senão a que é mediante a fé em Cristo, a justiça que procede de Deus, baseada na fé;

¹⁰ para o conhecer, e o poder da sua ressurreição, e a comunhão dos seus sofrimentos, conformando-me com ele na sua morte;

¹¹ para, de algum modo, alcançar a ressurreição dentre os mortos.

A soberana vocação

¹² Não que eu o tenha já recebido ou tenha já obtido a perfeição; mas prossigo para conquistar aquilo para o que também fui conquistado por Cristo Jesus.

¹³ Irmãos, quanto a mim, não julgo havê-lo alcançado; mas uma cousa faço: esquecendo-me das cousas que para trás ficam e avançando para as que diante de mim estão,

¹⁴ prossigo para o alvo, para o prêmio da soberana vocação de Deus em Cristo Jesus.

¹⁵ Todos, pois, que somos perfeitos, tenhamos este sentimento; e, se, porventura, pensais doutro modo, também isto Deus vos esclarecerá.

¹⁶ Todavia, andemos de acordo com o que já alcançamos.

Os inimigos da cruz de Cristo

¹⁷ Irmãos, sede imitadores meus e observai os que andam segundo o modelo que tendes em nós.

¹⁸ Pois muitos andam entre nós, dos

---

^bfalsa circuncisão; *no original,* mutilação

3.5 Rm 11.1; At 23.6; 26.5.   3.6 At 8.3.   3.17 1Co 4.16; 11.1.

quais, repetidas vezes, eu vos dizia e, agora, vos digo, até chorando, que são inimigos da cruz de Cristo.

¹⁹ O destino deles é a perdição, o deus deles é o ventre, e a glória deles está na sua infâmia, visto que só se preocupam com as cousas terrenas.

²⁰ Pois a nossa pátria está nos céus, de onde também aguardamos o Salvador, o Senhor Jesus Cristo,

²¹ o qual transformará o nosso corpo de humilhação, para ser igual ao corpo da sua glória, segundo a eficácia do poder que ele tem de até subordinar a si todas as cousas.

4 Portanto, meus irmãos, amados e mui saudosos, minha alegria e coroa, sim, amados, permanecei, deste modo, firmes no Senhor.

Apelo de Paulo para Evódia e Síntique. Regozijo e oração

² Rogo a Evódia e rogo a Síntique pensem concordemente, no Senhor.

³ A ti, fiel companheiro de jugo, também peço que as auxilies, pois juntas se esforçaram comigo no evangelho, também com Clemente e com os demais cooperadores meus, cujos nomes se encontram no livro da vida.

⁴ Alegrai-vos sempre no Senhor; outra vez digo: alegrai-vos.

⁵ Seja a vossa moderação conhecida de todos os homens. Perto está o Senhor.

⁶ Não andeis ansiosos de cousa alguma; em tudo, porém, sejam conhecidas, diante de Deus, as vossas petições, pela oração e pela súplica, com ações de graças.

⁷ E a paz de Deus, que excede todo o entendimento, guardará o vosso coração e a vossa mente em Cristo Jesus.

O em que pensar

⁸ Finalmente, irmãos, tudo o que é verdadeiro, tudo o que é respeitável, tudo o que é justo, tudo o que é puro, tudo o que é amável, tudo o que é de boa fama, se alguma virtude há e se algum louvor existe, seja isso o que ocupe o vosso pensamento.

⁹ O que também aprendestes, e recebestes, e ouvistes, e vistes em mim, isso praticai; e o Deus da paz será convosco.

A gratidão de Paulo para com os filipenses

¹⁰ Alegrei-me, sobremaneira, no Senhor porque, agora, uma vez mais, renovastes a meu favor o vosso cuidado; o qual também já tínheis antes, mas vos faltava oportunidade.

¹¹ Digo isto, não por causa da pobreza, porque aprendi a viver contente em toda e qualquer situação;

¹² Tanto sei estar humilhado como também ser honrado; de tudo e em todas as circunstâncias, já tenho experiência, tanto de fartura como de fome; assim de abundância como de escassez;

¹³ tudo posso naquele que me fortalece.

¹⁴ Todavia, fizestes bem, associando-vos na minha tribulação.

¹⁵ E sabeis também vós, ó filipenses, que, no início do evangelho, quando parti da Macedônia, nenhuma igreja se associou comigo no tocante a dar e receber, senão unicamente vós outros;

¹⁶ porque até para Tessalônica mandastes não somente uma vez, mas duas, o bastante para as minhas necessidades.

¹⁷ Não que eu procure o donativo, mas o que realmente me interessa é o fruto que aumente o vosso crédito.

¹⁸ Recebi tudo e tenho abundância; estou suprido, desde que Epafrodito me passou às mãos o que me veio de vossa parte como aroma suave, como sacrifício aceitável e aprazível a Deus.

¹⁹ E o meu Deus, segundo a sua riqueza em glória, há de suprir, em Cristo Jesus, cada uma de vossas necessidades.

²⁰ Ora, a nosso Deus e Pai seja a glória pelos séculos dos séculos. Amém.

Saudações e bênção

²¹ Saudai cada um dos santos em Cristo Jesus. Os irmãos que se acham comigo vos saúdam.

²² Todos os santos vos saúdam, especialmente os da casa de César.

²³ A graça do Senhor Jesus Cristo seja com o vosso espírito.

4.15-18 2Co 11.9.   4.16 At 17.1.   4.18 Êx 29.18.

EPÍSTOLA DE PAULO AOS
COLOSSENSES

Prefácio e saudação

1 Paulo, apóstolo de Cristo Jesus, por vontade de Deus, e o irmão Timóteo,
² aos santos e fiéis irmãos em Cristo que se encontram em Colossos, graça e paz a vós outros, da parte de Deus, nosso Pai.

Ação de graças

³ Damos sempre graças a Deus, Pai de nosso Senhor Jesus Cristo, quando oramos por vós,
⁴ desde que ouvimos da vossa fé em Cristo Jesus e do amor que tendes para com todos os santos;
⁵ por causa da esperança que vos está preservada nos céus, da qual antes ouvistes pela palavra da verdade do evangelho,
⁶ que chegou até vós; como também, em todo o mundo, está produzindo fruto e crescendo, tal acontece entre vós, desde o dia em que ouvistes e entendestes a graça de Deus na verdade;
⁷ segundo fostes instruídos por Epafras, nosso amado conservo e, quanto a vós outros, fiel ministro de Cristo,
⁸ o qual também nos relatou do vosso amor no Espírito.

Paulo ora pelos colossenses

⁹ Por esta razão, também nós, desde o dia em que o ouvimos, não cessamos de orar por vós e de pedir que transbordeis de pleno conhecimento da sua vontade, em toda a sabedoria e entendimento espiritual;
¹⁰ a fim de viverdes de modo digno do Senhor, para o seu inteiro agrado, frutificando em toda boa obra e crescendo no pleno conhecimento de Deus;
¹¹ sendo fortalecidos com todo o poder, segundo a força da sua glória, em toda a perseverança e longanimidade; com alegria,
¹² dando graças ao Pai, que vos fez idôneos à parte que vos cabe da herança dos santos na luz.

A excelência da pessoa e da obra de Cristo

¹³ Ele nos libertou do império das trevas e nos transportou para o reino do Filho do seu amor,
¹⁴ no qual temos a redenção, a remissão dos pecados.
¹⁵ Ele é a imagem do Deus invisível, o primogênito de toda a criação;
¹⁶ pois, nele, foram criadas todas as cousas, nos céus e sobre a terra, as visíveis e as invisíveis, sejam tronos, sejam soberanias, quer principados, quer potestades. Tudo foi criado por meio dele e para ele.
¹⁷ Ele é antes de todas as cousas. Nele, tudo subsiste.
¹⁸ Ele é a cabeça do corpo, da Igreja. Ele é o princípio, o primogênito de entre os mortos, para em todas as cousas ter a primazia,
¹⁹ porque aprouve a Deus que, nele, residisse toda a plenitude
²⁰ e que, havendo feito a paz pelo sangue da sua cruz, por meio dele, reconciliasse consigo mesmo todas as cousas, quer sobre a terra, quer nos céus.
²¹ E a vós outros também que, outrora, éreis estranhos e inimigos no entendimento pelas vossas obras malignas,
²² agora, porém, vos reconciliou no corpo da sua carne, mediante a sua morte, para apresentar-vos perante ele santos, inculpáveis e irrepreensíveis,
²³ se é que permaneceis na fé, alicerçados e firmes, não vos deixando afastar da esperança do evangelho que ouvistes e que foi pregado a toda criatura debaixo do céu, e do qual eu, Paulo, me tornei ministro.

A missão de Paulo. O mistério do evangelho

²⁴ Agora, me regozijo nos meus sofrimentos por vós; e preencho o que resta das aflições de Cristo, na minha carne, a favor do seu corpo, que é a Igreja;
²⁵ da qual me tornei ministro de acordo com a dispensação da parte de Deus, que me foi confiada a vosso favor, para dar pleno cumprimento à palavra de Deus:
²⁶ o mistério que estivera oculto dos séculos e das gerações; agora, todavia, se manifestou aos seus santos;

1.3-14 Ef 1.15-23.   **1.7** Cl 4.12; Fm 23.   **1.14** Ef 1.7.   **1.15-23** Ef 2.11-22.   **1.24-29** Ef 3.1-13.

²⁷ aos quais Deus quis dar a conhecer qual seja a riqueza da glória deste mistério entre os gentios, isto é, Cristo em vós, a esperança da glória;

²⁸ o qual nós anunciamos, advertindo a todo homem e ensinando a todo homem em toda a sabedoria, a fim de que apresentemos todo homem perfeito em Cristo;

²⁹ para isso é que eu também me afadigo, esforçando-me o mais possível, segundo a sua eficácia que opera eficientemente em mim.

O interesse de Paulo pelos colossenses

2 Gostaria, pois, que soubésseis quão grande luta venho mantendo por vós, pelos laodicenses e por quantos não me viram face a face;

² para que o coração deles seja confortado e vinculado juntamente em amor, e eles tenham toda a riqueza da forte convicção do entendimento, para compreenderem plenamente o mistério de Deus, Cristo,

³ em quem todos os tesouros da sabedoria e do conhecimento estão ocultos.

⁴ Assim digo para que ninguém vos engane com raciocínios falazes.

⁵ Pois, embora ausente quanto ao corpo, contudo, em espírito, estou convosco, alegrando-me e verificando a vossa boa ordem e a firmeza da vossa fé em Cristo.

O desejo de Paulo pelo progresso espiritual dos colossenses

⁶ Ora, como recebestes Cristo Jesus, o Senhor, assim andai nele,

⁷ nele radicados e edificados e confirmados na fé, tal como fostes instruídos, crescendo em ações de graças.

A advertência contra falsos ensinos. A divindade de Cristo e a sua obra redentora

⁸ Cuidado que ninguém vos venha a enredar com sua filosofia e vãs sutilezas, conforme a tradição dos homens, conforme os rudimentos do mundo e não segundo Cristo;

⁹ porquanto, nele, habita, corporalmente, toda a plenitude da Divindade.

¹⁰ Também, nele, estais aperfeiçoados. Ele é o cabeça de todo principado e potestade.

¹¹ Nele, também fostes circuncidados,

não por intermédio de mãos, mas no despojamento do corpo da carne, que é a circuncisão de Cristo;

¹² tendo sido sepultados, juntamente com ele, no batismo, no qual igualmente fostes ressuscitados mediante a fé no poder de Deus que o ressuscitou dentre os mortos.

¹³ E a vós outros, que estáveis mortos pelas vossas transgressões e pela incircuncisão da vossa carne, vos deu vida juntamente com ele, perdoando todos os nossos delitos;

¹⁴ tendo cancelado o escrito de dívida, que era contra nós e que constava de ordenanças, o qual nos era prejudicial, removeu-o inteiramente, encravando-o na cruz;

¹⁵ e, despojando os principados e as potestades, publicamente os expôs ao desprezo, triunfando deles na cruz.

O cerimonialismo, sombra de cousas futuras

¹⁶ Ninguém, pois, vos julgue por causa de comida e bebida, ou dia de festa, ou lua nova, ou sábados,

¹⁷ porque tudo isso tem sido sombra das cousas que haviam de vir; porém o corpo é de Cristo.

¹⁸ Ninguém se faça árbitro contra vós outros, pretextando humildade e culto dos anjos, baseando-se em visões, enfatuado, sem motivo algum, na sua mente carnal,

¹⁹ e não retendo a cabeça, da qual todo o corpo, suprido e bem vinculado por suas juntas e ligamentos, cresce o crescimento que procede de Deus.

A obediência a tais práticas não vence o pecado

²⁰ Se morrestes com Cristo para os rudimentos do mundo, por que, como se vivêsseis no mundo, vos sujeitais a ordenanças:

²¹ não manuseies isto, não proves aquilo, não toques aquiloutro,

²² segundo os preceitos e doutrinas dos homens? Pois que todas estas cousas, com o uso, se destroem.

²³ Tais cousas, com efeito, têm aparência de sabedoria, como culto de si mesmo, e de falsa humildade, e de rigor ascético; todavia, não têm valor algum contra a sensualidade.

2.8-23 Gl 4.8-20; Ef 2.1-10.   2.12 Rm 6.4.   2.19 Ef 4.16.

A união com Cristo glorificado

3 Portanto, se fostes ressuscitados juntamente com Cristo, buscai as cousas lá do alto, onde Cristo vive, assentado à direita de Deus.

2 Pensai nas cousas lá do alto, não nas que são aqui da terra;

3 porque morrestes, e a vossa vida está oculta juntamente com Cristo, em Deus.

4 Quando Cristo, que é a nossa vida, se manifestar, então, vós também sereis manifestados com ele, em glória.

Os resultados dessa união.
Os vícios devem ser abandonados

5 Fazei, pois, morrer a vossa natureza terrena: prostituição, impureza, paixão lasciva, desejo maligno e a avareza, que é idolatria;

6 por estas cousas é que vem a ira de Deus [sobre os filhos da desobediência].

7 Ora, nessas mesmas cousas andastes vós também, noutro tempo, quando vivíeis nelas.

8 Agora, porém, despojai-vos, igualmente, de tudo isto: ira, indignação, maldade, maledicência, linguagem obscena do vosso falar.

9 Não mintais uns aos outros, uma vez que vos despistes do velho homem com os seus feitos

10 e vos revestistes do novo homem que se refaz para o pleno conhecimento, segundo a imagem daquele que o criou;

11 no qual não pode haver grego nem judeu, circuncisão nem incircuncisão, bárbaro, cita, escravo, livre; porém Cristo é tudo em todos.

As virtudes devem ser cultivadas

12 Revesti-vos, pois, como eleitos de Deus, santos e amados, de ternos afetos de misericórdia, de bondade, de humildade, de mansidão, de longanimidade.

13 Suportai-vos uns aos outros, perdoai-vos mutuamente, caso alguém tenha motivo de queixa contra outrem. Assim como o Senhor vos perdoou, assim também perdoai vós;

14 acima de tudo isto, porém, esteja o amor, que é o vínculo da perfeição.

15 Seja a paz de Cristo o árbitro em vosso coração, à qual, também, fostes chamados em um só corpo; e sede agradecidos.

16 Habite, ricamente, em vós a palavra de Cristo; instruí-vos e aconselhai-vos mutuamente em toda a sabedoria, louvando a Deus, com salmos, e hinos, e cânticos espirituais, com gratidão, em vosso coração.

17 E tudo o que fizerdes, seja em palavra, seja em ação, fazei-o em nome do Senhor Jesus, dando por ele graças a Deus Pai.

Os deveres da família

18 Esposas, sede submissas ao próprio marido, como convém no Senhor.

19 Maridos, amai vossa esposa e não a trateis com amargura.

20 Filhos, em tudo obedecei a vossos pais; pois fazê-lo é grato diante do Senhor.

21 Pais, não irriteis os vossos filhos, para que não fiquem desanimados.

22 Servos, obedecei em tudo ao vosso senhor segundo a carne, não servindo apenas sob vigilância, visando tão-somente agradar homens, mas em singeleza de coração, temendo ao Senhor.

23 Tudo quanto fizerdes, fazei-o de todo o coração, como para o Senhor e não para homens,

24 cientes de que recebereis do Senhor a recompensa da herança. A Cristo, o Senhor, é que estais servindo;

25 pois aquele que faz injustiça receberá em troco a injustiça feita; e nisto não há acepção de pessoas.

4 Senhores, tratai os servos com justiça e com eqüidade, certos de que também vós tendes Senhor no céu.

A oração e a prudência

2 Perseverai na oração, vigiando com ações de graças.

3 Suplicai, ao mesmo tempo, também por nós, para que Deus nos abra porta à palavra, a fim de falarmos do mistério de Cristo, pelo qual também estou algemado;

4 para que eu o manifeste, como devo fazer.

5 Portai-vos com sabedoria para com os que são de fora; aproveitai as oportunidades.

6 A vossa palavra seja sempre agradável, temperada com sal, para saberdes como deveis responder a cada um.

Tíquico e Onésimo

7 Quanto à minha situação, Tíquico, ir-

3.1-11 Ef 4.17-32.   3.1 Sl 110.1.   3.10 Gn 1.26.   3.12-15 Ef 4.1-16.   3.16,17 Ef 5.15-20.
3.18-4.1 Ef 5.21-6.9.   3.18 1Pe 3.1.   4.5 Ef 5.16.   4.7,8 At 20.4; Ef 6.21,22; 2Tm 4.12.

mão amado, e fiel ministro, e conservo no Senhor, de tudo vos informará.

[8] Eu vo-lo envio com o expresso propósito de vos dar conhecimento da nossa situação e de alentar o vosso coração.

[9] Em sua companhia, vos envio Onésimo, o fiel e amado irmão, que é do vosso meio. Eles vos farão saber tudo o que por aqui ocorre.

As saudações finais

[10] Saúda-vos Aristarco, prisioneiro comigo, e Marcos, primo de Barnabé (sobre quem recebestes instruções; se ele for ter convosco, acolhei-o),

[11] e Jesus, conhecido por Justo, os quais são os únicos da circuncisão que cooperam pessoalmente comigo pelo reino de Deus. Eles têm sido o meu lenitivo.

[12] Saúda-vos Epafras, que é dentre vós, servo de Cristo Jesus, o qual se esforça sobremaneira, continuamente, por vós nas orações, para que vos conserveis perfeitos e plenamente convictos em toda a vontade de Deus.

[13] E dele dou testemunho de que muito se preocupa por vós, pelos de Laodicéia e pelos de Hierápolis.

[14] Saúda-vos Lucas, o médico amado, e também Demas.

[15] Saudai os irmãos de Laodicéia, e Ninfa, e à igreja que ela hospeda em sua casa.

[16] E, uma vez lida esta epístola perante vós, providenciai por que seja também lida na igreja dos laodicenses; e a dos de Laodicéia, lede-a igualmente perante vós.

[17] Também dizei a Arquipo: atenta para o ministério que recebeste no Senhor, para o cumprires.

Saudação pessoal. A bênção

[18] A saudação é de próprio punho: Paulo. Lembrai-vos das minhas algemas. A graça seja convosco.

PRIMEIRA EPÍSTOLA DE PAULO AOS

TESSALONICENSES

Prefácio e saudação

1 Paulo, Silvano e Timóteo, à igreja dos tessalonicenses em Deus Pai e no Senhor Jesus Cristo, graça e paz a vós outros.

Ação de graças

[2] Damos, sempre, graças a Deus por todos vós, mencionando-vos em nossas orações e, sem cessar,

[3] recordando-nos, diante do nosso Deus e Pai, da operosidade da vossa fé, da abnegação do vosso amor e da firmeza da vossa esperança em nosso Senhor Jesus Cristo,

[4] reconhecendo, irmãos, amados de Deus, a vossa eleição,

[5] porque o nosso evangelho não chegou até vós tão-somente em palavra, mas, sobretudo, em poder, no Espírito Santo e em plena convicção, assim como sabeis ter sido o nosso procedimento entre vós e por amor de vós.

[6] Com efeito, vos tornastes imitadores nossos e do Senhor, tendo recebido a palavra, posto que em meio de muita tribulação, com alegria do Espírito Santo,

[7] de sorte que vos tornastes o modelo para todos os crentes na Macedônia e na Acaia.

[8] Porque de vós repercutiu a palavra do Senhor não só na Macedônia e Acaia, mas também por toda parte se divulgou a vossa fé para com Deus, a tal ponto de não termos necessidade de acrescentar cousa alguma;

[9] pois eles mesmos, no tocante a nós, proclamam que repercussão teve o nosso ingresso no vosso meio e, como, deixando os ídolos, vos convertestes a Deus, para servirdes o Deus vivo e verdadeiro

[10] e para aguardardes dos céus o seu Fi-

4.9 Fm 10-12.   **4.10** At 19.29; 27.2; Fm 24; At 12.12,25; 13.13; 15.37-39.   **4.12** Cl 1.7; Fm 23.
4.14 2Tm 4.11; 4.10; Fm 24.   **4.17** Fm 2.   **1.1** At 17.1.   **1.6** At 17.5-10.

lho, a quem ele ressuscitou dentre os mortos, Jesus, que nos livra da ira vindoura.

O proceder do apóstolo Paulo e seus cooperadores na evangelização de Tessalônica

2 Porque vós, irmãos, sabeis, pessoalmente, que a nossa estada entre vós não se tornou infrutífera;

² mas, apesar de maltratados e ultrajados em Filipos, como é do vosso conhecimento, tivemos ousada confiança em nosso Deus, para vos anunciar o evangelho de Deus, em meio a muita luta.

³ Pois a nossa exortação não procede de engano, nem de impureza, nem se baseia em dolo;

⁴ pelo contrário, visto que fomos aprovados por Deus, a ponto de nos confiar ele o evangelho, assim falamos, não para que agrademos a homens e sim a Deus, que prova o nosso coração.

⁵ A verdade é que nunca usamos de linguagem de bajulação, como sabeis, nem de intuitos gananciosos. Deus disto é testemunha.

⁶ Também jamais andamos buscando glória de homens, nem de vós, nem de outros.

⁷ Embora pudéssemos, como enviados de Cristo, exigir de vós a nossa manutenção, todavia, nos tornamos carinhosos entre vós, qual ama que acaricia os próprios filhos;

⁸ assim, querendo-vos muito, estávamos prontos a oferecer-vos não somente o evangelho de Deus, mas, igualmente, a própria vida; por isso que vos tornastes muito amados de nós.

⁹ Porque, vos recordais, irmãos, do nosso labor e fadiga; e de como, noite e dia labutando para não vivermos à custa de nenhum de vós, vos proclamamos o evangelho de Deus.

¹⁰ Vós e Deus sois testemunhas do modo por que piedosa, justa e irrepreensivelmente procedemos em relação a vós outros, que credes.

¹¹ E sabeis, ainda, de que maneira, como pai a seus filhos, a cada um de vós,

¹² exortamos, consolamos e admoestamos, para viverdes por modo digno de Deus, que vos chama para o seu reino e glória.

O proceder fiel dos tessalonicenses nas tribulações

¹³ Outra razão ainda temos nós para, incessantemente, dar graças a Deus: é que, tendo vós recebido a palavra que de nós ouvistes, que é de Deus, acolhestes não como palavra de homens e sim como, em verdade é, a palavra de Deus, a qual, com efeito, está operando eficazmente em vós, os que credes.

¹⁴ Tanto é assim, irmãos, que vos tornastes imitadores das igrejas de Deus existentes na Judéia em Cristo Jesus; porque também padecestes, da parte dos vossos patrícios, as mesmas cousas que eles, por sua vez, sofreram dos judeus,

¹⁵ os quais não somente mataram o Senhor Jesus e os profetas, como também nos perseguiram, e não agradam a Deus, e são adversários de todos os homens,

¹⁶ a ponto de nos impedirem de falar aos gentios para que estes sejam salvos, a fim de irem enchendo sempre a medida de seus pecados. A ira, porém, sobreveio contra eles, definitivamente.

O interesse de Paulo pelos tessalonicenses

¹⁷ Ora, nós, irmãos, orfanados, por breve tempo, de vossa presença, não, porém, do coração, com tanto mais empenho diligenciamos, com grande desejo, ir ver-vos pessoalmente.

¹⁸ Por isso, quisemos ir até vós (pelo menos eu, Paulo, não somente uma vez, mas duas); contudo, Satanás nos barrou o caminho.

¹⁹ Pois quem é a nossa esperança, ou alegria, ou coroa em que exultamos, na presença de nosso Senhor Jesus em sua vinda? Não sois vós?

²⁰ Sim, vós sois realmente a nossa glória e a nossa alegria!

Paulo envia-lhes Timóteo. As boas notícias trazidas por este ao apóstolo

3 Pelo que, não podendo suportar mais o cuidado por vós, pareceu-nos bem ficar sozinhos em Atenas;

² e enviamos nosso irmão Timóteo, ministro de Deus no evangelho de Cristo, para, em benefício da vossa fé, confirmar-vos e exortar-vos,

---

2.2 At 16.19-24; 17.1-9.   **2.14** At 17.5.   **2.15,16** At 9.23,29; 13.45,50; 14.2,5,19; 17.5,13; 18.12.
3.1 At 17.15.

³ a fim de que ninguém se inquiete com estas tribulações. Porque vós mesmos sabeis que estamos designados para isto; ⁴ pois, quando ainda estávamos convosco, predissemos que íamos ser afligidos, o que, de fato, aconteceu e é do vosso conhecimento.

⁵ Foi por isso que, já não me sendo possível continuar esperando, mandei indagar o estado da vossa fé, temendo que o Tentador vos provasse, e se tornasse inútil o nosso labor.

⁶ Agora, porém, com o regresso de Timóteo, vindo do vosso meio, trazendo-nos boas notícias da vossa fé e do vosso amor, e, ainda, de que sempre guardais grata lembrança de nós, desejando muito ver-nos, como, aliás, também nós a vós outros,

⁷ sim, irmãos, por isso, fomos consolados acerca de vós, pela vossa fé, apesar de todas as nossas privações e tribulação, ⁸ porque, agora, vivemos, se é que estais firmados no Senhor.

⁹ Pois que ação de graças podemos tributar a Deus no tocante a vós outros, por toda a alegria com que nos regozijamos por vossa causa, diante do nosso Deus, ¹⁰ orando noite e dia, com máximo empenho, para vos ver pessoalmente e reparar as deficiências da vossa fé?

Oração de Paulo pelos tessalonicenses

¹¹ Ora, o nosso mesmo Deus e Pai, e Jesus, nosso Senhor, dirijam-nos o caminho até vós, ¹² e o Senhor vos faça crescer e aumentar no amor uns para com os outros e para com todos, como também nós para convosco, ¹³ a fim de que seja o vosso coração confirmado em santidade, isento de culpa, na presença de nosso Deus e Pai, na vinda de nosso Senhor Jesus, com todos os seus santos.

Exortação à prática da santidade

4 Finalmente, irmãos, nós vos rogamos e exortamos no Senhor Jesus que, como de nós recebestes, quanto à maneira por que deveis viver e agradar a Deus, e efetivamente estais fazendo, continueis progredindo cada vez mais; ² porque estais inteirados de quantas instruções vos demos da parte do Senhor Jesus.

³ Pois esta é a vontade de Deus: a vossa santificação, que vos abstenhais da prostituição; ⁴ que cada um de vós saiba possuir o próprio corpo em santificação e honra, ⁵ não com o desejo de lascívia, como os gentios que não conhecem a Deus; ⁶ e que, nesta matéria, ninguém ofenda, nem dcfraude a seu irmão; porque o Senhor, contra todas estas cousas, como antes vos avisamos e testificamos claramente, é o vingador, ⁷ porquanto Deus não nos chamou para a impureza e sim para a santificação. ⁸ Dessarte, quem rejeita estas cousas não rejeita o homem e sim a Deus, que também vos dá o seu Espírito Santo.

Exortação à prática do amor fraternal

⁹ No tocante ao amor fraternal, não há necessidade de que eu vos escreva, porquanto vós mesmos estais por Deus instruídos que deveis amar-vos uns aos outros; ¹⁰ e, na verdade, estais praticando isso mesmo para com todos os irmãos em toda a Macedônia. Contudo, vos exortamos, irmãos, a progredirdes cada vez mais ¹¹ e a diligenciardes por viver tranquilamente, cuidar do que é vosso e trabalhar com as próprias mãos, como vos ordenamos; ¹² de modo que vos porteis com dignidade para com os de fora e de nada venhais a precisar.

A situação dos mortos em Cristo e a vinda do Senhor

¹³ Não queremos, porém, irmãos, que sejais ignorantes com respeito aos que dormem, para não vos entristecerdes como os demais, que não têm esperança. ¹⁴ Pois, se cremos que Jesus morreu e ressuscitou, assim também Deus, mediante Jesus, trará, em sua companhia, os que dormem. ¹⁵ Ora, ainda vos declaramos, por palavra do Senhor, isto: nós, os vivos, os que ficarmos até à vinda do Senhor, de modo algum precedcremos os que dormem. ¹⁶ Porquanto o Senhor mesmo, dada a sua palavra de oidem, ouvida a voz do arcanjo, e ressoada a trombeta de Deus, descerá dos céus, e os mortos em Cristo ressuscitarão primeiro; ¹⁷ depois, nós, os vivos, os que ficar-

3.6 At 18.5.   4.13-18 1Co 15.51-58.

mos, seremos arrebatados juntamente com eles, entre nuvens, para o encontro do Senhor nos ares, e, assim, estaremos para sempre com o Senhor.

18 Consolai-vos, pois, uns aos outros com estas palavras.

A vinda do Senhor é certa e repentina

5 Irmãos, relativamente aos tempos e às épocas, não há necessidade de que eu vos escreva;

2 pois vós mesmos estais inteirados com precisão de que o Dia do Senhor vem como ladrão de noite.

3 Quando andarem dizendo: Paz e segurança, eis que lhes sobrevirá repentina destruição, como vêm as dores de parto à que está para dar à luz; e de nenhum modo escaparão.

A necessidade de vigilância

4 Mas vós, irmãos, não estais em trevas, para que esse Dia como ladrão vos apanhe de surpresa;

5 porquanto vós todos sois filhos da luz e filhos do dia; nós não somos da noite, nem das trevas.

6 Assim, pois, não durmamos como os demais; pelo contrário, vigiemos e sejamos sóbrios.

7 Ora, os que dormem dormem de noite, e os que se embriagam é de noite que se embriagam.

8 Nós, porém, que somos do dia, sejamos sóbrios, revestindo-nos da couraça da fé e do amor e tomando como capacete a esperança da salvação;

9 porque Deus não nos destinou para a ira, mas para alcançar a salvação mediante nosso Senhor Jesus Cristo,

10 que morreu por nós para que, quer vigiemos, quer durmamos, vivamos em união com ele.

11 Consolai-vos, pois, uns aos outros e edificai-vos reciprocamente, como também estais fazendo.

5.2 Mt 24.43; Lc 12.39; 2Pe 3.10.   5.8 Is 59.17.

Diversos preceitos

12 Agora, vos rogamos, irmãos, que acateis com apreço os que trabalham entre vós e os que vos presidem no Senhor e vos admoestam;

13 e que os tenhais com amor em máxima consideração, por causa do trabalho que realizam. Vivei em paz uns com os outros.

14 Exortamo-vos, também, irmãos, a que admoesteis os insubmissos, consoleis os desanimados, ampareis os fracos e sejais longânimos para com todos.

15 Evitai que alguém retribua a outrem mal por mal; pelo contrário, segui sempre o bem entre vós e para com todos.

16 Regozijai-vos sempre.

17 Orai sem cessar.

18 Em tudo, dai graças, porque esta é a vontade de Deus em Cristo Jesus para convosco.

19 Não apagueis o Espírito.

20 Não desprezeis as profecias;

21 julgai todas as cousas, retende o que é bom;

22 abstende-vos de toda forma de mal.

O voto do apóstolo

23 O mesmo Deus da paz vos santifique em tudo; e o vosso espírito, alma e corpo sejam conservados íntegros e irrepreensíveis na vinda de nosso Senhor Jesus Cristo.

24 Fiel é o que vos chama, o qual também o fará.

A saudação final e a bênção

25 Irmãos, orai por nós.

26 Saudai todos os irmãos com ósculo santo.

27 Conjuro-vos, pelo Senhor, que esta epístola seja lida a todos os irmãos.

28 A graça de nosso Senhor Jesus Cristo seja convosco.

SEGUNDA EPÍSTOLA DE PAULO AOS
TESSALONICENSES

Prefácio e saudação

1 Paulo, Silvano e Timóteo, à igreja dos tessalonicenses, em Deus, nosso Pai, e no Senhor Jesus Cristo,

2 graça e paz a vós outros, da parte de Deus Pai e do Senhor Jesus Cristo.

Ação de graças

3 Irmãos, cumpre-nos dar sempre graças a Deus no tocante a vós outros, como é justo, pois a vossa fé cresce sobremaneira, e o vosso mútuo amor de uns para com os outros vai aumentando,

4 a tal ponto que nós mesmos nos gloriamos de vós nas igrejas de Deus, à vista da vossa constância e fé, em todas as vossas perseguições e nas tribulações que suportais,

5 sinal evidente do reto juízo de Deus, para que sejais considerados dignos do reino de Deus, pelo qual, com efeito, estais sofrendo;

6 se, de fato, é justo para com Deus que ele dê em paga tribulação aos que vos atribulam

7 e a vós outros, que sois atribulados, alívio juntamente conosco, quando do céu se manifestar o Senhor Jesus com os anjos do seu poder,

8 em chama de fogo, tomando vingança contra os que não conhecem a Deus e contra os que não obedecem ao evangelho de nosso Senhor Jesus.

9 Estes sofrerão penalidade de eterna destruição, banidos da face do Senhor e da glória do seu poder,

10 quando vier para ser glorificado nos seus santos e ser admirado em todos os que creram, naquele dia (porquanto foi crido entre vós o nosso testemunho).

11 Por isso, também não cessamos de orar por vós, para que o nosso Deus vos torne dignos da sua vocação e cumpra com poder todo propósito de bondade e obra de fé,

12 a fim de que o nome de nosso Senhor Jesus seja glorificado em vós, e vós, nele, segundo a graça do nosso Deus e do Senhor Jesus Cristo.

A vinda do Senhor. A revelação da apostasia. O homem da iniqüidade

2 Irmãos, no que diz respeito à vinda de nosso Senhor Jesus Cristo e à nossa reunião com ele, nós vos exortamos

2 a que não vos demovais da vossa mente, com facilidade, nem vos perturbeis, quer por espírito, quer por palavra, quer por epístola, como se procedesse de nós, supondo tenha chegado o Dia do Senhor.

3 Ninguém, de nenhum modo, vos engane, porque isto não acontecerá sem que primeiro venha a apostasia e seja revelado o homem da iniqüidade, o filho da perdição,

4 o qual se opõe e se levanta contra tudo que se chama Deus ou é objeto de culto, a ponto de assentar-se no santuário de Deus, ostentando-se como se fosse o próprio Deus.

5 Não vos recordais de que, ainda convosco, eu costumava dizer-vos estas cousas?

6 E, agora, sabeis o que o detém, para que ele seja revelado somente em ocasião própria.

O caráter do homem da iniqüidade e a sua derrota

7 Com efeito, o mistério da iniqüidade já opera e aguarda somente que seja afastado aquele que agora o detém;

8 então, será, de fato, revelado o iníquo, a quem o Senhor Jesus matará com o sopro de sua boca e o destruirá pela manifestação de sua vinda.

9 Ora, o aparecimento do iníquo é segundo a eficácia de Satanás, com todo poder, e sinais, e prodígios da mentira,

10 e com todo engano de injustiça aos que perecem, porque não acolheram o amor da verdade para serem salvos.

11 É por este motivo, pois, que Deus lhes manda a operação do erro, para darem crédito à mentira,

12 a fim de serem julgados todos quantos não deram crédito à verdade; antes, pelo contrário, deleitaram-se com a injustiça.

1.1 At 17.1. **2.1** 1Ts 4.15-17. **2.3,4** Dn 11.36. **2.8** Is 11.4. **2.9,10** Mt 24.24.

Ação de graças e exortação

13 Entretanto, devemos sempre dar graças a Deus por vós, irmãos amados pelo Senhor, porque Deus vos escolheu desde o princípio para a salvação, pela santificação do Espírito e fé na verdade,

14 para o que também vos chamou mediante o nosso evangelho, para alcançardes a glória de nosso Senhor Jesus Cristo.

15 Assim, pois, irmãos, permanecei firmes e guardai as tradições que vos foram ensinadas, seja por palavra, seja por epístola nossa.

16 Ora, nosso Senhor Jesus Cristo mesmo e Deus, o nosso Pai, que nos amou e nos deu eterna consolação e boa esperança, pela graça,

17 consolem o vosso coração e vos confirmem em toda boa obra e boa palavra.

Paulo pede as orações dos tessalonicenses

3 Finalmente, irmãos, orai por nós, para que a palavra do Senhor se propague e seja glorificada, como também está acontecendo entre vós;

2 e para que sejamos livres dos homens perversos e maus; porque a fé não é de todos.

3 Todavia, o Senhor é fiel; ele vos confirmará e guardará do Maligno.

4 Nós também temos confiança em vós no Senhor, de que não só estais praticando as cousas que vos ordenamos, como também continuareis a fazê-las.

5 Ora, o Senhor conduza o vosso coração ao amor de Deus e à constância de Cristo.

Exortação à prática de vários deveres cristãos pessoais, sociais e coletivos

6 Nós vos ordenamos, irmãos, em nome do Senhor Jesus Cristo, que vos aparteis de todo irmão que ande desordenadamente e não segundo a tradição que de nós recebestes;

7 pois vós mesmos estais cientes do modo por que vos convém imitar-nos, visto que nunca nos portamos desordenadamente entre vós,

8 nem jamais comemos pão à custa de outrem; pelo contrário, em labor e fadiga, de noite e de dia, trabalhamos, a fim de não sermos pesados a nenhum de vós;

9 não porque não tivéssemos esse direito, mas por termos em vista oferecer-vos exemplo em nós mesmos, para nos imitardes.

10 Porque, quando ainda convosco, vos ordenamos isto: se alguém não quer trabalhar, também não coma.

11 Pois, de fato, estamos informados de que, entre vós, há pessoas que andam desordenadamente, não trabalhando; antes, se intrometem na vida alheia.

12 A elas, porém, determinamos e exortamos, no Senhor Jesus Cristo, que, trabalhando tranqüilamente, comam o seu próprio pão.

13 E vós, irmãos, não vos canseis de fazer o bem.

14 Caso alguém não preste obediência à nossa palavra dada por esta epístola, notai-o; nem vos associeis com ele, para que fique envergonhado.

15 Todavia, não o considereis por inimigo, mas adverti-o como irmão.

16 Ora, o Senhor da paz, ele mesmo, vos dê continuamente a paz em todas as circunstâncias. O Senhor seja com todos vós.

A saudação final e a bênção

17 A saudação é de próprio punho: Paulo. Este é o sinal em cada epístola; assim é que eu assino.

18 A graça de nosso Senhor Jesus Cristo seja com todos vós.

PRIMEIRA EPÍSTOLA DE PAULO A
TIMÓTEO

Prefácio e saudação

1 Paulo, apóstolo de Cristo Jesus, pelo mandato de Deus, nosso Salvador, e de Cristo Jesus, nossa esperança,

² a Timóteo, verdadeiro filho na fé, graça, misericórdia e paz, da parte de Deus Pai e de Cristo Jesus, nosso Senhor.

O ministério de Timóteo em Éfeso. Falsas doutrinas e suas características

³ Quando eu estava de viagem, rumo da Macedônia, te roguei permanecesses ainda em Éfeso para admoestares a certas pessoas, a fim de que não ensinem outra doutrina,

⁴ nem se ocupem com fábulas e genealogias sem fim, que, antes, promovem discussões do que o serviço de Deus, na fé.

⁵ Ora, o intuito da presente admoestação visa ao amor que procede de coração puro, e de consciência boa, e de fé sem hipocrisia.

⁶ Desviando-se algumas pessoas destas cousas, perderam-se em loquacidade frívola,

⁷ pretendendo passar por mestres da lei, não compreendendo, todavia, nem o que dizem, nem os assuntos sobre os quais fazem ousadas asseverações.

A lei e os seus objetivos

⁸ Sabemos, porém, que a lei é boa, se alguém dela se utiliza de modo legítimo,

⁹ tendo em vista que não se promulga lei para quem é justo, mas para transgressores e rebeldes, irreverentes e pecadores, ímpios e profanos, parricidas e matricidas, homicidas,

¹⁰ impuros, sodomitas, raptores de homens, mentirosos, perjuros e para tudo quanto se opõe à sã doutrina,

¹¹ segundo o evangelho da glória do Deus bendito, do qual fui encarregado.

A graça e a sua eficácia na experiência do apóstolo Paulo

¹² Sou grato para com aquele que me fortaleceu, Cristo Jesus, nosso Senhor, que me considerou fiel, designando-me para o ministério,

¹³ a mim, que, noutro tempo, era blasfemo, e perseguidor, e insolente. Mas obtive misericórdia, pois o fiz na ignorância, na incredulidade.

¹⁴ Transbordou, porém, a graça de nosso Senhor com a fé e o amor que há em Cristo Jesus.

¹⁵ Fiel é a palavra e digna de toda aceitação: que Cristo Jesus veio ao mundo para salvar os pecadores, dos quais eu sou o principal.

¹⁶ Mas, por esta mesma razão, me foi concedida misericórdia, para que, em mim, o principal, evidenciasse Jesus Cristo a sua completa longanimidade, e servisse de modelo a quantos hão de crer nele para a vida eterna.

¹⁷ Assim, ao Rei eterno, imortal, invisível, Deus único, honra e glória pelos séculos dos séculos. Amém.

O bom combate

¹⁸ Este é o dever de que te encarrego, ó filho Timóteo, segundo as profecias de que antecipadamente foste objeto: combate, firmado nelas, o bom combate,

¹⁹ mantendo fé e boa consciência, porquanto alguns, tendo rejeitado a boa consciência, vieram a naufragar na fé.

²⁰ E dentre esses se contam Himeneu e Alexandre, os quais entreguei a Satanás, para serem castigados, a fim de não mais blasfemarem.

A prática da oração por todos os homens. Um só mediador

2 Antes de tudo, pois, exorto que se use a prática de súplicas, orações, intercessões, ações de graças, em favor de todos os homens,

² em favor dos reis e de todos os que se acham investidos de autoridade, para que vivamos vida tranqüila e mansa, com toda piedade e respeito.

³ Isto é bom e aceitável diante de Deus, nosso Salvador,

1.2 At 16.1.   **1.3-7** Tt 1.5-16.   **1.13** At 8.3; 9.4,5.

⁴ o qual deseja que todos os homens se-jam salvos e cheguem ao pleno conheci-mento da verdade.

⁵ Porquanto há um só Deus e um só me-diador entre Deus e os homens, Cristo Je-sus, homem,

⁶ o qual a si mesmo se deu em resgate por todos: -testemunho que se deve prestar em tempos oportunos.

⁷ Para isto fui designado pregador e apóstolo (afirmo a verdade, não minto), mestre dos gentios na fé e na verdade.

Proceder conveniente no culto público

⁸ Quero, portanto, que os varões orem em todo lugar, levantando mãos santas, sem ira e sem animosidade.

⁹ Da mesma sorte, que as mulheres, em traje decente, se ataviem com modéstia e bom senso, não com cabeleira frisada e com ouro, ou pérolas, ou vestuário dispen-dioso,

¹⁰ porém com boas obras (como é pró-prio às mulheres que professam ser pie-dosas).

¹¹ A mulher aprenda em silêncio, com toda a submissão.

¹² E não permito que a mulher ensine, nem exerça autoridade de homem; esteja, porém, em silêncio.

¹³ Porque, primeiro, foi formado Adão, depois, Eva.

¹⁴ E Adão não foi iludido, mas a mu-lher, sendo enganada, caiu em trans-gressão.

¹⁵ Todavia, será preservada através de sua missão de mãeᵃ, se ela permanecer em fé, e amor, e santificação, com bom senso.

As qualificações dos bispos e dos diáconos

3 Fiel é a palavra: se alguém aspira ao episcopado, excelente obra almeja.

² É necessário, portanto, que o bispo se-ja irrepreensível, esposo de uma só mulher, temperante, sóbrio, modesto, hospitaleiro, apto para ensinar;

³ não dado ao vinho, não violento, po-rém cordato, inimigo de contendas, não avarento;

⁴ e que governe bem a própria casa, criando os filhos sob disciplina, com todo o respeito

⁵ (pois, se alguém não sabe governar a própria casa, como cuidará da igreja de Deus?);

⁶ não seja neófito, para não suceder que se ensoberbeça e incorra na condenação do diabo.

⁷ Pelo contrário, é necessário que ele te-nha bom testemunho dos de fora, a fim de não cair no opróbrio e no laço do diabo.

⁸ Semelhantemente, quanto a diáconos, é necessário que sejam respeitáveis, de uma só palavra, não inclinados a muito vinho, não cobiçosos de sórdida ganância,

⁹ conservando o mistério da fé com a consciência limpa.

¹⁰ Também sejam estes primeiramente experimentados; e, se se mostrarem irre-preensíveis, exerçam o diaconato.

¹¹ Da mesma sorte, quanto a mulheres, é necessário que sejam elas respeitáveis, não maldizentes, temperantes e fiéis em tudo.

¹² O diácono seja marido de uma só mulher e governe bem seus filhos e a pró-pria casa.

¹³ Pois os que desempenharem bem o diaconato alcançam para si mesmos justa preeminência e muita intrepidez na fé em Cristo Jesus.

A Igreja de Deus, coluna e baluarte da verdade. O grande mistério da piedade

¹⁴ Escrevo-te estas cousas, esperando ir ver-te em breve;

¹⁵ para que, se eu tardar, fiques ciente de como se deve proceder na casa de Deus, que é a Igreja do Deus vivo, coluna e baluarte da verdade.

¹⁶ Evidentemente, grande é o mistério da piedade:

Aquele que foi manifestado na carne foi justificado em espírito, contempla-do por anjos, pregado entre os gen-tios, crido no mundo, recebido na glória.

A apostasia nos últimos tempos

4 Ora, o Espírito afirma expressamente que, nos últimos tempos, alguns apos-tatarão da fé, por obedecerem a espíritos enganadores e a ensinos de demônios,

² pela hipocrisia dos que falam mentiras e que têm cauterizada a própria cons-ciência,

³ que proíbem o casamento, exigem abs-

ᵃ**missão de mãe:** *dar à luz filhos*

2.7 2Tm 1.11.   **2.9** 1Pe 3.3.   **2.13** Gn 2.7,21,22.   **2.14** Gn 3.1-6.

tinência de alimentos, que Deus criou para serem recebidos, com ação de graças, pelos fiéis e por quantos conhecem plenamente a verdade;

⁴ pois tudo que Deus criou é bom, e, recebido com ação de graças, nada é recusável,

⁵ porque, pela palavra de Deus e pela oração, é santificado.

Exortação à fidelidade e à diligência no ministério

⁶ Expondo estas cousas aos irmãos, serás bom ministro de Cristo Jesus, alimentado com as palavras da fé e da boa doutrina que tens seguido.

⁷ Mas rejeita as fábulas profanas e de velhas caducas. Exercita-te, pessoalmente, na piedade.

⁸ Pois o exercício físico para pouco é proveitoso, mas a piedade para tudo é proveitosa, porque tem a promessa da vida que agora é e da que há de ser.

⁹ Fiel é esta palavra e digna de inteira aceitação.

¹⁰ Ora, é para esse fim que labutamos e nos esforçamos sobremodo, porquanto temos posto a nossa esperança no Deus vivo, Salvador de todos os homens, especialmente dos fiéis.

¹¹ Ordena e ensina estas cousas.

¹² Ninguém despreze a tua mocidade; pelo contrário, torna-te padrão dos fiéis, na palavra, no procedimento, no amor, na fé, na pureza.

¹³ Até à minha chegada, aplica-te à leitura*ᵇ*, à exortação, ao ensino.

¹⁴ Não te faças negligente para com o dom que há em ti, o qual te foi concedido mediante profecia, com a imposição das mãos do presbitério.

¹⁵ Medita estas cousas e nelas sê diligente, para que o teu progresso a todos seja manifesto.

¹⁶ Tem cuidado de ti mesmo e da doutrina. Continua nestes deveres; porque, fazendo assim, salvarás tanto a ti mesmo como aos teus ouvintes.

Os deveres dos pastores para com várias classes de pessoas

5 Não repreendas ao homem idoso; antes, exorta-o como a pai; aos moços, como a irmãos;

² às mulheres idosas, como a mães; às moças, como a irmãs, com toda a pureza.

Das viúvas

³ Honra as viúvas verdadeiramente viúvas.

⁴ Mas, se alguma viúva tem filhos ou netos, que estes aprendam primeiro a exercer piedade para com a própria casa e a recompensar a seus progenitores; pois isto é aceitável diante de Deus.

⁵ Aquela, porém, que é verdadeiramente viúva e não tem amparo espera em Deus e persevera em súplicas e orações, noite e dia;

⁶ entretanto, a que se entrega aos prazeres, mesmo viva, está morta.

⁷ Prescreve, pois, estas cousas, para que sejam irrepreensíveis.

⁸ Ora, se alguém não tem cuidado dos seus e especialmente dos da própria casa, tem negado a fé e é pior do que o descrente.

⁹ Não seja inscrita senão viúva que conte ao menos sessenta anos de idade, tenha sido esposa de um só marido,

¹⁰ seja recomendada pelo testemunho de boas obras, tenha criado filhos, exercitado hospitalidade, lavado os pés aos santos, socorrido a atribulados, se viveu na prática zelosa de toda boa obra.

¹¹ Mas rejeita viúvas mais novas, porque, quando se tornam levianas contra Cristo, querem casar-se,

¹² tornando-se condenáveis por anularem o seu primeiro compromisso.

¹³ Além do mais, aprendem também a viver ociosas, andando de casa em casa; e não somente ociosas, mas ainda tagarelas e intrigantes, falando o que não devem.

¹⁴ Quero, portanto, que as viúvas mais novas se casem, criem filhos, sejam boas donas de casa e não dêem ao adversário ocasião favorável de maledicência.

¹⁵ Pois, com efeito, já algumas se desviaram, seguindo a Satanás.

¹⁶ Se alguma crente tem viúvas em sua família, socorra-as, não fique sobrecarregada a igreja, para que esta possa socorrer as que são verdadeiramente viúvas.

Acerca dos presbíteros. Vários conselhos

¹⁷ Devem ser considerados merecedores de dobrados honorários os presbíteros que presidem bem, com especialidade os que se afadigam na palavra e no ensino.

---

*ᵇ*leitura: *leitura pública das Escrituras*

18 Pois a Escritura declara:
Não amordaces o boi, quando pisa o trigo.
E ainda:
O trabalhador é digno do seu salário.

19 Não aceites denúncia contra presbítero, senão exclusivamente sob o depoimento de duas ou três testemunhas.

20 Quanto aos que vivem no pecado, repreende-os na presença de todos, para que também os demais temam.

21 Conjuro-te, perante Deus, e Cristo Jesus, e os anjos eleitos, que guardes estes conselhos, sem prevenção, nada fazendo com parcialidade.

22 A ninguém imponhas precipitadamente as mãos. Não te tornes cúmplice de pecados de outrem. Conserva-te a ti mesmo puro.

23 Não continues a beber somente água; usa um pouco de vinho, por causa do teu estômago e das tuas freqüentes enfermidades.

24 Os pecados de alguns homens são notórios e levam a juízo, ao passo que os de outros só mais tarde se manifestam.

25 Da mesma sorte também as boas obras, antecipadamente, se evidenciam e, quando assim não seja, não podem ocultar-se.

Dos senhores e dos servos

6 Todos os servos que estão debaixo de jugo considerem dignos de toda honra o próprio senhor, para que o nome de Deus e a doutrina não sejam blasfemados.

2 Também os que têm senhor fiel não o tratem com desrespeito, porque é irmão; pelo contrário, trabalhem ainda mais, pois ele, que partilha do seu bom serviço, é crente e amado. Ensina e recomenda estas cousas.

Os falsos mestres e os perigos da riqueza

3 Se alguém ensina outra doutrina e não concorda com as sãs palavras de nosso Senhor Jesus Cristo e com o ensino segundo a piedade,

4 é enfatuado, nada entende, mas tem mania por questões e contendas de palavras, de que nascem inveja, provocação, difamações, suspeitas malignas,

5 altercações sem fim, por homens cuja mente é pervertida e privados da verdade, supondo que a piedade é fonte de lucro.

6 De fato, grande fonte de lucro é a piedade com o contentamento.

7 Porque nada temos trazido para o mundo, nem cousa alguma podemos levar dele.

8 Tendo sustento e com que nos vestir, estejamos contentes.

9 Ora, os que querem ficar ricos caem em tentação, e cilada, e em muitas concupiscências insensatas e perniciosas, as quais afogam os homens na ruína e perdição.

10 Porque o amor do dinheiro é raiz de todos os males; e alguns, nessa cobiça, se desviaram da fé e a si mesmos se atormentaram com muitas dores.

Apelo para Timóteo

11 Tu, porém, ó homem de Deus, foge destas cousas; antes, segue a justiça, a piedade, a fé, o amor, a constância, a mansidão.

12 Combate o bom combate da fé. Toma posse da vida eterna, para a qual também foste chamado e de que fizeste a boa confissão perante muitas testemunhas.

13 Exorto-te, perante Deus, que preserva a vida de todas as cousas, e perante Cristo Jesus, que, diante de Pôncio Pilatos, fez a boa confissão,

14 que guardes o mandato imaculado, irrepreensível, até à manifestação de nosso Senhor Jesus Cristo;

15 a qual, em suas épocas determinadas, há de ser revelada pelo bendito e único Soberano, o Rei dos reis e Senhor dos senhores;

16 o único que possui imortalidade, que habita em luz inacessível, a quem homem algum jamais viu, nem é capaz de ver. A ele honra e poder eterno. Amém.

Acerca dos ricos

17 Exorta aos ricos do presente século que não sejam orgulhosos, nem depositem a sua esperança na instabilidade da riqueza, mas em Deus, que tudo nos proporciona ricamente para nosso aprazimento;

18 que pratiquem o bem, sejam ricos de boas obras, generosos em dar e prontos a repartir;

19 que acumulem para si mesmos tesouros, sólido fundamento para o futuro, a fim de se apoderarem da verdadeira vida.

5.18 Dt 25.4; Mt 10.10; Lc 10.7.   5.19 Dt 17.6; 19.15.   6.13 Jo 18.37.

O conselho final e a bênção apostólica

²⁰ E tu, ó Timóteo, guarda o que te foi confiado, evitando os falatórios inúteis e profanos e as contradições do saber, como falsamente lhe chamam,

²¹ pois alguns, professando-o, se desviaram da fé. A graça seja convosco.

SEGUNDA EPÍSTOLA DE PAULO A

TIMÓTEO

Prefácio e saudação

1 Paulo, apóstolo de Cristo Jesus, pela vontade de Deus, de conformidade com a promessa da vida que está em Cristo Jesus,

² ao amado filho Timóteo, graça, misericórdia e paz, da parte de Deus Pai e de Cristo Jesus, nosso Senhor.

Ação de graças

³ Dou graças a Deus, a quem, desde os meus antepassados, sirvo com consciência pura, porque, sem cessar, me lembro de ti nas minhas orações, noite e dia.

⁴ Lembrado das tuas lágrimas, estou ansioso por ver-te, para que eu transborde de alegria

⁵ pela recordação que guardo de tua fé sem fingimento, a mesma que, primeiramente, habitou em tua avó Lóide e em tua mãe Eunice, e estou certo de que também, em ti.

A prática do zelo, da firmeza e da fidelidade

⁶ Por esta razão, pois, te admoesto que reavives o dom de Deus que há em ti pela imposição das minhas mãos.

⁷ Porque Deus não nos tem dado espírito de covardia, mas de poder, de amor e de moderação.

⁸ Não te envergonhes, portanto, do testemunho de nosso Senhor, nem do seu encarcerado, que sou eu; pelo contrário, participa comigo dos sofrimentos, a favor do evangelho, segundo o poder de Deus,

⁹ que nos salvou e nos chamou com santa vocação; não segundo as nossas obras, mas conforme a sua própria determinação e graça que nos foi dada em Cristo Jesus, antes dos tempos eternos,

¹⁰ e manifestada, agora, pelo aparecimento de nosso Salvador Cristo Jesus, o qual não só destruiu a morte, como trouxe à luz a vida e a imortalidade, mediante o evangelho,

¹¹ para o qual eu fui designado pregador, apóstolo e mestre

¹² e, por isso, estou sofrendo estas cousas; todavia, não me envergonho, porque sei em quem tenho crido e estou certo de que ele é poderoso para guardar o meu depósito até aquele Dia.

¹³ Mantém o padrão das sãs palavras que de mim ouviste com fé e com o amor que está em Cristo Jesus.

¹⁴ Guarda o bom depósito, mediante o Espírito Santo que habita em nós.

A situação do apóstolo Paulo preso e o procedimento de alguns de seus colaboradores

¹⁵ Estás ciente de que todos os da Ásia me abandonaram; dentre eles cito Figelo e Hermógenes.

¹⁶ Conceda o Senhor misericórdia à casa de Onesíforo, porque, muitas vezes, me deu ânimo e nunca se envergonhou das minhas algemas;

¹⁷ antes, tendo ele chegado a Roma, me procurou solicitamente até me encontrar.

¹⁸ O Senhor lhe conceda, naquele Dia, achar misericórdia da parte do Senhor. E tu sabes, melhor do que eu, quantos serviços me prestou ele em Éfeso.

Os estímulos no combate da fé e no sofrimento por Cristo

2 Tu, pois, filho meu, fortifica-te na graça que está em Cristo Jesus.

² E o que de minha parte ouviste através de muitas testemunhas, isso mesmo transmite a homens fiéis e também idôneos para instruir a outros.

³ Participa dos meus sofrimentos como bom soldado de Cristo Jesus.

1.2 At 16.1.   **1.5** At 16.1.

⁴ Nenhum soldado em serviço se envolve em negócios desta vida, porque o seu objetivo é satisfazer àquele que o arregimentou.

⁵ Igualmente, o atleta não é coroado se não lutar segundo as normas.

⁶ O lavrador que trabalha deve ser o primeiro a participar dos frutos.

⁷ Pondera o que acabo de dizer, porque o Senhor te dará compreensão em todas as cousas.

⁸ Lembra-te de Jesus Cristo, ressuscitado de entre os mortos, descendente de Davi, segundo o meu evangelho;

⁹ pelo qual estou sofrendo até algemas, como malfeitor; contudo, a palavra de Deus não está algemada.

¹⁰ Por esta razão, tudo suporto por causa dos eleitos, para que também eles obtenham a salvação que está em Cristo Jesus, com eterna glória.

¹¹ Fiel é esta palavra: se já morremos com ele, também viveremos com ele;

¹² se perseveramos, também com ele reinaremos; se o negamos, ele, por sua vez, nos negará;

¹³ se somos infiéis, ele permanece fiel, pois de maneira nenhuma pode negar-se a si mesmo.

As falsas doutrinas e os falsos crentes. Como corrigi-los

¹⁴ Recomenda estas cousas. Dá testemunho solene a todos perante Deus, para que evitem contendas de palavras que para nada aproveitam, exceto para a subversão dos ouvintes.

¹⁵ Procura apresentar-te a Deus aprovado, como obreiro que não tem de que se envergonhar, que maneja bem a palavra da verdade.

¹⁶ Evita, igualmente, os falatórios inúteis e profanos, pois os que deles usam passarão a impiedade ainda maior.

¹⁷ Além disso, a linguagem deles corrói como câncer; entre os quais se incluem Himeneu e Fileto.

¹⁸ Estes se desviaram da verdade, asseverando que a ressurreição já se realizou, e estão pervertendo a fé a alguns.

¹⁹ Entretanto, o firme fundamento de Deus permanece, tendo este selo: O Senhor conhece os que lhe pertencem.
E mais:
Aparte-se da injustiça todo aquele que professa o nome do Senhor.

²⁰ Ora, numa grande casa não há somente utensílios de ouro e de prata; há também de madeira e de barro. Alguns, para honra; outros, porém, para desonra.

²¹ Assim, pois, se alguém a si mesmo se purificar destes erros, será utensílio para honra, santificado e útil ao seu possuidor, estando preparado para toda boa obra.

²² Foge, outrossim, das paixões da mocidade. Segue a justiça, a fé, o amor e a paz com os que, de coração puro, invocam o Senhor.

²³ E repele as questões insensatas e absurdas, pois sabes que só engendram contendas.

²⁴ Ora, é necessário que o servo do Senhor não viva a contender e sim deve ser brando para com todos, apto para instruir, paciente;

²⁵ disciplinando com mansidão os que se opõem, na expectativa de que Deus lhes conceda não só o arrependimento para conhecerem plenamente a verdade,

²⁶ mas também o retorno à sensatez, livrando-se eles dos laços do diabo, tendo sido feitos cativos por ele, para cumprirem a sua vontade.

Os males e as corrupções dos últimos dias

3 Sabe, porém, isto: nos últimos dias, sobrevirão tempos difíceis,

² pois os homens serão egoístas, avarentos, jactanciosos, arrogantes, blasfemadores, desobedientes aos pais, ingratos, irreverentes,

³ desafeiçoados, implacáveis, caluniadores, sem domínio de si, cruéis, inimigos do bem,

⁴ traidores, atrevidos, enfatuados, mais amigos dos prazeres que amigos de Deus,

⁵ tendo forma de piedade, negando-lhe, entretanto, o poder. Foge também destes.

⁶ Pois entre estes se encontram os que penetram sorrateiramente nas casas e conseguem cativar mulherinhas sobrecarregadas de pecados, conduzidas de várias paixões,

⁷ que aprendem sempre e jamais podem chegar ao conhecimento da verdade.

⁸ E, do modo por que Janes e Jambres resistiram a Moisés, também estes resistem à verdade. São homens de todo corrompidos na mente, réprobos quanto à fé;

⁹ eles, todavia, não irão avante; porque a sua insensatez será a todos evidente, como também aconteceu com a daqueles.

2.12 Mt 10.33; Lc 12.9.   **3.8** Êx 7.11.

Paulo elogia a Timóteo por sua firmeza e o exorta a permanecer leal à verdade

¹⁰ Tu, porém, tens seguido, de perto, o meu ensino, procedimento, propósito, fé, longanimidade, amor, perseverança, ¹¹ as minhas perseguições e os meus sofrimentos, quais me aconteceram em Antioquia, Icônio e Listra, — que variadas perseguiçõcs tenho suportado! De todas, entretanto, me livrou o Senhor. ¹² Ora, todos quantos querem viver piedosamente em Cristo Jesus serão perseguidos. ¹³ Mas os homens perversos e impostores irão de mal a pior, enganando e sendo enganados.

A inspiração, valor e utilidade das Santas Escrituras

¹⁴ Tu, porém, permanece naquilo que aprendeste e de que foste inteirado, sabendo de quem o aprendeste. ¹⁵ E que, desde a infância, sabes as sagradas letras, que podem tornar-te sábio para a salvação pela fé em Cristo Jesus. ¹⁶ Toda a Escritura é inspirada por Deus e útil para o ensino, para a repreensão, para a correção, para a educação na justiça, ¹⁷ a fim de que o homem de Deus seja perfeito e perfeitamente habilitado para toda boa obra.

A fidelidade e o zelo na pregação

4 Conjuro-te, perante Deus e Cristo Jesus, que há de julgar vivos e mortos, pela sua manifestação e pelo seu reino: ² prega a palavra, insta, quer seja oportuno, quer não, corrige, repreende, exorta com toda a longanimidade e doutrina. ³ Pois haverá tempo em que não suportarão a sã doutrina; pelo contrário, cercarse-ão de mestres segundo as suas próprias cobiças, como que sentindo coceira nos ouvidos; ⁴ e se recusarão a dar ouvidos à verdade, entregando-se às fábulas. ⁵ Tu, porém, sê sóbrio em todas as cousas, suporta as aflições, faze o trabalho de um evangelista, cumpre cabalmente o teu ministério.

O apóstolo Paulo prevê o seu martírio

⁶ Quanto a mim, estou sendo já ofereci-do por libação, e o tempo da minha partida é chegado. ⁷ Combati o bom combate, completei a carreira, guardei a fé. ⁸ Já agora a coroa da justiça me está guardada, a qual o Senhor, reto juiz, me dará naquele Dia; e não somente a mim, mas também a todos quantos amam a sua vinda.

O apóstolo abandonado pelos homens, não por Deus

⁹ Procura vir ter comigo depressa. ¹⁰ Porque Demas, tendo amado o presente século, me abandonou e se foi para Tessalônica; Crescente foi para a Galácia, Tito, para a Dalmácia. ¹¹ Somente Lucas está comigo. Toma contigo Marcos e traze-o, pois me é útil para o ministério. ¹² Quanto a Tíquico, mandei-o até Éfeso. ¹³ Quando vieres, traze a capa que deixei em Trôade, em casa de Carpo, bem como os livros, especialmente os pergaminhos. ¹⁴ Alexandre, o latoeiro, causou-me muitos males; o Senhor lhe dará a paga segundo as suas obras. ¹⁵ Tu, guarda-te também dele, porque resistiu fortemente às nossas palavras. ¹⁶ Na minha primeira defesa, ninguém foi a meu favor; antes, todos me abandonaram. Que isto não lhes seja posto em conta! ¹⁷ Mas o Senhor me assistiu e me revestiu de forças, para que, por meu intermédio, a pregação fosse plenamente cumprida, e todos os gentios a ouvissem; e fui libertado da boca do leão. ¹⁸ O Senhor me livrará também de toda obra maligna e me levará salvo para o seu reino celestial. A ele, glória pelos séculos dos séculos. Amém.

As saudações finais e a bênção

¹⁹ Saúda Prisca, e Áqüila, e a casa de Onesíforo. ²⁰ Erasto ficou em Corinto. Quanto a Trófimo, deixei-o doente em Mileto. ²¹ Apressa-te a vir antes do inverno. Êubulo te envia saudações; o mesmo fazem Prudente, Lino, Cláudia c os irmãos todos. ²² O Senhor seja com o teu espírito. A graça seja convosco.

3.11 At 13.14-52; 14.1-7,8-20. **4.10** Cl 4.14; Fm 24. **4.11** Cl 4.14; At 12.12,25; 13.13; 15.37-39; Cl 4.10; Fm 24. **4.12** At 20.4; Ef 6.21,22; Cl 4.7,8. **4.13** At 20.6. **4.14** 1Tm 1.20. **4.19** At 18.2; 2Tm 1.16,17. **4.20** Rm 16.23; At 20.4; 21.29.

EPÍSTOLA DE PAULO A

TITO

Prefácio e saudação

1 Paulo, servo de Deus e apóstolo de Jesus Cristo, para promover a fé que é dos eleitos de Deus e o pleno conhecimento da verdade segundo a piedade,

2 na esperança da vida eterna que o Deus que não pode mentir prometeu antes dos tempos eternos

3 e, em tempos devidos, manifestou a sua palavra mediante a pregação que me foi confiada por mandato de Deus, nosso Salvador,

4 a Tito, verdadeiro filho, segundo a fé comum, graça e paz, da parte de Deus Pai e de Cristo Jesus, nosso Salvador.

Deveres e qualificações dos ministros

5 Por esta causa, te deixei em Creta, para que pusesses em ordem as cousas restantes, bem como, em cada cidade, constituísses presbíteros, conforme te prescrevi:

6 alguém que seja irrepreensível, marido de uma só mulher, que tenha filhos crentes que não são acusados de dissolução, nem são insubordinados.

7 Porque é indispensável que o bispo seja irrepreensível como despenseiro de Deus, não arrogante, não irascível, não dado ao vinho, nem violento, nem cobiçoso de torpe ganância;

8 antes, hospitaleiro, amigo do bem, sóbrio, justo, piedoso, que tenha domínio de si,

9 apegado à palavra fiel, que é segundo a doutrina, de modo que tenha poder tanto para exortar pelo reto ensino como para convencer os que o contradizem.

Os falsos mestres e as falsas doutrinas

10 Porque existem muitos insubordinados, palradores frívolos e enganadores, especialmente os da circuncisão.

11 É preciso fazê-los calar, porque andam pervertendo casas inteiras, ensinando o que não devem, por torpe ganância.

12 Foi mesmo, dentre eles, um seu profeta, que disse: Cretenses, sempre mentirosos, feras terríveis, ventres preguiçosos.

13 Tal testemunho é exato. Portanto, repreende-os severamente, para que sejam sadios na fé

14 e não se ocupem com fábulas judaicas, nem com mandamentos de homens desviados da verdade.

15 Todas as cousas são puras para os puros; todavia, para os impuros e descrentes, nada é puro. Porque tanto a mente como a consciência deles estão corrompidas.

16 No tocante a Deus, professam conhecê-lo; entretanto, o negam por suas obras; é por isso que são abomináveis, desobedientes e reprovados para toda boa obra.

Os deveres das várias classes de pessoas crentes

2 Tu, porém, fala o que convém à sã doutrina.

2 Quanto aos homens idosos, que sejam temperantes, respeitáveis, sensatos, sadios na fé, no amor e na constância.

3 Quanto às mulheres idosas, semelhantemente, que sejam sérias em seu proceder, não caluniadoras, não escravizadas a muito vinho; sejam mestras do bem,

4 a fim de instruírem as jovens recém-casadas a amarem ao marido e a seus filhos,

5 a serem sensatas, honestas, boas donas de casa, bondosas, sujeitas ao marido, para que a palavra de Deus não seja difamada.

6 Quanto aos moços, de igual modo, exorta-os para que, em todas as cousas, sejam criteriosos.

7 Torna-te, pessoalmente, padrão de boas obras. No ensino, mostra integridade, reverência,

8 linguagem sadia e irrepreensível, para que o adversário seja envergonhado, não tendo indignidade nenhuma que dizer a nosso respeito.

9 Quanto aos servos, que sejam, em tudo, obedientes ao seu senhor, dando-lhe motivo de satisfação; não sejam respondões,

10 não furtem; pelo contrário, dêem prova de toda a fidelidade, a fim de orna-

1.4 2Co 8.23; Gl 2.3.   **1.5-16** 1Tm 1.3-7.

rem, em todas as cousas, a doutrina de Deus, nosso Salvador.

Os gloriosos benefícios da graça salvadora de Cristo

11 Porquanto a graça de Deus se manifestou salvadora a todos os homens,
12 educando-nos para que, renegadas a impiedade e as paixões mundanas, vivamos, no presente século, sensata, justa e piedosamente,
13 aguardando a bendita esperança e a manifestação da glória do nosso grande Deus e Salvador Cristo Jesus,
14 o qual a si mesmo se deu por nós, a fim de remir-nos de toda iniqüidade e purificar, para si mesmo, um povo exclusivamente seu, zeloso de boas obras.
15 Dize estas cousas; exorta e repreende também com toda a autoridade. Ninguém te despreze.

A obediência às autoridades. A salvação pela graça leva às boas obras

3 Lembra-lhes que se sujeitem aos que governam, às autoridades; sejam obedientes, estejam prontos para toda boa obra,
2 não difamem a ninguém; nem sejam altercadores, mas cordatos, dando provas de toda cortesia, para com todos os homens.
3 Pois nós também, outrora, éramos néscios, desobedientes, desgarrados, escravos de toda sorte de paixões e prazeres, vivendo em malícia e inveja, odiosos e odiando-nos uns aos outros.
4 Quando, porém, se manifestou a benignidade de Deus, nosso Salvador, e o seu amor para com todos,

5 não por obras de justiça praticadas por nós, mas segundo sua misericórdia, ele nos salvou mediante o lavar regenerador e renovador do Espírito Santo,
6 que ele derramou sobre nós ricamente, por meio de Jesus Cristo, nosso Salvador,
7 a fim de que, justificados por graça, nos tornemos seus herdeiros, segundo a esperança da vida eterna.
8 Fiel é esta palavra, e quero que, no tocante a estas cousas, faças afirmação, confiadamente, para que os que têm crido em Deus sejam solícitos na prática de boas obras. Estas cousas são excelentes e proveitosas aos homens.
9 Evita discussões insensatas, genealogias, contendas e debates sobre a lei; porque não têm utilidade e são fúteis.
10 Evita o homem faccioso, depois de admoestá-lo primeira e segunda vez,
11 pois sabes que tal pessoa está pervertida, e vive pecando, e por si mesma está condenada.

As recomendações particulares. As saudações finais. A bênção

12 Quando te enviar Ártemas ou Tíquico, apressa-te a vir até Nicópolis ao meu encontro. Estou resolvido a passar o inverno ali.
13 Encaminha com diligência Zenas, o intérprete da lei, e Apolo, a fim de que não lhes falte cousa alguma.
14 Agora, quanto aos nossos, que aprendam também a distinguir-se nas boas obras a favor dos necessitados[a], para não se tornarem infrutíferos.
15 Todos os que se acham comigo te saúdam; saúda quantos nos amam na fé. A graça seja com todos vós.

---

[a]necessitados; *ou,* . . . a exercer ocupações honestas para suprir as suas necessidades

2.14 Sl 130.8; Êx 19.5; Dt 7.6; 14.2.   3.12 At 20.4; Ef 6.21,22; Cl 4.7,8; 2Tm 4.12.   3.13 At 18.24; 1Co 16.12.

EPÍSTOLA DE PAULO A
FILEMOM

Prefácio e saudação

¹ Paulo, prisioneiro de Cristo Jesus, e o irmão Timóteo, ao amado Filemom, também nosso colaborador,

² e à irmã Áfia, e a Arquipo, nosso companheiro de lutas, e à igreja que está em tua casa,

³ graça e paz a vós outros, da parte de Deus, nosso Pai, e da do Senhor Jesus Cristo.

Ação de graças

⁴ Dou graças ao meu Deus, lembrando-me, sempre, de ti nas minhas orações,

⁵ estando ciente do teu amor e da fé que tens para com o Senhor Jesus e todos os santos,

⁶ para que a comunhão da tua fé se torne eficiente no pleno conhecimento de todo bem que há em nós, para com Cristo.

⁷ Pois, irmão, tive grande alegria e conforto no teu amor, porquanto o coração dos santos tem sido reanimado por teu intermédio.

Paulo intercede em favor de Onésimo

⁸ Pois bem, ainda que eu sinta plena liberdade em Cristo para te ordenar o que convém,

⁹ prefiro, todavia, solicitar em nome do amor, sendo o que sou, Paulo, o velho e, agora, até prisioneiro de Cristo Jesus;

¹⁰ sim, solicito-te em favor de meu filho Onésimo, que gerei entre algemas.

¹¹ Ele, antes, te foi inútil; atualmente, porém, é útil*ᵃ*, a ti e a mim.

¹² Eu to envio de volta em pessoa, quero dizer, o meu próprio coração.

¹³ Eu queria conservá-lo comigo mesmo para, em teu lugar, me servir nas algemas que carrego por causa do evangelho;

¹⁴ nada, porém, quis fazer sem o teu consentimento, para que a tua bondade não venha a ser como que por obrigação, mas de livre vontade.

¹⁵ Pois acredito que ele veio a ser afastado de ti temporariamente, a fim de que o recebas para sempre,

¹⁶ não como escravo; antes, muito acima de escravo, como irmão caríssimo, especialmente de mim e, com maior razão, de ti, quer na carne, quer no Senhor.

¹⁷ Se, portanto, me consideras companheiro, recebe-o, como se fosse a mim mesmo.

¹⁸ E, se algum dano te fez ou se te deve alguma cousa, lança tudo em minha conta.

¹⁹ Eu, Paulo, de próprio punho, o escrevo: Eu pagarei — para não te alegar que também tu me deves até a ti mesmo.

²⁰ Sim, irmão, que eu receba de ti, no Senhor, este benefício. Reanima-me o coração em Cristo.

Comunicações pessoais. Saudações e bênção

²¹ Certo, como estou, da tua obediência, eu te escrevo, sabendo que farás mais do que estou pedindo.

²² E, ao mesmo tempo, prepara-me também pousada, pois espero que, por vossas orações, vos serei restituído.

²³ Saúdam-te Epafras, prisioneiro comigo, em Cristo Jesus,

²⁴ Marcos, Aristarco, Demas e Lucas, meus cooperadores.

²⁵ A graça do Senhor Jesus Cristo seja com o vosso espírito.

---

*ᵃ*útil: *significação da palavra* **Onésimo**

2 Cl 4.17. **10-12** Cl 4.9. **23** Cl 1.7; 4.12. **24** At 12.12,25; 13.13; 15.37-39; 19.29; 27.2; Cl 4.10; Cl 4.14; 2Tm 4.10; 4.11.

EPÍSTOLA AOS

HEBREUS

A revelação de Deus

1 Havendo Deus, outrora, falado, muitas vezes e de muitas maneiras, aos pais, pelos profetas,

2 nestes últimos dias, nos falou pelo Filho, a quem constituiu herdeiro de todas as cousas, pelo qual também fez o universo.

3 Ele, que é o resplendor da glória e a expressão exata do seu Ser, sustentando todas as cousas pela palavra do seu poder, depois de ter feito a purificação dos pecados, assentou-se à direita da Majestade, nas alturas,

4 tendo-se tornado tão superior aos anjos quanto herdou mais excelente nome do que eles.

Cristo é o Filho, os anjos são ministros

5 Pois a qual dos anjos disse jamais:
Tu és meu Filho, eu hoje te gerei?
E outra vez:
Eu lhe serei Pai, e ele me será Filho?

6 E, novamente, ao introduzir o Primogênito no mundo, diz:
E todos os anjos de Deus o adorem.

7 Ainda, quanto aos anjos, diz:
Aquele que a seus anjos faz ventos, e a seus ministros, labareda de fogo;

8 mas acerca do Filho:
O teu trono, ó Deus, é para todo o sempre.
E:
Cetro de eqüidade é o cetro do seu reino.

9 Amaste a justiça e odiaste a iniqüidade; por isso, Deus, o teu Deus, te ungiu com o óleo de alegria como a nenhum dos teus companheiros.

10 Ainda:
No princípio, Senhor, lançaste os fundamentos da terra, e os céus são obra das tuas mãos;

11 eles perecerão; tu, porém, permaneces; sim, todos eles envelhecerão qual vestido;

12 também, qual manto, os enrolarás, e como vestidos serão igualmente mudados; tu, porém, és o mesmo, e os teus anos jamais terão fim.

13 Ora, a qual dos anjos jamais disse:
Assenta-te à minha direita, até que eu ponha os teus inimigos por estrado dos teus pés?

14 Não são todos eles espíritos ministradores, enviados para serviço a favor dos que hão de herdar a salvação?

O perigo da negligência

2 Por esta razão, importa que nos apeguemos, com mais firmeza, às verdades ouvidas, para que delas jamais nos desviemos.

2 Se, pois, se tornou firme a palavra falada por meio de anjos, e toda transgressão ou desobediência recebeu justo castigo,

3 como escaparemos nós, se negligenciarmos tão grande salvação? A qual, tendo sido anunciada inicialmente pelo Senhor, foi-nos depois confirmada pelos que a ouviram;

4 dando Deus testemunho juntamente com eles, por sinais, prodígios e vários milagres e por distribuições do Espírito Santo, segundo a sua vontade.

Jesus coroado de glória: sumo sacerdote idôneo e compassivo

5 Pois não foi a anjos que sujeitou o mundo que há de vir, sobre o qual estamos falando;

6 antes, alguém, em certo lugar, deu pleno testemunho, dizendo:
Que é o homem, que dele te lembres?
Ou o filho do homem, que o visites?

7 Fizeste-o, por um pouco, menor que os anjos, de glória e de honra o coroaste [e o constituíste sobre as obras das tuas mãos].

8 Todas as cousas sujeitaste debaixo dos seus pés.
Ora, desde que lhe sujeitou todas as cousas, nada deixou fora do seu domínio. Agora, porém, ainda não vemos todas as cousas a ele sujeitas;

9 vemos, todavia, aquele que, por um

1.5 Sl 2.7; 2Sm 7.14; 1Cr 17.13.   **1.6** Dt 32.43.   **1.7** Sl 104.4.   **1.8,9** Sl 45.6,7.   **1.10-12** Sl 102.25-27.
1.13 Sl 110.1.   **2.6-8** Sl 8.4-6.

pouco, tendo sido feito menor que os anjos, Jesus, por causa do sofrimento da morte, foi coroado de glória e de honra, para que, pela graça de Deus, provasse a morte por todo homem.

10 Porque convinha que aquele, por cuja causa e por quem todas as cousas existem, conduzindo muitos filhos à glória, aperfeiçoasse, por meio de sofrimentos, o Autor da salvação deles.

11 Pois, tanto o que santifica como os que são santificados, todos vêm de um só. Por isso, é que ele não se envergonha de lhes chamar irmãos,

12 dizendo:

A meus irmãos declararei o teu nome, cantar-te-ei louvores no meio da congregação.

13 E outra vez:

Eu porei nele a minha confiança.

E ainda:

Eis aqui estou eu e os filhos que Deus me deu.

14 Visto, pois, que os filhos têm participação comum de carne e sangue, destes também ele, igualmente, participou, para que, por sua morte, destruísse aquele que tem o poder da morte, a saber, o diabo,

15 e livrasse todos que, pelo pavor da morte, estavam sujeitos à escravidão por toda a vida.

16 Pois ele, evidentemente, não socorre anjos, mas socorre a descendência de Abraão.

17 Por isso mesmo, convinha que, em todas as cousas, se tornasse semelhante aos irmãos, para ser misericordioso e fiel sumo sacerdote nas cousas referentes a Deus e para fazer propiciação pelos pecados do povo.

18 Pois, naquilo que ele mesmo sofreu, tendo sido tentado, é poderoso para socorrer os que são tentados.

Cristo é superior a Moisés. O perigo da incredulidade e da desobediência

3 Por isso, santos irmãos, que participais da vocação celestial, considerai atentamente o Apóstolo e Sumo Sacerdote da nossa confissão, Jesus,

2 o qual é fiel àquele que o constituiu, como também o era Moisés em toda a casa de Deus.

3 Jesus, todavia, tem sido considerado digno de tanto maior glória do que Moisés,

quanto maior honra do que a casa tem aquele que a estabeleceu.

4 Pois toda casa é estabelecida por alguém, mas aquele que estabeleceu todas as cousas é Deus.

5 E Moisés era fiel, em toda a casa de Deus, como servo, para testemunho das cousas que haviam de ser anunciadas;

6 Cristo, porém, como Filho, em sua casa; a qual casa somos nós, se guardarmos firme, até ao fim, a ousadia e a exultação da esperança.

7 Assim, pois, como diz o Espírito Santo:

Hoje, se ouvirdes a sua voz,

8 não endureçais o vosso coração como foi na provocação, no dia da tentação no deserto,

9 onde os vossos pais me tentaram, pondo-me à prova,

10 e viram as minhas obras por quarenta anos. Por isso, me indignei contra essa geração e disse: Estes sempre erram no coração; eles também não conheceram os meus caminhos.

11 Assim, jurei na minha ira: Não entrarão no meu descanso.

12 Tende cuidado, irmãos, jamais aconteça haver em qualquer de vós perverso coração de incredulidade que vos afaste do Deus vivo;

13 pelo contrário, exortai-vos mutuamente cada dia, durante o tempo que se chama Hoje, a fim de que nenhum de vós seja endurecido pelo engano do pecado.

14 Porque nos temos tornado participantes de Cristo, se, de fato, guardarmos firme, até ao fim, a confiança que, desde o princípio, tivemos.

15 Enquanto se diz:

Hoje, se ouvirdes a sua voz, não endureçais o vosso coração, como foi na provocação.

16 Ora, quais os que, tendo ouvido, se rebelaram? Não foram, de fato, todos os que saíram do Egito por intermédio de Moisés?

17 E contra quem se indignou por quarenta anos? Não foi contra os que pecaram, cujos cadáveres caíram no deserto?

18 E contra quem jurou que não entrariam no seu descanso, senão contra os que foram desobedientes?

19 Vemos, pois, que não puderam entrar por causa da incredulidade.

2.12 Sl 22.22.   **2.13** Is 8.17,18.   **3.2** Nm 12.7.   **3.7-11** Sl 95.7-11.   **3.15** Sl 95.7,8.   **3.16-19** Nm 14.1-35.

A entrada no descanso de Deus pela fé

4 Temamos, portanto, que, sendo-nos deixada a promessa de entrar no descanso de Deus, suceda parecer que algum de vós tenha falhado.

2 Porque também a nós foram anunciadas as boas-novas, como se deu com eles; mas a palavra que ouviram não lhes aproveitou, visto não ter sido acompanhada pela fé, como estava naqueles que a ouviram.

3 Nós, porém, que cremos, entramos no descanso, conforme Deus tem dito:
Assim, jurei na minha ira: Não entrarão no meu descanso.
Embora, certamente, as obras estivessem concluídas desde a fundação do mundo.

4 Porque, em certo lugar, assim disse, no tocante ao sétimo dia:
E descansou Deus, no sétimo dia, de todas as obras que fizera.

5 E novamente, no mesmo lugar:
Não entrarão no meu descanso.

6 Visto, portanto, que resta entrarem alguns nele e que, por causa da desobediência, não entraram aqueles aos quais anteriormente foram anunciadas as boas-novas,

7 de novo, determina certo dia, Hoje, falando por Davi, muito tempo depois, segundo antes fora declarado:
Hoje, se ouvirdes a sua voz, não endureçais o vosso coração.

8 Ora, se Josué lhes houvesse dado descanso, não falaria, posteriormente, a respeito de outro dia.

9 Portanto, resta um repouso[a] para o povo de Deus.

10 Porque aquele que entrou no descanso de Deus, também ele mesmo descansou de suas obras, como Deus das suas.

11 Esforcemo-nos, pois, por entrar naquele descanso, a fim de que ninguém caia, seguindo o mesmo exemplo de desobediência.

12 Porque a palavra de Deus é viva, e eficaz, e mais cortante do que qualquer espada de dois gumes, e penetra até ao ponto de dividir alma e espírito, juntas e medulas, e é apta para discernir os pensamentos e propósitos do coração.

13 E não há criatura que não seja manifesta na sua presença; pelo contrário, todas as cousas estão descobertas e patentes aos olhos daquele a quem temos de prestar contas.

Jesus, o sumo sacerdote que se compadece de nós

14 Tendo, pois, a Jesus, o Filho de Deus, como grande sumo sacerdote que penetrou os céus, conservemos firmes a nossa confissão.

15 Porque não temos sumo sacerdote que não possa compadecer-se das nossas fraquezas; antes, foi ele tentado em todas as cousas, à nossa semelhança, mas sem pecado.

16 Acheguemo-nos, portanto, confiadamente, junto ao trono da graça, a fim de recebermos misericórdia e acharmos graça para socorro em ocasião oportuna.

Cristo, superior ao sacerdócio da antiga aliança

5 Porque todo sumo sacerdote, sendo tomado dentre os homens, é constituído nas cousas concernentes a Deus, a favor dos homens, para oferecer tanto dons como sacrifícios pelos pecados,

2 e é capaz de condoer-se dos ignorantes e dos que erram, pois também ele mesmo está rodeado de fraquezas.

3 E, por esta razão, deve oferecer sacrifícios pelos pecados, tanto do povo como de si mesmo.

4 Ninguém, pois, toma esta honra para si mesmo, senão quando chamado por Deus, como aconteceu com Arão.

5 Assim, também Cristo a si mesmo não se glorificou para se tornar sumo sacerdote, mas o glorificou aquele que lhe disse:
Tu és meu Filho, eu hoje te gerei;

6 como em outro lugar também diz:
Tu és sacerdote para sempre, segundo a ordem de Melquisedeque.

7 Ele, Jesus, nos dias da sua carne, tendo oferecido, com forte clamor e lágrimas, orações e súplicas a quem o podia livrar da morte e tendo sido ouvido por causa da sua piedade,

8 embora sendo Filho, aprendeu a obediência pelas cousas que sofreu

9 e, tendo sido aperfeiçoado, tornou-se o Autor da salvação eterna para todos os que lhe obedecem,

---

[a]repouso; ou repouso sabático

4.3 Sl 95.11. **4.4** Gn 2.2. **4.5** Sl 95.11. **4.7** Sl 95.7,8. **4.8** Dt 31.7; Js 22.4. **4.10** Gn 2.2. **5.3** Lv 9.7. **5.4** Êx 28.1. **5.5** Sl 2.7. **5.6** Sl 110.4. **5.7** Mt 26.36-46; Mc 14.32-42; Lc 22.39-46.

10 tendo sido nomeado por Deus sumo sacerdote, segundo a ordem de Melquisedeque.

Os cristãos hebreus não tinham progredido

11 A esse respeito temos muitas cousas que dizer e difíceis de explicar, porquanto vos tendes tornado tardios em ouvir.

12 Pois, com efeito, quando devíeis ser mestres, atendendo ao tempo decorrido, tendes, novamente, necessidade de alguém que vos ensine, de novo, quais são os princípios elementares dos oráculos de Deus; assim, vos tornastes como necessitados de leite e não de alimento sólido.

13 Ora, todo aquele que se alimenta de leite é inexperiente na palavra da justiça, porque é criança.

14 Mas o alimento sólido é para os adultos, para aqueles que, pela prática, têm as suas faculdades exercitadas para discernir não somente o bem, mas também o mal.

Exortação ao progresso na fé

6 Por isso, pondo de parte os princípios elementares da doutrina de Cristo, deixemo-nos levar para o que é perfeito, não lançando, de novo, a base do arrependimento de obras mortas e da fé em Deus,

2 o ensino de batismos e da imposição de mãos, da ressurreição dos mortos e do juízo eterno.

3 Isso faremos, se Deus permitir.

Os perigos espirituais

4 É impossível, pois, que aqueles que uma vez foram iluminados, e provaram o dom celestial, e se tornaram participantes do Espírito Santo,

5 e provaram a boa palavra de Deus e os poderes do mundo vindouro,

6 e caíram, sim, é impossível outra vez renová-los para arrependimento, visto que, de novo, estão crucificando para si mesmos o Filho de Deus e expondo-o à ignomínia.

7 Porque a terra que absorve a chuva que freqüentemente cai sobre ela e produz erva útil para aqueles por quem é também cultivada recebe bênção da parte de Deus;

8 mas, se produz espinhos e abrolhos, é rejeitada e perto está da maldição; e o seu fim é ser queimada.

As cousas melhores e pertencentes à salvação

9 Quanto a vós outros, todavia, ó amados, estamos persuadidos das cousas que são melhores e pertencentes à salvação, ainda que falamos desta maneira.

10 Porque Deus não é injusto para ficar esquecido do vosso trabalho e do amor que evidenciastes para com o seu nome, pois servistes e ainda servis aos santos.

11 Desejamos, porém, continue cada um de vós mostrando, até ao fim, a mesma diligência para a plena certeza da esperança;

12 para que não vos torneis indolentes, mas imitadores daqueles que, pela fé e pela longanimidade, herdam as promessas.

A imutabilidade da promessa de Deus

13 Pois, quando Deus fez a promessa a Abraão, visto que não tinha ninguém superior por quem jurar, jurou por si mesmo,

14 dizendo:
Certamente, te abençoarei e te multiplicarei.

15 E assim, depois de esperar com paciência, obteve Abraão a promessa.

16 Pois os homens juram pelo que lhes é superior, e o juramento, servindo de garantia, para eles, é o fim de toda contenda.

17 Por isso, Deus, quando quis mostrar mais firmemente aos herdeiros da promessa a imutabilidade do seu propósito, se interpôs com juramento,

18 para que, mediante duas cousas imutáveis, nas quais é impossível que Deus minta, forte alento tenhamos nós que já corremos para o refúgio, a fim de lançar mão da esperança proposta;

19 a qual temos por âncora da alma, segura e firme e que penetra além do véu,

20 onde Jesus, como precursor, entrou por nós, tendo-se tornado sumo sacerdote para sempre, segundo a ordem de Melquisedeque.

Melquisedeque, tipo de Cristo

7 Porque este Melquisedeque, rei de Salém, sacerdote do Deus Altíssimo, que saiu ao encontro de Abraão, quando voltava da matança dos reis, e o abençoou,

2 para o qual também Abraão separou o dízimo de tudo (primeiramente se interpre-

---

5.12,13 1Co 3.2.   **6.8** Gn 3.17,18.   **6.13,14** Gn 22.16,17.   **6.19** Lv 16.2.   **6.20** Sl 110.4.   **7.1-10** Gn 14.17-20.

ta rei de justiça, depois também é rei de Salém, ou seja, rei de paz;

³ sem pai, sem mãe, sem genealogia; que não teve princípio de dias, nem fim de existência, entretanto, feito semelhante ao Filho de Deus), permanece sacerdote perpetuamente.

O sacerdócio de Cristo é superior ao levítico

⁴ Considerai, pois, como era grande esse a quem Abraão, o patriarca, pagou o dízimo tirado dos melhores despojos.

⁵ Ora, os que dentre os filhos de Levi recebem o sacerdócio têm mandamento de recolher, de acordo com a lei, os dízimos do povo, ou seja, dos seus irmãos, embora tenham estes descendido de Abraão;

⁶ entretanto, aquele cuja genealogia não se inclui entre eles recebeu dízimos de Abraão e abençoou o que tinha as promessas.

⁷ Evidentemente, é fora de qualquer dúvida que o inferior é abençoado pelo superior.

⁸ Aliás, aqui são homens mortais os que recebem dízimos, porém ali, aquele de quem se testifica que vive.

⁹ E, por assim dizer, também Levi, que recebe dízimos, pagou-os na pessoa de Abraão.

¹⁰ Porque aquele ainda não tinha sido gerado por seu pai, quando Melquisedeque saiu ao encontro deste.

O sacerdócio levítico teve fim, mas o de Cristo é eterno

¹¹ Se, portanto, a perfeição houvera sido mediante o sacerdócio levítico (pois nele baseado o povo recebeu a lei), que necessidade haveria ainda de que se levantasse outro sacerdote, segundo a ordem de Melquisedeque, e que não fosse contado segundo a ordem de Arão?

¹² Pois, quando se muda o sacerdócio, necessariamente há também mudança de lei.

¹³ Porque aquele de quem são ditas estas cousas pertence a outra tribo, da qual ninguém prestou serviço ao altar;

¹⁴ pois é evidente que nosso Senhor procedeu de Judá, tribo à qual Moisés nunca atribuiu sacerdotes.

¹⁵ E isto é ainda muito mais evidente,

quando, à semelhança de Melquisedeque, se levanta outro sacerdote,

¹⁶ constituído não conforme a lei de mandamento carnal, mas segundo o poder de vida indissolúvel.

¹⁷ Porquanto se testifica:

Tu és sacerdote para sempre, segundo a ordem de Melquisedeque.

¹⁸ Portanto, por um lado, se revoga a anterior ordenança, por causa de sua fraqueza e inutilidade

¹⁹ (pois a lei nunca aperfeiçoou cousa alguma), e, por outro lado, se introduz esperança superior, pela qual nos chegamos a Deus.

Cristo, sacerdote único e perfeito

²⁰ E, visto que não é sem prestar juramento (porque aqueles, sem juramento, são feitos sacerdotes,

²¹ mas este, com juramento, por aquele que lhe disse:

O Senhor jurou e não se arrependerá: Tu és sacerdote para sempre);

²² por isso mesmo, Jesus se tem tornado fiador de superior aliança.

²³ Ora, aqueles são feitos sacerdotes em maior número, porque são impedidos pela morte de continuar;

²⁴ este, no entanto, porque continua para sempre, tem o seu sacerdócio imutável.

²⁵ Por isso, também pode salvar totalmente os que por ele se chegam a Deus, vivendo sempre para interceder por eles.

²⁶ Com efeito, nos convinha um sumo sacerdote como este, santo, inculpável, sem mácula, separado dos pecadores e feito mais alto do que os céus,

²⁷ que não tem necessidade, como os sumos sacerdotes, de oferecer todos os dias sacrifícios, primeiro, por seus próprios pecados, depois, pelos do povo; porque fez isto uma vez por todas, quando a si mesmo se ofereceu.

²⁸ Porque a lei constitui sumos sacerdotes a homens sujeitos à fraqueza, mas a palavra do juramento, que foi posterior à lei, constitui o Filho, perfeito para sempre.

A antiga aliança era o símbolo transitório da nova, superior e eterna, da qual Cristo é o mediador

8 Ora, o essencial das cousas que temos dito é que possuímos tal sumo sacerdote, que se assentou à destra do trono da Majestade nos céus,

7.17 Sl 110.4.   7.21 Sl 110.4.   7.27 Lv 9.7.   8.1 Sl 110.1.

² como ministro do santuário e do verdadeiro tabernáculo que o Senhor erigiu, não o homem.

³ Pois todo sumo sacerdote é constituído para oferecer tanto dons como sacrifícios; por isso, era necessário que também esse sumo sacerdote tivesse o que oferecer.

⁴ Ora, se ele estivesse na terra, nem mesmo sacerdote seria, visto existirem aqueles que oferecem os dons segundo a lei,

⁵ os quais ministram em figura e sombra das cousas celestes, assim como foi Moisés divinamente instruído, quando estava para construir o tabernáculo; pois diz ele:

Vê que faças todas as cousas de acordo com o modelo que te foi mostrado no monte.

⁶ Agora, com efeito, obteve Jesus ministério tanto mais excelente, quanto é ele também Mediador de superior aliança instituída com base em superiores promessas.

⁷ Porque, se aquela primeira aliança tivesse sido sem defeito, de maneira alguma estaria sendo buscado lugar para uma segunda.

⁸ E, de fato, repreendendo-os, diz:

Eis aí vêm dias, diz o Senhor, e firmarei nova aliança com a casa de Israel e com a casa de Judá,

⁹ não segundo a aliança que fiz com seus pais, no dia em que os tomei pela mão, para os conduzir até fora da terra do Egito; pois eles não continuaram na minha aliança, e eu não atentei para eles, diz o Senhor.

¹⁰ Porque esta é a aliança que firmarei com a casa de Israel, depois daqueles dias, diz o Senhor: na sua mente imprimirei as minhas leis, também sobre o seu coração as inscreverei; e eu serei o seu Deus, e eles serão o meu povo.

¹¹ E não ensinará jamais cada um ao seu próximo, nem cada um ao seu irmão, dizendo: Conhece ao Senhor; porque todos me conhecerão, desde o menor deles até ao maior.

¹² Pois, para com as suas iniqüidades, usarei de misericórdia e dos seus pecados jamais me lembrarei.

¹³ Quando ele diz Nova, torna antiquada a primeira. Ora, aquilo que se torna antiquado e envelhecido está prestes a desaparecer.

Os ritos, ofertas e sacrifícios mosaicos eram imperfeitos e ineficazes

9 Ora, a primeira aliança também tinha preceitos de serviço sagrado e o seu santuário terrestre.

² Com efeito, foi preparado o tabernáculo, cuja parte anterior, onde estavam o candeeiro, e a mesa, e a exposição dos pães, se chama o Santo Lugar;

³ por trás do segundo véu, se encontrava o tabernáculo que se chama o Santo dos Santos,

⁴ ao qual pertencia um altar de ouro para o incenso e a arca da aliança totalmente coberta de ouro, na qual estava uma urna de ouro contendo o maná, a vara de Arão, que floresceu, e as tábuas da aliança;

⁵ e sobre ela, os querubins de glória, que, com a sua sombra, cobriam o propiciatório. Dessas cousas, todavia, não falaremos, agora, pormenorizadamente.

⁶ Ora, depois de tudo isto assim preparado, continuamente entram no primeiro tabernáculo os sacerdotes, para realizar os serviços sagrados;

⁷ mas, no segundo, o sumo sacerdote, ele sozinho, uma vez por ano, não sem sangue, que oferece por si e pelos pecados de ignorância do povo;

⁸ querendo com isto dar a entender o Espírito Santo que ainda o caminho do Santo Lugar não se manifestou, enquanto o primeiro tabernáculo continua erguido.

⁹ É isto uma parábola para a época presente; e, segundo esta, se oferecem tanto dons como sacrifícios, embora estes, no tocante à consciência, sejam ineficazes para aperfeiçoar aquele que presta culto,

¹⁰ os quais não passam de ordenanças da carne, baseadas somente em comidas, e bebidas, e diversas abluções, impostas até ao tempo oportuno de reforma.

O sacrifício de Cristo não se repete, é perfeito e eficaz

¹¹ Quando, porém, veio Cristo como sumo sacerdote dos bens já realizados, mediante o maior e mais perfeito tabernáculo, não feito por mãos, quer dizer, não desta criação,

¹² não por meio de sangue de bodes e de bezerros, mas pelo seu próprio sangue, entrou no Santo dos Santos, uma vez por todas, tendo obtido eterna redenção.

8.5 Êx 25.40. **8.8-12** Jr 31.31-34. **9.1-5** Êx 25.10-26.35. **9.4** Êx 16.33; Nm 17.8-10. **9.6** Nm 18.2-6. **9.7** Lv 16.2-34.

¹³ Portanto, se o sangue de bodes e de touros e a cinza de uma novilha, aspergidos sobre os contaminados, os santificam, quanto à purificação da carne,

¹⁴ muito mais o sangue de Cristo, que, pelo Espírito eterno, a si mesmo se ofereceu sem mácula a Deus, purificará a nossa consciência de obras mortas, para servirmos ao Deus vivo!

¹⁵ Por isso mesmo, ele é o Mediador da nova aliança, a fim de que, intervindo a morte para remissão das transgressões que havia sob a primeira aliança, recebam a promessa da eterna herança aqueles que têm sido chamados.

¹⁶ Porque, onde há testamento[b], é necessário que intervenha a morte do testador;

¹⁷ pois um testamento[b] só é confirmado no caso de mortos; visto que de maneira nenhuma tem força de lei enquanto vive o testador.

¹⁸ Pelo que nem a primeira aliança foi sancionada sem sangue;

¹⁹ porque, havendo Moisés proclamado todos os mandamentos segundo a lei a todo o povo, tomou o sangue dos bezerros e dos bodes, com água, e lã tinta de escarlata, e hissopo e aspergiu não só o próprio livro, como também sobre todo o povo,

²⁰ dizendo:

Este é o sangue da aliança, a qual Deus prescreveu para vós outros.

²¹ Igualmente também aspergiu com sangue o tabernáculo e todos os utensílios do serviço sagrado.

²² Com efeito, quase todas as cousas, segundo a lei, se purificam com sangue; e, sem derramamento de sangue, não há remissão.

O sacrifício de Cristo é eficaz para sempre

²³ Era necessário, portanto, que as figuras das cousas que se acham nos céus se purificassem com tais sacrifícios, mas as próprias cousas celestiais, com sacrifícios a eles superiores.

²⁴ Porque Cristo não entrou em santuário feito por mãos, figura do verdadeiro, porém no mesmo céu, para comparecer, agora, por nós, diante de Deus;

²⁵ nem ainda para se oferecer a si mesmo muitas vezes, como o sumo sacerdote cada ano entra no Santo dos Santos com sangue alheio.

²⁶ Ora, neste caso, seria necessário que ele tivesse sofrido muitas vezes desde a fundação do mundo; agora, porém, ao se cumprirem os tempos, se manifestou uma vez por todas, para aniquilar, pelo sacrifício de si mesmo, o pecado.

²⁷ E, assim como aos homens está ordenado morrerem uma só vez, vindo, depois disto, o juízo,

²⁸ assim também Cristo, tendo-se oferecido uma vez para sempre para tirar os pecados de muitos, aparecerá segunda vez, sem pecado, aos que o aguardam para a salvação.

Os sacrifícios antigos eram humanos e transitórios. A expiação feita por Cristo é divina e permanente

10 Ora, visto que a lei tem sombra dos bens vindouros, não a imagem real das cousas, nunca jamais pode tornar perfeitos os ofertantes, com os mesmos sacrifícios que, ano após ano, perpetuamente, eles oferecem.

² Doutra sorte, não teriam cessado de ser oferecidos, porquanto os que prestam culto, tendo sido purificados uma vez por todas, não mais teriam consciência de pecados?

³ Entretanto, nesses sacrifícios faz-se recordação de pecados todos os anos,

⁴ porque é impossível que o sangue de touros e de bodes remova pecados.

⁵ Por isso, ao entrar no mundo, diz:

Sacrifício e oferta não quiseste; antes, um corpo me formaste;

⁶ não te deleitaste com holocaustos e ofertas pelo pecado.

⁷ Então, eu disse: Eis aqui estou (no rolo do livro está escrito a meu respeito), para fazer, ó Deus, a tua vontade.

⁸ Depois de dizer, como acima:

Sacrifícios e ofertas não quiseste, nem holocaustos e oblações pelo pecado, nem com isto te deleitaste

(cousas que se oferecem segundo a lei),

⁹ então, acrescentou:

Eis aqui estou para fazer, ó Deus, a tua vontade.

Remove o primeiro para estabelecer o segundo.

---

[b]testamento; *ou* aliança

9.13 Lv 16.15,16; Nm 19.9,17-19.   9.19,20 Êx 24.6-8.   9.21 Lv 8.15.   9.22 Lv 17.11.   10.5-7 Sl 40.6-8.

¹⁰ Nessa vontade é que temos sido santificados, mediante a oferta do corpo de Jesus Cristo, uma vez por todas.

¹¹ Ora, todo sacerdote se apresenta, dia após dia, a exercer o serviço sagrado e a oferecer muitas vezes os mesmos sacrifícios, que nunca jamais podem remover pecados;

¹² Jesus, porém, tendo oferecido, para sempre, um único sacrifício pelos pecados, assentou-se à destra de Deus,

¹³ aguardando, daí em diante, até que os seus inimigos sejam postos por estrado dos seus pés.

¹⁴ Porque, com uma única oferta, aperfeiçoou para sempre quantos estão sendo santificados.

¹⁵ E disto nos dá testemunho também o Espírito Santo; porquanto, após ter dito:

¹⁶ Esta é a aliança que farei com eles, depois daqueles dias, diz o Senhor: Porei no seu coração as minhas leis e sobre a sua mente as inscreverei,

¹⁷ acrescenta:

Também de nenhum modo me lembrarei dos seus pecados e das suas iniqüidades, para sempre.

¹⁸ Ora, onde há remissão destes, já não há oferta pelo pecado.

O privilégio de acesso dos crentes à presença de Deus

¹⁹ Tendo, pois, irmãos, intrepidez para entrar no Santo dos Santos, pelo sangue de Jesus,

²⁰ pelo novo e vivo caminho que ele nos consagrou pelo véu, isto é, pela sua carne,

²¹ e tendo grande sacerdote sobre a casa de Deus,

²² aproximemo-nos, com sincero coração, em plena certeza de fé, tendo o coração purificadoᶜ de má consciência e lavado o corpo com água pura.

²³ Guardemos firme a confissão da esperança, sem vacilar, pois quem fez a promessa é fiel.

²⁴ Consideremo-nos também uns aos outros, para nos estimularmos ao amor e às boas obras.

²⁵ Não deixemos de congregar-nos, como é costume de alguns; antes, façamos admoestações e tanto mais quanto vedes que o Dia se aproxima.

O castigo do pecado voluntário

²⁶ Porque, se vivermos deliberadamente em pecado, depois de termos recebido o pleno conhecimento da verdade, já não resta sacrifício pelos pecados;

²⁷ pelo contrário, certa expectação horrível de juízo e fogo vingador prestes a consumir os adversários.

²⁸ Sem misericórdia morre pelo depoimento de duas ou três testemunhas quem tiver rejeitado a lei de Moisés.

²⁹ De quanto mais severo castigo julgais vós será considerado digno aquele que calcou aos pés o Filho de Deus, e profanou o sangue da aliança com o qual foi santificado, e ultrajou o Espírito da graça?

³⁰ Ora, nós conhecemos aquele que disse:

A mim pertence a vingança; eu retribuirei.

E outra vez:

O Senhor julgará o seu povo.

³¹ Horrível cousa é cair nas mãos do Deus vivo.

Apelo para o passado. A recompensa não tarda

³² Lembrai-vos, porém, dos dias anteriores, em que, depois de iluminados, sustentastes grande luta e sofrimentos;

³³ ora expostos como em espetáculo, tanto de opróbrio quanto de tribulações, ora tornando-vos co-participantes com aqueles que desse modo foram tratados.

³⁴ Porque não somente vos compadecestes dos encarcerados, como também aceitastes com alegria o espólio dos vossos bens, tendo ciência de possuirdes vós mesmos patrimônioᵈ superior e durável.

³⁵ Não abandoneis, portanto, a vossa confiança; ela tem grande galardão.

³⁶ Com efeito, tendes necessidade de perseverança, para que, havendo feito a vontade de Deus, alcanceis a promessa.

³⁷ Porque, ainda dentro de pouco tempo, aquele que vem virá e não tardará;

³⁸ todavia, o meu justo viverá pela fé, e:

Se retroceder, nele não se compraz a minha alma.

ᶜpurificado: *aspergido*
ᵈtendo... patrimônio; *ou,* tendo ciência de vos possuirdes a vós mesmos por patrimônio

10.11 Êx 29.38.   10.12,13 Sl 110.1.   10.16,17 Jr 31.33,34.   10.22 Lv 8.30; 8.6.   10.27 Is 26.11.
10.28 Dt 17.6; 19.15.   10.29 Êx 24.8.   10.30 Dt 32.35,36.   10.37,38 Hc 2.3,4.

³⁹ Nós, porém, não somos dos que retrocedem para a perdição; somos, entretanto, da fé, para a conservação da alma.

A natureza da fé

11 Ora, a fé é a certeza de cousas que se esperam, a convicção de fatos que se não vêem.

² Pois, pela fé, os antigos obtiveram bom testemunho.

³ Pela fé, entendemos que foi o universo formado pela palavra de Deus, de maneira que o visível veio a existir das cousas que não aparecem.

Exemplos de fé
extraídos do Antigo Testamento.
OS PRIMEIROS HERÓIS

⁴ Pela fé, Abel ofereceu a Deus mais excelente sacrifício do que Caim; pelo qual obteve testemunho de ser justo, tendo a aprovação de Deus quanto às suas ofertas. Por meio dela, também mesmo depois de morto, ainda fala.

⁵ Pela fé, Enoque foi trasladado para não ver a morte; não foi achado, porque Deus o trasladara. Pois, antes da sua trasladação, obteve testemunho de haver agradado a Deus.

⁶ De fato, sem fé é impossível agradar a Deus, porquanto é necessário que aquele que se aproxima de Deus creia que ele existe e que se torna galardoador dos que o buscam.

⁷ Pela fé, Noé, divinamente instruído acerca de acontecimentos que ainda não se viam e sendo temente a Deus, aparelhou uma arca para a salvação de sua casa; pela qual condenou o mundo e se tornou herdeiro da justiça que vem da fé.

OS PATRIARCAS

⁸ Pela fé, Abraão, quando chamado, obedeceu, a fim de ir para um lugar que devia receber por herança; e partiu sem saber aonde ia.

⁹ Pela fé, peregrinou na terra da promessa como em terra alheia, habitando em tendas com Isaque e Jacó, herdeiros com ele da mesma promessa;

¹⁰ porque aguardava a cidade que tem fundamentos, da qual Deus é o arquiteto e edificador.

¹¹ Pela fé, também, a própria Sara recebeu poder para ser mãe, não obstante o avançado de sua idade, pois teve por fiel aquele que lhe havia feito a promessa.

¹² Por isso, também de um, aliás já amortecido, saiu uma posteridade tão numerosa como as estrelas do céu e inumerável como a areia que está na praia do mar.

¹³ Todos estes morreram na fé, sem ter obtido as promessas; vendo-as, porém, de longe, e saudando-as, e confessando que eram estrangeiros e peregrinos sobre a terra.

¹⁴ Porque os que falam desse modo manifestam estar procurando uma pátria.

¹⁵ E, se, na verdade, se lembrassem daquela de onde saíram, teriam oportunidade de voltar.

¹⁶ Mas, agora, aspiram a uma pátria superior, isto é, celestial. Por isso, Deus não se envergonha deles, de ser chamado o seu Deus, porquanto lhes preparou uma cidade.

¹⁷ Pela fé, Abraão, quando posto à prova, ofereceu Isaque; estava mesmo para sacrificar o seu unigênito aquele que acolheu alegremente as promessas,

¹⁸ a quem se tinha dito:
Em Isaque será chamada a tua descendência;

¹⁹ porque considerou que Deus era poderoso até para ressuscitá-lo dentre os mortos, de onde também, figuradamente, o recobrou.

²⁰ Pela fé, igualmente Isaque abençoou a Jacó e a Esaú, acerca de cousas que ainda estavam para vir.

²¹ Pela fé, Jacó, quando estava para morrer, abençoou cada um dos filhos de José e, apoiado sobre a extremidade do seu bordão, adorou.

²² Pela fé, José, próximo do seu fim, fez menção do êxodo dos filhos de Israel, bem como deu ordens quanto aos seus próprios ossos.

MOISÉS

²³ Pela fé, Moisés, apenas nascido, foi ocultado por seus pais, durante três meses, porque viram que a criança era formosa; também não ficaram amedrontados pelo decreto do rei.

11.3 Gn 1.1.   11.4 Gn 4.3-10.   11.5 Gn 5.21-24.   11.7 Gn 6.13-22.   11.8 Gn 12.1-5.   11.9 Gn 35.27.
11.11 Gn 18.11-14; 21.2.   11.12 Gn 15.5; 22.17.   11.13 Gn 23.4.   11.17-19 Gn 22.1-14.
11.18 Gn 21.12.   11.20 Gn 27.27-29,39,40.   11.21 Gn 47.31-48.20.   11.22 Gn 50.24,25; Êx 13.19.
11.23 Êx 2.2; 1.22.

²⁴ Pela fé, Moisés, quando já homem feito, recusou ser chamado filho da filha de Faraó,

²⁵ preferindo ser maltratado junto com o povo de Deus a usufruir prazeres transitórios do pecado;

²⁶ porquanto considerou o opróbrio de Cristo por maiores riquezas do que os tesouros do Egito, porque contemplava o galardão.

²⁷ Pela fé, ele abandonou o Egito, não ficando amedrontado com a cólera do rei; antes, permaneceu firme como quem vê aquele que é invisível.

²⁸ Pela fé, celebrou a Páscoa e o derramamento do sangue, para que o exterminador não tocasse nos primogênitos dos israelitas.

²⁹ Pela fé, atravessaram o mar Vermelho como por terra seca; tentando-o os egípcios, foram tragados de todo.

OS ISRAELITAS EM CANAÃ

³⁰ Pela fé, ruíram as muralhas de Jericó, depois de rodeadas por sete dias.

³¹ Pela fé, Raabe, a meretriz, não foi destruída com os desobedientes, porque acolheu com paz aos espias.

³² E que mais direi? Certamente, me faltará o tempo necessário para referir o que há a respeito de Gideão, de Baraque, de Sansão, de Jefté, de Davi, de Samuel e dos profetas,

³³ os quais, por meio da fé, subjugaram reinos, praticaram a justiça, obtiveram promessas, fecharam bocas de leões,

³⁴ extinguiram a violência do fogo, escaparam ao fio da espada, da fraqueza tiraram força, fizeram-se poderosos em guerra, puseram em fuga exércitos de estrangeiros.

³⁵ Mulheres receberam, pela ressurreição, os seus mortos. Alguns foram torturados, não aceitando seu resgate, para obterem superior ressurreição;

³⁶ outros, por sua vez, passaram pela prova de escárnios e açoites, sim, até de algemas e prisões.

³⁷ Foram apedrejados, provados, serrados pelo meio, mortos a fio de espada; andaram peregrinos, vestidos de peles de ovelhas e de cabras, necessitados, afligidos, maltratados

³⁸ (homens dos quais o mundo não era digno), errantes pelos desertos, pelos montes, pelas covas, pelos antros da terra.

³⁹ Ora, todos estes que obtiveram bom testemunho por sua fé não obtiveram, contudo, a concretização da promessa,

⁴⁰ por haver Deus provido cousa superior a nosso respeito, para que eles, sem nós, não fossem aperfeiçoados.

Devemos imitar o exemplo de Cristo, que foi perseverante em meio às provações

12 Portanto, também nós, visto que temos a rodear-nos tão grande nuvem de testemunhas, desembaraçando-nos de todo peso e do pecado que tenazmente nos assedia, corramos, com perseverança, a carreira que nos está proposta,

² olhando firmemente para o Autor e Consumador da fé, Jesus, o qual, em troca da alegria que lhe estava proposta, suportou a cruz, não fazendo caso da ignomínia, e está assentado à destra do trono de Deus.

³ Considerai, pois, atentamente, aquele que suportou tamanha oposição dos pecadores contra si mesmo, para que não vos fatigueis, desmaiando em vossas almas.

As provações revelam o amor paternal de Deus para com seus filhos

⁴ Ora, na vossa luta contra o pecado, ainda não tendes resistido até ao sangue

⁵ e estais esquecidos da exortação que, como a filhos, discorre convosco:

Filho meu, não menosprezes a correção que vem do Senhor, nem desmaies quando por ele és reprovado;

⁶ porque o Senhor corrige a quem ama e açoita a todo filho a quem recebe.

⁷ É para disciplina que perseverais (Deus vos trata como filhos); pois que filho há que o pai não corrige?

⁸ Mas, se estais sem correção, de que todos se têm tornado participantes, logo, sois bastardos e não filhos.

⁹ Além disso, tínhamos os nossos pais segundo a carne, que nos corrigiam, e os respeitávamos; não havemos de estar em

11.24 Êx 2.10-12. **11.27** Êx 2.15. **11.28** Êx 12.21-30. **11.29** Êx 14.21-31. **11.30** Js 6.12-21. **11.31** Js 6.22-25; 2.1-21. **11.32** Jz 6.11-8.32; 4.6-5.31; 13.2-16.31; 11.1-12.7; 1Sm 16.1; 1Rs 2.11; 1Sm 1.1-25.1. **11.33** Dn 6.1-27. **11.34** Dn 3.1-30. **11.35** 1Rs 17.17-24; 2Rs 4.25-37. **11.36** 1Rs 22.26,27; 2Cr 18.25,26; Jr 20.2; 37.15; 38.6. **11.37** 2Cr 24.21. **12.5,6** Pv 3.11,12; Jo 5.17.

muito maior submissão ao Pai espiritual e, então, viveremos?

¹⁰ Pois eles nos corrigiam por pouco tempo, segundo melhor lhes parecia; Deus, porém, nos disciplina para aproveitamento, a fim de sermos participantes da sua santidade.

¹¹ Toda disciplina, com efeito, no momento não parece ser motivo de alegria, mas de tristeza; ao depois, entretanto, produz fruto pacífico aos que têm sido por ela exercitados, fruto de justiça.

¹² Por isso, restabelecei as mãos descaídas e os joelhos trôpegos;

¹³ e fazei caminhos retos para os pés, para que não se extravie o que é manco; antes, seja curado.

A exortação à paz e à pureza

¹⁴ Segui a paz com todos e a santificação, sem a qual ninguém verá o Senhor,

¹⁵ atentando, diligentemente, por que ninguém seja faltoso, separando-se da graça de Deus; nem haja alguma raiz de amargura que, brotando, vos perturbe, e, por meio dela, muitos sejam contaminados;

¹⁶ nem haja algum impuro ou profano, como foi Esaú, o qual, por um repasto, vendeu o seu direito de primogenitura.

¹⁷ Pois sabeis também que, posteriormente, querendo herdar a bênção, foi rejeitado, pois não achou lugar de arrependimento, embora, com lágrimas, o tivesse buscado.

O contraste entre Sinai e Sião

¹⁸ Ora, não tendes chegado ao fogo palpável e ardente, e à escuridão, e às trevas, e à tempestade,

¹⁹ e ao clangor da trombeta, e ao som de palavras tais, que quantos o ouviram suplicaram que não se lhes falasse mais,

²⁰ pois já não suportavam o que lhes era ordenado:

Até um animal, se tocar o monte, será apedrejado.

²¹ Na verdade, de tal modo era horrível o espetáculo, que Moisés disse: Sinto-me aterrado e trêmulo!

²² Mas tendes chegado ao monte Sião e à cidade do Deus vivo, a Jerusalém celestial, e a incontáveis hostes de anjos, e à universal assembléia

²³ e igreja dos primogênitos arrolados nos céus, e a Deus, o Juiz de todos, e aos espíritos dos justos aperfeiçoados,

²⁴ e a Jesus, o Mediador da nova aliança, e ao sangue da aspersão que fala cousas superiores ao que fala o próprio Abel.

²⁵ Tende cuidado, não recuseis ao que fala. Pois, se não escaparam aqueles que recusaram ouvir quem, divinamente, os advertia sobre a terra, muito menos nós, os que nos desviamos daquele que dos céus nos adverte,

²⁶ aquele, cuja voz abalou, então, a terra; agora, porém, ele promete, dizendo:

Ainda uma vez por todas, farei abalar não só a terra, mas também o céu.

²⁷ Ora, esta palavra: Ainda uma vez por todas significa a remoção dessas cousas abaladas, como tinham sido feitas, para que as cousas que não são abaladas permaneçam.

²⁸ Por isso, recebendo nós um reino inabalável, retenhamos a graça, pela qual sirvamos a Deus de modo agradável, com reverência e santo temor;

²⁹ porque o nosso Deus é fogo consumidor.

Os deveres sociais

13 Seja constante o amor fraternal.
² Não negligencieis a hospitalidade, pois alguns, praticando-a, sem o saber acolheram anjos.

³ Lembrai-vos dos encarcerados, como se presos com eles; dos que sofrem maus tratos, como se, com efeito, vós mesmos em pessoa fôsseis os maltratados.

⁴ Digno de honra entre todos seja o matrimônio, bem como o leito sem mácula; porque Deus julgará os impuros e adúlteros.

⁵ Seja a vossa vida sem avareza. Contentai-vos com as cousas que tendes; porque ele tem dito:

De maneira alguma, te deixarei, nunca jamais te abandonarei.

⁶ Assim, afirmemos confiantemente:

O Senhor é o meu auxílio, não temerei; que me poderá fazer o homem?

Os deveres espirituais

⁷ Lembrai-vos dos vossos guias, os quais vos pregaram a palavra de Deus; e, consi-

---

12.12 Is 35.3. **12.13** Pv 4.26. **12.15** Dt 29.18. **12.16** Gn 25.29-34. **12.17** Gn 27.30-40.
12.18,19 Êx 19.16-22; 20.18-21; Dt 4.11,12; 5.22-27. **12.20** Êx 19.12,13. **12.21** Dt 9.19. **12.24** Gn 4.10.
12.25 Êx 20.19. **12.26** Ag 2.6. **12.29** Dt 4.24. **13.2** Gn 18.1-8; 19.1-3. **13.5** Dt 31.6-8; Js 1.5.
13.6 Sl 118.6.

derando atentamente o fim da sua vida, imitai a fé que tiveram.

8 Jesus Cristo, ontem e hoje, é o mesmo e o será para sempre.

9 Não vos deixeis envolver por doutrinas várias e estranhas, porquanto o que vale é estar o coração confirmado com graça e não com alimentos, pois nunca tiveram proveito os que com isto se preocuparam.

10 Possuímos um altar do qual não têm direito de comer os que ministram no tabernáculo.

11 Pois aqueles animais cujo sangue é trazido para dentro do Santo dos Santos, pelo sumo sacerdote, como oblação pelo pecado, têm o corpo queimado fora do acampamento.

12 Por isso, foi que também Jesus, para santificar o povo, pelo seu próprio sangue, sofreu fora da porta.

13 Saiamos, pois, a ele, fora do arraial, levando o seu vitupério.

14 Na verdade, não temos aqui cidade permanente, mas buscamos a que há de vir.

15 Por meio de Jesus, pois, ofereçamos a Deus, sempre, sacrifício de louvor, que é o fruto de lábios que confessam o seu nome.

16 Não negligencieis, igualmente, a prática do bem e a mútua cooperação; pois, com tais sacrifícios, Deus se compraz.

17 Obedecei aos vossos guias e sede submissos para com eles; pois velam por vossa alma, como quem deve prestar contas, para que façam isto com alegria e não gemendo; porque isto não aproveita a vós outros.

Algumas recomendações pessoais

18 Orai por nós, pois estamos persuadidos de termos boa consciência, desejando em todas as cousas viver condignamente.

19 Rogo-vos, com muito empenho, que assim façais, a fim de que eu vos seja restituído mais depressa.

20 Ora, o Deus da paz, que tornou a trazer dentre os mortos a Jesus, nosso Senhor, o grande Pastor das ovelhas, pelo sangue da eterna aliança,

21 vos aperfeiçoe em todo o bem, para cumprirdes a sua vontade, operando em vós o que é agradável diante dele, por Jesus Cristo, a quem seja a glória para todo o sempre. Amém.

22 Rogo-vos ainda, irmãos, que suporteis a presente palavra de exortação; tanto mais quanto vos escrevi resumidamente.

23 Notifico-vos que o irmão Timóteo foi posto em liberdade; com ele, caso venha logo, vos verei.

24 Saudai todos os vossos guias, bem como todos os santos. Os da Itália vos saúdam.

25 A graça seja com todos vós.

EPÍSTOLA DE

TIAGO

Prefácio e saudação

1 Tiago, servo de Deus e do Senhor Jesus Cristo, às doze tribos que se encontram na Dispersão, saudações.

Os benefícios das provações

2 Meus irmãos, tende por motivo de toda alegria o passardes por várias provações,

3 sabendo que a provação da vossa fé, uma vez confirmada, produz perseverança.

4 Ora, a perseverança deve ter ação completa, para que sejais perfeitos e íntegros, em nada deficientes.

Como obter a sabedoria

5 Se, porém, algum de vós necessita de sabedoria, peça-a a Deus, que a todos dá liberalmente e nada lhes impropera; e ser-lhe-á concedida.

6 Peça-a, porém, com fé, em nada duvidando; pois o que duvida é semelhante à onda do mar, impelida e agitada pelo vento.

7 Não suponha esse homem que alcançará do Senhor alguma cousa;

8 homem de ânimo dobre, inconstante em todos os seus caminhos.

13.11 Lv 16.27.   1.1 Mt 13.55; Mc 6.3; At 15.13; Gl 1.19.

As circunstâncias terrenas são transitórias

9 O irmão, porém, de condição humilde glorie-se na sua dignidade,

10 e o rico, na sua insignificância, porque ele passará como a flor da erva.

11 Porque o sol se levanta com seu ardente calor, e a erva seca, e a sua flor cai, e desaparece a formosura do seu aspecto; assim também se murchará o rico em seus caminhos.

A origem do pecado

12 Bem-aventurado o homem que suporta, com perseverança, a provação; porque, depois de ter sido aprovado, receberá a coroa da vida, a qual o Senhor prometeu aos que o amam.

13 Ninguém, ao ser tentado, diga: Sou tentado por Deus; porque Deus não pode ser tentado pelo mal e ele mesmo a ninguém tenta.

14 Ao contrário, cada um é tentado pela sua própria cobiça, quando esta o atrai e seduz.

15 Então, a cobiça, depois de haver concebido, dá à luz o pecado; e o pecado, uma vez consumado, gera a morte.

A origem do bem

16 Não vos enganeis, meus amados irmãos.

17 Toda boa dádiva e todo dom perfeito são lá do alto, descendo do Pai das luzes, em quem não pode existir variação ou sombra de mudança.

18 Pois, segundo o seu querer, ele nos gerou pela palavra da verdade, para que fôssemos como que primícias das suas criaturas.

A prática da palavra de Deus

19 Sabeis estas cousas, meus amados irmãos. Todo homem, pois, seja pronto para ouvir, tardio para falar, tardio para se irar.

20 Porque a ira do homem não produz a justiça de Deus.

21 Portanto, despojando-vos de toda impureza e acúmulo de maldade, acolhei, com mansidão, a palavra em vós implantada, a qual é poderosa para salvar a vossa alma.

22 Tornai-vos, pois, praticantes da pala-

vra e não somente ouvintes, enganando-vos a vós mesmos.

23 Porque, se alguém é ouvinte da palavra e não praticante, assemelha-se ao homem que contempla, num espelho, o seu rosto natural;

24 pois a si mesmo se contempla, e se retira, e para logo se esquece de como era a sua aparência.

25 Mas aquele que considera, atentamente, na lei perfeita, lei da liberdade, e nela persevera, não sendo ouvinte negligente, mas operoso praticante, esse será bem-aventurado no que realizar.

26 Se alguém supõe ser religioso, deixando de refrear a língua, antes, enganando o próprio coração, a sua religião é vã.

27 A religião pura e sem mácula, para com o nosso Deus e Pai, é esta: visitar os órfãos e as viúvas nas suas tribulações e a si mesmo guardar-se incontaminado do mundo.

Não se deve fazer acepção de pessoas

2 Meus irmãos, não tenhais a fé em nosso Senhor Jesus Cristo, Senhor da glória, em acepção de pessoas.

2 Se, portanto, entrar na vossa sinagoga algum homem com anéis de ouro nos dedos, em trajos de luxo, e entrar também algum pobre andrajoso,

3 e tratardes com deferência o que tem os trajos de luxo e lhe disserdes: Tu, assenta-te aqui em lugar de honra; e disserdes ao pobre: Tu, fica ali em pé ou assenta-te aqui abaixo do estrado dos meus pés,

4 não fizestes distinção entre vós mesmos e não vos tornastes juízes tomados de perversos pensamentos?

5 Ouvi, meus amados irmãos. Não escolheu Deus os que para o mundo são pobres, para serem ricos em fé e herdeiros do reino que ele prometeu aos que o amam?

6 Entretanto, vós outros menosprezastes o pobre. Não são os ricos que vos oprimem e não são eles que vos arrastam para tribunais?

7 Não são eles os que blasfemam o bom nome que sobre vós foi invocado?

8 Se vós, contudo, observais a lei régia segundo a Escritura:

Amarás o teu próximo como a ti mesmo,
fazeis bem;

9 se, todavia, fazeis acepção de pessoas,

1.10,11 Is 40.6,7.   2.8 Lv 19.18.

cometeis pecado, sendo argüídos pela lei como transgressores.

¹⁰ Pois qualquer que guarda toda a lei, mas tropeça em um só ponto, se torna culpado de todos.

¹¹ Porquanto, aquele que disse:
Não adulterarás
também ordenou:
Não matarás.
Ora, se não adulteras, porém matas, vens a ser transgressor da lei.

¹² Falai de tal maneira e de tal maneira procedei como aqueles que hão de ser julgados pela lei da liberdade.

¹³ Porque o juízo é sem misericórdia para com aquele que não usou de misericórdia. A misericórdia triunfa sobre o juízo.

A fé sem obras é morta

¹⁴ Meus irmãos, qual é o proveito, se alguém disser que tem fé, mas não tiver obras? Pode, acaso, semelhante fé salvá-lo?

¹⁵ Se um irmão ou uma irmã estiverem carecidos de roupa e necessitados do alimento cotidiano,

¹⁶ e qualquer dentre vós lhes disser: Ide em paz, aquecei-vos e fartai-vos, sem, contudo, lhes dar o necessário para o corpo, qual é o proveito disso?

¹⁷ Assim, também a fé, se não tiver obras, por si só está morta.

¹⁸ Mas alguém dirá: Tu tens fé, e eu tenho obras; mostra-me essa tua fé sem as obras, e eu, com as obras, te mostrarei minha fé.

¹⁹ Crês, tu, que Deus é um só? Fazes bem. Até os demônios crêem e tremem.

²⁰ Queres, pois, ficar certo, ó homem insensato, de que a fé sem as obras é inoperante?

²¹ Não foi por obras que Abraão, o nosso pai, foi justificado, quando ofereceu sobre o altar o próprio filho, Isaque?

²² Vês como a fé operava juntamente com as suas obras; com efeito, foi pelas obras que a fé se consumou,

²³ e se cumpriu a Escritura, a qual diz:
Ora, Abraão creu em Deus, e isso lhe foi imputado para justiça;
e:
Foi chamado amigo de Deus.

²⁴ Verificais que uma pessoa é justificada por obras e não por fé somente.

²⁵ De igual modo, não foi também justificada por obras a meretriz Raabe, quando acolheu os emissários e os fez partir por outro caminho?

²⁶ Porque, assim como o corpo sem espírito é morto, assim também a fé sem obras é morta.

Os pecados da língua e o dever de refreá-la

3 Meus irmãos, não vos torneis, muitos de vós, mestres, sabendo que havemos de receber maior juízo.

² Porque todos tropeçamos em muitas cousas. Se alguém não tropeça no falar, é perfeito varão, capaz de refrear também todo o corpo.

³ Ora, se pomos freios na boca dos cavalos, para nos obedecerem, também lhes dirigimos o corpo inteiro.

⁴ Observai, igualmente, os navios que, sendo tão grandes e batidos de rijos ventos, por um pequeníssimo leme são dirigidos para onde queira o impulso do timoneiro.

⁵ Assim, também a língua, pequeno órgão, se gaba de grandes cousas. Vede como uma fagulha põe em brasas tão grande selva!

⁶ Ora, a língua é fogo; é mundo de iniqüidade; a língua está situada entre os membros de nosso corpo, e contamina o corpo inteiro, e não só põe em chamas toda a carreira da existência humana, como também é posta ela mesma em chamas pelo inferno.

⁷ Pois toda espécie de feras, de aves, de répteis e de seres marinhos se doma e tem sido domada pelo gênero humano;

⁸ a língua, porém, nenhum dos homens é capaz de domar; é mal incontido, carregado de veneno mortífero.

⁹ Com ela, bendizemos ao Senhor e Pai; também, com ela, amaldiçoamos os homens, feitos à semelhança de Deus.

¹⁰ De uma só boca procede bênção e maldição. Meus irmãos, não é conveniente que estas cousas sejam assim.

¹¹ Acaso, pode a fonte jorrar do mesmo lugar o que é doce e o que é amargoso?

¹² Acaso, meus irmãos, pode a figueira produzir azeitonas ou a videira, figos? Tampouco fonte de água salgada pode dar água doce.

A sabedoria lá do alto

¹³ Quem entre vós é sábio e inteligente?

2.11 Êx 20.13; Dt 5.17; Êx 20.14; Dt 5.18.   **2.21** Gn 22.1-14.   **2.23** Gn 15.6; 2Cr 20.7; Is 41.8.   **2.25** Js 2.1-21.
3.9 Gn 1.26.

Mostre em mansidão de sabedoria, mediante condigno proceder, as suas obras.
¹⁴ Se, pelo contrário, tendes em vosso coração inveja amargurada e sentimento faccioso, nem vos glorieis disso, nem mintais contra a verdade.
¹⁵ Esta não é a sabedoria que desce lá do alto; antes, é terrena, animal e demoníaca.
¹⁶ Pois, onde há inveja e sentimento faccioso, aí há confusão e toda espécie de cousas ruins.
¹⁷ A sabedoria, porém, lá do alto é, primeiramente, pura; depois, pacífica, indulgente, tratável, plena de misericórdia e de bons frutos, imparcial, sem fingimento.
¹⁸ Ora, é em paz que se semeia o fruto da justiça, para os que promovem a paz.

A origem das contendas

4 De onde procedem guerras e contendas que há entre vós? De onde, senão dos prazeres que militam na vossa carne?
² Cobiçais e nada tendes; matais, e invejais, e nada podeis obter; viveis a lutar e a fazer guerras. Nada tendes, porque não pedis;
³ pedis e não recebeis, porque pedis mal, para esbanjardes em vossos prazeres.
⁴ Infiéis*ᵃ*, não compreendeis que a amizade do mundo é inimiga de Deus? Aquele, pois, que quiser ser amigo do mundo constitui-se inimigo de Deus.
⁵ Ou supondes que em vão afirma a Escritura:
É com ciúme que por nós anseia o Espírito, que ele fez habitar em nós?
⁶ Antes, ele dá maior graça; pelo que diz: Deus resiste aos soberbos, mas dá graça aos humildes.
⁷ Sujeitai-vos, portanto, a Deus; mas resisti ao diabo, e ele fugirá de vós.
⁸ Chegai-vos a Deus, e ele se chegará a vós outros. Purificai as mãos, pecadores; e vós que sois de ânimo dobre, limpai o coração.
⁹ Afligi-vos, lamentai e chorai. Converta-se o vosso riso em pranto, e a vossa alegria, em tristeza.
¹⁰ Humilhai-vos na presença do Senhor, e ele vos exaltará.

A maledicência é condenada

¹¹ Irmãos, não faleis mal uns dos ou-
tros. Aquele que fala mal do irmão ou julga a seu irmão fala mal da lei e julga a lei; ora, se julgas a lei, não és observador da lei, mas juiz.
¹² Um só é Legislador e Juiz, aquele que pode salvar e fazer perecer; tu, porém, quem és, que julgas o próximo?

A falibilidade dos projetos humanos

¹³ Atendei, agora, vós que dizeis: Hoje ou amanhã, iremos para a cidade tal, e lá passaremos um ano, e negociaremos, e teremos lucros.
¹⁴ Vós não sabeis o que sucederá amanhã. Que é a vossa vida? Sois, apenas, como neblina que aparece por instante e logo se dissipa.
¹⁵ Em vez disso, devíeis dizer: Se o Senhor quiser, não só viveremos, como também faremos isto ou aquilo.
¹⁶ Agora, entretanto, vos jactais das vossas arrogantes pretensões. Toda jactância semelhante a essa é maligna.
¹⁷ Portanto, aquele que sabe que deve fazer o bem e não o faz nisso está pecando.

Deus condena as riquezas mal adquiridas e mal empregadas

5 Atendei, agora, ricos, chorai lamentando, por causa das vossas desventuras, que vos sobrevirão.
² As vossas riquezas estão corruptas, e as vossas roupagens, comidas de traça;
³ o vosso ouro e a vossa prata foram gastos de ferrugens, e a sua ferrugem há de ser por testemunho contra vós mesmos e há de devorar, como fogo, as vossas carnes. Tesouros acumulastes nos últimos dias.
⁴ Eis que o salário dos trabalhadores que ceifaram os vossos campos e que por vós foi retido com fraude está clamando; e os clamores dos ceifeiros penetraram até aos ouvidos do Senhor dos Exércitos.
⁵ Tendes vivido regaladamente sobre a terra; tendes vivido nos prazeres; tendes engordado o vosso coração, em dia de matança;
⁶ tendes condenado e matado o justo, sem que ele vos faça resistência.

A necessidade, bênçãos e exemplo da paciência

⁷ Sede, pois, irmãos, pacientes, até a

---

*ᵃ***Infiéis;** *no original,* **adúlteras,** *isto é, os que são desleais para com Deus*

4.6 Pv 3.34.　4.13-16 Pv 27.1.　5.2,3 Mt 6.19.　5.4 Dt 24.14,15.

vinda do Senhor. Eis que o lavrador aguarda com paciência o precioso fruto da terra, até receber as primeiras e as últimas chuvas.

⁸ Sede vós também pacientes e fortalecei o vosso coração, pois a vinda do Senhor está próxima.

⁹ Irmãos, não vos queixeis uns dos outros, para não serdes julgados. Eis que o juiz está às portas.

¹⁰ Irmãos, tomai por modelo no sofrimento e na paciência os profetas, os quais falaram em nome do Senhor.

¹¹ Eis que temos por felizes os que perseveraram firmes. Tendes ouvido da paciência de Jó e vistes que fim o Senhor lhe deu; porque o Senhor é cheio de terna misericórdia e compassivo.

O juramento proibido e o proceder cristão em várias experiências da vida

¹² Acima de tudo, porém, meus irmãos, não jureis nem pelo céu, nem pela terra, nem por qualquer outro voto; antes, seja o vosso sim sim, e o vosso não não, para não cairdes em juízo.

¹³ Está alguém entre vós sofrendo? Faça oração. Está alguém alegre? Cante louvores.

¹⁴ Está alguém entre vós doente? Chame os presbíteros da igreja, e estes façam oração sobre ele, ungindo-o com óleo, em nome do Senhor.

¹⁵ E a oração da fé salvará o enfermo, e o Senhor o levantará; e, se houver cometido pecados, ser-lhe-ão perdoados.

¹⁶ Confessai, pois, os vossos pecados uns aos outros e orai uns pelos outros, para serdes curados. Muito pode, por sua eficácia, a súplica do justo.

¹⁷ Elias era homem semelhante a nós, sujeito aos mesmos sentimentos, e orou, com instância, para que não chovesse sobre a terra, e, por três anos e seis meses, não choveu.

¹⁸ E orou, de novo, e o céu deu chuva, e a terra fez germinar seus frutos.

¹⁹ Meus irmãos, se algum entre vós se desviar da verdade, e alguém o converter,

²⁰ sabei que aquele que converte o pecador do seu caminho errado salvará da morte a alma dele e cobrirá multidão de pecados.

PRIMEIRA EPÍSTOLA DE

PEDRO

Prefácio e saudação

1 Pedro, apóstolo de Jesus Cristo, aos eleitos que são forasteiros da Dispersão no Ponto, Galácia, Capadócia, Ásia e Bitínia,

² eleitos, segundo a presciência de Deus Pai, em santificação do Espírito, para a obediência e a aspersão do sangue de Jesus Cristo, graça e paz vos sejam multiplicadas.

Ação de graças

³ Bendito o Deus e Pai de nosso Senhor Jesus Cristo, que, segundo a sua muita misericórdia, nos regenerou para uma viva esperança, mediante a ressurreição de Jesus Cristo dentre os mortos,

⁴ para uma herança incorruptível, sem mácula, imarcescível, reservada nos céus para vós outros

⁵ que sois guardados pelo poder de Deus, mediante a fé, para a salvação preparada para revelar-se no último tempo.

⁶ Nisso exultais, embora, no presente, por breve tempo, se necessário, sejais contristados por várias provações,

⁷ para que, uma vez confirmado o valor da vossa fé, muito mais preciosa do que o ouro perecível, mesmo apurado por fogo, redunde em louvor, glória e honra na revelação de Jesus Cristo;

⁸ a quem, não havendo visto, amais; no qual, não vendo agora, mas crendo, exultais com alegria indizível e cheia de glória,

⁹ obtendo o fim da vossa fé: a salvação da vossa alma.

¹⁰ Foi a respeito desta salvação que os profetas indagaram e inquiriram, os quais profetizaram acerca da graça a vós outros destinada,

---

5.11 Jó 1.21,22; 2.10; Sl 103.8.   5.12 Mt 5.34-37.   5.14 Mc 6.13.   5.17,18 1Rs 17.1; 18.1,42.   5.20 Pv 10.12.

11 investigando, atentamente, qual a ocasião ou quais as circunstâncias oportunas, indicadas pelo Espírito de Cristo, que neles estava, ao dar de antemão testemunho sobre os sofrimentos referentes a Cristo e sobre as glórias que os seguiriam.

12 A eles foi revelado que, não para si mesmos, mas para vós outros, ministravam as cousas que, agora, vos foram anunciadas por aqueles que, pelo Espírito Santo enviado do céu, vos pregaram o evangelho, cousas essas que anjos anelam perscrutar.

A santidade na vida

13 Por isso, cingindo o vosso entendimento, sede sóbrios e esperai inteiramente na graça que vos está sendo trazida na revelação de Jesus Cristo.

14 Como filhos da obediência, não vos amoldeis às paixões que tínheis anteriormente na vossa ignorância;

15 pelo contrário, segundo é santo aquele que vos chamou, tornai-vos santos também vós mesmos em todo o vosso procedimento,

16 porque escrito está:
Sede santos, porque eu sou santo.

17 Ora, se invocais como Pai aquele que, sem acepção de pessoas, julga segundo as obras de cada um, portai-vos com temor durante o tempo da vossa peregrinação,

18 sabendo que não foi mediante cousas corruptíveis, como prata ou ouro, que fostes resgatados do vosso fútil procedimento que vossos pais vos legaram,

19 mas pelo precioso sangue, como de cordeiro sem defeito e sem mácula, o sangue de Cristo,

20 conhecido, com efeito, antes da fundação do mundo, porém manifestado no fim dos tempos, por amor de vós

21 que, por meio dele, tendes fé em Deus, o qual o ressuscitou dentre os mortos e lhe deu glória, de sorte que a vossa fé e esperança estejam em Deus.

A santidade no amor

22 Tendo purificado a vossa alma, pela vossa obediência à verdade, tendo em vista o amor fraternal não fingido, amai-vos, de coração, uns aos outros ardentemente,

23 pois fostes regenerados não de semente corruptível, mas de incorruptível, mediante a palavra de Deus, a qual vive e é permanente.

24 Pois
toda carne é como a erva, e toda a sua glória, como a flor da erva; seca-se a erva, e cai a sua flor;

25 a palavra do Senhor, porém, permanece eternamente.
Ora, esta é a palavra que vos foi evangelizada.

Os crentes são a casa espiritual edificada em Cristo

2 Despojando-vos, portanto, de toda maldade e dolo, de hipocrisias e invejas e de toda sorte de maledicências,

2 desejai ardentemente, como crianças recém-nascidas, o genuíno leite espiritual, para que, por ele, vos seja dado crescimento para salvação,

3 se é que já tendes a experiência de que o Senhor é bondoso.

4 Chegando-vos para ele, a pedra que vive, rejeitada, sim, pelos homens, mas para com Deus eleita e preciosa,

5 também vós mesmos, como pedras que vivem, sois edificados casa espiritual para serdes sacerdócio santo, a fim de oferecerdes sacrifícios espirituais agradáveis a Deus por intermédio de Jesus Cristo.

6 Pois isso está na Escritura:
Eis que ponho em Sião uma pedra angular, eleita e preciosa; e quem nela crer não será, de modo algum, envergonhado.

7 Para vós outros, portanto, os que credes, é a preciosidade; mas, para os descrentes,
A pedra que os construtores rejeitaram,
essa veio a ser a principal pedra, angular
8 e:
Pedra de tropeço e rocha de ofensa.
São estes os que tropeçam na palavra, sendo desobedientes, para o que também foram postos.

9 Vós, porém, sois raça eleita, sacerdócio real, nação santa, povo de propriedade exclusiva de Deus, a fim de proclamardes as virtudes daquele que vos chamou das trevas para a sua maravilhosa luz;

10 vós, sim, que, antes, não éreis povo, mas, agora, sois povo de Deus, que não tínheis alcançado misericórdia, mas, agora, alcançastes misericórdia.

1.16 Lv 11.44,45; 19.2.   1.24,25 Is 40.6-9.   2.3 Sl 34.8.   2.6 Is 28.16.   2.7 Sl 118.22.   2.8 Is 8.14,15. 2.9 Êx 19.5,6; Dt 7.6; 14.2.   2.10 Os 2.23.

A vida exemplar cristã: deveres para com os não-crentes e para com as autoridades

¹¹ Amados, exorto-vos, como peregrinos e forasteiros que sois, a vos absterdes das paixões carnais, que fazem guerra contra a alma,

¹² mantendo exemplar o vosso procedimento no meio dos gentios, para que, naquilo que falam contra vós outros como de malfeitores, observando-vos em vossas boas obras, glorifiquem a Deus no dia da visitação.

¹³ Sujeitai-vos a toda instituição humana por causa do Senhor, quer seja ao rei, como soberano,

¹⁴ quer às autoridades, como enviadas por ele, tanto para castigo dos malfeitores como para louvor dos que praticam o bem.

¹⁵ Porque assim é a vontade de Deus, que, pela prática do bem, façais emudecer a ignorância dos insensatos;

¹⁶ como livres que sois, não usando, todavia, a liberdade por pretexto da malícia, mas vivendo como servos de Deus.

¹⁷ Tratai todos com honra, amai os irmãos, temei a Deus, honrai o rei.

A vida exemplar cristã: deveres dos que prestam serviços a outrem

¹⁸ Servos, sede submissos, com todo o temor ao vosso senhor, não somente se for bom e cordato, mas também ao perverso;

¹⁹ porque isto é grato, que alguém suporte tristezas, sofrendo injustamente, por motivo de sua consciência para com Deus.

²⁰ Pois que glória há, se, pecando e sendo esbofeteados por isso, o suportais com paciência? Se, entretanto, quando praticais o bem, sois igualmente afligidos e o suportais com paciência, isto é grato a Deus.

²¹ Porquanto para isto mesmo fostes chamados, pois que também Cristo sofreu em vosso lugar, deixando-vos exemplo para seguirdes os seus passos,

²² o qual não cometeu pecado, nem dolo algum se achou em sua boca;

²³ pois ele, quando ultrajado, não revidava com ultraje; quando maltratado, não fazia ameaças, mas entregava-se àquele que julga retamente,

²⁴ carregando ele mesmo em seu corpo, sobre o madeiro, os nossos pecados, para que nós, mortos para os pecados, vivamos para a justiça; por suas chagas, fostes sarados.

²⁵ Porque estáveis desgarrados como ovelhas; agora, porém, vos convertestes ao Pastor e Bispo da vossa alma.

A vida exemplar cristã: deveres dos casados

3 Mulheres, sede vós, igualmente, submissas a vosso próprio marido, para que, se ele ainda não obedece à palavra, seja ganho, sem palavra alguma, por meio do procedimento de sua esposa,

² ao observar o vosso honesto comportamento cheio de temor.

³ Não seja o adorno da esposa o que é exterior, como frisado de cabelos, adereços de ouro, aparato de vestuário;

⁴ seja, porém, o homem interior do coração, unido ao incorruptível trajo de um espírito manso e tranqüilo, que é de grande valor diante de Deus.

⁵ Pois foi assim também que a si mesmas se ataviaram, outrora, as santas mulheres que esperavam em Deus, estando submissas a seu próprio marido,

⁶ como fazia Sara, que obedeceu a Abraão, chamando-lhe senhor, da qual vós vos tornastes filhas, praticando o bem e não temendo perturbação alguma.

⁷ Maridos, vós, igualmente, vivei a vida comum do lar, com discernimento; e, tendo consideração para com a vossa mulher como parte mais frágil, tratai-a com dignidade, porque sois, juntamente, herdeiros da mesma graça de vida, para que não se interrompam as vossas orações.

A vida exemplar cristã: o amor fraternal

⁸ Finalmente, sede todos de igual ânimo, compadecidos, fraternalmente amigos, misericordiosos, humildes,

⁹ não pagando mal por mal ou injúria por injúria; antes, pelo contrário, bendizendo, pois para isto mesmo fostes chamados, a fim de receberdes bênção por herança.

¹⁰ Pois
quem quer amar a vida e ver dias felizes refreie a língua do mal e evite que os seus lábios falem dolosamente;

¹¹ aparte-se do mal, pratique o que é bom, busque a paz e empenhe-se por alcançá-la.

¹² Porque os olhos do Senhor repousam sobre os justos, e os seus ouvidos estão

---

2.22 Is 53.9.   2.24,25 Is 53.5,6.   3.1 Ef 5.22; Cl 3.18.   3.3 1Tm 2.9.   3.6 Gn 18.12.   3.10-12 Sl 34.12-16.

abertos às suas súplicas, mas o rosto do Senhor está contra aqueles que praticam males.

A prática do bem. A longanimidade segundo o exemplo de Cristo

13 Ora, quem é que vos há de maltratar, se fordes zelosos do que é bom?

14 Mas, ainda que venhais a sofrer por causa da justiça, bem-aventurados sois. Não vos amedronteis, portanto, com as suas ameaças, nem fiqueis alarmados;

15 antes, santificai a Cristo, como Senhor, em vosso coração, estando sempre preparados para responder a todo aquele que vos pedir razão da esperança que há em vós,

16 fazendo-o, todavia, com mansidão e temor, com boa consciência, de modo que, naquilo em que falam contra vós outros, fiquem envergonhados os que difamam o vosso bom procedimento em Cristo,

17 porque, se for da vontade de Deus, é melhor que sofrais por praticardes o que é bom do que praticando o mal.

18 Pois também Cristo morreu, uma única vez, pelos pecados, o justo pelos injustos, para conduzir-vos a Deus; morto, sim, na carne, mas vivificado no espírito,

19 no qual também foi e pregou aos espíritos em prisão,

20 os quais, noutro tempo, foram desobedientes quando a longanimidade de Deus aguardava nos dias de Noé, enquanto se preparava a arca, na qual poucos, a saber, oito pessoas, foram salvos, através da água,

21 a qual, figurando o batismo, agora também vos salva, não sendo a remoção da imundícia da carne, mas a indagação de uma boa consciência para com Deus, por meio da ressurreição de Jesus Cristo;

22 o qual, depois de ir para o céu, está à destra de Deus, ficando-lhe subordinados anjos, e potestades, e poderes.

A morte para o pecado e a pureza de vida

4 Ora, tendo Cristo sofrido na carne, armai-vos também vós do mesmo pensamento; pois aquele que sofreu na carne deixou o pecado,

2 para que, no tempo que vos resta na carne, já não vivais de acordo com as paixões dos homens, mas segundo a vontade de Deus.

3 Porque basta o tempo decorrido para terdes executado a vontade dos gentios, tendo andado em dissoluções, concupiscências, borracheiras, orgias, bebedices e em detestáveis idolatrias.

4 Por isso, difamando-vos, estranham que não concorrais com eles ao mesmo excesso de devassidão,

5 os quais hão de prestar contas àquele que é competente para julgar vivos e mortos;

6 pois, para este fim, foi o evangelho pregado também a mortos, para que, mesmo julgados na carne segundo os homens, vivam no espírito segundo Deus.

Alguns deveres dos crentes uns para com os outros

7 Ora, o fim de todas as cousas está próximo; sede, portanto, criteriosos e sóbrios a bem das vossas orações.

8 Acima de tudo, porém, tende amor intenso uns para com os outros, porque o amor cobre multidão de pecados.

9 Sede, mutuamente, hospitaleiros, sem murmuração.

10 Servi uns aos outros, cada um conforme o dom que recebeu, como bons despenseiros da multiforme graça de Deus.

11 Se alguém fala, fale de acordo com os oráculos de Deus; se alguém serve, faça-o na força que Deus supre, para que, em todas as cousas, seja Deus glorificado, por meio de Jesus Cristo, a quem pertence a glória e o domínio pelos séculos dos séculos. Amém.

O sofrermos por Cristo é privilégio glorioso

12 Amados, não estranheis o fogo ardente que surge no meio de vós, destinado a provar-vos, como se alguma cousa extraordinária vos estivesse acontecendo;

13 pelo contrário, alegrai-vos na medida em que sois co-participantes dos sofrimentos de Cristo, para que também, na revelação de sua glória, vos alegreis exultando.

14 Se, pelo nome de Cristo, sois injuriados, bem-aventurados sois, porque sobre vós repousa o Espírito da glória e de Deus.

15 Não sofra, porém, nenhum de vós

3.14 Mt 5.10.   3.14,15 Is 8.12,13.   3.20 Gn 6.1-7.24.   4.8 Pv 10.12.

como assassino, ou ladrão, ou malfeitor, ou como quem se intromete em negócios de outrem;

16 mas, se sofrer como cristão, não se envergonhe disso; antes, glorifique a Deus com esse nome.

17 Porque a ocasião de começar o juízo pela casa de Deus é chegada; ora, se primeiro vem por nós, qual será o fim daqueles que não obedecem ao evangelho de Deus?

18 E, se é com dificuldade que o justo é salvo, onde vai comparecer o ímpio, sim, o pecador?

19 Por isso, também os que sofrem segundo a vontade de Deus encomendem a sua alma ao fiel Criador, na prática do bem.

Os deveres do ministério

5 Rogo, pois, aos presbíteros que há entre vós, eu, presbítero como eles, e testemunha dos sofrimentos de Cristo, e ainda co-participante da glória que há de ser revelada:

2 pastoreai o rebanho de Deus que há entre vós, não por constrangimento, mas espontaneamente, como Deus quer; nem por sórdida ganância, mas de boa vontade;

3 nem como dominadores dos que vos foram confiados, antes, tornando-vos modelos do rebanho.

4 Ora, logo que o Supremo Pastor se manifestar, recebereis a imarcescível coroa da glória.

Vários conselhos.
Votos, saudações finais e bênção

5 Rogo igualmente aos jovens: sede submissos aos que são mais velhos; outrossim, no trato de uns com os outros, cingi-vos todos de humildade, porque Deus resiste aos soberbos, contudo, aos humildes concede a sua graça.

6 Humilhai-vos, portanto, sob a poderosa mão de Deus, para que ele, em tempo oportuno, vos exalte,

7 lançando sobre ele toda a vossa ansiedade, porque ele tem cuidado de vós.

8 Sede sóbrios e vigilantes. O diabo, vosso adversário, anda em derredor, como leão que ruge procurando alguém para devorar;

9 resisti-lhe firmes na fé, certos de que sofrimentos iguais aos vossos estão-se cumprindo na vossa irmandade espalhada pelo mundo.

10 Ora, o Deus de toda a graça, que em Cristo vos chamou à sua eterna glória, depois de terdes sofrido por um pouco, ele mesmo vos há de aperfeiçoar, firmar, fortificar e fundamentar.

11 A ele seja o domínio, pelos séculos dos séculos. Amém.

12 Por meio de Silvano, que para vós outros é fiel irmão, como também o considero, vos escrevo resumidamente, exortando e testificando, de novo, que esta é a genuína graça de Deus; nela estai firmes.

13 Aquela que se encontra em Babilônia, também eleita, vos saúda, como igualmente meu filho Marcos.

14 Saudai-vos uns aos outros com ósculo de amor.

Paz a todos vós que vos achais em Cristo.

SEGUNDA EPÍSTOLA DE

PEDRO

Prefácio e saudação

1 Simão Pedro, servo e apóstolo de Jesus Cristo, aos que conosco obtiveram fé igualmente preciosa na justiça do nosso Deus e Salvador Jesus Cristo,

2 graça e paz vos sejam multiplicadas, no pleno conhecimento de Deus e de Jesus, nosso Senhor.

A prática progressiva das graças cristãs e seus resultados

3 Visto como, pelo seu divino poder, nos têm sido doadas todas as cousas que con-

4.18 Pv 11.31.   **5.2** Jo 21.15-17.   **5.5** Pv 3.34.   **5.6** Mt 23.12; Lc 14.11; 18.14.   **5.12** At 15.22,40.
5.13 At 12.12,25; 13.13; 15.37-39; Cl 4.10; Fm 24.

duzem à vida e à piedade, pelo conhecimento completo daquele que nos chamou para a sua própria glória e virtude,

4 pelas quais nos têm sido doadas as suas preciosas e mui grandes promessas, para que por elas vos torneis co-participantes da natureza divina, livrando-vos da corrupção das paixões que há no mundo,

5 por isso mesmo, vós, reunindo toda a vossa diligência, associai com a vossa fé a virtude; com a virtude, o conhecimento;

6 com o conhecimento, o domínio próprio; com o domínio próprio, a perseverança; com a perseverança, a piedade;

7 com a piedade, a fraternidade; com a fraternidade, o amor.

8 Porque estas cousas, existindo em vós e em vós aumentando, fazem com que não sejais nem inativos, nem infrutuosos no pleno conhecimento de nosso Senhor Jesus Cristo.

9 Pois aquele a quem estas cousas não estão presentes é cego, vendo só o que está perto, esquecido da purificação dos seus pecados de outrora.

10 Por isso, irmãos, procurai, com diligência cada vez maior, confirmar a vossa vocação e eleição; porquanto, procedendo assim, não tropeçareis em tempo algum.

11 Pois desta maneira é que vos será amplamente suprida a entrada no reino eterno de nosso Senhor e Salvador Jesus Cristo.

O apóstolo dá os motivos por que escreveu esta carta

12 Por esta razão, sempre estarei pronto para trazer-vos lembrados acerca destas cousas, embora estejais certos da verdade já presente convosco e nela confirmados.

13 Também considero justo, enquanto estou neste tabernáculo, despertar-vos com essas lembranças,

14 certo de que estou prestes a deixar o meu tabernáculo, como efetivamente nosso Senhor Jesus Cristo me revelou.

15 Mas, de minha parte, esforçar-me-ei, diligentemente, por fazer que, a todo tempo, mesmo depois da minha partida, conserveis lembrança de tudo.

A superioridade da palavra de Deus

16 Porque não vos demos a conhecer o poder e a vinda de nosso Senhor Jesus Cristo seguindo fábulas engenhosamente inventadas, mas nós mesmos fomos testemunhas oculares da sua majestade,

17 pois ele recebeu, da parte de Deus Pai, honra e glória, quando pela Glória Excelsa lhe foi enviada a seguinte voz: Este é o meu Filho amado, em quem me comprazo.

18 Ora, esta voz, vinda do céu, nós a ouvimos quando estávamos com ele no monte santo.

19 Temos, assim, tanto mais confirmada a palavra profética, e fazeis bem em atendê-la, como a uma candeia que brilha em lugar tenebroso, até que o dia clareie e a estrela da alva nasça em vosso coração,

20 sabendo, primeiramente, isto: que nenhuma profecia da Escritura provém de particular elucidação;

21 porque nunca jamais qualquer profecia foi dada por vontade humana; entretanto, homens [santos] falaram da parte de Deus, movidos pelo Espírito Santo.

Os falsos mestres, seu caráter, obras e justo castigo

2 Assim como, no meio do povo, surgiram falsos profetas, assim também haverá entre vós falsos mestres, os quais introduzirão, dissimuladamente, heresias destruidoras, até ao ponto de renegarem o Soberano Senhor que os resgatou, trazendo sobre si mesmos repentina destruição.

2 E muitos seguirão as suas práticas libertinas, e, por causa deles, será infamado o caminho da verdade;

3 também, movidos por avareza, farão comércio de vós, com palavras fictícias; para eles o juízo lavrado há longo tempo não tarda, e a sua destruição não dorme.

4 Ora, se Deus não poupou anjos quando pecaram, antes, precipitando-os no inferno[a] os entregou a abismos de trevas, reservando-os para juízo;

5 e não poupou o mundo antigo, mas preservou a Noé, pregador da justiça, e mais sete pessoas, quando fez vir o dilúvio sobre o mundo de ímpios;

6 e, reduzindo a cinzas as cidades de Sodoma e Gomorra, ordenou-as à ruína completa, tendo-as posto como exemplo a quantos venham a viver impiamente;

7 e livrou o justo Ló, afligido pelo pro-

---

[a]**inferno;** *no original,* **tártaro**

1.17,18 Mt 17.1-5; Mc 9.2-8; Lc 9.28-35. **2.1-22** Jd 3-23. **2.5** Gn 6.1-7.24. **2.6** Gn 19.24. **2.7** Gn 19.16.

cedimento libertino daqueles insubordinados,

8 (porque este justo, pelo que via e ouvia quando habitava entre eles, atormentava a sua alma justa, cada dia, por causa das obras iníquas daqueles),

9 é porque o Senhor sabe livrar da provação os piedosos e reservar, sob castigo, os injustos para o dia de juízo,

10 especialmente aqueles que, seguindo a carne, andam em imundas paixões e menosprezam qualquer governo. Atrevidos, arrogantes, não temem difamar autoridades superiores,

11 ao passo que anjos, embora maiores em força e poder, não proferem contra elas juízo infamante na presença do Senhor.

12 Esses, todavia, como brutos irracionais, naturalmente feitos para presa e destruição, falando mal daquilo em que são ignorantes, na sua destruição também hão de ser destruídos,

13 recebendo injustiça por salário da injustiça que praticam. Considerando como prazer a sua luxúria carnal em pleno dia, quais nódoas e deformidades, eles se regalam nas suas próprias mistificações, enquanto banqueteiam junto convosco;

14 tendo os olhos cheios de adultério e insaciáveis no pecado, engodando almas inconstantes, tendo coração exercitado na avareza, filhos malditos;

15 abandonando o reto caminho, se extraviaram, seguindo pelo caminho de Balaão, filho de Beor, que amou o prêmio da injustiça

16 (recebeu, porém, castigo da sua transgressão, a saber, um mudo animal de carga, falando com voz humana, refreou a insensatez do profeta).

17 Esses tais são como fonte sem água, como névoas impelidas por temporal. Para eles está reservada a negridão das trevas;

18 porquanto, proferindo palavras jactanciosas de vaidade, engodam com paixões carnais, por suas libertinagens, aqueles que estavam prestes a fugir dos que andam no erro,

19 prometendo-lhes liberdade, quando eles mesmos são escravos da corrupção, pois aquele que é vencido fica escravo do vencedor.

20 Portanto, se, depois de terem escapado das contaminações do mundo mediante o conhecimento do Senhor e Salvador Jesus Cristo, se deixam enredar de novo e são vencidos, tornou-se o seu último estado pior que o primeiro.

21 Pois melhor lhes fora nunca tivessem conhecido o caminho da justiça do que, após conhecê-lo, volverem para trás, apartando-se do santo mandamento que lhes fora dado.

22 Com eles aconteceu o que diz certo adágio verdadeiro: O cão voltou ao seu próprio vômito; e: A porca lavada voltou a revolver-se no lamaçal.

A vinda do Senhor e o seu significado

3 Amados, esta é, agora, a segunda epístola que vos escrevo; em ambas, procuro despertar com lembranças a vossa mente esclarecida,

2 para que vos recordeis das palavras que, anteriormente, foram ditas pelos santos profetas, bem como do mandamento do Senhor e Salvador, ensinado pelos vossos apóstolos,

3 tendo em conta, antes de tudo, que, nos últimos dias, virão escarnecedores com os seus escárnios, andando segundo as próprias paixões

4 e dizendo: Onde está a promessa da sua vinda? Porque, desde que os pais dormiram, todas as cousas permanecem como desde o princípio da criação.

5 Porque, deliberadamente, esquecem que, de longo tempo, houve céus bem como terra, a qual surgiu da água e através da água pela palavra de Deus,

6 pela qual veio a perecer o mundo daquele tempo, afogado em água.

7 Ora, os céus que agora existem e a terra, pela mesma palavra, têm sido entesourados para fogo, estando reservados para o Dia do Juízo e destruição dos homens ímpios.

8 Há, todavia, uma cousa, amados, que não deveis esquecer: que, para o Senhor, um dia é como mil anos, e mil anos, como um dia.

9 Não retarda o Senhor a sua promessa, como alguns a julgam demorada; pelo contrário, ele é longânimo para convosco, não querendo que nenhum pereça, senão que todos cheguem ao arrependimento.

10 Virá, entretanto, como ladrão, o Dia do Senhor, no qual os céus passarão com estrepitoso estrondo, e os elementos se desfarão abrasados; também a terra e as obras que nela existem serão atingidas.

2.15,16 Nm 22.4-35.   **2.22** Pv 26.11.   **3.5** Gn 1.6-8.   **3.6** Gn 7.11.   **3.8** Sl 90.4.   **3.10** Mt 24.43; Lc 12.39; 1Ts 5.2.

¹¹ Visto que todas essas cousas hão de ser assim desfeitas, deveis ser tais como os que vivem em santo procedimento e piedade,

¹² esperando e apressando a vinda do Dia de Deus, por causa do qual os céus, incendiados, serão desfeitos, e os elementos abrasados se derreterão.

¹³ Nós, porém, segundo a sua promessa, esperamos novos céus e nova terra, nos quais habita justiça.

O cristão deve esperar o Senhor, viver vida reta, estudar as Escrituras e crescer em Cristo

¹⁴ Por essa razão, pois, amados, esperando estas cousas, empenhai-vos por serdes achados por ele em paz, sem mácula e irrepreensíveis,

¹⁵ e tende por salvação a longanimidade de nosso Senhor, como igualmente o nosso amado irmão Paulo vos escreveu, segundo a sabedoria que lhe foi dada,

¹⁶ ao falar acerca destes assuntos, como, de fato, costuma fazer em todas as suas epístolas, nas quais há certas cousas difíceis de entender, que os ignorantes e instáveis deturpam, como também deturpam as demais Escrituras, para a própria destruição deles.

¹⁷ Vós, pois, amados, prevenidos como estais de antemão, acautelai-vos; não suceda que, arrastados pelo erro desses insubordinados, descaiais da vossa própria firmeza;

¹⁸ antes, crescei na graça e no conhecimento de nosso Senhor e Salvador Jesus Cristo. A ele seja a glória, tanto agora como no dia eterno.

PRIMEIRA EPÍSTOLA DE

JOÃO

Prólogo. O Verbo da vida e a comunhão com Deus

1 O que era desde o princípio, o que temos ouvido, o que temos visto com os nossos próprios olhos, o que contemplamos, e as nossas mãos apalparam, com respeito ao Verbo da vida

² (e a vida se manifestou, e nós a temos visto, e dela damos testemunho, e vo-la anunciamos, a vida eterna, a qual estava com o Pai e nos foi manifestada),

³ o que temos visto e ouvido anunciamos também a vós outros, para que vós, igualmente, mantenhais comunhão conosco. Ora, a nossa comunhão é com o Pai e com seu Filho, Jesus Cristo.

⁴ Estas cousas, pois, vos escrevemos para que a nossa alegria seja completa.

Deus é luz. O pecado, a confissão, o perdão, a propiciação

⁵ Ora, a mensagem que, da parte dele, temos ouvido e vos anunciamos é esta: que Deus é luz, e não há nele treva nenhuma.

⁶ Se dissermos que mantemos comunhão com ele e andarmos nas trevas, mentimos e não praticamos a verdade.

⁷ Se, porém, andarmos na luz, como ele está na luz, mantemos comunhão uns com os outros, e o sangue de Jesus, seu Filho, nos purifica de todo pecado.

⁸ Se dissermos que não temos pecado nenhum, a nós mesmos nos enganamos, e a verdade não está em nós.

⁹ Se confessarmos os nossos pecados, ele é fiel e justo para nos perdoar os pecados e nos purificar de toda injustiça.

¹⁰ Se dissermos que não temos cometido pecado, fazemo-lo mentiroso, e a sua palavra não está em nós.

2 Filhinhos meus, estas cousas vos escrevo para que não pequeis. Se, todavia, alguém pecar, temos Advogado junto ao Pai, Jesus Cristo, o Justo;

² e ele é a propiciação pelos nossos pecados e não somente pelos nossos próprios, mas ainda pelos do mundo inteiro.

³ Ora, sabemos que o temos conhecido por isto: se guardamos os seus mandamentos.

⁴ Aquele que diz: Eu o conheço e não

3.13 Is 65.17; 66.22; Ap 21.1.   1.1 Jo 1.1.   1.2 Jo 1.14.

guarda os seus mandamentos é mentiroso, e nele não está a verdade.

⁵ Aquele, entretanto, que guarda a sua palavra, nele, verdadeiramente, tem sido aperfeiçoado o amor de Deus. Nisto sabemos que estamos nele:

⁶ aquele que diz que permanece nele, esse deve também andar assim como ele andou.

O antigo e o novo mandamentos: o amor fraternal

⁷ Amados, não vos escrevo mandamento novo, senão mandamento antigo, o qual, desde o princípio, tivestes. Esse mandamento antigo é a palavra que ouvistes.

⁸ Todavia, vos escrevo novo mandamento, aquilo que é verdadeiro nele e em vós, porque as trevas se vão dissipando, e a verdadeira luz já brilha.

⁹ Aquele que diz estar na luz e odeia a seu irmão, até agora, está nas trevas.

¹⁰ Aquele que ama a seu irmão permanece na luz, e nele não há nenhum tropeço.

¹¹ Aquele, porém, que odeia a seu irmão está nas trevas, e anda nas trevas, e não sabe para onde vai, porque as trevas lhe cegaram os olhos.

A vitória sobre o Maligno

¹² Filhinhos, eu vos escrevo, porque os vossos pecados são perdoados, por causa do seu nome.

¹³ Pais, eu vos escrevo, porque conheceis aquele que existe desde o princípio. Jovens, eu vos escrevo, porque tendes vencido o Maligno.

¹⁴ Filhinhos, eu vos escrevi, porque conheceis o Pai. Pais, eu vos escrevi, porque conheceis aquele que existe desde o princípio. Jovens, eu vos escrevi, porque sois fortes, e a palavra de Deus permanece em vós, e tendes vencido o Maligno.

Não se deve amar o mundo

¹⁵ Não ameis o mundo nem as cousas que há no mundo. Se alguém amar o mundo, o amor do Pai não está nele;

¹⁶ porque tudo que há no mundo, a concupiscência da carne, a concupiscência dos olhos e a soberba da vida, não procede do Pai, mas procede do mundo.

¹⁷ Ora, o mundo passa, bem como a sua concupiscência; aquele, porém, que faz a vontade de Deus permanece eternamente.

Os anticristos

¹⁸ Filhinhos, já é a última hora; e, como ouvistes que vem o anticristo, também, agora, muitos anticristos têm surgido; pelo que conhecemos que é a última hora.

¹⁹ Eles saíram de nosso meio; entretanto, não eram dos nossos; porque, se tivessem sido dos nossos, teriam permanecido conosco; todavia, eles se foram para que ficasse manifesto que nenhum deles é dos nossos.

²⁰ E vós possuís unção que vem do Santo e todos tendes conhecimento.

²¹ Não vos escrevi porque não saibais a verdade; antes, porque a sabeis, e porque mentira alguma jamais procede da verdade.

²² Quem é o mentiroso, senão aquele que nega que Jesus é o Cristo? Este é o anticristo, o que nega o Pai e o Filho.

²³ Todo aquele que nega o Filho, esse não tem o Pai; aquele que confessa o Filho tem igualmente o Pai.

²⁴ Permaneça em vós o que ouvistes desde o princípio. Se em vós permanecer o que desde o princípio ouvistes, também permanecereis vós no Filho e no Pai.

²⁵ E esta é a promessa que ele mesmo nos fez, a vida eterna.

²⁶ Isto que vos acabo de escrever é acerca dos que vos procuram enganar.

A unção do Espírito Santo

²⁷ Quanto a vós outros, a unção que dele recebestes permanece em vós, e não tendes necessidade de que alguém vos ensine; mas, como a sua unção vos ensina a respeito de todas as cousas, e é verdadeira, e não é falsa, permanecei nele, como também ela vos ensinou.

²⁸ Filhinhos, agora, pois, permanecei nele, para que, quando ele se manifestar, tenhamos confiança e dele não nos afastemos envergonhados na sua vinda.

²⁹ Se sabeis que ele é justo, reconhecei também que todo aquele que pratica a justiça é nascido dele.

Deus é Pai e é santo. Seus filhos são também santos

3 Vede que grande amor nos tem concedido o Pai, a ponto de sermos chamados filhos de Deus; e, de fato, somos filhos de Deus. Por essa razão, o mundo não nos conhece, porquanto não o conheceu a ele mesmo.

2.7 Jo 13.34.   3.1 Jo 1.12.

2 Amados, agora, somos filhos de Deus, e ainda não se manifestou o que haveremos de ser. Sabemos que, quando ele se manifestar, seremos semelhantes a ele, porque haveremos de vê-lo como ele é.

3 E a si mesmo se purifica todo o que nele tem esta esperança, assim como ele é puro.

4 Todo aquele que pratica o pecado também transgride a lei, porque o pecado é a transgressão da lei.

5 Sabeis também que ele se manifestou para tirar os pecados, e nele não existe pecado.

6 Todo aquele que permanece nele não vive pecando; todo aquele que vive pecando não o viu, nem o conheceu.

Os filhos de Deus e os filhos do Maligno

7 Filhinhos, não vos deixeis enganar por ninguém; aquele que pratica a justiça é justo, assim como ele é justo.

8 Aquele que pratica o pecado procede do diabo, porque o diabo vive pecando desde o princípio. Para isto se manifestou o Filho de Deus: para destruir as obras do diabo.

9 Todo aquele que é nascido de Deus não vive na prática de pecado; pois o que permanece nele é a divina semente; ora, esse não pode viver pecando, porque é nascido de Deus.

10 Nisto são manifestos os filhos de Deus e os filhos do diabo: todo aquele que não pratica justiça não procede de Deus, nem aquele que não ama a seu irmão.

O amor aos irmãos e o ódio ao mundo

11 Porque a mensagem que ouvistes desde o princípio é esta: que nos amemos uns aos outros;

12 não segundo Caim, que era do Maligno e assassinou a seu irmão; e por que o assassinou? Porque as suas obras eram más, e as de seu irmão, justas.

13 Irmãos, não vos maravilheis se o mundo vos odeia.

14 Nós sabemos que já passamos da morte para a vida, porque amamos os irmãos; aquele que não ama permanece na morte.

15 Todo aquele que odeia a seu irmão é assassino; ora, vós sabeis que todo assassino não tem a vida eterna permanente em si.

16 Nisto conhecemos o amor: que Cristo deu a sua vida por nós; e devemos dar nossa vida pelos irmãos.

17 Ora, aquele que possuir recursos deste mundo, e vir a seu irmão padecer necessidade, e fechar-lhe o seu coração, como pode permanecer nele o amor de Deus?

18 Filhinhos, não amemos de palavra, nem de língua, mas de fato e de verdade.

19 E nisto conheceremos que somos da verdade, bem como, perante ele, tranqüilizaremos o nosso coração;

20 pois, se o nosso coração nos acusar, certamente, Deus é maior do que o nosso coração e conhece todas as cousas.

21 Amados, se o coração não nos acusar, temos confiança diante de Deus;

22 e aquilo que pedimos dele recebemos, porque guardamos os seus mandamentos e fazemos diante dele o que lhe é agradável.

23 Ora, o seu mandamento é este: que creiamos em o nome de seu Filho, Jesus Cristo, e nos amemos uns aos outros, segundo o mandamento que nos ordenou.

24 E aquele que guarda os seus mandamentos permanece em Deus, e Deus, nele. E nisto conhecemos que ele permanece em nós, pelo Espírito que nos deu.

Os falsos profetas e os verdadeiros crentes

4 Amados, não deis crédito a qualquer espírito; antes, provai os espíritos se procedem de Deus, porque muitos falsos profetas têm saído pelo mundo fora.

2 Nisto reconheceis o Espírito de Deus: todo espírito que confessa que Jesus Cristo veio em carne é de Deus;

3 e todo espírito que não confessa a Jesus não procede de Deus; pelo contrário, este é o espírito do anticristo, a respeito do qual tendes ouvido que vem e, presentemente, já está no mundo.

4 Filhinhos, vós sois de Deus e tendes vencido os falsos profetas, porque maior é aquele que está em vós do que aquele que está no mundo.

5 Eles procedem do mundo; por essa razão, falam da parte do mundo, e o mundo os ouve.

6 Nós somos de Deus; aquele que conhece a Deus nos ouve; aquele que não é da parte de Deus não nos ouve. Nisto reconhecemos o espírito da verdade e o espírito do erro.

3.5 Jo 1.29.　3.11 Jo 13.34.　3.12 Gn 4.8.　3.14 Jo 5.24.　3.23 Jo 13.34; 15.12,17.

Deus é amor

7 Amados, amemo-nos uns aos outros, porque o amor procede de Deus; e todo aquele que ama é nascido de Deus e conhece a Deus.

8 Aquele que não ama não conhece a Deus, pois Deus é amor.

9 Nisto se manifestou o amor de Deus em nós: em haver Deus enviado o seu Filho unigênito ao mundo, para vivermos por meio dele.

10 Nisto consiste o amor: não em que nós tenhamos amado a Deus, mas em que ele nos amou e enviou o seu Filho como propiciação pelos nossos pecados.

11 Amados, se Deus de tal maneira nos amou, devemos nós também amar uns aos outros.

12 Ninguém jamais viu a Deus; se amarmos uns aos outros, Deus permanece em nós, e o seu amor é, em nós, aperfeiçoado.

13 Nisto conhecemos que permanecemos nele, e ele, em nós: em que nos deu do seu Espírito.

14 E nós temos visto e testemunhamos que o Pai enviou o seu Filho como Salvador do mundo.

15 Aquele que confessar que Jesus é o Filho de Deus, Deus permanece nele, e ele, em Deus.

16 E nós conhecemos e cremos no amor que Deus tem por nós. Deus é amor, e aquele que permanece no amor permanece em Deus, e Deus, nele.

17 Nisto é em nós aperfeiçoado o amor, para que, no Dia do Juízo, mantenhamos confiança; pois, segundo ele é, também nós somos neste mundo.

18 No amor não existe medo; antes, o perfeito amor lança fora o medo. Ora, o medo produz tormento; logo, aquele que teme não é aperfeiçoado no amor.

19 Nós amamos porque ele nos amou primeiro.

20 Se alguém disser: Amo a Deus, e odiar a seu irmão, é mentiroso; pois aquele que não ama a seu irmão, a quem vê, não pode amar a Deus, a quem não vê.

21 Ora, temos, da parte dele, este mandamento: que aquele que ama a Deus ame também a seu irmão.

A fé que vence o mundo

5 Todo aquele que crê que Jesus é o Cristo é nascido de Deus; e todo aque-le que ama ao que o gerou também ama ao que dele é nascido.

2 Nisto conhecemos que amamos os filhos de Deus: quando amamos a Deus e praticamos os seus mandamentos.

3 Porque este é o amor de Deus: que guardemos os seus mandamentos; ora, os seus mandamentos não são penosos,

4 porque todo o que é nascido de Deus vence o mundo; e esta é a vitória que vence o mundo: a nossa fé.

5 Quem é o que vence o mundo, senão aquele que crê ser Jesus o Filho de Deus?

O tríplice testemunho sobre Cristo

6 Este é aquele que veio por meio de água e sangue, Jesus Cristo; não somente com água, mas também com a água e com o sangue. E o Espírito é o que dá testemunho, porque o Espírito é a verdade.

7 Pois há três que dão testemunho [no céu: o Pai, a Palavra e o Espírito Santo; e estes três são um.

8 E três são os que testificam na terra]: o Espírito, a água e o sangue, e os três são unânimes num só propósito.

9 Se admitimos o testemunho dos homens, o testemunho de Deus é maior; ora, este é o testemunho de Deus, que ele dá acerca do seu Filho.

10 Aquele que crê no Filho de Deus tem, em si, o testemunho. Aquele que não dá crédito a Deus o faz mentiroso, porque não crê no testemunho que Deus dá acerca do seu Filho.

11 E o testemunho é este: que Deus nos deu a vida eterna; e esta vida está no seu Filho.

12 Aquele que tem o Filho tem a vida; aquele que não tem o Filho de Deus não tem a vida.

O poder da intercessão

13 Estas cousas vos escrevi, a fim de saberdes que tendes a vida eterna, a vós outros que credes em o nome do Filho de Deus.

14 E esta é a confiança que temos para com ele: que, se pedirmos alguma cousa segundo a sua vontade, ele nos ouve.

15 E, se sabemos que ele nos ouve quanto ao que lhe pedimos, estamos certos de que obtemos os pedidos que lhe temos feito.

16 Se alguém vir a seu irmão cometer pecado não para morte, pedirá, e Deus lhe dará vida, aos que não pecam para morte. Há pecado para morte, e por esse não digo que rogue.

¹⁷ Toda injustiça é pecado, e há pecado não para morte.

¹⁸ Sabemos que todo aquele que é nascido de Deus não vive em pecado; antes, Aquele que nasceu de Deus o guarda, e o Maligno não lhe toca.

¹⁹ Sabemos que somos de Deus e que o mundo inteiro jaz no Maligno.

Cristo é verdadeiro Deus e deve ser adorado

²⁰ Também sabemos que o Filho de Deus é vindo e nos tem dado entendimento para reconhecermos o verdadeiro; e estamos no verdadeiro, em seu Filho, Jesus Cristo. Este é o verdadeiro Deus e a vida eterna.

²¹ Filhinhos, guardai-vos dos ídolos.

SEGUNDA EPÍSTOLA DE

JOÃO

Prefácio e saudação

¹ O presbítero à senhora eleita e aos seus filhos, a quem eu amo na verdade e não somente eu, mas também todos os que conhecem a verdade,

² por causa da verdade que permanece em nós e conosco estará para sempre,

³ a graça, a misericórdia e a paz, da parte de Deus Pai e de Jesus Cristo, o Filho do Pai, serão conosco em verdade e amor.

O amor fraternal

⁴ Fiquei sobremodo alegre em ter encontrado dentre os teus filhos os que andam na verdade, de acordo com o mandamento que recebemos da parte do Pai.

⁵ E agora, senhora, peço-te, não como se escrevesse mandamento novo, senão o que tivemos desde o princípio: que nos amemos uns aos outros.

⁶ E o amor é este: que andemos segundo os seus mandamentos. Este mandamento, como ouvistes desde o princípio, é que andeis nesse amor.

5 Jo 13.34; 5.12,17.

Os falsos ensinadores e como tratá-los

⁷ Porque muitos enganadores têm saído pelo mundo fora, os quais não confessam Jesus Cristo vindo em carne; assim é o enganador e o anticristo.

⁸ Acautelai-vos, para não perderdes aquilo que temos realizado com esforço, mas para receberdes completo galardão.

⁹ Todo aquele que ultrapassa a doutrina de Cristo e nela não permanece não tem Deus; o que permanece na doutrina, esse tem tanto o Pai como o Filho.

¹⁰ Se alguém vem ter convosco e não traz esta doutrina, não o recebais em casa, nem lhe deis as boas-vindas.

¹¹ Porquanto aquele que lhe dá boas-vindas faz-se cúmplice das suas obras más.

Informações finais. Saudações

¹² Ainda tinha muitas cousas que vos escrever; não quis fazê-lo com papel e tinta, pois espero ir ter convosco, e conversaremos de viva voz, para que a nossa alegria seja completa.

¹³ Os filhos da tua irmã eleita te saúdam.

JOÃO

Prefácio e saudação

¹ O presbítero ao amado Gaio, a quem eu amo na verdade.

² Amado, acima de tudo, faço votos por tua prosperidade e saúde, assim como é próspera a tua alma.

³ Pois fiquei sobremodo alegre pela vinda de irmãos e pelo seu testemunho da tua verdade, como tu andas na verdade.

⁴ Não tenho maior alegria do que esta, a de ouvir que meus filhos andam na verdade.

O bom exemplo de Gaio

⁵ Amado, procedes fielmente naquilo que praticas para com os irmãos, e isto fazes mesmo quando são estrangeiros,

⁶ os quais, perante a igreja, deram testemunho do teu amor. Bem farás encaminhando-os em sua jornada por modo digno de Deus;

⁷ pois por causa do Nome foi que saíram, nada recebendo dos gentios.

⁸ Portanto, devemos acolher esses irmãos, para nos tornarmos cooperadores da verdade.

Diótrefes, o ambicioso. Demétrio, fiel cristão

⁹ Escrevi alguma cousa à igreja; mas Diótrefes, que gosta de exercer a primazia entre eles, não nos dá acolhida.

¹⁰ Por isso, se eu for aí, far-lhe-ei lembradas as obras que ele pratica, proferindo contra nós palavras maliciosas. E, não satisfeito com estas cousas, nem ele mesmo acolhe os irmãos, como impede os que querem recebê-los e os expulsa da igreja.

¹¹ Amado, não imites o que é mau, senão o que é bom. Aquele que pratica o bem procede de Deus; aquele que pratica o mal jamais viu a Deus.

¹² Quanto a Demétrio, todos lhe dão testemunho, até a própria verdade, e nós também damos testemunho; e sabes que o nosso testemunho é verdadeiro.

Informações finais. Saudações

¹³ Muitas cousas tinha que te escrever; todavia, não quis fazê-lo com tinta e pena,

¹⁴ pois, em breve, espero ver-te. Então, conversaremos de viva voz.

¹⁵ A paz seja contigo. Os amigos te saúdam. Saúda os amigos, nome por nome.

EPÍSTOLA DE

JUDAS

Prefácio e saudação

¹ Judas, servo de Jesus Cristo e irmão de Tiago, aos chamados, amados em Deus Pai e guardados em Jesus Cristo,

² a misericórdia, a paz e o amor vos sejam multiplicados.

É dever cristão pelejar pela fé

³ Amados, quando empregava toda a diligência em escrever-vos acerca da nossa comum salvação, foi que me senti obrigado a corresponder-me convosco, exortando-vos a batalhardes, diligentemente, pela fé que uma vez por todas foi entregue aos santos.

⁴ Pois certos indivíduos se introduziram com dissimulação, os quais, desde muito, foram antecipadamente pronunciados para esta condenação, homens ímpios, que transformam em libertinagem a graça de nosso Deus e negam o nosso único Soberano e Senhor, Jesus Cristo.

1 At 19.29; Rm 16.23; 1Co 1.14.   **1** Mt 13.55; Mc 6.3.   **3-23** 2Pe 2.1-22.

Exemplos da punição dos ímpios

5 Quero, pois, lembrar-vos, embora já estejais cientes de tudo uma vez por todas, que o Senhor, tendo libertado um povo, tirando-o da terra do Egito, destruiu, depois, os que não creram;

6 e a anjos, os que não guardaram o seu estado original, mas abandonaram o seu próprio domicílio, ele tem guardado sob trevas, em algemas eternas, para o juízo do grande Dia;

7 como Sodoma, e Gomorra, e as cidades circunvizinhas, que, havendo-se entregado à prostituição como aqueles, seguindo após outra carne, são postas para exemplo do fogo eterno, sofrendo punição.

8 Ora, estes, da mesma sorte, quais sonhadores alucinados, não só contaminam a carne, como também rejeitam governo e difamam autoridades superiores.

9 Contudo, o arcanjo Miguel, quando contendia com o diabo e disputava a respeito do corpo de Moisés, não se atreveu a proferir juízo infamatório contra ele; pelo contrário, disse: O Senhor te repreenda!

10 Estes, porém, quanto a tudo o que não entendem, difamam; e, quanto a tudo o que compreendem por instinto natural, como brutos sem razão, até nessas cousas se corrompem.

11 Ai deles! Porque prosseguiram pelo caminho de Caim, e, movidos de ganância, se precipitaram no erro de Balaão, e pereceram na revolta de Coré.

12 Estes homens são como rochas submersas, em vossas festas de fraternidade, banqueteando-se juntos sem qualquer recato, pastores que a si mesmos se apascentam; nuvens sem água impelidas pelos ventos; árvores em plena estação dos frutos, destes desprovidas, duplamente mortas, desarraigadas;

13 ondas bravias do mar, que espumam as suas próprias sujidades; estrelas errantes, para as quais tem sido guardada a negridão das trevas, para sempre.

14 Quanto a estes foi que também profetizou Enoque, o sétimo depois de Adão, dizendo: Eis que veio o Senhor entre suas santas miríades,

15 para exercer juízo contra todos e para fazer convictos todos os ímpios, acerca de todas as obras ímpias que impiamente praticaram e acerca de todas as palavras insolentes que ímpios pecadores proferiram contra ele.

16 Os tais são murmuradores, são descontentes, andando segundo as suas paixões. A sua boca vive propalando grandes arrogâncias; são aduladores dos outros, por motivos interesseiros.

A profecia apostólica. Exortações

17 Vós, porém, amados, lembrai-vos das palavras anteriormente proferidas pelos apóstolos de nosso Senhor Jesus Cristo,

18 os quais vos diziam: No último tempo, haverá escarnecedores, andando segundo as suas ímpias paixões.

19 São estes os que promovem divisões, sensuais, que não têm o Espírito.

20 Vós, porém, amados, edificando-vos na vossa fé santíssima, orando no Espírito Santo,

21 guardai-vos no amor de Deus, esperando a misericórdia de nosso Senhor Jesus Cristo, para a vida eterna.

22 E compadecei-vos de alguns que estão na dúvida;

23 salvai-os, arrebatando-os do fogo; quanto a outros, sede também compassivos em temor, detestando até a roupa contaminada pela carne.

A doxologia

24 Ora, àquele que é poderoso para vos guardar de tropeços e para vos apresentar com exultação, imaculados diante da sua glória,

25 ao único Deus, nosso Salvador, mediante Jesus Cristo, Senhor nosso, glória, majestade, império e soberania, antes de todas as eras, e agora, e por todos os séculos. Amém.

5 Êx 12.51; Nm 14.29,30.   7 Gn 19.1-24.   9 Dt 34.6; Zc 3.2.   11 Gn 4.3-8; Nm 22.1-35; 16.1-35.
14 Gn 5.21-24.   18 2Pe 3.3.

APOCALIPSE

DE JOÃO

O título, o autor e o assunto do livro

1 Revelação de Jesus Cristo, que Deus lhe deu para mostrar aos seus servos as cousas que em breve devem acontecer e que ele, enviando por intermédio do seu anjo, notificou ao seu servo João,

2 o qual atestou a palavra de Deus e o testemunho de Jesus Cristo, quanto a tudo o que viu.

3 Bem-aventurados aqueles que lêem e aqueles que ouvem as palavras da profecia e guardam as cousas nela escritas, pois o tempo está próximo.

Dedicatória às sete igrejas da Ásia

4 João, às sete igrejas que se encontram na Ásia, graça e paz a vós outros, da parte daquele que é, que era e que há de vir, da parte dos sete Espíritos que se acham diante do seu trono

5 e da parte de Jesus Cristo, a Fiel Testemunha, o Primogênito dos mortos e o Soberano dos reis da terra.

Àquele que nos ama, e, pelo seu sangue, nos libertou dos nossos pecados,

6 e nos constituiu reino, sacerdotes para o seu Deus e Pai, a ele a glória e o domínio pelos séculos dos séculos. Amém.

7 Eis que vem com as nuvens, e todo olho o verá, até quantos o traspassaram. E todas as tribos da terra se lamentarão sobre ele. Certamente. Amém.

8 Eu sou o Alfa e o Ômega, diz o Senhor Deus, aquele que é, que era e que há de vir, o Todo-poderoso.

A visão de Jesus glorificado

9 Eu, João, irmão vosso e companheiro na tribulação, no reino e na perseverança, em Jesus, achei-me na ilha chamada Patmos, por causa da palavra de Deus e do testemunho de Jesus.

10 Achei-me em espírito, no dia do Senhor, e ouvi, por detrás de mim, grande voz, como de trombeta,

11 dizendo: O que vês escreve em livro e manda às sete igrejas: Éfeso, Esmirna, Pér-gamo, Tiatira, Sardes, Filadélfia e Laodicéia.

12 Voltei-me para ver quem falava comigo e, voltado, vi sete candeeiros de ouro

13 e, no meio dos candeeiros, um semelhante a filho de homem, com vestes talares e cingido, à altura do peito, com uma cinta de ouro.

14 A sua cabeça e cabelos eram brancos como alva lã, como neve; os olhos, como chama de fogo;

15 os pés, semelhantes ao bronze polido, como que refinado numa fornalha; a voz, como voz de muitas águas.

16 Tinha na mão direita sete estrelas, e da boca saía-lhe uma afiada espada de dois gumes. O seu rosto brilhava como o sol na sua força.

17 Quando o vi, caí a seus pés como morto. Porém ele pôs sobre mim a mão direita, dizendo: Não temas; eu sou o primeiro e o último

18 e aquele que vive; estive morto, mas eis que estou vivo pelos séculos dos séculos e tenho as chaves da morte e do inferno.

19 Escreve, pois, as cousas que viste, e as que são, e as que hão de acontecer depois destas.

20 Quanto ao mistério das sete estrelas que viste na minha mão direita e aos sete candeeiros de ouro, as sete estrelas são os anjos das sete igrejas, e os sete candeeiros são as sete igrejas.

Carta à igreja em Éfeso

2 Ao anjo da igreja em Éfeso escreve: Estas cousas diz aquele que conserva na mão direita as sete estrelas e que anda no meio dos sete candeeiros de ouro:

2 Conheço as tuas obras, tanto o teu labor como a tua perseverança, e que não podes suportar homens maus, e que puseste à prova os que a si mesmos se declaram apóstolos e não são, e os achaste mentirosos;

3 e tens perseverança, e suportaste provas por causa do meu nome, e não te deixaste esmorecer.

1.4 Êx 3.14; Ap 4.5.   1.5 Sl 89.27.   1.6 Êx 19.6.   1.7 Dn 7.13; Mt 24.30; Mc 13.26; Lc 21.27; Zc 12.10; Jo 19.34,37.   1.8 Êx 3.14.   1.13 Dn 7.13; 10.5.   1.14 Dn 7.9; 10.6.   1.15 Ez 1.24.   1.17 Is 44.6; 48.12.

⁴ Tenho, porém, contra ti que abandonaste o teu primeiro amor.

⁵ Lembra-te, pois, de onde caíste, arrepende-te e volta à prática das primeiras obras; e, se não, venho a ti e moverei do seu lugar o teu candeeiro, caso não te arrependas.

⁶ Tens, contudo, a teu favor que odeias as obras dos nicolaítas, as quais eu também odeio.

⁷ Quem tem ouvidos, ouça o que o Espírito diz às igrejas: Ao vencedor, dar-lhe-ei que se alimente da árvore da vida que se encontra no paraíso de Deus.

Carta à igreja em Esmirna

⁸ Ao anjo da igreja em Esmirna escreve: Estas cousas diz o primeiro e o último, que esteve morto e tornou a viver:

⁹ Conheço a tua tribulação, a tua pobreza (mas tu és rico) e a blasfêmia dos que a si mesmos se declaram judeus e não são, sendo, antes, sinagoga de Satanás.

¹⁰ Não temas as cousas que tens de sofrer. Eis que o diabo está para lançar em prisão alguns dentre vós, para serdes postos à prova, e tereis tribulação de dez dias. Sê fiel até à morte, e dar-te-ei a coroa da vida.

¹¹ Quem tem ouvidos, ouça o que o Espírito diz às igrejas: O vencedor de nenhum modo sofrerá dano da segunda morte.

Carta à igreja em Pérgamo

¹² Ao anjo da igreja em Pérgamo escreve: Estas cousas diz aquele que tem a espada afiada de dois gumes:

¹³ Conheço o lugar em que habitas, onde está o trono de Satanás, e que conservas o meu nome e não negaste a minha fé, ainda nos dias de Antipas, minha testemunha, meu fiel, o qual foi morto entre vós, onde Satanás habita.

¹⁴ Tenho, todavia, contra ti algumas cousas, pois que tens aí os que sustentam a doutrina de Balaão, o qual ensinava a Balaque a armar ciladas diante dos filhos de Israel para comerem cousas sacrificadas aos ídolos e praticarem a prostituição.

¹⁵ Outrossim, também tu tens os que da mesma forma sustentam a doutrina dos nicolaítas.

¹⁶ Portanto, arrepende-te; e, se não, venho a ti sem demora e contra eles pelejarei com a espada da minha boca.

¹⁷ Quem tem ouvidos, ouça o que o Espírito diz às igrejas: Ao vencedor, dar-lhe-ei do maná escondido, bem como lhe darei uma pedrinha branca, e sobre essa pedrinha escrito um nome novo, o qual ninguém conhece, exceto aquele que o recebe.

Carta à igreja em Tiatira

¹⁸ Ao anjo da igreja em Tiatira escreve: Estas cousas diz o Filho de Deus, que tem os olhos como chama de fogo e os pés semelhantes ao bronze polido:

¹⁹ Conheço as tuas obras, o teu amor, a tua fé, o teu serviço, a tua perseverança e as tuas últimas obras, mais numerosas do que as primeiras.

²⁰ Tenho, porém, contra ti o tolerares que essa mulher, Jezabel, que a si mesma se declara profetisa, não somente ensine, mas ainda seduza os meus servos a praticarem a prostituição e a comerem cousas sacrificadas aos ídolos.

²¹ Dei-lhe o tempo para que se arrependesse; ela, todavia, não quer arrepender-se da sua prostituição.

²² Eis que a prostro de cama, bem como em grande tribulação os que com ela adulteram, caso não se arrependam das obras que ela incita.

²³ Matarei os seus filhos, e todas as igrejas conhecerão que eu sou aquele que sonda mente e corações, e vos darei a cada um segundo as vossas obras.

²⁴ Digo, todavia, a vós outros, os demais de Tiatira, a tantos quantos não têm essa doutrina e que não conheceram, como eles dizem, as cousas profundas de Satanás: Outra carga não jogarei sobre vós;

²⁵ tão-somente conservai o que tendes, até que eu venha.

²⁶ Ao vencedor, que guardar até ao fim as minhas obras, eu lhe darei autoridade sobre as nações,

²⁷ e com cetro de ferro as regerá e as reduzirá a pedaços como se fossem objetos de barro;

²⁸ assim como também eu recebi de meu Pai, dar-lhe-ei ainda a estrela da manhã.

²⁹ Quem tem ouvidos, ouça o que o Espírito diz às igrejas.

.7 Gn 2.9; Ap 22.2. **2.11** Ap 20.14; 21.8. **2.14** Nm 25.1,2; 31.16. **2.17** Êx 16.14,15. **2.20** 1Rs 16.31; Rs 9.22,30. **2.23** Sl 7.9; Jr 17.10; Sl 62.12. **2.26,27** Sl 2.8,9.

Carta à igreja em Sardes

3 Ao anjo da igreja em Sardes escreve: Estas cousas diz aquele que tem os sete espíritos de Deus e as sete estrelas: Conheço as tuas obras, que tens nome de que vives e estás morto.

² Sê vigilante e consolida o resto que estava para morrer, porque não tenho achado íntegras as tuas obras na presença do meu Deus.

³ Lembra-te, pois, do que tens recebido e ouvido, guarda-o e arrepende-te. Porquanto, se não vigiares, virei como ladrão, e não conhecerás de modo algum em que hora virei contra ti.

⁴ Tens, contudo, em Sardes, umas poucas pessoas que não contaminaram as suas vestiduras e andarão de branco junto comigo, pois são dignas.

⁵ O vencedor será assim vestido de vestiduras brancas, e de modo nenhum apagarei o seu nome do livro da vida; pelo contrário, confessarei o seu nome diante de meu Pai e diante dos seus anjos.

⁶ Quem tem ouvidos, ouça o que o Espírito diz às igrejas.

Carta à igreja em Filadélfia

⁷ Ao anjo da igreja em Filadélfia escreve: Estas cousas diz o santo, o verdadeiro, aquele que tem a chave de Davi, que abre, e ninguém fechará, e que fecha, e ninguém abrirá:

⁸ Conheço as tuas obras — eis que tenho posto diante de ti uma porta aberta, a qual ninguém pode fechar — que tens pouca força, entretanto, guardaste a minha palavra e não negaste o meu nome.

⁹ Eis farei que alguns dos que são da sinagoga de Satanás, desses que a si mesmos se declaram judeus e não são, mas mentem, eis que os farei vir e prostrar-se aos teus pés e conhecer que eu te amei.

¹⁰ Porque guardaste a palavra da minha perseverança, também eu te guardarei da hora da provação que há de vir sobre o mundo inteiro, para experimentar os que habitam sobre a terra.

¹¹ Venho sem demora. Conserva o que tens, para que ninguém tome a tua coroa.

¹² Ao vencedor, fá-lo-ei coluna no santuário do meu Deus, e daí jamais sairá; gravarei também sobre ele o nome do meu Deus, o nome da cidade do meu Deus, a nova Jerusalém que desce do céu, vinda da parte do meu Deus, e o meu novo nome.

¹³ Quem tem ouvidos, ouça o que o Espírito diz às igrejas.

Carta à igreja em Laodicéia

¹⁴ Ao anjo da igreja em Laodicéia escreve: Estas cousas diz o Amém, a testemunha fiel e verdadeira, o princípio da criação de Deus:

¹⁵ Conheço as tuas obras, que nem és frio nem quente. Quem dera fosses frio ou quente!

¹⁶ Assim, porque és morno e nem és quente nem frio, estou a ponto de vomitar-te da minha boca;

¹⁷ pois dizes: Estou rico e abastado e não preciso de cousa alguma, e nem sabes que tu és infeliz, sim, miserável, pobre, cego e nu.

¹⁸ Aconselho-te que de mim compres ouro refinado pelo fogo para te enriqueceres, vestiduras brancas para te vestires, a fim de que não seja manifesta a vergonha da tua nudez, e colírio para ungires os olhos, a fim de que vejas.

¹⁹ Eu repreendo e disciplino a quantos amo. Sê, pois, zeloso e arrepende-te.

²⁰ Eis que estou à porta e bato; se alguém ouvir a minha voz e abrir a porta, entrarei em sua casa e cearei com ele, e ele, comigo.

²¹ Ao vencedor, dar-lhe-ei sentar-se comigo no meu trono, assim como também eu venci e me sentei com meu Pai no seu trono.

²² Quem tem ouvidos, ouça o que o Espírito diz às igrejas.

A visão do trono de Deus

4 Depois destas cousas, olhei, e eis não somente uma porta aberta no céu, como também a primeira voz que ouvi, como de trombeta ao falar comigo, dizendo: Sobe para aqui, e te mostrarei o que deve acontecer depois destas cousas.

² Imediatamente, eu me achei em espírito, e eis armado no céu um trono, e, no trono, alguém sentado;

³ e esse que se acha assentado é semelhante, no aspecto, a pedra de jaspe e de sardônio, e, ao redor do trono, há um arco-íris semelhante, no aspecto, a esmeralda.

3.3 Mt 24.43,44; Lc 12.39,40.   **3.5** Êx 32.32,33; Sl 69.28; Ap 20.12; Mt 10.32; Lc 12.8.   **3.7** Is 22.22
3.9 Is 60.14.   **3.12** Ap 21.2.   **3.14** Pv 8.22.   **3.19** Pv 3.12.   **4.2,3** Ez 1.26-28; 10.1.

⁴ Ao redor do trono, há também vinte e quatro tronos, e assentados neles, vinte e quatro anciãos vestidos de branco, em cujas cabeças estão coroas de ouro.

⁵ Do trono saem relâmpagos, vozes e trovões, e, diante do trono, ardem sete tochas de fogo, que são os sete espíritos de Deus.

⁶ Há diante do trono um como que mar de vidro, semelhante ao cristal, e também, no meio do trono e à volta do trono, quatro seres viventes cheios de olhos por diante e por detrás.

⁷ O primeiro ser vivente é semelhante a leão, o segundo, semelhante a novilho, o terceiro tem o rosto como de homem, e o quarto ser vivente é semelhante à águia quando está voando.

⁸ E os quatro seres viventes, tendo cada um deles, respectivamente, seis asas, estão cheios de olhos, ao redor e por dentro; não têm descanso, nem de dia nem de noite, proclamando:

Santo, Santo, Santo é o Senhor Deus, o Todo-poderoso, aquele que era, que é e que há de vir.

⁹ Quando esses seres viventes derem glória, honra e ação de graças ao que se encontra sentado no trono, ao que vive pelos séculos dos séculos,

¹⁰ os vinte e quatro anciãos prostrar-se-ão diante daquele que se encontra sentado no trono, adorarão o que vive pelos séculos dos séculos e depositarão as suas coroas diante do trono, proclamando:

¹¹ Tu és digno, Senhor e Deus nosso, de receber a glória, a honra e o poder, porque todas as cousas tu criaste, sim, por causa da tua vontade vieram a existir e foram criadas.

A visão do livro selado com sete selos e a do Cordeiro

5 Vi, na mão direita daquele que estava sentado no trono, um livro escrito por dentro e por fora, de todo selado com sete selos.

² Vi, também, um anjo forte, que proclamava em grande voz: Quem é digno de abrir o livro e de lhe desatar os selos?

³ Ora, nem no céu, nem sobre a terra, nem debaixo da terra, ninguém podia abrir o livro, nem mesmo olhar para ele;

⁴ e eu chorava muito, porque ninguém foi achado digno de abrir o livro, nem mesmo de olhar para ele.

⁵ Todavia, um dos anciãos me disse: Não chores; eis que o Leão da tribo de Judá, a Raiz de Davi, venceu para abrir o livro e os seus sete selos.

⁶ Então, vi, no meio do trono e dos quatro seres viventes e entre os anciãos, de pé, um Cordeiro como tendo sido morto. Ele tinha sete chifres, bem como sete olhos, que são os sete espíritos de Deus enviados por toda a terra.

⁷ Veio, pois, e tomou o livro da mão direita daquele que estava sentado no trono;

⁸ e, quando tomou o livro, os quatro seres viventes e os vinte e quatro anciãos prostraram-se diante do Cordeiro, tendo cada um deles uma harpa e taças de ouro cheias de incenso, que são as orações dos santos,

⁹ e entoavam novo cântico, dizendo:
Digno és de tomar o livro e de abrir-lhe os selos, porque foste morto e com o teu sangue compraste para Deus os que procedem de toda tribo, língua, povo e nação

¹⁰ e para o nosso Deus os constituíste reino e sacerdotes; e reinarão sobre a terra.

¹¹ Vi e ouvi uma voz de muitos anjos ao redor do trono, dos seres viventes e dos anciãos, cujo número era de milhões de milhões e milhares de milhares,

¹² proclamando em grande voz:
Digno é o Cordeiro que foi morto de receber o poder, e riqueza, e sabedoria, e força, e honra, e glória, e louvor.

¹³ Então, ouvi que toda criatura que há no céu e sobre a terra, debaixo da terra e sobre o mar, e tudo o que neles há, estava dizendo:
Àquele que está sentado no trono e ao Cordeiro, seja o louvor, e a honra, e a glória, e o domínio pelos séculos dos séculos.

¹⁴ E os quatro seres viventes respondiam: Amém; também os anciãos prostraram-se e adoraram.

O Cordeiro abre os selos. O primeiro selo

6 Vi quando o Cordeiro abriu um dos sete selos e ouvi um dos quatro seres viventes dizendo, como se fosse voz de trovão: Vem!

4.5 Êx 19.16; Ez 1.13.   4.6 Ez 1.22.   4.6,7 Ez 1.5-10; 10.14.   4.8 Ez 1.18; 10.12; Is 6.2,3.   5.1 Ez 2.9,10.
5.5 Gn 49.9,10; Is 11.1.   5.6 Is 53.7; Zc 4.10.   5.8 Sl 141.2.   5.10 Êx 19.6.   5.11 Dn 7.10.

2 Vi, então, e eis um cavalo branco e o seu cavaleiro com um arco; e foi-lhe dada uma coroa; e ele saiu vencendo e para vencer.

O segundo selo

3 Quando abriu o segundo selo, ouvi o segundo ser vivente dizendo: Vem!

4 E saiu outro cavalo, vermelho; e ao seu cavaleiro, foi-lhe dado tirar a paz da terra para que os homens se matassem uns aos outros; também lhe foi dada uma grande espada.

O terceiro selo

5 Quando abriu o terceiro selo, ouvi o terceiro ser vivente dizendo: Vem! Então, vi, e eis um cavalo preto e o seu cavaleiro com uma balança na mão.

6 E ouvi uma como que voz no meio dos quatro seres viventes dizendo: Uma medida de trigo por um denário; três medidas de cevada por um denário; e não danifiques o azeite e o vinho.

O quarto selo

7 Quando o Cordeiro abriu o quarto selo, ouvi a voz do quarto ser vivente dizendo: Vem!

8 E olhei, e eis um cavalo amarelo e o seu cavaleiro, sendo este chamado Morte; e o Inferno o estava seguindo, e foi-lhes dada autoridade sobre a quarta parte da terra para matar à espada, pela fome, com a mortandade e por meio das feras da terra.

O quinto selo

9 Quando ele abriu o quinto selo, vi, debaixo do altar, as almas daqueles que tinham sido mortos por causa da palavra de Deus e por causa do testemunho que sustentavam.

10 Clamaram em grande voz, dizendo: Até quando, ó Soberano Senhor, santo e verdadeiro, não julgas, nem vingas o nosso sangue dos que habitam sobre a terra?

11 Então, a cada um deles foi dada uma vestidura branca, e lhes disseram que repousassem ainda por pouco tempo, até que também se completasse o número dos seus conservos e seus irmãos que iam ser mortos como igualmente eles foram.

O sexto selo

12 Vi quando o Cordeiro abriu o sexto selo, e sobreveio grande terremoto. O sol se tornou negro como saco de crina, a lua toda, como sangue,

13 as estrelas do céu caíram pela terra, como a figueira, quando abalada por vento forte, deixa cair os seus figos verdes,

14 e o céu recolheu-se como um pergaminho quando se enrola. Então, todos os montes e ilhas foram movidos dos seus lugares.

15 Os reis da terra, os grandes, os comandantes, os ricos, os poderosos e todo escravo e todo livre se esconderam nas cavernas e nos penhascos dos montes

16 e disseram aos montes e aos rochedos: Caí sobre nós e escondei-nos da face daquele que se assenta no trono e da ira do Cordeiro,

17 porque chegou o Grande Dia da ira deles; e quem é que pode suster-se?

Os cento e quarenta e quatro mil selados de Israel

7 Depois disto, vi quatro anjos em pé nos quatro cantos da terra, conservando seguros os quatro ventos da terra, para que nenhum vento soprasse sobre a terra, nem sobre o mar, nem sobre árvore alguma.

2 Vi outro anjo que subia do nascente do sol, tendo o selo do Deus vivo, e clamou em grande voz aos quatro anjos, aqueles aos quais fora dado fazer dano à terra e ao mar,

3 dizendo: Não danifiqueis nem a terra, nem o mar, nem as árvores, até selarmos na fronte os servos do nosso Deus.

4 Então, ouvi o número dos que foram selados, que era cento e quarenta e quatro mil, de todas as tribos dos filhos de Israel:

5 da tribo de Judá foram selados doze mil; da tribo de Rúben, doze mil; da tribo de Gade, doze mil;

6 da tribo de Aser, doze mil; da tribo de Naftali, doze mil; da tribo de Manassés, doze mil;

7 da tribo de Simeão, doze mil; da tribo de Levi, doze mil; da tribo de Issacar, doze mil;

8 da tribo de Zebulom, doze mil; da tribo de José, doze mil; da tribo de Benjamim foram selados doze mil.

6.2 Zc 1.8; 6.3. 6.4 Zc 1.8; 6.2. 6.5 Zc 6.2,6. 6.8 Jr 15.3; Ez 5.12,17; 14.21. 6.12 Is 13.10; Ez 32.7; Jl 2.31; Mt 24.29; Mc 13.24,25; Lc 21.25. 6.13,14 Is 34.4. 6.15 Is 2.10. 6.16 Os 10.8. 6.17 Jl 2.11; Ml 3.2. 7.1 Zc 6.5. 7.3 Ez 9.4.

A visão dos glorificados

⁹ Depois destas cousas, vi, e eis grande multidão que ninguém podia enumerar, de todas as nações, tribos, povos e línguas, em pé diante do trono e diante do Cordeiro, vestidos de vestiduras brancas, com palmas nas mãos;

¹⁰ e clamavam em grande voz, dizendo: Ao nosso Deus, que se assenta no trono, e ao Cordeiro, pertence a salvação.

¹¹ Todos os anjos estavam de pé rodeando o trono, os anciãos e os quatro seres viventes, e ante o trono se prostraram sobre os rostos, e adoraram a Deus,

¹² dizendo:
Amém. O louvor, e a glória, e a sabedoria, e as ações de graças, e a honra, e o poder, e a força sejam ao nosso Deus, pelos séculos dos séculos. Amém.

¹³ Um dos anciãos tomou a palavra, dizendo: Estes, que se vestem de vestiduras brancas, quem são e donde vieram?

¹⁴ Respondi-lhe: meu Senhor, tu o sabes. Ele, então, me disse: São estes os que vêm da grande tribulação, lavaram suas vestiduras e as alvejaram no sangue do Cordeiro,

¹⁵ razão por que se acham diante do trono de Deus e o servem de dia e de noite no seu santuário; e aquele que se assenta no trono estenderá sobre eles o seu tabernáculo.

¹⁶ Jamais terão fome, nunca mais terão sede, não cairá sobre eles o sol, nem ardor algum,

¹⁷ pois o Cordeiro que se encontra no meio do trono os apascentará e os guiará para as fontes da água da vida. E Deus lhes enxugará dos olhos toda lágrima.

O sétimo selo. Os sete anjos com as suas trombetas

8 Quando o Cordeiro abriu o sétimo selo, houve silêncio no céu cerca de meia hora.

² Então, vi os sete anjos que se acham em pé diante de Deus, e lhes foram dadas sete trombetas.

³ Veio outro anjo e ficou de pé junto ao altar, com um incensário de ouro, e foi-lhe dado muito incenso para oferecê-lo com as orações de todos os santos sobre o altar de ouro que se acha diante do trono;

⁴ e da mão do anjo subiu à presença de Deus a fumaça do incenso, com as orações dos santos.

⁵ E o anjo tomou o incensário, encheu-o do fogo do altar e o atirou à terra. E houve trovões, vozes, relâmpagos e terremoto.

⁶ Então, os sete anjos que tinham as sete trombetas prepararam-se para tocar.

A primeira trombeta

⁷ O primeiro anjo tocou a trombeta, e houve saraiva e fogo de mistura com sangue, e foram atirados à terra. Foi, então, queimada a terça parte da terra, e das árvores, e também toda erva verde.

A segunda trombeta

⁸ O segundo anjo tocou a trombeta, e uma como que grande montanha ardendo em chamas foi atirada ao mar, cuja terça parte se tornou em sangue,

⁹ e morreu a terça parte da criação que tinha vida, existente no mar, e foi destruída a terça parte das embarcações.

A terceira trombeta

¹⁰ O terceiro anjo tocou a trombeta, e caiu do céu sobre a terça parte dos rios, e sobre as fontes das águas uma grande estrela, ardendo como tocha.

¹¹ O nome da estrela é Absinto; e a terça parte das águas se tornou em absinto, e muitos dos homens morreram por causa dessas águas, porque se tornaram amargosas.

A quarta trombeta

¹² O quarto anjo tocou a trombeta, e foi ferida a terça parte do sol, da lua e das estrelas, para que a terça parte deles escurecesse e, na sua terça parte, não brilhasse, tanto o dia como também a noite.

¹³ Então, vi e ouvi uma águia que, voando pelo meio do céu, dizia em grande voz: Ai! Ai! Ai dos que moram na terra, por causa das restantes vozes da trombeta dos três anjos que ainda têm de tocar.

A quinta trombeta

9 O quinto anjo tocou a trombeta, e vi uma estrela caída do céu na terra. E foi-lhe dada a chave do poço do abismo.

7.14 Dn 12.1; Mt 24.21; Mc 13.19.   7.16 Is 49.10.   7.17 Ez 34.23; Sl 23.1; Sl 23.2; Is 25.8.   8.3 Êx 30.1.
8.5 Lv 16.12; Ez 10.2; Ap 11.19; 16.18.   8.7 Êx 9.23-25.   8.10 Is 14.12.   8.12 Is 13.10; Ez 32.7; Jl 2.10.

² Ela abriu o poço do abismo, e subiu fumaça do poço como fumaça de grande fornalha, e, com a fumaceira saída do poço, escureceu-se o sol e o ar.

³ Também da fumaça saíram gafanhotos para a terra; e foi-lhes dado poder como o que têm os escorpiões da terra,

⁴ e foi-lhes dito que não causassem dano à erva da terra, nem a qualquer cousa verde, nem a árvore alguma e tão-somente aos homens que não têm o selo de Deus sobre a fronte.

⁵ Foi-lhes também dado, não que os matassem, e sim que os atormentassem durante cinco meses. E o seu tormento era como tormento de escorpião quando fere alguém.

⁶ Naqueles dias, os homens buscarão a morte e não a acharão; também terão ardente desejo de morrer, mas a morte fugirá deles.

⁷ O aspecto dos gafanhotos era semelhante a cavalos preparados para a peleja; na sua cabeça havia como que coroas parecendo de ouro; e o seu rosto era como rosto de homem;

⁸ tinham também cabelos, como cabelos de mulher; os seus dentes, como dentes de leão;

⁹ tinham couraças, como couraças de ferro; o barulho que as suas asas faziam era como o barulho de carros de muitos cavalos, quando correm à peleja;

¹⁰ tinham ainda cauda, como escorpiões, e ferrão; na cauda tinham poder para causar dano aos homens, por cinco meses;

¹¹ e tinham sobre eles, como seu rei, o anjo do abismo, cujo nome em hebraico é Abadom, e em grego, Apoliom.

¹² O primeiro ai passou. Eis que, depois destas cousas, vêm ainda dois ais.

A sexta trombeta

¹³ O sexto anjo tocou a trombeta, e ouvi uma voz procedente dos quatro ângulos do altar de ouro que se encontra na presença de Deus,

¹⁴ dizendo ao sexto anjo, o mesmo que tem a trombeta: Solta os quatro anjos que se encontram atados junto ao grande rio Eufrates.

¹⁵ Foram, então, soltos os quatro anjos que se achavam preparados para a hora, o dia, o mês e o ano, para que matassem a terça parte dos homens.

¹⁶ O número dos exércitos da cavalaria era de vinte mil vezes dez milhares; eu ouvi o seu número.

¹⁷ Assim, nesta visão, contemplei que os cavalos e os seus cavaleiros tinham couraças cor de fogo, de jacinto e de enxofre. A cabeça dos cavalos era como cabeças de leões, e de sua boca saía fogo, fumaça e enxofre.

¹⁸ Por meio destes três flagelos, a saber, pelo fogo, pela fumaça e pelo enxofre que saíam da sua boca, foi morta a terça parte dos homens;

¹⁹ pois a força dos cavalos estava na sua boca e na sua cauda, porquanto a sua cauda se parecia com serpentes, e tinha cabeça, e com ela causavam dano.

²⁰ Os outros homens, aqueles que não foram mortos por esses flagelos, não se arrependeram das obras das suas mãos, deixando de adorar os demônios e os ídolos de ouro, de prata, de cobre, de pedra e de pau, que nem podem ver, nem ouvir, nem andar;

²¹ nem ainda se arrependeram dos seus assassínios, nem das suas feitiçarias, nem da sua prostituição, nem dos seus furtos.

Os anjos e os sete trovões. João e o livrinho

10 Vi outro anjo forte descendo do céu, envolto em nuvem, com o arco-íris por cima de sua cabeça; o rosto era como o sol, e as pernas, como colunas de fogo;

² tendo na mão um livrinho aberto. Pôs o pé direito sobre o mar e o esquerdo, sobre a terra,

³ e bradou em grande voz, como ruge um leão, e, quando bradou, desferiram os sete trovões as suas próprias vozes.

⁴ Logo que falaram os sete trovões, eu ia escrever, mas ouvi uma voz do céu, dizendo: Guarda em segredo as cousas que os sete trovões falaram e não as escrevas.

⁵ Então, o anjo que vi em pé sobre o mar e sobre a terra levantou a mão direita para o céu

⁶ e jurou por aquele que vive pelos séculos dos séculos, o mesmo que criou o céu, a terra, o mar e tudo quanto neles existe: Já não haverá demora,

⁷ mas, nos dias da voz do sétimo anjo, quando ele estiver para tocar a trombeta,

9.2,3 Êx 10.12-15.   **9.4** Ez 9.4.   **9.6** Jó 3.21.   **9.7** Jl 2.4.   **9.8** Jl 1.6.   **9.9** Jl 2.5.   **9.13** Êx 30.1-3.   **9.20** Sl 115.4-7; 135.15-17; Dn 5.4.   **10.5,6** Dn 12.7.

cumprir-se-á, então, o mistério de Deus, segundo ele anunciou aos seus servos, os profetas.

⁸ A voz que ouvi, vinda do céu, estava de novo falando comigo e dizendo: Vai e toma o livro que se acha aberto na mão do anjo em pé sobre o mar e sobre a terra.

⁹ Fui, pois, ao anjo, dizendo-lhe que me desse o livrinho. Ele, então, me falou: Toma-o e devora-o; certamente, ele será amargo ao teu estômago, mas, na tua boca, doce como mel.

¹⁰ Tomei o livrinho da mão do anjo e o devorei, e, na minha boca, era doce como mel; quando, porém, o comi, o meu estômago ficou amargo.

¹¹ Então, me disseram: É necessário que ainda profetizes a respeito de muitos povos, nações, línguas e reis.

Ordens para medir o santuário de Deus

11 Foi-me dado um caniço semelhante a uma vara, e também me foi dito: Dispõe-te e mede o santuário de Deus, o seu altar e os que naquele adoram;

² mas deixa de parte o átrio exterior do santuário e não o meças, porque foi ele dado aos gentios; estes, por quarenta e dois meses, calcarão aos pés a cidade santa.

As duas testemunhas mártires

³ Darei às minhas duas testemunhas que profetizem por mil duzentos e sessenta dias, vestidas de pano de saco.

⁴ São estas as duas oliveiras e os dois candeeiros que se acham em pé diante do Senhor da terra.

⁵ Se alguém pretende causar-lhes dano, sai fogo da sua boca e devora os inimigos; sim, se alguém pretender causar-lhes dano, certamente, deve morrer.

⁶ Elas têm autoridade para fechar o céu, para que não chova durante os dias em que profetizarem. Têm autoridade também sobre as águas, para convertê-las em sangue, bem como para ferir a terra com toda sorte de flagelos, tantas vezes quantas quiserem.

⁷ Quando tiverem, então, concluído o testemunho que devem dar, a besta que surge do abismo pelejará contra elas, e as vencerá, e matará;

⁸ e o seu cadáver ficará estirado na pra-

ça da grande cidade que, espiritualmente, se chama Sodoma e Egito, onde também o seu Senhor foi crucificado.

⁹ Então, muitos dentre os povos, tribos, línguas e nações contemplam os cadáveres das duas testemunhas, por três dias e meio, e não permitem que esses cadáveres sejam sepultados.

¹⁰ Os que habitam sobre a terra se alegram por causa deles, realizarão festas e enviarão presentes uns aos outros, porquanto esses dois profetas atormentaram os que moram sobre a terra.

¹¹ Mas, depois dos três dias e meio, um espírito de vida, vindo da parte de Deus, neles penetrou, e eles se ergueram sobre os pés, e àqueles que os viram sobreveio grande medo;

¹² e as duas testemunhas ouviram grande voz vinda do céu, dizendo-lhes: Subi para aqui. E subiram ao céu numa nuvem, e os seus inimigos as contemplaram.

¹³ Naquela hora, houve grande terremoto, e ruiu a décima parte da cidade, e morreram, nesse terremoto, sete mil pessoas, ao passo que as outras ficaram sobremodo aterrorizadas e deram glória ao Deus do céu.

¹⁴ Passou o segundo ai. Eis que, sem demora, vem o terceiro ai.

A sétima trombeta

¹⁵ O sétimo anjo tocou a trombeta, e houve no céu grandes vozes, dizendo:
O reino do mundo se tornou de nosso Senhor e do seu Cristo, e ele reinará pelos séculos dos séculos.

¹⁶ E os vinte e quatro anciãos que se encontram sentados no seu trono, diante de Deus, prostraram-se sobre o seu rosto e adoraram a Deus,

¹⁷ dizendo:
Graças te damos, Senhor Deus, Todo-poderoso, que és e que eras, porque assumiste o teu grande poder e passaste a reinar.

¹⁸ Na verdade, as nações se enfureceram; chegou, porém, a tua ira, e o tempo determinado para serem julgados os mortos, para se dar o galardão aos teus servos, os profetas, aos santos e aos que temem o teu nome, assim aos pequenos como aos grandes, e para destruíres os que destroem a terra.

10.9 Ez 2.8, 9.   **10.10** Ez 3.1-3.   **11.1** Ez 40.3.   **11.2** Lc 21.24.   **11.4** Zc 4.3,11-14.   **11.6** 1Rs 17.1; Êx 7.17-19.   **11.7** Dn 7.3,21; Ap 13.5-7; 17.8.   **11.8** Is 1.9,10.   **11.11** Ez 37.10.   **11.12** 2Rs 2.11.   **11.13** Ap 16.18.   **11.15** Dn 7.14,27.   **11.18** Sl 115.13.

¹⁹ Abriu-se, então, o santuário de Deus, que se acha no céu, e foi vista a arca da Aliança no seu santuário, e sobrevieram relâmpagos, vozes, trovões, terremoto e grande saraivada.

A mulher e o dragão

12 Viu-se grande sinal no céu, a saber, uma mulher vestida do sol com a lua debaixo dos pés e uma coroa de doze estrelas na cabeça,
² que, achando-se grávida, grita com as dores de parto, sofrendo tormentos para dar à luz.
³ Viu-se, também, outro sinal no céu, e eis um dragão, grande, vermelho, com sete cabeças, dez chifres e, nas cabeças, sete diademas.
⁴ A sua cauda arrastava a terça parte das estrelas do céu, as quais lançou para a terra; e o dragão se deteve em frente da mulher que estava para dar à luz, a fim de lhe devorar o filho quando nascesse.
⁵ Nasceu-lhe, pois, um filho varão, que há de reger todas as nações com cetro de ferro. E o seu filho foi arrebatado para Deus até ao seu trono.
⁶ A mulher, porém, fugiu para o deserto, onde lhe havia Deus preparado lugar para que nele a sustentem durante mil duzentos e sessenta dias.

Anjos pelejam no céu contra o dragão. A vitória de Cristo e do seu povo

⁷ Houve peleja no céu. Miguel e os seus anjos pelejaram contra o dragão. Também pelejaram o dragão e seus anjos;
⁸ todavia, não prevaleceram; nem mais se achou no céu o lugar deles.
⁹ E foi expulso o grande dragão, a antiga serpente, que se chama diabo e Satanás, o sedutor de todo o mundo, sim, foi atirado para a terra, e, com ele, os seus anjos.
¹⁰ Então, ouvi grande voz do céu, proclamando:
Agora, veio a salvação, o poder, o reino do nosso Deus e a autoridade do seu Cristo, pois foi expulso o acusador de nossos irmãos, o mesmo que os acusa de dia e de noite, diante do nosso Deus.
¹¹ Eles, pois, o venceram por causa do sangue do Cordeiro e por causa da palavra do testemunho que deram e, mesmo em face da morte, não amaram a própria vida.
¹² Por isso, festejai, ó céus, e vós, os que neles habitais. Ai da terra e do mar, pois o diabo desceu até vós, cheio de grande cólera, sabendo que pouco tempo lhe resta.

O dragão persegue a mulher

¹³ Quando, pois, o dragão se viu atirado para a terra, perseguiu a mulher que dera à luz o filho varão;
¹⁴ e foram dadas à mulher as duas asas da grande águia, para que voasse até ao deserto, ao seu lugar, aí onde é sustentada durante um tempo, tempos e metade de um tempo, fora da vista da serpente.
¹⁵ Então, a serpente arrojou da sua boca, atrás da mulher, água como um rio, a fim de fazer com que ela fosse arrebatada pelo rio.
¹⁶ A terra, porém, socorreu a mulher; e a terra abriu a boca e engoliu o rio que o dragão tinha arrojado de sua boca.
¹⁷ Irou-se o dragão contra a mulher e foi pelejar com os restantes da sua descendência, os que guardam os mandamentos de Deus e têm o testemunho de Jesus;
¹⁸ e se pôs em pé sobre a areia do mar.

A besta que emerge do mar

13 Vi emergir do mar uma besta que tinha dez chifres e sete cabeças e, sobre os chifres, dez diademas e, sobre as cabeças, nomes de blasfêmia.
² A besta que vi era semelhante a leopardo, com pés como de urso e boca como de leão. E deu-lhe o dragão o seu poder, o seu trono e grande autoridade.
³ Então, vi uma de suas cabeças como golpeada de morte, mas essa ferida mortal foi curada; e toda a terra se maravilhou, seguindo a besta;
⁴ e adoraram o dragão porque deu a sua autoridade à besta; também adoraram a besta, dizendo: Quem é semelhante à besta? Quem pode pelejar contra ela?
⁵ Foi-lhe dada uma boca que proferia arrogâncias e blasfêmias e autoridade para agir quarenta e dois meses;
⁶ e abriu a boca em blasfêmias contra Deus, para lhe difamar o nome e difamar

11.19 Ap 8.5; 16.18.   **12.1** Gn 37.9.   **12.2** Mq 4.10.   **12.3** Dn 7.7.   **12.4** Dn 8.10.   **12.5** Is 66.7; Sl 2.9.
12.7 Dn 10.13,21; 12.1.   **12.9** Gn 3.1; Lc 10.18.   **12.10** Jó 1.9-11; Zc 3.1.   **12.14** Dn 7.25; 12.7.
13.1 Dn 7.3,7; Ap 17.3,7-12.   **13.2** Dn 7.4-6.   **13.5,6** Dn 7.8,25; 11.36.

o tabernáculo, a saber, os que habitam no céu.

⁷ Foi-lhe dado, também, que pelejasse contra os santos e os vencesse. Deu-se-lhe ainda autoridade sobre cada tribo, povo, língua e nação;

⁸ e adorá-la-ão todos os que habitam sobre a terra, aqueles cujos nomes não foram escritos no livro da vida do Cordeiro que foi morto desde a fundação do mundo.

⁹ Se alguém tem ouvidos, ouça.

¹⁰ Se alguém leva para cativeiro, para cativeiro vai. Se alguém matar à espada, necessário é que seja morto à espada. Aqui está a perseverança e a fidelidade dos santos.

A besta que emerge da terra

¹¹ Vi ainda outra besta emergir da terra; possuía dois chifres, parecendo cordeiro, mas falava como dragão.

¹² Exerce toda a autoridade da primeira besta na sua presença. Faz com que a terra e os seus habitantes adorem a primeira besta, cuja ferida mortal fora curada.

¹³ Também opera grandes sinais, de maneira que até fogo do céu faz descer à terra, diante dos homens.

¹⁴ Seduz os que habitam sobre a terra por causa dos sinais que lhe foi dado executar diante da besta, dizendo aos que habitam sobre a terra que façam uma imagem à besta, àquela que, ferida à espada, sobreviveu;

¹⁵ e lhe foi dado comunicar fôlego à imagem da besta, para que não só a imagem falasse, como ainda fizesse morrer quantos não adorassem a imagem da besta.

¹⁶ A todos, os pequenos e os grandes, os ricos e os pobres, os livres e os escravos, faz que lhes seja dada certa marca sobre a mão direita ou sobre a fronte,

¹⁷ para que ninguém possa comprar ou vender, senão aquele que tem a marca, o nome da besta ou o número do seu nome.

¹⁸ Aqui está a sabedoria. Aquele que tem entendimento calcule o número da besta, pois é número de homem. Ora, esse número é seiscentos e sessenta e seis.

O Cordeiro e os seus remidos no monte Sião

14 Olhei, e eis o Cordeiro em pé sobre o monte Sião, e com ele cento e qua-

renta e quatro mil, tendo na fronte escrito o seu nome e o nome de seu Pai.

² Ouvi uma voz do céu como voz de muitas águas, como voz de grande trovão; também a voz que ouvi era como de harpistas quando tangem a sua harpa.

³ Entoavam novo cântico diante do trono, diante dos quatro seres viventes e dos anciãos. E ninguém pôde aprender o cântico, senão os cento e quarenta e quatro mil que foram comprados da terra.

⁴ São estes os que não se macularam com mulheres, porque são castos. São eles os seguidores do Cordeiro por onde quer que vá. São os que foram redimidos dentre os homens, primícias para Deus e para o Cordeiro;

⁵ e não se achou mentira na sua boca; não têm mácula.

A primeira voz

⁶ Vi outro anjo voando pelo meio do céu, tendo um evangelho eterno para pregar aos que se assentam sobre a terra, e a cada nação, e tribo, e língua, e povo,

⁷ dizendo, em grande voz: Temei a Deus e dai-lhe glória, pois é chegada a hora do seu juízo; e adorai aquele que fez o céu, e a terra, e o mar, e as fontes das águas.

A segunda voz

⁸ Seguiu-se outro anjo, o segundo, dizendo: Caiu, caiu a grande Babilônia que tem dado a beber a todas as nações do vinho da fúria da sua prostituição.

A terceira voz

⁹ Seguiu-se a estes outro anjo, o terceiro, dizendo, em grande voz: Se alguém adora a besta e a sua imagem e recebe a sua marca na fronte ou sobre a mão,

¹⁰ também esse beberá do vinho da cólera de Deus, preparado, sem mistura, do cálice da sua ira, e será atormentado com fogo e enxofre, diante dos santos anjos e na presença do Cordeiro.

¹¹ A fumaça do seu tormento sobe pelos séculos dos séculos, e não têm descanso algum, nem de dia nem de noite, os adoradores da besta e da sua imagem e quem quer que receba a marca do seu nome.

¹² Aqui está a perseverança dos santos, os que guardam os mandamentos de Deus e a fé em Jesus.

13.7 Dn 7.21. **13.8** Sl 69.28. **13.10** Jr 15.2. **14.1** Ez 9.4; Ap 7.3,4. **14.5** Sf 3.13. **14.8** Is 21.9; Ap 18.2. **14.10** Is 51.17; Gn 19.24. **14.11** Is 34.10.

A quarta voz

13 Então, ouvi uma voz do céu, dizendo: Escreve: Bem-aventurados os mortos que, desde agora, morrem no Senhor. Sim, diz o Espírito, para que descansem das suas fadigas, pois as suas obras os acompanham.

A ceifa

14 Olhei, e eis uma nuvem branca, e sentado sobre a nuvem um semelhante a filho de homem, tendo na cabeça uma coroa de ouro e na mão uma foice afiada.

15 Outro anjo saiu do santuário, gritando em grande voz para aquele que se achava sentado sobre a nuvem: Toma a tua foice e ceifa, pois chegou a hora de ceifar, visto que a seara da terra já amadureceu.

16 E aquele que estava sentado sobre a nuvem passou a sua foice sobre a terra, e a terra foi ceifada.

A vindima

17 Então, saiu do santuário, que se encontra no céu, outro anjo, tendo ele mesmo também uma foice afiada.

18 Saiu ainda do altar outro anjo, aquele que tem autoridade sobre o fogo, e falou em grande voz ao que tinha a foice afiada, dizendo: Toma a tua foice afiada e ajunta os cachos da videira da terra, porquanto as suas uvas estão amadurecidas.

19 Então, o anjo passou a sua foice na terra, e vindimou a videira da terra, e lançou-a no grande lagar da cólera de Deus.

20 E o lagar foi pisado fora da cidade, e correu sangue do lagar até aos freios dos cavalos, numa extensão de mil e seiscentos estádios.

Os sete flagelos

15 Vi no céu outro sinal grande e admirável: sete anjos tendo os sete últimos flagelos, pois com estes se consumou a cólera de Deus.

Os remidos entoam o cântico de Moisés e o cântico do Cordeiro

2 Vi como que um mar de vidro, mesclado de fogo, e os vencedores da besta, da sua imagem e do número do seu nome, que se achavam em pé no mar de vidro, tendo harpas de Deus;

3 e entoavam o cântico de Moisés, servo de Deus, e o cântico do Cordeiro, dizendo: Grandes e admiráveis são as tuas obras, Senhor Deus, Todo-poderoso! Justos e verdadeiros são os teus caminhos, ó Rei das nações!

4 Quem não temerá e não glorificará o teu nome, ó Senhor? Pois só tu és santo; por isso, todas as nações virão e adorarão diante de ti, porque os teus atos de justiça se fizeram manifestos.

Deus envia os flagelos

5 Depois destas cousas, olhei, e abriu-se no céu o santuário do tabernáculo do Testemunho,

6 e os sete anjos que tinham os sete flagelos saíram do santuário, vestidos de linho puro e resplandecente e cingidos ao peito com cintas de ouro.

7 Então, um dos quatro seres viventes deu aos sete anjos sete taças de ouro, cheias da cólera de Deus, que vive pelos séculos dos séculos.

8 O santuário se encheu de fumaça procedente da glória de Deus e do seu poder, e ninguém podia penetrar no santuário, enquanto não se cumprissem os sete flagelos dos sete anjos.

O primeiro flagelo

16 Ouvi, vinda do santuário, uma grande voz, dizendo aos sete anjos: Ide e derramai pela terra as sete taças da cólera de Deus.

2 Saiu, pois, o primeiro anjo e derramou a sua taça pela terra, e, aos homens portadores da marca da besta e adoradores da sua imagem, sobrevieram úlceras malignas e perniciosas.

O segundo flagelo

3 Derramou o segundo a sua taça no mar, e este se tornou em sangue como de morto, e morreu todo ser vivente que havia no mar.

O terceiro flagelo

4 Derramou o terceiro a sua taça nos rios e nas fontes das águas, e se tornaram em sangue.

5 Então, ouvi o anjo das águas dizendo:

14.14 Dn 7.13.   14.15-20 Jl 3.13.   14.20 Is 63.3; Ap 19.15.   15.3 Êx 15.1.   15.4 Jr 10.7; Sl 86.9. 15.5 Êx 40.34.   15.8 1Rs 8.10,11; 2Cr 5.13,14; Is 6.4.   16.2 Êx 9.10.   16.3,4 Êx 7.17-21.

Tu és justo, tu que és e que eras, o Santo, pois julgaste estas cousas;

⁶ porquanto derramaram sangue de santos e de profetas, também sangue lhes tens dado a beber; são dignos disso.

⁷ Ouvi do altar que se dizia: Certamente, ó Senhor Deus, Todo-poderoso, verdadeiros e justos são os teus juízos.

O quarto flagelo

⁸ O quarto anjo derramou a sua taça sobre o sol, e foi-lhe dado queimar os homens com fogo.

⁹ Com efeito, os homens se queimaram com o intenso calor, e blasfemaram o nome de Deus, que tem autoridade sobre estes flagelos, e nem se arrependeram para lhe darem glória.

O quinto flagelo

¹⁰ Derramou o quinto a sua taça sobre o trono da besta, cujo reino se tornou em trevas, e os homens remordiam a língua por causa da dor que sentiam

¹¹ e blasfemaram o Deus do céu por causa das angústias e das úlceras que sofriam; e não se arrependeram de suas obras.

O sexto flagelo

¹² Derramou o sexto a sua taça sobre o grande rio Eufrates, cujas águas secaram, para que se preparasse o caminho dos reis que vêm do lado do nascimento do sol.

¹³ Então, vi sair da boca do dragão, da boca da besta e da boca do falso profeta três espíritos imundos semelhantes a rãs;

¹⁴ porque eles são espíritos de demônios, operadores de sinais, e se dirigem aos reis do mundo inteiro com o fim de ajuntá-los para a peleja do grande Dia do Deus Todo-poderoso.

¹⁵ (Eis que venho como vem o ladrão. Bem-aventurado aquele que vigia e guarda as suas vestes, para que não ande nu, e não se veja a sua vergonha.)

¹⁶ Então, os ajuntaram no lugar que em hebraico se chama Armagedom.

O sétimo flagelo

¹⁷ Então, derramou o sétimo anjo a sua taça pelo ar, e saiu grande voz do santuário, do lado do trono, dizendo: Feito está!

¹⁸ E sobrevieram relâmpagos, vozes e trovões, e ocorreu grande terremoto, como nunca houve igual desde que há gente sobre a terra; tal foi o terremoto, forte e grande.

¹⁹ E a grande cidade se dividiu em três partes, e caíram as cidades das nações. E lembrou-se Deus da grande Babilônia para dar-lhe o cálice do vinho do furor da sua ira.

²⁰ Todas as ilhas fugiram, e os montes não foram achados;

²¹ também desabou do céu sobre os homens grande saraivada, com pedras que pesavam cerca de um talento; e, por causa do flagelo da chuva de pedras, os homens blasfemaram de Deus, porquanto o seu flagelo era sobremodo grande.

A descrição da grande meretriz

17 Veio um dos sete anjos que têm as sete taças e falou comigo, dizendo: Vem, mostrar-te-ei o julgamento da grande meretriz que se acha sentada sobre muitas águas,

² com quem se prostituíram os reis da terra; e, com o vinho de sua devassidão, foi que se embebedaram os que habitam na terra.

³ Transportou-me o anjo, em espírito, a um deserto e vi uma mulher montada numa besta escarlate, besta repleta de nomes de blasfêmia, com sete cabeças e dez chifres.

⁴ Achava-se a mulher vestida de púrpura e de escarlata, adornada de ouro, de pedras preciosas e de pérolas, tendo na mão um cálice de ouro transbordante de abominações e com as imundícias da sua prostituição.

⁵ Na sua fronte, achava-se escrito um nome, um mistério: BABILÔNIA, A GRANDE, A MÃE DAS MERETRIZES E DAS ABOMINAÇÕES DA TERRA.

⁶ Então, vi a mulher embriagada com o sangue dos santos e com o sangue das testemunhas de Jesus; e, quando a vi, admirei-me com grande espanto.

⁷ O anjo, porém, me disse: Por que te admiraste? Dir-te-ei o mistério da mulher e da besta que tem as sete cabeças e os dez chifres e que leva a mulher:

⁸ a besta que viste, era e não é, está para emergir do abismo e caminha para a des-

16.10 Êx 10.21. 16.12 Is 11.15,16. 16.15 Mt 24.43,44; Lc 12.39,40. 16.16 2Rs 23.29; 2Cr 35.22.
16.18 Ap 8.5; 11.13,19. 16.19 Is 51.17. 16.21 Êx 9.23. 17.1 Jr 51.13. 17.2 Jr 51.7. 17.3 Ap 13.1.
17.4 Jr 51.7. 17.8 Dn 7.3; Sl 69.28.

truição. E aqueles que habitam sobre a terra, cujos nomes não foram escritos no livro da vida desde a fundação do mundo, se admirarão, vendo a besta que era e não é, mas aparecerá.

⁹ Aqui está o sentido, que tem sabedoria: as sete cabeças são sete montes, nos quais a mulher está sentada. São também sete reis,

¹⁰ dos quais caíram cinco, um existe, e o outro ainda não chegou; e, quando chegar, tem de durar pouco.

¹¹ E a besta, que era e não é, também é ele, o oitavo rei, e procede dos sete, e caminha para a destruição.

¹² Os dez chifres que viste são dez reis, os quais ainda não receberam reino, mas recebem autoridade como reis, com a besta, durante uma hora.

¹³ Têm estes um só pensamento e oferecem à besta o poder e a autoridade que possuem.

¹⁴ Pelejarão eles contra o Cordeiro, e o Cordeiro os vencerá, pois é o Senhor dos senhores e o Rei dos reis; vencerão também os chamados, eleitos e fiéis que se acham com ele.

¹⁵ Falou-me ainda: As águas que viste, onde a meretriz está assentada, são povos, multidões, nações e línguas.

¹⁶ Os dez chifres que viste e a besta, esses odiarão a meretriz, e a farão devastada e despojada, e lhe comerão as carnes, e a consumirão no fogo.

¹⁷ Porque em seu coração incutiu Deus que realizem o seu pensamento, o executem à uma e dêem à besta o reino que possuem, até que se cumpram as palavras de Deus.

¹⁸ A mulher que viste é a grande cidade que domina sobre os reis da terra.

O anúncio da queda de Babilônia

18 Depois destas cousas, vi descer do céu outro anjo, que tinha grande autoridade, e a terra se iluminou com a sua glória.

² Então, exclamou com potente voz, dizendo: Caiu, caiu a grande Babilônia e se tornou morada de demônios, covil de toda espécie de espírito imundo e esconderijo de todo gênero de ave imunda e detestável,

³ pois todas as nações têm bebido do vinho do furor da sua prostituição. Com ela se prostituíram os reis da terra. Também os mercadores da terra se enriqueceram à custa da sua luxúria.

⁴ Ouvi outra voz do céu, dizendo: Retirai-vos dela, povo meu, para não serdes cúmplices em seus pecados e para não participardes dos seus flagelos;

⁵ porque os seus pecados se acumularam até ao céu, e Deus se lembrou dos atos iníquos que ela praticou.

⁶ Dai-lhe em retribuição como também ela retribuiu, pagai-lhe em dobro segundo as suas obras e, no cálice em que ela misturou bebidas, misturai dobrado para ela.

⁷ O quanto a si mesma se glorificou e viveu em luxúria, dai-lhe em igual medida tormento e pranto, porque diz consigo mesma: Estou sentada como rainha. Viúva não sou. Pranto, nunca hei de ver!

⁸ Por isso, em um só dia, sobrevirão os seus flagelos: morte, pranto e fome; e será consumida no fogo, porque poderoso é o Senhor Deus, que a julgou.

Os lamentos dos admiradores de Babilônia

⁹ Ora, chorarão e se lamentarão sobre ela os reis da terra, que com ela se prostituíram e viveram em luxúria, quando virem a fumaceira do seu incêndio,

¹⁰ e, conservando-se de longe, pelo medo do seu tormento, dizem: Ai! Ai! Tu, grande cidade, Babilônia, tu, poderosa cidade! Pois, em uma só hora, chegou o teu juízo.

¹¹ E, sobre ela, choram e pranteiam os mercadores da terra, porque já ninguém compra a sua mercadoria,

¹² mercadoria de ouro, de prata, de pedras preciosas, de pérolas, de linho finíssimo, de púrpura, de seda, de escarlata; e toda espécie de madeira odorífera, todo gênero de objeto de marfim, toda qualidade de móvel de madeira preciosíssima, de bronze, de ferro e de mármore;

¹³ e canela de cheiro, especiarias, incenso, ungüento, bálsamo, vinho, azeite, flor de farinha, trigo, gado e ovelhas; e de cavalos, de carros, de escravos e até almas humanas.

¹⁴ O fruto sazonado, que a tua alma tanto apeteceu, se apartou de ti, e para ti se extinguiu tudo o que é delicado e esplêndido, e nunca jamais serão achados.

17.12 Dn 7.24.   **18.2** Is 21.9; Jr 50.39; Is 13.21.   **18.3** Jr 51.7.   **18.4** Is 48.20; Jr 50.8.   **18.5** Jr 51.9.   **18.6** Sl 137.8; Jr 50.29.   **18.7,8** Is 47.8,9.   **18.9,10** Ez 26.16,17.   **18.11-19** Ez 27.25-36.

¹⁵ Os mercadores destas cousas, que, por meio dela, se enriqueceram, conservar-se-ão de longe, pelo medo do seu tormento, chorando e pranteando,

¹⁶ dizendo: Ai! Ai da grande cidade, que estava vestida de linho finíssimo, de púrpura, e de escarlata, adornada de ouro, e de pedras preciosas, e de pérolas,

¹⁷ porque, em uma só hora, ficou devastada tamanha riqueza. E todo piloto, e todo aquele que navega livremente, e marinheiros, e quantos labutam no mar conservaram-se de longe.

¹⁸ Então, vendo a fumaceira do seu incêndio, gritavam: Que cidade se compara à grande cidade?

¹⁹ Lançaram pó sobre a cabeça c, chorando e pranteando, gritavam: Ai! Ai da grande cidade, na qual se enriqueceram todos os que possuíam navios no mar, à custa da sua opulência, porque, em uma só hora, foi devastada.

²⁰ Exultai sobre ela, ó céus, e vós, santos, apóstolos e profetas, porque Deus contra ela julgou a vossa causa.

A ruína de Babilônia é completa e definitiva

²¹ Então, um anjo forte levantou uma pedra como grande pedra de moinho e arrojou-a para dentro do mar, dizendo: Assim, com ímpeto, será arrojada Babilônia, a grande cidade, e nunca jamais será achada.

²² E voz de harpistas, de músicos, de tocadores de flautas e de clarins jamais em ti se ouvirá, nem artífice algum de qualquer arte jamais em ti se achará, e nunca jamais em ti se ouvirá o ruído de pedra de moinho,

²³ Também jamais em ti brilhará luz de candeia; nem voz de noivo ou dc noiva jamais em ti se ouvirá, pois os teus mercadores foram os grandes da terra, porque todas as nações foram seduzidas pela tua feitiçaria.

²⁴ E nela se achou sangue de profetas, de santos e de todos os que foram mortos sobre a terra.

O júbilo no céu

19 Depois destas cousas, ouvi no céu uma como grande voz de numerosa multidão, dizendo:

Aleluia! A salvação, e a glória, e o poder são do nosso Deus,

² porquanto verdadeiros e justos são os seus juízos, pois julgou a grande meretriz que corrompia a terra com a sua prostituição e das mãos dela vingou o sangue dos seus servos.

³ Segunda vez disseram:
Aleluia! E a sua fumaça sobe pelos séculos dos séculos.

⁴ Os vinte e quatro anciãos e os quatro seres viventes prostraram-se e adoraram a Deus, que se acha sentado no trono, dizendo: Amém! Aleluia!

⁵ Saiu uma voz do trono, exclamando:
Dai louvores ao nosso Deus, todos os seus servos, os que o temeis, os pequenos e os grandes.

⁶ Então, ouvi uma como voz de numerosa multidão, como de muitas águas e como de fortes trovões, dizendo:
Aleluia! Pois reina o Senhor, nosso Deus, o Todo-poderoso.

⁷ Alegremo-nos, exultemos e demos-lhe a glória, porque são chegadas as bodas do Cordeiro, cuja esposa a si mesma já se ataviou,

⁸ pois lhe foi dado vestir-se de linho finíssimo, resplandecente e puro.
Porque o linho finíssimo são os atos de justiça dos santos.

⁹ Então, me falou o anjo: Escreve: Bem-aventurados aqueles que são chamados à ceia das bodas do Cordeiro. E acrescentou: São estas as verdadeiras palavras de Deus.

¹⁰ Prostrei-me ante os seus pés para adorá-lo. Ele, porém, me disse: Vê, não faças isso; sou conservo teu e dos teus irmãos que mantêm o testemunho de Jesus; adora a Deus. Pois o testemunho de Jesus é o espírito da profecia.

Cristo, o vencedor da besta e do falso profeta

¹¹ Vi o céu aberto, e eis um cavalo branco. O seu cavaleiro se chama Fiel e Verdadeiro e julga e peleja com justiça.

¹² Os seus olhos são chama de fogo; na sua cabeça, há muitos diademas; tem um nome escrito que ninguém conhece, senão ele mesmo.

¹³ Está vestido com um manto tinto de

sangue, e o seu nome se chama o Verbo de Deus;

¹⁴ e seguiam-no os exércitos que há no céu, montando cavalos brancos, com vestiduras de linho finíssimo, branco e puro.

¹⁵ Sai da sua boca uma espada afiada, para com ela ferir as nações; e ele mesmo as regerá com cetro de ferro e, pessoalmente, pisa o lagar do vinho do furor da ira do Deus Todo-poderoso.

¹⁶ Tem no seu manto e na sua coxa um nome inscrito: REI DOS REIS E SENHOR DOS SENHORES.

¹⁷ Então, vi um anjo posto em pé no sol, e clamou com grande voz, falando a todas as aves que voam pelo meio do céu: Vinde, reuni-vos para a grande ceia de Deus,

¹⁸ para que comais carnes de reis, carnes de comandantes, carnes de poderosos, carnes de cavalos e seus cavaleiros, carnes de todos, quer livres, quer escravos, tanto pequenos como grandes.

¹⁹ E vi a besta e os reis da terra, com os seus exércitos, congregados para pelejarem contra aquele que estava montado no cavalo e contra o seu exército.

²⁰ Mas a besta foi aprisionada, e com ela o falso profeta que, com os sinais feitos diante dela, seduziu aqueles que receberam a marca da besta e eram os adoradores da sua imagem. Os dois foram lançados vivos dentro do lago do fogo que arde com enxofre.

²¹ Os restantes foram mortos com a espada que saía da boca daquele que estava montado no cavalo. E todas as aves se fartaram das suas carnes.

A prisão de Satanás por mil anos. A primeira ressurreição

20 Então, vi descer do céu um anjo; tinha na mão a chave do abismo e uma grande corrente.

² Ele segurou o dragão, a antiga serpente, que é o diabo, Satanás, e o prendeu por mil anos;

³ lançou-o no abismo, fechou-o e pôs selo sobre ele, para que não mais enganasse as nações até se completarem os mil anos. Depois disto, é necessário que ele seja solto pouco tempo.

⁴ Vi também tronos, e nestes sentaram-se aqueles aos quais foi dada autoridade de julgar. Vi ainda as almas dos decapitados por causa do testemunho de Jesus, bem como por causa da palavra de Deus, tantos quantos não adoraram a besta, nem tampouco a sua imagem, e não receberam a marca na fronte e na mão; e viveram e reinaram com Cristo durante mil anos.

⁵ Os restantes dos mortos não reviveram até que se completassem os mil anos. Esta é a primeira ressurreição.

⁶ Bem-aventurado e santo é aquele que tem parte na primeira ressurreição; sobre esses a segunda morte não tem autoridade; pelo contrário, serão sacerdotes de Deus e de Cristo e reinarão com ele os mil anos.

Satanás é solto e derrotado

⁷ Quando, porém, se completarem os mil anos, Satanás será solto da sua prisão

⁸ e sairá a seduzir as nações que há nos quatro cantos da terra, Gogue e Magogue, a fim de reuni-las para a peleja. O número dessas é como a areia do mar.

⁹ Marcharam, então, pela superfície da terra e sitiaram o acampamento dos santos e a cidade querida; desceu, porém, fogo do céu e os consumiu.

¹⁰ O diabo, o sedutor deles, foi lançado para dentro do lago de fogo e enxofre, onde já se encontram não só a besta como também o falso profeta; e serão atormentados de dia e de noite, pelos séculos dos séculos.

O juízo de Deus

¹¹ Vi um grande trono branco e aquele que nele se assenta, de cuja presença fugiram a terra e o céu, e não se achou lugar para eles.

¹² Vi também os mortos, os grandes e os pequenos, postos em pé diante do trono. Então, se abriram livros. Ainda outro livro, o livro da vida, foi aberto. E os mortos foram julgados, segundo as suas obras, conforme o que se achava escrito nos livros.

¹³ Deu o mar os mortos que nele estavam. A morte e o além entregaram os mortos que neles havia. E foram julgados, um por um, segundo as suas obras.

¹⁴ Então, a morte e o inferno foram lançados para dentro do lago de fogo. Esta é a segunda morte, o lago de fogo.

¹⁵ E, se alguém não foi achado inscrito

19.15 Sl 2.9; Is 63.3; Jl 3.13; Ap 14.20.   **19.17,18** Ez 39.4,17-20.   **19.20** Ap 13.1-18.   **20.2** Gn 3.1. **20.4** Dn 7.9,22,27.   **20.8** Ez 38.1-16.   **20.11,12** Dn 7.9,10.

no livro da vida, esse foi lançado para dentro do lago de fogo.

O novo céu e a nova terra

21 Vi novo céu e nova terra, pois o primeiro céu e a primeira terra passaram, e o mar já não existe.

² Vi também a cidade santa, a nova Jerusalém, que descia do céu, da parte de Deus, ataviada como noiva adornada para o seu esposo.

³ Então, ouvi grande voz vinda do trono, dizendo: Eis o tabernáculo de Deus com os homens. Deus habitará com eles. Eles serão povos de Deus, e Deus mesmo estará com eles.

⁴ E lhes enxugará dos olhos toda lágrima, e a morte já não existirá, já não haverá luto, nem pranto, nem dor, porque as primeiras cousas passaram.

⁵ E aquele que está assentado no trono disse: Eis que faço novas todas as cousas. E acrescentou: Escreve, porque estas palavras são fiéis e verdadeiras.

⁶ Disse-me ainda: Tudo está feito. Eu sou o Alfa e o Ômega, o Princípio e o Fim. Eu, a quem tem sede, darei de graça da fonte da água da vida.

⁷ O vencedor herdará estas cousas, e eu lhe serei Deus, e ele me será filho.

⁸ Quanto, porém, aos covardes, aos incrédulos, aos abomináveis, aos assassinos, aos impuros, aos feiticeiros, aos idólatras e a todos os mentirosos, a parte que lhes cabe será no lago que arde com fogo e enxofre, a saber, a segunda morte.

A nova Jerusalém

⁹ Então, veio um dos sete anjos que têm as sete taças cheias dos últimos sete flagelos e falou comigo, dizendo: Vem, mostrar-te-ei a noiva, a esposa do Cordeiro;

¹⁰ e me transportou, em espírito, até a uma grande e elevada montanha e me mostrou a santa cidade, Jerusalém, que descia do céu, da parte de Deus,

¹¹ a qual tem a glória de Deus. O seu fulgor era semelhante a uma pedra preciosíssima, como pedra de jaspe cristalina.

¹² Tinha grande e alta muralha, doze portas, e, junto às portas, doze anjos, e, sobre elas, nomes inscritos, que são os nomes das doze tribos dos filhos de Israel.

¹³ Três portas se achavam a leste, três, ao norte, três, ao sul, e três, a oeste.

¹⁴ A muralha da cidade tinha doze fundamentos, e estavam sobre estes os doze nomes dos doze apóstolos do Cordeiro.

¹⁵ Aquele que falava comigo tinha por medida uma vara de ouro para medir a cidade, as suas portas e a sua muralha.

¹⁶ A cidade é quadrangular, de comprimento e largura iguais. E mediu a cidade com a vara até doze mil estádios. O seu comprimento, largura e altura são iguais.

¹⁷ Mediu também a sua muralha, cento e quarenta e quatro côvados, medida de homem, isto é, de anjo.

¹⁸ A estrutura da muralha é de jaspe; também a cidade é de ouro puro, semelhante a vidro límpido.

¹⁹ Os fundamentos da muralha da cidade estão adornados de toda espécie de pedras preciosas. O primeiro fundamento é de jaspe; o segundo, de safira; o terceiro, de calcedônia; o quarto, de esmeralda;

²⁰ o quinto, de sardônio; o sexto, de sárdio; o sétimo, de crisólito; o oitavo, de berilo; o nono, de topázio; o décimo, de crisópraso; o undécimo, de jacinto; e o duodécimo, de ametista.

²¹ As doze portas são doze pérolas, e cada uma dessas portas, de uma só pérola. A praça da cidade é de ouro puro, como vidro transparente.

²² Nela, não vi santuário, porque o seu santuário é o Senhor, o Deus Todo-poderoso, e o Cordeiro.

²³ A cidade não precisa nem do sol, nem da lua, para lhe darem claridade, pois a glória de Deus a iluminou, e o Cordeiro é a sua lâmpada.

²⁴ As nações andarão mediante a sua luz, e os reis da terra lhe trazem a sua glória.

²⁵ As suas portas nunca jamais se fecharão de dia, porque, nela, não haverá noite.

²⁶ E lhe trarão a glória e a honra das nações.

²⁷ Nela, nunca jamais penetrará cousa alguma contaminada, nem o que pratica abominação e mentira, mas somente os inscritos no livro da vida do Cordeiro.

22 Então, me mostrou o rio da água da vida, brilhante como cristal, que sai do trono de Deus e do Cordeiro.

² No meio da sua praça, de uma e outra margem do rio, está a árvore da vida, que produz doze frutos, dando o seu fruto de

---

21.1 Is 65.17; 66.22; 2Pe 3.13. **21.2** Is 52.1; 61.10. **21.3** Ez 37.27. **21.4** Is 25.8; 65.19. **21.6** Is 55.1. **21.7** 2Sm 7.14; 1Cr 17.13. **21.10** Ez 40.2. **21.12,13** Ez 48.30-34. **21.15** Ez 40.3. **21.18-21** Is 54.11,12. **21.23** Is 60.19. **21.25,26** Is 60.11. **21.27** Is 52.1. **22.1** Ez 47.1; Zc 14.8. **22.2** Gn 2.9.

mês em mês, e as folhas da árvore são para a cura dos povos.

³ Nunca mais haverá qualquer maldição. Nela, estará o trono de Deus e do Cordeiro. Os seus servos o servirão,

⁴ contemplarão a sua face, e na sua fronte está o nome dele.

⁵ Então, já não haverá noite, nem precisam eles de luz de candeia, nem da luz do sol, porque o Senhor Deus brilhará sobre eles, e reinarão pelos séculos dos séculos.

A certeza do cumprimento da profecia deste livro

⁶ Disse-me ainda: Estas palavras são fiéis e verdadeiras. O Senhor, o Deus dos espíritos dos profetas, enviou seu anjo para mostrar aos seus servos as cousas que em breve devem acontecer.

⁷ Eis que venho sem demora. Bem-aventurado aquele que guarda as palavras da profecia deste livro.

As admoestações e as promessas finais

⁸ Eu, João, sou quem ouviu e viu estas cousas. E, quando as ouvi e vi, prostrei-me ante os pés do anjo que me mostrou essas cousas, para adorá-lo.

⁹ Então, ele me disse: Vê, não faças isso; eu sou conservo teu, dos teus irmãos, os profetas, e dos que guardam as palavras deste livro. Adora a Deus.

¹⁰ Disse-me ainda: Não seles as palavras da profecia deste livro, porque o tempo está próximo.

¹¹ Continue o injusto fazendo injustiça, continue o imundo ainda sendo imundo; o justo continue na prática da justiça, e o santo continue a santificar-se.

¹² E eis que venho sem demora, e comigo está o galardão que tenho para retribuir a cada um segundo as suas obras.

¹³ Eu sou o Alfa e o Ômega, o Primeiro e o Último, o Princípio e o Fim.

¹⁴ Bem-aventurados aqueles que lavam as suas vestiduras [no sangue do Cordeiro], para que lhes assista o direito à árvore da vida, e entrem na cidade pelas portas.

¹⁵ Fora ficam os cães, os feiticeiros, os impuros, os assassinos, os idólatras e todo aquele que ama e pratica a mentira.

¹⁶ Eu, Jesus, enviei o meu anjo para vos testificar estas cousas às igrejas. Eu sou a Raiz e a Geração de Davi, a brilhante Estrela da manhã.

¹⁷ O Espírito e a noiva dizem: Vem! Aquele que ouve, diga: Vem! Aquele que tem sede venha, e quem quiser receba de graça a água da vida.

A conclusão do livro

¹⁸ Eu, a todo aquele que ouve as palavras da profecia deste livro, testifico: Se alguém lhes fizer qualquer acréscimo, Deus lhe acrescentará os flagelos escritos neste livro;

¹⁹ e, se alguém tirar qualquer cousa das palavras do livro desta profecia, Deus tirará a sua parte da árvore da vida, da cidade santa e das cousas que se acham escritas neste livro.

²⁰ Aquele que dá testemunho destas cousas diz: Certamente, venho sem demora. Amém. Vem, Senhor Jesus!

A bênção

²¹ A graça do Senhor Jesus seja com todos.

22.3 Zc 14.11.   **22.5** Is 60.19; Dn 7.18,27.   **22.11** Dn 12.10.   **22.12** Is 40.10; 62.11; Sl 28.4.   **22.13** Is 44.6; 48.12.   **22.14** Gn 2.9; 3.22.   **22.16** Is 11.1.   **22.17** Is 55.1.   **22.18,19** Dt 4.2; 12.32.

AUXÍLIOS PARA O LEITOR

CONTEÚDO

CRONOLOGIA BÍBLICA

1. CRONOLOGIA DO ANTIGO TESTAMENTO

Não há condições para se datarem os eventos relatados nos primeiros onze capítulos de Gênesis. Os períodos dos patriarcas, do êxodo e da conquista de Canaã aparecem nesta cronologia com duas datas possíveis, que constituem as posições mais representativas dos estudiosos do Antigo Testamento, e mesmo estas são datas aproximadas. Só a partir da época dos reis é que se pisa em terreno firme em matéria de cronologia, sendo mínimas as discordâncias entre eruditos bíblicos. Nesta tabela cronológica, as abreviações "a.C." e "d.C." significam "antes de Cristo" e "depois de Cristo", respectivamente.

DATA

P R É - H I S T Ó R I A	**1.1. O Princípio** A Criação Adão e Eva no jardim do Éden Caim e Abel Noé e o dilúvio A torre de Babel
2200 a.C.	**1.2. Os Patriarcas** Nascimento de Abraão - 2160? 1950 a.C.? Nascimento de Isaque - 2060? 1850 a.C.? Nascimento de Jacó e Esaú - 2000? 1790 a.C.? O nascimento de José - 1909? 1699 a.C.?
1900 a.C.	**1.3. Israel no Egito e o Êxodo** Migração dos filhos de Jacó com suas famílias para o Egito - 1870? 1650 a.C.? Os israelitas são escravizados no Egito - 1580? 1580 a.C.? Nascimento de Moisés - 1520? 1330 a.C.? Saída dos israelitas do Egito e início da sua peregrinação no deserto - 1440? 1280 a.C.?

1400 a.C.	**1.4. A Conquista de Canaã e o Período dos Juízes** Início da conquista da terra de Canaã sob o comando de Josué - 1400? 1230 a.C.? Início do período dos juízes - 1370? 1200 a.C.?
1100 a.C.	**1.5. O Reino Unido** Reinado de Saul - 1050 a 1010 a.C. Reinado de Davi - 1010 a 970 a.C. Reinado de Salomão - 970 a 931 a.C.

1.6. O Reino Dividido

Judá (Reino do Sul)	Profetas	Israel (Reino do Norte)
Roboão - 931 a 913 a.C.		Jeroboão I - 931 a 910 a.C.
Abias - 913 a 911 a.C.		
Asa - 911 a 870 a.C.		Nadabe - 910 a 909 a.C.
		Baasa - 909 a 886 a.C.
		Elá - 886 a 885 a.C.
		Zinri - 885 a.C.
		Onri - 885 a 874 a.C.
Josafá - 870 a 848 a.C.		Acabe - 874 a 853 a.C.
	Elias	
		Acazias - 853 a 852 a.C.
	Eliseu	
Jeorão - 848 a 841 a.C.		Jorão - 852 a 841 a.C.
Acazias - 841 a.C. Atalia - 841 a 835 a.C.		Jeú - 841 a 814 a.C.
Joás - 835 a 796 a.C.		
		Jeoacaz - 814 a 798 a.C.
	Joel?	

(Coluna lateral: 950 a.C. / 900 a.C. / 850 a.C.)

800 a.C.	Amazias - 796 a 781 a.C.		Jeoás - 798 a 783 a.C.
	Uzias - 781 a 740 a.C.		Jeroboão II - 783 a 743 a.C.
		Jonas	
		Amós	
		Isaías Oséias	
750 a.C.	Jotão - 740 a 736 a.C.		Zacarias - 743 a.C.
			Salum - 743 a.C.
			Menaém - 743 a 738 a.C.
		Miquéias	Pecaías - 738 a 737 a.C.
			Peca - 737 a 732 a.C.
	Acaz - 736 a 716 a.C.	Joel?	Oséias - 732 a 723 a.C.
			Queda de Samaria - 722 a.C.
	Ezequias - 716 a 687 a.C.		

1.7. Últimos Anos do Reino de Judá

700 a.C.	*Reis*	*Profetas*
	Manassés - 687 a 642 a.C.	
		Obadias?
650 a.C.	Amom - 642 a 640 a.C.	
	Josias - 640 a 609 a.C.	Jeremias
		Naum
		Sofonias
	Joacaz - 609 a.C.	
	Jeoaquim - 609 a 598 a.C.	
		Daniel
		Ezequiel
		Habacuque?
600 a.C.	Joaquim - 598 a.C.	
	Zedequias - 598 a 587 a.C.	
	Queda de Jerusalém (julho de 587 ou 586 a.C.)	

1.8. O Cativeiro e a Restauração

Habitantes de Judá levados para
a Babilônia - 587 a 586 a.C.

550 a.C.

Início do domínio persa - 539 a.C.
Ciro, imperador da Pérsia, ordena
a volta dos judeus - 538 a.C.

Ageu
Zacarias
Obadias?
Malaquias

Início da reconstrução do Templo
- 520 a.C.

Reconstrução das muralhas de
Jerusalém - 445 a 443 a.C.

Joel?

400 a.C.

2. CRONOLOGIA DO PERÍODO INTERTESTAMENTÁRIO

Alexandre, o Grande, governa a Palestina: domínio macedônio -
333 a 323 a.C

Domínio dos ptolomeus sobre a Palestina - 323 a 198 a.C.

200 a.C.

Domínio dos selêucidas sobre a Palestina - 198 a 166 a.C.

Revolução de Judas Macabeus e domínio da família de Judas e seus
descendentes, os asmoneus, sobre a Palestina - 166 a 63 a.C.

Conquista de Jerusalém por Pompeu, general romano, anexando a
Palestina ao Império Romano - 63 a.C.

Reinado de Herodes, o Grande, sobre a Palestina, por nomeação de
Roma - 37 a 4 a.C.

3. CRONOLOGIA DO NOVO TESTAMENTO

As referências cronológicas no Novo Testamento podem ser dadas apenas como aproximadas, tanto para as referências à vida de Jesus, como para o período dos apóstolos. A respeito do nascimento de Jesus, por exemplo, só se pode afirmar, com base em Mt 2.1 (v. Lc 1.5), que ele ocorreu durante o reinado de Herodes, o Grande, que morreu em 4 a.c., enquanto que a respeito de sua crucificação pode-se afirmar que ela ocorreu durante uma celebração da Páscoa no governo de Pôncio Pilatos (26-30 d.C.). Quanto ao período dos apóstolos, pode-se precisar com alguma certeza o ano da morte de Herodes Agripa I como sendo 44 d.C. (At 12.20-23), enquanto que as demais datas são aproximadas.

3.1. A Vida de Jesus

1 d.C.	Imperadores romanos	Governadores e reis da Judéia	Eventos do NT
	Augusto - 29 a.C. a 14 d.C.	Herodes, o Grande - 37 a 4 a.C.	Nascimento de Jesus - 6 a.C.
		Arquelau - 4 a.C a 6 d.C.	
	Tibério - 14 a 37 d.C.		
		Pôncio Pilatos - 26 a 36 d.C.	Batismo de Jesus - 26 d.C. Primeira Páscoa no ministério de Jesus - 28 d.C.
			Morte e ressurreição de Jesus - 30 d.C.

3.2. O Período dos Apóstolos

30 d.C.			
			Dia de Pentecostes - 30 d.C.
	Calígula (Gaio) - 37 a 41 d.C.		Conversão de Paulo - 37 d.C.
40 d.C.	Cláudio - 41 a 54 d.C.	Herodes Agripa I - 41 a 44 d.C.	Início do ministério de Paulo - 41 d.C. Morte de Tiago, filho de Zebedeu - 44 d.C.

		Morte de Herodes Agripa I - 44 d.C.
		Fome no tempo de Cláudio - 46 d.C.
		Primeira viagem missionária de Paulo - 48 a 49 d.C.
		Edito de Cláudio - 49 ou 50 d.C.
50 d.C.	Sérgio Paulo, procônsul - 50 d.C.	Conferência de Jerusalém - 50 d.C.
		Segunda viagem missionária de Paulo - 50 a 53 d.C.
		Paulo em Corinto - 50 a 52 d.C.
	Nero 54 a 68 d.C. Félix - 52 a 60 d.C.	Terceira viagem missionária de Paulo - 54 a 58 d.C.
		Paulo em Éfeso - 54 a 57 d.C.
		Paulo preso em Jerusalém - 58 d.C.
		Paulo na prisão em Cesaréia - 58 a 60 d.C.
60 d.C.	Pórcio Festo - 60 a 62 d.C.	Paulo na prisão em Roma - 61 a 63 d.C.
		Libertação e atividades de Paulo - 63 a 65 d.C.
		Morte de Pedro em Roma - 65 d.C. ?
		Segunda prisão de Paulo em Roma - 66 d.C.
		Morte de Paulo em Roma - 67 d.C. ?
	Galba - 68 a 69 d.C. Oto - 69 d.C. Vitélio - 69 d.C.	
70 d.C.	Vespasiano - 69 a 79 d.C.	Destruição de Jerusalém e do Templo - 70 d.C.
	Tito - 79 a 81 d.C.	
	Domiciano - 81 a 96 d.C.	
	Nerva - 96 a 98 d.C.	
	Trajano - 98 a 117 d.C.	Morte de João - 98 ou 100 d.C. ?

ATLAS BÍBLICO

ÍNDICE DOS MAPAS

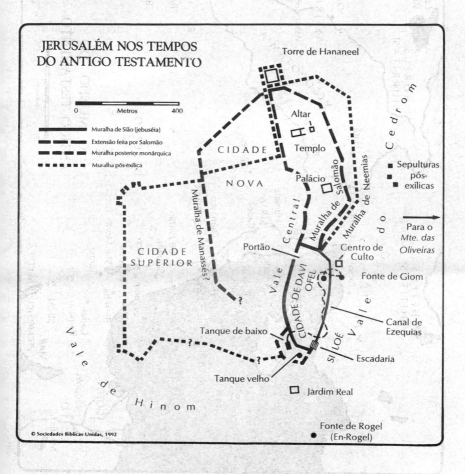

JERUSALÉM NOS TEMPOS DO ANTIGO TESTAMENTO

Torre de Hananeel

0 — Metros — 400

Muralha de Sião (jebuséia)
Extensão feita por Salomão
Muralha posterior monárquica
Muralha pós-exílica

Altar

Templo

CIDADE NOVA

Palácio

Muralha de Salomão

Muralha de Neemias

Sepulturas pós-exílicas

CIDADE SUPERIOR

Muralha de Manassés?

Portão

Centro de Culto

Fonte de Giom

Vale Central

CIDADE DE DAVI

OFEL

Para o Mte. das Oliveiras

Canal de Ezequias

Tanque de baixo

SILOÉ

Vale do

Escadaria

Tanque velho

Jardim Real

Vale de Hinom

Cedrom

Fonte de Rogel (En-Rogel)

© Sociedades Bíblicas Unidas, 1992

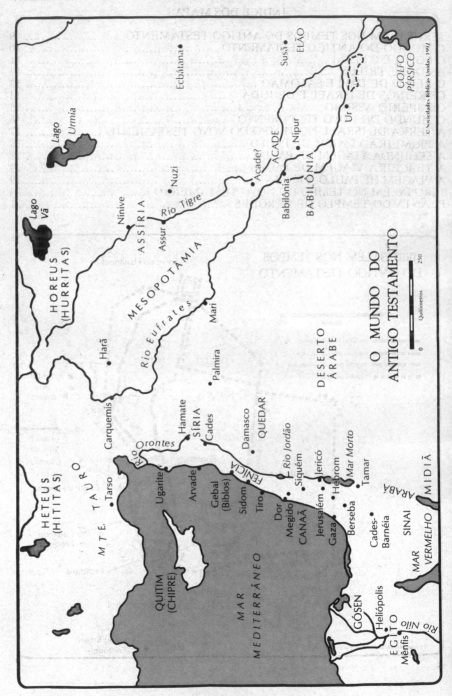

O MUNDO DO ANTIGO TESTAMENTO

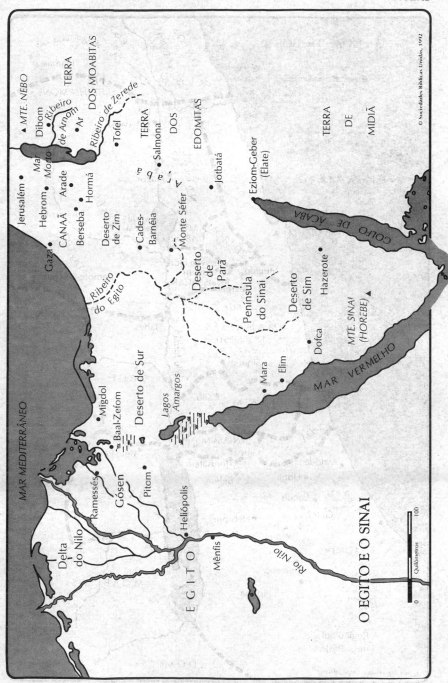

O EGITO E O SINAI

AS DOZE TRIBOS

0   Quilômetros   40

Sidom

SIDÔNIOS

MONTANHAS DO LÍBANO

HETEUS

ARAMEUS

Damasco

MTE. HERMON

Tiro

DÃ
Dã (Laís)

ASER

NAFTALI

MAR MEDITERRÂNEO

Hazor

MANASSÉS DO LESTE

Mar da Galiléia

Astarote

MTE. CARMELO ▲

MTE. TABOR

ZEBULOM

Dor

Megido

En-Dor
Suném
ISSACAR

Ramote-Gileade

Jezreel

MTE. GILBOA

Jabes

MANASSÉS DO OESTE

Rio Jordão

GADE

AMONITAS

Siquém

Jope

EFRAIM

Silo

DÃ

Betel
Aí
BENJAMIM
Gibeá

Gilgal

Jericó

Rabá

Asdode

Libna

Jerusalém

Belém

Bete-Peor

Ascalom

FILISTEUS

Laquis

Gate?

Gaza

Hebrom

En-Gedi

Mar Morto

RÚBEN

JUDÁ

Gate?

Berseba

Hormá

MOABITAS

SIMEÃO

A Região Sul
(Neguebe)

EDOMITAS

© Sociedades Bíblicas Unidas, 1992

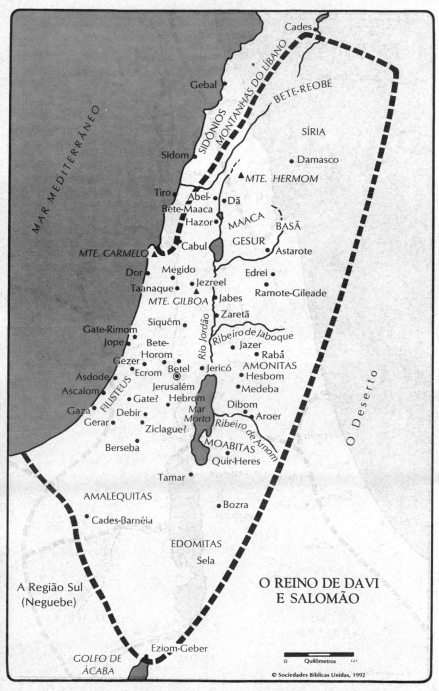

MAR MEDITERRÂNEO

Cades

Gebal

SIDÔNIOS
MONTANHAS DO LÍBANO
BETE-REOBE

SÍRIA

Sidom

Damasco

MTE. HERMOM

Tiro
Abel-
Bete-Maaca
Dã
MAACA
Hazor
BASÃ
Cabul
GESUR
Astarote

MTE. CARMELO

Dor
Megido
Edrei
Taanaque
Jezreel
Ramote-Gileade
MTE. GILBOA
Jabes
Zaretã
Siquém
Rio Jordão
Ribeiro de Jaboque
Gate-Rimom
Jazer
Jope
Bete-
Horom
Rabá
Gezer
AMONITAS
Ecrom
Betel
Jericó
Asdode
Hesbom
Ascalom
Jerusalém
Medeba
Gate?
Hebrom
Gaza
Mar
Morto
Dibom
Debir
Aroer
Gerar
Ziclague?
Ribeiro de Arnom
Berseba
MOABITAS
Quir-Heres

FILISTEUS

O Deserto

Tamar

AMALEQUITAS
Bozra
Cades-Barnéia

EDOMITAS
Sela

O REINO DE DAVI
E SALOMÃO

A Região Sul
(Neguebe)

Eziom-Geber

GOLFO DE
ÁCABA

0   Quilômetros   60

© Sociedades Bíblicas Unidas, 1992

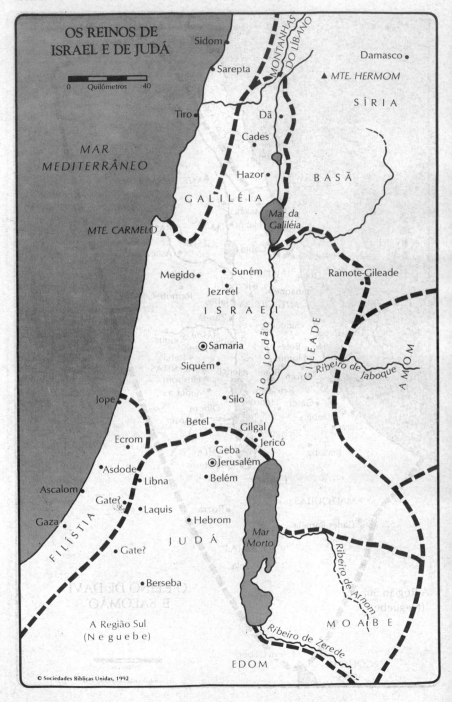

OS REINOS DE
ISRAEL E DE JUDÁ

0 Quilômetros 40

MAR
MEDITERRÂNEO

MONTANHAS DO LÍBANO

Sidom
Sarepta
Tiro
Dã
Cades
Hazor
GALILÉIA
MTE. CARMELO
Mar da Galiléia

Damasco
▲ MTE. HERMOM
SÍRIA
BASÃ

Megido
Jezreel
Suném
ISRAEL
Ramote-Gileade

GILEADE

Samaria
Siquém

Rio Jordão

Ribeiro de Jaboque
AMOM

Jope
Silo
Betel
Gilgal
Jericó
Ecrom
Geba
Jerusalém
Asdode
Libna
Belém
Ascalom
Gate?
Gaze
Laquis
Hebrom
FILÍSTIA
JUDÁ
Mar Morto

Ribeiro de Arnom

Gate?
Berseba
MOABE

A Região Sul
(Neguebe)

Ribeiro de Zerede

EDOM

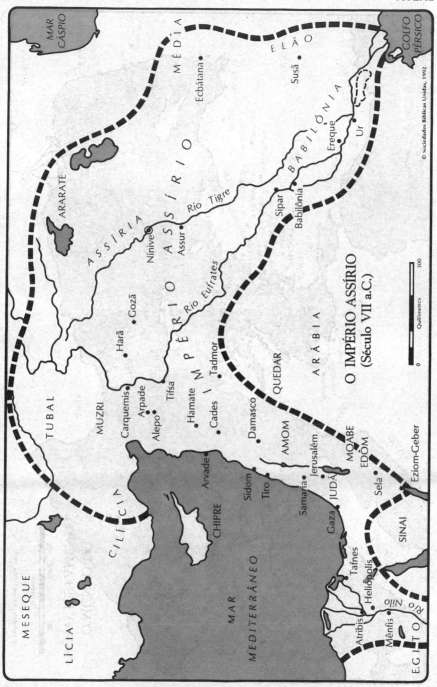

O IMPÉRIO ASSÍRIO
(Século VII a.C.)

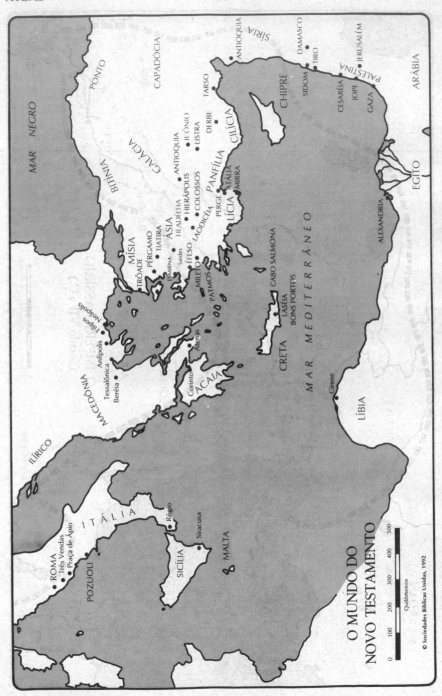

O MUNDO DO
NOVO TESTAMENTO

© Sociedades Bíblicas Unidas, 1992

Quilômetros

0   100   200   300   400   500

A TERRA DE ISRAEL
NO TEMPO DO
NOVO TESTAMENTO

Quilômetros 40

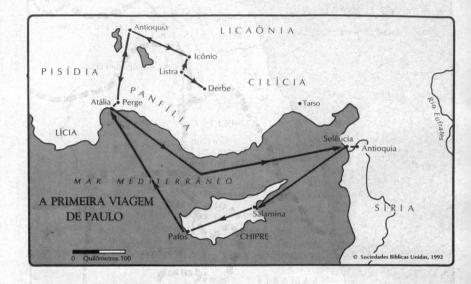

A PRIMEIRA VIAGEM DE PAULO

A SEGUNDA VIAGEM DE PAULO

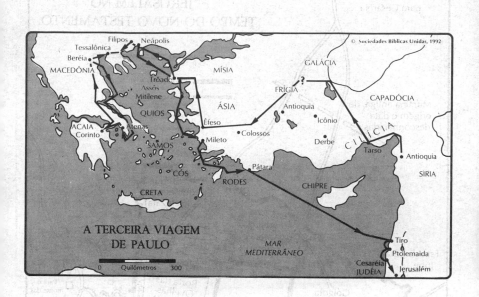

A TERCEIRA VIAGEM
DE PAULO

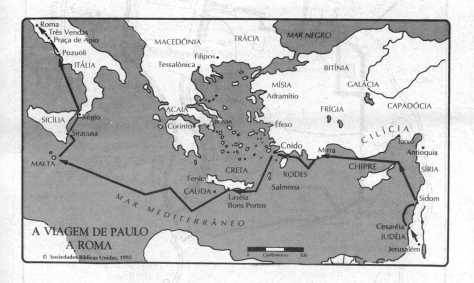

A VIAGEM DE PAULO
A ROMA

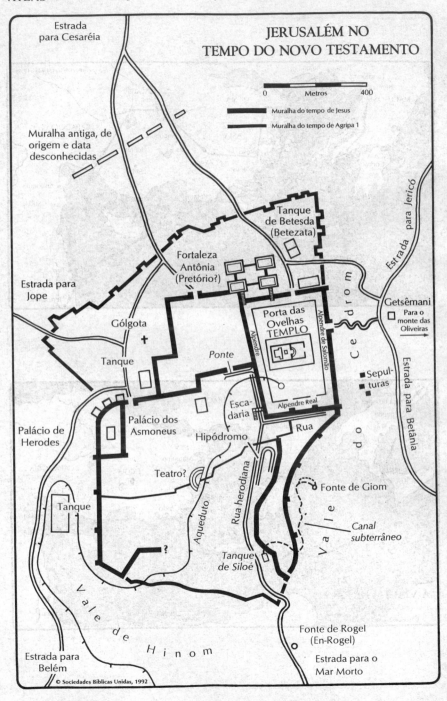

JERUSALÉM NO
TEMPO DO NOVO TESTAMENTO

0 Metros 400

Muralha do tempo de Jesus

Muralha do tempo de Agripa 1

Estrada para Cesaréia

Muralha antiga, de origem e data desconhecidas

Estrada para Jericó

Tanque de Betesda (Betezata)

Fortaleza Antônia (Pretório?)

Estrada para Jope

Gólgota

Tanque

Ponte

Porta das Ovelhas
TEMPLO

Alpendre

Alpendre de Salomão

Getsêmani
Para o monte das Oliveiras

Sepul- turas

Escadaria

Alpendre Real

Rua

Palácio dos Asmoneus

Hipódromo

Palácio de Herodes

Teatro?

Aqueduto

Rua herodiana

Vale do Cedrom

Estrada para Betânia

Fonte de Giom

Canal subterrâneo

Tanque

Tanque de Siloé

Vale de Hinom

Fonte de Rogel (En-Rogel)

Estrada para Belém

Estrada para o Mar Morto

© Sociedades Bíblicas Unidas, 1992

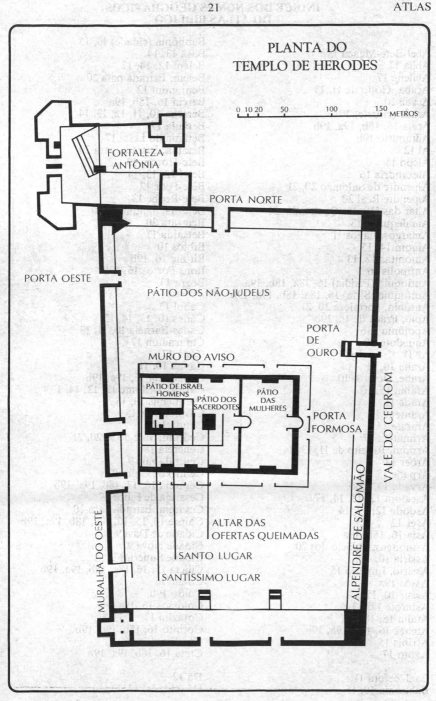

PLANTA DO
TEMPLO DE HERODES

0 10 20   50   100   150 METROS

FORTALEZA
ANTÔNIA

PORTA NORTE

PORTA OESTE

PÁTIO DOS NÃO-JUDEUS

PORTA
DE
OURO

MURO DO AVISO

PÁTIO DE ISRAEL
HOMENS
PÁTIO DOS
SACERDOTES
PÁTIO
DAS
MULHERES

PORTA
FORMOSA

VALE DO CEDROM

ALTAR DAS
OFERTAS QUEIMADAS

SANTO LUGAR

SANTÍSSIMO LUGAR

ALPENDRE DE SALOMÃO

MURALHA DO OESTE

ÍNDICE DOS NOMES GEOGRÁFICOS
DO ATLAS BÍBLICO

TABELA DE PESOS, DINHEIRO E MEDIDAS

Na tentativa de facilitar para o leitor, procurou-se colocar os dados desta tabela, sempre que possível, numa seqüência ascendente, iniciando com a unidade menor e terminando com a maior. A **unidade básica** é indicada com o valor "1" na coluna da "Proporção", sendo que as unidades menores precedem a unidade básica e as unidades maiores a seguem. O "Equivalente atual" de cada unidade, onde aparece, é aproximado.

1. PESOS

Nome	Correspondente Bíblico	Proporção	Equivalente atual
Gera (Êx 30.13; RC, "óbolo")	1/10 do **beca** ou 1/20 do **siclo**	1/20	0,571 g
Beca (Êx 38.26)	10 **geras** ou 1/2 do **siclo**	1/2	5,712 g
Siclo (unidade básica; Gn 24.22)	20 **geras** ou 2 **becas**	1	11,424 g
Mina* ou **arrátel**** (Ed 2.69)	50 **siclos**	50	571,2 g
Talento*** (2Sm 12.30)	3000 **siclos** ou 60 **minas**	3000	34,272 kg

* A **mina** em Ezequiel (45.12) é igual a 60 **siclos** e equivale a 685,44 g.

** O nome **arrátel** também é usado para a **libra** romana (Jo 12.3; 19.39) que equivale a 325 g.

*** O **talento** em Apocalipse (16.21) equivale a 40 kg.

2. DINHEIRO

2.1. NO ANTIGO TESTAMENTO

1. O **siclo**, a **mina** e o **talento** eram peças ou barras de metal (prata, ouro) usadas como meio de pagamento (2Rs 18.14).

2. Como moeda, aparece o **darico** (1Cr 29.7; Ed 2.69; 8.27; Ne 7.70; RC, "dracma"), uma moeda de ouro que pesava 8,4 g.

3. A **peça de dinheiro** (Gn 33.19, **quesita**) é de valor ignorado.

2.2. NO NOVO TESTAMENTO

Nome	Tipo	Correspondente Bíblico	Proporção
Lepto (Mc 12.42, "pequenas moedas")	Moeda de cobre ou de bronze	1/2 do **quadrante** ou 1/128 do **denário**	1/128
Quadrante (Mc 12.42, RA; RC, "cinco réis")	Moeda romana de cobre	1/4 do **asse** ou 1/64 do **denário**	1/64
Asse (Mt 10.29; RC, "ceitil")	Moeda romana de cobre	1/16 do **denário**	1/16
Denário (unidade básica; Mt 20.2; RC, "dinheiro")	Moeda romana de prata	Salário dc um dia de trabalho	1
Dracma (unidade básica; Lc 15.8)	Moeda grega de prata	Igual a 1 **denário**	1
Didracma (Mt 17.24)	Moeda grega de prata	2 **dracmas** ou 2 **denários**	2
Tetradracma (Mt 26.15, "moedas de prata")	Moeda grega de prata	4 **dracmas** ou 4 **denários**	4
Estáter (Mt 17.27)	Moeda grega de prata	2 **didracmas** ou 4 **denários**	4
Mina (Lc 19.13)	Moeda grega de ouro	100 **denários**	100
Talento (Mt 25.15)	Prata ou ouro	6.000 **denários***	6.000

* Calculando-se que um diarista no Brasil ganhe 10 dólares por dia (igual a um **denário**), um **talento** de prata valeria 60.000 dólares.

3. MEDIDAS DE CAPACIDADE

3.1. PARA SECOS

Nome	Correspondente Bíblico	Proporção	Equivalente atual
Cabo (2Rs 6.25, RC; RA, "um pouco")	1/18 do **efa** ou 1/6 da **medida**	1/18	1 l
Gômer (Êx 16.16)	1/10 do **efa**	1/10	1,76 l
Alqueire ou **seá** (2Rs 7.1), **chaliche** (Is 40.12) e **medida*** (Gn 18.6)	1/3 do **efa**	1/3	5,87 l

TABELA 28

Efa (unidade básica; Lv 19.36)	10 gômeres ou 1/10 do ômer	1	17,62 l
Leteque (Os 3.2, "um ômer e meio")	5 efas ou 1/2 do ômer	5	88,1 l
Coro (Ed 7.22) ou ômer (Ez 45.11)	10 efas	10	176,2 l

* Em Ap 6.6 a **medida (choinix)** é igual a 1 litro.

3.2. PARA LÍQUIDOS

Nome	Correspondente Bíblico	Proporção	Equivalente atual
Sextário (Lv 14.10; RC, "logue")	1/12 do **him**	1/72	0,29 l
Him (Lv 19.36)	1/6 do **bato**	1/6	3,47 l
Bato (unidade básica; Is 5.10) e **cado** (Lc 16.6)*	1/10 do **coro**	1	20,82 l**
Coro (1Rs 5.11)	10 **batos**	10	208,2 l

* Outros consideram a **metreta** (Jo 2.6) também igual ao **bato**, mas é mais provável que a **metreta** tivesse 30 a 40 litros.

** Outros entendem que o **bato** tinha entre 30 e 34 litros.

4. MEDIDAS DE COMPRIMENTO

Nome	Correspondente Bíblico	Proporção	Equivalente atual
Dedo (Jr 52.21)	1/4 de **quatro dedos**	1/24	1,8 cm
Quatro dedos* (Êx 37.12)	1/3 do **palmo** ou 1/6 do **côvado**	1/6	7,4 cm
Palmo** (Êx 28.16)	1/2 do **côvado**	1/2	22,2 cm
Côvado*** (unidade básica; Gn 6.15)	2 **palmos**	1	44,4 cm
Braça (At 27.28)	4 **côvados**	4	1,80 m

* **Quatro dedos** é a medida da palma da **mão** (Êx 37.12, RC) na base dos quatro dedos.

** **Palmo** é a distância entre a ponta dos dedos extremos com a mão espalmada.

*** **Côvado** é a distância entre o cotovelo e a ponta do dedo médio. O **côvado** em Ezequiel (43.13) equivale a 51,8 cm, pois soma um **côvado** mais **quatro dedos**. Em conseqüência, a **cana** (Ez 41.8) equivale a 3,11 m, pois é igual a seis **côvados** de Ezequiel.

5. MEDIDAS DE DISTÂNCIA

Nome	Correspondente Bíblico	Equivalente atual
Tiro de pedra (Lc 22.41)		20 a 30 m
Tiro de arco (Gn 21.16)		100 a 150 m
Jornada de um sábado (At 1.12)	2.000 côvados	888 m
Jornada de um dia (Gn 31.23)		30 a 40 km
Estádio romano (Lc 24.13)		185 m
Milha romana (Mt 5.41)	8 estádios	1.479 m

6. MEDIDA DE ÁREA

Jeira: Área que uma junta de bois pode arar em um dia, mais ou menos um quarteirão quadrado com 50 m de lado, o que equivale a 2.750 m² (1Sm 14.14).

7. MEDIDAS DE TEMPO

Hora: 1/12 do dia e 1/12 da noite; a extensão da hora variava de acordo com a estação do ano. As horas do dia eram contadas a partir do nascer do sol e as da noite, a partir do pôr do sol (Mt 20.3).

Vigília: Os israelitas dividiam a noite em 3 vigílias, sendo cada uma de 4 horas (Jz 7.19); os romanos a dividiam em 4 vigílias, com 3 horas cada uma (Mt 14.25).

Noite: 12 horas, do pôr do sol até o seu nascer (Gn 7.4).

Dia: 12 horas, do nascer ao pôr do sol (Gn 7.4); 24 horas, de um pôr do sol até outro (Êx 20.8-11).

Semana: 7 dias, terminando com o sábado (Êx 20.10).

Mês: 29 a 30 dias, iniciando com a lua nova (Nm 28.14).

Ano: 12 meses lunares (354 dias; 1Cr 27.1-15). De três em três anos acrescentava-se um mês (pela repetição do último mês) para tirar a diferença entre os 12 meses lunares e o ano solar.

PLANO ANUAL DE LEITURA DA BÍBLIA

Por que ler a Bíblia

» Porque por meio dela conhecemos a Deus e ficamos sabendo o que ele exige de nós e também o que ele nos promete: 2Timóteo 3.16; João 5.39; 2Pedro 1.4.

» Porque nela se encontra revelado o amor de Deus pelo ser humano: João 3.16 e 20.30-31.

» Porque nela somos ensinados e habilitados a viver o mais alto conceito de amor: Mateus 5.43-48; 1Coríntios 13; Romanos 12.9-21.

» Porque nela encontramos mensagens de consolo e de paz: João 14.

» Porque suas palavras falam ao coração angustiado e o consolam: Salmo 103.

» Porque nela se encontram os princípios para uma vida de felicidade e harmonia no lar: Efésios 5.22 a 6.4.

Como ler a Bíblia

» Antes de iniciar, ore para que Deus o oriente e abençoe na leitura e, ao terminar, agradeça-lhe as bênçãos recebidas através dessa leitura.

» Leia com reverência e humildade e, sempre que possível, procure ler trechos que tenham sentido completo.

» Leia a sua Bíblia todos os dias, medite naquilo que você está lendo e construa sua vida sobre as promessas e os ensinamentos que ela lhe apresenta.

» Para ler a Bíblia toda em um ano, leia cinco capítulos nos domingos e três nos outros dias.

» Procure equilibrar suas leituras lendo alternadamente livros ou passagens do Antigo Testamento e do Novo Testamento.

» Marque sempre no **Quadro de Leitura da Bíblia** o capítulo ou os capítulos que você acabou de ler.

QUADRO DE LEITURA DA BÍBLIA

ANTIGO TESTAMENTO

Gênesis	1	2	3	4	5	6	7	8	9	10	11	12
	13	14	15	16	17	18	19	20	21	22	23	24
	25	26	27	28	29	30	31	32	33	34	35	36
	37	38	39	40	41	42	43	44	45	46	47	48
	49	50										
Êxodo	1	2	3	4	5	6	7	8	9	10	11	12
	13	14	15	16	17	18	19	20	21	22	23	24
	25	26	27	28	29	30	31	32	33	34	35	36
	37	38	39	40								
Levítico	1	2	3	4	5	6	7	8	9	10	11	12
	13	14	15	16	17	18	19	20	21	22	23	24
	25	26	27									
Números	1	2	3	4	5	6	7	8	9	10	11	12
	13	14	15	16	17	18	19	20	21	22	23	24
	25	26	27	28	29	30	31	32	33	34	35	36
Deuteronômio	1	2	3	4	5	6	7	8	9	10	11	12
	13	14	15	16	17	18	19	20	21	22	23	24
	25	26	27	28	29	30	31	32	33	34		
Josué	1	2	3	4	5	6	7	8	9	10	11	12
	13	14	15	16	17	18	19	20	21	22	23	24
Juízes	1	2	3	4	5	6	7	8	9	10	11	12
	13	14	15	16	17	18	19	20	21			

Rute	1	2	3	4								
1Samuel	1	2	3	4	5	6	7	8	9	10	11	12
	13	14	15	16	17	18	19	20	21	22	23	24
	25	26	27	28	29	30	31					
2Samuel	1	2	3	4	5	6	7	8	9	10	11	12
	13	14	15	16	17	18	19	20	21	22	23	24
1Reis	1	2	3	4	5	6	7	8	9	10	11	12
	13	14	15	16	17	18	19	20	21	22		
2Reis	1	2	3	4	5	6	7	8	9	10	11	12
	13	14	15	16	17	18	19	20	21	22	23	24
	25											
1Crônicas	1	2	3	4	5	6	7	8	9	10	11	12
	13	14	15	16	17	18	19	20	21	22	23	24
	25	26	27	28	29							
2Crônicas	1	2	3	4	5	6	7	8	9	10	11	12
	13	14	15	16	17	18	19	20	21	22	23	24
	25	26	27	28	29	30	31	32	33	34	35	36
Esdras	1	2	3	4	5	6	7	8	9	10		
Neemias	1	2	3	4	5	6	7	8	9	10	11	12
	13											
Ester	1	2	3	4	5	6	7	8	9	10		
Jó	1	2	3	4	5	6	7	8	9	10	11	12
	13	14	15	16	17	18	19	20	21	22	23	24
	25	26	27	28	29	30	31	32	33	34	35	36
	37	38	39	40	41	42						

Salmos	1	2	3	4	5	6	7	8	9	10	11	12
	13	14	15	16	17	18	19	20	21	22	23	24
	25	26	27	28	29	30	31	32	33	34	35	36
	37	38	39	40	41	42	43	44	45	46	47	48
	49	50	51	52	53	54	55	56	57	58	59	60
	61	62	63	64	65	66	67	68	69	70	71	72
	73	74	75	76	77	78	79	80	81	82	83	84
	85	86	87	88	89	90	91	92	93	94	95	96
	97	98	99	100	101	102	103	104	105	106	107	108
	109	110	111	112	113	114	115	116	117	118	119	120
	121	122	123	124	125	126	127	128	129	130	131	132
	133	134	135	136	137	138	139	140	141	142	143	144
	145	146	147	148	149	150						
Provérbios	1	2	3	4	5	6	7	8	9	10	11	12
	13	14	15	16	17	18	19	20	21	22	23	24
	25	26	27	28	29	30	31					
Eclesiastes	1	2	3	4	5	6	7	8	9	10	11	12
Cântico dos C	1	2	3	4	5	6	7	8				
Isaías	1	2	3	4	5	6	7	8	9	10	11	12
	13	14	15	16	17	18	19	20	21	22	23	24
	25	26	27	28	29	30	31	32	33	34	35	36
	37	38	39	40	41	42	43	44	45	46	47	48
	49	50	51	52	53	54	55	56	57	58	59	60
	61	62	63	64	65	66						

Jeremias	1	2	3	4	5	6	7	8	9	10	11	12
	13	14	15	16	17	18	19	20	21	22	23	24
	25	26	27	28	29	30	31	32	33	34	35	36
	37	38	39	40	41	42	43	44	45	46	47	48
	49	50	51	52								
Lamentações	1	2	3	4	5							
Ezequiel	1	2	3	4	5	6	7	8	9	10	11	12
	13	14	15	16	17	18	19	20	21	22	23	24
	25	26	27	28	29	30	31	32	33	34	35	36
	37	38	39	40	41	42	43	44	45	46	47	48
Daniel	1	2	3	4	5	6	7	8	9	10	11	12
Oséias	1	2	3	4	5	6	7	8	9	10	11	12
	13	14										
Joel	1	2	3									
Amós	1	2	3	4	5	6	7	8	9			
Obadias	1											
Jonas	1	2	3	4								
Miquéias	1	2	3	4	5	6	7					
Naum	1	2	3									
Habacuque	1	2	3									
Sofonias	1	2	3									
Ageu	1	2										
Zacarias	1	2	3	4	5	6	7	8	9	10	11	12
	13	14										
Malaquias	1	2	3	4								

Mateus	1	2	3	4	5	6	7	8	9	10	11	12
	13	14	15	16	17	18	19	20	21	22	23	24
	25	26	27	28								
Marcos	1	2	3	4	5	6	7	8	9	10	11	12
	13	14	15	16								
Lucas	1	2	3	4	5	6	7	8	9	10	11	12
	13	14	15	16	17	18	19	20	21	22	23	24
João	1	2	3	4	5	6	7	8	9	10	11	12
	13	14	15	16	17	18	19	20	21			
Atos	1	2	3	4	5	6	7	8	9	10	11	12
	13	14	15	16	17	18	19	20	21	22	23	24
	25	26	27	28								
Romanos	1	2	3	4	5	6	7	8	9	10	11	12
	13	14	15	16								
1Coríntios	1	2	3	4	5	6	7	8	9	10	11	12
	13	14	15	16								
2Coríntios	1	2	3	4	5	6	7	8	9	10	11	12
	13											
Gálatas	1	2	3	4	5	6						
Efésios	1	2	3	4	5	6						
Filipenses	1	2	3	4								
Colossenses	1	2	3	4								
1Tessalon.	1	2	3	4	5							
2Tessalon.	1	2	3									

1Timóteo	1	2	3	4	5	6						
2Timóteo	1	2	3	4								
Tito	1	2	3									
Filemom	1											
Hebreus	1	2	3	4	5	6	7	8	9	10	11	12
	13											
Tiago	1	2	3	4	5							
1Pedro	1	2	3	4	5							
2Pedro	1	2	3									
1João	1	2	3	4	5							
2João	1											
3João	1											
Judas	1											
Apocalipse	1	2	3	4	5	6	7	8	9	10	11	12
	13	14	15	16	17	18	19	20	21	22		

Se você quiser receber um **Certificado de Leitura da Bíblia**, oferecido pela Sociedade Bíblica do Brasil, escreva à SBB comunicando o dia que iniciou e o dia que terminou a leitura. Você pode começar a leitura em qualquer dia, desde que termine no prazo de um ano.

Comecei a leitura em: _____

Terminei a leitura em: _____

PALAVRAS DE ORIENTAÇÃO E CONSOLO

Na Palavra de Deus você encontra auxílio quando está...

...ansioso e impaciente: Salmo 13; 37.3-5; Mateus 6.25-34; Romanos 5.3-5; Filipenses 4.6-7; Tiago 5.7-11; 1Pedro 5.6-7.

...preocupado com dinheiro: Eclesiastes 5.10; Mateus 6.19-21; 1Timóteo 6.6-10; Hebreus 13.5-6.

...com medo: Salmo 4.8; Isaías 41.13; Lucas 8.22-25; João 14.27; 16.33; Romanos 8.1,31-39.

...com medo de testemunhar sua fé em Jesus: Isaías 55.10-11; Jeremias 1.4-9; Mateus 5.11-12; 10.16-20; Romanos 10.8-15.

...se sentindo solitário: Salmo 10.12-14; 25.16-18; 68.4-6; 146; Mateus 28.20; João 14.18-19; 1Pedro 5.7.

...angustiado e sofrendo: Mateus 5.4; Romanos 8.31-39; 2Coríntios 1.3-6; 4.16-18; 12.7-10; Tiago 1.2-4; Apocalipse 2.10.

...doente: Salmo 41.1-3; 68.19-20; 103.1-5; 146; Isaías 54.10; Romanos 5.1-5; Tiago 5.14-15; 1Pedro 5.10-11.

...enfrentando uma situação de doença terminal: Salmo 23; Romanos 8.18-30; 2Coríntios 5.1-10.

...sofrendo por causa da morte de alguém: João 11.25-26; 1Coríntios 15.50-58; 1Tessalonicenses 4.13-18.

...passando por uma situação de desgraça total: Jó 1.13-22; Isaías 55.8-9; Romanos 8.28.

...de saída para uma viagem: Salmo 46.1-3; 91.1-6, 14-16; 121.

...enfrentando uma tentação: Romanos 12.1-2; 1Coríntios 10.12-13; Hebreus 2.17-18; 4.14-16; Tiago 1.12-15; 4.7.

...sem desejo de participar dos cultos de adoração a Deus: Salmo 26.8; 84; 133.1; Efésios 3.16-17; Hebreus 10.23-25.

...precisando de orientação: Salmo 16; 25.4-10; 32.8; 119.105; Isaías 30.21.

...tomando decisões: Provérbios 3.5-6; 16.3; 1Coríntios 10.31; Gálatas 6.10; Tiago 1.5-8.

...com raiva: Mateus 5.44-48; Romanos 12.17-21; 1Coríntios 13; Colossenses 3.12-17; Tiago 1.19-20.

...com inveja: Salmo 49.16-20; Tiago 3.13-18.

...se sentindo culpado: Salmo 32; 51; 130; Isaías 1.18; Lucas 15; João 6.37; 1João 1.8-2.2.

...pensando que Deus abandonou você: Salmo 22.1-11; 139.1-12; Isaías 49.14-16; Filipenses 4.10-13; Hebreus 10.19-25.

...cansado e desanimado: Salmo 34.15-22; Isaías 40.25-31; Mateus 11.28-30; Hebreus 12.1-3.

...procurando o caminho para o céu: João 3.16; 14.5-6; Romanos 6.20-23; 10.9-13; Efésios 2.8-9.

...querendo saber como orar: Mateus 6.5-15; 7.7-11; Marcos 14.36; João 15.7; Filipenses 4.6-7; 1Tessalonicenses 5.17; 1João 5.14-15.

...agradecido pelas bênçãos de Deus: Salmo 98; 100; 103; 1Tessalonicenses 5.16-18.

ANOTAÇÕES

Esta Bíblia pode ser adquirida

nas

Secretarias Regionais

da

SOCIEDADE BÍBLICA DO BRASIL:

Belém, PA — Rua Ó de Almeida, 312 - Centro - CEP 66017-050;
Caixa Postal 641 - CEP 66020-970;
Fones: (091) 222-5614 e 222-5492; Fax: (091) 241-1865

Brasília, DF — SGAN 603E - Edifício da Bíblia - CEP 70830-030;
Caixa Postal 10-2371 - CEP 70849-970;
Fone: (061) 224-2717; Fax: (061) 223-4895

Porto Alegre, RS — Rua Voluntários da Pátria, 981 - CEP 90230-011;
Caixa Postal 2189 - CEP 90001-970;
Fone: (051) 225-1459; Fax: (051) 225-3360

Recife, PE — Rua Riachuelo, 581 - Loja 8 - Boa Vista - CEP 50050-400;
Caixa Postal 1629 - CEP 50001-970;
Fone: (081) 222-5527; Fax: (081) 421-1084

Rio de Janeiro, RJ — Rua Buenos Aires, 135 - CEP 20070-020;
Caixa Postal 73 - CEP 20001-970;
Fone: (021) 221-9883; Fax: (021) 507-1122

São Paulo, SP — Av. Tiradentes, 1441 - Ponte Pequena - CEP 01102-010;
Caixa Postal 8419 - CEP 01065-970;
Fone: (011) 229-1144; Fax: (011) 229-1427